Dirección xeral:
MANUEL BRAGADO

Coordinación da edición:
XOSÉ CID

Corrección:
CARMEN TORRES PARÍS
PAULA COSTA GONZÁLEZ

Produción:
XOSÉ M. GARCÍA CREGO
BERNARDO MENDUÍÑA

Deseño de cuberta:
MIGUEL VIGO

Láminas:
JACOBO FERNÁNDEZ SERRANO

1ª edición: 2011
2ª edición: 2012
3ª edición: 2014

Dr. Marañón, 12. 36211 Vigo
xerais@xerais.es

ISBN: 978-84-9914-044-5
Depósito legal: VG 179-2011

1422/1E3I - 1336028

DICIONARIO XERAIS DE PRIMARIA

Xosé Feixó Cid
Manuel Rodríguez Alonso

XERAIS

Mostra práctica da información que ofrece o dicionario

abeberar
verbo
Referido ao gando, darlle de beber: *Abeberaba a egua despois de cabalgar nela.*

A entrada ou palabra buscada destácase en cor e tamaño.

acedo, aceda
adxectivo
De sabor acedo ou agre, parecido ao do limón: *O vinagre ten un sabor acedo.* SIN. agre, ácido. ANT. doce.

Se a palabra ten variación de xénero, aparecen as dúas formas.

mercadoría ou **mercancía**
substantivo feminino
Produto que se compra ou se vende: *Faremos un saldo no comercio porque temos moita mercadoría por vender.* SIN. artigo, xénero.

Se existen dúas formas moi próximas ou parecidas, co mesmo significado, póñense as dúas variantes na mesma entrada.

ameixa[1]
substantivo feminino
Froito comestible que ten forma redonda...

ameixa[2]
substantivo feminino
Molusco mariño de carne comestible que...

As palabras que se escriben igual pero son distintas na súa orixe e significación (homógrafas), númeranse en superíndice ou voado.

apaixonar
verbo
1 Gustar moito: *Apaixóname a música.* SIN. entusiasmar.
2 **apaixonarse** Sentir un grande interese cara a algo: *Apaixónase coa lectura de novelas policiais.*

Os distintos significados ou acepcións de cada palabra aparecen correlativamente numerados.

Se unha entrada sofre algún cambio formal que supón un cambio na significación, indícase a nova forma.

***amistade**, a forma correcta é **amizade**.

As entradas incorrectas aparecen precedidas dun asterisco e nun tamaño menor ca o resto.

amigo, amiga
adxectivo
1 Que sente gusto por algo: *É amigo de festas e banquetes.*
adxectivo e substantivo
2 Que ten amizade con outra persoa: *Máis que compañeiros de traballo son amigos.* ANT. inimigo.
substantivo
3 Na poesía galega medieval, persoa que está namorada: *Na cantiga de amigo fala a amiga namorada e na de amor o amigo.*
FAM. amigable, amigar.

A categoría gramatical ou clase de palabra de que se trate aparece despois da entrada, sen abreviaturas, e mudará cando unha mesma palabra poida ter varias categorías.

Ademais, para unha mellor comprensión, cada definición leva o seu exemplo, en letra cursiva para distinguilo ben.

abalo

substantivo masculino

1 Movemento polo que as augas do mar soben cada certo tempo: *No abalo a auga do mar ocupa máis praia.* SIN. preamar, marea chea, mar cheo. ANT. devalo, baixamar.

Despois do exemplo, en caso de habelos, ofrécense os sinónimos (abreviatura SIN.) e antónimos (abreviatura ANT.), que axudan a unha mellor comprensión e a enriquecer o vocabulario.

abanqueiro

substantivo masculino

Fervenza.

fervenza

substantivo feminino

Corrente de auga que cae desde certa altura: *Nos ríos de montaña fórmanse fervenzas.* SIN. abanqueiro, cadoiro.

Ás veces unha entrada envíanos a outra equivalente para evitar repeticións innecesarias. O que se debe facer e ir buscar a palabra citada, onde a que buscamos en primerio lugar aparecerá como sinónimo, o que quere dicir que as dúas significan o mesmo.

OBS. É distinto de *catarata*, 'cantidade de auga que cae desde unha grande altura'.

Coa abreviatura OBS. introdúcese algunha observación gramatical ou léxica digna de ter en conta.

alguén

indefinido

Algunha persoa: *Alguén che contaría iso.* ANT. ninguén.

EXP. **Ser alguén** Ser unha persoa importante: *Un director de banco xa é alguén.*

Coa abreviatura EXP. introdúcense as expresións máis salientables, coa súa definición e exemplo.

barco

substantivo masculino

Embarcación grande: *Hai moitos tipos de barcos: de pesca, mercantes, petroleiros etc.* FAM. barca, barqueiro, desembarcar, desembarque, embarcación, embarcar.

Nunha entrada base, tras a abreviatura FAM. cítase a súa familia de palabras. Así, en moitas ocasións non é necesario que algunha desas palabras figure como entrada, xa que, sabendo o significado da forma base, é moi fácil deducir o da palabra derivada.

CHE

É o pronome complemento indirecto de segunda persoa singular, polo que ao pasar a frase a terceira persoa o pronome a empregar é *lle*:

A ti fíxoche un favor – A el fíxolle un favor

A ti tróuxoche un regalo – A el tróuxolle un regalo

Na súa ordenación alfabética correspondente, inclúense as conxugacións dos principais verbos ou modelos que outros seguen, segundo se indica en OBS.; e do mesmo xeito aparecen indicacións gramaticais (o acento, as contraccións, a formación do xénero, número...).

Finalmente, a partir da páxina 506, ofrécense unha serie de láminas que ilustran o principal vocabulario dos contornos aos que se refiren: a rúa, a cociña, o baño, a sala, o cuarto, a oficina, o taller de costura, o xardín, o zoo, o calendario, a árbore xenealóxica, os grupos naturais, as relacións sociais, as catro estacións, os deportes, a consulta médica, o cámping, o taller mecánico, o obradoiro de restauración, o porto, a cidade, a construción e o relevo.

A

a¹

substantivo masculino

Primeira letra do abecedario: *Amar ten dous as.*

OBS. Distíngase de *a*, artigo feminino e pronome átono; de *a²*, preposición; de *ha*, do verbo *haber*; de *ah*, interxección; de *á¹*, órgano das aves; de *á²*, contracción.

a²

preposición

1 Indica a dirección cara á que se vai ou o termo ao que se chega: *Chegou a Vigo.*

2 Indica lugar ou tempo en que sucede algo: *Quedamos a tempo.*

3 Indica a forma de facer algo: *Este traxe está cosido á man.*

4 Indica o prezo de algo: *Mercou as cereixas a dous euros o quilo.*

5 Indica a proporción en que algo se reparte: *Tocamos a seis caramelos cada un.*

6 Introduce o complemento indirecto e, nalgunhas ocasións, o complemento directo de persoa: *Entregueille o paquete ao porteiro. Gloria viu a Manuel na praia.*

7 Emprégase ás veces diante dun infinitivo formando ou non parte dunha perífrase verbal: *Estaban a falar moi contentos.*

OBS. Distíngase de *a*, artigo feminino e pronome átono; de *a¹*, substantivo; de *ha*, do verbo *haber*; de *ah*, interxección; de *á¹*, órgano das aves; de *á²*, contracción. Contrae co artigo *o*, *a* producindo as formas *ao/ó, á, aos/ós, ás.*

á¹

substantivo feminino

1 No corpos de animais como as aves e os insectos, cada un dos órganos que usan para voar: *As aves teñen dúas ás e os insectos teñen dúas ou catro ás.*

2 Nun avión, cada unha das partes planas dos lados que serven para o soster no aire: *Dende a xanela do avión vense as ás.*

3 Nun edificio, cada unha das partes dos lados: *O edificio ten unha parte central e dúas ás: unha á esquerda e outra á dereita.*

4 Nun exército en orde de batalla, tropa ou soldados que ocupan cada lado da fronte de batalla: *A á dereita recuaba perante o ataque do inimigo.*

5 Nun partido político ou organización, cada unha das súas tendencias, especialmente as extremistas: *A á progresista do partido quere máis reformas.*

substantivo

6 Nalgúns deportes de equipo, xogador que actúa como extremo ou lateral: *Os ás teñen que subir e baixar polos lados do campo.*

OBS. Distíngase de *a¹*, primeira letra do abecedario; de *a²*, preposición; de *a*, artigo feminino e pronome átono; de *ha*, do verbo *haber*; de *ah*, interxección; de *á²*, contracción.

á²

contracción

Unión de *a*, preposición, e *a*, artigo feminino: *Vou á aldea coa familia.*

OBS. Distíngase de *a*, artigo ou preposición, e de *á¹*, parte do corpo das aves.

aba

substantivo feminino

1 Faldra.

2 Nun sombreiro, parte que rodea a copa, que sobresae dela e que dá sombra: *A aba do sombreiro case lle tapaba a fronte.*

3 Nunha mesa, parte que se levanta para aumentarlle o longo: *Como eramos catro máis a xantar, abrimos as dúas abas da mesa.*

abáboro

substantivo masculino

Macho da abella: *Os abáboros non producen mel nin teñen aguillón.* SIN. abázcaro, abellón.

ábaco

substantivo masculino

1 Instrumento formado por un cadro de madeira atravesado por dez cordas ou arames paralelos, con dez bólas móbiles cada un e que serve para contar ou realizar cálculos aritméticos: *Apuntamos as carambolas do billar nun ábaco.*

2 En arquitectura, parte máis elevada do capitel dunha columna sobre o que se asenta a arquitrabe: *Os ábacos adoitan ser de forma cadrada.*

abade

substantivo masculino

1 Superior ou máxima autoridade dunha abadía ou mosteiro de homes: *Os frades teñen que obedecerlle ao abade.*

2 Na relixión católica, sacerdote ou cura: *Dáballes a doutrina o abade.* SIN. crego, cura.

abadesa

substantivo feminino

Superior ou máxima autoridade nunha abadía ou mosteiro de mulleres: *As monxas teñen que obedecerlle á abadesa.*

abadexo

substantivo masculino

Peixe mariño comestible, de máis dun metro de longo e corpo alongado: *O abadexo é parecido ao bacallau e vive en bancos de mares fríos.*

abafar

verbo

1 Dificultar ou impedir a respiración: *O fume abafábaos.* SIN. acorar, afogar, asfixiar, atafegar, sufocar.

2 Respirar con moita dificultade: *Naquel cuarto pechado e con tanta calor abafabamos.* SIN. acorar, afogar, asfixiar, atafegar, sufocar.

3 Feder.

4 Referido a unha persoa, molestala apurándoa ou pedíndolle cousas: *Xa che amañarei o coche, mais non me abafes.* SIN. acosar.

FAM. abafado, abafador, abafante, abafo.

abaixo

adverbio

1 Nun lugar ou posición inferiores ou máis baixos: *Teñen o viño abaixo, na adega.* SIN. debaixo, embaixo. ANT. enriba.

2 Cara a un lugar ou posición máis baixa ou inferior: *Imos agora para abaixo.*

interxección

3 Indica protesta e desaprobación: *Abaixo todos os tiranos!*

ANT. arriba.

FAM. abaixamento, abaixar.

abalanzarse

verbo

Botarse con forza contra algo ou alguén: *O lobo abalanzouse sobre a ovellas.* SIN. botarse, lanzarse.

OBS. O *z* cambia en *c* diante do *e*, como en *cazar*.

abalar

verbo

Mover dun lado a outro sen cambiar de lugar: *O vendaval abalaba as árbores.* SIN. abalear, abanar, abanear, acanear, bambear, balancear.

FAM. abalo.

abalear

verbo

Mover dun lado a outro sen cambiar de lugar: *Á cativa xa lle abalean os dentes, pero aínda non lle caeron.* SIN. abalar, abanar, abanear, acanear.

abalo

substantivo masculino

1 Movemento polo que as augas do mar soben cada certo tempo: *No abalo a auga do mar ocupa máis praia.* SIN. preamar, marea chea, mar cheo. ANT. devalo, baixamar.

2 Fase da Lúa, entre lúa nova e lúa chea, en que esta se ve con forma de D e parece ir aumentando de tamaño: *O abalo é tempo de sementar.* SIN. crecente. ANT. devalo, minguante.

abanar
verbo
1 Dar aire movendo algo dun lado cara a outro, especialmente un abano: *Abanábase cun papel.* SIN. abanicar.
2 Mover dun lado a outro sen cambiar de lugar: *O vendaval abanaba as árbores.* SIN. abalar, abalear, acanear, balancear, bambear.
FAM. abanador, abaneo, abano.

abandonar
verbo
1 Deixar só, sen amparo nin atención: *Abandonou o cativo diante da porta dun asilo.* ANT. amparar, protexer.
2 Renunciar a seguir facendo algo: *Abandonou a carreira e non chegou á meta.* SIN. deixar. ANT. seguir, proseguir, continuar.
3 Marchar dun lugar: *Abandonaron a aldea e marchou para a cidade.* SIN. deixar.
4 Descoidar ou deixar sen atención nin coidado: *Abandonaba o negocio e marchaba de festa.*
5 **abandonarse** Deixar de coidar dun mesmo ou de preocuparse: *Non te abandones, que vas suspender.* SIN. desleixarse.
FAM. abandonado, abandono.

abanear
verbo
Mover dun lado cara a outro sen cambiar de lugar: *Tes que abanear a maceira para que caian as mazás.* SIN. abalar, abanar, abanear, acanear, balancear, bambear.
FAM. abaneo.

abanicar
substantivo masculino
Abanar (acepción 1).
OBS. O *c* cambia en *qu* diante do *e*, como en *sacar*.
FAM. abanico.

abanico
substantivo masculino
Abano.

abano
substantivo masculino
1 Instrumento que se move para dar aire: *Pechou o abano e gardouno no bolso.*
2 Conxunto de posibilidades entre as que se pode elixir: *Esa marca de coches ofrece un grande abano de modelos.*
SIN. abanico.

abanqueiro
substantivo masculino
Fervenza.

abarcar
verbo
1 Rodear cos brazos: *O toro deste carballo é tan groso que non o abarco.* SIN. abrazar, cinguir.
2 Conter ou incluír dentro de si: *O concello abarca a vila e varias aldeas.* SIN. comprender.
3 Dominar ou alcanzar coa vista: *O prado é tan grande que non se abarca coa vista.*
4 Ocuparse de varios ou moitos asuntos á vez: *Abarca moitos choios e non atende ningún ben.*
SIN. abranguer.
OBS. Cambia o *c* en *qu* ante *e*, como en *sacar*.
FAM. abarcable.

abarrotar
verbo
Encher por completo: *Os espectadores abarrotaban as bancadas do estadio.* SIN. acugular, ateigar, atestar. ANT. baldeirar.

abastecer
verbo
Dar alimentos ou algo que resulta necesario: *Os coches abastécense de gasolina nas estacións de servizo.* SIN. aprovisionar, facilitar, fornecer, proporcionar, prover, subministrar. ANT. privar, quitar, desposuír.
OBS. Cambia o *c* en *z* ante *o*, *a*, como en *parecer*.
FAM. abastecedor, abastecemento.

abasto
EXP. **Dar abasto** Abondar ou ser suficiente: *Un só camareiro non dá abasto para servir tantos clientes.*

abater
verbo
1 Tirar ou facer caer ao chan: *O cazador abateu a pomba cun disparo de escopeta.* SIN. derrubar, tombar. ANT. alzar, erguer, levantar.
2 Matar a alguén con violencia de xeito que cae no chan: *O pistoleiro abateu o vaqueiro dun disparo certeiro.* SIN. derrubar, tombar.
3 Pór inclinado algo que estaba vertical: *Os*

respaldos dos asentos do coche pódense abater. SIN. tombar. ANT. endereitar.
4 Perder ou facer perder o ánimo ou as forzas: *Abateuse con tantas desgrazas como pasou.* SIN. desanimar. ANT. animar.
FAM. abatemento, abatible.

abázcaro
substantivo masculino
Abáboro.

abdicar
verbo
1 Renunciar a un cargo, especialmente o rei ao trono: *O rei Carlos IV abdicou no príncipe Fernando.*
2 Referido a un plan, propósito ou idea, deixalos: *Nunca abdicará das súas ideas políticas progresistas.*
OBS. Cambia o *c* en *qu* diante do *e*, como en *sacar.*
FAM. abdicación.

abdome
substantivo masculino
1 No corpo humano e no doutros mamíferos, parte entre o tórax e a pelve onde se sitúa a maior parte dos aparatos dixestivo e reprodutor: *O estómago e o intestino están situados no abdome.* SIN. barriga, tripa, ventre.
2 Nun animal artrópodo, último segmento ou parte do seu corpo: *O abdome dun insecto, como a mosca, está dividido en aneis.*
FAM. abdominal.

abeberar
verbo
Referido ao gando, darlle de beber: *Abeberaba a egua despois de cabalgar nela.*

abecedario
substantivo masculino
Alfabeto.

abecerrarse
verbo
Referido a pan ou biscoitos, quedar mal cocida unha parte: *Os biscoitos abecérranse por estar mal o fermento, o amasado ou por coceren mal.*

abeirar
verbo
1 Pór ou estar á beira: *Pega máis o coche á beirarrúa para abeiralo mellor.*
2 Protexer do mal tempo ou dalgún perigo: *Abeiráronse da chuvia debaixo dun alpendre.* SIN. abrigar, amparar, gorecer, resgardar.

abeiro
substantivo masculino
1 Lugar que está protexido do vento, do frío ou da chuvia: *Resgardáronse da tormenta nun abeiro da montaña.*
2 Defensa ou protección contra algún dano ou perigo: *A familia é o mellor abeiro nas desgrazas.*
EXP. **Ao abeiro de** Baixo a protección de algo ou de alguén: *Facemos esa petición ao abeiro da lei.*
SIN. abrigo, amparo, refuxio.

abelá
substantivo feminino
Froito seco da abeleira, redondo, de casca lisa moi dura e de cor marrón: *O que comemos é a semente da abelá.*
FAM. abeledo, abeleira.

abeledo
substantivo masculino
Lugar poboado de abeleiras: *Plantaron abeleiras e agora teñen un abeledo bo.*

abeleira
substantivo feminino
Arbusto con moitas pólas, follas en forma de corazón e madeira dura, que dá como froito as abelás: *A abeleira mide entre tres e oito metros de altura e ten folla caduca.*

abella
substantivo feminino
Insecto himenóptero de cor escura, co corpo cuberto de peluxe, que vive en colonias e que produce mel e cera: *As abellas teñen un aguillón moi forte e viven xuntas en colmeas.*
EXP. **Abella mestra** A única fecunda da colmea: *En cada colmea hai unha soa abella mestra que é fecundada polos abázcaros.*
Abella obreira A estéril que se encarga das tarefas da colmea e de recoller o mel: *No enxame hai unha abella mestra e moitas abellas obreiras e abázcaros.*
FAM. abellariza, abelleiro, abellón.

abellariza
substantivo feminino
Alvariza.

abellón
substantivo masculino
1 Abáboro.
2 Abesouro.

abelorio
substantivo masculino
1 Doa.
2 Colar, pulseira, pendente ou adorno de pouco valor, especialmente os feitos con boliñas de vidro: *O vestido levaba uns bonitos abelorios.*

abeneiro
substantivo masculino
Amieiro.

aberración
substantivo feminino
Acción ou comportamento contrario ao considerado normal ou lóxico: *Dicir que dúas e dúas son cinco é unha aberración.*
FAM. aberrante.

aberto, aberta
1 Participio irregular de *abrir.*
adxectivo
2 Dito dun lugar, que non ten límites que impidan o paso ou a visión: *É un terreo aberto pois non ten valo ningún.*
3 Que se ve de maneira clara e sen ningunha dúbida: *O adestrador e ese xogador manteñen un enfrontamento aberto.*
4 Disposto a aceptar outras ideas e a relacionarse cos demais: *O xefe é moi aberto pois acepta todas as opinións.*
ANT. cerrado, pechado.

abertura
substantivo feminino
1 Espazo libre que hai nunha superficie sen chegar a dividila: *Os botóns entran nos ollais, que son aberturas da tea.*
2 Separación das partes de algo: *A fenda da parede aumentou e agora é unha abertura.*
3 Na pronuncia dos sons da lingua, espazo libre na boca por onde sae o son: *A vogal* a *é a que ten máis abertura.* ANT. cerramento, pechamento.
OBS. Distíngase de *apertura.*

abesouro
substantivo masculino
Insecto parecido á abella pero máis grande, co corpo con peluxe e que fai moito zunido ao voar: *Atoparon un enxame de abesouros.* SIN. abellón.

abesullar
verbo
Intentar saber cousas doutro preguntando ou mirando con disimulo: *Remexe nos papeis doutro porque lle gusta abesullar.* SIN. osmar.
FAM. abesullón.

abeto
substantivo masculino
Árbore de folla perenne, de grande altura, con follas en forma de agulla e froito en piña: *O abeto é propio das montañas e úsase como árbore do Nadal.*

abismo
substantivo masculino
1 Lugar moi profundo e perigoso: *Dende as rochas do cantil vía o abismo.*
2 Diferenza moi grande: *Entre o branco e o negro hai un abismo.*
EXP. **Ao bordo do abismo** Nun gran perigo: *As drogas levárono ao bordo do abismo.*

aboamento
substantivo masculino
Feito de pagar ou dar cartos a cambio de algo: *Fixo o aboamento da entrada para o partido con cincuenta euros.* SIN. pagamento.
OBS. É distinto de *abono,* 'dereito a usar un servizo ou ver un espectáculo varias veces'.

aboar
verbo
Pagar ou dar cartos a cambio de algo: *Sacou cincuenta euros para aboar a camisa que mercara.* SIN. pagar, satisfacer. ANT. deber, cobrar.
OBS. Distíngase de *abonar.* Non se use no canto de *fertilizar, estercar.*
FAM. aboador, aboamento.

abocar
verbo
1 Morder ou apertar cos dentes: *O can abocou o cativo.* SIN. adentar, morder, trabar.
2 Levar ou conducir cara a unha situación mala: *A falta de clientes abocouno a pechar o bar.*
OBS. O *c* cambia en *qu* diante do *e,* como en *sacar.*

abofé
adverbio
De verdade: *Abofé que farei axiña os deberes.*

aboiar
verbo
Estar ou manterse algo nun líquido: *A madeira aboia na auga.* SIN. flotar. ANT. afundir.

abolar
verbo
Afundir unha superficie ao apertala ou golpeala: *Deu co coche contra un farol e abolou o parachoques.* SIN. crocar.
FAM. aboladura.

abolir
verbo
Referido a unha lei ou un costume, anulalos ou facelos desaparecer por unha nova lei: *España aboliu a escravitude en Puerto Rico en 1873.* SIN. anular, derrogar, suprimir.
OBS. Conxúgase como *advertir.*
FAM. abolición, abolicionismo, abolicionista.

abominable ou **abominábel**
adxectivo
Que produce moito medo ou noxo: *Os atentados terroristas son abominables.*

abonarse
verbo
Comprar un abono ou lote de entradas que dan dereito a ir varias veces a un espectáculo ou para usar un servizo un número determinado de veces: *Abonáronse á piscina municipal para iren os meses de inverno.*
OBS. Distíngase de *aboar.*
FAM. abono.

abondar
verbo
Ser suficiente: *Para mercares ese pantalón abóndache con vinte euros.* SIN. bastar, chegar. ANT. faltar, fallar.
OBS. Distíngase de *abundar*, 'haber moito de algo'.

abondo, abonda
adxectivo
1 Que chega ou é suficiente: *Con seis euros tes cartos abondos para mercares a entrada.* SIN. bastante, suficiente. ANT. insuficiente.
adverbio
2 abondo En cantidade suficiente: *Xantei xa abondo e non quero máis comida.* SIN. bastante, dabondo.
OBS. Distíngase de *abundante*, 'que é ou hai moito'.
FAM. abondar.

abondoso, abondosa
adxectivo
1 En gran número ou cantidade: *O xantar abondoso fartou a todos.* SIN. abundante.
2 Que dá con facilidade o que ten: *Pagounos ben porque é un xefe abondoso.* SIN. farturento, xeneroso.
3 Que produce moito, especialmente froitos: *O val é abondoso e temos boas colleitas.* SIN. fértil, rico.

abono
substantivo masculino
Lote de entradas, bono ou documento que permite ir varias veces a un espectáculo ou usar un servizo un determinado número de veces: *Paguei onte o abono mensual do autobús.*
OBS. Distíngase de *bono* e de *aboamento.* Non se use no canto de *esterco, fertilizante.*

abordar
verbo
1 Chocar un barco contra outro, por accidente ou para atacalo: *Os piratas abordaron o galeón para capturalo.*
2 Empezar a ocuparse dun problema: *O Goberno está a abordar o problema da inmigración ilegal.*
3 Dirixirse a unha persoa para dicirlle ou proporlle algo: *Os xornalistas abordaron a conselleira para entrevistala.*
FAM. abordaxe.

aborixe
adxectivo
1 Que é do lugar onde vive: *O canguro e o eucalipto son especies aborixes de Australia.* SIN. autóctono, orixinario.
adxectivo e substantivo
2 Referido a unha persoa, que é do lugar onde vive: *Os aborixes australianos conservan moitas tradicións.* SIN. indíxena, nativo.

aborrecer
verbo
Sentir noxo cara a algo ou alguén: *Todos*

aborrecemos a mentira e os mentiráns. SIN. anoxar, detestar, estoxar, odiar. ANT. adorar, amar, apreciar.
OBS. Cambia o *c* en *z* ante *a*, *o*, como en *parecer*.
FAM. aborrecible, aborrecido.

abortar
verbo
1 Expulsar o feto antes de que poida vivir por si mesmo fóra do ventre da nai: *Abortou no terceiro mes do embarazo.*
2 Facer fracasar ou interromper sen que chegue algo a termo: *O piloto abortou a aterraxe do avión por unha avaría.* SIN. frustrar.
FAM. abortista, abortivo, aborto.

aborto
substantivo masculino
Expulsión do feto antes de que poida vivir por si mesmo fóra do ventre da nai: *Caeu do cabalo e sufriu un aborto.*

abotoar
verbo
Referido a unha peza de vestir, cerrala metendo os botóns nos ollais: *Puxo a chaqueta e abotoouna.*

abouxar
verbo
Enxordecer.

abra
substantivo feminino
Baía pequena: *Naquela abra protexida ancoraban os barcos os piratas.*

abraiar
verbo
Producir unha gran sorpresa ou forte impresión: *O seu traxe elegante abraiounos a todos.* SIN. admirar, asombrar, marabillar, pasmar, sorprender.
FAM. abraiante, abraio.

abrancazado, abrancazada
adxectivo
De cor parecida ao branco: *As tapas do libro eran abrancazadas.*

abrandar
verbo
1 Pór ou pórse brando: *As fabas na auga abrandan.* SIN. amolentar, amolecer. ANT. endurecer.
2 Facer que unha persoa se comporte de forma menos dura: *Os cativos abrandárono coas súas festas.* SIN. entenrecer. ANT. endurecer.

abranguer
verbo
1 Chegar a coller coas mans algo que está lonxe: *Estirábase na escada para abranguer as mazás da póla máis alta.* SIN. acadar, atanguer.
2 Chegar a ter ou a conseguir: *A cantante abrangueu daquela certa fama.* SIN. acadar, atanguer.
3 Rodear cos brazos: *Non daba abranguido cos brazos aquel toro de carballo.* SIN. abarcar.
4 Conter ou incluír dentro de si: *O Imperio romano abranguía moitos pobos e países.* SIN. abarcar, comprender.
5 Cubrir coa vista: *Dende o cume da montaña abranguía unha fermosísima paisaxe.* SIN. abarcar.
6 Ocuparse de varios asuntos á vez: *Abrangue varios negocios e non atende ben ningún.* SIN. abarcar.

abrasar
verbo
1 Queimar ata reducir a cinsa: *O incendio abrasou as árbores do monte.* SIN. queimar.
2 Producir tanta calor que fai dano: *Este sol de agosto abrásanos.* SIN. queimar.
3 Referido a unha persoa, molestala ou facer que se sinta mal con algo: *Os xornalistas abrasaban a conselleira preguntando sen parar.*
FAM. abrasador, brasa.

abrazadeira
substantivo feminino
Peza de metal ou doutro material semellante que serve para suxeitar algo: *Uniu a mangueira á billa cunha abrazadeira.*

abrazar
verbo
1 Rodear cos brazos: *Os dous irmáns abrazáronse con cariño. Non daba abrazado aquel toro de carballo tan groso.* SIN. abarcar, abranguer, cinguir.
2 Referido a unha relixión ou a ideas, empezar a seguilas: *Recaredo abandonou o arianismo e abrazou o catolicismo.* ANT. renegar.

OBS. Cambia o *z* en *c* ante *e*, como en *cazar*.
FAM. abrazadeira, abrazo.

abrazo
substantivo masculino
Xesto de rodear cos brazos, xeralmente como saúdo ou manifestación de cariño: *Ao se atoparen os dous amigos, déronse un abrazo.* SIN. aperta, apreixo.

abrecartas
substantivo masculino
Utensilio usado para abrir os sobres: *Os abrecartas parécense aos coitelos.*

abrelatas
substantivo masculino
Utensilio metálico usado para abrir as latas de conserva: *Mercamos dous abrelatas.*

abrente
substantivo masculino
Alba.

abreviar
verbo
1 Facer máis breve ou curto: *Abreviaron a xunta de veciños para searen cedo.* SIN. acurtar, reducir.
2 Ir ou facer á présa: *Abrevia que vén a noite.* SIN. alixeirar, apresurarse, bulir. ANT. alongar, ampliar, prolongar.
FAM. abreviatura, breve.

abreviatura
substantivo feminino
Letra ou grupo de letras que se escriben no canto dunha palabra enteira: *A abreviatura de doutor é dr.*

abridor
substantivo masculino
Utensilio metálico empregado para abrir botellas: *Co abridor quitamos as chapas das botellas dos refrescos.*

abrigar
verbo
1 Protexer do frío, do mal tempo ou de calquera perigo: *Este xersei de la abriga moito.* SIN. abeirar, gorecer.
2 Ter unha idea ou un desexo: *Abriga a idea de estudar medicina.* SIN. albergar.
OBS. Cambia o *g* en *gu* ante *e*, como en *pagar*.
FAM. abrigo, abrigoso.

abrigo
substantivo masculino
1 Peza de vestir que se pon sobre as demais para protexer do frío: *O abrigo cubríao ata debaixo dos xeonllos.*
2 Defensa contra o frío ou o mal tempo: *Esta manta de la é de moito abrigo.* SIN. abeiro, amparo, refuxio.
3 Lugar que está protexido do frío e do mal tempo: *A cabana era o único abrigo que había contra a chuvia.* SIN. abeiro, amparo, refuxio.

abril
substantivo masculino
Cuarto mes do ano: *Abril vai entre marzo e maio e ten 30 días.*

abrillantar
verbo
Dar brillo: *Abrillantamos os botóns de metal e agora relocen.*
FAM. abrillantador.

abrir
verbo
1 Separar a parte da porta ou da ventá que cobre o oco na parede: *Abría a ventá para que entrase o aire.* ANT. cerrar, pechar.
2 Mover o mecanismo dunha pechadura de xeito que permita mover a porta: *Busquei a chave para abrir a porta.* ANT. cerrar, pechar.
3 Separar o que cobre ou envolve algo para ver o seu interior: *Ao abrir o regalo viu que era un libro.* ANT. cerrar, pechar.
4 Tirar dun caixón cara a fóra, sen o sacar por completo: *Abrín o caixón do armario e collín un xersei.* ANT. cerrar, pechar.
5 Separar as páxinas dun libro para lelo: *Abride o voso libro pola páxina 57.* ANT. cerrar, pechar.
6 Separar os bordos de algo: *Non abras a boca.* ANT. cerrar, pechar.
7 Separar ou estender as partes de algo: *Abriu o paraugas porque chovía.* SIN. despregar. ANT. cerrar, pechar.
8 Separar deixando espazos no medio: *Abride paso para que poida pasar a ambulancia.* ANT. cerrar, pechar.
9 Facer un buraco que atravese algo: *Abrirán un túnel nesta montaña para que pase o tren.* ANT. cerrar, pechar.

10 Dividir ou partir algo que estaba enteiro: *Se abres o queixo novo, tomarei a proba.* ANT. cerrar, pechar.
11 Ocupar o primeiro lugar nunha clasificación ou nunha lista: *O Celta abre a clasificación da primeira división.* ANT. cerrar, pechar.
12 Escribir un signo diante da frase que se quere destacar: *En galego non é obrigatorio abrir con signos de admiración ou interrogación.* ANT. cerrar, pechar.
13 Manexar algún utensilio de xeito que deixe pasar algo: *Abre a billa da auga quente.* ANT. cerrar, pechar.
14 Facer que algo empece ou darlle comezo a algo: *Abriron onte un taller novo na miña rúa.* SIN. inaugurar. ANT. cerrar, pechar.
15 Producir gana de comer: *Tanto nadar abriulle o apetito.* ANT. cerrar, pechar, quitar.
16 Presentar unha nova posibilidade: *Saber idiomas abre moitas profesións.* ANT. cerrar, pechar.
17 Mellorar o tempo ao desapareceren as nubes e a néboa: *Choveu pola mañá pero ás doce abriu.* SIN. aclarar, clarear, despexar. ANT. cerrar, cubrir, nubrar, pechar.
18 **abrirse** Tomar unha curva poñéndose cerca do lado exterior: *O piloto abriuse moito na curva e saíu da pista.* ANT. cerrarse, pecharse.
19 Estar disposto a aceptar algo ou alguén novos: *Se te abres aos demais farás moitos amigos.* ANT. cerrarse, pecharse.
20 Saír do seu sitio un óso ou unha articulación: *Abríuseme un pulso porque caín mal.*
OBS. O seu participio é irregular: *aberto, aberta.*
FAM. aberto, abertura, abrente, abridor, entreabrir.

abrochar1
verbo
Cerrar con botóns, broches ou algo semellante: *Os pasaxeiros do avión abrocharon os cintos de seguridade.* ANT. desabrochar.

abrochar2
verbo
Brotar.
FAM. abrocho.

abrocho
substantivo masculino
Brote.

abrollar
verbo
Referido a un líquido, saír dun lugar: *As bágoas abrollábanlle dos ollos.* SIN. brotar, manar, xurdir.

abruñeiro
substantivo masculino
Arbusto de ramas e talos espiñentos que dá un froito arredondado de cor negra tirando a azul: *Os abruñeiros son unha especie de ciroleiras.*

abruño
substantivo masculino
Froito do abruñeiro: *Os abruños son parecidos ás cirolas e bos para facer marmelada.*

abrupto, abrupta
adxectivo
Que ten unha gran pendente e que se camiña moi mal por el: *Os carreiros das montañas adoitan ser abruptos.* SIN. escarpado, esgrevio, fragoso. ANT. chan, liso.

ábsida
substantivo feminino
Nunha igrexa, parte en forma de medio círculo e cuberta por unha bóveda que está na fachada de atrás: *As igrexas románicas e góticas adoitan ter ábsida.* SIN. ousia.

absolto, absolta
Participio irregular do verbo *absolver.*

absolución
substantivo feminino
1 Declaración en que se deixa libre de culpa a un acusado dun delito: *Os xuíces pediron a absolución do acusado.*
2 Na relixión católica, perdón dos pecados por parte dun sacerdote: *Despois da confesión, o sacerdote deulle a absolución.*

absolutismo
substantivo masculino
Forma de goberno dunha nación en que unha persoa, xeralmente o rei, ten todo o poder: *O absolutismo é propio dos séculos XVI, XVII e XVIII.*
FAM. absolutista.

absoluto, absoluta
adxectivo
Total, completo ou sen límites: *Goza dunha liberdade absoluta pois fai o que quere.* SIN. completo, pleno, total. ANT. parcial.

EXP. **En absoluto** Completamente: *Non fixo nada en absoluto.*
FAM. absolutismo, absolutista.

absolver
verbo
1 Declarar libre de culpa ao acusado dun delito: *Os xuíces absolveron o acusado de asasinato.* ANT. condenar.
2 Na relixión católica, perdoarlle a alguén os pecados o sacerdote: *Confesouse e o cura absolveuno.*
OBS. Ten dous participios: *absolvido* e *absolto*. Distíngase de *absorber.*
FAM. absolto, absolución.

absorber
verbo
1 Referido a unha substancia, especialmente líquida ou gasosa, atraela e conservala dentro: *O aspirador absorbe o po. A esponxa absorbe a auga.*
2 Referido a unha empresa ou asociación, incorporala ou collela outra: *As grandes empresas absorben as pequenas.*
3 Referido a unha persoa, ocupar por completo a súa atención ou tempo: *O traballo absórbeo e non sae nada.*
FAM. absorbente, absorción, absorto.

absorto, absorta
adxectivo
Concentrado ou entregado totalmente a algo: *Está absorto na lectura e non oe a ninguén.*

abstemio, abstemia
adxectivo
Que non toma nunca viño nin bebidas alcohólicas: *Non toca o viño porque é abstemio.*

abstención
substantivo feminino
Renuncia voluntaria a algo, especialmente a votar: *Nas pasadas eleccións municipais houbo bastante abstención.*

absterse
verbo
1 Renunciar voluntariamente a algo: *Logrou absterse de fumar durante un mes e xa non ten ese costume.*
2 Non participar en algo ao que se ten dereito: *Nas pasadas eleccións xerais abstivéronse moitos cidadáns.*
OBS. É irregular e conxúgase como *ter.*
FAM. abstención, abstinencia, abstinente.

abstinencia
substantivo feminino
Renuncia voluntaria a satisfacer un desexo: *Adelgaza porque mantén unha abstinencia total de doces e lambonadas.*

abstracción
substantivo feminino
1 Idea totalmente separada da realidade: *Planear un partido de fútbol nun encerado é unha abstracción.*
2 Concentración total en algo sen decatarse doutra cousa: *Cando resolve un problema de matemáticas, está en total abstracción.*

abstracto, abstracta
adxectivo
1 Que se refire a unha idea ou a algo que non é material e que non se pode tocar: *Os substantivos abstractos designan cousas que non se poden tocar coas mans como a bondade ou a maldade.* ANT. concreto.
2 Referido a un tipo de arte, que non representa cousas concretas do mundo: *Os cadros abstractos xogan coa cor mais non reproducen ningunha cousa.*

abstraer
verbo
1 Facerse coas ideas ou características fundamentais de algo: *No resumo prescinde dos adornos e abstrae as ideas principais do texto.*
2 **abstraerse** Deixar de atender todo para pensar sobre algo: *Cando fai os problemas de matemáticas, abstráese.*
OBS. Conxúgase como *caer.*
FAM. abstracción, abstracto, abstraído.

absurdo, absurda
adxectivo
1 Oposto á razón, sen sentido: *Dicir que dúas e dúas son cinco é absurdo.* SIN. ilóxico, irracional. ANT. lóxico, racional.
substantivo masculino
2 Dito ou feito sen razón nin sentido: *Andar coas mans é un absurdo.* ANT. razoable.

abulia
substantivo feminino
Falta de vontade: *A abulia non o deixa traballar.* SIN. apatía.
FAM. abúlico.

abundancia
substantivo feminino
Gran cantidade: *Nesta bisbarra hai unha grande abundancia de árbores froiteiras.* ANT. Escaseza.

abundante
adxectivo
En gran cantidade: *No inverno, os ríos levan abundante auga.* ANT. escaso.
OBS. Non se use no canto de *abondo*, 'que resulta suficiente'.

abundar
verbo
Haber en gran cantidade: *Neste monte abundan os coellos.*
OBS. Distíngase de *abondar.*
FAM. abundancia, abundante.

aburrir
verbo
1 Producir ou experimentar cansazo e fastío ao non divertir ou non interesar: *Esa película é tan pesada que aburre a todos.* SIN. cansar. ANT. divertir, distraer, entreter, recrear.
2 Deixar de gustar algo: *De comer tanto queixo, aburrino.* SIN. anoxar.
FAM. aburrido, aburrimento.

abusar
verbo
1 Usar de forma indebida, de máis ou en exceso: *Engorda porque abusa das lambonadas.*
2 Aproveitarse de alguén: *Abusas de teu primo ao xantares todos os días na súa casa.*
FAM. abusivo, abuso, abusón.

acá
adverbio
1 Cara a este lugar: *Ven acá e senta xunta min.* SIN. aquí, acó.
2 Neste lugar: *A carteira está acá.* SIN. aquí.

acabar
verbo
1 Chegar algo á súa fin: *A película acaba coa morte do protagonista.* SIN. concluír, finalizar, rematar, terminar. ANT. comezar, empezar, iniciar, principiar.
2 Darlle fin a algo: *Axiña acabo os deberes.* SIN. concluír, finalizar, rematar, terminar. ANT. comezar, empezar, iniciar, principiar.
EXP. **Acabar con algo** Destruílo: *Acabou con todos os cartos da herdanza.* **Acabar de facer algo** Telo feito pouco antes: *Acabo de fregar a louza da comida hai nadiña.*

acachoar
verbo
Ferver moito ou a cachón: *A auga sae da pota porque acachoa.*

acacia
substantivo feminino
Árbore orixinaria de Australia de ramas espiñentas e flores brancas moi recendentes: *As xirafas aliméntanse dos abrochos das acacias.*

acadar
verbo
1 Coller coa man facendo un esforzo: *Acadou o lapis que estaba lonxe.* SIN. abranguer, alcanzar, atanguer.
2 Chegar a xuntarse co que vai diante: *O pelotón acadou o ciclista escapado.* SIN. alcanzar, atrapar, coller.
3 Chegar a conseguir ou a obter algo: *Acadou o primeiro posto da clasificación.* SIN. abranguer, alcanzar, atanguer, conseguir, lograr, obter.
4 Chegar a algo ou dar nel: *O mísil acadou o posto de mando do inimigo.* SIN. alcanzar.

academia
substantivo feminino
1 Establecemento que se dedica ao ensino dunha materia, dunha arte ou dunha profesión: *Estuda inglés nunha academia de idiomas.*
2 Sociedade formada polas persoas que destacan nunha ciencia ou arte: *A Real Academia Galega está formada polos mellores escritores e establece o que é correcto no galego.*
OBS. Na acepción 2 adoita escribirse con inicial maiúscula.
FAM. académico.

acaer
verbo
1 Ser apropiado ou irlle ben a algo: *Esa gravata acáelle ben á camisa azul.*
2 Resultar simpático: *Teu curmán acáeme porque é moi alegre.*
OBS. Conxúgase como *caer.*

acalar
verbo
Facer que paren voces, berros ou protestas: *As subas de soldo acalaron as protestas dos obreiros.*

acalorar
verbo
1 Facer sentir calor: *Cargar con estes pesos acalora a calquera.* ANT. arrefriar.
2 **acalorarse** Excitarse nunha conversa ou discusión: *Se lle dás unha opinión contraria á del, acalórase.* SIN. acenderse, alporizarse, exaltarse, excitarse, irritarse. ANT. calmar, sosegar, serenarse, tranquilizarse.
FAM. acalorado, acaloramento.

acampar
verbo
Deterse nun lugar ao aire libre para vivir temporalmente nel, xeralmente aloxándose en tendas de campaña ou caravanas: *Acamparon nunha beira do río.*
FAM. acampada.

acanear
verbo
Mover dun lado a outro sen cambiar de lugar: *O vendaval acaneaba as árbores.* SIN. abalar, abalear, abanar, abanear, bambear, balancear.
FAM. acaneo.

acantilado
substantivo masculino
Referido a un terreo, especialmente sobre o mar, que é alto, con rochas e cortado case en vertical: *As ondas baten con forza contra o acantilado.* SIN. cantil.

acantoar
verbo
1 Pór nun recanto ou lugar apartado: *Acantoamos os trastes nun soto.*
2 Perseguir ata meter onde non pode escapar: *Os cans acantoaron a raposa.*

acaparar
verbo
1 Referido a unha mercancía, comprala ou almacenala en grandes cantidades pensando nunha posible escaseza: *Algúns comerciantes acapararon café porque se esperaba unha suba.*
2 Facerse por completo co tempo ou coa atención de algo ou alguén: *O accidente acaparou todos os telexornais.*
FAM. acaparador, acaparamento.

acariciar
verbo
1 Facer caricias ou rozar suavemente coa man: *A cativa acariciaba o can.* SIN. acariñar, agarimar, aloumiñar.
2 Tocar ou rozar suavemente: *O balón pasou acariciando o poste.*
3 Pensar que se conseguirá ou fará algo: *Acaricia a idea de facer un gran negocio.*

acariñar
verbo
1 Tratar con cariño ou amor: *Os pais acariñan os fillos.*
2 Acariciar.

acaruncharse
verbo
1 Referido a unha planta, ser atacada polo caruncho: *Este ano o millo acarunchouse todo.*
2 Encherse de manchas negras pola humidade: *Choveu tanto este ano que se acarunchou a roupa de verán gardada.*
3 Ser danado pola couza: *A roupa acarunchouse porque non puxemos naftalina nos armarios.*

acaso
adverbio
Quizais, talvez ou posiblemente: *Acaso vaiamos esta tarde ao cine.* SIN. quizá, quizás, quizais, quizabes, talvez, seica.
EXP. **Por se acaso** Por se ocorre ou chega a ocorrer algo: *Dáme a invitación por se acaso podo ir ao teatro.* **Se acaso** Se se considera necesario: *Se acaso vai un pouco antes.*

acatar
verbo
Obedecer ou aceptar unha lei ou orde: *Todos debemos acatar as leis.* SIN. cumprir, obedecer, observar. ANT. desacatar.
FAM. acatamento.

acatarrar
verbo
Producir ou coller un catarro: *Acatarreime porque me mollei.* SIN. arrefriar, constipar.

acazaparse
verbo
Encoller o corpo para esconderse ou protexerse: *O gato acazapouse cando viu o can.*

acceder
verbo
1 Entrar nun lugar: *Accédese á sala por un longo corredor.* ANT. saír.
2 Estar de acordo en facer ou conceder algo: *Accedeu á súa petición e prestoulle os cartos.* SIN. aceptar, ceder, consentir. ANT. negarse, refusar.
3 Conseguir un posto ou situación mellores: *Por fin accedeu ao cargo de directora.*
FAM. accesible, acceso, accesorio.

accesible
adxectivo
1 Referido a unha persoa, fácil de tratar: *O profesor é moi accesible pois responde as dúbidas con amabilidade.*
2 Fácil de entender: *As explicacións dese sabio resultan moi accesibles.*
3 Fácil de comprar ou conseguir: *Esas deportivas teñen un prezo accesible para min.*

acceso
substantivo masculino
1 Lugar polo que se chega a un sitio ou se entra nel: *O polideportivo novo ten moi bos accesos.* SIN. entrada. ANT. saída.
2 Posibilidade de tratar a alguén ou de conseguir algo: *O acceso á concelleira é fácil. Se gañamos hoxe temos acceso ao primeiro posto.*
3 Aparición repentina e moi forte do síntoma dunha enfermidade ou dun sentimento: *Tivo un acceso de tose e case afoga. Fuxiu nun acceso de pánico.* SIN. arranque, ataque.

accesorio, accesoria
adxectivo
1 Que non é o máis importante: *No resumo recolle as ideas principais e rexeita as accesorias.* SIN. secundario. ANT. básico, capital, esencial, fundamental, primario, principal.
substantivo masculino
2 Peza dunha máquina ou utensilio que serve para completar o seu funcionamento ou adorno: *A min non me gustan os coches con accesorios inútiles.*

accidente
substantivo masculino
1 Suceso ou feito inesperado que produce moito dano: *Nos accidentes de tráfico morren moitas persoas.*
2 Feito que sucede de forma imprevista e que cambia as cousas: *Foi un accidente que descubrisen os nosos documentos ao perdérmolos.* SIN. contrariedade, contratempo, percance.
3 Cada un dos elementos que forman o relevo ou aspecto dun terreo: *As montañas, os ríos ou os vales son accidentes do relevo.*
4 En gramática, cada un dos cambios que sofre unha palabra ao xuntarse con outras: *O xénero e o número son accidentes de substantivos e adxectivos.*
FAM. accidental, accidentarse.

acción
substantivo feminino
1 O que se fai: *Escribir é unha acción. Os verbos expresan accións e estados.* SIN. acto, feito, obra.
2 Influencia ou efecto sobre algo: *As mareas prodúcense pola acción da Lúa sobre o mar.*
3 Nunha obra de teatro, relato ou película, conxunto de feitos ordenados que forman o argumento ou historia: *Na acción das películas de piratas acontecen moitas cousas.*
4 Capacidade ou facultade para facer moitas cousas: *Os detectives adoitan ser persoas de acción.*
5 Cada unha das partes en que se divide o capital ou bens dunha empresa: *As acción cómpranse e véndense na Bolsa.*
interxección
6 Na linguaxe do cine e da televisión, indica que comeza a rodarse ou a gravar: *Acción!, dixo con voz rexa a directora.*
EXP. **Acción directa** Uso da forza ou da violencia para conseguir algo: *Os terroristas empregan a acción directa.*
FAM. accionar, accionariado, accionista.

accionar
verbo
Referido a un aparello ou mecanismo, facelos funcionar: *Co mando a distancia accionamos o televisor.*

accionista
substantivo
Persoa que ten accións dunha empresa: *Os accionistas estaban contentos coa boa marcha da empresa.*

acea
substantivo feminino
1 Muíño situado nun río e que aproveita a forza da corrente para moer: *No Miño había aceas.*
2 Muíño situado nunha ría e que aproveita para moer a forza da preamar: *En Culleredo hai restos dunha acea.*

acedar
verbo
Pór acedo ou agre: *A calor acedou o caldo.* SIN. agrear. ANT. adozar.
FAM. acedo, acedume.

acedo, aceda
adxectivo
De sabor acedo ou agre, parecido ao do limón: *O vinagre ten un sabor acedo.* SIN. agre, ácido. ANT. doce.

acedume
substantivo masculino
Sabor acedo ou agre, coma o do limón: *Ese vinagre ten moito acedume.* SIN. acidez.

aceiro
substantivo masculino
Material feito cunha aliaxe de ferro e unha pequena parte de carbono: *Os garfos, culleres e coitelos adoitan ser de aceiro inoxidable.*

aceite
substantivo masculino
Líquido graxo de orixe animal, mineral ou sintético que non se disolve na auga e que se usa na alimentación e na industria: *Hai aceites comestibles, como o de oliva, e outros industriais, como o dos coches.*
FAM. aceitar, aceiteira, aceiteiro, aceitoso.

aceiteiro, aceiteira
adxectivo
1 Do aceite: *A industria aceiteira ten moita importancia en Andalucía.*
substantivo feminino
2 Recipiente ou vasilla pequena para o aceite: *Collín a aceiteira e a vinagreira para aderezar a ensalada.*

acelerador
substantivo masculino
Nalgúns vehículos, peza que permite aumentar a velocidade: *As motos e os coches teñen acelerador.*

acelerar
verbo
1 Aumentar a velocidade: *Acelera o traballo para acabar axiña.* SIN. adiantar, alixeirar, apurar, bulir. ANT. frear.
2 Facer ou andar máis á présa: *Acelera e vístete rápido que chegamos tarde.* ANT. frear.
3 **acelerarse** Pórse moi nervioso: *Non te aceleres e contesta o cuestionario con tranquilidade.* ANT. calmarse, serenarse, sosegarse, tranquilizarse.
FAM. aceleración, acelerado, acelerador, aceleramento.

acelga
substantivo feminino
Planta de horta con grandes follas comestibles: *Botarémoslle acelgas á sopa de verduras.*

acenar
verbo
Facer acenos ou movementos coa cara ou coas mans para expresar algo: *Acenáballe para que se achegase a min.*
FAM. aceno.

acendedor
substantivo masculino
Aparello que serve para acender lume: *Acendemos a cociña de gas cun acendedor que dá unha chispa.*

acender
verbo
1 Facer arder ou prender lume: *Marchou a luz e acendeu unha candea.* SIN. prender. ANT. apagar.
2 Facer que comece a funcionar un aparello eléctrico: *Acendeu o televisor.* SIN. prender. ANT. apagar.
3 Facer máis forte, máis violento ou máis vivo: *A suba dos prezos acendeu as protestas.* SIN. acalorar, inflamar, quentar.
4 **acenderse** Pórse colorado: *Coa vergonza acendeuse.* SIN. acalorar, inflamar, quentar.
OBS. Ten dous participios, *acendido* e *aceso.*
FAM. acendedor, aceso.

aceno
substantivo masculino
Movemento da cara ou das mans con que se expresa algo: *Fíxonos acenos para que nos achegásemos xunta el.* SIN. xesto.

acento
substantivo masculino
1 Maior forza con que se pronuncia unha sílaba nunha palabra: *Café é unha palabra aguda porque leva o acento na derradeira sílaba.*
2 Signo ortográfico que se coloca, segundo as normas ortográficas, sobre a vogal que se pronuncia con máis forza ou máis aberta: *O único acento que existe en galego é o agudo.*
3 Forma de falar unha lingua propia dunha zona ou dunha persoa: *Polo acento parece de Vigo.*
EXP. **Acento agudo** O que se escribe de dereita a esquerda: *En galego só se emprega o acento agudo: camión, fráxil, árido.* **Acento de intensidade** Maior forza con que se pronuncia unha sílaba nunha palabra: *Amar é unha palabra con acento de intensidade sobre o segundo* a. **Acento circunflexo** O que se escribe en forma de uve ao revés: *O portugués ten acento circunflexo.* **Acento gráfico** Signo ortográfico que se coloca, segundo as normas ortográficas, sobre a vogal que se pronuncia con máis forza ou máis aberta: *Papá leva acento gráfico no segundo* a. **Acento grave** O que se escribe de esquerda a dereita: *O portugués ten acento grave.*

acentuar
verbo
1 Pronunciar con maior forza unha sílaba nunha palabra: *Postal acentúase no* a.
2 Escribir o acento gráfico: *Acentúa mamá no segundo* a.
3 Pronunciar algo destacándoo: *Ao dicir «sodes bos» acentuaba o de «bos».* SIN. recalcar, subliñar.
4 Facer máis forte ou que se note máis: *Ese traxe acentúa a súa delgadeza.* SIN. recalcar, subliñar, destacar, resaltar, salientar. ANT. disimular.
OBS. O *u* leva acento gráfico nos presentes, agás nas persoas *nós/vós*, como en *actuar.*
FAM. acento, acentuación.

acepción
substantivo feminino
Cada un dos significados que pode ter unha palabra: *Nos dicionarios cada acepción leva un número diante.*

aceptar
verbo
1 Recibir voluntariamente: *Aceptou o meu agasallo.* ANT. rexeitar.
2 Aprobar ou dar por bo: *Aceptamos que tes ti razón.* SIN. admitir, consentir. ANT. negar.
3 Soportar ou aguantar con paciencia: *Ata acepto que me chames parvo.* SIN. aturar.

acerca
EXP. **Acerca de** Sobre algo: *Acerca do teu comportamento non opinarei.* SIN. con respecto de, respecto a, respecto de, sobre.

acercar
verbo
Pór máis cerca ou a menos distancia: *Acerca a cadeira á mesa.* SIN. achegar, aproximar. ANT. afastar, apartar, arredar, separar.
FAM. acercamento.

acérrimo, acérrima
adxectivo
Moi firme: *É defensor acérrimo da liberdade.*

acertar
verbo
1 Atopar a solución boa de algo que non se sabe ou oculto: *Acertou a adiviña que lle dixen.* ANT. errar, fallar.
2 Dar no punto ou lugar ao que se dirixe algo: *A frecha deu no albo e acertou.* SIN. atinar.
3 Facer o máis conveniente: *Acertamos vindo hoxe á praia pois vai moito sol.* SIN. atinar.
FAM. acertado, acertante, acerto.

aceso, acesa
Participio irregular de *acender*. Acendido.

acha
substantivo feminino
Anaco pequeno e estreito de madeira: *Collemos unhas achas para prender o lume.* SIN. estela.

achacar
verbo
Atribuír a culpa de algo ou algún defecto: *Achacan o accidente a que a estrada estaba mollada.* SIN. apoñer, apor.

ACENTO

Palabras agudas

Levan acento

1. Cando son polisílabas e acaban en vogal, *-n*, *-s*, *-ns*: *papá*, *pantalón*, *mazás*, *irmáns*.

Non levan acento

1. Cando acaban en consoante distinta de *-n* ou *-s*: *caracol*, *actor*, *nariz*.
2. Cando son monosílabos, salvo os diacríticos: *man*, *di*, *ras*, *mans*.
3. Cando acaban en ditongo decrecente, seguido ou non de *-s*: *falou*, *mandei*, *conseguiu*, *capitais*, *caracois*, *hoteis*.

Palabras graves

Levan acento

1. Cando acaban en consoante distinta de *-n* ou *-s* e en grupos consonánticos distintos de *-ns*: *Pérez*, *móbil*, *tríceps*, *carácter*, *tórax*...
2. Cando as vogais *i*, *u* son tónica e van precedidas ou seguidas doutra vogal átona, pertencendo a sílabas distintas: *muíño*, *oído*, *caída*, *oír*, *súa*, *tía*, *flúor*...
3. Cando acaban en ditongo decrecente, coma no caso dos plurais dos adxectivos rematados en *-bel* (*posíbel*, *realizábel*, *terríbel*): *posíbeis*, *realizábeis*, *terríbeis*.

Non levan acento

1. Cando acaban en: vogal, *-n* *-s*: *-ns*: *cama*, *parque*, *comen*, *xogas*, *dolmens*.
2. Cando as vogais *i*, *u* forman ditongo coa vogal que as precede ou segue: *lingüista*, *puido*.
3. Cando entre as vogais tónicas *i* ou *u* e outra vogal átona, hai un *h*: *cohiba*, *prohiben*...

Palabras esdrúxulas e sobreesdrúxulas

Levan acento sempre: *cántico*, *bólido*, *cóbado*, *pánico*, *tépedo*, *xélido*, *metéronselle*, *descubríronchenos*...

Outros casos

1. Cando un verbo leva un ou máis pronomes pospostos ou se dea a combinación de verbo + segunda forma do artigo, acentúase como se fose unha soa palabra: *chamarate*, *chamáronte*, *léde-lo libro*, *colléronlle-la roupa*.
2. Non se acentúan os adverbios rematados en *-mente*: *criticamente*, *acidamente*, *docilmente*...
3. As formas verbais que levan acento diacrítico mantéñeno cando se combinan: *dáme o libro*; *hoxe vénme mal*; *éche primo teu*.
4. Acento diacrítico. Na seguinte listaxe, lévano as palabras da esquerda para distinguilas das da dereita:

á (*a* + *a* artigo; substantivo)	*a* (artigo; pronome; preposición)
ás (*a* + *as* artigo; substantivo)	*as* (artigo; pronome)
bóla (esfera)	*bola* (peza de pan)
cá (*ca* + *a*)	*ca* (conxunción)
cás (*ca* + *as*)	*cas* (preposición)
chá (plana)	*cha* (*che* + *a*)
chás (planas)	*chas* (*che* + *as*)
có (*ca* + *o*)	*co* (*con* + *o*)
cós (*ca* + *os*; substantivo)	*cos* (*con* + *os*)
cómpre (é mester)	*compre* (merque)
cómpren (son mester)	*compren* (merquen)
dá (presente e imperativo de *dar*)	*da* (*de* + *a*)
dás (presente de *dar*)	*das* (*de* + *as*)
dó (compaixón)	*do* (*de* + *o*)
é (presente de *ser*)	*e* (conxunción)
fóra (adverbio)	*fora* (antepretérito de *ser* e *ir*)
má (ruín)	*ma* (*me* + *a*)
más (ruíns)	*mas* (*me* + *as*)
máis (adverbio e pronome)	*mais* (conxunción)
nó (substantivo)	*no* (*en* + *o*)
nós (pronome tónico; plural de *nó*)	*nos* (pronome átono; *en* + *os*)
ó (*a* + *o*)	*o* (artigo; pronome)
ós (*a* + *os*)	*os* (artigo; pronome)
óso (do corpo)	*oso* (animal)
pé (parte do corpo)	*pe* (letra)
póla (rama)	*pola* (galiña; *por* + *a*)
pór (poñer)	*por* (preposición)
présa (apuro)	*presa* (prendida; presada)
sé (sede eclesiástica; imperativo de *ser*)	*se* (conxunción; pronome)
só (adverbio e adxectivo)	*so* (preposición)
té (infusión)	*te* (pronome; letra)
vén (presente de *vir*)	*ven* (presente de *ver*; imperativo de *vir*)
vés (presente de *vir*)	*ves* (presente de *ver*)
vós (pronome tónico)	*vos* (pronome átono)

achado
substantivo masculino
Feito de atopar ou descubrir algo: *O achado da penicilina foi un éxito para a medicina.*

achaiar
verbo
Pór liso ou chan: *As escavadoras achaiaban o terreo para a nova estrada.* SIN. achanzar, achandar, aplanar, planar.

achandar
verbo
Achaiar.

achanzar
verbo
Achaiar.

achaque
substantivo masculino
1 Enfermidade habitual e de pouca importancia: *A idade avanzada trae os achaques.* SIN. alifafe.
2 Causa á que se atribúe algo ou desculpa: *Co achaque da calor non fai nada.*
FAM. achacoso.

achar
verbo
1 Atopar o que se busca: *Achou nesa libraría o libro que buscaba.* SIN. atopar, encontrar. ANT. extraviar, perder.
2 Descubrir pensando e investigando: *Acharán unha vacina contra a sida.* SIN. atopar, encontrar.
3 Ter unha opinión sobre algo: *O xefe achou que tiñamos razón coas protestas.* SIN. coidar, considerar, pensar.
4 **acharse** Estar nun determinado lugar ou situación: *Agora áchase fóra do despacho.* SIN. atoparse, encontrarse.
FAM. achado.

achatar
verbo
Facer máis plano: *Achatou o saínte do parafuso cunha lima.*

achega
verbo
O que se dá ou co que se contribúe para algún fin: *Coa achega do Concello pagamos as débedas do club.* SIN. Contribución.

achegado, achegada
adxectivo
1 Que está cerca: *A piscina municipal está bastante achegada.* SIN. próximo. ANT. afastado, arredado.
adxectivo e substantivo
2 Referido a unha persoa, que ten con outra unha relación de amizade, familia ou de confianza: *No enterro estaban todos os achegados do morto.*

achegar
verbo
1 Pór máis cerca: *Achegaron as cadeiras á mesa.* SIN. acercar, aproximar, arrimar. ANT. afastar, arredar, apartar, separar.
2 Reunir ou xuntar moitas cousas: *Con ese negocio achegaron moitos cartos.* SIN. amorear, reunir, xuntar.
3 Dar algo ou contribuír con algo para algún fin: *O policía achegou moitas probas contra o asasino.*
4 **achegarse** Buscar o amparo ou a protección de alguén poderoso: *Ascende porque se achega aos xefes.* SIN. arrimarse.
5 Ir cerca por algo: *Achegouse ao supermercado para mercar pan.*
OBS. O *g* cambia en *gu* diante do *e*, como en *pagar.*
FAM. achega, achegado, achegamento.

achicar
verbo
Baldeirar ou botar fóra a auga que entrou nalgún lugar: *Achicaron a auga que entrara no garaxe.* SIN. chicar.
OBS. Cambia o *c* en *qu* ante o *e*, como en *sacar.*

acibeche
substantivo masculino
Mineral negro, duro e brillante usado para facer xoias: *Os xoieiros de Santiago tiñan sona polas súas xoias de acibeche.*

acidez
substantivo feminino
Sabor ácido parecido ao do limón: *A froita verde ten moita acidez.*
EXP. **Acidez de estómago** Sensación desagradable no estómago parecida a unha queimadura: *O exceso de zume gástrico produce acidez de estómago.*

ácido, ácida
adxectivo
1 De sabor parecido ao do limón: *O vinagre ten un sabor ácido.* SIN. acedo, agre.
substantivo masculino
2 Substancia química que pode formar sales: *Hai ácidos que corroen os metais.*
3 Droga moi forte que fai ver visións: *Morreu dunha sobredose de ácido.*
FAM. acidez.

aciñeira
substantivo feminino
Árbore de tronco groso, de folla perenne e madeira dura cuxo froito é a landra: *A aciñeira é propia do clima mediterráneo.*

acio
substantivo masculino
1 Conxunto de uvas que saen dun mesmo pau: *Tomou de sobremesa un acio de uvas.*
2 Conxunto de flores que saen dun mesmo pau: *As lilas forman acios.*

acivro
substantivo masculino
Árbore silvestre de folla perenne dura e con espiñas nos bordos, de cor verde escura e moi brillante, con flores brancas e froitos en forma de boliñas vermellas: *No Nadal úsase o acivro como adorno.* SIN. xardón.

aclamar
verbo
Dirixir aplausos e voces de aprobación e entusiasmo: *Os afeccionados aclamaban o equipo campión.*
FAM. aclamación.

aclarar
verbo
1 Pór máis claro ou menos escuro: *Ese xampú aclara o pelo.* SIN. clarear. ANT. escurecer.
2 Explicar ou facer desaparecer dúbidas: *Tivo que aclararme as contas pois eu non as entendía.* SIN. explicar.
3 Quitar o xabón con auga: *Esa lavadora aclara mal a roupa pois sae con xabón.*
4 Desapareceren as nubes e a néboa do ceo: *Agora aclarou e xa non chove máis.* SIN. abrir, clarear, despexar. ANT. cerrar, cubrirse, nubrar, pechar.
FAM. aclaración, aclarado, aclaratorio.

aclimatar
verbo
Afacer ou adaptar a un clima, lugar ou situación distintos aos de orixe: *Conseguiron aclimatar estas plantas tropicais nas Rías Baixas.*
FAM. aclimatación.

acó
adverbio
A este lugar: *Ven acó.* SIN. aquí, acá.

***acobardado**, a forma correcta é **acovardado**.

***acobardar**, a forma correcta é **acovardar**.

acochar
verbo
1 Cubrir con roupa: *Acocheime ben coas mantas na cama polo frío.* SIN. abrigar, agochar, arroupar, tapar.
2 Esconder ou pór algo de xeito que non se vexa: *Acochei os zapatos debaixo da cama.* SIN. agachar, agochar, esconder, ocultar.
3 acocharse Referido a un animal, meterse no cocho, cortello ou tobo: *O porco acochouse no cortello.*

acocho
substantivo masculino
1 Lugar bo para agochar ou esconder: *Os ladróns meteron os cartos roubados nun acocho.* SIN. agocho, escondedoiro.
2 acochos Xogo infantil en que un dos xogadores debe atopar calquera dos que están acochados ou escondidos: *Podiamos xogar aos acochos.* SIN. agochos.

acoirazado, acoirazada
adxectivo
1 Protexido con pranchas de aceiro: *Nos bancos teñen cámaras acoirazadas para gardaren os cartos.*
substantivo masculino
2 Barco de guerra de gran tamaño: *Os acoirazados teñen moitas torres de canóns.*

acoitelar
verbo
Ferir ou matar cun coitelo ou con arma branca: *Acoitelárono nunha pelexa.*

acolá
adverbio
Indica lugar afastado do falante: *Non sei se foi alá ou acolá.*

acolledor, acolledora
adxectivo
Que fai que nos sintamos cómodos e ben: *A casa ten un salón moi acolledor.*

acolleito, acolleita
Participio irregular de *acoller.*
EXP. **Pórse ao acolleito** Protexerse do mal tempo, especialmente da chuvia: *Ponte ao acolleito porque chove moito.*

acoller
verbo
1 Recibir na propia casa: *Cando vén á nosa vila acólleo un amigo.* SIN. albergar, aloxar, hospedar.
2 Darlle refuxio ou protección a alguén: *Neste centro acollen inmigrantes.* SIN. acubillar, amparar, protexer, recoller, refuxiar.
3 Aceptar ou recibir algo de determinada maneira: *O adestrador non acolleu ben a súa destitución.*
4 **acollerse** Protexerse do mal tempo, especialmente da chuvia: *Acolléronse debaixo dun alpendre.* SIN. abeirarse, abrigarse, ampararse, resgardarse.
5 Pedir unha persoa que a traten de acordo cun determinado dereito: *Acolléronse ao dereito de non declarar contra un mesmo.*
6 Valerse de algo como desculpa ou pretexto: *Acóllese a que perdeu o libro para non facer os deberes.*
OBS. Ten dous participios, o regular *acollido*, e o irregular, *acolleito.*
FAM. acolledor, acolleito, acollemento, acollida.

acometer
verbo
1 Atacar con forza: *O león acometeu a cebra. Acometeuno unha pneumonía moi forte.* SIN. atacar.
2 Comezar a facer algo: *Acometeron a construción da nova ponte con moitos medios.* SIN. comezar, empezar, emprender.
FAM. acometida.

acometida
substantivo feminino
Instalación pola que entran nun edificio auga, gas, luz, electricidade e outros servizos: *Están levantando a beirarrúa para a acometida do gas.*

acomodado, acomodada
adxectivo
Que ten bastante riqueza: *Vive ben porque ten unha posición acomodada.* SIN. adiñeirado, rico. ANT. pobre.

acomodador, acomodadora
substantivo
En cines, teatros e outros espectáculos, persoa que traballa indicándolles ás persoas cal é o seu sitio: *A acomodadora amosoume coa lanterna o meu asento.*

acomodar
verbo
1 Colocar no lugar que lle corresponde: *Acomodaba a roupa no armario.*
2 Pór de acordo ou en harmonía: *Os profesores acomodan as súas explicacións aos coñecementos dos alumnos.*
3 **acomodarse** Conformarse con algo ou adaptarse: *Tes que acomodarte ao que gañas e non gastar máis.* SIN. adaptarse, aterse, axustarse. ANT. rebelarse.
FAM. acomodado, acomodadizo, acomodador, acomodo.

acompañar
verbo
1 Ir ou estar cunha persoa: *Acompañeino ata o colexio.*
2 Coincidir unha cousa con outra: *Na excursión acompañounos o bo tempo.*
3 Xuntar ou engadir unha cousa a outra: *Unhas patacas fritidas acompañarían ben ese bisté.*
4 Pór unha música como fondo ou para completar a melodía principal: *Non cantaría sen que o acompañase un pianista.*
FAM. acompañamento, acompañante.

***acompasar**, a forma correcta é **compasar**.

aconchegar
verbo
Pór máis cerca: *Aconchégate a min e non te separes tanto.* SIN. acercar, achegar, arrimar, aproximar. ANT. afastar, apartar, arredar.
OBS. O *g* cambia en *gu* diante do *e*, como en *pagar.*

acondicionar
verbo
Pór algo nas condicións ou situación adecuadas: *Acondicionou moi ben a súa casa*

para ter sempre uns 20 graos de temperatura.
FAM. acondicionado, acondicionamento.

aconsellar
verbo
1 Dar un consello: *O médico aconselloulle facer máis exercicio.* SIN. asesorar, recomendar.
2 Amosar que convén facer algo: *As chuvias abundantes aconsellan abrir as comportas dos encoros.*
3 **aconsellarse** Pedir consello: *Antes de preiteares, aconséllate cun bo avogado.*
FAM. aconsellable.

acontecemento
substantivo masculino
Feito ou cousa que pasa, especialmente se é importante: *Os Celta-Deportivo sempre son un acontecemento.*

acontecer
verbo
Producirse ou pasar un feito: *As inundacións maiores adoitan acontecer no outono.* SIN. pasar, ocorrer, suceder.
FAM. acontecemento.

acorar
verbo
Abafar (acepcións 1 e 2).
FAM. acorado, acoramento, acoro.

acordar
verbo
1 Pórense varias persoas de acordo para faceren algo: *Os irmáns acordaron vender a casa que herdaran.* SIN. convir, pactar, quedar.
2 Tomar alguén a decisión de facer algo: *O profesor acordou facernos un novo exame.* SIN. decidir, resolver.
3 Deixar de estar durmido ou facer espertar: *Os sábados e domingos acordo máis tarde. A luz da fiestra acordoume.* SIN. espertar, recordar. ANT. adormecer.
4 Recuperar o sentido: *Desmaiouse mais axiña acordou.*
5 Ter na memoria: *Eu aínda acordo as televisións en branco e negro.* SIN. lembrar, recordar. ANT. esquecer.
6 Facer que alguén lembre ou traia á memoria: *Acórdalle que ten que rematar hoxe o traballo.* SIN. lembrar, recordar. ANT. esquecer.
7 **acordarse** Traer algo á memoria ou telo nela: *Xa non te acordas de cando iamos á escola.* SIN. lembrar, recordar. ANT. esquecer.
FAM. acordanza, acorde, acordo.

acorde
adxectivo
1 De acordo con algo ou alguén: *Non ten un comportamento acorde cos tempos actuais.* SIN. conforme.
substantivo masculino
2 Conxunto de notas musicais que se tocan ao mesmo tempo: *Xa sei algúns acordes de guitarra.*

acordeón
substantivo masculino
Instrumento musical de vento formado por un fol que se estende e contrae e dúas caixas con teclas, en cada extremo do fol: *Para tocar o acordeón cólgase dos ombreiros cunhas correas e ábrese e péchase o fol coas mans, mentres se tocan as teclas.*
FAM. acordeonista.

acordo
substantivo masculino
1 Decisión tomada entre dúas partes ou persoas e que se comprometen a cumprir ambas as dúas: *As dúas nacións chegaron a un acordo e asinaron a paz.* SIN. convenio, pacto, tratado.
2 Feito de teren a mesma opinión todas as partes ou persoas dun grupo: *Axiña houbo acordo e deixamos de berrar.* SIN. avinza, concordia, harmonía.
3 Capacidade ou facultade de lembrar ou acordar: *Eu xa non teño acordo dos tranvías polas rúas da cidade.* SIN. memoria.
4 Idea que vén á cabeza: *De súpeto tivo o acordo de ir á praia.* SIN. acordanza, ocorrencia.
EXP. **De acordo** Coa mesma opinión: *Estamos de acordo en todo.*

acordoar
verbo
Rodear un lugar con gardas ou con outro medio para impedir o paso: *A policía acordoou a entrada ao estadio para evitar agresións ao árbitro.*

acoro
substantivo masculino
Pesadelo.

*acortar, a forma correcta é acurtar.

acosar
verbo
1 Perseguir sen descanso: *Os cans acosaban a raposa.*
2 Molestar continuamente ou tentar facer dano: *Os xornalistas acosaban o adestrador con preguntas inconvenientes. Ten un noivo que a acosa sen parar.*
FAM. acosador, acoso.

acostumar
verbo
1 Adquirir ou facer adquirir un costume ou hábito: *Non o acostumaron a traballar.* SIN. afacer, avezar, habituar. ANT. desavezar, deshabituar.
2 Facer algo por costume ou hábito: *Acostuma madrugar moito.* SIN. adoitar.

acotío
adverbio
Decote.

acougar
verbo
Pór tranquilo, quieto ou en paz: *É moi nervioso e non acouga sentado en ningures.* SIN. apazugar, aquietar, calmar, serenarse, sosegar, tranquilizarse. ANT. alterarse, axitarse, desasosegarse, inquietarse.
OBS. Cambia o *g* en *gu* diante do *e*, como en *pagar*.
FAM. acougo, desacougar, desacougo.

acoutar
verbo
Referido a un terreo, convertelo en couto e reservalo para un determinado uso: *Acoutaron esa zona do monte para a caza.*

acovardar
verbo
Facer sentir medo e perder o valor: *Non se acovarda perante ningún perigo.* SIN. amedrentar, atemorizar.

acrecentar
verbo
Facer máis grande en tamaño, cantidade ou intensidade: *Con ese negocio tan bo acrecentou o seu capital.* SIN. aumentar, incrementar. ANT. diminuír.
FAM. acrecentamento.

acreditar
verbo
1 Probar a verdade de algo: *Este recibo acredita que paguei a débeda.*
2 Probar ou certificar que alguén ou algo é realmente o que parece: *Este documento acredítao como embaixador.*
FAM. acreditación, acreditativo.

acredor, acredora
adxectivo e substantivo
1 Que ten dereito a que se lle pague unha débeda: *Perséguenо os acredores porque ten moitas débedas.*
2 Que merece algo: *O noso equipo é acredor ao campionato.* SIN. digno.

acrobacia
substantivo feminino
Exercicio difícil, de equilibrio ou habilidade, que fan as persoas ou aparellos como os avións, habitualmente como espectáculo: *Nas acrobacias aéreas os avións fan debuxos no aire.*
FAM. acróbata, acrobático.

acta
substantivo feminino
Relato escrito do que aconteceu, especialmente nunha reunión ou xuntanza: *O secretario ten a obriga de levantar acta da xuntanza.*

actitude
substantivo feminino
1 Comportamento, estado de ánimo ou forma de estar e actuar dunha persoa: *Cómpre que os traballadores teñan unha actitude positiva.* SIN. postura.
2 Postura do corpo ou xesto, especialmente cando expresa algo: *Tiña unha actitude de ameaza e berrábanos moito.*

activar
verbo
1 Aumentar a intensidade ou a rapidez de algo: *Esas piñas secas activarán o lume.* SIN. avivar. ANT. atrasar, frear.
2 Facer que comece a funcionar: *O forte vento activou a alarma do coche.*

actividade
substantivo feminino

1 Conxunto de traballos ou tarefas propios dunha persoa ou dunha entidade: *Nesta empresa hai moita actividade e fabrícanse moitos coches.*

2 Capacidade de actuar ou de producir algún efecto: *A intensa actividade industrial produce contaminación.*

EXP. **En actividade** En acción: *Ese volcán está en actividade e expulsa lava.*

activo, activa
adxectivo

1 Que actúa ou fai cousas: *É moi activo e non lle gusta estar parado.* ANT. pasivo.

substantivo masculino

2 Conxunto de bens que posúe unha persoa ou entidade: *O activo da empresa está formado pola fábrica e as existencias do almacén.*

EXP. **En activo** Traballando ou prestando o seu servizo: *Aínda está en activo porque non se xubilou.*

FAM. activar, actividade, activismo, activista.

acto
substantivo masculino

1 Feito, o que se fai: *Un borracho non é responsable dos seus actos.* SIN. acción, feito, obra.

2 Cerimonia ou acontecemento público solemne: *Entregáronse os premios nun acto que foi moi bonito.*

3 Cada unha das partes principais en que se divide unha obra de teatro: *Ese drama está dividido en tres actos.*

EXP. **Acto sexual** Unión sexual entre un macho e unha femia: *Os mamíferos realizan o acto sexual para reproducírense.* **No acto** No mesmo momento: *O dependente atendeume no acto.*

FAM. actuación, actual, actuar, actor, actriz.

actor, actriz
substantivo

Persoa que representa un papel no teatro, no cine ou na televisión: *Esa actriz borda os papeis cómicos.*

actuación
substantivo feminino

1 O que alguén fai realizando actos libres e conscientes: *A túa actuación insultando o arbitro non foi boa.*

2 Interpretación dun papel nunha obra de teatro ou televisión ou traballo nun espectáculo público: *Esa actriz tivo unha boa actuación na película.*

actual
adxectivo

1 Que acontece, existe ou se usa no momento en que se fala: *A inmigración ilegal é un problema actual.* SIN. presente.

2 Que está de moda: *Viste dun xeito moi actual.*

FAM. actualidade, actualización, actualizador, actualizar.

actualizar
verbo

Facer actual ou pór ao día: *Un bo médico ha de actualizar os seus coñecementos.* SIN. modernizar.

OBS. O *z* cambia en *c* diante do *e*, como en *cazar.*

actuar
verbo

1 Realizar actos, feitos ou accións: *Pórtate mellor e actúa coma un adulto.* SIN. obrar, proceder.

2 Producir determinado efecto sobre algo: *Este medicamento actúa sobre a inflamación e faina baixar.*

actuar			
INDICATIVO		SUBXUNTIVO	IMPERATIVO
Presente	**Copretérito**	**Presente**	actúa
actúo	actuaba	actúe	actuade
actúas	actuabas	actúes	
actúa	actuaba	actúe	
actuamos	actuabamos	actuemos	FOR. NOMINAIS
actuades	actuabades	actuedes	**Infinitivo**
actúan	actuaban	actúen	actuar
Pretérito	**Antepretérito**	**Pretérito**	**Xerundio**
actuei	actuara	actuase	actuando
actuaches	actuaras	actuases	
actuou	actuara	actuase	**Participio**
actuamos	actuaramos	actuásemos	actuado
actuastes	actuarades	actuásedes	
actuaron	actuaran	actuasen	
Futuro	**Pospretérito**	**Futuro**	**Inf. conxugado**
actuarei	actuaría	actuar	actuar
actuarás	actuarías	actuares	actuares
actuará	actuaría	actuar	actuar
actuaremos	actuariamos	actuarmos	actuarmos
actuaredes	actuariades	actuardes	actuardes
actuarán	actuarían	actuaren	actuaren

3 Representar un papel nunha obra de teatro, cine ou televisión: *Ese actor actúa moi ben nas películas de acción.*
4 Traballar nun espectáculo público: *Nas festas actuarán varios cantantes famosos.*

acuarela
substantivo feminino
Pintura realizada sobre papel ou cartón coas cores diluídas en auga: *En plástica pintamos acuarelas de paisaxes.*

acuario
adxectivo e substantivo
1 Referido a unha persoa, que naceu entre o 21 de xaneiro e o 18 de febreiro: *Os acuario valoran moito a amizade.*
substantivo masculino
2 Depósito de auga doce ou salgada acondicionado para manter vivos e expor animais acuáticos e plantas: *Na sala ten un acuario con peixes de cores.*
3 Undécimo signo do Zodíaco, entre o 21 de xaneiro e o 18 de febreiro: *Acuario queda entre Capricornio e Pisces.*
OBS. A acepción 1 adoita ser invariable en xénero e número: *o/a/os/as acuario.* A acepción 3 adoita escribirse con inicial maiúscula.

acuático, acuática
adxectivo
1 Da auga ou relacionado con ela: *O esquí acuático é un fermoso deporte.*
2 Que vive na auga: *Os peixes e as algas son seres acuáticos.*

acubillar
verbo
1 Protexer con roupa para non ter frío: *Acubillou o neno no berce.*
2 Dar protección ou refuxio a alguén: *Acúsano de que acubillou uns ladróns fuxidos.*
FAM. acubillo.

acudir
verbo
1 Ir ou chegar unha persoa a un lugar: *Acode moita xente a esa romaxe.* ANT. marchar, irse, largar.
2 Facerse presente: *As vellas lembranzas da mocidade sempre acoden á miña mente.* SIN. vir.
3 Buscar axuda en algo ou alguén: *Sempre acode aos pais cando ten algún problema.* SIN. apelar, recorrer. OBS. Conxúgase como *fuxir.*

acueduto
substantivo masculino
Construción en forma de ponte que serve para conducir a auga dun lugar a outro: *Os romanos construíron grandes acuedutos.*

acugular
verbo
Encher por completo un recipiente: *O cesto estaba acugulado cos xoguetes do cativo.*

acuicultura
substantivo feminino
Técnica de cría e cultivo de plantas e animais acuáticos: *A acuicultura permite criar marisco en viveiros.*
FAM. acuicultor.

acuífero
adxectivo
1 Referido a un conduto ou a un tecido dun organismo, que ten ou leva substancias líquidas, especialmente auga: *Os cactos almacenan auga no tecido acuífero.*
substantivo masculino
2 Capa ou zona do terreo que contén auga: *Os acuíferos permiten a construción de pozos.*

acumular
verbo
Xuntar en gran cantidade: *Na emigración acumulou unha gran riqueza.*

acuñar
verbo
Pórlle cuñas a algo para fendelo, cortalo ou suxeitalo: *Acuñei a cama para que non abanease.* SIN. calzar.
OBS. Distíngase de *cuñar.*

acuoso, acuosa
adxectivo
Parecido á auga ou que ten moita auga: *O melón é un froito acuoso.*

acupuntura
substantivo feminino
Técnica curativa de orixe oriental que consiste en cravar unha ou máis agullas en determinados puntos do corpo para curar certas enfermidades: *Os chineses e os xaponeses empregan a acupuntura.*

acurralar
verbo
1 Meter os animais no curral: *O pastor acurralaba as ovellas ao escurecer.*
2 Pechar nun sitio e impedir a saída: *Os gardas acurralaron o ladrón nun corredor sen saída.*
3 Deixar a alguén sen saber que dicir ou responder: *Os xornalistas acurralaban o alcalde coas súas preguntas sobre a corrupción.*

acurrunchar
verbo
1 Pór nun curruncho ou lugar apartado: *Acurrunchaban os trastes vellos no faiado.* SIN. acantoar.
2 **acurruncharse** Encoller o corpo para protexerse: *Acurrunchábase para ter menos frío.* SIN. acuruxarse, engruñarse.

acurtar
verbo
Facer máis curto: *Acurtou a saia porque lle quedaba longa.* SIN. abreviar, diminuír, limitar, reducir. ANT. agrandar, alongar, ampliar, prolongar.

acusar
verbo
1 Facer a alguén responsable dunha falta ou dun delito: *Acúsano dun asasinato horrible.* SIN. culpar. ANT. desculpar.
2 Notar ou facer notar os efectos de algo: *Os ciclistas acusaban o esforzo feito nunha etapa tan longa.*
FAM. acusación, acusado, acusativo, acusón.

acústico, acústica
adxectivo
1 Referido ao sentido do oído ou ao son: *Oe mal porque ten danado o nervio acústico.*
substantivo feminino
2 Parte da física que estuda a produción, propagación e recepción dos sons: *A acústica estuda a forma en que o oído humano percibe os sons.*
3 Propiedades dun lugar que permiten escoitar ben os sons: *As salas dos concertos teñen moi boa acústica.*

adaptar
verbo
1 Pór unha cousa en harmonía ou de acordo con outra: *Para non nos arruinarmos teremos que adaptar os gastos aos ingresos.* SIN. axustar, acomodar, adecuar.
2 Pór de xeito que algo caiba nun sitio ou quede ben nel: *Este armario é moi grande e hai que adaptalo para un cuarto tan pequeno.* SIN. axustar, acomodar, adecuar.
3 Facer cambios en algo para darlle unha función ou formas distintas da orixinal: *Adaptaron o baixo do comercio vello para cafetaría.*
4 **adaptarse** Afacerse ou acostumarse a novas situacións: *Non se adapta ben no novo traballo.* SIN. aclimatarse, acomodarse, acostumarse, afacerse, habituarse.
FAM. adaptable, adaptación, adaptador.

adecuado, adecuada
adxectivo
Que é como debe ser: *Recibiu a resposta adecuada á súa pregunta.* SIN. acertado, apropiado, axeitado, correcto. ANT. desaxeitado, impropio, inadecuado.

adecuar
verbo
Pór en harmonía ou de acordo: *O bo profesor adecúase ao nivel dos alumnos para que o entendan.* SIN. acomodar, adaptar, axustar.
OBS. Conxúgase como *actuar.*

adega
substantivo feminino
Lugar en que se fai e se garda o viño: *Na adega tiña moitas cubas e pipotes.* SIN. bodega.
FAM. adegueiro.

adelgazar
verbo
Pór ou pórse máis delgado: *Adelgazou porque perdeu varios quilos.* SIN. enfraquecer. ANT. engordar.
OBS. O *z* cambia en *c* diante do *e*, como en *cazar.*
FAM. adelgazamento, adelgazante.

ademais
adverbio
Introduce unha cousa ou acción que se lle engade a outra: *Non podo ir e, ademais, non quero ir.* SIN. amais.
EXP. **Ademais de** Á parte de: *Ademais de competente é moi amable.*

ademán
substantivo masculino
Movemento da cara, das mans ou doutra parte do corpo con que se expresa algo: *Fixo ademán de marchar.*

adentar
verbo
Morder de forma repetida ou con pouca forza: *Non debes adentar a tapa do bolígrafo.*

adepto, adepta
adxectivo
Partidario ou seguidor dunha persoa, dunha idea ou dun movemento: *Seica é adepto dunha seita.* SIN. adicto, partidario, seguidor. ANT. adversario, contrario, inimigo, rival.

adestrador, adestradora
substantivo
Persoa que se dedica a preparar a outras, especialmente para que realicen actividades deportivas: *O Deportivo ten un adestrador galego.*

adestramento
substantivo masculino
Preparación que se realiza para algo, especialmente para unha actividade deportiva: *O dianteiro mancouse na sesión de adestramento.*

adestrar
verbo
1 Preparar para algo, especialmente para unha actividade deportiva: *Adestran os cans para que sirvan de guías.* SIN. instruír, exercitar.
2 **adestrarse** Prepararse para algo, especialmente para unha actividade deportiva: *Os futbolistas profesionais adéstranse a diario.* SIN. exercitarse.

adeus
substantivo masculino
1 Feito de se despedir: *Os adeuses sempre son tristes.* SIN. despedida.
interxección
2 Úsase para se despedir: *Adeus! Marcho.* ANT. ola.

adherir
verbo
1 Unir con cola ou substancia adhesiva: *Merquei cola para adherir os cromos ao álbum.* SIN. apegar, pegar. ANT. desapegar, despegar.
2 **adherirse** Amosarse de acordo con algo ou alguén ou unirse a eles: *España adheriuse á Comunidade Europea en 1986.*
OBS. Conxúgase como *advertir.*
FAM. adherente, adhesión, adhesivo.

adhesivo, adhesiva
adxectivo
1 Que se pega: *Púxolle ao paquete fita adhesiva.*
substantivo masculino
2 Anaco de papel cunha imaxe por unha cara e que se pega pola outra: *Na traseira do coche leva un adhesivo co G de Galicia.*

adiantamento
substantivo masculino
1 Movemento para adiante no espazo ou no tempo: *Chegamos tarde porque non nos decatamos do adiantamento do concerto.* ANT. adiamento, aprazamento, atraso.
2 Feito de que un vehículo que vai máis rápido deixe atrás outro que vai máis lento: *Os adiantamentos imprudentes producen moitos accidentes.*

adiantar
verbo
1 Mover ou levar para adiante: *Adiantaban as cadeiras para as achegaren á mesa.* SIN. avanzar. ANT. atrasar.
2 Cambiar a hora dun reloxo pondo unha hora que aínda non chegou: *En abril hai que adiantar os reloxos unha hora.* SIN. avanzar. ANT. atrasar.
3 Deixar atrás algo que ía diante: *A moto adiantou o coche.* SIN. avanzar.
4 Facer que algo aconteza antes do sinalado: *Adiantaron o partido do domingo ao sábado.* SIN. anticipar, avanzar. ANT. adiar, aprazar, atrasar, delongar, pospor, retardar.
5 Pagar ou dar un diñeiro antes da data sinalada: *Adiantou xa doce mil euros para a entrada dun piso.* SIN. anticipar, avanzar.
6 Dar unha noticia antes do sinalado: *Adiantaron a nova do accidente no medio dunha serie.* SIN. anticipar, avanzar.
7 Pasar a un estado ou situación mellores: *Dende que ten profesor particular adianta moito en matemáticas.* SIN. avanzar, mellorar, progresar.
8 Ir un reloxo máis rapidamente do que debe

e sinalar unha hora que aínda non chegou: *O meu reloxo adianta cinco minutos cada dúas horas.* ANT. atrasar.
9 **adiantarse** Acontecer algo antes do tempo sinalado: *Este ano adiantouse a vendima.* SIN. anticiparse.
10 Facer algo antes ca outra persoa: *Sempre convida el porque se adianta a pagar.* SIN. anticiparse.

adiante
adverbio
Cara a un lugar ou un momento que veñen despois: *Seguiremos adiante ata chegar ao cume da montaña.* ANT. atrás, detrás.
EXP. **Máis adiante** Nun lugar ou tempo que veñen despois: *Máis adiante falaremos do asunto.* **Por adiante** Pola parte anterior ou dianteira: *Entrade por adiante, pola entrada principal.*

adianto
substantivo masculino
1 Feito de producirse ou acontecer algo antes do tempo sinalado: *O tren chegou cun adianto de dez minutos sobre a hora prevista.* SIN. anticipación. ANT. atraso.
2 Feito de dar algo antes do tempo sinalado: *Deu un adianto de dous mil euros para alugar o piso.* SIN. anticipo.
3 Desenvolvemento cara a unha situación mellor: *A ciencia e a técnica do século XX trouxeron moitos adiantos.* SIN. avance, mellora, progreso. ANT. atraso, retroceso.

adiar
verbo
Atrasar algo ata atopar bo momento para facelo: *Adiaron o concerto pola enfermidade do cantante.* SIN. aprazar, atrasar, delongar, pospoñer, pospor. ANT. adiantar, anticipar.
OBS. Conxúgase como *afiar.*
FAM. adiamento.

***adicar**, a forma correcta é **dedicar**.

adicción
substantivo feminino
Dependencia física ou psíquica de algo, especialmente dunha droga: *O consumo de cocaína produce adicción.*

adición
substantivo feminino
1 Unión ou engadido dunha cousa a outra: *Ese cuarto é unha adición que se lle fixo á casa xa rematada.* SIN. engadido.
2 Operación matemática pola que se reúnen nunha soa cantidade varias: *A adición de dous mais dous é catro.* SIN. suma. ANT. resta, subtracción.

adicto, adicta
adxectivo
1 Partidario ou seguidor dunha persoa, dunha idea ou dun movemento: *Ese dirixente político ten moitos adictos.* SIN. adepto, partidario, seguidor.
2 Que depende física ou psiquicamente de algo, especialmente dunha droga: *Está en tratamento por ser adicto á cocaína.*

aditivo
adxectivo
1 Que se engade a algo para melloralo: *Os iogures adoitan levar substancias aditivas que melloran o seu sabor.*
substantivo masculino
2 Substancia ou elemento que se lle engade a outra para a mellorar: *Os alimentos envasados adoitan levar aditivos e conservantes.*

adival
substantivo masculino
Corda longa e grosa para atar cargas en camións e vehículos similares: *Ataron a carga do remolque cun adival.* SIN. trelo.

adiviña ou adiviñanza
substantivo feminino
Pasatempo ou xogo consistente en achar a solución ou sentido oculto dunha pregunta enxeñosa ou enigma: *A frase «De que cor é o cabalo branco de Santiago» é unha adiviña.*
FAM. adiviñar.

adiviñar
verbo
Descubrir e anunciar por medios máxicos o que vai acontecer no futuro: *Algúns magos dos contos adiviñan o futuro.* SIN. augurar, predicir, profetizar, prognosticar.

adiviño, adiviña
substantivo
Persoa que descobre e anuncia por medios máxicos o que vai acontecer no futuro: *A meiga do conto era tamén adiviña.*

administración

substantivo feminino

1 Uso e organización que se fai de algo, especialmente dos cartos e dos bens económicos: *Aforra moito porque ten unha boa administración do soldo.*

2 Conxunto de organismos e institucións que se encargan da dirección dunha comunidade política e dos seus servizos públicos: *O Estado, as comunidades autónomas e os concellos forman a Administración.*

3 Feito de dar ou facer tomar algo: *Esta menciña ha de administrarse en doses pequenas.*

4 Oficina ou lugar en que se levan os asuntos económicos dunha empresa: *Para cobrardes, pasade o sábado pola administración.*

EXP. **Administración de lotarías** Lugar en que se merca lotaría e se cobran os seus premios: *Sempre merco a lotaría do Nadal na administración de lotarías número 3 de Ourense.*

OBS. A acepción 2 escríbese con inicial maiúscula.

administrar

verbo

1 Organizar ou dispor como se han de usar os cartos e demais bens: *O xerente administra os cartos e bens da empresa.*

2 Gobernar ou dirixir unha comunidade, especialmente política: *A Xunta administra a comunidade autónoma galega.*

3 Dar, repartir ou facer tomar algo: *Administra ben o teu tempo e poderás estudar e saír.*

FAM. administrable, administración, administrador, administrativo.

admiración

substantivo feminino

Signo ortográfico que se coloca habitualmente no remate dunha expresión exclamativa, aínda que tamén se pode colocar no comezo e no remate: *Vaia tempo!*

OBS. Admítese a colocación no comezo e no remate, pero prefírese a colocación da admiración só no remate: *¡Vaia tempo!* > *Vaia tempo!*

admirar

verbo

1 Considerar ou valorar moito: *Todos admiramos a súa paciencia.* ANT. desprezar, menosprezar.

2 Mirar con moito pracer: *Os excursionistas admiraban a paisaxe.* SIN. contemplar.

3 Producir moita sorpresa: *Admírame que sexas tan mentirán.* SIN. abraiar, marabillar, sorprender.

FAM. admirable, admiración, admirador.

admitir

verbo

1 Deixar entrar ou recibir: *Nas discotecas non se admite a entrada de menores.*

2 Aprobar dando por bo, dicindo que si ou deixando que se faga: *Admito que estaba errado. Non admitiremos que se aldraxe a ninguén.* SIN. aceptar, consentir, permitir, tolerar. ANT. rexeitar.

FAM. admisible, admisión.

adobar

verbo

Especialmente referido á carne e a outros alimentos, pór en adobo: *Adobamos a carne cun prebe de aceite, allo e perexil.* SIN. adubar.

adobe

substantivo masculino

Masa de barro e palla, con forma de ladrillo, empregada como material de construción: *As antigas civilizacións orientais, como a mesopotámica, usaban adobes para as casas.*

adobiar

verbo

Preparar con adornos e arranxos: *Adobiamos o salón de actos para as festas do Nadal.* SIN. adornar, enfeitar, engalanar.

OBS. Conxúgase como *afiar.*

FAM. adobío.

adobío

substantivo masculino

Adorno ou calquera enfeite que se pon para facer máis bonito: *É moi presumido e pon moitos adobíos.* SIN. aderezo, adorno, enfeite.

adobo

substantivo masculino

Salsa elaborada con aceite, vinagre, especias e outros ingredientes para conservar a carne e outros alimentos: *Mercamos solombo de porco en adobo.* SIN. adubo.

adoecer

verbo

1 Padecer unha enfermidade ou dor: *Adoece con esa dor de moas.* SIN. enfermar. ANT. curar, sandar.

2 Coller a enfermidade da rabia: *O can adoeceu e houbo que sacrificalo.*

EXP. **Adoecer por** Desexar con moita ansia: *Adoecía por mercar unha moto.* SIN. degoxar, devecer.

OBS. Cambia o *c* en *z* ante *a*, *o*, como en *parecer.*

FAM. adoecido.

adoitar

verbo

Facer por costume ou ser frecuente que aconteza: *Adoita tomar café despois de xantar.* SIN. acostumar.

adoito, adoita

adxectivo

1 Que ten experiencia ou costume en algo: *Xa está adoito aos traballos do campo.* SIN. afeito.

adverbio

2 Con frecuencia: *Xanta adoito na casa dos pais.*

adolescente

adxectivo e substantivo

Referido a unha persoa, que está nunha idade que vai entre o remate da infancia e o comezo da madurez: *Os adolescentes adoitan ter entre catorce e dezaoito anos.*

FAM. adolescencia.

adondar

verbo

Pór brando ou suave: *Cómpre adondar este cabezal para durmir ben.*

adoptar

verbo

1 Referido a unha persoa, facerse cargo dela como fillo propio, sen que sexa fillo biolóxico ou natural: *Adoptaron unha meniña chinesa.* SIN. afillar, porfillar.

2 Aceptar ou admitir como propio, especialmente algo novo ou diferente: *Os dous irmáns adoptaron o mesmo punto de vista en contra dos pais.*

3 Tomar ou acordar medidas e decisións sobre algo: *O Goberno adoptará novas medidas contra o paro.*

FAM. adopción, adoptivo.

adorar

verbo

1 Nas relixións, facer demostración de que se quere e respecta un deus: *Nas igrexas os católicos adoran a Deus.*

2 Sentir moito amor cara a alguén: *Adora a súa noiva.*

3 Considerar moi agradable ou apetecible: *Adora a empanada de xoubas.*

FAM. adorable, adoración.

adormecer

verbo

1 Comezar a durmir: *Adormecín vendo un programa da tele.* ANT. acordar, espertar.

2 Perder o movemento ou a sensibilidade: *Adormecéronme as pernas por estar tanto tempo sentado.*

OBS. Cambia o *c* en *z* ante *a*, *o*, como en *parecer.*

FAM. adormecemento, adormecido.

adormentar

verbo

1 Facer durmir: *Arrolou o meniño para adormentalo.* SIN. adurmiñar.

2 Facer perder a sensibilidade: *O dentista adormentoulle a enxiva para extraerlle a moa.*

adornar

verbo

1 Pór adornos ou arranxos: *Adornaron o salón para a festa de fin de curso.* SIN. adobiar, embelecer, enfeitar, engalanar. ANT. afear.

2 Servir de adorno ou arranxo: *Eses farois e bandeirolas adornan moito.*

adorno

substantivo masculino

O que se pon para facer máis bonito: *Os zapatos levan unhas fibelas de adorno.* SIN. adobío, afeite, enfeite, ornamento.

adozar

verbo

1 Pór doce: *O azucre adoza o café con leite.*

2 Facer máis agradable ou máis soportable: *Tes que adozar o teu carácter e rosmar menos.*

OBS. Cambia o *z* en *c* diante do *e*, como en *cazar.*

adquirir
verbo
1 Conseguir ou chegar a ter a cambio de cartos: *Adquiriu un piso moi grande.* SIN. comprar, mercar. ANT. vender.
2 Chegar a ter algo: *Ese escritor adquiriu sona coas novelas policiais.* SIN. acadar, alcanzar, conseguir, lograr, obter. ANT. perder.
OBS. É regular.
FAM. adquirente, adquiridor, adquisición, adquisitivo.

adrede
adverbio
Intencionadamente, queréndoo facer: *Rompeu o prato adrede.* SIN. á mantenta, a propósito.

adro
substantivo masculino
Terreo, habitualmente cunha cerca, que hai diante de moitas igrexas ou ao seu redor: *O camposanto da parroquia está no adro da igrexa.*

aduana
substantivo feminino
Alfándega.

aduanada
substantivo feminino
1 Trasnada.
2 Falcatruada.
FAM. aduaneiro.

adubar
verbo
Adobar.

adubo
substantivo masculino
Adobo.

aducir
verbo
Alegar.

adular
verbo
Gabar moito a alguén dicíndolle o que lle gusta oír: *Ten sona de adular moito os xefes.* SIN. afagar.
FAM. adulación, adulador.

adulterar
verbo
Alterar, cambiar ou diminuír a calidade de algo, facéndoo peor: *Adulteran o viño botándolle auga. Adultera a verdade con esaxeracións.*
FAM. adulteración.

adulterio
substantivo masculino
Relación sexual mantida voluntariamente cunha persoa distinta daquela con quen se está legalmente casado: *Divorciouse por adulterio do marido.*
FAM. adúltero.

adulto, adulta
adxectivo
Que chegou ao seu maior grao de desenvolvemento e que xa pode reproducirse: *Os animais adultos poden ter fillos.*

adurmiñar
verbo
Facer durmir: *O movemento do tren adurmiñoume.* SIN. adormentar.

advento
substantivo masculino
No cristianismo, período de tempo que comprende as catro semanas anteriores ao Nadal: *No advento os cristiáns prepáranse para recibir a Cristo.*

adverbio
substantivo masculino
Clase de palabra de forma invariable que modifica un verbo, un adxectivo ou outro adverbio: *Enriba é un adverbio de lugar.*
FAM. adverbial, adverbialización.

adversario, adversaria
adxectivo e substantivo
Que está en contra ou en loita: *O Celta e o Deportivo son adversarios.* SIN. contrario, inimigo, rival. ANT. adepto, aliado, amigo, partidario.

adverso, adversa
adxectivo
Que non é favorable ou contrario ao que se desexa: *O noso equipo tivo a sorte adversa e perdeu.* SIN. desfavorable. ANT. favorable.
FAM. adversario, adversativo, adversidade.

advertencia
substantivo feminino
Información que se lle dá a alguén para avisalo sobre algo, con ou sen ameaza: *Non*

fixo caso das miñas advertencias e roubáronlle a carteira na feira. SIN. aviso.

advertir

verbo

1 Comunicar algo a alguén para que o saiba: *Advírtoche que este luns pechamos por balance.* SIN. avisar.

2 Avisar dun perigo: *A policía advertía aos condutores de que había neve na estrada.* SIN. avisar, previr.

3 Darse de conta: *Advertín que non levaba reloxo.* SIN. decatarse, notar, observar, reparar.

OBS. É irregular.

adxectivo

substantivo masculino

Clase de palabras que expresa calidades ou propiedades do substantivo, con que concorda en xénero e número: *Os adxectivos cualificativos expresan calidades dos substantivos.*

FAM. adxectivar.

adxudicar

verbo

Dar a alguén o que lle corresponde, pide ou pertence: *Adxudicáronlle o premio á mellor novela do concurso.*

OBS. Cambia o *c* en *qu* diante do *e*, como en *sacar.*

FAM. adxudicación, adxudicatario.

advertir

INDICATIVO		SUBXUNTIVO	IMPERATIVO
Presente	**Copretérito**	**Presente**	advirte
advirto	advertía	advirta	advertide
advirtes	advertías	advirtas	
advirte	advertía	advirta	
advertimos	advertiamos	advirtamos	**FOR. NOMINAIS**
advertides	advertiades	advirtades	
adviren	advertían	advirtan	**Infinitivo**
			advertir
Pretérito	**Antepretérito**	**Pretérito**	**Xerundio**
advertín	advertira	advirtise	advertindo
advertiches	advertiras	advirtises	
advertiu	advertira	advirtise	**Participio**
advertimos	advertiramos	advirtísemos	advertido
advertistes	advertirades	advirtísedes	
advertiron	advertiran	advirtisen	
Futuro	**Pospretérito**	**Futuro**	**Inf. conxugado**
advertirei	advertiría	advertir	advertir
advertirás	advertirías	advertires	advertires
advertirá	advertiría	advertir	advertir
advertiremos	advertiriamos	advertirmos	advertirmos
advertiredes	advertiriades	advertirdes	advertirdes
advertirán	advertirían	advertiren	advertiren

adxunto, adxunta

adxectivo

1 Que vai unido a outra cousa: *No folleto adxunto á garantía explícase o funcionamento do televisor.*

adxectivo e substantivo

2 Que axuda a outro nun traballo ou cargo de certa importancia: *O director da empresa ten dous adxuntos.*

aéreo, aérea

adxectivo

1 Do aire ou relacionado con el: *Os paxaros voan no espazo aéreo.*

2 Que se realiza no aire, vive no aire ou se fai dende o aire: *Hai plantas que teñen raíces aéreas.*

3 Da aviación ou relacionado con ela: *As liñas aéreas transportan moitos pasaxeiros.*

aeróbic

substantivo masculino

Tipo de ximnasia que se practica seguindo o ritmo dunha música: *Os que fan aeróbic parece que están a bailar.*

aerodinámico, aerodinámica

adxectivo

Que ten unha forma adecuada para reducir a resistencia do aire: *Os coches modernos teñen formas aerodinámicas.*

*aeroliña, a forma correcta é **liña aérea.**

aeromodelismo

substantivo masculino

Deporte ou actividade recreativa consistente en construír, a pequena escala, modelos de avión que voan: *No aeromodelismo os avións manéxanse cun mando a distancia.*

aeronáutico, aeronáutica

adxectivo

1 Da aeronáutica ou relacionado con esta ciencia: *É un bo enxeñeiro aeronáutico.*

substantivo feminino

2 Ciencia que proporciona os coñecementos necesarios para navegar polo aire: *A aeronáutica militar proxecta avións militares.*

aeronave

substantivo feminino

Vehículo que navega polo aire: *Os avións son aeronaves.*

aeroplano
substantivo masculino
Avión.

aeroporto
substantivo masculino
Terreo con pistas e instalacións para a chegada e saída de avións: *O avión chega ás dez ao aeroporto de Lavacolla.*

aerosol
substantivo masculino
Redución e envasado dun sólido ou líquido a partículas moi pequenas pola forte presión, o que permite lanzalo ao exterior en gotas moi pequenas: *O médico receitoulle un aerosol contra a asma.*
OBS. O plural é *aerosois.*

aeroxerador
substantivo masculino
Xerador de enerxía eléctrica que é accionado polo vento: *Os aeroxeradores espallados polos montes ás veces estragan a nosa paisaxe.*

afable ou afábel
adxectivo
Moi amable para tratar e falar con el: *Saudounos con cariño porque é moi afable.*
FAM. afabilidade.

afacer
verbo
1 Facer ter un determinado hábito ou costume: *Afíxeno por fin a madrugar.* SIN. acostumar, habituar.
2 **afacerse** Acostumarse ou adaptarse a un novo ambiente, clima ou circunstancia: *Afíxose moi ben á vida de Nova York.*
OBS. É irregular, como *facer.*

afagar
verbo
Gabar moito a alguén dicíndolle o que lle gusta oír: *Ten sona de afagar moito os xefes.* SIN. adular.
OBS. Cambia o *g* en *gu* diante do *e*, como en *pagar.*
FAM. afagador, afago.

afalar
verbo
Facer con berros ou acenos que un animal faga algo: *Afalaba os bois para que tirasen do carro.*

afán
substantivo masculino
1 Interese e esforzo que se pon no que se fai: *Traballa con moito afán e axiña ascenderá.* SIN. ansia. ANT. desgana.
2 Desexo moi forte de algo: *Os galeguistas teñen o afán dunha Galicia máis próspera.* SIN. ambición, anhelo, arela, cobiza, degoxo, devezo.

afanarse
verbo
Esforzarse moito en algo ou para algo: *Afanábase para que todos os convidados estivesen contentos.*
FAM. afán, afanoso.

afastar
verbo
Pór lonxe no espazo ou no tempo: *Afastei o coche da entrada do garaxe.* SIN. apartar, arredar, separar. ANT. acercar, achegar, aproximar, arrimar.
FAM. afastado, afastamento.

afección
substantivo feminino
1 Gusto e interese que se sente por algo: *Sempre tivo unha grande afección ao fútbol.* SIN. gusto, inclinación.
2 Conxunto de persoas que segue un espectáculo, especialmente dun deporte: *O dianteiro recibiu os aplausos da afección.*
3 Enfermidade: *A gripe é unha afección propia do inverno.* SIN. doenza, enfermidade.
4 Actividade recreativa que gusta facer no tempo libre: *Ten a afección de coleccionar reloxos antigos.* SIN. hobby.

afeccionado, afeccionada
adxectivo e substantivo
1 Que practica un deporte ou actividade recreativa porque lle gusta e sen proveito económico: *Os futbolistas afeccionados non cobran ningún soldo.*
2 Que lle gusta moito determinado espectáculo, especialmente deportivo, e que asiste habitualmente a el: *Os afeccionados apupaban o árbitro cando pitou o penalti.* SIN. seareiro, seguidor.

afeccionar
verbo
Facer sentir ou tomar gusto e interese por algo: *De cativo afeccionouse á lectura. Ese*

amigo afeccionoume a ver boas películas. FAM. afección, afeccionado.

afectación
substantivo feminino
Falta de sinxeleza e de naturalidade, especialmente ao falar ou comportarse: *Fala con moita afectación porque usa palabras moi rebuscadas.* SIN. amaneiramento. ANT. naturalidade, sinxeleza.

afectado, afectada
adxectivo
Que fala ou se comporta con falta de sinxeleza e naturalidade: *Viste sempre de marca porque é moi afectado.* SIN. amaneirado, aparente, falso. ANT. natural, sinxelo, espontáneo.

afectar
verbo
1 Producir unha emoción moi forte nunha persoa, especialmente negativa ou dolorosa: *A morte da nai afectounos moito.* SIN. conmover, impresionar.
2 Producir cambios en algo: *A luz do sol afecta o desenvolvemento das plantas.*
3 Influír de xeito negativo ou desfavorable: *A contaminación afecta a calidade do aire que respiramos.* SIN. prexudicar.
4 Ser algo responsabilidade ou obriga de alguén: *Nas nacións democráticas as leis afectan a todos por igual.* SIN. atanguer, concernir, referirse.
5 Aparentar falsamente o que non se é: *El afecta ser moi honrado, mais é un aduaneiro.*
FAM. afectación, afectado, afectivo, afectividade, afecto.

afectivo, afectiva
adxectivo
Do afecto, dos sentimentos ou do que senten as persoas: *Ter amigos é unha necesidade afectiva das persoas.*

afecto
substantivo masculino
1 Sentimento que alguén experimenta con forza: *O amor e o odio son afectos.* SIN. sentimento, paixón.
2 Sentimento de cariño e simpatía: *Sente moito afecto polos seus alumnos.* SIN. aprecio, cariño, estima. ANT. odio.

afectuoso, afectuosa
adxectivo
Amable e cariñoso: *Recibiunos cunha aperta porque é moi afectuoso.*
FAM. afectuosidade.

afeitar
verbo
Cortar o pelo da barba ou de calquera outra parte do corpo á altura da pel: *Cómpre afeitarse todos os días. Afeita os pelos das pernas.* SIN. rasurar.
OBS. É distinto de *barbear*, 'cortar só o pelo da barba'.
FAM. afeitado, afeite.

afeite
substantivo masculino
1 Adorno ou cousa que se pon para facer máis bonito: *A rapaza levaba uns afeites de doas no pelo.* SIN. adobío, adorno.
2 Produto empregado para a beleza da pel e do pelo: *Os afeites véndenos nas perfumarías.* SIN. cosmético.

afeito, afeita
Participio irregular de *afacer.*

*afeminado, a forma correcta é **efeminado**.

aferrar
verbo
1 Coller ou agarrar con moita forza: *Aferrouse á varanda para non caer.* SIN. agarrar. ANT. soltar.
2 **aferrarse** Insistir moito ou manterse teimosamente nunha idea ou nun propósito: *Aférrase á idea de irmos á praia aínda que chova.*

aferrollar
verbo
Pechar ou gardar con moito coidado: *Os piratas aferrollaban o tesouro nunha illa perdida.*
FAM. aferrollamento.

aferventar
verbo
Ferver un pouquiño: *Só aferventei o leite.*

afervoado, afervoada
adxectivo
Que manifesta moito entusiasmo: *Defende as súas ideas políticas dun xeito afervoado.* SIN. apaixonado, caloroso, entusiasta. ANT. frío.

afervoar
verbo
1 Encher de fervor ou entusiasmo moi grande: *O gol afervoou os seareiros.* SIN. apaixonar, entusiasmar.
2 Subirlle a febre a alguén: *O neno afervoou e xa ten 39 graos.*
FAM. afervoado, afervoamento.

afiador, afiadora
substantivo
Persoa que ten como oficio afiar coitelos e outros utensilios semellantes: *Os afiadores ourensáns teñen moita sona.*

*afialápices, a forma correcta é afialapis.

afialapis
substantivo masculino
Instrumento ou aparello que serve para facerlles a punta aos lapis: *Mercou dous modernos afialapis eléctricos.*
OBS. O plural non varía: *os afialapis.*

afianzar
verbo
Facer máis firme ou dar máis seguridade: *Afianzaba as súas afirmacións con probas.*
OBS. O *z* cambia en *c* diante do *e*, como en *cazar.*

afiar
verbo
Facer que un obxecto teña máis punta ou que corte mellor: *Vou afiar o lapis.*

afiar			
INDICATIVO		SUBXUNTIVO	IMPERATIVO
Presente	**Copretérito**	**Presente**	afía
afío	afiaba	afíe	afiade
afías	afiabas	afíes	
afía	afiaba	afíe	
afiamos	afiabamos	afiemos	FOR. NOMINAIS
afiades	afiabades	afiedes	**Infinitivo**
afían	afiaban	afíen	afiar
Pretérito	**Antepretérito**	**Pretérito**	**Xerundio**
afiei	afiara	afiase	afiando
afiaches	afiaras	afiases	
afiou	afiara	afiase	**Participio**
afiamos	afiaramos	afiásemos	afiado
afiastes	afiarades	afiásedes	
afiaron	afiaran	afiasen	
Futuro	**Pospretérito**	**Futuro**	**Inf. conxugado**
afiarei	afiaría	afiar	afiar
afiarás	afiarías	afiares	afiares
afiará	afiaría	afiar	afiar
afiaremos	afiariamos	afiarmos	afiarmos
afiaredes	afiariades	afiardes	afiardes
afiarán	afiarían	afiaren	afiaren

*aficionado, a forma correcta é afeccionado.

afiliar
verbo
Meter ou incluír a alguén nalgunha sociedade, corporación ou partido: *Xa estaba afiliado a un partido e agora afiliouse a un sindicato.* SIN. ingresar, inscribir.
OBS. Conxúgase como *cambiar.*
FAM. afiliación, afiliar.

afillado, afillada
substantivo
O que é unha persoa en relación co padriño ou madriña de bautizo: *Os padriños adoitan regalarlles unha rosca aos afillados por Pascua.*

afillar
verbo
1 Facer de padriño ou madriña de alguén no bautizo: *Afillou o sobriño.*
2 Referido a unha persoa, facerse cargo dela como fillo propio, sen que sexa fillo biolóxico ou natural: *Afillaron unha meniña chinesa.* SIN. adoptar, porfillar.
3 Botaren as plantas fillos ou gromos: *As plantas afillan na primavera.* SIN. abrochar, agromar.
FAM. afillado.

afín
adxectivo
Moi parecido: *Téñenche ideas afíns, case iguais.* SIN. análogo, próximo, semellante.
ANT. contrario, diferente, distinto, oposto.
FAM. afinidade.

afinar
verbo
1 Facer mellor, perfecto ou máis preciso: *O tirador tiña que afinar a puntaría para dar no albo.*
2 Preparar un instrumento musical para que soe ben: *Antes da actuación os músicos afinaban os instrumentos.* ANT. desafinar.
FAM. afinación, afinador.

afirmar
verbo
1 Asegurar que é verdade ou dar por certo: *Afirmou que fora onte ao cine.* SIN. asegurar, aseverar. ANT. negar.
2 Pór firme e seguro: *Cómpre afirmar ben esa cama para que non caia co peso.* SIN. asegurar, fincar, suxeitar.

3 afirmarse Manter o que se dixo antes: *Afirmábanse en todas as súas respostas.* SIN. ratificar.
FAM. afirmación, afirmativo.

afiuzar
verbo
1 Dar ánimos, esperanza ou alento: *O adestrador afiuzaba os xogadores para gañar.*
2 Responder por alguén comprometéndose a pagar unha débeda súa se el non o fixese: *O banco deulle o crédito porque o afiuzaron varias persoas.* SIN. avalar. ANT. desafiuzar.
OBS. Cambia o *z* en *c* diante do *e*, como en *cazar.*

aflixir
verbo
Causar unha tristeza moi grande: *Aflixiuno a morte do pai.* SIN. apesarar, desconsolar, magoar. ANT. aledar, alegrar, consolar.
FAM. aflición, aflitivo, afliximento.

aflorar
verbo
1 Referido a un mineral ou a un líquido, comezar a saír á superficie: *Neste manancial aflora moita auga.*
2 Referido a algo oculto ou en desenvolvemento, comezar a aparecer: *Cómpre atallar o cancro cando afloran os primeiros síntomas.*

afluente
substantivo masculino
Río que vai desembocar noutro máis importante: *O Sil é afluente do Miño.*

afluír
verbo
Ir parar a un determinado lugar: *Os ríos aflúen, finalmente, ao mar. Os afeccionados afluían ao estadio.*
OBS. Conxúgase como *incluír.*

afogar
verbo
1 Matar impedindo a respiración: *O asasino afogou a vítima coas mans.*
2 Morrer por accidente ao non poder respirar: *Caeu nun pozo e afogou.*
3 Producir ou sentir a sensación de que se respira mal: *Neste cuarto pechado e con tanto fume afogamos.* SIN. abafar, acorar, atafegar, asfixiar, sufocar.
4 Facer que algo acabe ou non se desenvolva: *O ditador afogou coas armas a rebelión. Se aceleras vas afogar o motor.*
5 afogarse Suicidarse ou matarse facendo que falte a respiración: *Afogouse tirándose ao río dende unha ponte.*
OBS. Cambia o *g* en *gu* diante do *e*, como en *pagar.*
FAM. afogado, afogamento, afogo.

afondar
verbo
1 Facer máis fondo ou profundo: *Afondaron o pozo para atopar máis auga.* SIN. profundar.
2 Ir para o fondo: *O que non sabe nadar afonda na auga.* SIN. afundir.
3 Estudar con moita atención: *Teño que afondar nese tema porque me gusta moito.* SIN. profundar.
FAM. afondamento.

afonía
substantivo feminino
Alteración ou perda da voz por unha enfermidade ou incapacidade das cordas vocais: *Estou arrefriado e con moita afonía.* SIN. rouquén.

afónico, afónica
adxectivo
Que presenta alteración ou perda da voz por unha enfermidade ou incapacidade das cordas vocais: *Berrei tanto no partido que estou afónico.* SIN. rouco.

aforas
substantivo feminino plural
Arredores dunha poboación: *A fábrica está nas aforas da cidade.* SIN. alfoz, arrabalde, arredores, periferia, veciñanza.

aforcar
verbo
Quitar a vida atando unha corda ao pescozo e apertándoa: *O xuíz ordenou aforcar o asasino.* SIN. colgar, enforcar.
OBS. O *c* cambia en *qu* diante do *e*, como en *sacar.*
FAM. aforcado, aforcamento.

aformigar
verbo
Sentir un proído intenso e desagradable: *Aformíganme as mans e os pés porque teño mala circulación.*

OBS. O *g* cambia en *gu* diante do *e*, como en *pagar*.

aforrar

verbo

1 Gardar cartos para o futuro: *A miña filla é previsora e aforra.* SIN. economizar. ANT. dilapidar, gastar.

2 Evitar un gasto ou consumo maiores: *Cómpre que aforremos a auga.* SIN. economizar. ANT. dilapidar, gastar.

3 Evitar unha situación desagradable: *Afórroche os detalles do accidente.*

FAM. aforrador, aforro.

afortunado, afortunada

adxectivo

1 Que ten moi boa sorte: *É moi afortunado porque lle tocou a lotaría varias veces.* SIN. ditoso, venturoso. ANT. desafortunado, desgraciado.

2 Que é moi apropiado e conveniente: *Non saír con esta chuvia foi unha decisión afortunada.* SIN. acertado, oportuno. ANT. aciago, infortunado, malfadado.

afouto, afouta

adxectivo

Que ten valor e ánimo, mesmo para pórse en perigo: *Enfrontouse cos atracadores porque é moi afouto.* SIN. animoso, audaz, valente, varudo, ousado. ANT. covarde, medroso.

FAM. afoutar, afouteza.

afrontar

verbo

1 Ofender ou insultar moi gravemente: *Afrontárono chamándolle traidor.* SIN. aldraxar.

2 Enfrontarse cunha situación difícil para a resolver: *Cómpre afrontar a ruína da empresa con serenidade.* SIN. encarar.

FAM. afronta, afrontamento, afrontoso.

afrouxar

verbo

1 Pór máis frouxo ou menos apertado e tirante: *Xantei moito e afrouxei o cinto.* ANT. apertar.

2 Perder forza ou intensidade: *Os ciclistas afrouxaron e agora corren a menos velocidade.* SIN. ceder, debilitarse, decaer, minguar. ANT. apertar.

afumar

verbo

1 Encher de fume: *A cheminea non tira e afuma toda a casa.*

2 Someter un alimento á acción do fume para conservalo: *Cómpre afumar eses chourizos.*

3 Pór negro pola acción do fume: *A parede está afumada.*

FAM. afumado, afumadoiro.

afundir

verbo

1 Referido a un corpo, metelo na auga ou noutro líquido ata que quede cuberto por completo: *O submarino afundiu o mercante cun torpedo.* SIN. somerxer.

2 Meter algo cara ao interior ou o máis profundo: *O atracador afundiulle a navalla na barriga.*

3 Facer perder o ánimo ou as forzas: *Este fracaso afundiuno.* SIN. derrubar.

4 Destruír unha construción botándoa abaixo: *As riadas afundiron a ponte.* SIN. derrubar. ANT. construír, levantar.

5 Facer fracasar ou levar á ruína: *A crise económica afundiu a nosa empresa.*

FAM. afundimento.

agachadas

EXP. **Ás agachadas** En segredo, sen que ninguén o saiba: *Seica se vían ás agachadas.* SIN. ás escondidas.

agachar

verbo

1 Referido especialmente á cabeza, inclinala ou baixala: *Agachaba a cabeza para dicir que si.* SIN. baixar. ANT. alzar, erguer, levantar.

2 Pór algo de forma que non se vexa ou non se descubra: *Os piratas agacharon o tesouro nunha illa perdida.* SIN. acochar, agochar, esconder, ocultar. ANT. amosar, descubrir, destapar, desvelar.

3 **agacharse** Encoller o corpo, dobrando para abaixo a cintura ou as pernas: *Agachouse para coller o bolígrafo do chan.* ANT. erguerse, levantarse.

aganchar

verbo

Gabear.

agardar
verbo
Esperar.

agarimar
verbo
1 Tratar con cariño e afecto: *A nai agarimaba o meniño para que non chorase.* SIN. acariciar, acariñar, aloumiñar.
2 Protexer do frío, da chuvia, do vento ou de calquera cousa mala ou perigo: *Agarimámonos da chuvia debaixo dun alpendre.* SIN. abeirar, amparar.
FAM. agarimo, agarimoso.

agarrado, agarrada
adxectivo
1 Que gasta o menos posible porque lle gustan moito os cartos: *É un agarrado e nunca convida os amigos.* SIN. apertado, atado, cotroso. ANT. aberto, espléndido, xeneroso.
substantivo feminino
2 Discusión moi forte ou loita entre dúas persoas: *Tiveron unha agarrada e case chegan ás mans.* SIN. altercado, liorta.

agarrar
verbo
1 Coller ou suxeitar fortemente coa man: *Agarrou con forza o libro.* ANT. soltar.
2 Comezar a ter unha enfermidade, un estado de ánimo ou determinada situación negativa: *Con esa molladura agarrou un bo catarro.* SIN. coller, contraer.
3 Comezar unha planta a botar raíces na terra: *Esta pereira agarrou moi ben.* SIN. arraigar, enraizar, prender.
4 **agarrarse** Tomar algo como desculpa: *Para non estudar agárrase a que traballa.* SIN. acollerse, aferrarse.
5 Manterse teimosamente nunha idea ou proxecto: *Agarrábase á idea de vender o coche e así pagar as débedas.* SIN. acollerse, aferrarse.
6 Ter unha discusión moi forte ou unha pelexa: *Agarráronse e tiveron que os separar.* SIN. berrar, discutir, pelexar, rifar.
EXP. **Agarrar e + verbo** Indica que alguén realiza inmediatamente a acción introducida por *e*: *Como non estaba a gusto, agarrou e marchou.* SIN. coller e + verbo, ir e + verbo.
FAM. agarrada, agarrado.

agarrotar
verbo
1 Executar un condenado a morte co garrote: *No pasado, moitos condenados a morte eran agarrotados.*
2 Apertar ou suxeitar moi forte: *Agarrotaban a carga do remolque.*
3 **agarrotarse** Quedar un membro do corpo ou un mecanismo sen capacidade para moverse: *Agarrotáronseme os pés con este frío.*

agás
preposición
Sen ter en conta a: *Agás eu, todos foron a esa festa.* SIN. bardante, excepto, menos, salvo.

agasallar
substantivo masculino
Acoller e tratar de forma moi cortés e amable, mesmo dando regalos: *Polo Nadal agasallounos cun gran xantar.* SIN. obsequiar.
FAM. agasalleiro, agasallo.

agasallo
substantivo masculino
O que se lle dá a alguén como mostra de cariño e afecto: *Fixéronme un bo agasallo o día do meu aniversario.* SIN. obsequio, regalo.

agatuñar
verbo
Gabear.

aglomerar
verbo
Reunir e xuntar en gran cantidade, especialmente sen orde: *A xente aglomerábase na entrada do teatro.*
FAM. aglomeración, aglomerado.

aglutinar
verbo
Reunir ou xuntar para un obxectivo ou fin: *A asociación aglutina persoas que defenden o transporte público de calidade.*
FAM. aglutinación, aglutinador, aglutinante.

agochar
verbo
Acochar.

agocho
substantivo masculino
Acocho.

agoirar
verbo
Dicir o que vai acontecer antes de que aconteza, especialmente se é negativo ou malo: *O adiviño agoiraba moitas desgrazas para o ano próximo.* SIN. anunciar, predicir, prognosticar.
FAM. agoireiro, agoiro.

agomar
verbo
Brotar.

agonía
substantivo feminino
1 Estado inmediatamente anterior á morte: *O enfermo estaba na agonía.*
2 Pena ou sufrimento moi grandes: *As liortas familiares prodúcenme moitas agonías.*

agoniar
verbo
1 Causar un sentimento de dor, pena ou angustia: *Agoníano moito as discusións familiares.* SIN. aflixir, angustiar, atribular.
2 **agoniarse** Sentir angustia, preocupación ou intranquilidade: *Con calquera problema, por pequeno que sexa, agoníase.* SIN. aflixir, angustiar, atribular.
3 Enfadarse ou pórse de mal humor: *Agoniouse co curmán porque non o convidou ao aniversario.* SIN. anoxarse, enfadarse.
OBS. Conxúgase como *afiar.*

agonizar
verbo
Estar nos derradeiros momentos da vida ou da existencia: *O Imperio romano agonizaba cando o invadiron os bárbaros.*
OBS. Distíngase de *agoniar.* Cambia o *z* en *c* ante *e*, como en *cazar.*
FAM. agonía, agonizante.

agora
adverbio
1 Neste momento: *Agora estamos na clase.* SIN. arestora.
2 Na actualidade, no presente, nos tempos que corren.
EXP. **Agora ben** Introduce unha oposición: *Eu apoio o teu proxecto; agora ben, traballa arreo.* **Agora que** Introduce unha oposición: *É un bo traballador, agora que algo discutidor.* **De agora en diante** A partir deste momento: *De agora en diante acabaron as bromas comigo.* **Por agora** No momento presente e sen pensar no futuro: *Por agora remata o traballo que estás a facer.*

agosto
substantivo masculino
Oitavo mes do ano: *Agosto vai entre xullo e setembro e ten trinta e un días.*
FAM. agostar.

agra
substantivo feminino
Terreo cultivado moi grande e dividido en agros, leiras ou anacos que pertencen a donos distintos: *Esta agra está dividida en leiras que son de varios donos diferentes.*
OBS. Distíngase de *agro.*

agraciado, agraciada
adxectivo
1 Que ten moi boa sorte: *Os agraciados co primeiro premio da lotaría están moi ledos.* SIN. afortunado. ANT. desafortunado.
2 Que é guapo e de corpo bonito: *Ten un mozo moi agraciado.*
FAM. agraciar.

agradar
verbo
Gustar moito: *Espero que che agrade o xantar.* SIN. compracer, gustar, pracer. ANT. aborrecer, anoxar, desagradar, desgustar.
FAM. agradable, agrado.

agradecer
verbo
1 Dar as grazas ou mostrar gratitude por algún favor ou axuda recibidos: *É unha persoa que sabe agradecer os favores.*
2 Corresponder ás atencións e coidados recibidos: *As árbores froiteiras agradecen que as sulfatases.*
OBS. Cambia o *c* en *z* ante *e*, como en *parecer.*
FAM. agradecido, agradecemento.

agrario
adxectivo
1 Do campo ou relacionado con el: *A agricultura e a gandaría son actividades agrarias.*
adxectivo e substantivo
2 Que pertence ao movemento que defende os dereitos dos agricultores galegos: *Os agrarios de comezos do século XX defendían a desaparición dos foros.*

OBS. É distinto de *agrícola*, 'que se refire ao cultivo da terra'.
FAM. agrarismo.

agravar
verbo
Aumentar a gravidade ou importancia de algo: *Esas faltas de comportamento agravan a túa situación.*
FAM. agravamento, agravante.

agraviar
verbo
Ofender ou insultar moito a alguén: *Agraviounos con esas aldraxes.* SIN. afrontar, ofender. ANT. desagraviar.
OBS. O *i* nunca leva acento gráfico, como en *cambiar.*
FAM. agraviante, agravio.

agre
adxectivo
1 De sabor semellante ao do limón ou do vinagre: *A froita verde ten un sabor agre.* SIN. acedo, ácido, amargo. ANT. doce.
2 Que molesta ou resulta desagradable: *Os comentarios agres do profesor desgustaron o alumno.*
FAM. agrear, agrume, agrura.

agredir
verbo
Realizar unha agresión ou ataque violento contra alguén: *Un xogador agrediu o árbitro.*
OBS. Conxúgase como *advertir.*
FAM. agresión, agresividade, agresivo, agresor.

agregar
verbo
Unir ou engadir a un todo: *Cómpre agregar máis leite para que a masa quede mellor.* SIN. engadir, sumar. ANT. quitar.
OBS. Cambia o *g* en *gu* diante de *e*, como en *pagar.*
FAM. agrego, agregado.

agreste
adxectivo
Sen cultivar, con moita vexetación e que resulta difícil andar por el: *Os exploradores camiñaban por un terreo agreste.*

agrícola
adxectivo
Da agricultura ou relacionado co cultivo da terra: *As froitas e froitos son produtos agrícolas.*
OBS. É distinto de *agrario*, 'do campo ou relacionado con el'.

agricultor, agricultora
substantivo
Persoa que se dedica á agricultura ou cultivo da terra: *En Galicia baixou moito o número de agricultores.*

agricultura
substantivo feminino
Cultivo da terra: *A agricultura proporciona principalmente alimentos para homes e animais.*

agridoce
adxectivo
Agre e doce ao mesmo tempo: *Eses caramelos teñen un sabor agridoce.*

agro
substantivo masculino
1 Terreo cultivado, xeralmente pequeno e dun só dono: *No agro ese botamos unhas patacas.* SIN. leira, terreo, veiga.
2 Conxunto de actividades relacionadas coa agricultura ou cultivo da terra: *Cómpren máis axudas para o agro.* SIN. campo.
OBS. Distíngase de *agra.*

agromar
verbo
Brotar.

agronomía
substantivo
Conxunto de coñecementos referidos á agricultura ou cultivo da terra: *A agronomía busca mellores sementes.*
FAM. agrónomo.

agrúo
substantivo masculino
Aturuxo.
FAM. agruar.

agrupar
verbo
Pór ou xuntar formando grupos ou conxuntos: *O adestrador agrupou os xogadores en titulares e reservas.* SIN. reunir, xuntar. ANT. apartar, separar.
FAM. agrupación, agrupamento.

aguantar
verbo
1 Soportar ou sufrir con paciencia algo molesto ou desagradable: *Non daba aguantado aquela dor de moas.* SIN. aturar, soportar, tolerar.
2 Non deixar que se note un desexo ou impulso: *Tivo que aguantar a gana de chorar.*
3 Soster ou suxeitar sen deixar caer: *Esa escada non vai aguantar co teu peso.* SIN. soster, termar.
4 **aguantarse** Permanecer sen variación: *O día aguantouse e non choveu.*
FAM. aguante.

agudo, aguda
adxectivo
1 Que remata en punta ou co bordo moi afiado: *Os lapis afiados teñen unha punta aguda.*
2 Que ten intelixencia e graza: *Conta moi ben os chistes porque é moi agudo.* SIN. perspicaz, sutil.
3 Moi forte e intenso: *O paciente sentía unha dor aguda no peito.*
4 Que percibe moi ben as sensacións: *Os cans teñen un olfacto moi agudo.*
5 Referido a unha palabra, que ten o acento na derradeira sílaba: *Papá é unha palabra aguda.*
6 Referido a sons, que soa moi alto porque ten unha frecuencia de vibracións elevada: *Os asubíos producen un son agudo.* ANT. baixo, grave.
FAM. agudeza, agudizar.

aguia
substantivo feminino
Ave de rapina que ten o peteiro moi forte e curvo, voo moi rápido, fortes músculos, poutas moi fortes e vista moi desenvolvida: *As aguias cazan de día.*

aguiacho
substantivo masculino
Cría da aguia: *Había un niño con tres aguiachos.*

aguillada
substantivo feminino
Pau longo con ou sen punta de ferro usado para aguilloar os animais: *Afortunadamente xa non se usa a aguillada coas vacas.*
FAM. aguillar.

aguillón
substantivo masculino
1 Especie de punta que teñen algúns insectos e os alacráns no extremo do abdome co que pican e pasan veleno: *As abellas e as avespas teñen aguillón.* SIN. ferrete.
2 Punta de ferro en que remata a aguillada: *Cravaba o aguillón da aguillada na vaca.*
FAM. aguilloada, aguilloar.

aguinaldo
substantivo masculino
Regalo que se fai polo Nadal: *O padriño deulles aos afillados un bo aguinaldo.*

agulla
substantivo feminino
1 Barriña de metal cun extremo rematado en punta e cun ollo ou buraco no outro por onde pasa o fío para coser: *Para coser cómpre fío e agulla.*
2 Barriña de metal oca e rematada en punta que se adapta a unha xiringa e se emprega para inxectar medicamentos ou substancias no organismo: *O médico colleu unha agulla nova para vacinar o neno.*
3 Especie de barriña delgada que serve para sinalar algo: *Os contaquilómetros teñen unha agulla para marcaren a velocidade.*
4 Raíl móbil que permite cambiar un tren de vía: *As agullas da estación cambian os trens de vía.*
5 Parte da res vacúa que está entre o lombo e o pescozo: *Merca solombo e deixa a carne de agulla.*
6 Sabor algo amargo e fresco dun viño novo: *O viño deste ano ten moita agulla.*
7 Peixe mariño comestible de corpo longo e delgado: *Gústanlle as agullas en conserva.*
FAM. agulleiro.

agulleta
substantivo feminino
Peza metálica que levan nos extremos os amallós ou cordóns dos zapatos para que entren ben polos buracos: *Non meto ben ese cordón sen agulleta.*
FAM. agulletar.

***agurgullar**, a forma correcta é **gurgullar**.

aguzar
verbo
Facer máis agudo un sentido ou o entendemento para ver ou entender mellor: *Para*

resolver estes problemas de matemáticas cómpre aguzar o enxeño. SIN. afinar, avivar.
OBS. Cambia o *z* en *c* ante *e*, como en *cazar*.
FAM. aguzadoira, aguzadura, aguzalapis.

ah
interxección
Indica admiración, sorpresa ou desgusto: *Ah!, aínda non me contaras esa nova.*
OBS. Distíngase de *a*, artigo feminino e pronome átono; de *a*¹, substantivo; de *ha*, do verbo *haber*; de *a*², preposición; de *á*¹, órgano das aves; de *á*², contracción.

ai
interxección
Indica dor: *Ai, non me pises!*
OBS. É distinto de *hai*, do verbo *haber*, e de *aí*, adverbio.

aí
adverbio
Nese lugar: *O libro está aí, xunta ti.*
EXP. **Aí atrás** Hai algún tempo: *Estiven aí atrás na túa vila.* **Por aí** Aproximadamente, pouco máis ou menos: *O libro custará uns dez euros ou por aí.*
OBS. É distinto de *hai*, do verbo *haber*, e de *ai*, interxección.

aínda
adverbio
1 Ata ou incluso: *Aínda os máis parvos o entenderían.* SIN. incluso, inda.
2 Ata o momento en que se está a falar: *Aínda non chegou o autobús.* SIN. incluso, inda.
conxunción
3 Úsase para expresar unha dificultade que non impide que algo se realice: *Aínda con seres tan listo, ben que te enganaron.* SIN. incluso, inda.
EXP. **Aínda que** Úsase para expresar unha dificultade que non impide que se poida realizar unha cousa: *Aínda que vaia malo, iremos á praia.* SIN. inda que.

aira
substantivo feminino
Eira.

***airado**, a forma correcta é **irado**.

aire ou ar
substantivo masculino
1 Mestura de gases que respiramos e que forma a atmosfera terrestre: *No campo o aire está moito máis limpo ca nas grandes cidades.*
2 Vento, ou esta mestura de gases en movemento: *Aquí no inverno corre moito aire.* SIN. vento.
3 Semellanza ou parecido con algo ou alguén: *O neto ten un aire co avó.* SIN. parecido, semellanza.
4 Aspecto ou conxunto de características propias de algo: *Falaba con aire de preocupación.*
5 Segundo a superstición, debilidade xeral ou mal estado, especialmente dun cativo, porque tivo contacto con defuntos ou moribundos: *A meiga dicía que o cativo collera un aire de defunto.*
EXP. **Aire acondicionado** Instalación que permite elixir e regular a temperatura dun sitio cerrado: *Nesa cafetaría teñen aire acondicionado.* **Ao aire** Sen cubrir: *Andaba sen camisa, co peito ao aire.* **Cambiar/mudar de aires** Marchar dun lugar: *O adestrador cambiou de aires e agora está noutro equipo.* **Collelas/pescalas/pillalas no aire** Decatarse rapidamente das cousas: *É moi espelido e cólleas no aire.* **Matalas no aire** Dar respostas moi rápidas e intelixentes: *Os xornalistas non poden con el porque as mata no aire.* **No aire** 1) Sen resolver ou sen solucionar: *O do crédito aínda está no aire, pois non llo confirmaron do banco.* 2) Moi rapidamente: *O mecánico cambioulle o aceite ao coche no aire.*
FAM. aireada, airear, airexa, airoso.

aireada
substantivo feminino
Ventada.

airear
verbo
1 Pór ao aire ou facer que o aire entre nun sitio: *Cómpre airear este cuarto.* SIN. ventilar.
2 Contar ou divulgar para que o saiban todos: *Os programas do corazón airean a vida privada dos famosos.* SIN. declarar, divulgar, espallar, pregoar, proclamar, publicar. ANT. calar, tapar.

airexa
substantivo feminino
Brisa.

airoso, airosa

adxectivo

1 Que ten graza ou elegancia: *É moi airoso porque anda con moita elegancia.*
2 Que remata ben ou con éxito: *Saímos airosos deste curso e aprobamos todo.*
3 Con moito vento ou aire: *Esta é unha montaña moi airosa.*

aixada

substantivo feminino

Instrumento de labranza formado por unha pa de ferro e un mango de pau e que se usa para cavar: *O labrego cavaba cunha aixada.*

aixola

substantivo feminino

Ferramenta formada dunha coitela recta ou curva unida a un mango e utilizada para labrar a madeira: *Os carpinteiros usan a aixola.*

alá

adverbio

1 A aquel lugar: *Marchou para alá e aínda non volveu.* SIN. alí, aló.
2 Naquel lugar: *O coche quedou alá lonxe.*
3 Indica momento impreciso no pasado ou no futuro: *Alá polo verán iremos verte.*
OBS. Distíngase de *ala*[1] e de *ala*[2].

ala[1]

substantivo feminino

Á.
OBS. Distíngase de *ala*[2] e de *alá*.

ala[2]

interxección

Úsase para dar ánimos, facer bulir ou mesmo para expresar desgusto: *Ala, xa estragaches o traballo.* SIN. ale, veña.
OBS. Distíngase de *ala*[1] e de *alá*.

alacrán

substantivo masculino

Escorpión.

alagar

verbo

Asolagar.
OBS. Cambia o *g* en *gu* diante do *e*, como en *pagar.*
FAM. alagamento.

alalá

substantivo masculino

Canto popular galego que repiten como retrouso a fórmula «ailalala, ailalala»: *É moi famoso o alalá de Arzúa.*

***alambrada**, a forma correcta é **aramado**.

***alambrar**, a forma correcta é **aramar**.

alameda

substantivo feminino

Paseo con árbores e xardíns: *A alameda de Santiago é a famosa Ferradura.*

álamo

substantivo masculino

Árbore propia de lugares húmidos, de crecemento bastante rápido e que produce unha madeira moi resistente á auga: *Os álamos son árbores de folla caduca.*
FAM. alameda.

alancada

substantivo feminino

Paso longo que dá unha persoa: *Camiñaba a grandes alancadas.* SIN. zancada.

alancar

verbo

Andar con pasos moi grandes: *O xigante alancaba para coller o anano.*
OBS. O *c* cambia en *qu* diante do *e*, como en *sacar.*
FAM. alancada.

alangrear

verbo

1 Ter moita fame: *Quero cear xa porque alangreo coa fame.*
2 Desexar moito: *Os mozotes alangreaban por ir á discoteca.* SIN. devecer, rabiar, reloucar.

alarde

substantivo masculino

Presentación ou demostración de algo con orgullo: *Fai alarde dos moitos cartos que leva na carteira.*
FAM. alardear.

alargar

verbo

Facer máis ancho: *Alargaron a estrada e agora, no canto de dous carrís, ten catro.*
SIN. anchear, ensanchar. ANT. estreitar.
OBS. É distinto de *alongar*, 'facer máis lon-

go ou dar máis lonxitude'. Cambia o *g* en *gu* ante *e*, como en *pagar*.
FAM. alargado, alargamento, alargo.

alarido
substantivo masculino
Berro moi forte e agudo: *Dende fóra da casa sentíanse os alaridos de dor do enfermo.*

alarma
substantivo feminino
1 Aviso ou sinal de perigo: *A sentinela deu a voz de alarma cando viu o inimigo.*
2 Calquera aparello ou mecanismo que mediante sons ou luces avisa de algo: *Se me queren roubar o coche, soa a alarma.*
3 Susto ou sobresalto que fai perder a tranquilidade: *Din que anda un violador polo barrio e iso crea alarma social.*

alarmar
verbo
Asustar, causar medo ou facer perder a tranquilidade: *Os médicos alarmárono cando lle explicaron que as análises eran moi malas.* SIN. asustar, atemorizar. ANT. tranquilizar.
FAM. alarma, alarmante, alarmismo.

alasar
verbo
Respirar con moita dificultade pola calor, polo cansazo ou por unha emoción: *Ía tanta calor que todos alasabamos ao andar.* SIN. arfar, bafexar, folguexar, inar.

alba
substantivo feminino
1 Momento do día en que sae o sol: *Meu avó erguíase coa alba.* SIN. abrente, albor, alborada, amañecer, amencer, aurora, luzada, rompente. ANT. anoitecer, bocanoite, luscofusco, noitiña.
2 Peza de vestir de cor branca que poñen os sacerdotes católicos para celebraren a misa: *A alba adoita ser de liño.*
FAM. albor, alborada, alborexar.

albanel
substantivo masculino
Persoa que ten como profesión realizar obras de construción en que se empregan ladrillos, cemento, area e outros materiais semellantes: *Os albaneis constrúen paredes de ladrillo.*
FAM. albanelaría.

albar
adxectivo
1 Que ten unha cor máis clara do que é normal: *O centeo albar é máis claro ca o centeo común.*
2 Branco: *Mercou un quilo de fariña albar.*
3 Que dá o froito antes ca outros da mesma especie: *Estas cerdeiras son albares e florecen antes.*

albará
substantivo masculino
Papel ou documento en que constan as mercadorías que se lle envían a alguén e que debe asinar quen as recibe: *O porteiro asinou o albará das compras de libros.*

albarda
substantivo feminino
Aparello formado por dúas almofadas cheas de palla que se pon sobre o lombo das bestas de carga para que non as manque a carga: *Púxolle a albarda ao burro.*

albaricoque
substantivo masculino
Froita arredondada parecida ao melocotón, pero máis pequena: *O albaricoque ten unha pel de cor amarela alaranxada.*
FAM. albaricoqueiro.

albariño, albariña
adxectivo
1 De cor máis clara cá doutras especies semellantes: *A uva albariña é moi branca.*
substantivo masculino
2 Viño branco propio da comarca do Salnés: *O albariño é boa compaña para o marisco.*

albedro
substantivo masculino
Érbedo.

albergar
verbo
1 Dar ou tomar aloxamento ou hospedaxe: *O conde albergou no castelo os seus convidados.* SIN. acoller, aloxar, hospedar.
2 Ter unha idea ou desexo: *O rapaz albergaba a idea de rematar a carreira este ano.* SIN. abrigar.
OBS. O *g* cambia en *gu* diante do *e*, como en *pagar*.
FAM. albergue.

albergue
substantivo masculino
Casa en que se lle dá pousada a unha persoa ou que serve de refuxio e protección: *No Camiño de Santiago hai moitos albergues.*

albino, albina
adxectivo e substantivo
Que ten a pel e o pelo moi brancos: *As persoas albinas teñen a pel moi branca e os ollos moi claros porque carecen de melanina.*

albiscar
verbo
Ver algo de xeito pouco claro pola distancia: *Ao lonxe albiscabamos as casas dunha aldea.* SIN. dexergar, divisar, enxergar.
OBS. O *c* cambia en *qu* ante o *e*, como en *sacar.*

albo, alba
adxectivo
1 De cor branca: *Esa rapaza nórdica ten a pel moi alba.*
substantivo masculino
2 Persoa ou cousa cara a que se dirixe un disparo ou un lanzamento: *A frecha deu no albo, pois cravouse no medio e medio da diana.*
FAM. albura.

alboio
substantivo masculino
Construción con tellado, pegada a unha casa ou de obra moi sinxela, que se usa para gardar a leña, o tractor, as ferramentas e os apeiros de labranza: *Gardaba o coche xunta o tractor, no alboio.* SIN. alpendre, cabanel, chapitel, cuberto, pendello.

albóndega
substantivo feminino
Bóla pequena de carne ou de peixe picados preparada con ovo, pan relado e especias: *Hoxe xantei albóndegas de carne.*

albor
substantivo masculino
Alba.

alborada
substantivo feminino
1 Alba.
2 Peza musical interpretada por gaiteiros ou por unha banda de música os días de festa pola mañá cedo: *Os gaiteiros percorrían a vila tocando unha alborada.*

alborexar
verbo
Aparecer a luz do sol: *No verán alborece antes ca no inverno.* SIN. amañecer, amencer, clarexar.

albornoz
substantivo masculino
Peza de vestir a xeito de abrigo de tea de toalla que se usa para secar o corpo: *Ao saír da ducha poño o albornoz para me secar.*

alborotar
verbo
1 Facer moito ruído e molestar: *Os veciños protestaron porque uns rapaces alborotaban na rúa de noite.*
2 Desordenar ou alterar a orde normal: *O temporal alborotou o mar.*
FAM. alborotador, alboroto.

alborozar
substantivo masculino
Producir moita alegría: *O regreso do fillo da emigración alborozou a familia.*
OBS. O *z* cambia en *c* ante o *e*, como en *cazar.*
FAM. alborozo.

albufeira
substantivo feminino
Lagoa de auga salgada no litoral formada pola entrada do mar nunha zona baixa areosa e que queda separada do mar por un banco de area: *Nesta albufeira hai moitas aves acuáticas.*

álbum
substantivo masculino
1 Libro ou caderno en cuxas follas se gardan apegadas fotos, selos ou obxectos semellantes: *O cativo tiña un álbum de selos.*
2 Carpeta ou estoxo que contén un ou máis discos: *Este grupo rockeiro publica agora un novo álbum.*
OBS. O plural é *álbums.*

albume
substantivo masculino
1 Parte transparente do ovo, que rodea a xema e que lle subministra alimento ao

embrión: *O albume do ovo chámase vulgarmente clara.*
2 Parte da semente que acompaña ao embrión como reserva alimenticia: *O albume ocupa a maior parte da semente.*

alcacén
substantivo masculino
Cereal que se sega en verde para empregar como forraxe para o gando: *O alcacén tamén pode ser de orxo ou avea verdes.* SIN. ferraia, ferraña.
EXP. **Non estar o alcacén para gaitas** Non estar para bromas: *Non me andes con chistes porque non está o alcacén para gaitas.*

alcachofa
substantivo feminino
1 Planta que se cultiva nas hortas polos gromos das súas flores, que son grandes, carnosos e comestibles: *A alcachofa é unha hortaliza.*
2 Peza arredondada e chea de buraquiños por onde sae a auga, como na ducha ou nas regadeiras: *Cómpre desatascar os buracos da alcachofa da ducha.*

alcaiata
substantivo feminino
Cravo en forma de ele maiúsculo, que se utiliza para colgar cousas: *Colocaremos unha alcaiata na parede para colgarmos o cadro.*

alcaiote, alcaiota
substantivo
Persoa que busca para outra alguén con quen manter unha relación amorosa ou sexual: *Anda de alcaiote buscándolles noivas aos amigos.*

alcalde, alcaldesa
substantivo
Persoa que preside os concelleiros e que goberna un Concello: *O alcalde ten o seu despacho na casa do Concello.*
EXP. **Alcalde de barrio** Concelleiro en quen delega o alcalde para o goberno dun barrio: *Nas vilas grandes adoitaba haber alcaldes de barrio.* **Alcalde pedáneo** Persoa nomeada polo alcalde para representalo nunha aldea nos concellos con poboación rural: *O alcalde pedáneo dirixía as brigadas que amañaban as pistas da aldea.*
FAM. alcaldía.

alcanzar
verbo
1 Chegar a xuntarse co que vai diante: *Comezou a correr e alcanzouno no final da rúa.* SIN. acadar, atrapar, coller.
2 Obter ou chegar a coller: *O noso equipo alcanzou o primeiro lugar.* SIN. acadar.
3 Chegar a algo ou dar con el: *O mísil alcanzou o carro de combate.* SIN. acadar.
4 Chegar ou ser suficiente para algo: *Estes cartos non lle alcanzan para mercar o libro.* SIN. abondar, chegar.
5 Entender ou chegar a comprender: *Non alcanzamos os motivos que tes para estar triste.* SIN. comprender, entender.
OBS. O *z* cambia en *c* diante do *e*, como en *cazar.*
FAM. alcance, alcanzable.

alcatrán
substantivo masculino
Substancia viscosa de cor negra que se obtén principalmente do petróleo: *O alcatrán úsase para asfaltar as rúas.*
FAM. alcatranar.

alcatrear
verbo
Feder.
FAM. alcatreo.

alcázar
substantivo masculino
Especie de castelo onde adoitaban vivir persoas da familia real: *Teñen sona os alcázares de Segovia, Sevilla e Toledo.*

alcoba
substantivo feminino
Cuarto destinado para durmir: *Este piso ten catro alcobas.*

alcohol
substantivo masculino
Alcol.

alcol
substantivo masculino
1 Líquido incoloro de cheiro forte, obtido do viño e doutros produtos por destilación: *O alcol arde moi ben e úsase para limpar e desinfectar.*
2 Bebida que contén este líquido: *Os abstemios non proban o alcol.*
FAM. alcólico, alcolismo, alcolizar.

alcólico, alcólica
adxectivo
1 Que contén alcol: *A augardente é unha bebida alcólica.*
adxectivo e substantivo
2 Que bebe moito alcol e depende del: *Os alcólicos son enfermos psíquicos e físicos.*

alcolismo
substantivo masculino
Enfermidade producida por beber demasiado alcol: *Nesta clínica ofrecen tratamento contra o alcolismo.*

alcouve
substantivo masculino
Sementeiro.

alcume
substantivo masculino
Nome que se lle dá a unha persoa en substitución do seu nome propio e que obedece a algunha característica súa moi rechamante: *Como ten o nariz grande puxéronlle de alcume Narizán.* SIN. alcuño.
FAM. alcumar.

alcuño
substantivo masculino
Alcume.
FAM. alcuñar.

aldea
substantivo feminino
Poboación pequena onde vive pouca xente: *Eu sonvos dunha aldea de Ourense.* SIN. lugar.
FAM. aldeán, aldeanismo.

aldeán, aldeá
adxectivo e substantivo
Dunha aldea ou relacionado con ela: *Os aldeáns adoitan dedicarse á agricultura e á gandaría.*

aldraxe
substantivo feminino
Palabra ou feito que supón unha ofensa ou insulto moi grave para alguén e que o molestan moito: *Chamarlle ladrón foi unha aldraxe.* SIN. afronta, insulto, inxuria, ofensa, vexación, vexame.
FAM. aldraxar.

ale
interxección
Úsase para dar ánimo ou para indicar sorpresa, admiración ou desgusto: *Ale, que imos gañar este partido!* SIN. ala, veña.

aleatorio, aleatoria
adxectivo
Que depende da sorte: *O resultado do sorteo da lotaría é aleatorio.*

aledar
verbo
Alegrar.

alegar
verbo
Presentar como proba, escusa ou xustificación: *Multárono por exceso de velocidade pero alega que o radar funcionaba mal.*
SIN. aducir.
OBS. Cambia o *g* en *gu* diante de *e*, como en *pagar.*
FAM. alegación, alegante.

alegrar
verbo
Producir sensación de alegría ou de sentirse moi feliz e contento: *Alegrámonos coa nova do teu casamento.* SIN. aledar. ANT. aflixir, desgustar, entristecer, magoar.

alegre
adxectivo
1 Que sente ou que produce unha sensación que fai feliz e pon contento: *O triunfo dun amigo sempre é unha nova alegre.* SIN. contento, ledo. ANT. apesarado, triste.
2 Referido a unha cor, que é viva: *O pallaso levaba unha gravata de cores alegres.* SIN. vivo. ANT. apagado.
3 Que non é todo o serio ou responsable que debía ser: *Teñen fama de ser xente de vida alegre e de non cumprir ben os seus compromisos.*
4 Un pouco bébedo ou excitado polo consumo de bebidas alcólicas: *Tomou dúas copiñas de champaña e andaba alegre.*
FAM. alegrar, alegría.

alegría
substantivo feminino
1 Sensación agradable que se ten cando pasa algo que nos gusta: *Tiña moita alegría porque lle tocara o primeiro premio da lotaría.* SIN. felicidade, dita, gozo, ledicia. ANT. dor, pena, pesar, sufrimento, tristeza, tristura.

2 Falta de responsabilidade ao facer algo: *Non fales con tanta alegría e pensa o que dis.*

aleitar
verbo
Alimentar unha nai con leite de seu o seu fillo: *A cadela aleitaba os cachorriños.*

aleivoso, aleivosa
adxectivo
Que fai dano ou comete un delito asegurándose de que non o van descubrir: *Os atentados terroristas son actos aleivosos.*
FAM. aleivosía.

alelí
substantivo masculino
Planta que produce unhas flores do mesmo nome que dan moi bo recendo: *Os alelís poden ter flores brancas, vermellas ou amarelas.*

aleluia
interxección
Úsase para expresar alegría ou satisfacción: *Aleluia!, por fin rematamos o traballo.*

alén
substantivo masculino
1 Mundo que hai despois da morte: *Moitas relixións cren no alén.*
adverbio
2 Máis lonxe: *Ata aquí chega a aldea, alén esténdense os campos.*
EXP. **Alén de** 1) Ademais de: *Alén de estudoso, é moi intelixente.* 2) Máis alá de: *Alén da praia hai uns cantís.*

alentar
verbo
1 Darlle alento, ánimo ou valor a alguén: *O adestrador alentaba os xogadores para que gañasen o partido.* SIN. afoutar, animar, esporear, estimular. ANT. desalentar, desanimar.
2 Entrar o aire nos pulmóns e saír deles para respirar: *Está vivo pois aínda alenta.* SIN. respirar.
FAM. alentador, alento.

alento
substantivo masculino
1 Aire que sae da boca ao respirar: *Chéiralle o alento a allo e a cebola.* SIN. bafo.
2 Entrada do aire aos pulmóns e saída deles para respirar: *O ferido está vivo pois ten alento.* SIN. folgo, respiración.
3 Forza, enerxía ou valor para facer algo: *Xa non teñen alentos para seguir con este traballo.* SIN. ánimo, azo, coraxe, folgo, forza. ANT. deixamento, desalento, desánimo.

alerta
substantivo feminino
1 Estado de vixilancia ou de moita atención porque pode acontecer algo malo: *Ante a previsión de fortes chuvias a comunidade está en alerta.*
adverbio
2 En situación de vixilancia e grande atención: *Hai que estar alerta por se lle volve subir a febre.*
EXP. **Alerta vermella** ou **máxima alerta** Vixilancia ou atención totais pola posibilidade dun perigo moi grande: *Ante a seca hai alerta vermella e cómpre gastar moi pouca auga.*
FAM. alertado, alertar.

alerxia
substantivo feminino
Conxunto de molestias e de efectos negativos que se producen nun organismo como reacción contra substancias que lle resultan prexudiciais: *Ten moitos mocos e chóranlle os ollos porque ten alerxia ao pole.*
FAM. alérxico.

aleta
substantivo feminino
1 Parte do corpo dalgúns animais que lles serve para nadar: *Os peixes teñen aletas.*
2 Especie de zapato de goma que se usa para nadar: *Os mergulladores levan aletas.*

aletargar
verbo
Producir letargo ou estado parecido ao sono: *O frío aletarga os réptiles.*
OBS. O *g* cambia en *gu* diante do *e*, como en *pagar.*
FAM. aletargamento.

aleuto, aleuta
adxectivo
Referido a unha persoa, que ten intelixencia e graza: *Conta ben os chistes porque é aleuta.* SIN. espelido, esperto, vivo.

alfabético, alfabética
adxectivo
Do alfabeto ou que segue a súa orde: *Colocou os nomes por orde alfabética.*

alfabetizar
verbo
Ensinar a ler e escribir: *Nas escolas alfabetizan nenos e nenas.*
OBS. O *z* cambia en *c* diante do *e*, como en *cazar.*

alfabeto
substantivo masculino
Conxunto ordenado das letras dun idioma: *O alfabeto galego ten vinte e tres letras.* SIN. abecedario.
FAM. alfabético, alfabetización, alfabetizar.

alfaia
substantivo feminino
Xoia.
OBS. Non debe ser substituído por **alhaxa.*

alfaiate
substantivo masculino
Xastre.

alfalfa
substantivo feminino
Planta que se cultiva para alimentar o gando: *A alfalfa é unha planta forraxeira.*

alfándega
substantivo feminino
Oficina pública que adoita haber nas fronteiras dunha nación para controlar o que entra e sae: *Na alfándega revisan todo o que levan as maletas e piden o pasaporte.*
SIN. aduana.
FAM. alfandegueiro.

alférez
substantivo masculino
No exército, persoa que ten a categoría inmediatamente inferior á de tenente: *O alférez é o oficial de menor categoría.*

alferga
substantivo feminino
Dedal.

alfil
substantivo masculino
No xogo do xadrez, peza que se move en diagonal: *Torres, cabalos e alfís son pezas do xadrez.*

alfinete
substantivo masculino
Especie de agulla rematada por un extremo nunha boliña e no outro en punta que se usa para prender cousas, especialmente partes dun vestido: *Prendeu a basta descosida cun par de alfinetes.*
FAM. alfineteiro.

alfombra
substantivo feminino
Tea que se pon sobre o piso para evitar o frío ou adornar: *No salón teñen unha boa alfombra.*
FAM. alfombrar.

alforxa
substantivo feminino
Tira de tea rematada polos seus extremos en dúas bolsas que se pon sobre o lombo das cabalarías para levar pesos: *Cargaba as mazás nas alforxas do burro.*

alfoz
substantivo masculino
Arrabalde.

alga
substantivo feminino
Planta que vive na auga: *As algas viven tanto na auga salgada coma na doce.*

algarada
substantivo feminino
Desorde producida por voces, rifas, ruídos ou moita xente xunta que barulla: *Nesta rúa, pola noite, sempre se forma algunha algarada diante dos bares.* SIN. alboroto, algareo, algueirada, balbordo, barullo, boureo, bulicio, bulla, rebumbio.

algareiro, algareira
adxectivo
1 Que é moi falador e amigo de facer bromas: *Os mozos adoitan ser algareiros.* SIN. bromista.
2 Agradable ao oído: *Ese rapaz ten un falar algareiro.*

algareo
substantivo masculino
Desorde producida por voces, ruídos, rifas ou moita xente xunta que barulla: *No recreo fórmase un bo algareo.* SIN. alboroto, algarada, algueirada, balbordo, barullo, boureo, bulicio, bulla, rebumbio.

algarismo
substantivo masculino
Signo con que se representa un número ou unha cantidade: *Un millón represéntase con seis algarismos.*
EXP. **Algarismo arábico** O de orixe árabe: *Os algarismos 1, 2, 3... son algarismos arábicos.* **Algarismo romano** O de orixe romana: *I, II, III, IV... son algarismos romanos.*

algo
indefinido
1 Unha cousa calquera sen dicir que é: *Comeu algo na barra do bar.*
2 Cantidade pequena dunha cousa: *Queda algo de azucre, pero pouco.*
adverbio
3 Un pouco: *Anda algo triste.*

algodoal
substantivo masculino
Campo de algodoeiros: *A industria téxtil obtén materia prima dos algodoais.*

algodoeiro, algodoeira
adxectivo
1 Do algodón ou relacionado con el: *A industria algodoeira é importante no sur dos Estados Unidos.*
substantivo masculino
2 Planta que ten as sementes envolvidas por unha especie de pelos brancos e curtos: *O algodoeiro cultívase en zonas cálidas e húmidas.* SIN. algodón.

algodón
substantivo masculino
1 Algodoeiro.
2 Fío que se obtén desta planta: *Mercou uns calcetíns de algodón.*
FAM. algodoal, algodoeiro.

alguacil
substantivo masculino
Empregado dun Concello que realiza funcións de porteiro, mensaxeiro e outras parecidas: *O alguacil colocaba o bando ditado pola alcaldesa.*

algueirada
substantivo feminino
1 Falcatruada.
2 Algarada.

alguén
indefinido
Algunha persoa: *Alguén che contaría iso.* ANT. ninguén.
EXP. **Ser alguén** Ser unha persoa importante: *Un director de banco xa é alguén.*

algún, algunha
indefinido
1 Indica que se fala dunha persoa ou cousa calquera entre varias: *Algúns non crían aquilo que lles contaba.* ANT. ningún.
2 Indica unha cantidade que non está determinada: *No aparcadoiro había algúns coches.* ANT. ningún.
OBS. Contrae coas preposicións *en* e *de*, dando lugar a *nalgún, nalgunha, dalgún, dalgunha*; véxase cadro das contraccións.

algures
adverbio
Algunha parte ou lugar sen determinar: *De algures virá ese autobús.* ANT. ningures.

alí
adverbio
1 Naquel lugar: *O libro está alí, encol do andel.* SIN. alá.
2 Cara a aquel lugar: *Vai alí e colle o paquete.* SIN. aló.

aliado, aliada
adxectivo e substantivo
Que se uniu a outro para conseguir algo: *Os exércitos aliados acadaron a vitoria.* ANT. adversario, contrario, inimigo, rival.

alianza
substantivo feminino
1 Unión de varios para lograr un fin: *Varios países formaron unha alianza contra o terrorismo.* SIN. coalición, liga. ANT. inimizade, rivalidade.
2 Anel de voda: *Os noivos mercaron unha alianza de ouro.*

aliar
verbo
Unir para lograr un fin: *Os sindicatos aliáronse para conseguir unha suba salarial.* SIN. asociar, ligar.
OBS. Conxúgase como *afiar*.
FAM. aliado, alianza, aliaxe.

alias
adverbio
1 Por outro nome: *A Policía detivo a F.S.R., alias o Raposo.*
substantivo masculino
2 Nome distinto do propio polo que é coñecida unha persoa: *Bieito Alonso tiña como alias o Artilleiro.*

aliaxe
substantivo feminino
Unión de dous ou máis metais: *O bronce é unha aliaxe de cobre e estaño.*

alicate
substantivo masculino
Ferramenta de metal composta por dous brazos curvados que serve para suxeitar ou cortar cousas delgadas: *Cortou o arame co alicate.*
OBS. Adoita usarse o plural *alicates* con valor de singular.

alicerce
substantivo masculino
1 Parte dunha construción que queda debaixo da terra e na que se apoia o resto: *Están a facer agora os alicerces do rañaceos.* SIN. cimento.
2 Base ou principio sobre o que se apoia algo: *A educación é o alicerce da boa cidadanía.* SIN. cimento.
FAM. alicerzar.

aliciente
substantivo masculino
O que anima, empurra ou estimula a facer algo: *A suba de soldo é un aliciente para traballar mellor.* SIN. estímulo, incentivo.

alienar
verbo
Facer perder a liberdade ou a razón: *As drogas acaban alienando os consumidores.*
FAM. alienación, alienado, alienante.

alifafe
substantivo masculino
Achaque.

alimentar
verbo
1 Dar os alimentos necesarios para vivir: *A egua alimenta os poldros.* SIN. manter.
2 Dar o necesario para que algo siga, aumente ou funcione: *Cómpre alimentar con gasóleo a caldeira da calefacción.*
FAM. alimentación, alimentador, alimentario, alimenticio, alimento.

alimentario, alimentaria
adxectivo
Da alimentación: *O código alimentario indica as condicións que deben cumprir os alimentos.*
OBS. Non confundir con alimenticio.

alimenticio
adxectivo
Que alimenta: *O peixe, a carne e os legumes son produtos alimenticios.*
OBS. Non confundir con alimentario.

alimento
substantivo masculino
1 O que toman persoas, animais e plantas para viviren: *Ningún ser vivo pode vivir sen alimentos.* SIN. comida.
2 O que serve para manter a existencia de algo: *A leña é o alimento do lume da lareira.*
FAM. alimentación, alimentar, alimentario, alimenticio.

alindar
verbo
Apacentar.

alínea
substantivo feminino
1 Parágrafo.
2 Sección ou división dun discurso, capítulo, lei, traballo, estudo etc., numerada ou non, que constitúe unha unidade e trata un punto particular ou concreto.
OBS. Non debe usarse no seu canto *apartado.*

aliñación ou aliñamento
substantivo feminino ou masculino
1 Conxunto de xogadores que forman un equipo deportivo: *A aliñación dun equipo de fútbol está composta por once xogadores.*
2 Colocación de varias cousas en liña recta: *Ás veces os menhires aparecen en aliñamentos.*

aliñar
verbo
1 Pór en liña recta: *Aliñou as mesas do comedor.*

2 Incluír nun equipo deportivo: *O adestrador aliñou varios reservas.*
3 aliñarse Unirse ou formar grupo con outros para algo: *As nacións pobres aliñáronse no mesmo bloque fronte aos países desenvolvidos.*
FAM. aliñación, aliñamento.

aliño
substantivo masculino
1 Preparación dun alimento con sal e outros ingredientes: *Á ensalada cómprelle un bo aliño.* SIN. adobo.
2 Aseo persoal: *O peiteado forma parte do aliño.* SIN. aseo.

alisar
verbo
Pór liso ou sen engurras: *Alisou o pelo coa man.*
FAM. alisamento.

alistar
verbo
Pór ou anotar nunha lista ou grupo: *Alistouse no exército cando era mozo.*
FAM. alistamento.

aliviar
verbo
Facer máis suave, menos duro ou máis doado de soportar: *As aspirinas alivian a dor.*
FAM. alivio.

alixar
verbo
Descargar mercadorías dun barco, especialmente ilegais ou de contrabando: *A policía detívoos cando alixaban droga dun pesqueiro.*
FAM. alixo.

alixeirar
verbo
1 Facer menos pesado: *Vou baleirar parte da maleta para alixeirala.*
2 Facer máis á présa: *Alixeira o paso para non chegarmos tarde.* SIN. abreviar, acelerar, apresurar, apurar, bulir. ANT. atrasar, frear.
FAM. alixeiramento.

allada
substantivo feminino
Salsa feita con allos esmagados, aceite e pemento: *Botoulle allada ao peixe sapo.*
EXP. **Coller na allada** Sorprender ou coller facendo algo malo: *Copiaba e a profesora colleuno na allada.*

allear
verbo
Pasar bens, propiedades ou dereitos a outro por venda, doazón ou cesión: *Alleou o pazo herdado dos devanceiros por venda.*

alleo, allea
adxectivo
1 Que é doutro: *Non debemos desexar as cousas alleas.*
2 Que non participa en algo: *Non atende na clase e está alleo a todo.*

allo
substantivo masculino
Planta de follas estreitas e longas e bulbo redondo, comestible e de cheiro moi forte: *O allo úsase como condimento.*

alma
substantivo feminino
1 Espírito dunha persoa en oposición ao corpo: *Segundo a tradición, as persoas están formadas por alma e corpo.*
2 Persoa considerada como individuo: *No campo había corenta mil almas.*
3 Persoa que é a máis importante nun grupo: *Ese dianteiro é a alma do equipo.*
EXP. **Alegrarse, querer, sentir... na alma** Alegrarse, querer, sentir... moitísimo: *Alegrounos na alma que che tocase a lotaría.* **Dalo a alma** Presentir ou pensar que algo vai acontecer: *Dáme a alma que vou aprobar.* **Partir a alma** Pór moi triste ou facer sufrir: *Ese choro parte a alma.*

almacén
substantivo masculino
Lugar onde se gardan e mesmo venden produtos e mercadorías: *Mercamos ese taboleiro nun almacén de madeiras.*
EXP. **Grandes almacéns** Establecemento ou tenda moi grande onde se venden polo miúdo produtos de todos os tipos: *Os grandes almacéns teñen moitas seccións: téxtil, electrónica, mobles...*
FAM. almacenamento, almacenar, almacenaxe.

almafí
substantivo masculino
Marfil.

almallo
substantivo masculino
Touro semental: *Os almallos fecundaban as vacas.*

almanaque
substantivo masculino
Calendario.

***almíbar**, a forma correcta é **caldo de azucre**.

***almidón**, a forma correcta é **amidón**.

almirante
substantivo masculino
Alto mando na mariña de guerra: *O almirante da mariña equivale ao tenente xeneral do exército de terra.*

almofada
substantivo feminino
Peza de tea chea dun material brando e usada para apoiar nela a cabeza: *Na cama ten unha almofada de plumas.* SIN. cabeceiro, cabezal.
FAM. almofadar, almofadón.

almofadón
substantivo masculino
1 Funda de tea en que se mete a almofada: *Mudei hoxe as sabas e o almofadón.*
2 Peza de tea, cadrada e chea dun material brando: *Pousa os pés sobre un almofadón.*

almofía
substantivo feminino
Vasilla ancha e de pouca profundidade usada para lavarse: *Lavaba as mans nunha almofía.*

almohade
adxectivo e substantivo
Da antiga dinastía musulmá que reinou no norte de África e no sur de España nos séculos XII e XIII: *Os almohades foron derrotados en 1212 na batalla das Navas de Tolosa.*

almorábide
adxectivo e substantivo
Da antiga dinastía musulmá de orixe bérber que dominou o norte de África e o sur de España durante o século XI e parte do XII: *Os almorábides foron sometidos polos almohades.*

almorrás
substantivo feminino
Tumor ou vulto de sangue que se forma no ano: *As almorrás son dilatacións das veas.*
SIN. hemorroides.
OBS. Emprégase habitualmente en plural.

almorzar
verbo
Tomar o almorzo ou primeira comida do día: *Almorzamos antes de saír para o colexio pola mañá.*
OBS. Cambia o *z* en *c* diante do *e*, como en *cazar.*
FAM. almorzo.

almorzo
substantivo masculino
Primeira comida do día: *Érgome da cama e tomo o almorzo.*

aló
adverbio
1 A aquel lugar: *Vai aló e recolle o que esqueciches.* SIN. alá, alí.
2 Nun tempo xa pasado ou por vir: *Rematarei o traballo aló pola fin do mes.*

alodar
verbo
Encher de lodo: *A enchente alodou a auga da fonte.* SIN. avolver, toldar, turbar.

alombar
verbo
1 Pór curvo: *O peso dos libros alombou os andeis.*
2 Subir o nivel da auga: *As chuvias alombaron o río.*

***alomenos**, a forma correcta é **polo menos**.

alongar
verbo
1 Facer máis longo: *Alongáronme os pantalóns porque me quedaban curtos.* SIN. prolongar, ampliar. ANT. abreviar, acurtar.
2 Pór máis lonxe: *A emigración alongou moita xente das súas familias.* SIN. afastar, apartar, arredar. ANT. acercar, achegar.
OBS. Cambia o *g* en *gu* diante do *e*, como en *pagar.* É distinto de *alargar*, 'facer máis largo ou ancho'.
FAM. alongado, alongamento.

alopecia
substantivo feminino
Caída ou perda do pelo: *Os calvos padecen alopecia.*

alorar
verbo
Pór triste ou preocupado: *As débedas alorábano.*

aloular
verbo
Aparvar.
FAM. aloulado.

aloumiñar
verbo
1 Facer caricias en sinal de afecto e cariño: *A nena aloumiñaba o gato.* SIN. acariciar, acariñar, agarimar.
2 Tratar con cariño e afecto para agradar: *Ese empregado aloumiña moito o xefe.* SIN. afagar.
FAM. aloumiñeiro, aloumiño.

aloumiño
substantivo masculino
1 Caricia que se fai en sinal de afecto e cariño: *Ao gato gústanlle os aloumiños.* SIN. caricia.
2 O que se fai para agradar a alguén, especialmente de forma interesada: *Faille moitos aloumiños ao xefe.* SIN. afago.

aloxar
verbo
1 Dar ou ofrecer un cuarto ou lugar para vivir ou durmir: *No piso aloxa os amigos que o visitan.* SIN. albergar, hospedar.
2 Meter ou meterse unha cousa dentro doutra: *Tiña a bala aloxada no pulmón dereito.*
FAM. aloxamento, desaloxar.

alpaca[1]
substantivo feminino
Material formado pola aliaxe de níquel, cinc e cobre: *A alpaca é moi parecida á prata.*

alpaca[2]
substantivo feminino
1 Animal mamífero ruminante, moi parecido á llama pero máis pequeno: *As alpacas son propias de América do Sur.*
2 Tea elaborada coa pel deste animal: *Mercou unha chaqueta de alpaca.*

alpargata
substantivo feminino
Calzado de tea forte e piso de esparto ou goma: *No verán uso alpargatas.*

alpendre
substantivo masculino
Alboio.

alpinismo
substantivo masculino
Deporte consistente en subir a montañas moi elevadas.
OBS. É distinto de *montañismo*, 'deporte consistente en andar por terreos montañosos'.
FAM. alpinista.

alpino, alpina
adxectivo
Dos Alpes ou de calquera cordilleira tan elevada coma esta: *O clima alpino caracterízase por un inverno frío e con nevadas.*

alporizar
verbo
Producir excitación, ira ou carraxe: *As mentiras alporízanme.* SIN. acalorar, alterar, excitar, irritar, quentar. ANT. calmar, serenar, sosegar, tranquilizar.
OBS. O *z* cambia en *c* diante do *e*, como en *cazar*.
FAM. alporizamento.

altar
substantivo masculino
Especie de mesa ou lugar elevado en que se celebran cerimonias relixiosas: *O sacerdote celebra a misa no altar.*

***altavoz**, a forma correcta é **altofalante**.

alterar
verbo
1 Cambiar algo: *Non se pode alterar a cantidade de azucre neste pastel.* SIN. modificar, variar.
2 Facer perder a tranquilidade e a calma: *As preocupacións altérano moito.* SIN. desacougar, desasosegar, inquietar, trastornar. ANT. aquietar, calmar, tranquilizar.
3 Pór de mal humor ou enfadar: *As mentiras altérano.* SIN. alporizar, irritar. ANT. aquietar, calmar, tranquilizar.
4 Estragar ou pór peor: *A calor altera os alimentos.*
FAM. alteración.

altercado
substantivo masculino
Discusión forte e violenta: *Tiveron un altercado e case pelexan.*

alternar
verbo
Variar seguindo unha orde que se repite: *Na parede alternaban os anacos pintados de branco cos pintados de negro.*
FAM. alternancia, alternativo, alterno.

alternativo, alternativa
adxectivo
1 Que acontece unha vez dunha forma e outra doutra: *O péndulo ten un movemento alternativo, unha vez cara á dereita e outra cara á esquerda.*
2 Que pode substituír outra cousa coa mesma función: *O atallo é un camiño alternativo á estrada, pero máis curto.*
3 Que se ofrece como outra posibilidade ou opción: *O cine alternativo busca máis a calidade ca o comercial.*
substantivo feminino
4 Posibilidade de elixir entre dúas ou máis cousas: *Teño a alternativa de ir ao cine ou ao teatro.* SIN. opción.

alterno, alterna
adxectivo
1 Que acontecen un detrás do outro segundo unha orde que se repite: *O adestrador contestaba as preguntas alternas de dous xornalistas.*
2 Que acontece de forma repetida pero deixando un tempo ou espazo libres no medio: *Traballo en días alternos e nunca dous días seguidos.*

alteza
substantivo feminino
Tratamento de honra que se lles dá a príncipes e princesas: *A súa alteza real saudou dende a fiestra do palacio.*

altibaixos
substantivo masculino plural
1 Diferenzas de altura ou de nivel nun terreo: *O carreiro cansa porque ten altibaixos.*
2 Cambios bruscos que van do positivo ao negativo e ao revés: *Ten altibaixos no carácter: unhas veces está moi alegre e outras, moi triste.*

altiplano
substantivo masculino
Grande extensión de terreo plano e moi elevado: *O altiplano boliviano dos Andes acada os 3.500 metros de altitude.*

altitude
substantivo feminino
Altura dun punto en relación co nivel do mar: *O avión voaba a 4.000 pés de altitude.*

altivo, altiva
adxectivo
Que se cre superior aos demais e o amosa: *Nin me saudou porque ía moi altivo.* SIN. arrogante, soberbio. ANT. humilde, modesto.
FAM. altivez, altiveza.

alto, alta
adxectivo
1 Que ten máis altura ou elevación do que se considera normal: *O rapaz ese é moi alto. O profesor explicaba en voz alta.* SIN. elevado. ANT. baixo.
2 Que ten un valor ou intensidade superiores aos considerados normais: *Neste barrio os prezos dos pisos están moi altos.* SIN. elevado. ANT. baixo.
3 Que ocupa unha posición superior ou moi boa: *O noso equipo anda na parte alta da táboa.* ANT. baixo.
4 Moi bo: *Ese enxeñeiro ten unha alta cualificación profesional.* ANT. baixo.
5 Difícil de conseguir: *É un rapaz que ten aspiracións moi altas.* ANT. baixo.
adxectivo feminino
6 Referido a unha etapa histórica, que é a máis afastada do momento actual: *A alta Idade Media vai do século VI ao XII.* ANT. baixo.
substantivo masculino
7 Altura ou distancia que ten un corpo de arriba a abaixo: *Esta mesa ten medio metro de alto.* SIN. altura.
8 Parada que se fai en algo: *Fixemos un alto no traballo para xantarmos.*
9 Elevación que hai nun lugar ou parte máis elevada del: *A sentinela estaba colocada nun alto.*
substantivo feminino
10 Ingreso nunha asociación, grupo ou profesión: *Cando comezou a traballar dérono de alta na Seguridade Social.* ANT. baixa.

11 Declaración realizada por un médico de que un enfermo xa está curado: *Déronlle a alta hoxe e xa volveu ao traballo.* ANT. baixa.
FAM. altitude, altura.

altofalante
substantivo masculino
Aparello que fai que o son se oia máis forte: *Os equipos de música teñen altofalantes.*

altruísmo
substantivo masculino
Actitude da persoa que fai o ben aos demais de forma desinteresada: *O altruísmo dos emigrantes retornados subvencionou moitas escolas en Galicia.* ANT. egoísmo.
FAM. altruísta.

altura
substantivo feminino
1 Distancia dun corpo en relación coa terra ou con outra superficie de referencia: *Un helicóptero voaba a pouca altura.*
2 Distancia de arriba a abaixo que ten un corpo: *Ese rañaceos mide moitos metros de altura.* SIN. alto.
3 En matemáticas, distancia en liña recta que ten unha figura dende a súa base ao lado oposto: *A área do triángulo é base por altura partido por dous.*
4 Montaña ou lugar elevados: *Nos Andes hai importantes alturas.*
5 Distancia moi grande dende o chan: *A altura dáme vertixe.*
6 Altitude ou distancia dun punto respecto do nivel do mar: *Nevará nas alturas superiores aos dous mil metros.* SIN. altitude.
7 Valor ou nivel: *É un traballo de moita altura.*
8 Zona do mar que está lonxe da costa: *A pesca de altura faise en mar aberto.*
EXP. **Á altura de** 1) Aproximadamente alí: *O accidente foi á altura do km 25.* 2) A un mesmo nivel: *Tes que estar á altura dos teus compañeiros.* **A estas alturas** Neste momento: *A estas alturas xa non ten sentido protestar.*

aluado, aluada
adxectivo
Que ten moitas manías ou un carácter moi variable: *É un aluado, tan pronto chora como ri.* SIN. lunático.

aluar
verbo
Pousar na superficie da Lúa: *A primeira nave tripulada por humanos aluou en 1969.*
OBS. Conxúgase como *actuar.*
FAM. aluaxe.

alucinar
verbo
Sentir ou ver cousas que non existen na realidade: *As drogas alucinárono e vía monstros.*
FAM. alucinación, alucinado, alucinante, alucinóxeno.

alude
substantivo feminino
Avalancha.

aludir
verbo
1 Falar de alguén ou de algo sen nomealos claramente: *O profesor aludiu aos que sempre chegan tarde, mais non dixo os seus nomes.*
2 Falar de algo de pasada e sen pararse moito: *O conferenciante, como non tivo tempo, só aludiu a algúns aspectos do asunto.*
FAM. alusión, alusivo.

alugar
verbo
Dar ou tomar algo que se vai usar durante certo tempo a cambio do pagamento dunha cantidade de cartos: *As inmobiliarias venden e alugan pisos.* SIN. arrendar.
OBS. Cambia o *g* en *gu* ante o *e*, como en *pagar.*
FAM. alugador, alugamento, alugueiro.

alugueiro
substantivo masculino
Uso de algo que pertence a outra persoa a cambio do pagamento dunha cantidade de diñeiro: *Os alugueiros de pisos andan moi caros.* SIN. alugamento, arrendamento, arrendo.

alumar ou alumear
verbo
Dar luz: *Os farois aluman as rúas.* SIN. iluminar.

aluminio
substantivo masculino
Metal moi lixeiro e de cor parecida á da prata: *O aluminio úsase para fabricar fiestras.*

alumno, alumna
substantivo
Persoa que vai ás clases para aprender: *Neste colexio hai moitos alumnos e alumnas.*
FAM. alumnado.

alustro
substantivo masculino
Lóstrego.
FAM. alustrar.

aluvión
substantivo masculino
Depósito de pedras, barro e outros materiais arrastrados polos ríos e polas augas da chuvia: *Os deltas dos ríos están formados por aluvións.*

alvariza
substantivo feminino
Conxunto agrupado de colmeas: *Na aba da montaña había unha alvariza.* SIN. abellariza.

alvéolo
substantivo masculino
1 Cavidade ou oco en que se mete cada dente ou moa: *Os dentes están inseridos nos alvéolos.*
2 Cavidade ou oco en que rematan os bronquíolos: *Nos alvéolos pulmonares prodúcese o troco de gases do sangue.*

álxebra
substantivo feminino
Parte das matemáticas que estuda as operacións que se xeneralizan por medio de números, letras e signos: *As ecuacións estúdanse na álxebra.*
FAM. alxébrico.

alxibe
substantivo masculino
Depósito onde se recolle auga, especialmente a da chuvia: *Nas zonas de clima mediterráneo abundan os alxibes.*

álxido, álxida
adxectivo
Que é o momento máis importante ou intenso: *O momento álxido do curso é a semana dos exames finais.*

alxube
substantivo masculino
Lugar baixo terra onde se meten os presos: *Os castelos tiñan alxubes.*

alza
substantivo feminino
Aumento do valor ou prezo de algo: *Espérase unha alza dos prezos do petróleo.* ANT. baixa.

alzadeiro
substantivo masculino
Moble de cociña formado por varios estantes para colocar a louza: *Fregou a louza e colocouna no alzadeiro.* SIN. cunqueiro.

alzado
substantivo masculino
Debuxo dun edificio no seu sentido vertical: *En plástica fixemos o alzado dun colexio coma o noso.*

alzamento
substantivo masculino
Rebelión ou levantamento militar contra o Goberno para derrubalo pola forza: *En 1936 produciuse un alzamento en España.* SIN. insurrección, pronunciamento.

alzaprema
substantivo feminino
Barra ríxida que xira arredor dun punto de apoio e serve para mover cousas moi pesadas: *Os canteiros usan alzapremas para moveren as pedras.*

alzar
verbo
1 Mover de abaixo para arriba: *Alzamos os vasos para brindar.* SIN. levantar. ANT. abater, baixar.
2 Emitir a voz con forza: *Alzaba a voz para que o oísen todos.* SIN. levantar, subir. ANT. baixar.
3 Facer unha construción: *Aqueles obreiros alzaron o chalé en dous meses.* SIN. levantar. ANT. derrubar.
4 Facer que un grupo de persoas se rebele contra a autoridade: *O xeneral alzou dous batallóns contra o Goberno.* SIN. amotinar, levantar, sublevar. ANT. derrubar.
5 alzarse Levantarse sobre unha superficie: *O monumento a Rosalía álzase na alameda de Santiago.* SIN. erguerse.
FAM. alza, alzadeiro, alzamento, alzaprema.

amable ou amábel
adxectivo
Agradable no trato: *Sempre sorrí porque é moi amable.*
FAM. amabilidade.

ámago
substantivo masculino
Parte branda que hai no interior de cousas como o talo de certas árbores ou o corno das vacas: *O bieiteiro ten ámago.*

amainar
verbo
Perder forza ou intensidade: *O vento amainou.*

amais
adverbio
Ademais.

amálgama
substantivo feminino
Unión ou mestura de cousas ou elementos de distinta clase: *O traballo ese só é unha amálgama de datos sen orde.*
FAM. amalgamar.

amalló ou amalloa
substantivo masculino ou feminino
Cordón para atar os zapatos: *Púxenlles uns amallós novos ás deportivas.*
FAM. amalloar.

amansar
verbo
1 Facer manso ou domesticar un animal: *No Neolítico o home amansou os animais.*
2 Volver máis tranquilo, menos intenso: *Os anos amansaron a súa intransixencia.*

amañador, amañadora
substantivo
Compoñedor.

amañar
verbo
1 Pór da forma adecuada para algo ou en orde: *Para amañar o meu cuarto comezarei por facer a cama.* SIN. arranxar, dispoñer, dispor, preparar.
2 Facer que algo que non funciona volva funcionar: *Cómpre amañar o televisor porque non se oe o son.* SIN. gobernar, reparar. ANT. avariar, estragar, esnaquizar, romper.
3 Solucionar por un acordo: *Cómpre que vos amañedes e que non rifedes máis.*
4 Preparar ou dispor algo con engano para proveito propio: *Para non baixaren, os dous equipos seica amañaron un empate.*
5 Facer que alguén teña boa presenza vestíndoo ou peiteándoo: *Amaña o neno que imos á festa.*
6 amañarse Atopar a forma de saír dun problema ou situación difícil: *Para facer ese xantar amáñome eu só.*
FAM. amaño.

amañecer
verbo
1 Amencer.
substantivo masculino
2 Alba.
OBS. É regular: *amañeza.*

amar
verbo
Sentir amor, cariño ou afecto cara a alguén ou algo: *Os pais aman os fillos.* SIN. apreciar, estimar, querer. ANT. aborrecer, detestar, odiar.
FAM. amado, amante, amor, amoroso.

amarar
verbo
Pousar no mar: *Os hidroavións amaran.*
FAM. amaraxe.

amarelo, amarela
adxectivo e substantivo
1 Da cor do limón: *O ouro é amarelo.*
2 Da raza humana que se caracteriza por ter a pel tirando a esta cor e os ollos riscados: *Os xaponeses e chineses son de raza amarela.*
FAM. amarelado, amarelecer, marelecer.

amarfallar
verbo
Colocar mal ou con pouco coidado facéndolle engurras: *Coloca ben a roupa no armario e non amarfalles.*

amargar
verbo
1 Ter o sabor do café sen azucre: *A froita verde amarga.*
2 Producir pena, dor ou desgusto: *Amárgalle madrugar porque lle gusta a cama.* SIN. amolar, enfastiar. ANT. aledar, alegrar.
3 amargarse Sentir pena ou desgusto: *Cos desenganos foise amargando.*
OBS. O *g* cambia en *gu* diante do *e*, como en *pagar*.
FAM. amargo, amargor, amarguexo, amargura.

amargo, amarga
adxectivo
1 Do sabor do café sen azucre: *A froita verde é amarga.* ANT. doce.
2 Que produce ou amosa pena ou dor: *A morte sempre é amarga.* ANT. doce.

amarra
substantivo feminino
Corda con que se ata un barco a terra ou a unha áncora: *O pesqueiro soltou amarras.*

amarrar
verbo
1 Atar con amarras ou cordas: *Amarrou a carga con cordas fortes e longas.*
2 Gastar poucos cartos: *Ten moitos cartos porque amarra ben.*
FAM. amarrado, amarre.

amasar
verbo
Facer unha masa mesturando diversas substancias como auga con fariña ou auga con area e cemento: *Os panadeiros amasan a fariña con auga.*
FAM. amasadora, amasadura, amasillo.

*amateur, a forma correcta é **afeccionado**.

amazocado, amazocada
adxectivo
Demasiado macizo ou denso: *A masa do biscoito está amazocada.* ANT. esponxoso.

amazona
substantivo feminino
Muller que monta a cabalo: *No concurso hípico participan xinetes e amazonas.*

ámbar
substantivo masculino
Resina fósil de cor amarela que arde dando moi bo olor que se usa para fabricar colares e outros obxectos de adorno: *Os mellores depósitos de ámbar están no mar Báltico.*

ambición
substantivo feminino
Desexo moi grande de conseguir algo: *Tiña moita ambición de fama e riquezas.*
FAM. ambicionar, ambicioso.

ambientador
substantivo masculino
Produto que serve para darlle bo olor a un cuarto: *Puxemos un ambientador con recendo a rosas no cuarto de baño.*

ambiental
adxectivo
Do ambiente ou medio: *A contaminación ambiental é grande nas cidades.*

ambientar
verbo
1 Dar a algo o ambiente ou medio adecuado por medio de luces ou decorados: *Ambientaron moi ben o salón para o banquete.*
2 **ambientarse** Afacerse ou adaptarse a un medio novo e descoñecido: *Aínda non se ambientou no novo barrio.* SIN. aclimatarse, afacerse, habituarse.

ambiente
substantivo masculino
1 Aire ou atmosfera: *Nas cidades o ambiente está moi contaminado.* SIN. medio.
2 Conxunto de circunstancias ou condicións que rodean algo e que o fan agradable ou desagradable: *Nesta clase hai moi bo ambiente.* SIN. medio.
3 Grupo social: *En ambientes médicos non se fala ben desta menciña.*
FAM. ambientador, ambiental, ambientar.

ambiguo, ambigua
adxectivo
Que se pode entender de dous ou máis modos distintos: *O can do adestrador é unha frase ambigua.*
FAM. ambigüidade.

ámbito
substantivo masculino
1 Zona ou espazo comprendido dentro duns límites: *O mar constitúe o ámbito da auga salgada.*
2 O que abrangue ou abarca unha ciencia, técnica ou actividade: *O ámbito da bioloxía abarca o estudo dos seres vivos.* SIN. área, campo, dominio, eido, terreo.

ámbolos, ámbalas
contracción
Unión de *ambos, ambas* coa segunda forma do artigo: *Ámbalas dúas rapazas eran moi simpáticas.*
OBS. É incorrecta a forma **ámbolas* > *ámbalas*. Escríbense preferentemente separadas: *ambos os, ambas as.*

ambos, ambas
indefinido
Un e outro, os dous: *Ambos os dous rapaces estaban contentos.*
OBS. Contrae coa segunda forma do artigo e produce as formas *ámbolos, ámbalas,* aínda que é preferible na escrita *ambos os, ambas as.*

ambulancia
substantivo feminino
Vehículo destinado a levar enfermos e feridos: *As ambulancias levan sirena.*

ambulante
adxectivo
Que vai dun lugar para outro e non está fixo en ningún: *Os vendedores ambulantes andan de feira en feira.*

ambulatorio
substantivo masculino
Establecemento médico en que se atende enfermos que non están internados: *No ambulatorio hai todas as especialidades médicas.*

amea
substantivo feminino
Cada unha das partes en forma de prisma en que rematan algúns muros de castelos e murallas: *Os arqueiros disparaban as frechas protexidos detrás das ameas.*

ameaza
substantivo feminino
1 Aviso ou anuncio de que se lle vai facer algo malo a alguén: *A ameaza consistía en que lle pegaría se non lle daba os cartos.*
2 Aviso ou anuncio de que algo malo ou negativo pode ocorrer: *Estas nubes e este frío son ameaza de neve.*

ameazar
verbo
1 Dicirlle a alguén que se lle vai facer algo malo: *Ameazou con pegarlle se non lle daba o xoguete.*
2 Anunciar que pode acontecer algo malo: *Esas nubes negras ameazan tormenta.*
OBS. O *z* cambia en *c* ante *e*, como en *cazar.*

amedrentar
verbo
Producir medo ou susto: *A escuridade amedrentaba o neno.* SIN. acovardar, asustar. ANT. tranquilizar.

ameigar
verbo
Enmeigar.
OBS. Cambia o *g* en *gu* ante *e*, como en *pagar.*

ameixa[1]
substantivo feminino
Froito comestible que ten forma redonda e pela lisa e de cor vermella, verde ou amarela: *As ameixas teñen carabuña.* SIN. cirola.

ameixa[2]
substantivo feminino
Molusco mariño de carne comestible que vive pechado nunha cuncha: *Mercou ameixas na peixaría.*

ameixeira
substantivo feminino
Árbore froiteira que ten como froito a ameixa: *A ameixeira dá flores brancas.* SIN. ciroleira.

amén
interxección
Indica que unha oración relixiosa remata e significa 'sexa así': *As oracións rematan coa palabra* amén.
EXP. **Dicir amén** Estar de acordo ou aprobar: *Di amén a todo o que lle propoñen.* **Nun amén** En moi pouco tempo: *Amañoume o reloxo nun amén.*

amencer
substantivo masculino
1 Alba.
verbo
2 Comezar a aparecer a luz do día: *No verán amence antes ca no inverno.* SIN. alborexar, amañecer, clarear. ANT. escurecer.
3 Chegar a un lugar ou estar nunha situación determinada ao comezar o día: *Amencín cunha dor de cabeza moi forte.*
OBS. É regular: *amenza.*
FAM. amencida.

améndoa
substantivo feminino
Froito da amendoeira, de forma ovada, cunca casca dura que recobre a semente, que é o que se come: *O turrón faise con améndoa.*
EXP. **Améndoa confeitada** Doce pequeno en forma de bóla branca cun froito seco recuberto de azucre: *No Nadal comemos améndoas confeitadas.*
FAM. amendoado, amendoeira.

amendoeira
substantivo feminino
Árbore de madeira moi dura, de flores brancas ou rosas e que dá as améndoas: *Plantou un cento de amendoeiras.*

ameneiro
substantivo masculino
Amieiro.
FAM. ameneiral.

ameno, amena
adxectivo
Que divirte e entretén: *Esa novela é moi amena.* SIN. entretido. ANT. aburrido, pesado.
FAM. amenidade, amenizar.

americano, americana
adxectivo e substantivo
1 De América: *Os arxentinos son americanos.*
2 Persoa que volveu da emigración á América: *As doazóns dos americanos permitiron construír moitas escolas.*
substantivo feminino
3 Chaqueta de home que non forma parte dun traxe: *Vestía pantalón gris e americana azul.*
FAM. hispanoamericano, iberoamericano, suramericano.

amestrar
verbo
Aprender a un animal a facer determinados exercicios ou cousas: *Amestrou moi ben o can e ata lle trae as zapatillas.*
FAM. amestrador, amestramento.

ametista
substantivo feminino
Pedra preciosa de cuarzo transparente violeta: *A ametista é moi usada en xoiaría.*

*ametrallar, a forma correcta é metrallar.

amidón
substantivo masculino
Substancia de cor branca que se atopa nas plantas como reserva alimenticia: *O arroz contén moito amidón.*
FAM. amidonar.

amieiro
substantivo masculino
Árbore de certa altura, que medra á beira dos ríos e en terreos moi húmidos, de madeira moi dura e lixeira: *O piso dos zocos era de amieiro.* SIN. abeneiro, ameneiro.
FAM. amieiral.

amigable ou amigábel
adxectivo
1 Da amizade ou con amizade: *Ten comigo unha relación amigable.*
2 Que non pertence a unha competición deportiva oficial: *Os partidos de pretempada son amigables.*

amigar
verbo
Unir en amizade: *O interese común amigounos.*
OBS. Cambia o *g* en *gu* ante *e*, como en *pagar.*

amígdala
substantivo feminino
Cada un dos órganos en forma de améndoa situados a ambos os dous lados da garganta: *Extirpáronlle as amígdalas.*
OBS. É distinto de *anxina*, 'inflamación das amígdalas'.
FAM. amigdalite.

amigo, amiga
adxectivo
1 Que sente gusto por algo: *É amigo de festas e banquetes.*
adxectivo e substantivo
2 Que ten amizade con outra persoa: *Máis que compañeiros de traballo son amigos.*
ANT. inimigo.
substantivo
3 Na poesía galega medieval, persoa que está namorada: *Na cantiga de amigo fala a amiga namorada e na de amor o amigo.*
FAM. amigable, amigar.

*aminorar, a forma correcta é minorar.

*amistade, a forma correcta é amizade.

*amistar, a forma correcta é amigar.

*amistoso, a forma correcta é amigable.

amizade
substantivo feminino
1 Relación entre dúas persoas baseada no cariño e no desinterese: *A amizade é un dos máis nobres sentimentos.* ANT. inimizade.
plural
2 Persoas coas que se ten esta relación: *É moi bo e ten moitas amizades.* ANT. inimizade.

amnesia
substantivo feminino
Perda da memoria: *Un golpe forte na cabeza pode causar amnesia.*

amnistía
substantivo feminino
Perdón xeral que outorga o Goberno aos que cumpren cárcere, especialmente por ter realizado determinadas actividades políticas: *Tras a caída da ditadura houbo unha amnistía para os presos políticos e quedaron en liberdade.*
FAM. amnistiar.

amo, ama
substantivo
1 Persoa que é dona de algo e adoita ter xente ao seu servizo: *Eses amos tratan moi ben os xornaleiros.* SIN. dono, propietario.
substantivo feminino
2 Muller que lle dá de mamar a un neno que non é fillo dela: *Criouno unha ama.*
EXP. **Ama de chaves** Criada principal dunha casa: *A ama de chaves tiña autoridade sobre todos os criados.* **Ama de cría / ama de leite** Muller que lle dá de mamar a un neno que non é fillo dela: *Criouno unha ama de leite.*

amoado
substantivo masculino
1 Preparado feito con carne picada e especias para encher os chourizos: *Cómpre botarlle máis loureiro ao amoado.*
2 Masa elaborada con fariña, auga, sal e outros ingredientes para facer filloas: *Esta fariña é boa para o amoado.*

amoblar
verbo
Pór mobles nun sitio: *Cómpre amoblar mellor o salón.*

amocelo
substantivo masculino
Anzol.

amoestar
verbo
Dicirlle a alguén que non volva facer o que fixo porque é unha falta grave: *O árbitro amoestou o xogador por darlle unha patada ao rival.*
FAM. amoestación.

amofarse
verbo
Coller mofo ou balor: *A codia do pan amofouse coa humidade.* SIN. balorecer.

amolar
verbo
Molestar ou desgustar: *Amólame ben ter que madrugar.* SIN. amargar, enfastiar, molestar. ANT. agradar, gustar.

amolecer
verbo
1 Pór o pórse máis brando: *A auga amolece as fabas.* SIN. abrandar, amolentar. ANT. endurecer.
2 Pór ou pórse menos duro e esixente: *Cos anos foi amolecendo.* SIN. afrouxar, amolentar, entenrecer. ANT. endurecer.
OBS. É regular: *amolezo, amoleza.*

amolegar
verbo
Apertar para ver que está brando: *Amolegou o bolo para ver que non estaba duro.*
OBS. Cambia o *g* en *gu* diante do *e*, como en *pagar.*

amolentar
verbo
1 Pór brando: *A auga amolenta o pan.* SIN. abrandar, amolecer. ANT. endurecer.
2 Facer menos duro ou esixente: *Os anos amolentaron a súa severidade.* SIN. afrouxar, amolecer, entenrecer. ANT. endurecer.

amoníaco
substantivo masculino
1 Gas incoloro de cheiro moi forte, composto de nitróxeno e hidróxeno, moi soluble na auga: *O amoníaco úsase moito na industria química.*
2 Este gas disolvido na auga e usado para limpar: *Limpei os azulexos con amoníaco.*

amontoar
verbo
1 Pór de xeito que se forme un conxunto sen orde: *Amontoou os libros enriba da mesa.* ANT. apartar, ciscar, desunir, espallar, esparexer, separar.
2 **amontoarse** Xuntarse ou producirse moitas cousas en pouco tempo: *Vanlle mal os negocios e amontóanselle as débedas.*
3 Xuntarse sen orde: *Os afeccionados amon-*

toábanse á saída do estadio. SIN. acumular, agrupar, amorear, reunir.
FAM. amontoamento.

amor

substantivo masculino

1 Sentimento de afecto e cariño por algo ou alguén que queremos moito: *Os pais téñenlles amor aos fillos.* SIN. cariño. ANT. odio.

2 Sentimento de cariño e afecto unido á atraccións sexual: *Os noivos senten amor.*

3 Persoa que se ama ou quere moito: *O netiño era o amor do avó.*

EXP. **Amor propio** O que sente unha persoa por si mesma e que a fai quedar ben ante ela e os demais: *Aprobarei todo por amor propio.* **Facer o amor** 1) Tratar de conseguir o amor doutra persoa: *O rapaz facíalle o amor porque quería ser noivo dela.* 2) Realizar o acto sexual: *Fixeron o amor e ela quedou embarazada.*

FAM. amorío, amoroso.

amora

substantivo feminino

Froito da silva: *A amora está formada por unha especie de grans e é morada ou tinta.*

amordazar

verbo

Taparlle a boca a alguén cunha mordaza ou trapo para que non fale: *Os atracadores amordazaron os vixilantes.*

OBS. Cambia o *z* en *c* diante do *e*, como en *cazar.*

amordicar

verbo

1 Coller coa punta dos dedos un anaco de pel e apertalo con forza: *Non amordiques a teu irmán.* SIN. beliscar.

2 Morder lixeira e repetidamente: *Non amordiques o caramelo, chúchao.* SIN. adentar, amosegar.

OBS. Cambia o *c* en *qu* diante do *e*, como en *sacar.*

amorear

verbo

1 Pór moitas cousas nunha morea ou montón: *Amoreaba as caixas de zapatos unhas sobre outras.* ANT. apartar, ciscar, desunir, espallar, esparexer, separar.

2 Xuntar moita cantidade de algo: *Cos negocios amoreou moitos cartos.*

3 **amorearse** Producirse moitas cousas iguais en pouco tempo: *Con esas perdas amoreábanselle as débedas.*

4 Xuntarse moitos sen orde: *Os xornalistas amoreábanse á saída do despacho do Presidente.* SIN. acumular, agrupar, amorear, reunir.

FAM. amoreamento.

amorfo, amorfa

adxectivo

Que non ten unha forma clara: *A masa é amorfa pois cambia de forma segundo a amasamos.*

amorío

substantivo masculino

Relación amorosa pouco seria e pasaxeira: *Os programas do corazón falan dos amoríos dos famosos.*

amornar

verbo

Pór morno ou entre frío e quente: *Amornei o leite.* SIN. mornear, temperar.

amorodeira

substantivo feminino

Planta que medra estendéndose polo solo que dá un froito comestible de cor vermella: *As amorodeiras producen amorodos.*

amorodo

substantivo masculino

Froito comestible da amorodeira, de cor vermella e con forma de corazón: *Tomamos de sobremesa amorodos con nata.*

amorriñarse

verbo

Sentir morriña ou tristeza por estar lonxe de alguén ou dalgún lugar: *Os emigrantes amorriñábanse moito.*

FAM. amorriñado.

amortallar

verbo

Pórlle a un morto a mortalla ou vestidura con que o van enterrar: *Amortallaron o seu cadáver cun hábito relixioso.*

amortecedor

substantivo masculino

Mecanismo que levan os coches para diminuír o efecto das sacudidas e irregularidades do solo nas rodas: *Os amortecedores levan gas ou un líquido especiais.*

amortecer
verbo
Diminuír a forza ou intensidade de algo: *Os parachoques amortecen os golpes.*
OBS. É regular: *amortezo, amorteza.*
FAM. amortecedor, amortecemento.

amortizar
verbo
1 Pagar unha débeda total ou parcialmente: *En dous anos amortizarei o que me custou o coche.*
2 Recuperar os cartos investidos nun negocio: *En dous anos amortizaron os cartos que investiron na reforma da tenda.*
OBS. Cambia o *z* en *c* diante do *e*, como en *cazar.*
FAM. amortizable, amortización.

amortuxado, amortuxada
adxectivo
Con pouco ánimo, pouca forza ou pouca intensidade: *Na sala había unha luz amortuxada e case non se vía nada.*

amosar
verbo
1 Pór algo para que se vexa: *Amosaba con orgullo ás visitas a súa biblioteca.* SIN. mostrar, presentar. ANT. acochar, agachar, esconder, ocultar.
2 Ensinar mediante explicacións: *As instrucións amosan como se monta o televisor.* ANT. acochar, agachar, esconder, ocultar.
3 Dar a coñecer unha sensación ou calidade: *A súa cara amosa preocupación.* ANT. acochar, agachar, esconder, ocultar.
4 amosarse Comportarse dunha determinada maneira: *Connosco sempre se amosou moi amable.*

amotinar
verbo
Facer que a xente se rebele ou levante contra unha autoridade: *Os mariñeiros amotináronse contra o capitán.* SIN. alzar, levantar, sublevar.

amoucar
verbo
Deixar sen enerxía e triste: *A enfermidade amoucouno bastante.*
OBS. Cambia o *c* en *qu* diante do *e*, como en *sacar.*

amoucharse
verbo
Encoller o corpo dobrando as pernas polos xeonllos: *Amouchouse para xogar co cativo.* SIN. anicarse, aniñarse. ANT. erguerse, levantarse.

amparar
verbo
Dar protección ou axuda: *Amparouse da chuvia debaixo dun alpendre.* SIN. acoller, agarimar, protexer.
FAM. amparo.

ampear
verbo
Abafar.

ampliar
verbo
Facer máis amplo ou aumentar o tamaño ou a duración: *Ampliaron o bar.* SIN. alongar, prolongar. ANT. abreviar, acurtar, encoller, reducir, resumir.

amplificar
verbo
Facer máis forte ou intenso, especialmente sons ou sinais de televisión: *Este aparello amplifica o son.*
OBS. Cambia o *c* en *qu* diante do *e*, como en *sacar.*
FAM. amplificación, amplificador.

amplo, ampla
adxectivo
1 Moi extenso ou con moito espazo: *Ten un carto amplo.* SIN. espazoso. ANT. reducido.
2 Que non queda apertado: *Gústalle vestir roupa ampla.* SIN. ancho, folgado. ANT. estreito, xusto.
FAM. ampliación, ampliar, amplitude.

ampola
substantivo feminino
1 Bolsiña con líquido que se forma na pel: *Os zapatos apertados producen ampolas nos pés.* SIN. bocha, bóchega, vexiga, vincha, vinchoca.
2 Tubo de cristal pechado, máis estreito nun dos seus extremos e que contén habitualmente unha menciña líquida: *O médico receitoume unhas ampolas de vitaminas.*

amputar
verbo
Cortar un membro do corpo separándoo por completo: *Polo accidente tiveron que lle amputar un brazo.*
FAM. amputación.

amuleto
substantivo masculino
Obxecto que se cre que dá boa sorte ou libra de males: *A figa de acibeche é considerada tradicionalmente un amuleto.* SIN. fetiche, talismán.

amurallar
verbo
Rodear cunha muralla: *O centro histórico de Lugo está amurallado.*

anaco
substantivo masculino
1 Parte que se separa dun todo: *Partiu a bola de pan en varios anacos.* SIN. cacho, fragmento, porción.
2 Espazo de tempo máis ou menos curto: *Espereino un anaco.* SIN. cacho.
EXP. **Tirar os anacos e aproveitar as faragullas**
Aproveitar cousas de pouco valor e tirar as de valor: *Mercou un coche moi caro, pero non lle cambia as rodas porque é dos que tira os anacos e aproveita as faragullas.*

anaconda
substantivo feminino
Serpe de gran tamaño: *A anaconda vive nos ríos de América do Sur e mata as súas vítimas por estrangulamento.*

anada
substantivo
Colleita ou conxunto de froitos recollidos nun ano: *A anada de millo foi moi mala pola seca.*

anagrama
substantivo masculino
1 Palabra formada polo cambio de lugar das letras doutra palabra: *Belisa é anagrama de Isabel.*
2 Símbolo ou emblema dunha empresa ou colectivo, especialmente o formado por letras: *MRA é o anagrama da súa empresa.*

analfabeto
substantivo ou adxectivo
Que non sabe ler nin escribir: *No século XIX había preto dun 80% de analfabetos.*
FAM. analfabetismo.

análise
substantivo feminino
Estudo de algo separando e examinando as súas partes ou elementos con moita atención: *Fixéronme unha análise de sangue.*

analizar
verbo
Estudar algo moi ben separando as súas partes e elementos: *No hospital analizáronlle o sangue e a urina. O conferenciante analizou a situación política nacional e internacional.*
FAM. análise, analista, analítico.

análogo, análoga
adxectivo
Moi semellante ou parecido a outro: *Eses dous coches son análogos pois ata levan o mesmo motor.* SIN. parecido, parello, semellante, similar. ANT. diferente, distinto.
FAM. analoxía.

analxésico
substantivo masculino
Menciña que quita ou calma a dor: *A aspirina é un analxésico.*

anano, anana
adxectivo
1 Moi pequeno ou máis pequeno do normal: *Os bonsais son árbores ananas logradas con técnicas de cultivo.* SIN. diminuto. ANT. enorme, xigante, xigantesco.
substantivo
2 Persoa cunha estatura moi baixa: *No circo aquel traballaban dous ananos.*

anarquía
substantivo feminino
1 Movemento político que defende a desaparición de calquera autoridade e propón vivir nunha liberdade total: *A anarquía defende que desaparezan todos os gobernos.*
2 Falta de organización e orde por ausencia dunha autoridade: *A clase cando non está o profesor é unha anarquía.*
FAM. anarquismo, anarquista.

anatomía
substantivo feminino
Ciencia que estuda as partes do corpo dos seres vivos: *En anatomía estúdanse os órganos, os músculos e os ósos do corpo.*
FAM. anatómico.

anavallar
verbo
Ferir cunha navalla, coitelo ou arma branca: *Os atracadores anavallaron a súa vítima.* SIN. acoitelar, apuñalar.

anca
substantivo feminino
Cada unha das metades en que se divide a parte posterior dalgúns animais: *Ía sentado nas ancas do cabalo.*

ancestral
adxectivo
Dos antepasados máis afastados: *Ese é un costume ancestral herdado dos celtas.*

ancho, ancha
adxectivo
1 Que ten certa distancia de lado a lado: *Un folio é máis longo ca ancho.* SIN. largo.
2 Que non queda apertado: *Levaba un pantalón moi ancho.* SIN. amplo, folgado. ANT. apertado, estreito.
3 Orgulloso e contento de si mesmo: *Ía todo ancho no novo coche.*
substantivo masculino
4 Dimensión considerada de dereita a esquerda ou de esquerda a dereita: *Un folio ten menos ancho ca longo.* SIN. anchura.

anchura
substantivo feminino
1 Calidade de ter moita extensión ou moito espazo libre: *Gústalle a roupa que teña anchura.* SIN. ancho, largo, largura.
2 Dimensión considerada de esquerda a dereita ou de dereita a esquerda: *A anchura dun folio é menor ca o longo.* SIN. ancho, largo, largura.

ancián, anciá
adxectivo e substantivo
Dito dunha persoa, que ten moitos anos: *O seu avó é un ancián moi simpático.* SIN. vello. ANT. mozo, novo.
FAM. ancianidade.

anciño
substantivo masculino
Instrumento de labranza formado por un mango rematado nun extremo por un pau atravesado con pugas ou dentes de madeira ou ferro e que se emprega para amontoar ramas e follas: *Recollía as ramas cortadas cun anciño.* SIN. angazo.

áncora
substantivo feminino
Obxecto con que se suxeita un barco ao fondo do mar: *Os barcos levantan as áncoras para saíren ao mar.*
FAM. ancoradoiro, ancorar, ancoraxe.

andacamiños
substantivo masculino
Xoguete formado por unha roda e un pau: *O rapaz corría co andacamiños.*

andada
substantivo feminino
Camiño ou percorrido de certa distancia que se fai a pé: *Ata o cine hai unha andada duns quince minutos.* SIN. andaina, camiñada.

andadeiro, andadeira
adxectivo
Que lle gusta andar ou camiñar: *Teu avó e moi andadeiro.* SIN. andador.

andado
1 Participio do verbo *andar.*
adxectivo
2 Que ten bastantes ou moitos anos: *Ese televisor xa vai andado, pois ten máis de dez anos.* SIN. vello. ANT. novo.

andador
adxectivo
1 Que lle gusta andar ou camiñar: *Meu pai é moi andador e fai sendeirismo.*
substantivo masculino
2 Aparello que se usa para que os nenos aprendan a andar: *Os andadores teñen patas con rodas.*

andaina
substantivo feminino
Camiño que se anda ou percorre a pé: *Ata a praza hai unha andaina duns dous quilómetros.* SIN. andada, camiñada.

***andamio**, a forma correcta é **estada**.

andanza
substantivo feminino
Percorrido ou parte da vida cheos de aventuras: *A novela* Os dous de sempre *conta as andanzas de Rañolas e Pedriño.* SIN. aventura, peripecia.
OBS. Adoita usarse en plural.

andar
substantivo masculino
1 Paso do tempo: *Co andar dos anos todos collemos experiencia.*
2 Forma que teñen as persoas de dar os pasos: *Os modelos teñen un andar moi elegante.*
3 Cada unha das diferentes partes ou plantas que forman un edificio dende abaixo ata arriba: *Un rañaceos ten moitos andares.* SIN. piso, planta.
verbo
4 Ir dun lugar a outro dando pasos: *Vou ao colexio andando.* SIN. camiñar.
5 Moverse por un lugar: *Ese coche anda moito.*
6 Funcionar un aparello: *O reloxo non anda e cómprelle unha pila nova.*
7 Estar nunha determinada situación: *Anda un pouco mal do estómago.*
8 Actuar ou comportarse dunha determinada maneira: *Non andes con parvadas.*
9 Pasar o tempo: *A partir dos corenta os anos andan máis rápidos.*
10 Atravesar un espazo: *Andou todo o barrio ata dar cunha ferraxaría.* SIN. percorrer.
11 Conducir un vehículo de dúas rodas: *Miña irmá pequena xa sabe andar en bicicleta.*
EXP. **Andar + a + infinitivo** ou **andar + xerundio** Indica que se fai algo durante un certo tempo: *Agora anda a pintar as portas da casa.* **Andar detrás de** Tratar de conseguilo: *Anda detrás de que lle regalen unha moto.*
FAM. andador, andante, andanza, andazo.

andas
substantivo feminino plural
1 Taboleiro con dúas barras horizontais que serve para transportar cousas ao lombo: *A imaxe do santo ía sobre unhas andas.* SIN. angarellas, padiola.
2 Especie de cama estreita e portátil que se usa para levar enfermos ou feridos: *O xogador lesionado foi retirado en andas.* SIN. angarellas, padiola.
EXP. **Levar** ou **traer en andas** Tratar moi ben: *Como é o irmán pequeno tráeno en andas.*

andazo
substantivo masculino
Enfermidade leve que padece moita xente a un tempo: *No inverno sempre hai andazo de gripe.*

andel
substantivo masculino
Táboa horizontal colocada nun moble ou pegada á parede para colocar cousas sobre ela: *Colocou os libros no andel correspondente da libraría.* SIN. estante.

***andén**, a forma correcta é **plataforma**.

andoriña
substantivo feminino
Paxaro de corpo negro e branco que no outono e inverno vai vivir en lugares máis cálidos: *As andoriñas regresan na primavera.*

androlla
substantivo feminino
Embutido elaborado co intestino groso do porco recheo de carne picada, ósos e costela adobados con pemento, allo e loureiro: *No Entroido comemos androlla.* SIN. botelo.

andar			
INDICATIVO		SUBXUNTIVO	IMPERATIVO
Presente ando andas anda andamos andades andan	**Copretérito** andaba andabas andaba andabamos andabades andaban	**Presente** andara andaras andara andaramos andarades andaran	anda andade **FOR. NOMINAIS** **Infinitivo** andar
Pretérito andei andaches andou andamos andastes andaron	**Antepretérito** andara andaras andara andaramos andarades andaran	**Pretérito** andase andases andase andásemos andásedes andasen	**Xerundio** andando **Participio** andado
Futuro andarei andarás andará andaremos andaredes andarán	**Pospretérito** andaría andarías andaría andariamos andariades andarían	**Futuro** andar andares andar andarmos andardes andaren	**Inf. conxugado** andar andares andar andarmos andardes andaren

andrómena
substantivo feminino
Mentira ou invención que se di para despistar ou enganar: *Déixate de andrómenas e fai os deberes.*

aneboar ou **anebrar**
verbo
Cubrirse de néboa: *O día aneboou.*

anécdota
substantivo feminino
Feito curioso que se conta para entreter ou como exemplo: *O profesor de historia conta moitas anécdotas de personaxes célebres.*
FAM. anecdotario, anecdótico.

anegar
verbo
Asolagar.
OBS. O *g* cambia en *gu* diante do *e*, como en *pagar*.

anel
substantivo masculino
1 Xoia en forma de aro que se coloca nos dedos da man: *Mercou un anel de ouro.* SIN. sortella.
2 Calquera cousa que ten esta forma redonda: *Une as follas do caderno con aneis.* SIN. argola.
3 Cada un dos segmentos ou partes en que se divide o corpo dos vermes e dos artrópodos: *O corpo das eirugas divídese en aneis.*
4 Círculo celeste que rodea algúns astros: *Saturno ten tres aneis.*
5 Cada un dos círculos que presenta o tronco dunha árbore: *Contando os aneis dun tronco sabemos cantos anos ten a árbore.*

anelar
verbo
Pór un anel: *Os biólogos anelaron as gaivotas que ían estudar.*
OBS. Distíngase de *anhelar*.

anemia
substantivo feminino
Enfermidade producida pola diminución dos glóbulos vermellos ou da hemoglobina do sangue: *A anemia produce palidez e debilidade.*
FAM. anémico.

anemone
substantivo feminino
1 Planta herbácea con talo subterráneo e flores moi bonitas: *As anemones poden ter flores de distintas cores.*
2 Pólipo de cores moi vivas que vive fixo nas rochas mariñas: *Os tentáculos das anemones semellan flores.*

anenado, anenada
adxectivo
Que é coma un neno: *Ten vinte anos, mais segue cun comportamento anenado.*

anesgarse
verbo
Encrequenarse.
OBS. Cambia o *g* en *gu* ante *e*, como en *pagar*.

anestesia
substantivo feminino
Substancia que fai durmir ou que non se sinta a dor durante un certo tempo: *Para arrincarlle a moa o dentista púxolle unha inxección de anestesia.*
FAM. anestesiar, anestesista.

anexionar
verbo
Incorporar un territorio a outro: *A descuberta de América permitiulle ao reino de Castela anexionar grandes territorios de América.*
FAM. anexión, anexionista.

***anexo** (que ten anos), a forma correcta é **anello**.

anexo, anexa
adxectivo
Unido a outro: *O libro de xeografía leva anexo un pequeno atlas.*

anfibio, anfibia
adxectivo
1 Que pode moverse na auga e na terra: *O exército ten vehículos anfibios.*
adxectivo e substantivo masculino
2 Dito dun animal, que non ten pelo nin plumas, é de sangue frío e vive na auga ou nun lugar moi húmido: *As ras son anfibios.*

anfiteatro
substantivo masculino
1 Edificio de forma circular con bancadas arredor dun círculo de area onde na antiga Roma se celebraban combates de gladiado-

res e de feras: *No anfiteatro os gladiadores loitaban con feras.*
2 Parte alta dun teatro ou sala de cine que ten as localidades en bancadas: *As entradas de anfiteatro son máis baratas ca as do patio de butacas.*

anfitrión, anfitrioa
adxectivo e substantivo
Que recibe na casa os convidados: *Os anfitrións déronnos un bo xantar.* ANT. convidado, invitado.

ánfora
substantivo feminino
Vasilla alta e estreita e con dúas asas: *Os romanos e gregos usaban ánforas para conservar e transportar alimentos.*

anga
substantivo feminino
Peza semicircular do caldeiro que serve para levantalo e transportalo: *As angas dos caldeiros adoitan ser metálicas.*

angarellas
substantivo feminino plural
Andas.

angazo
substantivo masculino
Instrumento de labranza formado por un mango rematado nun extremo por un pau atravesado con pugas ou dentes de madeira ou ferro e que se emprega para amontoar ramas e follas: *Recollía as ramas cortadas cun angazo.* SIN. anciño.
FAM. angazar.

angosto, angosta
adxectivo
Que é estreito ou de pouca anchura: *Vive nun cuarto angosto.*
FAM. angostura.

angueira
substantivo feminino
Traballo ou actividade en que alguén está ocupado: *A angueira dos alumnos é estudar.* SIN. faena, labor, ocupación, quefacer, tarefa, traballo.
EXP. **Ter mala angueira** Traballar pouco: *É un nugallán, ten mala angueira.*

anguía
substantivo feminino
Peixe comestible de corpo alongado e cilíndrico: *A anguía vive nos ríos, pero reprodúcese no mar.*

angula
substantivo feminino
Cría da anguía: *Teñen moita sona as angulas da Guarda.* SIN. meixón.

ángulo
substantivo masculino
1 En matemáticas, figura xeométrica formada por dúas liñas con distinta dirección que se cortan nun punto: *Un cadrado ten catro lados e catro ángulos.*
2 Espazo en que se cortan ou xuntan dúas liñas ou dúas superficies: *A mesa do teléfono está nun ángulo do salón.* SIN. canto, esquina, curruncho, recanto, recuncho.
EXP. **Ángulo agudo** O que ten menos de noventa graos: *Os ángulos dun triángulo son agudos.* **Ángulo obtuso** O que ten máis de noventa graos: *O ángulo obtuso é máis aberto ca o recto.* **Ángulo recto** O que mide noventa graos: *Os ángulos dun cadrado son ángulos rectos.*

angustia
substantivo feminino
Sensación de medo, preocupación ou intranquilidade: *Ver os trapecistas prodúceme angustia.* SIN. ansiedade, agonía.
FAM. angustiar, angustioso.

anhelar
verbo
Desexar moito: *Anhelo aprobar todo.* SIN. ansiar, cobizar, degoxar.
OBS. Non confundir con *anelar.*
FAM. anhelante, anhelo, anheloso.

anicarse
verbo
Encrequenarse.

anil
substantivo masculino
De cor azul escura: *O anil é unha das cores do arco da vella.*

ánima
substantivo feminino
Segundo a relixión, alma dunha persoa morta, especialmente a que está no purgatorio: *A Santa Compaña é unha procesión de ánimas.*

animal
adxectivo
1 Do animal ou relacionado con este ser vivo: *A zooloxía estuda o comportamento animal.*
adxectivo e substantivo
2 Que non se comporta como unha persoa civilizada ou educada: *Non sexas animal e saúda ao entrar.* SIN. besta, bruto, monstro.
substantivo masculino
3 Ser vivo que é capaz de moverse por si mesmo: *Os animais son seres vivos que se moven por si mesmos e as plantas non.*
FAM. animalada.

animalia
substantivo feminino
Animal que resulta prexudicial para a caza menor: *Os raposos e as donicelas son animalias porque cazan os coellos.*

animar
verbo
1 Darlle ánimo, forza ou enerxía a alguén: *O adestrador animaba os xogadores para gañar o partido.* SIN. afoutar, alentar, motivar. ANT. abater, desmotivar, desanimar.
2 Facer que algo esperte interese ou sexa máis divertido: *Unha orquestra animaba a xuntanza.*
3 animarse Coller máis forza, enerxía ou interese: *Cos meus consellos animouse para estudar.*

ánimo
substantivo masculino
1 Enerxía, forza ou valor para facer algo: *Para gañar ese partido cómpre ter ánimo.* SIN. alento, azo, folgo, forza. ANT. deixamento, desánimo.
2 Intención de facer algo: *Non dixen iso con ánimo de vos ofender.*
FAM. animación, animado, animar, animoso, desanimar, desánimo, reanimar.

aninovo
substantivo masculino
1 Primeiro ou primeiros días do ano: *O Aninovo xúntase a familia.* SIN. ano novo.
2 Canción popular que se canta para celebrar o remate do ano e o comezo do novo ano: *Os rapaces cantaron un aninovo.*
OBS. Na acepción 1 adoita escribirse con inicial maiúscula.

aniñar
verbo
1 Facer o niño unha ave e vivir nel: *As aguias aniñan en rochas elevadas.*
2 aniñarse Encrequenarse.
FAM. aniñadoiro.

aniquilar
verbo
Destruír por completo: *Os exércitos bárbaros aniquilaron o exército romano.*
FAM. aniquilación, aniquilamento.

anís
substantivo masculino
1 Planta con ramas abundantes e sementes moi aromáticas: *O anís cultívase polas súas sementes.*
2 Bebida alcólica fabricada con estas sementes: *O anís é unha augardente.*
FAM. anisado.

aniversario
substantivo masculino
1 Día en que se cumpren anos dun determinado feito ou suceso: *O 17 de maio celébrase o aniversario da publicación de* Cantares gallegos *de Rosalía.*
2 Día en que se cumpre un número de anos dende o nacemento ou morte dunha persoa: *Celebro o meu aniversario o 16 de xaneiro porque nacín un 16 de xaneiro.*
OBS. Na acepción 2 non se di **cumpreanos* para referirse ao nacemento. *Cabodano* só é sinónimo da acepción 2 referido á morte dunha persoa.

anllar
substantivo masculino
Lugar en que se garda a leña: *O anllar adoita estar próximo á lareira.*

ano[1]
substantivo masculino
1 Período de tempo de doce meses: *O ano comeza o 1 de xaneiro e remata o 31 de decembro.*
2 Tempo que tarda a Terra en xirar arredor do Sol: *O ano terrestre dura aproximadamente 365 días.*
EXP. **Ano académico/escolar** Tempo que dura o curso nun colexio e nos centros de ensino: *O ano escolar comeza en setembro.* **Ano bisesto** O que ten un día máis en febreiro: *O ano bisesto ten 29 de febreiro e dura 366*

días. **Ano luz** Unidade de medida representada polo espazo que percorre a luz no baleiro durante doce meses a razón de 300.000 quilómetros por segundo: *O ano luz mide as distancias entre os astros.* **Ano novo** Primeiro día ou primeiros días do ano: *O Ano Novo xúntase toda a familia.* SIN. aninovo. **Ano santo** Aquel en que o papa concede perdón dos pecados aos que visiten determinados lugares como Santiago ou Roma: *Os anos santos veñen moitos peregrinos a Santiago.* **Ano vello** O derradeiro día do ano: *Xúntase a familia na cea de Ano Vello.* **Facer anos** Cumprir ou chegar a ter determinado número de anos: *En xaneiro fago vinte anos.* **Para o ano** Para o ano que vén: *Para o ano iremos de vacacións a Nova York.*
FAM. aninovo, anual, anuario, cabodano.

ano²
substantivo masculino
Orificio ou buraco en que remata o tubo dixestivo de moitos animais: *Polo ano expulsamos os excrementos.* SIN. cu, ollo do cu.

anoar
verbo
Facer un ou varios nós ou atar con nós: *Anoou o pano ao pescozo.*

anódino, anódina
adxectivo
Que non ten importancia nin interese: *É unha película anódina, que aburre.*

anoitecer
substantivo masculino
1 Tempo en que comeza a faltar a luz do día e se fai de noite: *No anoitecer cómpre acender os faros do coche.* SIN. bocanoite, luscofusco, noitiña. ANT. alba, alborada, abrente, madrugada.
verbo
2 Empezar a faltar a luz do día e chegar a noite: *No inverno anoitece antes ca no verán.* SIN. escurecer. ANT. amencer, clarear.
OBS. É regular: *anoiteza.*

anomalía
substantivo feminino
Irregularidade ou desviación do que se considera normal: *É unha grave anomalía que un árbitro castigue con penalti unha falta fóra da área.* SIN. irregularidade.
FAM. anómalo.

anónimo, anónima
adxectivo
1 Dito dunha persoa, que non se sabe quen é: *Mándalle ramos de flores un admirador anónimo.*
adxectivo e substantivo masculino
2 Dito dunha obra artística ou literaria, que non se coñece quen é o seu autor: *Os nosos cruceiros son obra de escultores anónimos.*
substantivo masculino
3 Carta ou mensaxe sen asinar e que, habitualmente, di cousas malas: *Nun anónimo ameázano coa morte.*
FAM. anonimato.

anorak
substantivo masculino
Especie de chaqueta, habitualmente con carapucha e de tea impermeable: *O anorak é unha peza de vestir que protexe do frío e da chuvia.*
OBS. O plural é *anoraks.*

anorexia
substantivo feminino
Enfermidade psicolóxica pola que unha persoa tenta non comer ou comer o menos posible: *A anorexia é propia da adolescencia.*
FAM. anoréxico.

anormal
adxectivo
1 Que é distinto do normal ou acostumado: *É anormal que neve en agosto.* SIN. estraño, raro, sorprendente. ANT. común, corrente, habitual, lóxico, natural, normal, ordinario.
2 Que ten un desenvolvemento físico ou intelectual inferior ao que lle corresponde: *Non dá aprendido a ler porque é anormal.* SIN. subnormal.
FAM. anormalidade.

anotar
verbo
Tomar nota por escrito: *Anotou o meu enderezo.* SIN. apuntar.
FAM. anotación.

anovar
verbo
Cambiar pondo algo novo ou mellor: *Anovaron o equipo con novas fichaxes.*
FAM. anovamento, anovo.

anoxar
verbo
1 Producir noxo ou unha sensación moi desagradable: *Dende aquel empacho anoxou os amorodos.* SIN. extosar.
2 Enfadar ou desgustar moito: *Anoxouse comigo porque non o convidei ao meu aniversario.*
FAM. anoxadizo, anoxo.

*__anque__, a forma correcta é **aínda que**.

anquilosar
verbo
Diminuír a capacidade de movemento ou de desenvolvemento: *A reuma anquilosoulle as pernas.*
FAM. anquilosamento.

ansia
substantivo feminino
Desexo moi forte de conseguir algo: *Viaxa moito pola ansia de coñecer novos países.* SIN. afán, ambición, anhelo, arela, cobiza, degoxo, devezo, empeño. ANT. desgana.
FAM. ansiar, ansiedade, ansioso.

ansiar
verbo
Desexar moito: *Ansiaba mercar ese coche deportivo.* SIN. cobizar, degoxar, devecer.

ansiedade
substantivo feminino
Sensación que se ten ao estar preocupado ou con medo: *Esperaba con ansiedade que o titor lle dese as notas.* SIN. agonía, angustia.

anta
substantivo feminino
Pedra que cobre un monumento prehistórico ou dolmen: *As antas son o teito dos dolmens.*

antagónico, antagónica
adxectivo
Que se opón a algo ou alguén: *Os dous irmáns teñen caracteres antagónicos, pois un é un optimista e o outro un pesimista.*
SIN. contrario, oposto.
FAM. antagonismo, antagonista.

antano
adverbio
O ano pasado ou hai moito tempo: *Antano non había electricidade.*

antártico, antártica
adxectivo
Do Polo Sur: *O solo antártico está cuberto de xeo.* SIN. austral. ANT. ártico.

ante[1]
substantivo masculino
Animal mamífero ruminante, moi parecido ao cervo e cos cornos en forma de pa: *A pel do ante é moi apreciada en peletaría.*

ante[2]
preposición
En presenza de algo ou de alguén: *O acusado declaraba ante o tribunal.* SIN. perante.

antebrazo
substantivo masculino
Parte do brazo comprendida entre o cóbado e o pulso: *Rompeu o radio e leva enxesado o antebrazo.*

anteceder
verbo
Ir antes ou diante: *No abecedario, a letra* b *antecede á letra* c. SIN. preceder. ANT. seguir.
FAM. antecedente.

antecesor, antecesora
substantivo
1 Persoa que tivo un cargo antes da persoa que o ten agora: *O novo director gabou o traballo do seu antecesor.* SIN. predecesor.
ANT. sucesor.
2 Persoa da que se descende ou que viviu nun tempo anterior: *Os homes prehistóricos son os nosos antecesores.* SIN. antepasado, devanceiro ANT. descendente.

anteface
substantivo masculino
Peza de tea que tapa a zona dos ollos, mais que ten dous buracos para poder ver: *No Entroido puxen un anteface.*

antelación
substantivo feminino
Adianto no tempo sinalado para algo: *O tren chegou con antelación, pois entrou na estación cinco minutos antes da súa hora.*
SIN. anticipación. ANT. atraso.

antemán
EXP. **De antemán** Antes do tempo sinalado: *Tiña preparadas as maletas de antemán e non me tivo que agardar.*

antena
substantivo feminino

1 Aparello que serve para emitir ou recibir ondas electromagnéticas: *Puxeron unha nova antena de televisión no tellado.*

2 Cada un dos apéndices ou especie de pelos articulados que teñen os artrópodos na cabeza: *Os insectos teñen dúas antenas e os crustáceos, catro.*

EXP. **En antena** Emitíndose: *O telexornal está en antena.*

FAM. antenado, antenista.

anteollo
substantivo masculino

1 Tubo con lentes que serve para ver moi lonxe: *Cos anteollo vemos os obxectos afastados como se estivesen preto.*

plural

2 Aparello formado por dous cristais, que se apoia no nariz e nas orellas e serve para ver mellor: *Os miopes deben usar anteollos.* SIN. lentes.

3 Aparello formado por dous tubos que conteñen unha combinación de lentes e que permite ver os obxectos afastados como próximos: *O capitán do barco miraba o mar cos anteollos.* SIN. prismáticos.

OBS. Na acepción 1 non se di **catalexo* nin na 2 **gafas*.

antepasado, antepasada
substantivo

Devanceiro.

antepenúltimo, antepenúltima
adxectivo

Que está inmediatamente antes do último: *O día 30 de decembro é o antepenúltimo do ano.*

antepoñer ou antepor
verbo

Preferir ou pór por diante: *Antepón o traballo á diversión.*

OBS. É irregular e conxúgase como *poñer* /*pór*.

FAM. anteposición.

***antergo**, a forma correcta é **entrego**.

anterior
adxectivo

Que acontece ou está antes: *Viaxaba na parte anterior do autobús.* ANT. posterior, seguinte.

antes
adverbio

Nun tempo ou nun lugar anteriores: *Eu cheguei unha hora antes ca el.* SIN. diante. ANT. despois, logo.

FAM. antecedente, anteceder, antecesor, antelación, anterior.

antiaéreo, antiaérea
adxectivo

Que protexe dos ataques aéreos ou dos avións: *Instalaron uns canóns antiaéreos.*

antibiótico
substantivo masculino

Medicamento que impide o desenvolvemento das enfermidades infecciosas: *A penicilina é un poderoso antibiótico.*

anticiclón
substantivo masculino

Zona de alta presión atmosférica que adoita producir bo tempo: *Nos días de sol do verán hai anticiclón.*

anticipar
verbo

1 Facer que algo aconteza antes do tempo establecido: *Anticiparon as vacacións do Nadal e comezaron o dez de decembro.* SIN. adiantar. ANT. atrasar.

2 Dar un diñeiro antes da data establecida: *Anticipáronme o soldo de dous meses.* SIN. adiantar. ANT. atrasar.

3 Dar unha noticia antes do establecido: *Unha emisora anticipou a noticia da dimisión do adestrador.* SIN. adiantar. ANT. atrasar.

4 anticiparse Acontecer algo antes do tempo establecido: *Este ano o inverno foi curto e anticipouse a primavera.*

5 Facer algo antes ca outro: *O dianteiro anticipouse ao defensa e marcou gol.* SIN. adiantar.

FAM. anticipación, anticipo.

anticipo
substantivo masculino

1 Parte que se adianta de algo: *Este conto é un anticipo da novela que prepara.* SIN. adianto.

2 Cartos que se dan antes do acordado: *Pediu un anticipo do soldo porque tivo moitos gastos.* SIN. adianto.

anticonceptivo
substantivo masculino
Que impide o embarazo ao manter relacións sexuais: *O preservativo é un anticonceptivo.*

anticuado, anticuada
adxectivo
Que xa non se usa, que está pasado de moda ou que é propio do pasado: *Leva unha roupa moi anticuada.* SIN. antigo, caduco. ANT. moderno.

anticuario, anticuaria
substantivo
Persoa que fai colección de obxectos antigos, ou que os compra e os vende: *Un anticuario mercoulle aquela imaxe da Virxe.*

antídoto
substantivo masculino
1 Substancia que impide o efecto dun veleno: *Salvouse da picada da serpe porque lle inxectaron un antídoto.* ANT. veleno.
2 Que serve de solución contra algún mal ou que libra del: *O deporte é bo antídoto contra a droga.* SIN. medicina, menciña, remedio.

***antifaz**, a forma correcta é **anteface**.

antigalla
substantivo feminino
Cousa pasada de moda ou que quedou antiga: *Ese traxe de hai vinte anos é unha antigalla.*

antigo, antiga
adxectivo
1 Que existe dende hai moito tempo: *O hórreo que ten é moi antigo.* SIN. vello. ANT. moderno, novo.
2 Que sucedeu hai moito tempo: *O xogador arrastra unha antiga lesión.* SIN. vello. ANT. moderno, novo.
3 Que leva moito tempo nun lugar, cargo ou grupo: *Os empregados antigos coñecen mellor a empresa.* ANT. moderno, novo.
adxectivo e substantivo
4 Que ten ideas do pasado e non cambia: *É un antigo que non comprende os mozos.* SIN. anticuado, caduco. ANT. moderno.
substantivo masculino plural
5 Conxunto das persoas que viviron en épocas pasadas: *Os antigos crían en moitas supersticións.*
EXP. **Á antiga** segundo usos e costumes de épocas pasadas: *Cociña á antiga, en cociña de leña.*
OBS. O superlativo é *antiquísimo.*
FAM. anticuado, anticuario, antigalla, antigüidade.

antigüidade
substantivo feminino
1 Característica do que é antigo ou existe ou se coñece dende hai moito: *Esas estatuas son de grande antigüidade.* ANT. novidade.
2 Tempo que leva unha persoa nun emprego ou cargo: *Está a pique de xubilarse e é o empregado de máis antigüidade.*
3 Tempo antigo ou do pasado: *Os dolmens galegos pertencen á Antigüidade.*
plural
4 Obxectos ou obras de arte antigos: *Merquei este cadro nunha tenda de antigüidades.*
OBS. A acepción 3 adoita escribirse con inicial maiúscula.

antílope
substantivo masculino
Animal mamífero ruminante, con cornos longos e moi veloz: *Os antílopes viven en rabaños nas estepas.*

antipatía
substantivo feminino
Sentimento de rexeitamento ou desgusto cara ao que non gusta: *Debemos terlle antipatía aos mentiráns.* SIN. animadversión, aversión, teima, xenreira, zuna. ANT. simpatía.
FAM. antipático.

antipático, antipática
adxectivo
Que produce antipatía, rexeitamento, desagrado ou desgusto: *Cústalle ter amigos porque é un pouco antipático.*

antípoda
substantivo
Que está no lado ou punto oposto: *Os nosos antípodas son os habitantes de Nova Zelandia.*

antirregulamentario, antirregulamentaria
adxectivo
Que vai contra o regulamento ou regras establecidas: *Tocar o balón coa man no fútbol é antirregulamentario.* ANT. regulamentario.

antirroubo
substantivo masculino
Sistema ou dispositivo que protexe dos roubos: *O meu coche ten un bo antirroubo.*

antollarse
verbo
Sentir de forma súbita un forte desexo de algo: *Antollóuselle tomar amorodos con nata.*
FAM. antolladizo, antollo.

antollo
substantivo masculino
Desexo moi forte e súbito de algo: *Tivo o antollo de comer cereixas.* SIN. capricho.

antoloxía
substantivo feminino
Colección de anacos de obras artísticas ou literarias moi importantes: *O libro de lingua trae unha antoloxía da literatura galega.* SIN. escolma.
FAM. antolóxico.

antónimo
substantivo masculino
Palabra de significado contrario ao que ten outra: *O antónimo de grande é pequeno.* SIN. contrario. ANT. sinónimo.
FAM. antonimia.

antonte
adverbio
No día anterior a onte: *Se hoxe é xoves, antonte foi martes.*

*antoxar, a forma correcta é **antollar**.

antracita
substantivo feminino
Carbón de cor negra intensa que arde mal, mais sen desprender fume nin deixar feluxe: *A antracita úsase como combustible industrial.*

antro
substantivo masculino
Lugar ou vivenda sucio ou en malas condicións: *Ese bar é un antro cheo de porcallada.*

antuca
substantivo feminino
Parasol.

anual
adxectivo
1 Que acontece ou se repite cada ano: *Debe realizar unha revisión médica anual.*
2 Que dura un ano: *Moitas plantas herbáceas son anuais.*

anuario
substantivo masculino
Libro que se publica cada ano con toda a información referente a un tema nese ano: *Moitos xornais publican un anuario que recolle as noticias máis rechamantes do ano que rematou.*

anubrar
verbo
Nubrar.

anular[1]
adxectivo
1 Con forma de anel: *As argolas teñen forma anular.*
adxectivo e substantivo masculino
2 Dito dun dedo da man, que é o cuarto, empezando a contar dende o gordo: *No dedo anular colócase o anel de casado.* SIN. medianiño, mediano.

anular[2]
verbo
Dicir que algo xa non vale: *O árbitro anulou o gol.*
FAM. anulación.

anunciar
verbo
1 Dicir ou comunicar algo para que a xente o saiba: *Anunciaron a súa próxima voda.*
2 Amosar ou dar a coñecer un produto para que a xente o merque: *Esas lavadoras anúncianas moito na televisión.*
3 Dicir o que vai acontecer no futuro a partir de sinais ou indicios: *Esas nubes negras anuncian chuvia.* SIN. agoirar, predicir, prognosticar.
FAM. anunciante, anuncio.

anverso
substantivo masculino
Cara principal dunha moeda, medalla ou folla de escribir: *Comezamos a escribir no anverso das follas.* ANT. dorso, reverso.

anxinas
substantivo feminino plural

Inflamación das amígdalas e da zona próxima a estas: *As anxinas producen dor de garganta e febre.*

OBS. Non debe confundirse con *amígdalas*, órganos da garganta que sofren esta inflamación.

anxo
substantivo masculino

1 Nalgunhas relixións, ser celeste que asiste a Deus e se comunica coas persoas ou as axuda: *Na relixión católica o anxo da garda protexe a cada persoa.*

2 Persoa moi boa ou moi bela: *Ese rapaz é un anxo.* ANT. demo, diabo, diaño.

anzol
substantivo masculino

Gancho curvo e metálico que se usa para pescar: *Puxo unha miñoca no anzol.* SIN. amocelo, brinca.

añagoto, añagota
substantivo

Cabrito.

año, aña
substantivo

Cría da ovella, que non pasa dun ano: *Os años son mansiños.* SIN. cordeiro, roxelo.

ao
contracción

Contracción do artigo *o* e a preposición *a*: *Iremos ao cine esta tarde.*

OBS. Tamén se admite a grafía *ó/ós*, pero é preferible *ao/aos*.

aorta
substantivo feminino

Arteria principal do sistema circulatorio dalgúns animais, que parte do corazón e que, a través de ramificacións, leva o sangue osixenado a todo o corpo: *No corpo humano, a aorta sae do ventrículo esquerdo do corazón.*

FAM. aórtico, aortite.

apacentar
verbo

Levar o gando a pacer ou comer herba: *Os pastores apacentan o gando.* SIN. alindar.

apadriñar
verbo

1 Acompañar ou asistir a unha persoa cando recibe algún sacramento ou honra: *O pai apadriñouna na voda.*

2 Protexer ou axudar: *O Goberno apadriña ese proxecto de iniciación á lectura.*

apagar
verbo

1 Referido a unha luz ou a un lume, facer que terminen: *Os bombeiros apagaron o incendio.* ANT. acender, prender.

2 Facer que un aparello deixe de funcionar: *Apaga o televisor.* ANT. prender.

3 Diminuír a forza ou a intensidade, ata facer desaparecer: *Tantos desenganos apagaron o amor polo seu mozo.*

OBS. O *g* cambia en *gu* diante do *e*, como en *pagar*.

FAM. apagado, apagamento.

apaisado, apaisada
adxectivo

Que na súa posición normal é máis ancho ca longo: *As follas do caderno de debuxo son apaisadas.*

apaixonar
verbo

1 Gustar moito: *Apaixóname a música.* SIN. entusiasmar.

2 **apaixonarse** Sentir un grande interese cara a algo: *Apaixónase coa lectura de novelas policiais.*

FAM. apaixonado, apaixonamento, apaixonante.

apalabrar
verbo

Concertar, acordar ou comprometer de palabra, sen que conste por escrito: *Apalabrou cun pintor a pintura do salón.*

apalleirar
verbo

Pór palla ou herba seca en palleiros ou montóns: *Apalleiraban a herba seca.* SIN. empalleirar.

apalpada
substantivo feminino

Exame ou recoñecemento de algo tocando coas mans: *As apalpadas da xente estragaron a froita.*

EXP. **Ás apalpadas** Tocando coas mans para recoñecer ou examinar: *Como non había luz no cuarto camiñaba ás apalpadas.*

apalpar
verbo
Tocar coas mans para examinar ou recoñecer: *Apalpaba a bola de pan para ver se estaba branda.* SIN. apaxar, palpar, tentar, tentear.
FAM. apalpada, apalpadeira, apalpadela.

apampar
verbo
Deixar sen forza ou aparvado pola calor ou mesmo a sorpresa: *Tanta calor apampa a un.*
FAM. apampado.

apancar
verbo
1 Darlle a alguén pancadas ou golpes moi fortes: *Antes de o acoitelaren, apancárono.* SIN. bourar, golpear.
2 Mover cunha panca: *Os canteiros apancaban o bloque de granito.*
OBS. Cambia o *c* en *qu* diante do *e*, como en *sacar.*

apandar
verbo
Pandar.

apañar
verbo
1 Coller o froito da terra ou das plantas: *Andaban a apañar nas patacas.* SIN. coller, recoller.
2 Coller algo que está no chan: *Apaña esas moedas que che caeron.*
3 Coller ou adquirir, especialmente algo malo ou unha enfermidade: *Coa molladura apañou un bo arrefriado.* SIN. agarrar, coller.
4 **apañarse** Ser capaz de facer ou conseguir algo con maña e enxeño: *Apáñase moi ben para combinar tarefas da casa e traballo.* SIN. amañarse, arranxarse.
FAM. apañado, apaño.

aparador
substantivo masculino
Moble do comedor en que se garda todo o necesario para pór a mesa: *A vaixela gárdase no aparador.*

aparafusar
verbo
Suxeitar con parafusos: *Cómpre aparafusar ben á parede a caixa do correo.* ANT. desaparafusar.

aparato
substantivo masculino
1 Aparello.
2 Gran cantidade de medios ou circunstancias que acompañan a algo: *A tormenta ía acompañada de gran aparato eléctrico. A voda fíxose con moito aparato.*
3 Conxunto de persoas que gobernan unha asociación ou sociedade: *O aparato do partido nomeará os candidatos a concelleiros e a deputados.*
FAM. aparatoso.

aparcadoiro
substantivo masculino
Lugar destinado para aparcar os vehículos: *Deixamos o coche no aparcadoiro do híper.* SIN. estacionamento.
OBS. É distinto de *aparcamento.*

aparcamento
substantivo masculino
Colocación dun vehículo nun lugar para deixalo alí parado certo tempo: *Para realizar o aparcamento do coche, fixo varias manobras.* SIN. estacionamento.
OBS. É distinto de *aparcadoiro.*

aparcar
verbo
Colocar un vehículo nun lugar para deixalo alí parado certo tempo: *Aparcamos no centro da cidade.* SIN. estacionar. ANT. desaparcar.
OBS. Cambia o *c* en *qu* diante do *e*, como en *sacar.*
FAM. aparcadoiro, aparcamento.

aparear
verbo
Referido a un animal, xuntalo con outro de distinto sexo para que se reproduzan: *Apareou a vaca e o touro para ter becerros.*

aparecer
verbo
1 Deixarse ver ou amosarse: *No ceo aparece a lúa pola noite.* ANT. desaparecer.
2 Ser atopado o que estaba perdido: *Por fin*

apareceu o libro que extraviara. ANT. desaparecer.
OBS. É regular: *aparezo, apareza.*

aparellador, aparelladora
substantivo
Persoa que, baixo as ordes dun arquitecto, dirixe unha construción: *Os aparelladores encárganse de que se realicen os planos dos arquitectos nas obras.* SIN. arquitecto técnico.

aparellar
verbo
1 Preparar ou dispor o necesario para algo: *Aparellou todo axiña e saímos moi cedo.*
2 Pórlles os aparellos ou redes necesarios para pescar a un barco: *Os mariñeiros aparellaron o pesqueiro e saíron ao mar.*
3 Pórlles a cabalos e bestas os elementos necesarios para cabalgar neles ou para cargalos: *Aparellou a egua para cabalgar.*
4 Preparar o necesario para facer algo: *Aparella as ferramentas para amañar esa billa.*

aparello
substantivo masculino
1 Conxunto de pezas ou elementos deseñados para funcionaren xuntos: *Os televisores son aparellos.* SIN. aparato.
2 Conxunto de órganos dos seres vivos que realizan unha mesma función: *Respiramos grazas ao aparello respiratorio.* SIN. aparato.
3 En ximnasia, obxecto ou utensilio que se usa para facer determinados exercicios: *O poldro e o plinto son aparellos.* SIN. aparato.
4 Rede ou conxunto de redes unidas empregadas para pescar.
plural
5 Pezas que se lle poñen a cabalos e bestas para cabalgar nelas ou para cargalas: *A sela de montar forma parte dos aparellos.*
6 Conxunto de cousas necesarias para poder pescar: *Os mariñeiros cargaban no pesqueiro as redes e os aparellos.*
7 Conxunto de cousas necesarias para traballar ou facer algo: *O fontaneiro recollía os seus aparellos tras amañar a billa.*

aparencia
substantivo feminino
1 Aspecto externo: *Pola súa aparencia parece un bo rapaz.* SIN. facha, pinta.
2 O que parece algo que non o é: *A súa bondade é aparencia, pois é malo.*
FAM. aparentar, aparente.

aparentar
verbo
1 Dar a entender o que non é certo: *Aparenta que é bo, mais é malísimo.* SIN. figurar, finxir.
2 Ter o aspecto que corresponde a unha determinada idade: *Ten corenta anos, mais aparenta trinta.*
3 Presumir moito: *Mercou ese coche deportivo porque lle gusta aparentar.*

aparente
adxectivo
Que parece verdade, mais non o é: *A súa modestia é só aparente pois é moi orgulloso.*

aparición
substantivo feminino
1 Presentación ante a vista de algo que antes non se vía ou non estaba presente: *Cando ninguén esperaba o presidente, produciuse a súa aparición no mitin.* ANT. desaparición.
2 Presentación ou visión dun ser sobrenatural ou fantástico: *Eu non creo nas aparicións de pantasmas.*
3 Ser fantástico ou sobrenatural que alguén di ver: *A Santa Compaña é unha aparición.*

apartado, apartada
adxectivo
1 Que está lonxe ou separado de todo: *Esa aldea está moi apartada da cidade.* SIN. afastado, arredado, apartado. ANT. próximo.
substantivo masculino
2 Servizo de correos polo que se aluga unha caixiña nunha oficina de Correos para alí recibir cartas e paquetes: *A nosa empresa ten un apartado de Correos.*
OBS. Non debe usarse no canto de *sección*, co significado de 'parte en que se divide algo como un texto, lección ou libro'.

apartamento
substantivo masculino
Piso pequeno nun edificio con só un ou dous cuartos ou ningún: *Mercou un apartamento que ten só un dormitorio.*

apartar
verbo
1 Pór unha cousa nun lugar distinto doutra coa que estaba: *No armario aparta as ca-*

misas dos xerseis e non mestures todo. SIN. afastar, arredar, separar. ANT. acercar, achegar, agrupar, amontoar, apegar, aproximar, arrimar, pegar, reunir, unir, xuntar.
2 Pór lonxe: *Apartou as cadeiras para que collese a xente de pé.*

*aparte, a forma correcta é **á parte**.

aparvar
verbo
Volver parvo ou deixar sen capacidade para discorrer e decatarse do que pasa: *Esta calor apárvame.* SIN. aloular, atordar.
FAM. aparvado.

apatía
substantivo feminino
Falta de interese ou entusiasmo: *Non estuda nada porque o vence a apatía.* SIN. desgana. ANT. enerxía, vitalidade.
FAM. apático.

apaxar
verbo
1 Tocar coas mans repetidamente en sinal de afecto: *Apaxáballe as mans á nai do enfermo.* SIN. acariciar.
2 Tocar coas mans porque non se ve: *Marchou a luz e guiabámonos apaxando as paredes.* SIN. palpar, tentar.

apazugar
verbo
Acougar.
OBS. Cambia o *g* en *gu* diante do *e*, como en *pagar.*

apear
verbo
Baixar ou facer baixar dun vehículo: *Apearonse do tren na nosa estación.* SIN. baixar. ANT. montar, subir.
FAM. apeadeiro.

apedrar
verbo
1 Tirar pedras contra algo ou alguén: *Uns desalmados apedraron un can.*
2 **apedrarse** Referido a froitos, estragarse ou botarse a perder: *As xeadas apedraron os pexegos.*

apegadizo, apegadiza
adxectivo
Pegadizo.

apegar
verbo
1 Pegar.
2 Ter ou coller apego a algo ou alguén: *Está moi apegado á súa aldea.* SIN. contaxiar.
FAM. apegadizo, apegañento, apegañoso, apego, desapegar, desapego.

apego
substantivo masculino
Amor ou cariño cara a algo ou alguén: *Tenlle moito apego á vella casa da aldea.* ANT. desapego.

apeiro
substantivo masculino
Instrumento que se usa para algún traballo, especialmente para a labranza: *O angazo e o legón son apeiros.* SIN. aveño.
OBS. Úsase máis en plural.

apelar
verbo
1 Recorrer a algo ou alguén para que nos solucione un problema: *Cando ten débedas sempre apela aos pais para que llas paguen.* SIN. acudir.
2 Presentar ante un xuíz ou un tribunal unha petición para que se anule unha sentenza que se considera inxusta: *Apelou na audiencia provincial contra a sentenza do xuíz.*
FAM. apelación.

apelidarse
verbo
Ter determinado apelido: *Apelídase Rodríguez.*

apelido
substantivo masculino
Nome que serve para designar os membros dunha familia e que pasa de pais a fillos: *Levamos os apelidos do noso pai e da nosa nai.*

apéndice
substantivo masculino
1 Parte do corpo dunha persoa que está unida a outra principal: *O nariz é o apéndice nasal que está unido á cara.*
2 Prolongación delgada e oca que está no remate do intestino cego: *Operárono e extirpáronlle o apéndice.*
3 Cousa menos importante que se engade

á principal: *O noso libro leva un apéndice coa conxugación verbal.*
FAM. apendicite.

apendicite
substantivo feminino
Inflamación do apéndice intestinal: *Os síntomas da apendicite son: febre, vómitos e dor na parte dereita do estómago.*

apercibir
verbo
Advertir a alguén dun mal ou dun castigo: *O árbitro apercibiu o xogador de expulsión.*
FAM. apercibimento.

aperitivo
substantivo masculino
1 Bebida e comida lixeira que se toman antes das comidas: *Os sábados sempre tomamos un aperitivo antes do xantar.*
2 Comida lixeira que se serve ou toma cunha bebida: *Neste bar poñen uns aperitivos moi bos.*

aperta
substantivo feminino
Abrazo.

apertador
substantivo masculino
Suxeitador.

apertar
verbo
1 Facer forza ou presión: *Apertou os dentes e seguiu correndo.* SIN. oprimir, premer.
2 Coller a alguén entre os brazos ou collerlle a man dereita con forza, como mostra de cariño ao encontrarse ou separarse: *Apertoulle a man como sinal de despedida.*
3 Facer que algo quede xusto ou que non quede espazo entre unha cousa e outra: *Aperta ben os parafusos.* ANT. afrouxar.
4 Pór a alguén nunha situación incómoda con preguntas ou ameazas: *A oposición apertou o conselleiro no Parlamento.*
5 Acontecer algo con máis forza da normal: *En agosto aperta a calor.* ANT. afrouxar.
6 Esforzarse moito: *Se queres aprobar, tes que apertar no derradeiro trimestre do curso.* SIN. achegarse.
7 **apertarse** Xuntarse moito para facer sitio: *Apertádevos, a ver se collemos todos no banco.*
FAM. aperta, apertado, aperto, apertón.

aperto
substantivo masculino
1 Presión forte ou forza exercida sobre algo, especialmente sobre a man de alguén como saúdo ou despedida: *Despedíronse cun aperto de mans.*
2 Situación difícil de solucionar ou resolver: *Non teño cartos e estou nun bo aperto.* SIN. apuro, dificultade.

apertón
substantivo masculino
Presión ou forza exercida sobre algo, especialmente sobre un persoa: *Na entrada do estadio sufrín varios apertóns pois había moita xente.*

apertura
substantivo feminino
1 Feito de abrir o que estaba pechado: *Uns afeccionados esperaban a apertura das portas do estadio.* ANT. cerramento, pechamento.
2 Comezo dun proceso ou dunha actividade: *En setembro prodúcese a apertura do curso.* SIN. inauguración. ANT. clausura.

apesarar
verbo
Causar pesar ou pena grande: *O suspenso ese apesarouno moito.* SIN. desgustar. ANT. aledar, alegrar.
OBS. Non se di **apenar.*
FAM. apesarado.

apestado
adxectivo
1 Que padece a peste ou unha enfermidade moi grave e contaxiosa: *Antigamente, os leprosos eran considerados apestados.*
2 Que é desprezado: *Non ascende porque na empresa é un apestado.*

apestar
verbo
1 Feder.
2 Producir ou pasar a peste ou unha enfermidade contaxiosa: *As ratas apestaron a cidade coa peste negra.*
FAM. apestado.

apetecer
verbo
Gustar algo moito e ter moita gana del: *Agora apetéceme un xeado de amorodo.* SIN. desexar, querer.

OBS. É regular: *apeteza, apetezan.*
FAM. apetecible, apetito, apetitoso.

apetito
substantivo masculino
1 Gana de comer: *Xantei cedo porque tiña moito apetito.*
2 Forza que empurra a satisfacer os desexos: *É un avaro porque ten moito apetito de riquezas.*
FAM. apetitoso.

apiadarse
verbo
Sentir piedade ou moita pena e dor ante os males alleos ou propios: *É moi caritativo e apiádase das desgrazas alleas.* SIN. compadecerse, doerse.

apicultura
substantivo feminino
Arte de criar abellas para aproveitar o mel e a cera: *En zonas do interior de Galicia está desenvolvida a apicultura.*
FAM. apicultor.

apigarado, apigarada
adxectivo
Pedrés.

apiñar
verbo
Pór moi xuntas cousas ou persoas: *Os afeccionados apiñábanse na porta do estadio para ver os xogadores.*

apio
substantivo masculino
Planta herbácea de cor verde con talo e follas comestibles: *Botoulle apio á ensalada.*

apisoadora
substantivo feminino
Máquina que consta duns rolos pesados e que se usa para apertar o solo e pólo máis chan: *As apisoadoras úsanse para facer estradas.*

apisoar
verbo
Apertar e facer máis chan o solo: *Para apisoar o solo úsanse as apisoadoras.*

aplacar
verbo
Diminuír a forza ou intensidade de algo de xeito que resulta máis soportable: *Os calmantes aplacan a dor.* SIN. calmar.
OBS. O *c* cambia en *qu* diante do *e*, como en *sacar.*

aplanar
verbo
1 Pór plano ou chan: *As apisoadoras aplanan o terreo.* SIN. achaiar, achandar, achanzar, alisar, igualar, nivelar, planar.
2 Deixar sen forzas nin ánimo: *As desgrazas aplanárono moito.* SIN. abater.
FAM. aplanado, aplanamento.

aplaudir
verbo
Xuntar as mans con forza para que fagan ruído en sinal de aprobación ou entusiasmo: *Os afeccionados aplaudían o seu equipo.*
FAM. aplauso.

aplauso
substantivo masculino
Sinal de aprobación ou entusiasmo que se fai golpeando unha man contra outra: *O cantante escoitaba os aplausos do público.*

aplicación
substantivo feminino
1 Colocación dunha cousa sobre outra estendéndoa: *A aplicación da pomada debe facerse sobre a ferida.*
2 Emprego ou uso de algo para conseguir un determinado fin: *O plástico ten moitas aplicacións.*
3 Esforzo e interese ao facer algo: *Se estudases con aplicación, terías mellores notas.*

aplicado, aplicada
adxectivo
Que pon esforzo e interese en facer algo: *Os alumnos aplicados sacan moi boas notas.*

aplicar
verbo
1 Pór unha cousa estendida sobre outra: *Cómpre aplicar ben ese bronceador sobre a pel.* SIN. dar.
2 Empregar ou usar algo para conseguir un fin: *A técnica aplica os coñecementos da ciencia para fabricar aparellos.*
3 **aplicarse** Pór moito interese en algo: *Tes que te aplicar se queres aprobar todo.*
OBS. O *c* cambia en *qu* diante do *e*, como en *sacar.*
FAM. aplicación, aplicado.

apocalipse
substantivo feminino
Catástrofe ou desgraza moi grande: *O terremoto foi unha apocalipse pois morreron centos de persoas.*
FAM. apocalíptico.

apócema
substantivo feminino
Bebida elaborada con plantas cocidas e que cura enfermidades: *Os antigos menciñeiros elaboraban apócemas.*

apócope
substantivo feminino
Eliminación do son ou sons finais dunha palabra: *San é apócope de santo.*

apoderarse
verbo
Facerse dono de algo, especialmente pola forza: *Os ladróns apoderáronse das xoias.* SIN. apropiarse, quedar.

apodrentar
verbo
Facer que algo se estrague porque se volve podre: *A humidade apodrenta os cereais.*

apoiar
verbo
1 Pór unha cousa sobre outra para que se suxeite ou sosteña: *Apoiou a bicicleta na parede.*
2 Basear algo en datos que demostren que é certo: *As teorías científicas apóianse en experimentos.* SIN. basear, fundar.
3 Facer máis firme unha opinión: *Eses datos e cifras apoian a miña opinión.*
4 Axudar a alguén para que consiga o que quere: *Apoiárono moito os pais cando era estudante.*
FAM. apoio.

apoio
substantivo masculino
1 O que serve para suxeitar ou soster algo para que non caia: *Estes piares son o apoio do teito.*
2 O que proba ou confirma unha idea ou opinión: *Eses datos e cifras son o mellor apoio da túa teoría.*
3 Axuda e protección: *Os cativos contan co apoio de pais e nais.*

apoleirarse
substantivo feminino
Empoleirarse.

apoñer ou apor
verbo
Considerar que algo é propio de alguén, especialmente algo malo: *Apóñenlle que é moi orgulloso.* SIN. achacar, atribuír.
OBS. É irregular. Véxase poñer/pór.

*aportar (algo a), a forma correcta é achegar.

aportar
verbo
Chegar ao porto: *O petroleiro aportou hoxe pola mañá.*
OBS. É distinto de *achegar*, 'dar algo para un fin'.

aposición
substantivo feminino
En gramática, nome que vai detrás doutro para completar o seu significado: *Na oración «Meu curmán o bombeiro é un atleta», «o bombeiro» é unha aposición.*

apostar
verbo
1 Acordar entre dúas ou máis persoas que aquel que non acerte algo pagará unha cantidade de diñeiro ou fará algo: *Apostei un euro a que gañaba o Celta e perdín.*
2 Colocar a alguén nun lugar para que faga algo: *Apostaron varios policías diante da porta do banco para evitar atracos.*
FAM. aposta.

apóstolo
substantivo masculino
1 Cada un dos doce discípulos que Xesús elixiu para que estendesen o Evanxeo: *Santiago é un apóstolo.*
2 Persoa que procura estender unha doutrina ou unhas ideas: *É un apóstolo do desenvolvemento sustentable.*

apóstrofo
substantivo masculino
Signo que se emprega na escrita para indicar a supresión dunha letra: *Fixo unha lectura d'*Os dous de sempre.

apotema
substantivo masculino
Liña perpendicular trazada dende o centro dun polígono regular a calquera dos seus

lados: *O apotema dun pentágono une o seu centro co punto medio dun dos seus lados.*

apoteose
substantivo feminino
Momento máis importante ou máis destacado de algo: *A interpretación da canción premiada foi a apoteose do concerto.*
FAM. apoteótico.

apoucar
verbo
1 Sentirse inferior, sen ánimo ou acovardado: *Non apouques ante os que barullan.*
2 Diminuír ou facer máis pequeno ou menos intenso: *Coa seca apoucou a auga nos pozos e fontes.*
OBS. Cambia o *c* en *qu* ante *e*, como en *sacar.*
FAM. apoucado, apoucamento.

apoupiñar
verbo
Atoutiñar.

apousento
substantivo masculino
Cuarto ou peza dunha casa: *A dama descansaba nos seus apousentos.*
FAM. apousentar.

apouvigar
verbo
Pór en calma ou tranquilo: *Apouvigou o bebé e deixou de chorar.* SIN. aquietar, calmar, tranquilizar. ANT. desacougar.
OBS. O *g* cambia en *gu* diante do *e*, como en *pagar.*

apoxeo
substantivo masculino
Momento de maior forza, intensidade ou importancia: *A prosa galega acada o seu apoxeo coa xeración Nós.*

apracible ou apracíbel
adxectivo
Tranquilo e agradable: *O tempo na primavera é apracible.* SIN. calmo, maino, plácido, sereno, suave, tranquilo. ANT. agresivo, desapracible, inquedo, violento.

aprazar
verbo
Atrasar ou deixar para máis tarde: *Aprazaron a estrea da película ata a próxima semana.* SIN. adiar, atrasar. ANT. adiantar.
OBS. Cambia o *z* en *c* diante do *e*, como en *cazar.*
FAM. aprazamento.

apreciable ou apreciábel
adxectivo
Que se nota claramente: *A diferenza entre eses dous modelos de coche é apreciable.*

apreciar
verbo
1 Recoñecer o valor de algo: *É un bo lector e sabe apreciar unha boa novela.* SIN. estimar, valorar. ANT. desprezar.
2 Sentir amor ou cariño por algo ou alguén: *Aprecia moito os seus amigos.* SIN. adorar, amar, estimar, querer. ANT. aborrecer, desprezar, detestar, odiar.
3 Notar algo cos sentidos ou coa intelixencia: *Ao lonxe apreciábase a columna de fume do incendio.*
FAM. apreciable, apreciación, desprezar, desprezo, menosprezar, menosprezo.

aprecio
substantivo masculino
1 Cariño que se sente por alguén ou algo: *Os veciños téñenlle moito aprecio.* SIN. afecto, cariño, estima, simpatía. ANT. antipatía, desprezo, menosprezo.
2 Recoñecemento do valor de algo: *Non lle dá aprecio a un bo xantar porque só lle gusta a comida rápida.*

aprehender
verbo
Coller algo ou alguén que se persegue: *A policía aprehendeu dous traficantes de drogas e vinte quilos de cocaína.*
OBS. Non confundir con *aprender.*
FAM. aprehensión, aprehensivo.

aprehensión
substantivo feminino
Medo a padecer unha enfermidade ou a sufrir algún mal: *A aprehensión fai que vaia moito ao médico.*

aprehensivo, aprehensiva
adxectivo
Que ten un medo excesivo e ilóxico a sufrir algunha enfermidade ou calquera mal: *Sempre está no médico porque é moi aprehensivo.*

apreixar
verbo
1 Rodear ou coller con forza: *Apreixou a carteira coas mans. O policía apreixou o carteirista.*
2 Apertar cos brazos como sinal de afecto e cariño: *Os dous amigos apreixáronse cando se encontraron.* SIN. abrazar, apertar.

apreixo
substantivo masculino
Abrazo.

*apremio, a forma correcta é prema.

aprender
verbo
1 Conseguir coñecementos polo estudo ou a experiencia: *No colexio aprendemos moitas cousas.*
2 Comunicar coñecementos a unha persoa: *No colexio apréndennos matemáticas e outras materias.* SIN. ensinar.
FAM. aprendiz, aprendizaxe.

apresar
verbo
Coller, especialmente o que se persegue: *A policía apresou os ladróns.* SIN. apreixar, arrestar, capturar, deter, prender. ANT. ceibar, liberar, soltar.

aprestar
verbo
Preparar para algo: *Aprestouse para iniciar a viaxe.* SIN. dispoñer, dispor, preparar.

apresurar
verbo
Facer algo máis á présa: *Apresurei o paso para chegar antes.* SIN. acelerar, alixeirar, apurar, bulir. ANT. atrasar, frear.
FAM. apresurado, apresuramento.

*apretar, a forma correcta é apertar.

aprisionar
verbo
Coller con forza de xeito que se impide o movemento: *Os coidadores aprisionaron o león.* ANT. ceibar, liberar.

aprobado
substantivo masculino
Nota que indica que se ten o nivel mínimo de coñecementos necesarios que se piden: *Déronme un aprobado en Lingua.* ANT. insuficiente, suspenso.

aprobar
verbo
1 Dar algo por bo ou suficiente: *Meus pais aproban que pase na túa casa esta fin de semana.* SIN. aceptar. ANT. desaprobar.
2 Obter unha nota que indica que se teñen os coñecementos esixidos: *Aprobei todas as materias nesta avaliación.* ANT. suspender.
FAM. aprobación, aprobado.

apropiado, apropiada
adxectivo
Que é como debe ser: *Ese traxe é moi apropiado para a cerimonia.*

apropiarse
verbo
Coller algo como se fose dun: *Seica se apropiou de varios libros da biblioteca pública.* SIN. apoderarse, quedar.

aproveitado, aproveitada
adxectivo e substantivo
Que se aproveita ou saca beneficio dos demais sempre que pode: *Nunca paga porque é un aproveitado.*

aproveitar
verbo
1 Usar ben e de forma positiva e útil: *Aproveitou moi ben as vacacións e descansou moito.* ANT. refugar.
2 Conseguir un bo resultado: *Estes alumnos atenden e aproveitan moito nas clases.* ANT. desperdiciar, malgastar.
3 Sentar ben unha comida: *Aproveitoume moito esa merenda.*
4 aproveitarse Conseguir algo con engano ou malicia: *Aprovéitase da inocencia dalgúns amigos seus.*
FAM. aproveitado, aproveitamento.

aprovisionar
verbo
Dar provisións ou o necesario para comer, vivir ou que algo funcione: *O barco aprovisionouse no porto de auga, alimentos e combustible.* SIN. abastecer, avituallar, fornecer, prover.
FAM. aprovisionador, aprovisionamento.

aproximar
verbo

Pór máis cerca: *Aproximou a cadeira á mesa.* SIN. acercar, achegar, apegar, arrimar, pegar, xuntar. ANT. afastar, arredar, apartar.
FAM. aproximación, aproximado.

apto, apta
adxectivo

Que é apropiado para algo ou capaz para algo: *Foi declarado apto para ingresar no exército.*

apuntamento
substantivo masculino

Nota breve que se toma por escrito: *Os alumnos collen apuntamentos das explicacións do profesor.*

apuntar
verbo

1 Tomar nota por escrito: *Apuntei as datas dos exames.* SIN. anotar.
2 Dirixir unha arma en dirección ao obxectivo: *Os soldados apuntaban os fusís para dispararen.*
3 Sinalar cara a un lugar determinado: *A agulla do compás apunta ao Norte.*
4 Incluír unha persoa nunha lista ou nun grupo: *Apunteime a un curso de natación.*
FAM. apuntador, apuntamento.

apuñalar
verbo

Ferir cun puñal ou cunha arma branca: *Seica o apuñalaron nunha rúa escura.* SIN. acoitelar, anavallar.

apupar
verbo

Amosar con ruídos ou berros que algo ou alguén non gustan: *Os afeccionados apupaban o árbitro.*

apurar
verbo

1 Facer as cousas máis á présa: *Apura e remata axiña os deberes.* SIN. acelerar, alixeirar, apresurar, bulir.
2 **apurarse** Preocuparse ou sentirse triste ou mal: *Non te apures, que todo ten amaño nesta vida.*
FAM. apurado, apuro.

apuro
substantivo masculino

1 Situación que resulta difícil de resolver: *Os amigos deben axudar nos apuros.* SIN. aperto, compromiso.
2 Necesidade que hai de facer algo: *Cómpre que amañes axiña ese coche porque ten moito apuro.*

aquel, aquela, aquilo
demostrativo

1 Sinala o que está máis lonxe da persoa que fala: *Non quero esta camisa, senón aquela.*

substantivo masculino

2 Certa calidade que algo presenta, habitualmente positiva e que fai que algo ou alguén gusten: *Fala con moito aquel e convence a xente.* SIN. atractivo, encanto.
OBS. Véxanse as contraccións de *aquel, aquela, aquilo* no cadro de contraccións.
FAM. aquelado, aquelar.

aquelado, aquelada
adxectivo

1 Que resulta bo e agradable: *Trata moi ben os maiores porque é un rapaz moi aquelado.*
2 Que está mal ou avariado: *Anda algo aquelado porque as análises de sangue danlle algo de diabete.*

aquelar
verbo

1 Amañar ou pór ben: *O reloxeiro conseguiu aquelar o reloxo vello.*
2 Pór triste ou mal: *Coa morte da cadeliña, o avó aquelouse moito.*

aqueloutrar
verbo

Facer que alguén se enfade ou perda o bo humor, a serenidade e a calma: *A avaría do coche novo aqueloutrouno moito.* ANT. calmar, serenar, tranquilizar.

aqueloutro, aqueloutra
demostrativo

Sinala o que está lonxe da persoa que fala e da que escoita: *Este pantalón é máis bonito ca aqueloutro.*
OBS. Véxanse as contraccións no cadro.

aquendar
verbo

Establecer unha orde para facer ou usar algo:

Aquendamos que el libraba os luns e eu os martes. SIN. arroldar, roldar.

aquí
adverbio
1 Neste lugar: *Aquí vívese moi ben.* SIN. acá.
2 Cara a este lugar: *Ven aquí.* SIN. acá, acó.

ar
substantivo masculino
Aire.

árabe
adxectivo e substantivo
1 Dos pobos que teñen como lingua o árabe: *Os marroquís e os alxerianos son árabes.*
substantivo masculino
2 Lingua orixinaria de Arabia e falada por moitos pobos musulmáns: *O árabe escríbese cun alfabeto diferente do noso e de dereita a esquerda.*

arácnidos
substantivo masculino plural
Referido a un animal invertebrado, que se caracteriza por ter catro pares de patas e o corpo dividido en dúas partes: *As arañas son arácnidos e teñen o corpo dividido en cefalotórax e abdome.*
OBS. Úsase tamén como adxectivo.

arado
substantivo masculino
Instrumento empregado en agricultura para labrar a terra abrindo regos nela: *Unha xugada de bois tiraba do arado.*

aramado
substantivo masculino
Cerca ou cerrado de arames que rodea e pecha un lugar: *A leira está rodeada por un aramado.*

arame
substantivo masculino
Fío delgado de metal: *O arame dobra con facilidade.*
FAM. aramado, aramar.

*aramio, a forma correcta é arame.

arancel
substantivo masculino
Impostos ou cartos que hai que pagar por introducir unha mercancía ou produto do estranxeiro: *Os produtos chineses pagan aranceis.*

araña
substantivo feminino
Animal invertebrado con catro pares de patas e que fabrica unha tea para cazar insectos: *As arañas pertencen á clase dos arácnidos.*
FAM. arañeira.

arañeira
substantivo feminino
Tea en forma de rede que fan as arañas: *Coas arañeiras as arañas cazan os insectos de que se alimentan.*

arao
substantivo masculino
Ave mariña de peteiro apuntado, pescozo curto e ás estreitas, que vive das presas que captura na auga: *Os araos que chegan a Galicia no inverno proceden do norte de Europa.*

arar
verbo
Labrar a terra facendo regos nela co arado: *Cómpre arar para despois botar a semente nos regos.* SIN. labrar.
FAM. ara, arado.

arbitrar
verbo
Referido a unha competición deportiva, facer de árbitro para que se cumpra o regulamento: *Este domingo arbitra en Riazor un bo árbitro.*
FAM. arbitraxe, árbitro.

arbitrario, arbitraria
adxectivo
Que non segue ningunha norma nin razón e só o capricho ou desexo propios: *Foi unha decisión arbitraria pois non se apoiaba en nada lóxico.*
FAM. arbitrariedade.

árbitro, árbitra
substantivo
Persoa que fai que se cumpra o regulamento dun deporte: *O árbitro sinalou penalti.*

árbore
substantivo feminino
Planta grande de tronco leñoso e que se divide en pólas a partir dunha certa altura: *Os castiñeiros e os carballos son árbores.*

EXP. **Árbore xenealóxica** Esquema ou cadro en forma de árbore que mostra os antepasados de onde descenden os membros dunha familia: *Na árbore xenealóxica aparecen os devanceiros todos.*
FAM. arboradura, arborar, arboredo.

arboredo
substantivo masculino
Terreo plantado de árbores: *Un arboredo de castiñeiros chámase souto.*

arbusto
substantivo masculino
Planta de talo leñoso, pero máis pequena ca a árbore e que se divide en pólas dende o solo: *As vides son arbustos.*

arca
substantivo masculino
Caixa grande de tampa plana e que se pecha con cadeados e pechaduras: *Os piratas gardaban o tesouro nunha arca.* SIN. hucha, tulla.
EXP. **Arca do peito** Tórax.

arcada
substantivo feminino
1 Conxunto de arcos dunha construción: *Gústame contemplar a arcada da Ponte Vella de Ourense.*
2 Movemento rápido e repentino do estómago que se produce antes de vomitar: *Non me prestou o xantar e teño arcadas.* SIN. vasca.

arcaico, arcaica
adxectivo
Moi antigo ou de hai moitísimo tempo: *Os petróglifos pertencen a unha etapa arcaica da nosa historia.*

arcanxo
substantivo masculino
Segundo algunhas relixións, ser ou espírito do ceo: *Os arcanxos, coma os anxos, transmiten mensaxes de Deus ás persoas.*

arcebispo
substantivo masculino
Bispo que exerce a súa autoridade sobre varias dioceses: *En Santiago hai un arcebispo.*
FAM. arcebispado, arcebispal.

***arcén**, a forma correcta é **beiravía**.

arco
substantivo masculino
1 Construción curva que se apoia nos seus lados e que serve para suxeitar o teito: *Os arcos sosteñen as bóvedas da catedral.*
2 En xeometría, parte continua dunha curva: *Na circunferencia poden marcarse arcos.*
3 Calquera cousa que ten esta forma curva: *A anga dos caldeiros forma un arco.*
4 Arma composta por unha vara flexible e unha corda elástica e que serve para lanzar frechas: *Os indios usaban arcos e os vaqueiros fusís.*
5 Especie de vara que se usa para tocar algúns instrumentos de corda como o violín: *O violín e o violoncello tócanse con arco.*
EXP. **Arco de ferradura** O que mide máis de media circunferencia: *O arco de ferradura é propio da arquitectura árabe.* **Arco de medio punto** O que ten forma de media circunferencia: *O arco de medio punto é propio da arquitectura románica.* **Arco de triunfo** O que se levanta na honra de alguén: *Na antiga Roma levantábanse arcos de triunfo na honra dos emperadores.* **Arco iris** ou **arco da vella** Banda curva de cores que aparece no ceo cando se descompón a luz do sol ao atravesar as pingas de chuvia: *As cores do arco da vella son vermella, alaranxada, amarela, verde, azul, anil e violeta.* **Arco oxival** O que termina apuntado e en ángulo agudo: *O arco oxival é propio da arquitectura gótica.*
FAM. arcada, arqueiro.

ardente
adxectivo
Que ten ou manifesta moito entusiasmo ou paixón: *Nos poemas expresa un amor ardente.*

ardentía
substantivo feminino
Ardora.

arder
verbo
Queimarse ou consumirse polo lume: *Vimos que o monte comezaba a arder.*
FAM. ardente, ardentía, ardor.

ardido, ardida
adxectivo
Que non ten medo: *O cabaleiro era moi ardido e nada o asustaba.* SIN. afouto, animo-

so, arriscado, atrevido, audaz, ousado, valente, valoroso. ANT. covarde.

ardor
substantivo masculino
Forza ou enerxía con que se fai algo: *Pon moito ardor en todas as afeccións.* SIN. calor, paixón.

ardora
substantivo feminino
Luminosidade ou claridade producida na noite polas algas mariñas, os peixes e outros organismos mariños: *Gustáballe ver de noite a ardora do mar.* SIN. ardentía.
EXP. **Á ardora** Pescando na noite de verán de xeito que se aproveita a luz que desprenden os peixes: *Meu avó pescaba á ardora.*

arduo, ardua
adxectivo
Moi difícil: *Subir ao Himalaia é unha tarefa ardua.*

area
substantivo feminino
Conxunto de pezas pequenas formadas a partir das rochas: *Nas praias hai moita area.*
EXP. **Areas movedizas** As que están mesturadas con auga e tragan o que se lles pon enriba: *O cabalo do vaqueiro desapareceu baixo as areas movedizas.*
FAM. areal, areeira, areoso, arena.

área
substantivo feminino
1 Espazo con algún tipo de característica e que está dentro duns límites: *Nesta área do bosque non se pode cazar.* SIN. zona.
2 Conxunto de materias ou de ideas relacionadas cun mesmo tema: *As matemáticas e a física e química pertencen á área de ciencias.* SIN. campo, eido, terreo.
3 Medida de superficie: *Unha área ten cen metros cadrados.*
4 En matemáticas, superficie dunha figura: *Tivemos que achar a área dun cadrado.*
5 En fútbol e noutros deportes, zona que está diante do porteiro: *Derrubar un dianteiro contrario na área é penalti.*
EXP. **Área de servizo** Lugar en estradas e autoestradas para comer, botar gasolina e outros servizos: *Xantamos nun restaurante da área de servizo.*
FAM. centiárea, hectárea.

areal
substantivo masculino
Terreo grande con moita area: *Esa beira do río é un areal e fixeron alí unha praia fluvial.*

arela
substantivo feminino
Desexo moi forte de algo: *A súa arela era mercar un coche deportivo.*
EXP. **Perder a arela** Perder o desexo ou interese por algo: *Perdeu a arela polo baloncesto e xa non o practica.*

arena
substantivo feminino
Lugar central dunha praza de touros ou dun circo romano onde se realiza o espectáculo: *O toureiro tourea sobre a arena.*

arenga
substantivo feminino
Discurso para animar a alguén: *O adestrador pronunciou unha arenga para animar os xogadores.*
FAM. arengar.

arenque
substantivo masculino
Peixe mariño comestible de cor azulada: *O arenque é parecido á sardiña.*

aresta
substantivo feminino
Liña que se forma na unión de dúas superficies: *As arestas dunha pirámide son as rectas en que se unen as súas caras.*

arestora
adverbio
Neste momento: *Arestora estou a facer os deberes.* SIN. agora.

arfar
verbo
Abafar.

argallar
verbo
1 Dicir ou inventar mentiras: *Non o creo porque argalla moito.* SIN. tramar.
2 Facer cousas de pouca importancia: *Non argalles e traballa en serio.*
3 Facer un plan no momento: *El axiña argalla unha solución para todo.* SIN. tramar.
FAM. argallada, argalleiro.

argana
substantivo feminino
Espiña do peixe: *Sácalle ben as arganas ao rapante.* SIN. espiña.

argazo
substantivo masculino
1 Alga mariña grande e de cor marrón: *Hoxe hai moito argazo no mar.*
2 Conxunto de algas que botou o mar á praia: *En tempos, o argazo usábase como esterco.*

argola
substantivo feminino
1 Anel groso que está fixo nun lugar e ao que se ata algo: *As fachadas das casas antigas tiñan argolas para atar os cabalos.*
plural
2 Aparello de ximnasia formado por dous aneis de metal: *As argolas penduran do teito do ximnasio.*

argot
substantivo masculino
Forma de falar ou lingua propia dun determinado grupo: *Os estudantes teñen un argot de seu.*
OBS. O plural é *argots*.

argueiro
substantivo masculino
Parte moi pequena de algo: *Metéuseme un argueiro no ollo e non vexo ben.* SIN. lixo.

argüír
verbo
Dicir razóns a favor ou en contra de algo: *El argúe que non foi á clase porque estaba enfermo.*
OBS. Conxúgase como *incluír*.

argumento
substantivo masculino
1 Asunto do que trata unha novela, conto ou película: *O argumento dese conto remata nun final feliz.*
2 Razón ou conxunto de razóns que serven para demostrar algo ou para convencer a alguén: *Deume o argumento de que non me podía acompañar porque tiña clase.* SIN. razoamento.
FAM. argumentación, argumentar.

árido, árida
adxectivo
Seco ou sen auga e con moi pouca humidade: *As terras áridas non dan froitos.*
FAM. aridez.

aries
adxectivo e substantivo
Signo do horóscopo ao que pertencen os nados entre o 21 de marzo e o 20 de abril: *Eu son aries porque nacín o 1 de abril.*

arisco, arisca
adxectivo
Moi pouco amable: *Non é nada amable, é moi arisco.*

aristocracia
substantivo feminino
1 Clase social formada polos nobres: *Condes, duques e fidalgos forman parte da aristocracia.*
2 Grupo formado polas persoas máis importantes nalgunha actividade ou oficio: *Os xogadores de primeira división son a aristocracia do fútbol.*
FAM. aristócrata, aristocrático.

aritmético, aritmética
adxectivo
1 Da aritmética ou relacionado con esta parte das matemáticas: *A suma, a resta, a multiplicación e a división son operacións aritméticas.*
substantivo feminino
2 Parte das matemáticas que estuda os números e as operacións que se fan con eles: *Hoxe temos exame de aritmética.*

arma
substantivo feminino
1 Instrumento que serve para atacar ou defenderse: *As pistolas, fusís e metralladoras son armas.*
2 Medio que serve para conseguir algo: *A constancia é a mellor arma para dominar unha arte.*
EXP. **Arma branca** A que fere cunha folla de metal: *Espadas, sabres e puñais son armas brancas.* **Arma de dous fíos** ou **de dous gumes** O que pode actuar a favor ou en contra do que se quere: *A calor é unha arma de dous fíos, pois pode secar as plantas.* **Arma de fogo** A que usa un explosivo para disparar:

Pistolas, fusís e metralladoras son armas de fogo.

FAM. armado, armador, armadura, armamento, armar, armaría, armisticio.

armador, armadora

adxectivo e substantivo

Que ten barcos para a pesca ou o transporte: *As empresas armadoras gañaron moitos cartos transportando emigrantes a América.*

armadura

substantivo feminino

1 Vestiario ou especie de traxe formado por pezas de metal que usaban antigamente os soldados para se protexeren: *A armadura compoñíase de helmo, coiraza e outras pezas.*

2 Conxunto de pezas que serven para soportar algo: *O tellado sostense sobre unha armadura de vigas de metal.* SIN. armazón, esqueleto, estrutura.

armamento

substantivo masculino

Conxunto de armas e material que usa un soldado ou un exército: *Os canóns e metralladoras forman parte do armamento.*

armar

verbo

1 Dar armas: *Os países ricos arman os pobres.* ANT. desarmar.

2 Dar o necesario para algo: *Armounos de ferramentas e puxéronse ao traballo.*

3 Xuntar as pezas que forman algo: *Armei os estantes en media hora.* SIN. montar. ANT. desarmar.

4 Producir ou facer: *Os rapaces no recreo armaban moito barullo.*

5 **armarse** Chegar a acontecer: *Armouse unha boa tormenta.*

armario

substantivo masculino

Moble con portas e estantes que serve para gardar roupa e outros obxectos: *Gardaba o traxe no armario.*

armatoste

substantivo masculino

Calquera cousa que resulta moi grande e pouco útil: *Ese coche é un armatoste que non se aparca en ningures.*

armazón

substantivo feminino

Conxunto de pezas que sostén algo: *O tellado sostense na armazón das vigas.* SIN. armadura, estrutura, esqueleto.

***armonía**, a forma correcta é **harmonía**.

aro

substantivo masculino

1 Peza redonda: *Os barrís levan aros de metal.*

2 Asa dos caldeiros: *Collemos o caldeiro polo aro.*

aroma

substantivo masculino

Olor agradable: *Eses amorodos teñen un aroma moi bo.* SIN. fragrancia, perfume, recendo. ANT. fedor, peste.

FAM. aromático, aromatizar.

arpa

substantivo feminino

Instrumento musical de cordas verticais e paralelas entre si: *A arpa tócase pulsando as cordas coas dúas mans.*

***arpía**, a forma correcta é **harpía**.

arpón

substantivo masculino

Instrumento de pesca formado por un pau rematado nunha punta de metal: *Antigamente as baleas pescábanse con arpóns.*

arqueiro, arqueira

substantivo

1 Soldado ou persoa que dispara frechas cun arco: *Os arqueiros tiñan moita importancia nos exércitos medievais.*

2 Persoa que practica o deporte do tiro con arco: *A irmá é unha arqueira que gañou varias medallas.*

arqueoloxía

substantivo feminino

Ciencia que estuda as civilizacións antigas a partir dos restos que quedaron delas: *Coñecemos as civilizacións prehistóricas grazas á arqueoloxía.*

FAM. arqueólogo, arqueoloxía.

arquexar

verbo

Respirar con dificultade: *Ao correr tanto arquexo.* SIN. acorar, alasar, ampear, arfar, inar.

FAM. arquexo.

arquidiocese
substantivo feminino
Na relixión católica, territorio dependente dun arcebispo: *Santiago de Compostela é unha arquidiocese.*

arquipélago
substantivo masculino
Conxunto de illas próximas entre si: *As illas Cíes forman un arquipélago.*

arquitecto, arquitecta
substantivo
Persoa que planea e dirixe a construción dos edificios: *O arquitecto debuxa os planos do edificio.*
FAM. arquitectura, arquitectónico.

arquitectura
substantivo feminino
Arte e técnica para facer os planos e dirixir a construción dos edificios: *A arquitectura estúdase na universidade.*

arquivador
substantivo masculino
1 Carpeta con varias seccións para gardar papeis de forma ordenada: *Os rapaces gardan os deberes en arquivadores.*
2 Moble de oficina que se usa para gardar documentos de forma ordenada: *Os expedientes coas notas dos alumnos están nun arquivador da secretaría.*

arquivar
verbo
Gardar papeis ou documentos de forma ordenada no sitio adecuado: *É moi ordenado e arquiva todos os recibos que paga.*
FAM. arquivador, arquiveiro, arquivo.

arquivo
substantivo masculino
1 Lugar onde onde se gardan de forma ordenada documentos e papeis: *O titor ten os datos dos alumnos nun arquivo.*
2 En informática, conxunto de datos gravados cun mesmo nome: *Almaceno os arquivos no escritorio do meu ordenador.*

arrabalde
substantivo masculino
1 Barrio ou parte dunha poboación que queda lonxe do centro: *Ten a casa nun arrabalde da cidade.* SIN. alfoz.
plural
2 Zona que rodea unha poboación: *Nos arrabaldes da vila está o polígono industrial.* SIN. aforas, arredores, periferia.

***arrabaldo**, a forma correcta é **arrabalde**.

***arrabear**, a forma correcta é **rabiar**.

***arrabuñar**, a forma correcta é **rabuñar**.

arraigar
verbo
1 Botar raíces unha planta na terra e desenvolverse: *A maceira arraigou moi ben.* SIN. agarrar, enraizar, prender.
2 Facerse firme: *Entre eles arraigou unha grande amizade.*
3 Afacerse ou acostumarse nun lugar: *Veu de novo e arraigou moi ben na nosa vila.*
OBS. O *g* cambia en *gu* diante do *e*, como en *pagar*.

arrancar
verbo
1 Sacar da terra con forza: *Arrancaba co sacho as malas herbas.* SIN. arrincar.
2 Quitar con forza: *A dentista arrancoume unha moa.* SIN. arrincar.
3 Empezar a funcionar unha máquina: *O coche non arranca porque vai moito frío.* SIN. arrincar.
4 Conseguir algo: *O gol tan bonito arrancou os aplausos da afección.* SIN. arrincar.
5 Ter a súa orixe en algo: *O seu éxito arranca dun traballo serio.* SIN. arrincar.
OBS. O *c* cambia en *qu* diante do *e*, como en *sacar*.
FAM. arrancada, arranque.

arrandeadoiro
substantivo masculino
Randeeira.

arrandear
verbo
Randear.
FAM. arrandeadoiro.

arranque
substantivo masculino
1 Valentía para facer algo: *Non ten arranque para berrar con ninguén.*
2 Manifestación ou aparición violenta de algo: *Tivo un arranque de tose e case afoga.*
3 Dito ou ocorrencia enxeñosa e divertida: *Ten arranques con moita graza.*

4 Peza que permite acender ou pór en marcha un motor ou mecanismo: *Hai que cambiarlle o arranque ao coche.*

arranxar
verbo
1 Pór de forma adecuada e ordenada: *Teño que arranxar a cociña.* SIN. amañar, dispoñer, dispor, preparar.
2 Facer que o que non funciona volva funcionar: *O técnico arranxoume o televisor.* SIN. amañar, dispoñer, dispor, preparar, reparar. ANT. avariar, esnaquizar, estragar, romper.
3 Chegar a un acordo: *Xa se arranxaron entre eles e non berran.* SIN. amañar.
FAM. arranxo.

*arrapañar, a forma correcta é **repañar**.

arrasar
verbo
Destruír por completo: *Os incendios arrasan os montes.*

arrastrar
verbo
1 Levar polo chan: *Non arrastres a cadeira, que raias o piso.*
2 Levar consigo ou como consecuencia: *Arrastra unha mala formación en matemáticas.*
3 **arrastrarse** Ir dun sitio para outro movéndose sobre o chan: *As serpes arrástranse.*
4 Pasar por todo con tal de conseguir o que se desexa: *Arrástrase ante os xefes para ascender.*

arre
interxección
Úsase para obrigar a cabalos e bestas a andar: *Arre!, berrábaIle ao cabalo.*
EXP. **Nin arre nin xo** Nin unha cousa nin outra: *Non opina; non di nin arre nin xo.*

arrear
verbo
Dar un golpe: *Ameazouno con arrearlle unha labazada.*

arrebolar
verbo
Lanzar con forza, especialmente contra algo ou alguén: *O agresor arreboloulle un pau.* SIN. guindar, lanzar, tirar.
FAM. arreboladizo.

*arrecadar, a forma correcta é **recadar**.

*arrecender, a forma correcta é **recender**.

*arrecendo, a forma correcta é **recendo**.

arrecife
substantivo masculino
Conxunto de pedras e rochas que están no fondo do mar e chegan moi cerca da superficie: *Hai arrecifes de coral.*

*arreconchegar, a forma correcta é **aconchegar**.

*arrecuar, a forma correcta é **recuar**.

arredar
verbo
Pór máis lonxe: *Arreda o carro do neno da beira da rúa.* SIN. afastar, apartar, separar. ANT. acercar, achegar, aproximar, arrimar.
FAM. arredado, arredamento.

arredondar
verbo
Redondear.
FAM. arredondamento.

arredor
adverbio
De xeito que rodea algo: *A Lúa xira arredor da Terra.* SIN. ao redor de.
EXP. **Arredor de** Pouco máis ou menos: *A camisa custoulle arredor de vinte euros.*
FAM. arredores.

arredores
substantivo masculino plural
Zona que rodea un lugar ou poboación: *Vivo nos arredores de Lugo.* SIN. alfoz, arrabalde, contorna, contorno, periferia, redonda, veciñanza. ANT. centro.

arrefecer
verbo
Pór ou pórse máis frío: *En setembro xa arrefece o tempo.* SIN. arrefriar. ANT. quecer, quentar.
OBS. É regular: *arrefezo, arrefeza.*

arrefriado
substantivo masculino
Catarro.

arrefriar
verbo
1 Pór ou pórse máis frío: *Arrefría a auga da billa mesturando auga fría e auga quente.*

No outono o tempo arrefría. SIN. arrefecer. ANT. quentar, quecer.
2 **arrefriarse** Coller un catarro ou arrefriado: *No inverno arrefríase con frecuencia.* SIN. acatarrarse, constiparse.
OBS. Conxúgase como *afiar.*
FAM. arrefriado, arrefriamento.

***arregañar**, a forma correcta é **regañar**.

arreguizar
verbo
Ter unha sensación de medo, frío ou noxo: *As películas de vampiros arreguízanme.* SIN. arrepiar, estremecer.
OBS. Cambia o *z* en *c* ante *e*, como en *cazar.*
FAM. arreguizo.

arremangar
verbo
Remangar.

arremeter
verbo
Atacar con forza: *O touro arremeteu contra o toureiro.*
FAM. arremetida.

arremuiñarse
verbo
Xuntarse formando un grupo sen orde e apertado: *A xente arremuiñábase á entrada do estadio.*

arrendar
verbo
Alugar.
FAM. arrendamento, arrendatario, arrendo.

***arrenegar**, a forma correcta é **renegar**.

arreo
adverbio
Sen parar: *Traballaron arreo, non deixaron de apañar patacas desde as nove ata as dúas.*

***arrepañar**, a forma correcta é **repañar**.

arrepentirse
verbo
1 Sentir moita pena por algo que se fixo mal: *Arrepíntome de non estudar de novo.*
2 Cambiar de opinión: *Presteille cen euros, pero axiña me arrepentín.*
FAM. arrepentido, arrepentimento.

arrepiar
verbo
Producir moito medo, frío, noxo ou gran rexeitamento: *Esas escenas de medo arrepían a calquera.* SIN. arreguizar, espantar, horrorizar. ANT. encantar.
OBS. Conxúgase como *guiar.*
FAM. arrepiante, arrepío.

arrepoñerse ou arreporse
verbo
Facer fronte a alguén: *Arrepúxose e non obedecía.* SIN. repoñerse, reporse, revirarse. ANT. obedecer.
OBS. Conxúgase como *poñer* ou *pór.*

arrequecer
verbo
Producir beneficio, adianto ou algo bo: *Arrequecéronme estas dúas horas, pois estudei moito.*
OBS. É regular: *arrequezo, arrequeza.*

arrequentar
verbo
Aumentar ou facer máis grande e mellor: *Arrequentou as súas terras mercando esta leira.*

arrestar
verbo
Deixar sen liberdade a unha persoa por un tempo breve meténdoa nun cárcere: *O xuíz díxolle que o arrestaba dúas fins de semana por incivismo.* SIN. apreixar, apresar, deter. ANT. ceibar, liberar, soltar.
FAM. arresto.

arrevesado, arrevesada
adxectivo
Moi difícil: *Ese problema de matemáticas éche máis arrevesado do que parecía.* SIN. complicado, difícil, retorcido, revirado. ANT. doado, fácil.

arrexuntar
verbo
1 Poñer algo moi xunto: *Arrexuntaba as cadeiras para que ocupasen menos.* SIN. achegar, arrimar. ANT. afastar, apartar, arredar, separar.
2 **arrexuntarse** Vivir xuntos sen estar casados: *Arrexuntáronse hai dous anos e agora decidirn casar.* SIN. achegarse, amigarse, xuntarse.

arriar
verbo
Baixar unha bandeira ou a vela dun barco: *Á noitiña no cuartel arrían a bandeira.* ANT. izar.
OBS. Conxúgase como *afiar.*

arriba
adverbio
1 Nun lugar ou posición máis altos: *No andar de arriba hai unha clínica dun oculista.* SIN. encima, enriba. ANT. abaixo, debaixo, embaixo.
2 Cara a un lugar ou posición máis altos: *Vai arriba e recolle os libros.*

arribar
verbo
Chegar a porto: *Os pesqueiros arribaron con moito peixe.*
FAM. arribada.

arrichado, arrichada
adxectivo
Que fala e actúa sen medo nin vergonza: *Xa de nena era moi arrichada.*

arrieiro
substantivo
Persoa que ten como oficio transportar mercadorías en cabalos e bestas: *Antigamente os arrieiros levaban nas súas bestas os viños do Ribeiro.*

arrimar
verbo
Pór máis cerca: *Arrimaba a cadeira á lareira para quentarse.* SIN. acercar, achegar, aconchegar, aproximar, pegar, xuntar. ANT. afastar, arredar, apartar, separar.

arrincar
verbo
Arrancar.
OBS. O *c* cambia en *qu* ante *e*, como en *sacar.*
FAM. arrincada, arrinque.

***arrinconar**, a forma correcta é **acantoar**.

arriscar
verbo
Pór en perigo ou ante un dano: *Non paga a pena arriscar a vida correndo moito na moto.*
OBS. O *c* cambia en *qu* ante *e*, como en *sacar.*
FAM. arriscado.

arró
substantivo masculino
Cómaro.

arroaz
substantivo masculino
Animal mariño parecido a un peixe, con boca en forma de bico e que adoita saltar sobre a auga: *O arroaz é un mamífero acuático.* SIN. golfiño, toniña.

arroba
substantivo masculino
Medida de capacidade para líquidos ou para pesos: *A arroba para líquidos equivale a uns dezaseis litros e, para pesos, a entre once e quince quilos.*
EXP. **Por arrobas** Moito, en gran cantidade: *Din que ten cartos por arrobas.*

arrocar
verbo
Tosquiar.
OBS. Cambia o *c* en *qu* diante do *e*, como en *sacar.*

arrodear
verbo
Rodear.
FAM. arrodeo.

arrogancia
substantivo feminino
Orgullo que mostra quen se cre superior aos demais: *Non cae ben pola súa arrogancia.* SIN. altivez, soberbia. ANT. humildade.
FAM. arrogante.

arroiada
substantivo feminino
Chuvia moi forte e abundante que forma regueiros: *A arroiada da tormenta limpou a rúa de papeis.* SIN. diluvio, treboada, trebón.

arroiar
verbo
Chover moito e con forza de xeito que se forman regueiros: *Esta tarde arroiou durante unha hora.* SIN. diluviar.

arroibar
verbo
Pórse colorado: *Coa vergoña arroibou.* SIN. arrubiar.

arroio
substantivo masculino
Corrente pequena de auga que se forma ao chover moito: *Coas treboadas formouse aí un arroio.* SIN. enxurrada.

arrolar
verbo
Mover de xeito suave, especialmente un meniño para que adormeza: *O pai arrolaba o neno no colo.*
FAM. arrolo.

arroldar
verbo
Aquendar.

arrombar
verbo
1 Pór en orde: *Tes que arrombar o cuarto.* SIN. amañar, arranxar.
2 Facer moito vulto: *Ese paquete arromba moito.* SIN. avultar.

arrotar
verbo
Eructar.

arroto
substantivo masculino
Eructo.

arroupar
verbo
Cubrir con roupa: *Arroupaba o bebé no berce.* SIN. abrigar, tapar. ANT. desarroupar, desabrigar, destapar.

arroutado, arroutada
adxectivo e substantivo
1 Un pouco tolo: *Nunca sei como reaccionará porque é un arroutado.*
substantivo feminino
2 Ataque de loucura: *Nunha arroutada tirou o prato contra a parede.* SIN. arrouto, rauto.
3 Calquera cousa que se fai de forma repentina e sen pensalo: *Deulle unha arroutada e cortou o céspede cando chovía.* SIN. arrouto, rauto.

arrouto
substantivo masculino
Arroutada.

arroz
substantivo masculino
Planta que medra en lugares cheos de auga e que ten un gran longo e branco comestible: *Un prato típico é o arroz con chícharos.*
FAM. arrozal.

arrubiar
verbo
Arroibar.

***arrugar**, a forma correcta é **engurrar**.

arruinar
verbo
1 Facer que alguén perda todos os seus cartos e bens: *A seca arruinou moitos labregos.*
2 Destruír ou facer moito dano: *As tormentas arruinaron as colleitas.* SIN. estragar.
FAM. arruinado.

***arrumbar**, a forma correcta é **arrombar**.

arsenal
substantivo masculino
Lugar en que se gardan armas e materiais para a guerra: *En Ferrol había un grande arsenal.*

arte
substantivo feminino
1 Capacidade para facer algo: *Ten moita arte para debuxar.* SIN. destreza, facilidade, habilidade, man, maña, mestría. ANT. torpeza.
2 Conxunto de coñecementos e regras para facer algo: *Os arquitectos dominan a arte de deseñar edificios.*
3 Actividade humana de crear cousas belas ou bonitas: *A pintura, a escultura e a literatura son artes.*
4 Habilidade para conseguir algo: *Ten moita arte para convencer os pais e permítenlle todo.* SIN. astucia, maña, picardía.
EXP. **Artes marciais** Conxunto de técnicas antigas de orixe oriental para combater e practicadas como deporte: *O judo pertence ás artes marciais.* **Belas Artes** Conxunto de técnicas que permiten crear obxectos belos ou bonitos: *A pintura, a escultura e a arquitectura forman parte das Belas Artes.*
FAM. artesán, artesanía, artista, artístico.

artefacto
substantivo masculino

Máquina ou aparello feito para un determinado fin: *A policía desactivou un artefacto explosivo.*

artello
substantivo masculino

Unión dos ósos, especialmente os da perna co pé, os da man co brazo ou os dos dedos entre si: *Dóeme o artello do dedo gordo.* SIN. articulación, xogo.

arteria
substantivo feminino

Tubo ou conduto polo que o sangue sae do corazón e chega a todo o corpo: *As arterias levan o sangue osixenado.*
OBS. É distinto de *vea*, que leva o sangue que volve ao corazón.

artesán, artesá
adxectivo

1 Que está feito á man e sen máquinas: *Os cestos de vimbio son produtos artesáns.*
substantivo
2 Persoa que fabrica obxectos á man: *Os cesteiros son artesáns.*
FAM. artesanal, artesanía.

artesanía
substantivo feminino

Técnica e arte de facer obxectos á man: *Os oleiros practican a artesanía do barro.*

ártico, ártica
adxectivo

Do Polo Norte, lugar situado no extremo norte da Terra: *O clima ártico é moi frío e seco.*

articulación
substantivo feminino

Unión de dúas cousas, especialmente ósos, de xeito que poidan moverse: *As pernas dobran grazas á articulación dos xeonllos.* SIN. artello, xogo.

articulado, articulada
adxectivo

Que está formado por pezas que se moven: *As bonecas articuladas moven as pernas e os brazos.*

articular
verbo

1 Pronunciar un son ao falar: *O neno articula xa moi ben todos os sons.* SIN. pronunciar.
2 Unir dúas cousas de xeito que poidan moverse: *O nocello articula o pé coa perna.*
FAM. articulación, articular, articulista.

articulista
substantivo

Persoa que escribe artigos para xornais e revistas: *Os articulistas adoitan escribir artigos de opinión.*

artífice
substantivo

Persoa que fai ou inventa algo: *Castelao foi un dos artífices do galeguismo moderno.*

artificial
adxectivo

1 Que está feito polas persoas e non existe de forma natural: *A luz eléctrica é unha luz artificial.* ANT. natural.
2 Falso e finxido: *Non me gusta o seu sorriso artificial.* ANT. natural.

artificieiro, artificieira
substantivo

Persoa que ten como oficio o manexo de materiais explosivos: *Os artificieiros desactivaron a bomba.*

artificio
substantivo masculino

Falta de naturalidade e disimulo ao actuar: *Non creo no que di porque ten moito artificio.* SIN. astucia, engano.

artificioso, artificiosa
adxectivo

Que non resulta natural: *Levaba un peiteado moi artificioso.*

artigo
substantivo masculino

1 Produto para comprar e vender: *Nas grandes superficies venden moitos artigos.* SIN. mercadoría, mercancía.
2 Texto cun tema determinado e que se publica nun xornal ou revista: *Lin hoxe un artigo sobre a situación económica de Galicia.*
3 Cada un dos textos numerados dunha lei ou documento: *O profesor leunos na clase*

dous artigos do Estatuto de Autonomía de Galicia.
4 Clase de palabra que vai diante dos substantivos para determinalo e indicar o seu xénero e o seu número: *Os artigos determinados son* o, a*; os indeterminados,* un *e* unha.

artillaría ou artillería
substantivo feminino
1 Conxunto de canóns e armas semellantes: *Os lanzamísiles e os canóns pertencen a artillaría.*
2 Parte dun exército preparada para manexar estas armas: *A artillaría fórmana os soldados que manexan os canóns e armas similares.*
FAM. artilleiro.

artimaña
substantivo feminino
O que se fai con habilidade, astucia e ata engano para conseguir algo: *Volvín pagar eu porque me enganou coas súas artimañas.* SIN. argucia, astucia, estrataxema, maña.

artista
substantivo
1 Persoa que realiza obras de arte ou moi bonitas: *Os pintores e os escultores son artistas.*
2 Persoa que actúa ante o público: *Os cantantes e os actores e actrices son artistas.*
3 Persoa que fai algo moi ben: *Ese pasteleiro é un artista: que boas son as súas tortas!*

artrite
substantivo feminino
Inflamación das articulacións dos ósos: *Hai artrites moi dolorosas.*

artrose
substantivo feminino
Inflamación crónica das articulacións dos ósos: *A artrose pode producir deformacións nas articulacións.*

arume
substantivo masculino
Folla seca do piñeiro: *O arume cubría o chan.* SIN. frouma, isca.

arxila
substantivo feminino
Substancia mineral branda que adoita mesturarse con auga para facer obxectos e recipientes: *Os oleiros fan de arxila as súas vasillas e demais obxectos.*
FAM. arxiloso.

ás
substantivo masculino
1 Carta da baralla que leva o número un: *O ás de copas leva debuxada unha copa grande.*
2 Persoa que destaca moito nunha actividade: *Os ases do fútbol cobran moitos cartos.* SIN. astro, estrela, figura.
OBS. Non confundir con *as*, plural do artigo *a*, da letra *a* e plural do pronome persoal *a*; nin con *ás*, plural de *á*, parte do corpo das aves para voar; nin con *ás*, contracción da preposición *a* co artigo *as*.

asa
substantivo feminino
Parte dalgúns obxectos, en forma de arco, que serve para collelos: *As xerras teñen asa.*

asalar
verbo
Axexar.

asalariado, asalariada
substantivo
Que cobra cartos a cambio do seu traballo: *Os obreiros son asalariados.*

asaltar
verbo
Atacar por sorpresa e con violencia: *Uns ladróns asaltaron o caixeiro do banco.*
FAM. asaltador, asalto.

asañar
verbo
1 Producir desgusto, rabia ou malestar: *As mentiras asáñano moito.* SIN. anoxar, enfadar, irritar.
2 Referido aos paxaros, facer que abandonen o niño na cría: *Os rapaces que tocan os niños asañan os paxaros.*
3 **asañarse** Infectarse unha ferida: *Asañóuselle a ferida do cravo.* SIN. infectarse.

asar
verbo
1 Cociñar directamente sobre o lume: *Asaba as castañas sobre as brasas.*
2 **asarse** Sentir moita calor: *En agosto nesta aldea asámonos.*
FAM. asadeiro, asado, asador.

asasinar
verbo
Matar unha persoa planeándoo antes: *O neto asasinou o avó para herdalo.*
FAM. asasinato, asasino.

asasinato
substantivo masculino
Morte dunha persoa que realiza outra planeándoa: *O asasinato é un delito arrepiante.*

asasino, asasina
substantivo
Persoa que mata a outra planeándoo antes: *O asasino actuou de noite.*

ascendencia
substantivo feminino
Conxunto de antepasados dunha persoa: *Entre a súa ascendencia hai un bisavó que foi conde.* ANT. descendencia.

ascendente
adxectivo
1 Que ascende ou sobe: *A calor sobe nunha liña ascendente.*
substantivo
2 Persoa da que descende outra: *Entre os seus ascendentes hai un bisavó conde.* SIN. antecesor, antepasado, devanceiro, predecesor. ANT. descendente.
3 Influencia que se ten sobre alguén: *Este mestre ten moito ascendente entre os alumnos.*

ascender
verbo
1 Ir a un lugar máis alto: *O globo ascendía no aire.* SIN. subir. ANT. baixar, descender.
2 Chegar a unha categoría superior ou poñer nela: *O Celta ascendeu a primeira.*
FAM. ascendencia, ascendente, ascensión, ascenso, ascensor.

ascensión
substantivo feminino
Subida cara a un lugar máis alto: *Os alpinistas iniciaban a ascensión da montaña.*

ascenso
substantivo masculino
1 Paso a un lugar máis alto: *Os ciclistas realizaban o ascenso da montaña.* SIN. subida. ANT. baixada, descenso.
2 Paso a unha categoría superior: *Todos esperamos o ascenso do Ourense a segunda. Espérase un ascenso das temperaturas.*

ascensor
substantivo masculino
Aparello que serve para baixar ou subir dun piso a outro: *Os edificios modernos teñen todos ascensor.*

ascua
substantivo feminino
Anaco de calquera materia que arde sen chama: *Asaba as sardiñas nas ascuas da fogueira.* SIN. brasa.

asear
verbo
Limpar e amañar con moito coidado: *Todas as mañás me aseo antes de ir ao colexio.*
FAM. aseado, aseo.

asediar
verbo
1 Rodear un lugar para impedir a entrada e saída: *O exército inimigo asediou a nosa cidade.* SIN. cercar.
2 Molestar a alguén con preguntas ou rogos continuos: *Os xornalistas asediaban o adestrador.* SIN. acosar.
FAM. asedio.

asegurar
verbo
1 Pór firme e seguro: *Cómpre asegurar esa portaría para que non caia.* SIN. afirmar, fincar, suxeitar.
2 Facer que algo se cumpra con certeza ou que vaia ben: *De novo cómpre asegurar a vellez cun bo retiro.*
3 Afirmar que o que se di é certo: *Asegurou que el aprobaría todo.* SIN. afirmar, aseverar.
4 Facer un contrato de xeito que, se se sofre algún dano, se reciba unha axuda en cartos: *Eu asegurei o coche novo a todo risco.*
5 Comprobar que se fixo unha cousa: *Antes de saíres, asegúrate de que pechaches a porta.*
FAM. asegurado, aseguradora.

asemade
adverbio
Ao mesmo tempo: *Non se debe comer e falar asemade.*

asemblea
substantivo feminino

Reunión de persoas para para decidir algo: *Os alumnos fixamos en asemblea a data dos exames.*

asentar
verbo

Colocar ou estar algo de forma firme e segura: *A mesa non asenta ben e móvese.*

asentir
verbo

Dicir que si: *Propúxenlle ir á praia e asentiu.* SIN. afirmar. ANT. negar.

OBS. Conxúgase como *servir.*

FAM. asentimento.

asento
substantivo masculino

1 Moble ou obxecto que serve para sentar: *As cadeiras e os tallos son asentos.*

2 Capacidade para comportarse con tranquilidade e xulgar as cousas coa razón: *Cos anos adoita vir o asento.*

3 Espazo de tempo para descansar: *Houbo tanta xente na tenda que nin tivemos asento para tomar as once.* SIN. acougo, repouso.

EXP. **Ter asento** Ter tranquilidade e bo xuízo: *Ese rapaz non ten asento e non para quedo.* SIN. siso, xuízo. **Tomar asento** Sentar: *Os deputados tomaron asento nos seus escanos.*

aseo
substantivo masculino

1 Limpeza e coidado de algo ou alguén: *Cómpre coidar o aseo persoal.*

2 Cuarto de baño, especialmente se é pequeno: *Os aseos desa gasolineira están moi limpos.*

***asequible**, a forma correcta é **alcanzable**, **accesible**.

asesorar
verbo

Informar ou aconsellar sobre algo: *O titor asesóranos sobre como estudarmos.* SIN. aconsellar.

FAM. asesor, asesoría.

aseverar
verbo

Dar por certo e seguro: *Aseveraron que virían connosco.* SIN. afirmar, asegurar. ANT. negar.

FAM. aseveración, aseverativo.

asexar
verbo

Axexar.

FAM. asexo.

asexuado, asexuada
adxectivo

Que non ten sexo: *Os anxos son seres asexuados.*

asexual
adxectivo

Referido á reprodución, que se produce sen intervención dos sexos: *Os fungos teñen reprodución asexual.*

asfalto
substantivo masculino

Substancia de cor negra para cubrir as estradas: *O asfalto fabrícase coa parte máis pesada do petróleo.*

FAM. asfaltar.

asfixia
substantivo feminino

Falta de aire para respirar: *A asfixia produce a morte.*

FAM. asfixiante, asfixiar.

así
adverbio

Desta maneira: *Aquí vivimos así.*

EXP. **Así como** Do mesmo xeito ca: *Pórtate con eles así como eles se portan contigo.* **Así e todo** A pesar de: *Chovía; así e todo fomos á praia.* **Así mesmo** Tamén, ademais: *Así mesmo falou doutros temas.* **Así que** 1) Tan pronto como: *Así que chegou, púxose a facer os deberes.* 2) Polo tanto: *Suspendiches... Así que cómpre que estudes máis.*

asiduo, asidua
adxectivo

Que vai con frecuencia a un sitio: *É un espectador asiduo de teatro.*

FAM. asiduidade.

asignar
verbo

Indicar a unha persoa o que lle pertence ou corresponde facer: *Asignáronlle a tarefa de colocar os libros nos andeis.* ANT. Distinguir de *asinar.*

FAM. asignación.

asilo
substantivo masculino
Lugar que lles serve de casa aos que non a teñen: *Hai asilos para anciáns e tamén para nenos abandonados.*
EXP. **Asilo político** Acollida e axuda que un país lles dá aos estranxeiros perseguidos políticos no seu país de orixe: *Os países democráticos danlles asilo político a persoas que veñen das ditaduras.*
FAM. asilar.

asimilar
verbo
1 Comprender ben o que se explica: *Os alumnos asimilan as explicacións da profesora.*
2 Aproveitar o corpo un alimento: *Seica non asimila ben as proteínas.*
3 Facer que pase a formar parte dun: *Os imperios asimilan os territorios doutras nacións.*
4 Facer igual, semellante ou parecido: *Cómpre asimilar os inmigrantes.*
FAM. asimilación.

asinar
verbo
Escribir a sinatura: *Asinaron xa o contrato de compravenda.* SIN. firmar
FAM. asinamento, asinante, sinatura.

***asinatura**, a forma correcta é **sinatura**.

asir
verbo
Coller con forza coa man: *O rapaz asía a carteira.* SIN. aferrar, agarrar, suxeitar. ANT. soltar.

asisado, asisada
adxectivo
Que pensa e actúa ben e con cabeza: *É unha rapaza moi asisada e non fai parvadas.* SIN. axuizado, sensato. ANT. atolado, toleirán.

asistencia
substantivo feminino
1 Presenza e permanencia nun lugar ou acto: *Espérase moita asistencia de público a este partido.*
2 Axuda que se lle dá a alguén: *Os anciáns necesitan a asistencia da xente máis nova.*
3 Nalgúns deportes, paso dun balón dun xogador a outro para que este marque gol ou consiga puntos: *Ese centrocampista é famoso polas súas asistencias de gol.*
plural
4 Conxunto de persoas que traballan axudando a outras: *As asistencias recolleron os feridos do accidente.*

asistente, asistenta
substantivo
1 Persoa que ten como traballo axudar a outras: *Os asistentes sociais axudan os anciáns.*
adxectivo e substantivo
2 Persoa que está presente nun lugar, espectáculo, acto etc.
OBS. Neste último caso a forma é invariable, e por tanto o feminino é *a asistente.*

asistir
verbo
1 Estar unha persoa nun sitio ou acto: *A este partido asistiu moita xente.* SIN. ir. ANT. ausentarse, faltar, marchar.
2 Axudar a quen o necesita: *A enfermeira asistía o enfermo.*
FAM. asistencia, asistente.

asma
substantivo feminino
Enfermidade caracterizada pola dificultade para respirar: *A asma pode deberse a alerxias.*

asno, asna
substantivo
Burro.

asoar
verbo
Limpar os mocos do nariz: *Asoa eses mocos co pano.* SIN. fungar.

asoballar
verbo
Tratar sen respecto ningún e dominando: *Non debemos deixarnos asoballar polos torturadores e acosadores.* SIN. avasalar, pisar.
FAM. asoballamento.

asociación
substantivo feminino
1 Unión de varias cousas para un mesmo fin: *A asociación de países produtores de petróleo fixo subir os prezos do cru.*

2 Conxunto de persoas que se unen para un determinado fin: *A asociación de veciños do barrio conseguiu moitas melloras. As asociacións agrarias conseguiron moitas cousas nos comezos do século XX para o agro galego.*
3 Relación que establecemos entre varias cousas: *Un alumno debe facer a asociación entre os coñecementos das distintas materias.*
FAM. asociacionismo.

asociar
verbo
1 Unir unha persoa ou cousa a outra ou outras para conseguir un fin: *Asociáronse os consumidores para defender os seus dereitos.* SIN. aliar.
2 Relacionar unha cousa con outras: *Asocia as ideas de Lingua coas de Historia.*
FAM. asociación, asociado.

asolagar
verbo
Cubrir de auga ou doutro líquido: *A enchente do río asolagou os campos.* SIN. alagar, anegar, inundar.
OBS. Cambia o *g* en *gu* diante do *e*, como en *pagar.*

asollar
verbo
Pór ao sol: *Cómpre asollar esas toallas para que sequen.* SIN. delourar.

asomar
verbo
1 Amosar algo por unha abertura ou por detrás dunha cousa: *O lobo asomaba as poutas por debaixo da porta.*
2 Empezar a aparecer ou a amosarse: *Asomou a cabeza pola fiestra.*

asombrar
verbo
1 Producir moita sorpresa: *Coas súas arroutadas sempre nos asombra.* SIN. abraiar, admirar, marabillar, pasmar, sorprender.
2 Quitar o sol: *Esas árbores asombran as cepas da viña.*
FAM. asombro, asombroso.

asombro
substantivo masculino
Impresión forte que nos produce moita sorpresa: *Ese traxe tan elegante causou asombro entre os convidados á voda.* SIN. abraio, admiración, sorpresa.

asonancia
substantivo feminino
Igualdade das vogais finais tras o acento das palabras derradeiras dos versos: *Os romances presentan asonancia nos versos pares.*
FAM. asonante.

*asoprar, a forma correcta é **soprar**.

*asosegar, a forma correcta é **sosegar**.

aspa
substantivo feminino
Obxecto en forma de cruz ou de X: *Os muíños de vento teñen aspas.*

*aspavento, a forma correcta é **espavento**.

aspecto
substantivo masculino
1 Conxunto das características de algo ou alguén: *Esa torta ten moi bo aspecto.*
2 Cada unha das formas desde que se pode ver ou estudar algo: *Do consumo de alcol interesan os aspectos médicos.*

áspero, áspera
adxectivo
1 Que non ten a superficie lisa nin resulta suave ao tocalo: *Esa tea e moi áspera e rasca.* ANT. suave.
2 Que é pouco agradable ou pouco amable: *Berra moito porque ten un carácter áspero.* SIN. duro.
FAM. aspereza.

aspersión
substantivo feminino
Distribución da auga ou dun líquido por gotas pequenas no aire: *A rega por aspersión aforra moita auga.*
FAM. aspersorio.

aspiración
substantivo feminino
1 Introdución do aire nos pulmóns: *A aspiración realízase pola boca e polo nariz.* SIN. inspiración. ANT. expiración.
2 Desexo de conseguir algo: *Ten a aspiración de ser mestre de maior.*
3 Son co que se pronuncian algunhas letras e que se produce ao rozar na garganta o aire que sae dos pulmóns: *A gheada é unha aspiración.*

aspirador
substantivo masculino
Aparello que serve para limpar o po aspirándoo: *O aspirador e a neveira son electrodomésticos.*
OBS. Non se debe dicir **aspiradora*.

aspirante
adxectivo e substantivo
Que intenta conseguir algo: *Hai moitos aspirantes para o título de campión de liga.*

aspirar
verbo
1 Introducir aire nos pulmóns: *Ao respirarmos aspiramos aire.* SIN. inspirar. ANT. expirar.
2 Absorber unha substancia sólida ou un gas: *Os extractores aspiran os fumes.*
3 Intentar conseguir algo: *Aspiro a aprobar todo.* SIN. pretender, procurar, tratar de. ANT. renunciar a.
4 Pronunciar un son de forma que o aire roce a garganta ao saír dos pulmóns: *A gheada pronúnciase aspirando o g.*
FAM. aspiración, aspirador, aspirante.

asterisco
substantivo feminino
Signo ortográfico que se emprega, entre outras cousas, para marcar as palabras e expresións incorrectas: *Abuela *é un castelanismo por* avoa.

asteroide
substantivo masculino
Corpo sólido e de pequeno tamaño que xira no espazo entre outros máis grandes: *Os asteroides xiran entre Marte e Xúpiter.*

astigmatismo
substantivo masculino
Defecto da vista consistente nunha curvatura irregular da córnea: *Ao ter astigmatismo cómpre usar lentes.*

astro
substantivo masculino
1 Cada un dos corpos que vemos no ceo: *A Lúa, o Sol e as estrelas son astros.*
2 Persoa que destaca moito nunha actividade: *Os astros do fútbol son heroes no mundo moderno.* SIN. ás, estrela.
FAM. astrolabio, astroloxía, astronomía, astronauta.

astroloxía
substantivo feminino
Estudo da suposta influencia que os astros producen nas persoas: *A astroloxía serve para facer os horóscopos.*
OBS. É distinto de *astronomía*, ciencia que estuda os astros e os seus movementos.
FAM. astrólogo.

astronauta
substantivo
Persoa que conduce unha nave polo espazo: *A astronauta comunicábase coa Terra.*

astronave
substantivo feminino
Nave para viaxar polo espazo: *Nas películas de ciencia ficción aparecen astronaves.*

astronomía
substantivo feminino
Ciencia que estuda todo o relacionado cos astros: *A astronomía estuda os movementos dos astros no espazo.*
OBS. É distinto de *astroloxía*, estudo da suposta influencia dos astros sobre as persoas.
FAM. astrónomo.

astronómico, astronómica
adxectivo
Moi grande: *Esa camisa ten un prezo astronómico.*

astucia
substantivo feminino
Habilidade para conseguir o que se quere: *Coa súa astucia conseguiu que o pai o deixase saír.* SIN. picardía. ANT. inocencia, inxenuidade.
FAM. astuto.

astuto, astuta
adxectivo
Que é listo e ten habilidade para conseguir o que quere: *Foi astuto e fixo un bo negocio.* SIN. pícaro, pillabán, pillo. ANT. inocente, inxenuo.

asubiar
verbo
1 Producir asubíos ou sons parecidos a eles: *Asubiaba unha canción de moda.*
2 Producir un son agudo cun asubío: *O árbitro asubiou o penalti.* SIN. chifrar, pitar.
OBS. Conxúgase como *guiar*.
FAM. asubío.

asubío
substantivo masculino
1 Son agudo que se produce ao facer saír o aire pola boca colocados os labios como se fósemos pronunciar o *u* ou un son parecido a este: *Sentía o asubío do vento.*
2 Instrumento pequeno que produce un son agudo cando se sopra nel: *Os árbitros de fútbol usan asubío.* SIN. chifre, pito.

asucar
verbo
Sucar.

asumir
verbo
Aceptar unha cousa e admitila: *Asumo que teño que estudar máis.*
FAM. asunción.

asunto
substantivo masculino
1 Materia de que se fala: *O conferenciante tratou asuntos de política internacional.*
2 Cousa da que se ocupa unha persoa: *Seica ten asuntos que resolver na Casa do Concello.* SIN. cousa.

asustar
verbo
Producir medo ou sentilo: *Disfrazouse de pantasma e asustou os cativos.* SIN. amedrentar ANT. tranquilizar.
FAM. asustadizo, susto.

ata
preposición
1 Indica a fin ou o límite de algo: *Traballaremos ata as oito.* SIN. até.
adverbio
2 Indica que o que nos din sorprende porque non o esperamos: *Ata un parvo sabe responder esa pregunta.* SIN. incluso, mesmo.
EXP. **Ata logo** Úsase para despedirse de alguén: *Despediuse de min cun ata logo.* SIN. deica logo.

atacar
verbo
1 Ir ou lanzarse con forza contra algo ou alguén para danalo e conseguir algo: *Os atracadores atacaron o caixeiro.* ANT. defender, preservar, protexer, resgardar.
2 Criticar algo ou alguén moito: *A oposición atacou a política do Goberno.* ANT. defender, preservar, protexer, resgardar.
OBS. O *c* cambia en *qu* diante do *e*, como en *sacar*.
FAM. atacante, ataque.

atadallo
substantivo masculino
Cordel ou fío para atar algo: *Os chourizos teñen atadallos.*

atafegar
verbo
Abafar.
OBS. Cambia o *g* en *gu* ante *e*, como en *pagar*.
FAM. atafego.

atafego
substantivo masculino
Abafo.

atalaia
substantivo feminino
Torre construída nun lugar alto para vixiar o terreo: *Un soldado vixiaba na atalaia.*

atallar
verbo
1 Ir a un sitio por un camiño máis curto: *Por este carreiro atallaremos.* SIN. cortar.
2 Cortar algo ou interrompelo: *O cirurxián conseguiu atallarlle a hemorraxia.* SIN. cortar, deter, parar.
FAM. atallo.

atallo
substantivo masculino
Camiño máis curto ca outro para ir a un sitio: *Ese carreiro é un atallo para chegar á miña casa.*

atanguer
verbo
Atinxir.

ataque
substantivo masculino
1 Movemento ou acción contra alguén ou algo para prexudicalo ou danalo: *Os guerrilleiros realizaron un ataque contra o cuartel do invasor.* ANT. defensa.
2 Momento en que aparecen de forma repentina e con forza os sinais dunha enfermidade ou de algo que se sente: *Cando falaba deulle un ataque de tose.* SIN. acceso.
3 Demostración enérxica de que se está en contra de algo: *O Goberno recibía os ataques da oposición no Congreso.*

atar
verbo
1 Unir ou suxeitar con cordas, cordeis ou fitas: *Atei o paquete cun cordel.* ANT. desatar.
2 Deixar sen liberdade ou con obrigas: *Non saio porque o traballo do bar átame moito.*
FAM. atado, atadura.

atardecer
verbo
Comezar a desaparecer o sol: *No inverno atardece antes ca no verán.* SIN. empardecer.
OBS. É regular: *atardeza.*

atardecida
substantivo feminino
Momento da tarde en que comeza a desaparecer o sol: *Na atardecida vese peor.*

atarefado, atarefada
adxectivo
Con moito traballo e sen poder descansar: *Había moitos comensais e os camareiros andaban atarefados.* SIN. ocupado. ANT. desocupado, ocioso.

atascar
verbo
1 Non deixar pasar por un lugar, especialmente se é estreito: *Os pelos atascaron o desaugadoiro.* SIN. atrancar, atoar, obstruír. ANT. desatascar, desatoar, desatrancar.
2 atascarse Quedar detido sen se poder mover: *Atascouse a pechadura e non abre.*
OBS. O *c* cambia en *qu* diante do *e*, como en *sacar.*
FAM. atasco, desatascar.

atasco
substantivo masculino
Gran cantidade de coches de xeito que non se pode andar á présa: *As rúas do centro sempre teñen atasco.* SIN. embotellamento.

ataúde
substantivo masculino
Cadaleito.

ataviar
verbo
Vestir ou adornar a alguén: *Ataviouse cun elegante traxe.* SIN. amañar, enfeitar.
OBS. Conxúgase como *afiar.*
FAM. atavío.

ateigar
verbo
Encher por completo: *O público ateigaba a sala do concerto.* SIN. abarrotar, acugular, atestar.
OBS. Cambia o *g* en *gu* diante do *e*, como en *pagar.*

ateísmo
substantivo masculino
Forma de pensar que nega a existencia de calquera deus: *O ateísmo é unha doutrina filosófica.*

atemorizar
verbo
Meter medo: *As películas de pantasmas atemorízano.* SIN. asustar, amedrentar.
OBS. Cambia o *z* en *c* ante *e*, como en *cazar.*

***atemperar**, a forma correcta é **temperar**.

atenazar
verbo
Coller moi fortemente coas mans: *O porteiro atenazou o balón.*
OBS. Cambia o *z* en *c* ante *e*, como en *cazar.*

atención
substantivo feminino
1 Interese e coidado ao facer algo: *Fai os deberes con atención.* ANT. descoido.
2 Comportamento amable e agradable: *Connosco tivo moitas atencións e amabilidades.*
EXP. **Chamar a atención** 1) Espertar interese ou curiosidade: *Ese coche tan bonito chama a atención.* 2) Dicirlle a alguén que fixo algo mal: *Chamoulle a atención por chegar tarde ao traballo.*

atender
verbo
1 Pór atención escoitando moi ben: *Atende o que explica a profesora.*
2 Ocuparse de algo ou alguén, especialmente coidándoos ben ou facéndolles caso: *Os netos atenden moi ben os avós. A Consellaría atendeu as protestas dos consumidores.*
FAM. atención, atento.

ateneo
substantivo masculino
Asociación cultural con fins científicos e literarios e lugar onde se reúne: *Os ateneos xorden no século XIX para difundir a cultura.*

atentado
substantivo masculino

Ataque violento contra alguén ou algo para producir un gran dano: *Os terroristas no seu atentado fixeron estoupar unha gasolineira.*

atentar
verbo

Producir un dano moi grande: *Os terroristas atentaron contra o ministro e asasinárono.*

FAM. atentado.

atento, atenta
adxectivo

1 Coa atención fixa en algo: *Nas clases hai que estar atentos.* ANT. despistado, distraído.

2 Amable e cariñoso: *Seu pai estivo moi atento connosco.*

atenuante
adxectivo e substantivo feminino

Que fai menos grave ou forte: *A brisa do mar é unha atenuante boa da calor do verán.* ANT. agravante.

atenuar
verbo

Facer menos grave ou forte: *A brisa do mar atenúa a calor.* SIN. aliviar, calmar, mitigar. ANT. agravar.

OBS. Conxúgase como *actuar.*

FAM. atenuante.

atenzar
verbo

Aquendar.

ateo, atea
substantivo ou adxectivo

Que non cre que Deus exista: *Houbo moitos filósofos ateos.*

FAM. ateísmo.

aterecer
verbo

Pasar ou ter moito frío ata perder o movemento: *No inverno aquí aterecemos.*

OBS. É regular: *aterezo, atereza.*

aterrar[1]
verbo

Producir moito medo: *As historias de pantasmas aterran os cativos.* SIN. arrepiar, aterrorizar, espavorecer, horrorizar.

aterrar[2]
verbo

Descender un avión ou vehículo que voa e pórse no chan: *A nave espacial aterrou en Marte.* ANT. engalar.

FAM. aterraxe.

aterraxe
substantivo feminino

Colocación dun avión ou vehículo que voa sobre o chan descendendo do aire: *A aterraxe do avión foi moi segura.*

aterrorizar
verbo

Causar terror ou medo moi grande: *Os incendios aterrorízannos.* SIN. arrepiar, aterrar[1], espantar, espavorecer, horrorizar.

OBS. Cambia o *z* en *c* diante do *e*, como en *cazar.*

aterse
verbo

Aceptar algo: *Tes que te ater ás normas.*

OBS. Conxúgase como *ter.*

atesourar
verbo

Xuntar e gardar moitas cousas de valor: *Os piratas atesouraban as xoias nunha illa deserta.*

atestar[1]
verbo

Encher por completo: *O público atestaba a sala.* SIN. abarrotar, acugular, ateigar.

atestar[2]
verbo

Dicir por escrito que algo é verdade: *As testemuñas atestaban que o coche non parara diante do semáforo en vermello.* SIN. testemuñar.

FAM. atestado.

ático
substantivo masculino

Último piso dun edificio: *Ese ático ten moi boas vistas.*

atinar
verbo

1 Atopar o que se busca: *Atinamos coa solución do problema.* SIN. acertar. ANT. fallar, errar, equivocarse.

2 Dar no punto ao que se dirixe algo: *O dardo*

atinou no albo. SIN. acertar. ANT. fallar, errar, equivocarse.
3 Facer o máis adecuado: *Atinamos na nosa decisión.* SIN. acertar. ANT. fallar, errar, equivocarse.
FAM. tino.

atinxir
verbo
1 Chegar a conseguir, tocar ou coller: *Os escaladores atinxiron o cume da montaña.* SIN. atanguer.
2 Afectar ou ser obriga de alguén: *A conservación do medio atínxenos a todos.* SIN. atanguer.

atípico, atípica
adxectivo
Que non resulta normal: *O seu comportamento é atípico nun neno, pois non lle gusta xogar.* ANT. típico.

atizar
verbo
1 Facer máis vivo o lume: *Atiza o lume para que non se apague.*
2 Pegarlle golpes a alguén: *Atizáronlle moito nunha pelexa.*
OBS. Cambia o *z* en *c* diante do *e*, como en *cazar.*
FAM. atizador.

atlántico, atlántica
adxectivo
Do océano Atlántico ou relacionado con el: *O clima atlántico é chuvioso e de temperaturas moderadas.*

atlas
substantivo masculino
Libro de mapas: *O atlas trae mapas de todos os continentes.*
OBS. Non varía en plural: *os atlas.*

atleta
substantivo
Persoa que practica o atletismo: *Os atletas adéstranse moito.*
FAM. atlético, atletismo.

atlético, atlética
adxectivo
Do atletismo, dos atletas ou relacionado con eles: *Ten un corpo atlético porque fai moita ximnasia.*

atletismo
substantivo masculino
Deporte en que se realizan carreiras, saltos, se corre ou se lanzan determinados obxectos: *As carreiras, os saltos de lonxitude e os lanzamentos de peso e xavelina forman parte do atletismo.*

atmosfera
substantivo feminino
Capa formada por unha mestura de gases que rodea a Terra: *A atmosfera terrestre está formada sobre todo por osíxeno e nitróxeno.* SIN. aire.
FAM. atmosférico.

atoar
verbo
1 Impedir o paso por un lugar: *A terra atoaba o cano.* SIN. atascar, atuír, obstruír. ANT. desatoar.
2 Cubrir ou quedar cuberto de terra ou doutra substancia semellante: *Atoou os pés na area da praia.* ANT. desatascar.
FAM. atoamento.

atol
substantivo masculino
Illa con forma de anel cunha lagoa no seu interior: *Os atois teñen unha orixe volcánica e son propios de Malaisia e Polinesia.*

atolado, atolada ou atoleirado, atoleirada
adxectivo
Que amosa pouco xuízo: *Saír con esta treboada é un comportamento atolado.* SIN. aloucado, imprudente, insensato ANT. asisado, axuizado, cordo, prudente, sensato.

***atollar**, a forma correcta é **atrollar**.

atómico, atómica
adxectivo
1 Do átomo ou relacionado con el: *Hai centrais que producen enerxía atómica.*
2 Que emprega a enerxía almacenada nos núcleos dos átomos: *As bombas atómicas son moi destrutivas.* SIN. nuclear.

átomo
substantivo masculino
Cantidade mínima dun elemento químico que ten existencia propia: *O átomo está formado por un núcleo de protóns e neutróns e unha codia de electróns.*

atónito, atónita

adxectivo

Moi sorprendido e sen saber que facer nin dicir: *Os nenos miraban atónitos os exercicios dos trapecistas.*

átono, átona

adxectivo

Que se pronuncia sen acento: *En* canón *a sílaba átona é* ca. ANT. tónico.

atopar

verbo

1 Dar con algo ou alguén que se busca: *Atopei o libro no seu andel.* SIN. achar, encontrar, topar. ANT. extraviar, perder.

2 Dar con algo que non se coñecía ou non se buscaba: *Atopou un anel na beirarrúa.* SIN. achar, descubrir, encontrar, topar.

3 Ter unha opinión sobre algo: *Non atopamos interesante esa película.* SIN. achar, coidar, considerar, crer, encontrar, topar.

4 atoparse Estar no lugar ou modo que se indica: *Agora atópase moi ben de saúde.* SIN. acharse, encontrarse, toparse.

5 Xuntarse dúas ou máis persoas nun lugar: *Atoparémonos na porta do instituto.* SIN. encontrarse, toparse. ANT. separarse.

EXP. **Atoparse con algo** Verse nesa situación sen o esperar: *Atopeime con que esquecera os libros na casa.* SIN. encontrarse con, toparse con.

atordar

verbo

Producir a sensación de que non nos damos conta do que pasa ou non sabemos como actuar: *Tanto ruído atórdanos.* SIN. aparvar.

FAM. atordamento.

atormentar

verbo

Producir ou sentir unha dor ou pena grandes e continuas: *Antigamente os verdugos atormentaban os presos.* SIN. torturar.

FAM. atormentado.

atoutiñadas

EXP. **Ás atoutiñadas** Sen ver e tocando coas mans: *Camiñaba as escuras polo cuarto, ás atoutiñadas.* SIN. ás apalpadas.

atoutiñar

verbo

Andar con coidado vendo onde se poñen os pés ou tocando coas mans: *Como no había luz ía atoutiñando.* SIN. apoupiñar.

atracador, atracadora

substantivo

Persoa que ataca a alguén para roubar: *Os atracadores ameazaban o director do banco.*

atracar

verbo

1 Atacar unha persoa ou lugar para roubar: *Eses ladróns atracaron un banco.*

2 Entrar un barco no porto e deterse nel: *Esta mañá atracaron tres pesqueiros.* ANT. desatracar, saír ao mar.

OBS. O *c* cambia en *qu* diante do *e*, como en *sacar*.

FAM. atracador, atraco.

atracción

substantivo feminino

1 Forza que ten unha cousa que fai que outra se lle acerque: *As cousas caen ao chan pola atracción da Terra.*

2 Interese que produce unha cousa e que fai que guste: *Sente grande atracción polo fútbol.*

3 Calquera cousa que produce ese interese: *O novo dianteiro é a atracción do equipo.*

4 Cada un dos aparellos ou construcións que serven para entreterse e divertirse: *Os cabaliños e os coches de choque son unha atracción.*

atraco

substantivo masculino

Ataque que se realiza para roubar: *Seica participou no atraco a un banco.* SIN. asalto, golpe.

atractivo, atractiva

adxectivo

1 Que gusta e esperta interese: *Ese rapaz ten unha cara moi atractiva.* SIN. atraente. ANT. feo.

substantivo masculino

2 Conxunto de calidades que fan que algo ou alguén gusten: *Esa casa ten moitos atractivos.* SIN. encanto, engado, aquel.

atraente

adxectivo

Que gusta e esperta interese: *Esa viaxe resulta moi atraente.* SIN. atractivo.

atraer

verbo

1 Facer que un corpo se acerque a outro: *O imán atrae o ferro.* ANT. rexeitar.
2 Gustar ou resultar interesante: *Atráeo a idea de ir hoxe á festa.* ANT. espantar.
3 Traer cara a si: *Esa modelo atrae todas as miradas.* ANT. espantar.
OBS. Conxúgase como *caer*.
FAM. atracción, atractivo, atraente.

atragoarse

verbo

Ter a garganta ocupada por algo: *Atragoou-se coa carabuña dunha ameixa.*

atrancar

verbo

1 Impedir o paso: *As maletas atrancaban o corredor.* SIN. atascar, atoar, atuír, obstruír, trancar. ANT. desatascar, desatoar, desatrancar.
2 Pechar unha porta ou unha ventá con algo por dentro para que quede moi segura: *Atrancou a porta pondo detrás dela un armario.* SIN. trancar. ANT. desatrancar.
3 atrancarse Non poder moverse algo por culpa dun obstáculo ou doutra cousa que o impide: *Ese caixón non abre porque se trancou.* SIN. trancarse, atascarse, atoarse. ANT. desatascarse, desatoarse, desatrancarse.
OBS. O *c* cambia en *qu* diante do *e*, como en *sacar*.
FAM. atranco, desatrancar.

atranco

substantivo masculino

1 Calquera cousa que impide pasar por un sitio: *Tantos mobles son un atranco para andar pola casa.* SIN. estorbo, obstáculo.
2 Calquera cousa que impide ou fai difícil a realización de algo: *O mal tempo é un atranco para ir de cámping.* SIN. contratempo, dificultade, pexa, traba, tropezo.
3 Situación da que é difícil saír: *As conversas sofren un atranco e non se ve un posible acordo.* SIN. contratempo, dificultade, pexa, traba, tropezo.

atrapallar

verbo

1 Facer algo sen orde nin coidado: *Non ordenou o cuarto, só atrapallou as cousas.* SIN. chafallar, desordenar, zarapallar.
2 Producir moita desorde: *Atrapallou todas as ferramentas sobre a mesa.* SIN. chafallar, desordenar, zarapallar.
3 atrapallarse Pórse moi nervioso e actuar moi mal: *Atrapallouse por querer apurar e saíulle mal o biscoito.* SIN. embarullarse.
FAM. atrapallado.

atrapar

verbo

Conseguir coller ou agarrar: *Atrapou o gato.* SIN. coller, pillar.

atrás

adverbio

1 Cara á parte que queda ás costas: *Miraba para atrás cando andaba.* ANT. adiante.
2 Nun lugar posterior ou máis atrasado: *El quedou atrás porque corre menos ca nós.* SIN. detrás. ANT. diante.
3 Nun tempo anterior ou cara a un tempo anterior: *Pasan os anos e atrás queda a xuventude.* ANT. adiante.
FAM. atrasado, atrasar, atraso, detrás, traseira, traseiro, tras.

atrasado, atrasada

adxectivo

1 Que vai por detrás do normal: *Este alumno vai algo atrasado e necesita actividades de reforzo.* ANT. adiantado.
2 Que ten menos intelixencia da que se considera normal: *Recibe clases especiais porque é un pouco atrasado.*

atrasar

verbo

1 Deixar algo para facelo máis tarde: *Este ano atrásase unha semana o comezo do curso polas obras do colexio.* SIN. adiar, aprazar, delongar, pospoñer, pospor, postergar. ANT. adiantar.
2 Cambiar a hora do reloxo poñendo unha hora anterior: *Hoxe cambia a hora e teño que atrasar o reloxo.* ANT. adiantar.
3 Ir un reloxo máis devagar do que debe: *Este reloxo atrasa un minuto cada hora.* ANT. adiantar.
4 Impedir o normal desenvolvemento de algo: *O mal tempo atrasou as obras da autoestrada.* ANT. adiantar.
5 atrasarse Quedar atrás: *Repetiu dous cursos e atrasouse nos estudos.*
FAM. atrasado, atraso.

atraso
substantivo masculino
1 Feito de deixar algo para facelo máis tarde ou de acontecer máis tarde: *O atraso na chegada do avión é de quince minutos.* ANT. adianto.
2 Falta de desenvolvemento en algo: *Levamos un atraso no programa e aínda imos polas primeiras leccións.* ANT. adianto.
plural
3 Diñeiro que se debe: *A empresa pagounos os atrasos.* ANT. adianto.

atravesado, atravesada
adxectivo
Con malas intencións: *É un mozo atravesado e falcatrueiro.*

atravesar
verbo
1 Ir dunha parte a outra dun lugar pasando por el: *A barca atravesou o río.* SIN. cruzar.
2 Pór algo de xeito que quede cruzado: *Os rapaces atravesaron os bancos no corredor.*
3 Meter algo nun sitio de xeito que entra por unha parte e sae pola outra: *Os pendentes atravesan as orellas.* SIN. traspasar.
4 Pasar por unha situación: *Ese cantante atravesa un momento moi bo.*
FAM. través, travesía.

atrevemento
substantivo masculino
Falta de medo ou de respecto: *Ese cativo fala con moito atrevemento.*

atreverse
verbo
Decidirse a facer algo que resulta difícil ou perigoso: *Atreveuse a subir ao cabalo aínda que nunca montara.* SIN. ousar.
FAM. atrevemento, atrevido.

atrevido, atrevida
adxectivo
Que non ten medo ou respecto: *Atravesou o río a nado porque é moi atrevido.*

atribución
substantivo feminino
Aquilo que unha persoa pode ou debe facer: *Entre as atribucións dun médico está a de curar os enfermos.*

atribuír
verbo
1 Considerar propio de algo ou de alguén: *A ese rapaz atribúenlle un mal carácter.*
2 Indicar o que lle corresponde facer a cada un: *Nesta empresa, é o xefe de persoal quen atribúe os traballos.* SIN. adxudicar, asignar.
OBS. Conxúgase como *incluír.*
FAM. atribución, atributo.

atributo
substantivo masculino
1 Cousa ou calidade propias de algo ou alguén: *A fala é un atributo da especie humana.*
2 Palabra ou grupo de palabras que expresan unha característica do suxeito e que se unen a el polos verbos *ser*, *estar* ou *parecer*: *Na frase «A casa é moi alta», «moi alta» é o atributo.*

atril
substantivo masculino
Soporte inclinado para colocar papeis e libros e lelos con comodidade: *O cura colocou o libro de misa no atril.*

atrincheirarse
verbo
Protexerse con trincheiras ou gabias moi profundas: *Os soldados atrincheiráronse contra o inimigo.*

atrio
substantivo masculino
Entrada elevada dalgunhas igrexas: *Algúns convidados esperaban os noivos no atrio da igrexa.*
OBS. É distinto de *adro*, 'espazo cercado diante dunha igrexa'.

atrofia
substantivo feminino
Diminución do tamaño e capacidade dun órgano: *A atrofia muscular pode deberse a unha enfermidade ou á falta de movemento.*
FAM. atrofiado, atrofiar.

atronar
verbo
Facer un ruído moi grande: *O orador atronaba o ceo desde a tribuna.*

atropelar
verbo
Pasar por enriba dunha persoa ou dun animal danándoos: *Seica o atropelou un autobús.*
FAM. atropelado, atropelo.

atroz
adxectivo
Moi malo e moi cruel: *Un asasinato é unha acción atroz.* SIN. brutal, cruel.
FAM. atrocidade.

***atuar**[1] (atuír, atascar), a forma correcta é **atoar**.

atuar[2]
verbo
Tratar de ti a unha persoa: *Atuamos as persoas coas que temos confianza.*
OBS. Conxúgase como *actuar*. Distinguir de *actuar*.

atufar
verbo
1 Producir moi mal olor: *O cheiro do peixe podre atufa o colector do lixo.*
2 **atufarse** Pórse de moi mal humor: *Atufouse porque non o aseñoraban e o atuaban.* SIN. anoxarse, enfadarse.

atuír
verbo
1 Impedir o paso por un lugar: *A terra atuía o cano.* SIN. atascar, atoar, obstruír. ANT. desatoar.
2 Cubrir ou quedar cuberto de terra ou doutra substancia semellante: *Atuíu os pés na area da praia.* ANT. desatascar.

atún
substantivo masculino
Peixe mariño comestible de cor azul e de gran tamaño: *Un atún mide entre dous e tres metros.*
FAM. atuneiro.

aturar
verbo
Sufrir con paciencia: *Non atura a mala educación.* SIN. aceptar, aguantar, consentir, soportar, tolerar.

***aturdir**, a forma correcta é **atordar**.

aturuxo
substantivo masculino
Berro de alegría que se emite en festas, romarías e actos similares: *O aturuxo é un berro agudo, forte e prolongado.* SIN. agrúo, ufido.
FAM. aturuxar.

atusmar
verbo
1 Mirar para ver algo que os demais non queren ensinar: *Gústalle atusmar nos caixóns dos demais.* SIN. guichar, osmar.
2 Mirar por encima e sen moito interese: *Só atusmaba nos andeis do supermercado, pero non quería nada.*

audaz
adxectivo
Que ten valor para facer cousas novas, difíciles ou perigosas: *Din que o mundo é dos audaces.* SIN. arriscado, atrevido, ousado, valente.
FAM. audacia.

audible
adxectivo
Que ten intensidade ou volume suficiente para ser oído: O violín era audible

audición
substantivo feminino
1 Capacidade para oír: *Os anos fan perder audición.*
2 Espectáculo en que se oe música ou a lectura de textos: *Asistimos a unha audición da Orquestra Filharmónica de Galicia.*

audiencia
substantivo feminino
1 Conxunto de persoas que seguen un programa de radio ou televisión: *A maioría da audiencia dese programa son mozos.*
2 Acto en que unha autoridade recibe as persoas que llo pediron: *Hoxe teñen unha audiencia coa alcaldesa.*
3 Tribunal de Xustiza de varios xuíces e edificio onde se reúnen: *A Audiencia provincial absolveuno dese delito.*

audiófono
substantivo masculino
Pequeno aparello que se coloca na orella para oír mellor: *Algúns xordos poden oír grazas aos audiófonos.*

audiovisual
adxectivo
Que está relacionado coa imaxe e o son: *A televisión e o cine son medios audiovisuais.*

auditivo, auditiva

adxectivo

Do oído ou relacionado con el: *O nervio auditivo leva as impresións sonoras ao cerebro.*

auditorio

substantivo masculino

1 Lugar preparado para celebrar espectáculos e actos públicos: *No auditorio municipal poñen unha ópera.*

2 Conxunto de persoas que van a un espectáculo ou acto público: *O auditorio aplaudía o cantante.*

auga

substantivo feminino

1 Substancia líquida sen olor, cor nin sabor: *A auga é incolora, inodora e insípida.*

plural

2 Zona mariña máis ou menos próxima á costa dun país: *O pesqueiro foi apresado en augas marroquís.*

EXP. **Auga de neve** A de chuvia mesturada con neve moi fina: *Está a caer auga de neve.* **Auga bendita** ou **bieita** A que foi bendicida polo cura: *A auga bieita úsase para bautizar os nenos.* **Auga choca** A sucia e que non serve para beber: *Nesa poza hai auga choca.* **Auga corrente** A que sae das billas nas casas: *Cómpre aforrar a auga corrente.* **Auga doce** A de ríos, lagos e fontes: *A auga doce está na terra e non no mar.* **Auga mineral** A que leva disolvidos minerais beneficiosos para a saúde: *En Verín hai moi boas augas minerais.* **Auga miúda** Chuvia moi fina: *É auga miúda pero molla.* **Auga osixenada** A que leva substancias desinfectantes: *Botoulle á ferida auga osixenada.* **Auga potable** A que se pode beber: *A auga desa fonte é potable.* **Auga salgada** A do mar: *A auga salgada non é potable.* **Augas fecais** ou **residuais** As que foron usadas nas vivendas e saen á rede de sumidoiros: *As augas residuais deben ser depuradas.* **Estar coa auga ao pescozo** Estar nunha situación moi difícil ou apurada: *Con tantas débedas está coa auga ao pescozo.* **Facerse auga na boca** ou **virse a auga á boca** Desexar algo moito, especialmente cousas de comer: *Ao ver eses xeados vénme a auga á boca.*

FAM. augacento, augaforte, augamariña, auganeve, augardente, augardenteiro, augarrás, desaugadoiro, paraugas, paraugueiro.

augacento, augacenta

adxectivo

Que ten auga de máis: *Eses cachelos quedaron augacentos.*

augaforte

substantivo feminino

1 Ácido nítrico disolvido en auga que se usa para facer gravados sobre metal: *A auga forte é moi corrosiva e disolve metais.*

2 Lámina ou debuxo obtido con augaforte que se bota sobre metal: *Goya fixo augafortes.*

augamar

substantivo feminino

Medusa.

auganeve

substantivo feminino

Chuvia mesturada con neve moi fina: *Está a caer auganeve.* SIN. auga de neve, torba.

augar

verbo

1 Mesturar con auga: *Seica augaban o leite.*

2 Estragar unha diversión: *O suspenso augoulle as vacacións.*

OBS. O *g* cambia en *gu* diante do *e*, como en *pagar*.

augardente

substantivo feminino

Bebida alcólica moi forte: *A augardente obtense da destilación do bagaño das uvas.*

FAM. augardenteiro.

augurar

verbo

Dicir o que vai acontecer antes de que aconteza: *O adiviño auguraba un próximo ano feliz.* SIN. predicir, profetizar, prognosticar, vaticinar.

FAM. augurio.

aula

substantivo feminino

Sala para dar as clases: *A nosa aula está no primeiro andar.*

aumentar

verbo

Facer maior en tamaño, cantidade ou en calquera outra cousa: *No verán aumentan as temperaturas.* SIN. incrementar, subir.

ANT. diminuír, recortar, reducir.

FAM. aumentativo, aumento.

aumentativo, aumentativa
adxectivo e substantivo
Que indica aumento: *-azo e -aza* son sufixos aumentativos. *Cochazo é un aumentativo de coche.*

auréola
substantivo feminino
1 Nimbo.
2 Opinión favorable sobre alguén: *Ese adestrador chegou coa auréola de ser un triunfador.*

aurícula
substantivo feminino
Cada unha das dúas partes superiores do corazón: *O corazón ten dúas aurículas e dous ventrículos.*

auricular
adxectivo
1 Das aurículas ou relacionado con elas: *As cavidades auriculares están na parte superior do corazón.*
2 Das orellas ou relacionado con elas: *As orellas denomínanse tecnicamente pavillóns auriculares.*
substantivo masculino
3 Parte dun teléfono que se pon en contacto coa orella para escoitar e falar: *Colleu o auricular para contestar a chamada.*
plural
4 Conxunto de dous aparellos unidos por un cable que se poñen nas orellas para escoitar: *Corría cos auriculares nas orellas pois ía escoitando música.*

auriense
adxectivo
De Ourense ou da súa provincia: *A Ponte Vella é un célebre monumento auriense.* SIN. ourensán.

aurora
substantivo feminino
Luz rosa que se ve no ceo antes da saída do sol: *Chegou á casa da verbena coa aurora.* SIN. abrente, alba, alborada, amañecer, amencer, rompente.
EXP. **Aurora polar** Luz que se ve no ceo nas rexións polares e que se atribúe a descargas eléctricas do Sol: *A aurora polar chámase aurora austral no hemisferio Sur e aurora boreal no hemisferio Norte.*

auscultar
verbo
Examinar cun aparello especial, o estetoscopio, os ruídos que se producen no interior do corpo, especialmente no peito: *A médica auscultaba o paciente co estetoscopio.*
FAM. auscultación.

ausencia
substantivo feminino
1 Falta dunha persoa nun lugar: *Pola nevada produciuse a ausencia de moitos alumnos na clase.* ANT. presenza.
2 Tempo durante o cal unha persoa non está nun lugar: *A súa ausencia por mor da emigración foi de dez anos.*
3 Falta de algo: *Hai unha preocupante ausencia de noticias sobre ese avión.* ANT. presenza.

ausentarse
verbo
Marchar dun lugar: *O mestre ausentouse da aula durante uns minutos.* SIN. marchar. ANT. acudir, asistir, permanecer, presentarse, quedar.
FAM. ausencia, ausente.

ausente
adxectivo
1 Que está nun sitio, pero que non se decata do que pasa alí: *O rapaz estaba ausente na clase.*
substantivo
2 Que non está nun lugar: *Os ausentes tamén foron lembrados no acto.* ANT. presente.

austero, austera
adxectivo
Sinxelo e sen adornos nin cousas innecesarias: *O seu cuarto é moi austero: ten a cama, a mesa de noite e unha mesa de traballo coa súa cadeira.*
FAM. austeridade.

austral
adxectivo
Do hemisferio Sur ou relacionado con el: *As terras austrais arxentinas están na Patagonia.*

auténtico, auténtica
adxectivo
1 Que non é falso nin falsificado: *Regaloume un Mantecón auténtico.* ANT. falso.

2 Que é real e espontáneo: *Recibiume cun sorriso auténtico.* SIN. verdadeiro. ANT. falso.
FAM. autenticar, autenticidade.

auto
substantivo masculino
Automóbil.

autobiografía
substantivo feminino
Historia que escribe unha persoa sobre a súa propia vida: *Na literatura galega non abundan as autobiografías.*
FAM. autobiográfico.

autobús
substantivo masculino
Vehículo grande que se usa para levar moitas persoas e que adoita facer un percorrido fixo: *A nosa cidade ten moitas liñas de autobuses.* SIN. autocar.

autocar
substantivo masculino
Vehículo grande que se usa para levar moitas persoas e que non adoita facer un percorrido fixo: *Fomos de excursión en dous autocares.* SIN. autobús.

autoescola
substantivo feminino
Escola en que se ensina a conducir coches: *Na miña rúa hai unha autoescola.*

autoestrada
substantivo feminino
Estrada que ten separado cada sentido da circulación e pola que poden ir dúas ou máis filas de coches na mesma dirección: *A autoestrada de Galiza é a 6.*

autógrafo, autógrafa
adxectivo e substantivo masculino
Que está escrito pola man do propio autor: *Un testamento autógrafo é o que escribe coa súa propia man o dono dos bens.*

autómata
substantivo masculino
Máquina que pode realizar diversos traballos propios das persoas, especialmente se ten aspecto humano: *Na nave espacial tiñan autómatas que facían funcións de vixilancia.* SIN. robot.

automático, automática
adxectivo
1 Que funciona só: *Os electrodomésticos son automáticos.*
2 Que se fai sen pensalo: *Pechar os ollos ante unha luz moi forte é unha reacción automática.* SIN. involuntario. ANT. voluntario.
3 Que se produce sempre que se dá unha determinada situación: *Cando chove moito, estes túneles inúndanse de forma automática.*
FAM. automatismo, automatizar.

automóbil
adxectivo
1 Que se move por si mesmo: *Os coches, as motos e os autobuses son vehículos automóbiles.*
substantivo masculino
2 Vehículo con motor que se move sobre o chan e con rodas: *Os coches e os autobuses son automóbiles.* SIN. auto, coche.
FAM. autobús, autocar, autoescola, autoestrada, automobilismo, automobilista, autovía.

automobilismo
substantivo masculino
Deporte practicado con automóbiles: *O automobilismo ten moitos seguidores.*

automobilista
substantivo
Persoa que conduce un automóbil: *Os automobilistas odian os atascos.*

autonomía
substantivo
1 Situación e capacidade dunha persoa, dun pobo ou comunidade de gobernarse e decidir por si mesmo: *Un adulto ten autonomía para decidir o que ha de facer.*
2 En España, territorio con características de seu que non depende do Goberno central para decidir e gobernarse nalgúns aspectos: *En España hai dezasete autonomías e dúas cidades autónomas.* SIN. comunidade autónoma.
FAM. autonómico, autónomo.

autonómico, autonómica
adxectivo
Dunha autonomía ou comunidade autónoma: *Os presidentes autonómicos visitaron o Rei.*

autónomo, autónoma
adxectivo
1 Que pode funcionar e gobernarse por si e sen depender doutro: *As comunidades autónomas gobérnanse por si en asuntos como o ensino ou a sanidade.*
adxectivo e substantivo
2 Que traballa pola súa conta sen estar en ningunha empresa: *Moitos fontaneiros son autónomos.*

***autopista**, a forma correcta é **autoestrada**.

autopsia
substantivo feminino
Exame médico dun corpo morto para ver as causas da morte: *Os médicos forenses son os que fan as autopsias.*

autor, autora
substantivo
1 Persoa que fixo unha obra, como un libro, película ou cadro: *Castelao é un grande autor da literatura galega.*
2 Persoa que fai algo: *A policía aínda non deu co autor deste asasinato.*
FAM. autoría.

autoridade
substantivo feminino
1 Poder para mandar sobre algo ou alguén: *O Goberno ten autoridade para gobernar.* SIN. mando.
2 Persoa ou asociación que ten este poder: *As autoridades inauguraron o novo centro de saúde.* SIN. mando.
3 Persoa que sabe moito dunha materia: *Esta bióloga é unha autoridade en xenética.*

autoritario, autoritaria
adxectivo
Que se apoia moitísimo na autoridade ou poder que ten: *Ás persoas autoritarias gústalles moito mandar.*
FAM. autoritarismo.

autorizar
verbo
1 Deixar que alguén faga algo que pide: *O Goberno autorizou esa manifestación.* SIN. permitir. ANT. negar, prohibir.
2 Dar poder a alguén para facer algo: *Autorizárono para ocuparse de todo o relacionado coa limpeza da cidade.*
FAM. autorización, autorizado.

autorretrato
substantivo masculino
Pintura que unha persoa fai de si mesmo: *Son célebres os autorretratos de Van Gogh.*

autoservizo
substantivo masculino
Tenda ou restaurante en que os clientes collen o que queren e pagan na saída: *Xantamos nun autoservizo do centro.*

autostop
substantivo masculino
Forma de viaxar sen pagar que consiste en facer un sinal co dedo polgar para pedirlle a un coche que pare e nos leve gratis: *Os estudantes usan moito o autostop.*
FAM. autostopista.

autovía
substantivo feminino
Estrada que ten os dous sentidos da circulación separados e pola que poden circular dúas ou máis filas de coches na mesma dirección: *Falan de facer unha nova autovía de circunvalación á cidade.*

auxe
substantivo masculino
Momento de maior forza ou importancia de algo ou alguén: *O cantante agora está no seu auxe e vende moitísimos discos.* SIN. apoxeo, esplendor. ANT. decadencia.

auxiliar
adxectivo
1 Que serve de axuda: *Os atlas son libros auxiliares.*
adxectivo e substantivo
2 Que depende doutra persoa á que axuda nun traballo: *Deunos a clase un profesor auxiliar.* SIN. axudante.
verbo
3 Dar axuda a alguén: *No accidente auxiliáronnos todos os automobilistas.* SIN. socorrer.
FAM. auxilio.

auxilio
substantivo masculino
Axuda que se dá a quen o necesita: *Prestámoslles auxilio aos accidentados.* SIN. socorro.
EXP. **Primeiros auxilios** Primeiros coidados que se lles dan á persoa que tivo un acci-

dente: *Os enfermeiros da ambulancia prestáronlle os primeiros auxilios.*
OBS. Úsase como interxección, para pedir axuda: *Auxilio! Hai lume!*

aval
substantivo masculino
Garantía de que algo se cumprirá, especialmente o pagamento dunha débeda: *Os bancos, para prestaren cartos, esixen o aval de alguén que teña bens.*
FAM. avalar, avalista.

avalancha
substantivo feminino
Gran masa de neve que cae dunha montaña: *Os esquiadores fuxiron da avalancha.* SIN. alude.

avaliación
substantivo feminino
1 Proceso polo que se lles pon nota aos coñecementos dos alumnos: *No curso adoita haber tres avaliacións.*
2 Proceso polo que se calcula o valor de algo: *Despois das inundacións adoita facerse unha avaliación dos danos.* SIN. valoración.

avaliar
verbo
1 Pór nota aos coñecementos dos alumnos: *Os profesores avalían os alumnos.*
2 Calcular o valor de algo: *Tras as inundacións, os expertos avaliaron os danos.* SIN. valorar.
OBS. Conxúgase como *afiar.*
FAM. avaliación.

avance
substantivo masculino
1 Movemento para adiante: *O exército inimigo realizou un avance e chegou ata as nosas trincheiras.* ANT. retroceso.
2 Desenvolvemento cara a algo mellor: *Obsérvase un avance do rapaz en matemáticas.* SIN. adianto, progreso. ANT. atraso.

avantar
verbo
1 Saltar por enriba de algo: *Corría e ata avantaba os valos.*
2 Ir cara a algo mellor: *O enfermo non avanta e non mellora.* SIN. avanzar.

avantaxar
verbo
Ter algunha vantaxe sobre os demais: *O noso equipo avantaxa o voso en tres puntos.*
SIN. ganar, gañar, superar.
FAM. avantaxado, vantaxe, vantaxoso.

***avantaxe**, a forma correcta é **vantaxe**.

avanzar
verbo
1 Mover ou ir para adiante: *Avanzou a ficha verde no parchís dúas casas.* SIN. adiantar.
2 Pasar a un estado mellor: *Se avanza así, o enfermo logo sairá do hospital.* SIN. adiantar, progresar, avantar.
OBS. O *z* cambia en *c* diante do *e*, como en *cazar.*
FAM. avance, avanzado.

avarento, avarenta
adxectivo
Avaro.

avaría
substantivo feminino
Dano que fai que algo deixe de funcionar: *A avaría non deixa arrancar o coche.* ANT. amaño, arranxo.
FAM. avariar.

avariar
verbo
Facer que algo deixe de funcionar ou funcionar mal: *O coche avariouse e non arrinca.* SIN. desarranxar, desgobernar. ANT. amañar, arranxar, gobernar, reparar.
OBS. Conxúgase como *afiar.*

avaricia
substantivo feminino
Desexo de ter moito diñeiro e moitos bens para gardalos: *A avaricia non lle deixa gastar nin un can.* SIN. cobiza. ANT. largueza.
FAM. avaricioso.

avaro, avara
adxectivo e substantivo
Que non gasta porque lle gusta ter moitos cartos e bens: *Os avaros non gozan do que teñen.* SIN. agarrado, avarento, cotroso, cutre, ruín, rañado.

avasalar
verbo
Asoballar.
FAM. avasalador, avasalamento.

ave
substantivo feminino
Animal vertebrado con peteiro, ás e o corpo cuberto de plumas: *Os paxaros son aves.*
EXP. **Ave de rapina** ou **ave rapaz** A que é carnívora e ten o peteiro e as poutas moi fortes: *O voitre e a aguia son aves de rapina.*

avea
substantivo feminino
Planta parecida ao trigo cuxos grans se usan para alimentar persoas e animais: *Os cabalos comen avea.*

aveceirar
verbo
Aquendar.

avellar
verbo
Avellentar.
FAM. avellado.

avellentar
verbo
Facer ou facerse vello ou máis vello: *Avellentara moito nestes dous últimos anos.* SIN. avellar, envellecer. ANT. anovar, rexuvenecer.
FAM. avellentado, avellentamento.

avenida
substantivo feminino
Rúa moi ancha e xeralmente con árbores aos lados: *Na miña cidade hai fermosas avenidas.*

aventura
substantivo feminino
Suceso ou feito curioso ou arriscado que vive alguén: *Nas películas de aventuras o protagonista pasa perigos e riscos.* SIN. peripecia.
FAM. aventureiro.

aveño
substantivo masculino
Apeiro.
OBS. Úsase máis en plural.

avergonzar ou avergoñar
verbo
Producir vergonza ou sentila: *Avergóñome do teu mal comportamento.*
OBS. Cambian o z en *c* diante do *e*, como en *cazar.*

aversión
substantivo feminino
Sensación desagradable producida polo que non gusta nada: *Sente aversión pola mentira.* SIN. noxo.

avespa
substantivo feminino
Insecto parecido á abella, co corpo amarelo e negro: *As picadas de avespa son moi dolorosas.* SIN. avéspora.
FAM. avespeiro.

avéspora
substantivo feminino
Avespa.
FAM. avesporeiro.

avestruz
substantivo feminino
Ave moi grande, coas patas e o pescozo moi longos: *A avestruz é unha ave corredora.*

avezar
verbo
Adquirir ou facer adquirir un costume ou hábito: *Avezouse axiña ao novo traballo.* SIN. acostumar, afacer, habituar. ANT. desavezar.
OBS. Cambia o *z* en *c* ante *e*, como en *cazar.*

aviación
substantivo feminino
Sistema de comunicación polo que as persoas e as cousas van dun lugar a outro en avión: *A aviación naceu nos comezos do século XX.*

aviador
verbo
Persoa que conduce un avión: *Esa rapaza quere ser aviadora.*

aviar
verbo
Preparar algo: *Hai que aviar o xantar.* SIN. amañar, arranxar.
OBS. Conxúgase como *afiar.*
FAM. avío.

avicultura
substantivo feminino
Técnica de criar aves para aproveitar a súa carne e os ovos: *A avicultura está moi desenvolvida en Ourense.*
FAM. avícola, avicultor.

ávido, ávida
adxectivo
Que desexa moito algo: *Sempre anda ávido de cartos.* SIN. anheloso, cobizoso.
FAM. avidez.

avinza
verbo
Conformidade ou acordo entre varias persoas que estaban enfrontadas: *A xuntanza rematou coa avinza entre empresarios e obreiros.* SIN. acordo, convenio, pacto. ANT. desavinza.

avión
substantivo masculino
Vehículo con motor e ás que voa: *Os avións engalan dos aeroportos e aterran neles.* SIN. aeroplano.
FAM. aviación, aviador, avioneta, hidroavión, portaavións.

avioneta
substantivo feminino
Avión pequeno: *As avionetas úsanse moito para practicar deporte.*

avir
verbo
Pór de acordo os que están enfrontados: *Os empresarios e os obreiros avíronse e asinaron un acordo.*
OBS. Conxúgase como *vir.*

avisar
verbo
1 Comunicar algo a alguén, ou chamarlle a atención: *A profesora avisoume para que estudase máis.* SIN. advertir.
2 Chamar a alguén para que faga algo: *Avisamos o fontaneiro para amañar o desaugadoiro.* SIN. chamar.
FAM. avisado, aviso.

avistar
verbo
Chegar a ver, especialmente ao lonxe: *Desde aquí xa se avista a cidade.* SIN. albiscar, dexergar, divisar, enxergar.

avituallar
verbo
Dar o necesario para algo, especialmente comida e víveres: *O barco atracou para avituallarse.* SIN. abastecer, aprovisionar.
FAM. avituallamento.

avivar
verbo
Facer que aumente a forza de algo: *Remexe o lume para avivalo.* SIN. activar. ANT. atrasar, frear.

avivecer
verbo
Facer que algo teña vida ou máis vida: *As plantas murchas avivecen coa auga.*
OBS. É regular: *avivezo, aviveza.*

avó, avoa
substantivo
En relación cunha persoa, o pai ou a nai do seu pai ou da súa nai: *Os avós danlles moitos mecos aos netos.*
FAM. bisavó, tataravó.

avogado, avogada
substantivo
Persoa que ten como traballo aconsellar a outras e defendelas nos xuízos: *A avogada defendía o acusado no xuízo.*
FAM. avogacía, avogar.

avolver
verbo
Facer que a auga estea menos clara e limpa: *A terra avolve a auga.* SIN. alodar, toldar.
OBS. Ten dous participios: *avolvido* e *avolto.*

avultar
verbo
1 Ocupar máis do normal: *Esa manta avulta moito no armario, dóbraa mellor.* SIN. arrombar.
2 Aumentar o tamaño de algo: *Meteu papeis no saco para que avultase máis.*
3 Aumentar a cantidade ou a importancia de algo: *A prensa sensacionalista avulta a gravidade das noticias.* SIN. esaxerar, inchar, inflar.
FAM. avultado, avultamento.

axada
substantivo feminino
Refacho.

axeitar
verbo
Pór en orde ou da forma apropiada para algo: *Axeitou moi ben o seu cuarto.* SIN. amañar, arranxar.
FAM. axeitado.

axencia

substantivo feminino

Establecemento que mediante un pagamento de diñeiro ofrece determinados servizos: *Nas axencias de viaxes venden billetes de tren e avión e tamén reservan cuartos en hoteis.*

axenda

substantivo feminino

Caderno en que se anotan teléfonos, enderezos ou cousas que temos que facer: *Teño apuntados na axenda os números de teléfono dos meus amigos.*

axente

substantivo

1 Persoa que coida da seguridade pública ou de que se cumpran as leis: *Un axente de seguridade vixiaba as caixas do hipermercado.*

2 Persoa que actúa en nome doutra: *Ese axente consegue moi bos contratos para os cantantes que representa.* SIN. representante.

substantivo masculino

3 O que produce un efecto: *Os fumes dos coches son un importante axente da contaminación.*

EXP. **Axente secreto** Espía que oculta este traballo: *Os axentes secretos pertencen aos servizos de intelixencia dos Estados.* **Axente dobre** O que actúa para dous países enfrontados ao mesmo tempo: *Nas películas de espías aparecen moitos axentes dobres.*

axeonllarse

verbo

Pórse coas pernas dobradas e apoiando os xeonllos no chan: *Os fieis axeónllanse na misa.*

axexar

verbo

Mirar con moita atención tentando non ser visto: *Non é de boa educación axexar o que fan os outros.* SIN. asalar, asexar, espiar, espreitar, vixiar.

FAM. axexo.

axigantar

verbo

Aumentar moito o tamaño ou importancia de algo: *A prensa amarela axiganta as noticias sobre os divorcios dos famosos.*

áxil

adxectivo

Que se move con moita facilidade e rapidez: *É un neno moi áxil e salta moi ben o poldro.*

FAM. axilidade, axilizar.

axila

substantivo feminino

Oco que queda debaixo de cada brazo na súa unión co corpo: *Botaba desodorizante nas axilas.* SIN. sobaco, sobrazo.

axiña

adverbio

En moi pouco tempo: *Axiña remato os deberes e xogamos.* SIN. decontado, deseguida, logo, pronto.

axitar

verbo

1 Mover de forma continua e con forza: *Cómpre axitar ben o xarope antes de o tomar.*

2 Facer perder a tranquilidade ou a paz: *Non convén axitarse ante o menor problema.* SIN. desacougar, excitar, inquietar. ANT. aquietar, calmar.

FAM. axitación, axitador.

axordar

verbo

Enxordecer.

axotar

verbo

Facer con voces e acenos que un animal se vaia dun lugar: *Axotaba as galiñas.* SIN. escorrentar, espantar.

axóuxere

substantivo masculino

1 Bóla de metal oca que ten unhas boliñas dentro para que soe: *Aos bebés gústanlles os axóuxeres.* SIN. cascabel.

2 Xoguete consistente nunha esfera oca cun mango e que ten no interior boliñas de xeito que soa ao movelo: *O meniño xogaba co axóuxere.* SIN. ruxerruxe.

axudar

verbo

Facer o necesario para que alguén deixe de estar en perigo ou consiga algo: *Axúdanme meus pais a facer os deberes.*

EXP. **Axudarse de** Usar algo ou alguén para conseguir algo: *Axudouse das amizades para conseguir ese traballo.*
FAM. axuda, axudante.

axuizado, axuizada

adxectivo

Que sabe distinguir o que está ben do que está mal: *É un rapaz axuizado e pórtase sempre moi ben.* SIN. asisado, cordo, formal, sensato. ANT. atolado, insensato.

axuizar

verbo

Someter alguén a un xuízo: *Xa o axuizaron e declarárono culpable de asasinato.* SIN. procesar, xulgar.
OBS. Conxúgase como *cazar.*
FAM. axuizado.

axustar

verbo

1 Colocar algo de xeito que non quede espazo arredor: *O xastre meteulle aos pantalóns para axustarmos.* SIN. adaptar.
2 Combinar dúas ou máis cousas para que funcionen ao mesmo tempo: *Os soldados da patrulla axustaban os seus reloxos.* SIN. adaptar.
3 Facer que algo combine ben con outra cousa: *Tes que te axustar ás normas de convivencia desta casa.* SIN. adaptar.
4 Pór prezo a algo por acordo: *Axustou a pintura de toda a casa en mil euros.*
EXP. **Axustarlle as contas** Facer que alguén pague polo que fixo mal: *Suspendín todo e meus pais van axustarme as contas.*
FAM. axustado, axustador, axuste.

axustizar

verbo

Matar unha persoa condenada a morte: *Os verdugos axustizaban os condenados a morte.* SIN. executar.
OBS. O *z* cambia en *c* diante do *e*, como en *cazar.*

azafata

substantivo feminino

Muller que atende as persoas que necesitan algo, especialmente nun avión ou nalgúns actos públicos: *Varios asistentes ao congreso recibían información dunha azafata.*

azafrán

substantivo masculino

Planta herbácea da que se extrae un condimento e colorante para a comida moi apreciado e este colorante: *A cor amarela das paellas débese a que se lle bota azafrán.*

azar[1]

substantivo masculino

Casualidade ou situación en que sucede algo non esperado: *Que o atopase na rúa foi un azar, pois non o buscaba.*
EXP. **Ao azar** Sen pensar ou sen elixir: *Colleu ao azar unha das bólas da bolsa.* SIN. ao chou.
FAM. azaroso.

azar[2]

substantivo masculino

Flor moi olorosa de árbores coma a laranxeira e o limoeiro: *O azar é de cor branca.*

azo

substantivo masculino

Forza ou enerxía para facer algo: *Estou tan canso que non teño azos para nada.* SIN. alento, folgo. ANT. desalento.

azouta

substantivo masculino

Golpe que se lle dá alguén no cu coa man aberta: *Non se deben dar azoutas aos cativos.* SIN. azoute.
FAM. azoutar.

azoutar

verbo

Golpear de forma violenta e repetida, especialmente cun látego: *O verdugo azoutaba o condenado.* SIN. flaxelar.

azoute

substantivo masculino

1 Golpe dado a alguén cun látego ou instrumento similar: *Os azoutes eran de coiro.*
2 Azoute.

azteca

adxectivo e substantivo

Do antigo pobo que habitaba grandes extensións de México antes da chegada dos españois: *O Imperio azteca durou ata o século XVI, en que o destruíron os españois.*

azucre

substantivo masculino

1 Substancia sólida e habitualmente branca

que se usa para darlles sabor doce aos alimentos: *Bótalle azucre ao café con leite e reméxeo.*
2 Composto que se atopa nos seres vivos e que lles proporciona enerxía: *Os diabéticos teñen azucre de máis no sangue.*
FAM. azucrar, azucreiro.

azul

adxectivo e substantivo masculino

Da cor do ceo sen nubes: *A auga do mar estaba azul.*
EXP. **Azul celeste** O moi claro: *A cor da camiseta do Celta é azul celeste.* **Azul mariño** O moi escuro: *Os mariñeiros da Armada usan uniforme azul escuro.*
FAM. azulado.

azulexo

substantivo masculino

Peza dura e lisa que se usa para recubrir solos e paredes: *As paredes dos cuartos de baño están recubertas de azulexos.*
FAM. azulexar.

B

b
substantivo masculino
Letra número dous do abecedario: *O nome do* b *é be.*

baba
substantivo feminino
1 Cuspe que cae da boca: *O neno bota baba porque lle están a nacer os dentes.*
2 Líquido viscoso que soltan algúns animais: *O caracol e a lesma soltan baba ao andaren.*
FAM. baballar, babar, babear.

baballar
verbo
Falar sen xeito, esaxerando ou dicindo parvadas: *Pensa o que dis e baballa menos.* SIN. esbardallar.
FAM. baballón.

babar
verbo
Manchar coa baba: *O neno babou toda a camisa.*

babear
verbo
1 Soltar baba: *O bebé babea porque está botando os dentes.* SIN. babexar.
2 Sentir moito pracer vendo ou oíndo algo: *Os avós babean cos netos.*

babeco, babeca
adxectivo e substantivo
Moi parvo: *É un babeco que non sabe nin onde ten a man dereita.* SIN. parvallán. ANT. espelido, intelixente, listo.
FAM. babecada.

babeiro
substantivo masculino
Peza de tea que se coloca sobre o peito para non mancharse: *Púxolle o babeiro ao neno antes de darlle de comer.*

babexar
verbo
Babear.

bable
substantivo masculino
Variedade lingüística ou fala propia de Asturias: *O bable aínda non é lingua oficial.*

babor
substantivo masculino
Parte esquerda dun barco mirando de popa a proa: *O vento viña de babor.* ANT. estribor.

baboso, babosa
adxectivo
1 Que se baba moito: *Os bebés son babosos.*
2 Que fala moito e sen sentido ou sen educación ningunha: *É un baboso que só insulta aos demais.*

baca
substantivo feminino
Estrutura de metal que se coloca sobre o teito dun automóbil para levar vultos: *Cargou as maletas na baca.*

***bacalao**, a forma correcta é **bacallau**.

bacallau
substantivo masculino
Peixe mariño comestible, de gran tamaño, co corpo alongado e a cabeza moi grande: *O bacallau haino fresco, curado e salgado.*
FAM. bacallaeiro.

bacharelato
substantivo masculino
Conxunto de estudos que se necesitan para acceder á universidade: *O bacharelato consta de dous cursos.*
FAM. bacharel.

bacía
substantivo feminino
1 Maseira.
2 Cunca.

bacilo
substantivo masculino
Bacteria con forma de bastón: *A tuberculose está producida polo bacilo de Koch.*

bacoriño ou bácoro
substantivo masculino
Leitón.

bacteria
substantivo feminino
Ser vivo microscópico cuxa célula carece de núcleo diferenciado: *Hai bacterias que producen enfermidades, pero outras son útiles, como acontece cos fermentos.*
FAM. bacteriano, bactericida, bacterioloxía.

badalo
substantivo masculino
Peza que hai no interior dunha campá para tocala: *O badalo fai que soe a campá.*
FAM. badalada.

badana
substantivo feminino
Pel curtida de carneiro ou de ovella: *O interior dos zapatos vai forrado de badana.*

badanas
substantivo plural
1 Bandallo.
2 Que é moi despreocupado, descoidado, pouco serio e vago: *É un badanas que nunca fai os deberes.*

badía
substantivo feminino
Baía.

badoco, badoca
adxectivo e substantivo
Que non ten educación: *Entrou coma un badoco, nin os bos días nos deu.* SIN. pailán.

baduar
verbo
Falar moito e sen sentido nin xeito: *Non badúes e fai o que prometes.* SIN. esbardallar, laretar, latricar.
OBS. Conxúgase como *actuar.*
FAM. badueiro.

badulaque
adxectivo e substantivo
Que non ten palabra nin seriedade: *Nunca fai o que promete porque é un badulaque.*

baeta
substantivo feminino
Anaco de tea que se usa para limpar ou secar unha superficie: *Limpou a mesa despois do xantar pasándolle unha baeta mollada.*

bafarada
substantivo feminino
1 Cantidade de aire ou de fume que sae da boca dunha vez: *Botáballes aos comensais as bafaradas do tabaco porque fumaba.*
2 Aire ou fume que sae dunha vez por unha abertura: *Ao abrir a fiestra entrou unha bafarada de aire quente.*

bafexar
verbo
1 Botar bafo: *Os bois bafexaban na corte.*
2 Abafar.
FAM. bafexo.

***baffle**, a forma correcta é **pantalla acústica**.

bafo
substantivo masculino
Vapor ou aire quente que despide calquera corpo: *Nos días fríos vemos o bafo da nosa respiración.*
FAM. bafarada, bafexar.

baga
substantivo feminino
Froito pequeno e redondo dalgunhas plantas: *O loureiro, o liño e o acivro producen bagas.*

bago
substantivo masculino
Cada unha das uvas dun acio: *Ao vendimar hai que apañar os bagos que caen do acio ao chan.*

bágoa ou **bagulla**
substantivo feminino
Cada unha das gotas de auga que saen polos ollos ao chorar: *Coa emoción botei algunhas bágoas.* SIN. lágrima.
FAM. bagoar, bagullar, esbagoar.

baía
substantivo feminino
Entrada do mar na costa maior ca a enseada pero máis pequena ca o golfo: *Dous bacallaeiros entraron na baía.* SIN. badía.

bailada
substantivo feminino
Canción ou composición destinada a ser bailada: *Consérvanse nos Cancioneiros célebres bailadas, que había que bailar baixo as abeleiras.*

bailar
verbo
1 Moverse ao ritmo dunha música: *Esa parella baila un valse.* SIN. danzar.
2 Moverse algo que non se suxeita ben: *Esa mesa non está ben asentada e baila.*
FAM. bailada, bailarete, bailarín, baile.

bailarete
substantivo masculino
Xoguete similar a unha buxaina rematada en punta e que se fai xirar cos dedos: *O neno xogaba co bailarete que lle fixera o avó.*

bailarín, bailarina
substantivo
Persoa que baila: *Os ballets están formados por bailaríns e bailarinas.*

baile
substantivo masculino
1 Conxunto de movementos que se fan co corpo ao ritmo da música: *A muiñeira é un baile típico galego.* SIN. danza.
2 Festa en que se xuntan persoas para bailar: *Esta tarde iremos ao baile.*
3 Movemento de carácter nervioso: *Deixa ese baile coas pernas que me pos nervioso.*
4 Mestura de ideas, coñecementos ou cousas sen xeito: *O teu exame é un baile de datos e teorías sen ningunha orde.*
EXP. **Baile de salón** O que se baila por parellas nun local pechado: *Hoxe na discoteca hai concurso de bailes de salón.* **Baile de san Vito** Enfermidade nerviosa na que se move o corpo sen parar: *O cativo non para, parece que ten o baile de san Vito.*

baioneta
substantivo feminino
Arma en forma de coitelo que se coloca no extremo dianteiro do fusil: *As baionetas encaixan nas bocas dos fusís.*

baixada
substantivo feminino
1 Terreo que baixa: *O camión quedou sen freos na baixada.*
2 Paso a un lugar máis baixo: *A baixada do ciclista foi moi arriscada.* SIN. descenso. ANT. subida, ascenso.
3 Diminución da forza, intensidade, cantidade ou valor de algo: *Espérase unha baixada do prezo do petróleo.* SIN. baixa. ANT. suba.

baixamar
substantivo feminino
Fin do movemento de descenso da marea: *Na baixamar é cando a praia é máis grande.* ANT. preamar.

baixar
verbo
1 Ir a un lugar ou posición máis baixos ou inferiores: *Baixei do segundo ao primeiro piso.* ANT. subir.
2 Poñer en lugar ou posición inferiores: *Baixei o prato do alzadeiro.* ANT. alzar, elevar.
3 Saír dun vehículo: *Os pasaxeiros baixaron do autobús.* ANT. montar, subir.
4 Mover cara a abaixo: *Coa vergonza baixou a cabeza.*
5 Diminuír a forza, a cantidade ou valor de algo: *Esta semana seica baixan as temperaturas.*
6 Facerse máis delgado: *Neste mes baixei un par de quilos porque fixen moito exercicio.* ANT. engordar.
FAM. baixada, baixeza, baixo, baixón, rebaixa, rebaixar.

baixeza
substantivo feminino
Acción moi mala e desprezable: *Roubar a un pai é unha baixeza.* SIN. vileza.

baixío
substantivo masculino
Elevación no fondo do mar, especialmente pola acumulación de area: *O barco encallou nuns baixíos.*

baixo, baixa

adxectivo

1 Que ten menos altura da considerada normal: *Esa maceira é un pouco baixa.* ANT. alto, elevado.

2 Que ten un valor ou forza inferiores ás normais: *Este verán as temperaturas andan baixas.* ANT. alto.

3 Que ocupa unha posición inferior: *O noso equipo anda polas posicións baixas da clasificación.* ANT. alto.

substantivo masculino

4 Nun edificio, piso que está á mesma altura ca a rúa: *Os locais comerciais adoitan estar nos baixos.*

5 Parte inferior dunha peza de vestir que dobra para dentro: *Descoséuselle o baixo do pantalón.*

6 Instrumento musical parecido a unha guitarra, pero de son máis grave: *O baixo ten catro cordas.*

substantivo feminino

7 Situación en que unha persoa deixa de pertencer a unha asociación: *O noso equipo daralle a baixa a dous ou tres xogadores.*

8 Declaración feita por un médico de que unha persoa está enferma e non pode traballar: *O médico deulle a baixa por unha pneumonía.* ANT. alta.

9 Morte dunha persoa que loita nunha guerra: *Na Segunda Guerra Mundial producíronse moitas baixas.*

10 Diminución da forza, da cantidade ou do valor de algo: *Espérase unha baixa dos prezos do petróleo.* SIN. baixada, descenso. ANT. ascenso, suba, subida.

adverbio

11 **baixo** Nun ton de voz suave: *Fala baixo, porque o bebé dorme.* ANT. alto.

preposición

12 Indica un lugar ou posición inferiores: *O tractor está baixo o alpendre.* ANT. sobre.

baixón

substantivo masculino

1 Diminución rápida e notoria de algo: *Co mal tempo produciuse un baixón das visitas turísticas.*

2 Situación pasaxeira en que se está mal: *O dianteiro non marca porque sofre un baixón, pero axiña se recuperará.*

baixorrelevo

substantivo masculino

Escultura en que as figuras sobresaen sobre un fondo liso: *As caras e figuras das moedas son baixorrelevos.*

bala

substantivo feminino

Proxectil lanzado por unha arma de fogo: *As pistolas e os fusís lanzan balas.*

FAM. balazo.

balada

substantivo feminino

Poema que se pode cantar: *É un gran cantante de baladas.*

balance

substantivo masculino

Exame que se fai de algo para ver o que hai de bo e malo: *A final de curso facemos balance para saber o que aprendemos e o que deixamos de aprender.*

balancear

verbo

Mover dun lado a outro de forma repetida: *As árbores balancean co vento.* SIN. abalar, abanar, abanear, bambear.

FAM. balance, balanceo.

balandro

substantivo masculino

Barco de vela que ten un só mastro: *Os balandros son embarcacións deportivas.*

balanza

substantivo feminino

Instrumento que serve para medir pesos pequenos: *O froiteiro pesoume as laranxas na balanza.*

OBS. Distíngase de *báscula*, que serve para medir pesos grandes.

balbordo

substantivo masculino

Moito ruído e gran movemento de persoas e cousas: *Na feira había moito balbordo.* SIN. alboroto, bulicio, bulla, liorta, rebumbio, zarangallada.

balbucir

verbo

Falar con dificultade ou cortando as palabras: *O moribundo balbuciu o nome do seu asasino.*

balcón
substantivo masculino

Ventá grande aberta desde o chan dun cuarto, con piso e cunha varanda: *Viamos a batalla de flores desde o balcón.*

baldar
verbo

Deixar sen capacidade de movemento ou con dores ao moverse: *Tanto traballo baldoume as costas.* SIN. eivar, toller.

balde
substantivo masculino

Especie de caldeiro, habitualmente de madeira e con asas, para conter auga: *Antigamente traíase a auga da fonte cos baldes.*
EXP. **De balde** Sen pagar nada: *Fomos ao cine de balde porque nos convidou teu curmán.*
En balde Inutilmente: *Tanto adestramento foi en balde, pois perdemos o partido.*

baldear
verbo

1 Botar fóra a auga: *Inundouse o garaxe e tivemos que baldealo.*
2 Limpar botando moita auga: *Todas as noites baldean a terraza da cafetaría.*

baldeirar
verbo

Baleirar.

baldeiro, baldeira
adxectivo

Baleiro.

baldío, baldía
adxectivo

Sen cultivar: *Esa leira non a traballan e está baldía.* SIN. ermo.

baldosa
substantivo feminino

Peza fina feita cun material duro e usada para cubrir chans: *Os pisos das cociñas e cuartos de baño son de baldosa.*

baldreo
substantivo masculino

Bandallo.

balea
substantivo feminino

1 Animal mariño mamífero de gran tamaño: *A balea é o maior dos animais actuais coñecidos.*
2 Cada unha das barras longas e finas que suxeitan a tea dos paraugas e dos abanos: *Este paraugas ten unha balea rota.*
FAM. baleato, baleeiro.

baleato
substantivo masculino

Cría da balea: *Os baleatos pesan ao nacer uns 6.000 quilos.*

baleirar
verbo

Deixar sen nada un lugar ou un recipiente: *Sacou toda a roupa e deixou o armario baleiro.*
ANT. abarrotar, encher.

baleiro, baleira
adxectivo

1 Que non ten nada no seu interior: *O cuarto está baleiro, non hai nin un só moble.* SIN. oco. ANT. cheo, macizo, pleno.
2 Que non está ocupado: *No concerto había moitas localidades baleiras.* SIN. desocupado.
3 Con menos cousas ca sempre: *Este ano a festa case estivo baleira de casetas.* ANT. cheo, pleno.

substantivo masculino

4 Lugar moi profundo e con moito perigo: *Non queremos caer no baleiro desa cova.* SIN. abismo.
5 Falta ou ausencia de algo ou alguén: *A morte do avó foi un gran baleiro para toda a familia.*
6 En ciencias da natureza, espazo no que non hai absolutamente nada: *O baleiro non contén nin aire.*
EXP. **Ao baleiro** Envasado sen aire: *Eses chourizos están envasados ao baleiro en bolsas de plástico.*

baliza
substantivo feminino

Sinal que se coloca nun terreo ou no mar para marcar o camiño ou para advertir dalgún perigo: *A pista de aterraxe está sinalada por balizas luminosas.*

ballet
substantivo masculino

1 Baile realizado por un conxunto de persoas: *A música do ballet adoita interpretala unha orquestra.*

2 Conxunto de bailaríns que realizan este tipo de baile: *Foi célebre o ballet galego de Rei de Viana.*

ballón

substantivo masculino

Chuvia moi forte, pero de pouca duración: *Durante o ballón metémonos debaixo dun alpendre.* SIN. bátega, bategada, chaparrada, chuvascada, chuvasco, chuvieira, trebón, treixa.

balneario

substantivo masculino

Lugar ou establecemento onde se poden tomar baños que son bos para a saúde: *En Galicia hai moi bos balnearios, como o de Mondariz.*

baloca

substantivo feminino

1 Pataca grande e boa: *Collemos unhas boas balocas.*

2 Castaña, especialmente a cocida: *Ceaba balocas con leite.*

EXP. **Nas balocas** En plena realización de algo, especialmente se é malo: *Estaba copiando durante o exame e a profesora colleuno nas balocas.*

balón

substantivo masculino

Bóla grande chea de aire que se usa nalgúns deportes: *O fútbol, o balonmán e o baloncesto xóganse cun balón.* SIN. pelota.

FAM. baloncesto, balonmán.

baloncesto

substantivo masculino

Deporte que consiste en meter o balón na canastra do equipo contrario e no que non se pode tocar o balón co pé: *No baloncesto hai canastras de dous e de tres puntos.*

balonmán

substantivo masculino

Deporte parecido ao fútbol, pero no que o balón é máis pequeno e non se pode tocar co pé: *As portarías e o balón de balonmán son máis pequenos ca os do fútbol.*

balor

substantivo masculino

Mofo.

FAM. balorecer, balorento.

balsa

substantivo feminino

1 Especie de barco formado por troncos ou táboas unidos entre si: *Os exploradores fixeron unha balsa de troncos.*

2 Oco natural no terreo que se enche de auga: *A chuvia formou moitas balsas.* SIN. poza.

bálsamo

substantivo

Substancia que cheira moi ben e que se estende sobre a pel, especialmente como medicina: *Dábanlle masaxes nas pernas cun bálsamo para aliviarlle as dores.*

FAM. balsámico.

baluarte

substantivo masculino

Calquera cousa que serve para defender ou manter algo: *Os cercados fixeron baluartes de obra para resistir o ataque do inimigo.* SIN. bastión.

baluto

EXP. **A baluto, de baluto, en baluto** Inutilmente ou sen ningún proveito: *Traballamos de baluto porque non cobramos nada.*

bambán

substantivo masculino

1 Instrumento de xogo infantil formado por un asento colgado dunha barra que pode moverse para adiante e para atrás: *No parque hai varios bambáns.* SIN. arrandeadoiro, randeeira.

2 Instrumento de xogo infantil formado por unha barra longa que se apoia no centro e que sobe e baixa cando se sentan nela dúas persoas, unha en cada extremo: *Para subir no bambán hai que facer máis forza ca o que está en fronte.*

bambear

verbo

Mover dun lado a outro de forma repetida, pero sen cambiar de lugar: *O vento bambeaba as árbores.* SIN. abalar, abanear, abanar, balancear.

FAM. bambán, bambeo.

bambú

substantivo masculino

Planta tropical herbácea de talos longos, ocos e resistentes: *As canas secas de bambú úsanse para fabricar mobles.*

banana
substantivo feminino
Plátano.
FAM. bananeira.

banca
substantivo feminino
Conxunto dos bancos en que se garda o diñeiro ou conxunto das persoas que traballan nestes establecementos: *A banca ofrece préstamos hipotecarios para mercar vivendas.*

bancada
substantivo feminino
Asento longo que hai en lugares como os estadios: *Os afeccionados ocupaban as bancadas do estadio.*

bancarrota
substantivo feminino
Perda de todos os cartos e bens: *Está en bancarrota porque ata lle embargaron a casa.*
SIN. ruína.

banco
substantivo masculino
1 Asento longo e estreito con ou sen respaldo para varias persoas: *O adestrador e os reservas sentan no banco.*
2 Nun xuízo, asento onde se coloca a persoa acusada: *O acusado non rebulía no banco.*
3 Lugar onde se gardan os cartos e que prestan diñeiro a quen o pide: *Os bancos pagan xuros polos cartos que gardan e cóbranos polos que prestan.*
4 Lugar onde se gardan cousas valiosas, especialmente órganos para transplantes: *En todos os hospitais hai un banco de sangue para as transfusións.*
5 Cardume.
6 Lugar en que hai gran cantidade dunha cousa: *Nesta zona da costa hai moitos bancos de area.*
EXP. **Banco de datos** En informática, conxunto de datos almacenados sobre un asunto ou materia: *Os bancos de datos son moi útiles para consultar cousas.* **Banco de néboa** Grande acumulación de néboa que impide a visión: *Os bancos de néboa son moi perigosos nas estradas.*
FAM. banca, bancada, bancario, banqueiro.

banda
substantivo feminino
1 Conxunto de músicos que tocan distintos instrumentos: *En Galicia hai unha gran tradición de bandas de música.*
2 Grupo organizado de persoas que cometen delitos habitualmente: *A policía desarticulou unha banda de atracadores.*
3 Fita, como sinal de distinción, que se cruza sobre o peito e que vai desde un ombro ao contrario: *A raíña das festas levaba sobre o vestido unha banda azul.*
4 Lado dun espazo: *Pasamos á outra banda do río.*
EXP. **Banda sonora** Fondo musical dunha película: *A banda sonora desta película é dun compositor moi famoso.* **Por outra banda** Tendo en conta outro aspecto: *Por outra banda, ti non estudaches case nada.*
FAM. bandada, bandido, bando, bandoleiro.

bandada
substantivo feminino
1 Conxunto formado por un grupo de persoas que van xuntas: *Unha bandada de afectados protestaba ante a axencia de viaxes.*
2 Conxunto grande de aves da mesma especie que van xuntas: *Viu unha bandada de estorniños.*
3 Conxunto grande de peixes que nadan xuntos: *Nas Rías Baixas había grandes bandadas de sardiñas.* SIN. banco, cardume.

bandalleiro, bandalleira
adxectivo e substantivo
Bandallo.

bandallo
substantivo masculino
1 Anaco de tea vello e roto: *Non merca roupa e sempre vai vestido con bandallos.*
SIN. farrapo, galdrapo.
2 Persoa que viste mal, ou con bandallos, e descoida o seu aspecto externo, podendo chegar a ser desaseada e ata sucia: *Non se cambia nunca e anda feito un bandallo.*
SIN. baldreo, bandalleiro, badanas, farrapeiro, farrapento, pastrán, zalapastrán.

bandeira
substantivo feminino
Anaco de tea con cores que representa unha nación ou un grupo de persoas: *Os afeccionados levaban a bandeira do Celta.*
FAM. bandeirola, banderilla.

bandeirola
substantivo feminino
Bandeira pequena: *No cuarto ten unha bandeirola do seu equipo.*

banderilla
substantivo feminino
Pau delgado con moitas cores e adornos que se crava no touro: *Os banderilleiros póñenlle as banderillas aos touros.*
FAM. banderilleiro.

bandexa
substantivo feminino
Peza plana habitualmente redonda que se usa para pór cousas enriba e levalas, especialmente comida e bebidas: *Os camareiros levan as bebidas e os pratos en bandexas.*
EXP. **En bandexa** Moi facilmente: *Con eses fallos defensivos puxéronlle os goles en bandexa.*

bandido, bandida
substantivo
Bandoleiro.

bando
substantivo masculino
1 Grupo de persoas que teñen as mesmas ideas: *No partido hai dous bandos: os innovadores e os conservadores.*
2 Aviso oficial que dá unha autoridade: *O alcalde deu un bando sobre a recollida do lixo.*

bandoleiro, bandoleira
substantivo
1 Persoa que rouba, especialmente en grupo: *Uns bandoleiros asaltaron o pazo do conde.* SIN. bandido.
substantivo feminino
2 Correa ou fita que vai desde o ombro á cadeira e da que se colga algo: *Os bandidos levaban unha bandoleira chea de balas.*

bandullo
substantivo masculino
1 Estómago dos animais: *Co bandullo do porco fanse os callos.*
2 Estómago moi grande dunha persoa: *Está moi gordo e o seu bandullo é enorme.*
3 Primeira e maior das catro partes en que se divide o estómago dos ruminantes: *O estómago dos ruminantes divídese en barriga ou bandullo, libro ou cenfollas, calleiro ou calleira e retículo.*

bandurra
substantivo feminino
Instrumento musical parecido á guitarra pero máis pequeno e con seis cordas dobres: *Na tuna tócase a bandurra.*

banqueiro, banqueira
substantivo
Persoa que é dona dun banco ou que o dirixe: *Os banqueiros prognostican unha mellora da economía.*

banqueta
substantivo feminino
Asento baixo, pequeno, sen brazos e sen sitio para apoiar as costas: *No cuarto de baño teño unha banqueta.*

banquete
substantivo masculino
Comida abundante á que asisten moitas persoas e coa que se celebra algo: *Os banquetes de vodas son moi alegres.*

banzo
substantivo masculino
Cada unha das partes dunha escaleira onde se apoia o pé: *Os banzos desa escaleira son moi altos.* SIN. chanzo, paso.

bañar
verbo
1 Meter un corpo en auga ou noutro líquido: *Ao ducharse gástase menos auga ca ao bañarse.*
2 Cubrir unha superficie cunha capa de algo: *Bañou o biscoito en chocolate.*
3 Tocar un lugar a auga dun río, mar ou lago: *O Atlántico baña as costas galegas.*
FAM. bañeira, bañista, baño.

bañeira
substantivo feminino
1 Recipiente grande en que se mete unha persoa para lavar todo o corpo: *Cómpre non esvarar na bañeira.*
2 Recipiente máis ancho ca longo usado nas tarefas da casa: *Lavaba a camisa á man nunha bañeira de plástico.*

baño
substantivo masculino
1 Introdución dun corpo en auga ou noutro

líquido, especialmente para limpalo: *Cómpre darlle un bo baño ao meniño.*
2 Substancia coa que se cobre algo: *O reloxo é de aceiro cun baño de ouro.*
3 Cuarto en que nos aseamos, duchamos ou bañamos: *O baño ten unha boa bañeira, lavabo, retrete e bidé.*
4 Colocación do corpo baixo a acción de algo: *Gústalle tomar baños de sol na praia.*
5 Recipiente onde se pon a carne con sal para conservala: *Metemos os xamóns e os lacóns no baño para salgalos.*
EXP. **Ao baño maría** Forma de cociñar algo nun recipiente que se mete noutro con auga que ferve: *O flan faise ao baño maría.*

baqueta
substantivo feminino
Pau redondo e longo para tocar o tambor: *A caixa tócase con dúas baquetas.*

bar
substantivo masculino
Establecemento público en que se serven comidas e bebidas: *Xantamos sempre no mesmo bar.*

barafunda
substantivo feminino
Ruído grande producido pola xente ou por unha discusión: *Hai moita barafunda nese bar porque está cheo.* SIN. alboroto, balbordo, barullo, boureo, bulicio, bulla, rebumbio.

baralla
substantivo feminino
Conxunto de cartas que se usa nalgúns xogos: *A baralla española ten corenta cartas.*
FAM. barallar.

barallar
verbo
1 Mesturar as cartas dunha baralla para cambialas de orde: *Antes de dar as cartas hai que barallalas.*
2 Deixar sen orde mesturando unhas cousas con outras: *Para coller un libro barallounos todos.*
3 Considerar un conxunto de posibilidades antes de elixir unha: *Barallou varias solucións, ata decidirse pola operación cirúrxica.*
4 Falar moito e sen xeito nin sentido: *Non baralles que só dis parvadas.*
FAM. barallán, baralleiro.

barallete
substantivo masculino
Lingua propia dalgúns oficios como os dos afiadores, paraugueiros ou canteiros: *Os afiadores teñen un barallete de seu.* SIN. xerga.

barato, barata
adxectivo
Que ten un prezo baixo: *Eses zapatos de saldo son moi baratos.* ANT. caro.
FAM. barateiro, barateza, baratura.

baraza
substantivo
Corda ou cordel delgados para atar algo: *Os rapaces facían traballos manuais con barazas de la.*
EXP. **Baraza de la** Persoa de moi bo carácter: *Nunca se anoxa por nada porque é un baraza de la.*

barba
substantivo feminino
1 Na cara dunha persoa, pelo que nace debaixo da boca e nas meixelas: *Aféitase sempre cunha navalla.*
2 Cada unha das partes duras que teñen na mandíbula superior algúns animais mariños: *As baleas teñen barbas.*
3 Grupo de pelos que colga da mandíbula inferior dalgúns animais: *As cabras teñen barba.*
EXP. **Nas barbas de** Na súa presenza: *Roubaron a xoiaría nas barbas dos gardas.* **Por barba** Por cada persoa: *O xantar saíu a doce euros por barba.*
FAM. barbear, barbela, barbudo.

barbantesa
substantivo feminino
Insecto de cor verde tirando a parda, de corpo alongado e patas dianteiras fortes: *A barbantesa caza outros insectos coas patas dianteiras.* SIN. parraguesa.

bárbaro, bárbara
adxectivo e substantivo
1 Que é tan cruel que non parece propio dunha persoa: *Todo asasinato é unha acción bárbara.*
2 Que resulta parvo ou sen intelixencia: *Non sexas bárbaro e non digas que dous máis dous son cinco.*

3 De tamaño, cantidade ou calidade moi superiores ás normais: *Nese restaurante dan unhas sobremesas bárbaras.* SIN. extraordinario.
4 Dos pobos que invadiron o Imperio romano no século V: *Os suevos foron os bárbaros que invadiron Galicia.*
FAM. barbaridade, barbarie, barbarismo.

barbeiro, barbeira
substantivo
Persoa que ten como oficio cortarlles o pelo e a barba aos homes: *Os barbeiros traballan nas barbarías.*
FAM. barbaría, barbear.

barbeito
substantivo masculino
1 Terra que se deixa descansar un ano sen plantar nada nela: *Este ano botamos patacas nesta leira, porque o ano pasado quedou a barbeito.*
2 Terra de secaño onde se cultiva centeo, trigo, millo ou patacas: *Teño un bo barbeito de patacas.*
3 Terreo que se dedica cada ano a un cultivo diferente: *O ano pasado botei no barbeito patacas; este ano, botarei millo.*

barbela
substantivo feminino
Queixo[2].

barca
substantivo feminino
Embarcación pequena: *As barcas poden moverse con remos ou con motor.*
FAM. barcaza.

barco
substantivo masculino
Embarcación grande: *Hai moitos tipos de barcos: de pesca, mercantes, petroleiros etc.*
SIN. embarcación, nave.
FAM. barca, barqueiro, desembarcar, desembarque, embarcación, embarcar.

bardante
preposición
Agás.

bardo
substantivo masculino
Poeta dos antigos celtas, ou de calquera pobo, que canta os seus heroes e batallas: *Pondal quería ser o bardo dos galegos.*

baril
adxectivo
Con forza, valor e elegancia: *Pondal soñaba con ser o bardo baril dos galegos.* SIN. varudo.

*barniz, a forma correcta é **verniz**.

barómetro
substantivo masculino
Aparello que se usa para medir a presión atmosférica: *No laboratorio de ciencias hai un barómetro.*

barón, baronesa
substantivo
Título que posúen algunhas persoas da nobreza: *O título de barón é o inmediatamente inferior a vizconde.*

barqueiro, barqueira
substantivo
Persoa que ten por oficio conducir unha barca polo río: *Cada día hai menos barqueiros.*

barquillo
substantivo masculino
Doce feito con fariña e azucre: *Na copa de xeado puxeron dous barquillos.*

barra
substantivo feminino
1 Peza ríxida moito máis longa ca grosa: *Merca unha barra de pan mellor ca unha bola.*
2 Especie de mesa longa sobre a que se serven comidas e bebidas nun bar: *As consumicións na barra son máis baratas ca na terraza.*
3 Signo ortográfico con forma de liña oblicua que se usa para separar: *O signo que usamos en e/ou é a barra.*
EXP. **Barra de labios** Barra de cor que serve para pintar os labios: *Levaba no bolso dúas barras de labios.*
FAM. barrote.

barraca
substantivo feminino
Casa de campo propia de Valencia: *As barracas teñen o tellado moi pino.*

barracón
substantivo masculino
Edificio dunha soa planta e sen muros no seu interior: *Montaron uns barracóns para aloxar os soldados.*

barranco
substantivo masculino
Terreo que se corta de pronto por un oco grande e profundo: *O coche caeu nun barranco.*

barreira[1]
substantivo feminino
1 Liña de paus, pedras ou doutros obxectos que impiden o paso: *Para que non pasase a xente colocaron valos metálicos como barreiras.*
2 Barra que impide o paso a un lugar e que se levanta por un dos seus extremos para deixar pasar: *Nos aparcadoiros hai barreiras.*
3 O que fai que algo resulte difícil: *Na dirección só lle poñen barreiras ao meu ascenso.* SIN. atranco, obstáculo.
4 Conxunto de xogadores que nalgúns deportes se colocan diante do porteiro para que non entre o balón: *No fútbol a barreira colócase a nove pasos do balón.*
5 Liña de paus de madeira que nunha praza de touros separa a arena do lugar do público: *O banderilleiro saltou a barreira para fuxir do touro.*

barreira[2]
substantivo feminino
Lugar do que se saca o barro ou arxila para facer obxectos de barro: *Das barreiras sae o barro que se usa para fabricar tellas.*

barrelo
substantivo masculino
Berce.

***barrendeiro**, a forma correcta é **varredor**.

barreño
substantivo masculino
Recipiente habitualmente de barro máis ancho ca alto: *A zorza dos chourizos colocábase en barreños.*

***barrer**, a forma correcta é **varrer**.

barriada
substantivo feminino
Zona ou barrio dunha cidade ou vila, especialmente o situado nas aforas: *Nesa barriada fundaron un equipo de fútbol.*

barrica
substantivo feminino
Barril pequeno: *Mercou unha barrica de sardiñas salgadas.*

barricada
substantivo feminino
Conxunto de cousas posto como obstáculo para defenderse e impedir o paso de alguén: *Os manifestantes formaron barricadas.*

barriga
substantivo feminino
Parte do corpo onde están o estómago e o intestino: *Seica lle doía a barriga.* SIN. abdome, tripa, ventre.
EXP. **Barriga** ou **papo da perna** Parte de atrás da perna, entre o xeonllo e o nocello: *Os futbolistas teñen moi desenvolvida a barriga da perna.*

barril
substantivo masculino
1 Recipiente grande para líquidos feito con madeiras curvas ou metálico: *Os barrís para o viño son de madeira e os de cervexa, metálicos.*
2 Medida de capacidade para petróleo: *Un barril de petróleo equivale a 158,982 litros.*

barrio
substantivo masculino
Cada unha das grandes zonas en que se divide unha cidade ou unha vila: *Vive nun barrio do centro.*
FAM. barriada.

barro
substantivo masculino
1 Mestura de auga e arxila usada para fabricar tellas ou obxectos de olaría: *Os oleiros fabrican vasillas con barro.*
2 Mestura de auga con terra: *O campo de fútbol estaba cheo de barro polo trebón.* SIN. bulleiro, lama.

barroco, barroca
adxectivo
1 Do Barroco ou coas características deste estilo artístico: *A fachada do Obradoiro da catedral de Santiago é barroca.*
2 Demasiado adornado ou complicado: *A lingua dese escritor resulta difícil porque é moi barroca.* ANT. sinxelo.
substantivo masculino
3 Estilo artístico que triunfou en Europa no século XVII e que deu grande importancia aos adornos e formas complicadas: *O Barroco apareceu despois do Renacemento.*

OBS. Na acepción 3 adoita escribirse con inicial maiúscula.

barrote
substantivo masculino
Barra cilíndrica e longa: *As gaiolas do zoo teñen barrotes de ferro.*

barullo
substantivo masculino
Ruído e desorde con voces e berros: *Nas festas hai moito barullo.* SIN. alboroto, balbordo, barafunda, boureo, bulicio, bulla.
EXP. **A barullo** En gran cantidade: *Nesa libraría hai novelas policiais a barullo.*
FAM. barullar, barulleiro.

báscula
substantivo feminino
Instrumento para medir pesos grandes: *Hai básculas para pesar camións.*
OBS. É distinto de *balanza*, que mide pesos pequenos.
FAM. basculante, bascular.

base
substantivo
1 No baloncesto, xogador cuxa función principal é organizar o xogo do equipo: *Ficharon un novo base.*
substantivo feminino
2 O que serve de apoio a algo: *As columnas apóianse na base.*
3 Liña ou superficie sobre a que parece que se apoia unha figura: *A área do rectángulo é base por altura.*
4 Lugar preparado para realizar determinadas actividades: *Os escaladores estableceron a súa base ao pé da montaña.*
EXP. **A base de algo** Só con iso ou tomándoo como elemento fundamental: *A cea foi a base de marisco.* **Base de datos** Conxunto de datos organizados nun ordenador que se poden consultar: *Garda os nomes dos clientes e os seus enderezos nunha base de datos.*
FAM. basear, básico.

basear
verbo
Establecer algo sobre unha base: *O teito baséase en columnas e trabes resistentes.*
SIN. apoiar, fundar.
FAM. baseamento.

básico, básica
adxectivo
Que é moi importante e moi necesario: *A alimentación é unha necesidade básica de todos os seres vivos.* SIN. capital, esencial, fundamental, principal. ANT. accesorio, secundario.

basílica
substantivo feminino
Igrexa grande e importante: *A catedral de Santiago é unha basílica.*

***basoira**, a forma correcta é **vasoira**.

basta
substantivo feminino
Bordo inferior dunha peza de roupa dobrado cara a dentro e cosido: *As pernas dos pantalóns teñen bastas.* SIN. dobra.

bastante
indefinido
1 En cantidade suficiente ou de sobra para o que se necesita: *Ten cartos bastantes para mercar ese libro.* SIN. abondo, suficiente. ANT. insuficiente.
adverbio
2 En cantidade suficiente: *Ese inverno non choveu bastante para rematar coa seca.*
3 Máis do normal: *Xantou bastante e dóelle a barriga.*

bastar
verbo
1 Ser suficiente: *Bástame con dúas horas para rematar este traballo.* SIN. abondar, chegar. ANT. fallar, faltar.
interxección
2 basta Úsase para poñerlle fin a unha acción: *Basta, non quero oír máis parvadas!*

bastardo, bastarda
adxectivo e substantivo
Que non é fillo dun matrimonio: *O conde tiña varios fillos bastardos.*

bastidor
substantivo masculino
Armazón ou estrutura para fixar ou encaixar algo: *Nos bastidores encaixan os cristais das fiestras.*

basto, basta
adxectivo
1 Pouco fino, de pouca calidade ou feito con materiais malos: *Esa camisa é dunha*

tea moi basta e pica. ANT. delicado, fino, refinado.
2 Que está moi pouco líquido: *Saíuche moi basto ese chocolate.* SIN. denso, espeso, mesto. ANT. claro, raro.
3 Formado por cousas moi xuntas ou apertadas: *A néboa basta non deixaba ver case nada.* SIN. denso, espeso, mesto. ANT. raro.
4 Con pouca educación. SIN. groseiro, ordinario, rudo. ANT. delicado, fino, refinado.

bastón
substantivo masculino
Especie de pau ou vara que serve de apoio para camiñar: *O ancián camiñaba apoiado no bastón.* SIN. caxato.
FAM. bastonada.

bastos
substantivo masculino plural
Nunha baralla, tipo de carta que trae debuxado unha especie de pau: *Os paus da barralla son bastos, copas, espadas e ouros.*

bata
substantivo feminino
Peza de vestir ampla e cómoda que se usa para estar na casa ou para poñela encima da roupa que non se debe lixar: *Os médicos e enfermeiros adoitan levar unha bata branca.*

batalla
substantivo feminino
1 Loita con armas entre dous exércitos: *Os franceses foron derrotados na batalla de Elviña.* SIN. combate.
2 Loita para vencer algo ou alguén: *Hai que darlle a batalla ao consumo de drogas.* SIN. combate, enfrontamento, pelexa.
EXP. **Batalla campal** A que se produce con moita forza: *O partido rematou nunha batalla campal entre os xogadores.*
FAM. batallar, batallón.

batallón
substantivo masculino
Conxunto de soldados que forman unha unidade do exército: *Un batallón está formado por tres compañías e mandado por un comandante ou tenente coronel.*

batea
substantivo feminino
Plataforma ancorada no mar en que se crían mexillóns e outros moluscos: *Nas rías de Vigo e Arousa hai moitas bateas.*

batedor
substantivo masculino
Instrumento de cociña ou electrodoméstico usado para mesturar e picar alimentos: *Os batedores adoitan ter unha aspa que dá voltas.*

bátega ou bategada
substantivo feminino
Ballón.

bater
verbo
1 Facer chocar contra algo ou golpear con forza: *Bateu coa cabeza contra a porta.*
2 Vencer un contrario: *O Celta bateu o Deportivo.* SIN. derrotar.
3 Mesturar ou axitar unha substancia con enerxía: *Para facer tortilla, cómpre antes bater ben os ovos.*
4 Mover algo con enerxía e normalmente facendo ruído: *Os paxaros, ao voaren, baten as ás.*
5 Atopar ou dar con algo ou alguén que non se buscan: *Batín coas chaves do coche na mesa da cociña.*
6 **baterse** Loitar contra alguén, xeralmente para limpar unha ofensa: *Os dous cabaleiros batéronse en duelo.*
FAM. batedor, batido.

batería
substantivo
1 Músico que toca a batería nun grupo: *Ao noso conxunto cómprelle un novo batería.*
substantivo feminino
2 Conxunto formado por tambores, pratos de metal e outros instrumentos musicais tocados por un só músico: *Todos os conxuntos de rock teñen batería.*
3 Conxunto de canóns e outras armas parecidas dispostas para disparar: *Colocaron varias baterías de canóns.*
4 Aparello que serve para manter a enerxía eléctrica: *O coche non arranca porque a batería está esgotada.*
EXP. **Batería de cociña** Conxunto de cazolas e outros obxectos que serven para cociñar: *Cazos, cazolas, potes e tarteiras forman parte da batería de cociña.* **En batería** Dito dun vehículo, aparcado paralelo a outros e

non en fila: *Neste aparcadoiro hai que aparcar en batería.*

batido
substantivo masculino
Bebida escumosa que se fai mesturando diversos ingredientes: *O batido de chocolate faise batendo xeado de chocolate en leite frío.*

batifondo
substantivo masculino
Ruído e desorde con voces e berros: *Ao rifaren armaron un bo batifondo.* SIN. barullo, boureo, bulla, bulicio, rebumbio.

batume
substantivo masculino
Estrume.

batuta
substantivo feminino
Pau delgado e curto usado polos directores de música e orquestra para dirixiren os músicos: *Antes de comezar, o director batía coa batuta no atril.*

batuxar
verbo
Mover os pés ou as mans na auga facendo ruído: *O meniño batuxaba na bañeira.*

baúl
substantivo masculino
Caixa grande con tampa en forma de arco para gardar cousas: *No faiado atopamos un baúl cheo de roupa vella.*

bautismo
substantivo masculino
Acto polo que unha persoa entra a formar parte da Igrexa e no que o sacerdote lle bota auga sobre a cabeza: *O bautismo é o primeiro dos sete sacramentos da Igrexa.*
FAM. bautizar, bautizo.

bazar
substantivo masculino
Tenda en que se venden obxectos diversos: *No bazar merquei uns vasos e uns pratos.*

bazo
substantivo masculino
Órgano interno do corpo situado á esquerda do estómago: *O bazo destrúe os glóbulos vermellos danados.*

be
substantivo masculino
Nome da letra *b*: *O be é a segunda letra do abecedario galego.*

beato, beata
adxectivo
Moi relixioso: *Reza moito porque é bastante beato.*

bebé
substantivo masculino
Neno acabado de nacer ou de poucos meses: *Os bebés aliméntanse de leite.*

bebedeira ou bebedela
substantivo feminino
Borracheira.

bebedizo
substantivo masculino
Bebida de propiedades máxicas ou velenosas: *A bruxa deulle ao príncipe un bebedizo, que o converteu en ra.*

bébedo, bébeda
adxectivo
Baixo os efectos do consumo excesivo de alcohol: *Os condutores bébedos causan moitos accidentes.* SIN. borracho, ebrio. ANT. sobrio, sereno.

bebedoiro
substantivo masculino
Lugar onde bebe o gando: *O bebedoiro está a carón da fonte.*

beber
verbo
1 Tomar un líquido: *No xantar os nenos beben auga.*
2 Tomar bebidas alcohólicas: *Cómpre non beber cando se conduce.*
FAM. bébedo, bebedoiro, bebedor, beberaxe, bebida.

beberaxe
substantivo feminino
Bebida de sabor ou aspecto desagradables: *Ese xarope é unha beberaxe que sabe a raios.*

bebida
substantivo feminino
1 Líquido que se bebe: *A auga é a mellor bebida.*

2 Consumo excesivo de alcohol: *Os desgustos non deben levar á bebida.*

becerro, becerra
substantivo
Cría da vaca ata que ten uns dous anos: *O becerro pastaba na pradaría.* SIN. cuxo, pucho, xato.

bechamel
substantivo masculino
Crema elaborada con leite, fariña e manteiga: *Co bechamel fanse croquetas.*

becho
substantivo masculino
Bicho.
EXP. **Ter o becho** Ter vermes unha froita: *Esas peras teñen o becho.*

bechoco
substantivo masculino
Bichoco.

bedel, bedela
substantivo
Persoa que traballa nun centro oficial dando información, mantendo a orde e vixiando as portas: *Nos centros de ensino adoita haber bedeis.*

beicer
verbo
Bendicir.
FAM. beizón.

beira
substantivo feminino
1 Bordo dun río ou doutro lugar: *Acampamos na beira do río.* SIN. bordo, marxe, orela, ourela, ribeira.
2 Extremo que limita unha superficie: *Aparcou o coche na beira dereita da rúa.* SIN. marxe.
EXP. **Á beira de** Ao lado de: *Sentouse á beira do lume.* **Facerlle as beiras a alguén** Dicirlle gabanzas a alguén para conseguir algo: *Fíxolle as beiras á avoa para que lle dese unha boa propina.*
FAM. abeirar, beirado, beiramar, beirarrúa, beiravía, beiril.

beirado
substantivo masculino
1 Parte inferior dun tellado que protexe as paredes da chuvia: *As andoriñas adoitan facer os niños debaixo dos beirados.* SIN. beiril.
2 Conxunto de pezas en que acaba a parte superior dun edificio: *A chuvia derrubou o beirado do edificio.*

beiramar
substantivo feminino
Franxa de terra pegada ao mar: *A beiramar viguesa ten moitos peiraos e industrias.*

beirarrúa
substantivo feminino
Cada lado da rúa por onde van as persoas: *As rúas teñen calzada e beirarrúas.*

beiravía
substantivo feminino
Cada unha das zonas que hai aos lados dunha estrada: *As beiravías están separadas da calzada por unha liña branca.*

beiril
substantivo masculino
Beirado.

beixar
verbo
Tocar ou acariciar cos labios, especialmente como sinal de cariño: *Os dous irmáns beixáronse para saudarse.* SIN. bicar.
FAM. beixo.

beixe
adxectivo
De cor marrón moi clara: *Levaba unha chaqueta beixe.*

beixo
substantivo masculino
Toque ou caricia cos labios, habitualmente como sinal de cariño: *Deille un beixo a meu pai.* SIN. bico.

beizo
substantivo masculino
Labio.
FAM. beizudo.

beizón
substantivo feminino
Bendición.

belén
substantivo masculino
Conxunto de figuras que representan o nacemento de Xesús Cristo: *Todos os anos fan o belén.* SIN. nacemento.

beleza
substantivo feminino
1 Calidade do que resulta agradable de ver ou oír: *Esa canción é dunha gran beleza.* SIN. fermosura, preciosidade. ANT. espanto, fealdade.
2 Calquera persoa ou cousa que ten esa calidade: *Os teus netos son unha beleza.*

belida
substantivo feminino
Enfermidade dos ollos que fai que apareza como unha nube diante que impide ver ben: *As belidas cúranse cunha operación cirúrxica.* SIN. catarata.

beliscar
verbo
1 Coller un anaco pequeno de pel e apertar con forza: *Cómpre que non belisques os compañeiros.*
2 Coller unha cantidade pequena dalgunha cousa: *Beliscou o queixo para probalo.*
OBS. O *c* cambia en *qu* diante do *e*, como en *sacar*.
FAM. belisco.

belisco
substantivo masculino
1 Presión que se fai ao coller un anaco pequeno de pel e apertalo: *O belisco deixoulle un sinal no brazo.*
2 Anaco pequeno que se colle de algo: *Só tomou un belisco de biscoito.*

belo, bela
adxectivo
1 Moi agradable de ver ou de oír: *Esa canción é moi bela.* SIN. bonito, fermoso, lindo, precioso. ANT. feo.
2 Que é moi bo: *Colaborar cunha ONG é unha bela acción.* SIN. bonito, fermoso, lindo, precioso. ANT. feo.
FAM. beleza, embelecer.

belota
substantivo feminino
Landra.

ben
substantivo masculino
1 Calquera cousa que resulta útil ou fai feliz: *Debes estudar polo teu ben.*
2 O que se considera bo e perfecto: *Sempre hai que defender o ben e criticar o mal.*
3 Nota escolar que indica que se sabe algo máis do nivel mínimo para aprobar: *Un 6 é un ben.*
substantivo masculino plural
4 Conxunto de todas as propiedades, cartos e cousas que alguén ten: *É rico porque ten moitos bens.* SIN. facenda.
adverbio
5 De boa maneira, gana ou con pracer: *Fai ben todo o que lle mandan.* ANT. mal.
6 Moi ou bastante: *Ese pastel está ben bo.*
7 Cerca de: *Ese saco pesa ben cincuenta quilos.*
conxunción
8 Emprégase para unir oracións que expresan alternativa: *Irei, ben pola mañá, ben pola tarde.*
EXP. **Ben de** En gran cantidade: *Había ben de xente no partido.* **Está ben** Emprégase para indicar que se está de acordo: *Irei contigo. Está ben.* **Estar/pórse/quedar a ben** Estar, pórse ou quedar como amigos: *Berraron, pero agora xa están a ben.* **Tomar a ben** Dar como bo, aceptar: *Tomou a ben as miñas críticas e rectificou.*

bendición
substantivo feminino
1 Na relixión, petición da protección divina: *Na misa o sacerdote botoulle a bendición aos fieis.*
2 Na relixión, feito de converter algo en sagrado: *O bispo realizará a bendición do novo cruceiro.*
3 O que produce unha grande alegría ou satisfacción: *Esa cativa é unha bendición para os pais.* ANT. maldición.

bendicir
verbo
1 Na relixión, pedirlle a Deus que protexa algo ou a alguén: *O sacerdote bendice a todos no remate da misa.* SIN. beicer.
2 Na relixión, darlle carácter sagrado a algo: *O bispo bendiciu a nova capela.* SIN. beicer.
3 Desexarlle a alguén todo tipo de bens o felicidade: *O avó bendiciu todos os netos.* ANT. maldicir.
4 Falar moi ben de algo: *Bendigo o día en que deixei de fumar.* SIN. beicer.
OBS. Pode conxugarse como verbo regular ou como *dicir*.
FAM. bendición, bendito, bieito.

bendito, bendita

1 Participio irregular de *bendicir.* ANT. maldito.

adxectivo

2 Especialmente referido a unha persoa, moi boa: *Ese cativo nunca protesta: é un bendito.* SIN. bieito.

3 Na relixión, que recibiu a bendición: *Na pía da igrexa hai auga bendita.* SIN. bieito.

beneficio

substantivo masculino

Proveito ou ganancia que se obtén de algo: *Ese negocio produce moitos beneficios.* SIN. proveito, utilidade. ANT. dano, prexuízo.

FAM. beneficiar, beneficioso, benéfico.

benéfico, benéfica

adxectivo

Que fai o ben ou axuda gratis e desinteresadamente: *As ONG son institución benéficas.*

benestar

substantivo masculino

Sensación de estar ben e cómodo: *O primeiro é o benestar dos clientes do hotel.* ANT. malestar.

benevolente ou benévolo, benévola

adxectivo

Que comprende e ata desculpa os erros e faltas dos demais: *É un profesor benevolente e aproba moito.* SIN. benigno, indulxente. ANT. estrito, inflexible, rigoroso, ríxido, severo.

FAM. benevolencia.

benfeitor, benfeitora

adxectivo e substantivo

Que fai o ben ou axuda gratis e desinteresadamente: *Este hospital funciona coas achegas dos seus benfeitores.* ANT. malfeitor.

benia

interxección

Indica satisfacción ou alegría: *Benia o noso amigo!* ANT. malia.

benigno, benigna

adxectivo

Que non é malo, grave nin excesivo: *Aquí o clima é benigno: non vai nin moita calor nin moito frío.*

***benquerencia**, a forma correcta é **benquerenza**.

benvido, benvida

adxectivo

1 Que é recibido con gusto e pracer: *Aquí sempre es benvido.*

substantivo feminino

2 Demostración de satisfacción pola chegada de alguén: *Os netos déronlle a benvida ao avó.*

berbequí

substantivo masculino

Ferramenta usada para facer buracos na madeira: *Fai un buraco na madeira co berbequí para meter o parafuso despois.*

berberecho

substantivo masculino

Animal mariño comestible con dúas cunchas e que vive enterrado na area: *Os berberechos son moluscos bivalvos.*

***berbiquí**, a forma correcta é **berbequí**.

berce

substantivo masculino

Cama para nenos moi pequenos: *O bebé durmía no seu berce.* SIN. barrelo, rolo.

berenxena

substantivo feminino

Planta de froito de cor morada e comestible: *A berenxena é orixinaria da India.*

bergantín

substantivo masculino

Barco de vela con dous mastros: *Os bergantíns úsanse desde o século XIV.*

bermudas

substantivo feminino plural

Pantalón curto que chega ata os xeonllos: *Para ir de excursión puxo uns bermudas.*

berrar

verbo

1 Dar berros ou gritos, falar en voz moi alta: *Fala baixo e non berres.* SIN. bradar, chiar, gritar.

2 Rifar.

3 Chamarlle a atención a alguén en voz alta: *O xefe berroulle polo seu descoido no traballo.*

4 Emitir a súa voz animais como bois, vacas ou ovellas: *A vaca berraba na corte.* SIN. bradar, bramar, bruar.

FAM. berro, berrón.

berro
substantivo masculino
1 Son de voz que se emite moi forte: *Non me fales con berros.* SIN. grito.
2 Voz característica da vaca, do boi ou das ovellas: *Nas cortes soaban os berros do gando.* SIN. brado, bramido.

berrón, berrona
adxectivo
Que ten por costume berrar ou falar a berros: *Esa rapaza é unha berrona.*

***berza**, a forma correcta é **verza**.

besbello
substantivo masculino
1 Insecto que os pescadores de cana usan como cebo no anzol: *Colocaba o besbello no anzol.*
2 Bulebule.

***besgo**, a forma correcta é **vesgo**.

besta
substantivo feminino
1 Animal de catro patas, especialmente as cabalarías que se usan para carga: *Os cabalos, os machos e os burros son bestas.*
2 Femia do cabalo: *O crego ía sobre unha besta.* SIN. egua.
3 Persoa moi bruta e sen intelixencia: *Non sexas besta e discorre un chisquiño!* SIN. animal, bruto.
OBS. Non confundir con *bésta.*
FAM. bestial, bestialidade.

bésta
substantivo feminino
1 Antiga arma que se usaba para disparar frechas: *A bésta permite disparar as frechas con máis forza e precisión ca o arco.*
2 Nalgún vehículos, cada unha das láminas en que descansa o chasis sobre as rodas para amortecer os golpes e sacudidas: *Os coches antigos levaban béstas no canto de amortecedores.*
OBS. Non confundir con *besta.*

betume
substantivo masculino
Especie de crema ou pasta viscosa que se usa para impermeabilizar superficies e para limpar o calzado: *Limpou os zapatos con betume.*

bévera
substantivo feminino
Figo grande de cor verde ou avermellada: *Gústanlle máis as béveras ca os figos normais.*
FAM. bevereira.

bexato
substantivo masculino
Miñato.

biberón
substantivo masculino
Especie de botella pequena provista dunha mamila no bico para darlles o leite e outros líquidos aos nenos pequenos: *O meniño deixou de chorar ó darlle o biberón.* SIN. mamadeira.

biblia
substantivo feminino
Libro que recolle os textos sagrados dos cristiáns e dos xudeus: *A Biblia componse de Antigo Testamento e Novo Testamento.*
FAM. bíblico.

bibliografía
substantivo feminino
Lista de libros sobre un determinado tema: *Consultou moita bibliografía sobre os petróglifos.*

biblioteca
substantivo feminino
Edificio ou cuarto en que hai moitos libros para que a xente os lea: *Lin este conto na biblioteca do colexio.*
FAM. bibliotecario.

bica
substantivo feminino
Torta elaborada con fariña, ovos, azucre e manteiga: *A bica é un doce típico ourensán.*

bicada
substantivo feminino
Comida que leva un paxaro no peteiro para alimentar as crías: *A andoriña voaba coa bicada no peteiro.*

bicar
verbo
Beixar.
FAM. bico.

bíceps
substantivo masculino
Músculo que ten unha das súas insercións dividida en dous tendóns: *Os bíceps dos brazos están na parte dianteira destes, enriba do cóbado.*

bicheiro
substantivo masculino
Pau longo cun gancho de metal no extremo usado nas embarcacións: *Colleu o polbo co bicheiro.*

bicho
substantivo masculino
Animal, especialmente os de tamaño pequeno, como os insectos: *Os mosquitos son bichos.* SIN. becho.
EXP. **Ter o bicho** Ter vermes unha froita: *Esas peras teñen o bicho.*

bichoco
substantivo masculino
Bicho feo e repugnante, normalmente pequeno: *As mazás podres tiñan bichocos.* SIN. bechoco.

bici
substantivo feminino
Bicicleta.

bicicleta
substantivo feminino
Vehículo de dúas rodas iguais, cunha sela, cun guiador e dous pedais: *Xa sei andar en bicicleta.*

bico
substantivo masculino
1 Beixo.
2 Punta ou parte de algo que sae para fóra: *O líquido sae polo bico da botella.*
3 Parte máis alta de algo rematada en punto: *Os escaladores chegaron ao bico da montaña.* SIN. pico.
4 Nunha ave, parte saínte da cabeza formada por súas pezas córneas que lles permiten tomar os alimentos: *As aves collen a comida co bico.* SIN. peteiro.
EXP. **Bico do peito** ou **da teta** Punta escura en que rematan os peitos das persoas: *O bebé chuchaba o leite do bico do peito da nai.*
Torcer o bico Pór mala cara por enfado ou desagrado: *Cando lle dixen se traballabamos a fin de semana, torceu o bico.*

bicolor
adxectivo
De dúas cores: *A bandeira de Galicia é bicolor, azul e branca.*

bicudo, bicuda
adxectivo
Rematado en punta: *As bruxas adoitan levar sombreiros bicudos.*

bidé
substantivo masculino
Especie de lavabo baixo en que unha persoa pode sentar para lavar o traseiro: *O cuarto de baño ten un bidé.*

bidón
substantivo masculino
Recipiente habitualmente redondo e metálico para transportar líquidos: *Levaban a gasolina en dous bidóns.*

bidueiro
substantivo masculino
Árbore de tronco liso e cortiza de cor parecida á prata, con follas pequenas e rematadas en punta: *A madeira do bidueiro é doada de labrar.*

bieiteiro
substantivo masculino
Sabugueiro.

bieito, bieita
adxectivo
Bendito.

bienio
substantivo masculino
Espazo de tempo de dous anos: *2007 e 2008 forman un bienio.*
FAM. bienal.

biés
EXP. **Ao biés** De maneira atravesada ou oblicua: *Cortou a tea ao biés.*
SIN. ao través, de través.

bifurcarse
verbo
Dividirse en dous: *Nesa praza, a estrada bifúrcase.*
OBS. Cambia o *c* en *qu* diante do *e*, como en *sacar.*
FAM. bifurcación.

bigornia
substantivo feminino

1 Peza de ferro ou aceiro alongada e con extremos en punta sobre a que se machucan as solas dos zapatos, metais e outros obxectos: *Os zapateiros usan a bigornia.*
2 Pequeno óso do oído medio que ten a forma desta ferramenta: *A bigornia está unida ao martelo.*

bigote
substantivo masculino

Conxunto de pelos que nacen sobre o labio superior das persoas ou dalgúns animais: *Os gatos tamén teñen bigotes.*
FAM. bigotudo.

bikini
substantivo masculino

Traxe de baño feminino formado por dúas pezas: *Mercou un bikini estampado.*

bile
substantivo feminino

Líquido viscoso e amarelo producido polo fígado e que intervén na dixestión: *A bile é moi importante para a dixestión.* SIN. fel.
FAM. biliar.

bilingüe
adxectivo e substantivo

1 Que fala dúas linguas: *É bilingüe porque fala galego e castelán.*
2 Que está escrito en dúas linguas: *O texto é bilingüe, pois aparece en galego e castelán.*
FAM. bilingüismo.

billa
substantivo feminino

Instrumento que serve para abrir e para pechar o paso dun líquido: *Os lavabos teñen billa.*

billar
substantivo masculino

Xogo que se practica sobre unha mesa forrada cunha tea verde, en que se poñen unhas bólas de cores ás que lles hai que dar coa punta dun pau longo: *Hai distintas clases de xogos de billar.*

billarda
substantivo feminino

Estornela.

billete
substantivo masculino

1 Papel que representa unha cantidade de diñeiro: *Pagamos cun billete de 50 euros.*
2 Papel que se compra e que permite entrar nun espectáculo ou usar un servizo público: *Mercaron dous billetes de avión.*
3 Papel que se compra que leva un número escrito e que permite participar nun sorteo en que se sae ese número, tocan cartos ou calquera outra cousa: *Un billete de lotería ten dez décimos.*
FAM. billeteira.

billón
pronome numeral

Un millón de millóns: *Un billón escríbese cun un seguido de doce ceros.*

bilurico
substantivo masculino

Ave que vive en lagoas ou na beira dos ríos e do mar e que fai o niño no chan: *Nas xunqueiras adoita haber bilnuricos.* SIN. píldora.

bimestre
substantivo masculino

Espazo de tempo de dous meses: *Xaneiro e febreiro forman o primeiro bimestre do ano.*
FAM. bimestral.

biografía
substantivo feminino

Historia da vida dunha persoa: *Estou a ler a biografía de Castelao de Paz Andrade.*
FAM. biográfico, biógrafo.

biólogo, bióloga
substantivo

Persoa que estuda os seres vivos: *Os biólogos estudan os animais e as plantas.*

bioloxía
substantivo feminino

Ciencia que estuda os seres vivos: *A bioloxía estuda animais e plantas.*
FAM. biolóxico.

biombo
substantivo masculino

Moble formado por dúas ou máis follas que se dobran unidas por bisagras: *O biombo serve para vestirse detrás del sen que nos vexan.*

biosbardos

EXP. **Andar aos biosbardos** ou **estar nos biosbardos** Estar coa mente noutro lugar ou non decatarse do que sucede: *Cómpre que nas clases non andes aos biosbardos.* **Falar dos biosbardos** Falar do que menos importa esquecendo o esencial: *Non respondía as preguntas dos xornalistas e falaba dos biosbardos.*

biosfera

substantivo feminino

Zona terrestre onde hai vida: *A biosfera inclúe os continentes, os océanos e a parte inferior da atmosfera.*

biqueira

substantivo feminino

Reforzo do calzado na parte dianteira do pé: *Esas botas de fútbol teñen unha boa biqueira de coiro.* SIN. punteira.

birlo

substantivo masculino

Peza longa con base plana que forma parte dun xogo consistente en derrubar estas pezas cunha bóla que se lanza rodando: *Quedamos de vernos no salón de birlos.*

birollo, birolla

adxectivo e substantivo

Dito dunha persoa, que ten a mirada dos ollos torcida: *Os birollos parece que miran sempre para a punta do nariz.* SIN. vesgo.
OBS. Distíngase de *torto* e *chosco*, que non ten visión dun ollo.

bisagra

substantivo feminino

Peza de metal que permite que as portas abran e pechen: *As bisagras unen a porta co marco.*

bisavó, bisavoa

substantivo

Pai dos nosos avós: *O seu bisavó fixo onte noventa anos.*

bisbar

verbo

Falar en voz moi baixa sen case abrir a boca: *O adestrador bisboulle un consello ao capitán.*

bisbarra

substantivo feminino

Cada unha das zonas en que se divide un territorio e que ten características propias: *O Ribeiro é unha bisbarra que produce viño.* SIN. comarca.

biscoito

substantivo masculino

Doce feito con ovos, fariña e azucre: *O biscoito cócese no forno.*

bisesto

substantivo masculino

Dito dun ano, que ten un día máis no mes de febreiro: *Febreiro nos anos bisestos ten vinte e nove días.*

bisneto, bisneta

substantivo

O que é unha persoa respecto dos pais dos seus avós: *Fixo noventa anos e ten un bisneto e unha bisneta.*

biso

substantivo masculino

Peza de roupa feminina que se pon debaixo do vestido ou da saia: *Mercou un biso de nailon.*

bisonte

substantivo masculino

Animal de cor marrón, semellante a un touro, pero máis forte e co pescozo cuberto por moito pelo: *Nas pradarías de Norteamérica había moitos bisontes.*

bispo

substantivo masculino

Sacerdote encargado dos asuntos relixiosos dunha diocese ou zona xeográfica grande: *Os bispos galegos xuntáronse en Santiago.*
FAM. arcebispo, bispado.

bisté

substantivo masculino

Anaco grande e plano de carne que se grella ou frite: *Gústanlle os bistés de vitela.* SIN. filete.

bisturí

substantivo masculino

Especie de coitelo longo que usan os cirurxiáns para operar: *Os cirurxiáns empregan o bisturí.*

bitácora
substantivo feminino

Armario ou caixa onde que se coloca nos barcos o compás: *Na bitácora, ao lado do compás, tamén se garda o libro de navegación.*

bixutaría ou bixutería
substantivo feminino

Imitación de xoia que está construída con materiais de pouco valor: *Na bixutaría non se usa ouro nin prata, só materiais que os imitan.*

blasfemar
verbo

Dicir palabras contra Deus ou seres sagrados: *Non se debe blasfemar.*
FAM. blasfemia, blasfemo.

blindar
verbo

Cubrir con follas de aceiro ou ferro para facer máis resistente: *Blindou a porta da casa.*
FAM. blindaxe.

bloque
substantivo masculino

1 Anaco moi grande de pedra ou doutro material: *O camión transportaba bloques de granito do Porriño.*
2 Edificio grande de varios pisos: *Vive no sexto piso dun bloque do centro.*
3 Conxunto de elementos con algo en común: *Os partidos de dereitas xuntáronse nun bloque.*
4 Conxunto de follas de papel que forman unha especie de libro ou caderno: *Apuntaba os teléfonos nun bloque.*
FAM. bloquear.

bloquear
verbo

1 Impedir que algo pase por un sitio: *A terra e as pedras bloqueaban o carreiro.*
2 Parar algo que se move: *O porteiro bloqueou o balón.*
3 Impedir que algo funcione: *O óxido bloqueou a pechadura.*
4 Impedir que algo se desenvolva: *Esas medidas bloquean o consumo de peixe.*
FAM. bloqueo.

blusa
substantivo feminino

Camisa de muller: *Mercou unha blusa de seda.* SIN. chambra.
FAM. blusón.

blusón
substantivo masculino

Camisa longa e ampla: *O escultor traballaba cuberto por un blusón.*

bo, boa
adxectivo

1 Que é como debe ser ou que nos gusta moito: *Esas mazás son moi boas e saben moi ben.* ANT. cativo, malo, ruín.
2 Que resulta adecuado para algo: *É bo que ás feridas lles dea o aire.* ANT. malo, nocivo.
3 Que ten saúde: *Está bo e xa vai ao traballo.* SIN. san. ANT. malo.
4 Que pasa do tamaño, cantidade ou forza considerados normais: *No xantar comeu un bo prato de patacas.* ANT. malo.

adxectivo e substantivo

5 Dito dunha persoa, que ten calidades positivas: *Ese amigo é moi boa persoa.* ANT. maligno, malo, malvado, perverso.
EXP. **Á vaiche boa** Sen coidado: *Fai os deberes á vaiche boa.* **De boas** De bo humor: *Hoxe non berra porque está de boas.* **De bo ver** De aspecto agradable ou que ten boa presenza: *Esa actriz está de bo ver.* **Facela boa** Facer algo moi mal: *Fixéchela boa rompendo esa figura de barro tan bonita.* **Facer bo de alguén** Facer que alguén sexa mellor: *É un nugallán e non dou feito bo del.* **Polas boas** Sen crear problemas: *Marchou polas boas e non protestou máis.* **Vaiche boa** Hai moito tempo: *Vaiche boa que non vou por ese bar.*
FAM. bondade, bondadoso.

boa
substantivo feminino

Serpe moi grande e forte pero que non é velenosa: *A boa é unha serpe propia de América.*

boaventura
substantivo feminino

Anuncio feito a unha persoa do que lle vai suceder no futuro: *Esa xitana bota a boaventura.*

bobina
substantivo feminino
Fío ou arame enrolado sobre si mesmo: *Mercou unha bobina de fío branco.*

bobo, boba
adxectivo
Que ten pouca ou ningunha intelixencia: *Non sexas bobo e estuda.* SIN. idiota, necio, papán, parvo. ANT. intelixente.
FAM. bobada, embobar.

boca
substantivo feminino
1 Parte da cara pola que se come: *Na boca están a lingua e os dentes.*
2 Buraco que comunica algo co exterior: *A boca da cova estaba cuberta por silveiras.*
3 Persoa ou animal aos que se lles dá de comer: *Nesa casa hai catro bocas: os pais e os dous fillos.*
EXP. **Abrir a boca** Abrir a boca sen querer polo sono, a fame ou o aburrimento: *Tes sono, ábreseche a boca.* **Andar cunha cousa sempre na boca** Falar sempre dela: *Sempre anda na súa boca que foi campión de judo.* **Coa boca aberta** Moi sorprendido: *O novo modelo de coche deixou a todos coa boca aberta.* **Gardar a boca** Non comer algo por prexudicial: *Os diabéticos deben gardar a boca.* **Quitar/sacar/tirar algo da boca** Adiantarse a alguén dicindo algo: *Quitáchesme da boca ese refrán que ía dicir eu.* **Quitar/sacar/tirar a comida da boca** Privarse de algo en beneficio doutro: *Polos fillos tira a comida da boca.*
FAM. bocadillo, bocado, bocalada, boquilla, desbocarse, desembocar, tapabocas.

bocadillo
substantivo masculino
Anaco de pan cortado en dúas partes con algún alimento no medio: *Merendamos bocadillos de xamón curado.*

bocado
substantivo masculino
1 Anaco de comida que se mete na boca dunha vez: *Cómpre comer con bocados pequenos.*
2 Cantidade pequena de comida: *Hoxe no xantar só tomei un bocado.*
3 Feito de apertar algo cos dentes: *O can deulle un bo bocado.*
4 Espazo moi curto de tempo: *Rematou o traballo nun bocado.* SIN. momento.
5 Instrumento de ferro que se pon na boca dos cabalos para suxeitalos e dirixilos: *O bocado permite parar os cabalos.* SIN. freo.
EXP. **De alí a un bocado** Despois de moi pouco tempo: *Deixou o traballo pois de alí a un bocado xa estaba a xogar.*

bocal
substantivo masculino
1 Embocadura.
2 Bozo.

bocalada
substantivo feminino
Palabra que soa moi mal ou insultante: *Unha persoa educada non di bocaladas.*
FAM. bocalán.

bocareo ou bocarte
substantivo masculino
Peixe mariño semellante a unha sardiña pequena, que adoita consumirse con aceite e vinagre ou salmoira: *Mercou unha lata de bocareos en conserva.*

bocexar
verbo
Abrir a boca sen querer polo sono, a fame ou o aburrimento: *É de mala educación bocexar nun xantar.*
FAM. bocexo.

bocha
substantivo
Ampola.

boche
substantivo masculino
Pulmóns ou estómago dalgúns animais, como o porco ou a vaca: *O can comía os boches do porco.*

bochorno
substantivo masculino
Calor moi grande e molesta para respirar: *En setembro hai días de bochorno.* SIN. calmizo, fogaxe.

bocio
substantivo masculino
Avultamento do pescozo producido por un aumento de tamaño da glándula tiroide: *O bocio prodúcese pola falta de iodo.*

bocoi
substantivo masculino

Recipiente de madeira para o viño, máis grande ca o barril: *Un bocoi leva entre 300 e 700 litros.*

*boda, a forma correcta é **voda**.

bodega
substantivo feminino

1 Lugar en que se elabora e se almacena o viño: *No Ribeiro hai moi boas bodegas.* SIN. adega.
2 Establecemento onde se venden viños e outras bebidas alcohólicas: *Mercou viño branco na bodega.* SIN. baiuca, taberna, tasca.
3 Espazo debaixo da cuberta dos barcos onde estes levan a carga: *A bodega ía chea de trigo.*
FAM. bodegón, bodegueiro.

bodegón
substantivo masculino

Cadro en que se representan alimentos como carnes, froitas ou louza: *Soutomaior pintou bodegóns.*

bogada
substantivo feminino

Coada.

*bogar, a forma correcta é **vogar**.

bohemio, bohemia
substantivo ou adxectivo

Que leva unha vida ou ten costumes que non se consideran normais: *Os artistas teñen sona de bohemios.*

boi
substantivo masculino

Touro ao que lle cortaron os órganos sexuais: *Os bois tiraban do carro.*
EXP. **Boi manso** Persoa moi tranquila e amable: *Nunca se alporiza porque é un boi manso.*

boia
substantivo feminino

Obxecto suxeito ao fondo do mar e que flota na auga para sinalar algo: *Esa boia sinala unha zona de rochas.*
FAM. aboiar.

boicot
substantivo masculino

Medida de presión e protesta consistente en impedir que se faga algo ou deixar de facer algo: *Hai boicot á suba dos autobuses: ninguén os usa.*
FAM. boicotear.

boina
substantivo feminino

Gorra redonda e sen viseira: *As boinas adoitan ser de cor negra.* SIN. pucha.

bóla
substantivo feminino

1 Obxecto redondo de calquera material: *Os nenos xogaban tirándose bólas de neve.*
2 Obxecto redondo de distintos tamaños e materiais empregado para xogar: *O billar xógase con varias bólas.*
plural
3 Xogo de nenos que se fai con estes obxectos de tamaño pequeno: *No recreo xogamos ás bólas.*
OBS. É distinto de *bola*.

bola
substantivo feminino

Peza de pan de forma redonda e de pouca altura: *Mercamos unha bola de pan de Cea.*
SIN. molete.
OBS. É distinto de *bóla*.

bolboreta
substantivo feminino

Insecto que ten dous pares de ás grandes e de cores: *A avelaíña é a bolboreta nocturna.* SIN. papoia.

bolero
substantivo masculino

Baile e canción de ritmo lento e tema sentimental: *Os boleros son propios da música popular hispanoamericana.*

boletín
substantivo masculino

1 Especie de revista que informa sobre un tema determinado: *A Real Academia Galega publica periodicamente un boletín.*
2 Papel en que se escriben datos como, por exemplo, as cualificacións: *A titora entregounos o boletín das notas.*

bólido
substantivo masculino

Coche que pode correr a gran velocidade: *Os coches de fórmula 1 son bólidos.*

bolígrafo
substantivo masculino
Instrumento para escribir que leva unha barra de tinta no seu interior: *No colexio uso lapis, bolígrafo e rotulador.*

***bolo** (xogo), a forma correcta é **birlo**.

bolo
substantivo masculino
1 Peza de pan redonda e xeralmente alta: *Mercamos un bolo de pan.*
2 Pastel de formas e tamaños variados elaborado con fariña, auga e azucre e cocido no forno: *Almorzamos café con leite e un bolo.*
3 Vulto que sae nunha superficie a causa dun golpe: *Deu un golpe na cabeza e saíulle un bolo.* SIN. croque, pote.
EXP. **Bolo alimentario** Porción de comida que se traga dunha soa vez: *O bolo alimentario fórmase na boca.* **Bolo con salchicha** Peza de pan brando e delgado cunha salchicha no medio: *Merendou un bolo con salchicha.* **Bolo de leite** Especie de pastel longo recuberto de azucre: *No almorzo tomamos bolos de leite.* **Bolo do pote** Alimento en forma de bolo elaborado con fariña milla ou centea e que se coce en auga ou no caldo: *O bolo do pote ten o tamaño e a forma dunha pataca grande.*

bolsa
substantivo feminino
1 Especie de saco de tea, papel ou doutro material flexible que se usa para gardar e levar cousas: *Nos hipermercados meten as compras en bolsas de plástico.*
2 Axuda económica que se lle dá a alguén para que curse estudos: *Os bos estudantes poden conseguir bolsas.*
3 Lugar onde se venden e compran accións e outros valores: *A compravenda de accións faise na bolsa.*
SIN. bulsa.

bolseiro, bolseira
substantivo
Persoa que estuda cunha bolsa: *Eses estudantes son bolseiros.*

bolso
substantivo masculino
1 Especie de bolsa que se leva collida na man ou colgada no ombro: *Mercou un bolso de coiro.* SIN. bulso.
2 Especie de bolsa que levan algunhas pezas de roupa, como os pantalóns, e que se usa para gardar o pano e outras cousas: *Os pantalóns adoitan ter dous bolsos diante e un ou dous atrás.* SIN. peto.
EXP. **De bolso** Dun tamaño que cabería nun bolso: *Os libros de bolso son moi manexables.*

bomba
substantivo feminino
1 Aparello que estoupa e causa gran destrución: *Os terroristas colocan bombas.*
2 Máquina empregada para mover un líquido ou un gas nunha dirección determinada: *Sacamos a auga do pozo cunha bomba.*
3 Máquina que hai nas estacións de servizo para botar gasolina e gasóleo: *Nesta estacións de servizo teñen varias bombas.*
4 Tubo cheo dun material explosivo que, ao acendelo, sobe a grande altura e estoupa: *As bombas son máis fortes ca os foguetes.*
FAM. bombardear, bombardeiro, bombardeo, bombear, bombeiro.

bombear
verbo
1 Empuxar un líquido nalgunha dirección: *Tras a inundación, bombearon as augas dos garaxes.*
2 No fútbol, lanzar o balón alto e suavemente: *Ese extremo bombea moi ben os balóns.*
FAM. bombeo.

bombeiro, bombeira
substantivo
Persoa que ten como traballo apagar incendios: *Súa irmá é bombeira no Concello.*

***bombilla**, a forma correcta é **lámpada**.

bombo
substantivo masculino
1 Especie de tambor grande que se toca cunha maza: *Toca o bombo nun grupo de gaiteiros.*
2 Recipiente redondo de arames onde van bólas con números que se sacan para dar o número premiado nun sorteo: *No bingo úsanse bombos.*

bombón
substantivo masculino
Doce pequeno de chocolate: *Regaloulle unha caixa de bombóns.*
FAM. bomboneira.

bombona
substantivo feminino
Recipiente de metal que contén un gas: *As bombonas de butano son de cor laranxa.*

bondade
substantivo feminino
Característica propia das persoas e cousas boas ou agradables: *Unha boa persoa ten bondade.* ANT. maldade.
FAM. bondadoso.

boneco, boneca
substantivo
Xoguete con figura de persoa: *Os alumnos de infantil xogaban cuns bonecos.* SIN. moneco.

bonito[1], bonita
adxectivo
Moi agradable de ver ou oír: *Esa canción é moi bonita.* SIN. belo, fermoso, lindo, precioso. ANT. feo.

bonito[2]
substantivo masculino
Peixe mariño comestible de cor gris con liñas azuis: *O bonito abunda no Atlántico.*

bono
substantivo masculino
1 Papel ou tarxeta que permite usar un servizo un número determinado de veces: *O bono de autobús vale para dez viaxes.*
2 Papel ou tarxeta que se pode cambiar por algún produto: *Déronme un bono para unha camisa ao mercar o traxe.*

bonsai
substantivo feminino
Árbore moi pequena que se cultiva como adorno: *Os bonsais son de orixe xaponesa.*

boquear
verbo
Abrir a boca para tomar aire ou a causa do sono, da fame ou do aburrimento: *Tiña sono e boqueaba.*
FAM. boqueada.

boquilla
substantivo feminino
1 Parte pola que se aspira en cousas como cigarrillos etc.: *Fuma tabaco con boquilla.*
2 Emborcadura.

borda
substantivo feminino
Parte superior de cada un dos lados dun barco: *Un mariñeiro caeu ao mar pola borda.*

bordar
verbo
Facer figuras con fío sobre unha tea: *Na camiseta bordáronlle o escudo do Pontevedra.*
FAM. bordado, bordador.

***borde**, a forma correcta é **bordo**.

bordear
verbo
Ir polo bordo de algo ou estar moi cerca del: *O barco bordeaba a costa.*

bordo
substantivo masculino
Liña ou zona onde acaba algo: *Separa o prato do bordo da mesa.*
EXP. **A bordo** Nun barco ou nun avión: *Viaxaban a bordo de dous avións.* **Ao bordo de** Moi cerca de: *Estivemos ao bordo dun accidente pola súa imprudencia.*
FAM. bordear, desbordar.

boroa
substantivo feminino
Pan de millo: *Xantei dúas sardiñas con boroa.*

borra
substantivo feminino
1 Borro.
2 Sarrio.
3 Madre.

borracheira
substantivo feminino
Perda das capacidades físicas e mentais polo consumo excesivo de bebidas alcohólicas: *Colleu unha borracheira de anís.* SIN. bebedeira, bebedela, chea, chispa, enchente, tranca, trompa.

borracho, borracha
adxectivo e substantivo
Dito dunha persoa, que perdeu capacidades físicas ou mentais porque tomou moitas bebidas alcohólicas: *Está prohibido conducir borracho.* SIN. bébedo, ebrio. ANT. sereno, sobrio.
FAM. borracheira, emborrachar.

borrador
substantivo masculino
1 Obxecto usado para quitar o que está escrito ou debuxado: *O borrador úsase para borrar no encerado.*
2 Escrito sobre o que se corrixe para escribilo definitivamente: *Antes fixo a redacción en borrador.*

borralla
substantivo feminino
Po de cor gris que queda tras arder algo: *Na lareira había moita borralla.* SIN. cinsa. FAM. borralleira, borrallento.

borrancho
substantivo masculino
1 Debuxo, letra ou trazo mal feito: *Non escribe ben; só bota borranchos.* SIN. garabato.
2 Mancha de tinta ou doutra substancia sobre un papel: *Escribe limpo e sen borranchos.* SIN. borrón.

borrar
verbo
1 Facer desaparecer dunha superficie o que está escrito ou debuxado: *Borrou os debuxos do encerado co borrador.*
2 Quitar ou facer desaparecer algo: *Cómpre borrar da mente as lembranzas tristes.* FAM. borrador, borrancho, borrón, borroso.

borrasca
substantivo feminino
Estado do tempo caracterizado por temperaturas baixas e polos ventos e chuvias fortes: *Esta borrasca traerá neves.*

borro
substantivo masculino
Líquido escuro que soltan algúns animais mariños: *As luras soltan borro para defenderse doutros animais.* SIN. borra.

borrón
substantivo masculino
Mancha de tinta ou doutra substancia sobre un papel: *Presentou os exercicios cheos de borróns.*

borroso, borrosa
adxectivo
Que non se ve ben: *Sen as lentes vexo todo borroso.*

bosque
substantivo masculino
Terreo con moitas árbores: *Un bosque de castiñeiros é un souto.*

bosquexo
substantivo masculino
Debuxo de algo só coas liñas e trazos máis importantes: *Fixo un bosquexo do seu cuarto.* SIN. esbozo.

bosta
substantivo feminino
Excremento ou caca da vaca e do gando vacún: *Limparon a bosta da corte.*
FAM. bosteira, bosteiro.

bostela
substantivo feminino
Capa dura que se forma sobre as feridas: *Non arranques a bostela das feridas.* SIN. carapola, cotra.

bota
substantivo feminino
1 Zapato que cobre o pé e a parte baixa da perna: *Mercou unhas botas moi boas.*
2 Recipiente de coiro para gardar viño e outros líquidos: *Bebía viño dunha bota.*
FAM. limpabotas.

botánica
substantivo feminino
Parte da bioloxía que estuda as plantas: *É unha bióloga especializada en botánica.*
FAM. botánico.

botar
verbo
1 Lanzar un obxecto con forza cara a unha determinada dirección: *Boteille as chaves pola fiestra.* SIN. lanzar, tirar.
2 Deixar caer sobre algo: *Boteille auga ás flores.* SIN. tirar.
3 Facer saír dun lugar: *Botárono da clase por falar.*
4 Dar ou repartir: *Botoulles a comida aos porcos.*
5 Emitir ou despedir de si: *Esa moto bota moito fume.* SIN. despedir, emitir, lanzar.
6 Pór ou colocar: *Botou un xersei polos ombreiros.*
7 Empezar a ter algo: *Estás botando un bo bandullo!*

8 Pór como pena, traballo ou obriga: *Por ese roubo botáronlle cinco anos de cadea.*
9 Gastar ou pasar certo tempo en algo: *Botou cinco anos de emigrante na Habana.*
10 Calcular algo que non se sabe ou coñece: *Bótolle un prezo duns trinta euros a ese pantalón.*
11 Participar nun xogo ou competición: *Imos botar un partido contra a outra clase.*
12 Representar ou emitir un espectáculo: *Agora non botan boas películas na tele.*
13 Dicir ou pronunciar un discurso: *Botounos unha boa rifa por non facermos os deberes.*
14 Inclinar ou mover unha parte do corpo nunha determinada dirección: *O peiteador díxolle que botase a cabeza para atrás.*
15 Facer determinada acción: *Botou unha boa risada ao escoitar o chiste.*
16 Sementar.
17 Establecer unha relación: *Aínda non botou mozo.*
18 Saír un corpo noutra dirección tras bater cunha superficie: *Esa pelota bota moi ben.*
19 Lanzar un barco á auga por primeira vez: *Hoxe nos estaleiros botan un petroleiro.*
20 botarse Dirixir o corpo con forza cara a algo ou alguén: *O can botouse ao ladrón.* SIN. abalanzarse, chimparse, lanzarse.
EXP. **Botado para diante** Moi atrevido: *Non se avergoña porque é botado para diante.* **Botar a + infinitivo** Comezar a facer algo: *De súpeto, botouse a chorar.* **Botar por ela** Presumir moito: *Bota por ela e di que ten moitos cartos.*
FAM. bote[3], rebotar, rebote.

bote[1]
substantivo masculino
Recipiente máis alto ca ancho para gardar cousas: *Mercou un bote de chícharos en conserva.*

bote[2]
substantivo masculino
Embarcación pequena que adoita levar táboas ou asentos ao ancho: *Ían nun bote de remos.* SIN. barca.

bote[3]
Feito de saír un corpo para arriba ao bater cunha superficie: *Esa pelota dá bos botes.*

botella
substantivo feminino
Recipiente longo e estreito para gardar líquidos: *Mercou unha botella de auga mineral.*
FAM. botellón.

botica
substantivo feminino
Farmacia.
FAM. boticario.

botín[1]
substantivo masculino
Calzado que cobre o pé e o nocello: *As bailarinas levaban botíns.* SIN. botina.

botín[2]
substantivo masculino
Conxunto de obxectos que lle arrebatan ao vencido nunha guerra ou batalla: *Os piratas vivían dos botíns que conseguían.*

botina
substantivo feminino
Botín[1].

botón
substantivo masculino
1 Obxecto redondo de metal, pasta ou calquera outro material que serve para abrochar as pezas de vestir: *Os botóns métense nos ollais.*
2 Peza que se aperta nalgúns aparellos e mecanismos para que comecen a funcionar ou deixen de facelo: *Preme o botón para acender o televisor.*
3 Brote.
4 Flor que aínda non abriu: *Esa roseira ten uns bos botóns.* SIN. abrocho.

bourar
verbo
Darlle golpes moi fortes a algo ou alguén: *Bouraba no colchón cun pau para sacarlle o po.* SIN. bater, mallar.

bourear
verbo
Facer moito ruído e alboroto: *Os cativos boureaban no patio do recreo.*
FAM. boureo.

boutique
substantivo feminino
Tenda especializada na venda de roupa de calidade ou doutros obxectos tamén de calidade: *Esa camisa éche de boutique.*

bouza
substantivo feminino
Terreo sen cultivar e cheo de matagueira, toxos, xestas e uces: *Cómpre rozar esa bouza para evitar incendios.* SIN. poula.

bóveda
substantivo feminino
Teito de forma curva e longa: *A nave da igrexa está cuberta por unha bóveda.*
OBS. Non confundir con *cúpula*, 'teito que ten forma de media esfera'.

bovino, bovina
adxectivo
Das vacas ou touros ou gando vacún: *As vacas, bois e touros son gando bovino.* SIN. vacún.

boxeo
substantivo masculino
Deporte en que dúas persoas loitan a puñadas: *O boxeo é un deporte moi violento.*
FAM. boxeador, boxear.

bozo
substantivo masculino
Aparello que se pon na boca dalgúns animais para que non mordan: *O can morde e hai que pórlle bozo.* SIN. bocal.

bracear
verbo
Mover os brazos de forma repetida: *Non sabía nada e só braceaba sen xeito.*

bradar
verbo
Bramar.
FAM. brado.

braga
substantivo feminino
Peza de roupa interior feminina que cobre desde a cintura ata o comezo das pernas: *Teño que mercar bragas.*

bragueta
substantivo feminino
Petrina.

bramar
verbo
1 Emitir a súa voz a vaca, o touro e outros ruminantes: *As vacas bramaban na corte.* SIN. bradar, bruar, esborrecar.
2 Berrar moi forte persoas ou animais: *O ferido bramaba coa dor.* SIN. bradar, bruar, ruxir.
3 Referido ao vento ou o mar, producir un ruído forte: *O vento bramaba na forte tormenta.* SIN. bruar, ruxir.
FAM. bramido.

branco, branca
adxectivo
1 Da cor da neve ou do leite: *O leite é de cor branca.* ANT. negro.
2 De cor moi clara: *Hai viño tinto e viño branco.*
3 Dunha raza que se caracteriza pola cor clara da pel: *Tanto ten ser de raza branca como de raza negra.* ANT. negro.
substantivo masculino
4 Cor da neve ou do leite: *O branco é unha cor que se mancha con facilidade.*
EXP. **Branco do ovo** A clara: *Non me gusta o branco do ovo frito.* **En branco** Sen nada escrito nin debuxado: *Collede un folio en branco.* **Non facer branca** Non facer nada: *É un nugallán, non fai branca.* **Quedar en branco** Quedar sen poder actuar ou sen lembrar nada: *Cando me preguntou o profesor quedei en branco.* **Sen branca** Sen cartos ningúns: *Non imos ao cine porque estamos sen branca.*
FAM. brancura, branquear, abrancazado, esbrancuxado.

brando, branda
adxectivo
1 Que se corta ou comprime facilmente: *O pan fresco é brando.* SIN. mol, tenro. ANT. duro.
2 Que se porta moi ben con todos e perdoa facilmente: *É moi brando co fillo: déixalle facer canto quere.* ANT. duro.
3 Que aguanta moi pouco: *Non dá feito ese percorrido porque é moi brando.* SIN. débil, frouxo, mol. ANT. duro.
FAM. brandura, abrandar.

branquear
verbo
1 Pór de cor branca: *Cos anos o pelo branquea ao saíren canas.*
2 Facer que sexa legal un diñeiro que se conseguiu ilegalmente: *Ese banqueiro seica branqueaba cartos dos narcotraficantes.*
FAM. branqueo.

branquia
substantivo feminino
Órgano que os peixes e outros animais acuáticos teñen para respirar: *As larvas dos anfibios teñen branquias un certo tempo.* SIN. gala, galada, guerla.

braña
substantivo feminino
Terreo moi húmido cuberto de prado ou de herbas e arbustos: *O gando pace na braña.* SIN. lameiro, tremedal, trollo.
FAM. brañento.

brasa
substantivo feminino
Anaco de calquera materia que arde xa sen chama: *Asamos as sardiñas nas brasas da lareira.* SIN. ascua.
EXP. **Á brasa** Cociñado sobre esta materia sen chama: *Ceamos chourizos asados á brasa.*
FAM. braseiro, abrasar, abrasador.

braseiro
substantivo masculino
Aparello para quentar un cuarto que funciona con brasas ou con electricidade: *Os braseiros actuais adoitan ser eléctricos.*

bravío, bravía
adxectivo
1 Dito dunha terra, que deixou de cultivarse: *Cada vez hai máis leiras bravías polo abandono do rural.*
substantivo masculino
2 Cheiro característico dos animais que viven no monte ou da súa carne: *Cómpre pór a serenar a carne de coello e lebres do monte para que perdan o bravío.*

bravo, brava
adxectivo
1 Que non ten medo: *Ese guerreiro é moi bravo.* SIN. afouto, valente, valoroso.
2 Que non está domado: *Os tigres son animais bravos.* ANT. doméstico, manso.
3 Que está sen cultivar: *É un terreo bravo que só dá toxo.*
4 Que nace sen cultivalo: *Non me gustan as peras bravas.*
5 Desagradable ao comelo ou tocalo: *Esas toallas están moi bravas.*
6 Con moitas ondas: *Non me baño porque o mar está bravo.*
interxección
7 **bravo** Emprégase para expresar entusiasmo: *Bravo! Gañastes o partido.*
EXP. **A bravo** Sen cultivar: *Cada vez hai máis terras a bravo polo abandono do rural.*
FAM. bravata, bravío, bravura.

braza
substantivo feminino
1 Antiga medida de lonxitude: *A braza equivale a 1,67 metros.*
2 Forma de nadar boca abaixo encollendo e estirando brazos e pernas ao mesmo tempo: *Participa na competición de natación en braza.*

brazada ou brazado
substantivo feminino ou masculino
Cantidade de cousas que se poden levar dunha vez nos brazos: *Colleu unha brazada de leña.* SIN. mañiza, mañizo.

brazalete
substantivo masculino
1 Aro de adorno que se pon no brazo por riba do pulso: *Levaba un brazalete de ouro e diamantes.*
2 Fita de tea que se pon arredor do brazo como marca de algo: *O capitán do equipo leva un brazalete para distinguilo.*

brazo
substantivo masculino
1 Parte do corpo humano que vai desde o ombro ata a man: *As extremidades humanas son os brazos e as pernas.*
2 Pata dianteira dalgúns animais: *As patas dianteiras dos cuadrúpedes chámanse brazos.*
3 Parte dun asento en que se apoian os brazos: *Sentou sobre o brazo dereito do sofá.*
4 Cada unha das prolongacións que saen do centro dalgunhas cousas: *Os candelabros adoitan ter dous brazos, un para cada candea.*
EXP. **Brazo de mar** Porción estreita de mar que entra na terra: *Báñome nun brazo de mar porque a auga está máis calma.* **Brazo de río** Cada unha das canles que se separa nun río do curso principal: *Aquí o río forma un brazo.* **Brazo de xitano** Biscoito longo cheo de crema e enrolado sobre si mesmo: *De sobremesa puxeron brazo de xitano.* **Brazo dereito** Persoa en quen se ten unha

confianza total: *Ese empregado é o brazo dereito do xefe.* **Cos brazos abertos** Con moito cariño: *O pai acolleuno cos brazos abertos.* **De brazos cruzados** Sen facer nada: *Alí había catro obreiros, pero de brazos cruzados.* **Non dar o seu brazo a torcer** Non cambiar de opinión: *Está trabucado, pero non dará o seu brazo a torcer.*

FAM. braza, brazada, brazado, brazalete, abrazar, abrazo, antebrazo.

brear

verbo

Darlle a alguén moitos golpes: *Os ladróns roubáronlle e por riba breárono.* SIN. mallar.

brecha

substantivo feminino

1 Ferida fonda, especialmente na cabeza: *Caeu da moto e fixo unha boa brecha na cabeza.*

2 Abertura irregular nun muro, parede ou calquera superficie: *A conxelación da auga produce brechas nas rochas.*

EXP. **Estar ou seguir na brecha** Estar ou seguir loitando e esforzándose: *O equipo pode estar mal de forma pero segue na brecha para acadar o título.*

breixo

substantivo masculino

Arbusto de follas moi pequenas, flores brancas ou malvas e que acada uns tres metros de altura: *A madeira de freixo é moi dura e úsase para facer pipas.* SIN. torga, urce, uz.

brétema

substantivo feminino

Néboa.

FAM. bretemoso.

***breva**, a forma correcta é **bévera**.

breve

adxectivo

De pouca lonxitude, extensión ou duración: *Gústanme as novelas breves.* SIN. curto, escaso, reducido. ANT. duradeiro, extenso, longo.

EXP. **En breve** Despois de pouco tempo: *O conselleiro recibiraos en breve, agarden uns minutos.* **Ser breve** Expresarse co menor número posible de palabras: *Nos exames cómpre sermos breves.*

FAM. brevidade.

bricolaxe

substantivo masculino

Traballo manual que unha persoa fai por afección, especialmente para amañar a súa casa: *Miña nai e meu pai son moi afeccionados ao bricolaxe.*

brida

substantivo feminino

Conxunto de correas que se lles poñen aos cabalos e cabalarías para guialos: *O xinete collía con forza as bridas.*

brigada

substantivo feminino

Conxunto de persoas que fan un determinado traballo ou labor: *Acudiu en socorro dos náufragos unha brigada de salvamento.*

brillante

adxectivo

1 Que despide luz propia ou reflectida: *O ouro é brillante.*

2 Que destaca por algo bo: *Un alumno brillante saca boas notas.*

substantivo masculino

3 Diamante tallado polas dúas caras: *Leva unha pulseira con brillantes.*

brillantina

substantivo feminino

Produto que se lle bota ao pelo para que brille: *Ese cantante leva o pelo cheo de brillantina.*

brillar

verbo

1 Despedir ou reflectir a luz: *As estrelas brillan na noite.*

2 Destacar por algo: *Na súa xuventude brillou como bailarín.*

FAM. brillante, brillantez, brillantina, brillo.

brinca

substantivo feminino

Anzol.

brincadeira

substantivo feminino

Broma.

brincar

verbo

Saltar para arriba: *Cando soubo que aprobara, brincou coa alegría.* SIN. choutar, saltar, pinchar.

FAM. brincadeira, brinco.

brindar

verbo

1 Levantar unha copa ou un vaso e xuntalos cos doutros para expresar un bo desexo ou celebrar algo: *Na voda todos brindaron pola felicidade dos noivos.*

2 Ofrecer algo a alguén sen esperar nada a cambio: *Sempre me brindou axuda e consellos.*

3 Dedicar algo a alguén desinteresadamente: *O dianteiro brindoulle o gol á bancada dos mozos.*

FAM. brinde.

brío

substantivo masculino

Forza e enerxía para facer algo: *Falou con moito brío.*

FAM. brioso.

brisa

substantivo feminino

1 Vento suave: *Na noite, á beira do río, corre unha brisa agradable.* SIN. airexa.

2 Vento suave do mar: *Aquí á beira nótase a brisa.*

***broa**, a forma correcta é **boroa**.

brocha

substantivo feminino

Instrumento formado por unha especie de pelos e un mango e que se emprega para pintar: *Despois de pintares, lava ben as brochas.*

FAM. brochada.

broche

substantivo masculino

1 Obxecto formado por dúas pezas que encaixan e que se usa para cerrar algo, especialmente pezas de roupa ou xoias: *O chaleco leva broches.*

2 Xoia que se coloca na roupa como adorno: *Na lapela do abrigo leva un broche de ouro e brillantes.*

broma

substantivo feminino

O que se fai ou di para divertirse, rir ou entreterse: *Non me gustan as bromas pesadas.* SIN. brincadeira, leria.

FAM. bromista.

bronce

substantivo masculino

Material formado pola aliaxe de cobre e estaño: *Na Idade do Bronce as armas e ferramentas eran de bronce.*

broncear

verbo

Pór a pel morena: *Estiven na praia e bronceeime.*

FAM. bronceado, bronceador.

bronquio

substantivo masculino

Cada un dos condutos que parten da traquea e penetran nos pulmóns: *Os pulmóns levan o aire ata os pulmóns.*

FAM. bronquíolo, bronquite.

bronquite

substantivo feminino

Inflamación dos bronquios: *A bronquite produce tose e dificultade para respirar.*

brosa

substantivo feminino

Machada.

brotar

verbo

1 Comezar a desenvolverse un vexetal: *Xa brotan as patacas.* SIN. nacer.

2 Botar brotes unha planta: *Na primavera as árbores brotan.* SIN. abrochar, agomar, agromar.

3 Saír auga ou líquido dun lugar: *A auga brota nos mananciais.* SIN. xurdir.

4 Aparecer ou empezar a existir algo: *O descontento brotou da suba dos prezos do pan.* SIN. xurdir. ANT. desaparecer.

FAM. brote.

brote

substantivo masculino

Vultiño que lles sae ás plantas e que dará lugar a follas, flores e ramas novas: *A cerdeira ten moitos brotes e haberá moitas cereixas.* SIN. gomo, gromo, rebento, xema.

broza

substantivo feminino

Conxunto de restos vexetais de toxo, fento e ramas: *A broza seca arde moi ben.*

bruar

verbo

1 Bramar.

2 Facer moito ruído: *O vento bruaba contra os cantís.* SIN. bramar, ruxir.
OBS. Conxúgase como *actuar*.
FAM. bruído.

bruma
substantivo feminino
Néboa pouco densa: *No mar había bruma esta mañá.*

brusco, brusca
adxectivo
1 De carácter desagradable e mal xenio: *Berra porque é moi brusco.*
2 Repentino e rápido: *Fixo un movemento brusco e levantouse.*
FAM. brusquidade.

bruto, bruta
adxectivo
1 Dito dun produto, que comprende o peso deste e o da caixa ou paquete en que vai: *O peso bruto dunha lata de bonito é o peso do bonito, do aceite e da lata.* ANT. neto.
adxectivo e substantivo
2 Que se porta mal ou sen intelixencia, sen educación nin bos sentimentos: *Non sexas bruto e trata ben o can.* SIN. animal, besta, burro.
FAM. brutal, brutalidade, brután.

bruxo, bruxa
substantivo
Persoa que usa poderes máxicos ou sobrenaturais para conseguir algo: *A bruxa converteu o príncipe nunha ra.* SIN. feiticeiro, encantador, mago, meigo.
FAM. bruxaría, embruxar.

***brúxula**, a forma correcta é **compás**.

bubela
substantivo feminino
Paxaro de peteiro longo, plumaxe avermellada e un penacho de plumas na cabeza que pode abrir como un abano: *A bubela é un paxaro insectívoro.*

***bucear**, a forma correcta é **mergullarse, nadar ao somorgullo**.

bucina
substantivo feminino
1 Instrumento que produce un ruído agudo cando se toca: *Ese coche ten unha bucina moi potente.* SIN. buguina.
2 Cuncha grande de certos animais, como o caracol de mar: *Na praia había algunhas bucinas.* SIN. corno.

bucle
substantivo masculino
Rizo longo enrolado sobre si mesmo: *Era un rapaz de bucles louros.*

búfalo, búfala
substantivo
Animal mamífero ruminante, parecido a un touro, do que existen especies diferentes en África e Asia: *En Asia aínda se usan os búfalos para tarefas agrícolas.*

bufanda
substantivo feminino
Peza de roupa que se pon arredor do pescozo para abrigarse: *Levaba unha bufanda vermella de la.* SIN. tapabocas.

bufar
verbo
1 Expulsar un animal o aire pola boca e o nariz con moita forza: *O gato bufou cando viu o can.*
2 Amosar moito enfado: *Marchou bufando porque lle cobraran moito no taller.*
FAM. bufido.

bufo
substantivo masculino
Ave rapaz nocturna co peteiro en forma de gancho, ollos grandes de cor laranxa e con rechamantes penachos de plumas que parecen orellas: *Os bufos cazan de noite porque poden ver na escuridade.*

bufón
substantivo masculino
Persoa que se dedica a facer rir e a divertir a outras persoas: *Os bufóns eran propios das antigas cortes dos reis e señores.*

buguina
substantivo feminino
Bucina: *Os coches teñen buguina.*

***buitre**, a forma correcta é **voitre**.

bulbo
substantivo masculino
Talo dalgunhas plantas que medra debaixo da terra: *O que comemos das patacas e as cebolas é o bulbo.*

bulebule
substantivo masculino
Persoa que non dá parado quieta: *Ese cativo é un bulebule e non para.* SIN. besbello, fervedoiro, fervellasverzas, fervello, fuxefuxe.

bulevar
substantivo masculino
Rúa ancha e longa que adoita ter un paseo central con árbores: *A Gran Vía de Vigo é un bulevar.*

bulicio
substantivo masculino
Gran movemento de persoas producindo moito ruído: *Na festa había moito bulicio.* SIN. alboroto, barafunda, barullo, bulla, rebumbio. ANT. paz, tranquilidade.
FAM. bulicioso.

buligar
verbo
Moverse dun lado para outro sen parar: *Ese cativo non para, buliga sempre.*
OBS. Cambia o *g* en *gu* diante de *e*, como en *pagar*.

bulir
verbo
Facer algo con moitísima rapidez: *Bule e acaba axiña ese traballo.* SIN. abreviar, acelerar, alixeirar, apresurarse, apurar, menearse. ANT. atrasar, frear.
OBS. Conxúgase como *fuxir*.
FAM. bulebule, bulideiro.

bulla
substantivo feminino
Gran movemento de persoas producindo moito ruído: *Na festa había moita bulla.* SIN. alboroto, barafunda, barullo, bulicio, rebumbio. ANT. paz, tranquilidade.

bulleiro
substantivo masculino
1 Terreo con auga e lama: *Non se pode pisar nese bulleiro porque os pés se afunden.* SIN. lamazal, lameiro.
2 Barro.

bulló
substantivo masculino
Castaña asada, xeralmente sen casca: *Merendamos bullós.*

bulsa
substantivo feminino
Bolsa.

bulso
substantivo masculino
Bolso.

***bulto**, a forma correcta é **vulto**.

buque
substantivo masculino
Barco grande: *Os transatlánticos son buques.* SIN. navío.

buraco ou burato
substantivo masculino
Abertura máis ou menos grande ou redonda que se fai nunha superficie: *Os ladróns entraron por un buraco que fixeron na parede.*
EXP. **Ir para o buraco** Morrer: *Estivo moi mal e case vai para o buraco.*
FAM. esburacar.

burbulla
substantivo feminino
Especie de globiño de aire que se forma nalgúns líquidos e substancias: *Os refrescos con gas teñen burbullas.*
FAM. burbullar.

burgués, burguesa
adxectivo e substantivo
Da clase social formada por persoas de posición acomodada e con bos medios económicos: *Os burgueses eran na Idade Media e Moderna os habitantes das cidades e que facían cartos cos oficios e co comercio.*
FAM. burguesía.

burlar
verbo
1 Evitar con astucia: *Sabe burlar moi ben a lei e nunca o multan.*
2 **burlarse** Rirse de algo ou de alguén: *Búrlanse del porque seica é moi amarrado.* SIN. rirse.
FAM. burla, burlesco, burlón.

burrada
substantivo feminino
Calquera cousa ou feito que é parvo, cruel ou inadecuado: *Comer só hamburguesas e xeados é unha burrada.* SIN. barbaridade, bestialidade, brutalidade.

burro, burra

adxectivo e substantivo

1 Que ten moi pouca intelixencia: *Non sexas burro, a catedral de Santiago non é gótica.* SIN. bobo, burrán, estúpido, necio, parvo. ANT. espelido, intelixente, listo.

substantivo

2 Animal cuadrúpede, parecido ao cabalo, pero máis pequeno: *Os burros orneán.* SIN. asno.

EXP. **Caer do burro abaixo** Decatarse dun erro: *Caeu do burro abaixo e recoñeceu o seu erro.* **Non ver un burro a tres pasos** Ter moi mala vista: *É miope e non ve un burro a tres pasos.*

FAM. burrada, burrán, burrico.

buscar

verbo

Intentar atopar algo ou alguén: *Busco o dicionario e non o atopo.* SIN. procurar.

OBS. Cambia o *c* en *qu* diante do *e*, como en *sacar*.

FAM. busca, rebuscado.

busto

substantivo masculino

1 Parte do corpo humano que vai desde a cintura ata o pescozo: *Ten un busto musculoso de atleta.*

2 Escultura ou pintura que representa esta parte do corpo e a cabeza: *Colocaron un busto do xeneral no cuartel.*

butaca

substantivo feminino

Asento con brazos e respaldo para unha soa persoa: *No cine sentamos en butacas.*

butano

substantivo masculino

Gas obtido do petróleo e que se usa como combustible: *O butano adoita servirse en bombonas.*

buxaina

substantivo feminino

Xoguete que se lanza contra o chan cun cordel para que xire: *A buxaina é cónica e remata nunha punta de metal.*

buxía

substantivo feminino

Peza que fai que acenda o motor dun vehículo: *Cómpre cambiarlle as buxías ao coche.*

buxo

substantivo masculino

Arbusto de folla perenne e moi brillante, que produce unha madeira moi dura coa que se fan culleres, cuncas e gaitas: *Esa culler é de madeira de buxo.*

EXP. **Estar coma un buxo** Estar moi ben de saúde ou moi forte: *Xa ten setenta e cinco anos, pero está coma un buxo.*

***buzón**, a forma correcta é **caixa de correos**.

C

c

substantivo masculino

Letra número tres do alfabeto galego: *Cea comeza por un* c.

OBS. O seu nome é *ce*. Diante de *e, i* pronúnciase como *z*: *cea, cinco*. Diante de *a, o, u* pronúnciase como *k*: *cara, coroa, cunca*. Combínase co *h* para representar o son da primeira sílaba de *chocolate*; neste caso nunca se pode dividir no final de liña: **cac-/hiño > ca-/chiño.*

ca

conxunción

Úsase para comparar: *Ela é máis lista ca el.*

OBS. Úsase *ca* de forma obrigatoria ante pronome persoal e neste caso non se pode usar *que*; úsase *que* e non *ca* ante unha oración con verbo conxugado expreso; nos demais casos tanto pode usarse *ca* coma *que*. Contrae co artigo *o, a, os, as* en *có, cá, cós, cás*, pero é preferible escribir *ca o, ca a, ca os, ca as*, aínda que se pronuncie *có, cá, cós, cás: O teu coche é mellor có meu > O teu coche é mellor ca o meu.*

cabaceira ou cabaceiro

substantivo feminino ou masculino

Hórreo de forma circular: *Gardaban o millo na cabaceira.*

cabala

substantivo feminino

Xarda.

cabalaría ou cabalería

substantivo feminino

1 Calquera animal que se usa para montar nel, como o cabalo: *Os cabalos, os burros e os machos son cabalarías.*

2 Parte do exército formada por soldados que loitan sobre cabalos ou carros de combate: *Na moderna cabalaría xa non se usan cabalos, senón carros de combate.*

3 Actividade dos antigos cabaleiros andantes que ían polo mundo buscando aventuras e defendendo o ben e a xustiza: *Os libros de cabalarías contan historias de cabaleiros andantes.*

cabaleiro

substantivo masculino

1 Home adulto: *Mercou a chaqueta na sección de cabaleiros duns grandes almacéns.*

2 Home con boa educación e amable: *Comportouse como un cabaleiro e non berrou.*

3 Home que pertencía á nobreza: *Os fidalgos eran cabaleiros.*

4 Dor muscular nun lado do pescozo e que impide movelo ben: *Puxen unha mala postura na cama e teño un cabaleiro.*

EXP. **Cabaleiro andante** Guerreiro que anda polo mundo na busca de aventuras e defendendo a xustiza e o ben: *Don Quixote foi un cabaleiro andante.*

cabalete

substantivo masculino

Utensilio de tres patas sobre o que coloca o pintor o lenzo para pintar: *Na aula de debuxo hai cabaletes.*

EXP. **Levar** ou **ir ao cabalete** Levar ou ir sobre os ombros: *O cativo ía ao cabalete do pai.*

cabalgar

verbo

Ir nun cabalo: *Ese xinete cabalga moi ben.*

SIN. montar.

OBS. O *g* cambia en *gu* diante do *e*, como en *pagar*.
FAM. cabalgadura, cabalgata.

cabalgata
substantivo feminino
Desfile con carruaxes e cabalos que se organiza con motivo dalgunha festa: *É célebre a cabalgata dos Reis Magos.*

cabaliños
substantivo masculino plural
Atracción de festa ou dun parque formado por un conxunto de figuras de cabalos que xiran sobre unha plataforma: *O cativo quería dar unha volta nos cabaliños.* SIN. carrusel.

cabalo
substantivo masculino
1 Animal de catro patas que se emprega para montar sobre el ou tirar dun carro: *O cabalo é un cuadrúpede porque ten catro patas.*
2 Carta da baralla española que representa unha persoa montada neste animal: *Saíu o cabalo de bastos.*
3 Peza do xogo do xadrez que representa a cabeza deste animal: *O cabalo avanza no taboleiro a saltos.*
4 Aparello de ximnasia longo con catro patas e sobre o que hai que saltar: *O poldro, o cabalo e o plinto son aparellos de ximnasia.*
EXP. **A cabalo** Colocado sobre algo coas pernas abertas: *O cativo púxose a cabalo sobre o brazo do sofá.* **Cabalo de batalla** Problema ou cuestión máis importante: *O cabalo de batalla é poder pagar a hipoteca no seu prazo.* **Cabalo de mar** Peixe mariño que nada en posición vertical e coa cabeza parecida á dun cabalo: *O cabalo de mar está en perigo de extinción.* **Cabalo do demo** Libélula.
FAM. cabalar, cabalaría, cabaleiro, cabalete.

cabana
substantivo feminino
Casa pequena e pobre: *A tribo construía cabanas con toros e ramas de árbores.* SIN. casopa, choupana, choza.

cabanel
substantivo masculino
Alboio.

cabaza ou cabazo[1]
substantivo feminino ou masculino
Froito de horta redondo, grande e comestible, coa casca amarela ou laranxa e moi dura: *Xantamos de primeiro caldo de cabaza.*
FAM. cabaceira.

cabazo[2]
substantivo masculino
Hórreo de forma circular, habitualmente construído con varas e vimbios: *Gardaban o millo no cabazo.*

cabecear
verbo
1 Mover a cabeza dun lado para outro ou de arriba para abaixo: *O rapaz cabeceaba co sono.*
2 Golpear o balón coa cabeza: *Ese dianteiro cabecea moi ben.*
3 Toquear.

cabeceira
substantivo feminino
1 Parte da cama onde se coloca a cabeza: *A cama ten pés e cabeceira.*
2 Parte principal dalgunhas cousas e que está nun dos seus extremos: *Presidía o banquete sentado na cabeceira da mesa.*
3 Lugar onde comeza ou de onde parte algo: *Os ríos teñen a corrente máis forte na cabeceira.*
4 Parte superior dun papel de escribir que leva o nome da institución ou persoa que os envían: *O nome do colexio e o seu enderezo figura na cabeceira do folio.*

cabeleira
substantivo feminino
Conxunto dos pelos da cabeza dunha persoa: *Loce unha fermosa cabeleira loura.*

cabelo
substantivo masculino
Pelo da cabeza dunha persoa: *O barbeiro cortoume o cabelo.* SIN. pelo.
FAM. cabeleira, cabeludo.

caber
verbo
1 Poder meterse unha cousa noutra: *Ese dicionario non cabe na carteira.* SIN. coller.
2 Poder pasar por un sitio: *Ese armario non cabe pola fiestra.* SIN. coller.

3 Existir ou ser posible: *Non cabe dúbida de que estaba trabucado.*

*__cabestrillo__, a forma correcta é **estribeira**.

cabeza

substantivo feminino

1 Parte do corpo que está sobre o pescozo e onde están os ollos, a boca, o nariz e as orellas: *A fronte está na cabeza.* SIN. cachola, chencha, chola, coco, testa.

2 Cada unha das persoas entre as que se reparte algo: *Tocaron a seis euros por cabeza.* SIN. barba.

3 Capacidade para pensar ou para lembrar: *Ten cabeza para aprender a guía de teléfonos.*

4 Animal de catro patas: *Ten cen cabezas de gando vacún.* SIN. res.

5 O que está no extremo ou no principio: *Colocou os paquetes na cabeza da mesa.* ANT. cola.

6 Persoa máis importante dun grupo e que o dirixe: *Ela é a cabeza da empresa.*

EXP. **Baixar a cabeza** Obedecer ou avergonzarse: *Calou e baixou a cabeza.* **Cabeza de allo** Conxunto formado polos dentes desta planta: *A cabeza do allo é o bulbo desta planta.* **Cabeza de familia** Persoa considerada responsable dunha familia: *A nai é a cabeza de familia.* **Cabeza de partido** Poboación en que actúa un xuíz: *Na cabeza de partido está o xulgado.* **Cabeza de vento** Persoa que pensa pouco as cousas: *Non fai máis ca parvadas porque é un cabeza de vento.* **Cabeza rapada** Membro dun grupo formado por persoas xeralmente novas e violentas que levan o pelo moi curto: *Foi atacado por un grupo de cabezas rapadas.* **Coa cabeza ben alta** Moi orgulloso: *E digo isto coa cabeza moi alta.* **Dar alguén na súa cabeza** Saír dun erro: *Deu na súa cabeza e admitiu que estaba errado.* **De cabeza** Sen pensalo: *Meteuse nese negocio de cabeza.* **Dos pés á cabeza** Totalmente, por completo: *Estás trabucado niso dos pés á cabeza.* **Írselle ou marcharlle a alguén algo da cabeza** Esquecer por completo: *Fóiseme da cabeza que tiña esa reunión.* **Levantar cabeza** Saír dunha mala situación: *Perdeu moitos cartos, pero agora levanta cabeza.* **Perder a cabeza** Deixar de razoar ou ser incapaz de se conter: *Cálmate e non perdas a cabeza.* **Sentar cabeza** Volverse sensato: *Cos anos sentou cabeza.* **Subirse á cabeza** Sentir orgullo por algo: *Subíuselle á cabeza o cargo de concelleiro.*

FAM. cabecear, cabeceira, cabezada, cabezal, cabezón, cabezudo.

caber

INDICATIVO		SUBXUNTIVO	IMPERATIVO
Presente	**Copretérito**	**Presente**	cabe
caibo	cabía	caiba	cabede
cabes	cabías	caibas	
cabe	cabía	caiba	
cabemos	cabiamos	caibamos	**FOR. NOMINAIS**
cabedes	cabiades	caibades	**Infinitivo**
caben	cabían	caiban	caber
Pretérito	**Antepretérito**	**Pretérito**	**Xerundio**
couben	coubera	coubese	cabendo
coubeches	couberas	coubeses	
coubo	coubera	coubese	**Participio**
coubemos	couberamos	coubésemos	cabido
coubestes	couberades	coubésedes	
couberon	couberan	coubesen	
Futuro	**Pospretérito**	**Futuro**	**Inf. conxugado**
caberei	cabería	couber	caber
caberás	caberías	couberes	caberes
caberá	cabería	couber	caber
caberemos	caberiamos	coubermos	cabermos
caberedes	caberiades	couberdes	caberdes
caberán	caberían	couberen	caberen

cabezada

substantivo feminino

1 Golpe dado coa cabeza: *O gol conseguiuno o defensa cunha fermosa cabezada.*

2 Movemento da cabeza ao caer sen querer polo sono: *Daba cabezadas porque estaba moi canso.*

cabezal

substantivo masculino

Almofada.

cabezón, cabezona

adxectivo

Cabezudo.

cabezudo, cabezuda

adxectivo

1 Que ten a cabeza grande: *É un rapaz cabezudo.* SIN. cabezón.

2 Que non cambia de opinión: *Non sexas cabezudo e admite o erro.* SIN. cabezón, teimudo, testán.

substantivo masculino

3 Figura de cartón pintada que representa unha cabeza moi grande de persoa e que

desfila nas festas populares: *Na festa haberá xigantes e cabezudos.*
4 Cágado.

cabicha
substantivo feminino
Parte dos cigarros que queda sen fumar: *O cinseiro estaba cheo de cabichas.*

cabida
substantivo feminino
Espazo para conter algo: *Esa sala non ten cabida para máis de cincuenta persoas.*

cabido
substantivo feminino
1 Asemblea ou xunta dos sacerdotes que forman parte dunha catedral: *O cabido aconsella ao bispo.*
2 Asemblea ou xunta que decide ou aconsella sobre algo: *Os concelleiros forman o cabido municipal.*

*cabildo, a forma correcta é **cabido**.

cabina
substantivo feminino
Pequeno lugar pechado en que habitualmente hai un aparello ou mandos para dirixir algo: *Os avións son dirixidos desde a cabina.*

cable
substantivo masculino
1 Fío de metal recuberto de plástico por onde pasa a electricidade ou os sinais de teléfono: *Os teléfonos móbiles non teñen cables.*
2 Especie de corda metálica moi forte que se usa para suxeitar pesos grandes: *Os bloques de granito ían na caixa do camión suxeitos por cables de aceiro.*

cabo
substantivo masculino
1 Parte final ou extremo dunha cousa: *Colocouse no cabo da mesa.*
2 Parte de terra que entra no mar: *Antigamente dicíase que a Terra acababa no cabo Fisterra.*
3 Categoría militar inmediatamente superior á de soldado: *O cabo é a categoría militar máis baixa.*
4 Corda que se usa nos barcos: *Botáronlle un cabo ao náufrago para que subise ao barco.*
5 Parte dun instrumento ou ferramenta por onde se colle coas mans: *As pas teñen cabo.* SIN. mango.
EXP. **Ao cabo** Despois dun certo tempo: *Ao cabo de dous meses deixou ese traballo.* **Atar cabos** Xuntar datos para entender ou coñecer algo: *O detective ataba cabos para descubrir o asasino.* **Cabo de** Xunto a, ao lado de: *A cadeira está cabo da mesa.* **Dar cabo** Acabar: *Agora doulle cabo ao traballo e saímos.* **De cabo a rabo** De principio a fin: *Lede o libro de cabo a rabo.* **Levar a cabo** Terminar ou rematar algo: *Nun mes levaron a cabo a reparación da ponte.* **No cabo do mundo** Moi lonxe e afastado: *Vive nun barrio afastado, no cabo do mundo.*

cabodano
substantivo masculino
Día en que se cumpren anos da morte dunha persoa: *Hoxe é o segundo cabodano da morte da avoa.*

*caborco, a forma correcta é **cavorco**.

cabotaxe
substantivo feminino
Navegación comercial que se fai cerca da costa: *É mariñeiro nun barco de cabotaxe.*

cabra
substantivo feminino
Animal mamífero ruminante e doméstico cos cornos voltos cara a atrás: *A cabra anda moi ben polos lugares abruptos.*
EXP. **Cabra montesa** ou **barbada** A salvaxe que vive nas montañas: *A cabra montesa non é propia de Galicia.* **Coma unha cabra** Moi tolo: *Di parvadas porque está coma unha cabra.*

cabrear
verbo
Enfadar moito: *Cabreouse por nada.*
FAM. cabrear, cabreo, cabrito, cabrón, cabrún, cabuxo.

cabrito
substantivo masculino
Cría da cabra que aínda mama: *Os cabritos estaban no cercado.* SIN. añagoto.

cabrón, cabrona
adxectivo e substantivo
1 Mala persoa: *É un mentirán e un cabrón.*

substantivo masculino
2 Macho da cabra: *Os cabrón teñen os cornos longos e curvos.* SIN. castrón.

cabrún, cabrúa
adxectivo
Das cabras: *O gando cabrún non abunda en Galicia.*

cabuxo, cabuxa
substantivo
1 Chibo.
substantivo masculino
2 Enfado que dura pouco tempo: *Eses cabuxos dúranlle moi pouco.*

caca
substantivo feminino
Substancia de cor marrón e cheiro moi desagradable que se expulsa polo cu: *A caca son os restos non aproveitados dos alimentos.* SIN. merda.

cacahuete
substantivo masculino
Froito seco formado por unha casca de cor marrón e os grans comestibles que contén esta casca: *Os cacahuetes proceden de América.*

cacao
substantivo masculino
1 Semente obtida da árbore do mesmo nome e coa que se fabrica o chocolate: *O cacao dáse no trópico.*
2 Po que se fai con esta semente e con azucre e que se toma diluído no leite: *Merquei un bote de cacao.*

cacarexar
verbo
Emitir a súa voz característica a galiña: *As galiñas cacarexaban no poleiro.*
FAM. cacarexo.

cacha
substantivo feminino
Nádega.

cachalote
substantivo masculino
Animal mamífero mariño de gran tamaño: *O cachalote vive nos mares temperados e cálidos e parécese á balea.*

cachapiollos
substantivo masculino
Polgar.

cachar
verbo
Sorprender ou atopar nunha determinada situación: *O profesor cachouno copiando.* SIN. coller, pescar, pillar.

cacharela
substantivo masculino
Lume moi grande, especialmente ao aire libre: *Gústanme as cacharelas de san Xoán.* SIN. fogueira.

cacharro
substantivo masculino
1 Calquera tipo de recipiente, como os que se empregan na cociña: *Tes que fregar os cacharros e os pratos.*
2 Calquera aparello ou máquina que funciona mal: *Ese cacharro de coche que tes sempre está no taller.*
FAM. escacharrar.

cachaza
substantivo feminino
Forma de ser da persoa que non se apura nin pon nerviosa por nada: *Non se apura nunca porque ten moita cachaza.* SIN. calma, pachorra. ANT. impaciencia, nervios, nerviosismo.
FAM. cachazudo.

cachear
verbo
Rexistrar unha persoa a fondo para ver se esconde algo: *O policía cacheaba o atracador.*
FAM. cacheo.

cacheira
substantivo feminino
Cabeza do porco curada e salgada: *Xantamos cacheira cocida con grelos.* SIN. cachola, cachucha.

cachelo
substantivo masculino
Pataca cocida en anacos: *Comemos o polbo cuns cachelos.*

cacho[1]
substantivo masculino
Anaco.

cacho[2]
substantivo masculino
Capa dura que cobre o corpo de animais como a centola, a nécora ou a lagosta: *O cacho é o esqueleto externo dalgúns crustáceos como a nécora ou a centola.*

cachola
substantivo feminino
1 Cacheira.
2 Cabeza dunha persoa: *Déronlle un golpe na cachola.* SIN. cabeza, chencha, coco.
FAM. cacholán.

cachón
substantivo masculino
Gran cantidade de burbullas que se forman na auga ao ferver ou caer desde un lugar alto: *A auga da pota fervía a cachón.*

cachorro, cachorra
substantivo
Cría dun animal mamífero: *O lobeto é o cachorro do lobo.*

cachote
substantivo masculino
Pedra grande de forma irregular que se desprendeu dunha rocha ou que se usa para construír muros ou cubrir o chan: *Fixeron o muro con cachotes de granito.*

cachucha
substantivo feminino
Cacheira.

cacique
substantivo
1 Gobernador ou xefe dalgunhas tribos de América: *O cacique tiña un poder absoluto sobre a tribo.*
2 Persoa que utiliza a súa posición ou o seu poder económico para intervir na vida política dun lugar en beneficio propio: *Os caciques do século XIX e XX eran famosos.*
FAM. caciquear, caciquismo.

cacto
substantivo masculino
Planta de talo groso e verde que pode almacenar moita auga: *Os cactos son propios dos climas desérticos.*

cada
indefinido
Sinala un por un os elementos dunha serie: *Visítame cada día da semana.*
EXP. **(A) cada pouco** Cada pouco tempo: *A cada pouco bótase a chorar.*

cadafalso
substantivo masculino
Patíbulo.

cadaleito
substantivo masculino
Caixa alongada onde se introduce o corpo dunha persoa morta para enterralo: *Os netos levaban o cadaleito do avó morto.* SIN. ataúde, caixa, féretro.

cadaquén
indefinido
Cada un: *Cadaquén pode opinar o que queira.*

cadáver
substantivo masculino
Corpo morto: *O forense examinaba o cadáver.*
FAM. cadavérico.

cadea
substantivo feminino
1 Obxecto formado por un conxunto de aneis metálicos unidos entre si e que se usa para atar algo ou como xoia: *Pecharon a entrada ao aparcadoiro cunha cadea.*
2 Conxunto de feitos que suceden uns despois dos outros e relacionados entre si: *O accidente produciuse por unha cadea de fallos.* SIN. sarta, serie, sucesión.
3 Conxunto de tendas do mesmo tipo e dunha mesma empresa: *Ten unha cadea de tendas de roupa.*
4 Conxunto de emisoras de radio ou televisión que emiten uns mesmos programas: *O partido dano pola primeira cadea.*
5 Lugar en que se mete unha persoa para castigala por un delito que cometeu: *Condenárono a dez anos de cadea por homicidio.* SIN. cárcere, presidio, prisión.
6 Equipo para oír música formado por varios aparellos: *Esta cadea ten moi bo son.*
7 Conxunto de persoas ou cousas unidas entre si: *Formaron unha cadea humana mil persoas colléndose das mans para protestar contra a marxinación. Unha cordilleira é unha cadea de montañas.*
EXP. **Cadea perpetua** Pena por un delito que supón estar no cárcere ata a morte: *Non*

sairá na vida do cárcere: condenárono a cadea perpetua.
FAM. cadeado, cadeneta, desencadear, encadear.

cadeado
substantivo masculino
Obxecto de metal cun gancho e unha pechadura que serve para asegurar o pechamento de algo: *Á bicicleta póñolle un cadeado.*

cadeira
substantivo feminino
1 Moble para sentar unha persoa, con respaldo, con ou sen brazos: *Nas clases sentamos en cadeiras.*
2 Cada un dos ósos do corpo que unen as pernas ao tronco: *A cadeira está formada polos ósos superiores da pelve.*
EXP. **Cadeira de brazos** Asento grande para unha persoa con brazos e respaldo e recheo dunha materia branda que o volve moi cómodo: *Vexo a tele sentado nunha cadeira de brazos.* **Cadeira de rodas** A que ten rodas nas patas e usan as persoas que non poden andar: *O paralítico ía nunha cadeira de rodas.*

cadela
substantivo feminino
1 Femia do can: *A cadela aleita os seus cachorros.*
2 Moeda de moi pouco valor: *Gastou no hiper ata a derradeira cadela.*
EXP. **Non ter unha cadela** Non ter cartos ningúns: *Está arruinado: non ten unha cadela.* **Non valer unha cadela** Non ter valor nin calidade ningúns: *Esa casa vella non vale unha cadela.*

cadelo
substantivo masculino
Can pequeno, pola raza ou a pouca idade: *O cadelo aínda ha medrar.*

caderno
substantivo masculino
Conxunto de follas de papel unidas para poder escribir nelas: *Facemos os exercicios nos nosos cadernos.*
FAM. encadernación, encadernar.

cadoiro
substantivo masculino
Fervenza.

cadrado, cadrada
adxectivo
1 Con catro lados iguais e catro ángulos rectos: *As baldosas e os azulexos adoitan ser cadrados.*
substantivo masculino
2 Figura plana con catro lados iguais e catro ángulos rectos: *O cadrado é unha figura xeométrica.*

cadrar
verbo
1 Coincidir ou ocorrer ao mesmo tempo ca outra cousa: *Cadrou que cheguei ao mesmo tempo ca el.*
2 Ir ben, corresponder ben: *Non lle cadra ese traxe tan rechamante.* SIN. casar.
EXP. **Se cadra** Indica dúbida ou posibilidade: *Se cadra é que está enfadado.* SIN. acaso, quizá, talvez.

cadril
substantivo masculino
1 Óso da cadeira: *Caeu e rompeu un cadril.*
substantivo masculino plural
2 Parte baixa do lombo das persoas: *Os riles están á altura dos cadrís.*

cadro
substantivo masculino
1 Figura de forma cadrada: *Na mesa teñen un mantel a cadros.*
2 Obra de pintura, realizada en papel ou tea, e que se coloca nunha parede: *Nos museos de pintura hai moitos cadros.*
3 Conxunto de datos colocados de forma ordenada para entendelos mellor: *Fixo un cadro cos conceptos básicos da lección.*
4 Conxunto de persoas que realizan unha actividade ou traballo: *Este hospital ten un cadro de médicos moi bo.*
5 Conxunto de mandos que fan funcionar algo: *O piloto miraba o cadro de mandos do reactor.*
EXP. **Cadro clínico** Conxunto de síntomas e efectos dunha enfermidade: *Polo cadro clínico parece que ten unha pneumonía.* **Cadro de persoal** Conxunto de persoas que traballan nunha mesma empresa ou lugar: *A fábrica ten un cadro de persoal moi eficiente.*
FAM. cadrado, cadrar, cuadriculado, encadrar, recadro.

caducar
verbo
1 Deixar de ter valor polo paso do tempo: *Ese bono de compra caduca a próxima semana.*
2 Referido a un alimento, deixar de ser apto para comelo polo paso do tempo: *Eses iougures caducaron onte.*
OBS. O *c* cambia en *qu* diante do *e*, como en *sacar*.

caduco, caduca
adxectivo
1 Dito da folla dunha árbore, que cae no outono: *O piñeiro ten follas perennes e o carballo, caducas.* SIN. anticuado, antigo. ANT. perenne.
2 Que quedou vello ou atrasado: *O absolutismo é unha idea caduca.* ANT. actual, moderno.
FAM. caducar, caducidade.

caer
verbo
1 Moverse de arriba a abaixo polo propio peso: *As mazás maduras caen da maceira.* ANT. subir.
2 Perder a estabilidade e dar no chan: *Tropecei e caín.* ANT. levantar, subir.
3 Separarse algo daquilo ao que estaba unido: *Caeume un botón da camisa.*
4 Ir parar a un determinado lugar: *Caemos nun restaurante malo e caro.*
5 Sufrir un engano ou unha desgraza: *Caeu na trampa.*
6 Perder un traballo ou unha boa posición : *O adestrador caeu polas repetidas derrotas.*
7 Deixar de existir, desaparecer ou morrer: *Nesa batalla caeron moitos soldados.* ANT. aparecer, xurdir.
8 Fracasar ou ser derrotado: *A selección volveu caer en cuartos de final.* ANT. vencer.
9 Producir determinado efecto ou resultar de determinada maneira: *Non me caeu ben o xantar.* SIN. sentar.
10 Colgar algo dun xeito determinado: *As cortinas caen formando pregaduras.*
11 Botarse sobre algo ou alguén con rapidez e forza: *O vixilante caeu sobre o raspiñeiro e detívoo.* SIN. abalanzarse.
12 Chegar a entender ou a lembrar algo: *Fálasme duns feitos da miña infancia, pero agora non caio.*
13 Acontecer ou suceder algo: *Este ano a Noiteboa cae en sábado.*
14 Corresponder ou tocar un traballo, premio, tarefa ou mesmo algo negativo: *Este ano caeume a lotaría.*
15 Comezar a pórse o Sol e a vir a escuridade da noite: *Cando cae o día vese peor.*
EXP. **Caer baixo** Facer cousas moi malas: *Caeu moi baixo ao roubar eses cartos.* **Caerlle ben ou mal a alguén** Resultarlle simpático ou antipático: *Ese rapaz cáeme moi ben porque é moi amable.* **Deixar caer** Dicir algo coma quen non quere a cousa: *Deixou caer que non eramos bos compañeiros.* **Deixarse caer** Presentarse nun sitio: *Á hora de xantar déixase caer pola casa da nai.* **Estar a caer** Estar a punto de acontecer ou de chegar algo: *O Nadal xa está a caer.*
FAM. caída, caído, paracaídas, recaer.

café
substantivo masculino
1 Semente de cor marrón coa que se elabora a bebida do mesmo nome: *O café é a semente da cafeeira, un arbusto tropical.*
2 Bebida de cor escura e sabor amargo elaborada con estas sementes: *O café é un estimulante.*
3 Cafetaría.
FAM. cafeal, cafeeira, cafeína, cafeteiro.

caer

INDICATIVO		SUBXUNTIVO	IMPERATIVO
Presente	**Copretérito**	**Presente**	cae
caio	caía	caia	caede
caes	caías	caias	
cae	caía	caia	
caemos	caïamos	caiamos	**FOR. NOMINAIS**
caedes	caïades	caiades	**Infinitivo**
caen	caían	caian	caer
Pretérito	**Antepretérito**	**Pretérito**	**Xerundio**
caín	caera	caese	caendo
caíches	caeras	caeses	**Participio**
caeu	caera	caese	caído
caemos	caeramos	caésemos	
caestes	caerades	caésedes	
caeron	caeran	caesen	
Futuro	**Pospretérito**	**Futuro**	**Inf. conxugado**
caerei	caería	caer	caer
caerás	caerías	caeres	caeres
caerá	caería	caer	caer
caeremos	caeriamos	caermos	caermos
caeredes	caeriades	caerdes	caerdes
caerán	caerían	caeren	caeren

cafeína
substantivo feminino
Substancia estimulante que se atopa no café ou no té: *A cafeína fai desaparecer o sono.*

cafetaría ou cafetería
substantivo feminino
Establecemento ou local público en que se serven café, bebidas e mesmo comidas: *Nesa cafetaría atenden moi ben.* SIN. café.

cafeteiro, cafeteira
adxectivo
1 Do café ou que lle gusta o café: *En Colombia hai unha importante agricultura cafeteira. É moi cafeteiro e non pasa sen os seus cafés.*
substantivo feminino
2 Máquina para facer café ou recipiente para servilo: *Nos bares hai grandes cafeteiras.*

cagado, cagada
adxectivo
1 Que ten moito medo: *Teme todo porque é un cagado.* SIN. covarde, medorento, medroso. ANT. valente, valoroso.
2 Moi parecido a outro: *Ese cativo é cagado á nai.*

cágado
substantivo masculino
Cría da ra e doutros anfibios: *O cágado é a larva da ra.* SIN. cabezudo, culler.

cagalla
substantivo feminino
Porción de merda ou excremento sólido de tamaño pequeno: *No chan había cagallas de cabra.*

cagallón
substantivo masculino
Porción de merda ou excremento sólido de certo tamaño: *Na corte había cagallóns de cabalo.*

cagar
verbo
Expulsar os excrementos ou caca polo cu: *Os bebés cagan nos cueiros.*
EXP. **Cagala** Facer algo mal ou estragalo: *Ao romperes o cristal cagáchela.* **Cagarse en algo** Maldicilo: *Ata se cagou na nai do seu amigo.*
OBS. O *g* cambia en *gu* diante do *e*, como en *pagar*.
FAM. caca, cagada, cagado, cagalla, cagallón, cagón.

cagarría
substantivo feminino
Diarrea.

caído, caída
adxectivo e substantivo
1 Que morreu nunha guerra ou defendendo algunha idea nobre: *Na Segunda Guerra Mundial houbo moitos caídos.*
substantivo feminino
2 Movemento de arriba a abaixo polo propio peso: *A caída dos obxectos débese á forza de gravidade da Terra.*
3 Perda da estabilidade ata dar no chan: *As caídas de bicicleta son normais cando se aprende a andar nela.*
4 Perda do poder ou dunha situación boa: *A caída do adestrador debeuse ás moitas derrotas.*
5 Desaparición, fin ou destrución de algo: *As invasións bárbaras produciron a caída do Imperio romano.*
6 Perda do valor de algo rápida e repentina: *A caída dos prezos do leite prexudica os gandeiros.* ANT. suba, subida.

caimán
substantivo masculino
Animal réptil de pel moi dura, boca moi grande e dentes moi fortes: *O caimán vive nos ríos de América e é máis pequeno ca o crocodilo.*

cairo
substantivo masculino
Canino.

caixa
substantivo feminino
1 Recipiente habitualmente con tampa para gardar cousas: *Gardou os zapatos na súa caixa.*
2 Cadaleito.
3 Lugar dun comercio, banco ou establecemento público onde se paga ou cobra: *Debe aboar ese recibo na caixa.*
4 Calquera cousa que serve para protexer algo: *O reloxo de parede está protexido por unha caixa.*

EXP. **Caixa de aforros** Tipo de banco que inviste as ganancias en obras de carácter social: *As caixas de aforros dan créditos con xuros baixos para mercar pisos.* **Caixa de cambios** Mecanismo que permite nos vehículos e coches cambiar de marchas: *Esa caixa de cambios é moi boa.* **Caixa de primeiros auxilios** ou **urxencias** Especie de caixa onde se gardan os medicamentos máis necesarios: *Na caixa de primeiros auxilios adoita haber alcohol.* **Caixa do correo** Recipiente onde nos botan as cartas ou onde botamos nós as que enviamos: *Nos portais están as caixas do correo.* **Caixa forte** A feita de aceiro ou materiais moi fortes para gardar cartos e obxectos de valor: *Nos bancos teñen caixas fortes moi boas.* **Caixa negra** Aparello que levan os avións e que rexistra todos os datos do voo: *A caixa negra permite saber as causas dos accidentes aéreos.* **Caixa rexistradora** Máquina que se usa nos comercios para sumar e cobrar os cartos das vendas: *Sacou a conta da caixa rexistradora.*

FAM. caixeiro, caixón.

caixeiro, caixeira

substantivo

Persoa que traballa cobrando ou pagando na caixa dun establecemento ou dun banco: *O caixeiro do banco pagoume o cheque.*

EXP. **Caixeiro automático** Máquina na porta dun banco ou noutro lugar da que os clientes sacan cartos por medio dunha tarxeta: *Esquecín a tarxeta e non podo sacar cartos deste caixeiro automático.*

caixón

substantivo masculino

1 Parte de mobles, como mesas e armarios, con forma de caixa sen tampa e que se pode sacar e meter para gardar cousas: *A miña mesa de traballo ten dous caixóns.*

2 Caixa grande, especialmente se é de madeira: *Gardaba a louza nun caixón.*

EXP. **Caer de caixón** Ser moi claro e evidente: *Cae de caixón que esas nubes traerán chuvia.*

cal[1]

substantivo masculino

Substancia de cor branca obtida de rochas calcarias e usada para fabricar cemento ou branquear as paredes: *O cal obtense da calcaria sometida a 800 graos de temperatura.*

EXP. **Cal morto** O mesturado con auga e usado para branquear: *Usou cal morto para branquear as paredes.* **Cal vivo** O que está en estado puro: *O cal vivo queima todo.*

cal[2]

interrogativo

1 Úsase para preguntar por algo ou alguén entre varios: *Cal é o teu coche?*

relativo

2 Úsase para substituír e referirse ao nome dunha persoa ou cousa que xa se dixo antes: *O libro do cal che falei está xa esgotado.*

OBS. Na acepción 2 sempre se usa co artigo *o, a, os, as* diante.

cala

substantivo feminino

Pequena entrada do mar na terra e que forma unha praia pequena: *En Galicia hai moitas calas.*

calabozo

substantivo masculino

Prisión ou cela, habitualmente pequena, onde se meten os presos: *O castelo tiña calabozos.*

***caladeiro**, a forma correcta é **caladoiro**.

calado[1]

substantivo masculino

1 Distancia entre o fondo da quilla dun barco e a superficie da auga: *A carga fai que diminúa o calado dun barco.*

2 Distancia entre a superficie da auga e o seu fondo no mar, nun río ou lago: *Aquí o porto ten menos calado.*

3 Adorno consistente en abrir buracos nunha superficie, especialmente en teas: *Leva unha blusa con calados.*

calado[2], calada

adxectivo

1 Que fala pouco: *É un rapaz moi calado.*
SIN. reservado. ANT. charlatán, falador, falangueiro, lareta, locuaz.

substantivo feminino

2 Feito de estar sen falar ou non haber ruídos: *Na calada da noite óense todos os ruídos.*

EXP. **Ás caladas** ou **pola calada** Sen dicir nada nin chamar a atención: *Cambiou todo ás caladas.*

caladoiro
substantivo masculino
Lugar do mar onde os barcos de pesca botan as redes para pescar: *Nos caladoiros é onde están os bancos de peixe.*

calafrío
substantivo masculino
Sensación de frío repentina que fai tremer: *A febre pode producir calafríos.*

*calamar, a forma correcta é lura.

calamidade
substantivo feminino
1 Situación de desgraza ou sufrimento: *Na guerra pasaron moitas calamidades.* SIN. adversidade.
2 Persoa á que todo lle sae mal ou o fai mal: *É unha calamidade nas matemáticas.*
FAM. calamitoso.

calar[1]
verbo
1 Deixar de falar ou de facer ruído: *Cando fala outra persoa, hai que calar. Por fin calou o ruído daquel motor.*
2 Non dicir o que se sabe ou o que se pensa: *Para non enfadarse é mellor calar.* ANT. comunicar, declarar, dicir, expresar, laretar, pregoar, proclamar.
FAM. calada, calado.

calar[2]
verbo
1 Facer que un barco chegue a máis ou menos profundidade co casco: *Esa enseada é boa para calar o barco.*
2 Entrar a auga ou un líquido nun corpo e deixalo enchoupado: *Non levei paraugas e veño calado.*
3 Chegar a coñecer por completo: *Axiña calei que era un mentirán.*
4 Facer buracos nunha superficie como adorno: *Calou a tea da blusa.*
5 Facer que unha cousa se axuste noutra por completo: *Calou ben o sombreiro na cabeza.*
6 Impresionar moito: *As palabras do mestre calaban nos alumnos.*

calarse
verbo
Parar repentinamente o motor dun coche ou vehículo: *O coche cálase nas costas.*

*calaveira, a forma correcta é caveira.

calcañar ou calcaño
substantivo masculino
Parte inferior do talón do pé: *Pisaba cos calcaños.*

calcapapeis
substantivo masculino
Obxecto pesado que se pon sobre os papeis para que non voen: *Na mesa da oficina ten un calcapapeis con forma de elefante.*

calcar
verbo
1 Facer presión ou forza sobre algo: *Calcaba as follas secas para que collesen no saco.* SIN. premer.
2 Copiar un debuxo poñendo sobre el un papel e seguindo as liñas do que está embaixo: *Cómpre que non calques as láminas de debuxo.*
FAM. calcapapeis, calco, calcomanía.

calcario, calcaria
adxectivo
1 Que contén cal: *As augas calcarias teñen mal sabor.*
substantivo feminino
2 Clase de rocha cuxo compoñente fundamental é o cal: *Das calcarias obtense o cal.*

calcetar
verbo
Facer unha peza de roupa usando la e agullas para tecer á man: *Este xersei calceteino eu.*
FAM. calceta.

calcetín
substantivo masculino
Peza de vestir que cobre o pé e a perna sen chegar aos xeonllos: *No inverno usa calcetíns de la.* SIN. peúgo.

calcinar
verbo
Queimar ata reducir a cinsas: *As árbores quedaron calcinadas.*

calcio
substantivo masculino
Elemento químico metálico de cor branca: *O calcio é o integrante básico dos ósos.*

calcomanía
substantivo feminino

Imaxe ou debuxo que se pega sobre unha superficie: *No caderno leva unha calcomanía co escudo do Celta.*

calculador, calculadora
adxectivo e substantivo

1 Que pensa só no seu propio ben ou interese: *Non me gustan as persoas calculadoras.*

substantivo feminino

2 Máquina que fai operacións matemáticas rápida e automaticamente: *Na clase de matemáticas usamos a calculadora.*

calcular
verbo

1 Facer operacións matemáticas para obter un resultado: *Na clase de matemáticas temos que calcular.*

2 Considerar algo como posible: *Calculo que axiña rematarei este traballo.*

3 Pensar con moito coidado: *Antes de se meter nun negocio, hai que calcular os riscos.*

FAM. calculador, calculadora, cálculo.

cálculo
substantivo masculino

1 Realización de operacións matemáticas para obter un resultado: *O xerente facía o cálculo das perdas da empresa.* SIN. conta.

2 Opinión ou xuízo que se forma sobre algo: *Segundo os meus cálculos ti estás trabucado.*

3 Especie de pedra que se forma nalgúns órganos do corpo pola acumulación de sales: *Ten cálculos nos riles.* SIN. pedra.

caldear
verbo

1 Pór máis quente: *Esta estufa caldea o salón.*

2 Excitar ou facer perder a tranquilidade: *Esas acusacións de neglixencia caldearon a asemblea.*

FAM. caldeado.

caldeira
substantivo feminino

1 Recipiente metálico de fondo redondo, con asa e que se usa para quentar ou cociñar algo: *Xa fervía a auga nas caldeiras do polbo.*

2 Recipiente de metal que quenta a auga da calefacción ou para outros usos: *Cómpre amañar a caldeira da calefacción.*

FAM. caldeirada.

caldeirada
substantivo feminino

Comida consistente en peixe cocido con patacas cocidas e allada: *Gústanos moito a caldeirada de peixe sapo.*

caldeireta
substantivo feminino

Recipiente de lata ou aluminio con asas e tampa habitualmente usado para conter leite: *As leiteiras levaban caldeiretas.*

EXP. **Estar coma unha caldeireta** Estar tolo: *Contestouche mal porque está coma unha caldeireta.*

caldeiro
substantivo masculino

Recipiente de metal, plástico ou calquera outro material, cunha soa asa e usado para levar líquidos: *Carrexaban a auga en caldeiros de plástico.*

OBS. É distinto de *cubo*, 'corpo xeométrico'.

FAM. caldeira, caldeirada, caldeireta.

caldo
substantivo masculino

1 Comida preparada con carne, verdura, chourizos, touciño, patacas e outros ingredientes cocidos en auga: *O caldo é unha comida tipicamente galega.*

2 Líquido en que se coceu un alimento: *Gústame tomar un caldo de galiña.*

EXP. **Caldo auguento** ou **lavado** O que ten moita auga: *Ese caldo auguento non me chista.* **Caldo branco** O que non ten verduras: *De primeiro puxéronnos un caldo branco.* **Caldo de cultivo** Medio ou circunstancias que posibilitan o desenvolvemento de algo: *A sucidade é bo campo de cultivo para certas bacterias.* **Facer bo caldo** Levarse moi ben dúas ou máis persoas: *El cos curmáns fai bo caldo.*

FAM. caldoso.

calefacción
substantivo feminino

Instalación formada por canos, radiadores e caldeira que permite quentar un edificio: *Nos edificios modernos adoita haber calefacción central.*

calendario
substantivo masculino

1 Lista dos días do ano repartidos en meses e semanas: *Na parede ten un calendario deste ano.* SIN. almanaque.

2 Sistema de división do tempo en anos, meses, semanas e días: *O calendario da Revolución francesa era distinto do noso.*

3 Organización dun período de tempo, repartindo nel as actividades que hai que facer: *Xa temos o calendario de exames.*

calibre
substantivo masculino

1 Anchura ou diámetro do tubo polo que sae unha bala dunha arma: *Os canóns son armas de gran calibre.*

2 Grosor ou diámetro de obxectos como as balas: *Ese fusil utiliza unha bala de calibre medio.*

3 Tamaño, importancia ou clase: *El non comete erros dese calibre tan grande.*

FAM. calibrar.

calidade
substantivo feminino

1 Característica propia de algo ou alguén, especialmente se é positiva: *A súa mellor calidade é a honradez.* SIN. carácter, característica, propiedade.

2 Conxunto das propiedades que son características de algo ou alguén: *A bondade é a calidade propia do bo.*

3 Conxunto de características que fan que algo sexa bo: *Gústalle a literatura de calidade.*

EXP. **Calidade de vida** Conxunto de condicións que fan agradable a vida: *A calidade de vida en moitas tribos africanas é moi mala.* **De primeira calidade** Moi bo: *Esas mazás son de primeira calidade.* **En calidade de** En condición de: *Protestaba en calidade de nai do alumno.*

OBS. Non se di **cualidade*.

cálido, cálida
adxectivo

1 Con moita calor: *Agosto é un mes cálido.* SIN. caloroso. ANT. frío.

2 Que amosa cariño e afecto: *Recibiunos dun xeito moi cálido.* SIN. caloroso.

3 Dito dunha cor, que se parece ao vermello ou ao amarelo: *Os tons cálidos da sala resultan moi agradables.*

califa
substantivo masculino

Xefe relixioso e político musulmán: *Os califas teñen o poder político e relixioso porque son considerados descendentes de Mahomet.*

FAM. califato.

***calificación**, a forma correcta é **cualificación**.

***calificar**, a forma correcta é **cualificar**.

***calificativo**, a forma correcta é **cualificativo**.

caligrafía
substantivo feminino

Técnica de escribir á man coa letra ben feita: *En primaria aprendénnos a caligrafía.*

FAM. caligráfico.

cáliz
substantivo masculino

1 Especie de vaso en forma de copa onde o sacerdote bota o viño durante a misa: *Durante a consagración o sacerdote levanta o cáliz.*

2 Parte exterior dunha flor formada por varias follas, habitualmente verdes, coas que se une ao talo: *O cáliz recobre os pétalos.*

callar
verbo

1 Facer que se volva sólido un líquido: *Para facer requeixo hai que callar o leite.*

2 Formar a neve unha capa sólida sobre a terra: *A neve non chegou a callar.*

3 Chegar algo a realizarse: *Non callou a idea de formar unha empresa entre nós.*

calleiro
substantivo masculino

1 Estómago dos animais: *O biólogo examinaba o calleiro do porco.* SIN. bandullo.

2 Cuarta parte das catro en que se divide o estómago dos animais ruminantes: *Os ruminantes teñen o estómago dividido en catro partes: bandullo, libro, retículo e calleiro.*

3 Callo.

callo
substantivo masculino

Substancia para volver sólido o leite: *Para facer queixo, cómpre callo.* SIN. calleiro, presoiro.

callos
substantivo masculino plural
Comida feita con anacos do estómago e das patas da vaca, chourizo, garavanzos e outros ingredientes: *Os callos manteñen moito.*

calma
substantivo feminino
1 Falta de actividade, movemento ou ruído: *O mar está en calma e case non hai ondas.* SIN. paz, sosego, tranquilidade. ANT. actividade, movemento.
2 Estado da persoa que está tranquila e sen nervios: *O bebé durmía en calma.* SIN. cachaza, serenidade. ANT. impaciencia, nervios, nerviosismo.

calmante
substantivo masculino
Medicina que fai diminuír a dor ou a excitación nerviosa: *Estaba tan nervioso que a médica receitoulle un calmante.*

calmar
verbo
1 Pór tranquilo ou en paz: *Os arrolos do pai calmaron o bebé, que deixou de chorar.* SIN. aplacar, serenar, sosegar, tranquilizar. ANT. acelerar, acalorar, inquietar, preocupar, quentar.
2 Diminuír a forza ou intensidade de algo: *A aspirina calma as dores.* SIN. adormentar.
FAM. calma, calmante, calmizo, calmo, calmoso.

calmizo
substantivo masculino
Bochorno.

calo
substantivo masculino
Dureza que se forma na pel dos pés, das mans ou doutras partes do corpo: *Teño calos nas mans de tanto traballar.*

*calofrío, a forma correcta é **calafrío**.

calor
substantivo feminino
1 Sensación que se nota no corpo ao haber unha temperatura alta: *No verán vai calor.* ANT. frío.
2 Temperatura alta no ambiente: *Espéranse uns días de calor.* ANT. frío.
3 Sensación de ser querido e ben recibido: *Todos necesitamos a calor da familia e dos amigos.*
4 Forza ou enerxía para defender algo: *Defenderon a democracia con calor.* SIN. ardor.
EXP. **Ir calor** Haber unha temperatura alta no ambiente: *En agosto aquí vai calor.*
FAM. caloría, calorífico, caloroso.

caloría
substantivo feminino
Unidade de medida da enerxía da calor: *A caloría é a calor que cómpre para elevar un grao a temperatura dun gramo de auga e mide o valor enerxético dos alimentos.*

caloroso, calorosa
adxectivo
1 Que sente ou que dá calor: *O tempo de verán é caloroso.* SIN. cálido. ANT. frío.
2 Que dá cariño e afecto: *Recibírono cun caloroso aplauso.*

calote
substantivo masculino
Falta de verdade ou engano no que se di ou fai: *Ese negocio que che propón parece un calote.*
FAM. caloteiro.

calquera
indefinido
Úsase para falar dunha persoa ou cousa que non se determinan: *Váleme calquera bolígrafo.*
EXP. **Ser un calquera** Ser unha persoa pouco importante: *É un calquera e non é certo que sexa concelleiro.*
OBS. É unha forma invariable.

caluga
substantivo feminino
Parte posterior do pescozo: *Na caluga comeza a cabeza.* SIN. cocote, noca.

calumnia
substantivo feminino
Mentira ou falsidade ditas de algo ou alguén para prexudicalos: *A calumnia é un delito.*
FAM. calumniar.

calvario
substantivo masculino
Conxunto prolongado de sufrimentos e desgrazas: *Esa enfermidade foi un calvario*

para el. SIN. martirio, suplicio, tormento, tortura.

calvo, calva

adxectivo e substantivo

1 Que non ten pelo na cabeza: *Non quere quedar calvo e foi ao dermatólogo.*

substantivo feminino

2 Parte da cabeza sen pelo: *Ten unha calva no lado esquerdo da cabeza.*

3 Lugar onde falta a vexetación que debería haber: *Ese campo de fútbol ten moitas calvas.*

calzada

substantivo feminino

1 Zona que hai entre as beirarrúas dunha rúa ou entre os bordos dunha estrada: *Pola calzada van os coches e vehículos.*

2 Camiño ancho e con piso de pedra: *Foron célebres as calzadas do Imperio romano.*

calzado

substantivo masculino

Peza de vestir que cobre e protexe os pés: *Os zapatos, as zapatillas e as sandalias son calzado.*

calzar

verbo

1 Pór ou usar os zapatos ou calquera outro calzado: *Poño os calcetíns e despois calzo os zapatos.*

2 Pór algunha peza debaixo dun moble ou dun vehículo para evitar que se mova: *Cómpre calzar a mesa para que non se mova.* SIN. forrar.

FAM. calcetín, calzado, calzador, calzo, descalzar, descalzo.

calzón

substantivo masculino

Peza de vestir masculina que se pon debaixo do pantalón: *Cambiou o calzón e a camiseta.* SIN. cirolas.

cama

substantivo feminino

1 Moble que se usa para durmir: *Ese cuarto ten dúas camas.* SIN. leito.

2 Capa de vexetais sobre a que dormen os animais: *Fíxolles ás vacas unha cama de estrume.*

EXP. **Cama elástica** Aparello de ximnasia formado por unha tea forte sobre a que se salta: *No ximnasio do colexio temos dúas camas elásticas.* **Cama niño** A que está formada por dúas, unha gardada debaixo da outra: *Na casa temos dúas camas niño para cando hai invitados.* **Facer a cama** Arranxar as sabas e mantas despois de levantarse: *Despois de me erguer, fago a cama.* **Gardar cama** ou **quedar na cama** Estar nela por enfermidade: *O médico díxome que quedase na cama unha semana.*

FAM. camada, sobrecama.

camada

substantivo feminino

1 Conxunto de crías dun animal mamífero que nacen ao mesmo tempo: *Tes unha boa camada de ranchos.* SIN. deitada, niñada, rolada.

2 Grupo social cun nivel económico e social determinado: *As camadas populares soportan moitos impostos.* SIN. estrato.

camaleón

substantivo masculino

Animal réptil duns 30 centímetros e cunha pel que cambia de cor para adaptarse ao medio: *O camaleón ten unha lingua longa e apegañenta para capturar insectos.*

cámara

substantivo

1 Persoa que traballa gravando imaxes en movemento cun aparello especial: *Traballa de cámara de televisión.*

substantivo feminino

2 Aparello que serve para gravar ou rexistrar imaxes paradas ou en movemento: *Mercamos unha cámara de vídeo e outra de fotos.*

3 Espazo ou recipiente oco con aire ou gas cunha determinada función: *As casas deben ter nas paredes cámara de aire. Os pneumáticos das bicis levan dentro unha cámara de goma chea de aire.*

4 Organismo encargado de elaborar as leis ou fixar normas para unha actividade ou profesión: *O Congreso é a cámara baixa e o Senado é a cámara alta. As cámaras de comercio dan instrucións para a actividade comercial.*

5 Cuarto para distintos usos e habitualmente privado ou coa entrada limitada: *O palacio ten unha cámara especial para as audiencias do rei.*

EXP. **Cámara de gas** Recinto ou cuarto completamente pechado en que se mete unha persoa para quitarlle a vida: *Os nazis asasinaban os xudeus en cámaras de gas.* **Cámara lenta** Técnica para gravar imaxes en movemento que permite proxectalas cun movemento lento: *Vimos a xogada a cámara lenta.* **Cámara mortuoria** Lugar onde se pon un morto antes de enterralo: *Nos tanatorios hai distintas cámaras mortuorias.*
FAM. camarote, camerino.

camarada
substantivo

1 Persoa que ten unha boa relación con outra, especialmente porque teñen a mesma actividade ou profesión: *Na clase teño varios camaradas inseparables.* SIN. compañeiro.
2 Persoa que está no mesmo partido político ou que ten as mesmas ideas políticas: *Na asemblea do partido falaron os camaradas máis preparados.* SIN. compañeiro.
FAM. camaradaría.

camareiro, camareira
substantivo

Persoa cuxo traballo consiste en servirlles comidas e bebidas aos clientes de restaurantes, bares e cafetarías: *Os camareiros adoitan levar de uniforme unha chaqueta branca.*

camarilla
substantivo feminino

Grupo de persoas que por amizade inflúen sobre alguén con poder e autoridade : *O xefe ten a súa camarilla que o aconsella.*

camarón
substantivo masculino

Crustáceo mariño comestible, con cinco pares de patas e antenas moi longas: *O camarón é un marisco moi saboroso.*

camarote
substantivo masculino

Cuarto para durmir dos barcos: *Nese camarote dormen catro mariñeiros.*

cambadela
substantivo feminino

Empurrón que se lle dá a unha persoa póndolle unha perna no medio das súas para que caia: *O defensa fíxolle a cambadela ao dianteiro.*
EXP. **Botarlle** ou **facerlle a cambadela** Facer que alguén fracase en algo ou teña problemas: *Cando presento algún proxecto ese sempre me bota a cambadela.*

cambalear
verbo

Moverse algo ou alguén dun lado para outro como se estivese a punto de caer: *Cambaleaba e parecía que ía desmaiarse.*

cambiar
verbo

1 Facer que algo sexa distinto: *De súpeto cambiou os choros en risas.* SIN. alterar, converter, modificar, mudar, transformar.
2 Trocar.
3 Pór algo ou alguén por outro: *O adestrador cambiou un defensa por un dianteiro.* SIN. substituír.
4 Pasar, ao conducir un vehículo, dunha marcha a outra: *Cambiou de cuarta a quinta.*
5 **cambiarse** Pór outra roupa: *Cambieime para ir ao cine.*
FAM. cambio, descambiar, intercambiar, recambio.

cambio
substantivo masculino

1 Proceso que fai que algo se volva distinto: *Con este edificio tan grande a praza sufriu un gran cambio.* SIN. alteración, conversión, modificación, transformación.

cambiar

INDICATIVO		SUBXUNTIVO	IMPERATIVO
Presente	**Copretérito**	**Presente**	cambia
cambio	cambiaba	cambie	cambiade
cambias	cambiabas	cambies	
cambia	cambiaba	cambie	
cambiamos	cambiabamos	cambiemos	**FOR. NOMINAIS**
cambiades	cambiabades	cambiedes	**Infinitivo**
cambian	cambiaban	cambien	cambiar
Pretérito	**Antepretérito**	**Pretérito**	**Xerundio**
cambiei	cambiara	cambiase	cambiando
cambiaches	cambiaras	cambiases	
cambiou	cambiara	cambiase	**Participio**
cambiamos	cambiaramos	cambiásemos	cambiado
cambiastes	cambiarades	cambiásedes	
cambiaron	cambiaran	cambiasen	
Futuro	**Pospretérito**	**Futuro**	**Inf. conxugado**
cambiarei	cambiaría	cambiar	cambiar
cambiarás	cambiarías	cambiares	cambiares
cambiará	cambiaría	cambiar	cambiar
cambiaremos	cambiariamos	cambiarmos	cambiarmos
cambiaredes	cambiariades	cambiardes	cambiardes
cambiarán	cambiarían	cambiaren	cambiaren

2 Substitución ou colocación dunha cousa por outra: *Fixo cambios na casa e puxo uns mobles novos no canto dos vellos.* SIN. substitución.
3 Entrega dunha cousa por outra: *De cativo gustábame o cambio de cromos.*
4 Cartos en moedas ou billetes de pouco valor: *Non teño cambio; só un billete de vinte euros.*
5 Cartos que devolven ao comprar algo porque sobran: *Custaba quince euros, paguei cun billete de vinte e déronme de cambio un billete de cinco.* SIN. volta.
EXP. **A cambio** En compensación ou como pagamento: *Deulle un libro a cambio de tres revistas.* **En cambio** Pola contra: *El aprobou; eu, en cambio, suspendín.*

cambota
substantivo feminino
Construción ou aparello con forma de campá que se coloca sobre a cociña para que saian por ela o fume e os gases: *As cociñas modernas teñen cambotas extractoras eléctricas.*

cambra
substantivo feminino
Dor forte e repentina que se sente nun músculo: *As cambras débense ás contraccións do músculo.*

camelia
substantivo feminino
1 Arbusto de folla perenne e que produce unhas fermosas flores de cor branca, encarnada ou rosada: *As camelias son orixinarias da China e do Xapón.*
2 Flor deste arbusto: *A camelia é unha flor típica de Pontevedra.*

camelo
substantivo masculino
Animal mamífero de corpo longo e con dúas xibas: *Os camelos aguantan moi ben a calor do deserto.*

camerino
substantivo masculino
Pequeno cuarto nos teatros e lugares de espectáculo para que nel se vistan e preparen actores e cantantes: *Nos estudios de televisión adoita haber tamén camerinos.*

***camilleiro**, a forma correcta é **padioleiro**.

camiñada
substantivo feminino
Percorrido que se fai a pé: *Ata esa casa aínda hai unha camiñada.* SIN. andaina.

camiñar
verbo
1 Ir dun lugar a outro a pé: *Camiñamos ata a praza.* SIN. andar.
2 Dirixirse cara a unha situación: *Se non te espiles, o teu negocio camiña cara á ruína.*
FAM. camiñada, camiñante, camiño, encamiñar.

camiño
substantivo masculino
1 Espazo ou vía por onde se vai a un lugar, especialmente se é de terra: *Nas aldeas os camiños están a ser substituídos por pistas asfaltadas.*
2 Conxunto de lugares polos que se pasa para ir dun sitio a outro: *Para ir ao colexio fago todos os días o mesmo camiño.* SIN. itinerario, percorrido, ruta, traxecto.
3 Medio que se usa para conseguir algo: *Estudar todos os días é o mellor camiño para aprobar.*
EXP. **Abrir camiño** Progresar, ir vencendo dificultades: *Abriuse camiño neste negocio, porque traballou moito de novo.* **De camiño** Ao mesmo tempo: *Teño que ir á casa de meus pais e, de camiño, paso pola túa.* **Camiño de algo** Con moitas posibilidades de chegar a algo: *Ese rapaz leva camiño de ser un gran futbolista.* **Por camiños e carreiros** Polo campo: *A casa está no final da aldea e chégase alí por camiños e carreiros.*

camión
substantivo masculino
Vehículo automóbil grande, de catro ou máis rodas, para levar cargas grandes: *Transportan o peixe en camións frigoríficos.*
FAM. camioneiro, camioneta.

camioneta
substantivo feminino
Vehículo automóbil semellante ao camión, pero máis pequeno: *Teñen unha camioneta para repartir os pedidos do supermercado.*

camisa
substantivo feminino
Peza de vestir que cobre desde o pescozo

ata un pouco máis abaixo da cintura: *Leva unha camisa de manga curta.*
EXP. **Camisa de forza** Peza especial de tea moi forte que se lle pon a unha persoa tola para que non poida mover os brazos: *Agora xa non se usan as camisas de forza.* **Meterse en camisas de once varas** Pórse a facer algo sen ser quen de facelo: *Non te metas en camisas de once varas pois ese traballo non é para ti.* **Perder a camisa** Perder absolutamente todo: *Foi xogar ao casino e perdeu a camisa.*
FAM. camisaría, camiseta, camisón.

camiseta
substantivo feminino
Peza de roupa interior, exterior ou deportiva que cobre o corpo desde o pescozo ata a cintura, habitualmente sen colo e que se pega ao corpo: *Cada equipo ten unha camiseta característica.*

camisón
substantivo masculino
Peza de vestir para durmir que cobre o corpo ata por debaixo dos xeonllos: *Hoxe xa só adoitan usar camisón as mulleres.*

campa
substantivo feminino
Lousa plana que cobre unha sepultura: *Os enterramentos medievais adoitan ter campas de granito.*

campá
substantivo feminino
1 Instrumento metálico, con forma de copa invertida que soa ao ser golpeado polo badalo que colga no seu interior ou por un martelo: *As igrexas teñen campás.* SIN. sino.
2 Calquera obxecto con esta forma ou parecida a ela: *Na cociña temos unha campá extractora para expulsar o fume e os gases.*
EXP. **Botar as campás a voar** Alegrarse moito e comunicar esta alegría: *Botou as campás a voar cando soubo que lle tocara a lotaría.*
FAM. campaíña, campanario, campaneiro.

campaíña
substantivo feminino
1 Campá pequena que se fai soar coa man e que adoita ter un mango: *Na misa úsase a campaíña.*
2 Úvula.

campanario
substantivo masculino
Torre en que se colocan as campás: *Subiron ao campanario da igrexa.*

campaneiro
substantivo masculino
Persoa encargada de tocar as campás: *É o campaneiro da igrexa da súa parroquia.* SIN. sineiro.

campaña
substantivo feminino
1 Conxunto de actividades organizadas para conseguir un fin: *Xa logo comeza a campaña electoral.*
2 Espazo de tempo que dura unha actividade: *O equipo esta campaña está a xogar moi ben.*

campar
verbo
Destacar ou quedar ben: *Como campabas con ese traxe tan bonito!*
FAM. campante.

***campeón**, a forma correcta é **campión**.

***campeonato**, a forma correcta é **campionato**.

campesiño, campesiña
adxectivo
1 Do campo: *A vida campesiña é máis tranquila ca a urbana.* SIN. campestre, rural, rústico.
substantivo
2 Persoa que vive e traballa no campo: *Os campesiños adoitan ser agricultores e gandeiros.* SIN. labrador, labrego, paisano.

campestre
adxectivo
Do campo ou feito no campo: *Fixemos unha merenda campestre.* SIN. campesiño, rural, rústico.

campía
substantivo feminino
Terreo onde medra a herba espontaneamente: *En Lugo hai moi boas campías.* SIN. camposa.

cámping
substantivo mascuino
1 Lugar ao aire libre preparado para acampar nel: *Pasamos as vacacións nun cámping da praia.*

2 Actividade de acampar nestes lugares: *É moi afeccionado a facer cámping.*

campión, campioa

adxectivo e substantivo

Que gaña ou vence nunha competición: *O noso equipo proclamouse campión da liga deste ano.* SIN. ganador, gañador, vencedor. ANT. perdedor.

FAM. campionato, subcampión.

campionato

substantivo masculino

Competición deportiva en que se disputa o título de campión: *O campionato de liga é duro.*

campo

substantivo masculino

1 Terreo fóra dos núcleos de poboación, cultivado ou non: *Gústame máis vivir no campo ca na cidade.*

2 Terra cultivada ou sen cultivar: *Neses campos medra a herba.*

3 Conxunto de cousas e actividades relacionadas co cultivo da terra: *O campo resulta duro.* SIN. agro, rural.

4 Terreo ou lugar reservado para facer determinados deportes ou actividades: *Os campos de fútbol teñen céspede.*

5 Lugar sen edificios nunha poboación onde se poden celebrar festas e outras xuntanzas: *O campo da feira está nas aforas da vila.*

6 Conxunto de todo o que pertence a unha determinada ciencia, técnica ou actividade: *O campo da medicina é moi complexo e extenso.* SIN. ámbito, área, eido, terreo.

EXP. **Campo de concentración** Lugar onde se meten os prisioneiros de guerra ou presos políticos: *Os xudeus foron internados polos nazis en campos de concentración.* **Campo de refuxiados** Lugar onde viven os que escapan dunha guerra ou de calquera outra desgraza: *En Palestina hai campos de refuxiados.* **Deixar** ou **estar a campo** Deixar ou estar sen cultivar: *Deixaron as viñas a campo.*

FAM. campaña, campesiño, campestre, camposanto, acampada, acampar.

camposa

substantivo feminino

Terreo onde medra a herba espontaneamente: *Na provincia de Lugo hai boas camposas.* SIN. campía.

camposanto

substantivo masculino

Lugar para enterrar os mortos: *Repousa nun panteón do camposanto.* SIN. cemiterio.

camuflar

verbo

Disimular ou ocultar dando ou tomando un aspecto ou aparencia diferente: *Algúns animais camúflanse e ata cambian de cor, de xeito que parecen ramas ou rochas.*

FAM. camuflaxe.

can

substantivo masculino

1 Animal mamífero cuadrúpede doméstico, de moi bo olfacto e que se emprega como animal de compaña e vixilancia: *Os cans son moi fieis.* SIN. cadelo.

2 Aparello de pesca con forma de angazo que vai recollendo todo o marisco que atopa: *A arte do can está prohibida.*

EXP. **Can de palleiro** O do país e que non é de ningunha raza especial: *Os cans de palleiro poden ser tan bos coma os de raza.* **Can sen dono** O que anda perdido ou foi abandonado: *Danme moita pena os cans sen dono.* **Coma un can** Só e abandonado: *Morreu só, coma un can.* **Meter os cans na bouza** Crear ou provocar problemas a outros ou entre outros: *Meteulles os cans na bouza e fixo que pelexasen.* **Non ter un can** Non ter cartos ningúns: *Está arruinado e non ten un can.* **Ser un can vello** Ser moi astuto: *Non o enganarás porque é un can vello.*

OBS. O feminino é *cadela.*

FAM. canceira, canino.

cana

substantivo feminino

1 Talo oco dalgunhas plantas: *Amoreaban canas de millo.*

2 Planta gramínea de talo oco e follas anchas e ásperas: *A cana medra nos lugares húmidos.*

EXP. **Cana de azucre** Planta de follas longas da que se obtén o azucre: *En Cuba hai grandes plantacións de cana de azucre.* **Cana de pescar** Vara longa e delgada da que colga un fío e un cebo e que se emprega para pescar: *Os pescantíns bos levan varias canas.*

canal

substantivo masculino

1 Vía ou especie de camiño de gran tama-

ño que se abre para levar a auga: *Abriron un canal para levar a auga do Texo ao Segura.* SIN. canle.
2 Paso, vía ou camiño natural ou feito polo home que comunica dous mares ou ríos: *O canal de Panamá comunica o océano Atlántico co Pacífico.* SIN. canle.

canalizar
verbo
1 Abrir ou facer vías para conducir auga, líquidos, gases ou mesmo fíos de teléfono ou luz: *Agora canalizan os cables do teléfono e da luz por debaixo das rúas.*
2 Levar cara a un determinado fin, obxectivo ou propósito: *Canalizou os seus esforzos en aprobar todo o curso.* SIN. dirixir, orientar.
OBS. Cambia o z en *c* diante do *e*, como en *cazar*.

canalla
substantivo
Persoa moi mala: *Rouba porque é un canalla.*
FAM. canallada.

***canalón**, a forma correcta é **cal, canlón**.

canapé
substantivo masculino
1 Anaco ou rebanda de pan sobre a que se poñen diversos alimentos e que se toma como aperitivo: *Había canapés de xamón, queixo e de moitas outras cousas.*
2 Sofá longo onde se pode estar sentado ou deitado: *Vía a televisión deitado nun canapé.*

canario
substantivo masculino
Paxaro pequeno de plumas amarelas ou verdes que canta moi ben: *Os canarios devecen polo alpiste.*

canastra
substantivo feminino
1 Cesto de vimbio, ancho e pouco alto, con ou sen asas: *Botaban a roupa sucia nunha canastra.*
2 No baloncesto, aro fixado nun taboleiro e do que colga unha rede: *Para conseguir puntos o balón ten que entrar pola canastra.*
3 No baloncesto, feito de introducir o balón por este aro: *Hai canastras de dous e de tres puntos.*

canastro
substantivo masculino
1 Canastra grande: *Gardaba a roupa vella nun canastro.*
2 Hórreo.

canaval
substantivo masculino
Terreo cheo de canas: *Preto dos ríos pode haber canavais.*

canceira
substantivo feminino
Lugar onde se encerran os cans perdidos ou sen dono: *Todos os concellos teñen unha canceira.*

cancela
substantivo feminino
Porta baixa formada por barras de madeira ou metal que deixan ocos entre elas: *Púxolle ao xardín unha cancela para que non pase o can.*

cancelar
verbo
1 Deixar sen efecto ou deixar de facer: *O mal tempo fixo que se cancelasen todas as saídas de avións.* SIN. anular, suspender.
2 Terminar de pagar unha débeda: *Xa cancelou a hipoteca.*
FAM. cancelación.

cáncer
substantivo ou adxectivo
1 Un dos doce signos do zodíaco: *Os cáncer nacen entre o 21 de xuño e o 22 de xullo.* SIN. cangrexo.
substantivo masculino
2 Cancro.
FAM. canceríxeno, canceroso.

cancha
substantivo feminino
Lugar ou terreo para practicar determinados deportes: *O baloncesto xógase nunha cancha.*

canción
substantivo feminino
Composición en verso e que se canta: *Gústanme as cancións románticas.* SIN. cantiga, cántiga, cantar.
FAM. cancioneiro.

cancioneiro
substantivo masculino
Colección ou libro de cancións: *As cantigas medievais galegas están recollidas en tres cancioneiros.*

cancro
substantivo masculino
1 Vulto ou tumor maligno que destrúe as células do corpo: *Fumar produce distintos tipos de cancro.* SIN. cáncer.
2 Calquera cousa que é moi mala: *O tráfico e consumo de drogas é un cancro social.* SIN. cáncer.

canda
preposición
1 Emprégase para indicar compaña: *Veu canda min e chegamos xuntos.*
2 Emprégase para indicar que se fai algo ao mesmo tempo ca outro: *Entregou o impreso de matrícula canda min.*

***candado**, a forma correcta é **cadeado**.

candea
substantivo feminino
1 Obxecto cilíndrico e alongado de cera cunha especie de corda dentro que arde moi ben: *Antigamente as candeas usábanse como iluminación.*
2 Flor de certas árbores, como o castiñeiro, o bidueiro ou o millo: *Ese castiñeiro ten moitas candeas.*
OBS. É distinto de *vela*, 'tea grande que serve para que se movan certos barcos'.
FAM. candeeiro, candelabro.

candeeiro
substantivo masculino
Utensilio que ten un tubo oco e no que se coloca unha candea: *Os candeeiros adoitan ser de metal.*

candelabro
substantivo masculino
Utensilio con dous ou máis brazos para suxeitar dúas ou máis candeas ou luces: *Os candelabros actuais levan lámpadas eléctricas.*

candente
adxectivo
Vermello ou branco pola acción da calor: *O ferro candente é de cor vermella intensa.*

candidato, candidata
substantivo
Persoa que intenta obter un cargo, posto ou premio: *Para o cargo de presidente do club presentáronse tres candidatos.*
FAM. candidatura.

cándido, cándida
adxectivo
Moi bo e sen ningunha malicia: *Non desconfía de ninguén porque é moi cándido.* SIN. inocente, inxenuo. ANT. pícaro.
FAM. candidez.

candil
substantivo masculino
Especie de lámpada cun recipiente con aceite ou outra substancia que arda moi ben e cun bico nun extremo, por onde sae a chama, e unha asa no extremo oposto: *Antes da luz eléctrica, usábanse candeas e candís.*

cando
adverbio
1 En que tempo ou momento: *Cando virás? Pregúntoche cando virás.*
conxunción
2 No tempo ou momento en que acontece algo: *Cando chegaches, eu ía saír.*
3 Indica condición cunha referencia temporal: *Cando non chegou, é que xa non virá.*

canear
verbo
Evitar un ou máis xogadores contrarios para seguir co balón: *Ese dianteiro canea moi ben.* SIN. driblar.
FAM. caneo.

canela[1]
substantivo feminino
1 Óso longo e groso que une o xeonllo co pé: *Dúas canelas e unha caveira son o sinal dos piratas.* SIN. tibia.
2 Parte da perna que vai desde o xeonllo ata o pé: *O dianteiro recibiu unha patada na canela dereita.*
FAM. caneleira.

canela[2]
substantivo feminino
Po marrón claro procedente da casca moída dunha árbore asiática que ole e sabe moi ben: *Bótalle canela ao arroz doce.*
FAM. caneleira.

canella ou **canellón**
substantivo feminino ou masculino
Rúa moi estreita: *Paseaba por unha canella do centro histórico da cidade.*

canelón
substantivo masculino
Pasta en forma de tubo que adoita ir recheo de carne picada: *Os canelóns son de orixe italiana.*

canga
substantivo feminino
Xugo.

cangallo
substantivo masculino
Cada unhas partes ou ramas dun acio de uvas: *Ese acio ten tres bos cangallos.*

cangar
verbo
1 Xunguir.
2 Levar un peso: *Cangou el con todos os vultos.* SIN. cargar.
3 Ser ou facerse responsable de algo: *Condenárono porque cangou el cos dous roubos.*
OBS. Cambia o *g* en *gu* diante do *e*, como en *pagar.*
FAM. canga.

cangrexo
adxectivo e substantivo
1 Un dos doce signos do zodíaco: *Son cangrexo os nados entre o 22 de xuño e o 22 de xullo.* SIN. cáncer.
substantivo masculino
2 Animal crustáceo, de río ou de mar, cunha cuncha dura e dez patas: *O cangrexo ten pinzas no primeiro par de patas.* SIN. caranguexo.

canguro
substantivo masculino
Animal de grandes patas traseiras coas que anda dando saltos e cuxas femias teñen unha gran bolsa en que levan as crías: *Os canguros son marsupiais propios de Australia e Nova Guinea.*

caníbal
adxectivo e substantivo
Dito dunha persoa, que come carne humana: *Algún explorador fala de tribos caníbales en África.* SIN. antropófago.

*canilla, a forma correcta é canela.

canino, canina
adxectivo
1 Do can: *Deixaron a cadela nun albergue canino.*
adxectivo e substantivo masculino
2 Referido a un dente, o forte e rematado en punta situado entre o último incisivo e a primeira moa: *Os caninos teñen función de defensa e serven para esgazar a comida.* SIN. cabeiro, cairo, canteiro.

canivete
substantivo masculino
Tubo oco dos foguetes: *A pólvora dos foguetes vai no canivete.*

caniza ou **canizo**
substantivo feminino ou masculino
Armazón de paus, táboas e canas en que se colgan alimentos, como os chourizos, para afumalos: *Os chourizos penduraban do canizo.* SIN. sarillo.

canle
substantivo feminino
1 Vía ou especie de camiño de gran tamaño que se abre para levar a auga: *Abriron unha canle para levar a auga do Texo ao Segura.* SIN. canal.
2 Paso, vía ou camiño natural ou feito polo home que comunica dous mares ou ríos: *A canle de Panamá comunica o océano Atlántico co Pacífico.* SIN. canal.
3 Vía pola que se emiten programas de radio ou televisión: *As antenas parabólicas permiten sintonizar moitas canles de televisión.*
4 Paso ou vía por onde vai algo: *As arterias e as veas son canles por onde circula o sangue.* SIN. conduto.
5 Medio ou forma para solucionar algo: *A mellor canle para aprobar é o estudo diario.* SIN. camiño, conduto, vía.

cano[1]
substantivo masculino
Tubo por onde pasa un líquido: *A fonte bota a auga por dous canos.*

cano[2]**, cana**
adxectivo
1 Referido ao pelo, branco: *Ten cincuenta anos e o pelo cano.*

substantivo feminino
2 Pelo branco: *Aos trinta anos saíronlle algunhas canas.*

canoa
substantivo feminino
Barca pequena e de pouco peso: *As canoas adoitan ter a proa e a popa rematadas en punta.*

canón
substantivo masculino
1 Tubo oco das armas de fogo por onde sae a bala: *Mercou unha escopeta de dous canóns para cazar.*
2 Arma de fogo, moi grande e que dispara grandes proxectís: *A artillaría manexa canóns.*
FAM. canonazo, canonear, canoneiro.

canonizar
verbo
Declarar a Igrexa que unha persoa é santa: *O papa é o único que pode canonizar persoas.*
OBS. Cambia o *z* en *c* ante *e*, como en *cazar*.
FAM. canonización.

canoto
substantivo masculino
Talo oco ou semioco de plantas como o millo ou a pataca: *Queimaban canotos secos de millo.*

cansar
verbo
1 Facer sentir débil ou sen forzas: *Este traballo de cargar sacos cansa moito.* SIN. fatigar.
2 Aburrir ou producir fastío: *Esta película cansa a calquera porque é moi aburrida.* ANT. entreter.
3 Facer algo moitas veces durante moito tempo: *Xa cansei de dicirlle que estudase.*
FAM. cansado, cansazo, canseira, canso, descansar, descanso.

cansazo ou canseira
substantivo masculino ou feminino
1 Sensación de non ter forzas ou estar débil: *Despois do partido sentimos gran cansazo.* SIN. fatiga. ANT. descanso.
2 Sensación de aburrimento ou de fastío: *Esa película tan aburrida só me produciu cansazo.* SIN. aburrimento.

canso, cansa
adxectivo
Que produce ou ten cansazo: *Despois de corrermos tres quilómetros, quedamos cansos.*

cantar[1]
verbo
1 Producir coa voz sons agradables, unha melodía ou canción: *Eu sempre canto cando me ducho.*
2 Producir sons coa boca un animal, especialmente agradables: *Os canarios cantan moi ben.*
3 Dicir algo en voz alta e cun ton especial: *Os rapaces cantaban os números da lotaría.*
4 Contar algo secreto: *O cómplice cantou ante a policía e descubriu os compañeiros.*
5 Producir un aparello ou instrumento algún son: *As rodas do carro cantaban porque non estaban engraxadas.*
6 Falar moi ben de algo ou de alguén: *Rosalía en* Cantares gallegos *canta a Galicia.*
FAM. canción, cantante, cantaruxar, cantaruxeiro, cántico, cantiga, cántiga, canto.

cantar[2]
substantivo masculino
Composición que se canta: *Os alalás son cantares populares.* SIN. canción, cántiga, cantiga.

cántara
substantivo feminino
Medida tradicional de capacidade para líquidos: *Unha cántara equivale a dezaseis litros.*

cantaría ou cantería
substantivo feminino
Técnica de traballar a pedra para construír edificios: *A cantaría tradicional galega traballa o granito.*

cántaro
substantivo masculino
Recipiente grande, habitualmente de barro, estreito por arriba e por abaixo e ancho na súa parte central: *Os cántaros usábanse para conter auga ou aceite.*

cantaruxar
verbo
Cantar en voz baixa ou só a música da canción e non a letra: *Cando varre, cantaruxa.*
FAM. cantaruxeiro.

canteira

substantivo feminino

1 Lugar do que se extrae pedra ou outros minerais para a construción: *Traballa nunha canteira de granito.*

2 Lugar ou organización da que saen persoas preparadas para facer algo: *Os equipos de fútbol afeccionado son a canteira do fútbol profesional.*

canteiro, canteira

substantivo

1 Persoa que traballa ou labra a pedra para construír edificios: *Os canteiros teñen unha lingua propia chamada lingua dos arxinas.*

substantivo masculino

2 Canino.

cántico

substantivo masculino

Poesía en que se gaba algo: *Os fieis cantaron un cántico á Virxe.*

cantidade

substantivo feminino

1 Número de unidades de algo: *Aí hai unha boa cantidade de libros.*

2 En matemáticas, número en cifras co que se poden realizar operacións aritméticas como a suma ou a resta: *Sumade estas dúas cantidades: 20 e 30.*

cantiga ou cántiga

substantivo feminino

Poema que se canta: *Os Cancioneiros conteñen as cantigas medievais.* SIN. canción, cantar.

cantil

substantivo masculino

Terreo, especialmente sobre o mar, que é alto, con rochas e cortado case en vertical: *As ondas baten con forza contra o cantil.* SIN. acantilado.

cantimplora

substantivo feminino

Recipiente que se usa para levar auga nas excursións e viaxes: *Os exploradores levaban cadansúa cantimplora con auga.*

cantina

substantivo feminino

Especie de bar pequeno onde se serven comidas e bebidas: *Na estación do tren hai unha cantina.*

canto[1], canta

relativo

1 Indica a totalidade do que se di: *Leva cantos libros queiras.*

indefinido

2 Indica unha cantidade indeterminada: *Canto máis miro ese cadro, máis me gusta.*

interrogativo

3 Emprégase para preguntar a cantidade de algo: *Cantos foron ao teu aniversario?*

exclamativo

4 Emprégase para expresar emoción ante a cantidade de algo: *Canta xente hai aquí!*

EXP. **En canto** Mentres: *En canto estudo, non escoito música.* Moi pronto: *En canto o reciba, mándocho a ti.*

canto[2]

substantivo masculino

Pedra pequena, lisa e de forma arredondada: *No río hai cantos.* SIN. callao, coio, croio, pelouro, seixo.

canto[3]

substantivo masculino

1 Arte e técnica de cantar: *Estuda canto no conservatorio.*

2 Feito de cantar, especialmente as persoas ou os animais, con voz bonita: *Gústame o canto do canario.*

3 Poesía na honra de algo ou alguén: *Moitos poemas de* Cantares gallegos *son cantos a Galicia.* SIN. cantar, canción.

4 Canción popular: *Gústanme moito os alalás e outros cantos populares.* SIN. cantar, canción.

canto[4]

substantivo masculino

1 Lado ou bordo dunha cousa delgada: *É moi difícil colocar unha moeda de canto e de pé.*

2 Espazo formado por dúas paredes ou superficies que se cortan: *Colocou os trastes nun canto do seu cuarto.* SIN. curruncho, recanto, recuncho.

EXP. **No canto de** En lugar ou substitución de: *No canto de pan, tomaremos bica.*

cantor, cantora

adxectivo

1 Dito dunha ave, que canta ben: *O canario é unha ave cantora.*

substantivo
2 Persoa que sabe cantar ou ten como traballo cantar: *Nesta comarca hai cantores moi bos.*

canudo
substantivo masculino
Tubo oco e delgado: *A barra dos bolígrafos baratos vai nun canudo de plástico.*

***canuto**, a forma correcta é **canudo**.

***cañada**, a forma correcta é **canellón**.

***cáñamo**, a forma correcta é **cánabo**.

***cañón**, a forma correcta é **canón**.

***cañonazo**, a forma correcta é **canonazo**.

***cañoto**, a forma correcta é **canoto**.

caos
substantivo masculino
Desorde moi grande: *O seu cuarto é un caos, pois ten os libros sobre a cama e a roupa na mesa de estudo.*
FAM. caótico.

capa
substantivo feminino
1 Peza de abrigo longa e solta que se pon sobre os ombros e encima da roupa: *O conde de Drácula sempre leva unha capa de cor negra.*
2 Peza de tea de cor vermella que usan os toureiros para tourear: *A capa vermella atrae a atención do touro.*
3 O que se estende sobre algo e o cobre: *Cubriu o biscoito cunha capa de chocolate.*
4 Pedra do muíño que xira sobre outra fixa chamada pé: *As capas son de pedra.* SIN. moa.
5 Tornarratos.

capacidade
substantivo feminino
1 Posibilidade dunha cousa para conter outra dentro de si: *Este caldeiro ten capacidade para cinco litros de auga.*
2 Conxunto de condicións que permiten realizar unha actividade: *Non ten capacidade para adestrar un equipo de primeira división.* SIN. facultade. ANT. incapacidade.

capar
verbo
Cortar ou deixar inútiles os órganos sexuais dun animal tanto macho como femia: *Os capadores capaban toda clase de animais.*
SIN. castrar.
FAM. capador.

caparucha ou caparucho
substantivo feminino ou masculino
1 Gorro rematado en punta por atrás: *O anano levaba unha caparucha.* SIN. carapucha, carapucho.
2 Peza que se usa para cubrir o extremo de algo: *Púxolle o caparucho ao bolígrafo.* SIN. carapucha, carapucho.

capataz
substantivo masculino
Persoa que manda e vixía un grupo de traballadores: *O capataz quería que todos traballasen igual.*

capaz
adxectivo
1 Que ten capacidade para facer algo: *É capaz de aprobar todo o curso sen problemas.* ANT. incapaz.
2 Que se atreve a facer algo: *Es capaz de levantar ese saco de cincuenta quilos de patacas?* ANT. incapaz.
3 Que pode conter algo dentro de si: *Necesitamos un comedor capaz para douscentos convidados.*
FAM. capacidade, capacitar, incapacidade, incapaz.

capela
substantivo feminino
1 Parte dunha igrexa onde hai un altar que non é o principal: *A catedral ten varias capelas.*
2 Igrexa pequena: *A voda celebrouse na capela do pazo.*
FAM. capelán.

capicúa
adxectivo e substantivo masculino
Referido a un número, que está formado por cifras tales que dá igual lelas de dereita á esquerda ca ao revés: *4554 é un número capicúa.*

capilar
adxectivo
1 Do pelo: *Mercou unha loción capilar contra a caspa.*
substantivo feminino
2 No sistema circulatorio, cada un dos condutos moi finos que unen o final do siste-

ma arterial co comezo do venoso: *Pola parede dos capilares prodúcese o intercambio de gases e substancias nutritivas entre o sangue e os tecidos.*
FAM. capilaridade.

capital
adxectivo
1 Que é o máis importante: *Ese dato ten unha importancia capital.* SIN. básico, esencial, fundamental, primario, principal. ANT. accesorio, secundario.
substantivo masculino
2 Conxunto de cartos e bens que posúe unha persoa ou sociedade: *Ten moito capital: terras, casas, cartos e dúas fábricas de mobles.*
substantivo feminino
3 Cidade ou poboación principal dun territorio porque alí están os órganos de goberno dese territorio: *Santiago é a capital de Galicia.*
FAM. capitalismo, capitalista.

capitalismo
substantivo masculino
Sistema económico no que a propiedade, as terras e as fábricas pertencen a persoas ou sociedades privadas e non ao Estado: *No capitalismo as fábricas son dos seus donos e non do Estado, como ocorre no comunismo.*
FAM. capitalista.

capitán, capitá
substantivo
1 Persoa que dirixe un grupo: *A capitá do equipo leva un brazalete.*
2 Categoría militar inferior á de comandante e superior á de tenente: *O capitán manda unha compañía.*
3 Persoa que manda nun barco mercante: *O capitán é o derradeiro en abandonar o barco se afunde.*
EXP. **Capitán xeneral** Categoría ou grao máximos no Exército: *O Rei é capitán xeneral do Exército.*
FAM. capitanear, capitanía.

capitel
substantivo masculino
Parte superior dunha columna ou dun piar: *Os capiteis románicos tiñan figuras como adorno.*

capitón
substantivo masculino
Viravolta.
EXP. **Caer de capitón** De cabeza: *Tropezou e caeu de capitón.*

capitular
verbo
Darse por vencido: *O exército napoleónico rematou por capitular.*

capítulo
substantivo masculino
Cada unha das partes en que se divide un libro, un texto longo ou unha serie de radio ou televisión: *Esa novela ten trinta capítulos.*

capó
substantivo masculino
Parte metálica que cobre o motor dun coche: *Levantou o capó para revisar o motor.*

capota
substantivo
Cuberta de tea ou doutro material similar que levan algúns coches e vehículos, que pode pecharse ou abrirse: *Ten un coche deportivo con capota.*

capote
substantivo masculino
Capa de abrigo cunha abertura para sacar a cabeza e outras dúas nos lados para sacar os brazos: *Antigamente os militares usaban capote.*

capricho
substantivo masculino
Desexo moi forte de algo que non se basea na razón: *Tiña o capricho de mercar un libro de follas amarelas.* SIN. antollo.
FAM. caprichoso, encapricharse.

capricornio
adxectivo e substantivo masculino
Un dos doce signos do zodíaco ou do horóscopo: *Os nados entre o 22 de decembro e o 20 de xaneiro son capricornio.*

caprino, caprina
adxectivo
Da cabra: *En Galicia non abunda o gando caprino.* SIN. cabrún.

cápsula
substantivo feminino
Medicina en po que vai dentro dun envoltorio sen sabor: *Ese antibiótico haino en cápsulas e inxeccións.*
EXP. **Cápsula espacial** Parte dunha nave espacial onde van as persoas: *Os astronautas viaxan na cápsula da nave.*

captar
verbo
1 Decatarse de algo polos sentidos ou pola intelixencia: *Non captaches esas ideas porque son moi arrevesadas.* SIN. comprender, decatarse, entender.
2 Atraer a atención ou o cariño de alguén: *Cos chistes capta moi ben a atención dos cativos.* SIN. atraer.
3 Coller auga dalgún sitio: *Captan a auga dos mananciais da montaña.*
FAM. captación

capturar
verbo
Coller a alguén quitándolle a liberdade: *A policía xa capturou os ladróns.* SIN. apresar, apreixar, arrestar, deter, prender. ANT. ceibar, liberar, soltar.
FAM. captura.

capucha ou capucho
substantivo feminino ou masculino
Nalgunhas pezas de vestir, parte rematada en punta que serve para cubrir a cabeza: *Os anoraks adoitan ter capucha.*
OBS. É distinto de *caparucha* ou *caparucho*, que non vai unida á peza de vestir.

caqui
adxectivo e substantivo masculino
De cor verde case marrón: *O uniforme dos soldados é caqui.*

cara
substantivo feminino
1 Parte dianteira da cabeza onde están os ollos, o nariz e a boca: *Ten unha cara moi bonita.* SIN. face, faciana, rostro.
2 Expresión que ten esta parte da cabeza: *Os enfermos teñen mala cara.*
3 Cada unha das superficies planas de algo: *Escribiu o folio polas dúas caras.* SIN. lado.
4 Superficie principal dunha moeda: *As moedas teñen cara e cruz.* ANT. cruz.
5 Aspecto de algo: *Ese negocio non ten boa cara.*
6 Falta de vergonza: *Ese cativo tenche moita cara.* SIN. descaro.
EXP. **Á cara** ou **na cara** Diante da mesma persoa: *Díxolle na cara que era unha besta.* **Cara a** En dirección a ou nun lugar e tempo aproximados: *Imos cara á aldea.* **Cara de can** A que ten unha persoa enfadada: *Cando nos botou fóra puxo cara de can.* **Cara de fame** A da persoa moi delgada: *Traía unha cara de fame que non podía con ela.* **Cara de ferreiro** A que mostra enfado: *É moi desagradable e sempre ten cara de ferreiro.* **Cara lavada** Persoa que non ten vergonza: *Mente moito porque é un cara lavada.* **Dar a cara** Responder ou facerse responsable: *Temos que dar a cara e pagar esas débedas.*
FAM. carantoña, careta, caricatura, descarado, descaro, encarar.

carabela
substantivo masculino
Barco antigo de tres paus para as velas: *Colón descubriu América con tres carabelas.*

carabelo
substantivo masculino
Cesta pequena: *Levaba as mazás nun carabelo.*

carabina
substantivo feminino
Arma de fogo parecida á escopeta pero máis curta: *A carabina foi arma dalgúns corpos de policía.*
FAM. carabineiro.

carabuña
substantivo feminino
Semente dura de froitas como os pexegos ou as cereixas: *As cereixas teñen carabuña.*

caracol
substantivo masculino
1 Molusco que garda o corpo nunha cuncha arredondada e que ten catro cornos que pode sacar e gardar: *Os caracois son hermafroditas.* SIN. cosco.
2 Parte do oído interno que ten a forma da cuncha deste animal: *No caracol están as células que perciben as vibracións do son.*

carácter
substantivo masculino
1 Característica importante de algo: *Ese é un problema de carácter grave.* SIN. calidade, propiedade.
2 Conxunto de características que definen unha forma de ser: *É unha persoa de carácter agradable.* SIN. natural, natureza, temperamento.
3 Forma de ser da persoa que mantén as súas ideas con forza: *Non cambia de opinión porque é unha muller de carácter.*
4 Signo que se usa para escribir: *Escribía con caracteres do alfabeto árabe.*
OBS. O plural é *caracteres.*
FAM. característico, caracterizar.

característico, característica
adxectivo e substantivo feminino
Que é propio de algo e o distingue doutros: *O tempo frío é unha característica do inverno.* SIN. trazo.

caracterizar
verbo
1 Facer diferente unha cousa doutra por ter determinadas características: *Escribiu na redacción os trazos que o caracterizaban.*
2 caracterizarse Vestirse e amañarse para representar un determinado personaxe: *A actriz, aínda que moza, nesta película caracterízase de anciá.*
OBS. O *z* cambia en *c* diante do *e*, como en *cazar.*

carafuncho
substantivo masculino
Vulto ou pequeno tumor duro na pel con pus: *Os carafunchos producen moita dor.* SIN. furuncho.

carallo
substantivo masculino
Pene.
EXP. **Arre/manda carallo** Expresa sorpresa ou asombro: *Manda carallo co prezo tan caro desa camisa!* **Tocar o carallo** Amolar moito: *Tócame o carallo que sexas tan protestón.*
OBS. Considérase malsoante.
FAM. carallada, caralludo.

carambelo
substantivo masculino
Capa de xeo que se forma sobre a auga ou que pendura ao conxelarse a auga: *O carambelo fórmase ao ir moito frío.* SIN. lazo.

caramelo
substantivo masculino
1 Doce que adoita ser como unha bóla dura feito con azucre e con distintos sabores: *Gústanme os caramelos de menta.*
2 Azucre fundido: *Recubriu o flan con caramelo.*
FAM. acaramelar.

caramuxa ou caramuxo
substantivo feminino ou masculino
Pequeno caracol mariño de carne comestible que vive sobre as rochas na ribeira: *Collemos caramuxos desas rochas.*

caranguexo
substantivo masculino
Cangrexo.

caranta
substantivo feminino
Careta.

carantoña
substantivo feminino
1 Xesto ou aceno que deforma o aspecto normal da cara: *O neno facía carantoñas para que rísemos.*
2 Careta.

carapola
substantivo feminino
Bostela.

carapucha ou carapucho
substantivo feminino ou masculino
Caparucha.

carauta
substantivo feminino
Careta.

caravana
substantivo feminino
1 Grupo de persoas que viaxan xuntas, a pé ou nalgún vehículo: *No Oeste americano a xente viaxaba moito en caravana.*
2 Fila de vehículos que circula moi lentamente porque hai moito tráfico: *Os domingos pola noite case sempre hai caravana para entrar en Vigo.*
3 Vehículo preparado para vivir nel: *No cámping hai moitas caravanas.*

caravel

substantivo masculino

Planta de talos delgados e follas en punta que produce unhas flores, do mesmo nome, de distintas cores moi fermosas: *Os caraveis vermellos son o símbolo da Revolución portuguesa.*

FAM. caraveleira.

caravilla

substantivo feminino

Peza que leva un gancho que encaixa nunha argola ou noutro lugar e serve para pechar algo: *A cancela do xardín pecha cunha caravilla.*

carazo

substantivo masculino

Xeada.

carballeira

substantivo feminino

Terreo poboado de carballos: *Nesta carballeira hai moi boas sombras.*

carballo

substantivo masculino

Árbore de folla caduca, que pode alcanzar ata vinte metros de altura, de madeira moi dura e que ten como froito a landra: *O carballo é unha árbore típica de Galicia.*

FAM. carballeira.

carbón

substantivo masculino

Materia sólida negra que pesa pouco, arde moi ben e dá moita calor: *O carbón é un combustible.*

FAM. carboeiro, carbonífero, carbonizar.

carbonizar

verbo

Queimar ata deixar negro coma o carbón: *O incendio carbonizou a maioría das árbores do monte.*

OBS. O *z* cambia en *c* diante do *e*, como en *cazar.*

carbono

substantivo masculino

Elemento químico non metálico e sólido moi abundante na natureza: *O grafito e o diamante están compostos de carbono.*

FAM. carbónico.

carburante

substantivo masculino

Calquera substancia, como a gasolina, que serve para alimentar motores de explosión, como os dos coches: *A gasolina e o gasóleo son os carburantes dos coches.*

carcasa

substantivo feminino

Armazón que recobre os mecanismos dun aparello: *Para amañar a radio hai que sacarlle a carcasa.*

cárcere

substantivo masculino

Lugar onde se encerra a unha persoa para castigala por un delito: *Metérono no cárcere por roubar.* SIN. cadea, presidio, prisión.

FAM. carcerario, carcereiro, encarcerar.

*carcoma, a forma correcta é **caruncho, couza**.

cardeal

substantivo masculino

Na Igrexa católica, sacerdote de categoría inmediatamente inferior á do papa: *O papa e os cardeais son as máximas autoridades da Igrexa.*

cardíaco, cardíaca

adxectivo

Do corazón: *Sufriu un ataque cardíaco.*

cardinal

adxectivo

1 Que serve para orientarse: *Os puntos cardinais son catro: Norte, Sur, Leste e Oeste.*

adxectivo e substantivo masculino

2 Que expresa cantidade concreta: *Sete e mil son cardinais.*

cardo

substantivo masculino

Planta silvestre de follas grandes e con moitas espiñas: *Algúns cardos poden acadar os dous metros de altura.*

cardume

substantivo masculino

Conxunto de peixes que van xuntos en gran cantidade, especialmente sardiñas: *Cada vez son máis escasos os cardumes de sardiñas nas rías galegas.* SIN. banco, bancada, touza.

carecer
verbo

Non ter algo: *Ese rapaz carece de educación.* ANT. posuír, ter.
OBS. É regular: *carezo, careza.*
FAM. carencia.

carestía
substantivo feminino

Prezo moi elevado das cousas: *A carestía do leite fai que diminúa o seu consumo.* ANT. barateza.

careta
substantivo feminino

Obxecto ou peza que representa unha cara e que se coloca sobre o rostro para disfrazarse: *No Entroido moita xente disfrázase con caretas.* SIN. caranta, carantoña, carauta, máscara.

carga
substantivo feminino

1 Colocación dunha mercadoría ou dun peso sobre algo para transportalo: *A carga dos barcos faise con guindastres.* ANT. descarga.
2 O que se transporta ou leva dun lugar a outro: *A carga dese camión é de peixe conxelado.*
3 Peso que descansa sobre unha estrutura: *Esa viga non soporta tanta carga.*
4 Cousa, enerxía ou calquera substancia que leva algo no seu interior e que lle permite funcionar: *O móbil ten a carga baixa e hai que recargalo.*
5 Cantidade de substancia explosiva para destruír algo: *A bomba estaba formada por unha carga de pólvora e goma 2.*
6 Ataque con forza contra alguén: *A policía fixo varias cargas contra os manifestantes para dispersalos.*
7 Calquera cousa que produce preocupacións, problemas ou un custo: *Os fillos pequenos son unha carga para os pais.* SIN. peso.

cargamento
substantivo masculino

Conxunto de mercadorías ou produtos que leva un vehículo: *O camión leva un cargamento de xoguetes.*

cargar
verbo

1 Pór unha mercadoría ou un peso sobre algo: *Cargou o rapaz cun saco de patacas de cincuenta quilos.* ANT. descargar.
2 Introducir unha bala nunha arma de fogo: *Os soldados cargaban os fusís.* ANT. descargar.
3 Pórlle a unha cousa o que necesita para funcionar: *Teño que cargar o meu teléfono móbil.* ANT. descargar.
4 Atacar con forza a alguén: *A policía cargou contra os manifestantes.*
5 Ser responsable de algo: *Eu tiven que cargar coas débedas de meus pais.*
6 Levar algún peso: *Ese camión carga ata vinte toneladas.*
7 Facer que alguén teña obrigas, preocupacións ou problemas: *Non quero cargar con problemas alleos.*
FAM. carga, cargador, cargadoiro, cargamento, cargo, cargueiro, descarga, descargar, encargar, recargar.

cargo
substantivo masculino

1 Emprego, categoría ou oficio: *Ten o cargo de subdirector da empresa.*
2 Persoa que ten esta categoría: *Asistiron á estrea altos cargos da Consellaría de Cultura.*
3 Coidado ou dirección de algo: *O pazo quedou a cargo dunha filla.*
EXP. **Cargo de conciencia** Sentimento de culpabilidade: *Non axudar un pobre podendo facelo é un cargo de conciencia.* **Facerse cargo de algo ou alguén** Ocuparse de algo ou alguén ou coidalos: *O xenro fíxose cargo do sogro enfermo.*

cargueiro
substantivo masculino

Barco dedicado ao transporte de mercadorías: *Ese cargueiro transporta millo.*

caricatura
substantivo feminino

Representación ou retrato dunha persoa ou cousa en que se salientan algúns trazos para producir humor ou crítica: *A caricatura dese político salienta o seu nariz grande.*

caricia
substantivo feminino
Demostración de cariño que se lle fai a alguén rozándoo suavemente coa man: *O can agradecía as caricias do amo.* SIN. agarimo, aloumiño.

caridade
substantivo feminino
Sentimento que leva a axudar aos que sofren ou teñen calquera necesidade: *A caridade fai que axude a quen o necesite.* SIN. clemencia, compaixón, misericordia, piedade. ANT. crueldade.
FAM. caritativo.

carie
substantivo feminino
Destrución dun tecido duro do corpo, especialmente o esmalte e o almafí dos dentes: *A carie dental forma ocos nos dentes.*

cariño
substantivo masculino
Sentimento de afección, amor ou gusto polo que queremos ou nos agrada: *Téñolle moito cariño ao Ribeiro porque me criei alí.* SIN. afecto, amor. ANT. odio.
FAM. cariñoso, acariñar, encariñar.

carioca
substantivo feminino
Pescada pequena: *As cariocas adoitan fritirse co rabo metido na boca formando unha rosca.*

caritativo
adxectivo
Que axuda a quen o necesita desinteresadamente: *É moi caritativo porque sempre axuda a quen llo pide.* SIN. compasivo, misericordioso, piadoso. ANT. cruel.

carnaval
substantivo masculino
Espazo de tempo de tres días, en febreiro ou marzo, antes da coresma, en que se celebran festas populares, especialmente de disfraces: *O carnaval ten moita tradición en Galicia.* SIN. entroido.

carne
substantivo feminino
1 Parte branda do corpo dos animais formada fundamentalmente polos músculos: *Os voitres limpaban de carne os ósos da vaca morta.*
2 Alimento consistente nesta parte do corpo dos animais: *Os vexetarianos non comen carne.*
3 Parte branda dunha froita que está debaixo da casca ou monda: *A carne dos melocotóns é amarela escura.*
EXP. **Carne de galiña** Vultiños que se forman na pel por causa do frío ou calquera outro estímulo: *Este frío ponme carne de galiña.* **Carnes mortas** As de menor calidade que non adoitan comerse: *Algúns din que fan as hamburguesas de carnes mortas.* **En carne viva** Sen pel: *Ten a ferida en carne viva.* **Non ser carne nin peixe** Non ser nada claro nin ben definido: *Ese negocio non dá perdas nin ganancias, non é carne nin peixe.*
FAM. carniceiro, carnívoro, carnizaría, carnoso.

carné
substantivo masculino
Documento en que aparece o nome e outros datos dunha persoa así como a súa foto e que proba que pertence a determinado grupo ou sociedade: *O carné de identidade identifícanos como cidadáns.*

carneiro
substantivo masculino
1 Macho da ovella: *Os carneiros poden ter cornos revirados para atrás.*
2 Molusco parecido ao berberecho, pero máis grande e de cuncha con espiñas: *Nesa praia hai moitos carneiros.*

carniceiro, carniceira
adxectivo e substantivo
1 Dito dun animal, que mata a outro para comer a súa carne: *Os leóns e os tigres son animais carniceiros.*
substantivo
2 Persoa que vende carne: *Na miña rúa hai un carniceiro que vende moi boa carne.* SIN. cortador.
OBS. Na acepción 1 é distinta de *carnívoro*, 'que se alimenta de carne'.

carnicería
substantivo feminino
Carnizaría.

carnívoro, carnívora
adxectivo
1 Dito dunha planta, que se alimenta de insectos: *Moitas plantas carnívoras son tropicais.*
adxectivo e substantivo masculino
2 Dito dun animal, que se alimenta de carne: *O lobo é un animal carnívoro.*
OBS. A acepción 2 é distinta de *carniceiro*, 'que mata animais para comelos'.

carnizaría
substantivo feminino
1 Establecemento en que se vende carne: *Merquei uns bistés na carnizaría.* SIN. cortadoría.
2 Gran cantidade de mortes producidas por unha guerra ou por un grande accidente: *Cando cae un avión prodúcese unha carnizaría.*

carnoso, carnosa
adxectivo
1 De carne ou con moita carne: *O galo ten unha crista carnosa.*
2 Dito dun vexetal, que ten a carne branda e con moita auga: *Os pexegos son froitos carnosos.*

caro, cara
adxectivo
Que ten un prezo moi alto: *Estes zapatos son moi caros.* ANT. barato.
FAM. carestía.

carón
EXP. **A carón** Rozando unha superficie: *Cortáronlle o pelo a carón.* **A/ao carón de** Ao lado de: *A súa casa está a carón da miña.*

carozo
substantivo masculino
Parte interior e central das froitas que non teñen carabuña, como a pera ou a mazá: *No carozo están as sementes.*

carpa[1]
substantivo feminino
Peixe de río que chega a acadar os quince quilos de peso e cuxa carne é comestible: *As carpas viven en augas profundas e son verdes polo lombo e brancas polo ventre.*

carpa[2]
substantivo feminino
Tea ou plástico impermeabilizados fortes e grandes que cobren un recinto como por exemplo un circo: *Xa montaron a carpa do circo.*

carpeta
substantivo feminino
Especie de carteira formada por dúas tapas de cartón pechadas por unha goma usada para gardar papeis: *Mete todas as facturas nunha carpeta azul.*

carpintaría ou carpintería
substantivo feminino
1 Lugar en que se fan e venden mobles de madeira: *Fixéronme os mobles de cociña nunha carpintaría do barrio.*
2 Arte e técnica de traballar a madeira e facer mobles: *A carpintaría é unha rama da formación profesional.*

carpinteiro, carpinteira
substantivo
Persoa que ten por oficio facer mobles de madeira: *Encargueille unha mesa de estudo a un carpinteiro.*

carqueixa
substantivo feminino
Arbusto silvestre que se estende polo solo e que dá unhas flores amarelas: *Á carqueixa atribúenlle moitas propiedades medicinais.*

carracha
substantivo feminino
Arácnido parasito, de forma máis ou menos redonda, que vive sobre outros animais e que se alimenta do sangue que lles chucha: *Hai que pórlle ao can un colar especial contra as carrachas.*

carranchas ou carranchapernas
EXP. **A/ás carranchas** ou **a/ás carranchapernas** Coas pernas moi abertas: *Puxo a cadeira do revés, co respaldo para diante, e sentou a carranchapernas.*

carrasca ou carrasco
substantivo feminino ou masculino
Queiroa.

carraxe
substantivo feminino
Ira ou sensación de enfado moi grande: *Dáme carraxe o racismo.* SIN. rabia.
FAM. carraxento.

carrear

verbo

1 Transportar ou levar nun carro: *Antigamente as mercadorías carreábanse.*

2 Transportar ou levar: *Carreaban a auga en caldeiros.*

3 Ter como consecuencia ou efecto, especialmente algo malo: *Ese negocio carreounos débedas e problemas.*

SIN. carretar, carrexar.

carreira

substantivo feminino

1 Marcha rápida a pé correndo: *Botei unha carreira para coller o autobús.*

2 Competición deportiva de velocidade: *Gañou a carreira dos cen metros lisos.*

3 Conxunto de estudos universitarios que permiten exercer unha determinada profesión: *Para ser médico hai que estudar a carreira de medicina.*

4 Actividade profesional dunha persoa ao longo do tempo: *Iniciou moi novo a súa carreira de cantante.*

5 Liña de puntos que se soltan nunha media: *Cambiei as medias porque tiñan carreiras.*

EXP. **Á(s) carreiras** Moi rapidamente: *Fixo os deberes nun minuto, ás carreiras.* **Facer carreira** Ter éxito: *Fixo carreira como comerciante.* **Nunha carreira** Moi rapidamente: *Remato de facer a cama nunha carreira.* **Unha carreiriña dun can** Unha distancia curta: *Ata a miña casa só hai unha carreiriña dun can.*

carreiro

substantivo masculino

1 Camiño moi estreito para ir por el a pé: *Nos montes adoita haber carreiros.* SIN. senda, verea, vieiro.

2 Liña que separa o pelo en dúas partes: *Peitéase con carreiro á esquerda.*

carrelo

substantivo masculino

Parte de atrás do corpo que vai desde os ombros ata a cintura: *Seica lle deron unhas pancadas no carrelo.* SIN. costas, lombo.

EXP. **Ao carrelo** Sobre o lombo: *Levaba un saco de patacas ao carrelo.* SIN. ás costas, ao lombo.

carreta

substantivo feminino

Carro pequeno dunha soa roda e que o leva unha persoa sosténdoo por dúas barras: *Os albaneis levan a masa en carretas.*

carretar

verbo

Carrexar.

carrete

substantivo masculino

1 Tubo pequeno e oco en que se enrolan cousas como fío ou arame: *Merquei un carrete de fío branco.*

2 Película que se pon para facer fotografías: *Púxolle un carrete novo á máquina.*

3 Nunha cana de pescar, peza cilíndrica onde se enrola a sedela: *Hoxe todas as canas de pescar levan carrete.*

carreteiro

substantivo masculino

Home que conducía os carros: *Hoxe os carreteiros foron substituídos polos camioneiros.*

carrexar

verbo

1 Transportar ou levar nun carro: *Antigamente as mercadorías carrexábanse.*

2 Transportar ou levar: *Carrexaban a auga en caldeiros.*

3 Ter como consecuencia ou efecto, especialmente algo malo: *Ese negocio carrexounos débedas e problemas.*

SIN. carrear, carretar.

FAM. carrexa, carrexo.

carricanta

substantivo feminino

Cigarra.

carril

substantivo masculino

Parte dunha estrada ou rúa pola que pode circular unha fila de vehículos: *Nesta estrada hai moitos carrís para vehículos lentos.*

carriza

substantivo feminino

Planta de ata cinco centímetros de altura, de cor verdosa, sen tecidos condutores, con falsas raíces e que medra coma unha capa sobre os lugares húmidos, especialmente pedras e cascas de árbores: *Fomos apañar carriza para facer o nacemento.* SIN. mofo.

carrizo

substantivo masculino

Paxaro moi pequeno e de cor parda que fai uns niños esféricos cunha pequena abertura para entrar e saír: *Os carrizos son moi difíciles de ver.*

carro

substantivo masculino

1 Vehículo formado por unha estrutura montada sobre dúas rodas e que se move porque tira del algún animal: *O carro do país adoita ir tirado por unha parella de bois.*

2 Armazón ou estrutura sobre rodas que se usa para levar cousas empuxando: *Nos supermercados hai carros para levar a compra.*

EXP. **Carro de combate** Vehículo de guerra acoirazado e que se move sobre eirugas: *Os carros de combate pertencen á arma de cabalaría.* **Pór/poñer o carro diante dos bois** Facer as cousas ao revés: *Antes saca o carné e despois merca o coche: non poñas o carro diante dos bois.*

carruaxe

substantivo feminino

Vehículo de máis de dúas rodas tirado por animais: *A princesa chegou nunha carruaxe tirada por dous cabalos brancos.*

carrusel

substantivo feminino

Diversión das festas formada por unha plataforma que xira e que leva enriba cabaliños, cochiños ou cousas similares: *Os cativos querían subir ao carrusel.* SIN. cabaliños.

carta

substantivo feminino

1 Papel escrito que se lle envía a alguén, dentro dun sobre, para comunicarlle algo: *Botei a carta na caixa do correo.* SIN. epístola.

2 Naipe.

3 Nun restaurante, lista de pratos e bebidas que se poden elixir: *Mirei na carta as sobremesas.*

4 Representación sobre papel da superficie da Terra ou dunha parte dela: *O capitán do barco consultaba a carta.* SIN. mapa.

EXP. **Dar carta branca a alguén** Darlle permiso para que faga o que queira: *Os xefes déronlle carta branca para que solucionase ese problema.*

FAM. cartearse, carteiro, cartilla, abrecartas.

cartabón

substantivo masculino

Instrumento de debuxo con figura de triángulo rectángulo e cos catetos de distinta lonxitude: *Temos que levar á clase de debuxo escuadro e cartabón.*

cartafol

substantivo masculino

Carpeta grande para gardar documentos e que adoita colocarse sobre unha mesa para escribir tamén sobre ela: *O notario tiña enriba da mesa un bonito cartafol de coiro.*

OBS. O plural é *cartafoles.*

carteira

substantivo feminino

1 Utensilio de forma rectangular ou cadrada e que se usa para levar billetes e outros documentos pequenos: *Na carteira levo os cartos e o carné de identidade.* SIN. billeteira.

2 Utensilio ou especie de bolsa con forma rectangular e con asa que se usa para levar libros ou documentos: *O profesor leva unha carteira cos seus papeis e libros.*

carteiro, carteira

substantivo

Persoa que ten como traballo repartir as cartas do correo: *Miña curmá é carteira.*

cartel

substantivo masculino

Lámina de papel con figuras e palabras que anuncian algo: *Nas rúas vense moitos carteis publicitarios.*

carteleira

substantivo feminino

Nun xornal, sección ou folla en que se anuncian as películas que botan nos cines: *Mira na carteleira a que hora comeza a película.*

***cartílago**, a forma correcta é **cartilaxe**.

cartilaxe

substantivo feminino

Tecido do corpo, duro e flexible, con propiedades intermedias entre o óso e o músculo: *As orellas son de cartilaxe.*

cartilla
substantivo feminino
Especie de libriño ou caderno pequeno en que se van anotando cousas: *Na cartilla do banco apuntan os cartos que nos ingresan e os que quitamos.*

cartografía
substantivo feminino
Ciencia e técnica de facer mapas: *A cartografía progresou moito no Renacemento.*
FAM. cartografar, cartógrafo.

cartolina
substantivo feminino
Cartón delgado que dobra facilmente: *As cartolinas poden ser de moitas cores.*

cartón
substantivo masculino
1 Lámina grosa feita con pasta de papel e empregada, por exemplo, para facer caixas: *Metían os libros en caixas de cartón.*
2 Envase ou recipiente deste material, especialmente se está impermeabilizado: *Mercamos dous cartóns de leite.*
3 Tarxeta.
EXP. **Cartón de visita** Tarxeta de visita. **Cartón de crédito** Tarxeta de crédito.

cartos
substantivo masculino
Conxunto de billetes e moedas: *Agora non levo cartos enriba; pago todo co cartón de crédito.* SIN. diñeiro.
FAM. comecartos.

cartucho
substantivo masculino
1 Envoltorio ou saquiño de papel para gardar cousas: *Metéronlle o quilo de fariña nun cartucho.*
2 Tubiño que contén a pólvora que permite disparar as balas nas armas de fogo: *A bala é o proxectil e o cartucho o tubo oco que leva a pólvora.*
3 Peza que leva unha substancia ou material que permite que algo funcione: *Merquei cartuchos novos para a impresora.*
FAM. cartucheira.

caruncho
substantivo feminino
Fungo que ataca o millo e outros cereais: *O caruncho acabou coa colleita de millo.*
SIN. cornizó.

cas
preposición
Á ou na casa de: *Vai cas seu irmán.*

casa
substantivo feminino
1 Edificio ou construción onde se vive: *A túa casa é moi bonita.* SIN. fogar, lar.
2 Edificio destinado a determinados usos, especialmente culturais: *Hai un concerto na Casa da Cultura.*
3 Conxunto de membros dunha mesma familia: *A casa real aínda non anunciou o noivado da princesa.*
4 Cada un dos espazos con forma de cadrado ou rectángulo de taboleiros, encrucillados, documentos ou formularios: *Se é verdadeira a pregunta debes pór unha cruz na casa da dereita.*
EXP. **Casa grande** Casa grande, antiga e con moitas terras: *Os da casa grande teñen moi boas colleitas.* **Entrar un en casa allea como pola súa propia** Con moita confianza: *Veu ao meu despacho e entrou en casa allea como pola súa propia.* **Tirar ou botar a casa pola ventá** Facer un gasto moi grande: *Na voda do fillo tirou a casa pola ventá.*
FAM. casal, casarío, caseiro, caseño, casino.

casal
substantivo masculino
1 Casa grande de campo con todas as súas terras e pertenzas: *Aínda conservan o casal da aldea.* SIN. casarío.
2 Conxunto pequeno de casas no campo ou nunha poboación pequena: *Vive nun casal que está cerca do río.*
SIN. casarío, quinteiro.

casar
verbo
1 Unir en matrimonio: *Eu casei en Lugo.* SIN. desposar.
2 Facer coincidir ou que algo quede ben: *Para montares a mesa tes que casar as pezas ben.* SIN. cadrar.
FAM. casadeiro, casado, casamenteiro, casamento, casoiro, casorio.

casarío
substantivo masculino
1 Casa grande de campo con todas as súas terras e pertenzas: *Aínda conservan o casarío da aldea.* SIN. casal.

2 Conxunto pequeno de casas no campo ou nunha poboación pequena: *Vive nun casarío que está cerca do río.* SIN. quinteiro.

casca
substantivo feminino
1 Capa ou cuberta exterior dura do ovo ou de froitos secos como a abelá ou a noz: *Merquei ovos de casca branca.*
2 Monda.
3 Capa ou cuberta exterior dos troncos das árbores: *Queimaban casca de piñeiro.* SIN. tona.
4 Esqueleto externo ou cuberta dura do corpo dos crustáceos: *O marisco ten casca.*
FAM. descascar, escascar.

cascabel
substantivo masculino
Axóuxere.

cascallo
substantivo masculino
Anacos de pedra, ladrillo e outros elementos de construción dun edificio derrubado: *Cómpre contratar un contedor para que leve o cascallo.* SIN. cascote, entullo.

cascar
verbo
Pegar ou darlle golpes a alguén: *Seica lle cascaron unha labazada.* SIN. chantar, espetar, estampar.
OBS. Cambia o *c* en *que* diante do *e*, como en *sacar.*

casco
substantivo masculino
1 Peza que cobre e protexe a cabeza: *Para andar en moto cómpre pór casco.*
2 Parte dun barco que está sobre a auga: *Apareceu unha vía de auga na parte esquerda do casco.*
3 Parte final e dura da pata dos cabalos e doutras cabalarías: *As ferraduras póñense nos cascos.*
4 Tubo metálico baleiro que contiña a pólvora coa que se disparou unha bala: *A policía recolleu os cascos no lugar do asasinato.*
plural
5 Aparello que se usa para escoitar música ou a radio formado por dos auriculares que se axustan á cabeza e aos oídos: *Cando corre vai escoitando música cos cascos.*
OBS. Non debe usarse **casco histórico, *casco urbano*, senón *centro/zona histórico/-a* ou *urbano/-a.*

cascote
substantivo masculino
Anacos de pedra, ladrillo e outros elementos de construción dun edificio derrubado: *Cómpre contratar un contedor para que leve os cascotes.* SIN. cascallo, entullo.

cascuda
substantivo feminino
Insecto de cor escura que adoita vivir nas zonas sen luz das casas: *No garaxe temos unha praga de cascudas.*

case
adverbio
Por pouca diferenza ou de forma aproximada: *Case lle gañamos o campionato, faltounos un punto.*

caseiro, caseira
adxectivo
1 Da casa ou que se fai na casa: *Gústanme moito as sobremesas caseiras.*
2 Que axuda o equipo que xoga na casa: *Ese árbitro ten sona de caseiro.*
substantivo
3 Persoa que traballa as terras que son doutro a cambio dun pagamento: *Agora xa case que non quedan caseiros.*
4 Persoa que ten unha casa e lla aluga a outro: *Teño que pagarlle o alugamento deste mes ao meu caseiro.*

caseta
substantivo feminino
Especie de casa pequena destinada a distintos usos agás o de vivenda: *O vixilante do aparcadoiro está nunha caseta.*

casete
substantivo feminino
Caixiña de plástico que contén unha fita onde está gravada música ou calquera outro son: *Agora xa non se usan as casetes, senón os CDs.*

casino
substantivo masculino
Establecemento dedicado aos xogos de azar e onde tamén hai espectáculos e restaurante: *Nos casinos pódese xogar á ruleta.*

caso

substantivo masculino

1 Suceso ou acontecemento que ocorre: *Contounos moitos casos divertidos das súas vacacións.*

2 Casualidade ou situación que non se pode prever ou anticipar: *Levarei abrigo por se se dá o caso de que fose frío.*

3 Asunto de que se trata: *Ese avogado levou un caso de estafa de moita sona.*

EXP. **En calquera caso** Pase o que pase: *En calquera caso, chova que neve, eu irei ao partido.* **En todo caso** Se hai algunha dúbida: *En todo caso, sempre podes consultar co profesor.* **Facer caso** Prestar atención: *O médico non lle fixo caso e díxolle que todo era aprehensión.* **Pór/poñer por caso** Como unha suposición: *Se chove, poño por caso, non iremos á praia.* **Ser do caso** Ter relación con algo, ser oportuno: *Se é do caso, xa falarei eu.* **Ser un caso** Ser moi diferente ou característico: *Ese rapaz é un caso: fai os problemas de matemáticas nun couce.* **Vir ao caso** Ser oportuno ou conveniente: *Non vén ao caso que fales agora do pasado.*

casopa

substantivo feminino

Casa pequena e mala: *Vive nunha casopa á entrada da aldea.* SIN. cabana, choupana, choza.

***casoupa**, a forma correcta é **casopa**.

caspa

substantivo feminino

Conxunto de escamas brancas que se forman sobre a pel, especialmente na cabeza: *Cando me ducho uso un xampú contra a caspa.*

casquete

substantivo masculino

Peza de tea ou de coiro que se axusta á cabeza: *A madriña da voda levaba un casquete con puntillas.*

EXP. **Casquete esférico** Parte da superficie dunha esfera cortada por un plano que non pasa polo seu centro: *Ao cortar o globo terrestre polo paralelo 60º, xorde un casquete esférico.* **Casquete polar** Cada unha das zonas da Terra comprendidas entre o círculo polar e o polo correspondente: *Os casquetes polares están cubertos de xeo.*

casta

substantivo feminino

Conxunto de persoas, animais ou cousas que teñen as mesmas características ou unha mesma orixe: *Na India a xente aínda se divide en castas, segundo a familia en que naceron. No xardín teño flores de moitas castas.* SIN. caste.

castaña

substantivo feminino

Froito comestible do castiñeiro: *A castaña ten a casca de cor marrón.*

EXP. **Castaña maia** A que secou e se garda todo o ano: *As castañas maias son moi duras.* **Sacar as castañas do lume con man allea** Solucionar os propios problemas por medio doutra persoa: *Pagoulle as débedas o pai e así afaino a sacar as castañas do lume con man allea.*

FAM. castañeiro, castiñeira, castiñeiro.

castañeiro, castañeira

substantivo

1 Persoa que vende castañas: *En outubro aparecen na rúa os primeiros castañeiros.*

substantivo feminino

2 Época do outono en que se recollen as castañas: *Despois da vendima, vén a castañeira.*

substantivo masculino

3 Castiñeiro.

castañeta

substantivo masculino

Palometa.

castaño, castaña

adxectivo

Dunha cor marrón tirando a vermella: *Eu teño o pelo castaño.* SIN. marrón.

castañola

substantivo feminino

Instrumento musical formado por dous anacos de madeira que se collen cos dedos e que se fan soar golpeando un contra o outro: *Os bailaríns tamén tocaban as castañolas.*

caste

substantivo feminino

Casta.

castelán, castelá

adxectivo e substantivo

1 Das comunidades autónomas de Castela-León ou Castela-A Mancha: *Toledo e León son cidades castelás.*

2 Do antigo reino de Castela: *Afonso X o Sabio foi rei dos casteláns.*

substantivo masculino

3 Lingua falada en Castela, no resto de España e en Hispanoamérica: *O castelán é a lingua románica máis falada no mundo.*

castelo

substantivo masculino

Edificio ou conxunto de edificios rodeados de murallas e construído orixinariamente con finalidade defensiva: *En Galicia aínda se conservan castelos como o de Ribadavia.*

EXP. **Facer castelos no aire** Pensar cousas que non se poden realizar ou fantásticas: *Pensar que irás a Marte nunha nave da túa propiedade é facer castelos no aire.*

castigar

verbo

Pór un castigo ou pena por cometer un delito ou facer algo mal: *Castigárono sen saír porque suspendeu todas.* ANT. premiar, recompensar.

OBS. O *g* cambia en *gu* diante do *e*, como en *pagar*.

castigo

substantivo masculino

Pena, dano ou prohibición que se lle impón a alguén porque cometeu un delito ou fixo algo mal: *Non ter paga de fin de semana por portarse mal é un castigo.* ANT. premio, recompensa.

castiñeira

substantivo feminino

Souto.

castiñeiro

substantivo masculino

Árbore de tronco groso, con follas grandes e que ten un froito case redondo cuberto por casca grosa chea de espiñas: *O castiñeiro é unha árbore propia de Galicia.* SIN. castañeiro.

castizo

substantivo masculino

Verrón.

casto, casta

adxectivo

Sen actividade sexual ou só coa permitida pola relixión: *Os curas católicos han de ser castos.*

FAM. castidade.

castor

substantivo masculino

Mamífero roedor adaptado á vida na auga, de corpo groso, patas curtas e rabo plano: *O castor constrúe a súa vivenda nas beiras de ríos e lagos.*

castrapo

substantivo masculino

Variante do idioma castelán usado en Galicia caracterizado pola presenza nel de palabras e construcións galegas: *Deixa ese castrapo e fala galego.*

castrar

verbo

Cortar ou deixar inútiles os órganos sexuais dun animal tanto macho como femia: *Os capadores castraban toda clase de animais.*

SIN. capar.

FAM. castración, castrado, castrante.

castro

substantivo

Poboación da Galicia prehistórica protexida por un ou varios muros de forma circular e xeralmente situada nun alto: *Visitamos o castro de Santa Tegra.*

FAM. castrexo.

castrón

substantivo masculino

Macho da cabra, especialmente o que está castrado: *Os castróns teñen cornos revirados cara a atrás.* SIN. cabrón.

casual

adxectivo

Que sucede sen pensar nin planear: *Fun por alí de forma casual camiño doutro lugar.*

FAM. casualidade.

casualidade

substantivo feminino

Situación ou acontecemento que sucede sen planear e que non pode ser evitado: *Foi unha casualidade que eu o vise, pois non o buscaba.* SIN. azar, coincidencia.

casulo

substantivo masculino

1 Envoltorio vexetal onde están as sementes de certas plantas: *As sementes do millo están dentro do casulo.*

2 Especie de bolsa onde se desenvolven as larvas de certos insectos: *Os vermes da seda viven dentro do casulo.*

cataclismo

substantivo masculino

Acontecemento que supón un gran cambio ou mesmo unha desgraza: *As guerras sempre causan cataclismos.*

catacumba

substantivo feminino

Lugar debaixo da terra onde os antigos cristiáns enterraban os seus mortos e practicaban a súa relixión: *Cómpre visitar as catacumbas de Roma.*

catalán, catalá

adxectivo e substantivo

1 Da comunidade autónoma de Cataluña: *Barcelona é a capital catalá.*

substantivo masculino

2 Lingua propia desta comunidade autónoma: *Matriculeime onte nun curso de catalán.*

catálogo

substantivo masculino

Lista ordenada en que se inclúen cousas que teñen algo en común: *Están a facer o catálogo dos libros da biblioteca.*

FAM. catalogar.

catamarán

substantivo masculino

Barco formado por dous cascos unidos a unha plataforma: *Hai catamaráns de vela e de motor.*

cataplasma

substantivo feminino

Especie de pomada que se pon sobre a pel para curar algo ou calmar a dor: *O curandeiro púxolle no xeonllo unha cataplasma e alivioulle a dor.*

catapulta

substantivo feminino

Antiga máquina de guerra que lanzaba grandes pedras: *Na Idade Media usábanse catapultas para atacar os castelos.*

catar

verbo

1 Coller unha cantidade pequena de comida ou bebida para probalas: *Deume a catar o queixo.* SIN. probar.

2 Examinar ou estudar algo con toda atención: *Cata ben o que fas e non te trabucarás.*

3 Buscar algo con moito coidado, en especial parasitos: *Catáballe os piollos ao cativo.*

4 Sacar o mel dunha colmea: *Cómpre catar esas colmeas.*

catarata

substantivo feminino

1 Caída da auga dun río desde unha grande altura: *Son célebres as cataratas do Niágara.*

2 Enfermidade da vista na que parece que unha nube cobre os ollos: *A catarata está causada pola falta de transparencia do cristalino.* SIN. belida.

OBS. Na acepción 1 é distinto de *fervenza* ou *cadoiro*, 'caída da auga dun río desde pouca altura'.

catarreira ou catarro

substantivo feminino ou masculino

Enfermidade leve que produce tose, mocos e esbirros: *A catarreira faime espirrar.* SIN. arrefriado, constipado.

catástrofe

substantivo feminino

Suceso ou acontecemento que produce unha gran desgraza ou cambia todo: *Os incendios forestais son unha gran catástrofe.*

FAM. catastrófico.

catavento

substantivo masculino

Aparello que sinala en que dirección sopra o vento: *O catavento ten unha barra vertical sobre a que xira un anaco de metal ou tea que indica a dirección do vento.* SIN. viraventos.

catecismo

substantivo masculino

Libro que explica as ideas e crenzas cristiás: *Os catecismos adoitaban estar escritos en forma de preguntas e respostas.*

catedral

substantivo masculino

Igrexa principal dun territorio e que é gobernada por un bispo ou un arcebispo: *A catedral de Santiago é unha xoia do Románico.*

catedrático, catedrática

substantivo

Profesor que ten a máxima categoría: *É catedrática de lingua galega.*

categoría

substantivo feminino

1 Cada un dos graos ou clases en que algo se divide: *Durmimos nun hotel de primeira categoría.*

2 Condición en relación con outras: *Seica ten moita categoría porque fixo estudos en varios países estranxeiros.*

EXP. **De categoría** De moita importancia ou valor: *Collín un arrefriado de categoría.*

FAM. categórico.

catequese

substantivo feminino

Explicación das crenzas e ideas da relixión cristiá: *Os rapaces quedaban á catequese despois da misa.*

FAM. catequista, catequizar.

cateto

substantivo masculino

Cada un dos lados dun triángulo rectángulo que forman o seu ángulo recto: *Un rectángulo ten dous catetos e unha hipotenusa.*

catiúsca

substantivo feminino

Bota de goma que chega ata debaixo dos xeonllos e se usa para a chuvia: *Como chovía a rapaza puxo as catiúscas.*

cativar

verbo

1 Nunha guerra, prender e deixar sen liberdade un soldado inimigo: *Os vencedores cativaron moitos soldados inimigos.*

2 Atraer moito porque é moi bo, agradable ou bonito: *O cantante cativaba o público coas súas cancións.* SIN. engaiolar.

FAM. cativerio, catividade, cativo.

catividade

substantivo feminino

1 Perda de liberdade producida por algún inimigo: *Como prisioneiro de guerra estivo tres anos en catividade.*

2 Perda de liberdade que sofren algúns animais salvaxes: *Nos zoos os animais salvaxes están en catividade.*

cativo, cativa

adxectivo

1 De mala calidade: *Esas mazás son moi cativas.* SIN. malo, ruín. ANT. bo.

substantivo ou adxectivo

2 Que non ten liberdade: *Os soldados cativos procuran fuxir.* SIN. preso, prisioneiro, recluso. ANT. libre.

substantivo

3 Rapaz de pouca idade: *Os cativos xogaban no patio do colexio.* SIN. neno, pequeno, pícaro.

FAM. cativeiro, cativeza.

catolicismo

substantivo masculino

Relixión cristiá que recoñece o papa de Roma como autoridade máxima: *O catolicismo é unha relixión cristiá.*

católico, católica

adxectivo e substantivo

Do catolicismo ou que practica o catolicismo: *Os católicos consideran autoridade espiritual máxima o papa de Roma.*

catorce

numeral cardinal

Número 14: *O catorce é o número seguinte ao trece e anterior ao quince.*

catre

substantivo masculino

Cama pequena e estreita para unha soa persoa e que se pode dobrar: *Durmía nun catre no seu propio despacho.*

catro

numeral cardinal

Número 4: *O catro é o número seguinte ao tres e anterior ao cinco.*

FAM. catrocentos, corenta, corentena, cuadrilátero, cuadriga, cuadrúpede, cuartilla, cuarto.

catrocentos, catrocentas

numeral cardinal

Número 400: *Catrocentos segue ao trescentos noventa e nove.*

caucho

substantivo masculino

Substancia elástica e impermeable que se obtén a partir do zume de certas plantas tropicais ou por procedementos químicos: *Os pneumáticos dos coches son de caucho.*

caudal[1]
substantivo masculino
Cantidade de auga que corre nun río, fonte ou manancial: *Os ríos levan máis caudal no inverno.*
FAM. caudaloso.

caudal[2]
adxectivo
Da cola ou rabo: *A aleta caudal dos peixes impúlsaos na auga.*

caudillo
substantivo masculino
Persoa que manda un grupo de xente, especialmente guerreiros: *Pedro Madruga foi un caudillo medieval.*
FAM. caudillismo, caudillista, caudillaxe, acaudillar.

causa
substantivo feminino
1 O que produce ou é orixe dalgunha outra cousa ou dun efecto: *A causa desta tose é o arrefriado que teño.* ANT. consecuencia, efecto, resultado.
2 Razón ou motivo para facer algo: *A causa de que estude é que desexo aprobar.* SIN. móbil, motivo.
EXP. **A/por causa de** Por este motivo: *Non podo saír a causa da gripe.*
FAM. causar.

causar
verbo
Ter como consecuencia, resultado ou efecto: *As chuvias tan fortes causaron inundacións.* SIN. motivar, ocasionar, producir, traer, xerar.

cautela
substantivo feminino
Coidado ou precaución con que se fai algo: *Fálalle con cautela, para que non se alporice.* SIN. coidado, precaución, prudencia. ANT. descoido.
FAM. cauteloso.

cava[1]
substantivo feminino
Cada unha das dúas veas que recollen o sangue de todo o corpo e o levan á aurícula dereita do corazón: *Hai dúas cavas: a superior e a inferior.*

cava[2]
substantivo masculino
Tipo de viño branco con gas: *O cava é un viño catalán.*

cavar
verbo
1 Levantar a terra e removela coa ferramenta adecuada: *Cómpre cavar esta terra para eliminar as malas herbas.* SIN. sachar.
2 Facer un buraco na terra: *Cavaron axiña a tumba para enterrar o cabaleiro.*
FAM. cava, escavación, escavadora, escavar.

caveira
substantivo feminino
Conxunto de ósos da cabeza: *A bandeira dos piratas é negra cunha caveira branca.*

caverna
substantivo feminino
Espazo oco e profundo debaixo da terra ou entre rochas: *O oso meteuse na cova.* SIN. cova, espenuca, gruta.

caviar
substantivo masculino
Ovas de esturión condimentadas e salgadas: *O caviar é un manxar moi apreciado e caro.*

cavidade
substantivo feminino
Espazo oco no interior de algo: *Dentro da cavidade bucal están os dentes e a lingua.*

cavilar
verbo
Pensar con moito coidado: *Non deixo de cavilar nese negocio.* SIN. cismar, matinar.
FAM. cavilación, caviloso.

cavorco
substantivo masculino
1 Fenda ou abertura grande na terra producida pola corrente da auga ou outra cousa: *Nese terreo hai varios cavorcos producidos por torrentes.*
2 Camiño profundo entre montañas por onde vai un regato: *Pasamos o cavorco mollando os pantalóns.*

caxato
substantivo masculino
Pau ou vara cun extremo curvo que serve para andar apoiándose nel: *O pastor camiñaba co seu caxato.* SIN. bastón.

caxigo

substantivo masculino

1 Árbore semellante ao carballo cuxo froito son unhas landras: *Na zona do Sil hai caxigos.*

2 Carballo novo: *Espero que nuns anos estes caxigos se fagan carballos.*

caza

substantivo masculino

1 Avión de guerra de pequeno tamaño e gran velocidade: *Os cazas emprégananse en combates aéreos.*

substantivo feminino

2 Busca e persecución dun animal ata atrapalo ou matalo: *A caza do lobo practicábase moito noutros tempos.*

3 Conxunto de animais que se cazan: *A caza dos animais grandes é a caza maior e a dos pequenos, caza menor.*

EXP. **Andar á caza** Intentar conseguir algo: *Ese rapaz anda á caza de autógrafos dos cantantes famosos.* **Dar caza** Coller o que se persegue: *A policía deulles caza aos ladróns.*

FAM. cazador, cazaría, cazadora.

cazador, cazadora

adxectivo

1 Dito dun animal, que persegue outros para alimentarse deles: *Os felinos son animais cazadores.*

adxectivo e substantivo

2 Que practica a caza como deporte: *Súa irmá é unha boa cazadora de coellos e perdices.*

substantivo feminino

3 Especie de chaqueta curta que chega ata a cintura: *As cazadoras adoitan pechar cunha cremalleira.*

cazapo

substantivo masculino

Cría do coello: *A coella aleitaba os cazapos.*

cazar

verbo

1 Buscar e perseguir un animal ata atrapalo ou matalo: *Saíron cazar coellos.*

2 Coller ou alcanzar a alguén: *A policía cazou os ladróns.* SIN. coller, pescar, pillar.

3 Coller ou sorprender nun erro ou falta: *Cazárono copiando nun exame.* SIN. coller, pescar, pillar.

OBS. O *z* cambia en *c* diante do *e*. Véxase modelo de conxugación.

cazarola

substantivo feminino

1 Recipiente de cociña, de forma redonda, máis ancho ca alto con asas e tapa para cociñar: *Guisaba a carne nunha cazarola.* SIN. cazola.

2 Cullerón.

cazo

substantivo masculino

1 Recipiente de cociña, con mango e sen tapa que se usa para cociñar: *Collín o cazo polo mango.*

2 Utensilio de cociña formado por un pequeno recipiente redondo e un mango que se usa para servir alimentos líquidos como a sopa ou o caldo: *Serviunos a sopa co cazo.* SIN. cullerón.

cazola

substantivo feminino

Recipiente de cociña, de forma redonda, máis ancho ca alto con asas e tapa para cociñar: *Guisaba a carne nunha cazola.* SIN. cazarola.

cazolo

substantivo masculino

Cazola pequena: *Como só como eu, quentarei o guiso nun cazolo.*

cazar

INDICATIVO		SUBXUNTIVO	IMPERATIVO
Presente	**Copretérito**	**Presente**	caza
cazo	cazaba	cace	cazade
cazas	cazabas	caces	
caza	cazaba	cace	
cazamos	cazabamos	cacemos	**FOR. NOMINAIS**
cazades	cazabades	cacedes	**Infinitivo**
cazan	cazaban	cacen	cazar
Pretérito	**Antepretérito**	**Pretérito**	**Xerundio**
cacei	cazara	cazase	cazando
cazaches	cazaras	cazases	**Participio**
cazou	cazara	cazase	cazado
cazamos	cazaramos	cazásemos	
cazastes	cazarades	cazásedes	
cazaron	cazaran	cazasen	
Futuro	**Pospretérito**	**Futuro**	**Inf. conxugado**
cazarei	cazaría	cazar	cazar
cazarás	cazarías	cazares	cazares
cazará	cazaría	cazar	cazar
cazaremos	cazariamos	cazarmos	cazarmos
cazaredes	cazariades	cazardes	cazardes
cazarán	cazarían	cazaren	cazaren

cazón
substantivo masculino
Peixe mariño de esqueleto cartilaxinoso, de grandes dentes afiados e que vive en mares cálidos: *A pel seca do cazón emprégase como lixa.*

cazurro, cazurra
adxectivo e substantivo
Con habilidade e astucia para non deixarse enganar: *Non o van estafar porque éche moi cazurro.* SIN. astuto, pillabán, pícaro.

ce
substantivo masculino
Nome da letra *c*: *As palabras* cea *e* coche *comezan por ce.*

cea
substantivo feminino
Última comida do día, que se fai no remate da tarde ou pola noite: *As ceas deben ser lixeiras.*

cear[1]
verbo
Tomar a cea ou como cea: *Ceamos sopa e tortilla.*
FAM. cea.

cear[2]
verbo
Ir ou facer ir para atrás: *O coche ceaba para aparcar.*

cebada
substantivo feminino
Orxo.

cebar
verbo
1 Alimentar un animal ou persoa ata que se poñan moi gordos: *Antes da mata ceban os porcos.*
2 **cebarse** Facer algo ata cansar ou fartar: *Cebámonos vendo películas esta fin de semana.*
3 Ser moi malo ou cruel con alguén: *Cebáronse co pobre rapaz e ata lle pegaron.*

cebo
substantivo masculino
1 Comida que se lle pon como trampa para coller un animal: *No anzol ponse o cebo para pescar os peixes.* SIN. engado.
2 Cousa que resulta moi bonita e atractiva para alguén: *O cebo para estafalo era a perspectiva dun bo negocio.* SIN. engado.

cebola
substantivo feminino
Planta que se cultiva nas hortas porque ten unha parte redonda enterrada no solo que se come: *A cebola úsase crúa nas ensaladas e cociñada en moitos guisos.*
FAM. ceboliño, cebolo, ceboleiro.

cebra
substantivo feminino
Animal cuadrúpede parecido ao burro pero de pelo amarelo con raias pardas ou negras: *A cebra é propia da sabana africana.*

ceder
verbo
1 Dar ou entregar algo, especialmente de xeito voluntario: *Cedeulle a súa parte da herdanza ao irmán pobre.* ANT. quitar.
2 Mostrarse disposto a facer o que se lle pide: *Cedeu e veu connosco ao cine.* SIN. acceder, aceptar. ANT. negarse, rexeitar.
3 Perder forza ou facerse máis suave, menos duro: *Os zapatos cederon co uso e xa non me apertan.* SIN. afrouxar, debilitarse. ANT. apertar.
FAM. cesión, interceder.

cedo
adverbio
1 Nas primeiras horas do día: *Eu érgome da cama moi cedo, ás sete.* SIN. pronto.
2 Antes do normal: *Chegamos moi cedo ao concerto para coller bo sitio.* SIN. pronto.
EXP. **De cedo** Que madura moi pronto: *Non me gustan as cereixas de cedo.* SIN. temperán. ANT. de tarde, serodio.

cedro
substantivo masculino
Árbore de tronco groso e dereito parecido ao abeto: *O cedro é propio de zonas de Asia, como O Líbano.*

cegar
verbo
1 Deixar cego ou sen vista: *Unha enfermidade cegouno.*
2 Facer perder a razón: *A cobiza dos cartos cegouno e enganárono.* SIN. obcecar, ofuscar.
OBS. O *g* cambia en *gu* diante do *e*, como en *pagar*.

cego, cega

adxectivo

1 Que non pode pensar nin razoar: *A carraxe púxoo cego.*
2 Que se sente de xeito que non se pode controlar: *Ten un amor cego pola súa noiva.*
3 Que non corta porque está sen afiar: *Ese coitelo non corta o pan porque está cego.*

adxectivo e substantivo

4 Que non ve: *Os cegos non ven e guíanse polo oído e o tacto.*
5 Parte do intestino groso que queda entre o intestino delgado e o colon: *O apéndice intestinal está no cego.*

EXP. **Ás cegas** Sen ver ou sen saber: *Meteuse nese negocio ás cegas e fracasou.*
FAM. cegador, cegar.

cegoña

substantivo feminino

Ave migratoria de cor branca e negra, de patas e peteiro moi longos: *As cegoñas fan os niños en sitios altos, como as torres das igrexas.*

cegude

substantivo feminino

Cicuta.

cegueira

substantivo feminino

1 Falta de vista: *A cegueira non deixa ver.*
2 Falta da capacidade para razoar e pensar: *A carraxe causoulle unha cegueira que non lle deixou ver ben as cousas.*

ceibar

verbo

Deixar libre ou solto: *Ceibaron o gando polo prado.*

ceibe ou ceibo, ceiba

adxectivo

Que non está preso, atado nin dominado por ninguén: *Os becerros ceibos andaban polo prado.* SIN. libre.

ceifa

substantivo masculino

Sega.

cela

substantivo feminino

1 Cuarto dun cárcere para un ou máis presos: *Cada preso ocupa unha cela.*
2 Cuarto nun convento para cada relixioso: *Os monxes dormen en cadansúa cela.*
3 Favo.

celebrar

verbo

1 Realizar un acto solemne: *Celebrará a súa voda na catedral.*
2 Festexar ou facer algo especial para lembrar algo: *Celebro o meu aniversario cunha festa.* SIN. festexar.
3 Alegrarse por algo: *Celebro que che tocase a lotaría.*

FAM. celebración.

célebre

adxectivo

Que ten fama e é moi coñecido: *Visitou o colexio un célebre escritor.* SIN. acreditado, famoso. ANT. descoñecido.
FAM. celebridade.

celeiro

substantivo masculino

Lugar para gardar o gran e as colleitas: *Gardamos o millo no celeiro.*

celeste

adxectivo

1 Do ceo: *As estrelas son corpos celestes.*
2 De cor azul clara: *A camiseta do Celta é celeste.*

adxectivo e substantivo

3 Do equipo do Celta de Vigo: *Os celestes quedarán campións.*

celestial

adxectivo

Propio do ceo, entendido como lugar onde está Deus segundo a relixión: *Os anxos son seres celestiais.*

celigras

substantivo feminino plural

Cóxegas.

cella

substantivo masculino

Parte situada encima do ollo e cuberta de pelo: *É un rapaz de cellas mestas.*

celme

substantivo masculino

O que ten máis substancia ou gusto dunha cousa, especialmente dun alimento: *O zume da laranxa é o seu celme.*
FAM. celmoso.

celo
substantivo masculino
1 Coidado con que se fai algo: *Pon celo no traballo para non se trabucar.*
2 Período na vida dos animais en que aumenta o desexo sexual: *A gata está en celo.*
plural
3 Medo de que a persoa que queremos prefira outra: *Non hai peor cousa ca unha parella celosa.*
4 Envexa que sente unha persoa por outra: *O irmán maior ten celos do máis pequeno.*
FAM. celoso.

celta
adxectivo e substantivo
Do antigo pobo que se estableceu no oeste de Europa entre os séculos X e III a.C.: *Os castros son testemuña da presenza celta en Galicia.*

célula
substantivo feminino
Unidade fundamental dos seres vivos: *As células teñen núcleo e citoplasma.*
FAM. celular.

celulosa
substantivo feminino
Substancia que se obtén da madeira das árbores e que se emprega para fabricar o papel: *En Pontevedra hai unha fábrica de celulosa.*

cemento
substantivo masculino
Material en po que forma unha masa ao mesturarse coa auga e que se usa na construción: *O cemento serve para unir uns ladrillos cos outros.*
EXP. **Cemento armado** O que leva barras de metal no seu interior: *Os cimentos das casas son de cemento armado.*
OBS. É distinto de *cimento*, 'base na que se apoia unha casa ou construción'.

cemiterio
substantivo masculino
1 Lugar en que se enterran os mortos: *Enterrárono no cemiterio da súa vila.* SIN. camposanto.
2 Lugar onde van morrer algúns animais: *Viaxamos por África á procura dun cemiterio de elefantes.*

cempés
substantivo masculino
Animal invertebrado miriápodo con moitos pares de patas: *Os cempés teñen pinzas velenosas.*

cen
numeral cardinal
Número 100: *No restaurante había máis de cen persoas.*
OBS. Úsase diante de substantivos e do numeral *mil*: *Había cen persoas.*
FAM. centena, centenar, centenario, centesimal, centésimo, céntimo, porcentaxe.

cenoria
substantivo feminino
Planta cunha raíz longa de cor laranxa comestible: *Da cenoria comemos a raíz.*

censo
substantivo masculino
Lista en que aparecen todos os habitantes dun país ou lugar: *No censo tamén aparecen datos como o lugar de nacemento ou profesión de cada cidadán.*
EXP. **Censo electoral** Lista das persoas que poden votar: *Para poder votar nas eleccións hai que estar no censo electoral.*
FAM. censar, censual.

censurar
verbo
1 Dicir que algo ou alguén son malos ou xulgalos malos: *Censurou que non visitase o pai.* SIN. condenar, criticar, reprobar. ANT. eloxiar, gabar, loar.
2 Nunha obra literaria, canción ou película, quitar anacos que non se consideran convenientes ou mesmo prohibir por completo a súa difusión: *As ditaduras censuran o libros e xornais que as critican.*
FAM. censura, censor.

centauro
substantivo masculino
Ser fantástico con cabeza e peito de home e o resto do corpo de cabalo: *As lendas din que os centauros eran cazadores de touros.*

centena ou centenar
substantivo feminino ou masculino
Conxunto de cen unidades: *No seu cuarto ten ben unha centena de libros.* SIN. cento.

centenario, centenaria

adxectivo e substantivo

1 Que ten cen ou máis anos: *É unha anciá centenaria porque xa cumpriu os cen anos.*

substantivo masculino

2 Día en que se cumpren cen anos ou varios centos de anos dun acontecemento histórico: *En 1992 celebrouse o quinto centenario do Descubrimento de América.*

centeo, centea

adxectivo

1 De centeo: *Hoxe comín con pan centeo.*

substantivo masculino

2 Planta gramínea semellante ao trigo e a partir de cuxas sementes se elabora fariña: *O pan de centeo ten unha cor máis escura ca o pan trigo.*

centesimal

adxectivo

De cen partes ou de cada unha das cen partes iguais en que se divide un todo: *Os termómetros miden a temperatura en graos centesimais.*

centésimo, centésima

numeral ordinal

1 Que nunha serie ocupa o lugar número cen: *O centésimo ten noventa e nove diante del.*

substantivo feminino

2 Cada unha das cen partes iguais en que se divide un todo: *O ciclista gañou por unha centésima de segundo.*

centígrado, centígrada

adxectivo

Que é unha das cen partes iguais en que algo se dividiu: *A temperatura adoita medirse en graos centígrados.*

centigramo

substantivo masculino

Unidade de peso equivalente á centésima parte dun gramo: *Un gramo ten cen centigramos.*

centilitro

substantivo masculino

Unidade de volume equivalente á centésima parte dun litro: *Un litro ten cen centilitros.*

centímetro

substantivo masculino

Unidade de lonxitude equivalente á centésima parte dun metro: *Un metro ten cen centímetros.*

EXP. **Centímetro cadrado** Unidade de superficie correspondente a un cadrado dun centímetro de lado: *Un centímetro cadrado ten cen milímetros cadrados.* **Centímetro cúbico** Unidade de volume correspondente a un cubo que mide un centímetro de lado: *O volume dun recipiente para líquidos pode medirse en centímetros cúbicos.*

céntimo

substantivo masculino

Moeda equivalente á centésima parte doutra: *Un euro ten cen céntimos.*

***centinela**, a forma correcta é **sentinela**.

cento

numeral cardinal

1 Cen: *Gastou cento vinte mil euros para amañar a casa.*

substantivo masculino

2 Conxunto de cen unidades: *Mercou un cento de maceiras para plantalas nunha leira.*

EXP. **Por cento** Detrás dun número, indica que representa esa parte dun total de cen: *O dez por cento de vinte é dous.*

centola

substantivo feminino

Crustáceo mariño comestible, de corpo redondo e case plano e forte cacho: *A centola ten dez patas.*

central

adxectivo

1 Que está no centro: *Había tres filas de cadeiras e eu coloqueime na central.*

2 Que é o máis importante: *No teu traballo ocúpate só dos temas centrais.*

3 Que serve para todos os membros dun conxunto: *A calefacción central quenta todos os pisos dun edificio.*

substantivo feminino

4 Nun equipo de fútbol, xogador que xoga no centro da defensa: *Os centrais deben ser altos e áxiles.*

substantivo feminino

5 Oficina principal dunha empresa: *Na axencia do banco dixéronme que este crédito viña autorizado da central.*

6 Lugar en que se produce enerxía eléctrica a partir doutras formas de enerxía: *As*

centrais hidroeléctricas producen enerxía eléctrica a partir da enerxía da auga.
7 Aparello que permite pasar unha chamada dun teléfono a outro no mesmo edificio: *Chamas á central e despois xa me pasan a min a chamada.*
FAM. centralismo, centralizar.

centrar
verbo
1 Colocar no centro ou no medio e medio de algo: *Centrou a lámpada no teito.*
2 Dirixir cara a un obxectivo ou fin: *Debes centrar os teus esforzos no estudo.*
3 Conseguir a tranquilidade ou o equilibrio para facer algo: *Tes que centrarte e buscar un traballo.*
4 No fútbol, pasar o balón por alto a un compañeiro: *Centrou o extremo e rematou de cabeza o dianteiro centro.*

céntrico
adxectivo
Que está no centro dunha poboación: *Vive nun barrio céntrico da cidade.*

centro
substantivo masculino
1 O que está no medio e medio de algo: *Colocou a mesa no centro do salón.* ANT. marxe.
2 Lugar ou obxectivo onde se dirixe algo: *A actriz era o centro de todas as miradas.*
3 Lugar dunha poboación, habitualmente rodeada por outros barrios, onde hai moitos comercios e oficinas: *Os mellores comercios instálanse nos barrios do centro da cidade.* ANT. arredores, contorna, contorno.
4 Lugar en que se desenvolve unha actividade: *A Coruña é un importante centro da industria galega.* SIN. núcleo.
5 Lugar que está a igual distancia dos seus extremos ou bordos: *Marquei cunha aspa o centro da circunferencia.* SIN. medio.
6 Conxunto de ideas políticas que están entre a esquerda e a dereita: *Seu pai milita nun partido de centro.*
7 No fútbol, lanzamento por alto do balón para que remate un compañeiro: *Ese extremo lanza moi bos centros.*
EXP. **Centro vital** Órgano esencial para a vida: *O cerebro e o corazón son centros vitais.*

ceo
substantivo masculino
1 Espazo onde vemos os astros, como o Sol e as estrelas: *A Lúa vese no ceo nas noites claras.* SIN. firmamento.
2 Na relixión, lugar onde está Deus: *Os santos e os anxos están no ceo.* ANT. inferno.
EXP. **A ceo aberto** Ao aire libre: *Hai minas que son a ceo aberto.* **Caído do ceo** Chegado ou acontecido no momento máis adecuado: *Eses cartos viñéronme caídos do ceo para pagar a hipoteca.* **Ceo da boca** Padal: *Cravei unha espiña no ceo da boca.*
FAM. celeste, celestial, rañaceos.

cepa
substantivo feminino
Planta ou tronco da vide: *No Ribeiro hai cepas moi vellas.*

cepillar
verbo
1 Limpar cun cepillo: *Despois das comidas cómpre cepillar os dentes.*
2 Peitear o pelo cun cepillo: *No salón de peiteado cepilláronme o pelo.*
3 Pór lisa unha madeira cun cepillo: *O carpinteiro cepillaba a táboa.*

cepillo
substantivo masculino
1 Instrumento formado por un mango e por un conxunto de pelos que se usa para limpar algo: *Cómpreme un cepillo de dentes novo.*
2 Ferramenta que serve para alisar a madeira: *O cepillo é unha ferramenta de carpinteiro.*

cepo
substantivo masculino
1 Instrumento de madeira, xeralmente feito dun tronco de árbore groso, que se usa para cortar cousas sobre el: *O carniceiro tallaba a carne sobre o cepo.*
2 Instrumento que serve para deixar sen capacidade de movemento: *Puxéronlle un cepo ao coche mal aparcado.*

cera
substantivo feminino
1 Substancia sólida de cor amarela que producen as abellas e outros insectos: *Coa cera fabrícanse candeas.*

2 Calquera substancia ou materia parecida a esta: *Limpamos o piso con cera líquida.* FAM. cerume, encerado, encerar.

cerámica
substantivo feminino
Arte e técnica de fabricar obxectos con arxila: *Os oleiros dedícanse á cerámica.* FAM. cerámico, ceramista.

cerca[1]
substantivo feminino
Construción feita arredor dun lugar para protexelo ou marcalo: *A leira ten unha cerca de arame.* SIN. cerrado, cerrume, valado, valo.

cerca[2]
adverbio
Nunha posición moi próxima: *Vivo cerca do colexio.* SIN. preto. ANT. lonxe.
EXP. **Cerca de** Case ou de forma aproximada: *A reparación do coche custoume cerca de mil euros.* **De cerca** Estando a pouca distancia de algo: *Puidemos ver os rinocerontes de cerca.*

cercar
verbo
1 Rodear un lugar cunha cerca, valo, muro ou fita para protexelo ou marcalo: *A policía cercou cunha fita o lugar do accidente.* SIN. valar.
2 Rodear un lugar, especialmente un exército, para non deixar entrar nin saír nada nin ninguén e conquistalo: *Ao cercar a cidade impídese que cheguen a ela auga e alimentos.* SIN. asediar.
OBS. O *c* cambia en *qu* diante do *e*, como en *sacar.*

cerco
substantivo masculino
1 O que rodea algo: *O xogador ía acompañado por un cerco de gardacostas.*
2 Feito de rodear un exército un lugar para non deixar entrar nin saír nada nin ninguén para conquistalo: *O cerco fixo que os defensores do castelo se rendesen pola fame e a sede.* SIN. asedio.
3 Arte de pesca, especialmente da sardiña, consistente no emprego dunha rede moi grande: *Aquí aínda se pesca a sardiña ao cerco.*

cerdeira
substantivo feminino
Árbore froiteira que produce as cereixas: *A cerdeira ten as flores brancas.*

cereal
substantivo masculino
Planta que produce grans que se usan como alimento, especialmente para elaborar fariña: *O centeo, o orxo, o trigo e o millo son cereais.*

cerebelo
substantivo masculino
Parte do encéfalo situada na zona inferior e posterior do cranio que se encarga, entre outras cousas, do mantemento do equilibrio e da coordinación dos músculos: *O cerebelo forma parte do sistema nervioso dos vertebrados.*

cerebral
adxectivo
1 Do cerebro: *Sofre un tumor cerebral.*
2 Que actúa máis movido pola razón e a intelixencia ca polo sentimento: *Vale para os negocios porque é moi cerebral.*

cerebro
substantivo masculino
1 Parte do encéfalo situada na zona anterior e superior do cranio que constitúe o centro do sistema nervioso dos vertebrados: *O cerebro controla todos os nosos actos voluntarios e está protexido polos ósos do cranio.*
2 Capacidade para pensar e entender as cousas: *Logo entende todo porque ten moi bo cerebro.*
3 Persoa que destaca entre as demais pola súa grande intelixencia: *É o cerebro desta clase.*
4 Persoa que pensa un plan e o dirixe: *Xa detiveron o cerebro do asalto ao banco.*
EXP. **Cerebro electrónico** Máquina electrónica capaz de realizar operacións semellantes ás da mente humana: *Hai programas para xogar ao xadrez cun cerebro electrónico.* SIN. computadora, ordenador.

cereixa
substantivo feminino
Froito pequeno, arredondado, liso e vermello con carabuña no seu interior: *A cereixa é o froito da cerdeira.*

cerimonia
substantivo feminino
1 Acto solemne celebrado de acordo con certas normas, regras ou costumes: *Esta tarde é a cerimonia de entrega dos títulos de graduado en ESO.*
2 Forma de tratar a alguén demasiado formal ou pouco natural: *Aínda que eramos amigos de rapaces, recibiume no despacho con moita cerimonia.*
FAM. cerimonial, cerimonioso.

cerna
substantivo feminino
1 Parte interior e máis dura do tronco dunha árbore: *Pola cerna xa non pasa o zume da árbore.* SIN. durame.
2 Parte máis importante de algo: *O conferenciante desenvolvía agora a cerna do tema.* SIN. miolo, núcleo.

cero
numeral cardinal
Número 0: *Calquera número multiplicado por cero dá cero.*
EXP. **De cero** Desde o principio: *Temos que partir de cero neste traballo.* **Reducir a cero** Converter en nada, destruír por completo: *Unha guerra nuclear reduciría a cero a nosa civilización.* **Ser un cero á esquerda** Non valer nada, non ser considerado nada: *Eu na empresa sonche un cero á esquerda: non mando nada.*

cerrado, cerrada
adxectivo
1 Pechado.
substantivo masculino
2 Construción feita arredor dun lugar para protexelo ou marcalo: *A leira ten un cerrado de arame.* SIN. cerca, cerrume, valado, valo.

cerradura
substantivo feminino
Pechadura.

cerralleiro, cerralleira
substantivo
Persoa que fai e amaña pechaduras: *Perdemos a chave e abriunos a porta un cerralleiro.*
OBS. É incorrecto **cerraxeiro*.

cerramento
substantivo masculino
Pechamento.

cerrar
verbo
Pechar.
FAM. cerrado, cerradura, cerralleiro, cerramento, encerrar, encerro.

cerro
substantivo masculino
Montaña de pouca altura: *A ermida está nese cerro.* SIN. lomba, outeiro.

***cerrollo**, a forma correcta é **ferrollo**.

certame
substantivo masculino
Competición ou concurso literario, artístico ou científico: *Gañou o certame literario do colexio.*

certeiro
adxectivo
1 Dito dun disparo, que dá no albo ou obxectivo: *Cun disparo certeiro, o cazador abateu a perdiz.*
2 Que é apropiado ou correcto: *Esas observacións túas son moi certeiras.*

certeza
substantivo feminino
Coñecemento claro e seguro de algo: *Teño a certeza de que onte estivo na praia.* ANT. incerteza.

certificado, certificada
adxectivo
1 Dito de algo enviado por correo, que será entregado na man á persoa que vai dirixido: *Envieille as facturas certificadas.*
substantivo masculino
2 Escrito ou documento oficiais en que unha autoridade asegura que o que se di alí é certo: *O secretario do colexio deume un certificado de que aprobara todo.*

certificar
verbo
1 Asegurar, especialmente unha autoridade, que algo é certo e verdade: *O director do colexio certificou que aprobara todo.*
2 Dito de algo que se envía por correo, recibir a garantía de que será entregado na man

da persoa a quen vai dirixido: *Certifica esas facturas para que llas dean na man ao interesado.*
OBS. O *c* cambia en *qu* diante do *e*, como en *sacar*.
FAM. certificado.

certo, certa
adxectivo
1 Verdadeiro, seguro e que non se pode dubidar: *É certo que o Breogán gañou.* SIN. verdadeiro. ANT. falso, incerto.
2 Diante dun substantivo, indica que algo é coñecido aínda que indeterminado: *En certa ocasión traballamos xuntos e levámonos moi ben.*
adverbio
3 Indica que algo é verdade: *Certo, estivemos o martes na aldea.*
EXP. **De certo** De verdade: *Sabemos de certo que el foi o ladrón.* **Por certo** Úsase para pór algo en relación co que se dixo antes: *Por certo, e que facías ti alí?*
FAM. certeiro, certeza, incerteza, incerto.

cerume
substantivo masculino
Substancia amarela producida nos oídos: *Un tapón de cerume non me deixaba oír ben.*

cervexa
substantivo feminino
Bebida alcohólica de cor amarela e sabor amargo: *A cervexa elabórase con auga, orxo e lúpulo.*
FAM. cervexaría, cervexeiro.

cervical
adxectivo
Da parte de atrás do pescozo: *Dóenlle as vértebras cervicais.*

cervo, cerva
substantivo
Mamífero ruminante, de pel entre vermella e marrón, cuxo macho ten uns cornos moi grandes e gallados: *Os cervos macho renovan os cornos cada ano.* SIN. veado.

cesamento
substantivo masculino
Fin de algo, especialmente do desempeño dun cargo ou traballo: *Os malos resultados produciron o cesamento do adestrador.*

cesar
verbo
1 Acabar ou terminar algo: *Por fin cesou a chuvia.* SIN. parar.
2 Deixar de ter ou desempeñar un cargo ou emprego: *O adestrador cesou polos malos resultados.* SIN. dimitir.
FAM. cesamento, cesante.

césar
substantivo masculino
Emperador do Imperio romano: *Os césares tiñan un poder absoluto.*

cesárea
substantivo feminino
Operación cirúrxica que se fai para extraer un neno do corpo da nai a través da parede abdominal: *Como se atrasaba o parto natural, fixéronlle unha cesárea.*

cesión
substantivo feminino
Renuncia a algo a favor doutro, especialmente de forma desinteresada: *Realizou xa a cesión dos seus bens a unha institución benéfica.*

céspede
substantivo masculino
Herba curta e espesa que cobre un terreo: *Os campos de fútbol teñen céspede.*

cesta ou cesto
substantivo feminino ou masculino
Recipiente de distintos tamaños e formas, feito habitualmente de vimbios e ramas secas ou plástico: *Botamos a roupa sucia nunha cesta. No supermercado colleu no canto do carro unha cesta.*
FAM. cestaría, cesteiro.

ceta
substantivo masculino
Nome da letra z: *A palabra* zapato *comeza por un ceta.*

cetáceo
adxectivo masculino ou substantivo masculino
Mamífero adaptado á vida no mar coas extremidades anteriores transformadas en aletas: *As baleas, as toniñas, os golfiños e os cachalotes son cetáceos.*

cetaria
substantivo feminino
Viveiro de auga mariña e comunicado co mar onde se crían mariscos e outros peixes comestibles: *Nesa cetaria crían centolas.*

cetraría ou **cetrería**
substantivo feminino
Caza realizada con falcóns e outras aves de rapina: *Na Idade Media os nobres practicaban a cetraría con falcóns.*

cetro
substantivo masculino
Vara ou bastón que levan certas autoridades, especialmente un rei, como sinal de autoridade: *Os símbolos da autoridade real son o cetro e a coroa.*

ch
substantivo masculino
Combinación gráfica que representa o son inicial de *chocolate.*

cha
contracción
Unión do pronome persoal *che* e o pronome persoal *a*: *Deucha? Xa chas dei.*
OBS. É distinto de *chá*, feminino de *chan*, 'liso e sen alturas'.

chabola
substantivo feminino
Casa pequena e mala: *Fixeron unha chabola con latas e bloques de cemento.* SIN. cabana, casopa, choupana.
FAM. chabolismo, chabolista.

chacal
substantivo masculino
Mamífero carnívoro, semellante a un lobo pero de menor tamaño: *Os chacais son propios de Asia e África.*

chafallada
substantivo feminino
Cousa feita mal e sen coidado: *Esa pintura túa é unha chafallada.*

chafallas ou **chafalleiro, chafalleira**
adxectivo e substantivo
Chambón.

chafar
verbo
Deixar a alguén sen saber que dicir ou contestar: *Con esa afirmación de que é parvo chafáchelo.*

chafariz
substantivo masculino
Especie de fonte ou cano polo que sae a auga para arriba: *Bebemos nun chafariz do parque.*

chaga
substantivo feminino
Ferida aberta e que bota pus: *Ten unha chaga na perna dereita.*
FAM. chagar.

chaira
substantivo feminino
Grande extensión de terreo chan: *A Terra Chá é unha chaira.* SIN. chan, planicie.

chal
substantivo masculino
Peza de vestir feminina en forma de tea máis longa ca ancha que se pon sobre os ombros: *A noiva levaba un chal de seda.*

chalado, chalada
adxectivo e substantivo
1 Que está tolo: *Non razoa ben: está chalado.* SIN. louco, tolo.
2 Que lle gusta moito algo: *É un chalado das motos.*

chalana
substantivo feminino
Especie de barca de fondo plano, proa apuntada e popa cadrada que se usa para andar polos portos ou augas pouco profundas: *Levábanos nunha chalana desde o peirao ata o transatlántico.*

chalé
substantivo feminino
Casa para unha soa familia e con xardín: *Vive nun chalé, cerca da praia.*

chaleco
substantivo masculino
Peza de vestir sen mangas que se pon enriba da camisa: *O traxe ese ten chaleco.*
EXP. **Chaleco antibalas** O que serve de protección contra as balas: *Os policías levaban todos chaleco antibalas.* **Chaleco salvavidas** O que permite flotar na auga: *Os náufragos salvéronse grazas aos chalecos salvavidas.*

chamador
substantivo masculino
Petador.

chamar
verbo
1 Dirixirse a unha persoa coa palabra ou con xestos para que nos faga caso: *Chameino polo nome.*
2 Marcar o número de teléfono de alguén para falar con el: *Chameite onte ao móbil e non estabas.*
3 Pedir a presenza de alguén nun sitio: *Chamei a enfermeira porque estaba mal.*
4 Dar como nome ou ter como nome: *Eu chámome Manuel.*
5 Golpear unha porta ou tocar un timbre para que nos abran: *Chamei ao timbre e non me abriron.* SIN. petar.
FAM. chamada, chamador, chamamento, rechamante.

chambón, chambona
adxectivo e substantivo
Que fai os traballos mal ou sen coidado: *Ese fontaneiro deixou a billa gotexando porque é un chambón.* SIN. chafalleiro, chafallas, trapalleiro.
FAM. chambonada.

chambra
substantivo feminino
Blusa.

chamear
verbo
Despedir chamas ou lume: *Na lareira chameaba a leña ao arder.*

chamizo
substantivo masculino
Pau ou tronco negro que non ardeu por completo: *No monte aínda se vían chamizos do incendio.*

*__champán__, a forma correcta é **champaña**.

champaña
substantivo masculino
Viño branco con burbullas de gas: *O champaña é de orixe francesa.*

champiñón
substantivo masculino
Cogomelo abrancazado comestible: *O champiñón cultívase en invernadoiros.*

*__champú__, a forma correcta é **xampú**.

chamuscar
verbo
Queimar só pola parte exterior: *Asa ben a carne e non a chamusques.*
OBS. Cambia o *c* en *qu* diante do *e*, como en *sacar.*
FAM. chamusco.

chan, chá
adxectivo
1 Dito dun terreo, que é liso e plano, sen diferenzas de altura: *As chairas son grandes extensións de terra chá.* ANT. abrupto, escabroso.
2 Sinxelo ou fácil de entender e tratar: *A linguaxe desde libro é moi chá e compréndese moi ben.*
substantivo masculino
3 Superficie sobre a que se poñen os pés ao andar: *Andaba descalzo sobre o chan da cociña.*
4 Grande extensión de terreo liso e sen alturas: *O chan das Lamas está no concello de Carnota, na Coruña.* SIN. chaira, planicie.
OBS. É distinto de *cha*, contracción do pronome persoal *che* e o artigo *a.*
FAM. chaira, achaiar.

chanca
substantivo feminino
Calzado de coiro e piso de madeira que cobre ata os nocellos: *A chanca é un calzado tradicional galego.* SIN. chanco, galocho, zoco.

chancleta
substantivo feminino
Especie de zapatilla que deixa ao descuberto o talón: *Ao saír da ducha puxo unhas chancletas.*
EXP. **De chancleta** Referido ao calzado, posto de xeito que queda ao descuberto o talón porque se pisa con el a parte de atrás deste calzado: *Non andes cos zapatos de chancleta, que se estragan!*

*__chanclo__, a forma correcta é **chanco**.

chanco
substantivo masculino
1 Calzado de goma que se pon sobre os zapatos para andar por un lugar húmido: *Para andar polo lameiro poño chancos.*
2 Chanca.

chándal
substantivo masculino
Peza de vestir formada por un pantalón longo e unha especie de chaqueta e que se usa para facer deporte: *Os xogadores adestrábanse vestidos cos seus chándales.*

chantar
verbo
Introducir ou meter dentro doutra cousa ou nunha superficie: *Chantou a pedra na terra.* SIN. cravar, espetar.
FAM. chanta, chanto, chantón.

chanza
substantivo feminino
Broma ou dito gracioso para burlarse ou rirse de alguén: *Non me gustan as súas chanzas.* SIN. broma, leria.

chanzo
substantivo masculino
Banzo.

chapa
substantivo feminino
Peza plana de madeira ou de metal: *O moble é de conglomerado pero vai recuberto cunha chapa de castaño de 2 centímetros.*
FAM. chapado, chapar.

chapapote
substantivo masculino
Substancia viscosa de cor negra que se obtén principalmente do petróleo: *O chapapote úsase para asfaltar as rúas.* SIN. alcatrán.

chapar
verbo
1 Comer moito e moi rapidamente: *Axiña chapou o bisté coas patacas.*
2 Estudar moito, especialmente de memoria: *Ese rapaz chapa moito e ben.*
3 No fútbol, coller ou atrapar con forza o porteiro o balón entre as mans: *Ese porteiro non chapa ben o balón.*
FAM. chapón.

***chaparrón**, a forma correcta é **ballón**.

chapeu
substantivo masculino
Sombreiro.

chapitel
substantivo masculino
Alboio.

chapodar
verbo
Cortar herbas ou pólas de árbores con gadañas, fouciños ou outra ferramenta: *Chapodaba a herba coa gadaña.*

chapón, chapona
adxectivo e substantivo
Que estuda moito, especialmente de memoria: *Non é só un chapón, porque é moi intelixente.*

***chapurrar**, a forma correcta é **chapuzar**.

chapuza
substantivo
Traballo mal feito ou sen coidado: *A pintura deste cuarto é unha chapuza, quedou a manchas.* SIN. chafallada, chambonada, trapallada.

chapuzar
verbo
1 Mollar algo ou alguén ao facer saltar a auga ou un líquido: *Levaba o caldeiro moi cheo e ía chapuzando o corredor.* SIN. salpicar.
2 Facer saltar a auga ou un líquido ao meterse ou moverse nel: *Non nadaba, só chapuzaba na piscina onde facía pé.*

chaqueta
substantivo feminino
Peza de vestir que se pon sobre o resto da roupa e que chega un pouco máis abaixo da cintura: *Os traxes adoitan ter pantalón, chaleco e chaqueta.*
EXP. **Virar a chaqueta** Cambiar de ideas ou de opinión: *Agora está noutro partido político porque virou a chaqueta.*
FAM. chaquetón, virachaquetas.

chaquetón
substantivo masculino
Peza de vestir de abrigo, un pouco máis longa ca a chaqueta e máis curta ca o abrigo: *No inverno uso un chaquetón de la.*

charamela ou charamusca
substantivo feminino
Faísca.

charanga
substantivo feminino
Banda de música pequena e de pouca categoría: *As charangas adoitan estar formadas por músicos afeccionados.*

charca
substantivo feminino

Lugar oco no solo onde queda a auga da chuvia: *As charcas fórmanse nas fochancas.*

charco
substantivo masculino

Lugar oco no solo onde queda a auga da chuvia, pero máis pequeno ca a charca: *Non metas os pés nos charcos!*

charlar
verbo

Falar, especialmente para entreterse: *Na sobremesa charlamos.* SIN. conversar, leriar, parolar.
FAM. charla, charlatán.

charlatán, charlatana
adxectivo e substantivo

1 Que fala moito, especialmente sen xeito: *É un charlatán que moitas veces só di parvadas.* SIN. larapetas, laretas, lingoreteiro. ANT. calado, reservado.

substantivo

2 Vendedor que anda polas feiras e rúas gabando en voz alta o que vende: *Na feira sempre hai algúns charlatáns.*

charón
substantivo masculino

Coiro moi brillante que se emprega para facer zapatos e bolsos: *Levaba uns zapatos negros de charón.*

charramangueiro, charramangueira
adxectivo

De cores moi vivas e mal combinadas: *Levaba un vestido estampado moi charramangueiro.*

charrúa
substantivo feminino

Personaxe do Entroido de Allariz que se disfraza con roupa vella, careta e cunhas bandoleiras con campaíñas: *As charrúas son propias do Entroido de Allariz.*

chárter
adxectivo

Referido a un voo, viaxe ou compañía aérea, que foi contratado para realizar esa viaxe en concreto e que non é unha liña regular: *Moitas viaxes turísticas fanse en voos chárter.*
OBS. Úsase tamén como substantivo.

chasco
substantivo masculino

Calquera cousa que termina de modo moi diferente a como se esperaba e habitualmente mal: *Pensaba gañar cartos con ese negocio e levou un chasco porque perdeu todo.*

chasis
substantivo masculino

Armazón da parte inferior dun coche e que sostén a carrozaría: *O chasis do coche ten que ser resistente.*

***chata**, a forma correcta é **tacha**.

chatarra
substantivo feminino

Conxunto de anacos e obxectos vellos de ferro ou doutros metais: *Moitos xitanos compran e venden chatarra.* SIN. ferralla.
FAM. chatarreiro.

chato, chata
adxectivo

1 Dito do nariz, pequeno e plano: *Ese actor ten un nariz chato.*
2 Dito dunha persoa, que ten o nariz pequeno e plano: *Ese neno é chato.*
3 Que remata de forma plana: *As cabinas de moitos camións son chatas.*

chatola
substantivo feminino

Cravo curto e de cabeza grande e redonda: *Os zocos adoitaban levar chatolas no piso para non esvarar.*

chave
substantivo feminino

1 Instrumento que se usa para abrir ou pechar unha pechadura: *Esquecín a chave da casa.*
2 Instrumento que serve para darlle corda a un mecanismo ou xoguete: *Aos reloxos de parede hai que darlles corda cunha chave.*
3 Ferramenta que se emprega para apertar e afrouxar parafusos e porcas: *No taller teñen chaves de distintos tamaños.*
4 Mecanismo que serve para permitir ou cortar o paso dun líquido, dun gas ou mesmo da electricidade: *Nas casas hai unha chave de paso para pechar ou abrir o paso da auga.*

5 Nalgúns instrumentos musicais de vento, peza que abre ou pecha o paso do aire: *O saxofón ten chaves.*
6 Movemento que serve para facer caer ou impedir que se mova alguén: *No judo fanse chaves.*
7 Signo usado ao escribir para introducir unha explicación ou unha clasificación: *As chaves poden abrirse e pecharse: {e}.*
8 O que permite resolver algo ou avanzar: *A chave do éxito é o traballo.*
9 Xogo popular consistente en lanzar unhas pezas metálicas redondas e planas de forma que se acerte noutra cravada no chan: *Despois de xantar, xogamos á chave no patio.*
EXP. **Baixo sete chaves** Moi ben gardado: *Gardei baixo sete chaves a tarxeta de crédito do banco.* **Botar a chave** Pechar: *Botámoslle a chave ao armario para que ninguén remexa nel.* **Chave inglesa** A que se pode adaptar ao tamaño de distintas porcas: *O fontaneiro levaba unha chave inglesa grande.*
FAM. chaveiro.

chaveiro
substantivo masculino
Utensilio en que se levan xuntas as chaves: *Levo as chaves da casa, do coche e do comercio no chaveiro.*

***che** (letra), a forma correcta é **ce hache**.

che
pronome persoal
Indica a segunda persoa de singular como complemento indirecto e equivale «a ti»: *O carteiro xa che entregou a ti o paquete.*
OBS. Contrae co pronome *o, a, os, as: cho, cha, chos, chas.*

cheda
substantivo feminino
Cada unha das dúas pezas laterais do chedeiro do carro onde encaixan os fungueiros: *As chedas poden ser de madeira de carballo.*

CHE

É o pronome complemento indirecto de segunda persoa singular, polo que ao pasar a frase a terceira persoa o pronome a empregar é *lle*:

A ti fíxoche un favor – a el fíxolle un favor

A ti tróuxoche un regalo – a el tróuxolle un regalo

EXP. **Dar cheda** Axudar a subir ou erguer algo: *Deulle cheda ao rapaz para que subise á cerdeira.*

chedeiro
substantivo masculino
Superficie de táboas do carro sobre a que se coloca a carga, e por extensión a de calquera material de calquera vehículo: *Ese carro ten o chedeiro de madeira de piñeiro.* SIN. piso.

chegada
substantivo feminino
1 Aparición ou entrada nun lugar: *A chegada do tren nesta estación é ás tres.* SIN. vida, vinda. ANT. marcha, partida, saída.
2 Comezo ou aparición de algo: *A chegada oficial da primavera é o 21 de marzo.*
3 Lugar onde termina unha carreira: *A chegada desta etapa é na cima dun monte.* SIN. meta. ANT. saída.

chegar
verbo
1 Entrar ou aparecer nun lugar: *O avión chega ao aeroporto ás nove.* ANT. irse, largar, marchar, saír.
2 Alcanzar o final dun percorrido: *Os ciclistas xa chegaron todos á meta.*
3 Durar ata un determinado tempo ou momento: *O verán chega ata o 21 de setembro.*
4 Comezar, aparecer ou ter lugar: *A primavera chega o 21 de marzo.*
5 Conseguir un obxectivo: *Rosalía chegou a ser a poeta máis importante de Galicia.*
6 Alcanzar unha determinada cantidade ou situación: *A factura do amaño do coche chegou aos mil cincocentos euros.*
7 Estenderse ata un determinado lugar, punto ou situación: *O pelo chégalle ata os ombreiros.*
8 Ser suficiente: *Cun quilo de fariña chégache para faceres esa torta.* SIN. abondar, bastar. ANT. fallar, faltar.
9 chegarse Pórse máis cerca: *Chégate a min.*
EXP. **Chegar ás mans** Pelexar ou darse golpes: *Discutiron e ata chegaron ás mans.* **Chegar e encher** Conseguir algo de forma inmediata e sen gran esforzo: *Matriculouse, examinouse e aprobou no mesmo día: foi chegar e encher.*
FAM. chegada.

cheirar
verbo
1 Sentir un olor: *Cheiraba as rosas do xardín.* SIN. ulir.
2 Producir un olor: *Esa torta cheira moi ben.* SIN. ulir.
3 Ter ou dar unha aparencia: *Ese traballo non me cheira ben.*
EXP. **Sen o cheirar** Sen esperalo ou sen ter parte ningunha no asunto: *Vinme metido nunha liorta de súpeto, sen o cheirar.*
FAM. cheirento, cheiro, cheirume.

cheirento, cheirenta
adxectivo
Que ole ou cheira mal: *Aparta de aí esa camisa sucia e cheirenta!*

cheiro
substantivo masculino
Olor que sentimos polo nariz cando respiramos con forza: *Gústame o cheiro desas rosas.* SIN. olor.

cheirume
substantivo masculino
Cheiro ou olor desagradables: *Vaia cheirume que botan eses calcetíns sucios!* SIN. fedor, peste.

cheísmo
substantivo masculino
Uso do pronome persoal *che* como complemento directo no canto de *te*: *Na oración «Xa che vin na festa» hai cheísmo.*

cheminea
substantivo feminino
1 Tubo por onde sae o fume: *O pazo ten varias chemineas.*
2 Nun cuarto, lugar onde se acende o lume para quentarse: *No salón ten unha bonita cheminea de mármore.*
OBS. Na acepción 2 é distinto de *lareira*, 'lugar onde se prende o lume para cociñar na cociña tradicional galega'.

cheo, chea
adxectivo
1 Ocupado por completo ou en gran medida: *O teatro estaba cheo, non quedaba libre nin unha butaca.* ANT. baleiro.
2 Que comeu ou bebeu moito: *Despois daquel xantar quedamos cheos.* SIN. farto.
3 Que ten moita cantidade de algo: *Esa camisa está chea de buracos.*
4 Moi canso de algo: *Xa estou cheo das súas aldraxes.* SIN. farto.
5 Co interior ocupado por algo: *As canas están cheas de crema.*
substantivo feminino
6 Aumento da cantidade de auga dun río: *A chea deste ano inundou os campos.* SIN. enchente.
7 Gran cantidade de comida ou bebida que se toma: *Coa chea do xantar deume o sono.* SIN. enchente, farta.
8 Gran cantidade de algo: *Tivemos unha chea de protestas.*
9 Borracheira.
EXP. **Ás cheas** Abundantemente: *Xantamos ás cheas.* **De cheo** Por completo: *O tirador acertou de cheo na diana.*

chepa
substantivo feminino
Xiba.
FAM. chepudo.

cheque
substantivo masculino
Documento polo que a persoa que o asina dá unha cantidade de cartos a outra: *Pagáronme o traballo cun cheque, que tiña que ir cobrar ao banco.*

cherna
substantivo feminino
Peixe mariño comestible de cor castaña e que pode chegar a medir dous metros: *A carne de cherna é moi apreciada.*

chiar
verbo
1 Cantar algúns paxaros ou producir os seus sons: *Os birrios espertárono ao chiaren.*
2 Producir un son desagradable: *As bisagras desa porta chían.* SIN. renxer.
3 Levantar moito a voz: *Non chíes, que ben te oio.* SIN. berrar, gritar.
FAM. chío.

chibo, chiba
substantivo
Cría da cabra desde que deixa de mamar ata que é adulta: *A cabra aleitaba os seus chibos.* SIN. cabuxo.

chicar
verbo
Achicar.
OBS. Cambia o *c* en *qu* ante *e*, como en *sacar.*

chícharo
substantivo masculino
Ervella.

chicharra
substantivo feminino
Cigarra.

*chicle, a forma correcta é **goma de mascar**.

chifrar
verbo
Tocar o chifre: *Os árbitros chifran para sinalar falta.* SIN. asubiar, pitar.
FAM. chifre.

chifre
substantivo masculino
Instrumento pequeno e oco que produce un son agudo ao soprar nel: *Os árbitros usan chifre para sinalar as faltas.* SIN. asubío, pito.

chilindrada
substantivo feminino
Obxecto, como un xoguete ou adorno, de pouco valor: *Sempre lles trae aos cativos algunha chilindrada.*

*chimenea, a forma correcta é **cheminea**.

chimpancé
substantivo masculino
Mono de brazos longos, cabeza grande e nariz plano: *O chimpancé é propio de África e pode medir case metro e medio e pesar setenta quilos.*

chimpar
verbo
1 Facer caer ao chan ou lanzar a certa distancia: *Chimpou cunha vara as mazás da maceira.* SIN. guindar, tirar.
2 Saltar desde un lugar alto: *Os nadadores chimpaban desde o trampolín.* SIN. brincar, choutar, pinchar, saltar.
3 Botar dun traballo ou cargo: *Chimparon o adestrador porque ían de últimos.* SIN. botar.
FAM. chimpo.

chincha ou chinche
substantivo feminino
Insecto de cor escura e corpo plano e que solta un líquido que dá moi mal cheiro: *As chinchas viven do sangue que chuchan dos animais.*

chincheta
substantivo feminino
Cravo pequeno e de cabeza chata: *Cravou a lista de aprobados no taboleiro cunha chincheta.*

chinchilla
substantivo feminino
Mamífero roedor semellante ao coello pero algo maior, cuxa pel é moi apreciada: *A chinchilla é propia de América do Sur e coa súa pel fanse abrigos.*

chincho[1]
substantivo masculino
Xurelo pequeno: *Gústanlle moito os chinchos fritos.*

chincho[2]
substantivo masculino
Paxaro do tamaño dun pardal, peteiro cónico e longo e cuxo macho ten plumas moi rechamantes: *O chincho canta moi ben e aliméntase de insectos.* SIN. pimpín.

chinchorro
substantivo masculino
1 Barca pequena que se leva nos barcos: *Fondearon o barco na baía e achegáronse ao porto nun chinchorro.*
2 Aparello de pesca semellante á xávega pero de tamaño pequeno: *O chinchorro úsase nas rías e enseadas.*

chineiro
substantivo masculino
Moble con caixóns na parte de abaixo e estantes na de arriba onde se garda a louza e todo o necesario para pór a mesa: *No chineiro gardabamos os manteis, os panos de mesa, os cubertos e a louza.*

chinela
substantivo feminino
Pantufla.

*chino (de China), a forma correcta é **chinés**.

chintófano
substantivo masculino
Chisme.

chío
substantivo masculino
1 Son forte e agudo producido por algúns paxaros: *Os chirlomirlos dan chíos.*

2 Son agudo e desagradable: *Moléstanme os chíos das bisagras mal engraxadas.*
3 Son da voz emitido máis forte do normal: *Os seus chíos espertáronme.* ANT. murmurio. SIN. berro, grito.
EXP. **Non dar un chío** Non dicir nada de nada: *Na reunión el non deu un chío.*

chirla
substantivo feminino
Molusco con dúas valvas ou cunchas, parecida á ameixa pero máis pequena: *As valvas das chirlas son grises e con estrías.* SIN. crica.

chirlar
verbo
Cantar ou piar certos paxaros: *Un merlo chirlaba na cerdeira.*
FAM. chirlo.

chirlomirlo
substantivo masculino
Estorniño.

chisca ou chisco
substantivo feminino ou masculino
Parte ou porción moi pequena de algo: *Ponlle á ensalada unha chisca de sal.* SIN. migalla.

chiscar
verbo
Pechar un ollo un momento mentres o outro permanece aberto: *Chiscoume o ollo en sinal de saúdo.* SIN. choscar.
OBS. O *c* cambia en *qu* diante do *e*, como en *sacar.*

chisme
substantivo masculino
1 Noticia verdadeira ou falsa que se dá sobre alguén para prexudicalo: *Non me veñas con máis chismes sobre teu curmán.* SIN. conto, rumor.
2 Obxecto, utensilio ou aparello do que non se lembra o nome: *Gústanlle moito todos os chismes electrónicos.* SIN. chintófano.

chispa
substantivo feminino
1 Parte acesa moi pequena que salta de algo que se está queimando: *Ao xuntar os dous cables saltaron chispas.* SIN. faísca.
2 Raio ou descarga eléctrica que salta dunha nube a outra ou dunha nube á terra: *Nas tormentas vense chispas.*
3 Graza, especialmente ao falar: *Ten chispa cando conta os chistes.* SIN. enxeño.
4 Sinal breve ou pequeno de algo: *É parvo e non se lle ve nin unha chispa de intelixencia.*
5 Borracheira.
EXP. **Botar chispas** Estar moi enfadado: *Ao ver o suspenso, botaba chispas.* **Ser coma unha chispa** Ser moi listo: *Non hai quen o engane porque é coma unha chispa.* **Ter mala chispa** Ter moi mal carácter: *Xa non lle quedan amigos porque ten mala chispa.*
FAM. chispazo, chispear, chispo.

chispazo
substantivo masculino
Desprendemento de luz ou enerxía producido polo contacto entre dous cables eléctricos: *Ao xuntares os dous cables saltaron chispazos.*

chispear
verbo
1 Despedir ou botar chispas ou chispazos: *Ao xuntares os dous cables eléctricos chispearon.*
2 Despedir ou botar luz ou brillo: *As luces da cidade chispeaban ao lonxe.*

chisqueiro
substantivo masculino
Aparello para acender lume e que funciona con gas, gasolina ou mesmo prendendo unha mecha longa: *Xa non se usan os chisqueiros de mecha.*

chistar
verbo
Gustar ou agradar: *Non me chistan nada eses pasteis tan mal feitos.* SIN. atraer, gustar.

chiste
substantivo masculino
Dito ou historia pequena que fan rir: *Gústanlle moito os chistes de médicos.*
FAM. chistoso.

chistera
substantivo feminino
Sombreiro alto con forma de tubo e coa parte superior plana: *O mago sacou un coello da súa chistera.*
OBS. A forma **chisteira* é incorrecta.

cho, cha
contracción
Unión do pronome persoal *che* co pronome persoal *o*, *a*: *Os libros xa chos dará teu irmán.*
OBS. É distinto de *chá*, 'plana, lisa'.

choca ou chocallo
substantivo feminino ou masculino
Especie de campá pequena metálica que se colga do pescozo das vacas e do gando en xeral para saber por onde andan: *Algunhas máscaras do Entroido levan chocallos.*

chocalleiro, chocalleira
adxectivo e substantivo
1 Que no Entroido leva chocallos no disfrace: *No Entroido de Ourense vimos uns chocalleiros.* SIN. choqueiro.
2 Que resulta ordinario e sen ningunha elegancia: *Os seus chistes son chocalleiros.* ANT. elegante, fino.

chocar[1]
verbo
1 Quentar unha ave os ovos ata que nace a cría: *A galiña está deitada, a chocar os ovos.* SIN. incubar.
2 Desenvolver unha enfermidade sen que se noten os síntomas claramente: *Poida que ande chocando unha gripe.* SIN. incubar.
OBS. O *c* cambia en *qu* diante do *e*, como en *sacar*.

chocar[2]
verbo
1 Encontrarse un corpo con outro de forma violenta: *Chocaron na praza un coche e unha moto.* SIN. topar.
2 Ser contraria unha cousa a outra ou combinar mal: *Esa camisa tan rechamante choca cunha gravata tan seria.*
3 Producir sorpresa ou resultar estraño: *Chocounos que non viñese ao noso aniversario.* SIN. estrañar, sorprender.
FAM. choca, chocallada, chocalleiro, chocallo, choco, choque, choqueiro.

chochear
verbo
1 Ter diminuída a intelixencia, especialmente pola idade avanzada: *Está moi vello e chochea.*
2 Mostrar moito cariño ou atracción por algo ou alguén: *Chochea por esa moza.*
FAM. chocheira, chocho.

choco[1]
substantivo masculino
Molusco mariño comestible semellante á lura, de corpo ovado e con dez tentáculos: *Son célebres os chocos de Redondela.* SIN. xiba.

choco[2], choca
adxectivo
1 Que produce un son malo: *As campás chocas producen badaladas que soan mal.*
2 Que está a quentar os ovos: *As galiñas chocas incuban os ovos ata que nacen os pitos.*
3 Que está mal e non se pode comer ou beber, especialmente referido a auga: *Non bebas nesa fontela de auga choca.*

chocolate
substantivo masculino
Pasta dura, comestible, doce e de cor marrón: *O chocolate elabórase con cacao, azucre e canela ou vainilla.*
FAM. chocolataría, chocolateira, chocolateiro.

choer
verbo
1 Meter o gando na corte: *Cómpre choer as vacas pola noite porque vai moito frío.*
2 Rodear cunha cerca, valo ou fita: *Choeron o céspede para que non o pisasen os cativos.*

chofer
substantivo masculino
Persoa que ten como traballo conducir coches: *Os choferes de camión chámanse camioneiros.*

choiar
verbo
Traballar.
OBS. É coloquial.
FAM. choio.

choio
substantivo masculino
1 Traballo ou tarefa que alguén ten que facer: *Non saio agora porque teño o choio dos deberes.*

2 Calquera cousa que se consegue case sen esforzo ou por poucos cartos: *Esa casa por ese prezo é un choio.* SIN. ganga.
3 Calquera cousa que resulta pesada e difícil de facer: *Iso de subir caldeiros de masa na obra é un choio.*
4 Obriga, culpa ou deber que ninguén quere: *Quérenlle cargar o choio da avaría do ordenador.*

choiva
substantivo feminino
Chuvia.

chope
substantivo masculino
Traballo ou negocio que dan moitos cartos con pouco esforzo: *Ten un chope de dúas horas os sábados polo que cobra douscentos euros.*

chopo[1]
substantivo masculino
Grolo.

chopo[2]
substantivo masculino
Árbore de folla caduca, tronco gris e de madeira lixeira e abrancazada: *O chopo ten fendas na casca e medra nos lugares húmidos.*

choque
substantivo masculino
1 Golpe violento que dan entre si dous ou máis corpos: *Na praza houbo un choque entre un turismo e un autobús.*
2 Falta de acordo ou harmonía entre dúas partes: *Houbo un choque entre os partidarios do presidente e os do adestrador.*
3 Disputa, discusión ou pelexa: *A policía impediu un choque entre dúas manifestacións de partidos opostos.*

choqueiro, choqueira
substantivo
Persoa que no Entroido leva chocallos no disfrace: *No Entroido de Verín vimos uns choqueiros.*
OBS. Úsase tamén como adxectivo.

choquelear
verbo
Facer ruído ao moverse algo que axusta mal: *As botellas na caixa ían choqueleando no maleteiro do coche.*

chorar
verbo
1 Botar lágrimas ou bágoas: *Pódese chorar de tristura ou de ledicia.*
2 Queixarse moito: *Sempre está a chorar dicindo que non lle chega o soldo.*
EXP. **Chorar os sete chorares** Chorar moito: *No funeral os sobriños choraron os sete chorares.*
FAM. choricar, choromicar, choromicas, choromiqueiro, chorón, choroso.

choricar
verbo
Chorar sen forza, pero de forma continuada: *Ese neno chorica porque ten moito meco.*
SIN. choromicar, nifrar.
OBS. Cambia o *c* en *qu* diante do *e*, como en *sacar.*

choricas
adxectivo
Que chora sen motivo ou por calquera cousa: *Ese cativo é un choricas.* SIN. choromicas, choromiqueiro.

choro
substantivo masculino
Saída de lágrimas ou bágoas, habitualmente acompañada de lamentos: *No funeral houbo moitos choros dos familiares do morto.*

choromicar
verbo
Choricar.
OBS. Cambia o *c* en *qu* diante do *e*, como en *sacar.*

choromicas
adxectivo e substantivo
Choricas.

choromiqueiro, choromiqueira
adxectivo e substantivo
Choricas: *Os moitos mecos fixeron do cativo un choromiqueiro.*

chorón, chorona
adxectivo e substantivo
1 Que chora moito e con facilidade: *Son moi chorona, choro con calquera pena ou alegría.*
2 Que se queixa moito, especialmente sen motivo: *É un chorón que sempre anda dicindo que non lle chega o soldo.*

choroso, chorosa
adxectivo

Que ten sinais de querer chorar ou de que chorou: *Tiña os ollos chorosos pola enorme ledicia.*

chorra
substantivo feminino

Boa sorte: *Aprobou de chorra, porque non estudara nada.*

chorrear
verbo

Caer ou saír auga ou un líquido en gran cantidade: *A roupa mollada chorreaba.*

chorro
substantivo masculino

Auga, líquido ou gas que sae por un buraco con forza: *Da mangueira saíu un chorro de auga.*

EXP. **A chorro** Formando ao saír, especialmente un gas, unha especie de cola: *Os avións reactores botan o fume a chorro.* **A chorros** En gran cantidade: *Ten cartos a chorros.* **Chorro de voz** Voz moi forte: *Ese cantante ten un chorro de voz.*

FAM. chorrear.

choscar
verbo

Pechar un ollo un momento mentres o outro permanece aberto: *Choscoume o ollo en sinal de saúdo.* SIN. chiscar.

OBS. O *c* cambia en *qu* diante do *e*, como en *sacar.*

FAM. chosco.

chosco, chosca
adxectivo e substantivo

Sen un ollo ou que non ten visión dun ollo: *É chosco porque perdeu a vista do ollo esquerdo.* SIN. torto.

OBS. É distinto de *birollo* ou *vesgo,* 'que ten a vista torcida dun ollo ou dos dous'.

chou
EXP. **Ao chou** Sen pensalo, ao azar: *Colleu unha camisa ao chou, cos ollos pechados.* SIN. ao azar.

choupana
substantivo feminino

Casopa.

choupar
verbo

Meter na auga ou noutro líquido: *Choupaba os pés nunha almofía.*

chourizo
substantivo masculino

Embutido feito con carne de porco picada e adobada con pemento, allo e sal: *Nós aínda facemos os chourizos na casa.*

chousa
substantivo feminino

Terra de labor ou monte de pouca extensión e rodeados por unha cerca, muro ou valo: *Na chousa botou unhas patacas.*

choutar
verbo

Dar saltos ou choutos: *Choutaba ao saber que acertara a quiniela.* SIN. brincar, pinchar, saltar.

FAM. chouto.

chouto
substantivo masculino

Salto que se dá facendo que o corpo suba para arriba con forza: *Ao ver os xoguetes a nena daba choutos de alegría.* SIN. brinco, pincho, salto.

chover
verbo

1 Caer auga das nubes en forma de gotas ou pingas: *Abriu o paraugas porque comezaba a chover.*

2 Acontecer, pasar ou chegar algo en gran cantidade: *Tras a publicación desa novela chovéronlle as gabanzas.*

EXP. **Chova que neve** Sen importar o que pase: *Irei ao partido esta tarde chova que neve.* **Chover a arroiar** Chover moitísimo: *Esta tarde choveu a arroiar e houbo inundacións.* **Chover a varrer** Chover moitísimo: *Durante a tormenta choveu a varrer.* **Chover sobre mollado** Repetirse algo malo ou desagradable: *Suspendeu dúas e chove sobre mollado, porque xa antes suspendera unha.* **Por min que chova** Indica a total falta de interese: *Se sobe a gasolina, por min que chova, pois só uso bicicleta.* **Xa choveu** Hai xa moito tempo: *Tiña eu daquela quince anos, xa choveu.*

FAM. choiva, chuvia.

choza
substantivo feminino
Casa pequena e mala, especialmente no campo para refuxio: *Os pastores durmían nunha choza.* SIN. cabana, casopa, chabola, choupana.
OBS. A forma **chouza* é incorrecta.

chuchamel
substantivo masculino
Planta con flores de cor púrpura que desprenden un olor agradable e que saben ao mel: *Plantou chuchameles no xardín.*
OBS. O plural é *chuchameles.*

chuchar
verbo
1 Sacar o zume ou a substancia de algo cos labios e coa boca: *O cativo chuchaba o caramelo.* SIN. chupar.
2 Absorber ou meter dentro de si auga, un líquido ou un gas: *A baeta chucha a auga que caeu na mesa.* SIN. chupar.
3 Tocar e lamber coa lingua: *O can chucháballe as mans ao amo.* SIN. chupar.
4 Obter cartos ou beneficios con enganos: *O sobriño chúchalle todo ao tío.* SIN. chupar.
5 **chucharse** Volverse máis débil e fraco: *Coa enfermidade foi chuchándose.*
FAM. chucho, chuchón.

chufar
verbo
Falar moi ben de algo ou de alguén: *El sempre chufa a súa casa, di que non hai outra mellor na bisbarra.* SIN. eloxiar, gabar, loar.
ANT. criticar.
FAM. chufa, chufón.

chula
substantivo feminino
Especie de torta elaborada principalmente con fariña, ovos e leite e que se frixe na tixola: *Tomamos de sobremesa unhas chulas moi ricas.*

chulo, chula
adxectivo
1 Que parece bo ou resulta agradable á vista: *Esa chaqueta éche ben chula.*
adxectivo e substantivo
2 Que pensa que é superior ao demais: *Ese chulo nin saúda os vellos coñecidos.*
substantivo masculino
3 Home que vive dos cartos dunha ou máis prostitutas: *Os chulos explotan prostitutas.*
FAM. chularía.

chumbada
substantivo feminino
1 Anacos de chumbo que se poñen na sedela ou nas redes para que afundan: *Un bo pescador non esquece a chumbada para a sedela.*
2 Instrumento consistente nun peso de chumbo ou metal cun fío que serve para marcar a verticalidade: *Os albaneis usan a chumbada para faceren os muros verticais.*

chumbo
substantivo masculino
Metal de cor gris azulada moi pesado: *Xogabamos cuns soldadiños de chumbo.*
FAM. chumbada.

chupar
verbo
Chuchar.
FAM. chupada, chupete.

chupete
substantivo masculino
Obxecto de plástico cunha goma elástica que se lles dá aos meniños para que o chuchen: *Deulle o chupete untado en azucre para que non chorase.*

churrasco
substantivo masculino
Carne de porco ou de vacún asada á brasa ou sobre a grella: *Xantamos un bo churrasco de vitela.*

churro
substantivo masculino
Doce de forma longa e estreita que se fai cunha masa frixida en aceite: *Gústame almorzar chocolate con churros.*
FAM. churraría, churreiro.

churrusqueiro, churrusqueira
adxectivo
Que resulta agradable, simpático ou elegante: *A súa noiva é unha moza moi churrusqueira.*

chusma
substantivo feminino
Xente que resulta desagradable pola súa mala educación: *Unha chusma viña do botellón estragando os colectores do lixo.*

***chutar**, a forma correcta é **xutar**.

***chute**, a forma correcta é **xute**.

chuvascada ou chuvasco
substantivo feminino ou masculino
Chuvia moi forte pero que dura pouco: *Acollémonos da chuvascada nun portal.* SIN. bátega, bategada, chaparrada, chuvieira.

chuvasqueiro
substantivo feminino
Peza de vestir que protexe da chuvia con caparucha e que chega ata un pouco máis abaixo da cintura: *Os mariñeiros puxeron os chuvasqueiros.*

chuvia
substantivo feminino
1 Caída de gotas ou pingas de auga das nubes: *A chuvia do outono é moi boa para o agro.* SIN. choiva.
2 Auga que cae das nubes en forma de gotas ou pingas: *Non levaba paraugas e mollábao a chuvia.* SIN. choiva.
3 Gran cantidade de algo: *Recibimos unha chuvia de protestas por ese erro.* SIN. choiva.

chuvieira
substantivo feminino
Chuvia moi forte pero que dura pouco: *Metémonos nun portal para acollernos da chuvieira.* SIN. bátega, bategada, chaparrada, chuvascada, chuvasco.

chuviñar
verbo
Chuviscar.

chuvioso, chuviosa
adxectivo
Con chuvias frecuentes: *O clima da costa galega é chuvioso.* ANT. seco.

chuvisca
substantivo feminino
Chuvia moi fina que cae de forma suave: *Os días de chuvisca teñen o seu atractivo.* SIN. orballo, poalla.

chuviscar
verbo
Chover de forma suave con gotas moi finas: *Non fomos á praia porque chuviscaba.* SIN. chuviñar, orballar, poallar.

chuzo
substantivo masculino
Pau cun cravo ou aguillón na punta: *O carreteiro cravaba o chuzo no boi.*

cicatriz
substantivo feminino
1 Sinal que queda na pel despois de curar unha ferida: *Un cirurxián plástico eliminoulle a cicatriz da ferida.*
2 Sinal que unha situación dolorosa deixa no pensamento ou espírito dunha persoa: *Os desenganos da xuventude deixan as súas cicatrices.*
FAM. cicatrización, cicatrizar.

cicel
substantivo masculino
Ferramenta de metal rematada en cuña que se usa para traballar a golpe de martelo pedras e metais: *Os canteiros usan para traballar a pedra martelo e cicel.*
FAM. cicelar.

cichar
verbo
Zurrichar.

ciclismo
substantivo masculino
Deporte consistente en correr en bicicleta: *En Galicia hai grandes figuras do ciclismo como Delio Rodríguez ou Óscar Pereiro.*
FAM. ciclista.

ciclo
substantivo masculino
1 Período de tempo ou conxunto de anos que se comeza a contar de novo cando rematou: *Un lustro é un ciclo de cinco anos.*
2 Serie de fenómenos ou cousas que se repiten de forma ordenada: *O ciclo das estacións é sempre o mesmo: primavera, verán, outono e inverno.*
3 Conxunto de obras artísticas dun mesmo tema ou autor: *Na galega poñen un ciclo de películas de terror.*
4 Cada unha das partes en que se divide un plan de estudos: *A ESO comprende dous ciclos de dous cursos cada un.*
FAM. cíclico, reciclar, reciclaxe.

ciclomotor
substantivo masculino
Vehículo de dúas rodas con motor e pedais:

O motor dos ciclomotores ten unha cilindrada que non supera os 50 cm³.

ciclón

substantivo feminino

1 Vento moi forte que xira en grandes círculos: *O ciclón levou o tellado do hospital.*
2 Situación do tempo caracterizada pola chuvia, vento e descenso da presión atmosférica: *No tempo da tele anuncian unha situación de ciclón.* ANT. anticiclón.

ciclope

substantivo masculino

Xigante fantástico que tiña un só ollo no centro da fronte: *O ciclope máis famoso foi Polifemo.*

cicuta

substantivo feminino

Planta herbácea da que se extrae un veleno mortal e tamén este veleno: *Se se toma cicuta, mórrese.* SIN. cegude.

cidadán, cidadá

adxectivo

1 Dunha cidade ou dos seus habitantes: *O alcalde recibiu os dirixentes de varias asociacións cidadás.* SIN. civil.

adxectivo ou substantivo

2 Que naceu ou vive nunha cidade: *Cada día hai máis cidadáns e menos aldeáns e vilegos.*

substantivo

3 Persoa que ten determinados dereitos e deberes por ser membro dun Estado: *Os cidadáns teñen o dereito de votar e o deber de pagaren impostos.*

cidade

substantivo feminino

1 Poboación en que viven moitas persoas e hai moitas rúas e edificios: *As cidade máis grandes de Galicia son Vigo e A Coruña.*
2 Conxunto de edificios destinados a unha determinada actividade: *Na cidade sanitaria hai un hospital, laboratorios e consultas.*
OBS. A forma **ciudade* é incorrecta.
FAM. cidadán, cidadanía, cidadela.

cidadela

substantivo feminino

Parte máis alta dunha cidade, habitualmente rodeada por murallas: *Os cidadáns, ante o ataque do invasor, refuxiáronse na cidadela.*

ciencia

substantivo feminino

1 Coñecemento certo do que existe logrado polo estudo e a experiencia: *A ciencia baséase nos datos da experiencia.*
2 Conxunto de coñecementos organizados que forman parte dunha rama do saber: *A historia é unha ciencia e a bioloxía, outra.*
3 Conxunto de coñecementos que alguén posúe: *É moi culta e ten moita ciencia.*
4 Habilidade ou capacidade para algo: *Para resolver ese encrucillado tan fácil non cómpre moita ciencia.*

plural

5 Conxunto de coñecementos relacionados coas matemáticas e coa natureza: *A bioloxía, as matemáticas, a física e a química son materias de ciencias.*
EXP. **A ciencia certa** Con toda seguridade: *Sei a ciencia certa que virá esta tarde á festa.* **Ciencia ficción** Conxunto de obras literarias ou de cine que presentan como será o mundo e a vida no futuro: *Vin unha película de ciencia ficción en que un grupo de persoas se establecían en Marte.* **Ciencia infusa** A que se ten sen estudar nin experimentar: *Non estuda e pensa que vai saber matemáticas por ciencia infusa.* **Ciencias da natureza** ou **naturais** As que estudan a natureza: *A bioloxía pertence ás ciencias da natureza.* **Ciencias exactas** As que se basean nas matemáticas: *A profesora de matemáticas é licenciada en ciencias exactas.* **Ciencias humanas** ou **sociais** As que estudan as obras do home e como se organizou en sociedade: *A historia é unha ciencia humana.* **Ciencias ocultas** As que estudan fenómenos fantásticos: *As ciencias ocultas estudan cousas como os fantasmas.*
FAM. científico.

científico, científica

adxectivo

1 Da ciencia ou relacionado con ela: *No século XX aumentaron moito os coñecementos científicos.*

substantivo

2 Persoa que se dedica ao estudo dunha ou varias ciencias: *Os científicos debaten sobre as novas teorías.*

cifra[1]

substantivo feminino

1 Signo con que se representa un número: *O número 1952 ten catro cifras.* SIN. número.
2 Calquera número ou cantidade: *O prezo acada a cifra de 2.000.000 de euros.*
FAM. cifrar, descifrar.

cifra[2]

substantivo feminino

Chuvia ou neve acompañada dun vento moi frío: *En decembro sufrimos uns días de cifra.* SIN. xistra.
FAM. cifrar.

cifrar

verbo

Escribir unha mensaxe non con letras senón con cifras ou números ou calquera outro procedemento, para que só o entenda quen teña as claves ou equivalencias: *Cifraron a mensaxe con números: o 1 equivale a «amigo» e o 2 a «inimigo».*

cigarra

substantivo feminino

Insecto de cor verdosa e cuxo macho produce un son monótono característico: *O macho da cigarra canta no verán.* SIN. carricanta, chicharra.

cigarro

substantivo masculino

Tabaco enrolado que se queima por un extremo e se fuma polo outro: *Fumar cigarros é prexudicial para a saúde.*

cigarrón

substantivo masculino

Peliqueiro.

cigoto

substantivo masculino

Célula ovo procedente da unión dun gameto masculino, ou espermatozoide, e dun gameto feminino, ou óvulo, na reprodución sexual: *O embrión nace da división dun cigoto.*

cilindro

substantivo masculino

1 Corpo xeométrico que ten como bases dous círculos iguais e paralelos: *Xeralmente os tubos teñen forma de cilindros.*
2 Calquera peza que ten esta forma, especialmente nun motor o tubo onde se move o pistón: *No cilindro dun motor de explosión o movemento do pistón produce a combustión do carburante.*
FAM. cilindrada, cilíndrico.

cima

substantivo feminino

1 Parte máis alta dunha montaña: *Os montañeiros chegaron ata a cima da montaña.* SIN. bico, cume, cumio, cúspide, pico.
2 Parte máis alta de algo: *Subiron ata a cima do tellado.* SIN. cume, cumio, cúspide.
3 Situación ou posición máis importante ou elevada: *Con esa canción acadou a cima do éxito.* SIN. cume, cumio, cúspide.

cimento

substantivo masculino

Alicerce.
OBS. É distinto de *cemento.*
FAM. cimentar.

cinc

substantivo masculino

Metal brando de cor azul e moi brillante: *O cinc en forma de láminas emprégase para construír tellados.* SIN. zinc.

cinceiro

substantivo masculino

Cinseiro.

***cincel**, a forma correcta é **cicel**.

cincento, cincenta

adxectivo

Cinsento.

cincha

substantivo feminino

Correa ou fita que suxeita a sela ao corpo do cabalo: *A cincha pasa por debaixo da barriga do cabalo.*

cinco

numeral

Número 5: *En cada man temos cinco dedos.*
FAM. cincocentos, cincuenta, quintuplicar, quíntuplo, quinto.

cincocentos, cincocentas

numeral

Quiñentos.

cincuenta

numeral

Número 50: *O pantalón custoume cincuenta euros.*

cine
substantivo masculino

1 Arte, técnica e industria de facer películas: *O cine galego ten autores tan importantes como Chano Piñeiro.* SIN. cinematografía.
2 Conxunto de películas con algunha característica común: *Prefiro o cine de aventuras.*
3 Sala ou local onde se poñen películas: *Onte fomos ao cine.*

cinematografía
substantivo feminino

Arte, técnica e industria de facer películas: *Estuda cinematografía nos Estados Unidos.* SIN. cine.
FAM. cinematografar, cinematográfico.

cinguir
verbo

1 Axustar unha cousa ao redor doutra de forma que faga presión sobre ela: *Cingue ben o cinto para que non che caia o pantalón.* SIN. cinxir.
2 Rodear unha cousa a outra: *Cinguiu o toro da árbore cos seus brazos.* SIN. abarcar, abranguer, cinxir.
3 cinguirse Limitarse a algo: *Cínguete no exame ao que che pregunten.* SIN. cinxirse, limitarse.
OBS. Conxúgase como *distinguir*.

cinguir			
INDICATIVO		SUBXUNTIVO	IMPERATIVO
Presente	**Copretérito**	**Presente**	cingue
cingo	cinguía	cinga	cinguide
cingues	cinguías	cingas	
dingue	cinguía	cinga	
cinguimos	cinguiamos	cingamos	FOR. NOMINAIS
cinguides	cinguiades	cingades	
cinguen	cinguían	cingan	**Infinitivo**
			cinguir
Pretérito	**Antepretérito**	**Pretérito**	
cinguín	cinguira	cinguise	**Xerundio**
cinguiches	cinguiras	cinguises	cinguindo
cinguiu	cinguira	cinguise	
cinguimos	cinguiramos	cinguísemos	**Participio**
cinguistes	cinguirades	cinguísedes	cinguido
cinguiron	cinguiran	cinguisen	
Futuro	**Pospretérito**	**Futuro**	**Inf. conxugado**
cinguirei	cinguiría	cinguir	cinguir
cinguirás	cinguirías	cinguires	cinguires
cinguirá	cinguiría	cinguir	cinguir
cinguiremos	cinguiriamos	cinguirmos	cinguirmos
cinguiredes	cinguiriades	cinguirdes	cinguirdes
cinguirán	cinguirían	cinguiren	cinguiren

cínico, cínica
adxectivo e substantivo

Que non ten vergonza ningunha para mentir ou defender cousas malas: *Ese cínico defende que é lícito enganar nos negocios.*
FAM. cinismo.

cinsa
substantivo feminino

1 Po de cor gris que queda despois de arder algo: *Na lareira había moita cinsa.* SIN. borralla, cinza.
plural
2 Restos últimos dun corpo morto, especialmente despois de queimalo: *Meteron as cinsas do incinerado nunha urna metálica.* SIN. cinza.
FAM. cinseira, cinseiro, cinsento.

cinseiro
substantivo masculino

Recipiente onde se bota a cinsa e os restos dos cigarros: *Na mesa do comedor hai un cinseiro de cristal.* SIN. cinceiro.

cinsento, cinsenta
adxectivo

De cor gris, coma a cinsa: *No ceo había nubes cinsentas.* SIN. cincento.

cinta
substantivo feminino

Tira longa e estreita de calquera material que dobra facilmente: *Adornaba o cabelo cunha cinta de seda.* SIN. fita.

cinto
substantivo masculino

1 Tira, habitualmente de coiro, usada para suxeitar un peza de vestir, especialmente o pantalón, á cintura: *Regaláronme un cinto coas miñas iniciais no aniversario.*
2 Calquera cousa ou conxunto de cousas que rodean a outra: *A cidade está rodeada por un importante cinto industrial.*
3 Nalgúns deportes de loita, cada grao ou categoría: *Seu curmán é cinto amarelo de judo.*
EXP. **Cinto de seguridade** O que está nun coche e suxeita o viaxeiro ao asento: *É obrigatorio pór o cinto de seguridade ao viaxar en coche.*
FAM. cintura.

cintura
substantivo feminino

1 Parte máis estreita do tronco do corpo humano: *A cintura está entre os cadrís e as costelas.* SIN. van.

2 Parte dunha peza de vestir que rodea esta zona do corpo: *Ese vestido ten unha cintura moi bonita.*

cinza
substantivo feminino

Cinsa.

ciprés
substantivo masculino

Árbore alta e recta coas follas de cor verde escura e as ramas moi apegadas ao tronco: *Adoita haber cipreses nos cemiterios urbanos.*

circo
substantivo masculino

1 Grupo ambulante de persoas que realizan un espectáculo a base de exercicios de habilidade, chistes e doma de animais: *Nas festas sempre vén o circo á nosa vila.*

2 Este espectáculo: *O circo gústalles moito aos rapaces.*

3 Lugar en que se representa este espectáculo: *O circo adoita ter unha gran carpa e debaixo están as bancadas para a xente e as pistas para o espectáculo.*

4 Na antiga Roma, lugar onde se celebraban carreiras de carros e cabalos: *Os circos romanos tiñan forma rectangular, pero cun extremo arredondado.*

EXP. **Circo da Lúa** Luz que rodea a Lúa: *Cando o ceo está claro pode verse o circo da Lúa.*

FAM. circense.

circuíto
substantivo masculino

1 Camiño ou traxecto que volve ao punto de partida: *As carreiras de fórmula 1 celébranse en circuítos.*

2 Conxunto de condutores ou fíos unidos entre si por onde pasa a electricidade: *O electricista atopou unha avaría no circuíto.*

FAM. curtocircuíto.

circulación
substantivo feminino

1 Movemento dun lugar a outro polas vías públicas: *As fins de semana hai moita circulación nas estradas e autoestradas.* SIN. tránsito.

2 Movemento ou paso dunha cousa dunhas persoas a outras: *A circulación dos billetes non para.*

3 Paso por unha vía ou conduto pechado volvendo ao lugar de partida: *A circulación do sangue faise polas veas e arterias.*

circular[1]
verbo

1 Andar ou moverse polas vías públicas: *Por esta autoestrada circulan moitos coches.* SIN. transitar.

2 Pasar dunhas persoas a outras: *Os billetes e moedas non deixan de circular.*

3 Pasar por unha vía ou conduto pechado volvendo ao lugar de partida: *O sangue circula polas veas e as arterias.*

FAM. circulación, circular, circulatorio.

circular[2]
adxectivo

1 Do círculo ou relacionado con el: *Os CDs teñen forma circular.*

substantivo feminino

2 Carta ou mensaxe escrita que se envían a varias ou moitas persoas: *Todos os veciños recibimos unha circular do Concello sobre a recollida do lixo.*

circulatorio, circulatoria
adxectivo

Da circulación: *As fins de semana hai un caos circulatorio nas entradas á cidade.*

círculo
substantivo masculino

1 En xeometría, superficie limitada por unha circunferencia: *Cómpre distinguir ben a circunferencia do círculo.*

2 Curva plana e pechada que ten todos os seus puntos á mesma distancia do centro: *As rodas dos coches teñen forma de círculo.*

3 Asociación ou grupo de persoas que realizan actividades relacionadas coa diversión, o deporte ou a cultura: *Forma parte dun círculo ciclista e participa en moitas carreiras.*

4 Grupo de persoas que se dedican a unha determinada profesión ou actividade: *Os círculos económicos prevén unha suba do petróleo.*

5 Grupo de persoas con algunha relación entre elas: *Ten un pequeno círculo de amigos moi fieis.*
EXP. **Círculo vicioso** Situación mala da que non se pode saír porque sempre se volve ao mesmo punto: *Di que estudará cando aprobe e como suspende sempre iso é un círculo vicioso.*
FAM. circulación, circular, circulatorio.

circundar
verbo
Dar a volta a algo: *Unha nova autoestrada circunda a cidade.*
FAM. circundante.

circunferencia
substantivo feminino
En xeometría, curva pechada e plana cuxos puntos están todos á mesma distancia doutro chamado centro: *A profesora díxonos que a fórmula da lonxitude da circunferencia é 2πr.*

circunstancia
substantivo feminino
Situación ou calidade de algo, que non resulta esencial nin principal: *Que teña carné é unha circunstancia que hai que considerar para contratalo.*
FAM. circunstancial.

circunvalación
substantivo feminino
Estrada, autoestrada ou calquera vía que rodea unha poboación: *Fixeron unha circunvalación e xa non cómpre pasar pola cidade.*
FAM. circunvalar.

cirio
substantivo masculino
Candea de cera longa e grosa: *Algúns fieis na procesión levaban cirios acesos.*

cirola
substantivo feminino
Ameixa[1].

cirolas
substantivo feminino plural
1 Calzón.
2 Antigo pantalón que chegaba desde a cintura ata un pouco máis abaixo dos xeonllos: *Moitos gaiteiros visten cirolas.*

ciroleira
substantivo feminino
Ameixeira.

cirurxía
substantivo feminino
Parte da medicina que cura enfermidades por medio de operacións: *A cirurxía realízase nos quirófanos dos hospitais.*
EXP. **Cirurxía plástica** A que trata de facer máis fermosa unha persoa ou unha parte do seu corpo: *Moitas modelos sometéronse a operacións de cirurxía plástica.*
OBS. A forma **ciruxía* é incorrecta.
FAM. cirurxián, cirúrxico.

cirurxián, cirurxiá
substantivo
Médico que fai operacións: *Os cirurxiáns son médicos especializados en cirurxía.*
OBS. A forma **ciruxano* é incorrecta.

cirúrxico, cirúrxica
adxectivo
Da cirurxía ou relacionado con ela: *Os cirurxiáns realizan operacións cirúrxicas.*
OBS. A forma **quirúrxico* é incorrecta.

ciscar
verbo
Botar ou deixar caer polo chan cousas que estaban xuntas separándoas: *Caeulle o bote dos lapis e ciscounos todos polo chan.*
OBS. O *c* cambia en *qu* diante do *e*, como en *sacar.*

cisma
substantivo feminino
Idea que non se pode sacar da cabeza: *Ten a cisma de mercar un todoterreo.* SIN. obsesión, teima.

cismar
verbo
Pensar sempre na mesma cousa e non sacala da cabeza: *Se non deixas de cismar vas acabar nunha depresión.* SIN. cavilar, matinar.
FAM. cisma, cismático, cismón.

cisne
substantivo masculino
Ave palmípede de pescozo moi longo de plumaxe habitualmente branca e que adoita vivir en ríos e lagos: *No lago do parque hai cisnes.*

cisterna
substantivo
Recipiente ou depósito para conter auga ou calquera outro líquido: *O gasóleo transpórtase en camións cisterna.*

cita
substantivo feminino
1 Encontro entre dúas ou máis persoas que se realiza nun sitio, data e hora determinados: *Teño cita para o médico o martes ás catro.*
2 Texto ou palabras que se toman doutro, especialmente dunha autoridade científica: *No seu traballo de ecoloxía hai citas de famosos biólogos.*

citar
verbo
1 Indicarlle a unha persoa día, hora e lugar para vela: *O médico citou o enfermo para o martes ás catro da tarde.*
2 Dicir o nome de algo: *No exame tiven que citar o nome de tres escritores galegos do século XIX.* SIN. mencionar, nomear.
FAM. cita, citación.

cítara ou cítola
substantivo feminino
Instrumento musical antigo de corda, parecido á lira e cun número de cordas que oscila entre cinco e once: *Os trobadores medievais usaban a cítara para cantar.*

cítrico, cítrica
adxectivo
Do limón, a laranxa e outros froitos agres: *A laranxa, a mandarina e o limón son cítricos.*

cívico, cívica
adxectivo
Propio dos cidadáns ou dos bos cidadáns: *Botar o lixo fóra do colector non é un comportamento cívico.*
FAM. civismo.

civil
adxectivo
1 Propio da cidade ou dos cidadáns: *A liberdade de prensa é un dereito civil.* SIN. cidadán.
adxectivo e substantivo
2 Que non pertence ao exército nin á Igrexa: *No cuartel traballa persoal civil, que non son militares.*
FAM. civilización, civilizar.

civilización
substantivo feminino
1 Conxunto de coñecementos, crenzas e costumes dun pobo: *Hai quen di que a civilización galega é anterior á época dos castros.* SIN. cultura.
2 Educación, formación ou instrución que se lle dá a unha persoa ou pobo: *Os romanos realizaron a civilización de todos os países do Mediterráneo.*

civilizar
verbo
1 Sacar un pobo do seu estado primitivo ou pouco desenvolvido dándolle coñecementos e técnicas novos: *Os romanos civilizaron os países do Mediterráneo.*
2 Educar ou instruír nos valores dun pobo ou comunidade: *Cómpre civilizar eses rapaces para que non queimen colectores do lixo.*
FAM. civilización, civilizado, civilizador.

civismo
substantivo masculino
Comportamento do cidadán que cumpre os seus deberes e obrigas coa comunidade: *O civismo obriga a que todos paguemos impostos.*

*cizaña, a forma correcta é **discordia, xoio**.

clamar
verbo
Falar ou expresarse con voz moi alta ou berrando pedindo auxilio, axuda ou queixándose: *Os manifestantes clamaban contra a suba dos impostos.*
FAM. clamor, aclamar, reclamar.

clamor
substantivo masculino
Conxunto de voces moi fortes ou berros de persoas que piden auxilio, axuda, protestan ou se queixan: *O clamor dos manifestantes oíase de lonxe.*

clan
substantivo masculino
1 Conxunto de familias cunha orixe común e mandadas por un mesmo xefe: *Nas sociedades primitivas existían clans.*
2 Conxunto de persoas con intereses comúns: *Na nosa cidade hai varios clans de construtores de edificios.*

clandestino, clandestina
adxectivo
Que é secreto ou se oculta, especialmente porque é contrario á lei vixente: *A venda de droga é unha actividade clandestina.*
FAM. clandestinidade.

claraboia
substantivo feminino
Ventá aberta no teito ou na parte alta dunha parede: *No faiado ten unha claraboia.* SIN. lumieira.

clarear
verbo
1 Pór ou pórse claro, menos escuro ou con luz: *A luz da Lúa clareaba o camiño na noite. Co sol da praia clareoulle o pelo.* SIN. aclarar. ANT. escurecer.
2 Comezar a aparecer a luz do día: *Agora clarea ás sete da mañá.* SIN. amañecer, amencer. ANT. escurecer.
3 Quedar o ceo sen nubes: *Parece que clarea e ata vai saír o sol.* SIN. abrir, aclarar, despexar. ANT. cerrar, cubrirse, nubrar, pechar.

clareo
substantivo masculino
Colocación da roupa lavada e mollada sobre o chan e ao sol para que quede máis limpa: *Cómpre pór esa roupa a clareo.*

claridade
substantivo feminino
1 Gran cantidade de luz: *Gústame a claridade do teu cuarto.* ANT. escuridade.
2 Capacidade ou calidade para facer que algo se entenda ben: *Ese xornalista escribe con moita claridade.* ANT. escuridade.

clarificar
verbo
Facer máis claro ou fácil de entender: *A profesora clarificou os aspectos difíciles do tema.*
OBS. Cambia o *c* en *qu* ante *e*, como en *sacar.*
FAM. clarificación.

clarinete
substantivo masculino
Instrumento musical de vento formado por unha boquilla onde se sopra e un tubo de madeira con buracos: *Para tocar o clarinete sóprase na boquilla e vanse tapando os buracos cos dedos.*

clarividente
adxectivo
Que entende todo moi ben: *Fuches clarividente ao atopar esa solución para o problema.*
FAM. clarividencia.

claro, clara
adxectivo
1 Que ten luz ou moita luz: *O seu cuarto é claro porque ten dúas grandes fiestras.* SIN. luminoso. ANT. escuro.
2 Que se ve ou nota moi ben: *Está claro que hoxe é martes.*
3 Transparente, limpo ou sen sucidade ningunha: *Ese río ten a auga clara.* ANT. turbio.
4 Demasiado líquido: *Quedouche clara a salsa.* ANT. basto, denso, espeso, mesto.
5 Dito dunha cor, que ten moito branco na súa mestura: *Vestía unha camisa de cor amarela clara.* ANT. escuro.
6 Dito das ideas ou do pensamento, que están ordenados e se entenden moi ben: *Resolve moi ben os problemas porque ten unha mente clara.*
7 Fácil de entender: *Gústanme as explicacións claras da profesora de matemáticas.* ANT. escuro.
8 Dito dunha persoa, que é sincera ou di sempre a verdade: *Foi moi claro cando me dixo que eu non era bo matemático.* SIN. franco.
9 Sen nubes: *Gústanme os días claros e de sol.* ANT. cerrado, escuro, pechado.
10 Dito dun son, puro e limpo: *Oíase o son claro dun piano na noite.*
substantivo masculino
11 Espazo baleiro ou libre de algo: *Nos claros do bosque non hai árbores.* SIN. evidente, obvio.
12 Espazo no ceo sen nubes: *O home do tempo anunciou que mañá haberá nubes e claros.*
substantivo feminino
14 Parte transparente que rodea a xema do ovo: *Ao frixir un ovo, a clara queda branca.*
adverbio
15 **claro** Con total seguridade e sen ningunha dúbida: *Claro que irei convosco ao teatro.*
EXP. **Ás claras** De forma aberta e con total sinceridade: *Díxome ás claras que non quería*

nada comigo. **Pór/poñer en claro** Explicar algo por completo: *Puxo en claro que el non participara naquel roubo.*
FAM. clarear, clareo, claridade, aclaración aclarar.

clase

substantivo feminino

1 Natureza, tipo ou forma de ser de algo ou alguén: *É desa clase de xente que sempre axuda a quen máis o precisa.* SIN. especie, xénero.

2 Características ou categoría pola que se diferencia unha cousa de outra: *Ese turrón é de clase superior.* SIN. categoría.

3 Conxunto de persoas que teñen un mesmo tipo de traballo e a mesma posición económica: *A sociedade capitalista está dividida en clases.*

4 Grupo de estudantes que reciben as lecións e explicacións xuntos: *Estou nunha clase de quinto de primaria.*

5 Sala en que un grupo de alumnos reciben o ensino do profesor: *No meu colexio hai vinte clases.* SIN. aula.

6 Lección ou tema que ensina o profesor: *Hoxe tivemos clase de Lingua.*

7 Asistencia a un centro de ensino: *Nas vacacións do Nadal non hai clase.*

FAM. clasificación, clasificador, clasificar, clasista.

clásico, clásica

adxectivo

1 Que se axusta ou forma parte do establecido polo uso ou o costume: *No Nadal tomamos o clásico turrón.*

2 Na literatura, música ou calquera outra arte, que se considera moi bo e imposible de mellorar: Cantares gallegos *é a primeira obra clásica da literatura galega moderna.*

substantivo masculino

3 Da literatura ou da arte das antigas Grecia e Roma: *Os clásicos son un modelo de elegancia.*

substantivo masculino

4 Na literatura, música ou calquera outra arte, obra ou autor que se teñen por modelo e moi difíciles de superar: *Rosalía de Castro é o primeiro clásico moderno da nosa literatura. Leu clásicos grecolatinos, como Virxilio ou Homero.*

FAM. clasicismo.

clasificación

substantivo feminino

1 Colocación de algo ou alguén nun determinado grupo, segundo as características que ten: *A clasificación dos seres vivos colócaos en dous grandes grupos: animais e plantas.*

2 Lista en que aparecen por orde de maior a menor puntuación os participantes nunha competición ou concurso: *O noso equipo perdeu todos os partidos e é o derradeiro da clasificación.*

clasificador

substantivo masculino

Moble ou carpeta en que se poñen por orde papeis e documentos: *Gardaba os deberes nun clasificador, que tiña unha parte para cada materia.*

clasificar

verbo

1 Ordenar por clases ou grupos con características comúns: *Clasifiquei os meus libros en entretemento e estudo.*

2 **clasificarse** Nunha competición ou concurso, obter un determinado posto ou conseguir continuar nela: *O Lugo clasificouse en terceira posición.*

OBS. Cambia o *c* en *qu* diante do *e*, como en *sacar.*

claudia

substantivo feminino

Tipo de cirola de cor verde e moi doce: *Mercou na froitaría dous quilos de cirolas.*

FAM. claudieira.

claudicar

verbo

Darse por vencido: *Quería montar un bar, pero claudicou ante a falta de cartos.*

OBS. O *c* cambia en *qu* diante do *e*, como en *sacar.*

FAM. claudicación.

claustro

substantivo masculino

1 Nun edificio, especialmente nunha igrexa ou mosteiro, galería ou corredor con columnas que rodea o patio principal: *O claustro de Fonseca é moi bonito.*

2 Conxunto de profesores dun centro de ensino: *O claustro aprobou a programación do curso.*

clausurar

verbo

1 Declarar acabada unha actividade ou pórlle fin, especialmente cun acto solemne: *As autoridades académicas clausuraron o curso.* SIN. cerrar, pechar. ANT. abrir, inaugurar.

2 Pechar un edificio ou prohibir unha actividade, especialmente porque non é legal: *Clausuraron esa discoteca porque producía moito ruído para os veciños.* SIN. cerrar, pechar. ANT. abrir, inaugurar.

FAM. clausura.

clave

substantivo feminino

1 Sistema de signos para escribir ou mandar unha mensaxe secreta: *Os espías mandan as mensaxes en clave.*

2 Conxunto de regras que permiten entender ou descifrar esa mensaxe: *A contraespionaxe tiña as claves dos espías inimigos.*

3 Conxunto de signos que serven para abrir algo ou facelo funcionar: *Para abrir a caixa forte hai que coñecer a clave, que está formada por catro números.* SIN. código.

4 Explicación ou dato que permite entender ou solucionar algo: *A clave para resolver o problema está na aplicación desa fórmula.*

5 O que é moi importante ou fundamental para algo: *A persoa clave no triunfo do equipo foi o adestrador.*

clavícula

substantivo feminino

Óso do ombro que se articula por un extremo coa omoplata e polo outro co esterno: *A caída do ciclista causoulle a fractura da clavícula dereita.*

clemente

adxectivo

Que sente pena ou compaixón polos delitos ou faltas doutro e non os castiga con dureza: *O xuíz foi clemente e non o condenou.* SIN. benevolente, compasivo, indulxente. ANT. duro.

FAM. clemencia.

clérigo

substantivo masculino

Home que é cura ou monxe: *Os sacerdotes son clérigos.* SIN. eclesiástico. ANT. segrar.

clero

substantivo masculino

Grupo social formado por curas, monxes e monxas: *O clero está baixo as ordes do papa.*

FAM. clerecía, clerical, clericalismo, clérigo.

cliente, clienta

substantivo

Persoa que compra nunha tenda ou que usa habitualmente os servizos profesionais dunha persoa ou empresa: *Ese bar ten moitos clientes.*

FAM. clientela.

clientela

substantivo feminino

Conxunto dos clientes dunha empresa, profesional ou tenda: *Ese fontaneiro ten unha boa clientela.*

clima

substantivo feminino

1 Conxunto de condicións de temperatura e chuvias propias dun lugar: *En Galicia prima o clima atlántico.*

2 Conxunto de condicións propias dunha situación ou que rodean unha persoa: *Na clase ten que haber un clima de traballo.*

FAM. climático, climatizar, climatoloxía.

climatizar

verbo

Darlle a un lugar, especialmente pechado, unhas determinadas características de temperatura e humidade: *O aire acondicionado serve para climatizar as casas.*

OBS. Cambia o *z* en *c* diante do *e*, como en *cazar*.

FAM. climatización, climatizador.

clínico, clínica

adxectivo

1 Relacionado coa parte práctica da medicina: *As análises clínicas demostran que está san.*

substantivo feminino

2 Hospital ou establecemento médico para coidar enfermos: *Nesa clínica hai médicos de todas as especialidades.*

clip

substantivo masculino

1 Obxecto feito cunha barriña de metal ou de plástico dobrada que se usa para suxeitar papeis: *Unía os folios cun clip.*

2 Peche formado por dúas pezas que se unen a presión: *Estes pendentes pechan con clips.*
3 Película curta, habitualmente de tema musical: *O grupo seica vai gravar un clip para promoverse.* SIN. videoclip.
OBS. O plural é *clips.*

clixé
substantivo masculino
Película fotográfica coas cores claras e escuras invertidas: *Deixou os clixés das fotos nun laboratorio para facer copias.*

cloaca
substantivo feminino
1 Conduto ou canle debaixo das cidades por onde marcha a auga sucia e a de chuvia: *As cloacas das grandes cidades forman redes grandísimas.*
2 Nalgúns animais como as aves, parte final do intestino onde desembocan os condutos xenitais e urinarios: *Os ovos da galiña saen pola cloaca.*

clon
substantivo masculino
Conxunto de células con idéntica dotación xenética obtida a partir dunha célula determinada: *A manipulación de clons humanos non está permitida.*
FAM. clonación, clonar, clónico.

cloro
substantivo masculino
Elemento químico de cor amarela e cheiro forte: *O cloro emprégase para desinfectar a auga.*
FAM. clorar.

clorofila
substantivo feminino
Substancia de cor verde que se atopa nas plantas e nas algas: *A clorofila posibilita a fotosíntese, que transforma a enerxía solar en enerxía química.*
FAM. clorofílico.

club
substantivo masculino
1 Asociación formada por un conxunto de persoas e que se dedica a unha determinada actividade, especialmente deportiva ou cultural: *O seu curmán forma parte dun club de sendeirismo.*
2 Lugar onde se reúnen os membros desta asociación: *Hoxe hai unha conferencia no club sobre nutrición.*
3 Lugar de diversión onde se baila, se consomen bebidas e hai música: *Na cidade hai varios clubs nocturnos.*
OBS. O plural é *clubs.*
FAM. videoclub.

co, coa
contracción
Unión da preposición *co* co artigo *o, a*: *Foi coas curmás ao cine.*
OBS. Debe distinguirse de *có.*

có, cá
contracción
Unión da conxunción comparativa *ca* co artigo *o, a*: *A súa casa é máis bonita cá nosa.*
OBS. Debe distinguirse de *co* e de *ca*. Prefírese a escrita sen contracción: *Ese libro é máis ameno có outro* > *Ese libro é máis ameno ca o outro.*

coada
substantivo feminino
1 Auga con xabón ou lixivia en que se mete a roupa sucia para lavala: *Fixo a coada nunha bañeira grande.* SIN. bogada.
2 Lavado da roupa sucia: *Aínda teño que facer a coada da roupa sucia da semana.* SIN. bogada.
3 Masa de lava que baixa pola ladeira dun volcán en erupción: *A coada queima e arrasa todo.*

coadoiro ou coador
substantivo masculino
Utensilio con buracos que serve para separar a parte líquida da sólida de algo: *Usou o coadoiro para coar o leite antes de o ferver.*

coagular
verbo
Referido a un líquido, especialmente ao sangue, facerse máis ou menos sólido: *As bostelas das feridas fórmanse co sangue coagulado.*
FAM. coagulación, coágulo.

coala
substantivo masculino
Mamífero gabeador australiano de pequeno tamaño, sen rabo e cuxa femia ten unha

especie de bolsa no lombo onde leva a súa cría durante os seis primeiros meses de vida desta: *O coala gabea lentamente polos eucaliptos e aliméntase das súas follas.*

coalición
substantivo feminino

Unión de persoas, nacións ou grupos para conseguir algo: *Formouse unha coalición dos partidos de dereitas para acudir ás eleccións.* SIN. alianza, liga.
FAM. coligar.

coar
verbo

1 Separar as partes sólidas dun líquido: *Coaba o leite antes de o ferver.*
2 Introducir algo nun lugar por un paso pequeno: *Coou o cativo por un oco do muro.*
3 **coarse** Entrar con engano nalgún sitio ou pasar por diante doutras persoas que gardan vez: *Coouse no estadio sen entrada.*
FAM. coada, coadoiro, coador.

coartada
substantivo feminino

Proba con que unha persoa acusada dun delito demostra que non estivo no lugar en que este delito se realizou: *A policía deixouno en liberdade porque ten unha boa coartada.*

cóbado
substantivo masculino

Parte pola que dobra o brazo: *Ao comeres, non apoies os cóbados na mesa.* SIN. cotobelo, cotomelo.
EXP. **Falar polos cóbados** Falar moitísimo: *Non cala, fala polos cóbados.* **Fincar os cóbados** Estudar moito: *Para sacar sobresaliente cómpre fincar os cóbados.*

cobaia
substantivo feminino

Pequeno mamífero roedor, parecido a un rato, que se utiliza nos experimentos de laboratorio: *A cobaia é orixinaria de América.*

***cobarde**, a forma correcta é **covarde**.

***cobardía**, a forma correcta é **covardía**.

cobertor
substantivo masculino

Manta para a cama: *No inverno dorme con tres cobertores.*

cobertura
substantivo feminino

1 Extensión de territorio en que é posible comunicarse cun teléfono móbil: *Este móbil ten unha cobertura moi boa.*
2 O que garante ou asegura algo: *A cobertura da seguridade social ofrece médico, menciñas e xubilación.*

cobiza
substantivo feminino

Desexo moi forte de algo: *A cobiza dos cartos non é boa cousa.* SIN. afán, ambición, anhelo, ansia, devezo.
FAM. cobizar, cobizoso.

cobra
substantivo feminino

1 Réptil de corpo cilíndrico e longo, que non ten pés e vive na terra ou na auga: *Moitas cobras son velenosas.* SIN. cóbrega, serpe, serpente.
2 Unha desas especies, grande e velenosa das rexións cálidas de Asia e África: *Na película saía un encantador de cobras.*

cobrar
verbo

1 Recibir unha cantidade de cartos a cambio de algo: *No taller cobráronme sesenta euros polo cambio de aceite.* ANT. pagar.
2 Comezar a ter algo: *As competicións de fórmula 1 cobraron este ano moito éxito.*
3 Recibir golpes ou un castigo: *Cobrou unhas labazadas.*
4 Ter un sentimento ou comezar a telo: *Cobreille moito cariño a ese compañeiro.*
5 Volver a ter o que se perdeu ou deixou: *Coa ganancia do verán no bar da praia, cobro o que perdo no inverno.*
FAM. cobrador, cobramento, cobro.

cobre
substantivo masculino

Metal de cor avermellada que conduce moi ben a calor e a electricidade: *Os fíos da corrente eléctrica son de cobre.*

cóbrega
substantivo feminino

Cobra.

coca[1]
substantivo feminino

Arbusto de flores aromáticas que se cultiva en pradarías de montaña e de cuxas follas

se extrae a cocaína: *A coca é unha planta propia das rexións andinas.*
FAM. cocaína.

coca²
substantivo feminino
Verme que se cría na carne, no peixe e na froita: *Tira con esa carne, está chea de cocas.*

coca³
substantivo feminino
Figura de lenda que representa unha serpe moi grande ou un dragón e que se saca nalgunhas procesións e festas populares: *Vimos a coca de Redondela.* SIN. tarasca.

cocaína
substantivo feminino
Substancia que se obtén das follas da coca e que se considera unha droga: *A cocaína é unha droga con forte poder de adicción.*

cocción
substantivo feminino
1 Preparación ou cociñado dun alimento cru meténdoo en auga ou nun líquido que ferven: *A cocción dos cachelos leva pouco tempo.*
2 Sometemento á calor dun forno: *A cocción dos ladrillos faise en fornos especiais.*

cóccix
substantivo masculino
Oso formado pola unión das últimas vértebras da columna vertebral e que se articula co sacro: *O cóccix é o óso que pecha por atrás co cinto da pelve.*

cocer
verbo
1 Preparar ou cociñar un alimento meténdoo certo tempo en auga ou nun líquido que ferven: *Cómpre que poñas a cocer as patacas.*
2 Someter á acción da calor metendo nun forno: *Agora o pan cócese en fornos eléctricos e non en fornos de leña.*
OBS. O *c* cambia en *z* diante de *a, o*, como en *vencer*.
FAM. cocción, cocedura, cocido, entrecocerse, escocer, recocer.

coche
substantivo masculino
1 Vehículo con motor que se move polo chan sobre rodas, catro habitualmente, e sen necesidade de vías e cuxa capacidade non adoita superar a de nove persoas: *Os turismos e os todoterreos son coches.* SIN. automóbil.
2 Vehículo para viaxeiros tirado por cabalos: *Percorremos o centro histórico da cidade nun coche de cabalos.*
3 Vagón de ferrocarril, especialmente o de viaxeiros: *O revisor díxome que o meu asento estaba no coche 3.*
EXP. **Coche cama** Vagón con camas: *O billete de coche cama é máis caro ca o normal en asento.* **Coche de liña** Autobús que fai o percorrido ás mesmas horas entre dúas poboacións: *O avó foi á aldea no coche de liña.* **Coche de recollida** O que vai recollendo as persoas que participan nunha carreira, especialmente ciclistas, e non a dan terminado: *O ciclista rematou a etapa no coche de recollida.* **Coche fúnebre** O que leva os mortos ata o cemiterio: *Os coches fúnebres adoitan ser grises ou negros.* **Coche patrulla** O da policía: *Pola rúa andan hoxe moitos coches patrulla.* **Coches eléctricos** Diversión das festas na que hai uns coches eléctricos pequenos sobre unha pista e que chocan uns cos outros: *Na festa xa montaron os coches eléctricos.*
FAM. cocheira, cocheiro.

cóchegas
substantivo feminino
Cóxegas.

*cochinada, a forma correcta é **cochada**.

*cochino, a forma correcta é **cocho**.

cocho, cocha
adxectivo e substantivo
Porco.

cocido
substantivo masculino
Comida que se prepara con carne de porco, vaca ou galiña, touciño, chourizos, fabas, patacas e verduras todo feito en auga: *Préstame moito o cocido nos días fríos de inverno.*

cociente
substantivo masculino
En matemáticas, resultado dunha división: *O cociente de dividir 4 entre 2 é 2.*

cociña

substantivo feminino

1 Sala, cuarto ou lugar onde se prepara a comida: *As cociñas dos pazos son moi grandes e teñen unha gran lareira.*

2 Aparello que produce lume ou calor para poñer a este lume os alimentos: *As cociñas actuais son de gas ou eléctricas.*

3 Arte ou técnica de preparar distintos pratos de comida: *A cociña é unha das ramas da formación profesional.*

4 Conxunto de pratos de comida propios dun lugar: *A empanada e o lacón con grelos son pratos da cociña galega.*

cociñar

verbo

Preparar un alimento para comelo, especialmente poñéndoo ao lume: *Ese rapaz cociña moi ben.*

FAM. cociña, cociñeiro.

cociñeiro, cociñeira

substantivo feminino

Persoa que ten como profesión cociñar: *Nos hoteis adoita haber moi bos cociñeiros.*

coco

substantivo masculino

1 Árbore de grande altura propia das rexións tropicais que produce un froito de casca dura e carne branca comestible: *Coas follas do coco fanse sombreiros e abanos.*

2 Froito desta árbore: *Mercamos turrón de coco.*

3 Personaxe fantástico ou especie de fantasma co que se asusta os nenos: *O coco é un ser fantástico, que non existe.*

***cocodrilo**, a forma correcta é **crocodilo**.

***cocorote**, a forma correcta é **cocote**.

cocote

substantivo masculino

1 Caluga.

2 Parte de atrás e posterior da cabeza do home, onde o pelo adoita formar un remuíño: *Está xa calvo no cocote.* SIN. coroa, croca, curuto.

cóctel

substantivo masculino

1 Bebida preparada cunha mestura doutras bebidas, especialmente alcohólicas: *Ese camareiro fai moi bos cócteles.*

2 Festa en que se serven estas bebidas e comida para picar: *Tras a presentación do libro ofreceron un cóctel.*

EXP. **Cóctel molotov** Explosivo que se prepara habitualmente cunha botella chea de gasolina cunha mecha: *Os manifestantes lanzaron cócteles molotov contra a fachada do cuartel.*

codelo

substantivo masculino

Anaco pequeno de pan duro: *Un mendigo recollía codelos no colector do lixo.*

codia

substantivo feminino

1 Capa exterior e dura de algo: *O pan moi cocido ten a codia moi dura.*

2 Capa sólida que cobre a superficie da terra: *Os ríos forman os seus leitos sobre a codia terrestre.*

código

substantivo masculino

1 Conxunto ordenado de leis: *O código penal reúne todo o relativo aos delitos e ás penas que merecen.*

2 Conxunto de signos ou símbolos que permiten crear mensaxes secretas ou facer que algo funcione: *Para entrar no correo electrónico cómpre saber o código de usuario.*

EXP. **Código de barras** Conxunto de liñas que permiten identificar un produto electronicamente e o seu prezo: *O código de barras dos produtos permite que a caixeira os cobre* automaticamente. **Código postal** Conxunto de números que permiten identificar en Correos as distintas zonas de distribución do correo: *No sobre cómpre pór o código postal despois do enderezo.*

***codorniz**, a forma correcta é **paspallás**.

coeficiente

substantivo masculino

En matemáticas, número que multiplica o valor dunha cantidade: *A esa cantidade tes que aplicarlle un coeficiente de 2,5.*

coello, coella

substantivo

Mamífero roedor de orellas longas e patas traseiras moi desenvolvidas que lle permiten desprazarse dando saltos: *Os coellos viven en tobos.* SIN. coenllo.

FAM. coelleira, coelleiro.

cóengo
substantivo masculino
Na Igrexa católica, cura que forma parte do grupo que axuda ao bispo no goberno da catedral e da diocese: *Seu tío é cóengo da catedral de Santiago.*

coenllo, coenlla
substantivo
Coello.

cofar ou cofear
verbo
Pasar a man, as uñas ou o corpo sobre algo ou alguén para acariñalo, rascalo ou limpalo: *O can cofeábase contra a parede porque tiña pulgas.*

*cofrade, a forma correcta é confrade.

*cofradía, a forma correcta é confraría.

cofre
substantivo masculino
Especie de caixa con tampa con bisagras e pechadura, xeralmente para gardar cousas de valor: *Os piratas gardaban os seus tesouros en cofres.*

cogombro
substantivo masculino
Planta rastreira, como o melón ou a cabaza, que dá un froito alongado, pequeno, de casca verde e carne branca e tamén este froito: *Bótalle anacos de cogombro á ensalada.*

cogomelo
substantivo masculino
Fungo con forma de planta pequena e que remata nunha especie de sombreiro: *Os cogomelos son fungos e algúns son comestibles e outros velenosos.*

*cogote, a forma correcta é cocote.

coherente
adxectivo
Que está en harmonía ou de acordo con algo: *Tes que ser coherente coas túas ideas e non facer o contrario do que pensas.*
FAM. coherente.

cohesión
substantivo feminino
Unión entre as partes dun todo: *Un texto ten cohesión cando todas as súas partes tratan o mesmo tema.*

cohibir
verbo
Impedir ou non deixar facer algo: *Cohíbeme a xente e non falo ben en público.*
FAM. cohibido.

coidado
substantivo masculino
1 Interese que se pon para facer algo ou para evitar problemas: *Colocou o cristal con coidado para non o romper.* SIN. atención, cautela, precaución, prudencia. ANT. abandono, descoido.
2 Atención especial para conseguir o benestar de alguén ou o bo funcionamento de algo: *Trata o ordenador con coidado, non sexa que o estragues.*
3 Preocupación ou temor de que ocorra algo: *Perde coidado que neste garaxe non che roubarán o coche.*
EXP. **De coidado** Que supón un perigo: *O equipo que nos toca na próxima eliminatoria é un rival de coidado.*

coidar
verbo
1 Ocuparse de algo ou de alguén tratándoo con interese e atención: *Eses fillos coidan moi ben os pais.* ANT. descoidar.
2 Ter unha opinión sobre algo ou alguén: *Coido que estás trabucado.* SIN. considerar, crer, opinar, pensar.
FAM. coidado, coidadoso.

coincidencia
substantivo feminino
1 Presenza de dúas ou máis cousas no mesmo tempo ou lugar: *A coincidencia nas vacacións de pais e fillos permite que pasen uns días xuntos na praia.*
2 Parecido, semellanza ou igualdade entre dúas ou máis cousas: *Entre os amigos sempre hai coincidencias de gustos e afeccións.*
3 Calquera cousa que acontece por casualidade ou ao mesmo tempo ou no mesmo lugar ca outra: *Foi unha coincidencia que fose hoxe ao cine.*

coincidir
verbo
1 Acontecer unha cousa ao mesmo tempo ca outra: *Este ano o meu aniversario coincide en domingo.*

2 Axustarse ou entrar dentro doutra cousa: *Esta pestana coincide con esa fenda e entra perfectamente nela.*
3 Ter a mesma opinión ca outro: *Coincidimos todos en que hai que traballar máis.*
4 Atoparse con alguén nun mesmo lugar: *Coincidimos varios amigos na mesma obra de teatro.*
FAM. coincidencia, coincidente.

coio
substantivo masculino
Croio.
FAM. coial, coieira.

coiraza
substantivo feminino
1 Peza de coiro e metal que cubría o peito e o lombo dos antigos guerreiros: *Os gladiadores romanos levaban coiraza.*
2 Prancha de metal que protexe algo: *A porta leva unha coiraza.*
3 Cuberta exterior dura que protexe o corpo dalgúns animais: *As tartarugas teñen coiraza.*
FAM. acoirazado, acoirazar.

coiro
substantivo masculino
Pel ou pelello dalgúns animais, especialmente o preparado industrialmente para fabricar con el zapatos, bolsos ou carteiras: *Os zapatos deben ser de coiro e non de plástico.*
EXP. **Coiro cabeludo** Pel da cabeza na que nace o pelo: *Ten un gran no coiro cabeludo.* **En coiros** Sen roupa ningunha: *Saída da ducha en coiros.*

coita
substantivo feminino
Pena ou sentimento de tristura grande: *Os trobadores medievais cantaban as súas coitas amorosas.* SIN. pena.

coitado, coitada
adxectivo e substantivo
1 Que ten unha pena ou tristura grande: *Andaba coitado por un desengano amoroso.* SIN. desventurado. ANT. feliz, venturoso.
2 Que non ten valor nin valentía ningúns: *É un coitado que non protesta aínda que batan nel.* SIN. apoucado, covarde, malpocado. ANT. valente, valoroso.

coitela
substantivo feminino
Folla de metal afiada que corta moi ben, especialmente de tamaño pequeno: *Para afeitarse usa coitela. Os zapateiros cortan o coiro cunha coitela.*

coitelada
substantivo feminino
Ferida producida por un coitelo: *O atracador deulle unha coitelada na barriga.*

coitelo
substantivo feminino
Utensilio para cortar formado por un mango e unha folla metálica, habitualmente de aceiro: *Para comer usamos coitelo, garfo e culler.*

col
substantivo feminino
Planta de horta, de diversas variedades, que se emprega para comida tanto dos animais coma das persoas: *Botou na horta vinte pés de coles.*

cola[1]
substantivo feminino
1 Parte final alongada dalgúns animais, como os cans e os gatos, formada por unha prolongación da columna vertebral e que sobresae do resto do corpo: *Os cans moven a cola cando están contentos.* SIN. rabo.
2 Conxunto de plumas longas e fortes que teñen as aves na parte de atrás do seu corpo: *O pavón abriu a súa cola de plumas rechamantes.* SIN. rabo.
3 Parte de atrás e final dos peixes: *Servíronlle a cola da pescada.* SIN. rabo.
4 Parte longa e traseira de algo: *Moitos vestidos de noiva teñen cola.*
5 Conxunto de persoas colocadas en liña esperando a súa vez para algo: *Na parada do autobús había unha cola moi longa.* SIN. fila.

cola[2]
substantivo feminino
Pegamento.

cola[3]
substantivo feminino
Refresco de cor escura con gas: *Pediu unha cola e eu unha laranxada.*

colaborar
verbo
1 Traballar xuntamente con outras persoas en algo: *Para adornar a clase colaboramos todos.* SIN. cooperar.
2 Traballar nun sitio sen formar parte do grupo de persoas que son fixas: *Eu colaboro nese restaurante servindo os banquetes de voda.*
3 Axudar para conseguir un fin: *A súa avoa colabora con varias organizacións benéficas.* SIN. contribuír, cooperar.
FAM. colaboración, colaborar.

colapso
substantivo masculino
Diminución ou cesamento de algo, especialmente da función dalgún órgano ou órganos do corpo: *A abundancia de coches produce un colapso no tráfico do centro.*
FAM. colapsar.

colar[1]
substantivo masculino
1 Xoia que se pon arredor do pescozo: *A princesa levaba un colar de perlas.*
2 Peza de coiro ou de metal que se pon arredor do pescozo de animais como os cans: *A cadea do can suxéitase no colar.*

colar[2]
verbo
Pegar.

colcha
substantivo feminino
Especie de manta que se pon sobre a cama como adorno: *Ao facer a cama o último que se pon é a colcha.*
FAM. colchón.

colchón
substantivo masculino
1 Superficie branda e cómoda que se pon enriba da cama para durmir sobre ela: *Os colchóns modernos son de resortes e xa se desbotaron os de la.*
2 Especie de saco grande que se enche de aire para que flote na auga: *Sempre levamos á praia o noso colchón inchable.*
FAM. colchoaría, colchoeiro.

colear
verbo
1 Mover o rabo ou a cola: *Os cans colean cando están contentos.* SIN. rabexar.
2 Moverse facendo moitas curvas, coma as serpes: *As cobras colean.*

colección
substantivo feminino
1 Conxunto de cousas dunha mesma clase, especialmente se están ordenadas: *Ten unha colección de reloxos antigos.*
2 Conxunto de traxes que fai un deseñador ou modisto para que se leven durante un período de tempo: *Os deseñadores galegos presentaron hoxe as súas coleccións para o verán.*
3 Gran cantidade de algo: *Nesta avaliación reuniches unha boa colección de suspensos.*
FAM. coleccionar, coleccionista.

colecta
substantivo feminino
Recollida de cartos que se dan voluntariamente para algunha obra boa: *Fixeron unha colecta para unha ONG.*

colectivo, colectiva
adxectivo
1 Dun grupo ou conxunto de persoas: *Os autobuses e o tren son transportes colectivos.* SIN. xeral. ANT. individual, particular, persoal.
substantivo masculino
2 Conxunto de persoas unidas por fins e intereses comúns: *Os estudantes forman un colectivo xuvenil.*
FAM. colectividade, colectivizar.

colector
substantivo masculino
Recipiente moi grande con forma de caixa para conter ou levar algo: *Botou a bolsa de desperdicios no colector do lixo.* SIN. contedor.

colega
substantivo
Persoa que ten a mesma profesión ca outra: *Os avogados son colegas entre eles.*

cólera
substantivo masculino
1 Enfermidade infecciosa que produce fortes dores de barriga, diarrea e vómitos: *O cólera pode converterse nunha epidemia que mata moitas persoas.*

substantivo feminino
2 Enfado ou ira moi grandes: *Monta en cólera cando non van as cousas polo seu rego.*
FAM. colérico, encolerizar.

***coletazo**, a forma correcta é **rabexada**.

***coletilla**, a forma correcta é **apostila, engadido**.

colexio
substantivo masculino
1 Centro de ensino para rapaces e rapazas, especialmente o de ensino primario: *Estudo 5º de primaria no colexio do meu barrio.*
2 Asociación de persoas que teñen unha mesma profesión: *Para exercer a medicina hai que pertencer ao colexio de médicos.*
EXP. **Colexio electoral** Conxunto de persoas que votan nas eleccións no mesmo lugar e este lugar: *O noso colexio electoral está no instituto do barrio.* **Colexio maior** Edificio onde viven estudantes universitarios: *Estuda Medicina e reside nun colexio maior.*
FAM. colexiado, colexial, colexiar, colexiata.

colgadoiro
substantivo masculino
Instrumento cun gancho en que se pode colgar algo, especialmente pezas de roupa: *Puxeron os dous xamóns en cadanseu colgadoiro.*

colgante
substantivo masculino
Xoia ou adorno que colga ou está suspendido dunha cadea: *Levaba una cadea cun colgante de ouro en forma de peixe.*

colgar
verbo
1 Pór ou estar unha cousa suspendida doutra de xeito que non toca o chan: *A lámpada colga do teito.* SIN. pender, pendurar, suspender. ANT. descolgar, despendurar.
2 Quitarlle a vida a unha persoa atándolle unha corda arredor do pescozo cun nó que o aperta cando esta persoa queda suspendida no aire: *No Oeste colgaban os asasinos.* SIN. aforcar.
3 Volver colocar o teléfono no sitio despois de falar: *Colga xa, que levas media hora a falar!*
OBS. O *g* cambia en *gu* diante do *e*, como en *pagar*.
FAM. colgado, colgadoiro, colgante.

colibrí
substantivo masculino
Paxaro moi pequeno de peteiro longo e cores rechamantes: *O colibrí chucha o néctar das flores para alimentarse.*

cólico
substantivo masculino
Dor moi forte na barriga ou na zona do ventre: *Comeu froita verde e deulle un cólico.*

coliflor
substantivo masculino
Planta de horta cuxas flores forman unha masa branca arredondada comestible: *Xantei coliflor.*

coliseo
substantivo masculino
Teatro ou edificio de forma redonda para grandes espectáculos: *No coliseo representan o sábado unha ópera.*

colisión
substantivo feminino
Choque moi forte entre dous vehículos ou cousas: *Na praza houbo unha colisión entre un autobús e un camión do lixo.*
FAM. colidir.

***collarín**, a forma correcta é **colariño**.

colledizo
substantivo masculino
Inflamación con pus na pel dun dedo cerca da uña: *Botáballe pomada ao colledizo.*

colleita
substantivo feminino
1 Conxunto de froitos que se recollen da terra cando están maduros: *Este ano houbo unha boa colleita de centeo.* SIN. recolección, recolleita.
2 Traballo consistente en recoller os froitos maduros da terra: *Cómpre contratar xornaleiros para facer a colleita do millo.* SIN. recolección, recolleita.
FAM. colleiteiro.

coller
verbo
1 Agarrar ou tomar coas mans: *Colleu o vaso do alzadeiro.* ANT. ceibar, soltar.
2 Sorprender ou atopar nunha determinada situación: *Collérono cando roubaba nun hipermercado.* SIN. cachar, pescar, pillar.

3 Atrapar ou quitar a liberdade: *A policía colleu os ladróns.* SIN. cazar. ANT. ceibar, soltar.
4 Obter ou conseguir algo: *Neste traballo collín moita experiencia.*
5 Entender o significado de algo: *Os alumnos collían moi ben as explicacións da profesora.* SIN. cazar, pillar.
6 Encher un espazo ou ocupalo por completo: *Ese sofá tan ancho non colle nese cuarto tan pequeno.* SIN. caber.
7 Recibir unha cadea de radio ou televisión: *Aquí collemos moi ben a galega.*
8 Alcanzar algo ou alguén que vai diante: *O ciclista atrasado apurou e colleu os da cabeza.* SIN. acadar, alcanzar, atrapar.
9 Tomar por escrito o que di alguén: *Os alumnos collían notas das explicacións do profesor.*
10 Comezar a sentir ou padecer algo: *Co frío destes días pasados collín un bo arrefriado.* SIN. agarrar, pescar, pillar.
11 Poder meterse unha cousa noutra: *No restaurante collen cincuenta persoas.* SIN. caber.
12 Poder pasar por un sitio: *Esta cadeira de brazos non colle por esa porta estreita.* SIN. caber.
13 Tomar da terra ou as árbores os froitos: *Esta semana temos que coller as patacas.* SIN. apañar, recoller.
14 Tomar unha peza que se cazou: *O can collía o coello que matara o cazador.*
15 Pasar por enriba de algo ou alguén ou darlle un golpe moi forte: *O autobús colleu un peón na praza.* SIN. atropelar, pillar.
16 Facer uso dun vehículo, especialmente público, para ir a un lugar: *Colleron o tren para ir a Santiago.*
FAM. acolledor, acoller, recolledor, recolleita, recoller.

collón
substantivo masculino
Testículo.
OBS. Considérase vulgar.

colmea
substantivo feminino
Recipiente ou especie de caixa grande de madeira, cortiza ou vimbio onde viven as abellas e fan o mel e a cera: *Os panais están nas colmeas.* SIN. cortizo, trobo.

colmo
substantivo masculino
Cuberta ou teito de palla e outras plantas secas dalgunhas casas: *As pallozas teñen o teito de colmo.*

colo
substantivo masculino
1 Zona do corpo dunha persoa que vai desde a cintura ata os xeonllos e na que se forma unha especie de asento: *O pai colleu o neno no colo.* SIN. regazo.
2 Parte do corpo das persoas e animais que une o tronco coa cabeza: *Tiña un gran no colo.* SIN. pescozo.
3 Parte dunha peza de vestir que rodea esta parte do corpo: *Tes moi sucio o colo da camisa.*
4 Parte superior e máis estreita dun recipiente: *A rolla das botellas colócase na parte de arriba do colo.*

colocar
verbo
1 Pór na posición, orde ou lugar que corresponde: *Coloca os xerseis ben dobrados no armario.* ANT. descolocar, desordenar.
2 Dar ou proporcionar un emprego ou traballo a alguén: *Colocouno de caixeiro nun supermercado.*
3 Facer que alguén acepte algo que non lle interesa nada ou que lle é molesto: *Ese vendedor colocoume unha neveira moi grande para min.*
4 **colocarse** Coller un traballo ou emprego nalgún sitio: *Colocouse de oficinista na Casa do Concello.*
OBS. O *c* cambia en *qu* ante *e*, como en *sacar*.
FAM. colocación, descolocar.

colon
substantivo masculino
Parte do intestino groso situada entre o cego e o recto: *Padece unha inflamación de colon.*

colonia[1]
substantivo feminino
1 Conxunto de persoas dunha país ou dunha rexión que van vivir e traballar a outro: *En todos os países de Europa hai colonias de traballadores galegos.*
2 Zona ou territorio baixo o control político, económico e político doutra nación

estranxeira máis poderosa: *O Reino Unido tiña no século XIX moitas colonias en Asia e África.*
3 Lugar preparado para que pasen nel as vacacións os rapaces: *No verán varios amigos do colexio iremos á mesma colonia.*
4 Nunha poboación, conxunto de casas de características parecidas: *Vive nunha colonia de pisos de protección oficial.*
5 Conxunto de seres vivos dunha mesma especie que viven nunha mesma zona ou teñen unha organización característica: *No laboratorio estudan unha colonia de bacterias.*
FAM. colonial, colonización, colonizar, colono.

colonia[2]
substantivo feminino
Líquido que se bota no corpo porque cheira moi ben: *A colonia elabórase con auga, alcohol e distintos aromas.*

colonial
adxectivo
Das zonas ou territorios que están baixo o control militar, político e económico dunha nación estranxeira: *O Imperio británico no século XIX tiña moitos territorios coloniais en Asia e África.*
FAM. colonialismo, colonizar.

colonizar
verbo
1 Dominar un territorio unha nación estranxeira: *O Reino Unido colonizou moitos países de África e Asia.*
2 Ocupar territorios en que non vive ninguén para cultivalos e fundar cidades e vilas neles: *Os americanos colonizaron o Oeste no século XIX.*
OBS. O *z* cambia en *c* ante *e*, como en *cazar.*
FAM. colonización.

colono
substantivo masculino
Persoa que se establece nun territorio en que non vive ninguén para cultivalo: *O Imperio romano enviou colonos a moitos territorios despoboados.*

coloquio
substantivo masculino
Conversa entre especialistas sobre un tema: *Houbo na tele un coloquio sobre a violencia escolar.*
FAM. coloquial.

color
substantivo feminino
Cor.

colorado, colorada
adxectivo
De cor máis ou menos vermella: *Os tomates maduros están colorados.*

colorante
adxectivo e substantivo
Que serve para dar cor: *Os refrescos adoitan levar colorantes.*

colorar ou colorear
verbo
Pintar de cores: *Os cativos coloreaban os debuxos.* SIN. corar.

colorete
substantivo masculino
Substancia ou especie de maquillaxe que se bota na cara para que colla cor: *Como é moi pálida sempre bota colorete.*

colorido
substantivo masculino
1 Conxunto de cores que se combinan: *Ese vestido estampado ten un colorido moi rechamante.*
2 Conxunto de características propias de algo: *As festas desta vila teñen moito colorido tradicional.* SIN. cor.

colosal
adxectivo
Moito máis grande ou en maior cantidade do normal: *Mil millóns de euros é unha fortuna colosal.* SIN. extraordinario.

coloso
substantivo masculino
Persoa que destaca moitísimo en algo: *Os ciclistas profesionais son uns colosos da bicicleta.*
FAM. colosal.

columna
substantivo feminino
1 Peza ou elemento arquitectónico sobre a que se apoian teitos, arcos ou outros elementos dun edificio: *Os templos gregos tiñan fermosas columnas.*

2 O que serve de apoio: *O fillo maior é a columna desa familia.* SIN. base, esteo, piar.
3 Conxunto de cousas ou elementos colocados uns sobre outros: *Suma os números da primeira columna.*
4 Espazo con forma vertical dunha páxina e que adoita estar separado doutros por un espazo en branco: *Os dicionarios adoitan estar escritos en columnas.*
5 Masa de gas ou de líquido de forma vertical: *Da zona do incendio saía unha mesta columna de fume.*
6 Conxunto de persoas ou vehículos colocados un detrás doutro: *Os tanques desfilaban formando columnas.*
EXP. **Columna vertebral** Nas persoas e nos vertebrados, conxunto de ósos que forman o eixe do esqueleto colocados un detrás do outro: *A columna vertebral está formada polas vértebras.* SIN. espiñazo.

***columpio**, a forma correcta é **bambán, carriola, randeeira**.

coma[1]
substantivo masculino

Estado da persoa que non é consciente e non ten capacidade de movemento: *Despois do accidente estivo en coma varias horas.*

coma[2]
substantivo feminino

Signo gráfico, usado na escrita e en matemáticas, parecido a unha pequena liña curva dirixida cara a abaixo: *A coma na escrita marca unha pausa pequena.* SIN. vírgula.

coma[3]
conxunción

Emprégase para indicar comparación de igualdade: *É tan alto coma min.*
OBS. Emprégase de forma obrigada ante pronome persoal e neste caso non se pode usar *como*; úsase *como* de forma obrigada diante dunha oración con verbo conxugado expreso; nos demais casos pode usarse *coma* ou *como*, aínda que a tradición académica prefire *coma* nestes casos: *É tan alto coma ti. Non traballa tanto como din. É tan listo coma/como estudoso.*

comadroa
substantivo feminino

Muller que ten como oficio axudar as mulleres que están dando a luz: *Os estudos de comadroa teñen categoría universitaria.* SIN. matrona, parteira.

comandante
substantivo

1 No exército, categoría inmediatamente superior á de capitán e inmediatamente inferior á de tenente coronel: *Un comandante manda un batallón.*
2 Piloto ao mando dun avión ou dunha nave espacial: *O comandante é a máxima autoridade nun avión en voo.*

comando
substantivo masculino

Grupo pequeno de persoas que realizan un ataque con moito risco ou mesmo un atentado: *Un comando do exército entrou en territorio inimigo e destruíu as pontes.*

comarca
substantivo feminino

Zona dun territorio que ten unhas características comúns: *O Ribeiro é unha comarca produtora de viño.* SIN. bisbarra.

cómaro
substantivo masculino

1 Terreo estreito sen cultivar que rodea unha leira ou un campo e que pode separar dúas propiedades: *Na primavera os cómaros estaban verdes.* SIN. arró.
2 Elevación ou montaña de pouca altura: *Os que facemos sendeirismo ás veces subimos ata a cima dos cómaros.* SIN. lomba, outeiro.

combate
substantivo masculino

1 Loita entre dous grupos: *O exército noso perdeu ese combate.* SIN. batalla.
2 Loita entre persoas ou animais seguindo determinadas normas: *Non me gustan os combates de boxeo.*
3 Oposición para terminar con algo: *Todos nós participamos no combate contra a droga.* SIN. batalla.

combater
verbo

1 Manter un combate ou loita importante: *Os exércitos combateron coas armas máis modernas.*
2 Atacar algo para destruílo ou facelo desaparecer: *Nesa institución combaten a droga.*
FAM. combate, combatente, combativo.

combinación
substantivo feminino
1 Unión de varias cousas: *Ese traxe, esa gravata e esa camisa forman unha combinación moi elegante.*
2 Conxunto ordenado de números que permite abrir algo: *Para abrir a caixa forte hai que saber a combinación.*

combinar
verbo
1 Unir ou mesturar cousas distintas para obter un todo que teña equilibrio e harmonía entre as súas partes: *Nun traxe combínanse pantalón, chaqueta e chaleco.*
2 Unir cousas distintas para un determinado fin: *Combino o autobús co tren para ir ao traballo.*
FAM. combinación, combinado.

combustible
adxectivo
1 Que arde moi ben: *A gasolina é altamente combustible.*
2 Substancia que se queima para obter enerxía: *A gasolina, o gasóleo e o carbón son combustibles.*

combustión
substantivo feminino
Feito de queimarse ou arder algo: *A enerxía que move os coches prodúcese pola combustión da gasolina ou do gasóleo.*

comechón
substantivo feminino
Gana moi forte de rascarse nalgunha parte do corpo: *Teño unha comechón no dedo gordo do pé dereito.*

comedeira
substantivo feminino
Recipiente ou depósito onde se lles bota a comida a algúns animais: *As vacas comían a herba seca na comedeira da corte.* SIN. manxadoira, presebe.

comedia
substantivo feminino
1 Obra de teatro ou de cine que adoita tratar temas agradables e que remata ben: *A comedia adoita ter un final feliz.*
2 O que se fai para que algo pareza verdade sen selo: *Todo é unha comedia, pois a cabeza non lle doe nada.*
FAM. comediante, cómico.

comedor, comedora
adxectivo
1 Que come ben: *Ese rapaz é moi comedor, todo lle gusta.*
substantivo masculino
2 Sala para comer: *Esa cafetaría ten na planta alta un comedor amplo.*

comellón, comellona
adxectivo e substantivo
Que come moito: *Ese comellón nunca queda farto.* SIN. papón.

comenencia
substantivo feminino
Interese ou proveito propios: *A comenencia estivo en que gañou moitos cartos.*
FAM. comenenciudo.

comensal
substantivo
Cada unha das persoas que comen ao mesmo tempo nun lugar: *No banquete había uns douscentos comensais.*

comentar
verbo
1 Explicar algo para que se entenda de forma máis fácil: *O profesor comentounos o texto e entendémolo moi ben.*
2 Dar unha opinión sobre algo: *O adestrador comentou que estaba descontento con algúns xogadores.*
FAM. comentario, comentarista.

***comenzar**, a forma correcta é **comezar**.

comer
verbo
1 Meter comida na boca e tragala: *Ese neno come moi ben.*
2 Tomar a comida principal do día: *Nós adoitamos comer ás dúas.* SIN. xantar.
3 Gastar ou consumir por completo: *En poucos anos comeu a fortuna da familia.*
4 Nalgúns xogos, deixar sen unha peza ao contrario: *No parchís poden comerse as fichas do rival.*
5 Molestar moito e non deixar tranquilo: *Cómeo a envexa.*
6 Facer parecer máis pequeno ou menos importante: *Esta cadeira de brazos tan grande come o cuarto.*
7 Saltar palabras ou unha parte dun texto: *Le devagar e non comas palabras.*

8 Obter cartos ou bens con enganos: *Comeulle moito ao tío.*

EXP. **Comer e calar** Non protestar ou non dicir nada, especialmente ante unha inxustiza: *Teñen moito poder e nós temos que comer e calar.* **Comer a alguén** Tratalo moi mal, insultalo: *Comía os empregados cando se equivocaban.* **Comer as palabras** Falar moi ás présas: *Come as palabras e non se lle entende nada.*

OBS. Ten dous participios, *comido* e *comesto.*

FAM. comedeira, comedor, comellón, comestible, comesto, comida.

comercial

adxectivo

1 Do comercio ou relacionado con el: *Traballa nun centro comercial.*

2 Que se vende moi ben e moito: *Ese libro é moi comercial.*

substantivo

3 Persoa que traballa aconsellando comprar produtos da empresa que representa: *Os comerciais fan propaganda dos seus produtos polas tendas.*

FAM. comercializar.

comerciante

substantivo

Persoa que se dedica ao comercio vendendo produtos: *Os tendeiros son comerciantes.* SIN. mercador.

comerciar

verbo

Comprar ou vender produtos como profesión: *Comercia comprando e vendendo libros antigos e usados.*

FAM. comerciante, comercio.

comercio

substantivo masculino

1 Actividade profesional de comprar ou vender algo: *O comercio é un dos piares da economía moderna.*

2 Tenda en que se compran e venden produtos: *As drogarías e as librarías son comercios.*

comestible

adxectivo

1 Que se pode comer e non fai dano: *Estes cogomelos son comestibles e non son velenosos.*

substantivo masculino

2 Produto que serve de alimento ou comida: *Nos supermercados vendense comestibles.*

comesto, comesta

Participio irregular de *comer*: *A mazá estaba toda comesta dos vermes.*

cometa

substantivo masculino

Astro formado por un centro de luz e unha cola que tamén dá luz: *Segundo a tradición un cometa guiou os Reis Magos ata Belén.*

OBS. É distinto de *papaventos.*

cometer

verbo

Facer ou realizar unha falta ou un delito: *Os delincuentes cometen delitos.*

FAM. comisión.

comezar

verbo

Ter principio ou pasar a ser ou a acontecer algo: *O novo ano comeza o un de xaneiro.*

SIN. empezar, iniciar. ANT. acabar, concluír, finalizar, rematar.

FAM. comezo.

comezo

substantivo masculino

1 Principio ou primeiro momento de algo: *Toda narración ten un comezo.* SIN. inicio, empezo, principio. ANT. fin, final, remate, termo.

2 Orixe ou causa de algo: *Aqueles enfrontamentos foron o comezo da guerra civil.* SIN. raíz. ANT. consecuencia, efecto.

cómic

substantivo masculino

1 Historia ou narración que se debuxa: *Nos cómics o que din os personaxes aparece en globos.* SIN. banda deseñada.

2 Especie de caderno ou libro que contén estas historias debuxadas: *Merquei un cómic no quiosco.* SIN. historieta.

comichar

verbo

Comer cada pouco e en pouca cantidade: *Non debes comichar entre comidas.*

cómico, cómica

adxectivo

1 Que fai rir ou produce risa: *Ese traxe tan rechamante resulta cómico.* SIN. divertido, gracioso. ANT. dramático, serio, tráxico.

2 Da comedia ou obras teatrais e de cine agradables e con fin feliz: *Fomos ver unha película cómica.*

substantivo

3 Persoa que ten como profesión actuar no teatro ou no cine representando papeis: *Ese cómico tanto representa un papel serio como conta chistes.* SIN. actor, comediante.

comida

substantivo feminino

1 O que toman as persoas e os animais como alimento para viviren: *Todos os seres vivos necesitan comida.* SIN. alimento.

2 Conxunto de alimentos que toman as persoas cara ao mediodía: *A comida fágoa ás dúas da tarde e a cea cara ás nove.* SIN. xantar.

comigo

pronome persoal

Coa persoa que fala: *Esta tarde irá comigo ao teatro.*

comiñas

substantivo feminino plural

Signo escrito formado por dúas pequenas liñas curvas ou por puntas de frecha, entre as que se introduce unha palabra ou conxunto de palabras: *A palabra «dicionario» está escrita entre comiñas.*

comiño

substantivo masculino

Planta herbácea de flores brancas ou vermellas que produce unhas sementes do mesmo nome usadas ao cociñar como condimento: *Esa pizza ten moito comiño.*

comisar

verbo

Apoderarse a policía de algo considerado ilegal: *A policía comisou un cargamento de cocaína.*

comisaría

substantivo feminino

Oficina da policía: *Puxo a denuncia polo roubo da casa na comisaría do seu barrio.*

comisario, comisaria

substantivo

1 Policía que está á fronte dunha comisaría: *O comisario é a autoridade máxima da comisaría.*

2 Persoa que ten autoridade para organizar ou revisar algo: *A súa curmá é a comisaria desta exposición de cadros de Laxeiro.*

FAM. comisaría.

comisión

substantivo feminino

1 Realización de algo, especialmente un delito: *Foi acusado da comisión de varios roubos.*

2 Conxunto de persoas que preparan ou fan algo: *A comisión de festas quere contratar dúas boas orquestras.*

3 Cartos que se cobran por facer de intermediario ou axudar nalgún negocio: *O vendedor do piso cobra mil euros do propietario como comisión.*

comisura

substantivo

Liña ou zona en que se xuntan os labios ou as pálpebras: *Tes sucia a comisura dos labios.*

comité

substantivo feminino

Conxunto pequeno de persoas que dirixen algo: *O partido está dirixido por un comité de seis persoas.*

comitiva

substantivo feminino

Conxunto de persoas que acompañan a outra moi importante: *O Presidente da Xunta, acompañado da súa comitiva, inaugurou a ponte nova.*

como

adverbio

1 Indica a forma ou maneira de realizar algo: *Montou a lavadora como indican as instrucións.*

2 En calidade de: *Asistiu á reunión como pai de alumno.*

3 De que forma ou maneira: *Non sei como poderei amañar o televisor.*

4 Úsase para indicar sorpresa ou admiración: *Como choveu este inverno!*

conxunción

5 Úsase para expresar unha comparación: *Traballa tan ben como din os clientes.*

6 Úsase para expresar unha condición: *Como non veñas cedo, marcho sen ti.*

7 Úsase para expresar unha causa: *Como choveu, non saímos.*

EXP. **A como** A que prezo: *A como están esas mazás?*

OBS. Na acepción 3 só se usa *como* ante verbo expreso e non *coma*. Ante pronome persoal só se usa *coma* e non *como*.

cómoda

substantivo feminino

Moble con caixóns de arriba a abaixo para gardar roupa: *Gardaba as camisas ben dobradas na cómoda.*

comodín

substantivo masculino

1 Carta da baralla ou dado que pode tomar calquera valor para completar unha combinación: *Necesitaba un seis, pero saíu un comodín e vale igual.*

2 Persoa que pode realizar calquera traballo ou función: *Ese xogador é un bo comodín, pois pode xogar de todo menos de porteiro.*

cómodo, cómoda

adxectivo

1 Que proporciona descanso e benestar: *Esa cadeira de brazos é moi cómoda.* ANT. incómodo.

2 Que se usa de xeito fácil e sen esforzo: *Esas escaleiras tan baixiñas son moi cómodas.* ANT. incómodo.

FAM. comodidade, acomodado, acomodador, acomodar, incomodar, incomodidade, incómodo.

compacto, compacta

adxectivo

Que non ten ocos: *Esa é unha pedra compacta, sen poros.*

compadecer

verbo

Sentir pena ou dor ante as desgrazas dos demais: *Cómpre compadecerse dos que non teñen recursos de seu.* SIN. apiadarse.

FAM. compaixón, compasivo.

compaixón

verbo

Sentimento de pena ou dor polas desgrazas alleas: *Os mendigos inspiran a nosa compaixón.* SIN. caridade, clemencia, misericordia, piedade. ANT. crueldade.

compango

substantivo masculino

Alimento sólido que se toma co pan: *No bocadillo de xamón o compango é o xamón.*

compaña

substantivo feminino

Compañía.

compañeiro, compañeira

substantivo

1 Persoa que ten a mesma profesión ou actividade ca outra: *Todos os alumnos da clase somos compañeiros.*

2 Cousa ou persoa que forma parella con outra: *Perdín o compañeiro deste calcetín.*

FAM. compañeirismo.

compañía

substantivo feminino

1 Situación ou circunstancia de quen está con outro ou con outros: *A avoa sempre ten a compañía dos netos.* SIN. compaña. ANT. soidade.

2 Persoa ou persoas que están ou veñen con outra: *Chegou coa compañía de dous amigos.* SIN. compaña.

3 Sociedade ou conxunto de persoas que teñen un fin común, como fabricar algo e vendelo: *O seu curmán traballa nunha compañía que amaña ordenadores.*

4 Grupo de actores e actrices que representan unha obra: *Esa compañía percorreu toda Galicia representando* Limpeza de sangue.

5 Grupo de soldados mandados por un capitán: *Unha compañía está formada por tres seccións de soldados.*

FAM. compaña, compañeiro, compañeirismo, acompañamento, acompañante, acompañar.

comparación

substantivo feminino

1 Exame de dúas ou máis cousas para comprobar en que se parecen e en que se diferencian, ou para avaliar cal é mellor ou ten

certa calidade en maior medida: *Se facemos a comparación é algo máis alto o da dereita.*
2 Parecido que hai entre varias cousas: *Entre eles non hai comparación.* SIN. comparanza.

comparanza
substantivo feminino
Comparación.

comparar
verbo
Examinar dúas ou máis cousas ou persoas para ver o que teñen igual ou diferente ou para ver cal é mellor: *Comparaba o seu coche co do curmán.*
FAM. comparable, comparación, comparanza, comparativo.

COMPARACIÓN

A comparación pode ser de igualdade, de superioridade ou de inferioridade.

a) A de **igualdade** constrúese coas fórmulas:

tan / tanto + adxectivo + como / coma + segundo elemento
igual (de) + adxectivo + ca / que / do que

En xeral poden empregarse indistintamente *como* ou *coma*: *O papaventos ía tan alto como/coma un avión.*

Pero:

–*Coma* é obrigatoria ante pronomes persoais: *sabe tanto coma ti.*

–*Como* é obrigatorio ante verbo: *comeu tanto como puido.*

b) A de **superioridade** constrúese coa fórmula:

máis + adxectivo + ca / que / do que + segundo elemento

En xeral poden usarse indistintamente *ca / que / do que*: *corre máis ca / que / do que o seu primo.*

Pero:

–*Ca* é obrigatoria ante pronomes persoais: *corre máis ca min.*

–*Do que* é obrigatorio ante verbos: *corre máis do que pensaba.*

c) A de **inferioridade** ten o mesmo esquema ca a de superioridade, usando *menos* en vez de *máis*.

Observacións:

–*Que* non contrae nunca na escrita.

–*Ca*, se queremos, pódese contraer cos artigos determinados: *có* (*ca o*), *cá*, (*ca a*), *cós* (*ca os*), *cás* (*ca as*): *é máis alto cós primos / é máis alto ca os primos.*

comparecer
verbo
Aparecer ou presentarse nun sitio: *As testemuñas non compareceron no xuízo.* SIN. presentarse.
OBS. É regular: *compareza, comparezo.*
FAM. comparecencia.

compartimento
substantivo masculino
Cada unha das partes ou espazos independentes en que se divide algo: *No bodega dos buques hai varios compartimentos.*

compartir
verbo
1 Ter ou usar unha cousa varias persoas: *Estes estudantes comparten o mesmo piso.*
2 Ter as mesmas ideas ou sentimentos: *Todos compartimos contigo a ledicia por ese premio.*
FAM. compartimento.

compás
substantivo masculino
1 Instrumento formado por dúas pezas que se usa para trazar circunferencias e curvas: *Na clase de plástica usamos o compás.*
2 Instrumento que ten marcados os puntos cardinais e cunha agulla imantada que sinala o Norte: *O compás serve para orientarse.*
3 Cada unha das partes de tempo regulares en que se divide unha composición musical: *Ao bailar cómpre levar o compás.*
OBS. Na acepción 2 son incorrectas as formas **búsola* e **brúxula.*
FAM. compasar.

compasar
verbo
Adaptar ou facer que unha cousa coincida ben con outra: *Os noivos compasaron os seus pasos ao saíren da igrexa.*

compasivo, compasiva
adxectivo
Que sente dor ou pena polas desgrazas e males alleos: *É moi compasivo e axuda os pobres.* SIN. caritativo, misericordioso, piadoso. ANT. cruel.

compatible
adxectivo
Que pode existir ou facer algo xuntamente

con outro: *O estudo é compatible coa diversión.*
FAM. compatibilización, compatibilizar.

compatriota
substantivo
Persoa da mesma nación ca outra: *En Europa aínda quedan moitos compatriotas emigrados nos setenta.*

compaxinar
verbo
Adaptar ou facer que unha cousa coincida ben con outra: *Sabe compaxinar moi ben traballo e estudo.* SIN. compatibilizar, conciliar, harmonizar.
FAM. compaxinable, compaxinación.

compenetrarse
verbo
Entenderse moi ben dúas ou máis persoas entre elas: *O novo dianteiro compenétrase moi ben cos centrocampistas.*
FAM. compenetración.

compensar
verbo
1 Facer que unha cousa anule a contraria ou a faga máis soportable: *Ben é certo que a súa competencia profesional compensa o seu mal carácter.*
2 Pagar a pena ou resultar de proveito: *Non compensa traballar tanto para gañar tan pouco.*
3 Dar algo porque se sufriu un dano ou molestia: *Compensou a nosa axuda cun bo agasallo.*
FAM. compensación, compensatorio, recompensar.

competencia
substantivo feminino
1 Oposición ou loita para conseguir unha mesma cousa: *Hai moita competencia entre os comercios de roupa.* SIN. rivalidade.
2 Función ou obriga que lle corresponde a alguén: *Este asunto é competencia da xefa.*
3 Capacidade que ten alguén para facer algo: *A ese cirurxián sóbralle competencia.*

competente
adxectivo
Que ten capacidade ou autoridade para facer algo: *Ese rapaz é moi competente para levar a contabilidade do negocio.*

competición
substantivo feminino
Enfrontamento ou loita entre varios para conseguir algo, especialmente nunha proba deportiva: *O noso equipo proclamouse campión nesta competición.*

competir
verbo
Loitar ou enfrontarse para conseguir a mesma cousa: *Os equipos compiten na liga.* SIN. rivalizar.
OBS. Conxúgase como *advertir.*
FAM. competición, competidor, competitivo.

complemento
substantivo masculino
1 Calquera cousa que se engade para completar ou mellorar outra: *Ese traxe queda ben co complemento dunha boa gravata.*
2 En gramática, palabra ou grupo de palabras que completa o significado doutra: *Os complementos completan o significado da palabra principal do grupo.*
FAM. complementación, complementar.

completar
verbo
Facer que algo estea enteiro, terminado ou perfecto: *Deixei sen completar o exame porque non contestei a última pregunta.*
FAM. completo.

completo, completa
adxectivo
1 Cheo e sen ningún oco nin sitio libre: *O teatro estaba completo e non cabía nin un espectador máis.* ANT. incompleto.
2 Perfecto ou enteiro de xeito que non lle falta nada: *Ese libro está completo, pois ten todas as páxinas.* ANT. incompleto.

complexo, complexa
adxectivo
1 Que resulta complicado por ter moitas partes ou ser difícil de entender: *As teorías complexas cómpre explicalas moi ben.* SIN. complicado.
substantivo masculino
2 Conxunto de edificios cunha mesma función ou fin: *Neste complexo hospitalario hai moitas consultas.*
3 Tendencia ou emoción que inflúe involuntariamente no comportamento ou forma de ser dunha persoa, habitualmente nega-

tivo: *Pensa que sempre se rin del porque ten complexo de inferioridade.*

complicar
verbo
Facer que algo sexa difícil ou máis difícil ca antes: *Cómpre que non compliques a resolución dese problema con máis atrancos.*
OBS. Cambia o *c* en *qu* diante do *e*, como en *sacar*.
FAM. complicación, complicado.

cómplice
adxectivo e substantivo
Que axuda a outro ou colabora con el para facer algo, especialmente para cometer un delito: *O ladrón tivo que ter algún cómplice.*
FAM. complicidade.

complot
substantivo masculino
Acordo secreto entre dúas ou máis persoas contra algo ou alguén: *Os subdirectores tramaron un complot contra o director.*
OBS. O plural é *complots*.

compoñedor, compoñedora
substantivo
Persoa que sen ser médico pon no seu sitio ósos e articulacións: *Xa case non quedan compoñedores.* SIN. amañador, compostor.

compoñente
adxectivo e substantivo
Que forma parte de algo como unha das súas partes: *O osíxeno e o hidróxeno son compoñentes da auga.*

compoñer ou compor
verbo
1 Formar un todo unindo varias partes ou elementos: *Once xogadores compoñen un equipo de fútbol.* SIN. constituír, formar, integrar. ANT. descompoñer, descompor.
2 Ordenar algo unindo as súas partes ou amañar o que está estragado: *El foi compoñendo o crebacabezas.*
3 Facer unha obra musical ou unha poesía: *Ese cantante compón as súas cancións el mesmo.*
4 **compoñerse** ou **comporse** Prepararse moi ben para estar guapo: *Compúxose moi ben e foi todo elegante á voda.* SIN. amañarse.
OBS. Conxúgase como *poñer* ou *pór*.
FAM. compoñedor, compoñente, composición, composto, descompoñer, descompor, descomposto.

comportamento
substantivo masculino
Forma de ser e de actuar de alguén: *É moi educado e ten moi bo comportamento.* SIN. conduta, proceder.

comportarse
verbo
Actuar ou ser alguén dunha determinada maneira: *Comportouse moi ben ao axudarvos.* SIN. actuar, conducirse, obrar, proceder, portarse.
FAM. comportamento.

composición
substantivo feminino
1 Conxunto de todas as partes que forman algo: *No prospecto aparece a composición da menciña.*
2 Poema ou obra musical: *Comentou unha composición de Pondal.*
3 Forma de crear palabras unindo dúas ou máis xa existentes: Crebanoces *é unha palabra formada por composición.*

compositor, compositora
substantivo
Persoa que fai obras musicais: *Pascual Veiga foi un célebre compositor.*

composto, composta
adxectivo
1 Que está formado por varias partes ou elementos: *Vestía un traxe composto de chaqueta, pantalón e chaleco.* ANT. simple.
substantivo masculino
2 Substancia formada pola unión doutras: *A auga é un composto formado por osíxeno e nitróxeno.*

compota
substantivo feminino
Doce feito de froitas cocidas en auga con azucre: *De sobremesa puxeron compota de mazá.*

compra
substantivo feminino
Adquisición de algo a cambio de cartos: *A compra de alimentos leva parte do noso orzamento familiar.* ANT. venda.
FAM. compravenda.

compracer

verbo

1 Gustar moito: *Compraceulle que lle falásemos con tanto agarimo.* SIN. agradar.

2 Facer ou conseguir que alguén teña o que queira: *Quixo compracer o fillo e mercoulle a moto.* ANT. desagradar.

OBS. É regular: *comprazo, compraza.*

FAM. compracente.

comprar

verbo

Adquirir ou conseguir algo a cambio de cartos: *Comprei este impermeable nun comercio da praza.* SIN. adquirir, mercar. ANT. vender.

FAM. compra, comprador, compravenda.

compravenda

substantivo feminino

Negocio de comprar e vender cousas, especialmente usadas ou antigas: *Ten unha tenda de compravenda de mobles usados na zona vella.*

comprender

verbo

1 Entender moi ben ou ter moi claro o significado de algo: *Ela comprendeu moi ben o que lle dixen.* SIN. entender.

2 Atopar natural, xusto ou apropiado: *Comprendo a túa carraxe ante eses maleducados.* SIN. entender.

3 Conter ou incluír dentro de si: *O ensino primario comprende seis cursos.*

ANT. abarcar, abranguer.

FAM. comprensible, comprensión, comprensivo, incomprensión.

comprensible

verbo

Que se pode entender moi ben: *Esa linguaxe é sinxela e comprensible.* SIN. accesible.

comprensión

substantivo feminino

1 Capacidade para entender algo: *A comprensión oral do inglés é tan importante coma a escrita.*

2 Capacidade dunha persoa para pórse no lugar doutro e aceptar as súas ideas e comportamento: *Fixo moitas toladas de novo, pero sempre tivo a comprensión dos pais.* ANT. incomprensión.

comprensivo, comprensiva

adxectivo

Que acepta e entende os comportamentos e ideas alleas: *Ese profesor é comprensivo e sabe que os alumnos ás veces non fan os deberes.*

compresa

substantivo

1 Tea que se usa para cubrir unha ferida ou para darlle frío ou calor a unha parte do corpo: *Púxolle unha compresa na ferida.*

2 Tira de celulosa ou doutro produto semellante usada para absorber o sangue da muller que ten o período: *Mercou compresas na drogaría.*

comprimido

substantivo masculino

Medicamento habitualmente moi pequeno e de forma arredondada: *As aspirinas son comprimidos.*

comprimir

verbo

Apertar algo ou facer que ocupe menos espazo: *Comprimía os papeis para que coubesen na papeleira.*

FAM. compresa, compresor, comprimido.

comprobar

verbo

Asegurarse de que algo é verdade: *Ao revisar as contas comprobou que o socio o enganaba.*

FAM. comprobación, comprobante.

comprometer

verbo

1 Facer que alguén sinta a obriga de resolver algo: *A directora comprometeu a todo o profesorado para evitar o fracaso escolar.*

2 Pór en perigo ou nunha situación difícil: *Non comprometas o compañeiro pedíndolle que che apunte no exame.*

3 **comprometerse** Prometer que se fará algo: *O fontaneiro comprometeuse a amañar a billa esta tarde.*

FAM. comprometido, compromiso.

compromiso

substantivo masculino

1 Obriga que ten unha persoa de facer algo: *Todos temos o compromiso de coidar a natureza.*

2 Situación moi difícil de resolver: *Posme nun compromiso ao preguntarme esa data porque non a lembro.* SIN. apuro.

computadora

substantivo feminino

Aparello electrónico que realiza de forma automática cálculos, clasificacións e outras funcións: *En todas as empresas hai computadoras e xa non se ven máquinas de escribir.* SIN. ordenador.

computar

verbo

Contar ou calcular con números: *Computan dous millóns de euros de perdas.*
FAM. computadora, cómputo.

común

adxectivo

1 Que pertence a varios ou a todos porque non é de só un: *A piscina deste edificio é común pois úsana todos os veciños.*
2 Que sempre é así e non resulta sorprendente: *A calor é común no mes de xullo.* SIN. corrente, habitual, natural, normal, ordinario. ANT. anormal, estraño, excepcional, raro, sorprendente.
3 Que existe en gran cantidade: *O carballo é unha árbore común en Galicia.* SIN. corrente, habitual, normal, ordinario. ANT. anormal, estraño, excepcional, raro, sorprendente, único.
4 Que é coma os demais e non destaca en nada: *Ía vestido cun traxe común, que non chamaba a atención.* SIN. corrente, normal, ordinario. ANT. anormal, especial, estraño, excepcional, orixinal, particular, raro, sorprendente, único.
EXP. **En común** Conxuntamente entre dúas ou máis persoas: *Este piso posúeno en común os tres irmáns.*
FAM. comunidade, comunista, comuñón.

comungar

verbo

Tomar na misa a comuñón ou anaco de pan que representa o corpo de Cristo: *Comunga todos os domingos.*
OBS. O *g* cambia en *gu* ante *e*, como en *pagar.*

comunicación

substantivo feminino

1 Transmisión de información por medio de signos ou sinais: *A principal forma de comunicación entre as persoas é a linguaxe oral.*
2 Relación ou unión entre dúas persoas ou cousas: *As estradas son vías de comunicación.*
plural
3 Conxunto de medios que permiten unir persoas e lugares: *A inundación cortou as comunicacións e a vila quedou illada.*

comunicar

verbo

1 Facer saber ou dar unha información: *O xefe comunicou a decisión de xubilarse.* SIN. dicir, manifestar. ANT. calar.
2 Facer chegar unha sensación ou estado de ánimo: *Comunica a todos a súa alegría.* SIN. transmitir.
3 Unir dous ou máis lugares e cousas: *As estradas e as vías do tren comunican unhas cidades con outras.* SIN. unir. ANT. incomunicar.
4 Conseguir falar ou ter unha relación con outra persoa: *Por fin a policía conseguiu comunicar cos alpinistas extraviados.*
5 Dar un teléfono o sinal de que está ocupado porque están a falar por el: *Cando te chamei o teu teléfono comunicaba.*
FAM. comunicación, comunicador, incomunicar.

comunidade

substantivo feminino

Grupo de persoas que viven nun mesmo sitio ou teñen características comúns: *Os veciños do mesmo edificio forman unha comunidade.*
EXP. **Comunidade autónoma** Rexión dentro dun Estado que ten certa liberdade para gobernarse por si mesma e ata para promulgar leis: *Galicia é unha das dezasete comunidades autónomas de España.*

***comunión**, a forma correcta é **comuñón**.

comunismo

substantivo masculino

Conxunto de ideas políticas que defenden que non debe existir a propiedade privada e que todos os ben son de todos: *O comunismo procura que desaparezan as desigualdades económicas entre as persoas.*
FAM. comunista.

comuñón
substantivo feminino
Feito de tomar na misa unha especie de pan que representa o corpo de Cristo: *O meu curmán vai facer este ano a primeira comuñón.*

con[1]
substantivo masculino
Pedra de gran tamaño, especialmente a que sobresae no mar: *Cerca da beira hai uns cons.* SIN. pena, penedo, rocha.

con[2]
preposición
1 Indica o instrumento con que se fai algo: *Corta o pan cun coitelo.*
2 Indica o modo de facer algo: *Garda esa camisa con coidado.*
3 Indica compaña: *Saíu co curmán.*
4 Indica o contido de algo: *Encheu o saco con patacas.*
5 Indica relación ou unión: *A rúa do colexio xúntase coa miña na praza.*
6 Indica que algo é suficiente para algo: *Para mercares esa radio abóndache con cen euros.*
7 Indica o obxecto sobre o que recae a acción do verbo: *Tirou coa chaqueta sobre a cama.*
EXP. **Con que** Indica consecuencia: *Tes que rematar axiña ese traballo, con que bule.*
OBS. Contrae co artigo determinado en *co, coa, cos, coas* e co indeterminado en *cun, cunha, cuns, cunhas.*

cona
substantivo feminino
Vulva.
OBS. Considérase vulgar e malsoante.

conato
substantivo masculino
Comezo de algo que non chega a producirse por completo: *Os bombeiros apagaron o conato de incendio axiña.*

conca
substantivo feminino
Cunca.

cóncavo, cóncava
adxectivo
Que forma un oco cara a dentro: *O interior das cuncas do leite é cóncavo.* ANT. convexo.

*__concebir__, a forma correcta é **concibir**.

conceder
verbo
1 Darlle a unha persoa o que pide: *O avó concédelle ao neto todos os desexos.* SIN. outorgar. ANT. denegar.
2 Darlle a algo determinado valor ou importancia: *Non lle concede ningún valor a esas gabanzas.*
FAM. concesión, concesionario.

concellaría ou concellería
substantivo feminino
Departamento ou sección do goberno dun concello que se ocupa de determinados asuntos e que está gobernado por un concelleiro: *A concellaría de cultura ocúpase das actividades culturais do concello.*

concelleiro, concelleira
substantivo
Persoa que ten un cargo de goberno no Concello e que dirixe determinados asuntos, baixo a autoridade do alcalde: *A miña curmá é concelleira de cultura.*

concello
substantivo masculino
1 Institución formada polo alcalde e os concelleiros que o axudan para gobernar un municipio: *O Concello aprobou abrir unha nova rúa no meu barrio.*
2 Territorio gobernado por un alcalde e os seus concelleiros: *O noso concello está formado pola vila, capital municipal, e varias aldeas.*
EXP. **Casa do Concello** Edificio onde ten as oficinas esta institución que goberna a cidade ou a poboación: *Estiven na Casa do Concello para solicitar unha licenza de obras.*
OBS. Na acepción 1 adoita escribirse con inicial maiúscula.
FAM. concellaría, concelleiro.

concentración
substantivo feminino
1 Reunión nun mesmo lugar de persoas, animais ou cousas: *Os equipos de fútbol adoitan realizar as súas concentracións en hoteis.*
2 Atención que se pon para facer algo: *Para estudar ben hai que ter concentración.*

concentrar

verbo

1 Pór nun mesmo sitio persoas, animais ou cousas: *Os manifestantes concentráronse diante da Casa do Concello.*
2 Quitarlle a auga ou o líquido a unha substancia: *Mercou un bote de zume de laranxa concentrado.*
3 Ser o centro de algo atraendo a súa atención: *O famoso actor concentraba as miradas de todos.*
4 **concentrarse** Pór moita atención para facer algo: *O rapaz concentrábase para resolver aquel exercicio de matemáticas.*
FAM. concentración, concentrado.

concepción

substantivo feminino

Formación dunha cría ou novo ser no ventre da nai: *A concepción dos mamíferos prodúcese no ventre da nai.*

concepto

substantivo masculino

1 Idea que se forma na cabeza: *O concepto do ben e do mal témolo todos.*
2 Opinión que se ten sobre alguén ou algo: *En xeral, a xente ten moi bo concepto de ti.*
OBS. A forma **conceito* é incorrecta.

concertar

verbo

Pór de acordo: *As empresas e os sindicatos xa se concertaron e desconvocouse a folga.*
FAM. concerto.

concerto

substantivo masculino

1 Boa orde e disposición das cousas: *No seu cuarto non hai orde nin concerto: anda todo espallado polo chan.*
2 Acordo entre persoas ou grupos de forma que se levan ben ou para facer algo: *O Concello asinou un concerto cunha empresa de xardinaría para arranxar os xardíns. Xa non berran, pois hai concerto entre eles.*
3 Espectáculo en que se interpretan obras musicais ou cancións: *Ese cantante ten moito éxito nos seus concertos.*
FAM. concertista.

concesión

substantivo feminino

1 Entrega de algo: *Hoxe celébrase a cerimonia de concesión dos premios Castelao.*
2 Autorización ou permiso para vender, construír, usar ou facer algo: *O Concello deulle a esa empresa a concesión da cafetaría da piscina municipal.*

concesionario, concesionaria

adxectivo e substantivo masculino

Que ten permiso para construír, vender ou usar algo: *Mercou o coche no concesionario do noso barrio.*

concha

substantivo feminino

Cuncha.

concibir

verbo

1 Formar na cabeza unha idea: *O preso concibiu un plan de fuga.* SIN. idear.
2 Crer posible ou comprender: *Non concibo un comportamento tan malo coma o teu.*
3 Empezar a formarse un fillo ou unha cría no ventre da nai: *As nais dos mamíferos conciben no ventre os seus fillos.*
FAM. concepción, concepto, anticonceptivo.

conciencia

substantivo feminino

1 Conxunto de ideas dunha persoa sobre o que está ben ou mal: *A conciencia dirache se te portaches ben ou mal.*
2 Capacidade que temos de decatarnos do que sucede arredor de nós: *Non recorda nada do accidente porque perdeu a conciencia.*
EXP. **En conciencia** Sinceramente e de verdade: *Aconselloume, en conciencia, que abandonase ese negocio.* **Non ter conciencia** Ser moi malo: *Ese asasino non ten conciencia.*
OBS. A forma **concencia* é incorrecta.
FAM. concienciación, concienciar, concienciudo.

conciliar

verbo

Pór de acordo ou en harmonía: *O avogado conciliou os dous socios e agora xa non se levan mal.*
FAM. concilio.

concilio

substantivo masculino

Reunión de bispos e outros sacerdotes para tratar e decidir sobre asuntos de relixión: *O concilio estivo presidido polo papa.*

conciso, concisa
adxectivo
Que di moito con poucas palabras: *Ao escribirmos temos que ser concisos.*
FAM. concisión.

concluír
verbo
1 Chegar algo á súa fin: *O ano conclúe o 31 de decembro.* SIN. acabar, finalizar, rematar, terminar. ANT. comezar, empezar, iniciar.
2 Dar fin ou remate a algo: *O escritor conclúe agora unha novela.* SIN. acabar, finalizar, rematar, terminar. ANT. comezar, empezar, iniciar.
3 Chegar a pensar algo: *Disto conclúo que non virás comigo ao teatro.*
OBS. Conxúgase como *incluír.*
FAM. concluínte, conclusión.

conclusión
substantivo feminino
1 Fin ou remate de algo: *Á conclusión do partido chegouse con empate a cero.*
2 Idea á que se chega: *Os médicos chegaron á conclusión de que tiña un cancro.*
EXP. **En conclusión** Para terminar e como resumo: *En conclusión, estamos todos de acordo en cambiar o ascensor da casa.*

concordar
verbo
1 Estar de acordo dúas cousas ou persoas: *Concordan porque teñen os dous as mesmas ideas.* SIN. coincidir, concertar.
2 Ter unha palabra o mesmo xénero, número ou persoa ca outra: *Suxeito e verbo concordan en número e persoa.* SIN. concertar.
FAM. concordancia, concordia.

concordia
substantivo feminino
Relación de amizade e harmonía: *Entre eles hai agora moita concordia e xa non berran.*
ANT. discordia.

concorrer
verbo
Xuntarse varias ou moitas persoas ou cousas nun mesmo lugar e tempo: *Concorreu moita xente a ese partido do Celta-Deportivo.*
FAM. concorrencia, concorrido.

concretar
verbo
Facer que algo sexa exacto e claro ou se reduza ao importante: *Nos exames cómpre concretar e falar do que se pregunta.*

concreto, concreta
adxectivo
1 Exacto, preciso ou que consta só do esencial: *Nos exames hai que dar respostas concretas.*
2 Ese precisamente e non outro: *Quero ese libro concreto e non outro do mesmo autor.*
3 Que existe no mundo e que se pode tocar: *A bondade non é nada concreto porque non se pode tocar coas mans.*

concursar
verbo
Participar nunha proba ou competición con outros para lograr algo: *Concursou nun programa de televisión e gañou unha viaxe a Canarias.*
FAM. concursante, concurso.

concurso
substantivo masculino
Proba ou competición entre varias persoas para gañar algo: *Nese concurso gañou un ordenador.*

conde
substantivo masculino
Persoa que ten o título de nobreza inmediatamente superior ao de vizconde e inmediatamente inferior ao de marqués: *O conde de Lemos foi un célebre nobre galego.*
OBS. O feminino é *condesa.*

condecorar
verbo
Darlle a unha persoa unha medalla ou outro obxecto semellante como recoñecemento por algo que fixo: *Condecoraron ese soldado polo seu heroísmo na batalla.*
FAM. condecoración.

condena
substantivo feminino
1 Pena ou castigo que se lle impón a quen cometeu un delito: *Cumpre unha condena de dous anos de cárcere por roubo.* SIN. absolución, desculpa, perdón.
2 Desaprobación de algo que se considera malo: *Todos estamos de acordo na condena*

do atentado terrorista. SIN. absolución, desculpa, perdón.

condenar

verbo

1 Pór unha pena ou castigo por facer algo malo ou un delito: *Condenárono por asasinato a cadea perpetua.* ANT. absolver, desculpar, perdoar, salvar.

2 Dicir que algo é moi malo: *Todos os partidos condenaron o atentado.* ANT. absolver, desculpar, perdoar.

3 Facer que aconteza algo malo para alguén: *Eses fracasos nos últimos discos condenaron o cantante ao esquecemento.* ANT. salvar.

4 **condenarse** Na relixión católica, ir ao inferno: *O que morre en pecado condénase.* ANT. salvar.

OBS. A forma **condear* é incorrecta.

FAM. condena, condenación, condenado.

condensación

substantivo feminino

Paso dun gas a líquido ou sólido: *O orballo está producido pola condensación do vapor de auga.*

FAM. condensador, condensar.

condición

substantivo feminino

1 Cousa ou circunstancia que é necesaria para que algo aconteza: *A condición para participar neste concurso literario é ser alumno de ESO.*

2 Conxunto de características dunha persoa ou cousa: *Un futbolista debe ter boas condicións físicas.*

3 Situación en que se atopa unha persoa ou cousa: *Coa perna enxesada non estou en condicións de facer sendeirismo.*

plural

4 Capacidade dunha persoa para facer algo: *Esa rapaza ten condicións para ser cantante de ópera.* SIN. aptitude.

FAM. condicional, condicionamento, condicionar, acondicionar.

condimento

substantivo masculino

Substancia que se lle bota á comida para darlle sabor: *O sal e a pementa son condimentos.*

FAM. condimentar.

condolencia

substantivo feminino

Manifestación de pena e dor polas desgrazas alleas, especialmente por unha morte: *Expresou a súa condolencia pola morte do noso avó.*

OBS. A forma **condoenza* é incorrecta.

condón

substantivo masculino

Preservativo.

cóndor

substantivo masculino

Ave rapaz diúrna de gran tamaño e coa cabeza e o pescozo sen plumas: *O cóndor é propio dos Andes, parécese ao voitre e pon un ovo cada dous anos.*

condución

substantivo feminino

1 Manexo dun vehículo, especialmente dun coche: *Corre moito no coche e fai unha condución perigosa.*

2 Transporte ou traslado dunha persoa ou cousa dun lugar a outro: *A condución do cadáver ata o cemiterio será ás cinco da tarde.*

3 Conxunto de tubos que se usan para levar líquidos ou gases: *Houbo unha avaría na condución do gas.*

conducir

INDICATIVO		SUBXUNTIVO	IMPERATIVO
Presente	**Copretérito**	**Presente**	conduce
conduzo	conducía	conduza	conducide
conduces	conducías	conduzas	
conduce	conducía	conduza	
conducimos	conduciamos	conduzamos	**FOR. NOMINAIS**
conducides	conduciades	conduzades	**Infinitivo**
conducen	conducían	conduzan	conducir
Pretérito	**Antepretérito**	**Pretérito**	**Xerundio**
conducín	conducira	conducise	conducindo
conduciches	conduciras	conducises	**Participio**
conduciu	conducira	conducise	conducido
conducimos	conduciramos	conducísemos	
conducistes	conducirades	conducísedes	
conduciron	conduciran	conducisen	
Futuro	**Pospretérito**	**Futuro**	**Inf. conxugado**
conducirei	conduciría	conducir	conducir
conducirás	conducirías	conducires	conducires
conducirá	conduciría	conducir	conducir
conduciremos	conduciriamos	conducirmos	conducirmos
conduciredes	conduciriades	conducirdes	conducirdes
conducirán	conducirían	conduciren	conduciren

conducir

verbo

1 Levar ou dirixir cara a un lugar: *Condúcíanos cara ao centro da cidade.* SIN. guiar.

2 Guiar ou levar un vehículo, especialmente un coche: *A súa filla conduce moi ben.* SIN. guiar.

3 Dirixir ou levar cara a un final: *O traballo diario conduce ao éxito.*

4 **conducirse** Ter determinado comportamento: *Condúcese moi ben nas situación de risco.* SIN. actuar, comportarse, obrar, portarse, proceder.

OBS. É regular: *conduzo, conduza.*

FAM. conduta, conduto, condutor.

conduta

substantivo feminino

Forma de comportarse unha persoa: *A súa conduta foi mala pois ata insultou a alguén.* SIN. comportamento, proceder.

conduto

substantivo masculino

1 Tubo que serve para levar algo, especialmente un líquido ou un gas, a algunha parte: *Hai unha avaría nos condutos do gas.* SIN. canle.

2 Medio para facer ou conseguir algo: *A instancia ao alcalde é o conduto para conseguir ese permiso de obra.* SIN. vía.

condutor, condutora

substantivo

1 Persoa que guía ou conduce un vehículo, especialmente un coche: *O condutor non viu o peón.*

substantivo masculino

2 Corpo que permite o paso da calor ou da electricidade: *O cobre é moi bo condutor da electricidade.*

conectar

verbo

1 Unir ou pór en relación dous ou máis lugares ou cousas: *Esta autoestrada conectará Ourense e Lugo.* SIN. comunicar.

2 Establecer comunicación cun lugar: *A televisión conectou co lugar do accidente.*

3 Relacionarse ou levarse ben cunha persoa: *El sempre conectou moi ben co xefe.*

FAM. conexión, conexo.

conexión

substantivo feminino

1 Relación ou unión entre dúas cousas: *Esta estrada realiza a conexión entre a aldea e a vila.* SIN. contacto.

2 Establecemento de comunicación: *Axiña se producirá a conexión co campo de fútbol.*

3 Relación ou amizade con alguén: *Entre el e o xefe sempre houbo boa conexión.*

confección

substantivo feminino

1 Preparación de algo: *Nas axencias de viaxes realizan a confección de itinerarios turísticos.*

2 Fabricación de pezas de vestir: *En Galicia ten moita importancia a industria da confección.*

FAM. confeccionar.

confeccionar

verbo

Facer, preparar ou fabricar algo: *Aquí confeccionan moi bos traxes.*

confederar

verbo

Unir por un acordo ou pacto: *Todos os sindicatos se confederaron para pactar cos empresarios.*

FAM. confederación, confederado.

confeitar

verbo

Cubrir cun baño de azucre: *Mercou améndoas confeitadas.*

confeitaría ou confeitería

substantivo feminino

Establecemento en que se elaboran ou venden doces e pasteis: *Traballa nunha confeitaría do centro.* SIN. dozaría, pastelaría.

confeiteiro, confeiteira

substantivo

Persoa que traballa facendo doces e pasteis: *Na súa familia son todos confeiteiros.*

confeito

substantivo feminino

Doce pequeno cuberto de azucre: *Mercou uns confeitos de anís moi saborosos.*

FAM. confeitar, confeitaría, confeiteiro.

conferencia
substantivo feminino

1 Discurso ou exposición pública dun tema: *Asistimos a unha conferencia sobre o quecemento global.*
2 Reunión de representantes de distintos países para tratar un tema: *Houbo varios representantes galegos na conferencia sobre quecemento global.* SIN. congreso.
3 Chamada de teléfono entre dúas provincias ou países distintos: *Puxo unha conferencia para falar co fillo de Alemaña.*
EXP. **Conferencia de prensa** Reunión de xornalistas para facerlle preguntas a unha persoa: *O Presidente da Xunta acudiu só á conferencia de prensa.*
FAM. conferenciante, conferenciar.

conferir
verbo

Dar, conceder ou proporcionar algo: *Fala coa autoridade que lle confire a experiencia.*
OBS. Conxúgase coma *advertir.*

confesar
verbo

1 Dicir ou comunicar algo: *Confesoume que estaba canso.*
2 Dicir ou comunicar algo á forza: *O acusado acabou confesando o crime ante a evidencia das probas.*
3 Na relixión católica, dicirlle a un cura os pecados ou faltas cometidos: *Os católicos confésanse cos curas.*
4 Na relixión católica, oír un cura os pecados ou faltas que lle conta alguén: *O párroco confesa todas as tardes, a partir das seis.*
FAM. confesión, confesional, confesionario.

confesionario
substantivo masculino

Moble ou lugar dunha igrexa onde o cura escoita os pecados e faltas que lle contan os fieis: *Axeonllouse diante do confesionario para confesarse.*

confesor
substantivo masculino

Cura ou sacerdote que escoita os pecados e faltas dos fieis: *O confesor escoitaba os pecados dos seus fieis con paciencia.*

confeti
substantivo masculino

Anacos pequenos de papel e de varias cores que se lanzan ao aire nalgunhas festas: *No Entroido bótase confeti sobre as persoas.*
OBS. Non ten plural. Distíngase de *confeito.*

confiado, confiada
adxectivo

Que non ve perigos nin riscos ou que cre todo: *É tan confiado que nunca pecha a porta do coche.* ANT. desconfiado.

confianza
substantivo feminino

1 Seguridade que se ten en alguén ou en algo: *Ten moita confianza nos seus amigos e di que non o abandonarán.* ANT. desconfianza.
2 Relación moi grande ou amizade entre persoas: *Onde hai confianza, dá noxo.*
3 Forma sinxela e sincera de falar e tratar cos demais: *Fálame con toda confianza e non gardes segredos.*
EXP. **De confianza** Que se coñece e ofrece unha seguridade total: *Podes falar diante dela, pois é unha amiga de confianza.*

confiar
verbo

1 Deixar ao coidado de alguén: *Confioume uns documentos para que llos gardase ben.*
2 Pensar que algo acontecerá: *Confiamos en que mañá veña o fontaneiro.* SIN. esperar. ANT. desconfiar.
3 Ter unha seguridade moi grande sobre algo ou alguén: *Eu confío nese empregado e aseguro que non roubará.* SIN. fiarse. ANT. desconfiar.
OBS. Conxúgase como *guiar.*
FAM. confiado, confianza, confianzudo, desconfiado, desconfianza, desconfiar.

confidente
adxectivo e substantivo

Persoa que conta segredos ou que llos escoita a outro: *A nai é a súa mellor confidente.*
FAM. confidencia.

configurar
verbo

Darlle a algo unha determinada forma ou aspecto: *As chuvias abundantes configuran unha paisaxe de cores verdes.*
FAM. configuración.

confín

substantivo masculino

Lugar moi apartado nun país ou territorio: *Vive nos confíns de Galicia, na raia con Asturias.*

confirmar

verbo

1 Asegurar algo como verdade ou volver dicilo: *As autoridades confirmaron que a auga non está contaminada.*

2 Comprobar que algo vai suceder da forma pensada: *Confirmei que a miña cita co dentista era ás cinco.*

3 Volver afirmar nunha cerimonia solemne que alguén permanece na relixión católica: *O bispo confirma os mozos.*

FAM. confirmación.

***confite**, a forma correcta é **confeito**.

conflito

substantivo masculino

1 Loita ou desacordo entre dúas ou máis persoas ou grupos: *Hai conflito entre os irmáns pola repartición da herdanza.*

2 Situación difícil para alguén: *Ten o conflito de que o fillo non estuda nin traballa.*

FAM. conflitivo.

confluír

verbo

Ir dar a un mesmo lugar: *A miña rúa e a túa conflúen na praza.*

OBS. Conxúgase como *incluír.*

FAM. confluencia.

conformar

verbo

1 Dar unha determinada, forma, aspecto ou estrutura: *Once xogadores conforman un equipo de fútbol.*

2 **conformarse** Aceptar e dar por bo aínda que sexa malo ou pouco: *Confórmase con gañar mil euros ao mes.*

conforme

adxectivo

1 De acordo con algo: *Están moi conformes co soldo.*

2 Que acepta e dá algo por bo aínda que sexa malo ou pouco: *Quedou conforme coa indemnización, aínda que foi cativa.*

preposición

3 Do xeito ou forma que se indica: *Montou a lavadora conforme as instrucións.* SIN. consonte, segundo.

FAM. conformidade, conformismo.

confort

substantivo masculino

Sensación de comodidade, benestar e descanso: *Este hotel ten moito confort.*

FAM. confortable.

confortar

verbo

Dar forzas ou ánimos para superar unha pena ou dor: *Os amigos sempre confortan a un nas desgrazas.* SIN. reconfortar.

confrade

substantivo

Que forma parte dunha confraría: *É confrade da confraría de pescadores de Portonovo.*

FAM. confraría.

confraría

substantivo feminino

Unión entre persoas cun determinado fin, especialmente relixioso ou para defender intereses profesionais: *Forma parte dunha confraría que organiza procesións na Semana Santa.*

confraternizar

verbo

Establecer unha relación de amizade: *Os soldados confraternizaban cos civís.*

OBS. Cambia o *z* en *c* diante do *e*, como en *cazar.*

FAM. confraternización.

confundir

verbo

1 Pensar de forma equivocada que unha cousa é outra: *Confundía o b co d.*

2 Meter entre outras cousas de xeito que queda escondido: *O ladrón confundiuse entre a multitude.*

3 Deixar a alguén sen saber que facer nin como actuar: *Confunde a todos cos seus argumentos.* SIN. desorientar, despistar.

4 **confundirse** Tomar unha cousa por outra ou cometer un erro: *Confundiuse ao sumar e saíulle mal a conta.* SIN. enganarse, equivocarse, trabucarse.

FAM. confundido, confusión.

confusión
substantivo feminino

1 Equivocación ou erro que fai tomar unha cousa por outra: *Por confusión pensei que o autobús 16 era o 26.*
2 Mestura de moitas cousas ou persoas: *Sobre a mesa ten unha confusión de libros e papeis.*
3 Situación da persoa que non sabe como actuar nin que facer: *Cando caeu, sentía tal confusión que non se decataba de que non estaba mancado.*

confuso, confusa
adxectivo

1 Difícil de entender: *As noticias sobre o accidente son aínda confusas.*
2 Difícil de ver ou de oír: *Ao lonxe sentíase o son confuso dunhas voces.*
3 Sen saber que facer nin como actuar: *Con eses razoamentos deixa confuso a todo o mundo.*

conglomerado
substantivo masculino

Reunión ou conxunto de cousas fortemente unidas: *Os conglomerados son rochas formadas pola unión de distintos elementos minerais.*

congostra
substantivo feminino

Corredoira.

congregar
verbo

Reunir ou xuntar nun mesmo lugar: *Diante do estadio congregáronse moitos afeccionados.* SIN. reunir.
FAM. congregación.

congreso
substantivo masculino

1 Reunión de varias persoas ou representantes para tratar algo: *Nese congreso de cirurxiáns fálase dos últimos adiantos médicos.* SIN. conferencia.
2 Conxunto de persoas que representan os cidadáns dunha comunidade e que elaboran as leis con que se gobernan: *Os deputados do Congreso son elixidos polo pobo.*
3 Edificio onde se reúnen estes deputados: *Un grupo de xubilados visitou o Congreso.*

congro
substantivo masculino

Peixe mariño comestible de corpo alongado e cilíndrico: *O congro é como unha anguía gorda e grande.*

congruente
adxectivo

Que está de acordo con algo: *Se es congruente, os teus actos teñen que responder ás túas ideas.* SIN. coherente. ANT. incongruente.
FAM. congruencia.

conmemorar
verbo

Lembrar algo que se considera bo ou importante con algún acto: *Proxectan construír un monumento para conmemorar a promulgación do Estatuto de Galicia.* SIN. celebrar.
FAM. conmemoración, conmemorativo.

conmocionar
verbo

Producir unha impresión moi forte: *A noticia do ascenso do noso equipo conmocionou a cidade enteira.*
FAM. conmoción.

conmover
verbo

Producir un sentimento moi forte de alegría ou pena: *A súa morte tan temperá conmoveu a todos.*

conmutar
verbo

Cambiar unha cousa por outra: *Os alumnos da fila dianteira e traseira conmutaron as súas posicións e agora os de adiante están atrás.*
FAM. conmutable, conmutación.

connosco
pronome persoal

Coa persoa que fala e coas do grupo desta: *Hoxe virás xantar connosco.*
OBS. Cando vai seguido dun modificador ha de empregarse *con nós: Hoxe virás cear *connosco os dous* > *Hoxe virás cear con nós os dous.*

cono
substantivo masculino

Corpo xeométrico que ten de base un cír-

culo e que acaba en punta: *Os cornetes dos xeados teñen forma de cono.*
FAM. cónico.

***conquerir**, a forma correcta é **conquistar**.

conquista
substantivo feminino
1 Dominación dun territorio por medio da guerra: *Décimo Xunio Bruto realizou a conquista de Galicia para Roma.*
2 Logro de algo pola forza ou con moito esforzo: *O noso equipo segue na loita pola conquista do campionato.*
3 Logro do amor ou admiración dunha persoa: *Gábase das súas conquistas amorosas.*

conquistar
verbo
1 Dominar un lugar ou territorio pola guerra: *Os romanos conquistaron Galicia.* SIN. ocupar, tomar.
2 Conseguir ou lograr algo pola forza ou con moito esforzo: *O noso equipo conquistou o campionato.*
3 Conseguir ou lograr o amor ou simpatía e cariño dunha persoa: *Di que ela conquista moitos mozos.*
FAM. conquista, conquistador, reconquista, reconquistar.

consagrar
verbo
1 Dedicar a alguén ou a unha actividade, especialmente con entusiasmo: *Consagrou a súa vida ao coidado dos enfermos.*
2 Dar moita fama ou gran prestixio: *Eses cadros consagrárono como un gran pintor.*
FAM. consagración, consagrado.

consciente
adxectivo
1 Que se decata do que acontece arredor del: *O enfermo xa non estaba consciente.* ANT. inconsciente.
2 Que se fai voluntariamente ou querendo: *Mover unha man é un acto consciente.* SIN. voluntario. ANT. involuntario.
FAM. consciencia.

consecución
substantivo feminino
Logro daquilo que se quere ou desexa: *Loita pola consecución do título de médico.*

consecuencia
substantivo feminino
Resultado que deriva de algo: *A consecuencia das fortes chuvias foron as inundacións.* SIN. efecto, froito, produto, resultado. ANT. comezo, empezo, orixe, principio, raíz.
EXP. **En consecuencia** Segundo ou de acordo co que xa se dixo ou pasou: *As instrucións din que non se molle o motor; en consecuencia, cómpre pólo nun sitio seco.* **Por consecuencia** Como resultado de: *Tiven que quedar na cama por consecuencia da febre.*

consecuente
adxectivo
Que está de acordo con algo e o mostra: *Tes que ser consecuente e comportarte de acordo coas túas ideas.*

consecutivo, consecutiva
adxectivo
Que segue inmediatamente a outro: *O luns é o día consecutivo ao domingo.*

conseguir
verbo
Chegar a ter ou facer o que se desexa: *Non conseguiu subir á cima da montaña.* SIN. acadar, alcanzar, lograr, obter. ANT. perder.
OBS. Conxúgase como *servir.*
FAM. consecución, consecuencia, consecuente, consecutivo.

consellaría ou consellería
substantivo feminino
Cada un dos departamentos que na Xunta de Galicia se encarga duns determinados asuntos: *A Consellaría de Educación ocúpase de todo o relacionado co ensino.*
OBS. É distinto de *concellaría* ou *concellería.* Adoita escribirse con inicial maiúscula.

conselleiro, conselleira
substantivo
1 Persoa que dirixe unha consellaría ou departamento que se encarga de determinados asuntos do goberno dunha comunidade autónoma: *A conselleira fixo unhas declaracións moi oportunas.*
2 Persoa que informa a outra ou lle dá consellos sobre algúns asuntos: *O seu mellor conselleiro é un famoso avogado.* SIN. asesor.
OBS. É distinto de *concelleiro.*

consello
substantivo masculino
1 Opinión ou información que se lle dá a alguén porque lle pode ser útil: *Os pais danlles aos fillos moi bos consellos.*
2 Conxunto de persoas que deciden sobre algo: *A empresa está dirixida por un consello formado por varios directivos.*
EXP. **Consello de guerra** Tribunal de militares que xulga os delitos cometidos dentro do Exército polos militares: *Un consello de guerra condenouno a tres anos de cárcere por pegarlle a un soldado.* **Consello de Ministros** Reunión semanal dos ministros do Goberno central para tratar e resolver diversos asuntos: *O Consello de Ministros celébrase os venres e presídeo o Presidente do Goberno.*

consentimento
substantivo masculino
Permiso para facer algo: *Ten o consentimento dos pais para saír esta noite.* SIN. autorización, conformidade, permiso.

consentir
verbo
1 Deixar que algo se faga ou que aconteza: *Non podemos consentir que ninguén aldraxe a outra persoa.* SIN. aceptar, admitir, permitir, tolerar. ANT. negar, prohibir.
2 Tratar a alguén con demasiada consideración deixándolle facer o que quere: *Os avós seica consenten moito os netos.*
OBS. Conxúgase como *servir.*
FAM. consentido, consentimento.

conserva
substantivo feminino
Alimento preparado e metido nun recipiente sen aire de lata ou cristal para que se manteña en bo estado durante moito tempo: *As conservas de peixe van en latas e cubertas de aceite.*

conservación
substantivo feminino
Mantemento ou permanencia de algo en bo estado: *O Concello ocúpase da conservación dos monumentos.*

conservador, conservadora
adxectivo e substantivo
Que non está a favor dos cambios bruscos nin as novidades, especialmente na organización da sociedade: *Os partidos políticos conservadores son inimigos dos cambios.* ANT. progresista.

conservante
substantivo masculino
Substancia que se engade a algúns alimentos para que se manteñan en bo estado moito tempo: *O sal e o vinagre son conservantes naturais.*

conservar
verbo
Manter algo en bo estado: *Os alimentos frescos consérvanse na neveira.*
FAM. conserva, conservación, conservador, conservadorismo, conservante, conservatorio, conserveiro.

conservatorio
substantivo masculino
Centro de ensino onde se estuda música e as artes relacionadas con ela: *Estuda piano no conservatorio.*

conserxe
substantivo
Persoa que vixía a entrada dun edificio público: *O conserxe da Casa do Concello informounos moi ben.*
FAM. conserxaría.

considerable ou considerábel
adxectivo
Grande ou importante: *Asistiu unha cantidade considerable de público.*

consideración
substantivo feminino
1 Atención, respecto ou coidado ao tratar a alguén: *Trata os avós con moita consideración.*
2 Opinión ou xuízo que se dá sobre algo: *Tiveron en conta as túas consideracións sobre o asunto.*

considerado, considerada
adxectivo
Que trata os demais con coidado e amabilidade: *É moi educado e considerado.*

considerar
verbo
1 Pensar con moita atención, coidado e vagar: *Temos que considerar se facemos estes investimentos.* SIN. meditar, recapacitar, reflexionar.

2 Ter unha determinada opinión ou xuízo sobre algo ou alguén: *Considérano un traballador eficiente.* SIN. coidar, crer, encontrar, opinar, pensar.
FAM. considerable, consideración, considerado.

consigna
substantivo feminino
1 Orde que se lles dá aos membros dunha agrupación política ou sindical: *Os sindicalistas recibiron a consigna de desconvocar a folga.*
2 Nunha estación ou aeroporto, lugar onde se gardan as equipaxes: *Deixou a maleta na consigna mentres non subía ao tren.*

consigo
pronome persoal
Con el mesmo ou con ela mesma: *Levou todos os libros consigo.*

consistencia
substantivo feminino
1 Firmeza e seguridade que presenta algo: *Os cimentos dunha casa teñen que ter consistencia.*
2 Unión moi grande entre as partes ou elementos que forman algo: *Esta pasta está moi solta, non ten consistencia.*

consistente
adxectivo
1 Duro, firme e seguro: *O aceiro é un material consistente.* ANT. brando.
2 Que está formado por varias partes: *As damas é un xogo consistente nun taboleiro e un conxunto de fichas redondas brancas e negras.*

consistir
verbo
1 Ser ou estar formado por algo: *O traballo do bibliotecario consiste en fichar e ordenar libros.*
2 Ter como base ou fundamento: *O seu éxito consiste na súa capacidade de traballo.* SIN. residir.
FAM. consistencia, consistente.

consoante
substantivo feminino
1 Son que se pronuncia chocando o aire contra algunha parte da boca e letra que o representa: *O* p *e o* b *son dúas consoantes.*
preposición
2 De acordo con: *Cómpre montar a lavadora consoante as instrucións.* SIN. conforme, consonte, segundo.
OBS. É distinto de *consonante.*

consola
substantivo feminino
1 Mesa pequena e estreita que se pon pegada a unha parede como adorno: *Sobre a consola había un espello.*
2 Aparello electrónico que permite practicar moitos xogos: *Pediulles aos Reis unha consola.*

consolar
verbo
1 Diminuír ou aliviar a pena ou dor dunha persoa: *O afecto dos amigos consola nas desgrazas.*
FAM. consolo.

consolidar
verbo
Facer máis firme ou seguro: *Cómpre consolidar os cimentos do edificio.*

consolo
substantivo masculino
Diminución ou alivio dunha pena ou dor: *A túa amizade é un gran consolo nesta desgraza.*

consomé
substantivo masculino
Caldo limpo de carne: *De primeiro prato tomamos un consomé.*

consonante
adxectivo
Referido a unha palabra ou verso, que teñen iguais todos os seus sons a partir da última sílaba acentuada: *Os versos de Manuel Antonio «Fomos ficando sós/ o Mar o barco e mais nós» riman en consonante.*
OBS. É distinto de *consoante.*

consonte
preposición
Consoante.

consorte
substantivo
Esposo ou esposa: *A miña consorte chámase Gloria.* SIN. cónxuxe.

conspirar

verbo

Unírense ou aliárense varias persoas para actuar contra alguén ou algo, especialmente en secreto: *Conspiraban varios xenerais para dar un golpe de Estado.* SIN. confabularse.
FAM. conspiración, conspirador.

constancia

substantivo feminino

1 Firmeza para seguir facendo o que se comezou: *Rematará ese traballo tan complicado a forza de constancia.* SIN. firmeza, perseveranza, persistencia, tenacidade. ANT. inconstancia.
2 Proba ou seguridade de que algo aconteceu: *Hai constancia de que estivo na cidade polas gravacións de vídeo.*

constante

adxectivo

1 Que non deixa de facer o que comezou: *Remata todos os traballos porque é moi constante.*
2 Que dura moito ou permanece igual: *Aquí a calor no verán é constante.*
3 Que se repite sen parar: *As túas preguntas constantes non me deixan ler.* SIN. continuo.

constar

verbo

1 Estar formado por varias partes ou elementos: *Unha narración consta de exposición, nó e desenlace.* SIN. compoñerse, comporse.
2 Ter algo por certo e verdadeiro: *Consta que estivo na cidade polas gravacións de vídeo.*
3 Estar algo escrito nalgún sitio: *No documento constan o meu nome e apelidos, así como o enderezo.* SIN. figurar.
FAM. constancia, constante.

constatar

verbo

Comprobar que algo é certo e verdadeiro: *A policía ten que constatar esas acusacións contra o detido.*
FAM. constatación.

constelación

substantivo feminino

Conxunto de estrelas que forman unha figura no ceo: *Segundo a figura que forman as constelacións reciben nomes como Osa Maior, Osa Menor ou outras.*

constipado

substantivo feminino

Catarro.

constipar

verbo

Causar un arrefriado: *O frío da mañá constipouno.* SIN. acatarrar, arrefriar.

constitución

substantivo feminino

1 Lei fundamental pola que se organiza e goberna un Estado: *A lei máis importante dun Estado é a Constitución e todas as demais deben axustarse a ela.*
2 Conxunto de características do corpo de alguén: *Un deportista debe ter unha constitución forte.*
3 Maneira de estar formado algo: *O adestrador aínda non decidiu a constitución do equipo desta xornada.* SIN. composición, formación.
4 Establecemento, fundación ou comezo do funcionamento de algo: *Un cento de cidadáns participou na constitución da nova asociación de veciños.* SIN. fundación.
OBS. Na acepción 1 adoita escribirse con inicial maiúscula.

constitucional

adxectivo

Da Constitución dun Estado: *A liberdade de expresión é un dereito constitucional.* ANT. anticonstitucional.

constituír

verbo

1 Formar ou compor algo varias partes: *Once xogadores constitúen un equipo de fútbol.* SIN. compoñer, compor, formar.
2 Ser ou supoñer: *Ese comportamento agresivo constitúe xa un delito.*
3 Establecer, fundar ou comezar a funcionar: *Sete cidadáns constituíron a asociación de veciños.* SIN. fundar.
OBS. Conxúgase como *incluír.*
FAM. constitución, constitucional, constituínte.

constrinxir

verbo

Obrigar a facer algo: *O Concello constrinxiuno a aboar a multa.*
FAM. constrinximento.

construción

substantivo feminino

1 Fabricación ou elaboración de algo, especialmente dunha casa ou edificio: *A construción dese rañaceos levou dous anos.* ANT. afundimento, derrubamento, destrución.

2 Calquera casa ou edificio: *Nas cidades a construción que máis abunda son os edificios de varios andares.*

3 Arte e técnica de facer casas e edificios: *Os arquitectos e albaneis traballan na construción.*

construír

verbo

1 Facer algo, especialmente unha casa ou edificio: *Nesta zona construirán varios edificios.* SIN. edificar. ANT. afundir, derrubar, destruír.

2 Formar ou facer algo a partir doutras cousas: *O novelista construíu o seu relato a partir da súa experiencia da realidade.* SIN. elaborar. ANT. afundir, derrubar, destruír.

3 Ordenar as palabras para formar oracións ou enunciados: *As oracións adoitan construírse con suxeito e predicado.*

FAM. construción, construtivo, construtor.

cónsul

substantivo masculino

1 Persoa que nunha cidade ou territorio defende os dereitos das persoas dunha nación estranxeira que viven nesa cidade: *O cónsul peruano defende os dereitos dos peruanos residentes na nosa cidade.*

2 Na antiga Roma, cada un dos dous homes que tiñan o máximo poder de goberno: *Na Roma republicana gobernaban dous cónsules.*

OBS. O feminino da acepción 1 é *consulesa*.

FAM. consulado, consular.

consulta

substantivo feminino

1 Pregunta que se fai para saber algo: *O profesor atende as consultas dos alumnos.*

2 Busca de información: *As consultas no dicionario melloran o noso nivel de lingua.*

3 Exame que lle fai o médico aos enfermos: *Esta tarde teño consulta co médico de cabeceira.*

4 Consultorio.

consultar

verbo

1 Pedir información, consello ou opinión sobre algo: *Consultou cun avogado sobre a licenza de obras.*

2 Buscar información nalgún sitio: *Cómpre consultar o dicionario para non cometer erros ortográficos.*

FAM. consulta, consultorio.

consultorio

substantivo masculino

1 Cuarto ou local onde o médico atende os enfermos: *Onte estiven no consultorio do oculista.* SIN. consulta.

2 Programa de radio, televisión ou prensa onde se dan consellos e opinións sobre algo: *O consultorio sentimental dese xornal ten moito éxito.*

consumir

verbo

1 Usar ou gastar un produto, especialmente para satisfacer necesidades ou gustos: *Todos os seres vivos consumimos alimentos.*

2 Acabar con algo pouco a pouco: *A enfermidade foino consumindo.*

FAM. consumidor, consumismo, consumista, consumo.

consumo

substantivo masculino

Utilización, emprego e gasto de algo: *Aumenta o consumo de petróleo en todo o mundo.*

conta

substantivo feminino

1 Establecemento dos elementos ou unidades dun conxunto: *O rapaz fixo a conta dos dedos das mans e chegou a dez.*

2 Conxunto de operacións matemáticas que se fan para obter un resultado: *Bota a conta para saber canto pagaremos cada un.* SIN. cálculo.

3 Factura, nota ou papel en que aparece o que hai que pagar: *O camareiro tróuxonos a conta.* SIN. factura, nota, recibo.

4 Depósito ou cartos que se teñen nun banco: *Nese banco teño aberta unha conta.*

5 Explicación que se lle dá a alguén do que se fixo: *Deulle conta ao xefe de todo o que fixera na semana.*

6 Responsabilidade que alguén ten sobre algo: *O amaño da televisión queda da miña conta.*
7 Consideración ou atención que se lle dá a algo: *Teremos en conta os vosos consellos.*
plural
8 Asuntos ou negocios entre varias persoas: *Aínda teño que arranxar con el varias contas.*
9 Conxunto de cantidades que se apuntan sobre o que se gaña e o que se gasta nunha empresa ou actividade comercial: *Os inspectores de Facenda revisaban as contas do comercio.*
EXP. **Á conta de** Aproveitándose de e sen pagalo: *Viaxa moito á conta do irmán.* **Botar/facer a conta** Calcular: *Botoume a conta do que custaba a camisa e o xersei.* **Botar contas** Pensar sobre algo: *Botaba contas sobre se ir ao cine ou ao teatro.* **Caer na conta** Decatarse ou tomar conciencia: *Caeu na conta de que o enganaban.* **Conta corrente** A que se ten nun banco e permite meter e sacar cartos no momento sen perder xuros: *Agora ingresan os cartos dos soldos na conta corrente.* **Dar conta de algo** Informar sobre algo: *Daba conta das súas xestións na Casa do Concello.* **Darse de conta de** ou **darse conta de** Decatarse ou tomar conciencia de algo: *Deuse de conta de que o espiaban.* **Máis da conta** Máis do normal ou conveniente: *Xantou máis da conta e empachou.* **Pola miña, túa, súa... conta** Segundo o parecer e baixo a responsabilidade da persoa indicada: *Iremos á feira pola nosa conta, no noso coche.* **Ter conta** Ter coidado ou prestar atención: *Ten conta para que no che rouben a carteira na feira.*

contabilidade
substantivo feminino
Control ou rexistro de todas as contas dunha empresa ou de alguén, apuntando todo o que se gaña e todo o que se gasta: *Na contabilidade dunha empresa apúntanse os cobros e os gastos.*

contable ou contábel
substantivo
Persoa que leva as contas de gastos e cobros dunha empresa ou organización: *A contable da empresa é economista.*
FAM. contabilidade, contabilizar.

contacto
substantivo masculino
1 Relación ou comunicación entre persoas ou grupos: *Hai tempo que non teño contacto cos meus compañeiros de estudos.*
2 Unión de dúas cousas de xeito que se tocan: *Os dous fíos xuntáronse e fixeron contacto.* SIN. conexión.
3 Peza dun mecanismo ou aparello que serve para poñelo en marcha: *Para acender o coche hai que darlle ao contacto.*
4 Persoa que relaciona ou comunica entre si a outras persoas: *Ten varios contactos nesa cadea de televisión.*
FAM. contactar.

contado
adxectivo
Que son poucos ou escasos: *Son contados os días en que está de boas.* SIN. escaso.
EXP. **Ao contado** Pagando no momento e con cartos: *Pagou o coche ao contado con billetes de cincocentos euros.*

***contado, de**, a forma correcta é **decontado**.

contador
substantivo masculino
Aparello que serve para medir o que se gasta, especialmente electricidade, auga ou gas: *No portal están os contadores da auga, da luz e do gas.*

contagotas
substantivo masculino
Instrumento formado por un tubo de cristal cunha goma no seu extremo que serve para botar líquidos, como menciñas, gota a gota: *A menciña trae un contagotas.*
EXP. **Por contagotas** En cantidades moi pequenas: *As indemnizacións chegaban por contagotas.*

contaminación
substantivo feminino
Dano ou sucidade no medio, na paisaxe, na auga ou no aire: *A contaminación é un dos problemas da sociedade.*

contaminar
verbo
Danar ou pór sucio o medio, o aire, a paisaxe ou a auga: *As grandes industrias adoitan contaminar o medio.*

contaquilómetros
substantivo masculino
Aparato que conta os quilómetros que fai un vehículo: *Todos os coches teñen contaquilómetros.*

contar
verbo
1 Dar un número a cada unha das cousas dun conxunto para saber exactamente cantas hai: *Se contas os dedos das mans verás que son dez.*
2 Dicir os números de forma ordenada: *O cativo xa conta ata vinte.*
3 Narrar ou dar a coñecer con palabras un feito, suceso ou historia: *Contounos feitos curiosos da súa mocidade.* SIN. referir, relatar.
4 Ter en conta ou considerar algo: *El conta con que nós o acompañemos.*
5 Ter importancia: *Nós nesa empresa non contamos nada.*
6 Estar nun determinado grupo: *Cóntoo entre os meus mellores amigos.*
FAM. conta, contable, contabilidade, descontar, desconto, reconto.

contaxiar
verbo
1 Pasar unha enfermidade dunha persoa, animal ou planta a outros: *Contaxiáronlle a gripe no autobús.* SIN. pegar.
2 Pasar ou transmitirlle a alguén unha idea, sensación ou sentimento: *Contáxialles a todos o seu entusiasmo.*
FAM. contaxio, contaxioso.

contedor
substantivo masculino
Recipiente moi grande en forma de caixa que se usa para o transporte de mercadorías ou do lixo: *Bota a bolsa do lixo no contedor.* SIN. colector.

contemplar
verbo
Mirar algo con moita atención ou pracer: *Contemplaba o solpor.*
FAM. contemplación.

contemporáneo, contemporánea
adxectivo
1 Do tempo actual ou relacionado con el: *Visitamos o museo de arte contemporánea.*
2 Que existe ou vive á vez ou no mesmo tempo: *Murguía e Pondal foron contemporáneos.*
FAM. contemporaneidade.

contenda
substantivo feminino
Pelexa, loita, batalla ou simplemente enfrontamento e discusión entre persoas, grupos ou países: *Na última contenda bélica morreron milleiros de persoas.*
FAM. contendente, contender.

contentar
verbo
1 Pór alegre, especialmente ao cumprirlle os desexos: *O pai contentou o cativo mercándolle o xoguete.*
2 **contentarse** Aceptar algo ou aguantar e conformarse con el, aínda que pareza pouco ou malo: *Conténtome con gañar mil euros ao mes.*

contento, contenta
adxectivo
1 Que se sente feliz e ata alegre: *Está moi contento porque lle tocou a lotaría.* SIN. alegre, ledo. ANT. apesarado, descontento, triste.
2 Un pouco borracho: *Do xantar saíu un pouco contento.*
FAM. contentar, descontento.

conter
verbo
1 Ter algo no interior: *Esta caixa contén un ordenador.*
2 Estar formado por algo ou telo como elemento: *Estas galletas non conteñen azucre nin conservantes.*
3 Non deixar que se note un estado de ánimo ou sentimento: *Non puido conter as lágrimas.* SIN. aguantar, dominar, reprimir.
4 Parar ou deter algo ou o seu movemento: *Os diques conteñen as augas das enchentes. Non puido conter as lágrimas.* SIN. cortar.
5 **conterse** Dominarse e non deixarse levar polos sentimentos: *Contívose para non berrarlle en público.* SIN. controlarse. ANT. precipitarse.
OBS. Conxúgase como *ter.*
FAM. contedor, contido.

contestación
substantivo feminino
Resposta que se lle dá a alguén: *Non se deben dar malas contestacións.* ANT. pregunta.

contestador
substantivo masculino

Aparello que grava mensaxes no teléfono e que emite os que ten gravados: *Cando non estou na casa deixo posto o contestador.*

contestar
verbo

1 Dar resposta a alguén ou a algo: *El sempre contesta os correos electrónicos que recibe.* SIN. responder. ANT. preguntar.

2 Responder con malos modos: *Non lles debes contestar ás persoas maiores.*

FAM. contestación, contestador, contestatario, contestón.

contexto
substantivo masculino

1 Conxunto de palabras que van no mesmo enunciado diante ou detrás doutra: *O significado dunha palabra pode deducirse do seu contexto.*

2 Situación ou conxunto de circunstancias que rodean a algo ou alguén: *Vive nun contexto de pobreza.*

contía
substantivo feminino

Cantidade de diñeiro que custa ou vale algo: *Os danos das inundacións foron de gran contía.*

contido
substantivo masculino

1 O que está dentro de algo: *O contido desa maleta é roupa.*

2 Significado dunha palabra, enunciado ou texto: *O contido da novela é unha historia de fantasmas.*

contigo
pronome persoal

Coa persoa con quen se fala: *Seica xantaron contigo.*

contiguo, contigua
adxectivo

Que está xunta outra cousa tocándoa: *As nosas tres cadeiras estaban contiguas.*

FAM. contigüidade.

continente
substantivo masculino

Cada unha das grandes extensións en que se considera dividida a superficie terrestre: *Os continentes son Europa, Asia, África, América, Oceanía e a Antártida.*

FAM. continental.

***contino, de**, a forma correcta é **decontino**.

continuación
substantivo feminino

Calquera cousa que prolonga outra e fai que siga: *Esta película ten unha continuación.*

continuar
verbo

1 Seguir con algo que se estaba a facer: *Cando remate a película continuarei co traballo.* SIN. proseguir, seguir. ANT. abandonar, deixar, desistir, interromper.

2 Estar durante un tempo de determinada maneira e manterse ou seguir igual: *O bo tempo seica continuará toda a semana.* SIN. permanecer.

3 Seguir ou estenderse no espazo: *Esa rúa continúa ata a praza.*

OBS. Conxúgase como *actuar.*

continuo, continua
adxectivo

1 Que non para ou que non acaba: *A chuvia foi continua durante toda a tarde.* SIN. constante, duradeiro, permanente.

2 Que segue ata o final e non se corta nin interrompe: *A liña continua indica que non se pode adiantar.*

3 Que se repite con frecuencia: *Non me deixa tranquilo coas súas preguntas continuas.* SIN. constante.

FAM. continuación, continuar, continuidade, continuísta.

conto
substantivo masculino

1 Historia ou narración curtas: *Os contos poden ser lidos ou relatados de viva voz.*

2 Mentira ou historia inventada: *Sempre ten algún conto para escusarse.*

3 Historia sobre algo ou alguén que se relata como verdadeira sen o ser: *Ela non che é nada amiga de contos.* SIN. chisme, rumor.

EXP. **Andar aos contos** ou **con contos** Falar dos demais cousas que non son verdade: *Non me gusta falar con el porque sempre anda con contos.* **Morra o conto** Úsase para indicar que non se quere falar máis de algo: *Ese asunto xa está pechado: morra o* *conto.* **Ser algo outro conto** Merecer máis atención ou ser moi diferente: *Iso de que che venda a leira é outro conto.* **Vir a conto** Ser oportuno e conveniente: *Non vén a conto agora falar das débedas.* **Vivir do conto** Vivir sen traballar aproveitándose dos demais: *Desde mozo vive do conto e non tivo ningún oficio.*

contorna
substantivo feminino
Zona ou territorio que rodea un lugar ou poboación: *Na contorna da vila hai varias aldeas.* SIN. contorno, redonda, volta.

contorno
substantivo masculino
1 Liña que rodea unha figura e que a limita: *A circunferencia é o contorno do círculo.* SIN. perfil, silueta.
2 Contorno.

contorsión
substantivo feminino
Movemento moi forzado do corpo que dá lugar a unha postura moi difícil: *Algúns artistas do circo fan contorsións.*
FAM. contorsionador, contorsionar.

contra
substantivo masculino
1 Dificultade ou inconveniente que algo ten: *Ese traballo tiña moitos contras e deixouno.*
preposición
2 Indica oposición ou loita: *Os patriotas galegos loitaron contra os invasores franceses.*
3 Indica apoio nalgunha cousa: *Apoiou a bicicleta contra a parede.*
4 Indica que algo queda próximo ou na dirección que se indica: *O teatro queda contra a praza de Galicia.*
EXP. **En contra de** Na súa oposición: *Protestaba en contra do propio pai.* **Levar a contra** Opoñerse ao que alguén di: *Nunca está de acordo e sempre leva a contra.* **Pola contra** Ao revés ou de forma totalmente distinta: *Onte non choveu; pola contra, o sol quentou moito.*

contraataque
substantivo masculino
Resposta a un ataque con outro ataque máis rápido e forte: *O Deportivo xogou ao contraataque.*
FAM. contraatacar.

contrabaixo
substantivo masculino
Instrumento de corda parecido a unha guitarra moi grande e que se toca fretando as súas cordas cun arco: *O contrabaixo úsase moito nos conxuntos de jazz.*
FAM. contrabaixista.

contrabando
substantivo masculino
Introdución nun país de mercadorías non permitidas pola lei ou de forma ilegal: *Detivérono por contrabando de cocaína.* SIN. contrabandista.

contracción
substantivo feminino
1 Estreitamento ou redución a un tamaño menor: *A contracción e a dilatación son movementos do corazón.* ANT. dilatación.
2 Unión de dous sons da lingua nun só: Do *é a contracción da preposición* de *co artigo* o.

contradición
substantivo feminino
Oposición a algo ou alguén: *O teu comportamento está en contradición coas túas ideas.*

contradicir
verbo
Oporse a algo ou alguén: *O seu mal comportamento violento contradise coas súas ideas pacifistas.*
OBS. Conxúgase como *dicir.*
FAM. contradición, contraditorio.

contraer
verbo
1 Estreitar ou reducir a menor tamaño: *Os músculos contráense e dilátanse.* ANT. dilatar.
2 Comezar a ter unha enfermidade ou un costume malo: *No inverno moita xente contrae a gripe.* SIN. adquirir.
3 Aceptar algo como unha obriga ou carga: *Non se deben contraer débedas.* SIN. adquirir.
4 Unirse dous sons da lingua nun só: *A preposición* de *contrae co artigo* o *en* do.
OBS. Conxúgase como *caer.*
FAM. contracción, contracto.

contrafeito, contrafeita
adxectivo
Que ten o corpo moi mal feito: *É contrafeito porque ten chepa.*

contraluz
EXP. **A contraluz** Entre os ollos e a luz que o ilumina: *Se colocas as diapositivas a contraluz, ves as súas figuras.*

contrapartida
substantivo feminino
Recompensa que se lle dá a alguén por unha perda ou un traballo extraordinario: *Traballa dúas horas de máis, pero como contrapartida páganlle tamén máis.*

contraproducente
adxectivo
Que resulta malo ou prexudica: *É contraproducente para a saúde durmir pouco.*

contrariar
verbo
Producir enfado ou desgusto: *Contraríao moito que non sexan puntuais con el.*
OBS. Conxúgase como *afiar*.

contrariedade
substantivo feminino
Suceso ou acontecemento que atrasa algo ou resulta malo: *Perder o tren esta mañá foi unha contrariedade.*

CONTRACCIÓNS

CONTRACCIÓNS DE PREPOSICIÓN + ARTIGO DETERMINADO

	ARTIGO			
PREPOSIC.	o	a	os	as
a	ao / ó	á	aos / ós	ás
con	co	coa	cos	coas
de	do	da	dos	das
en	no	na	nos	nas

CONTRACCIÓNS DE PREPOSICIÓN + ARTIGO INDETERMINADO

	ARTIGO			
PREPOSIC.	un	unha	uns	unhas
con	cun	cunha	cuns	cunhas
de	dun	dunha	duns	dunhas
en	nun	nunha	nuns	nunhas

CONTRACCIÓNS DE PREPOSICIÓN + PRONOME PERSOAL

	PRONOME			
PREPOSIC.	el	ela	eles	elas
de	del	dela	deles	delas
en	nel	nela	neles	nelas

CONTRACCIÓNS DAS FORMAS PRONOMINAIS ÁTONAS

	OBXECTO DIRECTO			
OB. INDIR.	o	a	os	as
me	mo	ma	mos	mas
che	cho	cha	chos	chas
lle	llo	lla	llos	llas
nos	nolo	nola	nolos	nolas
vos	volo	vola	volos	volas
lles	llelo	llela	llelos	llelas

CONTRACCIÓNS DE DEMOSTRATIVO + PREPOSICIÓN

	PREPOSICIÓN	
DEMOSTRATIVO	de	en
este, estes	deste, destes	neste, nestes
ese, eses	dese, deses	nese, neses
aquel, aqueles	daquel, daqueles	naquel, naqueles
esta, estas	desta, destas	nesta, nestas
esa, esas	desa, desas	nesa, nesas
aquela, aquelas	daquela, daquelas	naquela, naquelas
isto	disto	nisto
iso	diso	niso
aquilo	daquilo	naquilo

CONTRACCIÓNS DE DEMOSTRATIVO + INDEFINIDO

	INDEFINIDOS	
DEMOSTRATIVO	outro, outros	outra, outras
este, esta	estoutro	estoutra
estes, estas	estoutros	estoutras
ese, esa	esoutro	esoutra
eses, esas	esoutros	esoutras
aquel, aquela	aqueloutro	aqueloutra
aqueles, aquelas	aqueloutros	aqueloutras

CONTRACCIÓNS DE DEMOSTRATIVO-INDEFINIDO + PREPOSICIÓN

DEMOSTRATIVO + INDEFINIDO	PREPOSICIÓN	
	de	en
estoutro, -a	destoutro, -a	nestoutro, -a
estoutros, -as	destoutros, -as	nestoutros, -as
esoutro, -a	desoutro, -a	nesoutro, -a
esoutros, -as	desoutros, -as	nesoutros, -as
aqueloutro, -a	daqueloutro, -a	naqueloutro, -a
aqueloutros, -as	daqueloutros, -as	naqueloutros, -as

contrario, contraria
adxectivo e substantivo

Que se opón a algo: *Nós somos contrarios á violencia. O contrario tamén xoga ben.*
EXP. **Ao contrario** Ao revés ou de forma completamente distinta: *Non choveu; ao contrario, quentou o sol.*
FAM. contrariar, contrariedade.

***contraseña**, a forma correcta é **contrasinal**.

contrasinal
substantivo masculino

Palabra ou sinal secretos que permiten recoñecer a alguén como membro dun grupo: *Para entrar, a sentinela pedía o contrasinal, que era a frase Viva Galicia.*

contrastar
verbo

1 Comparar unha cousa con outra para ver as súas semellanzas e diferenzas: *A policía contrastou os testemuños dos presentes no lugar do accidente.*
2 Mostrar gran diferenza: *O seu comportamento violento contrasta coas súas ideas pacifistas.*
FAM. contraste.

contraste
substantivo masculino

Diferenza grande ou oposición entre o que se compara: *Entre os dous irmáns hai un gran contraste: un é alto e delgado; o outro, baixo e gordo.*

contratar
verbo

Chegar a un acordo con alguén para que traballe ou faga algo a cambio de cartos ou doutra compensación: *Contrataron un novo dianteiro que cobra unha ficha duns cincocentos mil euros.*
FAM. contratista, contrato.

contratempo
substantivo masculino

Suceso ou acontecemento negativo que atrasa ou prexudica algo: *Foi un contratempo perder o tren esta mañá.* SIN. atranco, contrariedade.

contrato
substantivo masculino

Acordo entre dúas ou máis persoas para facer un traballo ou outra cousa a cambio de cartos ou dalgunha compensación: *Asinou un contrato de alugamento: pagará trescentos euros polo piso.*

contribución
substantivo feminino

1 Cantidade de cartos que se pagan como imposto, en especial por ter unha casa: *O Concello cobra a contribución polas casas.*
2 Axuda ou colaboración para algo: *O traballo farase coa contribución de todos.* SIN. colaboración, cooperación.

contribuír
verbo

1 Dar unha cantidade de cartos para algo: *Todos contribuímos ao sostemento dos servizos públicos co pago de impostos.*
2 Axudar para lograr algún fin: *Cómpre que todos contribuamos para evitar a contaminación.* SIN. colaborar, cooperar.
OBS. Conxúgase como *incluír.*
FAM. contribución, contribuínte.

contrincante
substantivo

Persoa ou grupo que loita con outros para conseguir algo: *Na Segunda Guerra Mundial os contrincantes foron moitos.* SIN. adversario.

control
substantivo masculino

1 Comprobación ou vixilancia sobre algo ou alguén para ver que todo é como debe ser: *O xefe de persoal realiza o control dos empregados.*
2 Dominio sobre algo ou alguén: *O capitán na tormenta sempre mantivo o control da situación.*
3 Lugar desde onde se dirixe algo: *Nos controis de fronteira piden os pasaportes.*
4 Utensilio que serve para manexar ou dirixir algo: *O piloto do avión revisaba os controis da cabina.*
EXP. **Control remoto** Aparato que dirixe a distancia o funcionamento de algo: *Ese coche de xoguete móvese por control remoto.*
FAM. controlador, controlar.

controlar
verbo

1 Comprobar ou vixiar que algo ou alguén son como deben ser: *O xefe controla todo na empresa.*

2 Dominar ou mandar sobre algo ou alguén: *Tes que controlar a túa ira e non berrar.* SIN. conter.

controversia
substantivo feminino
Discusión longa: *Gústanlle as controversias sobre política.* SIN. polémica.

contumaz
adxectivo
Que mantén un erro: *Malia os castigos, é contumaz na desobediencia.*
FAM. contumacia.

contundente
adxectivo
1 Que produce danos ou lesións sen ferida: *Golpeouno cun obxecto contundente, como un pau.*
2 Que convence totalmente: *Os seus argumentos resultaron contundentes.*

convalecente
adxectivo e substantivo
Que se recupera dunha enfermidade: *Aínda está convalecente e non traballa.*
FAM. convalecer.

convencer
verbo
1 Conseguir que unha persoa cambie a súa opinión ou o seu comportamento: *Convencérono para que madrugue.*
2 Gustar ou producir pracer: *Esa película non convenceu o público.*
OBS. O *c* cambia en *z* diante de *a, o*, como en *vencer*.
FAM. convencemento, convincente, convicción.

conveniente
adxectivo
Que é adecuado, bo e apropiado para algo ou como debe ser: *É moi conveniente estudar idiomas e informática.* SIN. acertado, apropiado, útil. ANT. inútil.
FAM. conveniencia.

convenio
substantivo masculino
Acordo entre dúas ou máis persoas ou grupos: *Os sindicatos e a empresa asinaron o convenio e desconvocouse a folga.* SIN. pacto.

convento
substantivo masculino
Edificio en que viven xuntos monxes ou monxas, segundo determinadas normas relixiosas: *Na Galicia medieval tiveron moita importancia os mosteiros e conventos.*
FAM. conventual.

conversa ou conversación
substantivo feminino
Comunicación ou feito de falaren entre si dúas ou máis persoas: *A conversa entre amigos sempre é agradable.*

conversar
verbo
Falaren unhas persoas coas outras: *Varios amigos conversaban amigablemente.* SIN. charlar, parolar. ANT. calar.
FAM. conversa, conversación, conversador.

conversión
substantivo feminino
1 Transformación ou cambio en algo distinto: *Un milagre de Cristo consistiu na conversión da auga en viño.* SIN. transformación.
2 Cambio de relixión, crenzas ou ideas: *Sendo moi mozo produciuse a súa conversión ao catolicismo.*

converter
verbo
1 Facer cambiar ou transformar en algo distinto: *Coa calor o xeo convértese en auga.* SIN. transformar.
2 Facer cambiar de relixión, crenzas ou ideas: *Na antiga Roma moitos pagáns convertéronse ao cristianismo.*
FAM. conversión, converso.

convexo, convexa
adxectivo
Curvado ou arredondado cara a fóra: *Unha cunca colocada boca abaixo ten forma convexa.* ANT. cóncavo.

convicción
substantivo feminino
1 Logro, mediante razóns, de que alguén cambie de idea ou comportamento: *Os seus razoamentos teñen moito poder de convicción.* SIN. convencemento.
2 Seguridade que se ten de algo ou de que é certo: *Ten a convicción de que o enganan.* SIN. convencemento, crenza.

plural

3 Conxunto de ideas e crenzas de alguén: *É unha persoa de rexas conviccións democráticas.* SIN. crenzas, ideas, principios.

convidar

verbo

1 Invitar ou dicirlle a alguén que desexamos que estea connosco para celebrar algo: *Convidou á súa voda moitas persoas.* SIN. invitar.

2 Pagar o que outros toman nun bar: *Convidou a todos os amigos na cafetaría.* SIN. invitar.

3 Animar ou impulsar a facer algo: *Este bo tempo convida a bañarse na praia.* SIN. invitar.

FAM. convidado, convite.

convincente

adxectivo

Que convence ou fai cambiar de opinión: *As razóns para deixar de beber son convincentes.*

convir

verbo

1 Ser adecuado, oportuno, útil ou bo: *Convén estudar para aprobar.*

2 Chegar a un acordo: *Conviñeron en ir ao cine todos xuntos.* SIN. acordar, pactar, quedar.

OBS. Conxúgase como *vir.*

FAM. conveniencia, conveniente, convenio, inconveniente.

convite

substantivo masculino

Banquete, comida ou cousa á que se convida ou invita: *O convite consistiu nun xantar para todos os amigos.*

convivencia

substantivo feminino

Vida ou existencia en compaña doutros: *A convivencia familiar non sempre é fácil.*

convivir

verbo

Vivir ou existir xuntos: *Na xungla conviven moitos animais diferentes.*

FAM. convivencia.

convocar

verbo

1 Chamar ou citar persoas para que vaian a un lugar ou acto determinado: *O director convocou os pais dos alumnos a unha reunión.* ANT. desconvocar.

2 Anunciar a realización de algo para que a xente poida asistir ou participar: *Os sindicatos convocaron unha folga.* ANT. desconvocar.

OBS. O *c* cambia en *qu* diante do *e*, como en *sacar.*

FAM. convocatoria, desconvocar.

convoi

substantivo masculino

1 Conxunto de barcos e vehículos en fila que van cara a un lugar: *Un convoi de pesqueiros ía na procesión mariñeira.*

2 Máquina do tren cos vagóns: *Un convoi de mercancías entraba na estación.* SIN. tren.

OBS. O plural é *convois.*

convosco

pronome persoal

Coa persoa con quen se fala e co seu grupo: *Eu pensei que ela viría convosco.*

convulsión

substantivo feminino

1 Movemento brusco e involuntario do corpo ou dalgunha parte del: *Os epilépticos sofren convulsións.* SIN. espasmo.

2 Feito que fai cambiar moito a vida de alguén ou de algo: *Unha guerra supón unha convulsión para todo o país.*

FAM. convulsionar.

conxectura

substantivo feminino

Opinión ou idea que se forma a partir de datos incompletos: *Teño a conxectura de que suspendeu porque o vexo triste.*

FAM. conxecturar.

conxelación

substantivo feminino

1 Cambio dun líquido en sólido polo efecto do frío: *A conxelación da auga prodúcese a cero graos centígrados.*

2 Sometemento dun alimento a temperaturas moi frías para que se conserve moito tempo: *A conxelación é un dos mellores medios de conservar alimentos.*

3 Lesión ou morte dun tecido ou parte do corpo polo moito frío: *O montañeiro rescatado presentaba síntomas de conxelación nos pés.*

conxelador
substantivo masculino

Electrodoméstico ou parte da neveira que serve para ter os alimentos moi fríos: *Cómpre meter os xeados no conxelador para que non se derretan.*

conxelar
verbo

1 Volver sólido un líquido por efecto do frío: *A auga conxélase a cero graos centígrados.*
2 Facer que algo quede coma o xeo: *Se conxelas os alimentos, duran máis tempo.*
3 Pasar moito frío ou pór moi frío: *O frío da parada do autobús conxeloume os pés.*
4 Facer que algo non poida usarse ou que quede como está: *O xuíz conxelou as contas bancarias do acusado.*
FAM. conxelación, conxelado, conxelador.

conxeniar
verbo

Levarse ben: *Eses dous curmáns conxenian.*

conxénito, conxénita
adxectivo

Que se ten desde antes de nacer: *As enfermidades conxénitas padécense desde o ventre da nai.*

conxestión
substantivo feminino

1 Acumulación excesiva de sangue nalgunha parte do corpo: *Ingresárono por unha conxestión cerebral.*
2 Acumulación excesiva de cousas ou persoas nun lugar: *No centro da cidade sempre hai conxestións no tráfico.*
FAM. conxestionar.

conxugación
substantivo feminino

1 Conxunto de todas as formas dun verbo: *Hoxe estudamos a conxugación do verbo irregular* ter.
2 Cada un dos grupos en que se dividen os verbos: *En galego hai tres conxugacións: a primeira, terminada en -ar; a segunda, en -er, e a terceira, en -ir.*

conxugar
verbo

1 Dicir as formas dun verbo ou dun tempo do verbo de xeito ordenado: *Conxugamos o presente de* ter.
2 Pór de acordo ou combinar adecuadamente: *Sabe conxugar moi ben traballo e estudo.*
OBS. O *g* cambia en *gu* diante do *e*, como en *pagar*.
FAM. conxugación.

conxunción
substantivo feminino

Clase de palabra invariable que une outras palabras, grupos de palabras ou oracións: *A conxunción e é unha conxunción coordinante copulativa.*

conxuntivite
substantivo feminino

Inflamación da membrana que recobre o interior das pálpebras e a parte anterior do globo do ollo: *O pole prodúcelle unha conxuntivite alérxica.*

conxuntivo, conxuntiva
adxectivo

Que serve para unir e xuntar: *O tecido conxuntivo une os paquetes de músculos.*

conxunto
substantivo masculino

1 Grupo de persoas ou cousas con características comúns e que forman un todo: *Un conxunto de voluntarios limpou a praia de lixo.*
2 Grupo pequeno de músicos e cantantes: *Nas festas actuarán varios conxuntos de rock.*

conxura
substantivo feminino

Unión de varias persoas, especialmente secreta, contra algo ou alguén: *Participaron nunha conxura contra o Goberno.*
FAM. conxuración, conxurado, conxurar, conxuro.

conxuro
substantivo masculino

Fórmula ou palabras máxicas que se pronuncian para conseguir algo: *A bruxa pronunciou un conxuro e converteu o príncipe en ra.* SIN. esconxuro.

cónxuxe
substantivo

A esposa ou o esposo: *Meu pai é o cónxuxe de miña nai.* SIN. consorte.

coñecemento
substantivo masculino
1 Capacidade para decatarse do que ocorre arredor de nós: *Perdeu o coñecemento no accidente e non se decataba de nada.*
2 Capacidade para saber e razoar: *Os nenos pequenos aínda non teñen coñecemento.* SIN. conciencia, sentido.
3 Información que se ten sobre algo: *No Concello non teñen coñecemento desas verteduras contaminantes.*
plural
4 Conxunto de cousas que se aprenden ou saben sobre unha materia: *Ten moitos coñecementos de bioloxía.*

coñecer
verbo
1 Estar informado de algo ou sabelo: *Todos coñecen a nova da dimisión do alcalde.* SIN. saber. ANT. ignorar.
2 Saber como é algo e distinguilo doutras cousas: *Coñece todas as clases de árbores da fraga.* ANT. descoñecer.
3 Ter relación ou trato cunha persoa: *Coñece moito a teu irmán.*
OBS. É regular: *coñezo, coñeza.*
FAM. coñecemento, coñecido, descoñecer, incógnita, recoñecemento, recoñecer.

cooperar
verbo
1 Traballar con outras persoas en algo: *Para construírmos esa casa cooperamos todos co noso traballo.* SIN. colaborar.
2 Axudar para lograr algún fin: *Coopera cunha organización non gobernamental entregándolle unha cantidade de cartos ó mes.* SIN. contribuír.
FAM. cooperación, cooperativa.

cooperativa
substantivo feminino
Sociedade ou empresa para comprar, vender ou fabricar cousas eliminando os intermediarios e repartindo as perdas e ganancias por igual entre todos os seus membros: *Nesta bisbarra os gandeiros formaron unha cooperativa e venden todos o leite por xunto.*

coordinar
verbo
1 Unir ou concertar para conseguir un fin común: *Un funcionario coordinou todos os equipos que participaron no rescate.*
2 Facer unha cousa ao mesmo tempo ca outra: *Na parella de baile os bailaríns han coordinar os movementos.*
3 Unir palabras, grupos de palabras ou oracións da mesma categoría: *A conxunción e serve para coordinar.*
FAM. coordinación, coordinador.

copa
substantivo feminino
1 Especie de vaso cun pé longo e estreito: *Serviron o viño nunhas copas moi bonitas.*
2 Conxunto de follas e ramas que forman a parte superior dunha árbore: *Un esquío estaba na copa da árbore.*
3 Parte oca dun sombreiro onde se mete a cabeza: *Unha chistera é un sombreiro de copa alta.*
4 Competición deportiva en que se dá como premio esta especie de vaso: *O Deportivo gañou unha vez a Copa do Rei.*
plural
5 Nunha baralla, tipo de carta que leva debuxada esta especie de vaso: *Botou o ás de copas.*
FAM. copón.

copia
substantivo feminino
Calquera cousa que é igual a outra ou que se lle parece moito: *Gustoume tanto ese poema que fixen unha copia.* SIN. calco, imitación, reprodución.

copiar
verbo
1 Facer algo igual ca outra cousa ou moi parecido: *Copia a forma de comportarse do irmán maior.* SIN. imitar.
2 Escribir igual ou moi parecido algo que se ve escrito ou se oe: *Os alumnos copiaban o que escribía o profesor no encerado.*
FAM. copia, copista, fotocopia, fotocopiar.

copiloto
substantivo
Persoa que vai ao lado do condutor dun vehículo e que o axuda a conducir: *Nos avións sempre hai un piloto e un copiloto.*

copla
substantivo feminino
Poesía, habitualmente de catro versos e que adoita cantarse: *Mercou un libro de coplas populares.*

cópula
substantivo feminino
Unión sexual do macho e a femia: *O nacemento dunha cría é o resultado da cópula.*
FAM. copular, copulativo.

copulativo, copulativa
adxectivo
Que une palabras, grupos de palabras ou oracións da mesma categoría sumándoas: *A conxunción* e *é unha conxunción copulativa.*

coqueto, coqueta
adxectivo
1 Que trata de gustarlle aos demais e atraelos: *Viste dun xeito moi coqueto.*
substantivo feminino
2 Moble en forma de mesa con caixóns e cun espello enriba que se usa para peitearse e prepararse: *A actriz maquillábase sentada diante da coqueta.*
FAM. coquetaría, coquetear.

cor ou color
substantivo feminino
1 Característica das cousas que se nota coa vista e que se produce porque os raios de sol reflicten nelas: *Leva unha camisa de cor azul celeste.*
2 Ton da cara: *Agora ten moi boa cor.*
3 Substancia preparada para pintar: *Esa pintora usa cores moi vivas.*
4 Característica propia de algo: *Esta procesión ten moita cor popular.* SIN. colorido.
plural
5 As que, combinadas, representan un grupo ou país: *Ese xogador sempre defendeu as cores do Celta.* SIN. color.
6 As que son moi vivas e chaman a atención: *Gústanlle os vestidos de cores.*
EXP. **A cor** En cores: *As fotos da voda son a cor.* **De cor** De raza negra: *En África hai moitas persoas de cor.* **Revirar a cor** Cambiar alguén a cor da cara polo enfado ou outra causa: *Alporizouse e revirou a cor.* **Ter boa/mala cor** Ter ou non ter unha cor rosada na cara, sinal de boa ou mala saúde, respectivamente: *Estará enfermo pero ten moi boa cor.* **Tomar cor** Ir progresando algo ou indo para diante: *Esa empresa xa vai collendo cor e comeza a dar ganancias.*
FAM. bicolor, corar, colorado, colorete, colorido, colorar, colorear, descolorido, incoloro, tricolor.

coral[1]
substantivo masculino
Animal mariño que forma grupos parecidos a unha planta de cor avermellada: *Os corais habitan nos mares tropicais.*

coral[2]
substantivo feminino
Conxunto de persoas que cantan en grupo sen acompañamento de instrumentos: *Canta nunha coral do seu barrio.*

corar
verbo
Colorar.

coraxe
substantivo feminino
Valor ou forza grandes para facer algo: *Sairá adiante porque ten moita coraxe.* SIN. ánimo, azos, folgos, valentía, valor.

corazón
substantivo masculino
1 Órgano do corpo das persoas e de moitos animais que fai que o sangue se reparta por todas as súas partes: *As aurículas e os ventrículos son as partes do corazón.*
2 Figura ou debuxo de forma parecida á deste órgano: *Leva un corazón de ouro de colgante.*
3 Sentimento, desexo ou vontade: *Que te guíe máis a cabeza ca o corazón.*
4 Parte central ou máis importante de algo: *Chegaron ata o corazón da selva.*
5 Parte central de árbores e froitas: *As pebidas están no corazón da mazá.*
EXP. **Dar o corazón** Ter a sensación de que vai acontecer algo: *Dáme o corazón que me vai tocar a lotaría.* **De corazón** De verdade: *Desexoulle o éxito de todo corazón.* **Do corazón** Que trata da vida íntima das persoas famosas: *A prensa do corazón é moi sensacionalista.* **Encollérselle o corazón** Sentir moita pena: *Ver como viven os rapaces das chabolas encóllelle o corazón a calquera.* **Partir o corazón** Producir moita pena: *Ver un cativo con fame parte o corazón.*

***corbata**, a forma correcta é **gravata**.

***corbeta**, a forma correcta é **corveta**.

corchete
substantivo masculino

1 Especie de gancho formado por dúas partes e que serve para pechar pezas de vestir: *Este pantalón abróchase cuns corchetes.*
2 Signo que se usa ao escribir para engadir unha explicación: *A palabra* [corazón] *vai entre corchetes.*

*corcho, a forma correcta é cortiza.

corcova
substantivo feminino

Xiba.
FAM. corcovado.

corda
substantivo feminino

1 Especie de fío groso formado por outros fíos máis finos e unidos entre si: *Atou a caixa cunha corda.*
2 Cada un dos fíos que teñen algúns instrumentos musicais e que producen o son ao rozalos: *As guitarras teñen seis cordas.*
3 Peza que teñen algúns aparellos, como reloxos e xoguetes, e que os fai funcionar: *Para pór o reloxo en hora hai que darlle á corda.*
4 Órgano formado por fibras, a xeito de fíos, que unen os músculos aos ósos: *O dianteiro retirouse porque estirara unha corda.* SIN. tendón.
5 Xogo consistente en saltar sobre unha especie de fío groso que moven outras dúas persoas: *No recreo xogamos á corda.*
EXP. **Coa corda ao pescozo** En moito perigo: *Ten moitas débedas e está coa corda ao pescozo.* **Cordas vocais** Membranas situadas na larinxe e que producen a voz: *As cordas vocais vibran co paso do aire.* **Darlle corda a alguén** Animalo a facer o que quere: *Cómpre darlle corda para que monte o negocio.* **Ser da corda** Ser do mesmo grupo ou das mesmas ideas: *Lévanse ben porque os dous son da corda.*
FAM. cordame, cordal, cordel, cordilleira, cordón.

cordal
substantivo masculino

Cordilleira.

cordeiro, cordeira
substantivo

Año.

cordel
substantivo

Corda fina: *Atou o paquete cun cordel.*

cordial
adxectivo

Moi amable e simpático: *Recibiunos de xeito moi cordial.*
FAM. cordialidade.

cordilleira
substantivo feminino

Conxunto de montañas unidas entre si: *A cordilleira dos Andes percorre América do Sur.* SIN. cordal.

cordón
substantivo masculino

1 Corda moi fina: *Os zapatos átanse con cordóns.*
2 Conxunto de persoas colocadas en liña para separar unha cousa doutra: *Un cordón de policías separaba o cantante dos seus admiradores.*
EXP. **Cordón umbilical** Órgano en forma de conduto ou tubo que une a placenta da nai co ventre do feto: *O cordón umbilical é un conxunto de vasos sanguíneos polos que pasa o alimento ao feto.*
FAM. cordoaría.

corenta
numeral cardinal

Número corenta: *O trinta e nove está antes do corenta.*
EXP. **Cantarlle as corenta a alguén** Chamarlle a atención de forma clara: *Cantáronlle as corenta por chegar tarde ao traballo.*
FAM. corentena, corentón, coresma.

corentena
substantivo feminino

Período de tempo en que se manteñen illadas persoas e animais para evitar o contaxio dalgunha enfermidade: *Os pasaxeiros do barco tiveron que pasar unha corentena na illa.*

coresma
substantivo feminino

No cristianismo, período de corenta e seis días que vai desde o mércores de Cinsa ata o domingo de Pascua: *Na coresma a relixión prohibe comer carne os venres.*

corga
substantivo feminino
1 Zona moi pendente dun camiño ou terreo: *Custa subir esa corga en bicicleta.*
2 Regato pequeno que baixa dun monte: *Por aí discorre unha corga.*
3 Corredoira.

corisco
substantivo feminino
Neve ou sarabia finas con vento frío do Norte: *Cómpre abrigarse ben con este corisco.*

cornada
substantivo feminino
Ferida feita cun corno: *O toureiro sufriu unha cornada grave.*

córnea
substantivo feminino
Membrana transparente da parte anterior do ollo: *A través da córnea vese o iris.*

cornecho
substantivo masculino
1 Peza de pan ou parte de peza de pan con forma de corno: *Colleu un cornecho co petisco de tortilla.*
2 Molusco mariño de pequeno tamaño cunha cuncha en forma de corno: *Os cornechos son algo maiores ca as minchas.*

córner
substantivo masculino
En deportes como o fútbol, saída do balón fóra do terreo de xogo pola liña de fondo impulsado polo xogador desa portaría e lanzamento desde a esquina que fai, como consecuencia, o equipo contrario: *O adestrador indicaba que todos tiñan que defender nos córneres.* SIN. saque de esquina.
OBS. O plural é *córneres* ou *córners.*

corneta
substantivo feminino
Instrumento musical de vento similar á trompeta pero máis sinxelo e sen pistóns: *Nos cuarteis soa a corneta.*

cornixa
substantivo feminino
1 Conxunto de molduras e pezas en que remata a parte superior dun edificio: *O vento derrubou parte da cornixa do edificio.*
2 Terreo moi inclinado e que limita cun lago ou co mar: *Algúns ríos galegos desembocan na cornixa cantábrica.*

cornizó
substantivo masculino
Caruncho.

corno
substantivo masculino
1 Peza ósea, apuntada e algo curva que sae a cada lado da cabeza dalgúns animais como as vacas e os touros: *Ese touro ten uns cornos moi longos.* SIN. hasta.
2 Calquera cousa que ten a forma deste órgano dalgúns animais: *Mercou na pastelaría un corno de crema.*
3 Caracol mariño con cuncha en espiral e a súa cuncha: *Din que se pos un corno no oído oes o mar.* SIN. bucina, bucio.
plural
4 Infidelidade dunha persoa a outra nunha relación amorosa: *Seica o marido lle poñía os cornos á muller.*
FAM. corna, cornada, cornamenta, córnea, cornecho, córneo, corneta, cornudo, escornar, unicornio.

coro
substantivo masculino
1 Conxunto de persoas que cantan xuntas: *No último acto da ópera canta moito o coro.*
2 Nunha igrexa, lugar detrás do altar maior onde se poñen as persoas que cantan: *No coro da igrexa teñen un órgano.*
EXP. **En coro** Á vez, ao mesmo tempo: *Os rapaces contestaron en coro que preferían ir ao cine.*
FAM. coral.

coroa
substantivo feminino
1 Aro habitualmente de ouro ou doutro metal precioso que rodea a cabeza como sinal de autoridade: *A coroa do rei representa o poder e a autoridade.*
2 Conxunto de flores colocadas en círculo: *O ataúde ía cuberto de coroas.*
3 Calquera cousa que ten unha forma redonda: *As agullas do reloxo móvense na coroa.*
FAM. coroación, coroar.

coroar
verbo
1 Pór unha coroa na cabeza como sinal de poder ou honra: *Coroaron o vencedor cunha coroa de loureiro.*
2 Chegar á parte máis alta ou importante: *O noso ciclista coroou en primeiro lugar a cima do porto.*

corola
adxectivo feminino
Parte da flor formada por follas de cores que rodean os órganos sexuais: *A corola está formada polos pétalos.*

coronel
substantivo
Categoría do exército inmediatamente superior a tenente coronel e inmediatamente inferior a xeneral: *A coronel mandaba o rexemento con bo talante.*

corpo
substantivo masculino
1 Calquera cousa que ten límites e que ocupa un lugar no espazo: *O cono, a esfera ou o cubo son corpos xeométricos.*
2 Parte material dunha persoa ou animal: *O corpo componse de cabeza, tronco e extremidades.*
3 Parte dunha persoa ou dun animal comprendida entre a cabeza e as extremidades: *O corpo está formado polo tórax e o abdome.* SIN. tronco.
4 Restos mortais dunha persoa: *O corpo será incinerado.* SIN. cadáver, restos mortais.
5 Parte dun vestido feminino que cobre desde o pescozo ata a cintura: *Ese vestido é de corpo frouxo.*
6 Cada unha das partes que forman un todo e que poden considerarse por separado: *O instituto é un edificio de tres corpos: un central, coas aulas, e outros dous laterais, un cos laboratorios e talleres e outro co polideportivo.*
7 Conxunto de persoas que teñen unha mesma profesión: *Pertence ao corpo de profesores de ensino secundario.*
8 Grosor ou espesura de algo: *A salsa espesa e parece que xa ten corpo.*
EXP. **A corpo** Sen roupa de abrigo: *Saíu a corpo, en camisa, e acatarrouse.* **A corpo de rei** Moi ben tratado: *Neste hotel vívese a corpo de rei.* **Corpo a corpo** Loitando de forma física e directa: *Os soldados defendían a trincheira corpo a corpo.* **Corpo do delito** Cousa con que se fixo un delito: *O corpo do delito é un coitelo co que matou a vítima.* **Dar o corpo algo** Ter a sensación de que vai acontecer algo: *Dálle o corpo que lle toca a lotaría.* **De corpo presente** Co corpo dunha persoa morta preparado para ser enterrado: *Celebráronlle unha misa de corpo presente.* **En corpo e alma** Con todo o interese posible: *Dedicouse a ese traballo en corpo e alma.* **Facer de corpo** Expulsar ou evacuar os excrementos: *Foi ao servizo para facer de corpo.* **Pedir algo o corpo** Ter moita gana de algo: *Pedíalle o corpo un bo cocido.* **Tomar corpo** Comezar a ser algo real ou a aparecer: *Iso do novo equipo para o ano vai tomando corpo.*
FAM. corporación, corporal, corpóreo, corpulencia, corpulento, corpúsculo.

corpulento, corpulenta
adxectivo
De corpo grande e forte: *Convén que os vixilantes sexan corpulentos.*

*corral, a forma correcta é curral.

correa
substantivo feminino
1 Tira ou fita de coiro ou doutro material flexible usado para suxeitar, unir ou atar cousas: *Os cintos dos pantalóns teñen unha correa de coiro e unha fibela.*
2 Alga mariña formada por unha especie de fitas ou tiras alongadas e estreitas de cor marrón: *Na praia había correas.* SIN. correola.

corrección
substantivo feminino
1 Indicación ou sinalamento do que está mal ou ten un erro: *A corrección dos exames leva o seu tempo.*
2 Diminución ou desaparición dunha falta ou defecto: *Ese aparello permite a corrección da xordeira.*
3 Ausencia de erros ou defectos: *Escribe cunha total corrección, sen faltas de ortografía.* ANT. incorrección.
4 Educación e consideración cara aos demais: *O empregado tratou o cliente con moita corrección.* ANT. incorrección.

correcto, correcta

adxectivo

1 Sen erros nin faltas: *Cómpre marcar cun x a resposta correcta.* SIN. acertado. ANT. incorrecto.

2 Con boa educación e bos modos: *Eses empregados son todos moi correctos.* SIN. cortés, educado.

corredío, corredía ou corredizo, corrediza

adxectivo

Que corre ou esvara con facilidade: *Fixo un nó corredío.*

corredoira

substantivo feminino

Camiño estreito de carro especialmente entre dúas elevacións do terreo: *Cun todoterreo podes ir por esa corredoira.* SIN. congostra, corga.

corredor, corredora

adxectivo

1 Que corre moito: *Ese cabalo é moi corredor.*

substantivo

2 Persoa que participa nunha carreira: *Os corredores de fórmula 1 teñen unha gran preparación.*

substantivo masculino

3 Nun edificio ou casa, paso ou parte estreita que une uns cuartos ou salas con outros: *Esta casa ten un corredor longo.*

4 Especie de balcón cuberto dunha casa que percorre a súa fachada principal: *Os corredores teñen varanda.*

corrente

adxectivo

1 Que corre ou está en movemento: *Hoxe hai auga corrente en todas as casas.*

2 Que é normal e non destaca: *Mercou un traxe corrente.* SIN. ordinario, normal. ANT. anormal, especial, estraño, extraordinario, orixinal, particular, raro, sorprendente.

3 Que se usa ou acontece habitualmente: *É corrente que aquí neve no inverno.* SIN. ordinario, normal. ANT. anormal, estraño, extraordinario, raro, sorprendente.

4 Que hai ou existe en gran cantidade: *No Ribeiro as cepas son correntes.* SIN. usual. ANT. anormal, estraño, extraordinario, raro, sorprendente.

5 Dito dun espazo de tempo, que está a pasar nese momento: *O prazo de matrícula acaba o quince do mes corrente.*

substantivo feminino

6 Enerxía eléctrica conducida por fíos: *A corrente chega hoxe a todas as casas.*

7 Movemento dun líquido ou dun gas: *A corrente do río levaba a barca. As correntes de aire producen constipados.*

8 Conxunto de ideas ou de pensamentos que distingue un grupo doutro: *Unha corrente de pensamento biolóxico asegura que o quecemento da Terra é innegable.*

EXP. **Ao corrente** Sen atraso: *Non debe nada porque leva os pagamentos ao corrente.* **Ao corrente de** Ben informado ou sabendo o que pasa: *O xefe está ao corrente dese desfalco.* **Contra corrente** En contra do que pensa, fai ou di a maioría: *El vai contra corrente e no inverno báñase na praia.*

correo

substantivo masculino

1 Servizo público que leva cartas e paquetes dun lugar a outro: *Enviei a solicitude por correo.*

2 Conxunto de cartas e paquetes que se envían a un lugar ou que chegan a ese lugar: *El adoita ter moito correo porque lle escriben moitos amigos.*

plural

3 Edificio onde se entregan e distribúen as cartas e paquetes: *Teño que recoller ese paquete en correos.*

EXP. **Correo electrónico** Sistema que permite enviar e recibir mensaxes escritas pola internet, así como o enderezo da persoa nese sistema ou a mensaxe enviada por el: *Recibe moitos correos electrónicos dos amigos.*

correola

substantivo feminino

Correa.

correr

verbo

1 Andar de forma moi rápida: *Correu para coller o autobús.*

2 Ir ou facer algo moi ás présas: *Non corras e fai o traballo con xeito.*

3 Pasar o tempo: *Os días corren e o tempo non para.* SIN. discorrer, transcorrer.

4 Saír un líquido dun sitio: *Cómpre que deixes correr a auga da billa.*

5 Soprar o vento: *Refrescou con esta brisa que corre.*
6 Pasar unha noticia dunha persoa a outras: *A nova da túa voda axiña se correu.*
7 Corresponder a unha persoa algo: *O xantar corre da miña conta e a cea, da túa.*
8 Participar nunha carreira: *Neste maratón corren os mellores.*
9 Mover algo dun lugar para outro: *Correu as cadeiras e colocounas xunta a mesa.*
10 Estender unha cor fóra do lugar en que estaba: *As lágrimas corréronlle a pintura dos ollos.*
11 Estar nunha determinada situación: *Ese rapaz corre moito perigo nesa fiestra.*
EXP. **A correr** Moi rapidamente: *Fixo o traballo a correr e saíulle mal.*
FAM. corredío, corredizo, corredoira, corredor, corrente, correo, correola.

correspondencia
substantivo feminino
1 Conxunto de cartas ou paquetes que se envían ou reciben: *Sempre ten a caixa do correo chea de correspondencia.* SIN. correo.
2 Comunicación por carta entre dúas ou máis persoas: *Mantén correspondencia con importantes intelectuais.*
3 Relación de equilibrio ou harmonía entre dúas ou máis cousas: *Non hai correspondencia entre unha falta tan leve e un castigo tan duro.* SIN. proporción.

correspondente
adxectivo
1 Que está destinado para alguén ou para algo: *Cada un de vós ten a súa correspondente tarefa.*
substantivo
2 Xornalista que traballa nun lugar afastado e manda desde alí as noticias: *Está de correspondente de guerra no Extremo Oriente.*

corresponder
verbo
1 Devolver de igual forma ou proporcionalmente: *Correspondeulle ao agasallo dos pais cun cadro pintado por el mesmo.*
2 Ser obriga de alguén: *As tarefas da casa correspóndennos a todos.*
3 Ter harmonía ou proporción con outra cousa: *A esa falta leve correspóndelle un castigo suave.*
FAM. correspondencia, correspondente.

*__corresponsal__, a forma correcta é **correspondente**.

correúdo, correúda
adxectivo
1 Con moita forza e vigor: *Os atletas adoitan ser correúdos.* SIN. forte, rexo, robusto, vigoroso. ANT. débil, feble.
2 Duro e difícil de mastigar: *Non lle gustou nada aquel bisté correúdo.*

corrida
substantivo feminino
1 Marcha rápida a pé: *Dei unha boa corrida para coller o autobús.* SIN. carreira.
2 Competición de velocidade: *Participa nunha corrida ciclista.* SIN. carreira.
3 Espectáculo en que se tourean varios touros nunha praza: *En Galicia non son populares as corridas.*
EXP. **Corrida do galo** Festa popular galega propia do Entroido consistente en colgar un galo para arrincarlle a cabeza cos ollos tapados, a pé ou dacabalo: *As sociedades protectoras de animais piden a prohibición da corrida do galo.*

corroer
verbo
1 Destruír ou desgastar lentamente: *O óxido corroe o ferro.*
2 Producir angustia e malestar: *A envexa corróeo.*
OBS. Conxúgase como *moer.*
FAM. corrosión, corrosivo.

corromper
verbo
1 Danar, estragar ou botar a perder algo: *A calor corrompe os alimentos.*
2 Volver malo a alguén: *Corrompeuno meténdolle moitos vicios.*
3 Darlle cartos ou regalos a alguén con poder para que nos favoreza: *Din que ese construtor corrompeu con cartos a máis dun concelleiro.*
OBS. Ten dous participios *corrompido* e *corrupto.*
FAM. corrupción, corruptela, corrupto.

corrosco
substantivo masculino
Parte saínte dunha barra ou dunha peza de pan: *Gústanlle moito os corroscos torrados.*

corsario, corsaria

substantivo

Persoa que rouba barcos no mar ou na costa, con permiso do seu goberno: *Os corsarios enterraron o tesouro nunha illa deserta.* SIN. pirata.

cortado, cortada

adxectivo e substantivo

1 Que ten vergonza e cala: *Non di nada porque é moi cortado.*

substantivo masculino

2 Café cunhas pingas de leite: *Pediu un cortado.*

cortar

verbo

1 Facer unha abertura con algo afiado: *Cortou o dedo co coitelo.*

2 Separar unha parte dun todo ou de algo usando un coitelo ou outro instrumento parecido: *Cortou unha rebanda de pan. Están a cortar os carballos eses.*

3 Separar ou dividir en dúas partes: *O río corta a cidade en dúas partes.*

4 Quitar unha parte de algo: *A ese artigo cortáronlle un parágrafo.*

5 Atravesar o aire, un gas ou un líquido: *O proxectil cortaba o aire.*

6 Dividir en dúas unha baralla levantando parte das súas cartas: *Tócache cortar a ti.*

7 Interromper algo: *Cortaron a electricidade, a auga e o gas polo accidente.* SIN. conter, deter.

8 Pór unha cousa de xeito que se cruce con outra: *A secante corta a circunferencia en dous puntos.*

9 Estragar a pel poñéndoa moi áspera: *Esta auga con lixivia corta as mans.*

10 Estar afiado: *Ese coitelo corta ben.*

11 Ir a un sitio por un camiño máis curto: *Por este atallo cortas e chegas antes.* SIN. atallar.

12 **cortarse** Estragarse un líquido separándose as partes que o forman: *O leite cortouse con esta calor.*

13 Sentir vergonza e quedar calado: *Non te cortes e pide o que queiras.*

FAM. corta, cortado, cortador, cortadoría, cortante, cortaúnllas, cortaúñas, corte[1].

cortaúnllas ou cortaúñas

substantivo masculino

Utensilio metálico usado para cortar as uñas: *No cuarto de baño ten un cortaúnllas.*

corte[1]

substantivo masculino

1 Fío ou bordo moi delgado e afiado: *Cortaba o xamón cun coitelo de bo corte.* SIN. fío, gume.

2 Ferida producida por un instrumento afiado como un coitelo: *Fixen un corte ao mondar as patacas.*

3 Técnica de dividir ou cortar as pezas de tea para facer traxes e vestidos: *Ese traxe ten moi bo corte.*

4 Tea necesaria para facer unha peza de vestir: *Mercou un corte para facer un vestido de verán.*

5 División ou separación de algo en dúas partes: *Fixo un corte limpo da táboa.*

6 Interrupción, detención ou parada do paso de algo: *Avisan dun corte de electricidade por obras.*

7 Vergonza que se sente e non deixa nin falar: *Dáme corte pedirlle repetición da sobremesa.* SIN. apuro.

8 Anaco dun xeado de barra: *Tomaban un corte de chocolate e nata.*

9 Estilo de algo: *A noiva levaba un vestido de corte clásico.*

corte[2]

substantivo feminino

1 Lugar cuberto e preparado para ter o gando nel: *Os cabalos e as vacas dormen en cortes.*

2 Lugar moi sucio: *O seu cuarto é unha corte.*

3 Poboación en que vive o rei: *A corte española é Madrid.*

4 Conxunto formado pola familia do rei e as persoas que a acompañan: *As cortes antigas eran moi numerosas.*

5 Conxunto de persoas que acompañan a outra: *O cantante chegou con toda a súa corte.* SIN. acompañamento, comitiva, cortexo, séquito.

substantivo feminino plural

6 Cámaras que fan e aproban as leis: *As Cortes españolas están formadas polo Congreso e o Senado.*

EXP. **Facerlle a corte a alguén** Ter moitas atencións ou amabilidade con alguén: *Faille a corte a esa rapaza porque quere ser o seu noivo.*

FAM. cortello.

cortello
substantivo masculino

1 Corte pequena, especialmente para porcos e becerros: *Os porcos fozaban no cortello.*
2 Casa ou cuarto moi pequenos ou moi sucios: *Non sei como podes traballar nese cortello.*

cortés
adxectivo

Que se comporta con boa educación e amabilidade: *Sempre saúda porque é un rapaz moi cortés.*
FAM. cortesía.

cortesán, cortesá
adxectivo e substantivo

Das cortes dos reis ou que está ao seu servizo nunha destas cortes: *Os cortesáns teñen moi bos modos.*

cortexo
substantivo masculino

1 Tratamento dunha persoa con moita amabilidade, en especial para namorala: *Ándalle facendo o cortexo a unha compañeira.*
2 Conxunto de persoas que acompañan a alguén: *O cantante chegou co seu cortexo.* SIN. acompañamento, comitiva, corte, séquito.
FAM. cortexar.

corticeiro
substantivo masculino

Sobreira.

cortina
substantivo feminino

1 Tea que se pon para cubrir as ventás e outros ocos: *Mercou unhas cortinas moi bonitas para o cuarto.*
2 O que non deixa ver ben algo: *O incendio levantou unha cortina de fume.*
OBS. É distinto de *cortiña*.

cortiña
substantivo feminino

Terreo valado, pequeno e próximo á casa onde se cultivan hortalizas e patacas: *Na cortiña este ano só botamos patacas.*
OBS. É distinto de *cortina*.

cortiza
substantivo feminino

1 Casca da sobreira: *Coa cortiza poden facerse pisos para as casas e rollas para as botellas.*
2 Calquera obxecto feito con esta casca: *As redes levan cortizas.*

cortizo
substantivo masculino

Colmea.

*corto, a forma correcta é curto.

corvo
substantivo masculino

Paxaro de cor negra que se alimenta de carne: *O corvo ten o peteiro cónico.*
FAM. córvidos.

corzo, corza
substantivo

Animal mamífero ruminante de cor parda no verán e cinsenta no inverno e de cornos curtos: *O corzo é unha peza de caza maior.*

cosco
substantivo masculino

1 Folla seca que envolve a mazaroca do millo: *Antigamente había colchóns de cosco.*
2 Caracol terrestre: *O cosco botaba os cornos ao sol.*
EXP. **Saír do cosco** Coller experiencia: *Non o enganas, porque xa hai tempo que saíu do cosco.*

coser
verbo

1 Facer un labor con agulla e fío: *Esa modista cose moi ben.*
2 Unir algo cun fío: *Teño que coser un botón da chaqueta. O cirurxián coseulle a ferida.* ANT. descoser.
EXP. **Ser coser e cantar** Ser moi fácil: *Acabar ese problema é coser e cantar.*
FAM. costura, costureira.

cosmos
substantivo masculino

1 Conxunto de todo o que existe: *A Terra e todos nós formamos o cosmos.* SIN. creación, mundo, universo.
2 Espazo exterior á Terra: *Os astronautas viaxan polo cosmos.*
FAM. cósmico, cosmoloxía, cosmonauta, cosmopolita.

costa
substantivo feminino

1 Zona da terra próxima ao mar: *Vive nunha cidade da costa.*

2 Terreo inclinado: *Cómpre forza para subir esta costa en bicicleta.* SIN. pendente.
substantivo feminino plural
3 Parte de atrás do corpo que vai desde os ombros ata a cintura: *Ten unhas costas anchas.* SIN. lombo.
EXP. **Ás costas** Sobre esta parte do corpo: *Leva o saco ás costas.* **Costa de xaneiro** Período de dificultades económicas que adoita pasarse neste mes polos gastos do Nadal: *Na costa de xaneiro chegan as rebaixas.*
OBS. É distinto de *custa.*
FAM. costado, costear, costeiro, costelar, costeleta, costento, costo.

costado
substantivo masculino
1 Cada un dos lados do corpo que están debaixo dos brazos, entre o peito e as costas: *Tiña unha dor no costado dereito.*
2 Cada un dos lados de algo, especialmente dun barco: *O bote tiña unha vía de auga no costado de estribor.*

*costar, a forma correcta é **custar**.

costear
verbo
Navegar cerca da costa e seguíndoa: *O barco costeaba e non saía a mar aberto.*
OBS. É distinto de *custear.*

costeiro, costeira
adxectivo
Da costa: *Vilagarcía é unha cidade costeira.*

costela
substantivo feminino
1 Cada un dos ósos longos e arqueados que unen a columna vertebral e o esterno: *As costelas protexen os pulmóns e o corazón.*
2 Este óso con carne de certos animais coma o cuxo, o porco ou o año e que se come fritido ou asado: *Xantei costela de año.*
FAM. costelar, costeleiro, costeleta.

costeleta
substantivo feminino
Costela de cuxo, porco ou año con carne que se come fritida ou asada: *Mercou na carnizaría dúas costeletas de vitela.*

costento, costenta ou costo, costa
adxectivo
Inclinado, con pendente ou costa: *Vigo é unha cidade costenta.* SIN. pendente, pino.
OBS. *Costo, costa* son diferentes de *custo, custa.*

costro
substantivo masculino
Primeiro leite que dá a femia dos mamíferos despois de parir: *O costro ten máis graxa ca o leite normal.*

costume
substantivo masculino
1 Modo de actuar adquirido ao facer algo habitualmente ou con frecuencia: *Ten o costume de deixar a roupa sucia estrada polo baño.* SIN. hábito, uso.
plural
2 Conxunto de formas de actuar e de ser que se consideran propias dunha persoa ou dun grupo: *Cada nación ten costumes de seu.*
FAM. acostumar, costumismo.

costura
substantivo feminino
1 Técnica de coser: *Aprende costura nunha academia.*
2 Unión de algo con outra cousa coséndoo cun fío: *Fixo a costura da saba coa máquina de coser.*

costureira
substantivo feminino
Muller que traballa cosendo: *Fíxolle o vestido unha costureira moi boa.*

cota[1]
substantivo feminino
Lado oposto ao corte ou gume: *Os coitelos teñen gume ou corte e cota.*

cota[2]
substantivo feminino
1 Cantidade de cartos que debe pagar unha persoa por un servizo: *Paga unha cota mensual nun club deportivo para xogar ao tenis.*
2 Parte fixa de algo que lle corresponde a alguén: *Ese gandeiro ten unha determinada cota de leite e non pode producir máis.*

*cote, de, a forma correcta é **decote**.

cotelo ou coteno
substantivo masculino
Vulto que forman os ósos dos dedos ao dobraren: *Petou cos cotelos na porta.* SIN. cotobelo, cotomelo, nocello, nortello.

cotián, cotiá
adxectivo
Que acontece cada día ou moi frecuentemente: *Almorzar ben é para min un costume cotián.* SIN. diario.

*cotío, a, a forma correcta é **acotío**.

*cotío, de, a forma correcta é **decotío**.

coto[1]
substantivo masculino
Parte máis alta dun monte que ten forma cónica: *Ao lonxe albiscaba os cotos dos outeiros.* SIN. toco.

coto[2], cota
adxectivo e substantivo
Que lle falta unha parte do corpo ou que a ten incompleta ou mutilada: *O accidente deixouno coto do brazo dereito.*

cotobelo
substantivo masculino
1 Cotelo.
2 Cóbado.
FAM. cotobelada.

cotomelo
substantivo masculino
1 Cotelo.
2 Cóbado.

cotovía
substantivo feminino
Paxaro de cor parda con pencas escuras, rabo curto, ás arroibadas e crista alta: *A cotovía é parecida á laverca e come sementes e insectos.*

cotra
substantivo feminino
1 Capa dura e sucia que cobre algo: *Ten os xeonllos cheos de cotra.* SIN. lorda, roña.
2 Bostela.
FAM. cotroso.

couce
substantivo masculino
1 Patada que dá un cabalo ou outro animal parecido: *O cabalo deulle un couce ao xinete.*
2 Golpe forte dado co pé: *Ameazouno con darlle un couce no cu.* SIN. patada.
EXP. **Nun couce** Moi rapidamente: *O cambio de aceite do coche fancho nun couce.*
FAM. coucear.

cousa
substantivo feminino
1 Calquera cousa que existe ou imaxinamos: *Segundo a relixión Deus creou todas as cousas.*
2 O que non ten vida: *Os animais e as plantas teñen vida; as cousas, non.*
3 Nada ou case nada: *Cando decide algo, non hai cousa que o pare.*
EXP. **Coller a cousa da man** Ocuparse: *Para que o negocio vaia ben teño que coller eu a cousa da man.* **Coma quen non quere a cousa** Como se se fixese sen intención ou sen darlle importancia: *Coma quen non quere a cousa, colleu todos os cartos e marchou.* **Cousa de** Aproximadamente: *Na conferencia habería cousa de duascentas persoas.* **Cousa de nada** De moi pouca importancia: *Ese atranco é cousa de nada.* **Cousa do demo** Feito para o que non se atopa explicación: *Volvín esquecer as chaves: é cousa do demo.* **Cousa nunca vista** Moi bo ou extraordinario: *Ese coche é cousa nunca vista: corre moito e consome pouco.* **Non dicir/facer/haber cousa con cousa** Estar, dicir ou facer sen ningunha orde e moi mal: *No seu cuarto non hai cousa con cousa.* **Ser pouca cousa** Ser de pouca importancia: *Esa ferida é pouca cousa.*

coutar
verbo
1 Deixar un terreo limitado e reservado para un uso determinado: *Coutaron esa zona do monte para a caza.*
2 Impedir que algo se realice ou se desenvolva: *A policía coutou a manifestación.*
FAM. couto.

couto
substantivo masculino
Terreo limitado e reservado para un uso determinado: *Esa zona do monte é un couto de caza.*

couza
substantivo feminino
Insecto que vive na madeira, na roupa ou o papel e que os come: *A couza acabou con ese armario.* SIN. traza.

cova
substantivo feminino
Espazo oco entre penas ou debaixo da terra: *O oso meteuse na cova.* SIN. gruta.

covarde
adxectivo e substantivo
Que sente ou manifesta medo: *Os soldados covardes fuxiron.* SIN. medorento, medroso. ANT. valente.
FAM. covardía.

coxa
substantivo feminino
Parte da perna que vai desde a cadeira ata o xeonllo: *O fémur está na coxa.*

coxear
verbo
1 Andar mal, como se unha perna fose máis curta ca outra, debido a un dano ou a un defecto: *Despois da caída coxeaba.*
2 Moverse un moble porque non apoia ben no chan: *A mesa coxea e cómpre sentala.*
FAM. coxeira, coxo.

cóxegas
substantivo feminino plural
Sensación que se produce cando nos rozan a pel de forma moi suave e que nos fai rir sen querer: *Ten moitas cóxegas nas plantas dos pés.* SIN. celigras, cóchegas, deligras.

coxeira
substantivo feminino
Defecto ou doenza que fai andar mal, como se unha perna fose máis curta ca outra: *Do accidente quedoulle unha coxeira.*

coxín
substantivo masculino
Peza de tea chea dunha materia branda que serve para sentar sobre ela ou apoiar unha parte do corpo: *Os coxíns desta cadeira de brazos son moi cómodos.*

coxo, coxa
adxectivo
1 Dito dun moble, que se move porque non apoia ben no chan: *Esa mesa móvese porque está coxa.*
adxectivo e substantivo
2 Que anda mal, como se tivese unha perna máis curta ca outra, por un dano ou defecto: *Quedou coxo polo accidente.*
3 Que lle falta unha perna ou un pé: *As pernas ortopédicas permiten que moitos coxos anden.*

cranio
substantivo masculino
Conxunto de ósos da cabeza: *Os ósos do cranio protexen o encéfalo.*
FAM. cranial.

cráter
substantivo masculino
Abertura na cima dun volcán por onde sae a lava e outros materiais: *Os cráteres teñen unha forma arredondada.*

cravar
verbo
1 Introducir unha cousa noutra apertando con forza: *Cravou a chincheta no taboleiro.* SIN. chantar, espetar. ANT. descravar.
2 Fixar con cravos: *Cravou as táboas do caixón.* ANT. descravar.
3 Pór algo nun sitio con moita forza e precisión: *O dianteiro cravou o balón na portaría. Cravaba os ollos no reloxo.*

cravo
substantivo masculino
1 Peza de metal longa e delgada co extremo rematado en punta: *As táboas fíxanse con cravos.*
2 Gromo seco dunha planta tropical que se usa como especia ou condimento: *O cravo chámase así porque ten forma de cravo de cravar táboas.*
EXP. **Coma un cravo** Fixo, exacto e no momento xusto: *Estarei alí ás catro en punto, coma un cravo.*
FAM. cravo, descravar.

creación
substantivo feminino
1 Segundo a relixión, conxunto de todo o que existe: *Persoas, animais e plantas forman parte da creación.* SIN. cosmos, mundo, universo.
2 Produción de algo a partir do nada ou doutras cousas xa existentes: *A constancia do avó fixo posible a creación da empresa familiar.* SIN. establecemento, fundación. ANT. destrución.
3 Obra feita con arte e bonita: *Admiramos as creacións dos artistas.*

creador, creadora
adxectivo e substantivo
Que fai algo que non existía antes: *Os escritores son creadores de arte.*

crear
verbo
1 Facer que algo exista: *A empresa creouna o avó.*
2 Facer algunha obra nova, orixinal e bonita: *Curros Enríquez creou fermosas obras literarias.*
FAM. creación, creador, creativo.

creba
substantivo feminino
1 Abertura ou rotura en algo: *A parede esa ten varias crebas.* SIN. fenda, fendedura, físgoa, greta, regaña.
2 Saída dun órgano ou parte del do seu sitio: *O bebé ten unha creba de embigo por chorar tanto.* SIN. crebadura, hernia.
3 Situación da empresa que debe pechar por falta de cartos ou ganancias: *A creba da empresa debeuse a que non vendía.* SIN. quebra.
4 Diminución, desmellora ou perda de algo que tende a desaparecer: *No Renacemento prodúcese a creba dos valores da Idade Media.* SIN. quebra.

crebacabezas
substantivo masculino
Xogo composto por unha serie de pezas que hai que combinar para formar unha figura: *As pezas dos crebacabezas teñen forma de dado.* SIN. quebracabezas.

crebado
substantivo masculino
Número que expresa as partes en que se dividiu a unidade e as que se tomaron dela: *Estamos aprendendo a sumar crebados.* SIN. quebrado.

crebadura
substantivo feminino
1 Separación ou rotura de algo en partes: *O balón deu no cristal e produciuse a súa crebadura.* SIN. creba, quebradura.
2 Saída dun órgano ou de parte del do seu sitio: *O bebé, de tanto chorar, ten unha crebadura de embigo.* SIN. hernia.

crebafolgas
substantivo
Persoa que traballa cando hai folga: *Os sindicatos critican os crebafolgas.* SIN. quebrafolgas.

crebanoces
substantivo masculino
Utensilio que serve para partir as noces: *Na mesa había dous crebanoces.* SIN. escachanoces, quebranoces.

crebar
verbo
1 Romper en anacos algo duro ou separar as súas partes: *O balón crebou o cristal da fiestra. A humidade crebou a parede.* SIN. quebrar.
2 Fracasar unha empresa ou negocio por falta de cartos: *A empresa crebou porque non vendía nada.* SIN. quebrar.
FAM. creba, crebacabezas, crebado, crebadura, crebafolgas, crebanoces.

crecemento
substantivo masculino
1 Aumento ou desenvolvemento natural dun ser vivo: *O crecemento das plantas prodúcese na primavera.* SIN. desenvolvemento.
2 Aumento do tamaño ou importancia de algo: *Ese investimento acertado produciu o crecemento da súa fortuna.* SIN. aumento. ANT. diminución, mingua.

crecente
adxectivo
Que aumenta ou se fai máis grande: *A lúa en cuarto crecente ten forma de D.* ANT. minguante.

crecer
verbo
1 Aumentar ou desenvolverse un ser vivo de forma natural: *Os bebés crecen moito.* SIN. medrar.
2 Aumentar en tamaño ou cantidade: *Na primavera crecen os días.* SIN. aumentar. ANT. diminuír, minguar, reducir.
OBS. O *c* cambia en *z* diante do *a* e do *o*, como en *vencer*.
FAM. crecemento, crecente, crecido.

crecho, crecha
adxectivo e substantivo
Rizo.

crédito
substantivo masculino
1 Cartos que se piden prestados a un banco: *Pediu un crédito para mercar o piso.*

2 Boa fama: *Ten crédito de persoa seria.* SIN. creto, prestixio.
3 Confianza que se ten en que unha persoa pagará ou devolverá o que se lle preste: *Neste comercio vostede ten crédito.* SIN. dar creto.
EXP. **A crédito** Deixando o pagamento para máis tarde: *Mercou o coche a crédito e paga unha cantidade cada mes.* **Dar crédito a algo** Pensar que é verdade, crelo: *Cómpre non darlle crédito a eses contos.*
FAM. acreditación, acreditado, acreditar.

credo
substantivo masculino
1 Oración que contén os puntos máis importantes que cren os cristiáns: *Na misa rézase o credo.*
2 Conxunto de ideas dunha persoa ou grupo: *O seu credo político é a democracia liberal.*
EXP. **Co credo na boca** Nun perigo moi grande: *No accidente do tren estabamos co credo na boca.* **Nun credo** Moi rapidamente: *Amaño a ensalada esta nun credo.*

crego
substantivo masculino
Sacerdote cristián: *Bautizoume o crego da miña parroquia.* SIN. cura, sacerdote.

crema
substantivo feminino
1 Pasta doce feita con fariña, ovos, azucre e outros produtos: *O brazo de xitano está recheo de crema.*
2 Produto moi espeso ou en forma de pasta, especialmente o que serve para coidar a pel: *Ten moi ben a pel porque sempre lle bota crema.*
3 Puré ou alimento en forma líquida moi espeso: *Puxéronnos de primeiro unha crema de champiñóns.*
4 Doce elaborado con diversos produtos en forma de pasta branda: *Tomamos unha crema de chocolate de sobremesa.*
FAM. cremoso.

cremalleira
substantivo feminino
Cerramento dalgunhas pezas de vestir formado por dúas partes que se unen ou separan por uns dentes cando se tira dunha pequena peza: *Os pantalóns adoitan ter cremalleira.*

crematorio
substantivo masculino
Lugar onde se queiman os cadáveres: *A incineración será no crematorio municipal.*

crencho, crencha
adxectivo
Rizo.

crente
adxectivo e substantivo
Que ten unha determinada crenza relixiosa: *Os crentes pensan que existe Deus.*

crenza
substantivo feminino
1 Certeza ou seguridade que se ten de que algo é de determinada maneira: *Teño a crenza de que mañá choverá.* SIN. convicción.
plural
2 Conxunto de ideas que ten alguén sobre relixión ou calquera outra materia: *As súas crenzas non lle permiten comer carne de porco.*

crepúsculo
substantivo masculino
Luz que hai desde que comeza a saír o sol ata que é de día, e desde que comeza a pórse ata que é de noite: *Existen o crepúsculo matutino e o vespertino.*

crequenas
EXP. **En crequenas** Co corpo dobrado e case sentado sobre os propios talóns: *Para xogaren ás bólas poñíanse en crequenas.*

crer
verbo
1 Ter por certo ou verdadeiro: *Os cristiáns cren na existencia de Deus.* ANT. dubidar.
2 Considerar que alguén di a verdade: *Eu sempre te creo.*
3 Ter unha opinión sobre algo: *Os antigos crían que o Sol xiraba arredor da Terra.* SIN. coidar, considerar, dicir, opinar, pensar.
4 Considerar algo como posible ou pensar que é de determinada maneira: *Creo que chegarei a tempo á reunión.* SIN. calcular, coidar, supoñer, supor, imaxinar.
5 Confiar en algo ou alguén: *Os electores crían nas promesas do candidato.*
EXP. **Xa o creo** Indica que se pensa que algo é evidente: *Dis que choverá. Xa o creo.*
OBS. Conxúgase como *ler*.
FAM. crédulo, crente, crenza.

crespo, crespa

adxectivo

Crecho: *Ten o pelo crespo.* SIN. rizo.

*cresta, a forma correcta é crista.

cretino, cretina

adxectivo e substantivo

Que é moi parvo ou de moi pouca intelixencia: *Ese cretino non sabe nin cantas son dúas e dúas.* SIN. bobo, estúpido, idiota, imbécil, parvo.

creto

substantivo masculino

Boa fama: *Ten creto de home serio.* SIN. crédito, prestixio.

EXP. **Dar creto a algo** Telo por certo e verdadeiro: *Cómpre non darlle creto aos contos.* SIN. dar crédito.

cría

substantivo feminino

1 Animal que está crecendo: *A cría da ovella é o año.*

2 Coidados e alimentos que se lles dan aos meniños e aos animais para que medren: *Dedícase á cría de porcos.*

criado, criada

substantivo

Persoa que traballa nos labores domésticos dunha casa que non é a súa: *Antigamente as criadas levaban uniforme.*

criar

verbo

1 Alimentar un meniño con leite: *A nai cría o fillo co seu leite.*

2 Darlles a un fillo ou a unha cría os alimentos e coidados necesarios para que medre: *Criar os fillos custa traballo.*

3 Ter fillos ou crías un animal: *Xuntamos unha parella de canarios para ver se crían.*

4 Producir ou comezar a ter: *O pan duro cría balor.*

5 **criarse** Medrar e desenvolverse un neno: *Criouse nunha aldea de Ourense.*

FAM. cría, criadeiro, criado, crianza, criatura.

criatura

substantivo feminino

1 Neno que acaba de nacer ou de pouco tempo: *Púxolle os cueiros á criatura.*

2 Ser que foi feito a partir da nada: *Segundo a relixión, todas as criaturas son obra de Deus.*

3 Ser inventado ou fantástico: *Na película saían unhas criaturas intelixentes con cabeza de can e corpo humano.*

criba

substantivo feminino

Utensilio formado por un aro de madeira cun coiro con buracos ou cunha malla metálica e que se usa para separar sementes de trigo, millo e outros produtos das impurezas: *Cómpre pasar ese millo pola criba para que non leve areas.* SIN. cribo, peneira.

FAM. cribar, cribo.

cribo

substantivo masculino

Criba.

crime

substantivo masculino

1 Delito consistente en matar a outra persoa: *O crime cometeuse cun coitelo.* SIN. asasinato.

2 Feito ou acción moi malos ou prexudiciais: *Contaminar o medio é un crime.*

FAM. criminal, criminalidade, criminoloxía.

criminal

adxectivo

1 Do crime ou relacionado con el: *A arma criminal foi unha pistola.*

2 Moi malo e prexudicial: *Contaminar o medio é unha acción criminal.*

substantivo

3 Que cometeu o delito de matar unha persoa: *O criminal disparoulle dous tiros á vítima.* SIN. asasino.

crina

substantivo feminino

Pelo longo e fino que teñen algúns animais, como o cabalo, no pescozo e no rabo: *Esa egua ten as crinas brancas.*

crioulo, crioula

adxectivo e substantivo

Que descende dos europeos que se estableceron en América: *Os líderes da independencia americana eran crioulos.*

crise

substantivo feminino

1 Situación moi difícil porque algo cambia moito ou pode desaparecer: *Está na crise*

da adolescencia, pois cambia de neno a persoa maior. O feudalismo entrou en crise e desapareceu.
2 Situación de carencia ou escaseza de algo: *Soben os carburantes pola crise do petróleo.*

crispar
verbo
Enfadar ou irritar moito: *A suba dos prezos crispou a poboación.*
FAM. crispación.

crista
substantivo feminino
1 Vulto de carne avermellado que teñen algunhas aves, como o galo, sobre a cabeza: *O galo, a galiña e o pavo teñen crista.*
2 Parte ou elemento que sobresae nalgunhas cousas: *Os punkis peitean o pelo con cristas.*
3 Herba mala que medra nos terreos de cultivo: *Compre arrincar as cristas para que medre o trigo.*
EXP. **Estar/ir na crista da onda** Estar no mellor momento: *O cantante está agora na crista da onda e déronlle o disco de platino.*

cristal
substantivo masculino
Material duro e transparente que rompe facilmente: *As fiestras teñen cristais.* SIN. vidro.
FAM. cristalaría, cristaleira, cristaleiro, cristalino, cristalización, cristalizar.

cristalaría ou cristalería
substantivo feminino
1 Establecemento onde se fabrican ou venden cristais: *Mercou os cristais para as fiestras nunha cristalaría do barrio.*
2 Conxunto de vasos, copas e recipientes de cristal a xogo: *Cando casou a amiga regaloulle unha cristalaría.*

cristaleiro, cristaleira
substantivo
1 Persoa que fabrica, coloca ou vende cristais: *O cristaleiro cambiou o vidro roto da ventá.*
substantivo feminino
2 Ventá ou portas de cristal: *A cristaleira deixa pasar a luz do sol.*

cristalino, cristalina
adxectivo
Do aspecto ou coas características do cristal: *As augas cristalinas do río deixaban ver o fondo.*

cristián, cristiá
adxectivo e substantivo
Da relixión que ensinou Cristo: *Os cristiáns cren que Cristo é o fillo de Deus.*
FAM. cristiandade, cristianismo.

cristiandade
substantivo feminino
Conxunto dos cristiáns: *A cristiandade está formada polos católicos, protestantes e ortodoxos.*

cristianismo
substantivo masculino
Relixión que ensinou Cristo: *A Biblia é o libro sagrado do cristianismo.*

criterio
substantivo masculino
1 Capacidade dunha persoa para entender algo ou xulgalo: *Os nenos aínda non teñen criterio.* SIN. entendemento, razón, xuízo.
2 Norma ou regra para xulgar ou considerar algo: *O profesor cualifica todos os exercicios co mesmo criterio.*

criticar
verbo
Xulgar mal ou opinar mal de alguén ou algo: *Critícanlle que é moi orgulloso.* SIN. censurar. ANT. eloxiar, gabar, loar.
OBS. Cambia o *c* en *qu* diante do *e*, como en *sacar*.
FAM. crítica, crítico, criticón.

crítico, crítica
adxectivo
1 Que xulga ou opina mal de algo ou alguén: *Esa recensión crítica salienta os defectos da novela.*
2 Que está nun momento moi perigoso ou difícil: *A adolescencia é unha etapa crítica.* SIN. decisivo, grave.
substantivo
3 Persoa que comenta ou xulga obras de arte ou outra cousa: *Os críticos consideraron que esa novela era moi boa.*
substantivo feminino
4 Actividade que consiste en xulgar obras de arte ou outras cousas e opinar sobre elas: *Fai a crítica literaria que aparece no xornal da súa cidade.*
5 Xuízo ou opinión sobre algo, especialmente o negativo: *Tivo que aturar as críticas do pai polas malas notas.*

croar
verbo
Emitiren a súa voz característica a ra ou o sapo: *As ras croaban na poza.*

croca
substantivo feminino
Cocote.

crocante
substantivo masculino
Caramelo ou xeado con anacos de améndoa: *Mercou un crocante na xeadaría.*

crocar
verbo
Abolar.
OBS. O *c* cambia en *qu* diante do *e,* como en *sacar.*
FAM. crocadura.

crocodilo
substantivo masculino
Réptil que chega a acadar os cinco metros de longo, de cor verdosa escura, pel moi dura, rabo longo e boca moi grande con dentes moi fortes e afiados: *Un crocodilo pode devorar unha persoa.*

croio
substantivo masculino
Pedra pequena e arredondada: *Na beira do río hai croios.* SIN. coio.
FAM. croial, croieira.

cromo
substantivo masculino
Estampa de papel ou tarxeta cunha imaxe ou foto, especialmente se forma parte dunha colección: *Ten un álbum de cromos dos equipos de fútbol de primeira división.*

cromosoma
substantivo masculino
Cada un dos filamentos que aparecen no núcleo dunha célula e que teñen como misión transmitir os caracteres de herdanza: *Os cromosomas conteñen os xenes e na especie humana son 23 pares.*

crónico, crónica
adxectivo
1 Dito dunha enfermidade, que dura moito ou que é habitual e non cura: *A diabete é unha enfermidade crónica.*
2 Que existe ou se repite desde hai moito tempo: *A contaminación das cidades é un problema crónico.*
substantivo feminino
3 Artigo de xornal ou revista onde se informa sobre un feito e se analiza: *Sempre le as crónicas dos partidos do Breogán.*
4 Relato dos feitos históricos na orde en que se produciron: *Os feitos dos reinos medievais están relatados en crónicas.*
FAM. cronista, cronoloxía, cronolóxico.

cronoloxía
substantivo feminino
Presentación de feitos, especialmente históricos, pola orde en que aconteceron: *No remate do tema hai unha cronoloxía dos acontecementos máis importantes do Imperio romano.*
FAM. cronolóxico.

cronometrar
verbo
Medir o tempo de algo de forma exacta: *Cronometran o tempo que fan os ciclistas na etapa.*
FAM. cronometrador, cronometraxe, cronómetro.

cronómetro
substantivo masculino
Reloxo que mide o tempo cunha exactitude total: *Os cronómetros úsanse para medir o tempo nas competicións deportivas.*

croque
substantivo masculino
1 Golpe dado na cabeza: *Deulle un croque cos cotobelos.*
2 Vulto que sae como consecuencia deste golpe: *Ten un croque na cabeza.* SIN. pote.

croqueta
substantivo feminino
Bóla que se fai cunha masa de leite e fariña e anacos de alimentos como xamón, carne, peixe ou calquera outro: *Para fritir as croquetas hai que rebozalas en pan relado.*

cross
substantivo masculino
Carreira que se fai atravesando o campo: *Gañou unha carreira de cross.*

cru, crúa

adxectivo

1 Que está sen cociñar ou moi pouco cociñado: *Na ensalada bótase o tomate cru.*
2 Dito dunha cor, que está entre branca e amarela: *A la natural é de cor crúa.*
3 Moi frío e moi pouco agradable: *Nesta bisbarra os invernos son moi crus.*
4 Que é moi desagradable e ata duro e cruel: *Atopouse coa crúa realidade do falecemento dos pais.*

substantivo masculino

5 Petróleo que non recibiu ningún tratamento pola industria: *O petroleiro transportaba cru.*

FAM. crueza.

*cruce, a forma correcta é cruzamento.

cruceiro

substantivo masculino

1 Gran cruz de pedra que se coloca nos camiños, diante das igrexas e noutros lugares parecidos: *É célebre o cruceiro de Hío.*
2 Viaxe que se fai en barco como diversión e visitando distintos lugares: *De viaxe de noivos farán un cruceiro polo Mediterráneo.*
3 Barco de guerra de gran velocidade para vixiar e protexer as rutas de navegación: *O submarino afundiu o cruceiro con varios torpedos.*

crucificar

verbo

Matar a alguén cravándoo nunha cruz: *Cristo foi crucificado.*

OBS. O *c* cambia en *qu* diante do *e*, como en *sacar.*

FAM. crucifixión, crucifixo.

crucifixo

substantivo masculino

Imaxe de Cristo na cruz: *Leva un crucifixo pendurado dunha cadea.*

cruel

adxectivo

1 Que goza facendo sufrir os demais ou que non se compadece da súa dor: *Maltrataba o cadelo porque é moi cruel.* ANT. caritativo, compasivo, misericordioso, piadoso.
2 Moi duro ou difícil de aguantar: *É cruel para ese cativo ser orfo de pai e nai.* SIN. atroz, brutal, feroz.

crueldade

substantivo feminino

Gozo ou falta de compaixón coa dor e desgraza alleas: *Non lle dá de beber ao cadelo porque o trata con crueldade.*

SIN. atrocidade, brutalidade. ANT. caridade, clemencia, compaixón, piedade.

crueza

substantivo feminino

1 Dureza do tempo ou clima difícil de soportar: *Aquí o clima é de gran crueza, con moito frío e nevaradas.*
2 Dureza excesiva de algo que resulta moi desagradable: *A película presenta o asasinato con total crueza.*

cruz

substantivo feminino

1 Figura formada por dúas liñas que se cortan perpendicularmente: *O signo da suma é unha cruz.*
2 Calquera cousa coa forma desa figura: *O símbolo das farmacias é unha cruz verde.*
3 Instrumento formado por dous madeiros ou paus con esta forma onde se mataba os condenados: *Cristo morreu na cruz.*
4 Pena, traballo, obriga ou dor moi grandes: *Ten a cruz da enfermidade incurable do fillo.*
5 Superficie dunha moeda oposta á principal: *Todas as moedas teñen cara e cruz.* ANT. cara.

FAM. crucificar, crucifixo, cruzado, cruzada, cruzamento, cruzar, encrucillada, encrucillado.

cruzado, cruzada

adxectivo e substantivo

1 Que participa nas guerras que os cristiáns desenvolveron contra os musulmáns na Idade Media para recuperar Belén e Xerusalén: *Os cruzados non conseguiron os seus obxectivos.*
2 Que defende algo bo ou loita contra algo malo: *É un cruzado da defensa do medio ambiente.*

substantivo feminino

3 Guerra que os cristiáns fixeron na Idade Media contra os musulmáns para conquistar Belén e Xerusalén: *Entre os séculos XI e XIV houbo varias cruzadas.*
4 Defensa de algo bo ou loita contra algo moi malo: *A cruzada contra a droga é responsabilidade de todos.*

cruzamento

substantivo masculino

1 Punto onde se encontran dúas liñas: *Unha cruz prodúcese polo cruzamento de dúas liñas.*

2 Lugar onde se encontran dúas ou máis vías, como rúas ou estradas: *Cómpre que vires á dereita no próximo cruzamento.*

3 Paso sinalado nunha rúa para que crucen as persoas: *Debes pasar polo cruzamento de peóns.*

4 Mestura de sinais de teléfono, radio ou televisión diferentes: *Vou colgar o teléfono porque temos un cruzamento.*

5 Unión dun animal ou planta con outro de distinta raza pero da mesma especie ou de especies moi semellantes: *O seu can é un cruzamento de mastín e pastor alemán.*

cruzar

verbo

1 Ir ou pasar dunha parte a outra dun lugar: *Cruzou o río a nado.* SIN. atravesar.

2 Pór unha cousa sobre outra formando unha cruz: *Ao sentar cruzou as pernas.*

3 Unir un animal ou planta con outro de distinta raza pero da mesma especie para que teñan fillos: *Os biólogos cruzan distintas razas de vacún para obter mellores animais de cría e leite.*

4 Intercambiar miradas ou xestos con outra persoa: *Cruzaron entre eles insultos moi graves.*

5 Pasaren dúas persoas ou cousas polo mesmo sitio pero con direccións opostas: *Cruceime con el na praza.*

6 Aparecer ou pórse diante: *Cruzóuselle un peón e atropelouno.*

OBS. O *z* cambia en *c* ante *e*, como en *cazar*.

***cu** (letra), a forma correcta é **que**.

cu

substantivo masculino

1 Parte do corpo sobre a que sentamos: *As nádegas forman o cu.* SIN. traseiro.

2 Orificio ou buraco que temos nesa parte: *Cu é un termo coloquial por ano.* SIN. ano.

3 Extremo inferior ou posterior de algo: *Deu co cu do coche contra a parede ao aparcar.*

EXP. **Cu da agulla** Buraco dunha agulla por onde se mete o fío de coser: *Para enfiarmos, metemos o fío polo cu da agulla.*

FAM. cuada, cueiro, recuar.

cuada

substantivo feminino

Golpe no cu ao caer: *Esvarou e deu unha cuada.*

cuadraxésimo, cuadraxésima

numeral

Que nunha serie ocupa o lugar número corenta: *Ocupou a cuadraxésima posición entre cen ciclistas.*

cuadrícula

substantivo feminino

Cada un dos pequenos cadradiños en que se dividen algunhas follas de papel: *Algúns cadernos teñen as follas con cuadrículas.*

FAM. cuadriculado.

cuadrienio

substantivo masculino

Espazo de tempo de catro anos: *Dous cuadrienios son oito anos.*

cuadriga

substantivo feminino

Carro tirado por catro cabalos que se usaba nas carreiras da antiga Roma: *Nas películas de romanos vense carreiras de cuadrigas.*

cuadrilátero

substantivo masculino

1 Polígono de catro lados: *Un rectángulo é un cuadrilátero.*

2 Espazo co piso de lona e limitado con catro cordas en que se fan os combates de boxeo: *O boxeador caeu sobre a lona do cuadrilátero.*

cuadrilla

substantivo feminino

Grupo pequeno de persoas que fan calquera cousa en común, como un traballo, divertirse ou mesmo roubar: *Construía a beirarrúa unha cuadrilla de albaneis.*

cuadrimestre

substantivo masculino

Espazo de catro meses: *Xaneiro, febreiro, marzo e abril son o primeiro cuadrimestre do ano.*

FAM. cuadrimestral.

cuadrúpede

adxectivo e substantivo masculino

Que ten catro patas: *O cabalo e o can son cuadrúpedes.*

*cuádruple, a forma correcta é **cuádruplo**.

cuádruplo, cuádrupla

pronome numeral

1 Que consta de catro ou é adecuado para catro: *Durmimos nun cuarto cuádruplo, é dicir, tiña catro camas.*

2 Que é catro veces maior: *Oito é cuádruplo de dous.*

*cualidade, a forma correcta é **calidade**.

cualificación

substantivo feminino

1 Atribución de determinadas calidades a algo ou alguén: *A cualificación profesional dese mecánico é moi boa.*

2 Nota que se lle dá a alguén nun exame ou avaliación: *Obtivo unha cualificación de 8 en matemáticas.* SIN. nota, puntuación.

cualificado, cualificada

adxectivo

Que está preparado para desempeñar unha actividade: *Un obreiro cualificado gaña ben máis ca outro sen cualificar.*

cualificar

verbo

1 Atribuír determinadas calidades a algo ou alguén: *Non consente que o cualifiquen de vago.*

2 Darlle un valor a un exame ou proba: *Cualificáronlle o exame de matemáticas cun 8.* SIN. avaliar.

3 **cualificarse** Obter un determinado posto nunha competición ou conseguir continuar nela: *O Lugo cualificouse para xogar a final da Copa de Galicia.* SIN. clasificarse.

OBS. O *c* cambia en *qu* diante do *e*, como en *sacar*.

FAM. cualificación, cualificado, cualificativo.

cualificativo, cualificativa

adxectivo

Que di as calidades ou características de algo ou alguén: *O adxectivo cualificativo expresa calidades do substantivo.*

*cuantía, a forma correcta é **contía**.

cuantificar

verbo

Expresar por medio dunha cantidade exacta: *Hai que cuantificar os danos da chea do río.* SIN. avaliar, valorar.

OBS. Cambia o *c* en *qu* ante *e*, como en *sacar*.

FAM. cuantificación.

cuantioso, cuantiosa

adxectivo

Abundante en número ou cantidade: *Este inverno as chuvias foron cuantiosas.* SIN. abundante, numeroso. ANT. curto, escaso.

cuartear

verbo

Partir ou dividir: *O carniceiro cuarteaba a res.*

cuarteirón

substantivo masculino

1 Medida de capacidade equivalente a un cuarto de litro: *Só mercou un cuarteirón de aceite.*

2 Cuarta parte dun cento: *Mercou un cuarteirón de roseiras.*

cuartel

substantivo masculino

1 Lugar onde viven e se aloxan os soldados: *Os cuarteis adoitan estar nas aforas das cidades.*

2 Descanso ou tregua que se lle dá a un inimigo: *O noso equipo loitou sen cuartel pola vitoria.* SIN. tregua.

3 Edificio dun posto de policía, da Garda Civil ou dos bombeiros: *Sempre hai bombeiros de garda no cuartel.*

EXP. **Cuartel xeral** Lugar en que está a dirección dunha organización: *O cuartel xeral da empresa está no despacho do xefe.*

cuarteto

substantivo masculino

1 Conxunto musical de catro voces ou instrumentos: *Con outros tres amigos formou un cuarteto de música clásica.*

2 Estrofa de catro versos hendecasílabos: *Nos cuartetos riman en consonante o verso primeiro co cuarto e o segundo co terceiro.*

cuartilla

substantivo feminino

Folla de papel para escribir: *A cuartilla mide aproximadamente a metade dun folio.*

cuarto, cuarta

numeral

1 Que ocupa o lugar número catro nunha serie: *O noso equipo está de cuarto na clasificación.*

substantivo masculino

2 Cada unha das catro partes iguais en que algo se divide: *Quince minutos son un cuarto de hora.*

3 Cada unha das partes ou pezas en que se divide unha casa, especialmente as destinadas para durmir: *No cuarto ten a cama, a mesa co ordenador e uns andeis.* SIN. estancia, peza.

substantivo feminino

4 Medida de lonxitude equivalente aproximadamente a vinte centímetros: *A palma da man aberta, desde o polgar ao maimiño, mide aproximadamente unha cuarta.* SIN. palmo.

EXP. **Cuarto de aseo** O pequeno con lavabo e váter, pero sen bañeira: *Lavou as mans no cuarto de aseo.* **Cuarto de baño** O destinado ao aseo persoal e con bañeira: *Dúchase no cuarto de baño.* **Cuarto de estar** O grande en que adoita xuntarse a xente da casa: *Vemos a televisión no cuarto de estar.* **Cuartos de final** Nunha competición, etapa anterior á semifinal: *Os cuartos de final son os antepenúltimos encontros ou probas da competición.*

OBS. Na acepción 3 é distinto de *habitación*, 'feito de habitar nun lugar'.

cuarzo

substantivo masculino

Mineral moi duro de cor rosa, branca ou sen cor: *O granito está formado por cuarzo, feldespato e mica.*

cuaternario, cuaternaria

adxectivo

1 Da era xeolóxica actual: *Agora estamos na era cuaternaria.*

substantivo masculino

2 Era xeolóxica actual: *O Cuaternario é a quinta era xeolóxica.* SIN. era cuaternaria.

OBS. Na acepción 2 adoita escribirse con inicial maiúscula.

cuba

substantivo feminino

Recipiente grande formado por táboas de madeira suxeitas por aros de metal e usada para conter moito viño: *No Ribeiro hai moitas cubas.*

EXP. **Coma unha cuba** Moi borracho: *Na voda acabou coma unha cuba.*

cuberto, cuberta

1 Participio irregular do verbo *cubrir.*

adxectivo

2 Totalmente cheo de nubes: *Non se ve o sol porque o ceo está cuberto.*

substantivo masculino

3 Alboio.

substantivo feminino

4 O que tapa ou cobre algo para protexelo: *A cuberta do libro é de cartón.*

5 Parte exterior dun pneumático: *Cambiou a cuberta da roda da bicicleta.*

6 Cada un dos pisos dun barco, especialmente o último ou superior: *Os modernos transatlánticos teñen varias cubertas.*

EXP. **A cuberto** Protexido dun dano ou perigo: *Na cova estaremos a cuberto da chuvia.*

cubeta

substantivo feminino

Recipiente pouco profundo e de forma rectangular que se usa nos laboratorios: *No laboratorio de Ciencias hai cubetas.*

cubil

substantivo masculino

Corte ou parte da corte en que están os porcos: *Tiñan catro porcos nun cubil.*

***cubilete**, a forma correcta é **gobelete**.

cúbito

substantivo masculino

Óso que vai desde o cóbado ata onde comeza a man: *O cúbito e o radio forman o antebrazo.*

cubo[1]

substantivo masculino

1 Corpo xeométrico limitado por seis cadrados iguais: *Os dados teñen forma de cubos.*

2 Resultado que se obtén ao multiplicar unha cantidade dúas veces por si mesma: *9 é o cubo de 3.*

EXP. **Cubo de xeo** Anaco pequeno de xeo con esta forma xeométrica: *Botou no vaso uns cubos de xeo.*

OBS. É distinto de *caldeiro*, 'recipiente con anga para conter e transportar un líquido'.

FAM. cúbico, cubismo.

cubo[2]

substantivo masculino

Depósito do muíño de auga onde se acumula a auga que vén do río: *A auga do río chega ao cubo pola canle.*

cubrir

verbo

1 Pór algo enriba doutra cousa de xeito que esta non se vexa: *Nas vacacións cobren as cadeiras de brazos con sabas vellas.* SIN. tapar. ANT. descubrir, destapar.
2 Estender sobre unha superficie: *Cubriu o biscoito cunha capa de chocolate.* SIN. tapar. ANT. descubrir, destapar.
3 Protexer dun dano ou dun perigo: *A artillaría cubría os soldados que avanzaban.*
4 Facer que un posto de traballo deixe de estar libre dándollo a unha persoa: *Van cubrir a praza de conserxe do instituto.*
5 Ocuparse dun servizo ou de satisfacer unha necesidade: *O SERGAS cobre as necesidades sanitarias de Galicia.* SIN. atender.
6 Nalgúns deportes, defender unha zona do campo ou impedir que xogue ben un contrario: *Cómpre cubrir mellor ese dianteiro.*
7 Seguir o desenvolvemento dun acontecemento para contalo como noticia: *Moitos medios cobren as eleccións autonómicas.*
8 Pórlle teito ou tellado a un edificio: *Imos cubrir a terraza.*
9 Facer o percorrido dunha distancia: *O corredor cubriu os cen metros en menos de dez segundos.* SIN. percorrer.
10 Dar algo en gran cantidade: *O can cubriume de lambetadas.* SIN. encher.
11 Unirse sexualmente un animal macho á femia: *O can cubría a cadela.* SIN. montar.
12 Ser suficiente para pagar algo: *Co soldo non cobre todos os gastos que ten.*
13 Escribir a información que se pide sobre un papel cos espazos sinalados para iso: *Tes que cubrir o impreso da solicitude.* SIN. encher.
14 **cubrirse** Pór o sombreiro ou a gorra: *Cubriuse co sombreiro porque ía sol.* ANT. descubrirse.
15 Encherse moito de algo: *O ceo cubriuse de nubes.*
OBS. Conxúgase como *fuxir*. O participio é irregular, *cuberto*.
FAM. cubrición, cuberta, cuberto, descubridor, descuberto, descubrimento, descubrir.

cuco

substantivo masculino

Ave gabeadora pequena de plumas grises e cola negra con puntos brancos: *A femia do cuco pon os ovos no niño doutras aves.*

cueiro

substantivo masculino

Peza de tea ou material absorbentes que se lles pon aos meniños pequenos entre as pernas para recoller a caca e o pis: *Os cueiros adoitan ser de celulosa.*

cuestión

substantivo feminino

1 Asunto ou materia, especialmente o que ofrece dúbidas, se presta a discusión ou hai que resolver: *O do alugamento dese baixo é unha cuestión que hai que solucionar.*
2 Pregunta que se fai para descubrir algo: *O exame tiña dez cuestións.*
EXP. **En cuestión** Indica a persoa ou cousa das que se está tratando: *O vixilante en cuestión cometeu varios atracos.* **Ser cuestión de** Ser necesaria unha cousa para que outra se realice ou cumpra: *Convencelo só é cuestión de tempo.*
FAM. cuestionar, cuestionario.

cuestionar

verbo

1 Pór en dúbida: *Cuestiono que iso sexa certo.*
2 **cuestionarse** Preguntarse sobre a verdade, utilidade ou conveniencia de algo: *Cuestionáronse a posibilidade de abandonar este negocio.*

cuestionario

substantivo masculino

Lista de preguntas para obter datos ou información sobre algo: *O exame era un cuestionario de vinte preguntas.*

culata

substantivo feminino

Parte de atrás dunha arma de fogo pola que se colle ou que se apoia no ombro para disparar: *As culatas das escopetas adoitan ser de madeira.*

culler

substantivo masculino

1 Utensilio con mango e pa no extremo co que se toman os alimentos líquidos: *O caldo cómese con culler.*
2 Cada unha das pas longas que forman o rodicio do muíño: *As culleres eran de pau ou metal.*
3 Cágado.
FAM. cullerada, culleriña, cullerón.

cullerada
substantivo feminino
Cantidade de alimento que cabe nunha culler: *Botoulle ao leite unha cullerada de azucre.*

culleriña
substantivo feminino
Culler moi pequena: *Remexía o café de sobremesa coa culleriña.*

cullerón
substantivo masculino
Utensilio con mango e extremo en forma de media esfera aberta que se usa para servir alimentos líquidos: *O caldo sérvese co cullerón.* SIN. cazo.

culminar
verbo
1 Chegar ao punto máis alto: *Os alpinistas culminaron o ascenso á montaña.*
2 Terminar unha actividade: *A festa culminou cos foguetes.*
FAM. culminación, culminante.

culpa
substantivo feminino
1 Falta voluntaria ou involuntaria: *Cómpre perdoar as súas culpas.*
2 Responsabilidade por esa falta: *Cumpre no cárcere unha culpa de dous anos por roubo.*

culpar
verbo
Botar a culpa ou responsabilidade de algo malo: *Cúlpano de malos tratos.*
FAM. culpa, culpabilidade, culpable.

cultivar
verbo
1 Coidar a terra e as plantas para que produzan froitos: *Nesa leira cultivan árbores froiteiras.*
2 Criar seres vivos con fins económicos ou científicos: *Nas bateas cultivan mexillóns.*
3 Facer o necesario para que algo se manteña e desenvolva: *A amizade cómpre cultivala.*
4 Practicar ou exercitar unha arte, ciencia, habilidade ou capacidade: *Ese escritor cultiva o teatro e a novela.*
FAM. cultivado, cultivo.

cultivo
substantivo masculino
1 Traballo de coidar a terra e as plantas para que produzan froitas: *Dedícase ao cultivo do millo e doutros cereais.*
2 Cría de seres vivos con fins científicos ou económicos: *No laboratorio faise cultivo de bacterias para estudalas.*
3 Mantemento e desenvolvemento dunha capacidade, relación ou actividade: *O cultivo das amizades require tempo.*
4 Dedicación a unha arte, ciencia ou actividade: *Iniciouse moi nova no cultivo da literatura.*

culto, culta
adxectivo
1 Que ten moita cultura ou formación: *O Ensino fai de nós persoas cultas.* SIN. douto, letrado, lido. ANT. analfabeto, ignorante, inculto.
substantivo masculino
2 Conxunto de cerimonias e actos feitos en honor dun deus ou nunha relixión: *A misa é parte fundamental do culto católico.*
3 Admiración moi grande cara a algo ou alguén: *Tenlle culto a ese pintor.* SIN. devoción.

cultura
substantivo feminino
1 Conxunto de coñecementos conseguidos mediante o estudo e a formación: *Unha persoa culta tanto sabe de letras coma de ciencias.*
2 Conxunto de coñecementos, crenzas e costumes propios dun pobo: *A literatura popular ten grande importancia na cultura galega.* SIN. civilización.
FAM. cultural, culturismo, culturizar.

culturismo
substantivo masculino
Actividade deportiva consistente en facer exercicios para desenvolver moito os músculos: *No culturismo levántanse grandes pesos.*
FAM. culturista.

cume ou cumio
substantivo masculino
1 Parte máis alta dunha montaña: *Os alpinistas chegaron ao cume da montaña.* SIN. cima, cúspide.

2 Punto máis alto ao que se pode chegar: *Con esa película a actriz chegou ao cumio da súa fama.* SIN. cima, cúspide.
3 Xunta ou reunión de persoas con moito poder para tratar asuntos moi importantes: *Houbo un cumio de xefes de Estado da Comunidade Europea.*
OBS. Na acepción 3 adoita usarse *cumio.*

cumprido, cumprida
adxectivo
Moi grande ou moi longo: *Leva unha chaqueta cumprida, case lle chega aos xeonllos.* SIN. grande, longo. ANT. curto, pequeno.

cumpridor, cumpridora
adxectivo
Que fai o que promete ou o que debe facer: *É moi cumpridor e nunca falta ao traballo.*

cumprimentar
verbo
Visitar ou saudar como sinal de respecto: *O alcalde e os concelleiros cumprimentaron o Presidente da Xunta.*

cumprimento
substantivo masculino
1 Realización de algo que é unha obriga ou se prometeu: *O capitán morreu no cumprimento do seu deber, defendendo a fortaleza.*
2 Fin dun prazo ou período de tempo para algo: *Non se poden presentar solicitudes despois do cumprimento do prazo.*
3 Atención e cortesía con alguén: *Os membros da asociación de veciños trataron o alcalde con moito cumprimento.*

cumprir
verbo
1 Facer o que se debe: *Neste traballo todos cumprimos moi ben.*
2 Realizar unha obriga ou unha promesa: *Cumpriu o que prometera.*
3 Facer algo para quedar ben con alguén: *El convidoume e eu cumprín cun bo regalo.*
4 Chegar a ter unha idade: *Ao cumprir dezaoito anos alcánzase a maioría de idade.*
5 Terminar o período de tempo fixado para algo: *Hoxe cumpre o prazo de matrícula.*
6 Ser necesario: *Cómpre pintar esa porta.*
7 cumprirse Facerse real algo: *Cumpríronse os teus desexos.* SIN. realizarse.
OBS. A acepción 6 só ten terceira persoa e conxúgase como *fuxir.* No resto das acepcións é regular.
FAM. cumprido, cumpridor, cumprimentar.

cúmulo
substantivo masculino
1 Reunión de moitas cousas: *Cometeu un cúmulo de erros no exame.* SIN. montón, morea.
2 Nube grande de cor branca: *Os cúmulos lembran a forma do algodón.*

cun, cunha
contracción
Unión da preposición *con* co artigo *un, unha*: *Chegou cuns curmáns seus. Viña cunha amiga.*

cunca
substantivo feminino
1 Recipiente con ou sen asas que serve para tomar líquidos: *Botou o leite nunha cunca para almorzar.* SIN. conca.
2 Conxunto de terras cuxas augas van parar a un mesmo río, lago ou mar: *A cunca do Sil ten fermosas paisaxes.* SIN. bacía, conca.
3 Terreo rico nun determinado mineral: *A cunca asturiana ten minas de carbón.* SIN. conca.
4 Cada un dos ocos en que están os ollos: *O monstro presentaba uns ollos afundidos na súa cunca.* SIN. conca, órbita.
5 Oco que se forma nalgunhas cousas: *Bebía do cano collendo a auga na cunca da man.* SIN. conca.
EXP. **Chover ás cuncas** Chover moito: *Esta tarde choveu ás cuncas.*
FAM. recuncar.

cuncha
substantivo feminino
1 Peza ou cuberta dura que protexe o corpo dalgúns animais: *As cunchas, como a dos berberechos, son pezas calcarias que protexen o corpo do animal.* SIN. concha.
plural
2 Instrumento musical formado por dúas cunchas de vieira que se toca fretando unha contra a outra: *No grupo folclórico el canta e toca as cunchas.* SIN. concha.

cuneta
substantivo feminino
Suco ou buraco longo e estreito que hai nos lados das estradas e camiños para recoller

a auga da chuvia: *Con esta treboada as cunetas van cheas de auga.* SIN. foxo, foio.

cunqueiro, cunqueira

substantivo

1 Persoa que fai ou vende cuncas: *Os cunqueiros son artesáns.*

substantivo masculino

2 Alzadeiro.

cuña

substantivo feminino

1 Peza de madeira ou metálica, terminada en ángulo nun dos seus extremos usada para suxeitar ou sentar algo: *Púxolle unha cuña ao armario para sentalo ben.*

2 Interese que alguén toma por unha persoa para que teña vantaxe sobre outros: *Din que aprobou todo pola cuña que lle meteu o director.*

3 Recipiente que usan os enfermos que non se poden mover da cama para mexar: *Resulta incómodo mexar na cuña.*

4 Espazo curto na radio ou na televisión dedicado á publicidade: *Interrompen a película para meter cuñas publicitarias.*

cuñado, cuñada

substantivo

1 Respecto dunha persoa, irmán ou irmá do seu cónxuxe: *Os irmáns de meu pai son cuñados de miña nai.*

2 Respecto dunha persoa, cónxuxe do seu irmán ou irmá: *Cando cases con miña irmá, serás o meu cuñado.*

cuñar

verbo

1 Fabricar moeda: *Antigamente cuñábanse moedas de ouro.*

2 Pór sobre un papel ou documento a marca dun cuño ou selo: *O titor cuña o boletín das notas co cuño do instituto.*

cuño

substantivo masculino

1 Instrumento que ten un debuxo ou inscrición que, humedecido en tinta, pode gravarse sobre cartas, documentos e papeis premendo sobre estes: *O titor poñíalles o cuño aos boletíns de notas.*

2 Marca que deixa este instrumento do seu debuxo e inscrición no papel: *O boletín das notas leva o cuño do instituto.*

***cupo**, a forma correcta é **cota, parte**.

cupón

substantivo masculino

Papel cun determinado valor que se xunta con outros iguais para cambialo por algo: *Se xuntas dez cupóns destas caixas de galletas, regálanche un balón.*

cúpula

substantivo feminino

1 Construción en forma de media esfera que cobre un edificio ou parte del: *É célebre a cúpula de San Pedro do Vaticano.*

2 Conxunto de persoas que dirixen unha organización: *A cúpula da empresa decidiu unha nova campaña publicitaria.*

OBS. Na acepción 1 é distinto de *bóveda.*

cura

substantivo masculino

1 Sacerdote católico: *O cura da miña parroquia aínda é un mozo.*

substantivo feminino

2 Curación.

curación

substantivo feminino

1 Recuperación da saúde: *A curación do enfermo producirase nunha semana.*

2 Proceso de darlle a un enfermo os medicamentos e coidados necesarios para que sande: *Consagrou a súa vida á curación dos leprosos.* SIN. cura.

3 Preparación de algo, especialmente carne e peixe, para que se conserve moito tempo: *Os xamóns cólganse ao aire para lograr a súa curación.*

curandeiro, curandeira

substantivo

Persoa que sen ser médico cura persoas, especialmente por procedementos naturais ou máxicos: *Cada vez hai menos curandeiros.* SIN. menciñeiro.

curar

verbo

1 Recuperar a saúde: *Xa curou da catarreira.* SIN. sandar. ANT. adoecer, enfermar.

2 Dar os medicamentos e coidados necesarios para que alguén sande: *Curáronlle a ferida no hospital.* SIN. sandar. ANT. enfermar.

3 Preparar a carne ou o peixe para que se conserve moito tempo: *Para curar o peixe hai que secalo e metelo en sal.*

FAM. cura, curación, curandeiro.

curiosidade
substantivo feminino
1 Interese por saber: *Todos os científicos teñen unha gran curiosidade por descifrar o descoñecido.*
2 Interese dunha persoa por saber o que non é asunto seu: *A curiosidade faille que realice preguntas indiscretas.*
3 Cousa rara e interesante: *O libro trata de anécdotas e curiosidades históricas.*
4 Limpeza e coidado con que se fai algo: *Admiro a curiosidade con que presenta os deberes.*

curioso, curiosa
adxectivo
1 Limpo e feito con coidado: *Ten sempre o cuarto moi curioso e ordenado.* SIN. aseado.
2 Que é raro e interesante: *O libro conta curiosas anécdotas de personaxes históricos.*
adxectivo e substantivo
3 Que lle gusta saber o que non é asunto seu: *É tan curioso que abre os caixóns das casas que visita.*
FAM. curiosidade.

curmán, curmá
substantivo
Respecto dunha persoa, outra que é fillo ou filla do seu tío ou da súa tía: *Moito xoguei de neno cos curmáns na aldea.* SIN. primo.

curral
substantivo masculino
Lugar descuberto e habitualmente valado onde se gardan animais domésticos e mesmo apeiros de labranza ou leña: *As galiñas cacarexaban no curral.*

currículo
substantivo masculino
1 Conxunto de méritos como estudos feitos, traballos realizados e coñecemento de idiomas que presenta unha persoa, especialmente para conseguir un traballo: *Deixou o currículo en varias empresas.*
2 Conxunto de materias que forman unha etapa do Ensino: *O currículo do Ensino Primario ten moitas materias.*
FAM. curricular.

curro
substantivo masculino
Lugar pechado cun valo onde un día ao ano se encerran os cabalos criados no monte en liberdade: *Meteron os cabalos no curro para marcalos.*

curruncho
substantivo masculino
Recuncho.

cursivo, cursiva
adxectivo
Referido á letra impresa, que está inclinada cara á dereita: *Os exemplos deste dicionario están escritos en letra cursiva.*

curso
substantivo masculino
1 Parte do ano sinalada para que os alumnos asistan ás clases: *O curso comeza en setembro e remata en xuño.*
2 Cada unha das partes en que se divide un ciclo de estudos: *A Primaria ten seis cursos.*
3 Conxunto de alumnos que estuda unha desas partes: *O curso de primeiro ten corenta alumnos.*
4 Conxunto de ensinanzas sobre unha materia: *Está a facer un curso de informática.*
5 Marcha ou desenvolvemento de algo: *O curso do tempo non para.*
6 Movemento da auga cando corre: *O curso deste río ten moitos meandros.*
7 Circulación de algo entre a xente: *O euro é a moeda de curso legal.*
OBS. Na acepción 4 é incorrecta a forma **cursiño*.

cursor
substantivo masculino
Sinal que se move na pantalla dun ordenador e que indica onde se está: *O cursor adoita escintilar.*

curtametraxe
substantivo feminino
Película de cine de pouca duración: *Gústanme as curtametraxes sobre o mundo natural.*

curtir
verbo
1 Preparar a pel dun animal para poder usala: *As peles dos animais hai que curtilas antes para facer abrigos.*
2 Póren o sol e o aire máis morena e dura a pel das persoas: *O sol e o aire curten a pel dos mariñeiros.*
3 Afacer a traballos, penas e sufrimentos: *É novo e os problemas da vida hano curtir.*

curto, curta
adxectivo

1 De pouca lonxitude ou de pouca extensión: *É un traxecto curto, que non chega aos cen metros.* SIN. escaso, reducido. ANT. extenso, longo.

2 De pouca duración: *O discurso foi curto: cinco minutos.* SIN. escaso, reducido. ANT. duradeiro, extenso.

3 De pouca cantidade: *Ten unha filla de curta idade.* SIN. breve, escaso, reducido. ANT. abundante, cuantioso, longo, numeroso.

4 Que non chega ao necesario ou ata onde se quere que chegue: *As súas clases son curtas: non chegan nin aos corenta e cinco minutos.* ANT. longo.

5 Que ten pouca intelixencia: *Non entende as cousas complexas porque é algo curto.*

EXP. **Pola curta** Con poucas palabras: *Cóntame iso pola curta.* **Quedar curto** Non dicir, coller ou facer todo o necesario: *Chameille nugallán e quedei curto.*

curuto
substantivo masculino

1 Parte máis elevada dun monte: *A ermida está no curuto do outeiro.* SIN. petouto, picoto.

2 Cocote.

curuxa
substantivo feminino

Ave rapaz nocturna co peteiro en forma de gancho e coas plumas de cor clara: *A curuxa come paxaros, ratos e pequenos mamíferos.*

curvo, curva
adxectivo

1 Que non é recto nin ten ángulos: *A profesora trazou no encerado unha liña curva.* ANT. recto.

substantivo feminino

2 Liña que non é recta nin ten ángulos: *Unha circunferencia é unha curva pechada.* ANT. recta.

3 Calquera cousa que ten a forma desta liña: *Nas estradas hai curvas.* ANT. recta.

FAM. curvar, curvatura, curvilíneo.

cuspe
substantivo masculino

Saliva.

FAM. cuspido, cuspir.

cúspide
substantivo feminino

1 Parte máis alta de algo, como unha montaña ou un edificio: *Os escaladores acadaron con grande esforzo a cúspide.* ANT. cima, cume, cumio.

2 Punto máis alto ao que se pode chegar: *Con esa gran novela chegou á cúspide da súa carreira literaria.* ANT. cima, cume, cumio.

cuspido, cuspida
adxectivo

Moi parecido: *É cuspidiño á nai.*

cuspir
verbo

1 Expulsar da boca cuspe: *Non se debe cuspir na rúa.*

2 Botar pola boca: *Cuspía sangue cando lle arrancaron o dente.*

OBS. Conxúgase como *fuxir.*

FAM. cuspe, cuspido.

custa
substantivo feminino

Cartos que hai que pagar como consecuencia de algo: *O seguro non quere pagar as custas do accidente.*

EXP. **Á custa de** Cos cartos, a axuda ou o sacrificio de: *Estudou á custa dun familiar que lle pagou todo. Conseguimos facer esa casa á custa de moito esforzo.*

custar
verbo

1 Ter determinado prezo: *Esa camisa custa nove euros.* SIN. valer.

2 Producir molestia ou supor un esforzo: *Aínda che custa ben madrugar.*

EXP. **Custar caro** Traer moi malas consecuencias: *Custarache caro non convidarme ao teu aniversario.* **Custe o que custe** Aínda que sexa moitísimo: *Irei a esa viaxe custe o que custe.*

FAM. custo, custoso.

custo
substantivo masculino

Diñeiro, esforzo ou traballo necesarios para conseguir algo: *O custo dese cuarto do hotel é de trinta euros por noite.*

OBS. A forma **custe* é incorrecta.

custodiar

verbo

Gardar ou coidar con moita atención: *Varios gardas custodian os cadros do museo.* FAM. custodia.

custoso, custosa

adxectivo

Que custa moito: *Esa viaxe resulta moi custosa, máis de 1000 euros.*

cutáneo, cutánea

adxectivo

Da pel: *Padece unha erupción cutánea.*

cute

substantivo feminino

Pel da cara das persoas: *Mercou unha crema para a cute.*

cutre

adxectivo e substantivo

Que gasta moi pouco ou o menos posible: *Non convida nunca os amigos porque é un cutre.* SIN. agarrado, amarrado, apertado, atado, avarento, avaro, cotroso, ruín. ANT. xeneroso.

cuxo[1], cuxa

relativo

Indica que pertence a alguén ou algo que xa se citou antes: *O meu coche, cuxo motor é diesel, consome gasóleo. A casa, cuxo propietario coñecemos esta mañá, xa foi vendida.*

cuxo[2], cuxa

substantivo

Becerro.

D

d
substantivo masculino
Letra número catro do abecedario: *O nome do* d *é de.*

dabondo
adverbio
Abondo.

dacabalo
adverbio
A cabalo.

dado
substantivo masculino
Peza de forma cúbica que ten un número de puntos en cada cara e que se usa nalgúns xogos de azar: *Para xogar ao parchís cómpren dados.*

daga
substantivo feminino
Especie de espada curta: *Os gladiadores usaban daga.*

dalgún, dalgunha
contracción
Unión da preposición *de* e *algún, algunha*: *Non se lembraba dalgunhas cousas.*

daltonismo
substantivo masculino
Defecto da vista que fai que se confundan as cores: *O daltonismo fai que se confunda o vermello co verde.*
FAM. daltónico.

dama
substantivo feminino
1 Muller ou señora, especialmente usado como forma de tratamento: *Miñas damas e meus señores, vai comezar o espectáculo.*
plural
2 Xogo en que interveñen dous xogadores que moven unhas fichas redondas sobre un taboleiro de cadros brancos e negros: *No colexio houbo un campionato de damas.*
EXP. **Dama de honra** Muller que acompaña a outra nalgunhas cerimonias: *Miñas curmás serán damas de honra na miña voda.*
Primeira dama Esposa do xefe do Estado ou do xefe do Goberno: *A raíña é a primeira dama.*

damnificar
verbo
Causar un dano grande: *Foron moitos os damnificados por ese terremoto.*
OBS. O *c* cambia en *qu* diante do *e*, como en *sacar.*
FAM. damnificado.

danado, danada
adxectivo
Moi malo: *Ese asasinato é propio dunha mente danada.* SIN. malvado, perverso.

danar
verbo
Causar molestia, dor, prexuízo, dano ou algún mal: *A sarabia danou as colleitas.*
FAM. danado, daniño, dano.

daniño, daniña
adxectivo
Malo ou prexudicial: *Fumar é daniño para a saúde.* SIN. nocivo, pernicioso, prexudicial. ANT. bo, inocuo, inofensivo, saudable.

dano
substantivo masculino
Dor, mal ou perda producidos por algo: *As fortes chuvias produciron danos nas colleitas.*

danzar
verbo
1 Moverse ao ritmo dunha música: *Eses rapaces danzaron unha muiñeira.* SIN. bailar.
2 Andar dun lado para outro sen parar: *Andei danzando da Casa do Concello para a xestoría toda a mañá.*
OBS. O *z* cambia en *c* diante do *e*, como en *cazar.*
FAM. danza, danzante, danzarín.

daquel, daquela, daquilo
contracción
Unión da preposición *de* co demostrativo *aquel, aquela, aquilo: Non se volveu falar daquel asunto.*

daquela
adverbio
1 Nun lugar ou tempo afastados: *Daquela, hai xa trinta anos, eramos moi novos.* SIN. entón.
2 En tal caso ou sendo así: *Se tes tanto medo, daquela non veñas.* SIN. entón.

daqueloutro, daqueloutra
contracción
Unión da preposición *de* e *aqueloutro, aqueloutra: Non sei cal é o prezo daqueloutra bicicleta.*

dar
verbo
1 Regalar voluntariamente e gratis: *Deulle á filla un vestido.* SIN. entregar. ANT. quitar.
2 Pór nas mans doutra persoa: *Dáme un prato, por favor.*
3 Proporcionar ou subministrar: *Danlle moito traballo na empresa.* SIN. proporcionar.
4 Propoñerlle algo a unha persoa para que o faga: *Déchesme unha idea moi boa.*
5 Producir ou ter como froito: *Esta cerdeira dá unha cereixas moi saborosas.* SIN. producir.
6 Comunicar ou facer saber: *Vouche dar unha nova que te aledará.*
7 Pór un espectáculo no cine ou na televisión: *Esta noite na galega dan unha película de espías.* SIN. botar, pór, poñer.
8 Pór unha substancia estendéndoa: *Hai que darlle unha man de pintura a esa porta.* SIN. aplicar, botar.
9 Celebrar ou organizar: *Dará unha festa co gallo do seu aniversario.*
10 Sinalar unha hora o reloxo: *O reloxo do campanario xa deu as doce.*
11 Golpear ou chocar: *Non vin o cristal da porta e dei contra el coa cabeza.* SIN. bater.
12 Conseguir ou atopar algo: *Agora non dou con esa chave.* SIN. achar, atopar, encontrar.
13 Chegar ou ir parar: *A miña rúa vai dar nesa praza.*
14 Vir unha enfermidade de forma repentina: *Seica lle deu un ataque cardíaco.*
15 Realizar unha acción: *Os golfiños daban saltos na auga.*
16 Ter como resultado: *Dezaoito entre tres dá seis.*
17 darse Suceder, existir ou acontecer: *Nesta zona da cidade danse moitos roubos.*
EXP. **Dálle** Úsase para indicar enfado porque alguén insiste moito: *E dálle! Xa che dixen que non quero falar do tema.* **Dar de si** Facerse máis ancha ou longa unha peza de vestir: *Se o estiras, o xersei vai dar de si.* **Dar en algo** Comezar a facelo: *Deu en ir calor e levamos así un mes.* **Dar igual** Non importar: *Dálle igual suspender ou aprobar.* **Dar por** Considerar como: *Non atoparon o cadáver e dérono por desaparecido.* **Dar que falar**

dar			
INDICATIVO		**SUBXUNTIVO**	**IMPERATIVO**
Presente	**Copretérito**	**Presente**	dá
dou	daba	dea	dade
dás	dabas	deas	
dá	daba	dea	
damos	dabamos	deamos	**FOR. NOMINAIS**
dades	dabades	deades	**Infinitivo**
dan	daban	dean	dar
Pretérito	**Antepretérito**	**Pretérito**	**Xerundio**
dei	dera	dese	dando
deches	deras	deses	
deu	dera	dese	**Participio**
demos	deramos	désemos	dado
destes	derades	désedes	
deron	deran	desen	
Futuro	**Pospretérito**	**Futuro**	**Inf. conxugado**
darei	daría	der	dar
darás	darías	deres	dares
dará	daría	der	dar
daremos	dariamos	dermos	darmos
daredes	dariades	derdes	dardes
darán	darían	deren	daren

Traer consecuencias: *Esa inxustiza vai dar moito que falar.* **Darse a algo** Dedicarse moito a algo: *Deuse a estudar e fixo tres carreiras.* **Non dar feito algo** Non conseguir algo: *O camareiro non daba feito a servir tantas mesas.* **Que che dean** Úsase para indicar que algo non interesa ou para despedir de mal xeito a alguén: *Non me interesan os teus negocios. Que che dean!* **Quen me (che, lle...) dera** Úsase como introdución ou resposta a un desexo inalcanzable. *Quen me dera poder viaxar á Lúa.*
OBS. É irregular.

dardo
substantivo masculino
Especie de frecha pequena que se lanza coa man: *Deu co dardo no medio e medio da diana.*

data
substantivo feminino
Día, mes e ano en que acontece algo: *A data da sinatura deste contrato é do trinta de novembro.*

datar
verbo
Pór o día, mes ou ano en que algo se fai ou comeza: *Dataron este documento en Vigo o tres de maio de 2007. As murallas de Lugo datan da época romana.*
FAM. data, datación.

dátil
substantivo masculino
Froito comestible, longo, de cor marrón, con carabuña e moi doce: *Algunhas palmeiras dan dátiles.*
FAM. datileira.

dato
substantivo masculino
Información necesaria para coñecer algo ou para resolver un problema: *Os datos persoais de alguén son o seu nome, apelidos, enderezo, teléfono e enderezo electrónico. Non se pode resolver este problema de matemáticas porque faltan datos na formulación.*

de[1]
substantivo masculino
Nome da letra *d*: *A palabra* decidido *ten tres des.*

de[2]
preposición
1 Indica lugar de onde se vén: *O coche viña de Ourense.*
2 Indica posesión: *Este coche é de meu tío.*
3 Indica a característica propia de algo: *Estes zapatos son de coiro.*
4 Indica o todo do que se toma unha parte: *Dáme algo de pan para facer un bocadillo.*
5 Indica profesión: *Traballa de mestre.*
6 Indica causa: *Tremo de frío.*
7 Indica o modo de facer algo: *Contestoulle de mal xeito.*
8 Indica o que pode conter algo: *Esta botella é de dous litros.*
9 Indica o tempo en que acontece algo: *Chegamos de día.*
10 Indica o nome de algo: *Nacín no mes de xaneiro.*
11 Indica o momento ou tempo en que comeza algo: *A clase transcorre de nove a dez.*
OBS. Contrae co artigo determinado *o, a (do, da, dos, das)*, co artigo indeterminado *un, unha (dun, dunha, duns, dunhas)*, co pronome persoal *el, ela (del, dela, deles, delas)*, cos demostrativos *este, ese, aquel, esta, esa, aquela, isto, iso, aquilo, estoutro, esoutro, aqueloutro (deste, dese, daquel..., destoutro...)*, cos indefinidos *algún* e *outro (dalgún, dalgunha, doutro, doutra...)*.

debagar
verbo
Debullar.
OBS. Non confundir con *devagar*.

debaixo
adverbio
Nun lugar ou posición inferiores: *O primeiro andar está debaixo do segundo.* SIN. abaixo, embaixo. ANT. arriba, derriba, encima, enriba.

debate
substantivo masculino
Conversa ou discusión en que dúas ou máis persoas intercambian e enfrontan as súas ideas: *Houbo un debate na tele entre os candidatos á alcaldía.*

debater
verbo
Conversaren ou discutiren dúas ou máis persoas intercambiando e enfrontando as

súas ideas: *Os candidatos a Xunta dos partidos máis votados debaten os seus programas hoxe na tele.*
FAM. debate.

débeda
substantivo feminino
1 Cartos que hai que pagarlle a alguén: *Se pides prestados cartos, terás débedas.*
2 Obriga que alguén ten con outro: *Ten unha débeda connosco pois sempre o estamos axudando.*

deber
substantivo masculino
1 O que se ten a obriga de facer: *O deber dun estudante é estudar.*
plural
2 Tarefas que un alumno ten que facer fóra das horas da clase: *O profesor ponnos deberes para a casa.*
verbo
3 Ter a obriga de facer algo ou de ser de determinada maneira: *Antes de comeres debes lavar as mans. Deberías ser máis educado.*
4 Ter a obriga de pagar uns cartos que nos deron antes: *Débelle ao banco uns seis mil euros.* ANT. aboar, pagar, satisfacer.
5 Ser algo posible ou unha obriga: *Xa debe ser de día. Debes estudar máis.*
6 **deberse** Ser consecuencia: *O mal estado desas árbores débese á contaminación.*
FAM. débeda, debedor.

débil
adxectivo
Con pouca forza, enerxía ou resistencia: *Está moi débil e ten que repousar.* SIN. feble, frouxo. ANT. forte, intenso, poderoso, potente, resistente, robusto.
FAM. debilidade, debilitar.

debilidade
substantivo feminino
1 Falta de forza, enerxía, poder ou resistencia: *A gripe produciulle debilidade.* ANT. forza, intensidade, potencia.
2 Afecto ou inclinación especiais cara a alguén ou algo: *Sente debilidade polos netos.*
3 Cousa que gusta moitísimo: *Os xeados son a súa debilidade.*

debilitar
verbo
Quitar forza, enerxía, poder ou resistencia: *A enfermidade debilitouno moito.*
FAM. debilitación.

debullar
verbo
Quitarlle a casca, a vaíña ou o casulo a certos froitos: *Estaba a debullar os chícharos.*
SIN. debagar.

debut
substantivo masculino
1 Primeira actuación dun cantante, artista ou deportista: *Mañá é o debut na nosa cidade do cantante, que presenta un novo disco.*
2 Comezo de alguén nunha actividade ou profesión: *O seu debut como médico foi neste centro de saúde.*
OBS. O plural é *debuts.*
FAM. debutante, debutar.

debuxar
verbo
Facer figuras sobre unha superficie con liñas e cores: *Na clase de plástica debuxamos. O cativo debuxaba a casa dos avós.*
FAM. debuxante, debuxo.

debuxo
substantivo masculino
1 Técnica e arte de facer figuras con liñas e cores: *Na clase de plástica aprendemos debuxo.*
2 Imaxe feita segundo esta arte e técnica: *No caderno fixo un debuxo do seu can.*
EXP. **Debuxos animados** Película de cine na que os personaxes están representados por figuras pintadas: *Aos nenos gústanlles moito os debuxos animados.*

década
substantivo feminino
Período de dez anos: *O 1 de xaneiro de 2001 comezou a primeira década do século XXI.*
SIN. decenio.

decadencia
substantivo feminino
Perda das forzas, do poder ou da importancia: *Cara aos trinta anos comezou a súa decadencia como deportista de elite.* SIN. crepúsculo, declive, ocaso. ANT. apoxeo, auxe, esplendor.

decaer
verbo
Perder forza, importancia ou calidade pouco a pouco: *Desde o cambio de dirección, este restaurante decaeu moito.* SIN. declinar, minguar.
OBS. Conxúgase como *caer*.
FAM. decadencia, decadente, decaemento.

decálogo
substantivo masculino
1 Conxunto dos dez mandamentos que Deus lle deu a Moisés: *Os mandamentos da lei de Deus forman o decálogo.*
2 Conxunto formado por dez normas ou ordes básicas que hai que cumprir: *O titor púxonos no taboleiro da clase o decálogo do bo estudante.*

decapitar
verbo
Cortar a cabeza: *Na Revolución francesa moitos condenados eran decapitados na guillotina.*

decatarse
verbo
Notar algo ou darse conta: *Non se decatou de que a porta estaba aberta.*

decembro
substantivo masculino
Mes número doce do ano: *Decembro é o derradeiro mes do ano.*

decena
substantivo feminino
Conxunto de dez unidades: *Agrupaba os libros por decenas.*
OBS. É distinto de *ducia*, 'conxunto de doce unidades'.

decenio
substantivo masculino
Década.

decente
adxectivo
1 Que está de acordo cos principios morais e sociais aceptados de forma xeral: *Non te enganará porque é unha persoa moi decente.*
2 Limpo ou de boa calidade: *O seu cuarto estaba moi ordenado e decente.*
FAM. decencia.

decepción
substantivo feminino
Sentimento de pena porque algo non saíu ou foi como se esperaba: *A derrota do noso equipo produciunos unha decepción.*
FAM. decepcionante, decepcionar.

decidir
verbo
1 Tomar unha determinación ou elixir que se vai facer: *Decidiron ir ao teatro e non ao cine.* SIN. acordar, resolver. ANT. dubidar.
2 Ser a causa máis importante para o desenvolvemento ou desenlace de algo: *O penalti decidiu a partido a favor do noso equipo.*
FAM. decisión, decisivo.

decigramo
substantivo masculino
Unidade de masa que equivale á décima parte dun gramo: *Para pesar os decigramos cómpre unha balanza de precisión.*

decilitro
substantivo masculino
Unidade de volume que equivale á décima parte dun litro: *Ese tubo de ensaio ten capacidade para un decilitro.*

decimal
adxectivo e substantivo
1 Que se basea en grupos de dez unidades: *O noso sistema de numeración é decimal, pois vai do cero ao nove.*
adxectivo e substantivo masculino
2 Dito dun número, que expresa unha cantidade non enteira: *6,74 é un número decimal.*
substantivo masculino
3 Número que está á dereita da coma doutro: *En 6,74 os decimais son 7 e 4.*

decímetro
substantivo masculino
Unidade de lonxitude que equivale á décima parte dun metro: *Un metro ten dez decímetros.*
EXP. **Decímetro cadrado** Unidade de superficie que equivale á centésima parte dun metro cadrado: *Un metro cadrado ten cen decímetros cadrados.* **Decímetro cúbico** Unidade de volume que equivale á milésima parte dun metro cúbico: *Un metro cúbico ten mil decímetros cúbicos.*

décimo, décima

numeral

1 Que ocupa o lugar número dez nunha serie: *É o décimo clasificado entre vinte participantes no campionato.*

substantivo masculino

2 Cada unha das dez partes en que se divide un billete de lotaría: *Mercou un décimo de lotaría.*

substantivo feminino

3 Cada unha das dez partes iguais en que algo se divide: *Ten de febre trinta e sete graos e sete décimas.*

OBS. Combínase con *primeiro, segundo, terceiro, cuarto, quinto, sexto, sétimo, oitavo* e *noveno* para formar os ordinais de dez a vinte. Neste caso sempre se escriben en dúas palabras: **decimoprimeiro*, **decimosegundo*... > *décimo primeiro, décimo segundo*... O xénero e o número, nestes casos, fórmase só sobre o segundo elemento: *décimo terceira.*

decisión

substantivo feminino

1 Determinación que se toma para facer algo despois de pensalo ben: *Tomou a decisión de estudar unha carreira e seguir traballando.*

2 Firmeza, seguridade e ausencia de dúbidas e medo para facer algo: *O dianteiro tirou a falta con decisión e marcou gol.* ANT. indecisión, vacilación.

decisivo, decisiva

adxectivo

Que é moi importante para o futuro ou para o desenvolvemento ou desenlace de algo: *O penalti foi decisivo para gañarmos ese partido.*

declamar

verbo

Falar en voz alta e en público cos xestos e ton adecuados: *Os actores e actrices declaman moi ben.*

FAM. declamación.

declaración

substantivo feminino

Manifestación de algo publicamente para que se saiba: *Nas súas declaracións ante os xornalistas o alcalde anunciou a construción dunha piscina.*

declarar

verbo

1 Anunciar ou dicir en público para que o saiba todo o mundo: *O alcalde declarou que se retiraba da política. A testemuña declarou ante o xuíz o que sabía.* SIN. manifestar. ANT. calar.

2 Dicir o que se gaña e o que se posúe para pagar os impostos: *Declarou todo o que gañaba na empresa.* ANT. calar.

3 Dar un premio, cargo, categoría ou calidade a alguén: *O xurado declarou aquel poema gañador do concurso literario.*

4 **declararse** Dicirlle unha persoa a outra que a ama: *O noivo declarouse e pediulle que casasen xa.*

5 Recoñecer ou comunicar oficialmente unha situación: *Os países da América española declaráronse independentes no século XIX.*

6 Producirse ou comezar: *O incendio declarouse na parte máis mesta do monte.*

FAM. declaración.

declinar

verbo

1 Perder forza, enerxía, importancia ou calidade pouco a pouco: *O Imperio español declina a partir do século XVII.* SIN. decaer, diminuír, minguar.

2 Ir cara á súa fin: *Xa o día declinaba e escurecía.*

3 Rexeitar, non aceptar ou dicir que non: *Declinei a súa invitación ao aniversario.*

FAM. declinación.

declive

substantivo masculino

1 Inclinación ou pendente dun terreo: *Esa costa ten un declive grande.*

2 Perda ou diminución da forza, importancia, enerxía ou das calidades, especialmente pouco a pouco: *Coa operación esa comezou o declive da súa saúde.* SIN. crepúsculo, decadencia, ocaso. ANT. apoxeo, auxe.

decorar

verbo

1 Pór adornos nun lugar ou cousa para facelos máis bonitos: *No Nadal decoramos a clase.*

2 Pór nun lugar mobles e outros obxectos para facelo máis bonito e acolledor: *Para*

decorarmos o salón chamamos un famoso decorador.
FAM. decoración, decorado, decorador, decorativo.

decotar
verbo
Demoucar.
FAM. decota.

decotío
adverbio
Decote.

decote
adverbio
De modo continuo ou todos os días: *Decote dá a mesma desculpa para os seus atrasos.* SIN. acotío, decotío.

decreto
substantivo masculino
Orde dada por un Goberno ou unha autoridade: *O Consello de Ministros aprobou un decreto sobre medidas contra a contaminación.*
FAM. decretar.

decruar
verbo
Sachar ou arar unha terra antes de sementala ou para que descanse un tempo: *Cómpre decruar para eliminar as malas herbas.*
OBS. Conxúgase como *actuar.*

deda
substantivo feminino
Dedo do pé: *Temos dez dedas.*

dedal
substantivo masculino
Utensilio de costura de forma cilíndrica que se mete no extremo dun dedo para empuxar a agulla sen mancarse: *Regaloulle un dedal de prata.* SIN. alferga.

dedicar
verbo
1 Empregar algo para unha cousa determinada: *Empregou dous días para preparar ese exame.*
2 Dar ou ofrecer como homenaxe, regalo ou na honra de alguén: *O dianteiro dedicoulle o gol á afección.*
3 Escribir unhas palabras nunha cousa que se regala a alguén: *O escritor regaloulle a novela e dedicoulla.*
4 dedicarse Ter como profesión: *Desde moi neno dedicouse á mecánica de coches.*
5 Ocuparse facendo algo: *Dedicareime esta tarde a arranxar o meu cuarto.*
OBS. Cambia o *c* en *qu* diante do *e*, como en *sacar.*
FAM. dedicación, dedicatoria.

dedicatoria
substantivo feminino
Palabras de cariño que se escriben nun libro ou se gravan nun obxecto de agasallo ou se din como homenaxe a alguén: *O escritor púxolle unha dedicatoria no libro.*

dedo
substantivo masculino
Nas persoas e nalgúns animais, cada unha das prolongacións articuladas en que terminan as mans ou os pés: *Os dedos da man son: o polgar, o índice, o maior, o anular e o maimiño.*
EXP. **A dedo** Elixido pola decisión persoal de alguén: *O adestrador nomeouno a dedo o presidente do club.* **Non mover un dedo** Non facer nada: *Non moveu un dedo aínda que me viu moi cargado.*
FAM. deda, dedal, dixital.

deducir
verbo
1 Chegar a unha conclusión ou coñecemento a partir dunha serie de datos: *Pola cara de ferreiro que ten deduzo que está enfadado.*
2 Restar unha cantidade a algo: *Do soldo dedúcenlle cinco euros diarios pola comida.*
OBS. É regular: *deduzo, deduza.*
FAM. dedución.

defecar
verbo
Expulsar excrementos polo ano: *Para defecar úsase o váter.* SIN. cagar, ensuciar, evacuar.
OBS. Cambia o *c* en *qu* diante do *e*, como en *sacar.*
FAM. defecación.

defecto
substantivo masculino
Imperfección ou falta que fai que algo non estea ben por completo: *O coche é bo, pero ten o defecto dun consumo excesivo.* SIN.

deficiencia, eiva, falla, falta, imperfección, tacha.
OBS. A forma **defeito* é incorrecta.
FAM. defectuoso.

defender
verbo
1 Impedir que algo ou alguén sufran un dano ou perigo: *O can defendeu o amo do ataque do atracador.* SIN. amparar, preservar, protexer, resgardar. ANT. atacar.
2 Manter unha idea dando razóns: *Defendía a idea de que cómpre loitar contra a contaminación.* SIN. manter, soster. ANT. atacar.
3 Impedir a acción ou efecto de algo: *A roupa defféndenos do frío.* ANT. atacar.
4 Falar a favor dunha persoa para evitarlle un castigo: *O avogado defendía o acusado.* ANT. atacar.
5 **defenderse** Ter os coñecementos, características ou medios para desenvolverse ben nunha situación: *Non é fontaneiro, pero defféndese amañando billas. Non son ricos, pero defféndense ben.* SIN. desenvolverse, manexarse.
FAM. defensa, defensivo, defensor.

defensa
substantivo
1 Nalgúns deportes, xogador que ten como misión non permitir os ataques do contrario: *O árbitro expulsou o defensa por xogo perigoso.* ANT. atacante, dianteiro.
substantivo feminino
2 Protección ou amparo que se dá para evitar un dano ou perigo: *Os pais sempre saen na defensa dos fillos.* SIN. amparo, protección. ANT. ataque.
3 Intervención falando a favor de alguén para que non reciba un castigo: *O avogado facía a defensa do acusado.* ANT. ataque.
4 Avogado que fala a favor do acusado nun xuízo: *A defensa presentou probas favorables ao acusado.*
5 Nalgúns deportes, xogadores que teñen por misión impedir o ataque do rival: *O noso equipo recibe poucos goles porque ten unha boa defensa.* ANT. ataque, dianteira.

defensivo, defensiva
adxectivo
Que defende ou protexe: *As trincheiras son elementos defensivos nas guerras.* ANT. ofensivo.
EXP. **Á defensiva** En actitude ou posición de protexerse ou defenderse: *Nunca fala sinceramente porque sempre está á defensiva.*

defensor, defensora
adxectivo e substantivo
Que defende ou protexe: *Os pais son os mellores defensores dos fillos.*
EXP. **Defensor do pobo** Persoa designada polo Parlamento central para defender os dereitos dos cidadáns fronte á Administración: *O defensor do pobo defende os nosos dereitos.*
OBS. É distinto de *valedor do pobo.*

deficiencia
substantivo feminino
Imperfección, defecto ou falta que fai que algo non estea ben por completo: *O coche é bo, pero ten unha deficiencia nos freos.* SIN. defecto, eiva, falla, falta, imperfección, tacha.
FAM. deficiente.

deficiente
adxectivo
1 Que non chega ao nivel normal ou ao que se pide: *Algúns alumnos teñen un coñecemento deficiente do galego.*
adxectivo e substantivo
2 Dito dunha persoa, que ten algún defecto físico ou psíquico: *Traballa nun centro para deficientes mentais.*

déficit
substantivo masculino
1 Diferenza entre os ingresos e os gastos, cando os gastos son maiores: *O déficit produce a ruína das empresas.*
2 Falta ou escaseza do considerado normal ou preciso: *Co déficit de chuvias diminúe o caudal dos ríos.*
OBS. O plural é *déficits.*
FAM. deficitario.

definición
substantivo feminino
1 Explicación exacta do significado dunha palabra ou expresión: *Os dicionarios ofrecen a definición das palabras e expresións.*
2 Expresión con total exactitude das características de algo: *No exame pedíronnos a definición de Rexurdimento.*

definir
verbo
1 Explicar o significado dunha palabra ou expresión: *Os dicionarios definen as palabras e expresións.*
2 Dar ou expresar as características de algo con total exactitude: *No exame tivemos que definir glóbulos vermellos e glóbulos brancos.*
3 definirse Mostrar unha persoa o seu pensamento, opinión ou forma de ser: *Defínese como un intelectual.*
FAM. definición, definido, definitivo.

definitivo, definitiva
adxectivo
Que xa non pode cambiar: *O resultado do partido é definitivo, aínda que o penalti fose inxusto.* ANT. provisional, transitorio.
EXP. **En definitiva** En conclusión: *En definitiva, que non nos acompañarás ao teatro.*

deformación
substantivo feminino
Cambio da forma natural dunha cousa ou da forma de ser: *Os espellos cóncavos producen a deformación da figura. Traballar os domingos é unha deformación profesional.*

deformar
verbo
Cambiar a forma natural de algo: *Engordou tanto que se lle deformou a cara.*
FAM. deformación, deforme, deformidade.

defraudar
verbo
1 Deixar de pagar un imposto: *Defraudar impostos é un delito.*
2 Producir un sentimento de pena porque algo ou alguén non son como se esperaba que fosen: *O noso equipo ao perder defraudounos.*

defunción
substantivo masculino
Morte dunha persoa: *O médico só puido certificar a defunción do accidentado.*

defunto, defunta
adxectivo e substantivo
Que está morto: *Deulle o pésame á familia do defunto.*

degaxar
verbo
Diminuír no seu tamaño, altura, duración ou cantidade: *Coa calor a auga degaxa.*

deglutir
verbo
Facer pasar os alimentos da boca ao estómago: *Para deglutir os alimentos hai que facer que pasen pola garganta e o esófago.*
FAM. deglutición.

degolar
verbo
Matar cortándolle a garganta: *Degolaron un carneiro.*
FAM. degolación.

degoxar
verbo
Desexar moito unha cousa: *Degoxaba o posto de director.* SIN. anhelar, ansiar, cobizar.
FAM. degoxo.

degradar
verbo
Facer ou volver máis malo ou peor: *A contaminación degrada a paisaxe.*
FAM. degradación.

degustar
verbo
Tomar un pouco de comida para probala: *Colleu un chisco de queixo para degustalo.*
SIN. catar, probar.
FAM. degustación.

deica
preposición
Úsase para indicar límite espacial ou temporal, pero sempre a partir dun punto dado: *Vou deica Ourense. Non veño deica mañá.*
OBS. Non debe substituír a *ata* cando non está presente o punto de partida: *Berraron *deica rifar* > *Berraron ata rifar.*

deitada
substantivo feminino
Camada.

deitar
verbo
1 Pór en posición horizontal sobre unha superficie, especialmente para durmir ou descansar: *Deitou o cativo no berce. Deitouse cedo porque estaba moi canso.*

2 Deixar saír un líquido de xeito que se estenda: *A botella de plástico ten un buraco e deita o aceite.* SIN. perder, verter.
3 Pór unha galiña enriba dos ovos para que os incube: *Deitou a galiña cunha ducia de ovos.*
4 deitarse Manter relacións sexuais: *Nunca se deitou coa noiva.*

deixado, deixada
adxectivo
Que non ten coidado nin interese por nada nin por si mesmo: *Vai sempre sucio porque é un deixado.*

deixamento
substantivo masculino
Falta de coidado ou interese por algo ou por un mesmo: *O ancián estaba nunha situación de deixamento pois ningún familiar o visitaba.* SIN. abandono, desleixamento, desleixo.

deixar
verbo
1 Pór nun lugar: *Deixou o libro encol da mesa.*
2 Dar permiso para facer algo: *Os pais déixano saír ata moi tarde.*
3 Dar algo por propia vontade: *Deixoulle todos os bens a unha institución benéfica.*
4 Pór unha persoa ao coidado de algo: *Cando traballa, déixalle os fillos á avoa.*
5 Non molestar a unha persoa ou marchar do seu lado: *Déixame agora que estou a traballar.*
6 Marchar dun lugar: *Deixei esta cidade cando era moi novo.* SIN. abandonar.
7 Renunciar a seguir facendo algo: *Deixou os estudos universitarios por falta de cartos.* SIN. abandonar, desistir. ANT. continuar, proseguir, seguir.
8 Entregar algo a alguén coa condición de que nolo devolva: *Deixoume os seus apuntamentos de clase.* SIN. prestar.
9 Interromper ou parar unha acción: *Menos mal que deixou de chover.*
10 deixarse Non coidarse un mesmo: *Foi deixándose e agora parece un mendigo.* SIN. abandonarse, desleixarse. ANT. coidarse.
EXP. **Deixarse estar** Non intervir en algo, non amosar interese: *Ti déixate estar cando eles berren.*
FAM. deixado, deixamento.

del, dela
contracción
Unión da preposición *de* e o pronome *el, ela: Sempre pensa que falan dela.*

delatar
verbo
1 Manifestar que alguén cometeu un delito ou falta: *O atracador arrepentido delatou os seus compañeiros.*
2 Descubrir ou facer que se vexa algo oculto: *Ese movemento continuo das mans delata o seu nerviosismo.*
FAM. delación, delator.

delegación
substantivo feminino
1 Cesión a outra persoa das propias funcións ou cargos: *Asinou ela o contrato por delegación do seu xefe.* SIN. representación.
2 Oficina ou establecemento que depende doutro máis importante: *A empresa ten a central en Vigo pero con máis de vinte delegacións espalladas por toda Galicia.*
3 Conxunto de persoas que representan a outras: *Unha delegación dos veciños visitou o alcalde.* SIN. representación.

delegado, delegada
substantivo
Persoa que representa a outras ou a unha institución: *Elixírono delegado do seu curso.* SIN. representante.

delegar
verbo
Deixar que unha persoa realice a función que lle corresponde a outra persoa: *O dono da empresa delegou todo no xefe do cadro de persoal.*
OBS. Cambia o *g* en *gu* diante do *e*, como en *pagar.*
FAM. delegación, delegado.

deleitar
verbo
Producir moito pracer ou gusto: *Deleitábase escoitando música.* SIN. recrear.
FAM. deleite.

deletrear
verbo
Soletrear.

delgadeza
substantivo feminino
Falta de carne e graxas ou grosor menor do normal: *A súa delgadeza é excesiva desde que baixou tantos quilos.* SIN. fraqueza. ANT. gordura.

delgado
adxectivo
1 Que ten poucas carnes e pouca graxa: *Está moi delgado pola enfermidade que padece.* SIN. fraco. ANT. gordo, groso.
2 Fino ou máis plano ca groso: *Esta tea é moi delgada.* SIN. fino. ANT. gordo, groso.
FAM. delgadeza.

deliberar
verbo
1 Pensar moi ben o que se vai facer: *Antes de meterme nese negocio, teño que deliberar.*
2 Falar varias persoas sobre algo para tomar unha decisión: *Os membros do xurado deliberaban sobre quen debía levar o premio.*
FAM. deliberación.

delicadeza
substantivo feminino
1 Facilidade para estragarse ou romper: *A tea esa é bonita pero de gran delicadeza.*
2 Coidado ou atención con alguén ou ao facer algo: *Trata os nenos con moita delicadeza.* SIN. sensibilidade, tacto, tento, tino. ANT. brusquidade.

delicado, delicada
adxectivo
1 Que ten pouca forza ou mala saúde: *Ando delicado porque acaban de operarme.* SIN. débil, feble. ANT. forte, robusto.
2 Que é atento e amosa boa educación: *Nese comercio os dependentes son moi delicados.* SIN. amable, atento, fino. ANT. basto, groseiro, ordinario, rudo.
3 Que rompe ou se estraga facilmente: *Os pratos desa vaixela son tan delicados que rompen con miralos.*
4 Que pode dar ou producir problemas: *Ese problema é moi delicado e non sabemos como entrarlle.*
FAM. delicadeza.

delicia
substantivo feminino
Pracer moi grande: *É unha delicia bañarse nesta praia.* SIN. deleite, gozo.
FAM. delicioso.

deligras
substantivo feminino plural
Cóxegas.

delimitar
verbo
Fixar ou pór os límites de algo: *O arquitecto delimitaba o soar en que ía construírse o edificio.*
FAM. delimitación.

delincuente
adxectivo e substantivo
Que comete delitos: *Os delincuentes adoitan terminar no cárcere.* SIN. facinoroso, malfeitor.
FAM. delinquir.

delinear
verbo
Trazar ou debuxar as liñas dunha figura: *O arquitecto delineaba o plano do edificio que ían construír.*
OBS. É distinto de *deliñar.*
FAM. delineante.

deliñar
verbo
Trazar ou marcar os límites dun terreo: *Deliñaban a leira.*
OBS. É distinto de *delinear.*

delirar
verbo
Dicir ou ver cousas estrañas, raras ou sen sentido: *Di parvadas porque a febre faino delirar.* SIN. desvariar.
FAM. delirante, delirio.

***delitivo**, a forma correcta é **delituoso**.

delito
substantivo masculino
1 Feito ou cousa que non cumpre a lei: *O asasinato é un delito gravísimo.*
2 Falta ou erro graves: *É un delito tirar coa comida.*
EXP. **Delito de sangue** O que supón a morte dunha persoa ou feridas: *O asasinato é un delito de sangue.*
FAM. delituoso.

delongar
verbo
1 Deixar para máis tarde: *Estabamos tan ben na praia que delongamos o regreso.* SIN. adiar, atrasar, demorar, pospoñer, pospor, postergar. ANT. adiantar, anticipar.
2 Facer que algo dure máis: *A neve e a chuvia delongaron a viaxe.* SIN. prolongar.
OBS. O *g* cambia en *gu* diante do *e*, como en *pagar*.

delourar
verbo
Asollar.

delta
substantivo feminino
Terreo entre os brazos dun río na súa desembocadura: *O delta fórmano os aluvións que transporta o río.*

deluvar
verbo
Fretar con forza: *Non é bo deluvar os ollos.*

demais
indefinido
Indica persoas ou cousas que quedan do grupo do que se fala: *Vin castiñeiros, carballos e demais árbores da fraga.* SIN. máis.
EXP. **Os demais** As outras persoas que forman parte dun grupo: *Eles aprobaron. Os demais suspenderon.*
OBS. Non confundir con *de máis*, 'de sobra', 'en exceso'.

demanda
substantivo feminino
1 Petición de algo: *Ninguén atendeu a súa demanda de auxilio.* SIN. pedimento, petición. ANT. oferta.
2 Petición de algo ao que se cre ter dereito por medio dun xuíz ou un tribunal de xustiza: *Púxolle unha demanda á empresa para que lle pagase os atrasos.*
3 Cantidade de mercancías, produtos ou servizos que se necesitan e se está disposto a mercar: *Aumenta a demanda de coches de segunda man.* ANT. oferta.

demandar
verbo
1 Pedir algo: *Demandoulle axuda e nunca lla deu.* SIN. pedir, solicitar. ANT. ofrecer.
2 Necesitar algo: *Os anciáns demandan coidados dos máis novos da familia.* SIN. esixir, necesitar, pedir, precisar, querer, requirir, solicitar. ANT. ofrecer.
3 Pedir algo ao que se cre ter dereito a través dun xuíz ou tribunal de xustiza: *Demandou a empresa porque non lle pagaba os atrasos.*
FAM. demanda, demandante.

demasiado, demasiada
indefinido
1 Que é máis do normal ou do debido: *Na sala aquela había demasiada xente.*
adverbio
2 demasiado Máis do normal ou do debido: *Comín demasiado e empachei.*

demente
adxectivo e substantivo
Tolo ou mal da cabeza: *O psiquiatra atende os dementes.* SIN. louco, tolo.
FAM. demencia.

***demitir**, a forma correcta é **dimitir**.

demo
substantivo masculino
1 Na relixión, ser malo que se opón a Deus: *O demo, segundo a relixión, só fai o mal.* SIN. diabo, diabro.
2 Persoa moi mala: *É un demo que non fai cousa boa.* SIN. diabo, diabro.
EXP. **Dou ao demo** Emprégase para expresar sorpresa ou desgusto moi grandes: *Dou ao demo! Esquecín as chaves dentro da casa!* **Levado do demo** Moi malo: *Vai un frío levado do demo.* **Levar o demo** Emprégase para desexarlle mal a alguén ou como xuramento: *Que leve o demo este coche! Só ten avarías.* **O demo de** Gran cantidade de: *Diante das portas do teatro había o demo de xente.* **Ser o demo** Ser moi divertido ou non parar quedo: *Ese cativo é o demo, non para sentado.*

democracia
substantivo feminino
1 Sistema de goberno en que o pobo elixe os gobernantes por eleccións libres: *A democracia é o contrario da ditadura.*
2 Estado ou país que ten este sistema de goberno: *Os países da Comunidade Europea son democracias.*
FAM. demócrata, democrático, democratizar.

demoler
verbo
Desfacer ou destruír, especialmente unha construción ou edificio: *Demoleron un rañaceos que se construíra sen permiso municipal.*
FAM. demolición, demoledor.

demorar
verbo
1 Deixar para máis tarde: *Demoramos o noso regreso da praia porque estabamos moi ben.* SIN. adiar, aprazar, atrasar, delongar, retardar.
2 **demorarse** Botar ou pasar máis tempo en algo: *Os dous amigos demoráronse conversando.* SIN. tardar.
FAM. demora.

demostración
substantivo feminino
1 Proba de que algo é verdade: *A factura co recibo é a demostración do pagamento.* SIN. proba.
2 Mostra ou manifestación de algo: *As bágoas poden ser demostración de pena ou de ledicia, depende das circunstancias.* SIN. manifestación, mostra.
3 Realización práctica de algo para que se vexa como se fai: *O empregado fíxonos unha demostración do funcionamento da impresora.*

demostrar
verbo
1 Probar que algo é verdade: *As facturas pagadas demostran que non quedou con cartos nosos.* SIN. probar.
2 Mostrar, manifestar ou deixar ver: *As súas bágoas demostran arrepentimento.* SIN. amosar, manifestar, mostrar.
3 Ensinar de forma práctica: *O empregado demostrounos como funcionaba a impresora.*
FAM. demostración, demostrativo.

demostrativo, demostrativa
adxectivo
1 Que proba ou mostra algo: *A factura é o mellor documento demostrativo do pagamento.*
substantivo masculino
2 Clase de palabra que mostra unha persoa ou cousa en relación coa distancia a que se atopa de quen fala, tanto no espazo coma no tempo: *Os demostrativos son este, ese, aquel.*

demoucar
verbo
Cortar as pólas dunha árbore: *Demoucaban uns castiñeiros do souto.* SIN. decotar, derramar, esmoucar, espolar.
OBS. Cambia o *c* en *qu* ante *e*, como en *sacar.*
FAM. demouca.

demudar
verbo
Cambiar a cor ou o aspecto da cara, especialmente un sentimento ou impresión fortes: *O medo demudoulle a cara.*

dende
preposición
Desde.

denegar
verbo
Non permitir ou non conceder algo: *O Concello denegoulle o permiso para abrir un bar.*
OBS. O *g* cambia en *gu* diante do *e*, como en *pagar.*
FAM. denegación.

denegrirse
verbo
Pórse de cor negra: *A parede denegriuse co fume.*

denigrar
verbo
1 Falar moi mal de algo ou alguén: *Non deixa de denigrar o xefe e ata lle chama ditador.* SIN. difamar.
2 Tratar moi mal ou insultar gravemente: *Denigraba o compañeiro con moitas aldraxes.* SIN. aldraxar, insultar, inxuriar.

DEMOSTRATIVO

PROX.	NUM.	MASCULINO	FEMININO	NEUTRO
I	SING.	este	esta	isto
	PL.	estes	estas	
II	SING.	ese	esa	iso
	PL.	eses	esas	
III	SING.	aquel	aquela	aquilo
	PL.	aqueles	aquelas	

denominador
substantivo masculino
Nun número crebado ou fracción matemática, termo ou número que indica o número de partes iguais en que se considera dividido un todo ou unidade: *En 3/4, o 4 é o denominador.*
EXP. **Común denominador** ou **denominador común** Nun conxunto de crebados ou fraccións, número que é múltiplo de todos os seus denominadores: *12 é o común denominador de 1/3 e 3/4.*

denominar
verbo
Dar un nome a alguén ou algo para distinguilos: *As enfermidades do corazón denomínanse cardiopatías.*
FAM. denominación, denominador.

denotar
verbo
Mostrar, manifestar ou deixar ver algo: *A súa cara denota tristura.* SIN. amosar, demostrar, indicar, mostrar.
FAM. denotación, denotativo.

densidade
substantivo feminino
1 Espesor ou concentración de elementos: *Ese bosque ten unha gran densidade de vexetación porque ten moitas árbores e moi xuntas.*
2 En física, relación entre a masa e o volume dunha substancia ou dun corpo: *O ferro é moi denso porque ocupa pouco pero pesa moito.*

denso, densa
adxectivo
1 Que está formado por cousas ou elementos moi xuntos: *É un souto denso porque ten moitos castiñeiros e moi xuntos.* SIN. basto, espeso, mesto. ANT. raro.
2 Que contén moitas ideas ou conceptos e resulta difícil de entender: *Ese escrito é moi denso, tenche moitas ideas.*
3 En física, que pesa moito en relación co seu volume: *O ferro é moito máis denso ca a palla.*
FAM. densidade, densificación, densificar.

dentada
substantivo feminino
Feito ou acción de cortar ou apertar algo cos dentes: *O can dáballe dentadas ao boneco.* SIN. chantada, mordedela, mordedura, trabada.

dentadura
substantivo feminino
Conxunto de dentes que hai na boca: *A dentadura da persoa adulta ten 32 dentes.* SIN. dentame, dentición.

dentame
substantivo masculino
Dentadura.

dente
substantivo masculino
1 Cada unha das pezas duras e brancas que teñen na boca as persoas e algúns animais e que serve para mastigar e defenderse: *Unha persoa adulta ten 32 dentes.*
2 Cada unha das partes acabadas en punta que hai no bordo dalgúns obxectos: *As serras teñen dentes.*
EXP. **Bater os dentes** Chocar os dentes de arriba contra os de embaixo polo frío ou calquera outra cousa: *Ao ducharse en auga fría batía os dentes.* **Dente de allo** Cada unha das partes en que se divide a cabeza desta planta: *Púxolle un dente de allo ao guiso.* **Dente do leite** ou **da mama** Cada un dos dentes que saen de meniños e caen despois: *Os dentes do leite son máis pequenos ca os definitivos.* **Falar entre dentes** Falar en voz moi baixa: *Na clase dous alumnos falaban entre dentes.* **Non chegar a un dente** Ser moi pouco: *Esta carne non chega a un dente para tantos convidados.* **Regañar os dentes** Mostrar enfado: *Cando o critican, axiña regaña os dentes.* **Ser de bo dente** Gustar moito comer: *Non rexeita ningún prato, porque é de bo dente.*
FAM. dentada, dentado, dentadura, dental, dentame, denteira, dentición, dentífrico, dentista.

denteira
substantivo feminino
1 Sensación moi desagradable que se nota nos dentes ao tomar algo moi agre ou ao oír un son moi agudo: *Comer limón produce denteira.*
2 Enfado ou rabia porque se desexa o que outro ten: *O irmán maior tenlle denteira ao pequeno.* SIN. envexa.

dentición
substantivo
1 Dentadura.
2 Formación e saída dos dentes: *A dentición dos meniños comeza cara aos seis meses de idade.*
EXP. **Dentición primaria** ou **de leite** A que nace entre os seis e trinta meses e que despois se perde: *A dentición primaria sae nos meniños arredor dos seis meses de idade.* **Dentición secundaria** A definitiva e que substitúe á anterior: *A dentición secundaria sae entre os seis e os doce anos.*

dentífrico, dentífrica
adxectivo e substantivo masculino
Que se usa para lavar os dentes: *Teño que mercar pasta dentífrica. Esquecín o dentífrico no baño do hotel.* SIN. pasta de dentes.

dentista
substantivo
Odontólogo.

dentro
adverbio
1 No interior: *Está dentro do seu cuarto.* ANT. fóra.
2 Cara ao interior: *Pasade dentro.* ANT. fóra.
EXP. **Dentro de** Despois dun período de tempo ou mentres dure: *Dixo que chegará dentro dun cuarto de hora.*
OBS. A forma **adentro* é incorrecta.

denudar
verbo
Deixar nu ou sen roupa: *Denudouse para deitarse.*
SIN. espir. ANT. vestir.

denunciar
verbo
1 Comunicar un delito ou ilegalidade á policía ou á autoridade: *Denunciamos o roubo á policía.*
2 Dar a coñecer algo que se considera malo: *O xornal denuncia hoxe un caso de corrupción urbanística.*
FAM. denuncia, denunciante.

departamento
substantivo masculino
Cada unha das partes en que se divide algo: *Esa factura pagaranlla no departamento de contabilidade. A caixa está dividida en varios departamentos.* SIN. sección.

depenar
verbo
1 Desplumar.
2 Arrincar o pelo: *A cativa depenaba a boneca.*
3 Quitarlles a casca ás castañas: *Para cocer as castañas cómpre depenalas.*

dependencia
substantivo feminino
1 Necesidade que se ten de algo para poder vivir: *Os seres vivos teñen dependencia da auga.* ANT. independencia.
2 Relación de subordinación ou obediencia a alguén: *A axencia ten dependencia da oficina central.* ANT. independencia.
3 Cada unha das partes dun edificio ou establecemento: *As dependencias da oficina ocupan tres cuartos.*

dependente, dependenta
substantivo
Persoa que traballa nunha tenda ou establecemento e que atende os clientes: *O dependente ensinoume varios modelos de televisor.*

depender
verbo
1 Estar baixo o poder ou autoridade de alguén ou de algo: *Os fillos menores de idade dependen dos pais.*
2 Acontecer algo se se dá determinada circunstancia: *Que vaiamos á praia dependerá do tempo que vaia.*
3 Estar necesitado de algo para vivir: *Os seres vivos dependen da auga.*
FAM. dependencia, dependente.

depenicar
verbo
1 Comer aos poucos ou en pequenas cantidades: *Depenicaba a tortilla.* SIN. beliscar, petiscar, picar.
2 Arrincar os pétalos dunha flor ou as puntas das follas e os gromos: *A cabra depenicaba as silvas.*

depilar
verbo
Arrincar ou eliminar o pelo de certas partes do corpo, como as pernas: *Depilaba as pernas cunha cera especial.*

OBS. O *c* cambia en *qu* diante do *e*, como en *sacar*.
FAM. depilación, depilatorio.

deporte
substantivo masculino
Actividade física que se practica como xogo ou como competición, segundo unhas normas e en equipo ou individualmente: *O tenis é un deporte individual e o fútbol, colectivo.*
FAM. deportista, deportividade, deportivo.

deportista
adxectivo e substantivo
Que practica algún deporte: *Os ciclistas son deportistas.*

deportividade
substantivo feminino
Comportamento de acordo coas normas correctas na práctica dun deporte: *A deportividade impide cometer faltas intencionadas para parar os xogadores.*

deportivo, deportiva
adxectivo
1 Do deporte ou relacionado con el: *A actividade deportiva beneficia a saúde.*
2 Que segue as regras correctas na práctica dun deporte: *É un xogador moi deportivo e non fai faltas intencionadas.*
3 Dito dunha peza de vestir, que é cómoda e non seria e formal: *Gústalle vestir roupa deportiva.*

deposición
substantivo feminino
1 Expulsión de excrementos polo ano: *As deposicións presentan manchas de sangue.*
2 Abandono de algo: *Axiña se produciu a deposición das armas por parte dos rebeldes.*
3 Expulsión dun cargo: *A revolución acabou coa deposición do rei.* SIN. destitución.

depositar
verbo
1 Deixar ou pór nun sitio determinado para que quede nel: *Depositou os cartos nun banco. A terra depositouse no fondo do estanque.*
2 Pór a confianza ou outro sentimento en algo ou alguén: *Depositou toda a confianza no contable e estafouno.*
FAM. depositario, depósito.

depósito
substantivo masculino
1 Lugar ou recipiente onde se garda algo: *Encheu o depósito de gasóleo do coche.*
2 Conxunto de cousas que se deixan nun lugar para que estean nel: *Ese banco ten un depósito de cartos moi importante.*
3 Lugar en que se acumulan minerais ou restos arqueolóxicos: *Descubriron un depósito de petróleo e outro de carbón.*
OBS. Na acepción 3 é incorrecto **xacemento*.

depreciar
verbo
Diminuír o prezo ou valor de algo: *Seica se deprecian os pisos e custan menos.* ANT. apreciar, revalorizar.
FAM. depreciación.

depredador, depredadora
adxectivo e substantivo
Referido a un animal, que se alimenta doutros animais que caza: *Moitos carnívoros, como o león ou o tigre, son depredadores.*
FAM. depredación, depredar.

deprender
verbo
Aprender.

depresión
substantivo feminino
1 Estado en que se sente unha gran tristura e non se ten gana de facer nada: *A depresión é unha enfermidade psicolóxica.*
2 Oco ou afundimento nunha superficie ou entre dúas superficies elevadas: *O río corre ao longo dunha depresión.*
3 Caída do valor de algo ou perda da situación boa que se tiña: *A depresión económica fixo perder moitos postos de traballo.*

deprimir
verbo
Facer sentir moita tristeza e deixar sen gana de facer nada: *A morte da nai deprimiuno moito.*
FAM. depresión, depresivo, deprimente, deprimido.

depuradora
substantivo feminino
Aparato ou instalación que serve para limpar a auga: *As piscinas teñen depuradora.*

depurar

verbo

1 Facer máis pura unha substancia, como a auga, limpándoa do que a corrompe: *Depuran a auga do río para facela potable.*

2 Facer mellor eliminando os elementos malos: *Ese escritor depurou moito a súa linguaxe. Cómpre depurar do partido os corruptos.*

FAM. depuración, depurador, depuradora.

deputado, deputada

substantivo

Persoa elixida polos cidadáns para que os represente e faga as leis: *Eliximos deputados cada catro anos.*

dereito, dereita

adxectivo

1 Dito dunha parte do corpo, que está situada no lado oposto ao do corazón: *Hai persoas que escriben coa man dereita e outras coa esquerda.* ANT. esquerdo.

2 Que está situado no lado oposto ao correspondente ao corazón dunha persoa: *Sigue recto e entra pola primeira porta da dereita.* ANT. esquerdo.

3 Recto ou sen torcer nin virar cara a ningún lado: *Senta dereito para que non che doan as costas.* ANT. torcido.

4 Directo e sen cambiar de dirección ou entreterse noutras cousas: *Vai dereito ao asunto e non te pares en detalles innecesarios.* SIN. recto.

substantivo masculino

5 Conxunto de leis e regras que controlan as relacións entre as persoas e que todo o mundo debe cumprir: *Meu curmán estudou dereito en Santiago.*

6 Posibilidade de facer algo, recibilo ou pedilo: *Todos temos dereito á liberdade de expresión.*

7 Parte principal ou máis perfecta de algo: *Pon o xersei do dereito e non do revés.* ANT. revés.

substantivo feminino

8 Perna ou man que está situada no lado do corazón: *Colleu o libro coa dereita.* ANT. esquerda, zurdo.

9 Dirección que corresponde á parte oposta a onde está situado o corazón: *Colleu pola rúa da dereita.* ANT. esquerda.

10 Conxunto de ideas políticas que, polo xeral, non están a favor dos cambios sociais e persoas que teñen estas ideas: *A dereita é máis conservadora ca a esquerda.* ANT. esquerda.

adverbio

11 **dereito** Sen cambiar de dirección: *Sigue todo dereito e atoparás a praza.*

EXP. **Ás dereitas** Ben ou como debe ser: *Todo lle sae mal. Non fai nada ás dereitas.*

FAM. dereitura, endereitar.

deriva

substantivo feminino

Desvío da dirección ou rumbo que algo segue: *O barco sen temón ía á deriva.*

derivar

verbo

1 Vir ou proceder unha cousa doutra: *A contaminación ambiental deriva dun consumo excesivo.*

2 Cambiar o rumbo ou dirección de algo: *Polo accidente, derivaron o tráfico da autoestrada por unha estrada comarcal.*

FAM. deriva, derivación, derivado.

dermatólogo, dermatóloga

substantivo

Médico especialista nas enfermidades e coidado da pel: *Foi ao dermatólogo polo eccema que padece.*

FAM. dermatoloxía, dermatolóxico.

derme

substantivo feminino

Capa intermedia da pel, onde están os vasos sanguíneos e os nervios: *A derme está debaixo da epiderme.*

***derogar**, a forma correcta é **derrogar**.

derradeiro, derradeira

adxectivo

Que non ten ningún outro por detrás: *Decembro é o derradeiro mes do ano.* SIN. último.

OBS. *Derradeiro* fronte a *último* sinala que o elemento ao que se refire pecha a serie e non pode aumentarse esa serie: *Gustoume o último libro dese escritor e espero que non sexa o derradeiro.*

derramamento

substantivo masculino

Caída ou saída dun líquido: *Os derramamentos de petróleo contaminan o mar.*

EXP. **Derramamento de sangue** Morte violenta de persoas, especialmente na guerra: *As guerras sempre producen un gran derramamento de sangue.*

derramar

verbo

1 Pór en malas condicións ou inservible: *Esta calor derramou o leite.* SIN. estragar.

2 Botar o que hai dentro do recipiente, especialmente un líquido: *O rapaz derramou o leite da botella.* SIN. deitar, verter.

FAM. derrama, derramamento, derramo.

derrapar

verbo

Esvarar ou patinar as rodas: *Ao derrapar un coche adoita desviarse lateralmente.*

FAM. derrapaxe.

derrear

verbo

1 Referido a unha persoa ou animal, mancar no lombo ou no espiñazo: *Derreou o cabalo a paus.*

2 Cansar moitísimo: *Esa carreira tan longa derreoume.*

FAM. derreado.

derredor

adverbio

Arredor.

derreter

verbo

1 Facer que algo sólido pase a líquido por medio da calor: *O sol derreteu os cubos de xeo.*

2 **derreterse** Sentir moito cariño ou afecto por algo ou alguén: *O avó derrétese polos netos.*

derriba

adverbio

Na parte superior de algo ou sobre algo: *Deixou o libro derriba da mesa.* SIN. encima, enriba. ANT. debaixo, embaixo.

derribar

verbo

Derrubar.

FAM. derribamento.

derrota

substantivo feminino

Vencemento dun rival ou inimigo ou perda dun combate ou enfrontamento: *Conseguimos a derrota do inimigo que fuxiu. A derrota do noso equipo foi por 5-0.* ANT. triunfo, vitoria.

derrotar

verbo

Gañar ou vencer a un contrario ou rival nunha batalla, combate ou enfrontamento: *Os patriotas galegos derrotaron os invasores franceses.* SIN. bater. ANT. vencer.

FAM. derrota, derrotista.

derrubamento

substantivo masculino

1 Destrución ou caída dunha construción ou edificio: *O derrubamento da casa non produciu vítimas.*

2 Perda do poder, ánimo ou importancia de algo ou alguén ata chegar á desaparición: *O derrubamento do Imperio romano produciuse coa invasión dos bárbaros.* SIN. derribamento.

derrubar

verbo

1 Destruír unha construción botándoa abaixo: *A enchente derrubou a ponte.* SIN. derribar.

2 Facer que alguén ou algo caia ao chan: *O boxeador derrubou o rival dunha puñada.* SIN. abater, derribar.

3 Facer que alguén ou algo perdan o seu poder, ánimo, importancia e ata que desaparezan: *As invasións bárbaras derrubaron o Imperio romano. Coa noticia da morte do pai derrubouse.* SIN. derribar.

FAM. derrubamento.

derruír

verbo

Desfacer unha construción: *Derruíron o vello edificio da escola.* SIN. demoler. ANT. construír, edificar.

OBS. Conxúgase como *incluír.*

des

EXP. **Des que** Desde que: *Des que traballa está mellor.*

desafiar

verbo

1 Dicirlle unha persoa a outra que participe contra ela nunha loita ou competición: *Desafiouno a xogar un partido de tenis.* SIN. retar.

2 Non ter medo ás consecuencias que pode producir unha acción: *Os pilotos de carreiras desafían a morte.*
OBS. Conxúgase como *afiar.*
FAM. desafío.

desafinar
verbo
Referido a un instrumento musical ou á voz, apartarse do ton apropiado e soar mal: *Cando se canta cómpre non desafinar.*

desafiuzar
verbo
1 Obrigar a alguén a deixar unha casa ou propiedade alugada por orde dun xuíz, habitualmente por falta de pagamento: *Desafiuzárono do piso e agora vive cos pais.*
2 Dicirlle un médico ao enfermo que a súa enfermidade é incurable e que lle causará a morte: *Xa o desafiuzaran pero o novo tratamento salvouno.*
OBS. O *z* cambia en *c* diante do *e*, como en *cazar.* En relación co acento gráfico conxúgase como *actuar.*

desafogar
verbo
Facer máis fácil de soportar un traballo ou pena: *A súa axuda desafógame moito cando temos o restaurante cheo.* SIN. aliviar, desabafar, desatafegar. ANT. abafar, afogar.
OBS. O *g* cambia en *gu* diante do *e*, como en *pagar.*
FAM. desafogo.

desafortunado, desafortunada
adxectivo
1 Que non é feliz ou que non ten sorte: *É moi desafortunado porque o deixou a noiva.* ANT. afortunado.
2 Que non é como convén ou resulta mal: *Estiven desafortunado ao dicirlle que engordara.* ANT. afortunado.

desagradar
verbo
Non gustar ou non parecer ben: *Desagrádalle a mala educación.* SIN. desgustar.
FAM. desagradable, desagrado.

desagradecido, desagradecida
adxectivo
Que non recoñece os favores recibidos e que non corresponde a eles dalgún xeito: *É tan desagradecido que nin as grazas dá.* SIN. ingrato. ANT. agradecido.

desagulletar
verbo
Desamalloar.

desalentar
verbo
Facer perder a forza, o ánimo ou as enerxías: *Esa derrota desalentounos a todos.* SIN. desanimar. ANT. alentar, animar, estimular.
FAM. desalento.

desalmado, desalmada
adxectivo
Moi malo: *Ese asasino é un desalmado.* SIN. cruel, inhumano, malvado, perverso.

desaloxar
verbo
Deixar baleiro un lugar de persoas ou de calquera cousa: *A policía desaloxou os que se pecharan no instituto.*
FAM. desaloxamento, desaloxo.

desamalloar
verbo
Desfacer a lazada ou atado dos amallós ou cordóns dos zapatos: *Estaba a desamalloar os zapatos.* SIN. desagulletar, desatar. ANT. amalloar, agulletar, atar.

desangrarse
verbo
Perder gran cantidade de sangue: *O ferido desángrase.*

desanimar
verbo
Quitar o ánimo, as forzas ou gana de facer algo: *Esa derrota desanimounos.* SIN. desalentar, desmoralizar. ANT. animar.
FAM. desánimo.

*desapacible, a forma correcta é **desapracible**.

desaparafusador
substantivo masculino
Ferramenta que serve para apertar e afrouxar parafusos: *Desmontaba a pechadura cun desaparafusador.*

desaparafusar
verbo
Quitar os parafusos: *Colleu o desaparafusador para desaparafusar a tampa.*
FAM. desaparafusador.

desaparecer
verbo
1 Deixar de estar nun sitio ou deixar de verse: *Desapareceu o libro que estaba encol da mesa.* ANT. aparecer, xurdir.
2 Deixar de existir: *Seus avós desapareceron hai xa anos.* ANT. aparecer, xurdir.
OBS. É regular: *desaparezo, desapareza.*
FAM. desaparición, desaparecido.

desapegar
verbo
Despegar.
FAM. desapego.

desapego
substantivo masculino
Falta de apego ou cariño por algo ou alguén: *Agora mostra desapego cara a nós pois nunca nos visita.*
OBS. A forma **despego* é incorrecta.

desapercibido, desapercibida
adxectivo
Que non se ve ou non se nota: *Pasou desapercibido na festa pois ninguén o viu.* SIN. inadvertido.

desapiadado
adxectivo
Que non ten piedade ou compaixón polas dores e penas doutro: *Os asasinos son desapiadados coas súas vítimas.* SIN. cruel, desalmado, inhumano. ANT. piadoso.

desapracible ou desapracíbel
adxectivo
Que resulta moi desagradable: *O vento e a chuvia fan o tempo desapracible.*

desaprehensivo, desaprehensiva
adxectivo
Que actúa sen honradez: *Un desaprehensivo abusou da súa bondade.*
FAM. desaprehensión.

desaprobar
verbo
Non admitir como bo: *Desaprobou o teu mal comportamento.*

desaproveitar
verbo
Empregar mal ou non sacar a debida utilidade: *Cómpre non desaproveitar a electricidade gastándoa sen xeito.* SIN. desperdiciar, malgastar. ANT. aproveitar.
FAM. desaproveitamento.

desarmamento
substantivo masculino
Redución ou eliminación das armas, especialmente as que ten un país: *A ONU defende o desarmamento universal.*
OBS. A forma *desarme* é incorrecta.

desarmar
verbo
1 Separar as pezas que forman un aparello ou obxecto: *Está a desarmar a lavadora para amañala.* ANT. montar.
2 Quitar as armas: *A policía desarmou o atracador.* ANT. armar.

desarraigar
verbo
1 Arrancar unha planta coas raíces: *Cómpre desarraigar as malas herbas.* SIN. desenraizar.
2 Facer desaparecer por completo, especialmente algo malo: *Cómpre desarraigar o consumo de drogas.*
3 Facer saír do seu lugar de nacementos: *A emigración desarraigou moitos galegos.*
OBS. O *g* cambia en *gu* ante o *e*, como en *pagar.*
FAM. desarraigamento.

desasosegar
verbo
Quitar o sosego ou tranquilidade: *As débedas desasoségano moito.* SIN. alterar, axitar, desacougar, inquietar. ANT. acougar, calmar, serenar, sosegar, tranquilizar.
OBS. O *g* cambia en *gu* diante do *e*, como en *pagar.*
FAM. desasosego.

desastre
substantivo masculino
1 Suceso que produce un gran dano ou destrución: *O terremoto provocou un desastre.* SIN. calamidade, catástrofe, desfeita, desgraza, hecatombe, sinistro.
2 O que sae mal ou ten moi mala calidade: *Ese negocio foi un desastre pois produciu moitas perdas.* SIN. desfeita.
3 Persoa que ten pouca habilidade para facer algo: *Estragou a porta do armario ao*

abrila porque é un desastre. SIN. calamidade, desgraza.
FAM. desastroso.

desatar
verbo
1 Soltar as cordas ou o que ata algo: *Desataba os amallós dos zapatos.* ANT. atar.
2 Producir algo de forma violenta: *A suba dos impostos desatou a protesta dos cidadáns.* SIN. desencadear, levantar, provocar.

desatascar
verbo
Quitar o que impide o paso por un lugar: *O fontaneiro desatascou o desaugadoiro.* SIN. desatoar, desatrancar. ANT. atascar, atoar, atrancar.
OBS. O *c* cambia en *qu* diante do *e*, como en *sacar*.

desatender
verbo
Non dar a debida atención ou coidado: *Os netos desatenden os avós e case os teñen abandonados.* SIN. descoidar. ANT. atender, coidar.
FAM. desatención, desatento.

desatino
substantivo masculino
Falta de acerto ou de bo xuízo: *Coller o coche con esta nevada é un desatino.*
FAM. desatinado, desatinar.

desatoar
verbo
Desatascar.

desatrancar
verbo
1 Quitar o que impide o paso por un lugar: *Quita as maletas do corredor, para desatrancalo.* SIN. desatascar, desatoar. ANT. atascar, atoar.
2 Quitar o que pecha unha porta ou ventá: *Desatrancou a porta quitándolle a tranca.* ANT. atrancar.

desaugadoiro
substantivo masculino
Canle ou tubo por onde sae a auga dun sitio: *O desaugadoiro do vertedoiro volve estar atoado.*

desaugar
verbo
Ir ou botar fóra a auga: *A auga do vertedoiro desauga polo desaugadoiro. As augas do Sil desaugan no Miño.*
OBS. O g cambia en *gu* ante o *e*, como en *pagar*.

desavinza
substantivo feminino
Falta de acordo entre dúas ou máis persoas: *As desavinzas entre os socios acabaron coa empresa.* SIN. desacordo, discordia. ANT. avinza.

desaxeitado, desaxeitada
adxectivo
Mal preparado, sen orde ningunha ou que non se adapta a algo: *Deixou o armario todo desaxeitado.*

desazo
substantivo masculino
Falta de vontade, ánimo ou de gana para facer algo: *Con ese suspenso colleu algo de desazo.* SIN. abatemento, decaemento, desalento, desánimo. ANT. azo.

desbandada
substantivo feminino
Separación de persoas ou animais que estaban xuntos que van en direccións distintas: *Ante a carga da policía, produciuse a desbandada dos manifestantes.*
FAM. desbandar.

desbarate ou **desbarato**
EXP. **A/ao desbarate** ou **desbarato** A moi baixo prezo: *Vendeu a casa paterna ao desbarate.*

desbastar
verbo
Deixar lisa unha superficie sacándolle o que sobresae: *O carpinteiro desbastaba a táboa co cepillo.*

desbocarse
verbo
Correr un cabalo como se estivese tolo e sen obedecer a ninguén: *O cabalo desbocouse co ruído do avión.*
OBS. O *c* cambia en *qu* diante do *e*, como en *sacar*.

desborda

verbo

1 Saír un líquido de onde está polos bordos: *Con esta chea, o río desbordouse.*
2 Ter algo bo en gran cantidade e mostralo: *Ese rapaz desborda simpatía.*

desbotar

verbo

Non admitir, deixar ou non querer por non consideralo bo ou conveniente: *Desbota a idea de ir á praia con esta chuvia.* SIN. Refugar.

***descalabro**, a forma correcta é **desfeita**.

***descalificar**, a forma correcta é **descualificar**.

descalzar

verbo

Sacar o calzado: *Descalzouse porque lle apertaban os zapatos.* ANT. calzar.
OBS. O *z* cambia en *c* diante do *e*, como en *cazar*. Ten dous participios, *descalzado* e *descalzo*.
FAM. descalzo.

descambiar

verbo

Cambiar os cartos en billetes ou moedas máis pequenos: *Descambiei cen euros en dous billetes de cincuenta.*

descamiñar

verbo

1 Apartar do camiño que se debe seguir: *Ese sinal mal posto descamiñounos e perdéronse.*
2 Facer caer nun erro ou nunha mala acción: *As falsas pistas descamiñaron a policía e non deu aínda co asasino. As malas compañas descamiñaron ese mozo.*
FAM. descamiñado.

descampado

substantivo masculino

Lugar ao aire libre en que non hai construcións nin plantas: *De nenos xogabamos ao fútbol nese descampado.*

descansar

verbo

1 Parar nun traballo: *Cada dúas horas de traballo, descansamos dez minutos.*
2 Durmir ou facer calquera outra cousa que permite recuperar as forzas: *Sentei un momento para descansar.*
3 Quedar tranquilo: *Só descansei cando paguei todas as miñas débedas.* SIN. acougar, calmarse, sosegarse, tranquilizarse. ANT. desacougarse, desasosegarse.
4 Apoiar algo sobre unha cousa: *Os rañaceos descansan nos cimentos.* SIN. apoiarse, basearse, asentarse.
5 Estar enterrado: *Toda a familia descansa no mesmo panteón.*
FAM. descansado, descanso.

descanso

substantivo masculino

1 Parada no traballo: *Cada tres horas, temos un descanso de quince minutos.*
2 Recuperación da forza ou da tranquilidade: *Foi para min un descanso saber que estabas curado.* ANT. canseira, cansazo.
3 Espazo de tempo durante o que se interrompe un espectáculo: *No teatro adoita haber un descanso de quince minutos.* SIN. intermedio.
4 Parte dunha escaleira onde acaban os chanzos nunha superficie e despois continúan: *Fixen unha parada no descanso.* SIN. relanzo.

descargar

verbo

1 Quitar ou sacar a carga que hai nalgún sitio: *Os camións descargan aquí as súas mercadorías.* ANT. cargar.
2 Acabarse o que hai dentro dunha cousa, de xeito que xa non serve: *Descargouse o móbil e teño que recargalo.* ANT. cargar.
3 Quitarlle a carga ou munición a unha arma de fogo: *Descargou a pistola e gardouna.* ANT. cargar.
4 Disparar unha arma de fogo: *O asasino descargoulle á vítima seis balas.*
OBS. O *g* cambia en *gu* diante do *e*, como en *pagar*.
FAM. descarga, descargadoiro, descargo.

descaro

substantivo masculino

Falta de vergonza ou de respecto ao falar ou actuar: *Non ten educación e fala cos maiores con total descaro.* SIN. desvergoña, desvergonza.
FAM. descarado.

descarreirar

verbo

1 Facer perder o bo camiño: *Ese sinal está mal colocado e descarreirounos.* SIN. descamiñar. ANT. encamiñar.

2 Levar a un erro ou a malas accións: *As malas compañas descarreiraron ese mozo.* SIN. descamiñar. ANT. encamiñar.

descarrilar

verbo

Saír un tren das vías: *O tren descarrilou pero non houbo feridos.*

FAM. descarrilamento.

descartar

verbo

Deixar fóra, non ter en conta ou rexeitar: *O adestrador descartou os dous defensas que lle sobraban.*

descascar

verbo

1 Quitarlle a casca a unha árbore: *Descascaban os toros dos piñeiros.*

2 Quitar parte da capa que cobre algo: *A humidade descascou a pintura da parede.*

OBS. O *c* cambia en *qu* diante do *e*, como en *sacar*.

descastado, descastada

adxectivo

Que non lle ten afecto ou cariño á propia familia: *É unha descastada que nunca visita os avós.*

descendencia

substantivo feminino

Conxunto de fillos, netos e demais persoas que descenden dun mesmo individuo: *Ten unha descendencia de netos e bisnetos.* ANT. ascendencia, proxenie.

descendente

adxectivo

1 Que baixa ou vai cara a abaixo: *As curvas descendentes son moi perigosas.* ANT. ascendente.

substantivo

2 Fillo, neto ou calquera outra persoa que descende dun mesmo individuo: *Eu son descendente de meus avós.* ANT. antecesor, antepasado, devanceiro.

descender

verbo

1 Ir a un lugar máis baixo: *O avión descendeu ata pousar no aeroporto.* SIN. baixar. ANT. ascender, subir.

2 Diminuír en cantidade, valor ou en calquera outra cousa: *Descenderon as temperaturas.* SIN. baixar. ANT. ascender, subir.

3 Vir unha persoa ou animal doutro: *Eu descendo dos meus pais.*

FAM. descendencia, descendente, descenso.

descenso

substantivo masculino

1 Terreo que baixa: *Os ciclistas fixeron moi rápido o descenso.* SIN. baixada. ANT. subida.

2 Paso a un lugar máis baixo: *O descenso do avión fíxose rapidamente.* ANT. ascenso.

3 Diminución ou perda da cantidade, categoría ou valor: *Produciuse o descenso do equipo da primeira á segunda división.* SIN. baixa. ANT. ascenso, suba.

descifrar

verbo

Descubrir o significado de algo, especialmente oculto ou pouco claro: *Cómpre descifrar as mensaxes dese espía.*

descoidar

verbo

Non dar ou prestar a atención ou coidado debidos: *Cómpre non descoidar o aseo persoal.* SIN. desatender. ANT. atender, coidar.

FAM. descoidado, descoido.

descoido

substantivo masculino

1 Falta de coidado ou atención ao facer algo: *Baleirou o bote da pintura con descoido e verteuna.* SIN. imprudencia. ANT. atención, cautela, coidado, precaución, prudencia.

2 Falta de atención ou fallo producido por non prestar atención: *Un descoido ao conducir un coche pode causar un grave accidente.* SIN. distracción.

descolgar

verbo

1 Baixar ou quitar do lugar onde estaba colgado: *Descolgaron o cadro da sala.* ANT. colgar, pendurar.

2 Baixar devagar algo atado cunha corda: *Descolgaban os mobles desde o balcón do cuarto andar.*

3 Levantar a parte do teléfono pola que se fala para contestar unha chamada: *Soou o teléfono con insistencia pero cando descolguei xa desistiran.* ANT. colgar, pendurar.
OBS. O *g* cambia en *gu* diante do *e*, como en *pagar*.

descolocar
verbo
Pór unha cousa nunha posición ou situación que non son as adecuadas: *Descolocou todos os libros do andel.* ANT. amañar, arranxar, colocar.
OBS. O *c* cambia en *qu* diante do *e*, como en *sacar*.

descolorar
verbo
Descorar.
FAM. descolorido.

descompoñer ou descompor
verbo
1 Separar as partes que forman un todo: *O rapaz descompoñía o xoguete.* ANT. compoñer, compor.
2 Estragarse un alimento ou un corpo de xeito que cheira mal: *A carne, fóra da neveira, descompúxose.*
3 Coller ou causar diarrea: *A froita en mal estado descompúxome.*
4 **descompoñerse** ou **descomporse** Cambiar a cor ou expresión dunha persoa: *Ao vermos o accidente, todos nos descompuxemos.*
OBS. Conxúgase como *poñer* ou *pór*.
FAM. descomposición, descomposto.

descomunal
adxectivo
Moito máis grande do normal: *As lapas do incendio eran descomunais.* SIN. colosal, enorme, extraordinario.

desconcertar
verbo
Producir tanta sorpresa que non se sabe que dicir nin que facer: *O seu descaro desconcertounos a todos.*
FAM. desconcertante, desconcerto.

desconectar
verbo
1 Facer que deixe de funcionar algún aparello, especialmente ao deixalo sen enerxía eléctrica: *Desconectou o televisor.*
2 Deixar de ter comunicación: *A cadea de televisión desconectou co estadio porque se suspendeu o partido.*
FAM. desconexión.

desconfiar
verbo
Non ter confianza ou seguridade en algo ou alguén: *Desconfío dese coche porque sempre ten avarías. Desconfío dese fontaneiro porque é un chafalleiro.* ANT. confiar, fiarse.
OBS. Conxúgase como *afiar*.
FAM. desconfiado, desconfianza.

desconforme
adxectivo
Que non está de acordo ou satisfeito con algo: *Os hóspedes estaban desconformes co trato recibido no hotel.* ANT. conforme.

desconsideración
substantivo feminino
Falta de afecto, cariño ou boa educación: *Non se pode tratar a ninguén con desconsideración.* ANT. consideración.
FAM. desconsiderado.

desconsolo
substantivo masculino
Pena moi grande que parece que nunca acabará: *A morte da nai produciulle gran desconsolo.* SIN. aflición, afliximento. ANT. consolo.
FAM. desconsolado, desconsolar.

descontar
verbo
Quitar unha cantidade doutra: *Descontáronlle dez euros da factura por pagar no momento.*
FAM. desconto.

descontento, descontenta
adxectivo
1 Que non está contento nin satisfeito: *Quedamos descontentos con ese hotel.* SIN. desconforme. ANT. contento.
substantivo masculino
2 Sensación desagradable porque consideramos que algo é malo: *A suba dos impostos produciu o descontento dos cidadáns.* SIN. desgusto. ANT. contento.

descontinuo, descontinua
adxectivo
Que non é seguido ou que presenta saltos ou interrupcións: *A liña descontinua da estrada indica que se pode adiantar.*

descontrol
substantivo masculino
Falta de control, orde ou dominio: *O descontrol da empresa é grande porque estamos sen xefe.* SIN. desorde. ANT. control.
FAM. descontrolar.

desconxelar
verbo
Facer que algo deixe de estar coma o xeo ao quecer: *Cómpre desconxelar ese peixe.* ANT. conxelar.
FAM. desconxelación.

descoñecer
verbo
Non coñecer ou non saber: *Descoñece as normas de cortesía.* SIN. ignorar. ANT. coñecer, saber.
OBS. É regular: *descoñezo, descoñeza.*
FAM. descoñecemento, descoñecido.

descorar
verbo
Perder ou diminuír a cor: *As cortinas descoraron co sol.* SIN. descolorar. ANT. colorar, colorear, corar.

descorrer
verbo
Mover algo para deixar aberto: *Descorremos as cortinas do salón para que entrase o sol. Descorreu o pecho e abriume a porta.* ANT. correr.

descortés
adxectivo
Que manifesta mala educación ou malos modos: *Non se debe ser descortés con ninguén.* SIN. desatento, maleducado. ANT. atento, correcto, cortés, educado.
FAM. descortesía.

descoser
verbo
Soltar o fío con que algo está cosido ou unido: *Descosía as costuras do pantalón.* ANT. coser.
FAM. descosido.

descravar
verbo
Quitar os cravos que suxeitan algo: *Descravou a tampa do caixón.* ANT. cravar.

descrédito
substantivo masculino
Perda ou diminución da boa fama ou creto: *Ese fallo é un descrédito para calquera médico.* ANT. crédito, creto.

describir
verbo
Explicar as calidades e características de algo ou de alguén: *Ese escritor describe moi ben as paisaxes galegas.*
OBS. O participio é irregular, *descrito.*
FAM. descrición, descritivo.

descuberto, descuberta
1 Participio irregular de *descubrir.*
substantivo feminino
2 Coñecemento do que non se sabía ou permanecía oculto: *En 1492 produciuse a descuberta de América.* SIN. achado, descubrimento.

descubrimento
substantivo masculino
Descuberta.

descubrir
verbo
1 Encontrar, atopar ou coñecer algo que non se sabía ou permanecía oculto: *Colón descubriu América en 1492.* SIN. atopar, encontrar.
2 Quitar o que cobre ou tapa algo para que se vexa: *O alcalde descubriu a placa posta na casa onde naceu a escritora.* SIN. destapar. ANT. cubrir, tapar.
3 Dar a coñecer algo que se escondía: *Non lle descubrirei a ninguén os meus segredos.* SIN. destapar, desvelar. ANT. acochar, agachar, cubrir, esconder, ocultar, tapar.
4 **descubrirse** Quitar o sombreiro ou o gorro: *Ao entrar nun lugar cuberto hai que descubrirse.* ANT. cubrir.
EXP. **Hai que descubrirse** Úsase para indicar admiración: *Hai que descubrirse ante a súa xenerosidade.*
OBS. Conxúgase como *fuxir.* O participio é irregular, *descuberto.*

desculpar
verbo
Esquecer, perdoar ou non ter en conta as faltas ou erros de alguén: *Os avós adoitan desculpar as faltas dos netos.*
FAM. desculpa.

desde
preposición
Indica o punto, tempo ou espazo a partir do que se comeza a contar algo: *Non o vía desde hai dez anos. Veu aquí desde Vigo.*
EXP. **Desde logo** Sen dúbida, por suposto: *Desde logo que che sobra razón.* SIN. dende.

***desdeixado**, a forma correcta é **desleixado**.

desdén
substantivo masculino
Falta de interese por alguén ou algo: *Mirou o meu libro con desdén.*
FAM. desdeñar.

desdentado, desdentada
adxectivo
Que perdeu os dentes: *Tiña un can vello, xa desdentado.*

desdicir
verbo
Negar ou dicir o contrario do que se dixo antes: *Cómpre que non te desdigas das túas afirmacións.*
OBS. Conxúgase como *dicir*.

desdobrar
verbo
Estender o que estaba dobrado: *Desdobrou as sabas para facer a cama.* ANT. dobrar.

desdouro
substantivo masculino
Perda ou diminución da boa fama ou creto: *Ese fallo é un desdouro para un bo médico.*

dese, desa, diso
contracción
Unión da preposición *de* co demostrativo *ese, esa, iso*: *Eu tamén quero desa torta.*

desecar
verbo
Facer perder a auga ou a humidade: *Hai anos desecaron a lagoa de Antela.* SIN. secar.
OBS. O *c* cambia en *qu* diante do *e*, como en *sacar*.
FAM. desecamento.

desembarcar
verbo
Saír dun barco, dun tren ou dun avión, ou sacar algo deles: *O petroleiro desembarcaba o petróleo na refinaría.* ANT. embarcar.
OBS. O *c* cambia en *qu* diante do *e*, como en *sacar*.
FAM. desembarcadoiro, desembarque.

desembazar
verbo
Quitar o bafo ou vapor: *Cómpre desembazar os cristais para ver a rúa.* SIN. desabafar. ANT. abafar, embazar, empanar.
OBS. O *z* cambia en *c* ante *e*, como en *cazar*.

desembocar
verbo
1 Entrar un río no mar, nun lago ou noutro río: *O Miño desemboca no océano Atlántico.* ANT. nacer.
2 Acabar ou ter saída: *A miña rúa desemboca na praza.* SIN. saír.
OBS. O *c* cambia en *qu* diante do *e*, como en *sacar*.
FAM. desembocadura.

desembolsar
verbo
Pagar ou entregar unha cantidade de cartos: *Tivo que desembolsar 600 euros para pagar a factura.*
FAM. desembolso.

***desembrullar**, a forma correcta é **desenvurullar**.

desempatar
verbo
1 Desfacer a igualdade no número de votos ou de puntos que teñen dous contrarios: *Xogaron unha prórroga para desempataren.* ANT. empatar.
2 Separar dúas cousas que estaban unidas polos seus extremos: *O electricista desempatou os dous cables.* ANT. empatar.
FAM. desempate.

desempeñar
verbo
1 Realizar as funcións propias dun traballo ou cargo: *Desempeñou con acerto o cargo de alcaldesa.*
2 Representar un papel nunha obra de cine ou teatro: *Desempeña moi ben os papeis de malo.* SIN. interpretar.

3 Recuperar algo que se deixou como garantía dun préstamo tras pagalo: *Desempeñou as xoias da nai.* ANT. empeñar.
FAM. desempeño.

desempoar
verbo
Limpar quitándolle o po: *Desempoaba os mobles cunha baeta.*

desemprego
substantivo masculino
Falta de traballo: *O desemprego aumentou moito pola crise económica.* SIN. paro. ANT. emprego.
FAM. desempregado, desempregar.

desencadear
verbo
1 Soltar ou quitar as cadeas: *Os piratas desencadearon o prisioneiro.* ANT. encadear.
2 Producir ou causar de forma violenta: *A suba do pan desencadeou unha revolta.* SIN. desatar.

desencaixar
verbo
Facer saír unha cousa do lugar onde estaba metida: *Desencaixáronse as patas da cadeira.*

desencantar
verbo
1 Quitarlle a alguén o encantamento ou feitizo: *Co bico, a ra desencantouse e converteuse en príncipe.* SIN. desembruxar, desenmeigar. ANT. ameigar, embruxar, encantar, enfeitizar, enmeigar.
2 Facerlle perder a alguén a ilusión ou admiración por algo ou alguén: *Os feitos últimos dese político desencantáronme.* SIN. decepcionar, desilusionar.
FAM. desencanto.

desenchufar
verbo
Quitar o enchufe que une un aparello á rede eléctrica: *Desenchufou o televisor.*

desenfado
substantivo masculino
Forma de falar ou actuar sen seriedade e con despreocupación: *Respondía con moito desenfado e ata humor.*
FAM. desenfadado.

desenferruxar
verbo
Quitar a ferruxe ou óxido: *Cómpre desenferruxar a cancela de ferro antes de a pintar.* ANT. enferruxar.

desenfiar
verbo
Quitar o fío da agulla ou doutra cousa: *Desenfiaba as doas do colar.* ANT. enfiar.
OBS. Conxúgase como *afiar*.

desenfreo
substantivo masculino
Falta de moderación ou de control: *Comeron con desenfreo e empacharon.*
FAM. desenfrear.

desenfundar
verbo
Quitar ou sacar da súa funda ou envoltura: *O pistoleiro desenfundou o revólver.*

desenganar
verbo
Facer que alguén vexa o erro ou engano en que está: *Desenganeime del porque unhas cousas di e outras fai.* ANT. enganar.
FAM. desengano.

desenganchar
verbo
Soltar ou deixar libre: *Desenganchou o cabalo do carro.* ANT. enganchar.

desengano
substantivo masculino
Perda da esperanza ou da confianza postas en algo ou alguén: *Coa derrota do equipo sufrimos un desengano pois xa non seremos campións.* SIN. decepción, desilusión.

desengraxar
verbo
Quitar ou limpar a graxa: *Este xabón desengraxa moi ben a louza.* ANT. engraxar.

desenguedellar
verbo
Desenmarañar.

desengurrar
verbo
Deixar liso ou sen engurras: *Pásalle o ferro a ese pantalón para desengurralo.*

desenlace
substantivo masculino
Final en que se resolve algo: *No desenlace da película triunfan os bos.*

desenlear
verbo
Desenmarañar.

desenmarañar
verbo
1 Separar o que está enredado ou mesturado: *Peiteeime para desenmarañar o pelo.* SIN. desenguedellar, desenredar. ANT. enguedellar, enmarañar, enredar.
2 Pór en claro: *A policía desenmarañou a trama do roubo.* SIN. desenlear. ANT. enlear, enmarañar.

desenmascarar
verbo
1 Quitarlle a unha persoa a careta ou máscara: *A policía desenmascarou o atracador.*
2 Descubrir o que é de verdade alguén ou algo: *Axiña desenmascarei o seu egoísmo.*

desenmeigar
verbo
Quitarlle a alguén o encantamento, meigallo ou feitizo: *Co bico, a ra desenmeigouse e converteuse en príncipe.* SIN. desembruxar, desencantar. ANT. ameigar, embruxar, encantar, enfeitizar, enmeigar.
OBS. O *g* cambia en *gu* ante *e*, como en *pagar*.

desenredar
verbo
1 Separar o que está enredado ou mesturado: *Peiteeime para desenredar o pelo.* SIN. desenguedellar, desenlear, desenmarañar. ANT. enguedellar, enlear, enmarañar, enredar, lear.
2 Pór en claro: *A policía desenredou a trama do roubo.*

desenrolar
verbo
Estender o que está envolvido sobre si mesmo: *Desenrolei a alfombra e estendina no salón.* ANT. enrolar.
FAM. desenrolo.

desenroscar
verbo
Quitar algo, especialmente unha peza con rosca, facéndoo xirar sobre si mesmo: *Desenrosquei a tapa do frasco do xarope.* ANT. enroscar.
OBS. O *c* cambia en *qu* diante do *e*, como en *sacar*.

desentenderse
verbo
Non ocuparse de algo: *Desentendeuse dos asuntos da familia.* SIN. despreocuparse.

desenterrar
verbo
1 Sacar algo que está debaixo da terra: *Os piratas desenterraron o tesouro.* ANT. enterrar.
2 Lembrar ou traer á memoria algo esquecido: *Agora desenterran feitos de hai máis de cincuenta anos.*

desentoar
verbo
1 Desafinar ou saír do ton normal ao cantar ou tocar un instrumento: *Ten boa voz pero desentoa cando canta no coro.* ANT. entoar.
2 Quedar mal co que está cerca ou ao redor: *Esta gravata vermella desentoa coa camisa branca.*

desentumecer
verbo
Recuperar o movemento dunha parte do corpo: *Quentei as mans e desentumecín os dedos.* ANT. entumecer.
OBS. É regular: *desentumezo, desentumeza.*
FAM. desempecemento.

desenvaiñar
verbo
Sacar da súa vaíña ou funda: *O soldado desenvaiñou a espada.* ANT. envaiñar.

desenvoltura
substantivo feminino
Facilidade para falar ou facer algo: *Nunca fora camareiro, pero servía as mesas con moita desenvoltura.*

desenvolvemento
substantivo masculino
1 Crecemento ou aumento de algo: *O desenvolvemento dos bebés é moi rápido.*
2 Proceso de mellora de algo: *O desenvolvemento do país foi grande e agora a xente vive moito mellor.*
3 Proceso durante o que se realiza ou acontece algo: *A televisión retransmitiu o desenvolvemento da sesión parlamentaria.*

desenvolver
verbo
1 Quitar o que cobre ou rodea algo: *Desenvolveu a pastilla de xabón e colocouna no lavabo.* ANT. envolver.
2 Aumentar, crecer ou facer máis grande: *Os bebés desenvólvense moi rapidamente.*
3 Explicar de forma ampla e con moitos detalles: *O conferenciante desenvolveu os puntos máis importantes do tema.*
4 Facer as operacións necesarias para chegar á solución dun problema matemático: *O desenvolvemento do problema está ben, pero o resultado mal porque errei nunha operación.*
5 Facer que algo mellore: *A industrialización desenvolveu o país.*
6 desenvolverse Saber actuar nun ambiente: *Desenvólvese moi ben ante as cámaras de televisión.*
7 Acontecer, suceder ou ter lugar: *A historia da novela desenvólvese na Idade Media.*
OBS. Ten o participio regular *desenvolvido* e o irregular *desenvolto.*
FAM. desenvolvido, desenvolvemento.

desenvolvido, desenvolvida
adxectivo
Que creceu ou mellorou moito ata alcanzar un estado moi bo: *Os países desenvolvidos teñen un nivel de vida elevado.* ANT. subdesenvolvido.

desenvurullar
verbo
Quitarlle a envoltura a algo: *Desenvurullou o paquete retirándolle o papel.*

deseñar
verbo
Debuxar as liñas fundamentais de algo para dicir como pode facerse: *Ese rapaz deseña pezas de vestir tanto de muller coma de home.*
FAM. deseñador, deseño.

desequilibrar
verbo
1 Facer perder o equilibrio ata incluso caer: *Esvarei, desequilibreime e caín.*
2 Facer perder a tranquilidade, a calma e ata o xuízo: *As moitas desgrazas desequilibrárono e está nun manicomio.*
FAM. desequilibrado, desequilibrio.

desertar
verbo
Deixar un soldado as súas obrigas ou o exército sen permiso: *Nas guerras hai soldados que desertan.*
FAM. deserción, desertor.

deserto, deserta
adxectivo
1 Que está todo baleiro ou sen xente nin habitantes: *O salón quedou deserto.*
2 Dito dun premio, que non se lle dá a ninguén: *O xurado declarou deserto o premio de poesía pola baixa calidade dos poemas presentados.*
substantivo masculino
3 Extensión ampla de terreo caracterizado pola grande escaseza de chuvias, vexetais e animais: *O cacto é unha planta propia dos desertos cálidos.*
FAM. desértico, desertización, desertizar.

desesperar
verbo
1 Facer perder a esperanza ou confianza en que algo bo sucederá: *Os continuos fracasos desesperárono.*
2 Facer perder a calma ou a paciencia: *Estes nenos tan maleducados desespéranme.*
FAM. desesperación, desesperado.

desexar
verbo
Ter moita gana de conseguir ou de facer algo: *Desexaba ir ao cine esta tarde.*
FAM. desexo.

desexo
substantivo masculino
Gana moi grande de algo: *Tiña o desexo de mercar un coche.*
OBS. É distinto de *desxeo.*

desfacer
verbo
1 Destruír, romper ou separar as partes que forman algo: *O cativo desfixo o xoguete.* ANT. facer.
2 Facer que un acordo xa non sexa válido: *Desfixeron o pacto.* ANT. facer.
3 Dividir un corpo en varios anacos: *O carniceiro desfai as reses para vender a carne.*
4 Destruír ou causar moito dano: *A morte do marido desfíxoa.*

5 Cansar moito: *Este traballo desfai a calquera.* SIN. esgotar.
EXP. **Desfacerse de algo** Quedar libre del: *Desfíxose de todos os trastes que non usaba.*
OBS. Conxúgase como *facer.*
FAM. desfeito, desfeita.

desfalecer
verbo
Perder as forzas ou o ánimo: *O ciclista desfaleceu na subida ao porto de montaña.*
OBS. É regular: *desfalezo, desfaleza.*
FAM. desfalecemento.

desfasado, desfasada
adxectivo
Que está sen adaptar aos tempos e quedou atrasado: *Ese modelo de coche é de hai xa vinte anos e está desfasado.*
FAM. desfasamento, desfasar.

desfavorable ou desfavorábel
adxectivo
Que está en contra ou prexudica: *As condicións dese contrato resúltanme desfavorables.* ANT. favorable.

desfeito, desfeita
1 Participio de *desfacer.*
adxectivo
2 Moi canso: *Este traballo tan duro deixoume desfeito.*
substantivo feminino
3 Destrución, perda ou derrota moi grandes: *O terremoto produciu a desfeita da cidade.* SIN. catástrofe.

desfigurar
verbo
Cambiar a cara, especialmente facéndoa máis fea: *O accidente desfigurouno.*

desfiladeiro
substantivo feminino
Paso moi estreito entre montañas: *O guía conducíaos polo desfiladeiro.*

desfilar
verbo
1 Iren soldados ou persoas en fila e uns detrás dos outros con orde: *Os soldados desfilaban encabezados polo seu capitán.*
2 Pasar unha cousa detrás doutra: *Nese momento desfilaron pola miña cabeza moitas lembranzas.*
3 Ir saíndo dun lugar un detrás do outro: *A xente desfilaba das bancadas decepcionada coa nova derrota do equipo.*
FAM. desfile.

desfile
substantivo masculino
Paso de persoas ou cousas, especialmente de soldados, uns detrás doutros, en fila e con orde: *Gústanlle moito os desfiles militares. Fun a un desfile de moda.*

***desfollar**, a forma correcta é **esfollar**.

***desfrutar**, a forma correcta é **gozar**.

***desfrute**, a forma correcta é **gozo**.

desgana
substantivo feminino
Falta de interese ou de desexo por algo: *Comía con desgana. Traballaba con desgana.* SIN. apatía, indiferenza, indolencia. ANT. entusiasmo.
FAM. desganado, desganar.

desgastar
verbo
Ir gastando pouco a pouco ata facer desaparecer ou estragar: *Tantos quilómetros percorridos desgastaron as rodas do coche.* SIN. gastar.
FAM. desgaste.

desgornecer
verbo
Deixar sen protección ou defensa: *Non se poden desgornecer as fronteiras ante un posible ataque do inimigo.* ANT. gornecer.
OBS. É regular: *desgornezo, desgorneza.*

***desgracia**, a forma correcta é **desgraza**.

desgraciado, desgraciada
adxectivo e substantivo
1 Que padece desgrazas, mala sorte ou infelicidade: *É moi desgraciado desde que o deixou a noiva.* SIN. infeliz, pobre. ANT. afortunado, feliz.
2 Que é unha mala persoa: *Ese desgraciado roubounos.*

desgraciar
verbo
Causar algún dano ou mal: *Esa sarabia desgraciou os tomates.* SIN. arruinar, derramar, estragar.

desgravar
verbo
Descontar ou rebaixar un imposto: *A compra de casa desgrava.*
FAM. desgravación.

desgraza
substantivo feminino
1 Mala sorte: *Tivo a desgraza de perder as chaves da casa.* SIN. desventura, infortunio. ANT. dita, felicidade, fortuna, ventura.
2 Feito ou suceso que causa dano ou dor moi grandes: *Ese terremoto foi unha desgraza pois morreu moita xente.*
FAM. desgraciado, desgraciar.

desguedellar
verbo
Desordenar o pelo: *O vento desguedellouno.* SIN. despeitear, espeluxar, espenuxar. ANT. desenguedellar, peitear.

desgustar
verbo
1 Pór triste ou con pena e enfado: *Desgustouno moito a morte do canciño.*
2 Non gustar ou non parecer ben: *Desgústame que te portes tan mal.* SIN. desagradar. ANT. agradar, compracer, gustar.

desgusto
substantivo masculino
1 Sentimento de tristura, pena ou enfado: *Coa desaparición do meu can levei un bo desgusto.* ANT. alegría, gusto.
2 Enfado ou enfrontamento con alguén por falta de acordo: *Non se falan porque tiveron un desgusto entre eles por cuestión de cartos.*
3 Dano grave: *Xogar co lume pode producir desgustos.*
EXP. **A desgusto** Sen gana ou sen estar cómodo: *Ela estaba naquel xantar a desgusto.*

deshabitado, deshabitada
adxectivo
Dito dun lugar, sen habitantes ou xente que viva nel: *Ese deserto está deshabitado.* SIN. despoboado.

desherdar
verbo
Deixar sen a herdanza: *Desherdou o fillo porque nin o visitaba.*
FAM. desherdado, desherdamento.

deshidratar
verbo
Quitar a auga que hai nun corpo: *A calor e a falta de auga deshidratou os exploradores.*
FAM. deshidratación.

deshonra
verbo
Perda da honra, boa fama ou creto: *Ese fallo é unha deshonra para calquera médico.* SIN. vergoña, vergonza. ANT. honra.
FAM. deshonrar.

deshora
EXP. **A deshora** Tarde ou nun momento que non convén: *Chegou a deshora, cando xa rematara o xantar.*

designar
verbo
Elixir alguén para un cargo ou actividade: *Foi designado concelleiro.* SIN. nomear.
FAM. designación.

desigual
adxectivo
1 Que non é igual e ten moita diferenza con outro: *Os dous irmáns son moi desiguais: un é baixo e o outro é alto.* SIN. diferente. ANT. igual.
2 Que non é liso ou plano: *Este camiño é moi desigual, con zonas chás e pinas.* ANT. igual.
3 Que cambia ou varía: *Ten un humor desigual, tanto está contento como se enfada.* ANT. igual.
FAM. desigualar, desigualdade.

desilusión
substantivo feminino
Perda da ilusión ou esperanza: *Foi para el unha desilusión que non o convidasen á voda.* SIN. decepción, desengano. ANT. ilusión.
FAM. desilusionar.

desinchar
verbo
1 Quitar o aire ou o gas que enche algo: *Desinchou o balón e gardouno no armario.* SIN. desinflar. ANT. inchar.
2 Diminuír a inflamación: *Xa lle desinchou o xeonllo no que se mancou.* ANT. inflar.

desinfectar

verbo

Eliminar todos os elementos ou xermes que poden producir unha infección: *Desinfectáronlle a ferida con alcohol e auga osixenada.* ANT. infectar.

FAM. desinfección, desinfectante.

desinflar

verbo

Desinchar.

desintegrar

verbo

Separar as partes ou elementos que forman algo de xeito que deixa de existir como un todo: *O transbordador espacial desintegrouse ao entrar na atmosfera terrestre.*

FAM. desintegración.

desinterese

substantivo masculino

Falta de interese, atención, coidado ou entusiasmo: *Vía a tele con desinterese. Prestoume os cartos con desinterese.* ANT. interese.

FAM. desinteresado, desinteresarse.

desinzar

verbo

Eliminar dun lugar animais e plantas malos ou prexudiciais: *Desinzaba a leira das malas herbas.*

OBS. O *z* cambia en *c*, diante do *e*, como en *cazar*.

desleal

adxectivo

Que non é leal ou que engana e é traidor: *Un xeneral desleal contoulle ao inimigo os plans de ataque.* ANT. leal.

FAM. deslealdade.

deslear

verbo

Separar o que está atado: *Desleáronlle as mans ao secuestrado.* SIN. desatar. ANT. atar, lear.

desleigado, desleigada

adxectivo

Que non ten cariño, afecto ou amor pola familia ou o lugar onde naceu: *É un desleigado que ata di que non naceu nesta vila.* SIN. descastado.

desleixarse

verbo

Deixar de ocuparse de si mesmo ou das propias obrigas: *Desleixouse e anda sempre sucio e mal vestido.* SIN. abandonarse.

FAM. desleixado, desleixamento, desleixo.

desligar

verbo

Separar o que estaba atado ou unido: *Desligaron as mans do secuestrado. Desligouse da familia e vive só.*

OBS. O *g* cambia en *gu* ante *e*, como en *pagar*.

deslindar

verbo

Sinalar os límites de algo separándoo claramente do que está ao lado: *Este rego deslinda as dúas leiras.*

FAM. deslindamento, deslinde.

deslinguado, deslinguada

adxectivo

Que fala moito ou o que non debe: *É un deslinguado que non garda un segredo.*

***deslizar**, a forma correcta é **escorrer**, **esvarar**.

deslucir

verbo

Quitar o brillo, a calidade, o mérito ou o valor: *A sucidade desloce o reloxo de ouro. A chuvia desluciu a festa.* ANT. lucir.

OBS. Conxúgase como *fuxir*.

FAM. deslucido, deslucimento.

***deslumbrar**, a forma correcta é **cegar**.

desmaiarse

verbo

Perder o sentido durante un momento: *Desmaiouse e caeu ao chan.* SIN. desvanecerse, esvaecerse.

FAM. desmaio.

desmaio

substantivo masculino

Perda momentánea do coñecemento de xeito que non se sabe o que acontece arredor dun e ata se pode caer: *Deulle un desmaio e caeu redondo no chan.* SIN. vaído, esvaecemento, esvaemento.

desmán

EXP. **A desmán** Fóra do camiño que se leva: *Irei pola túa casa aínda que me queda a desmán.*

desmantelar
verbo
Desfacer ou destruír totalmente: *A policía desmantelou un grupo terrorista.*
FAM. desmantelamento.

desmellorar
verbo
Facer perder ou perder a saúde ou as boas calidades: *Con esa enfermidade desmellorou moito. A falta de datos obxectivos desmellora o seu estudo.*

desmemoriado, desmemoriada
adxectivo
Que ten pouca ou mala memoria: *É un desmemoriado e nin sequera lembra o que fixo a semana pasada.*

desmentir
verbo
Dicir que algo non é verdade: *O alcalde desmentiu na rolda de prensa que fose presentar a dimisión.*
OBS. Conxúgase como *servir*.

desmontar
verbo
1 Separar as pezas que forman algo: *O mecánico desmontaba o motor.* SIN. desarmar. ANT. armar, montar.
2 Baixar dun animal ou dun vehículo: *Desmontou do cabalo. Desmontaba da moto.* SIN. apearse. ANT. montar, subir.
FAM. desmontable, desmontaxe.

desmoralizar
verbo
Quitar o ánimo ou a esperanza: *Esas dúas derrotas desmoralizaron o equipo.* SIN. desanimar. ANT. animar.
OBS. O *z* cambia en *c* ante *e*, como en *cazar*.
FAM. desmoralización, desmoralizador.

***desmoronar**, a forma correcta é **esborrallar**.

desnatar
verbo
Quitarlle a nata: *Gústalle tomar iogures desnatados.*

desnivel
verbo
1 Diferenza de altura entre dous ou máis puntos: *Entre a praia e o cumio do monte hai un gran desnivel.*
2 Falta de igualdade: *Entre os dous modelos de coche hai un gran desnivel, pois o segundo é moito máis potente.*
FAM. desnivelar.

***desnudar**, a forma correcta é **denudar**, **espir**.

***desnudo**, a forma correcta é **espido**, **nu**.

desobedecer
verbo
Non lle facer caso a unha orde ou á persoa que a dá: *Desobedecía as ordes dos pais.*
ANT. obedecer.
OBS. É regular: *desobedezo, desobedeza.*
FAM. desobediencia, desobediente.

desocupado, desocupada
adxectivo
1 Que non ten cousas dentro: *Ese cuarto está desocupado, nin un mal moble ten.* SIN. baldeiro, baleiro, libre. ANT. ocupado.
2 Que non ten traballo: *Varios empregados estaban desocupados porque non había clientes.* ANT. ocupado.
FAM. desocupar.

desodorizante
adxectivo e substantivo masculino
Que quita o mal olor: *Todos os días, despois de me duchar, boto desodorizante.*

desolar
verbo
1 Destruír por completo: *A guerra desolou o país.* SIN. arrasar, devastar.
2 Pór moi triste: *A morte do pai desolouno.* SIN. desconsolar.
FAM. desolación, desolado.

desorde
substantivo feminino
1 Falta de orde ou de organización: *O seu cuarto sempre estaba en total desorde.* SIN. desamaño, desarranxo, descontrol, desorganización.
2 Alteración da paz e da orde nas rúas: *Ao final da manifestación producíronse desordes.*
FAM. desordenado, desordenar.

desorganizar
verbo
Facer que algo perda a orde ou organización: *Non desorganices as fichas e déixaas por orde alfabética.* SIN. desordenar. ANT. ordenar, organizar.

OBS. O *z* cambia en *c* diante do *e*, como en *cazar*.
FAM. desorganización, desorganizado.

desorientar
verbo
Facer que alguén non saiba onde está ou non saiba que facer: *Desorienteime no monte e perdinme. Tanta propaganda desorienta.* SIN. confundir, descamiñar, descarreirar, despistar. ANT. encamiñar, encarreirar, orientar.
FAM. desorientación, desorientado.

despachar
verbo
1 Venderlle algo a un cliente: *No comercio ten varios despachando.*
2 Resolver ou terminar un asunto: *Despachou o problema nun minuto.*
3 Botar a alguén dun lugar: *Despachouno do taller cun berro.*
FAM. despacho.

despacho
substantivo masculino
1 Cuarto para estudar, facer certos traballos ou recibir clientes: *O avogado recibiunos no seu despacho.*
2 Establecemento en que se vende algo: *Ten un despacho de pan no centro comercial.*
3 Comunicación transmitida por vía rápida, especialmente a que dá unha orde ou unha noticia: *Un despacho de axencia comunica a repentina morte do famoso actor.*
EXP. **Despacho de billetes** Ventá pequena ou lugar onde se venden entradas para un espectáculo ou para os transportes públicos: *Sacou o billete do tren no despacho de billetes.*

despectivo, despectiva
adxectivo e substantivo masculino
Que indica desprezo ou rexeitamento: *O sufixo -uza é despectivo.* SIN. pexorativo.

despedida
substantivo feminino
Expresión ou xesto de afecto ao separárense dúas ou máis persoas: *Díxome un adeus de despedida.*

despedimento
substantivo masculino
Expulsión ou destitución dunha persoa do traballo que ten: *As súas ausencias inxustificadas supuxéronlle o despedimento.* ANT. emprego.

despedir
verbo
1 Dicirlle expresións ou facerlle xestos de afecto á persoa que se vai e se separa de nós: *Despedía o fillo no aeroporto.* ANT. recibir.
2 Botar do traballo: *Despedírono porque sempre chegaba tarde e faltaba moitos días ao traballo.* ANT. empregar, ocupar.
3 Producir algo e botalo para fóra: *O lume despide fume.* SIN. desprender, emitir, lanzar.
FAM. despedida, despedido, despedimento.

despegar
verbo
Separar o que está pegado ou unido: *Despegaba os cromos do álbum.* SIN. desapegar, desprender. ANT. adherir, apegar, pegar.
OBS. Cambia o *g* en *gu* ante o *e*, como en *pagar*. É distinto de *engalar*.

despeitear
verbo
Desordenar e descolocar o pelo: *O vento despeiteoume.* SIN. desguedellar, espeluxar, espenuxar. ANT. peitear.

despenar
verbo
Desplumar.

despensa
substantivo feminino
Especie de armario ou cuarto pequeno onde se gardan alimentos a temperatura ambiente: *As mazás podes metelas na despensa.*

desperdiciar
verbo
Aproveitar mal algo: *Cómpre non desperdiciar a enerxía.* SIN. desaproveitar, estragar, malgastar. ANT. aproveitar.
FAM. desperdicio.

desperdicio
substantivo masculino
1 Resto ou residuo de algo que non se pode aproveitar: *Botou os desperdicios da comida na bolsa do lixo.* SIN. reboutallo, refugallo, residuo, resto, sobra, varredura.
2 Mal uso que se fai de algo gastándoo sen necesidade: *Pecha ben a billa para evitar o desperdicio de auga.*

***despertador**, a forma correcta é **espertador**.

***despertar**, a forma correcta é **espertar**.

despexar

verbo

1 Deixar un lugar libre das cousas que o ocupan ou molestan: *Cómpre despexar ese cuarto de tantos trastes inútiles.*

2 Quitar ou facer desaparecer: *O profesor dedicou a clase a despexar as dúbidas dos alumnos.*

3 Nalgúns deportes, enviar a pelota lonxe da portaría propia: *O defensa despexou con forza.*

4 Mellorar o tempo e quedar o ceo sen nubes nin néboa: *Cara ao mediodía despexou e saíu o sol.* SIN. abrir, aclarar, clarear. ANT. cerrar, cubrir, nubrar, pechar.

FAM. despexado, despexo.

despezar

verbo

1 Desfacer un barco: *Despezan o mercante por vello.*

2 Separar as distintas partes de algo: *Despezou o aspirador para amañalo.*

3 Partir en anacos un animal morto: *O carniceiro despezaba a res para vender a carne.* SIN. cuartear, desfacer.

OBS. Cambia o *z* en *c* diante do *e*, como en *cazar.*

***despiadado**, a forma correcta é **desapiadado**.

***despido**, a forma correcta é **despedimento**.

***despiollar**, a forma correcta é **espiollar**.

despistar

verbo

1 Facer que alguén non saiba que facer ou por onde ir: *O atracador despistou a policía e fuxiu.* SIN. confundir, desencamiñar, desencarreirar, desorientar. ANT. encamiñar, encarreirar, orientar.

2 despistarse Deixar de prestar atención: *Nas clases de matemáticas ás veces despístase.* SIN. distraerse.

FAM. despistado, despiste.

despiste

substantivo masculino

Falta de atención ou coidado: *Ao conducir cómpre non ter despistes.*

desplumar

verbo

1 Quitarlle as plumas a unha ave: *Desplumaban os polos antes de os asaren.* SIN. depenar, despenar, pelar.

2 Deixar sen cartos: *Desplumárono xogando no casino.*

despoboar

verbo

Deixar un lugar sen habitantes ou con moitos menos: *A emigración do campo á cidade despoboou o rural.* ANT. poboar.

FAM. despoboado, despoboamento.

despois

adverbio

1 Nun tempo posterior: *El chegou despois, unha hora máis tarde.* SIN. logo. ANT. antes.

2 Nun lugar posterior: *A páxina 23 está despois da 22.* SIN. detrás, logo. ANT. antes.

3 Nunha orde posterior ou nunha categoría inferior: *Despois do presidente, está o vicepresidente.* ANT. diante.

EXP. **Despois de todo** A pesar de todo: *Despois de todo, non foi tan grave como parecía.*

desposar

verbo

Unir en matrimonio: *Desposounos o cura da súa parroquia.* SIN. casar.

FAM. desposorio.

déspota

substantivo

Persoa que abusa da súa autoridade e poder: *O soberano era un déspota que non atendía as peticións dos representantes do pobo.*

FAM. despótico, despotismo.

despoxar

verbo

Quitarlle a alguén algo que ten, sobre todo de forma violenta: *Os ladróns despoxárono ata dos obxectos de uso persoal.*

FAM. despoxo.

desprazar

verbo

1 Mover algo ou cambialo de lugar: *Desprazou as cadeiras para que coubese mellor a mesa.*

2 Quitar do lugar ou función que tiña, xeralmente para substituílo: *As máquinas desprazaron moitos traballadores manuais.*

3 desprazarse Ir a un lugar: *Desprazouse a París para asistir a un congreso.*
OBS. O *z* cambia en *c* diante do *e*, como en *cazar*.
FAM. desprazado, desprazamento.

despregar
verbo
1 Estender o que estaba dobrado ou pregado: *Despregou as sabas para facer a cama.* SIN. desdobrar, desencartar. ANT. dobrar, encartar, pregar.
2 Usar ou colocar dun xeito determinado para un fin: *O candidato despregou unha gran oratoria para convencer os electores. A policía despregouse para evitar a manifestación ilegal.*
OBS. O *g* cambia en *gu* diante do *e*, como en *pagar*.
FAM. despregamento.

desprendemento
substantivo masculino
1 Separación de algo de onde estaba pegado ou unido, especialmente caendo para abaixo: *Houbo un desprendemento de rochas nesa montaña.*
2 Xenerosidade ou desinterese de quen dá o que ten sen buscar nada a cambio: *O seu desprendemento móstrase nos moitos regalos que fai.* SIN. xenerosidade. ANT. egoísmo.

desprender
verbo
1 Separar algo de onde estaba pegado ou unido, especialmente se cae: *Desprendeuse o cadro da parede.* SIN. soltar. ANT. adherir, apegar, pegar, prender.
2 Despedir ou botar fóra de si: *As rosas esas desprenden un recendo marabilloso.* SIN. despedir, emanar, emitir.
3 desprenderse Quedar sen algo: *Desprendeuse do coche ese porque consumía moito.*
FAM. desprendemento, desprendido.

despreocuparse
verbo
Eliminar ou esquecer unha preocupación, coidado ou obriga: *Despreocúpate por un día do teu traballo.* SIN. abandonar, descoidar, desentenderse. ANT. inquietarse, preocuparse.
FAM. despreocupación, despreocupado.

desprestixiar
verbo
Deixar sen prestixio, mérito, boa fama ou creto: *Eses negocios sucios desprestixiaron moito o alcalde.* SIN. desacreditar. ANT. acreditar, prestixiar.
FAM. desprestixio.

***desprevenido**, a forma correcta é **desprevido**.

desprevido, desprevida
adxectivo
Sen estar atento ou preparado: *Ía desprevida no autobús e roubáronme a carteira.* SIN. descoidado. ANT. prevido.

desprezar
verbo
Rexeitar algo ou alguén tratándoos mal ou considerándoos sen valor: *Despreza as obras alleas.* SIN. desbotar, menosprezar, refugar, rexeitar. ANT. apreciar, estimar.
OBS. Cambia o *z* en *c* ante *e*, como en *cazar*.
FAM. desprezable, desprezo.

desprezo
substantivo masculino
Pouca consideración de algo ou alguén trantándoos mal ou negándolles o valor: *Foi un desprezo non aceptar a invitación.* SIN. menosprezo. ANT. aprecio.

desprotexer
verbo
Deixar sen protección, coidado ou amparo: *Cómpre non desprotexer as persoas maiores.* ANT. protexer.
FAM. desprotección, desprotexido.

desprovisto, desprovista
adxectivo
Sen o necesario para algo: *Os exploradores quedaron desprovistos de alimentos.* SIN. falto. ANT. provisto.

despuntar
verbo
1 Quitarlle a punta a algo: *Se escribes con tanta forza, despuntarás o lapis.*
2 Comezar a ser ou manifestarse: *Nesa primeira novela despunta un bo escritor.*

desquitarse
verbo
Facer algo para compensar un dano ou desgusto recibidos: *Desquitámonos da derrota*

do partido anterior e hoxe gañámoslles 5-0.
FAM. desquite.

destacar
verbo
1 Facer que algo se note máis: *Destacaba as palabras importantes subliñándoas.* SIN. resaltar, salientar. ANT. disimular.
2 Notarse máis ou quedar por encima: *No partido destacou o porteiro.* SIN. resaltar, sobresaír, subliñar.
3 Separar dun grupo e envialo a un sitio para que faga algo: *O xornal destacou un xornalista ao lugar do accidente.*
OBS. O *c* cambia en *qu* ante *e*, como en *sacar.*
FAM. destacado, destacamento.

destapar
verbo
1 Quitar a tampa de algo ou o que o cobre: *Destapou a ola e viu que fervía a auga.* ANT. cubrir, tapar.
2 Quitar a roupa que cobre unha persoa: *Destapou o bebé.* SIN. desabrigar, desarroupar, descubrir.
3 Dar a coñecer algo que se oculta por interese: *O xornal destapou un caso de corrupción urbanística.* SIN. descubrir, desvelar.
4 Abrir unha botella sacándolle a rolla ou o tapón: *Destapou unha botella de champaña.*

deste, desta, disto
contracción
Unión da preposición *de* e o demostrativo *este, esta, isto: Non sabía nada disto.*

destellar
verbo
Quitarlle as tellas a unha casa: *Destellaban para volver tellar con tellas novas.* ANT. tellar.

destemperar
verbo
Facer perder a paciencia ou a tranquilidade: *Os seus berros destemperan a calquera.*

destempo
EXP. **A destempo** Fóra do tempo ou momento adecuados: *Falou a destempo e dixo unha parvada.*

desterrar
verbo
1 Botar a alguén da súa terra como castigo e para que non volva: *Desterrárono e tiña que vivir a cen quilómetros do lugar de nacemento.*
2 Acabar con algo: *Cómpre desterrar o consumo de drogas.*
FAM. desterrado, desterro.

destilar
verbo
Separar un ou máis líquidos volátiles doutras substancias mediante evaporación e posterior condensación: *O alambique é un aparello metálico que serve para destilar augardente.*
FAM. destilación, destilaría.

destinar
verbo
1 Darlle a algo un uso ou función determinados: *Destina ese cuarto a despacho.*
2 Mandar a alguén a un lugar para que realice o seu traballo: *Fíxose mestra e destinárona a Ribadavia.*
3 Dirixir algo a alguén: *O carteiro trabucouse e deume unha carta destinada a outro.*
FAM. destinatario, destino.

destinatario, destinataria
substantivo
Persoa que ten que recibir algo: *O destinatario da carta era teu irmán.*

destinguir
verbo
Quitar ou perder a cor ou parte dela: *Esa camisa destingue ao lavala.* SIN. descorar, destinxir. ANT. tinguir, tinxir.
OBS. O *gu* cambia en *g* diante de *o, a*, como en *distinguir.*

destino
substantivo masculino
1 Punto ou lugar cara ao que alguén ou algo se dirixen: *O destino deste tren é A Coruña.* SIN. final. ANT. nacemento, orixe.
2 Uso, emprego ou función que se lle dá a algo ou alguén: *Ten un destino bo: é xefe do cadro de persoal. Investigan no Concello o destino deses cartos.*
3 Lugar ao que se manda unha persoa para que faga o seu traballo: *O seu destino está agora en Ourense.* SIN. posto, praza.
4 Forza descoñecida que fai que os feitos sexan como son sen que se poidan evitar: *Está claro que o seu destino era morrer nese accidente.*

destinxir
verbo
Destinguir.

destituír
verbo
Botar dun traballo ou cargo: *O presidente destituíu o adestrador polos malos resultados.* ANT. nomear.
OBS. Conxúgase como *incluír.* Distíngase de *cesar.*
FAM. destitución.

destoutro, destoutra
contracción
Unión da preposición *de* e o demostrativo *estoutro, estoutra*: *Non falaba deste, senón destoutro coche.*

destripar
verbo
1 Sacarlle as tripas a unha persoa ou animal: *Tras mataren o porco, destrípano.*
2 Abrir unha cousa e sacar o que ten dentro: *Destripou a radio tratando de amañala.*

destro, destra
adxectivo
1 Que ten capacidade para facer moi ben unha cousa: *Era moi destro no manexo de toda clase de armas.* SIN. adoito, capaz, experto, hábil. ANT. inepto, torpe.
2 Que ten máis habilidade coa man ou perna dereitas: *Ese xogador é destro, pois só usa a perna dereita para darlle ao balón.* ANT. zurdo.
FAM. destreza, adestrador, adestramento, adestrar.

destronar
verbo
Facer que un rei ou unha raíña deixen de selo: *A revolución destronou o rei.*
OBS. É incorrecta a forma **destroar.*

***destrozar**, a forma correcta é **esnaquizar**.

destruír
verbo
1 Desfacer algo por completo: *O terremoto destruíu os edificios.* SIN. arruinar, esnaquizar. ANT. construír.
2 Facer desaparecer algo ou acabar con el: *O egoísmo destrúe a amizade.*
OBS. Conxúgase como *incluír.*
FAM. destrución, destrutivo, destrutor.

destrutor
substantivo masculino
Barco de guerra veloz preparado para facer ataques e escoltas: *O convoi de mercantes ía escoltado por dous destrutores.*

desunir
verbo
Separar o que estaba xunto ou unido: *Desuniron a locomotora dos vagóns. O paso dos anos desuniu os amigos.* SIN. afastar, apartar, arredar. ANT. agrupar, amontoar, apegar, pegar, reunir, unir, xuntar.
FAM. desunión.

desuso
substantivo masculino
Falta de utilización ou uso de algo: *Os carros do país xa caeron en desuso.*

desvalido, desvalida
adxectivo e substantivo
Que non pode valerse por si mesmo: *Os bebés son desvalidos.*

desvalixar
verbo
Roubar absolutamente todo: *Desvalixáronlle a casa.*

desvanecer
verbo
1 Facer desaparecer pouco a pouco: *O afastamento desvanecía o ruído que chegaba da festa.* SIN. esvaecer.
2 **desvanecerse** Perder o sentido: *Sufriu un mareo e desvaneceuse.* SIN. desmaiarse.
OBS. É regular: *desvanezo, desvaneza.*

desvantaxe
substantivo feminino
Característica ou condición que fai ser peor ca outro ou estar en peor situación: *O consumo excesivo dese coche é unha desvantaxe.* SIN. inconveniente. ANT. vantaxe.

desvariar
verbo
Dicir ou facer cousas sen sentido nin razón: *Desvaría moito e está realmente tolo.*
SIN. delirar.
OBS. Conxúgase como *afiar.*
FAM. desvarío.

desvelar

verbo

1 Quitar o sono: *O café desvela.*

2 Dar a coñecer o que estaba escondido: *O xornal de hoxe desvela un asunto de corrupción urbanística.* SIN. descubrir, destapar, revelar. ANT. acochar, agachar, agochar, cubrir, ocultar, tapar.

3 desvelarse Pór moito coidado e esforzo en algo: *Todos os pais se desvelan polos fillos.*

FAM. desvelo.

desventura

substantivo feminino

Moi mala sorte ou calquera cousa que produce dano ou dor: *Anda apesarado polas súas moitas desventuras.* SIN. desgraza. ANT. dita, sorte, ventura.

FAM. desventurado.

desvergonza ou desvergoña

substantivo feminino

Falta de vergonza, educación ou bos modos: *Con total desvergonza colleu os mellores pasteis.* SIN. atrevemento, descaro. ANT. vergonza, vergoña.

FAM. desvergonzado, desvergoñado.

***desvestir**, a forma correcta é **espir**.

desviar

verbo

Facer cambiar a dirección que leva: *O aire desviou o balón, que saíu fóra.*

OBS. Conxúgase como *afiar.*

FAM. desviación, desvío.

desxear

verbo

Facer pasar a líquido o que está conxelado: *A primavera desxea a neve.*

OBS. É distinto de *desexar.*

FAM. desxeo.

desxeo

substantivo masculino

Paso do conxelado a líquido: *O desxeo das neves das montañas fai crecer os ríos.*

OBS. É distinto de *desexo.* A forma **desxelo* é incorrecta.

detalle

substantivo masculino

1 Parte pequena de algo ou pouco importante: *O xornal relata o suceso con todos os detalles.* SIN. pormenor.

2 Mostra de cortesía, amabilidade ou afecto: *Tivo o detalle de convidarme a xantar.*

FAM. detallar.

detectar

verbo

Descubrir algo que non se ve a simple vista: *Na análise de sangue detectáronlle falta de glóbulos vermellos.*

FAM. detective, detector.

detective

substantivo

Policía ou persoa que fai indagacións para descubrir autores de delitos ou outras cousas: *Contrataron un detective privado para investigar os roubos.*

detector

substantivo masculino

Aparello que serve para descubrir o que non se ve a simple vista: *En todos os aeroportos hai detectores de metais.*

detención

substantivo feminino

1 Privación da liberdade, especialmente a ordenada por unha autoridade: *A policía xa realizou a detención do asasino.*

2 Parada no desenvolvemento ou no movemento: *Diante do semáforo produciuse a detención do coche.*

deter

verbo

1 Impedir ou parar o desenvolvemento de algo: *Estas medidas tentan deter o fracaso escolar.* SIN. cortar, interromper, parar, suspender.

2 Impedir ou parar o movemento: *O coche detívose ante o semáforo en vermello.* SIN. frear, parar.

3 Quitarlle a alguén a liberdade, especialmente por orde dunha autoridade: *A policía detivo os ladróns.* SIN. apreixar, apresar, arrestar, capturar, prender. ANT. ceibar, liberar, soltar.

OBS. Conxúgase como *ter.*

FAM. detención, detido.

deterioración

substantivo feminino

Empeoramento do estado, calidade ou condición: *Ingresárono no hospital pola deterioración da súa saúde.*

OBS. A forma **deterioro* é incorrecta.

deteriorar
verbo
Facer ou volver peor: *Os moitos traballos deterioraron a súa saúde.* SIN. derramar, estragar.
FAM. deterioración.

determinante
substantivo masculino
1 Clase de palabra que acompaña a un substantivo para concretalo e distinguilo: *O artigo determinado é un determinante.*
adxectivo
2 Que determina.

determinar
verbo
1 Fixar ou establecer os límites de algo: *Cómpre determinar os lindes das nosas leiras.* SIN. delimitar, precisar.
2 Coñecer algo por medio das súas características: *A policía determinou que o asasinado recibiu tres balazos.*
3 Tomar ou facer tomar unha decisión: *Determinou seguir estudando.* SIN. motivar, ocasionar.
4 Facer que algo sexa dunha maneira: *A educación determina moito o carácter das persoas.* SIN. dispoñer, dispor.
5 En gramática, concretar e limitar o significado dunha palabra, especialmente dun substantivo: *Os determinantes determinan ou concretan os substantivos.*
FAM. determinación, determinado, determinante.

deterxente
substantivo masculino
Especie de xabón, habitualmente en po ou líquido, que limpa ou lava moi ben: *Bótaballe o deterxente á lavadora.*

detonar
verbo
Producir un ruído moi forte ao estoupar: *A bomba detonou nun aparcadoiro.*
FAM. detonación, detonante.

detrás
adverbio
Nun lugar posterior ou máis atrasado: *Eles veñen detrás de min.* SIN. atrás, despois. ANT. adiante, antes, diante.
EXP. **Por detrás** Cando alguén non está presente ou non pode oír: *Sempre critica os demais por detrás.*

deus, deusa
substantivo
1 Na relixión, ser superior ao que se adora: *Os ateos non cren en ningún deus.*
2 Persoa moi admirada e querida: *Para el a nai é unha deusa.*
EXP. **A Deus dar** En gran cantidade: *Esta semana choveu a Deus dar.* **Como Deus manda** Como debe ser: *Merca un coche como Deus manda e tira con ese cacharro.*
OBS. Referido ao Deus do cristianismo escríbese con inicial maiúscula.

devalar
verbo
1 Baixar a marea: *Bañámonos na praia cando devalaba.*
2 Entrar a lúa en cuarto minguante: *Hoxe a lúa devala.*
3 Diminuír a auga dun río: *Con esta seca o río devala.*
FAM. devalo.

devanceiro, devanceira
substantivo
Persoa da que se descende: *Meus avós son devanceiros meus.* SIN. antecesor, antepasado, predecesor. ANT. descendente.

devandito, devandita
adxectivo
Que se dixo ou nomeou antes: *O devandito rapaz portouse moi ben.* SIN. antedito.
OBS. Debe empregarse precedido polo artigo.

devasa
substantivo feminino
Especie de camiño ancho que se fai nun monte e se deixa sen árbores nin vexetación para evitar que se propaguen os incendios: *As devasas evitan moitos incendios forestais.*
OBS. Son incorrectas as formas **cortafogo, *cortafogos, *cortalume, *cortalumes.*

devastar
verbo
Destruír por completo: *As cheas devastaron as viñas.* SIN. arrasar, arruinar.
FAM. devastación, devastador.

devecer
verbo
1 Desexar moito: *Os cativos devecen polos caramelos.* SIN. adoecer, ansiar, degoxar, rabiar.
2 Ir a menos, facerse menor: *No outono os días devecen.* SIN. minguar. ANT. crecer, medrar.
OBS. É regular: *devezo, deveza.*
FAM. devezo.

devoción
substantivo feminino
1 Amor e respecto cara a Deus, a Virxe ou algún ser divino ou santo: *O monxe rezaba con devoción.* SIN. piedade.
2 Admiración, interese ou afecto moi grandes: *Ten devoción polos netos.*

devolución
substantivo feminino
1 Entrega do que antes se recibiu prestado: *Espero a devolución do bolígrafo que che prestei.*
2 Entrega do que se comprou a quen o vendeu porque resultou malo: *Fixen a devolución do pantalón e no comercio déronme un vale polo seu prezo.*

devolver
verbo
1 Entregar ao seu dono o que nos prestara: *Devolveume axiña o bolígrafo que lle deixara.* SIN. restituír.
2 Facer volver ao estado ou situación que se tiña: *Esa operación devolveulle a saúde.*
3 Corresponder a un favor ou a unha ofensa: *Eu devolvinlle as gabanzas.*
4 Darlle a unha persoa que paga algo o que sobra dos cartos que deu: *Paguei cun billete de vinte euros e devolvéronme un de cinco.*
5 Volver dar unha compra a quen a vendeu a cambio dos cartos que custou, especialmente porque está mal: *Devolvín o pantalón porque estaba descosido.*
6 Vomitar.
OBS. Ten dous participios: o regular *devolvido* e o irregular *devolto.*

devorar
verbo
1 Comer con moita gana e tragando á présa: *Devoraba o bisté coas patacas.*
2 Comer un animal a outro: *O león devoraba unha ovella.*
3 Facer desaparecer por completo: *O lume devorou as árbores do monte.*
4 Referido a algo que gusta, facelo con moito interese: *Gústalle tanto ler que devora os libros.*

devoto, devota
adxectivo
1 Que respecta ou ama moito a Deus, a Virxe ou algún ser divino ou santo: *É moi devoto de san Bieito.*
2 Que lle gusta moitísimo algo ou que o quere moito: *É unha nai devota dos fillos.*

dexenerar
verbo
Perder as características propias, especialmente as boas, ou pasar a peor: *Ese can de perdices cos anos dexenerou e agora xa non venta nada. A catarreira dexeneroulle nunha bronquite.* ANT. rexenerar.
OBS. A forma **dexerar* é incorrecta.
FAM. dexeneración, dexenerado, dexenerativo.

dexergar
verbo
Albiscar.

dez
numeral
Número dez: *As dúas mans teñen dez dedos.*
FAM. década, decena, decenio, decimal, décimo, dezanove, dezaoito, dezaseis, dezasete.

dezanove
numeral
Número 19: *Xa fixo os dezanove anos.*

dezaoito
numeral
Número 18: *Ése maior de idade aos dezaoito anos.*

dezaseis
numeral
Número 16: *Dezaseis é a metade de trinta e dous.*

dezasete
numeral
Número 17: *Naceu o dezasete de marzo.*

día
substantivo masculino

1 Período de tempo de aproximadamente vinte e catro horas: *A Terra tarda un día en dar unha volta sobre si mesma.*

2 Período de tempo en que o Sol dá luz: *Cómpre saírmos cedo para chegarmos con día.*

3 Momento ou ocasión para facer algo: *Non me chega o día de pagar esa hipoteca.*

EXP. **Abrir/raiar/romper/vir o día** Saír o sol, amencer: *Saímos de viaxe ao romper o día.* **Ao outro día** Ao día seguinte: *Ao outro día xa estaba san.* **Bos días** Saúdo que se di pola mañá, ata a hora do xantar: *Todas as mañás o profesor saúdanos cun Bos días.* **Día festivo/santo** O que non se traballa ou a Igrexa considera festivo: *O día da Inmaculada é día santo.* **Día laborable/solto** Aquel en que se traballa: *Os días soltos cómpre ir ao traballo.* **Día lectivo** Aquel en que hai clase: *Na clase temos un calendario cos días lectivos marcados.* **Dun día para outro** En moi pouco tempo: *Dun día para outro fíxose rico.* **Estar ao día** Ben informado das últimas novidades: *O médico xa ten sesenta anos, pero está ao día porque estuda moito.* **O día de mañá** O futuro: *O día de mañá ao cativo gustaríalle ser médico.* **O outro día** Un dos días que acaban de pasar: *O outro día estiven na casa de teus pais.*

diabete
substantivo feminino

Enfermidade caracterizada por un alto nivel de glicosa no sangue: *A diabete pode causar cegueira.*

OBS. Son incorrectas as formas **diabetes*, **diabetis*.

FAM. diabético.

diabo ou diabro
substantivo masculino

Segundo a relixión católica, ser que se opón a Deus e busca o mal: *O diabo está no inferno.* SIN. demo, diaño.

FAM. diabólico, diabrura.

diadema
substantivo masculino

Xoia ou adorno en forma de semicírculo que se pon na cabeza a xeito de media coroa: *A noiva levaba un diadema de ouro e brillantes.*

diagnosticar
verbo

Identificar ou descubrir unha enfermidade ou mal: *Diagnosticáronlle un cancro de pulmón.*

OBS. O *c* cambia en *qu* diante do *e*, como en *sacar*.

FAM. diagnóstico.

diagonal
adxectivo e substantivo feminino

Dito dunha liña, que une dous vértices non seguidos ou non consecutivos: *Se se traza a diagonal dun cadrado, resultan dous triángulos iguais.*

diagrama
substantivo masculino

Figura en que se representan as variacións dun fenómeno: *No diagrama pode verse como os meses máis chuviosos son os do inverno.*

dialecto
substantivo feminino

Variedade dunha lingua falada nunha determinada zona ou territorio: *As diferenzas entre o galego non chegan a callar en verdadeiros dialectos.*

FAM. dialectal, dialectalismo.

dialogar
verbo

Falaren dúas ou máis persoas, de xeito que cada unha escoita o que din as outras: *O diálogo supón falar todos e escoitar todos tamén.* SIN. conversar, charlar.

OBS. O *g* cambia en *gu* diante do *e*, como en *pagar*.

FAM. dialogante, diálogo.

diálogo
substantivo feminino

Conversa entre dúas ou máis persoas, de xeito que cada unha escoita o que din as outras: *Pai e fillo mantiñan un diálogo sobre política.* SIN. conversa, conversación.

diamante
substantivo masculino

Pedra preciosa, a máis brillante e dura de todas: *Levaba un anel cun diamante.*

diámetro
substantivo masculino

Liña que pasa polo centro dun círculo e o

divide en dúas partes iguais: *O diámetro dun círculo une os dous puntos máis separados da circunferencia.*

diana

substantivo feminino

Superficie circular que se usa como albo para disparar sobre ela: *A frecha cravouse no centro da diana.*

diante

adverbio

Nun lugar ou nun momento máis adiantado ou máis avanzado: *El chegou diante de nós porque saíu antes.* ANT. atrás, detrás.

EXP. **Diante de alguén** Na presenza del: *Diante do pai non protestou.* **En diante** No futuro: *En diante tes que traballar máis.* **Por diante** Pola parte de adiante: *Baixaron do autobús por diante.*

FAM. dianteiro, adiantado, adiantamento, adiantar, adiante, adianto.

dianteiro, dianteira

adxectivo

1 Que está adiante: *O chofer vai na parte dianteira do autobús.* ANT. posterior.

substantivo

2 En fútbol e noutros deportes, xogador que ten como misión atacar contra o equipo contrario: *Na casa o equipo chega a xogar con catro dianteiros.* ANT. defensa.

substantivo feminino

3 Parte anterior ou de adiante de algo: *Os faros están na dianteira do coche.* ANT. traseira.

4 Distancia que leva unha persoa que vai diante doutra: *Levábanos unha dianteira duns douscentos metros.*

diaño

substantivo masculino

Demo.

diapositiva

substantivo feminino

Fotografía sacada directamente en positivo, sen inverter as cores: *Para ver as diapositivas cómpre un proxector.*

diario, diaria

adxectivo

1 Que sucede cada día ou con moita frecuencia: *Toma unha pastilla diaria contra a diabete.* SIN. cotián.

substantivo masculino

2 Xornal.

3 Relato do que ocorre cada día e libro que o contén: *Desde neno escribe un diario.*

EXP. **A diario** Todos os días: *Vén a esta cafetaría a diario.* **De diario** Que se usa todos os días, agás os domingos e festivos: *Viña vestido de diario.*

diarrea

substantivo feminino

Enfermidade do intestino que fai expulsar os excrementos en forma líquida moitas veces en pouco tempo: *A diarrea pode producir deshidratación.* SIN. cagarría, descomposición, furriqueira.

dicionario

substantivo masculino

Libro que explica o que significan as palabras: *As palabras nos dicionarios aparecen ordenadas por orde alfabética.*

dicir

verbo

1 Expresar algo con palabras: *Díxonos que mercara un coche.* ANT. calar.

2 Ter unha opinión sobre algo: *El di que nós estamos trabucados.* SIN. coidar, crer, considerar, opinar, pensar.

3 Indicar ou mostrar: *Eses ollos din que está moi triste.*

dicir

INDICATIVO		SUBXUNTIVO	IMPERATIVO
Presente	**Copretérito**	**Presente**	di
digo	dicía	diga	dicide
dis	dicías	digas	
di	dicía	diga	
dicimos	diciamos	digamos	**FOR. NOMINAIS**
dicides	diciades	digades	
din	dicían	digan	**Infinitivo**
Pretérito	**Antepretérito**	**Pretérito**	dicir
dixen	dixera	dixese	**Xerundio**
dixeches	dixeras	dixeses	dicindo
dixo	dixera	dixese	**Participio**
diximos	dixeramos	dixésemos	dito
dixestes	dixerades	dixésedes	
dixeron	dixeran	dixesen	
Futuro	**Pospretérito**	**Futuro**	**Inf. conxugado**
direi	diría	dixer	dicir
dirás	dirías	dixeres	dicires
dirá	diría	dixer	dicir
diremos	diriamos	dixermos	dicirmos
diredes	diriades	dixerdes	dicirdes
dirán	dirían	dixeren	diciren

EXP. **Dicir por dicir** Falar de algo sen base ou sen coñecelo: *O que contas sobre o cambio climático é dicir por dicir.* **Diga** Úsase para responder a alguén, especialmente ao coller o teléfono: *Diga, está Pedro ao aparello.* **Dixomedíxome** O que se di coma se fose verdade aínda que sen probas: *mellor non facerlle caso a eses dixomedíxomes.* **É dicir** Emprégase para introducir unha explicación ao dito antes: *É odontólogo, é dicir, dentista.* **No dicir de alguén** Segundo a opinión de alguén: *No dicir de Pedro nese restaurante cómese moi ben.* **O que dirán** O que opina a xente: *É moi independente e non lle importa o que dirán.* **Querer dicir** Significar ou indicar: *Traballar quere dicir para el facer algo ben e rápido.*
OBS. É irregular. Véxase conxugación.
FAM. dito, bendicir, contradicir, maldicir, predicir.

diérese

substantivo feminino

Signo que se pon sobre o *u* en *gue* e *gui* cando hai que pronunciar esta vogal ou sobre o *i* nalgúns verbos para indicar que este *i* se pronuncia só: Caïamos *leva diérese sobre o* i.

dieta

substantivo feminino

1 Comida e bebida que debe tomar unha persoa para non enfermar ou non engordar: *O médico púxolle unha dieta porque estaba obeso.* SIN. réxime.
2 Conxunto de comida e bebida que toma habitualmente unha persoa: *A dieta galega é diferente da dieta mediterránea.*
FAM. dietética, dietético.

difamar

verbo

Dicir de alguén ou de algo cousas malas que van contra a súa boa fama ou creto: *O xornal difámao tratándoo de ladrón, cando nunca roubou nada.* SIN. desacreditar, desprestixiar.
FAM. difamación.

***diferencia**, a forma correcta é **diferenza**.

diferenciar

verbo

1 Ver a diferenza ou diferente forma de ser de dúas ou máis cousas: *É tan parvo que non diferencia un bo xantar dunha galdrumada.*

DIÉRESE

1. Ponse no *u* para sinalar que se pronuncia nas sílabas *güe*, *güi*, fronte a *gue*, *gui*: *antigüidade*, *bilingüe*, *argüír*, *lingüística*, *ungüento* etc.
2. Úsase tamén co *i* da primeira e segunda persoas de plural dos copretéritos (imperfectos de indicativo) dos verbos rematados en *-aer* (*caer*, *recaer*...), *-oer* (*doer*, *moer*...), *-aír* (*saír*, *sobresaír*...) e *-oír* (*oír*, *entreoír*...): *caïamos*, *doïamos*, *moïamos*, *saïamos*; *caïades*, *doïades*, *moïades*, *saïades*, *constituïamos*, *constituïades*.
3. Indícase así que o *ï* forma sílaba por si soa, indo en hiato, e así distinguimos estas formas das do presente de subxuntivo, nas que o *i* forma ditongo e non leva diérese: *caiamos*, *caiades*.

2 Facer diferente ou distinto doutro: *A potencia é o único que diferencia eses dous coches.* SIN. distinguir.
FAM. diferenciación, diferencial, diferente, diferenza.

diferente

adxectivo

Que non é igual a outro ou outros: *Os dous irmáns son moi diferentes: un é moreno e o outro louro.*

diferenza

substantivo feminino

1 Característica ou propiedade pola que algo ou alguén non é igual ca outro: *Os dous debuxos parecían iguais pero tiñan seis diferenzas.* SIN. distinción. ANT. igualdade.
2 Falta de acordo entre dúas ou máis persoas: *Sindicatos e patróns manteñen as súas diferenzas.*
3 En matemáticas, resultado de restar dous números: *A diferenza é o resultado de restarlle ao minuendo o subtraendo.* SIN. resto.

difícil

adxectivo

1 Que se fai con moito traballo ou con moito esforzo: *Subir esa montaña resulta difícil.* ANT. doado, fácil, sinxelo.
2 Que é pouco probable que aconteza: *É difícil que aprobe porque non estuda nada.* ANT. doado, fácil.
3 Dito dunha persoa, que non é boa de tratar ou contentar: *É un rapaz difícil e que se alporiza por nada.*
FAM. dificultade, dificultar.

dificultade

substantivo feminino

1 Inconveniente que impide que algo se poida realizar rápida e facilmente: *Ser baixo non é dificultade para xogar ao baloncesto.* ANT. facilidade.

2 Problema ou situación difícil: *Xa superou moitas dificultades económicas.* SIN. atranco, impedimento, obstáculo. ANT. facilidade.

OBS. A forma **dificuldade* é incorrecta.

dificultar

verbo

Facer difícil: *O mal tempo dificultou o rescate dos náufragos.*

difundir

verbo

Estender e facer que chegue a moitos lugares e persoas: *A nube tóxica difundiuse pola autoestrada. Os medios de comunicación axiña difundiron a noticia.* SIN. espallar, estender, propagar.

FAM. difusión, difusor.

difuso, difusa

adxectivo

Que non é exacto, preciso nin claro: *Ao principio había noticias difusas sobre o accidente do avión.* SIN. impreciso, vago. ANT. preciso.

dignidade

substantivo feminino

1 Comportamento ou forma de actuar caracterizada pola honradez e a seriedade: *Aguantou as críticas con dignidade e non se alporizou nin se humillou.*

2 Categoría que dá un cargo elevado: *Acadou a dignidade de bispo.*

digno, digna

adxectivo

1 Que merece algo: *Ese comportamento é digno de gabanza.* SIN. acredor. ANT. indigno.

2 Que actúa de xeito que merece respecto e admiración: *O concelleiro é unha persoa moi digna que nunca andou en corrupcións.*

3 Que ten o valor que lle corresponde en xustiza: *Gaña un soldo digno.* ANT. indigno.

FAM. dignarse, dignidade, dignificación, dignificar, indignarse, indigno.

dilatar

verbo

Facer que un corpo sexa máis grande e ocupe máis espazo: *A calor dilata os metais.* ANT. contraer.

FAM. dilatación.

dilema

substantivo masculino

Situación de dúbida en que hai que decidir: *Teño un dilema: non sei se ir ao teatro ou ao cine.*

dilixencia

substantivo feminino

1 Coche grande tirado por cabalos que levaba viaxeiros: *Antes da invención do ferrocarril viaxábase moito en dilixencias.*

2 Rapidez e coidado con que se fai algo: *Cubriu os impresos con dilixencia.* SIN. prontitude, rapidez. ANT. lentitude, neglixencia, preguiza, tranquilidade.

FAM. dilixente.

diluír

verbo

1 Desfacer algo sólido nun líquido: *Remexe o leite para diluír nel as pedras de azucre.*

2 Facer máis líquido ou menos espeso: *Boteille augarrás á pintura para diluíla.*

OBS. Conxúgase como *incluír.*

diluviar

verbo

Chover moitísimo: *Diluviou e houbo unha enchente do río.*

FAM. diluvio.

diluvio

substantivo masculino

Chuvia moi abundante e moi forte: *Acóllete porque este diluvio é bo!* SIN. dioivo.

dimensión

substantivo feminino

1 Tamaño ou importancia de algo: *Actuou nun teatro de grandes dimensións. O incendio foi de pequena dimensión.*

2 Cada unha das magnitudes que serven para definir ou medir un obxecto: *Hai tres dimensións: largo, longo e alto.*

diminuír

verbo

Facer ou facerse menor en tamaño, cantidade ou importancia: *No outono diminúen*

os días. SIN. baixar, decrecer, minguar, recortar, reducir. ANT. aumentar, crecer.
OBS. Conxúgase como *incluír.*
FAM. diminución, diminuído.

diminutivo, diminutiva
adxectivo e substantivo
Que indica que é máis pequeno: *Rapaciña é un diminutivo.*

diminuto, diminuta
adxectivo
Moi pequeno ou moi pouco importante: *Tiña un vultiño diminuto, pero foi ao médico, porque é moi aprehensivo.*

dimitir
verbo
Renunciar ao cargo ou traballo que se ten: *O adestrador dimitiu.* SIN. cesar.
OBS. A forma **demitir* é incorrecta.
FAM. dimisión.

dinámico, dinámica
adxectivo
Dito dunha persoa, moi activa e con moita enerxía: *Necesitamos un xefe dinámico.* SIN. activo.
FAM. dinamismo, dinamizar.

dinamita
substantivo feminino
Explosivo formado mesturando nitroglicerina con outros produtos: *Voaron as rochas con cargas de dinamita.*
FAM. dinamitar.

dínamo
substantivo feminino
Máquina que transforma a enerxía mecánica ou movemento en enerxía eléctrica: *A dínamo dos coches permite cargar a batería.*

dinastía
substantivo feminino
Conxunto de reis, príncipes ou mesmo persoas poderosas pertencentes a unha mesma familia: *A dinastía dos Borbóns entra en España no século XVIII. Pertence a unha dinastía de banqueiros que comezaron o negocio hai tres séculos.*
FAM. dinástico.

dinosauro
substantivo masculino
Réptil xeralmente de gran tamaño que viviu na Terra durante a era secundaria, coa cabeza pequena, pescozo e rabo longos e que podía ser carnívoro ou herbívoro: *Os dinosauros desapareceron da Terra.*

diñeirada ou **diñeiral**
substantivo masculino ou substantivo feminino
Gran cantidade de diñeiro: *Ese piso custa unha diñeirada.*

diñeiro
substantivo masculino
Conxunto de moedas e billetes que se usan para comprar: *Gaña moito diñeiro con ese negocio.* SIN. cartos.
EXP. **Diñeiro negro** O que se ten pero non se declara á Facenda: *Garda diñeiro negro para non pagar impostos.*
FAM. adiñeirado, diñeirada, diñeiral.

diocese
substantivo feminino
Conxunto de territorios e parroquias baixo as ordes dun bispo: *Esta parroquia pertence á diocese de Ourense.*
FAM. diocesano.

dioivo
substantivo masculino
Diluvio.

dioptría
substantivo feminino
Unidade que serve para medir a falta de visión dun ollo e a potencia dunha lente: *A miopía mídese en dioptrías.*

diplodoco
substantivo masculino
Dinosauro herbívoro de gran tamaño, pescozo e rabo moi longos e cabeza pequena: *O diplodoco comía as follas tenras das árbores.*

diploma
substantivo masculino
Documento que proba que se ten un título académico ou que se gañou un premio: *Cando remate o curso, os aprobados recibirán un diploma.*

diplomacia
substantivo feminino
1 Actividade de relación pacífica entre as distintas nacións e países do mundo: *A diplomacia ten evitado moitas guerras.*
2 Habilidade para facer ou dicir algo sen

molestar a ninguén: *Sabe dicirlle os defectos con moita diplomacia.*
FAM. diplomático.

diplomático, diplomática
adxectivo
1 Da diplomacia ou relacións pacíficas duns países con outros: *Nas embaixadas hai moitos cargos diplomáticos.*
2 Que fai ou di as cousas con habilidade de xeito que non molesta a ninguén: *Como é moi diplomático di as cousas desagradables sen que ninguén se alporice.*
substantivo
3 Persoa que traballa na diplomacia ou actividade de relación pacífica duns países con outros: *Dedicouse á diplomacia e agora é embaixador.*

díptero, díptera
adxectivo e substantivo
Referido a un insecto, caracterizado por ter dúas ás e a boca preparada para chuchar: *As moscas son dípteros.*

dique
substantivo masculino
Muro construído para conter as augas: *En Holanda hai moitos diques.*

dirección
substantivo feminino
1 Camiño que segue algo ou alguén no seu movemento: *A dirección do coche era cara a Ourense.* SIN. rumbo.
2 Cargo ou feito de mandar sobre algo ou alguén: *A dirección da empresa propón unha suba salarial para todos.*
3 Local onde traballa a persoa ou persoas que dirixen ou gobernan algo: *Pasou pola dirección para recoller un impreso.*
4 Conxunto de pezas dun automóbil que permiten conducilo: *O volante forma parte da dirección.*
EXP. **Dirección asistida** Mecanismo dun automóbil que fai máis fácil mover o volante: *Agora todos os coches teñen dirección asistida.*
OBS. É distinto de *enderezo*, 'domicilio'.

directivo, directiva
adxectivo e substantivo
Que dirixe ou manda sobre algo: *Os directivos da empresa pensan nunha ampliación.*

directo, directa
adxectivo
1 Que vai ou se dirixe a un punto sen cambiar: *Fun directo ao colexio e non me desviei para nada.* SIN. recto. ANT. indirecto.
2 Que non pasa por ningún outro: *Recibín a orde directa do xefe.* ANT. indirecto.
EXP. **En directo** Dito dun programa de radio ou televisión, que se fai ao mesmo tempo en que o oímos ou vemos: *Esta entrevista é en directo, pois están agora mesmo entrevistándoo.* SIN. en vivo.

director, directora
substantivo
Persoa que dirixe ou manda en algo ou alguén: *A directora do instituto estaba no despacho.*

dirixible ou dirixíbel
substantivo masculino
Especie de globo aerostático de forma alongada que pode levar pasaxeiros e que se dirixe cun temón: *A comezos do século XX usáronse dirixibles para levar pasaxeiros; agora, non.*

dirixir
verbo
1 Levar cara a un fin ou lugar determinado: *O autobús dirixíase cara á Coruña.*
2 Mostrar un camiño por medio de consellos ou sinais: *O copiloto, nas carreiras de coches, dirixe o piloto.*
3 Pór algo nunha dirección determinada ou darlle determinado destino: *Esa revista vai dirixida a un público de mozos.* SIN. encamiñar.
4 Levar a dirección ou mando sobre alguén ou algo: *O director dirixe moi ben a empresa.*
FAM. dirixente, dirixible.

discernir
verbo
Distinguir entre dúas ou máis cousas vendo as diferenzas: *Cómpre discernir o fundamental do secundario.* SIN. apreciar, recoñecer, diferenciar, distinguir.
OBS. Conxúgase como *advertir.*
FAM. discernible, discernimento.

disciplina
substantivo feminino
1 Obediencia ás regras e normas dun grupo ou profesión: *Nos exércitos é fundamental a*

disciplina. SIN. submisión. ANT. indisciplina.
2 Cada unha das materias ou ciencias que se ensinan nos centros de ensino: *As matemáticas son unha disciplina difícil para os alumnos.* SIN. materia.
FAM. disciplinado, disciplinar, disciplinario.

discípulo, discípula
substantivo
1 Persoa que aprende doutra: *Os discípulos seguían as explicacións do mestre.*
2 Persoa que segue as ideas doutra que considera o seu mestre: *Os apóstolos son os discípulos máis importantes de Cristo.*

disco
substantivo masculino
1 Calquera cousa de forma circular e plana: *O Sol, visto no ceo, ten forma de disco.*
2 Lámina circular habitualmente dun material plástico ou magnético que se usa para gravar música e reproducila: *Ese cantante vendeu moitos discos.*
3 Nun semáforo, cada unha das luces de forma arredondada (verde, vermella e amarela) que regulan o tránsito: *Cando se acende o disco vermello non se pode pasar.*
4 Peza do ordenador en que se almacena a información: *Nese disco gravei dez cancións.*
EXP. **Disco compacto** O que se grava e reproduce por medio dun raio láser: *Comprou dous discos compactos.* **Disco duro** Nun ordenador, o que ten moita capacidade para almacenar información e está dentro do aparello: *O disco duro contén todos os programas do ordenador.*

***disconforme**, a forma correcta é **desconforme**.

***discontinuo**, a forma correcta é **descontinuo**.

discordia
substantivo feminino
Falta de acordo entre persoas que opinan distinto ou queren cousas distintas: *Xurdiu a discordia entre os socios porque querían distintos investimentos.* SIN. desavinza. ANT. concordia.

discorrer
verbo
1 Pensar con atención e coidado para inventar, descubrir ou resolver algo: *Cómpre discorrer para resolver os problemas de matemáticas.*
2 Pasar por un sitio: *O río discorre aquí por un fértil val.* SIN. correr, transcorrer.
3 Pasar o tempo: *Os días de vacacións parece que discorren máis rapidamente.* SIN. correr, transcorrer.

discoteca
substantivo feminino
1 Establecemento público en que se escoita música e se baila: *As fins de semana as discotecas están cheas.*
2 Colección de discos: *Ten unha discoteca de música clásica moi boa.*

discreción
substantivo feminino
Actuación con xuízo e de forma sensata de xeito que non se fala do que non se debe: *Ten moita discreción e non fai preguntas inconvenientes.*

discrepar
verbo
Non estar de acordo ou ter unha opinión distinta: *Discrepaba das ideas da maioría.*
ANT. coincidir, concordar.
FAM. discrepancia, discrepante.

discreto, discreta
adxectivo
1 Que actúa con xuízo e de forma sensata de xeito que non fala do que non debe: *Nunca fará preguntas inconvenientes porque é moi discreto.* ANT. indiscreto.
2 Que non chama a atención: *Sempre leva traxes moi discretos.* ANT. rechamante, rimbombante.
FAM. discreción.

discriminar
verbo
Considerar, por prexuízos, que unha persoa ou colectividade é inferior a outras e non admitir os seus dereitos: *Discriminar a alguén por motivos relixiosos, de raza ou de calquera outro tipo é un delito.*
FAM. discriminación, discriminatorio.

***disculpar**, a forma correcta é **desculpar**.

***discurrir**, a forma correcta é **discorrer**.

discurso
substantivo masculino
Exposición pública dun tema, dun desexo ou dun pensamento: *O seu discurso tratou do Imperio romano.*

discusión
substantivo feminino
1 Conversa en que cada persoa defende as ideas propias: *Na discusión entre os veciños saíron vellos problemas.*
2 Expresión dunha opinión contraria: *Obedece e deixa as discusións co xefe.*
3 Conversa que remata en enfado por haber opinións distintas: *Todo acabou nunha discusión sen xeito.* SIN. rifa.

discutir
verbo
1 Ter unha conversa dúas ou máis persoas de xeito que cada unha defende ideas distintas: *Discutían sobre o cambio climático: uns dicían que era moi grave e outros, que non existía.* SIN. debater.
2 Analizar un asunto con atención desde distintos puntos de vista: *Cómpre discutir os aspectos da nova campaña publicitaria.*
3 Expresar unha opinión contraria á doutra persoa: *É moi protestón e discute todas as ordes.* SIN. contestar.
4 Falar sobre algo e rematar enfadados porque se defenden opinións contrarias: *Os veciños acabaron discutindo por non estaren de acordo nas cotas da comunidade.* SIN. berrar, pelexar, rifar.
FAM. discusión, discutible.

disecar
verbo
1 Referido a unha planta ou animal morto, abrilos para estudar ou seu interior e órganos: *Na clase de bioloxía disecamos unha lura.*
2 Preparar un animal morto para que se conserve co aspecto que tiña de vivo: *Disecaron un teixugo.*
OBS. O *c* cambia en *qu* ante *e*, como en *sacar*.

diseminar
verbo
Separar e estender o que estaba xunto: *As sementes diseminéronse por todo o campo.* SIN. ciscar, dispersar, espallar, esparexer. ANT. xuntar.
FAM. diseminación.

disfrace
substantivo masculino
Peza de vestir ou máscara que se pon para parecer distinto e non ser recoñecido: *Os disfraces úsanse moito no Entroido.*

disfrazar
verbo
1 Pór unha peza de vestir ou máscara para parecer outro distinto e non ser recoñecido: *No Entroido disfrázase moita xente.*
2 Disimular, esconder ou desfigurar algo para que non pareza o que é: *Falaba sen parar para disfrazar o seu nerviosismo.* SIN. disimular, tapar.
OBS. O *z* cambia en *c* diante do *e*, como en *cazar*.

***disgusto**, a forma correcta é **desgusto**.

disimular
verbo
1 Intentar que algo se note o menos posible: *Ese traxe disimúlalle a gordura.* SIN. tapar. ANT. acentuar, destacar, pronunciar, resaltar, salientar, subliñar.
2 Facer como se non se soubese algo: *Sabía todos os segredos, pero disimulaba moi ben.*
FAM. disimulo.

disipar
verbo
Facer perder forza, intensidade ou incluso facer desaparecer: *O sol disipou a néboa.*

dislocar
verbo
Saír un óso ou unha articulación do seu sitio: *Ao caer dislocou o pulso.* SIN. escordar, esnogar.
OBS. O *c* cambia en *qu* diante do *e*, como en *sacar*.
FAM. dislocación.

***disminuír**, a forma correcta é **diminuír**.

disolver
verbo
1 Facer que unha substancia se mesture totalmente nun líquido: *Disolveu o azucre no leite remexendo coa culler.*
2 Facer que se separe un grupo de persoas: *A policía disolveu a manifestación.*
OBS. Ten dous participios, o regular *disolvido* e o irregular *disolto*.
FAM. disolución, disolvente.

disparar
verbo
1 Lanzar unha bala ou calquera outro proxectil unha arma: *A metralladora dispara moitas balas moi rapidamente.*

2 Lanzar con forza calquera cousa: *O dianteiro disparou cara á portaría.*
3 Aumentar moi rapidamente: *A suba do petróleo disparou os prezos.*
FAM. disparador, disparo.

disparate
substantivo masculino
Dito, feito ou calquera outra cousa contrarios á razón e ao sentido común: *Levar abrigo con corenta graos de temperatura é un disparate.* SIN. burrada.
FAM. disparatar.

disparo
substantivo masculino
1 Lanzamento dunha bala ou de calquera outro proxectil cunha arma: *Os disparos dos atracadores non produciron feridos.*
2 Lanzamento de calquera cousa con forza: *O disparo do dianteiro estrelouse no traveseiro.*

dispersar
verbo
Separar o que estaba unido estendéndoo: *O bombardeo dispersou os soldados inimigos.* SIN. ciscar, espallar, esparexer. ANT. agrupar, xuntar.
FAM. dispersión, disperso.

dispoñer ou dispor
verbo
1 Pór algo de maneira adecuada para un fin: *Hai que dispoñer as mesas e cadeiras para o banquete.* SIN. amañar, arranxar, preparar.
2 Decidir que se faga algo e como se debe facer: *O xefe dispuxo que se baleirase axiña o almacén.*
3 Usar algo como se fose dun: *Podes dispoñer do meu ordenador sempre que o necesites.*
4 dispoñerse ou **disporse** Estar a punto de facer algo: *Dispoñíame a saír, cando chegou ela.*
OBS. Conxúgase como *poñer* ou *pór.*
FAM. dispoñible, disposición, dispositivo, disposto.

dispoñible
adxectivo
Que pode ser usado ou está libre para facer algo: *Agora non temos ningún autobús dispoñible para facer excursións.*

disposición
substantivo feminino
1 Colocación nunha determinada orde: *Realizaba a disposición das mesas e cadeiras en liña recta.*
2 Norma ou orde dalgunha autoridade: *O Concello ditará disposicións sobre o aparcamento nestas rúas.*
3 Estado de saúde ou ánimo para algo: *Ten boa disposición para nos axudar.*
4 Capacidade para facer algo: *Ten disposición para escribir novelas.*

dispositivo
substantivo masculino
Peza dun aparello ou mecanismo que realiza unha determinada función: *Na porta da casa ten un dispositivo de alarma.*

disposto
adxectivo
1 Preparado para facer algo: *Xa estaban dispostos para iniciar a viaxe.*
2 Capaz de facer moitas cousas ben ou facilmente: *É un rapaz moi disposto, igual cociña que pinta unha parede.*

disputar
verbo
1 Loitaren varias persoas ou grupos para conseguir algo: *Varios equipos disputan o título de liga.*
2 Discutir de forma violenta sobre algo: *Na rúa dous condutores disputaban porque querían o mesmo aparcadoiro.*
FAM. disputa.

disque
adverbio
Segundo parece ou segundo se di: *Disque irá moita calor este verán.* SIN. seica.

distancia
substantivo feminino
1 Espazo que hai entre dúas cousas: *Entre o colexio e a miña casa hai pouca distancia.*
2 Diferenza entre persoas ou cousas: *Entre a forma de ser del e a do irmán hai moita distancia.*
EXP. **A distancia** Desde lonxe: *Co mando a distancia cambio a canle da tele.* **Gardar as distancias** Evitar confianzas na relación cunha persoa: *O xefe garda as distancias cos empregados.*

distar
verbo
1 Estar separado de algo no tempo ou no espazo: *A miña casa dista do colexio preto dun quilómetro.*
2 Ser diferente unha cousa doutra: *A forma de ser miña dista moito da do meu irmán.*
FAM. distancia, distante.

distinción
substantivo feminino
1 Característica polo que unha cousa é diferente doutra: *Non vexo ningunha distinción entre eses dous modelos de coche: son iguais en todo.* SIN. diferenza.
2 Conxunto de características que fan que alguén ou algo sexan elegantes e atractivos: *Os modelos teñen gran distinción.*

distinguir
verbo
1 Ser capaz de ver as diferenzas que hai entre dúas ou máis cousas: *É doado distinguir o día da noite.* SIN. diferenciar.
2 Ser capaz de ver, oír ou cheirar algo, a pesar das dificultades: *Ao lonxe distinguíase o cume nevado da montaña.*
3 Ter algo unha característica que o fai diferente doutra cousa: *A intelixencia distingue as persoas dos animais.* SIN. diferenciar.
4 Tratar a alguén dunha forma especial: *Un bo profesor non distingue entre os alumnos.*
5 distinguirse Destacar entre outro por algo: *Ese rapaz distínguese pola súa boa educación.* SIN. sobresaír.
OBS. O *gu* cambia en *g* diante de *a, o.*
FAM. distinción, distinguido, distingo, distintivo, distinto.

distintivo
substantivo masculino
Sinal, insignia ou característica que indica que se pertence a un grupo: *A cor azul celeste é o distintivo do Celta.*

distinto, distinta
adxectivo
Que non é igual: *O día e a noite son totalmente distintos.* SIN. diferente. ANT. igual, idéntico.

distraer
verbo
1 Facer perder a atención: *Cómpre non distraerse nas clases.* SIN. despistar. ANT. fixar.
2 Divertir ou facer pasar ben un anaco de tempo: *Os programas humorísticos da tele distráenme moito.* SIN. entreter, recrear. ANT. aburrir.
OBS. Conxúgase como *caer.*
FAM. distracción, distraído.

distribuír
verbo
1 Dividir algo entre varias persoas de xeito que lles toque o mesmo: *Distribuíu a torta en oito racións.* SIN. repartir.
2 Colocar ou estender algo de forma adecuada: *Cómpre distribuír ben a pintura en capas finas cando pintamos.* SIN. repartir.
3 Levar un produto a distintos lugares: *Os canos distribúen a auga e o gas.* SIN. repartir.
OBS. Conxúgase como *incluír.*
FAM. distribución.

distrito
substantivo masculino
Cada unha das partes en que se divide unha cidade, concello ou territorio: *Cómpre pór nos enderezos das cartas o distrito postal.*

disturbio
substantivo masculino
Alteración da orde, da paz ou da tranquilidade: *Nos botellóns prodúcense moitas veces disturbios.* SIN. alboroto, desorde.

disuadir
verbo
Facer cambiar de intención, propósito ou opinión: *O mal tempo disuadiunos de irmos á praia.* ANT. convencer, persuadir.
FAM. disuasión, disuasorio.

disxuntivo, disxuntiva
adxectivo
Que supón elección, alternancia ou exclusión entre dúas ou máis cousas: *A conxunción* ou *é unha conxunción disxuntiva.*

dita
substantivo feminino
Boa sorte ou felicidade moi grande: *Tivo a dita de que lle tocase a lotaría.* SIN. alegría, felicidade, ledicia, gozo. ANT. dor, pena, pesar, sufrimento, tristeza, tristura.

dito
substantivo masculino
Frase ou conxunto de palabras que expresan unha idea, habitualmente baseada na

experiencia: *Os refráns son ditos populares.*

EXP. **Meu dito, meu feito** Ao mesmo tempo que se di e sen esperar nada: *Dixo que ía mercar un coche e meu dito, meu feito: pola tarde xa tiña coche novo.*

ditongo
substantivo masculino

Conxunto de dúas vogais que se pronuncian nunha mesma sílaba: *En oito aparece o ditongo* oi.

ditoso, ditosa
adxectivo

1 Que é feliz ou que ten moi boa sorte: *Os avós eran ditosos cuns netos tan bos.* SIN. afortunado, feliz, venturoso. ANT. desafortunado, infeliz, infortunado.

2 Que produce felicidade: *O nacemento dun rapaz sempre é un acontecemento ditoso.* SIN. afortunado, feliz, venturoso. ANT. desafortunado, infeliz, infortunado.

diúrno, diúrna
adxectivo

Que acontece durante o día: *A luz diúrna permite traballar sen luz artificial.* ANT. nocturno.

diversión
substantivo feminino

Calquera cousa que entretén, divirte ou fai pasar o tempo de forma agradable: *Ver partidos de fútbol é a súa diversión preferida.* SIN. distracción, entretemento, pasatempo.

diverso, diversa
adxectivo

Que non é igual nin parecido a outro: *Hai diversas especies de plantas.* SIN. diferente, distinto. ANT. igual.

FAM. diversidade, diversificar.

divertir
verbo

Facer rir ou pasar o tempo dunha forma agradable: *O cine divírteo moito.* SIN. entreter. ANT. aburrir.

OBS. Conxúgase como *advertir.*

FAM. diversión, divertido, divertimento.

diverxer
verbo

Ir apartándose pouco a pouco: *As catro rúas saen da mesma praza pero diverxen cara a direccións distintas. Cada día as súas opinións diverxen máis.* ANT. converxer.

FAM. diverxencia, diverxente.

dividendo
substantivo masculino

Nunha división, cantidade que ten que dividirse por outra: *As divisións teñen dividendo, divisor e cociente.*

dividir
verbo

1 Separar algo en varias partes: *Dividiu a torta en oito racións.*

2 Repartir algo en partes iguais: *Se dividimos oito entre catro dá dous.*

3 Facer que se enfaden ou separen dúas ou máis persoas: *O enfrontamento pola herdanza dos pais dividiu os irmáns.*

FAM. dividendo, divisible, división, divisor, divisorio.

divino, divina
adxectivo

1 De Deus ou dos deuses: *Os cristiáns cren na natureza divina de Cristo.*

2 Moi bo ou moi bonito: *Vive nunha casa divina.*

FAM. divindade, divinizar.

divisa
substantivo feminino

Sinal que serve para distinguir unha persoa ou cousa doutras: *Os touros levan unha divisa da gandaría á que pertencen.*

divisar
verbo

Ver algo ao lonxe: *Desde o val divísase o cume nevado da montaña.* SIN. albiscar, dexergar, enxergar.

división
substantivo feminino

1 Separación de algo en partes: *Os tabiques fan a división da casa en cuartos e salas.*

2 En matemáticas, operación consistente en repartir unha cantidade en partes iguais: *Unha división ten dividendo, divisor e cociente.*

3 Falta de acordo ou desunión entre persoas que antes estaban de acordo: *A división dos líderes do partido levou á perda das eleccións.*

4 Cada un dos grupos ou categorías en que algo se divide: *Cómpre que haxa máis equipos galegos na primeira división de fútbol.*

divisor

substantivo masculino

En matemáticas, cantidade pola que se divide outra: *Unha división ten dividendo, divisor e cociente.*

divorciarse

verbo

Separárense dúas persoas que estaban casadas para deixar de vivir xuntas: *Seus pais divorciáronse cando el era neno.*

FAM. divorciado, divorcio.

divulgar

verbo

Dar a coñecer algo de forma sinxela para que o coñeza todo o mundo: *Moitos artigos xornalísticos divulgan coñecementos científicos.* SIN. airear, declarar, difundir, espallar, pregoar, proclamar, propagar, publicar.

OBS. O *g* cambia en *gu* diante do *e*, como en *pagar*.

FAM. divulgación, divulgador, divulgativo.

dixerir

verbo

Converter os alimentos que se consomen en substancias que poden ser aproveitadas polo corpo: *Algúns meniños dixiren mal o leite de vaca.*

OBS. Conxúgase como *advertir*.

FAM. dixestión, dixestivo.

dixestión

substantivo feminino

Proceso desenvolvido no organismo para obter dos alimentos que comemos substancias que se poidan aproveitar: *A dixestión dos alimentos realízase no aparato dixestivo.*

dixestivo, dixestiva

adxectivo

Da dixestión ou proceso que converte os alimentos en substancias proveitosas para o organismo: *O estómago e o intestino forman parte do aparato dixestivo.*

dixital

adxectivo

1 Dos dedos ou relacionados con eles: *No carné de identidade aparecen as impresións dixitais.*

2 Dito dun instrumento de medida, que dá a información por medio de números: *Hai reloxos dixitais e de agullas.*

do, da

contracción

Unión da preposición *de* e o artigo *o, a*: *Vive cerca do colexio.*

OBS. É distinto de *dó*[1] e de *dó*[2]. Tampouco se debe confundir *da/das* con *dá/dás*, do verbo *dar*. Únese co artigo que forma parte dos nomes de lugar: *Veño da Coruña.*

dó[1]

substantivo masculino

Dor ou pena moi grandes, especialmente pola morte dunha persoa: *A roupa negra é sinal de dó.*

OBS. Non confundir con *do*, contracción.

dó[2]

substantivo masculino

Primeira nota da escala musical: *A escala musical está formada por dó, re, mi, fa, sol, la, si, dó.*

OBS. Non confundir con *do*, contracción.

doa

substantivo feminino

Bóla pequena cun buraco no centro que se usa para facer colares ou pulseiras: *Os colares e os rosarios teñen doas.* SIN. abelorio.

doado, doada

adxectivo

Que se fai, se comprende ou consegue con pouco traballo ou pouco esforzo: *Agora con tantos parciais é doado aprobar esa materia.* SIN. fácil, sinxelo. ANT. difícil.

doador, doadora

substantivo

Persoa que dá algo sen recibir nada a cambio: *Cada vez hai máis doadores de sangue.*

doar

verbo

Dar algo porque se quere e sen recibir nada a cambio: *Doou unha gran cantidade de cartos para un asilo.*

FAM. doador, doazón.

doazón

substantivo feminino

Entrega voluntaria de algo de xeito que se dá sen recibir nada a cambio: *Cómpre un aumento nas doazóns de sangue.*

dobra

substantivo feminino

1 Bordo dunha tea que se cose por dentro: *Leva descosidas as dobras do pantalón.*

2 En xeoloxía, ondulación do terreo producida polas forzas laterais: *Algunhas dobras orixinan montañas.*

dobrar

verbo

1 Facer que unha parte dunha cousa quede enriba da outra: *Dobraba as sabas.* ANT. desdobrar.

2 Torcer algo recto: *Dobraba o arame coas mans.* ANT. endereitar.

3 Cambiar de dirección: *Ao chegares á praza, dobras á dereita.* SIN. torcer.

4 Facer que algo sexa dúas veces maior: *Para aprobares tes que dobrar as túas horas diarias de estudo.*

5 Ter dúas veces a idade de alguén: *O irmán dóbralle a idade, porque ten vinte anos e el dez.*

6 Cambiar as voces dos actores orixinais dunha película pola doutros que falan noutra lingua: *As películas americanas dóbranas do inglés ao galego.*

7 Substituír un actor a outro na rodaxe das escenas de perigo dunha película: *Nas escenas de pelexas dóbrano.*

8 Tocar unha campá para avisar de que morreu alguén: *Cando morre alguén dobran as campás da igrexa da parroquia.*

FAM. dobra, dobraxe, dobrez, desdobrar, redobrar.

dobraxe

substantivo feminino

1 Cambio da voz dos actores orixinais dunha película pola doutros que falan noutra lingua: *Realiza dobraxes de películas en inglés ao galego.*

2 Substitución dun actor por outro na rodaxe dunha película nas escenas de perigo: *Os especialistas realizan a dobraxe dos actores nas escenas de perigo.*

dobre

numeral

1 Que consta de dous ou que é adecuado para dous: *Colleron no hotel un cuarto dobre, con dúas camas.*

2 Que é dúas veces maior: *14 é o dobre de 7.*

substantivo

3 Persoa que case é igual a outra: *O rei seica tiña un dobre que o substituía nalgunhas cerimonias.*

adverbio

4 Dúas veces ou dúas veces máis: *Cando está deprimido come dobre.*

dobregar

verbo

Facer que alguén cambie de idea ou propósito ou dominalo: *Tivo que dobregar o rapaz para que traballase.* SIN. domear.

OBS. O *g* cambia en *gu* ante *e*, como en *pagar*.

dobrez

substantivo

Marca que queda por onde se dobra ou prega algo: *O mantel aínda tiña as dobreces.* SIN. engurra, prego.

doce[1]

numeral

Número 12: *Unha ducia está formada por doce unidades.*

FAM. ducia, duodécimo.

doce[2]

adxectivo

1 Do sabor do azucre: *Os caramelos son doces.* ANT. agre, amargo.

2 Suave, agradable ou que produce pracer: *Ten unha voz moi doce.* ANT. agre, amargo.

3 Amable ou cariñoso ao tratar cos demais: *É moi doce e sempre nos trata con afecto.* ANT. agre, amargo.

substantivo masculino

4 Alimento elaborado con moito azucre: *Os pasteis son doces.* SIN. pastel.

FAM. dozaría, dozura, adozar, agridoce.

docente

adxectivo e substantivo

Que pertence ao ensino ou ensina: *Os profesores son docentes.*

FAM. docencia.

docería

substantivo feminino

Dozaría.

dócil

adxectivo

Que fai o que se lle manda sen protestar: *Ese can é moi dócil.* SIN. obediente. ANT. desobediente, rebelde.

FAM. docilidade.

documental
adxectivo e substantivo masculino

Que informa sobre algo de maneira real e sen inventar nada, especialmente referido a unha película: *Vimos un documental sobre a vida dos osos.*

documento
substantivo masculino

1 Papel escrito que serve para probar ou testemuñar algo: *O notario asinou o documento da compravenda.*

2 Calquera cousa que informa de xeito real e certo sobre algo: *Esa película é un gran documento sobre a vida nos anos corenta.*

FAM. documentación, documental, documentar.

doela
substantivo feminino

1 Cada unha das táboas que forman un barril: *As doelas teñen forma curva.*

2 Cada unha das pedras labradas que en forma de cuña forman un arco ou bóveda: *As doelas son sempre impares.*

3 Cada unha das pedras que forman as paredes do hórreo de pedra: *As doelas teñen fendas para que pase o aire.*

doente
adxectivo

1 Que padece a enfermidade da rabia: *Sacrificaron un can doente.* SIN. rabioso.

adxectivo e substantivo

2 Que padece algunha enfermidade: *Os médicos atenden os doentes.* SIN. enfermo, paciente. ANT. san.

doenza
substantivo feminino

Falta de saúde: *A gripe é unha doenza leve.* SIN. enfermidade.

doer
verbo

1 Facer sentir dor: *Dóenlle as moas.*

2 Causar pena: *Dóeme que non me convides ao teu aniversario.*

OBS. Conxúgase como *moer.*

dogma
substantivo masculino

Afirmación que se considera verdadeira e que non pode ser posta en dúbida nin negada: *O principal dogma de todas as relixións é a existencia de deuses.*

FAM. dogmático, dogmatismo, dogmatizar.

dólar
substantivo masculino

Moeda dos Estados Unidos e doutros países: *A moeda de países como Canadá ou Australia tamén se chama dólar.*

dolmen
substantivo masculino

Monumento prehistórico formado por unha ou varias pedras horizontais postas sobre varias verticais: *Os dolmens son monumentos funerarios e en Galicia é célebre o de Dombate.*

dolor
substantivo feminino

Dor.

doloroso, dolorosa
adxectivo

Que produce dor: *A morte dun ser querido é moi dolorosa.*

domar
verbo

Educar un animal para que lles obedeza ás persoas ou faga determinadas cousas: *Nos circos doman leóns e tigres.*

FAM. doma, domador.

domear
verbo

1 Dobrar ou pór torcido: *Domeaba o arame para metelo polo buraco.*

2 Facer que alguén cambie de idea ou propósito e que obedeza: *Ese novo xefe domeouno ben e agora ata é puntual.* SIN. dobregar.

domesticar
verbo

Educar un animal para que poida vivir coas persoas: *Na prehistoria o home comezou a domesticar os animais.*

OBS. O *c* cambia en *qu* diante do *e*, como en *sacar.*

FAM. doméstico.

doméstico, doméstica
adxectivo

1 Da casa ou do fogar: *Os labores domésticos deben facelos homes e mulleres.*

2 Dito dun animal, que vive normalmente

coas persoas: *O can é un animal doméstico.* ANT. salvaxe.
FAM. domesticar.

domicilio
substantivo masculino
Cidade, rúa e edificio onde se vive: *No sobre das cartas vai o domicilio do destinatario.* SIN. enderezo.
FAM. domiciliar, domiciliario.

dominar
verbo
1 Mandar ou ter poder sobre algo ou alguén: *Os romanos dominaron moitos pobos.*
2 Non deixar que se note un sentimento ou estado de ánimo: *Non logrou dominar a risa.* SIN. aguantar, conter, reprimir.
3 Ter moitos coñecementos dunha determinada materia: *O profesor domina a súa materia.*
4 Ver unha zona desde un lugar alto: *Desde a cima do outeiro domínase todo o val.*
FAM. dominación, dominante, dominio.

domingo
substantivo masculino
Sétimo día da semana: *O domingo non se traballa.*
FAM. dominical.

dominio
substantivo masculino
1 Poder que se ten sobre algo ou alguén: *O Imperio romano exerceu o seu dominio sobre moitos pobos.*
2 O que se posúe ou ten: *Os dominios do Imperio español estendíanse por Europa e América.* SIN. posesión, propiedade.
3 Coñecemento grande dunha materia: *Ten un bo dominio das matemáticas.*
EXP. **De dominio público** Coñecido por todos: *É de dominio público que gañou moitos cartos.*

don[1]
substantivo masculino
1 Calidade ou aptitude para facer ben algo: *Ten o don de cantar moi ben.*
2 Regalo que se lle dá a alguén: *O xenio da lámpada concedeulle o don de darlle o que lle pedise.* SIN. graza.
EXP. **Don de xentes** Habilidade para tratar coa xente e resultar simpático e agradable: *Os dependentes dos comercios de luxo teñen moito don de xentes.*
FAM. doar, doazón, donativo.

don[2], dona
substantivo
Tratamento de respecto que se lles dá ás persoas: *Dona Gloria xa chegou.*

donativo
substantivo masculino
Cantidade de cartos que se dá para algo ou alguén sen recibir nada a cambio: *Sempre dá algún donativo para a Cruz Vermella.*

doncela
substantivo feminino
1 Muller nova e solteira: *O cabaleiro saudou as doncelas.*
2 Muller que traballa facendo todos os traballos dunha casa agás os da cociña: *A duquesa tiña dúas doncelas.*

dondo, donda
adxectivo
Suave ou agradable ao tocalo: *A la é donda.*

donicela ou doniña
substantivo feminino
Mamífero carnívoro, de cabeza pequena, patas curtas, uñas moi afiadas e pelame pardo no lombo e branco no ventre: *A donicela é un animal cazador nocturno de grande axilidade.*

dono, dona
substantivo
1 Persoa que posúe ou ten algo: *É dono destas dúas casas.* SIN. amo, propietario.
substantivo feminino
2 Muller maior de idade: *Miñas donas e meus señores, vai comezar o espectáculo!*

dopar
verbo
Administrar ou usar drogas e substancias estimulantes, especialmente para render máis no deporte: *Ese ciclista foi acusado de que se dopaba.*
FAM. dopaxe.

dor
substantivo feminino
1 Sensación molesta ou moi desagradable cando algo nos fai dano: *Ten unha forte dor de moas.*

2 Pena ou tristura moi grandes: *A morte do pai produciulle unha gran dor.* SIN. pena, pesar, tristeza, tristura, sufrimento. ANT. alegría, dita, felicidade, gozo, ledicia.
FAM. doente, doer, doloroso, dorido.

dorido, dorida
adxectivo
Con dor: *Teño este brazo dorido.*

dormente
adxectivo
Que dorme: *Na clase lemos o conto* A bela dormente do bosque.

dormitorio
substantivo masculino
Cuarto para durmir: *A miña casa ten catro dormitorios.* SIN. alcoba.

dorna
substantivo feminino
Barca para pescar xeralmente dun mastro de proa redonda, popa chata e quilla pronunciada: *A dorna é unha embarcación propia das rías galegas.*

dorsal
adxectivo
1 Do dorso, lombo ou costas: *A aleta dorsal dos peixes está na parte superior do seu corpo, fronte ao ventre.*
substantivo masculino
2 Peza de tea cun número que serve para identificar os atletas ou deportistas nunha competición: *O gañador da carreira leva o dorsal número catorce.*

dorso
substantivo masculino
1 Parte externa e superior do corpo dos animais oposta ao ventre: *Hai peixes que teñen de distinta cor o dorso e o ventre.* SIN. lombo.
2 Parte posterior do corpo humano que vai desde o pescozo ata a cintura: *O atleta tiña un dorso musculoso.* SIN. lombo, costas.
3 Parte posterior ou contraria á que se considera principal: *O dorso da man é a parte contraria á palma. O dorso dunha folla é a parte de atrás.* SIN. reverso. ANT. anverso, cara, face.
FAM. dorsal.

dose
substantivo feminino
Cantidade dunha medicina ou dunha substancia que debe tomarse cada vez: *Cómpre tomar a dose de medicamento que indicou o médico.*
FAM. dosador, dosar, dosaxe.

dotación
substantivo feminino
Conxunto de cartos, persoas ou medios para realizar algunha función: *A dotación dun barco está composta polos mariñeiros e os oficiais.*

dotar
verbo
1 Proporcionar os medios, cartos ou persoas para que algo realice unha función: *Cómpre dotar o hospital con novos quirófanos.*
2 Darlle a alguén os medios, coñecementos, características ou aptitude para facer algo: *A universidade dotouno dos coñecementos teóricos de medicina, pero os prácticos adquiriunos desenvolvendo a profesión de médico.*
FAM. dotación, dote.

dote
substantivo masculino
1 Conxunto de cousas ou cartos que levaba unha muller cando casaba: *Antigamente, os pais da noiva dábanlle un dote á filla cando casaba.*
2 Calidade, aptitude ou capacidade para realizar algunha actividade: *Ten grandes dotes para o canto.* SIN. aptitude, facultade.

dourado, dourada
adxectivo
1 Da cor do ouro ou parecido a este metal: *A sortella é de aceiro dourado.*
2 Dito dun período de tempo, que é moi bo: *Dise que a xuventude é a idade dourada das persoas.*
substantivo feminino
3 Peixe mariño cunha mancha entre os ollos que lembra a cor do ouro: *Na Lanzada péscanse boas douradas.*

dourar
verbo
1 Cubrir con ouro ou dar un aspecto parecido ao do ouro: *Douraron ese anel de prata para que pareza ouro.*

2 Frixir ou asar un alimento moi pouco ata que tome unha cor parecida á do ouro: *Cómpre que doures ese polo na tixola.*

dous, dúas

numeral

Número 2: *Temos dúas mans e dous pés.*
FAM. douscentos.

douscentos, duascentas

numeral

Número 200: *Douscentos é o dobre de cen.*

douto, douta

adxectivo

Que sabe moito dunha ciencia ou materia: *É unha persoa douta en ecoloxía.* SIN. sabio.

doutor, doutora

substantivo

1 Persoa que ten por profesión curar enfermos: *O doutor receitoulle un xarope contra a tose.* SIN. médico.
2 Persoa que ten o grao máis alto nos estudos universitarios: *Antes de ser doutor, hai que ser licenciado.*
FAM. doutoramento, doutorar.

doutrina

substantivo feminino

Conxunto de ideas ou crenzas sobre un tema: *Os misioneiros espallan polo mundo a doutrina cristiá.*
FAM. doutrinal, doutrinario, adoutrinar.

doutro, doutra

contracción

Unión da preposición *de* e *outro, outra*: *Non quería falar doutra cousa.*

dozaría ou docería

substantivo feminino

Establecemento ou tenda onde se venden doces, pasteis e caramelos: *Mercou a torta nunha dozaría.* SIN. confeitaría, pastelaría.

dozura

substantivo feminino

1 Sabor parecido ao do azucre: *Os caramelos caracterízanse pola súa dozura.* ANT. agrume, agrura.
2 Calidade de quen é amable e cariñoso: *Esa nena caracterízase pola súa dozura.* SIN. tenrura. ANT. aspereza, dureza.
3 Calidade do que resulta agradable e suave: *O clima das Rías Baixas caracterízase pola súa dozura.* SIN. brandura, suavidade.

dragón

substantivo masculino

Animal imaxinario de gran tamaño que adoita botar lume pola boca: *O cabaleiro andante venceu un dragón.*

drama

substantivo masculino

1 Obra de teatro que tenta representar a vida tal cal é, coas súas penas e alegrías: *O drama reflicte a vida dunha familia corrente de hoxe.*
2 Xénero ou tipo de obra literaria formado polas obras que presentan unha historia a través do diálogo duns personaxes sobre un escenario e ante uns espectadores: *O drama divídese en traxedia, comedia e drama propiamente dito.*
3 Obra de teatro ou cine que adoita tratar temas moi tristes: *A película é un drama que trata dun cativo abandonado polos pais.*
4 Suceso ou situación que produce moita dor ou pena: *O paro sempre é un drama.*
FAM. dramático, dramatizar, dramaturgo.

drenar

verbo

Darlles saída á auga ou líquido acumulados nun lugar: *Os campos de fútbol teñen canos e tubaxes para drenar a auga da chuvia.*
FAM. drenaxe.

driblar

verbo

Canear.

droga

substantivo feminino

1 Substancia que produce cambios nunha persoa como sono, grande actividade ou visións e que remata por serlle a quen a toma absolutamente necesaria e imprescindible: *O consumo de drogas é un dos cancros da nosa sociedade.*
2 Medicina ou substancia que permite elaborar medicinas: *Administráronlle unha droga contra a dor.*
FAM. drogadicción, drogadicto, drogar, drogaría, drogueiro.

drogadicción
substantivo feminino
Necesidade de tomar drogas: *Padece drogadicción da cocaína.*

drogadicto, drogadicta
adxectivo e substantivo
Que necesita tomar drogas: *Ese psiquiatra dirixe unha clínica para desintoxicar drogadictos.*

drogaría ou droguería
substantivo feminino
Establecemento ou tenda onde se venden produtos de limpeza, aseo e outros semellantes: *Merquei pasta de dentes na drogaría.*

dromedario
substantivo masculino
Animal ruminante semellante ao camelo pero cunha soa xiba e usado como animal de carga e montura nos desertos de África e Arabia: *Os dromedarios aguantan moitos días sen beberen.*

druída
substantivo masculino
Entre os antigos celtas, sacerdote encargado non só do culto, senón tamén de educar a xuventude e administrar xustiza: *Os druídas consideraban os carballos e o visgo plantas sagradas.*

dúbida
substantivo feminino
1 Falta de seguridade sobre a verdade de algo ou sobre se algo se debe facer ou non: *Teño dúbidas sobre a súa inocencia. Teño as miñas dúbidas e non sei se ir agora de vacacións ou no verán.* SIN. incerteza, vacilación. ANT. certeza, seguridade.
2 Calquera cousa que non se entende ben: *A profesora preguntounos se tiñamos algunha dúbida.*
FAM. dubidar, dubidoso.

dubidar
verbo
1 Non ter seguridade sobre a verdade de algo ou sobre se algo se debe facer ou non: *Dubido da súa inocencia. Dubido entre mercar un coche ou unha moto.* SIN. titubear, vacilar. ANT. decidir.
2 Non ter confianza en alguén ou en algo: *Eu dubido de que ese coche non se avaríe.*
3 Pensar que algo é pouco probable que se produza ou sexa verdade: *Dubido de que chegue puntual.* ANT. crer.

dubidoso, dubidosa
adxectivo
1 Que produce dúbidas ou sospeitas de que non é verdade: *É dubidoso que gañase tantos cartos como di.*
2 Que non sabe ben que facer ou que decisión tomar: *Estou dubidoso entre eses dous modelos de coche.*
3 Pouco probable ou que é moi difícil que aconteza: *É dubidoso que chegue puntual.*
ANT. fixo, seguro.

ducha
substantivo feminino
1 Forma de lavar o corpo enteiro mollándoo todo botando auga por encima: *Coa ducha gástase menos auga ca co baño.*
2 Aparello, cuarto ou pía onde se pode lavar así o corpo: *Meteuse na ducha tras o partido.*

duchar
verbo
Lavar o corpo enteiro facendo caer a auga por enriba: *Despois do partido duchouse.*
FAM. ducha.

ducia
substantivo feminino
Conxunto de doce cousas ou unidades: *Mercou unha ducia de ovos.*

dúctil
adxectivo
Que pode tomar con facilidade distintas formas: *A plastilina é moi dúctil.*
FAM. ductilidade.

duelo
substantivo masculino
Loita ou pelexa entre dúas persoas porque unha retou a outra: *Batéronse nun duelo a espada.*
OBS. É distinto de *dó*, 'dor moi grande'.

dun, dunha
contracción
Unión da preposición *de* co artigo indeterminado *un, unha*: *Sentíase o ruído dun motor ao lonxe.*

duna
substantivo feminino
Montaña de area formada polo vento na praia ou no deserto: *Son famosas as dunas de Corrubedo.*

dúo
substantivo masculino
Conxunto formado por dúas persoas que cantan ou tocan instrumentos musicais xuntas: *Eses dous cantantes formaron un dúo e agora cantan xuntos.*

duodécimo, duodécima
numeral
1 Que ocupa o lugar número doce nunha serie: *O noso equipo é duodécimo na clasificación da liga.* SIN. décimo segundo.
2 Cada unha das doce partes iguais en que algo se dividiu ou repartiu: *Tocoulle a duodécima parte da herdanza porque a repartiron entre doce herdeiros.*

duodeno
substantivo masculino
Parte inicial do intestino delgado dos mamíferos, que comeza no estómago e remata no xexuno: *O páncreas verte os seus zumes no duodeno.*

dúplex
substantivo masculino
Piso para vivir formado por dúas plantas comunicadas entre si por unha escaleira interior: *Vive nun dúplex do centro da cidade.*

duque, duquesa
substantivo
Persoa que ten o título de nobreza entre o de príncipe e marqués: *O castelo de Monterrei pertence á duquesa de Alba.*

dura ou duración
substantivo feminino
Espazo de tempo que vai desde o comezo de algo ata a súa fin: *A dura dun partido de fútbol é de noventa minutos.*

duradeiro, duradeira
adxectivo
Que dura ou permanece moito tempo: *A amizade que agora iniciamos debe ser duradeira.* SIN. continuo, permanente, pertinaz. ANT. breve, curto, efémero, fugaz, momentáneo, pasaxeiro, provisional.
OBS. As formas **duradoiro*, **duradoira* son incorrectas.

durame
substantivo masculino
Parte interior e máis dura do tronco ou das pólas grosas dunha árbore: *O durame é a parte dura da árbore, incapaz xa de conducir o zume.* SIN. cerna.

durante
preposición
Indica o tempo ao longo do que se fai algo: *Espereino durante toda a mañá.*
OBS. É distinto de *perante*, que significa 'ante'.

durar
verbo
1 Ocupar un período de tempo ou estenderse nel: *Esa viaxe en avión só dura unha hora.*
2 Permanecer algo coas características que debe ter ou mantelas: *Esas ameixas duran moito e non cómpre metelas na neveira.*
FAM. dura, duración, duradeiro, durante.

durmideira
substantivo feminino
Planta herbácea da mesma familia ca as papoulas, de cuxo froito se extrae o opio: *En moitos sitios están prohibidas as plantacións de durmideiras.*

durmiñón, durmiñona
adxectivo e substantivo
Que dorme moito: *Adormece axiña porque é un durmiñón.*

durmir
verbo
1 Pechar os ollos e comezar a descansar, sen se decatar do que pasa arredor: *Adoito durmir toda a noite sen espertar.* ANT. acordar, espertar, recordar.
2 Pasar a noite nun lugar: *O coche sempre dorme no garaxe.*
FAM. dormitorio, durmideira, durmiñón, adormecer, adormentar.

duro, dura
adxectivo
1 Que non é brando e non cambia de forma ao apertalo ou non se raia: *O aceiro é duro.* ANT. brando, dondo.

2 Forte ou que aguanta moito: *É un traballador moi duro e non se cansa nunca.* ANT. brando.
3 Que resulta desagradable ou pouco amable e moi esixente: *Respondeume cunhas palabras moi duras. O clima desta montaña fáiseme moi duro. Ese profesor é moi duro e esixe moito. O traballo do campo é moi duro.* SIN. áspero, severo. ANT. brando, suave.
4 Difícil de mover: *Hai que aceitar a pechadura, que está moi dura.*
EXP. **Ser duro de roer** Ser difícil de vencer ou facer: *O noso equipo é duro de roer e poucos nos gañarán.*
FAM. dureza, endurecer.

E

e[1]

substantivo masculino

Letra número cinco do abecedario: *Bebé ten dous es.*

e[2]

conxunción

1 Úsase para engadir ou sumar palabras, frases e oracións: *Mercaron pan e chourizos. Chegou moi canso e foise deitar.*

2 Ao comezo de oración, úsase para darlle máis énfase ou forza ao que se di: *E vós tamén fostes?*

OBS. Non confundir con *é*, do verbo ser.

ebanista

substantivo

Persoa que ten por oficio facer mobles traballando madeiras valiosas: *O ebanista labraba unha fermosa cómoda de caoba.*

FAM. ebanistaría.

ebrio, ebria

adxectivo

Que está baixo os efectos do alcohol: *Non se pode conducir ebrio.* SIN. bébedo, borracho. ANT. sereno, sobrio.

ebulición

substantivo feminino

Movemento rápido e con burbullas que se produce nun líquido ao quentalo: *Cando a auga entra en ebulición xenéranse moitas burbullas.*

eclesiástico, eclesiástica

adxectivo

1 Da Igrexa: *Un cardeal é unha autoridade eclesiástica.* SIN. clérigo.

substantivo masculino

2 Na Igrexa católica, cura ou home que pode dicir misa: *Os curas e os bispos son eclesiásticos.* SIN. clérigo.

eclipse

substantivo feminino

Situación na que o Sol ou a Lúa desaparecen da vista e que se produce ao pórse outro corpo diante do Sol: *A eclipse de Lúa prodúcese cando a Terra se pon entre a Lúa e o Sol, e a eclipse de Sol cando a Lúa se pon entre o Sol e a Terra.*

FAM. eclipsar.

eco

substantivo masculino

1 Son que se repite porque choca contra un corpo duro: *Se se berra nun túnel prodúcese eco.* SIN. resón.

2 Son débil e pouco claro: *De lonxe chegaban os ecos da música dun piano.* SIN. resón.

3 Noticia vaga que se ten de algo: *Chegan ecos dun golpe de Estado nese afastado país.* SIN. rumor.

4 Efecto ou importancia que algo adquire: *A publicación desa noticia tivo moito eco nos medios económicos.* SIN. repercusión, resonancia.

ecografía

substantivo feminino

Exploración ou exame dun órgano interno do corpo por medio de ondas electromagnéticas ou acústicas cuxos ecos quedan reflectidos nunha pantalla: *A ecografía confirma que terá un neno.*

ecoloxía
substantivo feminino

1 Ciencia que estuda as relacións dos seres vivos entre si e co seu medio: *A ecoloxía estuda os efectos da industrialización sobre o medio.*

2 Relación que existe entre as persoas e o medio: *Cada día é maior a preocupación pola ecoloxía.*

FAM. ecolóxico, ecoloxismo, ecoloxista.

economía
substantivo feminino

1 Ciencia que se ocupa do estudo dos cartos e mais dos bens e recursos para empregalos mellor: *A economía estuda como se crea riqueza.*

2 Forma de organizar os cartos e recursos para usalos ben, aumentalos ou ter beneficios: *A economía capitalista persegue a obtención de beneficios.*

3 Conxunto de cartos e bens que se teñen: *A miña economía case non me permite chegar a fin de mes.*

4 Intento de non gastar máis ca o necesario: *Hai que facer economías no consumo de electricidade.*

EXP. **economía somerxida** Conxunto de actividades económicas realizadas fóra da lei e do control do Estado: *A economía somerxida non paga impostos á Facenda.*

FAM. económico, economista, economizar.

económico, económica
adxectivo

1 Da economía: *Fixo un estudo económico do barrio antes de abrir o comercio aquí.* ANT. caro, custoso.

2 Que custa poucos cartos ou que gasta pouco: *Esa lavadora é moi económica.* SIN. barato. ANT. caro, custoso.

economizar
verbo

Intentar non gastar máis do necesario: *Cómpre economizar electricidade.* SIN. aforrar. ANT. gastar.

OBS. O *z* cambia en *c* diante do *e*, como en *cazar.*

ecosistema
substantivo masculino

Conxunto dos seres vivos que se desenvolven nun determinado medio natural e relación entre eles e co medio: *Cómpre conservar o ecosistema das dunas de Corrubedo.*

ecuación
substantivo feminino

En matemáticas, expresión que contén unha ou máis incógnitas: *A expresión 3x2 = 6 é unha ecuación.*

ecuador
substantivo masculino

Paralelo máis grande que rodea a Terra: *O Ecuador está á mesma distancia do Polo Norte e do Polo Sur e divide a Terra en dúas partes iguais.*

FAM. ecuatorial.

edición
substantivo feminino

1 Publicación dunha obra escrita ou gravada: *Fixo unha edición das súas memorias.*

2 Conxunto de copias que se fan dunha obra: *A nova edición da súa novela é de vinte mil exemplares.*

3 Celebración dunha exposición, festival ou concurso: *Na edición do festival de cine deste ano gañou o premio unha película policial.*

edicto
substantivo masculino

Orde ou mandato publicados por unha autoridade: *O Concello publicou un edicto sobre as datas de pagamento da contribución.*

edificar
verbo

Construír un edificio ou casa: *No século XVII e XVIII edificáronse moitos pazos.* SIN. construír, levantar.

OBS. O *c* cambia en *qu* diante do *e*, como en *sacar.*

FAM. edificación, edificante, edificio.

edificio
substantivo masculino

Construción ou casa na que se vive ou realiza calquera actividade: *Os rañaceos, as catedrais ou os palacios e casas son edificios.*

editar
verbo

Publicar un libro: *Desa novela editáronse xa máis de cen mil exemplares.*

FAM. edición, editor, editorial.

editor, editora

adxectivo ou substantivo

Que se dedica á publicación de libros ou obras escritas: *Ningunha empresa editora lle quixo publicar a novela.*

editorial

adxectivo

1 Relacionado co proceso de editar ou publicar un libro ou escrito: *No proceso editorial interveñen tamén ilustradores, maquetadores e moitos máis profesionais.*

substantivo masculino

2 Artigo dun xornal que aparece sen sinatura e que representa a opinión de todo o xornal sobre un asunto importante: *Os editoriais adoitan aparecer nun lugar destacado do xornal.*

substantivo feminino

3 Empresa que se dedica a publicar libros e obras escritas: *Esa editorial publica moi boas novelas.*

edredón

substantivo masculino

Especie de colcha chea de plumas, algodón ou doutro material de abrigo: *No inverno sempre pon o edredón na cama.*

educación

substantivo feminino

1 Desenvolvemento das capacidades morais e da intelixencia dunha persoa: *Os mestres e pais encárganse da educación dos nenos.*

2 Actividade que se realiza para conseguir ese desenvolvemento: *Unha boa educación garante un bo futuro.*

3 Comportamento dunha persoa, especialmente cando ten bos modos: *Se tiveses máis educación, non cuspirías no chan.* SIN. cortesía, modos. ANT. grosaría.

educado, educada

adxectivo

Que ten modos bos e correctos: *Unha persoa educada non berra para falar.*
SIN. cortés. ANT. descortés, maleducado.

educar

verbo

1 Formar unha persoa para desenvolver a súa intelixencia e capacidades morais: *Nese colexio educan moi ben, pois, amais das materias, ensinan valores éticos e bos modos.* SIN. formar, instruír.

2 Ensinarlle a unha persoa bos modos ou formas de comportarse correctas: *Educa os fillos para que coman ben e variado.*

3 Facer que un sentido ou capacidade se desenvolva ou sexa mellor: *Se educa a voz, será un gran cantante.*

FAM. educación, educado, educador, educativo.

efe

substantivo masculino

Nome da letra efe: *A palabra* fofo *ten dous efes.*

efectivo, efectiva

adxectivo

1 Que produce o efecto ou resultado desexado: *É un tratamento efectivo contra a tose, pois cúraa.* SIN. eficaz.

2 Real ou verdadeiro: *Cómpre que as túas promesas se convertan en obras efectivas.*

substantivo masculino

3 Cartos en billetes ou en moedas: *Pagou en efectivo e non con tarxeta de crédito.*

plural

4 Conxunto de soldados ou policías mandados por unha mesma persoa ou que teñen unha mesma misión: *Efectivos da policía desactivaron a bomba.*

efecto

substantivo masculino

1 Consecuencia ou resultado de algo: *A falta de auga é efecto da seca prolongada.* ANT. causa, orixe, principio.

2 Impresión producida por algo: *Ese cadro causoume moi bo efecto.*

3 Movemento que se lle dá a unha cousa ao lanzala de xeito que cambia de dirección ao moverse: *Ese dianteiro lanza o balón con moito efecto.*

4 Truco ou técnica usado nalgúns espectáculos que fai pasar por real o que non o é: *Nas películas de terror hai moitos efectos especiais.*

plural

5 Bens ou cousas que pertencen a unha persoa: *Á detida metéronlle os efectos persoais nunha bolsa.*

EXP. **En efecto** Emprégase para afirmar algo: *En efecto, recoñezo que estaba trabucado.*
Facer efecto Dar o resultado buscado: *A menciña fixo efecto e o doente curou.*

FAM. efectivo, efectuar.

efectuar
verbo
Levar algo á práctica: *O troco de prisioneiros efectuouse a pasada semana.* SIN. cumprir, executar, levar a cabo, realizar.
OBS. Conxúgase como *actuar.*

efémero, efémera
adxectivo
Que pasa moi rápido ou dura moi pouco tempo: *A súa vida foi efémera, pois faleceu aos vinte anos.* SIN. breve, fugaz, fuxidío, pasaxeiro. ANT. duradeiro.

efeminado, efeminada
adxectivo ou substantivo masculino
Que ten características que tradicionalmente se consideraron propias das mulleres: *Seica ten un andar efeminado.* SIN. amaneirado. ANT. viril.

efervescente
adxectivo
Que fai burbullas de gas ou o despide: *A gasosa é efervescente polo gas carbónico que leva.*
FAM. efervescencia.

eficaz
adxectivo
Que ten a capacidade para producir o efecto que se busca: *É un calmante moi eficaz para a dor.* SIN. efectivo.
FAM. eficacia.

eficiente
adxectivo
Que realiza ben a súa función: *É un empregado eficiente, pois sempre está no seu posto e traballa ben.*
FAM. eficiencia.

efixie
substantivo feminino
Imaxe ou representación dunha persoa: *Na manifestación levaban efixies do líder detido.* SIN. imaxe.

efusivo, efusiva
adxectivo
Que deixa ver con facilidade os seus sentimentos, especialmente os alegres: *Saudounos de xeito efusivo.*
FAM. efusión.

egoísmo
substantivo masculino
Forma de ser de quen só se preocupa de si mesmo e se desentende dos demais: *O seu egoísmo lévao a buscar só o propio beneficio.* ANT. altruísmo, desprendemento, xenerosidade.
FAM. egoísta.

egrexio, egrexia
adxectivo
Ilustre ou destacado pola súa categoría e fama: *Castelao foi un escritor egrexio.* SIN. ilustre.

egua
substantivo feminino
Femia do cabalo: *A egua aleitaba o poldro.* SIN. besta.

eh
interxección
Emprégase para chamar a atención de alguén, contestar, pedir unha aclaración, interromper ou mesmo rematar o dito: *Eh, esperádeme!*
OBS. Distíngase de *é*, do verbo ser, e de *e*, conxunción e nome de letra.

eido
substantivo masculino
1 Terreo cultivado, que pode estar ou non entre as terras que rodean a casa: *No eido ese botou patacas.*
2 Conxunto de todo o relacionado cunha actividade, técnica, arte ou ciencia: *Castelao destacou no eido da literatura, da política e da arte plástica.* SIN. ámbito, área, campo, dominio, terreo.

eira
substantivo feminino
Espazo de terra chá usado para mallar os cereais ou secar os legumes: *A eira adoita estar próxima á casa.*

eirado
substantivo masculino
1 Terreo de cultivo, habitualmente pequeno e próximo á casa: *No eirado botou patacas.*
2 Espazo plano e ao aire libre a modo de teito ou tellado dun edificio: *Tenden a roupa no eirado do edificio.* SIN. azotea, terraza.
3 Pequena praza entre as casas dunha aldea: *A festa da aldea fana no eirado.*

eiruga

substantivo feminino

1 Larva da bolboreta e doutros insectos co corpo en forma de verme e dividido en aneis: *As eirugas adoitan alimentarse de follas.*

2 Correa metálica que une as rodas de certos vehículos e que lles permite circular por lugares difíciles: *Os carros de combate adoitan ter eirugas.*

*eis, a forma correcta é **velaí**.

eito

substantivo masculino

Cada unha das partes en que se divide un terreo de cultivo para traballalo: *Nese eito imos pór pementos e naqueloutro tomateiras.*

EXP. **A eito** Sen parar, con orde e sen deixar nada: *Apañamos as patacas a eito.*

eiva

substantivo feminino

Defecto que fai que algo ou alguén non estean ben por completo: *Coxea porque ten unha eiva na perna. O traballo ese ten varias eivas.* SIN. defecto, deficiencia, fallo, falta, imperfección.

eivado, eivada

adxectivo

Que ten un defecto ou falta importantes que fan que non estea ben: *Anda en cadeira de rodas porque está eivado das pernas.*

eivar

verbo

1 Causarlle a alguén un dano físico que lle impide valerse por si mesmo ou usar algún membro: *A parálise eivouno das pernas e anda en cadeira de rodas.* SIN. baldar, toller.

2 Ser causa dun defecto que fai que algo non estea ben: *A falta de rigor eiva o seu traballo.*

FAM. eiva, eivado.

eixe

substantivo masculino

1 Liña que divide o ancho dun corpo ou superficie pola metade: *A liña pintada no eixe das estradas separa os dous sentidos da circulación.*

2 Barra que atravesa un corpo que xira e que o suxeita mentres dá voltas: *Os eixes dos coches unen as súas rodas por parellas.*

3 Calquera cousa que se considera o máis importante: *A familia é o eixe da súa vida.*

eixido

substantivo masculino

Terreo cultivado de pouca extensión e pegado á casa: *No eixido botou feixóns, tomateiras e cebolas.*

el, ela

pronome persoal

Indica a terceira persoa do singular: *Ela estuda moito.*

OBS. Funciona como suxeito ou complemento con preposición. Contrae coas preposicións *en* e *de: nel, nela, del, dela, neles, nelas, deles, delas.*

elaborar

verbo

1 Facer ou fabricar algo por medio do traballo adecuado: *No Ribeiro elaboran moi bos viños.* SIN. confeccionar, producir.

2 Formar unha idea ou plan na mente: *Elaboraron un plan para evacuar a cidade en caso de catástrofe.* SIN. confeccionar, construír.

FAM. elaboración.

elástico, elástica

adxectivo

1 Dito dun corpo, que pode ser estirado e despois volve ter a súa forma anterior: *As gomas son elásticas.*

substantivo masculino

2 Fita ou tecido que ten esta propiedade: *Moitos xerseis teñen elásticos que axustan a manga ao pulso.*

ele

substantivo masculino

Nome da letra *l*: *Lúa comeza por un ele.*

EXP. **Ele dobre** Nome da combinación de dous eles, que se pronuncia coa lingua no padal, como en ollo.

elección

substantivo feminino

1 Feito de escoller o que se considera máis adecuado para algo: *A elección dos deputados realízaa o pobo.*

2 Posibilidade de escoller: *Tes que coller ese traballo, pois non tes elección ao non teres máis propostas.* SIN. opción.

plural

3 Proceso polo que se escolle os políticos que van mandar no país: *Nos países democráticos os cidadáns elixen os gobernantes nas eleccións.*

electo

adxectivo

Que foi escollido ou elixido para un cargo, pero que aínda non o desempeña: *O presidente electo asumirá o cargo a próxima semana.*

elector, electora

adxectivo ou substantivo

Que ten a capacidade ou dereito de elixir a alguén para un cargo, especialmente político: *Nos países democráticos son electores todas as persoas maiores de idade.*

electoral

adxectivo

Das eleccións: *A campaña electoral vai ser moi dura.*

electricidade

substantivo feminino

Forma de enerxía derivada do movemento dos protóns e electróns que forman os átomos: *Grazas á electricidade temos luz pola noite.*

FAM. electricista, eléctrico, electrificar, electrizar, electrocutar, electrodoméstico.

electricista

substantivo

Persoa que ten como profesión arranxar todo o necesario para que se poida utilizar a electricidade: *O electricista colocou os novos interruptores da luz.*

eléctrico, eléctrica

adxectivo

Da electricidade ou relacionado con ela: *A enerxía eléctrica é conducida por cables.*

electrocutar

verbo

Matar por medio dunha descarga eléctrica: *Tocou uns cables sen illante e electrocutouse.*

electrodoméstico

substantivo masculino

Aparello usado nos labores da casa e que funciona con electricidade: *A lavadora e o frigorífico son electrodomésticos.*

electrónico, electrónica

adxectivo

1 Da electrónica: *Os ordenadores levan sistemas electrónicos.*

substantivo feminino

2 Ciencia e técnica que estuda os fenómenos causados polo movemento dos electróns en determinadas circunstancias: *A electrónica permitiu crear os ordenadores.*

elefante, elefanta

substantivo

Animal mamífero de gran tamaño, grandes orellas colgantes e unha longa trompa: *O elefante é o animal terrestre máis grande.*

elegante

adxectivo

Que resulta adecuado, agradable e cunha certa beleza: *Viste ben porque é moi elegante.*

FAM. elegancia.

elemental

adxectivo

Sinxelo ou fundamental: *Teño coñecementos fundamentais de inglés, pero non sei seguir unha conversa.* SIN. básico.

elemento

substantivo masculino

1 Cada unha das pezas ou compoñentes dun todo: *A lectura é un elemento básico na formación das persoas.*

2 Base para facer algo: *Para opinar hai que ter elementos de xuízo.*

3 Medio en que vive e se desenvolve un ser vivo: *O aire é o elemento dos paxaros.*

plural

4 Forzas da natureza capaces de alteraren o clima: *A chuvia e o vento forman parte dos elementos.*

elevación

substantivo feminino

1 Zona elevada do terreo: *É unha inmensa chaira sen ningunha elevación.*

2 Movemento de algo para arriba: *A elevación do globo, tras a solta de lastre, foi rapidísima.*

elevado, elevada

adxectivo

1 Que ten unha distancia de arriba a abaixo maior ca a habitual: *Os xogadores de*

baloncesto adoitan ter unha estatura elevada. SIN. alto. ANT. baixo.
2 Dun valor ou categoría maiores ca os normais: *Ten unha posición elevada dentro da empresa.* SIN. alto.

elevar
verbo
1 Mover algo para arriba ou colocalo nun lugar máis alto: *Os ascensores elevan cargas e persoas.* SIN. alzar, erguer, levantar, subir. ANT. baixar.
2 Colocar nun nivel, tamaño ou cantidade máis altos: *As chuvias elevaron o nivel da auga dos encoros.* SIN. alzar, subir. ANT. baixar, descender.

eliminar
verbo
1 Quitar ou facer desaparecer: *Ese insecticida elimina todos os insectos.*
2 Botar dun determinado grupo: *O noso equipo foi eliminado en cuartos de final.*
FAM. eliminación, eliminatorio.

eliminatorio, eliminatoria
adxectivo
1 Que elimina ou bota dun determinado grupo: *Os exercicios das oposicións son eliminatorios, pois os que non aproban non poden seguir examinándose.*
substantivo feminino
2 Nunha competición, proba que serve para botar fóra unha persoa ou grupo: *O noso equipo perdeu a eliminatoria e xa non xogará a final.*

elipse
substantivo feminino
1 En xeometría, curva pechada e plana: *A elipse ten forma de círculo achatado.*
2 Supresión dunha ou máis palabras nunha oración: *En «come pan» hai elipse do suxeito.*
FAM. elíptico.

elixir[1]
substantivo masculino
1 Líquido con medicinas disolvidas en alcohol: *Enxauga os dentes cun elixir.*
2 Líquido con propiedades marabillosas ou máxicas: *A fada deulle un elixir e converteu o can nun fermoso príncipe.*
OBS. Pronúnciase con *ks.*

elixir[2]
verbo
Escoller unha persoa ou cousa para algo: *O pobo elixe os deputados nas eleccións xerais.*
OBS. Ten o participio regular *elixido* e o irregular *electo.*
FAM. elección, electo, elector, electoral.

***elle** (letra), a forma correcta é **ele dobre**.

***elmo**, a forma correcta é **helmo**.

elo
substantivo masculino
Cada unha das pezas que forman unha cadea: *A pulseira ten varios elos de ouro.*

eloxiar
verbo
Dicir cousas boas de alguén ou de algo: *Sempre eloxia a túa capacidade de traballo.* SIN. enaltecer, encarecer, encomiar, enxalzar, gabar, loar. ANT. censurar, criticar.
FAM. eloxio, eloxioso.

embaixada
substantivo feminino
1 Edificio e instalacións da representación dun país noutro país estranxeiro: *A autoridade máxima na embaixada é o embaixador.*
2 Mensaxe importante que se envía a alguén por medio doutra persoa, especialmente a que se envía dunha nación a outra por medio dun embaixador: *A embaixada levouna un alto funcionario de Exteriores.*

embaixador, embaixadora
substantivo
1 Persoa que representa o Goberno do seu país nunha nación estranxeira: *Está de embaixador en París.*
2 Persoa que representa un grupo ou unha actividade fóra dos círculos habituais: *Ese director é o mellor embaixador do cine galego nos Estados Unidos.*

embaixo
adverbio
Nun lugar ou nunha posición inferiores: *O coche está embaixo, no garaxe.* SIN. abaixo, debaixo. ANT. arriba, encima, enriba.

embalar
verbo
Envolver e protexer un obxecto para poder levalo resgardado dun lugar a outro: *Em-*

balou ben as esculturas para que non rompesen no transporte.
FAM. embalaxe.

embalsamar
verbo
Preparar un corpo morto cunhas substancias especiais para evitar que se estrague: *Os exipcios embalsamaban os faraóns.*

embarazada
adxectivo ou substantivo feminino
Dito dunha muller, que vai ter un fillo: *Está embarazada de seis meses.* SIN. encinta.

embarazo
substantivo masculino
1 Estado da muller que vai ter un neno: *O embarazo dura nove meses.*
2 Situación en que non se sabe que facer ou vergonza que se sente por algo: *Ter que reprenderte en público prodúceme un grande embarazo.* SIN. apuro.
FAM. embarazada, embarazar, embarazoso.

embarcación
substantivo feminino
Vehículo que vai pola auga: *Os barcos e as barcas son embarcacións.*

embarcar
verbo
Subir a un barco, a un tren ou a un avión: *Os pasaxeiros embarcarán no avión ás cinco.* ANT. desembarcar.
OBS. O *c* cambia en *qu* diante do *e*, como en *sacar.*
FAM. embarcación, embarcadoiro, embarque.

embargo
substantivo masculino
Prohibición por parte dunha autoridade que impide que unha persoa poida vender ou usar os seu bens: *Esa casa non a pode vender porque ten un embargo.*
FAM. embargar.

embarullar
verbo
Mesturar ou confundir unhas cousas con outras: *Cando conta un conto embarúllase moito.*

embazar
verbo
Quitar o brillo ou a claridade, especialmente ao cubrir de bafo: *O bafo embazou os cristais das fiestras.* SIN. abafar, empanar. ANT. desembazar, desempanar.
OBS. O *z* cambia en *c* ante *e*, como en *cazar.*

embebedar
verbo
Embriagar.

embeber
verbo
Mollar por completo ata quedar dentro del o líquido: *Embebía o anaco de bolo no café con leite.*

embelecer
verbo
Pór máis belo ou máis bonito: *Esas roseiras embelecen moito o xardín.* SIN. adornar. ANT. afear.
OBS. É regular: *embelezo, embeleza.*

embigo
substantivo masculino
Cicatriz arredondada no ventre que queda como resto do corte do cordón umbilical: *Ten o embigo un pouco saído.*

emblema
substantivo masculino
Figura que representa algo: *A balanza é o emblema da xustiza.*
FAM. emblemático.

embocadura
substantivo feminino
1 Parte por onde unha rúa se une con outra maior: *Torces na primeira embocadura á dereita.*
2 Parte dos instrumentos musicais de vento e doutros obxectos que se apoia na boca e por onde se sopra ou aspira: *As frautas teñen embocadura.* SIN. bocal, boquilla.

émbolo
substantivo masculino
Peza cilíndrica no interior doutra que se move para comprimir un líquido ou un gas ou movida por estes: *As xiringas teñen émbolo para expulsar o líquido pola agulla.*

emborrachar
verbo
Embriagar.

emborrallar
verbo
Manchar con cinsa: *Emborrallouse ao limpar a lareira.*

emboscada
substantivo feminino
Operación consistente en esconderse nun lugar para atacar por sorpresa: *Os guerrilleiros utilizan moito as emboscadas.*

embotellar
verbo
Meter un líquido en botellas: *Embotella parte da colleita de viño.*
FAM. embotellado, embotellamento.

emboutar
verbo
Cubrir de algo, especialmente se mancha: *Emboutouse de lama.*

embozo
substantivo masculino
Parte da saba que se dobra para fóra polo lado que toca a cara: *Tapaba os ollos co embozo.*

embrague
substantivo masculino
Peza dun coche ou moto que permite cambiar de marcha: *O pedal do embrague písase co pé esquerdo.*
FAM. embragar, desembragar.

embriagar
verbo
Pór borracho: *Embriagouse porque bebeu moito no xantar.* SIN. embebedar, emborrachar.
OBS. O *g* cambia en *gu* diante do *e*, como en *pagar*.
FAM. embriaguez.

embrión
substantivo masculino
1 Organismo desde a fecundación do óvulo ou ovo ata que se converte en feto: *Nos mamíferos, o embrión pasa a ser feto cando xa presenta as características definidas da súa especie.*
2 Xerme da futura planta que se atopa dentro da semente: *Os cotiledóns forman parte do embrión da planta.*
FAM. embrionario.

embrollar
verbo
Facer máis confuso, desordenado ou complicado: *Cando relata unha historia embrolla moito o argumento.* SIN. complicar, dificultar, embarullar, encerellar, enguedellar, enlear, enmarañar, enredar. ANT. desenguedellar, desenlear, desenmarañar, facilitar.

embruxar
verbo
Enmeigar.

embude
substantivo masculino
Utensilio de boca ancha e redonda, terminado nun tubo estreito e que se usa para pasar líquidos dun recipiente a outro: *Para encheres a botella, debes usar un embude.*
SIN. funil.

*__emburullar__, a forma correcta é **envurullar**.

*__emburullo__, a forma correcta é **envurullo**.

embuste
substantivo masculino
Mentira que se intenta facer pasar por verdade con astucia: *Xa non engana a ninguén cos seus continuos embustes.* SIN. andrómena, argallada, falsidade, mentira, trola.
FAM. embusteiro.

embutido
substantivo masculino
Alimento elaborado metendo carne picada nunha tripa: *O chourizo, o salchichón e a longaínza son embutidos.*

eme
substantivo masculino
Nome da letra *m*: *A palabra* moeda *comeza por* m.

emenda
substantivo feminino
Corrección dun erro: *Non se deben pór emendas nos traballos escritos.*
FAM. emendar.

emerxencia
substantivo feminino
Saída cara á superficie desde debaixo da auga ou calquera outro líquido: *A emerxencia do submarino produciuse en moi pouco tempo.*
OBS. Non debe utilizarse co significado de 'urxencia'.
FAM. emerxer.

emigrar
verbo
Saír do lugar de nacemento para vivir ou traballar noutro distinto: *En Galicia durante o século XX emigrou moita xente.* ANT. inmigrar.
FAM. emigración, emigrante.

eminencia
verbo
1 Persoa que destaca ou sobresae en algo: *É unha eminencia da medicina.*
2 Tratamento de respecto que se lles dá aos cardeais católicos: *A súa eminencia, o cardeal, aínda non chegou.*
3 Lugar elevado nun terreo: *Un outeiro é unha eminencia do terreo.*

eminente
adxectivo
Que sobresae ou destaca nalgunha actividade ou profesión: *Operouno un eminente cirurxián.* SIN. destacado, ilustre, insigne, sobranceiro.

emisario, emisaria
substantivo
Persoa que se envía para dar unha mensaxe ou solucionar algo: *Un emisario do rei ofrecía a paz.*

emisora
substantivo feminino
Lugar desde onde se lanzan sons e imaxes, especialmente de programas de radio e televisión: *Radio Galicia é a emisora de radio máis antiga da nosa comunidade.*

emitir
verbo
1 Producir ou botar para fóra: *Os tubos de escape dos coches emiten gases.* SIN. botar, despedir, lanzar.
2 Dicir ou expresar unha opinión: *Nas eleccións os votantes emiten os seus votos.*
3 Producir un sinal e facelo chegar ao seu destino a través do aire: *Coa antena cáptanse as imaxes e sons que emiten as cadeas de televisión.*
4 Producir billetes e moedas e poñelos en circulación: *O Banco de España emite billetes.*
FAM. emisión, emisor, emisora.

emoción
substantivo feminino
Sensación moi forte producida pola alegría, a sorpresa o medo ou calquera outro sentimento: *Cunha alegría tan grande chorou de emoción.*
FAM. emocionante, emocionar, emotivo.

empachar
verbo
Facer dano ou sentar mal unha comida: *Comeu tantas cereixas que empachou.*
FAM. empacho.

empalleirar
verbo
Apalleirar.

empalmar
verbo
1 Unir dúas cousas, de xeito que unha queda a continuación da outra: *Empalmou os dous cables eléctricos.* SIN. empatar, enlazar.
2 Seguir unha cousa a outra sen pausa nin interrupción: *Este tren empalma en Monforte con outro que vén de León.*
FAM. empalme.

empanada
substantivo feminino
Comida feita con anacos de carne, peixe ou outro alimento, previamente cociñados, e que se meten entre dúas capas de masa para cocela no forno: *No xantar, tomamos de primeiro empanada de anguías.*

empanadilla
substantivo feminino
Especie de empanada pequena e que se frixe na tixola: *Tomamos de entrante empanadillas de bonito.*

empanar[1]
verbo
Embazar.

empanar[2]
verbo
Cubrir un alimento de pan relado ou fariña para cociñalo: *Cómpre que empanes eses bistés.*
FAM. empanada, empanadilla.

empapar
verbo
Mollar tanto que lle queda a auga ou calquera líquido dentro: *Choveu tanto que se*

empapou de auga a roupa no tendal. SIN. embeber, enchoupar.

empapelar

verbo

Cubrir con papeis, especialmente unha parede como decoración: *Non pintou o seu cuarto; empapelouno.*

empaquetar

verbo

Cubrir con papel ou con outro material para protexer no transporte: *Empaquetoume moi ben as copas de cristal para que non rompesen.*

empardecer

verbo

Atardecer.

emparellar

verbo

Xuntar ou unir formando parella ou grupo de dous: *Emparellou os calcetíns de xeito que cada un quedase co seu igual.*

emparentar

verbo

Pasar a formar parte doutra familia ao casar: *Ao casar, emparéntase coa familia da esposa ou do esposo.*

empastar

verbo

Encher con pasta un oco, especialmente os dentes picados: *O dentista empastoulle unha moa.*

FAM. empaste.

empatar

verbo

1 Conseguiren dous ou máis rivais o mesmo número de puntos, tantos, votos ou goles: *O Celta e o Deportivo empataron a dous.* ANT. desempatar.

2 Unir dúas cousas de xeito que unha queda a continuación doutra: *Empatou dous cables eléctricos.* SIN. empalmar, enlazar, unir. ANT. desempatar.

FAM. empate.

empedrar

verbo

Cubrir de pedras: *Empedraron o paseo que antes era de area.*

empenar

verbo

Pór unha superficie curva para fóra: *Esas madeiras empenaron coa humidade.*

empeña

verbo

Parte superior do pé desde o nocello ata os dedos: *Estes zapatos apértanme un pouco na empeña.*

empeñar

verbo

1 Entregar unha cousa de valor para que nos empresten cartos e coa condición de que poidamos recuperala cando nós devolvamos eses cartos: *Empeñou as xoias para mercar un apartamento.* SIN. peñorar. ANT. desempeñar.

2 **empeñarse** Insistir moito en algo: *Empeñouse en ir á praia aínda que chovía.*

3 Encherse de débedas: *Empeñouse para montar o bar.* SIN. endebedarse. ANT. desempeñar.

FAM. empeño, desempeñar.

empeño

substantivo masculino

1 Desexo ou interese moi grandes para facer ou conseguir algo: *Pon moito empeño en aprobar todo.* SIN. afán, ansia. ANT. desgana.

2 Entrega dunha cousa de valor por cartos, coa condición de que poidamos recuperala cando devolvamos os cartos: *Nas casas de empeños prestan cartos coa garantía de xoias que se deixan alí.*

empeorar

verbo

Pasar a un estado peor: *O enfermo empeorou e ten máis febre.* ANT. mellorar.

emperador, emperatriz

substantivo

Xefe de Estado ou xefe supremo dun imperio: *Augusto foi o primeiro emperador romano.*

emperrencharse

verbo

Insistir moito en algo ata enfadarse: *O neno emperrenchouse porque quería aquel xoguete.*

empezar
verbo
Ter ou dar principio: *En setembro empeza o curso. Empezou un caderno novo.* SIN. comezar, iniciar, principiar. ANT. acabar, concluír, finalizar, rematar, terminar.
OBS. Cambia o *z* en *c* ante *e*, como en *cazar*.
FAM. empezo.

empezo
substantivo masculino
Momento ou parte en que algo comeza ou ten principio: *Perdemos o empezo da película porque chegamos tarde.* SIN. comezo, inicio, principio.

empezoñar
verbo
Pór veleno, pezoña ou outra substancia prexudicial: *Algunhas tribos indias empezoñaban as puntas das frechas.*

empinar
verbo
Pór dereito ou case vertical: *Non empines tanto a escada, que podes caer.*

empinxe
substantivo feminino
Vulto con pus que se forma na pel: *Os empinxes, ao secaren, forman bostelas.*

empoar
verbo
Cubrir de po ou pos: *A actriz empoaba a cara antes de entrar en escena.*

empobrecer
verbo
Facer pobre ou máis pobre: *Os incendios empobrecen a terra.* ANT. enriquecer.
OBS. É regular: *empobrezo, empobreza.*
FAM. empobrecemento.

empoleirarse
verbo
1 Subir ao poleiro: *As galiñas empoléiranse para durmir.* SIN. apoleirarse.
2 Pór nun sitio ou posición elevados: *Empoleirou o cativo sobre os ombreiros.*

emporcar
verbo
Pór moi sucio: *Emporcaron todo cos restos da merenda.* SIN. ensuciar, lixar, luxar, manchar. ANT. limpar.
OBS. O *c* cambia en *qu* diante do *e*, como en *sacar.*

emporiso
conxunción
Úsase para expresar oposición, corrección ou aclaración ao dito antes: *Estudamos moito; emporiso, suspendemos.*

empregado, empregada
substantivo
Persoa que traballa nun lugar a cambio dun soldo: *Nesta empresa hai cerca de cen empregados.*

empregar
verbo
1 Usar ou coller algo para facer algunha cousa: *Empregou un coitelo grande para cortar a carne.* SIN. usar, utilizar.
2 Dar traballo a unha persoa: *Esta fábrica emprega case cen obreiros.* ANT. despedir.
OBS. O *g* cambia en *gu* ante *e*, como en *pagar.*
FAM. empregado, emprego, desemprego.

emprego
substantivo masculino
1 Utilización de algo como medio para conseguir un fin: *Está prohibido o emprego de arsénico para desratizar.* SIN. uso, utilización.
2 Feito de dar traballo a unha persoa: *O Goberno quere aumentar o emprego.* ANT. desemprego, despedimento.
3 Actividade ou traballo que se fai a cambio dun soldo: *Ten un emprego de vendedor nuns grandes almacéns.* SIN. colocación, ocupación, traballo.

emprender
verbo
Empezar a realizar unha actividade: *Emprende agora unha viaxe de exploración pola selva.*
FAM. emprendedor.

empresa
substantivo feminino
1 Organización dedicada a fabricar ou vender produtos e servizos para obter ganancias: *Os comercios son empresas dedicadas á venda.*
2 Actividade difícil de realizar e para a que cómpre esforzo: *Restaurar esa ermida románica é unha empresa complicada.*
FAM. empresarial, empresario.

empresario, empresaria
substantivo
Persoa que ten ou dirixe unha empresa: *Os empresarios negocian cos obreiros un novo convenio laboral.*

emprestar
verbo
Prestar.

empuñar
verbo
Coller un obxecto polo puño ou polo mango: *O guerreiro deixou a lanza e empuñou a espada.*
FAM. empuñadura.

empurrar
verbo
1 Facer forza contra algo para movelo: *O albanel empurraba unha carreta chea de masa.* SIN. empuxar.
2 Influír sobre alguén para que faga algo: *A pobreza empurrouno á emigrar.* SIN. empuxar.

empurrón
substantivo masculino
1 Forza que se fai de maneira rápida e repentina sobre algo ou alguén: *No autobús levei algúns empurróns porque ía moi cheo.* SIN. empuxón.
2 Adianto rápido nun traballo dedicándolle máis esforzo: *Esta tarde démoslle un bo empurrón á cava da leira.* SIN. empuxón.

empuxar
verbo
Empurrar.
FAM. empuxón.

empuxón
substantivo masculino
Empurrón.

en
preposición
1 Indica lugar: *Vive nun chalé. Vai na aldea.*
2 Indica tempo: *En novembro faise o magosto.*
3 Indica modo: *Apareceu en bata.*
4 Indica o medio co que se fai algo: *Veu en moto.*
5 Indica a materia de que trata algo: *É experto en ecoloxía.*
6 Indica causa: *Recoñecino no ton de voz.*
7 Indica prezo: *Deixoume o pantalón en vinte e cinco euros.*
8 Indica a persoa ou cousa que recibe unha acción de forma repetida: *Apañaba nas patacas sen parar.*
OBS. Contrae co artigo *o, a (no, na, nos, nas)*; co artigo *un, unha (cun, cunha, cuns, cunhas)*; co pronome *el (nel, nela, neles, nelas)*; cos demostrativos *(neste, nese, naquel, nestoutro, nesoutro, naqueloutro...)* e cos indefinidos *algún* e *outro (nalgún, noutro...)*.

enagua
substantivo feminino
Peza de roupa interior feminina semellante a unha saia e que se pon debaixo desta: *No inverno gasta enagua por embaixo da saia.*

***enamorar**, a forma correcta é **namorar**.

encabezamento
substantivo masculino
Fórmula, expresións ou palabras con que comezan algúns escritos como as cartas: *O encabezamento era un «Benquerido Armando».*

encabezar
verbo
1 Pór no primeiro lugar de algo: *Os líderes dos partidos encabezaban a manifestación.* ANT. acabar, concluír, finalizar.
2 Pór unha expresión, fórmula ou palabras para comezar un escrito, como unha carta: *Encabezaba a carta cun «Queridos pais».*
OBS. O *z* cambia en *c* diante do *e*, como en *cazar*.
FAM. encabezamento.

encabuxar
verbo
Pór moi enfadado: *O cativo encabuxouse porque quería o xoguete.* SIN. enrabechar.

encadear
verbo
1 Atar ou suxeitar con cadeas: *Encadeaban os escravos.* ANT. desencadear.
2 Unir unhas cousas con outras relacionándoas: *As preguntas do xornalista encadeábanse coas respostas do entrevistado.*

encadernar
verbo
Unir as follas dun libro ou varias follas e pórlles unha cuberta: *Nesta imprenta tamén encadernan libros.*
FAM. encadernación.

encadrar
verbo
1 Meter dentro dun cadro ou marco: *O debuxo saíulle tan ben que o encadrou.* SIN. enmarcar.
2 Meter nun determinado grupo, conxunto ou límites: *Estes actos bélicos encádranse dentro da Guerra de Independencia.* SIN. enmarcar.
FAM. encadramento.

encaixar
verbo
1 Pór ou meter algo nunha cousa de xeito que non sobre espazo: *Para montar a caixa tes que encaixar esas pestanas naqueles ocos.* SIN. adaptar, axustar.
2 Aceptar algo que non é agradable: *Ese ministro encaixa ben as críticas.*
3 Adaptarse ou afacerse a unha situación: *Ese xogador é moi bo, pero non encaixa no equipo.*
4 Estaren de acordo dúas ou máis cousas: *Ese resultado negativo non encaixa coas túas promesas optimistas.* SIN. cadrar.
FAM. encaixe.

encaixe
substantivo masculino
Tecido ou tea con buraquiños que forman debuxos: *Teñen sona os encaixes de Camariñas.*

encallar
verbo
Dar un barco coa area e rochas do fondo: *O pesqueiro encallou nunhas rochas.*

encamiñar
verbo
Dirixir nunha determinada dirección: *Encamiñábase cara á praza.* SIN. dirixir, encarreirar. ANT. desencamiñar.

encantar
verbo
1 Gustar ou atraer moito: *Encántanlle os xeados de chocolate.* SIN. gustar. ANT. arrepiar, espantar, horrorizar.
2 Usar poderes máxicos para algo: *A bruxa encantou o príncipe e converteuno en ra.* SIN. ameigar, embruxar, enfeitizar, enmeigar.
FAM. encantador, encantamento, encanto.

encanto
substantivo masculino
1 Conxunto de calidades que fan que algo ou alguén nos gusten: *Esa paisaxe ten moito encanto.* SIN. aquel, atractivo.
2 Persoa ou cousa que ten esas calidades que tanto agradan: *Ese neno é un encanto.*

encapricharse
verbo
Ter capricho ou desexo moi forte por algo: *Encaprichouse desa camisa azul.*

encarar
verbo
1 Mirar de fronte ou pór fronte a alguén: *Encarou o rapaz e preguntoulle polo seu mal comportamento.*
2 Facer fronte a algo ou alguén: *Debes encarar canto antes o pagamento desas débedas.* SIN. afrontar. ANT. evitar.

encarcerar
verbo
Meter no cárcere: *Encarcerárono acusado de tráfico de drogas.*

encarecer
verbo
1 Aumentar de prezo: *A guerra encareceu o petróleo.*
2 Falar moi ben de algo ou alguén: *A publicidade encarece as vantaxes dos produtos.* SIN. eloxiar, encomiar, enxalzar, exaltar, gabar, loar.
OBS. É regular: *encarezo, encareza.*
FAM. encarecemento.

encarga
substantivo feminino
1 Petición para que nos fagan ou traian algo: *Fíxenlle na panadaría a encarga dunha empanada.*
2 Aquilo que se pide desta maneira: *Xa recollín a encarga dos libros na libraría.* SIN. encargo.

encargar
verbo
1 Pedirlle a alguén que faga algo: *Encargáronlle a vixilancia da porta de entrada.*

2 Pedir que alguén nos traia ou sirva algo: *Encargou os libros na libraría.*
3 **encargarse** Ocuparse ou facerse responsable de algo: *Encárgase do coidado dos avós.* SIN. ocuparse, preocuparse.
OBS. O *g* cambia en *gu* diante do *e*, como en *pagar*.
FAM. encarga, encargado, encargo.

encargo
substantivo masculino
Encarga.

encarnado, encarnada
adxectivo
Da cor do sangue: *Mercou pementos encarnados.* SIN. rubio, vermello.
EXP. **Pór/virarse encarnado** Pór a cara desta cor pola vergonza ou calquera outra emoción: *É moi tímido e axiña se vira encarnado.* SIN. pór colorado.

encarnar
verbo
Representar algo ou alguén: *Ese actor encarna moi ben os personaxes malvados.* SIN. personificar, representar.
FAM. encarnación.

encarreirar
verbo
Pór nunha dirección determinada: *Encarreirouse cara á praza.* SIN. encamiñar.

encarrilar
verbo
Pór nos carrís ou no camiño e dirección adecuados: *Encarrilaron o vagón.*

encéfalo
substantivo masculino
Conxunto de órganos contidos no cranio: *O encéfalo está formado, principalmente, polo cerebro, o cerebelo e o bulbo raquídeo.*

encerado
substantivo masculino
Superficie sobre a que se escribe con xiz: *Na miña clase temos un encerado.*
OBS. Non é correcto usar con este significado **lousa* nin **pizarra*.

encerellar
verbo
Enlear.

encerrar
verbo
1 Meter nun lugar impedindo a saída: *Encerrou o gato nun cuarto.*
2 Conter ou incluír: *Ese contrato encerra condicións inxustas.*
FAM. encerro.

encestar
verbo
Meter o balón pola canastra: *En baloncesto gaña o equipo que consegue encestar máis.*

encetar
verbo
Empezar a cortar ou gastar o que estaba enteiro: *Encetou o queixo enteiro e deixou o empezado.* ANT. acabar, rematar, terminar.

encharcar
verbo
Encher de auga ou doutro líquido: *As chuvias encharcaron os campos.* SIN. enchoupar.
OBS. O *c* cambia en *qu* diante do *e*, como en *sacar*.

enchente
substantivo feminino
1 Feito de comer e de beber en gran cantidade: *Empachou pola enchente do xantar.* SIN. farta, festín.
2 Aumento da cantidade de auga dun río: *Este inverno houbo unha enchente dos ríos.* SIN. chea, riada.
3 Borracheira.

encher
verbo
1 Ocupar un lugar que estaba baleiro: *O público encheu as bancadas do estadio.* ANT. baldeirar, baleirar.
2 Dar algo en gran cantidade: *Enchía o can de aloumiños.* SIN. cubrir.
3 Satisfacer por completo: *A escritura de poemas éncheo.*
4 Escribir nun papel a información que se pide nos espazos sinalados: *Encheu o boletín de solicitude.* SIN. cubrir.
5 Pór no interior dun alimento outro ou outros: *Encheu as empanadillas co preparado.*
6 **encherse** Cansar de algo: *O xefe encheuse dos seus atrasos e rifoulle.* SIN. cansar, fartarse.

enchoupar
verbo
Encher de auga ou doutro líquido: *Con esta chea os prados enchoupáronse.* SIN. empapar. ANT. enxugar, secar.

enchufar
verbo
1 Unir un aparello eléctrico á rede por medio do enchufe: *Enchufou o televisor no salón.* SIN. conectar.
2 Unir un extremo dun tubo a outro obxecto: *Cómpre que enchufes a mangueira na billa.*
3 Proporcionarlle a unha persoa influencias para conseguir algo sen o merecer: *Seu pai ten moitas influencias e enchufouno no Concello.* SIN. acuñar, recomendar.
FAM. enchufado, enchufe, enchufismo.

enchufe
substantivo masculino
1 Peza que serve para unir un aparello á rede eléctrica: *Todos os electrodomésticos teñen enchufe.*
2 Axuda ou influencia para conseguir algo sen o merecer: *Entrou no Concello grazas a un enchufe.* SIN. cuña, recomendación.

enciclopedia
substantivo feminino
Obra en que se explica unha gran cantidade de coñecementos sobre unha materia, varias ou todas: *As antigas enciclopedias escolares reunían todas as materias.*
FAM. enciclopédico.

encima
adverbio
1 Nun lugar ou posición superiores: *Deixou o libro encima da mesa.* SIN. arriba, enriba. ANT. debaixo, embaixo.
2 Moi cerca: *Xa temos encima o mes de agosto.*
EXP. **Estar/andar encima de algo ou alguén** Estar moi pendente deles: *Para que faga ben o traballo, hai que estar encima del.*

encinta
adxectivo feminino
Embarazada.

encirrar
verbo
Incitar para atacar, pelexar ou discutir: *Encirraba o can.*

encol
EXP. **Encol de** Indica lugar superior: *Colocou o libro encol da mesa.* SIN. sobre.
OBS. Indica sempre lugar material e non equivale a 'acerca de': *O libro trata *encol da Idade Media* > *O libro trata acerca da /sobre a Idade Media.*

encoller
verbo
1 Diminuír de tamaño: *Ao lavalo, o xersei encolleu.* ANT. estirar.
2 Facer que algo diminúa de tamaño: *Encolleu a barriga para parecer máis delgado.*
3 Dobrar unha parte do corpo: *Encolleu as pernas para sentar no avión.* ANT. estirar.
OBS. Ten dous participios, o regular *encollido* e o irregular *encolleito.*

encomenda
substantivo feminino
Asunto que se encarga a alguén para que o solucione ou atenda: *Deixáronme a encomenda de coidar os netos na fin de semana.* SIN. encarga.
FAM. encomendar.

encontrar
verbo
1 Dar co que se busca: *Encontrei o bolígrafo que perdera.* SIN. achar, atopar. ANT. extraviar, perder.
2 Dar con algo que non se coñecía ou que non se buscaba: *Encontreino cando paseaba polo parque.* SIN. achar, atopar, descubrir.
3 Ter unha opinión sobre algo: *Os críticos encontran esa novela frouxa.* SIN. achar, atopar, coidar, considerar, crer.
4 **encontrarse** Estar nun lugar ou no modo que se indica: *El encóntrase agora moi enfermo.*
5 Xuntarse nun lugar: *Encontrarémonos no vestíbulo do teatro.* ANT. separarse.
EXP. **Encontrarse con algo** Verse nunha situación sen o esperar: *Pensaba xantar moito e encontreime co frigorífico baleiro.*
FAM. encontro, encontrón.

encoro
substantivo masculino
Lugar ou depósito grande construído para almacenar auga: *A auga almacenada nos encoros pode utilizarse como auga potable,*

para regar ou mesmo para producir electricidade. SIN. pantano, presa.
FAM. encorar.

encrechar
verbo
Facer rizos no pelo: *Coa humidade encrechoulle o pelo.* SIN. encrespar, rizar.

encrequenarse
verbo
Dobrar unha persoa as costas ou agacharse dobrando as pernas polos xeonllos, ou un animal dobrar as patas e agacharse: *O xogador encrequenouse e tocaba os talóns co cu.* SIN. anesgarse, anicarse, aniñarse. ANT. endereitarse.

encrespar
verbo
1 Facer rizos no pelo: *A humidade encréspame o pelo.* SIN. encrechar, rizar.
2 Facer ondas no mar: *O vento encrespa o mar.*
3 Levantar ou pór de punta o pelo: *Din que ver o lobo encrespa o pelo.*

encrucillada
substantivo feminino
Lugar onde se cruzan dous ou máis camiños: *Moitos cruceiros están nas encrucilladas.*

encrucillado
substantivo masculino
Pasatempo ou xogo consistente nun conxunto de cadros que hai que encher con letras de xeito que se formen palabras tanto horizontal como verticalmente: *Os xornais adoitan traer encrucillados nas páxinas de pasatempos.*

encubrir
verbo
Facer que algo non se saiba, descubra ou quede oculto: *El non roubou, pero encubriu o roubo.* SIN. acochar, agochar, esconder, ocultar. ANT. descubrir.
OBS. Conxúgase como *fuxir.*

endebedar
verbo
Facer ter débedas: *Endebedouse para comprar un coche novo.* SIN. empeñarse.

endereitar
verbo
Pór dereito ou recto o que estaba torcido: *Endereita ben as costas.* ANT. abater, dobrar, torcer, tombar.

enderezo
substantivo masculino
Rúa, número e piso onde vive unha persoa: *No sobre das cartas ponse o enderezo do destinatario.* SIN. domicilio.
OBS. É distinto de *dirección*, 'lugar onde un se dirixe'.
FAM. enderezar.

endexamais
adverbio
Xamais.

endurecer
verbo
Pór duro: *A masa do albanel endurece ao secar.* ANT. abrandar, amolecer.
OBS. É regular: *endurezo, endureza.*
FAM. endurecemento.

ene
substantivo masculino
Nome da letra *n*: *O ene, no abecedario, vai diante do eñe.*

***enemigo**, a forma correcta é **inimigo**.

***enemistar**, a forma correcta é, **pór a mal**.

energúmeno, energúmena
substantivo
Persoa sen educación nin cortesía: *Uns energúmenos romperon os bancos do parque.*

enerxía
substantivo feminino
1 Capacidade para actuar ou facer algo: *Ten moita enerxía para dirixir a empresa.* SIN. forza, ímpeto, nervio, vigor, vitalidade. ANT. apatía, debilidade, desgana.
2 En física, capacidade para producir un traballo: *Estas placas transforman a enerxía solar en enerxía eléctrica.*
FAM. enerxético, enérxico.

enfadar
verbo
Pór de mal humor: *Enfadoume a súa falta de puntualidade.* SIN. anoxar, enfastiar, estoxar.
FAM. enfado, enfadoso.

enfado
substantivo masculino
Sentimento de desgusto que pon de mal humor: *Ese suspenso causoulle moito enfado.*
SIN. anoxo, fastío.

énfase
substantivo feminino
Forza ao dicir algo para salientar a súa importancia: *Dixo con moita énfase que tiñamos que traballar máis.*
FAM. enfático, enfatizar.

enfastiar
verbo
1 Causar molestia, enfado ou malestar: *Esta chuvia enfastíanos moito.* SIN. amolar, anoxar, enfadar, estoxar, incomodar. ANT. agradar, gustar.
2 **enfastiarse** Aguantar con paciencia: *Se non hai cartos para ir de festa, cómpre enfastiarse.* SIN. amolarse.
OBS. Conxúgase como *afiar.*

enfeite
substantivo masculino
1 Adorno para facer máis bonito: *Os colares son enfeites.* SIN. adobío, adorno.
2 Produto que se usa para conservar ou aumentar a beleza: *Os cosméticos son enfeites.* SIN. cosmético.
FAM. enfeitar.

enfeitizar
verbo
Usar poderes máxicos sobre alguén ou algo: *A bruxa enfeitizou o príncipe e converteuno en ra.* SIN. embruxar, encantar, enmeigar. ANT. desenfeitizar.
OBS. O *z* cambia en *c* diante do *e*, como en *cazar.*
FAM. enfeitizamento.

enfeluxar
verbo
Manchar de feluxe: *O fume da cheminea enfeluxou esa parede.* SIN. ciscar, tisnar. ANT. desenfeluxar.

enfermar
verbo
Pórse enfermo: *Enfermou porque comía pouco.* ANT. curar, sandar.

enfermaría ou enfermería
substantivo feminino
1 Lugar onde se atenden enfermos e feridos, especialmente cos primeiros auxilios: *No colexio temos unha enfermaría.*
2 Conxunto de coñecementos e técnicas que permiten asistir enfermos e feridos: *Estudou enfermaría na Universidade da Coruña.*

enfermeiro, enfermeira
substantivo
Persoa que ten por profesión coidar enfermos e feridos, especialmente como axudante dun médico: *Os enfermeiros poñen inxeccións.*

enfermidade
substantivo feminino
Perda da boa saúde ou calquera cousa que fai perder a boa saúde: *A gripe é unha enfermidade.* SIN. doenza.

enfermo, enferma
adxectivo ou substantivo
Que ten unha enfermidade ou perdeu a boa saúde: *Está enfermo coa gripe.* SIN. doente, malo, mao. ANT. san.
FAM. enfermar, enfermaría, enfermeiro, enfermidade, enfermizo.

enferruxar
verbo
Cubrir de ferruxe ou óxido: *A humidade enferruxou a porta de ferro.* SIN. oxidar. ANT. desenferruxar, desoxidar.

enfiar
verbo
Pasar o fío polo buraco da agulla: *Antes de coseres, debes enfiar a agulla.*
OBS. Conxúgase como *afiar.*

enfocar
verbo
1 Facer que unha imaxe se vexa moi clara e moi ben: *Para que as fotos saian ben, cómpre enfocar a máquina.* ANT. desenfocar.
2 Dirixir unha luz sobre algo: *Os faros do coche enfocaban a estrada.*
3 Estudar un asunto dun determinado xeito: *Cómpre enfocar ben os problemas para resolvelos.*
OBS. O *c* cambia en *qu* ante *e*, como en *sacar.*
FAM. enfoque.

enfociñar
verbo
Caer coa cara contra o chan: *Esvarou e enfociñou.*

enforcar
verbo
Aforcar.
OBS. O *c* cambia en *qu* ante *e*, como en *sacar*.
FAM. enforcado, enforcamento.

enfraquecer
verbo
Pórse máis delgado: *Con esa dieta enfraqueceu moito.* SIN. adelgazar. ANT. engordar.
OBS. É regular: *enfraquezo, enfraqueza.*

***enfrentamento**, a forma correcta é **enfrontamento**.

***enfrentar**, a forma correcta é **enfrontar**.

***enfriar**, a forma correcta é **arrefriar**, **arrefecer**.

enfrontar
verbo
Opoñerse a algo ou alguén ou loitar contra el: *Enfrontouse cos ladróns e estes fuxiron.*
FAM. enfrontamento.

enfundar
verbo
Meter nunha funda ou cuberta: *O guerreiro enfundou a espada na vaíña.* ANT. desenfundar.

enfurecer
verbo
Pór furioso ou de moi mal humor e con enfado: *A negativa enfureceuno e comezou a berrar.* SIN. anoxar, enfadar. ANT. calmar, tranquilizar.
OBS. É regular: *enfurezo, enfureza.*
FAM. enfurecemento, enfurecido.

engadir
verbo
Pór máis de algo: *Cómpre que agora lle engadas os tomates á ensalada.* SIN. agregar, sumar. ANT. quitar, suprimir, tirar.
FAM. engadido.

engado
substantivo masculino
1 Comida que se pon nas trampas ou anzois para coller un animal: *Puxo no anzol como engado unha miñoca.* SIN. carnada, cebo, isca.
2 Calquera cousa que atrae ou gusta moito: *Esa música ten moito engado nas festas.* SIN. encanto, feitizo.
3 Calquera cousa que serve para enganar: *Esa rebaixa é un engado, pois realmente non baixa o prezo.* SIN. engano.

engaiolar
verbo
1 Meter dentro dunha gaiola: *Engaiolaron eses dous pardais.*
2 Ter un grande encanto ou atraer moito: *A súa simpatía engaiola a todos.* SIN. cativar, encantar, enfeitizar, seducir.
FAM. engaiolante.

engalanar
verbo
Pór adornos para facer máis bonito: *Engalanaron o salón con grilandas.* SIN. adobiar, adornar, enfeitar.

engalar
verbo
Levantar o voo un avión: *Os avións engalan e aterran nos aeroportos.*
OBS. É distinto de *despegar*, 'separar o que estaba unido'.
FAM. engalaxe.

enganar
verbo
1 Facer crer que algo é certo sen selo ou dicindo mentira: *Enganáronte cando che dixeron que ese ordenador era bo, pois non vale nada.*
2 Producir unha impresión falsa: *O paquete engana, pois é pequeno pero moi pesado.*
3 Facer que unha necesidade pase de momento: *Ese petisco de tortilla permite enganar a fame.*
4 Non serlle fiel a outra persoa: *Engana á noiva, porque anda con outras.*
5 **enganarse** Tomar por certo ou verdade o que é falso: *Enganouse ao sumar e dixo que dez máis dez eran dezaoito.* SIN. confundirse, equivocarse, trabucarse.
FAM. engano.

enganchar
verbo
1 Suxeitar cun gancho ou obxecto parecido: *Enganchaban os vagóns do tren á locomotora.* ANT. desenganchar, soltar.

2 Atraer a alguén e mesmo dominalo: *A droga engancha moitas persoas.*
FAM. enganche.

***engazo**, a forma correcta é **angazo**.

englobar
verbo
Ter dentro ou incluír: *Esa lección engloba sete cuestións.*

***éngoa**, a forma correcta é **ingua**.

engorda
substantivo feminino
Aumento grande do peso ou da gordura: *Nas granxas realizan a engorda dos porcos.* SIN. engorde[1].

engordar
verbo
Pór máis gordo: *Nesta granxa engordan os porcos.* SIN. cebar. ANT. adelgazar, devecer, enfraquecer.
FAM. engorda, engorde[1].

engorde[1]
substantivo masculino
Engorda.

engorde[2]
adverbio
Moi lentamente: *Camiñaba engorde cara á casa.* SIN. amodo, devagar, paseniño. ANT. rápido.

engra
substantivo feminino
Zafra.

***engranar**, a forma correcta é **engrenar**.

engrandecer
verbo
Facer máis grande: *Esa acción heroica engrandeceuno.* ANT. empequenecer.
OBS. É regular: *engrandezo, engrandeza.*

engraxar
verbo
Untar con graxa, aceite ou outra substancia semellante: *O mecánico engraxaba o motor.* ANT. desengraxar.
FAM. engraxamento.

engrenaxe
substantivo feminino
Sistema de rodas ou pezas que encaixan unhas con outras para producir un movemento: *Os mecanismos dos reloxos teñen engrenaxes para mover as agullas.*
FAM. engrenar.

engruñar
verbo
Dobrar, especialmente o corpo ou unha parte del: *Engruñouse para coller do chan os folios.*

engua
substantivo feminino
Ingua.

enguedellar
verbo
1 Envolver ou mesturar de forma desordenada, especialmente o pelo ou fíos: *O vento enguedelloulle o cabelo.* SIN. encerellar, enlear, enmarañar, enredar. ANT. desencerellar, desenguedellar, desenlear, desenmarañar, desenredar.
2 Meter en problemas ou leas: *Non quero que me enguedelles nos teus negocios sucios.*

engulir
verbo
Comer moi rápido, moito e sen mastigar: *Enguliu nun minuto o bisté e mais as patacas.* SIN. chapar, devorar, papar.
OBS. Conxúgase como *fuxir.*

engurra
substantivo feminino
1 Sinal que se forma en cousas como a roupa cando se dobra ou coloca mal: *Cómpre pasarlle o ferro a esa saba para quitarlle as engurras.*
2 Sinal que se forma na pel das persoas co paso dos anos: *Os anciáns teñen engurras na cara.*
FAM. engurrar.

enigma
substantivo masculino
Cousa difícil de entender ou resolver: *A orixe da vida segue a ser un enigma.* SIN. incógnita, misterio.
FAM. enigmático.

enlace
substantivo feminino
1 Unión entre cousas distintas: *As preposicións e conxuncións son enlaces que unen palabras.*

2 Cerimonia en que casan dúas persoas: *O enlace celebrouse na capela do pazo.* SIN. voda.

enlamar
verbo
Encher de lama: *As chuvias enlamaron o carreiro.*

enlarafuzar
verbo
Encher de manchas: *O cativo enlarafuzou a cara co xeado de chocolate.*
OBS. O *z* cambia en *c* diante do *e*, como en *cazar*.

enlazar
verbo
Unir ou relacionar cousas diferentes: *A estrada esta enlaza coa autovía na seguinte rotonda. Ao falar non enlaza ben as ideas.*
OBS. O *z* cambia en *c* ante *e*, como en *cazar*.
FAM. enlace.

enlear
verbo
1 Envolver de forma desordenada e mal: *Enleouse o cable do cortacéspede.* SIN. encerellar, enguedellar, enmarañar, enredar. ANT. desenguedellar, desenlear, desenmarañar, desenredar.
2 Facer máis difícil e complicado: *Ese profesor enlea moito as explicacións.* SIN. encerellar, enguedellar, enmarañar, enredar. ANT. desenguedellar, desenlear, desenmarañar, desenredar.
3 Meter nalgún asunto ou problema: *Espero que non te enlee nas súas estafas.* SIN. encerellar, enguedellar, enmarañar, enredar. ANT. desenguedellar, desenlear, desenmarañar, desenredar.
4 enlearse Comezar unha discusión ou pelexa: *Enleáronse cando falaban de fútbol.*

enlouquecer
verbo
Pór louco ou tolo: *Enloqueceu cos moitos desgustos.* SIN. louquear, tolear.
OBS. É regular: *enlouquezo, enlouqueza.*

enmarañar
verbo
1 Envolver de forma desordenada e mal: *Enmarañou o cable do ferro de pasar.* SIN. encerellar, enguedellar, enmarañar, enredar. ANT. desenguedellar, desenlear, desenmarañar, desenredar.
2 Facer máis complicado e difícil: *Ese profesor enmaraña moito as explicacións.* SIN. encerellar, enguedellar, enmarañar, enredar. ANT. desenguedellar, desenlear, desenmarañar, desenredar.
FAM. enmarañamento.

enmarcar
verbo
Pór algo arredor doutra cousa como marco: *Enmarcou a fotografía de todos os membros da familia.* SIN. encadrar.
OBS. O *c* cambia en *qu* ante *e*, como en *sacar*.

enmascarar
verbo
Pór unha máscara ou disfrace: *No Entroido gústame enmascararme.*
FAM. enmascarado, enmascaramento.

enmeigar
verbo
Usar poderes máxicos para cambiar algo ou alguén: *A bruxa enmeigou a princesa e converteuna en ra.* SIN. ameigar, embruxar, encantar, enfeitizar. ANT. desembruxar, desencantar, desenfeitizar, desenmeigar.
OBS. O *g* cambia en *gu* ante *e*, como en *pagar*.

***enmenda**, a forma correcta é **emenda**.

enmudecer
verbo
Quedar ou facer quedar mudo ou sen fala: *Co susto, todos enmudeceron.* SIN. calar.
OBS. É regular: *enmudezo, enmudeza.*
FAM. enmudecemento.

enorme
adxectivo
Moi grande: *Vive nunha casa enorme.* SIN. colosal, descomunal, grandioso, monumental. ANT. diminuto, insignificante, minúsculo.
FAM. enormidade.

***enoxar**, a forma correcta é **anoxar**.

enquisa
substantivo feminino
Conxunto de preguntas que se fan sobre un tema: *O Concello pasaralles aos veciños unha enquisa sobre a recollida do lixo.*
FAM. enquisar.

enrabechar
verbo
Pór moi enfadado: *O irmán maior enrabechaba o pequeno coas súas bromas.* SIN. encabuxar.

enraizar
verbo
Empezar unha planta a botar raíces: *Eses piñeiros enraizaron moi ben.*
OBS. O *z* cambia en *c* ante *e*, como en *cazar*.

***enrevesado**, a forma correcta é **arrevesado**.

enredadeira
substantivo feminino
Planta de talos longos que soben agarrándose ás paredes ou a outras plantas: *As enredadeiras gabean polas paredes da casa.*

enredante
adxectivo ou substantivo
Que lle gusta moito xogar: *Ese rapaz non para de xogar porque é moi enredante.*

enredar
verbo
1 Envolver de forma desordenada e mal: *Enredou o cable do cortacéspede.* SIN. encerellar, enguedellar, enlear, enmarañar. ANT. desencerellar, desenguedellar, desenlear, desenmarañar, desenredar.
2 Facer máis difícil e complicado: *Cada vez enredas máis ese problema.* SIN. encerellar, enguedellar, enlear, enmarañar. ANT. desencerellar, desenguedellar, desenlear, desenmarañar, desenredar.
3 Facer participar en algo, especialmente se é malo: *Espero que non te enredes nos seus negocios sucios.* SIN. encerellar, enguedellar, enlear, enmarañar. ANT. desencerellar, desenguedellar, desenlear, desenmarañar, desenredar.
4 Perder o tempo entretido ou xogando: *Pasa o día enredando e non traballa nada.*
5 Ocupar moito tempo: *Ese traballo parecía fácil, pero enredoume moito tempo.*
6 Xogar con algo como distracción: *Mentres esperaba enredaba co teléfono móbil.*
FAM. enredadeira, enredante, enredo.

enredo
substantivo masculino
1 Fío ou cable ou conxunto deles mal envolvidos: *O cable do ferro de pasar formaba un enredo.* SIN. lea, maraña.
2 Problema de difícil solución: *Estou farto dos seus enredos.* SIN. lea, marfallada, zarangallada.
3 Calquera cousa que serve para xogar ou entreterse: *O rapaz xa ten un bo enredo con esa caixa de cartón.*
4 Calquera cousa que leva moito tempo, aínda que parecía fácil: *Isto de colocar as mazás por tamaños é un bo enredo.*

enreixar
verbo
Cubrir, especialmente as ventás, con reixas ou barras de ferro: *Enreixou as fiestras da casa para evitar roubos.*
FAM. enreixado.

enriba
adverbio
Nunha posición superior ou máis alta: *Colocou o libro enriba da mesa.* SIN. arriba, encima. ANT. abaixo, embaixo.
EXP. **Por enriba** Sen fixarse moito: *Ten fallos porque fai os traballos por enriba.*

enriquecer
verbo
Pór rico ou máis rico: *Enriqueceuse cos negocios.* ANT. emprobecer.
OBS. É regular: *enriquezo, enriqueza.*
FAM. enriquecedor, enriquecemento.

enrolar[1]
verbo
Colocar de forma ordenada algo, como un fío ou un arame, dándolle voltas: *Debes enrolar o cable despois de usar o ferro de pasar.* ANT. desenrolar.

enrolar[2]
verbo
Facer que alguén pase a formar parte da tripulación dun barco ou dalgún grupo como o exército: *Enrolouse de mozo nun pesqueiro e despois na lexión.*
FAM. enrolamento.

enroscar
verbo
Colocar facendo que dea voltas sobre si mesmo: *Enroscou o tapón do refresco para que non perdese gas.* ANT. desenroscar.
OBS. O *c* cambia en *qu* diante do *e*, como en *sacar*.

enrouquecer
verbo
Pór a voz máis grave ou ata deixar sen voz: *A catarreira fíxoo enrouquecer.*
OBS. É regular: *enrouquezo, enrouqueza.*

ensaiar
verbo
1 Facer algo varias veces para que saia ben: *Os cantantes deben ensaiar antes de actuar.* SIN. practicar.
2 Facer probas para ver se algo funciona ben: *Están ensaiando novas menciñas contra a sida.* SIN. experimentar, probar.
FAM. ensaio.

ensalada
substantivo feminino
Comida fría feita con leituga, tomate e outros ingredientes preparados con aceite e vinagre: *Gústame moito que a ensalada leve cebola.*
EXP. **Ensalada rusa** Comida fría elaborada con patacas, chícharos, cenorias cocidas e outros ingredientes, habitualmente con salsa maionesa: *De entrante puxeron unha ensalada rusa.*
FAM. ensaladeira.

ensanchar
verbo
Facer máis ancho: *Van ensanchar esas beirarrúas.* SIN. alargar, anchear. ANT. estreitar.
FAM. ensanchamento, ensanche.

ensanguentar
verbo
Manchar con sangue: *A ferida ensanguentoulle o pantalón.*

ensarillar
verbo
1 Pasar o fío polo sarillo para facer madeixas: *Antigamente os fíos de liño ensarrillábanse.*
2 Facer nós ou envolver mal: *Non ensarilles o cable e envólveo ben.* SIN. encerellar, enguedellar, enlear, enredar. ANT. desencerellar, desenguedellar, desenlear, desenredar.
3 Mesturar con desorde: *No seu traballo ensarilla moito as ideas.* SIN. encerellar, enguedellar, enlear, enredar. ANT. desencerellar, desenguedellar, desenlear, desenredar.

enseada
substantivo feminino
Entrada do mar na terra: *A enseada é menor ca a baía.*

enselar
verbo
Pórlle a sela de montar a un cabalo: *Enselou a egua para cabalgar.*

ensimesmarse
verbo
Pór toda atención en algo sen decatarse do que rodea a un: *Cando resolve os problemas de matemáticas, ensimésmase.*

ensinanza
substantivo feminino
1 Ensino: *É mestre de ensinanza primaria.*
2 Aviso ou coñecemento que dan os feitos ou a experiencia: *Esta caída serviráche de ensinanza e serás máis prudente coa bicicleta.*

ensinar
verbo
1 Comunicar coñecementos a alguén: *O profesor ensinábaIles matemáticas aos alumnos.* SIN. aprender.
2 Servir de exemplo ou aviso: *Ese accidente ensinarate a ser máis prudente coa bicicleta.*
3 Dicir algo por medio de sinais ou xestos: *O garda de tráfico ensinounos o camiño correcto.* SIN. amosar, indicar, mostrar, sinalar.
4 Deixar ver ou mostrar: *O lobo ensinaba os seus dentes.* SIN. amosar, mostrar. ANT. agachar, agochar, ocultar.
FAM. ensinado, ensinante, ensinanza, ensino.

ensino
substantivo masculino
1 Proceso para ensinar ou comunicar coñecementos: *O ensino das matemáticas require paciencia.*
2 Conxunto de persoas, institucións e medios que se dedican a esta tarefa: *Os colexios, institutos e universidades forman o ensino.*
3 Traballo da persoa que se dedica a esta tarefa: *Os mestres e profesores dedícanse ao ensino.*

ensuciar
verbo
Pór sucio ou con manchas: *Ensuciou a camisa co chocolate do xeado.* SIN. lixar, luxar, manchar. ANT. limpar.

entaboar
verbo
Cubrir con táboas: *Entaboaron o teito.*

entalar
verbo
1 Meter algo moito noutra cousa de xeito que quede moi fixo ou que non se poida mover: *Entalou a gorra ata as orellas.*
2 Quedar sen poder moverse: *Coa friaxe entaláronlle as pernas.* SIN. entumecer. ANT. desentalar, desentumecer.

enteiro, enteira
adxectivo
1 Con todas as súas partes e que non lle falta nada: *Pasou unha semana enteira de vacacións, os sete días.* SIN. completo, íntegro. ANT. incompleto.
2 Dito dunha persoa, con forza para soportar e vencer as desgrazas: *Morreulle o pai, pero está moi enteiro.*
adxectivo ou substantivo masculino
3 Dito dun número, que non ten decimais: *3, 5 é un número decimal e 4, un enteiro.*

entena
substantivo feminino
Panal.

entendemento
substantivo masculino
1 Capacidade das persoas para comprender e pensar: *Ese neno ten o entendemento dunha persoa maior.* SIN. intelixencia, mente.
2 Capacidade dunha persoa para saber o que está ben e mal: *O acusado di que perdeu o entendemento polo alcohol.* SIN. criterio, razón, xuízo.
3 Boa relación ou amizade entre dúas ou máis persoas: *Entre eles hai entendemento.*

entender
verbo
1 Saber ou ter claro algo: *Non entende ben ese problema de matemáticas.* SIN. comprender.
2 Considerar normal, natural ou xusto: *El non entendeu o noso comportamento.* SIN. comprender.
3 Ter coñecementos sobre algo: *Ela entende moito de mecánica.*
4 Crer ou considerar: *El entendía que nós estabamos trabucados.* SIN. coidar, estimar, opinar, pensar.
5 **entenderse** Levarse ben ou estar de acordo: *Todos os socios se entenden moi ben.*
FAM. entendemento, entendido, malentendido, sobreentender.

entenrecer
verbo
Facer que alguén se comporte con menos dureza ou máis amablemente: *As súas bágoas entenrecen a calquera.* SIN. abrandar, amolecer, amolentar, conmover.
OBS. É regular: *entenrezo, entenreza.*
FAM. entenrecemento.

enterrar
verbo
Pór baixo terra: *Enterrárono no cemiterio da vila.* ANT. desenterrar.
FAM. enterrador, enterramento, enterro.

enterro
substantivo masculino
Colocación debaixo da terra, especialmente dun corpo morto: *O enterro do seu avó será ás cinco da tarde.*

entoación
substantivo feminino
1 Conxunto de cambios no ton da voz para expresar os sentimentos: *A entoación difire segundo preguntemos, exclamemos ou afirmemos.*
2 Forma de cantar de acordo co ton: *Ese cantante ten moi boa entoación.*

entoar
verbo
1 Cantar co ton adecuado: *Esa cantante entoa moi ben.* ANT. desentoar.
2 Dar forzas ou ánimo: *Ese café quente entooume.* ANT. debilitar.

entón
adverbio
1 Naquel tempo ou naquela ocasión: *Entón ela aínda era unha nena.* SIN. daquela.
2 En tal caso ou sendo así: *Se non estudas, entón suspenderás.* SIN. daquela.

***entonces**, a forma correcta é **entón**.

entornar
verbo
1 Pechar pero non por completo: *Entorna a porta, pero non a peches por completo.* ANT. entreabrir.
2 Darlle a volta a algo botando fora o que ten: *Non entornes o azucreiro.* SIN. envorcar.

entorpecer
verbo
Volver menos hábil ou menos lixeiro: *A reuma entorpece os seus movementos.*
2 Pór dificultades ou atrancos: *Esas maletas entorpecen o paso polo corredor.* SIN. dificultar, estorbar.
OBS. É regular: *entorpezo, entorpeza.*
FAM. entorpecemento.

entrada
substantivo feminino
1 Paso cara ao interior dun local: *Nesta discoteca non se permite a entrada de menores.* ANT. saída.
2 Lugar polo que se entra: *A porta de entrada á oficina é esa.* SIN. acceso. ANT. saída.
3 Parte dunha casa que está inmediatamente despois da porta principal: *Na entrada teñen unha consola e un espello.* SIN. recibidor, vestíbulo.
4 Ingreso dunha persoa nun grupo determinado: *O adestrador quere darlles entrada no equipo a novos xogadores.*
5 Cantidade de xente que asiste a un espectáculo: *Os concertos dese cantante sempre teñen unha boa entrada.*
6 Papel que dá dereito a entrar nun sitio para ver un espectáculo: *As entradas mércanse no despacho de billetes.*
7 Comezo de algo: *Aínda estamos na entrada das vacacións.*
8 Parte que queda sen pelo aos lados da cabeza das persoas: *É un corentón que xa ten entradas.*
9 Cantidade de cartos que se pagan por adiantado cando se asina un contrato: *Xa deu a entrada dun piso que está en construción.*

entrámbolos, entrámbalas
contracción
Unión de *entrambos, entrambas* e a segunda forma do artigo *lo, la: Levan o negocio entrámbalas dúas amigas.*
OBS. Prefírese a escrita *entrambos os*, aínda que a pronuncia sexa *entrámbolos.*

entrambos, entrambas
contracción
Unión da preposición *entre* e *ambos, ambas: Cambiaron a roda do coche entrambos.*

entrante
adxectivo
1 Que entra ou penetra noutra cousa: *Os cabos son entrantes da terra no mar.* ANT. saínte.
substantivo masculino
2 Prato lixeiro que se toma nunha comida antes dos principais: *De entrante puxeron olivas, tacos de queixo e petiscos de tortilla.* SIN. entremés.

entrañas
substantivo feminino plural
1 Conxunto de órganos que están no interior do corpo: *Os pulmóns e o corazón forman parte das entrañas.*
2 Parte máis oculta e profunda de algo: *A lava dos volcáns sae das entrañas da Terra.*
EXP. **Non ter entrañas** Ser moi malo e cruel: *Non sente compaixón porque non ten entrañas.* **Sen entrañas** Moi malo e cruel: *Ese crime é obra dun asasino sen entrañas.*

entrar
verbo
1 Ir ou pasar de fóra para dentro: *Os alumnos entraban na aula.* SIN. penetrar. ANT. saír.
2 Meterse dentro doutra cousa: *O cravo entraba na madeira.* ANT. saír.
3 Caber ou poder meterse nun lugar: *O coche non entra nesa praza do aparcadoiro.* ANT. saír.
4 Estar incluído ou formar parte de algo: *No prezo do aloxamento entra tamén o almorzo.*
5 Formar parte dun determinado grupo: *Ese dianteiro non entrou na selección este ano.* SIN. meterse.
6 Tomar parte en algo: *El non entrou na pelexa.*
7 Comezar a sentir algo: *Despois de cear éntrame o sono.*
8 Comezar ou ter principio: *Esta semana entra o mes de agosto.*
9 Ser unha peza de vestir o suficientemente grande para que alguén caiba nela: *Ese*

pantalón non che entra porque é moi estreito para ti.
EXP. **Non entrar nin saír** Non opinar sobre algo: *Eu nas vosas disputas non entro nin saio.*
FAM. entrada, entrante.

entre
preposición
1 Indica situación, estado ou punto que están no medio de algo: *Chegou á casa entre as oito e as nove.*
2 Indica que algo está a realizarse por dúas ou máis persoas ou cousas: *Amañaron o coche entre os dous amigos.*
3 Indica relación: *Entre eses dous amigos nunca hai discusións.*

entreabrir
verbo
Abrir un pouco: *Entreabriu a fiestra para que entrase fresco.* ANT. entornar.
OBS. O participio é *entreaberto.*

entrega
substantivo feminino
1 Feito de darlle algo a alguén: *O carteiro realiza a entrega das cartas aos destinatarios.*
2 Dedicación e esforzo por algo ou alguén: *Coida os avós con entrega.*
3 Cada unha das partes dun libro que se publica en varias veces: *Merquei todas as entregas da Historia de Galicia.* SIN. fascículo.
4 Parte dun todo que se dá cada vez: *Pagará a débeda de 4.000 euros en catro entregas de 1.000.*

entregar
verbo
1 Darlle algo a outra persoa: *O mensaxeiro entrega os paquetes aos destinatarios.* SIN. dar. ANT. quitar.
2 **entregarse** Dedicarse por enteiro: *Entregouse ao coidado dos anciáns.*
3 Declararse vencido: *O exército inimigo entregouse sen condicións.*
OBS. O *g* cambia en *gu* diante do *e*, como en *pagar.*
FAM. entrega.

entrementres
adverbio e conxunción
Mentres.

entremés
substantivo masculino
Entrante.

***entrenar**, a forma correcta é **adestrar**.

entresollado
substantivo masculino
Piso dun edificio situado entre o baixo e o primeiro andar: *Ten a oficina nun entresollado.*

entretemento
substantivo masculino
Diversión ou distracción coa que se pasa o tempo agradablemente: *Resolver encrucillados é un bo entretemento.* SIN. distracción, diversión, pasatempo.

entreter
verbo
1 Divertir ou facer pasar o tempo de forma agradable: *Resolver encrucillados entretén moito.* SIN. distraer, divertir. ANT. aburrir.
2 Facer perder o tempo ou a atención: *Ese compañeiro entreteno e non atende nas clases.* SIN. distraer.
OBS. Conxúgase como *ter.*
FAM. entretemento, entretido.

entrever
verbo
Ver mal ou con dificultade: *Ao lonxe entrevíase algunha casa illada.* SIN. albiscar, enxergar.
OBS. Conxúgase como *ver.*

entrevista
substantivo feminino
1 Reunión entre dúas ou máis persoas para tratar sobre algo: *Celebrouse unha entrevista entre o alcalde e a conselleira.*
2 Conversación cunha persoa á que se lle fan preguntas para que as responda e informar así ao público: *Ese xornalista fai moi boas entrevistas.*

entrevistar
verbo
1 Facerlle preguntas a unha persoa para informar ao público: *O xornalista entrevistaba o alcalde.*
2 **entrevistarse** Reunírense dúas ou máis persoas para tratar sobre algo: *Entrevistáronse o concelleiro e a conselleira para tratar do transporte público.*

entristecer
verbo
Pór triste: *A nova do accidente entristeceuno.* SIN. aflixir, magoar. ANT. aledar, alegrar.
OBS. É regular: *entristezo, entristeza.*
FAM. entristecemento.

entroido
substantivo masculino
1 Período de tres días e festa popular cara a febreiro en que a xente se disfraza e fai bromas e bailes: *Os peliqueiros e os cigarróns son propios do Entroido.* SIN. carnaval.
2 Persoa que se disfraza nesta festa ou calquera persoa mal vestida e ridícula: *Con ese traxe tan ancho pareces un entroido.* SIN. carnaval.
OBS. Na acepción 1 adoita escribirse con inicial maiúscula.
FAM. entroidada.

entullo
substantivo masculino
Material para tirar despois de facer unha obra ou destruír un edificio: *O entullo hai que botalo nuns contedores especiais.*

entumecer
verbo
Deixar sen capacidade de movemento: *Este frío entumece os pés.* SIN. entalar. ANT. desentumecer.
OBS. É regular: *entumezo, entumeza.*
FAM. entumecemento, desentumecer.

entupir
verbo
1 Impedir ou dificultar o paso a través de algo: *Os pelos entupen o desaugadoiro do lavabo.* SIN. atascar, atoar, atuír, tupir.
2 Facerse máis pequeno, en especial unha peza de vestir: *Os xerseis de la entupen ao lavalos na lavadora.* SIN. encoller, tupir. ANT. estirar.

entusiasmo
substantivo masculino
1 Sensación de satisfacción e alegría producida por algo que gusta moito: *Acolleron a idea da viaxe con entusiasmo.* SIN. afervoamento. ANT. indiferenza.
2 Interese moi grande por algo: *Traballaban con entusiasmo.* SIN. alegría, ledicia. ANT. indiferenza.
FAM. entusiasmar, entusiasta.

enumerar
verbo
Nomear por orde as partes dun todo: *Enumerou todas as cousas que había na aula, desde o encerado aos bolígrafos.*
FAM. enumeración.

enunciado
substantivo masculino
Conxunto de palabras cun sentido completo: *A oración é un enunciado.*
FAM. enunciación, enunciar.

envase
substantivo masculino
Recipiente que se usa para gardar e conservar un produto: *O envase dese aceite é unha botella plástica.*
FAM. envasado, envasar.

envelenar
verbo
1 Dar ou pór veleno: *Seica envelenaron a auga da fonte.*
2 Estragar ou danar: *A envexa envelena as relacións de amizade.*
FAM. envelenamento.

envellecer
verbo
Facer vello ou máis vello: *O paso do tempo envellece a todos.* SIN. avellentar. ANT. anovar, rexuvenecer.
OBS. É regular: *envellezo, envelleza.*
FAM. envellecemento.

envergadura
substantivo feminino
Importancia de algo: *Ese problema é de pouca envergadura.*

envés
substantivo masculino
Lado ou cara de atrás de algo e menos perfecta: *As follas teñen face e envés.* ANT. face.

envexa
substantivo feminino
Sentimento de enfado, tristeza ou dor que produce o ben doutro: *Sente envexa dos triunfos do irmán.*
FAM. envexar, envexoso.

enviar
verbo
1 Facer ir ou facer chegar: *Envioulle a carta por correo ordinario.* SIN. mandar.

2 Tragar.
OBS. Conxúgase como *afiar*.
FAM. enviado, envío.

enviuvar
verbo
Quedar sen esposo ou esposa pola súa morte: *A súa nai enviuvou cando tiña corenta anos.*
OBS. Conxúgase como *actuar*.

envoltorio
substantivo masculino
Papel, tea ou material que cobre ou envolve algo: *O envoltorio do agasallo era moi bonito.*

envoltura
substantivo feminino
Papel, tea ou calquera material que envolve ou cobre algo: *Os dentes teñen unha envoltura ósea.*

envolver
verbo
1 Cubrir algo rodeándoo, especialmente para protexer: *A dependenta envolveulle o regalo.* ANT. desenvolver.
2 Mesturar a alguén en algo, especialmente se é algo malo: *Non quero que me envolvas nas túas mentiras e enganos.* SIN. comprometer, enlear, implicar, involucrar.
OBS. Ten dous participios, *envolvido* e *volto*.
FAM. envoltorio, envoltura.

envorcallarse
verbo
Botarse polo chan dando voltas: *Os cativos envorcallábanse nos colchóns.*

envorcar
verbo
1 Darlle a volta a un recipiente de xeito que se baleira: *Envorcou o cacharro do aceite.* SIN. entornar.
2 Dar a volta para abaixo ou quedar moi inclinado un vehículo: *O camión envorcou nunha curva perigosa.*
FAM. envorcadura.

envurullar
verbo
Envolver mal e sen coidado: *Envurullou o xersei e meteuno no armario.*
FAM. envurullo.

enxaboar
verbo
Lavar ou untar con xabón: *Enxaboa ben as mans cando as laves.*
FAM. enxaboadura.

enxalzar
verbo
Falar moi ben de algo ou alguén: *Sempre enxalza a bondade dos seus pais.* SIN. eloxiar, enaltecer, encarecer, encomiar, exaltar, loar.
OBS. O *z* cambia en *c* diante do *e*, como en *cazar*.

enxame
substantivo masculino
Conxunto de abellas que forman unha colonia: *Os enxames viven nos cortizos.*

enxaugar
verbo
Limpar con auga limpa: *Enxauga esas pezas para quitarlles o xabón.*
OBS. O *g* cambia en *gu* diante do *e*, como en *pagar*.

enxebre
adxectivo
1 Puro e sen ningunha mestura: *Bebía o viño enxebre, sen auga nin gasosa.*
2 Moi propio e característico dun lugar: *Falaba o galego enxebre do Ribeiro.*

enxeñar
verbo
Crear ou inventar algo novo: *Enxeñaron unha máquina para recoller as cereixas das árbores.* SIN. concibir, discorrer, idear, inventar.

enxeñaría ou enxeñería
substantivo feminino
Conxunto de técnicas e coñecementos que permiten proxectar ou deseñar estradas pontes, aeroportos, barcos, avións e outras cousas semellantes: *As enxeñarías son carreiras universitarias.*

enxeñeiro, enxeñeira
substantivo
Persoa que ten por traballo realizar planos e proxectos de pontes, avións, aeroportos, barcos e outras cousas similares: *Os enxeñeiros navais proxectan barcos.*

enxeño
substantivo masculino

1 Capacidade dunha persoa para inventar e crear cousas novas: *Os inventores teñen moito enxeño.*
2 Aparello que serve para algo: *O reloxo é un enxeño para medir o paso do tempo.*
FAM. enxeñoso.

enxergar
verbo

Albiscar.
OBS. O *g* cambia en *gu* diante do *e*, como en *pagar*.

enxerir ou enxertar
verbo

1 Introducir unha póla no toro doutra árbore para que se desenvolva alí: *Na pereira enxertou unha póla do marmeleiro.*
2 Pórlle un novo tecido a un tecido morto ou danado do corpo: *Na zona das queimaduras enxertáronlle pel.*
FAM. enxerto.

enxerto
substantivo masculino

1 Introdución da póla dunha árbore no toro doutra para que se desenvolva alí: *Esas pólas son un enxerto de pereira na maceira.*
2 Implantación dun tecido nunha parte danada do corpo: *Na zona das queimaduras fixéronlle un enxerto de pel.*

enxesar
verbo

Cubrir ou envolver con xeso: *Enxesáronlle a tibia porque a rompeu.* SIN. escaiolar.

enxiva
substantivo feminino

Parte da boca onde se introducen os dentes: *Foi ao dentista porque lle sangraban as enxivas.*

enxoito, enxoita
adxectivo

1 Sen ningunha auga nin humidade: *Xa está enxoita a roupa do tendal.* SIN. seco. ANT. húmido, mollado.
2 Moi delgado: *É un rapaz enxoito, que parece que non toma auga con sal.*

enxordar
verbo

Enxordecer.

enxordecer
verbo

1 Deixar xordo ou molestar moito: *Ese ruído do aire acondicionado enxordece a un.* SIN. abouxar, axordar, enxordar.
2 Quedar xordo: *Enxordeceu a causa dunha enfermidade.*
3 Facer diminuír o ruído: *Esa moqueta enxordece os pasos.*
OBS. É regular: *enxordezo, enxordeza.*
FAM. enxordecedor, enxordecemento.

enxoval
substantivo masculino

Conxunto de cousas necesarias para unha casa ou para a atención a un bebé: *As colchas, mantas e sabas forman parte do enxoval.*

enxugar
verbo

Quitar a auga ou a humidade por completo: *Enxugaba as bágoas cun pano.* SIN. secar. ANT. mollar.
OBS. O *g* cambia en *gu* ante *e*, como en *pagar*. Ten dous participios, *enxugado* e *enxoito.*

*enxuizar, a forma correcta é **axuizar**.

enxurrada
substantivo feminino

Corrente moi forte de auga a causa da chuvia moi intensa: *Pola rúa baixaba unha enxurrada tras a treboada.*

enzima
substantivo masculino

Substancia que acelera as reaccións químicas no organismo: *Os enzimas dixestivos aceleran o proceso da dixestión.*

enzoufarse
verbo

Mancharse moito: *Enzoufouse co xeado de chocolate.* SIN. emporcar, enlarafuzar, lixar, luxar. ANT. limpar.

eñe
substantivo masculino

Nome da letra *ñ*: *O eñe vén despois do ene no abecedario.*

eólico, eólica
adxectivo

Do vento ou producido polo vento: *A enerxía eólica é limpa e renovable.*

épico, épica
adxectivo
Que conta fazañas e grandes feitos guerreiros: *Os poemas épicos cantan as fazañas dos heroes.*

epidemia
substantivo feminino
Enfermidade que afecta á vez a un gran número de persoas ou animais: *No inverno pode haber epidemias de gripe.*

epílogo
substantivo masculino
Parte final dun libro ou de calquera escrito: *No epílogo fai un resumo das ideas expostas no libro.*

episcopal
adxectivo
Dun bispo: *A cidade de Ourense é sé episcopal.*

episodio
substantivo masculino
Cada unha das partes en que se divide un relato ou historia: *Esa serie da televisión ten dez episodios.*

epístola
substantivo feminino
Carta que se escribe a alguén: *San Paulo escribiu epístolas con consellos relixiosos.*
SIN. carta.
FAM. epistolar.

época
substantivo feminino
Espazo de tempo que ten unhas determinadas características: *Na época medieval construíronse os castelos.*

epopea
substantivo feminino
Relato, especialmente en verso, de fazañas e grandes feitos guerreiros: *As epopeas relatan as fazañas de grandes guerreiros.*

equilátero
adxectivo
Dito dun triángulo, que ten os lados iguais entre si: *Hai triángulos equiláteros, isósceles e escalenos.*

equilibrado, equilibrada
adxectivo
Que actúa con prudencia e coidado: *É un rapaz equilibrado e cando fala non molesta a ninguén.* ANT. desequilibrado.

equilibrar
verbo
Pór en equilibrio ou nunha situación de igualdade: *Equilibramos a balanza pondo pesos iguais en cada prato.*

equilibrio
substantivo masculino
1 Estado do corpo sometido a dúas forzas iguais: *Os pratos da balanza están en equilibrio porque teñen pesos iguais.*
2 Situación do corpo que se apoia en pouca base, pero non cae: *O equilibrista levaba unhas botellas en equilibrio.*
3 Harmonía entre cousas distintas: *O libro de texto ese ten equilibrio entre teoría e práctica.* SIN. harmonía.
4 Prudencia e coidado ao falar ou facer algo: *É moi asisado e sempre fala con equilibrio.*
FAM. equilibrado, equilibrar, equilibrista.

equipar
verbo
Proporcionar o necesario para facer unha actividade: *Cómpre equipar mellor os colexios.*

equipaxe
substantivo feminino
Conxunto de roupa e outras cousas que se levan ao ir de viaxe: *A súa equipaxe estaba formada por dúas maletas.*

equipo
substantivo masculino
1 Conxunto de obxectos necesarios para realizar algunha actividade: *Mercou un equipo de submarinismo.*
2 Grupo de persoas organizadas para realizar unha determinada actividade: *Na clase formamos un equipo de fútbol.*
FAM. equipar, equipaxe.

*equis, a forma correcta é **xe**.

equitación
substantivo feminino
Deporte de montar a cabalo: *A equitación comprende saltos e carreiras con cabalos.*

equivalente
adxectivo
Igual ou co mesmo valor ca outro: *2 + 2 e 3 + 1 son sumas equivalentes.*

equivaler
verbo
Ter o mesmo valor ca outro: *Un metro equivale a cen centímetros.*
OBS. Conxúgase como *valer.*
FAM. equivalencia, equivalente.

equivocar
verbo
1 Tomar unha cousa por outra por descoido ou erro: *Equivoqueime e collín a chave do garaxe no canto da da casa.* SIN. confundir, trabucar. ANT. acertar, atinar.
2 Facer caer nun erro: *Ese sinal mal colocado equivocoume e perdinme na estrada.* SIN. confundir, trabucar. ANT. acertar, atinar.
OBS. O *c* cambia en *qu* diante do *e*, como en *sacar.*
FAM. equivocación, equívoco.

era
substantivo feminino
1 Período moi grande de tempo que se comeza a contar a partir dun feito moi importante: *A era cristiá comeza co nacemento de Cristo.*
2 En xeoloxía, cada un dos espazos de tempo moi longo en que se divide a formación da Terra: *As eras adoitan dividirse en períodos.*

érbedo
substantivo masculino
Arbusto coa folla sempre verde que florece no outono e dá un froito vermello, doce e redondo: *Na miña aldea hai moitos érbedos.* SIN. albedro.

erguer
verbo
1 Levantar ou mover para arriba: *O rapaz lía sen erguer a cabeza do libro.* SIN. levantar. ANT. deitar.
2 **erguerse** Levantarse da cama: *Adoita erguerse ás sete.*
OBS. O *gu* cambia en *g* diante de *a, o*, como en *distinguir.* O participio é *erguido* ou *ergueito.*

ermida
substantivo feminino
Igrexa pequena que adoita estar situada fóra da poboación: *O día de san Bieito subimos ata a ermida.*
FAM. ermitán.

ermitán, ermitá
substantivo
Persoa que vive soa habitualmente dedicada á meditación e oración: *O ermitán vivía na montaña e apartado de todos.*

erosión
substantivo feminino
Desgaste na superficie da Terra producido especialmente pola auga e o vento: *A altura das montañas diminúe pola erosión.*
FAM. erosionar, erosivo.

erradicar
verbo
Facer desaparecer: *Cómpre erradicar o terrorismo.*
OBS. O *c* cambia en *qu* diante do *e*, como en *sacar.*

errar
verbo
1 Non acertar ou fallar no que se fai: *Errou e non deu coa rúa que buscaba.* SIN. fallar. ANT. acertar, atinar.
2 Andar sen ir a ningún sitio en concreto: *Erraba polas rúas sen ir a ningún sitio.* SIN. deambular, vagar.
FAM. errante, errata, erro, error.

errata
substantivo feminino
Erro ou equivocación nun escrito: *O texto ten unha errata e di cara no canto de casa.*

erre
substantivo masculino
Nome da letra *r*: *O r soa forte no comezo de palabra e débil no medio.*

erro ou error
substantivo masculino
Equivocación ou fallo ao tomar unha cousa por outra ou dicir o que non é: *É un erro dicir que non hai contaminación atmosférica.* SIN. equivocación, fallo. ANT. acerto.

eructar
verbo
Botar os gases do estómago pola boca: *Despois de comer eructou.* SIN. arrotar.

eructo
substantivo masculino
Saída dos gases do estómago pola boca: *O bebé ten eructos.* SIN. arroto.

erudito, erudita

adxectivo

Que sabe moito de algo: *É un erudito en historia da arte.*

FAM. erudición.

erupción

substantivo feminino

1 Saída á superficie da terra de materiais e gases incandescentes do seu interior: *O volcán entrou en erupción.*

2 Grans e manchas que saen na pel: *O peixe non era fresco e produciulle unha erupción.*

FAM. eruptivo.

ervella

substantivo feminino

1 Planta de horta que produce unha semente verde redonda en vaíñas e que se come: *Ten na horta ervellas.* SIN. chícharo.

2 Estas sementes comestibles: *Tomei de primeiro ervellas con xamón.* SIN. chícharo.

esaxerar

verbo

Aumentar a cantidade ou importancia de algo: *O xornal esaxerou esa noticia, pois non houbo ningún morto, como dicía.* SIN. inchar, inflar, avultar.

FAM. esaxeración, esaxerado.

esbagoar ou esbagullar

verbo

Botar bágoas ou lágrimas: *Coa alerxia esbagoaba.*

esbandallar

verbo

Rachar, romper ou deixar inservible: *Caeulle o reloxo ao chan e esbandallouno.* SIN. escangallar.

esbardallar

verbo

1 Desfacer unha morea ou montón: *O cativo esbardallou a morea de latas de conserva.*

2 Falar moito e sen sentido: *Non digas parvadas e deixa de esbardallar.* SIN. baduar.

***esbelto**, a forma correcta é **esvelto**.

esbirrar

verbo

Botar pola boca e polo nariz de forma violenta e ruidosa o aire dos pulmóns: *O arrefriado faino esbirrar.* SIN. espirrar.

FAM. esbirro.

esbirro

substantivo feminino

Expulsión pola boca e polo nariz de forma violenta e ruidosa do aire dos pulmóns: *A alerxia prodúcelle esbirros.* SIN. espirro.

OBS. Non debe empregarse co valor de 'sicario, malfeitor'.

esboroarse

verbo

Virse abaixo: *A causa da enchente o muro esboroouse.* SIN. derrubarse, esborrallarse.

esborrallar

verbo

1 Botar abaixo: *A enchente de auga esborrallou o muro.* SIN. ciscar, derrubar. ANT. erguer, levantar.

2 Manchar de cinsa: *Esborrallou o traxe coa cinsa do cigarro.* SIN. emborrallar.

3 **esborrallarse** Virse abaixo: *Con tanta chuvia o muro esborrallouse.* SIN. esboroarse. ANT. erguer, levantar.

esborranchar

verbo

1 Facer liñas e trazos mal feitos: *O neno esborranchaba o papel.*

2 Facer manchas de tinta: *O rotulador está mal e esborranchei a folla.*

esborrecar

verbo

Bramar.

OBS. O *c* cambia en *qu* diante do *e*, como en *sacar.*

esborrexer

verbo

Esvarar.

esbozo

substantivo masculino

1 Debuxo que reproduce algo coas súas liñas esenciais: *Fixo un esbozo do seu cuarto.* SIN. bosquexo.

2 Explicación breve e xeral sobre algo: *O profesor fixo un esbozo da vida de Cristovo Colón.*

FAM. esbozar.

esbrancuxado, esbrancuxada

adxectivo

De cor parecida ao branco: *Estivo mal e aínda ten a cara esbrancuxada.* SIN. abrancazado. ANT. mouro.

esburacar ou esburatar
verbo
Facer buracos: *Esburacou as follas para gardalas no caderno de aneis.* SIN. afuracar, esfuracar, furar.
OBS. Cambia o *c* en *qu* diante do *e*, como en *sacar*.

esca
substantivo feminino
Anaco de madeira ou de calquera materia vexetal moi seca e que arde moi ben: *O incendio comezou nunhas escas.*

escabeche
substantivo masculino
Salsa feita con aceite, allo, vinagre, folla de loureiro e pemento: *Xantei unhas sardiñas en escabeche.*

escabezar
verbo
Cortar a cabeza: *Escabezaba as sardiñas para poñelas en escabeche.*
OBS. O *z* cambia en *c* diante do *e*, como en *cazar*.

escachanoces
substantivo masculino
Crebanoces.

escachar
verbo
Romper en anacos pequenos: *O prato caeu ao chan e escachou.* SIN. escachizar, esnaquizar.

escacharrar
verbo
1 Deixar en mal estado ou inservible: *Desmontou a radio e escacharrouna.*
2 **escacharrarse** Levar un golpe grande cun coche, moto ou calquera vehículo: *Bebera e escacharrouse co coche contra un muro.*

escachizar
verbo
Escachar.
OBS. O *z* cambia en *c* diante do *e*, como en *cazar*.

escada
substantivo feminino
Instrumento formado por unha armazón de madeira con cordas e barras verticais e outras horizontais que se pode levar dun sitio a outro e que serve para subir a altos e baixar deles: *O pintor usaba unha escada para pintar os teitos.* SIN. esqueira, esqueiro.
OBS. É distinto de *escaleira*, a fixa e de obra dos edificios e casas.

escafandro
substantivo masculino
Equipo formado por un traxe e casco especiais que permiten ver e respirar debaixo da auga ou no espazo exterior: *Os astronautas e os mergulladores usan escafandros.*

escagallar
verbo
Desfacer, desordenar, tirar ao chan ou deixar inservible: *O vento escagalloulle o paraugas.*

escagarriarse
verbo
Ter diarrea: *O bebé escagarriouse con ese leite.*

escaiola
substantivo feminino
Po de cor branca que se mestura con auga para formar unha pasta que endurece ao secar: *A escaiola emprégase para envolver os ósos fracturados para que non se movan e solden.*
FAM. escaiolar.

escala
substantivo feminino
1 Serie ordenada de cousas da mesma clase: *Na empresa hai unha escala de salarios, desde os máis baixos ata o máis alto.*
2 División que teñen algúns instrumentos que serven para medir: *A escala dos termómetros da febre vai dos trinta e cinco aos corenta e dous graos.*
3 Proporción entre o tamaño real de algo e o que ten nun mapa ou plano: *Os mapas representan o terreo a escala.*
4 Tamaño ou importancia en que se desenvolve un plan: *Ese ladrón realiza roubos a grande escala.*
5 Cada un dos lugares en que un barco ou un avión fai unha parada no seu traxecto: *Voamos de Santiago a Roma con escala en Madrid.*

escalada
substantivo feminino
1 Deporte consistente en subir ao cume das montañas usando mans e pés: *A escalada é un deporte arriscado.*
2 Aumento importante e rápido de algo: *Segue a escalada dos prezos do petróleo.*

escalar
verbo
1 Subir ao cume dunha montaña usando as mans e os pés: *Para escalar hai que usar cordas e un bo equipo.*
2 Subir ata chegar a unha determinada categoría: *O noso equipo escala posicións e chegará á cabeza da táboa.*
FAM. escalada, escalador.

escaldar
verbo
1 Meter en auga moi quente ou fervendo: *Cómpre escaldar eses feixóns.*
2 Queimar con auga ou outro líquido: *Meteu o dedo na pota e escaldouse.*
FAM. escaldadura, escaldazo.

escaleira
substantivo feminino
Serie de chanzos colocados un despois do outro e que serve para subir aos pisos dun edificio e baixar deles: *Para adelgazar non uso o ascensor: subo pola escaleira.*
EXP. **Escaleira de caracol** A que ten forma circular: *Ao rocho sóbese por unha escaleira de caracol.*
OBS. É distinto de *escada*, a armazón móbil e portátil para subir e baixar que se pode levar dun lugar a outro.

escaleno
adxectivo masculino
Dito dun triángulo, que ten os tres ángulos desiguais entre si: *Os triángulos poden ser equiláteros, isósceles e escalenos.*

escalinata
substantivo feminino
Escaleira ampla e artística: *Ao salón de baile do palacio subíase por unha escalinata de mármore.*

escallo
substantivo masculino
Anaco dun talo ou rama dunha planta que se mete na terra para que dea unha nova planta: *Plantei dous escallos de roseira e xa teño dúas roseiras novas.*

*__escalón__, a forma correcta é **chanzo**.

*__escalonar__, a forma correcta é **graduar**.

escalope
substantivo masculino
Filete de carne ou peixe que se frixe empanado: *De primeiro tomei un escalope de vitela.*

escama
substantivo feminino
Cada unha das placas duras e brillantes que cobren o corpo dos peixes e dos réptiles: *Limpaba de escamas a pescada.*

escamar
verbo
Quitarlle as escamas ao peixe: *Cómpre que escames ben esa pescada antes de a cocer.*

escamotear
verbo
Roubar ou facer desaparecer con habilidade: *Sempre lle escamotea os problemas ao xefe para que sexa feliz.*

escampar
verbo
Parar de chover: *Nunca choveu que non escampase.* SIN. estear, estiñar.
FAM. escampada.

escáncer
substantivo masculino
Réptil pequeno de corpo moi fino, de cor gris prateada ou castaña, con patas moi curtas ou sen elas: *O escáncer agochouse entre os toxos.* SIN. liscanzo.

escándalo
substantivo masculino
1 Situación, dito ou feito contrarios ao que se considera bo ou normal: *Ir nu pola rúa constitúe un escándalo.*
2 Gran ruído e alboroto: *Os do botellón formaron un bo escándalo.* SIN. barullo, bulicio, bulla, tumulto.
FAM. escandalizar, escandaloso.

escangallar
verbo
1 Deixar roto, mal ou inservible: *Caeulle a radio ao chan e escangallouna.* SIN. esbandallar, esmendrellar.

2 Cansar moito: *Correr tanto escangalla a calquera.*

escano

substantivo masculino

1 Asento ou posto de cada membro dun parlamento: *O deputado sentou no seu escano.*

2 Banco longo para varias persoas e con respaldo: *Ao pé da lareira tiñan un escano.*

escapada

substantivo feminino

1 Viaxe curta de descanso: *Fixemos esta fin de semana unha escapada á praia.*

2 Feito de adiantar ou deixar atrás o grupo en que se ía: *O ciclista protagonizou unha escapada e gañou a etapa.*

EXP. **Nunha escapada** Moi rapidamente: *Cósoche o botón nunha escapada.*

escapar

verbo

1 Conseguir saír dun lugar á présa e de forma oculta: *O preso escapou do cárcere.* SIN. fuxir.

2 Conseguir evitar un perigo ou problema: *Escapamos por pouco dese accidente.* SIN. librarse, zafarse.

3 Quedar fóra do dominio ou do control de alguén: *Ese problema é tan grave que escapa a miña intelixencia.*

4 Pasar algo bo sen aproveitalo: *Non hai que deixar escapar as oportunidades nos negocios.*

5 Saír un gas ou un líquido por un burato ou fenda: *A auga escapa por esa fenda do cano.*

6 Quedar pequena unha peza de roupa: *Adelgazou tanto que lle escapa a roupa.*

FAM. escapada, escapatoria, escape.

escaparate

substantivo masculino

Especie de ventá moi grande e acristalada dunha tenda que serve para amosar os produtos: *Esa tenda de confección ten varios manequíns no escaparate.*

escape

substantivo masculino

1 Saída ou forma de salvarse dunha situación, especialmente se é mala: *Os atracadores estaban cercados pola policía e non tiñan escape.*

2 Saída dun gas ou dun líquido por unha abertura ou oco: *Estaba fendido o cano do gas e houbo un escape.* SIN. fuga.

escapulario

substantivo masculino

Imaxe relixiosa de tea que colga do pescozo cunha fita: *Leva un escapulario coa imaxe da Virxe do Carme.*

escapulirse

verbo

1 Saír dun lugar ou escapar sen ser visto: *O preso escapuliuse do calabozo.* SIN. escapar, fuxir.

2 Evitar un perigo ou situación mala: *El sempre se escapule e acaba sen sanción ningunha.* SIN. librarse, zafarse.

escaravellar

verbo

Escarvar.

escarallar

verbo

Estragar ou deixar inservible: *Bateu contra un muro e escarallou o coche.*

OBS. Considérase malsoante.

escaramuza

substantivo feminino

Combate, loita ou enfrontamento de pouca importancia ou breves: *Na escaramuza co inimigo non morreu ningún soldado.*

escarmentar

verbo

1 Aprender de erros ou fracasos anteriores e alleos para non volver padecelos: *Suspendeu e agora estuda, porque escarmentou.*

2 Castigar a alguén con dureza para que non o volva facer: *Cómpre escarmentar ben os que estragan a moblaxe urbana.*

FAM. escarmento.

escarnio

substantivo

Burla moi cruel de alguén ou algo: *As cantigas de escarnio burlábanse de vicios e persoas que os tiñan.*

FAM. escarnecer.

escarpado, escarpada

adxectivo

Dito dun terreo, pendente e que resulta difícil andar por el: *Subían pola ladeira máis escarpada da montaña.* SIN. abrupto, esgrevio, fragoso.

escarranchar
verbo
Abrir ou separar moito as pernas: *Escarranchouse na cadeira de brazos.*

escarvar
verbo
1 Remover a terra para facer un burato: *Os rapaces escarvaban na area da praia.* SIN. escaravellar.
2 Meter os dedos nalgunha parte do corpo: *Non escarves no nariz.* SIN. escaravellar.

escascar
verbo
Quitar a casca ou capa que cobre unha árbore o froito: *Escascaban as toradas de piñeiro.*

escasear
verbo
Haber en pouca cantidade: *No verán aquí escasea a auga.*

escaseza
substantivo feminino
Falta ou pouca cantidade de algo: *Nos países subdesenvolvidos hai escaseza de menciñas.* SIN. insuficiencia. ANT. abundancia, riqueza.

escaso, escasa
adxectivo
1 En pouca cantidade: *Na carreira os participantes foron escasos.* SIN. contado, curto, reducido. ANT. abundante.
2 Que non chega a ser algo porque falta moi pouco: *Marchou hai cinco minutos escasos.*
FAM. escasear, escaseza.

escatimar
verbo
Dar algo na menor cantidade posible: *Na casa escatímanlle os cartos para mercar libros.*

escavación
substantivo feminino
Proceso de abrir un gran buraco no terreo: *Están facendo a escavación para os alicerces dun edificio.*

escavadora
substantivo feminino
Máquina que serve para facer grandes buratos na terra: *As construtoras usan escavadoras.*

escavar
verbo
Facer un burato grande na terra: *Están a escavar ese soar para construír unha piscina.*
FAM. escavación, escavadora.

escena
substantivo feminino
1 Parte do teatro onde actúan os actores: *O autor saíu á escena para saudar.* SIN. escenario.
2 Lugar onde acontece algo: *A escena do crime foi un xardín abandonado.* SIN. escenario.
3 Parte dunha obra de teatro ou película que se representa nun mesmo lugar e nunha mesma situación: *Esa escena da película é moi violenta.*
4 Situación difícil de controlar, especialmente se chama a atención: *Fíxolle unha escena e ata chorou.*

escenario
substantivo masculino
Escena.

escintilar
verbo
Brillar de forma intermitente, con forza e cor variables: *Na noite de verán escintilaban as estrelas.* SIN. tremelucir.
FAM. escintilación.

esclarecer
verbo
Pór en claro ou descubrir: *A policía xa esclareceu o crime.* SIN. aclarar.

escoadoiro
substantivo masculino
Utensilio de cociña usado para eliminar a auga ou o aceite dos alimentos cociñados: *Puxo os espaguetes no escoadoiro.*

escoar
verbo
1 Quitarlle a auga ou o aceite a un alimento cociñado: *Escoaba os cachelos.* SIN. escorrer.

2 escoarse Perder moito sangue: *Se segue a escoarse, vai desangrarse.* SIN. escorrer.

escoitar

verbo

Oír con atención: *Escoitaba o informativo da radio.*

OBS. É distinto de *oír* e *sentir*, 'captar sons sen prestarlles atención'.

FAM. escoita.

escola

substantivo feminino

1 Establecemento público en que se ensina algo, especialmente o Ensino Primario: *Ten seis anos e vai á escola.*

2 Grupo de persoas que seguen as ideas doutra e aprenderon as súas ensinanzas: *A escola poética dos trobadores brillou na Idade Media galega.*

FAM. escolar, preescolar.

escolleito, escolleita

1 Participio irregular de *escoller*.

adxectivo

2 Que se elixiu por ser moi bo ou o mellor: *Mercou unhas mazás escolleitas.* SIN. selecto.

3 Que é moi esixente para elixir algo: *É tan escolleito que rematou mercando a camisa peor.*

escoller

substantivo feminino

Coller ou elixir entre varias cousas, especialmente porque parece a mellor: *Escolleu a chaqueta que mellor lle sentaba.* SIN. elixir.

OBS. Ten dous participios, o regular *escollido* e o irregular *escolleito.*

FAM. escolla, escolleito.

escolmar

verbo

Coller o mellor dun conxunto de cousas: *Escolmou os mellores poemas do Rexurdimento.* SIN. escoller, seleccionar.

FAM. escolma.

escoltar

verbo

Acompañar a unha persoa ou cousa para protexelas: *Un acoirazado escoltaba os dous petroleiros.*

FAM. escolta.

escondedoiro

substantivo masculino

Lugar axeitado para esconder algo: *Ese rocho é un bo escondedoiro.* SIN. acocho, agocho.

esconder

verbo

Pór algo ou alguén de xeito que non se poidan ver ou atopar: *Escondeu os cartos debaixo do colchón.* SIN. acochar, agochar, ocultar. ANT. amosar, descubrir, desvelar, destapar.

FAM. escondedoiro.

escondidas, ás

EXP. Sen que se decaten os demais: *Comía o chocolate ás escondidas.* SIN. ás agachadas.

esconxuro

substantivo masculino

Conxuro.

FAM. exconxurar.

escopeta

substantivo feminino

Arma de fogo con dous tubos e usada habitualmente para cazar: *Mercou unha nova escopeta de caza.*

escorar

verbo

Referido a un barco, inclinar cara a un lado: *A carga, por estar mal amarrada, escorou o barco cara a estribor.*

escordar

verbo

Dislocar.

FAM. escordadura.

escornabois

substantivo masculino

Insecto de gran tamaño, de cor loura e negra: *O macho do escornabois ten dúas mandíbulas semellantes a cornos.* SIN. cornetán, vacaloura.

escornar

verbo

1 Atacar cos cornos: *O touro escornou o toureiro.* SIN. turrar.

2 escornarse Romper un ou os dous cornos: *Na viaxe o touro escornouse.*

3 Esforzarse moito: *Escornouse mais rematou por resolver o problema.*

escorpión
substantivo masculino
1 Animal arácnido que ten o abdome prolongado nunha cola que remata nun aguillón velenoso con forma de gancho: *A picada do escorpión é moi perigosa.* SIN. alacrán.
2 Un dos doce signos do horóscopo e a persoa nada baixo ese signo: *Escorpión vai do 24 de outubro ao 22 de novembro.*

escorredoiro
substantivo masculino
Moble de cociña onde se colocan os pratos para que escoen a auga: *Sacou os pratos da lavalouza e colocounos no escorredoiro.*

escorregadizo, escorregadiza
adxectivo
Que esvara ou fai esvarar: *O xabón é escorregadizo.* SIN. esvaradío.

escorregadoiro
substantivo masculino
1 Lugar moi liso e pendente polo que se esvara con facilidade: *Nesa pena hai un escorregadoiro.* SIN. esvaradoiro.
2 Tobogán.

escorregar
verbo
Esvarar pouco a pouco sobre unha superficie: *Escorregou porque o chan estaba con xeada.* SIN. esborrexer, escorrer, esvarar.
OBS. O *g* cambia en *gu* ante *e*, como en *pagar*.
FAM. escorregadizo, escorregadoiro, escorregón.

escorrentar
verbo
Axotar.

escorrer
verbo
Soltar ou facer soltar a auga ou outro líquido que algo ten: *Escorreu ben a roupa antes de a tender.*
FAM. escorredoiro.

escorrichar
verbo
Aproveitar as últimas pingas: *Escorrichou o vaso o non deixou pinga de auga.*

escote[1]
substantivo masculino
Parte dunha conta que paga cada persoa: *O xantar pagámolo a escote entre os catro.*

escote[2]
substantivo masculino
Abertura nunha peza de vestir que deixa ao descuberto o colo e parte das costas ou do peito: *Ese vestido ten un escote triangular.*

*escotilla, a forma correcta é **trapela**, **zapón**.

escravo, escrava
adxectivo ou substantivo
1 Que non ten liberdade e está sometido totalmente a outro: *Nas antigas Grecia e Roma os traballos duros facíanos os escravos.* ANT. libre.
2 Dominado moitísimo por algo ou alguén dos que depende: *As drogas converten as persoas en escravos.* ANT. libre.
FAM. escravitude, escravizar.

escribán, escribá
substantivo
Antigamente, empregado público que redactaba os documentos: *Os escribáns eran equivalentes aos actuais notarios.*

escribir
verbo
1 Representar as palabras por letras: *Os cativos aprenden a ler e escribir.*
2 Facer unha obra literaria ou musical: *Ese cantante tamén escribe cancións.*
OBS. O participio é *escrito*.
FAM. escribán, escrito, escritor, escritorio, escritura, manuscrito.

escrito, escrita
1 Participio irregular de *escribir*.
substantivo masculino
2 Calquera cousa escrita e redactada, calquera que sexa o seu tamaño: *Presentoulle un escrito ao Concello en que protesta dos ruídos.*
substantivo feminino
3 Lingua escrita ou reproducida por letras: *A escrita permanece; a fala, non.*
EXP. **Estar escrito** Ser inevitable: *Estaba escrito que non gañabamos o campionato.*
Por escrito Coas palabras escritas no papel e non oralmente: *Presentou a protesta contra o restaurante por escrito.*

escritor, escritora
substantivo
Persoa que escribe textos de literatura: *Otero Pedrayo foi un grande escritor.*

escritorio
substantivo masculino
Mesa ou moble axeitados para escribir: *Colocou o ordenador sobre o escritorio.*

escritura
verbo
1 Representación das palabras por medio de letras: *Na escola apréndese a lectura e a escritura.*
2 Documento en que se rexistra un acordo, asinado por varias persoas e autorizado por un notario: *O contrato de compravenda da casa aparece nunha escritura.*

escrúpulo
substantivo masculino
1 Dúbida ou temor que se ten sobre se algo é bo ou non: *Escrúpulos de conciencia non lle deixan facer ese negocio.*
2 Coidado que se pon para facer algo: *Fai os deberes co maior escrúpulo.*
3 Noxo ao pensar que algo non está limpo: *Dálle escrúpulo beber polo vaso doutro.*
FAM. escrupuloso.

escrutar
verbo
Contar os votos: *Tras as eleccións, os votos escrútanse.*
FAM. escrutinio.

escuadra
substantivo feminino
Conxunto de barcos de guerra: *A escuadra inglesa foi célebre na II Guerra Mundial.*
OBS. É distinto de *escuadro.*

escuadrilla
substantivo feminino
Conxunto de avións que voan xuntos: *O cruceiro foi atacado por unha escuadrilla de cazas.*

escuadro
substantivo masculino
1 Instrumento con forma de triángulo rectángulo ou de dúas regras en ángulo recto: *En debuxo úsanse escuadro e cartabón.*
2 Calquera cousa con esta forma: *O balón entrou polo escuadro da portaría.*
OBS. É distinto de *escuadra.*

escudeiro
substantivo masculino
Antigamente, criado que lle levaba o escudo e as armas ao cabaleiro: *Sancho Panza era o escudeiro de don Quixote.*

escudo
substantivo masculino
1 Arma que se suxeita co brazo e que protexe o corpo: *Os policías antidisturbios usan escudos de plástico.*
2 Calquera cousa que serve de protección ou defensa: *A familia é o mellor escudo en situación de crise.*
3 Imaxe que representa un determinado grupo: *Na camiseta leva o escudo do Compostela.*
FAM. escudar, escudeiro.

esculcar
verbo
1 Observar con moita atención: *Os vixilantes esculcaban o parque.* SIN. vixiar.
2 Buscar datos sobre algo ou alguén: *A policía esculcaba o lugar do crime.* SIN. investigar.
OBS. O *c* cambia en *qu* diante do *e*, como en *sacar.*
FAM. esculca.

esculpir
verbo
1 Facer unha imaxe nun material duro: *Os escultores esculpen sobre pedra.*
2 Gravar sobre un material duro: *Nas lápidas escúlpese o nome do enterrado.* SIN. gravar.

escultor, escultora
substantivo
Persoa que fai estatuas ou imaxes sobre materiais duros: *Asorey foi un grande escultor.*

escultura
substantivo feminino
1 Arte consistente en facer estatuas ou imaxes sobre materiais duros: *Leiro é unha figura da escultura galega.*
2 Estatua ou imaxe feita sobre un material duro: *No parque hai unha escultura de Rosalía de Castro.* SIN. estatua.

escuma ou espuma
substantivo feminino
1 Burbullas ou globos de aire que se forman na superficie dalgúns líquidos: *A cervexa ten escuma branca.*

2 Calquera produto que ten o aspecto destas burbullas: *Mercou un bote de escuma para afeitarse.*
3 Material ou tecido moi brando, lixeiro e esponxoso: *Ese colchón de escuma é moi cómodo.*
EXP. **Medrar coma a escuma no leite** Ir moi ben algo: *Fixo moi bos negocios e medrou coma a escuma no leite.*
FAM. escumadeira, escumallo, escumar.

escumadeira ou espumadeira
substantivo feminino
Utensilio de cociña en forma de pa con buracos e mango longo: *Sacou os ovos da tixola coa escumadeira.* SIN. viradeira.

escurecer
verbo
1 Facer máis escuro ou menos claro: *Se lle botas pintura negra á branca, escurécela.* ANT. aclarar.
2 Comezar a faltar a luz do día: *No inverno escurece xa cara ás cinco e media.* SIN. anoitecer. ANT. aclarar, amencer, clarear.
3 Quitarlle mérito ou valor a algo: *Esa mala acción escurece a súa biografía.*
OBS. É regular: *escurezo, escureza.*

escuridade
substantivo feminino
1 Falta de luz: *No cuarto a escuridade era total e non se vía ren.* ANT. claridade.
2 Falta de información sobre algo para que non se coñeza: *Eses feitos delituosos están rodeados de escuridade.* ANT. claridade.
3 Falta de fama ou de recoñecemento público: *Os seus poemas permaneceron na escuridade ata que faleceu.*

escuro, escura
adxectivo
1 Que ten pouca ou ningunha luz: *A luz estaba apagada e o cuarto escuro.* ANT. claro, luminoso.
2 Difícil de comprender ou pouco claro: *Un profesor debe evitar as explicacións escuras.* ANT. claro.
3 Sen fama nin recoñecemento público: *Viviu unha vida escura malia ser un gran pintor.*
EXP. **Ás escuras** Sen luz: *Camiñaban polo túnel ás escuras.*
FAM. escurantismo, escurecer, escuridade.

escusa
substantivo feminino
Frase ou xustificación para que nos desculpen ou perdoen por algo mal feito: *Para xustificar o seu atraso, puxo a escusa de que perdera o autobús.* SIN. desculpa, pretexto.
FAM. escusar.

esdrúxulo, esdrúxula
adxectivo
Que leva o acento na antepenúltima sílaba: *Lóstrego é unha palabra esdrúxula.*

ese[1], esa, iso
demostrativo
Sinala o que non está nin moi cerca nin moi lonxe, tanto no espazo coma no tempo: *Esa mesa é a do profesor.*
OBS. Contrae coas preposicións *en* e *de*: *nese, dese, nesa, desa...*

ese[2]
substantivo masculino
Nome da letra *s*: *A palabra suma comeza por un ese.*

esencia
substantivo feminino
1 O máis importante ou característico de algo: *O beneficio económico é a esencia dos negocios.*
2 Substancia da que se eliminou a auga e dá moito olor: *A esa bebida botáronlle esencia de laranxa.*
FAM. esencial.

esfameado, esfameada
adxectivo
Que pasa moita fame e está moi delgado: *Un cativo esfameado pedía esmola.*

esfaragullar
verbo
Desfacer en faragullas ou anacos moi pequenos: *O cativo esfaragullaba o pan.*

esfarelar
verbo
Desfacer en anacos moi pequenos: *O cristal caeu e esfarelouse.*

esfarrapado
adxectivo
1 Referido a peza de roupa, vella e rota: *Levaba un vaqueiro todo esfarrapado.*

2 Con roupa vella e rota: *Un esfarrapado pedía esmola.*

esfera
substantivo feminino

1 Corpo xeométrico limitado por unha superficie curva cuxos puntos están todos á mesma distancia do centro: *Unha bóla de billar é unha esfera.*
2 Superficie redonda e plana: *Na esfera do reloxo están os números.*
3 Medio ou ambiente dunha persoa: *Nas esferas políticas fálase dun adianto das eleccións.*
FAM. esférico, hemisferio.

esfiañar ou esfiar
verbo

Sacar fíos: *Esfiañou os baixos do pantalón.*
OBS. *Esfiar* conxúgase como *afiar*.

esfinxe
substantivo feminino

Animal imaxinario con cabeza de muller e corpo e patas de león: *En Exipto atópase a famosa esfinxe de Gizeh.*

esfolar
verbo

Quitar a pel: *Esfolaron o coello para cociñalo.*
FAM. esfoladura.

esfollar
verbo

Quitar as follas: *Antes da vendima cómpre esfollar.*
FAM. esfolla.

esforzarse
verbo

Pór moito interese ou traballo para facer ou conseguir algo: *Esforzouse no último trimestre e aprobou todo.*
OBS. O *z* cambia en *c* diante do *e*, como en *cazar*.
FAM. esforzo.

esfuracar
verbo

Facer buracos: *A couza esfuracou o saco.* SIN. esburacar, esburatar, furar.
OBS. O *c* cambia en *qu* diante do *e*, como en *sacar*.

esgalla

EXP. **A esgalla** En abundancia: *Alí había libros a esgalla.* SIN. a embute, a varrer.

esgallar
verbo

1 Quitar as gallas ou ramas dunha árbore: *O vendaval esgallou as pólas das árbores.*
2 Romper a punta de algo: *Apertou moito e esgallou a pluma.*

esganar
verbo

1 Quedar algo na garganta de xeito que impide respirar: *Esganei cunha carabuña de cereixa.* SIN. atragoarse.
2 Matar apertando o pescozo ao deixar sen aire para respirar: *O asasino esganou a vítima.* SIN. estrangular.

esgarrar
verbo

Esputar.
FAM. esgarro.

esgazar
verbo

Romper ou rachar separando en anacos ou bandas: *Esgazou o pantalón porque o enganchou nun arame.*
OBS. O *z* cambia en *c* diante do *e*, como en *cazar*.
FAM. esgazadura.

esgorxar
verbo

1 Pór máis frouxa unha peza de roupa arredor do pescozo: *Esgorxou a gravata porque abafaba.*
2 **esgorxarse** Berrar moito: *Esgorxouse pero non o oían.*

esgotar
verbo

1 Terminar ou gastar por completo: *Ao facermos as roscas de Pascua esgotamos o azucre.* SIN. acabar.
2 Cansar moito: *Subir tantas veces as escaleiras esgotoume.* SIN. extenuar.
FAM. esgotador, esgotamento, inesgotable.

esgrima
substantivo masculino

Deporte en que dúas persoas compiten manexando a espada: *Na esgrima hai que protexer o corpo cun traxe especial.*

esguello
EXP. **De esguello** De lado: *O xogador mirou o árbitro de esguello.*

esixir ou exixir
verbo
1 Pedir con forza algo ao que se ten dereito: *Os empregados manifestáronse para esixir o pagamento dos seus salarios.* SIN. reclamar, reivindicar.
2 Necesitar de forma obrigada: *Un problema tan grave esixe unha solución inmediata.*
FAM. esixencia, esixente, exixencia, exixente, esixible, exixible.

eslamiado, eslamiada
adxectivo
1 Que lle falta sal ou sen el: *Saíulle a sopa eslamiada.* ANT. salgado.
2 Con pouca ou sen ningunha graza: *Conta uns chistes eslamiados que non fan rir a ninguén.* ANT. divertido, interesante.

esmagar
verbo
1 Apertar algo ata que queda plano ou rompe: *Sentouse sobre o chapeu e esmagouno.*
2 Vencer por completo: *Esmagaron o rival pois gañaron 5-0.*
OBS. O *z* cambia en *c* diante do *e*, como en *cazar*.
FAM. esmagador, esmagamento.

esmalte
substantivo masculino
1 Pintura moi brillante e dura: *Os obxectos metálicos adoitan pintarse con esmalte.*
2 Materia dura e branca que cobre a parte visible dos dentes: *O esmalte protexe os dentes da carie.*
FAM. esmaltar.

esmendrellar
verbo
1 Estragar algo facendo que xa non sirva: *Desmontou o televisor e esmendrellouno.* SIN. derramar, estragar.
2 Deixar inútil ou moi mal: *Un coche atropelou o gato e esmendrellouno.*

esmeralda
substantivo feminino
Pedra preciosa de cor verde: *Regaláronlle un colar de esmeraldas.*

esmero
substantivo masculino
Moito coidado ao facer algo: *Facía os debuxos con esmero.*
FAM. esmerarse

esmigallar
verbo
Desfacer en migas ou anacos moi pequenos: *O cativo esmigallaba o pan.* SIN. esfaragullar, esfarelar, esmiuzar.

esmiuzar
verbo
Desfacer en partes moi pequenas: *Esmiuzou o folio e tirouno á papeleira.*
OBS. O *z* cambia en *c* diante do *e*, como en *cazar*. Conxúgase como *actuar*.

esmola
substantivo feminino
Diñeiro ou calquera cousa que se dá aos pobres: *Deulle esmola a un mendigo.*
FAM. esmoleiro.

esmorecer
verbo
Perder a forza, o ánimo ou o sentido: *A luz ía esmorecendo.*
OBS. É regular: *esmorezo, esmoreza.*
FAM. esmorecemento.

esmorga
substantivo feminino
Troula.

esmoucar
verbo
Demoucar.
OBS. O *c* cambia en *qu* ante *e*, como en *sacar*.

esnafrar
verbo
Romper cun golpe moi forte: *Caeu e esnafrou o nariz.*

esnaquizar
verbo
Romper en anacos moi pequenos: *Tirou co vaso e esnaquizouno.*
OBS. O *z* cambia en *c* ante *e*, como en *sacar*.

esnogar
verbo
Dislocar.
OBS. O *g* cambia en *gu* diante do *e*, como en *pagar*.

esófago
substantivo masculino
Parte do aparato dixestivo, con forma de tubo, que une a boca co estómago: *Os alimentos pasan polo esófago.*

esoutro, esoutra
demostrativo
Indica unha persoa ou cousa que se atopa máis cerca do que escoita ca do que fala ou non moi lonxe de ningún dos dous: *Non quero esta camisa, senón esoutra.*
OBS. Contrae coas preposicións *en, de*: *nesoutro, desoutro.*

espacial
adxectivo
Do espazo ou relacionado con el: *Viaxaban nunha nave espacial.*
OBS. A forma **espazal* é incorrecta.

***espaciar**, a forma correcta é **espazar**.

***espacio**, a forma correcta é **espazo**.

***espacioso**, a forma correcta é **espazoso**.

espada
substantivo feminino
Arma branca semellante a un coitelo grande: *Os cabaleiros loitaban con lanza e espada.*
FAM. espadachín, espadela.

espádoa
substantivo feminino
Omoplata.

espaguetes
substantivo masculino
Tipo de pasta alimenticia de forma longa e delgada: *Ceei espaguetes con salsa de tomate.*

***espaldeira**, a forma correcta é **espaleira**.

espallar
verbo
1 Separar e estender o que estaba xunto: *Caéronlle as moedas e espalláronse polo chan.* SIN. ciscar, esparexer. ANT. agrupar, amontoar, amorear, reunir, xuntar.
2 Estender unha noticia ou calquera outra cousa: *A nova do ascenso do equipo axiña se espallou por toda a cidade.* SIN. difundir, divulgar.

espantallo
substantivo masculino
1 Moneco que se pon nos campos sementados para espantar os paxaros: *Colocou un espantallo para espantar os pardais.*
2 Persoa vestida de forma tan rara que fai rir: *Con ese traxe es un espantallo.* SIN. entroido, monifate.

espantar
verbo
1 Producir moitísimo medo: *Disfrazouse de pantasma e espantou os cativos.* SIN. arrepiar, horrorizar. ANT. encantar.
2 Facer fuxir: *Co ruído espantou as pombas.* SIN. axotar, escorrentar. ANT. atraer.
FAM. espantallo, espanto, espantoso.

español, española
adxectivo ou substantivo
1 De España, país europeo: *Os españois son europeos.* SIN. hispano.
substantivo masculino
2 Lingua de España: *O español fálase en España e tamén en países de Hispanoamérica.* SIN. castelán.

esparadrapo
substantivo masculino
Fita de tea ou papel que se usa para pegar vendaxes: *O enfermeiro suxeitoulle a venda cun esparadrapo.*

esparexer
verbo
Separar e estender algo que está xunto: *O vento esparexeu as follas secas.* SIN. ciscar, espallar. ANT. agrupar, amontoar, amorear, xuntar.

espárrago
substantivo masculino
1 Planta que produce uns gromos comestibles brancos ou verdes que crecen debaixo da terra: *Recolliamos espárragos e cogomelos.*
2 Estes brotes comestibles: *Gústalle botarlle espárragos á ensalada.*

esparto
substantivo masculino
Planta de follas longas e fortes que se usa para fabricar cordas, cestas e outros obxectos: *Mercou unha corda de esparto.*

espátula
substantivo feminino
Instrumento formado por unha pa metálica plana: *Usou a espátula para raspar os restos de pintura.*

espavento
substantivo masculino
Xesto moi esaxerado para demostrar alegría, medo ou calquera sentimento: *Non fagas espaventos e atende o ferido.*

espazo
substantivo masculino
1 Extensión que hai entre dous límites: *Entre as palabras, ao escribir, hai que deixar un espazo.*
2 Lugar que ocupa algo: *Esta cadeira de brazos ocupa moito espazo.*
3 Período de tempo: *Estivo en Francia por espazo de cinco anos.*
4 Programa de radio ou televisión: *Os espazos deportivos teñen moita audiencia.*
5 Parte exterior da Terra: *Os foguetes espaciais viaxan polo espazo.*
FAM. espacial, espazador, espazar.

especia
substantivo feminino
Substancia vexetal usada para darlle olor e cor ás comidas: *A pementa e o ourego son especias.*
OBS. É distinto de *especie.*

especial
adxectivo
1 Distinto do normal ou moi raro: *Non lle gusta ningunha comida porque é moi especial.* SIN. excepcional, particular, singular. ANT. común, corrente, normal.
2 Axeitado para algo concreto: *Usa un xampú especial contra a caspa.*
FAM. especialidade, especialista, especializar.

especialidade
substantivo feminino
Parte dunha ciencia, dunha arte ou dunha actividade: *A pediatría é unha especialidade da medicina.*

especialista
adxectivo ou substantivo
1 Que se dedica a unha parte concreta dunha ciencia, dunha arte ou dunha actividade: *Os traumatólogos son médicos especialistas.*
2 Que ten moita habilidade facendo algo: *É un especialista no lanzamento de penaltis.* SIN. experto.
3 No cine, persoa que substitúe os actores nas escenas de perigo: *Traballa de especialista nas películas de acción.*

especializar
verbo
Dedicar en concreto a algo: *Especializou a súa empresa no aproveitamento do lixo urbano.*
OBS. O *z* cambia en *c* diante do *e*, como en *cazar.*

especie
substantivo feminino
Grupo que forman as cousas ou seres con características comúns: *Homes e mulleres forman a especie humana.*
EXP. **En especie** en produtos ou mercadorías e non en cartos: *Cobroulle en especie, pois pagáronlle cun saco de patacas.*
OBS. É distinto de *especia.*

específico, específica
adxectivo
Propio e característico de algo: *A razón é unha capacidade específica das persoas.* SIN. exclusivo. ANT. común.
FAM. especificar.

espectáculo
substantivo masculino
1 Función ou diversión públicas: *O teatro e mais o cine son espectáculos.*
2 Situación que chama a atención: *Deu o espectáculo ao protestar sen ningunha educación.* SIN. número.
FAM. espectacular, espectador.

espectador, espectadora
substantivo
Persoa que asiste a un espectáculo ou que mira algo con moita atención: *Esa cadea de televisión perde espectadores.*

espectro
substantivo masculino
Pantasma ou visión fantástica e horrible: *Di que viu un espectro na muralla do castelo.* SIN. fantasma, pantasma.

especular
verbo
1 Pensar sobre algo: *Os científicos especulan coa posibilidade de vida en Marte.*
2 Facer negocios para ter beneficios nun prazo curto de tempo: *Gústalle especular na Bolsa.*
FAM. especulación, especulativo.

espelicar
verbo
Quitar a pelica ou monda: *Cómpre espelicar as patacas para as frixir.* SIN. estonar, mondar, pelar.
OBS. Cambia o *c* en *qu* diante do *e*, coma en *sacar.*

espelir
verbo
1 Sacudir ou estender para que quede máis solto e esponxoso: *Cómpre espelir a herba para que seque.*
2 Facer máis listo: *A lectura e as viaxes espilen a calquera.*
3 Quitar o sono ou a preguiza: *Espílete e bule no traballo.*
OBS. Conxúgase como *advertir.*
FAM. espelido.

espellismo
substantivo masculino
Imaxe fantástica que se ve coma se fose real: *No deserto os viaxeiros vían oasis que só eran espellismos.* SIN. miraxe.

espello
substantivo masculino
Prancha de vidro cuberta de mercurio que reflicte as imaxes que ten diante: *Nos probadores hai espellos.*
FAM. espellismo.

espeluxar
verbo
Desordenar o pelo: *O aire espeluxouno.* SIN. desguedellar, despeitear. ANT. peitear.

espenuca
verbo
Espazo oco debaixo da terra: *O oso meteuse na espenuca.* SIN. cova.

espeque
substantivo feminino
Estaca.

esperanza
substantivo feminino
Confianza de que aconteza o que se desexa: *Ten a esperanza de que lle toque a lotaría do Nadal.*

esperar
verbo
1 Pensar que se conseguirá o que se desexa: *Espera aprobar todas as materias.* SIN. confiar.
2 Permanecer nun lugar ou situación ata que aconteza algo ou chegue alguén: *Esperaba o autobús na parada.* SIN. agardar.
FAM. espera, esperanza, desesperar.

esperma
substantivo masculino
Líquido segregado polas glándulas sexuais masculinas, que contén os espermatozoides: *Nalgúns hospitais hai bancos de esperma conxelado.* SIN. seme.
FAM. espermatozoide.

espermatozoide
substantivo masculino
Célula sexual masculina: *Na reprodución únese un espermatozoide cun óvulo.*

espernexar
verbo
Mover repetidamente as pernas: *O bebé espernexaba no berce.*

espertador
substantivo masculino
Reloxo que fai un ruído a unha hora fixada previamente para espertar a alguén: *Para erguerme pola mañá sempre poño o espertador.*

espertar
verbo
Facer que alguén deixe de durmir ou deixar de durmir: *Todas as mañás esperto ás sete.* SIN. acordar, recordar. ANT. adormecer, adormentar, durmir.
OBS. Ten dous participios, o irregular *esperto*, que se usa como adxectivo, e o regular, *espertado.*

esperto, esperta
adxectivo
Que non está durmido: *O rapaz xa está esperto.*

espeso, espesa
adxectivo
1 Que está pouco líquido e case parece unha masa: *A sopa está espesa porque ten moitos fideos.* ANT. raro, solto.
2 Que están moi xuntos ou apertados: *As árbores dese monte están moi espesas.* SIN. basto, mesto. ANT. raro.
FAM. espesar, espesura.

espetar
verbo
1 Introducir ou meter algo acabado en punta noutro corpo: *Espetou o pau na lama.*
2 Dar un golpe de forma brusca: *Espetoulle unha labazada.*
3 Dicir algo duro de forma brusca: *Espetoulle que era parvo.*

espeteira
substantivo feminino
Moble de cociña con estantes e sen portas onde se colgan obxectos como potas, olas ou tixolas: *Colocou a tixola na espeteira.*

espeto
substantivo masculino
Utensilio formado por unha barra metálica rematada en punta onde se poñen alimentos para asalos á brasa: *Puxeron o año no espeto para asalo.*

espía
substantivo
Persoa que observa ou escoita a outras sen ser visto ou para obter información secreta: *Un espía roubou os planos do novo cuartel.*
FAM. espiar, espionaxe.

espichar
verbo
Introducir algo rematado en punta nunha superficie: *Espichou unha agulla na man.*
SIN. cravar, chantar, espetar.
FAM. espicho.

espido
adxectivo
Nu.

espiga
substantivo feminino
Conxunto de flores ou de grans que medran ao longo dun talo común: *Os grans do millo e do trigo están nas espigas.*
FAM. espigado, espigar.

espinaca
substantivo feminino
Planta de horta con follas verdes e estreitas: *As espinacas cómense cocidas ou en ensalada.*

*espinal, a forma correcta é **espiñal**.

espiña
substantivo feminino
1 Especie de puga dura do talo e pólas dalgunhas plantas: *As roseiras teñen espiñas.*
2 Cada un dos ósos longos e con punta que forman o esqueleto dun peixe: *O gato comía as espiñas.*
3 Calquera cousa que produce moita dor ou tristura: *Ten a espiña de que non estudou de novo medicina.*
4 Columna vertebral: *A columna vertebral denomínase coloquialmente espiña dorsal.*
EXP. **Espiña brava** ou **carnal** Gran de graxa que se forma na pel: *Os adolescentes teñen espiñas bravas.* **Dar algo mala espiña** Facer pensar que pode acontecer algo malo: *Esas análises danme mala espiña e pode padecer un cancro.*
FAM. espiñar, espiñazo, espiñento, espiño.

espiñazo
substantivo masculino
Conxunto de vértebras articuladas que sosteñen o esqueleto dos vertebrados: *Os vertebrados teñen espiñazo; os invertebrados, non.* SIN. columna vertebral, espiña dorsal.

espiñento, espiñenta
adxectivo
1 Que ten espiñas: *As roseiras son espiñentas.*
2 Que presenta moitas dificultades ou problemas: *O adestrador tivo que contestar preguntas moi espiñentas.*

espiño
substantivo masculino
Arbusto con pólas con espiñas, flores brancas e madeira moi dura: *A casca do espiño emprégase na tinturaría.*

espiollar
verbo
Eliminar os piollos: *Espiollaron o cativo cun xampú especial.*

espir
verbo
Denudar.
OBS. Conxúgase como *advertir*.

espiral
substantivo feminino
Liña curva que dá voltas arredor dun punto separándose cada vez máis del: *A cuncha do caracol ten forma de espiral.*

espírito
substantivo masculino
1 Parte inmaterial dunha persoa da que depende a capacidade de pensar e sentir: *A lectura enriquece o espírito.*
2 Segundo as relixións, alma dunha persoa morta: *Esa bruxa di que ve os espíritos.*
3 Enerxía ou ánimo para actuar: *Os xogadores dese equipo teñen pouco espírito.*
4 Forma de ser propia dunha persoa: *Esa moza ten un espírito romántico.*
FAM. espiritual.

espiritual
adxectivo
1 Do espírito, do sentimento ou do pensamento: *As relixións consideran a alma a parte espiritual das persoas.*
2 Da relixión ou que se relaciona con ela: *A Igrexa só debe ter poder espiritual, pero non político.*

espirrar
verbo
Esbirrar.
FAM. espirro.

espléndido, espléndida
adxectivo
1 Moi bo: *Foi un xantar espléndido.* SIN. excelente, magnífico, marabilloso. ANT. cativo, malo, pésimo, ruín.
2 Que dá o que ten con xenerosidade: *O avó é moi espléndido cos netos.* SIN. xeneroso. ANT. agarrado, amarrado, miserable, rañicas.

esplendor
substantivo masculino
1 Riqueza de medios e calidades que causan admiración: *A voda celebrouse con grande esplendor.*
2 Situación ou momento en que algo acada a súa calidade máis alta: *Rosalía, Pondal e Curros marcan o esplendor do Rexurdimento.* SIN. apoxeo, auxe. ANT. decadencia.
FAM. espléndido.

espolar
verbo
Demoucar.

espontáneo, espontánea
adxectivo
1 Que se fai ou se di sen pensalo antes: *A súa resposta foi espontánea e non pensou nas consecuencias.*
2 Que di ou fai as cousas sen pensalas: *É un rapaz moi espontáneo que non engana a ninguén.*
3 Dito dunha planta, que medra sen a cultivar: *As silveiras son plantas espontáneas.*

esponxa
substantivo feminino
1 Animal mariño cun esqueleto externo formado por unha masa elástica con poros para absorber os líquidos: *Os esqueletos das esponxas úsanse para fabricar obxectos de limpeza.*
2 Utensilio de limpeza que absorbe os líquidos e fabricado co esqueleto deste animal ou con outro material brando e absorbente: *Ao ducharse usa a esponxa.*
FAM. esponxar, esponxoso.

espora[1]
substantivo feminino
Peza metálica cunha roda con dentes suxeita no talón de cada bota e usada para picar o cabalo: *A amazona pica a egua coas esporas para que corra máis.*
FAM. esporear, esporón.

espora[2]
substantivo feminino
Célula reprodutora dalgúns organismos vexetais e protozoos: *Os fentos e os fungos reprodúcense por esporas.*

esporón
substantivo masculino
Especie de unlla longa que teñen os galos e outras aves na parte de atrás das patas: *Os galos teñen esporón; as galiñas, non.*

esposar
verbo
1 Unir en matrimonio: *Esposáronse na ermida da súa parroquia.*

2 Poñerlle as esposas a un preso: *A policía esposou o ladrón.*

esposo, esposa
substantivo
1 Persoa unida a outra por matrimonio: *Os novos esposos bicáronse.* SIN. cónxuxe.
substantivo feminino
2 Obxecto formado por dous aneis metálicos unidos por unha cadea empregado para inmobilizar as mans dos presos: *O policía púxolle as esposas ao detido.*

espraiar
verbo
1 Facer que algo ocupe máis espazo ou volume: *Espraiou a mirada por todo o val.*
2 **espraiarse** Estenderse demasiado ao tratar algo: *Espraiouse e escribiu douscentos folios sobre o cambio climático.*
3 Pasar o tempo de forma entretida: *Foi ao centro comercial para espraiarse.*

espreguizar
verbo
1 Facer que alguén se poña en actividade e faga algo: *Deulle un berro e espreguizouno.* SIN. espelir.
2 **espreguizarse** Estender os membros do corpo para quitar a sensación de sono: *Espreguizouse no sofá e ergueuse.* SIN. espelirse, estarricarse, estricarse.
OBS. O *z* cambia en *c* ante *e*, como en *cazar*.

espreitar
verbo
Vixiar con atención e sen ser visto: *O policía espreitaba o sospeitoso desde un coche.* SIN. asexar, axexar.
FAM. espreita.

espremedor
substantivo masculino
Utensilio de cociña usado para espremer laranxas, limóns e froitos semellantes: *Fixo zume de laranxa co espremedor.*

espremer
verbo
Sacar o zume ou líquido dunha froita: *Espremeu varias laranxas.*
FAM. espremedor.

espulla ou **espunlla**
substantivo feminino
Vulto pequeno e benigno que se forma na pel: *A meiga tiña unha espulla no nariz.* SIN. verruga.

espuma
substantivo feminino
Escuma.
FAM. espumadeira, espumar, espumoso.

esputar
verbo
Expulsar pola boca saliva con mocos: *Coa catarreira esputa.* SIN. esgarrar, expectorar.
FAM. esputo.

esquecer
verbo
1 Deixar de ter na memoria: *Esquecín o recado que lle tiña que dar.* SIN. acordar, lembrar, recordar.
2 Deixar algo nun lugar sen querer: *Esquecín o paraugas no colexio.*
OBS. É regular: *esquezo, esqueza.*
FAM. esquecemento.

esqueira ou **esqueiro**
substantivo feminino ou masculino
Escada.

***esquela**, a forma correcta é **necrolóxica**.

esqueleto
substantivo masculino
Conxunto de ósos unidos entre si que lle dan consistencia ao corpo dos animais: *O esqueleto sostén e protexe as partes brandas do corpo dos vertebrados.*
FAM. esquelético.

esquema
substantivo masculino
Descrición ou representación dunha cousa reducida aos seus elementos esenciais: *Antes do exame, fixo un esquema das leccións que entraban.*
FAM. esquemático, esquematizar.

esquerdo, esquerda
adxectivo
1 Que está situado no lado do corazón dunha persoa: *Apoiábase na perna esquerda e mantiña no aire a dereita.* ANT. dereito.
substantivo feminino
2 Parte que queda no lado do corazón das persoas: *Os vehículos circulan pola dereita e os peóns pola esquerda.* ANT. dereita.
3 Conxunto de ideas políticas e partidos

que defenden ideas a prol da renovación da sociedade e a igualdade económica: *A esquerda oponse aos partidos de dereitas ou conservadores.*

esquí
substantivo masculino
1 Especie de táboa longa que se suxeita a cada pé e que serve para moverse esvarando sobre a neve: *Para esquiar cómpre manter os esquís paralelos.*
2 Deporte que se practica con estas táboas: *En Manzaneda practícase o esquí.*
EXP. **Esquí acuático** O que se practica sobre a auga, coa axuda dunha lancha motora: *No verán practica o esquí acuático.*
FAM. esquiador, esquiar.

esquilmo
substantivo masculino
Restos vexetais como toxo e arume que se recolle do monte para estrar as cortes ou para estercar: *Nas cortes de agora xa non se utiliza o esquilmo.*
FAM. esquilmar.

esquimó
adxectivo ou substantivo
Do pobo que vive nas rexións polares de América do Norte e de Groenlandia: *Os iglús son as vivendas típicas esquimós.*

esquina
substantivo feminino
Parte exterior ou interior que forman dous lados de algo que se xuntan, especialmente as paredes dun edificio: *A papeleira está nunha esquina da clase.*

esquío
substantivo masculino
Mamífero roedor de rabo grande e peludo: *Os esquíos viven nos bosques.*

***esquirol**, a forma correcta é **crebafolgas**.

esquivar
verbo
Evitar con habilidade: *O dianteiro esquivou as patadas do defensa.*

estable ou estábel
adxectivo
1 Que non se move e está seguro: *Púxolle unhas forras ao armario para que quedase estable.*
2 Que dura e non cambia: *El necesita un emprego estable.*
FAM. estabelecemento, estabelecer, estabilidade, estabilización, estabilizante, estabilizar, establecemento, establecer.

establecemento ou estabelecemento
substantivo masculino
1 Lugar en que se desenvolve algunha actividade, como un comercio, industria ou servizo: *Os colexios son establecementos educativos.*
2 Feito de facer aparecer algo, organizalo ou colocalo: *O establecemento de relacións entre nós os dous fíxose xa hai anos.* SIN. creación, fundación. ANT. destrución.
3 Instalación nun lugar para vivir nel: *O establecemento dos romanos en Galicia tróuxonos o latín.* SIN. instalación. ANT. abandono, marcha.

establecer ou estabelecer
verbo
1 Facer aparecer, crear ou organizar para que dure no tempo: *Estableceron o campamento cerca do río.* SIN. fundar, crear. ANT. desfacer, destruír.
2 Ordenar ou mandar: *O Estatuto de Autonomía establece o dereito de coñecer o galego.* SIN. ordenar, mandar.
3 **establecerse** Vir a un lugar e quedar nel a vivir: *Os romanos establecéronse en Galicia.*
4 Abrir un negocio ou tenda: *Estableceuse en Santiago como taberneiro.*
OBS. É regular: *establezo, estableza.*

estaca
substantivo feminino
Pau de certa altura e grosor acabado en punta para espetalo: *Puxo unha estaca a carón da cerdeira para endereitala.* SIN. espeque.

estación
substantivo feminino
1 Cada un dos catro períodos de tempo en que se divide o ano: *As estacións son: primavera, verán, outono e inverno.*
2 Lugar en que adoitan parar o tren e os autobuses interurbanos: *Collín o tren na estación.*
3 Lugar en que existen as instalacións necesarias para facer algo: *En Manzaneda hai unha estación de esquí.*

EXP. **Estación de servizo** Lugar en que se pode botar combustible e mesmo mercar comida, bebida e outros produtos nas estradas e autoestradas: *Botei gasóleo na estación de servizo.*
FAM. estacionamento, estacionado, estacionar, estacionario.

estacionamento
substantivo masculino
1 Aparcamento.
2 Aparcadoiro.

estacionar
verbo
1 Aparcar.
2 **estacionarse** Permanecer sen variacións nin cambios: *A enfermidade estacionouse e non empeora nin mellora.*
FAM. estacionamento, estacionario.

estada[1]
substantivo feminino
Estrutura provisional metálica ou de madeira usada polos albaneis, pintores e outros oficios para poder traballar a certa altura: *As estadas actuais adoitan ser metálicas e moi seguras.*

estada[2]
substantivo feminino
Permanencia durante un tempo nun lugar: *Aprende o francés durante a súa estada en París.* SIN. estancia, permanencia.

estadea
substantivo feminino
Estantiga.

estadio
substantivo masculino
1 Recinto preparado para realizar competicións deportivas con asentos para o público: *O Celta xoga no estadio de Balaídos.*
2 Cada un dos períodos polos que pasa un proceso: *A larva é un dos estadios da metamorfose dun insecto.* SIN. etapa, fase, período.

*__estadística__, a forma correcta é **estatística**.

estado
substantivo masculino
1 Situación ou condición en que se atopan algo ou alguén: *O seu estado civil é o de solteira.*
2 Forma en que pode atoparse a materia: *A auga pode aparecer en tres estados: sólido, líquido e gasoso.*
3 Conxunto de órganos de goberno dun país: *O Estado controla o tráfico por estrada.*
4 Territorio e poboación de cada país independente: *As eleccións xerais realízanse en todo o Estado.*
5 Nalgúns sistemas políticos, cada un dos territorios con leis e gobernos de seu, pero sometidas a un goberno central e constitución común: *Os Estados Unidos están formados por 52 estados.*
6 Cada un dos estamentos ou grupos sociais en que se dividía a sociedade feudal: *O primeiro estado eran os clérigos; o segundo, os nobres e o terceiro, os artesáns e agricultores.*
EXP. **En estado** Embarazada: *Está en estado e espera o fillo para xuño.*
OBS. Nas acepcións 3 e 4 adoita escribirse con inicial maiúscula.

estadullo
substantivo masculino
Fungueiro.

estafa
substantivo feminino
Obtención de cartos ou de algo valioso por medio do engano: *A estafa consistiu en que lle vendeu un laxeiro falso.*
FAM. estafador, estafar.

estalactita
substantivo feminino
Especie de rocha, especialmente en forma de cono invertido que se forma no teito das covas ao se filtraren lentamente augas calcarias: *As estalactitas teñen a punta para abaixo.*

estalagmita
substantivo feminino
Especie de rocha, especialmente en forma de cono que se forma nos chans das covas polas pingas de auga calcaria que caen do teito: *As estalagmitas teñen a punta para arriba.*

estalar
verbo
1 Romper de golpe ou estoupar facendo moito ruído: *Apertou o globo de xeito que estalou.* SIN. estoupar, estralar, rebentar.

2 Acontecer algo de xeito repentino e violento: *A revolución estalou na capital da nación.* SIN. estoupar, estralar.
3 Manifestar unha emoción moi forte: *Cando soubo que lle tocara a lotaría, estalou de ledicia.* SIN. estoupar, estralar, rebentar.
FAM. estalido, estalo.

estalido
substantivo masculino
1 Feito de estoupar ou romper algo con moito ruído: *O estalido da bomba rompeu os cristais dos edificios próximos.* SIN. estalo, estoupido, estouro.
2 Ruído moi grande que produce algo ao romper de golpe con moito ruído: *O estalido da bomba sentiuse a máis de tres quilómetros.* SIN. estalo, estoupido, estouro.

estalo
substantivo masculino
Ruído repentino e breve producido ao romper algo ou partir: *Sentín o estalo da pata da cadeira ao romper.* SIN. estralo.

estame
substantivo masculino
1 Fío de la: *O estame obtense da la das ovellas.*
2 Nalgunhas plantas, órgano reprodutor masculino: *O estame ten a antera, protexida pola corola, que produce o pole.*

estampa
substantivo feminino
1 Imaxe impresa en papel: *Levaba no libro unha estampa da Virxe.*
2 Aspecto exterior dunha persoa ou animal: *Era unha egua de bela estampa.*
FAM. estampado, estampar, estampaxe.

estampado, estampada
adxectivo
Dito dunha tea, que ten diferentes figuras e cores: *Levaba un vestido estampado.*

estancar
verbo
Deter un líquido de xeito que non corra: *A auga estancouse porque os sumidoiros estaban atascados.*
FAM. estancamento, estanco, estanque.

estancia
substantivo feminino
1 Tempo que se pasa nun lugar: *Aprendeu francés durante a súa estancia en París.* SIN. estada, permanencia.
2 Cada cuarto ou peza dunha casa: *O comedor é a estancia máis grande da casa.*

estanco
substantivo masculino
Tenda en que se venden fundamentalmente tabaco e selos para cartas: *Na esquina da rúa abriron un estanco.*
FAM. estanqueiro.

estándar
adxectivo
Que segue un modelo ou norma común: *A lingua estándar segue as normas da Real Academia Galega.*

estandarte
substantivo masculino
1 Bandeira de guerra das tropas que combatían a cabalo: *O oficial portaba o estandarte do escuadrón.*
2 Especie de bandeira coa figura da Virxe ou dalgún santo: *Bordaron un novo estandarte para a confraría.*
3 Símbolo ou principal representante de algo: *Ese xuíz é estandarte da loita contra o tráfico de drogas.*

estanque
substantivo masculino
Depósito construído para almacenar ou recoller auga: *Fixo un estanque no xardín para os parrulos.*

estante substantivo masculino
1 Táboa horizontal dun moble sen portas sobre as que se colocan cousas: *Colocou o libro no seu estante.* SIN. andel.
2 Moble habitualmente sen portas e con táboas horizontais para colocar cousas: *Tiña os cadernos no estante do seu cuarto.*
OBS. Na acepción 2 é incorrecta a forma **estantaría/estantería.*

estantiga
substantivo feminino
1 Segundo a crenza popular e supersticiosa, procesión de almas en pena que percorre de noite os camiños: *Di que viu a estantiga nunha viña.* SIN. Santa Compaña.
2 Aparición ou visión fantasmal: *A estantiga era simplemente unha saba branca movida polo vento.* SIN. estadea.

estaño
substantivo masculino
Metal parecido á prata que se funde con facilidade e empregado para soldar: *O estaño é un bo condutor da electricidade.*
FAM. estañar.

estar
verbo
1 Existir ou acharse nun determinado lugar, tempo, situación ou condición: *Galicia está na península Ibérica. O cativo está durmido no berce.*
2 Quedar dunha determinada maneira unha peza de vestir: *Este pantalón estalle moi folgado.*
EXP. **Estar a** Ter un determinado prezo: *A pescada está a oito euros o quilo.* **Estar a ben ou a mal** Levarse ben ou mal con outra persoa: *Berraron pero agora xa volven estar a ben.* **Estar apañado** Estar nunha situación moi mala: *Con esas débedas está apañado.* **Estar a velas vir** Non ter nada: *Non ten un peso e está a velas vir.*
FAM. estadio, estado, estancia, benestar, malestar.

estarrecer
verbo
Facer sentir frío e calor ao mesmo tempo ou calafríos: *Esta friaxe estarrece a calquera.* SIN. arrepiar.
OBS. É regular: *estarrezo, estarreza.*

estarricar
verbo
Estender ou facer máis longo: *Estarricou as pernas na cama para non estar engruñado.* SIN. estirar, estricar. ANT. encoller.
OBS. O *c* cambia en *qu* ante *e*, como en *sacar.*

estatal
adxectivo
Do Estado: *Os ministros teñen competencias estatais.*

estático, estática
adxectivo
Que non se move ou non cambia: *Pasou dúas horas estático sen se mover da cadeira.*

estatístico, estatística
adxectivo
1 Da estatística: *Os datos estatísticos amosan un aumento dos lectores adolescentes.*
substantivo feminino
2 Ciencia que se ocupa de obter información e datos e de expresalos numericamente: *A estatística ten moita utilidade en economía.*
3 Informacións ou datos obtidos e expresados por esta ciencia: *As estatísticas sinalan un aumento da poboación urbana galega.*

estatua
substantivo feminino
Figura feita de pedra ou doutro material duro que representa unha persoa ou calquera outro ser: *Nese parque hai a estatua dun famoso político.* SIN. escultura.

estatura
substantivo feminino
Altura dunha persoa desde os pés á cabeza: *Era un mozo de estatura grande.* SIN. altura.

estatuto
substantivo masculino
Conxunto de normas que regulan o funcionamento dunha comunidade: *O Estatuto de Autonomía de Galicia establece as normas polas que se rexe Galicia.*
FAM. estatutario.

este, esta, isto
demostrativo
Sinala o que está máis cerca de quen fala: *Esta mesa é a miña.*

estar

INDICATIVO		SUBXUNTIVO	IMPERATIVO
Presente	**Copretérito**	**Presente**	está
estou	estaba	estea	estade
estás	estabas	esteas	
está	estaba	estea	
estamos	estabamos	esteamos	**FOR. NOMINAIS**
estades	estabades	esteades	**Infinitivo**
están	estaban	estean	estar
Pretérito	**Antepretérito**	**Pretérito**	**Xerundio**
estiven	estivera	estivese	estando
estiveches	estiveras	estiveses	**Participio**
estivo	estivera	estivese	estado
estivemos	estiveramos	estivésemos	
estivestes	estiverades	estivésedes	
estiveron	estiveran	estivesen	
Futuro	**Pospretérito**	**Futuro**	**Inf. conxugado**
estarei	estaría	estiver	estar
estarás	estarías	estiveres	estares
estará	estaría	estiver	estar
estaremos	estariamos	estivermos	estarmos
estaredes	estariades	estiverdes	estardes
estarán	estarían	estiveren	estaren

EXP. **A todo isto** Expresión que se usa para dar énfase ou salientar o que se di: *Fíxenlle un favor grande e, a todo isto, nin as grazas me deu.* **Este día** Hai pouco tempo: *Aínda falei con el este día.* **Nisto** Mentres acontece o que se di: *Estabamos a lavar o coche e, nisto, comezou a chover.*
OBS. O plural é *estes*. Contrae coas preposicións *en* e *de*: *neste, deste...*

estear
substantivo feminino
Escampar.

esteiro
substantivo masculino
Zona de costa onde desemboca un río caudaloso no mar: *Os esteiros teñen forma de embude cuxos lados se apartan no sentido da corrente.* SIN. estuario.

estela
substantivo feminino
Acha.

estelar
adxectivo
Das estrelas ou propio delas: *Ese actor tivo unha participación estelar na película.*

estender
verbo
1 Facer que algo ocupe máis espazo ou aumente a súa superficie: *Estendeu a saba para facer a cama.*
2 Separar o que estaba xunto de xeito que ocupa máis espazo: *Estendeu pola mesa todos os libros.* SIN. ciscar, espallar. ANT. reunir, xuntar.
3 Facer que unha cousa chegue a máis sitios ou a máis xente: *Os medios axiña estenden as noticias.* SIN. difundir, divulgar, espallar, propagar.
4 Pór por escrito un documento: *O contable estendeulle un comprobante de pagamento.*
5 **estenderse** Ocupar certa cantidade de terreo ou espazo: *A leira esténdese polo val.*
6 Durar certo tempo: *A Idade Moderna esténdese desde 1492 a 1789.*
FAM. extensión, extenso.

esteo
substantivo masculino
Pau máis ou menos longo e largo que serve de apoio: *Puxo uns esteos para soster o teito.*

estepa
substantivo feminino
Grande extensión de terra chá e sen cultivar, seca e con pouca vexetación: *A estepa rusa ten unha grande extensión.*
FAM. estepario.

esterco
substantivo masculino
Materia formada por vexetais en descomposición e mesmo excrementos de animais que se lle bota a terra para que dea máis froitos: *O esterco é un fertilizante natural.*
FAM. estercar, esterqueira.

estereofónico, estereofónica
adxectivo
Que permite escoitar separados os sons que forman unha música: *Hoxe practicamente todos os equipos de son son estereofónicos.*

estéril
adxectivo
1 Que non dá froito: *Esa terra é estéril.* ANT. fecundo, fértil.
2 Que non pode ter fillos: *Adoptaron un fillo porque o marido é estéril.* ANT. fecundo, fértil.
3 Que non ten microbios nin outros xermes nocivos: *As vendas e gasas son estériles.*
FAM. esterilidade, esterilizar.

esterno
substantivo masculino
Óso plano de forma alongada e apuntado situado na parte dianteira do peito: *No esterno articúlanse os primeiros sete pares de costelas.*

esteticista
substantivo
Persoa que ten por profesión coidar da beleza doutras persoas: *Maquillouna para a voda unha esteticista.*
FAM. esteticismo.

estético, estética
adxectivo
1 Da beleza ou relacionado con ela: *Non ten gusto estético e vai moi mal vestido sempre.*
2 De aspecto belo ou bonito: *Esa casa ten unha fachada moi estética.* ANT. feo.
substantivo feminino
3 Aspecto externo de algo en relación coa

súa beleza: *Esa casa é dunha estética moi moderna.*

estilarse
verbo
Estar de moda: *Agora estílanse moito estas camisas.* SIN. levarse.

estilo
substantivo masculino
1 Maneira de facer algo: *Viste cun estilo clásico.*
2 Conxunto de trazos que caracterizan un artista, unha obra ou un período: *Ese escritor ten un estilo moi barroco.*
3 Elegancia: *Contestoulle con moito estilo e sen insultar.*
4 Estrutura da flor en forma de tubo que parte do ovario: *O estilo sostén o estigma.*
EXP. **Polo estilo** Parecido: *As dúas casas son polo estilo.*
FAM. estilar, estilizar

estimar
verbo
1 Recoñecer o valor de algo: *Estiman as perdas en dous millóns de euros.* SIN. apreciar, taxar, valorar.
2 Sentir amor cara a alguén ou algo: *Estima moito ese amigo seu.* SIN. adorar, amar, apreciar, valorar. ANT. aborrecer, desprezar, detestar, odiar.
3 Xulgar, pensar ou considerar: *Estimo que estás trabucado.* SIN. coidar, considerar, crer, entender, pensar, xulgar.
FAM. estima, estimable, estimación.

estimular
verbo
1 Impulsar a facer algo: *As boas notas estimulan a seguir estudando.*
2 Producir o aumento de algo: *O exercicio físico estimula a fame.*
FAM. estimulación, estímulo.

estiñar
verbo
1 Escampar.
2 Deixar de saír un líquido: *A ferida estiñou, xa non sangra.*
FAM. estiñada.

estío
substantivo masculino
Verán.
FAM. estiaxe, estival.

estirar
verbo
1 Facer máis longo un obxecto tirando dos seus extremos: *Estiraba as mangas do xersei.*
2 Estender o que está dobrado: *Estirou as sabas.* SIN. estricar. ANT. encoller.
3 Estender os membros do corpo: *Estirou as pernas no sofá para estar máis cómodo.* SIN. estarricar, estricar. ANT. encoller.
FAM. estirón.

estirpe
substantivo feminino
Conxunto de antepasados e descendentes dunha persoa: *Pertence a unha estirpe de médicos.* SIN. casta, caste, liñaxe.

estivada
substantivo feminino
Monte ou porción de monte que se queimou e logo cavou para cultivar nel trigo ou outros cereais. SIN. roza, seara, senra.

estómago
substantivo masculino
Órgano do sistema dixestivo en forma de bolsa en que se descompoñen os alimentos: *O estómago está entre o esófago e o intestino.*

estomatólogo, estomatóloga
substantivo
Médico especializado nas enfermidades da boca e dos dentes: *O estomatólogo empastoulle unha moa.*
OBS. É distinto de odontólogo e dentista, que é o médico especializado nas enfermidades e coidado dos dentes.

estomballarse
verbo
Deixarse caer sobre un asento ou cama polo cansazo ou a fatiga: *Viña tan canso que se estomballou no sofá.* SIN. envorcallarse.

estonar
verbo
Quitar a casca ou monda: *Estonaba as patacas antes de as frixir.* SIN. espelicar, pelar.

estopa
substantivo feminino
Tea grosa e brava que se tece con liño de mala calidade: *Antigamente facíanse sabas de estopa.*

estoque
substantivo masculino
1 Espada moi estreita que só fire pola punta: *Levaba un estoque oculto no falso bastón.*
2 Espada usada para matar os touros nas corridas: *Non manexa ben o estoque.*
FAM. estocada.

estorbar
verbo
1 Producir molestias: *Non deixes aí a maleta porque estorba.* SIN. molestar.
2 Producir dificultades: *A postura do pai estorba os proxectos de ampliar o negocio familiar.* SIN. dificultar, entorpecer.
FAM. estorbo.

estornela
substantivo feminino
Xogo consistente en dar cun pau noutro máis pequeno e rematado en punta nos extremos, que está colocado no chan, de xeito que se fai saltar e, xa no aire, dáselle un segundo golpe para botalo a maior distancia: *Agora xa case non se xoga á estornela.* SIN. billarda.

estorniño
substantivo masculino
Paxaro de cabeza pequena, plumas negras e peteiro amarelo: *Os estorniños viven en bandadas e son ruidosos.* SIN. chirlomirlo.

estoupar
verbo
Romper algo facendo moito ruído: *O rapaz estoupou o globo.* SIN. esbourar, estourar, rebentar.
FAM. estoupido.

estourar
verbo
Estoupar.
FAM. estouro.

estoxar
verbo
Causar ou sentir noxo ou repugnancia: *Estoxaba os refrescos con moito azucre.* SIN. aborrecer, anoxar.

estoxo
substantivo masculino
Caixa ou funda pequenas usadas para gardar algo: *Garda os lapis e os bolígrafos nun estoxo.*

estrada
substantivo feminino
Camiño público pavimentado polo que circulan coches e outros vehículos: *As estradas adoitan ter un só carril para cada dirección.*
FAM. autoestrada.

estrado
substantivo masculino
Lugar elevado e plano nunha sala desde o que se fala: *A mesa da presidencia estaba colocada encol dun estrado.*

estrafalario, estrafalaria
adxectivo
Raro ou estraño na forma de vestir, pensar ou actuar: *É un estrafalario que viste roupa de abrigo en pleno verán.* SIN. extravagante.

estragar
verbo
1 Deixar en mal estado ou inservible: *Trata moi mal os coches e axiña os estraga.* SIN. derramar. ANT. amañar, arranxar, gobernar, reparar.
2 Botar a perder: *Estas xeadas van estragar a colleita.*
OBS. O *g* cambia en *gu* ante o *e*, como en *pagar*.
FAM. estrago.

estralar
verbo
Estalar.
FAM. estralo, estralido.

estraloque
substantivo masculino
Planta silvestre velenosa, de talo ergueito e flores en rama con corola de cor púrpura en forma de dedal: *En xuño hai moitos estraloques.* SIN. milicroque.

estrangular
verbo
Apertar o pescozo dunha persoa impedíndolle respirar, incluso ata matala: *O asasino estrangulou a vítima.* SIN. esganar.
FAM. estrangulamento.

estranxeiro, estranxeira
adxectivo ou substantivo
1 Dun país que non é o propio: *En Galicia hai cada día máis estranxeiros.*

substantivo masculino
2 País ou conxunto de países distintos do propio: *Estivo no estranxeiro, creo que en Francia.*

estrañar
verbo
1 Sentir a falta de alguén ou de algo: *Estraña os avós, que quedaron na aldea.*
2 Producir sorpresa: *Estrañounos que chegase tan tarde.*
FAM. estrañeza, estraño.

estraño, estraña
adxectivo
1 Distinto do habitual ou acostumado: *Levaba unha camisa moi estraña, sen colo e sen mangas.* SIN. anormal, raro, sorprendente. ANT. común, corrente, habitual, natural, normal, ordinario, usual.
2 De natureza distinta a aquilo do que forma parte: *Os implantes sempre son substancias estrañas que se poñen no corpo.*
adxectivo ou substantivo
3 Que non é coñecido: *Díxolle ao cativo que non falase con estraños.*
FAM. estrañar, estrañeza.

estrar
verbo
Tirar ao chan de forma desordenada de xeito que se separa o que estaba xunto: *Estrou o cuarto coas pezas de roupa sucia.* SIN. ciscar, espallar, esparexer. ANT. reunir, xuntar.

estrataxema
substantivo feminino
Forma de conseguir algo con habilidade ou ata con engano: *Preguntar pola túa saúde é unha estrataxema súa para curiosear.*

estratexia
substantivo feminino
Plan para conseguir algo: *Para que o deixen saír ten a estratexia de acariñar o pai.* SIN. táctica.
FAM. estrataxema, estratéxico.

estrato
substantivo masculino
1 Cada unha das capas minerais que forman un terreo: *O xeólogos estudaban os estratos daquel solo.*
2 Cada un dos niveis ou clases en que se agrupan as partes que forman algo: *A nobreza era o estrato elevado da sociedade feudal.* SIN. camada.
FAM. estratificar.

estratosfera
substantivo feminino
Zona da atmosfera terrestre que se atopa entre os dez e os cincuenta quilómetros de altura: *A capa de ozono está na estratosfera.*

estrear
verbo
1 Usar por primeira vez: *Estreou un traxe o día do seu aniversario.*
2 Representar un espectáculo por primeira vez nun lugar: *Hoxe estrean a nova película de Harry Potter.*
FAM. estrea.

estreitar
verbo
1 Facer máis estreito: *Ao ampliaren as beirarrúas estreitaron a calzada.* ANT. alargar, anchear, ensanchar.
2 Facer máis íntima unha relación: *Nesa viaxe estreitaron entre os dous unha grande amizade.*
3 Apertar cos brazos ou coa man en sinal de cariño: *Estreitoulle a man cando o viu.*
FAM. estreitamento, estreiteza, estreito.

estreiteza
substantivo feminino
Escaseza de cartos e medios para vivir: *O pintor pasou moitas estreitezas antes de triunfar.*

estreito, estreita
adxectivo
1 Que ten menos distancia de lado a lado do que é normal: *Os carreiros son máis estreitos ca os camiños.* SIN. angosto. ANT. ancho, largo.
2 Moi apertado ou axustado: *Esa saia quédalle estreita.* SIN. apertado, xusto. ANT. amplo, ancho, largo.
3 Moi íntimo: *Lígaos unha estreita amizade.*
substantivo masculino
4 No mar, extensión de auga que separa dúas costas próximas e que comunica dous mares: *O estreito de Xibraltar separa Europa de África e comunica o Atlántico co Mediterráneo.*

estrela
substantivo feminino

1 Corpo celeste que brilla con luz propia: *Nas noites claras do verán vense as estrelas no ceo.*
2 Calquera obxecto ou signo coa figura deste astro: *A categoría dos hoteis márcase con estrelas.*
3 Sorte ou destino: *Naceu con boa estrela e só ten éxitos.*
4 Persoa que destaca moito nunha actividade: *Ese equipo ten tres ou catro estrelas.* SIN. ás, astro, figura.
EXP. **Estrela fugaz** Luz que deixa un meteorito ao entrar na atmosfera terrestre: *Dise que se se pide un desexo ao ver unha estrela fugaz este se cumpre.* **Estrela de mar** Animal mariño invertebrado con cinco brazos e corpo aplanado: *As estrelas de mar teñen esqueleto externo calcario.* **Nacer con estrela** Ter boa sorte: *Todo lle vai ben pois naceu con estrela.* **Ver as estrelas** Sentir moita dor: *Deu co martelo no dedo e viu as estrelas.*

estrelar
verbo

1 Lanzar un obxecto con forza: *Estrelou o balón no poste.*
2 estrelarse Dar un golpe moi forte contra algo ou caer con moita forza: *Estrelouse contra un farol.*
FAM. estrelado.

estrelecer
verbo

Apareceren as estrelas: *O ceo estreleceu ao marcharen as nubes.*

estrema
substantivo feminino

Límite ou separación entre dous terreos ou leiras: *As estremas adoitan sinalarse con marcos de pedra.*

estremar
verbo

Teren dous terreos ou leiras límites comúns e estaren separados por eles: *Esas dúas leiras estreman.*
FAM. estrema.

estremecer
verbo

Impresionar ou conmover ata facer tremer: *Estremecía con tanto frío.*
OBS. É regular: *estremezo, estremeza.*
FAM. estremecemento.

estrépito
substantivo masculino

Ruído moi forte: *Caeron os pratos con moito estrépito.* SIN. estrondo. ANT. silencio.
FAM. estrepitoso.

estría
substantivo feminino

Liña que entra ou sobresae nunha superficie: *A cuncha dos berberechos ten estrías.*
FAM. estriado, estriar.

estribeira
substantivo feminino

Banda de tea ou doutro material colgada do pescozo para soster unha man ou brazo magoados: *Rompeu o brazo e agora lévao en estribeira.*

estribo
substantivo masculino

1 Cada unha das pezas que colgan dunha sela de montar a cabalo onde se colocan os pés: *Para montar cómpre colocar os pés nos estribos.*
2 Pequeno óso do oído medio que ten a forma desta peza da sela de montar: *O estribo únese á bigornia e ao caracol.*
EXP. **Perder os estribos** Pórse moi furioso e sen dominarse: *Alporizouse e perdeu os estribos.*

estribor
substantivo masculino

Parte dereita dun barco: *A carga correuse cara a estribor.* ANT. babor.

estricar
verbo

1 Tirar dunha cousa para facela máis longa: *Estricaba as mangas do xersei de la.*
2 Estender: *Os afeccionados estricaron os brazos cando o equipo marcou o gol.* SIN. estarricar, estirar. ANT. encoller.
3 estricarse Estender os membros do corpo: *Estricouse no sofá.* SIN. espreguizarse, estarricarse, estirarse. ANT. encollerse.

estridente
adxectivo

Que produce unha sensación moi desagradable: *O asubío dos trens é moi estridente.*
FAM. estridencia.

estrinximento
substantivo masculino

Dificultade para expulsar os excrementos acompañada de dor no ventre: *Os zumes de froitas combaten o estrinximento.*
FAM. estrinxido, estrinxir.

estrito
adxectivo

Moi severo ao cumprir as normas: *O profesor é moi estrito e non admite faltas de ortografía.* SIN. rigoroso, severo. ANT. flexible.

estrofa
substantivo feminino

Conxunto de versos dun poema que teñen unha estrutura común: *Ese poema ten catro estrofas.*

estrondo
substantivo masculino

Ruído moi forte: *A bomba estoupou cun grande estrondo.* SIN. estrépito.
FAM. estrondoso.

estropallo
substantivo masculino

Anaco dun tecido ou material ásperos usados para fregar: *Fregaba a louza cun estropallo e xabón.*

estruga
substantivo feminino

Ortiga.
FAM. estrugar.

estrullar
verbo

Apertar con forza e violencia: *Cómpre estrullar as laranxas para facer zume.*

estrume
substantivo masculino

Conxunto de vexetais como toxo, fentos e herba cortados e usados para pór no chan da corte: *O estrume das cortes é un bo esterco.*
FAM. estrumar.

estrutura
substantivo feminino

1 Orde ou presentación das partes que forman un todo: *A estrutura dos dicionarios é a orde alfabética.*
2 Conxunto de elementos que suxeitan algo: *O toldo do merendeiro está sostido por unha estrutura de aluminio.* SIN. armadura, armazón, esqueleto.
FAM. estrutural, estruturar.

estuario
substantivo masculino

Esteiro.

estudante
substantivo

Persoa que fai estudos nun centro de ensino: *No colexio hai máis estudantes ca profesores.*

estudar
verbo

1 Aprender cousas léndoas, escoitándoas ou véndoas: *Estudamos nos libros, mais tamén vendo vídeos ou consultando dicionarios.*
2 Asistir como alumno a un centro de ensino: *Estuda nun colexio de primaria e o irmán no instituto.*
3 Observar ou examinar detidamente: *Os economistas estudan moi ben os investimentos.* SIN. analizar, considerar, valorar.
FAM. estudante, estudo, estudoso.

estudio
substantivo masculino

1 Cuarto onde se traballa, pinta ou grava música: *Esa pintora ten un estudio no último piso do edificio.*
2 Lugar onde se fan películas ou programas de televisión: *O director dirixía os actores no estudio da produtora.*
OBS. É distinto de *estudo.*

estudo
substantivo masculino

Actividade e esforzo para aprender algo: *Dedica dúas horas pola tarde ao estudo.*
OBS. É distinto de *estudio.*

estufa
substantivo feminino

Aparello que se usa para producir calor por electricidade ou por outro combustible: *No salón prendemos a estufa eléctrica.*

estufar
verbo

Cocer con pouco lume un alimento con aceite e vinagre: *Estufaba a vitela.*
FAM. estufado.

estupefaciente
adxectivo ou substantivo masculino
Que altera o estado normal producindo sono, euforia ou perda da sensibilidade: *Algúns estupefacientes poden ser prexudiciais.*

estupefacto, estupefacta
adxectivo
Moi sorprendido de xeito que non sabe como actuar: *Estaba tan estupefacto que non era capaz de falar.* SIN. atónito, perplexo.

estupendo, estupenda
adxectivo
Moi bo: *Foi unha cea estupenda.* SIN. bárbaro, excelente, extraordinario, fabuloso, fantástico, formidable, magnífico, marabilloso, sensacional. ANT. ruín.

estúpido, estúpida
adxectivo ou substantivo
Que non amosa ningunha intelixencia: *Non entende nada porque é un estúpido.* SIN. burro, idiota, imbécil, necio, parvo. ANT. intelixente.
FAM. estupidez.

esvaecemento
substantivo masculino
Desmaio.

esvaecer
verbo
1 Facer desaparecer pouco a pouco: *A luz do sol fixo esvaecer a néboa.* SIN. disipar, esvaer.
2 **esvaecerse** Perder o sentido por un momento: *Esvaeceuse porque lle baixou a tensión.* SIN. desmaiarse, esvaerse.
3 Desaparecer: *As miñas ilusións esvaecéronse con ese fracaso.* SIN. esvaerse.
FAM. esvaecemento.

esvaemento
substantivo masculino
Desmaio.

esvaer
verbo
Esvaecer.
FAM. esvaemento.

esvaradío, esvaradía
adxectivo
Que esvara ou fai esvarar moito: *O piso estaba esvaradío porque acababan de fregalo.* SIN. escorregadizo.

esvaradoiro
substantivo masculino
1 Lugar liso e inclinado polo que se esvara con facilidade: *Este camiño tan pino coa xeada é un esvaradoiro.* SIN. escorregadoiro.
2 Tobogán.

esvarar
verbo
1 Perder o equilibrio e caer: *Esvarou nunha casca de plátano.* SIN. esborrexer, escorregar, escorrer.
2 Moverse para abaixo, especialmente por unha superficie lisa e inclinada: *As pingas de chuvia esvaraban polos cristais da fiestra.* SIN. esborrexer, escorregar, escorrer.
FAM. esvaradío, esvaradoiro, esvarón.

esvelto, esvelta
adxectivo
Alto e delgado: *Os modelos adoitan ser esveltos.* ANT. repoludo.
FAM. esvelteza.

etapa
substantivo feminino
1 Cada unha das partes sucesivas en que se divide un percorrido: *A Volta a Galicia ten catorce etapas.*
2 Espazo de tempo: *Pasou unha etapa en Francia.* SIN. estada, período.

etcétera
substantivo masculino
E o demais: *Na clase hai libros, cadernos, xices etc.*
OBS. A súa abreviatura é *etc.* Non se pon coma diante de *etc.*

eterno, eterna
adxectivo
1 Que non ten principio nin fin: *Segundo as relixións, Deus é eterno.*
2 Que durará sempre ou moito tempo: *Xuroulle un amor eterno.* SIN. imperecedoiro, inmorredoiro, inmortal. ANT. efémero, perecedoiro.
3 Que se repite con moita frecuencia: *Xa está cos seus eternos antollos.*
FAM. eternidade, eternizar.

ético, ética
adxectivo
1 De acordo coas normas que serven de modelo de comportamento: *Axudar un mendigo é unha acción ética.*

substantivo feminino

2 Conxunto de normas que indican como actuar ben: *A ética impide que se abuse dos máis débiles.*

etiqueta

substantivo feminino

1 Anaco de papel ou tea en que se anotan as características dun produto: *Na etiqueta figura a composición do pantalón e mais o seu prezo.*

2 Conxunto de regras e cerimonias que se seguen nos actos públicos ou ao tratar con persoas importantes: *Para recibir o rei hai que seguir a etiqueta.*

EXP. **De etiqueta** Que é apropiado para asistir a un acto solemne ou cerimonia: *O chaqué é un traxe de etiqueta.*

FAM. etiquetar, etiquetaxe.

etnia

substantivo feminino

Conxunto de persoas que posúen unha serie de características físicas, cultura e linguas comúns e que habitan un mesmo territorio: *Esa nación africana está constituída por diferentes etnias.*

FAM. étnico.

eu

pronome persoal

Pronome persoal tónico que indica a primeira persoa do singular en función de suxeito: *Eu non estiven alí.*

eucalipto

substantivo masculino

Árbore de tronco recto que alcanza grande altura e cunhas flores moi recendentes: *O eucalipto é orixinario de Australia.*

eucaristía

substantivo feminino

No cristianismo, sacramento e cerimonia en que o pan e o viño se converten no corpo e sangue de Cristo: *A eucaristía lembra a derradeira cea de Xesús cos apóstolos.*

FAM. eucarístico.

euforia

substantivo feminino

Alegría moi grande: *Os afeccionados amosaban euforia porque o seu equipo ía de primeiro.* ANT. abatemento.

FAM. eufórico.

europeo, europea

adxectivo

De Europa: *Cada día está máis próxima a unidade europea.*

éuscaro, éuscara

adxectivo ou substantivo

1 Da lingua vasca: Lehendakari *é un termo éuscaro.* SIN. vasco.

substantivo masculino

2 Lingua vasca: *O éuscaro, ademais de no País Vasco, fálase en zonas de Navarra e do sur de Francia.* SIN. vasco.

evacuar

verbo

1 Facer saír dun lugar ou deixar libre de persoas: *Tiveron que evacuar varias casas polas inundacións.* SIN. desaloxar, desocupar.

2 Expulsar a urina ou os excrementos: *Foi ao váter para evacuar.*

FAM. evacuación.

evadir

verbo

1 Evitar con astucia cumprir cunha obriga: *Esa empresa evade impostos.*

2 **evadirse** Escapar ou fuxir: *Os presos evadíronse do cárcere por un túnel.* SIN. escapar, fuxir.

FAM. evasión.

evanxeo

substantivo masculino

Historia da vida e doutrina de Cristo: *Os Evanxeos son catro e contan a vida e doutrina de Cristo.*

OBS. Adoita escribirse con inicial maiúscula.

FAM. evanxélico, evanxelista, evanxelización, evanxelizar.

evaporar

verbo

1 Pasar a auga ou outra substancia líquida a vapor: *Ao ferver, a auga evapórase.*

2 Desaparecer: *Tantos gastos evaporaron os seus aforros.*

FAM. evaporación.

eventual

adxectivo

Que non é seguro, regular ou fixo: *Traballo como eventual e pódeno despedir o próximo mes.*

evidente
adxectivo
Moi claro e que non ofrece dúbidas sobre a súa verdade: *É evidente que non veu ninguén porque o salón está baleiro.* SIN. claro, obvio, patente.
FAM. evidencia, evidenciar.

evitar
verbo
1 Impedir que aconteza algo malo: *O Goberno tenta evitar a suba dos prezos.*
2 Intentar non facer algo: *Evita comer de máis nestas festas.*
3 Tratar de non ter relación con algo ou alguén: *Tenta evitar as persoas que te alporizan.* SIN. eludir, esquivar.

evocar
verbo
Traer á memoria ou á imaxinación: *Evocaba os felices anos da súa infancia.* SIN. lembrar, recordar. ANT. esquecer.
OBS. O *c* cambia en *qu* diante do *e*, como en *sacar*.
FAM. evocación, evocador.

evolucionar
verbo
Desenvolverse ou cambiar pasando dun estado ou situación a outro pouco a pouco: *As especies animais evolucionaron ao longo do tempo.*
FAM. evolución, evolucionismo.

exacto, exacta
adxectivo
Que é xustamente o que se di ou mide sen máis nin menos: *O peso exacto é de dous quilos e setecentos un gramos.*
FAM. exactitude.

exaltar
verbo
1 Gabar ou falar moi ben de algo ou alguén: *O artigo exalta os méritos do alcalde.* SIN. enaltecer, encarecer, encomiar, enxalzar, gabar, loar.
2 Facer perder o control ou o dominio dun mesmo: *As palabras do líder político exaltaban os seguidores.* SIN. acender, alporizar, inflamar, irritar.
FAM. exaltación, exaltado.

exalzar, a forma correcta é **enxalzar**.

exame
substantivo masculino
1 Proba que se fai para saber os coñecementos dunha persoa: *Os alumnos fan exames cada mes.*
2 Observación ou estudo de algo con moita atención: *Fixéronlle un exame médico e está ben.*
FAM. examinar.

exceder
verbo
Que pasa de certo límite, cantidade ou posibilidade: *Asinar esa orde excede as competencias dun secretario.*
FAM. excedencia, excedente, excesivo, exceso.

excelente
adxectivo
Moi bo ou de moi boas calidades: *Ese é un xamón excelente.* SIN. estupendo, excepcional, extraordinario, fabuloso, fantástico, fenomenal, formidable, magnífico, marabilloso, sensacional. ANT. cativo, malo, ruín.
FAM. excelencia.

excepción substantivo feminino
O que se aparta da regra xeral ou do habitual: *Case todas as regras ortográficas teñen algunha excepción.*
FAM. excepcional, excepto, exceptuar.

excepcional
adxectivo
1 Moi bo ou extraordinario: *Ese pan tan saboroso é excepcional.* SIN. excelente, extraordinario, fantástico, marabilloso.
2 Raro, pouco frecuente ou que non segue a norma: *Que vaia frío en agosto é algo excepcional.* SIN. extraordinario. ANT. habitual, normal.

excepto
preposición
Sen ter en conta ou deixando fóra o que se di: *Irán á excursión todos os alumnos, excepto os que teñen mal comportamento.* SIN. agás, bardante, fóra, menos, quitado, salvo.

exceptuar
verbo
Deixar fóra: *Deben repetir a proba todos os alumnos, sen exceptuar a ninguén.* ANT. incluír.
OBS. Conxúgase como *actuar*.

excesivo
substantivo masculino
Que vai máis alá do que se considera normal ou razoable: *O prezo desa camisa é excesivo.*

exceso
substantivo masculino
Superación ou paso dos límites considerados normais ou debidos: *Ten varias multas por exceso de velocidade.*

excitar
verbo
1 Pór moi nervioso: *Os ruídos excitaron o bebé e non adormecía.* SIN. estimular. ANT. calmar, tranquilizar.
2 Producir un aumento da actividade: *Esas películas excitaron a imaxinación do rapaz.*
FAM. excitación, excitante.

exclamación
substantivo feminino
1 Palabra ou expresión que se pronuncian con forza e indican un sentimento ou emoción fortes: *Ai é unha exclamación que expresa dor.*
2 Signo ortográfico que se coloca diante ou detrás dunha palabra ou frase para indicar que se debe pronunciar con máis forza: *En galego adoita usarse só exclamación para pechar a expresión: Ai!*

exclamar
verbo
Dicir algo con forza para expresar grande emoción ou sentimento: *Fóra!, exclamou chea de carraxe a profesora.*
FAM. exclamación, exclamativo.

excluír
verbo
Deixar fóra de algo: *O adestrador excluíu ese xogador do equipo por mal comportamento.* SIN. eliminar. ANT. incluír.
OBS. Conxúgase como *incluír.*
FAM. exclusión, exclusivo.

exclusivo, exclusiva
adxectivo
1 Único e sen outro igual a el: *Levaba un modelo de traxe exclusivo, pois só se deseñou para el.* SIN. único.
substantivo feminino
2 Noticia que só se publica nun medio de comunicación: *Ese xornal tivo a exclusiva da fichaxe do novo dianteiro.*

*excomunión, a forma correcta é **excomuñón**.

excreción
substantivo feminino
Expulsión do organismo de substancias inútiles: *O sistema urinario realiza, con outros, a función de excreción.* SIN. expulsión.
FAM. excremento, excretar, excretor.

excremento
substantivo masculino
Restos inservibles de alimento que, tras a dixestión, elimina o corpo polo ano: *O estrinximento supón unha retención dos excrementos.* SIN. caca, merda.
OBS. Adoita usarse en plural.

excursión
substantivo feminino
Viaxe curta que se fai a un lugar como diversión: *Na excursión visitamos mosteiros da Ribeira Sacra.*
FAM. excursionista.

executar
verbo
1 Levar a cabo: *As obras executaranse en tres meses.* SIN. efectuar, realizar.
2 Matar a unha persoa condenada a morte: *Nos Estados Unidos aínda se executan persoas porque hai pena de morte.* SIN. axustizar.
3 Tocar unha peza musical: *A pianista executaba unha composición de Mozart.* SIN. interpretar.
FAM. execución, executivo.

executivo, executiva
adxectivo
1 Que ten capacidade para facer algo: *O Goberno representa o poder executivo.*
substantivo
2 Persoa que ocupa un posto na dirección dunha empresa: *Os executivos recibiron unha gratificación na fin de ano.*
substantivo feminino
3 Grupo de persoas que dirixen unha empresa ou asociación: *A executiva nomeou un novo secretario xeral.*

exemplar[1]
adxectivo

Que serve de exemplo ou modelo para outros: *Tivo un comportamento exemplar.*

exemplar[2]
substantivo masculino

1 Cada unha das copias sacadas dun mesmo modelo: *A primeira edición dese libro acadou os dez mil exemplares.*
2 Individuo dunha determinada especie, xénero ou raza: *Nesa zona hai unha ducia de exemplares de oso pardo.*

exemplo
substantivo masculino

1 Modelo que se propón para ser seguido ou evitado: *O comportamento malo do teu irmán é un exemplo para evitar.*
2 O que se di para aclarar algo ou probalo: *O profesor sempre pon exemplos para entender a teoría.*
FAM. exemplar, exemplificar.

exento, exenta
adxectivo

Libre dunha obriga ou deber: *Pola súa enfermidade está exento de educación física.*
FAM. exención.

exercer
verbo

1 Practicar unha profesión: *Exerce de médico en Ourense.*
2 Producir unha acción ou determinada influencia: *O titor exerce unha grande influencia sobre os seus alumnos.*
3 Facer uso dun dereito: *Nas eleccións exércese o dereito a voto.*
OBS. O *c* cambia en z, diante de *a* e *o*, como en *vencer.*

exercicio
substantivo masculino

1 Traballo práctico que serve para fixar a teoría ou o estudado: *En matemáticas cómpre resolver moitos exercicios.*
2 Práctica de algo, especialmente dunha profesión: *Dedicouse ao exercicio da medicina.*
3 Conxunto de movementos feitos co corpo para mantelo áxil e en forma: *O médico recomendoulle facer moito exercicio para adelgazar.*
4 Actividade realizada para desenvolver algunha capacidade: *Aprender números de teléfono é un exercicio bo para desenvolver a memoria.*
5 Proba ou exame que cómpre aprobar: *Cada avaliación comprende tres exercicios.*
FAM. exercer, exercitar.

exercitar
verbo

1 Preparar unha persoa ou animal para que realice determinada tarefa: *O ximnasta exercitábase saltando o poldro.* SIN. adestrar.
2 Usar repetidamente algunha facultade para aumentala: *Terás máis memoria se a exercitas aprendendo poemas.* SIN. adestrar.

exército
substantivo masculino

Conxunto de soldados dunha nación ou preparados para combater: *Todas as nacións adoitan ter un exército.*

exhalar
verbo

1 Desprender un olor ou gas: *As rosas exhalaban un recendo agradabilísimo.* SIN. desprender.
2 Lanzar unha queixa ou suspiro: *Xamais exhalou unha queixa durante toda a enfermidade.*
FAM. exhalación.

exhaustivo, exhaustiva
adxectivo

Completo e sen que falte nada: *Citou de xeito exhaustivo todos os órganos do sistema dixestivo, sen deixar nin un só.*
FAM. exhaustividade.

exhausto, exhausta
adxectivo

Totalmente canso: *Os atletas chegaron exhaustos á meta.*

exhibir
verbo

Amosar ou ensinar en público, especialmente para chamar a atención: *Exhibíase pola cidade paseando nun coche de luxo.*
FAM. exhibición, exhibicionismo.

exiliarse
verbo

Abandonar o propio país, especialmente a causa da persecución política: *Castelao*

exiliouse ao rematar a Guerra Civil. SIN. desterrarse.
OBS. Conxúgase como *cambiar.*
FAM. exiliado, exilio.

existencia
substantivo feminino
1 Feito de existir ou ser realidade e non fantasía: *As pantasmas non teñen existencia.*
2 Vida dun ser vivo: *O poeta levou unha existencia tranquila na súa vila.*
plural
3 Conxunto de produtos almacenados para usalos ou vendelos: *Acabáronse no supermercado as existencias de aceite de oliva.*

existir
verbo
1 Ser real e verdadeiro: *As fadas non existen na realidade.*
2 Ter vida ou estar vivo: *Os meus bisavós xa non existen.*
3 Estar ou haber: *No monte existen piñeiros e outras árbores.*
FAM. existencia.

éxito
substantivo masculino
1 Resultado moi bo: *O lanzamento do foguete espacial foi un éxito.* SIN. triunfo. ANT. fracaso.
2 Moi boa acollida por parte de moita xente: *Ese libro foi un éxito pois leuno moitísima xente.* SIN. triunfo. ANT. fracaso.

exótico, exótica
adxectivo
Dun país afastado e moi pouco coñecido: *Viviu incribles aventuras por terras exóticas.*
FAM. exotismo.

expansión
substantivo feminino
1 Propagación de algo que se estende moito: *A expansión da enfermidade causou moitas mortes.*
2 Entretemento ou diversión: *Despois de tantas horas de estudo cómpreme un día de expansión.* SIN. diversión, entretemento.

expectación
substantivo feminino
Espera con moito interese dalgún acontecemento que vai suceder: *Ese partido entre o Celta e o Deportivo espera moita expectación.*
FAM. expectativa.

expectativa
substantivo feminino
Esperanza ou posibilidade de conseguir algo: *Tiña a expectativa de conseguir un bo traballo.*

expectorar
verbo
Expulsar pola boca cuspe mesturado con flegmas e mocos: *Coa catarreira expectoraba moito.* SIN. esgarrar, esputar.
FAM. expectoración, expectorante.

expedición
substantivo feminino
1 Viaxe cun fin determinado, especialmente militar ou científico: *Pensan realizar unha expedición científica á Antártida.*
2 Persoas que participan nesta viaxe: *Na expedición figuran tamén biólogos.*
FAM. expedicionario.

expediente
substantivo masculino
Conxunto de datos e informes sobre algo ou alguén: *No expediente académico figuran todas as cualificacións dos alumnos.*
FAM. expedientar.

experiencia
substantivo feminino
1 Ensinanzas e coñecementos que se adquiren coa práctica ao longo da vida: *Os avós teñen moita experiencia.* ANT. inexperiencia.
2 Feito de vivir algo ou de facelo: *Tivo a experiencia de traballar coidando enfermos.*
3 Operación para comprobar se algo é verdade ou como acontece: *Nos laboratorios realízanse experiencias.* SIN. experimento.
FAM. experimentación, experimentar, experimento, experto.

experimentar
verbo
1 Realizar un conxunto de operacións para comprobar, descubrir ou mostrar algo: *Os científicos experimentan nos laboratorios.*
2 Sentir ou notar algunha sensación: *Ao volvelo ver, experimentou unha gran ledicia.*
3 Sufrir un cambio: *O tempo experimentará un empeoramento.* SIN. sufrir.

experimento
substantivo masculino
Operación para comprobar, descubrir ou mostrar algo: *Os científicos realizan experimentos nos laboratorios.* SIN. experiencia.

experto, experta
adxectivo ou substantivo
Que ten unha grande experiencia, coñecementos e habilidade para facer algo: *Os expertos en economía anuncian a fin da crise.* SIN. especialista. ANT. novato, principiante.

expirar
verbo
1 Botar o aire dos pulmóns: *Expírase pola boca e polo nariz.*
2 Morrer.
3 Acabar ou chegar á fin un período de tempo, especialmente para facer algo: *Xa expirou o prazo de matrícula.* SIN. concluír, finalizar, rematar, terminar.
FAM. expiración.

explicar
verbo
1 Expoñer ou contar algo de forma clara para que se comprenda ben: *O profesor explicaba a lección.* SIN. expoñer, expor.
2 **explicarse** Chegar a comprender ou entender algo: *Non nos explicamos como se portou tan mal.*
3 Facerse entender: *Explícate mellor, porque ninguén te entende.*
FAM. explicación.

explorar
verbo
1 Ir por un territorio observándoo con moita atención para ver o que hai nel: *Exploraban o territorio para trazar o seu mapa.* SIN. inspeccionar, recoñecer.
2 Examinar algo ou alguén a fondo: *O médico exploraba o paciente.* SIN. recoñecer.
FAM. exploración, explorador.

explosión
substantivo feminino
1 División ou rotura de algo en anacos acompañada pola saída de gran cantidade de enerxía en forma de calor, luz ou gases: *A explosión da caldeira da calefacción provocou un incendio.*
2 Manifestación ou desenvolvemento violentos ou repentinos de algo: *O triunfo do equipo produciu unha explosión de ledicia nos afeccionados.*

explosivo, explosiva
adxectivo
1 Que pode facer explosión: *O artefacto explosivo non estoupou.*
2 Que chama moito a atención e produce unha grande impresión: *As declaracións do adestrador foron explosivas.*
adxectivo ou substantivo masculino
3 Dito dunha substancia, que pode facer explosión ou estoupar: *Os terroristas colocaron os explosivos nos baixos do coche.*

explotar
verbo
1 Sacar proveito ou ganancias de algo: *Durante toda a vida explotou o negocio da lousa.*
2 Abusar doutra persoa para conseguir ganancias ou beneficios: *Explota os empregados e así obtén moitas ganancias.*
OBS. Non debe empregarse co significado de 'facer explosión' no canto de *estoupar*.
FAM. explotación.

expoñente
substantivo masculino
1 En matemáticas, número máis pequeno que se coloca á dereita sobre outro para indicar cantas veces se debe multiplicar por si mesmo: *O expoñente de 4^2 indica que hai que multiplicar 4 por 4.*
2 Exemplo ou modelo de algo: *Expoñente do seu desinterese polo estudo é o moito que falta á clase.*
FAM. exponencial.

expoñer ou expor
verbo
1 Amosar ao público para que sexa visto: *Nos escaparates expóñense os produtos.* SIN. presentar. ANT. acochar, agochar, esconder, ocultar.
2 Dar a coñecer algo, expresalo ou declaralo: *Exporá os motivos da súa decisión.* SIN. explicar, presentar. ANT. acochar, agochar, esconder, ocultar.
3 Arriscar ou pór en perigo: *Os bombeiros expoñen moitas veces a propia vida.* SIN. arriscar.
OBS. Conxúgase como *poñer* ou *pór*.
FAM. exposición, expositor, exposto.

exportar
verbo
Vender un produto a un país estranxeiro: *Galicia exporta madeira e peixe.* ANT. importar.
FAM. exportación, exportador.

exposición
substantivo feminino
1 Presentación de algo ao público para que o vexa: *Visitamos unha exposición de cadros de Laxeiro.*
2 Conxunto de obxectos que se presentan ao público para que os vexa: *Co gallo do Día das Letras Galegas faremos unha exposición de libros en galego.*
3 Explicación dun tema ou dunhas ideas para dalos a coñecer: *Cómpre atender as exposicións do profesor na clase.*

expresar
verbo
1 Dar a coñecer con palabras, miradas, xestos ou imaxes: *Coa linguaxe expresamos os nosos pensamentos. Coas bágoas expresaba a súa profunda tristura.* SIN. amosar, comunicar, declarar, dicir, manifestar, mostrar, pregoar, proclamar.
2 **expresarse** Darse a entender por medio da palabra: *Ese cativo exprésase moi ben.* SIN. manifestarse.
FAM. expresión, expresivo, expreso.

expresión
substantivo feminino
1 Manifestación do que se quere dar a coñecer: *Unha aperta é unha expresión de agarimo.*
2 Forma ou modo de manifestar ou dicir algo: *Os xornalistas han de dominar a expresión oral e mais a escrita.*
3 Palabra ou conxunto de palabras cun significado unitario: *«Pagar a pena» é unha expresión.*

expreso
adxectivo
1 Que se fai moi rapidamente: *Tomou un café expreso.*
adxectivo ou substantivo masculino
2 Referido a un tren, que vai moi rápido e só para nas localidades moi importantes: *Viaxou no expreso a Barcelona.*

expropiar
verbo
Quitar unha propiedade, especialmente o Estado, a cambio de cartos ou outro terreo por razóns de interese público: *Vanlle expropiar esa leira para construír un colexio.*
FAM. expropiación.

expulsar
verbo
Botar fóra: *O árbitro expulsou o defensa por dobre amoestación.* SIN. botar.
FAM. expulsión.

exquisito, exquisita
adxectivo
Moi bo ou de extraordinaria calidade: *Ese xamón curado é exquisito.*

extensión
substantivo feminino
1 Superficie ou espazo ocupado por algo: *A extensión da redacción non debe pasar das trinta liñas.*
2 Aumento do espazo ou da difusión de algo: *Os bombeiros evitaron a extensión do incendio ás casas.* SIN. difusión, expansión, propagación.
3 Movemento polo que se estira algo: *O profesor de educación física mandaba exercicios de flexión e extensión de brazos.*

extenso, extensa
adxectivo
Máis grande ou amplo do considerado normal: *No val había extensos cultivos de millo.* SIN. grande, vasto. ANT. pequeno.

extenuar
verbo
Cansar por completo: *O derradeiro tramo da escalada extenuou moitos ciclistas.* SIN esgotar.
OBS. Conxúgase como *actuar.*

exterior
adxectivo
1 Que está na parte de fóra: *A torta leva unha capa exterior de chocolate.* SIN. externo. ANT. interior, interno.
2 Que dá á parte de fóra: *Gústanme máis os cuartos exteriores, que dan ao xardín, ca os interiores, que dan ao patio de luces.* ANT. interior, interno.

substantivo masculino

3 Parte de fóra: *O exterior da casa é un fermoso xardín.* ANT. interior, interno.

FAM. exteriorizar.

exterminar

verbo

Matar sen deixar vivo a ninguén: *Exterminou os mosquitos do xardín cun insecticida.*

FAM. exterminación, exterminador, exterminio.

externo, externa

adxectivo

1 Que está fóra ou na parte de fóra: *A casca é a parte externa dos toros das árbores.* SIN. exterior ANT. interior, interno.

2 Dito dunha persoa, que non vive onde traballa ou estuda: *Os alumnos externos non dormen no internado.* ANT. interno.

extinción

substantivo feminino

1 Feito de apagar un lume: *Os bombeiros lograron a extinción do incendio nunha hora.*

2 Fin de algo que se vai acabando pouco a pouco: *Hai moitas especies vexetais e animais en extinción.*

extinguir

verbo

1 Apagar un lume: *A chuvia extinguiu o incendio.* SIN. apagar, sufocar. ANT. acender, prender.

2 Rematar ou acabar algo despois de diminuír pouco a pouco: *A causa da contaminación pódense extinguir moitas especies vexetais e animais.*

OBS. O *gu* cambia en g diante de *a, o*, como en *distinguir*.

FAM. extinción, extintor.

extintor

substantivo masculino

Aparello usado para apagar o lume: *Os extintores conteñen líquidos ou escumas que apagan o lume.*

extra

adxectivo

1 Que é mellor ca o normal ou habitual: *Este chocolate é de calidade extra.*

adxectivo ou substantivo masculino

2 Que se engade a algo e que se dá de máis: *Nesta empresa facemos moitas horas extras.*

substantivo

3 No cine ou no teatro, persoa que sae formando parte dun grupo pero non pronuncia ningún texto: *Antes de ser actor fixo de extra en moitas películas.*

substantivo feminino

4 Paga que se engade á habitual: *En xullo e decembro cóbranse as extras.*

OBS. Na acepción 1 é invariable tamén en número: *Só lle poño ao coche aceites extra.*

extraer

verbo

1 Pór ou sacar fóra algo: *Ese ventilador extrae o fume e gases da cociña.* SIN. quitar, sacar, tirar. ANT. meter.

2 Obter unha substancia ou produto doutra cousa: *O aceite extráese das olivas.* SIN. quitar, sacar, tirar.

OBS. Conxúgase como *caer*.

FAM. extracción, extractor.

extraordinario, extraordinaria

adxectivo

1 De tamaño, cantidade ou calidade maiores ca as normais: *Ese libro é extraordinario.* SIN. bárbaro, estupendo, excelente, excepcional, fabuloso, fantástico, formidable, magnífico, marabilloso, sensacional, soberbio, xenial. ANT. cativo, malo, ruín.

2 Fóra do normal: *Que neve en setembro é algo extraordinario.* SIN. prodixioso, sorprendente. ANT. corrente, habitual, normal.

substantivo feminino

3 Paga que se recibe á parte do soldo normal: *Cobramos dúas extraordinarias: unha en xuño e outra en decembro.*

extraterrestre

adxectivo ou substantivo

De fóra da Terra: *Do prato voador baixaron uns extraterrestres.*

extravagante

adxectivo

Moi raro ou fóra do considerado normal: *Levaba un chapeu extravagante adornado con rosas.* SIN. estrafalario, estraño, raro.

FAM. extravagancia.

extraviar

verbo

1 Perder unha cousa e non atopala: *Extraviou as chaves da casa.* SIN. perder. ANT. atopar, encontrar.

2 Perder ou non atopar o camiño adecuado: *Extraviáronse na montaña e rescatounos a Garda Civil.*
OBS. Conxúgase como *afiar*.

extremidade
substantivo feminino
1 Cada un dos brazos, pernas ou patas de persoas e animais: *As persoas teñen catro extremidades, dúas pernas e dous brazos.*
2 Parte que inicia ou remata unha cousa: *As unllas están na extremidade dos dedos.*

extremo, extrema
adxectivo
1 Moi grande ou moi forte: *No verán aquí vai unha calor extrema.*
2 Que está no límite de algo: *Militaba nun partido de extrema dereita.*
3 Que está moi lonxe no espazo ou no tempo: *Vive nun barrio extremo da cidade.*
substantivo masculino
4 Parte que está no principio ou na fin dunha cousa: *O primeiro e o derradeiro ocupan os extremos da ringleira.*
5 Límite ou punto máis alto ao que se pode chegar: *Practica a caridade ata o extremo de vivir el pobre.*
6 En deportes como o fútbol, dianteiro que xoga polas bandas: *Os extremos deben centrar ben o balón.*
EXP. **En extremo** Moi: *Ao rematar a carreira estaba canso en extremo.*

F

f
substantivo masculino

Letra número seis do abecedario: *Fábrica comeza por* f.
OBS. O seu nome é efe.

faba
substantivo feminino

1 Planta cultivada nas hortas e que ten un froito longo, verde e terminado en punta con sementes comestibles dentro: *As fabas medran agarradas a guías.* SIN. feixón.
2 Semente desta planta que se cociña cando está seca: *Coas fabas faise a fabada.* SIN. feixón.
FAM. fabada.

fábrica
substantivo feminino

Lugar onde se fan moitos produtos iguais con máquinas: *Traballa nunha fábrica de coches.* SIN. factoría.

fabricar
verbo

1 Facer moitos produtos iguais con máquinas: *Fabricarán un novo modelo de coche nesta factoría.*
2 Facer ou construír algo: *Foi quen de fabricar el só unha radio con pezas doutras radios vellas.*
OBS. O *c* cambia en *qu* diante do *e*, como en *sacar.*
FAM. fábrica, fabricación, fabricante, fabril.

fabril
adxectivo

Das fábricas: *A actividade fabril é moi importante en Vigo.*

fábula
substantivo feminino

1 Conto cuxos personaxes son animais con características humanas e do que se tira unha ensinanza: *A fábula da chicharra e da formiga ensina a necesidade de traballar para vivir.*
2 Mentira ou historia inventada: *Iso de que viu un extraterrestre é unha fábula.* SIN. conto, mentira.
FAM. fabular, fabuloso.

fabuloso, fabulosa
adxectivo

Tan bo ou grande que parece fantástico: *Estas vacacións foron fabulosas.* SIN. bárbaro, estupendo, excelente, extraordinario, fantástico, formidable, magnífico, marabilloso, sensacional. ANT. cativo, malo, ruín.

facción
substantivo feminino

Grupo de persoas que se separan doutro grupo máis amplo: *Unha facción do partido pide o adianto das eleccións.*
FAM. faccioso.

face
substantivo feminino

1 Cara.
2 Superficie dunha moeda ou medalla onde vai representada unha cara ou imaxe: *Na face da medalla aparecía a imaxe da Virxe.* SIN. anverso, cara, faciana, rostro. ANT. cruz, dorso, reverso.
3 Cara principal dun tecido, papel ou folla: *As follas teñen face e envés.* SIN. anverso, cara, faciana, rostro. ANT. dorso, envés.

faceira
substantivo feminino

Cada unha das partes da cara, entre os ollos e a boca, especialmente se son gordas: *O meniño tiña unhas faceiras coloradas.*

facenda
substantivo feminino

1 Conxunto de todos os bens, propiedades e cartos de alguén: *Os ricos teñen moita facenda.* SIN. bens.
2 Bens, propiedades e impostos do Estado: *A Facenda fórmana todos os bens e propiedades do Estado.*
3 Conxunto do gando dunha casa de campo: *Os bois e as vacas forman parte da facenda.*

facer
verbo

1 Crear, fabricar ou inventar: *Están a facer unha nova escola.*
2 Realizar unha actividade: *Ao erguerse sempre fai uns minutos de ximnasia.*
3 Mandar realizar unha actividade: *No colexio fannos traballar moito.*
4 Producir unha causa ou efecto: *A calor fai suar.*
5 Preparar ou amañar: *Ao te ergueres, fai a cama.*
6 Dar a entender algo: *Fai o xordo cando lle berran.*
7 Cumprir unha determinada idade: *O curmán xa fixo os dez anos.*
8 Emitir sons que non son palabras: *A vaca fai muuu.*
9 facerse Chegar a ser: *Xa se fixo de noite.*
10 Acostumarse a algo novo: *Aínda non me fixen ao cambio de hora.*
11 Resultar: *Faise duro madrugar.*
EXP. **Facer coma quen non ve** Facer como se non se entendese algo: *Se lle berran el fai coma quen non ve.* **Facer e desfacer** Mandar con autoridade total: *Na empresa o subdirector fai e desfai.* **Facerse con algo** Conseguir: *Fíxose cunha boa biblioteca.* **Non hai nada que facerlle** Non ten solución ou non pode evitarse xa: *Rompeu o cristal e agora non hai nada que facerlle.*
OBS. Véxase *conxugación.*
FAM. feito, afacer, desfacer, desfeita, desfeito, quefacer, refacer, satisfacer.

faceta
substantivo feminino

Cada un dos aspectos ou formas en que se pode ver ou estudar algo: *Estudou o románico galego en todas as súas facetas: arte, literatura, pensamento etc.* SIN. aspecto.

facha
substantivo feminino

Aspecto exterior dunha persoa: *Ese mozo co que falabas ten moi boa facha.* SIN. aparencia, pinta.

fachada
substantivo feminino

Parte exterior dun edificio, especialmente a dianteira: *Na fachada do pazo está o escudo da familia.*

fachenda
substantivo feminino

Valoración moi grande e esaxerada dun mesmo e das cousas propias: *Ensina con fachenda o seu novo coche.* ANT. humildade, modestia.
FAM. fachendoso.

facho
substantivo masculino

Pau con lume nun extremo que serve para alumar: *O gardián colleu un facho para iluminar as escaleiras do calabozo do castelo.*

facer			
INDICATIVO		**SUBXUNTIVO**	**IMPERATIVO**
Presente fago fas fai facemos facedes fan	**Copretérito** facía facías facía faciamos faciades facían	**Presente** faga fagas faga fagamos fagades fagan	fai facede **FOR. NOMINAIS** **Infinitivo** facer
Pretérito fixen fixeches fixo fixemos fixestes fixeron	**Antepretérito** fixera fixeras fixera fixeramos fixerades fixeran	**Pretérito** fixese fixeses fixese fixésemos fixésedes fixesen	**Xerundio** facendo **Participio** feito
Futuro farei farás fará faremos faredes farán	**Pospretérito** faría farías faría fariamos fariades farían	**Futuro** fixer fixeres fixer fixermos fixerdes fixeren	**Inf. conxugado** facer faceres facer facermos facerdes faceren

facial
adxectivo

Da cara ou relacionado con ela: *Para evitar as engurras bota unha crema facial.*

faciana
substantivo feminino

Cara.

fácil
adxectivo

Que se consegue, fai ou acontece con pouco traballo ou esforzo: *Acabou axiña porque o exame era mo fácil.* SIN. doado, sinxelo. ANT. difícil.
FAM. facilidade, facilitar.

facilidade
substantivo feminino

1 Capacidade para facer algo sen traballo nin esforzo ou moi ben: *Ten unha gran facilidade para resolver problemas de matemáticas.* SIN. destreza, habilidade, mestría. ANT. dificultade, torpeza.

plural

2 Medios que fan que algo se consiga con menos esforzo: *Déronnos moitas facilidades para pagarmos o televisor.*

facilitar
verbo

1 Facer que algo sexa máis fácil: *Os electrodomésticos facilitaron moito as faenas da casa.* ANT. complicar, dificultar.

2 Dar algo que é necesario: *No traballo facilítanlles aos obreiros a ferramenta.* SIN. abastecer, fornecer, proporcionar, prover, subministrar.

factor
substantivo masculino

1 Cada un dos elementos ou circunstancias que inflúen en algo: *Os factores climáticos condicionan a agricultura dunha zona.*

2 En matemáticas, cada unha das cantidades con que se fai unha multiplicación: *Os factores da multiplicación son o multiplicando e o multiplicador.*

factoría
substantivo feminino

Lugar onde se fan moitos produtos iguais con máquinas: *En Vigo hai importantes factorías navais.* SIN. fábrica.

factura
substantivo feminino

Nota en que aparece escrita a cantidade de cartos que hai que pagar por algo: *Nas facturas especifícase cada elemento que se comprou e o seu prezo.* SIN. conta, recibo.
FAM. facturación, facturar.

facultade
substantivo feminino

1 Capacidade ou condicións para facer algo: *Ten moitas facultades para a pintura.* SIN. capacidade.

2 Poder para facer algo: *Os gardas de tráfico teñen a facultade de pór multas.* SIN. potestade.

3 Cada unha das seccións dunha universidade en que se estuda unha carreira distinta: *A Universidade de Santiago conta cunha prestixiosa facultade de medicina.*

fada
substantivo feminino

1 Muller imaxinaria con poderes máxicos: *Coa súa variña a fada pode converter unha ra en príncipe.*

2 Sorte: *Tivo a boa fada de que lle tocou a lotaría.*
FAM. fadar.

fado
substantivo masculino

1 Destino ou futuro que espera a unha persoa: *Seica o seu fado era ser médico e foi traumatólogo.* SIN. destino.

2 Canción popular portuguesa de ton triste: *É unha gran cantante de fados.*

faena
substantivo feminino

1 Traballo que hai que facer: *As faenas da casa son pesadas.* SIN. angueira, labor, ocupación, quefacer, tarefa, traballo.

2 Mala acción contra alguén: *Fíxome a faena de me devolver o ordenador estragado.* SIN. xogada.

faia
substantivo feminino

1 Árbore de grande altura, de folla caduca, casca lisa de cor verde ou gris e madeira moi apreciada: *A faia é propia dos climas húmidos.*

2 Madeira desta árbore: *As portas son de faia.*
OBS. É distinto de *falla*.

faiado
substantivo masculino

Parte dunha casa que está xusto debaixo do tellado e que adoita usarse para gardar cousas inservibles: *Gardamos os trastes vellos no faiado.*

faisán
substantivo masculino

Ave do tamaño dun galo con cola moi longa con plumas de cores rechamantes e carne moi apreciada: *O faisán é orixinario de Asia.*

faísca
substantivo feminino

Partícula con lume que salta de algo que arde ou de dous obxectos que se rozan: *Este toro arde ben, pero bota moitas faíscas.* SIN. charamela, charamusca, chispa, moxena, muxica.

faiscar
verbo

1 Botar faíscas ou chispas: *Eses toros faíscan ao arder.*

2 Chuviñar.

OBS. O *c* cambia en *qu* diante do *e*, como en *sacar*. Conxúgase como *afiar*.

faixa
substantivo feminino

1 Peza interior de vestir que cingue o corpo desde o peito ou a cintura ata ás nádegas ou o comezo das pernas: *Usa faixa para parecer máis delgado.*

2 Tira longa e estreita de calquera material: *O uniforme de gala dos xenerais leva faixa.*

fala
substantivo feminino

1 Capacidade de falar: *Co susto perdeu a fala.* SIN. palabra.

2 Lingua propia dunha comunidade humana: *A nosa fala é o galego.* SIN. idioma, lingua.

3 Variedade dunha lingua propia dunha determinada zona xeográfica ou dun grupo social: *Na fala dos escolares as matemáticas son as matracas.*

faladoiro
substantivo masculino

Reunión de persoas para falar sobre temas de actualidade: *Ese xornalista participa nun faladoiro da Radio Galega.*

OBS. A forma **tertulia* é incorrecta.

falador, faladora
adxectivo

Que fala moito: *É un rapaz moi falador.* SIN. charlatán, falangueiro, locuaz. ANT. calado, taciturno.

falangueiro, falangueira
adxectivo

Que fala moito e con conversa agradable: *É un mozo moi falangueiro e cortés con todos.* SIN. falador, paroleiro. ANT. calado, taciturno.

falante
substantivo

Persoa que fala unha determinada lingua: *Nas zonas de Zamora e Asturias próximas a Galicia hai falantes de galego.*

falanxe
substantivo feminino

1 Na antiga Grecia, unidade de infantaría famosa pola súa dureza ao atacar: *As falanxes organizábanse en varias filas.*

2 Grupo político español que propuña a eliminación dos demais partidos políticos e a obediencia a un xefe único: *A Falanxe é un movemento político fascista e totalitario.*

3 Cada un dos ósos dos dedos, especialmente o que une o dedo á man ou ao pé: *As falanxes son tres.*

OBS. Na acepción 2 adoita escribirse con inicial maiúscula.

FAM. falanxismo, falanxista.

falar
verbo

1 Pronunciar ou dicir palabras para comunicarse: *Ese neno xa fala moi ben.* ANT. calar, enmudecer.

2 Coñecer unha lingua o suficiente para usala: *Fala galego, castelán e inglés.*

3 Dirixirlle a palabra a alguén: *Non se falan porque están a mal.*

4 Ter unha relación amorosa: *Fala cunha compañeira da clase.*

EXP. **Nin falar** Emprégase para negar con enerxía: *De irmos ao cine..., nin falar.*

FAM. fala, falador, falangueiro, falante, malfalado, altofalante.

falcatrúa ou falcatruada
substantivo feminino

1 Mala acción realizada con engano e trampa:

Entrou no cárcere polas súas falcatruadas. SIN. aduanada, algueirada.
2 Trasnada.
FAM. falcatrueiro.

falcón

substantivo masculino

Ave de rapina diúrna que se amestra para a caza de cetraría: *Os nobres medievais amestraban falcóns para cazar.*

faldra

substantivo feminino

1 Parte inferior dun vestido que cae solta desde a cintura para abaixo: *O monxe levaba as mazás na faldra recollida do hábito.* SIN. aba.
2 Peza de vestir feminina que parte da cintura e que pode ser máis ou menos longa: *Levaba unha faldra e unha blusa a xogo.* SIN. saia.
3 Cobertura de tea para revestir algunhas mesas e que chega ata o chan: *A mesa de braseiro tiña unha faldra verde.*
4 Parte inferior dunha montaña: *O vieiro subía pola faldra da montaña.* SIN. aba, pé.
5 Carne do ventre do gando vacún ou porcino: *Mercou na carnizaría dous quilos de faldra.*

faldriqueira

substantivo feminino

Bolso pequeno que se coloca na cintura para levar cartos: *A faldriqueira adoitaban usala as mulleres.*

faldrón

substantivo masculino

1 Parte inferior dalgunhas pezas de vestir que cae desde a cintura para abaixo: *As levitas e as casacas teñen faldróns.*
2 Peza de vestir dos bebés en forma de saia, que os cobre desde a cintura ata os pés: *O bebé levaba un faldrón branco con encaixes.*

falecer

verbo

Morrer.
FAM. falecemento, falecido.

falla[1]

substantivo feminino

Falta.

falla[2]

substantivo feminino

Rotura na codia terrestre: *O terremoto causou fallas na zona.*

fallar

verbo

1 Non haber ou non ter aquilo que se necesita ou ter menos do necesario: *Fallan a auga e os alimentos na zona do terremoto.* SIN. faltar. ANT. abondar, bastar, chegar.
2 Non acertar ou saír mal algo: *O dianteiro fallou o penalti e botou o balón fóra.* SIN. errar. ANT. acertar, atinar.
EXP. **A falla de, botar en falla, facer falla** Véxase *falta.*
OBS. Non debe empregarse no canto de *pronunciar unha sentenza* nin de *conceder un premio.*
FAM. falla, fallo.

fallo

substantivo masculino

1 Erro ou calquera cousa que sae ou se fai mal: *O gol foi debido a un fallo da defensa.* SIN. erro. ANT. acerto.
2 Defecto ou calquera cousa que fai que algo non estea ben: *A porta ten algúns fallos na pintura.* SIN. defecto, falla, falta.
OBS. Non debe empregarse no canto de *sentenza, veredicto.*

falsear

verbo

Cambiar algo para ocultar a verdade: *Falsearon as contas para agochar as perdas da empresa.* SIN. falsificar.

falsificar

verbo

1 Facer unha copia de algo intentando que pase por verdadeira ou auténtica: *Falsificaban billetes de cincocentos euros.* SIN. falsear.
2 Cambiar algo para ocultar a verdade: *Falsificou a factura para ocultar un roubo.* SIN. falsear.
OBS. O *c* cambia en *qu* diante do *e*, como en *sacar.*
FAM. falsificación.

falso, falsa

adxectivo

1 Que non é verdade: *Ese anel é falso, pois non é de ouro.* ANT. verdadeiro.

adxectivo ou substantivo
2 Dito dunha persoa, que non di a verdade: *Non me gustan as persoas falsas que menten.* SIN. embusteiro, hipócrita, mentireiro. ANT. auténtico, sincero, verdadeiro.
EXP. **En falso** sen a debida seguridade: *Pisou en falso e esvarou.*
FAM. falsear, falsidade, falsificación, falsificador, falsificar.

falta
substantivo feminino
1 Ausencia de algo ou de alguén: *Non me gusta a súa falta de lealdade.* SIN. falla.
2 Ausencia do necesario para algo: *A falta de recursos impide acometer as obras.* SIN. carencia, falla.
3 Defecto ou imperfección: *Ese xersei está rebaixado porque ten faltas.* SIN. defecto, deficiencia, falla, fallo, imperfección, tacha.
4 Erro ou calquera cousa mal feita ou equivocada: *Cómpre evitar as faltas de ortografía.* SIN. erro, error, fallo.
5 Acción que vai en contra dunha norma ou lei: *No fútbol é falta tocar o balón coa man.*
EXP. **Á falta de** Sen o que se indica: *Á falta de arames, usamos cordeis para atar a carga.* **Facer falta** Ser necesario: *Fan falta tres cadeiras máis.* **Sen falta** De maneira segura: *Ese envío chegará sen falta o luns.*

faltar
verbo
1 Non existir ou non haber algo: *Desde que marchaches, na casa falta a ledicia.*
2 Non haber suficiente: *Fáltanme dez euros para mercar ese pantalón.* SIN. fallar. ANT. abondar, bastar, chegar.
3 Non ir a un sitio ou non cumprir cunha obriga: *Pola nevarada faltaron moitos alumnos á clase.*
4 Ofender ou molestar a alguén: *Nunca lle faltou ao respecto a ninguén.*
5 Quedar tempo para que aconteza algo: *Aínda faltan dez minutos para o comezo do partido.* SIN. quedar.
6 Quedar algo sen facer: *Só me falta peitearme para estar preparado.*
EXP. **Non faltaba/faltaría máis** Úsase para darlle máis forza ao que se di: *Claro que irei á túa festa de aniversario, non faltaba máis.*
FAM. falta, falto, faltón.

***faltriqueira**, a forma correcta é **faldriqueira**.

fama
substantivo feminino
1 Situación e estado de algo ou alguén que son moi coñecidos: *Os cantantes adoitan ter moita fama.* SIN. sona.
2 Opinión, xuízo ou valoración sobre algo ou alguén: *Esa panadaría ten moi boa fama.* SIN. prestixio, sona.
FAM. famoso.

fame
substantivo feminino
1 Sensación producida pola gana de comer: *Xantaron cedo porque tiñan moita fame.*
2 Falta de alimentos necesarios: *Na Idade Media producíanse moitas fames.*
EXP. **Fame negra** Gana moi grande de comer: *Non almorcei, son as catro da tarde e teño unha fame negra.*
FAM. famento, afamado, esfameado.

familia
substantivo feminino
1 Grupo de persoas emparentadas entre si e que viven xuntas, especialmente o formado por pai, nai e fillos.
2 Conxunto de fillos ou descendentes dunha persoa: *Pertence a unha familia aristocrática.*
3 Conxunto de persoas ou cousas cunha característica común: *Unha familia de palabras é un conxunto de palabras que teñen a mesma raíz.*
FAM. familiar, familiaridade, familiarizar.

familiar
adxectivo
1 Da familia ou relacionado con ela: *Gústanlle moito as festas familiares.*
2 Que resulta coñecido: *A cara dese rapaz éme familiar.*
3 Sinxelo e sen cerimonias: *A Conselleira tratounos dun xeito familiar.*
4 De tamaño maior ca o normal: *Mercou un paquete de galletas familiar.*
substantivo masculino
5 Persoa que pertence á mesma familia que outra: *Visitounos un familiar que emigrou á Arxentina.* SIN. parente.

fan
substantivo
Persoa que admira moito a outra ou algo: *Ese cantante ten moitos fans.*

fanar
verbo
Cortar e separar algún membro ou parte do corpo: *Fanou o dedo índice coa serra.*
FAM. fanado.

fanático, fanática
adxectivo ou substantivo
1 Que cre que o que el pensa é o mellor, o único ou o verdadeiro: *Os fanáticos non admiten as opinións contrarias.*
2 Que lle gusta moitísimo algo: *É un fanático dos trens de xoguete.*
FAM. fanatismo.

faneca
substantivo feminino
Peixe mariño, de pel case transparente, de cor agrisada e moi apreciado polo sabor da súa carne: *De primeiro tomamos unhas fanecas fritas.*

fanega
substantivo feminino
1 Medida tradicional de capacidade para grans, legumes e sementes que oscila, segundo os lugares, entre os 45 e os 90 quilogramos: *Unha fanega adoita equivaler a catro ou cinco ferrados.*
2 Medida tradicional de superficie que equivale aproximadamente a 2000 metros cadrados: *Unha fanega equivale, segundo os lugares, a catro ou seis ferrados.*

fanerógamo, fanerógama
adxectivo
Dito das plantas, que se reproducen por sementes: *A flor é o órgano reprodutor das plantas fanerógamas.*

fanfarra
substantivo feminino
Banda de música formada principalmente por instrumentos de metal: *Daban a alborada uns gaiteiros e unha fanfarra.*

*fanfarrón, a forma correcta é fanfurriñeiro.

fanfurriñeiro, fanfurriñeira
adxectivo ou substantivo
Que presume do que non é ou do que non ten: *É un fanfurriñeiro que di que ten montes e moreas, pero está arruinado.* SIN. fantoche.

fantasía
substantivo feminino
1 Capacidade da mente para pensar ou imaxinar cousas pasadas, afastadas ou mesmo inexistentes: *Grazas á fantasía imaxina como era unha aldea medieval.*
2 Calquera cousa imaxinada, irreal ou imposible: *Iso de que é astronauta é só unha fantasía súa.*
FAM. fantasiar, fantasioso.

fantasma
substantivo masculino
Pantasma.
FAM. fantasmal.

fantástico, fantástica
adxectivo
1 Que non é real senón invento da imaxinación ou fantasía: *Os trasgos son seres fantásticos do folclore galego.* SIN. fabuloso, imaxinario. ANT. real, verdadeiro.
2 Moi bo ou extraordinario: *Vive nun chalé fantástico.* SIN. bárbaro, estupendo, excelente, excepcional, extraordinario, fabuloso, formidable, imaxinario, magnífico, marabilloso, prodixioso, sensacional.

fantoche
substantivo masculino
1 Persoa de aspecto ridículo: *Vestido con esa roupa de Entroido parece un fantoche.*
2 Fanfurriñeiro.

faquir
substantivo masculino
1 Persoa de relixión musulmá ou hindú que vive de esmolas e leva unha vida de oración e sacrificio: *Os faquires pasan horas meditando sen beber nin comer.*
2 Artista de circo que realiza números como cravar espadas, comer lume, andar sobre cravos ou outros parecidos sen que lle pase nada: *No circo o faquir déitase nunha cama de cravos.*

*faradio, a forma correcta é farad.

faragulla
substantivo feminino
Anaco moi pequeno de pan: *No mantel había unhas faragullas.* SIN. miga, migalla.
FAM. esfaragullar.

faraón
substantivo masculino
Rei do antigo Exipto, país do norte de África: *Algunhas pirámides exipcias son tumbas de faraóns.*
FAM. faraónico.

fardel, fardela ou **fardelo**
substantivo masculino ou feminino
Saco pequeno: *Levaba as barras de pan nun fardel.*

fardo
substantivo masculino
Paquete grande de roupa ou de calquera mercadoría: *Fixo un fardo coa roupa sucia e levouna á lavandaría.*

farelo
substantivo masculino
Casca esmiuzada do gran moído do trigo, millo e outros cereais, separada da fariña: *Botoulle farelo ás vacas.* SIN. relón.

farfallar
verbo
Falar de algo presumindo pero sen coñecementos: *Non sabe de nada pero el farfalla.*
FAM. farfallán.

farinxe
substantivo feminino
No sistema dixestivo dalgúns vertebrados, conduto situado a continuación da boca que comunica o nariz coa larinxe e o esófago: *A deglutición dos alimentos realízase na farinxe.*
FAM. farínxeo, farinxite.

fariña
substantivo feminino
Po que se obtén ao moer os grans de cereais como o trigo ou o millo, quitándolles o farelo: *A fariña pode ser triga, centea ou milla.*
FAM. fariñento.

farmacéutico, farmacéutica
adxectivo
1 Da farmacia ou relacionado con elas: *As menciñas son produtos farmacéuticos.*
substantivo
2 Persoa que prepara menciñas e dirixe unha farmacia: *O farmacéutico revisaba as receitas.* SIN. boticario.

farmacia
substantivo feminino
1 Establecemento onde se elaboran e venden medicinas: *Mercou o xarope na farmacia.* SIN. botica.
2 Ciencia que estuda como se preparan as medicinas: *Estuda Farmacia en Santiago.*
FAM. farmacéutico, fármaco.

faro
substantivo masculino
1 Torre alta que, cunha luz, sinala pola noite aos barcos onde está a costa: *Os faros evitan que naufraguen moitos barcos.*
2 Luz dianteira dos coches e vehículos: *Era de noite e acendeu os faros.*

farol
substantivo masculino
Caixa de vidro portátil ou fixa cunha luz dentro para alumar: *Os farois iluminan as rúas pola noite.*
OBS. A forma **farola* é incorrecta.
FAM. faroleiro.

***farra**, a forma correcta é **troula**.

farrapeiro, farrapeira
adxectivo ou substantivo
Que ten a roupa vella e rota: *Merca roupa nova e non andes así de farrapeiro.* SIN. farrapento.

farrapento
adxectivo ou substantivo
Farrapeiro.

farrapo
substantivo masculino
1 Roupa rota e vella: *Anda sempre vestido de farrapos.*
2 Anaco de tea vello, roto ou en mal estado: *No canto de manta tiña un farrapo vello.*
3 Folerpa.
plural
4 Flocos da gaita: *Os farrapos penduran do roncón.*
EXP. **Farrapo de gaita** Indica desprezo ou rexeitamento: *Ese libro non vale nin un farrapo de gaita.*
FAM. farrapeiro, farrapento.

farruco, farruca
adxectivo
1 Que amosa atrevemento: *Púxose farruco e o xefe amoestouno.*

2 Que non cambia de idea ou opinión: *Ela segue farruca e non cambia de opinión.*
3 Que se mantén con boa saúde: *O avó estache moi farruco.* SIN. rufo.
4 Que presume moito: *Ía todo farruco co traxe novo.* SIN. rufo.

farsa
substantivo feminino
1 Obra de teatro, habitualmente breve e cómica: *A farsa pretende que o público ría.*
2 Mentira ou engano para aproveitarse ou ocultar algo: *Estou farto das súas farsas para sacarme cartos.* SIN. argallada, comedia.
FAM. farsante.

fartar
verbo
1 Satisfacer por completo unha necesidade, especialmente a fame: *Naquel xantar comemos ata fartar.* SIN. encher, saciar.
2 Cansar moitísimo: *Ese traballo fartounos a todos.* SIN. cansar, encher, saciar
OBS. Ten dous participios, *farto, farta*, usados como adxectivo, e *fartado* usado na conxugación.
FAM. farta, farto, fartura, farturento.

fascinante
adxectivo
Que gusta ou atrae moito: *Ese conto resulta fascinante.* SIN. encantador, engaiolante.
FAM. fascinar.

fascismo
substantivo masculino
Sistema político que nega a democracia e atribúe todo o poder a un líder: *O fascismo xurdiu en Italia nos anos vinte.*
FAM. fascista.

fase
substantivo feminino
1 Cada un dos períodos de tempo en que se divide algo: *A infancia é a fase de crecemento do ser humano.* SIN. estado, etapa.
2 Cada unha das formas en que pode verse a Lúa: *As fases da Lúa son cuarto crecente, lúa chea, cuarto minguante e lúa nova.* SIN. cuartos.

***fastidiar**, a forma correcta é **enfastiar**.

fastío
substantivo masculino
1 Sensación de molestia ou desgusto: *É un fastío ter que madrugar tanto.*
2 Sensación de aburrimento ou descontento: *Esa película produce fastío.* SIN. aburrimento, cansazo.
FAM. enfastiar.

fastoso, fastosa
adxectivo
Feito con moito luxo e riqueza: *O sultán vive nun palacio fastoso.*

***fastuoso**, a forma correcta é **fastoso**.

fatal
adxectivo
Moi malo: *Hoxe vai un tempo fatal.*
FAM. fatalidade.

fatiga
substantivo feminino
Sensación de cansazo e de falta de forzas: *O ciclista chegou á meta con fatiga.* SIN. cansazo, canseira. ANT. descanso.
FAM. fatigante, fatigar, fatigoso.

fato[1]
substantivo masculino
Conxunto de persoas, animais ou cousas: *Na porta había un fato de homes.* SIN. feixe, grupo.

fato[2], fata
adxectivo
Quen ten ou demostra pouca intelixencia: *Calquera o engana porque é moi fato.* SIN. necio, parvo. ANT. astuto, listo.

fatuo, fatua
adxectivo
Que cre que é mellor ca os demais: *É unha persoa fatua que pensa que é máis listo ca ninguén.*

fauces
substantivo feminino plural
Parte de atrás da boca dos animais mamíferos, especialmente dos carnívoros: *O león ensinoulle as fauces ao domador.*

fauna
substantivo feminino
Conxunto dos animais característicos dunha zona: *O raposo e o lobo son propios da fauna galega.*

favo
substantivo masculino
1 Cada un dos compartimentos onde as abellas depositan o pole e elaboran o mel:

As abellas tapan os favos coa cera que producen. SIN. cela.
2 Panal.

favor
substantivo masculino
Axuda dada a alguén: *Fíxome o favor de prestarme cartos.*
EXP. **De favor** Como axuda: *Fíxome o traballo de favor e non me cobrou.* **En favor de** En proveito de alguén: *Testou en favor da sobriña.* **Por favor** Úsase para pedir as cousas con educación: *Por favor, pásame o saleiro.*
FAM. favorable, favorecer, favoritismo, favorito.

favorable ou **favorábel**
adxectivo
1 Que beneficia: *O barco navega con vento favorable.* SIN. apropiado, axeitado, conveniente, oportuno, propicio. ANT. adverso, desfavorable, inconveniente.
2 Disposto a facer ou deixar facer algo: *Os pais son favorables a que estude medicina.* ANT. contrario, desfavorable.

favorecer
verbo
1 Axudar ou beneficiar: *A calor e a humidade favorece o crecemento das plantas.* SIN. axudar. ANT. prexudicar.
2 Facer que alguén pareza máis guapo: *Esa camisa favoréceo moito.*
OBS. É regular: *favorezo, favoreza.*

favorito, favorita
adxectivo ou substantivo
1 Que é o preferido: *A miña comida favorita é a empanada.* SIN. preferido.
2 Que ten moitas posibilidades de gañar: *Neste partido o Ourense sae como favorito.*

fazaña
substantivo feminino
Feito realizado con grande esforzo, mérito e valor: *Fixo a fazaña de escalar a montaña nevada.* SIN. proeza.

fazula
substantivo feminino
Meixela.

fe
substantivo feminino
1 Nas relixións, feito de crer en Deus: *Os católicos teñen fe en Deus.*
2 Confianza total en algo ou alguén: *Ten moita fe nos seus proxectos.*

feble
adxectivo
Sen forza ou resistencia: *Despois da enfermidade quedou feble.* SIN. débil. ANT. forte.

febra
substantivo feminino
1 Anaco de fío ou doutra materia semellante, longo e moi estreito: *Enfiou a agulla cunha febra.*
2 Carne sen graxa: *Gústalle a febra do xamón.*
OBS. É distinto de *fibra.*

febre
substantivo feminino
1 Aumento da temperatura do corpo a causa dunha enfermidade: *A gripe produce febre.* SIN. quentura.
2 Afección ou atracción moi grande por algo: *Entroulle agora a febre polas motos de carreiras.*

febreiro
substantivo masculino
Segundo mes do ano: *Febreiro ten vinte e oito días.*

feces
substantivo feminino plural
1 Substancias sobrantes que se acumulan no intestino tras a dixestión dos alimentos e son expulsadas polo ano: *O médico mandoulle unha análise das feces.* SIN. excremento.
2 Depósito que queda no fondo dos recipientes que conteñen certos líquidos: *No fondo da cuba quedaron as feces do viño.*
SIN. borra, pouso.
FAM. fecal.

fecha
substantivo feminino
Grolo.

fechadura
substantivo feminino
Pechadura.

fechamento
substantivo masculino
Pechamento.

fechar
verbo
Pechar.

feche

substantivo masculino

Peche.

fecho

substantivo masculino

Pecho.

fécula

substantivo feminino

Substancia branca que se atopa como reserva alimenticia nas sementes, tubérculos e raíces das plantas: *A fécula úsase na fabricación de produtos alimenticios.*

fecundación

substantivo feminino

Unión dunha célula masculina con outra feminina para crear un novo ser: *Ao unírense un óvulo e un espermatozoide prodúcese a fecundación.*

fecundar

verbo

Unirse unha célula masculina a outra feminina para crear un novo ser: *O espermatozoide fecunda o óvulo.*

FAM. fecundación, fecundidade, fecundo.

fecundo, fecunda

adxectivo

1 Que pode ter fillos: *A muller é fecunda a partir da primeira menstruación.* SIN. fértil. ANT. estéril.

2 Que produce moito ou dá moitos froitos: *Esa terra é fecunda e produce de todo.* SIN. fértil.

FAM. fecundidade.

fedellar

verbo

1 Tentar facer algo sen saber como ou para entreterse: *Deixa de fedellar na tele que a vas estragar.* SIN. enredar, trebellar.

2 Andar nas cousas descolocándoas ou molestando: *Deixa de fedellar nos estantes e non desordenes os libros.* SIN. furgar, remexer, revolver.

feder

verbo

Dar moi mal olor: *Ese peixe podre fede.* SIN. abafar, alcatrear, apestar. ANT. recender.

FAM. fedor, fedorento.

federación

substantivo feminino

Unión de varios países, asociacións ou grupos de xeito que cada un mantén as súas características propias e autonomía: *A federación de fútbol está formada por todos os equipos.*

FAM. federal, federar.

federal

adxectivo

Que pertence ou forma unha federación: *Estados Unidos é un Estado federal, formado pola unión de varios estados.*

fedor

substantivo masculino

Olor moi desagradable: *Non soporto o fedor deses calcetíns sucios.* SIN. alcatreo, cheirume, peste. ANT. recendo.

feira

substantivo feminino

1 Mercado nun lugar público que se celebra en días fixos, especialmente para comprar e vender produtos da terra e artesáns: *O día 10 e o 25 de cada mes hai feira en Ribadavia.*

2 Reunión que se celebra cada certo tempo para presentar produtos: *Asistimos á Feira do Turismo e vimos ofertas de viaxes moi boas.*

EXP. **Facer boa feira** Facer un bo negocio: *Coa venda dese piso fixo boa feira.* **Segunda, terceira, corta ou cuarta, quinta, sexta feira** Luns, martes, mércores, xoves, venres, respectivamente: *A segunda feira é o día que comeza a semana.*

OBS. Non debe utilizarse no canto de *festa*: *atraccións de *feira > da festa.*

feirante

substantivo

Persoa que compra ou vende nunha feira: *Os feirantes montaban os seus postos.*

feiticeiro, feiticeira

adxectivo

1 Que atrae ou gusta moitísimo: *Ese neno ten un carácter feiticeiro.* SIN. meigo.

substantivo

2 Persoa á que se lle atribúen poderes máxicos para conseguir algo: *Ese feiticeiro adiviña o futuro.* SIN. bruxo, mago, meigo.

FAM. feitizaría.

feitizo
substantivo masculino
1 Feito realizado por procedementos máxicos para obter algo, especialmente para facerlle algo malo a alguén: *A nai di que o neno está mal polo feitizo dunha bruxa.* SIN. meigallo.
2 Atracción moi grande do que gusta moito: *Ese actor ten moito feitizo na pantalla.* SIN. encanto.
FAM. feiticeiro, feitizaría, enfeitizar.

feito, feita
1 Participio irregular de *facer*.
substantivo masculino e adxectivo
2 Que acadou o seu desenvolvemento: *Para este traballo cómpre unha muller feita.*
3 Que resulta bonito: *Ese mozo é moi feito.* SIN. bonito.
substantivo masculino
4 Acción ou aquilo que se fai: *Queremos máis feitos e menos promesas.* SIN. acción, acto, obra.
5 O que aconteceu ou pasou: *O libro relata feitos relevantes da Guerra de Independencia.* SIN. acontecemento, suceso.
EXP. **A feito** Sen deixar nada atrás: *Recollía todos os libros a feito.* SIN. a eito. **De feito** En efecto, en realidade: *Díxome que viría o domingo e, de feito, así foi.* **Feito e dereito** Que xa é adulto: *Non eran rapaces senón homes feitos e dereitos.* **Meu dito, meu feito** No momento: *Dixo que nos atendería xa e meu dito, meu feito.*

feixe
substantivo masculino
1 Conxunto de cousas longas que se atan xuntas, como herba, leña, palla ou paus: *Levaba ao lombo un feixe de herba.*
2 Conxunto de cousas ou persoas: *Diante do estadio había un feixe de afeccionados.* SIN. fato, grupo.
3 Conxunto de raios de luz que teñen unha mesma orixe: *A lanterna lanzaba o seu feixe luminoso sobre o cuarto escuro.*

feixón
substantivo masculino
Faba.

fel
substantivo masculino
Bile.

felicidade
substantivo feminino
Sensación de estar ben, a gusto e contento: *Todo lle vai ben e acadou a felicidade.* SIN. alegría, dita, ledicia. ANT. pena, pesar, tristeza, tristura.
EXP. **Felicidades** Úsase para expresar parabéns ou alegría polo ben de alguén: *Felicidades! Aprobaches todas as materias!* SIN. parabéns.

felicitación
substantivo feminino
Palabras polas que lle dicimos a alguén que nos alegramos polos éxitos ou calquera cousa boa que lle aconteceu: *No aniversario adoitamos recibir felicitacións dos amigos.*

felicitar
verbo
Dicirlle a alguén que se está contento porque lle pasou algo bo: *Os amigos felicitáronme hoxe porque fago anos.*

félidos
substantivo masculino plural
Familia de mamíferos carnívoros moi áxiles para cazar e con unllas que poden sacar e meter: *O tigre, o gato e o león son félidos.*

felino, felina
adxectivo
Do gato ou relacionado con el: *Ten unha axilidade felina.*

feliz
adxectivo
1 Que está satisfeito e contento: *É moi feliz na nova casa.* SIN. alegre, contento, ditoso, ledo. ANT. apesarado, infeliz.
2 Que produce satisfacción e alegría: *Iso de ir á praia foi unha decisión feliz.* SIN. acertado, oportuno.
FAM. felicidade, felicitación, felicitar, infeliz.

felo
substantivo masculino
Personaxe disfrazado, propio das festas da vendima ou do Entroido, que vai coa cara cuberta de feluxe e un látego na man: *O felo persegue os nenos e as mozas.*

felpudo
substantivo masculino
Alfombra pequena que se coloca na entrada das casas para limpar os pés: *Limpou a lama dos zapatos no felpudo.*

feltro
substantivo masculino
Tea feita con la prensada en vez de tecida: *Levaba un chapeu de feltro.*

feluxe
substantivo feminino
Sarrio.
FAM. desenfeluxador, desenfeluxar.

femia
substantivo feminino
1 Ser vivo de sexo feminino: *A vaca é a femia do touro.*
2 Nun obxecto de dúas partes, parte en que encaixa outra: *Os enchufes teñen un macho e unha femia.* ANT. macho.

feminino, feminina
adxectivo
1 Dito dun ser vivo, dotado dos órganos de reprodución para ser fecundados: *As flores desenvólvense no interior das flores femininas.* ANT. masculino.
2 Da muller ou relacionado con ela: *Forma parte dun equipo feminino de fútbol.* ANT. masculino.
adxectivo ou substantivo masculino
3 En gramática, do xénero que teñen as palabras que adoitan levar diante os artigo *a*, *as*: *Mesa é unha palabra feminina.* ANT. masculino.

feminismo
substantivo masculino
Doutrina e movemento que defende a igualdade de dereitos e deberes de home e muller: *O feminismo iniciouse no remate do século XIX.*
FAM. feminista.

fémur
substantivo masculino
Óso longo da perna que se articula por un lado coa cadeira e polo outro coa tibia: *O fémur é o óso máis longo da perna.*

fenda ou fendedura
substantivo feminino
Greta.

FORMACIÓN DO FEMININO

En xeral fórmase coa terminación *-a*

–Unida directamente á forma do masculino se remata en consoante ou vogal tónica (*cantor / cantora*, *avó / avoa*).
–Substituíndo a vogal final do masculino se remata en vogal átona (*amigo / amiga*, *elefante / elefanta*).

Pero hai casos especiais:

a) Nomes rematados en *-n*

–Se rematan en *-án* forman o feminino en *-á*: *irmán / irmá*, *ourensán / ourensá*; salvo se son despectivos, que fan o feminino en *-ana*: *mentirán / mentirana*, *burricán / burricana*.
–Se rematan en *-ón* fan o feminino en *-oa* (*patrón / patroa*, *bretón / bretoa*), salvo os aumentativos e os derivados verbais pexorativos, que o fan en *-ona* (*cabezona*, *casona*, *faltona*, *preguntona*).
–Se rematan en *-ín* fan o feminino en *-ina*, salvo *ruín*, que é invariable: *bailarín / bailarina*, *galopín / galopina*.
–Se rematan en *-ún* como *cabrún*, *cervún*, *vacún*, forman o feminino en *-úa*: *cabrúa*, *cervúa*, *vacúa*; pero *común* é invariable, e *euscaldún* engade *-a* (*euscalduna*).
–En *-én* só existe *refén*, que é invariable.

b) Nomes rematados en vogal ou ditongo tónicos

–Engaden *-a*, pero os adxectivos son maioritariamente invariables (*amigo israelí / amiga israelí*), igual que algúns substantivos (*a chimpancé máis vella*).
–*Nu*, *cru*, *recrú*, *só* e *mao* 'ruín', forman os femininos *núa*, *crúa*, *recrúa*, *soa* e *má*.
–*Grou*, *xudeu* e *sandeu*, fan os femininos *grúa*, *xudía* e *sandía*.

c) Nomes rematados en *-és*

Forman o feminino en *-esa*: *cambadés / cambadesa*, *portugués / portuguesa*, *burgués / burguesa*, *montés / montesa*; salvo algún caso raro como *cortés* que é invariable.

d) Outros casos

–Hai nomes que teñen terminacións especiais sobre a mesma base léxica, como: *heroe / heroína*; *tsar / tsarina*; *galo / galiña*; *rei / raíña*; *abade / abadesa*; *barón / baronesa*; *príncipe / princesa*; *sacerdote / sacerdotisa*, *profeta / profetisa*, *poeta / poetisa*; *emperador / emperatriz*; *actor / actriz*...
–Outros teñen distinta base léxica: *cabalo / egua*; *touro / vaca*; *pai / nai*; *xenro / nora*; *carneiro / ovella*; *home / muller*; *macho / femia*; *padriño / madriña*...
–Algúns a mesma forma para masculino e feminino: *o mártir / a mártir*; *o pianista / a pianista*; *o novelista / a novelista*; *un artista / unha artista*.
–Outros, referidos a seres sexuados, non teñen flexión de xénero, polo que só se poden utilizar no xénero que teñan: *a víctima*, *a criatura*.
–Sucede o mesmo con moitos nomes de animais, polo que, cando se quere concretar o seu xénero, hai que engadir *macho* ou *femia*: *a cobra*, *a formiga*, *a aguia*, *a pega*, *o furón*, *o paspallás femia*, *a lebre macho*.

fender
verbo
Separar ou separarse por unha abertura longa e estreita: *A parede fendeu por esa greta.* FAM. fenda, fendedura.

fenomenal
adxectivo
Moi bo ou extraordinario: *Pasámolo fenomenal na praia.*

fenómeno
substantivo masculino
1 Calquera cousa que acontece: *A chuvia e o vento son fenómenos meteorolóxicos.*
2 Calquera persoa ou cousa que destaca por ser extraordinario: *Ese dianteiro é un fenómeno porque marca moitos goles.* SIN. portento, prodixio.

fento
substantivo masculino
Planta sen flores de talo subterráneo horizontal e follas verdes, grandes e perennes: *Os fentos reprodúcense por esporas.* SIN. fieito.

feo[1]
substantivo masculino
Planta parecida á herba, pero máis alta e co talo longo e oco: *As vacas comían feo.*

feo[2], fea
adxectivo
Que é desagradable para ver ou oír: *Vive nunha casa vella e fea.* ANT. belo, bonito, feito, fermoso, lindo.
FAM. fealdade.

féretro
substantivo masculino
Cadaleito.

ferido, ferida
adxectivo ou substantivo
1 Con feridas ou danos na pel ou no corpo: *No accidente non houbo feridos.* ANT. ileso.
substantivo feminino
2 Dano na pel ou no corpo e que adoita sangrar: *Caeu e fixo unha ferida no xeonllo dereito.*

ferir
verbo
1 Facerlle unha ferida ou dano a unha persoa ou animal, especialmente se sangra: *O atracador feriu unha persoa dunha coitelada.*
2 Producir dor ou desgusto: *O teu desprezo feriunos a todos.*
OBS. Conxúgase como *servir.*
FAM. ferida, ferido.

fermoso, fermosa
adxectivo
1 Moi agradable para ver ou oír: *Esa é unha canción fermosa.* SIN. belo, bonito, lindo, precioso. ANT. feo.
2 Moi bo e moi nobre: *Axudar os anciáns é unha acción fermosa.*
3 Bo e grande: *Vive nunha casa fermosa.*
FAM. fermosura.

fero, fera
adxectivo
1 Dito dun animal, que non está domesticado e é moi perigoso: *Os tigres son animais moi feros.* SIN. feroz.
2 Dito dunha persoa, moi mala e cruel: *Cando se alporiza ponse moi fero.* SIN. bravo, violento. ANT. tranquilo.
3 De sabor amargo: *Eses grelos están moi feros.*
substantivo feminino
4 Animal salvaxe e sen domesticar, ademais de perigoso: *Os tigres e os leóns son feras.*
5 Persoa de moi mal carácter e violenta: *Non se pode discutir con esa fera.*

feroz
adxectivo
1 Dito dun animal, sen domesticar e moi perigoso: *O león é un animal feroz.* SIN. fero.
2 Moi cruel: *As súas críticas foron feroces.* SIN. atroz, brutal, cruel.
FAM. ferocidade.

ferrada
substantivo feminino
Tanque.

ferrado
substantivo masculino
1 Medida de capacidade para grans, legumes e sementes e que segundo os lugares pode ir dos doce aos vinte quilos: *O ferrado xa case non se usa.* SIN. tega.
2 Medida de superficie que, segundo os lugares, pode ir dos catrocentos aos seiscentos metros cadrados: *Xa non se adoita medir os terreos por ferrados.* SIN. tega.

ferradura

substantivo feminino

Peza de ferro en forma de U que se lles pon nos pezuños a animais como os cabalos, os bois e as vacas: *As ferraduras protexen os pezuños dos animais.*

ferragacho

substantivo masculino

Ferrancho.

ferraia

substantivo masculino

Alcacén.

ferralla

substantivo feminino

Conxunto de obxectos de ferro ou metal vellos e xa inútiles: *Vendeulle a ferralla a un xitano.*
SIN. chatarra.

ferramenta

substantivo feminino

Obxecto, xeralmente de ferro ou metálico, que se usa para facer un traballo manual: *Os martelos e os desaparafusadores son ferramentas.*

ferrancho

substantivo masculino

Ferragacho: *Limpou o taller de ferranchos.*
SIN. ferragacho.

ferraña

substantivo masculino

Alcacén.

ferrar

verbo

Poñerlle ferraduras a un animal: *Xa ferraron a egua.*

ferraría ou ferrería

substantivo feminino

Taller onde se traballa o ferro e outros metais: *Nas ferrarías fanse fouces e navallas.*

ferraxaría ou ferraxería

substantivo feminino

Tenda en que se venden principalmente ferramentas e obxectos metálicos: *Mercou o martelo e os cravos nunha ferraxaría do barrio.*

***ferraxe**, a forma correcta é **ferraia**.

ferreiro, ferreira

substantivo

1 Persoa que ten por oficio traballar o ferro e outros metais: *Os ferreiros fabrican coitelos.*

substantivo masculino

2 Paxaro insectívoro de pequeno tamaño e que fai o niño nos ocos de paredes e árbores: *Atopamos no oco dun carballo un niño de ferreiro.*

férreo, férrea

adxectivo

De ferro ou que o contén: *O tren circula sobre vías férreas.*

***ferretaría**, a forma correcta é **ferraxaría**.

ferrete

substantivo masculino

Aguillón.

ferriños

substantivo masculino plural

Instrumento musical formado por un triángulo de ferro que se golpea cunha variña tamén de ferro: *Toca os ferriños nunha orquestra sinfónica.*

ferro

substantivo masculino

Metal de cor escura e moi duro: *O ferro é moi usado na industria e nas artes.*
EXP. **Custar ferro e fariña** Custar moito: *Sacou a carreira, pero custoulle ferro e fariña.* **Ferro de pasar** Utensilio xeralmente eléctrico usado para quitarlle as engurras á roupa: *O ferro de pasar ten roto o cable.* **Pasar o ferro** Quitarlle as engurras á roupa co ferro de pasar: *Pasáballe o ferro a unhas sabas.*
FAM. ferradura, ferragacho, ferralla, ferramenta, ferraxaría, ferreiro, ferreñas, férreo, ferrete, ferriños, ferrocarril, ferrollo, ferroviario, ferruxe.

ferrocarril

substantivo masculino

Medio de transporte formado polos trens que circulan sobre as vías de ferro: *O ferrocarril propagouse no século XIX.*

ferrollo

substantivo masculino

Aparello formado por unha barra de ferro que se introduce noutra peza e que serve para pechar portas e ventás: *Colocou dous ferrollos na porta do garaxe.*

ferroviario, ferroviaria

adxectivo ou substantivo

Do ferrocarril: *Cómpre desenvolver máis o transporte ferroviario de mercadorías.*

ferruxe

substantivo feminino

Capa que se forma sobre os metais pola acción do osíxeno: *A porta de ferro está despintada e chea de ferruxe.* SIN. óxido.

FAM. ferruxento.

fértil

adxectivo

1 Que dá froitos: *Esta terra é moi fértil.*

2 Que pode ter fillos: *Non tiña fillos porque o seu home non era fértil.*

SIN. fecundo. ANT. estéril.

FAM. fertilidade, fertilizante, fertilizar.

fertilizante

substantivo masculino

Substancia que se lle bota á terra para que dea máis froito: *Os fertilizantes químicos poden contaminar moito.*

OBS. É distinto de *abono*, 'lote de entradas, dereito a usar un servizo certo tempo'.

fertilizar

verbo

Facer que a terra dea máis froitos botándolle determinadas substancias: *Fertilizou a terra para aumentar a colleita de patacas.*

OBS. O *z* cambia en *c* diante do *e*, como en *cazar*. É distinto de *aboar* e *abonar*.

fervedoiro, fervedoira

substantivo

1 Movemento e ruído semellantes ao da auga que ferve: *Sentiamos o fervedoiro do cachón.*

2 Presenza de moita xente e ruído que fai: *As rúas eran un fervedoiro nas festas.*

3 Bulebule.

***fervedor**, a forma correcta é **fervedoiro**.

fervellasverzas

substantivo

Bulebule.

fervello

substantivo masculino

Bulebule.

fervenza

substantivo feminino

Corrente de auga que cae desde certa altura: *Nos ríos de montaña fórmanse fervenzas.* SIN. abanqueiro, cadoiro.

OBS. É distinto de *catarata*, 'cantidade de auga que cae desde unha grande altura'.

ferver

verbo

1 Quentar ou quecer un líquido ata unha temperatura en que se forman burbullas: *A auga ferve a cen graos.*

2 Sentir unha inquietude ou emoción moi fortes: *Os cativos ferven por xogar.*

FAM. fervedoiro, fervellasverzas, fervenza, fervón, fervor, fervoroso, fervura.

fervor

substantivo masculino

Interese ou entusiasmo moi grandes por algo: *Reza con gran fervor.*

fervura

substantivo feminino

Movemento con burbullas que se forma nun líquido cando acada determinada temperatura: *Bota as patacas, cando a auga colla fervura.* SIN. ebulición.

festa

substantivo feminino

1 Reunión de persoas e actos que se fan para celebrar algo e divertirse: *As festas da vila foron moi boas.*

2 Día en que se celebra algo: *O vinte e cinco de decembro é a festa do Nadal.*

plural

3 Mostras de afecto, gabanza e cariño cara a alguén para conseguir algo: *O cativo fácialle moitas festas ao avó.*

EXP. **Boas festas** Úsase para desexar felicidade no Nadal: *Desexeille Boas Festas cunha mensaxe de móbil.* **Festa de gardar** Día en que non se debe traballar: *Os domingos son festas de gardar.* **Festa rachada** A moi grande, luxosa e sen que falte de nada: *O día do seu cincuenta aniversario fará unha festa rachada.*

FAM. festeiro, festexar, festín, festival, festividade, festivo.

festeiro, festeira

adxectivo

Que lle gustan as festas e as diversións: *De*

mozo teu pai era moi festeiro. SIN. pándego, trouleiro.

festexar
verbo
Celebrar con festas e diversións: *Sempre festexa moi ben o aniversario.*

festín
substantivo masculino
Comida con abundancia e variedade de pratos: *Celebraron o aniversario do avó cun festín.*

festival
substantivo masculino
Conxunto de actuacións ou manifestacións dun artista ou dunha mesma arte: *Participa como actor nun festival de teatro.*

festividade
substantivo feminino
Festa ou actos con que se celebra algo ou día en que se celebra: *O 25 de decembro é a festividade do Nadal.*

festivo, festiva
adxectivo
1 Dito dun día, que non se traballa nel: *O 12 de outubro é día festivo.*
2 Alegre e divertido: *Contou as súas aventuras cun ton festivo.*

fetiche
substantivo masculino
1 Figura que se adora porque se pensa que ten poderes sobrenaturais: *Algunhas tribos africanas adoraban fetiches.*
2 Obxecto que se considera que trae boa sorte: *Este bolígrafo é o meu fetiche para os exames.*
FAM. fetichismo.

feto
substantivo masculino
Nalgúns mamíferos, embrión desenvolvido que se fixa no útero e comeza a presentar as características propias da especie: *Pola ecografía sábese que o feto é un rapaz.*
FAM. fetal.

fiadeiro
substantivo masculino
Reunión que se facía para fiar o liño e que remataba con cantos e bailes: *Os fiadeiros adoitaban facerse de noite.*

fianza
substantivo feminino
Cartos ou calquera cousa que se deixa para garantir que se fará algo: *Deixou unha fianza de 600 euros para que lle alugasen o piso.*

fiar1
verbo
Converter en fío: *Nos fiadeiros fiábase o liño.*
OBS. Conxúgase como *afiar.*

fiar2
verbo
1 Vender sen cobrar no momento: *Xa non fían en ningunha tenda.* SIN. confiar. ANT. desconfiar.
2 **fiarse** Ter confianza en algo ou alguén: *Eu xa non me fío dese mentireiro.*
OBS. Conxúgase como *afiar.*
FAM. fiador, fianza.

fibela
substantivo feminino
Peza metálica que serve para apertar un cinto ou correa: *Usa cinto de fibela.*

fibra
substantivo feminino
1 Filamento ou especie de fío longo que forman os músculos e outros tecidos dos animais e plantas: *Os músculos están formados por fibra muscular.*
2 Fío que se obtén de forma artificial e usado para facer teas: *Moitas pezas de roupa son de fibra.*
OBS. É distinto de *febra.*

ficción
substantivo
Feito ou historia inventados: *As novelas e os contos son ficcións.*

ficha
substantivo feminino
1 Peza pequena, xeralmente delgada e plana que se usa para xogos e outras cousas: *As fichas do parchís teñen catro cores.*
2 Folla de papel ou cartolina onde se anotan datos de algo ou alguén: *Cada alumno ten unha ficha de cartolina coa foto.*
3 Cartos que cobra cada temporada un deportista profesional: *Ese dianteiro ten unha ficha moi alta.*
FAM. fichar, fichaxe, ficheiro.

fichar

verbo

1 Anotar datos dunha persoa ou cousa: *A policía teno fichado como delincuente habitual.*

2 Contratar a alguén, especialmente un deportista profesional: *O Dépor ten que fichar dous dianteiros.*

3 Pasar unha tarxeta especial por unha máquina para controlar o tempo de traballo: *Os obreiros fichan ao entraren e saíren da fábrica.*

fichaxe

substantivo feminino

Contratación de alguén, especialmente dun deportista profesional: *O porteiro foi a mellor fichaxe da tempada.*

ficheiro

substantivo masculino

Caixa, moble ou caderno onde se gardan fichas con informacións: *Figura nos ficheiros policiais como ladrón de coches.*

ficticio, ficticia

adxectivo

Que non é real: *Os feitos das novelas son ficticios.* SIN. imaxinario. ANT. real, verdadeiro.

fidalgo, fidalga

adxectivo ou substantivo

Que pertence á categoría inferior da nobreza e que adoitaba vivir das rendas que lles pagaban os campesiños que cultivaban as súas terras: *Os fidalgos galegos vivían do cobro do foro aos campesiños.*

FAM. fidalguía.

fidelidade

substantivo feminino

1 Comportamento de quen nunca engana, mente nin traizoa: *Unha das características da amizade é a fidelidade.* SIN. lealdade. ANT. infidelidade, traizón.

2 Comportamento do animal que nunca abandona o amo: *Os cans distínguense pola súa fidelidade.* SIN. lealdade. ANT. infidelidade, traizón.

3 Exactitude na reprodución de algo: *A novela describe con fidelidade a Galicia do século XIX.* SIN. exactitude.

fideo

substantivo masculino

Pasta en forma de fío usada para facer sopa: *Fixo sopa de fideos.*

fieito

substantivo masculino

Fento.

fiel

adxectivo

1 Dito dunha persoa, que nunca engana, mente nin traizoa: *Os amigos son fieis.* SIN. leal. ANT. desleal, infiel.

2 Dito dun animal, que non abandona o seu amo: *O can é un animal fiel.* SIN. leal. ANT. desleal, infiel, traidor.

3 Que reproduce algo con exactitude: *A testemuña fixo un relato fiel dos feitos.* SIN. exacto.

substantivo

4 Que segue unha relixión: *Os fieis católicos asisten á misa.* ANT. infiel.

substantivo masculino

5 Agulla que marca o peso nunha balanza ou romana: *O fiel marcaba un quilo e cuarto.*

fiestra

substantivo feminino

Xanela.

fígado

substantivo masculino

No sistema dixestivo dos animais vertebrados, glándula de gran tamaño situada na parte anterior dereita do abdome: *O fígado produce a bile, destrúe substancias tóxicas e almacena vitaminas.*

figo

substantivo masculino

Froito da figueira, brando, doce, de carne branca ou avermellada, con pela de cor verde ou negra segundo a especie: *Os figos son máis pequenos ca as béveras.*

EXP. **Figo chumbo** Froito da chumbeira ou figueira chumba, de carne moi doce: *A pela do figo chumbo ten espiñas.* **Figo paso** O que se come seco: *Os figos pasos son típicos do Nadal.*

FAM. figueira.

figueira

substantivo feminino

Árbore de follas grandes e madeira clara que

dá como froito o figo: *As figueiras son propias do clima mediterráneo.*
EXP. **Figueira chumba** Variedade de cacto que ten como froito o figo chumbo: *En México abundan as figueiras chumbas.*

figura
substantivo feminino
1 Aspecto exterior de alguén ou de algo: *Ese actor ten moi boa figura.*
2 Debuxo ou estatua que representa algo ou alguén: *Na mesa ten unha figura de Sargadelos que representa un gaiteiro.*
3 Persoa que destaca moito nalgunha actividade: *As figuras do fútbol teñen grandes fichas.*
FAM. figurar.

figurar
verbo
1 Ter figura ou aparencia de algo: *Ese can é tan fero que figura un lobo.* SIN. aparentar, parecer, semellar.
2 Dar a entender algo que non é certo: *O árbitro figurou non decatarse do penalti.*
3 Estar nalgún grupo ou conxunto: *Na lista de feridos non figura o seu nome.*
4 Presumir para que o envexen os demais: *Gústalle moito figurar nas festas.*
5 **figurarse** Imaxinar algo como se fose certo: *Figúrate que pasaría se non temos cadeas na nevarada.* SIN. imaxinar, supor.

figurino
substantivo masculino
1 Debuxo que serve como modelo para confeccionar pezas de vestir: *Confecciona os vestidos seguindo os figurinos dunha revista de moda.*
2 Persoa que viste con moita elegancia e adornos: *Na voda parecía un figurino.*

fila
substantivo feminino
Conxunto de persoas ou cousas colocadas unha detrás da outra.
SIN. cola, fileira, ringleira.

filamento
substantivo masculino
1 Corpo ou elemento con forma de fío: *O vestido levaba de adorno filamentos de ouro.*
2 Nunha flor, parte do estame que suxeita a antera: *O filamento é a parte estéril do estame.*

*__filarmónico__, a forma correcta é **filharmónico**.

filatelia
substantivo feminino
Estudo e arte de coleccionar os selos de correos: *Dedícase á filatelia e ten varios álbums de selos.*
FAM. filatélico.

fileira
substantivo feminino
Fila.

filete
substantivo feminino
Anaco delgado de carne ou peixe para comer: *Xantamos filete de pescada.*

filharmónico, filharmónica
adxectivo
1 Que lle gusta ou promove a música: *Forma parte dunha sociedade filharmónica.*
substantivo feminino
2 Orquestra formada por músicos que tocan instrumentos de vento, corda e percusión dirixidos por un director: *Toca a trompeta nunha filharmónica.*
3 Instrumento de vento que se toca percorréndoo cos labios ao longo e soprando e aspirando por uns buraquiños de forma que o aire fai vibrar unhas láminas metálicas que leva no interior: *Algúns conxuntos de rock usan filharmónicas.* SIN. harmónica.

filial
adxectivo
Dos fillos ou relacionado con eles: *Polos pais sentimos amor filial.*

filigrana
substantivo feminino
Calquera cousa feita con moita habilidade e delicadeza: *Os encaixes de Camariñas son verdadeiras filigranas.*
EXP. **Facer filigranas** Actuar con moito enxeño e habilidade para facer algo ou superar dificultades: *Con ese soldo tan cativo fai filigranas para chegar a fin de mes.*

fillastro, fillastra
substantivo
Respecto a unha persoa, fillo ou filla que o seu actual cónxuxe tivo nunha unión anterior: *Casou cun home que xa tiña dous fillos e agora ten dous fillastros.*

fillo, filla
substantivo
O que é unha persoa en relación cos seus pais: *Tivo o primeiro fillo ao ano de casar.*
FAM. filial, fillastro, afillado, afillar.

filloa
substantivo feminino
Doce elaborado cunha masa de leite, fariña e ovo e mesmo sangue de porco que se pode tomar con mel ou nata: *Tomamos de sobremesa unhas filloas con mel.*
FAM. filloeira, filloeiro.

filmar
verbo
Gravar imaxes e sons nunha fita especial cunha cámara de cine, televisión ou vídeo: *Filmaron a cerimonia da súa voda.*

filme
substantivo masculino
Película de cine: *Esta tarde vimos un filme do Oeste.* SIN. película.
FAM. filmar, filmografía, filmoteca.

filón
substantivo masculino
Mineral contido nas gretas das rochas dun terreo: *Nesas rochas hai filóns de ouro.* SIN. vea, veta.

filosofía
substantivo feminino
Ciencia que trata de explicar a orixe e fin últimas das persoas e do mundo: *A filosofía tenta explicar que é a persoa.*
FAM. filosofar, filosófico, filósofo.

filtrar
verbo
Facer pasar unha substancia, especialmente un líquido, por un filtro para eliminarlle o que non serve ou se considera malo: *As depuradoras filtran a auga para limpala de elementos prexudiciais.*

filtro
substantivo masculino
Material que o ser atravesado por unha substancia separa a parte que non serve ou que se considera prexudicial: *O filtro da cafeteira impide que os grans do café moído se mesturen coa auga.*
FAM. filtrar.

fin
substantivo masculino
1 Cousa que se quere conseguir ao facer algo: *Fíxose un concerto co fin de recadar cartos para os necesitados.* SIN. finalidade, obxectivo, obxecto.
substantivo feminino ou masculino
2 Parte ou momento en que algo termina: *O día 31 de decembro é a fin de ano.* SIN. final, remate, termo. ANT. comezo, final, inicio, principio.
EXP. **Á fin e ao cabo** Úsase para reforzar un argumento ou razón: *Non lle cobres nada, pois á fin e ao cabo é amigo teu.* **A fin de, co fin de** Coa intención ou obxecto de: *Traballamos tanto a fin de rematar antes.* **En fin** En resumo: *En fin, iso foi todo o que pasou.* **Fin de semana** Sábado e domingo: *En moitas empresas a fin de semana non se traballa.*
FAM. final, finalidade, finalista, finalizar, finar.

final
adxectivo
1 Que termina algo: *Decembro é o mes final do ano.* SIN. último. ANT. inicial, primeiro.
2 Que expresa obxectivo ou finalidade: *A preposición* para *con infinitivo ten valor final.*
substantivo masculino
3 Parte ou momento en que algo termina: *No final da novela aparece o desenlace.* SIN. fin, remate, termo. ANT. comezo, empezo, inicio, principio.
substantivo feminino
4 Derradeira fase, proba ou partido dunha competición: *A final da copa xogarana o Celta e o Deportivo.*

finalidade
substantivo feminino
Cousa que se quere conseguir ao facer algo: *A finalidade do Ensino é a formación dos alumnos.*
SIN. fin, obxectivo, obxecto, propósito.

finalista
substantivo ou adxectivo
Que chegou á última proba ou partido dunha competición e a disputa: *O Celta e o Deportivo son os finalistas da copa.*

finalizar
verbo
Dar fin a algo ou chegar á súa fin: *O ano finaliza en decembro.* SIN. acabar, concluír, rematar, terminar. ANT. comezar, empezar, iniciar.
OBS. O *z* cambia en *c* ante *e*, como en *cazar*.
FAM. finalización.

financiar
verbo
Dar ou proporcionar os cartos necesarios para algo: *Un banco financiará os gastos do equipo de baloncesto.*
FAM. financeiro, finanzas.

finanzas
substantivo feminino plural
Conxunto de actividades relacionadas co investimento e negocios feitos con diñeiro: *A actividade dos bancos desenvólvese no eido das finanzas.*

finar
verbo
Morrer.
FAM. finado.

***finca**, a forma correcta é **leira**.

fincapé
substantivo masculino
Grande insistencia en algo: *Fixo fincapé en que pechásemos ben a porta da casa.*

fincar
verbo
1 Introducir en algo facendo forza ou presión: *O can fincou os dentes na perna do amo.*
2 Pór firme e seguro: *Finca ben os pés para empurrar o coche.* SIN. afirmar, asegurar.
OBS. O *c* cambia en *qu* diante do *e* coma en *sacar*.
FAM. fincapé.

fino, fina
adxectivo
1 Delgado ou moi pouco groso: *As follas dos dicionarios son finas.* SIN. delgado. ANT. gordo, groso.
2 Que amosa boa educación: *É un rapaz moi fino e elegante.* SIN. delicado. ANT. basto, groseiro, ordinario.
3 Que ve, oe ou cheira moi ben: *Os cans de caza teñen un olfacto fino.* SIN. agudo.
4 Delicado e de boa calidade: *Esas xoias son de ouro fino.*
5 Moi hábil en algo: *Ese dianteiro é moi fino e marca moitos goles.*
FAM. fineza, finura, afinar, desafinar, refinado, refinar.

finxir
verbo
Dar a entender como verdadeiro algo falso: *Finxe dor pero está moi ledo.* SIN. aparentar, figurar, simular.
FAM. finximento.

fío
substantivo masculino
1 Porción de material moi delgada e longa de orixe vexetal, animal ou industrial que se pon nas agullas para coser: *Cosín o botón con fío de nailon.*
2 Calquera tea confeccionada con este material, especialmente de liño: *Ten as sabas de fío.*
3 Calquera materia moi delgada e longa: *Os arames son fíos metálicos.*
4 Líquido que sae moi pouco a pouco: *Pola seca o cano da fonte deita un fío de auga.*
5 Orde lóxica ou enlace nunha conversa ou explicación: *Non acabou a pregunta que lle fixo o profesor porque perdeu o fío.*
6 Bordo afiado que corta: *Os coitelos deben ter o fío ben afiado.* SIN. corte, gume.
EXP. **A fío** Sen parar: *Traballamos recollendo patacas dúas horas a fío.* **Fío do lombo** Columna vertebral: *Ten dores no fío do lombo.*
FAM. afiar, enfiar.

***fírgoa**, a forma correcta é **físgoa**.

firma
substantivo feminino
1 Sinatura.
2 Empresa ou nome legal que ten: *Citroën é unha firma que fabrica coches.*

firmamento
substantivo masculino
Espazo onde están ou se ven os astros: *As estrelas vense no firmamento.* SIN. ceo.

firmar
verbo
Asinar.
FAM. firma.

firme
adxectivo
1 Ben suxeito de tal forma que non se move nin cae: *As pontes deben estar ben firmes.* SIN. seguro.
2 Que non dubida nin se deixa dominar: *Contestoulle de xeito firme que non o ía apoiar.*
substantivo masculino
3 Capa de terreo sólida sobre a que se constrúe unha estrada ou calquera obra: *O firme da estrada é de pedras pequenas.*
FAM. firmeza.

fiscal
substantivo
Persoa legalmente autorizada para acusar a outra dun delito e que se opón ao avogado defensor: *O fiscal pide dous anos de cárcere para o acusado e o avogado defensor a absolución.*
FAM. fiscalía, fiscalizar.

fisga
substantivo feminino
Especie de arpón empregado para pescar: *Pescou as luras cunha fisga.*

fisgar
verbo
Tratar de saber ou mirar algo sen ser visto: *Anda todo o día a fisgar polas casas dos veciños.* SIN. osmar.
OBS. O *g* cambia en *gu* diante do *e*, como en *pagar.*

físgoa
substantivo feminino
Greta.

físico, física
adxectivo
1 Da física ou relacionado con esta ciencia: *A gravidade é un fenómeno físico.*
2 Do corpo ou relacionado con el: *Ese xogador ten unha gran potencia física.*
substantivo
3 Persoa que se dedica ao estudo da física: *Os físicos estudan a materia e a enerxía.*
substantivo masculino
4 Aspecto dunha persoa: *Os modelos adoitan ter moi bo físico.*
substantivo feminino
5 Ciencia que estuda a materia, a enerxía e as leis que as rexen: *A física estuda fenómenos como a luz ou a composición dos átomos.*

fisionomía
substantivo feminino
Aspecto externo dunha persoa ou cousa: *Era un mozo de fisionomía agradable.*
FAM. fisionomista.

fita
substantivo feminino
1 Tira longa e estreita de calquera tecido ou material usada para atar, prender ou adornar algo: *Ataba o pelo cunha fita de cor azul.* SIN. cinta.
2 Tira longa e estreita dun material especial en que se rexistran imaxes e sons: *A entrevista está rexistrada nunha fita de vídeo.*
3 Aparello formado por unha banda que se move e transporta cousas: *As equipaxes nos aeroportos saen por unha fita.*
EXP. **Fita métrica** A que ten marcadas as divisións do metro e serve para medir: *O xastre mediume a cintura coa fita métrica.*

fitar
verbo
Mirar moi fixamente: *O policía fitou o detido.*

fite
EXP. **En fite / fite a fite** Mirando moi fixamente: *O porteiro mirouno en fite, cravando os ollos nel.*

fito, fita
adxectivo
1 Cravado no chan ou que non se move: *O armario está ben fito e non se move.*
substantivo masculino
2 Pedra cravada no chan que marca os límites entre dous terreos ou leiras: *Os fitos marcan os lindes da propiedade.* SIN. marco.
3 Xogo consistente en darlle cunha peza de chumbo a un pau ou ferro cravados: *De cativos xogabamos ao fito.*

***fiuncego**, a forma correcta é **fiucego**.

fiúncho
substantivo masculino
Planta herbácea aromática de follas fendidas en tiras finas aromáticas, de cheiro moi agradable e sabor doce: *As follas de fiúncho úsanse para dar aroma e en medicina.*
EXP. **Estar coma un fiúncho** Estar moi delgado:

Despois da enfermidade quedou coma un fiúncho.

fixador

substantivo masculino

Substancia que se lle bota ao pelo para manter o peiteado: *Despois de ducharse, peitéase e bota fixador.*

fixar

verbo

1 Suxeitar algo de xeito que non se poida mover: *Fixou o cartel no taboleiro da clase.*
2 Decidir de maneira definitiva: *Fixou o día da súa voda.*
3 Dirixir a mirada ou atención a un punto: *Fixou os ollos no documento aquel.*
4 **fixarse** Prestar moita atención a algo ou darse conta de algo: *Fíxate ben cando fagas os deberes.*
OBS. Ten dous participios, o regular *fixado*, usado nas perífrases, e o irregular, *fixo, xa*, usado como adxectivo.

fixo, fixa

1 Participio irregular do verbo *fixar.*
adxectivo
2 Que está moi ben suxeito e non se move: *A antena está fixa no tellado.* SIN. firme, seguro, suxeito.
3 Firme ou estable e que non varía: *Ten traballo fixo nunha fábrica.* SIN. estable, permanente. ANT. temporal, variable.
FAM. fixar.

flagrante

adxectivo

Que se ve cando se está a realizar: *Pescárono en roubo flagrante cando lle quitaba a carteira a unha señora.*

flamante

adxectivo

Con aspecto de acabado de estrear ou moi novo: *Foi de padriño cun traxe flamante.*

flamenco, flamenca

adxectivo ou substantivo masculino

Referido a canto ou baile, propio de Andalucía: *Gústalle moito o cante flamenco.*
OBS. É distinto de *flamengo.*

flamengo, flamenga

adxectivo ou substantivo

1 Da rexión belga de Flandres: *Os flamengos teñen unha lingua de seu.*
substantivo masculino
2 Ave palmípede, de peteiro curvado, patas e pescozo moi longos e que adoita vivir en grupos nas marismas: *Os flamengos poden ter as plumas brancas, rosadas ou vermellas.*
OBS. É distinto de *flamenco.*

flamexar

verbo

Botar chamas: *A fogueira de san Xoán flamexaba.*

flan

substantivo masculino

Doce elaborado nun molde cunha mestura de ovo, leite e azucre, cocido para que calle: *Tomamos de sobremesa flan con nata.*

flanco

substantivo masculino

Cada un dos lados dun corpo ou de algo: *O exército foi atacado polo flanco dereito.*
FAM. flanquear.

flanela

substantivo feminino

Tea de la ou algodón: *Mercou un pantalón de flanela.*

flash

substantivo masculino

1 Luz que se acende nunha cámara de fotos nos lugares escuros: *Cómpre flash para sacar fotos de noite.*
2 Noticia moi breve de última hora: *Deron o do accidente de avión agora, nun flash.*

flato

substantivo masculino

Acumulación de gases no tubo dixestivo que produce dor aguda e pasaxeira na parte alta do ventre: *Deulle o flato na reunión.*
FAM. flatulencia, flatulento.

flegma

substantivo feminino

1 Mucosidade das vías respiratorias que se expulsa pola boca: *A catarreira producíalle mocos e flegmas.*
2 Tranquilidade e calma moi grandes ao actuar: *Non se desgustou porque ten moita flegma.* SIN. cachaza, pachorra.
FAM. flegmático, flegmón.

flegmón
substantivo masculino
Inflamación dun tecido conxuntivo, especialmente das enxivas: *Foi ao dentista porque tiña un flegmón.*

flexible ou flexíbel
adxectivo
1 Que dobra facilmente sen romper: *Esa sola de goma é moi flexible.* SIN. elástico. ANT. inflexible, ríxido.
2 Que cambia segundo a situación ou os desexos dos demais: *É unha persoa flexible e adáptase aos gustos dos compañeiros.* ANT. inflexible, ríxido.
FAM. flexibilidade, flexibilizar.

flexión
substantivo feminino
Movemento consistente en torcer unha parte do corpo: *Os corredores facían exercicios de flexión e extensión das pernas.* ANT. extensión.
FAM. flexionar.

floco
substantivo masculino
Adorno formado por unha serie de fíos que colgan dunha peza de roupa: *Os baixos do pantalón rematan nuns flocos.*
EXP. **Floco de millo** Gran de millo torrado: *No cine comían flocos de millo.*
OBS. Na acepción 2 é incorrecta a forma **palomita.*

flor
substantivo feminino
1 Parte dunha planta onde se atopan os órganos reprodutores e que adoita ter cores vistosas: *A flor consta de cáliz e corola.*
2 O mellor de algo: *Alí estaba a flor da cidade.*
EXP. **Á flor de** Na superficie ou preto dela: *Hoxe ten os nervios á flor de pel.* **En flor/na flor** No momento en que bota flores unha planta: *As cerdeiras están na flor.*
FAM. flora, floración, floral, florear, florecente, florecer, floreiro, florido.

flora
substantivo feminino
Conxunto de plantas dunha zona ou país: *O carballo é propio da flora galega.*

floraría ou florería
substantivo feminino
Tenda onde se venden flores: *Mercou unha ducia de rosas na floraría.*

florecer
verbo
1 Botar flores unha planta: *Na primavera florecen as plantas.*
2 Nacer ou desenvolverse algo: *No Rexurdimento floreceu a poesía galega.*
OBS. É regular: *florezo, floreza.*

floreiro
substantivo masculino
Recipiente máis alto ca largo para pór flores: *Puxo as rosas no floreiro do salón.*

florista
substantivo
Persoa que vende flores: *Traballa de florista na floraría da praza.*

***flota**, a forma correcta é **frota**.

flotador
substantivo masculino
Obxecto que serve para que alguén ou algo floten ou se sosteñan na auga: *O cativo bañábase co flotador.* SIN. boia.

flotar
verbo
1 Estar na auga ou nun líquido sen afundir: *A cortiza flota na auga.* SIN. aboiar. ANT. afondar, afundir.
2 Estar no aire sen tocar o chan: *Os globos flotan no aire.*

flotilla
substantivo feminino
Conxunto de barcos pequenos que se usan para un mesmo fin: *A Garda Civil conta cunha flotilla de lanchas gardacostas.*

fluído
substantivo masculino
Referido a unha substancia, que se adapta á forma do recipiente que a contén: *Os gases e os líquidos son fluídos.*

fluír
verbo
1 Correr un líquido ou un gas: *O sangue do corpo flúe polas veas e arterias.*
2 Saír en abundancia: *As palabras fluían da boca do orador.*

OBS. Conxúgase como *incluír*.
FAM. fluidez, fluído.

flúor

substantivo masculino

Elemento químico non metálico, con forma de gas e de cor amarela: *O flúor está presente nas pastas dentífricas para reforzar o esmalte dos dentes.*

fluorescente

substantivo masculino

Tubo de cristal que emite luz eléctrica branca porque ten unha substancia especial: *Na aula hai varios fluorescentes.*

flutuar

verbo

Moverse entre dúas posicións, opinións ou cantidades próximas: *O número de escanos que obterá o partido flutúa entre vinte e vinte e un.*
OBS. Conxúgase como *actuar*.
FAM. flutuación, flutuante.

fluvial

adxectivo

Dos ríos ou relacionado con eles: *A navegación fluvial é posible en ríos fondos e largos.*

fluxo

substantivo masculino

1 Circulación dun líquido ou gas ou saída destes ao exterior: *Rompeu o cano e saíu un fluxo de auga.*
2 Movemento ascendente do nivel da auga do mar: *O fluxo cubriu case toda a praia.* ANT. refluxo.
3 Movemento de persoas ou cousas dun lugar a outro: *Continúa o fluxo dos fuxidos da guerra.*

fobia

substantivo feminino

Medo ou noxo moi grandes: *Tenlle fobia á escuridade.*

foca

substantivo feminino

Animal mamífero adaptado á vida no mar, co corpo arredondado e longo, pelo curto, extremidades transformadas en aletas e unha grosa capa de graxa que o protexe do frío: *As focas adoitan vivir en zonas frías.*

focha

substantivo feminino

1 Burato no terreo: *Nesta estrada hai moitas fochas.* SIN. fochanca, foxo.
2 Buratiño que se ten no queixo ou se forma nas meixelas ao rir: *Ó meniño fánselle unhas fochas moi bonitas cando ri.*

fochanca

substantivo feminino

Focha.

fochicar

verbo

Andar nas cousas que están ordenadas ou ben e desordenalas: *Deixa de fochicar nos andeis dos libros.* SIN. fedellar, fozar, remexer, revolver.
OBS. O *c* cambia en *qu* diante do *e*, como en *sacar*.

fociño

substantivo masculino

1 Parte máis ou menos alongada da cara dos animais onde están a boca e o nariz: *O fociño do porco é máis longo ca o do can.*

substantivo masculino plural

2 Parte da cara das persoas onde están a boca e o nariz: *Caeu e deu cos fociños no chan.*
EXP. **De fociños** Coa cara contra o chan ou contra algo: *Caeu de fociños contra a mesa.* **Deixar cos fociños dunha cuarta** Deixar a alguén sen o que esperaba conseguir: *Dixo que non nos pagaba e deixounos cos fociños dunha cuarta.* **Diante dos meus/teus/seus fociños** Na súa presenza: *Roubou a carteira diante dos meus fociños.* **Meter os fociños** Meterse no que non importa: *É moi curioso e mete os fociños en todo.* **Torcer o fociño** Amosar desgusto: *Cando lle dixen que tiña que madrugar, torceu o fociño.*

foco

substantivo masculino

1 Lámpada que dá moita luz: *Nos estudios de televisión hai focos moi potentes.*
2 Punto de onde parten luz, calor ou calquera outra cousa e se propagan: *O foco do incendio estivo no centro do monte.*

foder

verbo

1 Realizar o acto sexual: *Fodían nun coche.*
2 Causar desgusto, prexuízo ou fastío: *Fodeume ben ao non pagarme a débeda.*

3 foderse Estragarse ou botarse a perder: *Coa sarabia fodeuse a colleita.*
OBS. Considérase vulgar e malsoante.

fogar
substantivo masculino
1 Sitio da casa ou da cociña onde se prende o lume: *No inverno sentaban preto do fogar.* SIN. lar.
2 Casa dunha familia: *O fillo xa abandonou o fogar paterno porque casou.* SIN. lar.

fogaxe
substantivo feminino
Bochorno.

fogo
substantivo masculino
1 Proceso en que arde algunha materia e produce luz e calor: *O fogo quenta e aluma.* SIN. lume.
2 Disparo dunha arma: *O policía fixo fogo coa súa pistola.*
3 Tubo cheo de pólvora que ao acenderse produce luces de cores e gran ruído: *Na festa houbo fogo fixo e voador.*
FAM. fogo, fogón, fogoso, fogueira, fogueiro, foguete.

fogón
substantivo masculino
Lugar preciso onde se fai lume: *Esta cociña de gas ten catro fogóns.*
OBS. É incorrecta a forma *fogo* con este significado.

***fogoneiro**, a forma correcta é **fogueiro**.

fogoso, fogosa
adxectivo
Que amosa moito ánimo e forza: *Nunca se desanima cos fracasos porque é moi fogoso.*
FAM. fogosidade.

fogueira
substantivo feminino
Lume moi grande e ao aire libre: *Vimos as fogueiras de san Xoán.* SIN. cacharela, larada, lumarada.

fogueiro, fogueira
substantivo
Persoa que mete a leña ou outro combustible para que ardan nun forno ou caldeira: *As antigas locomotoras de vapor contaban con fogueiros.*

foguete
substantivo masculino
1 Tubo cheo con pólvora que cando se acende sobe a grande altura e estoupa ruidosamente e con luces: *Nas festas é tradición botar foguetes.*
2 Aparello ou proxectil que se lanza ao aire ou ao espazo e que se move por reacción e que se usa como arma ou para a investigación: *Van lanzar un foguete cara a Marte.*

foio
substantivo masculino
Cuneta.

fol
substantivo masculino
1 Instrumento formado por dúas táboas horizontais e lados de pel que se usa para producir aire: *Usou o fol para que non morrese o lume.*
2 Saco ou bolsa, especialmente se é de coiro: *Levaban a fariña en foles.*
3 Especie de bolsa de coiro da gaita, onde se almacena o aire e que se aperta para facer soar o punteiro: *O gaiteiro apertaba o fol logo de inchalo polo soprete.*

folclore
substantivo masculino
Conxunto de tradicións dun pobo: *A música popular forma parte do folclore.*
FAM. folclórico.

***fole**, a forma correcta é **fol**.

***folepar**, a forma correcta é **folerpar**.

folerpa
substantivo feminino
Gota grande ou porción de neve que cae do ceo: *Ao nevar caen folerpas.* SIN. farrapo.
FAM. folerpar.

folga
substantivo feminino
1 Feito de non traballar para protestar por algo ou reclamar un dereito ou mellora nas condicións laborais: *Os traballadores fixeron folga para conseguir máis seguridade no traballo.*
2 Descanso ou tempo en que non se traballa: *Necesito un par de días de folga, pois levo traballado moito este mes.* SIN. descanso, ocio.

folgado, folgada

adxectivo

1 Moi amplo e ancho: *Ese pantalón estache folgado, colledes dous nel.*

2 Que está sen facer nada ou con moi pouco traballo: *Os dous dependentes pasan o día folgados.*

folganza

substantivo feminino

Situación de quen non traballa nin ten outra ocupación, especialmente se é por vontade propia: *Estou no paro e non de folganza.* SIN. vagancia.

folgar

verbo

Estar sen facer nada ou sen traballar: *Os meses do verán folga e non fai nada.*

OBS. O *g* cambia en *gu* ante *e*, como en *pagar*.

FAM. folga, folgado, folganza, folgazán.

folgazán, folgazana

adxectivo ou substantivo

Que non lle gusta nada traballar: *É un folgazán que non quere traballar en nada.* SIN. gandulo, lacazán, nugallán, preguiceiro, vago. ANT. traballador.

folgo

substantivo masculino

1 Entrada do aire aos pulmóns e saída deles: *Teño que recuperar o folgo porque subín as escaleiras a correr.* SIN. alento, respiración.

substantivo masculino plural

2 Forza ou enerxía: *Para gañar ese partido cómpren folgos.* SIN. alento, ánimo, azos, coraxe, forza. ANT. desalento, desánimo.

folguexar

verbo

Respirar con dificultade polo cansazo, a calor ou calquera outra causa: *Andei a correr e agora folguexo.* SIN. abafar, acorar, alasar, bafexar.

folgura

substantivo feminino

Amplitude, tamaño ou espazo maior do necesario: *Gústame que os pantalóns teñan certa folgura.* SIN. amplitude, anchura.

foliada

substantivo feminino

Reunión de persoas, especialmente se é pola noite, para cantar, bailar e divertirse: *Sempre lle gustaron moito as foliadas das aldeas.* SIN. festa.

folio

substantivo masculino

Folla grande de papel: *O profesor quere que fagamos os exames en folios en branco.*

folla

substantivo feminino

1 Nunha planta, parte que nace do seu talo ou das pólas, xeralmente de cor verde, delgada e plana: *O limbo e o pecíolo son as partes dunha folla.*

2 Cada unha das partes que forman a corola dunha flor: *As follas da papoula son vermellas.* SIN. pétalo.

3 Peza de papel en que se escribe ou escribiu: *Este libro ten moitas follas.*

4 Nun coitelo ou utensilio similar, parte de metal que corta: *Ten coidado que a folla desa navalla corta moito.*

5 Anaco delgado e plano de calquera material: *A porta leva unha folla metálica no interior para que sexa máis segura.* SIN. chapa, lámina, prancha.

FAM. follada, follado, follato, follaxe, follear, folletín, folleto, milfollas.

follado

substantivo masculino

Masa ou doce elaborados con fariña, auga, manteiga e outros ingredientes que coa calor do forno se converte nun conxunto de follas finas e doce feito con esta masa: *Tomei de sobremesa un follado.*

follaxe

substantivo feminino

Conxunto de follas das árbores ou plantas: *A follaxe da xungla case tapaba a luz do sol.*

follear

verbo

Pasar as follas dun libro ou revista: *Folleaba na libraría unha enciclopedia.*

folletín

substantivo masculino

Novela ou obra escrita que se difunde nun xornal ou revista capítulo a capítulo: *O xornal publica esa novela en folletín e aparece un capítulo cada día.*

folleto
substantivo masculino
Folla ou conxunto de poucas follas en que se dá propaganda ou información sobre algo: *Na axencia de viaxes collín un folleto coas viaxes de Semana Santa.*

fomentar
verbo
Aumentar a actividade ou intensidade de algo: *Cómpre fomentar a afección á lectura do alumnado.* SIN. potenciar, promover.
FAM. fomento.

fonda
substantivo feminino
Establecemento en que se dan comidas e aloxamento máis modestos ca nun hotel ou nun hostal: *As fondas son máis baratas ca os hoteis.* SIN. pensión, pousada.

fondeadoiro
substantivo masculino
Lugar resgardado da costa, dun porto ou dun río onde quedan suxeitas ou ancoradas as embarcacións: *Os barcos polo mal tempo permanecen no fondeadoiro.* SIN. ancoradoiro.

fondear
verbo
Suxeitar unha embarcación nun lugar resgardado da costa, dun porto ou dun río, especialmente por medio de áncoras: *A escuadra fondeou na ría de Vigo.* SIN. ancorar.
FAM. fondeadoiro.

fondo, fonda
adxectivo
1 Que ten a parte máis baixa moi separada da superficie: *Ese pozo é moi fondo.* SIN. profundo.
substantivo masculino
2 Parte de abaixo dun recipiente: *Os libros pesaban tanto que acabou rompendo o fondo da caixa.*
3 Distancia que hai entre a superficie e a parte máis baixa de algo: *A piscina ten dous metros de fondo.* SIN. fondura, profundidade.
4 Parte oposta á entrada dun cuarto ou lugar: *A pantalla estaba no fondo da aula.*
5 Superficie sobre a que hai figuras debuxadas: *O casa está pintada sobre un fondo de árbores.*
6 O máis importante de todo: *No fondo só era un problema de cartos.*
7 Conxunto de cartos que se reúnen: *Se achegamos todos os nosos aforros teremos un bo fondo.* SIN. capital.
EXP. **A fondo** Ata o límite: *Estudaremos ese asunto a fondo.*
FAM. fondura, afondar.

fonema
substantivo masculino
Son dunha lingua que permite distinguir unha palabra doutra: *Cea e fea só se distinguen polo fonema inicial.*

fontaneiro, fontaneira
substantivo
Persoa que traballa instalando e amañando billas, canos e en xeral as conducións de auga e gas dos edificios: *O fontaneiro cambiou a billa do baño.*

fonte
substantivo feminino
1 Lugar por onde sae a auga que vai por debaixo da terra: *No centro da aldea hai unha fonte.*
2 Especie de prato grande onde se serven os alimentos: *Puxo unha fonte de xamón curado.* SIN. prata.
3 Calquera cousa que é inicio ou orixe de algo: *Os xornalistas adoitan ter boas fontes de información.*

fóra
adverbio
1 No exterior: *O rapaz esperaba fóra do cuarto.* ANT. dentro.
2 Cara ao exterior: *O árbitro botouno fóra do campo.* ANT. dentro.
3 Que non está dentro duns límites ou actividades: *Cómpre non entregar as solicitudes fóra de prazo.*
preposición
4 Excepto, menos o que se indica: *Fóra teu irmán, estiveron todos presentes.* SIN. agás, bardante, excepto, salvo.
interxección
5 Expresa rexeitamento ou orde para que alguén saia dun lugar: *O público berraba Fóra!*
EXP. **Fóra de** Excepto, menos o que se indica: *Fóra deses dous, ningún cliente máis protestou.* **Fóra de si** Moi nervioso e sen se

controlar: *Púxose fóra de si e insultaba a todos.*
OBS. Nas acepcións 1 e 2 é incorrecta a forma **afora*. É distinto de *fora*, do verbo *ser* e do verbo *ir*.

forasteiro, forasteira
adxectivo ou substantivo
Que é ou vén doutro lugar: *Pola aldea non había daquela forasteiros.*

foraxido, foraxida
substantivo
Persoa que comete delitos e escapa da xustiza: *Uns foraxidos atracárano ameazándoo cunha pistola.* SIN. bandido.

forca
substantivo feminino
1 Mecanismo co que se mata a unha persoa condenada a morte colgándoa dunha corda polo pescozo: *No Oeste americano executaban os condenados na forca.*
2 Instrumento de labranza formado por un mango de madeira con dúas gallas: *Collía a palla coa forca.* SIN. forcado, galleta.

forcado
substantivo masculino
Forca.

forense
substantivo
Médico que examina os cadáveres para ver cal foi a causa da súa morte: *A forense confirmou que a vítima morreu por asfixia.*

forestal
adxectivo
Dos bosques: *Cómpre protexer a riqueza forestal.*

forma
substantivo feminino
1 Aspecto exterior de algo: *As laranxas teñen forma esférica.* SIN. aspecto, feitío, figura.
2 Maneira de facer ou de ser algo: *Díxoo de forma moi clara.* SIN. maneira, modo, xeito.
3 Estado físico ou mental dunha persoa: *Ese dianteiro está en baixa forma.*
4 Instrumento que se introduce nun obxecto e serve para darlle forma: *Os zapateiros meten os zapatos na forma.*
FAM. formación, formal, formalidade, formar, formato, deformación, deformar, reforma, reformar, reformatorio.

formación
substantivo feminino
1 Feito de crear ou dar forma a algo: *A formación dun equipo competitivo é difícil.* SIN. composición, constitución, creación.
2 Preparación dunha persoa para realizar unha actividade: *Nesta empresa procúrase a formación dos empregados.* SIN. preparación.
3 Conxunto de persoas colocadas en filas: *O xeneral pasaba revista ás formacións de soldados.*
4 Conxunto de persoas dun equipo que xogan un partido determinado: *O adestrador aínda non ten clara a formación do equipo para o domingo.*

formal
adxectivo
Que é serio e responsable: *Sempre aproba todo porque é unha rapaza moi formal.* SIN. axuizado, responsable, sensato, serio. ANT. atolado, informal, insensato.
FAM. formalidade, formalismo, formalizar.

formalizar
verbo
Facer que algo sexa serio, legal ou regulamentario: *Formalizaron o contrato perante un notario.* SIN. legalizar.
OBS. O *z* cambia en *c* ante *e*, como en *cazar.*
FAM. formalización.

formar
verbo
1 Darlle forma a algo: *Para facer rosquillas, cómpre formar a masa.* SIN. compor, construír. ANT. deformar.
2 Crear ou facer algo: *Na clase imos formar un equipo de fútbol.* SIN. constituír, crear.
3 Ensinar ou preparar a alguén para que realice unha actividade: *Nesta empresa fórmanse os novos empregados.* SIN. preparar.
4 Colocar en filas: *O sarxento formaba os soldados.*

formato
substantivo masculino
Tamaño e forma propios de algo: *Os libros de peto son de formato pequeno.*

formidable ou formidábel
adxectivo
De tamaño, calidade ou cantidade maiores ca as normais: *Ese rapaz ten un carácter*

formidable. SIN. bárbaro, estupendo, excelente, extraordinario, fabuloso, fantástico, magnífico, marabilloso, sensacional. ANT. cativo, malo, ruín.

formiga
substantivo feminino

Pequeno insecto co corpo de cor escura que adoita vivir en galerías subterráneas organizado en colonias e clases: *Algunhas especies de formigas teñen ás.*

FAM. formigar, formigo, formigueiro.

formigar
verbo

Ter unha sensación molesta como de proído ou cóxegas: *Formigábanlle os pés cando se levantou.*

OBS. O g cambia en *gu* diante do *e*, como en *pagar.*

FAM. formigo.

formigo
substantivo masculino

Sensación molesta como de proído ou cóxegas: *Sentía un formigo molesto nos dedos dos pés.*

formigón
substantivo masculino

Masa empregada na construción formada por pedras miúdas, cemento, area e auga: *O formigón é un material moi resistente que facilita a construción dos rañaceos.*

formigoneira
substantivo feminino

Máquina usada para fabricar formigón: *As formigoneiras xiran sobre un tambor para mesturar os ingredientes do formigón.*

formigueiro
substantivo feminino

1 Lugar formado polas galerías subterráneas onde viven as formigas: *Botou un insecticida no formigueiro.*

2 Lugar onde hai moita xente: *A entrada do estadio era un formigueiro.*

formón
substantivo masculino

Ferramenta de carpintaría, semellante ao escoupro, pero de folla máis larga e menos grosa: *O formón úsase para facer caixas.* SIN. trencha.

fórmula
substantivo feminino

1 Maneira práctica para facer ou resolver algo difícil: *Teño a fórmula para cortar axiña esta herba: cun cortacéspede.* SIN. maneira, método, modo, procedemento, sistema, xeito.

2 Expresión formada por letras e números empregada en matemáticas e noutras ciencias: *O mestre aprendeunos a fórmula do xuro simple.*

3 Receita ou instrucións para preparar unha cousa: *O farmacéutico preparou a menciña seguindo unha fórmula escrita nun papel.*

4 Cada unha das categorías en que se dividen as carreiras de coches: *Quere ser piloto de fórmula 1.*

FAM. formular, formulario.

formular
verbo

Expresar ou dicir con palabras: *Formulou a petición de saír antes da clase.*

formulario
substantivo masculino

Papel ou impreso con espazos en branco que hai que encher para pedir algo: *Xa encheu o formulario de matrícula para o próximo curso.*

fornada
substantivo feminino

1 Conxunto de pezas que se cocen dunha soa vez nun forno: *Nesa panadaría fan tres fornadas de pan.*

2 Conxunto de cousas que se fixeron ao mesmo tempo: *Eses edificios son todos da mesma fornada.*

***fornear**, a forma correcta é **enfornar**.

fornecer
verbo

Dar ou vender a alguén algo que necesita: *O pantano ese fornece de auga a cidade.* SIN. abastecer, aprovisionar, facilitar, proporcionar, prover, subministrar. ANT. desposuír, privar, quitar.

OBS. É regular: *fornezo, forneza.*

FAM. fornecemento.

forneiro, forneira
substantivo

Persoa que amasa e coce o pan nun forno

Traballa de forneiro nunha das mellores panadarías da cidade.

fornelo
substantivo masculino
Aparello portátil que pode producir lume ou calor: *Cando van de excursión quentan a comida cun fornelo eléctrico.*

***fornillo**, a forma correcta é **fornelo**.

forno
substantivo masculino
1 Construción onde se acadan altas temperaturas e se cocen alimentos ou outros materiais: *Os oleiros cocen as pezas de arxila en fornos.*
2 Aparello doméstico onde se cocen, asan ou quentan alimentos: *Cambiamos na cociña o forno de gas por outro eléctrico.*
3 Establecemento onde se fai e vende pan: *O pan deste forno é moi bo.* SIN. panadaría, tafona.
EXP. **Alto forno** O usado para fundir metais de ferro: *Os altos fornos acadan grandes temperaturas.* **Forno crematorio** O usado para queimar cadáveres: *As incineracións fanse en fornos crematorios.*
FAM. forneiro, fornelo, enfornar.

foro
substantivo masculino
Contrato polo que un señor ou un dono cedía en arrendamento unha propiedade, habitualmente unha terra, a cambio do pagamento dunha renda anual en cartos ou en froitos que daba esa terra: *Os mosteiros e fidalgos galegos cobraban moitos foros dos labregos.*
FAM. foreiro, aforar.

forra
substantivo feminino
Pedra ou obxecto que se pon debaixo de algo para que non se mova: *Púxolle ao coche unhas pedras como forra.*

forrar
verbo
1 Cubrir algo por dentro ou por fóra con tea, papel ou plástico para que non se estrague: *Forrou os libros con plástico.*
2 Pór unha peza debaixo de algo para que non se mova: *Forrou as rodas traseiras do coche cunhas pedras.* SIN. calzar.

forraxe
substantivo feminino
Pasto ou herba con que se alimenta o gando: *Alimenta as vacas con penso e forraxe.*
FAM. forraxeiro.

forro
substantivo masculino
Tea, papel ou plástico con que se cobre algo para que non se estrague: *O forro do libro é de plástico.*

fortalecer
verbo
Facer máis forte: *A ximnasia fortalece os músculos.* SIN. robustecer. ANT. debilitar.
OBS. É regular: *fortalezo, fortaleza.*

fortaleza
substantivo feminino
1 Forza ou capacidade, especialmente para superar dificultades: *Os ciclistas deben ter fortaleza física e mental.* SIN. forza, vigor. ANT. debilidade, frouxidade.
2 Lugar protexido con murallas, muros e outros elementos: *Os castelos coa muralla e o foso son auténticas fortalezas.* SIN. forte.

forte
adxectivo
1 Que ten moita forza: *Os deportistas son fortes.* SIN. baril, recio, robusto, varudo, vigoroso. ANT. débil, feble.
2 Que é resistente e non se dana con facilidade: *O ferro é un metal moi forte.*
3 Que non se rende con facilidade: *O equipo está este ano moi forte.*
4 Con efectos moi intensos ou moi vivos: *En agosto aquí a calor é forte.*
5 Que é moi importante ou grande: *Aposta no casino fortes cantidades de diñeiro.*
6 Moi ben suxeito ou ben apertado: *Atou a corda cuns nós fortes.*
substantivo masculino
7 Lugar rodeado de muralla e muros para resistir os ataques inimigos: *Os soldados pecháronse no forte.* ANT. fortaleza.
8 Actividade en que destaca unha persoa: *As matemáticas son o seu forte.*
adverbio
9 Con forza ou grande intensidade: *Agora chove forte.*
FAM. fortalecemento, fortalecer, fortaleza, fortificar.

fortificar

verbo

1 Dar máis forza ou vigor: *O exercicio físico fortifica os músculos.*

2 Facer muros e murallas para protexer un lugar dos ataques inimigos: *Fortificaron a vila cunha muralla que a rodeaba.*

OBS. O *c* cambia en *qu* diante do *e*, como en *sacar*.

FAM. fortificación.

fortuíto, fortuíta

adxectivo

Que acontece por casualidade sen querelo nin buscalo: *O porteiro mancouse de xeito fortuíto.* SIN. accidental, casual.

fortuna

substantivo feminino

1 Gran cantidade de cartos e cousas: *Ten unha gran fortuna porque é millonario.* SIN. capital.

2 Causa indeterminada ou descoñecida á que se lle atribúe un feito bo ou malo: *Non quixo a fortuna que casase con ela.* SIN. destino, fado.

3 Boa sorte: *Tivo a fortuna de que lle tocase a lotaría.* SIN. dita, sorte. ANT. desdita.

FAM. afortunado, desafortunado.

forxa

substantivo feminino

1 Lugar onde se traballa o ferro: *Nesa forxa fabrican espadas decorativas.* SIN. ferraría.

2 Lugar onde se queiman e quentan metais para traballalos: *Colocaba o ferro na forxa para quentalo.* SIN. fragua.

forxar

verbo

1 Golpear na forxa un metal quente para darlle forma: *O ferreiro forxaba espadas decorativas.*

2 Imaxinar ou inventar algo: *O novelista forxou unha historia chea de fantasía.*

FAM. forxa.

forza

substantivo feminino

1 Capacidade para facer un esforzo, soportar unha presión, mover algo ou facer que cambie de forma: *A forza do motor move as rodas do coche.*

2 Capacidade física para facer que algo se mova: *O neno ten forza abonda para mover o carro.* SIN. enerxía, fortaleza, vigor. ANT. debilidade, frouxidade.

3 Capacidade para conseguir algo ou un determinado resultado: *Con algo de forza de vontade aprobarás todo o curso.* SIN. ánimo, azos, enerxía, fortaleza, vigor. ANT. debilidade, frouxidade.

4 Intensidade con que algo se manifesta ou actúa: *Agora o sol quenta con forza.*

plural

5 Conxunto de soldados dun país: *As forzas armadas non interveñen en política.*

EXP. **A forza de algo** Por facelo moitas veces: *A forza de examinarse varias veces do carné de conducir, aprobou.* **Á forza** Contra a propia vontade: *Fíxoo á forza.* **Forza bruta** A que se emprega sen intelixencia: *Só con forza bruta non se move ese armario.* **Forza maior** O que non se pode evitar: *Vendemos a casa por forza maior, pois non tiñamos nin un can.* **Forza pública** ou **Forzas de orde pública** A policía e os gardas: *O primeiro que fixo a forza pública foi acordoar o lugar do accidente.*

FAM. forzar, forzoso, forzudo, reforzar.

forzar

verbo

1 Romper un obxecto empregando a forza: *Os ladróns entraron porque forzaron a pechadura.*

2 Obrigar a alguén a facer algo que non quere facer: *Forzábano a comer sen fame.* SIN. obrigar.

3 Obrigar unha persoa a outra a manter relacións sexuais con ela: *O acusado forzara unha muller.* SIN. abusar, violar.

OBS. O *z* cambia en *c* diante do *e*, como en *cazar*.

forzoso, forzosa

adxectivo

Que é obrigado ou necesario: *É forzoso que todos colaboremos.*

forzudo, forzuda

adxectivo

Que ten moita forza físico: *Os lanzadores de peso son forzudos.* SIN. baril.

fosa

substantivo feminino

1 Buraco para enterrar os mortos: *Meteron o ataúde na fosa.* SIN. cova, sepultura.

2 Buraco moi profundo na terra ou no mar: *A moitas fosas mariñas non chega a luz do Sol.*

EXP. **Fosas nasais** Buracos do nariz: *As fosas nasais están separadas polo tabique nasal.* SIN. ventás.

fosforescente

adxectivo

Que brilla na escuridade: *Os vagalumes son fosforescentes.*

fósforo

substantivo masculino

Elemento químico non metálico sólido que brilla na escuridade: *O fósforo atópase nos ósos.*

OBS. Non debe usarse no canto de *misto.*

fósil

adxectivo ou substantivo masculino

Referido a un resto orgánico dun animal ou planta ou á súa pegada, que se conserva convertido en mineral na codia terrestre: *O carbón é un combustible fósil de orixe vexetal.*

FAM. fosilización, fosilizar.

foso

substantivo masculino

Buraco longo e estreito aberto nun terreo: *Diante da muralla do castelo hai un foso.*

OBS. É distinto de *foxo.*

foto

substantivo masculino

Fotografía: *Sacounos unhas fotos na praia.*

OBS. É abreviación de *fotografía.*

fotocopia

substantivo feminino

Copia exacta dun papel escrito ou calquera impreso obtida cunha máquina especial: *O profesor fixo fotocopia dos exercicios.*

FAM. fotocopiadora, fotocopiar.

fotocopiadora

substantivo feminino

Máquina que serve para facer fotocopias: *No colexio temos varias fotocopiadoras.*

fotografar

verbo

Facer fotografías: *Fotografamos unha fermosa paisaxe ao irmos de excursión.*

fotografía

substantivo feminino

1 Arte e técnica que consiste en reproducir de forma exacta imaxes tomadas do mundo real por medio dunha cámara especial: *Pensa dedicarse de maior á fotografía.*

2 Imaxe obtida con esta técnica e cámara: *Teño unha fotografía onde estamos toda a familia.* SIN. foto.

FAM. foto, fotografar, fotográfico, fotógrafo.

fotógrafo, fotógrafa

substantivo

Persoa que se dedica profesionalmente a facer fotos: *Traballa de fotógrafa nun xornal.*

fotosíntese

substantivo feminino

Proceso polo que moitas plantas elaboran substancias orgánicas a partir de substancias inorgánicas utilizando a enerxía luminosa: *As plantas que carecen de clorofila non realizan a fotosíntese.*

fotoxénico, fotoxénica

adxectivo

Que sae moi ben nas fotos: *Os actores e actrices adoitan ser moi fotoxénicos.*

fouce

substantivo feminino

Instrumento de labranza de folla curva e grosa e cun mango máis longo ca o da fouciña: *A fouce úsase para rozar os montes.*

fouciña ou fouciño

substantivo masculino ou feminino

Instrumento de labranza con folla curva e mango curto que se usa para segar a herba: *Segaba a herba coa fouciña.*

foula

substantivo feminino

1 Po miúdo da fariña: *Os panadeiros andan cheos de foula.*

2 Escuma de auga do mar que se levanta co vento, coas ondas ou ao navegar un barco: *O vento traía a foula ata o paseo marítimo.* SIN. salseiro.

***foulard**, a forma correcta é **fular**.

foxo

substantivo masculino

1 Cuneta.

2 Buraco pequeno e arredondado que se

forma no terreo: *Na autoestrada non adoita haber foxos.* SIN. focha, fochanca.
OBS. É distinto de *foso.*

foz
substantivo masculino
1 Paso estreito e profundo entre montañas: *As paisaxes da foz do Sil son moi fermosas.* SIN. garganta.
2 Sitio por onde un río entra no mar ou noutro río: *Fotografamos a foz do Masma.* SIN. desembocadura.
OBS. Na acepción 1 non debe empregarse *canón.*

fozar
verbo
1 Referido especialmente ao porco e ao xabaril, moveren e levantaren a terra co fociño: *Os porcos andaban a fozar na terra.*
2 Andar nas cousas de xeito que se deixan desordenadas ou estragadas: *Non andes a fozar nos libros dos andeis.* SIN. fedellar, fochicar, remexer.
OBS. O *z* cambia en *c* ante *e*, como en *cazar.*
FAM. fozón.

frac
substantivo masculino
Peza do vestiario masculino semellante a unha chaqueta, habitualmente de cor negra, que chega por diante ata a cintura e por atrás baixa formando dúas colas longas: *O frac é peza de etiqueta para actos solemnes.*
OBS. O plural é *fracs.*

fracasar
verbo
Non ter éxito ou non conseguir o esperado: *O alpinista fracasou porque non alcanzou o cume da montaña.* SIN. fallar. ANT. triunfar.
FAM. fracasado, fracaso.

fracción
substantivo feminino
1 Cada unha das partes en que se divide un todo: *Unha fracción da leira está a prado, outra ten patacas e unha terceira árbores froiteiras.* SIN. parte, porción.
2 En matemáticas, número que expresa en cantas partes se dividiu a unidade e cantas partes se collen dela: *A fracción 3/4 indica que dunha unidade dividida en catro partes se tomaron 3.* SIN. crebado, quebrado.
FAM. fraccionar, fraccionario.

fraco, fraca
adxectivo
Delgado e con poucas carnes: *Ese rapaz come pouco e está fraco.* SIN. delgado. ANT. gordo, obeso.
FAM. fraquear, fraqueza, enfraquecer.

fracturar
verbo
Romper algo duro: *Caeu e fracturou o fémur.*
FAM. fractura.

frade
substantivo masculino
Home que pertence a unha orde ou confraría relixiosa: *Os frades adoitan vivir en conventos.* SIN. freire, monxe.

fraga
substantivo feminino
Bosque poboado especialmente por árbores de folla caduca, herbas, mofos, liques e cunha gran diversidade de animais: *Son famosas as fragas do Eume.*
FAM. fragoso, fragueiro.

***fragancia**, a forma correcta é **fragrancia**.

fragata
substantivo feminino
Barco de guerra máis pequeno ca o destrutor e usado como escolta doutros barcos e contra ataques aéreos e submarinos: *Esa fragata leva lanzamísiles.*

fragmentar
verbo
Dividir ou romper en anacos ou partes pequenas: *Fragmentou a rocha de granito en tres partes.*
FAM. fragmentario, fragmento.

fragor
substantivo masculino
Ruído moi longo e prolongado: *Na fronte oíase o fragor dos canóns.*

fragrancia
substantivo feminino
Olor ou recendo moi bo: *Encántalle a fragrancia das rosas.* SIN. aroma, perfume, recendo. ANT. peste, fedor.
FAM. fragrante.

fragua
substantivo feminino
1 Lugar onde se traballa o ferro: *Nesa fragua*

fabrican espadas decorativas. SIN. ferraría, forxa.
2 Lugar onde se queiman e quentan metais para traballalos: *Colocaba o ferro na fragua para quentalo.* SIN. forxa.
FAM. fraguar.

fragueiro, fragueira
substantivo
Persoa que se dedica profesionalmente a comprar e vender árbores e madeira: *Ese fragueiro xa montou dúas serras.*

framboesa
substantivo feminino
Froito parecido ao amorodo, de cor avermellada e sabor agridoce: *Gústalle a marmelada de framboesa.*
FAM. framboeseiro.

franco, franca
adxectivo
Que fala clara e sinceramente: *Di sempre o que pensa porque é moi franco.*
FAM. franquear, franqueo, franqueza.

*franela, a forma correcta é **flanela**.

franquear
verbo
1 Pasar ao outro lado dun lugar: *Franqueou a porta e entrou.*
2 Pórlle o selo correspondente a unha carta para enviala por correo: *Franqueou a carta e botouna á caixa do correo.*
FAM. franqueo.

franxa
substantivo feminino
Superficie máis longa ca larga: *A bandeira española ten unha franxa amarela e dúas vermellas.*

frasco
substantivo masculino
Recipiente de cristal máis pequeno ca a botella: *Botou colonia do frasco.*

frase
substantivo feminino
Conxunto de palabras que teñen un sentido completo: *Cómpre formar ben as frases.*

fraternal
adxectivo
Co cariño e amor que se consideran propios dos irmáns: *Tenlle a ese amigo un cariño fraternal.*
FAM. fraternidade, fraternizar, fraterno, fratricidio.

fraude
substantivo feminino
Engano que se fai para obter algo en beneficio propio: *A fraude fiscal consiste en enganar para pagar menos impostos.*
FAM. fraudulento.

frauta
substantivo feminino
Instrumento musical de vento formado por un tubo con embocadura e buracos que se tapan cos dedos para producir diferentes notas: *No colexio aprendeu a tocar a frauta.*
FAM. frautista.

fráxil
adxectivo
Que rompe con moita facilidade: *O cristal é moi fráxil.*
FAM. fraxilidade.

freada
substantivo feminino
Moderación ou parada na marcha, especialmente dun vehículo: *A freada do autobús evitou un atropelo.*
OBS. Non se di **freazo*.

frear
verbo
1 Facer que un vehículo pare ou vaia máis devagar: *Hai que frear antes de entrar nas curvas.* ANT. acelerar.
2 Impedir que algo siga actuando: *Hai que frear a suba dos prezos.* ANT. activar.
FAM. freada, freo.

*freba, a forma correcta é **febra**.

frecha
substantivo feminino
1 Arma que se dispara cun arco e que está formada por unha barra delgada e unha punta de metal no extremo: *Os arqueiros disparaban as frechas cos arcos.* SIN. seta.
2 Calquera cousa que ten a forma desta arma: *A frecha verde indica a saída.*
FAM. frechazo.

frecuencia
substantivo feminino
Repetición de algo moitas veces en pouco tempo: *Visita os pais con frecuencia.*

frecuente
adxectivo
1 Que se repite moi a miúdo: *É frecuente que chegue tarde ao traballo.* SIN. común, corrente, habitual. ANT. insólito.
2 Que é normal: *O frecuente é que no verán vaia en mangas de camisa.* SIN. común, corrente, habitual. ANT. insólito.
FAM. frecuencia, frecuentar.

frega
substantivo feminino
Presión que se fai coas mans sobre algunha parte do corpo, especialmente para curar unha dor: *Déronlle unhas fregas de alcol no lombo.* SIN. freta, masaxe.

fregar
verbo
1 Limpar con auga e xabón fretando con forza: *Estaba fregando a louza.*
2 Facer presión coas mans sobre algunha parte do corpo, especialmente para curar unha dor: *O masaxista fregáballe as costas con alcol.* SIN. fretar.
FAM. frega, fregona.

fregona
substantivo feminino
Instrumento de limpeza para fregar o chan formado por un mango longo e un conxunto de tiras absorbentes: *Pasáballe a fregona ao piso da cociña.*

fregués, freguesa
substantivo
Persoa que pertence a unha determinada parroquia: *Os fregueses asistían á misa na igrexa da parroquia.*
FAM. freguesía.

frei
substantivo masculino
Forma abreviada de *freire,* que só se usa ante nomes masculinos: *Xa chegou frei Domingos.*

freire, freira
substantivo
Persoa que pertence a unha orde ou confraría relixiosa católica: *Os freires e freiras adoitan vivir en conventos.* SIN. frade, monxe.
OBS. En masculino e ante nome propio de persoa aparece a forma *frei: Frei Domingos xa chegou.*

freixo
substantivo masculino
Árbore de follas largas, ramas abundantes, codia gris e madeira branca moi flexible: *A madeira de freixo é moi apreciada.*
FAM. freixedo.

frenético, frenética
adxectivo
Moi fóra de si ou sen poder controlarse: *Estaba frenético e berraba sen parar.*
FAM. frenesí.

***frente**, a forma correcta é **fronte**.

freo
substantivo masculino
Peza que serve para facer que un vehículo pare ou vaia máis devagar: *O freo dos coches acciónase cun pedal.* ANT. acelerador.

fresa
substantivo feminino
Ferramenta de corte que serve para perforar ou alisar pezas de metal: *Os parafusos fabrícanse con fresas.*
OBS. É distinto de *amorodo.*

fresco, fresca
adxectivo
1 Un pouco frío: *No verán as mañás son máis frescas ca as tardiñas.*
2 Dito dun alimento, que se ten que consumir pronto porque se estraga: *O leite hai que consumilo fresco.*
3 Dito dunha tea, que non dá calor: *O algodón é máis fresco ca a la.*
4 Dito dun acontecemento, que acaba de ocorrer: *A radio ofrece as noticias frescas.*
5 Que está novo e se conserva ben fisicamente: *Con setenta anos e segue tan fresco.*
6 Que non está canso: *Os ciclistas chegaron frescos á meta.*
7 Que non se preocupa nin pon nervioso por nada: *Dálle igual que lle berren porque é un fresco.*
substantivo masculino
8 Tempo un pouco frío: *Aquí pola noitiña vai fresco.*
9 Pintura que se fai directamente sobre as paredes ou os teitos: *Os frescos píntanse con cores disolvidas en auga de cal e estendense sobre o estuco.*
substantivo feminino
10 Tempo de menos calor nos días do verán

ao comezo e á fin do día: *En agosto hai que andar pola fresca.*
FAM. frescor, frescura, refrescar, refresco.

freta
substantivo feminino
Presión que se fai coas mans sobre algunha parte do corpo, especialmente para aliviar unha dor: *Dábanlle fretas de alcol no lombo.* SIN. frega, masaxe.

fretar[1]
verbo
Pasar unha cousa sobre outra moitas veces e con forza: *Pódese prender lume fretando dous paus.* SIN. fregar, refregar.

fretar[2]
verbo
Alugar un barco ou outro medio de transporte: *Fretaron un avión para levar todo o equipo de fútbol.*
FAM. frete.

frete
substantivo masculino
Conxunto de mercadorías que transporta un barco, un camión ou un avión: *Ese barco leva un frete de trigo.* SIN. carga, cargamento.

frialdade
substantivo feminino
1 Sensación que provén da falta de calor: *A frialdade da fronte do enfermo asustaba.*
2 Indiferenza ou falta total de interese por algo ou alguén: *Recibiuno con tanta frialdade que nin a man lle deu.*

friame
substantivo masculino
Alimento preparado para conservarse moito tempo e ser comido frío: *A mortadela, o chourizo e o xamón son friame.*
FAM. friameira.

friameira
substantivo feminino
Recipiente que pecha de xeito que non entra aire nela e se usa para levar comida feita: *Leva o xantar ao traballo nunha friameira.*

friaxe
substantivo feminino
Sensación de frío ou falta de calor grandes: *En decembro vai moita friaxe aquí.*

frieira
substantivo feminino
Pequena inflamación nos dedos dos pés ou das mans ou nas orellas a causa do frío: *Próenme moito as frieiras.*

frigorífico, frigorífica
adxectivo
1 Que conserva ou produce frío: *O peixe conxelado transpórtase en camións e vagóns frigoríficos.*
substantivo masculino
2 Electrodoméstico que conserva os alimentos e bebidas fríos: *Cómpre gardar os iogures no frigorífico.* SIN. neveira, refrixerador.

frío, fría
adxectivo
1 Con temperatura moi baixa ou máis baixa da normal: *Os invernos son fríos.* ANT. cálido, caloroso, quente.
2 Dito dunha persoa, que non manifesta os seus sentimentos: *Nunca se alporiza porque é moi frío.*
3 Dito dunha cor, que se parece ao azul ou ao verde: *As paredes das aulas adoitan estar pintadas en tons fríos.*
4 Dito dunha persoa, que está baixo o efecto dunha impresión moi forte: *A noticia da súa morte deixounos fríos.*
substantivo masculino
5 Temperatura moi baixa: *No inverno vai frío.* ANT. calor.
FAM. friame, friaxe, frieira, frigorífico, friorento, arrefriar.

friorento, friorenta
adxectivo
Que sente moito frío: *Meu irmán é moi friorento.*
OBS. A forma **frioleiro* é incorrecta.

fritir
verbo
Cociñar un alimento con aceite moi quente: *Fritía as patacas na tixola.* SIN. frixir.
OBS. Ten dous participios, o regular *fritido* e o irregular *frito.*

frívolo, frívola
adxectivo
Que só quere divertirse e non ten seriedade: *Non me gustan nada os seus comentarios frívolos ante os problemas.*
FAM. frivolidade.

frixideira
substantivo feminino
Electrodoméstico usado para frixir alimentos: *Fixemos as luras na frixideira.*

frixir
verbo
Fritir.

froallar
verbo
Chuviscar.
FAM. froallo.

froita
substantivo feminino
Froito comestible de certas plantas: *As mazás e as peras son froitas.*
FAM. froitaría, froiteiro, froito, frutífero.

froitaría ou froitería
substantivo feminino
Tenda onde se vende froita: *No verán traballa nunha froitaría.*

froiteiro, froiteira
adxectivo
1 Dito dunha árbore, que dá froita: *A pereira e a maceira son árbores froiteiras.*
substantivo
2 Persoa que ten como profesión vender froita: *A froiteira da miña rúa é moi amable.*
substantivo masculino
3 Recipiente para colocar e servir a froita: *Colocou as mazás no froiteiro.*

froito
substantivo masculino
1 Parte da planta que ten dentro as sementes: *O froito da amendoeria é a améndoa e o da abeleira a abelá.*
2 Produto das plantas, especialmente os que comen persoas e animais: *Na colleita recóllense os froitos do campo.*
3 Resultado ou consecuencia de algo: *O éxito desta empresa é froito do traballo de todos.* SIN. consecuencia, produto, resultado.
4 Ganancia ou beneficio que se obtén con algo: *Agora o negocio da venda de pisos dá poucos froitos.* SIN. proveito.
EXP. **Froito seco** O que carece de zume e habitualmente ten casca dura e non é carnoso: *As améndoas e as abelás son froitos secos.*

frondoso, frondosa
adxectivo
Con moitas árbores, plantas ou ramas: *No xardín tiña unhas árbores frondosas.* SIN. vizoso.

frontal
adxectivo
1 Da fronte ou relacionado con ela: *O óso frontal forma a fronte e únese aos parietais.*
2 Da parte dianteira: *Na parte frontal dos coches van os faros.*

fronte
substantivo feminino
1 Parte de diante: *Na fronte dos edificios está a entrada principal.*
2 Zona onde se loita nunha guerra: *Na fronte pódense construír trincheiras.*
3 Parte da cara que está entre as cellas e o pelo: *Caíalle o pelo sobre a fronte.* SIN. testa.
EXP. **Á fronte** diante de todos ou ao mando deles: *Á fronte da manifestación ían os líderes sindicais.* **En fronte** No lado oposto: *Cruzou á beirarrúa de en fronte.* **Facer fronte a** Opoñerse a algo: *A policía facía fronte aos manifestantes.*
FAM. frontal, afrontar, enfrontamento, enfrontar.

fronteira
substantivo feminino
Límite ou separación entre dous países ou cousas: *O Miño forma fronteira entre Galicia e Portugal.* SIN. raia.
FAM. fronteirizo, fronteiro.

frontón
substantivo masculino
1 Lugar onde se xoga, de acordo con certas regras, a lanzar unha pelota contra unha parede e a golpeala cando volve: *O frontón pode xogarse só coa man ou con pa.*
2 En arquitectura, peza en forma de triángulo que remata unha fachada: *As fachadas dos templos gregos adoitaban rematar cun frontón.*

frota
substantivo feminino
1 Conxunto de barcos de guerra ou de calquera outro tipo que pertencen a un mesmo país, actividade, compañía ou persoa: *Esa compañía posúe unha frota de petroleiros.*
2 Conxunto de vehículos pertencentes a un

mesmo dono ou compañía: *Agora ten unha frota de trinta camións frigoríficos.*
FAM. flotador, flotar, flotilla.

frouma
substantivo feminino
Arume.

frouxo
adxectivo
1 Que é largo de máis, pouco apertado ou pouco tirante: *Gústalle a roupa frouxa.*
2 Sen forza ou enerxía: *A brisa é un vento frouxo.* SIN. débil, feble. ANT. forte, potente.
3 Que está por debaixo do considerado normal: *Os teus exames están sendo moi frouxos.* SIN. mediocre. ANT. brillante.
FAM. frouxidade.

frutifero, frutífera
adxectivo
Que resulta útil ou bo para algo: *As negociacións foron frutíferas porque se acadou a paz.* SIN. beneficioso, proveitoso, útil. ANT. estéril, infrutuoso.
FAM. frutificar.

frugal
adxectivo
Referido á comida e bebida, moderada ou en pouca cantidade: *O xantar foi moi frugal: prato único e sen sobremesa.*
FAM. frugalidade.

*__fruncir__, a forma correcta é **engurrar**, **pregar**.

frustrar
verbo
1 Quitarlle a alguén a alegría ou as esperanzas: *Esa nota negativa frustrou o meu propósito de aprobar.*
2 Impedir algo: *O policía frustrou o atraco do banco.*
FAM. frustración, frustrado.

*__fuciño__, a forma correcta é **fociño**.

fuel
substantivo masculino
Combustible líquido derivado do petróleo e usado para a calefacción e industrias: *A calefacción do edificio é de fuel.*

fuga
substantivo feminino
1 Saída ou abandono dun lugar de forma moi rápida: *A intervención da cabalaría puxo o inimigo en fuga. Fracasou a fuga dos presos.* SIN. escapada, evasión, fuxida.
2 Saída dun gas ou dun líquido por unha abertura: *Os bombeiros atoparon unha fuga de gas nos canos do edificio.* SIN. escape.

*__fugar__, a forma correcta é **fuxir**.

fugaz
adxectivo
Que pasa ou desaparece moi rapidamente, que dura moi pouco: *O conselleiro fixo unha visita fugaz á cidade.* SIN. breve, fuxidío. ANT. duradeiro.

fulano, fulana
substantivo
Persoa que non se coñece ou da que non se sabe o nome: *Un fulano estaba a aparcar o coche na rampla do garaxe.* SIN. individuo.

fulgor
substantivo feminino
Brillo moi intenso: *O fulgor do sol de xullo cegaba.* SIN. esplendor, resplandor.
FAM. fulgurante.

fulminante
adxectivo
Moi rápido e de efectos inmediatos: *O éxito desa novela foi fulminante.*

fulminar
verbo
Matar ou destruír de forma moi rápida: *Un raio fulminou a ovella.*
FAM. fulminante.

fumar
verbo
Aspirar e botar o fume do tabaco ou doutra substancia que se queima: *Fumar é prexudicial para a saúde.*
FAM. fumador.

fumareda
substantivo feminino
Gran cantidade de fume: *O tubo de escape dese coche bota unha boa fumareda.*

fume
substantivo masculino
1 Conxunto de gases que desprende o lume ou a combustión dunha materia: *A lareira bota moito fume.*
2 Vapor que sae da auga ou dun líquido moi quente: *O caldo aínda está quente porque bota fume.*

plural
3 Sensación de ser superior aos demais: *É un orgulloso que ten moitos fumes.*
EXP. **A fume de carozo** A gran velocidade: *Os ladróns fuxiron nun coche a fume de carozo.* **Irse todo en fume** Desaparecer unha esperanza ao fracasar algo: *As súas ideas de facerse rico fóronse todas en fume.* **Volverse / facerse fume** Desaparecer: *A fortuna familiar fíxose fume.*
FAM. fumar, fumareda, fumegar.

fumegar
verbo
Botar fume: *A cheminea fumegaba.*
OBS. O *g* cambia en *gu* diante do *e*, como en *pagar.*

fumigar
verbo
Limpar de insectos ou doutros bichos prexudiciais por medio de gases ou doutros produtos que os matan: *O Concello fumigou esa casa para acabar coas pulgas.*
OBS. O *g* cambia en *gu* diante do *e*, como en *pagar.*

*__fumo__, a forma correcta é **fume**.

función
substantivo feminino
1 Acción ou actividade propias de algo ou alguén: *A función do frigorífico é manter fríos os alimentos.* SIN. finalidade.
2 Cada unha das representacións dunha obra de teatro, espectáculo ou proxección dunha película: *Nese cine hai tres funcións.*
FAM. funcional, funcionar.

funcionar
verbo
Facer algo ou alguén a actividade para a que serve: *O televisor funciona mal porque non se oe o son.*
FAM. funcionamento.

funcionario, funcionaria
substantivo
Persoa que traballa para o Estado: *Os traballadores do Concello son funcionarios.*

funda
substantivo feminino
1 Cuberta con que se envolve algo para protexelo: *Meteu as lentes na funda.*
2 Peza de vestir que cobre todo o corpo e que se utiliza en certas profesións para protexerse ou non mancharse: *Os mecánicos de coches usan funda.*
OBS. Na acepción 2 non debe usarse *mono.*

fundación
substantivo feminino
1 Creación dunha cidade, dunha institución ou dunha empresa: *A fundación do noso club de fútbol realizouse en 1902.* SIN. creación, establecemento. ANT. destrución.
2 Organización creada con fins culturais, relixiosos ou de axuda desinteresada aos demais: *O millonario creou unha fundación que dá bolsas de estudo a rapaces sen recursos.*

fundamental
adxectivo
Que é o máis importante e necesario: *Para vivir é fundamental comer e beber.* SIN. básico, capital, esencial, primario, principal. ANT. accesorio, secundario.

fundamento
substantivo masculino
Cada un dos puntos principais en que se basea un estudo, ciencia ou teoría: *Ese libro explica os fundamentos da arquitectura.* SIN. principio.

fundar
verbo
1 Crear unha cidade, institución ou empresa: *A empresa fundouna a avoa do actual propietario.* SIN. constituír, crear, establecer. ANT. destruír.
2 Basear algo en datos que amosan que é certo: *As teorías científicas fúndanse en feitos comprobados.* SIN. apoiar, basear.
FAM. fundación, fundamental, fundamentar, fundamento.

fundición
substantivo feminino
Fábrica onde os metais se converten en líquidos pola acción da calor: *As fundicións dispoñen de altos fornos para fundir o ferro.*

fundir
verbo
1 Converter un sólido en líquido pola acción da calor: *Os bloques de xeo fundíronse pola calor.*

2 Unir dúas ou máis cousas diferentes ou persoas: *Os dous amigos fundíronse nunha aperta.* SIN. unir.
3 Render ou servir para moito: *Este xabón fonde moito pois dá para moitos lavados.* SIN. render.
OBS. Na acepción 3 conxúgase como *fuxir.* Non debe empregarse no canto de *queimar* para referirse a 'estragar un aparello eléctrico': *A lámpada *fundiuse > queimouse.*
FAM. fundición, fusión, fusionar.

fúnebre
adxectivo
Dos defuntos ou mortos: *O coche fúnebre transporta os ataúdes.*

funeral
substantivo masculino
Cerimonia que se fai na honra dun morto no seu enterro: *Ao funeral do avó asistiu moita xente.*

funeraria
substantivo feminino
Empresa que se encarga dos enterros dos mortos: *As funerarias venden ataúdes.*

funesto, funesta
adxectivo
Que supón unha gran desgraza: *Morreu nun funesto accidente de aviación.* SIN. aciago, desgraciado. ANT. ditoso, feliz.

fungar
verbo
1 Amosar desgusto por algo en voz baixa: *Obedece, pero faino fungando.* SIN. moumear, roñar, rosmar.
2 Asoar.
3 Zoar o vento forte: *O vento fungaba con forza.*
4 Expulsar o aire con forza polo nariz: *O gato fungáballe ao can.*
5 Falar botando parte do aire polo nariz: *Non o entendo porque funga moito.*
OBS. O *g* cambia en *gu* ante *e*, como en *pagar.*
FAM. fungón, funguido.

fungo
substantivo masculino
Organismo que non é vexetal nin animal, non ten clorofila nin forma tecidos: *Algúns fungos, como o champiñón, son comestibles.*

fungueiro
substantivo masculino
Cada un dos paus grosos e curtos que se colocan nos lados do carro para soster a carga ou os ladrais: *Os fungueiros sosteñen os ladrais.* SIN. estadullo.
FAM. fungueirazo.

funicular
adxectivo ou substantivo masculino
Referido a un tren ou vehículo, que se despraza arrastrado por unha corda, un cable ou unha cadea: *O tren funicular é propio das zonas de montaña.*

funil
substantivo masculino
Embude.

furabolos
substantivo masculino
Dedo índice da man: *O furabolos úsase para sinalar.* SIN. índice.

furacán
substantivo masculino
Vento moi forte que xira en grandes círculos: *O furacán levantou varios tellados da vila.*

furado
substantivo masculino
Buraco ou abertura nunha superficie, xeralmente de forma arredondada: *Leva os calcetíns con furados.* SIN. buraco, burato.

furar
verbo
Facer un ou máis buracos: *Furou a prancha de ferro cun trade.* SIN. esburacar, esfuracar, perforar.
FAM. furabolos, furado, furón.

furgar
verbo
1 Escarvar ou levantar superficialmente a terra: *O can furgaba coas patas no xardín.* SIN. escaravellar.
2 Andar en algo desordenándoo ou estragándoo: *Deixa de furgar no mando do televisor que o vas estragar.* SIN. fedellar, fochicar, fozar, remexer, revolver.
3 Meter o dedo no nariz ou noutro oco do corpo: *Furgar no nariz é de mala educación.* SIN. escaravellar.
OBS. O *g* cambia en *gu* ante *e*, como en *pagar.*

furgón
substantivo masculino
Vehículo longo de dous eixes e cuberto nun tren ou automóbil, usado para o transporte: *Os mensaxeiros adoitan transportar a mercadoría en furgóns. Os trens levan o correo en furgóns.*
FAM. furgoneta.

furgoneta
substantivo feminino
Vehículo máis pequeno ca un furgón ou un camión e que se usa para transportar mercancías: *O fontaneiro leva as ferramentas na súa furgoneta.*

furia
substantivo feminino
1 Enfado ou ira tan grandes que non se poden controlar: *Insultouno con furia.* SIN. carraxe, cólera, furor, ira, rabia.
2 Forza ou enerxía grandes: *Na tormenta o vento zoaba con furia.* SIN. furor.
FAM. furioso.

furna
substantivo feminino
Gran buraco ou oco nas penas e rochas, sobre todo os causados polo mar: *Nese acantilado hai furnas.* SIN. caverna, espenuca, gruta.

furón
substantivo masculino
Pequeno mamífero carniceiro duns corenta centímetros de longo cun rabo duns quince centímetros semellante a un can pequeno e alongado: *Está prohibida a caza de coellos con furón.*

furor
substantivo masculino
Enfado ou ira tan grandes que non se poden controlar: *O furor non o deixaba falar.* SIN. carraxe, cólera, furia, ira, rabia.

furriqueira
substantivo feminino
Diarrea.

furtar
verbo
Roubar algo sen que o dono se decate: *Os carteiristas furtan carteiras.* SIN. quitar, raspiñar, roubar.
FAM. furto.

furtivo, furtiva
adxectivo
Que fai algo ás escondidas, especialmente se está prohibido: *A confraría de mariñeiros denunciou dous mariscadores furtivos.*
FAM. furtivismo.

furuncho ou **furúnculo**
substantivo masculino
Gran duro que se forma baixo a pel que ten pus: *Os furunchos producen moita dor.*

fusco, fusca
adxectivo
Que tira a negro ou gris: *O día está fusco e quere chover.*

fusible ou **fusíbel**
substantivo masculino
Fío ou chapa metálica dunha instalación eléctrica que se queima se sobe a potencia da corrente eléctrica: *Non hai luz porque se queimaron os fusibles.*

fusil
substantivo masculino
Arma de fogo de cano longo portátil e de uso individual: *Os soldados levan fusís.*
FAM. fusilamento, fusilar.

fusilar
verbo
Matar con disparos de fusil, especialmente un condenado a morte: *Fusilárono porque o condenaron a morte por traizón.*

fusión
substantivo feminino
1 Paso de sólido a líquido pola acción da calor: *Por fusión, o xeo convértese en auga líquida.*
2 Unión de dúas ou máis cousas: *Produciuse a fusión dos dous bancos para ter máis ganancias.*

fusionar
verbo
Unir dúas ou máis cousas diferentes nunha soa: *As dúas empresas fusionáronse.*

fuso
substantivo masculino
Instrumento de forma arredondada e alongada, máis estreito nos extremos, que se usa ao fiar á man para enrolar nel o fío: *Para fiar o liño úsanse o fuso e a roca.*

fuxir			
INDICATIVO		SUBXUNTIVO	IMPERATIVO
Presente	**Copretérito**	**Presente**	fuxe
fuxo	fuxía	fuxa	fuxide
foxes	fuxías	fuxas	
foxe	fuxía	fuxa	
fuximos	fuxiamos	fuxamos	FOR. NOMINAIS
fuxides	fuxiades	fuxades	
foxen	fuxían	fuxan	**Infinitivo**
			fuxir
Pretérito	**Antepretérito**	**Pretérito**	**Xerundio**
fuxín	fuxira	fuxise	fuxindo
fuxiches	fuxiras	fuxises	
fuxiu	fuxira	fuxise	**Participio**
fuximos	fuxiramos	fuxísemos	fuxido
fuxistes	fuxirades	fuxísedes	
fuxiron	fuxiran	fuxisen	
Futuro	**Pospretérito**	**Futuro**	**Inf. conxugado**
fuxirei	fuxiría	fuxir	fuxir
fuxirás	fuxirías	fuxires	fuxires
fuxirá	fuxiría	fuxir	fuxir
fuxiremos	fuxiriamos	fuxirmos	fuxirmos
fuxiredes	fuxiriades	fuxirdes	fuxirdes
fuxirán	fuxirían	fuxiren	fuxiren

fusta

substantivo feminino

Vara flexible que se utiliza para castigar ou estimular as cabalarías: *O xinete pegoulle ao cabalo coa fusta.*

fuste

substantivo masculino

Parte alongada dunha columna situada entre a base e o capitel: *O fuste ten adornos de estrías.*

fustriga

substantivo feminino

Vara delgada e flexible: *Os arrieiros pegábanlles ás bestas con fustrigas.*

FAM. fustrigar.

fútbol

substantivo masculino

Deporte que se xoga entre dous equipos de once xogadores e que consiste en mover o balón sen tocalo coas mans: *O fútbol é o deporte máis popular en Galicia.*

EXP. **Fútbol de mesa** Especie de mesa con bonecos na que se xoga como se se tratase dun partido de fútbol: *O fútbol de mesa pódese xogar entre dous ou catro xogadores.*

OBS. Non debe empregarse **futbolín* no canto de *fútbol de mesa.*

FAM. futbolista.

futuro, futura

adxectivo

1 Que está por chegar ou acontecer: *Na futura primavera volverán florecer as árbores.* ANT. pasado.

substantivo masculino

2 Tempo que aínda non chegou: *O século XXII é o futuro.* SIN. mañá, porvir. ANT. pasado.

3 En gramática, tempo do verbo que indica unha acción que aínda non aconteceu, mais que chegará: Cantará *é futuro de indicativo.* ANT. pretérito.

fuxefuxe

adxectivo ou substantivo

Bulebule.

fuxidío, fuxidía

adxectivo

Que dura moi pouco ou pasa moi rápido: *Os momentos de felicidade son fuxidíos.* SIN. fugaz, pasaxeiro. ANT. duradeiro.

fuxido, fuxida

adxectivo ou substantivo

1 Que escapou: *Nos anos corenta en Galicia houbo fuxidos que loitaban no monte contra o franquismo.*

substantivo feminino

2 Abandono ou saída dun lugar, especialmente se está pechado nel á forza: *Os gardiáns do cárcere impediron a fuxida do preso.* SIN. escapada, fuga.

fuxir

verbo

1 Escapar ou saír dun lugar, especialmente se se está nel á forza: *Dous presos fuxiron do cárcere.* SIN. escapar.

2 Apartar ou escapar de algo ou alguén que se consideran malos: *Cómpre que fuxas das malas amizades.* SIN. escapar.

OBS. Cambia o *u* en *o* nalgunhas persoas do presente de indicativo.

FAM. fuxefuxe, fuxida, fuxidío, fuxido, fuxitivo.

fuxitivo, fuxitiva

adxectivo ou substantivo

Que fuxiu ou escapou, especialmente dun lugar en que estaba á forza: *A policía detivo dous fuxitivos do cárcere.*

G

g
substantivo masculino

Sétima letra do alfabeto galego: *A palabra* gato *comeza por un* g.

OBS. O seu nome é *gue*. Diante de *a, o, u,* escríbese *g (gato, gorra, gume)*, pero diante de *e, i* escríbese *gu* e non se le o *u* (*guerra, guitarra*). Para que se lea o *u* ante *e, i* debe levar *diérese: bilingüe, pingüín*. A pronuncia como unha aspiración larínxea recibe o nome de *gheada*.

gabar
verbo

Dicir cousas boas de alguén ou algo: *O adestrador gabou os xogadores polo seu espírito de loita.* SIN. chufar, eloxiar, enaltecer, loar. ANT. censurar, criticar.

FAM. gabanza.

gabardina
substantivo feminino

Peza de vestir feita de tecido impermeable e que chega ata debaixo dos xeonllos: *A gabardina protexe da chuvia.*

gabear
verbo

1 Subir por unha árbore ou parede axudándose das mans e dos pés: *O rapaz gabeaba polo castiñeiro.* SIN. agatuñar, gatear, rubir.

2 Medrar unha planta envolvéndose ou apoiándose nun pau ou noutra planta: *As hedras gabeaban polo muro da casa.* SIN. aganchar, agatuñar, gatear, rubir.

gabeta
substantivo feminino

Especie de caixa que corre para dentro e para fóra e que vai axustada en mesas, armarios e outros mobles: *Gardo os papeis importantes na gabeta de arriba da miña mesa.* SIN. caixón.

gabia
substantivo feminino

Buraco ou escavación longos e estreitos que se fan na terra: *Fixeron unha gabia para meter os canos da traída de auga.*

gabián
substantivo masculino

Ave de rapina diúrna, de plumas de cor gris azulada e que se alimenta de pequenos mamíferos e doutras aves: *O gabián mide uns trinta e cinco centímetros de longo.*

gabinete
substantivo masculino

1 Cuarto para traballar ou recibir visitas: *O novelista escribe no seu gabinete.*

2 Conxunto formado polos ministros dun país: *O gabinete reúnese os venres.* SIN. goberno.

gacela
substantivo feminino

Mamífero ruminante moi áxil, de pernas finas e cornos con forma de lira: *As gacelas viven en zonas de África e Asia.*

gadaña
substantivo feminino

Instrumento de labranza cun mango longo e unha folla curva, longa e rematada en punta: *A gadaña úsase para segar a herba.*

gadaño
substantivo masculino

Instrumento de labranza semellante á gadaña pero máis forte e coa folla máis pequena e máis ancha: *O gadaño úsase para rozar os montes.*

gadoupa
substantivo feminino
Man ou pé de certos animais terminados en uñas fortes: *Os leóns teñen unhas boas gadoupas.* SIN. garra, pouta.
FAM. gadoupada.

gafe
substantivo
Que dá mala sorte: *É gafe: cando vén el, sempre chove.*
FAM. gafar.

gago, gaga
adxectivo ou substantivo
Tatexo.
FAM. gaguexar.

gaio
substantivo masculino
Paxaro da familia dos corvos, máis pequeno ca estes e cunha especie de carapucha de plumas na cabeza: *Os gaios distínguense ben dos corvos.*

gaiola
substantivo feminino
Especie de caixa feita de arames, barras ou paus usada para ter dentro paxaros e outros animais: *O león estaba na gaiola.*
OBS. A forma **xaula* é incorrecta.
FAM. gaioleiro, engaiolante, engaiolar.

gaita
substantivo masculino
Instrumento musical de vento formado por un fol que se enche de aire soprando nel e de varios tubos de madeira por onde sae o son ao premelo: *A gaita é un dos instrumentos da música tradicional galega.*
EXP. **Andar / vir con gaitas** Facer ou dicir cousas que molestan: *Fai o traballo axiña e non andes con gaitas.* **Non estar para gaitas** Non estar para bromas: *Non me contes chistes porque agora non estou para gaitas.*
FAM. gaiteiro.

gaiteiro, gaiteira
substantivo
Persoa que toca a gaita: *Toca nun grupo de gaiteiros.*

gaivota
substantivo feminino
Ave mariña de plumaxe branca e agrisada, de ás longas e dedos unidos por membranas para poder nadar: *As gaivotas aliméntanse de peixe.*

gala[1]
substantivo feminino
1 Traxe ou vestido moi elegante e luxoso: *A madriña e o padriño da voda levaban as súas mellores galas.*
2 Festa ou cerimonia moi solemne: *Asistiron á gala da embaixada.*
3 Espectáculo musical, especialmente actuación dun cantante: *Ese cantante fai moitas galas no verán.*
EXP. **Facer gala de** Presumir de algo: *Sempre fai gala da súa intelixencia.*

gala[2]
substantivo feminino
Branquia.

galada
substantivo feminino
Branquia.

galaico, galaica
adxectivo ou substantivo
De Galicia: *Os galaicos opuxeron unha gran resistencia á conquista romana.* SIN. galego.

galán
substantivo masculino
Home moi guapo e atractivo: *Ese actor fai papeis de galán nas películas.*
FAM. galante, galantear, galantería.

galano
substantivo masculino
Xoguete ou calquera cousa sinxela que se lle regala a un neno: *O avó sempre lles leva algún galano aos netos.*

galardoar
verbo
Darlle un premio ou recompensa a alguén por algún mérito: *Galardoaron o seu poema co primeiro premio do concurso literario.* SIN. premiar.

galardón
substantivo masculino
Premio ou recompensa que se concede a alguén por algún mérito: *Recibiu un galar-*

dón por ser o mellor deportista do ano. SIN. premio.
FAM. galardoar.

galaxia
substantivo feminino
Sistema formado polas estrelas, po e gas que xiran arredor dun núcleo central: *A Vía Láctea é unha galaxia con varios soles.*
FAM. galáctico.

galbán, galbana
substantivo
Nugallán.

galbana
substantivo feminino
Nugalla.
FAM. galbán.

galdrumada
substantivo feminino
Comida mal feita e de mal sabor: *Este caldo é unha galdrumada.*

galego, galega
adxectivo ou substantivo
1 De Galicia: *A lingua galega procede do latín.* SIN. galaico.
substantivo masculino
2 Lingua propia de Galicia: *A nosa lingua é o galego.*

galena
substantivo feminino
Mineral composto de xofre e chumbo: *Da galena obtense o chumbo.*

galeón
substantivo masculino
Barco grande de vela, con tres ou catro mastros e que realizaba o comercio con América: *Os galeóns afundidos en Rande transportaban ouro e prata.*

galera
substantivo feminino
Barco de guerra antigo de vela e remo: *A frota da antiga Roma estaba formada por galeras.*

galería
substantivo feminino
1 Especie de balcón longo e largo pechado por cristais que teñen moitas casas: *Son célebres as galerías da Coruña.*
2 Camiño feito debaixo da terra: *As minas de carbón son galerías.*
EXP. **Galería de arte** Establecemento onde se expoñen e venden cadros, esculturas e outros obxectos artísticos: *O pintor exporá os seus cadros nunha galería do centro.*

galerna
substantivo feminino
Vento moi forte do noroeste: *A galerna é propia do Cantábrico.*

galgo, galga
substantivo
Referido a un can, da raza caracterizada por ter o corpo delgado e alongado así como patas moi longas: *Os galgos son moi veloces.*

galiña
substantivo feminino
Ave doméstica con crista pequena e vermella que se cría para aproveitar os seus ovos e a súa carne: *Xantei de primeiro caldo de galiña.* SIN. pita.
EXP. **Galiña choca** A que está chocando ou incubando os ovos: *A galiña choca dálles calor aos ovos.* SIN. pita.
FAM. galiñeiro.

galiñeiro
substantivo masculino
Lugar onde se crían e gardan galiñas, galos, polos e pitos: *O galo cantaba no galiñeiro.* SIN. capoeira, capoeiro, poleiro.

galla
substantivo feminino
Cada un dos dentes ou puntas de utensilios como a galleta ou o angazo: *O angazo ten gallas para arrastrar a herba.*
FAM. gallado.

gallardo, gallarda
adxectivo
1 Guapo e ben feito: *O mozo é moi gallardo.* SIN. aposto, xentil.
2 Que actúa con valentía e valor: *Os guerreiros medievais eran moi gallardos.* SIN. valente, valoroso. ANT. covarde.
FAM. gallardía.

galleiro
substantivo masculino
Utensilio para colgar cousas formado por un gancho ou un pau con ganchos pendurado do teito: *Colgou o xamón no galleiro.*

galleta[1]
substantivo feminino
Forca.

galleta[2]
substantivo feminino
Doce delgado e seco feito de fariña, azucre e outros ingredientes: *Mollaba as galletas no café con leite.*

gallo[1]
substantivo masculino
1 Lugar onde se separan as pólas dunha árbore: *Apañaba as cereixas sentado nun gallo da cerdeira.*
2 Cada un dos dentes ou puntas de utensilios como as forcas ou os angazos: *O angazo ten varios gallos.*

gallo[2]
EXP. **Co gallo de** Con motivo de: *Celebrou unha festa co gallo de que lle tocara a lotaría.*

galo
substantivo masculino
Macho da galiña: *Os galos son meirandes ca as galiñas.*

galocho ou galocha
substantivo masculino ou feminino
1 Zoca.
2 Chanco.
3 Calquera calzado ou zapato vellos e estragados: *Eses galochos parecen dun mendigo.* SIN. galorcho.

galope
substantivo masculino
Modo de andar os cabalos moi rápido: *O galope é máis rápido ca o trote.*
FAM. galopada, galopante, galopar.

galopín, galopina
adxectivo ou substantivo
Que fai pequenos enganos sen malicia: *Algún galopín papou o xeado.* SIN. pillabán, pillo.

galorcho
substantivo masculino
Galocho.

galvanizar
verbo
Cubrir un metal cunha capa doutro metal para evitar que se oxide: *O aceiro pode galvanizarse con cinc para que non se oxide.*
OBS. O *z* cambia en *c* diante do *e*, como en *cazar.*
FAM. galvanismo, galvanización.

gama
substantivo masculino
Conxunto de cousas distintas pero da mesma clase que van variando de forma gradual: *Esa marca de coches presenta unha boa gama de modelos.*

***gamado**, a forma correcta é **gammado**.

gamba
substantivo feminino
Crustáceo mariño semellante ao lagostino pero de tamaño menor: *As gambas son agrisadas, pero cocidas toman unha cor avermellada.*

gamela
substantivo feminino
Barca xeralmente de fondo plano, chata na proa e na popa e que se pode mover con remos, vela ou motor: *A gamela úsase na pesca de baixura.*

gameto
substantivo masculino
Célula reprodutora masculina ou feminina dun animal ou dunha planta: *O espermatozoide e o óvulo son gametos.*

gamo
substantivo masculino
Mamífero ruminante co pelo avermellado e os cornos en forma de pa: *Os gamos son orixinarios do sur de Europa.*

gana
substantivo feminino
1 Desexo ou vontade de algo: *Teño gana dunhas boas vacacións.*
2 Desexo de comer ou beber: *Xantaba sen gana.* ANT. desgana.
EXP. **Dar a gana** Querer: *Fai o que lle dá a gana.*
Ter gana a Quererlle facer mal: *Tenlle gana a ese mentirán.*

ganancia
substantivo feminino
Beneficio ou proveito que se saca de algo, especialmente en cartos: *Ese bar deulle moitas ganancias.* ANT. perda.

ganar
verbo
Gañar.
FAM. ganador, ganancia.

*ganchillo (labor de agulla), a forma correcta é gancho.

gancho
substantivo masculino
Instrumento ou peza curvo e acabado en punta usado para coller ou colgar algo: *Os xamóns penduraban dos ganchos.*

gándara
substantivo feminino
Terreo baixo, areoso, húmido e onde só medra a maleza: *A gándara aquela estaba chea de toxos.*

gandaría ou gandería
substantivo feminino
1 Actividade consistente en criar gando para a súa venda e explotación: *A gandaría produce leite e mais carne.*
2 Conxunto de gando dunha comarca, país ou persoa: *A gandaría galega é moi importante.*

gandeiro, gandeira
adxectivo
1 Do gando ou relacionado con el: *En Galicia hai moitas explotacións gandeiras.*
substantivo
2 Persoa que ten como profesión o coidado e explotación do gando: *Os gandeiros piden unha suba do prezo do leite.*

gando
substantivo masculino
Conxunto de animais mansos de catro patas que se crían para explotalos: *As vacas e as ovellas forman parte do gando.*
EXP. **Gando groso** O formado por animais grandes: *As vacas, os bois e os cabalos forman o gando groso.* **Gando miúdo** O formado por animais pequenos: *As ovellas, cabras e porcos forman o gando miúdo.*
FAM. gandaría, gandeiro.

gandulo, gandula
adxectivo ou substantivo
Nugallán.

ganduxo
substantivo masculino
Puntada longa e frouxa de fío que se fai de xeito provisional: *A costureira, antes de coser a basta, prendeuna cuns ganduxos.*
FAM. ganduxar.

ganga[1]
substantivo feminino
Calquera cousa de moito valor e pouco prezo: *Esas camisas a seis euros son unha ganga.* SIN. bicoca.

ganga[2]
substantivo feminino
Materia inútil dun mineral: *Nun mineral atopamos a ganga e o metal.* ANT. mineral metalizado.

ganglio
substantivo masculino
Vulto situado no traxecto dun nervio ou das vías linfáticas: *Os ganglios nerviosos fórmanse por acumulación de células nerviosas.*

gangrena
substantivo feminino
Morte do tecido orgánico dunha persoa ou animal por unha lesión, infección ou por falta de rega de sangue: *Amputáronlle unha deda por gangrena.*

gángster
substantivo masculino
Persoa que forma parte dun grupo organizado de delincuentes que rouban e mesmo asasinan, especialmente nas cidades grandes: *As películas puxeron de moda os gánsters americanos.*
OBS. O plural pode ser *gángsters* ou *gángsteres.*

ganso, gansa
substantivo
Ave parecida ao parrulo, aínda que máis grande, coa parte superior do corpo de cor gris e a parte inferior branca: *Os gansos viven en zonas pantanosas.*
OBS. Non debe usarse no seu canto *oca.*

ganzúa
substantivo feminino
Instrumento consistente habitualmente nun arame dobrado que serve para abrir pechaduras: *Os ladróns abriron a pechadura cunha ganzúa.*

gañar

verbo

1 Conseguir ou aumentar cartos, bens ou riquezas: *Con ese bar gañou moitos cartos.* ANT. perder.

2 Recibir uns cartos como soldo: *Gaña dous mil euros ao mes.*

3 Conseguir algo: *Gañou un premio literario o ano pasado.* ANT. perder.

4 Conseguir que alguén sinta algo: *Con esa amabilidade gañou o cariño de todos nós.*

5 Ter algunha vantaxe sobre os demais: *El gáñanos en preparación.* SIN. avantaxar, superar.

FAM. gañador.

***gañote**, a forma correcta é **garneato**.

***garabanzo**, a forma correcta é **garavanzo**.

garabato

substantivo masculino

Trazo, debuxo ou liña mal feitos e que non representan nada: *O neno aínda non escribe, só fai garabatos.*

garabullo

substantivo masculino

Pau delgadiño e curto: *Usaba garabullos para prender lume.* SIN. guizo.

garamelo

substantivo masculino

Rateira.

garantía

substantivo feminino

1 Compromiso de que se vai facer ou cumprir algo: *Se non che paga, tes a garantía de que o farei eu mesmo.*

2 Compromiso dun vendedor de amañar gratis o que lle compramos se se estraga, especialmente durante dous anos despois da súa venda: *Os coches teñen unha garantía de dous anos.*

FAM. garantir.

garantir

verbo

1 Dar por seguro e certo que se vai facer ou cumprir algo: *Os meteorólogos garanten que mañá nevará.*

2 Comprometerse o vendedor a amañar gratis o que vendeu durante un certo tempo: *As fábricas de coches garanten todos os seus modelos durante dous anos.*

garapiñar

verbo

Cubrir, especialmente un froito seco como a améndoa, con caldo de azucre que se solidifica: *Gústanme as améndoas garapiñadas.*

garatuxa

substantivo feminino

1 Demostración de cariño con caricias ou palabras amables: *O neto facíalle garatuxas ao avó.*

2 Enfrontamento entre dúas ou máis persoas con insultos e incluso golpes: *Entre varios xogadores rivais formouse unha pequena garatuxa.* SIN. liorta.

FAM. garatuxeiro.

garavanzo

substantivo masculino

Planta herbácea que se cultiva nas hortas porque as súas sementes secas e cocidas son comestibles e tamén esta semente comestible: *Botoulle garavanzos ao cocido.*

***garavata**, a forma correcta é **gravata**.

garaxe

substantivo masculino

Lugar cuberto en que se gardan os coches: *Sempre garda o coche no garaxe.*

garbo

substantivo masculino

Elegancia ao andar e moverse: *Os bailaríns adoitan ter moito garbo.*

FAM. garboso.

garda

substantivo

1 Persoa que ten como profesión vixiar e coidar de que non se cometan delitos: *Un garda de tráfico púxolle unha multa por aparcar mal.*

substantivo feminino

2 Conxunto de persoas, habitualmente armadas, que se ocupan de vixiar ou de coidar algo ou a alguén: *Ese policía forma parte da garda persoal do presidente.*

3 Servizo en que hai que coidar algo ou protexelo durante certo tempo: *Mentres todos dormen un de nós queda de garda no campamento.*

4 Servizo ou traballo que se fai fóra do horario habitual: *Traballa de médico de garda polas noites.*

5 Situación de defensa ou vixilancia: *Hai que estar en garda ante un posible ataque inimigo.*

EXP. **Garda civil** Corpo de policía que actúa nas zonas rurais e persoa que forma parte deste corpo: *Dous gardas civís controlaban o tráfico.* **Garda persoal** Persoa que protexe a outra: *O cantante leva consigo dous gardas persoais.*

gardacostas

substantivo masculino

Barco de guerra pequeno que vixía a costa: *O gardacostas detivo unha lancha de contrabandistas.*

gardalama

substantivo masculino

Nalgúns vehículos como motos e bicicletas, peza curva que está colocada sobre cada unha das rodas para evitar que manchen a quen vai nestes vehículos: *As bicicletas teñen un gardalama dianteiro e outro traseiro.* SIN. paralama.

gardameta

substantivo

Nalgúns deportes, membro do equipo que defende a portaría: *O gardameta de fútbol é o único que pode tocar o balón coa man.* SIN. porteiro.

gardapó

substantivo masculino

Peza de vestir que chega ata cerca dos pés e que se pon sobre a outra roupa para non manchala: *Os antigos tendeiros usaban gardapó.*

gardar

verbo

1 Coidar de algo, protexelo ou vixialo: *Dous cans grandes gardaban a casa.* SIN. coidar, custodiar, vixiar.

2 Colocar nun lugar seguro e adecuado: *Gardou a carta nun caixón da súa mesa.*

3 Conservar nun lugar adecuado: *Gardaba as follas do xornal que falaban del.* SIN. conservar, manter.

4 Cumprir algo que hai que obedecer: *Cómpre gardar as normas de tráfico.* SIN. cumprir, obedecer, observar, respectar.

5 Non gastar algo e deixalo á parte ou para máis adiante: *Do soldo, garda unha parte para aforrar.* SIN. aforrar.

6 **gardarse** Ter coidado con algo ou evitalo: *Os diabéticos gárdanse de consumir produtos con azucre.* SIN. absterse.

FAM. garda, gardacostas, gardalama, gardameta, gardapó, gardaría, gardarroupa, gardián.

gardaría ou gardería

substantivo feminino

Centro en que se coidan nenos pequenos, habitualmente ata os tres anos, nas horas en que os pais traballan: *Como os pais traballan, vai á gardaría.*

gardarroupa

substantivo masculino

1 Cuarto, especialmente nos locais públicos, en que se deixan pezas de abrigo, sombreiros e paraugas: *Nesa discoteca hai gardarroupa.* SIN. vestiario.

2 Armario para gardar a roupa: *No seu cuarto ten un gardarroupa.* SIN. roupeiro.

gardenia

substantivo feminino

Arbusto de xardín de flores brancas moi recendentes e esta flor: *Regaloulle á noiva dúas gardenias.*

gardián, gardiá

substantivo

Persoa encargada de vixiar e gardar algo ou alguén: *Na porta do museo hai dúas gardiás.*

garduña

substantivo feminino

Mamífero carniceiro de cabeza pequena, orellas redondas, pescozo longo e patas curtas que procura o alimento durante a noite: *A garduña alimentase de pitos e de cazapos.*

garete

EXP. **Ao garete** Sen goberno e a mercé do vento: *O barco, sen temón, ía ao garete.* SIN. á deriva.

garfelo

substantivo masculino

Culler grande e fonda: *Botaba o caldo cun garfelo.*

garfo

substantivo masculino

Utensilio con tres ou catro puntas no seu extremo usado para levar os alimentos só lidos á boca: *Puxo na mesa coitelos, culleres e garfos.*

gargallada
substantivo feminino
Risa moi forte e ruidosa: *O cabaleiro ría ás gargalladas.* SIN. risada.

gargallo
substantivo masculino
Saliva mesturada con mocos e flegmas que se expulsa pola boca: *Botou un gargallo porque estaba acatarrado.* SIN. esgarro, esputo.

garganta
substantivo feminino
1 Parte dianteira do pescozo: *Levaba unha bufanda anoada á garganta.* SIN. gorxa.
2 Paso estreito entre dúas montañas: *As paisaxes da garganta do Sil son fermosísimas.* SIN. foz.
OBS. Na acepción 2 non debe usarse a forma *canón.*

gargarexar
verbo
Manter un líquido na garganta coa boca para arriba e sen tragalo: *Para a dor de garganta gargarexa con auga quente mesturada con mel.*
FAM. gargarexo.

***garimoso**, a forma correcta é **agarimoso**.

garita
substantivo feminino
Especie de casiña pequena ou torre onde se resgarda un garda ou vixilante: *Nos cuarteis adoitaba haber garitas.*

garlopa
substantivo feminino
Ferramenta de carpinteiro máis longa ca o cepillo e usada para labrar ou alisar a madeira: *O carpinteiro alisaba a táboa coa garlopa.*

garra
substantivo feminino
Gadoupa.

garrafa
substantivo feminino
Recipiente de cristal de forma máis ou menos redonda para conter líquidos e xeralmente protexido por unha cuberta de vimbio ou plástico: *Gardaba o viño nunha garrafa.*
FAM. garrafón.

garrido, garrida
adxectivo
De bo aspecto, elegante e guapo: *Casou cun mozo moi garrido.* SIN. aposto, baril, gallardo, guapo.

garular
verbo
Emitir a súa voz aguda e molesta certas aves ao mesmo tempo: *Os malvises garulaban.*
FAM. garulada.

garza
substantivo feminino
Ave de patas longas que vive nas beiras de ríos e pantanos, de cabeza pequena e pescozo longo: *As garzas aliméntanse de peixes, anfibios e plantas acuáticas.*

gas
substantivo masculino
1 Estado da materia semellante ao do aire: *O vapor de auga é a auga en forma de gas.*
2 Combustible que se atopa neste estado: *A súa cociña é de gas.*
plural
3 Acumulación de residuos neste estado no organismo, especialmente despois de comer ou beber: *Cos arrotos expúlsanse os gases pola boca.*
EXP. **A todo gas** A moita velocidade: *Pasou unha moto a todo gas.*
FAM. gasificar, gasoduto, gasóleo, gasolina, gasoso.

gasa
substantivo feminino
1 Peza de tea xeralmente de algodón moi fina que se usa para vendas e protexer feridas: *As gasas adoitan estar esterilizadas.*
2 Tea de algodón ou seda moi fina e transparente: *O veo da noiva era de gasa.*

***gaseosa**, a forma correcta é **gasosa**.

***gaseoso**, a forma correcta é **gasoso**.

gasoduto
substantivo masculino
Cano moi groso para transportar un gas combustible entre dous lugares moi apartados: *Un gasoduto conduce o gas desde Rusia a Alemaña.*

gasóleo
substantivo masculino
Mestura de líquidos combustibles obtidos do petróleo usado para mover motores: *Cada día hai máis coches co motor de gasóleo.*

gasolina
substantivo masculino
Produto líquido obtido do petróleo usado sobre todo para mover os motores dos coches: *Os motores dos coches adoitan ser de gasolina ou gasóleo.*
FAM. gasolineira.

gasolineira
substantivo feminino
Establecemento en que se vende gasolina e gasóleo para os coches: *As gasolineiras adoitan estar nas beiras das estradas e autoestradas.*

gasoso, gasosa
adxectivo
1 Que se atopa en estado de gas: *O vapor de auga é auga en estado gasoso.*
2 Que contén algún gas: *Mercou un refresco gasoso.*
substantivo feminino
3 Bebida elaborada con auga azucrada e algún gas que produce burbullas: *A gasosa é unha bebida sen alcol.*

gastar
verbo
1 Empregar os cartos en algo: *Gastou moitos cartos ao amañar a cociña.* ANT. aforrar, economizar.
2 Acabar polo uso ou polo paso do tempo: *Xa gastamos todo o aceite e hai que mercar máis.* SIN. consumir.
3 Usar ou levar de forma habitual: *El non gasta gravata.*
FAM. gastador, gasto.

gasto
substantivo masculino
1 Emprego de cartos en algo: *Somos poucos na casa e o gasto en comida non é moito.*
2 Consumo ou deterioración de algo: *O gasto de gasóleo é grande ao pór tanto a calefacción.* SIN. consumo. ANT. aforro.
3 Excremento dalgúns animais, especialmente do can, do raposo ou do lobo: *Os cazadores vían o gasto dun lobo.*
4 Desperdicio de algo: *Botou o gasto no colector do lixo.*

gástrico, gástrica
adxectivo
Do estómago ou relacionado con el: *Na dixestión dos alimentos intervén o zume gástrico.*

gastrite
substantivo feminino
Inflamación das mucosas do estómago: *A gastrite pode producir vómitos e dor de estómago.*

gastronomía
substantivo feminino
Arte de preparar unha boa comida ou de apreciar os pratos ben cociñados: *Cómpre facer compatible a gastronomía coa saúde.*
FAM. gastronómico, gastrónomo.

gatear
verbo
1 Andar unha persoa apoiándose nos pés e nas mans: *O bebé xa gateaba.*
2 Gabear.

gatillo
substantivo masculino
Peza dunha arma de fogo que se aperta para producir o disparo: *O atracador apertou o gatillo da pistola.*

gatiñas
EXP. **A/de gatiñas** Apoiando as mans e os pés no chan para andar: *O bebé andaba a gatiñas polo salón.*

gato, gata
substantivo
1 Mamífero felino e carniceiro, doméstico e que é moi hábil cazando ratos: *Os gatos teñen o pelo moi suave.* SIN. mico.
substantivo masculino
2 Máquina ou aparello que serve para levantar grandes pesos a pouca altura, especialmente coches: *Para cambiar a roda picada cómpre usar o gato.*
EXP. **Catro gatos** Poucas persoas: *No teatro había catro gatos.* **Dar gato por lebre** Enganar facendo pasar unha cousa polo que non é: *Déronlle gato por lebre, porque lle dixeron que os ovos eran caseiros e eran de granxa.* **gato bravo/montés** O que vive salvaxe

no monte: *Os gatos bravos adoitan ser meirandes ca os domésticos.*

***gávea**, a forma correcta é **gabia**.

***gavear**, a forma correcta é **gabear**.

gavela
substantivo feminino
Feixe pequeno: *Levaba ao lombo unha gavela de herba seca.* SIN. feixe, monllo.

***gaveta**, a forma correcta é **gabeta**.

***gazapo**, a forma correcta é **cazapo**.

geyser
substantivo masculino
Fonte natural en forma de chafariz que bota de xeito intermitente auga quente: *En Islandia abundan os geyseres.*

gheada
substantivo feminino
Pronuncia do *g* como unha aspiración xorda parecida ao son da *iota* castelá: *O son da gheada é semellante ao do h aspirado inglés.*

glacial
adxectivo
Que está á temperatura do xeo: *No Océano Glacial Ártico hai moitos icebergs.*

glaciar
substantivo masculino
Gran masa de xeo formada nas montañas e cuxa parte máis baixa escorre moi lentamente coma se fose un río: *Nos Alpes hai glaciares.*
FAM. glaciario.

gladiador
substantivo masculino
Na antiga Roma, home armado que loitaba con feras e outros homes: *Os gladiadores loitaban no circo romano.*

glándula
substantivo feminino
Nunha planta ou animal, órgano que produce e segrega certas substancias necesarias para a vida: *As glándulas salivares segregan a saliva.*
FAM. glandular.

global
adxectivo
Que se refire ou afecta a todo, especialmente a todo o mundo: *O quecemento da Terra é un fenómeno global.* SIN. total. ANT. parcial.
FAM. globalización, globalizar.

globo
substantivo masculino
1 Especie de bolsa arredondada de goma moi delgada que se enche de aire ou gas e se usa para xogar: *Aos nenos gústanlles moito os globos.*
2 Vehículo que voa formado por unha gran bolsa chea dun gas menos pesado ca o aire e unha especie de barca para levar os pasaxeiros: *Os globos voan porque levan un gas menos pesado ca o aire.*
3 Obxecto máis ou menos redondo que cobre algo: *Mercou un globo para cubrir a lámpada do seu cuarto.*
EXP. **Globo sonda** O que é pequeno e non leva pasaxeiros, con aparellos para medir fenómenos atmosféricos: *Os globos sonda utilízanse en meteoroloxía.* **Globo terrestre** A Terra ou planeta en que vivimos así como a súa representación nunha bóla ou esfera: *Na clase de xeografía utilizamos o globo terrestre.*

glóbulo
substantivo masculino
Corpo pequeno e arredondado: *No leite hai glóbulos de graxa.*
EXP. **Glóbulo branco** Leucocito. **Glóbulo vermello** Hemacia. SIN. hemacia, leucocito.

gloria
substantivo feminino
1 Moi boa fama que alguén ou algo conseguen polas súas boas calidades ou accións: *O cantante acadou gran gloria na década dos noventa.*
2 Persoa que logra esa moi boa fama: *Castelao é unha das glorias da literatura galega.*
3 Pracer moi grande producido por algo: *É unha gloria ver medrar sans os cativos.*
4 Desenvolvemento moi grande e moi bo de algo: *A literatura galega vive hoxe días de gloria.*
FAM. glorificar, glorioso.

glote
substantivo feminino
Abertura superior da larinxe: *A glote pecha cando se fala.*

***glúcido**, a forma correcta é **glícido**.

*glucosa, a forma correcta é **glicosa**.

glute
substantivo masculino
Substancia que constitúe a reserva nutritiva das sementes: *Hai moitas persoas que non toleran o glute.*

*gluten, a forma correcta é **glute**.

glúteo
substantivo masculino
Cada un dos tres músculos que forman a nádega: *Os glúteos permiten manter a posición ergueita.*

gnomo
substantivo masculino
Ser fantástico con figura de anano e que garda tesouros ocultos debaixo da terra: *Os gnomos son propios do folclore alemán.*

gobelete
substantivo masculino
Especie de vaso pequeno usado para botar os dados en xogos como o parchís: *Ao xogar ao parchís axítase o dado no gobelete.*

gobernador, gobernadora
substantivo
Persoa que goberna un territorio ou institución como representante do Goberno: *Era gobernador dunha provincia moi extensa.*

gobernante
adxectivo ou substantivo
Que forma parte do grupo de persoas que gobernan ou dirixen a política dun país: *Os ministros e os conselleiros son gobernantes.*

gobernar
verbo
1 Dirixir unha comunidade aplicando leis e normas: *O alcalde é o gobernador do concello.*
2 Dirixir algo ou alguén ou ocuparse deles: *O temoneiro goberna a nave.*
3 Facer que algo que non funciona volva funcionar: *Cómpre que o reloxeiro goberne ese reloxo estragado.* SIN. amañar, arranxar, reparar. ANT. estragar.
4 **gobernarse** Ter a capacidade alguén de facer as cousas por si mesmo: *É ancián pero vive só porque se goberna moi ben.* SIN. amañarse, arranxarse.
FAM. gobernador, gobernamental, gobernante, goberno.

goberno
substantivo masculino
1 Dirección dunha comunidade aplicando leis e normas: *O alcalde realiza o goberno do concello.*
2 Dirección adecuada de algo ou alguén: *Leva moi ben o goberno da casa. O temón é o goberno do barco.*
3 Conxunto dos ministros, conselleiros ou autoridades que dirixen a política: *Os conselleiros forman o goberno galego.* SIN. gabinete.

gol
substantivo masculino
Nalgúns deportes, punto conseguido ao meter o balón na portaría: *O dianteiro centro meteu dous goles.*
FAM. goleador, golear.

goleta
substantivo feminino
Barco de vela con dous ou tres mastros e moi lixeiro: *As goletas empregábanse na pesca e no comercio.*

golf
substantivo masculino
Deporte consistente en meter unha pelota pequena en distintos buracos do chan golpeándoa cun pau especial: *Os campos de golf son de céspede.*
FAM. golfista.

golfiño
substantivo masculino
Mamífero mariño de cor agrisada, de cabeza grande, ollos pequenos, boca moi grande e fociño delgado e agudo: *Os golfiños son moi intelixentes e domestícanse con facilidade.* SIN. arroaz.

golfo
substantivo masculino
Gran porción de mar que entra na terra entre dous cabos: *Na costa galega atópase o golfo Ártabro.*
OBS. Non debe empregarse co significado de 'pícaro, pillabán'.

golpe[1]
substantivo masculino
1 Encontro violento e repentino dun corpo

contra outro: *A súa cabeza deu un golpe contra a porta.*
2 Resultado que produce no corpo este encontro violento: *O golpe da fronte xa se puxo morado.*
3 Calquera cousa que sucede sen esperar e produce moita dor: *A morte do pai foi un golpe moi duro para o fillo.*
4 Ataque realizado de forma moi rápida, especialmente para roubar: *Nese golpe os atracadores conseguiron un millón de euros.*
EXP. **Dar o golpe** Facer algo que sorprende e causa moitos comentarios: *Deches o golpe ao pór un traxe tan bonito na voda.* **De golpe** De forma repentina e sen esperarse: *De golpe, levantouse e marchou da reunión.* **Golpe baixo** Dito ou feito para prexudicar a alguén e feito cando ninguén o espera: *Iso de dicir que de mozo era un irresponsable foi un golpe baixo.* **Golpe de Estado** Intento violento para facerse pola forza co goberno dun país: *Franco deu un golpe de Estado en 1936.* **Golpe de mar** Onda moi grande que bate contra a costa ou un barco: *Un golpe de mar guindou o mariñeiro da cuberta ao mar.* **Non dar golpe** Non facer nada: *Non dá golpe en todo o día.* SIN. non dar pancada, non facer branca.
FAM. golpear.

golpe[2]
substantivo masculino
Raposo.

golpear
verbo
Dar golpes: *Ao caer, golpeou coa cabeza contra o chan.*

golsar
verbo
Vomitar.

goma
substantivo feminino
1 Substancia elástica e impermeable que se obtén a partir do zume de certas plantas tropicais e que se elabora industrialmente: *O piso dos meus zapatos é de goma.*
2 Fío elástico que se usa para suxeitar ou atar cousas: *Suxeitaba as cartas cunha goma.*
3 Obxecto usado para borrar o que se escribiu ou debuxou nun papel: *Os cativos cando comezan a escribir usan a goma de borrar.*
4 Substancia branda de sabor doce que se mastiga moito tempo e non se traga: *Merquei unha goma de mascar con sabor a menta.*
OBS. Na acepción 4 é incorrecta a forma **chicle*.

***gomitar**, a forma correcta é **vomitar**.

gomo
substantivo masculino
Brote.

góndola
substantivo feminino
Barca grande coa proa e a popa apuntadas e prolongadas para arriba e movida por un só remo que vai na popa: *A góndola é propia das canles de Venecia.*

gonzo
substantivo masculino
Peza de metal formada por dúas pezas articuladas que permite abrir e pechar a porta ao moverse sobre ela: *As portas interiores adoitan ter tres ou catro gonzos.* SIN. bisagra.

gordo, gorda
adxectivo
1 Moi grande: *Esa éche unha mentira moi gorda.*
adxectivo ou substantivo
2 Que ten moita carne e graxa e que pesa moito: *Púxose a réxime porque estaba moi gordo.* SIN. groso. ANT. delgado, fraco.
substantivo masculino
3 Premio máis grande da lotaría: *Seica lle tocou o gordo da lotaría do Nadal.*
FAM. gordura, engordar.

gorecer
verbo
Protexer de algo ou alguén: *Gorecémonos da chuvia debaixo do alpendre.* SIN. abeirar, abrigar, acoller, amparar, resgardar.
OBS. É regular: *gorezo, goreza.*

gorentar
verbo
Gustar moito, especialmente unha comida: *Goréntanme os xeados de chocolate.*
FAM. gorentoso.

gorida
substantivo feminino
Lugar onde se refuxian animais ou persoas: *Aquel soto era a gorida dos atracadores.* SIN. guarida.

gorila
substantivo masculino
Mono de gran tamaño: *Os gorilas son propios da África ecuatorial e poden chegar a medir dous metros.*

gornecer
verbo
Pór como protección ou mesmo adorno: *Gorneceu a porta do garaxe cunha prancha de ferro.* SIN. guarnecer.
OBS. É regular: *gornezo, gorneza.*
FAM. gornición, desgornecer.

gornición
substantivo feminino
1 Conxunto de alimentos con que se acompaña unha comida principal: *A vitela asada levaba unha gornición de chícharos e pementos.* SIN. guarnición.
2 Conxunto de persoas ou mesmo cousa que protexe ou adorna algo: *Unha gornición de cen soldados defendía a fortaleza.* SIN. guarnición.

goro
adxectivo masculino
Referido a un ovo, que aínda que foi incubado non dá cría porque non foi fecundado polo macho: *Ese ovo non deu pito porque saíu goro.*

gorra
substantivo feminino
Peza de vestir, con ou sen viseira, que cobre a cabeza: *Levaba unha gorra con viseira.*

gorrión
substantivo masculino
Pardal.

gorro
substantivo
Peza de vestir sen aba nin viseira que cobre a cabeza: *Os esquiadores adoitan levar gorro.*

gorxa
substantivo feminino
Zona dianteira do pescozo: *O colar tan estreito apertáballe a gorxa.* SIN. garganta.
EXP. **Gorxa da comida** Esófago. **Gorxa do aire** Farinxe.
OBS. As expresións son propias da linguaxe coloquial.

gota
substantivo feminino
1 Pequena porción de líquido de forma arredondada: *Caían gotas gordas do tellado.* SIN. pinga.
2 Pequena cantidade de algo: *Bótalle unha gota máis de sal ás patacas.* SIN. pinga.
3 Enfermidade caracterizada pola inflamación dolorosa das articulacións: *Ten gota e dóelle moito a deda gorda do pé.*
FAM. gotear, goteira, gotexar.

gotear
verbo
Caer un líquido gota a gota: *As billas mal pechadas gotean.* SIN. gotexar, pingar.

goteira
substantivo feminino
1 Greta no teito ou no tellado por onde pasa a auga da chuvia: *Cómpre amañar o tellado porque temos varias goteiras.* SIN. pingueira.
2 Auga que pasa gota a gota por esta greta do tellado: *Esas manchas son de dúas goteiras.* SIN. pingueira.

gotexar
verbo
Gotear.

gótico, gótica
adxectivo
1 Do Gótico: *Visitamos unha igrexa gótica.*
substantivo masculino
2 Estilo artístico estendido por Europa desde o século XIII ata o XV e caracterizado polo arco apuntado, pola altura dos edificios e as elevadas columnas e bóvedas: *O Gótico abarca ata o Renacemento.*
OBS. Na acepción 2 adoita escribirse con inicial maiúscula.

gozar
verbo
1 Sentir moito pracer ou alegría: *Gozou moito vendo aquelas marabillosas paisaxes.*
2 Ter algo bo: *Goza de moi boa saúde.*
OBS. O *z* cambia en *c* diante do *e* coma en *cazar*. Non debe empregarse no seu canto **desfrutar.*
FAM. gozo, gozoso.

gozo
substantivo masculino
Sensación de gran pracer ou alegría: *Miraba con gozo o billete premiado da lotaría.*

SIN. alegría, ledicia, pracer. ANT. dor, mágoa, pena, pesar, sufrimento, tristeza, tristura.
OBS. Non debe ser substituído por **goce*.

*grabar, a forma correcta é **gravar**.

*gracia, a forma correcta é **graza**.

gracioso, graciosa

adxectivo

Que ten graza, simpatía ou resulta atractivo e agradable: *Conta uns chistes moi graciosos.*

*grada, a forma correcta é **chanzo** ou **bancada**.

grade

substantivo feminino

Instrumento de labranza en forma de grella grande, de madeira ou ferro, con dentes para achandar a terra e desfacer os terróns: *Os bois tiraban da grade.*

*graderío, a forma correcta é **chanzo** ou **bancada**.

graduar

verbo

1 Dar o grao ou medida determinados: *Graduou a calefacción e púxoa a vinte graos.*
2 Facer algo aumentando ou diminuíndo a súa forza ou uso para que chegue ata o final: *Se queres chegar ao final da carreira, gradúa ben as túas forzas.*
3 Conseguir unha determinada categoría ao estudar unha carreira ou no exército: *Graduouse en dereito e xa é avogada.*
OBS. Conxúgase como *actuar*.

gráfico, gráfica

adxectivo

1 Da escritura ou relacionado con ela: *As letras son signos gráficos.*
2 Referido a unha explicación, que se entende moi ben: *As explicacións dese profesor son moi gráficas.*

adxectivo ou substantivo

3 Que representa algo por medio de signos, figuras ou debuxos: *Os carteis que representan os percorridos das liñas de autobuses son gráficos.*

gramalleira

substantivo feminino

Cadea que pendura do teito da lareira, cun gancho na parte inferior para colgar dela o pote sobre o lume: *Nas casas antigas aínda quedan lareiras con gramalleira.*

gramático, gramática

substantivo

1 Persoa que se dedica á gramática: *Os gramáticos explican como se forman as oracións.*

substantivo feminino

2 Ciencia que estuda a forma das palabras dunha lingua e como se combinan en oracións: *A gramática explica como se forman o xénero e o número dos substantivos.*
FAM. gramatical.

gramo

substantivo masculino

Unidade de masa equivalente ao peso dun centímetro cúbico de auga a unha temperatura de catro graos: *Un quilo ten mil gramos.*

grampa

substantivo feminino

Peza de metal cos extremos dobrados que serve para unir cousas, especialmente follas de papel: *Unha grampa unía as follas do caderno.*
FAM. grampadora, grampar.

gran[1]

substantivo masculino

1 Semente dos cereais ou doutros froitos, de forma máis ou menos arredondada: *Dos grans do millo e do trigo moídos obtense fariña.*
2 Calquera cousa moi pequena e de forma máis ou menos arredondada que forma parte dunha masa moi grande: *Na praia hai millóns de grans de area.*
3 Vulto moi pequeno que se forma na pel: *Os adolescentes adoitan ter grans na cara.*

gran[2]

adxectivo

Grande.
OBS. Úsase diante dos nomes en singular que comezan por consoante: *Era un gran personaxe.* Ante os que comezan por vogal ou *h-* debe usarse *grande: Foi un grande éxito.*

granada

substantivo feminino

1 Froito amarelo por fóra e que ten por dentro moitos grans ou pebidas de cor vermella: *Os grans da granada teñen moito zume.*
2 Proxectil que se lanza coa man ou cunha

arma especial e que estoupa ao bater contra o chan: *O soldado lanzou unha granada contra a trincheira inimiga.*

granate
adxectivo ou substantivo masculino

De cor vermella escura: *A camiseta do Pontevedra é granate.*

grande
adxectivo

1 De maior tamaño, calidade, importancia ou intensidade ca os da mesma clase: *Vive nunha casa grande.* ANT. pequeno.

2 Que xa é adulto ou de certa idade: *De grande gustaríalle ser veterinario.* SIN. maior. ANT. menor.

OBS. Ante substantivo singular comezado por consoante úsase *gran: gran cidade.* Ante vogal úsase *grande: grande amigo.* Presenta os comparativos irregulares *maior* e *meirande* e o superlativo *máximo.*

FAM. grandeza, grandioso, agrandar.

granel
EXP. **A granel** Referido a un produto, sen envasar nin empaquetar: *Mercou arroz a granel e metéronllo nun bote.*

granito
substantivo masculino

Rocha formada por cuarzo, feldespato e mica: *O granito úsase moito na arquitectura tradicional galega.*

granívoro, granívora
adxectivo

Referido especialmente a un paxaro ou animal, que se alimenta dos grans das plantas: *Moitos paxaros son granívoros.*

granxa
substantivo feminino

1 Propiedade no campo con casa, animais e todo o necesario para o traballo das terras: *Nas granxas dedícanse á agricultura e á gandaría.*

2 Establecemento onde se crían animais para a súa venda e explotación: *Ten dúas granxas de porcos e unha de polos.*

FAM. granxeiro.

graña
substantivo feminino

Extensión de monte baixo, sen árbores e sen cultivar: *As vacas pastaban na graña.*

grao[1]
substantivo masculino

1 Cada un dos estados, valores, características e situacións que algo pode ter de menor a maior e aos que se lles pode pór un número: *O ferido presentaba queimaduras de terceiro grao.*

2 Medida que serve para saber o grande ou pequeno que é un ángulo: *Un ángulo recto mide noventa graos.*

3 Título que se obtén cando se superan determinados niveis de estudo: *Xa obtivo o grao de licenciado en dereito.*

4 Nunha serie ou clasificación, grupo formado coas persoas que teñen a mesma categoría: *Xa acadou o grao de capitán de infantaría.*

EXP. **Grao centígrado** O que mide a temperatura: *A escala dos graos centígrados vai do 0 (punto de fusión do xeo) a 100 (punto de ebulición da auga).*

FAM. gradual, graduar, centígrado.

grao[2]
EXP. **De bo/mal grao** De boa ou mala gana, respectivamente: *Facía o traballo de bo grao e ata ría.*

***grasa**, a forma correcta é **graxa**.

gratis
adverbio

Sen pagar nada: *Tiña invitación e foi gratis ao teatro.* SIN. de balde.

FAM. gratuidade, gratuíto.

gratitude
substantivo feminino

Sentimento de agradecemento por un favor ou axuda recibidos: *Sempre amosará a gratitude aos que o axudaron nos seus estudos.* SIN. agradecemento.

grato, grata
adxectivo

Que agrada ou gusta: *A túa compaña resúltame moi grata.* SIN. agradable. ANT. desagradable.

FAM. gratitude, ingrato, ingratitude.

gratuíto, gratuíta
adxectivo

1 Que non custa cartos nin nada: *A entrada ao concerto é gratuíta e non hai que pagar nada.*

2 Que non ten base nin fundamento: *Eses comentarios son gratuítos porque non se apoian en ningún dato.*

graúdo, graúda

adxectivo

Que ten moitos grans: *O trigo e o millo son graúdos.*

grava

substantivo feminino

Pedra miúda empregada na construción: *A grava emprégase para facer formigón.* SIN. grixo.

gravación

substantivo feminino

Rexistro nunha fita ou disco de imaxes e sons: *Asistimos á gravación dun disco compacto do noso grupo favorito.*

gravado

substantivo masculino

Imaxe feita nunha superficie: *A pulseira leva un gravado co seu nome e data de nacemento.*

gravar

verbo

1 Facer letras ou imaxes sobre unha superficie con distintos procedementos: *O xoieiro gravou o meu nome e data de nacemento na pulseira.* SIN. inscribir, tallar.
2 Rexistrar imaxes ou sons nun disco ou nunha fita de xeito que se poden ver e escoitar despois: *Ese grupo xa gravou un par de discos.*
3 Fixar algo na memoria: *Meus pais graváronme que hai que ser cortés.*
4 Obrigar a pagar un imposto por algo: *O Goberno gravará máis as bebidas alcólicas.*
FAM. gravación, gravado, gravame.

gravata

substantivo feminino

Tira de tea estreita e longa que se pon como adorno arredor do colo da camisa e cun nó por diante: *Levaba unha gravata a xogo coa camisa.*

grave

adxectivo

1 Que supón un gran perigo ou prexuízo: *Estamos nunha crise económica grave.* SIN. perigoso, serio. ANT. leve.
2 Que ten moita seriedade: *O profesor fala sempre cun ton grave.* SIN. serio.
3 Que está moi enfermo: *O paciente está grave.* ANT. leve.
4 Dito dun son, con poucas vibracións por segundo: *Os homes teñen a voz máis grave ca as mulleres.* SIN. baixo. ANT. agudo, alto.
5 Dito dunha palabra, que leva acento de intensidade na penúltima sílaba: *A palabra* cazo *é grave.*
FAM. gravidade, agravar.

gravidade

substantivo feminino

1 Situación de perigo ou risco grande: *A gravidade da crise económica é moi grande.*
2 Situación de enfermidade moi grande: *A gravidade do enfermo non diminúe.*
3 Forza que exercen entre si dous corpos, especialmente a que exercen a Terra e os corpos que están sobre a súa superficie ou próximos: *Os corpos caen porque son atraídos pola gravidade.*

graxo, graxa

adxectivo

1 Que ten graxa ou está formado por ela: *Mercou un xampú para o cabelo graxo.*

substantivo feminino

2 Substancia orgánica existente en certos tecidos de animais e plantas e que lles serve de reserva alimenticia e de enerxía: *As persoas gordas teñen moita graxa debaixo da pel.*
3 Substancia viscosa que se lles pon ás pezas dalgunha máquinas e aparellos para que funcionen mellor: *Púxenlles graxa aos gonzos da porta para que xiren mellor.*
FAM. graxento, engraxamento, engraxar.

grea

substantivo feminino

Conxunto de animais de catro patas, especialmente cabalos: *Vimos á beira da estrada unha grea de cabalos salvaxes.*

***grei**, a forma correcta é **grea**.

grella

substantivo feminino

Instrumento formado por unha serie de barras de metal e que se usa para asar alimentos sobre o lume: *O churrasco faise na grella.*
FAM. grellada, grellar.

grelo
substantivo feminino
Gromo desenvolvido do nabo, do que saen as flores: *Xantamos lacón con grelos.*

gremio
substantivo masculino
Asociación de persoas que teñen a mesma profesión ou oficio e que se xuntan para defender os seus dereitos: *Os gremios eran propios dos oficios da Idade Media.*
FAM. gremial, gremialismo.

greñas
substantivo feminino plural
Pelo mal amañado e sen peitear: *Tes que peitear esas greñas.*

greta
substantivo feminino
Abertura longa e estreita: *Nesa parede formouse unha greta.* SIN. fenda, fendedura, físgoa, regaña.
FAM. gretar.

***grial**, a forma correcta é **graal**.

grilanda
substantivo feminino
Tira ou fita longa feita con flores ou papeis de cores e que se usa como adorno: *No Nadal adornamos a clase con grilandas.*

grilo
substantivo masculino
Insecto de cor negra e cabeza redonda cuxo macho produce un son característico pola noite ao fretar os élitros ou ás interiores: *Os grilos óense moito nas noites do verán.*

grima
substantivo feminino
Sensación desagradable que produce noxo ou se nota nos dentes: *Dá grima oír os renxidos desas bisagras sen engraxar.*
FAM. grimoso.

***grinalda**, a forma correcta é **grilanda**.

gripe
substantivo feminino
Enfermidade infecciosa que produce febre, catarro e malestar xeneralizado: *A gripe é contaxiosa.*

gris
adxectivo ou substantivo masculino
Da cor que resulta de mesturar o branco e o negro: *As nubes de chuvia son grises.*

***grisáceo**, a forma correcta é **agrisado**.

gritar
verbo
Levantar moito a voz ao falar ou ao queixarse: *Non cómpre que grites que non son xorda.* SIN. berrar.
FAM. grito.

grixo
substantivo masculino
Grava.

grolo[1]
substantivo masculino
Grumo.

grolo[2]
substantivo masculino
Cantidade pequena dun líquido que se toma dunha vez: *Bebeu un grolo do refresco para o probar.* SIN. sorbo, trago.

gromo
substantivo masculino
Brote.

groseiro, groseira
adxectivo
1 Mal feito ou de mala calidade: *Esa tea é moi groseira para un traxe.* SIN. basto, ordinario.
2 Que non ten educación: *O mestre non tolera respostas groseiras.*
FAM. grosaría.

groso, grosa
adxectivo
1 De moito ou máis diámetro do normal: *Os toros dos castiñeiros vellos son grosos.*
2 Que é máis grande ou máis gordo do normal: *De neno estaba un pouco groso.* SIN. gordo. ANT. delgado, fraco.
substantivo masculino
3 Largura ou distancia máis pequena dunha superficie plana: *Convén que os estantes teñan máis groso.* SIN. grosor.
4 A maior ou principal parte de algo: *O groso dos corredores chegou á meta no tempo establecido.*

grosor
substantivo masculino

Largura ou distancia máis pequena dunha superficie plana: *As pedras do pazo eran dun grosor considerable.* SIN. groso.

grou, grúa
substantivo

Ave de patas longas, de gran tamaño, de peteiro alongado, pescozo longo e negro, plumaxe gris e que adoita manterse só sobre un pé cando pousa: *Os grous marchan a África no inverno.*

*grúa (mecánica), a forma correcta é **guindastre**.

*grulla, a forma correcta é **grou, grúa**.

grumete
substantivo masculino

Rapaz que aprende o oficio de mariñeiro: *Os grumetes axudan os mariñeiros nas súas tarefas.*

grumo
substantivo masculino

Boliña sólida que queda nunha masa líquida: *Revolve ben para que a pasta non teña grumos.* SIN. grolo[2].

gruñir
verbo

1 Emitir o porco e outros animais a súa voz característica: *Os xabarís gruñían.* SIN. fungar, rosmar.

2 Amosar desgusto ou enfado en voz baixa: *Obedece, mais sempre gruñe.* SIN. fungar, rosmar.

FAM. gruñido.

grupo
substantivo masculino

Conxunto de persoas, animais ou cousas que están xuntos ou fan algo xuntos: *Sempre sae co seu grupo de amigos.*

FAM. grupal, agrupación, agrupar.

gruta
substantivo feminino

Espazo oco nas rochas ou debaixo da terra: *A manda de osos estaba dentro dunha gruta.* SIN. caverna, cova, espenuca, furna.

guante
substantivo masculino

Luva.

guapo, guapa
adxectivo

1 Dito dunha persoa, que resulta atractiva ou moi agradable á vista: *Ese bebé é moi guapo.* SIN. belo, bonito, fermoso, lindo. ANT. feo.

2 Ben vestido ou ben amañado: *Os noivos ían moi guapos cos seus traxes.*

3 Que é bonito ou que está ben feito: *Escribiches unha novela ben guapa.*

guarida
substantivo feminino

Gorida.

*guarismo, a forma correcta é **algarismo**.

guarnecer
verbo

Gornecer.

guarnición
substantivo feminino

Gornición.

gue
substantivo masculino

Nome da letra *g*: *Galego ten dous gues.*

guecho
substantivo masculino

Porción de pelos que se distingue do resto: *É moreno pero tinguiu un guecho de roxo.*

guedellas
substantivo feminino plural

Pelos longos: *Sobre a fronte caíanlle as guedellas.*

gueixa
substantivo feminino

Moza xaponesa instruída no canto, no baile e na arte de conversar: *Servíalle o té unha gueixa.*

guerla
substantivo feminino

Branquia.

guerra
substantivo feminino

Loita con armas entre países ou grupos contrarios: *No século XX houbo dúas guerras mundiais.* ANT. paz.

EXP. **Dar guerra** Molestar: *Non lles deas guerra aos avós.*

FAM. guerrear, guerreiro, guerrilla, guerrilleiro.

guerreiro, guerreira

adxectivo

1 Que lle gusta a guerra: *Os romanos atoparon na península Ibérica tribos moi guerreiras.*

substantivo

2 Persoa que, especialmente na Idade Media, loita nas guerras como profesional ou ocasionalmente: *Moitos guerreiros medievais levaban armadura.*

guerrilla

substantivo feminino

1 Loita contra un inimigo por parte dun grupo de persoas que non forman un exército regular e que atacan o exército inimigo aproveitando a sorpresa e o seu coñecemento do terreo: *Os galegos combateron a invasión de Napoleón por medio da guerrilla.*

2 Grupo de persoas que usan este tipo de loita, especialmente contra un exército invasor: *En Galicia houbo guerrillas que loitaron contra o exército invasor de Napoleón.*

FAM. guerrilleiro.

guía

substantivo

1 Persoa que conduce a outras, lles dá explicacións sobre algo ou lles amosa algo: *No museo hai varios guías que explican os cadros.*

substantivo feminino

2 Libro ou folleto que explica algo ou dá instrucións: *Na guía de montaxe vén todo o que necesitamos saber para montar a lavadora.*

3 Lista de datos ou informacións sobre algo: *Busquei o seu número de teléfono na guía.*

EXP. **Guía de rúas** Lista de rúas dunha cidade cun plano onde se indica a súa situación: *Busca por onde cae esa avenida na guía de rúas da cidade.*

guiador

substantivo masculino

Peza dunha moto ou dunha bicicleta, situada na parte superior dianteira onde se apoian as mans para guiala: *Levaba o timbre e o faro no guiador da bicicleta.*

guiar

verbo

1 Levar ou dirixir cara a un lugar ou situación: *O explorador guiaba os soldados cara ao poboado da tribo.* SIN. conducir, dirixir.

2 Levar un vehículo: *Sacou o carné de conducir e guía moi ben.* SIN. conducir.

3 **guiarse** Deixarse dirixir ou levar: *Sempre se guía polos consellos dos pais.*

OBS. Conxúgase como *afiar.*

FAM. guía, guiador, guión.

guillotina

substantivo feminino

1 Máquina composta por unha coitela que esvara por unha armazón de madeira e usada para executar persoas condenadas a morte: *A guillotina comezou a usarse durante a Revolución francesa.*

2 Instrumento usado para cortar papel: *Nas imprentas emprégase a guillotina.*

FAM. guillotinar.

guinda

substantivo feminino

Froito de forma arredondada parecido a unha cereixa pero máis amargo: *A torta levaba unhas guindas de adorno.*

FAM. guindeira.

guindar

verbo

1 Lanzar ao chan ou a certa distancia con forza: *Guindou contra o chan o bolígrafo.* SIN. arrebolar, mandar, tirar.

2 Levantar suxeitando a unha certa distancia do chan: *Guindouno polas lapelas da chaqueta.*

guindastre

substantivo masculino

Máquina que se usa para levantar pesos grandes ou transportalos a pequenas distancias: *Os guindastres do porto descargaban os barcos.*

guión

substantivo masculino

1 Escrito breve en que se apuntan de forma resumida ideas para despois expoñelas e desenvolvelas: *O conferenciante levaba un guión.*

2 Texto que contén os diálogos e as indicacións para a realización dunha película ou dun programa de radio ou televisión: *O presentador non se apartaba do guión.*

3 En ortografía, signo que se emprega para partir as palabras cando non collen no remate dun renglón ou para escribir a segun-

da forma do artigo: *O guión nunca pode separar letras que forman unha mesma sílaba.* SIN. trazo.

*guirnalda, a forma correcta é grilanda.

guisar
verbo
Preparar un alimento cocéndoo nunha salsa feita con diferentes ingredientes: *Gústalle guisar a carne a lume manso.*
FAM. guiso.

guitarra
substantivo feminino
Instrumento musical de corda formado por seis cordas e unha caixa de madeira en forma de oito cun buraco no centro que se prolonga nun brazo ou mastro: *A guitarra é propia do folclore andaluz.*
FAM. guitarrista.

guizo
substantivo masculino
Garabullo.

gula
substantivo feminino
Costume de beber e comer sen ter fame nin sede, só por pracer: *A gula é realmente un vicio.*

gume
substantivo masculino
Bordo ou fío aguzado dun instrumento que corta: *Ese coitelo ten moi bo gume e corta moi ben.* SIN. corte, fío.

gurgulla
substantivo feminino
Burbulla.
FAM. gurgullar, gurgullo, gurgullón.

gurgullo[1]
substantivo masculino
Insecto coleóptero de cor parda escura, oval e que vive nas sementes dos cereais e legumes: *O gurgullo estraga os cereais.*

gurgullo[2] ou gurgullón
substantivo masculino
Auga que brota da terra formando burbullas: *Aí hai un gurgullo de auga quente.*

gurrar
verbo
1 Facer forza sobre algo ou alguén para movelo ou abrilo: *Gurraban os dous a un tempo para mover o armario.* SIN. empurrar, empuxar.
2 Insistir moito en algo para conseguilo: *Non gurres que non te convidarei ao cine.* SIN. porfiar, teimar.
FAM. gurrón.

gustar
verbo
Resultar agradable ou parecer ben: *Gústanme moito os xeados de amorodo.* ANT. desgustar.

gusto
substantivo masculino
1 Sentido que permite percibir e distinguir os sabores: *O gusto é un dos cinco sentidos.*
2 Sabor das cousas que se percibe a través deste sentido: *Este leite ten un gusto moi acedo.* SIN. sabor.
3 Sensación agradable que se ten cando algo agrada moito: *Un baño na praia con esta calor dá moito gusto.* SIN. agrado, pracer.
4 Vontade ou decisión propias para facer algo: *Fíxeno por gusto e non porque mo mandase ninguén.*
5 Capacidade para distinguir o que é feo e o que é bonito: *Ten gusto e viste sempre con moita elegancia.*
EXP. **A gusto** Ben ou sen problemas: *Con ese xantar tan bo quedamos sen fame e a gusto.* **Con moito gusto** Indica que se está disposto a facer algo que nos piden: *Con moito gusto os atendo agora mesmo.*
FAM. gustar, gustoso, desgustar, desgusto.

H

h
substantivo masculino

Letra número oito do abecedario galego: *Haber comeza por un* h.

OBS. O seu nome é *hache*. Únese co *c* e co *n* para representar, por exemplo, os sons que aparecen en *coche* e *algunha*, respectivamente. Combínase co *g*, cando se quere representar a *gheada: ghato*. Nos demais casos non se pronuncia.

habelencioso, habelenciosa
adxectivo

Con facilidade para facer algo ben: *É moi habelencioso amañando as billas da auga.* SIN. hábil, habilidoso, mañoso, xeitoso.

FAM. habelencia.

habenza
substantivo feminino

Conxunto de gando miúdo propiedade dunha mesma persoa: *A habenza está formada por ovellas, cabras e porcos.* SIN. gando miúdo.

haber
substantivo masculino

1 Conxunto de cartos e posesións dunha persoa: *Entre os seus haberes destaca unha boa biblioteca.*

verbo

2 Acontecer algo ou ter lugar: *Este ano houbo moi boas festas.*

3 Estar presente: *Había moita xente no partido de fútbol.*

EXP. **Haber + de** ou **que + infinitivo** Indica a obriga de facer algo: *Antes de cruzar a rúa hai de mirar se vén algún coche.* **Haber** (en pasado) **+ (de) + infinitivo** Indica que algo estivo a punto de acontecer, pero non aconteceu: *Houben de caer ao esvarar.*

OBS. É irregular. Véxase conxugación. Distíngase de *a ver.*

hábil
adxectivo

1 Que ten capacidade para facer algo ben: *Ese fontaneiro é hábil amañando as billas.* SIN. habelencioso, habilidoso, mañoso, xeitoso.

2 Que é adecuado para algo: *Con esa resposta hábil tapoulles a boca aos xornalistas.*

FAM. habilidade, habilidoso.

habilidade
substantivo feminino

Capacidade para facer algo ben: *Ten moita habilidade para vender na tenda.* SIN. arte, maña, talento.

habitar
verbo

Ocupar un lugar e facer vida nel: *Os homes prehistóricos habitaban en cavernas.* SIN. poboar, residir, vivir.

FAM. habitante, hábitat.

hábitat
substantivo masculino

Zona xeográfica cunhas determinadas condicións naturais e onde vive unha especie animal ou vexetal: *O hábitat dos gorilas é a selva.*

hábito
substantivo masculino

1 Calquera cousa que adoita facerse de forma repetida e como costume: *Ten o hábito de madrugar.* SIN. costume, uso.

2 Vestido característico dunha orde relixiosa: *As monxas dese colexio levan un hábito azul.*
FAM. habitual, habituar.

habitual
adxectivo
Que se fai por costume e sempre igual: *A amabilidade é habitual no seu comportamento.* SIN. común, natural, normal, usual. ANT. excepcional, extraordinario.

habituar
verbo
Facer ter un hábito ou costume: *De mozo habituárono a madrugar.* SIN. aclimatar, acostumar, afacer. ANT. desacostumar, desafacer, deshabituar.
OBS. Conxúgase como *actuar.*
FAM. habituación.

hache
substantivo masculino
Nome da letra hache: *A palabra* hábito *comeza por hache.*

halar
verbo
Subir unha cousa tirando dela cunha corda: *Os mariñeiros halaban as redes cheas de peixe.*

halo
substantivo masculino
Nimbo.

haber

INDICATIVO		SUBXUNTIVO	IMPERATIVO
Presente	**Copretérito**	**Presente**	–
hei	había	haxa	–
has	habías	haxas	
hai / ha	había	haxa	
habemos	habiamos	haxamos	**FOR. NOMINAIS**
habedes	habiades	haxades	**Infinitivo**
han	habían	haxan	haber
Pretérito	**Antepretérito**	**Pretérito**	**Xerundio**
houben	houbera	houbese	habendo
houbeches	houberas	houbeses	
houbo	houbera	houbese	**Participio**
houbemos	houberamos	houbésemos	habido
houbestes	houberades	houbésedes	
houberon	houberan	houbesen	
Futuro	**Pospretérito**	**Futuro**	**Inf. conxugado**
haberei	habería	houber	haber
haberás	haberías	houberes	haberes
haberá	habería	houber	haber
haberemos	haberiamos	houbermos	habermos
haberedes	haberiades	houberdes	haberdes
haberán	haberían	houberen	haberen

halóxeno, halóxena
adxectivo
1 Dito dun elemento químico, que forma un sal ao combinarse cun metal: *O flúor e o cloro son halóxenos.*
adxectivo ou substantivo masculino
2 Dito dunha luz eléctrica, que usa un destes elementos químicos en forma de gas para producir luz: *Puxen na cociña uns halóxenos.*

halterofilia
substantivo feminino
Deporte consistente en levantar pesos moi grandes: *Obtivo unha medalla de prata en halterofilia.*

hamaca
substantivo feminino
1 Tea forte, rede ou lona que se colga polos extremos e serve para deitarse ou bambearse: *Botou a sesta na hamaca que ten colgada entre os dous carballos.*
2 Especie de cadeira co asento de tea ou lona e respaldo alto móbil no que un pode sentar ou mesmo deitarse: *Tomaba o sol na praia sentado nunha hamaca.*

hamburguesa
substantivo feminino
Filete arredondado de carne picada que se come no medio dun bolo de pan tamén arredondado: *Pediu unha hamburguesa.*
FAM. hamburguesaría.

hangar
substantivo masculino
Local cuberto e grande usado para gardar e amañar avións: *O avión está a ser revisado nun hangar.*

harén
substantivo masculino
Entre os musulmáns, conxunto de mulleres que viven baixo a dependencia dun mesmo xefe de familia: *A rapaza formaba parte do harén do sultán.*

harmonía
substantivo feminino
1 Combinación de sons que resultan agradables ao oído: *A música ten harmonía.*
2 Relación adecuada entre as partes que forman algo: *Debe haber harmonía entre as cortinas e a cor das paredes do salón.*
3 Boa relación entre persoas ou amizade:

Entre os curmáns sempre houbo harmonía. FAM. harmónica, harmónico, harmonio, harmonioso, harmonizar.

harmónica
substantivo feminino
Filharmónica.

harmonioso, harmoniosa
adxectivo
1 Que resulta agradable ao oído: *Unha canción ten que resultar harmoniosa.*
2 Que ten unha boa relación entre as súas partes: *Os movementos do modelo eran moi harmoniosos.*

*harpa, a forma correcta é arpa.

hasta
substantivo feminino
1 Barra longa e alta á que se suxeita algo: *A bandeira ondeaba na cima da hasta.*
2 Corno.

hectárea
substantivo feminino
Medida de superficie: *Unha hectárea equivale a dez mil metros cadrados.*

hectogramo
substantivo masculino
Medida para pesar: *Un hectogramo equivale a cen gramos.*

hectolitro
substantivo masculino
Medida de capacidade: *Un hectolitro equivale a cen litros.*

hectómetro
substantivo masculino
Medida de lonxitude: *Un hectómetro equivale a cen metros.*

hedra
substantivo feminino
Planta sempre verde con pólas que medran agarrándose ás superficies nas que se apoian: *As hedras cubrían as paredes do pazo.*
FAM. hedreira.

hélice
substantivo masculino
Instrumento con forma de X e dúas ou máis pas que ao xiraren moven barcos e avións: *Os motores de barcos e avións moven as hélices.*
FAM. helicóptero.

helicóptero
substantivo masculino
Vehículo que voa grazas a unha grande hélice que ten no teito: *Os helicópteros engalan e aterran verticalmente.*

helmo
substantivo masculino
Parte da armadura dos antigos guerreiros que protexía a cabeza e a cara: *Os helmos tiñan unha viseira móbil, que se subía e baixaba.*

hemacia
substantivo feminino
Célula do sangue dos vertebrados cuxa misión é transportar osíxeno a todo o organismo: *As hemacias conteñen hemoglobina.* SIN. glóbulo vermello

hematoma
substantivo masculino
Mancha de cor negra ou morada na pel a causa dun golpe: *Caeu e ten un hematoma no xeonllo dereito.* SIN. mazadura, negrón.

hemeroteca
substantivo masculino
Lugar onde se conservan organizados xornais e revistas do pasado: *Na hemeroteca consultei o* Faro de Vigo *do 16 de xaneiro de 1952.*

hemiciclo
substantivo masculino
Espazo en forma de semicírculo con bancadas para que sente a xente: *Os parlamentos adoitan ter un hemiciclo para que senten nel os deputados.*

hemisferio
substantivo masculino
1 Cada unha das dúas partes iguais en que se considera dividida a Terra: *O Ecuador divide a Terra nos hemisferios norte e sur.*
2 Cada unha das dúas partes iguais en que se dividen o cerebro e o cerebelo: *As lesións no hemisferio dereito do cerebro afectan á parte dereita do corpo.*

hemorraxia
substantivo feminino
Saída do sangue do corpo en gran cantidade: *Sofre hemorraxias polo nariz.*

hemorroides
substantivo feminino plural
Almorrás.

hendecasílabo, hendecasílaba
adxectivo ou substantivo masculino
Dito dun verso, que ten once sílabas: *Os sonetos adoitan comporse de hendecasílabos.*

hepático, hepática
adxectivo
Do fígado ou relacionado con el: *Padece unha enfermidade hepática.*

heptágono
substantivo masculino
Polígono que ten sete lados e sete ángulos: *Debuxou un heptágono dentro dunha circunferencia.*

herba
substantivo feminino
1 Planta anual, de pequeno tamaño e que carece de talo leñoso persistente: *Levaba unha herba seca na boca.*
2 Conxunto destas plantas, especialmente se lle serven de alimento ao gando: *As vacas comían herba seca.*
FAM. herbáceo, herbal, herbario, herbeira, herbicida, herboristaría.

herbáceo, herbácea
adxectivo
Que ten as características propias da herba, especialmente do seu talo: *As plantas herbáceas teñen un talo tenro e que non é leñoso.*

herbal
substantivo masculino
Terreo que produce moita herba: *Segaron onte o herbal.*

herbario
substantivo masculino
Colección de plantas secas clasificadas xeralmente pegadas en follas de papel: *Fixo un herbario para a clase de Coñecemento do Medio.*

herbívoro, herbívora
adxectivo ou substantivo masculino
Dito dun animal, que se alimenta exclusivamente de herbas e vexetais: *As ovellas e as vacas son animais herbívoros.*

herboristaría ou herboristería
substantivo feminino
Tenda onde se venden herbas e plantas medicinais: *Mercou macela nunha herboristaría.*

***hercio**, a forma correcta é **hertz**.

herdade
substantivo feminino
Casa de campo, terras de cultivo e gando pertencentes a un só dono: *Os pais teñen unha herdade na Terra Chá luguesa.*

herdanza
substantivo feminino
1 Conxunto de bens que unha persoa recibe doutra que morreu: *Esa casa onde vive é herdanza dos pais.* SIN. herdo.
2 En bioloxía, conxunto de calidades e características que os seres vivos transmiten aos seus fillos e descendentes: *Os seus ollos azuis son herdanza da nai.* SIN. herdo.
3 Calquera cousa que se transmite aos descendentes ou continuadores: *A nosa escrita é herdanza da latina.* SIN. herdo, legado.

herdar
verbo
1 Recibir cartos e outros bens dunha persoa morta: *Vive na casa que herdou dos pais.*
2 En bioloxía, recibir calidades ou caracteres dos pais ou antepasados: *Herdou o pelo louro do pai.*
3 Recibir dos antepasados: *Nós herdamos a nosa lingua do latín.*
FAM. herdade, herdanza, herdeiro, herdo, hereditario.

herdeiro, herdeira
adxectivo ou substantivo
Que herda ou recibe o que unha persoa morta lle deixa: *Os fillos son os herdeiros dos bens dos pais.*

herdo
substantivo masculino
Herdanza.

herexe
substantivo
Nunha relixión, persoa que se aparta dos seus principios e dogmas ou que non os acepta: *Lutero foi considerado un herexe pola Igrexa católica.*
FAM. herético, herexía.

hermafrodita
adxectivo ou substantivo
Que ten órganos reprodutores ou características propias dos sexo masculino e do feminino: *Algunhas estatuas gregas presentan rapaces hermafroditas.*

hermético, hermética
adxectivo
1 Que pecha por completo: *É unha cámara hermética na que nin o aire entra.*
2 Que é moi difícil de entender ou ver: *Ese é un poema hermético porque se entende moi mal.*
FAM. hermetismo.

hernia
substantivo feminino
Saída dun órgano ou parte del do seu lugar ou cavidade habitual: *Téñeno que operar dunha hernia discal.*
FAM. herniado, herniarse.

heroe, heroína[1]
substantivo
Persoa famosa e admirada polas súas accións extraordinarias e fazañas cheas de valor: *Castelao é un heroe do galeguismo.*
FAM. heroicidade, heroico, heroísmo.

heroína[2]
substantivo feminino
Droga derivada da morfina de aspecto semellante ao do azucre e moi perigosa para a saúde: *A heroína pode causar a morte dos consumidores.*
FAM. heroinómano.

heteroxéneo, heteroxénea
adxectivo
Que está formado por partes ou elementos moi diferentes: *No salón había unha moblaxe moi heteroxénea, mesmo unha cama.*
ANT. homoxéneo.
FAM. heteroxeneidade.

hexágono
substantivo masculino
Polígono que ten seis lados e seis ángulos: *O profesor debuxou un hexágono no encerado.*

hexemonía
substantivo feminino
Superioridade ou dominio moi grande sobre outro: *O noso equipo demostrou a hexemonía sobre o rival pois gañou por 6-0.*
SIN. supremacía.
FAM. hexemónico.

hiato
substantivo masculino
Contacto entre dúas vogais que van seguidas pero que pertencen a sílabas distintas: *En* heroe *e* sabía *hai hiato.*

hibernar
verbo
Pasar un animal o inverno sen moverse e como se estivese durmido: *Os osos e as marmotas adoitan hibernar.*
FAM. hibernación.

hidratar
verbo
Dar ou proporcionar a auga ou humidade necesaria a un corpo: *Ao suar cómpre beber para hidratar o organismo.*
FAM. hidratación, deshidratar.

hidrato
substantivo masculino
En química, composto que resulta de combinar unha substancia cunha ou varias moléculas de auga: *Os hidratos de carbono están formados por carbono, hidróxeno e osíxeno.*

hidráulico, hidráulica
adxectivo
Que se move, funciona ou é producido por medio da auga ou doutro líquido: *A enerxía hidráulica é producida pola auga dos ríos ou polas mareas do mar.*

hidroavión
substantivo masculino
Avión cuns flotadores especiais para pousar na auga e engalar desde ela: *Os hidroavións empréganse na loita contra os incendios.*

hidroeléctrico, hidroeléctrica
adxectivo
Da enerxía eléctrica obtida pola forza da auga: *Os encoros producen enerxía hidroeléctrica.*

hidrosfera
substantivo feminino
Parte da Terra composta polo conxunto de todas as súas augas: *Os mares, lagos, ríos,*

océanos, xeos e augas subterráneas forman a hidrosfera.

hidróxeno

substantivo masculino

Gas moi lixeiro que, combinado co osíxeno, forma a auga: *A auga está formada por osíxeno e hidróxeno.*

hiena

substantivo feminino

Mamífero carniceiro propio de Asia e África que se alimenta de animais mortos: *As hienas teñen un aspecto parecido ao dos cans.*

himno

substantivo masculino

Música e canción que se cantan na honra de algo, especialmente dun país ou institución: *A letra do himno galego é un poema de Eduardo Pondal.*

hipérbole

substantivo feminino

1 Técnica literaria consistente en presentar algo dunha forma moi esaxerada: *A expresión «ten máis cartos ca areas a praia» é unha hipérbole.*

2 En xeometría, curva plana e simétrica en que a distancia de cada un dos seus puntos a dous puntos fixos chamados focos é constante: *O profesor trazou unha hipérbole no encerado.*

hipermercado

substantivo masculino

Establecemento de grandes dimensións en que a venda se realiza por autoservizo e que adoita ter un gran aparcadoiro: *Nos hipermercados lévase a compra en carros.*

hipermetropía

substantivo feminino

Defecto da visión consistente en ver borrosas as cousas que están cerca: *A hipermetropía corríxese con lentes.*

FAM. hipermétrope.

hípico, hípica

adxectivo

1 Do cabalo ou relacionado con el: *As competicións hípicas fanse nos hipódromos.*

substantivo feminino

2 Deporte que se practica co cabalo: *A hípica presenta diferentes modalidades, desde saltos a carreira.*

hipnotizar

verbo

Facer que alguén quede como durmido e neste estado sometelo de xeito que obedece as ordes que se lle dan: *O mago hipnotizouno facendo que seguise os movementos dun péndulo.*

OBS. O *z* cambia o *c* ante *e*, como en *cazar.*

FAM. hipnose, hipnotismo.

hipocrisía

substantivo feminino

Finximento de calidades, ideas ou sentimentos contrarios aos que verdadeiramente se senten: *A hipocrisía faille dicir que a comida está boa cando non lle gusta nada.*

FAM. hipócrita.

hipódromo

substantivo masculino

Lugar preparado para celebrar carreiras de cabalos: *Foron ao hipódromo para ver carreiras de cabalos.*

hipopótamo

substantivo masculino

Mamífero de gran tamaño, patas moi curtas, e pel moi grosa que vive nos ríos africanos: *Os hipopótamos aliméntanse de herba.*

hipoteca

substantivo feminino

Contrato polo que se establece que se non se paga no tempo establecido certa cantidade de diñeiro, unha propiedade de quen recibiu o préstamo pasa a ser de quen llo concedeu: *O banco prestoulle 200.000 euros pero fíxolle unha hipoteca sobre a casa.*

FAM. hipotecar.

hipotenusa

substantivo feminino

Nun triángulo rectángulo, lado oposto ao ángulo recto: *A hipotenusa é o lado máis longo do triángulo rectángulo.*

hipótese

substantivo feminino

Suposición ou afirmación non comprobada sobre algo: *O detective ten a hipótese de que foi un suicidio e non un asasinato; agora busca probas.* SIN. conxectura, suposición.

FAM. hipotético.

***hirto**, a forma correcta é **irto**.

hispano, hispana
adxectivo ou substantivo
1 Da antiga provincia romana de Hispania: *Os pobos hispanos opuxeron dura resistencia á conquista romana.*
2 Hispanoamericano.
3 Español.
FAM. hispánico, hispanidade, hispanismo, hispanizar, hispanoamericano, hispanoárabe, hispanorromano.

hispanoamericano, hispanoamericana
adxectivo ou substantivo
De calquera país de América que fala español: *Nos Estados Unidos hai moitos inmigrantes hispanoamericanos.* SIN. hispano.

histeria
substantivo feminino
Estado de grande excitación nerviosa en que ata se perde o control: *Deulle un ataque de histeria e púxose a chorar.*
FAM. histérico, histerismo.

historia
substantivo feminino
1 Conxunto de feitos, personaxes e acontecementos do pasado que tiveron unha grande importancia: *Castelao é unha figura importantísima na historia de Galicia.*
2 Ciencia que estuda estes acontecementos: *Gústame moito estudar historia.*
3 Relato en que se conta unha serie de feitos, especialmente se son inventados: *Contounos a historia dunha fada e dun cabaleiro.* SIN. conto, narración, relato.
4 Calquera cousa que se conta e que non ten fundamento nin proba de ser verdade: *Estou farto das súas historias de que o perseguen.* SIN. conto, fábula.
FAM. historiador, historial, histórico, historieta.

historieta
substantivo feminino
Narración desenvolvida por medio de viñetas e debuxos: *Os cómics empregan a historieta.*

hixiene
substantivo feminino
Limpeza e falta de sucidade para conservar a saúde e evitar enfermidades: *A hixiene da boca evita as caries.*
FAM. hixiénico, hixienista, hixienizar.

ho
interxección
Úsase para chamar a atención de alguén: *Espera, ho!*

hóckey
substantivo masculino
Deporte que se xoga entre dous equipos rivais e que consiste en tentar introducir unha bóla ou un disco na portaría contraria coa axuda dun bastón curvo nun dos seus extremos: *O hóckey pode practicarse sobre herba ou xeo.*

*__hola__, a forma correcta é **ola**.

*__hombro__, a forma correcta é **ombro**.

home
substantivo masculino
1 Membro da especie humana: *O home é un ser racional.*
2 Persoa de sexo masculino: *Homes e mulleres son iguais perante a lei.* ANT. muller.
3 Persoa adulta de sexo masculino: *Xa é un home feito e dereito.* ANT. muller.
4 Marido ou compañeiro dunha muller: *O home é máis vello ca ela.* SIN. esposo, marido.

homenaxe
substantivo feminino
Acto para honrar a alguén ou amosarlle respecto e admiración: *Ao xubilarse recibiu unha homenaxe dos compañeiros de traballo.*
FAM. homenaxear.

homicidio
substantivo masculino
Morte causada a unha persoa por outra sen premeditación: *Condenárono a quince anos de cárcere por homicidio.*
FAM. homicida.

homófono, homófona
adxectivo
Dito dunha palabra, que soa igual ca outra aínda que son distintas: *Vaca e baca son palabras homófonas, aínda que non homógrafas.*

homógrafo, homógrafa
adxectivo
Dito dunha palabra, que soa e se escribe igual ca outra aínda que son distintas: Cazo, *do verbo* cazar, *e* cazo, *utensilio de cociña, son palabras homógrafas.*

homólogo, homóloga

adxectivo

1 Que corresponde con outro por unha posición, estrutura ou función semellantes ou iguais: *Os lados dun rectángulo son homólogos dous a dous.*

2 Que realiza a mesma función ou se atopa na mesma función ca outro: *O ministro de asuntos exteriores español entrevistouse co seu homólogo portugués.*

FAM. homologación, homologar, homoloxía.

homónimo, homónima

adxectivo

1 Que ten o mesmo nome ca outro: *O Vigo galego e o Vigo asturiano son homónimos.*

adxectivo ou substantivo masculino

2 Dito dunha palabra, que se escribe e pronuncia igual ca outra, pero que son distintas porque proceden de palabras diferentes: *Heroína, feminino de heroe, e heroína, droga, son palabras homónimas.*

homosexual

adxectivo ou substantivo

Que sente atracción sexual polas persoas do seu mesmo sexo: *A súa irmá ten unha relación homosexual con outra muller.* ANT. heterosexual.

FAM. homosexualidade.

homoxéneo, homoxénea

adxectivo

1 Formado por partes iguais ou semellantes: *Esta clase é moi homoxénea pois todos adoitan obter unhas notas semellantes.* ANT. heteroxéneo.

2 Que ten unha superficie, estrutura ou composición sen cambios bruscos e uniforme: *Revolve ben a masa para que quede homoxénea e non teña grumos.*

FAM. homoxeneidade, homoxeneizar.

honesto, honesta

adxectivo

Que actúa con honradez e boa vontade: *Unha persoa honesta nunca tenta enganar a ninguén.* SIN. decente, honrado, íntegro, recto, xusto. ANT. deshonesto.

FAM. honestidade.

honor

substantivo masculino

1 Comportamento ou forma de ser da persoa que fai sempre o que é bo e xusto: *Unha persoa con honor nunca mente.* SIN. honra. ANT. deshonor, deshonra.

2 Boa opinión que se ten dunha persoa porque fai sempre o que é bo e xusto: *Ninguén dubida do seu honor porque nunca roubou a ninguén.* SIN. honra. ANT. deshonor, deshonra.

EXP. **En honor de** Para amosar respecto ou admiración polo que se indica: *Celebrouse unha cerimonia en honor das vítimas do atentado.* **Matrícula de honor** Máxima cualificación que se pode obter nunha materia de estudo: *Tivo matrícula de honor en matemáticas.*

FAM. honorable, honorario, honorífico.

honra

substantivo feminino

1 Honor.

2 Gloria que se acada por facer algo importante: *O inventor da penicilina, o doutor Fleming, acadou grande honra.* SIN. fama, sona. ANT. deshonra.

3 Demostración de aprecio que fai que unha persoa se sinta gabada: *Para min é unha honra que queirades que sexa o voso xefe.*

EXP. **A moita honra** Úsase para indicar que se sente orgullo por algo que os demais poden considerar malo: *Teño sesenta e cinco anos e aínda traballo, a moita honra.*

FAM. honradez, honrado, honrar, honroso, deshonra, deshonrar.

honrado

adxectivo

Que actúa ou se comporta facendo o que é bo e xusto: *É moi honrado e nunca enganará a ninguén.* SIN. decente, íntegro, recto, xusto. ANT. deshonesto.

honrar

verbo

1 Respectar unha persoa: *Os fillos deben honrar os pais.*

2 Recoñecer ou premiar o mérito e valor dunha persoa: *Os seus colaboradores honrárono na xubilación cunha manchea de regalos.*

3 Ser motivo de orgullo: *Hónrate a túa sinceridade.*

4 Sentirse orgulloso de algo: *Hónrome coa túa amizade de moitos anos.*

hora
substantivo feminino
1 Período de tempo equivalente a sesenta minutos: *O día ten vinte e catro horas.*
2 Momento xusto para facer algo: *Esta é a hora de pórse a estudar en serio.*
3 Momento determinado do día: *Preguntou a que hora chegaba o avión a Santiago.*
4 Derradeiro momento da vida dunha persoa: *O enfermo viu que chegaba a súa hora.*
EXP. **En hora boa** Úsase para dicirlle a unha persoa que nos alegramos cun éxito seu: *En hora boa! Aprobaches todo!* SIN. parabéns. **Hora punta** Aquela en que hai máis cantidade de xente ou actividade: *A hora punta do tráfico prodúcese cando a xente vai ao traballo.* **Horas mortas** Tempo que se pasa sen facer nada: *Pasa as horas mortas mirando o mar desde a fiestra.*
FAM. horario.

horario
substantivo masculino
Cadro que indica en que momento deben realizarse determinados actos: *No taboleiro da aula temos colocado o horario das clases.*

*__horchata__, a forma correcta é **orchata**.

horizontal
adxectivo
Paralelo ao chan ou ao horizonte: *Deitados na cama estamos en posición horizontal.*
ANT. vertical.

horizonte
substantivo masculino
Liña en que parece que a terra ou o mar se xuntan co ceo: *O barco perdeuse no horizonte.*
FAM. horizontal, horizontalidade.

horóscopo
substantivo masculino
Predición ou explicación do futuro das persoas a partir do exame da posición dos astros o día de nacemento das persoas: *O horóscopo non deixa de ser unha simple superstición.*

horrendo, horrenda
adxectivo
Que produce un medo moi grande: *Tiven esta noite un pesadelo horrendo.* SIN. arrepiante, espantoso, horrible, horripilante, horroroso.

hórreo
substantivo masculino
Construción rural, de forma xeralmente rectangular, feita sobre columnas e con moitas aberturas para facilitar a ventilación do millo e doutros produtos agrícolas que se gardan nel: *O piso do hórreo non toca o chan para evitar a humidade e os roedores.*

horrible ou horríbel
adxectivo
Que produce un medo moi grande: *Esa escena da película é horrible.* SIN. arrepiante, espantoso, horroroso, terrible, terrorífico.

horror
substantivo
1 Medo moi grande: *O monstro da película producía horror.* SIN. arrepío, espanto, pánico, pavor, terror.
2 Sensación que produce o que é moi feo ou moi malo: *Dáme horror verte con ese traxe tan feo.* SIN. espanto.
FAM. horrible, horrorizar, horroroso.

horta
substantivo feminino
Terreo de pouca extensión onde se cultivan fundamentalmente legumes, verduras e incluso árbores froiteiras: *Botou na horta patacas, feixóns e cebolas.*
FAM. hortaliza, hortícola, horticultura, horto.

hortaliza
substantivo feminino
Planta que se cultiva nunha horta para aproveitala como alimento: *O tomate, a leituga e a cenoria son hortalizas.*

hortícola
adxectivo ou substantivo
Da horta ou propio da horta: *As cebolas son produtos hortícolas.*

horto
substantivo masculino
Horta.

hospedar
verbo
Dar ou tomar aloxamento de forma temporal: *Hospedáronse nunha pousada do Camiño de Santiago.*
FAM. hospedaxe, hóspede.

hospedaxe
substantivo feminino
Aloxamento en que se vive temporalmente: *Está de hospedaxe nunha pensión.*

hóspede
substantivo
Persoa que está aloxada temporalmente nun establecemento ou nunha casa que non é a súa: *Ten de hóspedes no piso dous estudantes.*

hospital
substantivo masculino
Establecemento onde son ingresados os enfermos para curalos: *As operacións cirúrxicas adoitan realizarse nos hospitais.*
FAM. hospitalario, hospitalidade, hospitalizar.

hospitalario, hospitalaria
adxectivo
1 Que recibe de forma agradable e amable a outras persoas: *Sempre ten a casa con convidados porque é moi hospitalario.* SIN. acolledor.
2 Do hospital ou propio do hospital: *Esa enfermidade necesita un tratamento hospitalario.*

hospitalidade
substantivo feminino
Forma amable de recibir e tratar ben as persoas: *Ofreceume cama na súa casa pola súa hospitalidade.*

hostal
substantivo masculino
Establecemento en que se dá comida e aloxamento a cambio de cartos, habitualmente máis pequeno e de menos luxo ca un hotel: *Durmimos nun hostal moi económico.*
FAM. hostaleiro, hostalaría.

hostalaría ou **hostalería**
substantivo feminino
Actividade consistente en ofrecer comida e aloxamento a cambio de cartos: *Os hoteis, restaurantes e bares forman parte da hostalaría.*

hostia
substantivo feminino
1 Na relixión católica, peza pequena e redonda de pan sen fermento que o sacerdote consagra na misa, xuntamente co viño, para lembrar a morte de Cristo: *Na primeira comuñón tómase a hostia por primeira vez.*
2 Golpe dado na cara coa man aberta: *Ofreceulle unha hostia.*
3 Golpe moi forte entre dous corpos: *Deu unha hostia co coche contra un farol.*
OBS. As acepcións 2 e 3 considéranse malsoantes.

hostil
adxectivo
Que amosa oposición ou ata inimizade: *O defensa dirixiulle ao dianteiro unha mirada hostil.* SIN. inimigo.
FAM. hostilidade, hostilizar.

hotel
substantivo masculino
Establecemento en que se dá comida e aloxamento a cambio de cartos: *Os hoteis son máis grandes e luxosos ca os hostais.*
FAM. hoteleiro.

hoxe
adverbio
1 No día en que estamos: *Hoxe é mércores.*
2 No tempo en que estamos: *Hoxe non se traballa coma antigamente.* SIN. agora.
EXP. **Hoxe en día** Actualmente: *Hoxe en día vívese mellor ca antigamente.*

hucha
substantivo feminino
Caixa grande de madeira con tampa para gardar roupa, pan, gran ou calquera outra cousa: *Gardou as sabas de liño nunha hucha de madeira.* SIN. arca, tulla.

hule
substantivo masculino
Tea recuberta por un dos seus lados de plástico ou dun material impermeable: *No bar aquel usaban uns manteis horribles de hule.*

hulla
substantivo feminino
Carbón mineral de cor negra e que produce moita calor ao arder: *A hulla utilízase como combustible e para producir gas cidade e alcatrán.*

humanidade
substantivo feminino
1 Conxunto de todos os seres humanos: *A humanidade ten progresado moito desde a Prehistoria.*
2 Sentimento de compaixón que se ten polos

demais: *Ese asasinato amosa unha falta total de humanidade.*

humanitario, humanitaria
adxectivo
Que amosa bondade e bos sentimentos: *Os prisioneiros de guerra recibían un trato humanitario.*

humano, humana
adxectivo
1 Propio dos homes e das mulleres: *A intelixencia é unha característica humana.*
2 Que amosa as características de bondade e bos sentimentos que se consideran propios de homes e mulleres: *Os prisioneiros recibiron sempre un trato humano.* ANT. cruel, inhumano.

humedecer
verbo
Poñer húmido ou con máis auga ou líquido: *Humedeceu a baeta para limpar a mesa.* ANT. secar.
OBS. É regular: *humedezo, humedeza.*

***húmero**, a forma correcta é **úmero**.

humidade
substantivo feminino
Presenza de auga ou doutro líquido nun corpo ou no aire: *Na parede esa hai manchas de humidade.*

húmido, húmida
adxectivo
1 Con presenza de auga ou doutro líquido: *As camisas esas aínda están húmidas.* ANT. enxoito, seco.
2 Con moita chuvia: *O clima da costa galega é húmido.* SIN. chuvioso. ANT. seco.
FAM. humedecer, humidade.

humilde
adxectivo
1 Que non non se considera mellor ca os demais e non se gaba das súas calidades: *Ten moitos cartos, mais é unha persoa humilde e nunca bota por ela.* SIN. modesto, sinxelo. ANT. altivo, fachendoso, orgulloso, soberbio, vaidoso.
2 Que non pertence a unha clase social alta: *Provén dunha familia humilde, pero moi traballadora.* SIN. modesto. ANT. rico.
FAM. humildade.

humillar
verbo
Facer que alguén sinta vergoña ou rebaixalo ante os demais: *Humillouno burlándose dos seus debuxos.* SIN. abaixar. ANT. gabar, enxalzar, exaltar.
FAM. humillación.

humor
substantivo masculino
1 Estado de ánimo que alguén ten: *Hoxe ri porque está de bo humor.*
2 Capacidade para ver o lado divertido das cousas e rir: *Colleu o da picada da roda do coche con humor e botouse a rir.*
3 Líquido que hai nalgúns órganos: *No ollo existen o humor vítreo e o humor acuoso.*
EXP. **Humor negro** Capacidade para rirse da morte e de todo o relacionado con ela: *Algúns chistes de humor negro falan de mortos, cemiterios e tumbas.*
FAM. humorismo, humorista, humorístico.

humorista
substantivo
Persoa que ten por traballo facer que o público ría: *Na televisión saen moitos humoristas.*

humus
substantivo masculino
Materia orgánica formada por restos descompostos de vexetais e de animais, que ocupa a parte superior do solo: *O humus é moi bo fertilizante para as plantas.*

I

i
substantivo masculino
Letra número nove do abecedario galego: *A palabra* idioma *comeza por un* i.
OBS. O plural é *is.*

ianqui
adxectivo ou substantivo
Dos Estados Unidos de América do Norte: *Vemos moitas películas ianquis.* SIN. estadounidense.

iate
substantivo masculino
Barco de recreo, xeralmente luxoso: *O millonario navegaba no seu iate.*

ibérico, ibérica
adxectivo ou substantivo
Da península Ibérica: *Os portugueses e españois son ibéricos.*
OBS. É distinto de *ibero.*

ibero, ibera
substantivo ou adxectivo
Do antigo pobo prehistórico que ocupaba a zona do sur e leste da península Ibérica: *Quedan poucos restos da civilización ibera.*
OBS. É distinto de *ibérico.*

iberoamericano, iberoamericana
adxectivo ou substantivo
Dos países que foron colonizados por España e Portugal: *Os brasileiros son iberoamericanos.*

iceberg
substantivo masculino
Gran masa de xeo que flota nos mares polares: *Do iceberg só se ve unha oitava parte e o resto está somerxido.*
OBS. O plural é *icebergs.*

icona
substantivo feminino
1 Imaxe relixiosa pintada ou en relevo propia da Igrexa ortodoxa: *Son moi célebres as iconas bizantinas.*
2 Signo que ten algunha relación de semellanza co que representa: *Nos servizos de cabaleiros hai unha icona que representa un home.*
3 En informática, signo que aparece na pantalla para identificar unha función, aplicación ou programa e que permite usalos ao accionar o cursor sobre eles: *Para conectarme a internet fago dobre clic sobre a icona correspondente.*
FAM. icónico.

***icono**, a forma correcta é **icona**.

idade
substantivo feminino
1 Tempo de vida que pasou desde o nacemento: *Agora xa teño doce anos de idade.*
2 Cada un dos períodos da vida humana: *Xa está na idade adulta.*
3 Duración de algo desde o comezo da súa existencia: *Os científicos tratan de establecer a idade da Terra.*
4 Cada un dos grandes períodos de tempo en que se divide a historia: *Tras a Idade Media vén a Idade Moderna.*
EXP. **Idade Antiga** A que abarca desde a aparición da escritura ata o final do Imperio Romano de Occidente (476): *Na Idade Antiga Roma conquistou Galicia.* **Idade Contemporánea** Período histórico que vai desde a Revolución francesa (1789) ata os nosos días: *Agora estamos na Idade Contemporánea.* **Idade Media** Período histórico que vai desde

o final do Imperio Romano de Occidente (476) deica o descubrimento de América: *O sistema político e social da Idade Media era o feudalismo.* **Idade Moderna** Período histórico que vai desde o descubrimento de América (1492) ata a Revolución francesa (1789): *Na Idade Moderna desenvólvese moito a ciencia.* **Terceira idade** Período da vida dunha persoa que comeza arredor dos sesenta e cinco anos: *Meus avós xa están na terceira idade.*

idea

substantivo feminino

1 Imaxe ou representación mental de algo: *Todos temos na cabeza a idea dunha casa perfecta.* SIN. concepto.

2 Coñecemento de algo xa acontecido ou por acontecer: *Non tiña idea de que el estivese tan enfermo.*

3 Habilidade, capacidade ou coñecemento de algo ou para facer algo: *Non teño idea deste tema de historia.*

4 Intención ou propósito de facer algo: *Tiña a idea de ir á praia esta tarde.* SIN. intención, propósito.

5 Plan para facer algo ou maneira de pensar: *A miña idea era ir de excursión mañá.*

6 Opinión ou xuízo formado sobre algo: *Eu teño a idea de que iso é ilegal.*

EXP. **Mala idea** Mala intención: *Tivo a mala idea de dicir que eu non era un bo profesional.*

FAM. ideal, idealismo, idealista, idealizar, idear, ideario.

ideal

adxectivo

1 Das ideas ou propio delas: *As fadas son seres ideais porque só existen na mente das persoas.* SIN. irreal. ANT. real.

2 Que se considera perfecto: *Esta é a casa ideal para min.*

substantivo masculino

3 Aquilo ao que se aspira porque se considera o mellor: *Tiña o ideal de que se impuxese a xustiza en todo o mundo.*

idear

verbo

Pensar como se pode facer algo ou inventar algo: *Ideou un motor que funcionaba con enerxía solar.* SIN. concibir, planear, proxectar.

idéntico, idéntica

adxectivo

Igual a outro ou moi parecido: *As xemelgas eran idénticas.* SIN. igual. ANT. diferente, distinto.

identidade

substantivo feminino

Conxunto de características que permiten recoñecer algo ou alguén: *As impresións dixitais permitiron coñecer a identidade do asasino.*

identificar

verbo

1 Recoñecer algo ou alguén como tales polas súas características: *A policía xa identificou o cadáver que apareceu no río.* SIN. recoñecer.

2 Considerar que dúas ou máis cousas son a mesma: *Non se pode identificar a riqueza coa felicidade.*

3 identificarse Dar a información necesaria para ser recoñecido como quen se é: *Para identificarse amosou o carné de identidade.*

4 Estar de acordo con algo ou alguén e ata apoialos: *Identificouse totalmente coa opinión dos amigos.*

OBS. O *c* cambia en *qu* ante *e*, como en *sacar.*

FAM. identificación.

ideoloxía

substantivo feminino

Conxunto de ideas, opinións e valores dunha persoa, grupo ou época: *A ideoloxía deste partido está próxima ao socialismo.*

FAM. ideolóxico.

idilio

substantivo masculino

Relación amorosa: *El e esa moza están a vivir un idilio intenso.*

idioma

substantivo masculino

Lingua propia dunha nación: *O galego é o idioma propio de Galicia.*

idiota

adxectivo ou substantivo

Que non ten ou amosa intelixencia: *Esa opinión só pode ser dun idiota.* SIN. bobo, estúpido, imbécil, parvo. ANT. intelixente, listo.

FAM. idiotez.

ido, ida

adxectivo

1 Que perdeu a razón ou o xuízo: *Está ido e ingresárono nun psiquiátrico.*

2 Que non se decata do que ocorre arredor del porque está moi ocupado en algo: *Está ido resolvendo ese problema de matemáticas.*

substantivo feminino

3 Desprazamento ou marcha cara a un lugar: *Mercou un billete de tren de ida e volta.* ANT. vida, vinda, volta.

ídolo

substantivo masculino

1 Imaxe dun deus, que se adora como representación dese deus: *Os membros da tribo adoraban un ídolo con forma de gran carneiro.*

2 Persoa que é moi admirada por alguén: *Ese cantante é o ídolo de moitos rapaces.*

FAM. idolatrar, idolatría.

idóneo, idónea

adxectivo

Coas condicións e características boas e apropiadas para algo: *Ese abrigo resulta idóneo para o inverno.* SIN. adecuado, apropiado, axeitado, ideal, indicado.

FAM. idoneidade.

iglú

substantivo masculino

Vivenda de forma semiesférica construída con bloques de xeo: *O iglú é a vivenda característica dos esquimós.*

ignición

substantivo feminino

Inicio da combustión ou do proceso de queimarse un corpo: *Nos motores dos coches unha chispa causa a ignición da gasolina.*

ignorancia

substantivo feminino

Falta de coñecemento sobre algo: *Se non estudas, vivirás sempre na ignorancia.* SIN. descoñecemento. ANT. sabedoría.

ignorante

adxectivo ou substantivo

1 Que non sabe ou non coñece nada: *É un ignorante que non sabe absolutamente nada.* SIN. inculto. ANT. douto, instruído, sabio.

2 Que non sabe algunha cousa ou non se decata dela: *Eu era ignorante de que el tivese tantas débedas.*

ignorar

verbo

1 Non coñecer algo: *Ignoro todo sobre a súa vida.* SIN. descoñecer. ANT. coñecer, saber.

2 Non facer caso de algo ou de alguén: *Ignoro as críticas feitas con mala intención.*

FAM. ignorancia, ignorante.

igrexa

substantivo feminino

1 Calquera das comunidades formadas por cristiáns ou seguidores de Cristo: *Hai diferentes Igrexas: a católica, a ortodoxa, a evanxélica etc.*

2 Edificio destinado ao rezo e ao culto nas relixións cristiás: *Os católicos van á igrexa para oír a misa os domingos.*

igual

adxectivo

1 Que ten as mesmas características doutra cousa: *Estes dous círculos son iguais.* SIN. idéntico. ANT. desigual, diferente, distinto.

2 Moi parecido: *Esas dúas camisas son practicamente iguais.* SIN. parecido, semellante. ANT. desigual, diferente, distinto.

3 Liso ou sen diferenzas de altura: *Os campos de fútbol deben ser iguais e sen pedras.*

substantivo

4 Persoa que ten a mesma categoría ca outra ou pertence á súa mesma clase social: *O marqués trataba a todos como iguais.*

substantivo masculino

5 Signo que se usa en matemáticas formado por dúas raias horizontais paralelas e que se utiliza para expresar a equivalencia entre dúas cantidades: *O signo = úsase moitísimo en matemáticas.*

adverbio

6 Quizá: *Igual vou de pesca esta fin de semana.*

7 Da mesma maneira: *Eses dous cativos falan igual.*

FAM. igualar, igualdade.

***iguala**, a forma correcta é **avinza**.

igualar

verbo

1 Facer ou considerar iguais: *Subinlle a unha perna do pantalón para igualala coa outra.*

2 Pór plano ou liso: *Hai que igualar este terreo e desfacer os desniveis.* SIN. achaiar, planar.

igualdade
substantivo feminino
Correspondencia exacta entre dúas ou máis cousas de xeito que non se distinguen: *Entre o cadro falsificado e o auténtico a igualdade é total.*

iguana
substantivo feminino
Réptil co corpo cuberto de escamas, catro extremidades, cunha gran papada e unha crista dentada polo lombo: *A iguana é un animal protexido.*

ilegal
adxectivo
Que non cumpre a lei: *Conducir un coche sen carné é ilegal.* ANT. legal.
FAM. ilegalidade, ilegalización, ilegalizar.

íleo
substantivo masculino
Derradeira parte do intestino delgado dos vertebrados: *O intestino delgado divídese en duodeno, xexuno e íleo.*

ileso, ilesa
adxectivo
Que non sufriu ningún dano: *O tren descarrilou, mais todos os viaxeiros resultaron ilesos.* ANT. ferido.

ilexible ou ilexíbel
adxectivo
Que non se pode ler: *A súa letra é tan mala que resulta ilexible.*

ilexítimo, ilexítima
adxectivo
1 Que non é xusto ou non resulta de acordo coa lei ou a razón: *É ilexítimo que queiras cobrar sen traballar.* ANT. lexítimo.
2 Que é falso: *Eses documentos son ilexítimos.* SIN. falso. ANT. auténtico, lexítimo, verdadeiro.
FAM. ilexitimidade.

ilícito, ilícita
adxectivo
Que non está permitido pola lei: *Roubar é un acto ilícito.* SIN. ilegal, ilexítimo. ANT. legal, lexítimo, lícito.

ilimitado, ilimitada
adxectivo
Que non ten límites: *O poder do ditador era ilimitado.* SIN. inmenso. ANT. limitado.

illa
substantivo feminino
Porción de terra que está rodeada de auga por todas as súas partes: *Vive na illa de Arousa.*
FAM. illote, illamento, illante, illar.

illante
adxectivo ou substantivo masculino
Que illa ou impide o paso de algo, especialmente da corrente eléctrica, a calor ou o ruído: *Envolveu os cables da luz con fita illante.*

illar[1]
verbo
1 Deixar só e separado: *Nese hospital illan os enfermos contaxiosos do resto dos pacientes.*
2 Protexer un espazo para que non entre algo nel nin saia del, especialmente o ruído, a calor ou a electricidade: *Illaron a discoteca para que non saísen dela os ruídos.*
OBS. As formas **aillar* e **isolar* son incorrectas.

illar[2] ou illarga
substantivo masculino ou substantivo feminino
Especialmente nos animais mamíferos, cada un dos dous espazos que quedan entre as dúas últimas costelas e os ósos das cadeiras: *O intestino está situado na zona das illargas.*

illote
substantivo masculino
Illa moi pequena: *Foi na gamela ata o illote.*

ilóxico, ilóxica
adxectivo
Contrario á razón ou á lóxica: *É ilóxico pór abrigo con corenta graos de temperatura.* SIN. absurdo, irracional. ANT. lóxico, racional.

iluminación
substantivo feminino
1 Feito de pór luz nun lugar: *A iluminación da cociña fana dúas lámpadas halóxenas.*
2 Cantidade de luz que hai nun lugar: *Eses*

dous cuartos teñen moi boa iluminación grazas ás súas fiestras grandes.
3 Conxunto de luces que serven para alumar un lugar, especialmente unha localidade: *A iluminación desta rúa é moi boa.*
OBS. Na acepción 3 é incorrecta a forma **alumado.*

iluminar
verbo
1 Encher de luz un lugar: *Unha lámpada moi potente iluminaba o comedor.* SIN. alumar, alumear.
2 Adornar con luces: *No Nadal o Concello ilumina as rúas.*
3 Dar aspecto alegre ou feliz: *As garatuxas do neto iluminan a cara do avó.*

ilusión
substantivo feminino
1 Falsa imaxe das cousas producida pola imaxinación ou polos sentidos: *Non hai ningunha pantasma no pazo, é só unha ilusión túa.*
2 Esperanza que é difícil que se cumpra: *Ten a ilusión de dar a volta ao mundo.* SIN. desexo, anhelo, arela, soño.
3 Alegría e satisfacción grandes: *Que ilusión que te lembrases do meu aniversario!*
FAM. ilusionante, ilusionar, ilusionismo, ilusionista, ilusorio.

ilusionar
verbo
1 Producir ilusións ou esperanzas: *Ese proxecto ilusiona a toda a empresa.* ANT. desilusionar.
2 Producir alegría e satisfacción: *Ilusióname moito esa cea de antigos amigos.* SIN. alegrar, aledar. ANT. desilusionar.

ilusionista
substantivo
Persoa que realiza xogos de mans facendo aparecer e desaparecer cousas: *O ilusionista sacaba un coello do seu chapeu.* SIN. prestidixitador.
FAM. ilusionismo.

iluso, ilusa
adxectivo
Que ten esperanzas ou ilusións que resultan falsas ou que non poden cumprirse: *É un iluso porque pensa que lle tocará o premio gordo da lotaría máis cedo ou máis tarde.*

ilustración
substantivo feminino
1 Imaxe, fotografía ou debuxo que aparece nun texto: *Os nosos libros teñen ilustracións a cor.*
2 Movemento filosófico e cultural do século XVIII que defendía que a razón, a ciencia e o ensino traerían o progreso para a humanidade: *O marqués de Sargadelos foi unha figura da Ilustración en Galicia.*
OBS. Na acepción 2 adoita escribirse con inicial maiúscula.
FAM. ilustrado.

ilustrar
verbo
1 Pór debuxos ou fotografías nun texto: *Ese debuxante tamén ilustra contos infantís.*
2 Facer que alguén adquira cultura e coñecementos: *A escola serve para ilustrar os cativos.*
3 Facer que algo se entenda mellor con exemplos, debuxos ou calquera outro medio: *O profesor ilustra a súa explicación con debuxos no encerado.* SIN. aclarar.
FAM. ilustración, ilustrado.

ilustre
adxectivo
Que ten moita fama por ser moi bo nunha actividade ou profesión ou por calquera outra cousa de mérito: *A Real Academia Galega está formada por escritores ilustres.* SIN. egrexio, eminente, insigne.

imán
substantivo masculino
Mineral ou calquera outra materia que ten a propiedade de atraer determinados metais: *Os imáns atraen o ferro e o aceiro.*
FAM. imantar.

imaxe
substantivo feminino
1 Figura que representa algo: *Nas igrexas hai imaxes de santos.*
2 Aspecto ou consideración ante os demais: *Ese político ten moi boa imaxe.*
FAM. imaxinación, imaxinar, imaxinario.

imaxinación
substantivo feminino
1 Capacidade para representar algo real ou irreal na mente: *Os nenos adoitan ter moita imaxinación.*

2 Cousa que se pensa pero que non existe no mundo real: *Iso de que te envexan son imaxinacións túas.* SIN. fantasía.

imaxinar

verbo

1 Representar algo na mente: *Imaxina como será esta casa despois de a amañar e amoblar.*

2 Considerar que algo é posible a partir do que xa se coñece: *Imaxino que ás oito xa estará na casa, pois sae do traballo ás sete.* SIN. calcular, coidar, crer, pensar.

imaxinario, imaxinaria

adxectivo

Que só existe na mente e non na realidade: *As pantasmas son seres imaxinarias.* SIN. fabuloso, fantástico, irreal. ANT. real.

imbécil

adxectivo ou substantivo

Que ten ou amosa moi pouca intelixencia: *Dicir que dúas e dúas son tres é unha resposta imbécil.* SIN. estúpido, idiota, necio, parvo. ANT. intelixente, listo.

FAM. imbecilidade.

imbuír

verbo

Meterlle a alguén na cabeza determinadas ideas: *Imbuíronlle de cativo moitas parvadas.*

OBS. Conxúgase como *incluír.*

imitación

substantivo feminino

1 Copia de algo que se toma por modelo: *A súa conduta é imitación da do pai.*

2 Calquera cousa feita copiando outra de xeito que sexa igual ou se lle pareza moito: *Pinta cadros que son imitacións doutros de Laxeiro.*

imitar

verbo

1 Facer algo igual ca outra persoa: *Imitaba a forma de andar do pai.* SIN. copiar.

2 Parecerse a algo: *O fillo imita o pai.* SIN. asemellarse, parecerse.

FAM. imitación, imitador.

impaciente

adxectivo

Nervioso e intranquilo porque ten moita gana de que aconteza algo: *Está impaciente por saber se gañou ese premio.* SIN. ansioso, inquieto, intranquilo. ANT. paciente, tranquilo.

FAM. impaciencia, impacientar.

impacto

substantivo masculino

Golpe moi forte entre dous corpos: *O mísil estoupa no momento do impacto contra a terra.* SIN. choque.

impar[1]

adxectivo ou substantivo

Dito dun número, que non se pode dividir por dous de forma exacta: *O número 3 é impar.*

impar[2]

verbo

Ter impo: *O rapaz impaba.* SIN. saloucar.

imparcial

adxectivo

Que non está nin a prol nin en contra de algo ou alguén: *Os árbitros deben ser imparciais.* SIN. neutral. ANT. parcial.

FAM. imparcialidade.

impartir

verbo

Transmitir algo aos demais, especialmente coñecementos: *Esa profesora imparte clase de matemáticas.*

impasible ou impasíbel

adxectivo

Que non amosa o que sente: *É tan impasible que non sabes nunca se está alegre ou triste.*

impecable ou impecábel

adxectivo

Que non ten ningún defecto ou mancha: *Sempre leva unhas camisas impecables.*

impedir

verbo

Facer que algo non se realice: *A policía impediu o atraco.* SIN. evitar. ANT. permitir.

OBS. Conxúgase como *advertir.*

FAM. impedido, impedimento.

imperar

verbo

Ser o que domina ou o máis habitual: *Na moda deste verán imperan as cores claras.* SIN. dominar, predominar.

FAM. imperativo.

imperativo, imperativa
adxectivo
1 Que manda ou expresa unha obriga: *As oracións imperativas dan unha orde.*
adxectivo ou substantivo masculino
2 Referido a un modo do verbo, que se usa para dar ordes a quen escoita: *O imperativo de amar é ama ti e amade vós.*

imperceptible ou imperceptíbel
adxectivo
Que non se nota nada ou case nada: *O ruído que fai ese motor é case imperceptible.* SIN. inapreciable. ANT. apreciable.

imperdible ou imperdíbel
substantivo masculino
Especie de alfinete dobrado que se abrocha metendo un dos seus extremos nunha especie de gancho para que non abra: *Colleu os baixos descosidos do pantalón cun imperdible.* SIN. prendedor.

imperecedoiro
adxectivo
1 Que dura moito tempo sen se estragar: *As conservas son un alimento imperecedoiro.* ANT. perecedoiro.
2 Que non morre ou non se esquecerá nunca: *A poesía de Manuel Antonio é imperecedoira.* SIN. eterno, inmorredoiro, inmortal. ANT. perecedoiro.

imperfecto, imperfecta
adxectivo
Que ten algún defecto ou fallo: *Nunca entrega traballos imperfectos.* SIN. defectuoso. ANT. perfecto.

imperio
substantivo masculino
1 Forma de organización dun estado ou nación que domina outros pobos e nacións sometidos a el: *O Imperio romano dominaba gran parte de Europa e mesmo se estendía por África e Asia.*
2 Conxunto de pobos ou nacións dominados por esoutra nación máis poderosa: *Dise que no imperio de Filipe II o sol nunca se poñía.*
OBS. Cando se refire a un imperio en concreto adoita escribirse con inicial maiúscula, aínda que o adxectivo que o acompaña vai con minúscula: *Imperio romano.*
FAM. imperar, emperador, emperatriz.

imperioso, imperiosa
adxectivo
Que debe facerse de xeito obrigado ou urxente: *É imperioso que paguemos agora esas débedas.*

impermeable ou impermeábel
adxectivo
1 Que impide que pase a auga ou outros líquidos: *A tea dos chuvasqueiros é impermeable.*
substantivo masculino
2 Peza de vestir larga e longa que se pon sobre o resto da roupa e non deixa pasar a auga da chuvia: *Como chovía, puxo o impermeable.*

impersoal
adxectivo
1 Que non é propio dunha persoa en particular ou que non se dirixe a unha persoa en particular: *O salón tiña unha decoración impersoal.*
2 En gramática, que non ten suxeito: *Os verbos como* nevar *ou* chover *son impersoais.*

impertinente
adxectivo ou substantivo
Que amosa pouco ou ningún respecto e consideración: *Ese impertinente non ten educación ningunha.*
FAM. impertinencia.

ímpeto
substantivo masculino
Forza ou enerxía grandes: *Empurrou a porta con tanto ímpeto que a rompeu.* SIN. enerxía, forza, violencia.
FAM. impetuoso.

implacable ou implacábel
adxectivo
Que non se modera na súa dureza ou forza: *A forza implacable do vendaval arrincou o tellado.*

implantar
verbo
1 Establecer algo de xeito que comece a funcionar: *Este ano implántase un novo plan de estudos.* SIN. establecer.
2 Colocar no corpo humano algún aparello ou peza que substitúe un órgano ou parte del: *O dentista implantoulle varias pezas para substituír os dentes.*
FAM. implantación.

implicar
verbo
1 Ter como consecuencia: *Esta seca implicou grandes perdas para os labregos.* SIN. significar, supoñer, supor.
2 Meter a alguén nun asunto, especialmente se é malo: *Non quere que o impliquen nesa estafa.* SIN. involucrar.
OBS. O *c* cambia en *qu* diante do *e*, como en *sacar*.

implorar
verbo
Pedir algo moi humildemente e ata chorando: *Os reféns imploraban piedade.* SIN. pregar, rogar, suplicar.

impo
substantivo masculino
Ruído producido pola expulsión brusca do aire dos pulmóns debido ao movemento involuntario do diafragma: *Din que se corta o impo bebendo auga sen respirar.* SIN. salouco.
FAM. impar.

***imponente**, a forma correcta é **impoñente**.

impoñente
adxectivo
Que impón ou admira por ser extraordinario ou fóra do común: *Este ano teñen un equipo impoñente.* SIN. extraordinario.

impoñer ou impor
verbo
1 Facer que algo se realice ou cumpra de forma obrigada: *O profesor impuxo o deber da puntualidade.*
2 Producir respecto, medo ou sorpresa: *Ese lume tan grande impón.*
3 Colocar ou sinalar o que corresponde: *Durante a súa carreira militar impuxéronlle varias medallas. Impuxéronlle unha multa por exceso de velocidade.*
4 **impoñerse** ou **imporse** Pórse alguén por diante ou enriba doutro: *O noso equipo impúxose ao rival e gañou por 3-0.*
OBS. Conxúgase como *poñer* ou *pór*.
FAM. imposición, impoñente, impoñible.

importación
substantivo feminino
Introdución nun país dun produto estranxeiro: *Aumentan as importacións de petróleo.* ANT. exportación.

importancia
substantivo feminino
1 Valor de algo pola súa grandeza, intensidade ou influencia: *A ferida foi de importancia e tiveron que hospitalizalo.*
2 Categoría ou influencia social dunha persoa: *No acto estiveron persoas de importancia na cultura galega.*
EXP. **Darse importancia** Crer alguén que é superior aos demais: *Desde que o ascenderon na empresa, dáse moita importancia.*

importante
adxectivo
Que destaca polas súas calidades e ten moito valor ou influencia: *A penicilina foi un descubrimento importante para a medicina.* SIN. estimable, grande, notable. ANT. insignificante.

importar
verbo
1 Ter valor, importancia ou interese: *Impórtame que te vos levedes ben.*
2 Introducir nun país un produto estranxeiro: *España importa petróleo.* ANT. exportar.
FAM. importancia, importante, importación.

importe
substantivo masculino
Cantidade de cartos que hai que pagar por algo: *O importe do servizo de taxi é de sete euros.*

importunar
verbo
Causar molestias, fastío ou desgusto: *Os xornalistas importunaban o adestrador con preguntas inconvenientes.* SIN. amolar, enfastiar, incomodar, molestar.
FAM. importuno, importunidade.

imposible ou imposíbel
adxectivo
1 Que non pode darse, acontecer ou ser: *É imposible que neve en xullo.* ANT. posible.
substantivo masculino
2 Calquera cousa que non pode darse, acontecer ou ser: *É un imposible que alguén viva sen comer nin beber.*

imposto
substantivo masculino
Cantidade que un cidadán paga de forma obrigatoria ao Estado ou a calquera institu-

ción pública para contribuír aos gastos comúns: *Se queremos ter estradas e colexios, hai que pagar impostos.* SIN. trabuco, tributo.

impostor, impostora
substantivo
Persoa que se fai pasar por outra ou polo que non é: *É un impostor que se fai pasar por médico sen selo.*

impotente
adxectivo
1 Que non ten forza ou poder para facer algo: *O equipo amosouse impotente para marcar un só gol.* SIN. incapaz.
adxectivo ou substantivo masculino
2 Dito dun home, que non ten capacidade para realizar o acto sexual: *O psicólogo confirmoulle que era impotente.*
OBS. Na acepción 2 é distinto de *estéril*, 'que non pode ter fillos'.
FAM. impotencia.

impreciso, imprecisa
adxectivo
Que non é exacto: *Comentou de forma imprecisa que había bastantes espectadores, sen dicir o número exacto.* SIN. inexacto. ANT. exacto, preciso.
FAM. imprecisión.

impregnar
verbo
Meter algo na auga ou nun líquido de xeito que se empape deles: *Impregnou o algodón de alcol.* SIN. embeber, empapar.
FAM. impregnación.

imprenta
substantivo feminino
1 Técnica de reproducir textos escritos e imaxes en gran cantidade por medio da presión mecánica: *A imprenta permitiu publicar libros en grandes cantidades.*
2 Máquina ou taller en que se fan libros e textos con esta técnica: *A imprenta inventouna no século XV o alemán Gutenberg.*

imprentar
verbo
Imprimir.

imprescindible ou **imprescindíbel**
adxectivo
Que se necesita para algo: *Para a vida é imprescindible a auga.* SIN. indispensable, necesario, preciso. ANT. superfluo.

impresión
substantivo feminino
1 Efecto ou alteración producido nunha persoa ou animal: *Ver o accidentado causaba unha forte impresión.*
2 Reprodución dun texto ou imaxe por medio da imprenta ou doutra técnica parella: *Nese taller realizan a impresión de todo tipo de libros.*
FAM. impresionar, impresionante.

impresionar
verbo
Producir unha emoción ou efecto moi grandes: *Impresionaba a visión do accidente.* SIN. afectar, conmover.

impreso, impresa
adxectivo
1 Que foi imprimido ou reproducido en papel pola imprenta ou por outras técnicas: *O xefe de estudos entregounos un folio impreso coas normas.*
substantivo masculino
2 Papel que hai que encher para solicitar ou resolver algo: *Cubría un impreso para solicitar praza nun campamento de verán.*

impresor, impresora
adxectivo ou substantivo
1 Que traballa nunha imprenta imprimindo textos e imaxes: *Seica traballa de impresor.*
substantivo feminino
2 Máquina conectada cun ordenador e que copia en papel a información que este lle envía: *Mercou unha impresora nova.*

imprevisto, imprevista
adxectivo ou substantivo masculino
Que non se esperaba que acontecese: *Tiven un imprevisto e cheguei tarde.* ANT. previsto.

imprimir
verbo
Copiar un texto ou imaxe por medio da imprenta ou de calquera outro procedemento semellante: *Escribiu a carta no ordenador e imprimiuna coa impresora.* SIN. imprentar.
OBS. Ten dous participios, o irregular *impreso*, que adoita usarse como adxectivo, e o regular *imprimido*, que se emprega na conxugación.
FAM. imprenta, impresión, impreso, impresor, impresora.

improbable ou **improbábel**
adxectivo
Que é moi difícil que aconteza: *É improbable que fose el quen collese o libro.* ANT. probable.

improcedente
adxectivo
Que non é conveniente, oportuno ou legal: *Ese despedimento de traballadores foi considerado improcedente.*

impropiedade
substantivo feminino
Atribución a unha palabra dun significado que non lle corresponde: *Usar en galego* habitación *co significado de 'cuarto' é unha impropiedade.*

impropio, impropia
adxectivo
Que non resulta adecuado para algo: *Ese vestido é impropio para asistir a unha voda.* SIN. inadecuado. ANT. adecuado, apropiado.
FAM. impropiedade.

improvisar
verbo
Facer algo no momento sen preparalo antes: *O cantante non ensaiara, mais improvisou e cantou sen preparación.*
FAM. improvisación, de improviso.

improviso
EXP. **De improviso** De forma repentina e sen avisar: *De improviso e sen dicir palabra, saíu da reunión.*

imprudente
adxectivo
Que actúa sen coidado, prudencia ou sen ningunha precaución: *É un imprudente que non respecta as normas de tráfico.* SIN. atolado, louco, tolo. ANT. cauteloso, precavido, prudente.
FAM. imprudencia.

impulsar
verbo
1 Empurrar algo ou facer forza para que se mova: *A pólvora impulsa os foguetes.*
2 Animar ou estimular a facer algo: *Os consellos do pai impulsárono a estudar.* SIN. animar, estimular, empurrar, empuxar.

impulsivo, impulsiva
adxectivo
Que non se pensa antes de facelo: *Perseguir o atracador foi un acto impulsivo.* SIN. espontáneo, irreflexivo. ANT. reflexivo.

impulso
substantivo masculino
1 Forza con que se produce un movemento: *O impulso das ondas achegou a barca á praia.* SIN. pulo.
2 Motivo ou desexo que leva a facer algo: *Cando viu os pasteis, tivo o impulso de mercar unha ducia deles.*
EXP. **Coller impulso** Correr antes de dar un salto ou lanzar algo: *O dianteiro colleu impulso para lanzar o penalti.*
FAM. impulsar, impulsivo, impulsor.

***inasequible**, a forma correcta é **inaccesible**, **inalcanzable**.

inaudito, inaudita
adxectivo
Que nunca antes aconteceu, se viu ou oíu: *É inaudito que non sinta arrepentimento por prenderlle lume ao monte.*

inaugurar
verbo
1 Dar comezo a algo, especialmente cun acto solemne: *O reitor da universidade inaugurou o novo curso.* SIN. abrir. ANT. cerrar, pechar, clausurar.
2 Abrir un establecemento para que comece a funcionar: *Esta tarde inauguran a nova pastelaría.* SIN. abrir. ANT. cerrar, pechar.
FAM. inauguración.

incandescente
adxectivo
Que emite luz propia porque arde ou está moi quente: *As lámpadas alumean porque teñen un filamento incandescente.*
FAM. incandescencia.

incapacidade
substantivo feminino
Falta de capacidade ou aptitude para facer algo: *Sofre unha incapacidade que lle impide andar.*

incapaz
adxectivo
Que non ten capacidade ou aptitude para facer algo: *É incapaz de dirixir a empresa*

familiar. SIN. impotente. ANT. capaz, competente.
FAM. incapacidade.

incautarse
verbo
Apoderarse unha autoridade de algo, habitualmente por ser ilegal: *A policía incautouse de mil quilos de cocaína.* SIN. requisar.
OBS. Debe usarse como pronominal e con complemento con *de*: *A policía *incautou reloxos falsificados > incautouse de reloxos falsificados.*
FAM. incautación.

incauto, incauta
adxectivo ou substantivo
Sen malicia e fácil de enganar: *Estafárono como se fose un incauto.* ANT. cauto, prudente.

incendiar
verbo
Prender lume, especialmente ao que non debe arder: *Uns tolos incendiaron o monte.*
FAM. incendiario, incendio.

incendio
substantivo masculino
Lume grande que destrúe todo o que atopa: *O incendio dos montes é un grave delito.*

incenso
substantivo masculino
Substancia extraída de determinadas árbores e que ao arder produce un recendo agradable: *A Igrexa católica usa o incenso nalgunhas cerimonias solemnes.*
FAM. incensario.

incerteza
substantivo feminino
Falta de seguridade sobre algo: *Teño a incerteza de se el virá ao xantar.* SIN. dúbida, inseguridade. ANT. certeza, seguridade.
OBS. É incorrecta a forma **incertidume.*

incerto, incerta
adxectivo
Que non se sabe ben como vai ser: *O futuro é sempre incerto.* ANT. certo.
FAM. incerteza.

incesante
adxectivo
Que non para ou que acontece moi frecuentemente: *A suba dos prezos é incesante.* SIN. constante, continuo, permanente.

incesto
substantivo masculino
Relación sexual entre familiares emparentados por liña directa: *A relación sexual entre dous irmáns é un incesto.*
FAM. incestuoso.

inchar
verbo
1 Encher algo con aire ou con outro gas: *Inchaba a roda da bicicleta.* SIN. inflar. ANT. desinflar, desinchar.
2 Aumentar a cantidade ou importancia de algo: *O xornalismo amarelo incha as novas.* SIN. esaxerar, inflar.
3 Aumentar de tamaño unha parte do corpo: *Levou un golpe tan forte que lle inchou o xeonllo.* ANT. desinchar.
FAM. desinchar, inchazo, inchazón.

inchazo ou inchazón
substantivo masculino ou feminino
Aumento do tamaño dunha parte do corpo: *O golpe que levou ao caer produciulle un inchazo no xeonllo.*

incidente
substantivo masculino
Feito ou suceso que acontece de forma imprevista, especialmente se é negativo: *Un pequeno incidente, unha nevarada inesperada, atrasou a saída do avión.*

incinerar
verbo
Queimar ata reducir a cinsas, especialmente un corpo morto: *Nos crematorios incineran os cadáveres.*
FAM. incineración.

incisivo
adxectivo ou substantivo masculino
Dito dun dente, que está situado na parte dianteira da boca e que serve para cortar: *As persoas temos oito incisivos.*

inciso
substantivo masculino
Nunha oración, aclaración que adoita ir entre comas ou guións: *A oración «Ti, a verdade sexa dita, nunca me fallaches» presenta un inciso entre comas.*

incitar

verbo

Animar a facer algo: *Din que esa película incita á violencia.*

FAM. incitación, incitador.

inclemencia

substantivo feminino

Calquera fenómeno atmosférico que resulta desagradable: *A chuvia e a neve son consideradas inclemencias do tempo.*

inclinación

substantivo feminino

1 Desviación da posición vertical ou horizontal: *O cadro estaba colgado cunha inclinación cara á dereita.*

2 Tendencia, afección ou cariño cara a algo ou alguén: *Desde cativo sentiu inclinación pola lectura.*

inclinar

verbo

1 Desviar da posición horizontal ou vertical: *Inclinou a xerra para botar auga no vaso.*

2 Facer que alguén se decida a pensar ou opinar de determinada maneira: *Por eses datos a policía inclínase a pensar que o detido é inocente.*

3 inclinarse Tender a algo ou amosar interese por el: *Inclinouse pola camisa azul e mercouna.*

incluír

verbo

1 Pór dentro de algo ou formar parte del: *O libro inclúe teoría e excercicios.* SIN. comprender, conter, encerrar, englobar. ANT. excluír.

2 Ter ou levar dentro de si: *Este prezo inclúe aloxamento e almorzo.* ANT. excluír.

FAM. inclusión, inclusive, incluso.

inclusive

adverbio

Indica que se teñen en conta os límites citados: *Este negocio estará pechado entre o 1 e o 15 de agosto, ambos inclusive.*

incluso

adverbio

1 Incluíndo algo ou alguén: *Estaban todos na festa, incluso os avós.* SIN. ata.

conxunción

2 Úsase para expresar unha dificultade que non impide que algo se cumpra: *Iremos á praia, incluso se chove.* SIN. aínda, mesmo.

incógnita

substantivo feminino

Calquera cousa que non se sabe ou coñece: *O que acontecerá no futuro é unha incógnita.*

incógnito

EXP. **De incógnito** De forma que ninguén o sabe: *O conselleiro viaxou de incógnito a París.*

incoherente

adxectivo

Sen lóxica nin sentido: *Ao recuperar o coñecemento pronunciaba frases incoherentes.* ANT. coherente.

FAM. coherencia.

incoloro, incolora

adxectivo

Sen cor: *A auga é un líquido incoloro.*

incomodar

verbo

Causar enfado ou molestia: *O xornalista incomodou o adestrador coas súas preguntas inconvenientes.* SIN. enfadar, molestar.

incluír

INDICATIVO		SUBXUNTIVO	IMPERATIVO
Presente	**Copretérito**	**Presente**	inclúe
inclúo	incluía	inclúa	incluíde
inclúes	incluías	inclúas	
inclúe	incluía	inclúa	
incluímos	incluïamos	incluamos	**FOR. NOMINAIS**
incluídes	incluïades	incluades	**Infinitivo**
inclúen	incluían	inclúan	incluír
Pretérito	**Antepretérito**	**Pretérito**	
incluín	incluíra	incluíse	**Xerundio**
incluíches	incluíras	incluíses	incluíndo
incluíu	incluíra	incluíse	**Participio**
incluímos	incluiramos	incluísemos	incluído
incluístes	incluirades	incluídeses	
incluíron	incluíran	incluísen	
Futuro	**Pospretérito**	**Futuro**	**Inf. conxugado**
incluirei	incluiría	incluír	incluír
incluirás	incluirías	incluíres	incluíres
incluirá	incluiría	incluír	incluír
incluiremos	incluiriamos	incluírmos	incluírmos
incluiredes	incluiriades	incluírdes	incluírdes
incluirán	incluirían	incluíren	incluíren

incomodidade
substantivo feminino
Molestia ou calquera cousa que molesta: *Para el é unha incomodidade madrugar.*

incómodo, incómoda
adxectivo
1 Que produce molestia: *Esa cadeira é moi incómoda.*
2 Que non resulta agradable: *Deber cartos é unha situación incómoda.*
3 Que non se sente ben: *Estaba incómodo naquela compaña.*

incompatible ou **incompatíbel**
adxectivo
Que non pode estar ou xuntarse con outro: *Esa camisa negra e ese traxe azul son incompatibles.* ANT. compatible.
FAM. incompatibilidade.

incompetente
adxectivo
Sen competencia ou capacidade para facer algo: *A empresa arruinouse porque o xefe era un incompetente.* SIN. inepto. ANT. competente.
FAM. incompetencia.

incompleto, incompleta
adxectivo
Que lle falta algo: *O libro está incompleto porque lle arrincaron as páxinas finais.* ANT. completo.

incomprensión
substantivo feminino
Falta da capacidade necesaria para comprender as ideas ou os comportamentos doutro: *O diálogo axuda a desfacer a incomprensión.* ANT. comprensión.
FAM. incomprendido, incomprensible.

incomunicar
verbo
Deixar unha persoa ou lugar sen a posibilidade de se comunicaren con outros: *A nevarada incomunicou moitas aldeas da montaña.* SIN. illar. ANT. comunicar.
OBS. O *c* cambia en *qu* ante *e*, como en *sacar.*
FAM. incomunicación.

inconcibible ou **inconcibíbel**
adxectivo
Que non se pode imaxinar ou comprender: *É inconcibible que voe un porco.* SIN. incomprensible, inexplicable. ANT. concibible, comprensible, explicable.

inconfundible ou **inconfundíbel**
adxectivo
Que se distingue ou diferencia moi ben: *O seu vestiario é inconfundible.*

incongruente
adxectivo
1 Que actúa de xeito diferente ao que pensa ou promete: *Di que o exercicio é moi bo pero é un incongruente que pasa o día sentado.* SIN. incoherente. ANT. congruente, coherente.
2 Que non ten sentido: *Ao recuperarse do desmaio dicía frases incongruentes.* SIN. incoherente. ANT. congruente, coherente.
FAM. incongruencia.

inconsciente
adxectivo
1 Que está nun estado en que non se dá conta do que pasa arredor del: *Déronlle un golpe na cabeza e quedou inconsciente.* ANT. consciente.
2 Que se fai sen querer: *Os latexos do corazón son inconscientes.* SIN. involuntario.
adxectivo ou substantivo
3 Que actúa sen pensar: *Pasou co semáforo en vermello, coma un inconsciente.* SIN. irreflexivo. ANT. consciente, reflexivo.
FAM. inconsciencia.

inconsecuente
adxectivo
Que non actúa de acordo coas ideas que di ter: *É un ecoloxista inconsecuente pois non separa o lixo en bolsas diferentes.* ANT. consecuente.
FAM. inconsecuencia.

inconsistente
adxectivo
Que non ofrece seguridade ou consistencia: *Esas probas de que el é o ladrón son inconsistentes.* ANT. consistente.
FAM. inconsistencia.

inconstante
adxectivo
Que cambia ou varía con facilidade: *É un inconstante pois axiña cambia de opinión.* ANT. constante.
FAM. inconstancia.

incontinencia
substantivo feminino
Falta de control sobre algo e incapacidade de dominalo: *Vai moito ao váter porque sofre de incontinencia da urina.*

inconveniente
adxectivo
1 Que non convén ou non resulta apropiado: *Esas críticas túas resultaron moi inconvenientes.*
substantivo masculino
2 Dificultade que se pon para facer ou conseguir algo: *O mal tempo é un inconveniente para as excursións.* SIN. desvantaxe. ANT. vantaxe.

*incordio, a forma correcta é encordio.

incorporar
verbo
1 Facer que unha cousa forme parte doutra: *Incorporou as follas dos exercicios ao caderno dos apuntamentos.*
2 incorporarse Levantar a cabeza e a parte superior do corpo: *O enfermo incorporouse na cama para comer.*

incorrección
substantivo feminino
1 Erro ou defecto: *As faltas de ortografía son incorreccións na escrita.* ANT. corrección.
2 Falta de educación ou de respecto ás regras sociais: *O entrevistado comportouse con incorrección pois ata insultaba.* ANT. corrección.
FAM. incorrecto.

incorrer
verbo
Cometer ou realizar unha falta, erro ou delito: *Incorreu no erro de insultar o xefe.*

incre
substantivo feminino
Zafra.

incrédulo, incrédula
adxectivo ou substantivo
Que non cre ou non considera que sexa verdade algo: *Cando lle dixen que me tocara a lotaría puxo cara de incrédulo.* ANT. crédulo.

incrementar
verbo
Aumentar ou facer máis grande, máis importante ou máis intenso: *As chuvias abundantes incrementaron o caudal do río.* SIN. acrecentar, aumentar. ANT. diminuír.
FAM. incremento.

incrible ou incríbel
adxectivo
Que non se pode crer ou considerar verdade: *Resulta incrible que vaia frío en agosto.* SIN. inaceptable, inadmisible, inconcibible. ANT. crible, aceptable, admisible.

incrustar
verbo
Introducir en algo: *O xoieiro incrustou anacos de nácara na tampa da caixa de música.*
FAM. incrustación.

incubadora
substantivo feminino
1 Cámara acondicionada para facilitar a vida dos meniños que nacen antes de tempo: *Naceu aos sete meses e levárono á incubadora do hospital.*
2 Aparello que serve para incubar os ovos dunha ave de forma artificial: *Nesa granxa teñen unha incubadora para os ovos das galiñas.*

incubar
verbo
1 Quentar unha ave os seus ovos para que naza o pito: *As galiñas déitanse sobre os ovos para os incubar.* SIN. chocar.
2 Comezar a sentir os síntomas dunha enfermidade: *Parece que o cativo está a incubar a gripe.* SIN. chocar.
FAM. incubadora.

inculcar
verbo
Meter na cabeza de alguén unha idea ou sentimento: *Non é bo inculcar a intolerancia.* OBS. O *c* cambia en *qu* ante *e*, como en *sacar*.

inculto, inculta
adxectivo ou substantivo
Que non ten cultura ou formación: *Se non vas ao colexio, serás un inculto.* SIN. analfabeto, ignorante. ANT. culto, sabio.
FAM. incultura.

incumbencia
substantivo feminino
Obriga ou función propia de alguén: *A vixilancia da porta é incumbencia do porteiro.*
FAM. incumbir.

incumprir
verbo
Deixar de cumprir ou facer o prometido ou establecido: *Incumpriu a lei ao roubar.* SIN. infrinxir, transgredir. ANT. cumprir, respectar.
FAM. incumprimento.

incursión
substantivo feminino
Entrada nun territorio, lugar ou actividade que non é o dun: *O extremo facía moitas incursións pola banda dereita do equipo rival.*

inda
adverbio ou conxunción
Aínda.

indagar
verbo
Intentar descubrir algo que non se sabe: *A policía indaga quen foi o autor do crime.* SIN. investigar, pescudar.
OBS. O *g* cambia en *gu* ante *e*, como en *pagar.*
FAM. indagación.

indeciso, indecisa
adxectivo ou substantivo
Que dubida e non se dá decidido: *Estou indeciso entre mercar a camisa vermella e a azul.*
FAM. indecisión.

indefenso, indefensa
adxectivo ou substantivo
Que non ten defensa nin protección ningunha: *Os soldados seica atacaron un poboado indefenso.*

indefinido, indefinida
adxectivo
1 Que non se distingue con claridade o que é: *O cadro representa unha imaxe indefinida de can ou gato.* SIN. indeterminado. ANT. definido, determinado, preciso.
adxectivo ou substantivo
2 Que expresa cantidade ou identidade de forma imprecisa e vaga: *A palabra* poucos *é un indefinido.*

indemnizar
verbo
Pagar unha cantidade de cartos para compensar un dano: *Os que lle estragaron o tellado indemnizarano.*
OBS. O *z* cambia en *c* diante do *e*, como en *cazar.*
FAM. indemnización.

independencia
substantivo feminino
1 Situación en que non se depende de nada nin de ninguén e hai liberdade para actuar: *Os fillos xa teñen independencia e viven en casa de seu.* ANT. dependencia.
2 Situación dun pobo que non depende doutro e ten un Estado de seu: *As colonias españolas de América acadaron a independencia no século XIX.*

independente
adxectivo
1 Que non depende de ninguén e é libre: *Venezuela é unha nación independente.*
adxectivo ou substantivo
2 Que actúa con liberdade e non está suxeito a nada nin a ninguén: *Os árbitros teñen que ser independentes.* ANT. dependente.

independizar
verbo
1 Separar unha cousa doutra: *Levantou un tabique para independizar a sala de estar do comedor.*
2 **independizarse** Deixar de depender doutro: *Estados Unidos independizouse do Reino Unido no século XVIII.*
OBS. O *z* cambia en *c* ante *e*, como en *cazar.*

indescifrable ou indescifrábel
adxectivo
Que non se pode descifrar, ler ou entender: *O espía usaba unha linguaxe indescifrable.* ANT. descifrable.

indescritible ou indescritíbel
adxectivo
Que non se pode describir ou dicir como é: *Esa emoción resulta indescritible.*

indeterminado, indeterminada
adxectivo
1 Que non se sabe moi ben como e cando acaba ou empeza: *Residiremos nesta vila un tempo indeterminado.* SIN. indefinido. ANT. definido, determinado, preciso.
2 Dito dun artigo, que indica que o substantivo só é coñecido polo falante e non polo ointe ou que é descoñecido para os dous: Un, unha *son artigos indeterminados.*

indiano, indiana
substantivo
Persoa que emigrou a Hispanoamérica e volveu rica: *Moitos indianos galegos montaban tendas e outros negocios.*

indicar
verbo
1 Mostrar ou dicir algo con sinais, xestos ou con outra cousa: *Esa frecha indica a dirección que hai que seguir.* SIN. ensinar, sinalar.
2 Dar un consello ou mandar algo: *O mestre indicounos que traballásemos máis.*
OBS. O *c* cambia en *qu* ante *e*, como en *sacar.*
FAM. indicación, indicado, indicador, indicativo.

indicativo
substantivo masculino
En gramática, modo do verbo que expresa que a acción acontece realmente no mundo: Chove *é modo indicativo, porque expresa que efectivamente chove.*

índice
substantivo masculino
1 Lista ordenada de cousas: *No índice do libro figuran todos os capítulos e as páxinas onde comezan.*
2 Segundo dedo da man, comezando a contar polo polgar ou gordo: *O cativo sinalaba o xoguete co índice.* SIN. furabolos.

indicio
substantivo masculino
Feito ou cousa que permite pensar que algo acontecerá ou aconteceu: *O fume é indicio de que hai lume en algures.* SIN. signo, sinal, síntoma.

indiferente
adxectivo
Que non importa ou se considera sen valor ou sen interese: *Resúltalle indiferente que o visiten ou non.*

indiferenza
substantivo feminino
Falta de interese ou sentimentos cara a algo ou alguén: *O cativo miraba os regalos con indiferenza.* SIN. frialdade. ANT. interese.
FAM. indiferente.

indignar
verbo
Producir moito enfado: *As inxustizas indignan a calquera.*
FAM. indignación, indignidade, indigno.

indigno, indigna
adxectivo
1 Que non é propio de alguén ou de algo e que non se corresponde coas súas calidades: *Esa linguaxe é indigna dun profesor.* SIN. impropio. ANT. digno, propio.
2 Que non merece algunha cousa: *Es indigno do cariño de teus pais.* ANT. digno.

indio, india
adxectivo ou substantivo
1 Da India, país asiático: *Os indios consideran as vacas animais sagrados.* SIN. hindú.
2 Dos pobos que vivían en América antes do seu descubrimento: *Hai moitas películas de indios e vaqueiros.*

indirecto, indirecta
adxectivo
1 Que se fai ou sabe por medio de algo ou alguén: *Souben da túa viaxe de xeito indirecto, por túa nai.*
substantivo feminino
2 Forma de dicir algo sen facelo de xeito claro: *Botoume a indirecta de que moito aforraba para chamarme aforretas.*

indisciplina
substantivo feminino
Falta de obediencia ás normas: *Levárono á xefatura de estudos pola súa indisciplina nas clases.* ANT. disciplina.

indiscreto, indiscreta
adxectivo
Que conta cousas que debía calar: *Non garda ningún segredo porque é un indiscreto.* ANT. discreto.
FAM. indiscreción.

indispensable ou indispensábel
adxectivo
Que é absolutamente necesario: *A auga é indispensable para a vida.* SIN. imprescindible, necesario, preciso. ANT. superfluo.

indispoñer ou indispor
verbo
1 Pór a mal: *A disputa por unha herdanza indispuxo os irmáns.*

2 Producir un malestar ou enfermidade leves: *A cea indispúxonos a moitos.*
OBS. Conxúgase como *poñer* ou *pór*, respectivamente.
FAM. indisposición, indisposto.

individual
adxectivo
Para unha soa persoa ou propio dunha soa persoa: *O cuarto ten dúas camas individuais.* SIN. particular, persoal. ANT. colectivo, xeral.

individualismo
substantivo masculino
Tendencia a actuar ou obrar pensando nun mesmo e á marxe do grupo: *O individualismo é malo nos equipos deportivos.*

individuo
substantivo masculino
1 Persoa ou ser considerado en si mesmo e separado dos demais: *Todos os individuos temos os mesmos dereitos e deberes.*
2 Persoa que non se coñece ou da que non se quere dicir o nome: *Un individuo estaba colocado diante da porta do banco.* SIN. suxeito, tipo.
FAM. individual, individualismo, individualista, individualizar.

indivisible ou indivisíbel
adxectivo
1 Que non se pode dividir ou partir: *Antigamente a herdanza das familias nobres era indivisible.* ANT. divisible.
2 En matemáticas, que non se pode dividir de forma exacta entre outro número: *O número 5 é indivisible entre 2.* ANT. divisible.

indíxena
adxectivo ou substantivo
Que naceu no lugar onde vive: *Os colonizadores europeos ocuparon as terras dos indíxenas americanos.* SIN. nativo, natural. ANT. estranxeiro.

indixente
adxectivo ou substantivo
Moi pobre de xeito que non ten o necesario para vivir: *Uns indixentes pedían esmola na porta da igrexa.* SIN. necesitado, pobre.
FAM. indixencia.

indixestión
substantivo feminino
Enfermidade leve causada porque a comida senta mal: *Comeu tanto que agora padece unha indixestión.* SIN. empacho.
FAM. indixestar, indixesto.

índole
substantivo feminino
Forma propia de ser de algo ou alguén: *A suba dos prezos é un asunto de índole económica.* SIN. carácter, natureza.

indolente
adxectivo
Que non lle gusta esforzarse nin traballar: *O adestrador non o pon porque se adestra de xeito indolente.* SIN. apático, preguiceiro, preguizoso. ANT. activo, traballador.
FAM. indolencia.

indomable ou indomábel
adxectivo
Que non se pode domar ou dominar: *Aquel león era indomable ata para o mellor domador.*

indubidable ou indubidábel
adxectivo
Que é certo e non admite ningunha dúbida: *É indubidable que a Terra xira arredor do Sol.* SIN. certo.

inducir
verbo
Animar ou impulsar a facer algo: *Este tempo tan bo induce a ir á praia.* SIN. animar, impulsar.
OBS. É regular: *induzo, induza.*
FAM. indución, indutor.

indultar
verbo
Perdoar ou deixar libre dunha pena ou castigo: *Condenárono a morte pero foi indultado e está no cárcere.*
FAM. indulto.

indulxente
adxectivo
Que perdoa ou comprende con facilidade faltas e erros doutros: *É un profesor indulxente que comprende as distraccións dos alumnos.* SIN. benévolo. ANT. esixente, rigoroso, ríxido, severo.
FAM. indulxencia.

indumentaria
substantivo feminino
Roupa que viste unha persoa: *A súa indumentaria sempre é de traxe e gravata.* SIN. roupa, vestiario, vestimenta.

industria
substantivo feminino
1 Actividade económica de fabricar produtos en fábricas: *A industria automobilística ten moita importancia en Vigo.*
2 Fábrica ou lugar onde se realiza esta actividade: *As industrias adoitan instalarse nas aforas das vilas e cidades.*
FAM. industrial, industrialización, industrializar.

industrial
adxectivo
1 Da industria ou que ten industria: *Alemaña é un país industrial.*
substantivo
2 Persoa que ten unha industria: *Os industriais piden unha rebaixa dos impostos.*

industrializar
verbo
Crear ou establecer industrias nun lugar: *No século XX Galicia industrializouse.*
OBS. O *z* cambia en *c* ante *e*, como en *cazar.*

ineficaz
adxectivo
Que non serve ou non cumpre a súa función: *Ese insecticida é ineficaz porque os mosquitos seguen vivos.* ANT. eficaz.
FAM. ineficacia.

inepto, inepta
adxectivo ou substantivo
Dito dunha persoa, que non serve para nada ou para o traballo que fai: *Ese enxeñeiro é un inepto que nin entende os proxectos.* SIN. negado, torpe. ANT. capaz, destro, hábil.
FAM. ineptitude.

inercia
substantivo feminino
Tendencia a facer sempre o mesmo e non cambiar: *Sempre imos á vila pola mesma estrada por inercia.* SIN. costume.

inerte
adxectivo
Que non ten ou non dá mostras de vida: *As pedras son seres inertes.* ANT. vivo.

inesgotable ou **inesgotábel**
adxectivo
Que non se esgota ou non se acaba: *Os depósitos de petróleo non son inesgotables.* ANT. esgotable.

inexorable ou **inexorábel**
adxectivo
Que non se pode evitar e sucederá: *O paso dos anos é inexorable.*

inexperiencia
substantivo feminino
Falta de experiencia ou de práctica en algo: *O accidente produciuse pola inexperiencia do condutor.* SIN. práctica. ANT. experiencia.
FAM. inexperto.

inexplicable ou **inexplicábel**
adxectivo
Que non se pode explicar, entender ou xustificar: *Que neve en agosto resulta inexplicable.* ANT. explicable.

inexpresivo, inexpresiva
adxectivo
Que non expresa ou comunica nada: *A súa cara inexpresiva non amosa nin tristura nin ledicia.* ANT. expresivo.
FAM. inexpresividade.

infalible ou **infalíbel**
adxectivo
Que non se pode equivocar nunca: *Non hai ningunha persoa que sexa infalible e leve razón sempre.*

infamar
verbo
Quitarlle a boa fama a algo ou alguén dicindo deles cousas malas: *Infamárono dicindo que roubara na empresa e era falso.* SIN. calumniar, desacreditar, difamar, inxuriar. ANT. chufar, gabar, loar.
FAM. infamante, infame, infamia.

infame
adxectivo ou substantivo
Moi malo e que quita a boa fama: *Mentir é un comportamento infame.*

infancia
substantivo feminino
Primeiro período da vida dunha persoa que comprende desde que nace ata os doce

ou catorce anos: *Pasou unha infancia moi feliz cos avós.* SIN. nenez.
FAM. infantil, infante, infantaría.

infantaría ou **infantería**
substantivo feminino
Parte do exército que adoita loitar a pé: *A infantaría ocupa o terreo na ofensiva e defendeo na defensiva.*

infante, infanta
substantivo
Fillo do rei que non é o príncipe herdeiro: *O príncipe é o fillo maior que herda ao rei e os infantes son os seus irmáns.*

infantil
adxectivo
Da infancia ou dos nenos: *A idade infantil dura ata os doce ou catorce anos.*

infarto
substantivo masculino
Morte dun tecido ou órgano do corpo por falta de rega de sangue: *A rotura ou obstrución dunha arteria pode producir un infarto.*

infatigable ou **infatigábel**
adxectivo
Que non cansa nunca: *É un traballador infatigable.* SIN. incansable.

infección
substantivo feminino
1 Transmisión ou paso dunha enfermidade dunha persoa a outra ou a outras: *Este inverno houbo unha infección de gripe.*
2 Enfermidade que se pode transmitir ou pasar dunha persoa a outra: *Para loitar contra as infeccións cómpre ter moita hixiene.*

infectar
verbo
Producir unha infección ou transmitir unha enfermidade contaxiosa: *Illaron os porcos enfermos para que non infectasen aos demais.* ANT. desinfectar.
FAM. infección, infeccioso, desinfectante, desinfectar.

infeliz
adxectivo ou substantivo
1 Que non é feliz ou manifesta tristeza: *Era infeliz pola falta de cariño.* SIN. desgraciado, malpocado. ANT. afortunado, ditoso, feliz.
2 Que non ten malicia ou ten un carácter moi bo e ata débil: *É un infeliz que acepta todo.*

inferior
adxectivo
1 Máis baixo ou máis abaixo: *Vivo no segundo piso e no piso inferior, o primeiro, hai unha oficina.*
2 De menor calidade, cantidade ou valor: *O prezo desa camisa é inferior ó da outra, mais tamén é inferior a calidade.* ANT. superior.
FAM. inferioridade.

inferno
substantivo masculino
1 Segundo o cristianismo, lugar ao que van as almas dos que morreron en pecado moi grave: *O inferno cristián consiste en estar separado de Deus para sempre.* ANT. ceo, paraíso.
2 Lugar ou situación moi malos ou moi desagradables: *Esta casa tan desordenada e con tantos berros é un inferno.*
EXP. **Mandar ao inferno** Rexeitalo ou deixar de ocuparse del: *Mandou ao inferno o negocio do bar porque só daba perdas.*
FAM. infernal.

infestar
verbo
Encher algo un lugar, especialmente volvéndoo malo, molesto ou desagradable: *As formigas infestaron o xardín.* SIN. invadir, inzar.

infidelidade
substantivo feminino
Comportamento de quen engana a outro: *A noiva acusouno de infidelidade porque andaba con outra.* SIN. deslealdade. ANT. fidelidade, lealdade.

infiel
adxectivo
Que engana, non cumpre o que promete ou traizoa: *O noivo foille infiel porque andaba con outra.* ANT. fiel, leal.

infiltrar
verbo
1 Introducir un líquido nun corpo sólido: *A auga da chuvia infíltrase polo tellado e produce humidade no teito.*

2 Introducir algo, especialmente de forma enganosa ou encuberta: *O espía infiltrouse no comando inimigo.*

ínfimo, ínfima
adxectivo
De tamaño, valor ou intensidade moi pequenos: *Esa tea é moi mala, de calidade ínfima.*

infindo, infinda
adxectivo
Que non ten fin: *Aquela viaxe parecía infinda, pois non daba rematado.* SIN. enorme, inmenso, infinito. ANT. finito.
FAM. infinidade.

infinidade
substantivo feminino
Cantidade tan grande de algo que non se pode medir: *Naquel concerto había unha infinidade de persoas.*

infinitivo
substantivo masculino
Forma do verbo que lle dá nome e que pode rematar en *-ar, -er* ou *-ir* ou tamén conxugarse: *En galego existen o infinitivo conxugado ou persoal e o non conxugado.*

infinito, infinita
adxectivo
1 Que non ten fin nin límite: *Na praia hai infinitos grans de area.* SIN. infindo. ANT. finito.
substantivo masculino
2 Lugar que non ten fin nin límites: *Miraba cara ao infinito.*

inflación
substantivo feminino
Suba dos prezos: *Soben todos os produtos porque hai inflación.* ANT. deflación.

inflamar
verbo
1 Producirse un vulto nunha parte do corpo: *Deu un golpe na perna e inflamóuselle un xeonllo.* SIN. inchar. ANT. desinchar, desinflamar.
2 Comezar a queimarse algo de golpe: *A gasolina inflámase con facilidade.* SIN. acender. ANT. apagar.
3 Excitar os ánimos: *O discurso inflamou os ánimos dos asistentes ao mitin.* SIN. acender.
FAM. inflamable, inflamación.

inflar
verbo
1 Encher con aire ou cun gas: *Inchaba o balón.* SIN. inchar. ANT. desinflar, desinchar.
2 Aumentar a cantidade ou a importancia de algo: *O administrador inflaba a conta dos gastos.* SIN. avultar, esaxerar.
3 inflarse Encherse de orgullo: *Cando fala da casa nova, ínflase.*

inflexible ou inflexíbel
adxectivo
Que non cambia de opinión nin de forma de actuar: *É inflexible e non quita ningún castigo.* SIN. estrito, rigoroso, severo. ANT. flexible, indulxente.

inflixir
verbo
Impoñer ou causar unha pena ou castigo: *O noso equipo inflixiulle ao contrario unha derrota de 5-0.* SIN. impoñer, impor.
OBS. É distinto de *infrinxir.*

inflorescencia
substantivo feminino
Conxunto de flores nadas sobre un mesmo eixe: *A inflorescencia da margarida está composta por moitas flores amarelas.*

influencia
substantivo feminino
1 Poder que se ten sobre algo ou alguén: *O irmán maior ten moita influencia sobre os máis pequenos.* SIN. efecto, incidencia, influxo.
plural
2 Capacidade para conseguir cousas de alguén, especialmente dalgunha autoridade ou institución: *Di que conseguiu a licenza de obras porque ten influencias no Concello.* SIN. relacións.
OBS. É distinto de *influenza.*

influenza
substantivo feminino
Enfermidade caracterizada por dificultades respiratorias, catarreira, cansazo xeral e febre: *Cómpre que as persoas maiores se vacinen contra a influenza.* SIN. gripe.
OBS. É distinto de *influencia.*

influír
verbo
Producir certos efectos sobre unha cousa, provocar cambios nunha persoa ou ter po-

der sobre ela: *Os amigos inflúen moito no seu comportamento.*
OBS. Conxúgase como *incluír.*
FAM. influencia, influente.

influxo
substantivo feminino
Poder ou efecto que se realiza sobre algo ou alguén: *O mal comportamento seu seica se debe ao influxo das malas amizades.* SIN. influencia.

información
substantivo feminino
Conxunto de datos ou noticias sobre algo: *En internet atópase información de todo tipo.*

informal
adxectivo
1 Que non é serio e non cumpre o prometido: *Sempre chega tarde ás citas porque é un informal.*
2 Que non segue as normas establecidas: *Foi á cerimonia vestido de xeito informal, sen gravata.*

informar
verbo
Dar noticias ou datos sobre algo ou alguén: *Os telexornais informan sobre todo o que acontece.*
FAM. información, informático, informática, informativo.

informático, informática
adxectivo
1 Relacionado coa informática ou cos ordenadores: *No seu ordenador ten moi bos programas informáticos.*
substantivo
2 Que se dedica como profesión á informática: *Todas as empresas boas contan con informáticos.*
substantivo feminino
3 Conxunto de coñecementos técnicos e científicos que permiten gardar información nos ordenadores e traballar con ela: *A informática é imprescindible no momento actual.*

informativo, informativa
adxectivo
1 Que informa ou dá a coñecer: *Nese folleto informativo van os prezos e facilidades de pagamento dos ordenadores.*
substantivo masculino
2 Programa de radio ou televisión que dá noticias: *Os telexornais son informativos.*

informatizar
verbo
Organizar datos e información por medio de procedementos informáticos: *Utilizou unha base de datos para informatizar os datos dos seus clientes.*
OBS. O *z* cambia en *c* diante do *e*, como en *cazar.*
FAM. informatización.

informe
substantivo masculino
Conxunto de datos sobre algo expostos de forma ordenada: *Uns ecoloxistas elaboraron un informe sobre a contaminación na nosa bisbarra.* SIN. memoria.

infortunado, infortunada
adxectivo
Que ten moi mala sorte ou que sufriu unha desgraza: *Morreu nun infortunado accidente de tráfico.* SIN. desafortunado, desgraciado. ANT. afortunado, feliz, ditoso.

infortunio
substantivo masculino
Mala sorte ou ata desgraza: *Tivo o infortunio de quedar paralítico de novo.* SIN. adversidade, desgraza. ANT. fortuna, sorte.

infracción
substantivo feminino
Incumprimento ou desobediencia dunha lei ou norma: *As infraccións de tráfico castíganse con multas.* SIN. quebrantamento, transgresión, violación. ANT. observación.
FAM. infractor.

infraestrutura
substantivo feminino
Conxunto de instalacións e medios que son necesarios para o funcionamento de algo: *As autoestradas, o ferrocarril, os portos e aeroportos forman parte das infraestruturas dos transportes e as comunicacións.*

infranqueable ou infranqueábel
adxectivo
Que non se pode pasar, atravesar ou superar: *A defensa dese equipo é infranqueable.*

infravermello, infravermella
adxectivo
Referido a unha radiación, que se atopa alén do vermello visible e caracterizada por ter efectos de calor pero non de luz: *Os raios infravermellos permiten ver na escuridade.*

infrinxir
verbo
Incumprir ou desobedecer unha lei ou norma: *Ir a máis de 120 km/h pola autoestrada infrinxe as normas de tráfico.* SIN. desobedecer, incumprir, quebrantar, transgredir, violar. ANT. cumprir, obedecer, respectar.
OBS. É distinto de *inflixir.*
FAM. infrinximento.

infrutuoso, infrutuosa
adxectivo
Que non produce o froito, produto ou beneficio esperados: *A procura do tesouro foi infrutuosa pois non o atoparon.* SIN. baldío, inútil, van. ANT. eficaz, frutífero.

infundado, infundada
adxectivo
Que non ten base ou razón de ser: *As túas sospeitas de que roubou son infundadas, pois non ten acceso á caixa.*

infundir
verbo
Producir ou inspirar un determinado sentimento ou ánimos: *Os seus consellos infundíronme unha grande alegría e gana de traballar.*

infusión
substantivo feminino
Bebida, habitualmente medicinal, elaborada metendo plantas en auga fervida: *O té e a macela serven para facer infusións.*

inglés, inglesa
adxectivo ou substantivo
1 De Inglaterra, rexión da Gran Bretaña: *Os ingleses son británicos.*
substantivo masculino
2 Lingua falada na Gran Bretaña, nos Estados Unidos e noutros países: *O inglés converteuse na lingua universal de comunicación.*

ingrato, ingrata
adxectivo
1 Que non agradece os favores que se lle fixeron: *Non recoñece que o axudamos porque é un ingrato.* SIN. desagradecido. ANT. agradecido.
2 Que non merece o esforzo feito: *O traballo do fogar é moi ingrato.*
FAM. ingratitude.

ingrediente
substantivo masculino
Cada un dos elementos que se usan para preparar unha comida ou calquera outra cousa: *O sal é un ingrediente imprescindible en calquera comida.*

ingresar
verbo
1 Comezar a formar parte dun grupo de persoas: *De moi novo ingresou no Partido Galeguista.* SIN. afiliarse.
2 Entrar nun hospital para recibir os coidados médicos necesarios: *Ingresou no hospital para que o operasen de apendicite.*
3 Meter cartos na conta que se ten nun banco: *Ingresou onte mil euros na súa conta corrente.* SIN. depositar. ANT. retirar.
FAM. ingreso.

ingreso
substantivo masculino
1 Entrada dunha persoa nalgún sitio ou nalgún grupo para permanecer neles: *O seu ingreso na universidade produciuse cando tiña dezaoito anos.* SIN. entrada. ANT. saída.
2 Feito de meter cartos na conta dun banco: *Utilizou o caixeiro para ingresar cincocentos euros.*
plural
3 Cantidade de cartos que se reciben cada certo tempo: *O seus únicos ingresos mensuais son os cartos do soldo.*

ingua
substantivo feminino
Parte do corpo onde se une a coxa co ventre: *Ten un vulto na ingua dereita.* SIN. engua, virilla.

inhabilitar
verbo
Impedirlle a alguén realizar unha función especialmente por unha falta ou delito: *Es*

roubo inhabilítao para dedicarse á política. SIN. incapacitar.
FAM. inhabilitación.

inhalar
verbo
Aspirar polo nariz un gas, un líquido ou calquera outra substancia: *No incendio inhalou gases tóxicos.* ANT. exhalar.
FAM. inhalación.

inhibir
verbo
Impedir ou non deixar facer algo: *O medo inhíbeo e non fala en público.*
FAM. inhibición, inhibidor.

inhóspito, inhóspita
adxectivo
Moi desagradable para vivir nel: *Aquel cuarto sen ventilación resultaba inhóspito.*

inhumano, inhumana
adxectivo
Que non é propio dunha persoa, especialmente pola súa crueldade: *Os prisioneiros recibían un trato inhumano.* SIN. cruel. ANT. humano.

inhumar
verbo
Meter un corpo morto na sepultura: *Inhumárono no cemiterio da aldea onde nacera.* SIN. enterrar, sepultar. ANT. desenterrar, exhumar.
FAM. inhumación.

inicial
adxectivo
1 Da orixe ou do comezo de algo: *A escena inicial da película é moi forte.*
substantivo feminino
2 Primeira letra dunha palabra: *Tras punto cómpre escribir inicial maiúscula.*

iniciar
verbo
1 Dar comezo: *O orador iniciou o discurso cun saúdo.* SIN. comezar, empezar, principiar. ANT. acabar, concluír, finalizar, rematar, terminar.
2 Dar os primeiros coñecementos sobre algo: *A mestra iniciounos na lectura e na escrita.* SIN. introducir.
FAM. iniciación, iniciador, inicial, iniciativa, inicio.

iniciativa
substantivo feminino
1 Idea ou proposta que se dá para comezar a facer algo: *Tivo a iniciativa de vender pizzas no descanso dos partidos.*
2 Capacidade para inventar cousas e proxectos novos: *É un rapaz con moita iniciativa e triunfa nos negocios.*

inicio
substantivo masculino
Comezo ou primeiro momento ou primeira parte de algo: *O inicio da súa carreira de futbolista foi no equipo da súa vila.* SIN. comezo, empezo, principio. ANT. fin, final, remate, termo.

inicuo, inicua
adxectivo
Moi malo: *O asasinato sempre é un feito inicuo.*
OBS. É distinto de *inocuo.*
FAM. iniquidade.

inimigo, inimiga
adxectivo
1 Que se opón a algo ou actúa en contra: *A contaminación é inimiga da saúde.* ANT. amigo.
substantivo
2 Persoa ou conxunto de persoas que están en contra ou buscan o mal do outro: *Seica ten inimigos no traballo.* ANT. amigo.

inimizade
substantivo feminino
Oposición a algo ou alguén ata facerlle ou desexarlle o mal: *A inimizade entre os dous países rematou en guerra.*

iniquidade
substantivo feminino
Maldade moi grande: *Pegarlle a un cativo é unha iniquidade.*

inmaculado, inmaculada
adxectivo
Limpo e sen ningunha falta, mancha ou defecto: *Ten un expediente inmaculado pois non tivo ningunha falta.*

inmaterial
adxectivo
Que non está formado por materia e que por iso non se ve nin se pode tocar: *As ideas da nosa mente son inmateriais.*

inmaturo, inmatura

adxectivo

1 Especialmente dito dun froito, que aínda non madurou ou está verde: *Non me gustan as mazás inmaturas.* SIN. verde. ANT. maduro.

2 Que se comporta como se fose máis novo: *É un inmaturo pois con corenta anos compórtase coma un adolescente.*

inmediacións

substantivo feminino plural

Terreos que rodean un lugar: *A praia está nas inmediacións da cidade.* SIN. arredores, proximidades.

inmediato, inmediata

adxectivo

1 Que acontece sen que pase nada de tempo: *O dependente atendeunos de forma inmediata e non esperamos nada.*

2 Que está xustamente ao lado: *O despacho da dirección é a porta inmediata a esta.* SIN. adxacente, contiguo. ANT. afastado, arredado.

EXP. **De inmediato** Moi pronto ou no mesmo momento: *O médico atendeunos de inmediato, ao entrarmos na clínica.* SIN. decontado.

inmenso, inmensa

adxectivo

Moi grande: *A extensión do mar é inmensa.* SIN. enorme, incalculable, infindo. ANT. diminuto, mínimo, minúsculo, pequeno.

FAM. inmensidade.

inmersión

substantivo feminino

Introdución total nun líquido, especialmente na auga: *O submarino realizaba as manobras de inmersión.*

inmerso, inmersa

adxectivo

1 Metido nun líquido, especialmente debaixo da auga: *Os mergulladores estiveron inmersos máis dunha hora reparando o casco do buque.*

2 Concentrado en algo e sen decatarse de nada: *O cativo estaba inmerso na resolución dun problema de matemáticas.*

inmigración

substantivo feminino

Chegada de persoas a un país procedentes doutro: *En Galicia ten importancia a inmigración de latinoamericanos.* ANT. emigración.

inmigrante

adxectivo ou substantivo

Que deixa o propio país para ir a outro, especialmente para traballar: *Son moitos os inmigrantes africanos que hai en Galicia.* ANT. emigrante.

inmigrar

verbo

Saír do propio país para ir a outro, especialmente para traballar: *Os países ricos acollen as persoas que inmigran buscando traballo.* ANT. emigrar.

FAM. inmigración, inmigrante.

inminente

adxectivo

Que está a punto de acontecer: *A chegada do tren é inminente, só falta un segundo.*

FAM. inminencia.

inmiscir

verbo

Meter nun asunto, especialmente alleo: *Pídoche que non me inmiszas nos teus problemas.* SIN. mesturar.

*****inmiscuír**, a forma correcta é **inmiscir**.

inmóbil

adxectivo

Que non se move: *O ferido estaba inmóbil na padiola.* SIN. quedo, quieto. ANT. móbil.

FAM. inmobilidade, inmobilización, inmobilizar.

inmoble ou inmóbel

adxectivo

1 Que non se pode mover ou desprazar: *Os bens inmobles son os edificios e leiras que non se poden mover.* ANT. moble.

substantivo masculino

2 Edificio de varias plantas: *Posúe un inmoble e ten todos os pisos alugados.* SIN. edificio.

FAM. inmobiliario, inmobiliaria.

inmolar

verbo

1 Nalgunhas relixións, matar un animal como homenaxe á divindade: *Nesa tribo inmolaban carneiros e bois en homenaxe aos seus deuses.*

2 Renunciar a algo moi valioso a prol doutra cousa: *Inmolou a súa xuventude para coidar os pais enfermos.* SIN. sacrificar.
FAM. inmolación.

inmoral
adxectivo
Que non cumpre coas normas da moral ou dos considerados bos costumes: *Tivo un comportamento inmoral cando estafou os clientes con produtos falsificados.* SIN. deshonesto. ANT. honesto, moral.
FAM. inmoralidade.

inmorredoiro, inmorredoira
adxectivo
Que non pode morrer, acabar ou deixar de ser lembrado: *A poesía de Rosalía é inmorredoira.* SIN. eterno, imperecedoiro, inmortal. ANT. efémero, pasaxeiro, perecedoiro.

inmortal
adxectivo
Que non pode morrer, acabar ou deixar de ser lembrado: *Segundo a relixión, a alma é inmortal.* SIN. eterno, inmorredoiro, imperecedoiro. ANT. efémero, pasaxeiro, perecedoiro.
FAM. inmortalidade, inmortalizar.

inmundicia
substantivo feminino
Sucidade moi grande ou cousas moi sucias: *O piso da cociña estaba cheo de inmundicias.*

inmundo, inmunda
adxectivo
1 Moi sucio: *Vivía nun cuarto inmundo dunha pensión noxenta.*
2 Moi malo: *Un asasino é un ser inmundo.*

inmune
adxectivo
Que está protexido contra unha determinada enfermidade ou mal e que non os pode padecer: *As vacinas pretenden facernos inmunes a certas enfermidades infecciosas.*
FAM. inmunidade, inmunizar.

inmutable ou **inmutábel**
adxectivo
Que non cambia ou que non se altera: *Sempre ten o rostro inmutable, dá igual que estea triste ou alegre.*

inmutar
verbo
Impresionar moito de xeito que ata cambia a cara: *Cando o acusaron do roubo nin se inmutou.*
FAM. inmutable, inmutábel.

innato, innata
adxectivo
Que se ten desde o nacemento e non é adquirido: *A súa facilidade para escribir é innata, pois non ten estudos.*

innovar
verbo
Introducir cambios ou novidades: *As vangardas innovaron a literatura con novos temas e novas técnicas.* SIN. renovar.
FAM. innovación, innovador.

inocencia
substantivo feminino
1 Falta de malicia ou de mala intención: *Cre todo porque ten moita inocencia.* SIN. inxenuidade. ANT. malicia.
2 Inexistencia de culpa nun delito ou falta: *O avogado probou a inocencia do acusado.* ANT. culpabilidade.

inocentada
substantivo feminino
Broma de pouca importancia consistente en facer crer algo que é mentira: *O día 28 de decembro é o día das inocentadas.*

inocente
adxectivo
1 Que non debe molestar porque se fai sen mala intención: *Non te enfades porque só é un comentario inocente.*
adxectivo ou substantivo
2 Que non é culpable dun delito ou falta: *O xurado declarou que o acusado é inocente.* ANT. culpable.
3 Que non ten malicia nin mala intención: *Calquera o engana porque é un inocente.* SIN. inxenuo. ANT. astuto, malicioso.

inocular
verbo
Introducir nun organismo unha substancia, especialmente un veleno: *Coa súa picada as abellas inoculan un veleno.*
FAM. inoculación.

inocuo, inocua
adxectivo

Que non fai dano: *Ese medicamento é inocuo.* ANT. daniño, nocivo, prexudicial.

OBS. É distinto de *inicuo.*

FAM. inocuidade.

inodoro, inodora
adxectivo

1 Que non ten olor: *A auga é inodora, incolora e insípida.*

2 Recipiente que hai no cuarto de baño para ouriñar e defecar: *Os inodoros teñen unha cisterna con auga e tamén un desaugadoiro.* SIN. váter.

inofensivo, inofensiva
adxectivo

Que non produce dano: *Ese can é inofensivo e nunca morde.* ANT. daniño, prexudicial.

inorgánico, inorgánica
adxectivo

Que non ten vida nin órganos para a vida: *As pedras son seres inorgánicos.* ANT. orgánico.

inoxidable ou inoxidábel
adxectivo

Que non se pode oxidar ou coller ferruxe: *Eses garfos son de aceiro inoxidable.* ANT. oxidable.

inquedanza
substantivo feminino

1 Situación de quen non para ou non está tranquilo: *O seu atraso causounos certa inquedanza.* SIN. axitación, desacougo, desasosego, impaciencia, inquietude. ANT. acougo, quietude, serenidade, sosego.

2 Interese e preocupación, especialmente por coñecer cousas novas: *A inquedanza leva aos científicos a investigar.* SIN. inquietude, preocupación. ANT. despreocupación.

inquedo, inqueda
adxectivo

1 Que non está tranquilo: *O bebé movíase inquedo no berce.* SIN. inquieto. ANT. apracible, quedo, quieto.

2 Que non pode estar parado e sempre anda a facer ou pensar cousas: *Quere ampliar o negocio porque é moi inquedo.* SIN. inquieto. ANT. tranquilo.

FAM. inquedanza.

inquietar
verbo

Facer que alguén deixe de estar tranquilo: *O seu atraso inquietounos a todos.* SIN. alterar, axitar, desacougar, desasosegar. ANT. aquietar.

inquieto, inquieta
adxectivo

Inquedo.

FAM. inquietude, inquietar.

inquietude
substantivo feminino

1 Situación de quen non para ou non está tranquilo: *A suba dos prezos produce inquietude na xente.* SIN. axitación, desacougo, desasosego, impaciencia, inquedanza. ANT. acougo, quietude, serenidade, sosego.

2 Interese e preocupación, especialmente por coñecer cousas novas: *As inquietudes do científico levárono á investigación.* SIN. inquedanza, preocupación. ANT. despreocupación.

inquilino, inquilina
substantivo

Persoa que vive nunha casa que non é a súa a cambio dunha cantidade de cartos que lle paga ao dono: *Neste edificio só hai un inquilino, pois todos os demais son propietarios dos pisos.* SIN. alugueiro.

inquirir
verbo

Preguntar para coñecer algo: *O comisario inquiríalle onde estivera a noite do crime.* SIN. interrogar, preguntar.

inquisición
substantivo feminino

1 Preguntas ou investigación para saber algo: *A inquisición da policía non deu co culpable.* SIN. investigación.

2 Antigo tribunal da Igrexa que investigaba e castigaba os delitos contra a relixión, como por exemplo a herexía ou a bruxaría: *A Inquisición condenou a morrer na fogueira a moitos que consideraba herexes.*

OBS. Na acepción 2 adoita escribirse con inicial maiúscula.

insaciable ou insaciábel
adxectivo

Que non farta nunca: *Bebía moito porque tiña unha sede insaciable.* ANT. saciable.

insalivar
verbo
Mesturar os alimentos na boca coa saliva: *A dixestión comeza cando se mastigan e insalivan os alimentos.*
FAM. insalivación.

insalubre
adxectivo
Moi malo para a saúde: *Vive nun cuarto insalubre, sen ventilación.* SIN. insán, malsán. ANT. salubre.

insán, insá
adxectivo
1 Que ten mala saúde: *É un rapaz insán que sempre anda enfermo.* ANT. san.
2 Malo para a saúde: *Vive nun cuarto insán, sen ventilación.* SIN. insalubre, malsán. ANT. salubre.

insatisfeito, insatisfeita
adxectivo
Que non queda contento ou satisfeito con algo: *Quedamos insatisfeitos con ese hotel pois non había limpeza.* SIN. descontento. ANT. contento, satisfeito.
FAM. insatisfactorio, insatisfacción.

inscribir
verbo
1 Apuntar nunha lista cun determinado fin: *Inscribiuse nun curso de cociña.* SIN. anotar, apuntar. ANT. borrar.
2 Gravar un escrito ou un debuxo sobre materiais duros como pedra, metal ou madeira: *Os bancos levan inscritos o escudo da cidade.*
OBS. O seu participio é *inscrito*.

inscrición
substantivo feminino
1 Apuntamento ou inclusión nunha lista para algún fin: *Xa realizou a inscrición no curso de cociña rápida.*
2 Escrito breve ou debuxos gravados nalgunha materia dura como pedra, metal ou madeira: *Os petróglifos teñen inscricións xeométricas en forma de espirais.*

nsecticida
adxectivo ou substantivo
Que mata ou elimina insectos: *Mercou un insecticida para eliminar os mosquitos.*

insectívoro, insectívora
adxectivo
Que se alimenta de insectos: *A toupa e o ourizo cacho son animais insectívoros.*

insecto
substantivo masculino
Animal invertebrado, artrópodo, que respira por traqueas, con dúas antenas, seis patas e dúas ou catro ás: *A mosca e a formiga son insectos.*

inseguridade
substantivo feminino
Falta de seguridade de xeito que hai posibilidade dun dano, perigo, dúbida ou caída: *A inseguridade do edificio aconsellou o seu derrubamento.* ANT. seguridade.

inseguro, insegura
adxectivo
Que non é seguro de xeito que hai posibilidade dun dano, perigo, dúbida ou caída: *Esa cadeira é insegura e podes caer se sentas nela.*

inseminar
verbo
Facer chegar o seme do macho ao óvulo da femia para fecundala: *O veterinario inseminou artificialmente a vaca.*
FAM. inseminación.

insensato, insensata
adxectivo ou substantivo
Que non pensa as cousas que fai nin nas súas consecuencias: *Foi un insensato ao saír sen abrigo con este frío.* SIN. aloucado, atolado. ANT. asisado, axuizado, sensato, sisudo.
FAM. insensatez.

insensible ou insensíbel
adxectivo
1 Que non sente nada: *Co frío tiña os dedos insensibles.* ANT. sensible.
2 Que se nota moi pouco: *A suba das temperaturas foi insensible.* SIN. imperceptible. ANT. sensible.
FAM. insensibilidade.

inserir
verbo
Facer que algo entre dentro doutra cousa ou pase a formar parte dela: *Inseriu o CD no ordenador.*

OBS. Conxúgase como *advertir*. Ten dous participios, o regular *inserido*, e o irregular *inserto*.
FAM. inserción, inserto.

inservible ou **inservíbel**
adxectivo
Que non serve ou é inútil: *Ese caldeiro é inservible porque está roto.*

insidia
substantivo
Calquera cousa feita con ánimo de enganar ou prexudicar: *Sempre está a maquinar insidias para aproveitarse.*
FAM. insidioso.

insigne
adxectivo
Moi famoso: *O insigne escritor asinaba as súas obras na feira do libro.* SIN. egrexio, eminente, ilustre.

insignia
substantivo feminino
Pequeno obxecto que amosa a categoría profesional de alguén ou que se pertence a un determinado grupo: *Na lapela da chaqueta leva a insignia do Dépor.*

insignificante
adxectivo
De moi pouca importancia, valor ou cantidade: *Os teus problemas estéticos son insignificantes.* SIN. mínimo, minúsculo. ANT. enorme, grande.
FAM. insignificancia.

insinuar
verbo
Dar a entender algo sen o dicir dunha maneira clara: *Insinuou con medias palabras que o administrador roubaba.* SIN. suxerir.
OBS. Conxúgase como *actuar*.
FAM. insinuación, insinuante.

insípido, insípida
adxectivo
1 Que non ten sabor ou ten moi pouco: *Esa comida sen especias nin sal abondos está insípida.* SIN. eslamiado. ANT. saboroso.
2 Que non ten interese nin graza: *Esa película resultoume insípida.* SIN. aburrido. ANT. interesante.
FAM. insipidez.

insistir
verbo
1 Repetir unha cousa varias veces para conseguir algo: *Se non che abren á primeira, insiste tocando varias veces o timbre.*
2 Destacar a importancia de algo: *O profesor insistía na ortografía correcta.*
3 Manterse nunha idea ou propósito: *El insiste en que tiña o coche ben aparcado.*
SIN. teimar.
FAM. insistencia, insistente.

insociable ou **insociábel**
adxectivo
Que non lle gusta falar nin relacionarse cos demais: *Case que non ten amigos porque é moi insociable.* SIN. arisco, túzaro. ANT. sociable.
FAM. insociabilidade.

insolación
substantivo feminino
Malestar ou enfermidade producidos por recibir moito sol: *A insolación pode producir dor de cabeza, vómitos e febre.*

insolente
adxectivo ou substantivo
Que ofende ou molesta porque se comporta sen cortesía nin respecto: *Contestoulle de forma insolente e sen ningunha educación.*
FAM. insolencia.

insolidario, insolidaria
adxectivo
Que non se preocupa dos demais, especialmente dos seus males e sufrimentos: *Comportouse de xeito insolidario ao non dar esmola.* ANT. solidario.
FAM. insolidariedade.

insólito, insólita
adxectivo
Moi pouco frecuente: *É insólito que conte un chiste porque é moi serio.* ANT. frecuente, normal, ordinario.

insoluble ou **insolúbel**
adxectivo
Que non se pode disolver ou desfacer nun líquido: *O aceite é insoluble na auga.* ANT. soluble.
FAM. insolubilidade.

insolvente
adxectivo
Que non pode pagar as súas débedas: *Esa empresa non paga a ninguén porque é insolvente.* ANT. solvente.
FAM. insolvencia.

insomnio
substantivo masculino
Falta de sono cando hai que durmir: *Padece de insomnio e non dorme nada de noite.*
FAM. insomne.

insonorizar
verbo
Preparar un lugar para que nel non entren ruídos ou para que non saian del: *Insonorizaron a discoteca para non molestar os veciños.*
OBS. O *z* cambia en *c* ante *e*, como en *cazar*.
FAM. insonorización, insonorizado.

insoportable ou **insoportábel**
adxectivo
Que non se pode soportar ou aguantar: *Os colectores do lixo botan un fedor insoportable.* SIN. inaguantable. ANT. levadío, soportable.

insospeitado, insospeitada
adxectivo
Que non se pode sospeitar ou supoñer: *Nesa viaxe descubrín paisaxes insospeitadas.*
FAM. insospeitable.

insostible ou **insostíbel**
adxectivo
Que non se pode soster, aguantar, manter ou defender: *Os gastos que ten son insostibles cun soldo tan pequeno.* SIN. inaguantable, insoportable, intolerable. ANT. sostible, soportable, tolerable.

inspección
substantivo feminino
Exame ou recoñecemento de algo con moita atención e detemento: *Dous funcionarios de Sanidade realizaban a inspección dos servizos do bar.*

inspeccionar
verbo
Examinar ou recoñecer con moita atención e detemento: *O policía inspeccionaba o lugar do crime.* SIN. explorar, recoñecer, revisar.

inspector, inspectora
substantivo
Persoa autorizada para examinar e controlar algo e ver se se fai ben: *A inspectora de Sanidade revisaba as condicións hixiénicas da piscina.*

inspiración
substantivo feminino
1 Introdución de aire nos pulmóns: *A respiración consta de inspiración e expiración.* SIN. aspiración. ANT. expiración.
2 Estímulo ou influencia que fai que un artista cree algo: *Os compositores din que necesitan da inspiración para compoñer música.*

inspirar
verbo
1 Introducir aire nos pulmóns: *Inspiraba con forza para tomar aire.* SIN. aspirar. ANT. expirar.
2 Facer sentir algo: *Ese mendigo inspira compaixón.*
3 Estimular un artista para que cree algo: *A tormenta inspiroulle este poema tan tétrico.*

instalación
substantivo feminino
1 Colocación de algo nun sitio para que realice a súa función: *Instalaron a caldeira da calefacción no garaxe.*
2 Cousa ou conxunto de cousas que permiten realizar un servizo ou función: *A instalación eléctrica desta casa é moi antiga.*

instalar
verbo
1 Colocar algo nun lugar ou preparalo para que poida ser usado ou facer a súa función: *O técnico instalou na cociña a lavadora e a lavalouza.*
2 **instalarse** Ir vivir a un determinado lugar: *Instaláronse nun apartamento de aluguer moi céntrico.* SIN. establecerse.
FAM. instalación, instalador.

instantáneo, instantánea
adxectivo
Que só dura ou se fai nun instante ou en moi pouco tempo: *O café instantáneo disólvese no leite ou na auga moi rapidamente.*

instante
substantivo masculino
Período de tempo moi curto: *Atendeuno nun instante.* SIN. momento.

instar
verbo
Obrigar a facer algo de forma inmediata: *Instárono a abandonar a casa porque non pagaba o alugamento.*

instaurar
verbo
Establecer por primeira vez unha lei ou costume: *Instauraron de mozos o costume de cearen xuntos todos os sábados.* SIN. establecer, implantar, instituír.
FAM. instauración.

instigar
verbo
Incitar ou animar a facer algo, especialmente algo malo: *Un mal amigo instigouno a roubar a caixa do comercio.* SIN. incitar, inducir.
OBS. O *g* cambia en *gu* diante do *e*, como en *pagar*.
FAM. instigación, instigador.

instinto
substantivo masculino
Nos animais e nas persoas, tendencia a facer algo ou a comportarse de determinado xeito sen aprendelo antes: *Todos os animais teñen o instinto de conservación e non queren morrer.*
FAM. instintivo.

institución
substantivo feminino
1 Establecemento ou organización que realiza algunha función, especialmente de servizo ao público: *Os parlamentos son as institucións que elaboran as leis.*
2 Establecemento de algo por primeira vez: *A institución deste premio literario produciuse o ano 1992.*
FAM. institucional.

instituír
verbo
Establecer por primeira vez: *De mozos instituíron o costume de cearen xuntos todos os sábados.* SIN. establecer, implantar, instaurar.
OBS. Conxúgase como *incluír*.
FAM. institución, institucional, instituto, institutriz.

instituto
substantivo masculino
1 Centro de ensino público onde se estuda a educación secundaria e o bacharelato: *Estuda 1º de bacharelato no instituto da súa vila.*
2 Centro onde se realiza determinada actividade, especialmente científica ou técnica: *O Instituto da Lingua Galega estuda o galego.*

instrución
substantivo feminino
1 Conxunto de coñecementos que ten ou que recibe unha persoa: *Nos colexios as persoas reciben instrución.* SIN. formación.
plural
2 Conxunto de indicacións para montar ou facer funcionar algo: *Para pór en marcha a lavadora consulta o libriño das instrucións.*

instruír
verbo
1 Preparar unha persoa ou animal para que realicen unha determinada función: *Instruía os novos camareiros para que servisen ben as mesas.* SIN. educar, ensinar, formar.
2 Dar unha formación ou coñecementos: *Nos colexios instrúense os cativos.* SIN. educar, formar.
OBS. Conxúgase como *incluír*.
FAM. instrución, instrutivo, instrutor, instruído.

instrumento
substantivo masculino
1 Calquera obxecto ou cousa que se usa para realizar un traballo: *O lapis e a regra son instrumentos de debuxo.* SIN. aparello, ferramenta, utensilio, útil.
2 Obxecto que serve para producir sons musicais: *A guitarra e a trompeta son instrumentos.*

insua
substantivo feminino
Pequena illa nun río: *Na insua sobresae un penedo.*
OBS. É distinto de *illa*.

insubmiso, insubmisa

adxectivo ou substantivo

Que non obedece, especialmente determinadas leis ou normas: *Ten un carácter insubmiso e non lle gustan as ordes.* SIN. desobediente, rebelde. ANT. obediente, submiso.
FAM. insubmisión.

insubordinación

substantivo feminino

Desobediencia, especialmente a determinadas normas ou ordes: *No exército non se toleran insubordinacións ás ordes dun xefe.* SIN. rebelión. ANT. subordinación.
FAM. insubordinar.

insubornable ou insubornábel

adxectivo

Que non se pode subornar ou comprar con regalos e favores: *Un árbitro ten que ser insubornable.* SIN. incorruptible, íntegro, recto. ANT. subornable.

insuficiente

adxectivo

Que non é suficiente ou non chega ao que é necesario: *O catro é insuficiente para aprobar.* ANT. abondo, bastante, suficiente.
FAM. suficiencia.

insular

adxectivo ou substantivo

Dunha illa ou propio dela: *As Cíes son terreos insulares.*

insulina

substantivo feminino

Hormona producida no páncreas que regula a cantidade de azucre no sangue: *Os diabéticos padecen unha falta de insulina.*

insultar

verbo

Ofender a alguén con palabras: *Unha persoa educada non insulta nunca a ninguén.*
FAM. insulto.

insurrección

substantivo feminino

Levantamento ou desobediencia contra unha autoridade ou poder establecido: *A insurrección do exército provocou a caída do presidente.* SIN. levantamento, rebelión, sublevación.
FAM. insurrecto, insurxente.

intacto, intacta

adxectivo

1 Que non foi tocado: *A comida quedou intacta sobre a mesa.*
2 Que non sufriu dano: *Caeume o vaso pero quedou intacto.*

integrar

verbo

1 Formar varios elementos un todo ou conxunto: *Once xogadores integran un equipo de fútbol.* SIN. compoñer, compor, constituír, formar.
2 Formar parte dun grupo: *Ese rapaz está moi integrado na súa clase.*

íntegro, íntegra

adxectivo

1 Enteiro ou con todas as súas partes: *Vimos a película na súa versión íntegra.* SIN. completo, enteiro. ANT. incompleto.
2 Que actúa con honradez: *Unha persoa íntegra nunca mente.* SIN. honesto, honrado, recto, xusto. ANT. deshonesto.
FAM. integridade.

intelectual

adxectivo

1 Da intelixencia: *Ler é unha actividade intelectual.*

adxectivo ou substantivo

2 Dito dunha persoa, que se dedica a actividades ou traballos que precisan basicamente da intelixencia: *Os científicos e os escritores son intelectuais.*

intelixencia

substantivo feminino

Capacidade das persoas para comprender, coñecer e razoar as cousas: *A intelixencia diferencia as persoas dos animais.* SIN. entendemento, mente, razón.
FAM. intelectual, intelixible, intelixente.

intelixente

adxectivo

Que ten ou amosa intelixencia: *Non saír con esta chuvia foi unha decisión intelixente.* SIN. listo. ANT. bobo, parvo.

intemperie

EXP. **Á intemperie** Ao aire libre: *Non tiñamos tendas de campaña e durmimos á intemperie.*

intención
substantivo feminino

1 Idea que se ten de facer algo: *Ten a intención de ir ao teatro.* SIN. idea, propósito.

2 Mala idea con que se fai ou di algo: *Díxome con toda a intención que ía mal vestido.*

EXP. **Segundas intencións** Mala idea con que se di algo, aínda que parece boa: *Iso de que traballo moito díxoo con segundas intencións.*

FAM. intencionado, intencional, intencionalidade.

intensidade
substantivo feminino

Enerxía ou forza que ten algo: *A intensidade da luz desa lámpada é moi baixa.*

intenso, intensa
adxectivo

Moi forte ou con moita enerxía: *A chuvia era intensa.* SIN. forte. ANT. débil, frouxo.

FAM. intensidade, intensificar, intensivo.

intentar
verbo

Facer o posible para realizar unha acción: *Intentaba rubir pola cerdeira arriba.* SIN. procurar, tentar.

FAM. intento.

intento
substantivo masculino

1 Propósito de facer algo: *Todo quedou nun intento de roubo, pois non chegou a coller nada.*

2 Acción para conseguir algo: *O atleta saltou algo máis de dous metros no segundo intento.*

intercalar
verbo

Poñer unha cousa entre outras dúas ou entre as que forman unha serie: *A palabra cohesión leva* h *intercalado.*

intercambiar
verbo

Dar unha cousa a cambio doutra: *Os indíxenas intercambiaban ouro por teas cos exploradores.* SIN. trocar.

FAM. intercambio.

intercambio
substantivo masculino

Cambio mutuo dando unha cousa para recibir outra: *Realizaban o intercambio de produtos agrícolas por ferramentas.* SIN. troco.

interceder
verbo

Falar a prol dunha persoa para que non reciba un castigo, dano ou mal: *O avó intercedeu cos pais para que non o castigasen.* SIN. avogar.

FAM. intercesión.

interceptar
verbo

Parar ou deter algo ou alguén antes de que chegue ao seu destino: *A policía interceptou o barco que contiña droga en mar aberto.*

FAM. interceptación.

intercultural
substantivo feminino

Que mestura ou relaciona dúas ou máis culturas ou civilizacións: *As sociedades modernas adoitan ser interculturais.*

interdependencia
substantivo feminino

Relación de dependencia mutua entre dúas cousas que se necesitan: *Entre as fábricas de automóbiles e as empresas subministradoras de pezas para coches hai interdependencia.*

FAM. interdependente.

interesar
verbo

1 Producir interese: *Interésame coñecer o remate da novela esa.*

2 Facer que alguén teña interese por algo: *O profesor interesaba os alumnos no estudo.*

3 **interesarse** Amosar interese por algo: *Interésase moito pola ciencia.* ANT. desinteresarse.

interese
substantivo masculino

1 Proveito, utilidade ou o que convén a unha persoa: *Debes facer deporte polo teu propio interese.* SIN. beneficio, comenencia, proveito, utilidade.

2 Valor ou importancia de algo: *Esa novela non ten ningún interese.* SIN. valor.

3 Gana con que se fai algo: *Non pon ningún interese cando fai os deberes.* ANT. desinterese.
OBS. É distinto de *xuro* 'ganancia que produce unha cantidade de cartos prestada ou ingresada nun banco'.
FAM. interesado, interesante, interesar.

interferencia
substantivo feminino
Influencia dunha cousa sobre outra de xeito que a altera: *Por interferencia do castelán no canto de avó úsase *abuelo.*
FAM. interferir.

interino, interina
adxectivo ou substantivo
Que substitúe a outro temporalmente no traballo ou nunha función: *Só é director interino, mentres o director está de baixa por enfermidade.*
FAM. interinidade.

interior
adxectivo
1 Que está na parte de dentro ou dentro de algo: *A chaqueta leva dous petos interiores.* SIN. interno. ANT. exterior, externo.
adxectivo ou substantivo masculino
2 Dito dunha casa ou dos seus cuartos, que non ten ventás que dean á rúa: *O seu cuarto é interior, pois dá a un patio de luces.* ANT. exterior.
substantivo masculino
3 Parte de dentro dunha cousa: *Ese coche ten un interior moi amplo.* ANT. exterior.
4 Conciencia ou pensamentos íntimos dunha persoa: *Ninguén sabe o que el garda no seu interior.* ANT. exterior.
FAM. interiorismo, interiorista.

interlocutor, interlocutora
substantivo
Persoa que toma parte nunha conversación: *Nun debate, os interlocutores non deben interromperse.*

intermediario, intermediaria
adxectivo ou substantivo
Que actúa entre dúas ou máis persoas ou grupos para conseguir un acordo ou realizar algo: *Os intermediarios da ONU conseguiron un alto o fogo entre os dous países en guerra.*

intermedio, intermedia
adxectivo
1 Que está situado entre dúas ou máis cousas ou entre dous extremos: *Necesito o talle intermedio pois o grande quédame frouxo e o pequeno estreito.* SIN. medio.
substantivo masculino
2 Espazo de tempo, habitualmente de descanso, entre as dúas partes dun acto ou dunha actividade: *Os partidos de fútbol teñen un intermedio de quince minutos.* SIN. descanso, pausa.
FAM. intermediario.

intermitente
adxectivo
1 Que se interrompe e volve seguir, xeralmente a intervalos regulares: *Ese anuncio ten unha luz intermitente, pois apaga e acende.*
substantivo masculino
2 Luz que levan os coches nos lados e que se acende e apaga para amosar os xiros: *Para parar hai que pór o intermitente dereito.*
FAM. intermitencia.

internacional
adxectivo
De varias nacións ou relacionado con elas: *Ese campionato é internacional porque participan equipos de varias nacións.*

internado
substantivo masculino
Centro ou colexio onde comen e dormen os estudantes: *Os alumnos deste internado pasan a fin de semana nas súas casas.*

internar
verbo
1 Levar ou ir ao interior dun sitio: *O explorador internou os turistas na selva.*
2 Meter a alguén nun lugar para que permaneza nel: *O xuíz ordenou internar o acusado nun psiquiátrico.*

interno, interna
adxectivo
1 Que está dentro de algo: *O corazón é un órgano interno do corpo.* SIN. interior. ANT. exterior, externo.
adxectivo ou substantivo
2 Referido a un estudante, que vive no colexio onde estuda: *Estivo interno durante dous cursos.*

substantivo

3 Que está no cárcere porque cometeu un delito: *Os internos deste cárcere practican moito deporte.* SIN. preso, recluso.

FAM. internado, internamento, internar, internista.

interpelar

verbo

Dirixirse a alguén falando para pedirlle explicacións ou esixirlle algo: *O parlamentario interpelou o conselleiro para pedir datos sobre o fracaso escolar.*

FAM. interpelación.

interpoñer ou interpor

verbo

Pór entre dúas persoas ou cousas: *Interpúxose entre os que discutían para que non pelexasen.*

OBS. Conxúgase como *poñer* ou *pór*.

FAM. interposición.

interpretar

verbo

1 Entender o significado de algo: *Aquela frase era difícil de interpretar e non se entendía ben.*

2 Representar un papel de cine ou teatro: *Ese actor interpreta moi ben os papeis de inxenuo.* SIN. desempeñar, representar.

3 Tocar ou cantar unha peza musical: *Interpretou unha peza clásica ao piano.* SIN. executar.

FAM. interpretación, intérprete.

intérprete

substantivo

1 Persoa que traduce para outras: *Como non sabe inglés, vai acompañado por unha intérprete de inglés.*

2 Persoa que toca ou canta unha peza musical: *A intérprete cantou unha balada.*

3 Persoa que representa papeis de cine ou teatro: *A esa intérprete vanlle ben os papeis cómicos.* SIN. actor, actriz.

interrogación

substantivo feminino

Signo que se coloca diante e detrás dunha frase para indicar que é unha pregunta: *En galego o signo de interrogación adoita usarse só no remate da frase.*

interrogar

verbo

Facer preguntas: *A policía interrogou o detido.* SIN. preguntar. ANT. contestar, responder.

OBS. O *g* cambia en *gu* ante o *e*, como en *pagar*.

FAM. interrogación, interrogativo, interrogatorio.

interrogatorio

substantivo masculino

Conxunto de preguntas que se lle fan a unha persoa para aclarar ou descubrir algo: *No interrogatorio da policía o acusado recoñeceu o seu delito.*

interromper

verbo

Impedir a continuación de algo: *Interromperon o partido antes do remate pola treboada.* SIN. deter, suspender. ANT. continuar, seguir.

FAM. interrupción, interruptor.

interruptor

substantivo masculino

Aparello ou mecanismo que serve para abrir ou cerrar o paso da corrente eléctrica: *Para apagar a luz, cómpre premer o interruptor.*

intersección

substantivo feminino

Encontro de dúas cousas que se cortan, como liñas ou rúas: *Ten o comercio na intersección das dúas rúas.* SIN. cruzamento.

interurbano, interurbana

adxectivo

Que existe ou se dá entre dúas ou máis cidades: *Este autobús interurbano une Vigo con Ourense e Lugo.*

intervalo

substantivo masculino

Porción de espazo ou tempo que separa dúas cousas: *Nos partidos de fútbol entre o primeiro e o segundo tempo hai un intervalo de quince minutos.*

intervención

substantivo feminino

1 Participación, actuación ou feito de tomar parte en algo: *A intervención da policía impediu o roubo.* SIN. actuación.

2 Feito de operar ou abrir un corpo vivo para curar un órgano: *Extirpáronlle o apéndice nunha intervención cirúrxica.* SIN. operación.

interventor, interventora

substantivo

Persoa que controla que algo se realiza correctamente: *O interventor comprobou que as contas da empresa estaban ben.*

intervir

verbo

1 Participar ou tomar parte en algo: *O secretario interveu na reunión para explicar as contas.* SIN. participar.

2 Controlar un teléfono para saber o que se fala por el: *A policía interveu o teléfono dos sospeitosos.*

3 Realizar unha operación médica: *Interviñérono hoxe no hospital para extirparlle o apéndice.* SIN. operar.

OBS. Conxúgase como *vir.*

FAM. intervención, interventor.

interxección

substantivo feminino

Clase de palabra que serve para expresar estados de ánimo como alegría, tristura, dor ou para chamar por alguén: *Adeus é unha interxección que serve para despedirse.*

intestino

substantivo masculino

No sistema dixestivo de moitos animais, especie de tubo que vai desde o estómago ata o ano e no que se completa a dixestión: *O intestino consta de intestino groso, dividido en duodeno, xexuno e íleo, e groso, formado por cego, colon e recto.*

FAM. intestinal.

intimar

verbo

Facer amizade con alguén: *Os rapaces axiña intiman entre eles.*

intimidade

substantivo feminino

1 Amizade e confianza moi grandes: *Teñen unha grande intimidade desde que foron xuntos á escola.*

2 Parte privada da vida dunha persoa que garda para si: *Ningún xornalista pode violar a intimidade da xente.*

intimidar

verbo

Producir medo: *Aquel home disfrazado de monstro intimidaba os cativos.* SIN. amedrentar, atemorizar.

FAM. intimidación, intimidante, intimidatorio.

íntimo, íntima

adxectivo

1 Profundo, interno ou moi reservado: *Ninguén fala cun estraño das súas cousas íntimas.*

2 Que fai fácil a relación entre as persoas: *O despacho ten un ambiente moi íntimo.*

substantivo plural

3 Amigos de moita confianza: *Só celebrarán o aniversario cos íntimos.*

FAM. intimar, intimidade, intimismo, intimista.

intolerancia

substantivo feminino

Falta de tolerancia ou rexeitamento de ideas e opinións alleas: *A democracia verdadeira non acepta a intolerancia.* SIN. intransixencia. ANT. transixencia, tolerancia.

FAM. tolerante.

intoxicación

substantivo feminino

Dano na saúde producido por comer, beber ou respirar algo prexudicial ou velenoso: *Unhas ostras en mal estado producíronlle unha gastroenterite.*

intoxicar

verbo

Producir un dano na saúde por comer, beber ou respirar algo prexudicial: *A auga contaminada da fonte intoxicounos.*

OBS. O *c* cambia en *qu* diante do *e*, como en *sacar.*

FAM. intoxicación.

intramuscular

adxectivo

Que está ou se fai no interior dun músculo: *As inxeccións intramusculares póñense nos músculos como as nádegas.*

intranquilo, intranquila

adxectivo

Que non ten tranquilidade ou serenidade e está nervioso ou preocupado: *Estaba intranquilo porque non sabía os resultados*

dos exames. SIN. impaciente, inquedo, inquieto, preocupado. ANT. sereno, tranquilo.
FAM. intranquilidade, intranquilizar.

intranscendente
adxectivo
Que non ten importancia: *Os xornais non adoitan comentar os feitos intranscendentes.* ANT. fundamental, transcendental, transcendente.
FAM. intranscendencia.

intransitable ou **intransitábel**
adxectivo
Que non se pode transitar, ir ou andar por el: *Ese carreiro está intransitable con tanta lama.* ANT. transitable.

intransixente
adxectivo
Que non tolera ou admite ideas, opinións ou comportamentos alleos: *Despreza as ideas alleas porque é un intransixente.* SIN. intolerante. ANT. tolerante, transixente.
FAM. intransixencia.

intravenoso, intravenosa
adxectivo
Que está ou se fai no interior da vea: *As inxeccións intravenosas póñense nas veas.*

intre
substantivo masculino
1 Momento ou punto preciso no tempo: *No intre en que me duchaba soou o teléfono.* SIN. momento.
2 Espazo de tempo entre dous feitos: *No intre entre saír da casa e entrar no coche perdín as chaves da casa.* SIN. intervalo.
EXP. **No intre** Agora mesmo, no momento: *Non tiven que esperar nada pois o médico atendeume no intre.* SIN. inmediatamente.

intrépido, intrépida
adxectivo
Que non se detén ante o perigo ou as dificultades: *Os mariñeiros intrépidos non temían o mar aberto.* SIN. afouto, audaz, ousado, valente. ANT. covarde.
FAM. intrepidez.

intriga
substantivo feminino
Misterio, curiosidade ou interese que produce algo: *Nas novelas policiais a intriga está en saber quen é o asasino.*

intrigar
verbo
Producir interese ou curiosidade: *Intrígonos saber que contén ese paquete.*
OBS. O *g* cambia en *gu* diante do *e*, como en *pagar.*
FAM. intriga, intrigante.

***intrincar**, a forma correcta é **intricar**.

introdución
substantivo feminino
1 Colocación de algo no interior dunha cousa ou entre varias cousas: *A introdución do viño nas botellas faina unha máquina.*
2 O que vai diante de algo e lle serve de presentación ou de preparación: *Algúns libros levan unha introdución que anuncia de que trata.* SIN. limiar, prólogo.

introducir
verbo
1 Meter algo no interior dunha cousa ou entre varias cousas: *Para sacar os cartos dun caixeiro cómpre introducir a tarxeta pola fenda.* SIN. inserir, meter. ANT. quitar, retirar, sacar.
2 Pór en uso ou dar a coñecer algo novo: *No século XIX introduciuse o ferrocarril en Galicia.* SIN. implantar.
OBS. É regular, *introduzo, introducín.*
FAM. introdución, introdutor.

intruso, intrusa
adxectivo ou substantivo
Que se introduciu nun lugar sen dereito ou sen permiso: *No concerto botaron uns intrusos que estaban sen entrada.*
FAM. intrusismo.

intuición
substantivo feminino
Capacidade para entender algo rapidamente ou para o facer sen esforzo ou sen pensalo: *Os bos detectives descobren moitas veces o asasino por intuición.*
FAM. intuír, intuitivo.

inundación
substantivo feminino
Cubrimento dun lugar pola auga ou por outro líquido: *A chuvia abundante causou a inundación dos garaxes desta rúa.*

inundar
verbo
1 Asolagar.
2 Encher un lugar por completo de algo: *No verán as festas gastronómicas inundan Galicia.*
FAM. inundación.

inútil
adxectivo
Que non serve ou non vale: *No rocho metemos todos os trastes inútiles.* ANT. útil.
FAM. inutilidade, inutilizar.

invadir
verbo
1 Entrar nun lugar pola forza e ocupalo: *Os romanos ocuparon Galicia.*
2 Encher algo ocupándoo por completo: *As malas herbas invadiron o xardín.* SIN. infestar, inzar.
FAM. invasor, invasión, invasivo.

inválido, inválida
adxectivo ou substantivo
Dito dunha persoa, que ten unha enfermidade ou algún problema psíquico ou físico que lle impide facer algunhas actividades: *Algúns inválidos precisan de cadeira de rodas para se moveren.*
FAM. invalidez.

invariable ou invariábel
adxectivo
Que non pode cambiar ou variar: *A orde dos días da semana é invariable.* SIN. inalterable, inmutable. ANT. variable.
FAM. invariabilidade.

invasión
substantivo feminino
1 Entrada nun lugar pola forza para quedar nel: *Décimo Xunio Bruto realizou a invasión de Galicia na época de Roma.* SIN. ocupación.
2 Asistencia de moitas persoas ou cousas xuntas a un lugar ata produciren molestias: *Con esta calor sufrimos unha invasión de mosquitos.*

invasor, invasora
adxectivo ou substantivo
Que entra nun lugar pola forza para ocupalo: *Na Guerra de Independencia foron expulsados de Galicia os invasores franceses.* SIN. ocupante.

inventar
verbo
1 Crear algo novo ou descubrilo: *Edison inventou a lámpada eléctrica.* SIN. descubrir.
2 Presentar algo falso como real: *O cativo inventou unha historia para agochar que faltara á clase.*
FAM. invención, invento, inventor.

invento
substantivo masculino
1 Creación ou descubrimento de algo novo ou que antes non existía ou non se coñecía: *O invento da roda foi fundamental para o desenvolvemento da humanidade.* SIN. achado, descuberta, invención.
2 Presentación como real e verdadeiro de algo falso: *Iso de que lle roubaron os cartos é un invento, pois gastounos.*

inventor, inventora
adxectivo ou substantivo
Que inventa ou que se dedica a inventar: *Edison foi un grande inventor.*

invernada
substantivo feminino
Tempo de frío moi intenso e de chuvia ou neve que dura varios días: *En xaneiro, ás veces, hai algunha invernada.*
OBS. É distinto de *invernía* 'inverno moi duro e frío'.

invernadoiro
substantivo masculino
Lugar cuberto e preparado para cultivar plantas mesmo cun clima desfavorable: *Como a zona é fría colocou dous invernadoiros onde cultiva tomates.*

invernar
verbo
Pasar o inverno nun lugar: *Moitas aves europeas invernan no norte de África.*

invernía
substantivo feminino
Inverno moi frío e moi duro: *Nestas montañas non faltan as invernías.*
OBS. É distinto de *invernada,* 'días de moita chuvia e frío'.

inverno
substantivo masculino
Estación do ano entre o outono e a primavera: *O inverno dura do 21 de decembro ata o 21 de marzo.*
FAM. invernada, invernadoiro, invernal, invernar, invernía.

inversión
substantivo feminino
Alteración da orde, da colocación ou da dirección de xeito que se toma o contrario: *Realizou a inversión dos vasos e púxoos boca abaixo.*
OBS. É distinto de *investimento*, 'emprego ou uso de algo'.

inverso, inversa
adxectivo
Que se pon na posición ou orde contrarias ás que ten: *Os ciclistas nas probas contra o reloxo saen en orde inversa á clasificación, pois o primeiro sae de último e o último de primeiro.*

invertebrado, invertebrada
adxectivo ou substantivo masculino
Dito dun animal, que non ten esqueleto interno ou columna vertebral: *Os animais adoitan dividirse en vertebrados e invertebrados.* ANT. vertebrado.

inverter
verbo
Cambiar a orde, o sentido ou a colocación de algo facendo que tome o contrario: *Se invertes os números de 21, obtés 12.*
OBS. É distinto de *investir*, 'empregar ou usar en algo'.
FAM. invertido, inversión, inverso, inversor.

investidor, investidora
adxectivo ou substantivo
Que inviste ou emprega algo para conseguir un fin: *Os investidores empregan os cartos en negocios que sexan rendibles.*
OBS. É distinto de *inversor*, 'que cambia a orde, dirección ou colocación de algo'.

investidura
substantivo feminino
Concesión dun cargo importante a alguén: *A investidura do presidente do Goberno faise no Parlamento.*

investigar
verbo
1 Facer todo o necesario para descubrir como e por que aconteceu algo: *O detective investigaba as razóns de tan arrepiante crime.* SIN. indagar, pescudar.
2 Traballar e estudar para descubrir algo: *Nese laboratorio investigan sobre a orixe do cancro.*
OBS. O *g* cambia en *gu* ante *e*, como en *pagar.*
FAM. investigación, investigador.

investimento
substantivo masculino
1 Emprego dunha cantidade de cartos en algo para conseguir ganancias: *Fixo un investimento moi grande na reforma do supermercado.*
2 Emprego de tempo ou dalgunha cousa nalgunha actividade: *Investiu dous anos nese traballo de investigación sobre o cancro.*
OBS. É distinto de *inversión*, 'cambio na dirección ou na orde'.

investir
verbo
1 Empregar unha cantidade de cartos en algo para conseguir ganancias: *Investiu moitos cartos na tenda de roupa.*
2 Empregar tempo ou algunha outra cousa nalgunha actividade: *A policía investiu un ano na investigación dese crime.* SIN. empregar, ocupar.
OBS. Conxúgase como *advertir*. É distinto de *inverter*, 'cambiar a orde ou a dirección de algo'.

invidente
adxectivo ou substantivo
Que non ten o sentido da vista: *Hai cans que guían os invidentes.* SIN. cego.

invisible ou invisíbel
adxectivo
Que non se pode ver: *Din que as pantasmas son invisibles.* ANT. visible.

invitar
verbo
Convidar.
FAM. invitación, invitado.

involuntario, involuntaria
adxectivo
Que se fai sen querer: *Os latexos do corazón son involuntarios.* ANT. voluntario.

inxección
substantivo feminino
Substancia líquida para curar unha enfermidade que se introduce no corpo cravando unha agulla: *Os practicantes poñen inxeccións.*

inxectar
verbo
1 Meter unha medicina en forma de líquido no corpo cunha agulla para curar unha enfermidade: *O enfermeiro inxectoulle a vacina no brazo dereito.*
2 Meter, especialmente un líquido ou un gas, nun sitio a presión: *Nos alicerces da casa inxectaron varias toneladas de cemento.*
FAM. inxección, inxectable, inxector.

*inxel, a forma correcta é sinxelo.

*inxenio, a forma correcta é enxeño.

inxenuo, inxenua
adxectivo ou substantivo
Que non ten mala intención e resulta fácil de enganar: *Cre todo o que lle contan porque é moi inxenuo.* SIN. inocente. ANT. astuto.
FAM. inxenuidade.

inxerir
verbo
1 Introducir pola boca a comida, a bebida ou calquera outra cousa: *Inxerimos os alimentos pola boca ao comermos.*
2 inxerirse Intervir ou meterse en asuntos sen ter dereito a facelo: *Ninguén se pode inxerir nas vidas alleas.* SIN. entremeterse, meterse, inmiscirse.
OBS. Conxúgase como *advertir*.
FAM. inxerencia, inxestión.

*inxertar, a forma correcta é enxertar.

inxuria
substantivo feminino
Insulto moi grande: *Que lle chamásedes ladrón, sen probas, foi unha inxuria.* SIN. afronta, aldraxe.
FAM. inxuriar.

inxustiza
substantivo feminino
Falta de xustiza de xeito que non se actúa segundo é o debido: *O racismo é unha grande inxustiza.* ANT. xustiza.

inxusto, inxusta
adxectivo
Que non actúa de acordo co dereito, a xustiza ou como é debido: *Un profesor nunca debe ser inxusto cos alumnos.* ANT. honrado, honesto, íntegro, recto, xusto.
FAM. inxustiza.

inzar
verbo
1 Reproducírense os animais ou as plantas en gran cantidade e moi rapidamente: *Os ratos e os coellos inzan moito.*
2 Encher un lugar, especialmente cousas malas: *As silvas inzan xa o antigo xardín.* SIN. infestar.
OBS. O *z* cambia en *c* diante do *e*, como en *cazar*.

iodo
substantivo masculino
Elemento químico sólido de cor gris: *A falta de iodo produce o bocio.*
FAM. iodado, iodar.

ioga
substantivo feminino
Actividade do corpo e da mente procedente da India, que ten como obxectivo conseguir a perfección do espírito: *O ioga é unha práctica hindú.*

iogur
substantivo masculino
Alimento con forma de crema e que se obtén do leite: *O iogur é orixinario de Bulgaria.*

ioió
substantivo masculino
Xoguete formado por dúas metades redondas unidas por un eixe, e que se fai subir e baixar cun cordel que se suxeita coa man: *O ioió é de orixe chinesa.*

ión
substantivo masculino
Átomo ou grupo de átomos que teñen carga eléctrica pola perda ou pola ganancia de electróns: *A carga eléctrica dos ións pode ser negativa ou positiva.*

ionosfera
substantivo feminino
Terceira capa da atmosfera, entre os 80 e os 600 quilómetros por enriba da superficie

terrestre: *A ionosfera está situada enriba da estratosfera.*

iota
substantivo masculino
Nome da letra *j*: *A letra iota non é propia do galego e só se usa nos estranxeirismos.*

ir
verbo
1 Moverse dun lugar a outro: *Imos ao colexio andando.*
2 Ter unha dirección: *Aquela estrada vai de Vigo a Pontevedra.*
3 Asistir a un lugar: *Imos ao colexio todos os días.*
4 Funcionar ou marchar: *O reloxo non vai, está estragado.*
5 Actuar ou encontrarse dunha determinada maneira: *Desde que fago os deberes sempre, vou mellor en matemáticas.*
6 Vestirse ou amañarse dunha determinada forma: *Non me gusta o traxe e sempre vou con roupa deportiva.*
7 Estar colocado: *O garfo vai á esquerda do prato e o coitelo, á dereita.*
8 Ser adecuado ou estar ben: *Vaiche ben ese peiteado novo.* SIN. cadrar.
9 Gustar ou agradar: *Vanme estas viaxes polas zonas de montaña.*
10 Existir diferenza entre dúas cousas que se comparan: *Dese modelo de coche ao outro vaiche moito.*
11 Arriscar ou xogar: *Canto vai que chego antes ca ti?*
12 Ser algo de determinada maneira ou desenvolverse así: *O que che dixo ía en broma e non tes que enfadarte.*
13 Estar o tempo de determinada maneira: *No verán adoita ir moita calor.* SIN. facer.
14 Ter pasado determinado período de tempo: *Van tres anos desde que regresou de Alemaña.*
15 irse Abandonar un lugar por decisión propia: *Foise antes de rematar a película.* SIN. largar, marchar.
16 Morrer: *A avoa foise hai xa un ano.*
17 Gastarse algo: *Os cartos vanse sen te decatares.* SIN. consumir, desaparecer, gastar.
EXP. **Ir a máis** Facerse algo cada vez máis forte, máis grande ou máis violento: *O incendio ese vai a máis.* **Ir alguén de máis** Conseguir máis do que se esperaba: *Co empate, o noso equipo xa foi de máis.* **Ir alguén ao seu** Ocuparse só dos seus asuntos ou do seu beneficio: *El non axuda a ninguén porque só vai ao seu.* **Ir de algo** Parecelo ou querer selo: *Ela sempre vai de lista.* **Ir detrás de algo** Querer conseguilo: *Anda detrás dunha casa con xardín.* **Ir en** Estar nun lugar pero só por pouco tempo: *Vai no supermercado pero axiña estará de volta.*
OBS. É irregular, véxase modelo conxugado. Con infinitivo forma unha perífrase con valor de futuro e nunca debe ir o infinitivo precedido pola preposición *a*: **Vou a saír esta tarde* > *Vou saír esta tarde.*

ira
substantivo feminino
Enfado ou furia moi grandes: *Estaba alporizado e contestoume con ira.* SIN. cólera, furia.
FAM. iracundo, irado.

irado, irada
adxectivo
Que está moi enfadado ou con ira: *Díxome, irado, que xa non me aturaba.* SIN. colérico.

iris
substantivo masculino
No ollo, disco situado entre a córnea e o cristalino, que pode ter distintas cores: *A pupila está no centro do iris.*

ir			
INDICATIVO		SUBXUNTIVO	IMPERATIVO
Presente	**Copretérito**	**Presente**	vai
vou	ía	vaia	vamos
vas	ías	vaias	ide
vai	ía	vaia	
imos	iamos	vaiamos	
ides	iades	vaiades	**FOR. NOMINAIS**
van	ían	vaian	**Infinitivo**
Pretérito	**Antepretérito**	**Pretérito**	ir
fun	fora	fose	**Xerundio**
fuches	foras	foses	indo
foi	fora	fose	**Participio**
fomos	foramos	fósemos	ido
fostes	forades	fósedes	
foron	foran	fosen	
Futuro	**Pospretérito**	**Futuro**	**Inf. conxugado**
irei	iría	for	ir
irás	irías	fores	ires
irá	iría	for	ir
iremos	iriamos	formos	irmos
iredes	iriades	fordes	irdes
irán	irían	foren	iren

ldo
uiosco
arquesiña
caparate

5 expositor
6 viandante
7 autobús
8 beirarrúa

9 motocicleta
10 calzada
11 semáforo
12 coche

13 cruzamento
14 rotonda
15 camión do lixo
16 sinal de tráfico

17 paso de peóns
18 colector
19 varredor
20 sumidoiro

A cociña

1 neveira
2 escorredoiro
3 extractor
4 papel aluminio
5 billa
6 vertedoiro
7 bandexa
8 xabón líquido
9 cullerón
10 cunca
11 estropallo
12 microondas
13 mesado
14 vitrocerámica
15 pota
16 tixola
17 forno
18 lavalouza
19 fregona
20 mandil
21 vaso
22 coitelo
23 prato
24 xerra
25 garfo
26 bolo de
27 caldeiro
28 cafeteira

ocos orientables
ducha
anteparo
colgadoiro
5 espello
6 albornoz
7 xel de baño
8 esponxa
9 toalla
10 bañeira
11 dosificador
12 lavabo
13 pastilla de xabón
14 cepillos
15 peite
16 cisterna
17 bidé
18 váter
19 papel hixiénico
20 toalleiro

A sala

1 altofalante	5 floreiro	8 gato	12 sofá	16 regra	20 afialapis
2 libraría	6 equipo de música	9 manta	13 calculadora	17 lapis de cores	21 dominó
3 cortinas	7 coxíns	10 xornal	14 cafeteira	18 froitas	22 libro de tex
4 televisor		11 lentes	15 cunca de café	19 goma de borrar	23 testo

ɔupeiro
teira
óster
stor

5 ventá / fiestra
6 lámpada
7 almofada
8 colchón

9 peto
10 aparello de radio
11 caixoneira
12 pantuflas

13 carriño escolar
14 alfombra
15 flexo
16 lapiseiro

17 ordenador portátil
18 caderno
19 xogo de construción

A oficina

1 persiana
2 arquivadores
3 libro de contabilidade
4 radiador
5 móbil
6 teléfono fixo
7 axenda
8 estilográfica
9 teclado
10 rato
11 folio
12 impresora
13 mesa de escritorio
14 maletín
15 papeleira
16 escáner
17 grampadora
18 cinta adhesiva
19 sobres

anequín
nta métrica
lo de tea
rro de pasar

5 táboa de pasar
o ferro
6 máquina de coser
7 patróns

8 costureira
9 cesto da roupa
10 carrete de fío
11 tesoiras

12 colgadoiro
13 perchas
14 calcetín
15 alfineteiro

16 puntilla, encaixe
17 botóns
18 agullas
19 dedal

1 camelia
2 sendeiro
3 sebe
4 céspede
5 maceta
6 fonte
7 estanque
8 regadeira
9 fertilizante
10 esparexedor
11 mangueira
12 xardineiro
13 tulipáns
14 podadora
15 luvas
16 roseira
17 rosa
18 botas
19 cortacéspede
20 carreta
21 margaridas
22 paleta
23 sementeiro
24 xeranios

gre
eoa
ón
oxo protector

5 elefante
6 cabeiro de marfil
7 trompa
8 xirafa

9 avestruz
10 cebra
11 gacela
12 tartaruga

13 camelo
14 dromedario
15 xiba
16 parrulo

17 nenúfar
18 macaco
19 búfalo
20 cisne

O calendario

1 ano
2 mes
3 bimestre
4 trimestre
5 cuadrimestre
6 semestre
7 día
8 fin de semana
9 semana
10 quincena
11 festivo
12 laborables
13 almanaque
L luns
Ma martes
M mércores
X xoves
V venres
S sábado
D domingo

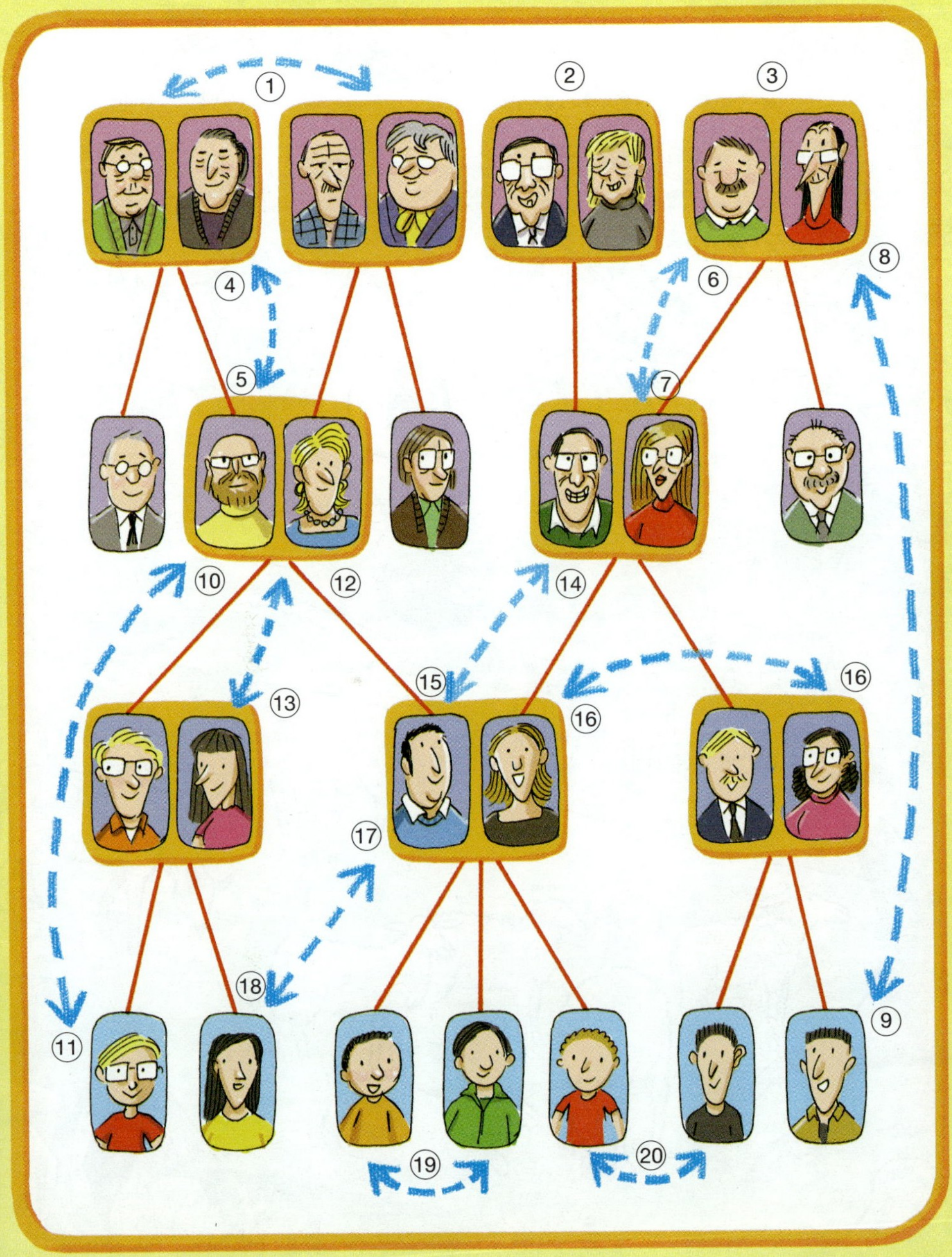

onsogros
arido e muller
atrimonio
i
5 fillo
6 pai
7 filla
8 bisavoa
9 bisneto
10 avó
11 neto
12 sogra
13 nora
14 sogro
15 xenro
16 cuñadas
17 tío
18 sobriña
19 irmáns
20 curmáns

1 pardais	5 candea	9 colmea	13 camada	17 prado	21 ourizo
2 niño	6 pel	10 enxame	14 loba	18 rabaño	22 cazapo
3 bandada	7 carne	11 formiga	15 manda	19 ovella	23 tobeira
4 belota / landra	8 oso	12 formigueiro	16 vaca	20 termiteira	24 coellos

cursionistas
ndedora
osto de venda
nda

5 parella
6 banco público
7 asistente
8 anciá

9 turistas
10 estatua
11 pedestal
12 cadeira de rodas

13 mitin
14 orador
15 micrófono
16 atril

17 tarima
18 público
19 patinete
20 rolda de xogo

1 abeto
2 carballo
3 laranxeira
4 horta
5 estames
6 pétalos
7 pistilo
8 cáliz
9 larva
10 eiruga
11 crisálida
12 bolboreta
13 folla perenne
14 folla caduca
15 recolección
16 narciso
17 violeta
18 campaíña
19 orquídea
20 hibernación

verán
12
11
9
10

outono
13
14
15

16
17
18
19

1 balón de rugby
2 frechas
3 alxaba
4 arco
5 peso
6 ciclista
7 gorro protector
8 bandeirola
9 futbolista
10 córner / esquina
11 vestiarios
12 adestrador
13 bolsa de deportes
14 atleta
15 pista de atletismo
16 meta
17 xavelina
18 diana
19 marcador

lanzador
de disco
martelo
reflectores

23 cancha de
baloncesto
24 canastra
25 judoka

26 karateka
27 pau de hóckey
28 tenis / zapatilla
29 cinta

30 luva de béisbol
31 bate de béisbol
32 árbitro
33 raqueta

34 campo de tenis
35 rede
36 tenista
37 cadeira de árbitro

A consulta médica

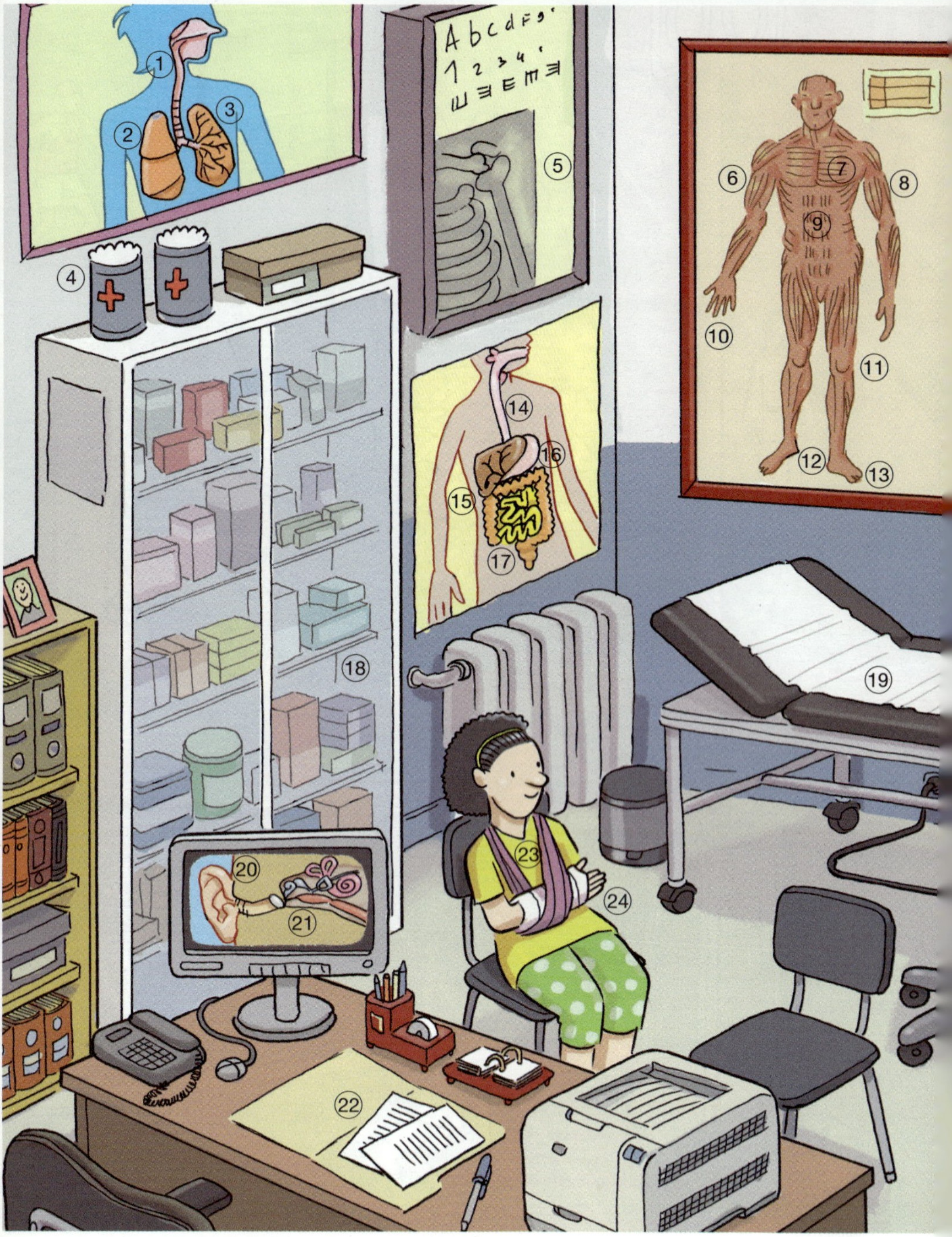

1 larinxe
2 pulmón
3 bronquios
4 algodón
5 radiografía
6 bíceps
7 peitorais
8 tríceps
9 abdominais
10 dedos da man
11 xeonllo
12 calcaño
13 dedas do pé
14 esófago
15 fígado
16 estómago
17 intestinos
18 medicamento
19 padiola
20 pavillón auricu

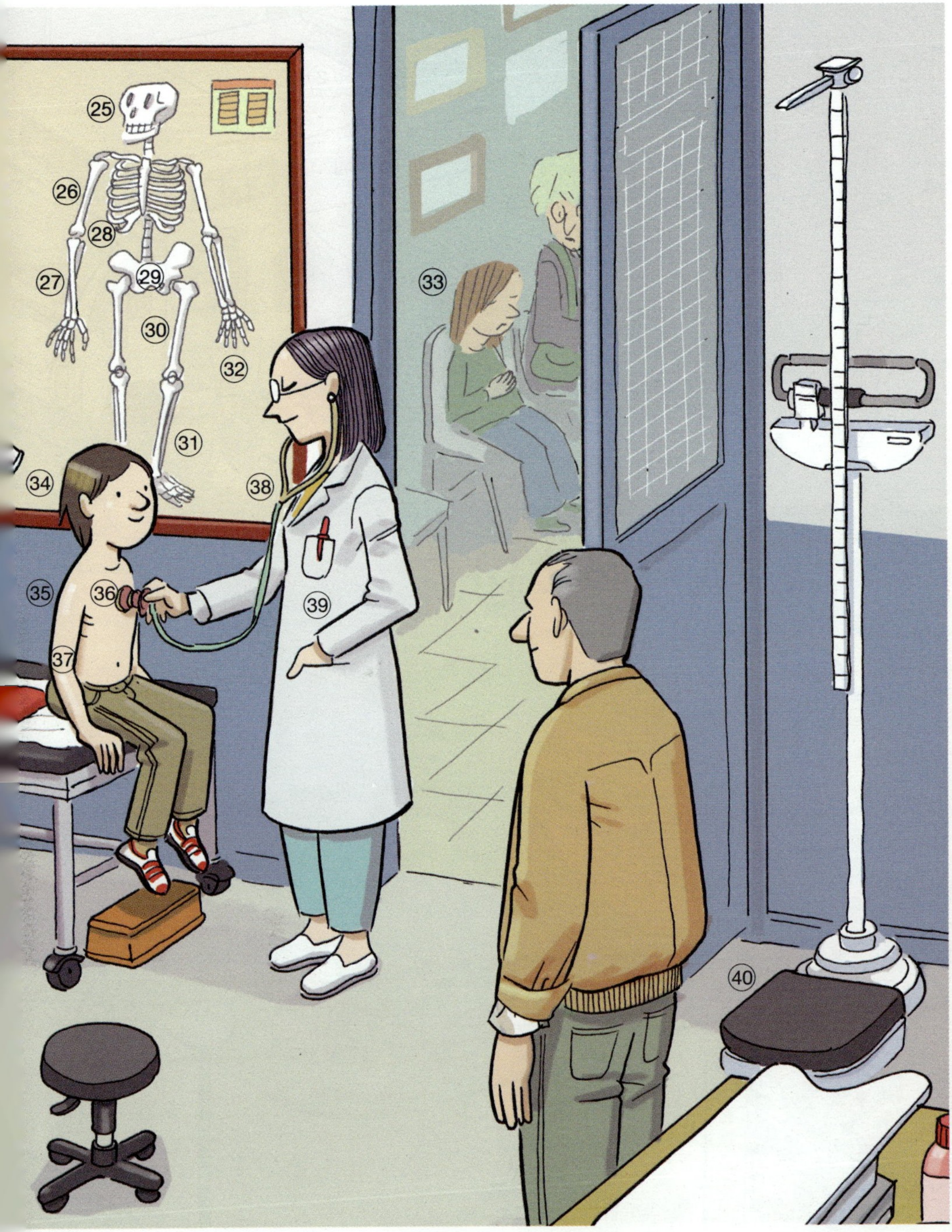

ɔído interno
eceitas
estribeira
escaiola

25 caveira
26 úmero
27 cúbito e radio
28 costelas

29 cadeira / pelve
30 fémur
31 tibia e peroné
32 falanxes

33 sala de espera
34 paciente
35 ombreiro
36 peito

37 cóbado
38 fonendoscopio
39 médica
40 báscula

O cámping

1 bungaló
2 trapela
3 mesa de cámping
4 autocaravana
5 bicicleta
6 flotador
7 canoa
8 remo
9 dobre teito
10 motor foraborda
11 zódiac
12 neveira portátil
13 tenda de campaña
14 aseos, servizos
15 esteira
16 mochila
17 saco de dur
18 táboa de surf

máscara
de mergullo
aletas
tubo de mergullo

22 fusil de pesca
submarina
23 anzol
24 recepción

25 parasol
26 hamaca
27 toalla
28 balón

29 trampolín
30 bañista
31 cadeira
encartable

32 monopatín
33 piscina
34 duchas
35 tendal

1 nivel
2 lima
3 chave inglesa
4 martelo
5 cizalla
6 desaparafusador
7 alicates
8 sarxento / gato
9 serra
10 panca
11 chaves de allen
12 garlopa
13 aceiteira
14 cúter
15 maleteiro
16 anticonxelante
17 elevador
18 pneumático
19 capó
20 mecánico

retrovisor
batería
motor
tapacubos

25 funda / mono
26 trade
27 baca
28 parabrisas

29 limpaparabrisas
30 faro
31 intermitente
32 eixe dianteiro

33 matrícula
34 xefe de taller
35 albará
36 guiador

37 depósito de gasolina
38 gardalamas
39 tubo de escape

1 luvas de látex
2 xeso
3 cola
4 pinzas
5 papel secante
6 lámpada de raios ultravioleta
7 ventilador
8 hisopos
9 bisturí
10 ceras
11 paisaxe
12 cabalete
13 bastidor
14 retrato
15 busto
16 cerámica
17 máscara
18 lixa
19 estatua

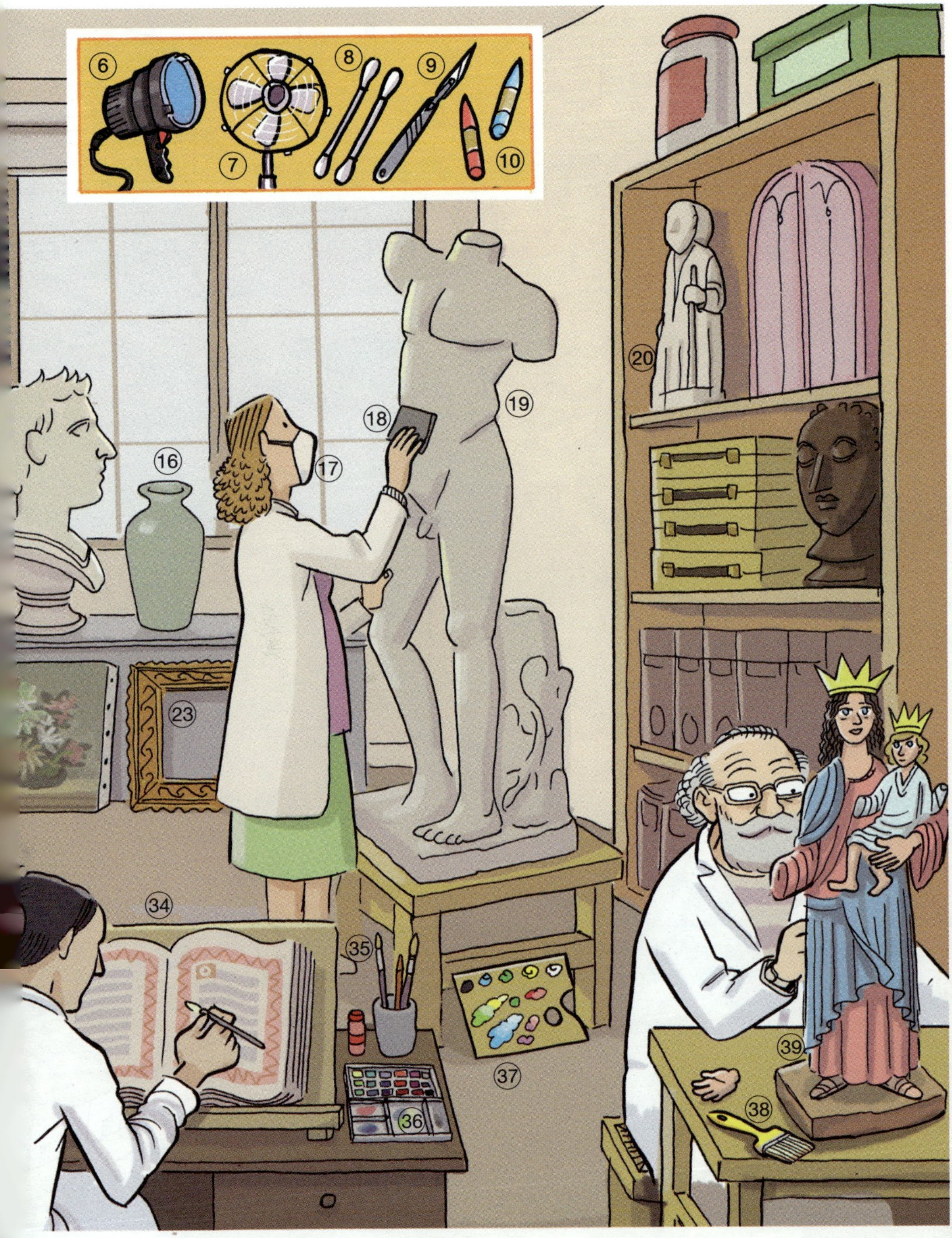

igura
ente de aumento
enzo
narco

24 rolo de papel
25 decapante
26 matacouza
27 vernices

28 machucador
29 pigmentos
30 espátula
31 cadeira xiratoria

32 óleos
33 estoxo
34 atril de mesa
35 pinceis

36 acuarelas
37 paleta de cores
38 brocha
39 talla

1 porto deportivo
2 iates
3 veleiros
4 pantalán
5 ronsel
6 espigón
7 estación marítima
8 catamarán
9 barco de pasaxe
10 dársena
11 porto pesqueiro
12 petroleiro
13 casco
14 proa
15 barco de pesca
16 popa
17 faro
18 dique
19 babor
20 estribor

centro náutico
zona de atraque
transatlántico
cuberta

25 botes salvavidas
26 áncora
27 temón
28 hélice

29 ollos de boi
30 peirao / molle
31 remolcador
32 lonxa

33 casetas dos mariñeiros
34 amarradoira
35 cargueiro

36 castelo de popa
37 zona de carga
38 guindastre
39 contedores

1 cheminea
2 fábrica
3 parque industrial
4 nave industrial
5 bloque de apartamentos
6 ximnasio
7 vía férrea
8 circunvalación
9 rúa
10 locomotora
11 tren / convoi
12 terraza
13 campo de fútbol
14 praza / mercado
15 estación de ferrocarril
16 plataforma
17 aparcadoiro

parque público
concello
igrexa
campanario

22 castelo
23 estrada
24 observatorio astronómico

25 arrabalde
26 barrio
27 xardín
28 glorieta

29 centro urbano
30 avenida
31 patio de luces
32 hospital

33 iluminación pública
34 centro comercial
35 cemiterio

1 guindastre
2 marco
3 arnés
4 cume

5 placa
6 albanel
7 trollo
8 cubeta

9 encofrado
10 segundo andar
11 puntais
12 piar / columna

13 porta
14 escada
15 garaxe
16 escavadora

17 amasadora
18 area
19 pa
20 cemento

uralitas	25 aparellador	29 parafuso	33 formigoneira	37 valo
viga	26 antena parabólica	30 punta	34 escaleira	38 peón
planos	27 tellado	31 arandela	35 casco	39 ladrillos
arquitecta	28 fachada	32 porca	36 cono	40 palé

1 volcán
2 pico / cume
3 montaña
4 cordilleira
5 monte
6 aba / faldra
7 bosque
8 meseta
9 fervenza
10 outeiro
11 val
12 río
13 veiga
14 cantil
15 praia
16 ribeira
17 enseada
18 illas
19 península
20 delta / foz

irmán, irmá

substantivo

1 O que é unha persoa en relación con outra que ten o seu mesmo pai e a súa mesma nai: *É o máis novo de tres irmáns.*

2 Persoa que ten as mesmas ideas e proxectos ca outra ou outras: *Os defensores do galego das Irmandades da Fala tratábanse entre eles de irmáns.*

3 Persoa que pertence a unha comunidade relixiosa católica: *As irmás coidaban os anciáns.*

EXP. **Medio irmán, media irmá** O que é unha persoa en relación con outra que ten só o mesmo pai ou só a mesma nai: *Meu pai quedou viúvo, volveu casar e tivo outro fillo, que é meu medio irmán.* SIN. fillastro.

FAM. irmandade, irmandar, irmandiño.

irmandade

substantivo feminino

1 Relación de cariño como a que adoita haber entre os irmáns: *Entre eses dous amigos hai unha verdadeira irmandade.*

2 Asociación de persoas para defenderen unhas mesmas ideas, dereitos ou proxectos: *As Irmandades da Fala naceron para defender o galego e as medievais para loitar contra os abusos da nobreza.*

irmandiño, irmandiña

adxectivo ou substantivo

Que pertence ás irmandades medievais, asociacións de labregos e artesáns que loitaron no século XV contra os abusos dos nobres: *Os irmandiños acabaron sendo vencidos polos nobres.*

ironía

substantivo feminino

Burla consistente en dicir algo de xeito que exprese o contrario do que realmente se quere dicir: *Dicirlle a un gordo que o vai levar o vento é unha ironía.*

FAM. irónico, ironizar.

irracional

adxectivo ou substantivo

1 Que non ten a capacidade da razón ou de pensar: *Os animais son seres irracionais.* ANT. racional.

2 Que non ten sentido: *Bañarse na praia con este frío é irracional.* SIN. atolado, absurdo. ANT. razoable, lóxico.

irradiar

verbo

Referido especialmente a calor ou luz, emitilas ou despedilas: *A calor que ten a Terra irradia do Sol.*

irreal

adxectivo

Que non existe de verdade: *As pantasmas son irreais.* ANT. real.

irregular

adxectivo

Que non é regular xa que non se axusta a ningunha regra nin orde: *Os verbos irregulares non seguen a norma de conxugación do modelo.*

FAM. irregularidade.

irrelevante

adxectivo

Que non ten importancia: *Nos exames cómpre evitar os datos irrelevantes.*

FAM. irrelevancia.

***irremprazable**, a forma correcta é **insubstituíble**.

irrespectuoso, irrespectuosa

adxectivo

Que non garda o respecto ou consideración debidos: *Entrou no museo berrando, de forma irrespectuosa.*

irreverente

adxectivo

Que non amosa o respecto ou consideración debidos: *Os musulmáns consideran irreverente entrar calzado nunha mesquita.*

FAM. irreverencia.

irrigar

verbo

1 Referido a unha terra, regala mediante canles, regos ou calquera outro medio parecido: *Puxo un sistema de rega automática para irrigar a horta.*

2 Referido a un tecido do corpo, achegarlle sangue: *As veas e as arterias irrigan os tecidos do corpo.*

OBS. O *g* cambia en *gu* ante *e*, como en *pagar.*

FAM. irrigación.

irritar

verbo

1 Enfadar moito e pór nervioso: *A calor irritaba o bebé, que se botou a chorar.* SIN. acender, alporizar, excitar. ANT. calmar, serenar, sosegar, tranquilizar.

2 Pór vermella unha parte do corpo de xeito que doe ou proe: *O constipado irritoulle o nariz.*
FAM. irritable, irritación.

irromper
verbo
Entrar ou aparecer con forza e de repente: *Os manifestantes irromperon no aparcadoiro da empresa.*
FAM. irrupción.

irto, irta
adxectivo
Que non pode moverse ou dobrar, especialmente polo frío ou o medo: *Ao ver a manda de lobos quedou irto.* SIN. ríxido, teso.

isca[1]
interxección
Úsase para escorrentar as galiñas e mesmo as persoas: *Isca de aí, que non te quero ver diante!*

isca[2]
substantivo feminino
1 Calquera anaco de materia vexetal que ao estar moi seca arde moi facilmente: *Prendemos o lume cunhas iscas.*
2 Arume.

islam ou islamismo
substantivo masculino
Relixión que foi ensinada por Mahoma: *No islamismo Alá é o deus único.* SIN. mahometismo.
FAM. islámico.

isóbara
substantivo feminino
Nun mapa meteorolóxico, liña que une os puntos da Terra que teñen a mesma presión atmosférica: *As isóbaras do anticiclón unen as altas presións.*

isóscele
adxectivo ou substantivo masculino
Dito dun triángulo, que ten dous lados iguais: *Un triángulo pode ser equilátero, isóscele ou escaleno.*
OBS. Non debe empregarse en singular a forma **isósceles* > *isóscele.*

istmo
substantivo masculino
Parte estreita de terra que une dous continentes ou unha península e un continente: *O istmo de Panamá une América do Norte con América do Sur.*

itinerario
substantivo masculino
Camiño que se percorre para chegar a un lugar: *Explicoume con detalle o itinerario para chegar ata a súa aldea.* SIN. percorrido, ruta.
FAM. itinerante.

izar
verbo
Subir, especialmente unha bandeira ou unha vela, tirando dunha corda: *O soldado izou a bandeira no mastro.* ANT. arriar.
OBS. O *z* cambia en *c* diante do *e*, como en *cazar.*

J

j

substantivo masculino

Letra que non hai no abecedario galego e que só se usa nas palabras doutras linguas: *A palabra* jazz, *que é inglesa, comeza por* j.
OBS. O seu nome é *iota*.

jazz

substantivo masculino

Tipo de música caracterizada polos cambios de ritmo e que ten a súa orixe na música negra norteamericana de finais do século XIX: *No jazz son moi importantes o contrabaixo e o saxofón.*

jeep

substantivo masculino

Marca que lle dá nome a un tipo de automóbiles preparados para circular por calquera terreo: *Para facer o safari fotográfico dispuñamos de dous jeeps.*

jóckey

substantivo masculino

Xinete profesional de carreiras de cabalos: *Os jóckey deben ter pouco peso.*

judo

substantivo masculino

Deporte en que dúas persoas pelexan de acordo con certas regras usando só os pés e as mans: *O judo é orixinario do Xapón.*
FAM. judoka.

júnior

adxectivo

1 Máis novo: *O Antón júnior é xa avogado.*

adxectivo ou substantivo

2 Dito dun deportista, que pola súa idade pertence á categoría que está entre xuvenil e sénior: *Participa nun equipo júnior de judo.*
OBS. O plural é *júniors* ou *júniores*.

K

k

substantivo masculino

Letra que non é do abecedario galego e que só se usa en palabras doutras linguas: *A palabra* kiwi *comeza por un* k.

OBS. O seu nome é *ka*.

ka

substantivo masculino

Nome da letra *k*: *O ka é alleo ao abecedario galego.*

karaoke

substantivo masculino

Entretemento que consiste en cantar en público unha canción coa axuda de acompañamento musical gravado e da letra da canción que aparece nunha pantalla: *Os xaponeses son moi afeccionados ao karaoke.*

kamikaze

substantivo masculino

Na Segunda Guerra Mundial, piloto de guerra xaponés que estrelaba o avión cargado de explosivos contra un obxectivo inimigo: *Os kamikaxes lanzaban os seus avións contra barcos estadounidenses.*

karate

substantivo masculino

Deporte en que dúas persoas pelexan de acordo con certas regras e usando as mans, os cóbados e os pés: *O karate é un deporte de orixe xaponesa.*

FAM. karateka.

kétchup

substantivo masculino

Salsa de tomate que leva vinagre, azucre e outras especias: *Botoulle kétchup á hamburguesa.*

kiwi

substantivo masculino

Froita verde, en forma de ovo, coa casca chea de pelos e con moitas pebidas dentro: *Tomaba de sobremesa un iogur de kiwi.*

*koala, a forma correcta é coala.

L

l

substantivo masculino

Letra número dez do abecedario galego: *A palabra* lobo *comeza por* l.

OBS. Cando é dobre pronúnciase como en *culler* e non se pode partir no remate de liña: *cu-ller* e non **cul-ler*. Cando se debe escribir con inicial maiúscula só se grafa con maiúscula o primeiro ele: *Llama*.

la[1]

substantivo feminino

1 Pelo que cobre o corpo dalgúns animais, especialmente da ovella e do carneiro: *Cómpre rapar esas ovellas para quitarlles a la.*

2 Fío ou tecido elaborado a partir deste pelo: *Mercou un xersei de la pura.*

FAM. lanar, lanuxe.

la[2]

substantivo masculino

Sexta nota da escala musical: *O la vai despois do sol e antes do si.*

labarada

substantivo feminino

Laparada.

labazada

substantivo feminino

Golpe dado na cara coa man aberta: *É tan violento que lle ofreceu unha labazada.* SIN. lambada, lapada, lapote, sopapo.

laberinto, a forma correcta é **labirinto**.

labia

substantivo feminino

Facilidade e graza para falar: *Convence a todos porque ten moita labia.* SIN. verba.

labio

substantivo masculino

Cada un dos bordos carnosos que pechan a boca: *Para pecharmos a boca, apertamos os labios.* SIN. beizo.

labirinto

substantivo masculino

Lugar formado por moitos camiños que se cruzan e no que é moi difícil atopar a saída: *O centro histórico da cidade é un labirinto de rúas estreitas.*

labor

substantivo masculino

1 Traballo, obriga ou cousa que unha persoa ha de facer: *O labor dos escolares é estudar.* SIN. faena, ocupación, quefacer, traballo, tarefa.

2 Obra que se fai á man ou á máquina con la ou calquera outro fío: *A calceta é un labor.*

FAM. laborable, laboral, laboratorio, laboriosidade, laborioso.

laborable ou **laborábel**

adxectivo ou substantivo masculino

Dito dun día, que se traballa nel: *O luns é un día laborable.* SIN. solto. ANT. festivo.

laboral

adxectivo

Do traballo ou relacionado con el: *O dereito laboral establece os dereitos e as obrigas dos traballadores.*

laboratorio

substantivo masculino

Lugar cos instrumentos e aparellos necesarios para facer unha investigación ou un traballo técnico: *As mostras de sangue analízanse no laboratorio.*

laborioso, laboriosa

adxectivo

1 Que traballa moito: *As abellas e as formigas son insectos moi laboriosos.* SIN. traballador. ANT. lacazán, nugallán, preguizoso, vago.

2 Que se fai con moito traballo e esforzo: *Colocar tantos libros é unha tarefa laboriosa.* SIN. penoso, traballoso. ANT. sinxelo.

FAM. laboriosidade.

labra

substantivo feminino

Tira delgada que sae ao traballar a madeira e outros materiais: *Cando afiamos o lapis saen labras.* SIN. lasca.

labrador, labradora

adxectivo ou substantivo

Que se dedica a cultivar o campo: *A vida do labrador é moi sacrificada.* SIN. campesiño, labrego, paisano.

labranza

substantivo feminino

Traballo consistente en traballar o campo: *Nas aldeas moitas persoas dedícanse á labranza.*

labrar

verbo

1 Mover a terra facendo regos: *Labraron a terra para sementar trigo.* SIN. arar.

2 Traballar un material como a madeira ou a pedra para darlle unha determinada forma: *O Pórtico da Gloria está labrado en pedra.*

labrego, labrega

adxectivo

1 Que é propio do campo: *Herdou dos seus avós unha casa labrega.*

substantivo

2 Persoa que traballa no campo e vive del: *Os labregos temen as secas.* SIN. campesiño, labrador, paisano.

laca

substantivo feminino

1 Produto líquido e sen cor que se lle bota ao pelo para que non se mova: *A laca serve para fixar o peiteado.*

2 Substancia dura e brillante que se saca dalgunhas árbores asiáticas e que se usa para pintar mobles: *Ese moble está recuberto por unha capa de laca.*

FAM. lacar.

lacaio

substantivo masculino

Antigo criado que tiña como traballo principal acompañar o amo: *O lacaio abriulle a porta da carruaxe ao amo.*

lacazán, lacazana

adxectivo ou substantivo

Nugallán.

FAM. lacazanear.

lacón

substantivo masculino

Pata dianteira do porco, especialmente curada e salgada: *Pediu lacón con grelos.*

FAM. lacoada.

lacrimal

adxectivo

Das lágrimas ou relacionado con elas: *As glándulas lacrimais segregan as lágrimas.*

lacrimóxeno, lacrimóxena

adxectivo

Que fai chorar: *A policía empregou gases lacrimóxenos contra os manifestantes.*

lactación

substantivo feminino

1 Feito de mamar un mamífero: *A nai ten dereito a saír antes do traballo para a lactación do bebé.*

2 Período da vida dos mamíferos en que se alimentan do leite materno ou doutro semellante: *A lactación dos bebés dura habitualmente os seis primeiros meses.*

FAM. lactante.

***lactancia**, a forma correcta é **lactación**.

lácteo, láctea

adxectivo

Do leite ou derivado del: *Os iogures son produtos lácteos.*

lacustre

adxectivo

Dun lago ou que vive nas súas augas ou ribeiras: *Os poboados lacustres levantan as súas casas enriba dos lagos sobre piares.*

ladaíña
substantivo feminino
Oración que reza unha persoa e que é repetida ou contestada polos demais: *Despois do rosario, rézanse as ladaíñas á Virxe.*

ladear
verbo
Inclinar ou torcer cara a un lado: *O rapaz ladeou a cabeza cara á esquerda.*

ladeira
substantivo feminino
Parte inclinada da montaña que vai da parte alta á baixa: *Unha gran rocha caeu da cima rodando pola ladeira.*
OBS. É distinto de *aba, faldra, pé,* 'parte baixa dun monte ou montaña'.

*ladilla, a forma correcta é **piollo pato**.

lado
substantivo masculino
1 Metade dereita ou esquerda dun corpo: *O volante está no lado esquerdo do coche.*
2 Cada unha das dúas superficies planas de algo: *As moedas teñen dous lados, cara e cruz.*
3 Cada unha das partes situadas á esquerda ou á dereita de algo: *Os coches circulan polo lado dereito das estradas.* SIN. costado, flanco.
4 Sitio ou lugar: *Iremos a calquera lado.*
5 Aspecto desde o que se debe considerar algo: *Tes que mirar as cousas polo lado bo e non polo malo.*
6 En matemáticas, cada unha das liñas que limitan e forman un ángulo, un polígono ou a cara dun poliedro regular: *Un cadrado ten catro lados iguais.*
EXP. **Ao lado de** 1) Moi cerca: *Vive ao lado do colexio.* SIN. á beira, a carón de, ao pé de, xunto a, xunta. 2) En comparación con: *Esa camisa, ao lado da outra, non vale nada.* 3) A favor ou a prol de: *Sempre se pon ao lado do fillo.* **De lado** Sobre un dos lados ou inclinado, torcido: *Anda de lado.*
FAM. ladear, ladeira, ladrairo, ladral, lateral.

ladrairo ou ladral
substantivo masculino
No carro tradicional galego, estrutura de táboas que se pon en cada un dos lados, entre os fungueiros, para que non caia a carga: *Antes de cargar as patacas, cómpre poñerlle ao carro os ladrais para que non caian.*

ladrar
verbo
Emitir o can a súa voz característica: *O can ladrában ao descoñecido.*
FAM. ladrador, ladrido.

ladrillo
substantivo masculino
Peza de arxila cocida de forma rectangular e con buracos que se usa para construír muros e paredes: *As paredes desa casa son de ladrillo.*

ladroízo
substantivo masculino
1 Feito de roubar ou de apoderarse de algo que é doutro: *Fixo un ladroízo na biblioteca pois roubou varios libros.* SIN. furto, roubo.
2 Feito de cobrar moito máis do xusto: *Cobrarche cincuenta euros por esa camisa foi un ladroízo.* SIN. estafa, roubo.

ladrón, ladroa ou ladra
substantivo ou adxectivo
Que rouba: *Entroulles na casa un ladrón e levoulles o televisor.*
OBS. O feminino tamén pode ser *ladra.*

lagaña
substantivo feminino
Líquido que se forma nos bordos e ángulos internos dos ollos, xeralmente durante o sono, e que se pon duro cando seca: *Lava ben a cara para quitar as lagañas dos ollos.*
SIN. lepa.
FAM. lagañoso.

lagar
substantivo masculino
Lugar que conta cos elementos necesarios para obter o zume da uva, das olivas ou da mazá: *Nos antigos lagares pisábanse as uvas para facer o viño.*

lagarta
substantivo feminino
Réptil de tamaño pequeno, con catro patas curtas e un rabo longo: *As lagartas aliméntanse de insectos.*
OBS. É incorrecta a forma **lagartixa.*

lagarteiro

substantivo masculino

Ave de rapina diúrna, de cor canela con manchas negras e que se alimenta de lagartos e paxaros pequenos: *O lagarteiro voa no ceo de forma maxestosa.*

lagarto

substantivo masculino

Réptil de extremidades curtas, de cor verdosa, con rabo longo: *Os lagartos teñen o corpo cuberto de escamas.*

EXP. **Lagarto arnal** O grande e de cabeza robusta, de cor verde escura con pintas azuis ou de cabeza azul: *Os lagartos arnais non son velenosos.*

lago

substantivo masculino

Gran masa de auga, xeralmente doce, depositada nunha zona afundida do terreo: *En Suíza hai moitos lagos.*

FAM. lagoa.

lagoa

substantivo feminino

1 Lago pequeno: *A lagoa de Antela foi desecada.*

2 O que non se sabe ou non se lembra: *O avó ás veces ten lagoas e non lembra feitos da súa vida.*

lagosta

substantivo feminino

1 Crustáceo mariño comestible con cinco pares de patas, catro antenas, ollos saíntes, corpo alongado e cilíndrico, cola longa e grosa e cuxa carne é moi saborosa: *A lagosta vive en mar aberto.*

2 Insecto saltador que se reproduce moi rapidamente e que se alimenta de vexetais: *As lagostas desprázanse formando grandes nubes e estragan os cultivos.*

lagostino

substantivo masculino

1 Crustáceo mariño que ten cinco pares de patas transformados en pinzas grandes e fortes, de abdome longo protexido por placas e cunha cola ancha de cor avermellada: *De primeiro puxeron lagostinos cocidos.* SIN. cigala.

2 Crustáceo mariño con cinco pares de patas, de cor gris ou amarela verdosa e co corpo cuberto por unha cuncha pouco consistente: *Puxeron de entrante uns lagostinos cocidos.*

lágrima

substantivo feminino

Gota de auga salgada que sae polos ollos ao chorar: *Coa emoción, os ollos enchéronselle de lágrimas.* SIN. bágoa, bagulla.

laiar

verbo

Expresar pena ou sufrimento por choros, xemidos ou palabras: *Láiase de que ten moito traballo.* SIN. lamentarse, queixarse.

FAM. laído, laio.

laico, laica

adxectivo ou substantivo

1 Que non é cura nin pertence a ningunha orde relixiosa: *Os sacerdotes forman o clero, pero os laicos non.* SIN. leigo. ANT. eclesiástico.

2 Que se mantén á parte de calquera relixión: *No ensino laico non existe a relixión como materia.* SIN. aconfesional. ANT. confesional.

FAM. laicado, laicismo, laicista.

laído ou laio

substantivo masculino

Expresión de dor ou pena: *No vestiario oíanse os laios dos xogadores derrotados.* SIN. lamento, queixa, queixume.

OBS. É distinto de *laido*, 'desagradable á vista'.

laido, laida

adxectivo

Desagradable á vista: *Ese rapaz é un laidiño.* SIN. feo. ANT. belo, bonito, feito, fermoso, guapo, lindo.

OBS. É distinto de *laído*, 'expresión de dor ou pena'.

lama

substantivo feminino

Mestura de terra e auga: *Cando chove, o camiño énchese de lama.* SIN. bulleiro, lodo, trollo.

FAM. lamacento, lamazal, lameiro.

lambada

substantivo feminino

Golpe dado na cara coa man aberta: *Teu curmán pegoume unha lambada.* SIN. labazada, lapote, sopapo.

lambedela ou **lambedura**
substantivo feminino
Cada unha das veces que se pasa a lingua con forza sobre algo: *O cativo dáballe unhas boas lambedelas ao xeado de chocolate.* SIN. lambetada.

lamber
verbo
Pasar a lingua repetidas veces sobre algo: *O gato lambía o leite do chan.*
FAM. lambedela, lambedura, lamberetada, lambereteiro, lambetada, lambeteiro, lambiscada, lambiscar, lambón, lambonada.

lamberetada
substantivo feminino
Lambonada.

lambereteiro, lambereteira
adxectivo ou substantivo
Lambón.

lambetada
substantivo feminino
1 Lambonada.
2 Lambedela.

lambeteiro, lambeteira
adxectivo ou substantivo
Lambón.

lambiscada
substantivo feminino
1 Pequena cantidade de alimento, especialmente se se toma entre comidas: *Tomei ás once unha lambiscada de queixo.* SIN. petisco.
2 Lambonada.

lambiscar
verbo
Petiscar.
OBS. O *c* cambia en *qu* diante do *e*, como en *sacar*.
FAM. lambiscada.

lambón, lambona
adxectivo ou substantivo
1 Que lle gustan as lambonadas: *Ese rapaz come moitos caramelos porque é un lambón.* SIN. lambereteiro, lambeteiro, larpeiro.
2 Que come moito: *Nunca farta, porque é unha lambona.* SIN. comellón, lapón, larpán, larpeiro.

lambonada
substantivo feminino
Alimento, habitualmente doce, que sabe moi ben: *Os caramelos, os xeados e os pasteis son lambonadas.* SIN. lambada, lamberetada, lambetada, lambiscada, larpeirada.

lameira
substantivo feminino
Terreo moi húmido, con auga ou con lama: *A inundación converteu este leiro nunha lameira.* SIN. bulleiro, lamazal, trollo.

lameiro
substantivo masculino
Terreo moi húmido onde medran a herba e algúns arbustos: *As vacas pastaban no lameiro.* SIN. braña, tremedal, trollo.

lamentar
verbo
Ter pena ou desgusto por algo ou manifestalos: *Lamentaban todos a morte do avó.* SIN. laiar, queixarse.
FAM. lamentable, lamentación, lamento.

lamento
substantivo masculino
Son ou palabras que expresan dor, pena ou desgusto: *Polos lamentos que botaba víase que tiña moita dor.* SIN. laído, laio.

lamia
substantivo feminino
Lámina de ferro que rodea a roda do carro para protexelo: *As rodas de carro son de madeira, mais protexidas cunha lamia de ferro.*
OBS. É distinto de *pina*, 'roda de ferro sobre a que se monta o pneumático dos coches, motos e bicicletas'.

lámina
substantivo feminino
1 Anaco delgado e plano de calquera material: *Para evitar os ruídos forrei as paredes do cuarto con láminas de cortiza.*
2 Debuxo impreso nun papel: *Os libros de historia traen moitas láminas de cadros famosos.*
FAM. laminar.

lámpada
substantivo feminino
1 Aparello que produce luz artificial, habitualmente grazas á electricidade: *Na miña casa temos lámpadas de baixo consumo.*

2 Aparello que serve de soporte aos que producen luz: *No teito do salón ten unha lámpada pendurada no teito e outras dúas lámpadas de mesa.*

lampantín, lampantina
adxectivo ou substantivo
Que non lle gusta traballar ou actúa sen seriedade: *Ese lampantín non fixo nada en toda a mañá.* SIN. lacazán, loubán, nugallán.

lampo, lampa
adxectivo
Que non ten barba: *É un home de cara lampa.* SIN. imberbe.

lamprea
substantivo feminino
Peixe comestible de corpo alongado e cilíndrico, que vive parte da súa vida no mar e parte no río e que posúe na boca unha ventosa coa que chucha o sangue doutros peixes para se alimentar: *Son célebres as lampreas de Arbo.*

lanar
adxectivo
Da la ou relacionado con ela: *Os carneiros e as ovellas forman o gando lanar.*

lance
substantivo masculino
Suceso, acontecemento ou situación que resultan difíciles, perigosos ou interesantes: *A miña discusión con teu curmán foi un lance desgraciado.* SIN. episodio, transo.

lancha
substantivo feminino
Embarcación pequena, de remos ou con motor: *A lancha adoita ser máis grande ca o bote.*

landra
substantivo feminino
Froito de cor marrón e casca dura, de forma oval e que se une á póla por unha especie de caparucha: *Os carballos, as aciñeiras e as sobreiras producen landras.* SIN. belota.

*langosta, a forma correcta é **lagosta**.

langrán, langrana
adxectivo e substantivo
Dito dunha persoa, de corpo longo e forte pero que non lle gusta traballar: *Ese rapaz é un langrán de case dous metros que non estuda nin traballa.*

lanterna
substantivo feminino
Aparello que se colle coa man, cunha lámpada e que dá luz: *O policía iluminou a sala escura cunha lanterna.*

lanuxe
substantivo feminino
Po e sucidade que se forma no chan, especialmente debaixo dos mobles, cando non se limpa: *Debaixo desa cama hai moita lanuxe.*
OBS. É distinto de *peluxe* e de *penuxe.*

lanza
substantivo
Arma formada por unha barra longa cunha punta de metal: *Os cabaleiros medievais loitaban con lanza e espada.*

lanzachamas
substantivo masculino
Arma portátil que lanza un líquido que arde: *Na II Guerra Mundial empregáronse os lanzachamas.*

lanzafoguetes
substantivo masculino
Arma que lanza foguetes: *A artillaría moderna dispón de lanzafoguetes.*

lanzal
adxectivo
Alto, delgado e elegante: *Os celtas de Pondal eran guerreiros lanzais.* SIN. esvelto.

lanzamento
substantivo masculino
1 Feito de botar algo para que saia con forza cara a unha dirección: *O dianteiro fixo o lanzamento da falta e o balón deu na barreira.*
2 Anuncio que se fai para dar a coñecer algo, especialmente un produto novo: *Unha campaña publicitaria fixo o lanzamento dese novo deterxente.*
3 Proba deportiva que consiste en lanzar ou botar o máis lonxe posible un determinado obxecto: *Os lanzamentos poden ser de martelo, disco e xavelina.*

lanzar
verbo
1 Botar un obxecto con forza para que saia nunha determinada dirección: *O rapaz lan-*

zou a pedra contra o cristal. SIN. arrebolar, botar, ceibar, guindar, mandar, tirar.
2 Dirixir algo contra unha persoa: *Lanzoulle unha mirada de enfado.*
3 Dar a coñecer algo que resulta novo, especialmente un produto: *Na primavera lanzaremos un novo modelo de coche.*
4 Producir algo e botalo fóra con forza: *O volcán lanzaba a lava polo cráter.* SIN. despedir, emitir.
5 **lanzarse** Comezar a facer algo con moito ánimo e sen pensalo: *Lanzouse a aprender informática.*
6 Botarse sobre algo ou alguén: *O tigre lanzouse sobre a gacela.* SIN. botarse, precipitarse, chimparse.
OBS. O *z* cambia en *c* diante do *e*, como en *cazar*.
FAM. lanzal, lanzamento, lanzafoguetes, lanzachamas.

laña
substantivo feminino
1 Abertura longa e estreita nunha superficie sólida, sen que chegue a abrir por completo: *O frío causoulle lañas nas mans.* SIN. greta, fenda.
2 Feito de abrir o peixe para sacarlle as tripas e a cabeza: *Hai que facer a laña desas sardiñas para poñelas en salmoira.*

lañar
verbo
1 Abrir o peixe para sacarlle as tripas e mais a cabeza: *O rapaz estaba a lañar unhas sardiñas.*
2 Facer aparecer unha ou máis lañas ou gretas: *O frío lañoulle os labios.* SIN. fender, gretar, regañar.

lapa[1]
substantivo feminino
Molusco mariño comestible de cuncha lisa e que vive pegado ás rochas da costa: *As lapas teñen unha cuncha en forma de cono.*

lapa[2]
substantivo feminino
O que se produce cando algo se queima de xeito que desprende luz e calor: *O lume do incendio tiña unhas lapas moi grandes.* SIN. chama.
FAM. laparada.

lapada
substantivo feminino
Labazada.

lapar
verbo
1 Comer moi de présa e sen mastigar: *Axiña lapou o prato das patacas.* SIN. larpar.
2 Comer un animal facendo un ruído característico: *A cadela lapaba o leite do prato.* SIN. larpar.
3 Apoderarse do que non é dun sen que ninguén se dea de conta: *Seica un estafador lle lapou uns mil euros.* SIN. larpar.

laparada
substantivo feminino
Chama moi grande: *Víanse ao lonxe as laparadas do incendio.* SIN. labarada.

lapela
substantivo feminino
Parte dunha peza de vestir, como unha chaqueta, ou doutras cousas, como un libro, que se dobra sobre si mesma: *Como ía frío cruzou as lapelas do abrigo sobre o peito.* SIN. solapa.

lápida
substantivo feminino
Pedra plana e lisa sobre a que se escribe algo, especialmente a que se coloca sobre unha sepultura: *Nas lápidas dos cemiterios está escrito o nome das persoas enterradas.*
FAM. lapidar.

lapis
substantivo masculino
Cilindro estreito de madeira que ten dentro unha barra de grafito e que serve para escribir e debuxar: *Para debuxar úsanse os lapis.*
EXP. **Lapis de labios** Barra de cor que serve para pintar os labios: *Levaba no bolso un lapis de labios vermello.* **Lapis de ollos** Barra de cor que serve para pintar as pálpebras dos ollos: *Mercou na perfumaría un lapis de ollos.* SIN. lapiseiro.
OBS. É invariable en canto ao número: *o lapis/os lapis.*

lapiseiro
substantivo masculino
Lapis.

***lápiz**, a forma correcta é **lapis**.

lapón, lapona
adxectivo ou substantivo
Lambón.

lapote
substantivo masculino
Labazada.

lar
substantivo masculino
1 Lareira.
2 Fogar.

larada
substantivo feminino
Montón de leña que arde con grandes chamas: *Na lareira había unha boa larada.* SIN. cacharela, fogueira, lumarada.

larafuceiro, larafuceira ou **larafuzas**
adxectivo ou substantivo
Que mancha moito a cara ao comer: *Tes a cara manchada de chocolate e pareces un larafuzas.*

laranxa
adxectivo ou substantivo masculino
1 Da cor que resulta de mesturar vermello e amarelo: *Moitos varredores levan chaquetas e camisas laranxa.*
substantivo feminino
2 Froita de forma arredondada, de cor entre amarela e vermella e que ten moito zume: *Ao almorzar sempre tomo un zume de laranxa.*
FAM. laranxada, laranxal, laranxeira.

laranxada
substantivo feminino
Bebida feita con zume de laranxa ou que sabe a laranxa: *A boa laranxada é a que só leva zume de laranxa.*

laranxal
substantivo masculino
Terreo plantado de laranxeiras: *Na Comunidade Valenciana hai moitos laranxais.*

laranxeira
substantivo feminino
Árbore de pouca altura e de folla perenne que dá como froito as laranxas: *A laranxeira é propia do clima mediterráneo.*

larapetas
adxectivo ou substantivo
Que fala de máis, sobre todo cando debía calar: *É un larapetas que non sabe gardar un segredo.* SIN. laretas, lareto, lercho, lingoreteiro. ANT. calado, reservado.

larapeteiro, larapeteira
adxectivo ou substantivo
Larapetas.

lardo
substantivo masculino
Graxa que cría o porco debaixo da pel, especialmente a do xamón: *Non lle gusta o xamón con lardo.*

lareira
substantivo feminino
Pedra plana situada a pouca altura do chan onde se fai o lume para cociñar nas casas tradicionais galegas: *Sobre a lareira adoita ir colocada unha cambota.* SIN. lar.

laretar
verbo
Falar moito e sen xeito ou dicindo o que debía calar: *Non lle contes ningún segredo porque o lareta todo.* SIN. baduar, latricar.
FAM. laretas, lareto.

laretas
adxectivo ou substantivo
Larapetas.

lareto
adxectivo ou substantivo
Larapetas.

largar
verbo
1 Botar as redes ao mar: *O pesqueiro largou as redes para pescar.*
2 Marchar dun sitio con présa: *Rematado o xantar, largamos de alí.*
OBS. Cambia o *g* en *gu* diante do *e*, como en *pagar*.

largo, larga
adxectivo
1 Que ten certa distancia de lado a lado: *Están a facer máis larga a rúa, para que teña un carril máis para os coches.* SIN. ancho. ANT. estreito.
2 Que queda amplo e non se axusta ou cingue: *Adelgazou moito e agora as camisas*

quédanlle largas. SIN. amplo, ancho, folgado. ANT. estreito.
substantivo
3 Distancia que hai de lado a lado: *Os cadrados teñen a mesma medida de largo ca de longo.* SIN. ancho, anchura.
OBS. É distinto de *longo*, 'que ten certa lonxitude'.
FAM. largueza, largura.

largura
substantivo feminino
1 Distancia máis pequena dunha superficie plana: *Esta ventá ten menos altura ca largura.* SIN. ancho, anchura, largo.
2 Distancia que hai entre os dous lados de algo: *A camiseta esa ten máis largura ca a do talle menor.* SIN. ancho, anchura, largo.

larinxe
substantivo feminino
No sistema respiratorio dalgúns vertebrados, órgano en forma de tubo que se sitúa entre a farinxe e a traquea: *As cordas vocais están na larinxe.*
FAM. larinxite.

larpán, larpana
adxectivo ou substantivo
Lambón.

larpar
verbo
Lapar.

larpeirada
substantivo feminino
Lambonada.

larpeiro, larpeira
adxectivo ou substantivo
Lambón.

larva
substantivo feminino
En zooloxía, animal novo en estado de desenvolvemento cando acaba de saír do ovo e é moi diferente do adulto: *O cágado é a larva da ra e a eiruga, da bolboreta.*

lasca
substantivo feminino
1 Tira delgada que sae ao traballar a madeira e outros materiais: *Cando afiamos o lapis saen lascas.* SIN. labra.
2 Pedra pequena e plana que se desprende doutra máis grande: *Saíron da rocha algunhas lascas.*

láser
substantivo masculino
1 Feixes luminosos dunha soa cor moi intensos e de forte radiación: *O raio láser úsase moito en medicina.*
2 Aparello que produce estes feixes de luz: *Nese hospital teñen un láser moi moderno para tratar os tumores cancerosos.*

lastra
substantivo feminino
Pedra grande, plana e lisa: *Ese vello camiño está pavimentado con lastras.* SIN. laxe.
FAM. lastrar.

lastre
substantivo masculino
Nun barco, peso que se coloca no fondo para conseguir que afunda o necesario para que manteña a súa estabilidade: *As ondas movían o barco por falta de lastre.*
FAM. lastrar.

lastro
substantivo masculino
Bloque de pedra rectangular que se usa para facer o piso dalgunhas rúas: *As rúas de lastros son moi incómodas para andar en bicicleta.*

lata
substantivo feminino
1 Folla moi delgada de metal: *Os envases das conservas e de moitos refrescos son de lata.*
2 Recipiente feito con este material: *Mercou dúas latas de bonito.*
OBS. Non debe empregarse co significado de 'fastío que producen algo ou alguén'.

latar
verbo
Faltar á clase sen permiso: *Castigáronos porque lataron á clase de matemáticas.*

látego
substantivo masculino
Obxecto formado por unha corda ou correa atada a un pau e que se usa para dar golpes: *Os domadores dos circos adoitan levar látego.*
FAM. lategazo.

lateral
adxectivo
1 Que está situado nun lado: *Saíron do teatro por unha porta lateral.*
substantivo masculino
2 O que está nun lado: *Os laterais dun equipo ocupan os lados da defensa.*

latexar
verbo
Moverse o corazón ou calquera outra parte do corpo con regularidade: *O corazón latexa cos movementos de sístole e diástole.* SIN. palpitar.
FAM. latexo.

latexo
substantivo masculino
Cada un dos movementos regulares do corazón ou doutra parte do corpo: *O esforzo físico aumenta os latexos do corazón.*

latifundio
substantivo masculino
Terreo agrícola de grande extensión e que pertence a un só dono: *En Andalucía hai moitos latifundios.* ANT. minifundio.

latín
substantivo masculino
Lingua que falaban os antigos romanos: *O latín falouse en todo o Imperio romano e del derivan linguas como o galego.*
FAM. latinismo, latino.

latino, latina
adxectivo ou substantivo
Dun país en que se fala algunha lingua derivada do latín: *Os franceses, os italianos e os arxentinos son latinos.*

latinoamericano, latinoamericana
adxectivo ou substantivo
De calquera país de América que fala unha lingua de orixe latina: *Os arxentinos e os brasileiros son latinoamericanos.*

latitude
substantivo feminino
Distancia que existe desde un punto da superficie terrestre ata o paralelo do Ecuador, e que se mide en graos, minutos e segundos ao longo dun meridiano: *Os lugares sitúanse grazas á súa latitude e á súa lonxitude.*

latón
substantivo masculino
Aliaxe de cobre e zinc: *Eses adornos non son de ouro, senón de latón dourado.*

latricar
verbo
Falar moito e sen xeito: *Non di nada importante, só latrica.* SIN. baduar, leriar.
OBS. O *c* cambia en *qu* diante do *e*, como en *sacar*.

latrina
substantivo feminino
Lugar en que se mexa e se defeca, especialmente nos cuarteis: *Ordenáronlle limpar as latrinas do cuartel.*

laúde
substantivo masculino
Instrumento músico de corda parecido á guitarra, pero máis pequeno e que pode ter sete, trece ou vinte e unha cordas: *Para tocar o laúde hai que pulsar as cordas cunha puga.*

laúdo, laúda
adxectivo
Que está cuberto de la: *As ovellas son animais laúdos.*

lava
substantivo feminino
Material líquido, espeso e moi quente que lanzan os volcáns ao exterior: *Ao arrefriar a lava, fórmanse rochas.*

lavabo
substantivo masculino
1 Especie de recipiente con billa e desaugadoiro que hai nos cuartos de baño para lavar as mans e a cara: *Os lavabos teñen forma de pía.*
2 Cuarto de baño: *Vou ao lavabo para ouriñar.*

lavado
substantivo masculino
Limpeza que se fai con auga ou con outro líquido: *Deille hoxe ao coche un bo lavado.*

lavadoiro
substantivo masculino
Lugar cunha pía grande para a auga e unha pedra ou táboa planas para lavar a roupa á

man: *Nalgúns lugares aínda se conservan os lavadoiros tradicionais.*

lavadora
substantivo feminino
Electrodoméstico que serve para lavar a roupa: *Instalou a lavadora na cociña.*

lavadura
substantivo feminino
Comida tradicional para os porcos feita coa auga de lavar a louza, fariña, pelas de patacas e restos de comida: *O porco comía a lavadura da maseira.*

lavalouza
substantivo feminino
Electrodoméstico para lavar os pratos e outros utensilios de cociña: *Meteu os pratos e as potas do xantar na lavalouza.*
OBS. É de xénero feminino e non masculino: **o lavalouza* > *a lavalouza.*

lavandaría ou **lavandería**
substantivo feminino
Lugar con grandes lavadoras onde se leva a roupa para lavala: *Os hoteis adoitan ter boas lavandarías.*

lavandeira
substantivo feminino
1 Muller que traballaba lavando á man a roupa: *Hoxe xa non quedan lavandeiras.*
2 Paxaro pequeno de cor gris ou verdosa polo lombo e branca e amarela polo ventre: *As lavandeiras viven en lugares húmidos como as beiras dos ríos.*

lavar
verbo
Limpar con auga ou con outro líquido adecuado: *Antes de comer, cómpre lavar as mans.*
FAM. lavabo, lavado, lavadoiro, lavadora, lavalouza, lavandeira, lavandaría.

laverca
substantivo feminino
Paxaro de cor parda con pencas escuras, pequena crista e de canto moi agradable: *As lavercas aniñan entre a herba, no chan.*

laverco, laverca
adxectivo ou substantivo
Moi falador e que se mete en todo: *É un laverco que opina sobre a vida de todo o mundo.*

laxante
adxectivo ou substantivo masculino
Dito dun medicamento ou substancia, que fai defecar: *Estaba moi estrinxido e a médica receitoulle un laxante.*

laxe
substantivo feminino
Pedra grande, plana e lisa: *Os rapaces escorregaban pola laxe.* SIN. lastra, lousa.

lazada
substantivo feminino
Lazo que se solta tirando dunha punta: *O cativo xa aprendeu a facerlles a lazada aos amallós dos zapatos.*

lazareto
substantivo masculino
Lugar destinado a ter ou observar as persoas que poden ter unha enfermidade contaxiosa como por exemplo a lepra ou o cólera: *O lazareto da illa de San Simón foi usado como cárcere para presos políticos polo franquismo.*

lazo[1]
substantivo masculino
1 Especie de nó que serve para suxeitar algo ou adornalo: *Suxeitaba o pelo cun bonito lazo azul.*
2 Corda cun nó nun dos seus extremos e que se usa para atrapar animais: *O vaqueiro atrapou o touro co lazo.*
3 Relación estreita entre persoas: *Entre eles dous hai lazos de amizade.* SIN. nó.
FAM. lazada, enlazar, enlace.

lazo[2]
substantivo masculino
Capa de xeo que se forma na superficie da auga polo moito frío: *As pozas apareceron cubertas de lazo polo frío da noite.* SIN. carambelo.
FAM. lazar.

lea
substantivo feminino
1 Conxunto de cousas mesturadas e sen orde: *No armario ten unha lea de roupa.* SIN. enredo, maraña.
2 Situación moi difícil de solucionar: *Con esa avaría teñen unha boa lea.* SIN. complicación, dificultade, enredo, leria, marfallada.

3 Situación de discusión e berros entre dúas ou máis persoas: *Na rúa formouse unha boa lea entre os seareiros do Coruña e do Celta.* SIN. alboroto, barullo, lea, liorta, rebumbio.

leal
adxectivo
1 Dito dunha persoa, que nunca engana aos demais nin os traizoa: *Os amigos han ser leais.* SIN. fiel. ANT. desleal, traidor, traizoeiro.
2 Dito dun animal, que non abandona o seu amo: *Os cans son moi leais.* SIN. fiel. ANT. desleal.

lealdade
substantivo feminino
1 Comportamento da persoa que non engana aos demais nin os traizoa: *Os amigos distínguense pola súa lealdade.* SIN. fidelidade. ANT. deslealdade.
2 Comportamento do animal que nunca abandona o amo: *Os cans son dunha gran lealdade.* SIN. fidelidade. ANT. deslealdade.

lear
verbo
1 Envolver sobre si mesmo: *Leou a manta e atouna cun cordel.*
2 Xuntar cousas uníndoas cunha corda ou algo semellante: *Leou os folios cunha goma.* SIN. ligar. ANT. deslear.
3 Envolver de forma desordenada e sen xeito: *Non volvas lear a mangueira.* SIN. encerellar, enguedellar, enmarañar, enredar. ANT. desenguedellar, desenlear, desenmarañar, desenredar.
4 **learse** Ter unha pelexa: *Leáronse e ata chegaron ás mans.*

lebracho
substantivo masculino
Cría nova da lebre: *A lebre aleitaba os lebrachos.*

lebre
substantivo feminino
Animal parecido ao coello, coas patas de atrás máis longas e máis fortes ca as de adiante e que corre moito: *As lebres viven nos terreos chans e non fan tobos.*

lección
substantivo feminino
1 Cada unha das partes en que se dividen os libros de texto que estudamos: *A mestra explicou a lección.*
2 Explicación falada ou práctica sobre algunha materia: *Déronlle varias leccións de baile galego.*
3 O que nos ensina algo ou serve para que aprendamos dos nosos erros: *A multa servirache de lección e non pasarás o semáforo en vermello.* SIN. escarmento.

lecer
verbo
Tempo libre para descansar ou entreterse con algo: *Aproveita o lecer da tardiña para ler.* SIN. ocio, vagar.

lector, lectora
adxectivo ou substantivo
1 Que le ou é afeccionado a ler: *Os lectores dos xornais poden opinar con cartas ao director.*
substantivo masculino
2 Aparello que recoñece determinados sinais e os interpreta: *Nos supermercados e hipermercados para cobrar usan lectores.*

lectura
substantivo feminino
1 Actividade que consiste en ler: *Cómpre que os rapaces se afeccionen á lectura.*
2 O que se le: *Os contos son unha boa lectura para os rapaces.*

ledicia
substantivo feminino
Alegría.

ledo, leda
adxectivo
Alegre.

legal
adxectivo
1 Da lei, relacionado con ela ou que a cumpre: *O pagamento dos impostos é unha obriga legal.* ANT. ilegal.
2 Dito dunha persoa, que non engana nin traizoa: *Unha persoa legal nunca mente.* SIN. honrado, honesto, leal. ANT. desleal, falso.
FAM. legalidade, legalización, legalizar.

legón
substantivo masculino
Instrumento de labranza que se usa para cavar formado por unha pa de bordos cor-

tantes unida a un mango de pau: *A pa do legón pode ser oval, cadrada ou rectangular.*

legoña
substantivo masculino
Instrumento de labranza que se usa para cavar, semellante ao legón pero máis pequeno: *Sachaba o millo cunha legoña.*

legua
substantivo feminino
Antiga medida de lonxitude: *Unha legua equivale, aproximadamente, a cinco quilómetros e medio.*
EXP. **Ás leguas** Desde moi lonxe ou de forma moi clara: *Nótase ás leguas que nunca traballou no campo.*

legume
substantivo masculino
Tipo de planta que ten o seu froito encerrado nunha vaíña ou especie de bolsa longa: *Os garavanzos, os chícharos e as lentellas son legumes.*
FAM. leguminosa.

lei
substantivo feminino
1 Regra ou norma que fai que unha cousa sexa sempre igual: *A lei da gravidade indica que a Terra atrae todos os corpos cara ao seu centro.*
2 Norma, regra ou conxunto delas que hai que cumprir e obedecer: *A lei indica que se alcanza a maioría de idade aos dezaoito anos.*
EXP. **De lei** Que non é falso: *O ouro dese anel é de lei.* **Terlle lei a algo** ou **alguén** Terlle cariño ou fidelidade: *Os cans téñenlles moita lei aos seus amos.*
OBS. O plural é *leis.*
FAM. legal, legalizar, lexislación, lexítimo, ilegal.

leigo, leiga
adxectivo ou substantivo
Que non é cura nin pertence a ningunha orde relixiosa: *Os fieis son leigos.* SIN. laico, segrar. ANT. eclesiástico.

leilán, leilana
adxectivo ou substantivo
Que non traballa e ata anda sucio: *É un leilán que sempre anda coa roupa sucia.*

leira
substantivo feminino
Terreo cultivado: *Esa leira tena dedicada ao millo.* SIN. agro, eido.

leiro
substantivo masculino
Leira pequena: *Nese leiro botaremos patacas.*

leirón
substantivo masculino
Animal roedor pequeno e moi parecido ao rato, que se alimenta dos froitos das árbores: *Dorme coma un leirón.* SIN. lirio[2].

leitaría ou leitería
substantivo feminino
Tenda en que se venden leite e produtos derivados del e, ás veces, tamén pan e ovos: *Mercou dous cartóns de leite na leitaría da esquina.*

leite
substantivo masculino
1 Líquido branco que se forma nas mamas das femias dos mamíferos: *O leite das femias dos mamíferos serve para aleitar as súas crías.*
2 Líquido branco que soltan algunhas plantas: *O leite de coco é moi doce.*
EXP. **Do leite** Dito dun animal mamífero, que aínda se alimenta do leite da nai: *Mercou na feira un cordeiro do leite.* SIN. mamote. **Leite callado, leite preso, leite trallado** Leite que se volveu sólido, de xeito que queda separado o soro da materia sólida: *O leite callado emprégase para facer o requeixo.* **Leite condensado** O que está mesturado con azucre e é máis espeso e doce: *O leite condensado rebáixase con auga quente.*
FAM. lactación, lácteo, leiteiro, aleitar, leitaría.

leiteiro, leiteira
adxectivo
1 Do leite ou relacionado con el: *As centrais leiteiras envasan o leite.* SIN. lácteo.
2 Dito dunha vaca, que se dedica a producir leite: *Mercou tres vacas leiteiras para a súa granxa.*
substantivo
3 Persoa que se dedica a vender ou repartir leite: *Xa desapareceron as antigas leiteiras que vendían o leite polas casas.*

substantivo feminino

4 Recipiente, de distintas formas e tamaños, que se usa para gardar o leite ou levalo: *A leiteira do xogo de café rompeu.*

leito

substantivo masculino

1 Cama preparada para descansar ou durmir: *A gripe faino estar no leito.* SIN. cama.

2 Lugar polo que corren as augas dun río: *Con tantas chuvias as augas do río desbordaron o leito.*

leitón

substantivo masculino

Cría do porco que aínda mama: *Mercou na feira un leitón para crialo.* SIN. bacoriño, bácoro, rancho.

leituga

substantivo feminino

Planta que se cría na horta para comer as súas follas verdes crúas en ensalada: *Fíxonos unha ensalada de leituga, cebola e tomate.*

lema

substantivo masculino

Frase ou conxunto de palabras que expresan moi brevemente un pensamento ou unha norma: *O lema desta tenda é que o cliente sempre ten razón.*

lembranza

substantivo feminino

Presenza na mente de algo pasado: *O ancián relataba as lembranzas da súa xuventude.* SIN. acordanza, memoria, recordo. ANT. esquecemento.

lembrar

verbo

1 Ter presente na memoria: *Con noventa anos aínda lembraba feitos miúdos da súa xuventude.* SIN. acordarse, recordar. ANT. esquecer.

2 Facer que algo non se esqueza: *O profesor lembroulles a obriga de presentar un traballo no remate do trimestre.* SIN. recordar. ANT. esquecer.

3 Facer que se pense noutra cousa polo seu parecido: *Ese relato lémbrame un conto de Castelao.* SIN. recordar. ANT. esquecer.

FAM. lembrado, lembranza.

lenda

substantivo feminino

Historia que conta sucesos imaxinarios ou fantásticos mais que adoitan basearse en feitos reais: *As aventuras dos cabaleiros da Táboa Redonda son lendas.*

FAM. lendario.

lendia

substantivo feminino

Ovo do piollo: *Lavou o pelo cun xampú contra as lendias.*

lene

adxectivo

1 Agradable ao tocalo: *Esta la é moi lene.* SIN. suave. ANT. áspero.

2 Que carece de dureza e resulta moi doce e ata agradable: *Sopraba naquela noite de verán unha brisa lene.* SIN. brando, doce, lixeiro, suave.

lente

substantivo feminino

1 Peza de cristal transparente que permite ver mellor algo: *Os telescopios teñen grandes lentes.*

plural

2 Aparello formado por dous destes cristais que se apoia no nariz e nas orellas, colocado diante dos ollos, e que serve para ver mellor: *Como é miope, ten que usar as lentes para ver ben ao lonxe.* SIN. anteollos.

EXP. **Lente de contacto** Cristal que se pon tocando os ollos para ver mellor: *Cada día as lentes de contacto son mellores.*

OBS. Na acepción 2 non debe empregarse o castelanismo **gafas*. Nesta acepción é sempre feminino: *as lentes* e non **os lentes*.

lentella

substantivo feminino

Planta herbácea que produce unhas sementes planas e arredondadas de cor marrón que se cociñan cando xa están secas e tamén estas sementes: *De primeiro no xantar tomamos unhas lentellas con chourizo.*

lento, lenta

adxectivo

1 Que se move moi devagar: *A tartaruga é un animal moi lento.* ANT. rápido, veloz.

2 Que tarda moito en facer as cousas: *Bota*

moito tempo duchándose porque é moi lento. ANT. rápido, veloz.
FAM. lentitude.

lentura
substantivo feminino
Humidade da terra por debaixo da capa seca da superficie: *Como choveu a semana pasada a terra ten lentura.*

lenzo
substantivo masculino
1 Tea forte de liño ou algodón: *Mercou unhas sabas de lenzo.*
2 Cadro ou pintura pintados sobre este tipo de tea: *No museo viu varios lenzos de Laxeiro.*

leña
substantivo feminino
Madeira das árbores cortada en anacos e usada para facer lume: *Á beira da lareira tiña unha morea de leña.*
EXP. **Botarlle leña ao lume** Dar motivos para que algo malo continúe: *Cando dous discuten, un terceiro non debe botarlle leña ao lume.* **Dar leña** Dar golpes ou pegar: *Ese defensa deulle moita leña ao dianteiro.*
FAM. leñador, leñoso.

leñador, leñadora
substantivo
Persoa que corta árbores no monte para facer leña: *Xa case que non quedan leñadores.*

leñoso, leñosa
adxectivo
Dito dunha planta ou unha árbore, que ten a dureza e a consistencia da madeira: *As árbores e arbustos teñen talo leñoso e as herbas, talo herbáceo.*

león, leoa
substantivo
1 Mamífero felino e carniceiro de pelo amarelo avermellado, con rabo longo e uñas e dentes moi fortes: *O león macho presenta unha longa melena, que non ten a leoa.*
2 Persoa moi forte ou valente: *Este defensa é un león que nunca cansa.*
substantivo masculino
3 Un dos doce signos do horóscopo e persoa que naceu nel: *Os leos son os nados entre o 23 de xullo e o 22 de agosto.*

leopardo
substantivo masculino
Animal mamífero, felino e carniceiro, de pelo amarelo con manchas negras: *O leopardo é propio de Asia e África e parece un gato grande.*

lepa
substantivo feminino
Lagaña.

lepidóptero
adxectivo ou substantivo masculino
Referido a un insecto, que na etapa adulta, tras a metamorfose, ten catro ás cubertas de escamas, boca en forma de tubo para chuchar, un par de antenas e un par de ollos compostos: *As bolboretas son lepidópteros.*

lepra
substantivo feminino
Enfermidade infecciosa que produce moitas feridas na pel: *A lepra é propia hoxe dos países sen desenvolver.*
FAM. leprosaría, leproso.

ler
verbo
1 Pasar a vista por un texto escrito para comprender o que hai nel: *Comezou a ler cando tiña cinco anos.*
2 Comprender o significado dalgúns signos: *Moitos xordos saben ler os labios.*

ler

INDICATIVO		SUBXUNTIVO	IMPERATIVO
Presente	**Copretérito**	**Presente**	le
leo	lía	lea	lede
les	lías	leas	
le	lía	lea	**FOR. NOMINAIS**
lemos	liamos	leamos	**Infinitivo**
ledes	liades	leades	ler
len	lían	lean	
Pretérito	**Antepretérito**	**Pretérito**	**Xerundio**
lin	lera	lese	lendo
liches	leras	leses	
leu	lera	lese	**Participio**
lemos	leramos	lésemos	lido
lestes	lerades	lésedes	
leron	leran	lesen	
Futuro	**Pospretérito**	**Futuro**	**Inf. conxugado**
lerei	lería	ler	ler
lerás	lerías	leres	leres
lerá	lería	ler	ler
leremos	leriamos	lermos	lermos
leredes	leriades	lerdes	lerdes
lerán	lerían	leren	leren

3 Adiviñar algo ou chegar a coñecer: *Parece que me liches o pensamento pois sabías o que ía opinar.*
FAM. lector, lectura, ilexible, reler.

lerchán, lerchana
adxectivo ou substantivo
1 Larapetas.
2 Nugallán.

lercho, lercha
adxectivo
Larapetas.

leria
substantivo feminino
1 Parola.
2 Asunto ou situación que pode causar enfado, molestia ou prexuízo: *Ordenar agora eses libros é unha leria.*
FAM. leriante, leriar.

lesbiano, lesbiana
adxectivo ou substantivo
Dito dunha muller, que sente atracción sexual por outras mulleres: *A novela conta unha historia de amor lesbiano.*
FAM. lesbianismo.

lesión
substantivo feminino
Dano físico causado por un golpe, unha ferida ou unha enfermidade: *O xogador sofre unha lesión no xeonllo dereito.*
FAM. lesionar.

lesma
substantivo feminino
1 Molusco terrestre, de forma alongada e sen cuncha, que se move arrastrándose e segregando un líquido espeso: *As lesmas, ao andaren, segregan a baba.* SIN. limacha.
2 Molusco mariño de aspecto semellante ao anterior: *Había lesmas nesas rochas da praia.* SIN. limacha.

leste
substantivo masculino
Punto cardinal que sinala o lugar por onde sae o Sol: *O sol sae polo Leste e ponse polo Oeste.* SIN. nacente, oriente. ANT. oeste, occidente, poñente.

letargo
substantivo masculino
Estado de inactividade e repouso ou de case sono en que viven algúns animais durante o inverno: *Os réptiles pasan o inverno en letargo.*
FAM. aletargar.

letra
substantivo feminino
1 Signo gráfico con que se representa un son: *A palabra* mesa *ten catro letras.*
2 Forma de escribir estes signos: *Ese rapaz ten moi boa letra.*
3 Nunha peza musical, conxunto de palabras que se cantan: *O cantante non sabía ben a letra da canción.*
4 Documento polo que unha persoa se compromete a pagarlle a outra unha determinada cantidade de diñeiro nunha data determinada: *Para mercar o piso asinou varias letras de mil euros.*
plural
5 Conxunto de ciencias relacionadas co pensamento e condición humanos e que non adoitan expresar os seus resultados por números e fórmulas matemáticas: *A historia e a gramática forman parte das letras.*
FAM. letrado, letreiro.

letreiro
substantivo masculino
Texto escrito breve que se coloca nun lugar para indicar algo: *Sobre a porta había un letreiro que dicía Dirección.*

leucemia
substantivo feminino
Enfermidade caracterizada por un aumento anormal dos leucocitos ou glóbulos brancos do sangue: *A leucemia coñécese vulgarmente como cancro de sangue.*
FAM. leucémico.

leucocito
substantivo masculino
Célula do sangue dos vertebrados de cor tirando a branca que ten como principal misión protexer o organismo de axentes prexudiciais: *Os leucocitos atacan as bacterias.* SIN. glóbulo branco.

levada
substantivo feminino
Corrente de auga que vai por un rego artificial e empregada para regar ou mover o mecanismo dun muíño de auga: *A auga da levada move o rodicio do muíño.*

levadío, levadía

adxectivo

Que se pode soportar ou aguantar ben: *A dor, cos calmantes, resulta levadía.* SIN. aguantable, soportable, tolerable. ANT. inaguantable, insoportable, intolerable.

OBS. Non debe empregarse no seu canto a forma incorrecta **levadeiro.*

levadizo, levadiza

adxectivo

Que se pode levantar: *As pontes levadizas levántanse para que os barcos pasen.*

levantar

verbo

1 Mover de abaixo para arriba: *Levantou o feixe de leña.* SIN. alzar, erguer. ANT. baixar.

2 Pór dereito ou en posición vertical: *Levantou a cadeira que estaba caída.* SIN. erguer. ANT. tirar, derrubar.

3 Construír un edificio ou monumento: *Levantaron o edificio en dous meses.* SIN. construír, edificar. ANT. derrubar, destruír.

4 Producir ou dar lugar: *Eses berros do cativo levantan dor de cabeza.* SIN. causar, producir.

5 Iniciar un movemento de protesta ou rebeldía contra unha autoridade: *Os irmandiños levantáronse no século XV contra o poder asoballador da nobreza.* SIN. alzar, erguer, sublevar.

6 Pór fin a un castigo: *Levantáronlle o castigo de non saír os sábados.* SIN. perdoar, quitar. ANT. impor, impoñer.

7 Quitar algo que se montara antes: *Os excursionistas levantaron as tendas de campaña para marchar.*

8 Emitir a voz con máis forza: *Non che consinto que me levantes a voz.*

9 Dar forza ou ánimo: *As palabras do adestrador levantaron os ánimos dos xogadores.*

10 **levantarse** Deixar a cama despois de durmir: *Eles levántanse moi cedo.* SIN. erguerse. ANT. deitarse.

11 Comezar a producirse algo: *Levantouse un forte vento.*

12 Pórse un cabalo sobre as patas de atrás levantando as de adiante: *A egua levantouse cando lle puxeron a sela.*

FAM. levantador, levantamento, levante.

levante

substantivo masculino

Lugar por onde sae o Sol: *A súa casa está orientada cara ao levante.* SIN. leste, nacente, oriente. ANT. oeste, occidente, poñente.

levar

verbo

1 Transportar ou trasladar a outro lugar: *O tren leva viaxeiros dun lugar a outro.* SIN. conducir, trasladar, transportar. ANT. traer.

2 Conducir ou dirixir cara a un determinado lugar: *Esta estrada leva a Ourense.* SIN. conducir.

3 Vestir unha determinada peza de roupa: *Á voda levarás o traxe novo.*

4 Ter, posuír ou conter: *A torta leva unha ducia de amorodos.*

5 Sufrir ou soportar: *Leva con paciencia a enfermidade.* SIN. aguantar, soportar.

6 Dar ou proporcionar: *Só a nai leva cartos a esa casa.* SIN. achegar, proporcionar.

7 Necesitar, consumir ou esixir: *Coser ese pantalón levarame un cuarto de hora.* SIN. consumir.

8 Facerse cargo de algo ou dirixilo: *O fillo máis novo leva todos os negocios da familia.* SIN. dirixir, ocuparse.

9 Seguir unha música: *Mentres escoitaba a canción, levaba o compás co pé.*

10 Pasar algún tempo facendo algo: *Levo media hora esperando que chegue.*

11 Superar unha determinada cantidade: *Lévolle dous anos a miña irmá.*

12 Ter realizada unha determinada acción: *Xa leva feitos tres problemas de matemáticas.*

13 Sentir unha emoción ou unha sensación: *Ao verte disfrazado de pantasma levei un bo susto.*

14 En matemáticas, reservar unha cantidade para engadila ao resultado seguinte: *Dez e dúas son doce, e levo unha.*

15 **levarse** Estar de moda: *Este inverno levaranse os abrigos de la.*

16 Entendérense dúas ou máis persoas: *Estes tres amigos sempre se levaron moi ben.* SIN. entenderse.

EXP. **Levar adiante** Facer que vaia ben ou prospere: *Con esa dedicación levou adiante o negocio.*

FAM. levada, levadío, levadizo.

leve
adxectivo

1 Sen importancia ou pouco grave: *A gripe que padece é leve.* SIN. lixeiro. ANT. grave.
2 De pouco peso: *Esa carga de dous quilos é leve.* SIN. livián, lixeiro. ANT. pesado.
3 Suave ou de pouca forza: *Sopraba na noite unha brisa leve.* SIN. lene, lixeiro, suave. ANT. forte.
FAM. levidade.

levedar
verbo

Aumentar de tamaño unha masa feita con fariña: *O fermento fai que levede a masa.* SIN. fermentar.
FAM. lévedo.

lévedo
substantivo masculino

Substancia que fai que aumente o tamaño unha masa de fariña: *O lévedo natural está formado por fungos.* SIN. fermento.

*lexía, a forma correcta é **lixivia**.

lexible ou lexíbel
adxectivo

Que se pode ler, especialmente con facilidade ou gusto: *Esa novela resulta moi lexible.* ANT. ilexible.
FAM. lexibilidade.

léxico
substantivo masculino

Conxunto de palabras dunha lingua: *O léxico galego está formado por todas as palabras do galego.*

lexión
substantivo masculino

1 Corpo do exército formado por soldados profesionais que teñen un grande adestramento: *A lexión é propia de exércitos como o francés ou o español.*
2 Na antiga Roma, corpo do exército formado por soldados profesionais de cabalaría e infantaría: *As lexións romanas conquistaron un grande imperio para Roma.*
3 Gran cantidade de persoas ou animais: *Esperaba o cantante unha lexión de admiradores.*
FAM. lexionario.

lexislar
verbo

Dar, elaborar ou establecer leis: *Nos países democráticos lexisla o Parlamento.*
FAM. lexislación, lexislatura.

lexítimo, lexítima
adxectivo

1 De acordo coa lei: *Os fillos son os herdeiros lexítimos dos pais.* SIN. legal, lícito. ANT. ilegal, ilexítimo, ilícito.
2 Que é xusto desde o punto de vista da moral ou da razón: *É lexítimo que queira progresar no traballo.* SIN. xusto, razoable. ANT. ilexítimo, inxusto.
3 Auténtico ou verdadeiro: *Esa é a súa sinatura lexítima e non está falsificada.* SIN. auténtico, verdadeiro. ANT. falso.
FAM. lexitimar, lexitimidade.

liana
substantivo feminino

Planta propia da selva tropical, de talo longo e flexible que sobe polas árbores: *Tarzán saltaba agarrado ás lianas.*

*liar, a forma correcta é **lear**.

libar
verbo

Chuchar un insecto o néctar das flores: *As abellas chuchan o néctar das flores para fabricaren o mel.*

libélula
substantivo feminino

Insecto de corpo moi fino e longo e catro ás estreitas: *As libélulas adoitan vivir xunta os ríos e os estanques.* SIN. cabalo do demo.

liberal
adxectivo ou substantivo

Que defende a liberdade das persoas, especialmente para elixir os seus gobernantes: *Os liberais opoñíanse aos absolutistas.*

liberalismo
substantivo masculino

Conxunto de ideas que defende que son as persoas as que deben elixir libremente os seus gobernantes: *O liberalismo oponse ao absolutismo.*

liberar
verbo

1 Deixar ir ou dar liberdade: *Os piratas liberaron os prisioneiros cando cobraron o*

rescate. SIN. ceibar, soltar. ANT. apresar, capturar, deter, prender.
2 Quitar unha carga ou unha obriga: *Liberoume da promesa de visitalo esta fin de semana.*

liberdade

substantivo feminino

1 Capacidade que posúen as persoas para facer ou non facer algo: *A liberdade permite elixir o que queres facer.*
2 Condición de quen non está preso e non é escravo: *Os animais salvaxes deben vivir en liberdade.* ANT. catividade, escravitude.
3 Permiso ou dereito para facer algo: *A liberdade de expresión é un dereito democrático.*
4 Confianza no trato con outra persoa: *Os fillos deben falar cos pais con total liberdade.* SIN. confianza.
plural
5 Exceso de confianza: *O xefe non lle permite liberdades aos subordinados.* SIN. confianzas.

libra

adxectivo ou substantivo

1 Un dos doce signos do horóscopo e persoa que nace nel: *As persoas que son libra naceron entre o 23 de setembro e o 23 de outubro.*
substantivo feminino
2 Moeda do Reino Unido de Gran Bretaña e doutros países: *A libra é a moeda propia de países como Siria ou Exipto.*
3 Antiga medida de peso que equivale, aproximadamente, a medio quilo: *Mercou unha libra de chocolate.*

librar

verbo

1 Sacar dun perigo ou evitar un dano: *A chegada dos bombeiros librounos de morrer queimados.* SIN. salvar.
2 Deixar baleiro ou sen nada dentro: *Librou os caixóns da mesa.* SIN. baleirar.
3 Estar ou quedar libre dun traballo: *Traballa os sábados, pero libra todos os domingos.*

libraría ou librería

substantivo feminino

1 Tenda en que se venden libros: *Mercou a novela na libraría do seu barrio.*
2 Moble ou estantes para colocar libros: *No seu cuarto de traballo ten unha libraría acugulada de libros.* SIN. biblioteca.

libre

adxectivo

1 Que pode facer o que quere sen que ninguén o obrigue: *Es adulto e libre para obrar como queiras.*
2 Que non é escravo nin está preso nin sometido: *A Constitución asegura que todos somos libres.* SIN. ceibe, ceibo. ANT. cativo, escravo, preso, prisioneiro.
3 Que non custa cartos: *Esta fin de semana a entrada nos museos é libre.*
4 Dito dunha parte do corpo, que pode realizar as súas funcións sen que nada llo impida: *Para coller ese paquete cómpre ter as mans libres.*
5 Que non está ocupado por ninguén nin por nada: *O baño está agora libre.* SIN. baleiro. ANT. ocupado.
6 Dito dun período de tempo, que non está dedicado ao traballo: *Os luns téñoos libres.*
7 Que non segue ningunha orde nin norma: *O tema do concurso de contos é libre.*
FAM. liberdade, liberal, liberalismo, libertario, libertinaxe, libertino.

libreiro, libreira

substantivo

Persoa que vende libros: *Moitos libreiros son grandes amantes dos libros.*

***libreta**, a forma correcta é **caderno**.

libro

substantivo masculino

1 Conxunto de follas unidas e encadernadas con textos escritos e imaxes: *Un dicionario é un libro.*
2 Terceira parte do estómago dos ruminantes como a vaca: *O estómago dos ruminantes ten tres partes: o calleiro ou calleira, o libro ou cenfollas e o retículo.*
EXP. **Libro de cabalarías** ou **cabalerías** O que conta as historias dun antigo cabaleiro: *Don Quixote era moi afeccionado aos libros de cabalarías.* **Libro de escolaridade** ou **escolar** O que ten apuntadas as notas obtidas por un alumno en cada curso: *Cada alumno do colexio ten un libro de escolaridade.* **Libro de familia** O que ten apuntados os nacementos e mortes dos membros dunha familia: *No libro de familia estaban apun-*

tados o pai, a nai e os tres irmáns. **Libro de texto** O que se usa na clase e para estudar: *Sempre levamos á clase os libros de texto.*

***licencia**, a forma correcta é **licenza**.

licenciado, licenciada
substantivo

1 Persoa que rematou a carreira nunha facultade dunha universidade: *É licenciada en medicina e traballa de médica.*
2 Soldado que rematou o seu período no exército: *Os licenciados buscan agora un traballo á marxe do exército.*

licenciar
verbo

1 Conseguir rematar unha carreira na universidade: *Licenciouse en dereito e agora é avogado.*
2 Dicirlle a un soldado que xa rematou o seu período de servizo no exército: *Ao terminar a guerra, licenciaron milleiros de soldados.*
FAM. licenciado, licenciatura.

licenza
substantivo feminino

Permiso ou consentimento das autoridades para facer algo: *Para pescar e cazar é necesario ter licenza.* SIN. autorización, permiso.

lícito, lícita
adxectivo

Que está de acordo coa lei ou a xustiza: *É lícito que queira vivir mellor.* SIN. lexítimo, razoable, xusto. ANT. ilexítimo, ilícito, inxusto.
FAM. licitude.

licor
substantivo masculino

Bebida alcólica, habitualmente doce e aromática: *O anís é un licor.*

licuadora
substantivo feminino

Pequeno electrodoméstico que serve para converter a froita en líquido: *Fixen zume de mazás e peras coa licuadora.*

licuar
verbo

Facer que un corpo en estado sólido ou gasoso pase a sólido: *Para obter osíxeno líquido hai que licualo da atmosfera.*
FAM. licuación, licuadora.

lidar
verbo

1 Pórse fronte a un touro na praza para matalo de acordo con determinadas regras: *Os toureiros lidan os touros nas prazas de touros.*
2 Participar nunha loita ou batalla: *O cabaleiro lidaba co seu rival no torneo.* SIN. combater, contender, loitar.
3 Loitar con algo ou alguén para conseguir algo: *Loitou cos fillos ata que conseguiu que aprobasen o bacharelato.* SIN. batallar.
FAM. lide, lideira.

lide
substantivo feminino

1 Enfrontamento ou loita de dúas persoas con armas ou sen elas: *No circo romano había lides entre gladiadores.* SIN. combate, contenda, loita.
2 Actividade complicada que esixe moito esforzo para a resolver: *Pagar esa hipoteca éche unha boa lide.*

líder
substantivo

1 Persoa que dirixe un grupo ou ten unha grande influencia sobre el: *O partido político ese necesita un líder forte.*
2 Que ocupa o primeiro lugar nunha clasificación: *O Celta segue de líder na liga das estrelas.*
FAM. liderado, liderar.

liga
substantivo feminino

1 Especie de fita ou cinta elástica que serve para suxeitar algo: *Púxolles aos calcetíns unhas ligas para que non se lle baixasen.*
2 Competición deportiva en que participan varios equipos que deben xogar todos contra todos: *A liga de fútbol comeza en setembro.*
3 Asociación entre persoas, grupos ou nacións para conseguir algo: *No século XVI varias nacións cristiás formaron unha liga para loitaren contra os turcos.* SIN. alianza, coalición.

ligamento
substantivo masculino

Especie de cordón de fibras que une entre si os ósos das articulacións: *O dianteiro padece unha distensión dos ligamentos do xeonllo dereito.*

ligar

verbo

1 Unir dúas ou máis cousas entre si: *O matrimonio liga dúas persoas de forma legal.*
2 Unir unha relación moi forte: *A amizade ligounos desde cativos.*
3 Establecer unha relación amorosa pasaxeira e pouco seria: *Di que nas discotecas liga moito.*
OBS. O *g* cambia en *gu* diante do *e*, como en *pagar*.
FAM. liga, ligadura, ligamento, ligazón.

lignito

substantivo masculino

Carbón mineral de escaso poder calorífico: *Nas Pontes hai depósitos de lignito.*

lila

substantivo feminino

1 Arbusto que produce unhas flores pequenas e olorosas brancas ou entre azul e rosa: *A lila é un arbusto de xardín.*
2 Flor deste arbusto: *As lilas son moi recendentes.*

adxectivo ou substantivo masculino

3 De cor entre azul e rosa: *Levaba unha blusa lila.*

lima

substantivo feminino

Ferramenta que ten a superficie con raias e que serve para alisar pezas de ferro ou de madeira: *As limas poden ser para ferro ou para madeira.*
FAM. limar, limadura.

limacha

substantivo feminino

Lesma.

limiar

substantivo feminino

1 Parte inferior dunha porta ou ventá habitualmente de pedra ou dun material semellante: *Para entrarmos temos que traspasar o limiar da porta.* SIN. soleira.
2 Parte inicial dun libro que lle serve de introdución ou presentación: *O libro de poemas leva un limiar dun académico.* SIN. introdución, prólogo.
OBS. Na acepción 1 é distinto de *lintel*, 'parte superior dunha porta ou ventá'.

limitar

verbo

1 Marcar onde comeza e termina algo: *Ese muro de pedra limita a leira.*
2 Pór un límite ou final ao tamaño, cantidade ou forza de algo: *Nesta rúa o cartel limita a velocidade a sesenta quilómetros por hora.* SIN. restrinxir. ANT. ampliar.
3 Dito dun lugar, estar xusto ao lado doutro: *Galicia limita polo sur con Portugal.* SIN. estremar, lindar.
4 limitarse Centrarse en algo ou non pasar dun determinado punto: *Ti debes limitarte a facer o que che mandan.*
FAM. limitación, limitado, límite.

límite

substantivo masculino

1 Liña ou bordo que sinala onde acaba un lugar ou cousa e comeza outro: *O río Miño, nalgunhas zonas, forma o límite entre Galicia e Portugal.*
2 Punto extremo ao que se pode chegar e que non hai que pasar: *Nesta curva a velocidade límite é de sesenta quilómetros.* SIN. tope.

limoada

substantivo feminino

Bebida refrescante elaborada con zume de limón, auga e azucre: *A limoada ten un sabor agre.*

limoeiro

substantivo masculino

Árbore que dá como froito o limón: *O limoeiro é unha árbore de folla perenne e flores brancas.*

limón

substantivo masculino

Froito amarelo cun zume de sabor agre: *Botoulle azucre ao zume de limón.*
FAM. limoada, limoeiro.

***limonada**, a forma correcta é **limoada**.

limpacristais

adxectivo ou substantivo masculino

Líquido que serve para limpar os cristais: *Mercou un limpacristais na drogaría.*

limpaparabrisas

substantivo masculino

Aparello automático que teñen os coches para limpar os parabrisas: *Os limpaparabrisas limpan a auga da chuvia.*

limpar
verbo
1 Quitar a sucidade: *Limpou a mesa con auga e xabón.* ANT. ensuciar, lixar, luxar, manchar.
2 Quitar o que estorba ou é prexudicial: *O Concello ordenou limpar os sumidoiros para evitar inundacións.*
3 Deixar sen cartos ou sen algo valioso: *No bingo limpáronlle todos os cartos que levaba.*
OBS. Ten dou participios, o irregular *limpo*, que adoita usarse como adxectivo, e o regular *limpado.*
FAM. limpeza, limpo.

limpeza
substantivo feminino
1 Falta de sucidade: *Marabilloume a limpeza e orde que había no seu cuarto.* ANT. sucidade.
2 Eliminación da sucidade, do prexudicial ou do que estorba: *As fins de semana facemos a limpeza xeral da casa.*

limpo, limpa
adxectivo
1 Que non ten sucidade: *Sempre ten a casa moi limpa.* SIN. aseado. ANT. porco, sucio.
2 Que coida da súa hixiene e do seu aspecto: *Lava as mans continuamente porque é moi limpo.* SIN. aseado. ANT. cocho, marrán, porcallán, porcalleiro, porco, sucio.
3 Que actúa con honradez e respectando as leis e normas: *Os equipos deben practicar o xogo limpo.* ANT. sucio, porco.
4 Claro e ben determinado: *Esas fotos ofrecen unhas imaxes moi limpas.* SIN. claro, neto.
5 Sen cartos: *Nas fins de mes sempre ando limpo.*
EXP. **Sacar en limpo** Obter un beneficio de algo: *Eu, con axudarte neste traballo, non saco nada en limpo.*

lince
substantivo masculino
1 Mamífero felino e carniceiro, de pelo gris avermellado, con manchas escuras e unha gran visión: *O lince parece un gato grande e ten moi boa vista.*
2 Dito dunha persoa, moi lista: *É un lince e ninguén o engana.*

linchar
verbo
Matar a alguén sen xuízo porque se cre que fixo algo moi malo: *Os aldeáns lincharon o asasino.*
FAM. linchamento.

linde
substantivo masculino
Liña ou bordo que separa un terreo doutro: *Os marcos marcan os lindes da leira.* SIN. derrega, estrema, límite.
FAM. lindar, lindeiro.

lindo, linda
adxectivo
Moi agradable para ver ou oír: *Ese bebé é moi lindo.* SIN. belo, bonito, fermoso, guapo. ANT. feo.

linfa
substantivo feminino
Líquido orgánico claro e incoloro que leva gran cantidade de glóbulos brancos: *A linfa contén moitos glóbulos brancos.*
FAM. linfático, linfocito.

linfocito
substantivo masculino
Glóbulo branco que ten unha gran mobilidade e ataca os elementos nocivos que entran no corpo: *Os linfocitos son producidos pola medula ósea.*

lingoreteiro, lingoreteira
adxectivo ou substantivo
Larapetas.

lingote
substantivo masculino
Barra de metal fundido, especialmente ouro, prata ou platino: *Na caixa forte gardaba vinte lingotes de ouro.*

lingua
substantivo feminino
1 Nas persoas e nalgúns animais, órgano muscular situado no interior da boca e que serve para mastigar e deglutir os alimentos así como para articular os sons da fala: *O can, pola calor, botaba a lingua fóra.*
2 Calquera cousa que ten unha forma alongada e estreita coma a deste órgano da boca: *Cando baixa a marea unha lingua de terra une a illa ao continente.*

3 Conxunto de signos orais ou sons que usa unha comunidade para comunicarse: *O galego é unha lingua que procede do latín.* SIN. fala, idioma.

EXP. **Botar a lingua a pacer** Falar máis do debido sen gardar segredos: *Botou a lingua a pacer e descubriron os nosos plans.* **Coa lingua fóra** Moi canso: *Os ciclistas chegaron á meta coa lingua fóra.* **Lingua de sogra** Tubo de papel enrolado que se estira facendo un ruído cando se sopra por un extremo: *Na festa de fin de ano había moitas linguas de sogra.* **Lingua inicial** ou **materna** A que se aprende no seo da familia durante a infancia e sen estudo: *O galego é a miña lingua inicial.* **Lingua propia** A que naceu nun determinado territorio ou país e se distingue das outras linguas de territorios veciños: *O galego é a lingua propia de Galicia.* **Ter moita lingua** Falar sen respecto nin educación: *Ten moita lingua e axiña insulta.* **Tirarlle da lingua a alguén** Facer que fale e conte algo: *Aínda que lle tiraron da lingua, non revelou ningún segredo.*

FAM. linguado, linguaxe, lingüeta, lingüístico, lingüística.

linguado

substantivo masculino

Peixe mariño comestible de corpo case plano e máis longo ca largo e que vive sempre deitado do mesmo lado: *O linguado abunda nas augas mediterráneas e atlánticas.*

linguaxe

substantivo feminino

1 Capacidade que permite que se comuniquen as persoas e que expresen o seu pensamento: *A linguaxe é unha facultade propia das persoas.*

2 Calquera sistema que serve para comunicar algo: *A linguaxe dos semáforos baséase nas tres cores das súas luces.*

3 Modo particular de falar unha lingua de determinadas persoas ou de determinadas situacións: *A linguaxe dos mozos é diferente da linguaxe dos adultos.*

lingüeta

substantivo feminino

1 Tira de coiro sobre a que se atan os cordóns dun zapato: *Mancábao a lingüeta do zapato na empeña do pé dereito.*

2 Nalgúns instrumentos musicais de vento, lámina fina e pequena, feita de cana ou metal, situada na embocadura e cuxa vibración produce o son: *Os clarinetes levan lingüeta na súa embocadura.*

lingüístico, lingüística

adxectivo

1 Da lingua ou relacionado con ela: *Ese estudo lingüístico investiga as variedades do galego.*

substantivo feminino

2 Ciencia que estuda a linguaxe humana e as linguas: *A lingüística galega estuda a lingua galega.*

linimento

substantivo feminino

Líquido medicinal que se bota sobre a pel para eliminar dores musculares: *O masaxista botáballe linimento ao ciclista nas pernas.*

lintel

substantivo masculino

Parte superior dunha porta ou ventá, que apoia nas dúas pezas verticais de cada lado: *É tan alto que deu co lintel da porta na fronte.*

OBS. É distinto de *limiar* ou *soleira*, 'parte de abaixo da porta ou ventá'.

***linterna**, a forma correcta é **lanterna**.

liña

substantivo feminino

1 Sucesión continua de puntos no espazo: *A circunferencia é unha liña pechada.*

2 Calquera trazo, marca ou sinal delgado e alongado: *A liña branca separa os carrís da autoestrada.* SIN. raia.

3 Serie de cousas colocadas unha ao lado da outra ou unha detrás da outra: *As follas dos libros teñen liñas.*

4 Figura delgada dunha persoa: *Está a réxime para gardar a liña.*

5 Servizo de transporte que ten un percorrido fixo: *Collín a liña para ir de Vigo a Ourense.*

6 Maneira de facer as cousas: *Se continúas traballando nesa liña, obterás un sobresaliente.*

7 Conxunto de produtos con características comúns: *Esa liña de lavadoras deu moi bo resultado.*

8 Arte ou forma de pescar consistente nun fío de nailon cunha chumbada e un ou varios anzois no extremo: *Eses mariñeiros pescan á liña.* SIN. cordel.
EXP. **Liña aérea** Empresa dedicada ao transporte de mercadorías e viaxeiros: *Iberia é unha liña aérea.*
FAM. lineal, linear, liñaxe, aliñar, subliñar.

liñaxe
substantivo feminino
Conxunto de antepasados e descendentes dunha persoa, especialmente se é nobre: *Di que é da liñaxe do conde de Lemos.* SIN. estirpe.

liñaza
substantivo feminino
Semente de liño: *O aceite de liñaza é moi usado para fabricar vernices e pinturas.*

liño
substantivo masculino
1 Planta herbácea cultivada polos fíos téxtiles que se obteñen do seu talo: *Antigamente, o liño foi moi cultivado en Galicia.*
2 Fío téxtil e tecido que se obtén do talo desta planta: *Na casa da súa avoa conservan antigas sabas e manteis de liño.*

***lío**, a forma correcta é **lea**.

liorta
substantivo feminino
1 Enfrontamento entre dúas ou máis persoas con ruído e berros: *Na rúa había unha liorta entre varios condutores.* SIN. alboroto, barullo, lea, rebumbio.
2 Asunto ou situación moi difíciles de solucionar: *Quero vivir tranquilo sen ningunha liorta.* SIN. complicación, dificultade, enredo, lea, problema.

lípido
substantivo masculino
Substancia orgánica que non se disolve na auga e que lles serve de reserva de enerxía aos seres vivos: *Nunha boa dieta debe haber lípidos, proteínas e hidratos de carbono.*

lipotimia
substantivo feminino
Perda repentina e momentánea do coñecemento: *A hipotensión pode causar unha lipotimia.* SIN. desmaio, esvaecemento.

lique
substantivo masculino
Organismo vivo formado pola asociación dunha alga e un fungo: *Os liques medran nas zonas húmidas e nos troncos das árbores.*

liquidar
verbo
1 Pagar o que se debe: *Xa liquidou todas as débedas que tiña co banco.* SIN. saldar.
2 Vender mercadorías e produtos baixando moito o seu prezo: *En agosto liquidan a roupa de verán.* SIN. saldar.
3 Matar: *Seica liquidou o gángster un asasino a soldo.* SIN. matar.

líquido, líquida
adxectivo ou substantivo masculino
1 Referido a unha substancia, que está nun estado parecido ao da auga corrente: *Os líquidos teñen as moléculas con pouca cohesión e adáptanse á forma do recipiente que os contén.*
2 Referido a cartos, que se dispón efectivamente deles tras descontar débedas, impostos ou gastos diversos: *Cobra líquidos, é dicir, descontados os impostos e a seguridade social, mil euros.*
FAM. liquidar, liquidez.

lira
substantivo feminino
Instrumento musical de corda en forma de U: *Antigamente moitos poemas eran cantados con acompañamento de lira.*

lírico, lírica
adxectivo
1 Dito dunha obra musical, que ten partes cantadas: *A ópera é unha composición lírica.*
2 Da poesía ou relacionado con ela: *Un soneto é unha peza lírica.* SIN. poético.
substantivo feminino
3 Tipo de obra literaria que expresa sentimentos e emocións e habitualmente escrita en verso: *Gústame moito a lírica de Rosalía de Castro.* SIN. poesía.

lirio[1]
substantivo masculino
1 Planta herbácea con follas longas e flores moi rechamantes de distintas cores: *No xardín ten uns lirios de flores azuis.*
2 Flor desta planta: *Os lirios poden ser de cor branca, violeta, azul e aínda máis.*

lirio[2]
substantivo masculino
Leirón.

lisca ou lisco
substantivo feminino ou masculino
Porción pequena e delgada dalgún elemento: *Fixo un bocadillo cunhas liscas de xamón curado.*

liscanzo
substantivo masculino
Escáncer.

liscar
verbo
Marchar dun lugar moi á présa: *Ao rematar o partido liscou do estadio.*
OBS. O *c* cambia en *qu* diante do *e*, como en *sacar.*

liso, lisa
adxectivo
1 Dito dun terreo, que é moi igual e que non ten diferenzas de altura: *Os campos de fútbol teñen que ser lisos.* SIN. chan, plano. ANT. abrupto, esgrevio.
2 Que non ten partes que sobresaen unhas máis ca outras ou que non ten engurras: *Os bebés teñen a pel lisa, sen engurras.* ANT. rugoso.
3 Que non ten adornos ou é dunha soa cor: *Gústame para ese cuarto un papel liso en azul claro, sen flores nin debuxos.*
4 Dito do pelo, que non ten rizos: *A modelo levaba unha melena loura lisa.* ANT. crecho, crencho, crespo, rizo.

lista
substantivo feminino
1 Serie de persoas ou cousas colocadas nunha orde, especialmente en columna: *A lista dos alumnos recolle os nomes e apelidos por orde alfabética.* SIN. listaxe, relación.
2 Franxa, raia ou liña de distinta cor ca o resto: *Leva unha camisa branca con listas azuis.* SIN. raia.
EXP. **Lista negra** A formada por persoas ou cousas contra as que se ten algo: *Di que non ascende porque o xefe o ten na súa lista negra.* **Pasar lista** Ler o nome dun conxunto de persoas para ver se están presentes: *O profesor pasa sempre lista ao comezo da clase.*
FAM. listado, listaxe, alistar.

listado, listada
adxectivo
Con listas ou raias: *A camiseta do Deportiva da Coruña é listada.*
OBS. Non debe empregarse *listado* como substantivo masculino, no canto de *lista* ou *listaxe.*

listaxe
substantivo feminino
Serie de persoas ou cousas colocadas nunha orde, especialmente en columna: *O profesor ten a listaxe dos alumnos da clase nun folio por orde alfabética.* SIN. lista.
OBS. Non debe empregarse no seu canto *listado*, 'con raias ou listas'.

listo, lista
adxectivo
1 Que entende as cousas de forma rápida e fácil: *Saca moi boas notas porque é moi lista.* SIN. intelixente. ANT. babeco, bobo, parvo.
2 Preparado para facer algo: *Estamos listos para comezar a excursión.* SIN. disposto, preparado.
adxectivo ou substantivo
3 Que sabe o que quere e o que lle convén e que actúa con intelixencia para o conseguir: *É un listo que fai moi bos negocios.* SIN. astuto. ANT. bobo, parvo.
FAM. listura.

listón
substantivo masculino
Barra ou táboa de madeira estreita e longa: *No salto de altura cómpre saltar por enriba do listón sen o derrubar.*

liteira
substantivo feminino
1 Moble para durmir formado por dúas ou máis camas colocadas unha enriba da outra: *Os xemelgos dormen nunha liteira.*
2 Vehículo en que viaxan unha ou varias persoas e que é levado por outras persoas que a sosteñen por unhas barras alongadas: *No Imperio romano os poderosos percorrían a cidade en liteiras levadas por escravos.*

literal
adxectivo
Que reproduce exactamente o que alguén dixo ou escribiu: *As citas literais deben escribirse entre comiñas.*

literario, literaria
adxectivo
Da literatura ou relacionado con ela: *O Rexurdimento literario galego comeza coa publicación de* Cantares gallegos.

literatura
substantivo feminino
Arte que crea beleza por medio das palabras: *Pondal é unha gran figura da literatura galega.*

litoral
adxectivo
1 Da beira do mar ou da súa costa: *As cidades litorais reciben moito turismo no verán.* SIN. costeiro, mariñán.
substantivo masculino
2 Zona ou franxa do terreo que toca o mar: *Cambados está situado no litoral atlántico.* SIN. costa.

litosfera
substantivo feminino
Parte exterior sólida da Terra: *A litosfera comprende a codia terrestre e unha pequena parte do manto.*

litro
substantivo masculino
Unidade de capacidade que equivale a un decímetro cúbico: *As botellas de plástico de moitos refrescos levan dous litros.*
FAM. centilitro, decalitro, decilitro, hectolitro, mililitro.

liturxia
substantivo feminino
Conxunto de cerimonias dunha relixión: *A misa forma parte da liturxia católica.*
FAM. litúrxico.

livián[1], liviá
adxectivo
1 Que ten pouco peso: *O xornal é moi livián e lévase sen esforzo baixo o brazo.* SIN. leve, lixeiro. ANT. pesado.
2 De pouca importancia, gravidade ou intensidade: *A brisa é un vento livián.* SIN. lixeiro, suave.

livián[2]
substantivo masculino
Pulmón.
OBS. É propio da linguaxe coloquial e úsase especialmente para referirse a animais.

lívido, lívida
adxectivo
Dito dunha persoa, que está moi pálida: *Co susto púxoselle lívida a cara.*
FAM. lividez.

lixa
substantivo feminino
Papel moi forte que leva pegada nunha das súas caras area ou po de vidro e empregado para alisar superficies especialmente de madeira e metálicas: *Pasoulle a lixa á madeira e quedou lisiña.*
FAM. lixar[1].

lixar[1]
verbo
Pasar a lixa para alisar unha superficie: *Lixou a madeira.*

lixar[2]
verbo
Pór sucio algo: *O cativo lixou a camisa con manchas de chocolate.* SIN. ensuciar, luxar, manchar. ANT. limpar.
FAM. lixoso.

lixeiro, lixeira
adxectivo
1 De pouco peso: *Esta bicicleta é moi lixeira.* SIN. leve, livián. ANT. pesado.
2 Suave, de pouca forza ou de pouca importancia: *A brisa é un vento fresco lixeiro.* SIN. lene, leve, livián, suave. ANT. grave, forte.
3 Rápido ou áxil de movementos: *El cando quere sabe traballar lixeiro e rematar axiña.* SIN. rápido. ANT. lento.
4 Que abriga pouco: *Este xersei é moi lixeiro para tanto frío.*
5 Que actúa ou fala sen pensalo: *Debemos evitar as opinións lixeiras.*
EXP. **Á lixeira** Sen pensalo: *Non hai que dar opinións á lixeira.* **Ter a man lixeira** Pegarlle a alguén con moita facilidade: *Ese cativo ten a man un pouco lixeira.*
FAM. lixeireza, alixeirar.

lixivia
substantivo feminino
Líquido elaborado con auga, sosa cáustica e outros ingredientes e que se usa para eliminar a sucidade por completo e desinfectar: *A lixivia destrúe moitos xermes.*
OBS. É incorrecta a forma **lexía.*

lixo
substantivo masculino
1 Conxunto de desperdicios e cousas inservibles que cómpre tirar: *Botou a bolsa do lixo no colector.* SIN. gasto.
2 Porción moi pequena de sucidade: *O leite tiña un lixo e tireino polo vertedoiro.*
3 Argueiro.

lizgairo, lizgaira
adxectivo
Moi intelixente e que sabe o que lle convén: *Vanlle ben os negocios porque é moi lizgairo.* SIN. agudo, astuto, fino, listo. ANT. bobo, parvo.

ll
substantivo masculino
Combinación de letras con que se representa o son inicial de *llama: O nome do* ll *é ele dobre.*

llama
substantivo feminino
Mamífero ruminante de pelo longo de cor marrón claro e que se usa como animal de carga e para producir carne, la e leite: *A llama é un animal propio da cordilleira dos Andes, sobre todo de Perú.*

lle
pronome persoal
Indica a terceira persoa: *Xa lle dixen que estaba trabucado.*

llelo, llela
contracción
Unión de *lles* e o pronome persoal *o, a: As notas xa llelas entregou aos pais.*

llo, lla
contracción
Unión do pronome persoal *lle* e o pronome persoal *o, a: As notas xa llas dei a miña nai.*

lo[1], la
artigo determinado
Segunda forma do artigo determinado *o, a,* que se usa despois dos verbos rematados en *-r, -s,* despois dos pronomes *nos, vos, nós, vós* e *lles,* despois do adverbio *u* e despois de *ambos, entrambos, todos, por, tras* e *mais: Vai come-lo bocadillo; Rompémo-la negociación. Déronno-las tres da mañá.*
OBS. Escríbese sen guión unido a *ambos, entrambos, todos, por, tras* e *mais*: *Entrámbalas dúas cambiaron a roda picada do coche.*

lo[2], la
pronome persoal
Forma do pronome persoal *o, a* despois de verbos terminados en *-r, -s,* dos pronomes *nos, vos, lles* e do adverbio *u*: *Visitaralo esta mañá.*

loar
verbo
Falar moi ben de algo ou de alguén: *Loaba aquel restaurante porque se comía moi ben nel.* SIN. eloxiar, encarecer, gabar. ANT. censurar, criticar.

***lobato**, a forma correcta é **lobeto**.

lobeto, lobeta
substantivo
Cría do lobo: *A loba aleitaba os seus lobetos.*

lobicán
substantivo masculino
Animal resultado de cruzar un can e un lobo: *Os lobicáns son moi feros.*

lobishome
substantivo masculino
Home que se cre convertido en lobo e se comporta como tal: *Os lobishomes protagonizan moitas lendas populares de medo.*

lobo, loba
substantivo
Mamífero carniceiro salvaxe, parecido a un can grande e que vive en mandas: *O lobo ataca as vacas en mandas.*
EXP. **Lobo de mar** Mariño que ten moita experiencia navegando: *O capitán era un vello lobo de mar.*
FAM. lobicán, lobishome, lobeto.

LLO / LLELO

Debemos distinguir *llo, lla, llos, llas* (que proveñen de *lle + o, a, os, as*) de *llelo, llela, llelos, llelas* (que proveñen de *lles + o, a, os, as*) segundo se refira a unha única persoa ou a varias. Así, diremos:

A chave xa *lla* entreguei onte (a el, a ela)
As chaves xa *llas* entreguei onte (a el, a ela)
A chave xa *llela* entreguei onte (a eles, a elas)
As chaves xa *llelas* entreguei onte (a eles, a elas)

local

adxectivo

1 Propio ou característico dun lugar: *Nesa festa popular perviven moitos costumes locais.*

2 Dunha determinada zona ou rexión: *Este é un xornal local, que só informa dos asuntos do concello.*

3 Que afecta ou pertence só a unha parte do todo: *Para extraer unha moa o dentista pon anestesia local.* ANT. xeral.

substantivo masculino

4 Lugar cuberto e pechado que adoita estar na parte baixa dun edificio e que se usa habitualmente como tenda ou para calquera outro negocio: *Vai instalar un bar nun local dunha rúa moi céntrica.*

localidade

substantivo feminino

1 Cidade ou poboación en que viven persoas: *As localidades poden ser cidades, vilas e aldeas.* SIN. poboación.

2 Praza para un espectador: *Os estadios de fútbol teñen moitas localidades.*

3 Billete que dá dereito a ocupar unha destas prazas: *Merquei dúas localidades para a obra de teatro.* SIN. entrada.

localizar

verbo

Lograr saber ou determinar onde está algo que se busca: *Localizou no mapa Ribadavia.* SIN. atopar, encontrar.

OBS. O *z* cambia en *c* diante do *e*, como en *cazar*.

loción

substantivo feminino

Líquido que se utiliza para coidar a pel ou o pelo: *Despois de se afeitar bota unha loción na cara.*

locomoción

substantivo feminino

Capacidade para moverse e ir dun lugar a outro: *As pernas asegúranlles ás persoas a locomoción.*

locomotor, locomotora

adxectivo

1 Que permite o movemento: *As pernas son parte fundamental do aparato locomotor das persoas.*

substantivo feminino

2 Máquina que turra dos vagóns dun tren: *As locomotoras poden ser eléctricas ou diésel.*

locuaz

adxectivo

Que lle gusta moito falar: *Non cala nunca porque é moi locuaz.* SIN. falador, falangueiro, lingoreteiro. ANT. calado, reservado. FAM. locuacidade.

locución

substantivo feminino

Conxunto de palabras que teñen sempre a mesma orde e un significado só: *Custar ferro e fariña é unha locución que significa 'custar moito facer ou conseguir algo'.*

locutor, locutora

substantivo

Persoa que traballa dando noticias pola radio, pola televisión ou diante dun micrófono: *As noticias do telexornal danas varios xornalistas.*

lodo

substantivo masculino

Lama fina formada pola mestura de auga, terra e follas: *Traía as botas cheas de lodo.* SIN. lama.

logo

adverbio

1 En pouco tempo: *Logo acabarei con este traballo, é un minuto.* SIN. axiña, decontado, deseguida, enseguida.

2 Máis tarde: *Primeiro estudo e logo paseo.* SIN. despois.

conxunción

3 Úsase para expresar consecuencia ou resultado: *Perdeu moitos cartos, logo está arruinado.* SIN. daquela, entón, xa que logo, por tanto, polo tanto.

EXP. **E logo** Úsase para indicar algo de modo moi claro ou para preguntar con máis forza: *Ti tamén ves de excursión? E logo. E logo por que non pagaches esa débeda tendo os cartos?*

lograr

verbo

Chegar a ter ou a conseguir o que se desexa: *Todos os corredores lograron chegar á meta.* SIN. acadar, alcanzar, conseguir, obter. FAM. logreiro, logro.

*loiro, a forma correcta é louro.

loita

substantivo feminino

1 Combate ou enfrontamento en que se adoita usar a forza ou as armas: *A loita entre os dous exércitos causou moitas mortes.*

2 Traballo ou esforzo para conseguir algo: *Para que estudase tiven unha boa loita con el.*

EXP. **Loita libre** Deporte en que pelexan dúas persoas sen armas empregando chaves e golpes: *O combate de loita libre remata cando se rende un dos rivais.*

loitador, loitadora

adxectivo ou substantivo

1 Que non se rende con facilidade ante as dificultades: *O noso equipo está formado por xogadores moi loitadores.*

substantivo

2 Persoa que practica o deporte da loita: *Os loitadores de loita libre adoitan ser robustos.*

loitar

verbo

1 Pelexar usando só a forza ou tamén con armas: *Os franceses e os galegos loitaron na Guerra da Independencia.* SIN. batallar, contender, lidar, pelexar.

2 Esforzarse moito para conseguir algo: *Loitou para que os seus fillos estudasen unha carreira.* SIN. batallar, esforzarse.

FAM. loita, loitador.

loito

substantivo masculino

1 Estado de tristeza e dor pola morte dunha persoa: *Está de loito pola morte do seu avó materno.*

2 Roupa de cor negra que se viste para manifestar a dor pola morte dunha persoa: *Asistiu de loito ao funeral do amigo morto.*

3 Período de tempo durante o que se amosa dor pola morte de alguén: *O Concello declarou tres días de loito pola morte do alcalde.*

lomba

substantivo feminino

1 Montaña pequena: *A ermida estaba na cima da lomba aquela.* SIN. cerro, outeiro.

2 Xiba^{2}.

lombo

substantivo masculino

1 Parte de atrás do corpo das persoas que vai desde o pescozo ata a cintura: *Coa suor pegábaselle a camisa ao lombo.* SIN. costas, dorso.

2 Parte do corpo dos animais que vai desde o pescozo ata as patas traseiras: *A sela nos cabalos colócase sobre o lombo.* SIN. dorso.

3 Parte dun libro en que van unidas as follas: *Moitos libros levan tamén o título no lombo.*

EXP. **Ao lombo** Sobre esta parte do corpo: *Levaba o saco de patacas ao lombo.* SIN. ás costas.

FAM. lombudo, lombelo.

lombriga

substantivo feminino

1 Bicho ou verme, alongado e con aneis, que vive na terra nos terreos húmidos: *As lombrigas son beneficiosas porque airean a terra.* SIN. miñoca.

2 Parasito parecido a un verme cilíndrico que vive no intestino das persoas e dalgúns animais: *As lombrigas atacan moito os cativos.* SIN. coca.

lona

substantivo feminino

1 Tea moi forte e resistente: *Os toldos adoitan ser de lona.*

2 Nalgúns deportes como o boxeo, chan sobre o que se fai a competición: *O boxeador caeu sobre a lona derrubado pola puñada do adversario.*

londra

substantivo feminino

Mamífero carniceiro de pelo espeso e suave, de cor escura, cos dedos unidos por unha membrana: *A londra vive nas beiras dos ríos, aliméntase de peixes e a súa pel é moi apreciada para facer abrigos.* SIN. lontra.

longaínza

substantivo feminino

Especie de chourizo feito coa carne das vísceras do porco picadas e adobadas: *Cos liviáns do porco fanse longaínzas.*

longametraxe

substantivo feminino

Película de cine que pasa dos sesenta minutos de duración: *Na televisión, ás veces, poñen boas longametraxes, aínda que as cortan coa publicidade.*

***longaniza**, a forma correcta é **longaínza**.

longo, longa

adxectivo

1 Que ten unha lonxitude maior ca a normal ou necesaria: *Ese pantalón éche longo, pois cúbreche os zapatos.* ANT. curto.

2 Que dura moito tempo ou precisa de moito tempo para facelo: *A novela é unha narración longa.* SIN. extenso. ANT. breve, curto.

3 Que ten moita máis lonxitude ca ancho ou largo: *O dedo medio da man é longo.*

substantivo masculino

4 Distancia máis grande dunha superficie plana: *Hai tres dimensións: longo, ancho ou largo e alto.* SIN. longura, lonxitude.

EXP. **Ao longo de** 1) No sentido da maior dimensión: *Andamos dous quilómetros ao longo daquela estrada comarcal.* 2) Durante o tempo que se indica: *Traballou nesta empresa ao longo de vinte anos.*

OBS. É distinto de *largo*, 'ancho'.

FAM. longura.

longueirón

substantivo masculino

Molusco mariño de dúas cunchas longas e estreitas e comestible: *Os longueiróns son parecidos ás navallas pero máis longos.*

longura

substantivo feminino

Lonxitude.

lontra

substantivo feminino

Londra.

lonxa

substantivo feminino

Lugar onde se venden e compran cousas en grandes cantidades, especialmente peixe fresco: *A lonxa de Vigo é unha das máis importantes de Europa.*

lonxe

adverbio

A gran distancia: *Vivo lonxe do colexio e vou en autobús.* ANT. cerca, preto.

lonxitude

substantivo feminino

1 Distancia máis grande dunha superficie plana: *A lonxitude desta pista de atletismo é de catrocentos metros. A mesa ten tres metros de lonxitude e noventa centímetros de largo.* SIN. longo, longura.

2 Distancia que hai desde un punto calquera da Terra ata o meridiano cero e que se mide sobre a liña do Ecuador en graos, minutos e segundos: *A posición de calquera punto terrestre establécese pola súa latitude e a súa lonxitude.*

lorcha ou lorcho

substantivo feminino ou masculino

Peixe pequeno de cabeza grande que vive entre as pedras: *A carne do lorcho é pouco apreciada.*

lorda

substantivo feminino

Cotra.

***loro** (ave), a forma correcta é **papagaio**.

lostregar

verbo

1 Producirse lóstregos: *Esta noite lostregou abondo.* SIN. alustrar, relampar, relustrar.

2 Brillar intensamente durante un breve espazo de tempo: *Lostregaban as faíscas na fogueira.* SIN. alustrar, relampar, relustrar.

lóstrego

substantivo masculino

Luz forte e moi breve producida polo raio ou choque entre dúas nubes: *Primeiro vese o lóstrego e despois óese o trono.* SIN. alustro, relampo, relustro.

FAM. lostregar.

lotaría ou lotería

substantivo feminino

1 Xogo de azar en que se premian os billetes que teñen números que coinciden con outros números sacados dun bombo: *Sempre xoga á lotaría do Nadal.*

2 Billete que se merca para xogar a este xogo: *Mercou lotaría na administración do barrio.*

3 Asunto cuxo resultado depende da sorte: *Mercar un coche usado é unha lotaría, pode saír ben ou mal.*

EXP. **Lotaría primitiva** A que dá o premio máximo cando a orde dos seis números que marcou o xogador coincide cos que se sacan do bombo: *Xoga todas as semanas á lotaría primitiva.* **Tocarlle a alguén a lotaría**

Ter moita sorte: *Ao non sufrir ningún dano nese accidente tocoulle a lotaría.*

lote

substantivo masculino

1 Conxunto de cousas con características parecidas: *Fixo un lote cos libros que eran novelas.*

2 Cada unha das partes en que se divide un conxunto de cousas: *Fixo un lote de lambonadas para cada rapaz.*

loubán, loubana

adxectivo ou substantivo

1 Que actúa con malicia para conseguir o propio beneficio: *É un loubán que mesmo estafou a familia.* SIN. pícaro, pillabán, pillo.

2 Nugallán.

louco, louca

adxectivo

1 Que sente moito amor ou afección por algo ou alguén: *Está louco polos coches de carreiras.* SIN. tolo.

adxectivo ou substantivo

2 Que perdeu o xuízo ou está mal da cabeza: *Está a tratamento psiquiátrico porque está louco.* SIN. demente, desequilibrado, tolo. ANT. cordo.

3 Que non pensa as cousas que fai ou di ou que se pon en perigo de xeito innecesario: *Conduce devagar e non sexas louco.* SIN. insensato, tolo. ANT. axuizado, cordo, sensato.

FAM. loucura, louquear.

loucura

substantivo feminino

1 Enfermidade que padecen os que perderon o xuízo ou están mal da cabeza: *O psiquiatra di que padece un tipo de loucura.* SIN. demencia, tolemia. ANT. cordura.

2 Feito ou dito dunha persoa que parece propio de quen está mal da cabeza: *Ir por esa estrada a tanta velocidade é unha loucura.* SIN. tolada, tolaría.

3 Afección, interese ou gusto moi grandes por alguén ou por algo: *Ten loucura pola empanada de zamburiñas.*

louquear

verbo

Volver louco ou tolo: *Louqueou cando lle morreu o fillo.* SIN. enlouquecer, tolear.

loureira

substantivo feminino

Variedade de uva branca, de cor dourada: *A loureira cultívase no Ribeiro de Avia.*

loureiro

substantivo masculino

Árbore de follas perennes, ovadas e duras que son moi empregadas como condimento para certas comidas: *As follas do loureiro son moi recendentes.*

louro, loura

adxectivo

1 De cor castaña escura tirando a vermella: *As castañas maduras son de cor loura.*

2 De cor amarela clara, tirando á cor do ouro: *Ten os ollos azuis e o cabelo louro.* SIN. dourado.

lousa

substantivo feminino

1 Rocha de orixe metamórfica, xeralmente de cor negra e que se separa en láminas moi delgadas: *O tellado desa casa é de lousa de Valdeorras.*

2 Peza delgada desta rocha ou doutro material semellante que se usa para facer os tellados ou os pisos das casas: *Hai que repoñer as lousas que levou o vento.*

FAM. lousado, lousar.

lousado

substantivo masculino

Tellado ou piso dunha casa feito con lousas ou outro material semellante a esta rocha: *Os albaneis amañaban o lousado antes das chuvias do inverno.*

lousar

verbo

Cubrir o tellado ou o piso dunha casa con lousas ou con outro material semellante a esta rocha: *Os albaneis xa estaban lousando a casa.*

*louvar, a forma correcta é **loar**.

louza

substantivo feminino

1 Barro fino, cocido e vernizado, empregado para fabricar pratos, vaixelas e utensilios de mesa e cociña: *As vaixelas de Sargadelos son de louza.*

2 Conxunto de pratos e demais utensilios de mesa e cociña feitos con este material:

Na cociña había louza abonda: pratos chans e sopeiros, cuncas e fontes.

louzán, louzá

adxectivo

De boa saúde e con moi bo aspecto: *Tras da operación, está xa moi louzán.* SIN. vigoroso. ANT. débil, feble, enfermizo.

FAM. louzanía.

lóxico, lóxica

adxectivo

1 Normal e natural porque está de acordo coa razón e co sentido común: *É lóxico que vaia calor no verán.* SIN. natural, normal, racional, razoable. ANT. absurdo, anormal, atolado, estraño, ilóxico, irracional, raro.

substantivo feminino

2 Ciencia que estuda como se pensa e se razoa: *A lóxica é unha parte da filosofía.*

3 Acordo co que di a razón ou o sentido común: *Non ten lóxica levar abrigo con esta calor tan grande.*

lúa

substantivo feminino

1 Corpo celeste que xira arredor dun planeta: *A Lúa xira arredor da Terra. O planeta Xúpiter ten doce lúas.*

2 Luz do Sol reflectida pola Lúa e que se ve pola noite: *A lúa entraba pola ventá que tiña a persiana subida.*

EXP. **Estar** ou **vivir na lúa** Non darse conta de nada: *Non se decata de nada porque vive na lúa.* **Lúa chea** Fase durante a que se ve a Lúa desde a Terra como un disco completo totalmente iluminado: *Nas noites de lúa chea ouvean os lobos.* SIN. plenilunio. **Lúa crecente** Fase durante a que se ve a Lúa en forma de D: *A lúa crecente queda entre a lúa nova e a lúa chea.* SIN. cuarto crecente, crecente. **Lúa minguante** Fase durante a que se ve a Lúa en forma de C: *A lúa minguante está entre a lúa chea e a lúa nova.* SIN. cuarto minguante, devalo. **Lúa nova** Fase durante a que non se ve a Lúa: *A lúa nova non se ve porque está iluminada polo Sol pola cara oposta á Terra.* **Lúa vella** Fase durante a que se ve a Lúa chea de todo, mais que comeza a minguar: *Despois da lúa vella vén a lúa minguante.*

OBS. Na acepción 1 escríbese con inicial maiúscula.

FAM. luar, lunar, lunático, aluar.

luar

substantivo masculino

Luz moi forte da Lúa: *Os bardos de Pondal gustaban dos fermosos luares.*

OBS. É distinto de *lunar.*

lubricante

adxectivo ou substantivo masculino

Que fai que algo esvare e roce con moita menos forza: *O aceite dos motores dos coches é un lubricante.*

lucecú

substantivo masculino

Vagalume.

luceiro

substantivo masculino

Calquera astro que brilla moito no ceo ou parece moi grande: *Esa estrela tan brillante é un luceiro.*

EXP. **Luceiro da alba, da mañá** ou **da tarde** O planeta Venus, que se ve moi ben ao saír ou pórse o Sol: *Con estas nubes non se ve o luceiro da mañá.*

lucido, lucida

adxectivo

Que queda ou di moi ben: *A noiva quedou moi lucida con ese traxe tan elegante.*

OBS. É distinto de *lúcido.*

lúcido, lúcida

adxectivo

Que pensa ou comprende todo moi ben: *O enfermo está lúcido e entende todo o que lle din.*

FAM. lucidez.

lucir

verbo

1 Dar luz ou brillar: *As lámpadas locen no teito do cuarto.* SIN. brillar, relucir.

2 Dar algo o resultado esperado: *Non lle luciu o traballo pois volveu suspender todo.*

3 Amosar algo presumindo: *Anda por aí, a lucir o novo coche deportivo.*

4 **lucirse** Quedar moi ben ou producir moi boa impresión: *Luciuse cando fixo esa empanada tan saborosa.*

OBS. Conxúgase como *fuxir.* Cambia o *c* en *z* diante de *a, o*: *luzo, luza.*

lucro

substantivo masculino

Ganancia ou beneficio que se saca de algo *A ese negocio sacoulle moito lucro e agor*

é millonario. SIN. beneficio, ganancia, proveito, rendemento.
FAM. lucrarse, lucrativo.

lúdico, lúdica

adxectivo
Do xogo ou relacionado con el: *Os xogos infantís son actividades lúdicas.*

lugar

substantivo masculino
1 Espazo ocupado ou que pode ser ocupado: *No armario cada peza de roupa ha de ter o seu lugar.* SIN. sitio.
2 Espazo adecuado para algo: *O estadio é o lugar onde se practican deportes.* SIN. sitio.
3 Poboación pequena: *A miña parroquia é rural e comprende varios lugares.* SIN. aldea.
4 Posición que se ocupa, especialmente nunha clasificación ou orde: *O Dépor ocupa o primeiro lugar da clasificación.* SIN. posición, posto.
EXP. **Dar lugar a algo** Ser causa de algo: *A discusión deu lugar a unha pelexa.* **En lugar de** En vez de: *En lugar de calar, deu en protestar e berrar.* **Estar fóra de lugar** Non ser oportuno: *Está fóra de lugar ir de traxe e gravata á praia.* **Pórse no lugar de alguén** Supor que se está na situación desa persoa: *Cómpre pórse no lugar dos parados.* **Ter lugar** Suceder: *A inauguración da exposición terá lugar o sábado ás oito da tarde.*
FAM. local, localidade, localizar.

lúgubre

adxectivo
Moi triste e que incluso produce medo: *A sala do castelo tiña unha decoración lúgubre.*

luír

verbo
Consumir pouco a pouco unha cousa o rozamento: *Os pneumáticos dese coche están moi luídos.* SIN. desgastar.
OBS. Conxúgase como *incluír*.

lumarada

substantivo feminino
Lume moi grande e con chamas altas: *Ao lonxe víanse as lumaradas do incendio.* SIN. cacharela, fogueira, larada.

lumbrigante

substantivo masculino
Crustáceo mariño parecido á lagosta, pero con grandes pinzas no primeiro par de patas: *O lumbrigante péscase nas zonas rochosas e a súa carne é moi saborosa.*

lume

substantivo masculino
1 Luz e calor producidos por algunha materia que arde: *Na lareira había un bo lume.*
2 Materia que arde producindo esta calor e luz: *Ao lonxe víanse os lumes do incendio forestal.*
EXP. **A lume de biqueira** Moi rapidamente: *Se queremos chegar a tempo hai que ir a lume de biqueira.* **Botar lume** Estar moi enfadado: *Perdeu as chaves e está que bota lume.* **Comer lume** Aguantar algo que senta mal estando moi enfadado: *Come lume cando ten que traballar os sábados.* **Xogar co lume** Facer algo perigoso para divertirse: *Vai amodo coa moto e non xogues co lume.*
FAM. lumieira, luminoso, luminosidade.

lumieira

substantivo feminino
Claraboia.

luminoso, luminosa

adxectivo
1 Que ten ou dá luz: *O seu cuarto é moi luminoso porque ten dúas xanelas.*
2 Que resulta moi oportuno e brillante: *Irmos hoxe ao teatro foi unha idea luminosa.* SIN. brillante.
FAM. luminosidade.

lunar

adxectivo
1 Da Lúa ou propio dela: *Os primeiros astronautas pisaron a superficie lunar en 1968.*
2 Mancha redonda e escura que aparece na pel: *Visitou un dermatólogo porque lle saíu un lunar na meixela dereita.*
3 Debuxo ou mancha en forma de círculo que destaca no fondo: *Mercou unha fermosa blusa azul con lunares brancos.*
OBS. É distinto de *luar*, 'luz da Lúa'.

lunático, lunática

adxectivo
Que cambia moito de humor ou que ata ten ataques de loucura: *Onte estaba alegre e hoxe está moi furioso porque é un lunático.*

luns

substantivo masculino
Primeiro día da semana: *O luns está entre o domingo e o martes.* SIN. segunda feira.

lupa
substantivo feminino
Lente de aumento cun mango que serve para ver as cousas aumentadas de tamaño: *No laboratorio miramos coa lupa unha mosca.*

lúpulo
substantivo masculino
Planta herbácea rubideira con espigas que segregan unha substancia amarga usada para elaborar a cervexa: *Noutros tempos en Betanzos houbo importantes plantacións de lúpulo.*

lura
substantivo feminino
Molusco mariño cefalópodo con oito brazos e dous tentáculos e que expulsa un líquido negro para esconderse cando é atacado: *A borra ou líquido que botan as luras para se agocharen é negro.*

luscofusco ou lusquefusque
substantivo masculino
Momento do día, entre a noite e o día ou entre o día e a noite, en que hai pouca luz: *No luscofusco, tanto pola mañanciña como pola noitiña, cómpre acender os faros do coche.*

lusitano, lusitana
adxectivo ou substantivo
1 Da Lusitania, provincia do antigo Imperio romano que comprendía o actual Portugal e Estremadura: *Viriato foi un caudillo lusitano que loitou contra os romanos.* SIN. luso.
2 De Portugal, país europeo: *A selección lusitana gañou o Campionato de Europa.* SIN. luso, portugués.

luso, lusa
adxectivo ou substantivo
Lusitano.

lustrar
verbo
Darlle brillo a algo fretándoo: *Lustraba os zapatos cunha baeta.* SIN. brunir.
FAM. lustre, lustroso.

lustro
substantivo masculino
Período de tempo de cinco anos: *Un decenio ten dous lustros.*

luva
substantivo feminino
Peza de vestir que cobre a man, xeralmente dedo a dedo: *Os porteiros de fútbol protexen as mans con fortes luvas.* SIN. guante.

luxar
verbo
Lixar[2].

luxo
substantivo masculino
1 Abundancia e exceso de riqueza ou de comodidades: *Como é millonario está afeito ao luxo.*
2 O que é moi caro e que non todo o mundo pode conseguir: *Ter tres meses de vacacións é un luxo.*
FAM. luxoso.

luxuria
substantivo feminino
Desexo moi grande de praceres sexuais: *A Igrexa católica considera a luxuria un pecado capital.*
FAM. luxurioso.

luz
substantivo feminino
1 Forma de enerxía que ilumina e fai posible ver as cousas: *A Terra recibe a luz do Sol.*
2 Claridade que despiden algúns corpos: *A luz das chamas da lareira brillaba na cociña.*
3 Aparello ou mecanismo que serve para iluminar: *Acendeu a luz do seu cuarto.*
4 Corrente ou enerxía eléctrica: *Agora pagamos o recibo da luz mensualmente.*
plural
5 Intelixencia ou claridade para pensar: *Ese rapaz é moi parvo e de poucas luces.*
EXP. **Dar a luz** Ter un fillo unha muller: *Deu a luz o 3 de xuño.* **Sacar á luz** Dar a coñecer: *Ese xornalista sacou á luz moitos escándalos políticos.* **Ver a luz** Nacer: *Rosalía viu a luz en Santiago de Compostela.*
FAM. luceiro, lucir, contraluz, relucir.

luzada
substantivo feminino
1 Luz desprendida por un corpo: *Na noite clara brillaba a luzada das estrelas.* SIN. brillo, fulgor, resplandor.
2 Alba.

M

m

substantivo masculino

Letra número once do abecedario galego: *Mondoñedo comeza por un* m.

OBS. O seu nome é *eme.*

macabro, macabra

adxectivo

Que, polo seu aspecto, lembra a morte: *Contou unha historia macabra de asasinatos.*

macaco

substantivo masculino

1 Mono que ten o pelo case de cor amarela: *Os monos de Xibraltar son macacos.*

2 Persoa moi fea e pequena: *Ese macaco está tolo: quere ser modelo.*

3 Persoa sen carácter e que se deixa manexar por outros: *Cómpre non ser macaco e non deixarse levar polo grupo.* SIN. monicreque.

4 Debuxo, especialmente dunha persoa, feito con trazos e liñas moi simples: *O neno pintaba macacos.* SIN. monicreque.

macarrón

substantivo masculino

Pasta alimenticia con forma de tubo elaborada con fariña triga: *Xantei de primeiro uns macarróns con tomate.*

macedonia

substantivo feminino

Sobremesa elaborada con anacos de distintas froitas: *Botoulle á macedonia zume de laranxa.*

maceira

substantivo feminino

Árbore froiteira que produce a mazá: *A maceira é propia dos climas temperados.*

macela

substantivo feminino

1 Planta herbácea que produce flores brancas co centro amarelo moi usadas para facer infusión: *Ten na horta plantas de macela.*

2 Flor desta planta e infusión que se fai con estas flores: *Tomou unha macela porque lle fixera dano o xantar.*

maceta

substantivo feminino

Martelo de mango curto empregado polos canteiros: *O canteiro petaba no punteiro coa maceta.*

OBS. Non debe usarse no canto de *testo,* 'recipiente para plantas de adorno'.

*machacar, a forma correcta é **machucar**.

machada

substantivo feminino

Ferramenta para cortar formada por unha folla metálica larga e forte moi afiada polo bordo e unida a un mango de madeira: *Cortaba a leña coa machada.* SIN. brosa.

machado

substantivo masculino

Machada grande: *O machado ten a folla e o mango máis grandes ca os da machada.*

macheta

substantivo feminino

Machada pequena: *Cortaba os guizos cunha macheta.*

machete

substantivo masculino

Coitelo grande e forte, habitualmente de folla curva: *A cana de azucre córtase co machete.*

machismo
substantivo masculino
Actitude ou comportamento que considera que a muller é inferior ao home: *O machismo considera que os labores da casa só os ten que facer a muller.* SIN. sexismo.

macho[1]
adxectivo masculino
1 Coas características que se consideraban tradicionalmente propias do home: *Pensa que é moi macho porque ten moito músculo.*
substantivo masculino
2 Ser vivo do sexo masculino: *O macho da vaca é o touro.* ANT. femia.
3 En certos obxectos con dúas pezas, como os enchufes, peza en que se mete ou encaixa noutra: *O enchufe conéctase á rede eléctrica co macho.* ANT. femia.
FAM. machismo, machista.

macho[2]
substantivo masculino
Animal de carga de sexo masculino que nace do cruzamento entre unha egua e un burro ou dunha burra cun cabalo: *Os machos son estériles.*
OBS. O seu feminino é *mula.*

machorro, machorra
adxectivo
Dito dunha femia, que non pode ter fillos: *Esa vaca non ten becerros porque é machorra.* SIN. estéril.

machucar
verbo
Esmagar ou desfacer dando golpes ou facendo moita forza sobre algo: *Machucaba as patacas co garfo para facer puré.* SIN. esmagar.
OBS. O *c* cambia en *qu* diante do *e*, como en *sacar.*

macizo, maciza
adxectivo
1 Que non ten ocos nin buracos: *Esa xoia é de ouro macizo.*
2 De corpo forte e robusto: *É un neno macizo e pesa moito.*
substantivo masculino
3 Grupo de montañas: *O macizo Galaico ten montañas pouco elevadas.*

macuto
substantivo masculino
Especie de saco de lona ou doutro material semellante que se leva colgado ao lombo para transportar roupa, comida ou outras cousas: *Levaba nun macuto a comida e a bebida.* SIN. mochila.

madeira
substantivo feminino
Materia dura que se saca do tronco das árbores: *Os mobles adoitan ser de madeira.*
FAM. madeirame, madeireiro, madeiro.

madeireiro, madeireira
adxectivo
1 Da madeira ou relacionado con ela: *A industria madeireira é importante en Galicia.*
substantivo
2 Persoa que traballa vendendo e comprando madeira: *Na provincia de Lugo hai moitos madeireiros.*

madeiro
substantivo masculino
Peza ou anaco de madeira longo e groso: *Polo río baixaban aboiando dous madeiros.*

madeixa
substantivo feminino
Porción grande de fío enrolado con voltas grandes e iguais: *A partir da madeixa fanse os nobelos.* SIN. mea, meada.

madía
EXP. **Madía leva** Indica que alguén ten boa sorte ou que algo non lle saíu mal: *Madía leva, pois con esta crise ten un traballo seguro.*

madrasta
substantivo feminino
En relación cos fillos levados por un home ao matrimonio, actual muller do pai pero que non é a nai destes fillos anteriores do home: *Casou cun viúvo que tiña dous fillos e agora é a madrasta deses dous rapaces.*

***madrastra**, a forma correcta é **madrasta**.

madre
substantivo feminino
1 Tratamento de respecto que se lles dá ás monxas ou relixiosas: *A madre abadesa dirixía sabiamente o convento.*

2 Tratamento de respecto para a nai: *Mi madre era moi culta.*
3 Útero.
4 Restos sólidos que quedan no fondo dos recipientes que teñen viño ou vinagre: *Esa cuba ten moita madre.* SIN. borra, feces, pouso.
5 Fondo dun río ou lago: *A madre do río nesta parte é de rocha.* SIN. leito.

madreperla
substantivo feminino
1 Molusco mariño que adoita conter unha perla e que ten unha cuncha circular nacarada.
2 Nácara.

madrépora
substantivo feminino
Pólipo ou animal mariño que vive en colonias e cun esqueleto externo calcario que chega a formar illas: *Os esqueletos externos das madréporas forman illas de coral con forma de árbore.*

madreselva
substantivo feminino
Planta rubideira que produce unhas flores brancas ou amarelas moi recendentes: *A madreselva adoita rubir por paredes e muros.*

madriña
substantivo feminino
1 Respecto dunha persoa, muller que a asiste ao recibir sacramentos como o bautismo ou o matrimonio: *Un costume dicía que a avoa tiña que ser a madriña no bautizo do primeiro neto.*
2 Muller que actúa como protectora de algo ou de alguén ou preside certas cerimonias: *A alcaldesa foi a madriña na botadura do barco.*
OBS. O seu masculino é *padriño.*

madroña
substantivo feminino
Zoca.

madrugada
substantivo feminino
Tempo que vai desde a media noite ata a saída do Sol: *Para comezar o traballo ergueuse ás cinco da madrugada.*
EXP. **De madrugada** Ao saír o Sol: *Comezamos a viaxe de madrugada.*

madrugar
verbo
Levantarse cedo da cama pola mañá: *Madruga moito porque se ergue todos os días ás seis da mañá.*
OBS. O *g* cambia en *gu* ante *e*, como en *pagar.*
FAM. madrugada, madrugador.

maduro, madura
adxectivo
1 Dito dun froito ou dunha froita, que alcanzou o seu desenvolvemento completo: *Esas cereixas xa están maduras e poden comerse.* ANT. verde.
2 Dito dunha persoa, que se desenvolveu por completo, especialmente en canto á capacidade de pensar e decidir ben: *Ten só dezaseis anos, pero é un rapaz moi maduro.* SIN. adulto.
FAM. maduración, madurar, madurecer, madurez, madureza.

mafia
substantivo feminino
1 Organización criminal secreta nacida en Sicilia (Italia) no século XIX para protexer os intereses dos seus membros, incluso recorrendo ao asasinato: *A mafia estendeuse de Italia aos Estados Unidos.*
2 Organización ou grupo que emprega medios ilegais e ata criminais para conseguir os seus fins e beneficios e cuxos membros se protexen entre eles mantendo en segredo as súas actividades: *A mafia da droga controla tamén negocios legais.*
FAM. mafioso.

maga
substantivo feminino
Intestino dos peixes: *Ao lavar o peixe hai que sacarlle a maga.*

magma
substantivo masculino
Masa de rochas fundidas sometidas a grandes temperaturas e presión no interior da Terra: *O magma sae polo cráter dos volcáns en erupción.*
FAM. magmático.

magnánimo, magnánima
adxectivo
Moi bo e xeneroso: *Perdoa todo porque é magnánimo.*
FAM. magnanimidade.

magnate
substantivo
Persoa moi importante e poderosa: *Ese iate é dun magnate da banca.*

magnesio
substantivo masculino
Metal sólido de cor e brillo semellantes aos da prata: *O magnesio arde con facilidade e produce unha luz clara e brillante.*

magnético, magnética
adxectivo
Que é capaz de atraer ou repeler outros corpos, como fai o imán: *Os compases levan unha agulla magnética ou imantada que sinala o Norte.*
FAM. magnetismo, magnetizar.

magnetófono
substantivo masculino
Aparello que serve para gravar sons sobre unha fita magnética e tamén para reproducilos: *Antes escoitábanse as cancións gravadas en fitas nos magnetófonos.* SIN. casete.

magnífico, magnífica
adxectivo
Mo boi ou con grandes calidades: *Esta vista da ría é magnífica.* SIN. espléndido, estupendo, excelente, extraordinario, fabuloso, fantástico, marabilloso, sensacional, soberbio. ANT. cativo, espantoso, horrendo, horrible, horroroso, ruín.
FAM. magnicidio, magnificar, magnificencia.

magnitude
substantivo feminino
1 Tamaño ou importancia de algo: *Aínda se descoñece a magnitude do accidente.* SIN. dimensión, importancia.
2 Calquera característica dos corpos que se pode expresar por unidades de medida: *A forza, a temperatura e a velocidade son magnitudes físicas que se poden expresar por números.*

magnolia
substantivo feminino
1 Pequena árbore de xardín que produce unhas flores de cor branca moi recendentes: *A magnolia é orixinaria de América.*
2 A flor desta árbore: *As magnolias son flores de pétalos grandes e carnosos.*

mago, maga
substantivo
1 Persoa que fai xogos de mans: *O mago sacou un coello do chapeu.* SIN. ilusionista, prestidixitador.
2 Persoa con poderes máxicos ou sobrenaturais: *O mago transformou a cabaza nunha fermosa carruaxe.* SIN. bruxo, feiticeiro, meigo.
3 Que realiza algunha actividade moi ben: *Ese dianteiro é un mago do balón.*

mágoa
substantivo feminino
1 Ferida ou lesión por un golpe, caída ou calquera outra causa: *Caeu na rúa e ten unha mágoa no xeonllo dereito.*
2 Sensación de pena e tristeza grandes ou o que a causa: *Tiña a mágoa da morte do pai.* SIN. aflición, pena, pesar.
FAM. magoante, magoar.

magoar
verbo
1 Producir unha pequena dor ou ferida: *Os zapatos novos magóanme as dedas dos pés.* SIN. mancar.
2 Causar mágoa, pena ou dor: *Magóame que non sexas máis amable.* SIN. aflixir, apesarar, entristecer, ferir. ANT. aledar, alegrar.

magosto
substantivo masculino
1 Comida que consiste basicamente en castañas asadas: *Despois da cea, fixeron un magosto.*
2 Festa en que se asan e comen castañas: *O día do magosto é o 11 de novembro, san Martiño.*

magro, magra
adxectivo
1 Con moi pouca graxa: *Gústalle o xamón magro.*
2 Con poucas carnes: *É un rapaz alto e magro.* SIN. delgado, fraco. ANT. gordo.
substantivo feminino
3 Anaco delgado e longo dun alimento: *Fixo un bocadillo cunhas magras de xamón.*

mahometano, mahometana
adxectivo ou substantivo
Da relixión que foi ensinada por Mahoma ou relacionado con ela: *Os mahometanos cren nun só Deus: Alá.* SIN. musulmán.

mai
substantivo feminino
Nai.

maia[1]
substantivo feminino
Maiola.

maia[2]
adxectivo ou substantivo
Do antigo pobo americano que habitaba a zona central de América: *Os maias ocupaban a zona de América comprendida entre os actuais México, Guatemala e o oeste de Honduras.*

maiar
verbo
Miar.

mailo, maila
contracción
Unión da conxunción *mais* e a segunda forma do artigo determinado *lo, la*: *Túa nai e maila miña son compañeiras de estudos.* OBS. É preferible a forma sen contraer: *mais o, mais a*, pero debe pronunciarse *mailo, maila.*

maimiño
adxectivo ou substantivo masculino
Dito dun dedo da man, o máis pequeno: *Caeu e rompeu o dedo maimiño da man dereita.*

maino, maina
adxectivo
Moi suave: *Sopraba unha brisa maina.* SIN. apracible, suave. ANT. desapracible.

maínzo
substantivo masculino
Millo.

maio
substantivo masculino
1 Mes número cinco do ano: *Maio queda entre abril e xuño.*
2 Construción de madeira totalmente cuberta de follas, flores e outros adornos que se saca á rúa nos primeiros días deste mes cantando coplas: *Son célebres os maios de Ourense.*
3 Copla que se canta acompañando o desfile destas construcións: *Os maios poden ser satíricos.*

maiola
substantivo feminino
Castaña seca e sen pel: *Fixo un caldo de maiolas.* SIN. maia.

maionesa
substantivo feminino
Salsa feita con ovos e aceite e que se bate ata que espesa: *Botoulles maionesa aos lagostinos.*

maior
adxectivo
1 Máis grande: *A miña casa é maior ca a túa.* SIN. meirande. ANT. menor.
2 Dito dunha persoa, que ten máis idade ca outra: *Os dous irmáns maiores xa traballan.* ANT. menor.
3 Dito dunha persoa, que ten moitos anos: *Vive nunha residencia de maiores.* SIN. ancián, vello. ANT. mozo, novo.
4 Dito dunha persoa, que é adulta: *Di que de maior quere ser enxeñeira.* SIN. adulto. ANT. menor.
substantivo masculino plural
5 Persoas das que se descende: *Os seus maiores edificaron e mantiveron este pazo.* SIN. antepasados, devanceiros.
EXP. **Chegar a maiores** Comezar a ser grave ou importante: *O incendio non chegou a maiores pola rápida chegada dos bombeiros.* **Maior de todos** Dedo da man que queda entre o anular e o índice: *O maior de todos é o dedo máis longo.* SIN. pai de todos.
OBS. Non debe combinarse con *máis: É o irmán *máis maior de todos > É o irmán maior de todos.* Só é sinónimo de *meirande* na acepción 1, 'máis grande'.
FAM. maioría, maioritario, maiúscula, maiúsculo.

maioría
substantivo feminino
1 Parte máis grande ou numerosa dun todo: *A maioría dos alumnos aprobou todas as materias.* ANT. minoría.
2 Nunha votación número máis numeroso de votos: *A maioría elixiu por delegada a Gloria.* ANT. minoría.
EXP. **Maioría absoluta** A da metade dos que votan ou elixen máis un: *Goberna porque obtivo maioría absoluta.* **Maioría relativa** A que non alcanza a metade dos votos máis un: *Teñen que pactar con outros grupos*

para gobernar porque só teñen maioría relativa. **Maioría de idade** Situación da persoa que fixo os dezaoito anos e ten todos os dereitos: *Para poder votar nas eleccións hai que ter maioría de idade.*

mais

conxunción

1 Úsase para indicar unión ou suma: *Nós mais uns amigos fixemos un equipo de fútbol.* SIN. e.

2 Indica unha oposición a algo que se dixo antes: *Estudou moito, mais suspendeu.* SIN. pero.

OBS. Na acepción 1 contrae coa segunda forma do artigo: *mailo, maila*, aínda que é preferible a forma sen contraer *mais o, mais a*. Con todo, a pronuncia debe ser *mailo, maila*. Combínase con *e*: *Ti e mais eu fixemos ese traballo.* É distinto de *máis*, adverbio.

máis

indefinido

1 Referido a un grupo de persoas ou cousas, indica as que quedan ou sobran: *Marchou el, pero os máis quedaron.* SIN. demais, outro.

substantivo masculino

2 Signo que se usa en matemáticas entre dúas cantidades para indicar que se suman: *Tes que pór o signo máis (+).*

adverbio

3 En maior cantidade ou calidade: *El é máis alto ca ti.* ANT. menos.

EXP. **De máis** De sobra, en maior cantidade ou calidade da necesaria: *Neste café hai xente de máis.* **Máis ou menos** Aproximadamente: *Estivo aquí quince minutos, máis ou menos.* **Nin máis nin menos** Exactamente: *Dixo que lle custara mil euros, nin máis nin menos.* **Por máis que** Indica a imposibilidade de conseguir algo: *Por máis que protestes, hoxe non irás ao cine.*

OBS. É distinto de *mais*, conxunción. Non debe confundirse *de máis* con *demais*, pronome.

maiúsculo, maiúscula

adxectivo

1 Moi grande: *Co accidente ese deunos un susto maiúsculo.* ANT. minúsculo.

adxectivo ou substantivo feminino

2 Dito dunha letra, que é de tamaño grande: *Despois de punto ou ao inicio de escrito cómpre comezar con letra maiúscula.* ANT. minúscula.

mal

adxectivo

1 Forma reducida do adxectivo *malo* cando vai diante dun substantivo masculino singular: *Ese foi un mal partido, pois perdemos.* ANT. bo.

substantivo masculino

2 O contrario do ben ou que se aparta do que é bo, honrado e xusto: *A policía loita contra o mal.* ANT. ben.

3 Dano moral ou físico: *O paro fíxolle moito mal.* ANT. ben.

4 Enfermidade: *O cancro é un mal grave.* SIN. doenza, enfermidade.

adverbio

5 De xeito contrario ao que é bo, correcto ou xusto: *Fixo moi mal os deberes. Trataba mal aos veciños sen motivo.* ANT. ben.

EXP. **Mal de ollo** Dano que se cre que pode facer unha persoa coa vista mirándoa de determinada maneira: *O mal de ollo é unha superstición.* **Menos mal** Indica alegría porque non sucedeu algo que se temía: *Menos mal que hoxe non perdín o autobús.* **Estar, pórse** ou **quedar a mal** Enfadarse moito cunha persoa e ata deixar de falarlle: *Está a mal co fillo e nin se falan.* **Tomar a mal** Enfadarse por algo: *Tomou a mal que lle dixese que non é puntual.*

malabarista

substantivo

Persoa que realiza xogos consistentes en tirar moitos obxectos ao aire e collelos sen que caian ou en mantelos en equilibrio difícil: *O malabarista tiraba ao aire catro pelotas e non lle caía ningunha.*

malaria

substantivo feminino

Enfermidade caracterizada pola febre moi alta e intermitente e a anemia: *A malaria é propia das zonas tropicais e transmítea a picadura do mosquito anófele.* SIN. paludismo.

maldade

substantivo feminino

1 Calidade do que é malo ou contrario ao bo: *Esas críticas son dunha gran maldade.* ANT. bondade.

2 Acción ou cousa mala: *Non dixo máis ca maldades, para molestar a todos.* ANT. bondade.

maldición
substantivo feminino
1 Desexo que se di en voz alta de que lle suceda algún mal a alguén: *A maldición da bruxa foi dicirlle que oxalá que morrese moi novo.* ANT. bendición, beizón.
2 Expresión de enfado moi forte: *Ao saber que perdera, comezou a botar xuramentos e maldicións.*

maldicir
verbo
1 Desexarlle en voz alta a alguén que lle sucedan cousas malas: *A bruxa maldiciuno dicíndolle que oxalá que morrese novo.* ANT. bendicir, beicer.
2 Dicir palabras fortes e xuramentos para expresar un grande enfado: *Cando viu a roda do coche picada comezou a maldicir.* SIN. xurar.
3 Falar mal de alguén ou de algo: *Maldicía do amigo que non lle prestara os cartos.*
OBS. Conxúgase como *dicir*, mais ten dous participios, *maldicido*, usado nas perífrases, e *maldito*, usado como adxectivo.

maldito, maldita
1 Participio irregular de *maldicir.*
adxectivo
2 Que produce enfado ou molestia: *Non dou rematado este maldito traballo.* ANT. bendito, bieito.
3 Que recibiu unha maldición: *O príncipe era un maldito que a bruxa convertera en ra.* ANT. bendito, bieito.

maleable ou **maleábel**
adxectivo
Dito dun metal, que se pode estender facilmente en pranchas finas ou láminas: *O ouro é un metal maleable.* ANT. É distinto de *dúctil*, 'que se pode deformar sen romper'.

maleducado, maleducada
adxectivo ou substantivo
Que non ten educación: *Non deu os bos días porque é un maleducado.* SIN. groseiro. ANT. educado.

maleficio
substantivo masculino
Acción máxica para causar un dano: *O maleficio da bruxa converteu o príncipe en ra.* SIN. feitizo, meigallo.

malencarado, malencarada
adxectivo
Dito dunha persoa, con cara moi fea ou que dá medo: *Un gángster malencarado ameazaba o policía.*

malentendido
substantivo masculino
Mala interpretación ou mal entendemento de algo: *Se pensas que che dixen que estabas aprobado foi un malentendido, pois estás suspenso.*

malestar
substantivo masculino
Sensación que se ten ao estar mal ou a desgusto: *A gripe produce febre e malestar xeral.* ANT. benestar.

maleta
substantivo feminino
Especie de caixa, con pechadura, asa e nalgúns casos rodiñas que serve para levar a roupa cando se vai de viaxe: *Meteu a roupa na maleta azul.*
FAM. maleteiro, maletín.

maleteiro
substantivo masculino
Nun coche, espazo para gardar as maletas e os paquetes: *O maleteiro dos coches adoita estar na parte traseira.*

maletín
substantivo masculino
Especie de caixa de pel ou doutro material semellante e con asa que serve para levar roupa, documentos, libros ou mesmo un ordenador: *Meteu o portátil no seu maletín de coiro.*

maleza
substantivo feminino
Conxunto de herbas e silvas que medran nun terreo e que son prexudiciais para o cultivo: *Nos campos abandonados medra agora a maleza.*

malfadado, malfadada
adxectivo
Que ten mala sorte ou supón unha desgraza: *Morreu nun malfadado accidente.* SIN. desafortunado, desgraciado, infortunado. ANT. afortunado.

malfalado, malfalada

adxectivo

Que ten como costume falar con blasfemias, xuramentos e palabras malsoantes: *Di moitos xuramentos porque é un malfalado.*

malfeito, malfeita

adxectivo

Que resulta feo porque non ten a forma apropiada: *Ten un nariz grande e malfeito.*

malfeitor, malfeitora

substantivo

Persoa que comete delitos habitualmente: *A policía detivo os malfeitores que atracaran o banco.* SIN. delincuente, facinoroso.

malferir

verbo

Ferir moi gravemente: *Está malferido porque recibiu un disparo.*

OBS. Conxúgase como *servir*.

malgastar

verbo

Gastar moito de algo sen aproveitalo ben: *Cómpre pechar ben as billas para non malgastar a auga.* SIN. dilapidar.

***malhumor**, a forma correcta é **mal humor**.

malia

preposición

1 Indica oposición ou dificultade: *Iremos á praia malia a chuvia.*

conxunción

2 Indica unha dificultade que non impide que algo se realice: *Malia o frío que vai, sairemos esta noite.*

interxección

3 Indica rexeitamento ou enfado moi grande: *Malia o mozo que non ten ilusións!*

EXP. **Malia que** Indica unha dificultade que non impide que algo se realice: *Malia que chova ou neve, iremos esta fin de semana á aldea.*

malicia

substantivo feminino

1 Mala intención: *Di as cousas con malicia, para molestar.*

2 Habilidade para conseguir o que se quere: *Ten moita malicia para gañar cartos con eses negocios.* SIN. astucia, picardía.

FAM. malicioso.

maligno, maligna

adxectivo

Moi malo: *Ese tumor é maligno porque é canceroso.*

FAM. malignidade.

malla[1]

substantivo feminino

1 Traballo agrícola consistente en separar o gran da palla nos cereais ou de sacar as castañas do ourizo: *Antes facíase a malla do centeo á man, cun mallo.*

2 Tempo do ano en que se realiza este traballo: *Polos días da malla ía moita calor.*

malla[2]

substantivo feminino

1 Tecido ou tea que ten unha estrutura parecida á dunha rede ao estar formado por cadrados pequenos de fío: *As laranxas viñan nunha malla.*

2 Peza de vestir elástica e fina que se axusta ao corpo: *Puxo unhas mallas para facer ximnasia.*

3 Tecido formado por pequenos aneis de metal unidos entre si: *As cotas dos guerreiros medievais eran de malla.*

mallador, malladora

substantivo

1 Que fai o traballo agrícola da malla: *Antes os malladores usaban o mallo.*

substantivo feminino

2 Máquina utilizada para facer o traballo agrícola da malla: *Agora xa non se malla á man senón coas malladoras.*

mallar

verbo

1 Darlles fortes golpes a cereais como o trigo ou o centeo para separar o gran da palla: *Antes mallábase á man, co mallo, pero agora faise con máquinas.* SIN. trillar.

2 Dar golpes con moita forza: *Mallárono a paus.* SIN. brear.

3 Cansar moitísimo: *Esta vendima mallounos a todos.* SIN. moer.

4 Derrotar ou gañar por moito: *Mallárononos ben: perdemos 5-0.*

malleira

substantivo feminino

1 Conxunto de golpes que se lle dan a alguén: *Metérono no cárcere por darlle unha malleira a un can.* SIN. tunda, zurra.

2 Derrota moi grande porque se perde por moito: *Metéronlle unha malleira ao Dépor: 5-0.* SIN. tunda.

mallo

substantivo masculino

Instrumento agrícola usado para mallar os cereais formado por dúas pezas, unha máis longa ca outra, unidas por unha correa, de xeito que se agarra pola máis longa e se golpea o cereal coa máis curta: *Os mallos adoitaban ser de carballo.*

malo, mala

adxectivo

1 Que non ten as calidades propias da súa natureza ou para a súa función: *É un coche malo porque se avaría continuamente.* SIN. cativo, mao, ruín. ANT. bo.

2 Que non é como debía ser ou como nos gustaría que fose: *Ten un emprego moi malo.* SIN. cativo, mao, ruín. ANT. bo.

3 Prexudicial ou que causa dano: *Fumar é malo para a saúde.* SIN. daniño, mao, prexudicial. ANT. bo.

4 Enfermo: *Está moi maliño.* SIN. doente, enfermo, mao. ANT. san.

5 Que causa pena ou dor: *Esa noticia é moi mala.* SIN. mao.

6 Dito dun rapaz, que non para quedo e fai moitas trasnadas: *Ese cativo é malísimo, non para de argallar trasnadas.* SIN. mao.

adxectivo ou substantivo

7 Dito dunha persoa, que non é boa e ten calidades morais negativas: *Os malos sempre andan a argallar trampas.* SIN. malvado, mao, perverso, ruín. ANT. bo.

EXP. **De malas** Con moi mal humor ou moi enfadado: *Está de malas porque o suspenderon.* **Nin un mal** Absolutamente nada: *Non me pagou nin un mal euro.* **Polas malas** Á forza: *Estudarás, polas boas ou polas malas.* **Virlle a mala a alguén** Tocarlle a parte mala de algo: *Agora veulle a mala e perde cartos no negocio.*

malpocado, malpocada

adxectivo ou substantivo

Dito dunha persoa, que carece de ánimo ou determinación, ten moi mala sorte ou sofre unha desgraza: *O malpocado xa é a terceira vez nun ano que perde o emprego.* SIN. coitado, desgraciado.

malsoante

adxectivo

Que soa moi mal, especialmente dito dunha palabra que resulta groseira: *Os malfalados din palabras malsoantes.*

maltratar

verbo

Tratar mal: *Nunca se debe maltratar un animal.*

FAM. maltratador, maltrato.

maltreito, maltreita

adxectivo

Que sufriu algún dano, especialmente porque o trataron mal: *Atoparon os prisioneiros moi maltreitos.*

malva

adxectivo ou substantivo masculino

1 Da cor que resulta de mesturar morado e rosa: *Levaba unha blusa malva.*

substantivo feminino

2 Planta herbácea silvestre con flores de cor rosa ou branca: *A malva seica ten propiedades medicinais.*

3 Flor desta planta: *Puxo as malvas cortadas en auga.*

malvado, malvada

adxectivo ou substantivo

Dito dunha persoa, moi mala: *Uns malvados secuestraron esa nena.* SIN. desalmado, maligno, miserable, perverso. ANT. bo.

malversar

verbo

Gastar cartos que non lle pertencen a un en usos distintos de aqueles aos que están destinados: *Malversou os cartos do Concello mercando coches no canto de facer beirarrúas.*

FAM. malversación, malversador.

malvís

substantivo masculino

Paxaro parecido ao tordo, de cor parda no lombo con ás e cola abrancazadas: *O malvís come insectos e froitos.*

mama

substantivo feminino

Órgano da femia dos mamíferos que produce o leite con que alimentan as crías: *Fixéronlle unha ecografía da mama dereita.*

FAM. mamadeira, mamar, mamífero, mamila, mamón, mamote.

mamá
substantivo feminino

Nai.

OBS. É o tratamento cariñoso con que un fillo se dirixe á nai.

mamadeira
substantivo feminino

1 Biberón.

2 Peza de plástico ou de goma, furada pola punta, pola que chuchan o leite do biberón os bebés e as crías dos mamíferos: *Está atascado o buratiño da mamadeira e non sae o leite.*

3 Especie de botón que sobresae das mamas e polo que as crías chuchan o leite: *Os ubres das vacas teñen varias mamadeiras.*

mamalón, mamalona
adxectivo ou substantivo

1 Que ten moi pouca intelixencia ou habilidade: *Non entende ningunha explicación porque é un mamalón.* SIN. mamón, torpe. ANT. intelixente, listo.

2 Nugallán.

mamar
verbo

Tomar o leite da nai un bebé ou a cría dun mamífero chuchándoo das mamas: *Os bebés adoitan mamar cada tres horas.*

mamífero
adxectivo ou substantivo masculino

Dito dun vertebrado, cun embrión cuxo desenvolvemento se realiza case sempre dentro do corpo da nai e cuxas femias alimentan as crías con leite das súas mamas: *As persoas somos mamíferos.*

mamila
substantivo feminino

Especie de botón que sobresae das mamas das mulleres e por onde maman os bebés: *Na lactación, os bebés chuchan o leite das mamilas.* SIN. bico do peito.

mámoa
substantivo feminino

Sepulcro prehistórico megalítico formado por un dolmen ou unha anta cuberto por un montículo de terra de planta circular: *As mámoas teñen arredor de cinco metros de altura.*

mamón, mamona
adxectivo ou substantivo

1 Que mama moito ou máis tempo do normal: *Ese bebé é moi mamón.* SIN. mamote.

2 De moi pouca intelixencia ou habilidade: *É un mamón que non entende nada.* SIN. mamalón, torpe.

3 Dito dunha persoa, que resulta molesta e enfada: *Ese mamón non deixa de molestar coas súas críticas.*

substantivo masculino

4 Dente de leite, que cae para ser substituído polos definitivos: *Aínda non lle caeu ningún mamón.* SIN. mamote.

mamote
adxectivo ou substantivo

Mamón.

mamut
substantivo masculino

Especie de elefante pero de maior tamaño, coa pel cuberta de pelo e con cairos moi desenvolvidos e curvos cara a arriba: *O mamut desapareceu e era propio das rexións frías de Asia e Europa na era cuaternaria.*

man
substantivo feminino

1 Nunha persoa, parte en que remata o brazo, con dedos e que serve para coller as cousas: *Cada man ten cinco dedos.*

2 Pata dianteira dalgúns animais de catro patas: *O cabalo levantou as mans.*

3 Capacidade para facer algo: *Ten moi boa man para a empanada.* SIN. arte, habilidade, maña. ANT. torpeza.

4 Poder ou influencia sobre algo: *Din que ten moita man no Concello porque é amigo do alcalde.* SIN. influencia.

5 Capa dalgunha substancia, como pintura, que se dá sobre unha superficie: *Deulle á porta dúas mans de pintura.*

6 Lado dereito ou lado esquerdo, especialmente das rúas e estradas: *Os coches circulan pola man dereita.*

7 Cada unha das veces en que se reparten cartas nalgúns xogos e ao remate das cales se gañan puntos: *Nesta man levo dous ases.*

8 Gran cantidade de algo: *Herdou do tío unha man de cartos.* SIN. manchea.

EXP. **Á man** Feito coas mans e sen máquinas: *O vestido está cosido á man, sen máquina de coser.* **A man armada** Con armas: *Atracaron o banco a man armada.* **Abrir a man** Ser menos duro ou gastar máis: *Abriu a man e mercoulle un coche.* **Botar man de algo** ou **de alguén** Usalos para algo: *Botou man dos aforros para pasar a crise.* **Botar unha man** Axudar: *Botoulle unha man ao irmán cando estaba no paro.* **Chegar** ou **vir ás mans** Pelexar: *Comezaron por berrar e finalmente chegaron ás mans.* **Chocar a man** ou **dar a man** Dárense a man dúas persoas en sinal de saúdo ou amizade: *Tras asinaren o contrato, chocaron as mans.* **De segunda man** Xa usado: *Mercou un coche de segunda man.* **Deixar da man algo** Deixar algo abandonado ou sen ocuparse del: *Deixou da man o bar e perdeu moitos clientes.* **Deixar da man de alguén** Deixar ao coidado de alguén: *Deixou os negocios da man do fillo máis vello.* **Írselle a man a alguén** Pasarse: *Fóiselle a man cos pasteis e colleu un empacho.* **Lavar as mans** Non facerse responsable de algo: *El di que nese negocio lava as mans: non quere saber nada.* **Man a man** Traballando xuntos: *Fixeron eles dous sós ese traballo, man a man todo o día.* **Man de obra** Conxunto de traballadores: *Nesta fábrica cómpre máis man de obra.* **Man esquerda** Habilidade para resolver asuntos difíciles: *El leva ben a dirección porque ten man esquerda.*

FAM. manicura, manipular, manivela, manchea, manopla, manual, pasamáns, antemán.

***manada**, a forma correcta é **manda**.

manancial

substantivo masculino

Lugar de onde nace ou mana a auga de forma natural: *Coas chuvias medran os mananciais.*

manar

verbo

Saír un líquido para fóra: *A auga mana da billa do lavabo.*

FAM. manancial.

mancadela ou mancadura

substantivo feminino

Lesión ou ferida leves: *O zapato fíxolle unha mancadura no talón.* SIN. mágoa.

mancar

verbo

Facer unha ferida ou unha lesión: *Caeu e mancou un xeonllo.* SIN. magoar.

OBS. O *c* cambia en *qu* ante *e*, como en *sacar.*

FAM. mancadela, mancadura.

mancha

substantivo feminino

1 Sinal ou marca de sucidade: *Na camisa branca levaba unha mancha de chocolate.*

2 Sinal ou marca que destaca pola súa cor diferente nunha superficie doutra cor: *As xirafas son amarelas con manchas marróns.*

3 Cousa prexudicial para a fama ou boa sona: *Esa expulsión é a única mancha da súa carreira deportiva.* SIN. tacha.

FAM. manchar.

manchar

verbo

1 Pór sucia unha cousa con sinais ou marcas de sucidade: *No xersei o rapaz levaba varias manchas de chocolate.* SIN. ensuciar, lixar, luxar. ANT. limpar.

2 Danar a boa fama: *Esa expulsión mancha a súa carreira deportiva.* SIN. ensuciar, lixar, luxar. ANT. limpar.

manchea

substantivo feminino

1 Conxunto de cousas que se poden coller coa man dunha vez: *Collín da bolsa unha manchea de caramelos.* SIN. manda, presa, presada, puñado.

2 Gran cantidade: *Na feira de gando había unha manchea de xente.* SIN. chea, man, montón, morea.

manco, manca

adxectivo ou substantivo

Que non ten un ou os dous brazos ou unha ou as dúas mans: *É manco da man dereita porque a perdeu nun accidente de moto.*

manda

substantivo feminino

1 Manchea.

2 Conxunto de animais da mesma especie que viven xuntos: *Os turistas viron na reserva unha manda de elefantes.*

mandado

substantivo masculino

Traballo que unha persoa debe facer porque alguén llo mandou ou encargou: *De neno facía o mandado de ir buscar o leite.* SIN. encarga, encargo, recado.

mandamento

substantivo masculino

Orde ou norma que hai que cumprir ou obedecer: *Os mandamentos cristiáns son dez.*

mandar

verbo

1 Darlle a alguén a orde de facer algo: *O profesor mándanos facer os deberes.* SIN. ordenar. ANT. cumprir, obedecer.

2 Gobernar ou dirixir algo: *O xefe manda na empresa.* SIN. dirixir, ordenar. ANT. obedecer.

3 Facer ir ou facer chegar: *Mandoume un correo electrónico para convidarme ao seu aniversario.* SIN. enviar, remitir.

FAM. mandado, mandamento, mandatario, mandato, mandón.

mandarina

substantivo feminino

Froita parecida á laranxa, pero máis pequena: *A casca da mandarina sepárase con moita facilidade.*

mandato

substantivo masculino

1 Orde, especialmente a que dá unha autoridade: *Cómpre obedecer os mandatos do Goberno.*

2 Tempo que dura o desempeño dun cargo por unha autoridade: *O mandato dos deputados é de catro anos.*

mandíbula

substantivo feminino

Cada unha das dúas pezas de óso ou cartilaxe que forman a boca e onde se encaixan os dentes: *A mandíbula inferior é móbil.* SIN. queixada.

mandil

substantivo masculino

Peza que, atada á cintura, se pon sobre a roupa para protexer a parte dianteira do corpo: *Os carniceiros adoitan usar un mandil branco.* SIN. mantelo.

mandilón

substantivo masculino

Peza folgada en forma de bata que se pon sobre o resto da roupa para non manchala: *Os nenos de infantil adoitan usar na clase mandilón.*

mando

substantivo masculino

1 Poder para mandar ou ordenar sobre algo: *Nesta empresa ten todo o mando a xefa de persoal.* SIN. autoridade.

2 Persoa ou asociación con autoridade para mandar ou dirixir: *Os mandos da policía ordenaron dispersar os manifestantes.* SIN. autoridade.

3 Botón ou aparello que serve para facer funcionar algo: *Perdeuse o mando a distancia da tele.*

mandolina

substantivo feminino

Instrumento musical de corda, como a guitarra, con oito cordas que se tocan cunha puga: *A mandolina parece un laúde pequeno.*

mandril

substantivo masculino

Mono africano que chega a medir oitenta centímetros de altura, rabo moi curto e nádegas vermellas: *O mandril vive en mandas e é omnívoro.*

maneira

substantivo feminino

1 Forma particular de facer algo: *Non me gusta a súa maneira de traballar, tan rápido.* SIN. modo, forma, xeito.

plural

2 Conxunto de modos ou forma de comportarse dunha persoa: *Era unha rapaza de maneiras educadas.* SIN. modos.

EXP. **De calquera maneira** ou **de todas maneiras** A pesar de todo, en calquera caso: *De todas maneiras rematou o traballo, aínda que non tivo moito tempo.* **De maneira que** Introduce unha consecuencia ou resultado: *Xa te avisei, de maneira que non te queixes agora.*

manequín

substantivo

1 Persoa que traballa vestindo e pasando modelos de roupa para dalos a coñecer: *Cada deseñador ten os seus manequíns.* SIN. modelo.

2 Figura con forma humana feita de plástico ou doutro material para amosar pezas

de vestir: *No escaparate da tenda de traxes tiñan catro manequíns con cadanseu traxe.*

maneto, maneta

adxectivo

Que lle falta unha man ou un brazo: *É maneto da man dereita.*

manexar

verbo

1 Usar ou utilizar, especialmente coas mans: *O cativo xa sabe manexar o microondas.* SIN. usar, utilizar.

2 Gobernar ou dirixir algo: *A filla máis vella manexa agora a empresa familiar.*

3 **manexarse** Actuar ben superando problemas: *Manéxase moi ben no bar el só e non necesita ningún camareiro.* SIN. defenderse, desenvolverse.

FAM. manexo.

manexo

substantivo masculino

1 Uso ou utilización de algo: *Xa entendín o manexo do novo DVD.* SIN. uso, utilización.

2 Acción feita con habilidade e astucia para conseguir algo: *Todos coñecen os manexos dese político para chegar a conselleiro.* SIN. intriga.

manga

substantivo feminino

1 Parte dunha peza de vestir que cobre o brazo: *No verán leva camisas de manga curta.*

2 Tubo longo de goma ou doutro material similar que toma auga ou outro líquido por un extremo para botalo polo outro: *Regaba o xardín coa manga.* SIN. mangueira.

3 Nalgunhas competicións deportivas como o esquí, cada unha das partes en que se divide: *A esquiadora galega gañou a primeira manga desta proba de esquí.*

4 Especie de bolsa cun buraco nun extremo que se usa para botar nata e pasta nos pasteis: *O pasteleiro botaba a nata na torta coa manga.*

5 Nun barco, anchura maior: *O mercante ten vinte metros de manga.*

EXP. **Manga ancha** Tolerancia ou comprensión para as faltas propias ou doutro: *O garda tivo manga ancha e non o multou por aparcar mal.*

mangallón, mangallona

substantivo

Dito dunha persoa, moi alta e grande ou máis alta e grande do que debe pola idade: *É un mangallón de quince anos que xa é máis alto ca o pai.*

mangante

adxectivo ou substantivo

Que non lle gusta nada traballar: *Sempre chega tarde ao traballo porque é un mangante.* SIN. lacazán, nugallán, vago. ANT. traballador.

mangar

verbo

1 Pórlle o mango a unha ferramenta ou utensilio: *Mangou a legoña cun mango de carballo.*

2 Úsase para expresar de forma humorística valores como *pegar, comer, botar, colgar* e mesmo en forma negativa *non traballar*: *Despois da sobremesa aínda lle mangou un par de xeados. Non a mangou en toda a tarde, pero cobrou ben.*

mango

substantivo masculino

Parte longa e estreita por onde se colle algún utensilio: *As tixolas teñen mango e as cazolas, asa.* SIN. cabo.

mangueira

substantivo feminino

Tubo longo de goma ou doutro material similar que toma auga ou outro líquido por un extremo para botalo polo outro: *Regaba o xardín coa mangueira.* SIN. manga.

manía

substantivo feminino

1 Costume que resulta raro, estraño ou mesmo enfermizo: *Ten a manía de beber sempre polo mesmo vaso.* SIN. teima.

2 Mala vontade ou mala disposición contra algo ou alguén: *Di que o profesor o suspende porque lle ten manía.* SIN. animadversión, animosidade, antipatía, aversión, teima, xenreira, zuna.

FAM. maníaco, maniático.

manicho, manicha

adxectivo ou substantivo

Zurdo.

manicomio
substantivo masculino
Hospital para persoas con enfermidades mentais: *Di que non entrará no manicomio porque non está tolo.*

manicura
substantivo feminino
Coidado e amaño das mans, especialmente das uñas: *Nese salón de peiteado tamén fan a manicura.*
FAM. manicuro.

manido, manida
adxectivo
Que polo paso do tempo ou por outras causas xa non está ben e ata está podre: *Eses bistés hai que tiralos, pois están manidos.*

manifestación
substantivo feminino
1 Expresión pública dunha idea ou opinión: *Os xornalistas escoitaban as manifestacións da concelleira.* SIN. declaración.
2 Sinal ou mostra de algo: *O riso é unha manifestación de alegría.* SIN. demostración, mostra.
3 Reunión e marcha pública de moitas persoas para pedir algo ou protestar: *A manifestación contra o paro percorreu as rúas céntricas.*

manifestar
verbo
1 Dicir publicamente o que se pensa: *O adestrador manifestou que el non dimitiría.* SIN. comunicar, declarar, dicir, expresar. ANT. calar.
2 Deixar ver algo: *O riso manifesta alegría.* SIN. amosar, demostrar, expresar, mostrar.
3 **manifestarse** Reunirse moitas persoas nun lugar público para pedir algo ou protestar: *Miles de persoas manifestáronse a prol do uso do galego no ensino.*
FAM. manifestación, manifestante, manifesto.

***manillar**, a forma correcta é **guiador**.

***maniobra**, a forma correcta é **manobra**.

maniotas
substantivo feminino plural
Dores que se senten despois de facer un exercicio físico non habitual ou moi intenso: *Corrín tanto que agora teño maniotas nas pernas.*

OBS. Son incorrectas as formas **agulletas* e **aguxetas*.

manipular
verbo
1 Traballar ou preparar algo coas mans: *Os carniceiros manipulan a carne cando nos despachan.*
2 Cambiar ou manexar algo para conseguir proveito: *O xornalista manipulou a noticia para conseguir máis lectores.* SIN. manexar.
FAM. manipulación, manipulador.

manivela
substantivo feminino
Peza dobrada en ángulo recto e que se fai xirar para mover algo: *Sobe e baixa o toldo coa manivela.*

manobra
substantivo feminino
1 Operación que se fai para controlar a marcha dun vehículo: *Fixo as manobras necesarias para aparcar o coche.*
2 O que se fai con astucia e habilidade para conseguir algo: *Fixo moitas manobras para que o elixisen alcalde.* SIN. intriga, manexo
plural
3 Exercicios que fai un exército para adestrarse para combater: *Nas manobras simúlase unha batalla como adestramento dos soldados.*
FAM. manobrar.

manopla
substantivo feminino
Peza que serve para protexer a man, similar a un guante pero só con dúas separacións, unha para o polgar e outra para o resto da man: *A armadura dos cabaleiros medievais tiña unha manopla de ferro.*

***manosear**, a forma correcta é **apalpar**, **sobar**.

mansedume
substantivo feminino
1 Dito dun animal, calidade non violenta e que lle permite vivir en compaña das persoas: *Os cans caracterízanse pola súa mansedume.*
2 Tranquilidade con moi pouco movemento, forza ou violencia: *A súa mansedume fai que nunca se enfade.*

manseliño, manseliña
adxectivo
Moi manso, suave ou tranquilo: *Corría na noite unha brisa manseliña.*

mansión
substantivo feminino
Casa grande e luxosa: *Os pazos eran verdadeiras mansións rurais.*

manso, mansa
adxectivo
1 Dito dun animal, que é moi dócil e que lle gusta vivir coas persoas: *Os cans son animais mansos e os lobos, bravos.* SIN. dócil. ANT. bravo.
2 Tranquilo e sen violencia ou con moi pouca forza: *Sopraba na noite un vento mareiro manso.*
FAM. mansedume, manseliño.

manta
substantivo feminino
Peza de tea de abrigo que se coloca sobre as sabas da cama para dar calor: *Por embaixo da manta van as sabas e por enriba a colcha.* SIN. cobertor.

manteiga
substantivo feminino
1 Alimento brando e abrancazado que se obtén da graxa do leite: *A manteiga obtense ao bater a tona do leite.*
2 Graxa de certos animais, especialmente do porco: *Para asar a carne untou a bandexa do forno con manteiga.*
3 Substancia graxa que se obtén dalgúns froitos, especialmente das sementes: *Botáballes aos labios manteiga de cacao.*
FAM. manteigada, manteigado, manteigoso, manteigaría.

mantel
substantivo masculino
Peza de tea con que se cobre a mesa durante as comidas: *Poremos o mantel novo para xantar.*

mantelo
substantivo masculino
1 Peza de vestir feminina que cobre a cabeza e todas as costas ou só en parte: *Antigamente as mulleres usaban moito o mantelo.*
2 Mandil.

mantemento
substantivo masculino
1 Subministración de alimentos e de todo o necesario para vivir: *O mantemento dos fillos é obriga dos pais e nais.* SIN. mantenza, manutención, sustento.
2 Conservación de algo na súa situación actual sen que cambie ou vaia a peor: *Adelgazou moito, pero agora ten que conseguir o mantemento nese peso.*
3 Traballos e operacións que se realizan para que algo siga a funcionar ben: *No mantemento dos coches é fundamental o cambio de aceite.*

mantenta
EXP. **Á mantenta** Querendo facelo: *Tirou á mantenta o bolígrafo ao chan.* SIN. adrede, a propósito. ANT. sen querer.

mantenza
substantivo feminino
Conxunto de alimentos necesarios para vivir: *A herba forma parte da mantenza das vacas.* SIN. alimento, comida, mantemento, manutención, sustento.

manter
verbo
1 Dar os alimentos necesarios para vivir: *O bebés manténense con leite.* SIN. alimentar, sustentar.
2 Conservar sen cambios: *Cómpre que agora non engorde e manteña ese peso.* SIN. conservar.
3 Comezar e seguir algo: *Os veciños mantivemos unha reunión para tratar do cambio da caldeira da calefacción.*
4 Defender o que se dixo: *Mantén que el nunca estivo alí.* SIN. soster.
5 Cumprir o que se prometeu: *Mantivo a súa promesa de convidarnos a todos.* SIN. soster.
OBS. Conxúgase como *ter.*
FAM. mantemento, mantenza, mantido, manutención.

mantido, mantida
Participio de *manter.*
EXP. **A mantido** ou **a mantidas** Correndo a comida do traballador por conta do xefe: *Antes os xornaleiros do campo traballaban a mantido.*

mantilla
substantivo feminino
Peza de vestir feminina de adorno, habitualmente de encaixes, que cobre a cabeza e cae sobre as costas: *Para asistir á procesión puxo unha mantilla negra de encaixe.*

manto
substantivo masculino
1 Peza de vestir ampla e de abrigo, sen botóns, a xeito de manta, que cobre desde os ombreiros ata os pés: *A imaxe da Virxe levaba un manto que lle regalaran os fieis.*
2 Calquera cousa que cobre algo: *Un manto de neve cubría as leiras.* SIN. capa.
3 Parte da Terra situada entre a codia e o núcleo: *A temperatura do manto é moi alta.*

mantón
substantivo masculino
Peza de vestir feminina de tea de abrigo e forma habitualmente cadrada que cobre as costas desde os ombreiros: *No século pasado eran famosos os mantóns de Manila.*

manual
adxectivo
1 Que se fai coas mans: *A albanelaría é un traballo manual.*
substantivo masculino
2 Libro en que se recolle o máis importante sobre unha materia ou asunto: *Todos os aparellos, como os televisores, traen un manual de instrucións.*

manufactura
substantivo feminino
1 Produto fabricado coas mans ou con máquinas a partir de materias primas: *As teas son manufacturas feitas a partir de materias primas téxtiles.*
2 Fábrica ou industria onde se fan estes produtos: *En Galicia hai importantes manufacturas téxtiles.*
FAM. manufacturar, manufactureiro.

manuscrito, manuscrita
adxectivo
1 Escrito á man: *O profesor esíxenos os traballos manuscritos e non a ordenador.*
substantivo masculino
2 Libro ou texto escrito á man: *Aínda se conserva o manuscrito de* Os dous de sempre *de Castelao.*

manutención
substantivo feminino
Achega dos alimentos e do necesario para vivir: *Os pais ocúpanse da manutención dos fillos.* SIN. alimentación, mantemento, mantenza, sustento.

manxadoira
substantivo feminino
Comedeira.

manxar
substantivo masculino
Alimento exquisito e moi saboroso: *A lamprea é un manxar.*

maña
substantivo feminino
Capacidade ou habilidade para facer ou conseguir algo: *Ten moita maña para coser.* SIN. destreza, habilidade, man.
FAM. mañoso.

mañá
substantivo masculino
1 Tempo futuro ou que aínda non chegou: *Ninguén coñece os feitos do mañá.* SIN. futuro, porvir. ANT. pasado.
substantivo feminino
2 Período de tempo que vai desde a media noite ata o mediodía, especialmente o que vai desde o amencer: *Só temos clases pola mañá.*
adverbio
3 No día posterior a hoxe: *Hoxe é martes e mañá será mércores.* ANT. onte.
4 Nun tempo futuro: *Hoxe temos cartos; mañá, xa veremos.*
EXP. **Ata** ou **deica mañá** Úsase para despedirse ata o día seguinte: *Ao marchar para a cama dixo: deica mañá.* **Pasadomañá** Dentro de dous días: *Se hoxe é luns, pasadomañá será mércores.*
FAM. mañanciña, matinal, matutino.

mañiza ou mañizo
substantivo feminino ou masculino
Brazada.

mañoso, mañosa
adxectivo
Que ten maña ou moita habilidade para algo: *É moi mañoso para arranxar mobles.* SIN. capaz, destro, habelencioso, hábil. ANT. inepto, negado, torpe.

mao, má
adxectivo

Malo, mala.

mapa
substantivo feminino

Imaxe que representa sobre un plano a superficie da Terra ou dunha parte dela: *Na clase temos pendurado un mapa de Galicia.*

mapamundi
substantivo masculino

Mapa que representa toda a superficie da Terra: *Nos mapamundis a Terra aparece dividida en dous hemisferios.*

maqueta
substantivo masculino

Copia exacta dun obxecto a escala e en tamaño reducido: *Ten varios modelos de coches de carreiras en maqueta.*

maquía
substantivo feminino

1 Antiga medida de capacidade para grans e legumes: *A maquía equivale polo xeral á sexta parte dun ferrado.*

2 Cantidade de gran, fariña ou aceite que se lle dá ao muiñeiro cada vez que moe: *O muiñeiro quixo a maquía en fariña milla.*

maquillar
verbo

Dar pinturas, pos e outros produtos á cara para que teña mellor aspecto ou un aspecto diferente: *Na película esa maquillaron o actor para que parecese un velliño.*

FAM. maquillador, maquillaxe.

máquina
substantivo feminino

1 Aparello ou conxunto de pezas que aproveita unha forza ou que a produce e que pode realizar un determinado traballo: *Mercamos unha máquina de coser.*

2 Nun tren, especie de vagón en que vai o motor e que tira do resto: *Os trens de hoxe adoitan levar máquinas eléctricas.* SIN. locomotora.

EXP. **Máquina de afeitar** Aparello ou instrumento, de man ou eléctrico, que se usa para afeitar a barba: *Mercou unha máquina de afeitar eléctrica.* **A toda máquina** Con toda a velocidade posible: *O pesqueiro volvía a porto a toda máquina.*

FAM. maquinar, maquinaria, maquinista.

maquinar
verbo

Preparar un plan, habitualmente en segredo, para conseguir un beneficio: *Maquinaban deixalo fóra da empresa.* SIN. tramar.

maquinaria
substantivo feminino

Conxunto de máquinas dunha empresa ou para facer un traballo: *Nunha fábrica de coches hai moita maquinaria.*

maquinista
substantivo

Persoa que manexa unha máquina, especialmente a do tren ou a dun barco: *Os maquinistas dos barcos encárganse de que os motores funcionen ben.*

mar
substantivo masculino

1 Masa de auga salgada que cobre a maior parte da superficie da Terra: *O mar cobre sete décimas partes da superficie terrestre.*

2 Parte determinada en que se pode dividir esa masa de auga: *O mar Cantábrico baña a costa norte de Galicia.*

3 Movemento das augas do mar: *Hoxe non me bañei porque había moito mar.*

4 Gran cantidade de algo: *No cuarto tiña un mar de libros.*

EXP. **A mares** En gran cantidade: *Onte choveu a mares.* **Andar ao mar** Traballar nel: *Anda ao mar como mariñeiro nun barco de pesca.* **Baixar o mar** Producirse a marea baixa: *Ás cinco da tarde comeza a baixar o mar.* **Encher** ou **subir o mar** Producirse a marea chea: *Agora está a encher o mar.* **Mar aberto** ou **mar a fóra** O que está a moita distancia da costa: *Fan pesca de baixura, mais tamén en mar aberto.* **Mar baixo** Marea baixa: *No mar baixo pódese ir a pé ata os barcos.* **Mar cheo** Marea chea: *No mar cheo a auga subiu case ata o muro da praia.* **Mar picado** ou **mar rixo** O que ten moito movemento: *Agora é perigoso bañarse porque hai mar picado.*

OBS. É sempre masculino e resulta incorrecta a forma feminina **a mar*.

FAM. marea, mareira, mariña, mariño, mariñeiro, marítimo, marisco, marisma, amarar, submarino.

marabilla
substantivo feminino
O que causa sorpresa moi grande e admiración por ser moi bo ou extraordinario: *A paisaxe de moitas rías galegas é unha marabilla.*

EXP. **De marabilla** Moi ben: *Pasámolo de marabilla na excursión.* **Facer marabillas** Facer moitas cousas e ben con poucos medios: *O adestrador fai marabillas con eses xogadores tan malos.*

FAM. marabillar, marabilloso.

marabillar
verbo
Producir moita sorpresa ou admiración: *O rapaz marabillounos a todos coa súa facilidade para facer cálculos.* SIN. abraiar, admirar, asombrar, pasmar, sorprender.

marabilloso, marabillosa
adxectivo
Que produce moita sorpresa ou admiración: *Esta paisaxe de montaña resulta marabillosa.* SIN. espléndido, estupendo, excelente, extraordinario, fabuloso, fantástico, formidable, magnífico, máxico, prodixioso. ANT. cativo, malo, ruín.

maraca
substantivo feminino
Instrumento musical formada por un mango e unha especie de bóla oca con sementes secas ou outro material semellante dentro que soan ao axitala: *O cantante acompañábase con dúas maracas.*

maraña
substantivo feminino
1 Porción de fío, arame ou pelo ou conxunto deles moi cruzados entre si: *O pelo, sen peitear, formaba unha maraña na súa cabeza.*

2 Conxunto de cousas moi xuntas e mesmo desordenadas: *As árbores e os arbustos da xungla formaban unha maraña.*

3 Conxunto de asuntos ou problemas moi difíciles de solucionar: *A súa vida é unha maraña de complicacións.* SIN. enredo, lea.

maratón
substantivo masculino
1 Carreira que consiste en correr unha distancia de aproximadamente corenta e dous quilómetros: *O maratón lembra a distancia de 42 quilómetros que percorreu un soldado grego desde Maratón a Atenas para anunciar a vitoria.*

2 Competición ou espectáculo que dura moito máis do normal: *Asistiron a un maratón de rock que dura vinte e catro horas.*

OBS. É sempre masculino e é incorrecto **a maratón.*

***maravedí**, a forma correcta é **marabedí**.

***maravilla**, a forma correcta é **marabilla**.

***maravilloso**, a forma correcta é **marabilloso**.

marca
substantivo feminino
1 Sinal que permite recoñecer ou distinguir algo: *A miña carteira ten unha marca con forma de cruz.* SIN. sinal.

2 Nome que unha fábrica lles dá aos seus produtos para distinguilos doutros semellantes: *Mercou un televisor dunha marca moi coñecida.*

3 Sinal deixado por algo: *No pulso véselle a marca do reloxo cando o quita.* SIN. pegada, sinal.

4 Mellor resultado que se rexistra nun deporte ou que rexistrou un deportista ou que se pide para participar nunha determinada competición: *Para participar nunha olimpíada en atletismo hai que conseguir unha determinada marca.*

FAM. marcador, marcapasos, marcar, marcaxe.

marcador
substantivo masculino
En deporte, lugar en que se anotan os puntos conseguidos por un equipo: *Os marcadores actuais adoitan ser electrónicos.* SIN. taboleiro.

marcapasos
substantivo masculino
Aparello que mediante unha corrente eléctrica estimula o corazón: *Puxéronlle un marcapasos para que manteña o ritmo de latexos o corazón.*

marcar
verbo
1 Sinalar algo cun signo para recoñecelo ou distinguilo: *Marquei a miña maleta cunha cruz branca.* SIN. sinalar.

2 Deixar unha pegada ou influencia moi grande en algo ou alguén: *A morte da nai na súa infancia marcou a súa vida.*
3 Sinalar unha cantidade: *O termómetro marca os trinta graos.* SIN. sinalar.
4 Determinar ou fixar algo: *O que vai de primeiro marcará a velocidade de todos.*
5 Facer destacar: *Esa camisa tan estreita márcache moito a barriga.*
6 Peitear o cabelo para darlle forma: *Non lle cortou o pelo, só llo lavou e marcou.*
7 Nos deportes, conseguir un punto ou un gol: *Hoxe o dianteiro marcou dous goles.*
8 Nalgúns deportes de equipo, facer que un contrario non xogue como quere: *O defensa marcou moi ben o dianteiro.* SIN. cubrir.
OBS. O *c* cambia en *qu* diante do *e*, como en *sacar*.

marcha
substantivo feminino

1 Saída dun lugar: *A súa marcha da cidade entristeceunos a todos.* SIN. partida, saída. ANT. chegada.
2 Ida a un lugar: *A súa marcha a América foi en plena adolescencia.* SIN. desprazamento, ida.
3 Desenvolvemento de algo: *O traballo avanza a boa marcha.*
4 Funcionamento dun aparello ou máquina: *O motor do coche xa está aceso e en marcha.*
5 Conxunto de persoas que se reúnen para ir a un determinado lugar cun determinado fin: *Hoxe chega a Santiago a marcha contra o machismo.*
6 Movemento que fan un grupo de persoas que van xuntas a un mesmo lugar: *Os alumnos de cuarto fixeron unha marcha pola Terra Chá.*
7 Diversión, especialmente se é de noite: *Esta noite iremos de marcha a unha discoteca.*
8 Forza ou enerxía dunha persoa: *É vello pero ten moita marcha para traballar.*
9 Peza de música que serve para levar o paso nos desfiles: *Os soldados desfilaban seguindo a música da marcha.*
10 Tipo de carreira en que non se poden ter levantados os dous pés do chan ao mesmo tempo: *Gañou xa varias probas de marcha.*
11 Nun vehículo de motor, cada unha das posicións do cambio de velocidades: *Os coches adoitan ter cinco marchas para adiante e mais a marcha atrás.* SIN. velocidade.
EXP. **Abrir a marcha** Ir diante dun grupo que camiña cara a un lugar: *Abría a marcha o capitán.* **A marchas forzadas** Con toda a présa ou velocidade posibles: *Para rematarmos esa encarga, traballamos a marchas forzadas.* **A toda marcha** Con toda a velocidade posible: *Se queremos chegar á voda, teremos que ir a toda marcha.* **Cerrar a marcha** Ser o último dun grupo que camiña cara a un lugar: *Cerraba a marcha da cabalgata de Reis unha ambulancia do Concello.*

marchar
verbo

1 Ir dun lugar a outro: *Marchou de Galicia para América.* SIN. ir, partir, saír. ANT. chegar.
2 Saír dun lugar: *Marchou axiña da reunión.*
3 Funcionar un aparello: *Ese reloxo marcha moi mal, pois atrasa.*
4 Desenvolverse ou progresar para conseguir algo: *De momento marcha moi mal na carreira, pois suspende moitas.*
FAM. marcha, marchante.

marciano, marciana
substantivo

Habitante imaxinario do planeta Marte: *Ninguén probou a existencia de marcianos.*

marco
substantivo masculino

1 Pedra cravada no chan que sinala os límites dunha terra: *Ben se ven os marcos que separan a nosa leira da do veciño.*
2 Peza de madeira ou doutro material semellante que rodea un espello, un cadro, unha ventá e outros obxectos semellantes: *Puxo a foto da voda nun marco de prata.* SIN. cadro.
3 Medio ou ambiente que rodea algo: *A biblioteca é un bo marco para esta conferencia.* SIN. medio.

marea
substantivo feminino

1 Movemento polo que a auga do mar sobe e baixa cada certo tempo: *As augas do mar soben na marea chea e baixan na marea baixa.*
2 Cada un dos períodos de pesca no mar que fai un mariñeiro: *O patrón leva neste pesqueiro oito mareas.*

EXP. **Marea baixa** Aquela en que a auga do mar está máis baixa: *Cara ás cinco da tarde comeza a marea baixa.* SIN. baixamar, mar baixo, marea libre. **Marea chea** Aquela en que a auga do mar está máis alta: *Na marea chea o mar chega ás veces ata o muro da praia.* SIN. preamar, mar cheo. **Marea libre** Marea baixa. **Marea morta** Aquela en que é moi pouco o que sobe e baixa o mar: *Nas mareas mortas case non hai diferenza entre a marea chea e a baixa.* **Marea negra** Masas de produtos nocivos ou prexudiciais que van ao mar, especialmente petróleo: *As mareas negras de produtos petrolíferos son moi prexudiciais para a flora e fauna mariñas.* **Marea viva** Marea en que o mar sobe e baixa moito máis ca nas mareas normais: *Cara a mediados de agosto hai mareas vivas.*

marear

verbo

1 Producir un malestar que se manifesta con ganas de vomitar e perda do equilibrio: *Maréame ler no autobús.*

2 Cansar ou molestar moito: *O cativo mareaba o avó coas súas preguntas continuas.*

FAM. mareo.

mareiro, mareira

adxectivo

Favorable para navegar: *Un vento mareiro empurraba o barco de vela.*

maremoto

substantivo masculino

Movemento moi violento das augas do mar que se produce por un movemento sísmico do fondo: *O maremoto desenvolveu unha grande onda que devastou a costa.*

marfallada

substantivo feminino

Conxunto de cousas sen ningunha orde: *Na mesa ten unha marfallada de libros.* SIN. lea.

FAM. marfalleiro.

marfil

substantivo masculino

Materia ósea dura de cor abrancazada que forma os dentes dos vertebrados: *Os cairos dos elefantes son de marfil.* SIN. almafí.

margarida

substantivo feminino

1 Planta herbácea que bota flores co centro amarelo e os pétalos brancos: *Alí medraban unhas margaridas ventureiras.*

2 Flor desta planta: *Esfollaba a margarida dicindo si, non, si, non...*

margarina

substantivo feminino

Substancia graxa moi parecida á manteiga e de usos semellantes obtida de graxas vexetais e animais: *Untei as torradas do almorzo con margarina.*

maricas ou maricón

adxectivo e substantivo masculino

1 Dito dun home, ás veces con sentido despectivo, que sente atracción sexual por outros homes: *Ten muller e fillos pero din que é maricón.*

2 Dito dun home, que ten as características e xeitos que tradicionalmente se consideran propios das mulleres: *Maquillarse xa non é cousa de maricóns.*

marido

substantivo masculino

Home en relación coa muller coa que está casado: *Casaron e agora son marido e muller.* SIN. esposo, home.

FAM. maridanza, maridaxe.

mariñán, mariñá

adxectivo

Relativo á costa ou á beiramar: *O clima mariñán adoita ser suave.* SIN. costeiro, litoral, ribeirán.

mariñeiro, mariñeira

adxectivo

1 Da mariña, dos mariñeiros ou relacionados con eles: *Castelao e Dieste naceron na vila mariñeira de Rianxo.*

substantivo

2 Que traballa no mar pescando: *A vida do mariñeiro é moi dura.*

3 Que traballa nun barco: *O capitán ordenoulles aos mariñeiros que fregasen a cuberta.*

4 Persoa que forma parte da mariña de guerra: *Os mariñeiros dos submarinos conviven nun espazo moi reducido.* SIN. mariño.

mariño, mariña

adxectivo

1 Do mar: *A fauna e a flora mariñas han de ser protexidas.* SIN. marítimo.

substantivo

2 Persoa que ten como oficio traballar nun barco: *Estudou náutica e agora anda de mariño.*

3 Persoa que forma parte da frota de barcos de guerra dun país: *Anda de mariño nun acoirazado.* SIN. mariñeiro.

substantivo feminino

4 Conxunto de barcos dunha nación que se dedican a unha mesma actividade: *Os barcos mercantes, que se dedican ao comercio, forman a mariña mercante.*

5 Conxunto de persoas que serven nos barcos da frota de guerra dun país: *Cando era moi novo ingresou na mariña e agora é almirante.*

6 Terra próxima ao mar: *O clima da mariña galega é moi suave.* SIN. costa.

7 Debuxo ou pintura que representa o mar: *Pinta moi boas mariñas.*

mariola

substantivo feminino

Xogo infantil consistente en andar á pata coxa empuxando ao mesmo tempo co pé que pousa no chan unha pedra pequena e plana por un percorrido establecido, formado por un conxunto de casas numeradas e pintadas no chan: *No recreo xogabamos á mariola no patio do colexio.*

marioneta

substantivo feminino

1 Boneco articulado para representar obras de teatro, especialmente infantil, que se move ao tirar del por uns fíos: *No teatro de marionetas o que manexa os fíos non é visto polo público.* SIN. monicreque, monifate, monicaco.

2 Persoa que se deixa manexar ou guiar por outras facilmente: *É unha marioneta que non ten opinións propias.* SIN. monicreque, monifate, monicaco.

***mariposa**, a forma correcta é **bolboreta**.

mariscal

substantivo masculino

En exércitos do pasado ou dalgúns países, oficial ou xefe do exército de categoría máis alta: *O mariscal galego Pero Pardo de Cela foi executado por orde dos Reis Católicos en 1483.*

marisco

substantivo masculino

Animal mariño invertebrado comestible, especialmente os moluscos e os crustáceos: *No Nadal o prezo do marisco sobe moito.*

FAM. mariscada, mariscador, mariscar, marisqueiro.

marisma

substantivo feminino

Terreo próximo ao mar e máis baixo ca el e que se inunda coa marea chea ou coas augas dun río: *Visitamos as marismas de Carnota.*

marítimo, marítima

adxectivo

Do mar ou relacionado con el: *Demos unha volta polo paseo marítimo.*

marmelada

substantivo feminino

Doce en conserva elaborado con froita cocida e azucre: *Boteilles ás torradas do almorzo marmelada de amorodo.*

marmeleiro

substantivo masculino

Árbore froiteira de tamaño pequeno que dá un froito amarelo moi recendente de carne áspera, moi usado para facer confeito: *O marmeleiro deu este ano moitos marmelos.*

marmelo

substantivo masculino

1 Froita de cor amarela e moi recendente: *O marmeleiro ese dá moi bos marmelos.*

2 Especie de doce ou confeite que se elabora cocendo en auga con azucre esta froita: *Todos os anos facemos marmelo polo outono.*

mármore

substantivo masculino

Pedra calcaria, xeralmente de cor branca con vetas doutras cores, moi empregada como material de adorno ou de construción: *O piso do palacio era de mármore.*

FAM. marmóreo, marmorista.

marmota

substantivo feminino

Mamífero roedor herbívoro de patas curtas e pelo espeso, que pasa o inverno hibernando: *As marmotas viven nas montañas elevadas de Europa e América.*

marqués, marquesa
substantivo
Nobre de categoría inmediatamente superior á do conde e inmediatamente inferior á do duque: *O marqués de Valadares loitou contra os franceses na Guerra da Independencia.*
FAM. marquesado.

marquesiña
substantivo feminino
Cuberta, polo xeral de vidro con soporte metálico, para resgardar da chuvia ou do sol: *Esperaba o autobús debaixo da marquesiña.*

marquetaría ou marquetería
substantivo feminino
Traballo que se fai introducindo pezas pequenas, especialmente de madeira ou nácara, nunha superficie: *A tapa da arca leva un traballo de marquetaría en nácara.*

marra
substantivo feminino
Especie de mazo ou martelo grande, de ferro, usado para partir pedras: *Os canteiros usan a marra.*

marrán, marrá
adxectivo ou substantivo
Porco.

marrón
adxectivo ou substantivo masculino
Da cor da casca da castaña ou do chocolate: *O marrón é unha cor que está entre o vermello ou amarelo e o negro.* SIN. castaño.

marroquinaría ou marroquinería
substantivo feminino
Industria ou fabricación de produtos e artigos de pel ou de coiro: *As selas de montar a cabalo son un traballo de marroquinaría.*

marsupio
substantivo masculino
Nalgúns mamíferos como o canguro, bolsa que teñen as femias na parte dianteira do corpo para levar dentro as crías: *A canguro levaba a cría no marsupio.* SIN. bolsa marsupial.
FAM. marsupial.

marta
substantivo feminino
Mamífero carniceiro de corpo alongado, pelo espeso e suave, patas curtas, cabeza pequena e fociño afiado: *A pel da marta úsase para confeccionar abrigos.*

martabela
substantivo feminino
Tarabelo.

martelada
substantivo feminino
Golpe dado cun martelo: *Cravou o cravo con varias marteladas moi fortes.*

martelar
verbo
Dar golpes cun martelo sobre algo: *Martela con xeito para que non se torza o cravo.*

martelo
substantivo feminino
1 Ferramenta formada por unha peza de aceiro e un mango e que se usa para dar golpes sobre algo: *Cravou o cravo co martelo.*
2 En atletismo, bóla de metal cunha cadea atada que se lanza o máis lonxe posible nunha proba de lanzamento: *Foi campión de Galicia de lanzamento de martelo.*
3 Óso do oído medio que é golpeado polo tímpano cando este vibra: *O oído medio ten tres ósos: martelo, bigornia e estribo.*
FAM. martelada, martelar.

martes
substantivo masculino
Segundo día da semana: *O martes vai despois do luns e antes do mércores.* SIN. terceira feira.

martiño peixeiro
substantivo masculino
Paxaro de cor azul, laranxa e verde, con peteiro longo e que vive nas beiras dos ríos e do mar: *O martiño peixeiro come peixes que pesca co peteiro.* SIN. picapeixe.

mártir
substantivo
1 Persoa que morre ou sofre algún dano por defender as súas crenzas relixiosas: *Na antiga Roma foron condenados a morte moitos mártires cristiáns.*
2 Persoa que sofre moitas penas ou traba-

llos difíciles: *Ese fillo tan vago fixo dos pais uns mártires.*
FAM. martirio, martirizar.

marusía
substantivo feminino
Mar moi axitado ou con moito movemento: *O pesqueiro volveu ao porto porque había moita marusía.*

marxa
substantivo feminino
Penca.

marxe
substantivo feminino
1 Franxa ou bordo nos extremos ou lados dunha terra, río ou camiño: *As marxes da estrada están sinaladas por unha liña branca continua.* SIN. beira, bordo.
2 Espazo en branco que se deixa a cada lado dunha páxina ou folla de escribir: *A marxe dereita do escrito ha ser maior ca a dereita.*
3 Diferenza que existe entre como se supón que é unha cousa e como é na realidade: *O cálculo do tempo que nos levará ten unha marxe de dúas horas.*
4 Espazo de tempo ou ocasión para facer algo: *Ten unha marxe de dous días para rematar ese traballo.*
5 Diferenza entre o prezo de venda dunha cousa e o que custou: *Cada camisa ten unha marxe de cinco euros, pois mércaas a quince euros e véndeas a vinte.*
EXP. **Á marxe** Fóra ou separado: *Eu sempre estiven á marxe dos negocios familiares.*
FAM. marxinado, marxinal, marxinar.

marxinar
verbo
Deixar unha persoa ou cousa separada do resto e sen facerlle caso ningún: *Convén que ningún alumno sexa marxinado na clase.*

marzal
adxectivo
Do mes de marzo: *Este aire marzal é moi frío.*
OBS. É distinto de *marzo.*

marzo
substantivo masculino
Terceiro mes do ano: *Marzo vai despois de febreiro e antes de abril.*

masa
substantivo feminino
1 Mestura espesa e branda formada pola unión dun líquido, como por exemplo a auga, e dunha materia en po, como por exemplo fariña ou cemento: *Fixen a masa para o biscoito con fariña triga, leite, aceite, azucre e ovo batido.*
2 Cantidade de materia que posúe un corpo: *O quilogramo é unha unidade de masa.*
3 Cantidade de materia: *Os océanos son grandes masas de auga.*
4 Gran cantidade de persoas ou cousas: *A televisión é un medio de comunicación de masas.*
EXP. **En masa** Participando todos os membros dun grupo ou conxunto: *A clase, en masa, protestou pola data do exame.*
FAM. masificación, masificar, masivo.

masacre
substantivo masculino
Morte violenta de moitas persoas ou animais: *O bombardeo dos avións produciu un masacre de civís.*

masaxe
substantivo feminino
Presión que se fai coas mans sobre unha parte do corpo para curar algunha dor ou enfermidade ou para relaxar os músculos: *Os futbolistas reciben masaxes nas pernas antes de saíren ao campo.*
FAM. masaxista.

mascar
verbo
Esmagar cos dentes dentro da boca: *Moitos vaqueiros mascaban tabaco.*
OBS. O *c* cambia en *gu* diante do *e*, como en *sacar.*

máscara
substantivo feminino
1 Peza feita de tea, plástico ou cartón que se pon diante da cara e que adoita representar un animal ou unha cara de persoa: *No Entroido moitos poñen unha máscara na cara.* SIN. carauta, careta.
2 Persoa que leva esta peza sobre a cara: *No Entroido pasado había moitas máscaras polo barrio.*
3 Aparello que cobre a cara ou parte dela e que serve para evitar que se aspiren certos

gases e ás veces para absorbelos: *Os bombeiros puxeron máscaras antigás para entrar na casa incendiada.*

4 Peza especial de tea que cobre o nariz e a boca para protexer de microbios e axentes nocivos: *Os cirurxiáns usan máscara para entrar no quirófano.*

5 Capa de produtos de beleza que se estenden pola cara durante certo tempo: *Todas as noites pon durante dúas horas unha máscara para eliminar as engurras.*

6 O que esconde a forma de ser de alguén ou os seus propósitos: *Cando algo lle vai mal pon a máscara de persoa tranquila, pero sofre por dentro.*

OBS. Nas acepciónss 3, 4 e 5 non deben empregarse **mascariña, *mascarilla.*

FAM. mascarada, mascarón, enmascarar, desenmascarar.

mascarón

substantivo masculino

Cara ou figura fantásticas de madeira ou doutro material similar que se colocan nalgúns lugares: *Na proa do barco pirata colocaron un mascarón que representa un ogro que sopra moi forte.*

mascota

substantivo feminino

Animal, persoa ou calquera cousa que alguén leva porque considera que lle dá boa sorte ou só como compaña: *O can é unha mascota moi habitual.*

masculino, masculina

adxectivo

1 Dito dun animal, do sexo dos machos: *O espermatozoide é a célula sexual masculina e o óvulo, a feminina.* ANT. feminino.

2 Dito dunha planta, que ten os órganos que producen as células que realizan a fecundación: *Os estames das flores son masculinos e producen o pole, que fecunda o pistilo, a parte feminina.* ANT. feminino.

3 Que tradicionalmente se considera propio dos homes: *Abriu unha tenda de roupa masculina.* ANT. feminino.

adxectivo ou substantivo masculino

4 En gramática, do xénero das palabras que levan diante o artigo *o, os*: Templo *é unha palabra masculina.* ANT. feminino.

maseira

substantivo feminino

1 Especie de pía de madeira ou pedra onde se lles bota a comida aos porcos ou ao gando: *Encheu de penso a maseira do porco.* SIN. bacía.

2 Recipiente en forma de mesa de catro patas, con ou sen tampa, onde se pode amasar a fariña para facer pan ou tamén gardar comida: *Hoxe xa non hai maseiras nas cociñas.* SIN. artesa.

masilla

substantivo feminino

Pasta branda e moldeable que se usa para tapar buracos, xuntas ou pegar algo: *Botoulle masilla ás xuntas dos azulexos que estaban ocas.*

masivo, masiva

adxectivo

Que se produce ou fai en gran cantidade: *A emigración galega nos sesenta cara a Europa foi masiva.*

mastigar

verbo

Partir e desfacer os alimentos na boca cos dentes: *Cómpre mastigar ben e devagar a comida.*

OBS. O *g* cambia en *gu* ante *e*, como en *pagar.*

***mástil**, a forma correcta é **mastro**.

mastodonte

substantivo masculino

Mamífero de gran tamaño parecido ao elefante e xa desaparecido que viviu na era terciaria: *O mastodonte tiña grandes cairos.*

masturbar

verbo

Proporcionar pracer tocando ou acariciando os órganos sexuais: *No coloquio falaban do costume de masturbarse na adolescencia.*

FAM. masturbación.

mata[1]

substantivo feminino

Calquera planta herbácea ou de talo baixo con abundantes ramas que lle saen a rentes do chan: *O tomiño é unha mata.*

mata[2]

substantivo feminino

Matanza (do porco).

matachín
substantivo masculino

Matón.

matadoiro
substantivo masculino

Lugar onde se matan os animais cuxa carne se consome como alimento: *Os becerros mátanse no matadoiro e de alí lévanos ás carnizarías para vender a carne.*

matanza
substantivo feminino

1 Gran cantidade de mortes causadas de forma violenta: *Os ecoloxistas loitan contra a matanza de focas.*
2 Tarefa de matar o porco e preparar a súa carne para que sirva de alimento: *Todos os anos facemos a matanza polo san Martiño.* SIN. mata.

matapiollos
substantivo masculino

Nome popular dado ao dedo polgar.

matar
verbo

1 Quitar a vida: *Os accidentes de tráfico matan moitas persoas.*
2 Apagar o lume ou unha luz: *Botou auga na lareira para matar o lume.* SIN. apagar. ANT. acender, prender.
3 Destruír ou facer desaparecer: *Esta derrota matou a ilusión do equipo de chegar a ser campión.*
4 Quitar a saúde ou facer sufrir: *Tantos desgustos mátano.*
5 **matarse** Perder a vida: *Matouse nun desgraciado accidente de coche.*
6 Pasar moitos traballos, sacrificios ou esforzos: *Matouse para sacar adiante seis fillos.*
EXP. **A matar** Moi mal: *Non se saúdan porque se levan a matar.* **Matar o tempo** Entreterse facendo calquera cousa: *Mata o tempo na sala de espera do médico lendo o xornal.*
FAM. mata, matacandís, matachín, matadoiro, matador, matanza, matapiollos, matarratos, matasáns.

matarratos
substantivo masculino

Substancia velenosa que se emprega para matar ratas e ratos: *Ten ratos na adega e puxo matarratos.*

matasáns
substantivo

Médico malo: *Ese matasáns case o mata.*

mate[1]
adxectivo

Sen brillo: *Gústanme as fotos con cores mates, que non brillan.* ANT. brillante.

mate[2]
substantivo masculino

1 Xogada do xadrez que supón o remate da partida porque a peza do rei non pode escapar nin protexerse: *O xogador que dá o mate gaña a partida de xadrez.* SIN. xaque mate.
2 Nalgúns deportes como o tenis, golpe potente que se lle dá á pelota indo a raqueta con forza de arriba para abaixo: *Conseguiu o punto cun mate moi forte.*
3 No baloncesto, canastra que se consegue metendo con forza o balón desde arriba para abaixo e saltando sobre o aro: *En moitos sitios fanse no Nadal concursos de mates.*

mate[3]
substantivo masculino

Infusión que se prepara con follas secas da planta do mesmo nome: *O mate é propio da Arxentina.*

matemático, matemática
adxectivo

1 Das matemáticas ou ciencia que estuda os números: *A suma, a resta, a multiplicación e a división son operacións matemáticas.*
2 Exacto ou preciso: *Sempre chega cunha puntualidade matemática, nin un minuto antes nin despois da hora.* SIN. exacto, preciso.

substantivo

3 Persoa que se dedica ao estudo das matemáticas ou ciencia dos números: *O noso profesor é un gran matemático.*

substantivo feminino

4 Ciencia que estuda os números, as súas relacións e propiedades baseándose no razoamento lóxico: *A matemática é unha ciencia exacta e precisa.*
OBS. A acepción 4 úsase máis en plural.

materia
substantivo feminino

1 Substancia de que están feitas as cousas: *A madeira e o metal son materias.*

2 Tema do que se fala ou do que se trata: *En materia de deportes é un sabio.* SIN. asunto, tema.
3 O oposto ao espírito: *En moitas relixións, o corpo é a materia e a alma, o espírito.*
4 Conxunto de coñecementos sobre un tema determinado que se imparte nos centros de ensino: *No curso temos materias como Lingua galega, Ciencias sociais, Matemáticas e varias máis.*
EXP. **Entrar en materia** Comezar a falar dun tema ou asunto: *O profesor axiña entrou en materia.* **Materia gris** Intelixencia: *Se tivese máis materia gris, non diría esas parvadas.* **Materia prima** A que se utiliza para fabricar produtos máis elaborados: *As uvas son a materia prima do viño.*
FAM. material, materialismo, materialista, materializar.

material
adxectivo
1 Da materia ou relacionado con ela: *Esas xoias teñen máis valor sentimental para min ca material, por moitos brillantes que leven.*
2 Do corpo ou que se coñece e goza polos sentidos: *Un libro é algo material, pero un pensamento non.*
3 Dito dunha persoa, que fixo algo dunha maneira directa: *El non foi o autor material do crime, senón un sicario que contratou.*
substantivo masculino
4 Substancia ou materia de que algo está feito: *O plástico e o coiro son materiais.*

materialista
adxectivo ou substantivo
Que considera as cousas materiais, como os cartos ou a riqueza, o máis importante: *Adoece por ter cartos porque é moi materialista.*

materializar
verbo
Converter unha idea ou plan en algo real: *O plano da casa materializouse nun edificio de tres andares, baixo e soto para garaxe.*
OBS. O *z* cambia en *ce* ante *e*, como en *cazar*.

maternal
adxectivo
Coas características que se consideran tradicionalmente propias dunha nai: *A tía coida os sobriños cun cariño maternal.*

maternidade
substantivo feminino
1 Situación ou estado da muller que é nai: *A maternidade e a paternidade implican as mesmas responsabilidades cara ao fillo.*
2 Hospital ou parte dun hospital para que as mulleres dean a luz: *Tivo xa o bebé, pero aínda está ingresada na maternidade.*

materno, materna
adxectivo
Da nai ou por parte da nai: *O leite materno é o mellor alimento para un bebé.*

matinal
adxectivo
Da mañá ou que se produce pola mañá: *Fomos a un programa matinal de cine.* SIN. matutino.

matinar
verbo
Pensar moito en algo: *Matina en como solucionar ese difícil problema.* SIN. cavilar, cismar.

matiz
substantivo masculino
1 Cada un dos graos ou dos tons dunha mesma cor: *O verde ten moitos matices, desde o moi claro ata o moi escuro.*
2 Aspecto ou trazo que proporciona determinado carácter ou forma de ser: *As súas palabras eran amables, mais tiñan un matiz irónico.*
FAM. matizar.

mato
substantivo masculino
Conxunto de herbas e maleza que cobre un terreo sen cultivar: *A leira sen cultivar é agora un mato.* SIN. matogueira.
FAM. matogueira.

matogueira
substantivo feminino
Mato.

matón
substantivo masculino
1 Home que presume de valente e goza pelexando e ameazando: *Seica contratou dous matóns para cobrar esa débeda.*
2 Home que mata e despeza reses, especialmente porcos: *Para a mata deste ano con-*

tratamos un matón da aldea veciña á nosa. SIN. matachín.

matriarcado
substantivo masculino

Organización ou réxime social en que a muller e especialmente a nai ten maior autoridade ca o home ou o pai na familia e en xeral: *En moitas tribos rexístrase o matriarcado.* ANT. patriarcado.
FAM. matriarca, matriarcal.

matrícula
substantivo feminino

1 Rexistro ou inscrición nunha lista de persoas ou cousas cun fin determinado: *No mes de xullo pódese facer a matrícula de alumnos no instituto para o próximo curso.*
2 Nun coche ou vehículo, placa con letras e números que serve para identificalo e saber quen é o seu dono: *A matrícula do meu coche é 0458FMW.*
EXP. **Matrícula de honor** Nota máis alta que pode obter un alumno nunha materia: *A matrícula de honor lévana habitualmente os dous mellores alumnos dunha materia.*
FAM. matricular.

matrimonio
substantivo masculino

1 Unión de dúas persoas pola que prometen levar unha vida en común: *Os matrimonios poden ser entre home e muller, mais tamén entre persoas do mesmo sexo.*
2 Na Igrexa católica e noutras relixións, unión entre un home e unha muller para levar unha vida en común: *A Igrexa católica só admite o matrimonio entre persoas de distinto sexo.*
FAM. matrimonial.

matriz
substantivo feminino

Útero.

matrona
substantivo feminino

Comadroa.

matutino, matutina
adxectivo

Da mañá ou que se produce pola mañá: *As clases só son matutinas.* SIN. matinal.

mausoleo
substantivo masculino

Sepulcro monumental e luxoso: *Está enterrado nun mausoleo no cemiterio da súa cidade natal.*

maxestade
substantivo feminino

1 Grandeza que causa admiración e moito respecto: *Impresiona a maxestade da fachada do Obradoiro, da catedral de Santiago.*
2 Forma de tratamento que se lles dá aos reis e emperadores: *A noite do día 5 ao 6 de xaneiro chegan as súas maxestades os Reis de Oriente.*

maxestoso, maxestosa
adxectivo

Que ten maxestade e causa grande admiración e respecto: *O premiado subiu con aire maxestoso a recoller o galardón.* SIN. grandioso, magnífico.

maxia
substantivo feminino

1 Conxunto de supostos coñecementos e accións para conseguir cousas por medios sobrenaturais ou fantásticos: *Os encantamentos e os males de ollo son prácticas da maxia.*
2 Habilidade moi grande para facer algo que parece imposible: *Os prestidixitadores fan maxia ao sacar coellos dos sombreiros.*
3 Conxunto de calidades que fan que algo ou alguén gusten moito: *A cidade de Santiago ten moita maxia.*
FAM. máxico.

máxico, máxica
adxectivo

1 Da maxia ou relacionado con ela: *A bruxa deulle ao príncipe unha beberaxe máxica que o converteu en ra.*
2 Moi bo ou estupendo: *Naquela praia gozamos dun día máxico.*

maxilar
adxectivo

Relativo á mandíbula: *Tras o accidente puxéronlle unha prótese maxilar.*
substantivo masculino

Cada un dos ósos que forman as mandíbulas: *Os dentes implántanse nos maxilares.*

máximo, máxima

1 Superlativo irregular de *grande*.

adxectivo

2 O máis grande ou de máis grao: *O dez é a cualificación máxima.* ANT. mínimo.

substantivo masculino

3 Punto ou grao máis alto ao que pode chegar: *O máximo de velocidade permitida nesta autoestrada é de 120 km por hora.* ANT. mínimo.

substantivo feminino

4 Frase culta que ensina algo ou que é unha regra de comportamento: *A súa máxima é axudar sen mirar a quen axuda.*

5 Temperatura máis alta que se alcanza nun determinado período de tempo: *O luns a máxima será de vinte graos e a mínima de sete.* ANT. mínima.

maxín

substantivo masculino

Capacidade para pensar e planear cousas: *No seu maxín non está facerse rico.*

FAM. maxinar.

maxisterio

substantivo masculino

1 Profesión de mestre ou mestra de escola: *Os mestres e mestras dedícanse ao maxisterio.*

2 Carreira universitaria necesaria para poder realizar o traballo de mestre ou mestra nun colexio: *Estudou Maxisterio en Ourense e agora é mestre de Primaria.*

3 Función de ensinar: *Os curas exercen o maxisterio dos fieis na Igrexa católica.*

FAM. maxistral.

maxistrado, maxistrada

substantivo

Xuíz que forma parte do tribunal dunha audiencia ou de calquera outro tribunal de xustiza: *No tribunal de cinco maxistrados, tres consideraron culpable o acusado e dous, inocente.*

FAM. maxistratura.

maza

substantivo feminino

1 Martelo grande de ferro ou de madeira: *Os canteiros usan mazas para romper as pedras grandes.*

2 Utensilio formado por un mango curto rematado nunha bóla no seu extremo que se usa para tocar o bombo e outros instrumentos similares: *O bombo tócase coas mazas.*

3 En ximnasia rítmica, instrumento formado por un pau rematado nunha forma grosa e alongada: *Na ximnasia rítmica cómpre lanzar ao aire a maza e collela sen que caia ao chan.*

4 Instrumento consistente nun pau longo cunha peza redonda nun dos extremos e que se usa para bater o leite e separarlle a manteiga: *Batía o leite coa maza para sacarlle a manteiga.*

5 Utensilio consistente nun pau máis groso nun dos seus extremos e que se usa para golpear o liño ou para quitarlle as sementes aos cereais: *Antigamente usábanse as mazas para mazar o liño.*

mazá

substantivo feminino

Froita comestible arredondada, de carne branca e que pode ter a pel verde, amarela ou vermella: *De sobremesa tomamos mazás e laranxas.*

EXP. **Mazá de Adán** Vulto que se forma na parte dianteira da larinxe dos homes: *Ten moi pronunciada a mazá de Adán.* SIN. nó da gorxa.

FAM. maceira.

mazadura

substantivo feminino

Sinal máis ou menos negro ou morado que aparece na pel como resultado dun golpe ou presión forte: *Dei un golpe coa porta neste brazo e saíume unha mazadura.* SIN. hematoma, negrón.

*__mazaira__, a forma correcta é **maceira**.

*__mazán__, a forma correcta é **mazá**.

*__mazanceira__, a forma correcta é **maceira**.

mazar

verbo

1 Darlle golpes a algo ou alguén: *Antes de cocer o polbo cómpre mazalo.* SIN. mallar, petar.

2 Producir un golpe ou unha excesiva presión unha mancha escura ou morada na pel: *Caeu e mazou os xeonllos.*

3 Bater o leite para sacarlle a manteiga: *Mazaba o leite para sacarlle a manteiga.*

mazaroca
substantivo feminino
1 Espiga do millo: *Debullaba as mazarocas para quitarlles os grans.*
2 Porción de liño, la ou doutro fío téxtil que se envolve no fuso: *Co fío do liño fanse as mazarocas.*

*mazmorra, a forma correcta é alxube.

mazo
substantivo masculino
Martelo de madeira que pode ser de diferentes tamaños: *Mazaba o bisté cun mazo.*

me
pronome persoal
Forma do pronome persoal de primeira persoa átona e que se usa como complemento sen preposición: *Xa me deron a noticia.*
OBS. Cando entra en contacto coas formas do pronome de terceira persoa *o, a, os, as* contrae en *mo, ma, mos, mas.*

mea
substantivo feminino
Madeixa.

meada
substantivo feminino
Madeixa.

meandro
substantivo masculino
Curva dun río ou dun camiño: *Os meandros dos ríos aparecen nos cursos baixo e medio.*

mear
verbo
Emitiren a súa voz característica a ovella e a cabra: *No rabaño meaba unha ovella.*

mecánico, mecánica
adxectivo
1 Das máquinas ou relacionado con elas: *O piloto abandonou polos problemas mecánicos do coche.*
2 Que se fai con máquinas: *O proceso de fabricación destes zapatos é totalmente mecánico.*
3 Que se fai sen pensar, xeralmente porque se fixo xa moitas veces: *Aféitase polas mañás de xeito mecánico.*
substantivo
4 Persoa que traballa amañando máquinas: *O mecánico cambioulle o aceite ao coche.*
substantivo feminino
5 Parte da física que estuda o movemento dos corpos e as forzas que o producen: *A mecánica estuda así mesmo o equilibrio.*
6 Conxunto de coñecementos e técnicas que permiten amañar máquinas, especialmente coches: *Nunca leva o coche ao taller porque sabe moito de mecánica.*
FAM. mecanismo, mecanizar.

mecanismo
substantivo masculino
1 Conxunto de pezas que, combinadas entre si, producen un efecto ou acción: *Os reloxos marcan a hora grazas ao seu mecanismo.*
2 Forma en que algo funciona: *Estudamos o mecanismo da dixestión.*

mecanizar
verbo
Aplicar máquinas para facer calquera tarefa ou traballo: *Ten a granxa de vacas totalmente mecanizada.*
OBS. O *z* cambia en *c* ante *e*, como en *cazar*.
FAM. mecanización.

mecano
substantivo masculino
Xogo de construción formado por pezas metálicas que se axustan entre si: *Con ese mecano poden construír pontes.*

mecanografía
substantivo feminino
Arte de escribir á máquina, especialmente usando os dez dedos: *Danlle clases de mecanografía nunha academia.*
FAM. mecanografar, mecanógrafo.

*mecer, a forma correcta é mexer.

mecha
substantivo feminino
1 Corda ou fío retorcidos sobre si mesmos que arden con moita facilidade: *Prenderon a mecha dos cartuchos de dinamita.*
2 Conxunto de cabelos de cor distinta á do resto: *Leva o pelo con mechas louras.*
EXP. **Aguantar mecha** Sufrir sen se queixar: *O adestrador aguantou mecha cos apupos do público.*

meco
substantivo masculino
Demostración excesiva de cariño ou amor de xeito que se lle cumpren a alguén todos os desexos ou caprichos: *Ese neno chora tanto porque ten moitos mecos.*
FAM. mecoso, mequeiro.

mecoso, mecosa
adxectivo
Que quere que lle fagan mecos ou que lle gusta facelos: *Os cativos mecosos son insoportables.* SIN. mequeiro.

meda
substantivo feminino
Montón grande de cereais, herba ou palla colocados arredor dun pau: *O trigo e o centeo poñíanse en medas na eira.* SIN. palleiro.

medalla
substantivo feminino
Obxecto ou placa de metal plano e redondo con algunha figura na súa cara, especialmente as relixiosas ou as que distinguen aos deportistas que son primeiros nalgunha competición: *Nas probas de atletismo danse medallas de ouro, prata e bronce ao primeiro, segundo e terceiro clasificados.*
FAM. medallista, medallón.

medallón
substantivo masculino
1 Xoia redonda en forma de estoxo que se leva colgada do pescozo: *No medallón leva pelo do seu noivo.*
2 Alimento preparado en forma de toros: *Serviron uns medallóns de carne asada.*

mediano, mediana
adxectivo
1 Dunha calidade ou dun tamaño que está no medio dos dous extremos: *Ao entrar no cine pediu un refresco de tamaño mediano.*
2 De calidade tirando a mala: *Ese coche é mediano.*
substantivo masculino
3 Cuarto dedo da man contando desde o polgar: *O mediano está pegado ao maimiño.* SIN. anular.

mediante
preposición
Indica que algo é utilizado como medio ou instrumento para facer algo: *Logrou o ascenso mediante enganos e trapalladas.*

mediar
verbo
1 Encher unha cousa ata a metade ou chegar á metade: *Mediou o caldeiro de auga.*
2 Intervir entre dúas ou máis persoas para que solucionen algún problema ou conflito: *Mediou o pai e os dous irmáns deixaron de discutir.*

mediatriz
substantivo feminino
Recta perpendicular a un segmento no seu punto medio: *A mediatriz divide o segmento en dúas partes exactamente iguais.*

medicamento
substantivo masculino
Substancia que serve para previr, curar ou aliviar algunha enfermidade: *A aspirina é un medicamento que calma as dores.* SIN. fármaco, menciña, medicina.

medicar
verbo
Referido a un enfermo, receitarlle ou darlle medicinas: *Ninguén se debe medicar sen que llo mande o médico.*
OBS. O *c* cambia en *qu* diante do *e*, como en *sacar*.

medicina
substantivo feminino
1 Ciencia que trata de curar e previr as enfermidades das persoas: *A medicina adiantou moito no século XX.*
2 Substancia que serve para previr, curar ou aliviar algunha enfermidade: *A aspirina é unha medicina que calma a dor.* SIN. fármaco, menciña, medicamento.
3 Remedio ou solución para calquera mal ou problema: *A mellor medicina para esa depresión é o traballo.* SIN. menciña, remedio.
FAM. medicamento, medicar, medicina, medicinal, médico.

médico, médica
adxectivo
1 Da medicina ou relacionado con ela: *Abriron no barrio un novo centro médico.*
substantivo
2 Que fixo a carreira de medicina e exerce legalmente esta profesión: *A médica receitoume un xarope contra a tose.* SIN. doutor.

EXP. **Médico de cabeceira** ou **de familia** O de medicina xeral que atende habitualmente un enfermo e que non é especialista: *O médico de cabeceira deume un volante para ir ao oculista.*

medida

substantivo feminino

1 Cada unha das unidades que se usan para coñecer lonxitudes, áreas ou capacidades: *O metro é unha medida de lonxitude.*

2 Comparación de algo cunha unidade para saber o número de veces que a contén: *As fitas métricas serven para a medida de lonxitudes pequenas.*

3 Número que expresa o resultado de facer esta operación: *O salón mide oito metros de longo por catro de ancho.*

4 Acción que serve para evitar que ocorra algo ou para solucionar algo: *O Goberno tomou medidas para que non suban tanto os combustibles.*

5 Grao, cantidade ou forza: *El traballa na medida das súas posibilidades, pois está enfermo.*

EXP. **A medida que** Indica movemento para adiante ou avance: *Mellorará a situación económica a medida que avance o ano.* **Á medida** Que se axusta perfectamente a algo ou que se fixo precisamente para alguén ou algo: *Un xastre faille os traxes á medida.*

medieval

adxectivo

Da Idade Media, período da historia que comprende do ano 476 (caída do Imperio romano de Occidente) a 1492 (Descubrimento de América): *A lírica galega medieval tivo unha grande importancia.*

FAM. medievo.

medio, media

adxectivo

1 Dito dun todo, que é igual á súa metade: *Mercou medio quilo de mazás.*

2 Entre dous extremos ou dúas cousas: *Sempre foi un futbolista de calidade media e non fichará nunca por un equipo grande.* SIN. mediano.

3 Que ten as características que se consideran propias dun grupo: *Ten as opinións propias dun cidadán medio.*

4 Que non o está completamente: *Faloume por teléfono media durmida.*

substantivo masculino

5 Lugar que está a igual distancia entre dous extremos: *Colocou a mesa no medio do salón.* SIN. centro.

6 Momento ou situación que está entre dous momentos ou situacións: *Levantouse e marchou no medio da reunión.*

7 O que serve para conseguir algo: *O mellor medio para aprobar é o estudo.*

8 Lugar en que vive e se desenvolve un ser vivo: *A contaminación prexudica o medio de moitas especies animais e vexetais.*

substantivo masculino plural

9 Diñeiro ou bens que alguén posúe: *Teñen poucos medios e son moi pobres.* SIN. recursos.

substantivo feminino

10 Peza de vestir que cobre o pé e chega ata o xeonllo: *Os xogadores de fútbol levan medias para protexer as pernas.*

11 Cantidade que resulta de sumar unha serie de cantidades e dividir polo número de cantidades que se sumaron: *A media de 4 e 2 é 3.*

EXP. **A medias** A partes iguais: *Xantamos os dous e pagamos a factura a medias.* **Por medio de** Coa súa axuda ou valéndose diso: *Conseguiu ese traballo por medio das amizades.*

FAM. mediano, mediante, medieval, mediocre, metade, intermedio.

mediocre

adxectivo ou substantivo

Que está por debaixo da calidade que se considera normal: *Eses cadros son obras mediocres, non unha obra mestra.* ANT. brillante.

FAM. mediocridade.

mediodía

substantivo masculino

1 Hora do día en que o Sol está no punto máis alto sobre o horizonte: *O mediodía é cara ás doce do día.*

2 Sur: *Andalucía está no mediodía da Península.* SIN. sur.

medir

verbo

1 Determinar as dimensións de algo usando as unidades de medida como o metro, o quilo, o litro e outras: *Medín o leite da cunca e chega ao medio litro.*

2 Ter determinada dimensión como lonxitude, peso ou superficie: *Ese xogador de baloncesto mide 2,02.*
3 Pensar nas consecuencias de algo: *Tes que medir as palabras que vas pronunciar.*
4 Referido a un verso, contar as súas sílabas de acordo con determinadas regras: *A profesora aprendeunos a medir versos.*
5 **medirse** Facer algo con moita prudencia ou pensándoo moi ben: *Hai que medirse para dicirlle que traballe e non se enfade.*
6 Enfrontarse: *Hoxe mídense en Balaídos o Celta e o Dépor.*
OBS. Conxúgase como *advertir*.

meditabundo, meditabunda
adxectivo
Que medita ou pensa en silencio: *Ten problemas porque a vexo meditabunda.* SIN. pensativo.

meditar
verbo
Pensar algo devagar e con atención: *Teño que meditar sobre ese negocio que me propós.* SIN. considerar, pensar, recapacitar, reflexionar.
FAM. meditabundo, meditación, meditativo.

mediterráneo, mediterránea
adxectivo
Do mar Mediterráneo (situado entre as costas europea, africana e asiática) ou relacionado con el: *O clima mediterráneo é cálido pero suave.*

medo
substantivo masculino
1 Sensación de inquietude e angustia que se ten pola presenza, real ou imaxinaria, dun mal ou perigo: *A min as armas danme medo.* SIN. temor.
2 Temor ou receo de que aconteza o contrario do que se desexa: *Teño medo de que este coche vello se avaríe no medio da viaxe.*
EXP. **Meter medo** Causar moita sorpresa ou chamar moito a atención: *Hoxe vai un frío que mete medo.*

medorento, medorenta
adxectivo
Que sente medo con facilidade: *Non lle gusta a escuridade porque é moi medorento.* SIN. medroso.

medra
substantivo feminino
Aumento do tamaño, cantidade ou importancia: *A medra dos seus cartos é o único que lle importa.*
EXP. **Para as medras** Para cando creza a persoa que o vai usar, especialmente referido a pezas de vestir: *O rapaz leva un abrigo moi grande, élle para as medras.*

medrar
verbo
Crecer.
FAM. medra.

medroso, medrosa
adxectivo
Medorento.

medula
substantivo feminino
Substancia que ocupa o interior dalgúns ósos: *Os ósos longos teñen medula no seu interior.*
EXP. **Medula espiñal** Parte do sistema nervioso central en forma de cordón que está contida na columna vertebral: *A medula espiñal vai desde o occipital ata a rexión lumbar.*
FAM. medular.

***médula**, a forma correcta é **medula**.

medusa
substantivo feminino
Animal mariño invertebrado de corpo brando e transparente, con forma de paraugas ou campá, do que saen varios tentáculos: *As medusas, como defensa, desprenden substancias irritantes para a pel.* SIN. augamar.

megáfono
substantivo masculino
Aparello eléctrico ou non con forma de funil por cuxa parte posterior se fala para aumentar o son da voz: *O bombeiro ordenaba abandonar o edificio incendiado falando por un megáfono.*
FAM. megafonía.

meigallo
substantivo masculino
Acción máxica que supostamente causa algún mal a persoas, animais ou cousas: *Un meigallo desa bruxa fai que suspenda as matemáticas.* SIN. feitizo, maleficio.

meigo, meiga

adxectivo

1 Que gusta e atrae moito: *Ese rapaz ten uns ollos meigos que engaiolan a calquera.* SIN. feiticeiro.

substantivo

2 Persoa da que se di que ten poderes máxicos ou sobrenaturais e que pode con eles causar males ou tamén curar ou adiviñar o futuro: *Dicíase que os meigos e meigas tiñan poderes sobrenaturais porque fixeran un trato co demo.* SIN. bruxo, feiticeiro, mago.

meirande

adxectivo

Máis grande: *Ese coche é meirande ca o teu.* OBS. Só ten o valor de 'máis grande' referido ao tamaño, nunca á idade.

meixela

substantivo feminino

Cada unha das dúas partes brandas da cara que están debaixo dos ollos e aos lados do nariz: *Co nerviosismo puxéronselle coloradas as meixelas.* SIN. fazula.

meixón

substantivo masculino

Angula.

mel

substantivo masculino

Substancia máis ou menos amarela, espesa e moi doce que elaboran as abellas co néctar das flores: *Bótolle mel ao leite no canto de azucre.*
FAM. meloso.

melancolía

substantivo feminino

Tristura que dura moito, especialmente pola lembranza do pasado perdido: *Pensa con melancolía nos vellos amores da xuventude.* ANT. euforia.
FAM. melancólico.

melena

substantivo feminino

Conxunto de pelos longos e soltos: *Os leóns teñen melena, pero as leoas non.*
FAM. melenudo.

melindre

substantivo masculino

Doce pequeno de forma arredondada e feito con mel ou recuberto de azucre: *Son célebres os melindres de Ribadavia e mais os de Allariz.*
FAM. melindroso.

mellor

1 Comparativo de superioridade irregular de *bo*.

adxectivo

2 Máis bo: *Ese libro é o mellor galano que me puideches facer.* ANT. peor.

adverbio

3 Máis ca ben: *Estivo enfermo pero agora xa vai mellor.* ANT. peor.
EXP. **Ao mellor** Indica dúbida ou posibilidade: *Ao mellor este inverno vou esquiar.* SIN. acaso, igual, quizá, se cadra.
FAM. mellora, mellorar, melloría.

mellora

substantivo feminino

1 Cambio para mellor ou máis bo: *Espérase unha mellora no tempo e deixará de ir tanto frío.* SIN. melloría. ANT. empeoramento.
2 Parte da herdanza que se lle deixa a un herdeiro por encima da que lle corresponde: *Ese fillo leva a mellora porque coidou os pais ata que morreron.*

mellorar

verbo

1 Pasar a un estado mellor ou máis bo: *Coa nova medicación o doente mellorou moito.* ANT. empeorar.
2 Facer mellor ou máis bo: *Vai a unha academia para mellorar o seu inglés.* ANT. empeorar.

melloría

substantivo feminino

Mellora.

melocotón

substantivo masculino

Froita de verán, de forma redonda, carne con zume, pel amarela con peliños ao estar maduro e carabuña grande e leñosa: *O melocotón é a froita do melocotoeiro.*
FAM. melocotoeiro.

melodía

substantivo feminino

Serie ou conxunto ordenado de sons que producen unha sensación agradable ao escoitalos: *Ía asubiando a melodía dunha canción de moda.*
FAM. melódico, melodioso.

melón
substantivo masculino
Froito grande e de cor amarela ou verde clara, de forma ovada, cunha carne que contén moito zume: *O melón ten moitas pebidas.*
FAM. meloeiro.

membrana
substantivo feminino
1 Capa moi fina de calquera tecido orgánico: *Os dedos dos parrulos están unidos por unha membrana.*
2 Peza delgada e plana de calquera material, especialmente se vibra ao golpeala, fretala ou soprar nela: *O tambor soa ao golpear a súa membrana.*
FAM. membranoso.

membro
substantivo masculino
1 Extremidade articulada dos animais e persoas que vai unida ao corpo: *Os membros das persoas son as pernas e os brazos.*
2 Persoa ou grupo que forma parte dun conxunto ou asociación: *España e Portugal son membros da Unión Europea.*
3 Cada unha das partes que se unen para formar un todo: *A oración ten dous membros fundamentais: suxeito e predicado.*
EXP. **Membro viril** Pene: *Polo membro viril expúlsase a urina e tamén o seme.*
FAM. membrudo.

memoria
substantivo feminino
1 Capacidade de lembrar ou traer á mente o pasado: *O avó lembra a súa xuventude porque ten boa memoria.*
2 Presenza na mente de algo pasado: *Na memoria teño vivos moitos momentos felices da miña infancia.* SIN. lembranza, recordo. ANT. esquecemento.
3 Estudo, informe ou relación de feitos e datos sobre algo, especialmente por escrito: *O profesor na memoria sobre o curso dá todos os datos sobre as cualificacións dos alumnos.* SIN. informe.
4 Nun ordenador, dispositivo electrónico en que se almacena a información: *Ese ordenador ten pouca memoria e non lle podes meter tantas películas.*
plural
5 Relato habitualmente por escrito que unha persoa fai das lembranzas da súa vida: *Na literatura galega hai bos libros de memorias, coma os de Francisco Fernández del Riego.*
EXP. **De memoria** Usando só esta capacidade de recordar e sen razoar: *Refixo o problema de matemáticas de memoria, porque o vira antes xa feito.* **Memoria fotográfica** A que lembra algo como se o vise: *Ten memoria fotográfica e lembra a páxina ata coas ilustracións.* **Memoria de elefante** A que é capaz de lembrar moitas cousas moi ben: *Non esquece nin un dato mínimo porque ten memoria de elefante.*
FAM. memorable, memorizar.

menciña
substantivo feminino
1 Substancia que cura ou alivia unha enfermidade: *A aspirina é unha menciña que calma a dor.* SIN. fármaco, medicamento, medicina.
2 O que serve de solución para un mal: *A mellor menciña contra a ignorancia é a lectura.* SIN. medicina, remedio.
FAM. menciñeiro.

menciñeiro, menciñeira
substantivo
Persoa que sen ter o título de médico ou veterinario se dedica a curar persoas ou animais: *Os menciñeiros usan o saber sobre enfermidades da experiencia popular.* SIN. curandeiro.

mencionar
verbo
Nomear ou citar algo ou alguén ao falar ou escribir: *Ninguén mencionou o nome do presidente durante a xuntanza.* SIN. citar.
FAM. mención.

mendigo, mendiga
substantivo
Persoa que pide esmola ou cartos para poder vivir: *Na porta da igrexa había dous mendigos a pedir.* SIN. pobre.
FAM. mendicante, mendicidade, mendigar.

menear
verbo
Mover dun lado para outro repetidas veces: *O vento meneaba as pólas da árbore.*
SIN. abanear.
FAM. meneo.

menhir
substantivo masculino
Monumento prehistórico megalítico formado por unha pedra moi grande e alongada chantada verticalmente no chan: *Os menhires son monumentos funerarios ou conmemorativos.*

meninxe
substantivo feminino
Membrana que envolve e protexe o encéfalo e a medula espiñal: *As meninxes son tres.*
FAM. meninxite.

meniño, meniña
substantivo
Neno que naceu hai pouco ou de pouca idade: *Os meniños ían á gardaría.*
EXP. **Meniña do ollo** Pupila.

menor
adxectivo
1 Máis pequeno: *O meu can é menor ca o teu.* ANT. maior.
2 Dito dunha persoa, que ten menos idade ca outra: *Fun ao cine cos dous meus irmáns menores.* ANT. maior.
adxectivo ou substantivo
3 Dito dunha persoa, que aínda non fixo dezaoito anos e non ten todos os dereitos, como por exemplo o de votar: *Non votou nas eleccións municipais porque aínda é menor.* ANT. maior.

menos
substantivo masculino
1 Signo que se usa en matemáticas entre dúas cantidades para indicar que se restan: *O signo menos é –.* ANT. máis.
adverbio
2 En menor cantidade, intensidade ou calidade: *Na primavera vai menos calor ca no verán.* ANT. máis.
3 Seguido dunha cantidade, indica que non se chega a ela: *Isto custa menos de cen euros.* ANT. máis.
preposición
4 Fóra de, excepto: *Todos estaban de acordo menos ela.* SIN. agás, bardante, excepto, fóra, quitando, sacado, salvo.
EXP. **A menos que** Úsase para expresar unha condición: *Non aprobarás, a menos que estudes máis.* **Ao menos** ou **polo menos** Como mínimo: *Aínda que non siga os consellos, ao menos que os escoite.* **De menos** En cantidade máis baixa da debida: *A tendeira deume dous euros de menos na volta.*

menosprezo
substantivo masculino
Falta de interese ou de consideración cara a algo ou alguén: *Fala con menosprezo dos éxitos alleos.* SIN. desprezo. ANT. aprecio.
FAM. menosprezar.

mensaxe
substantivo feminino
1 Noticia ou información que se lle fai chegar a alguén: *As televisións ofrecen moitas mensaxes publicitarias.*
2 Idea que se intenta facer chegar a alguén: *Esa novela ten unha mensaxe contra o racismo.*
FAM. mensaxaría, mensaxeiro.

mensaxeiro, mensaxeira
adxectivo
1 Que fai chegar a alguén mensaxes, noticias ou informacións: *As pombas mensaxeiras levaban mensaxes escritas atadas nas patas.*
substantivo
2 Persoa que traballa levando cartas ou paquetes a outras persoas: *Xa me entregou o paquete dos libros o mensaxeiro.*

menstruación
substantivo feminino
Nunha muller ou na femia dos simios, eliminación periódica pola vaxina de sangue e material celular procedente do útero: *A primeira menstruación da muller prodúcese arredor dos doce anos.* SIN. regra.

mensual
adxectivo
Que se repite cada mes ou que dura un mes: *Cobra un soldo mensual.*
FAM. mensualidade.

menta
substantivo feminino
1 Planta aromática semellante á estruga con flores verdes que se usan para facer infusións polas súas propiedades medicinais: *As follas da menta son boas para calmar a tose.*
2 Infusión feita coas follas desta planta: *Pediu unha cunca de menta.*

3 Substancia que se obtén das follas desta planta: *Mercou unha bolsiña de caramelos de menta.*

mentalidade
substantivo feminino

Forma característica de pensar ou de ver as cousas: *Non teñen a mesma mentalidade os avós ca os netos.*

mentalizar
verbo

Facer que alguén tome conciencia de algo para que o solucione ou se enfronte con iso: *Tes que mentalizarte para seguir un réxime pois estás moi gordo.* SIN. concienciar.
FAM. mentalización.

mente
substantivo feminino

Capacidade que teñen as persoas para pensar, comprender, lembrar, coñecer e razoar: *Comprende axiña todo porque ten unha boa mente.*
EXP. **Estar na mente de alguén** Ter a intención de: *Estaba na miña mente axudalo.* **Facer mentes** Lembrar ou recordar: *Non fago mentes agora do que me dixo o ano pasado sobre iso.* **Ter mentes de algo** Ter intención de: *Tiña mentes de estudar medicina.*
FAM. mental, mentalidade, mentalización, mentalizar.

mentir
verbo

Dicir, a propósito, mentiras ou cousas que non son verdade: *Nunca se debe mentir.*
OBS. Conxúgase como *servir*.
FAM. mentira, mentirán, mentireiro.

mentira
substantivo feminino

Calquera cousa que se conta ou presenta como verdade sendo falsa: *Dicir que os porcos voan é unha mentira.* SIN. embuste, trola.
EXP. **De mentira** De broma ou que non é verdade: *Só che dixen que che roubaran a casa de broma, para asustarte.* **Mentira piadosa** A que se di para non desgustar a alguén: *Iso de que o teu suspenso foi unha inxustiza é unha mentira piadosa.* **Parecer mentira** Ser moi sorprendente ou asombroso: *Parece mentira que vaia este frío no mes de agosto.*

mentirán, mentirana ou mentireiro, mentireira
adxectivo ou substantivo

Que adoita dicir mentiras: *Non lle creo nada porque é unha mentirana.* SIN. embusteiro, mentireiro.

mento
substantivo masculino

Queixo[2].

mentres
adverbio

1 Durante o tempo en que algo sucede ou se realiza: *Mentres, eu facía a cama.*

conxunción

2 Indica que dúas accións acontecen ou se realizan ao mesmo tempo: *Mentres eu frego a louza, ti pos a lavadora.*
EXP. **Mentres tanto** Indica que dúas accións acontecen ou se realizan ao mesmo tempo: *Eu traballaba, mentres tanto, el folgaba.*
FAM. entrementres, namentres.

menú
substantivo masculino

1 Conxunto de pratos que forman unha comida: *Xa coñecemos o menú do banquete da voda.*
2 Nun restaurante, lista dos pratos e das bebidas que se poden elixir para tomar: *Ese restaurante ten un bo menú de carnes e peixe e peor nas sobremesas.* SIN. carta.
3 En informática, lista de programas que aparecen na pantalla do ordenador e que se poden usar: *Para imprimires, consulta o menú.*

mequeiro, mequeira
adxectivo ou substantivo

Mecoso.

mequetrefe
substantivo

Persoa con pouco xuízo e sen formalidade: *É un mequetrefe que fala de todo sen entender de nada.*

mera
substantivo feminino

Néboa espesa e chuvisca que se desprende dela: *A mera é moi mala para os froitos e as plantas porque favorece a aparición de fungos.*

merar
verbo
1 Caer mera ou chuvisca miúda que se desprende da néboa: *Está merando e iso é peor ca a chuvia para a colleita.*
2 Danar esta chuvisca miúda os froitos e plantas: *As cerdeiras meráronse e a colleita foi mala.*

mercado
substantivo masculino
1 Lugar público, cuberto ou ao aire libre, onde se venden alimentos e outros produtos de primeiro uso: *No mercado hai moitos postos.* SIN. praza.
2 Reunión pública de persoas nun lugar e data determinados para mercar e vender alimentos, roupas e outros produtos de consumo: *Merquei estes pementos no mercado de Sabarís.* SIN. feira.
3 Conxunto de operacións de compra e venda dun produto: *Os americanos e os árabes dominan o mercado do petróleo.*
4 Grupo de persoas que compran ou poden comprar un produto: *Os coches de luxo teñen o seu mercado, que non deixa de aumentar.*
EXP. **Mercado negro** Compra e venda de produtos clandestina e sen respectar a lei: *A venda de drogas realízase no mercado negro.*
OBS. Na acepción 2 non se debe empregar **mercadiño.*

mercador, mercadora
substantivo
Comerciante.

mercadoría ou mercancía
substantivo feminino
Produto que se compra ou se vende: *Faremos un saldo no comercio porque temos moita mercadoría por vender.* SIN. artigo, xénero.

mercante
adxectivo
1 Do comercio que se realiza polo mar: *A mariña mercante comprende o conxunto de barcos que se dedican a transportar mercadorías.*
substantivo masculino
2 Barco que se dedica a levar mercadorías e pasaxeiros: *É mariño mercante porque sempre traballa en mercantes.*

mercantil
adxectivo
Do comercio ou relacionado con el: *O dereito mercantil recolle as leis polas que se rexe o comercio.*

mercar
verbo
Comprar.
OBS. O *c* cambia en *qu* diante do *e*, como en *sacar.*
FAM. mercado, mercadoría, mercancía, mercante, mercantil.

mercé
substantivo feminino
Favor ou recompensa que recibe alguén, especialmente se vén dun rei ou autoridade: *Recibiu do rei a mercé de gobernar esa illa.*
EXP. **Á mercé de** Baixo o dominio de: *A casa, sen tellado, quedou á mercé do vento e da chuvia.*

***mercede**, a forma correcta é **mercé**.

mercenario, mercenaria
adxectivo ou substantivo
Referido especialmente a un soldado, que loita a cambio dun soldo en cartos: *O xeneral non confiaba moito nos soldados mercenarios.*

mercería
substantivo feminino
Tenda en que se venden utensilios para coser e roupa miúda: *Merquei fío e agullas na mercería.*

mércores
substantivo masculino
Terceiro día da semana: *O mércores queda entre o martes e o xoves.* SIN. corta feira.

mercurio
substantivo masculino
Elemento químico metálico e líquido, branco, brillante e moi pesado: *O mercurio usábase antes nos termómetros, pero agora está prohibido por tóxico.*

merda
substantivo feminino
1 Excremento humano ou animal que se expulsa polo ano: *O cueiro do neno estaba cheo de merda.* SIN. excremento, caca.

2 Sucidade moi grande: *Ten a cociña chea de merda.*
3 Calquera cousa moi mal feita ou sen ningún valor: *Esa casa é unha merda que nin tellado ten.*
FAM. merdeiro, merdento.

merecer
verbo
Ser ou facerse digno de algo: *Merece ese castigo porque chegou moi tarde.*
OBS. É regular: *merezo, mereza.*
FAM. merecente, merecemento, merecido.

merenda
substantivo feminino
Comida lixeira que se fai a media tarde: *O cativo merendaba pan con chocolate.*

merendar
verbo
Tomar a merenda: *A nena adoita merendar cara ás seis da tarde.*

merengue
substantivo masculino
Doce feito con clara de ovo e azucre: *O merengue é moi branco.*

mergullador, mergulladora
substantivo
Persoa que, cun equipo adecuado, pode nadar por debaixo da auga libremente: *Os mergulladores levan botellas de osíxeno nas costas para respiraren.* SIN. submarinista.

mergullar
verbo
Meter na auga ata quedar cuberto por ela: *O submarino mergullouse.* SIN. somerxer.
FAM. mergullador, mergullo, mergullón, somorgullo.

mergullón
substantivo masculino
Somorgullo.

meridiano
substantivo masculino
En xeografía, círculo máximo da esfera terrestre que pasa polos polos e corta os paralelos perpendicularmente: *Os meridianos marcan a coordenada da lonxitude.*

meridional
adxectivo
Do sur: *A Galicia meridional está formada polas provincias de Ourense e Pontevedra.*

*merino, a forma correcta é **meiriño**.

mérito
substantivo masculino
Esforzo, acción ou calquera cousa que é boa e merece ser admirada e premiada: *Ten o mérito de que coida moi ben os seus anciáns avós.*
FAM. meritorio.

merlo, merla
substantivo
Paxaro de plumas escuras, negras no macho e castañas na femia, co peteiro amarelo e de canto agradable: *Un merlo amestrado pode imitar voces.*

*merluza, a forma correcta é **pescada**, **pixota**.

*mermar, a forma correcta é **minguar**.

*mero, a forma correcta é **cherna**.

mes
substantivo masculino
Cada un dos doce períodos de tempo en que se divide o ano: *O primeiro mes do ano é xaneiro e o derradeiro, decembro.*
EXP. **Mes de san Xoán** Xuño: *No mes de san Xoán os días son moi longos.* **Mes de Santiago** Xullo: *O 11 do mes de Santiago é o día de san Bieito.* **Mes de santos** ou **de san Martiño** Mes de novembro: *O día 11 do mes de san Martiño celebramos o magosto.*
FAM. mensual, mensualidade, bimensual, bimestre, bimestral, cuadrimestre, semestre, setemesiño, trimestral, trimestre.

mesa
substantivo feminino
1 Moble formado por unha táboa sostida por unha ou varias patas: *Teño unha mesa para estudar.*
2 Este moble cando está preparado para comer: *Sentámonos á mesa catro persoas.*
3 Comida ou alimentos: *Gústanlle os bos restaurantes porque é amante da boa mesa.*
4 Conxunto de persoas que dirixen ou presiden unha reunión: *A mesa estaba formada polo presidente, o vicepresidente e o administrador da comunidade de veciños.*
5 Asociación de persoas para pedir algún dereito ou reclamar algo: *Crearon unha mesa no concello para protestar contra a contaminación do centro urbano.*

EXP. **De mesa** 1) Apropiado para colocar nunha mesa: *Sobre a mesa de traballo teño unha lámpada de mesa.* 2) Apropiado para ser comido: *Mercou un quilo de uvas de mesa.* **Mesa de braseiro** Mesa redonda e con catro patas e un soporte na parte inferior para colocar un braseiro: *As mesas de braseiro adoitan estar cubertas cun tapete que chega ao chan.* **Mesa de levante** A que se pode alongar estendendo polas beiras ou sacando unha peza polo centro: *A mesa do noso comedor é unha mesa de levante, que alonga polos dous extremos.* **Mesa redonda** Reunión de especialistas para falar e discutir sobre un tema en que pode tamén intervir o público: *No salón de actos haberá unha mesa redonda sobre a contaminación no concello.*

meseta
substantivo feminino
Planicie ou terreo chan situado a unha determinada altura sobre o nivel do mar: *A meseta castelá ten unha altura de seiscentos metros sobre o nivel do mar.*

mesías
substantivo masculino
1 Segundo a Biblia, salvador de todas as persoas prometido por Deus: *O Mesías, segundo a Biblia, salvaría a todos da mancha do pecado orixinal.*
2 Persoa en quen se ten moita confianza e da que se espera que solucione todos os problemas: *A afección cre que o novo dianteiro será o mesías que nos conduza desde a segunda á primeira división.*

mesmo, mesma
indefinido
1 Que é ese e non outro diferente: *Sempre collo a mesma liña de autobús para ir ao traballo.*
2 Que é exactamente igual a outro: *Os nosos televisores son do mesmo modelo.*
3 Moi parecido ou de igual clase: *Ten os mesmos ollos ca o pai.*
adverbio
4 **mesmo** Exactamente ou neste momento: *Aténdote agora mesmo.*

mesón
substantivo masculino
Establecemento, con decoración semellante ás da casa de campo, onde se serven comidas e bebidas: *Xantamos nun mesón da vila.*
FAM. mesoneiro.

mesquiño, mesquiña
adxectivo
Moi malo e ata digno de desprezo: *Non prestarlle eses cartos a un amigo foi un acto mesquiño.* SIN. ruín.
FAM. mesquindade.

mesquita
substantivo
Templo propio da relixión musulmá: *Os musulmáns realizan as súas cerimonias relixiosas nas mesquitas.*

mestizo, mestiza
adxectivo ou substantivo
Fillo de pai e nai de diferentes razas, especialmente de raza branca e india: *É mestizo porque o pai é europeo, de raza branca, e a nai unha india americana.*
FAM. mestizaxe.

mesto, mesta
adxectivo
1 Que está pouco líquido e case parece unha masa: *Esas papas están moi mestas.* SIN. basto, denso, espeso. ANT. raro.
2 Que están moi xuntos: *Esas árbores non medran ben porque están moi mestas.* SIN. espeso. ANT. raro.

mestre, mestra
adxectivo
1 Moi bo ou da máxima calidade ou de máxima importancia: *Ese poemario é a obra mestra do poeta. Con esa chave mestra abre todas as pechaduras.*
substantivo
2 Persoa que ten por traballo ensinar a uns alumnos, especialmente de ensino primario: *O mestre ensinounos a ler e escribir.* SIN. profesor.
3 Persoa moi hábil en algo ou que sabe moito de algo: *Meu irmán é un mestre usando o ordenador.* SIN. experto.
FAM. mestría, amestrar.

mestura
substantivo feminino
Unión de cousas distintas para formar un todo: *A masa dos albaneis é unha mestura de auga, cemento e area.*
FAM. mesturar.

mesturar
verbo
1 Xuntar ou unir cousas distintas nun todo: *Mesturou pintura azul con amarela para obter unha pintura verde.*
2 Meter a alguén nun asunto que non lle interesa: *Non mestures os teus amigos nas túas trapalladas.*
3 **mesturarse** Relacionarse unha persoa con outras: *No novo colexio axiña se mesturou cos compañeiros novos.*
4 Unirse a unha raza, familia ou grupo diferente: *Na Idade Media a nobreza non se mesturaba coa xente do común.*
FAM. mestura.

meta
substantivo feminino
1 Lugar onde termina unha carreira deportiva: *O ciclista do noso equipo chegou o primeiro á meta.* SIN. chegada. ANT. saída.
2 Nalgúns deportes como o fútbol, espazo entre dous postes verticais e un pau horizontal que os une por onde ten que entrar o balón ou a pelota para conseguir un gol: *Para lanzar un penalti o balón colócase a once metros da meta.* SIN. portaría.
3 Fin ou obxectivo que se quere lograr: *A súa meta é rematar a carreira de medicina.* SIN. fin, obxectivo, propósito.

metabolismo
substantivo masculino
Conxunto de transformacións químicas e biolóxicas que se producen nas células dun organismo vivo: *Engorda tanto por un problema do metabolismo, xa que non queima ben as graxas.*

metade
substantivo feminino
1 Cada unha das dúas partes iguais en que se divide un todo: *Papou el só a metade da empanada.*
2 Punto ou lugar que está á mesma distancia dos seus extremos: *Colocou a mesa na metade do comedor.* SIN. medio.

metáfora
substantivo feminino
Expresión na que se usa unha palabra co significado doutra, porque están relacionadas por unha semellanza: *Chamarlle aos ollos dunha persoa soles é unha metáfora pola semellanza do brillo dos ollos e mais do sol.*
FAM. metafórico.

metal
substantivo masculino
Elemento químico, con brillo, bo condutor da calor e da electricidade e que a temperatura normal é sólido, agás o mercurio, que é líquido: *O ferro, o aluminio ou a prata son metais.*
FAM. metálico, metalurxia, metalúrxico.

metálico, metálica
adxectivo
1 De metal ou do metal: *Puxeron no garaxe unha porta metálica.*
substantivo masculino
2 Especie de rede metálica sobre a que se apoia o colchón: *O metálico da miña cama está un pouco estragado e renxe.*
EXP. **En metálico** Con cartos: *El non paga con tarxeta, senón en metálico.*

metalurxia
substantivo feminino
Técnica e industria que se dedica á obtención e elaboración de metais: *A metalurxia do ferro e do aceiro chámase siderurxia.*
FAM. metalúrxico.

metamorfose
substantivo feminino
1 Nalgúns animais, especialmente nos insectos e nos anfibios, conxunto de transformacións que sofren de xeito que cambian de forma e adquiren ou perden órganos: *O verme, por metamorfose, transfórmase en crisálida e esta, en bolboreta.*
2 Cambio de forma, aspecto ou de calquera outra clase que sofren algo ou alguén: *Sufriu unha metamorfose no carácter: antes era un túzaro e agora é moi agradable e fa langueiro.*

meteorito
substantivo masculino
Fragmento ou anaco dun corpo sólido procedente do espazo e que cae sobre a Terra: *Os meteoritos póñense incandescentes ao entraren na atmosfera terrestre.*

meteoro
substantivo masculino
Fenómeno natural que se produce na atmosfera terrestre: *A chuvia, a neve, a sarabia ou o vento son meteoros.*

FAM. meteorólogo, meteoroloxía, meteorolóxico.

meteoroloxía

substantivo feminino

Ciencia que estuda os fenómenos que teñen lugar na atmosfera e que producen as variacións do clima: *A meteoroloxía estuda como se producen a chuvia ou a neve e tamén o tempo que vai.*

meter

verbo

1 Introducir en algo ou pór dentro dalgún sitio: *Metía os papeis nun caixón da mesa.* SIN. introducir. ANT. quitar, sacar, tirar.

2 Poñer unha cantidade de cartos nun banco: *Metín no banco cinco mil euros.* SIN. ingresar. ANT. sacar.

3 Ocupar ou usar: *Metín moito tempo neste traballo.* SIN. empregar, investir.

4 Deixar a alguén nun sitio para que viva alí ou faga algo: *Metín o rapaz nun colexio moi bo.* SIN. ingresar. ANT. sacar.

5 Facer que unha persoa tome parte en algo que non lle interesa directamente: *Non metas os amigos nos teus negocios.*

6 Producir unha sensación: *Intentou meternos medo con ese disfrace.*

7 Dar por bo algo que realmente é malo: *Ese froiteiro meteume unhas mazás podres.*

8 Facer máis estreita unha peza de vestir: *Meteulle na cintura ao pantalón porque lle quedaba ancho.*

9 Facer pasar por verdade o que é falso: *Meteume a trola de que aprobara todo.*

10 Dar un golpe: *Meteulle unha labazada.*

11 Facer comprender ou aprender algo: *O profesor meteunos na cabeza as principais regras da ortografía.*

12 **meterse** Molestar a alguén ofendéndoo: *Métese cos compañeiros insultándoos.*

13 Tomar parte en algo que non interesa directamente: *Cómpre non meterse nos asuntos alleos.*

14 Deixarse levar por unha sensación: *Métome tanto nas películas de medo que o paso moi mal.*

15 Seguir unha determinada profesión: *Quere meterse a condutor de autobús.*

16 Pasar a formar parte dun determinado grupo: *Meteuse nesa empresa grazas a unha recomendación.*

FAM. metido, arremeter.

meticuloso, meticulosa

adxectivo

Que se realiza, está feito ou actúa con moito coidado, atención e exactitude: *Un cirurxián ha de ser meticuloso cando opera.* SIN. escrupuloso, minucioso. ANT. deixado, descoidado, desleixado.

FAM. meticulosidade.

método

substantivo masculino

1 Forma de actuar ou de comportarse: *O método de ameazar non é bo para conseguir algo.*

2 Forma ordenada de facer algo: *O profesor ten un método moi eficaz para aprendernos a ortografía.* SIN. sistema.

FAM. metódico, metodoloxía.

metralla

substantivo feminino

1 Munición composta por cravos e anacos pequenos de ferro e metal que saen despedidos ao estoupar un proxectil ou bomba que a contén: *A bomba ía chea de metralla e ao estoupar causou moitos feridos.*

2 Conxunto de cousas desordenadas ou inservibles: *Ten a caixa das ferramentas chea de metralla.*

metrallador, metralladora

adxectivo

1 Que dispara automaticamente e a gran velocidade de forma repetida: *Os soldados levaban cadanseu fusil metrallador.*

substantivo feminino

2 Arma de fogo de certo peso que dispara balas automaticamente de xeito repetido e rápido e que se coloca sobre un trípode: *Dous soldados colocaban a metralladora no seu trípode.*

metrallar

verbo

Disparar contra alguén de forma repetida e moi rápida, especialmente cunha metralleta ou cunha metralladora: *Os soldados metrallaron os manifestantes.*

metralleta

substantivo feminino

Arma de fogo de pouco peso e moi manexable que dispara moitas balas seguidas e rapidamente: *A metralleta é máis lixeira ca un fusil, pero máis pesada ca unha pistola.*

métrico, métrica
adxectivo
Do metro ou relacionado con esta medida de lonxitude: *A fita métrica úsase para medir lonxitudes pequenas.*

metro[1]
substantivo masculino
1 No Sistema Internacional, unidade básica para medir a lonxitude: *O metro equivale á distancia que percorre a luz no baleiro durante 1/299792458 de segundo.*
2 Utensilio en forma de fita ou listón, con divisións en centímetros e milímetros, que adoita usarse para medir lonxitudes: *O albanel mediu o piso da cociña co metro.*
EXP. **Metro cadrado** No Sistema Internacional, unidade de superficie que equivale á área dun cadrado que ten un metro de lado: *O metro cadrado é a unidade básica de superficie.* **Metro cúbico** No Sistema Internacional, unidade de volume que equivale a un cubo que ten un metro de aresta: *O metro cúbico é a unidade fundamental de volume.*
FAM. métrico.

metro[2]
substantivo masculino
Tren que vai por debaixo da terra e que serve para levar pasaxeiros dun lugar a outro nunha gran cidade: *En cidades como Madrid, Sevilla ou Barcelona hai metro.*

meu, miña
posesivo
Indica que algo pertence á primeira persoa ou persoa que fala: *O meu coche é negro.*
EXP. **As miñas** Conxunto de traballos e problemas que alguén pasa ou pasou: *Para pagar esta casa pasei as miñas.* **De meu** Meu propio: *Eu traballo nunha empresa de meu.* **Os meus** A miña familia e achegados: *Pasarei o Nadal cos meus.*

mexar
verbo
Ouriñar.
FAM. mexada, mexadoiro, mexamorno, mexo, mexón.

mexericada
substantivo feminino
1 Mostra de cariño moi esaxerada e afectada: *Esas apertas tan efusivas non son máis ca mexericadas.*
2 Cousa sen importancia: *Non te preocupes de mexericadas.*

mexeriqueiro, mexeriqueira
adxectivo
1 Que fala ou actúa cunha finura esaxerada ou afectada: *É un mexeriqueiro que quere comer o marisco con garfo e coitelo.*
2 Que se queixa moito e sen motivo: *Sempre está a laiarse da súa mala sorte porque é un mexeriqueiro.*
3 Que lle gusta moito facer ou recibir mostras excesivas e esaxeradas de cariño: *Non deberías ser tan mexeriqueiro co cativo.*

mexillón
substantivo masculino
Molusco mariño de carne comestible coa cuncha formada por dúas valvas negras e ovadas: *Os mexillóns poden cultivarse nas bateas.*

mexo
substantivo masculino
Urina.

***mezquiño**, a forma correcta é **mesquiño**.

***mezquita**, a forma correcta é **mesquita**.

mi[1]
posesivo
Forma de respecto do posesivo de primeira persoa que se emprega coas palabras padre, *madre, tío, señor, amo*: *Mi madre é xa unha anciá.*

mi[2]
substantivo masculino
Terceira nota da escala musical: *Mi vai despois de re e antes de fa.*

miañar
verbo
Miar.

mica
substantivo feminino
Mineral en cuxa composición entra o aluminio que adoita presentarse nas rochas en forma de láminas finas e transparentes: *O granito está formado por cuarzo, feldespato e mica.*

mico, mica
substantivo
Gato.

*micra, a forma correcta é micron.

microbio

substantivo masculino

Ser vivo de só unha célula e que só se ve co microscopio: *Os virus e as bacterias son microbios.*

FAM. microbiano.

microbús

substantivo masculino

Autobús pequeno para un número reducido de pasaxeiros: *Un microbús adoita levar arredor de vinte pasaxeiros como máximo.*

microclima

substantivo masculino

Conxunto de condicións do clima nun espazo pequeno e que se diferencian do clima xeral desa zona: *Nos invernadoiros créanse de xeito artificial microclimas favorables ao cultivo de plantas.*

microfilme

substantivo masculino

Película de tamaño moi pequeno que contén imaxes ou documentos que poden ser ampliados en fotografía ou proxección: *Os documentos antigos consúltanse en microfilme para non os estragar.*

FAM. microfilmar.

micrófono

substantivo masculino

Aparello que transforma as ondas de son en ondas eléctricas de xeito que se poden amplificar, transmitir ou rexistrar: *O cantante agarraba o micrófono coa man dereita e achegábao á boca.*

OBS. É moi habitual o uso forma abreviada *micro.*

microonda

substantivo feminino

1 Onda electromagnética de elevada frecuencia polo que se utiliza para a transmisión de imaxes na televisión, no radar ou en fornos domésticos: *As microondas propáganse polo interior de tubos metálicos.*

substantivo masculino plural

2 Forno que funciona con estas ondas que quentan rapidamente os alimentos: *Desconxelou a pescada no microondas.*

microscopio

substantivo masculino

Instrumento formado por un sistema de lentes que amplían os obxectos ou seres moi pequenos para facelos visibles ao ollo humano: *No laboratorio do colexio temos microscopios.*

FAM. microscópico.

miga ou migalla

substantivo feminino

1 Parte interna e branda do pan: *Gústame máis a codia do pan ca a miga.* SIN. miolo, rafa.

2 Anaquiño moi pequeno que se desprende do pan ou doutros alimentos feitos con fariña: *Despois do xantar o mantel estaba cuberto de migallas de pan.* SIN. faragulla.

3 Porción moi pequena ou moi pouca cantidade de algo: *Só collín unha migalla de queixo para o probar.* SIN. pinga, chisca, chisco.

FAM. esmigallar.

migración

substantivo feminino

1 Movemento das poboacións ou de moita xente que deixan un lugar para vivir noutro: *A migración humana adoita causala a procura dunha vida mellor.*

2 Viaxes que fan algúns animais para cambiar o lugar onde viven de acordo coas estacións do ano: *Cando chega o frío do outono, prodúcese a migración das andoriñas cara a climas cálidos, aínda que volven na primavera.*

FAM. migrar, migratorio.

mil

numeral cardinal

Número 1.000: *Gaña un soldo de mil euros mensuais.*

FAM. milenario, milenio, milésimo, millar, milleiro.

milagre

substantivo masculino

1 Nas relixións, feito en que se considera que tomou parte Deus xa que non se pode explicar polas leis da natureza e da ciencia: *As* Cantigas de Santa María *de Afonso X narran milagres feitos pola Virxe.*

2 Calquera feito ou cousa que produce moita admiración ou sorpresa: *É un milagre que nese accidente non houbese ningún ferido.*

EXP. **De milagre** Por moi pouco ou por casualidade: *Aprobou de milagre pois non estudara nada.* **Un milagre de** Gran cantidade de: *Este ano tivemos un milagre de cirolas.*
FAM. milagreiro, milagroso.

***milano**, a forma correcta é **miñato**.

***mildeu**, a forma correcta é **mera**.

milenario, milenaria

adxectivo

1 Que ten como mínimo mil anos: *As murallas de Lugo son milenarias.*

substantivo masculino

2 Data en que se cumpren mil ou varios miles de anos dun acontecemento: *O ano 2492 celebrarase o milenario do descubrimento de América.*

milenio

substantivo masculino

Período de tempo de mil anos: *Estamos no terceiro milenio da era cristiá.*

milésimo, milésima

numeral

1 Que nunha serie ou clasificación ocupa o lugar número mil: *Era o milésimo de cerca de dous mil aspirantes.*

2 Que é unha das mil partes iguais en que se divide un todo: *O milímetro é a milésima parte do metro.*

substantivo feminino

3 Cada unha das mil partes iguais en que algo se divide: *O cerebro tarda milésimas de segundo en enviarlles unha orde aos músculos.*

milfollas

substantivo masculino

Doce de forma rectangular formado por varias capas de follado recubertas de crema ou merengue: *Mercamos na dozaría seis milfollas de crema.*

milhomes

substantivo masculino

Home pequeno que presume de ter moita forza e valentía: *Ese milhomes métese con todo o mundo.*

milicroque

substantivo masculino

Estraloque.

miligramo

substantivo masculino

No Sistema Internacional, unidade de masa que equivale á milésima parte dun gramo: *O símbolo mg corresponde ao miligramo.*

mililitro

substantivo masculino

Unidade de volume que equivale á milésima parte dun litro: *Un litro ten mil mililitros.*

milímetro

substantivo masculino

No Sistema Internacional, unidade de lonxitude que equivale á milésima parte dun metro: *Un centímetro ten dez milímetros.*
FAM. milimetrar, milimétrico.

militante

adxectivo ou substantivo

Referido a unha persoa, que forma parte dun partido político ou asociación: *Os militantes dese sindicato piden melloras nos soldos.*
FAM. militar.

militar[1]

adxectivo

1 Do exército ou da guerra: *Asistimos a un desfile militar.*

substantivo

2 Persoa que forma parte do exército: *Seu avó e seu pai foron militares.*
FAM. militarismo, militarizar.

militar[2]

verbo

Formar parte dun partido político ou dunha asociación: *Desde moi novo militou no Partido Galeguista.*

milla

substantivo feminino

Medida de lonxitude utilizada no Reino Unido da Gran Bretaña e países que formaron parte do antigo Imperio británico: *Unha milla equivale a 1.609 metros.*
EXP. **Milla náutica** Medida de lonxitude usada no mar: *Unha milla náutica equivale a 1.852 metros.*

milladoiro

substantivo masculino

Especie de monte ou outeiro formado polas pedras amontoadas polos peregrinos e romeiros que se dirixían a un santuario: *Nas proximidades de Santiago hai moitos milladoiros.*

millar
substantivo masculino
Conxunto de mil unidades: *No concerto habería uns dous millares de persoas.* SIN. milleiro.
OBS. En matemáticas e en expresións como *unidade de millar, decena de millar...* nunca debe usarse *milleiro.*

míllara
substantivo feminino
Ova.

milleiro[1]
substantivo masculino
Millar.
EXP. **A** ou **por milleiros** En gran cantidade: *Na feira había xente a milleiros.*

milleiro[2]
substantivo masculino
Millo.

millo
substantivo masculino
1 Cereal de talo alto e follas alongadas que produce uns grans amarelos en mazarocas moi nutritivos: *O millo é orixinario de América.* SIN. milleiro, maínzo.
2 Gran desta planta: *Cos grans de millo elabórase a fariña milla da boroa.* SIN. maínzo.
EXP. **Millo miúdo** Paínzo.

millo, milla
adxectivo
De grans de millo: *A fariña milla úsase para elaborar a boroa.*

millón
numeral
Número 1.000.000: *Seica ten no banco un millón de euros.*
FAM. millonada, millonario, millonésimo.

millonario, millonaria
adxectivo
1 Que chega a un ou máis millóns: *O Celta non pode facer fichaxes millonarias de xogadores.*
adxectivo ou substantivo
2 Que ten moitos millóns en cartos e bens: *Ese iate seica é dun famoso millonario.*

millonésimo, millonésima
ordinal
1 Que ocupa o lugar un millón nunha orde ou serie: *Ese cativo é o millonésimo que morre de fame neste país do Terceiro Mundo.*
numeral ou substantivo feminino
2 Que é unha das partes do millón de partes en que un todo se divide: *Hoxe poden medirse ata as millonésimas de segundo.*

***millor**, a forma correcta é **mellor**.

mimetismo
substantivo masculino
Propiedade dalgúns animais e plantas de cambiaren de cor e aspecto para adaptarse aos dos seres e obxectos do seu medio e pasar así desapercibidos: *Grazas ao seu mimetismo, o camaleón cambia de cor para protexerse dos ataques e perigos.*
FAM. mimético.

mímica
substantivo feminino
Arte ou técnica que consiste en comunicar ou representar algo só por xestos e acenos, sen palabras: *Pór o dedo índice sobre os labios é un xesto da mímica para pedir silencio.*

***mimo**, a forma correcta é **meco**.

mimo, mima
substantivo masculino
1 Tipo de teatro en que os actores non falan, senón que só representan por medio de xestos, acenos e movementos corporais: *O mimo precisa dun grande adestramento.*
2 Actor ou actriz que representa este tipo de teatro: *Na praza había un mimo que imitaba un gaiteiro.*
OBS. Non debe usarse no canto de *meco.*
FAM. mímica.

mimosa
substantivo feminino
Arbusto que produce unhas flores amarelas en forma de boliñas, moi recendentes e agrupadas en acios: *As mimosas son orixinarias de Australia.*

min
pronome persoal
Forma tónica de primeira persoa que representa a quen fala ou escribe e que vai sempre

precedida por preposición ou conxunción: *A min non me gusta o doce.*

mina
substantivo feminino
1 Masa de mineral ou auga concentrada de forma natural nun lugar, habitualmente debaixo da terra: *Atoparon unha mina de ouro.*
2 Escavacións, galerías ou pozos que se abren para obter esta masa de mineral: *En Asturias había moitas minas de carbón.*
3 Artefacto que se coloca debaixo da terra ou da auga e que estoupa ao rozalo: *O exército inimigo colocou minas diante das súas trincheiras.*
4 Barriña de grafito que levan os lapis no seu interior e que permite escribir e debuxar: *Para que saia a mina hai que usar o afialapis.*
5 Calquera cousa que dá moito, especialmente beneficios: *Ese bar é unha mina para o dono.*
FAM. minar, minaría, mineiro, mineral.

minaría ou minería
substantivo feminino
Traballo ou técnica de extraer minerais das minas: *A minaría galega ten pouca importancia.*

mincha
substantivo feminino
Caramuxo.

mineiro, mineira
adxectivo
1 Da minaría ou das minas: *En Asturias houbo explotacións mineiras de carbón.*
substantivo
2 Persoa que traballa nas minas na extracción de minerais: *O traballo de mineiro é moi duro.*

mineral
adxectivo
1 Do grupo de seres ao que pertencen pedras e rochas e que non teñen vida: *Na natureza hai tres reinos: animal, vexetal e mineral.*
substantivo masculino
2 Corpo ou substancia sólida ou líquida e que non ten vida, ao contrario dos vexetais e dos animais: *As rochas e pedras son minerais.*

minestra
substantivo feminino
Comida preparada con diversas clases de verduras e legumes e con anacos de xamón ou carne: *De primeiro no xantar tomamos minestra.*

mingua
substantivo feminino
Diminución ou redución do tamaño, cantidade, valor ou importancia de algo: *A mingua dos pedidos obriga a pechar a empresa.* SIN. diminución. ANT. aumento, crecemento, incremento.

minguante
substantivo masculino
Período en que se ve como diminúe o tamaño da Lúa e ten forma de C: *No minguante a Lúa parece un C.* SIN. cuarto minguante, lúa minguante.

minguar
verbo
Facer ou facerse menor en tamaño, cantidade, valor ou importancia: *Coa crise económica minguaron as ganancias de moitos negocios.*

miniatura
substantivo feminino
1 Copia exacta de algo a escala e en tamaño moi pequeno: *No seu cuarto ten unha colección de locomotoras en miniatura.*

minguar

INDICATIVO		SUBXUNTIVO	IMPERATIVO
Presente	**Copretérito**	**Presente**	mingua
minguo	minguaba	mingüe	minguade
minguas	minguabas	mingües	
mingua	minguaba	mingüe	
minguamos	minguabamos	mingüemos	**FOR. NOMINAIS**
minguades	minguabades	mingüedes	**Infinitivo**
minguan	minguaban	mingüen	minguar
Pretérito	**Antepretérito**	**Pretérito**	**Xerundio**
mingüei	minguara	minguase	minguando
minguaches	minguaras	minguases	**Participio**
minguou	minguara	minguase	minguado
minguamos	minguaramos	minguásemos	
minguastes	minguarades	minguásedes	
minguaron	minguaran	minguasen	
Futuro	**Pospretérito**	**Futuro**	**Inf. conxugado**
minguarei	minguaría	minguar	minguar
minguarás	minguarías	minguares	minguares
minguará	minguaría	minguar	minguar
minguaremos	minguariamos	minguarmos	minguarmos
minguaredes	minguariades	minguardes	minguardes
minguarán	minguarían	minguaren	minguaren

2 Pintura de tamaño moi pequeno e con moito detalle: *O manuscrito leva tamén preciosas miniaturas de anxos e demos.*

minifundio

substantivo

Terreo dedicado á agricultura pero de tamaño moi pequeno: *En Galicia abundan os minifundios.* ANT. latifundio.

mínimo, mínima

1 Superlativo irregular de *pequeno.*

adxectivo

2 Que acadou ou é o grao, importancia ou tamaño máis pequeno: *Fixo un mínimo esforzo e obtivo un cinco.* SIN. exiguo, insignificante. ANT. máximo, colosal, enorme, tremendo.

substantivo masculino

3 Punto ou límite máis baixo a que pode chegar algo: *Puxo a calefacción ao mínimo porque vai moi pouco frío.* ANT. máximo.

substantivo feminino

4 Temperatura máis baixa acadada nun lugar e período: *Hoxe a mínima en Lugo será de dous graos.* ANT. máxima.

FAM. minimizar.

minio

substantivo masculino

Po de cor vermella ou laranxa que se usa para fabricar pinturas ou protexer os metais do óxido: *Antes de pintar deille á porta de ferro unha man de minio para que non se oxide.*

minisaia

substantivo feminino

Saia moi curta que queda bastante por enriba dos xeonllos: *O deseñador presentou nese desfile unha colección de minisaias.*

ministerio

substantivo masculino

1 Departamento que se encarga dun determinado asunto do goberno dun Estado: *O ministerio de Defensa ocúpase do Exército e de defender o territorio dun posible ataque.*

2 Edificio ocupado polas oficinas deste departamento: *O presidente da Xunta entrou no ministerio de Facenda acompañado por varios conselleiros.*

3 Función, emprego ou cargo que se consideran de grande importancia: *Exerce o ministerio sacerdotal na cidade compostelá.*

ministro, ministra

substantivo

1 Persoa que dirixe un ministerio: *A ministra de Agricultura reuniuse cos representantes dos gandeiros.*

2 Persoa que ten unha función, emprego ou cargo que se considera de grande importancia: *Na relixión católica, os sacerdotes son os ministros do culto.*

FAM. ministerio.

minorar

verbo

Facer que sexa máis pequena a velocidade, intensidade ou importancia de algo: *Nas curvas é conveniente minorar a velocidade do coche.*

minoría

substantivo feminino

Parte máis pequena ou menos numerosa dun todo: *As persoas de raza branca son minoría en África.* ANT. maioría.

EXP. **Minoría de idade** Situación da persoa que aínda non fixo os dezaoito anos e non ten todos os dereitos: *A minoría de idade impide votar nas eleccións.*

FAM. minoritario.

minucia

substantivo feminino

Cousa de moi pouco valor ou importancia: *Esquece as minucias e céntrate no importante.* SIN. insignificancia, pequenez.

FAM. minuciosidade, minucioso.

minucioso, minuciosa

adxectivo

Que ten en conta os máis pequenos detalles: *A policía fixo unha investigación minuciosa dese roubo.* SIN. meticuloso.

minuendo

substantivo feminino

Nunha resta, cantidade da que debe restarse outra chamada subtraendo para obter o resto ou resultado: *En 8 – 2 = 6, o minuendo é 8.*

minúsculo, minúscula

adxectivo

1 Moi pequeno ou pouco importante: *Levaba na gravata unha mancha minúscula.* ANT. maiúsculo.

adxectivo ou substantivo feminino

2 Dito dunha letra, que é de tamaño pequeno e a que se usa habitualmente: *A minúscula úsase habitualmente e a maiúscula en casos máis concretos.* ANT. maiúsculo.

minusválido, minusválida

adxectivo ou substantivo

Dito dunha persoa, que por algunha lesión ou enfermidade non pode realizar determinados traballos, movementos ou actividades: *É minusválido a causa dun accidente de moto e vai en cadeira de rodas.*

***minuteiro**, a forma correcta é **agulla dos minutos**.

minuto

substantivo masculino

1 No Sistema Internacional, unidade de tempo que equivale a sesenta segundos: *Unha hora ten sesenta minutos e un minuto, sesenta segundos.*

2 Espazo de tempo moi pequeno: *Axiña rematou o traballo e só esperamos un minuto.* SIN. instante, intre, segundo.

3 En xeometría, cada unha das sesenta partes iguais en que se divide un grao de circunferencia: *Os ángulos mídense en graos, minutos e segundos.*

miñato

substantivo masculino

Ave de rapina diúrna, de tamaño mediano, habitualmente de cor parda con pintas brancas no peito: *Os miñatos aliméntanse de pequenos roedores e réptiles.* SIN. bexato.

miñaxoia

substantivo feminino

Persoa de moi pouca malicia ou sen valor nin ánimo para nada: *Calquera engana a ese miñaxoia.* SIN. apoucado, coitado, malpocado.

miñoca

substantivo feminino

Verme alongado e con aneis que vive na terra nos terreos húmidos: *As miñocas son beneficiosas porque airean a terra.* SIN. lombriga.

miñoto, miñota

adxectivo ou substantivo

Das ribeiras portuguesas do río Miño: *Visitamos a cidade miñota de Valença do Minho.*

miolo

substantivo masculino

1 Miga.

2 Parte interior e branda de calquera cousa: *Chuchaba o miolo dos ósos da soá.* SIN. medula.

3 Parte máis importante de algo: *O miolo do problema é que ese bar non ten clientes.* SIN. cerna, núcleo.

plural

4 Encéfalo.

5 Intelixencia: *Non gastes os miolos porque iso non che ten solución.*

miope

adxectivo ou substantivo

Que ten un defecto nos ollos que lle impide ver ben os obxectos que están lonxe: *Os miopes deben levar lentes.* SIN. curto de vista, pitoño.

FAM. miopía.

mira

substantivo feminino

1 Peza dalgúns instrumentos ou armas que serve para dirixir a vista ao punto concreto que interesa: *Os fusís modernos teñen mira telescópica.*

2 Intención, obxectivo ou fin que alguén quere alcanzar: *Estudou tanto con miras a ter unha boa nota.*

mirada

substantivo feminino

1 Exame rápido de algo que se fai coa vista: *Botoulle unha mirada aos titulares do xornal.* SIN. ollada.

2 Forma de mirar: *Tiña unha mirada tristeira.* SIN. ollada.

3 Os ollos como portadores do sentido da vista: *Dirixiu a mirada cara ao chan.* SIN. ollada, vista.

miradoiro

substantivo masculino

Lugar situado nun alto e desde o que se pode ver a paisaxe: *Desde ese miradoiro vese moi ben a costa.*

mirar

verbo

1 Fixar a vista en algo con atención: *Miraba a fermosa paisaxe.*

2 Ver con moita atención para atopar algo:

Miraba no armario a ver se atopaba aquela camisa.
3 Considerar ou ter en conta: *Mira ben o que vas facer antes de actuar.*
4 Estar colocado nunha determinada dirección: *A ventá do meu cuarto mira cara ao sur.*
EXP. **Mirar por algo** ou **alguén** Preocuparse deles ou coidalos: *Ese neto sempre mirou moito polos avós.*
FAM. mira, mirada, miradoiro, miramento, mirasol.

mirasol
substantivo masculino
Xirasol.

miraxe
substantivo feminino
Espellismo.

mirrar
verbo
Murchar.

mirto
substantivo masculino
Arbusto de follas sempre verdes que se empregan como adorno nos xardíns: *O mirto emprégase moito nos xardíns para facer sebes.*

misa
substantivo feminino
Na relixión católica, cerimonia na que o sacerdote ofrece o corpo e o sangue de Cristo representados polo pan e o viño: *Os católicos teñen a obriga de oír misa todos os domingos.*
EXP. **Misa do galo** A que se celebra o día de Noiteboa, ás doce da noite: *Todos os anos asiste á misa do galo.* **Non saber da misa a media** Non saber o principal de algo: *El non sabe da misa a media sobre as falcatruadas do fillo.*
FAM. misal, misar.

miserable ou miserábel
adxectivo
1 Que padece moitas desgrazas ou pobreza e causa compaixón: *Os orfos levaban no orfanato unha vida miserable.* SIN. desgraciado, infeliz, mísero. ANT. feliz.
2 Que indica moita pobreza ou é de moi pouco valor: *Vive cunha pensión miserable que non lle chega a fin de mes.* SIN. mísero, miserento.
adxectivo ou substantivo
3 Moi malo: *O asasinato é unha acción miserable.* SIN. mísero, miserento.

miserento, miserenta
adxectivo
Mísero.

miseria
substantivo feminino
1 Pobreza moi grande de xeito que falta o necesario para vivir: *O paro deixa moitas persoas na miseria.* SIN. escaseza, necesidade, penuria, pobreza. ANT. abundancia, riqueza.
2 Desgraza ou pena grandes: *Oímos as miserias do enfermo.*
3 Calquera cousa de moi pouco valor, en moi pouca cantidade ou sen importancia: *Os seus regalos sempre son unha miseria.*
FAM. miserable, miserento, mísero.

misericordia
substantivo feminino
Pena que se sente ante a dor e desgrazas alleas e que leva a axudar: *Axudamos os necesitados por misericordia.* SIN. caridade, compaixón, piedade. ANT. crueldade.
FAM. misericordioso.

mísero
adxectivo
1 Que padece moitas desgrazas ou pobreza e causa compaixón: *Os orfos levaban no orfanato unha vida mísera.* SIN. desgraciado, infeliz, miserable. ANT. feliz.
2 Que indica moita pobreza ou é de moi pouco valor: *Vive cunha pensión mísera que non lle chega a fin de mes.* SIN. miserable, miserento.
adxectivo ou substantivo
3 Moi malo: *O asasinato é unha acción mísera.* SIN. miserable, miserento.
OBS. O seu superlativo é *misérrimo.*

mísil
substantivo masculino
Foguete ou proxectil de gran tamaño cunha carga nuclear ou con explosivos moi potentes que se controla e dirixe por procedementos electrónicos: *Os mísiles máis avanzados levan unha carga nuclear.*

***misil**, a forma correcta é **mísil**.

misión
substantivo feminino

1 Deber, encarga ou orde que se ten que cumprir: *O axente secreto tiña que realizar unha misión de sabotaxe do inimigo.*
2 Terra ou lugar aos que van algúns relixiosos para estender o cristianismo: *Esa orde relixiosa dedícase ás misións.*
FAM. misioneiro.

misioneiro, misioneira
substantivo

Persoa que vai a un lugar en que non coñecen a relixión cristiá para explicala: *Marchou de misioneiro a un país africano.*

misiva
substantivo feminino

Escrito que se envía habitualmente pechado nun sobre para comunicar algo: *A misiva do fillo anunciaba a súa chegada.* SIN. carta.

míster, miss
substantivo

Persoa que gaña un concurso de beleza: *El é míster Galicia e ela miss Galicia.*

misterio
substantivo masculino

1 Calquera asunto ou cousa que é moi difícil de coñecer ou que non se pode coñecer por falta de datos ou por estar oculto: *É un misterio quen foi o autor dese asasinato.* SIN. enigma, incógnita.
2 Nas relixións, o que non se comprende pero que se cre por fe: *No cristianismo é básico o misterio da Santísima Trindade.*
FAM. misterioso.

místico, mística
adxectivo ou substantivo

1 Nas relixións, que dedica a súa vida a actividades que levan á comunicación e unión con Deus por amor: *Algúns místicos aseguran que se lles apareceu Deus.*
substantivo feminino
2 Nas relixións, actividade que busca a comunicación e unión con Deus polo amor: *A mística e unha experiencia persoal e individual.*

misto
substantivo masculino

Variña ou pauciño moi pequeno cunha cabeza que arde ao fretala e que se emprega para prender lume: *Prendeu o gas da cociña cun misto.*

*mistura, a forma correcta é **mestura**.

*mitade, a forma correcta é **metade**.

mitin
substantivo masculino

Acto público en que unha ou varias persoas pronuncian discursos que tratan de temas políticos ou sociais: *Na campaña electoral todos os partidos políticos celebran mitins.*

mito
substantivo masculino

1 Relato fantástico en que se contan historias de deuses ou sobre a orixe do mundo: *Un mito conta que o xigante Hércules levantou a torre que leva o seu nome na Coruña.* SIN. lenda.
2 Relato ou historia que queren pasar por verdadeiros pero son falsos: *Iso de que canta moi ben é só un mito.* SIN. lenda.
3 Persoa ou cousa moi boa ou de moito éxito e que se converte en modelo ou pasa a formar parte da historia: *Os Beatles son un mito da música do século XX.*
FAM. mítico, mitificar, mitoloxía.

miudeza
substantivo feminino

Cousa de moi pouco tamaño, valor ou importancia: *Ti resolve os problemas importantes e esquece as miudezas.* SIN. insignificancia.
EXP. **Con miudeza** Con moito coidado e detalle: *O policía analizaba con miudeza os movementos do acusado.*

miúdo, miúda
adxectivo

1 De pequeno tamaño ou delgado: *É un mozo moi miúdo.*
2 De moi pouca importancia: *A xefa non se ocupa deses problemas miúdos.* SIN. pequeno, insignificante. ANT. grande, importante.
substantivo masculino plural
3 Vísceras dun animal que se aproveitan para comelas: *O corazón e os pulmóns forman parte dos miúdos da galiña.*
EXP. **A miúdo** Con moita frecuencia: *Nós imos ao cine a miúdo.* **Polo miúdo** 1) Con moito coidado e detalle: *O xornalista investigou o caso de corrupción polo miúdo.* 2) Referido

á venda de produtos, en pequenas cantidades: *Os consumidores mercamos nos supermercados polo miúdo, pero os supermercados compran por xunto.*
FAM. miudeza.

*mixiricar, a forma correcta é **mexericar**.

mixto, mixta
adxectivo
1 Formado por elementos diferentes: *Unha ensalada mixta pode levar varios ingredientes: leituga, cebola, tomate, atún, queixo e ata mariscos.*
2 Que está formado por persoas de ambos os dous sexos: *Na educación mixta as clases están formadas por rapaces e rapazas.*

mo, ma, mos, mas
contracción
Unión do pronome persoal *me* e dos pronomes persoais *o, a, os, as*: *Xa mo dixera túa irmá.*

moa
substantivo feminino
1 Cada un dos dentes grandes que serven para esmagar os alimentos e que están na parte de atrás da boca: *Unha persoa adulta ten dezaseis moas, ou vinte, se lle saíron as catro do xuízo.*
2 Peza de pedra do muíño que xira sobre outra fixa chamada pé e que serve para triturar o gran ou as olivas: *A moa tritura o gran contra o pé ata convertelo en fariña.*
3 Pedra en forma de roda colocada sobre un soporte e que se fai xirar para afiar coitelos e ferramentas: *Os afiadores hoxe en día utilizan moas eléctricas.*
4 Tornarratos.
EXP. **Moa do siso** ou **do xuízo** Cada unha das catro moas que saen nos extremos da boca ao sermos adultos: *A algunhas persoas non lles saen as moas do xuízo.* **Regañar a moa** Rir ensinando os dentes: *Non regaña a moa nin ao escoitar un chiste.*
FAM. molar.

móbil
adxectivo
1 Que se pode mover ou ser movido: *As televisións para retransmitiren os partidos usan unidades móbiles.* ANT. inmóbil.
substantivo masculino
2 Razón ou motivo que move a facer algo: *A policía procura agora o móbil do crime.* SIN. causa, motivo, razón.
3 Teléfono sen fíos e de pequeno tamaño que adoita levarse no bolso: *Desde o móbil pódese chamar a fixos e a outros móbiles.*
4 En física, calquera corpo en movemento: *Un coche que se move pola estrada é un móbil.*
FAM. mobilidade, mobilización, mobilizar.

mobiliario
substantivo masculino
Conxunto de mobles dunha casa ou dun cuarto: *A vosa oficina ten un mobiliario anticuado.* SIN. moblaxe.

mobilidade
substantivo feminino
Capacidade para se poder mover: *O coche propio aumenta a capacidade de mobilidade sen depender de ninguén.* ANT. inmobilidade.

mobilizar
verbo
1 Facer que un grupo de persoas realice determinada actividade: *O partido mobilizou todos os seus militantes para que repartisen propaganda electoral.* ANT. desmobilizar.
2 Preparar os soldados ou policías para que poidan actuar de inmediato: *O delegado do goberno mobilizou o sábado todos os efectivos da policía por temor a desordes públicas.* ANT. desmobilizar.
OBS. O *z* cambia en *c* ante *e*, como en *cazar*.
FAM. mobilización.

moblaxe
substantivo feminino
Mobiliario.

moble ou móbel
substantivo masculino
Cada un dos obxectos que habitualmente se poden mover e que nos fan cómoda e agradable a vida na casa ou nun lugar: *As camas, as cadeiras, os armarios ou as mesas son mobles.*
FAM. mobiliario, moblaxe, amoblar.

moca[1]
substantivo feminino
Pau groso e forte rematado nunha parte avultada nun dos seus extremos e tamén

esa parte avultada: *Para andar, apoiábase nunha moca.*
FAM. mocazo.

moca[2]
substantivo feminino
Café de moi boa calidade orixinario da cidade asiática de Moka: *Agasallounos cuns bombóns de moca.*

moca[3]
EXP. **De moca** Gratis porque paga outra persoa: *Xantei de moca porque me convidou meu pai.*

mocear
verbo
Realizar accións propias dos mozos e mozas, como namorar e cortexar: *É vello pero mocea como se tivese dezaoito anos.*

mochila
substantivo feminino
Macuto.

mocidade
substantivo feminino
1 Parte da vida dunha persoa que vai desde a nenez ata a idade adulta: *Ten dezaoito anos e está en plena mocidade.* SIN. xuventude. ANT. vellez.
2 Conxunto das características que se consideran propias desta parte da vida: *A ilusión é unha das características da mocidade.* SIN. xuventude. ANT. vellez.
3 Conxunto de persoas desta idade: *A mocidade enténdese moi ben coa informática.* SIN. xuventude. ANT. vellez.

moción
substantivo feminino
Proposta, petición ou idea que se presenta nunha asemblea ou reunión para que sexa aceptada ou rexeitada por votación: *Na moción de censura a oposición pide a destitución do goberno e eleccións anticipadas.*

moco
substantivo masculino
Líquido espeso que sae polo nariz: *Está arrefriado e ten moitos mocos.*
FAM. mocoso, mucosidade.

mocoso, mocosa
adxectivo
1 Que ten o nariz cheo de mocos: *Ando moi mocoso con esta catarreira.*
adxectivo ou substantivo
2 Dito dun neno ou dun rapaz, que fai ou di con atrevemento cousas propias dunha persoa de idade adulta: *Ese mocoso di que quere ir só de vacacións.*

moda
substantivo feminino
Uso ou costume propio dun determinado tempo e lugar que se manifesta en formas de comportamento, gustos e mesmo no uso de determinadas pezas de vestir: *A moda italiana de roupa ten moitos seguidores.*
EXP. **Á moda** Segundo o gusto e uso actual: *Sempre viste á moda.* **De moda** De actualidade e que se leva: *Agora está de moda facer moito exercicio.* **Pasar de moda** Deixar de ser de actualidade ou de levarse: *Xa pasou de moda que os homes leven sombreiro sempre.*

modalidade
substantivo feminino
Cada unha das variedades ou formas en que pode presentarse algo: *Participa nun concurso na modalidade de canción melódica.*

*__modelado__, a forma correcta é **modelaxe**.

modelar
verbo
Darlle unha determinada forma a algo: *Os oleiros modelan as súas obras en arxila.*
FAM. modelaxe.

modelaxe
substantivo feminino
Proceso de darlle unha determinada forma a algo: *A modelaxe dos cantís realizouna a auga do mar e mais o vento.*
OBS. Non debe empregarse no seu canto **modelado.*

modelo
substantivo
1 Persoa que traballa poñendo pezas de vestir para amosalas: *Nese desfile de moda galega desfilan os máis famosos modelos.* SIN. manequín.
2 Persoa que se presta a que a reproduzan un pintor, un escultor ou un fotógrafo nas súas obras: *Ela foi modelo dun famoso pintor.*
substantivo masculino
3 Calquera persoa ou cousa que serve de exemplo para seguir, especialmente porque

é moi bo ou conveniente: *Os seus fillos son todos un modelo de bo comportamento.*
4 Tipo de obxecto fabricado en gran cantidade e que presentan todos eles unhas características comúns: *Esta marca só ten tres modelos de lavadora.*
FAM. modelar, modelaxe, aeromodelismo.

moderado, moderada
adxectivo
Que non é nin moito nin pouco ou que está no medio de dous extremos: *En primavera a calor que vai é moderada.*

moderador, moderadora
substantivo
Persoa que dirixe unha asemblea, reunión ou debate e lles dá por orde a palabra a cada participante: *O moderador nunca permitirá insultos entre os participantes.*

moderar
verbo
1 Diminuír a forza ou intensidade de algo que se considera esaxerado: *Nas curvas convén moderar a velocidade.*
2 Dirixir unha reunión, asemblea ou debate dándolle con orde a palabra a quen a pide: *O xornalista moderou moi ben o debate entre os catro políticos.*
FAM. moderación, moderado, moderador.

modernizar
verbo
Volver moderno ou propio do momento actual: *Modernizaron a empresa comprando maquinaria nova.* SIN. actualizar.
OBS. O *z* cambia en *c* ante *e*, como en *cazar.*

moderno, moderna
adxectivo
1 Da época presente ou dun tempo recente: *Os coches modernos son moi seguros.* ANT. antigo.
2 Que está ao día das novas ideas ou dos novos inventos e adiantos: *Esta fábrica ten unha maquinaria moi moderna.* ANT. anticuado.
FAM. modernidade, modernismo, modernista, modernizar.

modestia
substantivo feminino
1 Forma de ser da persoa que cre que non é mellor ca as demais ou que todo o seu non ten grande importancia: *A modestia lévaa a considerar pouca cousa os seus inventos.* SIN. humildade, sinxeleza. ANT. altivez, fachenda, orgullo, soberbia, vaidade.
2 Escaseza ou situación en que se ten o xusto para vivir ou facer algo: *Ese soldo permítelle vivir con modestia.*

modesto, modesta
adxectivo
1 Que non cre que sexa mellor ca os demais e que lle dá pouca importancia ao seu: *É un médico moi bo, pero moi modesto, pois non se gaba dos seus éxitos.* SIN. humilde, sinxelo. ANT. altivo, fachendoso, orgulloso, soberbio, vaidoso.
2 Con moi poucos medios ou case co xusto: *Vive nunha casa modesta pero limpa.* SIN. humilde, sinxelo.

módico, módica
adxectivo
Que non é pouco pero tampouco moito: *Esa camisa ten un prezo módico, non é cara nin barata.*

modificar
verbo
Cambiar algo sen facer que varíe totalmente: *Modificáronme o horario da mañá e saio unha hora máis tarde.* SIN. alterar, variar.
OBS. O *c* cambia en *qu* ante *e*, como en *sacar.*
FAM. modificación, modificador.

modismo
substantivo masculino
Expresión formada por un conxunto de palabras con orde fixa e significado unitario que non equivale á suma do significado illado dos seus membros e que é propia dunha lingua e resulta intraducible a outra de xeito exacto: *«Custar ferro e fariña» é un modismo galego que significa custar moito traballo.*

modisto, modista
substantivo
1 Persoa que crea ou deseña pezas de roupa orixinais: *En Galicia hai moi bos modistos.*
substantivo feminino
2 Muller que cose amañando ou facendo pezas de roupa: *Leveille o pantalón á modista para que lle cosese os baixos.* SIN. costureira.

modo

substantivo masculino

1 Forma ou maneira en que algo se fai, se presenta ou acontece: *Non me gusta o seu modo de falar, pois berra moito.* SIN. forma, maneira, xeito.

2 En gramática, categoría do verbo que expresa a actitude do falante ante a acción do verbo: *Hai tres modos: indicativo, subxuntivo e imperativo.*

plural

3 Forma habitual de comportarse unha persoa e que indica se está ben ou mal educada: *Unha persoa de bos modos dá as grazas cando a serven.*

EXP. **A modo de** Como se fose: *Utilizou aquela camisa longa a modo de pixama.* **De modo que** Indica consecuencia: *Suspendiches, de modo que agora estuda máis.* **De todos modos** A pesar de, pero: *De todos modos, aínda que estea ben, irei ao médico.* **Modo indicativo** O que expresa a acción verbal como real e acontecendo no mundo: *O indicativo é o modo da realidade.* **Modo subxuntivo** O que expresa a acción do verbo como irreal porque é un desexo ou unha posibilidade: *O modo subxuntivo é o da irrealidade.* **Modo imperativo** O que expresa a acción do verbo como unha orde: *O modo imperativo serve para dar ordes ao interlocutor.*

FAM. modificar, modismo.

modorra

substantivo feminino

Sono moi pesado ou moita gana de durmir: *Despois dese xantar tan abundante entrounos a modorra.*

modular

verbo

Referido especialmente á voz, variar o seu ton ou intensidade para facela máis harmónica e bonita: *Un locutor debe modular ben a voz.*

FAM. modulación.

módulo

substantivo masculino

1 Dimensión que se toma como unidade de medida e que serve de norma, modelo ou patrón: *O metro é o módulo do sistema de medidas de lonxitude.*

2 Cada unha das pezas ou partes que forman un todo e que só hai que unir para construílo ou montalo: *Os mobles modernos adoitan ser mobles por módulos.*

moeda

substantivo feminino

1 Peza redonda de metal cuns determinados gravados e usada para pagar algo: *Hai moedas de euro e de dous euros.*

2 Unidade de diñeiro dun país ou dun grupo de países: *O euro é a moeda da Comunidade Europea.*

EXP. **Pagar coa mesma moeda** Tratar a alguén como antes nos tratou el, especialmente se foi mal: *Non me axudaches e eu agora págoche coa mesma moeda.*

FAM. moedeiro, monetario.

moedeiro

substantivo masculino

Bolsa ou carteira pequenas que se usan para levar as moedas: *Sacou dúas moedas do moedeiro para pagar o xornal.*

moega[1]

substantivo feminino

Última parte do estómago das aves, onde se tritura o gran e os alimentos: *A moega é un órgano muscular.*

moega[2]

substantivo feminino

1 Peza do muíño, en forma de pirámide truncada e invertida, situada sobre a moa e onde se bota o gran para que vaia caendo á quenlla: *Baleirou o saco de millo sobre a moega.* SIN. moxega, tremoia.

2 Especie de caixa de madeira en forma de pirámide invertida e colocada sobre as cubas onde se botan as uvas para pisalas: *Hoxe xa case non se usan as moegas.*

moenda

substantivo feminino

1 Proceso de botar o gran ao muíño e de convertelo en fariña: *Antigamente todas as casas fortes facían a súa moenda no muíño.*

2 Cantidade de gran que se leva dunha vez ao muíño para moer: *Transportaban nun carro a moenda do pazo.*

3 Cantidade de gran que se moe dunha vez: *As moendas eran pequenas porque había pouca auga.*

moer

verbo

1 Desfacer en anacos moi pequenos, en po ou en fariña unha materia dura, como grans de cereais ou café, nun muíño ou aparello adecuado: *O café en po son os grans do café que se moeron.*
2 Cansar moito: *O meniño, con tanto chorar, moeunos a todos.*
OBS. Cómpre ter coidado na súa escrita co emprego da diérese sobre o *i*: véxase modelo de conxugación. Ten dous participios *mudo* ou *mundo*, usado como adxectivo, e *moído*, usado nas perífrases.

mofo

substantivo masculino

1 Especie de po de cor gris, tirando a azul ou a verde, constituído por fungos, que se forma sobre os alimentos que comezan a podrecer: *Ese pan reseso xa ten mofo.* SIN. balor.
2 Carriza.

moi

adverbio

Moito.
OBS. É a forma apocopada ou reducida do adverbio *moito* e vai sempre diante de adverbios e adxectivos, a excepción de *máis*, *menos*, *antes*, *despois*, *menor*, *mellor* e *peor*.

moina

substantivo

Persoa que parece humilde e sen malicia pero que realmente é moi astuta e ata mala: *Ese moina parece que non mata unha mosca pero é un ladrón.*

moinante

substantivo

1 Persoa que percorre festas e feiras vendendo ou mesmo mendigando e moi hábil para enganar: *Eses moinantes din que compran e venden libros usados.*
2 Persoa que adoita enganar nos negocios e tratos: *Non vos fiedes del porque é un moinante.*

moio

substantivo masculino

Medida de capacidade para líquidos equivalente a cento vinte e oito litros: *O viño do Ribeiro mídese en moios.*

moito, moita

indefinido

1 En cantidade grande: *Ten na casa moitos libros.* ANT. pouco.

adverbio

2 moito En cantidade grande: *Comeu moito e agora dóelle a barriga.* ANT. pouco.
EXP. **Por moito que** Aínda que: *Por moito que berres, non te vai oír.*
OBS. Como adverbio adopta a forma apocopada ou reducida *moi* diante de adverbios e adxectivos, agás diante de *máis*, *menos*, *antes*, *despois*, *menor*, *mellor* e *peor*.

mol

adxectivo

1 Que se corta ou se afunde con facilidade: *A miga do pan é mol.* SIN. brando. ANT. duro.
2 Sen enerxía nin forza: *É un rapaz mol e sen azos ningúns.* SIN. brando. ANT. duro.
FAM. moleza, molicie.

molar

adxectivo

Das moas ou relacionado con elas: *As moas tamén se denominan dentes molares.*

molde

substantivo masculino

Recipiente que se enche dun líquido ou pasta que ao volverse sólido toma a súa forma: *O flan pegouse ao molde.*
FAM. moldear, moldura.

moer

INDICATIVO		SUBXUNTIVO	IMPERATIVO
Presente	**Copretérito**	**Presente**	moe
moio	moía	moia	moede
moes	moías	moias	
moe	moía	moia	
moemos	moïamos	moiamos	**FOR. NOMINAIS**
moedes	moïades	moiades	**Infinitivo**
moen	moían	moian	moer
Pretérito	**Antepretérito**	**Pretérito**	**Xerundio**
moín	moera	moese	moendo
moíches	moeras	moeses	
moeu	moera	moese	**Participio**
moemos	moeramos	moésemos	moído
moestes	moerades	moésedes	
moeron	moeran	moesen	
Futuro	**Pospretérito**	**Futuro**	**Inf. conxugado**
moerei	moería	moer	moer
moerás	moerías	moeres	moeres
moerá	moería	moer	moer
moeremos	moeriamos	moermos	moermos
moeredes	moeriades	moerdes	moerdes
moerán	moerían	moeren	moeren

moldear
verbo

Formar un obxecto ou unha figura botando nun molde un material brando ou fundido: *Moldearon a estatua do xeneral en bronce.*

moldura
substantivo feminino

Elemento de adorno saínte, longo e uniforme, xeralmente pouco largo e que serve de adorno, reforzo e unión: *Entre a parede e o teito colocaremos unha moldura de xeso.*

mole
substantivo feminino

Corpo ou masa moi grande e pesado: *Ese defensa central é realmente unha mole.*

molécula
substantivo feminino

Parte máis pequena en que se pode dividir un corpo ou substancia sen que perda as súas características: *As moléculas están formadas por átomos.*
FAM. molecular.

moleira
substantivo feminino

1 Parte branda do cranio dos bebés antes de que o óso endureza: *Non se debe tocar a moleira dos bebés.*
2 Parte de arriba da cabeza: *Ese xogador leva a moleira afeitada.*

molestar
verbo

1 Causar molestia, malestar ou incluso unha pequena dor: *Moléstanlle os zapatos no talón.*
2 Producir enfado: *Molestárono moito esas críticas negativas.* SIN. amolar, enfastiar, incomodar.
FAM. molestia, molesto.

molestia
substantivo feminino

1 Perda do benestar ou da tranquilidade a causa de algo que resulta incómodo ou desagradable: *Ter que madrugar tanto non deixa de ser unha molestia.*
2 Dor pouco forte: *Despois de xantar sentín algunha molestia no estómago.*

molesto, molesta
adxectivo

Que produce ou sente unha molestia xa que fai perder o benestar ou a tranquilidade: *Resulta molesto ter que madrugar tanto.*

molete
substantivo masculino

Bolo.

molladura
substantivo feminino

Feito de recibir encima moita auga: *Ao ir sen paraugas e chover tanto, colleu unha boa molladura.*

mollar
verbo

Pór húmido con auga ou con outro líquido: *Mollaba as galletas no leite quente.* ANT. enxugar, secar.
FAM. molladura, molleira, mollo.

mollo
substantivo masculino

Líquido espeso feito con varios ingredientes mesturados e no que se preparan ou serven algunhas comidas: *Está moi bo o mollo desta carne.* SIN. prebe, salsa.
EXP. **A mollo** ou **de mollo** Dentro da auga durante un certo tempo: *Puxo o lacón a mollo para desalgalo.* SIN. a remollo, de remollo.

molusco
substantivo masculino

Dito dun animal invertebrado, que ten o corpo brando, non segmentado e que pode ter ou non ter cuncha: *As ostras e as luras son moluscos.*

momentáneo, momentánea
adxectivo

Que dura pouco tempo: *Foi un apagón momentáneo e axiña volveu a luz.* SIN. pasaxeiro. ANT. duradeiro.

momento
substantivo masculino

1 Espazo moi pequeno de tempo: *Deixou o coche en dobre fila un momento.* SIN. instante, intre, retrinco.
2 Período concreto de tempo en que sucede algo: *Axiña chegará o momento de marcharmos de vacacións.*
3 Ocasión boa para algo: *O dianteiro esperou*

o seu momento para marcar o gol. SIN. oportunidade.

EXP. **Ao momento** Sen tardar nada: *No restaurante atendéronme ao momento.* **A cada momento** Pouco a pouco e de forma continua: *O enfermo mellora a cada momento.* **De momento** ou **polo momento** Por agora: *De momento na empresa non se pensa en despedimentos.* **Nun momento** Axiña, moi pronto: *Nun momento estou xa contigo.*

FAM. momentáneo.

momia

substantivo feminino

Corpo morto dunha persoa que se conserva sen corromper, especialmente porque se embalsamou: *As momias do antigo Exipto chegaron ata os nosos días.*

FAM. momificar.

monada

substantivo feminino

1 Xesto que parece propio dun mono que pode facer rir, pero tamén resultar molesto: *Tanta monada xa cansa.*

2 Xesto de cariño: *Fíxolle unha monada ao cativo.*

monarca

substantivo

Rei ou raíña que son xefes do Estado: *Nas monarquías o xefe do Estado é o rei.*

monarquía

substantivo feminino

1 Sistema de goberno dun país en que o rei ou a raíña son o xefe do Estado: *En España hai unha monarquía.*

2 Estado ou país que ten este sistema de goberno: *En Europa hai poucas monarquías.*

FAM. monarca, monárquico.

monda

substantivo feminino

Pel que cobre certo tipo de froitos como as patacas ou os tomates: *Bota as mondas das patacas no caldeiro do lixo.* SIN. casca, pela, tona.

mondar

verbo

Quitarlle a pel ou monda a un froito: *Para fritir as patacas cómpre mondalas antes.* SIN. pelar.

FAM. monda.

mondongada ou mondongo

substantivo feminino ou masculino

1 Conxunto das tripas dun porco: *Lavaban o mondongo no río.*

2 Carne picada do porco e adubada con pemento, ourego e outras especias para metela nas tripas lavadas e facer así chourizos e outros embutidos: *A avoa aprendeunos a facer o mondongo.* SIN. zorza.

3 Conxunto de chourizos e outros embutidos do porco postos a curar: *Colocaron o mondongo da mata no canizo.*

monear

verbo

Toquear.

moneco, moneca

substantivo

Boneco.

monetario, monetaria

adxectivo

Da moeda ou relacionado con ela: *A unidade monetaria da Unión Europea é o euro.*

monicreque ou monifate

substantivo masculino

1 Boneco articulado para representar obras de teatro, especialmente infantil, que se move ao tirar del por uns fíos: *No teatro de monicreques o que manexa os fíos non é visto polo público.* SIN. marioneta.

2 Persoa que se deixa manexar ou guiar por outras facilmente: *É un monifate que non ten opinións propias.* SIN. macaco, marioneta, monifate.

3 Figura debuxada con liñas moi sinxelas ou mal feitas: *O cativo pintaba monicreques no caderno.* SIN. macaco.

monitor, monitora

substantivo

1 Persoa que dirixe a outras na aprendizaxe ou realización dunha actividade, especialmente deportiva ou cultural: *Agora ela traballa de monitora de natación.*

substantivo masculino

2 Aparello electrónico que ofrece as imaxes visuais ou sonoras dalgún proceso para poder controlalo: *As liñas e ruídos do monitor indicaban que o corazón do paciente latexaba con normalidade.*

monllo
substantivo masculino
Cantidade de algo que se pode levar entre os brazos: *Botoulle á vaca un monllo de herba seca.*

mono[1], mona
substantivo
1 Mamífero moi áxil, coa cara sen pelo, catro extremidades con mans e pés prénsiles, co dedo polgar oposto ao resto e que pode andar a catro patas ou ergueito: *O gorila e o chimpancé son monos.* SIN. simio.
2 Persoa que fai parvadas e monadas: *Non me gusta nada que fagas o mono para que outros rían.*
substantivo feminino
3 Mono propio do norte de África e de Xibraltar: *As monas domestícanse moi doadamente.*
EXP. **Facer o mono** ou **pintar a mona** Facer parvadas para que ría a xente: *A ese cativo gústalle pintar a mona.*

mono[2], mona
adxectivo
1 Dito dalgúns animais, que perdeu unha ou as dúas orellas, un ou os dous cornos ou o rabo: *Esa vaca é mona dun corno.*
2 Que non ten ou perdeu o extremo ou a punta: *Deixou mona esa póla da maceira.*

monóculo
substantivo masculino
Lente para un só ollo e que encaixa na súa órbita: *O conde levaba un monóculo.*

monolito
substantivo masculino
Monumento formado por un só bloque grande de pedra: *Os menhires son monolitos prehistóricos.*
FAM. monolítico, monolitismo.

monólogo
substantivo masculino
1 Discurso que pronuncia un personaxe nunha obra de teatro: *É célebre o monólogo de Hamlet.*
2 Discurso de quen fala só ou non deixa intervir aos oíntes: *Aquilo non foi un diálogo do xefe e dos subordinados, senón un monólogo do xefe.*
FAM. monologar.

monopatín
substantivo masculino
Prancha ou táboa de madeira con rodas sobre a que sobe alguén para andar sobre ela como diversión: *Pediulles aos Reis un monopatín.*

monopolio
substantivo masculino
1 Situación en que unha soa empresa fabrica ou vende un produto de xeito que pode pór o prezo que queira: *A libre competencia non consente os monopolios.*
2 Empresa que se aproveita desta situación: *Os Estados corruptos favorecen os monopolios.*
3 Posesión ou uso exclusivo de algo sen llelo deixar a outros: *El ten o monopolio do coche da familia, pois só o usa el.*
FAM. monopolizar.

monosílabo, monosílaba
adxectivo ou substantivo masculino
Que ten unha soa sílaba: Sol *é unha palabra monosílaba.*

monótono, monótona
adxectivo
Que sempre é igual polo que chega a ser aburrido: *É un traballo monótono porque sempre fas o mesmo.*
FAM. monotonía.

monstro
substantivo masculino
1 Ser, personaxe ou animal imaxinario que produce moito medo: *Os dragóns son monstros que botan lume pola boca.*
2 Persoa, animal ou cousa moi feas: *Con ese peiteado pareces un monstro.*
3 Persoa moi mala e malvada: *O asasino é un monstro.*
4 Persoa con extraordinarias calidades ou habilidade para algo: *Ese dianteiro é un monstro e marca os goles a feixes.* SIN. marabilla, portento.
FAM. monstruoso, monstruosidade.

montacargas
substantivo masculino
Ascensor ou aparello para subir e baixar cargas pesadas: *O mineral subía da mina por medio de montacargas.*

montaña
substantivo feminino
1 Grande elevación natural do terreo: *En Galicia non hai montañas tan elevadas coma en Suíza.*
2 Gran cantidade de cousas postas unhas enriba das outras: *No supermercado tiñan unha montaña de latas de tomate.*
EXP. **Montaña rusa** Atracción consistente nunhas vagonetas para persoas que circulan a gran velocidade por unhas vías elevadas con fortes baixadas e subidas: *No San Froilán deste ano montaron unha impresionante montaña rusa.*
FAM. montañeiro, montañés, montañismo, montañoso.

montañeiro, montañeira
substantivo
Persoa que cultiva o deporte do montañismo: *É montañeiro desde moi novo.*

montañés, montañesa
adxectivo ou substantivo
Da montaña ou que vive na montaña: *Os invernos montañeses son fríos.*

montañismo
substantivo masculino
Deporte consistente en realizar marchas a pé polas montañas: *Case desde cativo practica o montañismo.*
OBS. É distinto de *alpinismo*, 'deporte consistente en escalar montañas'.
FAM. montañeiro.

montañoso, montañosa
adxectivo
Que ten moitas montañas: *Gustoulle moito a paisaxe montañosa de Suíza.*

montar
verbo
1 Xuntar as pezas que forman algo: *Montou os estantes da libraría en dúas horas.* SIN. armar. ANT. desmontar, desarmar.
2 Pór o necesario para vivir ou habitar nun lugar ou casa: *Montou a casa con moi bos mobles.*
3 Establecer un negocio para que comece a funcionar: *Montou un bar no barrio onde vive.*
4 Pór unha pedra preciosa nun anel ou noutra xoia: *Montáronlle no anel un diamante.*
5 Organizar algo: *Montaron o espectáculo nun par de horas.* SIN. organizar, preparar.
6 Unírense sexualmente un animal macho e a femia: *O gandeiro levou un cabalo para que montase a egua.* SIN. cubrir.
7 Subir ou pórse encima dun animal ou dunha cousa: *El monta moi ben a cabalo.*
8 Subir nun vehículo para ir nel: *Montou no asento dianteiro do coche.* ANT. apear, baixar.
9 Elixir e colocar as escenas rodadas dunha película, dándolle a súa forma última: *O director elixiu as escenas para montar a película.*
FAM. montaxe, desmontable, desmontar, remontar.

montaxe
substantivo feminino
1 Colocación ou axuste das pezas dun todo: *A montaxe do armario levounos pouco tempo.* ANT. desmontaxe.
2 Elección e colocación das escenas rodadas nunha película dándolles a derradeira forma: *Na montaxe da película suprimíronse moitas escenas.*
3 Colocación ou organización de todo o necesario para que se realice algo: *A montaxe do espectáculo durou máis de dúas horas.*
4 Preparación dunha cousa para que pareza o que non é: *Iso da posible voda do cantante só foi unha montaxe para a prensa.*

monte
substantivo masculino
1 Grande elevación natural do terreo: *Os montañeiros camiñan polos montes.* SIN. montaña.
2 Terreo sen cultivar e cuberto de árbores, toxos, fentos e outros vexetais: *Ten un monte de piñeiros.*
3 Conxunto de cousas postas unhas enriba doutras: *No supermercado o cativo case tira un monte de latas de tomate en conserva.*
EXP. **A monte** Sen cultivar: *Deixou esa viña a monte.* SIN. a bravo. **Montes e moreas** Gran cantidade de algo: *Seica ten na casa montes e moreas de libros.*
FAM. montaña, montañeiro, montañés, montañismo, montañoso, montés, montesío, gardamontes.

monteira
substantivo feminino
Gorro de pana ou la sen viseira propio do traxe tradicional masculino galego: *Os gaiteiros levan o traxe tradicional coa monteira.*

montés, montesa
adxectivo
Dito dun animal, que vive no monte: *Viron un gato montés.*

montesío, montesía
adxectivo
Do monte: *A súa aldea está nunha zona montesía.*

montículo
substantivo masculino
Elevación pequena do terreo: *Desde o montículo aquel víase toda a vila.* SIN. cerro, cuíña, lomba, outeiro.

montón
substantivo masculino
1 Conxunto de cousas postas unhas sobre outras: *Sobre o chan do despacho había tres montóns de libros.* SIN. monte, morea.
2 Gran cantidade de algo: *Todas as mañás recibo un montón de chamadas telefónicas.* SIN. morea.
EXP. **Do montón** Que non destaca porque é igual a moitos outros: *Sempre foi un médico do montón.*
FAM. amontoar.

montura
substantivo feminino
1 Animal sobre o que se pode montar ou levar carga: *O cabalo é unha boa montura.*
2 Conxunto formado pola sela de montar e outros aparellos usados para ir a cabalo: *A montura é de coiro.*
3 Parte ou peza dun obxecto que serve para soster as outras pezas: *Os cristais dos anteollos colócanse na súa montura.*

monumento
substantivo masculino
1 Edificio ou construción que posúe un gran valor histórico ou artístico: *A catedral de Santiago e as murallas de Lugo son fermosos monumentos.*
2 Obra construída para honrar a alguén ou algo: *Visitamos na alameda de Santiago o monumento a Rosalía.*
FAM. monumental.

monxe, monxa
substantivo
Persoa que pertence a unha determinada orde ou comunidade relixiosa e que vive nun convento con outras da mesma orde: *Esas monxas coidan enfermos.* SIN. frade, freire.

moño
substantivo masculino
Conxunto de cabelos que se peitean enrolándoos sobre si mesmos e suxeitándoos ben: *A bailarina levaba un moño que lle quedaba moi ben.*

moquear
verbo
1 Botar mocos polo nariz: *O cativo moqueaba coa catarreira.*
2 Toquear.
3 moquearse Facer burla de algo ou alguén: *Moquéase dos vosos consellos.* SIN. burlarse, rirse.

moqueira
substantivo feminino
Expulsión abundante de mocos polo nariz: *O arrefriado provocoume esta molesta moqueira.*

moqueta
substantivo feminino
Tea forte que se crava ou pega para cubrir o chan dun cuarto ou unha parede: *O piso do salón era de moqueta.*

mor
EXP. **Por mor de** A causa de: *Non saímos esta tarde por mor da forte chuvia.*

morada
substantivo feminino
Casa ou lugar onde alguén vive: *A súa morada é un pazo do século XVIII.* SIN. casa, domicilio, residencia, vivenda.

morado, morada
adxectivo e substantivo masculino
Da cor que resulta de mesturar vermello e azul: *A pel que recibe un golpe forte queda de cor morada.*

moral

adxectivo

1 Que pertence ou se relaciona coas normas e valores que establecen o que é bo e malo: *Todos debemos ter uns principios morais para actuar ben.*

2 Que é bo porque está de acordo con estas normas e valores: *Non é moral enganar a un compañeiro.* ANT. inmoral.

substantivo feminino

3 Conxunto de normas e valores que establecen o que é bo e malo: *A súa moral non lle permite aproveitarse de ninguén.*

4 Ánimo ou confianza para conseguir algo: *Os xogadores teñen moita moral para gañar este partido.*

FAM. moralidade, moralista, moralizar.

morar

verbo

Vivir nunha determinada casa ou lugar: *Ela mora no pazo familiar.* SIN. habitar, residir, vivir.

FAM. morada.

morboso, morbosa

adxectivo

Tan esaxerado que parece unha enfermidade: *A súa curiosidade morbosa lévao a ler as cartas dos amigos.* SIN. enfermizo.

morcego

substantivo masculino

Mamífero voador de pequeno tamaño, que sae de noite e que se orienta por ultrasóns que emite: *Os morcegos dormen de día colgados boca abaixo.*

morcilla

substantivo feminino

Embutido elaborado co sangue do porco, fariña, azucre, uvas pasas e outros ingredientes: *A morcilla pode tomarse de sobremesa.*

mordaz

adxectivo

Que tenta molestar co que di: *Ese xornalista fai comentarios moi mordaces sobre o alcalde e os concelleiros.*

FAM. mordacidade.

mordaza

substantivo feminino

Peza ou anaco de tea ou doutro material que se lle pon na boca a unha persoa para que non poida falar ou berrar: *O pirata púxolles unha mordaza aos reféns.*

mordedela

substantivo feminino

Mordedura.

mordedura

substantivo feminino

Feito de morder cos dentes e ferida que se produce por isto: *Tiña no papo da perna a marca da mordedura da cadela.* SIN. mordedela.

morder

verbo

Apertar con forza cos dentes: *O can mordeu o carteiro.* SIN. trabar.

FAM. mordedela, mordedura, mordedor.

***mordiscar**, a forma correcta é **adentar**.

***mordisco**, a forma correcta é **dentada**.

mordomo

substantivo masculino

1 Criado que é xefe dos demais criados da casa e que pode encargarse da administración dos bens desa casa: *O mordomo do pazo distribuía os traballos entre o resto dos criados.*

2 Persoa que nunha confraría ou irmandade administra os cartos e bens: *O mordomo presentou na reunión o estado das contas.*

3 Ramista.

morea

substantivo feminino

1 Conxunto de cousas postas unhas enriba das outras: *Case tira co carro unha morea de botes de melocotón en conserva no supermercado.* SIN. monte, montón.

2 Gran cantidade de algo: *Sobre a mesa sempre ten unha morea de libros.* SIN. montón.

moreira

substantivo feminino

Árbore de follas grandes en forma de corazón que dá como froito a amora, branca ou negra: *Os vermes da seda aliméntanse de follas de moreira.*

moreno, morena

adxectivo ou substantivo

1 De cor escura parecida ao castaño: *O pan centeo é moreno e o trigo, branco.*

2 Que ten o pelo negro ou case negro: *É un rapaz moreno, non louro.*
3 Que ten a pel escura ou da cor que adquire cando se toma o sol: *Está morena porque tomou moito o sol na praia.*

morfema
substantivo masculino
En gramática, unidade mínima dotada de significado que non pode ser analizada noutras unidades máis pequenas con significado: *A palabra* nenos *ten tres morfemas: nen-o-s.*

morfoloxía
substantivo feminino
Parte da gramática que estuda a forma das palabras: *A morfoloxía estuda, por exemplo, como forman o xénero e número os substantivos e a conxugación dos verbos.*
FAM. morfolóxico.

morgado, morgada
substantivo
1 Fillo que herda todos os cartos e bens da familia: *Antigamente o morgado era o fillo máis vello.* SIN. vinculeiro.
2 Conxunto de bens e cartos dunha familia que herda só un dos fillos: *Antigamente o morgado era para o fillo máis vello.*

moribundo, moribunda
adxectivo ou substantivo
Que está a morrer: *O médico avisou a familia porque o paciente estaba moribundo.*

mormeira
substantivo feminino
Catarreira que produce moitos mocos: *Colleu con este frío unha boa mormeira.*

mornear
verbo
Pór entre frío e quente: *Non fervas o leite, abonda con mornealo un pouco.* SIN. amornar, temperar.

morno, morna
adxectivo
Entre frío e quente: *Gústame a comida morna.* SIN. temperado, tépedo.
FAM. mornear, amornar.

*morodo, a forma correcta é amorodo.

*morogo, a forma correcta é amorodo.

morrer
verbo
1 Deixar de vivir: *Morreu aos noventa anos.* SIN. falecer, fenecer, finar, perecer, expirar. ANT. nacer, vivir, revivir.
2 Acabar, terminar ou chegar á súa fin: *O Miño morre no océano Atlántico.*
3 Sentir algo con moita forza: *Os exploradores morrían de sede.*
4 Gustar moito: *Morre polos amorodos con nata.*
OBS. O seu participio é irregular, *morto.*

morriña
substantivo feminino
Sentimento continuado de tristura, especialmente o que se sente ao non estar na terra onde un naceu e se criou: *Rosalía de Castro cantou a morriña dos emigrantes galegos.*
FAM. morriñento, morriñoso.

morro
substantivo masculino
1 Parte da cara dalgúns animais onde están a boca e o nariz: *Suxeitaron o porco polo morro.* SIN. fociño.
2 Labios dunha persoa, especialmente cando son grosos: *Parece que lle meteron silicona no morro.*
3 Parte dunha cousa que sobresae por diante: *Deu co morro do coche contra un farol cando aparcaba.*

morsa
substantivo feminino
Mamífero mariño carniceiro semellante á foca pero máis grande: *A morsa ten os caninos superiores moi desenvolvidos e vive nos mares polares.*

morse
substantivo masculino
Sistema para comunicarse por telégrafo en que a cada letra ou número lle corresponde unha combinación de puntos e liñas: *O código morse foi inventado por Samuel Morse.*

mortadela
substantivo feminino
Embutido elaborado fundamentalmente con carne de porco ou becerro e touciño: *Mercou douscentos gramos de mortadela.*

mortal

adxectivo

1 Que ten que morrer: *Todos os seres vivos son mortais.* ANT. inmortal.

2 Que pode producir a morte: *O accidente foi mortal pois faleceu o condutor.* SIN. letal, mortífero.

3 Moi forte ou moi intenso: *Aquí en decembro vai un frío mortal.*

substantivo

4 Persoa ou ser humano: *Iso non o entende unha simple mortal.*

mortaldade

substantivo feminino

Número elevado de mortes: *Calquera guerra caracterízase pola súa mortaldade.*

OBS. É distinto de *mortalidade* 'proporción entre o número de mortes e o número de persoas dun lugar'.

mortalidade

substantivo feminino

Proporción entre o número de mortos dunha poboación e o número dos seus habitantes: *A mortalidade infantil é moi elevada en África.*

mortalla

substantivo feminino

Peza de tea ou especie de vestido co que se envolve o corpo dunha persoa morta para enterrala: *Usaron como mortalla unha saba branca.* SIN. sudario.

FAM. amortallar.

morte

substantivo feminino

1 Fin da vida: *A morte causoulla un cancro.* SIN. defunción, óbito, pasamento.

2 Fin ou desaparición de algo: *A morte dalgunhas linguas e culturas empobrece hoxe o mundo.*

EXP. **A morte** Coa máxima forza ou ata morrer incluso: *Xogaremos ese partido a morte para non descendermos.* **Á morte** A punto de morrer: *O enfermo púxose á morte.* **De morte** Que pode levar á morte: *Hai un ano estivo enfermo de morte.* **De mala morte** Malo ou de moi mal aspecto: *Cearon nun restaurante de mala morte.*

FAM. moribundo, morrer, mortal, mortaldade, mortalidade, mortalla, mortífero, mortuorio, inmortalizar.

morteiro

substantivo masculino

1 Recipiente de madeira ou outro material duro para machucar allo, perexil e produtos semellantes: *Na cociña ten un morteiro de madeira.*

2 Especie de canón portátil de curto alcance e que lanza os proxectís de tal xeito que describen unha curva para arriba moi pronunciada: *Os proxectís dos morteiros pasaban por enriba das murallas, grazas á curva que describen.*

3 Mestura de cal ou cemento con area e auga empregada na construción: *Os albaneis preparaban o morteiro.* SIN. masa.

mortífero, mortífera

adxectivo

Que pode producir a morte: *Ese veleno é unha substancia mortífera para unha persoa.* SIN. letal, mortal.

mortificar

verbo

Causar dor, tanto no corpo coma no espírito: *As lembranzas tristes non deixaban de mortificalo.* SIN. atormentar, torturar.

OBS. O *c* cambia en *qu* ante *e*, como en *sacar*.

FAM. mortificación, mortificador.

morto, morta

1 Participio irregular de *morrer*.

adxectivo

2 Sen actividade, pouco alegre ou pouco vivo: *No inverno estas praias están mortas.*

3 Que desapareceu ou xa pertence ao pasado, que non se usa: *O latín é unha lingua morta.*

4 Que experimenta unha sensación de forma moi intensa: *Di, morto de medo, que viu unha pantasma.*

adxectivo ou substantivo

5 Sen vida: *No accidente houbo dous mortos e tres feridos.* SIN. defunto, finado.

6 Espazo breve de tempo en que se deixa de facer algo: *O adestrador do equipo de baloncesto pediu tempo morto.*

mosaico

substantivo masculino

Obra artística feita con pezas de diversas materias ou de diversas cores para formar unha imaxe: *Na escavación descubriron un mosaico romano que representa a Xúpiter.*

mosca

substantivo feminino

Insecto con dúas ás transparentes, seis patas e boca en forma de trompa para chuchar: *O pastel estaba cheo de moscas.*

EXP. **Andar coa mosca na** ou **detrás da orella** Sentir algunha alarma, medo ou receo: *Anda coa mosca na orella porque pensa que o van enganar.* **Caer** ou **morrer coma moscas** Morrer en gran cantidade: *Nas guerras os soldados caen coma moscas.* **Mosca da carne** Especie de mosca de cor gris ou azul que deposita os seus ovos na carne: *As larvas da mosca da carne comen carne.* SIN. moscardo, moscón. **Mosca morta** Persoa que parece parva pero que non o é: *Esa mosca morta non é fácil de enganar.* **Non ser capaz de matar unha mosca** Ser moi pacífico e moi bo: *Nunca di nada porque non é capaz de matar unha mosca.* **Papar moscas** Estar sen facer nada ou sen estar atento: *Suspende porque na clase está a papar moscas.*

FAM. moscardo, moscón, mosquito, mosquiteiro.

moscardo

substantivo masculino

1 Insecto máis grande ca a mosca e que pica as persoas e os animais para chucharlles o sangue: *Picouno un moscardo no lombo.* SIN. tabán.

2 Insecto parecido á mosca pero maior e que zoa moito ao voar: *Entrou un moscardo pola ventá aberta.* SIN. moscón.

3 Especie de mosca de cor gris ou azul que deposita os seus ovos na carne: *As larvas dos moscardos comen carne.* SIN. mosca da carne, moscón.

moscón

substantivo masculino

1 Moscardo.

2 Especie de mosca de cor gris ou azul que deposita os seus ovos na carne: *As larvas do moscón comen carne.* SIN. mosca da carne, moscardo.

mosquiteiro

substantivo masculino

Tea moi fina que se coloca arredor dunha cama para evitar que os mosquitos piquen a quen dorme: *En moitos países tropicais as camas teñen mosquiteiros para evitar os mosquitos.*

mosquito

substantivo masculino

Insecto máis pequeno ca a mosca, con dúas ás transparentes, patas longas e coa boca en forma de trompa cun aguillón ao final: *Esta noite picouno un mosquito.*

mostacho

substantivo masculino

Pelo que medra sobre o labio superior dos homes e que non se afeita: *Levaba un mostacho moi mesto.* SIN. bigote.

mostaza

substantivo feminino

1 Planta herbácea que produce numerosas sementes brancas ou negras que se usan para preparar salsas: *As sementes da mostaza son picantes.*

2 Salsa de cor amarela e sabor picante elaborada coas sementes desta planta: *Botoulle á hamburguesa mostaza.*

mosteiro

substantivo masculino

Edificio en que viven en comunidade monxes ou monxas, especialmente o que é grande e está fóra dunha poboación: *Visitamos na excursión o mosteiro de Oseira.*

mosto

substantivo masculino

Zume que se obtén da uva antes de fermentar e chegar a facerse viño: *O mosto non ten alcol.*

mostra

substantivo feminino

1 Parte ou pequena cantidade de algo que presenta as características do todo de que se saca: *Para analizar o sangue sácanche unha mostra.*

2 Modelo que se usa para copialo: *Coseu o vestido seguindo unha mostra que lle deixaron.*

3 Sinal que fai que se vexa, note ou coñeza algo: *A cara do ciclista daba claras mostras do esgotamento.* SIN. indicio, sinal, síntoma.

4 Feito de ensinar algo de forma práctica: *O vendedor fíxonos unha mostra de como se acendía aquel coche.* SIN. demostración.

5 Presentación ou exhibición pública dun conxunto de cousas do mesmo tipo: *Visi-*

tamos unha mostra de coches antigos. SIN. exposición.

mostrador

substantivo masculino

Especie de mesa alongada pechada pola súa parte exterior sobre a que se amosan e despachan os produtos que se venden ou se serven as consumicións nun bar: *O vendedor estendeulle a camisa no mostrador para que a vise ben.*

mostrar

verbo

1 Pór algo na presenza de alguén para que o vexa: *A vendedora mostrounos varios modelos de pantalón.* SIN. amosar, ensinar. ANT. agachar, agochar, acochar, esconder, ocultar.

2 Indicar ou ensinar mediante unha explicación ou demostración: *O vendedor mostrounos a forma de aparcar o coche facilmente grazas aos sensores.* SIN. explicar, ensinar.

3 Dar a coñecer ou deixar ver unha calidade, sensación ou sentimento: *Mostrou a súa alegría cunha gargallada.* SIN. amosar, manifestar. ANT. acochar, agachar, agochar, esconder, ocultar.

4 **mostrarse** Aparecer ou deixarse ver dalgunha determinada maneira: *O adestrador mostrouse moi descontento co comportamento dos xogadores.* SIN. amosarse, parecer, presentarse, manifestarse.

FAM. mostra, mostrador, mostraxe.

mostraxe

substantivo feminino

Recollida dun certo número de datos do total dun conxunto de acordo cun procedemento determinado para tratar de coñecer ou saber algo dese todo: *Segundo as mostraxes a poboación viguesa quere máis parques.* SIN. sondaxe.

***mota**, a forma correcta é **mouta**.

***mote**, a forma correcta é **alcume**.

motel

substantivo masculino

Especie de hotel situado cerca das estradas e autoestradas en que adoita darse aloxamento en apartamentos independentes: *Durmiron nun motel da autoestrada.*

motín

substantivo masculino

Levantamento dun grupo grande de persoas contra unha autoridade á que se deixa de obedecer: *O motín dos mariñeiros obrigou ao capitán do barco a darlles máis auga e comida.* SIN. rebelión, revolta, sublevación.

FAM. amotinar.

motivar

verbo

1 Ter como efecto ou consecuencia: *O mal tempo motivou moitos accidentes de tráfico.* SIN. causar, ocasionar, producir.

2 Conseguir que alguén queira facer ou acadar algo: *Un adestrador debe saber motivar os xogadores para a vitoria.*

motivo

substantivo masculino

Causa ou razón para facer algo ou que fai que aconteza: *Descoñecemos os motivos da súa ausencia.* SIN. causa, porqué, razón.

FAM. motivación, motivar.

moto

substantivo feminino

Motocicleta.

OBS. É abreviación de *motocicleta.*

motocicleta

substantivo feminino

Vehículo de dúas rodas con motor de explosión: *Mercou unha motocicleta moi potente.* SIN. moto.

FAM. motociclismo, motociclista.

motor, motora

adxectivo ou substantivo masculino

1 Que fai que algo se mova, funcione ou se desenvolva: *Os músculos motores moven os ósos.*

substantivo masculino

2 Máquina que transforma en movemento calquera outra forma de enerxía: *O motor do coche proporciona a forza para que o coche se mova.*

substantivo feminino

3 Lancha que se move grazas a unha destas máquinas: *Navegaba nunha motora cerca da costa.*

EXP. **Motor de arranque** O que serve para pór en marcha o do coche: *O motor de arranque funciona coa enerxía da batería.* **Motor**

de explosión O que funciona pola combustión dun combustible líquido como a gasolina que estoupa liberando gases: *O coche leva un motor de explosión de gasolina.*
OBS. Na acepción 1 e como adxectivo presenta o feminino irregular *motriz: forza motriz.*
FAM. motorista, motorizar, locomotor, locomotora.

motorista
substantivo
1 Persoa que conduce unha moto: *Os motoristas sofren moitos accidentes.*
2 Policía que vai nunha moto: *Parouno un motorista por exceso de velocidade.*

motoserra
substantivo feminino
Serra para cortar árbores e madeira movida por un motor: *Agora as árbores córtanse habitualmente coa motoserra.*

moulón, moulona
adxectivo
Nugallán.

moumear
verbo
Rosmar.

mourisco, mourisca
adxectivo ou substantivo
Referido a un musulmán español, que permaneceu en España tras o final da Reconquista en 1492 e que se converteu ao cristianismo: *Moitos mouriscos convertéronse ao cristianismo á forza.*

mouro, moura
adxectivo
1 De cor escura ou case negra: *Tomei tanto o sol na praia que agora estou mouro.* SIN. moreno.
adxectivo ou substantivo
2 Do norte de África: *Os marroquís e os alxerianos son mouros.*
3 Que ten a relixión musulmá: *A Reconquista, que rematou en 1492, expulsou os mouros de España.* SIN. mahometano, musulmán.

movemento
substantivo masculino
1 Cambio de lugar ou posición: *A Terra realiza dous movementos: o de rotación e o de translación.*
2 Cambio que se nota en algo que se axita ou non está quedo: *Viamos a auga do mar en movemento.*
3 Gran cantidade de persoas e cousas que andan por un lugar: *Nas rúas do centro sempre hai moito movemento.* SIN. animación, actividade.
4 Conxunto de manifestacións, actividades, obras ou ideas que supoñen un cambio en relación co anterior en arte, literatura, política ou calquera outra actividade: *O movemento romántico considerou que o sentimento era moi importante na literatura.*
5 Saídas e entradas de cartos que se anotan nunha conta do banco: *Consultei por internet os movementos da miña conta no último mes.*
6 En música, velocidade con que se executa ou interpreta: *Hai tres movementos: rápido, lento e moderado.*
7 En música, parte dunha peza musical: *A orquestra interpretou mellor o primeiro movemento ca o segundo.*

mover
verbo
1 Cambiar de posición ou de lugar: *Moveu a cadeira para achegala á mesa.*
2 Facer ter algún sentimento ou actitude: *Esas penurias do rapaz moven a misericordia.*
3 Facer actuar de determinada maneira: *O comportamento despótico dos soldados franceses moveu á rebelión dos patriotas na Guerra da Independencia.*
4 Facer o necesario para conseguir ou resolver algo antes: *Cómpre que movas o da autorización da obra na Casa do Concello.*
5 **moverse** Andar ou ir por un lugar ou dun sitio para outro: *Na cidade é mellor moverse no transporte colectivo.* SIN. andar, ir.
6 Actuar ou desenvolverse nun determinado medio ou ambiente: *El móvese moi ben no mundo dos negocios.*
EXP. **Mover Roma con Santiago** Facer todo o posible para conseguir algo: *El moveu Roma con Santiago para que lle concedesen a licenza de apertura da discoteca.*
FAM. movemento, conmover, remover.

moxega
substantivo feminino
Moega[2].

moxena
substantivo feminino
Faísca.

mozárabe
adxectivo ou substantivo
Dito dun cristián, que vivía nun territorio musulmán durante a dominación musulmá de España, pero que conservaba a relixión cristiá: *Os mozárabes pagaban impostos para manteren a súa relixión cristiá.*

mozo, moza
adxectivo
1 Da xuventude ou relacionado con ela: *Os anos mozos do poeta foron dunha rebelión contra todo.* SIN. novo. ANT. vello.
adxectivo ou substantivo
2 Dito dunha persoa, que está na xuventude: *Aínda é mozo, pois non fixo os trinta anos.* SIN. novo. ANT. vello.
substantivo
3 Persoa que ten unha relación amorosa con outra coa intención de casar ou vivir en parella: *Fixéronse mozos cando ían aínda ao instituto.* SIN. noivo.
FAM. mocear, moceiro, mocidade.

muchar
verbo
Murchar.
FAM. mucho.

mucho, mucha
adxectivo
Murcho.

mucosidade
substantivo feminino
Líquido mesto, como os mocos, que segregan algunhas glándulas dos animais: *Os caracois cando andan deixan unha mucosidade.*

mucoso, mucosa
adxectivo e substantivo feminino
1 Con aspecto de moco ou mucosidade ou que os produce: *As glándulas mucosas producen mucosidade.*
substantivo feminino
2 Tecido orgánico en forma de membrana que reviste cavidades e condutos do corpo animal que comunican co exterior: *A mucosa do nariz ten unhas glándulas que producen unha mucosidade que protexe o sistema respiratorio do po.*

muda
substantivo feminino
1 Conxunto de pezas de roupa interior dunha persoa que adoita cambiarse dunha vez: *Só levaba na bolsa de viaxe un par de mudas.*
2 Proceso de cambiar certos animais e vexetais uns órganos ou partes deles por outros novos: *As serpes realizan a muda da súa pel.*
3 Mudanza.

mudanza
substantivo feminino
1 Cambio de algo ou alguén porque pasa a ser diferente: *Sufriu unha mudanza do carácter pois de neno mecoso pasou a mozo agradable.* SIN. muda, cambio.
2 Cambio dos mobles e demais cousas dunha casa a outra distinta en que se vai vivir: *Xa fixemos a mudanza dos electrodomésticos á casa nova, agora fáltannos os mobles.* SIN. muda.

mudar
verbo
1 Cambiar, variar ou facer distinto: *A primavera muda o aspecto das árbores.* SIN. cambiar, transformar.
2 Cambiar de roupa para pór outra limpa: *Cando me ducho, sempre me mudo.*
3 Cambiar as partes do corpo, que caen, por outras novas: *As serpes mudan a pel.*
FAM. muda, mudanza.

mudo[1], muda
Participio irregular do verbo *moer*, que adoita usarse como adxectivo: *Ese gran aínda non está mudo.* SIN. mundo[1].

mudo[2], muda
adxectivo
1 Sen palabra, sen voz ou sen son: *Premeu o botón para deixar muda a televisión.*
adxectivo ou substantivo
2 Que non pode falar por causa dun defecto físico ou psíquico: *Os mudos poden comunicarse con xestos das mans.*
FAM. mudez.

muiñeiro, muiñeira
substantivo
1 Persoa que traballa nun muíño moendo o gran: *Pagoulle a maquía ao muiñeiro.*

substantivo feminino

2 Música e baile popular e tradicional, con diversos puntos, que executan unha ou máis parellas soltas: *No colexio apréndennos a bailar a muiñeira.*

muíño

substantivo masculino

1 Aparello ou máquina que se usa para triturar ou moer grans de millo, trigo, centeo, café ou doutro tipo: *Os muíños poden funcionar pola forza da auga, do vento ou por medio dun motor.*

2 Edificio onde está instalada esta máquina: *Nos ríos había muíños de auga.*

*muito, a forma correcta é moito.

mula

substantivo feminino

Animal de carga de sexo feminino que nace do cruzamento entre un cabalo e unha burra ou entre unha egua e un burro: *As mulas son estériles.*

OBS. O seu masculino é *macho.*

mulato, mulata

adxectivo ou substantivo

Fillo de pai negro e nai branca ou ao revés: *É mulato porque a nai é negra e o pai é branco.*

muleta

substantivo feminino

1 Especie de bastón alto que se adapta ao sobrazo, para apoiarse nel e como axuda para andar: *Anda con muletas porque rompeu unha perna.*

2 Pano de cor vermella suxeito polo bordo superior a un pau que usan os toureiros para atraer o touro: *O touro miraba para a muleta cando o toureiro ía entrar a matar.*

mulida

substantivo feminino

1 Peza de coiro ou tea, chea de palla ou herba, que se lles pon aos bois e ás vacas entre os cornos para que non os manque o xugo cando van xunguidos pola cabeza: *O carreteiro poñíalle a mulida á xunta dos bois.*

2 Rodela.

mulime

substantivo masculino

Estrume.

muller

substantivo feminino

1 Persoa do sexo feminino: *Homes e mulleres son iguais e teñen os mesmos dereitos.*
ANT. home.

2 Persoa adulta do sexo feminino: *É unha rapaza pero ten a madurez dunha muller.*
ANT. home.

3 Persoa adulta do sexo feminino que está casada cun home: *Xa son home e muller pois casaron onte.* SIN. dona, esposa. ANT. home, esposo, marido.

FAM. mullereiro.

*mulo, a forma correcta é macho.

multa

substantivo feminino

1 Pena ou castigo que impón unha autoridade por non cumprir unha norma ou lei consistente en pagar unha determinada cantidade de cartos: *A multa por ese exceso de velocidade é de douscentos euros.*

2 Papel en que se comunica este castigo *O garda deixoulle a multa por aparcar ma no parabrisas do coche.*

FAM. multar.

multinacional

adxectivo

1 De moitas nacións ou que afecta a moitas nacións: *O quecemento global é un problema multinacional.*

substantivo feminino

2 Empresa moi grande e importante que se estende por moitas nacións: *As empresas de refrescos adoitan ser multinacionais.*

múltiple

adxectivo

Que consta de moitas partes ou elementos ou que se repite: *Falei con el do tema en múltiples ocasións.*

multiplicación

substantivo feminino

En matemáticas, operación consistente en sumar un mesmo número as veces que se indique: *O resultado da multiplicación 2 3 é 6, equivalente a sumar 2+2+2.*

multiplicar

verbo

1 Facer varias veces maior ou aumentar considerablemente o número de unidades *Esa publicidade tan boa e os prezos barc*

tos multiplicaron as vendas do produto. SIN. aumentar. ANT. diminuír.

2 Facer a operación matemática da multiplicación: *O neno xa sabe multiplicar e comeza a dividir.*

OBS. O *c* cambia en *qu* ante *e*, como en *sacar*.

FAM. multiplicación, multiplicador, multiplicando, múltiple, múltiplo.

múltiplo, múltipla

adxectivo ou substantivo masculino

Dito dun número, que contén a outro un número exacto de veces: *O número 6 é múltiplo de 2 porque 2 x 3 = 6.*

multitude

substantivo feminino

Gran cantidade de persoas ou cousas: *Unha multitude agardaba polo cantante no aeroporto.*

OBS. Non debe substituírse pola forma incorrecta **moitedume.*

FAM. multitudinario.

mundial

adxectivo

1 Que é coñecido polo mundo enteiro ou do mundo enteiro: *A ONU é unha organización de ámbito mundial.* SIN. internacional, universal.

substantivo masculino

2 Competición deportiva ou campionato en que participan deportistas ou equipos de todas as nacións do mundo: *Brasil gañou varios mundiais de fútbol.*

FAM. mundialista.

mundo[1], munda

Participio irregular de *moer*, que adoita usarse como adxectivo: *Ese gran aínda non está mundo.* SIN. mudo.

mundo[2]

substantivo masculino

1 Conxunto de todo o que existe: *Segundo a Biblia, Deus creou o mundo en seis días e o sétimo descansou.*

2 O planeta Terra: *De viaxe de noivos quere dar unha volta ao mundo.*

3 Cada un dos planetas ou corpos celestes do Universo, especialmente se hai vida neles: *Aínda non se probou que haxa vida noutros mundos distintos da Terra.*

4 Conxunto de persoas ou cousas con características comúns que os diferencia doutros conxuntos: *Ela desenvólvese moi ben no mundo do cine.*

5 Conxunto dos seres humanos: *Algúns din que agora o mundo anda moi mal.*

6 Experiencia da vida que permite resolver con facilidade os problemas: *El sempre sae adiante nos negocios porque ten moito mundo.*

EXP. **Non ser nada do outro mundo** Ser moi normal e corrente: *Ese coche non é nada do outro mundo.* **O outro mundo** Segundo as relixións, o que hai despois da morte: *É moi relixioso e cre no outro mundo despois da morte.* **Terceiro mundo** Conxunto dos países pobres ou subdesenvolvidos da Terra: *Traballa nunha ONG que axuda países do Terceiro Mundo.* **Todo o mundo** Todos: *Todo o mundo viu ese partido de fútbol.* **Un mundo de** Gran cantidade de: *Na casa ten un mundo de libros.* **Varrérselle o mundo** Desmaiarse: *Varréuselle o mundo e caeu ao chan.*

FAM. mundial.

munguir

verbo

Muxir.

munición

substantivo feminino

Bala ou calquera carga que se lle pon a unha arma de fogo para disparala: *As balas son a munición dos fusís e pistolas.*

municipal

adxectivo

Do municipio ou relacionado con el: *O garda municipal dirixía o tráfico na praza.*

municipio

substantivo masculino

Territorio gobernado por un alcalde e os concelleiros: *O municipio máis pequeno de Galicia é Mondariz-Balneario.* SIN. concello.

mural

adxectivo ou substantivo masculino

Que se coloca ou pinta sobre unha parede: *Na clase fixemos un mural para explicar a evolución humana.*

muralla

substantivo feminino

Especie de muro ou parede longo, alto e forte, especialmente se rodea unha cidade ou lugar para protexelo: *A muralla romana de Lugo é un extraordinario monumento.*

muraño
substantivo masculino
Musaraña.

murchar
verbo
1 Facer que un vexetal perda a frescura e que seque: *Esta calor axiña murchará as rosas.* SIN. mirrar, muchar, rechumir.
2 Facer perder o bo aspecto e a saúde: *O cancro murchouno moito.* SIN. mirrar, muchar, rechumir.
3 Especialmente referido a vexetais e persoas, ir a peor adelgazando, tendo peor aspecto ou secando: *Din que os vellos murchan. As mazás murcharon con este tempo frío.* SIN. mirrar, muchar, rechumir.
FAM. murcho.

murcho, murcha
adxectivo
Que secou ou perdeu o bo aspecto: *Esas rosas están murchas.* SIN. mucho. ANT. vizoso.

murmuración
substantivo feminino
Comentario que se fai sobre algo ou alguén para criticalos ou falar mal deles e que se espalla entre a xente: *Debes evitar facer caso da murmuración dos desocupados.* SIN. rexouba.

murmurar
verbo
1 Falar ou dicir en voz moi baixa: *O rapaz murmurou unha desculpa.*
2 Falar mal de alguén que non está presente: *Eses dous pasan o día a murmurar dos veciños.* SIN. rexoubar.
FAM. murmuración, murmurador, murmurio.

murmurio
substantivo masculino
Son ou ruído suave e continuo: *O profesor dixo que non quería oír na clase ningún murmurio.*

muro
substantivo masculino
1 Construción vertical de pedras ou doutros materiais que se fai para cerrar un espazo ou separalo do resto: *Rodeou o xardín cun muro de pedra.* SIN. valado, valo.
2 Construción vertical de albanelaría de pedras ou ladrillos para edificar unha casa, separar cuartos ou cerrar un espazo: *Xa só quedan os muros de pedra do antigo pazo.* SIN. parede.
FAM. mural, muralla, amurallar.

musa
substantivo feminino
Persoa ou cousa que inspira a un escritor ou artista para crear: *A musa de Rosalía era moitas veces a realidade galega.*

musaraña
substantivo feminino
Mamífero de pequeno tamaño e parecido a un rato, que se alimenta de insectos, con fociño longo e pelo brillante e curto: *As musarañas son insectívoras.* SIN. muraño.

muscular
adxectivo
Dos músculos ou relacionado con eles: *Seica sofre dores musculares nunha perna.*

músculo
substantivo masculino
Nalgúns animais e nas persoas, tecido fibroso e elástico formado por células alongadas que, ao se contraeren e estenderen, posibilitan o movemento das partes dos corpos: *Os músculos forman parte do sistema locomotor.*
EXP. **Músculo abdutor** O que move unha parte do corpo afastándoa do eixe deste: *Os músculos abdutores permiten pór os brazos en cruz.* **Músculo adutor** O que move unha parte do corpo acercándoa ao eixe deste: *Para xuntar as pernas utilízanse os músculos adutores.* **Músculo bíceps** O que ten dous tendóns: *O músculo bíceps está no brazo.* **Músculo cuadríceps** O que ten catro tendóns: *O músculo cuadríceps tensa a coxa na súa parte dianteira.* **Músculo tríceps** O que ten tres tendóns: *Ao tensar o músculo tríceps estírase o antebrazo.*
FAM. muscular, musculatura, musculoso.

musculoso, musculosa
adxectivo
1 Que está formado por músculo: *O corazón é un órgano musculoso.*
2 De músculos ben desenvolvidos: *Os atletas adoitan ser musculosos.*

museo
substantivo masculino
Edificio onde se gardan e amosan ao público obxectos de valor artístico, científico ou cultural como cadros ou estatuas: *No Museo de Pontevedra vimos varios cadros de Castelao.*

*musgo, a forma correcta é **mofo**, **carriza**.

musical
adxectivo
1 Da música ou relacionado con ela: *Os instrumentos musicais poden ser de corda, de vento e de percusión.*
adxectivo ou substantivo masculino
2 Dito dunha película ou dunha obra de teatro, que ten escenas cantadas ou bailadas: *A película* Grease *é un musical.*

músico, música
substantivo
1 Persoa que traballa tocando un instrumento musical ou crea pezas para tocar con eles: *Aspira a ser músico na Orquestra Sinfónica de Galicia.*
substantivo feminino
2 Arte consistente en combinar os sons de instrumentos e da voz de acordo con certas regras para que produzan unha sensación de beleza e harmonía: *Estuda música no conservatorio municipal.*
3 Obra feita segundo esta arte: *Unha canción ten música e letra.*

musulmán, musulmá
adxectivo ou substantivo
Mahometano.

mutación
substantivo feminino
Alteración no número ou na estrutura dos xenes ou dos cromosomas dun organismo, que se transmite aos seus descendentes, que poden, por isto, presentar cambios, enfermidades e deficiencias: *As armas químicas poden producir mutacións xenéticas.*
FAM. mutante.

mutilar
verbo
Cortar unha parte ou un membro do corpo: *O estoupido da mina mutiloulle a perna dereita.*
FAM. mutilación, mutilado.

mutuo, mutua
adxectivo
Que se produce de igual maneira entre as dúas persoas das que se fala: *A amizade é un sentimento mutuo entre nós os dous.* SIN. recíproco.

muxe
substantivo masculino
Peixe mariño comestible, de cor negra polo lombo e prateada polo ventre: *O muxe é un peixe azul coma a sardiña.* SIN. muxo.

muxica
substantivo feminino
Faísca.

muxidoira
substantivo feminino
Aparello usado para sacarlle o leite á vaca do ubre: *Mercamos unha muxidoira eléctrica.*

muxidura
substantivo feminino
Obtención do leite da vaca, da cabra ou da ovella premendo o ubre coas mans ou cun aparello apropiado: *Hoxe a muxidura das vacas xa non se realiza á man senón coas muxidoiras.*

muxir
verbo
Sacarlles o leite á vaca, á ovella ou á cabra premendo o ubre coas mans ou cun aparello adecuado: *En todas as granxas moxen as vacas con muxidoiras.* SIN. munguir.
OBS. Conxúgase como *fuxir*.

muxo
substantivo masculino
Muxe.

N

n
substantivo masculino
Letra número doce do abecedario: *Novembro comeza por* n.
OBS. O seu nome é ene. Combínase co *h* para formar o son que aparece en *unha.* Neste caso *n* e *h* non poden separarse no final de liña, como *ch: *algun-/has* > *algu-/nhas.*

nabiña
substantivo feminino
Semente do nabo: *Puxeron a nabiña ao sol.*

nabiza
substantivo feminino
Folla nova e tenra do nabo: *Tomamos unha cunca de caldo de nabizas.*

nabo
substantivo masculino
Planta que se cultiva nas hortas polas súas follas novas, gomos con flores e raíz grosa comestibles: *Do nabo cómense as follas novas ou nabizas, os gomos que saen cando a planta é vella ou grelos e a raíz grosa.*

*nácar, a forma correcta é nácara.

nácara
substantivo feminino
Substancia branca brillante que é a capa interna da cuncha de certos moluscos e que se usa para fabricar botóns e obxectos de adorno: *Ese vestido leva botóns de nácara.* SIN. madreperla.

nacemento
substantivo masculino
1 Comezo da vida dun novo ser: *Escribiu no impreso a súa data de nacemento.* ANT. morte, falecemento.
2 Comezo, orixe ou principio de algo: *O nacemento do Miño está en Fonmiñá.*
3 Belén.

nacente
substantivo masculino
Lugar situado na dirección por onde sae o sol: *A casa está orientada ao nacente.* SIN. oriente, levante, raiante. ANT. occidente, poñente.

nacer
verbo
1 Saíren unha persoa ou un animal do ventre da súa nai: *A miña primeira filla naceu o 28 de febreiro.* ANT. morrer, falecer.
2 Referido a certos animais, saíren dun ovo: *Os pitos nacen dos ovos.* ANT. morrer.
3 Referido a un vexetal, saír e desenvolverse a partir da semente: *Xa naceu o millo que sementamos.* SIN. abrochar, agromar, brotar, xerminar, xermolar. ANT. morrer.
4 Apareceren o Sol ou a Lúa polo horizonte: *No verán o Sol nace antes ca no inverno.* ANT. pórse, poñerse.
5 Comezar, ter orixe ou principio: *Unha boa formación nace do estudo.* SIN. proceder, provir, vir.
OBS. É regular: *nazo, naza.* Ten dous participios: o regular *nacido*, usado nas perífrases, e o irregular *nado*, usado como adxectivo.
FAM. nacemento, nacente, nacida, nado, nativo, renacer, renacemento, renacentista.

nacho, nacha
adxectivo
Que ten o nariz pequeno ou sen punta: *Ese rapaz é nacho.*

nacida
substantivo feminino
Enfermidade infecciosa de animais como o porco, o boi, o cabalo ou o coello que produce lesións na pel: *A nacida pode transmitirse ás persoas.*

nación
substantivo feminino
Comunidade humana instalada nun determinado territorio que ten unha determinada tradición histórica, os mesmos intereses económicos e que pode ter ou non un idioma e un estado propios: *Galicia é unha nación sen Estado.*
FAM. nacional, nacionalidade, nacionalismo, nacionalista, nacionalizar, internacional.

nacional
adxectivo
Dunha nación ou relacionado con ela: *No remate do acto cantouse o himno nacional.*

nacionalidade
substantivo feminino
1 Condición ou situación de quen pertence a unha determinada nación cos dereitos e deberes correspondentes: *A súa nacionalidade é francesa.*
2 Nalgunhas constitucións, nación sen Estado pero con certo nivel de autonomía: *Galicia, Euskadi e Cataluña son nacionalidades históricas.*

nacionalismo
substantivo masculino
Teoría política que defende o que se considera propio dunha nación e que propón a liberdade das persoas que forman esa nación para elixiren se queren ser un Estado independente ou formar parte doutro Estado xa constituído: *Risco e Castelao foron grandes teóricos do nacionalismo galego.*

nacionalista
adxectivo ou substantivo
Do nacionalismo, relacionado con el ou que o defende: *Risco, Bóveda, Otero Pedrayo e Castelao foron catro importantes nacionalistas galegos.*

nacionalizar
verbo
1 Referido a unha persoa, darlle a nacionalidade dun Estado en que vive pero onde non naceu: *O club considera nacionalizar como español o dianteiro brasileiro.*
2 Facer pasar a propiedade do Estado empresas ou bens que son propiedade de particulares: *En Venezuela queren nacionalizar todos os pozos de petróleo.*
OBS. O z cambia en *ce* diante do *e*, como en *cazar*.
FAM. nacionalización.

nada
indefinido
1 Ningunha cousa: *Non nos contou nada da súa viaxe.*
substantivo masculino
2 Ausencia ou falta total de calquera cousa: *Unha guerra nuclear reduciría o mundo ao nada.*
adverbio
3 En ningunha cantidade ou de ningunha maneira: *Non estaba nada convencido para facer iso.*
EXP. **De nada** Úsase para contestar cando alguén nos dá as grazas: *Cando che dean as grazas hai que contestar de nada.* **Un nada** Moi pouca cantidade de algo: *Bótame un nada de leite.*
OBS. Na acepción 2 é masculino e nunca feminino: **a nada > o nada.*

nadal
substantivo masculino
1 Festa que se celebra o vinte e cinco de decembro para lembrar o nacemento de Xesús: *O Nadal é o día seguinte á Noiteboa.*
2 Días próximos a estas festas: *Virá polo Nadal.*
3 Mes de decembro: *En Nadal vai moito frío.*
OBS. Adoita escribirse con inicial maiúscula.

nadar
verbo
1 Desprazarse pola auga movendo pés e brazos e sen tocar o fondo: *Aprendeu a nadar aos catro anos.*
2 Ter moita cantidade de algo: *Nesa casa nadan en cartos.*
FAM. nadador, natación.

nádega
substantivo feminino
Cada unha das dúas metades de carne que forman o cu: *Deulle unha patada nunha nádega.* SIN. cacha.

nado, nada

Participio irregular do verbo *nacer*, que adoita usarse como adxectivo: *Os nados nos quince primeiros días de xaneiro son do signo de Capricornio.*

nai

substantivo feminino

Muller ou femia dun animal que tivo un ou varios fillos: *Asináronlle o boletín das notas a nai e mais o pai.*

FAM. madrasta, madre, madriña, maternal, maternidade, materno.

nailon

substantivo masculino

Tecido téxtil moi resistente e elástico usado para fabricar pezas de vestir e cordas: *Levaba unhas medias de nailon.*

naipe

substantivo masculino

Cada unha das cartolinas con determinadas figuras que forman unha baralla: *A baralla española ten corenta naipes.* SIN. carta.

nalgún, nalgunha

contracción

Unión da preposición *en* con *algún, algunha: Nalgún lugar terá que estar.*

namentres

adverbio ou conxunción

Mentres.

namorar

verbo

1 Facer unha persoa que outra sinta amor por ela: *Anda a namorar unha moza compañeira de traballo.*

2 **namorarse** Sentir amor por alguén: *Namorouse dunha compañeira da clase.*

3 Gustar moito algo: *Namorouse dese traxe e mercouno.*

FAM. namoradeiro, namoramento, namoro, namoriscar.

namoriscar

verbo

Namorar dun xeito pouco serio e pasaxeiro: *Namoriscouse dun compañeiro durante a viaxe.*

OBS. O *c* cambia en *qu* diante do *e*, como en *sacar*.

nana

substantivo feminino

Canción que se lles canta aos meniños para que durman: *Arrolaba o bebé e cantáballe unha nana.*

***nantronte**, a forma correcta é **antonte**.

naquel, naquela, naquilo

contracción

Unión da preposición *en* con *aquel, aquela, aquilo*: *Naquel tempo non había lavadoras.*

naqueloutro, naqueloutra

contracción

Unión da preposición *en* con *aqueloutro, aqueloutra*: *O libro está naqueloutro andel.*

narciso

substantivo masculino

Planta de adorno que se cultiva en xardíns que produce flores brancas ou amarelas moi fermosas e tamén esta flor: *Os narcisos teñen forma de campá rodeada de varios pétalos.*

narcótico, narcótica

adxectivo ou substantivo

Dito dunha substancia, que produce sono ou diminúe a sensibilidade ou a dor: *Moitos narcóticos son drogas que crean adicción, como o opio.*

FAM. narcotizar, narcotraficante, narcotráfico.

nardo

substantivo masculino

Planta que se cultiva nos xardíns polas súas flores brancas, fermosas e recendentes e tamén esta flor: *As flores brancas do nardo colócanse en espiga.*

nariz

substantivo masculino

Na cara dunha persoa e en moitos animais vertebrados, parte que sobresae entre os ollos e a boca e forma a entrada do sistema respiratorio: *Ao estar arrefriado respírase moi mal polo nariz.*

FAM. narigudo, nasal.

narración

substantivo feminino

Historia que se conta con palabras: *As novelas e os contos son narracións.* SIN. relato

narrador, narradora

substantivo

1 Persoa que conta unha historia: *Os novelistas son narradores que contan as súas historias por escrito.*

2 Nunha novela ou nun conto, personaxe, con nome ou sen nome, que conta a historia: *Os narradores máis habituais son os que contan a historia en terceira ou primeira persoa.*

narrar

verbo

Contar unha historia ou conxunto de feitos reais ou imaxinarios: *Os novelistas adoitan narrar historias imaxinarias e as noticias dos xornais, reais.* SIN. contar, relatar. FAM. narración, narrador, narrar.

narrativo, narrativa

adxectivo

1 Da narración ou relacionado con ela: *A novela é unha obra literaria narrativa.*

substantivo feminino

2 Xénero ou tipo de obra de literatura en que se conta unha historia: *A narrativa está formada fundamentalmente pola novela e o conto.*

nasa

substantivo feminino

Aparello de pesca consistente nunha especie de gaiola cilíndrica feita de madeira, metal, xunco ou vimbio e recuberta de rede de tal xeito que permite a entrada do peixe e do marisco pero non a saída: *Cargaba a lancha con nasas para a nécora.*

nasal

adxectivo

Do nariz ou relacionado con el: *Padece un forte catarro nasal.*

nata

substantivo feminino

1 Substancia graxa do leite que se acumula na súa superficie: *Coou o leite para que non tivese nata.*

2 Especie de crema que se fai mesturando esta substancia con azucre: *De sobremesa había amorodos con nata.*

natación

substantivo feminino

Deporte ou exercicio consistente en nadar: *A natación é un deporte olímpico.*

natal

adxectivo

Do nacemento ou relativo a el: *A súa terra natal é O Ribeiro.*

natalidade

substantivo feminino

Número de nacementos nunha poboación nun determinado tempo e en relación co total da poboación: *A natalidade do agro galego é moi baixa.*

natatorio, natatoria

adxectivo

Da natación ou que serve para nadar: *Os peixes teñen aletas e vexiga natatorias.*

***natilla**, a forma correcta é **crema**.

nativo, nativa

adxectivo ou substantivo

Que naceu no lugar en que está ou do que se fala: *O profesor de inglés é nativo de Inglaterra pois naceu en Londres.* SIN. natural, indíxena.

natural

adxectivo

1 Que é resultado só da natureza, sen que participe o ser humano: *A chuvia e o arco da vella son fenómenos naturais.* ANT. artificial.

2 Das propiedades características das cousas: *As ciencias naturais estudan as características do mundo e dos seus seres.*

3 Que se fai sen lle engadir produtos artificiais nin nada: *Sempre tomo zume natural de laranxa, sen engadirlle nin azucre.*

4 Que actúa ou se comporta de forma sinxela e sincera: *O conselleiro falou connosco de forma moi natural.* ANT. afectado, artificial.

5 Que non sorprende porque sempre sucede así e é o normal e lóxico: *Se xantas tanto o natural é que che sente mal.* SIN. común, corrente, habitual, lóxico, normal, ordinario. ANT. anormal, estraño, raro.

adxectivo ou substantivo

6 Que naceu na poboación ou nación en que está ou da que se fala: *Eu son natural de Ribadavia.* SIN. nativo, indíxena.

substantivo masculino

7 Conxunto de características que definen unha forma de ser ou de comportamento: *Ese cativo é de natural alegre.* SIN. carácter, natureza, talante, xenio.

FAM. naturalidade, naturalismo, naturalista, natureza, naturismo, naturista.

naturalidade
substantivo feminino
Forma de actuar ou de comportarse con sinxeleza e sinceridade: *O Presidente da Xunta saudounos con naturalidade.* SIN. sinxeleza. ANT. afectación.

naturalismo
substantivo masculino
Especialmente en pintura ou literatura, representación moi exacta do mundo e das persoas sen tratar de embelecelos e nos seus aspectos máis crus: *Ese novelista gusta nas súas obras do naturalismo e describe todo moi minuciosa e exactamente.*
OBS. É distinto de *naturismo.*
FAM. naturalista.

natureza
substantivo feminino
1 Conxunto de todas as cousas e seres que existen no mundo e que non foron feitos polo home, como árbores, montañas, ríos ou mares.
2 Lugar onde hai montes, ríos, animais ou vexetación, e que están afastados das cidades: *Gústalles vivir en contacto coa natureza.*
3 Característica propia dunha persoa ou cousa e que a fai diferente das demais: *É bo por natureza, non é que estea a finxir.* SIN. esencia.

naturismo
substantivo masculino
Doutrina que defende que para conservar a saúde e ser feliz cómpre vivir en harmonía coa natureza: *O naturismo defende a vida ao aire libre ou comer alimentos naturais, sen fertilizantes artificiais.*
OBS. É distinto de *naturalismo.*
FAM. naturista.

naufragar
verbo
1 Afundir unha embarcación: *O petroleiro naufragou fronte á costa galega.* SIN. afundir.
2 Fracasar algo: *O bar naufragou e o dono quedou na ruína.* SIN. fracasar.
OBS. O *g* cambia en *gu* diante do *e*, como en *sacar.*

náufrago, náufraga
substantivo
Persoa que viaxaba nun barco que afundiu: *Os náufragos foron rescatados por un helicóptero.*

naufraxio
substantivo feminino
Afundimento dunha embarcación por accidente: *O afundimento do* Titanic *produciuse ao bater contra un iceberg.*

náusea
substantivo feminino
1 Necesidade ou gana de vomitar: *O empacho producíalle náuseas.*
2 Noxo ou repugnancia moi grandes: *Ese asasinato produce náuseas.*
FAM. nauseabundo.

náutico, náutica
adxectivo
1 Da navegación ou relacionado con ela: *Os deportes náuticos son os que se practican navegando no mar.*
substantivo feminino
2 Conxunto de coñecementos e técnicas necesarios para poder navegar: *Para ser capitán dun barco hai que estudar náutica.*

naval
adxectivo
Dos barcos ou da navegación ou relacionado con eles: *A industria naval viguesa é moi importante.*
EXP. **Compañía naval** Empresa propietaria de barcos: *Moitas das compañías navais que levaban emigrantes galegos a América eran inglesas.*

navalla
substantivo feminino
1 Especie de coitelo cuxa folla dobra e pode meterse dentro do mango: *Mercou na feira unha navalla de Taramundi.*
2 Molusco mariño comestible con dúas cunchas moi longas: *Pedimos de primeiro unhas navallas.*
FAM. navallada, navalleiro.

navallada
substantivo feminino
Ferida producida por unha navalla: *O atracador deulle unha navallada no ventre.*

nave
substantivo feminino

1 Calquera embarcación ou barco, especialmente se é de tamaño grande: *Os barcos transatlánticos son naves.* SIN. barco, embarcación.

2 Vehículo que voa polo aire ou polo espazo: *Os astronautas viaxan en naves polo espazo.*

3 Nun edificio e especialmente nunha igrexa, cada un dos espazos longos limitados por muros ou filas de columnas: *A nave central das catedrais adoita ser máis ancha ca as dúas naves laterais.*

4 Edificio grande e dunha soa planta que se usa como fábrica ou almacén: *No polígono industrial hai moitas naves.*

FAM. náutica, náutico, naval, navegable, navegación, navegante, navegar, navieira, navieiro, navío.

navegación
substantivo feminino

1 Desprazamento ou viaxe que se fai nunha nave ou barco: *Os astronautas realizaron na súa nave unha navegación cara á Lúa.*

2 En informática, uso dunha rede informática como internet: *Non hai que obsesionarse coa navegación.*

navegador
substantivo masculino

En informática, ferramenta informática para internet que permite ver as páxinas web: *O navegador posibilita o acceso a información das páxinas web.*

navegante
substantivo

Persoa que navega ou fai unha viaxe en barco ou avión: *Colón foi un gran navegante.*

navegar
verbo

1 Viaxar ou desprazarse nunha nave ou nun barco: *Os astronautas navegan polo espazo e os mariñeiros polo mar.*

2 Traballar nun barco: *Desde moi noviño navega nos pesqueiros.*

3 En informática, usar unha rede informática ou desprazarse por ela: *O cativo xa che navega por internet.*

OBS. O *g* cambia en *gu* diante do *e*, como en *pagar.*

*navieira, a forma correcta é compañia naval.

navieiro, navieira
adxectivo

1 Dos barcos ou relacionado con eles: *En Vigo hai unha importante industria navieira.*

2 Persoa propietaria de un ou máis barcos: *Ese navieiro posúe varios petroleiros.*

navío
substantivo masculino

Embarcación ou barco grandes: *Os acoirazados e os portaavións son navíos de guerra.* SIN. barco, buque.

nazi
adxectivo ou substantivo

Que pertence ou é propio do partido fundado por Hitler, en Alemaña, en 1920, que defende o poder absoluto sen limitacións do seu líder e que considera que a suposta raza alemá é superior a todas as demais: *Os nazis e Hitler consideraban que os xudeus eran xente inferior e exterminaron moitos en campos de concentración.*

FAM. nazismo.

néboa
substantivo feminino

Acumulación de nubes en contacto coa superficie da terra: *A néboa non deixa ver o que está lonxe.* SIN. borraxeira, brétema, neboeiro, nebra.

FAM. neboeiro, neboento, nebra, nebulosa, nebuloso.

neboeiro
substantivo masculino

Néboa.

*néboda, a forma correcta é nébeda.

nebra
substantivo feminino

Néboa.

nebulosa
substantivo feminino

En astronomía, acumulación de materia cósmica con aparencia de nube grande: *A Vía Láctea ou Camiño de Santiago é unha nebulosa.*

necesario, necesaria

adxectivo

Que se necesita ou é imprescindible: *A auga é necesaria para a vida.* SIN. imprescindible, indispensable, preciso. ANT. innecesario, superfluo.

FAM. necesidade, necesitado, necesitar.

necesidade

substantivo feminino

1 Calquera cousa ou acción que se necesita ou é imprescindible: *Alimentarse e beber son necesidades dos animais. Para un viaxante de comercio o coche é unha necesidade.*

2 Falta das cousas necesarias ou imprescindibles para vivir: *Nesa casa, ao estaren todos no paro, hai moita necesidade.* SIN. miseria, pobreza. ANT. abundancia, fartura, riqueza.

EXP. **Facer as necesidades** Expulsar a urina ou os excrementos: *Fixo as súas necesidades no baño do hipermercado.* **De primeira necesidade** Básico ou imprescindible para vivir: *O leite e o pan son produtos de primeira necesidade nunha casa.*

necesitar

verbo

Facer falta algo de forma imprescindible: *As plantas necesitan a auga para vivir.* SIN. precisar.

necio, necia

adxectivo ou substantivo

Que non ten ou non demostra intelixencia: *Só un necio pode ignorar dese xeito a historia de Galicia.* SIN. bobo, burro, estúpido, idiota, imbécil, parvo. ANT. listo, sabio.

FAM. necidade.

nécora

substantivo feminino

Cangrexo de mar de corpo liso e elíptico e con dez patas: *As nécoras vivas son de cor negra e cocidas de cor vermella.*

necroloxía

substantivo feminino

1 Relato, habitualmente escrito, dos feitos máis destacados da vida dunha persoa de certa importancia: *O xornal trae hoxe a necroloxía do concelleiro falecido.*

2 Lista de persoas mortas nun determinado período de tempo: *O xornal adoita traer a necroloxía do día anterior na cidade.*

FAM. necrolóxico.

necrolóxica

substantivo feminino

Auncio ou comunicación escrita da morte dunha persoa, con indicación da data do falecemento, a persoa, persoas ou entidade que a encargan, lugar e hora do enterramento ou incineración, ou calquera outras indicacións.

necrópole

substantivo feminino

Cemiterio da prehistoria ou da Antigüidade, extenso e de carácter monumental: *Seica descubriron unha necrópole celta.*

néctar

substantivo masculino

Especie de zume azucrado que producen as flores: *As abellas chuchan o néctar para convertelo en mel.*

nefasto, nefasta

adxectivo

Moi malo, moi triste ou con efectos terribles: *Con tantas mortes de familiares foi este un ano nefasto.* SIN. funesto. ANT. afortunado.

negación

substantivo feminino

Palabra ou expresión que se usan para dicir que non: *A negación por excelencia é o adverbio* non. ANT. afirmación, asentimento.

negar

verbo

1 Dicir que non: *Pregunteille se viría e ela negou coa cabeza.* ANT. afirmar, asentir.

2 Dicir que algo non é certo: *El negaba que fose o ladrón.* SIN. admitir, afirmar, asentir, confesar.

3 Non dar o que se pide: *Pediulle permiso ao profesor para saír e negoullo.* SIN. prohibir. ANT. acceder, autorizar, consentir, permitir.

4 **negarse** Non querer facer algo: *O dianteiro negábase a xogar de defensa.* SIN. rexeitar, refusar. ANT. aceptar, consentir.

FAM. negación, negativo.

negativo, negativa

adxectivo

1 Que serve para dicir que non: *Mover a cabeza de esquerda a dereita é un xesto negativo.* ANT. afirmativo.

2 Que resulta malo ou pouco favorable: *Non querer facer horas extraordinarias é un comportamento negativo para ascender.* ANT. positivo.
3 Que sempre ve o lado malo das cousas: *Di que todo sairá mal porque é moi negativo.* SIN. pesimista. ANT. optimista, positivo.
substantivo masculino
4 Imaxe fotográfica que reproduce invertidos os tons claros e os escuros: *O espía tiña os negativos das fotos daqueles documentos.*
substantivo feminino
5 Resposta en que se di que non a algo ou se rexeita: *Estades todos convidados e non acepto negativas.*

neglixencia
substantivo feminino
Falta de coidado, atención ou interese: *O enfermo seica faleceu por unha neglixencia dos médicos.* SIN. deixamento, desidia. ANT. coidado, dilixencia.
FAM. neglixente.

negociar
verbo
1 Tratar con alguén para comprar ou vender algo: *Andamos a negociar a venda do piso: eu non lle dou tanto como me pide.* SIN. tratar.
2 Intentar pórse de acordo sobre algún asunto: *Os sindicatos e os patróns negocian unha suba dos soldos.* SIN. tratar.
FAM. negociación, negociado, negociante, negocio.

negocio
substantivo masculino
1 Actividade ou ocupación con que se espera ter un beneficio en cartos, especialmente comprando e vendendo cousas: *Dedícase ao negocio de comprar e vender gando.*
2 Establecemento ou local en que se vende algo: *O negocio de xoiaría teno nunha rúa do centro.*
3 Asunto ou actividade á que se dedica alguén: *El anda a arranxar os seus negocios e non para.* SIN. asunto.

negreiro, negreira
adxectivo ou substantivo
Que se dedica a comprar e vender escravos negros: *No século XIX había moitos barcos negreiros.*

negrexar
verbo
Amosar unha cor negra ou volverse negro: *Vai chover pois o ceo negrexa.*

*__negrita__, a forma correcta é **grosa**.

negro, negra
adxectivo
1 De cor totalmente escura ou máis escura: *Esas nubes negras anuncian a chuvia.* ANT. branco, claro.
2 Triste, malo ou con mala sorte: *O día negro do accidente todo saíu mal.*
3 Moi enfadado ou de moi mal humor: *A súa falta de puntualidade ponnos negros.*
4 Moi sucio: *Lava as mans que as tes negras.*
adxectivo ou substantivo
5 Que é dunha raza humana que se caracteriza pola cor moi escura da pel e pelo con rizos: *En África hai moitas persoas de raza negra.*
EXP. **Pasalas negras** Pasalo moi mal: *Nesa guerra os soldados pasáronas negras.* **Ter** ou **tocarlle a negra** Ter moi mala sorte: *Tocoulle a negra e foi un dos despedidos.* **Traballar coma un negro** Traballar moitísimo: *Fixéronse ricos, mais traballaron coma negros.* **Verse negro** Custar moito traballo: *Viuse negro para aprobar as matemáticas.*
FAM. negreiro, negrexar, negroide, negrón, negrume, negror, negrura.

negrón
substantivo masculino
Mancha escura ou morada na pel como consecuencia dun golpe: *Saíulle un negrón no brazo porque levou un golpe cunha cadeira.* SIN. mazadura.

negror ou negrura
substantivo masculino ou feminino
Cor negra: *O acibeche e o carbón caracterízanse polo seu negror.*

nel, nela
contracción
Unión da preposición *en* e o pronome persoal *el*, *ela*: *Nela non hai maldade.*

nenez
substantivo feminino
Primeiro período da vida dunha persoa, que abarca desde que nace ata os doce ou catorce anos: *Tivo unha nenez moi feliz.* SIN. infancia.

neno, nena
substantivo
Persoa de pouca idade, que non pasa dos doce ou catorce anos: *Os nenos van á escola.* SIN. cativo, pequeno, pícaro, rapaz.
FAM. nenez.

nenúfar
substantivo masculino
Planta que vive sobre a auga doce estancada ou con pouca corrente, de grandes follas e con flores brancas ou amarelas: *No estanque había uns preciosos nenúfares.*

neoclásico
adxectivo ou substantivo masculino
Que pertence ao estilo artístico e literario que tenta imitar a literatura e a arte das antigas Grecia e Roma: *A arte neoclásica desenvólvese sobre todo no século XVIII.*
FAM. neoclasicismo.

neolítico, neolítica
adxectivo ou substantivo masculino
Do período prehistórico que se caracteriza polo uso da pedra puída e pola aparición da agricultura e da gandaría: *O Neolítico, tamén chamado Idade da Pedra, sitúase entre o Mesolítico e a Idade do Cobre.*
OBS. Como substantivo masculino adoita usarse con inicial maiúscula.

neoloxismo
substantivo masculino
Palabra, expresión ou significado que apareceron hai pouco nunha lingua: Tenis *en galego é un neoloxismo tomado do inglés.*

neon
substantivo masculino
Gas sen olor e sen cor que se atopa na atmosfera e que é moi bo condutor da electricidade: *Os anuncios luminosos de cores adoitan ser de neon pechado hermeticamente en tubos de cristal.*

nervio
substantivo masculino
1 Nunha persoa ou nun animal, órganos ou filamentos de cor abrancazada que parten do cerebro, da medula espiñal e doutros centros para se distribuíren por todo o corpo e transmitiren as sensacións e os impulsos motores: *O nervio auditivo permite que oïamos os sons.*
2 Na carne que se come, parte branca que é moi dura: *Non me gustan os bistés con nervios.*
3 Nunha planta, cada un dos fíos grosos que hai na superficie das follas: *Os nervios nótanse moi ben no envés das follas e por eles discorre o zume.*
4 Forza, enerxía ou gana para facer algo: *Ese xogador ten moito nervio.* SIN. ánimo, azos, vigor, vitalidade.
plural
5 Nerviosismo.
FAM. nerviosismo, nervioso.

nerviosismo
substantivo masculino
Estado dunha persoa cando está moi excitada: *Esperaba a saída das notas con nerviosismo.* SIN. nervios. ANT. paz, serenidade, sosego, tranquilidade.

nervioso, nerviosa
adxectivo
1 Dos nervios ou relacionado con eles: *O sistema nervioso transmite as sensacións ao cerebro.*
2 Que está excitado ou se excita facilmente: *Púxose nervioso cando se atrasaba tanto o autobús.* SIN. alterado, inquedo, inquieto. ANT. tranquilo.

nese, nesa, niso
contracción
Unión da preposición *en* co demostrativo *ese, esa, iso*: *Nese ano a colleita foi mala.*

nesoutro, nesoutra
contracción
Unión da preposición *en* con *esoutro, esoutra*: *Nesoutra ocasión el parecía estar conforme.*

néspera
substantivo feminino
Froita comestible de forma arredondada con pel suave de cor alaranxada e pebidas lisas e grosas: *A néspera é a froita da nespereira.*

nespereira
substantivo feminino
Árbore froiteira de tronco delgado de pólas abertas e flores brancas que produce as nésperas: *O meu veciño ten unha nespereira no xardín.*

neste, nesta, nisto
contracción
Unión da preposición *en* co demostrativo *este, esta, isto*: *Neste caso nós temos razón.*

neto[1], neta
substantivo
Respecto dunha persoa, fillo ou filla dun seu fillo ou filla: *O meu neto chámase Álvaro.*

neto[2], neta
adxectivo
1 Considerado só e sen ningún tipo de engadido: *O peso neto do bonito dunha lata é o que pesa o bonito descontado o peso da lata e do aceite.*
substantivo masculino
2 Medida de capacidade para líquidos que equivale a medio litro: *Mercou un neto de viño do Ribeiro.*

***neumático**, a forma correcta é **pneumático**.

***neumonía**, a forma correcta é **pneumonía**.

neurona
substantivo feminino
Célula do sistema nervioso: *As neuronas trasladan os estímulos aos centros nerviosos, ao encéfalo ou á medula espiñal.*

neurose
substantivo feminino
Trastorno ou enfermidade no sistema nervioso sen que existan aparentemente lesións nel: *A ansiedade, as teimas ou a depresión son neuroses.*
FAM. neurótico.

neutral
adxectivo
Que non está nin a favor nin en contra: *Os países neutrais non participaron na guerra.*

neutralizar
verbo
Deixar sen efecto algo ou diminuír moito a súa forza ou intensidade: *Os antídotos neutralizan os efectos mortais do veleno.*
OBS. O *z* cambia en *c* ante *e*, como en *cazar*.
FAM. neutralización.

neutro, neutra
adxectivo
1 Que non presenta ningunha de dúas características opostas ou contrarias: *Faloulle nun ton neutro, nin alegre nin enfadado.*
adxectivo e substantivo masculino
2 En gramática, xénero das palabras que non é nin masculino nin feminino: *No galego quedan restos do xénero neutro en casos como os demostrativos isto, iso, aquilo.*
FAM. neutral, neutralización, neutralidade.

nevada
substantivo feminino
Caída de neve ou cantidade de neve caída: *Xa houbo algunha nevada no remate de outubro.* SIN. nevarada.

nevar
verbo
Caer neve: *En decembro nevou moito.*

nevarada
substantivo feminino
Nevada.

nevarisca
substantivo feminino
Neve miúda mesturada con chuvia e habitualmente con vento: *Nos cumes dos montes caeu nevarisca.* SIN. nevisca.

neve
substantivo feminino
Auga conxelada que cae das nubes: *A neve cae en forma de folerpas.*
FAM. nevada, nevar, nevarada, nevarisca, neveira, nevisca.

***néveda**, a forma correcta é **nébeda**.

neveira
substantivo feminino
Frigorífico.

nevisca
substantivo feminino
Nevarisca.

nexo
substantivo masculino
Unión ou relación dunha cousa con outra: *As preposicións e as conxuncións son nexos porque unen unhas palabras con outras.*

nicho
substantivo masculino
Oco feito nun muro ou parede para enterrar unha persoa morta: *Un panteón adoita ter varios nichos.*
EXP. **Nicho ecolóxico** Papel que desempeña unha especie animal no seu medio: *O nicho*

ecolóxico das andoriñas son os insectos que cazan cando voan.

nicotina
substantivo feminino
Substancia que ten o tabaco e que produce adicción: *A nicotina é moi prexudicial para a saúde.*

nidio, nidia
adxectivo
Moi claro: *Era unha mañá nidia de primavera, con sol e sen nubes.* SIN. nítido.

nifrar
verbo
1 Aspirar fortemente polo nariz facendo ruído: *Estaba moi acatarrado e nifraba.*
2 Choricar.
FAM. nifroso.

nimbo
substantivo masculino
1 Círculo de luz ou dourado que rodea a cabeza das imaxes de Deus, da Virxe ou dos santos: *O nimbo represéntase nas imaxes por un círculo de metal dourado.* SIN. auréola, halo.
2 Círculo de luz que rodea algúns astros: *Vimos co telescopio o nimbo da Lúa.* SIN. auréola, halo.
3 Nube escura e baixa: *Os nimbos producen chuvia.*

nin
conxunción
Úsase para unir palabras ou oracións con valor negativo: *Non come nin carne nin peixe pois é vexetariano.*

ninfa
substantivo feminino
1 Na relixión das antigas Grecia e Roma, especie de deusa protectora da natureza que habita nos bosques, nos ríos, nas augas ou nos mares: *As ninfas eran representadas como mozas moi belas.*
2 Insecto que está na fase intermedia da súa metamorfose ou desenvolvemento, entre larva e adulto: *A ninfa diferénciase do adulto en que ten as ás sen desenvolver.*

ninguén
indefinido
Ningunha persoa: *Ninguén viu o atropelo.*
EXP. **Ser un ninguén** Ser unha persoa moi pouco importante: *No traballo é un ninguén que non manda nada.*

ningún, ningunha
indefinido
Nin unha soa persoa ou cousa: *Non acudiu ningunha autoridade ao acto.*

ningures
adverbio
Ningún sitio: *Non atopo as chaves por ningures.* ANT. algures.

niñada
substantivo feminino
1 Camada.
2 Conxunto de ovos postos nun niño para incubalos: *A galiña incubaba unha niñada de seis ovos.*

niño
substantivo masculino
1 Construción de palla, barro ou outros materiais semellantes que fan as aves para poren os ovos e criaren: *As andoriñas fan os niños debaixo dos beirís das casas.*
2 Lugar onde nacen e viven animais: *Atopou naquel oco un niño de víboras.*

níquel
substantivo masculino
Metal moi duro e brillante e moi difícil de oxidar: *O níquel emprégase para fabricar moedas.*

***niqui**, a forma correcta é **camisa de punto**.

nítido, nítida
adxectivo
Moi claro e limpo: *As nosas caras reflectíanse nas augas nítidas do río sen contaminar.* SIN. nidio.

nitróxeno
substantivo masculino
Gas sen olor nin cor, compoñente principal do aire da atmosfera: *N é o símbolo do nitróxeno.*
FAM. nitrato, nítrico.

nivel
substantivo masculino
1 Altura ata a que chega unha cousa: *Na marea chea sobe o nivel do mar.*
2 Grao, categoría ou situación a que se chega: *Os países desenvolvidos teñen un nivel de vida alto.*

3 Instrumento que usan os albaneis e outros profesionais para ver se unha superficie está plana: *O albanel comprobaba que o piso de baldosa estaba plano co nivel.*
FAM. nivelación, nivelador, nivelar.

nivelar

verbo

1 Pór á mesma altura un terreo: *Están nivelando esa zona para facer unha estrada.* SIN. achaiar, igualar.

2 Tratar de facer igual en cantidade, importancia ou en calquera outra cousa: *Cómpre nivelar a renda dos países ricos e a dos países pobres.* SIN. equilibrar. ANT. desequilibrar, desnivelar.

FAM. nivelación, nivelador.

no[1], na

pronome persoal

Forma que toma o pronome persoal *o*, *a* despois das formas do verbo rematadas en ditongo e unido a elas: *Chamouno por teléfono.*

OBS. É distinto de *no*[2] *e de nó.*

no[2], na

contracción

Unión da preposición *en* e do artigo *o, a: Buscaba o libro no andel máis alto.*

OBS. É distinto de *nó* e de *no*[1].

nó

substantivo masculino

1 Lazo que se aperta ou afrouxa cando se tira dos seus extremos: *Fíxolle un nó aos amallós dos zapatos.*

2 Vulto no tronco ou no talo dunha planta: *As novas pólas e as follas saen dos nós.*

3 Lugar en que se unen ou se cruzan varias cousas, especialmente vías de comunicación: *Monforte era o nó en que se unían as vías que viñan do sur e do norte de Galicia.*

4 Relación estreita entre persoas: *Úneos o nó da amizade.* SIN. lazo.

5 Parte en que acontece o máis importante e complicado dunha historia ou narración: *Unha narración ten tres partes: presentación, nó e desenlace.*

6 Medida de velocidade que se usa no mar ou no aire: *O nó equivale a unha milla por hora.*

7 Sensación forte de pena, medo ou angustia: *Cando vin o accidente púxoseme un nó na garganta.*

EXP. **Nó da gorxa** Vulto que se forma na parte dianteira do pescozo do home: *Ten un nó da gorxa moi saínte.* SIN. mazá de Adán.

OBS. É distinto de *no*[1] e de *no*[2].

FAM. nodoso, anoar.

nobelo

substantivo masculino

Bóla que se fai enrolando fío ou outro material semellante: *Fixo un nobelo con aquelas madeixas de la.*

OBS. É distinto de *novelo*, 'cría de dous ou tres anos da vaca'.

nobiliario, nobiliaria

adxectivo

Da nobreza ou relacionado con ela: *Duque, conde e marqués son títulos nobiliarios.*

nobre

adxectivo

1 Que é moi bo e fiel e merece admiración e respecto: *Axudar os pobres é unha acción nobre. Os cans son moi nobres.* SIN. elevado. ANT. mesquiño, ruín.

adxectivo ou substantivo

2 Referido a unha persoa, que ten un título, como marqués, conde ou fidalgo, outorgado polo rei e habitualmente herdado dos seus antepasados: *Os fidalgos eran os nobres máis habituais en Galicia.*

FAM. nobiliario, nobreza.

nobreza

substantivo feminino

1 Lealdade, honradez e bo comportamento: *Os cans adoitan ter nobreza e ser fieis ao amo.*

2 Conxunto de persoas que teñen un título, como marqués, conde ou fidalgo, concedido polo rei e habitualmente herdado dos antepasados: *No Antigo Réxime había tres estamentos: nobreza, clero e xente do común.*

noca

substantivo feminino

Caluga.

nocello

substantivo masculino

1 Tornecelo.

2 Cotelo.

noción
substantivo feminino
1 Idea, coñecemento ou sensación que se ten de algo: *Eu non tiña noción de que fose tan bo.* SIN. concepto, idea.
2 Primeiros coñecementos de algo: *Ela de inglés só ten unhas nocións moi lixeiras e non o fala.*

nocivo, nociva
adxectivo
Que fai mal ou causa dano: *O consumo de tabaco é nocivo para a saúde.* SIN. daniño, pernicioso, prexudicial. ANT. bo, saudable.

nocturno, nocturna
adxectivo
Da noite ou que se fai ou acontece de noite: *As aves nocturnas cazan pola noite.* ANT. diúrno.

noello
substantivo masculino
1 Tornecelo.
2 Cotelo.

nogueira
substantivo feminino
Árbore grande, de tronco e pólas robustas, copa grande e arredondada cuxa madeira é moi apreciada: *O froito da nogueira é a noz.*

noiro
substantivo masculino
Superficie de terreo moi inclinada ou case vertical, especialmente nun desnivel á beira dun camiño, dunha estrada ou nos lados dunha escavación: *O coche marchou contra o noiro.* SIN. ribada.

noite
substantivo feminino
Período de tempo que vai desde que o sol se pon ata que volve saír: *No inverno as noites son máis longas.* ANT. día.
EXP. **Antonte á noite** Na noite do día anterior a onte: *Antonte á noite fomos ao teatro.* **Boas noites** ou **boa noite** Úsase para saudar cando xa se puxo o sol: *O rapaz saudou cun educado boas noites.* **Esta noite** A noite pasada: *Esta noite xeou ben.* **Facer noite** Parar nun sitio para durmir: *Fixemos noite nun hotel da estrada.* **Noite cerrada, fecha, fechada, pecha** ou **pechada** Noite de todo, cando xa non se ve nada: *No inverno ás oito xa é noite pecha.* **Onte á noite** Na noite de onte: *Foi cear coa nai onte á noite.* **Pasar a noite en vela** Pasala sen durmir: *Coas preocupacións seica pasou a noite en vela.*
FAM. noctámbulo, nocturno, Noiteboa, noitebra, noitiña.

noiteboa
substantivo feminino
Noite do día 24 de decembro en que se lembra o nacemento de Xesús: *O día seguinte a Noiteboa é o día do Nadal.*
OBS. Adoita escribirse con inicial maiúscula.

noitebra
substantivo feminino
1 Ave de cabeza grande, ás e cola longas de cor parda cinsenta, que permanece pousada durante o día e que pola noite sae para cazar insectos: *De día non se ven as noitebras.*
2 Calquera ave nocturna como o moucho ou a curuxa: *Din que ver unha noitebra trae mala sorte.*
3 Persoa que só pensa no malo ou que ten moi mala sorte: *Non sexas noitebra: xa verás como aprobas.*

noitiña
substantivo feminino
Tempo en que comeza a faltar a luz do día e se fai de noite: *En decembro ás seis xa é noitiña.* SIN. anoitecer, luscofusco. ANT. abrente alba, alborada, amencer, madrugada.

noivado
substantivo masculino
Relación entre dúas persoas que se queren e pensan en casar ou vivir xuntas: *Son noivos desde os dezaoito anos.*

noivo, noiva
substantivo
1 Persoa que acaba de casar ou que vai casar: *Ao acabar a voda, os convidados felicitamos os noivos.* SIN. mozo.
2 Persoa que quere a outra e pensa casar con ela ou vivir xuntos: *O seu noivo é do concello de Ribadavia.* SIN. mozo.
FAM. noivado.

nolo, nola
contracción
Unión do pronome *nos* e do pronome persoal *o*, *a*: *Non nolo dixera ninguén antes.*

nómade

adxectivo ou substantivo

Que vai dun lugar a outro sen vivir fixo en ningún: *Moitos pobos do deserto levaban unha vida nómade.* ANT. sedentario.

nome

substantivo masculino

1 Palabra que serve para chamar ou designar as persoas, animais ou cousas: *O meu nome é Gloria.*

2 En gramática, clase de palabra que serve para designar persoas, animais e cousas: *Home e muller son nomes e chorar e cantar son verbos.* SIN. substantivo.

EXP. **En nome de** ou **no nome de** No seu lugar ou representándoo: *O avogado falaba en nome do seu defendido.* **Nome común** O que serve para designar un conxunto de seres da mesma clase ou especie: *Home e muller son nomes comúns.* **Nome de pía** O dunha persoa e que vai diante dos dous apelidos: *Manuel é o meu nome de pía.* **Nome propio** O que designa un ser individual, concreto e único: *Galicia e Castelao son nomes propios.* **Non ter nome** Ser moi malo e terrible: *Roubarlle os cupóns a un cego non ten nome.*

FAM. nomeamento, nomear, nómina, denominar, pronome, renome.

nomear

verbo

1 Dicir o nome dunha persoa ou cousa: *O profesor ao pasar lista ía nomeando cada alumno.* SIN. citar, mencionar.

2 Elixir para un emprego ou cargo: *Nomeárono director do colexio.* SIN. designar. ANT. destituír.

nómina

substantivo feminino

Documento en que aparece o soldo que cobra unha persoa cos descontos por impostos ou por outros motivos: *A empresa mándanos a nómina de cada mes.*

nominal

adxectivo

Do nome ou relacionado con el: *Esa lista trae a relación nominal de todos os alumnos.*

non

adverbio

Úsase para negar ou responder de forma negativa: *Dixo que non quería saír.* ANT. si.

EXP. **Non é?** ou **non si?** En preguntas, úsase para pedir permiso ou cando se espera unha resposta afirmativa: *Podemos ir ao cine, non si?* **Non tal** Úsase para reforzar a negación: *Fuches á festa? Non tal.* **Non xa** Non só: *Non xa rico, senón millonario.*

nora¹

substantivo feminino

A muller do fillo en relación co pai ou a nai deste: *Miña nai é nora da miña avoa paterna.*

nora²

substantivo feminino

1 Diversión ou atracción de verbenas e festas consistente nunha roda moi grande con asentos para levar persoas que xira devagar: *Desde o alto da nora víase todo o campo da festa.*

2 Aparello para sacar auga de pozos ou ríos formada por unha especie de roda que ao facela xirar move uns recipientes de madeira que baixan baleiros e soben cheos: *Xa non se usan as noras para sacar a auga.*

***noraboa**, a forma correcta é **parabén**.

nordés ou nordeste

substantivo masculino

1 Punto entre o Norte e o Leste: *Lugo está no nordés de Galicia.*

2 Vento que sopra desta parte: *Hoxe vai moito nordés.*

FAM. nordesía.

***noria**, a forma correcta é **nora²**.

norma

substantivo feminino

Regra que se debe seguir para facer algo ben: *Ao conducir hai que respectar as normas de tráfico.*

FAM. normal, normalidade, normalización, normalizar, normativa, normativizar, anormal, anormalidade, subnormal, subnormalidade.

normal

adxectivo

1 Que é o máis habitual e frecuente: *O normal é que no inverno vaia frío.* SIN. común, corrente, habitual, lóxico, natural, ordinario, usual. ANT. anormal, especial, excepcional, extraordinario, insólito.

2 Que non destaca e que é coma moitos outros: *É un modelo de coche normal e corrente.*

normalizar

verbo

Dito dunha lingua, facer que se volva utilizar nos usos considerados elevados como o ensino, a escrita, os medios de comunicación ou a política cando se usaba só falada ou en empregos familiares: *A Lei de Normalización Lingüística tenta normalizar o uso do galego.*

OBS. O *z* cambia en *c* diante do *e*, como en *cazar.*

FAM. normalización, normalizador.

normativizar

verbo

Pórlle normas ou regras a algo: *A Real Academia Galega normativiza o galego pois coas súas normas establece o correcto e o incorrecto.*

OBS. O *z* cambia en *c* diante do *e*, como en *cazar.*

FAM. normativización, normativizador.

normativo, normativa

adxectivo

Que serve de norma ou regra ou que a cumpre: *O galego normativo está fixado pola Real Academia Galega.*

noroeste

substantivo masculino

1 Punto entre o Norte e o Oeste: *Galicia está no noroeste da península Ibérica.*

2 Vento que sopra desta parte: *O noroeste impulsaba o barco de vela.*

nortada

substantivo feminino

Vento forte do norte: *A forte nortada fixo quedar os pesqueiros no porto.*

norte

substantivo masculino

1 Un dos catro puntos cardinais, que está situado á esquerda cando miramos cara a onde sae o sol: *Os puntos cardinais son catro: Norte, Sur, Leste e Oeste.* ANT. sur.

2 Parte dun territorio situado nesa dirección: *Galicia está no norte da península Ibérica.* ANT. sur.

3 Vento que sopra desta dirección: *Sopra un norte moi frío.*

4 Dirección ou obxectivo que alguén busca: *O seu norte desde moi novo era estudar medicina.* SIN. obxectivo, fin, propósito.

OBS. Na acepción 1 adoita escribirse con inicial maiúscula.

nortello

substantivo masculino

1 Tornecelo.

2 Cotelo.

nos

pronome persoal

Indica a primeira persoa do plural: *Chamounos por teléfono.*

OBS. É distinto de *nós*. Átono ou sen acento, funciona como complemento do verbo sen preposición: *Nós xa o sabemos. Achegouse a nós.* Cando é complemento indirecto e vai diante do pronome *o*, *a* contrae con este en *nolo*, *nola*: *Xa nolo dixerades a nós.*

nós

pronome persoal

Indica a primeira persoa do plural: *Nós estabamos moi contentos.*

OBS. É distinto de *nos*. Tónico ou con acento, funciona como suxeito ou complemento con preposición: *Nós fomos alí. Non se riu de nós.* Pode unirse por guión á segunda forma do artigo: *nó-los dous, nó-las dúas*, pero prefírese a forma sen guión: *nós os dous, nós as dúas*, aínda que debe pronunciarse a segunda forma.

noso, nosa

posesivo

Indica que algo pertence á primeira persoa do plural: *Ese é o noso coche.*

EXP. **De noso** Da propiedade exclusiva da primeira persoa do plural: *Traballabamos unhas leiras de noso.* **O noso** O que nos pertence ou nos é propio e natural: *O noso é descansar os domingos.* **Os nosos** A nosa familia ou os que opinan coma nós: *Esta vez gañaron os nosos as eleccións.*

nosopai

substantivo masculino

No cristianismo, oración que lles ensinou Xesús aos seus discípulos e que comeza por estas palabras: *O nosopai é a oración fundamental do cristianismo.*

nosoutros, nosoutras
pronome persoal
Indica a primeira persoa do plural: *Nosoutros os tres estabamos alí, pero vosoutros os dous non.*
OBS. Úsase como suxeito e complemento con preposición. Fronte a *nós* designa un grupo concreto e deixa fóra dese grupo ao resto: *Todos nós xantamos, pero nosoutros pedimos peixe, mentres vosoutros pedistes carne.*

nostalxia
substantivo feminino
Sentimento de pena porque se perdeu algo bo ou polo pasado feliz: *O poeta amosa a nostalxia pola súa infancia feliz.*

nota
substantivo feminino
1 Texto escrito de poucas palabras para informar de algo: *Deixoume unha nota en que dicía que fora ao supermercado.* SIN. aviso.
2 Valor que se lle dá a un exercicio ou exame: *Obtivo de nota en matemáticas un 8.* SIN. cualificación.
3 En música, son que ten unha altura precisa e o signo escrito que o representa: *As notas son dó, re, mi, fa, sol, la, si, dó.*
EXP. **Dar a nota** Destacar ou chamar a atención, especialmente para mal: *Deu a nota indo tan mal vestido á voda.*

notable ou notábel
adxectivo
1 Que destaca polas súas calidades ou pola súa importancia: *O seu avó foi un notable político.*
substantivo masculino
2 Cualificación escolar que supón unha nota de 7, 8 puntos: *O notable está entre o ben e o sobresaliente.*

notar
verbo
Darse conta de algo: *Notou que lle faltaba a carteira.* SIN. advertir, decatarse, reparar.
FAM. notario, notaría, notorio.

notario, notaria
substantivo
Persoa que garante que os contratos de compravenda, os testamentos e outros documentos semellantes están de acordo coa lei e son válidos: *O notario leulles o testamento aos herdeiros.*
FAM. notaría, notarial, notariado.

noticia
substantivo feminino
Información nova que se dá sobre algo ou alguén: *Os xornais ofrecen as noticias.* SIN. nova.
FAM. noticiario.

noticiario
substantivo masculino
Programa de radio ou televisión en que se dan noticias: *Os telexornais son noticiarios da televisión.*

notificar
verbo
Facer saber algo, especialmente unha autoridade a un cidadán: *Notificáronlle a multa de tráfico por correo certificado.*
OBS. O *c* cambia en *qu* ante *e*, como en *sacar.*
FAM. notificación.

***noutronte**, a forma correcta é **antonte**.

nova
substantivo feminino
Noticia.

novatada
substantivo feminino
1 Erro ou fallo por non ter experiencia: *Un médico novo sempre pode cometer novatadas.*
2 Broma máis ou menos pesada que se lle fai a quen entra nun grupo: *Ao novo xogador fixéronlle a novatada de esconderlle as botas.*

novato, novata
adxectivo ou substantivo
Que non ten experiencia ou é novo nun grupo ou actividade: *Os condutores novatos han ir amodo.* SIN. principiante. ANT. experto, mestre, veterano.
FAM. novatada.

nove
numeral
Número 9: *Catro máis cinco son nove.*
FAM. novecentos, noveno, noventa.

novecentos, novecentas
numeral
Número 900: *Mil menos cen é novecentos.*

novela
substantivo feminino
Narración ou historia longa escrita en prosa, con personaxes e feitos imaxinarios, que se poden mesturar cos históricos: *A novela histórica mestura feitos e personaxes imaxinarios cos históricos.*
FAM. novelar, novelesco, novelista.

novelo, novela
substantivo
Cría de dous ou tres anos da vaca: *O novelo pastaba no prado.* SIN. xovenco.

novembro
substantivo masculino
Undécimo mes do ano: *Novembro vai despois de outubro e antes de decembro.* SIN. mes de Santos, mes de san Martiño.

noveno, novena
numeral
1 Que ocupa o lugar número nove nunha serie: *O Dépor é noveno na clasificación da primeira división.*
2 Que é unha das nove partes iguais en que algo se dividiu: *Tocounos a cada un a novena parte da torta porque eramos nove.*
substantivo feminino
3 Na relixión católica, conxunto de nove días en que se reza ou se fan actos relixiosos dedicados a Deus, á Virxe ou a calquera santo: *Na miña parroquia celebran en decembro a novena de santa Lucía.*

noventa
numeral
Número 90: *O quilo de mazás custa noventa céntimos.*

***novicio**, a forma correcta é **novizo**.

novidade
substantivo feminino
1 Calidade ou condición do que é novo ou que se acaba de coñecer: *Nese coche o mellor é a novidade do deseño.*
2 Calquera cousa que é nova ou que acaba de aparecer ou de se coñecer: *No desfile de moda presentaron as novidades do próximo inverno.*
3 Cambio ou diferenza: *Na ausencia do xefe non houbo ningunha novidade.* SIN. alteración, variación, transformación.
4 Acontecemento ou suceso recente: *Hoxe o xornal non trae ningunha novidade de interese.* SIN. noticia, nova.

novizo, noviza
substantivo
Persoa que se prepara para entrar nunha orde relixiosa católica: *Os novizos preparábanse para ser frades.*

novo, nova
adxectivo
1 Sen usar ou pouco usado: *Eses zapatos aínda están novos.* ANT. gastado, usado, vello.
2 Que se fai ou se consegue por primeira vez: *Agora trae un novo peiteado.* ANT. vello
3 Que se oe, acontece ou se ve por primeira vez: *Non sabía nada: esa noticia é novo para min.* ANT. antigo, vello.
4 Distinto do que existía ou se coñecía antes: *No XIX un novo medio de transporte cambiou as viaxes: o tren.* ANT. antigo, vello.
5 Moi descansado e recuperado: *Despois desa sesta quedei nova.*
adxectivo ou substantivo
6 Que acaba de chegar a un grupo, lugar ou actividade: *Os novos pronto se fixeron amigos dos veteranos da clase.* ANT. veterano.
7 Que ten poucos anos: *Os novos non escoitan os consellos dos vellos.* ANT. vello.
substantivo feminino
8 Información descoñecida que se recibe sobre algo ou alguén: *Os xornais traen todos os días as novas.* SIN. noticia.
FAM. novatada, novato, novidade, novizo, renovar, renovación.

noxo
substantivo masculino
Sensación moi desagradable que ata case fai vomitar: *Ese peixe podre dáme noxo.* SIN. fastío, repugnancia.
FAM. noxento.

noz
substantivo feminino
1 Froito seco cunha casca moi dura con engurras, de cor marrón clara, de forma arredondada e que se abre en dúas partes: *A nogueira deu este ano moitas noces.*
2 Vulto que se forma na parte dianteira do pescozo dos homes: *Movíaselle a noz ao enviar a comida.* SIN. mazá de Adán.
FAM. nogueira.

nu, núa
adxectivo
1 Sen vestido: *Estaba nu dentro da ducha.* SIN. espido.
2 Sen adornos ou sen o que cobre: *As paredes estaban núas, sen ningún cadro.*
substantivo masculino
3 Pintura ou escultura que representa unha persoa sen roupa ningunha: *Castelao pintou un só nu.* SIN. espido.
FAM. nudismo, nudista, denudar, nudez.

***nubarrón**, a forma correcta é **nubeiro**.

nube
substantivo feminino
1 Masa branca ou gris que hai no ceo e que está formada por gotas de auga: *As nubes negras anuncian chuvia.*
2 Gran cantidade de cousas, especialmente se están xuntas: *Sobre o estanque había unha nube de mosquitos.*
EXP. **Andar** ou **estar polas nubes** Estar moi caro: *Os percebes no Nadal andan polas nubes.* **Andar** ou **estar nas nubes** Non estar atento: *Na clase moitas veces anda nas nubes.* **Pór polas nubes** Falar moi ben de algo ou alguén: *Puxo polas nubes o seu mestre.*
FAM. nuboeiro, nubrar.

nubeiro
substantivo masculino
1 Nube grande, escura e baixa: *Eses nubeiros indican que quere chover.*
2 Segundo unha crenza ou superstición, ser fantástico que trae as tormentas e tempestades: *Ninguén viu nunca un nubeiro.*

***nuboeiro**, a forma correcta é **nubeiro**.

nubrar
verbo
Cubrir de nubes: *Marchou o sol e nubrou o día.* SIN. anubrar, cubrir, cerrar, encapotar, toldar. ANT. abrir, aclarar, clarear, clarexar, despexar.
FAM. nubrado.

***nubre**, a forma correcta é **nube**.

nuclear
adxectivo
Do núcleo dos átomos ou que emprega a súa enerxía: *As centrais nucleares producen enerxía eléctrica.* SIN. atómico.

núcleo
substantivo masculino
1 Parte central, principal ou máis importante de algo ou dun conxunto: *O núcleo de escritores do Rexurdimento fórmano Rosalía, Pondal e Curros.*
2 En bioloxía, parte central da célula: *A célula componse de núcleo e citoplasma.*
3 Parte interna da Terra: *O núcleo da Terra está formado por ferro e níquel.*
4 Parte central do átomo: *O núcleo está formado por protóns e neutróns.*
FAM. nuclear.

nudez
substantivo feminino
Falta absoluta de roupa, adornos ou do que cobre: *A nudez dese chan vese na falta de vexetais.*

nudismo
substantivo masculino
Defensa da vida ao aire libre tomando o sol e bañándose completamente nus: *O nudismo defende bañarse nus nas praias, sen traxe de baño.*
FAM. nudista.

nugalla
substantivo feminino
Falta total de gana para traballar ou facer calquera esforzo: *Despois do xantar entra a nugalla.* SIN. galbana, preguiza.
FAM. nugallán.

nugallán, nugallá
adxectivo ou substantivo
Que non lle gusta nada traballar ou facer calquera esforzo: *Nunca fai os deberes porque é un nugallán.* SIN. folgazán, gandulo, lacazán, lerchán, loubán, mamalón, moulón, preguiceiro, preguizoso, vago. ANT. laborioso, traballador.

nulo, nula
adxectivo
Que non vale, que non é útil ou que non serve: *Un contrato sen a sinatura dos que o fan é nulo.*
FAM. nulidade, anular.

numeración
substantivo feminino
1 Feito de pórlle un número a unha cousa ou de telo: *A numeración das casas nas*

rúas permítenos atopar os domicilios das persoas.

2 Sistema de signos usado para expresar cantidades: *A numeración arábiga é distinta da romana.*

EXP. **Numeración arábiga** A que está formada polos números 0, 1, 2, 3, 4, 5, 6, 7, 8, 9: *Nós usamos a numeración arábiga.* **Numeración romana** A que está formada polas letras I, V, X, L, C, D, M: *A numeración romana era a propia do Imperio romano.*

numerador

substantivo masculino

En matemáticas, número que indica cantas partes se collen dun todo: *En 1/2 o numerador é 1.* ANT. denominador.

numeral

adxectivo ou substantivo masculino

Dito dunha clase de palabras, que indican número ou ideas relacionadas co número: *Dous é un numeral cardinal e segundo, un numeral ordinal.*

numerar

verbo

Sinalar cun número: *O concello numera os portais dos edificios das rúas para atopar ben os enderezos.*

número

substantivo masculino

1 Concepto matemático que expresa unha cantidade en relación cunha unidade: *O número de dedos dunha man é cinco.*

2 Forma de escribir esta cantidade: *5 é un número arábigo e V o número romano equivalente.* SIN. cifra.

3 Cantidade non determinada: *Na feira había un bo número de persoas.*

4 Cada unha das partes que forman un espectáculo: *Nun espectáculo de circo hai moitos números.*

NÚMEROS

CARDINAIS

0	cero	30	trinta
1	un, unha	31	trinta e un
2	dous, dúas	40	corenta
3	tres	50	cincuenta
4	catro	60	sesenta
5	cinco	70	setenta
6	seis	80	oitenta
7	sete	90	noventa
8	oito	100	cen
9	nove	101	cento un
10	dez	200	douscentos
11	once	300	trescentos
12	doce	400	catrocentos
13	trece	500	cincocentos, quiñentos
14	catorce	600	seiscentos
15	quince	700	setecentos
16	dezaseis	800	oitocentos
17	dezasete	900	novecentos
18	dezaoito	1.000	mil
19	dezanove	100.000	cen mil
20	vinte	1.000.000	un millón
21	vinte e un	1.000.000.000.000	un billón

ORDINAIS

1	primeiro	21	vixésimo primeiro
2	segundo	30	trixésimo
3	terceiro	40	cuadraxésimo
4	cuarto	50	quincuaxésimo
5	quinto	60	sexaxésimo
6	sexto	70	septuaxésimo
7	sétimo	80	octoxésimo
8	oitavo	90	nonaxésimo
9	noveno, nono	100	centésimo
10	décimo	200	ducentésimo
11	décimo primeiro, undécimo	300	tricentésimo
12	décimo segundo, duodécimo	400	cuadrinxentésimo
13	décimo terceiro	500	quinxentésimo
14	décimo cuarto	600	sexcentésimo
15	décimo quinto	700	septinxentésimo
16	décimo sexto	800	octinxentésimo
17	décimo sétimo	900	noninxentésimo
18	décimo oitavo	1.000	milésimo
19	décimo noveno/nono	1.000.000	millonésimo
20	vixésimo	1.000.000.000.000	billonésimo

MULTIPLICATIVOS

(x1)	(simple)	(x7)	séptuplo, séptupla
(x2)	dobre, duplo, dupla	(x8)	óctuplo, óctupla
(x3)	triple, triplo, tripla	(x9)	nónuplo, nónupla
(x4)	cuádruple, cuádruplo	(x10)	décuplo, décupla
(x5)	quíntuplo, quíntupla	(x100)	céntuplo, céntupla
(x6)	séxtuplo, séxtupla		

PARTITIVOS

1/2	medio, media, metade	1/8	oitavo, oitava
1/3	terzo, terza	1/9	noveno, novena
1/4	cuarto, cuarta	1/10	décimo, décima
1/5	quinto, quinta	1/11	onceavo, onceava
1/6	sexto, sexta	1/20	vinteavo, vienteava
1/7	sétimo, sétima	1/30	trintaavo, trintaava

5 Situación que chama a atención dos demais: *Cando o multaron montou o número berrando que lle tiñan teima.* SIN. escena, espectáculo.
6 En gramática, singular e plural: *Hai dous números: singular (gato) e plural (gatos).*
FAM. numeración, numerador, numeral, numerar, numérico, numeroso.

numeroso, numerosa
adxectivo
Formado por moitos ou que son moitos: *Unha familia numerosa ten tres ou máis fillos.*

nun, nunha
contracción
Unión da preposición *en* e *un*, *unha*: *Vivían nunha casa pequena.*

nunca
adverbio
En ningún momento: *Nunca estiven na Habana.* SIN. xamais. ANT. sempre.

nupcias
substantivo feminino
Voda ou casamento entre dúas persoas: *Celebraron as súas nupcias na Casa do Concello.* SIN. casamento, matrimonio, voda.
FAM. nupcial.

nutrir
verbo
Proporcionar ou dar os alimentos e todo o necesario para vivir: *É importante nutrir o noso organismo con alimentos sans.* SIN. alimentar, soster.
FAM. nutrición, nutriente, nutritivo.

Ñ

ñ

substantivo masculino

Letra número trece do abecedario: *Na palabra* Miño *hai un* ñ.

OBS. O seu nome é eñe.

ñandú

substantivo masculino

Ave corredora de América do Sur parecida á avestruz de África pero un pouco máis pequena e de plumas menos finas: *O ñandú ten as patas e o pescozo longos.*

ñáñaras

substantivo feminino plural

Xestos e mostras de cariño moi esaxerados: *O meniño non quería tantas ñáñaras e botouse a chorar.*

ñu

substantivo masculino

Mamífero ruminante do sur de África parecido a un cabalo pola parte de atrás e polo corpo pero con cornos na cabeza: *A cabeza do ñu lembra a do búfalo.*

O

o[1]

substantivo masculino

Letra número catorce do abecedario: *Onte comeza por* o.

OBS. O seu nome é *o*.

o[2], a

artigo

Ponse diante dun nome ou substantivo para indicar o seu xénero e o seu número: *Os cativos xogaban no xardín.*

OBS. Non debe confundirse con *ó, á*. Presenta a forma *lo, la* ou segunda forma, que se escribe con guión tras as formas verbais rematadas en *-r* ou *-s* (agás participios plurais), os pronomes *nos, vos, nós, vós, lles* e despois do adverbio *u*: *Vou busca-la bicicleta, Lavámo-las mans, Chamóuno-la atención, Díxenlle-la verdade...*; tras *por, mais, todos, ambos, entrambos* gráfase nunha soa palabra: *polo, mailo, tódolos...* É preferible a forma *o, a* sen guión, en todos os casos, agás en *polo, pola*, pero recoméndase a pronuncia da segunda forma. Contrae obrigatoriamente coas preposicións *a, de, en, por, con*.

o[3], a

pronome persoal

Indica a terceira persoa: *Non o viu na festa.*

OBS. Non debe confundirse con *ó, á*. Presenta a forma *lo, la* despois das formas verbais terminadas en *-r, -s (chamalo, chámalo)*; tamén en contracción cos pronomes persoais *nos, vos, lles* e despois do adverbio *u (nolo, volo...)*; presenta a forma *no, na* tras as formas verbais rematadas en ditongo (*chamouno, chameino*). Contrae cos pronomes persoais átonos *me, che, lle, nos, vos, lles*.

ó[1], á

contracción

Unión da preposición *a* e do artigo *o, a*: *Foron á festa.*

OBS. Non debe confundirse con *o, a*. É preferible a forma *ao* a *ó* na escrita, pero a pronuncia e *ó*.

ó[2]

interxección

Úsase para indicar sorpresa, admiración ou desgusto: *Ó, que cousa tan bonita!* SIN. oh.

oasis

substantivo masculino

Lugar con auga e plantas no medio do deserto: *A caravana acampou no oasis.*

obcecar

verbo

Impedir razoar e pensar ben e con claridade: *A ira non é conveniente porque obceca as persoas.* SIN. cegar, ofuscar.

OBS. O *c* cambia en *qu* diante do *e*, como en *sacar*.

FAM. obcecación, obcecado.

obedecer

verbo

1 Facer o que unha persoa manda: *Sempre lles obedece aos pais.* ANT. desobedecer.

2 Cumprir unha norma ou orde: *Cómpre obedecer as normas do tráfico.* SIN. cumprir, respectar. ANT. desobedecer, incumprir.

3 Ter unha cousa o efecto que quere a persoa que a usa ou dirixe: *Freou pero os freos non lle obedeceron.* SIN. responder.

4 Ter orixe ou principio: *Esa desconfianza non obedece a ningunha causa real.* SIN. corresponder, responder.
OBS. É regular: *obedezo, obedeza.*
FAM. obediencia, obediente.

obediente
adxectivo
Que fai o que se lle manda: *É un rapaz obediente que fai o que lle mandan os pais.* SIN. dócil. ANT. desobediente.

obelisco
substantivo masculino
Monumento para conmemorar ou lembrar algo, de forma cadrada e rematado en punta por unha pirámide: *Na praza colocaron un obelisco que lembra a aprobación do Estatuto.*

obeso, obesa
adxectivo ou substantivo
Moi gordo: *Os obesos móvense con moita dificultade.* ANT. delgado, fraco.
FAM. obesidade.

***obispo**, a forma correcta é **bispo**.

oblea
substantivo feminino
Folla delgada de pan sen lévedo da que se sacan as hostias: *As hostias que se toman na comuñón son de oblea.*

oblicuo, oblicua
adxectivo
Inclinado ou desviado tanto da horizontal como da vertical: *A diagonal dun cadrado é unha liña oblicua.*

óboe
substantivo masculino
Instrumento musical de vento formado por un tubo longo de madeira e que pode ter entre dezaseis ou vinte e dous buracos para tocalo: *O óboe ten unha dobre palleta para soprar ao tocalo.*

obra
substantivo feminino
1 Calquera cousa que alguén fai: *As persoas coñécense polas súas obras, polo que fan.* SIN. acción, feito.
2 Cousa que alguén fai con esforzo, especialmente se é bo e importante na ciencia, na arte ou nas letras: *Esa pintura é unha das mellores obras do pintor.*
3 Traballo de construción: *As obras do novo edificio van moi adiantadas.*
4 Resultado da acción de algo ou de alguén: *Esa humidade da parede é obra das fortes chuvias.* SIN. acción.
FAM. obradoiro, obrar, obreiro.

obradoiro
substantivo masculino
1 Lugar onde se realizan traballos manuais ou artesáns: *O oleiro traballaba no seu obradoiro.* SIN. taller.
2 Actividade recreativa e instrutiva: *Na clase fixemos un obradoiro de poesía e todos compuxemos poemas.*

obrar
verbo
1 Facer algo ou ter determinado comportamento: *Ao non o axudares, obraches mal.* SIN. actuar, comportarse, conducirse, portarse, proceder.
2 Producir un efecto: *Esa crema obra milagres porque acaba coas engurras.*
3 Facer un edificio: *Na cidade obrouse moito.* SIN. construír, edificar.

obreiro, obreira
adxectivo
1 Dos traballadores ou relacionado con eles: *Os sindicatos obreiros defenden os dereitos dos traballadores.*
substantivo
2 Persoa que traballa, especialmente na industria ou nos servizos, a cambio dun soldo: *Os sindicatos defenden os dereitos dos obreiros.*

obriga ou obrigación
substantivo feminino
O que se debe facer: *Pagar impostos é unha obriga de todos os cidadáns.* SIN. deber.

obrigar
verbo
1 Facer que alguén realice algo: *As normas de circulación obrigan aos coches a ir pola dereita.*
2 **obrigarse** Facer unha persoa a promesa de cumprir o que propuxo: *Eu obrígome a pagar as túas débedas.* SIN. comprometerse.
OBS. O *g* cambia en *gu* diante do *e*, como en *pagar*.
FAM. obriga, obrigación, obrigado, obrigatoriedade, obrigatorio.

obsceno, obscena
adxectivo
Que se considera ofensivo para o pudor, especialmente referido a cuestións de sexo: *Andar nu polas rúas considérase un acto obsceno.*

*obscuro, a forma correcta é **escuro**.

obsequio
substantivo masculino
Cousa que se lle dá a alguén como regalo ou mostra de afecto e cariño: *O seu obsequio para min foi este reloxo.* SIN. agasallo, regalo.
FAM. obsequiar.

observación
substantivo feminino
1 Estudo que se fai de algo mirándoo con moita atención: *Os médicos tiñan o enfermo en observación pois non lle daban coa enfermidade.*
2 Reparo ou defecto que se lle pon a algo: *O traballo está en xeral ben, pero fareiche algunhas observacións para que o corrixas.*
3 Nota ou información para aclarar algo: *No remate do tema o autor coloca unhas observacións para desfacer posibles erros.*
4 Obediencia ou cumprimento dunha norma ou lei: *Todos os cidadáns teñen a obriga da observación das leis.* SIN. obediencia, cumprimento. ANT. infracción, incumprimento, desobediencia, violación.

observar
verbo
1 Mirar e examinar con moita atención: *No laboratorio observamos co microscopio a á dunha mosca.*
2 Darse de conta de algo: *Observo que cambiaches o roupeiro de sitio.* SIN. advertir, decatarse, reparar.
3 Cumprir ou obedecer unha norma ou lei: *É un bo cidadán, que observa as leis.* SIN. acatar, cumprir, obedecer. ANT. desobedecer, incumprir, infrinxir, violar.
FAM. observación, observador, observatorio.

observatorio
substantivo masculino
Lugar que ten todos os instrumentos necesarios para ver e estudar os astros así como os fenómenos do clima: *Os observatorios establecen as cantidades de chuvia que caen nun lugar.*

obsesión
substantivo feminino
Idea que non se pode quitar da cabeza: *Ten a obsesión de que ha morrer novo.* SIN. cisma, teima.
FAM. obsesionar, obsesivo, obseso.

obstáculo
substantivo masculino
1 Calquera cousa que impide o paso ou facer algo: *A saída de urxencia estaba chea de obstáculos.* SIN. atranco, dificultade, estorbo.
2 Barreira ou elemento semellante que hai que saltar nalgunhas carreiras: *Na hípica os cabalos teñen que saltar os obstáculos.*
FAM. obstaculizar.

obstante
EXP. **Non obstante** Úsase para expresar algo contrario ao que se acaba de dicir: *O alcalde está moi ocupado; non obstante, recibiraos axiña.* SIN. así a todo, así e todo, con todo, pero, emporiso.

obstinado, obstinada
adxectivo
Que se mantén firme nunha determinada idea e que non a cambia: *É moi obstinado e non recoñece os seus erros.* SIN. cabezón, cabezudo, teimoso, teimudo, testán.
FAM. obstinación, obstinarse.

obstruír
verbo
Impedir o paso ou a realización de algo: *Eses paquetes obstrúen a saída.* SIN. atascar, atrancar. ANT. desatascar, desatrancar.
OBS. Conxúgase como *incluír*.
FAM. obstrución.

obter
verbo
1 Chegar a ter algo: *Obtivo o premio gordo da lotaría.* SIN. acadar, conseguir, lograr.
2 Extraer ou producir algo a partir doutra cousa: *O viño obtense das uvas.* SIN. sacar, tirar.
OBS. Conxúgase como *ter*.
FAM. obtención.

obtuso, obtusa
adxectivo
Dito dun ángulo, que mide máis de noventa graos: *Os ángulos poden ser rectos, agudos e obtusos.*

obús

substantivo masculino

1 Arma de artillaría maior ca o morteiro pero máis pequena ca o canón: *O obús lanzaba granadas.*

2 Proxectil lanzado por calquera arma de artillaría: *Os canóns disparan obuses.*

obvio, obvia

adxectivo

Que se nota ou entende con só velo ou comezar a pensalo: *É obvio que no verán vai máis calor ca no inverno.* SIN. claro, evidente, patente.

FAM. obviedade, obviar.

obxección

substantivo feminino

Dificultade ou razón que se opón a algo ou para non facer algo: *Para irmos ao teatro, púxome a obxección de que era moi caro.* SIN. inconveniente, pero, observación.

EXP. **Obxección de conciencia** Negativa a facer algo porque vai contra as propias ideas, especialmente o servizo militar: *Non fixo a mili pola súa obxección de conciencia.*

obxectar

verbo

Pór dificultades ou razóns a algo ou para non facer algo: *O acusado obxecta que foi atacado previamente polo denunciante.* SIN. opor, opoñer.

FAM. obxección.

obxectivo, obxectiva

adxectivo

1 Que só ten en conta os feitos e a razón e non se deixa levar pola emoción e polos sentimentos propios: *Un profesor ten que ser obxectivo para cualificar os alumnos.* SIN. imparcial. ANT. parcial, subxectivo.

substantivo masculino

2 O que se quere conseguir ao facer algo: *O seu obxectivo é aprobar todo en xuño.* SIN. fin, meta, obxecto, propósito.

3 Punto sobre o que se dispara unha arma ou proxectil para acertar nel: *O obxectivo do mísil era o portaavións.* SIN. albo.

4 Lente ou sistema de lentes colocadas dentro dun microscopio, cámara de fotos e aparellos semellantes que se dirixe cara á cousa que queremos ver: *Se pos a man diante do obxectivo, a foto non sairá.*

obxecto

substantivo masculino

1 Calquera cousa que se pode tocar ou ver: *Nesa tenda só venden obxectos de adorno.*

2 Materia ou asunto de que trata algo: *O obxecto dese libro é a historia de Galicia.*

3 O que se quere conseguir ao facer algo: *O obxecto da súa chamada era felicitarme o aniversario.* SIN. fin, finalidade, obxectivo.

***oca** (ave), a forma correcta é **ganso**.

oca

substantivo feminino

Xogo que consiste nun taboleiro con sesenta e tres casas diferentes a través das que hai que avanzar cunha ficha segundo o número que sae nun dado e de acordo con certas regras: *O taboleiro ten por unha cara o parchís e pola outra a oca.*

OBS. Non debe usarse no canto de *ganso.*

ocasión

substantivo feminino

1 Momento en que acontece ou se fai algo: *Visitei o Museo do Pobo Galego en varias ocasións.*

2 Momento ou situación adecuadas e favorables para facer algo: *O preso aproveitou a ocasión de ir ao hospital para fuxir.*

EXP. **De ocasión** Con prezo baixo: *Merquei moi baratos estes xerseis porque eran de ocasión.*

FAM. ocasional, ocasionar.

ocasionar

verbo

Ter como efecto ou resultado: *Estas fortes chuvias ocasionaron inundacións.* SIN. causar, motivar, orixinar, producir.

ocaso

substantivo masculino

1 Momento en que se pon o sol: *Despois do ocaso, vén a noite.* SIN. atardecida, crepúsculo, posta, solpor.

2 Decadencia ou fin: *Ten setenta anos e está no ocaso da súa carreira artística.* SIN. crepúsculo, decadencia, declive. ANT. apoxeo, esplendor.

occidental

adxectivo

1 Do Oeste: *Galicia está na parte occidental da península Ibérica.* ANT. oriental.

adxectivo ou substantivo

2 Que pertence ao conxunto de países formados polos da Europa do oeste, Estados Unidos e Canadá: *Os países occidentais caracterízanse pola democracia, o capitalismo e o nivel de vida alto.*

occidente

substantivo masculino

1 Lugar por onde se pon o sol: *Galicia está no occidente da península Ibérica.* SIN. oeste, poñente. ANT. nacente, oriente, leste.

2 Conxunto de países de Europa do oeste, Estados Unidos e Canadá: *A sociedade en Occidente caracterízase polo capitalismo moi desenvolvido.*

OBS. Como punto cardinal adoita escribirse con inicial maiúscula e tamén na acepción 2.

FAM. occidental, occidentalizar.

occipital

adxectivo

Da parte de atrás e inferior da cabeza, onde esta se une coas vértebras do pescozo: *O óso occipital forma a parte posterior e inferior do cranio.*

oceánico, oceánica

adxectivo

Do océano ou relacionado con el: *O clima oceánico caracterízase por chuvias abundantes e temperaturas suaves.*

océano

substantivo masculino

Cada unha das cinco partes en que se considera dividida a masa de auga salgada que cobre a maior parte da superficie terrestre: *Os océanos son cinco: Atlántico, Pacífico, Índico, Glacial Ártico e Glacial Antártico.*

FAM. oceánico, oceanografía, oceanográfico, oceanógrafo.

ocio

substantivo masculino

Tempo libre: *Neste traballo hai poucos momentos de ocio.* SIN. descanso, lecer, vagar.

FAM. ociosidade, ocioso.

oco, oca

adxectivo

1 Que non ten nada no seu interior: *Os canos son tubos ocos polos que pasan a auga ou os gases.* SIN. baleiro, baldeiro. ANT. cheo, macizo.

substantivo masculino

2 Abertura ou espazo en que non hai nada ou non está ocupado: *Meteu a chave polo oco da pechadura.* SIN. abertura, burato, furado.

ocorrencia

substantivo feminino

1 Idea repentina ou que non se esperaba: *Tivo a ocorrencia de tapar o furado do cano con silicona.*

2 Dito ou feito que fan graza: *Divertiunos na viaxe cos seus chistes e ocorrencias.* SIN. saída.

ocorrer

verbo

1 Producirse un feito: *O accidente ocorreu á entrada da cidade.* SIN. acontecer, pasar, suceder.

2 ocorrerse Vir unha idea á mente de repente: *Ocorréuselle organizar un banquete para os amigos na súa aldea.*

FAM. ocorrencia, ocorrente.

ocre

adxectivo ou substantivo masculino

De cor amarela escura: *As follas que caen das árbores no outono son ocres.*

octaedro

substantivo masculino

Corpo xeométrico limitado por oito polígonos ou caras: *As caras do octaedro regular son oito triángulos equiláteros.*

octógono

substantivo masculino

Polígono que ten oito lados e oito ángulos: *Os sinais de stop teñen forma de octógono.*

octosílabo, octosílaba

adxectivo ou substantivo masculino

Especialmente dito dun verso, que ten oito sílabas: *O romance está escrito en octosílabos.*

octoxenario, octoxenaria

adxectivo ou substantivo

Que ten entre oitenta e noventa anos: *A súa avoa é unha octoxenaria de oitenta e catro anos.*

ocular

adxectivo

1 Do ollo ou que se fai por medio dos ollos: *A policía realizou un exame ocular do lugar do crime.*

substantivo masculino

2 En aparellos ópticos como un microscopio, lentes ou parte pola que mira o observador: *Para mirar polo microscopio cómpre colocar os ollos nos oculares.*

oculista

substantivo

Médico especialista en enfermidades dos ollos: *O oculista graduoulle onte a vista.* SIN. oftalmólogo.

ocultar

verbo

Facer que algo non se vexa ou non se coñeza ou saiba: *Ocultou os cartos debaixo do colchón.* SIN. agachar, agochar, esconder. ANT. amosar, descubrir, desvelar, expoñer, expor, mostrar, presentar, revelar.

oculto, oculta

adxectivo

Que non se pode ver ou coñecer: *O político mantivo ocultas durante anos as súas corrupcións.*

FAM. ocultación, ocultar, ocultismo, ocultista.

ocupación

substantivo feminino

1 Cada unha das cousas que unha persoa ten que facer: *A ocupación principal dun estudante é estudar.* SIN. faena, labor, quefacer, tarefa, traballo.

2 Entrada pola forza nun territorio para apoderarse del: *Os patriotas galegos levantáronse contra a ocupación de Galicia polos franceses na Guerra da Independencia.* SIN. invasión.

ocupante

adxectivo ou substantivo

Que está nun lugar: *Un coche adoita servir para cinco ocupantes.*

ocupar

verbo

1 Encher un espazo ou tempo: *Os libros ocupan toda a mesa.* ANT. desocupar.

2 Usar algo de xeito que ninguén máis o poida facer: *O cuarto de baño está ocupado agora.* ANT. desocupar.

3 Referido a un lugar, colocar todo o necesario para vivir ou traballar nel: *Ese despacho ocuparao o luns unha arquitecta.* ANT. desocupar.

4 Facerse dono dun lugar por medio da forza: *Na Guerra da Independencia os franceses ocuparon Galicia.* SIN. conquistar, tomar. ANT. desocupar.

5 Ter un determinado traballo: *Agora ocupa o posto de porteiro.*

6 Dar traballo: *A empresa ocupa moita xente da bisbarra.* SIN. empregar.

7 ocuparse Coidar de algo ou alguén: *Agora el ocúpase de atender os pais, que están vellos.* SIN. encargarse.

FAM. ocupación, ocupado, ocupante.

oda

substantivo feminino

Obra escrita en verso, de tema elevado e habitualmente dividida en varias estrofas: *As odas poden ser de tema amoroso, reflexivo ou conmemorativo.*

odiar

verbo

Ter un forte sentimento de antipatía e rexeitamento cara a algo ou alguén ata desexarlle un mal ou a súa desaparición: *Cómpre odiar a violencia.* SIN. abominar, aborrecer, detestar. ANT. adorar, amar, apreciar, estimar, querer.

odio

substantivo masculino

Sentimento moi forte de antipatía ou rexeitamento cara a algo ou alguén ata desexarlle un mal ou a súa desaparición: *Cómpre que non sintas odio por ninguén.*

FAM. odiar, odioso.

odontólogo, odontóloga

substantivo

Especialista nas enfermidades e coidado dos dentes e na súa curación: *Agora non fai falta ser médico para ser odontólogo.* SIN. dentista.

OBS. É distinto de *estomatólogo*, que é o médico especializado nas enfermidades da boca e dos dentes.

oeste

substantivo masculino

Lugar por onde se pon o sol: *Os puntos cardinais son catro: Norte, Sur, Leste e Oeste.* SIN. occidente, poñente. ANT. leste, oriente.

OBS. Cando se refire ao punto cardinal escríbese con inicial maiúscula.

ofender
verbo
Molestar a unha persoa facendo algo que demostra desprezo, falta de respecto, insulto ou mala educación: *Ofendeuno chamándolle insolidario e vago.*
FAM. ofensa, ofensivo.

ofensa
substantivo feminino
Feito ou dito que molestan a alguén porque amosan contra el desprezo, falta de respecto, insulto ou mala educación: *Chamarlle trapalleiro foi unha ofensa, pois é moi serio.*

ofensivo, ofensiva
adxectivo
1 Que molesta porque demostra desprezo, falta de respecto, insulto ou mala educación: *Os insultos sempre son palabras ofensivas.*
2 Que serve para atacar: *As lanzas son armas ofensivas e os escudos defensivas.* ANT. atacante.
substantivo feminino
3 Ataque, especialmente dun exército contra outro: *Os alemáns non foron quen de parar a ofensiva aliada en Normandía na Segunda Guerra Mundial.* SIN. ataque.
4 Actuación enérxica que se fai para conseguir algo: *A empresa organizou unha ofensiva publicitaria para vender máis.*

oferta
substantivo feminino
1 Ofrecemento ou promesa de dar, cumprir ou realizar algo: *Aceptei a oferta que me fixo de levarme no seu coche.* SIN. ofrecemento, proposición, proposta.
2 Presentación dun produto cun prezo moi rebaixado ou ese mesmo produto moi rebaixado de prezo: *No supermercado hai unha oferta de xeados.*
3 En economía, conxunto de produtos e servizos que se poñen á venda: *Os prezos baixan cando sobe a oferta de produtos, pero baixa a demanda.* ANT. demanda.
FAM. ofertante, ofertar.

ofertar
verbo
Ofrecer un produto para vender, especialmente a prezo moi rebaixado: *Ese supermercado oferta esta semana xeados de diversas marcas.*

oficial
adxectivo
1 Que reúne as condicións necesarias para ser recoñecido polo Estado ou por un órgano con autoridade: *Antes dos partidos oficiais da liga, o equipo xogará uns amigables de adestramento.*
substantivo masculino
2 Nunha profesión manual, persoa que xa superou a aprendizaxe pero que non é xefe: *Un oficial gaña máis ca un peón, pero menos ca o xefe.*
3 No exército, persoa que manda os soldados e cuxa categoría está entre suboficial e xefe: *O alférez, o tenente e o capitán son oficiais.*

oficina
substantivo feminino
Lugar xeralmente aberto ao público onde se realizan traballos de administración, información, pagamentos e outros semellantes: *Foi á oficina do banco para meter cartos.*
FAM. oficinista.

oficio
substantivo masculino
1 Actividade que se realiza a cambio dun soldo en cartos: *O seu oficio é o de profesor.* SIN. emprego, profesión, traballo.
2 Función propia de algo: *O oficio do artigo determinado é presentar o substantivo.* SIN. función, misión, papel, tarefa.
3 Escrito breve en que unha autoridade comunica algo a un cidadán: *Nun oficio do Concello dinlle que ten que amañar a entrada do bar.*
4 Cerimonia relixiosa: *Na Semana Santa hai moitos oficios e procesións.*
FAM. oficial, oficina, oficinista.

ofrecemento
substantivo masculino
1 Idea ou cousa que se propón para facer: *Non aceptou o meu ofrecemento de pasarmos a tarde na praia.* SIN. oferta, proposición, proposta, suxestión.
2 Promesa de dar ou facer algo: *Acepto o teu ofrecemento de levarme en coche.*

ofrecer
verbo
1 Prometer dar ou facer algo: *Ao recibirnos ofreceunos unhas pastas e un refresco.*
2 Ter determinada característica ou amosala: *Ese negocio ofrece moitas dificultades.*

3 Dar ou celebrar cun determinado fin: *Esta misa ofrécese pola alma do morto.*
4 **ofrecerse** Amosarse disposto a facer algo: *Ofreceuse para levarme á casa no seu coche.*
5 Na relixión católica, prometer a Deus ou a un santo que se fará algo se nos axuda: *Ofreceuse para ir á procesión de san Bieito se non collía a gripe.*
OBS. É regular: *ofrezo, ofreza.*
FAM. ofrecemento, ofrenda.

ofrenda
substantivo feminino
Ofrecemento ou entrega de algo en sinal de agradecemento, amor ou respecto: *Por aprobar o exame fíxolle a santa Rita a ofrenda de dúas candeas.*
FAM. ofrendar.

oftalmólogo, oftalmóloga
substantivo
Oculista.
FAM. oftalmoloxía, oftalmolóxico.

ofuscar
verbo
Facer perder a razón ou confundila: *A ira ofusca moito.* SIN. cegar, obcecar, obnubilar.
OBS. O *c* cambia en *qu* ante *e*, como en *sacar.*
FAM. ofuscamento.

ogro
substantivo masculino
Personaxe imaxinario moi malo e moi grande que fai cousas crueis como comer nenos: *A fada converteu o ogro nun paxariño.*

oh
interxección
Ó[2].

oi
interxección
Indica admiración, sorpresa, enfado ou desgusto: *Oi, caeume o garfo!*

oídas
EXP. **De oídas** ou **por oídas** Por oírllo a outros, mais sen velo: *Non hai que falar de oídas, senón despois de ver as cousas.*

oído
substantivo masculino
1 Capacidade ou sentido que permite oír ou sentir os sons: *O oído é un dos cinco sentidos humanos.* SIN. ouvido.
2 Órgano que serve para oír: *O oído humano está formado por tres partes: oído externo, oído medio e oído interno.* SIN. ouvido.
3 Capacidade para oír e reproducir ben a música: *Un cantante debe ter bo oído.* SIN. ouvido.
EXP. **De oído** Sen estudar música: *El toca a guitarra de oído, pois nunca estudou música.* **Duro de oído** Que non oe ben: *Bérralle porque é un pouco duro de oído.* **Entrarlle por un oído e saírlle polo outro** Non facer caso ningún: *Non lle berres pois éntralle por un oído e sáelle polo outro.*

oínte
substantivo
Persoa que escoita algo: *As emisoras de radio aumentaron o número dos seus oíntes.*
SIN. ouvinte.

oír
verbo
1 Sentir ou percibir un son: *Na praia oíase o son das ondas.* SIN. ouvir, escoitar, sentir.
2 Facer caso dun aviso ou do que se di ou pide: *El non oe os nosos consellos.* SIN. ouvir, atender, escoitar. ANT. desatender.
EXP. **Coma quen oe chover** Sen facer caso ningún: *Escoita as ordes coma quen oe chover.*
OBS. Conxúgase como *saír.*
FAM. oído, oínte, de oídas, audición, audiencia, audiovisual, auditivo, auditorio, inaudito.

oír			
INDICATIVO		SUBXUNTIVO	IMPERATIVO
Presente oio oes oe oímos oídes oen	**Copretérito** oía oías oía oïamos oïades oían	**Presente** oia oias oia oiamos oiades oian	oe oíde FOR. NOMINAIS **Infinitivo** oír
Pretérito oín oíches oíu oímos oístes oíron	**Antepretérito** oíra oíras oíra oiramos oirades oíran	**Pretérito** oíse oíses oíse oísemos oísedes oísen	**Xerundio** oíndo **Participio** oído
Futuro oirei oirás oirá oiremos oiredes oirán	**Pospretérito** oiría oirías oiría oiriamos oiriades oirían	**Futuro** oír oíres oír oírmos oírdes oíren	**Inf. conxugado** oír oíres oír oírmos oírdes oíren

oitavo, oitava

numeral

1 Que ocupa o lugar número oito nunha serie: *O Obradoiro é oitavo na clasificación.*

2 Que é unha das oito partes iguais en que algo se divide: *Como eramos oito, tocounos a cada un a oitava parte da torta.*

substantivo feminino

3 Estrofa formada por oito versos, especialmente a de versos hendecasílabos que riman en consonante entre si o primeiro, terceiro e quinto, o segundo, cuarto e sexto e o sétimo e oitavo: *Pondal compuxo fermosas oitavas.*

oitenta

numeral

Número 80: *O seu avó axiña fai os oitenta anos.*

oito

numeral

Número 8: *Leva o oito na camiseta.*

FAM. oitavo, oitocentos, octógono, octoxenario.

oitocentos, oitocentas

numeral

Número 800: *Nesta aldea chegaron a vivir cerca de oitocentos veciños.*

ola[1]

substantivo feminino

1 Recipiente de forma redonda, xeralmente de barro e con boca larga, para cociñar: *Puxo a ola ao lume.* SIN. pota.

2 Recipiente xeralmente de barro con dúas asas, coa boca e o fondo estreitos e a barriga larga, que se usaba tradicionalmente para carrexar auga, gardala ou para outros usos: *Antigamente moitas mulleres carrexaban a auga da fonte en olas.*

3 Medida tradicional de capacidade para líquidos que equivale a uns dezaseis litros: *No Ribeiro aínda se mide o viño por olas.*

OBS. Non debe usarse no canto de *onda.*

FAM. oleiro.

ola[2]

interxección

Úsase para saudar: *Ola! Que tal estades!*

oleiro, oleira

substantivo

Persoa que fai olas e outros obxectos de barro: *Teñen sona os oleiros de Buño.*

óleo

substantivo feminino

1 Pintura feita, entre outros ingredientes, con aceites vexetais ou animais: *Mercou un tubo de óleo branco.*

2 Cadro pintado con este tipo de pintura: *Laxeiro pintou fermosos óleos.*

3 Na relixión católica, aceite consagrado que se usa para administrar algúns sacramentos: *Nos bautizos o cura fai un sinal con óleo na fronte do bautizado.*

oleoduto

substantivo masculino

Sistema de tubos que transportan a longa distancia petróleo ou produtos derivados deste: *Un oleoduto conduce o petróleo desde os pozos ao porto onde se embarca.*

***oler**, a forma correcta é **ulir**.

olfacto

substantivo masculino

1 Capacidade ou sentido que permite percibir os olores: *O olfacto é un dos cinco sentidos humanos.*

2 Capacidade para descubrir algo: *Un detective ha de ter bo olfacto.*

FAM. olfactear, olfactivo.

olimpíada

substantivo feminino

Competición internacional de xogos deportivos que se celebra cada catro anos nunha cidade diferente do mundo: *A olimpíada de 1992 celebrouse en Barcelona.*

olímpico, olímpica

adxectivo

Das olimpíadas ou relativo a elas: *O atletismo é o rei dos deportes olímpicos.*

oliva

substantivo feminino

Froita da oliveira, de forma oval e de cor verde morada ou negra e con carabuña: *Da oliva extráese o aceite e tamén se pode comer.*

FAM. oliveira, oliveiral.

oliveira

substantivo feminino

Árbore de folla perenne, tronco curto, groso e retorto que ten como froito a oliva: *Na Idade Media seica había moitas oliveiras por Verín.*

ollada
substantivo feminino

1 Visión rápida de algo: *Bótalle de cando en cando unha ollada ao coche, que está en dobre fila.*

2 Forma de mirar: *Ese cativo ten unha ollada triste.* SIN. mirada, ollar.

ollal
substantivo masculino

Abertura longa pola que pasa un botón para abrochar unha peza de vestir: *Metía os botóns nos ollais da camisa.*

ollar
substantivo masculino

1 Ollada.

verbo

2 Mirar con certa atención: *Ollaba os titulares do xornal.*

olleiras
substantivo feminino plural

Manchas escuras ou cores máis escuras que se poñen debaixo dos ollos: *Durmir mal produce olleiras.*

ollo
substantivo masculino

1 Órgano que serve para ver: *As persoas temos dous ollos.*

2 Mirada ou vista: *O avó non lle quitaba os ollos de enriba ao neto.*

3 Atención ou coidado que se pon en algo: *Anda con ollo ao cruzares a rúa.*

4 Abertura que atravesa algo de parte a parte: *Meteu a chave polo ollo da pechadura.*

5 Parte central do furacán: *Na gravación de vídeo víase perfectamente o ollo do furacán.*

6 Cada unha das xemas das patacas aínda sen xermolar: *Esas patacas teñen ollos.*

EXP. **A ollo** Calculado de forma aproximada: *A ollo haberá unhas corenta persoas no bar.* **Abrir os ollos** Estar atento: *Abre os ollos para que non che rouben a carteira.* **Abrirlle os ollos a alguén** Desenganalo ou facer que saiba algo: *O amigo abriulle os ollos sobre a mala vida que levaba o seu mozo.* **Botarlle o ollo a algo** Fixarse en algo coa intención de conseguilo: *Xa lle botou o ollo a unha nova moto.* **Comer cos ollos** Mirar moito ou gustar moito algo: *O rapaz comía cos ollos o pastel.* **Con cen ollos** Con moito coidado: *Cómpre ler ese contrato con cen ollos.* **Cos ollos pechados, fechados** ou **cerrados** Con toda a seguridade ou sen pensalo: *Eu sei ir por esa estrada cos ollos pechados.* **Encher o ollo** Gustar moito: *Ese mozo énchelle o ollo á túa filla.* **Entrar polos ollos** Gustar polo seu aspecto exterior: *Esa torta tan bonita entra polos ollos.* **Meterlle algo a alguén polos ollos** Insistirlle moito con algo para que o acepte: *O vendedor metíalle aqueles zapatos polos ollos.* **Non pegar, pechar** ou **cerrar ollo** Non durmir nada en toda a noite: *Esta noite coa dor de moas non pechei ollo.* **Ollo de boi** Ventá pequena e circular que adoita haber nos barcos: *O camarote tiña un ollo de boi.* **Ollo do cu** Ano: *Ollo do cu é unha expresión que soa mal.* **Ser o ollo dereito de alguén** Ser o preferido: *Esa neta é o ollo dereitos dos avós.* **Ter bo** ou **mal ollo** Acertar ou non en algo: *Tivo mal ollo e elixiu o peixe podre.* **Ter cen ollos** Darse de conta de algo moi rapidamente: *El axiña deu co engano porque ten cen ollos para os negocios.* **Ter de ollo a alguén** ou **algo** Vixialo moito: *Ese profesor ten de ollo nos exames aos que xa pescou copiando.* **Un ollo da cara** Moito: *Ese traxe custoulle un ollo da cara.*

FAM. ollada, ollal, ollar, olleiras, ollomol, ocular, oculista, anteollos.

ollomol
substantivo masculino

Peixe mariño de ollos grandes e brandos, de cor tirando a rosa e cunha mancha escura onda as aletas laterais, cuxa carne é branca e moi saborosa: *Na cea de Noiteboa tomamos de primeiro ollomol asado.*

OBS. O plural é *ollomoles.*

olmo
substantivo masculino

Árbore de tronco groso e dereito coa casca dura e que pode acadar entre quince e vinte metros de altura: *A madeira de olmo é moi apreciada.* SIN. umeiro.

olor
substantivo masculino

Sensación que se percibe polo nariz ou olfacto e que se desprende dos corpos: *O olor dese perfume é moi agradable.* SIN. cheiro.

FAM. oloroso, ulir.

***olvidar**, a forma correcta é **esquecer**.

ombreiro ou ombro
substantivo masculino
Parte superior e lateral do corpo onde comeza o brazo e se une con el: *A mochila lévase suxeita aos ombreiros.*

omisión
substantivo feminino
Feito de non dicir ou de non facer algo: *No seu discurso fixo omisión dos datos que lle eran desfavorables.*

omitir
verbo
Deixar de dicir ou de facer: *O seu traballo omite algúns datos fundamentais.*
FAM. omisión.

omnívoro, omnívora
adxectivo ou substantivo
Dito dun animal, que come alimentos procedentes doutros animais e de vexetais: *Os porcos son animais omnívoros.*

omoplata
substantivo feminino
Cada un dos dous ósos case planos e triangulares situados debaixo dos ombreiros na parte posterior das costas: *Nas omoplatas articúlanse os úmeros e as clavículas.* SIN. espádoa.

once
numeral
Número 11: *Falta un ovo para a ducia, pois só hai once.*
FAM. undécimo.

onda[1]
substantivo feminino
1 Cada unha das elevacións da auga producidas polo vento na superficie do mar, dun río ou dun lago: *Hoxe na praia as ondas eran moi altas.* SIN. vaga.
2 Cada unha das curvas que se forman nas superficies ou cousas flexibles: *Peiteaba o cabelo con ondas.*
3 Fenómeno atmosférico que fai subir ou baixar moito a temperatura: *Na primeira semana de agosto pasamos unha onda de calor.* SIN. vaga.
4 Gran cantidade de algo, especialmente se aparece repentinamente: *Á redacción do xornal chegou unha onda de protestas.* SIN. vaga.
5 Movemento regular co que se estenden cousas como o son a través do aire ou doutro medio: *Os transistores captan as ondas sonoras dos programas que emiten as emisoras de radio.*
FAM. ondada, ondear, ondulado, ondulante, ondular, microondas, rompeondas.

onda[2]
preposición
Úsase para indicar que algo está moi próximo no espazo: *Senta onda nós.* SIN. xunta, xunto a.
OBS. É distinto de *onde* e *canda.*

ondada
substantivo feminino
Sucesión continua de ondas, especialmente das do mar: *Na praia hoxe vai moita ondada.*

onde
adverbio
1 Indica o lugar en que algo está: *O martelo estará onde o colocaches.*
2 Indica o lugar cara ao que algo se dirixe: *Non sei onde vai correndo tanto.*
OBS. Na acepción 2 non se usa coa preposición *a: Non sei *a onde foi > onde foi.* É distinto de *onda*[2].

ondear
verbo
Moverse facendo ondas ou curvas con forma de S: *As bandeiras ondeaban co vento.*

ondular
verbo
Facer que aparezan ondas ou curvas con forma de S: *O peiteador onduloulle o cabelo.*
FAM. ondulación, ondulado, ondulante.

onomatopea
substantivo feminino
Palabra ou expresión que imita un son da vida real: *Quiquiriquí é unha onomatopea que imita a voz do galo.*
FAM. onomatopeico.

onte
adverbio
1 No día anterior ao de hoxe: *Hoxe é venres e onte foi xoves.*
2 Nun tempo pasado: *Onte era un cativo e hoxe xa é un home feito e dereito.*
FAM. antonte.

onza
substantivo feminino

1 Unidade de peso que equivale a 28,7 ou 28,3 gramos: *A onza tradicional equivale a 28,7 gramos e a inglesa a 28,3.*
2 Cada unha das partes en que se divide unha pastilla de chocolate: *As pastillas de chocolate tradicionais teñen vinte onzas.*
3 Antiga moeda española de ouro: *Xa hai moito que non se usan as onzas.*

opa
interxección

Úsase para animar ou para incitar a erguerse ou erguer algo: *Opa, arriba dunha vez!*
SIN. upa.
FAM. opar.

opaco, opaca
adxectivo

Que non deixa pasar a luz: *A madeira é opaca e o cristal transparente.* ANT. transparente.
FAM. opacidade.

opción
substantivo feminino

1 Posibilidade de elixir: *Tes a opción de ir ou quedar.* SIN. elección.
2 Dereito ou posibilidades de conseguir algo: *Se o noso equipo gaña hoxe, ten aínda opción ao título.*

ópera
substantivo feminino

Obra teatral en que se empregan tamén a música e a poesía: *A partir do drama* O Mariscal *de Cabanillas e Vilar Ponte compúxose unha ópera.*

operación
substantivo feminino

1 Acción que se realiza para conseguir un fin: *Nesa operación a policía detivo varios narcotraficantes.*
2 Intervención ou acción sobre un corpo vivo para quitar, pór ou corrixir órganos, membros ou tecidos: *Na operación o cirurxián extirpoulle o apéndice.*
3 En matemáticas, proceso que permite partindo duns elementos dados obter un resultado: *A suma, a resta, a multiplicación e a división son operacións.*

operador, operadora
substantivo

1 Persoa especializada no uso de aparellos técnicos: *Nas rodaxes de cine as cámaras manéxanas os operadores.*
2 Persoa que traballa nunha central telefónica establecendo distintos tipos de comunicación: *Chamoume unha operadora que me ofrecía un contrato mellor para o móbil.*
3 Empresa que proporciona servizos de telecomunicacións: *Esa nova operadora ofrece contratos moi baratos para internet.*

substantivo masculino

4 En matemáticas, signo que indica a operación que hai que realizar: *Na suma o operador é +.*

operar
verbo

1 Realizar determinada actividade ou traballo: *Esa empresa non opera na nosa comunidade.* SIN. actuar.
2 Realizar unha operación médica ou intervención cirúrxica: *Operárono no hospital de apendicite.* SIN. intervir.
3 Realizar operacións matemáticas: *Coas calculadoras opérase de xeito automático.*
4 Producir un efecto: *A educación obrigatoria operou grandes melloras na nosa sociedade.* SIN. causar, producir.
FAM. operación, operador, operario, operativo, operatorio.

operario, operaria
substantivo

Persoa que traballa, especialmente coas mans, para gañar un soldo en cartos: *Un operario amañou a persiana.* SIN. obreiro, traballador.

opinar
verbo

Dicir ou ter unha idea ou pensamento propio sobre algo: *El opinaba que aquilo era un gran negocio.*
FAM. opinión.

opinión
substantivo feminino

Idea propia que alguén ten sobre algo: *El sempre manifesta con sinceridade as súas opinións.* SIN. criterio, parecer, xuízo.
EXP. **Opinión pública** A que está máis estendida entre a poboación: *A opinión pública está a favor da construción do parque.*

opoñer ou opor

verbo

1 Propoñer algo contra o que outro di ou sente: *Ese veciño oponse na xunta a todas as propostas do presidente.* ANT. aceptar, admitir.

2 Pór en contra para estorbar ou impedir algo: *No fútbol, os defensas opóñense aos dianteiros.*

3 **opoñerse** ou **oporse** Ser unha cousa contraria a outra: *A luz oponse á escuridade.*

4 Poñerse en contra de algo: *A oposición oponse no Parlamento ás propostas do Goberno.* SIN. enfrontarse. ANT. aceptar, admitir, consentir, permitir.

OBS. Conxúgase como *poñer* ou *pór*.

FAM. opoñente, oposición, opositor.

oportunidade

substantivo feminino

Situación en que é posible ou fácil facer ou conseguir algo: *Cando teña unha oportunidade visitarei Bos Aires.* SIN. momento, ocasión.

oportuno, oportuna

adxectivo

Que é da maneira debida e que acontece no momento adecuado: *A súa axuda foinos moi oportuna.* SIN. acertado, apropiado, conveniente.

FAM. oportunidade, oportunista.

oposición

substantivo feminino

1 Relación contraria entre dúas cousas: *Entre o negro e o branco hai oposición.*

2 Posición de quen se opón ou está en contra de algo ou alguén: *Montou aquel negocio malia a oposición dos pais.*

3 Grupo que se opón ou está en contra do goberno que está no poder: *A oposición votou en contra das propostas do Goberno.*

4 Conxunto de exames e exercicios que hai que aprobar para conseguir algúns traballos: *Para ser funcionario cómpre aprobar as oposicións.*

FAM. opositar, opositor.

oposto, oposta

1 Participio irregular de *poñer* ou *pór*.

adxectivo

2 Que se opón ou é o contrario de algo ou alguén: *Non se entenden porque os dous teñen formas de pensar opostas.* SIN. contrario. ANT. idéntico.

opresión

substantivo feminino

1 Molestia producida por algo que aperta ou afoga: *Con estes zapatos tan estreitos sinto opresión nas dedas.*

2 Situación en que se está baixo o poder de alguén sen dereitos nin liberdade ningúns: *Os irmandiños sublevéronse contra a opresión dos nobres no século XV.* SIN. asoballamento, tiranía. ANT. liberdade.

oprimir

verbo

1 Facer presión ou forza sobre algo: *Este pantalón tan apertado oprímeme a barriga.* SIN. apertar, premer.

2 Estar baixo o poder total de alguén sen dereito nin liberdade ningúns: *O pobo galego sublevouse contra o exército de Napoleón, que o oprimía.* ANT. liberar.

FAM. opresión, opresor.

optar

verbo

1 Decidirse por unha posibilidade entre varias: *Tes que optar entre a camisa azul e a branca.* SIN. elixir, escoller.

2 Aspirar a un traballo, cargo ou categoría: *Ao posto de director optan varios profesores.* SIN. aspirar.

FAM. opción, optativo.

óptico, óptica

adxectivo

1 Da visión ou dos ollos ou relacionado con eles: *O nervio óptico leva ao cerebro as sensacións que permiten a visión.*

2 Da óptica ou ciencia que estuda os fenómenos relacionados coa luz e coa visión: *O microscopio é un aparello óptico.*

substantivo

3 Persoa que se dedica á venda de obxectos relacionados coa visión e coa mellora desta por lentes: *O óptico aconselloume estas lentes que levo.*

substantivo feminino

4 Ciencia que estuda os fenómenos relacionados coa luz e coa visión e fabrica lentes para mellorar a visión: *Un gran adianto da óptica foi o desenvolvemento das lentes de contacto.*

5 Tenda ou establecemento en que se venden lentes e obxectos para mellorar a visión: *Merquei estas lentes na óptica do meu barrio.*
6 Forma de pensar sobre un asunto: *Visto desde unha óptica optimista iso non é ningún problema.* SIN. perspectiva, punto de vista.

optimismo
substantivo masculino
Forma de ser da persoa que sempre ve o lado bo das cousas: *O optimismo fai que as persoas sexan máis alegres.* ANT. pesimismo.

optimista
adxectivo ou substantivo
Que sempre ve o lado bo das cousas: *Sempre espera aprobar porque é moi optimista.* SIN. positivo. ANT. negativo, pesimista.

óptimo, óptima
adxectivo
Que non pode ser mellor: *Os resultados desas análises de sangue foron óptimos.* SIN. inmellorable. ANT. pésimo.

ora
conxunción
Indica alternancia ou distribución: *Ora chora, ora ri.* SIN. ben, quer, xa.

oración
substantivo feminino
1 Nas relixións, conxunto de palabras que se dirixen a un deus ou a un santo para gabalos ou pedirlles algo: *O nosopai é a oración máis importante do cristianismo.* SIN. pregaria, rezo.
2 En gramática, conxunto de palabras con sentido completo, especialmente cando se organizan arredor dun verbo: *Manuel estuda moito é unha oración.*

orador, oradora
substantivo
Persoa que sabe falar en público e convencer á xente que a escoita: *Un político debe ser bo orador.*

oral
adxectivo
1 Que se expresa ou comunica por medio de palabras faladas: *Nos exames orais póñome máis nervioso ca nos escritos.* SIN. verbal. ANT. escrito.
2 Da boca ou relacionado con ela: *As pílulas e pastillas tómanse por vía oral.*

orangután
substantivo masculino
Mono grande e forte, sen rabo, de pel negra e pelo avermellado, de pernas curtas e brazos moi longos: *Os orangutáns comen sobre todo follas e froitos das árbores.*

orar
verbo
1 Falar en público coa intención de convencer: *Ese político ora moi ben, pero non fai nada.*
2 Nas relixións, dirixir oracións a un deus ou a un santo: *Oraba diante do Santo Cristo de Ourense.* SIN. pregar, rezar.
FAM. oración, oráculo, orador, oral, oratoria, oratorio.

oratoria
substantivo feminino
Técnica de falar ben en público e convencer aos que escoitan: *Ese político ten unha oratoria moi boa.*

orballar
verbo
1 Formarse pola noite co frío pingas moi pequenas de auga que se depositan sobre as plantas: *Esta noite orballou, pois hai pingas de auga nas follas e nas herbas.*
2 Chuviscar.

orballo
substantivo masculino
1 Conxunto de pingas de auga moi pequenas que se forman pola noite a causa do frío sobre as plantas: *As edras estaban cheas de orballo.* SIN. resío, rosada.
2 Chuvia moi fina, mais mesta e compacta: *O orballo móllanos pouco a pouco.* SIN. babuña, babuxa, chuvisca, poalla, zarzallo.
FAM. orballar.

orbe
substantivo masculino
1 Conxunto de todo o creado ou existente: *O orbe está formado pola Terra, mais tamén polo resto dos astros.* SIN. cosmos, creación, mundo, universo.
2 O planeta Terra con todo o que existe nel: *Unha guerra nuclear destruiría o orbe.* SIN mundo.

órbita
substantivo feminino

1 Traxectoria de forma curva e pechada que fai un corpo cando se move, especialmente un astro no seu desprazamento: *Os satélites describen unha órbita ao xiraren arredor dos planetas.*

2 Cada un dos ocos da cara en que están os ollos: *Estaba tan asustado que lle saían os ollos das órbitas.*

FAM. orbitar.

orde
substantivo feminino

1 Colocación de algo da maneira adecuada: *As palabras dos dicionarios están colocadas por orde alfabética.* ANT. desorde.

2 Situación normal en que todo está tranquilo e se respectan as normas: *A policía é a encargada de manter a orde pública nas rúas.* ANT. desorde.

3 Categoría para clasificar persoas e cousas: *Aquí non trataremos problemas de segunda orde.* SIN. clase, tipo.

4 O que alguén manda para que outro obedeza: *Os empregados sempre executan as ordes do xefe.* SIN. mandado.

5 Organización relixiosa formada por membros que viven de acordo cunhas regras: *Ingresou na orde dos frades bieitos.*

6 Organización que pode ter carácter militar ou doutro tipo: *A Orde de Santiago protexía o Camiño de Santiago.*

7 Forma en que se van substituíndo varias persoas para facer unha actividade ou unha función: *Como somos tres e só temos un coche, usarémolo seguindo unha orde.* SIN. quenda.

8 Forma de facer ou de estar algo de xeito apropiado e conveniente: *Para facer calquera traballo hai que seguir unha orde.* ANT. desorde.

EXP. **De orde de alguén** Porque o mandou alguén: *Ese bando saíu de orde do propio alcalde.* **Estar á orde do día** Ser moi habitual: *Que chegue tarde ao traballo está á orde do día.* **Orde do día** Lista de tarefas ou temas que han de facerse ou tratarse: *O secretario leu a orde do día da xuntanza.*

FAM. ordenado, ordenador, ordenanza, ordenar, ordinal, desorde, desordenado, desordenar, subordinado.

ordenador
substantivo masculino

Máquina electrónica capaz de tratar de forma automática a información realizando con gran rapidez operacións aritméticas e lóxicas seguindo un programa que se lle cargou antes: *A contabilidade lévase moi doadamente cun ordenador.* SIN. computadora.

ordenanza
substantivo

1 Persoa que traballa nunha oficina facendo recados ou tarefas para as que non cómpre unha preparación especial: *O ordenanza facía as fotocopias.*

substantivo feminino

2 Conxunto de normas ou regras que dá unha autoridade para unha actividade ou un lugar: *Unha ordenanza municipal establece as normas da venda ambulante e das feiras.*

ordenar
verbo

1 Pór en orde, no lugar adecuado ou onde lle corresponde: *A bibliotecaria ordenaba os libros da biblioteca nos seus andeis.* SIN. colocar, organizar. ANT. desordenar, descolocar, desorganizar.

2 Dar a orde ou dicir e esixir que se faga algo ou se realice dunha determinada forma: *As normas de tráfico ordenan que os coches circulen pola dereita.* SIN. mandar, establecer, impor, impoñer, esixir. ANT. obedecer.

3 Na relixión católica, facer sacerdote a unha persoa: *Ordenouno o bispo cando tiña vinte e catro anos.*

ordinal
adxectivo ou substantivo masculino

Que expresa orde ou situación nunha serie ou clasificación: *Primeiro e segundo son numerais ordinais.*

ordinario, ordinaria
adxectivo

1 Que non sorprende porque sempre acontece así: *O ordinario é que os rapaces queiran xogar.* SIN. corrente, común, habitual, normal. ANT. anormal, estraño, insólito, excepcional, extraordinario.

2 Que non destaca e que é coma moitos

outros: *Non quero nada especial para escribir, só un bolígrafo ordinario.* SIN. corrente, normal, común.
adxectivo ou substantivo
3 Que é pouco delicado ou sen educación: *Comer coa boca aberta é propio de ordinarios.* SIN. basto, groseiro, rudo. ANT. delicado, fino.
EXP. **De ordinario** De maneira habitual ou normal: *De ordinario ás oito da mañá xa estou levantado.*

orela
substantivo feminino
1 Bordo dun río ou doutro lugar: *Acampamos na orela do río.* SIN. beira, bordo, marxe, ourela.
2 Extremo que limita unha superficie: *Aparcou o coche na orela dereita da rúa.* SIN. beira, bordo, marxe, ourela.

orella
substantivo feminino
1 Parte externa do órgano do oído dos mamíferos, situada a ambos os lados da cabeza: *Os pendentes penduran das orellas.*
2 Doce típico do Entroido que ten unha forma parecida á dunha orella humana: *No Entroido tomamos de sobremesa orellas.*
EXP. **Andar coa orella posta** ou **tesa** Estar disposto para escoitar con atención: *Fala baixo porque ese está coa orella tesa.* **Baixarlle as orellas a alguén** Facelo obedecer: *Os berros do xefe baixáronlle as orellas e calou.* **Estar ata as orellas** Estar moi canso de algo ou alguén e non poder máis: *Estou ata as orellas das túas informalidades.* **Quentarlle as orellas a alguén** Pegarlle: *Ao árbitro uns afeccionados case lle quentan as orellas.* **Verlle as orellas ao lobo** Darse de conta dun perigo próximo: *Case bate co coche cun farol e viulle as orellas ao lobo.*
FAM. orelleira, orellóns.

orellóns
substantivo masculino plural
Papeiras.

orfanato
substantivo masculino
Lugar onde son recollidos e coidados os nenos que non teñen pai nin nai: *Seus pais morreron e el educouse nun orfanato.*

orfo, orfa
adxectivo ou substantivo
Que non ten pai, nai ou ningún dos dous porque morreron: *É orfa de pai e nai e vive nun orfanato.*
FAM. orfandade, orfanato.

orgánico, orgánica
adxectivo
1 Que ten vida: *As plantas e os animais son seres orgánicos.*
2 Dos órganos dun ser vivo ou relacionado con eles: *A pel é un tecido orgánico.*
3 Referido a unha substancia de orixe vexetal ou animal, que ten carbono como elemento constante: *A glicosa é un composto orgánico.*

organismo
substantivo masculino
1 Conxunto dos órganos dun animal ou dun vexetal: *O organismo recibe o osíxeno que lle achega o sangue.*
2 Ser vivo: *As bacterias son organismos que só se ven co microscopio.*
3 Asociación ou conxunto de persoas, servizos ou cousas dispostos do xeito adecuado para realizar algo: *A ONU é o organismo que tenta manter a paz en todo o mundo.*

organización
substantivo feminino
1 Maneira de estar formado algo segundo unha orde ou estrutura: *A boa organización é fundamental para atopar un libro nunha biblioteca.* SIN. orde. ANT. desorganización, desorde.
2 Conxunto de persoas, grupos ou cousas ben preparados e ordenados para facer algo: *Traballa nunha organización non gobernamental de axuda ao Terceiro Mundo.*

organizar
verbo
1 Pór algo de acordo cunha orde ou estrutura: *O adestrador organizou moi ben a defensa do equipo.* SIN. ordenar. ANT. desordenar, desorganizar.
2 Preparar todo o necesario para algo: *Os meus amigos organizaron o banquete do meu aniversario.*
3 Formar ou provocar: *O accidente de autobús na autoestrada organizou un atasco de tráfico enorme.*

4 organizarse Facer as cousas cunha determinada orde: *El organízase moi ben para ter sempre tempo libre.*
OBS. O *z* cambia en *c* ante *e*, como en *cazar*.

órgano

substantivo masculino

1 Cada unha das partes do corpo dun animal ou dun vexetal que realiza unha función determinada: *O corazón, o fígado e o oído son órganos.*
2 Instrumento musical de vento composto por un ou máis teclados, varios pedais e tubos de diferentes tamaños en que se produce o son: *O órgano da catedral soa moi ben.*
3 Instrumento musical electrónico cun teclado, que ten amplificador e altofalantes e que emite os sons por circuítos eléctricos: *Toca o órgano nun conxunto de rock.* SIN. teclado.
4 Xornal ou medio de comunicación que defende as ideas dun determinado grupo: *Os órganos dese partido son un xornal e mais unha cadea de emisoras de radio e televisión.*
5 O que serve de instrumento ou medio para facer algo: *O claustro de profesores dos centros de ensino é un dos seus órganos de goberno.*
FAM. orgánico, organismo, organista, organización, organizador, organizar.

orgullo

substantivo masculino

1 Sensación de crer que un é mellor ca os demais: *O orgullo non lle deixa corrixir os seus erros.* SIN. soberbia, fumes, vaidade. ANT. humildade, modestia.
2 Satisfacción grande que sente unha persoa por algo seu ou que considera moi bo: *Sente o orgullo de ver os fillos convertidos en xente de proveito.*
3 Boa consideración que temos de nós mesmos e pola que esperamos o respecto dos demais: *O seu orgullo non lle deixa admitir esmolas.*
FAM. orgulloso.

orientación

substantivo feminino

1 Posición ou dirección de algo en relación cun punto cardinal: *A sala ten orientación Oeste e dá o sol pola tarde.*
2 Determinación da posición ou da dirección de algo: *Eu sempre me perdo co coche porque teño moi mal sentido da orientación.*
3 Consello ou información para facer algo: *A profesora deunos unhas orientacións para facermos ben o traballo.*
4 Tendencia ou dirección cara a un punto determinado: *Ese partido ten unha orientación conservadora.*

oriental

adxectivo

1 Do Oriente ou Leste: *Cataluña está na parte oriental da península Ibérica.* ANT. occidental.

adxectivo ou substantivo

2 De Asia e das zonas de África e Europa próximas a Asia: *Os chineses son orientais.* ANT. occidental.

orientar

verbo

1 Colocar nunha posición dirixida cara a un punto cardinal: *A miña casa está orientada cara ao Sur.*
2 Facer que algo ou alguén tomen unha posición determinada: *Orientou o morro do coche cara á porta do garaxe.* SIN. dirixir, encamiñar.
3 Facer que algo tome unha dirección ou fin determinados: *Orientou a súa vida cara á literatura.* SIN. dirixir, encamiñar.
4 Darlle a unha persoa información que necesita para facer algo: *A profesora orientaba os alumnos sobre a realización do traballo.* SIN. asesorar, encamiñar, dirixir, encarreirar, guiar.
5 orientarse Determinar a posición que un ocupa en relación aos puntos cardinais ou a calquera outra cousa: *Nestas rúas estreitas e todas iguais oriéntome moi mal.*

oriente

substantivo masculino

1 Lugar ou punto cardinal por onde sae o sol: *O sol sae por Oriente e ponse por Occidente.* SIN. leste, levante, nacente. ANT. occidente, oeste, poñente.
2 Conxunto de países de Asia e das zonas de Europa e África próximas a Asia: *Xapón e China son países de Extremo Oriente e Turquía de Oriente Medio ou Oriente Próximo.* ANT. occidente.

OBS. Como punto cardinal adoita escribirse con inicial maiúscula e tamén na acepción 2.
FAM. orientación, oriental, orientar.

orificio
substantivo masculino
Abertura máis ou menos redonda que hai nunha superficie: *As follas teñen uns orificios para metelas no caderno de aneis.* SIN. buraco.

*orina, a forma correcta é urina, ouriños.

oriúndo, oriúnda
adxectivo
Que procede ou tivo a orixe onde se di: *É oriúndo da Arxentina pero fillo de galegos.* SIN. natural, nativo, orixinario.

orixe
substantivo feminino
1 Principio, nacemento ou primeiro momento da existencia de algo ou alguén: *Na súa orixe a empresa era moi pequena.* SIN. principio, comezo, nacemento. ANT. final, termo.
2 Punto do que vén algo ou en que comeza a existir: *Esta liña de autobús ten a súa orixe na estación do tren.* SIN. comezo, nacemento, principio. ANT. final, termo, destino.
3 Causa ou motivo que produce algo: *A orixe da pelexa foi unha discusión de fútbol.*
4 Familia ou grupo social en que alguén nace: *Ese millonario é persoa de orixe humilde.* SIN. procedencia, proveniencia.
FAM. orixinal, orixinar, orixinario.

orixinal
adxectivo
1 Da orixe ou comezo e nacemento de algo: *A empresa orixinal non era esta grande empresa de agora.* SIN. inicial, primitivo.
2 Que chama a atención porque é distinto do normal, esperado, habitual ou usado: *Os modelos dese deseñador son moi orixinais.* SIN. singular. ANT. común, corrente, habitual.
adxectivo ou substantivo masculino
3 Referido especialmente a unha obra artística, que non é unha copia e que está feita polo autor: *Ese cadro de Laxeiro non é unha copia, senón un orixinal.*
FAM. orixinalidade.

orixinar
verbo
Causar ou dar lugar a algo: *A forte chuvia orixinou algunhas inundacións.* SIN. causar, motivar, ocasionar, producir.

orixinario, orixinaria
adxectivo
1 Que procede de onde se indica: *Esa rapaza é orixinaria da Coruña.* SIN. indíxena, nativo, natural, oriúndo.
2 Que dá orixe a algo ou o causa: *Aínda se descoñece o fallo orixinario da avaría do avión.*

orizó
substantivo masculino
Gran que sae na beira das pálpebras: *Foi ao oculista porque lle saíu un orizó na pálpebra do ollo dereito.* SIN. tirizó, toromelo.

ornamento ou ornato
substantivo masculino
Adorno ou conxunto de adornos para embelecer algo: *Colocou no salón varias plantas de interior como ornamento.* SIN. adorno, adobío.
FAM. ornamentación, ornamentar.

ornear
verbo
Emitir a súa voz característica o burro: *Na corte orneaba un burro.*
FAM. orneo.

orografía
substantivo feminino
1 Parte da xeografía que estuda o relevo terrestre: *A orografía estuda as montañas e outros accidentes do terreo dun lugar.*
2 Conxunto de montañas que forman o relevo dun lugar: *A orografía galega caracterízase porque presenta montañas arredondadas e de pouca altura.*
FAM. orográfico.

*orquesta, a forma correcta é orquestra.

orquestra
substantivo feminino
Conxunto de músicos que se reúnen para tocar: *A súa orquestra actúa en moitas festas*

orquídea
substantivo feminino
Planta herbácea con flores moi variadas e de cores moi rechamantes que teñen, xeral

mente, un pétalo máis grande ca os outros e tamén esta flor: *A noiva levaba un ramo de orquídeas.*

ortiga
substantivo feminino
Planta herbácea con follas ovaladas que teñen uns pelos que segregan unha substancia que irrita a pel: *Se tocas as ortigas vanche proer os dedos.* SIN. estruga.
FAM. ortigar, ortigueira.

ortodoncia
substantivo feminino
Tratamento para corrixir a mala colocación ou deformación dos dentes: *Ese rapaz ten os dentes torcidos e cómprelle unha ortodoncia.*
FAM. ortodoncista.

ortografía
substantivo feminino
Forma correcta de escribir as palabras dunha lingua de acordo cunhas regras concretas: *A Real Academia Galega establece a ortografía do galego.*
FAM. ortográfico.

ortopedia
substantivo feminino
Corrección dos defectos dos membros do corpo por medio de aparellos ou exercicios especiais: *A ortopedia deseña as pernas artificiais.*
FAM. ortopédico.

orxía
substantivo feminino
Festa dun grupo de persoas que comen e beben en exceso e teñen relacións sexuais: *En Roma celebrábanse moitas orxías.*

orxo
substantivo masculino
Cebada.

orzamento
substantivo masculino
1 Cálculo anticipado dos cartos que vai custar facer algo: *Pedinlles a varios construtores orzamentos para facer un cuarto de baño novo.* SIN. presuposto.
2 Cartos cos que se conta para facer algo: *O Parlamento aprobou os orzamentos do ano que vén.* SIN. presuposto.
FAM. orzar.

orzar
verbo
1 Calcular a cantidade de cartos que vai custar algo: *O albanel orzoume a reforma do cuarto de baño.* SIN. presupostar.
2 Virar unha embarcación dirixindo a proa desde sotavento a barlovento: *O capitán ordenou orzar.*
OBS. O *z* cambia en *c* ante *e*, como en *cazar*.
FAM. orza, orzamento.

osamenta
substantivo
Conxunto de ósos que forman un esqueleto: *Atopamos a osamenta dun lobo no monte.*

osario
substantivo masculino
Oseira.

oscilar
verbo
1 Facer movementos repetidos dun lado ao outro: *Os péndulos dos reloxos de parede oscilan.* SIN. abalar, abanear.
2 Variaren os límites dunha cantidade ou dun valor: *A temperatura hoxe oscilou entre os tres graos da noite e os dezaoito das doce do día.* SIN. flutuar.
FAM. oscilación, oscilante.

oseira
substantivo feminino
Lugar en que hai ósos enterrados ou se depositan mesturados os ósos que se sacaron das sepulturas: *Os ósos do bisavó pasaron do panteón á oseira aos vinte anos do seu enterro.* SIN. osario.

óseo, ósea
adxectivo
Do óso ou que é de óso: *Os vertebrados teñen un esqueleto óseo.*

osixenar
verbo
1 Aumentar a cantidade de osíxeno: *O sangue osixena todos os órganos do corpo.*
2 **osixenarse** Respirar aire puro: *Saímos dar unha volta para nos osixenar.*
OBS. Tamén é correcta a forma *oxixenar*.

osíxeno
substantivo masculino
1 Gas sen olor, sabor nin cor, que forma parte do aire e que é fundamental para a

respiración e a combustión: *Os seres vivos non poden vivir sen osíxeno.*
2 Aire puro: *Abrimos a fiestra do cuarto para que entrase osíxeno.*
OBS. Tamén é correcta a forma *oxíxeno.*
FAM. osixenación, osixenar.

osmar
verbo
1 Buscar co olfacto: *Os cans osmaban os coellos.* SIN. rastrexar, ventar.
2 Sospeitar ou pensar e crer algo a partir de certos datos, sinais ou indicios: *O detective osmaba que aquilo non era un suicidio senón un crime.* SIN. cheirar, presentir, sospeitar, ventar.
3 Tratar de coñecer asuntos dos outros só por curiosidade: *Gústalle moito osmar nas vidas alleas.*
4 Mirar algo que os demais non queren que se vexa ou sen ser visto un: *Gústalle moito osmar desde a fiestra.* SIN. abesullar, atusmar, fisgar.

oso, osa
substantivo
Mamífero plantígrado de gran tamaño, pelo abundante e mesto, habitualmente de cor parda, orellas curtas e fociño longo: *Os osos polares teñen o pelo de cor branca.*
OBS. É distinto de *óso.*

óso
substantivo masculino
Cada unha das pezas duras e abrancazadas que forman o esqueleto dos vertebrados: *O cranio é o óso que protexe o encéfalo.*
EXP. **Contárselle os ósos a alguén** Estar moi delgado: *Ese rapaz está que se lle contan os ósos.* **Ser de carne e óso** Sentir e padecer coma todos: *Non hai deuses, todos somos de carne e óso.* **Ser óso duro de roer** Ser moi difícil: *Este traballo é un óso duro de roer.* **Ser un feixe** ou **saco de ósos** Estar moi delgado: *Ese rapaz é un feixe de ósos.*
OBS. É distinto de *oso.*

ostentación
substantivo feminino
1 Demostración orgullosa e presumida de algo diante dos demais: *Gústalle facer ostentación do seu caro coche deportivo.* SIN. alarde, gala.
2 Gran cantidade de bens, riquezas ou medios dos que se presume: *Vive nun pazo con moita ostentación.* SIN. fachenda, vaidade, pompa. ANT. humildade, modestia.

ostentar
verbo
Amosar con orgullo, vaidade ou presumindo: *O atleta ostentaba a medalla de ouro diante dos xornalistas.*
FAM. ostensible, ostentación.

ostra
substantivo feminino
Molusco mariño comestible sen cabeza diferenciada con dúas cunchas case circulares, rugosas e de cor parda verdosa por fóra: *As ostras viven apegadas ás rochas ou enterradas na area.*

otite
substantivo feminino
Inflamación do oído: *A otite adoita ser dolorosa.*

otorrinolaringoloxía
susbstantivo feminino
Parte da medicina que estuda e trata as enfermidades do nariz, dos oídos e da garganta: *É médico especialista en otorrinolaringoloxía.*
FAM. otorrinolaringólogo.

ou[1]
conxunción
1 Úsase para engadir outra posibilidade: *Non sei se mercar un bolígrafo ou un rotulador.*
2 Úsase para engadir unha explicación ou equivalencia: *Os estomatólogos, ou dentistas, din que o azucre é malo para os dentes.*

ou[2]
interxección
Úsase para indicar sorpresa, admiración, desgusto ou para chamar a alguén: *Ou Antón, ven para acó xa!*

oufano, oufana
adxectivo
Moi satisfeito e orgulloso: *Estaba todo oufano co coche novo.* SIN. fachendoso, orgulloso.
FAM. oufanarse, oufanía.

oulear
verbo
Ouvear.

ourego
substantivo masculino
Herba recendente e aromática moi usada como condimento: *Cómpre botarlle ourego á zorza.*

ourela
substantivo feminino
Orela.

ouriñal
substantivo masculino
Penico.

ouriñar
verbo
Expulsar a urina: *Cómpre sacar o can para que ouriñe.* SIN. mexar.

ouriños
substantivo masculino plural
Urina.
FAM. ouriñal, ouriñar.

ouriolo
substantivo masculino
Paxaro de tamaño mediano, peteiro rosado e ollos vermellos: *O macho do ouriolo é amarelo coas ás e parte do rabo negros e a femia, verdosa na parte superior e abrancazada na inferior.* SIN. vichelocrego.

ourive
substantivo
Persoa que fabrica ou vende obxectos de ouro, prata e outros metais preciosas: *Os ourives de Santiago sempre tiveron sona.*
FAM. ourivaría.

ourizo
substantivo masculino
1 Casca exterior con espiñas que contén as castañas do castiñeiro: *Nun ourizo hai varias castañas.*
2 Mamífero de corpo arredondado e cuberto de espiñas ou pugas: *O ourizo é un mamífero nocturno que se alimenta de insectos.* SIN. ourizo cacho, ourizo cacheiro.
3 Animal mariño con corpo en forma de esfera aplanada e cuberto por unha cuncha calcaria chea de espiñas ou pugas: *Pisei un ourizo nas rochas e teño varias pugas cravadas no pé.* SIN. ourizo do mar, ourizo mariño.

ouro
substantivo masculino
1 Metal precioso de cor amarela moi empregado para facer xoias: *O ouro, a prata e o platino son metais preciosos.*
plural
2 Nunha baralla española, tipo de carta que leva como sinal a imaxe dunha ou máis moedas de ouro: *Ouros, bastos, copas e espadas son os catro paus da baralla española.*
EXP. **De ouro** Moi bo: *A época das Irmandades é unha idade de ouro da cultura galega.*
Ouro negro Petróleo: *O ouro negro é o combustible fundamental da nosa economía.*
FAM. dourado, dourar, ouropel.

ousadía
substantivo feminino
Valor ou valentía da persoa que non ten medo e se atreve a todo: *Tivo a ousadía de enfrontarse con dous ladróns el só.* SIN. audacia, afouteza, valor, valentía.

ousar
verbo
Ter valor para facer algo moi difícil, novo ou perigoso: *Eu non ouso conducir con este temporal.* SIN. atreverse.
FAM. ousadía, ousado.

ousia
substantivo feminino
Ábsida.

outeiro
substantivo masculino
Monte de pouca altura que se eleva sobre un terreo chan: *A ermida está nun outeiro.* SIN. cerro, cuíña, lomba.

outono
substantivo masculino
Estación do ano entre o verán e o inverno e que comeza o 22 ou 23 de setembro e remata o 21 ou 22 de decembro: *As árbores de folla caduca perden as follas no outono.*
FAM. outonada, outonal, outonizo.

outorgar
verbo
Dar ou conceder algo: *A ese escritor outorgáronlle o primeiro premio no concurso de novela.* SIN. conceder, dar, dispensar. ANT. negar.

OBS. O *g* cambia en *gu* ante *e*, como en *pagar*.
FAM. outorgamento.

outro, outra
indefinido
1 Indica unha persoa ou cousa que non é a mesma da que se falou ou da que hai, pero moi parecida ou semellante: *Colleu do andel do armario outra camisa.*
2 Indica un tempo anterior: *O outro ano foramos de vacacións a unha casa rural.*
FAM. outrora.

outrora
adverbio
1 Hai tempo, no pasado: *Outrora os carros eran moi usados no agro.*
2 Noutro momento: *Atendereite outrora, pois agora estou ocupado.*

outubro
substantivo masculino
Mes número dez do ano: *Outubro queda entre setembro e novembro.*

ouvear
verbo
Emitir unha voz prolongada de queixa animais como o can ou o lobo: *O can ouveaba na noite.* SIN. oulear.
FAM. ouveo.

ouvido
substantivo masculino
Oído.

ouvinte
substantivo
Oínte.

ouvir
verbo
Oír.

ova
substantivo feminino
Conxunto de pequenos ovos de certos peixes e crustáceos envoltos nunha membrana: *De primeiro tomou unhas ovas de pescada.* SIN. míllara.
OBS. Adoita usarse en plural.

ovación
substantivo feminino
Aplausos grandes e prolongados dun conxunto de persoas a alguén ou algo: *O público dirixiu unha ovación ao cantante.*
FAM. ovacionar.

ovado, ovada
adxectivo
Con forma parecida á dun ovo: *As améndoas teñen unha forma ovada.*

oval
adxectivo
Que ten forma de curva pechada e alongada: *A nosa mesa do comedor é oval.*

ovario
substantivo masculino
1 Cada un dos órganos glandulares do aparato reprodutor das mulleres e das femias dalgúns animais que producen os óvulos: *O ovario produce os óvulos, que son as células reprodutoras femininas.*
2 Nunha flor, parte inferior e máis larga do pistilo en que están os óvulos: *O ovario forma parte do aparato reprodutor da flor.*

ovella
substantivo feminino
Mamífero ruminante que ten o corpo cuberto de la, que se aproveita para facer teas e pezas de punto: *En Castela na Idade Moderna tiveron moita importancia os rabaños de ovellas.*
EXP. **Ser a ovella negra** Destacar nun grupo de persoas por características consideradas negativas: *É a ovella negra do grupo, pois todos aproban menos el.*
OBS. O seu masculino é *carneiro*.

ouvir

INDICATIVO		SUBXUNTIVO	IMPERATIVO
Presente	**Copretérito**	**Presente**	ouve
ouzo	ouvía	ouza	ouvide
ouves	ouvías	ouzas	
ouve	ouvía	ouza	
ouvimos	ouviamos	ouzamos	**FOR. NOMINAIS**
ouvides	ouviades	ouzades	**Infinitivo**
ouven	ouvían	ouzan	ouvir
Pretérito	**Antepretérito**	**Pretérito**	**Xerundio**
ouvín	ouvira	ouvise	ouvindo
ouviches	ouviras	ouvises	**Participio**
ouviu	ouvira	ouvise	ouvido
ouvimos	ouviramos	ouvísemos	
ouvistes	ouvirades	ouvísedes	
ouviron	ouviran	ouvisen	
Futuro	**Pospretérito**	**Futuro**	**Inf. conxugado**
ouvirei	ouviría	ouvir	ouvir
ouvirás	ouvirías	ouvires	ouvires
ouvirá	ouviría	ouvir	ouvir
ouviremos	ouviriamos	ouvirmos	ouvirmos
ouviredes	ouviriades	ouvirdes	ouvirdes
ouvirán	ouvirían	ouviren	ouviren

ovino, ovina

adxectivo

Da ovella ou relacionado con ela: *En Galicia, a gandaría ovina é moito menos importante ca a bovina.*

ovíparo, ovípara

adxectivo ou substantivo

Referido a un animal, que nace dun ovo que se abre fóra da nai: *As aves, os réptiles e os peixes son animais ovíparos.*

ovni

substantivo masculino

Obxecto voador e que non se pode identificar: *Para algunhas persoas os ovnis son naves doutros planetas.*

OBS. É sigla de *obxecto voador non identificado.*

ovo

substantivo masculino

1 Corpo de forma máis ou menos redonda posto polas femias de animais como as aves, os réptiles ou os peixes e do que nace un novo ser: *Dos ovos fecundados das galiñas nacen os pitos.*

2 Nos animais e plantas, célula procedente da unión da célula reprodutora masculina e da célula reprodutora feminina: *Na especie humana o ovo está formado pola unión dun óvulo cun espermatozoide.* SIN. cigoto.

FAM. ovado, oval, ovario, óvulo, ovulación, ovíparo, ovovivíparo.

ovovivíparo, ovovivípara

adxectivo ou substantivo

Dito dun animal, que nace dun ovo pero que abre dentro da nai: *A víbora é un animal ovovivíparo.*

ovulación

substantivo feminino

Desprendemento ou liberación dun ou varios óvulos maduros do ovario: *A ovulación na muller prodúcese cada vinte e oito días.*

óvulo

substantivo masculino

1 Nos animais, célula reprodutora feminina que se forma no ovario: *Na fecundación humana un óvulo únese cun espermatozoide.*

2 Nunha flor, órgano en forma de saco que contén as células reprodutoras femininas: *Os óvulos maduros forman as sementes.*

oxidar

verbo

Estragar un material, especialmente metálico, ao cubrilo cunha capa de óxido que o vai desfacendo ou corroendo: *O osíxeno da auga oxida o ferro.* SIN. enferruxar. ANT. desenferruxar, desoxidar.

óxido

substantivo masculino

Capa que se forma pola acción do osíxeno sobre os metais e que os estraga e corroe: *Antes de pintar a porta de ferro, cómpre lixarlle ben o óxido.*

FAM. oxidación, oxidante, oxidar.

ozono

substantivo masculino

Gas de cor azulada que se forma nas capas altas da atmosfera: *O ozono é o osíxeno modificado polas descargas eléctricas e protexe das radiacións solares.*

FAM. ozonosfera, ozonoterapia.

P

p

substantivo masculino

Letra número quince do abecedario: *A palabra* papá *ten dous pes.*

OBS. O seu nome é pe.

pa

substantivo feminino

1 Ferramenta formada por unha prancha de ferro e un mango longo de pau que serve para recoller terra, area e outros materiais: *Os albaneis botaban a area na amasadora coa pa.*

2 Obxecto formado por un mango e unha prancha de madeira ou doutro material que se usa para darlle a unha pelota en certos xogos: *Xogaban ao tenis na praia cunhas pas de madeira.*

3 Calquera obxecto que acaba nun extremo en forma de prancha e adoita ter un mango longo para collelo: *O panadeiro sacaba o pan do forno coa pa.*

FAM. pada, padeadora, padexar, paleta.

pabío

substantivo masculino

Nunha candea ou candil, cordón de algodón ou liño que arde e aluma: *O pabío é o que arde e dá luz nas candeas.* SIN. torcida.

pacer

verbo

Pastar.

pachorra

substantivo feminino

Calma e tranquilidade moi grandes: *Traballa con moita pachorra e nunca remata.*

SIN. cachaza, parsimonia.

FAM. pachorrento.

paciencia

substantivo feminino

Capacidade para aguantar sen enfadarse e permanecer tranquilo nas penas, nos traballos ou cando se espera algo: *Vale moito para coidar cativos porque ten moita paciencia.* SIN. calma, tranquilidade. ANT. impaciencia.

FAM. paciente, impaciencia, impaciente.

paciente

adxectivo

1 Que ten paciencia ou tranquilidade para aguantar desgrazas, penas ou traballos: *Cómpre ser paciente nas desgrazas e esperar tempos mellores.* ANT. impaciente.

adxectivo ou substantivo masculino

2 Que recibe ou padece a acción de algo: *O suxeito paciente non realiza a acción senón que a padece ou sofre.* ANT. axente.

substantivo

3 Persoa que recibe o tratamento ou coidados médicos: *Ese médico é moi cariñoso cos pacientes.* SIN. enfermo.

pacificar

verbo

Establecer a paz onde hai guerra, pelexa ou enfrontamento: *Tropas da ONU pacificaron esta zona.*

OBS. O *c* cambia en *qu* diante do *e*, como en *sacar.*

FAM. pacificación.

pacífico, pacífica

adxectivo

Que amosa paz ou tranquilidade e unha falta total de guerra ou enfrontamento: *É unha persoa moi pacífica, que nunca discute por nada.* SIN. apracible, tranquilo. ANT. agresivo, violento.

pacifista
adxectivo ou substantivo
Que defende a paz e se opón a calquera guerra: *Os pacifistas manifestáronse contra o armamento nuclear.* ANT. belicista.
FAM. pacifismo.

pacotilla
substantivo feminino
Calquera cousa mal acabada, mal feita ou de moi pouca calidade: *Eses mobles rompen con nada, son pacotilla.*

pactar
verbo
Pórse de acordo en algo: *Os traballadores e o patrón pactaron unha suba dos soldos.* SIN. acordar, convir, quedar.

pacto
substantivo masculino
Acordo ao que se chega: *As dúas nacións asinaron un pacto para evitar a guerra.* SIN. acordo, convenio, tratado.
OBS. É distinto de *pauto.*
FAM. pactar.

pada
substantivo feminino
Cantidade de algo que se pode coller dunha vez cunha pa: *O albanel para facer a masa botaba tres padas de area por unha de cemento.*

padal
substantivo masculino
Parte superior da boca que está enriba da lingua: *O padal separa a boca das fosas nasais.* SIN. ceo da boca.

padeadora
substantivo feminino
Máquina provista dunha gran peza ou recipiente metálico que se utiliza para apartar a neve ou escavar na terra e cargala sobre un camión: *As empresas construtoras fan as escavacións con grandes padeadoras.*

padecer
verbo
Sufrir dores ou algo malo: *Padece moito do estómago.* SIN. sufrir.
OBS. É regular, *padezo, padeza.*
FAM. padecemento.

padexar
verbo
Coller e cambiar de lugar coa pa: *Os albaneis padexaban a area para facer un só montón.*

padiola
substantivo feminino
Especie de cama estreita portátil ou móbil, con ou sen rodas, que se usa para levar enfermos ou feridos: *O xogador foi retirado do campo en padiola.* SIN. angarellas.
FAM. padioleiro.

padioleiro, padioleira
substantivo
Persoa que leva os enfermos ou feridos en padiola: *Nos campos de fútbol hai padioleiros por se algún xogador se lesiona.*
OBS. É incorrecta a forma **camilleiro.*

padrasto
substantivo masculino
1 Marido da nai en relación co fillo que esta leva ao matrimonio e que non é fillo deste marido actual: *Lévase moi ben co padrasto.*
2 Pel que se levanta arredor das uñas: *Os padrastos poden doer moito.*

***padrastro**, a forma correcta é **padrasto**.

padre
substantivo masculino
1 Tratamento de respecto que se lles dá aos relixiosos, frades e sacerdotes: *O padre Telmo confesaba un fregués.*
2 Tratamento de respecto para o pai: *Mi padre era moi culto.*
EXP. **Santo Padre** O papa: *O Santo Padre é o bispo de Roma.*
OBS. Nesta expresión adoita escribirse con inicial maiúscula.

padriño
substantivo masculino
1 En relación cunha persoa, home que o acompaña e asiste ao recibir algúns sacramentos católicos ou algún honor: *Meu tío materno foi o meu padriño de bautizo.*
2 Persoa con poder que protexe ou favorece a outra, especialmente de forma ilegal: *Déronlle o permiso ese de obra porque seica ten padriños no Concello.* SIN. protector, valedor.

padroádego ou padroado

substantivo masculino

1 Axuda que dá unha persoa importante e poderosa ou algunha institución: *O concerto de música clásica conta co padroado do Concello.* SIN. patrocinio.

2 Asociación que fai obras benéficas e culturais sen interese de gañar cartos: *O Padroado Rosalía de Castro conserva a casa da autora e difunde a súa obra.*

padroeiro, padroeira

substantivo

Na relixión católica, santo elixido como protector dun lugar, dun colectivo ou dunha igrexa: *San Martiño é o padroeiro da cidade de Ourense.* SIN. patrón.

padrón

substantivo masculino

Lista de persoas que viven nun país ou nunha poboación: *Para poder votar hai que estar inscrito no padrón de habitantes.*

paella

substantivo feminino

Comida elaborada especialmente con arroz e outros ingredientes como polo, mariscos e legumes: *A paella é un prato típico valenciano.*

paga

substantivo feminino

Cantidade de cartos recibida por facer un traballo: *A paga deste mozo anda polos mil euros mensuais.* SIN. salario, soldo.

pagamento

substantivo masculino

Entrega de cartos a cambio de algo ou porque se deben: *Aínda non rematamos o pagamento da hipoteca do piso.* SIN. aboamento, pago.

pagán, pagá

adxectivo ou substantivo

Que non é cristián ou non está bautizado: *A doutrina católica considera pagáns as persoas non bautizadas.*

pagar

verbo

1 Dar cartos ou outra cousa a cambio de algo: *Para ir ao cine cómpre pagar antes a entrada.* SIN. aboar, satisfacer. ANT. cobrar, deber.

2 Cumprir un castigo: *Xa pagou os seus delitos con dous anos de cárcere.*

OBS. O *g* cambia en *gu* diante do *e*. Ten dous participios, o irregular *pago*, *paga*, que se usa como adxectivo, e o regular, *pagado*, que se emprega nas perífrases verbais.

FAM. paga, pagán, pagamento, pago.

pago, paga

1 Participio irregular de *pagar*.

adxectivo

2 Que se paga ou pagou: *Neste traballo son días pagos os cinco primeiros da semana e o sábado e o domingo non se cobran.*

substantivo masculino

3 Pagamento.

pagode

substantivo masculino

Templo budista en forma de torre cuns pisos enriba dos outros separados por cornixas: *Os pagodes son propios dos países budistas de Oriente.*

pai

substantivo masculino

1 Dito dun home ou animal macho, o que é en relación co seu fillo: *Todos temos pai e nai.*

plural

2 O que son un home e unha muller en relación co seu fillo: *Os pais están moi contentos coas notas da filla.*

pagar

INDICATIVO		SUBXUNTIVO	IMPERATIVO
Presente	**Copretérito**	**Presente**	paga
pago	pagaba	pague	pagade
pagas	pagabas	pagues	
paga	pagaba	pague	
pagamos	pagabamos	paguemos	FOR. NOMINAIS
pagades	pagabades	paguedes	**Infinitivo**
pagan	pagaban	paguen	pagar
Pretérito	**Antepretérito**	**Pretérito**	**Xerundio**
paguei	pagara	pagase	pagando
pagaches	pagaras	pagases	**Participio**
pagou	pagara	pagase	pagado
pagamos	pagaramos	pagásemos	
pagastes	pagarades	pagásedes	
pagaron	pagaran	pagasen	
Futuro	**Pospretérito**	**Futuro**	**Inf. conxugado**
pagarei	pagaría	pagar	pagar
pagarás	pagarías	pagares	pagares
pagará	pagaría	pagar	pagar
pagaremos	pagariamos	pagarmos	pagarmos
pagaredes	pagariades	pagardes	pagardes
pagarán	pagarían	pagaren	pagaren

EXP. **Pai de todos** Dedo central da man: *O pai de todos é o dedo máis longo da man.* SIN. maior de todos. **Pai político** Sogro dunha persoa: *Lévase moi ben co pai político.*

paifoco, paifoca
adxectivo ou substantivo
Pailán.

pailán, pailana
adxectivo ou substantivo
Que non ten educación nin finura ningunha: *Ese pailán marchou sen se despedir.* SIN. paifoco.

***painoso**, a forma correcta é **nosopai**.

paínzo
substantivo masculino
Cereal de talo máis groso ca o do trigo e con grans redondos de cor amarela moi nutritivos: *O paínzo emprégase como alimento para persoas e animais.* SIN. millo miúdo.

pairo
EXP. **Ao pairo** Referido especialmente a un barco de vela, quedar parado e coa orientación axeitada para que o vento non inche as velas: *O capitán pirata ordenou pór o veleiro ao pairo agardando polo outro barco.* FAM. pairar.

país
substantivo masculino
Territorio que forma unha unidade xeográfica, política e cultural: *Galicia é un país europeo.*
EXP. **Do país** Propio do lugar, territorio ou comarca de que se fala: *De sobremesa tomamos queixo do país.*
FAM. paisano, paisaxe

paisano, paisana
adxectivo ou substantivo
1 Que naceu no mesmo lugar ca outra persoa: *Somos paisanos porque os dous nacemos en Ourense.*
substantivo
2 Persoa que vive no campo e dedicada á agricultura: *Os paisanos protestan contra o baixo prezo dos produtos agrícolas.* SIN. aldeán, campesiño, labrador, labrego.
3 Que non é militar: *Os soldados trataban mal os paisanos do país invadido.* ANT. militar.

paisaxe
substantivo feminino
Terreo que se ve desde un lugar: *Desde este outeiro vese unha fermosa paisaxe.*

paixón
substantivo feminino
1 Sentimento moi forte cara a alguén ou algo e que non deixa razoar: *Os avós teñen paixón polos netos.*
2 Penas e dores que se sofren: *A Semana Santa lembra a paixón de Xesús antes de morrer.*
FAM. apaixonado, apaixonante, apaixonar.

palabra
substantivo feminino
1 Conxunto de sons usados para nomear algo ou expresar unha idea: *As palabras escríbense separadas.* SIN. termo, vocábulo.
2 Seguridade de que se vai cumprir o que se di ou promete: *Deume palabra de que viría hoxe.*
3 Dereito que se ten para falar: *O voceiro da oposición pediu a palabra.*
EXP. **Con boas palabras** De xeito moi educado: *Díxonos con boas palabras que alí non se podía aparcar.* **Con medias palabras** Non dicindo todo por algunha razón: *Con medias palabras aconsellounos non protestar.* **Deixar coa palabra na boca a alguén** Marchar cando alguén está falando: *Cando lle daba aqueles consellos, marchou e deixoume coa palabra na boca.* **Dirixir a palabra a alguén** Falar con alguén: *Enfadáronse e agora non se dirixen a palabra.* **Medir as palabras** Falar tendo moito coidado do que se di: *Ao falar en público cómpre medir as palabras.* **Home ou muller de palabra** Que fai e cumpre o que promete: *Se dixo que viña conta con ela pois é muller de palabra.* **Palabras maiores** Cousa moi importante: *Pedir un crédito tan grande son palabras maiores.* **Ser de poucas palabras** Falar moi pouco porque non gusta: *É unha persoa de poucas palabras e nada falangueira.*
FAM. apalabrar.

palacio
substantivo masculino
Pazo.

***palanca**, a forma correcta é **panca**.

***palangana**, a forma correcta é **almofía**.

palangre
substantivo masculino
Aparello de pesca formado por unha corda longa da que colgan outras máis curtas que levan nos seus extremos os anzois: *O palangre úsase para pescar en augas profundas onde non se poden empregar redes.* SIN. pincho².

palco
substantivo masculino
1 Espazo independente con forma de balcón e con asentos para ver determinados espectáculos: *Viu a obra de teatro desde un palco.*
2 Espazo en alto sobre o que actúa unha banda de música ou orquestra: *Os operarios montaban o palco da orquestra na festa.*

***palear**, a forma correcta é **padexar**.

paleolítico, paleolítica
adxectivo ou substantivo masculino
Do período da prehistoria caracterizado porque as ferramentas e utensilios eran de pedra tallada, sen puír: *As pinturas rupestres son propias do Paleolítico.*
OBS. Como substantivo masculino e referido ao período prehistórico adoita escribirse con inicial maiúscula.

paleta
substantivo feminino
1 Ferramenta consistente nunha prancha de aceiro en forma de triángulo e dun mango e que usan os albaneis para manexar a masa: *O albanel botaba a masa sobre os ladrillos coa paleta.*
2 Utensilio en forma de pa pequena que serve para coller ou botar algo: *Servía o flan cunha paleta.*
3 Táboa pequena e delgada cun buraco para meter por el o dedo polgar e collela, onde os pintores ordenan e mesturan as cores: *O pintor mollaba o pincel na paleta para pintar o cadro.*

paliar
verbo
Facer menos duro, intenso ou doloroso: *A aspirina palía moito as dores.*
OBS. Conxúgase como *afiar*.
FAM. paliativo.

palidecer
verbo
Pórse pálido ou con menos cor e menos brillo: *Ao ver sangue palideceu e desmaiouse.*
OBS. É regular, *palidezo, palideza.*

pálido, pálida
adxectivo
Que perdeu a cor ou se volveu máis branco ou sen brillo: *O susto que papou deixoulle a cara pálida.*

palilleira
substantivo feminino
Muller que se dedica a facer encaixes con palillos: *Son moi célebres as palilleiras de Camariñas.*

palillo
substantivo masculino
Cada un dos paus de tamaño pequeno que se utilizan para facer encaixes e puntillas: *Para facer encaixes coma os de Camariñas cómpre usar ben os palillos.*
OBS. Non debe usarse no canto de *escarvadentes.*

palio
substantivo masculino
Tea luxosa de forma rectangular que vai colocada sobre catro paus longos sostidos cada un deles por unha persoa e debaixo da cal adoita ir o sacerdote que leva o Santísimo Sacramento ou algunha imaxe relixiosa: *Na procesión, a custodia co Santísimo Sacramento ía baixo palio levada polo bispo.*

palla
substantivo feminino
1 Talo seco dos cereais e das gramíneas que serve de alimento para os animais domésticos e para outros usos: *Na malla sepárase o gran da palla.*
2 Conxunto deses talos secos: *Botoulle á vaca un feixe de palla.*
3 Tubo delgadiño de plástico que se utiliza para sorber líquidos: *Tomaba o batido cunha palla.*
4 O que resulta inútil: *Nos exames cómpre eliminar a palla.*
5 Masturbación.
FAM. pallabarro, pallar, palleira, palleiro, palleta, palloza.

pallabarro
substantivo masculino
Mestura de palla seca e barro empregada para facer muros: *Antigamente os tabiques das casas eran de pallabarro.*

pallar
substantivo masculino
Lugar ou edificio onde se garda a herba seca ou a palla para o gando: *Colleu palla do pallar e levouna á corte para estrala.* SIN. palleira.

pallaso, pallasa
substantivo
1 Artista, especialmente de circo, que fai que os espectadores rían: *Os pallasos adoitan usar un vestiario e unha maquillaxe moi rechamantes.*
2 Persoa á que lle gusta facer rir aos demais cos seus ditos ou xestos: *Ese cativo éche moi pallaso.*
FAM. pallasada.

palleira
substantivo feminino
Pallar.

palleiro
substantivo masculino
Meda.

palleta
substantivo feminino
Peza fina de metal ou cana pola que se sopra para tocar algúns instrumentos musicais de vento: *A palleta da gaita vai colocada no punteiro.*
EXP. **Mollar a palleta** Beber: *Despois de tanto traballo hai sede e cómpre mollar a palleta.*

palloza
substantivo feminino
Vivenda pequena de forma redonda ou oval feita de pedra e cuberta de palla: *Nos Ancares aínda se poden ver pallozas.*

palma
substantivo feminino
1 Parte ou cara anterior da man: *A palma da man vai desde os dedos ata o pulso.*
2 Folla da palmeira: *O domingo de Ramos moitos católicos levan palmas á procesión.*
plural
3 Acción de bater repetidamente a palma dunha man contra a da outra en sinal de admiración, entusiasmo, aprobación ou só para chamar a atención: *O público recibiu o equipo con palmas.*
EXP. **Gañar** ou **levar a palma** Destacar moito en algo ou gañar: *Levou a palma no concurso de pintura pois gañou o primeiro premio.*
FAM. palmada, palmatoria, palmeira, palmés, palmípede, palmo.

palmada
substantivo feminino
Golpe que se dá coa palma da man, especialmente como sinal de cariño: *Felicitouno e deulle unhas palmadas no ombreiro.*

palmeira
substantivo feminino
Árbore de tronco groso, áspero e sen ramas pero con follas moi grandes, duras e rematadas en punta: *A palmeira é propia dos climas cálidos.*

palmés, palmesa
adxectivo
Pateño.

palmípede
adxectivo ou substantivo feminino
Dito dunha ave, que ten os dedos dos pés unidos por unha membrana para poder nadar: *O parrulo é unha ave palmípede.*

palmo
substantivo masculino
Cuarta.

palometa
substantivo feminino
Peixe mariño de corpo aplanado comestible: *A palometa abunda nas rías galegas.* SIN. castañeta.

palpable ou palpábel
adxectivo
Que se nota ou comprende moi ben: *Se chora é palpable que está desgustado.* SIN. claro, evidente, patente.

palpar
verbo
Apalpar.
FAM. palpable.

pálpebra
substantivo feminino
Membrana móbil de pel que serve para cubrir e protexer os ollos: *Pechou as pálpebras polo exceso de luz.*

palpitar
verbo
1 Dito do corazón, facer os seus movementos de contracción e dilatación alternativos: *Non está morto porque o seu corazón palpita.* SIN. latexar.
2 Moverse rítmica e periodicamente a parede dunha arteria ou unha parte do corpo: *Cos nervios palpitábanlle as sens.* SIN. latexar.
FAM. palpitación, palpitante.

palpo
substantivo masculino
Nos artrópodos, cada un dos apéndices móbiles que teñen arredor da boca para localizar e suxeitar o alimento: *As arañas teñen palpos.*

paludismo
substantivo masculino
Malaria.

pamela
substantivo feminino
Sombreiro de muller de aba larga: *A pamela úsase sobre todo contra o sol do verán.*

pampa
substantivo feminino
Chaira extensa e sen árbores propia de América do Sur: *Traballou nunha gandaría da pampa arxentina.*
FAM. pampeiro.

pampo, pampa
adxectivo
Que está moi admirado, sorprendido ou aturdido: *Como non bebe, con dúas copas xa se puxo pampo.*

pan
substantivo masculino
1 Masa de fariña e auga que se coce e serve de alimento: *O pan ata hai pouco era fundamental na dieta.*
2 Cereal sementado do que se fai ese alimento e a fariña que se obtén del: *Este eido dá moito pan.*
3 Alimento ou o que serve para comer e manterse todos os días: *Cómpre gañar o pan coa suor da propia fronte.*
EXP. **A pan e auga** Sen tomar ningún outro alimento nin bebida: *Mantiñan os presos a pan e a auga.* **Pan seco** O que se come sen ir acompañado doutro alimento: *Merendaba pan seco, sen chourizo, xamón nin nada.* **Poñer** ou **pór a alguén a pan pedir** Dicir cousas moi malas del: *Chamoulle lacazán e púxoo a pan pedir.*
FAM. panadaría, panadeiro, empanada, empanadilla, empanar.

panadaría ou panadería
substantivo feminino
Establecemento onde se fai ou vende pan: *Mercamos este bolo na panadaría nova.* SIN. forno, tafona.

panadeiro, panadeira
substantivo
Persoa que se dedica a facer ou vender pan: *Está aprendendo o oficio de panadeiro.*

panal
substantivo masculino
Conxunto dos espazos pequenos de cera en forma de hexágono onde as abellas almacenan o mel: *Cataba o mel dos panais.* SIN. entena, favo.

panca
substantivo feminino
1 Barra longa, forte e ríxida que se apoia nun punto e que serve para mover ou levantar pesos situados nun dos seus extremos facendo forza no extremo contrario: *Toda panca ten punto de apoio, potencia e resistencia.*
2 Barra que serve para mover ou accionar un mecanismo: *Tocou a panca do cambio de marchas do coche.*
FAM. pancada.

pancada
substantivo feminino
Golpe forte dado coa man, co pé ou cun obxecto: *Ía distraído e deu unha pancada contra un farol.*
EXP. **Non dar** ou **non facer pancada** Non traballar nada: *Ese rapaz non dá pancada en todo o día.*

pancarta
substantivo feminino
Cartel grande de tea, papel ou cartón en que se escribe algo ou se debuxa para amosalo en público: *Os seareiros levaban pancartas de apoio ao seu equipo.*

pancho, pancha

adxectivo

1 Moi tranquilo e satisfeito: *Estaba tan pancho na cadeira de brazos a ver a televisión.*
2 Ollomol pequeno: *Mercamos na praza de abastos unha ducia de panchos.*

páncreas

substantivo masculino

Glándula situada no abdome xunta ao duodeno e detrás do estómago e que elabora a insulina: *O páncreas elabora a insulina que controla os niveis de azucre do sangue.*
FAM. pancreático, pancreatite.

panda[1]

substantivo masculino

Mamífero do Himalaia semellante a un oso, de cor branca e negra: *O panda aliméntase de gromos de bambú.*

panda[2]

substantivo feminino

Xogo infantil en que un dos xogadores permanece abaixado mentres os outros saltan por riba del de acordo cunhas determinadas regras: *No recreo xogamos á panda moitas veces.*

pandar

verbo

1 Levar a parte negativa dun xogo infantil: *Sempre pandan os máis novos.* SIN. apandar, quedar.
2 Ter un traballo ou responsabilidade, especialmente cando alguén queda libre dela: *O marido vai xogar cos amigos e ela panda cos fillos na casa.* SIN. apandar.
3 Curvarse ou torcerse unha superficie plana: *Os andeis da libraría pandaron co peso dos libros.* SIN. curvarse, empenar.

pándego, pándega

adxectivo

1 Dito dunha persoa, que ten graza e simpatía: *Ese cativo fai rir a todos porque é moi pándego.*

adxectivo ou substantivo

2 Que lle gusta andar en festas e diversións: *Empalma unha esmorga con outra porque é un pándego.*

substantivo feminino

3 Festa ou diversión en que participa un grupo de persoas, mesmo comendo e bebendo moito: *Todas as fins de semana vai de pándega cos amigos.* SIN. esmorga, festa, troula, xolda.

pandeirada

substantivo feminino

1 Composición musical semellante á muiñeira, acompañada por pandeiros ou outros instrumentos de percusión e que pode ser cantada: *Sabe cantar moi ben as pandeiradas.*
2 Baile que se fai ao son desta música: *Xa o aprenderon a bailar a pandeirada.*

pandeireta

substantivo feminino

Instrumento musical de percusión formado por un aro pequeno de madeira, cunha especie de cascabeis nos bordos, que leva suxeita unha pel estirada na que se toca batendo cos dedos e cos cotenos: *Os cascabeis da pandeireta son as ferreñas.*

pandeiro

substantivo masculino

Instrumento musical de percusión formado por un marco de madeira rectangular cunha pel estirada suxeita a el e que se toca golpeándoo coa man e cos cotenos: *Toca moi ben o pandeiro.*
FAM. pandeirada, pandeireta.

panel

substantivo masculino

1 Superficie plana de distintos materiais que serve de soporte para propaganda ou información: *Nos aeroportos as horas de entrada e saída dos avións aparecen nos paneis.*
2 Prancha plana de madeira, xeso ou materiais semellantes, usada con diferentes fins: *Dividiron a nave en varios espazos con paneis de xeso.*
3 Superficie que se emprega como soporte para os mandos e os aparellos que informan sobre o funcionamento dun vehículo ou dunha máquina: *O contaquilómetros está no panel de mandos do coche.*
EXP. **Panel solar** Superficie formada por placas especiais e un mecanismo que converte a enerxía dos raios solares en enerxía eléctrica: *A enerxía dos paneis solares non contamina.*
FAM. panelar.

panfleto
substantivo masculino
Folla ou conxunto follas a xeito de libro pequeno que informa ou fai propaganda de algo: *Na ditaduras hai panfletos clandestinos que critican ao ditador.*

pánico
substantivo masculino
Medo moi grande: *Ao estoupar a bomba no tren apareceu o pánico entre os viaxeiros.* SIN. espanto, horror, pavor, terror.

pano
substantivo masculino
1 Calquera anaco de tea: *Secaba os garfos e os coitelos cun pano.*
2 Tea ou cortina grosa que nun teatro separa o escenario dos espectadores: *Cando comeza a obra de teatro érguese o pano e vese o escenario.*
EXP. **Pano da cabeza** O que usan as mulleres para cubrir a cabeza: *Regaloulle á dona un pano da cabeza.* **Pano da man** Peza de tea ou papel que se usa para limpar os mocos ou a suor: *Limpou o nariz do cativo cun pano da man.* **Pano de mesa** Peza de tea ou papel que se usa para limpar os labios e as mans ao comer: *Os panos de mesa adoitan ir a xogo co mantel.*

panorama
substantivo masculino
1 Extensión de terreo que se ve desde un lugar: *Desde o cume do outeiro vese un fermoso panorama.* SIN. paisaxe, vista.
2 Aspecto que presenta unha situación ou algo: *O conferenciante trazou un panorama da novela galega actual.*
FAM. panorámico.

pantalla
substantivo feminino
1 Pano ou superficie sobre a que se proxectan ou ven imaxes: *As imaxes no cine vense proxectadas sobre a pantalla.*
2 Peza de metal, tea ou outro material semellante que se pon arredor dunha luz eléctrica para diminuír a súa intensidade: *A lámpada do salón ten unha pantalla circular.*
3 Careta propia do Entroido de Xinzo que adoita representar un demo de cara amable: *As pantallas levan un carapucho con figuras de astros ou de animais.*
4 Disfrace completo formado por esta careta e un traxe branco cunha faixa encarnada na cintura, un cinto de chocas e unha capa de seda encarnada ou negra con fitas de cores: *A pantalla é un disfrace que adoitaban levar os homes.*
5 Persoa que leva este disfrace: *No Entroido de Xinzo vimos as célebres pantallas.*

pantalón
substantivo masculino
Peza de vestir que se cingue á cintura e que chega desde esta ata os nocellos, cubrindo as dúas pernas por separado: *Mercou un pantalón vaqueiro.*
OBS. Pode usarse en plural con valor de singular.

pantano
substantivo masculino
Gran depósito de auga orixinado de forma natural nunha depresión do terreo ou de forma artificial ao cortar o curso dun río: *O fondo do pantano adoita estar cuberto de lodo.*
FAM. pantanoso.

pantasma
substantivo feminino
1 Imaxe dunha persoa morta que se di que se lles aparece aos vivos: *Crer nas pantasmas é unha superstición.* SIN. aparecido, espectro, fantasma.
2 Ser ou cousa imaxinarios que se cre ver como se fose real: *A loucura fai que vexa pantasmas.* SIN. fantasma.

panteón
substantivo masculino
Construción destinada a conter os corpos de varias persoas mortas: *No Panteón de Galegos Ilustres de San Domingos de Bonaval están enterrados galegos célebres como Rosalía de Castro.*

pantera
substantivo feminino
Mamífero carniceiro félido de pel negra propio de Asia e África: *A pantera ten a pel negra e o leopardo tena amarela con manchas negras.*

panterlo
substantivo masculino
Trampa feita con vimbios ou canas para cazar paxaros vivos: *Xa queda pouca xente que arme panterlos.*

pantomima
substantivo feminino
Representación teatral ou imitación de algo ou alguén que se fai só con xestos e sen falar: *Os mimos fan pantomimas.*

pantrigo
substantivo masculino
Pan elaborado con fariña de trigo: *Antigamente non se comía pantrigo, senón boroa ou pan centeo.*

pantufla
substantivo feminino
Zapatilla sen talón usada para andar pola casa: *Ao saír da ducha puxo unhas pantuflas.* SIN. chinela.

panxoliña
substantivo feminino
Canción popular de tema relixioso para celebrar o Nadal: *Os rapaces cantaban panxoliñas.* SIN. vilancico.

panza
substantivo feminino
1 Barriga ou ventre, en especial se é grande e avultado: *Ten moita panza porque come moito.*
2 Primeira das catro partes en que se divide o estómago dos ruminantes como a vaca: *O estómago dos ruminantes ten catro partes: panza, retículo, libro ou cenfollas e calleiro ou calleira.*
FAM. panzada, panzudo.

*pao, a forma correcta é pau.

papa[1]
substantivo masculino
Xefe supremo da Igrexa católica: *O papa é o bispo de Roma.* SIN. Santo Padre, Sumo Pontífice.
FAM. papal, papista.

papa[2]
substantivo feminino
1 Calquera substancia con forma de líquido espeso, especialmente se é comestible: *Fíxolle a papa de froitas ao neno batendo peras e mazás co batedor.*
plural
2 Alimento elaborado cocendo fariña milla ou triga en auga ou leite: *Antigamente os meniños comían moitas papas de fariña milla.*

papá
substantivo masculino
Pai.
OBS. É expresión de cariño.

papada
substantivo feminino
1 Vulto que se forma debaixo do queixo e sobre o pescozo pola acumulación de graxa ou polo bocio: *Merca camisas moi grandes porque ten moita papada.* SIN. papo.
2 Nas aves, dilatación ou ensachamento do esófago en forma de bolsa onde abrandan ou gardan a comida: *A galiña tiña a papada inchada porque comera moito millo.* SIN. papo.
3 Nalgúns animais como a vaca, pel que colga do pescozo: *Os touros e as vacas teñen papada.* SIN. papo.

papagaio
substantivo masculino
Ave propia dos países tropicais con plumas de cores rechamantes e que, domesticada, pode imitar a fala das persoas: *O papagaio ben adestrado pode imitar frases enteiras.*

papaleisón, papaleisona
adxectivo ou substantivo
Papán.

papamoscas
substantivo
1 Paxaro que se alimenta de insectos, de cor gris abrancazada con manchas grises: *O papamoscas aparece en maio e é moi fácil de domesticar.*
2 Papán.

papán, papana
adxectivo ou substantivo
Que non ten intelixencia ou malicia: *É tan papán que se deixa enganar por calquera.* SIN. papamoscas, papón, parvo. ANT. espelido, intelixente, listo.

papar
verbo
1 Comer, especialmente con moita gana e moi á présa: *Papou o bisté e as patacas en cinco minutos.*
2 Sufrir algo malo: *Paparon unha boa derrota: perderon 5-0.*
FAM. papa, papada, papán, papamoscas, papaventos, papeiras.

papaventos
substantivo masculino
Xoguete consistente nunha tea ou nun papel montados sobre unha armazón que fai voar o vento e que se suxeita e manexa cun cordel moi longo: *O rapaz aprendía a manexar o papaventos.*
OBS. Non debe usarse no seu canto *cometa.*

papeiras
substantivo feminino plural
Enfermidade infantil producida pola inflamación das glándulas salivares de xeito que doe moito a zona próxima ás orellas: *Agora os rapaces están vacinados contra as papeiras.* SIN. orellóns.

papel
substantivo masculino
1 Material delgado e fino feito a partir de fibras vexetais: *As follas dos libros son de papel.*
2 Documento que se necesita para algo: *Está a amañar os papeis no Concello para abrir un comercio.*
3 Personaxe que interpreta un actor ou actriz: *Ese actor fai moi ben os papeis de malo.*
4 Función ou labor que algo ou alguén ten que facer: *O papel do director é dirixir ben a empresa.* SIN. función, misión.
EXP. **Papel carbón** O que é negro por unha das caras e se usa para facer copias ou calcar: *Calcou o mapa do libro pondo papel carbón entre a folla do libro e o folio.* **Papel charón** O que brilla moito por unha cara: *Fixo un boneco con papel charón.* **Papel moeda** Cartos en billetes de papel: *Os billetes son papel moeda.* **Papel hixiénico** O que se usa no cuarto de baño para limparse: *Colocou un rolo novo de papel hixiénico.* **Papel pintado** O que recobre as paredes interiores como adorno: *No seu cuarto puxo un papel pintado moi bonito.* **Sobre o papel** Sen probalo na práctica: *Sobre o papel o noso equipo é superior, pero xa veremos ao xogar o partido.*
FAM. papelaría, papeleira, papeleta.

papelaría ou papelería
substantivo feminino
Tenda onde se venden papeis e outros obxectos para escribir: *Mercou o bolígrafo na papelaría.*

papeleira
substantivo feminino
1 Recipiente que se usa para tirar os papeis que non serven e outras cousas semellantes: *Nas rúas hai papeleiras.*
2 Fábrica de papel: *As papeleiras empregan grandes cantidades de árbores para fabricaren o papel.*

papeleta
substantivo feminino
Folla pequena de papel en que se informa de algo, aparece o número para un sorteo ou se pon o nome do elixido nunha votación: *Para votar métese na urna a papeleta co nome das persoas que se elixen.*

papila
substantivo feminino
1 Especialmente na lingua ou nas membranas mucosas, pequeno vulto en forma de cono: *As papilas gustativas da lingua permiten distinguir os sabores.*
2 Vulto pequeno en forma de cono que aparecen nas plantas e que dá lugar aos brotes: *As xemas ou gomos das plantas proceden das papilas unha vez desenvolvidas.*

papiro
substantivo masculino
1 Planta herbácea propia dos terreos cubertos de auga, de follas longas e cuxo talo acada os dous ou tres metros de altura: *Na beira do Nilo medran os papiros.*
2 Folla ou material para escribir feita a partir do talo desta planta: *Os exipcios utilizaban papiros para escribir.*
3 Texto escrito á man sobre unha destas follas: *O arqueólogo descifraba un papiro exipcio.*

papo
substantivo masculino
1 Papada.
2 Masa de carne máis ou menos redonda que hai en certas partes do corpo, como nas puntas dos dedos, nas orellas, nas pernas ou na cara: *Para escribir no ordenador prememos as teclas cos papos dos dedos.*

papoia
substantivo feminino
1 Xoaniña.
2 Bolboreta.

papón, papona
adxectivo ou substantivo
1 Comellón.
2 Papán.

paporroibo ou paporrubio
substantivo masculino
Paxaro pequeno de cor parda no lombo co papo e o peito roibos: *O paporroibo é da mesma familia ca o reiseñor.* SIN. pisco.

papoula
substantivo feminino
Planta herbácea de flores vermellas e esta flor: *As papoulas son ventureiras.*

papuxa
substantivo feminino
Paxaro de plumaxe parda ou cinsenta e peteiro fino que se alimenta de insectos: *As papuxas son unha especie protexida.*

paquete
substantivo masculino
Obxecto ou obxectos que se envolven para levalos: *O cativo abría o paquete do regalo de aniversario.*
FAM. empaquetar.

paquidermo
adxectivo ou substantivo masculino
Dito dun mamífero non ruminante, que se caracteriza por ter a pel moi dura e tres ou catro dedos en cada extremidade: *O elefante e o hipopótamo son paquidermos.*

par
adxectivo ou substantivo masculino
1 Que se pode dividir de forma exacta por dous: *4, 6 e 8 son números pares.*
substantivo masculino
2 Conxunto de dúas cousas da mesma clase: *Todos temos un par de orellas.*
EXP. **A par de** ou **de par de** ou **ao par de** Cerca de, xunto a: *Camiñaba ao par de min.* **De par en par** Totalmente aberto: *Deixou a porta de par en par.*

para
preposición
1 Indica finalidade: *Cómpreme un marco para esta foto.*
2 Indica a dirección onde nos diriximos: *Vin a teu pai cando ía para o colexio.* SIN. cara a.
3 Indica o tempo en que algo vai suceder: *Tereino todo preparado para o luns que vén.*
4 Indica relación ou comparación: *Está moi alto para o tempo que ten.*
5 Indica que algo está moi próximo: *Ese novo xornal está para saír.*

parabén
substantivo masculino
Expresión para felicitar a alguén porque lle pasou algo bo: *Dábanlle todos os parabéns polo premio que obtivo.*

parábola[1]
substantivo feminino
Relato ou conto breves que rematan cunha ensinanza: *Xesús, para ensinar a súa doutrina, contaba parábolas.*

parábola[2]
substantivo feminino
En matemáticas, liña curva aberta, simétrica en relación cun eixe e cun só foco: *As antenas da televisión por satélite teñen forma de parábola.*
FAM. parabólico.

parabrisas
substantivo masculino
Cristal da parte dianteira dun automóbil que protexe do frío, do vento ou da chuvia: *Limpou o parabrisas para ver ben a estrada.*

paracaídas
substantivo masculino
Aparello formado por unha tea forte e un sistema de cordas que, ao estenderse no aire, frea a velocidade de caída dunha persoa ou dun corpo calquera: *O paracaidista matouse porque non se lle abriu a tempo o paracaídas.*
FAM. paracaidismo, paracaidista.

parachoques
substantivo masculino
Peza que teñen os automóbiles por adiante e por detrás para protexer dos golpes: *Cómpre aparcar sen darlles aos outros coches co parachoques.*

***paradeiro**, a forma correcta é **paradoiro**.

paradigma
substantivo masculino
Modelo ou exemplo: *A Real Academia Galega pon como paradigma da primeira conxugación verbal o verbo* andar. SIN. exemplo, modelo.
FAM. paradigmático.

parado, parada
adxectivo ou substantivo
1 Que está sen traballo: *Coa crise aumentou moito o número de parados.* ANT. empregado, ocupado.
substantivo feminino
2 Feito de deter ou parar algo que estaba en movemento ou desenvolvéndose: *Ese porteiro fai moi boas paradas.*
3 Lugar onde se detén un medio de transporte público para coller ou deixar os viaxeiros: *Puxeron unha marquesiña na parada do autobús.* SIN. paraxe.

paradoiro
substantivo masculino
Lugar onde está ou onde chegaron algo ou alguén: *O autor do crime está agora en paradoiro descoñecido.*

parador
substantivo masculino
Hotel propiedade do Estado, especialmente o que está nun edificio antigo: *Aloxámonos no parador de Monterrei.*

paradoxo
substantivo masculino
Dito ou feito que parecen non ter sentido nin lóxica: *Dicir que marchas e quedas ao mesmo tempo é un paradoxo.*
FAM. paradoxal.

parafuso
substantivo masculino
Peza habitualmente metálica cunha fendedura ou marca de forma circular que permite metela noutra peza dándolle voltas: *As patas da mesa únense ao taboleiro por medio de parafusos.*
FAM. aparafusar, desaparafusar, desaparafusador.

parágrafo
substantivo masculino
Cada un dos anacos en que se divide un texto escrito separados por punto e á parte: *No remate de cada parágrafo hai que pór un punto e á parte.* SIN. alínea.

paraíso
substantivo masculino
1 Lugar moi bonito, tranquilo e agradable: *Praia América éche un paraíso no verán.*
2 Segundo relixións como o cristianismo, lugar moi bo e agradable onde van as almas das persoas que foron boas: *No Paraíso gózase da visión de Deus.*
OBS. Na acepción 2 adoita escribirse con inicial maiúscula.

paralama
substantivo masculino
Gardalama.

paralelo, paralela
adxectivo
1 Parecido ou semellante: *Somos amigos porque temos afeccións paralelas.*
adxectivo ou substantivo feminino
2 Especialmente referido a unha liña, que nunca se corta ou encontra con outra: *As vías do tren son paralelas.*
substantivo masculino
3 En xeografía, cada un dos círculos imaxinarios da esfera terrestre paralelos ao Ecuador: *Os paralelos marcan a coordenada da lonxitude.*
FAM. paralelismo, paralelogramo.

paralelogramo
substantivo masculino
Figura xeométrica limitada por catro liñas ou lados, paralelos dous a dous: *O cadrado, o rectángulo e o rombo son paralelogramos.*

parálise
substantivo feminino
Perda da capacidade de movemento dunha parte do corpo: *Tras o accidente ten que ir en cadeira de rodas porque sofre parálise das pernas.*

paralítico, paralítica
adxectivo ou substantivo
Que non pode mover algunha parte do corpo ou todo o corpo: *Por un ataque cerebral quedou paralítico do brazo dereito.*

paralizar
verbo
1 Impedir o movemento dunha ou máis partes do corpo: *O ataque cerebral paralizoulle a parte dereita do corpo.*
2 Deter ou impedir unha acción: *O Concello paralizou as obras do edificio.*
OBS. O *z* cambia en *c* diante do *e*, como en *cazar*.
FAM. parálise, paralítico, paralización.

parapeto
substantivo masculino

Barreira ou muro levantado ata a altura do peito e que serve de protección: *A sentinela vixiaba tras un parapeto de pedra.*
FAM. parapetar.

paraplexía
substantivo feminino

Parálise ou falta de movemento da parte inferior do corpo: *A paraplexía produciulla un accidente de moto.*
FAM. parapléxico.

parar
verbo

1 Deixar de facer algo: *Por fin xa parou de chover.* SIN. cesar. ANT. comezar, empezar, principiar.
2 Deter o movemento de algo: *O porteiro parou o balón.* SIN. deter.
3 Chegar ás mans de alguén ou a unha determinada situación: *Ese libro foi parar ás mans dun anticuario.*
4 Atoparse ou encontrarse: *Non sei onde para agora o teu irmán.*
EXP. **Non parar** Non soportar: *Ninguén para aquí con este frío.* **Onde vai parar** Úsase para dicir que algo ten unha calidade en grao máximo: *É mellor ca o teu, onde vai parar!* **Saír ben** ou **mal parado** Saír ben ou mal dun perigo: *Meteuse nese remuíño e saíu ben parado porque non afogou de milagre.*
FAM. parada, parado, paradoiro, parador, paraxe.

pararraios
substantivo masculino

Aparello formado por varias varas metálicas unidas á terra ou á auga e que se coloca nos edificios para protexelos dos raios: *No campanario da igrexa hai un pararraios.*

parasito, parasita
adxectivo ou substantivo masculino

1 Que vive alimentándose doutro ser vivo e causándolle algún dano: *Os piollos son parasitos.*
substantivo masculino
2 Persoa que non traballa e vive doutra: *Ese rapaz é un parasito que vive a conta do irmán.*

parasol
substantivo masculino

Especie de paraugas moi grande para protexerse do sol: *Na praia hai moitos parasoles de cores.* SIN. antuca.
OBS. O plural é *parasoles.*

paraugas
substantivo masculino

Utensilio portátil formado por unha especie de bastón e un conxunto de varas cuberto dunha tea impermeable que se pode estender e pregar: *O paraugas serve para protexer da chuvia.*
FAM. paraugueiro.

paraugueiro
adxectivo ou substantivo

1 Persoa que ten por oficio amañar paraugas e potas e tamén afiar coitelos: *Os paraugueiros teñen unha lingua de seu: o barallete.*
2 De Ourense: *É paraugueiro porque naceu no mesmo Ourense.*
substantivo masculino
3 Recipiente ou moble onde se pousan os paraugas e os bastóns: *Pechou o paraugas e meteuno no paraugueiro.*

paraxe
substantivo feminino

Parada.

parceiro, parceira
substantivo

1 Propietario de terras ou de gando que llos aluga a outra persoa para que as traballe ou críe: *O parceiro pedía a metade dos froitos que producise o agro que arrendaba.*
2 Persoa que lle aluga a outra terras ou gando para traballalas ou crialo: *Xa non existen parceiros de gando.*

parcela
substantivo feminino

1 Cada unha das partes en que se divide un terreo: *Nesa parcela vai botar patacas.*
2 Parte dun todo: *A dedicación ao xornalismo só é unha parcela da súa vida.*
FAM. parcelamento, parcelar, parcelario.

parche
substantivo masculino

1 Peza de tea, goma ou metal que se lle pon a algo para taparlle un buraco: *Botoulle un parche ao pneumático da roda da bicicleta.*
2 Anaco de pano, gasa ou algodón untado

en pomada ou nalgunha substancia medicinal que se pon sobre unha ferida ou lesión: *Leva un parche no ollo dereito.*
3 Amaño ou solución provisional de algo: *Esta crise económica non se soluciona con parches.*
FAM. parchear.

parchís
substantivo masculino
Xogo de mesa que se practica sobre un taboleiro e no que poden participar ata catro persoas de xeito que gaña quen primeiro consiga meter na casa central as súas catro fichas, que avanzan de acordo co número que sae ao botar un dado: *As cores das fichas do parchís adoitan ser amarela, azul, vermella e verde.*

parcial
adxectivo
1 Que non é completo ou só é unha parte: *Nos exames parciais só se examina dunha parte da materia, non de toda.* ANT. completo, global, total.
2 Que está a favor ou en contra de algo ou de alguén: *Un árbitro nunca pode ser parcial.* ANT. imparcial.
FAM. parcialidade.

pardal
substantivo masculino
Paxaro de plumaxe de cor parda ou castaña e peteiro curvo e curto: *O pardal é moi común e fai o niño debaixo das tellas ou en buratos.* SIN. gorrión.

pardela
substantivo feminino
Ave mariña palmípede semellante á gaivota, de plumaxe castaña na parte superior e branca con pintas nas inferiores: *A pardela vive nas zonas costeiras e aliméntase de peixes.*

pardo, parda
adxectivo
De cor entre amarela e negra, como a da terra ou a das follas secas: *Moitos animais teñen o pelo de cor parda.*

parecer
substantivo masculino
1 Opinión ou xuízo sobre algo: *O parecer dos economistas é que subirá o petróleo.* SIN. opinión, pensamento, xuízo.
verbo
2 Ter un aspecto determinado: *Ese pastel parece saboroso.* SIN. semellar.
3 Haber sinais de que vai pasar algo: *Con estas nubes negras parece que vai chover.* SIN. semellar.
4 parecerse Ser semellante a algo ou alguén: *A nai e a filla parécense moito.* SIN. asemellarse, imitarse, tirarse.
FAM. parecido.

parecido, parecida
adxectivo
1 Que é semellante a outro ou con características comúns: *Eses dous modelos de coche son moi parecidos.* SIN. análogo, parello, semellante.
substantivo masculino
2 Conxunto de características comúns entre dúas persoas ou cousas e que as fai semellantes: *O pai e o fillo teñen moito parecido.* SIN. semellanza, similitude.

parede
substantivo feminino
1 Construción vertical que forma un edificio ou que separa unhas pezas doutras nunha casa: *Ten as paredes do seu cuarto cheas de pósters e cadros.*
2 Calquera estrutura ou elemento que pecha algo ou o forma: *Sofre unha lesión nas paredes do estómago.*
FAM. paredón, emparedar.

parecer

INDICATIVO		SUBXUNTIVO	IMPERATIVO
Presente	**Copretérito**	**Presente**	parece
parezo	parecía	pareza	parecede
pareces	parecías	parezas	
parece	parecía	pareza	
parecemos	pareciamos	parezamos	**FOR. NOMINAIS**
parecedes	pareciades	parezades	**Infinitivo**
parecen	parecían	parezan	parecer
Pretérito	**Antepretérito**	**Pretérito**	**Xerundio**
parecín	parecera	parecese	parecendo
pareciches	pareceras	pareceses	
pareceu	parecera	parecese	**Participio**
parecemos	pareceramos	parecésemos	parecido
parecestes	parecerades	parecésedes	
pareceron	pareceran	parecesen	
Futuro	**Pospretérito**	**Futuro**	**Inf. conxugado**
parecerei	parecería	parecer	parecer
parecerás	parecerías	pareceres	pareceres
parecerá	parecería	parecer	parecer
pareceremos	pareceriamos	parecermos	parecermos
pareceredes	pareceriades	parecerdes	parecerdes
parecerán	parecerían	pareceren	pareceren

paredón
substantivo masculino

Parede ou muro moi grosos: *Ese paredón evita que haxa derrubamentos do noiro.*
EXP. **Levar ao paredón** Fusilar: *Na Guerra Civil levaron moitos ao paredón.*

parello, parella
adxectivo

1 Moi parecido ou case igual: *Eses dous modelos de coche son parellos, case nin se distinguen.* SIN. análogo, parecido, semellante, similar. ANT. diferente, distinto.

substantivo feminino

2 Conxunto de dúas cousas, persoas ou animais da mesma clase: *Os calcetíns mércanse por parellas.*
3 Conxunto de dúas persoas unidas en matrimonio ou por unha relación amorosa ou sentimental: *Son parella desde os tempos do instituto.*
4 Cada persoa ou cousa que forma parte destes conxuntos: *Falta a parella dun destes calcetíns.*
5 Sistema de pesca polo que dous barcos arrastran unha soa rede de profundidade: *Para pescar o bacallau emprégase a parella.*
FAM. emparellar, desemparellar.

parente
substantivo

Persoa que ten algunha relación de familia con outra: *Son parentes porque son curmáns.* SIN. familiar.
FAM. parentela, parentesco, emparentar.

parentela
substantivo feminino

Conxunto dos parentes ou familiares de alguén: *Son oito irmáns e teñen moita parentela.*

parentesco
substantivo masculino

Relación que hai entre as persoas que pertencen a unha mesma familia: *Entre eles hai parentesco porque son curmáns por parte do pai.*

paréntese
substantivo feminino

Nun texto escrito, signo gráfico formado por dúas liñas curvas e que se usa para encerrar unha aclaración: *Os signos ( ) son parénteses.*

parir
verbo

Dito das mulleres ou das femias dos mamíferos, expulsar o meniño ou a cría despois de cumprir o período da xestación: *A cadela pariu cinco cadeliños.*
FAM. parida, parto.

parlamento
substantivo

Conxunto de persoas elixidas libremente polo pobo para elaborar e aprobar as leis e tamén para controlar o Goberno: *O Parlamento galego aproba as leis da Comunidade Autónoma de Galicia.*
OBS. Cando se refire a un parlamento concreto adoita escribirse con inicial maiúscula: *Parlamento galego, Parlamento español.*
FAM. parlamentar, parlamentario, parlamentarismo.

paro
substantivo masculino

1 Situación da persoa ou persoas que non teñen nin atopan traballo: *A crise fixo aumentar moito o paro.* SIN. desemprego.
2 Cesamento ou interrupción da actividade laboral para protestar ou conseguir melloras: *A causa do paro nos estaleiros é que os obreiros piden un aumento de soldo.* SIN. folga.

parir

INDICATIVO		SUBXUNTIVO	IMPERATIVO
Presente	**Copretérito**	**Presente**	pare
pairo	paría	paira	paride
pares	parías	pairas	
pare	paría	paira	**FOR. NOMINAIS**
parimos	pariamos	pairamos	**Infinitivo**
parides	pariades	pairades	parir
paren	parían	pairan	
Pretérito	**Antepretérito**	**Pretérito**	**Xerundio**
parín	parira	parise	parindo
pariches	pariras	parises	
pariu	parira	parise	**Participio**
parimos	paríramos	parísemos	parido
paristes	parirades	parísedes	
pariron	pariran	parisen	
Futuro	**Pospretérito**	**Futuro**	**Inf. conxugado**
parirei	pariría	parir	parir
parirás	paririas	parires	parires
parirá	pariría	parir	parir
pariremos	paririamos	parirmos	parirmos
pariredes	paririades	parirdes	parirdes
parirán	paririan	pariren	pariren

parodia
substantivo feminino
Imitación de alguén ou de algo para facer rir: *Ese humorista fai parodia dos xestos e da forma de falar de personaxes célebres.*
FAM. parodiar, paródico.

parola
substantivo feminino
Conversa amigable sobre asuntos sen importancia: *Mentres non chegaba o autobús estivemos de parola.* SIN. charla, conversa, parrafeo.

parolar
verbo
Falar con alguén de xeito amigable e de cousas sen importancia: *Parolamos un anaco mentres agardabamos o médico na sala de espera.* SIN. charlar, conversar, leriar.
FAM. parola, paroleiro.

paroleiro, paroleira
adxectivo
Que lle gusta falar cos demais amigablemente: *A túa avoa aínda che é ben paroleira.* SIN. falador, falangueiro. ANT. calado.

parque
substantivo masculino
1 Terreo con plantas e árbores usado como lugar de recreo: *Dei un paseo polo parque.*
2 Conxunto dos vehículos ou do material de que dispón unha empresa, un organismo ou un país: *O parque de coches galego aumenta sen parar.*
3 Lugar onde hai os medios e as instalacións necesarias para realizar unha determinada actividade: *Os alumnos visitamos o parque de bombeiros e despois aínda fomos ao parque de atraccións.*
EXP. **Parque nacional** ou **natural** Espazo protexido polo Estado para conservar a súa fauna e a súa flora: *En Galicia temos o parque natural das Illas Atlánticas.* **Parque zoolóxico** Lugar onde se amosan sen perigo e ben coidados animais salvaxes ou doutros países: *Nos parques zoolóxicos bos hai desde elefantes a tigres e leóns.*

parqué
substantivo masculino
Piso feito con anaquiños de madeira que forman figuras xeométricas: *O piso do meu cuarto é de parqué de castiñeiro.*

parra
substantivo feminino
Vide ou conxunto de vides coas pólas moi crecidas suxeitas e estendidas sobre un soporte horizontal a certa altura do chan: *Xantaron embaixo da parra, á sombra.*

parrafeo
substantivo masculino
Parola.

***párrafo**, a forma correcta é **parágrafo**.

parraguesa
substantivo feminino
Barbantesa.

parrocha
substantivo feminino
Xouba.

párroco
substantivo masculino
Na relixión católica, cura que ten ao seu cargo unha parroquia ou conxunto de fregueses dun lugar: *O párroco celebrará a voda da miña filla.*

parroquia
substantivo feminino
Na relixión católica, territorio que está a cargo dun mesmo cura párroco: *As parroquias rurais adoitan estar formadas por varias aldeas.* SIN. freguesía.
FAM. párroco, parroquial.

parrulo, parrula
substantivo
Pato.

parrumeira
substantivo feminino
Parede que vai desde o chan da lareira ata a parte baixa da cheminea: *A parrumeira adoita estar chea de feluxe.*

parsimonia
substantivo feminino
Calma ou moita tranquilidade ao facer algo: *Non acaba nunca porque traballa con moita parsimonia.* SIN. cachaza, pachorra. ANT. présa.
FAM. parsimonioso.

parte
substantivo masculino
1 Información que se comunica cada pouco tempo: *O hospital dará un parte cada mañá para informar do estado dos feridos.*

substantivo feminino

2 Porción ou cantidade que se toma ou colle dun todo: *Como eramos sete, dividimos a torta en sete partes.*

3 Lugar ou espazo: *Marcha para outra parte, que aquí non te queremos ver.*

4 Cada un dos dous ou máis que se enfrontan ou discuten: *Cada parte tiña as súas razóns.*

plural

5 Órganos sexuais externos dunha persoa: *Puxo unha toalla arredor da cintura para tapar as súas partes.*

EXP. **Á parte** Noutro lugar ou separadamente: *Cando se remata un parágrafo hai que escribir punto e á parte.* **De parte de** 1) A favor de: *Púxose de parte dos pais.* 2) No seu nome: *Deulle o recado de parte do xefe.*

FAM. parcial, participar, partícula, particular, partida, partilla, partir, apartar, compartir, imparcial, repartición, repartir.

parteira

substantivo feminino

Comadroa.

participar

verbo

Ter ou tomar parte en algo: *Nesta empresa todos participamos dos seus beneficios.*

FAM. participación, partícipe.

participio

substantivo masculino

Forma do verbo que termina en *-ado* ou *-ido* se é regular: Amado *é o participio do verbo* amar.

partícula

substantivo feminino

Parte moi pequena dunha materia: *Cos raios do sol víanse as partículas de po.*

particular

adxectivo

1 Dunha persoa ou propio dela: *Esa só é a opinión particular del.* SIN. individual, persoal, propia. ANT. colectivo, universal, xeral.

2 Moi raro ou extraordinario: *Nesa reunión non aconteceu nada particular.* SIN. especial, excepcional, singular. ANT. común, corrente.

EXP. **En particular** De forma especial ou sobre todo: *Gústanme todas as novelas, pero en particular as policiais.*

partida

substantivo feminino

1 Marcha dun lugar: *A partida do avión será ás sete da tarde.* SIN. marcha, saída. ANT. chegada.

2 Nalgúns xogos como as cartas, conxunto de xogadas que se realizan ata que alguén gaña: *Sempre bota despois de xantar unha partida de cartas.*

3 Cantidade dun produto, mercadoría ou cartos que se entregan ou reciben dunha vez: *Xa chegou a partida das cen camisas.*

4 Documento en que se certifica o nacemento, a morte, o bautizo ou algo semellante: *Na súa partida de nacemento di que naceu en Ribadavia en 1952.*

partidario, partidaria

adxectivo ou substantivo

Que está a favor de algo ou de alguén: *Ese partido político ten moitos partidarios.* SIN. adepto, seguidor. ANT. adversario, contrario, inimigo, rival.

partido

substantivo masculino

1 Competición deportiva entre dous ou máis xogadores ou equipos: *O partido do domingo é o Celta-Deportivo.*

2 Organización política formada por un conxunto de persoas que defenden as mesmas ideas e pretenden gobernar: *Os partidos políticos son fundamentais nas democracias.*

EXP. **Partido xudicial** Territorio que depende dun mesmo xulgado: *Nigrán pertence ao partido xudicial de Vigo.* **Sacar** ou **tirar partido** Obter algún proveito ou beneficio: *Tiroulle moito partido a ese bar e fíxose rico.* **Tomar partido** Pórse a favor de algo ou de alguén: *Sempre toma partido polo poderoso.*

partilla

substantivo feminino

Repartición de algo entre varias persoas: *Os fillos puxéronse de acordo para facer as partillas da herdanza dos pais.* SIN. división, repartición, partición.

partir

verbo

1 Dividir algo en partes: *Partiu a barra de pan en tres anacos.*

2 Pórse en marcha: *O avión parte ás sete da mañá.* SIN. marchar, saír. ANT. chegar.

3 Saír, arrancar ou proceder de algo: *O seu desgusto parte de que nunca se sentiu valorado.*
EXP. **A partir de** Desde o momento que se indica: *A partir do próximo mes o comercio non abre os sábados.*

partitura
substantivo feminino
Texto escrito dunha composición musical: *Para ler e entender unha partitura cómpre saber solfexo.*

parto
substantivo feminino
Expulsión do meniño ou da cría por parte dunha muller ou da femia dos mamíferos de xeito que nace o fillo: *O parto foi esta mañá e están ben a nai e mais o fillo.*

parvada
substantivo feminino
1 Dito ou feito que demostran moi pouca ou ningunha intelixencia: *Dicir que en Galicia non hai verán é unha parvada.* SIN. animalada, necidade, tolada.
2 Cousa sen importancia: *Non te preocupes por parvadas.* SIN. miudeza, mexericada.

parvear
verbo
Volverse parvo ou sen capacidade de pensar e discorrer: *Algúns parvean de tanto ver a televisión.*

partir

INDICATIVO		SUBXUNTIVO	IMPERATIVO
Presente	**Copretérito**	**Presente**	parte
parto	partía	parta	partide
partes	partías	partas	
parte	partía	parta	
partimos	partiamos	partamos	**FOR. NOMINAIS**
partides	partiades	partades	**Infinitivo**
parten	partían	partan	partir
Pretérito	**Antepretérito**	**Pretérito**	**Xerundio**
partín	partira	partise	partindo
partiches	partiras	partises	
partiu	partira	partise	**Participio**
partimos	partiramos	partísemos	partido
partistes	partirades	partísedes	
partiron	partiran	partisen	
Futuro	**Pospretérito**	**Futuro**	**Inf. conxugado**
partirei	partiría	partir	partir
partirás	partirías	partires	partires
partirá	partiría	partir	partir
partiremos	partiriamos	partirmos	partirmos
partiredes	partiriades	partirdes	partirdes
partirán	partirían	partiren	partiren

parvo, parva
adxectivo
1 Que demostra pouca ou ningunha intelixencia: *Cómpre que na clase non fagas preguntas parvas.* SIN. babeco, bobo, cretino, estúpido, fato, idiota, imbécil. ANT. espelido, listo, intelixente.
adxectivo ou substantivo
2 Que actúa con pouca intelixencia ou que se deixa enganar: *Pareces parvo crendo as promesas deses caloteiros.* SIN. bobo, burro, necio, estupido, papán, papón, pasmón. ANT. espelido, intelixente, listo.
EXP. **Facer o parvo** Deixarse enganar ou facer algo que ninguén agradecerá: *Nese negocio fixo o parvo e perdeu moitos cartos.*
FAM. parva, parvada, parvear, parvulario, párvulo.

párvulo, párvula
substantivo
Neno que está na idade anterior á do ensino obrigatorio: *Os párvulos asisten ás clases de educación infantil e non a primaria.*
FAM. parvulario, parvulista.

pasada
substantivo feminino
1 Movemento dos pés ao andar: *Sentíanse na noite as pasadas de alguén que se acercaba.* SIN. paso, pisada.
2 Marca que deixan os pés no chan ao andar: *O explorador deu cunhas pasadas de humanos.* SIN. pegada, pisada.

pasadío, pasadía
adxectivo
Que pasa ou acaba pronto: *Esa dor é intensa pero pasadía.* SIN. breve, efémero, fugaz, fuxidío, momentáneo, pasaxeiro. ANT. constante, duradeiro, pertinaz.

pasadizo
substantivo masculino
Paso, corredor ou camiño moi estreito que serve para ir entre dous lugares atallando ou en segredo: *Saíron do castelo por un pasadizo subterráneo.*

pasado
adxectivo ou substantivo
1 Dito dun tempo do verbo, que indica acción que xa ocorreu: *Os pretéritos son todos pasados.* SIN. pretérito. ANT. futuro.

substantivo masculino
2 Tempo que xa pasou ou aconteceu: *A Idade Media pertence ao pasado.* SIN. pretérito. ANT. futuro.

pasadoiro
substantivo masculino
1 Pedra ou conxunto de pedras que se colocan en fila nun regueiro ou corrente de auga para pasalo a pé: *Pasamos sen nos mollar polo pasadoiro.*
2 Pequena abertura ou oco nun muro ou valado dun campo para poder pasar: *Entramos na leira polo pasadoiro.*

pasadomañá
adverbio
No día seguinte a mañá: *Se hoxe é martes, pasadomañá será xoves.*

pasador
substantivo masculino
1 Barra de metal suxeita á folla dunha porta ou ventá que serve para pechalas ao correla e metela nunha especie de argola fixada ao marco: *Pechou as contras da ventá co pasador.* SIN. ferrollo.
2 Instrumento habitualmente metálico que se usa para suxeitar ou unir algo: *O remolque suxéitase ao tractor grazas ao pasador.*

pasamáns
substantivo masculino
Barra longa que se pon ao longo dunha escaleira para apoiar as mans: *Os cativos esvaraban polo pasamáns do edificio.*

pasamento
substantivo masculino
Morte dunha persoa: *O pasamento do avó produciuse o luns.* SIN. defunción, falecemento, morte.

pasamontañas
substantivo masculino
Especie de gorro que cobre a cabeza e o pescozo, agás os ollos e o nariz, usado para protexerse do frío: *Como ía frío, púxolle ao cativo o pasamontañas.*

pasaporte
substantivo masculino
Documento que lle serve a unha persoa para viaxar por distintas nacións e estados: *Para ir a Estados Unidos cómpre ter pasaporte.*

pasar
verbo
1 Levar ou mover dun lugar a outro: *Pasei ese armario para outro cuarto.*
2 Cambiar de situación ou categoría: *Se gañamos, pasaremos a ser os primeiros da clasificación.*
3 Atravesar unha cousa: *Pasaron o río nunha barca de remos.*
4 Dar ou proporcionar: *Pásame o sal.*
5 Sufrir ou aguantar: *Pasamos unha situación moi difícil.*
6 Ser superior en algo: *Medrou tanto que lle pasa ao pai.*
7 Acabar ou terminar: *Podedes saír que xa pasou o perigo.*
8 Ter éxito nunha proba: *Conseguín pasar xa o exame de conducir.*
9 Mover por enriba doutra cousa, especialmente para limpala: *Pasoulle unha baeta á mesa.*
10 Esquecer algo: *Pasóuselle coller o libro.*
11 Pór unha película: *Hoxe pasan na tele unha película de vaqueiros.*
12 Ocupar un período de tempo: *Na espera ben pasamos unha hora.*
13 Entrar ou ir ao interior: *Pasaron ao despacho do director.*
14 Vivir ou estar a gusto: *El pasa con comidas moi sinxelas.*
15 Non xogar nalgúns xogos cando toca porque non se pode ou quere: *Eu nesta xogada paso.*
16 Transcorrer un período de tempo: *Agora de vello os anos pasan voando.*
17 Producirse un feito: *Aquí pasou hai anos un crime.* SIN. acontecer, ocorrer, suceder.
18 **pasarse** Estragarse un froito ou unha comida: *Cómpre comer esas peras antes de que se pasen.*
19 Ir máis lonxe do permitido: *Pasouse ao arrepoñerse así á nai.*
EXP. **Pasar as de Caín** Sufrir moito: *Pasou as de Caín mentres non lle acertaron coa medicación.* **Pasar por alto** Non facer caso: *Pasoulle por alto moitos insultos.* **Pasar por riba de algo** Evitar algo con habilidade ou sen preocuparse de se se fai ben ou mal: *Non podemos pasar por riba das normas.*
FAM. pasable, pasada, pasadío, pasadizo, pasado, pasadoiro, pasador, pasamento, pasarela, pasaxe, pasaxeiro, pase.

pasarela
substantivo feminino
1 Ponte pequena e estreita, especialmente a que serve para que os peóns pasen por enriba dunha estrada ou autoestrada: *Os veciños piden unha pasarela para poder cruzar a autoestrada.*
2 Especie de corredor estreito e elevado sobre o que desfilan os modelos para amosar a roupa: *Esa modelo ten moita experiencia na pasarela.*

pasatempo
substantivo masculino
Calquera cousa que serve como diversión o para pasar o tempo entretido: *Os encrucillados son pasatempos.* SIN. diversión, distracción, entretemento.

pasaxe
substantivo feminino
1 Paso.
2 Billete para unha viaxe en avión ou en barco: *Os viaxeiros ensinábanlle as pasaxes a unha azafata.*
3 Conxunto de persoas que viaxan nun barco ou nun avión: *A pasaxe recibía a benvida do piloto do avión.*
4 Parte ou anaco, en especial dunha vida ou dunha obra literaria: *O profesor de lingua leunos pasaxes desa novela.*

pasaxeiro, pasaxeira
adxectivo
1 Que dura pouco: *É unha dor intensa mais pasaxeira.* SIN. breve, efémero, fugaz, fuxidío, momentáneo, pasaxeiro. ANT. constante, duradeiro, pertinaz.
substantivo
2 Persoa que viaxa nun vehículo sen conducilo: *O tren levaba hoxe moitos pasaxeiros.*

pascua
substantivo feminino
1 No cristianismo, festa en que se lembra a resurrección de Cristo: *O domingo de Pascua é o seguinte ao de Ramos.*
2 No cristianismo, festa en que se lembra o nacemento de Cristo: *A Pascula vai da Noiteboa ata o día de Reis.*
EXP. **Estar alguén coma unhas pascuas** Estar moi contento: *Con eses regalos está o cativo coma unhas pascuas.* **Facerlle a pascua a alguén** Molestalo ou prexudicalo: *Con esa multa fixéronme a pascua.*
OBS. As acepcións 1 e 2 adoitan escribirse con inicial maiúscula.
FAM. pascual.

pase
substantivo masculino
1 Permiso ou autorización por escrito para entrar nun lugar: *Os xornalistas teñen pases para entrar no Parlamento.*
2 Nalgúns deportes, envío do balón a un compañeiro: *Ese xogador dá moi bos pases.*

pasear
verbo
1 Andar devagar para facer exercicio ou pasar o tempo: *Todas as tardes saen a pasear.*
2 Levar a alguén para que ande devagar: *Todas as noitiñas pasea o cadelo.*
FAM. paseante, paseo.

paseniño
adverbio
Moi devagar ou sen présa ningunha: *Gústalle andar paseniño.* SIN. amodo, devagar, engorde.

paseo
substantivo masculino
1 Desprazamento devagar e por entreterse, especialmente cando se fai a pé: *Deron un paseo pola alameda.*
2 Rúa ou lugar especialmente apropiado para andar a pé devagar e para entreterse: *A rúa principal de Ourense coñécese popularmente como a rúa do Paseo.*
3 Distancia curta entre dous sitios: *Da miña casa ao colexio hai un paseo.*

pasional
adxectivo
Da paixón ou que non controla a razón: *Os celos son unha enfermidade pasional.*

pasivo, pasiva
adxectivo
1 Que non fai nada e deixa que o fagan os demais por el: *Na clase está pasivo: nin toma apuntamentos nin atende, mais tampouco fala.* ANT. activo.
2 Que non realiza unha acción senón que a padece ou sofre: *Os fumadores pasivos non fuman, mais respiran o fume dos que fuman a carón deles.* ANT. activo.
FAM. pasividade.

pasmar

verbo

Producir ou sentir unha gran sorpresa ou admiración: *Coa súa habilidade pasmou a todos.* SIN. abraiar, admirar, asombrar, marabillar, sorprender.

FAM. pasmo, pasmón.

pasmón, pasmona

substantivo

Papán.

paso, pasa

adxectivo

1 Dito dunha froita, que foi secada ao aire ou ao sol: *No Nadal tómanse uvas pasas e figos pasos.*

substantivo masculino

2 Movemento que se realiza con cada un dos pés ao andar: *O meu neto xa deu os primeiros pasos.* SIN. pasada.

3 Espazo que se avanza en cada un destes movementos: *Adoita camiñar dando grandes pasos.*

4 Maneira de andar: *Vai vello e anda con paso lento.*

5 Cada un dos movementos que se fan cos pés ao bailar: *Xa sabe os pasos da muiñeira.*

6 Cada cousa ou acción que se fai para conseguir algo: *Para conseguir o permiso de obra tiven que dar moitos pasos no Concello.*

7 Cruzamento ou ida dun lugar a outro: *Fixemos o paso do río nunha barca de remos.* SIN. pasaxe.

8 Lugar polo que se cruza ou vai dun lugar a outro: *Coñece un paso para cruzar a pé o río.* SIN. pasaxe.

9 Circulación que se realiza por un lugar: *Nesta rúa non se permite o paso de coches particulares.*

10 Desenvolvemento continuo do tempo: *O paso dos anos dános a todos experiencia.*

11 Tempo durante o que se está nun lugar ou situación: *Aínda lembro hoxe o meu paso pola escola.*

12 Pisada.

13 Suceso ou feito na vida dunha persoa, especialmente se é importante: *Deu o paso de marchar da aldea para a cidade.*

14 Banzo.

EXP. **A cada paso** Con moita frecuencia ou a miúdo: *A cada paso chama a nai por teléfono.* **Apurar o paso** Andar máis á présa: *Se queres chegar apura o paso.* **De paso** Aproveitando a ocasión: *De paso que vou ao instituto xa merco o pan na panadaría.* **Non dar saído** ou **non saír do paso** Non dar rematado ou solucionado algo: *Ese mecánico non da saído do paso de amañarme o coche.* **Paso a nivel** Lugar en que se cruzan ao mesmo nivel un camiño e a vía do tren: *Os pasos a nivel son moi perigosos.* **Paso de peóns** Lugar sinalado para que crucen a rúa os peóns e onde os coches deben parar: *Cruzamos polo paso de peóns.*

pasodobre

substantivo masculino

Música popular española de ritmo moi vivo e alegre que se baila en parella: *A parella esa baila moi ben os pasodobres.*

paspallás

substantivo masculino

Ave galinácea de cor parda, peteiro escuro e cola moi curta: *Os paspallás aliméntanse de sementes.*

paspán, paspana

adxectivo ou substantivo

Que se admira ou asombra por todo ou mesmo que é parvo: *Ese é un paspán que calquera o engana.* SIN. papán, pasmón, bobo, parvo.

pasta

substantivo feminino

1 Masa máis ou menos branda de substancias sólidas ou en po disolvidas en auga ou noutro líquido: *Ao mesturar o xeso en po coa auga sae unha pasta branca.*

2 Masa de fariña triga e auga coa que se fan os fideos, os macarróns e outros alimentos semellantes e alimento feito con esta masa: *Os canelóns, os fideos e os macarróns son pasta.*

3 Especie de galleta pequena cuberta con chocolate, marmelada ou outros ingredientes: *Convidounos a tomar un té con pastas.*

4 Primeira e derradeira folla dun libro ou dun caderno, habitualmente máis duras ca o resto: *Na pasta dianteira do libro vai o título e o nome do autor.* SIN. tapa.

5 Diñeiro ou cartos: *Ten moita pasta e é millonario.*

FAM. pastoso.

pastar
verbo
Comer herba o gando no campo: *Naquel prado pastaban unhas vinte vacas.* SIN. pacer.
FAM. pasteiro, pasto, pastor.

pasteiro
substantivo masculino
Terreo onde hai herba para que a coma o gando: *Na Terra Chá hai moi bos pasteiros.*

pastel
substantivo masculino
1 Doce pequeno e brando que se colle coa man: *Merquei unha ducia de pasteis na pastelaría.*
2 Lapis ou pintura en forma de barra, feita cunha materia colorante e auga: *Pintou o cadro utilizando pasteis de cores diferentes.*
3 Pintura feita con estes lapis: *Son célebres os pasteis do pintor francés Degas.*
FAM. pastelaría, pasteleiro.

pastelaría ou pastelería
substantivo feminino
Tenda onde se fan ou venden pasteis, tortas e doces: *Mercou a torta na pastelaría.* SIN. dozaría, confeitaría.

pasteleiro, pasteleira
substantivo
Persoa que fai ou vende pasteis, doces e tortas: *O pasteleiro púxome a ducia de pasteis nunha bandexa de cartón.*

pasteurizar
verbo
Referido a un alimento líquido, especialmente ao leite, subir a súa temperatura ata uns noventa graos un curto espazo de tempo e despois arrefrialo rapidamente para así destruír as bacterias e outros xermes daniños: *O leite pasteurízase para eliminar as bacterias, mais non se destrúen a súa composición e calidades.*
OBS. O *z* cambia en *c* diante do *e*, como en *cazar*.

pastilla
substantivo feminino
1 Medicina sólida e pequena, habitualmente de forma arredondada que se toma tragándoa: *Tomo un pastilla diaria para baixar a tensión arterial.* SIN. comprimido.
2 Peza de forma cadrada, rectangular ou redonda en que se presentan algúns produtos: *Mercou no supermercado unha pastilla de chocolate.*

pasto
substantivo masculino
Herba verde que come o gando no campo: *Esta chuvia viralle ben ao pasto.*

pastor, pastora
substantivo
1 Persoa que coida o gando: *O pastor coidaba o rabaño de ovellas.* SIN. pegureiro.
substantivo masculino
2 Nas relixións cristiás, sacerdote ou home dedicado a atender e guiar os fieis desa relixión: *Os curas e os bispos son os pastores da Igrexa católica.*
3 Can dunha raza que orixinariamente gardaba o gando: *Na súa casa ten un pastor alemán.*
FAM. pastoral, pastorear, pastoreo, pastoril.

pastrán, pastrana
substantivo
Bandallo.

pata
substantivo feminino
1 Cada unha das extremidades dun animal sobre as que anda: *O can e o gato teñen catro patas.*
2 Cada unha das pezas en que se apoian algunhas cousas, como os mobles: *As cadeiras teñen catro patas.*
EXP. **Andar a catro patas** Andar apoiando as mans e os pés: *O bebé andaba a catro patas.* **A patas** Andando a pé: *Fomos ao colexio a patas e non en autobús.* **Estirar a pata** Morrer: *Desta aínda non estira a pata.* **Mala pata** Mala sorte: *Tivo a mala pata de perder a carteira.* **Meter a pata** Equivocarse ou facer algo mal: *Confundinme outra vez e metín a pata.* **Patas arriba** Con todo moi mal colocado: *Sempre ten o seu cuarto patas arriba.* **Patas de galo** Engurras que saen arredor dos ollos: *Non é tan novo pois xa ten patas de galo.*
FAM. patada, patear, pateño, patexo.

pataca
substantivo feminino
1 Planta herbácea de orixe americana de flores brancas ou moradas e cuxo tubérculo é comestible: *Na Limia cultívanse patacas.*

2 Este tubérculo comestible: *Xantei un bisté con patacas fritidas.*
FAM. pataqueiro.

patear
verbo
1 Bater ou golpear cos pés no chan: *O público pateaba para amosar o seu desagrado.*
2 Andar moito: *Pateamos ben uns cinco quilómetros.*
3 Golpear coas patas ou cos pés: *O cabalo pateaba a porta da corte.*

patela
substantivo feminino
Cesta ou caixa de bordo baixo que utilizan as peixeiras para transportar e expor o peixe: *Había alí dúas patelas cheas de sardiñas.*

patena
substantivo feminino
Pratiño metálico onde se coloca a hostia na celebración da misa: *Moitas patenas son de prata.*

patente
adxectivo
1 Que é tan claro que se entende moi ben: *É patente que o verán é a estación máis calorosa.* SIN. claro, evidente, manifesto, obvio.
substantivo masculino
2 Documento oficial que dá dereito para explotar economicamente un invento ou aparello novo: *Seica inventou un novo bolígrafo e xa ten a patente.*
FAM. patentar.

pateño, pateña
adxectivo
1 Que ten as plantas dos pés totalmente planas: *Os pateños usan un calzado especial.* SIN. palmés.
2 Que ten as pernas tortas e cara a fóra: *Os pateños cando andan xuntan os xeonllos e separan os pés.* SIN. patexo, trenco.

paternal
adxectivo
Propio dun pai ou dos pais: *O xefe trátaos dun xeito paternal.*
FAM. paternalismo.

paterno, paterna
adxectivo
Do pai ou dos pais: *Sempre segue os consellos paternos.*

patético, patética
adxectivo
Que produce moita pena ou tristura: *Vimos as imaxes patéticas dos secuestrados.*
SIN. dramático, tráxico.
FAM. patetismo.

patexar
verbo
Mover as patas ou as pernas con forza e rapidamente: *O bebé patexaba no berce.*

patexo
adxectivo
Pateño.

patíbulo
substantivo masculino
Plataforma de táboas elevada onde se executa os condenados a morte: *Subiron o reo ao patíbulo para aforcalo.* SIN. cadafalso.

patilla
substantivo feminino
1 Franxa estreita de barba ou pelo que medra por diante das orellas: *Ese cantante leva unhas patillas moi longas.*
2 Nalgúns obxectos como os anteollos, cada unha das dúas pezas que serve para suxeitalos: *Rompeu unha das patillas dos anteollos.*

patín[1]
substantivo masculino
Balcón ou terraza en que remata a escaleira exterior dunha casa e que permite pasar ao primeiro piso: *Tomaba o sol no patín da casa.*

patín[2]
substantivo masculino
Especie de bota con rodas ou cunha coitela longa e que serve para moverse esvarando sobre unha superficie lisa ou xeo: *Os patíns de xeo teñen coitelas e os outros rodas.*

patinar
verbo
1 Moverse sobre unha superficie lisa ou sobre o xeo con patíns: *Foron patinar á pista de xeo.*
2 Esvararen as rodas dun vehículo sen poder controlar o seu movemento: *Freou pero as rodas do coche patinaron no xeo da estrada.*
FAM. patinador, patinaxe.

patinete
substantivo masculino
Xoguete consistente nun guiador e unha plataforma sobre dúas rodas, na que se pon un pé, mentres se impulsa facendo forza co outro pé no chan: *Regaláronlle un patinete no aniversario.*

patio
substantivo masculino
1 Espazo sen teito no interior ou no lado dun edificio: *O meu cuarto dá ao patio.*
2 Planta baixa dun teatro ou cine onde están as butacas dos espectadores: *Collemos entradas para o teatro, pero non de palco senón de patio.*

pato, pata
substantivo
Ave palmípede de peteiro aplanado máis largo na punta ca na base, pescozo curto e patas pequenas: *Os patos viven cerca da auga.* SIN. parrulo.

patria
substantivo feminino
País ou nación onde naceu unha persoa: *A miña patria é Galicia.*
FAM. patriota, patriotismo.

patriarca
substantivo masculino
Persoa que pola súa idade avanzada e sabedoría é moi respectada e escoitada: *O avó é o verdadeiro patriarca da familia.*
FAM. patriarcal.

patricio, patricia
adxectivo ou substantivo
Na antiga Roma, que pertencía á clase alta e nobre que se decía que descendía dos fundadores da cidade de Roma: *Os senadores romanos eran patricios.*

patrimonio
substantivo masculino
1 Conxunto de bens que posúe unha persoa ou unha institución: *O seu patrimonio está formado por tres casas e un comercio.*
2 Conxunto de bens, especialmente artísticos ou culturais, que posúe un país ou unha comunidade: *A lingua galega é o mellor patrimonio de Galicia.*
FAM. patrimonial.

patriota
adxectivo ou substantivo
Que ama moito a súa patria ou o lugar onde naceu: *Os patriotas galegos levantáronse contra os invasores franceses.*
FAM. patriótico, patriotismo.

patrocinar
verbo
1 Protexer algo ou alguén para que progrese ou consiga un obxetivo: *O propio Concello patrocina o proxecto dese arquitecto.*
2 Pagar unha actividade, especialmente deportiva, para facer publicidade: *Unha famosa marca de coches patrocina o noso equipo de fútbol.*
FAM. patrocinio.

patrón, patroa
substantivo
1 Persoa que é dona de algo e que o goberna e contrata traballadores: *O patrón subiulle o soldo a todos os obreiros.* SIN. amo, dono.
2 Santo que foi elixido como protector de algo: *Santa Lucía é a patroa da miña parroquia.* SIN. padroeiro.
substantivo masculino
3 Modelo que se segue para facer algo: *Ese patrón sérvelle de modelo á costureira para facer estes vestidos.* SIN. modelo.
FAM. patronal.

***patronato**, a forma correcta é **padroado**.

patrucio
substantivo masculino
O home máis vello dunha casa cando pola súa experiencia e bondade merece o respecto de todos: *O avó é un verdadeiro patrucio pola súa sabedoría e bondade.*

patrulla
substantivo feminino
1 Grupo pequeno de soldados ou policías que teñen unha determinada función: *Unha patrulla de policías vixiaba o edificio.*
2 Servizo de vixilancia ou protección que fai este grupo: *Os dous policías andaban de patrulla polo centro comercial.*
3 Grupo pequeno de avións ou barcos militares cunha determinada misión: *Unha patrulla de barcos acudiu para axudar o pesqueiro.*

4 Grupo pequeno de persoas organizado para algo: *Os veciños formaron patrullas para buscar o desaparecido.*
FAM. patrullar, patrulleiro.

pau
substantivo masculino
1 Anaco de madeira máis longo ca groso: *Din que as bruxas voan montadas no pau dunha vasoira.*
2 Cada un dos catro tipos de cartas que ten a baralla española: *A baralla española ten catro paus: bastos, copas, ouros e espadas.*

pauferro
substantivo masculino
Especie de barra longa e estreita de ferro que se usa como panca para mover pesos, facer buracos e outras funcións: *Os canteiros movían a pedra co pauferro.*

paupérrimo, paupérrima
adxectivo
Moi pobre: *Vive nunha casa paupérrima.*
OBS. É superlativo absoluto de *pobre.*

pausa
substantivo feminino
Descanso ou parada breves, especialmente para descansar: *Nas viaxes longas cómpre facer algunha pausa para descansar.*
FAM. pausado.

pauta
substantivo masculino
1 Liñas paralelas e horizontais dos cadernos para escribir entre elas sen se torcer: *Os rapaces aprenden a escribir en follas con pauta.*
2 Modelo ou exemplo que se debe seguir: *Toma como pauta de comportamento a nai.*
SIN. exemplo, modelo.

pauto
substantivo masculino
Segundo algunhas crenzas, acordo ou convenio que alguén fai co demo: *Algúns din que os bruxos teñen pauto co demo.*
OBS. É distinto de *pacto.*

pavía
substantivo feminino
Froita parecida ao pexego, pero máis grande e de carne branca: *Tomou de sobremesa unha pavía.*
FAM. pavieira.

pavillón
substantivo masculino
1 Construción ou edificio que forma parte dun conxunto deles cunha determinada función: *O hospital ten catro pavillóns.*
2 Edificio grande e máis extenso ca alto para unha determinada función: *O partido de baloncesto celebrarase no pavillón de deportes.*
3 Bandeira dun país ou nación: *Ese petroleiro leva o pavillón de Francia.*
EXP. **Pavillón da orella** ou **auditivo** Parte externa do órgano do oído dos mamíferos, situada a ambos lados da cabeza: *O pavillón auditivo forma parte do oído externo.* SIN. orella.

pavimento
substantivo masculino
Revestimento ou recubrimento que se pon sobre o chan: *O pavimento das rúas e estradas é de asfalto.*
FAM. pavimentar.

pavo, pava
substantivo
Ave que ten o pescozo longo e a cabeza pequena, ambos os dous sen plumas e con carnosidades vermellas: *Xantaron na Noiteboa un pavo asado.*
FAM. pavón.

pavón
substantivo masculino
Ave procedente de Asia cuxo macho ten unha cola moi grande que abre en forma de abano con plumas de cores moi rechamantes: *No estanque do xardín hai catro pavóns.*

pavor
substantivo masculino
Medo moi grande: *O grande incendio causou pavor na aldea.* SIN. espanto, horror, pánico, terror.
FAM. pavoroso.

paxaro
substantivo masculino
Ave voadora de tamaño pequeno: *A andoriña e o pardal son paxaros.*

paxe[1]
substantivo masculino
Mozo de familia nobre que estaba ao servizo dun señor ou dunha dama máis elevadas

ca el para aprender o oficio das armas: *O paxe do conde axudábao a vestirse.*

paxe2

substantivo masculino

Cesto de vimbio ou varas con dúas asas ou un aro: *Levaba as sardiñas no paxe.*

páxina

substantivo feminino

Cada unha das caras das follas dun libro: *Os dicionarios adoitan ter moitas páxinas.*

paz

substantivo feminino

1 Ausencia de guerra ou falta de violencia: *A ONU busca que haxa paz no mundo.*
2 Acordo polo que dous países que están en guerra deciden terminala: *Estados Unidos e Xapón asinaron a paz en 1945.*
3 Situación en que se está tranquilo e sen problemas: *Pasei a tarde en paz e ata botei unha sesta.* SIN. calma, sosego.

EXP. **Estar** ou **quedar en paz** Pagar o que se debe ou devolver un favor: *El axudoume antes a min e agora eu a el, así quedamos en paz.* **Facer as paces** Volver ter amizade con alguén tras enfadarse: *Xa se falan porque fixeron as paces.*

FAM. pacificar, pacífico, pacifismo, pacifista.

pazo

substantivo masculino

1 Edificio grande e luxoso onde viven persoas moi importantes: *O Rei reside coa familia no pazo real.* SIN. palacio.
2 Edificio grande destinado a unha determinada función pública: *A final de baloncesto será no pazo de deportes.* SIN. palacio.
3 Casa grande, antiga e nobre, especialmente a situada no campo: *Rosalía de Castro viviu durante un tempo no pazo de Arretén.*

OBS. Na acepción 3 nunca é sinónimo de *palacio.*

pé

substantivo masculino

1 Parte en que terminan as pernas das persoas e as patas dos animais e que se apoia no chan para andar: *As persoas temos dous pés.*
2 Parte de abaixo dunha cousa e sobre a que se apoia: *A lavadora ten uns pés que permiten regular a súa altura.*
3 Parte en que acaba algo: *Os pés da cama quedan no extremo contrario á cabeceira.*
4 Texto curto que se pon debaixo dunha foto a xeito de título ou explicación: *No pé da foto aparecía o meu nome.*
5 Faldra.
6 Parte máis baixa do talo dunha planta: *Cortaron a árbore polo pé.*
7 Peza do muíño consistente nunha pedra cilíndrica fixa, cun buraco no medio, sobre a que xira a capa ou moa: *Os pés dos muíños adoitaban ser de granito.*
8 Medida de lonxitude utilizada na aviación e que equivale a 30,48 centímetros: *O avión seica voaba a 10.000 pés.*

EXP. **A catro pés** Apoiándose nos pés e nas mans: *O bebé andaba a catro pés.* **A pé** Andando: *Eu non vou ao colexio en autobús, senón a pé.* **Con pés de la** ou **manteiga** Con moito coidado: *Cómpre que llo pidas con pés de la.* **Dar pé** Dar motivo para algo: *Nunca lle deu pé a ninguén para protestar.* **De pé** ou **en pé** Levantado: *Trouxo cadeiras para que sentasen os que estaban de pé.* **Facer pé** Tocar o fondo de xeito que a cabeza quede fóra da auga: *Nesa parte do río xa non fago pé.* **Non dar pé con bóla** Equivocarse moito: *Non daba pé con bóla e non conseguiu amañar o coche.* **Non ter pés nin cabeza** Non ter sentido nin lóxica: *Non ten pés nin cabeza querer saír con este trebón.*

OBS. É distinto de *pe.*

FAM. peaxe, peón.

pe

substantivo masculino

Nome da letra *p: Pai comeza por un pe.*

OBS. É distinto de *pé.*

***peatón**, a forma correcta é **peón**.

peaxe

substantivo feminino

1 Cartos que se pagan por circular por unha determinada autoestrada ou por outro lugar: *Para ir de Vigo a Santiago por autoestrada hai que pagar a peaxe.*
2 Lugar onde se pagan estes cartos: *Paramos na peaxe para pagar.*

pebida

substantivo feminino

1 Semente en xeral pequena que teñen froitos como a mazá, a pera ou as uvas: *As pebidas das mandarinas son moi molestas.*
2 Anaco pequeno ou gran de metal tal como

se atopa na terra, especialmente de ouro nas areas dun río: *En tempos pasados no Sil atopábanse pebidas de ouro.*
FAM. pebideiro.

pebideiro
substantivo masculino
Sementeiro.

pecado
substantivo masculino
En relixión, calquera acto ou cousa que vai contra a lei de Deus: *Arrepentiuse dos seus pecados.*
FAM. pecadento, pecaminoso, pecar.

pechado, pechada
adxectivo
1 Con moitos elementos e moi pechos: *Ese monte é moi pechado porque ten moitas árbores.* SIN. cerrado, fechado, fecho, pecho.
2 Cuberto de nubes ou néboa: *Hoxe está pechado con esta brétema, cómpre que abra o día.* SIN. cerrado, fechado, fecho, pecho.
3 Que non acepta as novidades ou o que vai contra a súa maneira de pensar: *É moi pechado e non acepta novos costumes.* SIN. cerrado, fechado. ANT. aberto.
4 Referido á forma de falar, moi difícil de entender: *Estivo en Londres e fala un inglés moi pechado.* SIN. cerrado, fechado.

pechadura
substantivo feminino
Mecanismo de metal que se pon nas portas para cerralas e que se manexa cunha chave: *Cambiámoslle a pechadura á porta da casa.* SIN. cerradura, fechadura.

pechamento
substantivo feminino
Peche.

pechar
verbo
1 Referido a unha porta, ventá, caixón, mecanismo etc., colocalos de forma que tapen o oco e impidan o paso, ou deixalos de tal xeito que non permitan ver o interior, non deixen funcionar ou traballar etc.: *Entrou no seu cuarto e pechou a porta.* SIN. cerrar, fechar. ANT. abrir, desfechar, despechar.
2 Colocar unha pechadura ou mecanismo semellante na posición en que non deixa abrir a porta: *Pechou coa chave despois de saír da casa.* SIN. cerrar, fechar. ANT. abrir, desfechar, despechar.
3 Meter nun sitio de xeito que non poida saír: *Pechou o can no garaxe.* SIN. cerrar, fechar, encerrar, recluír. ANT. ceibar, soltar, librar.
4 Deixar un establecemento de desenvolver a súa actividade: *Aquí os comercios pechan o sábado polo tarde.* SIN. cerrar, fechar. ANT. abrir.
5 Cubrirse o ceo de nubes: *Cara ás doce o día comezou a pechar.* SIN. cerrar, cubrirse, fechar, nubrar. ANT. abrir, aclarar, clarear, despexar.
FAM. pechado, pechadura, pechamento, peche, pecho.

peche
substantivo masculino
1 Feito de pechar ou terminar a actividade de algo para sempre ou temporalmente: *Os veciños piden o peche da discoteca porque fai moito ruído.* SIN. cerramento, fechamento, pechamento.
2 Feito de se pechar ou encerrar nun lugar especialmente como protesta: *Os alumnos ameazan cun peche no centro se non os recibe o director.* SIN. encerro, fechamento, pechamento.

pecho, pecha
adxectivo
1 Pechado.
substantivo masculino
2 Mecanismo de diferentes tipos habitualmente sen chave que impide que se poida abrir unha porta: *Ademais da pechadura, na porta da casa ten, por dentro, dous pechos de seguridade.* SIN. fecho.

peculiar
adxectivo
Moi propio ou característico de algo ou de alguén: *Unha comida moi peculiar de Galicia é o polbo cocido.* SIN. característico, propio, particular. ANT. corrente, común.
FAM. peculiaridade.

pedagoxía
substantivo feminino
Ciencia que se ocupa da forma de educar os rapaces e de como ensinar mellor: *Un mestre debe saber pedagoxía.*
FAM. pedagogo, pedagóxico.

pedal
substantivo masculino
Peza sobre a que se coloca o pé para facer forza e así facer funcionar un mecanismo: *As bicicletas teñen dous pedais.*
FAM. pedalear.

pedazo
substantivo masculino
Anaco.

pedestal
substantivo masculino
Peza que sostén outra, especialmente a de pedra que sostén unha estatua: *O pedestal da estatua é de granito.*

pedestre
adxectivo
Que se fai a pé: Participou en varias carreiras pedestres.

pediatra
substantivo
Médico especialista nas enfermidades dos nenos: *O pediatra di que o cativo ten gripe.*
FAM. pediatría, pediátrico.

pedichón, pedichona
adxectivo ou substantivo
Que pide con frecuencia: *Os rapaces eses son uns pedichóns que lles sacan os cartos aos avós.*

pedida
substantivo feminino
Feito de pedirlle o noivo permiso aos pais da noiva para casaren: *Hoxe as pedidas adoitan ser unha comida entre a familia da noiva e a do noivo.*

pedido
substantivo masculino
Conxunto de produtos ou mercadoría que un cliente lle pide ao fabricante ou ao vendedor: *Fixémoslle á fábrica de camisas un pedido de cincuenta camisas brancas.*

pedimento
substantivo masculino
Petición.

pedir
verbo
1 Dicirlle a alguén que nos dea, conceda ou faga algo que necesitamos ou desexamos: *Pediulle prestados ao amigo mil euros.*
2 Poñer prezo a algo que se vende: *Pediulle cen mil euros pola casa.*
3 Querer ou desexar: *Só che pido que me escoites.*
OBS. Conxúgase como *advertir.*
FAM. pedida, pedido, pedimento, petición.

pedra
substantivo feminino
1 Corpo ou materia sólidos e máis ou menos duros do interior ou superficie da codia terrestre: *O granito é unha pedra formada por cuarzo, feldespato e mica.*
2 Anaco desta materia: *As paredes dalgunhas casas son de pedra de granito.*
3 Especie de boliña de sales e minerais que se forma nalgúns órganos e condutos do corpo: *O médico díxolle que tiña pedras nos riles.* SIN. cálculo.
4 Sarabia.
5 Sarrio.
EXP. **Menos dá unha pedra** Úsase para indicar que se está conforme co conseguido aínda que sexa pouco: *Prestoume cinco euros, pero menos dá unha pedra.* **Coma unha pedra** Durmido cun sono moi profundo: *Estaba no sofá coma unha pedra.* **Pedra preciosa** A moi fina, dura e brillante usada para facer xoias: *O diamante, a esmeralda e o rubí son pedras preciosas.* **Quedar** ou **deixar de pedra** Quedar moi sorprendido: *Quedei de pedra cando me dixo que lle morrera o pai.* **Ser de pedra** Non amosar nin emocións nin sentimentos: *Non botou unha bágoa no enterro da nai porque el éche de pedra.*
FAM. pedrada, pedrazo, pedregal, pedregoso, pedregullo, pedreira, pedreiro, pedrolo pedrón, pedroso, pétreo, petrificar, tirapedras.

pedrada
substantivo feminino
Golpe dado cunha pedra que se tira con forza: *O cativo rompeu o cristal da fiestra dunha pedrada.*

pedraría ou pedrería
substantivo feminino
Conxunto de pedras preciosas usadas como adorno: *A pulseira é de ouro con pedraría.*

pedrazo
substantivo masculino
Sarabia.

pedregal
substantivo masculino
Terreo cuberto de pedras: *Nese pedregal non medra ningunha planta.* SIN. pedreira.

pedregullo
substantivo masculino
Pedra moi pequena: *Botaban pedregullo para tapar as fochancas.*

pedreira
substantivo feminino
1 Lugar do que se extrae pedra, especialmente para usar na construción: *Traballa nunha pedreira de granito.* SIN. canteira.
2 Pedregal.

pedreiro, pedreira
substantivo
1 Persoa que traballa extraendo pedra nunha canteira: *O traballo de pedreiro é moi duro.*
2 Canteiro.

pedrés, pedresa
adxectivo
De cor negra con manchas brancas: *Mercou un cabalo pedrés.* SIN. apigarado.

pedúnculo
substantivo masculino
1 Nunha planta, especie de rabo ou talo pequeno que unen unha flor, un froito ou unha folla ao talo: *As cereixas teñen un pedúnculo longo.*
2 Nalgúns animais, prolongación do corpo pola que se suxeitan ás rochas ou ao chan: *Os percebes péganse ás rochas polos pedúnculos.*

pega
substantivo feminino
Ave de plumaxe branca no ventre e negra no resto do corpo, de cola longa e peteiro forte: *A pega é da mesma familia ca o corvo.*

pegada
substantivo feminino
1 Pisada.
2 Marca de algo que queda nun sitio: *Na mesa quedou a pegada do cu do vaso.* SIN. marca, sinal.

pegadizo, pegadiza
adxectivo
1 Que se apega con facilidade ás cousas: *O xarope de azucre éche moi pegadizo.* SIN. apegañento, apegañoso, pegañento, pegañoso.
2 Que se lembra moi ben ou se contaxia facilmente: *Esa canción e moi pegadiza.* SIN. apegadizo.

pegamento
substantivo masculino
Substancia que serve para pegar ou unir: *Usaba pegamento para apegar os cromos no álbum.* SIN. cola.

pegañento, pegañenta ou pegañoso, pegañosa
adxectivo
Que se apega con facilidade: *O mel é pegañento.*

pegar
verbo
1 Unir unha cousa a outra por medio dunha substancia para que non poidan separarse: *Pegou o selo no sobre.* SIN. apegar. ANT. desapegar.
2 Xuntar dúas persoas ou cousas de xeito que non quede espazo entre elas: *Pegou a cadeira á mesa.* ANT. desapegar.
3 Dar golpes: *Sen máis nin máis, pegoulle un lapote.* SIN. bater, zorregar, zoscar, zurrar.
4 Pasar unha enfermidade dunha persoa ou dun animal a outros: *Seica lle pegaron a gripe na escola.* SIN. apegar, contaxiar.
5 Dar ou producir: *O cativo púxose a pegar berros.*
6 Quedar ben: *Esa gravata non pega nada con esa camisa.*
7 Pasar a facer algo igual ca outro ou ca outros: *Pegoulle o seu acento vigués.*
8 Dar un golpe ou chocar: *Pegou coa moto contra un farol.* SIN. bater, chocar.
9 Comezar a ter éxito: *Esa canción pegou moito este último verán.*
10 **pegarse** Quedar unha comida pegada ao fondo do recipiente onde se fai: *Pegáronselle á tixola as patacas da tortilla.* SIN. apegarse.
11 Unirse unha persoa a outra sen que a convide: *El sempre se pega ao noso grupo.* SIN. apegarse.
OBS. O *g* cambia en *gu* diante do *e*, como en *pagar*.
FAM. pegada, pegamento, pegañento, pegañoso, pegón.

pegureiro, pegureira
substantivo
Pastor.

peido
substantivo masculino
Gas do intestino expulsado polo ano: *Os peidos cheiran moi mal.*
FAM. peidar, peidear, peideiro.

peirao
substantivo masculino
Construción na beira do mar ou dun río usada para embarcar e desembarcar persoas e mercadorías: *O porto ten varios peiraos.*

peite
substantivo masculino
Instrumento de madeira, plástico ou outros materiais usado para amañar e colocar ben o pelo: *O peite ten unhas pugas moi xuntas.*

peiteado
substantivo masculino
Forma de amañar ou colocar o pelo: *Cambiou de peiteado.*

peiteador, peiteadora
substantivo
Persoa que ten por oficio cortar e amañar o pelo: *O peiteador sempre me corta o pelo do mesmo xeito.*
OBS. A forma **perruqueiro* é incorrecta.

peitear
verbo
Amañar e colocar ben o pelo co peite: *Despois de se duchar peiteouse.* ANT. despeitear.
FAM. peite, peiteado, peiteador.

peito
substantivo masculino
1 Parte dianteira do corpo que vai desde o pescozo ata a cintura: *No peito están os pulmóns e o corazón.*
2 Órganos do sistema respiratorio das persoas que están nesta parte do corpo: *Un ciclista ten que ter bo peito.*
3 Nunha muller, cada unha das dúas mamas ou o conxunto das dúas: *Seica fixo unha operación para aumentar o peito.*
4 Parte do corpo dalgúns animais comprendida entre o pescozo e a barriga: *Un cabalo de tiro ha de ter bo peito.*
5 Ánimo, forzas ou valor para facer algo: *Para ser médico forense cómpre ter peito.*
EXP. **Dar o peito** Alimentar unha nai o seu bebé con leite de seu: *A nai deulle o peito ata os oito meses.* **Ter peito para todo** Ser capaz de facer accións moi malas: *Non será un asasino pero ten peito para todo.* **Tomar a peito** Dar moita importancia, tomar moi en serio: *Tomou a peito o do réxime e baixou dez quilos.*
FAM. peitoral, peitoril, peituga.

peitoral
adxectivo ou substantivo masculino
Do peito ou relacionado con el: *Os dous músculos peitorais están sobre as costelas.*

peitoril
substantivo masculino
Muro ou varanda que se pon nas ventás, nos balcóns, nas pontes, nos pozos e noutros lugares semellantes para non caer ao achegarse: *Miraba o río cos brazos apoiados no peitoril da ponte.*

peituga
substantivo feminino
Carne do peito das aves: *Tomou de segundo un filete de peituga de polo con patacas fritas.*

peixaría ou peixería
substantivo feminino
Establecemento onde se vende peixe, especialmente fresco: *Nesa peixaría non venden peixe conxelado, só fresco.*

peixe
substantivo masculino
1 Animal vertebrado que vive na auga e respira por branquias e xeralmente co corpo cuberto de escamas e as extremidades en forma de aleta: *Os peixes reprodúcense por ovos.*
2 Este mesmo animal cando xa foi pescado e serve para comer: *De primeiro imos tomar peixe.*
3 Persoa que actúa con mala intención ou que engana: *Ese peixe quíxote estafar.*
EXP. **Peixe azul** O que ten moita graxa: *A sardiña e o xurelo son peixe azul.* **Peixe branco** O que ten pouca graxa: *A pescada é peixe branco.* **Peixe espada** Peixe mariño de gran tamaño e comestible coa mandíbula supe-

rior en forma de espada: *Tomamos de primeiro peixe espada.* **Peixe sapo** Peixe mariño comestible de corpo aplanado e boca moi grande: *A boca do peixe sapo lembra a dun sapo.* SIN. rabada.
FAM. pesca, pescantín, pescar, pesco, pesqueiro, peixaría, peixeiro.

peixeiro, peixeira
substantivo
Persoa que vende peixe: *A peixeira ofrecía unhas sardiñas moi boas.* SIN. pescantín, pesco.

pel
substantivo feminino
1 Tecido que cobre e protexe o corpo das persoas e animais: *A pel das persoas está formada pola derme e a epiderme.*
2 A de certos animais curtida e preparada para facer pezas de roupa, zapatos, carteiras e outros obxectos: *Eses zapatos son de pel bovina.*
3 Monda.
EXP. **Arriscar** ou **xogar a pel** Pórse nun perigo moi grande: *El arriscou a pel cando se enfrontou cos atracadores.* **Estar** ou **pórse na pel de** Pórse no seu lugar ou na súa situación: *Hai que pórse no lugar dos que perderon o traballo.* **Pel vermella** Persoa pertencente aos pobos que vivían en América do Norte antes de que fose colonizada: *Os peles vermellas loitaron contra o exército dos Estados Unidos.*
FAM. pela, pelar, pelella, pelello, peletaría, pelexa, pelexar, pelica, película.

pela
substantivo feminino
Monda.

pelar
verbo
1 Quitarlle a pel ou casca a un froito ou froita: *Cumpría ir pelando esas patacas.* SIN. mondar.
2 Quitarlle as plumas, a pel ou o pelo a un animal: *Estaba a pelar o capón do Nadal.*
3 Caerlle a alguén a pel ou o pelo: *Con ese sol e sen camisa vas pelar.*
4 Estar moi quente: *Ten coidado co ferro de pasar, que pela.* SIN. queimar.
5 Deixar sen plantas ou vexetación: *O incendio do verán pelou o monte.*

pelella ou pelello
substantivo feminino ou substantivo masculino
1 Pel dun animal: *O pelello do porco é duro.*
2 Recipiente a xeito de saco feito coa pel dun animal: *Os arrieiros transportaban o viño do Ribeiro en pelellos.*

peletaría ou peletería
substantivo
Tenda onde se venden pezas de vestir e outros obxectos de pel dos animais: *Nesa peletaría teñen unhas cazadoras de coiro moi bonitas.*

pelexa
substantivo feminino
1 Enfrontamento ou loita, con ou sen armas, entre persoas ou animais: *Antigamente eran frecuentes as pelexas entre mozos nas festas.* SIN. loita.
2 Esforzo ou traballo moi grande para conseguir algo: *Despois de moita pelexa, convenceuno.* SIN. loita.

pelexar
verbo
1 Ter un enfrontamento ou loita, con ou sen armas, dúas ou máis persoas ou animais: *Nunca se debe pelexar.* SIN. loitar.
2 Esforzarse moito para conseguir algo: *Pelexou e pelexou ata que mercou esa casa.* SIN. loitar.

pelicano
substantivo masculino
Ave acuática palmípede de plumaxe branca ou parda e peteiro largo, longo e recto e cunha especie de bolsa na mandíbula inferior para almacenar a comida: *O pelicano mete na bolsa do peteiro a comida para as crías.*

película
substantivo feminino
1 Capa moi fina que cobre algo: *Sobre o caldo limpo formouse unha película de graxa.*
2 Fita de material plástico que serve para fixar imaxes sobre ela: *Nese documental empregáronse moitos metros de película.* SIN. filme.
3 Conxunto de imaxes en movemento, con ou sen son, gravadas sobre unha destas fitas e que contan unha historia: *Gustoume moito esa película.* SIN. filme.

peliqueiro, peliqueira
substantivo

1 Personaxe ou máscara do Entroido galego propio de Verín e Laza que leva un traxe moi rechamante, unha careta que se prolonga nunha pantalla con adornos de animais e astros e mais trece chocas que lle penduran do cinto: *Fomos ao Entroido de Verín para ver os peliqueiros.* SIN. cigarrón.
2 Persoa que fai pezas de vestir, carteiras ou outros obxectos semellantes con peles de animais: *Quere que lle faga unha cazadora un peliqueiro de Ourense.*

peliza
substantivo feminino

Peza de vestir de abrigo que adoita chegar ata a cintura, feita de pel ou forrada con ela: *Para combater o frío puxo a peliza.*

pelo
substantivo masculino

1 Especie de fío que nace da pel das persoas e dos animais vertebrados: *O gato deixou a cadeira de brazos chea de pelos.*
2 Conxunto destes fíos: *Teño que ir cortar o pelo.* SIN. pelame.
3 Conxunto de fíos moi finos que sobresaen nalgúns tecidos: *Ese xersei ten moito pelo.*
EXP. **Ao pelo** No momento adecuado: *Veunos ao pelo ese premio da lotaría.* **Por un pelo** Por moi pouco: *Non esvarei por un pelo.* **Tomarlle o pelo a alguén** Rirse del: *Tomoume o pelo e burlouse de todos nós.*

pelota
substantivo feminino

Bóla de goma, plástico, coiro ou doutro material para practicar certos xogos: *Mercou varias pelotas de tenis.*

pelotón
substantivo masculino

1 Grupo pequeno de soldados: *Un pelotón está ao mando dun cabo ou dun sarxento.*
2 Conxunto formado pola maior parte dos ciclistas que participan nunha carreira: *Os nosos ciclistas conseguiron escapar do pelotón.*

pelouro
substantivo masculino

1 Pedra pequena lisa e arredondada: *A erosión produce os pelouros.* SIN. callao, canto, coio, croio, seixo.
2 Pedra grande: *Un guindastre levantaba aquel pelouro.*

peluche
substantivo feminino

Tea que ten por unha das caras un pelo moi suave: *Regaloulle á cativa un oso de peluche.*
OBS. É sempre feminino: *a peluche.* É distinto de *peluxe.*

peludo, peluda
adxectivo

Que ten moito pelo: *Era un meniño peludo moi simpático.*

peluxe
substantivo feminino

Pelo curto e suave: *Depilou a peluxe das pernas.*
OBS. É distinto de *peluche, penuxe* e *lanuxe.*

pelve
substantivo feminino

1 No esqueleto das persoas e dos mamíferos, parte que une o tronco coas extremidades inferiores e formada por un conxunto de ósos: *O sacro, o íleo, o isquion e a pube son os ósos da pelve.*
2 Cavidade do corpo comprendida entre estes ósos: *A vexiga, o recto e unha parte do aparato xenital están na pelve.*

pementa
substantivo feminino

Froito e semente da pementeira de sabor moi picante que se usa como condimento: *A pementa úsase para adubar a carne.*
FAM. pementeira.

pementeira
substantivo feminino

Arbusto rubideiro propio dos climas tropicais que ten como froito a pementa: *As pementeiras medran nos países de clima tropical.*

pementeiro
substantivo masculino

Terreo cultivado de pementos: *Son famosos os pementeiros de Padrón.*

pemento
substantivo masculino

1 Planta herbácea cultivada nas hortas que dá como froito o pemento: *Nesta zona da horta botarei pementos.*

2 Froito desta planta de cor verde ou vermella de forma máis ou menos piramidal e con moitas sementes no interior: *Comeu co bisté uns pementos fritidos.*
3 Po de cor vermella que se usa para darlle sabor aos alimentos: *O pemento obtense moendo pementos vermellos secos.*

pena[1]
substantivo feminino
Pedra moi grande: *Nese monte hai moitas penas.* SIN. penedo, rocha.
FAM. penedía, penedo.

pena[2]
substantivo feminino
1 Sentimento de tristeza ou dor porque aconteceu algo malo: *Dá pena ver os cans abandonados.* SIN. aflición, dor, mágoa, pesadume, pesar, tristeza, tristura. ANT. alegría, ledicia.
2 Castigo que lle impón un xuíz ou tribunal a unha persoa por cometer un delito: *O xuíz condenouno a unha pena de dous anos de cárcere.*
EXP. **Pagar a pena** Merecer algo un traballo ou esforzo por conseguilo: *Non paga a pena que te enfades por esa parvada.*
FAM. penal, penalidade, penalizar, penar.

penacho
substantivo masculino
Conxunto de plumas que algunhas aves teñen na parte de arriba da cabeza: *A bubela ten un penacho moi rechamante.*

penal
adxectivo
1 Das penas dos delitos: *O Dereito penal establece as penas para os diferentes delitos.*
substantivo masculino
2 Lugar onde os presos cumpren a súa condena: *Ingresou no penal porque o condenaron a dous anos de cárcere.* SIN. cadea, cárcere, prisión.

penalidade
substantivo feminino
Traballo ou sufrimento que alguén pasa: *Os exploradores pasaron moitas penalidades para chegaren ao campamento.*

penalizar
verbo
Impor unha pena ou castigo: *As normas de tráfico penalizan o exceso de velocidade.*
OBS. O *z* cambia en *c* ante *e*, como en *cazar.*
FAM. penalización.

penalti
substantivo masculino
Nalgúns deportes coma o fútbol, pena con que se castiga a falta cometida por un xogador dentro da súa propia área e que consiste nun tiro directo cara á portaría desde once metros: *O árbitro pitou penalti porque o defensa tocou na área o balón coa man.*

***penas, a**, a forma correcta é **apenas**.

penca
substantivo feminino
Mancha pequena que sae na pel de cor parda: *Ten pencas na cara.* SIN. marxa.
FAM. pencado.

pendello
substantivo masculino
Alboio.

pendencia
substantivo feminino
Enfrontamento entre dúas ou máis persoas con insultos, berros e ata golpes: *Seica participou nunha pendencia de discoteca.* SIN. disputa, lea, liorta.

pendente
adxectivo
1 Que aínda non está resolto ou terminado: *Cómpre que non deixes ningún traballo pendente.*
2 Que está moi inclinado: *Esa leira está nun terreo pendente.* SIN. costento, pino.
3 Que colga e está suxeito por algo: *O cadro está pendente dun cravo.*
4 Que está moi atento ou preocupado por algo: *Só ten que estar pendente do teléfono na recepción.*
substantivo masculino
5 Adorno que se pon colgado das orellas: *A actriz levaba uns fermosos pendentes.*
substantivo feminino
6 Terreo moi inclinado: *Arfaba ao subir aquela pendente.*
FAM. pender, pendón.

pendón
substantivo feminino
Bandeira máis longa ca larga: *Na procesión levaba o pendón do santo o secretario da confraría.*

péndulo
substantivo masculino
Corpo que colga dun punto fixo e que oscila regularmente polo seu propio peso: *No salón ten un reloxo de péndulo.*

pendurar
verbo
Estar ou pór unha cousa suspendida doutra, de xeito que non chegue ao chan: *Pendurou o abrigo no colgadoiro.* SIN. colgar. ANT. dependurar, descolgar.

pene
substantivo masculino
Órgano sexual masculino que tamén forma parte do último tramo do aparato urinario: *Os homes expulsan a urina polo pene.*

penechaira
substantivo feminino
Superficie plana ou meseta orixinada pola erosión prolongada dunha rexión montañosa: *As penechairas son un efecto da erosión.*

penedía
substantivo feminino
Conxunto de penedos ou rochas grandes que sobresaen do terreo: *Subiron ata aquela penedía do monte.*

penedo
substantivo masculino
Pedra ou rocha moi grandes que sobresaen da terra ou do mar: *Foi nadando ata un penedo.* SIN. pena, rocha.

peneira
substantivo feminino
Utensilio formado por un aro de madeira e un coiro con buracos ou unha malla metálica e que se usa para separar sementes de trigo, millo e outros produtos das impurezas: *Cómpre pasar ese millo pola peneira para que non leve areas.* SIN. criba, cribo.
FAM. peneirar.

peneirar
verbo
Pasar pola peneira sementes de trigo, millo e outros produtos para separalas das impurezas: *Cómpre peneirar ese trigo para que non leve pedras.* SIN. cribar.

penetrar
verbo
Entrar no interior de algo: *O ladrón penetrou no comercio por unha pequena fiestra.*
FAM. penetración, penetrante.

penicilina
substantivo feminino
Substancia obtida dun fungo e usada como medicamento contra as bacterias: *O primeiro antibiótico foi a penicilina e descubriuno Fleming.*

penico
substantivo masculino
Recipiente portátil para os ouriños: *Antes os penicos estaban debaixo das camas.* SIN. ouriñal.

península
substantivo feminino
Extensión de terra rodeada de auga por todas as partes menos por unha estreita coa que se une a outro territorio maior: *Visitamos a península do Barbanza.*

penitencia
substantivo feminino
1 Na relixión católica, sacramento polo que un sacerdote lle perdoa os pecados ao que se confesa: *Na penitencia o sacerdote perdoa os pecados no nome de Xesús.*
2 Castigo que se cumpre para que sexa perdoada unha falta ou mala acción: *Para el o réxime é unha penitencia.*
FAM. penitenciaría, penitenciario, penitente.

penoso, penosa
adxectivo
1 Que produce pena: *Resulta penoso ver a fame do Terceiro Mundo.* SIN. doloroso, triste. ANT. alegre, ledo.
2 Que custa moito traballo: *Fixeron unha viaxe penosa a través do deserto.* SIN. traballoso.

pensamento
substantivo masculino
1 Facultade ou capacidade que permite pensar ou coñecer as cousas e razoar sobre elas: *As persoas caracterizámonos polo pensamento.* SIN. razón.
2 Idea ou conxunto de ideas que alguén ten ou razoa: *O profesor explicounos o pensamento político de Castelao.*

3 Planta herbácea de xardín con flores de cinco pétalos de tres cores e tamén esta flor: *Entre as cores do pensamento destaca a violeta.*

pensar

verbo

1 Formar unha idea na mente: *Hai que pensar algo para resolver este problema.*

2 Examinar algo con atención coa mente: *Pensei moito niso que me contaches.*

3 Ter unha opinión sobre algo: *Eu penso que volves estar equivocado.* SIN. coidar, considerar, crer, opinar.

4 Ter a intención de facer algo: *Pensa estudar medicina.*

FAM. pensado, pensador, pensamento, pensativo.

pensión

substantivo feminino

1 Cartos que recibe unha persoa que non traballa cada certo tempo: *Os xubilados cobran unha pensión.*

2 Establecemento público en que a cambio de cartos se dá aloxamento: *A pensión ten menos categoría ca o hostal e ca o hotel.*

FAM. pensionista.

penso

substantivo masculino

Alimento seco para os animais: *Estes porcos non comen só penso.*

pentágono

substantivo masculino

Polígono que ten cinco lados e cinco ángulos: *No pentágono regular os lados e ángulos son iguais.*

FAM. pentagonal.

pentagrama

substantivo masculino

Conxunto de cinco liñas paralelas e catro espazos sobre os que se escribe a música: *Os cadernos de música teñen pentagramas.* SIN. pauta.

***pente**, a forma correcta é **peite**.

***pentear**, a forma correcta é **peitear**.

pentecoste

substantivo feminino

No cristianismo, festa que se celebra cincuenta días despois da Resurrección para lembrar o descenso do Espírito Santo sobre os apóstolos: *A Pentecoste cae na primavera.*

OBS. Adoita escribirse con inicial maiúscula.

penúltimo, penúltima

adxectivo

Que está inmediatamente antes do último: *O trinta de agosto é o penúltimo día deste mes.*

penumbra

substantivo feminino

Estado intermedio entre a luz e a escuridade: *O cuarto, coa persiana a medio baixar, estaba na penumbra.*

penuria

substantivo feminino

Escaseza ou falta do necesario: *Vive na penuria porque ten un soldo moi pequeno.* SIN. escaseza, miseria, pobreza. ANT. abundancia.

penuxe

substantivo feminino

Pluma pequena e suave das aves: *A penuxe adoita cubrir o peito das aves.*

OBS. É distinto de *lanuxe* e *peluxe*.

peón

substantivo masculino

1 Persoa que vai a pé: *Esta rúa só é para peóns.* SIN. viandante.

2 Persoa que realiza traballos de man e non ten un oficio específico, especialmente na construción: *O peón leváballe a masa ao albanel.*

3 Cada unha das oito pezas brancas e negras de menor valor do xogo do xadrez: *Hai oito peóns brancos e outros oito negros.*

FAM. peonil.

peonil

adxectivo

Que é só para persoas que van a pé: *As rúas do centro agora son peonís.*

peor

adxectivo

1 Máis malo ca outro: *Esa camisa é peor ca a de algodón.* ANT. mellor.

adverbio

2 Máis mal: *Ese pantalón séntame peor ca aqueloutro.*

FAM. empeorar, empeoramento.

peperetada
substantivo feminino
Lambonada.

*pepino, a forma correcta é **cogombro**.

pequeno, pequena
adxectivo
1 Que ten pouco tamaño: *Vive nunha casa moi pequena.* ANT. amplo, grande.
2 De pouca importancia: *Eses problemas sonche ben pequenos.* ANT. grande.
adxectivo ou substantivo
3 Que ten pouco tamaño ou poucos anos: *Os pequenos xogaban no xardín.* SIN. cativo, neno. ANT. grande.
FAM. pequecho, pequenez, pequerrecho.

pera
substantivo feminino
Froita de forma cónica, coa pel verde, amarela ou avermellada e carne branca e máis ou menos doce: *As peras teñen unhas pebidas escuras.*
FAM. pereira.

perante
preposición
Indica situación fronte a, diante de ou en presenza de: *Declarou iso perante o xuíz.* SIN. ante.
OBS. É distinto de *durante.*

percal
substantivo masculino
Tea de algodón moi fina e lisa: *Levaba un vestido de percal.*

percebe
substantivo masculino
Crustáceo mariño comestible de forma cilíndrica e alongada que se fixa pola súa parte inferior ás rochas: *O percebe vive en comunidades nas rochas máis batidas polo mar.*

percha
substantivo feminino
Instrumento de madeira, metal ou doutro material cun gancho na parte superior e que serve para colgar a roupa: *Puxo a chaqueta na percha.* SIN. colgadoiro.

percibir
verbo
1 Darse de conta de algo ou coñecelo por medio dos sentidos ou da intelixencia: *Naquel cuarto percibíase un intenso cheiro a queimado.*
2 Recibir unha cantidade de cartos: *Por ese traballo percibe un bo soldo.*
FAM. percepción, perceptible, apercibir.

percorrer
verbo
Referido a un espazo, pasar por todos os lugares ou puntos que o forman: *Percorreu a casa cuarto por cuarto.*
OBS. É distinto de *recorrer.*
FAM. percorrido.

percorrido
substantivo masculino
Conxunto de lugares polos que se pasa para ir dun sitio a outro: *Fixemos un percorrido polo Santiago monumental.*
OBS. Non debe ser substituído por *recorrido*, participio de *recorrer*, 'acudir a algo ou alguén'.

percusión
substantivo feminino
Golpe ou conxunto de golpes que se dan sobre algo: *Os bombos e tambores son instrumentos musicais de percusión.*
FAM. percusor, percutir.

*percutor, a forma correcta é **percusor**.

perda
substantivo feminino
1 Dano que se produce en algo: *A crise produciu graves perdas en todas as empresas.* ANT. ganancia.
2 Desperdicio ou mal uso de algo: *Tratar de convencerte é unha perda de tempo.*
3 Falta do que se tiña: *A perda do pai produciulle unha gran dor.* ANT. achado, adquisición.

perder
verbo
1 Non encontrar algo que tiñamos: *Perdeu a chave do coche.* SIN. extraviar. ANT. achar, atopar, encontrar.
2 Deixar de ter algo que tiñamos: *Perdeu moitos cartos no xogo.* ANT. gañar.
3 Aproveitar mal algo: *Perdiches moito tempo coas xestións na Casa do Concello.* SIN. desaproveitar, desperdiciar. ANT. aproveitar.
4 Non chegar a tempo a algo: *Perdemos os*

primeiros minutos da película porque chegamos tarde.
5 Saír pouco a pouco un líquido de onde está: *A botella perde o aceite por un buratiño.*
6 Non conseguir algo ou resultar vencido: *O noso equipo perdeu ese partido.* ANT. gañar.
7 Deixar de ter as calidades que se tiñan antes: *Co cambio de presentador ese programa perdeu moito.* ANT. gañar.
8 perderse Non atopar o camiño: *Perdeuse no centro da cidade.* SIN. extraviarse. ANT. orientarse.
FAM. perda, perdedor, perdición, perdido, imperdible.

perdición
substantivo feminino
1 Caída nunha situación moi mala: *O consumo de drogas levouno á perdición.* SIN. ruína.
2 Cousa que produce esta caída a unha situación moi mala: *O xogo foi a súa perdición.* SIN. ruína.

perdigón
substantivo masculino
1 Cría da perdiz: *Había catro perdigóns no niño.*
2 Cada unha das boliñas de chumbo que forman a munición dun cartucho: *As escopetas de caza disparan os perdigóns dos cartuchos.*

perdiz
substantivo feminino
Ave pequena de corpo groso, pescozo curto e branco cunha especie de colar negro e plumaxe gris na parte superior e azulada con manchas negras no peito: *A carne de perdiz é moi estimada.*

perdoar
verbo
Esquecer ou non ter en conta as faltas que alguén cometeu e deixar de castigalo: *Perdooulle que o insultase gravemente.*
FAM. perdón, imperdoable.

perdón
substantivo masculino
Esquecemento das faltas que alguén cometeu de xeito que se deixan sen castigo: *Pediulle perdón polos insultos que lle dixo.*

perdurar
verbo
Durar moito ou seguir existindo: *A tradición do Entroido perdura en toda Galicia.*
SIN. persistir.
FAM. perdurable.

perecedoiro, perecedoira
adxectivo
Que ten fin ou que se estraga ou termina co paso do tempo: *Os alimentos perecedoiros, como os iogures, deben levar a data de caducidade.* ANT. imperecedoiro.

perecer
verbo
Morrer.
OBS. É regular, *perezo, pereza.*
FAM. perecedoiro.

peregrinación
substantivo feminino
Viaxe que se fai a un lugar sagrado ou de culto relixioso por devoción: *Fixeron unha peregrinación a Fátima.*

peregrinar
verbo
Viaxar a un lugar sagrado ou de culto relixioso por devoción: *Os mahometanos deben peregrinar unha vez na súa vida á Meca.*

peregrino, peregrina
substantivo
Persoa que viaxa a un lugar sagrado ou de culto relixioso por devoción: *A Santiago de Compostela van moitos peregrinos.*

pereira
substantivo feminino
Árbore froiteira que dá as peras: *Ten unha pereira no xardín.*

perenne
adxectivo
1 Que dura sempre ou moito tempo: *O amor pola súa dona foi perenne, ata a morte.*
2 Dito da folla dunha árbore, que non cae no outono: *Os piñeiros son árbores de folla perenne.* ANT. caduco.
3 Dito dunha planta, que dura tres ou máis anos: *As árbores froiteiras son perennes.*

perexil
substantivo masculino
Planta herbácea con moitas ramas e follas de cor verde que se usa para darlles sabor

ás comidas: *Botoulle ao bisté allo e perexil.* SIN. pirixel

perfeba
substantivo feminino
Pestana.

perfección
substantivo feminino
Falta ou ausencia totais de erros e defectos: *A perfección do exame merece un dez.* ANT. imperfección.

perfeccionar
verbo
Facer mellor eliminando erros e defectos: *Perfeccionou o seu inglés en Londres.*

perfecto, perfecta
adxectivo
1 Que non ten ningún erro nin defecto: *Quedoulle perfecto o cadro que pintou.* ANT. imperfecto.
2 Que resulta adecuado para algo: *Este traxe é perfecto para ir á voda.*
FAM. perfección, perfeccionar, imperfección, imperfecto.

perfia
substantivo feminino
Calquera recipiente que serve para conter líquidos: *As sellas, os barrís e as cubas son perfias.*

pérfido, pérfida
adxectivo
Moi malo, de xeito que non é leal e traizoa: *É un pérfido e non se pode confiar nel.* SIN. desleal, malvado, traidor. ANT. leal.

perfil
substantivo masculino
1 Posición de lado: *Como está tan gordo, para entrar pola porta estreita tivo que facelo de perfil.*
2 Liña que dá a forma dunha figura: *Pintou o perfil dunha igrexa.*
3 Conxunto de trazos ou características de algo: *Dixéronlle que non o contrataban porque non daba o perfil do posto de traballo.*
FAM. perfilar.

perfilar
verbo
Amosar ou marcar a liña ou liñas dunha figura: *Ao lonxe perfilábanse as siluetas dos veleiros que participaban na regata.*

perforar
verbo
Facer un buraco ou buracos en algo atravesándoo: *Para pór os pendentes cómpre perforar as orellas.*
FAM. perforación, perforadora.

perfumar
verbo
Dar ou despedir bo olor: *O recendo das roseiras perfumaba o xardín.*

perfumaría ou **perfumería**
substantivo feminino
Tenda en que se venden perfumes, colonias e produtos para o aseo persoal: *Mercou escuma de afeitar nunha perfumaría.*

perfume
substantivo masculino
1 Cheiro agradable: *Gústame o perfume das rosas.* SIN. aroma, recendo. ANT. fedor, peste.
2 Substancia elaborada para dar bo olor: *Regaloulle á súa irmá un frasco de perfume francés.*
FAM. perfumar, perfumaría.

pergameo ou **pergamiño**
substantivo masculino
Pel dunha res preparada para escribir sobre ela: *Moitos manuscritos medievais son de pergamiño.*

pericia
substantivo feminino
Capacidade para facer algo moi ben: *Conduce con moita pericia.* SIN. destreza, habilidade.

perico, perica
substantivo
Ovella ou carneiro novos: *Mercou unha perica na feira.*

periferia
substantivo feminino
Espazo que rodea outro central: *Os barrios da periferia rodean o centro da cidade.*
FAM. periférico.

perífrase
substantivo feminino
Emprego dun conxunto de palabras para referirse a algo que se podía nomear cunha soa palabra: *Chamarlle ao sol o astro rei é unha perífrase.*

perigar
verbo
Estar en perigo ou en situación de que aconteza algo malo: *A vida do enfermo xa non periga.*
OBS. O *g* cambia en *gu* diante do *e*, como en *pagar*.

perigo
substantivo masculino
1 Situación en que é posible que aconteza algo malo ou un grave dano: *Non se debe pór en perigo a vida indo en moto sen casco.* SIN. risco. ANT. seguridade.
2 Calquera cousa que pode producir algo malo ou un dano: *A velocidade excesiva é un perigo para o tráfico.* SIN. risco.
FAM. perigar, perigoso.

perilla
substantivo feminino
Barba que se deixa crecer na parte baixa do queixo: *O cantante deixou agora perilla.*

perímetro
substantivo masculino
Liña que delimita o contorno dunha superficie plana e lonxitude desa liña: *Para establecer o perímetro dun cadrado hai que multiplicar por catro o que mide un lado.*

periódico, periódica
adxectivo
1 Que acontece cada certo tempo: *Tras a operación cirúrxica realízanlle revisións periódicas, cada dous meses.*
substantivo masculino
2 Publicación con noticias que sae cada certo tempo, en especial a que sae diariamente: *Os periódicos tamén se poden consultar en internet.* SIN. diario, xornal.

periodismo
substantivo masculino
Traballo ou actividade profesional de escribir e dar as noticias ao público: *O periodismo debe ofrecer novas verdadeiras.* SIN. xornalismo.

periodista
substantivo
Persoa que traballa escribindo e dando noticias: *Traballa de periodista nun informativo da TVG.* SIN. xornalista.

período
substantivo masculino
Espazo de tempo máis ou menos longo e cunhas determinadas características: *Este comezo de milenio é un período de crise económica.*
FAM. periódico, periodismo, periodista.

peripecia
substantivo feminino
Feito repentino e imprevisto que cambia unha situación: *Nesa viaxe sufrimos moitas peripecias.* SIN. incidente.

periscopio
substantivo masculino
Aparello formado por un tubo vertical cun xogo de espellos e lentes que permiten ver por enriba dun obstáculo: *O periscopio dos submarinos permite a visión da superficie do mar estando a certa profundidade.*

perito, perita
substantivo
Persoa moi entendida ou experta nunha ciencia ou técnica: *O perito taxou os danos do automóbil.*
FAM. peritar, peritaxe.

perla
substantivo feminino
Especie de bóla pequena de nácara que se forma no interior dalgúns moluscos e usada en xoiaría: *Moitas ostras producen perlas.*

permanecer
verbo
1 Manterse de determinada maneira: *Permaneceu toda a reunión en silencio.*
2 Estar nun lugar durante certo tempo: *Permaneceu na cidade durante unha semana.* SIN. quedar.
FAM. permanencia, permanente.

permeable ou permeábel
adxectivo
Que permite o paso da auga ou doutro líquido: *Ese terreo areoso é permeable.* ANT. impermeable.
FAM. impermeable.

permiso
substantivo masculino
1 Autorización para facer ou deixar de facer algo: *Déronme permiso para faltar hoxe á clase.* SIN. autorización, consentimento.

2 Autorización para faltar ao traballo: *Ten un permiso de dous días para facer a mudanza.*

permitir
verbo
1 Autorizar facer ou non facer algo: *As autoridades non permitiron a descarga dese barco.* SIN. autorizar. ANT. impedir, prohibir.
2 Facer posible: *As boas comunicacións permiten viaxar con rapidez.*
FAM. permisividade, permisivo, permiso.

permutar
verbo
Cambiar unha cousa por outra entre si: *Se permutas os sumandos, non cambia o resultado da suma.*
FAM. permuta.

perna
substantivo feminino
1 No corpo dunha persoa, cada unha das extremidades inferiores que van desde o tronco ata o pé: *As persoas temos dúas pernas.*
2 Parte das patas das aves e das patas traseiras dos mamíferos que se corresponde coa tibia e co peroné: *Asou dúas pernas de cordeiro.*
FAM. perneira.

pernicioso, perniciosa
adxectivo
Moi malo ou moi daniño: *A contaminación é perniciosa para o medio.* SIN. daniño, nocivo, prexudicial. ANT. beneficioso, bo, saudable.

pernil
substantivo masculino
Parte máis grosa e magra das patas traseiras dalgúns animais, como o porco: *O pernil do porco salgado e curado é o xamón.*

pero
conxunción
Úsase para indicar unha dificultade ou oposición: *Gustaríame comer iso, pero non podo polo réxime.* SIN. mais.

peroné
substantivo masculino
Óso longo e delgado da perna: *O peroné está detrás da tibia e é máis curto e delgado ca esta.*

perpendicular
adxectivo ou substantivo feminino
Que forma ángulo recto cunha liña: *As paredes son perpendiculares ao chan.*
FAM. perpendicularidade.

perpetuo, perpetua
adxectivo
Que dura sempre: *A cadea perpetua supón cárcere para toda a vida.*
FAM. perpetuar, perpetuidade.

perpiaño
substantivo masculino
Pedra de granito rectangular usada na construción: *O camión cargaba perpiaños na canteira.*

perplexo, perplexa
adxectivo
Tan sorprendido que non sabe como actuar: *Estaba perplexo e non sabía que contestar.* SIN. atónito, estupefacto.
FAM. perplexidade.

perrencha
substantivo feminino
Rabecha.

perruca
substantivo feminino
Pelo postizo que leva alguén feito a partir do pelo doutra persoa ou artificial: *O actor levaba unha perruca loura.*

persecución
substantivo feminino
1 Intento de alcanzar o que escapa ou foxe: *A policía iniciou a persecución dos ladróns que fuxían en moto.*
2 Intento de acabar con algo ou de prexudicar ou danar a alguén: *Di que sofre a persecución do xefe.*

perseguir
verbo
1 Ir detrás de algo ou de alguén para collelos: *O can perseguía o coello.*
2 Facer sufrir un dano ou malos tratos: *Os nazis perseguían os xudeus.*
3 Intentar acabar co que se considera malo: *A policía persegue o delito.*
4 Intentar conseguir algo: *O noso equipo persegue o campionato.*
OBS. Conxúgase como *servir*.
FAM. persecución, persecutorio, perseguidor.

perseverar

verbo

Manterse firme na realización ou na continuación de algo: *Perseverou ata que resolveu o problema de matemáticas.*

FAM. perseveranza.

persiana

substantivo feminino

Cerramento formado por láminas de alumino, plástico ou outro material semellante colocado diante de ventás e portas e que se pode subir e baixar tirando por unha fita: *As persianas serven para graduar a claridade nos cuartos.*

persignarse

verbo

1 Facer ou facerse o sinal da cruz.

2 Manifestar, facéndose cruces, sorpresa ou admiración.

persistir

verbo

1 Durar ou manterse nunha mesma situación: *Esta semana que entra persistirán as chuvias.* SIN. continuar, seguir. ANT. cesar.

2 Manterse nunha idea: *Persiste na súa intención de ir ao teatro.* SIN. insistir, perseverar, teimar.

FAM. persistencia, persistente.

persoa

substantivo feminino

1 Membro da especie humana: *As persoas temos intelixencia.*

2 En gramática, forma que toman o verbo e algúns pronomes para referirse á persoa que fala, á que escoita ou a aquel ou aquilo de que se fala: *Hai tres persoas: primeira, segunda e terceira.*

FAM. persoal, persoeiro, personalidade, personalizar, personaxe, personificar.

persoal

adxectivo

1 Dunha persoa ou propio dela: *El só deu a súa opinión persoal.* SIN. individual, particular. ANT. colectivo, común, xeral.

substantivo masculino

2 Conxunto de persoas que traballan nunha mesma empresa: *A crise reduciu o persoal da empresa.* SIN. cadro de persoal.

persoeiro, persoeira

substantivo

Persoa famosa nalgunha actividade: *Na entrega de premios había moitos persoeiros da literatura galega.* SIN. celebridade, personalidade, personaxe.

personalidade

substantivo feminino

1 Conxunto de características que fan o modo de ser propio de cada persoa e a diferencian das outras: *A formación da personalidade comeza na infancia.*

2 Persoeiro.

personalizar

verbo

1 Referirse a unha persoa en concreto ao dicir algo: *O profesor, sen personalizar, dixo que estudabamos moi pouco.*

2 Adaptar ao gusto ou ás características dunha persoa en concreto: *Personalizou o coche con adornos de seu.*

OBS. O *z* cambia en *c* ante *e*, como en *cazar.*

FAM. personalización.

personaxe

substantivo

1 Nunha obra de literatura ou semellante, persoa imaxinada polo autor e que participa na historia: *O protagonista é o personaxe principal dunha narración.*

2 Persoeiro.

OBS. Tanto pode ser masculino como feminino: *o personaxe masculino / a personaxe feminina.*

personificar

verbo

1 Atribuírlle a un animal ou a unha cousa características e calidades propias dunha persoa: *As fábulas personifican os animais, pois falan como persoas.*

2 Ser unha persoa a representación ou o mellor exemplo de algo: *Rosalía de Castro, Pondal e Curros personifican o Rexurdimento.* SIN. encarnar, representar.

OBS. O *c* cambia en *qu* ante *e*, como en *sacar.*

FAM. personificación.

perspectiva

substantivo feminino

1 Técnica que permite debuxar obxectos que non son planos nunha superficie que

si o é: *Un túnel debuxado sen perspectiva parece un arco.*
2 Maneira ou punto de vista desde o que se considera algo: *Ese negocio é bo só desde a perspectiva de gañar cartos, pero non moralmente.*

perspicaz
adxectivo
Que se decata de todo con moita facilidade: *Logo descubriu que o querían enganar porque é moi perspicaz.*
FAM. perspicacia.

persuadir
verbo
Convencer a alguén para que faga algo: *Persuadiuno para que o acompañase ao teatro.* SIN. convencer. ANT. disuadir.
FAM. persuasión, persuasivo.

pértega
substantivo feminino
Vara ou pau longo e delgado, especialmente a que se usa en atletismo: *O salto con pértega é unha disciplina olímpica.*

pértego
substantivo masculino
Pau máis curto dos dous de que consta o mallo: *O pértego malla no cereal.*

pertencer
verbo
1 Ser algo propiedade de alguén: *Ese bolígrafo perténcelle ao profesor.*
2 Formar parte de algo: *El pertence a unha asociación de montañeiros.*
OBS. O *c* cambia en *z* diante do *a, o*, como en *vencer.*
FAM. pertencente, pertenza.

pertinente
adxectivo
Que resulta adecuado e apropiado: *Ese comentario teu resultou moi pertinente e viña ao caso.* SIN. apropiado, oportuno, procedente. ANT. impertinente, improcedente.
FAM. pertinencia.

perturbar
verbo
1 Impedir a orde, a tranquilidade ou o normal desenvolvemento de algo: *As pelexas perturbaron a verbena.* SIN. alterar.
2 Facer perder a tranquilidade, a paz ou mesmo volver tolo: *Os ruídos pertúrbano moito e ata se pon furioso.* SIN. alterar. ANT. tranquilizar.
FAM. perturbación, perturbado.

perverso, perversa
adxectivo
Moi malo e inmoral: *O asasino é un ser perverso.* SIN. malvado, maligno. ANT. bo.

perverter
verbo
Volver malo a alguén: *Seica o perverteron as malas compañas.*
FAM. perversión, perverso, pervertido.

***perxudicar**, a forma correcta é **prexudicar**.

pesadelo
substantivo masculino
Soño que produce medo e angustia: *Berrou porque tiña un pesadelo.* SIN. acoro.

pesado, pesada
adxectivo
1 Que ten moito peso: *Non podía levantar unha caixa tan pesada.* ANT. leve, livián, lixeiro.
2 Que aburre ou cansa moito: *A película resultou pesada.* SIN. aburrido. ANT. ameno, divertido, entretido.
3 Que produce unha sensación de peso: *Despois dun xantar tan abundante teño o estómago pesado.*
4 Que molesta: *Non me gustan nada as bromas pesadas.*
5 Dito dun sono, que é moi profundo: *Ten un sono moi pesado e non esperta con nada.* SIN. profundo. ANT. lixeiro.

pesadume
substantivo masculino
Sentimento de pena ou tristura grande: *A marcha do fillo á emigración produciulle un profundo pesadume.* SIN. pena, pesar, tristeza, tristura. ANT. alegría, ledicia.

pésame
substantivo masculino
Expresión ou palabras de dor pola morte dunha persoa: *Deilles o pésame aos fillos do falecido.*

pesar
substantivo masculino
1 Sentimento de pena ou tristura grande: *Sentiu pesar polo desgusto do seu amigo.* SIN. pesadume, pena. ANT. alegría, ledicia.

verbo

2 Ter un peso determinado: *O bebé xa pesa nove quilos.*

3 Ter moito peso: *O chumbo pesa.*

4 Calcular o peso de algo: *O peixeiro pesou a pescada coa báscula.*

5 Influír en algo: *A opinión dos pais pesou na decisión do fillo.*

6 Producir pena ou tristura: *Pésame por non poder visitalo agora.*

EXP. **A pesar de** Aínda que sexa unha dificultade: *A pesar de que vaia tanto frío, sairemos para facer esa compra.*

pesca

substantivo feminino

1 Actividade de coller ou sacar peixes e animais acuáticos da auga: *A pesca ten moita importancia na economía galega.*

2 Conxunto de peixes e animais acuáticos que se colleron ou poden coller: *A pesca hoxe foi pequena.*

EXP. **Pesca de altura** A que se fai no mar e lonxe da costa: *A pesca de altura faise con pesqueiros grandes.* **Pesca de baixura** A que se fai no mar e preto da costa: *A dorna úsase na pesca de baixura.*

pescada

substantivo feminino

Peixe mariño de cor gris clara, de ata un metro de lonxitude, con dúas aletas moi longas, unha no lombo e outra na parte inferior: *A pescada é moi apreciada pola súa carne.*

pescador, pescadora

substantivo

Persoa que se dedica á pesca, por profesión ou afección: *Este pescador pescou unha boa troita.*

pescantín, pescantina

substantivo

1 Persoa que se dedica á pesca por afección: *Neste río hai moitos pescantíns.* SIN. pescador.

2 Peixeiro.

pescar

verbo

1 Sacar ou coller peixes ou outros animais acuáticos da auga: *Gústalle pescar con cana.*

2 Comezar a ter unha enfermidade: *Con este frío pescaremos unha boa catarreira.* SIN. agarrar, coller, pillar.

3 Sorprender ou encontrar en determinada situación: *Pescárono copiando nun exame.* SIN. cazar, coller, pillar.

4 Coller ou alcanzar alguén que escapaba ou fuxía: *A policía xa pescou os ladróns.* SIN. cazar, coller, pillar.

OBS. O *c* cambia en *qu* diante do *e*, como en *sacar.*

pesco, pesca

substantivo

1 Persoa que se dedica á pesca como profesión: *O oficio de pesco é duro.*

2 Peixeiro.

pescozo

substantivo masculino

Parte do corpo das persoas e dos animais que une a cabeza co tronco: *As xirafas teñen un pescozo moi longo.* SIN. colo.

pescudar

verbo

Facer as preguntas e actividades necesarias para atopar ou descubrir algo: *A policía xa pescuda para atopar o asasino.* SIN. indagar, investigar.

FAM. pescuda.

***pesebre**, a forma correcta é **presebe**.

pesimista

adxectivo ou substantivo

Que sempre ve o lado malo das cousas ou que pensa que van saír mal: *Os pesimistas cren que a contaminación aumentará moito.* ANT. optimista.

FAM. pesimismo.

pésimo, pésima

adxectivo

Moi malo: *A súa situación económica é pésima, só ten débedas.* ANT. óptimo.

FAM. pesimismo, pesimista.

peso

substantivo masculino

1 Forza con que a Terra atrae un corpo: *O peso varía coa altitude.*

2 Cantidade en quilos ou noutras medidas de masa que acada algo ou alguén: *Eu teño un peso de setenta e cinco quilos.*

3 Bóla de ferro que se usa en determinada proba de lanzamentos: *Gañou unha medalla en lanzamento de peso.*

4 Importancia ou influencia de algo ou alguén: *A opinión dos seus amigos ten moito peso nel.*
5 Obriga, preocupación ou problema que preocupa e angustia: *El leva desde mozo todo o peso da familia.*
6 Unidade monetaria de países como Arxentina, Chile, Cuba, México e outras nacións: *En México usan o peso.*
7 Peza que serve para comprobar o que pesan as cousas, comparándoas con ela nunha balanza: *Nun prato puxo as mazás e noutro un peso de quilo para acadar o equilibrio.*
8 Peza de ferro ou aceiro que unha persoa usa para facer exercicio ou levanta como deporte: *Levanta pesos para fortalecer os músculos dos brazos.*
9 Peza que pendurada dunha corda serve para mover o mecanismo dalgúns reloxos: *Vimos un reloxo de pesos.*
OBS. Nas acepcións 7, 8 e 9 non debe empregarse **pesa*.
FAM. pesadelo, pesado, pesadume, pésame, pesaroso.

pesqueiro, pesqueira
adxectivo
1 Da pesca ou relacionado con ela: *A actividade pesqueira é moi importante en Galicia.*
substantivo masculino
2 Barco que se dedica á pesca no mar: *Os pesqueiros galegos faenan en augas de todo o mundo.*

pestana
substantivo feminino
Cada un dos peliños que nace no bordo das pálpebras: *As pestanas serven para protexer o ollo.* SIN. perfeba.
FAM. pestanexar, pestanexo.

pestanexar
verbo
Pechar e abrir as pálpebras rápida e repetidamente: *Pestanexaba porque tiña un lixo no ollo.*

peste
substantivo feminino
1 Enfermidade infecciosa e contaxiosa que produce a morte de moitas persoas e animais: *A peste matou no século XIV miles de europeos.*
2 Enfermidade que ataca ao mesmo tempo a moitos animais ou plantas: *A peste matou este ano moitos coellos.*
3 Mal olor moi forte: *Vaia peste que botan eses calcetíns!* SIN. fedor. ANT. aroma, fragrancia, perfume, recendo.
4 Calquera cousa que é moi mala e daniña: *Todos os gobernos loitan contra a peste da droga.*
FAM. pestífero, pestilente, apestar.

petador
substantivo masculino
Peza metálica colgada dunha porta que golpeamos contra esta para que nos abran: *A súa casa ten un petador con forma de man.* SIN. chamador.

pétalo
substantivo masculino
Cada unha das follas de cores que forman a corola dunha flor: *As rosas teñen uns pétalos grandes.*

petar
verbo
1 Dar golpes: *Petou cos cotenos na porta.*
2 Darlle a alguén a gana de algo: *Irei visitarte cando me pete.* SIN. apetecer.
3 Chamar.
FAM. petador.

peteirar
verbo
Dito dunha ave, golpear ou comer co peteiro: *As galiñas peteiraban os grans de millo.*

peteiro
substantivo masculino
Bico.

petición
substantivo feminino
Rogo ou solicitude para conseguir que nos dean algo: *O xefe sempre aceptou as súas peticións.* SIN. pedimento.

petiscar
verbo
1 Comer anacos pequenos dun alimento: *Andaba a petiscar na tortilla.* SIN. picar.
2 Depenicar.
OBS. O *c* cambia en *qu* diante do *e*, como en *sacar*.
FAM. petisco.

petisco
substantivo masculino
Anaco pequeno de comida: *Tomou un petisco de queixo.*

peto[1]
substantivo masculino
1 Especie de bolsa que teñen os pantalóns e outras pezas de vestir para gardar cousas: *Meteu o pano nun peto do pantalón.* SIN. bolso.
2 Recipiente ou especie de caixa en que se gardan moedas para aforrar, especialmente os rapaces: *Meteu dous euros no peto.*
3 Especie de caixa en que se botan os cartos nas igrexas: *Botou dúas moedas no peto.*
4 Peza de vestir que cobre o peito ou a parte desa peza que cobre o peito: *Levaba un pantalón con peto.*
EXP. **De peto** Tan pequeno que cabe no bolso dunha peza de vestir: *Os libros de peto teñen moito éxito.*

peto[2]
substantivo masculino
Paxaro de plumaxe de cor verdosa ou branca e negra que cría nos troncos vellos das árbores nas que se coloca en posición vertical sobre o rabo: *O peto captura larvas e insectos debaixo das cascas das árbores.*
EXP. **Calar coma un peto** Non dicir absolutamente nada: *Cando lle preguntei calou coma un peto.*

petouto
substantivo masculino
1 Monte pouco elevado e de forma cónica: *Subiron á cima do petouto.* SIN. picoto, picouto.
2 Rocha que sobresae no alto dun monte: *A aguia pousou sobre un petouto.* SIN. picoto, picouto.

petrina
substantivo feminino
Abertura na parte dianteira dun pantalón: *As petrinas adoitan pecharse cunha cremalleira.* SIN. bragueta.

petróglifo
substantivo masculino
Gravado ou debuxo da época prehistórica feito sobre pedras ao aire libre: *En Galicia hai moitos petróglifos que reproducen unha espiral.*

petroleiro, petroleira
adxectivo
1 Do petróleo ou relacionado con el: *A industria petroleira é moi importante nos Estados Unidos.*
substantivo masculino
2 Barco para transportar petróleo: *O afundimento do petroleiro* Prestige *foi unha catástrofe para Galicia.*

petróleo
substantivo masculino
Líquido natural de cor negra moi apreciado como fonte de enerxía xa que del se obteñen a gasolina, o gasóleo e outros carburantes: *Anuncia unha suba do prezo do petróleo.*
FAM. petroleiro, petrolífero.

petrolífero, petrolífera
adxectivo
Que contén petróleo: *Os xeólogos buscan novos depósitos petrolíferos.*

***petrucio**, a forma correcta é **patrucio**.

petunia
substantivo feminino
Planta de xardín con flores grandes en forma de embude de diferentes cores e tamén esta flor: *Ten no xardín petunias de distintas cores.*

peúgo
substantivo feminino
Calcetín.

pexa
substantivo feminino
Corda ou cadea que se lle pon a un animal nas patas para que non escape ou a unha cousa para que non a rouben: *Púxolle a pexa á bicicleta.*
FAM. pexar.

pexego
substantivo feminino
Froita arredondada de pel con peliños de cor amarela tirando a vermella e cunha carne moi doce e unha carabuña oval: *Os pexegos son parecidos aos melocotóns pero máis brandos.*
FAM. pexegueiro.

pexegueiro
substantivo feminino
Árbore froiteira que dá os pexegos: *Plantou no xardín un par de pexegueiros.*

pexorativo, pexorativa

adxectivo

Que expresa desprezo: *Estou farto dos seus comentarios pexorativos.* SIN. despectivo.

pez

substantivo feminino

Substancia apegañenta de cor escura que se emprega para impermeabilizar superficies: *Cubriron de pez o casco do barco.*

peza

substantivo feminino

1 Cada unha das partes que forman un todo: *Un televisor ten moitas pezas.*

2 Cada unha das partes ou elementos que forman o vestiario dunha persoa: *As camisas e os pantalóns son pezas de vestir.*

3 Cada un dos elementos ou unidades dunha mesma clase: *Mercou unha peza de pan de Cea.*

4 Porción de tecido que se fabrica dunha vez e que se vende por metros: *Nunca é igual a cor de dúas pezas de tea.*

4 Anaco de tea ou coiro para remendar: *Botoulle unha peza ao pantalón de traballo.* SIN. mendo, remendo.

5 Cada unha das partes en que se divide unha casa: *Mercou un piso de catro pezas.* SIN. cuarto.

6 Espazo de tempo do que dispón unha persoa no muíño ou da auga para regar: *Todos os veciños teñen as mesmas pezas de auga.*

8 Anaco de terra para cultivar: *Ao lado da casa teñen unha peza de horta.*

9 Cada un dos animais que se cazaron ou pescaron: *A caza foi pequena: só conseguiu unha peza.*

10 Obra literaria ou musical: *A banda interpretou varias pezas.*

11 Obxecto que forma parte dun conxunto de cousas semellantes ou coa mesma función: *O canón é unha peza de artillaría.*

12 Persoa mala: *Non quero tratos con esa peza.*

OBS. Na acepción 2 non debe usarse **prenda* non canto de *peza*.

pezoña

substantivo feminino

Líquido velenoso segregado por algúns animais: *As píntegas e os sapos segregan pezoña.*

FAM. pezoñento.

pezuño

substantivo masculino

Nalgúns mamíferos, conxunto dos dedos dunha pata que están totalmente cubertos no seu extremo por uñas: *Os porcos e as vacas teñen pezuños.*

pi

substantivo masculino

Nunha circunferencia, número que resulta da relación entre a lonxitude dunha circunferencia e o seu diámetro: *Pi equivale a 3,141592...*

pía

substantivo feminino

Recipiente cóncavo de pedra, metal, louza ou doutro material semellante para conter auga ou outros líquidos: *Encheu de auga quente a pía do lavabo.*

OBS. É distinto de *pila*.

piadoso, piadosa

adxectivo

1 Que amosa moito amor ou devoción por Deus e a relixión: *Reza moito porque é un rapaz piadoso.* SIN. devoto, pío, relixioso. ANT. impío.

2 Que sente pena ante a dor dos demais e que os axuda: *Como é moi piadoso axuda sempre a todo o que llo pide.* SIN. caritativo, compasivo, misericordioso. ANT. desapiadado.

piano

substantivo masculino

Instrumento musical de corda que se apoia sobre tres ou catro patas e que produce o son cando se golpean cos dedos as súas teclas: *O piano ten teclas negras e brancas.*

FAM. pianista, pianola.

piar[1]

substantivo masculino

Especie de columna de pedra ou ladrillo que serve para soster algo: *A estatua colocarase sobre un piar de granito.*

piar[2]

verbo

Emitiren a súa voz característica os paxaros e as crías das aves: *Os pitos piaban detrás da galiña.*

OBS. Conxúgase como *afiar*.

pica
substantivo feminino
Ferramenta propia dos canteiros formada por un mango que leva no extremo unha barra de ferro rematada nos dous lados en punta: *A pica serve para picar a pedra.*

picada
substantivo feminino
1 Ferida pequena feita cun obxecto rematado en punta: *Tiña as pernas cheas de picadas dos toxos.*
2 Picadura.
3 Pequeno buraco feito nunha cousa: *Esa roda do coche ten unha picada.*

picadeiro
substantivo masculino
1 Instrumento de madeira, xeralmente feito dun tronco de árbore grosa, que se usa para cortar cousas sobre el: *O carniceiro tallaba a carne sobre o picadeiro.* SIN. cepo.
2 Lugar onde se adestran cabalos e se aprende a montar neles: *Practica a hípica nun picadeiro.*

picadela
substantivo feminino
Picadura.

picador, picadora
adxectivo
1 Que pica: *Os mosquitos son insectos picadores.*
substantivo
2 Persoa que traballa nunha mina picando o mineral: *O seu avó foi picador nunha mina asturiana de carbón.*
substantivo feminino
3 Máquina que serve para picar: *Meteu o anaco de carne na picadora.*

picadura
substantivo feminino
1 Ferida pequena feita polo peteiro ou o aguillón de aves e réptiles: *As picaduras das serpes poden causar a morte por envelenamento.* SIN. picada, picadela.
2 Burato pequeno nunha tea: *A traza fixo moitas picaduras nesas sabas.*

picante
adxectivo
1 Que ten graza e humor, especialmente referido ao sexo: *Gústalle contar chistes picantes.*
adxectivo ou substantivo masculino
2 Que pica ou produce unha sensación de ardor no padal: *A pementa e a mostaza son picantes.*

picapeixe
substantivo masculino
Martiño peixeiro.

picaporte
substantivo masculino
Peza dunha porta que serve para abrila e pechala: *O picaporte das portas interiores adoita ser dourado.*

picar
verbo
1 Cortar en anacos moi pequenos: *O carniceiro picaba carne de tenreira e de porco para facer albóndegas.*
2 Facer buracos nunha superficie: *O doce pica as moas.*
3 Ferir ou atravesar cun obxecto que remata en punta: *Os toxos picáronlle as pernas.*
4 Facer unha ferida pequena as aves ou os réptiles co peteiro ou co aguillón: *Seica o picou unha cobra.*
5 Petiscar.
6 Producir un alimento no padal unha sensación moi forte ou ardor: *Este pemento pica moito.*
7 Producir na pel unha sensación de malestar que obriga a rascarse: *Esta camiseta pícame moito.* SIN. proer.
8 Dicirlle ou facerlle algo a alguén para que se enfade ou actúe de certa maneira: *Picouno para xogar un partido de tenis.*
9 Morder o peixe o cebo do anzol: *Hoxe os peixes non pican.*
10 Caer nun engano: *Picou e estafáronlle mil euros.*
11 **picarse** Enfadarse ou molestarse cunha persoa: *Picouse con el porque non o convidou a xantar.*
12 Estragarse o viño ao coller un sabor agre: *O viño desta cuba picouse.*
13 Moverse moito o mar formando ondas grandes: *Á tardiña picouse o mar.*
OBS. O *c* cambia en *qu* diante do *e*, como en *sacar*.
FAM. pica, picada, picadeiro, picadela, picadura, picante, picapeixe, picaporte, picaraña, pico.

picaraña
substantivo feminino
Ferramenta composta por un mango de madeira e unha peza de ferro rematada en punta nun extremo e nunha especie de prancha afiada no outro: *Para cavar nesta terra tan dura cómpre unha picaraña.*

picardía
substantivo feminino
1 Habilidade para conseguir o que se quere: *Ese cativo pide todo con moita picardía.*
2 Habilidade para enganar: *Non trato con el porque ten moita picardía.*

pícaro, pícara
adxectivo ou substantivo
1 Que é listo e ten habilidade para conseguir o que quere ou ata para enganar: *Desconfía del porque é un pícaro.* SIN. astuto, pillo, pillabán.
substantivo
2 Rapaz de pouca idade: *Os pícaros xogaban no patio do colexio.* SIN. cativo, neno, rapaz.
FAM. picardía.

piche
substantivo masculino
Substancia viscosa de cor negra que se obtén principalmente do petróleo: *O piche úsase para asfaltar as rúas.* SIN. alcatrán, chapapote.

picho
substantivo masculino
1 Tubo polo que sae a auga dunha fonte: *Puxo o caldeiro debaixo do picho da fonte para enchelo.*
2 Parte con forma de canle por onde un recipiente verte o líquido: *A xerra bota a auga polo picho.* SIN. bico.

*pichón, a forma correcta é **pombiño**.

pico
substantivo masculino
1 Calquera cousa rematada en punta: *Os toxos teñen picos.*
2 Parte máis elevada ou afiada e apuntada dunha cousa: *Subimos ata o pico da montaña.* SIN. bico, cima, cume, curuto.
3 Ferramenta formada por un mango de madeira e unha peza de ferro rematada en dúas puntas: *O pico serve para cavar en terreos moi duros.*
4 Cantidade pequena e non determinada que sobra dun número: *Dixo que chegaría ás seis e pico.*
OBS. Non debe usarse no canto de *bico* ou *peteiro* de ave.

picoto ou picouto
substantivo masculino
Petouto.

pictórico, pictórica
adxectivo
Da arte da pintura: *Laxeiro é autor dunha grande obra pictórica.*

piedade
substantivo feminino
1 Pena que se sente ante a dor dos demais e que leva a axudalos e perdoalos: *Os torturadores carecen de piedade.* SIN. caridade, clemencia, compaixón, misericordia. ANT. crueldade.
2 Sentimento de admiración e amor por Deus, os santos ou as cousas da relixión: *É unha monxa de gran piedade.* SIN. devoción.
FAM. piadoso, pío, apiadarse.

pigmento
substantivo masculino
Substancia vexetal, animal ou mineral que serve para dar cor: *As follas teñen pigmentos verdes.*
FAM. pigmentación, pigmentar.

pigmeo, pigmea
adxectivo ou substantivo
Do conxunto de pobos espallados por Asia e África que se caracterizan por seren de moi baixa estatura, de pel escura e de pelo rizo: *A economía dos pigmeos baséase na caza e na recolección.*

pila
substantivo feminino
Peza de tamaño pequeno que produce electricidade: *As pilas son realmente xeradores que transforman a enerxía química en eléctrica.*
OBS. É distinto de *pía.*

*pilar, a forma correcta é **piar**.

píldora[1]
substantivo feminino
Bilurico.
OBS. É distinto de *pílula.*

*píldora[2], (medicamento) a forma correcta é **pílula**.

pillabán, pillabana

adxectivo e substantivo

Pillo.

pillar

verbo

1 Coller ou agarrar algo que escapa ou que pode escapar: *O policía xa pillou os ladróns.* SIN. atrapar, coller.

2 Coller alguén que vai diante: *O pelotón xa pillou os dous ciclistas escapados.* SIN. atrapar, coller.

3 Pasar un vehículo por encima de alguén ou de algo: *Está ferido porque o pillou un autobús.* SIN. atropelar, coller.

4 Quedar algo suxeito entre dúas cousas ata sufrir un dano: *Pillei o dedo índice coa porta.*

5 Comezar a ter unha enfermidade: *Con esta molladura imos pillar unha boa catarreira.* SIN. agarrar, atrapar, contraer, pescar.

6 Sorprender ou encontrar nunha determinada situación: *Pillárono copiando no exame.* SIN. cachar, coller, pescar.

7 Comezar a andar por un camiño ou nunha dirección: *Ao chegares á praza, tes que pillar pola rúa da dereita.*

pillo, pilla

adxectivo e substantivo

Que é listo e ten habilidade para conseguir o que quere e ata para enganar: *Ese neno consegue o que pide porque che é moi pillo.* SIN. astuto, pícaro, pillabán.

FAM. pillabán, pillar, pillaxe.

*pilón, a forma correcta é **pío**.

píloro

substantivo masculino

Abertura na parte inferior do estómago que o comunica co intestino delgado: *A través do píloro pasan os alimentos ao intestino.*

pilotar

verbo

Conducir ou dirixir un vehículo: *O comandante pilotaba o avión.*

piloto

substantivo

1 Persoa que dirixe ou conduce un vehículo: *O piloto iniciou a manobra de aterraxe do avión.*

substantivo masculino

2 Luz pequena que avisa sobre o funcionamento de algo ou que sinala algo: *Xa se acendeu o piloto da reserva do depósito de gasolina.*

3 Que serve de modelo para outros: *Visitamos xa o piso piloto desa urbanización.*

EXP. **Piloto automático** Dispositivo que permite guiar vehículos como avións ou barcos sen o control directo dunha persoa: *O avión era levado polo piloto automático.*

FAM. pilotar.

pílula

substantivo feminino

Medicamento en forma de boliña que se toma pola boca: *Tomou unha pílula para durmir.*

OBS. É distinto de *píldora*.

*pimento, a forma correcta é **pemento**.

pimpín

substantivo masculino

Paxaro de tamaño semellante ao dun pardal, de plumaxe cinsenta na cabeza, castaña no dorso e parda na cara, papo e peito no macho, pero máis clara na femia: *Na época nupcial o pimpín macho toma unha cor rosada.*

pimpón

substantivo masculino

Xogo de pelota parecido ao tenis pero que se xoga sobre unha mesa de madeira: *Os chineses son moi bos no pimpón.* SIN. tenis de mesa.

pina

substantivo feminino

Peza metálica redonda dunha roda arredor da que se montan os pneumáticos: *Os pneumáticos deben axustarse ás medidas da pina.*

OBS. É distinto de *lamia*.

pinacoteca

substantivo feminino

Lugar onde se gardan, conservan e amosan cadros: *No Museo de Castrelos de Vigo hai unha importante pinacoteca.*

pincel

substantivo masculino

Instrumento para pintar que consta dun mango de madeira rematado nun conxunto

de pelos ou sedas: *Mesturou co pincel as cores da paleta.*
FAM. pincelada.

pinchacarneiro
substantivo masculino
Viravolta.

pinchar
verbo
1 Cortar unha árbore pola parte baixa do tronco: *Pincharon onte dous carballos e un castiñeiro.*
2 Dar saltos: *Pinchaba coa alegría.* SIN. pular, saltar.
3 Saltar por enriba de algo: *Pinchou o muro para entrar no xardín.*
OBS. Non debe usarse no canto de *picar.*
FAM. pincho[1].

pinche
substantivo masculino
Persoa que axuda a outra nun traballo: *Traballa de pinche do cociñeiro nun hotel.*

pincho[1]
substantivo masculino
Salto ata certa altura ou lanzamento desde certa altura: *Dun pincho baixou os tres derradeiros banzos da escaleira.* SIN. brinco, chouto, pulo, salto.
OBS. Non debe usarse no canto de *pico.*

pincho[2]
substantivo masculino
Palangre.

pinga
substantivo feminino
1 Cantidade moi pequena e de forma arredondada de auga ou doutro líquido: *Do tellado caen unha pingas grosas.* SIN. gota, pingueira.
2 Cantidade moi pequena de algo: *Púxolle só unha pinga de sal á ensalada.* SIN. miga, migalla.
FAM. pingallo, pingallón, pingar, pingueira, pingo.

pingallo
substantivo masculino
1 Porción de pel que colga: *Adelgazou e ten os brazos cheos de pingallos.*
2 Anaco de tea que colga nunha peza de vestir vella ou rota: *Levaba unha saia con pingallos.*
3 Persoa moi mal vestida e ata sen asear: *Chegou da esmorga feito un pingallo.*

pingallón
substantivo masculino
Úvula.

pingar
verbo
Caer a auga ou un líquido pinga a pinga ou gota a gota: *Pecha ben a billa para que non pingue.* SIN. gotear, gotexar.
OBS. O *g* cambia en *gu* diante do *e*, como en *pagar.*

pingo
substantivo masculino
1 Manteiga do porco: *Botoulle ao caldo un pouco pingo.*
2 Moco líquido que sae do nariz ao estar arrefriado: *Limpa o nariz que che vai caer o pingo.*

***ping-pong**, a forma correcta é **pimpón**.

pingueira
substantivo feminino
1 Conxunto de pingas ou gotas seguidas que entran por unha abertura ou fenda dun edificio: *Retellou a casa para evitar as pingueiras.* SIN. goteira.
2 Esta abertura ou fenda: *O albanel reparou xa as dúas pingueiras.* SIN. goteira.
3 Pinga.

pingüín
substantivo masculino
Ave mariña incapaz de voar pero moi boa nadadora, coa plumaxe branca por diante e negra por detrás: *O pingüín aliméntase de peixes e crustáceos e vive nas zonas polares do hemisferio sur.*

pino, pina
adxectivo
Dito dun terreo, inclinado ou en costa: *Está rúa é moi pina.* SIN. costento, costo, pendente.
OBS. Non debe empregarse no canto de *piñeiro.*

pinta
substantivo feminino
1 Sinal ou mancha de distinta cor á da superficie en que se encontra: *As xoaniñas son vermellas con pintas negras.* SIN. mancha.

2 Aspecto ou calidade de algo ou de alguén que se nota a primeira vista: *Ese libro ten boa pinta.*

pintar

verbo

1 Facer figuras sobre unha superficie con liñas e cores: *Castelao tamén pintou fermosos cadros.*

2 Cubrir unha superficie cunha cor: *Pintei o meu cuarto de verde claro.*

3 Comezar a estar maduro un froito ou unha froita: *Xa pintan as cereixas.*

FAM. pintada, pintasilgo, píntega, pintor, pintoresco, pintura.

pintasilgo

substantivo masculino

Xílgaro.

píntega

substantivo feminino

Salamántiga.

pintor, pintora

substantivo

1 Persoa que pinta cadros: *Ovidio Murguía, o fillo de Rosalía, foi un pintor de sona.*

2 Persoa que traballa pintando paredes e outras superficies: *Os pintores aínda non remataron de pintar o salón.*

pintoresco, pintoresca

adxectivo

Que chama a atención por ser moi belo ou fóra do común: *Desde o miradoiro vese unha paisaxe moi pintoresca.*

pintura

substantivo feminino

1 Técnica e arte de facer figuras nunha superficie por medio de liñas e cores: *A pintura é unha das belas artes.*

2 Obra desta arte: *No Museo de Pontevedra hai pinturas de Castelao.* SIN. cadro.

3 Materia ou produto que se emprega tanto para pintar cadros como paredes: *Mercou dous botes de pintura branca.*

4 Capa desta materia que cobre unha superficie: *Ten unhas raias na pintura do coche.*

pinza

substantivo feminino

1 Instrumento formado por dúas pezas unidas entre si e móbiles que se usa para suxeitar ou coller cousas: *As pezas de roupa suxéitanse no tendal con pinzas.*

2 Nalgúns animais artrópodos, última peza articulada dalgunhas das súas patas, formada por dúas partes que poden aproximarse entre si e que lles serve para colleren os alimentos ou se defenderen: *Os lumbrigantes teñen pinzas.*

3 Parte dobrada e cosida nunha peza de vestir e que serve para darlle unha determinada forma: *Mercou un pantalón con pinzas.*

piña

substantivo feminino

1 Froito das árbores coníferas, como o piñeiro, con forma de cono e composta por pezas triangulares e leñosas con forma de escamas: *Os piñóns que produce a piña son comestibles.*

2 Froita de orixe tropical cun aspecto externo parecido ao do froito do piñeiro e de carne amarela e doce: *Na cea de Noiteboa tomamos de sobremesa piña.*

3 Grupo de persoas ou cousas semellantes ou iguais e moi unidas: *O equipo forma unha piña para conseguir o campionato.*

piñata

substantivo feminino

Ola ou recipiente cheo de doces e lambonadas que se colga do teito dun lugar onde se celebra unha festa ou un baile para que os asistentes o rompan tendo os ollos vendados e dándolle cun pau: *Na festa do meu aniversario puxemos unha piñata.*

piñeiral

substantivo masculino

Terreo con piñeiros: *Xantamos ao aire libre nun piñeiral.*

piñeiro

substantivo masculino

Árbore de tronco recto con follas en forma de agulla e perennes: *O froito do piñeiro é a piña e os piñóns son a súa semente.*

OBS. É distinto de *pino.*

FAM. piña, piñata, piñón, piñeiral.

piñón[1]

substantivo masculino

Semente do piñeiro: *Os piñóns están dentro da piña.*

piñón[2]
substantivo masculino
Roda pequena con dentes que forma parte dunha engrenaxe: *Os piñóns das bicicletas están na roda traseira.*

pío
substantivo masculino
Son que emiten os paxaros e as crías das aves: *Sentíase o pío dos pitos.*

piollo
substantivo masculino
Insecto parasito que vive no pelo das persoas e animais: *O piollo aliméntase de sangue e pode transmitir enfermidades.*
FAM. piollento, piolloso.

pioneiro, pioneira
substantivo
1 Que explora novas terras: *Un devanceiro seu seica foi pioneiro no Oeste americano.*
2 Que dá os primeiros pasos nunha actividade: *Foi pioneiro na investigación do cancro.*

piorno
substantivo masculino
1 Arbusto parecido á xesta, pero máis alto e groso e que se dá nos lugares montañosos e fríos: *Na serra dos Ancares medran os piornos.*
2 Hórreo.

piorrea
substantivo feminino
Saída de pus, especialmente das enxivas: *O dentista está a tratarlle a piorrea.*

pipa
substantivo feminino
1 Recipiente de madeira para conter viño, máis pequeno ca o bocoi: *A pipa ten unha capacidade de 250 a 500 litros.*
2 Utensilio para fumar formado por un recipiente para o tabaco e un tubo: *Nas pipas fúmase tabaco picado.*

pipote
substantivo masculino
Pipa pequena: *Na adega tiña dous pipotes de viño branco.*

pique
substantivo masculino
Sabor agre do viño: *Este viño estragouse e ten pique.*
EXP. **A piques de** A punto de: *Estivo a piques de caer porque esvarou.* **A pique** Para abaixo, verticalmente: *Este cantil baixa a pique ata o mar.* **Ir a pique** Afundir: *O barco foi a pique porque non resistiu o temporal.*

piquete
substantivo masculino
1 Grupo pequeno de traballadores para facer un labor: *Un piquete de varredores limpaba a rúa.*
2 Grupo de soldados para realizar algunha misión: *Non formou parte de ningún piquete de fusilamento.*

piragua
substantivo feminino
Barca longa e estreita, feita xeralmente dunha soa peza, e que navega con remos: *Participaron na baixada do río en piragua.*
FAM. piragüismo, piragüista.

piragüismo
substantivo masculino
Deporte consistente en realizar carreiras con piraguas de remos: *O piragüismo é un deporte olímpico.*

pirámide
substantivo masculino
1 Corpo xeométrico que ten como base un polígono e que está limitado por caras triangulares que se xuntan nun só punto ou vértice: *Esa pirámide ten por base un pentágono.*
2 Construción de base cadrada e catro caras triangulares: *Os faraóns do antigo Exipto enterrábanse en pirámides.*
FAM. piramidal.

pirata
adxectivo
1 Dos piratas ou ladróns de barcos no mar: *A bandeira pirata é negra cunha caveira e cun par de ósos.*
2 Que se fai sen o permiso ou licenza legal necesarios: *Pecharon a emisora pirata.* SIN. clandestino, ilegal.
substantivo
3 Persoa que se dedica a roubar barcos no mar: *Os piratas pedían un rescate polos mariñeiros do pesqueiro.*
EXP. **Pirata aéreo** ou **do aire** Persoa que secuestra un avión con pasaxeiros para pedir ou

conseguir algo a cambio de soltalo: *O pirata aéreo solicitaba un millón de euros.*
FAM. piratаría, piratear.

pirenaico, pirenaica
adxectivo ou substantivo
Dos Pireneos, sistema montañoso situado entre España e Francia: *Estivemos esquiando nunha localidade pirenaica.*

pirita
substantivo feminino
Mineral de ferro de cor amarela e brillante: *A pirita está composta de xofre e ferro.*

pirixel
substantivo masculino
Perexil.

pirola
substantivo feminino
Pene.
OBS. Considérase malsoante.

pirómano, pirómana
substantivo
Que lle gusta causar incendios: *Ese pirómano causou varios incendios en montes.*

piropo
substantivo masculino
Palabra ou dito amables para gabar a alguén, especialmente a súa beleza, e agradarlle: *Díxolle o piropo de que era moi guapo.*

pirueta
substantivo feminino
1 Volta que unha persoa dá saltando no aire: *Os trapecistas saben facer piruetas.*
2 Viravolta.

pisada
substantivo feminino
1 Cada unha das veces que se pon un pé no chan cando se anda: *Sentíronse unhas pisadas no corredor.*
2 Marca que deixa o pé no chan despois de andar: *Víanse as súas pisadas na area da praia.* SIN. pasada, pegada.
3 Golpe forte que se dá co pé ao pólo enriba de algo, especialmente do pé doutra persoa: *Déronme unha pisada no autobús.*

*pisapapeis, a forma correcta é **calcapapeis**.

pisar
verbo
1 Pór o pé sobre algo, en especial ao andar: *Pisaba devagar para non espertar o bebé.*
2 Esmagar cos pés: *Antigamente pisábanse as uvas sobre a moega.*
3 Cubrir con algún material o chan da planta dun edificio: *Pisamos os cuartos de durmir con parqué.*
4 Entrar nun lugar: *Hai anos que non pisa unha biblioteca.*
5 Tratar mal e con desprezo: *Cómpre que nunca te deixes pisar.* SIN. asoballar.
FAM. pisada, piso, pisón.

pisces
substantivo masculino
Signo do zodíaco das persoas nadas entre o 19 de febreiro e o 20 de marzo: *Paula pertence ao signo de Pisces.*
OBS. Adoita escribirse con inicial maiúscula.

piscina
substantivo feminino
Estanque ou depósito grande cheo de auga e usado para nadar ou practicar deportes acuáticos: *No meu colexio temos unha piscina.*

pisco
substantivo masculino
Paporroibo.

piso
substantivo masculino
1 Superficie pola que se anda: *Os coches esvaran cando o piso da estrada está mollado.* SIN. chan, firme, pavimento.
2 Cuberta do chan das distintas plantas dun edificio ou casa: *As cociñas adoitan ter o piso de baldosa.* SIN. chan.
3 Cada unha das diferentes plantas que forman un edificio: *Eses grandes almacéns teñen sete pisos.* SIN. andar, planta.
4 Nun edificio de varias plantas, cada unha das súas vivendas: *Este edificio ten catro pisos por andar.*
5 Parte do zapato ou do calzado que se apoia no chan: *O piso das botas estas é de goma.*
6 Chedeiro.

pista
substantivo feminino
1 Sinais, rastros ou pegadas que un animal ou persoa deixan ao pasar por un sitio: *Os cans seguían a pista do lobo.* SIN. rastro.
2 Conxunto de sinais ou indicios que permiten descubrir algo que está oculto: *A po-*

licía xa ten unha boa pista para dar cos asasinos.
3 Lugar preparado para realizar algún deporte ou actividade: *A discoteca esa ten varias pistas de baile.*
4 Camiño de terra polo que poden circular vehículos: *O todoterreo subía sen problemas pola pista.*
5 Especie de estrada preparada para que aterren e engalen os avións: *O aeroporto ten varias pistas.*

pistacho
substantivo masculino
1 Árbore de dous ou tres metros de altura que dá uns froitos con sementes comestibles de casca moi dura: *Os froitos do pistacho son como olivas.*
2 Esta semente comestible: *Mercou cacahuetes e pistachos.*

pistilo
substantivo masculino
Nunha flor, órgano feminino da reprodución: *O pistilo está formado por ovario, estilo e estigma.*

pistola
substantivo feminino
1 Arma de fogo pequena que se manexa cunha soa man: *Os policías adoitan levar pistola.*
2 Calquera instrumento cuxa forma lembra a desta arma de fogo: *Pintaba cunha pistola.*

pistoleiro, pistoleira
substantivo
Persoa que utiliza a pistola ou armas de fogo para cometer os seus delitos: *Nas películas do Oeste os pistoleiros asaltan diligencias.*

pita
substantivo feminino
1 Galiña nova: *Esas pitas aínda non poñen ovos.* SIN. pola.
2 Galiña: *Ten un galo e seis pitas.* SIN. galiña.
EXP. **Pita cega** Xogo infantil en que un neno cos ollos cubertos cun pano ten que buscar os outros xogadores e identificar a quen colla: *No recreo xogamos á pita cega.* **Pita da auga** Ave que vive en lagos e pantanos de plumaxe cor parda escura na parte superior e cinsenta na inferior e co peteiro encarnado coa punta amarela: *Na beira da lagoa vimos dúas pitas da auga.* **Pita do monte** Ave galinácea silvestre un pouco máis grande ca unha galiña, coa plumaxe de cor negra cinsenta con reflexos verdosos, o macho, e de cor acastañada con pencas brancas, a femia: *A pita do monte é unha especie protexida.*

pitar
verbo
1 Facer soar o pito, o asubío ou a bucina: *Os coches pitaban no medio do atasco.*
2 Desaprobar con asubíos a actuación de alguén: *Os afeccionados pitábanlle ao árbitro.* SIN. asubiar.
3 Sinalar un árbitro dun deporte unha falta facendo soar o pito ou asubío: *O árbitro pitou penalti.*
4 Referido a un árbitro dun deporte, dirixir un partido: *Ese colexiado nunca pitou en Riazor.*

pitelo
substantivo masculino
Anaco pequeno, estreito e delgado de madeira: *Prendeu o lume con piñas e cuns pitelos.*

pito[1]
substantivo masculino
Cría das aves, en especial da galiña: *A galiña levaba detrás unha rolada de doce pitos.* SIN. polo[1].
EXP. **Coma un pito** ou **coma pitos** Moi mollados: *Colleuno a tormenta sen paraugas e chegou coma un pito.*

pito[2]
substantivo masculino
1 Instrumento pequeno e oco que produce un son agudo cando se sopra por el: *Os árbitros de fútbol usan o pito para sinalar as faltas.* SIN. asubío, chifre.
2 Cigarro pequeno e delgado: *Un paquete de tabaco adoita ter vinte pitos.*

pitón
substantivo masculino
Serpe non velenosa propia das rexións cálidas de África, Asia e Oceanía e que pode medir entre dous e doce metros: *Os pitóns matan as súas vítimas apertándoas cos seus fortes aneis.*

pitoño, pitoña
adxectivo
Que ve mal: *Non te viu de lonxe porque che é pitoño.* SIN. cegarato.

***pitorro**, a forma correcta é **biquela**, **biquelo**.

pituitaria
substantivo feminino
Mucosa que recobre o interior do nariz: *A pituitaria ten as terminacións nerviosas que actúan como órgano do olfacto.*

pivote
substantivo masculino
1 Peza xeralmente cilíndrica, fixa ou que xira, que se apoia ou mete noutra: *Puxeron uns pivotes que impiden a entrada dos vehículos na rúa peonil.*
2 En deportes coma o fútbol ou o baloncesto, xogador que organiza o xogo do seu equipo: *Ese xogador é un gran pivote e dirixe moi ben o equipo.*
FAM. pivotar.

pixa
substantivo feminino
Pene.
OBS. Considérase malsoante.

pixota
substantivo feminino
Pescada.

***pizarra**, a forma correcta é **lousa**.

pizza
substantivo feminino
Torta feita con masa de pan e cuberta de tomate, queixo e outros ingredientes: *A pizza é unha comida de orixe italiana.*
FAM. pizzería.

placa
substantivo feminino
Anaco delgado e plano dun material duro: *O nome do colexio está nunha placa metálica da entrada.*

placenta
substantivo feminino
Órgano que envolve o feto e que serve de intermediario entre este e a nai durante a xestación: *O feto recibe o osíxeno e as substancias nutritivas a través da placenta.*
FAM. placentario.

plácido, plácida
adxectivo
Que está en calma ou en paz ou que as produce: *Pasou unha tarde moi plácida lendo unha novela.* SIN. apracible, calmo, sereno, tranquilo. ANT. desapracible.
FAM. placidez.

plafón
substantivo masculino
1 Placa delgada de diferentes materiais que se coloca para tapar o teito dun cuarto ou facelo máis baixo: *Púxolle ao salón un plafón de escaiola para facer o teito máis baixo.*
2 Especie de placa transparente a xeito de adorno colocada diante dunha lámpada e fixada ao teito ou ás paredes: *Para pintarmos o teito, quitamos o plafón.*

***plaga**, a forma correcta é **praga**.

plan
substantivo masculino
Idea que se ten de algo que se pensa facer e de como facelo: *Ten o plan de mercar unha casa nova e máis grande.* SIN. proxecto.
OBS. É distinto de *plano.*
FAM. planear, planificar.

planar
verbo
1 Voar un avión sen usar o motor: *A avioneta aterrou planando por unha avaría do motor.*
2 Voar unha ave coas ás estendidas sen as mover: *A aguia planaba buscando presas.*
3 Pór liso: *As escavadoras e outras máquinas planaban o terreo para facer a estrada.*
SIN. achaiar, achandar, achanzar, aplanar.
OBS. É distinto de *planear.*
FAM. planador, planadora.

plancto
substantivo masculino
Conxunto de pequenos organismos vexetais e animais que flotan e se desprazan pasivamente nas augas doces e salgadas: *Moitos peixes aliméntanse de plancto.*

planear
verbo
Pensar na forma en que se vai facer algo: *Planea facer unha viaxe polo Courel.* SIN. idear, proxectar.
OBS. É distinto de *planar.*

planeta
substantivo feminino

Astro sen luz propia que xira arredor do Sol ou doutra estrela da que recibe a luz que reflicte: *A Terra é un planeta do Sol.*

planetario, planetaria
adxectivo

1 Dos planetas ou relacionado con eles: *Os movementos planetarios son o de rotación e o de translación.*

substantivo masculino

2 Lugar en que se representan os planetas do sistema solar e os seus movementos: *Nos planetarios adoita verse todo o sistema solar nunha pantalla en forma de cúpula.*

planicie
substantivo feminino

Grande extensión de terreo chá: *A Terra Chá é unha planicie.* SIN. chaira.

planificar
verbo

Organizar algo que se vai facer: *O profesor xa planificou o que nos explicará o próximo trimestre.* SIN. programar.

OBS. O *c* cambia en *qu* diante do *e*, como en *sacar*.

FAM. planificación.

plano, plana
adxectivo

1 Chan ou liso: *As pistas de tenis son planas.*

substantivo masculino

2 Representación gráfica ou debuxo con liñas e a escala dun terreo ou dunha construción: *O arquitecto presentou os planos do novo edificio.* SIN. proxecto.

3 En xeometría, superficie que pode conter unha recta: *Unha folla de papel é realmente un plano.*

4 Superficie formada por todos os obxectos que están á mesma distancia da persoa que os mira: *El estaba no primeiro plano da foto.*

5 No cine, no vídeo ou na televisión, cada unha das partes ou fragmentos dunha película que se rodaron dunha vez: *Algúns planos desa película son de gran violencia.*

6 Punto de vista desde o que pode considerarse algo: *Debes mirar os teus problemas desde un plano máis optimista.*

OBS. É distinto de *plan*.

FAM. planar, planicie, aplanar.

planta
substantivo feminino

1 Ser vivo que crece e vive nun lugar do que non pode moverse por si mesmo: *As árbores, os arbustos e as herbas son plantas.* SIN. vexetal.

2 Parte do pé que se apoia no chan ao andar: *Os pés teñen plantas e as mans palmas.*

3 Cada unha das partes diferentes que forman un edificio desde abaixo ata arriba: *O noso colexio ten tres plantas.* SIN. andar, piso.

4 Figura plana a escala reducida que representa con liñas o chan dun edificio: *Debuxei a planta da miña casa e marquei en vermello o meu cuarto.*

5 Aspecto externo dunha persoa: *Ese mozo ten moi boa planta.*

6 Fábrica ou instalación para producir algo: *Traballa nunha planta de reciclaxe do lixo.*

FAM. plantación, plantar, plantígrado.

plantación
substantivo feminino

Extensión grande de terreo dedicada ao cultivo agrícola dunha determinada planta: *En Colombia hai grandes plantacións de café.*

plantar
verbo

1 Meter unha planta na terra para que creza e se desenvolva: *Plantou nun monte seu un cento de carballos.*

2 Pór plantas nun terreo: *Quere plantar ese terreo de castiñeiros.*

3 Pór algo nun sitio para que quede alí, especialmente de pé: *Plantaron as tendas de campaña na beira do río.*

4 Referido ao lume, comezar a arder, inicialo ou prendelo: *Seica lle plantaron lume a esa carballeira.*

5 Deixar de facer algo: *Plantou a carreira cando ía polo terceiro curso.*

6 Deixar abandonada unha persoa: *Plantoume na porta do cine e marchou.*

7 **plantarse** Pórse nun sitio e non deixar pasar: *Plantouse no corredor e dixo que por alí non pasaba ninguén.*

8 Negarse a facer algo: *Plantouse e dixo que el non traballaba máis.*

plasma
substantivo masculino

1 Parte líquida do sangue dos vertebrados: *O plasma sanguíneo está formado por glóbulos vermellos, glóbulos brancos e plaquetas.*

2 Material para fabricar pantallas planas de televisión e ordenadores que se basea na introdución dun determinado gas entre dúas placas de vidro: *Hoxe todos os televisores se fabrican con pantalla de plasma.*

3 Televisor ou pantalla fabricado con este material: *No seu aniversario regaloulle un plasma para o ordenador.*

plasmar
verbo

Darlle forma a algo, expresalo ou representalo: *Ese poema plasma o sentimento de pena do poeta.*

FAM. plasmación.

plástico, plástica
adxectivo

1 Dito dun material, que pode cambiar facilmente de forma ao facer forza sobre el: *A plastilina e o barro son materiais plásticos.*

2 Da plástica ou arte de facer figuras con barro, xeso e materiais semellantes: *A cerámica é unha arte plástica.*

3 Do material sintético procedente da mestura de derivados do petróleo, resinas e celulosas, como é o de moitas bolsas dos comercios: *A caparucha dos bolígrafos baratos é plástica.*

substantivo masculino

4 Material sintético procedente da mestura de derivados do petróleo, resinas e celulosas: *As bolsas que nos dan nos comercios adoitan ser de plástico.*

substantivo feminino

5 Arte ou técnica de facer figuras ou modelaxes con barro, xeso e materiais semellantes: *A cerámica forma parte da plástica.*

FAM. plastificar.

plastilina
substantivo feminino

Material brando de diferentes cores e co que se pode modelar doadamente para facer figuras: *No colexio fixemos unhas vacas e uns porquiños de plastilina.*

plataforma
substantivo feminino

1 Superficie plana e horizontal levantada sobre o chan ou sobre a auga: *As plataformas petrolíferas serven para extraer o petróleo do mar.*

2 Nunha estación de tren ou de autobús, superficie elevada que permite cargar e descargar os produtos ou subir a estes vehículos ou baixar deles con maior comodidade: *O tren da Coruña seica está xa na plataforma 3.*

3 Medio ou asociación para conseguir algo: *Asociáronse e formaron unha plataforma na defensa do galego na industria.*

4 Piso moi groso do calzado: *Leva zapatos con plataforma para parecer máis alto.*

plataneiro
substantivo masculino

Árbore tropical que dá uns froitos alongados e brandos de cor amarela e dispostos en grandes piñas: *En Canarias hai moitos plataneiros.* SIN. bananeira, plátano.

plátano
substantivo masculino

1 Froito longo e curvo do plataneiro cunha casca verde que se pon amarela cando está maduro: *Mercou na froitaría un quilo de plátanos.* SIN. banana.

2 Plataneiro.

3 Árbore de adorno moi alta, con follaxe abundante e usada para dar sombra: *Nos paseos adoita haber moitos plátanos.*

platea
substantivo feminino

Palco dun teatro situado á altura do patio de butacas: *Mercou dúas entradas de platea.*

platino
substantivo masculino

Metal precioso branco moi empregado na xoiaría e na industria: *O ouro, a prata e o platino son metais preciosos.*

plaxio
substantivo masculino

Copia ou presentación dunha obra ou dunha idea doutro como se fose propia dun: *Ese poema é un plaxio pois é copia exacta doutro de Curros.*

FAM. plaxiar, plaxiario.

plebe

substantivo feminino

Clase social formada polas persoas de poucos medios económicos, menor nivel educativo ou sen título de nobreza: *Na antiga Roma os membros da plebe tiñan menos dereitos ca os patricios.* SIN. vulgo. ANT. nobreza.

FAM. plebeo, plebiscito.

plebeo, plebea

adxectivo ou substantivo

Da plebe ou clase social con menos medios económicos e menor nivel educativo ou sen título educativo: *Antigamente os nobres non podían casar cos plebeos.* ANT. nobre.

***pleito**, a forma correcta é **preito**.

pleno, plena

adxectivo

1 Ocupado de forma total: *Viviu un ano pleno de felicidade.* SIN. cheo. ANT. baldeiro, baleiro.

2 Que está no momento central ou no grao máis alto: *O escritor está agora en plena madurez.*

substantivo masculino

3 Reunión ou xunta dun grupo á que asisten todos os seus membros: *Mañá reúnese o pleno do Congreso para votar esa nova lei.*

FAM. plenitude.

pleura

substantivo feminino

Membrana que cobre as paredes da cavidade do tórax e a superficie dos pulmóns: *A pleura ten dúas capas cun líquido entre elas.*

FAM. pleural, pleuresía, pleurítico, pleurite.

plinto

substantivo masculino

Aparello de ximnasia formado por varios caixóns de madeira postos uns sobre outros en forma de pirámide usado para saltos e outros exercicios: *Deu un pinchacarneiro sobre o plinto.*

pluma

substantivo feminino

1 Nunha ave, cada unha das pezas que cobren a súa pel: *As aves teñen o corpo cuberto de plumas.*

2 Instrumento para escribir con tinta líquida: *Antigamente as plumas eran efectivamente de pluma de ave.*

FAM. plumaxe, plumeiro.

plumaxe

substantivo feminino

Conxunto de plumas dunha ave: *A plumaxe do pavón resulta moi rechamante.*

plumeiro

substantivo masculino

1 Utensilio cun mango e rematado en plumas ou noutro material semellante e empregado para quitar o po: *Limpaba o po da mesa cun plumeiro.*

2 Especie de caixa, estoxo ou vaso onde se colocan os lapis, bolígrafos e outros utensilios para escribir: *Na mesa do despacho ten un plumeiro de barro.*

***plumón**, a forma correcta é **penuxe**.

plural

adxectivo

1 Que é variado ou presenta máis dun aspecto, posibilidade ou forma: *A nosa sociedade é plural pois hai persoas de distintas opinións, relixións e orixe.* SIN. múltiple.

adxectivo ou substantivo masculino

2 Referido en gramática á categoría do número, que indica máis de un: *Hai dous números: singular e plural.* ANT. singular.

FAM. pluralidade.

pluvial

adxectivo

Da chuvia ou relacionado con ela: *Os romanos recollían en alxibes as augas pluviais.*

FAM. pluviosidade, pluviómetro.

pluviómetro

substantivo masculino

Aparello para medir a cantidade de chuvia caída nun lugar nun determinado tempo: *Os observatorios meteorolóxicos teñen pluviómetros.*

pneumático, pneumática

adxectivo

1 Que ten aire ou funciona grazas ao aire: *O barco levaba lanchas salvavidas pneumáticas.*

substantivo masculino

2 Tubo de goma cheo de aire que forma parte dunha roda: *As rodas dos coches teñen pina e pneumático.*

pneumonía
substantivo feminino

Inflamación aguda do pulmón: *A pneumonía produce febre alta.*

po
substantivo masculino

1 Conxunto de grans moi pequenos de terra seca ou doutras substancias que flotan no aire e quedan sobre os obxectos: *Limpaba cunha baeta o po do moble.*

2 Conxunto de grans moi pequenos aos que queda reducida unha substancia: *Mercou un bote de cacao en po.*

plural

3 Produto de beleza, medicinal ou para calquera outro uso que se presenta en forma destes grans moi pequenos: *Os actores bótanlle pos á cara antes das actuacións.*

FAM. poalla, poallar, poeira, poeirento, pólvora, polvoreira, polvoriño, polvorón, pulverizador, pulverizar.

FORMACIÓN DO PLURAL

a) Palabras acabadas en vogal, ditongo ou *-n*

Engaden *-s* ao singular: *bocoi-bocois*; *canción-cancións*; *tomate-tomates*; *rei-reis*; *camión-camións*.

b) Palabras acabadas en *-r*, *-s* e *-z*

Engaden *-es* ao singular: *pastor-pastores*; *compás-compases*; *capaz-capaces*.

Pero non varían:

–As agudas que rematan en grupo consonántico, incluídas as que acaban en *-x* e soan *ks*: *fax*, *luns*.
–As graves e esdrúxulas acabadas en *-s* ou *-x*: *xoves*, *lapis*, *télex*.

c) Palabras acabadas en *-l*

1. Os monosílabos e as apalabras graves engaden *-es*: *mel-meles*; *vil-viles*; *hábil-hábiles*; *túnel-túneles*.

Pero:

–Os adxectivos rematados en *-bel* fan o plural en *-beis*: *posíbel-posíbeis*; *inaguantábel-inaguantábeis*.
–As palabras compostas en que o segundo elemento é un monosílabo tamén engaden *-es* aínda non sendo graves: *ollomol-ollomoles*; *parasol-parasoles*; *chuchamel-chuchameles*.

2. As palabras agudas de máis dunha sílaba substitúen o *-l* por *-is*: *hotel-hoteis*; *azul-azuis*; *farol-farois*; *fusil-fusís*; *capital-capitais*; *español-españois*.

d) Palabras acabadas noutras consoantes

Engaden *-s* ao singular: *álbum-álbums*; *club-clubs*.

poalla
substantivo feminino

Chuvia moi fina e miúda: *Esta poalla molla.* SIN. chuvisca, orballo, zarzallo.

poallar
verbo

Chuviscar.

pobo
substantivo feminino

1 Conxunto de persoas que viven nun lugar: *O pobo galego ten como lingua propia o galego.*

2 Conxunto de persoas dun país e lugar que non teñen poder económico ou social: *A maior parte dunha poboación é pobo.*

OBS. Non debe usarse no canto de *lugar, localidade, aldea.*

FAM. popular, popularidade.

poboación
substantivo feminino

1 Conxunto de persoas ou mesmo seres que viven nun lugar: *A poboación galega ten o galego como lingua de seu.* SIN. pobo.

2 Lugar con habitantes e con edificios e espazos para vivir nel: *Lugo é unha poboación grande.* SIN. localidade, lugar.

3 Ocupación dun lugar con persoas e edificios para vivir nel: *As formas de poboación poden ser de aldeas, vilas ou cidades.*

poboado
substantivo masculino

Lugar en que vive un conxunto pequeno de persoas, especialmente en tendas de campaña, cabanas ou edificacións semellantes: *Os soldados americanos atacaron o poboado indio.*

poboador, poboadora
adxectivo ou substantivo

Que habita ou vive nun determinado lugar: *Os primitivos poboadores de América eran os indios.*

poboar
verbo

Ocupar un lugar e facer vida nel: *A Terra está poboada polas persoas e tamén por moitas especies animais e vexetais.*

FAM. poboación, poboado, poboador, despoboar, repoboación, repoboar.

pobre
adxectivo
1 Que é escaso ou non basta nin chega: *É un exame moi pobre para aprobar.*
2 De pouco valor ou de pouca calidade: *Ese traxe é dunha tea moi pobre.* ANT. rico
adxectivo ou substantivo
3 Que non ten o necesario para vivir: *Uns pobres pedían na porta do banco.* ANT. rico.
4 Que non é feliz ou que dá pena: *Ese pobre home pasou moitas desgrazas.* SIN. desgraciado, infeliz. ANT. afortunado, ditoso, feliz.
FAM. pobreza, empobrecer.

pobreza
substantivo feminino
1 Falta das cousas necesarias para vivir: *A emigración galega foi causada pola pobreza.* SIN. miseria. ANT. abundancia, riqueza.
2 Falta de algo de xeito que non se chega ao necesario: *Suspendeu porque o exame é de gran pobreza.*

*__pócima__, a forma correcta é **apócema**.

poción
substantivo feminino
Bebida que serve de medicamento ou ten propiedades máxicas: *Coa poción que lle deu a bruxa, a princesa converteuse en ra.*

podar
verbo
Cortarlle cada ano as pólas a unha planta para que se desenvolva con máis forza: *Podou as roseiras en decembro.*
FAM. poda, podador.

podengo, podenga
substantivo
Dito dun can, da raza que se caracteriza por ter a cabeza redonda, orellas tesas, pelo curto e patas longas e fortes: *Os podengos son moi bos para a caza do coello.*

podente
adxectivo
Que ten moitos cartos, bens e poder: *Seu avó foi un empresario moi podente.* SIN. poderoso, rico.

poder
substantivo masculino
1 Capacidade ou forza para facer algo: *Saca boas notas porque ten moito poder de concentración.*
2 Autoridade ou capacidade para mandar: *Nesta empresa o xefe de persoal ten moito poder.*
3 Goberno dun país: *Nun país democrático só se chega ao poder por medio das eleccións.*
4 Posesión de algo: *Á morte dos pais, o pazo pasou ao seu poder.* SIN. dominio, posesión, propiedade.
verbo
5 Ter capacidade para facer algo: *Podo acabar este traballo hoxe.*
6 Ter dereito ou permiso para facer algo: *Podo saír do traballo unha hora antes.*
7 Ser capaz de vencer a alguén: *O Celta non puido co Deportivo.*
8 Existir a posibilidade de que algo aconteza: *Pode que chova esta tarde.*
EXP. **A poder de** Polo feito de, grazas a: *A poder de moito estudar conseguiu aprobar.*
OBS. É irregular. Véxase conxugación.
FAM. podente, poderoso, potencia, potente, posible, posibilidade, apoderar, imposible, impotente, todopoderoso.

podio
substantivo masculino
1 Tarima con tres chanzos, o do medio máis alto ca os outros dous, onde soben os tres primeiros clasificados dunha competición deportiva para recibir o premio: *Subiron ao podio para recibir as medallas.*

poder

INDICATIVO		SUBXUNTIVO	IMPERATIVO
Presente	**Copretérito**	**Presente**	pode
podo	podía	poida	podede
podes	podías	poidas	
podo	podía	poida	
podemos	podiamos	poidamos	**FOR. NOMINAIS**
podedes	podiades	poidades	
poden	podían	poidan	**Infinitivo**
Pretérito	**Antepretérito**	**Pretérito**	poder
puiden	puidera	puidese	**Xerundio**
puideches	puideras	puideses	podendo
puido	puidera	puidese	
puidemos	puideramos	puidésemos	**Participio**
puidestes	puiderades	puidésedes	podido
puideron	puideran	puidesen	
Futuro	**Pospretérito**	**Futuro**	**Inf. conxugado**
poderei	podería	puider	poder
poderás	poderías	puideres	poderes
poderá	podería	puider	poder
poderemos	poderiamos	puidermos	podermos
poderedes	poderiades	puiderdes	poderdes
poderán	poderían	puideren	poderen

2 Lugar elevado un pouco sobre o chan para destacar sobre o resto: *O director dirixe a orquestra desde o podio.*

podre
adxectivo
Dito dunha materia vexetal ou animal, que se estragou ou está xa descompoñéndose: *Esas mazás están podres e hai que tiralas ao lixo.*
FAM. podrecer, podremia.

podrecer
verbo
Dito dunha materia vexetal ou animal, estragarse e estar descompoñéndose: *As cereixas esas xa podreceron.*
OBS. É regular, *podrezo, podreza.*

poeira
substantivo feminino
Cantidade grande de po que se levanta da terra polo vento ou calquera outra causa: *Ao aterrar o helicóptero fixo unha gran poeira.*

poeirento, poeirenta
adxectivo
Que ten moito po: *Os mobles do salón estaban poeirentos.*

poema
substantivo masculino
Obra literaria escrita en verso: *Os versos agrúpanse en estrofas e estas forman o poema.* SIN. poesía.

poesía
substantivo feminino
1 Xénero ou clase de obras literarias caracterizado pola expresión de sentimentos e estar habitualmente escrito en verso: *Rosalía de Castro foi unha gran figura da poesía.* SIN. lírica.
2 Poema.
FAM. poeta, poético.

poeta, poetisa
substantivo
Persoa que escribe poesías: *Rosalía, Curros e Pondal son os tres grandes poetas do Rexurdimento.*

poético, poética
adxectivo
Da poesía ou relacionado con ela: *O sentimento amoroso é un tema moi poético.*

poexo
substantivo masculino
Planta herbácea de flores azuladas ou moradas que se emprega para facer infusións, e tamén esta infusión: *O poexo é bo para calmar a dor de estómago.*

poio
substantivo masculino
1 Banco de pedra pegado a unha casa: *Os rapaces sentaron no poio.*
2 Soporte de pedra ou doutro material similar que teñen as ventás na parte inferior por fóra: *Debruzouse e apoiou os cóbados no poio.*

pois
conxunción
1 Úsase para expresar causa: *Non saímos, pois choveu moito.* SIN. porque, posto que.
2 Úsase para expresar consecuencia: *Xa que dixen que non vou; é inútil, pois, que insistas.*
3 Ponse no comezo dunha oración para dicir algo con máis forza: *Non vés? Pois non te queixes despois.*

póker
substantivo masculino
Xogo de cartas en que se reparten cinco a cada xogador e gaña o xogador que reúne a combinación superior de cartas das varias establecidas: *Os pistoleiros xogaban ao póker no salón.*

póla
substantivo feminino
Cada unha das partes dunha planta que nacen do tronco principal e que teñen follas, flores e froitos: *Esa póla da cerdeira ten moitas cereixas.* SIN. rama.
OBS. É distinto de *pola*, contracción, e de *pola*, 'galiña nova'.

pola
substantivo feminino
Galiña nova: *Esa pola aínda non pon ovos.* SIN. pita.
OBS. É distinto de *pola*, contracción, e de *póla*, 'galiña nova'.

polaina
substantivo feminino
Peza de vestir que cobre a perna desde o nocello ata por embaixo do xeonllo: *O traxe tradicional galego ten polainas.*

polar
adxectivo
Do Polo Norte ou do Polo Sur da Terra: *O clima polar é moi frío.*

polbeiro, polbeira
adxectivo
1 Do polbo: *Ten unha dorna polbeira.*
substantivo
2 Persoa que coce e vende polbo: *Son famosas as polbeiras do Carballiño.*

polbo
substantivo masculino
Molusco mariño cefalópodo sen cuncha co corpo en forma de saco e oito tentáculos ou brazos: *Os tentáculos do polbo son os raxos.*
FAM. polbeiro.

poldro, poldra
substantivo
1 Cría do cabalo e da egua, aproximadamente desde que nace ata que muda os dentes, arredor dos catro anos: *Mercou unha poldra ben fermosa na feira de Monterroso.*
substantivo masculino
2 Aparello de ximnasia formado por un prisma rectangular apoiado sobre catro patas e utilizado para dar saltos e facer outros exercicios sobre el: *No ximnasio saltamos o plinto e mais o poldro.*

pole
substantivo masculino
Especie de po moi fino formado por grans moi pequenos producido nas anteras dunha flor e que conteñen as células sexuais masculinas das plantas: *Cada gran de pole ten dúas células masculinas para fecundar o óvulo.*
FAM. polínico, polinizar, polinización.

polea
substantivo feminino
Instrumento para subir pesos formado por unha roda que xira ao redor dun eixe e pola cal pasa unha corda ou cadea da que hai que tirar para subir os obxectos colgados do outro extremo: *No pozo puxo unha polea para subir os caldeiros de auga.*

poleiro
substantivo masculino
Lugar onde se recollen e gardan as aves domésticas, especialmente as galiñas para durmir: *Meteu pola noite as galiñas e galos no poleiro.* SIN. capoeira, capoeiro, galiñeiro.

polémico, polémica
adxectivo
1 Que produce unha discusión entre dúas ou máis persoas: *É un xogador polémico, pois uns din que é bo e outros moi malo.*
substantivo feminino
2 Discusión entre dúas ou máis persoas: *A proposta de converter en peonil o centro urbano está levantando moita polémica.*
FAM. polemista, polemizar.

polgada
substantivo feminino
Medida de lonxitude que equivale aproximadamente a 2,5 centímetros: *A polgada é unha unidade de medida do sistema anglosaxón.*

polgar
substantivo masculino
Dedo máis gordo da man: *O bebé chuchaba o polgar da man dereita.*

policía
substantivo
1 Membro ou axente da policía: *Un policía de tráfico púxolle unha multa .* SIN. axente.
substantivo feminino
2 Conxunto de persoas que manteñen a orde pública e coidan da seguridade dos cidadáns: *A policía municipal fai cumprir as normas do Concello e a nacional ás que afectan a todo o Estado.*
FAM. policial.

policial
adxectivo
Da policía ou relacionado con ela: *Gústalle moito ler novelas policiais.*
OBS. Non debe substituírse por **policíaco.*

polícromo, polícroma
adxectivo
De varias cores: *As imaxes relixiosas católicas adoitan ser polícromas.*
FAM. policromía.

polideportivo, polideportiva
adxectivo
1 Para a práctica de varios deportes: *No instituto temos unha pista polideportiva.*

substantivo masculino

2 Edificio ou local cuberto para a práctica de varios deportes: *No polideportivo municipal hai partidos de baloncesto, balonmán e fútbol sala.*

poliedro

substantivo masculino

Corpo xeométrico limitado por superficies planas: *O cubo é un poliedro de seis caras.*

poliéster

substantivo masculino

Material plástico moi resistente á humidade e aos golpes: *O poliéster úsase para fabricar cascos de embarcacións.*

polifacético, polifacética

adxectivo

Que se dedica a varias cousas diferentes: *É un escritor polifacético, pois cultiva a narración, o ensaio, o teatro e a poesía.*

políglota

adxectivo ou substantivo

Que fala varias linguas ou que está escrito en varias linguas: *É políglota porque fala galego, castelán, portugués, francés e inglés.*

polígono

substantivo masculino

1 Figura xeométrica plana limitada por tres ou máis liñas rectas que se cortan en vértices: *O triángulo é un polígono de tres lados.*

2 Espazo nos arredores dunha cidade ou lugar dedicado a unha determinada actividade, especialmente industrial: *Mercou unha nave no polígono industrial da súa vila.*

poliomielite

substantivo feminino

Enfermidade que dana a medula espiñal e pode provocar falta de movemento do corpo, especialmente nas pernas: *A poliomielite está producida por un virus.*

pólipo

substantivo masculino

Animal mariño invertebrado co corpo en forma de saco e coa boca rodeada por brazos ou tentáculos e que vive suxeito ao fondo do mar ou ás rochas: *Os pólipos agárranse ás rochas ou ao fondo por un pedúnculo.*

polisemia

substantivo feminino

Feito de ter unha palabra máis dun significado: *A palabra* banco *caracterízase pola polisemia, pois ten moitos significados.*

FAM. polisémico.

polisílabo, polisílaba

adxectivo ou substantivo

Dito dunha palabra, que ten varias sílabas, especialmente máis de tres: Literatura *é unha palabra polisílaba.*

polisón

substantivo

Persoa que viaxa nun barco ou nun avión escondida e sen billete: *O capitán do pesqueiro entregou o polisón á policía.*

político, política

adxectivo

1 Da política ou relacionado con esta actividade: *Nunha democracia son fundamentais os partidos políticos.*

2 Que é familiar doutra persoa porque houbo un matrimonio: *O sogro é o pai político.*

substantivo

3 Persoa que se dedica á política: *Un político aspira sempre a conseguir o voto do cidadán.*

substantivo feminino

4 Actividade das persoas que se dedican a elaborar e aprobar as leis dun país e a gobernalo: *A política da democracia baséase no voto libre dos cidadáns e cidadás.*

5 Dirección ou forma que se lle dá a unha determinada actividade: *A política desta empresa é que os empregados estean contentos no traballo.*

FAM. politización, politizar.

polivalente

adxectivo

Que vale para varias cousas ou funcións: *É un xogador polivalente, pois ata de porteiro xoga.*

FAM. polivalencia.

póliza

substantivo

Documento ou escrito en que se recollen as condicións dun trato: *A póliza de seguros establece os dereitos e deberes que ten o asegurado.*

***polizón**, a forma correcta é **polisón**.

polo, pola
contracción
Unión da preposición *por* e o artigo *o, a*: *O coche ía pola estrada.*

polo[1]
substantivo masculino
1 Cría de calquera ave, especialmente da galiña: *A rolada dos polos ía detrás da galiña.* SIN. pito.
2 Galo novo: *A carne de polo é moi saborosa.*

polo[2]
substantivo masculino
1 Cada un dos dous extremos do eixe imaxinario de rotación da Terra ou doutra esfera calquera: *A Terra ten dous polos: Polo Norte e Polo Sur.*
2 Rexión que rodea na Terra cada un destes extremos: *O Polo Norte tamén se denomina boreal ou ártico e o Polo Sur, austral ou antártico.*
3 Cada unha das pezas dun xerador eléctrico por onde entra ou sae a corrente eléctrica: *Na batería dun coche, a corrente entra polo polo negativo e sae polo positivo.*
4 Cada un dos puntos dun imán onde a forza de atracción é maior: *Os polos dun imán corresponden ao Polo Sur e ao Polo Norte.*
5 Xeado cun pau que sobresae pola súa parte inferior para collelo: *O cativo lambía un polo de chocolate.*
OBS. Nas acepcións 1 e 2 adoita escribirse con inicial maiúscula.

polpa
substantivo feminino
Parte branda, carnosa e habitualmente comestible das froitas: *A polpa do melocotón adoita ser amarela.*

***polrón**, a forma correcta é **porlón**.

polución
substantivo feminino
Dano ou sucidade no medio, na paisaxe, na auga ou no aire: *A polución é un dos problemas da sociedade industrial.* SIN. contaminación.

pólvora
substantivo feminino
Substancia en po que estoupa e que se usa nos proxectís de armas de fogo e foguetes: *A pólvora é unha mestura de salitre, xofre e carbón.*
FAM. polvoreira.

polvoreira
substantivo feminino
Lugar onde se garda a pólvora, as municións ou explosivos en xeral: *O soldado foi buscar varias caixas de balas á polvoreira do cuartel.*

polvoriño
substantivo masculino
Po que levanta da terra o vento: *Ao aterrar, o helicóptero levantou un bo polvoriño.*

polvorón
substantivo masculino
Doce propio do Nadal elaborado con manteiga, fariña e azucre, habitualmente de forma arredondada e que se desfai facilmente ao comelo: *Os polvoróns son un doce típico de Andalucía.*

pomada
substantivo feminino
Medicina en forma de crema que se estende sobre a pel: *Mercou unha pomada contra a acne.*

pomar
substantivo masculino
Terreo ou horta plantado de árbores froiteiras, especialmente de maceiras: *Diante da casa ten un pomar.*

pomba
substantivo masculino
Ave de tamaño medio e diversas cores, de ás curtas e cun vulto na base do peteiro onda as fosas nasais: *As pombas enchían a praza.*
FAM. pombal, pombo.

pombal
substantivo masculino
Lugar onde se crían pombas: *No pazo tiñan un pombal.*

pombo
substantivo masculino
Ave silvestre de cor gris cinsenta cun círculo branco en cada lado do pescozo: *Os pombos teñen unha banda de cor negra no rabo.* SIN. torcaza.

pomelo

substantivo masculino

Froito redondo parecido a unha laranxa, pero de maior tamaño, cor amarela e sabor agre: *No almorzo tomou un zume de pomelo.*

pompa

substantivo feminino

1 Especie de globo pequeno cheo de aire que se forma nalgunhas substancias: *O cativo facía pompas de xabón.* SIN. burbulla.

2 Gran cantidade de medios e luxo para celebrar algo: *A voda celebrouse con moita pompa.* SIN. aparato, ostentación.

EXP. **Pompas fúnebres** Empresa que organiza os enterros das persoas: *Os de pompas fúnebres ocupáronse de todo o relacionado co enterro.*

FAM. pomposo.

pompón

substantivo masculino

Bóla de la ou fío que se usa como adorno: *O gorro do neno levaba un pompón enriba.*

pómulo

substantivo masculino

1 Óso que forma a parte saínte das meixelas: *Os pómulos forman a parte superior das meixelas.*

2 Cada unha das dúas partes da cara onde están estes ósos: *Os pómulos sobresaen debaixo dos ollos.*

ponche

substantivo masculino

Bebida elaborada cunha mestura de licor, auga, azucre, leite e ovo: *Tomou un ponche contra o catarro.*

poncho

substantivo masculino

Peza de vestir de abrigo formada por unha especie de manta cunha abertura no centro para metela pola cabeza: *Os ponchos adoitan ser de la.*

***ponencia**, a forma correcta é **relatorio**.

***ponente**, a forma correcta é **relator**.

poni

substantivo masculino

Cabalo dunha raza que se caracteriza polo seu tamaño moi pequeno: *O cativo montaba un poni.*

ponte

substantivo feminino

Construción feita sobre un río, unha ría, unha estrada ou outro lugar semellante para cruzalos por enriba: *Pasamos a pé a ponte do río.*

2 Calquera peza ou aparello que pola súa forma e función fai lembrar a construción anterior: *A ponte dos anteollos une as súas dúas lentes.*

3 Día que está entre dous días que non se traballa e que se colle tamén como vacacións: *Como o xoves é festivo, collemos o venres de ponte.*

4 Nun barco, plataforma sobre a cuberta desde a que se dan as ordes: *O capitán daba as ordes desde a ponte de mando.*

5 Arco da planta do pé: *Os palmeses non teñen ponte.*

6 Exercicio de ximnasia consistente en poñer o corpo en forma de arco para atrás, apoiando as mans e os pés: *Na clase de ximnasia fixemos a ponte.*

EXP. **Ponte aérea** Traxecto que realiza un avión continuamente entre dous lugares saíndo de cada un deles cando está cheo de pasaxeiros: *Entre Madrid e Barcelona hai unha ponte aérea.*

pontella

substantivo feminino

Ponte pequena e estreita: *No cámping fixeron unha pontella de madeira para atravesar o río a pé.*

pontífice

substantivo masculino

Na Igrexa católica, bispo ou arcebispo: *O papa como bispo de Roma é o Sumo Pontífice ou autoridade máxima da Igrexa.*

pontón

substantivo masculino

Cada un dos madeiros estreitos que van de viga a viga dun tellado ou do piso dunha casa: *As tellas colócanse sobre os pontóns.*

poñente

substantivo masculino

Lugar por onde se pon o sol: *O poñente está no Oeste.* SIN. occidente, oeste. ANT. leste, levante, nacente, oriente.

OBS. Non debe substituír a *relator.*

poñer ou pór

verbo

1 Colocar nun lugar determinado: *Puxo o libro sobre a mesa.*
2 Comezar a estar de determinada maneira: *O cativo púxose triste.*
3 Introducir ou engadir: *Púxolle máis azucre á masa do pastel.*
4 Preparar algo co necesario para un fin: *Teño que poñer a mesa para xantar.*
5 Cubrir o corpo cunha peza de vestir: *Puxo o abrigo para saír á rúa.*
6 Comezar a ter: *O bebé puxo cara de enfado.*
7 Dicir ou expresar: *Eu non entendo o que pon ese papel con tan mala letra.*
8 Escribir ou anotar: *Puxo o nome e os apelidos na portada do caderno.*
9 Producir ovos unha ave e expulsalos: *A galiña xa puxo hoxe dous ovos.*
10 Facer o necesario para que funcione un aparello: *Puxo o televisor para ver o partido.*
11 Darlle un nome a unha persoa ou animal: *Púxolle Turco ao cadelo.*
12 Dar unha obra de teatro, programa ou película: *Hoxe poñen na tele unha reportaxe moi boa sobre o paro.*
13 Estender unha substancia sobre unha superficie: *Puxo algo de crema na cara.*
14 Dar cadansúa cousa para un mesmo fin: *Nós poñemos os bocadillos e vós a bebida.*
15 Deixar nun estado diferente ao que tiña: *Meteu os zapatos na lama e púxoos sucios.*
16 Chegar a un lugar: *No coche, póñome na túa casa en cinco minutos.*
17 Ocultarse o sol ou a lúa no horizonte: *No verán o sol ponse máis tarde ca no inverno.*

EXP. **Poñer a andar a alguén** Reprendelo dicíndolle que faga ou non faga algo: *O pai ten que poñelo a andar porque suspendeu todo.* **Poñer a facer algo** Comezar algo ou facer que alguén comece a facer algo: *Puxo o fillo a traballar na granxa dos avós.* **Poñerse a ben** Facer as paces: *Agora xa se falan porque se puxeron a ben.* **Poñerse a mal** Deixar de ser amigos e ata de falar: *Non se falan porque se puxeron a mal.*

OBS. É irregular.

FAM. poñente, posición, posta, posto, postura, compoñer, dispoñer, expoñer, impoñer, opoñer, propoñer, repoñer, supoñer.

popa

substantivo feminino

Parte de atrás dun barco: *A popa é a parte oposta á proa.* ANT. proa.

popular

adxectivo

1 Do pobo ou relacionado con el: *No mundo urbano pérdense moitas tradicións populares.*
2 Que pode ser pagado por xente que ten poucos cartos: *As entradas para este partido teñen prezos populares.*
3 Que é coñecido e mesmo querido por moita xente: *Hoxe en día os cantantes e actores son moi populares.*

popularidade

substantivo feminino

Fama grande entre a maioría da xente: *Ese cantante ten moita popularidade entre os mozos.*

popularizar

verbo

Facer moi coñecido e estendido: *Ese cantante popularizou moitas cancións.*

OBS. O *z* cambia en *c* ante *e*, como en *cazar*.

populoso, populosa

adxectivo

Que ten moitos habitantes: *Vigo e A Coruña son as cidades máis populosas de Galicia.*

poñer

INDICATIVO		SUBXUNTIVO	IMPERATIVO
Presente	**Copretérito**	**Presente**	pon
poño	poñía	poña	poñede
pos	poñías	poñas	
pon	poñía	poña	
poñemos	poñiamos	poñamos	FOR. NOMINAIS
poñedes	poñiades	poñades	**Infinitivo**
poñen	poñían	poñan	poñer
Pretérito	**Antepretérito**	**Pretérito**	**Xerundio**
puxen	puxera	puxese	poñendo
puxeches	puxeras	puxeses	
puxo	puxera	puxese	**Participio**
puxemos	puxeramos	puxésemos	posto
puxestes	puxerades	puxésedes	
puxeron	puxeran	puxesen	
Futuro	**Pospretérito**	**Futuro**	**Inf. conxugado**
poñerei	poñería	puxer	poñer
poñerás	poñerías	puxeres	poñeres
poñerá	poñería	puxer	poñer
poñeremos	poñeriamos	puxermos	poñermos
poñeredes	poñeriades	puxerdes	poñerdes
poñerán	poñerían	puxeren	poñeren

por

substantivo masculino

1 Signo en forma de x que se usa entre dúas cantidades para indicar multiplicación: *Puxo un por entre as dúas cantidades para as multiplicar.*

preposición

2 Indica lugar ou tempo aproximados: *Ocorreu alá por marzo.*

3 Indica unha parte ou un lugar determinado: *Veu por aquí o martes.*

4 Indica o modo de facer algo: *Chamoume onte por teléfono.*

5 Indica motivo ou causa: *Estivo de baixa no traballo por enfermidade.*

6 Indica parte entre varias cantidades: *Tocamos a cen euros por persoa.*

7 Indica que partes dunha serie se consideran por separado: *Ensinounos a nadar un por un.*

8 A favor de algo ou alguén ou na súa defensa: *Eu non volvo dar a cara por ti.*

9 Tendo en conta algo ou alguén: *Por min, podes facer o que queiras.*

10 A cambio de algo: *Vendeu a casa por un millón de euros.*

11 Na busca de algo: *Fun polo pan ao forno.*

12 Indica quen fai algo: *O ladrón foi detido pola policía.*

EXP. **A por de** Grazas a, facendo iso: *A por de estudar, conseguiu aprobar todo.* **Estar por facer algo** Faltar ou non estar feito: *Está por facer o tellado da casa.* **Por moito que** Indica unha dificultade que non impide que algo se realice: *Por moito que chova, sairei esta tarde.* **Por que** Úsase para preguntar a causa ou o motivo de algo: *Por que non viñeches connosco?* **Por tanto** ou **polo tanto** Indica consecuencia: *Chove; por tanto, non sairei esta tarde.* **Ter a alguén por algo** Considerar que é así: *Ti a min tesme por parvo.*

OBS. É distinto de *pór*. Cómpre distinguir entre *por que, porque* e *porqué*. Como preposición contrae co artigo *o, a* en *polo, pola*.

pór			
INDICATIVO		SUBXUNTIVO	IMPERATIVO
Presente	**Copretérito**	**Presente**	pon
poño	puña	poña	ponde
pos	puñas	poñas	
pon	puña	poña	
pomos	puñamos	poñamos	FOR. NOMINAIS
podes	puñades	poñades	**Infinitivo**
pon	puñan	poñan	pór
Pretérito	**Antepretérito**	**Pretérito**	**Xerundio**
puxen	puxera	puxese	pondo
puxeches	puxeras	puxeses	
puxo	puxera	puxese	**Participio**
puxemos	puxeramos	puxésemos	posto
puxestes	puxerades	puxésedes	
puxeron	puxeran	puxesen	
Futuro	**Pospretérito**	**Futuro**	**Inf. conxugado**
porei	poría	puxer	pór
porás	porías	puxeres	pores
porá	poría	puxer	pór
poremos	poriamos	puxermos	pormos
poredes	poriades	puxerdes	pordes
porán	porían	puxeren	poren

pór

verbo

Poñer.

OBS. É distinto de *por*. É irregular.

FAM. compor, dispor, expor, impor, opor, propor, repor, supor.

porca

substantivo feminino

Peza de metal arredondada ou prismática cunha cavidade ou buraco en espiral no centro onde se enrosca o parafuso: *Apertaba a porca cunha chave inglesa.*

porcallada

substantivo feminino

1 Cousa ou conxunto de cousas moi sucias: *O cuarto aquel estaba cheo de porcallada.* SIN. lixo, sucidade.

2 Dito ou feito malo, indecente ou contrario á moral establecida: *Esa película pornográfica non deixa de ser unha porcallada.*

porcallán, porcallana ou porcalleiro, porcalleira

adxectivo ou substantivo

1 Que vai moi sucio ou sen asear: *Ese porcallán parece que lle ten medo á auga.* SIN. cocho, marrán, sucio. ANT. aseado, limpo.

2 Que é malfalado e usa expresións bastas: *Esas non son palabras propias dunha persoa educada senón dun porcallán.* SIN. porcallón, porco. ANT. educado, correcto.

porcelana

substantivo feminino

Material de cerámica duro, fino, brillante e habitualmente branco usado para fabricar pratos, cuncas, figuras de adorno e outros obxectos: *Os pratos da vaixela son de porcelana.*

porcentaxe
substantivo feminino
Cantidade que representa unha parte dun total de cen: *Nese artigo fan unha porcentaxe de rebaixa do 20%.*

*porche, a forma correcta é **soportal**.

porcino, porcina
adxectivo ou substantivo
Do porco ou relacionado con el: *En Galicia teñen moita importancia o gando bovino e o porcino.*

porción
substantivo feminino
Parte separada de algo que se dividiu: *Partiu a torta en oito porcións.* SIN. anaco, cacho, parte.

porco, porca
adxectivo ou substantivo
1 Que está moi sucio ou anda moi sucio, ou que non se asea: *Vai todo porco porque nunca se ducha.* SIN. cocho, marrán, porcallán, porcalleiro, sucio. ANT. aseado, limpo.
2 Que é malo, ten mala intención ou vai contra a moral establecida: *É un porco que engana a quen ten tratos con el.* SIN. cocho, marrán.
substantivo
3 Animal mamífero doméstico, que come de todo, de patas curtas e corpo groso, que se cría para aproveitar a súa carne como alimento: *Os xamón son as patas traseiras do porco e os lacóns, as dianteiras.* SIN. cocho, marrán.
EXP. **Porco bravo** Xabaril. **Porco espiño** Mamífero de corpo arredondado e cuberto de espiñas ou pugas: *O porco espiño é un mamífero nocturno que se alimenta de insectos.* **Porco teixo** Teixugo.
FAM. porcallada, porcallán, porcalleiro, emporcar.

porfía
substantivo feminino
1 Discusión insistente: *Cómpre que deixedes esa porfía pois non vos poñedes de acordo.* SIN. disputa, retesía.
2 Insistencia ao pedir ou facer algo: *El seguía coa porfía de que o tiñan que deixar saír ata as doce da noite.* SIN. zuna.
FAM. porfiar.

porfillar
verbo
1 Facer que alguén que non é fillo natural dunha persoa pase a selo perante a lei: *Porfillou un rapaz orfo de pai e nai.* SIN. adoptar, afillar.
2 Ser padriño ou madriña no bautizo de alguén: *Porfillou a sobriña.* SIN. amadriñar, apadriñar.

porlón
substantivo masculino
Parte da bisagra dunha porta ou ventá que vai suxeita á parede ou ao marco: *As portas e ventás xiran sobre os porlóns.*

pormenor
substantivo masculino
Detalle ou circunstancia de moi pouca importancia: *Relatounos a súa viaxe con todo pormenor.* SIN. detalle.
FAM. pormenorizar.

pornografía
substantivo feminino
Representación de todo aquilo que ten que ver co sexo en revistas, cine ou calquera outro medio de forma que se considera inmoral ou sen pudor: *Esa revista dedícase á pornografía.*
FAM. pornográfico.

poro
substantivo masculino
Buraco moi pequeno dalgunha superficie e que non se ve a simple vista: *A pel humana está chea de poros por onde sae a suor.*
FAM. porífero, porosidade, poroso.

porque
conxunción
Úsase para expresar causa: *Non saímos porque choveu moito.*
OBS. É distinto de *por que* e de *porqué.*

porqué
substantivo masculino
Causa ou motivo de algo: *Non explicou os porqués do seu voto negativo.* SIN. causa, motivo, razón.
OBS. É distinto de *por que* e *porque.*

porra
substantivo feminino
Instrumento de forma alongada, a xeito dun pau curto, de madeira, goma dura ou outro

material semellante usado para pegarlle golpes a alguén: *Os policías e os vixilantes levan porra.*

porro

substantivo masculino

1 Planta de horta parecida á cebola cun bulbo branco comestible e tamén ese bulbo comestible: *Botoulle porro á ensalada.*
2 Cigarro que contén droga, especialmente haxix: *Seica consome porros.*

porrón

substantivo masculino

1 Recipiente de barro empregado para conservar a auga fresca, de ventre amplo, con asa na parte superior, boca para enchelo e un bico para beber por el a chorro: *Os obreiros tiñan un porrón con auga fresca.*
2 Recipiente de cristal cun bico moi longo para beber por el a chorro, especialmente o viño: *Nese bar serven o viño en porróns pequenos.*
OBS. Na acepción 1 non debe empregarse **botixo*.

porta

substantivo feminino

1 Oco nunha parede que serve para entrar nun lugar ou saír del: *Os ladróns entraron pola porta da casa.*
2 Peza de madeira ou doutro material semellante que serve para pechar este oco: *Puxo na casa unha porta blindada.*
3 Lugar ou forma de entrar nun sitio, de saír del ou de conseguir algo: *Vigo foi a porta de saída para moitos emigrantes galegos cara a América.*
4 Nalgúns deportes, espazo entre dous postes verticais e outro pau horizontal sobre eles en que hai que meter o balón ou a pelota para conseguir un punto ou gol: *O dianteiro disparou cara á porta.* SIN. portaría.
EXP. **A porta cerrada** Sen presenza de ningún estraño: *Os conselleiros trataron o asunto a porta cerrada.* **Á porta de** ou **ás portas de** A punto de algo: *Estivo ás portas da morte.* **Bater en todas as portas** Pedir axuda a todos e en todos os sitios posibles: *Durante a enfermidade do fillo, os pais bateron en todas as portas.* **Deixar unha porta aberta** Deixar unha posibilidade: *Abandona o cargo, pero deixa unha porta aberta para volver.* **De portas a dentro** Sen que o saiban os estraños: *Este asunto tratarase de portas a dentro, no seo da familia.* **De portas a fóra** Para os estraños: *De portas a fóra di que está contento, pero non é así.* **Entrar pola porta grande** Comezar algunha actividade con moito éxito: *Ese adestrador entrou pola porta grande, pois na primeira tempada gañou a liga.* **Pechárselle as portas a alguén** Non ter ningunha axuda nin posibilidade: *Ese escándalo pechoulle as portas e retirouse da política.*
FAM. portada, portádego, portal, portaría, portaxe, portela, portelo, porteiro, soportal.

portaavións

substantivo masculino

Barco grande de guerra que leva avións: *Os avións aterran na cuberta do portaavións e engalan desde ela.*

portada

substantivo feminino

1 Fachada ou muro principal dos edificios: *A portada da catedral de Santiago é de estilo barroco.*
2 Primeira páxina dun libro, xornal ou revista onde van indicados datos como o título, o autor e outros semellantes: *Na portada do libro adoita aparecer o título e mais o nome do autor.*

portador, portadora

adxectivo ou substantivo

1 Que trae algo nas súas mans: *O portador do recibo de lotaría cobrará o premio.*
2 Que contaxia ou transmite unha enfermidade: *Algúns mosquitos son portadores de enfermidades.*

portafolios

substantivo masculino

Especie de carteira ou carpeta de man que se usa para levar papeis e ata libros pequenos: *Meteu o contrato no portafolios.*

portal

substantivo masculino

1 Espazo cuberto na entrada dun edificio que está en contacto coa rúa e que dá entrada ás vivendas: *As caixas do correo dos veciños están no portal.*
2 Enderezo de internet que ofrece maior cantidade de servizos ca un sitio web: *Consultamos o portal da Secretaría Xeral de Política Lingüística.*

portalámpada
substantivo masculino
Peza de plástico, porcelana ou outro material semellante onde se enrosca a parte metálica das lámpadas para que entren en contacto coa corrente eléctrica: *Mercou un portalámpada na ferraxaría.*

portamoedas
substantivo masculino
Moedeiro.

portar
verbo
1 Levar ou traer algo: *O atracador seica portaba unha pistola.*
2 portarse Ter determinado comportamento: *Portouse mal ao non prestarlle eses cartos.*
SIN. actuar, comportarse, conducirse, obrar, proceder.
FAM. portador, portátil, porte, importar, exportar, transportar.

portaría ou portería
substantivo feminino
1 Peza na entrada dun edificio onde está o porteiro: *O impreso de matrícula recóllese na portaría do colexio.*
2 Nalgúns deportes coma o fútbol, espazo entre dous postes verticais e outro pau horizontal sobre eles en que hai que meter o balón ou a pelota para conseguir un punto ou gol: *O dianteiro disparou cara á portaría.* SIN. meta, porta.

portátil
adxectivo
Que se pode levar facilmente dun lugar a outro: *Mercou un ordenador portátil.*

portavoz
substantivo
Voceiro.

portavultos
substantivo masculino
Nun vehículo, lugar destinado para levar os paquetes e maletas: *O portavultos dos coches adoita estar na parte traseira.*
OBS. A forma **portaequipaxes* é incorrecta.

porte
substantivo masculino
1 Transporte ou traslado dunha cousa dun lugar a outro: *O porte dos mobles ata a súa casa farémolo mañá.* SIN. transporte.
2 Aspecto exterior de algo ou de alguén: *Aquel mozo tiña moi bo porte.*

porteiro, porteira
substantivo
1 Persoa que está na porta dun edificio controlando quen entra e quen sae: *Preguntеille ao porteiro o piso onde vivía o meu amigo.*
2 Nalgúns deportes coma o fútbol, xogador encargado de evitar que o balón entre na portaría: *O porteiro de fútbol é o único xogador que pode tocar o balón coas mans.*

portela ou portelo
substantivo masculino ou feminino
1 Abertura ou especie de porta pequena nun valado ou parede para que poidan pasar persoas, un tractor ou o gando: *A leira está valada e ten dúas portelas.*
substantivo masculino
2 Especie de ventá pequena pola que se atende ao público nunha oficina ou se lle venden entradas para un espectáculo: *Mercou a entrada para o partido nun portelo do propio estadio.*
OBS. Na acepción 2 non debe empregarse **taquilla*, **ventaíña*, **ventaniña* ou **xaneliña*.

portento
substantivo masculino
Calquera persoa ou cousa que son extraordinarias ou fóra do común: *A súa memoria é un portento: le un poema e pode repetilo enteiro.*
FAM. portentoso.

pórtico
substantivo masculino
Nunha igrexa ou noutro edificio monumental, lugar cuberto e con columnas construído na súa entrada: *O Pórtico da Gloria da catedral de Santiago é románico.*

porto
substantivo masculino
1 Lugar na beira do mar ou dun río preparado para que os barcos carguen e descarguen nel ou se protexan: *Os pesqueiros descargaron o peixe no porto.*
2 Camiño ou lugar que permite o paso entre montañas: *Os ciclistas escalarán dous portos nesta etapa.*
FAM. portuario, aeroporto.

portugués, portuguesa
adxectivo ou substantivo

De Portugal ou relacionado con el: *O portugués e o galego pertencen ao mesmo tronco lingüístico.*

porvir
substantivo masculino

Tempo futuro: *O pasado xa pasou e o porvir aínda non chegou.* SIN. futuro, mañá. ANT. antano, pasado.

posar
verbo

Permanecer durante un certo tempo nunha posición para servir de modelo: *A actriz posou para un famoso pintor.*
OBS. É distinto de *pousar.*

posesión
substantivo feminino

1 Propiedade que se ten dunha cousa da que se é dono ou se utiliza: *Non paga alugueiro porque vive nunha casa da súa posesión.* SIN. pertenza, propiedade.
2 Calquera cousa que se ten ou da que se é dono: *Entre as súas posesións figura un pazo.*

posesivo, posesiva
adxectivo

1 Dito dunha persoa, que pensa que todo é seu, mesmo as demais persoas: *Seica ten un pai un pouco posesivo, que o trata como un cativo.*

adxectivo ou substantivo masculino

2 Que indica posesión ou pertenza en relación coa persoa que fala, escoita ou de quen se fala: *As palabras* meu, teu, seu *son posesivos.*

posibilidade
substantivo feminino

1 Ocasión para facer algo: *Se tes a posibilidade de estudar unha carreira, faino.* SIN. ocasión, oportunidade.
2 Medio que permite facer algo: *A compra desa casa non está dentro das miñas posibilidades.* SIN. recurso.

posible ou posíbel
adxectivo

Que pode ser ou que se pode facer: *É posible que chova hoxe.* ANT. imposible.
FAM. posibilidade, posibilitar, imposibilidade, imposible.

posición
substantivo feminino

1 Modo en que está posto ou colocado algo ou alguén: *As persoas andamos en posición vertical.* SIN. postura.
2 Lugar que ocupa algo ou alguén: *O noso equipo ocupa a primeira posición.*
3 Maneira de pensar sobre un asunto: *Non coñezo cal é a súa posición neste tema.* SIN. actitude, postura.

positivo, positiva
adxectivo

1 Que resulta bo ou favorable: *Os resultados dese negocio foron positivos porque se gañaron moitos cartos.* ANT. negativo.
2 Que sempre ve o lado bo das cousas: *Non ve o problema porque é moi positivo.* SIN. optimista. ANT. pesimista.

postal
adxectivo

1 Do servizo de correos ou enviado por el: *O carteiro trouxo un paquete postal.*

substantivo feminino

2 Tarxeta que se envía por correo cunha fotografía ou debuxo por un lado e en branco o outro para poder escribir nel: *Envioume unha postal desde París.*

poste
substantivo masculino

Pau ou obxecto similar de forma alongada e colocado en posición vertical: *Unha portaría de fútbol está formada por dous postes e un traveseiro horizontal.*

***postela**, a forma correcta é **bostela**.

póster
substantivo masculino

Cartel que reproduce a foto dun personaxe famoso, unha paisaxe, unha obra de arte

POSESIVO

PERSOA		SINGULAR		PLURAL	
		MASCULINO	FEMININO	MASCULINO	FEMININO
SING.	1ª	meu	miña	meus	miñas
	2ª	teu	túa	teus	túas
	3ª	seu	súa	seus	súas
PL.	1ª	noso	nosa	nosos	nosas
	2ª	voso	vosa	vosos	vosas
	3ª	seu	súa	seus	súas

ou outras cousas semellantes e que se pon como adorno nunha parede: *No seu cuarto ten un póster dun cantante famoso.*
OBS. O plural é *pósters* ou *pósteres.*

posteridade

substantivo feminino

Conxunto de persoas que vivirá despois de certo momento ou de certa persoa: *Toda a posteridade admira a obra de Rosalía de Castro.*

posterior

adxectivo

1 Que ocorre despois: *O mércores é posterior ao martes.* SIN. seguinte. ANT. anterior.
2 Que está detrás: *A parte posterior do coche ten asento para tres pasaxeiros.* ANT. anterior, dianteiro.

posterioridade

substantivo feminino

Tempo do que ocorre despois doutra cousa: *Os tempos verbais do futuro expresan posterioridade ao acto de falar.*

postizo, postiza

adxectivo

Que non é propio ou natural, senón artificial imitando ou finxindo o natural: *Está calvo pero leva pelo postizo.*

posto, posta

1 Participio irregular de *poñer* ou *pór.*
adxectivo
2 Ben amañado ou elegante: *O seu mozo é un rapaz moi ben posto.*
substantivo masculino
3 Lugar en que se realiza algo ou se dá algún servizo: *O ferido foi atendido no posto da Cruz Vermella.*
4 Tenda pequena na rúa, na feira, nunha praza de abastos ou nun mercado: *Aínda non están colocados os postos da feira.*
5 Emprego ou traballo que alguén ten: *El ten un bo posto na empresa.* SIN. cargo, destino, praza.
substantivo feminino
6 Colocación no lugar ou situación oportunos: *No taller fixéronlle ao coche unha posta a punto.*
7 Feito de que o sol desapareza do horizonte: *A posta do sol acontece antes no inverno ca no verán.* SIN. ocaso, postura, solpor.
8 Feito de pór ovos unha ave: *As galiñas aínda non fixeron hoxe ningunha posta.* SIN. postura.
EXP. **Posta en marcha** Mecanismo que teñen os vehículos para comezar a funcionar o motor: *A posta en marcha fai que o motor do coche arranque.* **Posto que** Úsase para expresar causa: *Busca un traballo novo, posto que non lle gusta o que ten.*

***postor**, a forma correcta é **ofertante**.

***postrar**, a forma correcta é **prostrar**.

***postre**, a forma correcta é **sobremesa**.

póstumo, póstuma

adxectivo

1 Que naceu despois da morte do seu pai: *Tivo un fillo póstumo pois morreu cando a muller estaba embarazada de sete meses.*
2 Que acontece ou se coñece despois da morte da persoa que o fixo ou á que se refire: *Xa morto o novelista, publicáronse dúas novelas, que son póstumas.*

postura

substantivo feminino

1 Modo en que algo ou alguén están colocados: *Esta postura, tan estirado, é moi incómoda.* SIN. posición.
2 Maneira de pensar sobre un asunto: *Gustaríanos coñecer a túa postura sobre as obras no edificio.* SIN. actitude, posición.
3 Dor nunha parte do corpo que fai difícil o seu movemento: *Púxoseme unha postura no brazo dereito.*
4 Feito de que o sol desapareza no horizonte: *Nesta zona vense unhas fermosas posturas do sol.* SIN. ocaso, posta, solpor.
5 Posta.

posuír

verbo

Ter algo como propio ou ser o seu dono: *Posúe esta casa na cidade e outra na aldea.* ANT. carecer.
OBS. Conxúgase como *incluír.* Ten dous participios, *poseso*, usado como adxectivo, e *posuído*, usado nas perífrases.
FAM. posesión, posesivo, posuidor.

pota[1]

substantivo feminino

1 Recipiente de metal ou de barro de forma arredondada que se usa para facer a comida: *Botou as patacas na pota.* SIN. ola.

2 Na fabricación da augardente, recipiente do alambique en que se coce o bagazo: *O bagazo que se botou na pota deu oito litros de augardente.*
FAM. potada, potaxe, poteiro.

pota[2]
substantivo feminino
Molusco parecido á lura pero menos apreciado: *A pota abunda nas rías galegas.*
FAM. poteira.

potable ou **potábel**
adxectivo
Que se pode beber porque non é malo para a saúde: *A auga desa fonte non é potable.*
FAM. potabilidade, potabilizar.

potaxe
substantivo feminino
Comida quente feita con verduras e legumes e que pode levar tamén anacos de carne: *Tomei de primeiro unha potaxe de feixóns.*

pote
substantivo masculino
1 Recipiente de ferro coa barriga esférica, con tres pés, dúas asas e un aro para colgalo da gramalleira: *O pote usábase para facer o caldo na lareira.*
2 Golpe dado na cabeza e vulto que sae como consecuencia: *Ten un pote na cabeza porque caeu da bicicleta.* SIN. bolo, croque.

potencia
substantivo feminino
1 Capacidade, forza ou poder para facer algo ou para producir un efecto: *O motor dese coche ten potencia para levar cinco pasaxeiros e bastantes vultos.* SIN. forza.
2 País ou estado independentes, especialmente se teñen gran poder internacional: *Os Estados Unidos son unha gran potencia.*
EXP. **En potencia** Que aínda non o é, pero que pode selo no futuro: *O noso equipo xa é campión en potencia, aínda que non rematou a liga.*

potenciar
verbo
Dar máis potencia, forza ou importancia: *O programa de estudos quere potenciar o coñecemento do inglés.*

potentado, potentada
substantivo
Persoa que ten moita riqueza e poder: *Ese potentado ten un iate e un avión privado.*

potente
adxectivo
Que ten potencia, forza ou capacidade para algo: *Ese coche de carreiras ten un motor moi potente.* SIN. poderoso. ANT. débil, feble, frouxo.

pouco, pouca
indefinido
1 En cantidade pequena: *Asistiron poucos alumnos á clase.* ANT. moito.
adverbio
2 Menos do normal ou do necesario: *Xantou moi pouco.* ANT. moito.
EXP. **A pouco máis** ou **por pouco** Case: *A pouco máis esvaro.* **Aos poucos** ou **pouco a pouco** ou **pouco e pouco** Nuns momentos si e noutros non: *Ide arranxando as ferramentas aos poucos.* **Pouco a pouco** ou **pouco e pouco** Sen parar pero lentamente: *Amañaremos o motor este pouco a pouco.* SIN. amodo, devagar, engorde, paseniño.

poula
substantivo feminino
1 Barbeito.
2 Bouza.

pousada
substantivo feminino
Lugar en que se dá comida e aloxamento sinxelos e pouco luxosos a cambio de cartos: *Ceamos e durmimos nunha pousada da vila.*

pousafoles
substantivo
Persoa que traballa moi devagar ou sen gana: *Ese pousafoles non rematará o traballo en todo o día.*

pousar
verbo
1 Pór unha cousa sobre outra de maneira suave: *Pousou os vasos e a xerra sobre a mesa.*
2 Deixar de voar e deterse nun lugar de maneira suave: *O helicóptero pousou na terraza do rañaceos.*
3 Nun líquido, iren ao fondo e xuntárense

alí as partículas sólidas: *O lodo pousou e agora a auga está clara.*
4 Deixar de traballar ou de andar: *Despois de dúas horas de traballo seguido pousaron un anaco.* SIN. acougar, descansar, folgar, repousar.
FAM. pousada, pouso, pousón.

pouso
substantivo masculino
Especie de po que deixan algúns líquidos como o viño ou o café no fondo do recipiente que os contén: *O café deixou algún pouso na cunca.* SIN. borra.

pousón, pousona
adxectivo
Que se move de forma lenta e pesada: *Os bois adoitan ser pousóns.*

pouta
substantivo feminino
Gadoupa.
FAM. poutada.

poutada
substantivo feminino
1 Golpe ou ferida dados coas poutas: *As poutadas dos leóns son temibles.*
2 Aparello formado por dous paus en forma de cruz e unha pedra, unido por unha corda a unha embarcación pequena e que serve para atala ao fondo do mar e evitar que a leve a auga: *Fondearon a dorna cunha poutada.*

poxa
substantivo feminino
Venda pública en que consegue levar o que se vende a persoa que ofrece máis cartos: *Mercou ese cadro nunha poxa de arte.*

poxar
verbo
1 Vender algo a quen ofrece en público máis cartos: *Mañá poxarán dous cadros de Laxeiro.*
2 Ofrecer máis cartos ca outro por algo nunha venda pública: *Ao remate só poxaban polo cadro aquel dous coleccionistas.*
FAM. poxa.

poza
substantivo feminino
1 Cantidade de auga pequena, xeralmente de chuvia, nas fochas ou ocos naturais do terreo: *Ao andares non pises as pozas.* SIN. charco.
2 Depósito de auga pequeno e pouco fondo onde se recolle auga para regar ou beber o gando: *Regou a horta coa auga da poza.*

pozo
substantivo
1 Buraco profundo ou escavación fonda e estreita na terra para sacar auga: *Saca a auga do pozo cun motor.*
2 Lugar de augas tranquilas e moi fondo nun río: *Case afoga nun pozo do río.*
3 Buraco profundo ou escavación vertical que se fai nunha mina para sacar o mineral, ventilala ou entrar nela ou saír: *Os mineiros accedían á mina polo ascensor do pozo.*
4 Buraco profundo ou escavación vertical para sacar petróleo: *En Texas hai moitos pozos de petróleo.*
EXP. **Ser un pozo de** Ter abundancia do que se indica: *Ese señor é un pozo de sabedoría.*
Ser un pozo sen fondo Non fartar de comer por moito que se coma: *Ese mozo é un pozo sen fondo.*

pracenteiro, pracenteira
adxectivo
Que gusta ou agrada moito ou dá pracer: *Era unha tarde de sol moi pracenteira.* SIN. agradable. ANT. desagradable.

pracer
substantivo masculino
1 Sensación agradable que se sente cando algo gusta moito: *Este baño nun día tan caloroso é un pracer.* SIN. gusto. ANT. suplicio, tormento, tortura.
verbo
2 Agradar ou gustar moito: *Non me prace saír agora.*
FAM. pracenteiro, compracer, compracente.
OBS. Na acepción 2 é irregular. Véxase conxugación.

practicante
adxectivo ou substantivo
1 Que ten unha relixión e cumpre o que esta lle manda: *Vai todos os domingos á misa porque é católico practicante.*
substantivo
2 Persoa que ten por oficio pór inxeccións e realizar pequenas curas: *O practicante púxolle a inxección da vacina.*

practicar
verbo
1 Realizar unha actividade de forma habitual: *Ese mozo practica varios deportes.*
2 Repetir algo para conseguir facelo ben: *Os ximnastas practican moitas veces os seus exercicios.* SIN. ensaiar.
3 Facer ou realizar algo: *O cirurxián practicoulle unha operación para extirparlle o apéndice.* SIN. realizar.
4 Ter unha relixión e cumprir o que manda: *Practica o catolicismo e vai á misa todos os domingos.*
OBS. O *c* cambia en *qu* diante do *e*, como en *sacar*.

práctico, práctica
adxectivo
1 Da realización certa e efectiva de algo e non da súa teoría ou idea de como se fai: *Nas carreiras cómpre realizar actividades prácticas.* ANT. teórico.
2 Que resulta útil: *Esta mesa é moi práctica pois serve para moitos usos.* SIN. útil.
3 Que actúa de acordo co mundo real: *El é moi práctico e non fai traballos polos que non lle paguen.*
substantivo feminino
4 Realización dunha actividade de modo habitual: *A conducir un coche apréndese coa práctica diaria.* ANT. teoría.
5 Habilidade para facer algo que se obtén con esta realización: *Ten moita práctica conducindo camións.*
6 Cousa que se fai habitualmente: *Sulfatar as vides é aquí unha práctica común.* SIN. costume, hábito, uso.
FAM. practicante, practicar.

pradairo
substantivo masculino
Árbore de follas caducas semellantes ás do plátano, que medra de forma espontánea nos bosques húmidos e que se usa en parques e xardíns como árbore de adorno e para dar sombra: *Gustáballe ler no parque á sombra dun pradairo.*

pradaría ou pradería
substantivo feminino
Gran extensión de terreo cuberta de herba: *Naquela pradaría pacían moitas vacas.*
OBS. A forma **pradeira* é incorrecta.

prado
substantivo masculino
Terreo húmido onde se deixa medrar a herba para alimento do gando: *Na Terra Chá hai moi bos prados.*
FAM. pradaría.

praga
substantivo feminino
1 Calquera cousa que causa un gran dano a moitos: *A droga é unha verdadeira praga na sociedade actual.*
2 Abundancia de animais ou plantas daniños ou prexudiciais: *Este verán tivemos unha praga de mosquitos.*
FAM. praguicida.

praia
substantivo
Zona de area ou pedra moi miúda na beira do mar ou dun río: *Tomaban o sol deitados na praia.* SIN. areal.

prancha
substantivo feminino
Anaco delgado e plano dun material, especialmente de metal: *A porta é realmente unha prancha de aceiro recuberta dunha lámina fina de madeira.*
EXP. **Á prancha** Cociñado sobre unha lámina metálica moi quente e sen aceite nin graxa: *Xantou un bisté á prancha.* **En prancha** Pondo o corpo un pouco levantado e en para-

pracer

INDICATIVO		SUBXUNTIVO	IMPERATIVO
Presente	**Copretérito**	**Presente**	prace
prazo	pracía	praza	pracede
praces	pracías	prazas	
prace	pracía	praza	
pracemos	praciamos	prazamos	FOR. NOMINAIS
pracedes	praciades	prazades	**Infinitivo**
pracen	pracían	prazan	pracer
Pretérito	**Antepretérito**	**Pretérito**	**Xerundio**
prouguen	prouguera	prouguese	pracendo
prougueches	prougueras	prougueses	
prougo	prouguera	prouguese	**Participio**
prouguemos	prougueramos	prouguésemos	pracido
prouguestes	prouguerades	prouguésedes	
prougueron	prougueran	prouguesen	
Futuro	**Pospretérito**	**Futuro**	**Inf. conxugado**
pracerei	pracería	prouguer	pracer
pracerás	pracerías	prougueres	praceres
pracerá	pracería	prouguer	pracer
praceremos	praceriamos	prouguermos	pracermos
praceredes	praceriades	prouguerdes	pracerdes
pracerán	pracerían	prougueren	praceren

lelo ao chan: *O dianteiro rematou de cabeza en prancha.*
OBS. Non debe empregarse no canto de *ferro de pasar.*

***pranchador**, a forma correcta é **pasador**.

***planchar**, a forma correcta é **pasar o ferro**.

prata[1]
substantivo feminino
Metal de cor branca agrisada moi empregada en xoiaría: *O ouro, a prata e o platino son metais preciosos.*
FAM. prataría, prateado, prateiro.

prata[2]
substantivo feminino
Especie de prato grande para servir a comida para varias persoas: *Cada un servíase collendo a comida da prata.* SIN. fonte.

prataría ou pratería
substantivo
Establecemento onde se fabrican ou venden xoias e outros obxectos de prata: *En Santiago hai moitas pratarías.*

prato
substantivo masculino
1 Recipiente redondo que se usa para servir a comida a cada persoa: *Esa vaixela ten trinta e seis pratos.*
2 Alimento que se prepara para ser comido: *A empanada é para min un prato exquisito.*
3 Calquera cousa que ten unha forma máis ou menos redonda, fina e máis ou menos plana: *As balanzas teñen un prato a cada lado.*
plural
4 Instrumento musical de percusión formado por dúas pezas de metal redondas que soan ao bater unha contra outra: *Toca os pratos na banda municipal.*
EXP. **Prato chan** O que é moi liso ou pouco fondo: *O prato chan úsase para todo o que non sexan sopas nin caldos.* **Prato fondo** ou **sopeiro** O que é máis fondo e se usa para sopas e caldos: *O caldo sérvese en prato fondo.* **Prato voador** Suposta nave que voa polo espazo de forma máis ou menos redonda e que non ten unha orixe coñecida: *Di que viu un prato voador e que incluso falou con extraterrestres.*
FAM. prata[2].

praza
substantivo feminino
1 Lugar amplo dunha poboación ao que van dar varias rúas: *A Casa do Concello está na praza da vila.*
2 Lugar en que cabe unha persoa ou unha cousa: *En cada praza de garaxe só cabe un coche.*
3 Emprego ou traballo de alguén: *Ten unha praza no Concello como varredor.* SIN. cargo, destino, emprego, posto.
4 Lugar cuberto ou descuberto onde se venden comestibles: *Merquei esta pescada nun posto da praza de abastos.* SIN. mercado.
5 Lugar ou poboación con muralla e outras defensas: *Valença do Minho era unha praza forte importante portuguesa.*
EXP. **Praza de touros** Espazo descuberto de forma circular onde se celebran as touradas: *A praza de touros ten a arena para tourear e as bancadas para os espectadores.*

prazo
substantivo masculino
1 Espazo de tempo que se fixa para facer algo: *O prazo de matrícula comeza o 1 de xullo e remata o 10.*
2 Cada unha das partes en que se dividide unha cantidade que se paga en varias veces: *Pagou o televisor en doce prazos.*
FAM. aprazamento, aprazar.

prea
substantivo feminino
1 Corpo de animal morto en descomposición: *Os voitres aliméntanse de preas.*
2 Persoa que traballa mal e sen interese: *Esa prea non para en ningún traballo.*
3 Persoa mala e que fai dano: *Esa prea rouboulle os cartos á avoa.*
4 Conxunto de obxectos que lle arrebatan ao vencido nunha guerra ou batalla: *Os piratas vivían das preas que conseguían.* SIN. botín, presa.

preamar
substantivo feminino
Nivel máis alto que alcanza a marea: *Na preamar case non queda praia.* ANT. baixamar, devalo.

preámbulo
substantivo masculino
1 Parte que se escribe ou di no comezo dun escrito ou discurso para explicar os seus

motivos, os fins e cousas semellantes: *No preámbulo das leis adoitan pórse os motivos que levaron a facer esa lei.*
2 Calquera cousa que aparece antes ca outra e que a anuncia: *Aquel enfrontamento na fronteira foi o preámbulo da guerra entre os dous países.*

prebe
substantivo masculino
Líquido espeso feito con varios ingredientes mesturados e no que se preparan ou serven algunhas comidas: *Está moi bo o prebe desta carne.* SIN. mollo, salsa.

precaución
substantivo feminino
Coidado que se pon ou medida que se toma ao facer algo para que saia ben e evitar problemas, perigos ou riscos: *Cómpre conducir con moita precaución.* SIN. coidado, cautela, prudencia. ANT. descoido, imprudencia.
FAM. precavido.

precavido, precavida
adxectivo
Que actúa con coidado para evitar problemas, perigos e riscos: *Leva sempre moito combustible no depósito do coche porque é precavido.* SIN. cauteloso, prudente. ANT. descoidado, imprudente.
FAM. precaverse.

preceder
verbo
Ir por diante: *O martes precede o mércores.* SIN. anteceder. ANT. seguir.
FAM. precedente.

precinto
substantivo masculino
Sinal, fita ou calquera outra cousa que se lle pon a algo para asegurar que ninguén o abra: *As botellas de refresco levan precinto.*
FAM. precintar.

***precio**, a forma correcta é **prezo**.

precioso
adxectivo
1 Moi agradable ao velo ou oílo: *Esa canción é preciosa.* SIN. belo, bonito, fermoso, lindo. ANT. feo.
2 De moito valor: *O ouro, a prata e o platino son metais preciosos.* SIN. valioso.

precipicio
substantivo masculino
Terreo en pendente case vertical: *O coche parou ao bordo do precipicio.*

precipitación
substantivo feminino
1 Moita présa ao facer algo: *Cómpre pensar as cousas e actuar sen precipitación.*
2 Auga que cae da atmosfera en forma de chuvia, neve ou sarabia: *As precipitacións serán en forma de neve na montaña.*

precipitar
verbo
1 Facer que algo suceda máis á présa ou antes: *A última derrota precipitou a destitución do adestrador.* SIN. acelerar. ANT. atrasar, frear.
2 **precipitarse** Lanzarse desde un lugar algo: *O coche saíu da estrada e precipitouse polo barranco.* SIN. lanzarse.
3 Facer algo á présa e sen pensalo: *Non hai que precipitarse para tomar esa decisión.*
FAM. precipitación, precipicio.

precisar
verbo
1 Ter necesidade de algo ou non poder estar sen algo: *Os seres vivos precisan auga para vivir.* SIN. necesitar.
2 Dicir algo de maneira exacta: *A testemuña precisou a hora dos feitos que vira.* SIN. fixar.

precisión
substantivo feminino
Maneira exacta e moi clara de facer algo: *O dardo deu con precisión no centro do albo.* SIN. exactitude.

preciso, precisa
adxectivo
1 Que se necesita para algo: *O osíxeno é preciso para os seres vivos.* SIN. imprescindible, indispensable, necesario.
2 Que é tal e como se di, nin máis nin menos: *Ese reloxo dá unha hora precisa, sen adiantar nin atrasar.* SIN. exacto, xusto. ANT. impreciso, inexacto, vago.
3 Exacto e claro: *A testemuña identificou o ladrón de forma precisa.* SIN. exacto. ANT. impreciso, inexacto, vago.
FAM. precisar, precisión, imprecisión, impreciso.

precolombiano, precolombiana
adxectivo
Que existía en América antes das viaxes de Colón: *O quechua é unha lingua precolombiana.*

precoz
adxectivo
Que se desenvolve, aparece ou acontece moito antes do tempo normal: *Foi un músico precoz, pois aos dez anos xa compoñía e tocaba varios instrumentos.*
FAM. precocidade.

precursor, precursora
adxectivo ou substantivo
Que anuncia ideas ou novidades que se imporán máis tarde: *Os Precursores anunciaron a recuperación do galego impulsada por Curros, Rosalía e Pondal.*

predecesor, predecesora
substantivo
1 Persoa que desempeñou ou tivo un cargo antes ca outra: *O novo concelleiro tivo palabras de agarimo para o seu predecesor.*
2 Persoa da que se descende: *Herdou estas terras dos seus predecesores.* SIN. antecesor, antepasado, ascendente, devanceiro.

predicado
substantivo masculino
En gramática, parte da oración que di algo do suxeito e cuxo núcleo é un verbo: *As oracións divídense en suxeito e predicado.*

predicar
verbo
1 Pronunciar un discurso o sacerdote para explicar a relixión: *Ese cura predica moi ben.*
2 Defender unha idea ou dar a coñecer algo como bo: *Os pacifistas predican a conveniencia de evitar sempre a guerra.*
3 Chamarlle a atención a alguén para que se porte mellor: *Por moito que lle predique, o fillo non lle fai caso.*
OBS. O *c* cambia en *qu* ante *e*, como en *sacar.*
FAM. predicación, predicado, predicador, predicativo.

predición
substantivo feminino
Anuncio do que vai acontecer no futuro: *A adiviña nunca acertaba nas súas predicións.* SIN. agoiro, prognóstico.

predicir
verbo
Dicir o que vai suceder antes de que aconteza: *Din que esa meiga predí o futuro.* SIN. adiviñar, augurar, presaxiar, prognosticar.
OBS. Conxúgase como *dicir.*
FAM. predición.

predilecto, predilecta
adxectivo
Que gusta máis ou se prefire entre varios: *Seica o seu neto predilecto é o máis novo.*
FAM. predilección.

predisposición
substantivo feminino
Inclinación ou tendencia cara a algo: *As persoas pesimistas teñen predisposición cara á depresión.*

predominar
verbo
Dominar en número ou cantidade ou destacar entre varios: *Na miña familia predominan os louros.*
FAM. predominante, predominio.

preescolar
adxectivo
Que é anterior ao ensino obrigatorio do primeiro nivel ou primario: *O nivel de preescolar é anterior ao ensino primario.*

prefabricado, prefabricada
adxectivo
Que foi fabricado nun sitio distinto de onde se vai colocar: *Seica quere montar nesa leira unha casa prefabricada de madeira.*

preferencia
substantivo feminino
1 Vantaxe que se ten sobre algo: *Nos cruzamentos teñen preferencia os coches que saen pola dereita.*
2 Inclinación favorable que leva a elixir ou valorar máis algo ou alguén ca outros: *O avó seica ten preferencia polo neto máis vello.* SIN. predilección.

preferir
verbo
Querer ou gustar algo ou alguén máis ou mellor ca outro: *Eu prefiro de sobremesa xeado e non torta.*
OBS. Conxúgase como *advertir.*
FAM. preferencia, preferente.

PREFIXOS

FORMA	SIGNIFICADO	EXEMPLOS
a-, an-	privación, negación	ateo, analfabeto, asincronía
ab-, abs-	afastamento, separación	abuso, absterse, abdicar
ad-, a-	aproximación, tendencia, dirección	adxunto, admirar, agregar
ambi-	duplicidade	ambivalencia, ambidextro
ana-	repetición, separación, inversión, para arriba	análise, anatomía, anáfora, anagrama
anfi-	duplicidade, ao redor, de ambos os lados	anfibio, anfiteatro, anfiboloxía
ante-	posición anterior	antebrazo, antepor
anti-	oposición, acción contraria	antibiótico, antitérmico, antítese
apo-	separación, afastamento, lonxe de	apoxeo, apóstolo, apóstata
arqui-, arce-	posición superior, exceso, primacía	arquitectura, arquipélago, arcebispo, arcanxo
bene-, ben-	ben, moi bo	benevolencia, benestar
bis-, bi-	dúas veces	bisavó, biconvexo, bípede,
cata-	movemento para abaixo, a partir de, orde	catálise, catálogo, cataplasma
circum-, circun-	ao redor, movemento en torno	circunferencia, circumpolar
com-, con-, co-	compañía, combinación	compartir, consoante, coautor
contra-	oposición, acción contraria	contracepción, contradicir
de-, des-, dis-	movemento para baixo, afastamento, acción contraria, negación	decaer, desacordo, desfacer, discordar, disociar, decrecer
di-	dúas veces	díptico, dígrafo
dia-	a través de, ao longo de	diafragma, diagrama, diálogo
en-, em-, e-, endo-	posición interna, dirección para dentro	encéfalo, emblema, elipse, endotérmico
epi-	posición superior, enriba de, posterioridade	epiderme, epílogo
eu-, ev-	excelencia, perfección, verdade	euforia, evanxeo
ex-, es-, e-	movemento para fóra, mudanza de estado, separación	exportar, exhumar, emigrar, emitir, estender
extra-	posición exterior, superioridade	extraoficial, extraordinario
hemi-	metade	hemisferio, hemitórax, hemiciclo
hiper-	posición superior, intensidade, exceso	hipérbole, hipertensión
hipo-	posición inferior, insuficiencia	hipotensión, hipodérmico
in-, im-, i-	negación, falta	intocable, imposible, ilexible
in-, im-, i-, en-, em-, intra-, intro-	posición interna, pasaxe para un estado, movemento para dentro, tendencia, dirección para un punto	inhalar, inxectar, inmigrar, enlatar, enterrar, embalsamar, introducir, intravenoso
inter-, entre-	posición intermedia, reciprocidade	intercambio, entreabrir
meta-	posteridade, a través de, mudanza	metamorfose, metabolismo, metáfora
para-	proximidade, ao lado, oposto a	paralelo, parodiar, parasito
peri-	en torno de, arredor de	pericardio, perímetro, perífrase
poli-	multiplicidade, pluralidade	polinomio, poliedro
pos-	posición posterior, ulterioridade	pospoñer, postónico
pre-	anterioridade, superioridade, intensidade	prefixo, previsión, prehistoria
pro-	posición anterior, movemento para a fronte, en favor de	proclamar, progresar, pronome, prólogo, proseguir
re-	repetición, intensidade	realzar, refacer
retro-	para atrás	retroactivo, retrospectivo
semi-	metade	semicírculo, semianalfabeto
sin-, sim-	simultaneidade, reunión, resumo	sinfonía, simbiose, simpatía
sub-, sob-, so-	posición debaixo de, inferioridade, insuficiencia	subconxunto, subcutáneo, soterrar, soto
super-, sobre-, supra	posición superior, exceso	superpoboación, sobrecarga, sobrealimentación, supranacional
trans-, tras-, tra-	a través de, posición alén de, mudanza	transbordar, traducir, traspasar
ultra-	alén de, exceso	ultrapasar, ultrasensible, ultrasón
vice-, vis-	posición debaixo de, substitución	vicerreitor, vicealmirante, visconde

prefixo
substantivo masculino
Son ou sons que se engaden diante dunha palabra para darlle un novo significado e crear deste xeito unha palabra nova: *O prefixo pre- de* predominar *ou* predicir *significa 'antes'.*

pregadura
substantivo feminino
Dobra ou engurra dunha cousa flexible como tea ou papel de forma que unha parte queda sobre a outra: *Físolle varias pregaduras ao folio para metelo no sobre.*

pregar1
verbo
Dobrar ou engurrar algo de xeito que unha parte quede sobre outra: *Pregou o folio para metelo no sobre.*
OBS. O *g* cambia en *gu* ante *e*, como en *pagar*.
FAM. prego, pregadura.

pregar2
verbo
Pedir algo a alguén con moita humildade, especialmente a Deus ou a un ser divino ou santo: *Pregáballe á Virxe que o librase de males e enfermidades.* SIN. implorar, rogar, suplicar.
OBS. O *g* cambia en *gu* ante *e*, como en *pagar*.
FAM. pregaria.

pregaria
substantivo feminino
Oración ou rogo que se lle fai a Deus, a un ser divino ou a un santo, especialmente para pedir algo: *O santo escoitou as nosas pregarias e por fin choveu.* SIN. rogo.

prego
substantivo masculino
1 Engurra ou dobra que se forma nun material como tea, papel ou outro semellante ao pór unha parte sobre outra: *Fíxolle varios pregos ao folio para metelo no sobre.*
2 Folla de papel en branco empregada para escribir que mide aproximadamente o dobre de longo ca de largo: *Sempre facemos os exames en folios.*

pregoar
verbo
1 Anunciar algo en voz alta: *Os vendedores pregoaban na feira as súas mercadorías.* SIN. vocear. ANT. calar.
2 Anunciar algo para que o saiba todo o mundo: *Non hai que pregoar por aí os segredos.* SIN. airear, declarar, divulgar, espallar, laretar, proclamar.

pregón
substantivo masculino
Anuncio de algo en voz alta en lugares públicos para que sexa coñecido por todos: *O afamado escritor leu desde o balcón da Casa do Concello o pregón das festas.*
FAM. pregoar, pregoeiro.

preguiceiro
adxectivo ou substantivo
Nugallán.

preguiza
substantivo feminino
Nugalla.
FAM. preguiceiro, preguizoso.

preguizoso, preguizosa
adxectivo ou substantivo
Nugallán.

pregunta
substantivo feminino
Información que se pide sobre algo que se quere saber: *O profesor fíxonos no exame cinco preguntas.* ANT. contestación, resposta.
FAM. preguntar, preguntón.

preguntar
verbo
Facer preguntas: *O turista preguntou onde quedaba a catedral.* ANT. contestar, responder.

prehistoria
substantivo feminino
1 Parte da historia da humanidade que vai desde a orixe das persoas sobre a Terra ata que aparecen os primeiros documentos escritos: *A Prehistoria divídese en Paleolítico e Neolítico.*
2 Estudo deste período da vida da humanidade: *A prehistoria apóiase sobre todo nos restos arqueolóxicos.*
3 Primeiros tempos ou momentos iniciais do desenvolvemento de algo: *O cine mudo pertence xa á prehistoria do cine.*
OBS. Na acepción 1 adoita escribirse con inicial maiúscula.
FAM. prehistoriador, prehistórico.

preito
substantivo masculino
Disputa entre dúas ou máis persoas en que decide quen ten razón un xuíz ou tribunal de xustiza: *Puxéronlle un preito por non pagar o alugueiro do piso.* SIN. litixio.
FAM. preitear.

prelo
substantivo masculino
Máquina que serve para fabricar ou imprimir libros e textos por medio da presión mecánica ou doutros procedementos: *O seu último libro xa saíu do prelo e axiña estará nas librarías.* SIN. prensa.

prematuro, prematura
adxectivo
1 Antes do tempo debido: *Os fríos do outono chegaron de forma prematura no comezo de setembro.* SIN. adiantado, anticipado. ANT. serodio, tardío.
adxectivo ou substantivo
2 Dito dun neno, que naceu antes do tempo debido: *É un bebé prematuro porque naceu aos oitos meses.*

premer
verbo
Facer presión ou forza sobre algo: *Para chamar cómpre que premas o timbre.* SIN. apertar, calcar, oprimir, pulsar. ANT. afrouxar.

premio
substantivo masculino
1 Regalo ou recompensa que se lle dá a alguén porque fixo algo moi ben: *Gañou un premio no concurso de poesía.*
2 Ganancia nun xogo de azar como a lotaría ou un sorteo: *Tocoulle o premio gordo da lotaría do Nadal.*
FAM. premiar.

prender
verbo
1 Deixar sen liberdade, especialmente por un delito: *A policía xa prendeu os ladróns.* SIN. apresar, deter. ANT. ceibar, soltar.
2 Suxeitar ou facer que non se mova: *Prendeu o can coa cadea.* SIN. amarrar, atar, suxeitar. ANT. ceibar, librar.
3 Comezar a arder ou queimarse algo: *A leña esta non prende porque está moi verde.*
4 Acender con lume ou comezar a queimar: *Prendeu unha candea cando marchou a luz.* SIN. acender. ANT. apagar.
5 Comezar unha planta a botar raíces na terra: *Estes xeranios xa prenderon.*
6 Quedar collido en algo: *A camisa prendeume nesas silvas.* SIN. enganchar.
7 Facer que comece a funcionar a luz eléctrica ou un aparello: *Prendeu o televisor.*
8 Falar con dificultade especialmente repetindo as sílabas iniciais: *Ao estar nervioso prende un pouco ao falar.*
EXP. **Prender o sono** ou **prender no sono** Comezar a durmir: *Tan pronto como me deito prendo no sono.*
OBS. Ten dous participios, o regular *prendido*, usado nas perífrases, e o irregular *preso*, usado como adxectivo e substantivo.
FAM. prendedor, prensa, prensar, prénsil, preso, desprendemento, desprender.

prensa
substantivo feminino
1 Máquina que serve para comprimir ou esmagar: *Premían as uvas na prensa.*
2 Prelo.
3 Conxunto dos xornais e revistas, especialmente as dun determinado tempo ou lugar: *Hoxe toda a prensa galega fala da suba dos impostos.*

preñar
verbo
1 Referido a unha muller ou femia dun mamífero, fecundala o home ou o macho: *O touro preñou esa vaca.*
2 Dito dunha muller ou da femia dun mamífero, quedar fecundada para ter un fillo ou cría: *A vaca preñou.*
FAM. preñado, preñe.

preocupación
substantivo feminino
Sensación da persoa que sente algún temor ou intranquilidade por algo: *Agora vive feliz sen ningunha preocupación.*

preocupar
verbo
Facer que alguén deixe de estar tranquilo porque sente algún temor ou perigo: *Esa enfermidade do avó preocúpanos moito.* SIN. inquietar. ANT. calmar, sosegar, tranquilizar, despreocupar.
EXP. **Preocuparse de algo** ou **de alguén** Prestar-

lles atención ou interesarse por eles: *A neta preocúpase moito dos avós.* SIN. ocuparse.

preparación
substantivo feminino
1 Realización ou disposición de todo o necesario para conseguir un fin ou para que algo estea ben: *Antes de cociñar ese prato realizou a preparación de todos os ingredientes.* SIN. organización.
2 Ensinanza que se recibe para facer algo: *Nese colexio dan moi boa preparación.* SIN. formación.
3 Conxunto de coñecementos e habilidades para facer algo: *Ese mecánico ten moi boa preparación.* SIN. formación.
4 Estudo dunha materia: *A preparación dese exame de matemáticas require tempo.*

preparar
verbo
1 Dispor, colocar ou facer todo o necesario para conseguir algo, para que estea ben ou para que faga a súa función: *Antes de deitarme preparo nunha cadeira a roupa do día seguinte.* SIN. dispoñer, dispor, arranxar, amañar.
2 Ensinar a alguén a facer unha actividade: *Nesa escola técnica preparan moi ben os informáticos.* SIN. formar.
3 Estudar unha materia: *Xa preparei o exame trimestral de historia.*
FAM. preparación, preparador, preparativos.

preparativos
substantivo masculino plural
Todo o que se fai para preparar algo e que saia ben: *Anda facendo os preparativos para celebrar o seu aniversario.*

preposición
substantivo feminino
Clase de palabras que serve para unir palabras e expresións: *A preposición une unha palabra co seu complemento.*
FAM. preposicional.

presa
substantivo feminino
1 O que cabe dunha soa vez na man pechada: *Colleu coa man dereita unha presa de azucre.* SIN. manda, presada.
2 Construción formada basicamente por un muro alto e forte que se fai nun río para almacenar a súa auga: *En Galicia hai moitas presas para producir electricidade.* SIN. encoro.
3 Animal que se caza: *O can traía na boca a súa presa: un coello.* SIN. prea.
4 Cousa ou conxunto de cousas e bens dos que se apodera o que gaña unha guerra ou loita: *Os vencedores repartían a presa.* SIN. botín, prea.
OBS. É distinto de *présa.*

présa
substantivo feminino
1 Gran rapidez ou velocidade ao facer algo: *A présa non é boa para facer ben as cousas.* SIN. prontitude, rapidez. ANT. lentitude, tranquilidade.
2 Necesidade de que algo se faga o antes posible: *Marcharei axiña porque teño moita présa.* SIN. apuro.
EXP. **Á présa** ou **ás présas** De maneira moi rápida e xeralmente mal: *Non fagas os deberes ás présas.*
OBS. É distinto de *presa.*

presada
substantivo feminino
Presa.

presbítero
substantivo masculino
Na relixión católica, sacerdote ou home que pode dicir misa: *Na Igrexa católica só poden ser presbíteros os homes.*

prescindir
verbo
Deixar de contar con algo ou alguén ou deixar de usar: *O adestrador prescindirá deses dous dianteiros.*

presebe
substantivo masculino
Comedeira.

***presencia**, a forma correcta é **presenza**.

presenciar
verbo
Estar presente nun acontecemento e velo: *Eu presenciei ese accidente de tráfico.*

presentación
substantivo feminino
1 Colocación de algo á vista de alguén: *A presentación da invitación era obrigada para entrar no acto.*

2 Feito de dar a coñecer ou anunciar algo: *O autor fixo a presentación da súa nova novela nunha libraría da cidade.*
3 Aspecto exterior de algo: *Ese flan con nata e guindas ten moi boa presentación.*

presentador, presentadora

substantivo

Persoa que se dedica a presentar ou anunciar artistas nun espectáculo ou programas de radio e televisión: *O presentador dese programa musical é moi simpático.*

presentar

verbo

1 Poñer algo ante alguén para que o vexa: *O dependente presentoulle sobre o mostrador varios modelos de camisa.* SIN. amosar, expoñer, expor, mostrar. ANT. acochar, agachar, agochar, esconder, ocultar.
2 Dar a coñecer algo aos demais: *Unha campaña publicitaria presentará ese novo modelo de coche.*
3 Ter determinada característica: *A ferida presentaba certa gravidade.*
4 Propor unha persoa para algo: *Ese partido presenta o famoso escritor como candidato.*
5 Anunciar un espectáculo ou programa de radio ou televisión: *Esa actriz presentará un novo programa de crítica de cine.*
6 **presentarse** Aparecer unha persoa nun sitio: *Presentouse no xantar cando xa ninguén o esperaba.* ANT. ausentarse, marchar.

presente

adxectivo

1 Que está nun lugar: *Non estivo presente nesa conferencia.* ANT. ausente.

adxectivo e substantivo masculino

2 Que acontece no momento en que se fala: *Vivimos no presente, mais lembramos o pasado.*

substantivo masculino

3 Dito dun tempo do verbo, que indica que a acción acontece mentres se fala: *Escribo é presente de indicativo.*
FAM. presenciar, presentación, presentador, presentar, presenza.

presentimento

substantivo masculino

Sensación de que vai acontecer algo: *Teño o presentimento de que me vai tocar a lotaría.* SIN. premonición.

presentir

verbo

Ter a sensación de que vai acontecer algo: *Presentía que viría esta tarde.* SIN. intuír, ventar.
OBS. Conxúgase como *servir.*
FAM. presentimento.

presenza

substantivo feminino

1 Feito de estar unha persoa nun lugar: *O acto contou coa presenza da alcaldesa.* ANT. ausencia.
2 Existencia de algo nun lugar: *A presenza de febre é sinal dunha infección.* ANT. ausencia.
3 Aspecto exterior: *Ese mozo ten moi boa presenza.* SIN. aparencia, aspecto.

preservar

verbo

Defender dun dano ou perigo: *As pezas de vestir de abrigo presérvannos do frío.* SIN. defender, protexer, resgardar. ANT. atacar.
FAM. preservativo.

preservativo

substantivo masculino

Especie de bolsa ou funda fina que poñen os homes no pene durante o acto sexual para evitar a fecundación da muller: *O preservativo impide que pasen os espermatozoides á vaxina.* SIN. condón.

presidencia

substantivo feminino

1 Cargo, traballo e función do presidente: *Aspira á presidencia do club para dirixilo.*
2 Lugar onde traballa o presidente: *Van renovar os locais da presidencia.*

presidente, presidenta

substantivo

1 Persoa que dirixe un goberno, asociación ou grupo: *O Presidente da Xunta inaugurou o novo colexio.*
2 Persoa que ocupa o lugar máis importante nun acto: *Foi designada presidenta dunha mesa electoral.*

presidiario, presidiaria

substantivo

Preso.

presidio

substantivo masculino

Prisión.

presidir
verbo
1 Dirixir un goberno, asociación ou grupo: *O alcalde preside os concelleiros do Concello.*
2 Ocupar o lugar máis importante dun acto: *O afamado escritor presidiu o acto da entrega de premios.*
FAM. presidencia, presidente.

presión
substantivo feminino
1 Forza que se fai sobre unha superficie: *Fixo presión co índice sobre o timbre.*
2 Influencia que se exerce sobre unha persoa para obrigala a facer algo ou que o deixe de facer: *Os xogadores xogan coa presión de gañar para así ser campións.*
EXP. **Presión arterial** A que exerce o sangue sobre as paredes das arterias: *A presión arterial alta é nociva para a saúde.* **Presión atmosférica** Peso que exerce unha columna de aire, coa altura total da atmosfera, sobre a superficie dos corpos inmersos nela: *A presión atmosférica diminúe coa altura do terreo.*

***presionar**, a forma correcta é **premer**.

preso, presa
1 Participio irregular de *prender.*
adxectivo ou substantivo
2 Que está no cárcere condenado por un delito: *O preso limpaba a súa cela.* SIN. presidiario, recluso.

préstamo
substantivo masculino
1 Entrega de algo a alguén pero coa condición de que o ten que devolver: *Pediulle ao banco un préstamo de dous mil euros.*
2 Palabra que unha lingua toma doutra: Carné *é un préstamo do francés.*

prestar
verbo
1 Entregar algo a alguén coa condición de que o devolva: *Nas bibliotecas públicas adoitan prestar libros.* SIN. deixar, emprestar
2 Realizar unha determinada acción: *O profesor quería que os alumnos lle prestasen atención.*
3 Dito dunha comida ou dunha bebida, sentar ben ou mal: *Non me prestou o xamón do entrante.* SIN. sentar.
4 **prestarse** Ofrecerse para algo: *Prestouse para levalo á casa no seu coche.* SIN. brindarse, ofrecerse.
5 Dar motivo para algo: *Esa frase préstase a ser entendida como un insulto.*
FAM. prestameiro, prestamista, préstamo.

prestidixitador, prestidixitadora
substantivo
Persoa que fai xogos de mans e trucos semellantes: *O prestidixitador fixo saír un coello do sombreiro.* SIN. ilusionista, mago.
FAM. prestidixitación.

prestixio
substantivo feminino
Boa fama: *Ese modelo de coches ten moito prestixio, pois seica nunca se avaría.* SIN. crédito, creto, fama, sona, renome. ANT. desprestixio.
FAM. prestixiar, prestixioso.

presumir
verbo
1 Sentirse superior aos demais e amosalo: *Presume de que é moi intelixente.*
2 Amañarse moito para parecer máis guapo: *Leva sempre roupa de moda porque lle gusta presumir.*
3 Sospeitar ou pensar algo por determinados sinais ou indicios: *El presume que aprobará todas.* SIN. coidar, pensar.
FAM. presumido, presunción, presunto, presuntuoso.

presupoñer ou presupor
verbo
Dar por sabido ou por certo de forma anticipada: *El presupoñía que eu non sabía nada dese tema.*
OBS. Conxúgase como *poñer* ou *pór.*
FAM. presuposto.

presuposto
substantivo masculino
1 Orzamento.
2 Motivo, causa ou pretexto con que se executa algo.
FAM. presupoñer, presupor, presupostar.

pretendente
substantivo
Persoa que intenta casar con outra ou ser noivo ou noiva doutra: *Esa rapaza seica ten moitos pretendentes.*

pretender
verbo
Intentar conseguir algo: *Pretende que lle dean un préstamo no banco.*
FAM. pretendente, pretensión, pretensioso.

pretérito, pretérita
adxectivo
1 Que xa pasou: *A historia fala dos feitos pretéritos.* SIN. pasado. ANT. futuro.
adxectivo ou substantivo
2 Dito dun tempo do verbo, que indica unha acción que xa pasou: *Estiven é pretérito de indicativo.* ANT. futuro.

pretexto
substantivo masculino
O que se di como desculpa: *Para xustificar o atraso deu o pretexto de que non lle soou o espertador.* SIN. desculpa, escusa.
FAM. pretextar.

preto
adverbio
Nunha posición moi próxima tanto no tempo coma no espazo: *El vive moi preto do colexio.* SIN. cerca. ANT. lonxe.
EXP. **Preto de** Case ou de forma aproximada: *Ese pantalón custoume preto de corenta euros.* SIN. cerca de.

prevención
substantivo feminino
Preparación ou conxunto de accións e medidas para evitar un mal ou un dano: *A mellor prevención contra a obesidade é ensinar aos cativos a comer ben.*

***prevenido**, a forma correcta é **prevido**.

prever
verbo
Supoñer algo que vai pasar: *Ninguén podía prever que chovería tanto pola tarde.* SIN. sospeitar, coidar, pensar.
OBS. Conxúgase como *ver*. É distinto de *previr* e de *prover*.
FAM. previsión, previsor.

previo, previa
adxectivo
Que se fai, di, acontece ou está antes ca outra cousa: *Para este traballo pídenche experiencia previa noutro igual ou semellante.*

previr
verbo
1 Facer algo para evitar un dano, mal ou perigo: *O mellor para previr a carie é lavar os dentes tras as comidas.*
2 Avisar a alguén dun perigo: *Previñéronme sobre as dificultades dese traballo.*
OBS. Conxúgase como *vir*. É distinto de *prever* e de *prover*.
FAM. prevención, preventivo.

previsión
substantivo feminino
Suposición de que algo vai acontecer: *Levo cadeas no coche porque hai previsión de nevaradas.*

prexudicar
verbo
Producir un dano ou mal: *O fumar prexudica gravemente a saúde.* SIN. danar. ANT. beneficiar.
OBS. O *c* cambia en *qu* diante do *e*, como en *sacar*. A forma **perxudicar* é incorrecta.

prexudicial
adxectivo
Que é malo para algo: *O azucre é prexudicial para os dentes.* SIN. daniño, malo, nocivo, pernicioso. ANT. bo, beneficioso.

prexuízo
substantivo masculino
1 Dano que se lle fai a alguén: *Que corten a nosa rúa ao tráfico é un prexuízo para todos os veciños.* SIN. dano, mal. ANT. ben, beneficio.
2 Opinión sobre algo ou alguén antes de coñecelos ben e sen basearse en datos oportunos: *Nunca me falou pero ten o prexuízo de considerarme un parvo.*
OBS. A forma **perxuízo* é incorrecta.

prezado, prezada
adxectivo
Que ten moito valor ou aprecio: *A auga é un ben prezado en todo o mundo.*

prezo
substantivo masculino
1 Cartos que custa algo: *Esta camisa ten un prezo moi alto.* SIN. custo.
2 O que custa conseguir algo: *O prezo desa casa que fixo foi traballar e aforrar moito.*
FAM. prezado.

prima
substantivo masculino

1 Cantidade de cartos que se lle paga a alguén á parte do soldo como premio: *Os xogadores recibiron unha prima por gañar o campionato.* SIN. gratificación.

2 Cartos que se pagan por ter un seguro: *A prima do seguro do coche é moi cara.*

primar[1]
verbo

Ser considerado o primeiro ou o máis importante: *A nosa empresa prima que o cliente estea contento.*

primar[2]
verbo

Darlle a alguén unha cantidade de cartos á parte do soldo como premio por algo: *Os equipos de fútbol adoitan primar o equipo enteiro cando gaña o campionato.*

primario, primaria
adxectivo

1 Que é o primeiro en orde ou importancia: *O ensino primario abarca dos seis aos doce anos de idade.*

2 Moi simple ou pouco desenvolvido: *Na Prehistoria as ferramentas eran moi primarias.* SIN. primitivo, simple, sinxelo. ANT. complicado.

primavera
substantivo feminino

Estación do ano entre o inverno e o verán: *A primavera comeza o 21 de marzo e remata o 21 de xuño.*

FAM. primaveral.

primeiro, primeira
numeral

1 Que ocupa o lugar número un nunha serie: *O primeiro día do ano é o 1 de xaneiro.* ANT. derradeiro, último.

adverbio

2 Antes de nada: *Primeiro fai os deberes.*

EXP. **A primeiros de** Ao principio dun período de tempo: *A primeiros de mes marcharemos de vacacións.*

FAM. primario, primoxénito.

primitivo, primitiva
adxectivo

1 Das orixes ou dos primeiros tempos: *O almacén primitivo é hoxe xa parte do comercio.*

2 Simple ou pouco desenvolvido: *As pinturas rupestres son unha arte primitiva.* SIN. primario.

primo, prima
substantivo

Curmán.

primor
substantivo masculino

Moita habilidade e coidado ao facer algo: *Atende o fillo pequeno con primor.* SIN. esmero.

FAM. primoroso.

primordial
adxectivo

Moi importante: *Para ese traballo é primordial saber inglés.* SIN. esencial, fundamental. ANT. accesorio, secundario.

primoxénito, primoxénita
adxectivo ou substantivo

Dito dun fillo, que é o que naceu primeiro: *De todos os irmáns o primoxénito é o máis vello.*

principal
adxectivo

Que é o máis importante: *A súa virtude principal é a constancia.* SIN. básico, capital, esencial, fundamental. ANT. accesorio, secundario.

príncipe, princesa
substantivo

1 Fillo do rei e herdeiro da coroa: *Á morte do rei, o príncipe pasa a ser o novo rei.*

2 Membro dunha familia real ou imperial: *Entre os asistentes á voda había príncipes e princesas.*

FAM. principado, principesco.

principiante
adxectivo ou substantivo

Que non ten experiencia: *Non lle gusta que o atenda un médico principiante.* SIN. inexperto, novato. ANT. experto, veterano.

principiar
verbo

Dar principio ou comezo a algo ou telo: *O ano principia o mes de xaneiro.* SIN. comezar, empezar, iniciar. ANT. acabar, concluír, finalizar, rematar, terminar.

principio
substantivo masculino

1 Primeiro momento ou primeira parte de algo: *Por chegarmos tarde, perdemos o principio da película.* SIN. comezo, empezo, inicio. ANT. final, remate.

2 Orixe ou causa de algo: *A envexa foi o principio de todos os seus males.* SIN. comezo, empezo, raíz. ANT. consecuencia, efecto.

3 Cada unha das ideas fundamentais que determinan a forma de ser e pensar de alguén: *Vai contra os seus principios aproveitarse dunha desgraza allea.* SIN. crenza, idea.

4 Cada unha das ideas ou técnicas fundamentais dunha ciencia, materia ou actividade: *Mercou un libro sobre os principios da física.* SIN. fundamento.

EXP. **Ao principio** Nos primeiros momentos: *Ao principio estaba contento con ese traballo.* **A principios de** Ao comezo dun período de tempo: *Pecharemos por vacacións a principios de agosto.* **En principio** De forma xeral e sen facer un exame profundo: *En principio iso parece un bo negocio.*

FAM. principiante, principiar.

prioritario, prioritaria
adxectivo

Que se considera máis importante ca outras cousas: *O benestar dos fillos é unha cuestión prioritaria para os pais e nais.*

FAM. prioridade.

prisión
substantivo feminino

Lugar en que se mete a unha persoa para deixala sen liberdade, especialmente como castigo a un delito: *Seica fuxiu esta noite un preso da prisión.* SIN. cadea, cárcere, presidio.

prisioneiro, prisioneira
adxectivo ou substantivo

Que non ten liberdade, sobre todo porque o capturou o inimigo nunha guerra: *A Cruz Vermella adoita axudar os prisioneiros de guerra.* SIN. cativo. ANT. ceibe, libre.

prisma
substantivo masculino

1 Corpo xeométrico limitado por dous polígonos paralelos e iguais chamados bases e, lateralmente, por tantos paralelogramos como lados teñen estas: *Un prisma triangular ten triángulos por bases.*

2 Calquera obxecto coa forma deste corpo xeométrico: *O raio de sol que pasa por un prisma de cristal descomponse nas sete cores do arco iris.*

FAM. prismático, prismáticos.

prismáticos
substantivo masculino plural

Aparello formado por dous tubos con lentes para ver o que está lonxe como se estivese cerca: *O mariñeiro vixiaba o mar cuns prismáticos.*

privación
substantivo feminino

1 Perda ou falta de algo: *Ese delito castígase coa privación da liberdade, con dous anos de cárcere.*

2 Ausencia ou escaseza de algo, especialmente do necesario para vivir: *Na súa xuventude pasou moitas privacións.* SIN. necesidade.

privado, privada
adxectivo

1 Que corresponde só a unha persoa ou a un grupo determinado: *Ninguén ten dereito a falar da súa vida privada.* ANT. público.

2 Que non é do Estado, senón dos particulares: *Os colexios poden ser públicos ou privados.* ANT. público.

privar
verbo

1 Deixar sen algo que se tiña antes ou non deixar facer algo: *O accidente privouno da vista durante un par de meses.*

2 **privarse** Rexeitar ou deixar de facer algo por vontade propia: *Prívase de comer doces para non engordar.* SIN. absterse, renunciar.

FAM. privación, privado, privativo, privatizar.

privilexio
substantivo masculino

Vantaxe que non ten todo o mundo: *Os nobres na Idade Media tiñan o privilexio de non pagaren impostos.*

FAM. privilexiado, privilexiar.

proa
substantivo feminino

Parte de adiante dun barco: *A proa do barco cortaba a auga.* ANT. popa.

proba
substantivo feminino
1 Exame que se fai para ver se algo funciona ben: *Ese coche pasou moitas probas e sempre funcionou moi ben.*
2 O que serve para demostrar a verdade de algo: *As probas indican que el é o asasino.*
3 Intento de facer algo: *Se fas a proba, verás que é doado saltar o plinto.*
4 O que serve para demostrar as calidades de algo ou alguén: *Para ser policía hai que superar unhas probas físicas.*
5 Parte pequena de algo que serve para examinar a súa calidade: *O vendedor deume a proba do queixo aquel.* SIN. cata.

probabilidade
substantivo feminino
Posibilidade de que algo aconteza: *Sempre hai a probabilidade de que neve no inverno.*

probable ou probábel
adxectivo
Que é fácil que aconteza: *É probable que, se vai calor, vaiamos á praia.* SIN. fácil. ANT. improbable.
FAM. probabilidade.

probador
substantivo masculino
Lugar dun comercio que se usa para que unha persoa poña a roupa que vai comprar para ver se lle queda ben: *Os probadores adoitan ter espello e colgadoiros.*

probar
verbo
1 Tomar unha cantidade pequena de comida ou bebida para ver como sabe: *Probou aquel queixo e pareceulle salgado de máis.* SIN. catar.
2 Usar algo para ver se funciona: *Antes de mercar o secador, probouno.*
3 Demostrar que algo é verdade ou como se di: *O avogado probou que o seu cliente era inocente.*
4 Intentar facer algo: *Proba a resolver ti só os problemas de matemáticas.* SIN. intentar, tentar, tratar.
5 Coñecer por telo vivido: *Xa probei o que é estar sen traballo.*
5 Pór unha peza de vestir antes de mercala para ver se senta ben: *Probou dúas camisas e mercou unha.*
FAM. proba, probabilidade, probable, probador, comprobar.

probeta
substantivo masculino
Tubo de cristal xeralmente graduado e con pé que se emprega nos laboratorios para recoller e analizar líquidos e gases: *No laboratorio de química hai probetas.*

problema
substantivo masculino
1 Pregunta que leva unha serie de informacións e a partir das cales hai que obter a resposta: *O exame de matemáticas constou de cinco problemas.*
2 Situación ou asunto difícil que hai que resolver: *As débedas son o seu principal problema.*
FAM. problemático.

procedemento
substantivo masculino
Forma ou maneira adecuados para facer ou conseguir algo: *O mellor procedemento para aprobar é estudar.* SIN. fórmula, medio, método, sistema.

procedencia
substantivo feminino
Lugar, orixe ou principio de onde vén algo ou alguén: *O lugar de procedencia dese tren é Vigo.* SIN. orixe.

proceder
substantivo masculino
1 Forma de comportarse ou actuar unha persoa: *O seu proceder ao axudarvos foi moi bo.* SIN. comportamento, conduta.
verbo
2 Ter orixe ou principio: *O galego procede do latín.* SIN. nacer, provir, vir.
3 Ter determinado comportamento ou actitude: *Procedeu moi ben ao perdoarlle as débedas.* SIN. actuar, comportarse, conducirse, obrar, portarse.
4 Vir dun lugar: *Ese tren procede de Ourense.*
5 Comezar a realizar unha acción: *O alcalde procedeu a inaugurar o curso.*
FAM. procedencia, procedente.

procesión
substantivo feminino
Marcha dun conxunto de persoas unhas detrás das outras andando devagar polas

rúas, especialmente levando imaxes e obxectos relixiosos en sinal de devoción: *É célebre a procesión do Cristo da Vitoria en Vigo.*

proceso
substantivo masculino

1 Conxunto de accións ou estados que acontecen un detrás do outro nunha operación ou fenómeno, tanto natural como artificial: *O proceso de fabricación dun coche é complicado.*

2 Conxunto de accións dun xuíz ou tribunal de xustiza para establecer se unha persoa é culpable ou inocente: *Ao rematar o proceso, o acusado foi declarado inocente por falta de probas contra el.*

FAM. procesual.

proclamar
verbo

1 Anunciar algo para que o saiba todo o mundo: *O escritor, neste poema, proclama o seu desexo de volver ser mozo.* SIN. airear, declarar, divulgar, espallar, pregoar, publicar. ANT. calar, agachar, agochar, esconder, ocultar.

2 Comezar a pór en práctica unha forma de goberno: *O 14 de abril de 1931 proclamouse a república en España.*

FAM. proclama, proclamación.

procrear
verbo

Dito das persoas e dos animais, produciren fillos: *A unión sexual das persoas de distinto sexo permite procrear.*

FAM. procreación.

procura
substantivo feminino

O que se fai para atopar algo ou alguén: *A policía segue coa procura dos ladróns.* SIN. busca.

procurar
verbo

1 Intentar facer algo: *Tes que procurar comportarte ben.* SIN. intentar, tentar.

2 Facer todo o necesario para atopar algo ou alguén: *A policía anda procurando os ladróns, pero aínda non os atopou.* SIN. buscar.

FAM. procura, procurador.

prodixio
substantivo masculino

1 O que é extraordinario e marabilloso de xeito que non parece natural: *Que unha persoa lea tan rápido é un prodixio.* SIN. marabilla.

2 O que resulta moi raro ou extraordinario: *Unha vaca con sete patas é un prodixio da natureza.*

FAM. prodixioso.

produción
substantivo feminino

1 Obtención de froitos da natureza: *A Limia ourensá sempre tivo sona pola produción de patacas.*

2 Fabricación ou elaboración dun obxecto: *A produción de coches require a organización do traballo en cadea.*

3 Creación dunha obra intelectual ou artística: *A produción poética deste escritor é moi importante.*

4 Achega dos cartos e dos medios necesarios para crear unha obra artística, especialmente unha película: *A produción de películas require moitos cartos.*

5 Obra intelectual ou artística: *Esa novela é unha das mellores producións do escritor.*

producir
verbo

1 Ter como efecto: *O café produce insomnio.* SIN. causar, motivar, ocasionar, orixinar, traer, xerar.

2 Dar froitos a natureza: *Esta terra produce moi bo millo.*

3 Fabricar algo: *Esta fábrica produce douscentos coches ao día.*

4 Facer unha obra intelectual ou artística: *Produciu as súas mellores novelas na xuventude.*

5 Proporcionar os cartos e medios necesarios para facer unha obra artística, especialmente unha película: *Para producir esa película cómpren moitos cartos.*

6 **producirse** Ter lugar algo: *Onte produciuse unha gran tormenta.*

OBS. É regular, *produzo, produza.*

produto
substantivo masculino

1 O que se produce: *Un coche é un produto industrial e un tomate, natural.*

2 Resultado ou consecuencia de algo: *As*

inundacións foron produto das grandes chuvias. SIN. consecuencia, efecto, resultado.
3 En matemáticas, resultado da multiplicación: *O produto de 2 x 3 é 6.*
FAM. produción, producir, produtividade, produtivo, produtor.

produtor, produtora
adxectivo ou substantivo
1 Que produce algo: *Esta sarabia prexudicou moito os produtores de viño.*
substantivo
2 Persoa ou empresa que achega os cartos e medios necesarios para facer unha obra artística, especialmente unha película: *O director non atopa produtor para a súa nova película.*

proer
verbo
Picar.
OBS. Conxúgase como *moer.*
FAM. proído.

proeza
substantivo feminino
Feito que demostra moito valor: *O protagonista da película de guerra realiza grandes proezas.* SIN. fazaña.

profanar
verbo
Tratar sen respecto algo sagrado ou digno de moito respecto: *Uns borrachos profanaron esa tumba ao crebarlle a lápida.*

profano, profana
adxectivo
1 Que non é sagrado nin relixioso: *No seu enterro houbo unha cerimonia profana consistente no recitación de poemas.* ANT. relixioso.
2 Que non entende de algo: *Un profano en mecánica non debe tentar amañar o motor dun coche.* ANT. experto.

profecía
substantivo feminino
Anuncio de algo que se cre que sucederá no futuro: *As profecías dos adiviños da televisión non adoitan cumprirse.*

profesar
verbo
1 Entrar nunha orde relixiosa católica: *Profesou como monxa carmelita.*
2 Ter unha determinada profesión: *El profesou como médico desde moi novo.* SIN. exercer.
3 Ter unhas determinadas ideas, crenzas ou relixión: *El sempre profesou o catolicismo.*
4 Ter un sentimento cara a alguén ou algo: *Profésalle un odio moi grande á mentira.*

profesión
substantivo feminino
Traballo ou actividade que realiza habitualmente unha persoa e para a que está preparada e pola que recibe cartos: *A súa profesión é a medicina.* SIN. emprego, oficio, traballo.
FAM. profesional, profesor.

profesional
adxectivo
1 Que está relacionado coa profesión ou traballo: *Ese mecánico ten unha gran capacidade profesional.*
substantivo
2 Que se dedica a unha profesión ou traballo: *Os médicos e os enfermeiros son profesionais da sanidade.*

profesor, profesora
substantivo
Persoa que ten como oficio ensinarlles aos alumnos unha ciencia ou coñecementos: *No colexio temos moitos profesores.*
FAM. profesorado.

profeta, profetisa
substantivo
Persoa que anuncia o que vai suceder no futuro: *Na Biblia aparecen moitos profetas.*
FAM. profecía, profetizar.

profetizar
verbo
Anunciar o que se cre que vai suceder no futuro: *Os economistas profetizan unha recuperación económica.* SIN. augurar, predicir, presaxiar, prognosticar, vaticinar.
OBS. O *z* cambia en *c* diante do *e*, como en *cazar.*

profundar
verbo
1 Facer máis fondo ou profundo: *Profundaron o pozo para ter máis auga.* SIN. afondar.
2 Estudar ou pensar algo con moita atención: *Para coñecer ben un tema hai que profundar nel.* SIN. afondar.

profundidade

substantivo feminino

1 Distancia entre a superficie de algo e o seu fondo: *Os cativos deben bañarse onde haxa pouca profundidade.* SIN. fondo, fondura.

2 Intensidade ou forza de algo: *Durmía con profundidade.*

3 Parte máis fonda ou escondida de algo: *O submarino investigaba as profundidades do océano.*

4 Distancia entre a parte anterior e a posterior de algo: *Ese comercio ten moita fachada pero pouca profundidade.*

profundo, profunda

adxectivo

1 Que ten o fondo moi separado da superficie: *Sacaban a auga dun pozo moi profundo.* SIN. fondo. ANT. superficial.

2 Moi intenso, forte ou grande: *Sentiu unha dor profunda no peito.*

FAM. profundar, profundidade.

profusión

substantivo feminino

Grande abundancia ou número de algo: *Na televisión hai profusión de anuncios.*

FAM. profuso.

prognosticar

verbo

Dicir o que vai pasar no futuro a partir de algo que se coñece: *Os meteorólogos prognostican chuvias para a próxima semana.* SIN. anunciar, predicir.

OBS. O *c* cambia en *qu* ante *e*, como en *sacar.*

FAM. prognóstico.

prognóstico

substantivo masculino

1 Anuncio do que vai pasar no futuro: *Non se cumpriron os prognósticos de chuvia dos meteorólogos, pois vai sol.* SIN. predición.

2 Opinión que forma o médico sobre o estado dun enfermo ou ferido: *O accidentado presenta feridas de prognóstico grave.*

programa

substantivo masculino

1 Cada un dos espazos que se emiten por radio ou televisión: *Os telexornais son programas informativos.*

2 Conxunto de puntos ou de ideas que serven de base para facer algo: *Os partidos políticos nas eleccións presentan os seus programas para cando gobernen.* SIN. plan, proxecto.

3 Conxunto de operacións que realiza unha máquina de forma ordenada: *Unha lavadora ten varios programas para as distintas pezas de roupa.*

4 En informática, conxunto de instrucións que se introducen nun ordenador para realizar unha determinada tarefa: *No seu ordenador ten un programa para facer a declaración da renda.*

FAM. programación, programador, programar.

programación

substantivo feminino

1 Preparación de algo que se vai facer máis adiante: *Fixo unha programación cos monumentos que visitará nas vacacións.*

2 Conxunto de programas ou espazos de radio ou televisión nun determinado período de tempo: *O xornal trae todos os días a programación das cadeas de televisión.*

3 Preparación dunha máquina ou aparello para que realice unha determinada tarefa: *Estableceu a programación da caldeira para que se acenda ás cinco da tarde e se apague ás dez e media.*

4 En informática, elaboración dun programa informático: *Ese informático dedícase á programación de videoxogos.*

programar

verbo

1 Organizar algo que se vai facer: *A axencia de viaxes programou varias excursións para visitar os monumentos da zona.* SIN. planificar.

2 Preparar unha máquina para que realice unha determinada función: *Programou a lavadora para lavar roupa branca.*

3 Establecer os programas ou espazos que emitirá unha cadea de radio ou televisión: *Esta televisión programou unha serie de documentais sobre o quecemento global.*

4 En informática, elaborar un programa informático: *Vai a unha academia para aprender a programar.*

progresar

verbo

Pasar a un estado mellor ou ir para adiante de forma continua: *Se a economía progresa, o paro irá diminuíndo.* SIN. adiantar, avanzar, mellorar. ANT. empeorar, recuar, retroceder.

progresión
substantivo feminino

Avance para adiante ou mellora e aumento de algo: *A progresión das vendas de coches obriga a contratar máis traballadores nas fábricas.*

progresismo
substantivo masculino

Conxunto de ideas que defenden novas formas de organizar a sociedade, a economía ou a política: *O progresismo sempre defendeu o voto para todos os cidadáns.* ANT. conservadorismo.

FAM. progresista.

progresivo, progresiva
adxectivo

Que se desenvolve, aumenta ou diminúe pouco a pouco: *O quecemento global supón un aumento progresivo das temperaturas.*

progreso
substantivo masculino

Desenvolvemento cara a un estado mellor ou máis avanzado: *O progreso produciu a mecanización da agricultura.* SIN. adianto, avance. ANT. atraso, retroceso.

FAM. progresión, progresismo, progresista, progresivo.

prohibir
verbo

Non deixar facer algo: *O Código da Circulación prohibe que os vehículos circulen pola esquerda.* ANT. admitir, autorizar, consentir, permitir, tolerar.

OBS. Cómpre prestar atención ao acento gráfico, pois cando hai hiato tras o *h* non debe levar acento gráfico: *prohibe, prohiba.*

FAM. prohibición, prohibitivo.

***prohome**, a forma correcta é **home de prol**.

proído
substantivo masculino

Sensación desagradable e ata dolorosa na pel que obriga a rascarse: *Os grans prodúcenlle un proído.*

OBS. Non debe usarse no seu lugar **picor.*

prol
substantivo masculino

Proveito, vantaxe ou beneficio que se saca de algo: *Algún prol tiña que sacar das súas vendas.* SIN. beneficio, vantaxe. ANT. contra, desvantaxe, inconveniente, prexuízo

EXP. **A prol de** ou **en prol de** A favor ou en beneficio de: *Haberá unha manifestación a prol do uso do galego no ensino.*

prole
substantivo masculino

Conxunto de fillos dun mesmo pai e nai: *A súa prole está formada por dúas fillas e un fillo.*

FAM. proletariado, proletario.

proletario, proletaria
substantivo

Persoa que vive do soldo que lle dan polo seu traballo e que non ten a propiedade das fábricas e medios de produción: *Os proletarios organizáronse no século XIX en sindicatos para defenderen os seus dereitos.*

FAM. proletariado.

prólogo
substantivo

Parte primeira dun libro ou dunha película e que serve para introducir o tema ou como presentación: *O prólogo presenta a biografía do autor do libro e o tema deste.* SIN. introdución, limiar. ANT. epílogo.

FAM. prologar, prologuista.

prolongar
verbo

Facer máis longo no espazo ou no tempo: *A reunión era dunha hora, pero prolongárona ata as tres horas.* SIN. alongar, ampliar, estender. ANT. abreviar, acurtar, reducir.

OBS. O *g* cambia en *gu* diante do *e*, como en *pagar*.

FAM. prolongación, prolongamento.

***promedio**, a forma correcta é **media**, **termo medio**.

promesa
substantivo feminino

1 Calquera cousa que se asegura que se vai facer: *Meu pai cumpriu a súa promesa de regalarme un reloxo no aniversario.* SIN. palabra.

2 O que presenta boas calidades para triunfar no futuro: *Ese xuvenil é unha promesa do fútbol galego.*

prometer
verbo
1 Asegurar que se fará algo: *Prometeume que viría ao meu aniversario.*
2 Asegurar que algo é certo: *Prometeume que era verdade que lle tocara a lotaría.*
3 Presentar boas calidades para triunfar no futuro: *Ese porteiro xuvenil promete.*
4 **prometerse** Expresar formalmente a intención de casar con alguén: *Os noivos prometéronse xa e casarán a fin de ano.*
FAM. promesa, prometedor, prometido.

prometido, prometida
substantivo
Persoa que asegura firme e formalmente que vai casar con outra: *Os prometidos casarán dentro de dous meses na igrexa da súa aldea.*

promoción
substantivo feminino
1 Preparación adecuada para dar a coñecer algo, especialmente un produto, ou aumentar as súas vendas: *Os supermercados fan a promoción de moitos produtos ofrecendo tres polo prezo de dous.*
2 Paso dunha persoa a un cargo ou posto superior: *Espera a súa promoción de empregado a xefe de sección.* SIN. ascenso. ANT. degradación.
3 Conxunto de persoas que obteñen ao mesmo tempo un título de estudos: *Todos os que rematan a un tempo a primaria forman unha promoción.*
4 Nalgúns deportes, torneo entre varios equipos para determinar cal ascende de categoría ou división: *O Ourense xogará a promoción para subir de segunda B a segunda A.*
FAM. promocionar.

promover
verbo
Iniciar ou favorecer o desenvolvemento ou realización de algo: *O Concello promoverá a construción de vivendas baratas.* SIN. favorecer, fomentar, impulsar.
FAM. promotor.

promulgar
verbo
Dito dunha lei, facela pública para que todo o mundo a coñeza e cumpra: *O Estatuto de Autonomía de Galicia promulgouse en 1981.* ANT. abolir.
OBS. O *g* cambia en *gu* ante o *e*, como en *pagar*.
FAM. promulgación.

pronome
substantivo masculino
Clase de palabra que pode substituír un nome: Eu *e* ti *son pronomes.*
FAM. pronominal

***pronóstico**, a forma correcta é **prognóstico**.

pronto, pronta
adxectivo
1 Que acontece ou se fai pasando pouco tempo ou rápido: *O médico promete unha pronta recuperación do enfermo.*
adverbio
2 Dentro de pouco tempo: *Pronto chegará o tren da Coruña.* SIN. axiña, decontado, deseguida, deseguido, enseguida.
3 Antes do tempo normal: *Hoxe o profesor chegou pronto á clase.* SIN. cedo, ANT. tarde.
EXP. **De pronto** De repente e sen que ninguén o espere: *De pronto levantouse e marchou da reunión.* SIN. de súpeto, de repente.
FAM. prontitude.

pronuncia ou pronunciación
substantivo feminino
1 Produción e emisión dun son para falar: *A pronuncia das vogais abertas e pechadas é moi importante en galego.*
2 Maneira ou forma propia de falar de alguén: *Pola pronuncia que ten vese que é estranxeiro.*

pronunciar
verbo
1 Producir e emitir un son para falar: *Cómpre pronunciar ben as vogais abertas e as pechadas.*
2 Dicir algo en voz alta e ante o público: *O escritor pronunciou unha conferencia sobre Castelao.*
3 Facer que algo se note máis ou destaque: *Esa camiseta pronúnciache moito os pectorais.* SIN. acentuar, destacar, salientar, subliñar. ANT. disimular.
4 **pronunciarse** Falar a favor ou en contra de algo ou alguén: *O alcalde non quixo pronunciarse sobre a suba dos impostos.*

5 Referido aos militares, levantárense ou rebelárense contra o goberno legal: *En 1936 os militares pronunciáronse contra a República.* SIN. alzarse, rebelarse, sublevarse.
FAM. pronuncia, pronunciación, pronunciamento.

propaganda
substantivo feminino
Información ou actividade para convencer a xente das boas calidades de algo ou alguén: *A propaganda dos produtos faise moito por anuncios en televisión.*

propagar
verbo
Estender ou facer chegar a moitos lugares: *O lume propagouse desde a planta baixa aos andares superiores.*
OBS. O *g* cambia en *gu* ante *e*, como en *pagar*.
FAM. propagación, propagador, propaganda.

propicio, propicia
adxectivo
Que é oportuno ou adecuado para algo: *Este é o momento propicio para marchar.*
SIN. adecuado, apropiado, axeitado, favorable, oportuno.
FAM. propiciar.

propiedade
substantivo feminino
1 Calquera ben ou cousa que alguén ten ou posúe: *As súas propiedades son esa casa e un par de leiros.* SIN. dominio, posesión.
2 Dereito a ter ou posuír algo: *Ten dereito á propiedade desa casa por herdanza dos pais.*
3 Característica importante de algo ou alguén: *A macela ten propiedades medicinais para o estómago.* SIN. calidade, carácter.
4 Forma exacta de falar sen cambiar o significado das palabras: *Falando con propiedade* verba *non significa 'palabra', senón 'labia'.* ANT. impropiedade.

propietario, propietaria
adxectivo ou substantivo
Que ten ou posúe algo: *É propietario da casa onde vive.* SIN. amo, dono.

propina
substantivo feminino
Pequena cantidade de cartos que se lle dá a alguén como premio ou agradecemento: *O camareiro recibiu unha boa propina porque serviu moi ben o xantar.*

propio, propia
adxectivo
1 Que pertence á persoa de quen se fala: *Eu vivo en casa propia e non pago alugueiro.*
2 Que é característico de algo ou alguén e serve para distinguilo dos demais: *Todos temos a nosa propia forma de ser.*
3 Que resulta adecuado para algo: *Ese traxe é propio para asistir a unha voda.*
FAM. propiedade, propietario.

propoñer ou propor
verbo
1 Dar unha idea para que sexa aceptada e seguida: *Eu propuxen que fósemos ao teatro.* SIN. suxerir.
2 **propoñerse** ou **proporse** Decidirse a facer ou cumprir algo: *Propúxose camiñar todos os días cinco quilómetros.*
OBS. Conxúgase como *poñer* ou *pór*.
FAM. proposición, propósito, proposto.

proporción
substantivo feminino
1 Cantidade de algo en relación coa cantidade de todo o conxunto: *Elaborou o pastel combinando os ingredientes nas proporcións adecuadas.* ANT. desproporción.
2 Equilibrio entre as distintas partes de algo: *Un cuarto ten que ter certa proporción entre o longo e o largo para ser agradable.* ANT. desproporción.
plural
3 Dimensión ou importancia de algo: *O incendio tomou grandes proporcións.*
FAM. proporcionado, proporcional, proporcionar.

proporcionar
verbo
Dar algo que resulta necesario: *A traída de augas proporciona auga a todas as casas.* SIN. abastecer, fornecer, prover. ANT. privar, quitar.

proposición
substantivo feminino
Idea que se dá para facer algo: *O xefe adoita aceptar todas as proposicións que sexan razoables.* SIN. oferta, ofrecemento, proposta, suxestión.

propósito
substantivo masculino

Intención de facer algo: *Teño o propósito de ordenar ben o meu cuarto esta fin de semana.* SIN. intención, obxectivo.

EXP. **A propósito** Con intención de facer o que se fai: *O cativo rompeu o vaso a propósito.* SIN. adrede, a mantenta.

proposta
substantivo feminino

Idea que se dá para facer algo: *Non foi aceptada a proposta da oposición de rebaixar os impostos.* SIN. ofrecemento, oferta, proposición, suxestión.

propulsión
substantivo feminino

Movemento para adiante, especialmente por medio dun motor ou mecanismo: *A propulsión dos avións adoita ser feita por motores de reacción.*

FAM. propulsar.

prórroga
verbo

Tempo engadido que aumenta a duración normal de algo: *Como empataron os dous equipos no remate, houbo unha prórroga de trinta minutos.*

FAM. prorrogar.

prosa
substantivo feminino

Forma de escribir distinta ao verso xa que non se suxeitan as liñas ao número de sílabas determinado ou á rima: *Este dicionario está escrito en prosa.*

FAM. prosaico, prosista.

proseguir
verbo

Seguir co que se estaba a facer: *O profesor proseguiu a explicación na clase seguinte.* SIN. continuar. ANT. abandonar, deixar, interromper.

OBS. Conxúgase como *servir.*

prosma
substantivo feminino

Calma ou lentitude moi grandes ao falar ou facer algo: *Fai a comida e todo con moita prosma.* SIN. cachaza, pachorra.

FAM. prosmeiro.

prosmeiro
substantivo

1 Persoa que fala ou fai as cousas con moita lentitude ou con torpeza: *É un prosmeiro que nunca dá rematado un conto.* SIN. trosma.

2 Persoa que só di parvadas: *Non soporto as historias dese prosmeiro.*

prospecto
substantivo masculino

Papel que leva escritas as características e forma de usar un produto, especialmente un medicamento: *Nos prospectos das menciñas explícanse as súas características e composición.*

prosperar
verbo

Ir a mellor: *Prosperou no traballo e agora xa é encargado.*

próspero, próspera
adxectivo

Que vai a mellor ou se desenvolve de forma favorable: *No comezo de ano desexamos un próspero ano novo.*

FAM. prosperar, prosperidade.

prostituta
substantivo feminino

Muller que ten relacións sexuais a cambio de cartos: *A estas horas da noite hai prostitutas nese parque.* SIN. puta.

FAM. prostitución, prostituír.

prostrar
verbo

1 Deixar a unha persoa sen forza ou sen ánimo: *Esa enfermidade prostrouno na cama un mes.*

2 **prostrarse** Pórse apoiando os xeonllos no chan e inclinándose ata este para amosar respecto por algo ou alguén: *O xeneral prostrouse aos pés do emperador para pedirlle perdón.*

protagonista
substantivo

1 Nunha obra literaria ou de cine, personaxe principal: *O protagonista desa serie de novelas é un detective privado.*

2 Persoa ou cousa que son o máis importante e destacado en algo: *A chuvia abundante volveu ser protagonista nesta fin de semana.*

protección
substantivo feminino

Defensa, axuda ou calquera cousa que serve para evitar un dano ou perigo: *O cantante pediu a protección da policía para poder actuar.* SIN. amparo, coidado. ANT. desamparo, desprotección.

proteína
substantivo feminino

Substancia orgánica con nitróxeno que forma parte da materia fundamental das células e dos organismos vexetais e animais e por iso indispensable na alimentación: *Os ovos, o leite, a carne e o peixe son ricos en proteínas.*

FAM. proteico.

prótese
substantivo feminino

Peza postiza que substitúe un órgano ou parte del: *Os dentes postizos son próteses.*

protesta
substantivo feminino

Demostración de que non se está de acordo con algo ou alguén: *Presentou unha protesta no Concello porque non recollían ben o lixo na súa rúa.*

protestante
adxectivo ou substantivo

Que pertence ás relixións cristiás xurdidas da Reforma de Lutero no século XVI que, entre outras cousas, negan a autoridade do papa: *Hai moitas Igrexas protestantes.*

FAM. protestantismo.

protestar
verbo

Dicir que non se está de acordo con algo: *Os alumnos protestaban porque consideraban as notas inxustas.*

FAM. protesta, protestante, protestantismo.

protexer
verbo

Defender dun dano ou dun perigo: *O paraugas protexe da chuvia.* SIN. abrigar, amparar, defender, preservar, resgardar. ANT. atacar.

FAM. protección, protector, protectorado.

protocolo
substantivo masculino

Conxunto de regras que se seguen para celebrar un acto solemne ou cerimonia: *Para recibir un xefe de Estado hai que seguir o protocolo.*

FAM. protocolario.

proveito
substantivo masculino

Froito ou ganancia que se obtén de algo: *Soubo sacar moito proveito da venda de coches usados.* SIN. beneficio, ganancia, utilidade.

EXP. **Bo proveito** Úsase para desexarlle a alguén que lle sente ben a comida: *Ao entrar no comedor díxonos: bo proveito.*

FAM. proveitoso, aproveitable, aproveitado, aproveitar.

proveniencia
substantivo

Lugar ou orixe de onde vén ou procede algo ou alguén: *Moitas familias urbanas galegas teñen unha proveniencia rural.* SIN. orixe, procedencia.

proveniente
adxectivo

Que procede ou vén dun determinado lugar ou orixe: *Xa chegou o autobús proveniente de Ourense.*

prover
verbo

Dar algo que é necesario: *As gasolineiras provén os automobilistas de combustible para os seus vehículos.* SIN. abastecer, fornecer, proporcionar, subministrar. ANT. desabastecer, privar, quitar.

OBS. Ten dous participios, *provido* e *provisto*. Conxúgase como *ler*.

FAM. provisión, provisto, desprovisto.

proverbio
substantivo masculino

Frase curta popular que contén unha ensinanza práctica para a vida ou moral: *Os vellos adoitaban saber moitos proverbios.* SIN. refrán.

FAM. proverbial.

provincia
substantivo feminino

Cada unha das divisións que forman o territorio dun país ou dunha comunidade: *Galicia ten catro provincias.*

FAM. provincial, provinciano.

provir
verbo

Vir dun determinado lugar ou orixe: *Ese tren provén da Coruña.* SIN. proceder, vir.
OBS. Conxúgase como *vir.*
FAM. proveniencia, proveniente.

provisión
substantivo feminino

1 Preparación ou reunión do necesario para algo: *Antes de facer a obra fixo unha provisión de cartos.*
plural
2 Cantidade de algo que se almacena para usalo cando sexa necesario no futuro, especialmente alimentos: *Os montañeiros levaban as provisións na mochila.*

provisional
adxectivo

Que só se dá ou fai durante un certo tempo: *Ocupa a xefatura de forma provisional.* SIN. interino, pasaxeiro, temporal. ANT. continuo, definitivo, duradeiro, permanente.
FAM. provisionalidade.

provisto, provista
1 Participio irregular de *prover.*
adxectivo
2 Que ten algo ou o necesario para facer algo: *As mans están provistas de uñas.* ANT. desprovisto, falto.

provocar
verbo

1 Producir como reacción, consecuencia ou resposta: *Os seus chistes provocan moita risa en quen os escoita.* SIN. causar, motivar, ocasionar, orixinar, producir.
2 Facer que unha persoa se enfade e que incluso responda con violencia: *Non hai que pegarlle a ninguén por moito que nos provoque.*
3 Tentar espertar o desexo sexual: *Din que levaba un traxe de baño que provocaba.*
OBS. O *c* cambia en *qu* diante do *e*, como en *sacar.*
FAM. provocación, provocador, provocativo.

proxectar
verbo

1 Lanzar ou dirixir para adiante: *Os faros do coche proxectaban a súa luz cara á estrada.* SIN. despedir, lanzar.
2 Pensar a forma en que se vai realizar algo: *Proxectaba ir de excursión esta fin de semana.* SIN. idear, pensar, planear.
3 Facer que se vexa unha imaxe sobre unha superficie: *O profesor de historia proxectounos unhas diapositivas da catedral de Santiago.*
FAM. proxección, proxectil, proxecto, proxector.

proxectil
substantivo masculino

Corpo ou obxecto que pode ser lanzado con forza para adiante, especialmente por unha arma de fogo: *As balas e os mísiles son proxectís.*

proxector
substantivo masculino

Aparello eléctrico que serve para amosar imaxes sobre unha superficie ou para dirixir cara a esta os raios da luz: *O profesor de historia levaba un proxector de diapositivas.*

proxenitor, proxenitora
substantivo

Persoa da que alguén descende, especialmente o pai e a nai: *Os seus proxenitores son ourensáns.*
FAM. proxenie.

próximo, próxima
adxectivo

1 Que está a moi pouca distancia: *A miña casa e o colexio están próximos.* ANT. afastado, arredado.
2 Que está inmediatamente despois: *Torce á dereita na próxima praza.*
3 Que se basea en lazos fortes de familia ou amizade ou os supón: *Á voda só asistirán os parentes próximos dos noivos.* SIN. achegado. ANT. afastado, arredado.
FAM. proximidade, aproximación, aproximar.

prudencia
substantivo feminino

Coidado e atención ao facer algo para evitar danos ou males: *Para non ter accidentes cómpre conducir con prudencia.* SIN. cautela, coidado, precaución. ANT. descoido, imprudencia.
FAM. prudencial, prudente.

prudente
adxectivo
Que actúa con coidado e atención para evitar danos, riscos ou males: *É moi prudente cando conduce.* SIN. cauteloso, precavido. ANT. atolado, imprudente.

*pruír, a forma correcta é **proer**.

pseudónimo
substantivo masculino
Nome falso que usa un autor para ocultar o seu verdadeiro nome: *Celso Emilio Ferreiro usou o pseudónimo Arístides Silveira.*

psicólogo, psicóloga
substantivo
Persoa que se dedica profesionalmente á psicoloxía: *Segue tratamento cun psicólogo contra a depresión.*

psicoloxía
substantivo feminino
1 Ciencia que estuda a actividade psíquica ou mental da persoas e o comportamento humano, así como as súas causas: *A psicoloxía estuda as causas da depresión.*
2 Forma de ser, sentir ou pensar dunha persoa ou dun grupo: *O detective di que o detido ten a psicoloxía dun asasino.*

psicose
substantivo feminino
1 Enfermidade ou trastorno mental de xeito que unha persoa pode perder o sentido da realidade: *A esquizofrenia é unha psicose que fai considerar as imaxinacións como cousas reais.*
2 Medo moi grande ante un posible mal futuro e habitualmente sen razón: *Existe a psicose de que esta gripe é moi perigosa.*

psique
substantivo feminino
Mente das persoas que lles permite pensar, lembrar e imaxinar: *As persoas distínguense dos animais pola psique.*
FAM. psicólogo, psicoloxía, psicolóxico, psicópata, psicose, psiquiatra, psiquiatría, psiquiátrico, psíquico.

psiquiatra
substantivo
Médico especializado nas enfermidades da mente: *O psiquiatra diagnosticoulle unha depresión.*

psiquiatría
substantivo feminino
Parte da medicina que estuda e trata as enfermidades mentais: *A psiquiatría estuda e trata enfermidades como a depresión ou a esquizofrenia.*

psíquico, psíquica
adxectivo
Da mente ou relacionado con ela: *A depresión é unha doenza psíquica.* SIN. mental.

*púa, a forma correcta é **puga**.

pub
substantivo masculino
Especie de bar con horario de noite onde se serven bebidas e se escoita música: *Os pubs son típicos en Inglaterra.*

pube
substantivo feminino
Parte inferior do ventre das persoas entre as dúas coxas e que se cobre de pelo na adolescencia: *A parte inferior do bikini tapa a pube.*

puberdade
substantivo feminino
Primeira parte da adolescencia en que se producen no corpo os cambios propios do paso de neno a adulto: *Na puberdade adquírese a capacidade de reprodución.*

publicación
substantivo feminino
1 Difusión dunha información para que a coñeza moita xente: *Os xornais dedícanse á publicación de noticias.*
2 Impresión dun escrito nunha imprenta para facelo chegar ao público: *A publicación de* Cantares gallegos *produciuse en 1863.*
3 Obra ou texto escritos que se imprimen para que os poida coñecer moita xente: *Os xornais e as revistas son publicacións dedicadas á información.*

publicar
verbo
1 Dar a coñecer algo para que o saiba todo o mundo: *Os xornais publican diariamente as noticias.* SIN. divulgar, espallar. ANT. agachar, agochar, calar, ocultar, esconder.
2 Imprimir unha obra ou texto escritos na imprenta para que os coñeza moita xente:

Hoxe en día publícanse moitos libros en galego.
OBS. O *c* cambia en *qu* diante do *e*, como en *sacar*.

publicidade
substantivo feminino
1 Información sobre algo de xeito que pasa a ser coñecido por todo o mundo: *No partido non queren darlles publicidade a eses casos de corrupción.* SIN. difusión, propagación.
2 Conxunto de técnicas, actividades e medios para dar a coñecer algo, especialmente un produto para que o merque a xente: *As marcas de electrodomésticos usan da publicidade para vender mellor os seus produtos.* SIN. propaganda.
3 Calquera cousa, especialmente follas ou anuncios, que se utiliza para dar a coñecer algo e que se merque máis: *Na caixa do correo sempre hai moita publicidade.*

público
adxectivo
1 Que é visto ou coñecido por todos: *Una persoa que sae habitualmente na tele convértese nun personaxe público.*
2 Que pertence a todo o pobo ou é propiedade do Estado, Concello ou comunidade autónoma: *Os parques adoitan ser públicos e propiedade do Concello.* ANT. particular, privado.
substantivo masculino
3 Conxunto de persoas que asiste a un espectáculo: *No concerto había moito público xuvenil.*
4 Conxunto de persoas ás que se dirixe un produto ou usan un servizo: *Esta marca de roupa intenta conquistar un público xuvenil.*
EXP. **En público** Diante de todos e sen esconderse: *Berroulle en público a máis dun empregado.*

pucha
substantivo feminino
Boina.

pucharca
substantivo feminino
Auga especialmente de chuvia acumulada nun oco pequeno do terreo: *Non pises polas pucharcas.*

pucheiro
substantivo masculino
Recipiente de barro con barriga e boca anchas usado para cociñar: *A sopa xa fervía no pucheiro.* SIN. ola.

pucho[1]
substantivo masculino
Sombreiro.

pucho[2]
substantivo masculino
Becerro.

pudin
substantivo masculino
Doce elaborado con fariña ou pan esfarelado, leite, ovo, azucre e pasas cocido no forno ou ao baño maría: *De sobremesa pediu un pudin.*

pudor
substantivo masculino
Vergonza que sente unha persoa cando se fala da súa vida íntima ou de temas relacionados co sexo: *Non fala dos seus moitos éxitos por pudor.*
FAM. pudoroso.

puericultor, puericultora
substantivo
Persoa que ten como profesión coidar nenos nos primeiros anos da vida destes: *Nas gardarías adoitan traballar puericultores para coidar os cativos.*

puericultura
substantivo feminino
Conxunto de coñecementos necesarios para coidar os nenos nos primeiros anos da súa vida: *Para traballar nunha gardaría cómpre ter unha boa formación en puericultura.*
FAM. puericultor.

puga
substantivo feminino
1 Calquera cousa en forma de dente ou de barra fina e delgada: *Os peites teñen unha fileira de pugas.*
2 Peza pequena en forma de triángulo que se usa para tocar algúns instrumentos musicais de corda como a guitarra: *A guitarra pódese tocar pulsando as cordas co polgar ou ben cunha puga.*

pugna
substantivo feminino
Enfrontamento ou loita entre dúas ou máis persoas ou grupos: *É moi pacífica e foxe de calquera pugna.* SIN. disputa, enfrontamento, loita.
FAM. pugnar.

puír
verbo
1 Pór lisa unha superficie e mesmo facer que brille: *Puíron o mármore do piso do salón e agora brilla.*
2 Quitarlle faltas ou defectos a algo: *O poeta puíu moito os seus versos antes de os publicar.*
OBS. Conxúgase como *incluír.*

pular
verbo
1 Dar saltos: *O cativo pulaba coa alegría dos xoguetes de Reis.* SIN. pinchar, saltar.
2 Dito dun animal ou dunha planta, medrar ou crecer: *Con esta chuvia van pular as leitugas da horta.*

pulcro, pulcra
adxectivo
Moi limpo e coidado: *O seu avó era un velliño pulcro.*
FAM. pulcritude.

pulga
substantivo feminino
Insecto sen ás de cor negra avermellada con patas fortes para saltar e boca para chuchar: *A pulga vive como parasito de persoas e animais chuchando o seu sangue.*
EXP. **Catarlle as pulgas a alguén** Facer que alguén perda a paciencia: *Non lle catedes as pulgas ao adestrador que vos deixa no banco sen xogar.* **Pulga da area** ou **pulga da praia** Crustáceo pequeno que vive enterrado na area das praias e que se despraza dando saltos: *Na praia vimos as pulgas da area.* **Ter malas pulgas** Ter moi mal xenio ou moi mal carácter: *Axiña se alporiza porque ten malas pulgas.*
FAM. pulgón.

pulgón
substantivo masculino
Insecto pequeno e parasito que se alimenta das follas e dos gromos tenros das plantas: *Cómpre sulfatar esas árbores froiteiras para matar o pulgón.*

pulmón
substantivo masculino
Nunha persoa ou nun animal vertebrado que respira aire, cada un dos dous órganos da respiración que se comprime e dilata para tomar osíxeno e expulsar o anhídrido carbónico: *Os pulmóns forman parte do aparato respiratorio.* SIN. livián.
FAM. pulmonar, pulmonía.

pulmonía
substantivo feminino
Inflamación aguda do pulmón: *Ingresárono no hospital por unha pulmonía.* SIN. pneumonía.

pulo
substantivo masculino
1 Forza que se lle dá a algo ou a alguén para movelo, impulsalo ou subilo: *Descualificaron o ciclista porque un afeccionado axudouno cuns pulos na sela cando subía a costa.* SIN. impulso.
2 Forza que leva algo ou que necesita para moverse, saltar ou lanzarse cara a un lugar: *Ese tenista dálle moito pulo á pelota cando saca.*
3 Movemento brusco co que se levanta o corpo do chan: *O rapaz daba pulos de alegría.* SIN. brinco, chouto, pincho, salto.
4 Ánimo ou forza para facer algo: *Ten pouco pulo para resolver un problema tan difícil.*
OBS. Non debe ser substituído pola forma incorrecta **empuxe.*

púlpito
substantivo masculino
Nunha igrexa, plataforma pequena e elevada diante e a un lado do altar desde a que se predica, se dirixen os rezos ou se len textos sagrados: *O sacerdote, na misa, adoita predicar desde o púlpito.*

***pulpo**, a forma correcta é **polbo**.

pulsación
substantivo feminino
Cada un dos golpiños leves que se senten ao apalpar algunhas arterias do corpo e que se corresponden cos latexos do corazón: *Unha persoa adoita ter entre sesenta e oitenta pulsacións por minuto.*

pulsar
verbo

Facer presión ou forza cun ou máis dedos sobre algo: *Pulsou o timbre da casa para que lle abrisen a porta.* SIN. premer, calcar.

pulseira
substantivo feminino

1 Xoia ou adorno en forma de aro que se pon arredor do pulso nos brazos ou do tornecelo: *Levaba no pulso esquerdo unha fermosa pulseira de ouro.*

2 Fita de coiro ou aro de metal con que se suxeita o reloxo ao pulso: *Mercoulle unha pulseira de aceiro ao reloxo.*

3 Calquera obxecto que se pon arredor do pulso suxeito por unha fita, correa ou outro instrumento similar: *A moitos maltratadores póñenlles unha pulseira para telos sempre localizados.*

pulso
substantivo masculino

1 Parte onde se unen o brazo e a man: *A xente hoxe adoita usar reloxo de pulso.*

2 Variación da presión das arterias como consecuencia da expulsión do sangue do corazón: *O pulso percíbese moi ben como un latexo ou golpe leve rítmico na arteria da unión do brazo coa man.*

3 Seguridade ou firmeza da man de xeito que non trema ao facer algo: *Para apuntar ben cunha escopeta hai que ter bo pulso.*

EXP. **A pulso** Facendo forza só coas mans e os brazos, sen axudarse co resto do corpo: *É difícil subir por unha corda a pulso.*

pulverizar
verbo

1 Converter en po: *Esmagou o xiz do encerado cunha pedra e pulverizouno.*

2 Esparexer ou botar un líquido sobre unha superficie en gotas moi finas: *A peiteadora pulverizoulle o pelo con laca.*

3 Destruír ou desfacer por completo: *Ese suspenso pulverizou a miña ilusión de aprobar todo.* SIN. esmagar.

OBS. O *z* cambia en *c* ante *e*, como en *cazar*.
FAM. pulverización, pulverizador.

puma
substantivo masculino

Animal felino propio de América de gran tamaño, cor parda e rabo longo: *Os pumas cazan animais que asexan desde as árbores.*

pumba
interxección

Imita o son dunha caída ou dun golpe: *Pumba! Xa che caeu outra vez o lapis.*

punta
substantivo feminino

1 Extremo ou parte final de algo: *A punta deste coitelo é arredondada.*

2 Peza pequena de metal que serve para suxeitar a madeira: *As puntas adoitan ser máis pequenas ca os cravos.*

EXP. **De punta** Para arriba: *Leva os pelos de punta.* **De punta a cabo** Desde o principio ata a fin: *Percorremos a cidade de punta a cabo.* **Nas puntas dos pés** Apoiándose só no extremo das dedas: *Camiñaba sen facer ruído, nas puntas dos pés.* **Ter algo na punta da lingua** Estar a punto de lembrar algo para dicilo pero non poder lembralo: *Teño na punta da lingua o seu nome pero non dou con el.*

FAM. puntaría, punteiro, puntilla, despuntar.

puntada
substantivo

Cada unha das pasadas que se fan con agulla e fío nun tecido ao coser: *Deulle unhas puntadas á basta do pantalón.*

EXP. **Non dar puntada sen nó** Non facer nada sen obter un beneficio: *É moi interesado e non che dá puntada sen nó.*

puntal
subscrito

Especie de barra de madeira, metálica ou doutro material semellante que se pon para soster algo, especialmente de forma provisional: *Os bombeiros puxéronlle uns puntais á casa que amosaba perigo de derrubamento.*

puntaría ou puntería
substantivo feminino

Habilidade para dar no albo ou obxectivo ao disparar unha arma de fogo, unha frecha ou calquera outro proxectil: *Un cazador ha de ter boa puntaría coa escopeta.*

puntear
verbo

1 Debuxar ou pintar con puntos: *Os cativos punteaban as siluetas humanas.*

2 Tocar a guitarra ou outro instrumento semellante pulsando as súas cordas co polgar

ou cunha puga: *Punteaba unha canción coñecida na guitarra.*

punteira

substantivo feminino

1 Parte do zapato, dunha media ou dun calcetín que cobre as dedas: *Adoita romper os calcetíns na punteira.*

2 Biqueira.

punteiro

substantivo masculino

1 Tubo de madeira da gaita con buracos onde se colocan os dedos para tocala e onde vai a palleta que produce o son: *Os punteiros adoitan ser de madeira de buxo.*

2 Barra de ferro rematada en punta que usan os canteiros, os albaneis e outros profesionais para furar, picar ou facer marcas: *O albanel fixo un buraco na parede cun punteiro.*

3 Pau ou barra longos e estreitos que serven para sinalar algo: *O profesor marcou no mapa o cabo de Fisterra co punteiro.*

puntilla

substantivo feminino

Adorno de encaixe que adoita colocarse nos bordos de teas e pezas de roupa e que remata en puntas: *As sabas teñen uns encaixes de puntillas no embozo.*

punto

substantivo masculino

1 Sinal pequeno e circular: *Sobre o* i *colócase un punto.*

2 Cada unha das especies de nós ou lazadas de fío que forman determinadas teas ou tecidos e o tecido así formado: *Os xerseis adoitan ser de punto.*

3 Puntada con fío especial que dá un médico ou cirurxián para unir os bordos dunha ferida: *Déronlle dous puntos na ferida da fronte.*

4 En certos deportes, xogos, competicións e probas ou exames, cada unha das unidades que permiten gañar ao conseguilas: *En baloncesto gaña o que consegue máis puntos.*

5 Cada un dos graos dunha serie ordenada de cousas: *Protestou ata o punto de insultarnos.*

6 Sitio ou lugar: *Os ciclistas estaban xa no punto de saída.*

7 Situación ou momento en que acontece algo: *A situación do enfermo está nun punto crítico e ata pode morrer.*

8 Cada un dos asuntos de que trata algo: *Esa lección componse de nove puntos.*

9 Temperatura necesaria para conseguir que se produzan determinados cambios físicos: *O punto de ebulición da auga é de cen graos.*

10 Signo escrito que indica unha pausa nun texto: *O punto sinala unha pausa maior ca a coma e ca o punto e coma.*

EXP. **A punto** Preparado para algo: *No taller deixáronme o coche a punto.* **Con puntos e comas** Con todos os detalles: *Contounos a súa viaxe con puntos e comas.* **Dous puntos** Os dous ortográficos colocados un enriba do outro: *Os dous puntos (:) úsanse antes de reproducir o que alguén dixo ou para introducir unha explicación.* **Estar a punto de** Estar xa case acontecendo ou facendo algo, mais sen acontecer aínda: *Estiven a punto de caer.* **No seu punto** No seu mellor estado: *Esta empanada está no seu punto.* **Punto cardinal** Cada un dos catro que serven para coñecer a dirección en que imos: *Os puntos cardinais son catro: Norte, Sur, Leste e Oeste.* **Punto e á parte** O ortográfico que indica que remata un parágrafo: *O punto e á parte serve para separar parágrafos.* **Punto e coma** O ortográfico que se coloca enriba dunha coma: *O punto e coma (;) sinala unha pausa maior ca a da coma.* **Punto e seguido** O ortográfico que indica a fin dunha oración: *Despois do punto e seguido non se cambia de liña.* **Punto frouxo** Parte máis débil de algo ou alguén ou onde é máis fácil producir un dano: *O punto frouxo do noso equipo é a defensa.* **Punto de neve** Forma en que queda a clara do ovo despois de batela: *Para facer o merengue hai que bater as claras a punto de neve.* **Punto de vista** Forma de pensar sobre un asunto: *El non obriga a ninguén a aceptar os seus puntos de vista.* **Punto por punto** Con todo detalle e sen esquecer nada: *Contou o banquete punto por punto.* **Puntos suspensivos** Os tres ortográficos que se escriben seguidos: *Os puntos suspensivos (...) indican que unha oración quedou interrompida.*

FAM. puntada, puntaría, puntear, punteira, punteiro, puntuación, puntual, puntualidade, puntuar.

puntuación
substantivo feminino

1 Colocación nun texto escrito dos signos que marcan as pausas: *A puntuación supón colocar correctamente os puntos e as comas nos escritos.*

2 Número de puntos conseguidos nunha proba ou exame, deporte, xogo ou competición: *O profesor esixe unha puntuación de 5 para aprobar.*

puntual
adxectivo

Que chega á hora anunciada: *É moi puntual e nunca se atrasa nas citas.*

FAM. puntualidade.

puntuar
verbo

1 Pór nun texto escrito os signos que marcan as pausas: *Puntúa ben o texto e non esquezas puntos nin comas.*

2 Dar puntos a algo ou alguén para indicar canto nos gusta ou se vale: *O profesor puntuou o meu exame cun 8.*

3 Nalgúns xogos e deportes, conseguir puntos: *O noso equipo puntúa pouco en campo contrario.*

OBS. Conxúgase como *actuar*.

punzón
substantivo feminino

Instrumento rematado en punta que se usa para facer buracos: *Furaba a parede cun punzón de ferro que golpeaba cun martelo.*

puñada
substantivo feminino

Golpe dado co puño ou coa man pechada: *Os boxeadores pelexan a puñadas.*

puñado
substantivo masculino

1 O que cabe dentro dunha man pechada: *O rapaz tiroulle un puñado de area que levaba na man dereita.* SIN. manda, presa, presada.

2 Cantidade pequena: *Á conferencia só asistiu un puñado de persoas.*

puñal
substantivo masculino

Arma branca duns dous ou tres decímetros de longo rematada en punta e parecida a un coitelo: *Hai puñais que teñen dobre gume.*

FAM. puñalada.

puñalada
substantivo feminino

Golpe dado cun puñal ou arma semellante, e tamén a ferida producida con este golpe: *Os atracadores déronlle unha puñalada no ventre.*

puño
substantivo masculino

1 Man pechada: *Os boxeadores só poden golpearse cos puños.*

2 Parte dunha peza de vestir que cobre os pulsos: *Abotoa os puños da camisa.*

3 Parte dos obxectos como os paraugas ou os bastóns por onde se collen coa man: *Ese bastón ten un puño de almafí.*

FAM. punteiro, puñada, empuñar.

pupila
substantivo feminino

No ollo, círculo negro e pequeno situado no centro do iris e que varía de diámetro segundo a intensidade da luz que pasa por el: *A pupila regula o paso da luz ao ollo.*

SIN. meniña do ollo, santiña.

pupitre
substantivo feminino

Mesa pequena para os alumnos dun colexio ou instituto: *Os pupitres adoitan ter un caixón aberto para gardar os libros e cadernos.*

puré
substantivo feminino

Comida que se fai esmagando os alimentos despois de cociñalos: *Gústame moito o puré de patacas cocidas.*

purga
substantivo feminino

1 Medicamento que se toma para facer expulsar os excrementos: *Como estaba estrinxido o médico receitoulle unha purga.*

2 Expulsión dos excrementos causada por un medicamento que se toma para isto: *A purga deixouno moi débil.*

FAM. purgante, purgar, purgativo, purgatorio.

purgatorio
substantivo masculino

Na relixión católica, pena que sofren as persoas que morreron tendo algún pecado de pouca importancia antes de iren ao ceo: *As ánimas do purgatorio sofren unhas penas polos pecados veniais antes de iren ao ceo.*

purificar

verbo

Converter algo en puro, máis puro ou limpo: *Abre a ventá para purificar o aire desta sala.*

OBS. O *c* cambia en *qu* ante *e*, como en *sacar*.

FAM. purificación, purificador.

puro, pura

adxectivo

1 Que non está mesturado con outra cousa: *Bebía viño puro, sen auga nin gasosa.* SIN. enxebre.

2 Que está totalmente limpo: *Bebían a auga pura daquela fonte.* SIN. limpo.

3 Que é bo e respecta os principios morais establecidos: *O seu amor era puro e desinteresado.*

substantivo masculino

4 Cigarro groso de tabaco e habitualmente de cor marrón: *Os puros están elaborados con follas de tabaco enroladas.*

FAM. pureza.

púrpura

adxectivo ou substantivo masculino

Que é de cor vermella tirando a violeta: *Os cardeais visten sotanas púrpuras.*

purpurina

substantivo feminino

Po moi fino que brilla moito e volve dourada ou prateada a superficie que cobre: *A purpurina adoita fabricarse con po de bronce.*

pus

substantivo feminino

Líquido de cor case amarela que sae das feridas e dos órganos infectados: *O médico limpoulle o pus da ferida.*

FAM. purulento.

pústula

substantivo feminino

Vulto ou ampola na pel cheo de pus: *Tiña o antebrazo dereito con pústulas.*

puto, puta

substantivo feminino

Persoa que ten relacións sexuais a cambio de cartos: *Insultouna gravemente chamándolle puta.*

putrefacción

substantivo feminino

Proceso polo que unha materia orgánica morta se descompón e podrece: *A policía descubriu o cadáver xa en estado de putrefacción.*

FAM. putrefacto.

puxar

verbo

1 Facer forza para atraer algo ou para afastalo: *Os bois puxaban polo carro.* SIN. tirar, turrar.

2 Facer un grande esforzo: *El puxou moito por aprobar todo.* SIN. loitar.

FAM. puxanza.

púxil

substantivo masculino

Persoa que practica o deporte do boxeo: *Cada día hai menos púxiles.* SIN. boxeador.

Q

q

substantivo masculino

Letra número dezaseis do abecedario: *A palabra* queimar *comeza por un* q.

OBS. O seu nome é *que*. Escríbese sempre *qu*, aínda que o *u* non se pronuncia. Só se usa diante do *e* e do *i*.

que[1]

relativo

1 Úsase para substituír o nome dunha persoa ou cousa que xa se coñecen ou dos que xa se falou antes: *Ese cativo que che fala é o meu neto.*

interrogativo

2 Úsase para preguntar por algo ou alguén: *Que alumnos faltan hoxe á clase?*

exclamativo

3 Úsase para expresar unha emoción sobre algo ou alguén: *Que calor vai hoxe!*

OBS. Cando é interrogativo só se acentúa nas preguntas indirectas cando se pode confundir coa conxunción *que: Dime qué comeu* (é dicir, que cousa comeu) / *Dime que comeu* (é dicir, que realizou o acto de comer).

que[2]

conxunción

1 Úsase para introducir unha oración que funciona como un substantivo: *Anunciou que chegaba.*

2 Úsase nalgunhas comparacións: *Fala máis do que traballa.*

3 Úsase para expresar causa: *Non saio, que vai moito frío.*

4 Úsase para expresar consecuencia: *Xantou tanto que agora lle doe a barriga.*

5 Úsase para introducir unha frase negativa: *Non insistas máis, que xa non quero iso.*

6 Úsase para relacionar dúas posibilidades: *Que chores, que cantes, non che mercarei ese xoguete.*

7 Úsase detrás dun verbo que se repite para expresar que se realiza esa acción con moita intensidade: *Estivo toda a tarde fala que fala.*

OBS. Na acepción 2 úsase de forma obrigada ante verbo conxugado (*Fala máis do que estuda*), pero non ante pronome persoal, en que se usa *ca* (*É máis alto ca el*). Nos demais casos poden usarse indistintamente *que* e *ca*.

quebra

substantivo feminino

Creba.

quebracabezas

substantivo masculino

Crebacabezas.

quebrado

substantivo masculino

Crebado.

quebradura

substantivo feminino

Crebadura.

quebrafolgas

substantivo

Crebafolgas.

quebranoces

substantivo masculino

Crebanoces.

quebrantar
verbo
Non cumprir ou desobedecer unha norma, lei ou orde: *Ao circular pola esquerda coa moto quebrantou unha norma de tráfico.* SIN. desobedecer, incumprir, infrinxir, transgredir, violar. ANT. cumprir, obedecer.
FAM. quebrantamento.

quebrar
verbo
Crebar.

quecemento
substantivo masculino
1 Adquisición de máis calor: *A contaminación produce un quecemento da Terra.*
2 Exercicios que fai alguén, especialmente un deportista, para entrar en calor e preparar os músculos para o exercicio forte: *Os xogadores reservas realizaban o quecemento na banda.* SIN. quentamento.

quecer
verbo
Entrar en calor ou adquirir máis calor: *Queceu porque se colocou xunta ao lume.*
OBS. É distinto de *quentar*, 'facer que algo ou alguén teñan máis calor'. O *c* cambia en *z* diante de *a*, *o*, como en *vencer*.
FAM. quecemento.

quedar
verbo
1 Estar, manterse ou permanecer nun lugar, estado ou situación: *Quedou traballando toda a tarde no seu despacho.* SIN. permanecer.
2 Citarse cunha persoa para encontrarse con ela: *Quedamos ás sete na porta do colexio.* SIN. citarse.
3 Continuar existindo: *Do vello castelo só quedan uns restos da muralla.*
4 Faltar por facer: *Para rematar a casa só lle queda tellala.*
5 Chegar a unha determinada situación ou fin: *As súas promesas quedaron en nada.* SIN. acabar, terminar, concluír.
6 Sentar ben ou mal unha peza de vestir: *Ese traxe quédalle moi ben.* SIN. sentar.
7 Producir boa ou mala impresión nos demais: *Quedaches moi mal cando non o saudaches.*
8 Pórse de acordo en algo: *Quedamos en que me chamabas ti por teléfono.* SIN. acordar, convir.
9 Estar nun sitio e non moverse del: *Eu quedei toda a tarde na casa, esperándote.* SIN. permanecer. ANT. ausentarse, marchar.
10 Pórse dalgunha maneira: *Quedou branco cando oíu a nova do accidente.*
11 Coller ou usar algo como se fose propio: *El quedou co meu libro e aínda non mo devolveu.* SIN. apoderarse, apropiarse.
12 Nalgúns xogos, ser o encargado de buscar ou atrapar os demais: *O que queda conta vinte para que os outros se agochen.*
EXP. **Non quedar atrás** Ser tan bo coma outro: *Ese modelo de coche é bo, mais estoutro non lle queda atrás.* **Non quedar quen o conte** Deixar todo destruído ou desfeito ou morrer moita xente: *Despois daquel terremoto case non queda quen o conte.* **Quedar a mal con alguén** Deixar de ser amigos e ata non falar con el: *Discutiron e desde aquela quedaron a mal.*

quedo, queda
adxectivo
1 Que non se move: *Os cativos non poden parar quedos.* SIN. quieto, inmóbil.
FAM. quietude, inquedo, inquietar, inquieto, inquietude.
substantivo feminino plural
2 Xogo infantil en que un dos xogadores debe atrapar os outros ou só un deles: *No recreo xogamos ás quedas.*

quefacer
substantivo masculino
Actividade, traballo ou tarefa que alguén ten que facer: *O noso quefacer é ir ao colexio.* SIN. angueira, faena, labor, ocupación, tarefa, traballo.

queima
substantivo feminino
Destrución de algo polo lume: *Hai que evitar as queimas dos bosques.* SIN. incendio.

queimada
substantivo feminino
Bebida característica de Galicia que se fai queimando augardente e azucre e engadindo outros ingredientes como grans de café ou anacos de froita: *Despois da sobremesa da cea fixeron unha queimada.*

queimador
substantivo masculino
Peza dunha cociña, caldeira ou aparello de gas por onde sae e arde este gas: *As cociñas de gas adoitan ter catro queimadores.*

queimadura
substantivo feminino
Ferida producida polo lume ou por algo que queima ou dá moita calor: *O sol da praia produciulle queimaduras no lombo.*

queimar
verbo
1 Destruír co lume: *Os incendios queimaron moitos montes este verán.*
2 Sentir dor ao tocar algo moi quente: *Queimei a man co aceite quente.*
3 Producir tanta calor que fai dano: *Este sol de agosto queima.* SIN. abrasar, pelar.
4 Secar a calor ou o frío unha planta: *A xeada queimou as patacas este ano.*
5 Acabar con algo totalmente e moi rápido: *Queimou en dous anos os cartos da herdanza.*
FAM. queima, queimada, queimador, queimadura, queimarroupa, queimuras.

queimarroupa
EXP. **A queimarroupa** Dito da forma de disparar unha arma de fogo, desde moi cerca: *A vítima recibiu o disparo da pistola a queimarroupa.*

queimuras
substantivo feminino plural
Sensación de calor moi intensa e dolorosa que se sente nalgunha parte do corpo, especialmente no estómago: *A cebola da cea produciume queimuras e non durmín ben.*

queipo
substantivo feminino
Cesto pequeno de vimbio con forma cadrada e cun aro para colgalo do brazo: *Levaba as mazás nun queipo.*

queiroa ou queiroga
substantivo feminino
Arbusto que pode alcanzar un metro de alto, de follas perennes e con flores pequenas de cor rosa, violeta ou branca: *As queirogas secas arden moi ben.* SIN. carrasca, carrasco.

queixa
substantivo feminino
1 Son ou expresión de dor ou pena: *Oïamos as queixas arrepiantes dos feridos.* SIN. laio, lamento, queixume.
2 Expresión de desgusto para protestar por algo: *As queixas dos veciños polo excesivo ruído do barrio chegaron ata o alcalde.* SIN. protesta.
EXP. **Non haber queixa** Úsase para dicir que algo é bo ou que se pode aceptar: *Non hai queixa do traballo do novo empregado.*
FAM. queixarse, queixoso, queixume.

queixada
substantivo feminino
Nas persoas e nos vertebrados, cada un dos dous ósos da boca en forma de arco onde van metidos os dentes, especialmente o de abaixo: *Os dentes incrústanse nas queixadas.*

queixarse
verbo
1 Expresar coa voz unha dor ou unha pena: *O ferido queixábase na súa cama.* SIN. laiarse, lamentarse.
2 Expresar desgusto ou protestar por algo: *Os veciños queixábanse do moito ruído da súa rúa.* SIN. protestar.

queixelo
substantivo masculino
Queixo².

queixo¹
substantivo masculino
Alimento sólido que se obtén facendo callar o leite: *Gústalle tomar de sobremesa queixo con marmelo.*
FAM. queixaría, queixeira, queixeiro.

queixo²
substantivo masculino
Parte da cara que está debaixo da boca e que sae un pouco para adiante: *A perilla é a barba que se deixa medrar debaixo do queixo.* SIN. barbela, mento, queixelo.
FAM. queixada, queixelo.

queixume
substantivo masculino
Son ou expresión de dor ou pena: *Oïamos os queixumes arrepiantes dos feridos.* SIN. laio, lamento, queixa.
OBS. Non debe ser substituído por **queixido*.

quen
relativo
1 Úsase para referirse a unha persoa que xa se coñece e se nomeou antes: *Eles son quen protestan máis agora.*
interrogativo
2 Úsase para preguntar por unha persoa: *Quen foi o que rompeu ese vaso?*
exclamativo
3 Úsase para expresar unha emoción referida a unha persoa: *Quen fose tan listo coma el!*
OBS. Non varía nin en masculino nin en feminino. Non ten plural e a forma singular úsase referido a plural con *ser*: *Quen son os que chegaron?*

***quencer**, a forma correcta é **quecer**.

quenda
substantivo feminino
Tempo que lle corresponde a unha persoa para facer ou usar algo segundo unha orde e reparticións feitas antes: *Na clase cómpre falar por quenda e non todos ao mesmo tempo.* SIN. rolda, veceira, vez.

quenlla[1]
substantivo feminino
1 Vía ou escavación longa para levar a auga a algún sitio: *A auga do río chega ao muíño pola quenlla.*
2 Nun muíño de auga, canle ou condución de madeira por onde cae o gran desde a moega á moa: *A quenlla pode inclinarse máis ou menos para que bote o gran máis ou menos rapidamente.*
3 Val ou paso estreito entre dúas montañas: *As bestas atravesaban as montañas polas quenllas.*

quenlla[2]
substantivo feminino
Peixe mariño cunha gran boca en forma de arco situada na parte inferior da cabeza e con varias filas de dentes moi afiados: *As quenllas son carnívoras e moi voraces.* SIN. tiburón.

quenquera
indefinido
Unha persoa calquera: *Quenquera que o diga está trabucado.*
OBS. É invariable. A forma **quenqueira* é incorrecta.

quentador
substantivo masculino
Electrodoméstico que serve para quentar a auga: *O quentador da nosa casa é de gas.*

quentamento
substantivo masculino
1 Comunicación de calor a algo de xeito que aumenta a súa temperatura: *A caldeira realiza o quentamento da auga da casa.*
2 Quecemento.

quentar
verbo
1 Dar calor a algo ou alguén e facer que aumente a súa temperatura: *A calefacción quenta toda a casa.* ANT. arrefriar.
2 Enfadar moito e pór nervioso: *Non o quentes porque axiña se alporiza.* SIN. acender, acalorar, alporizar, irritar. ANT. calmar, serenar, sosegar, tranquilizar.
3 Dar moitos golpes: *Seica lle quentaron o cu cunhas azoutas.*
4 Despedir calor: *Ese radiador quenta moito.*
5 Excitar algún sentimento: *O árbitro, ao anular o gol, quentou os ánimos dos espectadores.*
OBS. É distinto de *quecer*, 'adquirir calor'.
FAM. quentador, quentamento, quente, quentura.

quente
adxectivo
1 Con temperatura alta: *A fronte estalle quente pola febre.* ANT. frío.
2 Que dá calor: *Este abrigo éche ben quente.* ANT. frío.
3 Moi enfadado ou nervioso: *O público púxose quente cando o árbitro sinalou ese penalti inxusto.* ANT. frío.
4 Con moitos problemas ou con loitas: *Os sindicatos anuncian un outono quente con folgas.*
EXP. **Ao quente** Protexido do frío e con calor: *Púxose ao quente, a carón da lareira.* **En quente** Cando algo acaba de pasar ou aínda non se notou o seu efecto: *As decisións nunca deben tomarse en quente.*

quentura
substantivo feminino
1 Aumento da temperatura do corpo por encima da normal: *A gripe produce quentura.* SIN. febre.

2 Especie de ampola ou greta que se forma nos labios como consecuencia da febre: *Ten quenturas porque tivo moita febre.*
3 Calor suave e agradable: *No salón había unha quentura moi agradable.*
4 Calor forte: *Hai que fuxir das quenturas do sol de agosto.*

quer
conxunción
Indica elección ou distribución: *Vereino hoxe, quer na casa, quer no traballo.* SIN. ben, ora, ou, xa.

querela
substantivo feminino
1 Acusación que se presenta contra alguén ante un xuíz ou tribunal porque se cre que cometeu un delito: *Presentou unha querela contra o contable que roubou os cartos da empresa.*
2 Enfrontamento ou loita: *El é pacífico e non quere querelas con ninguén.* SIN. disputa, enfrontamento, loita.
FAM. querelarse.

*querencia, a forma correcta é querenza.

querer
substantivo masculino
1 Cariño ou amor que se sente por algo ou alguén: *Esa canción trata os desenganos do querer.* SIN. amor. ANT. odio.

querer			
INDICATIVO		SUBXUNTIVO	IMPERATIVO
Presente	Copretérito	Presente	quere
quero	quería	queira	querede
queres	querías	queiras	
quere	quería	queira	
queremos	queriamos	queiramos	FOR. NOMINAIS
queredes	queriades	queirades	Infinitivo
queren	querían	queiran	querer
Pretérito	Antepretérito	Pretérito	Xerundio
quixen	quixera	quixese	querendo
quixeches	quixeras	quixeses	
quixo	quixera	quixese	Participio
quixemos	quixeramos	quixésemos	querido
quixestes	quixerades	quixésedes	
quixeron	quixeran	quixesen	
Futuro	Pospretérito	Futuro	Inf. conxugado
quererei	querería	quixer	querer
quererás	quererías	quixeres	quereres
quererá	querería	quixer	querer
quereremos	quereriamos	quixermos	querermos
querereredes	quereriades	quixerdes	quererdes
quererán	quererían	quixeren	quereren

verbo
2 Sentir amor cara a algo ou alguén: *El quere moito a súa noiva.* SIN. amar. ANT. odiar.
3 Ter desexo de algo: *Ela quere mercar un coche novo.* SIN. desexar.
4 Estar decidido a facer algo porque se desexa: *O seu curmán quere estudar Medicina.* SIN. pretender.
5 Necesitar algo: *Esta porta quere unha man de pintura.* SIN. necesitar, precisar.
6 Haber sinais de que pode acontecer algo: *Quere chover.*
EXP. **Sen querer** Sen intención: *Tirou o vaso sen querer.*
OBS. É irregular.
FAM. querenza, querido.

querido, querida
adxectivo
1 Úsase como encabezamento das cartas e mensaxes semellantes cando nos diriximos a un amigo: *É normal comezar as cartas cun Querido amigo:...*
substantivo
2 Persoa coa que se mantén unha relación amorosa e sexual sen ser matrimonio ou parella estable: *Din que seica ten un querido.* SIN. amante, amigo.

quieto, quieta
adxectivo
Quedo.

quietude
substantivo feminino
Ausencia de movemento ou situación tranquila, silenciosa e pacífica: *Gustáballe moito a quietude da praia no solpor do outono.*

quilla
substantivo feminino
1 Nunha embarcación, peza de madeira ou de ferro que vai de popa a proa pola súa parte inferior e en que se apoia toda a súa armazón: *Moitas dornas teñen a quilla de carballo.*
2 Nunha ave, parte saínte e afiada do esterno: *As aves de voo vigoroso teñen moi desenvolvida a quilla.*

quilo[1]
substantivo masculino
Quilogramo.
OBS. É forma abreviada de *quilogramo*. A forma **kilo* é incorrecta.

quilo2

substantivo masculino

Líquido de aspecto abrancazado e espeso que resulta da absorción da graxa dos alimentos no intestino delgado: *O quilo chega ao organismo a través da linfa.*

quilogramo

substantivo masculino

Unidade básica de masa que equivale a mil gramos: *Para pesar os alimentos usamos o quilogramo.*

OBS. A forma **kilogramo* é incorrecta.

quilómetro

substantivo masculino

Unidade de lonxitude que equivale a mil metros: *A distancia percorrida por un coche mídese en quilómetros.*

EXP. **Quilómetro cadrado** Unidade de superficie que equivale a mil metros cadrados: *A extensión dunha rexión ou país mídese en quilómetros cadrados.*

OBS. A forma **kilómetro* é incorrecta, aínda que *km* é o seu símbolo.

FAM. quilometrar, quilometraxe, quilométrico.

quilowatt

substantivo masculino

Unidade de potencia eléctrica que equivale a mil watt: *O consumo eléctrico mídese en quilowatt.*

OBS. A forma **kilowatt* é incorrecta.

quimera

substantivo feminino

Cousa que alguén pensa, cre ou imaxina pero que resulta imposible na realidade: *Crer que desaparecerán as enfermidades do mundo é unha quimera.* SIN. ilusión.

químico, química

adxectivo

1 Da química ou relacionado con esta ciencia: *H_2O é a fórmula química da auga.*

substantivo

2 Persoa que se dedica profesionalmente á química: *Os químicos analizan a composición das distintas substancias no laboratorio.*

substantivo feminino

3 Ciencia que estuda a composición, as combinacións e as transformacións das substancias: *No colexio dannos nocións de física e tamén de química.*

quimo

substantivo masculino

Especie de pasta agre en que se transforman os alimentos no estómago mediante a dixestión: *O quimo pasa do estómago ao duodeno.*

quimono

substantivo masculino

1 Peza de vestir como unha túnica longa que chega ata os pés, cruzada por diante e con mangas moi amplas: *O quimono é unha peza de vestir xaponesa.*

2 Conxunto de pantalón e chaqueta moi amplos e de tea resistente que se emprega para practicar o deporte das artes marciais: *O vestiario para practicar o judo é o quimono.*

quincalla

substantivo feminino

Conxunto de cousas de pouco valor, especialmente se son de metal: *As súas xoias son todas falsas, só ten quincalla.*

FAM. quincalleiro.

quincalleiro, quincalleira

substantivo

Especialmente nas feiras e mercados, vendedor de cousas de pouco valor: *Mercoulle ese martelo a un quincalleiro na feira.*

quince

numeral

Número 15: *Di que xa cumpriu os quince anos.*

FAM. quincena, quincenal.

quincena

substantivo feminino

Conxunto de quince días seguidos: *Pasaremos unha quincena de vacacións.*

quiniela

substantivo feminino

Xogo en que se din os resultados que se cre que vai haber en determinadas competicións deportivas como as de fútbol, e en que se gaña cartos se se acertan: *Todas as semanas cobre unha quiniela.*

FAM. quinielista.

quinqué
substantivo masculino

Lámpada de aceite ou petróleo cuxa chama vai protexida por un tubo de cristal: *Cando non existía a luz eléctrica usábanse os quinqués.*

quinquenio
substantivo masculino

Conxunto de cinco anos seguidos: *Leva un quinquenio traballando nesta empresa.* FAM. quinquenal.

quinteiro
substantivo masculino

1 Conxunto de casas ou edificios que forman un grupo propio nunha localidade: *Viven en edificios que están no mesmo quinteiro.* SIN. rueiro.

2 Terreo que rodea unha casa de campo: *No quinteiro adoitan estar o alpendre e o curral.* SIN. rueiro.

3 Nunha aldea, especie de praza ou terreo común para se reuniren os veciños: *Os veciños celebraron unha xuntanza no quinteiro.* SIN. rueiro.

quinto, quinta
numeral

1 Que ocupa o lugar número cinco nunha serie: *Foi o quinto clasificado na carreira de 100 metros.*

2 Que é unha das cinco partes iguais en que se divide algo: *A quinta parte de 125 é 25.*

substantivo masculino

3 Mozo que foi chamado para facer o servizo militar obrigatorio: *Hoxe xa non hai quintos pois xa non é obrigatorio facer o servizo militar no exército.*

4 Botella que leva a quinta parte dun litro, especialmente de cervexa: *Pediu un quinto de cervexa sen alcol na cafetaría.*

substantivo feminino

5 Conxunto de persoas que naceron o mesmo ano ou da mesma idade: *Naceu dez anos despois ca min, así que non é da miña quinta.*

quíntuplo, quíntupla
numeral

Dito dunha cantidade, que é cinco veces maior ca outra: *40 é quíntuplo de 8.* FAM. quintuplicar.

quiñentos, quiñentas
numeral

Número 500: *Ese castiñeiro seica supera os quiñentos anos.* SIN. cincocentos.

quiñón
substantivo masculino

Cada unha das partes que corresponde a unha persoa ao repartir algo: *Os herdeiros recibiron cadanseu quiñón dos bens dos pais.* SIN. lote, partilla.

quiosco
substantivo masculino

1 Especie de casa pequena que se pon nas beirarrúas para vender xornais, revistas e ata lambonadas: *Mercaba todos os días o xornal no mesmo quiosco.*

2 Pequena construción consistente nunha plataforma levantada sobre o chan, con teito e sen paredes feita en xardíns, parques ou lugares semellantes: *A banda de música daba o seu concerto no quiosco da alameda.* FAM. quiosqueiro.

quiquiriquí
substantivo masculino

Son do galo cando canta: *O galo bota os seus quiquiriquís cando amence.*

quirófano
substantivo masculino

Sala especial dun hospital onde os médicos fan as operacións cirúrxicas: *A operación durou pouco, pois só estivo vinte minutos no quirófano.*

*quirúrxico, a forma correcta é **cirúrxico**.

quiste
substantivo masculino

Vulto que se forma na pel ou nun órgano e que contén líquidos, pus ou materias alteradas: *O cirurxián extirpoulle do pescozo un quiste sebáceo.*

quitado
preposición

Sen ter en conta, coa excepción de: *Quitado el, ninguén máis resolveu ese problema.* SIN. agás, excepto, fóra, menos, salvo.

quitamanchas
substantivo masculino

Produto usado para eliminar as manchas de sucidade máis resistentes: *Botoulle un quitamanchas á mancha de graxa que tiña na chaqueta.*

quitaneves

substantivo feminino

Máquina ou especie de camión cunha pa na parte dianteira e na traseira un depósito con sal para quitar a neve de estradas e camiños: *Na nevarada anterior as quitaneves limparon de neve a autoestrada.*

quitar

verbo

1 Levar do sitio onde estaba: *Quitou as maletas do medio do corredor.* SIN. retirar, tirar. ANT. poñer, pór.
2 Coller sen permiso algo que non é dun: *Di que o compañeiro lle quitou o libro de lingua.*
3 Deixar sen algo que se tiña antes: *Un ladrón quitoulle a carteira.* SIN. roubar, tirar.
4 Levar para fóra dun lugar onde estaba pechado: *Quitou o coche do garaxe.*
5 Obter ou conseguir algo doutra cousa: *O viño quítase das uvas.* SIN. obter, tirar.
6 Deixar sen algo ou eliminar: *Quítalle as pebidas ao melón antes de o comeres.* SIN. eliminar, tirar.
7 Facer o necesario para obter ou conseguir algo: *Quitoulle unha foto ao pazo.*
8 Non deixar facer algo: *Ninguén me vai quitar que saia esta noite.*
9 Resolver un problema: *Non deu quitado o problema de matemáticas de hoxe.*
10 Ter unha vantaxe: *O curmán quítalle uns bos centímetros de altura.*
11 Facerse cun billete ou entrada: *Xa quitou as entradas no portelo.*
12 Nalgúns deportes como o fútbol ou o tenis, pór a pelota en xogo para continuar o partido: *Ese tenista quita con moita forza.*
13 Facer máis ampla unha peza de vestir soltándolle as costuras: *Teño que quitarlle a ese pantalón que me aperta na barriga.*
14 **quitarse** Deixar algún hábito ou costume: *Xa se quitou de fumar.*
15 Desaparecer ou deixar de estar: *Estas manchas de graxa non se quitan ben da roupa.*
FAM. quitado, desquitar, desquite.

quizá, quizabes, quizais ou quizás

adverbio

Indica dúbida ou posibilidade: *Quizá chegue esta tarde.* SIN. acaso, talvez.

R

r

substantivo masculino

Letra número dezasete do abecedario: *Ramo e* cara *teñen* r.

OBS. O seu nome é erre. No principio de palabra e detrás de *consoante* pronúnciase como se se escribise dobre: *rosa, honra.* Cando se escribe dobre debe dividirse no final de liña *mo-rro* e non **mor-ro.*

ra

substantivo feminino

Animal anfibio de cabeza grande e ollos para fóra, coas patas moi desenvolvidas para nadar e saltar e pel verde brillante: *As ras viven cerca da auga e comen insectos e pequenos animais.*

rabada

substantivo feminino

Peixe sapo.

rabadilla

substantivo feminino

Extremo da columna vertebral, formado pola derradeira peza do óso sacro e o cóccix: *Caeu de cu e mancouse na rabadilla.*

*rábano, a forma correcta é ravo.

rabaño

substantivo masculino

Conxunto de animais, especialmente ovellas ou cabras, que viven xuntos: *O pegureiro coidaba o rabaño de ovellas.*

rabecha

substantivo feminino

Enfado propio dos nenos ou das persoas caprichosas e que se manifesta en choros, berros ou xestos: *O cativo colleu unha rabecha porque non lle mercaron aquel xoguete.* SIN. perrencha.

rabela

substantivo feminino

Peza curva de madeira situada na parte de atrás do arado e por onde se agarra para dirixilo: *A rabela dese arado é de castiñeiro.*

rabenar

verbo

Cortar a rentes ou máis do debido: *Está prohibido rabenarlles o rabo aos cadelos.*

rabeno, rabena

adxectivo

Que non ten rabo ou que o ten moi pequeno: *Sempre ía pola rúa cun can rabeno.*

rabexar

verbo

Mover o rabo: *Os cans rabexan cando están contentos.*

rabia

substantivo masculino

1 Enfermidade infecciosa que chega a producir a morte e que sofren algúns animais e que pode ser transmitida ás persoas ou a outros animais por unha mordedela: *Un can trabouno e pasoulle a rabia.*
2 Enfado moi grande porque algo saíu mal ou molesta moito: *Sentía rabia por aquel suspenso porque esperaba un sobresaliente.* SIN. carraxe.
3 Forza, ánimo ou vontade moi grandes para conseguir algo: *Xogaron contra o líder con rabia e gañaron.* SIN. coraxe.
4 Antipatía ou mala intención cara a algo

ou alguén: *Di que suspende as matemáticas porque o profesor lle ten rabia.* SIN. manía, teima, xenreira, zuna.
FAM. rabecha, rabiar, rabioso.

rabiar
verbo
1 Sentir rabia ou un enfado moi grande: *O irmán maior facía rabiar o cativo.* SIN. enfadarse, enfurecerse, irritarse.
2 Desexar ou querer moito algo porque gusta moito: *El rabia polos doces de nata.* SIN. devecer, reloucar.
OBS. A forma **rabear* é incorrecta.

rabioso, rabiosa
adxectivo
1 Que ten a enfermidade da rabia: *É moi raro atopar hoxe un can rabioso.*
2 Moi enfadado: *Estaba rabioso porque lle roubaran a carteira.*

rabo
substantivo masculino
1 Prolongación da columna vertebral de moitos mamíferos que forma unha parte delgada e alongada na parte posterior do corpo: *Os cans e os gatos teñen rabo.* SIN. cola.
2 Parte final alongada do corpo de certos animais como réptiles, aves ou peixes: *Non lle gusta o rabo da pescada.* SIN. cola.
3 Prolongación alongada de certos obxectos e utensilios para collelos e manexalos: *As tixolas teñen un rabo longo.* SIN. mango.
4 Especie de fío por onde se unen as follas e froitos aos troncos e pólas: *As cereixas teñen un rabo longo.*
FAM. rabenar, rabeno, rabexar, rabudo.

rabudo, rabuda
adxectivo
1 Que ten o rabo longo: *Paseaba cun can rabudo.* ANT. rabeno.
2 Que ten moi mal carácter, non obedece e se enfada axiña: *Ese rapaz éche ben rabudo, nunca fai o que lle mandan.*

rabuñada ou **rabuñadura**
substantivo feminino
Ferida pouco profunda na pel feita coas uñas ou con algo rematado en punta: *Tiña as pernas cheas de rabuñaduras das silvas.* SIN. rabuño.

rabuñar
verbo
Ferir a superficie da pel coas uñas ou con algo acabado en punta: *As silvas rabuñáronlle as pernas.*
FAM. rabuñada, rabuñadura, rabuño.

rabuño
substantivo masculino
Rabuñada.

***racha** (de vento), a forma correcta é **refacho**.

racha
substantivo feminino
1 Anaco grande de madeira ou de pedra cortado doutro anaco máis grande: *Botoulle á lareira unha racha de carballo.* SIN. acha.
2 Anaco delgado e plano que se corta de algo, especialmente dun alimento: *Frixiu unhas rachas de touciño.*
OBS. Non debe usarse no canto de *refacho.*

rachadela ou **rachadura**
substantivo feminino
Roto de forma alongada que se fai nunha tea, papel ou material semellante: *Enganchou a camisa nun arame e fíxolle unha rachadela.*

rachado, rachada
adxectivo
1 Dito dunha persoa, que é moi atrevida e non se asusta: *El é moi rachado e fala con calquera.*
2 Dito dunha festa ou celebración, moi grande e na que non falta de nada: *O día do patrón facemos festa rachada na vila.*

rachar
verbo
Dito dunha tea, papel ou material semellante, romper turrando del ou facendo forza sobre el: *Rachou a camisa ao engarrala nun arame.* SIN. resgar.

racial
adxectivo
Da raza ou relacionado con ela: *A discriminación racial é realmente un delito.*

***racimo**, a forma correcta é **acio**.

raciocinio
substantivo masculino
Capacidade das persoas para razoar, pensar ou discorrer: *As persoas distínguense dos animais polo raciocinio.* SIN. razón.

ración
substantivo feminino

Cantidade de comida que lle corresponde a unha persoa ou a un animal: *Neste restaurante as racións son moi grandes.*
FAM. racionamento, racionar.

racional
adxectivo

1 Da razón ou relacionado con ela: *Ao pensaren as persoas usan a súa capacidade racional.* SIN. intelectual. ANT. irracional.
2 Que ten sentido: *As preguntas dos alumnos eran moi racionais.* SIN. razoable, lóxico. ANT. absurdo, irracional, ilóxico.
adxectivo ou substantivo
3 Persoa en canto ten a capacidade da razón ou de pensar: *Os racionais pensamos e os animais non.*

racionar
verbo

Controlar, limitar ou repartir de forma ordenada e lóxica a cantidade de algo: *Cómpre que raciones os pasteis, pois comes moito doce.*

racismo
substantivo masculino

Forma de pensar e comportarse dos que cren que algunhas persoas son inferiores polo feito de pertencer a outra raza distinta da propia: *O racismo dos nazis consideraba que negros e xudeus eran razas inferiores.*
FAM. racista.

radar
substantivo masculino

Aparello que permite descubrir a presenza e o movemento dun obxecto que non se ve: *O radar funciona mediante a emisión de ondas electromagnéticas que se reflicten no obxecto e volven ao punto de partida.*

radiación
substantivo masculino

Emisión e propagación de ondas de luz, calor ou doutra enerxía: *A Terra quece grazas á radiación solar.*

radiador
substantivo masculino

1 Aparello de calefacción que dá calor grazas á auga quente que circula polo seu interior ou por electricidade: *Os radiadores da calefacción son metálicos.*
2 Nos motores de explosión, especialmente os dos coches, aparello formado por un conxunto de tubos ocos polos que circula auga fría ou outro líquido para arrefriar o motor: *No taller cambiáronlle o radiador ao meu coche.*

radiante
adxectivo

1 Que brilla moito: *Onte luciu un sol radiante.* SIN. resplandecente.
2 Moi alegre: *O rapaz estaba radiante co xoguete novo.* SIN. alegre, contento, ledo. ANT. triste, tristeiro.

radiar
verbo

Transmitir por radio: *O partido radiárono, pero non o televisaron.*

radical
adxectivo

1 Completo e total: *O seu cambio foi radical: de moi malo pasou a moi bo.* SIN. absoluto, total.
adxectivo e substantivo masculino
2 Que non admite discusión ou non acepta outras ideas: *As súas opinións son moi radicais, pois non admite a quen non pensa igual.*
FAM. radicalismo, radicalizar.

radicar
verbo

1 Establecerse nun lugar para vivir nel: *Os colonos radicaron naquel val tan fértil.* SIN. arraigar.
2 Ter a causa, raíz ou fundamento en algo: *Todos os seus problemas radican na falta de cartos.* SIN. consistir.
OBS. O *c* cambia en *qu* diante do *e*, como en *sacar*.

radio[1]
substantivo masculino

1 Medio polo que se comunica o son a través do aire por medio dunhas ondas especiais: *Os barcos comunicábanse co porto e entre si por radio.*
2 Aparello que recibe estes sons que se transmiten a través do aire: *Puxo a radio para escoitar as noticias.*

radio[2]
substantivo masculino
Mineral moi radioactivo de cor branca prateada: *O radio ten aplicacións na medicina.*
FAM. radiografar, radiografía, radiólogo, radioloxía.

radio[3]
substantivo masculino
No antebrazo, óso máis curto e fino dos dous que o forman: *Caeu e rompeu o radio do brazo dereito*

radioactivo, radioactiva
adxectivo
Dito de determinados elementos químicos como o uranio, que ten a propiedade de que os seus átomos se desintegran de maneira espontánea emitindo enerxía: *O uranio é un mineral altamente radioactivo.*
FAM. radioactividade.

radiofónico, radiofónica
adxectivo
Da radio ou relacionado con ela: *Os informativos radiofónicos teñen moito público.*

radiografía
substantivo feminino
Fotografía, especialmente dalgunha parte interior do corpo, por medio de raios X: *Fixéronlle unha radiografía do nocello e non rompera ningún óso.*
FAM. radiografar.

radiooínte
substantivo
Persoa que escoita un programa de radio: *Este informativo ten moitos radiooíntes.*

rafa
substantivo feminino
Miga.

raia[1]
substantivo feminino
Peixe mariño comestible de corpo moi plano e cola longa e delgada: *O esqueleto da raia está formado por cartilaxes.*

raia[2]
substantivo feminino
1 Marca moi delgada e longa: *A miña camisa ten raias verticais brancas e vermellas.* SIN. liña.
2 Límite que se lle pon a algo: *Pasouse da raia cando lle falou así ao pai.* SIN. límite.
3 Signo que se usa ao escribir para comezar un diálogo ou para engadir unha explicación: *A raia é máis longa ca o guión.*
4 Liña imaxinaria que separa dous países: *Verín xa está moi cerca da raia con Portugal.* SIN. fronteira.
FAM. raiano, raiar.

raiano, raiana
adxectivo ou substantivo
Da raia ou fronteira: *As localidades de Entrimo, Lobios e Calvos de Randín son raianas con Portugal.*

raiar[1]
verbo
1 Facer liñas ou raias sobre unha superficie: *O cativo raiou co lapis esa páxina do libro.*
2 Estar unha cousa moi cerca doutra ou limitando: *O concello de Tui xa raia con Portugal.* SIN. lindar, tocar.
OBS. Non debe usarse no canto de *relar.*

raiar[2]
verbo
1 Saír o sol ao amencer: *Raiaba cando comezamos a viaxe.*
2 Referido a unha parte danada ou enferma do corpo, tratala con raios X ou con outro tipo de radiacións: *Raiáronlle o tumor canceroso para destruílo.*

raigaña ou raigaño
substantivo masculino ou feminino
Raíz profunda que queda sen quitar ao cortar unha árbore ou arrincar unha moa ou dente: *O dentista extraeulle a raigaña daquela moa.*

raíl
substantivo masculino
Cada unha das dúas barras paralelas de ferro sobre as que circulan os trens: *Cando descarrila un tren sae dos raís.* SIN. carril.

raíña
substantivo feminino
1 Muller que nunha monarquía é a xefa do Estado: *En Inglaterra hai unha raíña.* SIN. soberana.
2 Muller que é a esposa dun rei: *Dona Sofía é a raíña de España.* SIN. soberana.

3 Muller que nalgunhas festas é elixida para presidilas e ocupar un lugar de honra: *A cantante foi elixida raíña das festas da súa vila.*
4 Nalgunhas comunidades de insectos, a única femia que pode ter descendencia: *Nas colmeas a única abella fértil é a raíña.*
5 No xogo do xadrez, peza máis importante despois do rei: *Comeulle o cabalo coa raíña.*

raio
substantivo masculino
1 Liña de luz que sae dun punto: *Os raios do Sol iluminan a Terra.*
2 Chispa eléctrica producida pola descarga entre dúas nubes ou entre unha nube e a terra: *Nas tormentas primeiro vese o raio e despois séntese o trono.* SIN. chispa.
3 En xeometría, liña recta que sae desde o centro da circunferencia a calquera punto dela: *Debuxou o raio e o diámetro da circunferencia no encerado.*
4 Espazo circular limitado por unha liña imaxinaria deste tipo: *A policía rexistrou a zona nun raio de catro quilómetros.*
5 Peza habitualmente metálica e delgada que sae do centro dunha roda ou utensilio semellante e chega ata os seus bordos: *As rodas das bicicletas teñen raios metálicos.*
OBS. É distinto de *radio.*
FAM. radiación, raiar^2, raiola, pararraios.

raiola
substantivo feminino
1 Raio ou raios de luz do sol que aparecen entre as nubes no ceo cuberto: *A raiola xurdía entre as nubes.*
2 Tempo breve con sol e sen chuvia nun día chuvioso: *Aproveitou a raiola para ir mercar o pan.* SIN. raxeira.
3 Calor suave do sol: *Gustáballe esa raiola do mediodía.*

raíz
substantivo feminino
1 Parte dunha planta habitualmente baixo terra e que lle serve para nutrirse e sosterse: *A raíz medra en dirección contraria ao talo e non ten follas.*
2 Parte dalgúns órganos, como dentes ou pelos, que está metida nun tecido: *O dentista extirpoulle tamén a raíz da moa.*
3 Orixe ou causa de algo: *A preguiza é a raíz dos seus males.* SIN. causa, orixe. ANT. consecuencia, resultado.
4 En gramática, parte dunha palabra que se repite en todas as da mesma familia de palabras: Com- *é a raíz de comer, comedor, comestible, comedeira, comensal, comida.* SIN. radical.
FAM. raigaña, raigaño, raizame, enraizar.

raizame
substantivo masculino
Conxunto ou abundancia de raíces: *O vello carballo tiña un mesto raizame.*

rama
substantivo feminino
1 Póla.
2 Cada unha das partes en que se divide unha ciencia ou campo de saber: *A xeometría é unha das ramas das matemáticas.* SIN. especialidade.

ramada
substantivo feminino
Conxunto de ramas e follas dunha árbore ou dunha planta: *Ese castiñeiro ten unha boa ramada.* SIN. ramaxe.

ramal
substantivo masculino
Vía, camiño ou estrada que arranca da vía principal, habitualmente para ir cara a un lugar: *Para chegar á miña vila tes que coller un ramal no quilómetro 45 da autoestrada.*

ramalleira
substantivo feminino
Bosque de árbores pequenas e arbustos: *Vimos o raposo naquela ramalleira.*

ramallete
substantivo masculino
Ramo pequeno: *Regaloulle á noiva un ramallete de margaridas silvestres.*

ramallo
substantivo masculino
Rama pequena con follas cortada dunha árbore: *Tentaba apagar o lume cun ramallo.*

ramaxe
substantivo feminino
Ramada.

ramificarse
verbo
Dividirse algo ou separarse en varias direccións ao xeito das ramas das árbores: *As arterias e veas ramifícanse para chegar a todas as partes do corpo.*
OBS. O *c* cambia en *qu* ante *e*, como en *sacar*.
FAM. ramificación.

ramista
substantivo
Persoa encargada de organizar a festa do patrón nunha aldea: *O ramista pídelles cartos aos veciños para a festa.* SIN. mordomo, vigairo.

ramo
substantivo masculino
1 Conxunto pequeno de flores ou ramas cortadas que se combinan de forma bonita para darllas a alguén ou como adorno: *Colocou no floreiro un ramo de rosas.*
2 Cada unha das partes en que se divide unha actividade, unha ciencia ou unha industria: *O ramo do automóbil é moi importante en Vigo.* SIN. sector.

rampla
substantivo feminino
Superficie inclinada para baixar a un lugar ou subir del: *A rampla dese aparcadoiro é moi pina.*

rancho[1]
substantivo masculino
Leitón.

rancho[2]
substantivo masculino
1 Comida que se fai para moitas persoas: *Os soldados comían o rancho.*
2 No oeste dos Estados Unidos e nalgúns países de Hispanoamérica, especie de granxa ou facenda de grande extensión dedicada á cría de vacas e cabalos: *Nos ranchos o gando está en liberdade.*

rancio, rancia
adxectivo
1 Dito dun alimento, que ten un sabor e olor desagradables polo paso do tempo: *Ese xamón xa está rancio.*
2 Que quedou ou está moi atrasado: *As súas ideas sobre a xuventude son moi rancias.* SIN. atrasado. ANT. actual, moderno.
3 Dito dunha persoa, que ten moi mal carácter: *É un rancio que se enfada por calquera parvada.*
substantivo masculino
4 Dito dun alimento, sabor e olor desagradables polo paso do tempo: *Ese touciño ten rancio.*

rancor
substantivo masculino
Odio contra algo ou alguén, especialmente por algo que xa pasou e se mantén oculto: *Ninguén o sabía, pero de vello aínda lle gardaba rancor a aquel compañeiro de escola.*
FAM. rancoroso.

randear
verbo
Mover suavemente dun lado a outro: *Randea o berce do meniño para que adormeza.* SIN. arrandear, bambear.
FAM. randeeira.

randeeira
substantivo feminino
1 Asento colgado dun sitio alto e que permite que nos balanceemos: *Os rapaces xogaban nas randeeiras do parque.* SIN. arrandeadoiro, bambán.
2 Cadeira apoiada en barras con forma de arco para balancearse: *A avoa calcetaba sentada nunha randeeira.* SIN. arreandeadoiro.

rango
substantivo masculino
Categoría de algo ou alguén: *Seu curmán é un funcionario de alto rango.* SIN. categoría, clase, grao.

ranquear
verbo
Andar mal ou con dificultade pola dor, cansazo ou un defecto físico: *Ranquea porque ten unha perna máis grande ca a outra.*

*ranura, a forma correcta é rañura.

rañaceos
substantivo masculino
Edificio de moita altura e de moitos pisos: *Teñen sona os rañaceos de Nova York.*

rañar
verbo
Pasar as uñas pola pel: *Rañouse tanto no lombo que fixo sangue.*
FAM. raño.

raño
substantivo masculino

1 Utensilio de labranza que consta dun mango de pau e de dous ou máis dentes de ferro longos e afiados que se emprega para cavar, remover a terra ou tirar o esterco: *Traía o raño ao lombo.*

2 Utensilio para mariscar semellante a un angazo que se arrastra sobre a area levantando ameixas e berberechos que quedan depositados nunha especie de rede de metal que vai detrás: *Collía desde o bote berberechos co raño.* SIN. rastro.

rapa
substantivo feminino

Corta do pelo ou da la dun animal: *O pastor facía a rapa das ovellas do rabaño.*

EXP. **Rapa das bestas** Operación consistente en cortarlle o pelo aos cabalos bravos: *A rapa das bestas converteuse xa nunha atracción turística.*

rapante
substantivo masculino

Peixe mariño comestible de forma plana e oval e cor castaña: *O rapante vive a rentes do fondo do mar.*

rapañota
EXP. **Á rapañota** ou **ás rapañotas** Botando ao aire de xeito que sexa para quen primeiro o colla: *O padriño botoulles aos rapaces caramelos á rapañota.*

rapar
verbo

1 Cortarlle o pelo ou a la a un animal: *O pastor rapaba as ovellas do rabaño.* SIN. tosquiar.

2 Cortar o pelo dunha persoa moi curto: *Díxolle ao barbeiro que o rapase.*

raparigo, rapariga
substantivo

Mozo ou moza novos: *Falaba cun raparigo duns quince anos.*

rapaz[1]
adxectivo ou substantivo feminino

Dito dunha ave, que se caracteriza por ter o peteiro e as uñas moi fortes e alimentarse de carne: *As rapaces teñen fortes uñas e peteiro para cazar.*

rapaz[2], rapaza
substantivo

1 Persoa que ten unha idade entre a de neno e a de mozo: *Falaba cun rapaz duns catorce anos.*

2 Persoa de pouca idade: *Os rapaces xogaban no patio do recreo.*

3 Fillo que aínda non é adulto: *Ten dous rapaces e unha rapaza.*

4 Mozo ou moza con que se teñen relacións amorosas: *A rapaza de teu curmán seica é de Ourense.*

5 Persoa nova que fai recados ou axuda nun establecemento: *Tróuxome a compra do supermercado o rapaz.*

FAM. rapazada.

rapazada
substantivo feminino

1 Feito ou dito propio dun rapaz ou neno: *Saltar ese valado foi unha rapazada.*

2 Conxunto de rapaces ou nenos: *A rapazada xogaba no patio do colexio.*

***rape**, a forma correcta é **peixe sapo**.

rapidez
substantivo feminino

Gran velocidade con que acontece ou se fai algo: *Fixo os problemas de matemáticas con moita rapidez.* SIN. prontitude, velocidade. ANT. lentitude, tranquilidade.

rápido, rápida
adxectivo

1 Que se move con gran velocidade: *Os coches de carreiras son moi rápidos.* SIN. veloz. ANT. lento.

2 Que se fai ou que acontece en pouco tempo: *Fíxolle unha visita rápida á nai.*

substantivo masculino

3 Parte dun río onde a corrente da auga é moi forte e veloz: *Os rápidos débense á inclinación e estreiteza do leito do río.*

adverbio

4 Con gran velocidade: *Xantou moi rápido para chegar a tempo ao traballo.* SIN. axiña, decontado, pronto.

FAM. rapidez.

rapinar
verbo

Roubar atacando con forza e violencia: *Os piratas rapinaban os barcos que capturaban.*

FAM. rapina.

raposeiro, raposeira
adxectivo
1 Que é moi listo e ata engana os demais: *Non fagas negocios con el porque é moi raposeiro.* SIN. astuto.
substantivo feminino
2 Tobo ou lugar onde vive o raposo: *As crías do raposo estaban na raposeira.*

raposo, raposa
substantivo
Animal mamífero carnívoro salvaxe e moi parecido a un can, co fociño e as orellas afiadas e o rabo longo e peludo: *Aos raposos gústanlles moito as galiñas para papalas.*

raptar
verbo
Levar a unha persoa á forza ou con enganos para deixala sen liberdade: *Raptaron un empresario e despois pedían un rescate en cartos.*
FAM. rapto.

raqueta
substantivo feminino
1 Especie de pa que se usa para golpear a pelota nalgúns deportes como o tenis: *Para xogar ao tenis cómpre a raqueta.*
2 Utensilio de forma semellante ao anterior que se pon nos pés para andar sobre a neve: *Os montañeiros andaban sobre a neve con raquetas.*

raquítico, raquítica
adxectivo
1 Moi débil, pequeno e delgado porque non creceu como debía: *A subalimentación fai que os nenos estean raquíticos.*
2 Moi pequeno: *Seica gaña un soldo raquítico, que non chega aos 500 euros ao mes.*
FAM. raquitismo.

rarear
verbo
1 Pór cada cousa moi separada das outras: *Cómpre rarear os piñeiros que plantemos para que medren mellor.*
2 Facerse máis escaso e moi separados uns elementos dos outros: *Raréalle moito o pelo e vai quedar calvo.*

raro, rara
adxectivo
1 Que resulta estraño ou produce sorpresa porque é distinto do normal: *É moi raro que vaia este frío no mes de xullo.* SIN. anormal, estraño. ANT. común, corrente, habitual, lóxico, normal, ordinario, usual.
2 Que é pouco frecuente: *Que el esqueza algo é moi raro.*
3 Que ten os seus elementos moi separados: *Neste souto os castiñeiros están moi raros.* ANT. basto, denso, espeso, mesto.
FAM. rarear, rareza.

rasante
adxectivo
1 Que se fai moi cerca do chan: *No espectáculo aéreo os avións fixeron voos rasantes.*
substantivo
2 Nunha rúa, estrada ou camiño, liña que indica a súa inclinación en relación coa horizontal: *Nos cambios de rasante das estradas non se pode adiantar porque non hai visibilidade.*

rasar
verbo
Referido a un recipiente, enchelo ata que o que o enche quede ao mesmo nivel ca os seus bordos: *Rasou o tarro do café en po.*

rascadela ou rascadura
substantivo feminino
Marca pouco profunda nunha superficie ao rozala ou rascala con algo: *Fixo unha rascadela na porta esquerda do coche coa porta do garaxe.*

rascar
verbo
1 Pasar as uñas pola pel: *Rascaba a perna porque lle picaba.*
2 Levantar a superficie de algo ou a capa da substancia que a cobre coas uñas ou con algún utensilio: *O can rascaba a porta coas uñas porque quería saír.*
OBS. O *c* cambia en *qu* diante do *e*, como en *sacar*.

*raseiro, a forma correcta é **rapadoira**.

*rasgo, a forma correcta é **risco**, **trazo**.

raso, rasa
adxectivo
1 Dito dun monte, de vexetación baixa: *O monte raso está cuberto de arbustos, maleza e herbas.*
2 Que case toca o chan: *A avioneta facía voos rasos.*

3 Cheo ata os bordos pero sen pasar deles: *Botoulle á masa do roscón catro culleres rasas de azucre.*
4 Dito do ceo, sen nubes: *Non choverá porque o ceo está raso.*

raspar
verbo
1 Rozar repetidamente unha cousa con algo duro para eliminar a sucidade ou calquera outra cousa que teña pegada: *Raspou a pintura vella da porta con papel de lixa.*
2 Facer unha ferida pouco profunda levantando a pel: *Raspou o dedo co coitelo.*
3 Facer un sinal ou marca pouco profunda sobre unha superficie: *Raspou o coche ao sacalo do garaxe.*
4 Aproveitar a parte dun alimento ou comida que queda pegado ao recipiente: *Raspou o molde do flan.*

raspiñar
verbo
Roubar cousas de pouco valor ou aproveitando un descoido do dono: *Seica lle raspiñaron a carteira do bolso sen que se decatase.* SIN. furtar, quitar, roubar, tirar.
FAM. raspiñeiro.

rastreiro, rastreira
adxectivo
Que se move ou medra pegado ao chan: *As cobras son rastreiras. A planta do melón é rastreira.*

***rastrelar**, a forma correcta é **restrelar**.

***rastrelo**, a forma correcta é **restrelo**.

rastrexar
verbo
Buscar seguindo o rastro, pegadas, sinais ou restos que algo ou alguén deixan: *Os cans rastrexaban os coellos co seu olfacto.*

rastro
substantivo masculino
1 Pegadas, sinais, marcas ou restos que alguén deixa nun lugar ao pasar por el: *Os cans seguiron o rastro das lebres.*
2 Raño.
EXP. **A rastro** Arrastrando polo chan: *Levaba as maletas a rastro porque pesaban moito.*

***rastrollo**, a forma correcta é **restrollo**.

rasurar
verbo
Afeitar.

rata
substantivo feminino
Mamífero roedor de pelo gris escuro, cabeza pequena, rabo longo e fino e patas curtas e maior ca o rato: *As ratas aliméntanse de desperdicios.*
FAM. rateador, ratear, rateira, rateiro, raticida.

rateira
substantivo feminino
Trampa para cazar ratos e ratas: *Puxo rateiras no garaxe.* SIN. garamelo.

raticida
adxectivo ou substantivo masculino
Que serve para matar ratos e ratas: *Os raticidas adoitan conter velenos.*

ratificar
verbo
Asegurar ou confirmar que algo é certo ou válido: *O ministro ratificou as súas declaracións e non se desdixo.* SIN. confirmar, reafirmar.
OBS. O *c* cambia en *qu* diante do *e*, como en *sacar*.
FAM. ratificación.

rato
substantivo masculino
1 Mamífero roedor máis pequeno ca a rata co pelo de cor gris ou doutras cores, de rabo longo e que vive nas casas ou no campo: *Os ratos devecen polo queixo.*
2 En informática, dispositivo do ordenador que permite localizar na pantalla un programa ou lugar e actuar sobre el: *Marcou co rato o arquivo para abrilo.*

rauto
substantivo masculino
Arroutada.

ravo
substantivo masculino
Planta anual cultivada nas hortas de follas grandes e raíz case redonda, de sabor picante e comestible e tamén esta raíz comestible: *Botoulle ravo á ensalada.*

raxeira
substantivo feminino
1 Espazo breve de tempo en que loce o sol nun día de chuvia: *Aproveitou a raxeira para ir mercar o pan e o xornal.* SIN. raiola.
2 Lugar onde dá o sol: *No inverno hai que sentarse á raxeira.*

raxo[1]
substantivo masculino
Cada unha das dúas tiras de carne que están situadas ao longo do lombo do porco e unidas ao espiñazo: *Mercou na carnizaría un quilo de raxo.*

raxo[2]
substantivo masculino
Cada un dos brazos do polbo: *O polbo ten oito raxos.*

raza
substantivo feminino
Categoría ou clase á que pertence un conxunto de seres vivos que teñen unha serie de características en común: *Os individuos de raza branca teñen a cor da pel branca.*
EXP. **De raza** Dito dun animal, con características que se consideran moi boas porque non se mesturou con outro de características inferiores: *O meu can de caza é de raza.*
FAM. racial, racismo, racista.

razoable ou razoábel
adxectivo
1 Que ten sentido ou lóxica: *As vosas respostas no exame han de ser razoables.* SIN. lóxico, racional, sensato. ANT. ilóxico, irracional.
2 Suficiente ou que está ben: *Ese piso ten un prezo razoable.*

razoamento
substantivo masculino
Conxunto de ideas e razóns que serven pa-ra demostrar algo ou para convencer de algo: *O seu razoamento convenceume da necesidade de mercar aquel dicionario.* SIN. argumentación.

razoar
verbo
1 Pensar algo, ordenando ideas na mente para chegar a unha conclusión: *Para resolver ese problema de matemáticas hai que razoar.*
2 Dar probas, motivos e razóns que demostren o que se di: *No exame teredes que razoar as vosas respostas.*
3 Facer uso da mente ou da capacidade de pensar: *As persoas razoan, pero os animais non.* SIN. pensar.

razón
substantivo feminino
1 Capacidade das persoas para pensar, xulgar e entender: *A razón é propia das persoas, pero non dos animais.* SIN. entendemento, intelixencia, pensamento, raciocinio.
2 Motivo ou causa que fai actuar dunha determinada maneira: *El tivo boas razóns para vender o negocio: dáballe perdas.* SIN. causa, motivo.
3 Verdade ou acerto no que se fai ou se di: *Tes razón: este mes choveu moito.*
FAM. raciocinio, racional, razoable, razoamento, razoar, irracional.

rea
substantivo feminino
Conxunto de cousas ou elementos colocados un detrás do outro: *Os chourizos estaban atados e colocados en reas.*

reacción
substantivo feminino
1 Acción que se fai como resposta a algo: *A súa reacción ao suspender foi estudar máis.*
2 En química, transformación dunha substancia noutra distinta: *Nas reaccións químicas fórmanse novos enlaces.*
3 Produción de movemento especialmente dun vehículo ao despedir o motor un chorro de gases en dirección contraria á marcha: *Os motores poden ser de hélice ou de reacción.*
FAM. reaccionar.

reaccionar
verbo
1 Facer algo ou comportarse de certo modo como resposta a algo: *O enfermo reaccionou moi ben aos antibióticos e sandou.*
2 Volver á situación anterior ou normal: *Desmaiouse pero axiña reaccionou.*

***reacio**, a forma correcta é **remiso**.

reactor
substantivo masculino
1 Motor de reacción: *Os modernos avións de pasaxeiros son propulsados por varios reactores.*
2 Avión movido por este tipo de motores: *Os reactores acadan maiores velocidades ca os avións de hélice.*

reafirmar
verbo
Dicir de novo que algo é como se dixo antes ou segue a ser válido: *O acusado reafirmou a súa inocencia.* SIN. confirmar, corroborar.

real[1]
adxectivo
Do rei ou relacionado con el: *Os turistas visitaban o palacio real.*

real[2]
adxectivo
Que existe de verdade: *A historia conta feitos reais e a novela, imaxinarios.* SIN. verdadeiro. ANT. fabuloso, fantástico, ficticio, ideal, imaxinario, irreal.
FAM. realidade, realismo, realista, realización, realizar, irreal, irrealidade.

realidade
substantivo feminino
1 Todo o que existe e forma o mundo que vemos, sentimos e tocamos: *O ser humano capta a realidade cos seus cinco sentidos.*
2 O que acontece de forma verdadeira e existe: *A fame segue a ser unha realidade no mundo.*

realismo
substantivo
1 Forma de ver ou de contar as cousas tal e como son: *Describiu a situación con realismo, sen fantasía ningunha.*
2 En literatura, pintura e outras artes, forma de presentar o mundo e as persoas de maneira exacta e precisa, tal e como son: *O realismo tivo o seu apoxeo no século XIX.*
FAM. realista.

realizar
verbo
1 Facer ou levar algo á práctica: *Realizou durante a súa vida moi boas accións.* SIN. efectuar, executar, facer, levar a cabo.
2 realizarse Sentirse contento porque se conseguiu o que se quería: *El realízase moito traballando como veterinario.*
OBS. O *z* cambia en *c* ante *e*, como en *cazar*.

realzar
verbo
Facer que algo destaque: *Ese traxe realza a súa elegancia.* SIN. destacar, resaltar.
OBS. O *z* cambia en *c* ante *e*, como en *cazar*.

reanimar
verbo
Darlle forzas a unha persoa ou facer que volva en si despois de perder o coñecemento: *O café quente reanimouno despois de pasar tanto frío.*
FAM. reanimación.

reaparecer
verbo
Volver aparecer: *Reapareceu no equipo tras dous meses sen xogar por lesión.*
OBS. É regular: *reaparezo, reapareza.*

reavivar
verbo
Facer máis intenso ou forte: *Esa leña seca reavivou o lume.*

rebaixa
substantivo feminino
1 Diminución do prezo de venda dun produto: *Se mercas dúas camisas, fanche unha rebaixa.*
2 Venda de produtos a un prezo máis baixo: *Merquei este pantalón nas rebaixas.*

rebaixar
verbo
1 Facer máis baixo ou quitar altura, categoría, intensidade ou forza: *Rebaixaron os bordos das beirarrúas nos pasos de peóns. Rebaixárono e agora xa non é xefe.*
2 Diminuír o prezo dun produto: *En xaneiro os comercios adoitan rebaixar os produtos que venden.*
3 Referido a unha persoa, tratala con desprezo: *Rebaixouno chamándolle lacazán.*

rebanda
substantivo feminino
Anaco ancho, delgado e alongado que se corta dun alimento: *Cortou dúas rebandas de pan.*
FAM. rebandar.

***rebaño**, a forma correcta é **rabaño**.

rebater
verbo
Oporse a algo ou alguén con razóns e datos: *No libro rebate a idea de que a gordura é saúde.*

rebelar
verbo
1 Facer que alguén vaia en contra de alguén ou algo, especialmente contra unha autoridade, e que non lle obedeza: *Aquel xeneral rebelou os soldados contra o goberno.* SIN. levantar, sublevar.
2 rebelarse Oporse totalmente a algo ou alguén, especialmente a unha autoridade, e deixar de obedecelos: *Os mariñeiros rebeláronse contra o capitán.* SIN. levantarse, sublevarse. ANT. acatar, obedecer.
OBS. É distinto de *revelar.*

rebelde
adxectivo
1 Que non obedece e resulta difícil de educar ou controlar: *Expulsárono varias veces da clase porque é algo rebelde.* SIN. desobediente. ANT. dócil, obediente.
adxectivo ou substantivo
2 Que se opón a algo ou alguén, especialmente a unha autoridade, e deixa de obedecelos: *Os militares rebeldes detiveron o presidente do goberno.*
FAM. rebelar, rebeldía, rebelión.

rebeldía
substantivo feminino
1 Falta de obediencia e resistencia a ser educado e controlado: *A rebeldía dos adolescentes adoita ser pasaxeira.* ANT. obediencia, submisión.
2 Oposición a algo ou alguén, en especial unha autoridade, ata non obedecer: *A rebeldía dos mariñeiros contra o capitán foi castigada co cárcere ao chegar ao porto.* SIN. sublevación. ANT. obediencia, submisión.

rebentar
verbo
1 Romper ou estoupar algo de golpe, especialmente ao ter moita presión ou facéndolle un buraco: *O globo rebentou porque estaba moi cheo.*
2 Volver botar auga: *Con estas chuvias rebentaron os mananciais secos.*
3 Volver ter herba: *Co que choveu rebentaron os prados.*
4 Botar gomos ou xemas as plantas que darán lugar a novas pólas, flores ou follas: *Esas cerdeiras xa comezan a rebentar.*
5 Desexar moito facer algo: *El rebentaba por contestarlle, pero calou.*
6 Especialmente referido a un animal doméstico, cansalo moito ou matalo polo cansazo: *Cabalgou tanto tempo que rebentou o cabalo.*
7 Cansar moitísimo: *Este traballo rebenta a calquera.*
8 Referido a un aparello ou motor, facelo traballar moito ou con moita intensidade ata avarialo: *Se aceleras tanto vaslle rebentar o motor á moto.*
9 Morrer: *O asasino rebentou a consecuencia das feridas cando tentaba escapar.*
FAM. rebento, rebentón.

rebento
substantivo feminino
Brote.

rebentón
substantivo masculino
Rotura brusca e perda do aire do pneumático dunha roda dun vehículo: *O rebentón estragoulle o pneumático da roda dianteira esquerda.*

reberete
substantivo masculino
Fita estreita que se coloca como adorno no bordo de cousas como pezas de roupa, paredes e cousas semellantes: *As lapelas da chaqueta levan un reberete de veludo negro.*

rebobinar
verbo
Facer ir para atrás a película ou imaxes e sons gravados nunha fita de vídeo ou nun disco compacto, especialmente para volvelos oír ou ver: *Rebobinou o CD da película para vela outra vez.*

rebolo
substantivo masculino
1 Carballo de tronco pequeno: *Os rebolos cortados volven medrar.*
2 Pau ou pedra que se lanzan contra algo ou alguén: *Tirábaille rebolos á maceira para que caesen as mazás.*

3 Persoa gorda e baixa: *O seu curmán é un rebolo que mide metro e medio.*

rebordar
verbo
Dito especialmente dun líquido, que sae por encima dos bordos do seu recipiente: *Botoulle tanto leite que a cunca rebordaba.*

rebotar
verbo
Cambiar de dirección ou volver para atrás un corpo ao chocar contra algo: *O balón rebotou contra a parede.*

rebote
substantivo masculino
Cambio cara a atrás ou de dirección dunha cousa ao chocar contra algo: *O balón deu no defensa e entrou de rebote na portaría.*

reboutallo
substantivo masculino
Refugallo.

rebozar
verbo
Cubrir un alimento cunha capa de fariña ou pan relado e ovo para o fritir: *Rebozou os bistés en pan relado e ovo.*
OBS. O *z* cambia en *c* diante do *e*, como en *cazar*.

rebuldar
verbo
Saltar e correr xogando: *Os cativos rebuldaban no patio do recreo.* SIN. brincar, xogar.

rebulir
verbo
1 Comezar a moverse o que estaba quedo: *O neno rebulía no berce e parecía que ía espertar.*
2 Moverse sen parar facendo algo: *Nunha casa nunca se deixa de rebulir.*
OBS. Conxúgase como *fuxir*.

rebumbio
substantivo masculino
1 Moito ruído e gran movemento de persoas ou animais: *Na clase, sen o profesor, os alumnos armaron un bo rebumbio.* SIN. alboroto, barullo, bulicio, bulla.
2 Conxunto de persoas, animais ou cousas mesturados sen ningunha orde: *A súa mesa de traballo é un rebumbio de libros.*

rebuscar
verbo
Buscar de novo por se quedou algo: *Despois da vendima cómpre rebuscar os acios que quedaron nas cepas.*
OBS. O *c* cambia en *qu* ante *e*, como en *sacar*.
FAM. rebusco.

recachar
verbo
1 Abrir moito os ollos ou as pernas: *Sentouse recachando as pernas.*
2 Levantar o rabo un animal: *O cadelo recachou o rabo e moveuno.*

recadar
verbo
1 Xuntar unha cantidade de cartos que outros pagan: *O Concello recada os impostos municipais que pagan os cidadáns.*
2 Xuntar distintos elementos da mesma clase ou semellantes: *O investigador ía recadando datos sobre o cambio climático.*
SIN. recoller.
FAM. recadación, recadador.

recado
substantivo masculino
Aviso que se lle dá, deixa ou envía a alguén: *Miña nai deume o teu recado de que hoxe non viñas á praia connosco.*
FAM. recadeiro.

recadro
substantivo masculino
Liña, fita ou banda de forma cadrada ou rectangular que limita algo: *No libro de texto as formas do artigo veñen nun recadro.*

recaer
verbo
1 Pórse peor dunha enfermidade ou volver tela: *Volve estar na cama porque recaeu da gripe.* ANT. recuperarse.
2 Volver ter un vicio ou costume malo: *Recaeu no tabaco.*
3 Corresponder ou ir parar a alguén: *As culpas sempre recaen nos mesmos.*
OBS. Conxúgase como *caer*.
FAM. recaída.

recalar
verbo
Chegar un barco ao porto ou a un punto da costa: *O pesqueiro recalou no porto vigués.*

recalcar
verbo
Expresar algo destacándoo dunha forma especial: *O profesor da autoescola sempre recalcaba a palabra prudencia.* SIN. acentuar, salientar, subliñar.

recambio
substantivo masculino
Nun aparello ou máquina, peza que se usa para cambiar outra estragada ou avariada: *Mercou unha batería nova nunha tenda de recambios de automóbil.*

recanto
substantivo masculino
1 Espazo formado por dúas liñas ou superficies que se cortan: *Un cuarto ten catro recantos.* SIN. ángulo.
2 Lugar retirado e ata escondido dentro dun espazo máis grande: *Ese restaurante queda nun recanto da zona histórica da cidade.* SIN. curruncho, recuncho.

recapacitar
verbo
Pensar algo de novo con moito vagar e coidado: *Recapacitou e cambiou de opinión.* SIN. meditar, reflexionar.

recarga
verbo
Cantidade de cartos que se engade a un pagamento, habitualmente por facelo con atraso: *O pagamento dos impostos con atraso supón unha recarga.*
OBS. Non debe usarse no seu canto **recargo.*

recargar
verbo
1 Cambiar unha carga esgotada por outra nova: *O pistoleiro, tras disparar, recargaba o revólver.*
2 Obrigar a pagar máis, especialmente por atrasarse no pagamento: *Se pagas tarde ese recibo, recargarancho con 10 euros.*
3 Pór adornos de máis: *Recargou o seu cuarto con tantos cadros e pósters.*
OBS. O *g* cambia en *gu* diante do *e*, como en *pagar.*

recato
substantivo masculino
Coidado ao dicir ou facer algo para que ninguén poida sentirse molesto ou pense que non se acepta a moral establecida: *Por recato, non falaba dos seus negocios.*
FAM. recatado, recatarse.

recear
verbo
Desconfiar de algo ou de alguén por esperar deles algo malo: *Receo de que ese trapalleiro non tente enganarnos.*
FAM. receo, receoso.

receita
substantivo feminino
1 Nota escrita en que figuran as medicinas que o médico lle manda ao enfermo: *Nas farmacias só venden as menciñas con receita médica.*
2 Nota en que se explica como se prepara unha comida e as cantidades dos seus ingredientes: *Copiou do xornal unha receita para facer biscoito.*
FAM. receitar, receitario.

receitar
verbo
Mandar o médico nunha nota escrita un medicamento a un enfermo: *O médico receitoulle un xarope contra a tose.*

recendente
adxectivo
Que ten un olor agradable: *As colonias e perfumes son moi recendentes.* SIN. aromático, fragrante. ANT. fedorento.

recender
verbo
Producir un olor moi agradable: *Esa colonia recende desde lonxe.* ANT. abafar, alcatrear, apestar, feder.
FAM. recendente, recendo.

recendo
substantivo masculino
Olor moi agradable: *Gustáballe o recendo daquelas rosas frescas.* SIN. aroma, fragrancia, perfume. ANT. alcatreo, cheirume, fedor, peste.

recente
adxectivo
Que aconteceu hai pouco ou que se acaba de facer: *As recentes inundacións produciron moitas perdas.*
OBS. É incorrecta a forma abreviada ou apocopada **recén.*

receo

substantivo masculino

Desconfianza cara a algo ou alguén porque se espera deles algún perigo ou mal: *Os negocios daquel trapalleiro producíanlle receo.* SIN. desconfianza, temor.

recepción

substantivo feminino

1 Feito de recibir algo ou alguén: *Os aparellos telefónicos permiten a recepción e emisión de mensaxes. A recepción dos novos alumnos será no vestíbulo ás tres.*

2 Festa ou acto para recibir a alguén que chega ou por calquera outro motivo: *Para presentar a novela o autor deulles unha recepción aos amigos e achegados.*

3 Lugar que hai nalgúns sitios como hospitais, hoteis e outros establecementos semellantes para recibir os clientes ou para darlles informacións: *Na recepción do hotel dixéronnos cales eran os nosos cuartos.*

FAM. receptivo, receptor.

receptor

substantivo masculino

Aparello que recibe ou capta as ondas emitidas polas emisoras de radio e televisión: *Acendeu o receptor de radio para escoitar as noticias.*

rechamante

adxectivo

Que chama moito a atención da xente: *Levaba un traxe moi rechamante.*

rechamar

verbo

Chamar moito a atención da xente: *Con aquel traxe tan espectacular rechamabas moito na voda.*

***rechazar**, a forma correcta é **rexeitar**.

***rechazo**, a forma correcta é **rexeitamento**.

***rechear**, a forma correcta é **reencher**, **cubrir**.

recheo

substantivo masculino

Conxunto de cousas postas no interior doutra cousa para enchela: *Esa empanada ten un recheo de anguías. A almofada ten un recheo de plumas de ave.*

rechouchío

substantivo masculino

Chío ou son agudo continuado que producen os paxaros ou calquera outra cousa: *Fíxoo acordar o rechouchío dos paxaros.*

rechumir

verbo

1 Murchar.

recibidor

substantivo masculino

Cuarto pequeno na entrada dunha casa para recibir a xente: *No recibidor tiña un colgadoiro e un paraugueiro.*

recibir

verbo

1 Dito de algo que se dá ou se envía, collelo, aceptalo ou ser o seu destinatario: *No Nadal recibe moitas felicitacións dos amigos.*

2 Sufrir unha acción ou padecela: *O agredido recibiu un golpe na cara.*

3 Atender unha visita, especialmente no día e hora fixados: *O alcalde recibirá os veciños o próximo martes ás doce.*

4 Esperar a alguén que vén de fóra: *Fórono recibir ao aeroporto.*

5 Responder de determinada maneira ante algo que acontece: *Os consumidores recibiron moi ben ese produto novo.*

FAM. recepción, receptivo, receptor, recibidor, recibimento, recibo.

recibo

substantivo masculino

Papel en que se di que se recibiu algo, especialmente un pagamento: *Despois de pagar sempre se debe pedir o recibo.*

reciclar

verbo

1 Referido a desperdicios ou produtos estragados, facer o necesario para que sirvan para ser usados de novo ou aproveitalos para usos novos: *No meu colexio reciclamos o papel usado.*

2 Referido a unha persoa, formala para que aprenda unha nova profesión ou novos coñecementos da que xa ten: *Un bo profesor recicla continuamente a súa formación.*

FAM. reciclaxe.

reciclaxe

substantivo feminino

1 Aproveitamento dos desperdicios e produtos usados e vellos para volvelos usar

ou facer outros novos a partir deles: *No colexio facemos reciclaxe de papel usado.*
2 Formación dunha persoa para que aprenda outra profesión ou teña novos coñecementos da que xa ten: *A reciclaxe dun médico ha de ser continua.*
OBS. Non debe empregarse no seu canto **reciclado.*

recinto
substantivo masculino
Espazo pechado ou limitado: *Un cuarto dunha casa é un recinto.*

recio, recia
adxectivo
1 Que ten forza e vigor: *Un deportista adoita ser unha persoa recia.* SIN. forte, rexo, robusto, vigoroso.
2 Duro e difícil de soportar: *Aquí os invernos sonche recios.*
3 Dito dun mecanismo, que se move con dificultade: *Esa pechadura anda recia, cómpre aceitala.*

recipiente
substantivo masculino
Obxecto destinado a conter algo, especialmente líquidos e gases: *As botellas, os vasos e as xerras son recipientes.*

recíproco, recíproca
adxectivo
Referido a sentimentos ou accións entre dúas ou máis persoas, que se lles fai aos outros e ao mesmo tempo se recibe deles: *Bicárense dúas persoas é unha acción recíproca.*
FAM. reciprocidade.

recital
substantivo masculino
1 Espectáculo musical en que actúa un só artista: *No recital o cantante interpretou vinte e catro cancións.*
2 Acto en que se len poemas ou outros textos literarios: *O poeta deu na biblioteca un recital dos seus mellores poemas.*

recitar
verbo
1 Dicir un poema en voz alta e coa entoación adecuada: *O poeta recitou no acto dous dos seus sonetos.* SIN. declamar.
2 Dicir algo de memoria e en voz alta: *Antigamente os alumnos recitaban as leccións perante os profesores.*

reclamación
substantivo feminino
Queixa para protestar por algo: *Ese hotel ten moitas reclamacións dos seus hóspedes por non estar limpo.*

reclamar
verbo
1 Expresar desgusto por algo e protestar por iso: *O cliente reclamaba na tenda porque lle cobraran de máis.*
2 Pedir algo ao que se cre ter dereito: *Os veciños reclaman nese cruzamento un semáforo.* SIN. esixir, reivindicar.
3 Pedir a presenza de alguén nun lugar: *Polos altofalantes reclamaban un especialista en cardioloxía.* SIN. chamar.
FAM. reclamación, reclamo.

reclamo
substantivo masculino
Calquera cousa que atrae a atención de alguén: *Os anuncios publicitarios son un reclamo sobre os produtos anunciados.*

reclinar
verbo
Inclinar apoiando en algo: *Reclinou a cadeira contra a parede.*
FAM. reclinatorio.

reclinatorio
substantivo masculino
Especie de cadeira coas patas moi curtas e co asento moi baixo para axeonllarse nas igrexas: *Nos reclinatorios, ao axeonllarse, apóianse os cóbados no respaldo.*

recluír
verbo
Meter a alguén nun sitio pechado: *Os secuestradores recluíron o secuestrado nun garaxe.* SIN. encerrar. ANT. ceibar, liberar, soltar.
OBS. Conxúgase como *incluír*. Ten dous participios, o regular *recluído*, usado nas perífrases, e o irregular *recluso*, usado como adxectivo e substantivo.
FAM. reclusión, recluso.

recluso, reclusa
adxectivo ou substantivo
Que está no cárcere: *Dous reclusos tentaron fuxir do cárcere.* SIN. presidiario, preso.

*recluta, a forma correcta é **recruta**.

recobrar
verbo

1 Volver ter algo que se perdera: *O enfermo, con ese tratamento, recobrará a saúde.* SIN. recuperar.

2 recobrarse Volver estar san: *Xa se recobrou da gripe e traballa.* SIN. recuperarse, repoñerse, reporse, restablecerse.

recolección
substantivo feminino

1 Colleita.

2 Recollida de cousas, como datos, para usalas para algo: *Investiga a contaminación na ría e comezou a recolección de datos.* SIN. recollida.

recolledor
substantivo masculino

Obxecto parecido a unha pa que se usa para coller o lixo e po que se bota nel cunha vasoira: *Os recolledores actuais adoitan ser de plástico.*

recolleita
substantivo feminino

Colleita.

recoller
verbo

1 Gardar ou colocar de forma ordenada: *Recolleu os libros e púxoos no andel.*

2 Coller e xuntar ordenadamente algo que esta caído ou espallado: *Recolleu o bolígrafo que lle caera ao chan.*

3 Ir buscando e xuntando cousas que estaban separadas: *Ese investigador leva anos recollendo datos sobre a Guerra da Independencia.*

4 Ir buscar algo a un lugar para levalo: *Recolleu o sobre na oficina de Correos.*

5 Coller os froitos da terra cando están maduros: *Andaban a recoller as patacas.* SIN. apañar, coller.

6 Dar a alguén un lugar onde vivir ou protexerse: *Nesc asilo recollen anciáns sen familia.* SIN. acoller, albergar.

7 recollerse Ir a algún lugar para descansar ou durmir: *Recóllese cedo para deitarse antes das once.* SIN. retirarse.

OBS. Ten dous participios, o regular *recollido*, usado nas perífrases, e o irregular *recolleito*, usado como adxectivo ou substantivo.

recollida
substantivo feminino

Reunión de cousas que están separadas ou espalladas: *A policía xa realizou a recollida das pegadas e obxectos do lugar do crime.*

recomendación
substantivo feminino

1 Consello que se lle dá a alguén porque se considera que lle fará ben: *Cómpre seguir as recomendacións dos pais.* SIN. consello.

2 Protección que alguén con poder lle dá a alguén para que teña unha vantaxe sobre os outros ou o traten mellor: *Entrou nese traballo pola recomendación do alcalde.* SIN. cuña, enchufe.

recomendar
verbo

1 Dar un consello porque se considera que fará ben: *Os pais sempre lle recomendaron ser amable e cortés.* SIN. aconsellar.

2 Pedirlle a alguén que lle dea un trato de favor ou unha vantaxe a alguén ou a algo sobre os demais: *O alcalde seica recomendou ese rapaz para o traballo de electricista no Concello.* SIN. enchufar.

FAM. recomendación, recomendado.

recomezar
verbo

Volver facer ou acontecer o que se deixara de facer ou suceder: *Despois das vacacións do Nadal, o 8 de xaneiro recomezan as clases.*

recompensa
substantivo feminino

O que se dá como premio porque se fixo algo ben: *Ofrecen un recompensa de mil euros para o que atope ese can de caza.*

recompensar
verbo

Dar un premio porque se fixo algo ben: *Recompensárono con cincuenta euros ao devolver a carteira que atopou.*

recompoñer ou recompor
verbo

Volver pór ben ou amañar o que se estragou: *Recompuxo o peiteado que lle desfixera o vento.* SIN. amañar, arranxar, reparar. ANT. descompoñer, descompor.

OBS. Conxúgase como *poñer* ou *pór*.

reconciliar
verbo
Facer que dúas persoas volvan levarse ben: *O avogado logrou reconciliar os dous socios e o negocio segue.* SIN. amigar, avir.
FAM. reconciliación.

reconfortar
verbo
Darlle a alguén forza ou ánimo: *Esta cunca de leite quente reconfortoume.*

reconquista
substantivo feminino
1 Recuperación de algo que xa se tiña pero que se perdera: *Cachamuíña foi un heroe da reconquista da cidade de Vigo na Guerra da Independencia.*
2 Guerra que os reinos cristiáns da Península sostiveron contra os musulmáns entre o ano 711 e 1492 para recuperar a Península: *A Reconquista termina en 1492 coa expulsión dos musulmáns de Granada.*
OBS. Na acepción 2 escríbese con inicial maiúscula.

reconquistar
verbo
Recuperar algo que xa se tiña e que se perdeu: *Portándose ben reconquistou o cariño de todos.*

reconstituínte
adxectivo ou substantivo masculino
Que dá nova forza a un corpo ou organismo que está débil: *Ese xarope reconstituínte abre o apetito.*

reconstruír
verbo
1 Volver facer ou construír outra vez algo que se desfixo ou se estragou: *Reconstruirán o campanario da igrexa que se derrubou co temporal.* SIN. refacer.
2 Unir o que se sabe dun acontecemento para saber como foi: *A policía reconstruíu o asasinato no lugar do crime.*
OBS. Conxúgase como *incluír.*
FAM. reconstrución.

recontar
verbo
Volver contar un número de cousas: *Recontou os cartos dúas veces para ver se estaban ben.*

reconto
substantivo masculino
Nova conta que se fai dun número que forma un conxunto: *Como lle faltaba un alumno, o profesor fixo un reconto e estaban todos.*

reconverter
verbo
Especialmente dito dunha industria ou dos traballadores, adaptalos ás novas condicións: *Reconverteu a vella tenda de comestibles dos pais nun moderno hipermercado.*
FAM. reconversión.

recoñecemento
substantivo masculino
1 Identificación de algo ou alguén sabendo quen son: *A testemuña realizou o recoñecemento dos ladróns.*
2 Consideración de que algo é de determinada maneira: *Non esperaba del o recoñecemento de que se portara mal.*
3 Sentimento de agradecemento: *Na xubilación tivo o recoñecemento de todos os compañeiros de traballo.*
4 Exame de algo ou alguén con moita atención: *Despois do recoñecemento médico dixéronlle que non padecía ningunha enfermidade.* SIN. exame.

recoñecer
verbo
1 Darse de conta de quen é alguén ou de que cousa é algo: *Non vira o curmán desde había vinte anos, pero recoñeceuno moi ben.*
2 Admitir ou aceptar que algo é de determinada maneira: *Recoñeceu que se equivocara.*
3 Examinar con atención para coñecer o seu estado: *O médico recoñeceu o ferido.* SIN. examinar.
OBS. É regular: *recoñezo, recoñeza.*

***recopilar**, a forma correcta é **recompilar**.

***récord**, a forma correcta é **marca**.

recordar
verbo
1 Ter algo na memoria: *O ancián recordaba os anos da súa infancia perfectamente.* SIN. lembrar, acordarse. ANT. esquecer.
2 Facer volver á memoria e que non se esqueza: *Agora recordo que fomos xuntos ese día ao teatro.* SIN. acordarse, lembrar. ANT. esquecer.

3 Dicirlle a alguén algo para que non o esqueza: *Recorda que mañá quedamos ás sete.*
4 Facer pensar noutra cousa polo seu parecido: *Este poema recórdame outro de Rosalía.* SIN. lembrar.
5 Deixar de durmir: *Recordou porque entraba moita luz no cuarto.* SIN. acordar, espertar. ANT. adormecer, durmir.
FAM. recordatorio, recordo.

recordatorio
substantivo masculino
Tarxeta en que se recorda a data dun acontecemento, especialmente relixioso: *Deunos aos convidados un recordatorio da súa primeira comuñón.*

recordo
substantivo masculino
1 Presenza na mente de algo pasado: *Gardo moi bos recordos da miña etapa neste colexio.* SIN. lembranza. ANT. esquecemento.
2 Calquera cousa ou obxecto que serve para recordar algo: *Cando vou de viaxe sempre traio un recordo do sitio que visito.*
plural
3 Saúdo que se lle envía a unha persoa por medio doutra: *E dálle recordos a teu irmán, que hai tempo que non o vexo.*

recorrer
verbo
Acudir a alguén ou facer uso de algo para resolver un problema ou superar unha dificultade: *Cando non ten cartos sempre recorre á nai para que llos preste.* SIN. acudir.
OBS. É distinto de *percorrer.*
FAM. recorrente.

recortable ou recortábel
substantivo masculino
Folla de papel con figuras debuxadas que se poden cortar: *Regaloulle ao cativo un recortable con figuras de coches.*

recortado, recortada
adxectivo
Que ten os bordos con moitos entrantes e saíntes: *A costa galega é moi recortada.*

recortar
verbo
1 Cortar o que sobra de algo dándolle determinada forma: *Recortou do xornal o anuncio do piso que alugaban na súa rúa.*
2 Facer menor en tamaño, cantidade ou noutra cousa: *Con esta crise as empresas recortan os gastos.* SIN. diminuír, reducir. ANT. aumentar.

recorte
substantivo masculino
1 Anaco que se colga de algo: *Na saqueta non había billetes senón só recortes de follas de xornal.*
2 Diminución de tamaño, da cantidade ou doutra cousa: *Como gaña menos fixo un recorte nos seus gastos.* SIN. diminución, redución. ANT. aumento.

recostar
verbo
Inclinar apoiando sobre algo: *O cativo recostou a cabeza no ombreiro do pai.*

recrear[1]
verbo
Facer segundo un modelo ou imitando algo: *A película recrea o Descubrimento de América.*

recrear[2]
verbo
Proporcionar diversión, descanso ou alegría: *Os turistas recreaban a vista contemplando aquela fermosa paisaxe.* SIN. deleitar.

recreativo, recreativa
adxectivo
Que serve para entreter e divertir: *Nos salóns de xogos recreativos hai billares e outros xogos de mesa.*

recreo
substantivo masculino
1 Pracer, entretemento ou diversión que algo produce: *Cultiva esa leira para recreo e non para gañar cartos.*
2 Espazo de tempo en que se interrompen as clases para descansar e xogar: *Temos un recreo de media hora ás once.*

recriminar
verbo
Xulgar de forma negativa porque non gusta: *Recriminoulle o seu mal comportamento.* SIN. criticar, reprochar.
FAM. recriminación.

recrú, recrúa
adxectivo
Que está mal cocido e duro: *Eses cachelos están recrús porque pararon de ferver.*

recruar
verbo
1 Aumentar algo que é malo ou prexudicial: *O temporal recruou.*
2 Estar duro un alimento porque coceu mal: *Os cachelos non ferveron ben e recruaron.*
OBS. Conxúgase como *actuar.*
FAM. recrú.

***recrudecer**, a forma correcta é **recruar**.

recruta
substantivo feminino
Soldado que aínda está na etapa de formación: *Os recrutas facían a instrución no patio.*

recrutar
verbo
1 Facer entrar no exército: *Cando estalou a guerra recrutaron todos os mozos que cumpriran os dezaoito anos.* SIN. alistar. ANT. licenciar.
2 Reunir persoas para algo: *Recrutaban voluntarios para apagar o incendio.*

rectangular
adxectivo
Con forma de rectángulo: *Os folios son rectangulares.*

rectángulo
substantivo masculino
Figura plana con catro ángulos rectos e catro lados iguais dous a dous: *Na clase de matemáticas calculamos a área dun rectángulo.*
FAM. rectangular.

rectificar
verbo
1 Cambiar algo para quitar un erro ou unha falta: *Rectificou o resultado da división porque estaba equivocado.* SIN. corrixir, emendar.
2 Cambiar a forma de actuar ou pensar: *Rectificou a tempo e agora pórtase moi ben.* SIN. corrixir, emendar.
OBS. O *c* cambia en *qu* ante *e*, como en *sacar.*
FAM. rectificación.

rectilíneo, rectilínea
adxectivo
Formado por liñas rectas ou que segue unha liña recta: *A bala do fusil segue unha traxectoria rectilínea.* ANT. curvilíneo.

rectitude
substantivo feminino
Carácter das persoas ou cousas xustas e honradas: *Actúa sempre con rectitude porque é moi honrado.*

recto, recta
adxectivo
1 Que non está inclinado nin ten curvas nin ángulos: *Os bordos das follas dos libros son rectos.* SIN. dereito. ANT. curvo, torto.
2 Que se dirixe cara a un punto sen cambiar de dirección: *Esta rúa vai recta ata a praza.* SIN. dereito.
3 Que actúa como debe, con honradez e xustiza: *Non te enganaría nunca porque é moi recto.* SIN. íntegro, honesto, honrado, xusto. ANT. inxusto.
substantivo masculino
4 Parte final do intestino: *O recto termina no ano.*
substantivo feminino
5 Liña que non cambia de dirección: *O profesor de matemáticas trazou no encerado unha recta.* ANT. curva.
FAM. rectificación, rectificar, rectilíneo, rectitude, semirrecta.

recú
EXP. **A recú** Cara a atrás: *Meteu a marcha atrás para que o coche fose a recú.*

recua
substantivo feminino
1 Grupo de cabalarías que van unhas detrás doutras: *Antigamente o viño era transportado en pelellos por recuas.*
2 Grupo de persoas que van andando unhas detrás doutras: *Na cola do cine había unha recua de persoas.*

recuar
verbo
1 Ir ou andar cara a atrás: *Atropelouno un coche cando recuaba para aparcar.* SIN. retroceder. ANT. avanzar.
2 Decidir non facer o que se dixo que se ía facer: *Ningún problema o fai recuar cando quere algo.*
3 Ir a menos: *Menos mal que a epidemia de gripe recúa.* ANT. avanzar.
OBS. Conxúgase como *actuar.*
FAM. recú.

recuncar
verbo
Comer ou beber máis do mesmo que se acaba de comer ou beber: *Recuncou e tomou outro prato de sopa.* SIN. repetir.
OBS. O *c* cambia en *qu* ante *e*, como en *sacar*.

recuncho
substantivo masculino
Espazo pequeno nun ángulo ou nun lugar escondido dun local, cuarto ou moble: *Colocou a vasoira e o recolledor nun recuncho da cociña.* SIN. curruncho, recanto.

recuperación
substantivo feminino
Volta a un estado normal ou bo: *Con este tratamento vese unha clara recuperación do enfermo.*

recuperar
verbo
1 Volver ter o que se perdeu: *A policía recuperou as xoias que roubaran os ladróns.* SIN. recobrar. ANT. perder.
2 Aprobar un exame ou unha materia suspendidos: *Recuperou en setembro as materias suspendidas en xuño.*
3 Volver pór en bo estado: *Estas medidas contra a contaminación recuperarán a flora da praia.*
4 **recuperarse** Volver estar normal ou en bo estado: *Despois desa longa enfermidade xa se recuperou.*
FAM. recuperación.

recurso
substantivo masculino
1 Medio ou forma para conseguir ou solucionar algo: *Para aprobar o mellor recurso é estudar.* SIN. forma, medio.
2 Calquera cousa que se usa para conseguir algo: *O petróleo é un recurso que se esgotará.*
substantivo plural
3 Conxunto de cartos e bens que alguén ten: *Tenche grandes recursos porque herdou moito dos pais.*

redacción
substantivo feminino
1 Expresión de algo por escrito: *O secretario encargouse da redacción do contrato de alugamento.*
2 Exercicio, especialmente escolar, consistente en expresar algo por escrito: *O profesor mandou unha redacción sobre as vacacións do verán.*
3 Conxunto de persoas que escriben un xornal ou as noticias doutro medio de información: *A redacción deste xornal conta con vinte e cinco xornalistas.*

redactar
verbo
Expresar algo por escrito: *Cómpre redactar un contrato de alugamento.*
FAM. redacción, redactor.

redactor, redactora
substantivo
Persoa encargada de escribir as noticias e artigos nun xornal ou noutro medio de comunicación: *Traballa de redactor no telexornal.*

redada
substantivo feminino
Operación da policía consistente en deter moitas persoas no mesmo lugar e momento: *A policía fixo o sábado unha redada nunha discoteca.*

rede
substantivo feminino
1 Especie de tea ou tecido formado por fíos, cordas ou arames que se cruzan e que se usa para distintos fins: *O mariñeiro botou a rede ao mar.*
2 Conxunto de persoas ou cousas organizadas para un mesmo fin: *Ese hipermercado ten unha rede de establecementos por toda Galicia.*
FAM. redada.

redención
substantivo feminino
Liberación dunha pena, castigo ou mal: *Conseguiu grazas ao traballo no cárcere a redención da súa pena.*

redimir
verbo
Librar dunha pena, castigo ou mal: *O traballo no cárcere redime parte da pena.*
FAM. redención, redentor.

rédito
substantivo masculino
Beneficio, especialmente en cartos, que produce ao cabo de certo tempo un capital

ou unha cantidade de cartos que se prestou ou investiu: *Os bancos polos cartos que se meten nel paga cada certo tempo un rédito.*

redobrar
verbo
1 Aumentar outro tanto ou moito máis: *No segundo tempo o equipo redobrou o seu esforzo para gañar.*
2 Soar o tambor ao ser golpeado alternativamente e con rapidez polos dous paus: *Os tamborileiros facían redobrar os tambores.*

redobre
substantivo masculino
Toque de tambor que se produce facendo rebotar rapidamente os paus sobre a pel do mesmo: *Na procesión soaba o redobre dos tambores.*

redoma
substantivo feminino
Recipiente de vidro de base ancha e que vai estreitando cara á boca: *As redomas úsanse nos laboratorios.*

redondear
verbo
Darlle a algo unha forma redonda: *A auga do río redondeou as pedras.* SIN. arredondar.

redondo, redonda
adxectivo
1 Con forma de círculo ou esfera: *Un balón de fútbol é redondo.*
2 Dito dunha cantidade, que está expresada en unidades enteiras e sen decimais: *En cifras redondas custoume cincuenta euros.*
substantivo feminino
3 Zona ou territorio que rodea un lugar ou poboación: *É un dos pazos máis fermosos da contorna do Carballiño.* SIN. contorno, contorna, volta.

redor
EXP. **Ao redor de** De forma que rodea algo: *A Lúa xira ao redor da Terra.* SIN. arredor.

redución
substantivo feminino
Diminución do tamaño, cantidade, forza ou importancia: *Os cidadáns piden unha redución dos impostos.* SIN. diminución, recorte. ANT. aumento.

reducir
verbo
1 Facer menor en cantidade, tamaño, importancia ou intensidade: *Nas curvas cómpre reducir a velocidade.* SIN. diminuír, limitar, minguar, recortar. ANT. agrandar, ampliar, aumentar.
2 Facer que unha cousa cambie noutra peor: *O incendio reduciu as árbores a cinsas.*
3 Consistir unha cousa noutra máis simple: *O traballo ese redúcese a tirar unhas bolsas ao lixo polas noites.*
4 Suxeitar a alguén: *A policía tivo que reducir dous manifestantes que tiraban pedras.*
OBS. É regular: *reduzo, reduza.*
FAM. redución, redutor.

redundante
adxectivo
Dito dunha palabra, que sobra: *Baixar abaixo é unha expresión redundante.*
FAM. redundancia.

reembolso
substantivo masculino
1 Devolución dunha cantidade de cartos a quen a pagou antes: *Se non queda conforme coa camisa devólvea e facémoslle o reembolso dos cartos.*
2 Cartos que se pagan ao recibir unha cousa enviada por correo: *Enviáronme o libro contra reembolso.*
FAM. reembolsar.

***reemprazar**, a forma correcta é **substituír**.

reencher
verbo
Volver encher o que quedou baleiro ou medio baleiro: *Reencheu o vaso de auga.*

refacer
verbo
1 Volver facer algo: *Refixeron o edificio que se derrubara no terremoto.* SIN. reconstruír.
2 Facer volver a unha boa situación o que se estragou: *Volveu casar tras o divorcio e refixo a súa vida.*
3 **refacerse** Dito dun alimento ou bebida, conseguir o punto ideal para ser consumido: *As mazás verdes refixéronse no faiado.*
4 Recuperar o bo estado que se perdera: *O equipo refíxose no segundo tempo e levantou o partido.*
OBS. Conxúgase como *facer.*

refacho
substantivo masculino

Golpe de vento producido polo seu cambio de dirección: *O refacho aquel estragoulle o paraugas.* SIN. axada, refoleo.

refaixo
substantivo masculino

Peza interior de abrigo que levaban as mulleres por debaixo da saia e que tiña a forma desta: *Agora xa non se usa o refaixo.*

refén
substantivo

Persoa que se ten presa contra a súa vontade para obrigar a outras a facer algo: *Os atracadores ameazaban con matar un refén se a policía non os deixaba fuxir.*

referencia
substantivo feminino

1 Noticia ou relato sobre algo ou alguén: *Non conseguiu ningunha referencia no arquivo sobre a orixe dos seus devanceiros.*
2 Calquera cousa que se cita ou nomea ao escribir sobre algo: *Nese artigo hai referencias á corrupción municipal na vila.*
3 O que serve como modelo para imitar: *Cunqueiro é a súa referencia como poeta.*
substantivo feminino plural
4 Conxunto de datos sobre algo ou alguén: *Nese emprego só aceptan candidatos con referencias.*

referendo
substantivo masculino

Votación directa dos cidadáns dun país sobre unha lei ou algo moi importante para aprobalo ou non: *O Estatuto de Autonomía de Galicia foi aprobado por referendo.*

referente
adxectivo

1 Que trata de algo ou o afecta: *O problema referente á quenda das vacacións aínda non se solucionou.*
substantivo masculino
2 O que serve de modelo para imitalo: *Seu pai sempre foi o seu referente nos negocios.*

referir
verbo

1 Contar ou dar a coñecer algo de palabra ou por escrito: *O meu amigo referiume as súas aventuras na xungla.* SIN. contar, narrar, relatar.
2 **referirse** Citar ou falar de algo ou alguén: *No artigo refírese á corrupción na nosa provincia.*
3 Tratar de algo ou afectalo: *No que se refire ao aumento de soldo non se tratou aínda nada.*
OBS. Conxúgase como *advertir.*
FAM. referencia, referente.

refinación
substantivo feminino

Proceso polo que unha cousa ou substancia se fai mellor e máis pura: *A gasolina obtense da refinación do petróleo.* SIN. refinamento.
OBS. Non debe empregarse **refinado.*

refinado, refinada
adxectivo

1 Delicado, elegante ou moi fino: *É unha persoa de educación refinada.*
2 Que foi sometido a un proceso para facelo máis puro e mellor: *O azucre que usamos nas casas está refinado.*

refinamento
substantivo masculino

1 Finura, elegancia e delicadeza moi grandes: *El viste con moito refinamento.*
2 Proceso polo que unha cousa ou substancia se fai mellor ou máis pura: *A gasolina obtense do refinamento do petróleo.* SIN. refinación.
OBS. Na acepción 2 non debe empregarse **refinado.*

refinar
verbo

1 Dito dunha substancia ou produto, facelo máis puro e mellor: *Cómpre refinar o azucre antes de consumilo.*
2 Facer que unha persoa se comporte de forma máis fina e elegante: *A educación refina as persoas.*

refinaría ou refinería
substantivo feminino

Instalación industrial onde se refinan produtos e substancias: *Na Coruña hai unha refinaría de petróleo.*

reflectir
verbo

1 Facer que a luz, a calor ou o son cambien de dirección: *Os espellos reflicten a luz e as imaxes.*

2 Amosar ou deixar ver: *A súa cara reflicte as pegadas da enfermidade.*
OBS. Conxúgase como *advertir.*

***reflexar**, a forma correcta é **reflectir**.

reflexión
substantivo feminino
1 Pensamento ou consideración de algo devagar e con atención: *Para acertar nas decisións cómpre moita reflexión.* SIN. meditación.
2 Cambio de dirección da luz, da calor ou do son: *Os espellos producen a reflexión da luz e das imaxes.*

reflexionar
verbo
Pensar algo devagar e con atención: *Antes de actuar cómpre reflexionar.* SIN. meditar, pensar, recapacitar.
FAM. reflexión.

reflexivo, reflexiva
adxectivo
En gramática, que expresa unha acción que o suxeito executa e recibe á vez: *Lavarse é un verbo reflexivo porque o suxeito executa e recibe a acción.*

reflexo, reflexa
adxectivo ou substantivo masculino
1 Que se fai sen querer e que se produce como resposta a un estímulo: *Pechar os ollos ante unha luz moi forte é un acto reflexo.*
substantivo masculino
2 Luz que cambia de dirección cando choca contra un obxecto: *Víase o reflexo da lúa na auga.*
3 Imaxe que aparece nalgunhas superficies cando se pon un obxecto diante delas: *Vía o reflexo da súa cara na auga limpa do estanque.*
4 O que amosa ou expresa algo: *Esas bágoas son reflexo da súa pena.*
plural
5 Capacidade para responder a algo de forma rápida e eficaz: *Un porteiro de fútbol debe ter bos reflexos.*

refluxo
substantivo masculino
Movemento do mar cando se afasta da costa: *O refluxo das ondas levaba a bolsa de plástico para dentro do mar.* ANT. fluxo.

refolear
verbo
Cambiar bruscamente o vento de dirección: *Pecha o paraugas porque refolea e non sexa que o estrague o vento.*
FAM. refoleo.

refolgar
verbo
Facer un descanso para coller forza: *Refolgamos dez minutos despois de dúas horas seguidas de traballo.*
OBS. O *g* cambia en *gu* ante *e*, como en *pagar.*

reforma
substantivo feminino
Cambio que se fai en algo coa intención de melloralo: *Pechou a cafetaría por reformas.*

reformar
verbo
1 Cambiar algo coa intención de melloralo: *Reformou o comercio para modernizalo.*
2 Facer que alguén deixe de comportarse de forma considerada negativa: *O traballo reformouno e agora pórtase moi ben.*

reformatorio
substantivo masculino
Establecemento en que viven os menores de idade que cometeron algún delito ou teñen moi mal comportamento: *Nos reformatorios téntase educar os menores para que non cometan delitos.*

reforzar
verbo
Facer máis forte: *Perante tantos roubos, a policía reforzou a vixilancia na zona.*
OBS. O *z* cambia en *c* ante *e*, como en *cazar.*

reforzo
substantivo masculino
O que fai que algo sexa máis forte ou máis resistente: *Se o noso equipo quere gañar o campionato, necesita reforzos.*

refrán
substantivo masculino
1 Frase popular que contén un consello ou unha ensinanza: *Moitas veces escoitei o refrán «O casado casa quere».*
2 Verso ou conxunto de versos que se repiten despois de cada estrofa dun poema: *Moitas cantigas de amigo teñen refrán.*

refrear
verbo
Impedir a manifestación dalgún sentimento ou emoción: *Ante aquela inxustiza tivo que refrear a súa carraxe.* SIN. conter, frear, reprimir.

refrega
substantivo feminino
1 Pasamento ou rozamento con forza e repetido dunha cousa sobre outra: *Esa camisa necesita unha boa refrega porque está moi sucia.*
2 Enfrontamento ou loita violenta: *Tivo unha refrega co curmán e ata chegaron ás mans.* SIN. lea, liorta, loita, pelexa.

refregar
verbo
Fretar.

refrescar
verbo
Diminuír a temperatura ou a calor: *Nas noites de agosto xa refresca.*
OBS. O *c* cambia en *qu* ante *e*, como en *sacar*.

refresco
substantivo masculino
Bebida que se toma fría para calmar a sede e ter menos calor: *Moitos refrescos teñen burbullas de gas carbónico.*

refrito
substantivo masculino
Rustrido.

refrixerador
substantivo masculino
Frigorífico.

refrixerar
verbo
Facer que estea máis frío un lugar ou un alimento, especialmente por procedementos técnicos: *Os frigoríficos serven para refrixerar os alimentos.*
FAM. refrixeración, refrixerador.

refucir
verbo
Remangar.

refugallo
substantivo masculino
Restos que quedan de algo e que xa non serven: *Botoulle ao can os refugallos do cocido do xantar.* SIN. desperdicio, reboutallo, refugo.

refugar
verbo
Deixar sen usar ou non admitir algo por consideralos malos ou sen valor: *Refugou todos os nosos consellos.* SIN. desbotar, rexeitar.
OBS. O *g* cambia en *gu* ante *e*, como en *pagar*.

refugo
substantivo masculino
Refugallo.

refulxente
adxectivo
Que brilla moito: *Lucía un sol refulxente.*
SIN. resplandecente.
FAM. refulxir.

refungar
verbo
Protestar en voz baixa e sen que se entenda ben: *Cando lle mandan algo sempre refunga.*
OBS. O *g* cambia en *gu* ante *e*, como en *pagar*.

refusar
verbo
Non aceptar algo ou non querelo: *Refusou a invitación de vir á praia connosco.* SIN. rexeitar.

refuxiado, refuxiada
substantivo
Persoa que foxe dunha guerra, dunha persecución ou dunha desgraza: *Os refuxiados do terremoto foron aloxados nun campamento.*

refuxiar
verbo
Dar amparo, protección ou refuxio a alguén: *Refuxiámonos da chuvia meténdonos nun portal.* SIN. amparar, protexer, recoller.

refuxio
substantivo masculino
1 Lugar que serve para abrigarse ou protexerse dalgún perigo: *Os exploradores protexéronse da nevarada nun refuxio de montaña.*
2 Axuda ou protección: *É unha boa persoa que dá refuxio a quen llo pide.*
FAM. refuxiado, refuxiar.

rega
substantivo feminino
Proceso de botarlle auga ao chan ou ás plantas para que estas vivan e medren: *Fai unha rega da horta cando escurece.*
OBS. É distinto de *rego.*

regadeira
substantivo feminino
Recipiente formado por un depósito e un tubo rematado en buracos e que se usa para botarlles auga ás plantas: *Regaba as plantas dos testos cunha regadeira.*

regadío
substantivo masculino
Terra de cultivo que se pode regar con frecuencia para obter os froitos: *As cenorias e as leitugas son plantas de regadío.*

regalar
verbo
Dar algo sen recibir nada a cambio, especialmente como mostra de cariño: *O día do aniversario o avó regaloulle un libro.* SIN. agasallar, obsequiar.
FAM. regalo.

regalicia
substantivo feminino
Pasta doce que se elabora a partir do talo e do zume da planta do mesmo nome e que se toma como lambetada: *Mercou caramelos e unha barra de regalicia.*

***regaliz**, a forma correcta é **regalicia**.

regalo
substantivo masculino
Calquera cousa que se lle dá a alguén sen recibir nada a cambio, especialmente como mostra de cariño: *O día do aniversario recibiu de regalo o libro que quería.* SIN. agasallo, obsequio.

***regandixa**, a forma correcta é **fenda**, **regaña**.

regaña
substantivo feminino
Greta.

regañar
verbo
Abrir unha ou máis regañas ou aberturas estreitas e longas nunha superficie: *A calor regañou a madeira desa porta.*
FAM. regaña.

regar
verbo
1 Botar auga sobre as plantas ou o chan: *Estaba a regar as roseiras.*
2 Ir ou pasar un río por unha zona: *O Miño rega tres provincias galegas.*
OBS. O *g* cambia en *gu* diante do *e*, como en *pagar.*
FAM. rega, regadeira, regadío, regata, regato, rego, regueiro.

regata
substantivo feminino
Carreira entre embarcacións: *Houbo unha regata de veleiros.*

regatear
verbo
1 Discutir o prezo dun produto a persoa que o quere comprar e a que o quere vender: *O comprador regatea para conseguir un prezo máis baixo.* SIN. relear.
2 Procurar dar o menos posible de algo: *El nunca regatea esforzo no seu traballo.* SIN. escatimar.
OBS. Non debe empregarse no canto de *canear, driblar.*
FAM. regateiro.

regateiro, regateira
adxectivo ou substantivo
1 Que ao comprar discute o prezo para conseguilo máis baixo: *Compra moi ben porque che é moi regateiro.* SIN. relón.
substantivo feminino
2 Peixeira.

regato
substantivo masculino
Corrente de auga pequena: *O regato é máis pequeno ca o regueiro e moito máis aínda ca o río.*

regazo
substantivo masculino
Colo.

rego
substantivo masculino
1 Gabia ou fenda estreita na terra por onde corre a auga: *Tras a tormenta a auga corría polos regos da aba da montaña.*
2 Especie de gabia ou escavación longa e estreita feita para botar a semente ou regar: *Fixo varios regos co arado.* SIN. suco.

EXP. **Traer ao rego a alguén** Facelo entrar en razón: *O rapaz desobedecía e o profesor tivo que traelo ao rego.* **Vir ao rego** Deixar de opoñerse a algo co que non se estaba de acordo: *Menos mal que os veciños desconformes viñeron ao rego.*
OBS. É distinto de *rega.*

regra
substantivo feminino
1 Instrumento plano e longo que se usa para debuxar liñas rectas e medir distancias entre dous puntos: *As regras adoitan ir graduadas en centímetros e milímetros.*
2 O que se debe cumprir porque se fixou así: *Todos os deportes e xogos teñen as súas regras.* SIN. norma.
3 Modo en que se produce algo de forma habitual: *A regra é que vaia calor no verán e frío no inverno.*
4 Menstruación.
FAM. regrado, regulación, regulamentar, regulamentario, regulamento, regular, regularidade, regularizar, antirregulamentario, irregular.

regresar
verbo
Ir de novo ao punto do que se partira: *Imos de vacacións e regresaremos dentro dun mes.* SIN. retornar, tornar, volver.
FAM. regreso.

regreso
substantivo masculino
Volta ao lugar do que se partiu: *O regreso a Galicia fíxoo en avión.* SIN. retorno, volta.

regueifa
substantivo feminino
1 Molete de pan adornado con ovo, azucre e caramelo con que se obsequiaba os invitados a unha voda: *A madriña repartía a regueifa.*
2 Disputa ou discusión en verso e improvisada entre os asistentes a unha voda ou a calquera outra festa: *Antes nas vodas sempre había a regueifa.*

regueiro
substantivo masculino
Corrente de auga maior ca un regato pero menor ca un río: *Nas beiras do regueiro medraban os ameneiros.*

regulamentario, regulamentaria
adxectivo
Que cumpre o que mandan as regras ou normas: *O tempo regulamentario dun partido de fútbol é de 90 minutos.* ANT. antirregulamentario.

regulamento
substantivo masculino
Conxunto de regras e normas que din como ha de facerse algo: *Todos os deportes teñen un regulamento.*

regular[1]
adxectivo
1 De tamaño ou características considerados normais: *Este coche ten unha potencia regular, nin moi grande nin moi pequena.*
2 Que acontece sempre igual ou coa mesma frecuencia: *Os voos regulares saen todos os días á mesma hora.*
3 Que non presenta cambios grandes: *É un xogador moi regular e nunca está en baixa forma.* ANT. irregular.
4 Nin moi ben nin tampouco moi mal: *Ese exame está regular e ten un 6.*
5 Que segue as normas dos da súa mesma clase: *Os verbos regulares seguen todos o mesmo modelo de conxugación.* ANT. irregular.
6 En xeometría, que ten os lados e os ángulos ou as caras e os ángulos iguais entre si: *O cadrado é un polígono regular.* ANT. irregular.

regular[2]
verbo
1 Pórlle a algo unhas normas ou regras: *As leis regulan a vida da sociedade.*
2 Facer que algo se desenvolva ou faga segundo unha orde: *Os semáforos regulan o tráfico das rúas.*
3 Controlar un sistema: *Neste botón regúlase o volume do televisor.*

regularidade
substantivo feminino
Ausencia de grandes cambios, alteracións ou fallos: *Ten moita regularidade nos estudos, pois sempre aproba.* ANT. irregularidade.

regularizar
verbo
1 Someter a unha norma: *Esa lei regularizará a entrada dos inmigrantes no noso país.*

2 Recuperar o funcionamento normal: *Tras o remate da folga dos pilotos, xa se regularizou a saída dos avións.*
OBS. O *z* cambia en *c* diante do *e*, como en *cazar.*

regurxitar
verbo
Botar pola boca o contido no esófago e no estómago, pero sen o esforzo do vómito: *O bebé regurxitou un pouco leite.*

rehabilitar
verbo
Facer volver ao bo estado ou bo funcionamento anterior que se perderan: *Rehabilitaron o edificio poñéndolle un tellado novo.*
FAM. rehabilitación.

rei
substantivo masculino
1 Home que nunha monarquía é o xefe do Estado: *En España hai un rei.* SIN. soberano.
2 Persoa que ten un gran poder nunha actividade ou que destaca moito nela: *Chámanlle o rei dos zapatos porque ten moitas fábricas de calzado.*
3 Carta da baralla que ten a figura dun rei coa coroa: *Botou o rei de bastos.*
4 No xogo do xadrez, peza máis importante: *Para comer o rei cómpre darlle antes o xaque.*
substantivo masculino plural
5 Día 6 de xaneiro, en que se celebra a festa dos Reis Magos, ou días próximos a estas datas: *Veu de vacacións polos Reis.*
6 Regalos que se dan nesta data, especialmente aos nenos: *O avó deulles aos netos uns bos reis.*
OBS. O feminino é *raíña.* Na acepción 5 adoita escribirse con inicial maiúscula. O plural é *reis* e non **reies.*
FAM. raíña, reinado, reino.

reinado
substantivo masculino
1 Tempo durante o que un rei é xefe do Estado nun lugar: *O reinado de don García de Galicia foi breve.*
2 Tempo en que alguén domina ou é o primeiro nunha actividade: *O reinado do noso equipo é indiscutible tras gañar catro ligas seguidas.*

reinar
verbo
1 Exercer a función de rei ou raíña: *Xoán Carlos I reina en España desde 1975.*
2 Dominar ou ser o primeiro nunha actividade: *O noso equipo gañou as dúas últimas ligas e reinamos nos dous últimos anos. En agosto aquí reina a calor.*

reino
substantivo masculino
1 País ou nación cuxo xefe de Estado é un rei ou unha raíña: *España, na actualidade, é un reino.*
2 Cada un dos grandes grupos en que se dividen os seres da natureza: *As árbores pertencen ao reino vexetal e as persoas ao animal.*

reinserir
verbo
1 Dito dunha persoa, facer que volva á vida en sociedade tras cometer un delito ou estar marxinada: *Esa asociación dá traballo a antigos presos para reinserilos na sociedade.*
2 Volver meter: *Tivo que reinserir a tarxeta para sacar os cartos.*
OBS. Conxúgase como *advertir.*
FAM. reinserción, reinserto.

reintegrar
verbo
1 Devolver algo totalmente: *Reintegrou os cartos que roubara da caixa da empresa.*
2 **reintegrarse** Volver á situación, lugar, posto ou actividade anteriores: *Tras dous anos de estudos no estranxeiro reintegrouse ao hospital.*
FAM. reintegro.

reintegro
substantivo masculino
Premio da lotaría igual á cantidade que se xogou: *O reintegro toca cando a última cifra do billete coincide coa última do gordo.*

reirrei
substantivo masculino
Xoaniña.

reiseñor
substantivo masculino
Paxaro pequeno de cor castaña, máis avermellada na cola e clara no ventre e que

canta moi ben: *O reiseñor aliméntase de insectos.*

reiterar

verbo

Volver dicir ou facer algo: *Reiterou as súas desculpas por chegar tarde.*

FAM. reiteración, reiterativo.

reivindicar

verbo

Pedir con forza algo ao que se ten dereito: *Os veciños reivindican un paso elevado sobre a autoestrada.* SIN. esixir, reclamar.

OBS. O *c* cambia en *qu* ante *e*, como en *sacar*.

FAM. reivindicación, reivindicativo.

reixa

substantivo feminino

Conxunto de barras de ferro que se poñen en sitios como ventás e portas para impedir a entrada e saída: *As fiestras dos cárceres teñen reixas.*

OBS. É distinto de *rella*.

FAM. enreixado, enreixar.

relación

substantivo feminino

1 Asociación entre dúas ou máis cousas que teñen algo en común: *Esa resposta non ten relación coa pregunta que che fixen.*

2 Trato, unión ou comunicación entre persoas ou entidades: *Eles dous teñen unha relación de amizade.*

3 Relato ou narración que se fai de algo: *A testemuña fixo relación do que vira.*

4 Lista de cousas ou persoas: *Antes de alugar o piso deulle ao inquilino unha relación dos electrodomésticos que había nel.*

plural

5 Conxunto de persoas coñecidas que poden axudar a conseguir algo: *Estivo de alcalde e conserva boas relacións.*

FAM. relacionar, relativo.

relador

substantivo

Instrumento que se emprega para cortar un alimento en anacos moi pequenos ou ata convertelo en po: *Mercou un relador para o queixo.*

relamber

verbo

Pasar a lingua sobre algo de forma repetida: *O cativo relambía o xeado de chocolate.*

relampar

verbo

Lostregar.

FAM. relampo.

relampo

substantivo masculino

Lóstrego.

relanzo

substantivo masculino

1 Parte dun río, xeralmente cerca das beiras, onde a auga se detén ou mesmo recúa: *Os pescantíns pescaban nun relanzo.* SIN. remanso.

2 Descanso.

relar

verbo

Dividir algo en anacos moi pequenos, incluso ata facelo po: *Relaba o queixo para botárllelo aos espaguetes.*

OBS. É distinto de *raiar.*

FAM. relador.

relatar

verbo

Dar a coñecer algo con palabras: *A testemuña relataba os feitos que vira perante o xuíz.* SIN. contar, narrar, referir.

relativo

adxectivo

1 Que se refire a algo ou ten relación con el: *Non trataron asuntos relativos ao pagamento das débedas.*

2 Que se considera non de forma absoluta senón só en relación con outras cousas: *A súa riqueza é relativa, pois é rico en relación cos seus veciños.* ANT. absoluto.

3 En gramática, que se refire a alguén ou algo que se mencionou antes: *En «O home que chega»* que *é un pronome relativo que se refire a* home.

relato

substantivo masculino

Historia que se conta con palabras: *O xuíz escoitaba o relato dos feitos que facía a testemuña.* SIN. narración.

relator, relatora

substantivo

Persoa que conta, comunica ou expón algo con palabras: *Os alumnos fixeron o traballo en grupo e elixiron un relator para expoñelo por oral.*

relatorio
substantivo
Exposición ou traballo sobre calquera tema feitos de palabra ou por escrito: *Tres alumnos fixeron un relatorio sobre a vida e a obra de Curros.*

relax
substantivo masculino
Estado de tranquilidade, paz e benestar: *As fins de semana na aldea son boas para o relax.*

relaxar
verbo
1 Pór menos tenso ou máis tranquilo: *Cómpre que relaxes os músculos.*
2 Facer menos severo ou rigoroso: *Na fin de curso sempre se relaxan as normas no colexio.*
FAM. relaxación, relaxado.

relear
verbo
Regatear.
FAM. releón.

relegar
verbo
Afastar ou deixar nunha posición ou lugar menos destacados: *Cando mercou o teléfono móbil, relegou o fixo.*
OBS. O *g* cambia en *gu* ante *e*, como en *pagar*.

relento
substantivo masculino
Brisa ou vento suave, fresco e húmido da noite: *Este relento produce catarreiras.*

releón, releona
adxectivo ou substantivo
Regateiro.

reler
verbo
Volver ler: *O alumno releu o poema.*
OBS. Conxúgase como *ler*.

relevante
adxectivo
Que ten moita ou bastante importancia: *El ocupa na empresa un posto relevante.* SIN. importante. ANT. irrelevante.
FAM. relevancia.

relevo
substantivo masculino
1 Figura ou calquera cousa que sobresae do resto da superficie ou está máis alto ca ela: *A porta do moble ten como adorno unhas caras en relevo.*
2 Conxunto de accidentes xeográficos da superficie da Terra: *As montañas, os ríos ou os vales son accidentes ou elementos do relevo terrestre.*
3 Importancia de algo ou alguén: *Ese poeta é unha figura de relevo na nosa cultura.*
EXP. **Pór** ou **poñer de relevo** Destacar algo porque se considera moi importante: *O traballo pon de relevo que Castelao foi un político de renome, amais de escritor.*
OBS. Non debe empregarse no canto de *substitución* ou *troco*.

reliquia
substantivo feminino
1 Nas relixións, parte do corpo dun santo ou dalgunha cousa súa e que recibe culto: *Ese óso seica é unha reliquia de san Pedro.*
2 Cousa que ten moitos anos e que se conserva polo seu mérito: *Este dicionario do século XIX é unha verdadeira reliquia.*

relixión
substantivo feminino
Conxunto de ideas e crenzas de persoas que cren nun deus: *O islamismo, o catolicismo e o xudaísmo son relixións que cren nun só deus.*
FAM. relixiosidade, relixioso.

relixioso, relixiosa
adxectivo
1 Da relixión ou relacionado con ela: *As mesquitas e igrexas son edificios relixiosos.* ANT. profano.
2 Que practica unha relixión e cumpre as súas regras: *Vai á misa porque é unha persoa relixiosa.*
substantivo
3 Especialmente na relixión católica, que pertence a unha congregación e adoita vivir nun convento: *Os monxes e monxas son relixiosos.* SIN. frade, freire, monxe.

rella
substantivo feminino
1 Peza de ferro cortante situada na punta do arado e que abre a terra: *O arado abre os regos coa rella.*

2 Peza de ferro ou madeira na roda do carro que pasa polo mión e asegura as cambas: *Algúns carros teñen as rellas de madeira de carballo.* SIN. relleira.
OBS. É distinto de *reixa*.

relleira
substantivo feminino
1 Cada unha das táboas dos lados que as camas tiñan desde a cabeceira ata os pés: *As relleiras evitaban que se caese da cama ao durmir.*
2 Respaldo ou parte de atrás para apoiarse dun escano ou banco: *Apoiaba o lombo na relleira do escano.*
3 Cada unha das partes dos lados dun asento que permiten apoiar os brazos: *Apoiaba os cóbados nas relleiras da cadeira.* SIN. brazo.
4 Rodeira.
5 Rella.

relón
substantivo masculino
Farelo.

reloucar
verbo
1 Amosar unha grande alegría ou pracer: *Os cativos reloucaban cos agasallos do avó.*
2 Desexar moito algo: *El relouca por andar de festa.* SIN. devecer.

reloxaría ou reloxería
substantivo feminino
Tenda onde se venden, amañan ou fabrican reloxos: *Púxenlle a pila ao reloxo nunha reloxaría do barrio.*

reloxeiro, reloxeira
substantivo
Persoa que se dedica a vender ou amañar reloxos: *O reloxeiro cambioulle a pila ao meu reloxo.*

reloxo
substantivo masculino
Instrumento co que se mide o tempo: *Todos adoitamos usar reloxos de pulso.*
EXP. **Coma un reloxo** De forma exacta, perfecta ou moi puntual: *O coche vaime coma un reloxo.* **Contra o reloxo** 1) Con moita présa ou co tempo medido: *Os traballos feitos contra o reloxo nunca saen ben.* 2) Dito dunha carreira ciclista, que cada ciclista sae separado dos outros por un pequeno espazo de tempo e corre só: *Ese ciclista é moi bo nas etapas contra o reloxo.*
FAM. reloxaría, reloxeiro.

relucir
verbo
1 Brillar ou despedir raios de luz: *As estrelas relocen na noite.* SIN. brillar, lucir, refulxir, resplandecer.
2 Amosar unha emoción ou sentimento agradable: *A súa cara relucía de satisfacción.* SIN. brillar, lucir, refulxir, resplandecer.
OBS. Conxúgase como *fuxir*.
FAM. relucente.

relustrar
verbo
Lostregar.

remachar
verbo
1 Referido a un cravo xa cravado, darlle máis golpes para que quede máis seguro: *Remachou os cravos da tapa da caixa.*
2 Suxeitar ou unir con remaches: *Remachou o cartel do vao na porta do garaxe.*
3 Insistir moito en algo: *O profesor sempre remacha que a ortografía é fundamental.*

remache
substantivo masculino
Especie de cravo de cabeza moi ancha e que non se pode arrincar para suxeitar ou unir algo: *Os sinais de vao nas portas dos garaxes están suxeitos con remaches.*
FAM. remachar.

remangar
verbo
Dito dunhas mangas ou dunha peza de vestir, subilas ou recollelas para arriba facendo dobras: *Remangou as mangas da camisa para fregar a louza.* SIN. arremangar, refucir.
OBS. O *g* cambia en *gu* ante *e*, como en *pagar*.

remanso
substantivo masculino
Relanzo.

remar
verbo
Mover os remos para desprazar unha embarcación: *Os mariñeiros remaban con forza.* SIN. vogar.

remarcar

verbo

1 Volver marcar: *O árbitro ordenou remarcar as liñas do campo porque se vían mal.*

2 Insistir en algo ou destacalo: *O profesor remarcounos que a corrección ortográfica é moi importante.*

OBS. O *c* cambia en *qu* diante do *e*, como en *sacar.*

rematar

verbo

1 Dar fin a algo ou terminalo: *O cantante rematou o concerto cunha das súas mellores cancións.* SIN. acabar, concluír, finalizar, terminar. ANT. comezar, empezar, iniciar, principiar.

2 Chegar algo á súa fin: *Xa remataron as vacacións do verán.* SIN. acabar, concluír, finalizar, terminar. ANT. comezar, empezar, iniciar, principiar.

3 Acabar de matar unha persoa ou animal que están medio mortos: *Remataron o cabalo que agonizaba.*

4 Gastar totalmente algo que xa estaba comezado: *Remata ese molete de pan antes de encetar o outro.*

5 Asegurar a última puntada ao coser algo: *Remata ben esa costura pois pode descoserse.*

6 Nalgúns deportes como o fútbol, lanzar o balón con forza para conseguir un gol: *Ese dianteiro remata moi ben a gol.*

remate

substantivo masculino

1 O que serve para terminar algo: *De remate, o cantante cantou a súa canción de máis éxito.*

2 Extremo ou punta en que acaba algo ou é o máis alto: *O hórreo leva de remate unha cruz.*

3 Nalgúns deportes como o fútbol, lanzamento do balón con forza para conseguir un gol: *O remate do dianteiro deu no traveseiro.*

4 Último toque que se lle dá a algo: *Os mobles desa fábrica teñen moi bo remate.*

EXP. **A remates de** A finais de: *Xa é decembro e estamos a remates de ano.* **Ao remate** Ao final: *Ao remate, el nunca paga e sempre o convidan.* **De remate** Por completo ou totalmente: *Está tolo de remate.*

remediar

verbo

1 Pórlle solución a un dano ou intentar amañalo: *Con estes cartos tenta remediar o dano que lle causou ao atropelalo.*

2 Evitar que suceda algo que se considera malo: *Con este sulfato trato de remediar que o pulgón ataque as roseiras.*

remedio

substantivo masculino

Medio ou procedemento para solucionar ou reparar un dano ou un mal: *A aspirina é un bo remedio contra a dor de cabeza.*

EXP. **Non ter** ou **non haber máis remedio** Ser totalmente necesario: *Non hai máis remedio que subir os prezos do restaurante.*

remelar

verbo

Abrir moito os ollos e movelos dun lado para outro: *Remelaba os ollos coa sorpresa.*

FAM. remelón.

rememorar

verbo

Traer de novo á memoria: *Rememoraba con ledicia a súa xuventude.*

remendar

verbo

Pór un remendo ou anaco de tea ou doutro material para amañar algo roto: *Remendáronlle o pantalón porque estaba roto.*

FAM. remendo.

remendo

substantivo masculino

Anaco de tea ou doutro material que se pon para amañar algo roto: *Levaba unha chaqueta con remendos nos cóbados.* SIN. tomba.

remesa

substantivo feminino

Conxunto de cousas ou de mercadorías que se lle envían a alguén dunha vez: *Na zapataría esperan unha nova remesa de botas.*

remexer

verbo

1 Darlle voltas a un líquido dentro dun recipiente, especialmente para disolver algo nel: *Bótalle o azucre ao leite e despois reméxeo.* SIN. mover, revolver.

2 Andar nas cousas deixándoas desordenadas: *Non remexas nos libros dos estantes.* SIN. desordenar, revolver.
3 Facer investigacións sobre algo para descubrir cousas: *Agora andan a remexer dous xornalistas neses casos de corrupción do Concello.*
4 remexerse Poder moverse: *Neste despacho tan pequeno dúas persoas non nos remexemos.*

***remite**, a forma correcta é **remitente**.

remitente
substantivo masculino
1 Persoa ou entidade que envía algo: *O remitente envía o paquete ao destinatario cos gastos pagos.* ANT. destinatario.
2 Nome e enderezo da persoa ou entidade que envía algo: *Nas cartas o remitente ponse na parte de atrás do sobre.*

remitir
verbo
1 Enviar algo a alguén, especialmente por correo: *Os lectores remítenlle moitas cartas ao xornal con protestas.*
2 Diminuír ou ser menos forte: *Non houbo inundacións porque as chuvias remitiron.*
3 Pór un aviso nun escrito para indicar que se ten que buscar información noutra parte: *Para profundar no tema o autor remite ao libro anterior seu.*
4 remitirse Basearse en algo: *Como proba das miñas afirmacións, remítome ao que din hoxe os xornais sobre o tema.*
FAM. remisión, remiso, remitente.

remo
substantivo masculino
1 Especie de pau longo cun extremo rematado en pa que se usa para desprazar certas embarcacións facendo forza na auga: *A piragua é unha barca que se move con remos.*
2 Deporte consistente en facer carreiras con barcas movidas con estes utensilios: *O remo é un deporte olímpico.*
FAM. remar, remeiro.

remodelar
verbo
Modificar a forma, a estrutura ou a composición de algo: *Remodelaron o estadio construíndo novas bancadas cubertas.*
FAM. remodelación.

remoer
verbo
1 Dito dun alimento que xa se tragou, devolvelo á boca para volver mastigalo: *Os ruminantes, como as vacas, remoen os alimentos.* SIN. rumiar.
2 Mastigar moito unha cousa: *O meniño remoía unha codia de pan reseso.*
OBS. Conxúgase como *moer.*

remol
substantivo masculino
Rescaldo.

remolacha
substantivo feminino
1 Planta herbácea de follas grandes e flores pequenas e verdosas e cunha raíz carnosa de cor avermellada ou branca: *A remolacha de cuxa raíz se obtén azucre é a remolacha azucreira.*
2 Raíz comestible desta planta: *Ese azucre é de remolacha.*

remolcador
substantivo masculino
Barco que se emprega para mover outros barcos tirando deles: *O remolcador rescatou o barco avariado.*

remolcar
verbo
Arrastrar un vehículo tirando por el: *O guindastre remolcou o coche avariado.*
OBS. O *c* cambia en *qu* diante do *e*, como en *sacar.*
FAM. remolcador, remolque.

remollar
verbo
Empapar ou meter nun líquido, especialmente na auga: *Antes de meter a roupa na lavadora remollouna.*
FAM. remollo.

remollo
EXP. **A** ou **de remollo** Dentro da auga durante certo tempo: *Hai que pór os garavanzos de remollo para que abranden.*

remolque
substantivo masculino
Vehículo sen motor que é movido por outro que o arrastra: *O tractor levaba un remolque cargado de herba.*

remontar
verbo
1 Dito dunha costa ou pendente, subila: *Tras remontarmos a costa, sentamos para descansar un anaco.*
2 Navegar ou nadar contra a corrente dun río: *O barco remontaba o río para chegar ao seu nacemento.*
3 Elevar no aire: *A aguia remontou o voo.*
4 Superar ou vencer un obstáculo ou dificultade: *O noso equipo remontou un 2-0.*
5 **remontarse** Ir cara a unha época pasada ou ter lugar en certa época pasada: *A construción desta capela remóntase ao século XIV.*

rémora
substantivo feminino
1 Peixe mariño cunha especie de ventosa na cabeza coa que se une a outros peixes ou aos barcos para se desprazar: *As rémoras únense ás quillas dos barcos.*
2 Calquera persoa ou cousa que supón un atraso, obstáculo ou dificultade para conseguir algo: *Os xogadores que non loitan son unha rémora para o equipo.*

remordemento
substantivo masculino
Sentimento de pena que queda por facer algo malo: *O asasino non vivía tranquilo cos remordementos.* SIN. remorso.

remorder
verbo
Producir ou ter un sentimento de pena porque se fixo algo malo: *Ao ladrón remordíalle a conciencia por aquel roubo.*
FAM. remordemento, remorso.

remorso
substantivo masculino
Remordemento.

remoto, remota
adxectivo
Que está moi lonxe no espazo ou no tempo: *En épocas remotas había minas de ouro en Galicia.*

remover
verbo
1 Mover algo repetidas veces dándolle voltas ou cambiando de sitio os seus elementos: *Removía o café con leite para que arrefriase.* SIN. revolver, remexer.
2 Volver tratar algo esquecido: *Cómpre non remover vellos asuntos.*

remuíño
substantivo masculino
1 Movemento rápido e que dá moitas voltas en forma de espiral, especialmente da auga ou do aire: *Nesa zona do río hai remuíños.*
2 Conxunto de pelos que saen en diferentes direccións: *Os remuíños son moi difíciles de peitear.*

remunerar
verbo
Pagar con cartos ou con outra cousa un traballo ou servizo: *Nesa empresa remuneran moi ben as horas extraordinarias.* SIN. pagar, retribuír.
FAM. remuneración.

ren
indefinido
Nada.

renacemento
substantivo masculino
1 Recuperación da forza ou importancia perdida: *Nestes últimos anos produciuse un renacemento da artesanía nesta bisbarra.* SIN. rexurdimento.
2 Movemento cultural dos séculos XV e XVI que supón unha volta aos valores que había nas antigas Grecia e Roma: *O Renacemento xurdiu en Italia e estendeuse por toda Europa.*
OBS. Na acepción 2 adoita grafarse con inicial maiúscula. Na acepción 2 é distinto de *Rexurdimento.*

***renacencia**, a forma correcta é **renacenza**.

renacentista
adxectivo ou substantivo
Do Renacemento ou relacionado con este movemento do século XV e XVI: *A etapa renacentista forma parte dos Séculos Escuros do galego, pois non se escribe.*

renacer
verbo
Tomar nova forza ou enerxía ou recuperar a importancia perdida: *Na primavera renacen as árbores.*
OBS. É regular: *renazo, renaza.*

renal
adxectivo
Do ril ou dos riles: *Sufriu un cólico renal.*

renarte
substantivo masculino
Persoa que obra con malicia para enganar: *Non fago negocios con ese porque é un renarte.*

*renco, a forma correcta é **rengo**.

*rencor, a forma correcta é **rancor**.

renda[1]
substantivo feminino
1 Ganancia, cartos ou bens que produce algo ou obtén alguén cada certo período de tempo: *A renda dunha persoa está formada por todo o que gaña esa persoa nun ano.*
2 Cartos que se pagan ao propietario por usar algo: *Paga todos os meses unha renda polo piso que ten alugado.*
FAM. rendeiro, arrendar.

renda[2]
substantivo feminino
1 Cada unha das correas que se atan ao bocado na boca dun cabalo e que serven para dirixilo ou conducilo: *O xinete tirou das rendas para parar a egua.*
plural
2 Goberno, control ou dirección de algo: *O fillo máis vello leva as rendas do negocio familiar.*

rendemento
substantivo masculino
Proveito, utilidade ou cartos que produce algo: *Esa lavadora dá moi bo rendemento, pois lava moito e ben e consome pouco.*

render
verbo
1 Producir beneficios, ganancia ou proveito: *Eses cartos investidos en accións renderon moito.*
2 Dar ou ofrecer, especialmente como mostra de agradecemento, obediencia ou respecto: *As persoas relixiosas réndenlle culto a Deus.*
3 Obrigar ao inimigo a entregarse, dar algo ou darse por vencido: *Os atacantes renderon o castelo inimigo.*
4 Cansar moito: *Tantas horas traballando renden a calquera.*
5 Servir para moito ou durar moito: *Este xabón rende moito. Aqueles minutos rendían como horas.* SIN. fundir.
6 **renderse** Darse por vencido: *Os defensores do castelo rendéronse ante os atacantes.*
FAM. rendemento, rendibilidade, rendible, rendición.

rendible ou rendíbel
adxectivo
Que produce unha ganancia suficiente ou que paga a pena: *Ese bar é un negocio rendible porque produce moitos cartos.* SIN. produtivo. ANT. improdutivo, ruinoso.

rendición
substantivo feminino
Sometemento a alguén ao darse por vencido: *O rendemento do castelo produciuse tras varios meses de asedio.*

renegar
verbo
1 Abandonar as crenzas que se tiñan e rexeitalas: *Renegou do catolicismo e fíxose evanxelista.* ANT. abrazar.
2 Rexeitar algo e non querer saber nada del: *Renegou das amizades que o traizoaron.*
3 Protestar en voz baixa: *Marchouse renegando porque seica lle cobraron moito no hotel.* SIN. fungar, refungar, rosmar.
4 Queixarse en voz alta con palabras malsoantes e blasfemias: *Cando conduce renega por nada e di un feixe de barbaridades.*
OBS. O *g* cambia en *gu* diante do *e*, como en *pagar*.
FAM. renegado.

reno
substantivo masculino
Mamífero ruminante parecido ao cervo e con cornos moi ramificados: *Os renos domesticados tiran das zorras en Laponia.*

renome
substantivo masculino
Fama moi boa que teñen algo ou alguén por seren bos: *A conferencia vaina dar un escritor de renome.* SIN. fama, prestixio, sona.

renovar
verbo
1 Cambiar unha cousa por outra parecida, pero nova, mellor ou válida: *Renovaron a moblaxe das aulas.*

2 Dar nova forza ou intensidade: *Cando volveu saír o cantante renováronse os aplausos do público.*
FAM. renovación.

rentes

EXP. **A rentes** Ao nivel do que se expresa: *O hidroavión voaba a rentes da auga.*

renunciar

verbo

1 Rexeitar ou deixar algo por vontade propia: *Renunciou ao soldo dun mes.* SIN. absterse, privarse. ANT. aceptar.
2 Abandonar unha idea: *Renunciou á súa idea de ser adestrador de fútbol.*
FAM. renuncia.

renxer

verbo

Produciren un son desagradable dúas cousas ou dúas partes dunha cousa ao rozaren: *As táboas renxían ao andar sobre elas.*

***reo, a**, a forma correcta é **arreo**.

reo¹, rea

substantivo

Persoa acusada de cometer un delito ou que o cometeu: *O avogado defendía o reo perante os xuíces do tribunal.*

reo²

substantivo masculino

Peixe parecido á troita e de tamaño intermedio entre o desta e o do salmón, que nace nos ríos, onde vive os primeiros anos, baixa despois ao mar e volve ao río onde naceu para deixar as ovas: *Pescou un reo e tres troitas.*

***reollo, de**, a forma correcta é **esguello, de**.

reorganizar

verbo

Organizar de novo, especialmente de forma diferente: *Reorganizou os mobles do seu cuarto.*
OBS. O *z* cambia en *c* diante do *e*, como en *cazar.*
FAM. reorganización.

repañar

verbo

Coller os restos que quedan de algo: *Repañou as patacas do prato e non deixou ningunha.*

reparación

substantivo feminino

1 Amaño de algo roto ou estragado: *A reparación do televisor custa máis ca outro novo.* SIN. amaño, arranxo. ANT. avaría.
2 Compensación por unha ofensa ou dano: *As súas desculpas serviron de reparación das aldraxes.*

reparar

verbo

1 Facer que algo que non funciona volva funcionar: *O técnico xa reparou o televisor estragado.* SIN. amañar, arranxar, gobernar. ANT. avariar.
2 Darse conta de algo: *Axiña reparei en que cambiaches o peiteado.* SIN. advertir, decatarse, notar.
3 Compensar ou facer menor un dano ou ofensa: *Reparou os insultos que nos dixo con esas desculpas sinceras.*
FAM. reparación, reparo.

reparo

substantivo masculino

1 Actitude de quen non fai ou di algo por medo a molestar, timidez ou calquera outra causa: *Non tivo reparos para dicirlle o que pensaba del.*
2 Advertencia que sinala algún defecto, erro ou falta: *O xefe non lle puxo ningún reparo ao plan de vacacións.* SIN. obxección.

repartición

substantivo feminino

1 División de algo entre varias persoas de xeito que a cada unha lle toque unha parte: *Realizou a repartición da torta en sete anacos iguais.* SIN. distribución.
2 Colocación ou situación das cousas da forma debida e en distintos sitios: *O camioneiro realizaba a repartición da carga no camión.* SIN. distribución.
3 Entrega dun produto ou dalgunha cousa a distintas persoas: *Os carteiros fan todos os días a repartición do correo.* SIN. distribución.
OBS. Non debe usarse **reparto* no canto de *repartición.*

repartir

verbo

1 Dividir algo entre varias persoas de forma que a cada unha lle toque algunha parte:

Repartiu a torta entre os convidados ao banquete. SIN. distribuír.
2 Colocar ou estender algo da maneira máis adecuada: *Ao pintar, cómpre repartir ben a pintura.* SIN. distribuír.
3 Entregar un produto ou cousa a distintas persoas: *O carteiro reparte todos os días a correspondencia.* SIN. distribuír.

repasar
verbo
1 Examinar algo xa terminado para amañar as cousas que puidesen estar mal: *É conveniente repasar os exames antes de os entregar.*
2 Estudar de novo algo que xa se estudou para aprendelo mellor: *Antes do exame repasou todos os temas.*
3 Amañar os rotos e descosidos da roupa coséndoos con agulla e fío: *Estaba a repasar os calcetíns.*

repaso
substantivo masculino
1 Exame de algo que xa está terminado para amañar as cousas que puidesen estar mal: *Antes de entregar o exame, fixo o seu repaso.*
2 Estudo de novo de algo que xa se estudou para aprendelo mellor: *Antes do exame farei o repaso de todas as leccións.*
3 Amaño dos rotos e descosidos da roupa con agulla e fío: *Estaba co repaso dos calcetíns rotos.*

repatriar
verbo
Dito dunha persoa, devolvela á súa patria ou país desde outro diferente: *Os inmigrantes ilegais son repatriados aos seus países.*

repelente
adxectivo
1 Que produce noxo ou unha sensación moi desagradable: *O seu cuarto, desordenado e porco, ten un aspecto repelente.* SIN. noxento, repugnante, repulsivo. ANT. atractivo.
2 Dito dunha persoa, moi desagradable e antipática porque dá a impresión de que o sabe todo: *Resulta repelente pois gábase de lembrar todas as datas históricas.*

repeler
verbo
1 Lanzar ou botar para fóra ou para atrás con forza: *Os soldados do castelo repeleron o ataque do inimigo.*
2 Producir moito noxo: *A calquera lle repele a violencia.* SIN. repugnar.
FAM. repelente.

repenicar
verbo
Soar ou tocar unha campá de forma repetida e rápida: *As campás repenican como sinal de alegría.* SIN. repicar.
OBS. O *c* cambia en *qu* ante *e*, como en *sacar.*
FAM. repenique.

repente
substantivo masculino
Impulso brusco e inesperado que move a facer ou a dicir algo: *Nun repente, rompeu en anacos a carta.* SIN. arroutada, arrouto.
EXP. **De repente** De forma brusca e inesperada e sen que ninguén o espere: *De repente levantouse da cadeira e marchou.*
FAM. repentino.

repentino, repentina
adxectivo
Que acontece bruscamente e sen que se espere: *A súa morte foi repentina, pois estaba moi ben.* SIN. súbito.

repercusión
substantivo feminino
Influencia, efecto ou mesmo resonancia de algo: *A suba dos combustibles ten repercusión sobre todos os prezos.*

repercutir
verbo
Producir un efecto: *Unha alimentación inadecuada repercute na saúde de xeito negativo.*
FAM. repercusión.

repertorio
substantivo masculino
1 Conxunto ou lista de nomes de persoas e cousas ordenados de xeito que é fácil atopar calquera: *Aparece nun repertorio de escritores galegos actuais.*
2 Conxunto de obras ou números que pode realizar un artista: *Ese cantante ten un bo repertorio de cancións melódicas.*

3 Conxunto de cousas que alguén pode usar: *É moi simpático e ten un bo repertorio de chistes.*

repetición
substantivo feminino

Feito de volver facer ou dicir algo: *Suspendeu moitas e realiza agora a repetición do curso.*

repetir
verbo

1 Volver facer ou volver dicir algo: *O profesor repetiu a definición.*
2 Volver comer da mesma comida: *Repetiu o cocido porque estaba moi bo.* SIN. recuncar.
3 Volver á boca o sabor dun alimento: *O allo repite moito.*
4 **repetirse** Insistir moito nunha cousa: *Deixa o tema das vacacións, porque te repites.*
OBS. Conxúgase como *advertir.*
FAM. repetición, repetidor, repetitivo.

repicar
verbo

Repenicar.
OBS. O *c* cambia en *qu* ante *e*, como en *sacar.*
FAM. repique.

repisa
substantivo feminino

Estante, táboa ou superficie delgada colocada horizontalmente contra a parede e que serve para pór cousas sobre ela: *No seu cuarto ten unha repisa chea de adornos.*

repleto, repleta
adxectivo

Completamente cheo: *Ten o armario repleto de traxes.* SIN. cheo. ANT. baleiro.

replicar
verbo

1 Manifestar de palabra oposición a unha opinión, orde ou afirmación: *Replicoulle que os datos que daba eran falsos.*
2 Contestar en voz alta ou con malos modos: *Ese rapaz replícalles moito aos pais.*
FAM. réplica.

repoboación
substantivo feminino

1 Plantación de árbores novas nun lugar: *Agora realízase a repoboación con carballos do monte que ardeu.*
2 Ocupación dun lugar por novos habitantes para vivir alí: *Na repoboación de Andalucía tras a expulsión dos musulmáns participaron moitos galegos.*

repoboar
verbo

1 Volver plantar árbores nun lugar: *Repoboaron o monte que ardeu con carballos.*
2 Ocupar un lugar novos habitantes para vivir nel: *Moitos galegos, na Reconquista, repoboaron moitos lugares en Andalucía.*

repolo
substantivo masculino

Planta de horta comestible de follas verdes e grandes que se van cerrando formando unha especie de bóla: *O repolo, ao cocer, cheira mal.*
FAM. repoludo.

repoludo, repoluda
adxectivo

Dito dunha persoa, gorda e baixa: *O porteiro era un rapaz repoludo.* ANT. esvelto.

repoñer ou repor
verbo

1 Pór unha nova cousa igual a outra que falta ou que se gastou: *Un empregado repoñía nos estantes os iogures.*
2 Volver poñer un espectáculo: *Repoñerán* Os dous de sempre *de Castelao.*
3 **repoñerse** ou **reporse** Volver estar san: *Xa se repuxo do accidente.* SIN. recobrarse, recuperarse, restablecerse.
4 Facer fronte ou ofrecer resistencia: *Repúxose ao pai e non obedecía as súas ordes.*
SIN. arrepoñerse, arreporse. ANT. obedecer.
OBS. Conxúgase como *poñer* ou *pór.*
FAM. reposición, reposto.

reportaxe
substantivo feminino

Traballo periodístico en que se presenta un tema, noticia ou personaxe con moitos datos e amplitude: *O xornal do domingo trae unha interesante reportaxe sobre o fracaso escolar.*

reporteiro, reporteira
substantivo

Periodista que recolle e escribe noticias, especialmente se prepara reportaxes: *Anda de reporteiro no lugar do terremoto.*

reposición

substantivo feminino

1 Colocación dunha cousa nova igual a outra que se gastou ou falta: *O rapaz realizaba a reposición dos iogures no supermercado.*

2 Repetición dun espectáculo, película ou programa de televisión: *Esa serie tivo tanto éxito que agora anuncian a súa reposición.*

repostaría ou repostería

substantivo feminino

1 Tenda onde se fan ou se venden doces e pasteis: *Mercou unha ducia de pasteis nunha repostaría.*

2 Oficio e técnica de elaborar pasteis e doces e tamén o conxunto destes pasteis e doces elaborados: *Nesa escola de formación profesional aprenden repostaría.*

repousar

verbo

1 Descansar ou interromper o traballo: *Cada dúas horas de traballo, repousamos dez minutos.* SIN. descansar.

2 Deixar ou quedar quedo e sen moverse: *Repousou os pés na propia cadeira de brazos.*

3 Apoiar unha cousa noutra: *O teito repousa nunhas vigas de madeira.*

4 Estar enterrado un morto: *Seu pai repousa xa no panteón familiar.*

FAM. repouso.

repouso

substantivo masculino

Falta de actividade ou de movemento: *Cando durmimos estamos en repouso.* SIN. descanso. ANT. actividade, movemento.

repregar

verbo

Ir cara a atrás, especialmente para defenderse: *O adestrador repregou o equipo e puxo máis defensas.*

OBS. O *g* cambia en *gu* diante do *e*, como en *pagar.*

FAM. repregamento.

reprender

verbo

Chamarlle a atención a unha persoa para dicirlle que fixo algo mal: *O mestre reprendeu o alumno porque non fixera os exercicios.* SIN. amoestar, berrar, rifar.

FAM. reprensión.

represalia

substantivo feminino

Dano ou mal causados a alguén para vingarse doutro que el fixo: *Aldraxouno e como represalia agora nin o saúda.*

FAM. represaliado, represaliar.

representación

substantivo feminino

1 Imaxe ou símbolo que substitúe algo: *As letras son representacións dos sons.*

2 Modelo ou exemplo mellor de algo: *A mellor representación do Rexurdimento é Rosalía.*

3 Actuación dunha persoa no nome ou lugar doutra: *Eu fun padriño do cativo en representación de meu pai.*

4 Conxunto de persoas que actúan no nome dunha entidade: *Visitou Buenos Aires unha representación do Parlamento galego.*

5 Interpretación en público dunha obra de teatro: *Nesa representación participan actores e actrices moi bos.* SIN. función.

representante

substantivo

1 Persoa que actúa no nome doutra ou dunha entidade: *O representante do cantante contrata as actuacións.*

2 Persoa que é modelo ou o exemplo de algo: *Curros é un bo representante do Rexurdimento.*

representar

verbo

1 Ser imaxe, símbolo, ou imitación de algo: *A pomba representa a paz.*

2 Ser modelo ou o mellor exemplo de algo: *Rosalía, Pondal e Curros representan o Rexurdimento.*

3 Actuar unha persoa no nome doutra ou dunha entidade: *É axente comercial e representa varias empresas.*

4 Interpretar unha obra de teatro ou un papel nela: *Esa compañía representará* Os dous de sempre.

5 Dar a impresión de ter unha determinada idade: *Ten cincuenta anos, pero representa trinta.*

FAM. representación, representante, representativo.

represión
substantivo feminino

Feito de non deixar que se diga, faga ou manifeste algo: *As ditaduras exercen unha gran represión sobre a opinión política.*

reprimir
verbo

1 Non deixar que se note un desexo ou un sentimento: *Reprimiu os choros para non dar pena.* SIN. aguantar, conter, dominar.

2 Impedir pola forza que se faga ou diga algo: *As ditaduras reprimen as opinións dos cidadáns.*

FAM. represión, represivo, reprimenda, reprimido.

reprobar
verbo

Non aprobar ou considerar malo o que alguén dixo ou fixo: *Reprobo que te insultase.* SIN. censurar, criticar. ANT. gabar, loar.

FAM. reprobación.

reprochar
verbo

Dicirlle a alguén que fixo algo mal: *Reprochoulle que non tratase mellor os pais.*

FAM. reproche.

reprodución
substantivo feminino

1 Proceso polo que os seres vivos conseguen que naza outro da súa mesma especie: *Na clase de Medio Ambiente explicáronnos a reprodución dos seres vivos.*

2 Calquera cousa que se fai igual a outra ou que se lle parece moito: *No salón ten a reprodución dun cadro de Laxeiro.* SIN. copia, imitación.

reproducir
verbo

1 Producir de novo ou volver facer: *Reproducíuselle a gripe.*

2 Facer unha fotocopia: *A fotocopiadora reproduce os orixinais de forma exacta.*

3 Ser copia de algo: *Ese cadro reproduce un de Laxeiro.*

4 **reproducirse** Dito dun ser vivo, conseguir que nazan outros da súa mesma especie: *As persoas reprodúcense por medio das relacións sexuais.*

OBS. É regular: *reproduzo, reproduza.*

FAM. reprodución, reprodutor, reprodutivo.

reptar
verbo

Moverse arrastrando o corpo: *As serpes e outros animais reptan.*

FAM. réptil.

réptil
adxectivo ou substantivo masculino

Dito dun animal vertebrado, que ten o sangue frío, respiración pulmonar e que camiña arrastrándose por non ter patas ou telas moi curtas: *A serpe, o lagarto e a tartaruga son réptiles.*

***reptil**, a forma correcta é **réptil**.

república
substantivo feminino

1 Sistema de goberno en que non hai rei e o xefe do Estado ou autoridade máis alta é unha persoa elixida polo pobo: *O rei foi destronado e estableceuse a república.*

2 País ou nación que ten este sistema de goberno: *Francia é unha república e España un reino.*

FAM. republicano.

repugnar
verbo

Causar noxo ou unha sensación moi mala e desagradable: *Ese asasinato repúgnalle a calquera.*

FAM. repugnancia, repugnante.

repulsa
substantivo feminino

Condena de algo porque é moi malo: *O atentado terrorista mereceu a repulsa de todos os cidadáns.*

FAM. repulsivo.

repulsivo, repulsiva
adxectivo

Que causa noxo ou unha sensación moi mala e desagradable: *Non auxiliar o ferido foi un feito repulsivo.* SIN. noxento, repugnante.

FAM. repulsión.

reputación
substantivo feminino

Opinión sobre algo ou alguén ou fama que teñen: *Ese avogado ten moi boa reputación porque gaña moitos preitos.* SIN. fama, sona.

FAM. reputado.

requeixo
substantivo masculino
Alimento que se obtén do leite callado quitándolle o soro: *Tomou de sobremesa requeixo con mel.*

requichar
verbo
1 Levantar o rabo: *O can requichaba o rabo.*
2 Levantar as orellas: *A egua requichaba as orellas.*
3 Levantarse algo polas beiras ou os bordos: *Requichábanlle as puntas dos zapatos.*

requintado, requintada
adxectivo
Moi bo e moi refinado: *Ese escritor posúe un estilo requintado.*
FAM. requinte.

requirir
verbo
1 Pedir con forza ou insistencia ou mesmo esixir: *O garda requiriulle que retirase o coche.*
2 Ser moi necesario: *Aprobar require esforzo.* SIN. esixir, necesitar, precisar.
FAM. requirimento.

requisar
verbo
Dito de bens ou mercadorías, apoderarse deles unha autoridade porque as precisa: *Na guerra requisaron os coches.*
FAM. requisa.

requisito
substantivo masculino
Condición necesaria para algo: *Para obter o carné de conducir é requisito ter feitos os dezaoito anos.* SIN. condición.

res
substantivo masculino
Animal de catro patas, especialmente se forma parte do gando: *Na granxa había unhas corenta reses de gando vacún.* SIN. cabeza.

resabido, resabida
adxectivo
Que se gaba de que sabe moito ou máis ca o resto: *Ten moita cultura, pero é un pouco resabido.*

resaca
substantivo feminino
1 Movemento cara a atrás das ondas despois de romperen na beira: *A resaca das ondas levaba para dentro do mar as bolsas de plástico.*
2 Malestar ou sensación desagradable que ten unha persoa ao día seguinte de se emborrachar: *A resaca produce dor de cabeza.*

resaltar
verbo
1 Facer que algo se note máis: *Resaltou as palabras importantes do texto subliñándoas.* SIN. destacar, realzar, salientar.
2 Notarse máis: *No conxunto da súa obra resalta a primeira novela, pois é a mellor.* SIN. destacar.

resarcir
verbo
Compensar por un mal ou dano: *Resarciuno o que o atropelou con dous mil euros.*
OBS. Cambia o *c* en *z* diante de *a*, *o* como *zurcir*.

rescaldo
substantivo masculino
Brasas acesas que se conservan entre a cinsa despois de arder algo: *Asou as castañas no rescaldo da lareira.* SIN. remol.

rescatar
verbo
1 Conseguir a liberdade de alguén secuestrado: *A policía interveu para rescatar os secuestrados.* SIN. liberar, librar. ANT. deter, secuestrar.
2 Salvar dun dano ou perigo: *Un helicóptero rescatou os náufragos.*
FAM. rescate.

rescate
substantivo masculino
1 Liberación de alguén que estaba secuestrado: *A policía realizou o rescate dos secuestrados.*
2 Liberación ou salvamento dun dano ou perigo: *Un helicóptero realizou o rescate dos náufragos.*
3 Cartos que se pagan aos secuestradores para que solten un secuestrado: *O rescate que piden os secuestradores é dun millón de euros.*

resecar
verbo
Secar moito: *Esta calor vai resecar as plantas.*
OBS. O *c* cambia en *qu* ante *e*, como en *sacar*.
FAM. reseco.

resentido, resentida
adxectivo
Que está molesto porque considera que o trataron mal ou non o valoraron como merecía: *Está resentido contra os amigos porque seica non o visitaron cando estivo enfermo.*

resentimento
substantivo masculino
Sentimento de desgusto de alguén porque considera que o trataron mal ou non o consideraron como merecía: *Non ascendeu e ten un gran resentimento contra os xefes.*

resentirse
verbo
1 Volver sentir dor ou molestias por unha enfermidade ou golpe: *Aínda se resinte nunha perna da caída.*
2 Sentirse mal alguén porque pensa que o trataron mal ou non como merecía: *El resentiuse da falta de cariño dos fillos.*
OBS. Conxúgase como *servir*.
FAM. resentido, resentimento.

reserva
substantivo
1 Persoa que substitúe a outra nunha competición deportiva: *No banco, co adestrador, sentan os reservas.* SIN. suplente. ANT. titular.
substantivo feminino
2 Cantidade dunha cousa ou conxunto de cousas que se gardan para usalas máis adiante ou en caso de necesidade: *Sempre ten unha reserva de víveres na casa.*
3 Acordo que se fai para que nos garden algo que queremos comprar ou usar: *Fixo a reserva dun cuarto nun hotel da costa.*
4 Coidado que se pon ao facer ou dicir algo para que non se saiba: *Levaron as negociacións con moita reserva.*
5 Falta de confianza: *Entre amigos cómpre que non haxa reservas.*
6 Territorio limitado para que alí se realice algunha actividade ou vivan determinados animais, persoas ou plantas: *Esta zona é unha reserva de aguias.*
FAM. reservado, reservar.

reservado, reservada
adxectivo
1 Que fala pouco ou que conta poucas cousas: *Nunca conta nada porque é moi reservado.* SIN. calado. ANT. charlatán, falador, falangueiro, lareta.
2 Que non se pode ou debe dar a coñecer ou contar: *Eses documentos son reservados e non os pode consultar calquera.*
substantivo masculino
3 Especie de cuarto ou departamento illado do resto nun restaurante, vagón dun tren e lugares semellantes que só pode usar unha persoa ou un grupo pequeno de persoas: *Os amigos celebramos o banquete nun reservado do restaurante.*

reservar
verbo
1 Gardar para máis adiante, para cando se necesite ou para unha ocasión adecuada: *Reservou unha cantidade de cartos para gastos imprevistos.*
2 Chegar a un acordo para que nos garden algo que compraremos máis adiante ou un servizo que usaremos no futuro: *Reservou un cuarto no hotel para a fin de semana.*
3 Calar ou non dicir algo: *El sempre reserva a súa opinión.*

reseso, resesa
adxectivo
Dito dun alimento feito con fariña, estragado e mal polo paso do tempo ou a demasiada exposición ao aire: *Aquel pan estaba xa reseso.*

***resfriado**, a forma correcta é **arrefriado**.

***resfriar**, a forma correcta é **arrefriar**.

resgar
verbo
Rachar.
OBS. O *g* cambia en *gu* ante *e*, como en *pagar*.

resgardar
verbo
Protexer dun dano ou dun perigo: *O paraugas resgarda da chuvia.* SIN. protexer. ANT. atacar.
FAM. resgardo.

resgardo
substantivo masculino
Documento ou escrito que demostra que alguén fixo algo: *Ten gardado o resgardo de que fixo o pagamento.*

residencia
substantivo feminino
1 Lugar en que se vive de forma fixa e habitual: *A miña residencia está en Lugo.*
2 Casa ou edificio onde se vive habitualmente: *A súa residencia é un fermoso pazo.* SIN. casa, domicilio.
3 Edificio ou casa grandes onde viven moitas persoas que teñen algo en común: *Durante o curso vive nunha residencia de estudantes.*

residir
verbo
1 Vivir de forma habitual e fixa nun determinado lugar: *El agora reside en Vigo.*
2 Ter como base, causa ou fundamento: *Un dos maiores atractivos desta comarca reside no bo clima.*
FAM. residencia, residente.

residuo
substantivo masculino
Parte que queda ou sobra de algo: *Nos pratos quedaban os residuos da comida.* SIN. resto.
FAM. residual.

resignación
substantivo feminino
Paciencia para aceptar algo malo: *El soporta a enfermidade con resignación.*

resignarse
verbo
Aceptar con paciencia algo malo: *Ante a ruína da empresa el resignouse.*
FAM. resignación.

resina
substantivo feminino
Substancia apegañenta e pastosa que non se disolve na auga e que se obtén dalgunhas plantas e árbores como o piñeiro: *A leña verde de piñeiro solta resina.*
FAM. resinoso.

resío
substantivo masculino
Rosada.

resistencia
substantivo feminino
1 Oposición forte: *Os ladróns foron detidos pola policía sen resistencia.*
2 Capacidade para aguantar esforzos ou cousas desagradables: *Para correr os dez mil metros hai que ter resistencia.*
3 Forza que se opón ao movemento dunha máquina e ha de ser vencida pola potencia desta: *Os coches modernos teñen un deseño apropiado para vencer a resistencia do aire.*
4 Peza dun mecanismo eléctrico que se opón ao paso da electricidade ou que a converte en calor: *Os quentadores eléctricos quentan a auga grazas a unhas resistencias.*
5 Oposición, incluso con armas, aos invasores dun país: *Na II Guerra Mundial a resistencia contra os alemáns tivo moita importancia en Francia.*

resistir
verbo
1 Aguantar con forza: *Os andeis eses resisten ben o peso dos libros.* SIN. aguantar, soportar.
2 Aguantar algo malo ou un dano: *El vai resistindo a enfermidade.* SIN. aguantar, soportar.
3 Oporse e manterse sen ceder: *Os nosos soldados resistiron o ataque do inimigo.* SIN. aguantar.
FAM. resistencia, resistente.

resoar
verbo
Facer algo moito ruído, especialmente porque as características dun lugar aumentan a forza do son: *A súa voz potente resoaba naquel cuarto tan cativo.*

resolto, resolta
adxectivo
Valente, atrevido e rápido para decidir: *Éche moi resolto e nada o bota para atrás.*

resolución
substantivo feminino
1 Decisión que se toma despois de dubidar ou pensar moito: *Tomou a resolución de vender a casa.* SIN. decisión, determinación.
2 Solución dun problema: *A resolución dese problema de matemáticas levoume un cuarto de hora.*

3 Ánimo para facer algo sen medo e sen dubidar: *El ten moita resolución e non se bota para atrás.* SIN. decisión, determinación.

resolver
verbo
1 Encontrar a solución correcta e adecuada para algo que non se sabe: *El xa resolveu os dous problemas de matemáticas.* SIN. solucionar.
2 Tomar unha decisión: *Eles resolveron vender a casa vella.* SIN. decidir.
OBS. Ten dous participios, o regular *resolvido*, usado nas perífrases, e o irregular, *resolto*, usado como adxectivo.

resonancia
substantivo
1 Prolongación da duración dun son ou aumento da súa intensidade: *As guitarras teñen unha caixa de resonancia de madeira.*
2 Difusión ou fama adquiridas por algún feito ou suceso: *Ese roubo tivo moita resonancia na prensa.*

resorte
substantivo masculino
Peza elástica polo xeral cunha especie de fío metálico en espiral que se encolle ou dobra pola acción dunha forza e que ao parar esta recupera a súa posición: *Ese sofá é incómodo porque ten os resortes rotos.*
OBS. Non debe usarse no seu canto a forma **molle.*

respaldo
substantivo masculino
Parte de atrás de certos asentos como as cadeiras para apoiar nela as costas: *As cadeiras teñen respaldo, pero os tallos non.*

respectable ou respectábel
adxectivo
1 Que merece respecto e consideración: *Todas as opinións son respectables.*
2 Grande ou importante: *A casa esa custoulle unha suma respectable de cartos.*

respectar
verbo
1 Demostrar consideración, boa educación ou ata admiración por algo ou alguén: *Hai que respectar todas as ideas.*
2 Aceptar algo e obedecelo: *Todos debemos respectar as leis.*

respectivo, respectiva
adxectivo
Que se corresponde con outro ou que lle pertence: *Cada curso estaba na súa aula respectiva.*

respecto
substantivo masculino
1 Atención, coidado, consideración e boa educación que merecen algo ou alguén: *Para convivir cómpre ter respecto cara aos veciños.*
2 Medo ou temor lixeiros: *A el seica lle dá respecto viaxar en avión.*
3 Obediencia cara a algo: *O respecto da lei é esixible a todos os cidadáns.*
EXP. **Ao respecto** En relación co que se trata: *Xa sei iso e non teño nada que dicir ao respecto.* **Con respecto a, respecto a, respecto de** En relación con: *Non teño opinión respecto deses feitos.*
FAM. respectabilidade, respectable, respectar, respectivo, respectuoso.

respectuoso, respectuosa
adxectivo
Que amosa respecto ou consideración: *Hai que ser respectuoso coas ideas alleas.*

respiración
substantivo feminino
1 Función dos seres vivos de tomar e expulsar aire polo aparato respiratorio: *Os peixes teñen respiración por branquias e os mamíferos por pulmóns.*
2 Entrada e saída de aire nun lugar pechado: *Ese garaxe é perigoso porque non ten respiración.*

respiradoiro
substantivo masculino
Abertura pequena por onde entra e sae o aire: *O cuarto de baño non ten ventá, só un respiradoiro.*

respirar
verbo
1 Dito dun ser vivo, tomar o aire e despois expulsalo: *Os peixes respiran por branquias e os mamíferos por pulmóns.*
2 Descansar tranquilo despois de pasar un temor, preocupación ou perigo: *Ao ver que as análises de sangue eran boas xa respirei.*
3 Descansar brevemente: *Imos parar un pouquiño no traballo para respirar.*

FAM. respiración, respiradoiro, respiratorio, respiro.

respiratorio, respiratoria

adxectivo

Da respiración ou relacionado con ela: *O aparato ou sistema respiratorio está formado polos órganos que interveñen na respiración.*

respiro

substantivo masculino

Anaco breve de descanso ou tranquilidade: *Cada certo tempo tomamos un respiro no traballo.*

resplandecer

verbo

1 Brillar moito ou despedir raios de luz: *Aquela mañá de agosto o sol resplandecía.* SIN. brillar, lucir, refulxir, relucir.
2 Amosar unha sensación alegre ou feliz: *O seu rostro resplandecía coa ledicia.* SIN. brillar, lucir, relucir.
OBS. É regular: *resplandezo, resplandeza.*

resplandor

substantivo masculino

Luz moi clara ou brillo moi forte: *Cegábanos o resplandor daquel sol do verán.* SIN. brillo, esplendor, fulgor.
FAM. resplandecente, resplandecer.

responder

verbo

1 Dicir algo para contestar unha pregunta, dúbida, chamada ou consulta: *Das dez preguntas do exame, respondeu ben oito.* SIN. contestar. ANT. interrogar, preguntar.
2 Ter o efecto ou resultado esperados: *O enfermo respondeu moi ben ao tratamento e sandou.*
3 Ter a causa ou a orixe en algo: *A súa rebeldía responde a que quere chamar a atención.* SIN. obedecer.
4 Ser responsable de algo: *Un adulto ten que responder dos seus actos.*
5 Facer algo como reacción a outra acción ou cousa: *Ás miñas críticas, el responde coa súa indiferenza.*
6 Oporse protestando: *Non lle debes responder a teu pai.*
FAM. respondón, responsabilidade, responsable, responso, resposta.

responsabilidade

substantivo feminino

1 Capacidade das persoas para cumprir os seus deberes e as súas obrigas: *Un adolescente xa debe ter certo sentido da responsabilidade.*
2 Deber ou obriga que alguén ten: *O coidado dos fillos é responsabilidade dos pais.*

responsable ou responsábel

adxectivo

1 Que cumpre os seus deberes ou as súas obrigas: *É un rapaz moi responsable e sempre fai os deberes.*
2 Que ten como deber ocuparse de algo ou coidalo: *Os pais son responsables da educación dos fillos.*
3 Que ten a culpa de algo: *O adestrador seica é o responsable desa derrota.*

responso

substantivo masculino

1 Na relixión, oración por unha persoa morta: *Antes de enterrar o cadáver, o sacerdote rezou un responso.*
2 Palabras que se lle din a alguén para comunicar que fixo algo mal: *Botoulle un responso por chegar tarde ao traballo.*

resposta

substantivo feminino

1 Frase, palabra ou expresión con que se contesta unha pregunta: *Calou porque non tiña resposta para aquela pregunta.* SIN. contestación. ANT. pregunta.
2 Contestación a unha carta ou mensaxe escrita: *Non tiven resposta da carta que lle enviei hai xa un mes.* SIN. contestación.
3 Efecto ou resultado de algo: *O médico cambioulle o tratamento porque co que tiña non obtivo ningunha resposta.*

resta

substantivo feminino

En matemáticas, operación que consiste en calcular a diferenza entre dúas cantidades: *A resta establece a diferenza entre dúas cantidades: o minuendo e o subtraendo.* SIN. subtracción. ANT. suma, adición.

restablecemento ou restabelecemento

substantivo masculino

1 Volta de algo ao seu estado ou situación anteriores ou ao bo estado que perdera:

Con ese xantar conseguiremos o restablecemento da nosa amizade.
2 Recuperación da boa saúde: *O seu restablecemento chegou tras dous meses de tratamento médico.* SIN. recuperación.

restablecer ou **restabelecer**
verbo
1 Volver algo ao seu estado ou situación anteriores ou ao bo estado que perdera: *Amañaron as vías e restableceron o servizo de trens.*
2 **restablecerse** Volver ter boa saúde: *Xa se restableceu da gripe e traballa.* SIN. recobrarse, recuperarse, reporse, repoñerse.
FAM. restablecemento.

restar
verbo
1 Realizar a operación matemática da resta: *O neno xa sabe sumar e restar.* ANT. sumar.
2 Quitar, diminuír ou facer máis pequeno: *Cómpre restarlles importancia aos seus insultos pois é un arroutado.* SIN. quitar.
3 Quedar ou faltar por facer, ocorrer ou pasar: *Estamos a 25 de xaneiro e restan aínda seis días para rematar o mes.* SIN. faltar, quedar.

restauración
substantivo feminino
Volta de algo ao seu estado ou situación anteriores ou ao bo estado que perdera: *Esa construtora dedícase á restauración de edificios antigos.*

restaurante
substantivo masculino
Establecemento onde se serven ao público comidas e bebidas que se consomen alí: *Hoxe xantamos nun restaurante.*

restaurar
verbo
Volver algo ao seu estado ou situación anteriores ou ao bo estado que perdera: *Restauraron a vella igrexa románica.*
FAM. restauración, restaurador, restaurante.

restituír
verbo
1 Devolverlle algo ao seu dono: *O xuíz condenou o ladrón a restituír aos seus donos o que roubara.*
2 Volver ao estado que antes tiña ou ao bo estado que se perdera: *Unha boa alimentación restituirá a túa saúde.*

resto
substantivo masculino
1 Parte que queda dun todo: *Dos vinte, sentaron doce e o resto quedou de pé.*
2 En matemáticas, resultado da resta: *O resto é a diferenza entre o subtraendo e o minuendo.* SIN. diferenza.
3 En matemáticas e nunha división, diferenza entre o dividendo e o produto do divisor polo cociente: *Na división exacta o resto é cero.*
plural
4 Parte ou partes que sobran de algo: *Nos pratos só quedaban restos de comida.* SIN. residuo, sobras.
5 **restos mortais** Corpo morto dunha persoa: *Os seus restos mortais foron enterrados no panteón familiar.* SIN. cadáver.

restra
substantivo feminino
Conxunto de allos, cebolas, mazarocas de millo, chourizos ou produtos semellantes unidos polo talo ou un cordel para penduralos: *Do canizo penduraban as restras de chourizos.*

restreba
substantivo feminino
Restos de canas do cereal que quedan despois da sega presas á terra ou terreo cuberto por canas de cereal despois da sega: *Pediron permiso para queimar a restreba.*

restrebar
verbo
1 Sementar un terreo co mesmo froito que na colleita anterior: *Restrebou a agra de patacas.*
2 Arar a terra que tivo unha colleita de cereais: *Estaba a restrebar a seara.*

restrelo[1]
substantivo masculino
Instrumento de madeira de forma rectangular con dentes nun dos seus extremos sobre o que se pasa o liño para sacarlle a estopa: *Na casa dos seus devanceiros atopou un restrelo.*
FAM. restrela.

restrelo2
substantivo masculino
Castaña que se desprende por si soa do ourizo: *No chan había algúns restrelos.*

restrición
substantivo feminino
Redución a uns límites ou cantidades menores: *Houbo restricións na subministración de enerxía eléctrica.*

restrinxir
verbo
Reducir a uns límites ou cantidades menores: *A policía restrinxiu o acceso de coches á festa a só douscentos vehículos.* SIN. limitar.
FAM. restrición, restritivo.

restroballo ou restrollo
substantivo masculino
Restos de canas de cereais que quedan despois da sega presas á terra: *Pediron permiso para queimar o restroballo.*

resucitar
verbo
1 Volver á vida despois de morrer: *Segundo a relixión católica, Cristo resucitou ao terceiro día da súa morte.*
2 Dar nova forza, enerxía ou pulo: *Baixando os prezos resucitou o bar.*
FAM. resurrección.

resultado
substantivo masculino
1 Efecto ou consecuencia de algo: *Esa cicatriz é resultado dunha ferida.* SIN. consecuencia, efecto. ANT. causa, motivo, orixe.
2 Solución dunha operación matemática: *O problema está ben desenvolvido pero o resultado non é o correcto.*
3 Información ou datos que se obteñen a partir dun exame, operación ou estudo: *Os resultados da análise de sangue son moi bos.*
4 Beneficio ou utilidade que se obtén de algo: *Estas camisas dan moi bo resultado.*
5 Puntuación final dun partido ou competición deportiva: *Na quiniela acertou once resultados.*

resultar
verbo
1 Ser ou quedar de determinada maneira: *A película resultou moi aburrida.*
2 Producir o que se espera: *O negocio non resultou e perdemos os cartos.*
FAM. resultado.

resumir
verbo
Contar ou explicar algo dicindo só o máis importante: *Resumiume en poucas palabras a novela que lera.*

resumo
substantivo masculino
Conxunto de palabras que contan ou expresan só o máis importante de algo: *Resumiu en catro liñas a páxina do libro.*
EXP. **En resumo** Como conclusión: *En resumo, que a cousa non che ten remedio.*

resurrección
substantivo feminino
Volta á vida dunha persoa morta: *Segundo a relixión, a resurrección de Cristo produciuse ao terceiro día da súa morte.*

***resurxir**, a forma correcta é **rexurdir**.

retablo
substantivo masculino
Conxunto de esculturas ou pinturas de tema relixioso que cobren o muro situado detrás do altar dunha igrexa: *O retablo do altar maior contiña fermosas pinturas e esculturas.*

retagarda
substantivo feminino
1 Parte de atrás dun exército: *A retagarda non está en contacto co inimigo.* ANT. vangarda.
2 Parte de atrás dun grupo que avanza: *A defensa é a retagarda dos equipos de fútbol.* ANT. vangarda.

retallo
substantivo feminino
Anaco que sobra ao cortar para algo unha tea, papel, chapa ou outra cousa semellante: *Aproveitaba os retallos que sobraron da tea do traxe.* SIN. retrinco.
FAM. retallar.

retar
verbo
Dicirlle unha persoa a outra que participe contra ela nunha loita ou nunha competición: *Retouno a botar un partido de tenis.* SIN. desafiar.

retardar
verbo
Facer que algo se atrase ou aconteza máis tarde: *A neve retardou a chegada dos trens.* SIN. adiar, aprazar, atrasar. ANT. adiantar, anticipar.
FAM. retardo.

retellar
verbo
Amañar o tellado dunha casa cambiando as tellas rotas, poñendo as que faltan ou colocando as descolocadas: *Despois do temporal tivemos que retellar a casa.*

retén
substantivo masculino
Conxunto de persoas que permanecen preparadas para actuar en caso de necesidade: *Por se hai un incendio sempre queda un retén de bombeiros.*

retención
substantivo feminino
1 Parada ou marcha moi lenta dos vehículos: *Nesta rúa as obras producen retencións.*
2 Desconto dunha cantidade de diñeiro nunha cantidade que se cobra: *No soldo fanlle unha retención.*
3 Conservación dun líquido ou dunha materia no corpo cando se debía expulsar: *O médico receitoulle unhas pílulas para evitar a retención de urina.*
4 Conservación na memoria: *El ten unha gran capacidade de retención de datos.*
5 Feito de impedir que algo pase para adiante ou por un sitio: *Esa rede permite a retención das follas antes de que cheguen ao desaugadoiro.*

reter
verbo
Conservar, deter ou manter nalgún sitio: *Retén todos os datos na memoria. Retivéronlle as maletas na alfándega. Seica retén a urina.*
OBS. Conxúgase como *ter.*
FAM. retención.

retesía
substantivo feminino
Discusión forte entre dúas ou máis persoas: *Os dous curmáns tiveron unha retesía que case chegan ás mans.*

reticencia
substantivo feminino
1 Falta de confianza en algo ou alguén: *Non entendo a túa reticencia cara á nosa empresa.* SIN. desconfianza, reserva, receo.
2 Crítica que non se di claramente: *Prefiro que me critiques abertamente a esas reticencias.*
FAM. reticente.

retina
substantivo feminino
No ollo, membrana interna onde se reciben as impresións luminosas: *Da retina parten as fibras que forman o nervio óptico.*

retirado, retirada
adxectivo
1 Que está lonxe ou separado de algo: *Bañábanse nunha praia retirada do núcleo urbano.*
adxectivo ou substantivo
2 Que deixou de traballar porque xa chegou á idade que establece a lei ou porque está mal de saúde: *Meu avó está retirado porque xa cumpriu sesenta e cinco anos.*
substantivo feminino
3 Marcha dun lugar ou abandono dunha actividade: *Ninguén esperaba a retirada dese cantante.*
4 Feito de quitar algo dun lugar: *Os varredores realizan a retirada do lixo.*

retirar
verbo
1 Quitar ou separar dun lugar: *Retirou as maletas do corredor.*
2 Facer que unha persoa deixe de facer algo: *A falta de éxito retirou o cantante dos escenarios.*
3 Deixar de manter o que se dixo ou o que se fixo antes: *Reirou as acusacións contra o presidente.*
4 Deixar de dar algo: *Retiráronlles a gratificación porque a empresa tivo grandes perdas.*
5 **retirarse** Marchar a un lugar apartado: *O poeta retirouse da cidade á súa aldea.*
6 Deixar unha persoa de traballar porque chegou á idade que establece a lei ou por ter mala saúde: *Retirouse porque sufría unha grave enfermidade.* SIN. xubilarse.
FAM. retirada, retirado, retiro.

retiro

substantivo masculino

1 Feito de deixar de traballar porque se chegou á idade que establece a lei, ou porque o impide a mala saúde: *O retiro chega por lei aos sesenta e cinco anos.* SIN. xubilación.

2 Cartos que se cobran cando se deixou de traballar polos motivos anteriores: *Os pais viven co retiro que cobran.* SIN. xubilación.

3 Lugar tranquilo que está lonxe e separado de todo: *Ten o seu retiro na aldea dos avós.*

reto

substantivo masculino

1 Feito de dicirlle unha persoa a outra que participe contra ela nunha loita ou nunha competición: *O campión aceptou o reto do aspirante.* SIN. desafío.

2 Cousa que resulta moi difícil de conseguir: *Para el é un reto aprobar todo.* SIN. desafío.

FAM. retar.

retocar

verbo

Facer algo nunha obra xa terminada para mellorala ou corrixir erros e defectos: *Xa rematou a mesa e só lle queda retocala.*

OBS. O *c* cambia en *qu* diante do *e*, como en *sacar.*

FAM. retoque.

retomar

verbo

Volver facer algo que se deixara de facer: *Retomaremos este traballo despois de xantar e descansar un anaco.*

retoque

substantivo masculino

Pequeno amaño ou cambio nunha obra xa acabada para perfeccionala ou deixala mellor: *Xa pintei a porta e só me faltan uns retoques.*

retorcer

verbo

Torcer algo dándolle voltas arredor de si mesmo: *Retorcía a camisa mollada para tirarlle a auga.*

OBS. O *z* cambia en *c* diante de *a, o* como en *vencer.* Ten dous participios, o regular *retorcido,* usado en perífrases, e o irregular *retorto,* usado como adxectivo.

retorcido, retorcida

adxectivo

1 Especialmente dito dunha persoa, que ten malas intencións: *Non trato con el porque é moi retorcido.*

2 Dito especialmente da linguaxe ou forma de expresarse, que se entende mal porque é complicada: *Ese escritor ten unha linguaxe retorcida.*

retórico, retórica

adxectivo

1 Da arte ou técnica de falar e escribir ben e con elegancia ou relacionado con ela: *Un escritor debe dominar as técnicas retóricas.*

2 Especialmente dito da linguaxe ou forma de expresarse, que resulta complicada ou elevada: *Expresábase de forma retórica e a xente sinxela non o entendía.*

substantivo feminino

3 Arte ou técnica de falar ben e de forma elegante: *A retórica ensina a falar e escribir con elegancia.*

retornar

verbo

Volver a un lugar ou situación anteriores: *Moitos emigrantes xubilados retornan a Galicia.* SIN. regresar, tornar, volver.

FAM. retorno.

retorto, retorta

1 Participio irregular de *retorcer.*

adxectivo

2 Moi torto ou con moitas voltas: *Subían á montaña por un carreiro retorto.*

retorzón

substantivo masculino

1 Torcedura.

2 Dor breve e forte que se sente na barriga: *Ao cativo dábanlle retorzóns porque comera moitas lambonadas.*

retractarse

verbo

Retirar o que se dixo antes: *Ante o xuíz retractouse das acusacións que fixera contra o xefe.*

retráctil

adxectivo

Que pode encollerse e mesmo esconderse dentro de algo: *As uñas dos gatos son retráctiles.*

retraer
verbo
1 Encoller e retirar para atrás: *O caracol retrae os cornos.*
2 **retraerse** Deixar de falar ou de tratar cos demais: *El retráese moito porque é bastante tímido.*
OBS. Conxúgase como *caer*.
FAM. retraemento, retraído.

retraído, retraída
adxectivo
Que non lle gusta falar nin mesmo tratar cos demais: *Sempre anda só e sen amigos porque é moi retraído.*

retranca
substantivo feminino
Segunda intención ou sentido con que se fai ou di algo: *Deume, con retranca, o parabén porque só suspendín dúas.*
FAM. retranqueiro.

***retranquear**, a forma correcta é **recuar**.

***retranqueo**, a forma correcta é **recuamento**.

retransmitir
verbo
Dito dun espectáculo, un programa ou noticia, transmitilos ou difundilos unha emisora de radio ou televisión ao recibilos desde o lugar en que se desenvolven: *As cadeas de televisión retransmiten moitos partidos de fútbol.*
FAM. retransmisión.

***retrasar**, a forma correcta é **atrasar**.

retratar
verbo
1 Dito dunha imaxe, copiala, debuxala ou fotografala: *O fotógrafo retratou toda a familia no seu estudio.*
2 Describir, especialmente con moita exactitude: *A novela retrata a vida dunha aldea galega do século XIX.*

retrato
substantivo masculino
1 Pintura, debuxo, imaxe ou foto que representa unha persoa ou grupo de persoas: *Leva na carteira un retrato dos fillos.*
2 Descrición moi exacta dunha persoa: *O xornalista no artigo fai un gran retrato do novelista.*
FAM. retratar, retratista.

retrete
substantivo masculino
Cuarto cun inodoro para urinar e defecar: *O retrete tiña un respiradoiro.* SIN. servizo, váter.

retribuír
verbo
Pagar, especialmente un traballo ou servizo, con cartos ou con outra cousa: *A empresa retribúe moi ben as horas extraordinarias.* SIN. remunerar.
OBS. Conxúgase como *incluír*.
FAM. retribución, retributivo.

retrinco
substantivo masculino
Retallo.

retroceder
verbo
Volver para atrás: *O coche retrocedía para aparcar. Non retrocede ante ningún perigo. Retrocede o consumo de tabaco.*
FAM. retroceso.

retrouso
substantivo masculino
1 Palabra ou expresión que unha persoa repite de forma innecesaria a cada pouco: *Deben evitarse os retrousos ao falar.*
2 Verso ou versos que se repiten despois de cada estrofa dun poema: *Moitas cancións populares teñen retrouso.*

retrovisor
substantivo masculino
Espello que levan os vehículos na parte de adiante e que serve para ver o que hai detrás: *Polo retrovisor vense os coches que veñen detrás.*

retrucar
verbo
Responder ou oporse a algo con argumentos en contra: *Cando lle dixeron que traballaba pouco, retrucou que bastante facía para o que cobraba.*
OBS. O *c* cambia en *qu* ante *e*, como en *sacar*.
FAM. retruque.

reuma
substantivo feminino
Enfermidade que produce dores nas unións dos ósos e nos músculos: *A humidade é mala para a reuma.*
FAM. reumático, reumatismo.

reunión
substantivo feminino
Unión de varias persoas ou cousas para un fin determinado ou tratar algo: *Houbo unha reunión da comunidade de veciños para cambiar o ascensor.*

reunir
verbo
Pór xuntas persoas ou cousas para un determinado fin: *Reuniu todos os seus poemas para publicar un libro.* SIN. agrupar, xuntar. ANT. apartar, ciscar, desunir, esparexer, separar.

revalidar
verbo
Confirmar ou facer que algo teña o mesmo valor que tiña antes: *Se gañamos tamén este ano a liga, revalidaremos o título do ano pasado.*
FAM. reválida, revalidación.

***revancha**, a forma correcta é **desquite**.

revelación
substantivo feminino
Descubrimento ou manifestación de algo que non se coñecía: *Nunca esperei que me fixese a revelación dese segredo.*

revelar
verbo
1 Manifestar, descubrir ou dar a coñecer algo que non era coñecido: *Os segredos non se poden revelar.* SIN. descubrir, desvelar. ANT. acochar, agochar, esconder, ocultar.
2 Amosar algo por un sinal: *A súa cara revelaba preocupación.*
3 Facer que se vexan as imaxes dunha película de fotografía impresas en papel: *Cómpre revelar ese carrete de fotos.*
OBS. É distinto de *rebelar.*
FAM. revelación.

revender
verbo
Volver vender o que se comprou: *Revendeu a casa e gañou moitos cartos.*
FAM. revenda.

reverberar
verbo
Reflectírense ou cambiaren de dirección os raios de luz ao chocar contra unha superficie brillante: *Os raios do sol reverberaban na auga clara.*

reverdecer
verbo
1 Volver verde ou recuperar a cor verde: *As plantas reverdecen na primavera.*
2 Adquirir ou dar nova forza, novo impulso ou nova enerxía: *O seu encontro reverdeceu a vella e esquecida amizade.*
OBS. É regular: *reverdezo, reverdeza.*

reverencia
substantivo feminino
1 Gran respecto e consideración cara a algo ou alguén: *Trataba o seu avó con verdadeira reverencia.* ANT. irreverencia.
2 Inclinación da cabeza e da parte superior do corpo para adiante en sinal de moito respecto e consideración: *O premiado saudou o rei facéndolle unha reverencia.*
FAM. reverenciar, reverendísimo, reverendo.

reversible ou reversíbel
adxectivo
1 Que pode volver ao seu estado anterior: *A morte non é reversible.* ANT. irreversible.
2 Dito dunha peza de vestir, que pode usarse tanto do dereito como do revés: *Ese abrigo é reversible, pois do outro lado é unha gabardina.*

reverso
substantivo masculino
1 Nunha moeda ou medalla, lado oposto á cara principal: *No reverso da medalla levaba gravado o nome da nai.* SIN. dorso. ANT. anverso.
2 Parte oposta á principal dunha cousa: *No anverso do sobre ponse o enderezo do destinatario e no reverso o remitente.* ANT. anverso.

reverter
verbo
1 Saír por fóra dos límites ou bordos dun recipiente: *O leite revertía da cunca.* SIN. rebordar.
2 Ter unha consecuencia ou efecto sobre algo: *Que traballes máis reverterá no teu propio beneficio.*

revés
substantivo masculino
1 Parte dun obxecto que é a contraria á que se considera principal ou máis perfecta: *As pezas de vestir teñen revés e dereito.* ANT. dereito.

2 Golpe dado coa man volta: *Deulle un revés sen querer cando o caneou.*
3 Dificultade ou acontecemento desfavorable e negativo que impide conseguir algo ou fai sufrir: *Sufriu o revés de que lle roubaron a furgoneta coa ferramenta.* SIN. contrariedade, contratempo, desgraza.
4 No tenis e noutros xogos semellantes, golpe que se lle dá á pelota cando chega polo lado contrario ao da man coa que se agarra a raqueta: *Ese tenista ten que mellorar a técnica do revés.*
EXP. **Ao revés** De maneira contraria: *Fixo todo ao revés do que lle mandaron.* **Do revés** Na posición ou na orde contrarias ás normais: *Puxo o xersei do revés.* ANT. do dereito.

revestir
verbo
1 Cubrir para protexer, ocultar ou adornar: *Revestiu esa parede de madeira vernizada.*
2 Ter ou presentar como característica: *Esa ferida non reviste gravidade.*
OBS. Conxúgase como *advertir*.
FAM. revestimento.

revirado, revirada
adxectivo
1 Que ten malas intencións: *Non me gusta saír con el porque é un pouco revirado.*
2 Moi torto ou con moitas voltas: *Non me gusta ese carreiro porque é moi revirado.* SIN. retorto.
3 Que resulta moi difícil de entender: *A linguaxe dese escritor é revirada e non se entende facilmente.*
4 Que non obedece: *Ese cativo éche ben revirado.*

reviragancho
substantivo feminino
Letra, parte dunha letra ou conxunto de letras mal feitos: *Case todos asinamos cun reviragancho.*

revirar
verbo
1 Darlle a volta a algo: *Revirou o bisté para frixilo polos dous lados.* SIN. virar.
2 Pór a parte de dentro dunha cousa para fóra dándolle a volta: *Revirou o xersei porque o puxera do revés.*
3 Cambiar de dirección: *Para coller a estrada xeral ten que revirar á dereita nese cruzamento.*
4 revirarse Facer fronte ou opoñerse a alguén: *Reviróuselle ao xefe e díxolle que traballase el.* SIN. arrepoñerse, rebelarse.
FAM. revirado, reviragancho, reviravolta.

reviravolta
substantivo feminino
1 Volta sobre un mesmo: *Bailando a muiñeira danse reviravoltas.*
2 Rodeo.

revisar
verbo
Ver algo ou volver velo ou examinalo con moita atención: *Revisan todos os avións antes de que saian.*

revisión
substantivo feminino
Estudo ou exame que se fai de algo con moita atención: *Despois da revisión médica, dixéronlle que estaba moi ben.*

revisor, revisora
substantivo
Persoa que traballa nun transporte público para comprobar que os pasaxeiros levan billete e que é válido: *O revisor do tren pedíalles os billetes aos viaxeiros.*

revista
substantivo feminino
1 Publicación xornalística que sae cada certo tempo con artigos e información sobre determinados asuntos ou sobre temas de actualidade: *As revistas do corazón publícanse semanalmente.*
2 Espectáculo de teatro en que hai escenas musicais e faladas: *As bailarinas das revistas levan traxes moi rechamantes.*
EXP. **Pasar revista** Comprobar que algo está como debe estar: *O xefe pasoulles hoxe revista a todas as seccións da empresa.*

revitalizar
verbo
Dar forza e enerxía novas: *Esa campaña de publicidade revitalizou a empresa porque estaba medio afundida.* SIN. revivir.
OBS. O *z* cambia en *c* nte *e*, como en *cazar*.

revivir
verbo
Volver ter vida, forza ou enerxía novas: *Con esa leña seca o lume revive.* SIN. renacer, revitalizar.

revogar
verbo

Dito dunha lei, orde ou norma, deixalas sen efecto: *O alcalde revogou a orde de que non se podía aparcar nesta rúa.* SIN. anular.
OBS. O *g* cambia en *gu* ante *e*, como en *pagar*.
FAM. revogación.

revolto, revolta
1 Participio irregular de *revolver.*
adxectivo
2 Sen orde: *Ten sempre o cuarto revolto e con roupa ciscada polo chan.* ANT. ordenado.
3 Dito do tempo atmosférico, que cambia moito e tanto é bo coma malo: *Anda o tempo revolto, pois chove e axiña dá o sol.* SIN. inestable. ANT. estable.
substantivo feminino
4 Movemento violento da xente que protesta contra unha autoridade e deixa de obedecer: *Houbo revoltas populares contra a suba dos prezos do pan.* SIN. rebelión, sublevación.
5 Curva moi cerrada ou cambio de dirección moi pronunciado: *Esa estrada non me gusta polas revoltas que ten.*

revoltoso, revoltosa
adxectivo

Que non para quedo e fai trasnadas: *Os cativos adoitan ser revoltosos.* SIN. traste, traveso.

revolución
substantivo feminino
1 Cambio rápido e violento do goberno e do sistema político, social e económico dun país ou nación: *A Revolución francesa de 1789 acabou co feudalismo e mais coa monarquía.*
2 Cambio rápido e profundo: *A invención do automóbil supuxo unha revolución nos transportes.*
3 Xiro ou volta que dá un corpo arredor do seu eixe: *A terra ten un movemento de revolución, pois xira arredor de si mesma.* SIN. rotación.
OBS. Na acepción 1 cando se refire a unha revolución concreta adoita escribirse con inicial maiúscula, mais o adxectivo que a especifica con inicial minúscula: *Revolución francesa, Revolución rusa.*
FAM. revolucionar, revolucionario.

revolucionar
verbo

Producir un gran movemento, alteración, intranquilidade ou cambio: *A invención da locomotora de vapor revolucionou os transportes terrestres.*

revolucionario, revolucionaria
adxectivo ou substantivo

Propio dunha revolución ou que participa nela ou a defende: *Os soldados revolucionarios franceses levantáronse contra a monarquía de Luís XVI.*

revolver
verbo
1 Darlle voltas a algo ou movelo en todas as direccións de xeito que os seus compoñentes se mesturen ou cambien de posición: *Botoulle o azucre ao leite e revolveuno.* SIN. remexer, remover.
2 Mesturar ou cambiar algo de sitio de forma que perda a orde: *Revolveu os libros do andel e deixounos desordenados.* SIN. remexer.
3 Examinar, investigar ou buscar para descubrir algo: *Os ladróns revolveron nos caixóns da mesa para atopar cartos.*
4 revolverse Volverse xirando ou dando a volta: *O profesor revolveuse e pescouno copiando.* SIN. virarse.
OBS. Ten dous participios, o regular *revolvido*, usado nas perífrases, e o irregular *revolto*, usado como adxectivo.

revólver
substantivo masculino

Arma de fogo parecida á pistola pero cunha especie de tambor ou cilindro xiratorio onde se colocan as balas: *Os pistoleiros das películas de vaqueiros levan revólveres.*

rexedor, rexedora
adxectivo ou substantivo

Que rexe, goberna ou dirixe algo: *O alcalde é o rexedor do concello.*

rexeitamento
substantivo masculino
1 Acción pola que se fai volver para atrás o que se aproxima afastándoo: *O defensa realizou o rexeitamento do balón lanzado polo dianteiro.*
2 Feito de dicir que non a algo ou de non aceptalo: *Os sindicatos propoñen o rexeitamento dese novo plan de emprego.*

3 En medicina, intolerancia por parte do organismo dun órgano ou tecido transplantado: *Por agora non se produciu rexeitamento do corazón transplantado ao enfermo.*

rexeitar
verbo

1 Facer volver para atrás o que se aproxima con forza ou ataca afastándoo: *O defensa rexeitou o balón lanzado polo dianteiro.* SIN. repeler.
2 Dicir que non a algo: *Rexeitou xa varias propostas de traballo.* SIN. desbotar, refusar. ANT. aceptar, admitir.
FAM. rexeitamento.

rexemento
substantivo masculino

Unidade do exército formada por moitos soldados: *Un rexemento está formado por varios batallóns e mandado por un coronel.*

rexencia
substantivo feminino

Desempeño da xefatura do Estado por unha persoa distinta ao rei ou á raíña porque son menores de idade, están enfermos ou por calquera outra causa: *Como o rei era menor de idade, o xeneral ocupouse da rexencia.*

rexenerar
verbo

1 Volver ao bo estado ou condición perdidos: *O deporte rexenerouno e abandonou as drogas.*
2 Recuperar de forma natural unha parte ou tecido do corpo: *As persoas rexeneran a pel e as lagartas o rabo.*
3 Transformar ou facer que un produto usado poida volver ser utilizado: *Nesta fábrica rexeneran o papel usado.*
FAM. rexeneración.

rexentar
verbo

Dirixir ou gobernar algo, especialmente un negocio ou industria: *O pai aínda rexenta a empresa familiar.*

rexente
substantivo

Persoa que desempeña a xefatura do Estado nunha monarquía en substitución do rei ou da raíña porque son menores de idade, están enfermos ou por calquera outra cousa: *O cardeal foi nomeado rexente porque a raíña aínda era menor de idade.*

rexer
verbo

1 Mandar, dirixir ou gobernar algo: *O goberno rexe o país.* SIN. gobernar.
2 Ter unha persoa a capacidade de pensar e razoar: *Ten case cen anos pero rexe moi ben.*

réxime
substantivo masculino

1 Comida especial para non engordar ou para evitar unha enfermidade: *Segue un réxime para adelgazar.* SIN. dieta.
2 Sistema político polo que se goberna unha nación: *Os réximes máis habituais son a república e a monarquía.*
3 Conxunto de normas polas que se dirixe algo: *O réxime deste cárcere é moi duro.*
4 Forma habitual en que se produce ou acontece algo: *Nesta rexión o réxime de chuvias é abundante en outono e inverno.*
OBS. O plural é *réximes.*

rexio, rexia
adxectivo

Propio do rei ou da raíña: *No absolutismo o poder rexio é total.* SIN. real[2].

rexión
substantivo feminino

1 Parte dun país ou dun estado que se distingue por ter un clima, xeografía, economía, historia e costumes determinados: *As antigas rexións do Estado español hoxe son as comunidades autónomas.*
2 Zona do corpo dunha persoa ou dun animal que ten unhas características propias: *A rexión lumbar é a zona do lombo.*
FAM. rexional, rexionalismo, rexionalista.

rexional
adxectivo

Dunha rexión ou relacionado con ela: *É unha empresa de ámbito rexional.*

rexistrar
verbo

1 Examinar ou mirar con moito detalle para atopar algo: *A policía rexistrou a maleta do pasaxeiro.*
2 Apuntar un nome nunha lista: *Xa se rexistrou na lista dos que queren ir de excursión.*
3 Anotar, sinalar ou fixar algo nun sitio: *Os*

dicionarios rexistran os significados das palabras. Os termómetros rexistran a temperatura. Nos CDs poden rexistrarse imaxes e sons.

4 **rexistrarse** Producirse ou darse: *Este inverno rexistráronse moitas nevaradas.*

rexistro

substantivo masculino

1 Exame dun lugar ou obxecto con moita atención para atopar algo: *Na alfándega a policía realiza o rexistro das maletas.*

2 Introdución dun nome nunha lista: *O bibliotecario facía o rexistro dos libros da biblioteca.*

3 Libro, caderno ou lista onde se anotan estes nomes: *Na biblioteca hai un rexistro informatizado dos libros.*

4 Anotación, sinalamento ou fixación de algo nun sitio: *Os termómetros realizan o rexistro das temperaturas.*

rexo, rexa

adxectivo

Que ten forza, vigor ou boa saúde: *O seu avó estache ben rexo con cerca de noventa anos.*

***rexón**, a forma correcta é **roxón**.

rexouba

substantivo feminino

1 Comentario que se fai sobre algo ou alguén para criticalos ou falar mal deles e que se espalla entre a xente: *Debes evitar facer caso da rexouba dos desocupados.* SIN. murmuración.

2 Troula.

FAM. rexoubar, rexoubeiro.

***rexuntar**, a forma correcta é **arrexuntar**.

rexurdimento

substantivo masculino

1 Recuperación da forza, importancia, valor ou a boa situación: *Esas medidas da Xunta pretenden un rexurdimento da artesanía da bisbarra.* SIN. renacemento.

2 Movemento cultural da segunda metade do século XIX que supón a volta ao cultivo da lingua e literatura galegas: *Rosalía de Castro, Curros Enríquez e Pondal son as grandes figuras do Rexurdimento.*

OBS. Na acepción 2 adoita escribirse con inicial maiúscula. A acepción 2 é distinta de *Renacemento.*

rexurdir

verbo

Volver ter a importancia, o valor, a forza ou a boa situación perdidas: *As novas fábricas fixeron rexurdir a economía da bisbarra.* SIN. renacer, revivir.

OBS. Conxúgase como *fuxir.*

rexuvenecer

verbo

Volver ter a forza, enerxía e características propias da xuventude: *O traballo rexuvenece as persoas maiores.* ANT. avellentar, envellecer.

OBS. É regular: *rexuvenezo, rexuveneza.*

FAM. rexuvenecemento.

rezar

verbo

Dicirlle unha oración a un deus ou a un santo para loalos ou pedirlles algo: *Entrou na igrexa para rezar.* SIN. orar.

OBS. O *z* cambia en *c* ante *e*, como en *cazar.*

FAM. rezo.

rezo

substantivo masculino

Conxunto de palabras que se dirixen a un deus ou a un santo para loalos ou pedirlles algo: *O cura dicía os seus rezos.* SIN. oración.

***rezumar**, a forma correcta é **zumegar**.

ría

substantivo feminino

Entrada do mar na desembocadura dun río: *As rías galegas son moi ricas en peixe.*

riada

substantivo feminino

Aumento grande da auga dun río de xeito que se poden producir inundacións: *A riada inundou as casas da beira do río.* SIN. chea, enchente.

riba

EXP. **Por riba** 1) Ademais: *Perdín o libro e, por riba, castigáronme.* SIN. por enriba. 2) De maneira pouco profunda e sen entrar en detalles: *Leu o contrato por riba.* 3) Por enriba. **Riba de** Sobre o lugar que se indica: *Deixou os libros riba da mesa.* SIN. encima de, encol de, enriba de, sobre.

ribada

substantivo feminino

Noiro.

ribeira
substantivo feminino
Beira ou franxa de terra que está ao lado dun río, do mar ou dun lago: *Construirán unha praia fluvial nesta ribeira do río.* SIN. beira, marxe.

ribeiro
substantivo masculino
Viño producido na comarca ourensá do Ribeiro: *Pediulle ao camareiro unha botella de ribeiro.*

rico, rica
adxectivo
1 De sabor agradable: *Eses pasteis estanche ben ricos.* SIN. saboroso.
2 Que ten ou produce algo en gran cantidade: *A carne e o peixe son ricos en proteínas.* ANT. pobre.
3 De moito valor: *O traxe da noiva levaba ricos encaixes.*
adxectivo ou substantivo
4 Que ten moitos cartos e bens: *O fidalgo era moi rico en cartos e terras.* SIN. podente. ANT. necesitado, pobre.
FAM. riqueza, enriquecedor, enriquecer.

ridículo, ridícula
adxectivo
1 Que produce riso, especialmente porque é moi raro: *Levaba un vestido ridículo.*
2 Moi escaso ou de moi pouca importancia: *Nese traballo páganlle un soldo ridículo.*
substantivo masculino
3 Situación da persoa que lle produce riso aos demais: *Con ese traxe roto fixo o ridículo na voda.*

rifa
substantivo feminino
1 Palabra ou palabras moi fortes con que se lle chama a atención a alguén porque fixo algo mal: *Recibiu unha rifa do xefe por chegar tarde ao traballo.*
2 Discusión entre dúas ou máis persoas: *Despois da rifa que tiveron xa nin se saúdan.* SIN. discusión.
3 Xogo que consiste en sacar un número por sorteo e darlle un premio á persoa que teña un papel con ese número e que mercou antes e tamén ese papel co número: *Mercou unha rifa para o sorteo dun coche deportivo.*

rifar
verbo
1 Chamarlle a atención a alguén en voz alta porque fixo algo mal: *O profesor rifoulle porque nunca facía os deberes.* SIN. berrar.
2 Discutir dúas ou máis persoas de xeito que incluso se deixan de falar: *Rifou co curmán e agora nin se saúdan.* SIN. berrar, discutir.
3 Darlle un premio á persoa que ten un papel co mesmo número que sae por azar nun sorteo: *A comisión de festas rifa este ano un coche.*
FAM. rifa.

rifle
substantivo masculino
Tipo de fusil que ten estrías no interior do canón: *O rifle é unha arma de fogo de orixe estadounidense.*

rigor
substantivo masculino
1 Dureza e falta de clemencia ao esixir que algo se faga tal e como está mandado: *Ese profesor corrixe os exames con rigor e baixa puntos polos erros.* SIN. severidade.
2 Precisión, coidado e exactitude ao facer algo: *Para non equivocarse hai que traballar con rigor.*
3 Dureza do clima que presenta temperaturas extremas: *Aquí o rigor do clima é grande, pois no verán vai moita calor e no inverno moito frío.*
FAM. rigorosidade, rigoroso.

rigoroso, rigorosa
adxectivo
1 Que esixe con dureza e sen excepción que algo se faga tal e como está mandado: *É un profesor rigoroso que baixa un punto por cada falta de ortografía.* SIN. estrito, severo, ríxido. ANT. clemente, comprensivo.
2 Que é preciso e exacto e non ten fallos: *O traballo dese médico é moi rigoroso, pois non comete erros cos enfermos.*
3 Que acada temperaturas extremas: *Aquí o inverno é rigoroso pois moitas veces estamos baixo cero.* SIN. cru.

ril
substantivo masculino
Nas persoas e nos vertebrados, cada un dos dous órganos situados na rexión lumbar, a cada un dos lados da espiña dorsal, e que

filtran o sangue para eliminar as súas impurezas pola urina: *Os riles segregan a urina, que elimina as impurezas do sangue.*

rillar
verbo
Mastigar ou cortar cos dentes reducindo a anacos moi pequenos: *Os ratos rillaron esas caixas de cartón.*

rima
substantivo feminino
Nun poema, igualdade dos sons vocálicos e consonánticos de dous ou máis versos despois do seu último acento: *Na rima consonante son iguais as vogais e consoantes e na asonante só as vogais.*
FAM. rimar.

rinchar
verbo
Producir o cabalo a súa voz característica: *O cabalo rinchaba na corte.*
FAM. rincho.

rincho
substantivo masculino
Voz característica do cabalo: *Os rinchos da egua asustaron o cativo.*

***rincón**, a forma correcta é **canto**, **recuncho**.

ring
substantivo masculino
Espazo elevado limitado por cordas e co piso de lona onde se disputan os combates de boxeo e doutros tipos de loita: *Sobre o ring estaban os dous boxeadores e o árbitro.*
OBS. O plural é *rings*.

ringleira
substantivo feminino
Fila.

rinoceronte
substantivo masculino
Mamífero de gran tamaño, de patas curtas, pel rugosa e moi dura e cun corno ou dous sobre o fociño: *Os rinocerontes viven nas zonas cálidas de África e Asia e aliméntanse de vexetais.*

ripar
verbo
1 Quitarlle algo a alguén turrando con forza: *O ladrón ripoulle o bolso que levaba colgado do ombreiro.*
2 Quitarlle a semente ao liño pasándoo por unha especie de peite especial: *O liño ripábase antes de poñelo en feixes.*

ripio
substantivo masculino
1 Palabra que se emprega nun verso para conseguir de maneira fácil a rima ou o número de sílabas precisos: *Rematar dous versos na mesma forma verbal en -ba é un ripio.*
2 Aparello de madeira a xeito de peite con dentes para quitarlle a semente ao liño: *Pasaban o liño polo ripio.*

riqueza
substantivo feminino
1 Gran cantidade de cartos e bens que ten unha persoa: *Os fidalgos ata o XIX gozaban dunha gran riqueza.* ANT. pobreza, miseria.
2 Abundancia ou gran cantidade de algo: *A riqueza gandeira da Terra Chá é innegable.* ANT. miseria, pobreza.

rir
verbo
Expresar alegría mediante determinados movementos da boca e da cara e emitindo uns sons característicos: *Os cativos rían ás gargalladas cos chistes do pallaso.*
EXP. **Rirse de** Burlarse de algo ou de alguén, non facerlles caso ou mesmo desprezalos: *El sempre se ri dos consellos do pai.*

rir			
INDICATIVO		SUBXUNTIVO	IMPERATIVO
Presente río ris ri rimos rides rin	Copretérito ría rías ría riamos riades rían	Presente ría rías ría riamos riades rían	ri ride FOR. NOMINAIS Infinitivo rir
Pretérito rin riches riu rimos ristes riron	Antepretérito rira riras rira riramos rirades riran	Pretérito rise rises rise rísemos rísedes risen	Xerundio rindo Participio rido
Futuro rirei rirás rirá riremos riredes rirán	Pospretérito riría rirías riría ririamos ririades rirían	Futuro rir rires rir rirmos rirdes riren	Inf. conxugado rir rires rir rirmos rirdes riren

risa
substantivo feminino
Riso.

risada
substantivo feminino
Gargallada.

riscar
verbo
1 Facer raias ou sinais alongados e pouco profundos na superficie de algo: *Ao sacar o coche do garaxe riscouno co marco da porta.* SIN. raiar.
2 Facer liñas sobre algo que se escribiu para que non se vexa porque está mal: *O alumno riscou a solución equivocada.*
OBS. O *c* cambia en *qu* diante do *e*, como en *sacar*.

risco[1]
substantivo masculino
Liña ou sinal alongado e pouco profundo na superficie de algo: *Tiña a porta dianteira do coche chea de riscos.* SIN. raia.
FAM. riscar.

risco[2]
substantivo masculino
Posibilidade de que se produza un dano: *O exceso de velocidade é un risco para a propia vida e para a dos demais.* SIN. perigo.
FAM. arriscado, arriscar.

riseiro, riseira
adxectivo
Que sorrí ou ri suavemente ou que amosa unha cara alegre: *O bebé tiña unha cara riseira.* SIN. risoño.

riso
substantivo masculino
Movementos da boca e doutras partes da cara e sons para amosar alegría ou diversión: *O pallaso provocaba o riso dos cativos.* SIN. risa.
EXP. **Escachar** ou **rebentar co riso, partirse de riso, rebentar de riso** Rir moito: *Conta uns chistes tan graciosos que calquera escacha co riso.* **Morrer de riso** Estar completamente abandonado: *Ninguén comeu daquela torta e alí morría de riso.*

risoño, risoña
adxectivo
Riseiro.

ríspeto, ríspeta
adxectivo
Que ten moi mal carácter e é difícil falar con el: *O xefe de sección ten sona de ríspeto.*

ritmo
substantivo masculino
1 En música, orde á que se somete unha sucesión de sons atendendo á súa duración e intensidade: *A música caracterízase polo ritmo.*
2 Orde a que se someten, especialmente na literatura e na poesía, os acentos e pausas: *Un verso caracterízase especialmente polo ritmo dos seus acentos.*
3 Frecuencia ordenada con que se repite algo: *O corazón latexa a un ritmo de sesenta pulsacións por minuto.*
4 Velocidade con que se fai ou acontece algo: *Na empresa traballase a un ritmo moi elevado cando hai pedidos urxentes.*
FAM. rítmica, rítmico.

rito
substantivo masculino
1 Conxunto de regras fixadas para as cerimonias relixiosas: *A misa católica segue un rito.*
2 Cerimonia ou costume que se repite sempre igual: *Para os netos é un rito ir xantar os domingos cos avós.*
FAM. ritual.

rival
adxectivo ou substantivo
Que loita, compite ou se enfronta con outro para conseguir algo: *Os grandes rivais do fútbol galego son o Celta e o Deportivo.* SIN. adversario, contrario, opoñente. ANT. aliado, amigo, partidario.
FAM. rivalidade, rivalizar.

ríxido, ríxida
adxectivo
1 Que é moi difícil ou imposible dobralo: *Unha barra de ferro é ríxida.* ANT. flexible.
2 Que segue ou esixe que as normas se cumpran moi ben: *É un profesor ríxido e desconta un punto por cada falta de ortografía.* SIN. esixente, severo. ANT. brando.
3 Que non cambia nunca de ideas nin de opinión: *Un xefe non pode ser ríxido e debe aceptar as propostas dos traballadores.*
FAM. rixidez.

rixo
substantivo masculino
Forza e ánimo para vivir e superar os problemas e dificultades: *Quedou orfo pero chegou moi alto porque ten moito rixo.*

***rixón**, a forma correcta é **roxón**.

rizar
verbo
Facerlle rizos ou pór en forma de anel o pelo: *Foi ao salón de peiteado para que lle rizasen o pelo.* SIN. encrespar. ANT. alisar.
OBS. O *z* cambia en *c* ante *e*, como en *cazar*.

rizo
adxectivo masculino
1 Dito do pelo, que forma aneis: *Ese cativo ten o pelo rizo.* SIN. crecho, crencho, crespo. ANT. liso.
substantivo masculino
2 Conxunto de pelos en forma de anel: *O bebé tiña rizos.*
EXP. **Rizar o rizo** Facer algo complicado aínda máis complicado: *Rematando de tacón o dianteiro xa rizou o rizo.*
FAM. rizar.

rizón
substantivo masculino
Especie de áncora de tres ou catro brazos para embarcacións pequenas: *Botou o rizón da dorna.*

robaliza
substantivo feminino
Peixe mariño de corpo alongado e cor prateada que vive nas costas rochosas das desembocaduras dos ríos: *A robaliza ten unha carne moi saborosa.*

robot
substantivo
Autómata.

robusto, robusta
adxectivo
Con boa saúde e forza, forte e resistente: *Un deportista ha de ser robusto.* SIN. forte, recio, rexo, varudo, vigoroso. ANT. débil, feble.
FAM. robustecer.

roca[1]
substantivo feminino
Instrumento que serve para enrolar o fío da la, do liño ou doutros materiais semellantes e que se compón dunha vara nun de cuxos extremos se pon a materia téxtil, un fuso movido por unha roda e varias poleas onde se vai enrolando o fío: *A roca úsase para fiar de forma artesanal.*

roca[2] ou rocha
substantivo feminino
1 Material duro que forma a codia ou solo da Terra: *As rochas están formadas por minerais.*
2 Anaco ou bloque deste material: *No cume da montaña víanse unhas rochas de granito.* SIN. pena, penedo.
OBS. O uso culto prefire *rocha.*
FAM. rochedo, rochoso.

rocho[1]
substantivo masculino
Cuarto pequeno onde se gardan trastes, cousas vellas ou que non se usan: *Gardaba as maletas no rocho.*

rocho[2]
substantivo masculino
Anaco de pan con máis codia ca miga: *O bebé chuchaba un rocho.*

***rocío**, a forma correcta é **rosada**.

rock ou rock and roll
substantivo masculino
Música popular de orixe estadounidense de moito ritmo e que se toca xeralmente con instrumentos electrónicos: *O rock bravú é propio de Galicia.*

roda
substantivo feminino
1 Peza de forma circular que pode xirar sobre o seu centro: *Os coches teñen catro rodas.*
2 Porción ou anaco con forma de círculo dun alimento: *Comeu dúas rodas de pescada cocida.* SIN. toro.
3 Grupo de persoas, especialmente se están colocadas en círculo: *Xunta ao accidente reuniuse unha roda de xente.*
4 Xogo de nenos consistente en formar un círculo collidos das mans e en xirar cantando ao mesmo tempo: *No recreo os cativos xogaban á roda.*
FAM. rodar, rodaxe, rodea, rodear, rotación.

rodar
verbo
1 Dar voltas un corpo arredor do seu centro: *A pelota rodaba cara á estrada.*

2 Caer dando voltas: *Esvarou e rodou polas escaleiras abaixo.*
3 Gravar as imaxes e os sons nunha película coas cámaras: *Este director xa rodou moitas películas.* SIN. filmar.
FAM. rodaxe.

rodaxe
substantivo feminino
Proceso de gravar as imaxes e os sons con cámaras nunha película: *A rodaxe da película durou tres meses.*

rodear
verbo
1 Estar ou ir arredor de algo: *A muralla de Lugo rodea a cidade vella.* SIN. arrodear.
2 Ir a un lugar por un camiño que non é o máis curto: *Indo pola autoestrada rodéase, pero é máis seguro.* SIN. arrodear.
3 Dicir algo con máis palabras das necesarias e sen dar tratado o máis importante: *Non rodees e dime dunha vez o que queres.* SIN. arrodear.
4 **rodearse** Facerse acompañar de alguén: *O presidente rodeouse de moi bos colaboradores.* SIN. arrodearse.

rodeira
substantivo
Pegada, sinal ou marca que deixa unha roda no chan: *Na area quedaban as rodeiras da bicicleta.* SIN. relleira.

rodela
substantivo feminino
1 Trapo ou presa de herba seca retorcidos para pór na cabeza ou no lombo cando se leva unha carga para que non manque: *Fixo co trapo unha rodela para levar o feixe de herba á cabeza.* SIN. mulida, rolla.
2 Trapo que se emprega para limpar: *Limpou as migas da mesa cunha rodela.* SIN. rolla.

rodeo
substantivo masculino
1 Percorrido que se fai para ir a un sitio que é máis longo do normal ou habitual: *Pola autoestrada dáse un rodeo, pero non temos embotellamentos.* SIN. arrodeo.
2 Maneira de expresar algo usando palabras innecesarias e sen dicir claramente o principal: *Non andes con rodeos e pídeme o que queiras.* SIN. arrodeo, reviravolta, volta.
3 Nos Estados Unidos, espectáculo en que se montan cabalos e touros salvaxes: *Na película do Oeste sae un rodeo.*

rodicio
substantivo masculino
Peza do muíño semellante a unha nora e que xira ao recibir a auga: *O rodicio move a moa do muíño.*

rodo[1]
substantivo masculino
1 Utensilio formado por un mango e unha pa e que se usa para xuntar as brasas do lume, a cinsa dun forno ou o gran: *Os panadeiros usaban antigamente o rodo para xuntar a cinsa do forno.* SIN. trollo.
2 Utensilio de labranza cunha pa longa e recta para cavar: *Facía un buraco para plantar os bacelos co rodo.*

rodo[2]
substantivo masculino
Basta.

roedor, roedora
adxectivo ou substantivo masculino
Dito dun animal mamífero, que se caracteriza por ter en cada mandíbula dous dentes incisivos longos e fortes que lle crecen durante toda a vida e que lle permiten cortar en anacos moi pequenos ou miúdos: *Os ratos, as ratas e os esquíos son roedores.*

roer
verbo
Cortar cos dentes en anacos moi pequenos ou miúdos: *Os ratos roeron esas revistas.*
SIN. rillar.
OBS. Conxúgase como *moer.*
FAM. roedor.

rogar
verbo
1 Pedir algo con moita educación ou como un favor: *Rogáballe que lle prestase aqueles cartos.* SIN. implorar, pregar, suplicar.
2 Ofrecer algo repetida e insistentemente: *Tanto nos rogou a peixeira que lle mercamos aquela pescada.*
OBS. O *g* cambia en *gu* ante *e*, como en *pagar.*
FAM. rogativa, rogo.

rogativa
substantivo feminino
Oración ou acto relixioso para pedirlle a Deus ou a un santo algún favor, especial-

mente que acabe un mal: *Fixeron rogativas para que rematase a seca.*

rogo
substantivo masculino
Petición de algo con moita humildade, educación ou como un favor: *Non escoitei os seus rogos para que lle prestase cartos.* SIN. súplica.

roibén
substantivo masculino
Rubién.

roibo, roiba
adxectivo
Rubio.

rol
substantivo masculino
Papeis ou documentos dun barco onde aparece a lista de tripulantes, o nome do dono e outros datos semellantes: *Os mariñeiros aparecen apuntados no rol.*
FAM. enrolar.

rolada
substantivo feminino
Camada.

*rolar, a forma correcta é arrolar.

rolda
substantivo feminino
1 Camiño ou percorrido feito por un lugar para vixialo e ver que todo está en orde: *Os gardas facían a súa rolda pola feira.*
2 Camiño ou percorrido que fan de noite os mozos cantando e bailando diante das casas ou lugares onde hai mozas: *A tuna facía cada sábado a súa rolda.*
3 Orde segundo a que se van substituíndo varias persoas para facer unha cousas ou usala: *Facemos unha rolda entre todos os netos para atender o avó no hospital.* SIN. quenda.
4 Quenda.

roldar
verbo
1 Andar por un lugar ou percorrelo para vixialo e ver que todo está en orde: *Os gardas roldaban pola feira.*
2 Andar ou ir un mozo polo lugar onde está unha moza para falarlle e tentar establecer unha relación amorosa: *Teu curmán rolda unha miña veciña.*
3 Establecer unha orde entre varios para facer ou usar algo: *Os catro netos roldamos a permanencia no hospital para acompañar o avó.*
4 Seguir esta orde ao facer ou usar algo: *Roldamos os catro netos acompañando o avó no hospital.*

rolete
substantivo masculino
Utensilio ou peza en forma de cilindro de diferentes materiais e tamaños segundo o uso ao que estea destinado: *Estírase a masa para a empanada co rolete. O tractor tiraba duns roletes que achaiaban a terra.*

rolla
substantivo feminino
1 Peza de cortiza ou doutro material semellante en forma de cilindro usada para tapar botellas: *Tiroulle a rolla á botella de viño co sacarrollas.* SIN. tapón.
2 Trapo ou presa de herba seca retorcidos para pór na cabeza ou no lombo cando se leva unha carga para que non manque: *Fixo co trapo unha rolla para levar o feixe de herba á cabeza.* SIN. mulida, rodela.
3 Trapo que se emprega para limpar: *Limpou as migas da mesa cunha rolla.* SIN. rodela.

rolo[1]
substantivo feminino
1 Calquera cousa con forma de cilindro ou tubo: *Puxo no váter un novo rolo de papel hixiénico.*
2 Peza en forma de cilindro ou tubo en que se enrola ou envolve algo: *O peiteador púxolle rolos no pelo para rizarllo.*
3 Volta sobre si mesmo: *As pedras baixaban a rolos pola aba da montaña.*
FAM. rolete, desenrolar, enrolar.

rolo[2]
substantivo masculino
Berce que se arrola. SIN. barrelo.

romance
adxectivo
1 Que deriva ou procede do latín: *O galego, o castelán e o portugués son linguas romances.* SIN. románico.
substantivo masculino
2 Poema formado por un conxunto longo de versos de oito sílabas que riman en aso-

nante os pares e quedan soltos os impares: *O profesor leunos na clase o romance do ataque a Cangas dos piratas turcos.*
FAM. romanceiro.

románico, románica
adxectivo
1 Que procede ou deriva do latín: *O galego, o castelán e o portugués son linguas románicas.*
adxectivo ou substantivo masculino
2 Do estilo artístico que se desenvolveu en Europa nos séculos XI, XII e XIII caracterizado polo arco de medio punto e a bóveda de canón: *No Camiño de Santiago hai moitas igrexas románicas.*

romano
adxectivo ou substantivo
1 Da cidade de Roma, capital de Italia: *Fomos de excursión á cidade romana.*
2 Da antiga Roma ou do seu antigo imperio: *As murallas de Lugo son unha obra do Imperio romano.*
substantivo feminino
3 Especie de balanza formada por un brazo pequeno dun de cuxos lados colga un prato onde se pon o que se quere pesar e do outro un peso que se vai correndo para pesar: *Nas feiras xa é raro ver feirantes que pesen con romanas.*

romanticismo
substantivo masculino
1 Movemento literario e artístico desenvolvido en Europa no século XIX e que lle dá moita importancia ao sentimento, á liberdade e ao amor: *O Romanticismo favoreceu o Rexurdimento da literatura galega.*
2 Forma de ser ou de comportarse que valora moito o sentimento e o amor: *A adolescencia é a idade do romanticismo.*
OBS. Na acepción 1 adoita escribirse con inicial maiúscula.

romántico, romántica
adxectivo
1 Do Romanticismo, movemento artístico e literario do século XIX: *En Rosalía de Castro hai moitos elementos da poesía romántica.*
2 Que valora moito o sentimento, o amor e a liberdade: *Gústalle escoitar cancións románticas.* SIN. sentimental.

romaría ou romaxe
substantivo feminino
1 Festa popular en que a xente acode a un santuario, igrexa ou lugar sagrado católicos por motivos relixiosos pero tamén para divertirse cantando e bailando: *Fomos á romaría de san Bieito de Lérez.*
2 Ida de moita xente a un lugar ou presenza nel: *As rebaixas neses grandes almacéns son unha romaxe.*
FAM. romeiro.

rombo
substantivo masculino
Figura plana ou polígono con catro lados iguais e paralelos dous a dous e con dous ángulos maiores ca os outros dous: *Levaba uns calcetíns con debuxos de rombos.*

romeiro, romeira
substantivo
Persoa que vai a unha romaxe: *Ao san Bieito de Gondomar van moitos romeiros.*
OBS. É distinto de *romeu*.

romeu
substantivo masculino
Arbusto de follas pequenas e flores azuladas moi recendentes: *O romeu úsase como condimento e en perfumaría.*
OBS. É distinto de *romeiro*.

romo, roma
adxectivo
Sen punta ou sen afiar: *Cómpre afiar ese coitelo que está romo.*

rompente
substantivo masculino
1 Pena ou baixo onde rompen as ondas do mar formando escuma: *O barco ía á deriva cara ao rompente.*
2 Alba.

romper
verbo
1 Facer que algo quede en anacos: *O prato caeu ao chan e rompeu.* SIN. crebar, partir.
2 Impedir que algo continúe: *Aquel berro na noite rompeu o silencio.*
3 Non cumprir unha regra ou unha obriga: *Rompeu a súa promesa e non casou con el.*
4 Comezar a suceder algo: *Cando recibiu a mala noticia rompeu a chorar.* SIN. comezar, empezar.

5 Desfacerse unha onda do mar: *As ondas rompían contra o cantil.*
6 Pasar a través de algo: *A quilla rompía as ondas do mar. A auga do manancial rompe por esa rocha.*
EXP. **Romper con alguén** Deixar de ter relación con alguén: *Xa vai para un ano que rompeu co noivo.*
OBS. Ten dous participios, o regular *rompido*, usado nas perífrases, e o irregular *roto*, usado como adxectivo.
FAM. roto, rotura, ruptura.

ron
substantivo masculino
Bebida alcólica doce e transparente, de cor branca ou dourada: *O ron obtense da cana de azucre.*

roncar
verbo
1 Facer un son grave ao respirar cando se dorme: *Ronca porque ten desviado o tabique nasal.*
2 Rosmar.
OBS. O *c* cambia en *qu* diante do *e*, como en *sacar.*
FAM. roncón, ronquido, rouco, rouquén.

roncha
substantivo feminino
Vulto pequeno e colorado que se forma na pel pola alerxia ou a picadura dalgún insecto: *Saíume unha roncha onde me picou o tabán.*

ronco
substantivo masculino
Calquera animal de pequeno tamaño, invertebrado e de corpo brando, especialmente o que se cría en alimentos como a carne ou a froita: *Aquela carne estaba podre e xa tiña roncos.* SIN. becho, verme.
OBS. É distinto de *rouco.*

***ronco**, a forma correcta é **rouco**.

roncón
substantivo masculino
Peza da gaita dividida en tres tubos, o primeiro dos cales está unido ao fol polo mesmo extremo onde se coloca a cana que produce o seu son grave característico: *O gaiteiro afinaba o roncón.*

***ronda**, a forma correcta é **rolda**.

***rondar**, a forma correcta é **roldar**.

***ronqueira**, a forma correcta é **rouquén**.

ronquido
substantivo masculino
Son grave que fai algunha persoa cando respira ao durmir: *Chegaban desde o seu cuarto ata o salón os seus ronquidos.*

ronsel
substantivo masculino
Rastro ou sinal que deixa detrás de si na auga ou no aire un corpo que se move: *Vía desde a popa do barco o ronsel que deixaba.*
OBS. É distinto de *estela.*

roña
substantivo feminino
Cotra.

roñar
verbo
1 Emitir a súa voz característica o porco e outros animais que a teñen semellante: *O porco roñaba no cortello.* SIN. gruñir, roncar.
2 Rosmar.
3 Protestar en voz baixa: *Cando lle mandan algo sempre roña.* SIN. fungar, rosmar.
FAM. roñón.

rosa
adxectivo ou substantivo masculino
1 Da cor que resulta de mesturar o vermello e o branco: *Levaba unha blusa de cor rosa.*
substantivo feminino
2 Flor desa cor vermella, branca ou amarela e que produce moi bo olor: *As roseiras están cheas de rosas.*
FAM. rosáceo, rosado, roseira.

rosada
substantivo feminino
Conxunto de pingas de auga moi pequenas que se forman pola noite a causa do frío sobre as plantas: *As edras estaban cheas de rosada.* SIN. orballo, resío.

rosario
substantivo masculino
1 Na relixión católica, conxunto de oracións ordenadas en quince grupos que lembran os quince acontecementos máis importantes da vida de Xesús e da Virxe: *Cada parte do rosario consta de dez avemarías e un nosopai.*

2 Conxunto de doas ou boliñas unidas de dez en dez e separadas por unha que vai soa para ir seguindo as oracións deste rezo: *Cada doa do rosario representa unha avemaría que hai que rezar.*

rosca

substantivo feminino

1 Marca ou fenda en espiral que teñen os parafusos, as porcas, tapóns e outras pezas semellantes que permite metelos noutras pezas dándolles voltas: *As botellas de refrescos de litro teñen un tapón de rosca.*

2 Pan ou doce redondo cun buraco no medio: *Mercou na panadaría unha rosca de pan.*

FAM. roscón, rosquilla, desenroscar, enroscar.

roscón

substantivo masculino

Doce grande en forma de rosca feito cunha masa cocida no forno de ovos, leite, fariña e azucre: *O roscón é propio de Pascua e do día de Reis.*

roseira

substantivo feminino

Arbusto de talos con espiñas que produce as rosas: *Plantou unhas roseiras no xardín.*

rosmar

verbo

1 Facer algúns animais, como o gato ou o can, ruídos xordos e graves, especialmente como ameaza: *Se te acercas ao can cando come, rosma.* SIN. gruñir, roncar, roñar.

2 Protestar en voz baixa: *Cando lle mandan algo sempre rosma.* SIN. fungar, moumear, roñar.

FAM. rosmón.

rosquilla

substantivo feminino

Doce de forma circular cun buraco no centro: *Na festa había postos de venda de rosquillas.*

FAM. rosquilleiro.

rostro

substantivo masculino

Cara.

rotación

substantivo feminino

1 Movemento dun corpo arredor do seu centro ou eixe: *O movemento de rotación da Terra dura un día.* SIN. revolución.

2 Sucesión, uso ou realización de algo segundo unha orde de xeito que ao rematar se volve comezar polo principio outra vez: *Os alumnos da miña clase limpamos o encerado por rotación.*

rotar

verbo

1 Dar voltas un corpo arredor do seu eixe ou centro: *As rodas dos coches rotan.*

2 Facer algo ou usalo seguindo unha orde de xeito que ao rematar se volve comezar polo principio outra vez: *Para atendermos o avó no hospital, rotamos todos os netos pasando con el unha noite cada un.*

roto, rota

1 Participio irregular de *romper.*

substantivo masculino

2 Buraco ou fenda alongada que se fai nunha peza de roupa, tea ou noutro material semellante: *Levaba os calcetíns cheos de rotos.*

substantivo feminino

3 Camiño aberto na neve: *O equipo de rescate dos montañeiros abriu unha rota na neve.*

OBS. A acepción 3 é distinta de *ruta.*

rotonda

substantivo feminino

Praza ou construción de forma circular: *No centro desa rotonda hai unha fonte luminosa. O altar maior da igrexa está cuberto por unha rotonda.*

rótula

substantivo feminino

Óso en forma de disco situado na articulación do xeonllo, entre o fémur e a tibia: *O dianteiro sufriu unha fractura de rótula.*

rotulador

substantivo masculino

Especie de bolígrafo que ten no seu interior un material con tinta e que acaba nunha punta grosa con que se escribe: *O rotulador escribe máis groso ca o bolígrafo.*

rótulo

substantivo masculino

Texto moi breve escrito nun lugar para informar de algo: *Púxolle a un bote o rótulo de Azucre e a o outro o de Sal.*

FAM. rotulador, rotular.

rotundo, rotunda

adxectivo

Claro, firme e que non ofrece ningunha dúbida: *Contestoulle cun non rotundo.* SIN. terminante.

rotura

substantivo feminino

Proceso polo que algo rompe ou acaba en anacos: *A rotura do prato produciuse ao caer ao chan.* SIN. crebadura, fractura.

roubar

verbo

1 Coller unha cousa que non é nosa sen pagala, pola forza ou con engano: *Os ladróns roubaron as xoias sen deixar pegadas.*
2 Quitarlle a unha cousa algo que lle corresponde: *Construíron ese chalé roubándolle terreo á praia.*
FAM. roubo.

roubo

substantivo masculino

Feito de coller o que non é noso sen o pagar, con engano ou violencia: *Eses ladróns levan feitos varios roubos na bisbarra.*

rouco, rouca

adxectivo

Que fala cunha voz máis débil ou máis grave ca a normal: *Está rouco pola catarreira.* SIN. afónico.
OBS. É distinto de *ronco.*

roupa

substantivo masculino

Conxunto de pezas de tea que serven para vestirse ou para outros usos na vida da casa: *Ten os armarios cheos de roupa.*
EXP. **Roupa branca** Roupa que se viste por debaixo da outra ou que non se ve e tamén a empregada nos usos da casa: *Os calzóns, as bragas, as toallas e as sabas son roupa branca.* **Roupa de cama** A que se usa para facer a cama: *As sabas son roupa de cama.* **Roupa de baixo, de dentro** ou **interior** A que se pon por debaixo e que non se ve: *Os calzóns, as bragas e as camisetas son roupa de baixo.*
FAM. roupaxe, roupeiro.

roupeiro

substantivo masculino

Moble ou armario grande con estantes e barras para gardar e colgar a roupa: *No seu cuarto ten un armario de castiñeiro.*

rouquén

substantivo feminino

Alteración da voz de xeito que resulta máis débil ou máis grave: *A catarreira produciulle rouquén.* SIN. afonía.
OBS. A forma **ronqueira* é incorrecta.

roxar

verbo

Pór a unha temperatura moi alta ou volverse dunha cor tirando a vermella pola calor ou o sol: *Roxou porque tomou moito sol na praia.*

roxelo

substantivo masculino

Año.

roxo, roxa

adxectivo

1 De cor parecida ao amarelo ou co pelo desa cor: *Dicían que os celtas eran roxos e con ollos azuis.*
2 De cor castaña ou amarela tirando a vermella: *As vacas do país son roxas.* SIN. rubio.
OBS. Non debe usarse no canto de *vermello.*
FAM. roxar, roxón.

roxón

substantivo masculino

Anaco de touciño frixido ou asado: *A súa avoa facía moi ben os roxóns.* SIN. torresmo.

roza

substantivo feminino

1 Corta do toxo, fentos, silvas e en xeral das malezas e herbas: *A roza dos montes evita os incendios do verán.* SIN. rozadura.
2 Estivada.

rozadura

substantivo feminino

1 Ferida na superficie da pel feita por algo duro que a rozou: *Os zapatos de estrea sempre me fan algunha rozadura nos talóns.*
2 Rozamento.
3 Marca, raia ou sinal pouco profundo sobre unha superficie: *Fíxolle unha rozadura ao coche no morro ao sacalo do garaxe.*

rozamento

substantivo masculino

1 Toque lixeiro entre dúas ou máis cousas ou pezas: *Sentía o rozamento do aire na cara.* SIN. rozadura.

2 Relación frecuente entre dúas persoas: *Traballamos xuntos desde hai anos pero temos pouco rozamento.* SIN. trato.
3 Enfrontamento ou discusión pouco graves: *Tivemos algún rozamento, pero agora somos moi amigos.*

rozar
verbo
1 Cortar os toxos, os fentos, as herbas e a maleza: *Cómpre rozar os montes para evitar incendios no verán.*
2 Tocar unha superficie producíndolle algunha ferida, raia ou sinal pouco profundos: *Este zapato rozoume o talón do pé dereito.*
3 Tocar con suavidade ou pasar moi cerca: *A brisa do mar rozáballe a cara. O balón pasou rozando o poste dereito.*
4 **rozarse** Ter relación ou trato con alguén: *De mozos rozámonos moito.*
OBS. O z cambia en *c* ante *e*, como en *cazar.*
FAM. roza, rozadura, rozamento.

rúa
substantivo feminino
1 Parte ou camiño dunha poboación que está entre dúas filas de edificios e ten unha zona para vehículos e outra para as persoas: *As rúas teñen calzada, para os vehículos, e beirarrúa, para os peóns.*
2 Zona dunha poboación ao aire libre: *Ese rapaz non pode pasar o día na rúa sen ir ao colexio.*
3 Conxunto de persoas dunha sociedade: *As enquisas dan a opinión da rúa.*
EXP. **Da rúa** Especialmente dito dunha persoa, normal e corrente: *A xente da rúa non entende a linguaxe dos médicos.* **Deixar na rúa a alguén** Deixalo sen traballo e sen medios para vivir: *Pechou a empresa e deixou os obreiros na rúa.* **Estar na rúa** Non ter onde vivir ou onde traballar: *Moitos indixentes están na rúa.* **Na rúa** En liberdade: *Estivo tres anos no cárcere, pero agora xa está na rúa.*
FAM. ruada, ruar, rueiro.

ruada
substantivo feminino
1 Reunión de xente pola noite para cantar, bailar e divertirse: *Fixeron unha ruada polo Entroido na casa dun seu curmán.* SIN. esmorga, festa, troula, xolda.
2 Percorrido que fai un grupo de mozos polas rúas cantando, especialmente diante das casas das mozas: *A tuna adoita ir de ruada os venres e os sábados pola noite.*

ruar
verbo
Andar pola rúa sen dirección fixa paseando, vendo escaparates ou para entreterse: *Gústalle ruar polo centro.*
OBS. Conxúgase como *actuar.*

rubéola
substantivo feminino
Enfermidade infecciosa parecida ao xarampón que produce febre e grans pequenos na pel: *A rubéola é contaxiosa e está producida por un virus.*

rubí
substantivo masculino
Pedra preciosa transparente de cor vermella: *O rubí é moi duro.*

rubideira
substantivo feminino
1 Paxaro pequeno de cor parda con raias claras e escuras no lombo que se alimenta de insectos, arañas e vermes que caza na casca das árbores polas que agatuña: *Atopou un niño de rubideira.*
2 Herba coas follas en forma de corazón e con flores en forma de campaíña que medra arrastrándose ou agatuñando por outras plantas: *Sachou as rubideiras que saíran na leira.*
OBS. Na acepción 1 non debe substituír a *gabeadora* no grupo *planta gabeadora.* Na acepción 2 é distinta de *hedra.*

rubién
substantivo feminino
1 Cor avermellada das nubes iluminadas polo sol ao amencer ou ao atardecer: *Contemplaba a rubién da tardiña.* SIN. roibén.
plural
2 Nubes desta cor avermellada ao amencer ou atardecer: *Fotografaba as rubiéns.* SIN. roibén.

rubio, rubia
adxectivo
1 De cor vermella desde o rosa ata a cor do sangue: *Moitos irlandeses teñen o cabelo rubio.* SIN. roibo.

2 De cor entre castaña e amarela tirando a vermella ou co pelo desta cor: *As vacas tradicionais galegas son rubias.* SIN. roxo, roibo.

EXP. **Pórse** ou **poñerse rubio** Pórselle a alguén a cara colorada pola vergonza ou calquera outra emoción: *É tímido e ponse rubio cando fala en público.*

rubir
verbo

Gabear.

rubor
verbo

Cor encarnada máis ou menos forte e pasaxeira que toma a cara pola vergonza, a timidez ou outras emocións: *O rubor cóbrelle as meixelas cando fala en público porque é moi tímido.*

FAM. ruborizar.

rúbrica
substantivo feminino

Figura ou trazos que se debuxan sobre o nome e apelidos cando se asina: *Para asinar ben hai que pór nome, apelidos e rúbrica.*

FAM. rubricar.

rudo, ruda
adxectivo

Sen delicadeza, finura ou educación: *É moi rudo e nin o saúdo responde.* SIN. basto, groseiro. ANT. delicado, fino.

FAM. rudeza.

rueiro
substantivo masculino

Quinteiro.

rufo, rufa
adxectivo

Con forza, axilidade e boa saúde: *Tenche noventa anos pero está moi rufo.* SIN. farruco.

rugby
substantivo masculino

Deporte en que participan dous equipos de quince xogadores cada un, en que se utilizan as mans e os pés para golpear un balón de forma oval: *O rugby é un deporte de orixe inglesa.*

rugoso, rugosa
adxectivo

Que ten engurras ou pequenas fendas ou raias: *A casca dos piñeiros é rugosa.*

ruído
substantivo masculino

Son máis ou menos forte que non é voz de persoa nin de animal e que adoita resultar molesto: *Moléstame moito o ruído do aspirador.*

FAM. ruidoso.

ruín
adxectivo

1 Que é malo e ten malicia e malas intencións: *Non me gusta tratar con persoas tan ruíns coma el.* SIN. malo, miserable. ANT. bo, nobre.

2 Que é moi malo: *Esas peras son moi ruíns e non saben a nada.* SIN. cativo, malo. ANT. bo.

ruína
substantivo feminino

1 Situación en que se perderon todos os cartos, bens ou beneficios ou case todos: *Pechou o bar porque o levaba á ruína.*

2 Destrución moi grande: *O terremoto causou a ruína de moitos edificios.*

plural

3 Restos de edificios destruídos: *Desa igrexa xa só quedan as ruínas.*

FAM. ruinoso, arruinar.

rula
substantivo feminino

Ave parecida á pomba pero máis pequena, de cor gris avermellada e cunha ou máis raias negras no pescozo: *As rulas abundan en Galicia.*

EXP. **Miña rula** Úsase para indicar cariño a unha muller: *O noivo díxolle á noiva: Temos que casar, miña rula.*

rular
verbo

Cantar paxaros como a rula, a pomba ou a perdiz: *As pombas rulaban nos beirados dos tellados.*

ruleta
substantivo feminino

Xogo de azar que consta dunha especie de roda xiratoria con casas numeradas de cor negra e vermella e colocada sobre unha mesa, e que consiste en acertar o número e cor en que caerá unha boliña que se bota sobre a devandita roda que xira: *En todos os casinos hai ruletas.*

rumba
substantivo feminino
Música cubana e baile danzado ao son desta música: *A rumba báilase por parellas soltas.*

rumbo
substantivo masculino
Camiño ou dirección que segue algo: *O barco tomou rumbo ao mar aberto.* SIN. dirección.
EXP. **A rumbo** Sen idea previa e ao chou: *Contestou a rumbo pois non sabía a resposta.*

rumiar
verbo
Dito dun alimento que xa se tragou, devolvelo á boca para volver mastigalo: *Os ruminantes, como as vacas, rumían os alimentos.* SIN. remoer.
OBS. Conxúgase como *afiar.*
FAM. ruminante.

ruminante
adxectivo ou substantivo masculino
Dito dun animal, que rumía ou volve o alimento á boca despois de tragalo para volvelo mastigar: *As vacas son animais ruminantes.*

rumor
substantivo masculino
1 Calquera cousa que se di como se fose verdade pero sen probas de que o sexa: *Corren rumores sobre a posible dimisión do alcalde.*
2 Son suave e continuo: *Oíase o rumor da auga do regueiro.*
FAM. rumorear, rumoroso.

rupestre
adxectivo
Especialmente dito de pinturas ou debuxos, feitos sobre as rochas: *Os petróglifos son debuxos rupestres.*

ruptura
substantivo feminino
Fin que se lle pon a unha relación entre persoas: *A ruptura da parella terminou en divorcio.*

rural
adxectivo
Do campo ou relacionado con el e en oposición á cidade: *A vida rural é máis tranquila ca a urbana.* SIN. campesiño, rústico.
ANT. cidadán, urbano.

rústico, rústica
adxectivo
1 Do campo ou relacionado con el e en oposición á cidade: *Vive nunha casa rústica da súa aldea.* SIN. campesiño, rural.
2 Pouco delicado ou feito con materiais pouco finos: *Os mobles do seu salón son bastante rústicos.* ANT. delicado, fino, refinado.

rustrido
substantivo masculino
Especie de salsa elaborada con allo, cebola, pemento e outros ingredientes fritos en aceite: *Botoulle un rustrido aos feixóns.* SIN. refrito.

rustrir
verbo
1 Facer un rustrido ou especie de salsa elaborada con allo, cebola, pemento e outros ingredientes fritos en aceite ou botarllo a unha comida: *Rustriu a caldeirada.*
2 Fritir moito ou de máis: *Descoidouse e rustriu as patacas.*

ruta
substantivo feminino
Camiño ou traxecto que se segue para ir ou chegar a un determinado lugar: *Todos os autobuses urbanos que levan o mesmo número fan a mesma ruta.* SIN. camiño, percorrido, traxecto.
OBS. É distinto de *rota.*

rutilante
adxectivo
Que brilla moito: *Aquela tarde de xullo lucía un sol rutilante.* SIN. resplandecente.

rutina
substantivo feminino
Hábito de facer algo sempre do mesmo xeito: *Estuda todas as tardes dúas horas por rutina.*
FAM. rutineiro.

***rutinario**, a forma correcta é **rutineiro**.

ruxerruxe
substantivo masculino
Axóuxere.

ruxido
substantivo masculino
1 Voz características de animais ou feras como o león, o tigre ou a pantera: *No zoolóxico escoitábase o ruxido dos tigres.*

2 Son ou ruído fortes que lembran a voz destas feras: *Os ruxidos do vento daquela tempestade metían medo.*
3 Berro ou voz moi fortes dados por unha persoa: *Na trincheira oíanse os ruxidos de dor dos feridos.*

ruxir

verbo

1 Emitiren a súa voz característica animais ou feras como o león, o tigre ou a pantera: *O león do circo ruxía na súa gaiola.*
2 Facer un ruído forte que lembra a voz destas feras: *O vento ruxía no medio da tempestade.*
3 Lanzar unha persoa berros ou voces moi fortes: *Coa ira ruxía.*
OBS. Conxúgase como *fuxir.*
FAM. ruxido.

ruzo, ruza

adxectivo

De cor parda clara ou tirando a branca ou co pelo desta cor: *Mercou unha egua ruza.*

S

s
substantivo masculino

Letra dezaoito do abecedario: *Saúde comeza por un* s.

OBS. O seu nome é ese.

saba
substantivo feminino

Cada unha das pezas de tea que se poñen sobre o colchón dunha cama e entre as que se dorme: *Mercou unhas sabas de liño.*

sábado
substantivo masculino

Sexto día da semana: *O sábado segue ao venres e está diante do domingo.*

sabana
substantivo feminino

Terreo chan moi extenso que se caracteriza por ter herbas e arbustos e sen árbores: *A sabana é propia das zonas de clima tropical e secas.*

***sabañón**, a forma correcta é **frieira**.

sabedoría
substantivo feminino

Gran coñecemento de algo ou moitos coñecementos adquiridos polo estudo ou pola experiencia: *A súa sabedoría no eido da historia é moi grande.*

saber
verbo

1 Estar informado de algo: *Xa sabía a noticia cando lla deron.* SIN. coñecer. ANT. descoñecer, ignorar.

2 Ter grandes coñecementos sobre algunha materia: *Ela sabe moita historia.*

3 Ter capacidade ou habilidade para algo: *El sabe conducir desde os dezaoito anos.*

4 Ter un determinado sabor ou gusto ao comelo ou bebelo: *Estas cereixas non me saben nada porque están moi verdes.*

OBS. É irregular. Véxase conxugación.

FAM. sabedoría, sabichón, sabio.

sabichón, sabichona
adxectivo ou substantivo

Dito dunha persoa, que pensa que sabe de todo ou máis ca ninguén: *El fala de todo como unha autoridade porque é un sabichón.*

sabio, sabia
adxectivo

1 Que ten ou supón sabedoría, coñecementos ou prudencia: *Foi unha decisión sabia*

saber

INDICATIVO		SUBXUNTIVO	IMPERATIVO
Presente	**Copretérito**	**Presente**	sabe
sei	sabía	saiba	sabede
sabes	sabías	saibas	
sabe	sabía	saiba	
sabemos	sabiamos	saibamos	**FOR. NOMINAIS**
sabedes	sabiades	saibades	**Infinitivo**
saben	sabían	saiban	saber
Pretérito	**Antepretérito**	**Pretérito**	**Xerundio**
souben	soubera	soubese	sabendo
soubeches	souberas	soubeses	**Participio**
soubo	soubera	soubese	sabido
soubemos	souberamos	soubésemos	
soubestes	souberades	soubésedes	
souberon	souberan	soubesen	
Futuro	**Pospretérito**	**Futuro**	**Inf. conxugado**
saberei	sabería	souber	saber
saberás	saberías	souberes	saberes
saberá	sabería	souber	saber
saberemos	saberiamos	soubermos	sabermos
saberedes	saberiades	souberdes	saberdes
saberán	saberían	souberen	saberen

investir nese negocio. SIN. acertado, axuizado, prudente. ANT. tolo, louco, parvo, insensato.

adxectivo ou substantivo

2 Dito dunha persoa, que sabe moito ou ten moitos coñecementos: *Sabios historiadores estudaron a presenza dos celtas en Galicia.* ANT. ignorante.

***sable** (arma), a forma correcta é **sabre**.

sabor

substantivo masculino

Sensación que se ten na boca ao comer ou beber algo: *Os caramelos teñen un sabor moi doce.*

FAM. saborear, saboroso.

saborear

verbo

1 Probar o sabor ou gusto de algo ao comelo ou bebelo e mesmo gozar se resulta agradable: *Comía devagar para saborear ben a comida.*

2 Sentir pracer ou gusto por algo bo gozando del devagar: *Os xogadores saboreaban a vitoria.*

saboroso, saborosa

adxectivo

Que ten bo sabor ou que gusta ao comelo ou bebelo: *Esa torta parece moi saborosa.* SIN. rico. ANT. eslamiado, insípido.

sabotaxe

substantivo feminino

Acción de destruír, atacar ou facer fracasar algo como sinal de protesta ou para loitar: *Os guerrilleiros da Guerra da Independencia facían sabotaxes contra o paso do exército francés atrancando os camiños.*

FAM. sabotador, sabotar.

sabre

substantivo masculino

Arma branca parecida á espada pero máis ou menos curvada na punta: *Os militares hoxe só usan o sabre nos desfiles.*

sábrego

substantivo masculino

Xabre.

sabugo

substantivo masculino

1 Parte carnosa e delicada que está debaixo das uñas das persoas e dalgúns animais: *Cravou unha estela no sabugo dun dedo.*

2 Parte interna dos cornos e dos pezuños das vacas e doutros animais: *A vaca pisou un cravo e chegoulle ao sabugo.*

sabugueiro

substantivo masculino

Arbusto con moitas ramas, follas de cheiro desagradable e flores brancas que se utilizan con fins medicinais: *Un sabugueiro pode chegar a medir cinco metros de altura.* SIN. bieiteiro.

sabuxo, sabuxa

substantivo

1 Can que ten un olfacto moi bo: *Na caza cómpre usar bos sabuxos.*

2 Persoa que ten moita habilidade para descubrir cousas ou segredos, especialmente un policía ou detective: *Ese policía é un sabuxo que xa solucionou máis dun asasinato.*

saca

substantivo feminino

Saco grande: *Metían a fariña en sacas de cen quilos.*

sacado

preposición

Indica que se exceptúa ou non se considera algo: *Sacado o avó, todos viven na cidade.* SIN. agás, excepto, fóra, salvo.

sacamoas

substantivo

Dentista, especialmente se é malo: *Ese sacamoas non me soubo empastar a moa.*

sacar

verbo

1 Separar ou pór fóra o que estaba dentro: *Sacou o mantel do caixón da mesa.* SIN. extraer, tirar. ANT. meter, pór, poñer.

2 Deixar a alguén sen algo contra a súa vontade: *Na feira sacáronlle o reloxo.* SIN. levar, roubar, tirar.

3 Chegar a un resultado por medio de pistas ou sinais: *Sacou que eran irmáns polo seu parecido.* SIN. quitar.

4 Obter ou conseguir: *A gasolina sácase do petróleo.* SIN. obter, tirar.

5 Producir, inventar ou dar con algo: *Xa sacou a solución do problema. Van sacar un novo modelo de coche.* SIN. quitar.

6 Amosar ou dar a coñecer: *Na festa sacou o seu lado simpático contando chistes.* SIN. quitar.
7 Facer máis longa ou máis larga unha peza de vestir: *Había que sacarlle a este pantalón porque me aperta na cintura.* SIN. quitar.
8 Comprar unha entrada ou un billete: *Sacou as entradas para o cine.* SIN. quitar.
9 En determinados deportes, pór en xogo a pelota: *Ese tenista saca moi ben.*
10 Facer unha fotografía: *Sacounos unha foto diante do castelo.*
11 Ser superior ou ter máis de algo: *O gañador da etapa sacoulle dous minutos ao segundo clasificado.*
12 Citar, nomear ou traer á conversación: *Sacou que seica eles lle debían uns cartos.*
OBS. O *c* cambia en *qu* diante do *e*, como en *sacar.*
FAM. sacarrollas, saque.

sacarina
substantivo feminino
Substancia de cor branca e moi doce que se usa no canto do azucre: *Agora fai dieta e bótalle sacarina ao café con leite.*

sacarrollas
substantivo masculino
Utensilio consistente nunha espiral metálica rematada en punta e cun mango e unha panca que se usa para quitarlles a rolla ou tapón de cortiza ás botellas: *Destapou a botella de viño co sacarrollas.*

sacar

INDICATIVO		SUBXUNTIVO	IMPERATIVO
Presente	**Copretérito**	**Presente**	saca
saco	sacaba	saque	sacade
sacas	sacabas	saques	
saca	sacaba	saque	
sacamos	sacabamos	saquemos	**FOR. NOMINAIS**
sacades	sacabades	saquedes	
sacan	sacaban	saquen	**Infinitivo**
			sacar
Pretérito	**Antepretérito**	**Pretérito**	
saquei	sacara	sacase	**Xerundio**
sacaches	sacaras	sacases	sacando
sacou	sacara	sacase	
sacamos	sacaramos	sacásemos	**Participio**
sacastes	sacarades	sacásedes	sacado
sacaron	sacaran	sacasen	
Futuro	**Pospretérito**	**Futuro**	**Inf. conxugado**
sacarei	sacaría	sacar	sacar
sacarás	sacarías	sacares	sacares
sacará	sacaría	sacar	sacar
sacaremos	sacariamos	sacarmos	sacarmos
sacaredes	sacariades	sacardes	sacardes
sacarán	sacarían	sacaren	sacaren

sacerdote, sacerdotisa
substantivo
Persoa que dedica a súa vida a facer cerimonias relixiosas na honra dun deus: *O sacerdote dicía a misa.*
FAM. sacerdocio, sacerdotal.

sachar
verbo
Levantar a terra ou movela cun sacho ou outra ferramenta adecuada: *Sachaba a leira para despois botar millo nela.* SIN. cavar.

sacho
substantivo masculino
Ferramenta que se usa para cavar e remover a terra: *Hai sachos de diferentes tipos e tamaños.*
FAM. sacha, sachar.

saciar
verbo
Satisfacer por completo unha necesidade ou un desexo: *Bebeu case un litro de auga para saciar a sede.*
FAM. saciedade.

saco
substantivo masculino
Especie de bolsa grande que se usa para levar algo: *Metían as patacas en sacos.*
EXP. **Caer en saco roto** Non facerlle caso: *Os consellos que lle dei caeron en saco roto.* **Meter no mesmo saco** Considerar iguais: *Non debes meter no mesmo saco os dous irmáns pois son diferentes.* **Ser fariña doutro saco** Ser moi diferente: *Douche consellos, pero darche cartos xa é fariña doutro saco.*
FAM. saca.

sacramento
substantivo masculino
Na relixión cristiá, signo mediante o que Deus actúa nas almas das persoas: *O bautismo é o sacramento que perdoa o pecado orixinal.*

sacrificar
verbo
1 Ofrecer algo, especialmente a morte dun animal, na honra dun deus: *Algúns pobos primitivos tiñan costume de xacrificarlles animais aos deuses.*

2 Matar un animal para vender a súa carne como comida: *Nos matadoiros sacrifican os porcos e vacas cuxa carne comemos.*
3 Renunciar a algo ou rexeitalo para conseguir outra cousa: *Sacrificou horas de sono para preparar o exame.*
4 sacrificarse Facer algo que custa moito para conseguir algo: *Sacrificouse traballando de novo para vivir ben de vello.*
OBS. O *c* cambia en *qu* diante do *e*, como en *sacar.*

sacrificio

substantivo masculino

1 Cerimonia relixiosa en que se ofrece unha vítima, especialmente a morte dun animal, a un deus en sinal de respecto: *Os antigos romanos ofrecíanlles sacrificios aos seus deuses.*
2 Morte que se lle dá a un animal para comer a súa carne: *Nos matadoiros realízase o sacrificio de vacas e porcos.*
3 Esforzo moi grande que se fai para conseguir algo: *Estudaba e traballaba ao mesmo tempo facendo moitos sacrificios.*
FAM. sacrificar.

sacrilexio

substantivo masculino

Dano ou falta moi grave contra un deus ou algo sagrado: *Queimar as imaxes dunha igrexa é un sacrilexio.*
FAM. sacrílego.

***sacristán**, a forma correcta é **sancristán.**

***sacristía**, a forma correcta é **sancristía.**

sacro, sacra

adxectivo

1 Dun deus ou relacionado co seu culto: *A música sacra é a que se interpreta nas cerimonias relixiosas.* SIN. sagrado.

substantivo masculino

2 Óso formado polas cinco últimas vértebras da parte inferior da columna vertebral soldadas: *Sofre unha fisura de sacro.*

sacudida

substantivo feminino

1 Movemento violento dun lado para outro: *Dábanlle sacudidas á maceira para que caesen as mazás.*
2 Impresión moi forte: *O anuncio da súa morte foi unha sacudida para todos.*

sacudir

verbo

1 Mover dun lado para outro: *O forte vento sacudía as pólas das árbores.* SIN. abanear, axitar, zarandear.
2 Darlle golpes a algo ou movelo no aire para limpalo: *Antes de facer a cama sempre sacode as sabas pola ventá.*
3 Pegar ou dar golpes: *O defensa sacudiulle unha patada ao dianteiro.*
4 Producir unha emoción moi forte: *A morte inesperada do escritor sacudiu toda Galicia.*
OBS. Conxúgase como *fuxir.*

safari

substantivo masculino

Viaxe para cazar animais de gran tamaño, especialmente por África: *Os safaris de elefantes puxeron en perigo de extinción esta especie.*

saga

substantivo feminino

Novela ou narración longa que conta a vida de dúas ou máis xeracións da mesma familia: *Quere escribir unha saga sobre unha familia de emigrantes galegos á Arxentina que acabou rica en tres xeracións.*

sagaz

adxectivo

Que é moi listo, especialmente para descubrir o que se esconde: *Un inspector de policía debe ser sagaz.* SIN. agudo, astuto, perspicaz.
FAM. sagacidade.

sagrado, sagrada

adxectivo

1 Dun deus ou relacionado co seu culto: *As igrexas son lugares sagrados.*
2 Moi importante ou que merece moito respecto: *Para min o descanso das fins de semana é sagrado.*
FAM. sagrario.

sagrario

substantivo masculino

Nunha igrexa cristiá, especie de cofre ou armario pequeno situado sobre o altar onde o sacerdote garda o pan e o viño convertidos en corpo e sangue de Cristo: *O sacerdote, tras dar a comuñón, gardou o copón coas hostias consagradas no sagrario.*

saia

substantivo feminino

Faldra.

saída

substantivo feminino

1 Lugar polo que se vai fóra dun sitio: *Esperábao na saída do teatro.* ANT. entrada.

2 Inicio do movemento de marcha dun lugar para ir cara a outro: *A saída do tren da Coruña é ás tres.* SIN. partida. ANT. entrada, chegada.

3 Lugar do que se sae para iniciar un percorrido: *Os ciclistas xa estaban na saída.* ANT. chegada, meta.

4 Fin dunha actividade ou dunha condición: *O conselleiro non quixo falar da súa saída do goberno.*

5 Presenza ou aparición de algo que antes non estaba: *No inverno a saída do sol prodúcese máis tarde ca no verán.*

6 Frase graciosa e aguda: *O teu curmán ten saídas moi chistosas.*

7 Colocación dun produto á venda: *A empresa prepara a saída dun novo deterxente.*

8 Posibilidade de traballo que ofrece unha carreira ou uns estudos: *Din que a carreira de dereito ten moitas saídas.*

9 Forma de evitar un problema ou un conflito: *Non tivo máis saída que pagar os cartos que lle pedían.*

saínte

adxectivo

1 Que marcha ou se vai: *O alcalde saínte felicitou ao que o substituía.*

adxectivo ou substantivo masculino

2 Que sae para fóra ou sobresae: *Deu un golpe na perna co saínte dese armario.* SIN. saliente.

saír

verbo

1 Pasar de dentro para fóra: *Saíu da casa quente á rúa sen abrigo e acatarrouse.* SIN. irse, marchar. ANT. entrar.

2 Pórse en marcha cara a un lugar: *Saíron para a praia a iso das cinco da tarde.* SIN. partir. ANT. chegar.

3 Quedar libre dun problema, perigo, conflito ou algo molesto: *Non sei como saíu de tantos problemas de débedas.*

4 Aparecer ou deixar ver: *Xuntádevos para saír todos na foto.*

5 Resultar, quedar ou acabar sendo algo: *Saíuche moi ben a empanada.*

6 Ir para a rúa para pasear ou divertirse: *Despois de facer os deberes sempre saio cos meus amigos.*

7 Ser noivo ou noiva de alguén: *Agora sae cunha rapaza de Lugo.*

8 Destacar, estar máis alto ou máis fóra: *Os pisos dos balcóns saen das paredes das casas.* SIN. sobresaír.

9 Nacer ou ter orixe: *Esa árbore tan grande saíu dunha semente ben pequena.*

10 Ser elixido por votación: *Saíu alcalde da súa cidade.*

11 Desaparecer un sinal de sucidade: *Esas manchas de graxa saen moi mal.*

12 Ir dar a un sitio: *Se segues dereito por esta rúa, sairás a unha praza.*

13 Comezar a estar á venda un produto: *Esta revista sae todos os venres.*

14 Custar ou valer algo: *Estas dúas camisas sáenche por trinta euros.*

15 Resultar ben feito algo: *Non me saíu o debuxo da catedral.*

16 Comezar un xogo: *No xogo das cartas, sae o xogador que está á dereita do que deu as cartas.*

EXP. **Saír a alguén** Parecerse moito a el: *Saíu ao pai.* **Saír a ben** ou **a mal con alguén** Acabar amigo ou non del: *Fixeron moitos negocios xuntos e sempre saíron a ben.* **Saír alguén coa súa** Facer a súa vontade en contra da

saír

INDICATIVO		SUBXUNTIVO	IMPERATIVO
Presente	**Copretérito**	**Presente**	
saio	saía	saia	sae
saes	saías	saias	saíde
sae	saía	saia	
saímos	saïamos	saiamos	FOR. NOMINAIS
saídes	saïades	saiades	**Infinitivo**
saen	saían	saian	saír
Pretérito	**Antepretérito**	**Pretérito**	**Xerundio**
saín	saíra	saíse	saíndo
saíches	saíras	saíses	
saíu	saíra	saíse	**Participio**
saímos	sairamos	saísemos	saído
saístes	sairades	saísedes	
saíron	saíran	saísen	
Futuro	**Pospretérito**	**Futuro**	**Inf. conxugado**
sairei	sairía	saír	saír
sairás	sairías	saíres	saíres
sairá	sairía	saír	saír
sairemos	sairiamos	saírmos	saírmos
sairedes	sairiades	saírdes	saírdes
sairán	sairían	saíren	saíren

opinión dos demais: *O rapaz saíu coa súa e foi á verbena.*
FAM. saída, saínte, saliente, sobresaínte, sobresaír, sobresaliente.

sal
substantivo masculino
1 Substancia cristalina e habitualmente de cor branca e de sabor moi característico que se usa para condimentar os alimentos: *O sal é un composto de cloro e sodio.*
2 Graza na forma de falar, nos xestos ou que fai divertido algo: *O sal da reunión foron os chistes do teu curmán.*
FAM. saleiro, salgado, salgar, ensalada, ensaladeira.

sala
substantivo feminino
1 Local ou cuarto que ten un uso determinado: *Os pacientes do médico esperaban na sala de espera.*
2 Cuarto grande dunha casa onde fai a vida toda a familia: *Toda a familia vía a televisión na sala.*

salaio
substantivo masculino
Salouco.
FAM. salaiar.

salamántiga
substantivo feminino
Animal anfibio coa pel lisa de cor negra con manchas amarelas ou avermelladas e cun rabo grande: *A salamántiga vive nos bosques húmidos.* SIN. píntega.

salame
substantivo masculino
Embutido parecido ao salchichón pero máis groso: *O salame elabórase con carne de vaca e porco picada e mesturada.*

salario
substantivo masculino
Cantidade de cartos que se gañan por un traballo: *O salario adoita cobrarse cada mes.* SIN. paga, soldo.
FAM. salarial.

salchicha
substantivo feminino
Embutido de forma alongada e delgada, elaborado xeralmente con carne de porco picada e condimentada con sal, pemento e outras especias: *Ceou dúas salchichas con patacas fritas.*
FAM. salchichón.

salchichón
substantivo masculino
Embutido elaborado con xamón, touciño e pementa e que se come cru despois de curalo: *Tomaba de merenda un bocadillo de salchichón.*

saldar
verbo
1 Pagar totalmente unha débeda: *Agora non debo nada porque xa saldei todas as miñas débedas.* SIN. liquidar.
2 Vender a prezo moi barato: *Nas rebaixas saldan moitos produtos.* SIN. liquidar.

saldo
substantivo masculino
1 Pagamento total dunha débeda: *Realizou o saldo das débedas que tiña co banco.* SIN. pagamento.
2 Cantidade que resulta de restarlle ao que se ten ou ingresa en cartos o que se debe ou gasta: *A miña conta do banco ten un saldo favorable de 1000 euros, pois cobrei 3000 e gastei 2000.*
3 Venda de algo a prezos moi baixos: *Nas rebaixas faise o saldo de moitos produtos.*

saleiro
substantivo masculino
Recipiente onde se garda o sal: *Colleu o saleiro e botoulle sal ás patacas.*

salgado, salgada
adxectivo
1 Con sal ou que ten máis sal do necesario: *Non me gusta a comida salgada. A auga do mar é salgada.*
2 Dito dun alimento, conservado en sal: *Xantamos unhas sardiñas salgadas.*

salgadoiro
substantivo masculino
Recipiente onde se pon a carne con sal, especialmente a de porco, para conservala: *Metemos os xamóns e os lacóns no salgadoiro para salgalos.* SIN. baño.

salgadura
substantivo feminino
Introdución dun alimento en sal durante certo tempo para conservalo: *Os xamóns e lacóns consérvanse grazas á salgadura.*

salgar
verbo
Botarlle sal a un alimento para que saiba mellor ou metelo en sal para conservalo: *Salgaba os bistés antes de os frixir. Cómpre salgar os lacóns e os xamóns.* ANT. desalgar.
OBS. O *g* cambia en *gu* ante *e*, como en *pagar*.

salgueiro
substantivo masculino
Árbore de folla caduca, de pólas longas e estreitas e que vive nos lugares húmidos: *Os salgueiros adoitan medrar nas beiras dos ríos.*
EXP. **Salgueiro chorón** Salgueiro de pólas longas e moi flexibles curvadas cara ao chan: *Plantamos no xardín hai un par de salgueiros choróns.*

salientar
verbo
Facer que algo ou alguén sexan notados ou destaquen entre os demais: *Subliñamos as palabras que queremos salientar.* SIN. destacar, subliñar.

saliente
adxectivo
1 Que sae fóra ou sobresae na superficie de algo: *Deu na perna cun adorno saliente da cómoda.* SIN. saínte.
2 Que destaca entre os demais: *É autor dunha obra pictórica saliente no seu tempo.*
substantivo masculino
3 Parte que sobresae ou sae para fóra na superficie dunha cousa: *As patas desa cómoda teñen salientes.*
OBS. Só e sinónimo de *saínte* nas acepcións 1 e 3.

salino, salina
adxectivo
1 Que contén sal: *A auga do mar é salina.*
substantivo feminino
2 Mina de sal: *O sal xema obtense nesa salina.*
3 Terreo onde se acumula auga salgada para que se evapore e aproveitar o seu sal: *En San Fernando, Cádiz, hai importantes salinas.*
FAM. salinidade.

salitre
substantivo masculino
Substancia salgada que se forma nas paredes húmidas, no chan ou nunha superficie que estivo en contacto coa auga do mar: *Despois de bañarme na praia, dúchome para quitar o salitre.*

saliva
substantivo feminino
Líquido incoloro e viscoso que producen unhas glándulas da boca e que serve para abrandar os alimentos e así facer mellor a súa dixestión: *As glándulas salivares da boca producen a saliva.* SIN. cuspe.
FAM. salivar[1], salivar[2].

salivar[1]
adxectivo
Da saliva ou relacionado con ela: *As glándulas salivares da boca producen a saliva.*

salivar[2]
verbo
Lanzar a saliva fóra da boca ou producila: *O limón fai salivar. Non se debe salivar na rúa.* SIN. cuspir.

salmo
substantivo masculino
Nas relixións cristiá e xudía, poema ou canción para loar a Deus: *Os salmos da Biblia foron compostos polo rei hebreo David.*
FAM. salmodiar.

salmoira
substantivo feminino
Auga con moito sal, especialmente a usada para conservar alimentos: *As olivas consérvanse en salmoira.*

salmón
substantivo masculino
Peixe de cor gris azulada e carne rosa alaranxada que vive no mar cando é adulto e que remonta os ríos para desovar e reproducirse neles: *Tomamos de entrante salmón afumado.*
FAM. salmonete.

salmonete
substantivo masculino
Peixe mariño de cor rosada, con dúas barbas na mandíbula e moi apreciado como comida: *O salmonete mide uns corenta centímetros.*

salobre
adxectivo
Que contén sal ou sabe a sal: *Esas terras salobres son moi malas para a agricultura.*

salón

substantivo masculino

1 Local ou cuarto grande onde se celebran actos aos que asiste moita xente: *Fixo a presentación do libro no salón dun hotel.*
2 Establecemento onde se dan ao público determinados servizos: *No centro cultural teñen un bo salón de baile.*
EXP. **Salón de peiteado** Establecemento onde se corta e amaña o pelo dos clientes: *Sempre corto o pelo no salón de peiteado da miña rúa.*
OBS. Non debe usarse **perrucaría*, **perruquería* no canto de *salón de peiteado*.

salouco

substantivo masculino

1 Choro acompañado de ruídos feitos coa gorxa e con suspiros: *Non fixen caso dos saloucos do cativo e non lle merquei o xoguete.* SIN. salaio.
2 Ruído producido pola expulsión brusca do aire dos pulmóns debido ao movemento involuntario do diafragma: *Din que se corta o salouco bebendo auga sen respirar.* SIN. impo.
FAM. saloucar.

salpicar

verbo

Dito da auga ou doutro líquido, botalos fóra dun recipiente de xeito que molla o que está cerca coas súas pingas: *Botouse á piscina e salpicou aos que estaban na beira.* SIN. zarrapicar.
OBS. O *c* cambia en *qu* ante *e*, como en *sacar*.
FAM. salpicadura, salpicón.

salsa

substantivo feminino

Líquido máis ou menos espeso preparado con aceite, especias e outros ingredientes e no que se fan ou serven algunhas comidas: *Botoulle aos espaguetes unha salsa de tomate moi saborosa.* SIN. mollo, prebe.
FAM. salseira.

salseiro

substantivo masculino

1 Auga en pingas moi miúdas ou escuma que producen as ondas do mar ao bater contra as rochas ou un barco: *As ondas formaban un salseiro ao romperen contra as rochas.*
2 Augas en pingas moi finas que levanta o vento da superficie do mar: *O salseiro formaba unha especie de néboa.*

saltar

verbo

1 Levantarse con forza do chan ou do lugar onde se está, para caer no mesmo sitio ou noutro: *O defensa saltou para despexar o balón coa cabeza.* SIN. brincar, choutar, pinchar, pular.
2 Lanzarse desde unha altura para caer máis abaixo: *Saltou desde unha fiestra e caeu no patio.* SIN. chimpar.
3 Saír algo do seu sitio con forza: *Do lume da lareira saltaban chispas.*
4 Dicir algo nunha conversación de forma repentina: *Nas conversas el sempre salta con algunha parvada.*
5 Nun deporte, saíren os xogadores ao terreo de xogo: *Xa saltaron os dous equipos ao campo.*
6 Amosar enfado por algo: *Se lle dis algo que non lle gusta logo salta.*
7 Saír un líquido para arriba con forza: *Se botas os pementos mollados no aceite quente, este salta moito.*
8 Comezaren a funcionar certos aparellos ou mecanismos: *Ao mover o coche saltoulle a alarma.*
9 Pasar algo por alto: *Ao ler, o rapaz saltou un parágrafo.*
FAM. saltear, saltimbanqui, salto, saltón, asaltar, asalto, resaltar.

saltear

verbo

Referido a unha acción, facela sen seguir un orde nin manter a continuidade: *Leu o libro axiña porque salteou os capítulos que lle parecían aburridos.*

saltimbanqui

substantivo

Persoa que fai saltos e exercicios de acrobacia e equilibrio, especialmente nun circo: *O saltimbanqui andaba nunha bicicleta dunha soa roda.*

salto

substantivo masculino

1 Elevación con forza do lugar en que se está para caer no mesmo sitio ou noutro:

Deu un salto para tocar a póla da árbore. SIN. brinco, chouto, pincho, pulo.

2 Lanzamento desde unha certa altura para caer máis abaixo: *Deu un salto desde a fiestra e caeu no patio.*

3 Avance dunha situación ou dun lugar a outros, sen pasar polo que está no medio: *Nas súas memorias hai un salto, pois da infancia xa pasa á súa madurez sen falar da xuventude.*

4 Caída de gran cantidade de auga desde unha determinada altura: *Os saltos de auga úsanse para producir enerxía eléctrica.*

5 Proba de atletismo que consiste en saltar unha altura ou lonxitude: *O salto pode ser de altura e de lonxitude.*

EXP. **Salto mortal** Volta no aire lanzándose de cabeza: *O acróbata do circo fixo un salto mortal.*

saltón, saltona

adxectivo

1 Que sobresae ou sae para fóra: *Ese rapaz ten os ollos moi saltóns.* SIN. saínte.

substantivo masculino

2 Insecto de cor verde, gris ou parda, con dous pares de ás, antenas moi desenvolvidas e cunhas patas posteriores moi longas e fortes coas que dá grandes saltos: *Os saltóns son herbívoros.*

salubre

adxectivo

Que é bo para a saúde ou que non a prexudica: *Fumar é un hábito que non é salubre.* ANT. insalubre.

FAM. salubridade, insalubre, insalubridade.

salva

substantivo feminino

Disparo ou conxunto de disparos que se fan en honra ou homenaxe de alguén: *O rei foi recibido cunha salva de vinte e un disparos de canón.*

EXP. **Salva de aplausos** Aplausos abundantes e moi fortes: *O equipo local foi despedido cunha salva de aplausos.*

salvación

substantivo feminino

Acción ou proceso polo que se consegue librar a alguén dun dano ou dun perigo: *Un barco pesqueiro realizou a salvación dos náufragos.* SIN. salvamento.

salvamento

substantivo masculino

Conxunto de traballos que se realizan para sacar a alguén dun grave perigo: *O salvamento dos náufragos fíxose cun helicóptero.* SIN. salvación, rescate.

salvar

verbo

1 Sacar dun perigo ou evitar un dano: *O socorrista salvou o cativo que caeu á piscina.* SIN. librar.

2 Evitar ou vencer algo que resulta difícil: *Salvou todas as dificultades e abriu o negocio.* SIN. superar.

3 Deixar á parte ou non ter en conta: *Salvando dous alumnos, nesa clase todos son uns vagos.* SIN. exceptuar, excluír. ANT. incluír, meter.

4 En relixión, chegar ou facer chegar ao ceo: *Segundo a relixión católica sálvanse os que morren sen pecado.* ANT. condenar.

OBS. Ten dous participios, o regular, *salvado*, usado nas perífrases, e o irregular, *salvo*, usado como adxectivo.

FAM. salvación, salvagarda, salvamento, salvavidas, salve, salvidade, salvo.

salvavidas

substantivo masculino

Calquera obxecto ou cousa que flota e que serve para soster as persoas sobre a auga sen que afoguen: *Todos os mariñeiros levan o seu chaleco salvavidas.*

salvaxe

adxectivo

1 Dito dun animal, que non está domesticado e vive na natureza sen obedecer as persoas: *Os leóns e os tigres son animais salvaxes.* SIN. bravo. ANT. doméstico.

2 Dito dunha planta, que nace e crece sen que as persoas a cultiven: *Os toxos son plantas salvaxes.* SIN. silvestre.

adxectivo ou substantivo

3 Dito dunha persoa, que non coñece o desenvolvemento da civilización europea e non usa os seus adiantos nin costumes: *Os salvaxes recibiron a Colón con abraio.*

4 Dito dunha persoa ou dos seus feitos, que demostra violencia, crueldade ou falta de educación: *O rapaz recibiu unha agresión salvaxe. Uns salvaxes acantazaron os farois.*

FAM. salvaxada, salvaxismo.

salvo, salva

1 Participio irregular do verbo *salvar*.

adxectivo

2 Sen dano e sen perigo: *Os montañeiros perdidos foron atopados sans e salvos.*

preposición

3 Sen ter en conta algo ou alguén: *Todos estaban cansos salvo el.* SIN. agás, excepto, menos, quitado, sacado, sacando.

EXP. **A salvo** Seguro e fóra de perigo: *Os bombeiros puxéronos a salvo das chamas.*

sámago

substantivo masculino

Parte branda e máis clara das madeiras das árbores e que está entre a casca e a cerna: *O sámago podrece antes ca a cerna.*

samba

substantivo feminino

Música e baile de ritmo rápido propio do Brasil, país americano: *A samba ten influencia da música africana.*

sambesuga ou samesuga

substantivo feminino

Verme que vive na auga doce que se apega á pel dos animais e das persoas para chucharlles o sangue do que se alimenta: *Saíu do regueiro cunha sambesuga apegada a unha perna.*

san[1]

adxectivo masculino

Forma abreviada de santo: *San Pedro é o patrón da parroquia onde nacín.*

OBS. *San* úsase diante dos nomes propios masculinos comezados por consoante (*san Tomé*), agás de *Cristo* (*Santo Cristo*). *Santo* diante dos nomes propios masculinos comezados por vogal (*santo Antón*).

san[2]

adxectivo

1 Con boa saúde ou sen enfermidade: *Era un cativo san e forte.* SIN. bo, saudable. ANT. doente, enfermo.

2 Que é bo para conservar a saúde: *Facer exercicio é moi san.* SIN. bo, saudable. ANT. malo, mao, insán, malsán.

3 En bo estado ou sen dano: *Estas mazás están sas pois non teñen ningún buraco de verme.*

4 Sen mala idea ou sen malos costumes: *Un rapaz san nunca mente nin engana.*

EXP. **San e salvo** Sen ningún dano: *A Garda Civil rescatou os montañeiros sans e salvos.*

FAM. sanatorio, sandar, sanidade, sanitario, matasáns.

sanatorio

substantivo masculino

Establecemento en que viven durante algún tempo os enfermos ou feridos para recibiren un tratamento que os sande: *Estivo ingresado no sanatorio unha semana por unha apendicite.*

sanción

substantivo feminino

Pena ou castigo que se lle pon a alguén porque non cumpriu unha regra ou unha lei: *Puxéronlle unha sanción de dous partidos a ese xogador por agredir un contrario.* SIN. castigo, pena. ANT. premio.

FAM. sancionar.

sancionar

verbo

Pór unha sanción, pena ou castigo: *A Garda Civil sancionouno por exceso de velocidade.*

sancristán, sancristá

substantivo

Persoa que axuda ao cura nas súas tarefas e que coida a igrexa: *O sancristán varría a igrexa.*

FAM. sancristía.

sandalia

substantivo feminino

Calzado formado por unha sola suxeita ao pé por unhas fitas ou tiras de coiro: *As sandalias son propias do verán.*

sandar

verbo

Curar.

sandía

substantivo feminino

Planta herbácea de talo flexible que medra polo chan e produce un froito grande de casca vermella e de carne moi doce e con zume e tamén este froito: *De sobremesa tomou dúas rebandas de sandía.*

sándwich

substantivo masculino

Especie de bocadillo feito con dúas rebandas de pan de molde que levan no medio xamón, queixo ou outro alimento seme-

llante: *Gústanlle moito os sándwichs de xamón e queixo.*
OBS. O plural é *sándwichs.*

sanear
verbo
1 Dito especialmente dun lugar, facer que teña boas condicións para a saúde ou eliminarlle a humidade: *Cómpre sanear esa parede, que está chea de humidade.*
2 Facer que unha cousa recupere o bo estado: *Eses investimentos sanearán a economía da súa empresa.*
FAM. saneamento.

sangrar
verbo
Botar sangue: *Sangraba moito por unha ferida tan profunda.*

sangría
substantivo feminino
1 Derramamento ou perda abundante de sangue: *Aquela batalla foi unha sangría.*
2 Bebida elaborada con viño tinto, auga, limón e azucre: *A sangría é unha bebida propia do verán.*

sangue
substantivo masculino
1 Líquido de cor vermella que circula polas arterias e polas veas das persoas e dos animais: *O sangue transporta osíxeno a todos os tecidos do corpo.*
2 Familia en que alguén naceu: *Di que é de sangue fidalgo.*
EXP. **A sangue frío** De maneira calculada e sen deixarse levar pola emoción: *Matouno a sangue frío porque tiña todo planeado.* **Sangue azul** Orixe nobre: *El di que é de sangue azul porque o seu avó era marqués.* **Sangue frío** Capacidade para manterse tranquilo e non pórse nervioso: *Hai que ter sangue frío para rescatar os accidentados.*
FAM. sangrar, sangría, sanguento, sanguinario, sanguíneo, sanguiño.

sanguento, sanguenta
adxectivo
Que perde ou que fai perder moito sangue: *Amosaba unha ferida sanguenta.*

sanguinario, sanguinaria
adxectivo
Que goza matando ou ferindo: *O asasino é un tolo sanguinario.*

sanguíneo, sanguínea
adxectivo
Do sangue ou relacionado con el: *As veas e as arterias son vasos sanguíneos.*

sanidade
substantivo feminino
Conxunto de servizos e persoas que se dedican a manter e coidar a saúde pública: *A sanidade galega ten moi bos médicos.*

sanitario, sanitaria
adxectivo
1 Da sanidade ou relacionado con ela: *Os médicos e os enfermeiros son persoal sanitario.*
2 Que serve para a limpeza e hixiene persoais: *Os lavabos, as duchas e os váteres son aparellos sanitarios.*
substantivo
3 Persoa que traballa na sanidade: *Dous sanitarios da Cruz Vermella atendían o accidentado.*

santiaguiño
substantivo masculino
Crustáceo mariño comestible de dez patas, cacho moi duro e rugoso, duns dez centímetros de longo e que ten as antenas en forma de espátula: *Os santiaguiños péscanse con nasas.*

santiamén
EXP. **Nun santiamén** En menos de nada, nun instante: *Iso resólvecho el nun santiamén.*

santo, santa
adxectivo
1 Dedicado a Deus ou á relixión: *As igrexas son edificios santos.*
2 Que segue a lei de Deus: *Ese home leva unha vida santa.*
adxectivo ou substantivo
3 Dito dunha persoa, que foi declarada pola Igrexa católica modelo de vida cristiá: *As ermidas adoitan estar dedicadas a un santo ou a unha santa.*
4 Dito dunha persoa, que ten moita paciencia e que é moi boa: *Ese cativo é un santo que non protesta por nada.*
EXP. **Santiña** ou **santiño do ollo** Pupila. *Colleu medo e dilatáronselle as santiñas.*
FAM. santidade, santificar, santón, santoral, santuario.

santoral
substantivo masculino

Lista de santos co día do ano en que se celebra a súa festa: *No santoral dise que o día de san Pedro é o 29 de xuño.*

santuario
substantivo

Lugar ou edificio en que se venera un deus ou algún ser divino: *Todas as relixións adoitan ter santuarios.* SIN. templo.

saña
substantivo feminino

Enfado ou furia moi grande que incluso leva a ser cruel: *Insultouno con saña.*
FAM. sañudo, asañarse.

sapo
substantivo masculino

Anfibio parecido á ra cos ollos moi saíntes, de patas curtas e pel rugosa e que vive en lugares húmidos: *O sapo caza de noite insectos, vermes e moluscos.*

sapoconcho
substantivo masculino

Tartaruga.

saque
substantivo masculino

Nalgúns deportes e xogos, lanzamento da pelota ou do balón para comezar ou seguir o xogo: *No fútbol hai distintos saques: de esquina, de banda, de porta e outros.*
EXP. **Ter bo saque** Ser quen de comer e beber en gran cantidade: *Ningún deixou nada no prato porque teñen bo saque.*

saquear
verbo

Roubar ou apoderarse de todo o que hai nun sitio: *Os soldados vencedores saquearon a cidade conquistada.*
FAM. saqueo.

saqueta
substantivo feminino

Saco pequeno: *Levaba cinco quilos de azucre nunha saqueta.*

sarabia
substantivo feminino

Auga conxelada que cae das nubes en forma de grans máis ou menos grandes: *Nas tormentas moitas veces cae sarabia.* SIN. pedra, pedrazo.
FAM. sarabiar.

sarabullo
substantivo masculino

Grans e irritación que sae na pel de forma pasaxeira: *A alerxia produciulle un sarabullo.*

***saraiba**, a forma correcta é **sarabia**.

sarampelo
substantivo masculino

Xarampón.

sarcasmo
substantivo masculino

Forma de dicir algo con crueldade para pór a alguén en ridículo ou facelo sufrir: *Estou farto de que me fale con sarcasmo.*
FAM. sarcástico.

sarcófago
substantivo masculino

Sartego.

sardana
substantivo feminino

Baile popular catalán executado por un grupo de persoas que forman unha roda: *A sardana é o baile tradicional catalán máis famoso.*

sardiña
substantivo feminino

Peixe mariño comestible de cor negra azulada: *A sardiña vive en grandes grupos chamados cardumes.*
FAM. sardiñada, sardiñeiro.

sarillo
substantivo masculino

1 Peza do tear para facer madeixas de fío: *O sarillo está formado por varias aspas de madeira que viran con rapidez.*
2 Caniza.

sarna
substantivo feminino

Enfermidade contaxiosa da pel caracterizada pola aparición sobre ela de vinchocas pequenas que producen moito proído: *A sarna humana é causada por un ácaro parasito que deposita os ovos baixo a pel.*
FAM. sarnento, sarnoso.

sarrio
substantivo masculino

1 Substancia dura que queda no fondo dos recipientes que conteñen viño ou outros líquidos: *No fondo da cuba quedaba o sarrio do viño.* SIN. borra, borro, feces, madre, pouso.

2 Substancia negra desprendida polo fume e adherida a unha parede, obxeto etc.: *A lareira estaba chea de sarrio.* SIN. borra, borro, feluxe.

3 Substancia dura que se forma sobre o esmalte dos dentes: *O dentista limpoulle os dentes de sarrio.* SIN. borra, borro, pedra.

sarta
substantivo feminino

Conxunto de cousas unidas unha detrás doutra ao longo dun fío, arame, cordel ou pau: *Mercoulle a unha rosquilleira da feira unha sarta de rosquillas.*

sartego
substantivo masculino

Sepulcro de pedra: *O cadáver do conde foi enterrado nun sartego da capela do pazo.* SIN. sarcófago.

sarxento
substantivo

No exército, militar de autoridade inmediatamente superior á do cabo primeiro: *A sarxento arrestou o soldado.*

satélite
substantivo masculino

1 Corpo celeste que xira arredor dun planeta: *A Lúa é o satélite da Terra.*

2 Aparello posto en órbita por medio dun foguete para que xire arredor da Terra ou doutro corpo celeste para realizar funcións de comunicación, investigación ou de calquera outro tipo: *Moitos satélites serven para retransmitir imaxes de televisión.*

sátira
substantivo feminino

Texto ou discurso en que se critica algo ou alguén, especialmente burlándose e ríndose deles: *Celso Emilio Ferreiro escribiu fermosas sátiras contra os poderosos e explotadores.*

FAM. satírico, satirizar.

satisfacción
substantivo feminino

1 Gusto ou pracer que se sente por algo: *O premio que recibiu produciulle moita satisfacción.*

2 Cumprimento dun desexo, gusto ou necesidade: *A satisfacción da fame e da sede é unha necesidade.*

3 Desculpa ou compensación que se debe dar a quen se prexudicou, danou ou ofendeu: *Débeslle unha satisfacción polos insultos que lle dixeches onte.*

satisfacer
verbo

1 Conseguir un desexo ou realizalo: *Con esa viaxe satisfixo o seu desexo de coñecer París.*

2 Gustar ou agradar: *Satisfaime que estudes tanto.*

3 Cubrir unha necesidade: *Comeu ata satisfacer a fame.*

4 Pagar por completo: *No futuro satisfarei todas as débedas que teño cos amigos.* SIN. aboar, pagar.

OBS. Conxúgase como *facer*.

FAM. satisfacción, satisfactorio, satisfeito.

satisfactorio, satisfactoria
adxectivo

Que satisfai porque se considera bo e agradable: *O trato que recibimos nese hotel foi satisfactorio.*

satisfeito, satisfeita
1 Participio de *satisfacer*.

adxectivo

2 Contento e alegre porque se cumpriron os seus desexos ou ten as súas necesidades cubertas: *Quedou moi satisfeito co que lle pagaron por ese traballo.* SIN. contento. ANT. insatisfeito.

saturar
verbo

Encher por completo: *Tantos coches saturan as rúas do centro da cidade.*

FAM. saturación.

saudable ou saudábel
adxectivo

Que ten saúde, que a amosa ou que é bo para a saúde: *Andar a pé é moi saudable.* SIN. san.

saudade
substantivo feminino

Pena que se sente pola ausencia ou perda de persoas, cousas ou mesmo por estar lonxe de onde se naceu ou dalgún lugar querido: *Hai quen di que a saudade é característica do temperamento galego-portugués.* SIN. soidade.

FAM. saudosismo, saudosista.

saudar
verbo

Dirixirlle a unha persoa palabras ou xestos de cortesía ao atopala ou despedila: *Saudounos dándonos un bos días.*

OBS. Conxúgase como *actuar.*

saúde
substantivo feminino

1 Estado en que se encontra un organismo vivo que realiza normalmente todas as súas funcións: *A súa saúde é moi boa.*

interxección

2 Úsase para saudar ou para desexarlle a alguén que lle vaia ben: *Ao brindarmos exclamamos un Saúde!*

FAM. saudable.

saúdo
substantivo masculino

Palabra ou xesto de cortesía ou respecto ao atopar a alguén ou para despedirse del: *Bos días e boas tardes son saúdos.*

FAM. saudar.

sauna
substantivo feminino

Baño de vapor a temperaturas moi altas e tamén lugar onde se toma este baño: *Nese ximnasio teñen unha sauna.*

saurio
adxectivo ou substantivo masculino

Dito dun réptil, que ten o corpo e o rabo longos, a pel con escamas, catro patas curtas e mandíbulas con dentes: *O lagarto, o crocodilo e o camaleón son saurios.*

***savia**, a forma correcta é **zume**.

saxitario
adxectivo ou substantivo

Signo do zodíaco ou do horóscopo que vai do 23 de novembro ao 21 de decembro e persoa nada baixo este signo: *É unha saxitario porque naceu o 2 de decembro.*

saxofón
substantivo masculino

Instrumento musical de vento formado por un tubo metálico cónico rematado en forma de U: *Tocaba o saxofón nunha orquestra.*

OBS. É frecuente o uso da forma abreviada *saxo.*

sazón
substantivo feminino

Tempo oportuno para facer a colleita ou para facer calquera outra cousa: *Esas patacas axiña chegan á sazón.*

FAM. sazonar.

sazonar
verbo

1 Dar o punto exacto de sabor a unha comida: *Sazonaba o guiso con sal, pementa e perexil.*

2 Facer que algo acade a súa madurez ou perfección: *Esta calor sazona as cereixas.*

sé
substantivo feminino

Igrexa principal dentro do territorio dependente dun bispo: *Roma é a Santa Sé porque alí está o Papa.* SIN. catedral.

OBS. É distinto de *sede.*

se¹
pronome persoal

1 Forma reflexiva do pronome persoal de terceira persoa *el, ela, eles, elas*: *El dúchase todas as mañás.*

2 Forma recíproca do pronome persoal de terceira persoa *eles, elas*: *Eles saudábanse con cariño.*

3 Funciona como marca de pasiva nalgunhas oracións co verbo en voz activa: *Construirase na vila un novo colexio.*

4 Funciona nas oracións impersoais para indicar que o suxeito non está determinado: *Estúdase moi ben nesta biblioteca.*

se²
conxunción

1 Úsase para expresar unha condición: *Aprobarás se estudas máis.*

2 Úsase para introducir unha pregunta indirecta: *Preguntoume se collía as vacacións en agosto.*

3 Úsase para darlle máis énfase ou forza a unha frase: *Se eu nunca estiven na súa casa!*

seara
substantivo feminino
1 Campo sementado de trigo ou doutro cereal: *Nesa seara sempre botan centeo.*
2 Terreo cultivado moi grande e dividido en agros, leiras ou anacos que pertencen a donos distintos: *Esta seara está dividida en leiras que son de donos diferentes.* SIN. agra.
3 Estivada.

seareiro, seareira
substantivo
1 Persoa que compra nunha tenda ou que usa habitualmente os servizos profesionais dunha persoa ou empresa: *Ese bar ten moitos seareiros.* SIN. cliente.
2 Persoa que é moi partidaria dun equipo deportivo: *O Celta e o Deportivo teñen moitos seareiros.* SIN. afeccionado, seguidor.

sebe
substantivo feminino
Valo feito con varas e estacas cruzadas ou con arbustos, silvas ou ramas: *O céspede está rodeado por unha sebe de mirtos.*

sebo
substantivo masculino
Graxa sólida que se saca dos animais mortos: *O sebo usábase para facer xabón e candeas.*

seca
substantivo feminino
1 Período longo de tempo en que non chove: *En agosto e xullo houbo unha boa seca.* SIN. secura.
2 Parte dun areal que, cando baixa a marea, queda ao descuberto: *Aproveitou a seca para coller ameixas.*

secadoiro
substantivo masculino
Lugar ou local onde se poñen cousas para que sequen: *As follas do tabaco métense en secadoiros.*

secador
substantivo masculino
Aparello eléctrico que se usa para secar o pelo: *Cando viaxo sempre levo na maleta un secador de man.*

secadora
substantivo feminino
Electrodoméstico que serve para secar a roupa: *Cando saco a roupa da lavadora, métoa na secadora.*

*secano, a forma correcta é **secaño**.

secante
adxectivo
1 Que seca ou absorbe un líquido: *Antigamente, o papel secante secaba a tinta cando se escribía.*
adxectivo ou substantivo
2 Dito dunha liña ou superficie, que corta outras liñas ou superficies: *A secante da circunferencia corta a circunferencia en dous puntos.*

secaño
substantivo masculino
Terra de cultivo que non é regada e que só recibe auga cando chove: *O trigo e o orxo son cultivos de secaño e non hai que regalos.* ANT. regadío.

secar
verbo
1 Deixar ou quedar sen auga, sen un líquido calquera ou sen humidade: *O sol xa secou esa roupa. Secaron as fontes pola falta de chuvia.*
2 Morrer unha planta por falta de auga ou de humidade: *Se non regas esas roseiras vanche secar.*
OBS. O *c* cambia en *qu* diante do *e*, como en *sacar*. Ten dous participios, o irregular *seco*, usado como adxectivo, e o regular *secado*, usado nas perífrases.

sección
substantivo masculino
Cada unha das divisións ou partes de algo que ten unhas determinadas características, función ou tarefa: *Vía as lavadoras na sección de electrodomésticos duns grandes almacéns.*
FAM. seccionar.

secesión
substantivo feminino
Separación do grupo ao que se pertence: *Os independentistas pedían a secesión do seu territorio.*

seco, seca
adxectivo
1 Que non ten auga, humidade ou outro líquido: *Esa roupa do tendal xa está seca.* SIN. enxoito. ANT. húmido, mollado.
2 Con poucas chuvias: *Aquí o clima no mes*

de agosto é bastante seco. ANT. chuvioso, húmido.

3 Dito dunha planta, que está morta: *Eses caraveis están secos porque non os regaches.*

4 Con menos graxa da normal: *Ten o cabelo moi seco.*

5 Dito dun golpe, que se produce con forza e de forma rápida: *A puñada sobre a mesa soou de forma seca.*

6 Que resulta pouco agradable ou pouco simpático: *Fala moi pouco porque é bastante seco.*

7 Que non dá a posibilidade de contestarlle: *A súa resposta foi un non seco.*

8 Sen ningunha outra cousa: *O rapaz merendaba pan seco.*

substantivo feminino

9 Período longo de tempo en que non chove: *En agosto e xullo houbo unha boa seca.* SIN. secura.

EXP. **A secas** 1) Sen comer nin beber: *Contratou dous xornaleiros a secas, só pagándolles cartos.* 2) Sen ningunha outra cousa para acompañar: *Comeu o bisté a secas, sen patacas nin leituga nin nada.* **En seco** De forma repentina: *O coche freou en seco diante do paso de peóns.*

FAM. secador, secadora, secante, secaño, secar, secura, reseco.

secreción

substantivo feminino

Produción e expulsión dunha substancia elaborada por unha glándula e tamén esta mesma substancia: *As glándulas salivares da boca realizan a secreción da saliva.*

secretaría

substantivo feminino

1 Lugar ou oficina onde se fan e gardan os documentos dunha empresa ou calquera outra institución: *Recollín os impresos de matrícula na secretaría do colexio.*

2 Cargo de secretario: *Ocupa desde hai anos a secretaría do partido.*

secretario, secretaria

substantivo

1 Persoa que nunha empresa ou institución traballa escribindo e gardando os documentos e que é responsable deles: *O secretario dirixe as oficinas do Concello.*

2 Persoa que está ao servizo doutra para axudala en tarefas como escribir e contestar cartas, fixar as súas reunións con outras persoas, collerlle recados e outras funcións semellantes: *O alcalde ten un secretario que se ocupa de organizar todos os actos públicos.*

secreto, secreta

adxectivo

Que ninguén ou moi poucos o coñecen: *Fuxiron do castelo por un corredor secreto.* OBS. É distinto de *segredo.*

secretor, secretora

adxectivo

Especialmente dito dunha glándula, que segrega determinada substancia: *As glándulas secretoras da saliva son as salivares.*

***secta**, a forma correcta é **seita.**

sector

substantivo masculino

Parte dun todo que ten un conxunto de características que o diferencian do resto: *Na economía hai tres sectores: o sector primario ou da agricultura e gandaría; o sector secundario ou da industria, e o sector terciario ou de servizos.*

FAM. sectorial.

secuela

substantivo feminino

Efecto ou consecuencia prexudicial de algo: *A rotura da perna deixoulle de secuela unha coxeira.*

secuencia

substantivo feminino

Conxunto de cousas que van de xeito ordenado unhas detrás doutras: *Unha frase ou oración é unha secuencia de palabras.* SIN. serie.

secuestrar

verbo

1 Dito dunha persoa, collela pola forza e non deixala ir ata que non se paga unha cantidade de cartos por ela ou se dá algo: *Secuestraron un empresario e piden un rescate dun millón de euros.*

2 Dito dun medio de transporte, apoderarse del polas armas e pedir para deixalo libre unha cantidade de cartos ou outra cousa:

Secuestraron un avión e piden a liberdade de dous presos.
FAM. secuestrador, secuestro.

século
substantivo masculino
Período de tempo de cen anos: *Estamos no século XXI.*
FAM. secular, secularizar.

secundar
verbo
Axudar ou apoiar a alguén para facer ou conseguir algo: *Ningún compañeiro secundou as cambios que el propuña.*

secundario, secundaria
adxectivo
1 Segundo en orde ou importancia: *O ensino secundario é o segundo ensino, tras o primario e antes do universitario.*
2 Que ten menos importancia: *O xefe nunca se ocupa dos problemas secundarios.* SIN. accesorio. ANT. principal.

secura
substantivo feminino
Sequidade.

seda
substantivo feminino
1 Substancia viscosa que producen certas eirugas e insectos e que forma fíos moi finos e flexibles: *A tea das arañeiras é de seda.*
2 Fío e tea fabricados con esta substancia: *A seda procede das secrecións dos vermes da seda.*
3 Cada un dos pelos fortes e duros que teñen animais coma os porcos, os xabarís ou os cabalos: *O xabaril ten o corpo cuberto de sedas.*
FAM. sedoso.

sedar
verbo
Facer que alguén deixe de sentir dor, estea intranquilo ou molesto ou mesmo facer que durma administrándolle un medicamento: *Para facelo durmir, o médico sedouno.*
FAM. sedante, sedela.

sede[1]
substantivo feminino
Gana de beber: *Esta calor prodúceche moita sede.*
FAM. sedento.

sede[2]
substantivo feminino
1 Lugar en que ten a súa residencia ou domicilio principal unha empresa ou un organismo que se estende por varios lugares: *É unha empresa multinacional que ten a súa sede en Vigo.*
2 Lugar onde se celebra un acontecemento ou actividade moi importantes de nivel mundial: *A sede das próximas olimpíadas será Río de Xaneiro.*
OBS. É distinto de *sé.*

sedela
substantivo feminino
Fío moi fino e resistente, habitualmente de nailon, que se usa para pescar con cana ou á liña: *Colocaba o anzol no extremo da sedela.* SIN. tanza.

sedentario, sedentaria
adxectivo
1 Que se move ou despraza moi pouco: *Engorda porque fai unha vida sedentaria.*
2 Que vive sempre no mesmo lugar e non se despraza del: *Coa agricultura, no Neolítico as poboacións fanse sedentarias.* ANT. nómade.
FAM. sedentarismo.

sedimento
substantivo masculino
Materia que, despois de estar nun líquido ou no aire que a moven, se deposita nun lugar: *No fondo do mar quedan como sedimentos as cunchas de moitos animais mariños.*
FAM. sedimentación, sedimentario.

seducir
verbo
Atraer ou convencer porque gusta moito: *A súa simpatía seducía a quen o trataba.*
FAM. sedución, sedutor.

sega
substantivo feminino
Corte da herba ou do cereal maduro e tempo en que se realiza: *O verán é a época da sega.* SIN. ceifa, seitura.

segar
verbo
Cortar a herba ou os cereais: *Segaban o centeo con fouces e gadañas.*

OBS. O *g* cambia en *gu* ante *e*, como en *pagar*.
FAM. sega, segador, segadora.

***seglar**, a forma correcta é **segrar**.

segmento
substantivo masculino
1 Parte dunha liña recta que está entre dous puntos: *O mestre ensinounos a sumar segmentos.*
2 Cada unha das partes do corpo dalgúns animais invertebrados, como os insectos ou os crustáceos, que se articula con outras iguais dispostas en liña: *Os insectos, como a formiga, teñen o corpo divididio en tres segmentos: cabeza, tóras e abdome.*
FAM. segmentar.

segrar
adxectivo ou substantivo
Que non é sacerdote nin pertence a ningunha orde relixiosa: *Hoxe nas parroquias moitos segrares axudan os curas.* SIN. laico. ANT. eclesiástico.

segredo
substantivo masculino
Calquera cousa que se mantén oculta e que se procura que non se saiba nin coñeza: *O que che conto é un segredo e debe quedar entre nós.*
OBS. É distinto de *secreto*.

segregar
verbo
1 Dito dunha persoa, apartala dun grupo, especialmente de forma inxusta por considerala diferente: *Os racistas segregan os membros doutros razas.*
2 Dito dunha substancia, producila e botala fóra unha glándula: *As glándulas salivares segregan a saliva.*
OBS. O *g* cambia en *gu* ante *e*, como en *pagar*.
FAM. segregación, segregacionismo, segregacionista.

***seguida, de**, a forma correcta é **deseguida**.

***seguida, en**, a forma correcta é **enseguida**.

***seguido, de**, a forma correcta é **deseguido**.

seguido, seguida
adxectivo
Un detrás do outro e sen nada no medio: *Colocou as tres cadeiras seguidas, pegadas unha á outra.*

seguidor, seguidora
adxectivo ou substantivo
1 Que continúa algo xa comezado: *A súa obra non tivo seguidores.* SIN. continuador.
2 Que apoia, defende algo ou alguén ou sente grande interese por eles: *Ese equipo de fútbol ten moitos seguidores.* SIN. adepto, afeccionado, seareiro.

seguinte
adxectivo
Que vén ou acontece inmediatamente despois: *O martes é o día seguinte ao luns.* SIN. posterior. ANT. anterior.

seguir
verbo
1 Ir detrás de algo ou alguén: *O mércores segue ao martes.* ANT. anteceder, preceder.
2 Ir por un determinado camiño sen separarse del: *Se segue esta rúa, axiña atopará a praza.* SIN. continuar.
3 Actuar de acordo con algo ou alguén: *Para montar o televisor cómpre seguir as instrucións.*
4 Facer o mesmo que se estaba a facer: *Despois do recreo seguiremos lendo o conto.* SIN. continuar. ANT. abandonar, deixar, interromper.
5 Permanecer ou manterse: *As lembranzas da xuventude seguen na miña mente.*
EXP. **A seguir** A continuación: *Colocouse a orquestra no palco e, a seguir, comezou a tocar.*
OBS. Conxúgase como *servir*.
FAM. seguido, seguidor, conseguir, deseguida, enseguida, persecución, perseguir, proseguir.

segundo[1], segunda
número ordinal
1 Que ocupa o lugar número dous dunha serie: *O segundo clasificado é o subcampión.*
substantivo masculino
2 Cada unhas das partes iguais en que se divide un minuto: *Un minuto ten sesenta segundos.*

segundo[2]
preposición
1 De acordo con ou conforme ao punto de vista de: *Montamos a lavadora segundo as instrucións do manual.* SIN. conforme, consonte.

conxunción
2 Do mesmo modo ou xeito que: *Tomou as menciñas segundo lle indicou o médico.*
3 Ao mesmo tempo que: *Segundo ían chegando, os invitados sentaban á mesa.*

seguranza ou seguridade
substantivo feminino
1 Ausencia de perigo ou dano: *Cómpre manter a seguridade en todos os traballos.* ANT. inseguridade, perigo.
2 Firmeza que fai que algo se manteña sen cambios, sen caer, sen dano ou con equilibrio: *O cinto de seguridade evítalles moitos danos aos pasaxeiros.* SIN. estabilidade, firmeza, solidez. ANT. inseguridade.
3 Ausencia de dúbida: *O alumno respondía as preguntas do profesor con seguridade.* ANT. dúbida, inseguridade.
EXP. **Seguridade Social** Conxunto de órganismos do Estado que protexen e axudan os cidadáns cando estás enfermos, en paro ou noutras situacións difíciles: *A Seguridade Social paga as pensións dos xubilados.*
OBS. Na expresión adoita escribirse con inicial maiúscula.

seguro, segura
adxectivo
1 Libre de perigo ou de riscos: *Escondeuse nun lugar seguro.* ANT. inseguro, perigoso.
2 Firme e seguro de xeito que non caerá: *Os andeis eses quedaron moi seguros.* SIN. firme. ANT. inseguro.
3 Que non ofrece ou non ten dúbidas: *El estaba seguro de aprobar.* ANT. inseguro.
substantivo masculino
4 Contrato polo que se paga unha cantidade de cartos periodicamente a unha empresa para que en caso de sufrir un dano ou prexuízo esta se faga cargo deses danos ou de compensar por eles: *O vento levoulle varias tellas da casa pero o seguro corre cos gastos de retellar.*
5 Peza ou dispositivo que impide abrir algo ou que funcione sen querelo: *Para que dispare a pistola hai que quitarlle o seguro.*
adverbio
6 Sen dúbida: *Sei seguro que pasou así.*
7 De maneira bastante probable: *Seguro que mañá neva.*
FAM. seguranza, seguridade, asegurar, inseguridade, inseguro.

seica
adverbio
Indica dúbida ou posibilidade: *Seica lle tocou a lotaría.* SIN. disque.

seis
numeral
Número 6: *Media ducia son seis unidades.*
FAM. seiscentos, sesenta, sexto.

seiscentos, seiscentas
numeral
Número 600: *Pagou por ese televisor uns 600 euros.*

***seísmo**, a forma correcta é **sismo**.

seita
substantivo feminino
1 Grupo pequeno que se separa dunha Igrexa, dunha doutrina ou doutro grupo máis grande: *Neste partido político de momento non hai seitas.*
2 Conxunto de seguidores dunha doutrina ou ideas que se consideran falsas, especialmente cando hai un xefe que domina absolutamente o resto de membros: *As seitas poden chegar a ser moi perigosas.*

seitura
substantivo feminino
Sega.

***seiva**, a forma correcta é **zume**.

seixo
substantivo masculino
Pedra pequena, lisa e arredondada, especialmente pola acción da erosión ou desgaste da auga: *Nesa parte da beira do río hai moitos seixos.* SIN. callao, canto, coio, croio.

sela
substantivo feminino
1 Asento sobre o que se coloca unha persoa ao andar en bicicleta ou moto: *As selas das bicicletas axústanse á estatura do ciclista.*
2 Asento sobre o que se coloca a persoa que monta un cabalo ou cabalaría: *As selas das cabalarías son de coiro.*

selar
verbo
1 Pór un selo ou marcar con el: *Para enviar as cartas por correo, cómpre selalas.*

2 Cerrar moi ben de xeito que sexa moi difícil abrir ou que non quede ningunha greta: *O albanel selaba con silicona as xuntas das ventás.*

selección

substantivo feminino

1 Elección ou escolla do que se considera o mellor ou máis adecuado entre as persoas ou cousas que forman un grupo: *Ese libro contén unha selección dos mellores poemas de Pondal.* SIN. escolla, escolma.
2 Equipo que se forma cos que son os mellores nun deporte nun país para participar nunha competición internacional: *A selección galega de fútbol xogará en Balaídos.*
FAM. seleccionar, selectividade, selectivo, selecto, selector.

seleccionar

verbo

Elixir entre outros porque o consideramos mellor: *Seleccionaba as mellores mazás do cesto.* SIN. escoller, elixir, escolmar.

selectividade

substantivo feminino

Conxunto de probas e exames para entrar na universidade: *Aprobou a selectividade en xuño.*

selecto, selecta

adxectivo

Que se considera o mellor en relación con algo da súa mesma especie: *Xantou nun dos restaurantes selectos da cidade.* SIN. escolleito, escollido.

sella

substantivo feminino

Recipiente formado por táboas de madeira unidas e fixadas por arcos de metal, máis largo no fondo ca na cima e que se usa para levar e conter auga: *Traía á cabeza unha sella de auga da fonte.*

selo

substantivo masculino

1 Anaco pequeno de papel cun debuxo ou figura impresos que se pega nas cartas e envíos por correo para pagar o seu transporte: *Os selos véndense nos estancos.*
2 Marca que se grava con tinta nun documento ou impreso para indicar que é auténtico: *Para que o certificado de estudos sexa válido ten que levar o selo do colexio.*
3 Utensilio cun pequeno mango e cunha imaxe que se humedece en tinta co que se fai esta marca ou sinal: *O selo do colexio está na secretaría.*
4 Anel ancho que leva gravada unha figura na súa parte superior: *Leva un selo de ouro coas súas iniciais.*
FAM. selar.

selva

substantivo feminino

Bosque moi grande e moi húmido de variada e abundante vexetación: *A selva é propia do clima ecuatorial e tropical.*
FAM. selvático.

semáforo

substantivo masculino

Aparello eléctrico con luces de distintas cores para regular a circulación: *O semáforo usa tres cores: vermella, laranxa e verde.*

semana

substantivo feminino

Período de tempo de sete días: *A semana comeza o luns e remata o domingo.*
EXP. **Entre semana** Todos os días da semana, agás o sábado e o domingo: *A fin de semana fago todo o exercicio que non fago entre semana.* **Semana Santa** Na relixión católica, semana en que se lembra a paixón, morte e resurrección de Cristo: *En Viveiro hai unhas famosas procesións de Semana Santa.*
OBS. *Semana Santa* adoita escribirse con inicial maiúscula.
FAM. semanal, semanario.

semanal

adxectivo

Que dura unha semana ou que se repite cada semana: *Meus pais danme unha paga semanal.*

semanario

substantivo masculino

Revista ou publicación que aparece cada semana: *Moitas revistas son semanarios.*

semántica

substantivo feminino

Parte da lingüística que estuda o significado das palabras: *A semántica estuda cantos significados ou acepcións ten unha palabra.*
FAM. semántico.

seme
substantivo masculino
Esperma.

semellante
adxectivo
Que é case igual ca outro que se lle parece moito: *Os dous irmáns son semellantes.* SIN. análogo, parecido, similar. ANT. diferente, distinto.

semellanza
substantivo feminino
Conxunto de características que fan que dúas persoas ou cousas se parezan moito ou sexan case iguais: *Esas dúas bicicletas teñen moita semellanza.* SIN. analoxía, parecido, similitude. ANT. diferenza.

semellar
verbo
1 Ter un aspecto determinado: *Semella parvo porque nunca se decata de nada.* SIN. parecer.
2 Ser moi parecido ou case igual ca outro: *O fillo semella á nai.* SIN. imitar, tirar, asemellar, parecer.

sementar
verbo
Botar sementes na terra para que xermolen e saian plantas: *Sementou a leira de centeo.* SIN. botar.

semente
substantivo feminino
Parte do froito dos vexetais que contén o embrión do que nacerá unha nova planta: *As carabuñas e pebidas son sementes.*
FAM. sementar, sementeira, sementeiro.

sementeira
substantivo feminino
1 Espallamento das sementes sobre a terra para que xermolen e dean novas plantas: *Andan na sementeira do centeo.*
2 Época en que se fai este labor: *Visiteino na súa aldea pola sementeira do trigo.*

sementeiro
substantivo masculino
Lugar en que se botan sementes para transplantar despois a outro lugar as plantas que nazan delas: *Nese recanto da horta ten un bo sementeiro.* SIN. alcouve, pebideiro.

semestre
substantivo masculino
Período de tempo de seis meses. *Os seis primeiros meses do ano son o seu primeiro semestre.*
FAM. semestral.

semicírculo
substantivo masculino
Cada unha das metades dun círculo: *O diámetro divide o circulo en semicírculos.*
FAM. semicircular.

semifinal
substantivo feminino
Nunha competición deportiva, cada unha das competicións que dan paso á final: *As semifinais xóganas catro equipos, dous a dous, e a final os dous gañadores.*

seminario
substantivo masculino
1 Colexio ou centro onde estudan e se forman os homes que van ser sacerdotes: *Ingresou no seminario xa adulto.*
2 Grupo de persoas que se dedican a estudar algo ou a investigar sobre algo: *Forma parte dun seminario que estuda a contaminación na nosa ría.*
3 Conxunto dos profesores dun centro que explican unha mesma materia e cuarto onde traballan e se reúnen: *Todos os profesores de lingua galega do colexio forman o seminario de lingua galega.* SIN. departamento.

semirrecta
substantivo feminino
Cada unha das dúas partes en que queda dividida unha recta por calquera dos seus puntos: *A orixe de dúas semirrectas é o punto que as separa.*

sémola
substantivo feminino
Especie de pasta formada por pequenos grans e que se elabora con fariña de trigo, arroz ou doutro cereal: *Gústalle moito a sopa de sémola.*

sempre
adverbio
1 En todo momento ou durante toda a vida: *El sempre é moi amable.* ANT. nunca, xamais.
2 Tendo polo menos unha posibilidade:

Aínda que suspendas en xuño, sempre che queda setembro.
EXP. **Desde sempre** Desde hai moito tempo: *Nós bañámonos nesta parte do río desde sempre.* **Sempre e cando** ou **sempre que** Úsase para expresar unha condición: *O banco préstache os cartos, sempre e cando alguén responda por ti.*

sen[1]
substantivo feminino
Cada un dos lados da fronte comprendidos entre a parte superior da órbita do ollo e a orella: *Ao apertar co dedo nas sens séntese o paso do sangue.* SIN. tempa, vidalla.

sen[2]
preposición
1 Indica falta ou ausencia de algo ou de alguén: *Se non vés á hora, marchamos sen ti.*
2 Indica que se deixa de facer algo: *Pasei dous días sen probar bocado.*

senado
substantivo masculino
1 Conxunto de persoas elixidas polo pobo que revisan as leis que antes aprobou o Congreso para aprobalas ou rexeitalas, e tamén edificio onde se reúnen: *O Senado non aprobou a proposta de lei que lle enviou o Congreso de deputados.*
2 Na antiga Roma, conxunto de persoas elixidas polos cidadáns libres entre os patricios que na época da República tiña o máximo poder: *En Roma declaraba a guerra o senado, como máximo representante do pobo romano.*
OBS. Adoita, ao referirse a unha institución concreta, escribirse con inicial maiúscula.
FAM. senador, senatorial.

senador, senadora
substantivo
Que forma parte dun senado: *Elixírona senadora pola provincia da Coruña.*

senda
substantivo feminino
Camiño estreito para pasar por el persoas ou animais: *Subían por unha senda estreita.* SIN. carreiro, verea, vieiro.

senlleiro, senlleira
adxectivo
1 Só ou sen compaña: *Camiñaba senlleiro por aquela rúa.* SIN. só, solitario.
2 Que é único e que non hai outro igual: Cantares gallegos *é unha obra senlleira da literatura galega.* SIN. singular, sobranceiro, único.

senón
conxunción
Úsase para opor unha cousa a outra: *Non estuda, senón que traballa.*
OBS. É distinto de *se non.*

senra
substantivo feminino
Estivada.

sensación
substantivo feminino
1 Impresión recibida por medio dos sentidos: *Ao tocar o xeo experiméntase unha sensación de frío.*
2 Sorpresa producida por algo ou alguén: *O traxe do actor foi a sensación da festa.*
3 Ter o presentimento ou a idea de algo: *Teño a sensación de que o enganaron outra vez.*

sensacional
adxectivo
Moi bo ou extraordinario: *Con esa canción tivo un éxito sensacional.* SIN. estupendo.

sensatez
substantivo feminino
Forma de actuar pensando ben as cousas e sabendo o que se fai: *Non adoita equivocarse porque actúa con sensatez.* SIN. sentido, siso, xuízo. ANT. insensatez.

sensato, sensata
adxectivo
Que actúa pensando ben as cousas e sabendo o que fai: *É un rapaz sensato que non fai toladas.* SIN. asisado, axuizado, cordo, formal, prudente, sensato, sisudo. ANT. insensato.
FAM. sensatez, insensatez, insensato.

sensibilidade
substantivo feminino
1 Capacidade para sentir algo: *O frío fíxolle perder a sensibilidade nos dedos.*
2 Capacidade dunha persoa para pórse no lugar dos demais e comprender os seus problemas: *Cómpre que teñamos sensibilidade ante os parados.*

sensible ou sensíbel

adxectivo

1 Que ten capacidade de sentir: *Todos os animais son sensibles á dor.* ANT. insensible.
2 Que se impresiona con facilidade: *Axiña chora porque é moi sensible.* ANT. insensible.
3 Que se pode coñecer polos sentidos: *As cousas sensibles podémolas ver e tocar.*
4 Moi claro e evidente: *O enfermo experimentou unha melloría sensible.*

sensitivo, sensitiva

adxectivo

Dos sentidos ou capaz de experimentar sensacións: *É un rapaz moi sensitivo para a arte.*

sensor

substantivo masculino

Dispositivo ou mecanismo capaz de captar ou rexistrar algo e que provoca unha reacción ao que capta: *As portas automáticas abren grazas ao sensor que capta a presenza das persoas.*

sensorial

adxectivo

Dos sentidos ou relacionado con eles: *Os poetas adoitan ter unha gran capacidade sensorial.*

sensual

adxectivo

Que trata de compracer o gusto dos sentidos: *Para el comer é un pracer sensual.*
OBS. É distinto de *sexual.*
FAM. sensualidade.

sentar

verbo

1 Colocarse unha persoa de maneira que quede apoiada e descansando sobre o cu: *Sentou nunha cadeira.*
2 Producir un efecto ou resultar de determinada maneira: *Séntalle moi ben esa camisa.* SIN. quedar.
3 Establecer algo de forma que quede firme e seguro: *Sentaron ben a mesa para que non se mova. Sentaron as bases do xogo.*
4 Producir un determinado efecto unha comida ou unha bebida: *Non me sentou ben a merenda.* SIN. prestar.

*sentencia, a forma correcta é **sentenza**.

sentenciar

verbo

Dar un xuíz ou tribunal a decisión ou resolución que pon fin a un xuízo e declara o acusado culpable ou inocente: *O xuíz sentenciouno por roubo con violencia a tres anos de cárcere.*

sentenza

substantivo feminino

Decisión ou resolución dun xuíz ou dun tribunal que dá fin a un xuízo e declara o acusado culpable ou inocente: *A sentenza do xuíz declárao culpable e condénao a catro anos de cárcere.*
FAM. sentenciar.

sentido, sentida

adxectivo

1 Que sente ou expresa un sentimento como dor, pena ou compaixón: *Éche un rapaz moi sentido que se compadece das desgrazas alleas.*

substantivo masculino

2 Cada unha das cinco capacidades que permiten percibir as diferentes sensacións: *Temos cinco sentidos: tacto, vista, oído, gusto e olfacto.*
3 Capacidade que temos para nos decatar do que pasa arredor de nós: *Desmaiouse na rúa e perdeu o sentido.* SIN. conciencia, coñecemento.
4 Capacidade que se ten para realizar algo ou para comprendelo: *Ela ten moi pouco sentido do humor.*
5 Feito de estar de acordo coa razón ou coa lóxica: *Non ten sentido pór abrigo con esta calor.*
6 Capacidade para actuar despois de pensar ben as cousas e sen facer parvadas: *É mozo pero tenche moito sentido.* SIN. sensatez, siso, xuízo.
7 Significado dunha palabra ou dun conxunto de palabras: *Pronunciaba palabras sen sentido.*
8 Cada unha das direccións que se poden tomar nunha mesma rúa ou camiño: *Esta rúa é de sentido único, pero a outra é de dobre sentido.*

EXP. **Pór** ou **poñer os cinco sentidos** Facer algo con moito coidado: *Para facer ese exame puxen os cinco sentidos.* **Sentido común** Capacidade para pensar ben e xulgar adecuadamente: *É novo aínda pero tenche moito sentido común.*

sentimental

adxectivo

1 Do amor ou de calquera outro sentimento ou relacionado con eles: *Mantén unha relación sentimental con esa moza desde hai un ano.*

adxectivo ou substantivo

2 Que se deixa levar polos sentimentos: *Case chora cando lembra a infancia porque é moi sentimental.*

sentimento

substantivo masculino

Impresión que sente alguén con forza no espírito como alegría, dor, tristura, amor, odio ou calquera outra semellante: *A pena e a alegría son sentimentos opostos.* SIN. afecto, paixón.

sentinela

substantivo feminino

1 Soldado que cumpre a misión de vixiar: *Había dúas sentinelas na entrada do cuartel.*

2 Persoa que vixía algo: *No hipermercado sempre teñen dous gardas de seguridade de sentinela.*

sentir

verbo

1 Recibir ou percibir a través dos sentidos: *Grazas aos cinco sentidos percibimos as diferentes sensacións.*

2 Experimentar ou ter un determinado sentimento: *Sente moita alegría cos éxitos dos amigos.*

3 Percibir ou recibir un ruído ou son: *Sentimos un ruído raro contra a porta.* SIN. oír.

4 Ter a impresión de que vai acontecer algo: *El sentía que algo ía mal naquel asunto.*

5 Ter desgusto ou pena por algo malo: *Sinto que non che desen ese posto de traballo.*

6 **sentirse** Encontrarse nun estado ou situación: *Tras recuperarse da operación, el séntese moi ben.*

EXP. **Sentir falar** Coñecer algo de maneira pouco exacta e só polo que se oíu falar: *Eu sentín falar algo desa estafa, pero non estou ao tanto.*

OBS. Conxúgase como *servir.*

FAM. sensación, sensacional, sensible, sensibilidade, sensitivo, sensor, sensual, sentido, sentimental, sentimento, insensibilidade, insensible, presentimento, presentir.

señardade

substantivo feminino

Pena que se sente pola ausencia ou perda de persoas, cousas ou mesmo por estar lonxe de onde se naceu ou dalgún lugar querido: *Hai quen di que a señardade é característica do temperamento galego-portugués.*

señor, señora

substantivo

1 Persoa adulta, especialmente de certa idade e respectable: *A dependenta atendía un señor de mediana idade.*

2 Tratamento de respecto que se lle dá a unha persoa adulta: *Por favor, señora, que hora ten?*

3 Persoa que é dona de algo ou que o ten baixo a súa autoridade: *Na Idade Media os señores feudais dominaban Galicia.*

substantivo feminino

4 O que é unha muller en relación co home con quen está casada: *O conselleiro e a súa señora asistiron á cea.* SIN. dona, esposa, muller.

FAM. señoría, señorial, señorío, señorito.

señorito

substantivo

1 Forma de tratamento que lles daban antigamente os servidores e criados ás persoas novas que servían: *Os antigos criados trataban de señorito os fillos mozos dos amos.*

2 Persoa á que non lle gusta traballar ou facer traballos que considera duros ou baixos: *El non che frega a louza porque é moi señorito.*

substantivo feminino

3 **señorita** Forma de cortesía que se lle dá a unha muller solteira ou moza: *Señorita, xa pode pasar vostede.*

seo

substantivo masculino

1 Cada un dos peitos ou mamas da muller: *O bebé mamaba do seo dereito.* SIN. peito, teta, mama.

2 Espazo ou oco entre os dous peitos da muller: *Gardou os billetes no seo.*

3 Matriz ou órgano das femias dos mamíferos, especialmente das mulleres, onde se desenvolve o feto: *Leva un neno no seu seo e axiña dará a luz.*
4 Parte profunda e interior de algo: *O petróleo extráese moitas veces do seo da Terra.*

sépalo
substantivo masculino
Cada unha das partes que forman o cáliz dunha flor: *O cáliz está formado por sépalos e a corola por pétalos.*

separación
substantivo feminino
1 Colocación de algo ou alguén nun lugar distinto do que estaba antes xunta outro de xeito que agora quedan afastados: *O profesor optou pola separación dos dous alumnos porque falaban moito na clase.*
2 Distancia que hai entre dúas persoas ou cousas que non están xuntas: *Entre a cadeira e a mesa había unha separación de medio metro.*
3 Situación que se produce cando dúas ou máis persoas deixan de vivir ou de traballar xuntas para ir cada un polo seu lado: *Os membros dese conxunto musical anuncian a súa separación.*
4 Situación que se produce cando deixan de vivir xuntos e en común os membros dun matrimonio ou parella porque xa non se levan ben: *Xa se produciu a separación e agora o home e a muller viven en distintas casas.*

separar
verbo
1 Pór unha cousa nun lugar distinto doutra ou doutras coas que estaba e afastalas: *Separaba os bolígrafos dos lapis.* SIN. afastar, apartar, arredar. ANT. acercar. achegar, xuntar, unir.
2 Facer que unha persoa deixe de ter relación con outra ou con outras: *As diferenzas cos outros membros do grupo separaron o cantante do conxunto.* SIN. afastar, arredar. ANT. xuntar, unir.
3 Facer que un territorio deixe de pertencer a un estado ou nación: *A guerra de independencia de Hispanoamérica separou os países americanos de España.* SIN. afastar, arredar. ANT. unir.
4 separarse Romper unha persoa a relación que tiña con outra, especialmente os membros dun matrimonio ou parella: *Separáronse porque sempre estaban a berrar.* ANT. unirse.
5 Deixar de pertencer a un estado ou nación para ser independente: *As nacións de Hispanoamérica separáronse de España no século XIX.* SIN. afastarse, arredarse, independizarse. ANT. unirse.
FAM. separación, separatismo, separatista.

sepulcro
substantivo feminino
Lugar en que se enterra ou coloca o corpo dunha persoa morta, especialmente se é de pedra e levantado sobre o chan: *Enterraron o seu corpo no sepulcro onde repousaban as cinsas da nai.*
FAM. sepulcral.

sepultar
verbo
1 Enterrar unha persoa morta: *Todos os nosos devanceiros están sepultados neste cemiterio.* SIN. enterrar. ANT. desenterrar.
2 Cubrir por completo: *O alude de neve sepultou a cabana dos pastores.*
FAM. sepultura.

sepultura
substantivo
Lugar onde se enterra o corpo dunha persoa morta: *Visitou a sepultura dos avós no cemiterio.* SIN. cova, tumba.

sequera
adverbio
Polo menos: *Víndeme axudar, sequera por unha vez.*

sequidade
substantivo feminino
1 Falta de humidade: *Botaba unha crema para evitar a sequidade da pel.* SIN. secura.
2 Falta de amabilidade: *Saudounos con sequidade.* SIN. secura.

séquito
substantivo masculino
Conxunto de persoas que acompañan a outra que ten un cargo importante: *No avión viaxaba o rei con todo o seu séquito.* SIN. comitiva.

ser

substantivo masculino

1 Calquera cousa que existe, especialmente se ten vida: *A auga é imprescindible para os seres vivos.*

2 Persoa: *Todos os seres teñen os mesmos dereitos.*

3 Características propias de algo: *A fereza é o ser do león.*

verbo

4 Ter unha característica: *Silvia é alta.*

5 Nacer nun lugar ou pertencer a el: *Gloria é de Meira.*

6 Ter un determinado uso ou servir para algo: *O aspirador é para quitar o po.*

7 Pensar que vai ocorrer algo: *Era de esperar que faltase á clase.*

8 Suceder, ocorrer ou producirse: *O accidente foi na autoestrada.*

9 Haber ou existir: *Era un país onde sempre era de día.*

10 Valer ou custar: *O litro de leite é a euro.*

11 Pertencer, corresponder ou tocar: *Ese rotulador é meu.*

12 Indica hora ou data: *Hoxe é martes. Son as cinco da tarde.*

13 Indica o resultado dunha operación matemática: *Dúas e dúas son catro.*

OBS. Seguido do participio dun verbo serve para formar a voz pasiva: *Será construído, foron admitidos.* É irregular.

ser

INDICATIVO		SUBXUNTIVO	IMPERATIVO
Presente	**Copretérito**	**Presente**	se
son	era	sexa	sede
es	eras	sexas	
é	era	sexa	
somos	eramos	sexamos	**FOR. NOMINAIS**
sodes	erades	sexades	**Infinitivo**
son	eran	sexan	ser
Pretérito	**Antepretérito**	**Pretérito**	**Xerundio**
fun	fora	fose	sendo
fuches	foras	foses	
foi	fora	fose	**Participio**
fomos	foramos	fósemos	sido
fostes	forades	fósedes	
foron	foran	fosen	
Futuro	**Pospretérito**	**Futuro**	**Inf. conxugado**
serei	sería	for	ser
serás	serías	fores	seres
será	sería	for	ser
seremos	seriamos	formos	sermos
seredes	seriades	fordes	serdes
serán	serían	foren	seren

serán

substantivo masculino

1 Parte do día que vai desde que comeza a pórse o sol ata que é de noite: *Gústalle dar unha volta pola praia no serán.*

2 Festa que se celebra á noite: *Actuaron varios coros e grupos de gaiteiros no serán.*

***serda**, a forma correcta é **seda**.

serea

substantivo feminino

Ser imaxinario que ten corpo de muller ata a cintura e cola de peixe da cintura para abaixo: *As sereas cantan moi ben.*

OBS. É distinto de *sirena*.

serenar

verbo

Pór tranquilo, en calma ou en paz: *Serénate, porque todo ten amaño.* SIN. acougar, calmar, sosegar, tranquilizar. ANT. acalorar, acelerar, aqueloutrar, alporizar, irritar, desacougar, desasosegar, quentar.

serenata

substantivo feminino

Música ou cancións que se interpretan na rúa durante a noite na honra dunha persoa baixo unha ventá da súa casa: *A tuna dálles serenatas ás mozas.*

serenidade

substantivo feminino

Capacidade para manterse tranquilo e non perder os nervios: *Nun accidente cómpre actuar con serenidade.* SIN. calma, sosego, tranquilidade. ANT. intranquilidade, nervios, nerviosismo.

sereno, serena

adxectivo

1 Que está tranquilo, en paz ou sen movemento: *Hoxe o mar estaba moi sereno. Non se pon nervioso porque é moi sereno.*

substantivo masculino

2 Aire húmido das noites do verán: *Sentáronse no xardín, ao sereno.*

EXP. **Deixar** ou **pór ao sereno** Deixar ou pór ao aire frío unha carne para que perda o bravío: *Puxo as perdices que cazara ao sereno.*

Durmir ao sereno Durmir fóra e ao aire libre: *Non levaban tenda de campaña e durmiron nos sacos ao sereno.*

FAM. serenar, serenata, serenidade.

serie
substantivo feminino

1 Conxunto de cousas que suceden unhas a outras e que están relacionadas entre si: *O ano é unha serie de doce meses.* SIN. secuencia.

2 Conxunto de persoas ou cousas que teñen algo en común: *Cando estabas de vacacións, unha serie de persoas viñeron preguntando por ti.*

3 Obra que se emite por partes na radio ou na televisión, habitualmente o mesmo día da semana e á mesma hora: *A TVG ten series de moito éxito.*

EXP. **En serie** De forma que se fabrican moitos produtos iguais, seguindo un mesmo modelo e usando máquinas: *Os coches fabrícanse en serie.* **Fóra de serie** Moi bo: *Tes un xamón fóra de serie.*

seriedade
substantivo feminino

1 Característica das persoas formais ou responsables na súa forma de actuar: *A súa seriedade no traballo fixo que ascendese.* SIN. formalidade. ANT. informalidade.

2 Falta de humor ou de alegría: *A súa seriedade non lle deixa rir ningún chiste.*

serio, seria
adxectivo

1 Que é formal e responsable na súa forma de actuar: *É un fontaneiro serio e traballa moi ben.* SIN. formal, responsable. ANT. informal, irresponsable.

2 Que non fai rir ou que ten un aspecto que impón respecto: *O profesor díxolle con cara seria que ía suspender.* ANT. cómico, divertido, gracioso, riseiro, risoño.

3 Que ten moita importancia: *Padece unha enfermidade seria, que o pode paralizar.* SIN. grave. ANT. leve.

FAM. seriedade.

sermón
substantivo masculino

1 Discurso ou exposición dun sacerdote para ensinarlles aos fieis cousas de relixión: *O cura dixo o seu sermón na misa para explicar o evanxeo.*

2 Conxunto de palabras con que se lle chama a atención a alguén porque se portou mal ou fixo algo mal: *El non lle fai caso aos sermóns do titor para que estude máis.*

serodio, serodia
adxectivo

1 Que madura tarde ou se sementa ou recolle despois do tempo normal: *Nesa leira botou millo serodio.* SIN. tardío. ANT. temperán.

2 Que acontece ou se produce despois ou máis tarde do tempo adecuado: *Cando xa fixo os sesenta tivo un amor serodio cunha veciña.* SIN. tardío. ANT. temperán.

serpe ou serpente
substantivo feminino

Cobra.

FAM. serpear, serpentín, serpentina.

serpentina
substantivo feminino

Fita longa e estreita de papel enrolada e que se tira nas festas de forma que se desenrola: *Nas festas do Entroido tíranse moitas serpentinas.*

serra
substantivo feminino

1 Conxunto de montañas unidas entre si: *Visitamos a serra de Meira.*

2 Ferramenta ou máquina formada por unha folla de aceiro dentada e cunha empuñadura que se emprega para cortar árbores e madeira: *Hoxe os leñadores usan serras mecánicas.*

3 Serradoiro.

FAM. serradoiro, serraduras, serrar.

serradoiro
substantivo masculino

Industria en que se cortan ou serran árbores para fabricar madeira: *Nese serradoiro teñen moita madeira de castiñeiro e de carballo.* SIN. serra.

serraduras
substantivo feminino plural

Tiras delgadas que saltan da madeira ou dun metal ao cortalos, serralos ou cepillalos: *O chan da carpintaría estaba cheo de serraduras.*

***serrín**, a forma correcta é **serraduras**.

serrón
substantivo masculino

Ferramenta dos carpinteiros formada por unha lámina de metal dentada por un dos seus lados e un mango, que se usa para cortar táboas e paus pequenos: *O carpinteiro cortaba a táboa co serrón.*

servente, serventa

substantivo

Persoa que traballa para outra servíndoa, especialmente nas tarefas da casa: *A serventa pasáballe o ferro á roupa.* SIN. criado.

*servicial, a forma correcta é servizal.

*servicio, a forma correcta é servizo.

servidor, servidora

substantivo

1 Persoa que fai algún traballo ou actividade para alguén ou para unha institución: *Os políticos deben ser servidores desinteresados do pobo.*

substantivo masculino

2 En informática, dispositivo que se encarga de almacenar datos e dar servizo deles aos clientes: *Non estaba contento co servidor que tiña.*

servidume

substantivo feminino

1 Conxunto de persoas que traballan nunha casa, especialmente as dedicadas a tarefas domésticas: *A servidume está formada por un cociñeiro, tres criadas, un mordomo e un xardineiro.*

2 Estado da persoa que é serva de alguén e que lle debe obediencia: *Na sociedade feudal os señores esixían a servidume dos vasalos.*

3 Obriga que hai que cumprir: *Pasear todos os días o can é unha servidume na cidade.*

*servilleta, a forma correcta é pano de mesa.

servir

verbo

1 Valer ou ser útil para un fin: *A aixada serve para cavar. Ese pantalón non lle serve porque lle é pequeno.* SIN. valer.

2 Traballar unha persoa para outra, especialmente ocupándose das tarefas da casa: *Esta criada leva vinte anos servindo na mesma casa.*

3 Facer unha persoa algo que supón un ben para outra: *Os políticos deben servir o pobo que os vota.*

4 Repartir ou levar algo a un lugar: *Esa panadaría sérvelles o pan a todas as aldeas da bisbarra.*

5 Pór nun prato unha comida ou unha bebida nun vaso para que alguén as consuma: *O camareiro serviulle un refresco.*

FAM. servente, servidor, servidume, servil, servizal, servizo, servo.

servizal

adxectivo

Que axuda os demais de maneira rápida e de boa gana: *Ese mozo é moi servizal e axuda os maiores.*

servizo

substantivo masculino

1 Utilidade de algo que é bo e adecuado para un fin: *Este paraugas fíxome un bo servizo neste inverno tan chuvioso .*

2 Favor, beneficio ou traballo útil que se lle fai a alguén: *Prestándome os apuntamentos fixéchesme un gran servizo.*

3 Feito de repartir ou levar algo a un lugar: *Toda a bisbarra quedou sen servizo de electricidade por causa da tormenta.*

4 Conxunto de persoas que traballan nunha casa, especialmente para ocuparse das tarefas domésticas: *O servizo estaba formado por un cociñeiro, un xardineiro e catro criadas.*

5 Organización e conxunto de persoas que se dedican a cubrir as necesidades da poboación ou dun grupo: *Os médicos, enfermeiros e demais persoal sanitario forman parte dos servizos de sanidade.*

servir

INDICATIVO		SUBXUNTIVO	IMPERATIVO
Presente	**Copretérito**	**Presente**	sirve
sirvo	servía	sirva	servide
serves	servías	sirvas	
serve	servía	sirva	
servimos	serviamos	sirvamos	**FOR. NOMINAIS**
servides	serviades	sirvades	
serven	servían	sirvan	**Infinitivo**
			servir
Pretérito	**Antepretérito**	**Pretérito**	
servín	servira	servise	**Xerundio**
serviches	serviras	servises	servindo
serviu	servira	servise	
servimos	serviramos	servísemos	**Participio**
servistes	servirades	servísedes	servido
serviron	serviran	servisen	
Futuro	**Pospretérito**	**Futuro**	**Inf. conxugado**
servirei	serviría	servir	servir
servirás	servirías	servires	servires
servirá	serviría	servir	servir
serviremos	serviriamos	servirmos	servirmos
serviredes	serviriades	servirdes	servirdes
servirán	servirían	serviren	serviren

6 Conxunto de obxectos que se usan para algo: *O servizo de mesa está formado polo garfo, a culler, o coitelo e a culleriña.*
7 No tenis ou no voleibol, feito de pór a pelota en xogo: *Ese xogador ten moi bo servizo.* SIN. saque.
8 Cuarto para lavarse e facer as necesidades: *Tiña gana de mexar e foi ao servizo.*
EXP. **De servizo** Traballando: *Esta noite están tres médicos de servizo nas urxencias.* **En servizo** Funcionando e facendo a súa función: *A nova liña de autobuses xa está en servizo.* **Fóra de servizo** Sen funcionar: *Polas inundacións o tren quedou fóra de servizo durante un día.* **Servizo militar** Tempo que pasa un mozo no exército como soldado de forma obrigatoria: *Agora xa non existe o servizo militar pois o exército é profesional.*

servo, serva
substantivo
1 Na sociedade feudal, persoa que traballa as terras dun señor e que ten que obedecelo de forma total: *O servo dáballe unha gran parte da colleita ao señor.*
2 Persoa que fai todo o que outra lle manda ou que depende totalmente de algo: *Nesa empresa todos son servos do xefe. Acabou por ser servo da droga.*

sesenta
numeral
Número 60: *Axiña fará os sesenta anos.*

seseo
substantivo masculino
Pronuncia do *c* seguido de *e*, *i* ou do *z* como *s*: *O seseo é propio da zona costeira e occidental de Galicia.*
FAM. sesear.

sesión
substantivo feminino
1 Espazo de tempo durante o que se desenvolve unha actividade: *Os futbolistas realizan dúas sesións diarias de adestramento, unha pola mañá e outra pola tarde.*
2 Cada unha das funcións en que se representa un espectáculo: *No teatro agora hai unha soa sesión diaria.*

sesta
substantivo feminino
Sono que alguén bota despois de xantar: *No verán durmo unha sesta dunha hora.*

seta
substantivo feminino
Frecha.
OBS. É distinto de *seita* e de *cogomelo.*

sete
numeral
Número 7: *O seu curmán pequeno xa fixo os sete anos.*
FAM. sétimo, setecentos, setemesiño, setenta.

setecentos, setecentas
numeral
Número 700: *O dicionario ese ten setecentas páxinas.*

setembro
substantivo masculino
Mes número nove do ano: *Setembro vai despois de agosto e antes de outubro.*

setemesiño, setemesiña
adxectivo
Dito dunha persoa, que naceu aos sete meses de ser xerada e non aos nove: *Os bebés setemesiños van á incubadora.*

setenta
numeral
Número 70: *Seu avó fixo onte setenta anos.*

setentrional
adxectivo
Do norte ou situado ao norte: *A Coruña e Lugo son as provincias setentrionais de Galicia.* ANT. meridional.

sétimo, sétima
numeral
1 Que ocupa o lugar número sete nunha serie: *O Lugo vai de sétimo na clasificación.*
2 Que é unha das sete partes iguais en que algo se dividiu: *A sétima parte de catorce é dous.*

seu, súa
posesivo
Indica que algo pertence á terceira persoa ou persoa de quen se fala: *O seu bolígrafo é este.*
EXP. **De seu** 1) Del só ou da súa propiedade exclusiva: *Traballa nun taller de seu.* 2) Por el mesmo ou pola súa propia natureza: *El éche moi listo de seu.* **O seu** 1) O que é propio e natural del: *Ese traballo non é o seu.* 2) O que lle corresponde como parte: *El xa*

cobrou o seu. **Os seus** A súa familia: *El pasará o Nadal cos seus.*

severo, severa
adxectivo
1 Que quere que as cousas se fagan ben e como están mandadas: *É un profesor severo que non tolera faltas de ortografía nos exames.* SIN. duro, estrito, rigoroso, ríxido.
2 Que resulta pouco amable ou pouco agradable: *A súa expresión severa anunciaba que nos berraría.*
FAM. severidade.

sexo
substantivo masculino
1 Diferenza entre os machos e as femias que se nota na distinta forma do corpo: *Os mamíferos, segundo o sexo, son machos ou femias.*
2 Conxunto de seres que son todos machos ou todos femias: *Os homes pertencen ao sexo masculino e as mulleres ao sexo feminino.*
3 Parte externa e visible dos órganos reprodutores e que son distintos nos machos e nas femias: *Aquel pequeno traxe de baño apenas lle tapaba o sexo.*
FAM. sexuado, sexual, sexualidade, homosexual, heterosexual.

sexto, sexta
numeral
1 Que ocupa o lugar número seis nunha serie: *O Dépor xa é sexto na clasificación.*
2 Que é unha das seis partes iguais en que se dividiu algo: *Pola nevarada só veu á clase unha sexta parte dos alumnos.*

sexuado, sexuada
adxectivo
Que ten órganos para reproducirse ben desenvolvidos e diferentes nos machos e nas femias: *As persoas somos seres sexuados.*
ANT. asexuado.

sexual
adxectivo
Do sexo ou relacionado co sexo: *Os homes e mulleres presentan diferenzas sexuais.*

sexualidade
substantivo feminino
Conxunto de características, fenómenos e comportamentos relacionados co sexo: *Na clase de coñecemento do medio faláronnos da sexualidade das persoas.*

shérif
substantivo
Nalgúns lugares dos Estados Unidos, persoa encargada de facer cumprir a lei: *O shérif xa detivo o asasino.*
OBS. O plural é *shérifs.*

si[1]
pronome persoal
Forma reflexiva da terceira persoa do pronome persoal e que se usa con preposición: *El falaba para si mesmo.*

si[2]
adverbio
Úsase para responder de forma afirmativa: *Pedinlle o coche e díxome que si.*

si[3]
substantivo masculino
Sétima nota da escala musical: *O si vai detrás de la e antes de dó.*

siamés, siamesa
adxectivo ou substantivo
Que está unido ao seu irmán xemelgo por algunha parte do corpo: *Unha operación de cirurxía separou os irmáns siameses.*

sida
substantivo feminino
Enfermidade producida por un virus e que se caracteriza porque fai diminuír as defensas do corpo e pode producir a morte: *A sida apareceu na década dos oitenta do pasado século.*

sideral
adxectivo
Das estrelas ou dos astros: *A nave viaxará polo espazo sideral.*

siderurxia
substantivo feminino
Técnica de extraer e de obter ferro e de elaborar produtos e aliaxes con el: *A siderurxia fabrica o aceiro, que é unha aliaxe de ferro e carbono.*
FAM. siderúrxico.

sidra
substantivo feminino
Bebida alcólica de cor amarela que se obtén do zume da mazá: *A sidra é unha bebida típica asturiana.*

sieiro
substantivo masculino

Vento moi seco e frío: *Ese sieiro do norte conxela a un.*

sifón
substantivo masculino

1 Curva en forma de U que teñen os tubos polos que marcha a auga sucia dos lavabos, vertedoiros, bañeiras ou váteres de xeito que reteñen auga que impide que suba o mal cheiro dos canos: *O sifón do lavabo está atascado.*

2 Botella con auga gasosa a presión que sae por un tubo en forma de U ao premer un dispositivo: *Os sifóns adoitan levar sobre o cristal unha protección de plástico.*

sigla
substantivo feminino

Termo creado coas letras iniciais doutras palabras que forman un enunciado: *UE é a sigla de Unión Europea.*

significación
substantivo feminino

1 Significado.

2 Importancia ou valor de algo: *Esa novela non ten significación ningunha na súa obra literaria.* SIN. importancia.

significado
substantivo masculino

O que quere dicir, expresa ou comunica unha palabra, frase, xesto ou calquera outra cousa: *O dicionario explica o significado das palabras.* SIN. significación.

significar
verbo

1 Expresar ou querer dicir: *O dicionario explica o que significan as palabras.*

2 Ser importante ou ter importancia: *Ese meu curmán significa moito para min.* SIN. supoñer, supor.

OBS. Cambia o *c* en *qu* diante do *e*, como en *sacar.*

significativo, significativa
adxectivo

1 Que quere dicir ou expresa algo con moita claridade: *Dixo si e moveu de forma significativa a cabeza de arriba para abaixo.* SIN. expresivo. ANT. inexpresivo.

2 Que ten importancia: *Esa suba da febre é moi significativa, pois indica que hai infección.*

signo
substantivo masculino

1 Calquera cousa que representa, substitúe ou trae ao entendemento algo: *As letras son os signos que representan na escrita os sons.*

2 Calquera cousa que permite supoñer algo: *O riso é signo de alegría.* SIN. indicio, sinal, síntoma.

3 Cada unha das doce partes iguais en que se considera dividido o zodíaco e a figura que representa cada unha destas doce partes: *Capricornio é un signo do zodíaco e a súa figura lembra un castrón.*

FAM. significación, significado, significar, significativo.

sílaba
substantivo feminino

Son ou conxunto de sons que se pronuncian cun só golpe de voz: *A palabra* petardo *ten tres sílabas.*

FAM. silabario.

silabario
substantivo masculino

Libro para aprender a ler que contén palabras divididas en sílabas e tamén sílabas soltas: *O cativo aprendía a ler no silabario.*

silandeiro, silandeira
adxectivo

1 Silencioso.

2 Que non lle gusta falar e permanece calado: *É un rapaz silandeiro que case non abre a boca.* SIN. calado. ANT. charlatán, falador, falangueiro, lareta.

silenciar
verbo

Calar algo ou non dicilo, especialmente para que non se note ou non se saiba: *Un xornalista non debe silenciar os casos de corrupción política.*

FAM. silenciador.

silencio
substantivo masculino

1 Ausencia de calquera ruído ou son: *De noite, a rúa permanecía en silencio.*

2 Situación de quen non fala ou non di nada: *Mentres o acusaban, el permanecía en silencio.*

3 Situación de non falar sobre algo ou non comentalo para que non se saiba: *Os xornais ata agora gardaron silencio sobre ese caso de corrupción.*
FAM. silenciador, silenciar, silencioso.

silencioso
adxectivo
En silencio ou que non fai ruído ningún: *A casa deshabitada estaba silenciosa.* SIN. silandeiro. ANT. escandaloso, estrepitoso, ruidoso.

sílice
substantivo feminino
Composto que resulta da combinación do silicio e do osíxeno: *A sílice forma parte de minerais como o sílex ou o cuarzo.*

silicio
substantivo masculino
Elemento químico semimetálico e sólido de cor amarela e gran dureza: *O silicio abunda na codia terrestre.*

***silla**, a forma correcta é **cadeira**.

***sillón**, a forma correcta é **cadeira de brazos**.

silo
substantivo masculino
Lugar en que se gardan e almacenan produtos agrícolas como herba, sementes ou trigo: *Metían a herba no silo.*

silueta
substantivo feminino
Liñas que forman unha figura: *O rapaz debuxou cunhas liñas a silueta da casa. Ao lonxe víase a silueta das montañas.*

silva ou silveira
substantivo feminino
Arbusto con moitos talos longos e cheos de espiñas, que dá como froito as amoras e que adoita nacer nos terreos abandonados: *A beira do camiño estaba chea de silvas.*

silvestre
adxectivo
Dito dunha planta, que nace e vive sen que ninguén a cultive: *Os toxos son plantas silvestres.*

silvicultura
substantivo feminino
Cultivo de árbores nos bosques para aproveitar a súa madeira: *A silvicultura é unha actividade económica moi produtiva en Galicia.*
FAM. silvicultor.

símbolo
substantivo masculino
Obxecto ou imaxe que representan algo: *A bandeira azul e branca é o símbolo da nación galega.*
FAM. simbolismo, simbolista, simbolizar.

simetría
substantivo feminino
Igualdade e regularidade que existe entre dúas partes que están divididas por unha liña que pasa xusto polo centro: *O esqueleto humano garda simetría entre a metade dereita e a metade esquerda.*
FAM. simétrico.

similar
adxectivo
Moi parecido a outro ou case igual: *Esas dúas camisas son dunha calidade similar.* SIN. análogo, parecido, semellante. ANT. diferente, distinto.
FAM. símil, similitude.

simio
substantivo masculino
Mono.

simpatía
substantivo feminino
1 Sentimento de agrado cara a algo ou alguén que nos gusta: *El sente unha gran simpatía polos teus fillos pequenos.* SIN. atracción. ANT. antipatía, manía, rabia, xenreira, zuna.
2 Forma de ser da persoa que resulta moi agradable: *A túa curmá ten unha gran simpatía.*
FAM. simpático, simpatizar.

simpático, simpática
adxectivo
Que produce simpatía ou resulta moi agradable: *Ese rapaz a min éme moi simpático.*
ANT. antipático.

simpatizar
verbo
Sentir simpatía, atracción ou amizade cara a alguén ou algo: *El sempre simpatizou moito con ese meu curmán.*
OBS. O *z* cambia en *c* diante do *e*, como en *cazar*.

simple
adxectivo

1 Que só está formado por unha cousa: *Os cachelos son un prato simple, pois só son patacas cocidas en auga con sal.*
2 Sinxelo ou fácil: *Acabei axiña ese problema de matemáticas porque era moi simple.* SIN. sinxelo. ANT. complicado, difícil.
3 Que ten pouca intelixencia e mesmo resulta fácil de enganar: *Éche moi simple, non ten intelixencia ningunha.*
FAM. simpleza, simplicidade, simplificación, simplificar, simplismo, simplista.

simplificar
verbo

Facer máis simple, fácil ou sinxelo: *Os electrodomésticos simplifican moito as tarefas da casa.* ANT. complicar.
OBS. O *c* cambia en *qu* diante do *e*, como en *sacar*.

simulacro
substantivo feminino

Acción falsa que se fai como se fose verdadeira para adestrarse: *No colexio fixemos un simulacro de incendio e abandonamos todos as clases con gran rapidez.*

simular
verbo

Presentar ou facer como certo algo que é falso: *Cos seus xestos simulaba que lle doía a cabeza.* SIN. finxir.

simultáneo, simultánea
adxectivo

Que acontece ou se fai ao mesmo tempo que outra cousa: *No baile, os movementos dos membros da parella teñen que ser simultáneos.*
FAM. simultaneidade.

sinagoga
substantivo feminino

Templo en que os xudeus celebran os seus actos relixiosos: *As igrexas, as sinagogas e as mesquitas son templos.*

sinal
substantivo masculino

1 Marca que se fai para recoñecer ou distinguir algo: *O meu libro ten un sinal na páxina 22.*
2 Pegada, resto ou impresión que queda de algo: *A ferida curou, pero deixoume este sinal.*
3 O que permite supoñer algo: *Estas nubes negras son sinal de chuvia.* SIN. indicio, signo, síntoma.
4 O que representa algo: *Ese sinal de tráfico indica que está prohibido adiantar.* SIN. signo.
5 Xesto ou movemento de calquera parte do corpo que se fai para dar a entender algo: *Fíxome sinais para que me achegase a el.* SIN. aceno, xesto.
6 Cantidade de cartos que se dan para que nos garden unha cousa que queremos comprar: *Dei un sinal no comercio para que me gardasen aquel traxe.*
7 Son que producen algúns aparellos para informar de algo: *O teléfono debe estar estragado porque non dá sinal.*
FAM. sinalado, sinalar, sinalización, sinalizar.

sinalar
verbo

1 Pór un sinal ou marca para coñecer, distinguir ou atopar algo: *O profesor sinala cun círculo vermello as faltas de ortografía.* SIN. marcar.
2 Indicar ou amosar algo con palabras ou xestos: *Sinalou co dedo quen era súa nai. O árbitro sinalou penalti.* SIN. indicar.
3 Fixar ou determinar algo: *Os noivos sinalaron o domingo 3 de marzo como día para a súa voda.*
OBS. É distinto de *sinalizar*.

sinalizar
verbo

Indicar con sinais ou signos, especialmente referido ao tráfico de automóbiles, barcos, avións ou calquera outro medio: *Esa curva non está sinalizada.*
OBS. É distinto de *sinalar*. O *z* cambia en *c* diante do *e*, como en *cazar*.

sinatura
substantivo feminino

Nome e apelidos dunha persoa escritos por ela mesma, xeralmente con certos trazos engadidos, en contratos, cartas e outros documentos para facerse responsable deles: *Debaixo da protesta puxo a súa sinatura.* SIN. firma.

sinceridade
substantivo feminino
Forma de ser da persoa que nunca mente e di sempre o que realmente pensa: *A súa sinceridade non lle permite enganar a ninguén.* ANT. hipocrisía.

sincero, sincera
adxectivo
Que non mente e di sempre a verdade ou o que realmente pensa: *É sincero e nunca di o contrario do que sente.* ANT. falso, hipócrita.
OBS. É distinto de *sinxelo*.

síncope
substantivo feminino
1 Perda temporal do coñecemento ou do sentido quedando como morto ou durmido: *A síncope pode deberse a unha parada do corazón ou da actividade cerebral.*
2 Perda dunha sílaba ou dun son no interior dunha palabra: *A forma *esprito presenta a síncope do* i.

sincronizar
verbo
Dito de movementos ou fenómenos, facer que coincidan ao mesmo tempo: *As compoñestes do equipo de ximnasia rítmica deben sincronizar os seus movementos.*
OBS. O *z* cambia en *c* ante *e*, como en *cazar*.
FAM. sincronía, sincronismo.

sindicato
substantivo masculino
Asociación de obreiros ou traballadores para defender os seus dereitos e intereses: *Os sindicatos xorden no século XIX.*
FAM. sindicalismo, sindicalista.

síndrome
substantivo feminino
Conxunto de síntomas ou características propios dunha enfermidade: *A síndrome gripal caracterízase por febre, cansazo, dores musculares e calafríos.*

sineiro, sineira
substantivo
Campaneiro.

sinfonía
substantivo feminino
Composición de música clásica destinada a ser interpretada por unha orquestra ou número considerable de instrumentos: *Chopin compuxo sinfonías para orquestra e piano.*
FAM. sinfónico.

singradura
substantivo feminino
Distancia percorrida por un barco en vinte e catro horas: *A singradura adoita medirse a partir das doce do mediodía.*
FAM. singrar.

singular
adxectivo
1 Raro, moi pouco frecuente, extraordinario ou incluso único: *Ten unha capacidade singular para cociñar.* SIN. especial, extraordinario, excepcional, orixinal, único, senlleiro. ANT. común, corrente, normal.
adxectivo ou substantivo masculino
2 En gramática, que se refire a unha soa persoa ou cousa: *Os substantivos teñen número singular e plural.* ANT. plural.
FAM. singularidade, singularizar.

sinistro, sinistra
adxectivo
1 Que fai temer un mal ou unha desgraza ou que produce moito medo: *Aquela casa abandonada tiña un aspecto sinistro na noite pecha.*
substantivo masculino
2 Accidente ou suceso que ocasiona moito dano ás persoas ou que destrúe algo: *Os grandes incendios forestais son verdadeiros sinistros.*

sino
substantivo masculino
Campá.
FAM. sineiro.

sinónimo, sinónima
adxectivo ou substantivo masculino
Dito dunha palabra ou expresión, que significa o mesmo ca outra de son e grafía diferente: Campá *e* sino *son sinónimos.* ANT. antónimo.
FAM. sinonimia.

sintagma
substantivo masculino
Conxunto de palabras que dentro dunha oración forman unha unidade porque realizan unha mesma función: *As oracións*

poden descompoñerse habitualmente en sintagma nominal suxeito e sintagma verbal predicado.

sintaxe

substantivo feminino

Parte da gramática que estuda como se unen as palabras para formar oracións: *A morfoloxía e a sintaxe son as partes fundamentais da gramática.*

FAM. sintáctico.

síntese

substantivo feminino

1 Resumo ou conxunto breve de palabras que contén as ideas máis importantes: *Ao rematar a unidade o profesor fixo unha síntese dos seus contidos.* SIN. resumo.

2 Unión de varias cousas para formar un todo: *O Estado español é a síntese de dezasete comunidades autónomas.*

FAM. sintético, sintetizador, sintetizar.

sintético, sintética

adxectivo

1 Que resume algo ou conta o máis importante con moi poucas palabras: *Fixo un relato sintético do accidente.*

2 Que non é natural e que se obtivo por medio de procedementos artificiais, especialmente químicos: *O plástico non é un material natural, senón sintético.*

síntoma

substantivo masculino

1 Alteración, molestia ou dor que está causado por unha enfermidade: *Os síntomas da gripe son febre, cansazo, dores musculares e calafríos.*

2 Calquera cousa que permite pensar que algo sucede ou vai suceder: *O descenso do paro sería un síntoma de recuperación económica.* SIN. indicio, signo, sinal.

sintonía

substantivo feminino

1 En radio e televisión, sinal sonoro ou música que anuncian o comezo dun programa: *A sintonía dos programas permite identificalos con facilidade.*

2 Igualdade de frecuencia entre un receptor de radio ou televisión e a emisora de xeito que se poden captar as imaxes ou os sons que esta emite: *Non consigo dar entre estes montes coa sintonía da Radio Galega.*

3 Boa relación entre persoas ou cousas: *Entre os traballadores e o xefe hai sintonía.* SIN. harmonía.

FAM. sintonizador, sintonizar.

sinuoso, sinuosa

adxectivo

1 Que ten moitas curvas, voltas e ondulacións: *Subían á montaña por un carreiro sinuoso.*

2 Que trata de esconder a súa intención ou propósito: *É unha persoa sinuosa que nunca di con claridade o que realmente pensa.*

sinxeleza

substantivo feminino

1 Falta de adornos ou cousas que non son necesarias: *O traxe da noiva era dunha gran sinxeleza.* ANT. aparato, pompa.

2 Falta de dificultade ou complicación de xeito que resulta moi fácil: *Ese problema logo se resolve porque é de gran sinxeleza.*

3 Forma de ser da persoa que non cre que sexa superior aos demais nin se gaba das súas boas calidades: *É un sabio pero unha persoa de gran sinxeleza.* SIN. humildade. ANT. orgullo, soberbia, vaidade.

sinxelo, sinxela

adxectivo

1 Que non está composto por varias cousas ou ten unha soa parte: *A mesa esta é moi sinxela: só é un taboleiro sobre catro patas.* SIN. simple.

2 Que se pode facer ou entender con moita facilidade: *O profesor de matemáticas púxonos un exame moi sinxelo.* SIN. doado, fácil. ANT. complicado, difícil.

3 Que non ten adornos ou cousas que non son necesarias: *A noiva levaba un traxe moi sinxelo.*

4 Que non cre que sexa superior aos demais e que non se gaba das súas boas calidades: *Os sabios sempre son sinxelos.* SIN. humilde. ANT. orgulloso, soberbio, vaidoso.

FAM. sinxeleza.

sirena

substantivo feminino

Aparello que produce un son moi forte para avisar de algo: *As ambulancias levan unha sirena para pedir paso.*

OBS. É distinto de *serea*.

sismo
substantivo masculino
Movemento ou tremor que se produce na superficie da Terra: *Un sismo pode destruír edificios e provocar moitas mortes.* SIN. terremoto, tremor de terra.
FAM. sísmico, sismógrafo.

siso
substantivo masculino
Capacidade para pensar e actuar ben e con xuízo: *Ese rapaz non fai toladas porque ten moito siso.* SIN. sentido, tino, xuízo.
FAM. sisudo, asisado, asisar.

sistema
substantivo masculino
1 Forma ordenada de facer algo: *Eu teño o meu propio sistema de traballo.* SIN. fórmula, método.
2 Conxunto de elementos ou cousas relacionadas entre si e que constitúen un todo: *Marte e a Terra forman parte do sistema de planetas que xiran arredor do Sol.*
3 Conxunto de órganos do corpo que realizan unha determinada función: *O estómago e o intestino forman parte do sistema dixestivo.* SIN. aparato.
EXP. **Por sistema** Por costume: *El, por sistema, sempre madruga.*
FAM. sistemático, sistematizar.

sisudo, sisuda
adxectivo
Que ten siso ou que pensa e razoa moi ben: *É un rapaz máis sisudo ca moitos vellos.* SIN. razoable, sensato. ANT. insensato, tolo.

***sitiar**, a forma correcta é **asediar**, **cercar**.

***sitio** (sitiar), a forma correcta é **cerco**.

sitio
substantivo masculino
1 Espazo ocupado ou que pode ser ocupado: *No estadio aínda había sitio para moitos máis espectadores.* SIN. lugar.
2 Espazo adecuado para algo: *Este é un sitio bo para xantarmos.* SIN. lugar.
3 Lugar ou posto que lle corresponde a unha persoa nun determinado momento: *O seu sitio na empresa está na dirección, pois é moi competente.* SIN. lugar.
EXP. **Quedar no sitio** Quedar morto no acto: *Sufriu un ataque de corazón e quedou no sitio.*
FAM. situación, situar.

situación
substantivo feminino
1 Colocación nun lugar ou tempo determinados: *O capitán fixou no mapa a situación do barco.*
2 Estado ou condición: *A súa situación económica é moi boa pois está millonario.*

situar
verbo
1 Pór ou colocar nun tempo ou lugar determinados: *Situou o televisor fronte ás cadeiras de brazos.* SIN. colocar, pór, poñer.
2 **situarse** Conseguir unha boa posición social, económica ou política: *El soubo situarse e xa é deputado.*

sixilo
substantivo masculino
Silencio ou segredo ao facer algo para que ninguén o saiba ou se decate: *Trataron o asunto con sixilo para que non o soubese ninguén.*

so
preposición
Indica lugar ou posición inferiores: *Colocouse so o beirado porque chovía.* SIN. baixo, debaixo de. ANT. sobre, enriba de, encima de.
OBS. É distinto de *só*.

só, soa
adxectivo
1 Único e sen que haxa outros iguais: *No cuarto había unha soa cadeira.*
2 Sen ninguén nin nada con el ou sen compaña: *Camiña só pola rúa.* SIN. senlleiro, solitario.
adverbio
3 **só** Nada máis ca: *El só estivo dous días de vacacións.* SIN. soamente.
EXP. **A soas** Sen ninguén que faga compaña: *El quedou a soas no seu despacho.*
OBS. É distinto de *so*.
FAM. soidade, solitario.

soá
substantivo feminino
Espiñazo do porco: *Botoulle ao cocido uns ósos de soá.*

soán
substantivo masculino
Vento do sueste: *O soán é máis quente ca o norte.*

soar[1]

substantivo masculino

Terreo onde se pode construír unha casa ou edificio: *No centro da cidade xa non quedan soares.* SIN. terreo edificable.
OBS. É distinto de *solar.*

soar[2]

verbo

1 Producir ruído ou un son: *Soou o timbre da porta.*
2 Resultar ou facerse coñecido pero de forma imprecisa: *Sóame esa cara pero non lembro o seu nome.*
3 Mencionarse ou citarse: *O seu nome soa como futuro alcalde.*
FAM. son, sona, sonoro, resoar.

sobaco

substantivo masculino

Axila.

sobar

verbo

Tocar coas mans repetidamente: *A froita pode verse pero non sobala.*

soberano, soberana

adxectivo

1 Moi grande: *A derrota foi soberana pois perderon 5-0.*
2 Que é libre e independente: *Portugal é unha nación soberana.*

adxectivo ou substantivo

3 Que ten a máxima autoridade ou poder: *Nas democracias o pobo é soberano para elixir os seus gobernantes.*
4 Rei ou raíña que son xefes do Estado: *O soberano español é Xoán Carlos I.*
FAM. soberanía.

soberbio, soberbia

adxectivo

1 Que ten moito orgullo e pensa que é mellor ca os demais: *Mira á xente por riba do ombreiro porque é moi soberbio.* SIN. altivo, arrogante, orgulloso, vaidoso. ANT. humilde, modesto, sinxelo.
2 Moi bo, magnífico ou estupendo: *Na súa casa ten unha soberbia colección de selos.* SIN. excelente, extraordinario, magnífico. ANT. malo, pésimo, ruín.

substantivo feminino

3 Sensación ou convicción de ser mellor ca os demais: *A súa soberbia non lle deixa recoñecer os erros.* SIN. orgullo, vaidade. ANT. humildade, modestia, sinxeleza.

*sobor, a forma correcta é **sobre**.

*sobornar, a forma correcta é **subornar**.

sobra

substantivo feminino

O que queda de algo porque había de máis ou non se gastou ou consumiu: *No prato quedaban unhas sobras de patacas, pero ningún resto de talladas.*

sobrado

substantivo masculino

1 Planta ou piso que está sobre a planta baixa, especialmente nunha casa de dúas plantas: *A cociña e a sala están na planta baixa e os cuartos para durmir están no sobrado.*
2 Piso de madeira dunha casa ou dun cuarto: *O sobrado do salón é de castiñeiro.* SIN. sollado.

sobranceiro, sobranceira

adxectivo

Que destaca sobre os demais porque é mellor ou máis importante: *Rosalía, Curros e Pondal son as figuras sobranceiras do Rexurdimento.* SIN. principal, senlleiro, singular. ANT. corrente, normal, ordinario.

sobrar

verbo

1 Haber máis cantidade da que se necesita ou pode haber: *Esa comida sobra para dúas persoas.* ANT. faltar.
2 Quedar como resto de algo porque non se consumiu ou gastou: *Sobrounos comida porque faltaron tres convidados.*
FAM. sobra, sobrante, sobro.

sobrazo

substantivo masculino

Sobaco.

sobre[1]

substantivo masculino

1 Especie de bolsa plana de papel en que se mete unha carta ou calquera outro documento ou papel para envialos por correo ou gardalos: *Escribiu a carta, asinouna e meteuna no sobre.*
2 Especie de bolsa plana e pequena de papel ou plástico que contén unha substancia en po: *Ese medicamento preséntase en sobres e en cápsulas.*

sobre2

preposición

1 Por riba de algo e pousado nel: *Colocou o libro sobre a mesa.* SIN. encol, encima de, derriba de, riba de. ANT. debaixo de.

2 Nun nivel superior a algo e sen contacto: *A aguia voaba sobre a montaña.*

3 Acerca de: *Vin un documental sobre a vida das tartarugas.* SIN. acerca de.

4 Aproximadamente ou pouco máis ou menos: *Chegou sobre as seis.* SIN. contra.

5 Arredor de: *A roda xira sobre o seu eixe.*

OBS. *Encol* só é sinónimo de *sobre* na acepción 1.

sobrecama

substantivo feminino

Colcha.

sobredose

substantivo feminino

Cantidade maior ca a normal ou conveniente que se pode tomar dunha droga ou dunha menciña sen sufrir un dano grave ou a morte: *Morreu a causa dunha sobredose de heroína.*

sobreentender

verbo

Entender algo aínda que non se diga: *En «Traballo todo o día» sobreenténdese que o suxeito é eu.*

sobreira

substantivo feminino

Árbore de folla perenne, co tronco torto, copa moi extensa, flores pouco visibles, con froita en forma de landra e cunha casca denominada cortiza que ten moitos usos: *As rollas das botellas de viño son da cortiza das sobreiras.*

sobremesa

substantivo feminino

1 Alimento que se toma ao final dunha comida: *A froita, os doces e os xeados son unha sobremesa típica.*

2 Tempo que se queda a falar na mesa despois dunha comida: *Cearon e despois botaron un par de horas de sobremesa.*

sobrenatural

adxectivo

Que non se explica polas leis da natureza: *Na doutrina católica, os demos e os anxos son seres sobrenaturais.*

sobrenome

substantivo masculino

Palabra ou nome distinto do oficial ou legal con que se coñece unha persoa: *Chámase Manuel Pérez García pero ten de sobrenome o* Ourensán. SIN. alias.

sobreporse ou sobrepoñerse

verbo

Recuperar a tranquilidade, a serenidade ou un estado bo: *Debes sobreporte á morte do teu pai, pois a vida segue.*

OBS. Conxúgase como *poñer* ou *pór.*

sobresaínte

adxectivo

1 Que destaca ou se distingue entre os demais polas súas boas calidades: *É un escritor sobresaínte porque é un dos mellores novelistas actuais.* SIN. sobresaliente.

substantivo masculino

2 Cualificación ou nota máxima nun exame: *Para ter sobresaínte hai que sacar un 9 ou un 10.* SIN. sobresaliente.

sobresaliente

adxectivo ou substantivo masculino

Sobresaínte.

sobresaltar

verbo

Facer perder a calma e a tranquilidade, mesmo preocupando e asustando: *Oíu un ruído na noite que o sobresaltou.*

FAM. sobresalto.

sobrevir

verbo

Acontecer, vir ou ocorrer algo sen que se esperase: *Sobreveulle a enfermidade cando era mozo.*

OBS. Conxúgase como *vir.*

sobrevivente

adxectivo ou substantivo

Que segue a vivir despois da morte doutra persoa ou tras un accidente ou catástrofe: *Un helicóptero rescatou os sobreviventes do naufraxio.* SIN. supervivente.

sobrevivir

verbo

1 Vivir despois dun accidente grave ou da morte doutra persoa: *Foi un dos que sobreviviu ao naufraxio do* Titanic.

2 Vivir só co necesario: *Sobrevive cun soldo moi cativo.*

sobrevoar

verbo

Voar sobre un lugar: *A avioneta sobrevoaba a praia.*

sobriño, sobriña

substantivo

En relación cunha persoa, fillo ou filla do seu irmán ou da súa irmá: *Álvaro é sobriño de Silvia, pois é fillo da súa irmá Paula.*

sobrio, sobria

adxectivo

1 Moderado ou que só ten e usa o necesario: *É sobrio no comer e no beber e así non engorda.*

2 Que non está borracho: *Para conducir hai que estar sobrio.* SIN. sereno. ANT. ebrio, bébedo, borracho.

FAM. sobriedade.

socalco

substantivo masculino

Terreo chan e en forma de chanzo cultivado nunha ladeira ou pendente e tamén o muro que o sostén: *Nas ribeiras do Sil hai moitas viñas en socalcos.*

*socarronería, a forma correcta é retranca.

socate ou socato

EXP. **De socate** ou **de socato** De súpeto.

socavar

verbo

Cavar por debaixo ou levar a terra en que algo se apoia: *A auga dun manancial oculto socavou os cimentos do edificio.*

sociable ou sociábel

adxectivo

Que lle gusta falar e relacionarse coas demais persoas: *Fala con todos porque é un rapaz moi sociable.* ANT. insociable, túzaro.

social

adxectivo

Da sociedade ou relacionado con ela: *O paro é un problema social.*

socialismo

substantivo masculino

Doutrina e movemento político que defende que se debe conseguir unha sociedade máis xusta e con cada vez menos diferenzas entre pobres e ricos: *O socialismo actual busca unha sociedade máis xusta pero sen acudir a ningunha revolución.*

FAM. socialista.

sociedade

substantivo feminino

1 Conxunto das persoas que viven xuntas de forma organizada: *As persoas vivimos en sociedade.*

2 Forma de vida organizada dalgúns animais: *As formigas e as abellas viven en sociedade.*

3 Conxunto de persoas que se unen para un determinado fin ou para unha actividade común: *Fundaron unha sociedade para defender a fauna e flora autóctonas da bisbarra.* SIN. asociación.

4 Conxunto de persoas que se unen e achegan cartos e outros medios para realizar unha actividade económica ou comercial: *Os tres irmáns fundaron unha sociedade para explotar as fábricas que herdaron dos pais.*

FAM. sociable, social, socialdemocracia, socialdemócrata, socialismo, socialista, socializar, asociación, asociar.

socio, socia

substantivo

1 Persoa que se une ou asocia con outra para conseguir ou realizar algo, especialmente unha actividade económica ou comercial: *Con dous socios fundou unha empresa construtora.*

2 Que pertence a unha asociación ou sociedade que busca algún fin: *O Celta é unha sociedade deportiva con moitos socios.*

socioloxía

substantivo feminino

Ciencia que estuda a formación e características das sociedades humanas: *A socioloxía estuda as distintas clases sociais dunha determinada sociedade.*

FAM. sociólogo, sociolóxico.

socorrer

verbo

Darlle axuda ou auxilio a alguén nunha necesidade ou nun perigo: *Parou o coche e socorreu o ciclista ferido.* SIN. axudar, auxiliar.

socorrista
substantivo
Persoa que axuda ou salva as persoas que están nun perigo, incluso de morte, especialmente de afogar nas praias e piscinas: *Os socorristas da praia salvaron un bañista que non sabía nadar.*
FAM. socorrismo.

socorro
substantivo masculino
Axuda que se lle dá a unha persoa que a necesita ou que está en perigo: *Grazas ao socorro do meu curmán paguei esas débedas.* SIN. axuda, auxilio.
FAM. socorrer, socorrismo, socorrista.

sofá
substantivo masculino
Asento moi cómodo con respaldo e brazos onde caben dúas ou máis persoas: *Na sala ten un sofá de tres prazas e dúas cadeiras de brazos.*

sofisticado, sofisticada
adxectivo
Moi complicado ou moi refinado: *Os motores dos coches son cada vez máis sofisticados.*

***sofocar**, a forma correcta é **sufocar**.

sofraxe
substantivo feminino
Parte posterior do xeonllo: *Sentía unha dor na sofraxe do xeonllo dereito.*

***sofrer**, a forma correcta é **sufrir**.

soga
substantivo feminino
Corda grosa de esparto ou cánabo: *No Oeste aforcaban os criminais cunha soga.*

sogro, sogra
substantivo
Respecto dunha persoa, pai ou nai da súa esposa ou esposo: *O pai da miña muller é sogro meu.*

soia
substantivo feminino
Planta herbácea leguminosa de cuxas sementes se obtén fariña e aceite, e tamén esta semente: *Mercou unha botella de aceite de soia.*

soidade
substantivo feminino
1 Feito de estar só ou sen compaña: *Vive en soidade no pazo, sen que ninguén o acompañe.* ANT. compaña, compañía.
2 Pena que se sente pola ausencia ou desaparición de persoas, cousas ou mesmo por estar lonxe de onde se naceu ou dalgún lugar querido: *Hai quen di que a soidade é unha característica do temperamento galego-portugués.* SIN. morriña, nostalxia, saudade, señardade.
FAM. soidoso.

sol[1]
substantivo masculino
1 Estrela que lle dá luz e calor á Terra: *Arredor do Sol xiran a Terra e os demais planetas do sistema solar.*
2 Luz ou calor que esta estrela lle dá á Terra: *O sol do verán quenta moito.*
OBS. Na acepción 1 adoita escribirse con inicial maiúscula.
FAM. solaina, solar, solleiro.

sol[2]
substantivo masculino
Quinta nota da escala musical: *Sol vai despois de fa e antes de la.*

sola
substantivo feminino
Parte do zapato que se apoia no chan ao andar: *Os zapatos poden ter a sola de goma ou de coiro.*
FAM. soleta.

solaina
substantivo feminino
Corredor exterior ou balcón con varanda orientado de xeito que lle dá o sol gran parte do día: *O pazo tiña unha fermosa solaina.*

solapa
substantivo feminino
Lapela.

solar
adxectivo
Do Sol ou relacionado con el: *A vida da Terra depende da luz e da calor solares.*
OBS. É distinto de *soar.*

***solar**, a forma correcta é **soar, terreo edificable**.

soldado
substantivo
Persoa que forma parte do exército, especialmente se non ten graduación: *Os soldados avanzaban ás ordes do seu capitán.*

soldar
verbo
Pegar ou unir por completo dúas cousas ou partes, especialmente co mesmo material fundido destas partes: *O fontaneiro tivo que soldar os canos.*
FAM. soldador, soldadura.

soldo
substantivo masculino
Cantidade de cartos que se cobra cada certo tempo por realizar un traballo: *O soldo adoita cobrarse cada fin de mes.* SIN. paga, salario.

soleira
substantivo feminino
Parte de abaixo do oco dunha porta ou ventá: *As soleiras dos pazos adoitan ser de pedra.* SIN. limiar.
OBS. É distinto de *lintel.*

solemne
adxectivo
De moita importancia, que infunde respecto ou moi serio: *Unha voda sempre é unha cerimonia solemne.*
FAM. solemnidade, solemnizar.

solerma
substantivo feminino
Mostra ou demostración de cariño e afecto moi esaxerados e ata pouco sinceros: *Tantos bicos só son solermas.*

soleta
substantivo feminino
Peza que cobre o interior da parte inferior do zapato que está en contacto co pé: *Como os zapatos lle quedaban grandes meteulles unhas soletas.*

soletrear
verbo
Pronunciar unha por unha as sílabas dunha palabra: *Soletreoulle a palabra* obriga *para que entendese moi ben o que tiña que facer.* SIN. deletrear.

solicitar
verbo
Pedir, por escrito ou de palabra, algo con respecto e educación ou seguindo os pasos necesarios: *Solicitou na Casa do Concello unha licenza de obra.*
FAM. solicitante, solícito, solicitude.

solicitude
substantivo feminino
Petición, por escrito ou de palabra, de algo con respecto e educación ou seguindo os pasos necesarios: *Entregou a solicitude de matrícula na secretaría do colexio.*

solidario, solidaria
adxectivo
Que apoia e axuda os demais de forma desinteresada, especialmente nunha desgraza ou situación mala: *Temos que ser solidarios coas vítimas dos terremotos e doutras catástrofes.*
FAM. solidariedade, solidarizarse.

solidez
substantivo feminino
Firmeza e seguridade de algo ou alguén de xeito que non cae, aguanta ou se mantén no seu estado e condición: *Esa parede parece que ten solidez. Eu non dubido da solidez das súas ideas.* SIN. estabilidade, firmeza, seguridade.

solidificar
verbo
Referido a un líquido ou a un gas, facelo sólido, como se fose madeira ou unha pedra: *A auga solidifícase a 0 graos e forma o xeo.*
OBS. O *c* cambia en *qu* ante *e*, como en *sacar.*

sólido, sólida
adxectivo
1 Firme e seguro de xeito que non cae, non cambia ou se mantén no seu estado e condición: *As súas ideas son sólidas e non as cambia por nada. Os bos cimentos fan que as casas sexan sólidas.* SIN. estable, firme, seguro.
adxectivo ou substantivo masculino
2 Dito dun corpo ou dunha materia, que non é líquido nin gasoso senón duro e compacto como a madeira ou a pedra: *O xeo é auga en estado sólido.*
FAM. solidez, solidificación, solidificar.

solitario, solitaria

adxectivo

1 Sen xente ningunha: *De noite a rúa estaba solitaria.* SIN. deserto.

adxectivo ou substantivo

2 Só ou sen ningunha compaña: *No recreo sempre lía solitario nun recuncho do patio.*

substantivo masculino

3 Xogo de cartas para unha soa persoa, que debe colocalas en determinada orde: *Facía solitarios na mesa do salón.*

substantivo feminino

4 Verme de forma plana e con moitos aneis que vive parasito no corpo das persoas e dalgúns animais: *A solitaria produce vómitos, falta de apetito e outros trastornos na saúde.* SIN. tenia.

solla

substantivo feminino

Peixe mariño comestible de forma plana e oval, moi semellante ao linguado aínda que máis parecido a un rombo: *A solla habita en esteiros e onde a auga ten pouco movemento.*

sollado

substantivo masculino

Sobrado.

solleiro, solleira

adxectivo

1 Con moito sol: *Hoxe o día está moi solleiro.*

substantivo masculino

2 Terreo que está orientado cara ao Leste: *O solleiro recibe moito máis sol ca o avesío.* ANT. avesedo, avesío.

solo[1]

substantivo masculino

Obra ou peza musical que canta ou interpreta unha soa persoa: *O concerto comezou cun solo de violín.*

OBS. É distinto de *so* e de *só*.

FAM. solista.

solo[2]

substantivo masculino

1 Capa superficial da codia terrestre: *Este solo non é bo para a agricultura.*

2 Terreo sobre o que se pode construír unha casa ou un edificio: *Na nosa cidade xa queda pouco solo.*

3 Extensión que ocupa un país, rexión ou lugar: *Castelao marchou ao exilio e non volveu pisar solo galego.* SIN. territorio.

OBS. É distinto de *chan* e de *piso*.

solombo

substantivo masculino

Cada unha das dúas pequenas tiras de carne musculosa e tenra dun animal sacrificado para o consumo humano, como o porco ou o becerro, que se estenden entre as costelas e o lombo: *O solombo é unha carne moi saborosa e tenra.*

solpor

substantivo masculino

Última hora da tarde en que se pon o sol: *Fomos dar unha voltiña ao solpor.* SIN. crepúsculo, ocaso.

soltar

verbo

1 Deixar ir ou poñer en liberdade o que estaba suxeito, preso ou unido por algo: *Abriu a gaiola para soltar os paxaros.* SIN. ceibar, liberar. ANT. apresar, apreixar, deter, prender.

2 Deixar de suxeitar: *Soltou o prato e caeu ao chan.* ANT. agarrar, coller.

3 Dicir de golpe algo, especialmente se se debía calar: *Soltou diante de todos que o xefe era un parvo.*

4 Botar fóra de si: *Eses calcetíns soltan un bo fedor.*

5 Dar un golpe: *A vaca soltoulle un couce.*

6 soltarse Comezar a facer algo ben: *Soltouse e agora fala perfectamente o inglés.*

OBS. Ten dous participios, o regular *soltado*, usado en perífrases, e o irregular *solto*, usado como adxectivo.

FAM. solto, soltura.

solteiro, solteira

adxectivo ou substantivo

Que non está casado: *Está solteiro, pero xa ten noiva.*

solteirón, solteirona

adxectivo ou substantivo

Que ten certa ou bastante idade pero que aínda non casou: *Éche un solteirón que anda polos cincuenta anos.*

solto, solta

1 Participio irregular de *soltar*.

adxectivo
2 Que non está pegado nin unido a outra cousa: *Para que a pasta quede solta hai que pasala, tras cocela, por auga fría.*
3 Libre ou que non está suxeito: *Non se poden pasear os cans soltos polo parque.* SIN. ceibe, ceibo, libre. ANT. atado, preso.
4 Que non forma parte dun conxunto ou que se separou del: *Nesa tenda saldan as pezas de vestir de talles soltos.*
5 Dito dun día, que se traballa nel: *O domingo non é día solto, senón festivo.* ANT. festivo.
substantivo masculino
6 Dito dos cartos, que están en moedas de pouco valor: *Pediulle solto para mercar o xornal.*
substantivo feminino
7 Corda ou cadea que se lle pon a un animal nas patas para que non escape: *Púxolle a solta ao becerro.* SIN. pexa.

soltura
substantivo feminino
Facilidade para facer algo ben: *Xa che guía o coche con moita soltura.*

soluble ou solúbel
adxectivo
Que pode disolverse nun líquido: *O azucre é soluble no leite.* ANT. insoluble.
FAM. solubilidade.

solución[1]
substantivo feminino
Feito de disolverse unha substancia nun líquido de xeito que queda mesturada por completo con el e substancia que resulta desta mestura: *Se remexes ben, axiña se produce a solución do azucre na auga.*

solución[2]
substantivo feminino
1 O que resolve unha dúbida, problema ou dificultade: *A solución para non ter pingueiras é retellar.*
2 En matemáticas, resultado correcto dunha conta ou dun problema: *A solución do problema estaba mal por un erro no cálculo.*
FAM. solucionar.

solucionar
verbo
Resolver ou atopar a solución dun problema, dúbida ou dificultade: *Cos cartos da herdanza solucionou os seus problemas económicos.* SIN. resolver.

solvente
adxectivo
1 Que non ten débedas e pode pagar sen problemas: *Esa empresa é moi solvente, pois non ten ningunha débeda.* ANT. insolvente.
2 Que ten capacidade suficiente para facer algo ou exercer unha profesión: *El agora é un médico moi solvente.* ANT. insolvente.
FAM. solvencia, insolvencia, insolvente.

sombra
substantivo feminino
1 Imaxe escura que deixa un corpo no lado contrario a aquel por onde lle dá a luz: *Resgardáronse do sol á sombra duns carballos.*
2 Falta ou ausencia de luz: *Na sombra da noite non se vía nada.*
FAM. sombrear, sombreiro, sombrío, sombrizo, ensombrecer.

sombreiro
substantivo masculino
Peza de vestir con aba que cobre a cabeza: *Cada vez úsanse menos os sombreiros.* SIN. chapeu, pucho.

sombrío, sombría ou sombrizo, sombriza
adxectivo
1 Dito dun lugar, que lle dá moi pouco o sol: *Dorme nun cuarto sombrío que dá a un patio interior.*
2 Que amosa ou revela pena ou tristeza: *A súa cara sombría amosa a preocupación pola enfermidade do fillo.*

somerxer
verbo
Meter por completo na auga ou noutro líquido: *Os submarinos son barcos que se somerxen no mar.* SIN. mergullar. ANT. emerxer.

someter
verbo
1 Facer que alguén acepte o dominio e a autoridade doutro, especialmente pola forza: *Os romanos sometían os pobos que conquistaban.* SIN. dominar. ANT. liberar, ceibar.
2 Pór baixo o interese, opinión, autoridade ou decisión de alguén: *Non opinamos coma vós, pero sometémonos porque sodes maioría.*

3 Facer que algo ou alguén reciba ou soporte unha determinada acción: *Sometérono a unha operación para extirparlle o apéndice.*
FAM. sometemento.

somier
substantivo masculino
Parte da cama formada por unha especie de rede metálica ou por un conxunto de láminas de madeira sobre a que se coloca o colchón: *Ese somier renxe porque vai vello.*

somnámbulo, somnámbula
adxectivo ou substantivo
Que se levanta e anda estando durmido: *O fillo é somnámbulo e érguese durmido para andar polo corredor.*
FAM. somnambulismo.

somnífero, somnífera
adxectivo ou substantivo masculino
Especialmente referido a un medicamento, que fai durmir ou produce sono: *O médico receitoulle un somnífero contra o insomnio.*

somnolencia
substantivo
Estado de pesadez e de torpeza de quen ten moito sono ou está xa medio durmido: *Despois deste xantar tan abundante non podo coa somnolencia.*
FAM. somnolento.

somorgullo
substantivo masculino
Ave acuática de peteiro recto en punta e alas curtas que voa pouco e pode estar moito tempo debaixo da auga: *O somorgullo habita nas lagoas e come os peixes que pesca.*
SIN. mergullón.

son
substantivo masculino
Sensación percibida polo oído: *O son prodúcese pola vibración dos corpos e transmítese en ondas polo aire.*

sona
substantivo feminino
Fama.

sonada
substantivo feminino
Soneca.

***sonámbulo**, a forma correcta é **somnámbulo**.

sonar
substantivo masculino
Aparello que serve para descubrir cousas e obstáculos somerxidos por medio de ondas sonoras: *Os pesqueiros levan sonar para detectar os bancos de peixes.*

sonda
substantivo feminino
1 Corda cun peso de chumbo que serve para medir a profundidade das augas: *Os mariñeiros lanzaron unha sonda para medir a profundidade do mar naquela zona.*
2 Aparello que se introduce nalgún lugar para meter algo, extraelo ou mesmo expulsalo: *O petróleo extráese con sondas. O enfermo expulsaba a urina por unha sonda.*

sondar
verbo
1 Usar unha sonda para coñecer algo, meter algo nel ou extraer algo del: *Sondan esa parte do mar para buscar petróleo. Sondaron o enfermo para que expulsase a urina.*
2 Tratar de coñecer a opinión de alguén ou o que pensa facer: *Sondan os cidadáns sobre quen van votar nas próximas eleccións.*

sondaxe
substantivo feminino
1 Medida, exploración, introducción ou extracción de algo por unha sonda: *Realizan sondaxes para establecer a profundidade da ría nesta zona. Realizan sondaxes nesa comarca para atopar petróleo. Fixéronlle unha sondaxe ao enfermo para que expulsase a urina.*
2 Estudo ou investigación que se fai para coñecer o que opina alguén ou o que pensa facer: *Antes das eleccións, todos os partidos fan sondaxes da intención de voto entre os cidadáns.*

soneca
substantivo feminino
Soño curto, especialmente o que se bota sen se deitar na cama: *Botou, tras o xantar, unha soneca no sofá.* SIN. sonada.

soneto
substantivo masculino
Poema de catorce versos formado por dous cuartetos e dous tercetos: *Os versos habituais dos sonetos son os hendecasílabos.*

***sonido**, a forma correcta é **son**.

sono
substantivo masculino

Estado de quen está durmido ou ten gana de durmir: *Non durmín ben esta noite e agora teño sono.*

OBS. É distinto de *soño.*

FAM. sonada, soneca.

sonoro, sonora
adxectivo

Que produce un son ou vai acompañado del, especialmente se é forte ou agradable: *O cine sonoro ofrece imaxes e sons; o mudo, só imaxes.*

soñar
verbo

1 Representar algo na mente mentres se dorme: *Soñou que era un astronauta.*

2 Desexar algo que non se ten e é difícil de conseguir: *El soñaba con vivir nun pazo.*

3 Considerar real algo que non é certo: *Soñas cando dis que eu teño moitos cartos.*

soño
substantivo masculino

1 Representación na mente de imaxes e feitos fantásticos mentres se dorme: *Tiven un soño en que me vía perseguido por un dinosauro.*

2 Desexo de algo que é moi difícil ou case imposible conseguir: *El ten o soño de facerse millonario coa lotaría.* SIN. ilusión.

OBS. É distinto de *sono.*

FAM. soñador, soñar.

sopa
substantivo feminino

1 Comida formada por un caldo ou líquido alimenticio con fideos, pan, verdura ou outros ingredientes: *De primeiro tomamos unha sopa de fideos.*

2 Anaco pequeno de pan que se molla nun alimento líquido: *Sempre lle boto sopas de pan ao leite do almorzo.*

FAM. sopeira.

sopapo
substantivo masculino

Labazada.

sopeira
substantivo feminino

Recipiente que se usa para servir a sopa na mesa: *Os comensais servían eles mesmos a sopa da sopeira cun cullerón.*

sopesar
verbo

1 Coller ou levantar algo coas mans para calcular aproximadamente o seu peso: *Colleu o paquete e sopesouno.*

2 Pensar ou considerar algo con atención antes de decidirse para ver se é útil e proveitoso ou non: *Sopeso a idea de mercar unha furgoneta no canto dun turismo.*

sopor
substantivo feminino

Gana de durmir que entra por un exceso de comida, pola calor ou calquera outro motivo semellante: *Tras un xantar tan abundante entrounos un gran sopor.*

FAM. soporífero.

soportal
substantivo masculino

Espazo cuberto diante da entrada dun edificio: *A parte dianteira dos soportais está sostida por columnas ou piares.*

soportar
verbo

1 Soster ou suxeitar de xeito que non caia: *As vigas e columnas soportan o peso do teito.* SIN. aguantar, soster.

2 Sufrir ou aguantar con paciencia algo malo ou desagradable: *Non soporto a súa mala educación.* SIN. aguantar, aturar, tolerar.

FAM. soportable, soporte.

soporte
substantivo masculino

O que se usa como apoio, sostén ou para aguantar algo: *As patas son os soportes das cadeiras. El, co seu traballo, é o soporte da familia.* SIN. apoio, sostén.

soprano
substantivo

A voz humana máis aguda e tamén a cantante que ten este tipo de voz: *Hoxe actúa unha famosa soprano que cantará ópera.*

soprar
verbo

1 Facer saír o aire pola boca con forza: *Soprou con forza para apagar as candeas da torta de aniversario.*

2 Ir vento de forma que se nota: *Hoxe sopra o norte.*

3 Dar unha información de forma que nin-

guén o note: *Un compañeiro soproulle a resposta da segunda pregunta do exame.*
FAM. soprete, soprido, sopro.

soprete
substantivo masculino
Aparello que se usa para fundir metais e que lanza unha chama: *Os soldadores utilizan o soprete.*

sopro
substantivo masculino
1 Cantidade de aire que se bota dunha soa vez pola boca: *Apagou a candea cun sopro.*
2 Movemento do vento que se sente: *Dáballe o sopro do vento na cara.*
3 Información que se dá en segredo: *A policía detivo o ladrón polo sopro dun confidente.*

sor
substantivo masculino
Forma de tratamento para dirixirse ou referirse a unha monxa: *Sor Tareixa pechou a porta do convento.*

sorber
verbo
1 Beber algo aspirándoo e mesmo facendo ruído: *É de mala educación sorber a sopa da culler.*
2 Introducir polo nariz aspirando con forza: *Non sorbas os mocos.*

sorbo
substantivo masculino
1 Cantidade pequena dun líquido que se bebe dunha vez: *O cativo só tomou un sorbo de leite.*
2 Trago que se fai aspirando: *Non se debe tomar a sopa a sorbos.*

sorna
substantivo feminino
Xeito de falar ou dicir algo con burla: *Díxolle con sorna que era un xenio porque non aprobara nin unha materia.*

soro
substantivo masculino
1 Parte líquida que queda despois de coagular ou solidificarse o sangue ou a linfa: *O soro contén poucas proteínas.*
2 Parte líquida que queda despois de callar ou solidificarse o leite: *O líquido que teñen os iogures por enriba é soro.*
3 Líquido que leva disolvidos sales ou outros ingredientes e que se inxecta no organismo con diferentes fins, como por exemplo para alimentalo: *Inxectáronlle soro porque estaba deshidratado.*

sorprender
verbo
1 Encontrar de pronto a alguén nunha determinada situación cando non o espera: *A policía sorprendeu o ladrón no momento de roubar.* SIN. coller, pillar.
2 Producir sorpresa porque non se esperaba: *A todos nos sorprendeu a noticia da súa próxima voda.* SIN. abraiar, admirar, asombrar, estrañar, marabillar, pasmar.

sorpresa
substantivo feminino
1 Impresión forte que produce algo que non se esperaba de ningún xeito: *Recibiu con sorpresa a comunicación do seu traslado por traballo a outra cidade.*
2 O que produce esta impresión: *A nai, das súas viaxes, sempre lles trae algunha sorpresa aos fillos.*
EXP. **Por sorpresa** Sen que ninguén o espere: *Os prezos dos alimentos volveron subir por sorpresa.*
FAM. sorprendente, sorprender.

sorrir
verbo
1 Rir suavemente e sen facer ruído: *A súa cara é aínda máis bela cando sorrí.*
2 Ser favorable: *Sorriulle a sorte e tocoulle a lotaría.*

sorriso
substantivo masculino
Xesto que se fai ao sorrir: *Despediume cun sorriso.*

sorte
substantivo feminino
1 Destino, casualidade ou forza descoñecida que fai que as cousas sucedan dunha maneira: *A sorte quixo que lle tocase o premio gordo da lotaría.* SIN. destino, fado, fortuna.
2 Forza ou circunstancia descoñecida e inexplicable que fai que algo resulte favorable ou desfavorable: *Tivo moi mala sorte nos negocios e arruinouse.* SIN. fortuna.

3 Forza ou circunstancia descoñecida e inexplicable que fai que algo resulte favorable: *No accidente tivo a sorte de non sufrir ningunha ferida.* SIN. fortuna.
FAM. sortear, sorteo.

sortear

verbo

1 Dar ou conceder algo deixando que sexa a sorte quen decida usando diversos procedementos: *Sortearon o coche e tocoulle a quen tiña a rifa co número que un cativo sacou dunha bolsa.*
2 Evitar con habilidade algo que resulta difícil, perigoso ou un obstáculo: *O barco chegou ao porto sorteando moitos perigos.*

sortella

substantivo feminino

Anel que se leva nos dedos, especialmente como adorno: *Regaloulle á noiva unha sortella de ouro.*

sorteo

substantivo masculino

Feito de dar ou conceder algo deixando que sexa a sorte quen decida usando diversos procedementos: *Na lotaría os números premiados saen por sorteo.*

sosegar

verbo

Pór tranquilo, sen axitación ou en paz: *Soségate e fálame con tranquilidade.* SIN. acougar, calmar, serenar, tranquilizar. ANT. desacougar, desasosegar, intranquilizar, inquietar.
OBS. O *g* cambia en *gu* diante do *e*, como en *pagar*.
FAM. sosego.

sosego

substantivo masculino

Tranquilidade e calma con falta de ruído, movemento, actividade ou axitación: *Nesta tenda os dependentes non teñen un momento de sosego.* SIN. acougo, calma, tranquilidade, paz, serenidade. ANT. desacougo, desasosego, intranquilidade.

***soso**, a forma correcta é **eslamiado.**

sospeita

substantivo feminino

Suposición ou idea que se forma sobre algo a partir de certos sinais ou indicios: *Ponse moi colorado e teño a sospeita de que mente.*
FAM. sospeitar, sospeitoso.

sospeitar

verbo

1 Crer ou pensar algo a partir de certos sinais ou indicios: *Por esas nubes negras sospeito que quere chover.* SIN. prever.
2 Pensar ou crer que algunha persoa fixo algo malo: *A policía sospeita dun empregado como autor do roubo.*

sospeitoso, sospeitosa

adxectivo

1 Que dá motivos para non confiar nel ou desconfiar del: *Por diante do comercio andaba un home con aspecto sospeitoso.*

adxectivo ou substantivo

2 Dito dunha persoa, que se pensa que fixo algo malo por certos sinais ou indicios: *A policía detivo dous sospeitosos en relación con ese roubo.*

soster

verbo

1 Suxeitar ou manter algo sen deixalo caer: *As vigas sosteñen o teito.* SIN. aguantar, soportar.
2 Defender unha idea ou unha teoría: *O médico sostén que o paciente só ten unha gripe.* SIN. manter, sustentar.
3 Dar o necesario para vivir: *El sostén co soldo toda a familia.* SIN. manter.
4 Seguir nun mesmo estado ou situación: *Os prezos mantéñense, porque non soben nin baixan.* SIN. manter.
OBS. Conxúgase como *ter*.

sota

substantivo feminino

Carta da baralla española que representa un paxe ou un infante: *Saíu a sota de espadas.*

sotana

substantivo feminino

Peza de vestir que chega ata os nocellos e que se abotoa desde o pescozo ata os pés, de cor negra habitualmente e que usan os sacerdotes católicos: *O cura da miña parroquia case nunca pon a sotana.*

soterrar

verbo

Meter debaixo da terra: *Soterraba os pés na area da praia.* SIN. enterrar.

soto
substantivo masculino
Parte dun edificio que está a un nivel máis baixo ca o da rúa: *Os garaxes dos edificios adoitan estar no soto.*

souto
substantivo masculino
Terreo poboado de castiñeiros: *Antes en Galicia había máis soutos ca agora.* SIN. castiñeira.

spray
substantivo masculino
Recipiente pechado cunha válvula que ao premela bota un líquido cun gas mesturado a presión de xeito que o líquido se esparexe en pequenas partículas, e tamén este líquido: *Os desodorizantes veñen en sprays.*
OBS. O plural é *sprays.*

sprint
substantivo masculino
Derradeiro esforzo dos que participan nunha carreira para conseguir a maior velocidade e chegar primeiro: *Ese ciclista ten moi bo sprint.*
OBS. O plural é *sprints.*

squash
substantivo masculino
Deporte que se practica nun lugar cerrado entre dous xogadores que lanzan unha pelota de goma cunha raqueta contra unha parede de acordo con determinadas regras: *A raqueta de squash é máis pequena ca a do tenis.*

stop
substantivo feminino
Sinal de tráfico que obriga a parar: *Os coches deben parar nos cruzamentos onde hai un stop e arrincar de novo se non vén ninguén.*
OBS. O plural é *stops.*

***stres**, a forma correcta é **tensión**.

suadoiro
substantivo masculino
Peza de vestir deportiva que cobre desde o pescozo ata a cintura e de manga longa: *Ao correr pon un suadoiro para adelgazar máis ao suar.*
OBS. Son incorrectas as formas **suadeira* e **sudadeira.*

suar
verbo
1 Botar a suor a través dos poros da pel: *Suaba porque ía moita calor.*
2 Traballar ou esforzarse moito: *Suei para resolver ese problema de matemáticas.*
OBS. Conxúgase como *actuar.*

suave
adxectivo
1 Que é liso ou que resulta agradable cando se toca: *Esta camisa é dunha tea moi suave.* ANT. áspero.
2 Que resulta agradable aos sentidos porque non é forte: *Ese desodorizante ten un perfume suave.* ANT. áspero.
3 Que non ofrece oposición, que non necesita esforzo ou que non resulta desagradable por non ser excesivo: *As chaves entran moi suaves na pechadura. Aquí os invernos e os veráns son suaves.*
FAM. suavidade, suavizante, suavizar.

suavidade
substantivo feminino
1 Brandura e lisura de xeito que resulta agradable ao tocalo: *Esta manta é dunha gran suavidade.*
2 Falta de dureza de xeito que resulta agradable: *O clima aquí caracterízase pola suavidade, pois nunca molestan nin o frío nin a calor. Faloulle ao rapaz con moita suavidade, para non asustalo.*

suavizar
verbo
Facer suave ou menos desagradable e duro: *Esta crema suaviza as mans. A brisa suavizaba a calor do verán.*
OBS. O *z* cambia en *c* ante *e*, como en *cazar.*

suba
substantivo feminino
Aumento na cantidade, forza, intensidade, prezo ou valor: *Non se espera unha suba do prezo da gasolina.* SIN. ascenso, subida. ANT. baixa, baixada, descenso.

subalterno, subalterna
adxectivo ou substantivo
Que está baixo as ordes ou o mando doutro: *Este xefe trata moi mal os seus subalternos.*

***subasta**, a forma correcta é **poxa**.

*subastador, a forma correcta é poxador.

*subastar, a forma correcta é poxar.

subconsciente

substantivo masculino

Conxunto de impulsos e de feitos que temos na nosa mente e dos que non nos decatamos: *O noso subconsciente fainos ter sede cando vemos nunha escena dunha película un refresco nun día de calor.*

subdesenvolvemento

substantivo masculino

Dito dun país ou territorio, situación de non ter o nivel de vida dos países adiantados: *O subdesenvolvemento de moitas nacións fai que os seus habitantes non teñan o ensino nin a sanidade garantidos.* ANT. desenvolvemento.

FAM. subdesenvolvido.

subdesenvolvido, subdesenvolvida

adxectivo

Dito dun país ou territorio, que non ten o nivel de vida dos países adiantados: *Nos países subdesenvolvidos hai moita xente que pasa fame.* ANT. desenvolvido.

súbdito, súbdita

substantivo masculino

1 Persoa que está suxeita á autoridade doutra, especialmente a un rei ou raíña, e que lle debe obedecer: *No absolutismo os súbditos debían obedecer o rei de forma total.*

2 Persoa que naceu ou vive nun país como cidadán e ten os dereitos e deberes que establecen as leis deste país: *Todos os súbditos dunha nación democrática teñen os mesmos dereitos e deberes.*

subela

substantivo feminino

Ferramenta formada por un mango de madeira e unha barriña de metal rematada en punta que se usa para facer buracos no coiro ou na goma: *O zapateiro usa a subela para facer os buracos por onde despois pasará o fío.*

subestimar

verbo

Considerar, valorar ou dar menos importancia do debido: *Subestimaron o rival e perderon o partido.*

subida

substantivo feminino

1 Suba.

2 Paso a un lugar máis alto: *A subida á montaña cansou os excursionistas.* SIN. ascenso.

3 Terreo en pendente ou que sobe, cando se ve desde abaixo: *Os ciclistas comezaron a subida.* ANT. baixada, descenso.

subir

verbo

1 Ir a un lugar ou a unha posición superiores ou máis altos: *Os montañeiros subiron ata o cume da montaña.* SIN. ascender, ANT. baixar, descender.

2 Pór nun lugar ou nunha posición superiores: *Subiu os trastes e mobles usados ao faiado.*

3 Aumentar o valor, a forza, a cantidade ou o grao de algo: *Esta semana subirán as temperaturas.* SIN. ascender. ANT. baixar, descender.

4 Entrar nun vehículo ou usalo: *Os pasaxeiros subían ao tren.* ANT. apear, descender.

5 Pórse encima dun animal ou doutra cousa: *Subiu á egua para cabalgar.*

OBS. Conxúgase como *fuxir.*

FAM. suba, subida.

súbito, súbita

adxectivo

Que se produce de forma que non se esperaba, rápida e brusca: *Faleceu de morte súbita.* SIN. repentino.

sublevar

verbo

Facer que un grupo de persoas inicien un movemento de protesta contra unha autoridade e deixen de obedecela: *A suba dos prezos levantou o pobo contra os gobernantes.* SIN. alzar, amotinar, levantar, rebelar.

FAM. sublevación.

sublime

adxectivo

Moi bo ou moi digno de ser admirado: *Rosalía escribiu poemas sublimes.*

FAM. sublimación, sublimar.

subliñar

verbo

1 Marcar cunha liña por debaixo: *O profesor subliñou no texto as palabras que debiamos buscar no dicionario.*

2 Pronunciar ou escribir algo destacando a súa importancia de maneira especial: *O xefe subliñou que era fundamental ter contentos os clientes.* SIN. destacar, salientar.

submarinismo
substantivo masculino
Conxunto de actividades, especialmente deportivas, que se fan nadando por debaixo da auga: *Practica o submarinismo desde mozo.*
FAM. submarinista.

submarino, submarina
adxectivo
1 Que está ou se fai debaixo da superficie do mar: *Ese mozo practica a pesca submarina.*
substantivo masculino
2 Barco que pode navegar por debaixo da superficie do mar: *Os submarinos teñen un periscopio para ver a superficie.*
FAM. submarinismo, submarinista.

subministración
substantivo feminino
Entrega ou feito de dar ou facilitar o que resulta necesario para algo: *O exército realizaba a subministración de alimentos ás vítimas do terremoto.* SIN. abastecemento.
OBS. As formas **subministro* e **suministro* son incorrectas.

subministrar
verbo
Dar algo que resulta necesario: *As gasolineiras subminístranlles os carburantes aos automobilistas.* SIN. proporcionar.
FAM. subministración, subministrador.

submisión
substantivo feminino
Obediencia total e absoluta a algo ou alguén: *Os señores feudais esixían a submisión dos seus vasalos.* ANT. insubmisión.

submiso, submisa
adxectivo
Que obedece totalmente a alguén ou a algo: *Este can é moi submiso.* SIN. dócil, obediente. ANT. desobediente, insubmiso, rebelde.

subnormal
adxectivo ou substantivo
Dito dunha persoa, que ten un desenvolvemento ou capacidade mental menor do que sería normal para a súa idade: *Asiste a un colexio especial para subnormais.*
FAM. subnormalidade.

suboficial
substantivo
No exército, militar cuxa categoría é superior á de soldado pero inferior á de oficial: *No exército son suboficiais o sarxento e o brigada.*

subordinado, subordinada
adxectivo ou substantivo
1 Dito dunha persoa, que depende doutra á que ha de obedecer: *O xefe é moi rigoroso cos seus subordinados.*
2 En gramática e dito dunha oración ou palabra, que non é independente e que depende doutra: *En «cando chegues, chama», a oración «cando chegues» é subordinada.*
FAM. subordinación, subordinar.

subornar
verbo
Conseguir un favor dunha persoa, especialmente dunha autoridade, dándolle cartos ou calquera outra cousa de valor: *Quería subornar un concelleiro para conseguir unha licenza de obra.* SIN. comprar.
FAM. suborno.

suborno
substantivo feminino
Entrega ou regalo de cartos ou de calquera outra cousa de valor a unha persoa, especialmente a unha autoridade, para conseguir un favor: *Está acusado dun intento de suborno a un garda para que non o multase.*

subscribir
verbo
1 Dito dun escrito, asinalo para indicar que se está de acordo con el: *O comprador do piso subscribiu a escritura de compravenda perante o notario.*
2 Dito dunha opinión, afirmar que se está de acordo con ela: *Os inquilinos subscribiron todas as propostas do presidente da comunidade de veciños.*
3 Dito dun xornal, revista ou calquera outra publicación semellante, pagalos por adiantado para recibilos cando saian: *Subscribiuse a* Grial *por un ano.* SIN. abonarse.
OBS. O seu participio é irregular, *subscrito.*
FAM. subscrición, subscritor.

subsidio
substantivo masculino
Cartos que se lle dan como axuda a unha persoa ou a unha entidade: *Os parados cobran durante dous anos o subsidio de desemprego.*

subsistir
verbo
Seguir existindo ou seguir tendo vida: *Os refuxiados subsisten grazas á axuda que reciben da ONU.*
FAM. subsistencia.

subsolo
substantivo masculino
Parte da codia terrestre que está inmediatamente por debaixo da superficie: *As minas de carbón e doutros minerais están no subsolo.*

substancia
substantivo feminino
1 Calquera materia en calquera estado: *A auga é unha substancia en estado líquido.*
2 Parte principal dun alimento e que ten máis sabor: *A substancia das laranxas é o zume.* SIN. sustancia.
3 Parte principal ou máis importante de algo: *O resumo dun texto ofrece a substancia dese texto.*
FAM. substancial, substancioso, substantivo.

substantivo
substantivo masculino
Clase de palabra que serve para nomear persoas, animais e cousas: *Os substantivos poden ser comúns e propios.* SIN. nome.

substitución
substantivo feminino
Colocación dunha persoa ou cousa no lugar doutra, especialmente para que faga a súa mesma función: *O adestrador ordenou a substitución do porteiro titular polo reserva.* SIN. cambio.

substituír
verbo
Pór ou pórse unha persoa ou cousa no lugar doutra, especialmente para que faga a súa mesma función: *Cando o director está fora substitúeo o subdirector.*
OBS. Conxúgase como *incluír.*
FAM. substitución, substituto.

substituto, substituta
adxectivo ou substantivo
Dito dunha persoa, que substitúe ou fai a función doutra nun cargo ou traballo: *O médico titular está de vacacións e atendeunos o substituto.* SIN. suplente.

*substraer, a forma correcta é **subtraer**.

subterráneo, subterránea
adxectivo
Que está debaixo da terra: *Moitos aparcadoiros das cidades son subterráneos.*

subtracción
substantivo feminino
1 Roubo, especialmente sen violencia: *Os carteiristas dedícanse á subtracción de carteiras.*
2 Operación matemática da resta: *A subtracción consiste en restar ou quitar dun número maior outro menor.* SIN. resta. ANT. suma.

subtraendo
substantivo masculino
Na operación matemática da resta, número menor que se lle resta ou quita a outro maior: *A resta ou subtracción ten subtraendo, minuendo e resto.*

subtraer
verbo
Quitar ou roubar, especialmente sen violencia: *Un carteirista subtraeulle a carteira na feira.*
OBS. Conxúgase como *caer.*
FAM. subtracción, subtraendo.

suburbio
substantivo masculino
Zona dunha poboación situada nos seus arredores ou lonxe do centro: *Nos suburbios das cidades constrúense novas urbanizacións.*

subvención
substantivo feminino
Cartos ou axuda económica que se dá a alguén ou para algo: *O Concello dará subvencións ás asociacións culturais da cidade.*
FAM. subvencionar.

subxectivo, subxectiva
adxectivo
Que considera ou valora algo desde o punto de vista dunha soa persoa e desde os seus sentimentos e forma de pensar: *As opinións*

subxectivas son respectables pero moitas veces equivocadas. SIN. individual, persoal. ANT. imparcial, obxectivo.
FAM. subxectividade.

subxuntivo
adxectivo ou substantivo masculino
En gramática e dito do modo verbal, o que presenta a acción como irreal porque é un desexo ou probabilidade: *O presente de subxuntivo de* andar *é* ande.

sucar
verbo
1 Facer sucos ou aberturas longas na terra, especialmente co arado: *O campesiño sucaba a leira co arado.*
2 Referido á auga ou ao espazo, navegar por eles ou atravesalos: *O barco sucaba o océano Atlántico.*
OBS. O *c* cambia en *qu* ante *e*, como en *sacar*.

succionar
verbo
Chuchar ou extraer, especialmente cos labios, un líquido: *Os bebés succionan o leite dos peitos das nais.*
FAM. succión.

suceder
verbo
1 Producirse un feito: *O accidente de tráfico sucedeu de madrugada.* SIN. acontecer, ocorrer, pasar.
2 Seguir ou ir detrás doutro en orde, tempo ou número: *O martes sucede ao luns.* SIN. seguir.
3 Substituír unha persoa a outra nun traballo ou nunha función: *O príncipe sucederá o rei.*
FAM. suceso, sucesivo, sucesión, sucesor.

sucesión
substantivo feminino
1 Serie de feitos ou cousas que van uns detrás dos outros e que están relacionados entre si: *Unha semana é unha sucesión de sete días.* SIN. serie.
2 Cambio dunha persoa por outra nun traballo ou nunha función: *O príncipe está preparado para a sucesión do rei, cando este faleza ou abdique.*
3 Conxunto de persoas que descenden doutra: *Non tivo sucesión, porque morreu sen fillos.*

sucesivo, sucesiva
adxectivo
Que sucede ou segue a algo: *A semana está formada por sete días sucesivos.* SIN. consecutivo, seguido.

suceso
substantivo masculino
O que sucede, pasa ou acontece, especialmente se é de importancia ou malo: *Na sección de sucesos os xornais informan dos accidentes.*

sucesor, sucesora
substantivo
1 Persoa que sucede ou substitúe a outra nun cargo, traballo ou función: *O sucesor do antigo xefe é máis severo.*
2 Persoa que descende doutra: *Os fillos son os sucesores naturais dos pais.*

sucidade
substantivo feminino
1 Presenza de manchas ou de calquera cousa que fai que algo non estea limpo: *A sucidade do mantel era de manchas de graxa.*
2 Calquera cousa que pode manchar: *As paredes do garaxe están cheas de sucidade.* SIN. lixo, porcallada.

sucinto, sucinta
adxectivo
Que di moito con poucas palabras: *Os resumos han de ser sucintos.* SIN. breve, conciso.

sucio, sucia
adxectivo
1 Que non está limpo e ten manchas ou po: *Levaba a camisa moi sucia.* SIN. lixoso, manchado, porco. ANT. limpo.
2 Que mancha ou produce sucidade: *As pombas son unhas aves moi sucias.* SIN. cocho, porco. ANT. aseado, limpo.
3 Que non actúa con honradez ou que non respecta a lei: *Eu non quero saber nada dos seus negocios sucios.* ANT. limpo.
FAM. sucidade, ensuciar.

suco
substantivo masculino
1 Fenda ou escavación longa e pouco profunda que se fai na terra, especialmente co arado: *Facía os sucos co arado.* SIN. rego.
2 Marca longa e estreita a xeito de fenda que queda sobre unha superficie: *Os barcos, ao navegaren, forman sucos na auga.*

OBS. Non debe empregarse no canto de *zume*: **suco gástrico > zume gástrico.*
FAM. sucar.

suculento, suculenta

adxectivo

Dito dunha comida, moi saborosa e abundante: *Diante tiña un suculento prato de cocido.*

sucumbir

verbo

1 Morrer: *Nesa batalla sucumbiron moitos soldados.*

2 Ser vencido: *O castelo sucumbiu ante os atacantes.*

sucursal

substantivo feminino

Cada un dos establecementos que unha empresa ten na mesma poboación ou en poboacións distintas e que adoitan depender dun que é o principal: *Os bancos teñen moitas sucursais.*

sudoeste

substantivo masculino

Punto medio entre o Sur e o Oeste: *SO ou SW é o símbolo de sudoeste.*

sudoríparo, sudorípara

adxectivo

Dito dunha glándula, que produce ou segrega a suor: *As glándulas sudoríparas están na pel.*

sueste

substantivo masculino

Punto medio entre o Sur e o Leste: *SL ou SE é o símbolo de sueste.*

suficiente

adxectivo masculino

1 En cantidade tal que chega para o que se necesita ou adecuado: *Un billete de vinte euros é suficiente para pagar esta consumición.* SIN. abondo. ANT. insuficiente.

substantivo masculino

2 Nota ou cualificación académica máis baixa que permite aprobar: *Un 5 é suficiente.*
FAM. suficiencia.

sufixo

substantivo masculino

Elemento formado por unha ou máis sílabas que se lle engade a unha palabra ou raíz dunha palabra para formar unha palabra nova: *O sufixo* -oso *forma adxectivos: areoso, gasoso.*

sufocar

verbo

1 Apagar ou facer que acabe un lume: *Os bombeiros sufocaron o incendio.* SIN. apagar, extinguir. ANT. acender, prender.

2 Producir a sensación de non poder respirar ou de afogar: *A subida da costa sufocounos a todos.*

OBS. O *c* cambia en *qu* ante *e*, como en *sacar.*
FAM. sufocación, sufocante.

sufraxio

substantivo masculino

1 Sistema polo que os gobernantes e representantes do pobo son elixidos polos cidadáns en votación secreta: *O sufraxio universal permite que voten todas as persoas maiores de idade.*

2 Voto de quen ten o dereito a elixir: *Gaña as eleccións o partido que acada máis sufraxios.*

sufrir

verbo

1 Sentir con forza un dano, unha dor ou algo que non resulta agradable: *Sofre fortes dores de cabeza.*

2 Aceptar algo que non resulta agradable sen queixarse: *Sofre a súa enfermidade con resignación.* SIN. aguantar, soportar.

3 Recibir o efecto ou a acción de algo: *As temperaturas non sufrirán cambios esta fin de semana.* SIN. experimentar.

OBS. Conxúgase como *fuxir.*
FAM. sufrido, sufrimento.

suicida

adxectivo ou substantivo

Persoa que acaba ela mesma coa súa vida: *O suicida chimpouse da Ponte Nova de Ourense ao Miño.*

suicidarse

verbo

Acabar unha persoa coa súa vida por vontade propia: *A depresión fixo que tentase suicidarse.*

suicidio

substantivo masculino

Feito de acabar unha persoa coa súa vida por vontade propia: *A depresión é unha das causas de suicidio.*

SUFIXOS

VALOR	FORMAS	EXEMPLOS
acción	*-ada, -ame, -axe, -azo, -cia (-ancia, -anza, -encia, -inza), -do (-ado, -ido), -eo, -ela (-adela, -edela), -eira, -ería, -exo, -ión/ón (-ación/-azón, -ición), -iva (-ativa), -mento (-amento, -imento), -ura (-adura, -atura, -edura, -idura)*	xogada, ligame, aterraxe, cabezazo, supervivencia, varrido, cambadela, axexo, composición, brincadeira, aniquilamento, diabrura
afectivo	*-iño, -ocho, -uco, -ote*	filliño, feituco, rapazote
aumentativo	*-ón, -azo, -acho, -án (-atán, -azán), -udo*	cabezón, festaza, corpacho, burrán, barrigudo
axente	*-doiro (-adoiro, -edoiro), -eiro (-adeiro, -ideiro), -nte (-ante, -ente, -iente, -inte), -or (-ador, -edor, -idor), -ura (-adura)*	batedor, chamadoira, afungadoiro, botafumeiro, protector, batente, emulsionante
calidade distintiva (en substantivos)	*-ade (-dade, -edade, -idade), -cia, -ez, -eza, -iza, -ancia, -anza, -encia, -iencia, -enza, -ía, -ismo, -nte (-iente), -or, -ude (-tude, -itude), -ume, -ura (-atura)*	lealdade, perspicacia, flaccidez, suficiencia, xustiza, primacía, renartería, fedor, febleza, pulcritude, cuadratura, cheirume
calidade distintiva (en adxectivos)	*-áceo, -aco, -aico, -ado, -al, -án, -ato, -az, -ble, -bundo (-abundo, -ebundo, -ibundo), -do (-ado, -ido), -doiro (-adoiro), -dor (-ador, -edor, -idor), -ego, -eiro, -engo, -ento, -eño, -eo, -ico (-ático), -il (-átil), -ino, -ío, -ítimo, -ivo, -izo, -nte (-ante, -ente, -inte, -iente), -oide, -oño, -orio, -oso, -sco (-esco, -isco), -udo*	grisáceo, maníaco, ricaz, pirenaico, delgado, vital, carneirán, sensible, errabundo, adorador, mullereiro, mullerengo, azulento, aéreo, bursátil, anódino, fuxitivo, navegante, humanoide, vivente, oínte, risoño, chulesco, macanudo, coraxoso, pretensioso
cantidade	*-ada, -al, -alla, -ame, -aría, -ario, -ata, -axe, -do (-ado, -edo), -dura (-adura, -idura), -eiro, -ío, -mento (-amento, -imento)*	mariscada, erbedal, rueiro, papelame, xentío, correaxe, pedraría, avesporeiro, armamento
despectivo	*-exo, -cho (-acho, -ucho), -allo, -astro, -ote, -oupo, -ón (-ichón), -olo, -udo, -uza, -ica, -uzo, -án, -ón, -ucho, -udo*	pelexo, riacho, poetastro, mullerota, casoupa, solteirón, xentuza, cachazudo, testalán, orelludo, mamón
diminutivo	*-iño (-ciño, ín), -el -elo, -ella, -olo, -te (-ete, -ote), -illo, -ato, -eto, -co (-eco, -ico)*	homiño, pauciño, patín, fardel, fardelo, pontella, rapazolo, rapazote, soneca
enfermidade, doenza	*-ite, -ose, -isma, -ía, -oma*	hepatite, zoonose, rinopatía
feminino	*-eira (-adeira, -edeira), -esa, -ina (-iña), -isa, -iz (-triz)*	camareira, baronesa, bailarina, poetisa, actriz
flora, fauna	*-ácea(s), -eiro, -ídeo(s), -ido(s)*	acantáceas, percídeo, salmónido
frecuentativo	*-ear, -exar, -illar, -icar, -iñar, -iscar*	follear, abanear, pestanexar, comiscar, lapiñar, repicar
intensificativo	*-iño, -érrimo, -ísimo (-entísimo)*	agudiño, paupérrimo, listísimo, nadiña, rapidiño, agoriña
lugar, obxecto	*-al, -ar, -ado, -aría (-adaría, -taría), -ario, -ato, -do (-edo, -ido), -doiro (-adoiro, -edoiro), -doría, -eiro, -ía, -orio (-atorio, -etorio)*	piñeiral, pomar, negociado, gardaría, secretaría, confesionario, arboredo, faladoiro, mercadoría, auditorio, laboratorio
modificativo	*-ear, -ecer, -entar, -exar, -ificar, -itar, -izar*	ennobrecer, pacificar, afear, avellentar, galeguizar
modo	*-mente (-amente)*	eficazmente, finalmente
movemento, doutrina, ideoloxía, saber	*-án, -ano, -ista, -ismo, -ía, -ística, -tica*	cristián, anglicano, budista, surrealismo, estatística, matemática
ponderativo	*-olo, -te (-ete, -ote), -iño, -cho (-echo, -ocho, -ucho),*	barrigola, rapazota, gordiño, gordecho, gordete
probabilidade	*-ble, -bundo (-ibundo), -dizo (-adizo, -edizo, -idizo), -il (-átil), -ío*	negociable, fráxil, versátil, corredío, asustadizo
profesión	*-án, -ario, -ato, -ción, -do (-ado), -eiro, -aría, -ino, -ía, -ismo, -ista, -iz, -nte (-ante, -ente, -inte), -or (-ador, -edor, -idor)*	artesán, albanelaría, institutriz, feirante, pastor, analista, tenente, tendeiro, boticario, pastelaría, xuíz
relación	*-áceo, -aico, -al, -ano, -ar, -ario, -eno, -ense, -este, -estre, -eo, -exo, -icio, -ico, -il (-átil), -ino (-iño), -ístico, -ítimo, -orio (-atorio, -itorio), -sco (-esco, -isco), -ún*	amarantáceo, voltaico, picassiano, popular, grupal, partidario, silvestre, sebáceo, turístico, febril, marítimo, cardinalicio, difamatorio, principesco, vacún
tempo	*-do (-ado), -eira, -ía*	marquesado, estadía
xentilicio	*-aco, -an(o)/-ao, -ego, -eiro, -eno (-eño), -ense, -és, -eo, -exo, -í, -ico, -ino (-iño), -ío, -ista, -ita, -o, -ol, -on, -oto*	vilagarcián, arnoiao, limego, betanceiro, tudense, lugués, paulista, moscovita, español, israelí, madrileño, chileno, monfortino

suíño, suíña

adxectivo ou substantivo

Que esconde a súa verdadeira forma de ser ou de pensar porque tenta enganar ou ten mala intención: *Non me gusta facer negocios con el porque é un suíño.* SIN. falso.

*suliñar, a forma correcta é **subliñar**.

sultán

substantivo masculino

No antigo Imperio turco e nalgúns países musulmáns, rei: *En Marrocos o xefe do Estado é o sultán.*

OBS. O feminino *sultá* só designa a esposa ou fillas do sultán.

suma

substantivo feminino

1 Operación que consiste en reunir varias cantidades nunha soa: *Os signo da suma é +.* SIN. adición. ANT. resta, subtracción.

2 Resultado desta operación: *Cinco é a suma de dous e tres.*

3 Cantidade que resulta de xuntar outras máis pequenas: *Ese coche aínda lle custaría unha boa suma de cartos.*

sumando

substantivo masculino

Cada un dos números ou cantidades que se engaden na operación da suma: *En 2 + 4 = 6, os sumandos son 2 e 4.*

sumar

verbo

1 Realizar a operación matemática da suma: *O rapaz xa sabe sumar.* ANT. restar.

2 Unir varias cantidades ou cousas en só unha: *Ao cansazo porque non durmín ben, súmase que traballei moito.*

sumario, sumaria

adxectivo

1 Moi breve ou con poucas palabras: *So fixo unha descrición sumaria da súa viaxe.* SIN. breve, conciso, sucinto.

substantivo masculino

2 Resumo ou esquema en que se indican só polo título os temas que se van tratar nun libro ou calquera outra exposición: *Ao comezo dos telexornais hai un sumario cos titulares das noticias que se desenvolverán.*

*sumerxir, a forma correcta é **somerxer**.

sumidoiro

substantivo masculino

Lugar ou conduto, habitualmente por debaixo da terra nas poboacións, por onde vai a auga da chuvia ou a auga sucia producida nas vivendas: *A auga dos desaugadoiros das casas desemboca na rede de sumidoiros.*

*suministrar, a forma correcta é **subministrar**.

sumir

verbo

Facer que unha persoa caia en determinado estado: *A morte do pai sumiuno nunha profunda tristeza.*

OBS. Conxúgase como *fuxir.*

FAM. consumir.

sumo, suma

adxectivo

Que é o máis importante, o mellor ou o máis grande: *O papa é a suma autoridade da Igrexa católica.*

suntuoso, suntuosa

adxectivo

Que demostra ou manifesta un gran luxo e riqueza: *A raíña vestía un suntuoso vestido bordado en ouro.*

FAM. suntuosidade.

suor

substantivo feminino

1 Líquido composto por auga e ácidos orgánicos que segrega a pel dos mamíferos a través dos seus poros: *A suor regula a temperatura do corpo cando vai moita calor ou se fai un esforzo.*

2 Traballo ou esforzo grandes: *Con moita suor conseguiu rematar a casa.*

FAM. suadoiro, suar, sudoríparo, suorento.

suorento, suorenta

adxectivo

Cheo de suor: *Os ciclistas chegaban suorentos á meta.*

OBS. A forma **suoroso* é incorrecta.

supeditar

verbo

Facer depender de algo ou de alguén: *Supeditamos a nosa viaxe da próxima fin de semana a que vaia bo tempo.*

FAM. supeditación.

súper
adxectivo
Moi bo, de gran calidade ou moi grande: *Merquei unha camiseta de talle súper.*

superar
verbo
1 Ser mellor ou superior en algo: *Ese coche supera aquel outro en velocidade.*
2 Vencer unha dificultade ou ter éxito nunha proba: *Superou á primeira o exame do carné de conducir.*
3 Ir máis alá dun determinado límite: *Este verán as temperaturas superan os 40 graos.*
4 **superarse** Facer algo mellor ca noutras ocasións: *O cocido sempre che sae moi ben, pero hoxe superácheste.*
FAM. superación.

superdotado, superdotada
adxectivo ou substantivo
Que ten unha intelixencia ou algunha capacidade moito mellor ca a da maioría: *É un neno superdotado que aprendeu a ler só cando tiña tres anos.*

superficial
adxectivo
1 Da superficie, relacionado con ela ou que está nela: *A rabuñadura é unha ferida superficial.* ANT. profundo.
2 Que se queda no aspecto externo de algo e sen prestarlle atención ao máis profundo: *A miña amizade con el é moi superficial.* ANT. profundo.

superficie
substantivo feminino
1 Parte externa dun corpo: *As árbores crecen sobre a superficie terrestre.*
2 Extensión de terra: *Nesta superficie van construír un centro comercial.*
3 Extensión plana en que só se consideran o largo e o longo: *A superficie do triángulo obtense multiplicando a base pola altura e dividindo este resultado por 2.* SIN. área.
4 Aspecto externo de algo: *Só coñezo a superficie dese asunto.*

superfluo, superflua
adxectivo
Que non é necesario ou que está de máis: *Ten moitos gastos superfluos.* SIN. innecesario, prescindible. ANT. imprescindible, indispensable, necesario.

superior[1]
adxectivo
1 Máis alto ou máis arriba: *O meu amigo vive no piso superior ao meu.* ANT. inferior.
2 Que é maior en calidade, importancia ou cantidade: *O seu soldo é superior ao meu.* ANT. inferior.
adxectivo ou substantivo
3 Dito dunha persoa, que ten autoridade sobre outra: *O soldado obedeceu a orde do seu superior.* ANT. inferior, subordinado.
FAM. súper, superar, superioridade, superlativo, supremo.

superior[2], superiora
substantivo
Persoa que dirixe un convento ou comunidade relixiosa: *As monxas deben obedecer as ordes da superiora do convento.*

superlativo, superlativa
adxectivo
1 De moi alta calidade, intensidade ou importancia: *Ese neno ten unha intelixencia superlativa pois aprendeu a ler el só.*
adxectivo ou substantivo masculino
2 Referido ao grao do adxectivo ou do adverbio, que expresa o significado destes na súa maior intensidade: *Moi branco ou branquísimo é o superlativo de branco.*

supermercado
substantivo masculino
Establecemento onde se venden produtos alimenticios e de limpeza que o cliente colle de estantes e paga nunha caixa á saída: *Merca todo no supermercado da súa rúa.*

superpoñer ou superpor
verbo
Pór por enriba de algo: *A colcha superponse ás mantas.*
OBS. Conxúgase como *poñer* ou *pór.*
FAM. superposición.

supersónico, supersónica
adxectivo
Que pode superar a velocidade do son: *Os cazas modernos adoitan ser supersónicos.*

superstición
substantivo feminino
Crenza que non se apoia nin na relixión nin na razón: *Crer que o número 13 trae mala sorte é unha superstición.*
FAM. supersticioso.

supervisar
verbo
Revisar, ver ou controlar un xefe se algo se fixo ben: *O xefe do taller supervisa todas as reparacións dos coches.*
FAM. supervisión, supervisor.

supervivencia
substantivo feminino
1 Conservación da vida, especialmente nun perigo: *Os soldados aprendían técnicas de supervivencia no deserto.*
2 Continuación da existencia de algo: *Nas aldeas prodúcese a supervivencia de costumes antigos.*

supervivente
adxectivo ou substantivo
Que segue a vivir tras un accidente ou catástrofe: *Un helicóptero rescatou os superviventes.* SIN. sobrevivente.

súpeto
EXP. **De súpeto** De pronto e sen esperalo ou por sorpresa: *De súpeto, ergueuse e marchou da reunión.* SIN. de socate, de socato.

suplemento
substantivo masculino
1 Aquilo que se lle engade a algo xa completo para melloralo ou facelo máis completo: *Os domingos o xornal leva un suplemento con artigos literarios e pasatempos.*
2 Cantidade que se paga de máis para ter unha mellora: *Se paga un suplemento no prezo do cuarto, pode usar a sauna do hotel.*

suplente
adxectivo ou substantivo
Que substitúe outra persoa ou fai por ela o seu traballo ou función: *Lesionouse o porteiro titular e saíu o suplente.*

suplicar
verbo
Pedir algo como un favor, moi humildemente e sen orgullo ningún: *Suplicáballe que lle perdoase aqueles insultos.* SIN. implorar, pregar, rogar.
OBS. O *c* cambia en *qu* ante *e*, como en *sacar.*
FAM. súplica, suplicante.

suplicio
substantivo masculino
Dor moi grande ou castigo que fai sufrir moito e ata pode producir a morte: *Os presos da Inquisición sufrían suplicios tan grandes como morrer queimados.* SIN. tormento, tortura.

suplir
verbo
1 Substituír unha persoa a outra facendo o seu traballo ou función: *Un médico novo suple o titular.*
2 Remediar ou solucionar unha falta ou defecto con outra cousa: *Suple a súa falta de preparación con máis horas de estudo.*
FAM. suplencia, suplente.

supoñer ou supor
verbo
1 Considerar algo como certo ou posible: *El supuxo que estariamos xa na casa.* SIN. calcular, coidar, imaxinar, crer, pensar.
2 Significar, custar ou ter como consecuencia: *Esta nevada supón ter que pórlle as cadeas ao coche.* SIN. implicar, significar.
3 Ter valor ou importancia: *A súa opinión supón moito para min.* SIN. significar.
OBS. É irregular e conxúgase como *poñer* ou *pór.*

suposición
substantivo feminino
Consideración de algo como certo ou como posible: *A miña suposición de que hoxe iría sol foi equivocada.* SIN. conxectura, suposto.

supositorio
substantivo masculino
Medicamento en forma de cilindro fino e rematado en punta que se introduce polo ano: *No canto de inxeccións, o médico receitoulle uns supositorios.*

suposto, suposta
1 Participio irregular do verbo *supoñer* ou *supor.*
adxectivo
2 Que se considera certo ou verdadeiro, aínda que non se demostrou: *A policía xa detivo un suposto culpable do roubo.*
substantivo masculino
3 Consideración de que algo é de determinada maneira, aínda que non se demostrou: *A policía traballa co suposto de que o detido é o autor do crime.* SIN. suposición.
EXP. **Por suposto** Sen dúbida ningunha: *Por suposto que ti tamén estás convidado.*

supremo, suprema

adxectivo

Co grao, calidade ou importancia máis grandes ou máximos: *O valor supremo da convivencia é o respecto polos demais.*

FAM. supremacía.

suprimir

verbo

Eliminar ou facer desaparecer: *Suprimiron a liña de autobús que ía ata o meu barrio.*

SIN. eliminar. ANT. engadir.

FAM. supresión.

sur

substantivo masculino

1 Punto cardinal que está situado cara á dirección en que está o Sol ao mediodía: *O barco ía cara ao Sur.* ANT. norte.

2 Dirección ou territorio situado na dirección deste punto cardinal: *Ourense e Pontevedra son as provincias do sur de Galicia.* ANT. norte.

OBS. Na acepción 1 adoita escribirse con inicial maiúscula.

surf

substantivo masculino

Deporte que consiste en escorregar sobre as ondas do mar cunha táboa especial: *Na praia de Patos os rapaces practican o surf.*

susceptible ou susceptíbel

adxectivo

1 Que lle parece calquera cousa mal e se enfada con moita facilidade e mesmo sen motivo: *Non lle digas que bula porque é moi susceptible.*

2 Que ten determinada posibilidade: *O programa das festas é susceptible de cambios.*

FAM. susceptibilidade.

suspender

verbo

1 Colgar algo en alto de modo que se suxeite no aire por un punto: *Suspendeu a lámpada dun gancho que colocou no teito.* SIN. colgar, pendurar.

2 Impedir que se faga algo ou que se realice e desenvolva: *O árbitro suspendeu o partido pola forte tormenta.* SIN. interromper. ANT. continuar, seguir.

3 Pór ou sacar unha nota que indica que non se ten o nivel suficiente para aprobar: *Suspendeu lingua cun 3.* ANT. aprobar.

OBS. Ten dous participios, o regular *suspendido*, usado nas perífrases, e o irregular *suspenso*, usado como adxectivo.

FAM. suspense, suspensión, suspenso.

suspense

substantivo masculino

Emoción que causa o non saber o final ou desenlace de algo, especialmente dunha película, novela ou obra de teatro: *Gústanlle moito as novelas policiais con suspense.*

suspenso, suspensa

1 Participio irregular do verbo *suspender.*

adxectivo ou substantivo

2 Que non alcanzou a nota necesaria para aprobar: *Os alumnos suspensos repetirán o exame.*

substantivo masculino

3 Nota ou cualificación que non chega ao necesario para aprobar: *Tivo un suspenso en matemáticas.*

EXP. **En suspenso** Atrasado ou en espera de que continúe ou se resolva: *A reunión quedou en suspenso porque non se chegou a un acordo.*

suspirar

verbo

Facer respiracións profundas e longas, xeralmente para expresar pena, dor ou descanso: *Estaba tan triste que non paraba de suspirar.*

EXP. **Suspirar por** Desexar ou querer moito: *Suspira por mercar un coche novo.*

FAM. suspiro.

suspiro

substantivo masculino

Respiración profunda e longa que adoita expresar pena, desexo ou descanso: *Deu un suspiro de alivio cando viu que non tiña ningunha ferida.*

sustancia

substantivo feminino

Parte principal dun alimento e que ten máis sabor: *A sustancia das laranxas é o zume.*

SIN. substancia.

sustentar

verbo

1 Suxeitar ou manter algo sen deixalo caer: *As vigas sustentan o teito.* SIN. aguantar, soportar, sustentar.

2 Defender unha idea ou unha teoría: *O médico sustenta que o paciente só ten unha gripe.* SIN. manter, soster.
3 Dar o necesario para vivir: *El sustenta co soldo toda a familia.* SIN. manter, soster.
FAM. sustento.

sustento
substantivo masculino
1 Alimento ou comida necesarios para vivir: *O sustento das plantas son a auga e os sales minerais.*
2 Mantemento de algo ou alguén na súa posición e sen caer: *Eses arcos realizan o sustento da bóveda.* SIN. apoio.

susto
substantivo masculino
Impresión forte e repentina causada pola sorpresa ou polo medo: *Disfrazouse de fantasma para darlle un susto ao irmán pequeno.*
FAM. asustar.

suxeición
substantivo feminino
1 Feito de ter algo collido para que non caia ou non se mova: *A suxeición do cabalo desbocado custounos moito traballo.*
2 Peza que serve para evitar que algo se mova ou caia: *O montañeiro aseguraba as suxeicións á rocha.*

suxeitador
substantivo masculino
Peza de vestir interior feminina que serve para suxeitar os peitos: *Mercou un suxeitador branco.*

suxeitar
verbo
1 Agarrar ou manter algo seguro de xeito que non se mova ou que non caia: *As vigas suxeitan o teito. Suxeitaba o libro á altura dos ollos.*
2 suxeitarse Cumprir unha norma ou lei: *Todos os cidadáns han de suxeitarse ás leis.*
OBS. Ten dous participios, o regular *suxeitado*, usado nas perífrases, e o irregular *suxeito*, usado como adxectivo.
FAM. suxeición, suxeitador, suxeito.

suxeito, suxeita
1 Participio irregular do verbo *suxeitar.*
adxectivo
2 Que está seguro e que non se move nin cae: *Levaba o pelo suxeito cunha goma.* SIN. firme, fixo.
3 Que depende de algo, que o debe obedecer ou que pode recibir o efecto de algo: *Todos os cidadáns estamos suxeitos ás leis. O programa aínda está suxeito a cambios.*
substantivo masculino
4 Persoa que non se coñece ou da que non se quere dicir o nome: *Ese suxeito é un impresentable.* SIN. individuo, tipo.
5 En gramática, palabra ou conxunto de palabras das que di algo o predicado e que van en singular ou plural segundo o verbo vaia en singular ou plural: *En «Antón canta» o suxeito é «Antón».*

*suxerencia, a forma correcta é suxestión.

suxerir
verbo
1 Dar unha idea para facer algo: *El suxeriunos que podiamos ir mañá pola noite ao teatro.* SIN. propoñer, propor.
2 Facer sentir algo ou facer pensar en algo: *Esa música suxire a alegría.*
OBS. Conxúgase como *advertir.*
FAM. suxestión, suxestionar, suxestivo.

suxestión
substantivo feminino
1 Idea que se lle dá a alguén para facer algo: *O xefe sempre acepta as suxestións dos empregados para mellorar o traballo.* SIN. proposición, proposta.
2 Influencia moi grande sobre unha persoa de forma que xa non sente nin pensa por si mesma: *Os estafadores teñen unha gran capacidade de suxestión sobre as persoas para sacarlles os cartos.*
OBS. A forma **suxerencia* é incorrecta.

suxestionar
verbo
Facer que unha persoa pense, actúe ou sinta dunha determinada maneira ao influír moito nela e impedirlle decidir por si mesma: *Os estafadores suxestionan a xente cos seus falsos negocios fabulosos.*

suxestivo, suxestiva
adxectivo
Que dá ou produce ideas, plans ou sentimentos que parecen moi bos e agradables: *A idea de ir esta tarde á praia é moi suxestiva.*
OBS. A forma **suxerente* é incorrecta.

T

t

substantivo masculino

Letra número dezanove do abecedario: *A palabra* tren *comeza por un* t.

OBS. O seu nome é te.

tabaco

substantivo masculino

1 Planta orixinaria de América con follas grandes que conteñen nicotina e que unha vez secas se usan para preparar cigarros e puros: *O tabaco é unha planta orixinaria de América.*

2 Produto que se obtén destas follas secas e convenientemente preparadas e que se fuma: *O consumo de tabaco é prexudicial para a saúde.*

FAM. tabaqueira, tabaqueiro, tabaquismo.

tabán

substantivo masculino

Insecto parecido a unha mosca pero máis grande que pica o gando e as persoas para chucharlles o sangue: *Os tabáns alimentanse do sangue que chuchan.*

tabaqueira

substantivo feminino

Especie de caixiña ou estoxo pequeno onde se leva o tabaco: *Sacou un cigarro dunha tabaqueira de ouro.*

taberna

substantivo feminino

Bar sen luxo onde se serven ao público comidas e bebidas: *Nesa taberna xántase moi economicamente e moi ben.* SIN. baiuca, tasca.

FAM. taberneiro.

tabique

substantivo masculino

1 Parede delgada que separa os cuartos dunha casa: *Os tabiques do meu cuarto teñen unhas gretas.*

2 División que separa dúas partes ocas: *O tabique nasal separa as ventas do nariz.*

táboa

substantivo feminino

1 Anaco ou peza de madeira lisa e delgada: *No serradoiro cortan os toros das árbores en táboas.*

2 Peza lisa e delgada de calquera material duro: *Mercou unha táboa de surf.*

3 Lista de números e cousas postas en orde para lembralos mellor ou consultalos: *Os cativos aprendían a táboa de multiplicar do oito.*

EXP. **Facer táboa rasa** Non considerar algo, esquecelo ou non facerlle caso: *O xefe fixo táboa rasa dos teus erros anteriores.* **Táboa de salvación** Última ou única forma que queda para saír dun perigo ou situación moi difícil: *Un préstamo dun amigo foi a táboa de salvación que lle permitiu seguir co negocio.*

FAM. taboado, taboleiro.

taboado

substantivo masculino

Superficie que se fai con táboas ou outro material semellante e que está máis alta ca o chan: *A orquestra tocaba sobre un simple taboado.*

taboleiro

substantivo masculino

1 Peza de madeira ou doutro material duro semellante plana, grande e de pouco gro-

sor: *Para facer os estantes mercou catro taboleiros.*
2 Superficie de forma rectangular de madeira ou doutro material semellante onde se colocan pegados, cravados ou de calquera outra forma os avisos e a información: *O profesor puxo no taboleiro da clase a lista dos aprobados.*
3 Nun deporte, especie de pantalla onde se van anotando os puntos que conseguen os equipos e outras informacións: *No taboleiro do estadio puxeron os resultados de todos os partidos da primeira división.*
4 Superficie de madeira ou doutro material semellante dividida en casas onde se xogan determinados xogos de mesa: *O parchís, as damas e o xadrez xóganse sobre o taboleiro correspondente.*

tabú
substantivo masculino
Calquera cousa que non se pode dicir, nomear ou facer porque pode molestar moito, resultar desagradable ou ofensiva: *Para moitas persoas falar da morte resulta tabú.*

***taburete**, a forma correcta é **meso**, **tallo**.

tacha
substantivo feminino
Falta ou defecto que fai que algo ou alguén non sexan perfectos: *O profesor non lle puxo ningunha tacha ao exame e deulle un dez.* SIN. defecto, falta.
FAM. tachar.

tachar
verbo
Indicarlle a algo ou alguén que ten un defecto ou tacha: *Tachárono de pouco traballador.*
OBS. Non debe usarse no canto de *riscar.*

***tachola**, a forma correcta é **chatola**.

tácito, tácita
adxectivo
Que non se di ou expresa porque xa se sabe ou supón: *En «fun ao cine» o suxeito está tácito porque se sabe que é* eu.

taco
substantivo masculino
1 Anaco pequeno, curto e regular de madeira, plástico ou doutro material semellante, especialmente se se mete nun oco: *Fixo o buraco, meteulle un taco de plástico e despois colocou nel a alcaiata para colgar o cadro.*
2 Anaco pequeno e gordo dun alimento: *De entrante puxo uns tacos de queixo.*
3 Conxunto de follas de papel ou billetes postos uns sobre outros ou pegados polo bordo superior: *Teño na mesa un calendario de taco, que ten unha folla por cada día do ano.*
4 Pau longo que se usa para golpear as bólas do billar: *Non sabe nin coller o taco do billar!*
5 Tacón.
6 Comida lixeira que se toma entre horas, xeralmente a media mañá: *Ás once descansamos e tomamos un taco.*

tacón
substantivo masculino
Parte traseira e máis alta dun zapato e que está debaixo do talón: *As modelos adoitan levar zapatos de tacón moi alto.* SIN. taco.

táctico, táctica
adxectivo
1 Da táctica ou plan e sistema para facer algo: *O adestrador explicaba os movementos tácticos que faría o equipo para non recibir goles.*
substantivo feminino
2 Plan ou sistema para facer ou conseguir algo: *A mellor táctica para aprobar é estudar todos os días.* SIN. estratexia.

táctil
adxectivo
Do sentido do tacto ou relacionado con el: *O frío e a calor son impresións táctiles.*

tacto
substantivo masculino
1 Sentido dos cinco que teñen as persoas que permite percibir sensacións como calor, frío, suavidade, dureza e outras semellantes ao tocar as cousas: *O tacto permite recoñecer a calor e o frío das cousas que tocamos.*
2 Sensación ou impresión que se produce ao tocar algo: *Polo tacto coñecín que o regalo era un libro.*
3 Habilidade para tratar coas persoas sen facerlles dano nin molestalas: *Sabe dicirlles os erros aos demais con moito tacto.*
FAM. táctil.

tafona
substantivo feminino
Establecemento onde se coce ou se vende pan: *Esa tafona ten un pan moi bo.* SIN. forno, panadaría.

tal
indefinido
1 Igual ou da mesma forma: *É tal como o imaxinaba.*
2 Tan grande ou moi grande: *Levei tal sorpresa que quedei pampo.*
3 Úsase para indicar algo do que xa se falou: *Eu non sei quen puido ter tal idea.*
4 Úsase para indicar algo ou alguén non coñecido ou indeterminado: *Non me importa o que fixo tal persoa, senón o que ti fixeches.*
EXP. **Con tal de que** ou **con tal que** Coa condición de que: *Con tal de que ti veñas, eu corro cos gastos que sexan.* **Tal cal** De igual forma como se indica: *Os feitos aconteceron tal cal chos contei eu.*

***tal vez**, a forma correcta é **talvez**.

talante
substantivo masculino
Forma de ser de alguén: *El ten un talante de persoa amable e dialogante.*

talco
substantivo masculino
Pedra branda de cor branca da que se obtén un po tamén branco que se lle bota á pel para que non proia e non se irrite: *Botoulle ao neno pos de talco no cu.*

taleiga
substantivo feminino
Saco ou bolsa de lenzo ou tea dura máis ancha ca longa: *Levaba unha taleiga colgada do ombreiro co móbil e outros obxectos persoais.*

talento
substantivo masculino
Intelixencia ou capacidade que se ten para facer algo moi ben: *Ten moito talento para debuxar.*

talismán
substantivo masculino
Cousa da que se di que ten propiedades máxicas para conseguir cousas boas e evitar as malas: *O adestrador di que esa camisa azul é o seu talismán, pois cando a pon sempre gaña o partido.*

talla[1]
substantivo feminino
Recipiente grande para a auga, máis ancho ca alto, que pode ter diversos usos.

talla[2]
substantivo feminino
1 Imaxe ou obra de escultura feita de madeira: *As imaxes relixiosas que desfilan nas procesións adoitan ser tallas.*
2 Corta ou separación en partes de algo: *Debe evitarse a talla abusiva das árbores do Amazonas. O carniceiro realizaba a talla da carne.* SIN. corta.
3 Traballo sobre un material duro para darlle unha determinada forma: *Ese xoieiro é un especialista na talla dos diamantes.*
OBS. É distinto de *talle.*

tallada
substantivo feminino
1 Anaco máis ou menos pequeno que se corta dalgún alimento, especialmente da carne: *O guiso tiña moitas patacas e poucas talladas de carne.*
2 Corte alongado e fondo: *Fixo unha boa tallada no dedo co coitelo.*

tallante
adxectivo
1 Que talla ou corta: *Os coitelos son instrumentos tallantes.*
2 Que non admite discusión, dúbidas ou contestación: *Dixo de forma tallante que non iría connosco.*

tallar
verbo
1 Cortar en anacos ou separar en partes cun instrumento que corta ou talla: *Tallaron os carballos dese monte. O carniceiro tallaba a carne.*
2 Facer unha estatua ou imaxe sobre un material duro, especialmente en madeira: *Tallaba imaxes en madeira de buxo para unha igrexa.*
3 Traballar un material duro para darlle unha determinada forma: *Ese xoieiro aprendeu a tallar diamantes en Holanda.*
FAM. talla, tallante, tallar, tallarín, talle, tallo.

tallarín
substantivo masculino
Pasta alimenticia elaborada con fariña triga e cortada en tiras moi estreitas e longas: *No restaurante italiano serven moi bos pratos de tallaríns.*

talle
substantivo masculino
1 Medida que usamos dunha peza de vestir: *O teu talle de pantalón e o meu son o mesmo, o talle 44.*
2 Altura dunha persoa desde os pés ata a cabeza: *O talle de moitos xogadores de baloncesto anda cerca dos dous metros.* SIN. estatura.
OBS. É distinto de *talla*.

taller
substantivo masculino
1 Lugar en que se fan amaños e traballos con ferramentas, máquinas e á man: *Levou o coche a un taller para cambiarlle o aceite.*
2 Lugar en que traballa un artesán: *O oleiro traballaba no seu taller.* SIN. obradoiro.
3 Lugar ou actividade onde se aprende a facer algún traballo artístico, como escribir poesía, representar obras de teatro e outras actividades semellantes: *No colexio apunteime a un taller de poesía.* SIN. obradoiro.
4 Lugar onde traballa un escultor ou un pintor: *El ten varios cadros acabados no seu taller.* SIN. estudio.

tallo
substantivo masculino
1 Corte profundo feito cun instrumento que talla ou corta: *Fixo un bo tallo co coitelo no dedo polgar.*
2 Asento sen respaldo e que serve para unha soa persoa: *No cuarto de baño ten un tallo.*
3 Toro ou parte cortada dun tronco groso de árbore que se adoita usar para cortar ou tallar sobre el: *O carniceiro cortaba a carne sobre o tallo.* SIN. cepo.

talo
substantivo masculino
Nunha planta, parte que medra para arriba e ao contrario da raíz e que sostén as ramas, as follas e as flores: *Os talos poden ser leñosos, coma o das árbores, e herbáceos, coma o das herbas.*

talón
substantivo masculino
1 Parte posterior do pé de forma arredondada: *O talón está situado entre a planta do pé e a unión do pé coa perna.*
2 Parte do zapato ou do calcetín que cobre esta parte do pé: *Teño os talóns destes calcetíns cheos de buracos.*
3 Folla alongada en que se escribe algo, habitualmente unha orde ou documento para algo, e que forma parte dun caderno do que se arrinca: *Pagoulle o amaño do coche cun talón ao portador da súa conta bancaria.*

talonario
substantivo feminino
Especie de caderno formado por follas alongadas ou talóns que se van arrincando para darllas a alguén, especialmente cunha orde de pago ou como documento para algo: *Perdeu o talonario de cheques que lle deron no banco.*

***talude**, a forma correcta é **noiro**, **cemba**, **ribazo**.

talvez
adverbio
Indica dúbida ou posibilidade: *Talvez chova esta tarde.*

tamaño
substantivo masculino
Dimensión ou conxunto das medidas de algo: *O mosquito é de tamaño pequeno e o elefante de tamaño moi grande.*

***tambalear**, a forma correcta é **cambalear**.

tambor
substantivo masculino
1 Instrumento musical redondo e oco, con forma de cilindro e que se toca golpeándoo con dous paus ou baquetas: *As baquetas son os paus con que se toca o tambor.*
2 Calquera cousa, utensilio ou peza dun aparello que pola súa forma lembra a deste instrumento musical: *A roupa métese no tambor da lavadora.*
FAM. tamboril, tamborileiro.

tamboril
substantivo masculino
Tambor pequeno que colga dun ombreiro e que se toca cun só pau ou baqueta: *Tocaba o tamboril cunha man e coa outra sostiña a frauta que tocaba ao mesmo tempo.*

tamén
adverbio
Úsase para indicar unión, semellanza ou inclusión: *El tamén virá connosco á praia.* ANT. tampouco.

***tamiz**, a forma correcta é **baruto**.

tampa
substantivo feminino
Tapa.

tampón
substantivo masculino
1 Caixa pequena que ten dentro un material mollado en tinta e onde se mollan os selos ou cuños: *Antes de selar o documento, o funcionario mollou o selo no tampón.*
2 Rolo de celulosa que se introduce na vaxina da muller para absorber o sangue da menstruación: *Agora úsanse máis os tampóns ca as compresas.*

tampouco
adverbio
Úsase para negar despois doutra expresión tamén negativa: *El non irá e eu tampouco.* ANT. tamén.

tan
adverbio
1 Indica igualdade: *É tan alto coma o irmán.*
2 Indica cantidade: *Que camisa tan bonita!*
3 Cando vai coa conxunción *que*, reforza o antecedente ou causa da acción: *Este libro é tan longo que non o dou rematado de ler.*

***tanda**, a forma correcta é **quenda**, **serie**, **vez**.

tangaraño
substantivo masculino
Segundo unha superstición popular, demo que fai que os nenos non medren e queden raquíticos e mesmo deformes, e tamén esa enfermidade: *O tangaraño para a ciencia é realmente o raquitismo.*

tango
substantivo masculino
Baile, música e canción de ritmo lento típicos da Arxentina: *O tango báilase en parella e as súas letras adoitan ser tristes.*

tanguer
verbo
1 Dito dun instrumento musical de corda, tocalo pulsando as súas cordas: *A guitarra tánguese co dedo polgar.* SIN. tanxer.
2 Dito dunha campá, tocala tirando da corda con que se move o badalo: *O sancristán tanguía a campá para anunciar que ía comezar a misa.* SIN. tanxer.
3 Picar coa aguillada o gando ou darlle paus para facelos andar ou levalos cara a un lugar: *Tanguía as vacas coa aguillada para que andasen polo camiño e non entrasen na leira.* SIN. aguilloar, tanxer.

tanque
substantivo feminino
1 Recipiente grande e moitas veces pechado que se usa para conter líquidos e gases: *A gasolina almacénase en tanques.*
2 Vehículo de guerra blindado que adoita moverse sobre cadeas para andar por terreos difíciles: *Os tanques comezaron a usarse na Primeira Guerra Mundial.* SIN. carro de combate.
3 Recipiente en forma de cazo pequeno con asa que se usa para quitar auga dun recipiente maior ou para bebela: *Colleu auga da sella co tanque.* SIN. ferrada.

***tantear**, a forma correcta é **tentear**.

***tanto** (xogo), a forma correcta é **punto**.

tanto, tanta
indefinido
1 Moito ou nunha cantidade grande: *Temos tanto traballo que hoxe non o remataremos.*
2 Indica igualdade: *Eu traballei tantas horas coma el.*
substantivo masculino
3 Determinada cantidade, especialmente de cartos: *Esa empresa paga un tanto por hora traballada.*
adverbio
4 En cantidade elevada: *Choveu tanto que houbo inundacións.*
5 Indica igualdade: *Sabe tanto de matemáticas coma el.*
EXP. **As tantas** Horas de moi tarde, especialmente de noite: *Eran as tantas cando chegou, pois pasaba das catro da mañá.* **En tanto** ou **en tanto que** Mentres: *En tanto que conduce, escoita as noticias da radio.* **Estar ao tanto** Saber algo: *El non estaba ao tanto das andanzas do irmán.* **Outro tanto** O mesmo: *Pagou o moble e despois case outro tanto polo transporte.* **Polo tanto** ou **por tanto** En consecuencia: *Hoxe chove; polo tanto, non iremos á praia.* **Tanto por cento** Cantida-

de que representa unha parte dun total de cen: *Aprobou o exame un tanto por cento grande de alumnos, o 85%.* SIN. porcentaxe. OBS. Non debe usarse en deporte como sinónimo de *punto, gol.*

tanxente
adxectivo ou substantivo feminino
Referido a unha liña ou a unha superficie, que toca outras liñas ou superficies ou que ten puntos en común con elas pero sen se cortaren: *O profesor díxolle que trazase unha secante e unha tanxente á circunferencia no encerado.*

tanxer
verbo
Tanguer.

tanza
substantivo feminino
Sedela.

tapa
substantivo feminino
1 Peza que serve para tapar ou cubrir algo e que se pode pór e quitar: *As caixas dos zapatos teñen unha tapa.* SIN. tampa.
2 Primeira e derradeira folla dun libro habitualmente dun material máis duro ca as follas: *As tapas dos cadernos adoitan ser de cartón.*
3 Capa de sola ou goma que cobre o tacón do zapato: *O zapateiro púxolles unhas tapas novas aos meus zapatos negros.*
4 Porción pequena de alimento que se toma como aperitivo ou para acompañar a bebida: *Puxéronlle de tapa unhas olivas.*
FAM. tapadeira, tapar, tapete, tapón, destapar.

tapabocas
substantivo masculino
Bufanda.

tapadeira
substantivo feminino
Peza que serve para cubrir ou tapar un recipiente e que se pode pór e quitar: *As tarteiras teñen tapadeira.*

tapar
verbo
1 Pór algo encima de algo ou de alguén para protexelo de xeito que non se vexa: *Tapou a tarteira co seu testo. Tapou os pés coa manta.* SIN. cubrir.
2 Cerrar unha abertura ou meter algo nela de xeito que quede cerrada: *Tivemos que tapar o nariz polo fedor que había alí.*
3 Esconder algo ou manter oculto: *Sempre tiña cómplices que tapaban os seus roubos na oficina.*

tapete
substantivo masculino
Peza de tea que se pon sobre unha mesa para xogar certos xogos ou como adorno: *O tapete das mesas de billar é verde.*

tapia
substantivo feminino
Parede alta e estreita con que se pecha un terreo: *O soar estaba rodeado por tapias.*

tapiz
substantivo masculino
Tea ou pano que leva debuxadas con fíos figuras e imaxes e que se usa como adorno, especialmente colgado nas paredes: *O salón de plenos da Casa do Concello ten nas súas paredes uns fermosos tapices.*
FAM. tapizar, tapizaría.

tapizar
verbo
Cubrir parte dun moble con tea: *Tapizou os sofás do salón coa mesma tea das cortinas.*
OBS. O *z* cambia en *c* ante *e*, como en *cazar.*

tapizaría ou tapicería
substantivo feminino
1 Taller onde se cobren mobles como cadeiras, cadeiras de brazos ou sofás de tea: *Levamos o sofá á tapizaría para que o tapicen de novo.*
2 Tecido ou tea que se usa para cubrir certos mobles como cadeiras ou sofás ou facer cortinas: *A tapizaría do sofá do salón xa vai gastada.*

tapón
substantivo masculino
1 Peza de cortiza, metal ou doutro material en forma de cilindro que se usa para tapar as bocas de botellas, frascos e doutras cousas semellantes: *Os refrescos adoitan levar un tapón de rosca.*
2 Acumulación de certas cousas que non deixan pasar por un lugar: *Neste cruzamento de rúas sempre se forma un tapón de coches que para o tráfico.*
FAM. taponar.

taponar
verbo
1 Cerrar un buraco cun tapón ou cunha cousa semellante: *Taponou os oídos polo ruído metendo neles o dedo índice.*
2 Non deixar pasar por un lugar: *Á saída do traballo, os coches taponan ese cruzamento.*

taquigrafía
substantivo feminino
Forma especial de escribir moi rápida cuns signos especiais que permiten copiar ao pé da letra o que alguén pronuncia: *Nos parlamentos rexistran exactamente os discursos dos parlamentarios por taquigrafía.*
FAM. taquigrafar, taquigrafía.

tara
substantivo feminino
1 Peso dun envase, recipiente ou vehículo baleiro: *A tara dun camión é o que pesa sen carga.*
2 Calquera defecto que ten unha persoa: *Ten a tara de que non move os dedos da man dereita.*
FAM. tarado, tarar.

tarabelo, tarabela
adxectivo ou substantivo
1 Que non é serio e cambia de opinión sen motivo ou que fala moito e sen ningún sentido: *Non cumpre ningunha promesa porque é un tarabelo.* SIN. tiruleco.
substantivo feminino
2 Ferramenta formada por unha barra metálica do tamaño dun cravo acabada en espiral e en punta que se usa para facer buracos nunha superficie: *Fixo co tarabelo un buraco na táboa para meter o parafuso.*
3 Instrumento formado por unha peza en forma de X ou unhas aspas que baten contra outra peza metálica e fan ruído para espantar os paxaros: *Puxo uns tarabelos na horta para espantar os paxaros.* SIN. martabela, trapela, trécola, viraventos.
4 Pechadura sinxela formada por un anaco de madeira que xira sobre unha punta ou cravo e que se usa para pechar portas e ventás: *Pechou a cancela co tarabelo.* SIN. martabela.

tarambaina
adxectivo ou substantivo
Toleirán.

tarántula
substantivo feminino
Araña grande de cor escura con raias brancas e picadura velenosa: *A tarántula vive entre as pedras e en buracos que fai no solo.*

tarasca
substantivo feminino
Coca.

tardanza
substantivo feminino
Atraso ou uso de moito máis tempo do normal para facer algo: *Non entendo a súa tardanza en rematar un traballo tan sinxelo.*

tardar
verbo
1 Usar unha cantidade de tempo en facer algo: *O cirurxián tardou dúas horas en realizar a operación.*
2 Usar ou pasar máis tempo do normal en facer ou acontecer algo: *Hoxe o autobús tardou e cheguei cun atraso dun cuarto de hora ao traballo.*

tarde
substantivo feminino
1 Período de tempo que vai desde o mediodía ou a hora de xantar ata que se fai de noite: *Os sábados pola tarde non abrimos.*
adverbio
2 Nas derradeiras horas do día ou da noite, ou na parte derradeira dun período de tempo: *Déitase sempre moi tarde, cara ás dúas da mañá.* ANT. cedo, pronto.
3 Despois do momento sinalado, habitual ou preciso: *Ten o mal costume de chegar tarde ao traballo.* ANT. cedo, pronto.
EXP. **Boas tardes** Saúdo que se usa despois de xantar ou do mediodía e ata que comeza a ser de noite: *Deu as boas tardes cando entrou na oficina ás catro.* **De tarde** Que dá o seu froito ou madura despois do normal ou habitual: *Estas mazás son de tarde.* SIN. serodio, tardío. ANT. de cedo, temperán.
FAM. tardanza, tardar, tardeiro, tardiña, tardío, tardo.

tardeiro, tardeira
adxectivo
Que usa máis tempo do normal ou habitual para facer algo ou que acontece despois do normal ou preciso: *É moi tardeiro para vestirse.* SIN. lento. ANT. lixeiro, rápido, veloz.

tardiña
substantivo feminino
Parte da tarde en que comeza a pórse o sol: *Quedaron á tardiña para ir ao teatro.*

tardío, tardía
adxectivo
Que chega, acontece ou madura despois do momento normal, habitual ou preciso: *Estas mazás tardías son moi saborosas.* SIN. de tarde, serodio. ANT. de cedo, temperán.

tardo, tarda
adxectivo
Que emprega moito tempo ou máis do normal en facer algo: *É tardo en comprender as explicacións.* SIN. lento. ANT. lixeiro, rápido, veloz.

tarefa
substantivo feminino
Calquera traballo ou cousa que alguén ten que facer: *As tarefas da casa son pesadas e aburridas.* SIN. angueira, faena, labor, quefacer, traballo.
FAM. atarefado.

tarifa
substantivo feminino
Prezo fixo que hai que pagar por recibir un determinado servizo: *Os taxis cobran de acordo cunha tarifa.*

tarima
substantivo feminino
Plataforma de madeira colocada a pouca altura do chan: *Os músicos tocaban sobre unha tarima.*

tarro
substantivo masculino
Recipiente de cristal, arxila ou calquera outro material parecido de forma cilíndrica e xeralmente máis alto ca ancho: *Pechou o tarro da marmelada.*

***tarta**, a forma correcta é **torta**.

tartamudear
verbo
Tatexar.
FAM. tartamudez, tartamudo.

tartamudo, tartamuda
adxectivo ou substantivo
Tatexo.

tartaruga
substantivo feminino
Réptil mariño ou terrestre co corpo cuberto por unha coiraza e que anda con moita lentitude: *As tartarugas poden meter todo o corpo, incluídas as patas e a cabeza, dentro da coiraza.* SIN. sapoconcho.

tarteira
substantivo feminino
Recipiente para cociñar máis largo ca alto, de barro ou de metal e con dúas asas: *Tapou a tarteira para que fervese antes o guiso.* SIN. cazola.

tarugo
substantivo masculino
Anaco de madeira curto e groso: *Botoulle ao lume un tarugo de carballo.*

tarxeta
substantivo feminino
1 Anaco de forma rectangular de cartolina ou doutro material semellante onde aparecen escritos datos diversos sobre o seu propietario: *O fontaneiro deixounos unha tarxeta co nome da súa empresa, o enderezo e o teléfono de avisos.* SIN. cartón.
2 No fútbol, anaco de cartolina que usan os árbitros para indicarlles castigos aos xogadores: *A tarxeta amarela é de amoestación e a vermella, de expulsión.* SIN. cartón.
EXP. **Tarxeta de visita** Anaco de cartolina onde vai o nome, enderezo e profesión dunha persoa, e que se emprega para darse a coñecer: *O fontaneiro deixoume a súa tarxeta de visita por se o volvo necesitar.* SIN. cartón de visita. **Tarxeta de crédito** Peza rectangular de material plástico cos datos e claves dunha persoa que permite sacar e meter cartos nun caixeiro automático, así como facer pagamentos: *Eu pago todo no hiper coa tarxeta de crédito.* SIN. cartón de crédito. **Tarxeta postal** Cartolina rectangular que nunha das súas caras adoita levar unha fotografía ou un debuxo e pola outra vai en branco para escribir nela e enviala como saúdo a alguén por correo: *Envioume unha tarxeta postal desde o seu lugar de vacacións.* SIN. postal.

***tasa**, a forma correcta é **taxa**.

tasca
substantivo feminino
Taberna.

tataraneto, tataraneta
substantivo
En relación cunha persoa, fillo ou filla do seus bisneto ou bisneta: *Oxalá chegues a coñecer os teus tataranetos.*

tataravó, tataravoa
substantivo
Respecto dunha persoa, pai ou nai do seu bisavó ou da súa bisavoa: *Aínda lle vive un tataravó.*

tatexar
verbo
Falar pronunciando mal as palabras repetindo as súas sílabas: *Ao tatexar repite a primeira sílaba das palabras.* SIN. gaguexar, tartamudear.
FAM. tatexo.

tatexo, tatexa
adxectivo ou substantivo
Que cando fala pronuncia mal as palabras repetindo as súas sílabas: *Os tatexos adoitan repetir a primeira sílaba das palabras.* SIN. gago, tartamudo.

tatuar
verbo
Debuxar un imaxe sobre a pel dunha persoa de xeito que non se pode borrar: *Tatuáronlle nun antebrazo unha serea.*
FAM. tatuaxe.

taurino, taurina
adxectivo
Dos touros ou relacionado con eles e especialmente coas corridas de touros: *En Galicia a afección taurina é ben pequena.*

tauro
substantivo masculino
Signo do zodíaco ou do horóscopo que vai do 20 de abril ao 21 de maio e persoa nada baixo este signo: *É unha tauro porque naceu o 2 de maio.*

taxa
substantivo feminino
1 Cantidade de cartos que o cidadán debe pagarlles ao Estado, ao Concello ou a calquera organismo público por recibir un determinado servizo: *Todos os veciños lle pagan ao Concello unha taxa pola recollida do lixo.*
2 Límite no consumo ou gasto de algo: *Comeu pasteis sen taxa e empachou.*

taxar
verbo
1 Fixar o prezo ou valor de algo: *Taxaron a súa casa en medio millón de euros.* SIN. avaliar, valorar.
2 Limitar o consumo ou gasto de algo: *O médico taxoulle a comida porque engordaba moito.*

taxi
substantivo masculino
Automóbil con condutor que leva habitualmente ata catro pasaxeiros dun lugar a outro, especialmente dentro dunha cidade, e cuxo prezo vén marcado por un aparello electrónico que calcula os quilómetros percorridos e o tempo empregado: *Os taxis adoitan ser de cor branca cunha franxa de cor.*
FAM. taxímetro, taxista.

*taza, a forma correcta é **cunca**.

té
substantivo masculino
1 Arbusto orixinario da China cuxas follas, secas e torradas, se empregan para facer unha infusión e tamén estas follas secas para preparar a devandita bebida: *O té é un arbusto de folla perenne.*
2 Infusión ou bebida preparada con estas follas secas e torradas: *O té ten propiedades dixestivas e estimulantes.*
FAM. teteira.

te[1]
substantivo masculino
Nome da letra *t*: *A palabra* tear *ten un te.*

te[2]
pronome persoal
Indica a segunda persoa do singular e funciona como complemento directo sen preposición: *Seica te viron na festa.*

TE

É o pronome complemento directo de segunda persoa singular, polo que ao pasar a frase a terceira persoa o pronome a empregar é *o*, *a*:

A ti xa te trouxo en coche – a el xa o trouxo en coche

A ti atopoute na libraría – a ela atopouna na libraría

tea[1]
substantivo feminino
1 Tecido feito con fíos cruzados entre si de liño, algodón, la e outros materiais semellantes: *A tea desas sabas é de liño.*
2 Especie de tecido ou rede que forman os fíos que segrega a araña: *A araña usa a tea para cazar insectos que come.* SIN. arañeira.
3 Capa fina de calquera substancia que recobre algo ou se forma sobre un líquido: *A tea fina que hai entre a casca e a clara do ovo é a teaza.*
4 Calquera tecido ou material feito a xeito de tea e que é flexible: *Rodeou o xardín cunha tea metálica e púxolle ao tellado tea asfáltica, para evitar as pingueiras.*
FAM. tear, teaza.

tea[2]
substantivo feminino
Anaco de pau ao que se lle prende lume para alumar: *As teas usábanse antigamente e poñíaselles resina.*

tear
substantivo masculino
Máquina para tecer ou fabricar teas unindo fíos: *As fábricas téxtiles teñen teares.*

teatro
substantivo masculino
1 Xénero ou tipo de obra literaria que presenta unha historia a través do diálogo dos personaxes que uns actores representan sobre un escenario: *Castelao foi un grande autor de teatro.*
2 Edificio ou lugar preparado para representar este tipo de obras: *En Vigo existe o teatro García Barbón.*
3 Forma de actuar en que se finxe algo, especialmente para enganar: *O dianteiro fixo teatro ao tirarse na área buscando o penalti.*
FAM. teatral.

teaxe ou teaza
substantivo feminino
Capa ou membrana moi fina que recobre ou une certas cousas: *Entre a clara e a casca do ovo hai unha teaza.*

tebras
substantivo feminino plural
Falta total ou case total de luz: *Os faros acesos do coche iluminaban as tebras da noite.*
FAM. tebroso, tenebroso.

tebroso, tebrosa
adxectivo
Tenebroso.

tecedeira
substantivo feminino
Muller que fai teas ou tecidos unindo ou entrelazando fíos: *Esa tecedeira aínda confecciona sabas de liño.*
FAM. tecedora, tecelá.

tecedor, tecedora
adxectivo
1 Que tece ou fai teas e tecidos unindo ou entrelazando fíos: *Mercou unha máquina tecedora de la.*
2 Tecelán.

tecelán, tecelá
substantivo
Persoa que tece ou fai teas unindo ou entrelazando fíos: *Case xa non quedan tecelán do liño.* SIN. tecedor.

tecer
verbo
1 Facer teas ou tecidos unindo ou entrelazando fíos: *Antigamente tecíase o liño de forma artesanal.*
2 Formar na mente un plan ou proxecto: *O xefe dos atracadores teceu un plan para roubar o banco.* SIN. idear, maquinar, planear, tramar, urdir.
OBS. O *c* cambia en *z* diante de *a*, *o*, como en *vencer*.
FAM. tecedeira, tecedor, tecelán, tecido.

tecido
substantivo masculino
1 Material feito unindo ou entrelazando fíos entre si: *Os tecidos de algodón puro non me producen alerxia.*
2 En bioloxía, conxunto ou asociación de células semellantes pola súa orixe, estrutura e función: *Os músculos están formados por tecido muscular.*

tecla
substantivo feminino
Peza dalgúns instrumentos musicais, como o piano, ou dunha máquina, como o ordenador, que se aperta para que funcione: *As teclas do ordenador teñen todas as letras e os números do 0 ao 9.*
FAM. teclado, teclear.

teclado
substantivo masculino
Conxunto de teclas dun instrumento musical, como o piano, ou dunha máquina, como o ordenador: *Mercoulle un teclado novo ao ordenador.*

teclear
verbo
Premer as teclas dun instrumento musical, como o piano, ou dunha máquina, como o ordenador: *Tecleaba moi rápido no portátil.*

técnico, técnica
adxectivo
1 Da técnica ou aplicación práctica dos coñecementos das ciencias ou das artes: *Os enxeneiros atoparon unha solución técnica para mellorar a seguridade nas perforacións petrolíferas.*
2 Dito dunha palabra, que é propio dunha ciencia, arte ou profesión: *Os médicos adoitan usar palabras técnicas como* farinxite.
substantivo
3 Persoa que domina os coñecementos e métodos propios dunha ciencia, dunha arte ou dunha actividade: *Veu un técnico amañar o televisor.*
substantivo feminino
4 Aplicación práctica dos coñecementos da ciencia: *A técnica permite fabricar avións a partir dos coñecementos da física e doutras ciencias.*
5 Método, forma ou capacidade para facer ou conseguir algo: *A mellor técnica para aprobar todo é estudar todos os días.*
FAM. tecnicismo, tecnoloxía, tecnolóxico.

tecnoloxía
substantivo feminino
Conxunto de medios, instrumentos, coñecementos e aparellos que se usan nalgunha actividade, especialmente na industria: *Para que unha industria sexa rendible debe ter unha boa tecnoloxía.*

tega
substantivo feminino
Ferrado.

tegumento
substantivo masculino
1 Tecido a xeito de membrana que cobre o corpo dun animal ou algún órgano seu: *A mucosa do interior do nariz é un tegumento.*
2 Nunha planta, envoltura que protexe algunha das súas partes: *As sementes adoitan ter tegumento.*

teima
substantivo feminino
1 Idea fixa que non se pode quitar da cabeza ou costume que nunca se deixa: *Sempre anda a facer réximes porque ten a teima de adelgazar.* SIN. cisma, manía, obsesión.
2 Antipatía ou mala vontade contra algo ou alguén que non gustan, especialmente sen causa lóxica: *Tenlles teima a todos os que non pensan coma el.* SIN. animadversión, animosidade, antipatía, zuna. ANT. simpatía.
FAM. teimar, teimosía, teimoso, teimudo.

teimar
verbo
Ter unha idea fixa ou propósito e non os deixar por nada: *Teima en que vaiamos á praia por máis que chova.* SIN. empeñarse, obstinarse, persistir, porfiar.

teimoso, teimosa ou teimudo, teimuda
adxectivo
Que ten unha idea fixa ou propósito e non os deixa por nada: *Non cambia de opinión, aínda que estea equivocado, porque é moi teimudo.* SIN. cabezudo, cabezón, obstinado, testalán, testán, testudo, turrón.

teitar
verbo
Cubrir co teito: *Xa teitaron a casa.*

teito
substantivo masculino
Parte de arriba dunha casa ou edificio e que a cobre, especialmente considerada desde a parte de dentro e recuberta por tellas ou lousas: *As lámpadas penduran do teito.*
FAM. teitar, teitume.

teitume
substantivo masculino
Parte interior do teito dunha casa ou edificio, especialmente formada polas vigas e demais elementos sobre os que van as tellas ou as lousas: *O teitume dos pazos adoitaba ser de madeira.*

teixo[1]
substantivo feminino
Árbore conífera que pode medir ata quince metros de altura, con pólas que nacen desde

abaixo e bagas vermellas: *As follas e as sementes do teixo son velenosas.*

teixo[2], teixa
adxectivo
De cor parda escura: *Mercou na feira unha vaca teixa.*

teixugo
substantivo masculino
Mamífero carniceiro de pelo fino, suave e longo, de costumes nocturnos e que vive en tobos profundos: *O teixugo come polas noites pequenos animais e froitos.* SIN. porco teixo.

telecomunicación
substantivo feminino
Conxunto de técnicas e medios que permiten a comunicación a distancia: *O teléfono, a televisión e internet forman parte das telecomunicacións.*

teledirixir
verbo
Dirixir ou controlar a distancia: *Ese satélite é teledirixido desde unha base na Terra.*

teleférico
substantivo masculino
Vehículo de transporte formado por unha especie de vagón pequeno que vai colgado dun cable ou conxunto de cables e que permite subir a grandes alturas ou ir entre dúas alturas: *Subimos no teleférico ao miradoiro do cume da montaña.*

telefilme
substantivo masculino
Película ou filme rodado para ser emitido pola televisión: *Os telefilmes adoitan durar arredor dunha hora.*

teléfono
substantivo masculino
1 Sistema eléctrico de comunicación a distancia que permite enviar e recibir sons, podendo así falar dúas persoas que están moi lonxe unha da outra: *O inventor do teléfono foi Graham Bell.*
2 Aparello co que se realiza esta comunicación a distancia: *Os teléfonos poden ser fixos ou móbiles.*
FAM. telefonada, telefonar, telefónico, telefonista.

telégrafo
substantivo masculino
1 Sistema de comunicación a distancia que permite a transmisión de mensaxes escritas por medio de impulsos eléctricos: *O telégrafo é anterior ao teléfono e só transmite mensaxes escritas.*
2 Aparello para enviar e recibir estas mensaxes escritas: *As mensaxes dos telégrafos ían a través de fíos pendurados de postes.*
FAM. telegrafar, telegráfico, telegrafista.

telegrama
substantivo masculino
Comunicación ou mensaxe escrita transmitida por telégrafo: *Hoxe xa non se utilizan os telegramas.*

telenovela
substantivo feminino
Historia que se filma ou roda en moitos capítulos, ao xeito dunha novela, para ser emitida por televisión capítulo a capítulo e que adoita ser de tema amoroso: *As telenovelas poden chegar ata os mil capítulos.*

telepatía
substantivo feminino
Transmisión de pensamentos, sentimentos ou ideas entre dúas persoas sen falar nin usar ningunha linguaxe: *El soubo o que eu pensaba, aínda que non lle dixen nada, por telepatía.*

telescopio
substantivo masculino
Instrumento con forma de tubo e con varias lentes de aumento que se usa para ver a gran distancia, especialmente para observar os astros: *Montou un telescopio pequeno na terraza para ver a Lúa e as estrelas.*

telespectador, telespectadora
substantivo
Persoa que ve a televisión para entreterse: *Son moitos os telespectadores que ven os partidos de fútbol televisados.*

teletipo
substantivo masculino
Sistema de telégrafo que permite enviar e recibir textos escritos mediante un teclado e tamén o aparello que permite enviar e recibir estas mensaxes: *Os xornais adoitan ter teletipos para recibir e enviar noticias.*

televisar

verbo

Emitir ou transmitir por televisión: *A TVG televisa todos os sábados un partido de primeira división.*

televisión

substantivo feminino

1 Sistema que permite transmitir e recibir a grandes distancias imaxes e sons: *A televisión cambiou no século XX o ocio dos cidadáns.*

2 Empresa dedicada a facer este tipo de transmisión especialmente para informar e entreter a xente: *As televisións privadas adoitan vivir da publicidade.*

3 Televisor.

FAM. televisar, televisivo, televisor.

televisor

substantivo masculino

Aparello que serve para recibir as imaxes e os sons emitidos polas emisoras de televisión: *O técnico veu á miña casa para amañar o televisor.* SIN. televisión.

telexornal

substantivo masculino

Programa de televisión que ofrece as noticias máis importantes: *O telexornal dixo que se salvaron todos os náufragos do barco afundido.*

tella

substantivo feminino

Cada unha das pezas de arxila cocida con forma de rectángulo, curvo ou plano, que cobren unha casa ou edificio e impiden que pase a chuvia: *Cambiamos dúas tellas rotas e xa non temos pingueiras.*

FAM. tellado, tellar, telleira, telleiro, destellar, retellar.

tellado

substantivo masculino

Parte superior dunha casa ou edificio formada polas tellas ou mesmo por outras pezas semellantes que impiden que pase a auga: *Subiron ao tellado para colocar a nova antena de televisión.*

tellar

verbo

Pórlle as tellas ou outras pezas semellantes a unha casa ou edificio: *Xa tellaron a casa e axiña poderemos ir vivir a ela.* ANT. destellar.

tema

substantivo feminino

1 Idea ou asunto do que trata algo: *O tema dese libro é a polución.* SIN. asunto, materia.

2 Cada unha das unidades ou partes en que se divide unha materia de estudo: *O noso libro de lingua galega ten doce temas.*

3 Canción ou obra musical: *O cantante interpretou os seus temas máis coñecidos.*

FAM. temario, temático.

temer

verbo

1 Ter medo de algo ou de alguén: *O lobo teme o lume.*

2 Pensar que vai suceder algo malo ou que non convén: *El teme que a súa empresa vai pechar.*

FAM. temerario, temeridade, temeroso, temible, temor.

temerario, temeraria

adxectivo

Que non ten en conta o perigo nin o posible dano: *Conducir de noite sen luz é un acto temerario.*

temeroso, temerosa

adxectivo

Que ten medo ou temor: *É un cativo moi temeroso, que ata o asusta a escuridade.*

temible ou temíbel

adxectivo

Que produce medo ou temor: *As grandes tempestades no mar son temibles.*

temón

substantivo masculino

1 Folla ou lámina móbil, de madeira ou metal, que articulada na parte de atrás dun barco ou dun avión serve para cambiar a súa dirección segundo se mova cara á dereita ou cara á esquerda: *Un forte temporal rompeu o temón do barco e este quedou á deriva.*

2 Roda ou peza con que se pode mover esta folla ou lámina: *O temón dos barcos adoitaba ser unha especie de roda.*

3 Pau longo do arado: *No extremo do temón suxéitase o xugo.*

FAM. temoneiro.

temor

substantivo masculino

Sensación desagradable que se ten cando se pensa que pode acontecernos algo malo, inconveniente ou que alguén nos pode facer dano: *De pequeno tíñalles temor aos cans.* SIN. medo.

tempa
substantivo feminino

Sen.

tempada
substantivo feminino

1 Período de tempo que se considera como un conxunto, máis ou menos longo, pero nunca moi breve: *Pasará unha tempada duns quince días esquiando na montaña.* SIN. temporada.

2 Período de tempo propio de algo, que é característico de algo ou en que se fai ou adoita desenvolverse algo: *A tempada de fútbol comeza en setembro e remata en xuño.* SIN. temporada.

temperado, temperada
adxectivo

1 Que non está nin quente nin frío: *Gústalle tomar o leite temperado.* SIN. morno, tépedo.

2 Dito dunha persoa, que non perde a tranquilidade e non se deixa dominar polos nervios ou polos seus desexos: *Nunca insulta a ninguén porque é unha persoa moi temperada.*

3 Dito dunha zona da Terra, que está comprendida entre a zona polar e a tropical: *Galicia está na zona temperada.*

4 Dito do clima, que é propio desta zona da Terra e que se caracteriza porque non vai nin moito frío nin moita calor: *No clima temperado a temperatura media do ano anda polos vinte graos.*

temperamento
substantivo masculino

1 Conxunto de características que definen a forma de ser dunha persoa: *Sempre está contento porque é de temperamento alegre.* SIN. carácter, natureza.

2 Forma de ser dunha persoa firme e que actúa con enerxía: *Berra por nada porque ten moito temperamento.* SIN. carácter.

FAM. temperamental.

temperán, temperá
adxectivo

1 Que se adianta ou que acontece antes do tempo normal, especialmente referido aos froitos e froitas que maduran antes do normal: *A froita temperá adoita ser máis cara.* SIN. de cedo. ANT. de tarde, serodio.

2 Do comezo ou principio de algo: *Comezou a escribir poemas a unha idade temperá.*

temperar
verbo

1 Pór entre frío e quente: *Só temperou o leite, porque lle gusta morno.* SIN. amornar, mornear.

2 Facer menos duro, menos forte ou máis moderado ou suave: *Tes que aprender a temperar a túa ira.*

3 Darlle a un metal ou ao vidro o punto de dureza ou elasticidade adecuado: *Os ferreiros saben temperar o ferro.*

temperatura
substantivo feminino

Grao de calor dun corpo, dun lugar ou dun medio: *No verán a temperatura é máis elevada ca no inverno.*

tempero
substantivo masculino

1 Punto adecuado e mellor de algo, especialmente dunha comida: *Ese cociñeiro dálle moi ben o tempero ao polbo cocido.*

2 Forma de ser dunha persoa, especialmente se é boa e valente: *Eu lévome ben con el porque xa lle collín o tempero.*

tempestade
substantivo feminino

Situación do tempo en que hai chuvia e vento moi fortes e incluso tormenta, con ondas moi altas no mar: *O mariñeiros temen as tempestades.* SIN. temporal. ANT. bonanza.

FAM. tempestuoso.

templo
substantivo masculino

Edificio dedicado a un deus ou a unha divindade e onde se celebran os actos relixiosos e se reza: *As igrexas son os templos cristiáns, mentres que as mesquitas son os templos musulmáns.*

tempo
substantivo masculino

1 Duración das cousas que pasan ou acontecen e que se mide co reloxo: *Os días, as*

semanas, os meses, os anos e as horas son períodos de tempo.
2 Período durante o que sucede, vive ou pasa algo: *A muralla de Lugo edificouse no tempo dos romanos.*
3 Momento adecuado para algo: *Setembro é o tempo da vendima.*
4 Cada un dos períodos en que se divide algo: *Un partido de fútbol ten dous tempos separados polo descanso.*
5 Clima propio dun período ou lugar concretos: *Aquí no verán vai moi bo tempo.*
6 Forma do verbo que expresa os distintos momentos en que acontece a acción: *Os tempos do verbo son presente, pasado ou pretérito e futuro.*
EXP. **Co tempo** Co paso do tempo: *Co tempo el irá recobrando a alegría.* **De tempo en tempo** De maneira pouco frecuente ou deixando pasar moito tempo: *El só vén por aquí de tempo en tempo.* **Do tempo** Especialmente dito dunha bebida, á temperatura do ambiente e sen estar na neveira: *Pediulle ao camareiro un refresco do tempo.* **Facer tempo** Deixar pasar o tempo esperando algo: *Fixen tempo paseando porque chegara moi cedo e aínda non abriran os comercios.* **Matar o tempo** ou **pasar o tempo** Facer algo só para entreterse: *Pasei o tempo vendo unha reportaxe da televisión sobre os linces.*
FAM. tempada, temporada, temporal, contemporáneo, contratempo, destempo, pasatempo.

temporada
substantivo feminino
Tempada.

temporal[1]
adxectivo
1 Do tempo ou relacionado con el: *O día, a hora e o minuto son espazos temporais.*
2 Que non é para sempre ou que non dura sempre: *Ten un traballo temporal, pois aínda non é fixo.*
substantivo masculino
3 Tempestade.

temporal[2]
substantivo masculino
Cada un dos dous ósos do cranio que están situados na zona do oído: *Nos temporais están os órganos do oído.*

tenaces
substantivo feminino plural
Ferramenta de metal composta por dous brazos unidos por un eixe que permite abrila e cerrala e serve para coller, arrincar ou cortar determinadas cousas: *Arrincou o cravo coas tenaces.*

tenaz
adxectivo
Que se esforza e permanece firme ata conseguir o que desexa: *Consegue o que se propón porque é moi tenaz.* SIN. constante. ANT. inconstante.
FAM. tenacidade.

***tenazas**, a forma correcta é **tenaces**.

tenda
substantivo feminino
1 Establecemento en que se venden produtos e cousas polo miúdo: *Montaron unha tenda de roupa.* SIN. comercio.
2 Armazón ou estrutura de paus ou tubos metálicos algúns fincados na terra e cubertos con lona, tea ou peles e que serve de casa ao aire libre: *As tendas dos indios eran de forma cónica.*
EXP. **Tenda de campaña** Armazón ou estrutura recuberta de lona ou tea impermeable que se monta no campo para vivir alí transitoriamente: *No cámping había montadas moitas tendas de campaña.*
FAM. tendeiro.

tendal
substantivo feminino
Cordeis ou arames colocados en alto e suxeitos polos extremos ou aparello con barras delgadas, arames ou cordeis onde se seca a roupa despois de a lavar: *No tendal había catro sabas aínda molladas.*

tendeiro, tendeira
substantivo
Dono ou dependente dunha tenda, especialmente de alimentos: *Case non hai tendeiros hoxe pola competencia dos hipermercados e dos supermercados.*

tendencia
substantivo feminino
1 Inclinación cara a algo: *Ese rapaz ten unha clara tendencia ao pesimismo.*
2 Dirección que toma unha actividade hu-

mana e cara á que progresa ou vai: *O artista, desde o seu retiro, seguía igual as últimas tendencias da pintura.*

tendencioso, tendenciosa

adxectivo

Que é favorable a algo ou alguén, aínda que minta ou falte á verdade: *A prensa non debe ser tendenciosa, senón obxectiva.*

tender

verbo

1 Colgar a roupa lavada para que seque: *Tendía as sabas.*

2 Estender por unha superficie de xeito que ocupe máis espazo: *Para facer a empanada hai que tender ben a masa.* SIN. estender.

3 Colocar algo entre dous puntos: *Tenderon o cable para o teléfono entre eses dous postes.*

4 Ter determinada inclinación ou ir e evolucionar cara a algo: *El é pesimista e tende á tristura.*

5 Tenderse Deitarse nun lugar: *Tendeuse na liteira.*

FAM. tendal, tendencia, tendencioso.

tendón

substantivo masculino

Órgano formado por fibras, a xeito de fíos, que unen os músculos aos ósos: *O dianteiro retirouse porque estirara un tendón.* SIN. corda.

tenebroso, tenebrosa

adxectivo

1 Con tebras ou total ou case totalmente sen luz: *Entrou nun cuarto tenebroso, onde non se vía nada.* SIN. tebroso.

2 Que produce unha sensación de misterio e ata de medo: *O detective aquel era un tipo tenebroso.* SIN. tebroso.

***tenedor**, a forma correcta é **garfo**.

tenente

substantivo

No exército, oficial de grao inmediatamente superior ao de alférez e inmediatamente inferior ao de capitán: *O tenente buscaba ascender a capitán por méritos de guerra.*

EXP. **Tenente de alcalde** Concelleiro que pode substituír ao alcalde en certas funcións: *O tenente de alcalde de tráfico ocúpase de todo o relacionado coa circulación.* **Tenente coronel** Xefe do exército de categoría inmediatamente inferior á de coronel: *O tenente coronel leva como distintivo dúas estrelas de oito puntas.* **Tenente xeneral** No exército, xeneral de categoría intermedia entre o xeneral de división e o capitán xeneral: *O tenente xeneral, despois do capitán xeneral, é o grao máis elevado do exército.*

tenia

substantivo feminino

Verme de forma plana e con moitos aneis que vive parasito no corpo das persoas e dalgúns animais: *A tenia produce vómitos, falta de apetito e outros trastornos na saúde.* SIN. solitaria.

tenis

substantivo masculino

1 Deporte que se xoga cunha pelota forrada de tea e cunha especie de pa con cordas para golpeala nun campo que está dividido en dúas partes por unha rede: *O tenis é un deporte orixinario de Inglaterra.*

2 Zapatillas de tea, con amallós e con piso de goma que se usan para practicar este deporte ou para outros e tamén como calzado cómodo: *Mercou uns tenis brancos.*

EXP. **Tenis de mesa** Deporte parecido ao tenis pero que se xoga sobre unha mesa de madeira cunhas pas máis pequenas: *Os chineses son moi bos no tenis de mesa.* SIN. pimpón.

FAM. tenista.

tenor

substantivo masculino

Cantante masculino que ten o ton de voz máis agudo: *El quere ser un tenor de ópera.*

OBS. É distinto de *teor.*

tenro, tenra

adxectivo

1 Que é fácil de partir, cortar, romper, deformar ou esmagar: *Gústalle que os bistés sexan tenros.*

2 Que sente ou expresa amor ou cariño: *Os noivos dirixíanse tenras miradas.* SIN. agarimoso, cariñoso, doce.

FAM. tenrura.

tenrura

substantivo feminino

Amor ou cariño que se amosa cara a algo ou alguén: *A nai aconsellaba o fillo con tenrura.* SIN. cariño, dozura.

tensar

verbo

Estirar algo moito tirando dos seus extremos con forza: *Os mariñeiros turraban da corda para tensala.*

tensión

substantivo feminino

1 Estado en que se encontra un corpo que está moi estirado porque se tira del desde os extremos: *Cada un tiraba por un extremo da corda para poñela en tensión.*
2 Situación de conflicto ou oposición entre persoas ou grupos humanos: *Houbo tensión entre eles, pero non chegaron a discutir.*
3 Estado da persoa que está moi nerviosa e excitada: *Cómpre que evites a tensión nos exames.*
4 Diferenza da forza eléctrica entre dous puntos que permite o paso da electricidade: *A alta tensión está por enriba dos mil volts.*
5 Presión do sangue sobre as paredes das arterias: *Unha tensión arterial baixa pode producir desmaios.*
EXP. **Tensión psíquica** Estado de sobrecarga emocional que produce ansiedade. *Velo sufrir causáballe unha gran tensión psíquica.*
FAM. tensar, tenso.

tenso, tensa

adxectivo

1 Dito dun corpo, que está moi estirado porque se tira del desde os extremos: *As cordas das raquetas de tenis están moi tensas.*
2 Que está excitado e moi nervioso: *Nos exames ponse bastante tenso.*
3 Dito dunha situación, que resulta violenta ou molesta: *Cando non lle respondeu ao saúdo, creouse unha situación tensa.*

tentación

substantivo feminino

Impulso que leva a facer ou desexar algo, especialmente algo malo ou prexudicial: *Superou a tentación de comer outro xeado porque estaba a réxime.*

tentáculo

substantivo masculino

Nalgúns animais invertebrados, especie de brazo longo que lles serve de tacto, para agarrar cousas e tamén para se desprazaren: *O polbo ten oito tentáculos.*
FAM. tentacular.

tentar

verbo

1 Impulsar a facer algo, especialmente se é malo ou prexudicial: *Non me tentes con outro anaco de torta porque estou a réxime.*
2 Tentear.
3 Facer o posible para realizar unha acción ou conseguir algo: *Nós tentamos este ano ser os campións da liga.* SIN. intentar.
FAM. tentación, tentador, tentativa.

tentativa

substantivo feminino

Cada un dos actos ou accións con que alguén tenta facer ou conseguir algo: *O atleta saltou o listón á segunda tentativa.* SIN. intento.

tentear

verbo

1 Tocar coas mans, en especial para recoñecer algo: *Andaba ás escuras tenteando as paredes.* SIN. apalpar, apaxar, palpar, tentar.
2 Intentar descubrir o que alguén pensa sobre algo sen que se dea conta: *Tenteouno para saber se quería vender o coche vello.*
3 Calcular aproximadamente unha cantidade e sen facer operacións matemáticas: *Tenteou o que lle custarían as vacacións nun hotel e non pasaba de mil euros.*
FAM. tenteo.

tenteo

substantivo masculino

Cálculo aproximado dunha cantidade sen facer a operación matemática: *Por tenteo a suma das facturas pendentes era duns seiscentos euros.*

tento

substantivo masculino

Habilidade ou coidado ao facer algo para que saia ben ou ao falar para non molestar a ninguén: *Cómpre sinalarlle os fallos con tento, para que non se enfade.* SIN. tino.

tenue

adxectivo

De moi pouco grosor, moi pouco espeso ou moi suave: *Da cheminea saía un fume tenue.*

tenza

substantivo feminino

Cada unha das partes en que se divide un terreo de monte ou de cultivo que pertence a todos os veciños: *Foi apañar piñas á tenza.*

teoloxía
substantivo feminino
Ciencia que trata da existencia de Deus e das súas características: *Os futuros cregos estudan teoloxía no seminario.*
FAM. teologal, teólogo, teolóxico.

teor
substantivo masculino
1 Contido ou ideas dun texto escrito: *O teor dese poema é a morriña dun emigrante.* SIN. contido.
2 Forma de ser propia de algo: *Non me gustan nada os negocios dese teor, porque non son legais.* SIN. clase, índole.
EXP. **A teor de** Tendo en conta: *A teor das perdas rexistradas nos últimos meses o director comercial dimitiu.*
OBS. É distinto de *tenor*.

teoría
substantivo feminino
1 Coñecemento que se ten das cousas por medio do pensamento e non por medio da práctica: *Unha cousa é a teoría na medicina e outra é a práctica de atender enfermos.* ANT. práctica.
2 Idea ou conxunto de ideas e coñecementos sobre algo pero que aínda non se demostraron: *Galileo demostrou a teoría de que a Terra xiraba arredor do Sol.*
FAM. teórico, teorizar.

ter

INDICATIVO		SUBXUNTIVO	IMPERATIVO
Presente	**Copretérito**	**Presente**	ten
teño	tiña	teña	tede / tende
tes	tiñas	teñas	
ten	tiña	teña	
temos	tiñamos	teñamos	**FOR. NOMINAIS**
tedes / tendes	tiñades	teñades	
teñen	tiñan	teñan	**Infinitivo**
			ter
Pretérito	**Antepretérito**	**Pretérito**	
tiven	tivera	tivese	**Xerundio**
tiveches	tiveras	tiveses	tendo
tivo	tivera	tivese	
tivemos	tiveramos	tivésemos	**Participio**
tivestes	tiverades	tivésedes	tido
tiveron	tiveran	tivesen	
Futuro	**Pospretérito**	**Futuro**	**Inf. conxugado**
terei	tería	tiver	ter
terás	terías	tiveres	teres
terá	tería	tiver	ter
teremos	teriamos	tivermos	termos
teredes	teriades	tiverdes	terdes
terán	terían	tiveren	teren

teórico, teórica
adxectivo
1 Da teoría ou das ideas ou pensamento sobre algo, pero non da práctica: *A técnica aplica na práctica os coñecementos teóricos das ciencias.* ANT. práctico.
adxectivo ou substantivo
2 Dito dunha persoa, que coñece algo por ideas e pensamentos pero non porque o faga ela ou aplique na realidade: *Para un teórico do fútbol é doado marcar un penalti, pero non así para un xogador.* ANT. práctico.

tépedo, tépeda
adxectivo
Temperado.

ter
verbo
1 Posuír ou ser dono dunha cousa: *Ten un ordenador portátil moi pequeno.* SIN. posuír. ANT. carecer.
2 Posuír algunha característica: *Xa ten catorce anos.*
3 Estar relacionado con alguén por parentesco ou algún outro vínculo: *El ten dúas irmás. Ela xa ten mozo.*
4 Gozar de algo ou poder usalo: *O próximo mes teño unha semana de vacacións.*
5 Manter nun determinado lugar ou estado: *Teño xeado de chocolate no conxelador.*
6 Conter ou incluír en si: *Vigo ten máis de trescentos mil habitantes.*
7 Manter firme ou dereito: *Vou sentar porque non me teño de pé co cansazo.*
8 Deber facer un traballo ou obriga: *O xefe ten mañá unha reunión en Ribadavia.*
9 Sentir unha sensación: *O bebé tiña frío.*
10 Sufrir unha enfermidade: *Non veu porque seica ten a gripe.*
EXP. **Non telas todas con un** Sentir temor por algo: *Conducindo coa nevarada tan forte el non as tiña todas consigo.* **Ter consumido a alguén** Darlle moitos desgustos ou preocupacións: *O fillo pequeno é un tolo que ten consumido o pai.* **Ter que + infinitivo** Indica a obriga de facer o que expresa o infinitivo: *Todos temos que cumprir as leis.* **Ter que ver** Estar relacionado: *A súa ruína ten que ver coa mala xestión da empresa.*
OBS. É irregular.
FAM. conter, obter, manter, reter, soster.

terapia
substantivo feminino
Tratamento que se segue para curar unha enfermidade: *A mellor terapia para a gripe é o repouso na cama.*
FAM. terapéutico.

terceiro, terceira
numeral
1 Que ocupa o lugar número tres nunha serie: *O Ourense é o terceiro clasificado na liga deste ano.*
2 Que é unha das tres partes iguais en que se divide algo: *Son tres irmáns e tócalle a terceira parte da herdanza.*
adxectivo ou substantivo
3 Que actúa ou media entre dúas persoas para que cheguen a un acordo: *Os dous irmáns non chegaban a un acordo na repartición da herdanza e acudiron a un terceiro.*

terceiromundista
adxectivo
1 Do Terceiro Mundo ou conxunto de países menos desenvolvidos e máis pobres: *Moitos países de África son terceiromundistas.*
2 Propio dun país moi pobre ou moi pouco desenvolvido: *Din que nesa comarca teñen unhas comunicacións terceiromundistas.*

terciario, terciaria
adxectivo ou substantivo masculino
Que pertence á cuarta das eras xeolóxicas en que se formou a Terra: *As eras xeolóxicas son arcaica, primaria, secundaria, terciaria e cuaternaria.*
OBS. Como substantivo masculino adoita escribirse con inicial maiúscula: *o Terciario.*

***tercio**, a forma correcta é **terzo**.

***terco**, a forma correcta é **testalán**, **testán**, **testudo**.

tergal
substantivo masculino
Tea de fibras sintéticas obtidas do poliéster e moi dura: *Os pantalóns de tergal non se engurran.*

termal
adxectivo
Dito da auga, que sae do manancial quente ou con substancias minerais disolvidas nela: *En Galicia hai moitos mananciais de augas termais.*

termar
verbo
1 Suxeitar algo sen deixalo caer: *Termaba dos libros.*
2 Coidar algo para que siga ben: *Termaba do cazo do leite para que non rebordase.*

termas
substantivo feminino plural
1 Establecemento que aproveita un manancial de auga mineral ou quente onde se poden tomar baños ou beber esta auga: *Pasou unha semana nunhas termas.* SIN. balneario.
2 Na antiga Roma, establecemento público onde a xente se podía bañar: *Os romanos construíron termas en Lugo.*
FAM. termal.

térmico, térmica
adxectivo
1 Da calor ou da enerxía producida pola calor: *As centrais térmicas producen electricidade a partir da calor derivada de queimar gas, carbón ou petróleo.*
2 Que conserva a temperatura sen cambios durante moito tempo: *Mercou unha bolsa térmica para levar os conxelados desde o supermercado á casa.*

terminación
substantivo feminino
1 Fin de algo: *A terminación da construción da casa é cousa dun mes.*
2 Parte última de algo: *A terminación dos dedos é a zona das unllas.*

terminal
adxectivo
1 Que é a fin de algo: *O enfermo está moi grave e en situación terminal.*
substantivo feminino
2 Lugar onde remata unha liña de transporte público, como de tren ou autobús: *A terminal da liña 5 de autobuses está no estadio.*
3 Nun aeroporto, lugar onde os pasaxeiros esperan para embarcar no avión ou onde chegan despois de desembarcaren: *As maletas recóllense na terminal.*

terminante
adxectivo
Claro e que non ofrece ningunha dúbida: *Díxolle de forma terminante que non quería máis negocios con el.* SIN. rotundo, tallante.

terminar

verbo

1 Dar fin a algo: *Cando termines os deberes, podes saír.* SIN. acabar, concluír, finalizar, rematar. ANT. comezar, empezar, iniciar, principiar.

2 Chegar algo á súa fin: *Febreiro termina o domingo 28.* SIN. acabar, concluír, finalizar, rematar. ANT. comezar, empezar, iniciar, principiar.

FAM. terminación, terminal, terminante, terminoloxía, termo[1].

***término**, a forma correcta é **termo**[1].

térmite

substantivo masculino

Insecto de cor pálida que se alimenta da madeira que roe: *Os térmites son propios das zonas tropicais ou cálidas e viven en colonias.*

termo[1]

substantivo masculino

1 Fin ou conclusión: *O termo do ano é o día 31 de decembro.* SIN. fin, final, remate. ANT. comezo, inicio, principio.

2 Derradeiro punto dun lugar ou dun período de tempo: *Este sinal indica que chegamos ao termo de Galicia e comeza Castela-León.* SIN. fin, final, remate. ANT. comezo, inicio, principio.

3 Conxunto organizado de sons que usamos para nomear algo: Dicionario *é o termo que usamos para nomear o libro que explica o significado das palabras.* SIN. palabra, vocábulo, voz.

4 Cada unha das partes ou dos puntos que forman un todo: *Os contratos hai que cumprilos en todos os seus termos.*

5 Plano formado polas cousas que están a unha mesma distancia da persoa que as mira: *El saía no primeiro termo da fotografía.*

EXP. **Termo medio** Cantidade que resulta de sumar varias cantidades e dividir este resultado polo número delas: *O termo medio de 4, 6 e 5 é 5.* **Termo municipal** Territorio que ocupa un concello ou municipio: *A miña aldea natal está no termo municipal de Ribadavia.*

termo[2]

substantivo masculino

Recipiente que mantén durante moito tempo a temperatura dun líquido sen cambios: *Botou o leite quente no termo para bebelo tres horas despois.*

termómetro

substantivo masculino

Instrumento que se usa para medir a temperatura: *Os termómetros antigos marcaban a temperatura cunha barra de mercurio.*

terra

substantivo masculino

1 Superficie do planeta en que vivimos non ocupada pola auga: *Desde o barco xa se avistaba a terra.*

2 Materia que compón o solo natural e sobre a que medran as plantas: *Esta terra é moi boa para cultivar legumes.* SIN. solo.

3 Espazo ou extensión dedicada ao cultivo: *Nesta terra botamos sempre patacas.*

4 Nación, país, rexión ou zona cunhas características propias que as distinguen das demais: *Galicia é a miña terra.*

EXP. **Comer terra** Estar morto: *Leva comendo terra xa dous anos.* **Da terra** Do propio país onde se está: *Tomamos de sobremesa queixo da terra con marmelo.* **Dar terra** Enterrar o corpo dunha persoa morta: *Déronlle terra no cemiterio da súa cidade.* **Por terra** Sen ir polo mar nin polo aire: *O tren é un medio de transporte por terra.* **Terra firme** A superficie sobre a que se está en oposición ao aire e ao mar: *Por fin o barco chegou a terra firme.* **Tomar terra** Aterrar un avión: *O avión tomará terra no aeroporto de Peinador.*

OBS. Cando se refire ao planeta en que habitamos escríbese con inicial maiúscula: *a Terra.*

FAM. terraplén, terráqueo, terratenente, terrazo, terreal, terreiro, terremoto, terreño, terreo, térreo, terrestre, terrícola, territorio, terrón, terroso, enterrar, enterro, extraterrestre, desenterrar, desterrar, desterro, subterráneo.

terraplén

substantivo masculino

Terreo inclinado que ten un certo desnivel: *O coche marchou por un terraplén ao saír da estrada.*

terráqueo

adxectivo

Da Terra: *O globo terráqueo é unha bóla que representa a Terra.*

terratenente

substantivo

Persoa que é dona de moitas terras, que habitualmente non traballa el directamente: *En Andalucía hai latifundios propiedade de terratenentes.*

terraza

substantivo feminino

1 Parte aberta dunha casa, que dá ao exterior ou que está por enriba do nivel do chan: *A casa ten dúas terrazas, unha na cociña e outra no salón.*

2 Tellado ou cuberta plana dun edificio que adoita estar rodeada por un muro: *Os veciños do edificio tenden a roupa na terraza.*

3 Zona que está diante dun bar ou dunha cafetaría na beirarrúa ou nunha praza e onde sentan os clientes ao aire libre: *As consumicións na terraza adoitan ser máis caras.*

terreal

adxectivo

Do mundo en que vivimos: *Segundo case todas as relixións, despois da vida terreal está a vida eterna.*

terreiro, terreira

adxectivo

1 De terra: *Antigamente o piso de moitas cociñas era terreiro.* SIN. terreño, terreo.

substantivo masculino

2 Piso de terra: *Cambiaron o terreiro da adega por outro de cemento.* SIN. terreño.

3 Espazo amplo de terra situado no centro dalgunhas aldeas: *Facían o baile da festa do patrón no terreiro.*

terremoto

substantivo masculino

Movemento ou tremor que se produce na superficie da Terra: *Un terremoto pode destruír edificios e producir moitas mortes.* SIN. sismo, tremor de terra.

terreño, terreña

adxectivo ou substantivo masculino

Terreiro.

terreo, terrea

adxectivo

1 Terreiro.

substantivo masculino

2 Sitio ou espazo de terra: *Unha agra é un terreo de cultivo grande.*

3 Campo de actividade en que se poden demostrar mellor as calidades de algo ou alguén: *A historia é o seu terreo e saca moi boas notas.* SIN. ámbito, área, campo, eido.

4 Conxunto de materias ou ideas relacionadas co que se indica, especialmente cunha actividade, arte ou ciencia: *Este conto de fadas entra no terreo da literatura fantástica.* SIN. ámbito, área, campo, eido.

EXP. **Gañar** ou **perder terreo** Progresar, avanzar ou recuar, ir a peor, respectivamente: *El gañou terreo para que o nomeasen xefe de vendas cos éxitos que tivo nesa sucursal.*

Preparar o terreo Facer o posible para conseguir algo eliminando atrancos e problemas: *Ía preparando o terreo para pedirlle un préstamo ao irmán dicíndolle que tivera moitos gastos.*

terrestre

adxectivo

1 Do planeta Terra: *Respiramos o osíxeno da atmosfera terrestre.*

2 Da superficie da Terra en oposición ao mar e ao aire: *A maioría dos mamíferos son terrestres.*

terrible ou terríbel

adxectivo

1 Que produce un medo moi grande: *Na película aparece un monstro terrible.* SIN. arrepiante, espantoso, horrendo, horroroso, terrorífico, tremendo.

2 Difícil de aguantar ou de sufrir: *Tenlle un medo terrible ás serpes.* SIN. tremendo.

3 Moi grande ou moi forte: *Aquí en agosto vai unha calor terrible.* SIN. tremendo.

terrícola

adxectivo ou substantivo

Dito dunha persoa, que vive no planeta Terra: *Ningún terrícola puido fotografar nunca un extraterrestre.*

territorio

substantivo masculino

Parte da superficie da Terra que constitúe un país, rexión ou zona: *O territorio de Galicia está formado polas catro provincias galegas.*

FAM. territorial.

terrón

substantivo masculino

1 Especie de bóla ou anaco de terra que se levanta: *Ao arar un terreo, fórmanse terróns.*

2 Masa formada por grans dunha substancia: *Botoulle ao café con leite dous terróns de azucre.*

terror

substantivo masculino

Medo moi grande: *Non lle gustan nada as películas de terror.* SIN. arrepío, espanto, horror, pánico, pavor.

FAM. terrorífico, terrorismo, terrorista.

terrorífico, terrorífica

adxectivo

Que produce terror ou un medo moi grande: *Esa película de monstros é terrorífica.* SIN. arrepiante, aterrador, espantoso, horrible, horroroso.

terrorista

adxectivo ou substantivo

Que pretende conseguir algo, especialmente político, por medio da violencia e do asasinato: *Uns terroristas asasinaron o ministro.*

terroso, terrosa

adxectivo

Coas calidades e natureza da terra ou que contén terra: *Aquela auga terrosa non me gustaba nada.*

terso, tersa

adxectivo

Liso e sen engurras: *Os bebés teñen a pel tersa.*

terzo

substantivo masculino

1 Cada unha das tres partes iguais en que algo se divide: *Como son tres irmáns, a cada un tocoulle un terzo da herdanza.*

2 Nos séculos XVI e XVII, rexemento de infantaría española: *Os soldados dos terzos eran mercenarios.*

FAM. terciario.

tese

substantivo feminino

1 Idea que se defende con datos, razóns e argumentos: *A tese do quecemento da Terra está defendida con datos científicos.*

2 Traballo de investigación que se presenta nunha universidade para conseguir o título de doutor: *Conseguiu o doutoramento en Filoloxía cunha tese sobre a narrativa de Castelao.*

teso, tesa

adxectivo

1 Duro e firme ou de xeito que non dobra: *As sedas dos cepillos de dentes están tesas. Quedou teso co frío.*

2 Dito dunha persoa, que se pon moi seria e ata cre que é superior aos demais: *Contestou todo teso que el non necesitaba axuda de ninguén.*

tesoira

substantivo feminino

1 Instrumento que serve para cortar e que está formado por dúas follas de aceiro móbiles colocadas en cruz e que se abren e pechan cunha man: *Cortou o fío coa tesoira da costura.*

2 Conxunto de dúas pezas postas en cruz para soster algo: *O teito da casa apoia nas tesoiras.*

tesón

substantivo masculino

Esforzo continuado e seguido para facer ou conseguir algo: *O que traballa con tesón consegue o que quere.*

tesoureiro, tesoureira

substantivo

Persoa que se ocupa de gardar e administrar os cartos dunha asociación, sociedade ou grupo de persoas: *Montaron un equipo de fútbol e a el nomeárono tesoureiro.*

tesouro

substantivo masculino

1 Cartos, xoias e outros obxectos de valor reunidos e gardados: *Os piratas gardaban os seus tesouros en cofres enterrados en illas desertas.*

2 O que vale moito: *A intelixencia é un tesouro.*

3 Conxunto de bens e cartos do Estado: *Os impostos que pagamos van ao Tesouro.*

OBS. Na acepción 3 adoita escribirse con inicial maiúscula.

FAM. tesouraría, tesoureiro, atesourar.

test

substantivo masculino

1 Proba ou exame con preguntas curtas e de respostas tamén moi breves: *En moitos tests só hai que responder se é verdadeiro ou falso o que nos preguntan.*

2 Proba que se fai para medir a intelixencia ou algunha capacidade de alguén: *Fixéronlle un test de intelixencia a varios alumnos.* OBS. O plural é *tests.*

testa

substantivo feminino

1 Parte da cara que queda entre as cellas e o pelo: *O dianteiro rematou coa testa.* SIN. fronte.

2 Dito de forma humorística, cabeza dunha persoa: *Ese tenche a testa moi dura.* SIN. cachola.

testalán, testalana

adxectivo ou substantivo

Teimoso.

testamento

substantivo masculino

Declaración voluntaria feita por unha persoa indicando como quere que se repartan os seus cartos e bens despois de que morra: *No testamento di que os seus cartos e bens se repartan por igual entre os fillos.*

FAM. testamentario, testamenteiro, testar.

testán, testana

adxectivo ou substantivo

Teimoso.

testemuña

substantivo feminino

Persoa que estivo presente mentres se fixo algo e o viu todo: *As testemuñas do atropelo din que o camión circulaba pola esquerda.*

testemuñar

verbo

1 Declarar unha persoa como testemuña porque viu ou sabe algo: *El testemuñou no xulgado sobre o que viu no accidente.* SIN. atestar, testificar.

2 Ser proba de algo: *Esta factura testemuña que che pagou a conta.*

testemuño

substantivo masculino

1 Declaración en que unha persoa asegura algo porque o sabe ou o viu: *O xuíz escoitaba o testemuño dos que viran o accidente.*

2 Proba da verdade de algo: *As murallas de Lugo son testemuño da presenza dos romanos en Galicia.*

FAM. testemuña, testemuñar.

testículo

substantivo masculino

Cada un dos dous órganos do aparello reprodutor masculino que producen os espermatozoides: *Os testículos teñen forma arredondada.* SIN. collón.

testificar

verbo

Declarar unha persoa como testemuña porque viu ou sabe algo: *Ela testificará no xulgado sobre todo o que viu no accidente.* SIN. atestar, testemuñar.

OBS. O *c* cambia en *qu* diante do *e*, como en *sacar.*

testo

substantivo masculino

1 Tapa que cobre olas, tarteiras, potas e outros recipientes semellantes: *Púxolle o testo á tarteira.* SIN. tapadeira.

2 Recipiente de barro, plástico ou doutro material semellante que se enche de terra e onde se colocan plantas de adorno: *Plantou os xeranios nuns testos que ten na terraza.*

testudo, testuda

adxectivo ou substantivo

Teimoso.

teta

substantivo feminino

Nas mulleres e nas femias dos mamíferos, glándula que segrega o leite con que alimentan os fillos acabados de nacer: *É un neno de teta porque aínda non fixo os tres meses.* SIN. mama.

FAM. teto, tetudo.

tétano

substantivo masculino

Enfermidade moi grave producida por unha bacteria que adoita penetrar por unha ferida e ataca o sistema nervioso : *O tétano pode causar a morte.*

teteira

substantivo feminino

Recipiente para facer ou servir o té: *Herdou dos avós unha fermosa teteira de prata.*

teto

substantivo masculino

Cada unha das partes que sobresaen dos ubres das femias de certos mamíferos, como as vacas ou as ovellas, por onde sae o leite: *O becerro mamaba dos tetos da vaca.*

tétrico, tétrica
adxectivo
Que produce moita tristeza ou ata fai pensar na morte: *Aquela casa abandonada tiña na noite escura un aspecto tétrico.* SIN. fúnebre, lúgubre.

teu, túa
posesivo
Indica que algo pertence á segunda persoa do singular: *Ese coche é o teu?*
EXP. **De teu** Da propiedade só e exclusiva da persoa que escoita: *Ti tes sorte por vivir nunha casa de teu.* **O teu** O que é propio e característico da persoa que escoita: *O teu é a natación.* **Os teus** A familia e achegados da persoa que escoita: *Os teus sempre te axudaron.*

téxtil
adxectivo
Da tea ou dos tecidos ou relacionado con eles: *A industria téxtil fabrica teas, tecidos e todo tipo de pezas de roupa.*

texto
substantivo masculino
Conxunto de palabras escritas dunha certa extensión e cun sentido completo: *Comentamos na clase un texto de Cunqueiro.*
FAM. textual.

textura
substantivo feminino
Estrutura ou disposición dun material e impresión que produce ao tocalo: *A la é de textura suave.*

ti
pronome persoal
Indica a segunda persoa do singular: *Ti es moi amable. Eu sempre te considerei a ti o meu mellor amigo.*

tibia
substantivo feminino
Óso longo da parte anterior da perna: *A tibia articúlase co fémur, o peroné e o astrágalo.*

tiburón
substantivo masculino
Quenlla.

tic
substantivo masculino
1 Pequeno movemento involuntario e repetido dalgún músculo, especialmente da cara: *Ten o tic de abrir e pechar os ollos ao estar nervioso.*
2 Son seco, de pouca intensidade e habitualmente repetido: *Oíase na noite o tic da pinga da billa que gotexaba.*
OBS. O plural é *tics.*

tícket
substantivo masculino
Papel ou especie de tarxeta que demostra que pagamos algo ou que permite usar un servizo: *Para entrar no aparcadoiro hai que recoller o tícket na entrada. Podes devolver a peza de roupa se traes o ticket de pagamento.*
OBS. O plural é *tíckets.*

tictac
substantivo masculino
Ruído que produce un reloxo non dixital ao andar: *Apegou o reloxo ao oído e sentiu o seu tictac.*
OBS. O plural é *tictacs.*

tifo
substantivo masculino
Tipo de enfermidade infecciosa que produce febre moi alta, vómitos e incluso a morte: *A febre tifoide e a febre amarela son dous tipos de tifo.*
FAM. tifoide.

tigre, tigresa
substantivo
Mamífero carniceiro félido de tamaño algo maior ca o león coa pel de cor amarela tirando a vermella con raias negras: *O tigre vive en zonas de Asia.*

til
substantivo masculino
Signo superior do *ñ* e que distingue esta letra do n: *Un ñ sen til convértese nun n.*
OBS. Non debe usarse no canto de *acento gráfico.*

tila
substantivo feminino
Flor do tileiro, e tamén a infusión ou bebida que se prepara con esta flor: *Tomou unha tila para tranquilizarse.*

tileiro
substantivo masculino
Árbore de tronco gordo e recto, copa ampla e flores abrancazadas coas que se elabora unha infusión que tranquiliza: *No xardín ten un tileiro.*

***timar**, a forma correcta é **estafar**.

timbal
substantivo masculino
Instrumento musical de percusión parecido ao tambor pero con forma de media laranxa: *O timbal é un instrumento de orixe árabe.*

timbrada
substantivo feminino
Toque forte dun timbre: *Na noite tranquila soaron as timbradas do teléfono.*

timbrar
verbo
Premer o botón do timbre para que soe: *Timbra outra vez para que nos abra a porta, pois non nos debeu oír.*

timbre
substantivo masculino
1 Aparello xeralmente eléctrico que produce un son cando se preme e que serve para chamar ou avisar de algo: *Premeu o timbre da porta para que lle abrisen.*
2 Característica propia do son dun instrumento musical ou da voz dunha persoa: *O timbre permite diferenciar sons do mesmo ton e intensidade.*

tímido, tímida
adxectivo
1 Que ten pouca forza ou que non se nota de forma clara: *Na súa cara adiviñábase un sorriso tímido.*
adxectivo ou substantivo
2 Dito dunha persoa, que non ten seguridade en si mesma e ten dificultades para falar cos demais ou relacionarse con eles, especialmente cos descoñecidos: *Ponse colorado cando ten que falar en público porque é moi tímido.*
FAM. timidez.

***timón**, a forma correcta é **temón**.

tímpano
substantivo masculino
Membrana estendida e tensa do oído e que separa o oído medio do oído externo: *O tímpano recibe e transmite as vibracións sonoras.*

***tina**, a forma correcta é **talla**.

tinguidura
substantivo feminino
Tintura.

tinguir
verbo
Pór unha cousa, como unha peza de vestir, dunha cor distinta da que tiña: *Tinguiu a gabardina branca de azul.* SIN. tinxir. ANT. destinguir, destinxir.
OBS. O *gu* cambia en *g* diante de *a*, *o*, como en *distinguir*.
FAM. tinguidura, destinguir.

tino
substantivo masculino
Tento.

***tinte**, a forma correcta é **tinguidura**.

tinteiro
substantivo masculino
Recipiente que contén a tinta para escribir: *Antigamente, para escribir, había que mollar a pluma na tinta do tinteiro.*
EXP. **Deixar** ou **quedar unha cousa no tinteiro** Non mencionar ou deixar de dicir: *No exame deixou algún dato importante no tinteiro.*

tinto, tinta
adxectivo
1 De cor vermella moi escura: *Co xantar tomaron un viño tinto do Ribeiro.*
substantivo feminino
2 Substancia líquida que se usa para escribir, debuxar ou imprimir: *Os bolígrafos levan unha carga de tinta en forma de barra.*
3 Tintura.
4 Líquido escuro que soltan algúns animais mariños, como o polbo ou a lura: *As luras soltan tinta para defenderse doutros animais.*
EXP. **Medias tintas** Palabras ou feitos pouco claros ou imprecisos: *Di o que pensas sen medias tintas.*

tintura
substantivo feminino
1 Cambio de cor dunha cousa, especialmente dunha peza de vestir: *Quere facer a tintura da gabardina branca a azul.* SIN. tinguidura.

2 Substancia ou produto, xeralmente líquido, que se usa para tinguir, especialmente pezas de roupa: *Mercou tintura azul para tinguir o xersei verde.* SIN. tinta.

tinturaría ou tinturería

substantivo feminino

Establecemento público onde se tinguen pezas de roupa, se lavan, se limpan ou se lles pasa o ferro: *Nas tinturarías limpan os traxes en seco.*

tinxir

verbo

Tinguir.

tiña

substantivo feminino

Enfermidade da pel producida por fungos parasitos que aparece sobre todo debaixo do pelo da cabeza e que pode producir feridas e a caída do pelo: *Os animais, como as ovellas, tamén poden padecer a tiña.*

FAM. tiñoso.

tío, tía

substantivo

1 En relación cunha persoa, que é irmán ou irmá do seu pai ou da súa nai e tamén o cuñado ou cuñada: *O pai do meu curmán é o meu tío.*

2 Persoa ou individuo en xeral que non se coñece ou da que non se quere dar o nome: *No coche estaban dous tíos con aspecto de detectives.* SIN. individuo, suxeito, tipo.

EXP. **Tío avó** ou **tía avoa** Con relación a unha persoa, irmán ou irmá do seu avó ou da súa avoa: *Os cativos téñenlle moito cariño a esa tía avoa.*

***tiovivo**, a forma correcta é **carrusel**.

típico, típica

adxectivo

Que é característico e propio de algo ou alguén: *O polbo cocido con cachelos é unha comida típica de Galicia.* SIN. característico, propio. ANT. atípico.

tipo

substantivo masculino

1 Persoa que non é coñecida ou da que non se sabe o nome: *Quen era ese tipo que estaba diante do teu comercio?* SIN. individuo, suxeito, tío.

2 Grupo que forman as cousas ou persoas con características comúns: *Ese queixo é de tipo graxo.* SIN. clase, especie.

3 Figura ou aspecto externo dunha persoa: *Ese actor tenche moi bo tipo.*

FAM. tipoloxía.

tira

substantivo feminino

Anaco longo e estreito dun material, especialmente se dobra con facilidade: *As sandalias levan unhas tiras de coiro para atalas á perna.*

tiracroios

substantivo masculino

Especie de pau en forma de V de xeito que acaba en dúas puntas abertas nas que se ata unha goma e que serve para lanzar pedras pequenas: *Hoxe os rapaces xa non adoitan xogar cos tiracroios.*

tirado, tirada

adxectivo

1 Moi barato: *A roupa nestas rebaixas está tirada.*

2 Moi fácil: *O exame último foi tirado.*

3 Sen medios e sen axuda: *A axencia de viaxes deixounos tirados no aeroporto cando se suspendeu o noso voo.*

substantivo feminino

4 Distancia longa que hai entre dous sitios: *Desde a miña casa ata o río aínda hai unha tirada.*

5 Nalgúns xogos como os dados, cada unha das veces que lle toca xogar a unha persoa: *Na túa tirada cómpre que saques un seis.*

EXP. **Dunha tirada** Sen parar ou dunha vez: *Bebeu medio litro de leite dunha tirada.*

OBS. Como substantivo é distinto de *tiraxe.*

tirafonda

substantivo masculino

Tira de coiro cun cordel en cada extremo que se fai xirar con forza para tirar pedras a gran distancia: *David matou o xigante Goliat cunha pedra que lle lanzou co seu tirafonda.*

tiranía

substantivo feminino

1 Forma de goberno dun país ou nación en que unha persoa ou un grupo reducido de persoas ten un poder absoluto e total sobre

o pobo: *As ditaduras son tiranías pois todo o poder o ten o ditador.*
2 Dominio ou poder absoluto e total sobre algo ou alguén: *Logrou fuxir da tiranía do consumo de drogas.*

tirano, tirana

substantivo

1 Persoa que goberna un país ou nación cun poder total e absoluto: *Os ditadores son tiranos que non respectan a opinión do pobo.*
2 Persoa que ten ou exerce un poder, dominio ou autoridade moi grandes: *Ese xefe é un tirano.*

tirante

adxectivo

1 Dito dun corpo, que está moi estirado: *A goma que une os folios eses pode romper porque está moi tirante.* SIN. tenso.
2 Dito dunha situación, que resulta molesta ou violenta: *Cando discuten a situación resulta tirante.* SIN. tenso.

substantivo masculino

3 Fita ou tira de tea, de goma ou dun material elástico con que se suxeita aos ombreiros unha peza de vestir como un pantalón ou unha saia: *Non suxeita o pantalón cun cinto, senón cuns tirantes.*
4 Calquera peza que sostén ou suxeita algo: *As pontes colgantes adoitan estar suxeitas por tirantes de aceiro.*

preposición

5 Quitado o que se di ou coa súa excepción: *Tirante teu irmán todos estabamos conformes.* SIN. agás, bardante, excepto, fóra, quitado, quitando, sacado, salvo.

tirar

verbo

1 Soltar un obxecto con forza coas mans para que saia nunha determinada dirección: *O padriño tiroulles caramelos aos rapaces no bautizo.* SIN. botar, lanzar.
2 Deixar caer algo nun lugar: *Levantouse e tirou os papeis á papeleira.* SIN. botar.
3 Facer que algo deixe de estar onde estaba ou na posición en que estaba: *Tirou a carteira do bolso para pagar.* SIN. quitar, sacar.
4 Facer que algo, como unha mancha, desapareza ou deixe de estar onde estaba: *Ese deterxente quita moi ben a sucidade.* SIN. quitar, sacar.
5 Obter ou conseguir: *A gasolina tírase do petróleo.* SIN. obter, sacar.
6 Separar ou pór fóra o que estaba dentro: *Tirou o mantel do caixón da mesa.* SIN. extraer, sacar. ANT. meter, pór, poñer.
7 Deixar a alguén sen algo contra a súa vontade: *Na feira tiráronlle o reloxo.* SIN. levar, roubar, sacar.
8 Disparar cunha arma de fogo: *Xa sabe tirar coa escopeta.* SIN. disparar.
9 Aproveitar algo mal: *Pagar tanto por un abrigo así é tirar cos cartos.*
10 Gustar ou atraer: *O ambiente do seu barrio tíralle moito.*
11 Facer forza para atraer algo ou para arrastralo: *Os bois tiraban do carro.* SIN. turrar.
12 Tomar unha determinada dirección: *Ao chegares á praza, tira pola rúa da dereita.*
13 Funcionar ou ir bastante ben: *O coche é vello, mais aínda tira.*
14 Parecerse a outro: *O rapaz tira moito ao pai.*
15 Ter como proveito ou resultado: *Con ese bar tirouche moitas ganancias.*
16 Deixar abandonado ou sen usar: *Cómpre tirar con tantos mobles vellos como temos.*
17 Facer caer ao chan: *O temporal tirou varias árbores do noso monte.* SIN. derrubar.
18 Nalgúns deportes, lanzar o balón ou a pelota nunha determinada dirección, especialmente para obter un gol: *Ese dianteiro tira moi ben as faltas.*
19 En certos xogos, botar unha carta, un dado ou outra cousa semellante: *Tirou o dado e saíulle un cinco.*
20 tirarse Saír alguén do lugar onde está: *Tirouse do cuarto e foi para o salón.*
21 Pórse en posición horizontal ou deitado: *Tirouse no sofá e botou unha sesta.* SIN. deitarse. ANT. erguerse, levantarse.
22 Lanzarse ou botarse cara a algo: *Tirouse de cabeza á piscina.*
EXP. **Tirar para adiante** Decidirse a facer algo sen pensar moito nas consecuencias: *Tirou para adiante e aceptou o cargo de director.*
FAM. tirador, tirante, tiraxe, tiro, tirón.

tiratacos

substantivo masculino

Tubo oco que usan os rapaces para tirar boliñas de papel soprando nel: *Quitoulle a barra ao bolígrafo e usouno de tiratacos.*

tiraxe
substantivo feminino
Número de exemplares de xornais, revistas, libros, discos ou calquera outra cousa semellante que se publican dunha vez e repiten o mesmo orixinal: *A tiraxe dese xornal acada os 500.000 exemplares diarios.* OBS. É distinto de *tirada*.

tirizó
substantivo masculino
Orizó.

tiro
substantivo masculino
1 Disparo que fai unha arma de fogo: *Na noite sentíronse dous tiros de pistola.* SIN. disparo.
2 Lanzamento de algo nunha determinada dirección, especialmente o balón ou pelota en certos xogos e deportes: *Ese dianteiro ten bo tiro coa esquerda.* SIN. disparo.
3 Conxunto de animais que arrastran algo, especialmente un carro: *O tiro do carro era unha parella de bois.*
EXP. **A tiro** Ao alcance: *Ten a tiro a oportunidade de ascender na empresa.* **Nin a tiros** De ningún xeito: *Non se quere ir da casa dos pais nin a tiros.*

tiroliro
substantivo masculino
Son producido pola gaita: *Ao lonxe oíase o tiroliro do gaiteiro.*

tirón
substantivo masculino
1 Feito de tirar de algo con forza: *Cando alguén cumpre anos dánselle tantos tiróns de orellas como anos fai.*
2 Roubo de algo tirando con forza del: *Leváronlle o bolso dun tirón.*
3 Movemento rápido para adiante separándose dun grupo: *O ciclista deu un tirón e entrou de primeiro na meta.*
4 Atractivo ou capacidade para gustar e atraer: *Ese cantante ten moito tirón.*

tirotear
verbo
Disparar cunha arma de fogo repetidamente contra algo ou alguén: *Os atracadores tirotearon coa súa pistola o vixilante do banco, pero non lle acertaron.*
FAM. tiroteo.

tiruleco, tiruleca
adxectivo
Tarabelo.

tisnar
verbo
Manchar con feluxe, fume ou con outra substancia semellante: *O fume da lareira tisnou as paredes da cociña.* SIN. enfeluxar. ANT. desenfeluxar.

titán
substantivo masculino
Persoa que ten unha forza extraordinaria ou que destaca moito nunha actividade polo seu esforzo: *O titán do circo levantaba pesos de cen quilos.*
FAM. titánico.

titor, titora
substantivo
1 Persoa autorizada pola lei para coidar e protexer a outra porque é menor de idade e non ten pais ou porque sendo maior está incapacitada: *O seu tío foi o seu titor cando quedou orfo.*
2 Profesor que ten unha clase ao seu coidado e que orienta os alumnos: *A titora entregoulles aos alumnos os boletíns das notas.*
FAM. titoría.

titubear
verbo
1 Ter dúbidas sobre o que hai que facer en determinado momento ou en determinado asunto: *Elixiu aquela camisa sen titubear.* SIN. dubidar, vacilar.
2 Dubidar á hora de dicir unha palabra ou de pronunciala cortándoa ou tardando en pronunciala: *Estaba tan nervioso no exame oral que non paraba de titubear.*
FAM. titubeo.

titular
adxectivo ou substantivo
1 Dito dunha persoa, que ocupa un cargo ou función sempre e non substitúe a outro: *Atendeunos o médico titular.* ANT. suplente.
2 Que figura ou está como propietario de algo: *Os titulares das contas bancarias eran seu pai e súa nai.*
substantivo masculino
3 Frase que aparece sobre unha noticia nun xornal, revista ou mesmo na radio ou na televisión e que resume ou chama a atención

sobre a noticia que vén despois: *Os titulares das noticias dos xornais aparecen en letras máis grosas.*

verbo

4 Pórlle título ou nome a unha obra: *Castelao titulou a súa única novela* Os dous de sempre.

5 **titularse** Conseguir un título nos estudos ao rematalos con éxito: *Titulouse en medicina na Universidade de Santiago.*

título

substantivo masculino

1 Conxunto de palabras que se lle poñen de nome a unha obra: *O título do primeiro libro impreso integramente en galego é* Cantares gallegos.

2 Distinción que se concede ao conseguir algo: *Ao quedar primeiro na liga obtense o título de campión.*

3 Documento que proba que alguén superou todas as probas e exames para poder desempeñar unha profesión: *Obtivo o título de avogado na Universidade de Santiago.*

4 Documento legal que dá un dereito ou establece unha obriga: *El ten o título de propiedade da casa.*

FAM. titulado, titular.

tixola

substantivo feminino

Utensilio de cociña xeralmente de forma circular, sen tapa, pouco fondo e con mango que adoita usarse para frixir alimentos en aceite: *Frixía as patacas na tixola con aceite de oliva.*

FAM. tixolada.

tixolo

substantivo feminino

Recipiente de barro ou de ferro, con furados polo fondo, que se usa para asar castañas: *Cada día vense menos tixolos.*

***tiza**, a forma correcta é **xiz**.

tizón

substantivo masculino

Pau que queda a medio queimar: *O tizón estaba todo negro polo extremo que ardera.*

toa

EXP. **Á toa** ou **ás toas** Sen pensalo nin considerar as consecuencias: *Cómpre que non fagas as cousas ás toas.* SIN. ao chou.

toalla

substantivo feminino

Peza de tea que se usa para secar o corpo: *Secaba as mans cunha toalla azul.*

FAM. toalleiro.

tobeira ou tobo

substantivo feminino ou masculino

Burato ou escavación alongada que fan debaixo da terra algúns animais para viviren ou se esconderen: *Os coellos, os raposos e as toupeiras viven en tobos.*

tobogán

substantivo masculino

Especie de pista inclinada pola que se esvara para xogar: *Os cativos botábanse polo tobogán.* SIN. escorregadoiro, esvaradoiro.

***toca**, a forma correcta é **touca**.

tocadiscos

substantivo masculino

Aparello que serve para reproducir o son gravado nun disco: *Hoxe xa non se usan os tocadiscos.*

***tocado**, a forma correcta é **toucado**.

tocado, tocada

adxectivo

1 Que ten un dano pequeno: *O temporal deixou tocado o pesqueiro. O dianteiro retirouse tocado.*

2 Que está un pouco tolo: *Non lle fagas caso que está tocado.*

***tocador**, a forma correcta é **toucador**.

tocar

verbo

1 Pór as mans sobre un obxecto: *Os cativos non deben tocar os enchufes.*

2 Pór unha cousa xunta outra de xeito que estean en contacto: *As cadeiras non deben tocar a parede.*

3 Facer soar ben un instrumento musical: *Toca a trompeta na banda municipal.*

4 Soar ou facer soar un aparello que produce un son: *Toca outra vez o timbre para que nos abra.*

5 Interpretar unha peza musical: *A banda tocaba un pasodobre.* SIN. interpretar.

6 Tratar un asunto ou falar del: *El nunca toca temas que poidan molestar.*

7 Chegar o momento de facer algo: *Agora*

xa me toca a min para que me despache o carniceiro.
8 Ser unha cousa responsabilidade dunha persoa: *Eses choios complicados tócanlle ao xefe.*
9 Corresponderlle algo a alguén: *Tocoulle o premio gordo da lotaría.*
OBS. O *c* cambia en *qu* ante *e*, como en *sacar.*
FAM. tocado, toque, retocar.

toco, toca
adxectivo
1 Que lle falta unha parte do corpo ou que a ten incompleta ou mutilada, especialmente dito dunha man ou dun brazo: *O accidente deixouno toco do brazo dereito.* SIN. coto.
substantivo masculino
2 Parte do tronco dunha árbore ou planta que queda unida á raíz e sobresaíndo sobre a terra despois de cortar o devandito tronco: *No monte víanse os tocos dos piñeiros que cortaran os leñadores.*

todo, toda
indefinido
1 Indica que se toma algo por enteiro e no seu conxunto: *Choveu durante todo o día.*
substantivo masculino
2 Cousa enteira ou considerada como a suma das súas partes: *Unha familia é un todo formado por nai, pai e fillas e fillos.*
EXP. **Así a todo** ou **así e todo** A pesar diso: *Aínda tes tempo para terminar os deberes, pero, así e todo, bule.* **Sobre todo** En primeiro lugar: *Sobre todo estuda.* **Todo o que** O máis posible: *Bule todo o que poidas para rematar ese traballo.*
OBS. Contrae coa segunda forma do artigo *los, las*: *tódolos, tódalas*, pero na escrita prefírese *todos os, todas as.*
FAM. total, totalidade, totalitario, totalitarismo.

tódolos, tódalas
contracción
Unión de *todos, todas* coa segunda forma do artigo determinado *los, las: Ven comigo ao colexio tódalas mañás.*
OBS. É preferible escribir *todos os, todas as.*

todopoderoso, todopoderosa
adxectivo
Que o pode todo: *A relixión cristiá considera que Deus é todopoderoso.*

toga
substantivo feminino
Peza de vestir en forma de manto pero con mangas que cobre ata os pés coma unha saia e que se usa para determinadas cerimonias: *Os xuíces e avogados nos xuízos visten togas negras.*
FAM. togado.

tolada
substantivo feminino
Tolaría.

tolambrón, tolambrona
adxectivo ou substantivo
Toleirán.

tolaría ou tolería
substantivo feminino
Feito ou dito dunha persoa que parece propio de quen está mal da cabeza: *Ir por esa estrada a tanta velocidade é unha tolaría.*
SIN. loucura, tolada, tolemia.

toldar
verbo
1 Dito da auga ou dun líquido, pór menos claro ou facer que deixe de ser transparente: *Removeu a auga da poza e toldouna.* SIN. alodar, avolver, turbar.
2 Dito do ceo, facer que deixe de estar azul: *Esas nubes toldaron o ceo.* SIN. cubrir, nubrar, turbar.
3 Dito dun cristal ou espello, cubrilos de vapor ou de bafo: *O vapor da auga quente toldou o espello do cuarto de baño.* SIN. abafar, embazar, empanar.

toldo
substantivo masculino
Cuberta de tea grosa que se usa para dar sombra ou cubrir da chuvia: *Baixou o toldo da terraza porque daba o sol.*

tolear
verbo
1 Volver tolo ou perder a razón: *Toleou e metérono nun manicomio.* SIN. louquear.
2 Gustar moito: *Tolea polos xeados de chocolate.* SIN. louquear.

toleirán, toleirana ou toleirón, toleirona
adxectivo ou substantivo
Que actúa con pouco xuízo: *Non lle fagas caso porque é un toleirán.* SIN. atolado, tarambaina, tolambrón.

tolemia

substantivo feminino

1 Enfermidade que padecen os que perderon o xuízo ou están mal da cabeza: *O psiquiatra di que padece un tipo de tolemia.* SIN. demencia, loucura. ANT. cordura.

2 Feito ou dito dunha persoa que parece propio de quen está mal da cabeza: *Ir por esa estrada a tanta velocidade é unha tolemia.* SIN. loucura, tolaría.

3 Afección, interese ou gusto moi grandes por alguén ou por algo: *Ten tolemia polos netos.* SIN. loucura.

tolerancia

substantivo feminino

1 Respecto cara ás opinións ou formas de ser dos demais, especialmente cando son distintas das propias: *Hai que amosar tolerancia cos que pensan de xeito diferente a nós.* ANT. intolerancia.

2 Resistencia do organismo a substancias ou condicións que poden ser prexudiciais: *Enfermou porque ten pouca tolerancia ao clima caloroso e húmido ecuatorial.* ANT. intolerancia.

tolerar

verbo

1 Aguantar con paciencia algo malo ou desagradable: *Xa me afixen e agora tolero mellor madrugar.* SIN. aturar, soportar.

2 Deixar que algo suceda ou se faga cando se podería impedir: *Non toleraba ningún insulto diante del.* SIN. admitir, consentir, permitir. ANT. prohibir.

FAM. tolerancia, tolerante.

tolleito, tolleita

1 Participio irregular do verbo *toller.*

adxectivo

2 Que non pode mover o corpo ou algunha das súas partes: *Vai nunha cadeira de rodas porque está tolleito das pernas.* SIN. eivado, impedido.

toller

verbo

1 Deixar o corpo ou unha parte do corpo sen capacidade de movemento: *Tolleuno das pernas o accidente de moto que sufriu.* SIN. baldar, eivar.

2 Especialmente dito das plantas cultivadas, pór en mal estado: *A xeada tolleu as árbores froiteiras.* SIN. derramar, estragar.

OBS. Ten dous participios, o regular *tollido* e o irregular *tolleito.*

FAM. tolleito.

tolo, tola

adxectivo

1 Que sente moito amor ou afección por algo ou alguén: *Está tolo polos coches de carreiras.* SIN. louco.

adxectivo ou substantivo

2 Que perdeu o xuízo ou está mal da cabeza: *Está a tratamento psiquiátrico porque está tolo.* SIN. demente, desequilibrado, louco. ANT. cordo.

3 Que non pensa o que fai ou di ou que se pon en perigo de xeito innecesario: *Conduce devagar e non sexas tolo.* SIN. insensato, louco. ANT. axuizado, cordo, sensato.

EXP. **Divertirse coma un tolo** Pasalo moi ben: *Na festa divertímonos coma tolos.* **Estar tolo de remate** Non ter ningún xuízo: *Non lle fagas caso porque está tolo de remate.* **Estar tolo perdido** Estar sen ningún xuízo: *Se di iso é que está tolo perdido.* **Nin tolo** De ningún xeito: *Nin tolo lle presto eu cartos a ese.* **Volver tolo** Intentar convencer a alguén ou influír nel: *Vólveme tolo para que fagamos un cruceiro polo Mediterráneo.*

FAM. tolada, tolambrón, tolaría, toleada, tolear, toleira, toleirán, toleirón, tolemia, atolado.

toma

substantivo feminino

1 Feito de facerse dono dun lugar pola forza: *A toma deste castelo supuxo a fin da guerra.* SIN. conquista, ocupación.

2 Feito de comer, beber ou tragar algo: *O bebé realiza moi ben a toma dos biberóns de leite.*

3 Parte de algo que se come ou bebe dunha soa vez: *Cada sobre de pos desta medicina é para unha toma en medio vaso de auga.*

4 Abertura pola que sae ou se desvía a auga: *Os bombeiros meteron a mangueira na toma de auga da beirarrúa.*

5 Lugar por onde entra a electricidade, o gas, o cable do teléfono ou calquera outra cousa semellante: *Os enchufes das paredes son tomas de electricidade.*

6 Plano que ofrece unha cámara ou unha máquina fotográfica: *Desde o avión realizaban tomas aéreas da cidade.*

tomar

verbo

1 Coller algo coas mans: *Tomou a figura e colocouna encol da mesa.*
2 Comezar a ter algo ou conseguilo: *Tomou pena porque non o convidaron á festa.*
3 Comer ou beber: *Tomou un prato de caldo.*
4 Adoptar algo para empregalo: *Debes tomar precaucións para que non te queime o sol.*
5 Entender algo de determinada maneira: *Tomou a mal que lle sinalasen os erros.*
6 Recibir algo ou aceptalo: *Na voda os noivos tómanse por esposos.*
7 Facerse dono dun lugar por medio da forza: *Os inimigos tomaron o castelo.* SIN. conquistar, ocupar.
8 Comezar a ir por un determinado camiño: *Ao chegar aló, tomaremos polo atallo.*
9 Recibir os efectos de algo: *Tomaba o sol todas as mañás na praia.*
10 Calcular unhas medidas: *A costureira tomoulle as medidas para facerlle o traxe.*
EXP. **Tomala con alguén** Facer todo o posible para molestalo ou prexudicalo: *Tomouna co novo bedel e bótalle a culpa de todo.* **Tomar a alguén por algo** Consideralo de determinada maneira: *Seica me tomas por parvo.*
FAM. toma.

tomate

substantivo feminino

Froito de cor máis ou menos vermella, de forma arredondada e con moito zume que se usa para facer ensaladas ou salsas: *Fixo unha ensalada con leituga, cebola e tomate.*
FAM. tomateira.

tomateira

substantivo feminino

Planta herbácea anual de horta que produce os tomates: *A tomateira é orixinaria de América.*

tomba

substantivo feminino

Remendo.

tombar

verbo

1 Botar ao chan: *O temporal tombou varias árbores.* SIN. abater, derrubar. ANT. erguer, levantar.
2 Pór en posición horizontal ou paralela ao chan: *Botouse un anaco na cama.* SIN. deitar. ANT. erguer, levantar.
3 Inclinarse cara a un lado ata tocar o chan: *O carro tombou do lado dereito.*
FAM. tombo.

tombo

substantivo masculino

Volta que dá alguén ou algo sobre si mesmo caendo ou tirándose ao chan: *O atleta tropezou e deu un tombo.* SIN. capitón.
EXP. **A tombos** ou **aos tombos** 1) Caendo dando voltas: *O coche baixou aos tombos polo terraplén despois de saír da estrada.* 2) Con moitas dificultades e atrancos: *Vai levando os estudos aos tombos, con moitos suspensos.*

tómbola

substantivo feminino

Lugar en que se venden papeletas ou sobres pequenos que ao abrilos poden ter un premio ou non: *Tocoulle esa boneca nunha tómbola.*

tomiño

substantivo feminino

Planta de tronco leñoso moi aromática, follas perennes e flores brancas ou rosas: *O tomiño úsase como condimento e tamén en farmacia e perfumaría.*

tomo

substantivo masculino

Cada unha das partes en que se divide unha obra e que forma un libro por separado: *As enciclopedias adoitan ter varios tomos.* SIN. volume.

ton

substantivo masculino

1 Calidade pola que un son é máis grave ou máis agudo: *A voz dos homes é de ton máis grave ca a das mulleres e ca a dos nenos.*
2 Altura da voz nun determinado momento: *Baixaron o ton da voz para non espertar o bebé.*
3 Característica particular con que se produce algo: *O debate tomou un ton violento.*
4 Grao de cor: *Gústalle pintar os cuartos en tons claros.*
5 Enerxía ou bo estado do corpo: *As vitaminas son boas para recuperar o ton.*
EXP. **A ton** De maneira adecuada e que non resulta estraña: *Cómpre que vistas un traxe elegante e a ton coa cerimonia.* **De bo ton** ou **de mal ton** Que amosa boas ou malas ma-

neiras: *Non é de bo ton marchar dun lugar sen se despedir.* **Fóra de ton** Sen ter en conta as boas maneiras ou a educación: *A súa contestación foi fóra de ton.* **Sen ton nin son** Sen motivo ou sen causa: *Afirmaba ou negaba sen ton nin son.*

tona
substantivo feminino
1 Monda.
2 Casca.
3 Capa fina e sólida que se forma sobre algúns líquidos: *Cóase o leite fervido para quitarlle a tona.*
4 Parte máis superficial da terra ou da auga: *Só araba pola tona da terra.*

tonel
substantivo masculino
Recipiente de tamaño grande formado por táboas curvas unidas por aros metálicos e cerrado por bases circulares tamén de madeira: *Os toneis úsanse para gardar o viño.*
FAM. toneleiro.

tonelada
substantivo feminino
Unidade de masa que equivale a mil quilogramos: *A carga que levan os camións adoita medirse por toneladas.*
FAM. tonelaxe.

tónico, tónica
adxectivo
1 Que se pronuncia con acento ou con maior forza ou intensidade: *En* pantalón *a sílaba tónica é* -lón.
adxectivo ou substantivo masculino
2 Que devolve as forzas ou o bo estado: *O médico receitoume un tónico composto de diferentes vitaminas.*
substantivo feminino
3 Característica ou forma xeral de algo: *A tónica entre os xogadores do equipo era o pesimismo.*
4 Bebida transparente con gas e de sabor amargo: *A tónica faise con auga, gas, laranxas amargas e quinina.*
FAM. tonificante, tonificar.

toniña
substantivo feminino
Mamífero mariño parecido ao golfiño, de menor tamaño, máis groso e co bico máis curto: *A toniña mide arredor de metro e medio.*

***tonto**, a forma correcta é **parvo**.

topada
substantivo feminino
Golpe que alguén dá contra algo sen querer: *Deu unha topada coa cabeza contra a porta.*

topar
verbo
1 Dar un golpe ou choque forte contra algo ou alguén: *O coche topou contra un farol.* SIN. bater, chocar.
2 Atopar: *Non topei a carteira que perdín.*

tope
substantivo masculino
1 Punto extremo ao que se pode chegar: *O tope da velocidade nunha autoestrada é de 120 quilómetros por hora.* SIN. límite.
2 Peza que serve para deter un movemento ou para impedir que se pase ao outro lado: *Púxolles uns topes ás portas para que non desen contra a parede ao abriren.*
EXP. **Ao tope** Ata o límite: *Encheu o depósito de gasolina do coche ao tope.*

topenear
verbo
Toquear.

topete
substantivo masculino
Conxunto de pelos que se peitean levantados sobre a fronte: *O cantante de rock levaba un topete.*

tópico, tópica
adxectivo
1 Especialmente dito dunha idea, razón ou argumento que se repite moito e non resulta nada orixinal: *Unha afirmación tópica é dicir que en Galicia sempre chove.*
2 Dito dun medicamento, que se aplica sobre a pel: *As pomadas son medicamentos de uso tópico.*
substantivo masculino
3 Idea, razón ou argumento que se repite moito e non é orixinal nin nova: *Dicir que os mozos son algo atolados é un tópico.*

topónimo
substantivo masculino
Nome propio de lugar: *Os nomes das cidades como Vigo, Ourense, A Coruña ou Lugo son topónimos.*

toque

substantivo masculino

1 Golpe suave: *Deu dous toques na porta cos cotenos para que lle abrisen.*
2 Son producido por algún instrumento: *Os partidos acaban cando o árbitro dá tres toques de asubío.*
3 Aviso que se lle dá a alguén, xeralmente para chamarlle a atención por algo: *Déronlle un toque por chegar tarde ao traballo tres días seguidos.*
4 Detalle ou característica que fai que algo sexa especial: *Ese traxe ten un toque de elegancia e distinción.*
5 Pequena operación que se fai para rematar algo ou melloralo: *A pintura do cuarto xa case está rematada, só lle falta un par de toques.*
EXP. **Toque de queda** Prohibición que pon o goberno ou unha autoridade de circular ou permanecer polas rúas durante determinadas horas: *Polos roubos, o goberno impuxo o toque de queda desde as dez da noite ata as seis da mañá.*

toquear ou toquenear

verbo

Caer ou dobrar a cabeza a causa do sono: *O programa da televisión era tan aburrido que toqueneaba na cadeira de brazos.* SIN. cabecear, monear, moquear, topenear.

torada[1]

substantivo feminino

Capa máis ou menos grosa de neve: *Nevará mañá e formarase unha torada duns 5 centímetros.*

torada[2]

substantivo feminino

1 Tronco dunha árbore cortado e sen pólas: *Na beira da estrada estaban amontoadas unhas toradas de piñeiro.*
2 Cada unha das partes pequenas en que se parte o tronco cortado e sen pólas dunha árbore: *Partiron o tronco en dez toradas coa serra.*

torar

verbo

Cortar en toros ou anacos pequenos e redondos: *Torou a pescada para frixila rebozada. Logo de cortalos, toraron cunha serra mecánica os troncos de piñeiro.*

tórax

substantivo masculino

1 Nalgún mamíferos e nas persoas, parte do corpo situada entre o pescozo e o abdome: *Os pulmóns e o corazón están no tórax.*
2 Nun artrópodo, parte do corpo situada entre a cabeza e o abdome: *Do tórax dos insectos saen as patas e as ás.*
FAM. torácico.

torba

substantivo feminino

Auganeve.

torboada ou torbón

substantivo feminino ou masculino

Treboada.

torcaza

substantivo feminino

Pombo.

torcedura

substantivo feminino

Lesión producida ao dobrar unha articulación nun sentido que non lle é o propio: *O dianteiro sufriu unha torcedura no nocello.* SIN. retorzón.

torcer

verbo

1 Facer curvo ou dobrar algo que estaba recto: *Torceu o arame coas mans.* SIN. curvar.
2 Inclinar algo ou pólo nunha dirección non debida: *Non debes torcer a vista cando fales con outra persoa.*
3 Dobrar un membro do corpo forzándoo: *Torceu o nocello ao pisar mal.*
4 Cambiar de dirección: *Cando chegues á praza, torces pola rúa da dereita.* SIN. dobrar, virar, xirar.
5 Darlle varias voltas a algo: *Antes de tender a roupa, torceuna ben para quitarlle a auga.*
6 torcerse Ir a peor ou facerse peor: *O rapaz comezou moi ben o curso, pero torceuse e suspendeu.*
OBS. Cambia o *c* en *z* ante *a*, *o*, como en *vencer*. Ten dous participios, o regular *torcido*, usado nas perífrases, e o irregular *torto*, usado como adxectivo.
FAM. torcedura, torcida, torto, retorcer, retorto.

torcida

substantivo feminino

Pabío.

TOPÓNIMOS E XENTILICIOS

TOPÓNIMO	XENTILICIO	TOPÓNIMO	XENTILICIO
A Arnoia	arnoián -á, arnoiao -á	Cataluña	catalán -á
A Baña	bañense	Cedeira	cedeirense
A Barbanza	barbancés -esa	Celanova	celanovés -esa
A Coruña	coruñés -esa, herculino -a	Cervantes	cervantego -a
A Estrada	estradense	Ceuta	ceutí
A Fonsagrada	fonsagradino -a	Chantada	chantadino -a
A Guarda	guardés -esa	Chile	chileno -a
A Limia Alta	altolimego -a	China	chinés -esa
A Limia Baixa	baixolimego -a	Coimbra	coimbrán -á
A Mancha	manchego -a	Colombia	colombiano -a
A Pampa	pampeiro -a	Córdoba	cordobés -esa
A Pastoriza	pastoricense	Cuba	cubano -a
A Pobra	pobrense	Cuenca	conquense
A Ribeira de Piquín	ribeirego -a	Dinamarca	dinamarqués -esa
A Rioxa	rioxano -a	Donostia/San Sebastián	donostiarra
A Terra Chá	chairego -a	Escocia	escocés -esa
Afganistán	afgán -á	España	español -ola
África	africano -a	EUA/USA	estadounidense, norteamericano -a
Alemaña	alemán -á	Europa	europeo -a
Allariz	allaricense	Exipto	exipcio -a
Almería	almeriense	Finlandia	finlandés -esa
América do Sur	suramericano -a	Foz	focense, focego -a
Andalucía	andaluz -uza	Francia	francés -esa
Andorra	andorrano -a	Galicia	galego -a
Angola	angolano -a	Gran Bretaña	británico -a
Arabia	árabe	Granada	granadino -a
Aragón	aragonés -esa	Grecia	grego -a
Arousa	arousán -á	Groenlandia	groenlandés -esa
Arxentina	arxentino -a	Guatemala	guatemalteco -a
Asia	asiático -a	Guipúscoa	guipuscoano -a
Asturias	asturiano -a	Haití	haitiano -a
Atenas	ateniense	Hamburgo	hamburgués -esa
Australia	australiano -a	Holanda	holandés -esa
Austria	austríaco -a	Honduras	hondureño -a
Baiona	baionés -esa	Huelva	onubense
Baixo Miño	baixomiñoto -a	Huesca	oscense
Baleares	baleárico -a, balear	Hungría	húngaro -a
Barcelona	barcelonés -esa	India	hindú
Bélxica	belga	Inglaterra	inglés -esa
Berlín	berlinés -esa	Irán	iraniano -a
Betanzos	betanceiro -a, brigantino	Iraq	iraquí
Bilbao / Bilbo	bilbaíno -a, bilbotarra	Iria / Padrón	iriense, padronés -esa
Biscaia	biscaíno -a	Irlanda	irlandés -esa
Boiro	boirense	Irún	irunés -esa, irundarra
Bolivia	boliviano -a	Islandia	islandés -esa
Braga	bracarense	Israel	israelí, hebreo -a
Brasil	brasileiro -a	Italia	italiano -a
Brión	brionés -esa	Lalín	lalinense
Buenos Aires	porteño -a, bonaerense	León	leonés -esa
Burela	burelense, burelao -á	Líbano	libanés -esa
Burgos	burgalés -esa	Libia	libio
Cabana / Cabanas	cabanés -esa, cabanense	Lisboa	lisboeta
Cabo Verde	caboverdiano -a	Lleida	ilerdense
Cáceres	cacereño -a	Logroño	logroñés -esa
Cádiz	gaditano -a	Londres	londiniense
Caldas de Reis	caldense	Lugo	lugués -esa, lucense
Camariñas	camariñés -esa, camariñán -á	Luxemburgo	luxemburgués -esa
Cambados	cambadés -esa	Madeira	madeirense
Canarias	canario -a	Madrid	madrileño -a
Cangas	cangués -esa	Magreb	magrebí
Carballo	carballés -esa	Málaga	malagueño -a, malacitano -a
Castela	castelán -á	Mallorca	mallorquino -a

TOPÓNIMOS E XENTILICIOS

TOPÓNIMO	XENTILICIO
Marbella	marbellí
Marín	marinense
Marrocos	marroquí
Marsella	marsellés -esa
Mauritania	mauritano -a
Meaño	meañés -esa
Meira	meirego -a, meirao -á
Melide	melidense, melidao -á
Melilla	melillés -esa
Menorca	menorquino -a
México	mexicano -a
Milán	milanés -esa
Miño	miñense
Miño (Port.)	miñoto -a
Moaña	moañés -esa
Mondoñedo	mindoniense
Monforte de Lemos	monfortino -a
Mongolia	mongol
Monterroso	monterrosino -a
Moraña	morañés -esa
Moscova	moscovita
Mozambique	mozambicano -a
Mugardos	mugardés -esa
Nápoles	napolitano -a
Narón	naronés -esa
Navarra	navarro -a
Navia	naviego -a
Nazaret	nazareno -a
Negreira	negreirés -esa
Nicaragua	nicaraguano -a
Nigrán	nigranés -esa
Noia	noiés -esa
Noruega	noruegués -esa
Nova York	neoiorquino -a
O Carballiño	carballiñés -esa
O Cebreiro	cebreirego -a
O Grove	grovense
O Porriño	porriñés -esa
O Rosal	rosalés -esa
O Salnés	salnesán -á
Ortigueira	ortigueirés -esa
Ourense	ourensán -á, auriense
Oviedo	ovetense
Padrón	padronés -esa, iriense
País Vasco	vasco -a, éuscaro
Palencia	palentino -a
Palestina	palestino -a
Palma de Mallorca	palmesano -a
Palmas de Gran Canaria, As	palmense
Pamplona	pamplonés -esa
Panamá	panameño -a
Paraguai	paraguaio -a, guaraní
París	parisiense
Pequín	pequinés -esa
Perú	peruano -a
Polonia	polaco -a, polonés -esa
Ponteareas	ponteareán -á
Pontecaldelas	pontecaldelán -á, caldelán -á
Caldelas de Tui	caldelán -á
Pontedeume	pontedeumés -esa, eumés -esa
Pontevedra	pontevedrés -esa, teucro -a

TOPÓNIMO	XENTILICIO
Porto	portuense
Porto Rico	portorriqueño -a
Portugal	portugués -esa
Quiroga	quirogués -esa
Redondela	redondelán -á
Rep. Dominicana	dominicano -a
Rianxo	rianxeiro -a
Ribadavia	ribadaviense
Ribadeo	ribadense
Ribadumia	ribadumiense
Ribeira	ribeirán -á, ribeirense
Río de Xaneiro	fluminense, carioca
Roma	romano -a
Romanía	romanés -esa
Rusia	ruso -a
Sabadell	sabadellenco -a
Sada	sadense
Sagunto	saguntino -a
Sáhara	sahariano -a
Sáhara Occidental	saharauí
Salamanca	salmantino -a, helmántico -a
Santander	santanderino -a
Santiago de Compostela	santiagués -esa, compostelán -á
Segovia	segoviano -a
Senegal	senegalés -esa
Sevilla	hispalense, sevillano -a
Siberia	siberiano -a
Sicilia	siciliano -a
Siria	sirio -a
Sobrado dos Monxes	sobradés -esa
Somalia	somalí
Soria	soriano -a
Suecia	sueco -a
Suíza	suízo -a
Tenerife	tinerfeño -a
Teruel	turolense, teruelés -esa
Toledo	toledano -a
Trabada	trabadense
Trives	trivés -esa
Tui	tudense
Turquía	turco -a
Uruguai	uruguaio -a
Val do Dubra	valdubrés -esa, dubrés -esa
Valdeorras	valdeorrés -esa
Valencia	valenciano -a
Valladolid	valisoletano -a
Vedra	vedrés -esa
Venecia	veneciano -a
Venezuela	venezolano -a
Verín	verinés -esa
Viana	vianés -esa
Viena	vienés -esa
Vigo	vigués -esa
Vilagarcía de Arousa	vilagarcián -á, arousán -á
Vilalba	vilalbés -esa
Vilanova de Arousa	vilanovés -esa, arousán -á
Viveiro	viveirense
Xaén	xienense
Xapón	xaponés -esa, nipón -oa
Xerez	xerezano -a
Zamora	zamorano -a
Zaragoza	zaragozano -a

tordear
verbo
Andar mal como se se fose caer: *Ía bébedo e tordeaba.*

tordo, torda
adxectivo
1 Dito dun cabalo, que ten o pelo branco mesturado con pelo negro: *O pelame dos cabalos tordos parece gris.*
substantivo masculino
2 Paxaro de plumas grises na parte superior e amarelas no ventre e co peteiro delgado e negro: *Os tordos comen bagas, miñocas, caracois e insectos.*

torga
substantivo feminino
Breixo.

tormenta
substantivo feminino
1 Estado do tempo que se caracteriza porque hai chuvia e vento fortes e tamén lóstregos e tronos: *Os mariñeiros temen as tormentas.*
2 Desorde moi grande: *As subas dos prezos poden provocar unha tormenta entre os consumidores.*
FAM. tormentoso.

tormento
substantivo masculino
1 Gran sufrimento ou gran dor: *A fame é un verdadeiro tormento nos países pobres.*
2 Dor física con que se fai sufrir a alguén, especialmente para que confese ou conte algo: *Antigamente os presos eran sometidos a tormento para que confesasen os seus delitos.* SIN. suplicio, tortura. ANT. pracer.
FAM. atormentar.

tornado
substantivo masculino
Vento moi forte que xira ou fai remuíños moi grandes: *Os tornados producen grandes danos en América do Norte e África.*

tornar
verbo
1 Botar dun sitio ou facer que se desvíe do camiño por onde vai: *A vaca tornaba as moscas co rabo.*
2 Volver ao sitio de onde se saíu: *Moitos emigrantes tornaron a Galicia.* SIN. regresar, retornar, volver.
3 Facer que unha cousa cambie: *O lume torna a leña en cinsa.* SIN. cambiar, transformar, trocar.

tornarratos
substantivo masculino
Pedra grande e plana que se coloca sobre os pés do hórreo para impedir que os ratos suban: *Os tornarratos do hórreo protexen os froitos almacenados dos roedores.* SIN. capa, moa.

tornear
verbo
Dar forma cun torno: *Os carpinteiros saben tornear figuras na madeira.*

tornecelo
substantivo masculino
Parte saínte dos ósos que forman a articulación entre a perna e o pé: *Ao pisar mal escordei o tornecelo.* SIN. artello, nocello, noelo, nortello.

torneiro, torneira
substantivo
Persoa que traballa cun torno: *O torneiro sabe facer pezas metálicas co torno.*

torneo
substantivo masculino
1 Na Idade Media, loita a cabalo entre dous ou máis cabaleiros con armadura, escudo e lanza e espada: *Os cabaleiros medievais loitaban en torneos diante das súas damas.*
2 Competición deportiva ou dalgún xogo en que participan varios equipos ou persoas entre si: *Participa no torneo de tenis que se organizou no colexio.*

***tornillo**, a forma correcta é **parafuso**.

torno
substantivo masculino
1 Máquina cunha plataforma xiratoria onde se pon algún obxecto para poder darlle unha determinada forma segundo vai dando voltas: *Os oleiros danlles a forma ás vasillas mentres xiran no torno.*
2 Ferramenta ou aparello provisto dunha peza que xira e que se usa para facer buracos, limar ou calquera outra acción semellante: *Os dentistas usan o torno para puír as moas.*
3 Especie de caixa aberta e que xira no oco dunha parede para pasar cousas dun lado

a outro sen que se vexan as persoas: *Nos conventos de clausura adoita haber tornos para que as monxas dean ou reciban cousas sen que as vexan.*
4 Especie de barra que se move para abrir ou pechar algunha entrada: *O torno que hai diante das caixas dos supermercados só está aberto cando a caixa funciona.*
FAM. tornear, torneiro.

toro
substantivo masculino
1 Parte dunha árbore ou dun arbusto da que saen as pólas: *O toro dese castiñeiro é moi groso.* SIN. tronco.
2 Tronco cortado dunha árbore sen as pólas: *O camión cargaba os toros de piñeiro.*
3 Cada un dos anacos redondos que resultan de cortar o tronco dunha árbore: *Nas serras cortan os troncos en toros.* SIN. torada.
4 Anaco redondo e groso dun alimento: *Rebozaba os toros da pescada para frixilos.* SIN. roda.
OBS. Na acepción 4 é incorrecta a forma **rodaxa.*

torpe
adxectivo
1 Pouco hábil en algo: *El é bastante torpe para aparcar o coche.* SIN. inepto, negado. ANT. capaz, destro, hábil, mañoso.
2 De pouca intelixencia ou moi lenta: *Nunca entende ben o que lle din porque é bastante torpe.* SIN. burro, parvo. ANT. espelido, esperto, intelixente, listo.
FAM. torpeza.

torpedo
substantivo masculino
1 Proxectil cilíndrico de gran tamaño e cunha forte carga explosiva que se lanza desde un barco ou submarino e vai por debaixo da auga: *O submarino lanzou dous torpedos contra o mercante.*
2 Peixe mariño co corpo aplanado e en forma de disco e con dous órganos musculosos na cabeza que producen descargas eléctricas: *Os torpedos usan as descargas eléctricas para protexerse e cazar as súas presas.*
FAM. torpedear, torpedeiro.

torpeza
substantivo feminino
1 Falta de habilidade para facer algo ben: *Amosa gran torpeza para os traballos manuais.* ANT. arte, destreza, habilidade, maña, tino, man.
2 Falta de intelixencia para entender ben: *A súa torpeza é grande e cómpre repetirlle as cousas.* ANT. intelixencia.
3 Acción ou feito que resulta pouco adecuado ou pouco conveniente: *Dicirlle que estaba gordo foi unha gran torpeza.*

torrada
substantivo feminino
1 Rebanda de pan que se torrou ou queimou superficialmente: *De almorzo toma café con leite e dúas torradas untadas de marmelada.*
2 Rebanda de pan empapada en leite con azucre e ovo batido frixida: *Fixo torradas co pan reseso.*

torradora
substantivo feminino
Pequeno electrodoméstico usado para torrar ou queimar superficialmente rebandas de pan: *Metía as rebandas de pan na torradora.*

torrar
verbo
1 Dito especialmente dun alimento, pólo ao lume ou a unha fonte de calor para que seque, colla unha cor dourada ou se queime superficialmente: *Torraba as rebandas de pan na torradora.*
2 Pór morena a pel: *No verán a xente tórrase nas praias.*
3 Cociñar tanto un alimento que case queda queimado: *Esquecín a tixola no lume e case torro o bisté.*
4 Secar moito a calor ou a luz do sol: *Este sol de agosto vai torrar as plantas da terraza.*

torre
substantivo masculino
1 Construción ou edificio máis alto ca largo e habitualmente estreito: *As sentinelas vixiaban desde as torres do castelo.*
2 Estrutura de metal de grande altura que sostén algo: *Nos montes vense as torres que soportan os cables da alta tensión eléctrica.*
3 Peza do xogo do xadrez que imita esta construción dun castelo: *Comeulle a torre coa raíña.*
FAM. torreiro.

torrencial
adxectivo
Especialmente dito da auga ou da chuvia, abundante e con moita forza: *As treboadas producen chuvias torrenciais.*

torrente
substantivo masculino
Corrente de auga que se move de forma moi rápida e con forza, especialmente por unha pendente: *Rompeu un tubo da traída de augas e baixaba un torrente pola rúa abaixo.*
FAM. torrencial.

torresmo
substantivo masculino
Roxón.

tórrido, tórrida
adxectivo
Moi caloroso: *Nos climas tórridos vai moita calor.*

*torrón, a forma correcta é terrón.

torso
substantivo masculino
Parte do corpo humano que queda se non se consideran a cabeza, o pescozo e as extremidades: *Quitou a camisa e quedou co torso nu.*

*tortícolis, a forma correcta é cabaleiro.

tortilla
substantivo feminino
Comida que se fai frixindo nunha tixola ovos batidos e que pode levar ingredientes como patacas, cebola, pementos e outros: *Está moi boa esa tortilla de pataca.*

torto, torta
1 Participio irregular de *torcer.*
adxectivo
2 Que non é recto ou que non está recto: *O cadro estaba un pouco torto e colocouno ben.* SIN. torcido. ANT. dereito, recto.
adxectivo ou substantivo
3 Que non ve dun ollo: *É torto porque non ve co ollo dereito.* SIN. chosco.
substantivo feminino
4 Doce grande habitualmente de forma redonda: *Puxo na torta do aniversario tantas candeas como anos facía.*
OBS. Na acepción 3 é distinta de *birollo* e de *vesgo*, 'que torce a mirada dun ollo ou dos dous'.

tortuoso, tortuosa
adxectivo
Con moitas curvas e voltas: *Subimos á montaña por un carreiro tortuoso.*

tortura
substantivo feminino
1 Dor ou sufrimento moi forte a que se somete a alguén, especialmente para que diga ou faga algo: *Someteron o preso a tortura para que declarase quen foran os seus cómplices.* SIN. tormento.
2 Calquera cousa que produce unha gran dor, pena ou simplemente aburrimento: *Ver esa película tan pesada é unha tortura.* SIN. suplicio, tormento.
FAM. torturar.

torzón
substantivo masculino
Dor moi forte no ventre: *Tomou un iogur caducado e agora ten torzóns.*

tose
substantivo feminino
Saída brusca e ruidosa do aire dos pulmóns producida pola irritación das mucosas das vías respiratorias: *Bebeu para calmar un ataque de tose.*
FAM. tusir.

tosquiar
verbo
Cortarlle o pelo ou a la a un animal: *O pastor tosquiaba as ovellas do rabaño.* SIN. arrocar, rapar.

total
adxectivo
1 De todas as partes que forman un todo ou completo e xeral: *Pechou para facer unha reforma total do comercio.* SIN. absoluto, completo. ANT. parcial.
substantivo masculino
2 Resultado dunha suma: *O total das compras do supermercado é de 23 euros.* SIN. suma.
3 Conxunto de todos os que forman un grupo: *O total dos alumnos da clase aprobou este exame.* SIN. totalidade.
adverbio
4 En conclusión ou en resumo: *Total, que decidimos durmir nese hotel.*
FAM. totalidade, totalitario, totalitarismo, totalizar.

totalidade
substantivo feminino
Conxunto de todos os elementos que forman un grupo: *A totalidade dos traballadores da fábrica foi á folga.* SIN. total.

touca
substantivo feminino
1 Peza de vestir a xeito de pano que se usa para cubrir a cabeza e os ombreiros: *A avoa levaba unha touca negra.*
2 Peza do vestiario dalgunhas monxas que cobre a cabeza e os ombreiros: *Agora son poucas as monxas que levan touca.*
FAM. toucado, toucador.

toucado
substantivo masculino
Peiteado ou adorno que unha muller leva sobre a cabeza: *A noiva levaba un fermoso toucado.*

toucador
substantivo masculino
Moble xeralmente en forma de mesa e cun espello que se usa para peitearse e amañarse diante del: *Estaba sentada diante do toucador maquillándose.*

touciño
substantivo masculino
Graxa que o porco ten debaixo da pel, especialmente a da barriga e a do lombo: *Botoulle ao caldo un anaco de touciño.*
EXP. **Touciño entrefebrado** O que está afumado e ten vetas de carne: *Xantou ovos fritos e touciño entrefebrado con patacas fritas.*

toupa
substantivo feminino
Mamífero do tamaño dun rato con mans con cinco dedos cos que escava baixo terra as galerías onde vive: *As toupas aliméntanse de insectos.* SIN. toupeira.

toupeira
substantivo feminino
1 Galería baixo terra ou escavación alongada que fan as toupas para vivir alí: *Encheu a toupeira de auga para que saíse a toupa.*
2 Toupa: *As toupeiras comen insectos.*

tourear
verbo
Pórse diante dun touro bravo na praza de touros, facer que arremeta contra un pano vermello que o excita, esquivalo e matalo cunha espada especial seguindo certas regras: *Hai academias e escolas para aprender a tourear.*

toureiro, toureira
substantivo
Persoa que ten como profesión tourear: *En Galicia non adoita haber toureiros.*

touro
substantivo masculino
1 Mamífero ruminante adulto, sen castrar, con dous cornos e un rabo longo: *O touro castrado é o boi. A femia do touro é a vaca.*
plural
2 Espectáculo en que se tourean touros bravos: *En Galicia os touros teñen poucos seguidores.*
FAM. tourear, toureiro, toureo.

tourón
substantivo masculino
Furón bravo: *Os touróns son moi feroces.*

toutizo
substantivo masculino
Punto máis alto da parte posterior da cabeza: *No toutizo adoita formarse un remuíño de pelos.*

touza
substantivo feminino
1 Terreo cerrado con árbores ou mato alto: *Esa touza é dun meu curmán.*
2 Terreo poboado de carballos: *Nesta touza hai carballos ben grosos.* SIN. carballeira.
3 Cardume.

toxal ou **toxeira**
substantivo masculino ou feminino
Terreo poboado de toxos: *Esa viña sen coidar está feita unha toxeira.*

tóxico, tóxica
adxectivo
Dito dunha substancia, que é velenosa ou moi mala para a saúde: *Os velenos son substancias tóxicas.* SIN. velenoso.
FAM. toxicólogo, toxicoloxía, toxicomanía, toxicómano, toxina, intoxicación, intoxicar.

toxicómano, toxicómana
substantivo
Que consome habitualmente drogas porque as necesita o seu corpo: *Diminúe o número de toxicómanos de heroína.* SIN. drogadicto.

toxina
substantivo feminino
Substancia elaborada polos seres vivos que actúa como veleno: *Pola suor elimínanse toxinas.*

toxo
substantivo feminino
Arbusto espiñento de flores amarelas: *Nos montes galegos abunda o toxo.*

traba
substantivo feminino
1 Pau ou corda que se lles pon nas patas ou no pescozo a certos animais para que non fuxan: *Púxolle unha traba á egua para que non fuxise.* SIN. pexa.
2 Calquera cousa que impide ou dificulta facer ou conseguir algo: *Para abrir aquí o bar todo foron trabas.* SIN. atranco, obstáculo.

trabada ou trabadela
substantivo feminino
Feito de morder cos dentes e ferida que se produce por isto: *Tiña sobre a perna a marca da trabada da cadela.* SIN. mordedela, mordedura.

trabalinguas
substantivo masculino
Palabra ou expresión que resulta moi difícil de pronunciar: *Repite o trabalinguas: Desaparafusa o parafuso que eu aparafusei co desaparafusador.*

traballador, traballadora
adxectivo
1 Que traballa moito: *Ese camareiro é moi traballador.* ANT. folgazán, lacazán, moulón, nugallán, preguiceiro, vago.
2 Persoa que traballa a cambio dun pagamento en cartos ou salario: *Os traballadores da empresa piden un aumento de soldo.*

traballar
verbo
1 Realizar unha actividade para a que se necesita esforzo: *Ese rapaz traballa moito na clase.*
2 Realizar unha actividade como profesión: *Traballa de enfermeiro.*
3 Manter relacións comerciais con determinada empresa: *Nós sempre traballamos con ese banco.*
4 Coidar a terra e as plantas para que produzan froitas: *Os labregos traballan a terra.* SIN. cultivar.
5 Darlle forma a unha materia coas mans: *O oleiros traballan a arxila.*
FAM. traballador, traballo, traballoso.

traballo
substantivo masculino
1 Actividade que se realiza con esforzo: *Aprobar o curso enteiro require traballo.*
2 Esforzo para conseguir algo: *Custoume traballo ordenar todos os libros.*
3 Actividade que se realiza a cambio do soldo: *O traballo de fontaneiro está ben pagado.*
4 Lugar en que se realiza esta actividade: *Vai todos os días a pé ao traballo.*
EXP. **Traballos forzados** Os que ten que realizar un preso no cárcere como parte da pena que lle impuxeron: *Antigamente os presos facían traballos forzados como construír estradas.*

traballoso, traballosa
adxectivo
Que se realiza con moito traballo ou esforzo: *Atender unha casa éche ben traballoso.* SIN. laborioso.

trabar
verbo
1 Pór algo para que unha cousa non se mova: *Os antirroubos dos coches traban o volante.*
2 Unir dúas cousas entre si: *Ao escribir cómpre trabar ben as ideas.*
3 Pór dificultades ao desenvolvemento ou logro de algo: *O goberno non debe trabar a liberdade dos cidadáns.*
4 Comezar unha relación con alguén: *Entre os dous, na época de estudantes, trabaron unha grande amizade.*
5 Apertar entre os dentes: *Traboume a cadela.* SIN. morder.
6 Pórlle a traba ou unha corda ou pau nas pernas ou no pescozo a un animal para que non fuxa: *Tivo que trabar a egua para que non fuxise.*

trabe
substantivo feminino
Madeiro, peza de ferro ou doutro material resistente longa e grosa que se usa para soster pisos e teitos dun edificio: *O vello pazo tiña as trabes de castiñeiro.* SIN. viga.

trabucar
verbo

1 Facer caer nun erro a unha persoa: *Non me fales porque me trabucas ao botar a conta.* SIN. equivocar.
2 **trabucarse** Equivocarse ou tomar por certo ou verdadeiro o que non o é: *Trabuqueime e toquei na porta do teu veciño e non na túa.* SIN. equivocarse. ANT. acertar.
OBS. O *c* cambia en *qu* ante *e*, como en *sacar*.

trabuco
substantivo masculino

Especie de escopeta que ten a boca do canón ensanchada: *Os antigos bandoleiros usaban trabucos.*

traca
substantivo feminino

Conxunto de petardos colocados ao longo dunha corda e que estoupan uns detrás dos outros: *Son famosas as tracas valencianas.*

tracción
substantivo feminino

Feito de lograr que se desprace un corpo tirando del con forza: *A tracción dos vagóns do tren faina a locomotora.*

tractor
substantivo masculino

Vehículo de motor con catro rodas, as dúas posteriores moi grandes, que se usa nas tarefas do campo: *Os tractores arrastran arados e remolques.*

trade
substantivo masculino

1 Instrumento eléctrico que fai xirar unha broca ou peza metálica rematada en punta e con forma de espiral que se utiliza para facer buracos: *Fixo un buraco co trade na parede para colgar o cadro.*
2 Instrumento que ten unha barra delgada de ferro en espiral e rematada en punta e cun mango de madeira que serve para facer buracos na madeira: *Para meter o parafuso fixo antes un buraquiño co trade.*
FAM. tradear.

tradición
substantivo feminino

Costume ou conxunto de costumes e ideas que se manteñen iguais a través dos tempos: *A celebración do Entroido é unha tradición galega.*
FAM. tradicional, tradicionalismo, tradicionalista.

***trado**, a forma correcta é **trade**.

tradución
substantivo feminino

Cambio a unha lingua distinta do que está dito ou escrito noutra: *Fixo a tradución dunha novela do galego ao inglés.*

traducir
verbo

Expresar nunha lingua o que está escrito ou dito noutra diferente: *El traduce moi ben do galego ao inglés e do inglés ao galego.*
FAM. tradución, tradutor.

traer
verbo

1 Levar algo ata onde está o que fala: *Tróuxome o libro á miña casa.* ANT. levar.
2 Ter como efecto ou consecuencia: *As guerras traen fame e destrución.* SIN. causar, motivar, ocasionar, producir, xerar.
3 Vestir ou levar posto: *Hoxe traes unha camisa moi bonita.* SIN. levar.
4 Conter algo un libro ou un xornal: *O xornal trae esa noticia na primeira folla.*
FAM. tracción, tractor, atraer, contraer, distraer, extraer, retraer.

***trafegar**, a forma correcta é **trasfegar**.

traer

INDICATIVO		SUBXUNTIVO	IMPERATIVO
Presente	**Copretérito**	**Presente**	trae
traio	traía	traia	traede
traes	traías	traias	
trae	traía	traia	
traemos	traïamos	traiamos	**FOR. NOMINAIS**
traedes	traïades	traiades	
traen	traían	traian	**Infinitivo**
			traer
Pretérito	**Antepretérito**	**Pretérito**	
trouxen	trouxera	trouxese	**Xerundio**
trouxeches	trouxeras	trouxeses	traendo
trouxo	trouxera	trouxese	
trouxemos	trouxeramos	trouxésemos	**Participio**
trouxestes	trouxerades	trouxésedes	traído
trouxeron	trouxeran	trouxesen	
Futuro	**Pospretérito**	**Futuro**	**Inf. conxugado**
traerei	traería	trouxer	traer
traerás	traerías	trouxeres	traeres
traerá	traería	trouxer	traer
traeremos	traeriamos	trouxermos	traermos
traeredes	traeriades	trouxerdes	traerdes
traerán	traerían	trouxeren	traeren

traficante

substantivo

Persoa que se dedica a comprar e vender produtos, especialmente de forma ilegal: *Detiveron onte dous traficantes de droga.*

traficar

verbo

Comprar e vender produtos para gañar cartos, especialmente de forma ilegal: *Apóñenlle que trafica con drogas.*

OBS. O *c* cambia en *qu* ante *e*, como en *sacar*.

tráfico

substantivo masculino

1 Circulación ou movemento de vehículos: *As fins de semana hai moito tráfico en todas as estradas.* SIN. circulación.

2 Circulación, paso ou transporte de mercadorías dun lugar a outro: *A policía controla o tráfico das mercadorías pola fronteira.*

3 Compra e venda de produtos para gañar cartos, especialmente de forma ilegal: *Acusárono de tráfico de drogas.*

OBS. O *c* cambia en *qu* ante *e*, como en *sacar*.

FAM. traficante, traficar.

***tragaluz**, a forma correcta é **bufarda**.

tragar

verbo

1 Facer pasar un alimento ou outra cousa desde a boca ao interior do corpo: *O rapaz tragou ben a pastilla.* SIN. enviar.

2 Facer pasar algo ao interior ou á parte máis profunda dunha cousa: *O desaugadoiro do vertedoiro traga moi ben a auga.*

OBS. O *g* cambia en *gu* diante do *e*, como en *pagar*.

FAM. tragar.

trago

substantivo masculino

Parte dun líquido que se toma dunha soa vez: *Tomou un bo trago da botella do leite.* SIN. chopo, grolo, sorbo.

***traición**, a forma correcta é **traizón**.

traída

substantivo feminino

Traslado ou condución de algo dun lugar a outro, especialmente da auga por medio de tubos e canos: *Non temos auga porque houbo unha avaría na traída.*

traidor, traidora

adxectivo

1 Que produce un dano ou un mal aínda que parece inofensivo e ata bo: *As enfermidades que non producen dor son moi traidoras.* SIN. traizoeiro.

adxectivo ou substantivo

2 Dito dunha persoa, que falta á confianza que alguén ten nela e deixa de serlle fiel: *Acusárono de traidor por pasarlle información ao exército inimigo.* SIN. traizoeiro. ANT. fiel, leal.

traíña

substantivo feminino

Aparello da pesca de cerco usado antigamente para pescar sardiñas: *A traíña requiría unha embarcación especial chamada traiñeira.*

FAM. traiñeira.

traiñeira

substantivo feminino

1 Antiga barca longa e estreita utilizada para pescar coa traíña, que tiña doce bancos onde remaban vinte e cinco ou trinta remeiros: *As traiñeiras xa non se usan.*

2 Barco deportivo de remo con banco fixo, longo e estreito: *Na traiñeira vogan catorce remeiros.*

traizoar

verbo

1 Faltar a confianza de alguén ou deixarlle de ser fiel: *Traizoou a empresa pasándolle os novos proxectos á competencia.*

2 Non resultar algo como se esperaba porque non se puido controlar: *Púxenme a berrar porque me traizoaron os nervios.*

traizoeiro

adxectivo ou substantivo

Traidor.

traizón

substantivo feminino

Comportamento que supón faltar á confianza de alguén e non serlle fiel: *No perigo cometeu a traizón de abandonarme e pórse do lado dos meus inimigos.* ANT. fidelidade, lealdade.

EXP. **Á traizón** Con engano e cando alguén está confiado: *Cravoulle o puñal á traizón cando lle daba as costas.*

FAM. traidor, traizoar, traizoeiro.

tralla
substantivo feminino

Vara pequena e delgada cunhas correas de coiro nun extremo que se usa para golpear ou asustar as cabalarías ou o gando para que anden máis: *Levaba unha tralla para afalar os bois.*

tralo, trala
contracción

Unión da preposición *tras* e a segunda forma do artigo *lo*, *la*: *A cadela corría trala bicicleta.*

OBS. É preferible escribir *tras o*, *tras a*.

trama
substantivo feminino

1 Nunha tea, conxunto de fíos colocados horizontalmente que se cruzan cos da urda para formar o tecido: *A trama son os fíos horizontais da tea e a urda os verticais.*

2 Conxunto de feitos que se presentan nunha obra de teatro ou narrativa: *A trama desta novela son as aventuras que corre o protagonista de mozo.* SIN. argumento, intriga.

3 Plan secreto entre varias persoas para facer algún engano ou mala acción: *A policía descubriu unha trama para roubar un importante banco.*

tramallo
substantivo masculino

Aparello de pesca formado por tres panos superpostos de forma rectangular, os exteriores de malla larga e os interiores de malla estreita, que forma como unha parede de rede no mar: *No tramallo quedan atrapadas distintas clases de peixes.* SIN. trasmallo.

tramar
verbo

Planear ou organizar algo en secreto de acordo con outros, especialmente se é unha mala acción: *El tramou cun amigo como estafarlle cen mil euros á empresa.* SIN. argallar, maquinar.

trámite
substantivo masculino

Cada un dos pasos ou xestións que hai que facer para resolver un asunto, especialmente nalgunha oficina: *Xa fixo no banco todos os trámites para que lle concedan un crédito para mercar o coche.* SIN. xestión.

FAM. tramitar.

tramo
substantivo masculino

1 Cada unha das partes en que se divide un camiño ou algo longo: *Nese tramo da estrada hai moitas curvas.* SIN. treito.

2 Parte da escaleira dunha casa formada polos chanzos que hai entre dous descansos: *Subiu a correr os tres tramos da escaleira.*

***tramoia**, a forma correcta é **tremoia**.

trampa
substantivo feminino

1 Aparello para cazar animais en que este cae por descoido ou engano: *A rateira é unha trampa para cazar ratos.*

2 Engano para coller a alguén, para causarlle algún dano ou beneficiarse del: *El nos negocios faiche moitas trampas.*

3 Incumprimento das regras dun deporte ou xogo para gañar sen que o rival se decate: *Xogando ás cartas el fai moitas trampas.*

FAM. trampear, trampón, tramposo.

trampolín
substantivo masculino

Especie de táboa flexible suxeita por un dos seus extremos sobre a que alguén colle impulso para saltar: *O nadador lanzábase á piscina desde o trampolín.*

tranca
substantivo feminino

1 Pau groso ou barra de ferro que se pon por dentro dunha porta ou ventá para pechala mellor: *Antigamente, de noite, moitas portas e ventás pechábanse con trancas.*

2 Borracheira.

trancar
verbo

Atrancar.

OBS. O *c* cambia en *qu* diante do *e*, como en *sacar*.

FAM. tranca, trancazo.

trancazo
substantivo feminino

1 Golpe dado ou recibido cunha tranca, cun pau groso ou calquera outra cousa semellante: *Deulle ao ladrón un trancazo cun pau groso.*

2 Gripe ou catarreira moi forte: *Está na cama polo trancazo.*

*trance, a forma correcta é transo.

trangallada

substantivo feminino

1 Cousa sen valor nin importancia: *O avó sempre lles leva aos netos algunha trangallada.*

2 Cousa ou conxunto de cousas sen orde: *Sobre a mesa tiña unha trangallada de papeis e libros.* SIN. zarangallada, zarapallada.

3 Diversión ou festa moi desordenada e mal feita: *A súa festa de aniversario foi unha trangallada onde nin torta había.*

4 Cousa mal feita ou mal organizada: *As súas clases son moi malas, unha verdadeira trangallada.* SIN. chafallada, trapallada, zarangallada, zarapallada.

FAM. trangalleiro.

trangalleiro, trangalleira

adxectivo ou substantivo

1 Que ten moi bo humor e lle gusta moito andar de festa e non toma nada en serio: *É un trangalleiro que pensa máis nas festas ca no traballo.* SIN. trouleiro.

2 Que fai as cousas mal e sen coidado: *Ese avogado é un trangalleiro e así perde moitos preitos.* SIN. chafalleiro, trapalleiro.

3 Que ten as súas cousas moi desordenadas: *É un trangalleiro que nunca ten o cuarto ordenado.*

4 Que non é formal nin serio e cambia moito de opinión: *Nunca che cumpre unha promesa porque é moi trangalleiro.* SIN. trapalleiro.

tranquilidade

substantivo feminino

1 Falta de actividade, ruído ou movemento: *Na noite a casa quedaba nunha tranquilidade absoluta.* SIN. calma, paz, quietude, serenidade, sosego.

2 Capacidade para estar sereno e sen perder os nervios: *Nos exames ten unha gran tranquilidade.* SIN. calma, sosego. ANT. impaciencia, nervios, nerviosismo, intranquilidade.

tranquilizante

adxectivo ou substantivo masculino

Especialmente dito dunha substancia ou medicamento, que pon tranquilo e ata fai durmir: *O enfermo quedou durmido porque lle administraron un tranquilizante.* SIN. sedante.

tranquilizar

verbo

Pór tranquilo: *Tomou unha tila para tranquilizarse.* SIN. acougar, calmar, serenar, sosegar. ANT. desacougar, inquietar, intranquilizar.

OBS. O *z* cambia en *c* diante do *e*, como en *cazar.*

tranquilo, tranquila

adxectivo

1 Que está en paz, sen ruído ou sen movemento: *O meniño durmía tranquilo no seu berce.* SIN. calmo, quedo. ANT. inquedo, inquieto, intranquilo.

2 Sen nervios ou sen ningunha preocupación: *El fai os exames moi tranquilo.* SIN. calmo. ANT. inquedo, intranquilo, nervioso.

FAM. tranquilidade, tranquilizador, tranquilizante, tranquilizar, intranquilizar, intranquilo.

transatlántico, transatlántica

adxectivo

1 Que está do outro lado do océano Atlántico ou que o atravesa: *Fixo unha viaxe transatlántica á Arxentina desde Galicia.*

substantivo masculino

2 Barco de pasaxeiros moi grande que atravesa o Atlántico e outros océanos: *Moitos emigrantes galegos viaxaron a América nos transatlánticos que saían de Vigo e da Coruña.*

transbordador

substantivo masculino

1 Barco de transporte de viaxeiros e vehículos que fai viaxes de ida e volta entre dous sitios: *Fixo a viaxe de Valencia a Mallorca nun transbordador, que lle levou tamén o coche.*

2 Vehículo que viaxa polo espazo exterior á Terra e que engala coma un foguete e aterra coma un avión: *O transbordador levou ao espazo dous satélites de comunicacións.*

transbordar

verbo

Pasar nun medio de transporte público, como barco, tren, avión, autobús ou metro, dun vehículo a outro para chegar a un lugar:

Para ir de Santiago a Buenos Aires transbordou no aeroporto de Madrid.

transbordo
substantivo masculino
Paso nun medio de transporte público, como barco, tren, avión, autobús ou metro, dun vehículo a outro para chegar a un lugar: *Para ir de Santiago a Nova York tivo que facer un transbordo de avión en Madrid.*

transcendencia
substantivo feminino
1 Importancia moi grande de algo: *O xefe só se ocupa dos asuntos de transcendencia.* ANT. intranscendencia.
2 Difusión ou coñecemento por moitas persoas do que estaba oculto ou non se sabía: *Os asuntos de corrupción urbanística teñen moita transcendencia cando os toca a prensa.* SIN. difusión.

transcendental
adxectivo
Moi importante: *A elección de profesión na adolescencia é un feito transcendental na vida dunha persoa.*

transcender
verbo
Comezar a ser coñecido ou espallarse algo que estaba oculto ou non se sabía: *O caso ese de corrupción no Concello transcendeu cando o destapou unha reportaxe xornalística.* SIN. difundirse, espallarse, estenderse, propagarse.
FAM. transcendencia

transcorrer
verbo
Pasar o tempo ou un período de tempo: *Os meses e os anos transcorren sen parar.* SIN. correr, pasar.

transcribir
verbo
1 Copiar exactamente un texto escrito co mesmo tipo de escritura ou outro diferente: *Un paleógrafo transcribiu o texto medieval ao tipo de letra actual.*
2 Escribir con toda exactitude o que alguén falou ou dixo de palabra: *O xornalista gravou a entrevista e despois transcribiuna.*
OBS. O participio é irregular: *transcrito.*
FAM. transcrición.

transcurso
substantivo masculino
Paso do tempo ou dun período de tempo: *Aboaremos as facturas pendentes no transcurso deste mes.*

transeúnte
adxectivo ou substantivo
1 Que pasa por unha rúa ou vía pública: *Os transeúntes paraban diante do músico ambulante.*
2 Que só está de paso e temporalmente nun lugar pero que non vive habitualmente nel: *Moitos dos estudantes de Santiago son poboación transeúnte pois só viven en Santiago durante o curso.*

transferencia
substantivo feminino
Paso ou envío de cartos dunha conta bancaria a outra: *Para pagar esa factura fíxolles unha transferencia desde a súa conta.*

transferir
verbo
Pasar dun lugar ou persoa a outro, especialmente cartos dunha conta bancaria a outra: *Os cartos do soldo transfíreos a empresa á miña conta bancaria.*
OBS. Conxúgase como *advertir.*
FAM. transferencia.

transformación
substantivo feminino
Cambio en algo distinto: *A miña rúa sufriu moitas transformacións nos últimos vinte anos.* SIN. cambio, variación.

transformar
verbo
Cambiar en algo distinto: *A bruxa transformou o príncipe nunha ra.* SIN. cambiar, converter.

transfusión
substantivo feminino
Introdución do sangue dunha persoa no corpo doutra: *Nas transfusións o sangue do doador e mais o do receptor han de ser do mesmo grupo sanguíneo.*

transgredir
verbo
Non cumprir ou non obedecer unha lei ou norma: *Multárono por transgredir as normas de aparcamento.* SIN. conculcar, deso-

bedecer, incumprir, infrinxir, quebrantar, violar. ANT. cumprir, obedecer, respectar.
OBS. Conxúgase como *advertir*.
FAM. transgresión, transgresor.

transhumancia
substantivo feminino
Traslado do gando desde os lugares de pasto do inverno aos do verán e viceversa: *En Castela faise a transhumancia das ovellas.*
FAM. transhumante, transhumar.

transición
substantivo feminino
Paso dun estado a outro diferente sen cambios bruscos: *A noitiña e o tempo de transición da tarde á noite.*

transistor
substantivo masculino
1 Dispositivo electrónico de pequeno tamaño que serve para rectificar e amplificar a corrente eléctrica: *Nos televisores os transistores substituíron as antigas lámpadas.*
2 Aparello de radio, xeralmente de tamaño pequeno, que utiliza estes dispositivos: *Os transistores son os aparellos de radio máis usados.*

transitar
verbo
Andar ou pasar por unha rúa ou vía pública: *A esta hora polo centro transitan moitos coches.* SIN. circular.
FAM. transeúnte, transición, transitivo, tránsito.

transitivo, transitiva
adxectivo
Dito dun verbo ou dunha oración, que se emprega con complemento directo ou o ten: *O verbo ter é transitivo.*

tránsito
verbo
1 Paso por un lugar ou dun lugar a outro: *Con tantos coches agora é case imposible o tránsito polo centro.* SIN. circulación.
2 Movemento de persoas e vehículos: *Durante o horario comercial no centro hai moito tránsito.* SIN. circulación, tráfico.

transitorio, transitoria
adxectivo
Que non vai durar moito tempo e non é para sempre: *É director do colexio de forma transitoria, só durante este mes.* SIN. pasaxeiro, provisional, temporal. ANT. definitivo.
FAM. transitoriedade.

transixir
verbo
Aceptar ou consentir algo que se pensa que non é xusto, verdadeiro ou razoable para non discutir e ter paz: *Pode non estar de acordo coas ideas alleas, pero transixe con elas.* SIN. tolerar.
FAM. transixencia, transixente, intransixencia, intransixente.

translación
substantivo feminino
Movemento dun astro ao longo da súa órbita: *O movemento de translación da Terra prodúcese arredor do Sol.*

translúcido, translúcida
adxectivo
Que deixa pasar a luz, pero sen ver con claridade a través del: *Os cristais da fiestra do cuarto de baño son translúcidos.*

transmisión
substantivo feminino
1 Comunicación ou envío de algo dun lugar a outro: *O comisario realizaba a transmisión das súas ordes aos coches patrulla por radio.*
2 Emisión dun programa de radio ou televisión: *Todos os sábados a televisión autonómica realiza a transmisión dalgún partido.*
3 Contaxio ou paso a outra persoa dunha enfermidade ou estado de ánimo: *A hixiene evita a transmisión de enfermidades infecciosas.*

transmisor, transmisora
adxectivo
1 Que transmite ou comunica, envía ou fai pasar algo: *As picadas dalgúns mosquitos son transmisoras de enfermidades infecciosas.*
adxectivo ou substantivo masculino
2 Dito dun aparello, que serve para transmitir ou enviar e comunicar mensaxes ou sinais: *O capitán enviaba as ordes á sala de máquinas desde a ponte por un transmisor.*

transmitir
verbo
1 Comunicar, pasar ou facer chegar: *Os pais e nais transmítenlles aos fillos moitos tra-*

zos do seu aspecto físico. O comisario transmitíalles por radio as súas ordes aos coches patrulla. Os metais transmiten a calor e a electricidade.
2 Emitir un programa na radio ou na televisión: *Esta tarde transmiten pola televisión galega un concerto moi bo.*
3 Contaxiar ou pasar a outra persoa unha enfermidade ou estado de ánimo: *Algúns mosquitos transmiten coa súa picada enfermidades infecciosas.*
FAM. transmisión, transmisor, retransmisión, retransmitir.

transo
substantivo masculino
Momento moi importante, difícil e decisivo na vida ou desenvolvemento de algo ou alguén: *Esa enfermidade foi un duro transo para el.*

transparencia
substantivo feminino
1 Calidade que ten un corpo que deixa pasar a luz e ver as cousas a través del: *O cristal das fiestras caracterízase pola súa transparencia.* ANT. opacidade.
2 Posibilidade de ver algo ou dar información sobre algo: *As democracias caracterízanse pola transparencia da vida política.*

transparentar
verbo
1 Permitir un corpo que se vexa algo a través del: *Esas cortinas tan finas transparentan o cuarto.*
2 Amosar ou deixar ver: *A súa cara transparenta unha gran tristeza.*

transparente
adxectivo
1 Que deixa pasar a luz e permite ver algo a través del: *O cristal das fiestras é transparente.* ANT. opaco.
2 Claro, evidente e que se sabe ou entende moi ben: *As súas intencións son transparentes para min porque somos vellos amigos.*
FAM. transparencia, transparentar.

transpirar
verbo
Botar un líquido ao exterior, especialmente a suor polos poros da pel: *Cando vai calor transpírase máis.*
FAM. transpiración.

transplantar
verbo
1 Pór ou trasladar unha planta do lugar en que estaba plantada a outro distinto: *Tiven que transplantar os xeranios a un testo máis grande.*
2 Pórlle a alguén un órgano doutra persoa porque o seu está enfermo: *Transplantáronlle un ril e o doador foi seu irmán.*

transplante
substantivo masculino
1 Traslado ou cambio dunha planta do lugar onde estaba plantada a outro distinto: *Fixo o transplante dos xeranios a un testo máis grande.*
2 Substitución dun órgano enfermo dunha persoa polo doutra persoa: *Fixéronlle un transplante de ril.*

transportar
verbo
Levar dun lugar a outro: *Os camións transportan mercadorías.*

transporte
substantivo masculino
1 Feito de levar algo dun lugar a outro: *Ten unha empresa de transporte de produtos conxelados.*
2 Calquera medio ou vehículo para levar persoas ou cousas dun lugar a outro: *O avión é un transporte moi rápido.*
FAM. transportar, transportista.

transportista
adxectivo ou substantivo
Que se dedica a levar nun vehículo mercadorías ou cousas dun lugar a outro: *Os transportistas quéixanse do aumento do prezo do gasóleo.*

***transtornar**, a forma correcta é **trastornar**.

transvasamento
substantivo masculino
Paso dun líquido calquera dun sitio a outro, en especial da auga dun río: *Algúns piden o transvasamento da auga do Ebro ao Xúcar.*
OBS. A forma **transvase* é incorrecta.
FAM. transvasar.

transversal
adxectivo
Que cruza e atravesa algo: *Unha rúa é transversal a outra cando a corta e a atravesa.*

tranvía

substantivo feminino

Vehículo a xeito de autobús para o transporte de viaxeiros nunha cidade e os seus arredores que se move por electricidade que toma duns cables e circula sobre raís coma un tren: *Desde o ano 1914 ata 1969 houbo tranvías en Vigo.*

trapallada

substantivo feminino

1 Cousa mal feita ou sen coidado: *O amaño do coche foi unha trapallada e volveu fallar.* SIN. chafallada, chambonada, trangallada.

2 Cousa de pouco valor ou inútil: *Levou toda a trapallada para o rocho.*

trapalleiro, trapalleira

adxectivo ou substantivo

1 Que fai os traballos e as cousas en xeral mal ou sen coidado: *Ese xastre é un trapalleiro que non sabe coser.* SIN. chafalleiro, chambón.

2 Que é moi pouco formal ou nada serio: *Nunca che cumpre as promesas porque é un trapalleiro.* SIN. trangalleiro.

trapallo

substantivo masculino

Anaco vello e roto de tea: *Tira con eses trapallos.* SIN. farrapo, trapo.

FAM. trapallada, trapalleiro.

trapecio

substantivo masculino

1 Barra horizontal colgada do teito por dúas cordas nos seus extremos e na que se fan exercicios de ximnasia ou de circo: *Debaixo do trapecio poñen unha rede para que non se manquen os trapecistas se caen.*

2 Polígono de catro lados que só ten paralelos dous deles: *O trapecio é un cuadrilátero irregular.*

3 Cada un dos músculos situados no dorso do pescozo e que permiten mover o ombreiro e xirar ou inclinar a cabeza: *Tiña unha contractura no trapecio.*

FAM. trapecista, trapezoide.

trapecista

substantivo

Artista do circo que fai exercicios no trapecio: *Os trapecistas son moi áxiles.*

trapeiro, trapeira

substantivo

Persoa que recolle, compra ou vende roupa vella e outros obxectos usados: *Vendinlle as alfombras vellas a un trapeiro.*

trapela

substantivo feminino

1 Especie de pequena porta ou abertura no piso ou no teito para poder ir a un andar inferior ou superior: *Para subir ao faiado hai que usar a trapela esa do teito.*

2 Trampa para cazar paxaros que consiste nunha especie de tapa con dúas follas que se abren co peso do paxaro e colocada sobre un buraco feito na terra: *Mercou unha trapela para cazar perdices.*

3 Tarabelo.

trapo

substantivo masculino

1 Anaco de tea vello, roto ou que non serve para nada: *Limpei o capó do coche cun trapo e despois tireino.* SIN. farrapo, trapallo.

2 Anaco de tea, especialmente o que se usa para limpar ou secar a louza: *Sempre seca as culleres, os coitelos e os garfos cun trapo.* SIN. pano.

traquea

substantivo feminino

1 No sistema respiratorio dalgúns vertebrados e das persoas, parte das vías respiratorias que vai desde a larinxe aos bronquios: *A traquea leva o aire aos pulmóns.*

2 Nos insectos e outros artrópodos, órgano da respiración formado por condutos aéreos ramificados: *A traquea posibilita a respiración dos insectos.*

tras

preposición

Despois de algo no espazo ou no tempo: *Setembro vén tras agosto. O cadelo ía tras a bicicleta.*

OBS. Contrae coa segunda forma do artigo *lo, la* en *tralo, trala,* mais é preferible escribir *tras o, tras a.*

trasacordo

substantivo masculino

Cambio de opinión en relación co que xa se decidira antes: *Pensábamos ir á praia, pero, pola chuvia, tomamos o trasacordo de ir ao cine.*

trasantonte
adverbio
O día anterior a antonte: *Se hoxe é xoves, trasantonte foi luns.*

traseiro, traseira
adxectivo
1 Que está atrás: *O maleteiro dos coches está na súa parte traseira.* ANT. dianteiro.
substantivo masculino
2 Cu ou nádegas: *Deulle unha patada no traseiro.* SIN. cu, nádegas.
substantivo feminino
3 Parte de atrás: *Non viaxa na traseira dos autobuses porque se marea.* ANT. dianteira.

trasfega
substantivo feminino
Traslado ou cambio dunha cousa dun sitio para outro, especialmente dun líquido dun recipiente para outro: *Realizaban a trasfega do viño da cuba aos bocois.*
FAM. trasfegar.

trasgo
substantivo masculino
Trasno.

trasladar
verbo
1 Levar ou cambiar algo dun lugar a outro: *Trasladou a mesa do salón á cociña.*
2 Cambiar o lugar de traballo: *Trasladárono da sección de electrodomésticos á de informática.*
3 Cambiar a data e a hora de algo: *Trasladaron o partido do domingo ao luns.*
4 Cambiar de lugar de residencia: *Trasladouse de Lugo á Coruña.*
FAM. traslado.

traslado
substantivo masculino
1 Cambio de algo dun lugar a outro: *Hoxe realiza o traslado dos mobles da casa vella á nova.*
2 Cambio do lugar de traballo: *Pediu o traslado da sección de informática á de electrodomésticos.*
3 Cambio da data e da hora de algo: *Non contaba co traslado do exame do luns ao mércores.*
4 Cambio de lugar de residencia: *O seu traslado de Ourense a Vigo produciuse cando tiña quince anos.*

trasmallo
substantivo masculino
Tramallo.

trasnada
substantivo feminino
1 Feito propio dun trasno que adoita consistir nun dano pouco grave pero molesto: *O trasno fixo a trasnada de tirar polo chan todos os garfos.*
2 Molestia ou dano pouco importante que alguén fai, especialmente os nenos ao xogaren ou enredaren: *Esconderlle as chaves do coche foi unha trasnada que lle fixo o cativo.* SIN. aduanada, algueirada, trasgada, travesura.

trasno
substantivo masculino
1 Ser fantástico nocturno que adoita facer pequenos danos para molestar, pero sen que acaden gravidade: *O trasno desordenou e mesmo esparexeu polo chan os libros dos andeis da biblioteca.* SIN. trasgo.
2 Rapaz que fai cos seus xogos e enredos pequenos danos ou crea molestias leves: *O trasno do fillo pequeno escondeulle o mando do televisor antes do partido.* SIN. aduaneiro, trasgo, traste, traveso.
FAM. trasnada.

trasnoitar
verbo
Pasar a noite ou parte dela sen durmir, especialmente para divertirse: *Trasnoita porque lle gusta moito bailar nas discotecas.*

traspasar
verbo
1 Pasar dunha parte a outra ou ao outro lado de algo: *Traspasou o río nunha barca.* SIN. atravesar.
2 Penetrar algo nun corpo de xeito que entre por un lado e saia polo outro: *A bala traspasoulle a coxa, pois esta presentaba un orificio de entrada e outro de saída.* SIN. atravesar.
3 Dar algo, entregalo ou cedelo por cartos ou calquera outro motivo: *O Celta traspasoulle un dos seus mellores xogadores ao Barcelona.*
4 Pasar un límite: *Os avións de caza traspasan a barreira do son.*
FAM. traspaso.

traspaso
substantivo masculino
Cesión ou entrega de algo a outro a cambio de cartos ou por calquera outro motivo: *O Celta cobroulle ao Dépor polo traspaso dese porteiro un millón de euros.*

traste
adxectivo ou substantivo
1 Dito dunha persoa e especialmente dun rapaz, que lle gusta enredar e facer bromas que producen pequenas molestias: *O traste do fillo botou o sal no azucreiro.* SIN. aduaneiro, trasno, traveso.
2 Calquera cousa ou obxecto vello ou que xa resulta inútil: *Ten o rocho cheo de trastes.*
3 Persoa que estorba nun traballo e que ata molesta: *Teu curmán para vendimar éche un traste.*
4 Utensilio ou ferramenta propio dunha profesión ou traballo: *O fontaneiro recollía todos os seus trastes tras amañar a billa.*
5 Cada unha das barras de metal ou óso colocadas no mastro da guitarra e outros instrumentos semellantes e entre as cales se premen as cordas cos dedos: *Os trastes permiten pisar mellor cos dedos as cordas da guitarra.*

*trasto, a forma correcta é traste.

trastornar
verbo
1 Cambiar algo que se pensaba facer, a súa orde ou o seu desenvolvemento: *A chuvia trastornou os nosos plans de ir á praia.*
2 Producir grandes molestias: *Lévame á casa no teu coche, se non te trastorna moito.*
3 Facer perder a razón ou o xuízo ou perdelos: *Trastornouno a morte da filla e está a tratamento psiquiátrico.*
FAM. trastornado, trastorno.

trastorno
substantivo masculino
1 Cambio grande na orde ou desenvolvemento de algo: *A contaminación está a producir trastornos no clima.*
2 Molestia grande: *Para min é un trastorno saír tan tarde do traballo.*
3 Enfermidade leve: *Cando come algo de máis sofre trastornos no estómago.*
4 Perda da razón ou do xuízo: *O seu trastorno obrigou a sometelo a un tratamento psiquiátrico.*

tratado
substantivo masculino
1 Obra científica, especialmente un libro, que trata ou estuda algunha materia en profundidade: *Escribiu un tratado de bioloxía.*
2 Acordo que fan dous países ou estados sobre un asunto: *España e Portugal asinaron un tratado de cooperación contra o narcotráfico.*

tratamento
substantivo masculino
1 Trato.
2 Proceso ou operación para cambiar algo, especialmente para melloralo: *As augas reciben na depuradora un tratamento para facelas potables.*
3 Menciñas e demais medios que se usan para curar unha enfermidade: *O mellor tratamento para esa enfermidade é que tomes esas pastillas e sigas a dieta.*
4 Forma en que se explica algo ou se fala de algo: *O tratamento que fixo o conferenciante do tema da contaminación foi moi completo.*

tratante
substantivo
Persoa que compra e vende mercadorías para gañar cartos, especialmente gando: *O seu avó foi tratante de gando e andaba por todas as feiras.*

tratar
verbo
1 Portarse ou actuar dunha determinada maneira, ben ou mal, cunha persoa ou animal: *Hai que tratar ben os animais de compaña.*
2 Usar un obxecto de determinada maneira: *Cómpre que trates mellor o coche.*
3 Ter relación cunha persoa ou falar habitualmente con ela: *Deixei de me tratar con el desde que marchou para outra cidade.*
4 Dirixirse e falar cunha persoa dunha determinada maneira que amosa máis ou menos confianza con ela: *Trata o xefe de vostede porque non lles dá confianzas aos empregados.*
5 Ter como tema ou asunto: *A novela trata da vida no Ourense do século XIX.*
6 Facer que algo reciba determinada acción, especialmente para melloralo: *Nas depuradoras tratan as augas para facelas potables.*
7 Intentar facer algo: *Tratou de rubir pola*

cerdeira pero non sabe agatuñar. SIN. intentar, tentar, pretender, procurar. ANT. renunciar.
8 Comprar e vender cousas para gañar cartos: *O seu avó tratouche moito co gando vacún.*
FAM. tratamento, tratante, trato.

trato
substantivo masculino
1 Forma de portarse ou actuar cunha persoa ou animal facéndoo ben, mal ou de calquera outro xeito: *Cómpre darlle bo trato aos animais.* SIN. tratamento.
2 Forma de dirixirnos a unha persoa e de falar con ela segundo a súa idade ou outras características: *Coas persoas maiores o trato correcto non é de ti senón de vostede.* SIN. trato.
3 Uso dun obxecto dunha determinada maneira: *Sempre ten o coche no taller porque lle dá un trato moi malo.*
4 Relación ou comunicación cunha persoa coa que se fala habitualmente: *Un profesor ten trato con moita xente moza.*
5 Acordo sobre un asunto ao que se chega entre dúas ou máis persoas e que deben cumprir: *O trato foi que me alugabas ese baixo por oitocentos euros ao mes.* SIN. acordo, pacto.

trauma
substantivo masculino
Emoción ou impresión moi fortes que inflúen moito sobre unha persoa e ata poden cambiar a súa forma de ser: *O rapaz cambiou desde que sufriu o trauma da morte dos pais nun accidente.*
FAM. traumático, traumatismo, traumatizar, traumatólogo, traumatoloxía.

través
EXP. **A través de** Dun lado a outro ou por medio de: *A luz pasa a través do cristal. Sóubeno a través de teu irmán.*

travesía
substantivo feminino
1 Viaxe, especialmente se atravesa un espazo ou é por mar ou por aire: *O transatlántico iniciaba a súa travesía cara a Buenos Aires desde A Coruña.*
2 Rúa estreita que cruza dunha rúa principal a outra: *A súa casa está nunha travesía estreita.*

traveso, travesa
adxectivo
1 Especialmente dito dun neno, que lle gusta enredar e fai cousas que molestan: *É moi traveso e escondeulle as chaves do coche.* SIN. traste.
substantivo feminino
2 Cada unha das pezas que unen os raís das vías do tren e sobre as que se apoian: *Antes as travesas eran de madeira.*

travestí
substantivo
Persoa que adoita vestirse con roupas do sexo contrario ao seu: *Os travestís masculinos visten roupas de muller.*

traxe
substantivo masculino
1 Vestido exterior completo dunha persoa: *Para bailar a muiñeira vístese o traxe tradicional galego.*
2 Vestido formado por unha chaqueta e un pantalón ou saia iguais: *Mercou un traxe azul de la moi elegante.*
EXP. **Traxe de baño** Peza de roupa que se usa para bañarse na praia, no río ou na piscina: *Mercou nas rebaixas dous traxes de baño.* **Traxe de etiqueta** O moi elegante e que se usa nos actos importantes: *Ao baile había que levar traxe de etiqueta.* **Traxe xastre** O de muller, con pantalón, e que recorda o de home: *O traxe xastre está formado por chaqueta e pantalón da mesma cor e non por saia.* **Cortar/facer un traxe** Falar mal de alguén: *Cortoulle un bo traxe ó seu xefe.*
FAM. traxado, traxar.

traxecto
substantivo masculino
Espazo que se percorre para ir dun sitio a outro: *De Ourense a Vigo hai un traxecto de case cen quilómetros.* SIN. camiño, percorrido, ruta.
FAM. traxectoria.

traxectoria
substantivo feminino
1 Liña que debuxa no espazo algo que se move: *A traxectoria das balas de fusil e pistola é recta.*
2 Evolución ou desenvolvemento ao longo do tempo: *Na traxectoria deste escritor hai novelas boas e malas.*

traxedia

substantivo feminino

1 Obra de teatro ou cine que remata mal, incluso coa morte dalgún personaxe importante: *Nesta traxedia morre o protagonista no remate.*

2 Suceso ou situación que produce moita dor ou moita pena porque é unha gran desgraza: *A morte dunha persoa sempre é unha traxedia.*

FAM. tráxico, traxicomedia, traxicómico.

tráxico, tráxica

adxectivo

1 Da traxedia ou propio deste tipo de obra: *O desenlace tráxico supón moitas veces a morte dalgún personaxe importante.*

2 Que supón unha gran desgraza e produce moita pena e dor: *O terremoto tivo un resultado tráxico pois produciu centos de mortes.*

traza[1]

substantivo feminino

Couza.

traza[2]

substantivo feminino

Aspecto ou figura iniciais que algo presenta a primeira vista: *Esa película tenche traza de ser entretida.* SIN. aparencia.

EXP. **Non ter traza** Non ter amaño ou solución: *Esa avaría do reloxo non ten traza: merca outro.*

trazado

substantivo masculino

1 Deseño, plano ou debuxo para a construción dun edificio ou doutra obra: *Os enxeñeiros xa fixeran o trazado da ponte nova.*

2 Percorrido ou dirección dalgún camiño, vía de comunicación ou mesmo río sobre o terreo: *Esta estrada ten un trazado con moitas curvas.*

trazar

verbo

1 Facer sobre un papel ou superficie as liñas dun debuxo, un plano, unha letra ou outra cousa semellante: *O cativo xa sabe trazar todas as letras.*

2 Pensar a forma de realizar algo: *Os presos trazaran un plan para fuxir do cárcere.*

3 Contar ou explicar algo de forma resumida: *O profesor trazou nun momento os puntos fundamentais do curso.*

4 Cortar en anacos moi pequenos, especialmente cos dentes: *Os ruminantes trazan a herba cando a remoen.* SIN. roer, trillar.

5 Tomar unha decisión: *Trazamos aumentar as vacacións unhas semana máis.* SIN. acordar, decidir.

OBS. O *z* cambia en *c* diante do *e*, como en *cazar*.

trazo

substantivo masculino

1 Liña ou raia que se fai ao escribir ou debuxar: *Hai que escribir as letras con trazos claros.*

2 Característica propia de algo ou alguén e que os fai distintos dos outros: *O trazo que me gusta máis da súa personalidade é a sinceridade.*

3 Cada unha das características da cara dunha persoa: *O fillo ten os trazos da familia da nai.*

4 Signo ortográfico que se usa, entre outras cousas, para separar as palabras ao final dunha liña: *O trazo en galego tamén se usa ás veces diante da segunda forma do artigo* lo, la*: Bota-las patacas.* SIN. guión.

OBS. É distinto de *risco*.

trebellar

verbo

1 Facer cousas que serven de xogo e entretemento: *Os nenos nunca deixan de trebellar.* SIN. enredar, xogar.

2 Tratar de facer algo sen saber ben como se fai ou facer algo só para entreterse: *Trebella no coche, pero non sabe nada de mecánica.*

3 Entreterse con xogos de carácter sexual: *Unha parella trebellaba detrás dunhas rochas da praia.*

trebello

substantivo masculino

1 Entretemento ou xogo sexual: *Os noivos entretíñanse con trebellos.*

2 Trampa de ferro para cazar animais atrapándoos polos pés: *Cazaron o raposo cun trebello.*

3 Aparello, ferramenta ou utensilio empregado nun traballo ou actividade: *O fontaneiro gardou os seus trebellos nun maletín.*

treboada ou trebón

substantivo feminino ou masculino

Chuvia moi forte e repentina que dura pouco tempo e que pode ir acompañada de vento: *Acollémonos da treboada nun soportal da rúa.* SIN. torboada, torbón, tromba.
OBS. É distinto de *tormenta* e de *tronada.*

*trébol, a forma correcta é trevo.

trece

numeral

Número 13: *Segundo unha superstición o trece trae mala sorte.*

trécola

substantivo feminino

1 Tarabela.
2 Que fala moito, pero sen sentido nin xeito: *Fala moito, pero só di parvadas porque é unha trécola.*
plural
3 Palabras ou razóns que se din para desculparse ou para non comprometerse a facer algo: *Non me andes con trécolas e dime se conto contigo para este traballo.* SIN. escusa, evasiva.

tregua

substantivo feminino

1 Período de paz no medio dunha guerra acordado polos que loitan: *Os inimigos asinaron unha tregua dun mes.*
2 Descanso nun traballo, actividade ou acción: *Unha tregua dun par de días permitiranos rematar o traballo con máis forza.*

treito

substantivo masculino

1 Espazo ou distancia que se percorre ou camiña: *Este treito de estrada ten moitas curvas.*
2 Parte dunha cousa que se fai pouco a pouco: *Xa levas tecido un bo treito desa chaqueta de la.*
EXP. **A treito** Por partes e pouco a pouco: *Vou escribindo a novela a treitos.*

trela

substantivo feminino

Corda máis ben curta que se usa para atar o gando e que non fuxa: *Prendeu as vacas coa trela.*
EXP. **Dar trela a alguén** Animalo para que faga algo: *Se lle dás trela a ese queda todo o día connosco.*

trelo

substantivo masculino

Adival.

tremebundo, tremebunda

adxectivo

Que causa tanto medo que fai tremer: *Na película aparecía un monstro tremebundo.* SIN. arrepiante, espantoso, horrible, terrible, tremendo.

tremedal

substantivo masculino

Terreo moi húmido cuberto de prado ou de herbas e arbustos: *O tremedal este no inverno énchese de auga.* SIN. braña, lameiro, tremo, trollo.

tremelicar

verbo

Tremer co frío ou co medo: *Tremelicaba na parada do autobús co frío.*
OBS. O *c* cambia en *qu* diante do *e*, como en *sacar.*

tremelucir

verbo

Escintilar.
OBS. Conxúgase como *fuxir.*
FAM. tremelucente.

tremendo, tremenda

adxectivo

1 Que produce moito medo: *O monstro que saía na película era tremendo.* SIN. arrepiante, espantoso, terrible.
2 Moi grande: *Había no concerto unha cantidade tremenda de xente.* SIN. enorme.
3 Que fai ou di cousas que causan moita sorpresa: *Pon abrigo con esta calor porque che é tremendo.*

tremer

verbo

Axitarse con movementos rápidos, repetidos e non voluntarios: *Co frío tan intenso tremíalle todo o corpo.*
FAM. tremor, trémulo.

tremo

substantivo masculino

Tremedal.

tremoia

substantivo feminino

1 Moega[2].

2 Nun teatro, máquina ou conxunto de máquinas que se usan para cambiar os decorados ou conseguir determinados efectos especiais: *A tremoia facía posible que a bruxa voase nunha vasoira sobre o escenario.*

tremor
substantivo masculino
Serie de movementos breves, rápidos e repetidos: *O nerviosismo producíalle un tremor de mans.*
EXP. **Tremor de terra** Movemento que se produce na superficie da Terra: *Un tremor de terra pode destruír edificios e producir moitas mortes.* SIN. sismo, terremoto.

trémulo, trémula
adxectivo
Que treme: *Estaba trémulo coa ira.*

tren
substantivo masculino
1 Medio de transporte de viaxeiros e mercadorías formado por varios vagóns que circulan sobre vías e que son arrastrados por unha locomotora: *Os primeiros trens tiñan as locomotoras de vapor.*
2 Conxunto de máquinas e instrumentos que se empregan para facer unha mesma función e servizo: *Nesa estación de servizo teñen un tren de lavado de coches moi bo.*
EXP. **Tren de alta velocidade** O que supera os 200 quilómetros por hora: *Fun de Madrid a Sevilla no tren de alta velocidade.* **Tren de aterraxe** Conxunto de rodas e demais pezas en que se apoia un avión ao estar en terra ou para engalar e aterrar: *Seica detectaron unha avaría no tren de aterraxe.* **Tren de proximidades** O que leva viaxeiros entre unha cidade importante e as localidades próximas a ela: *Vou de Redondela a Vigo para traballar no tren de proximidades.*

trenca
substantivo feminino
Peza de vestir parecida ao abrigo pero un pouco máis curta e con carapucha para cubrir a cabeza: *No inverno sempre usa trenca.*

trencha
substantivo feminino
Formón.

trenco, trenca
adxectivo
Pateño.

trenla
substantivo feminino
Trela.

trenza
verbo
Forma de peitear o pelo consistente en cruzar entre si tres ou máis grupos de pelos: *A cativa ía peiteada cunha trenza de cada lado.*
FAM. trenzar.

trenzar
verbo
1 Peitear o cabelo con forma de trenza: *A peiteadora trenzoulle o cabelo.*
2 Conseguir algo facendo ben os pasos ou partes sucesivas que son necesarios: *O noso equipo ten dificultades para trenzar as xogadas de gol.*
OBS. O *z* cambia en *c* ante *e*, como en *cazar.*

treo
EXP. **A treo** Sen pór coidado e sen pensalo: *Sáenlle os traballos mal porque os fai a treo.* SIN. ás toas, ao chou.

trepar
verbo
Tripar.

trepia
substantivo feminino
Trespés.

trepidante
adxectivo
Moi rápido, moi vivo ou moi forte: *A orquestra tocaba unha canción de ritmo trepidante.*

tres
numeral
Número 3: *Dous e un son tres.*
FAM. trescentos, terceiro, terzo.

trescentos, trescentas
numeral
Número 300: *O ano ten trescentos sesenta e cinco días.*

trespés
substantivo masculino
Utensilio de ferro triangular con tres pés sobre o que se colocan olas, tarteiras e tixolas ao lume nas lareiras: *Hoxe, coas cociñas modernas, xa non se usa o trespés.* SIN. trepia.

trevo
substantivo masculino

Herba caracterizada por ter as follas agrupadas de tres en tres: *O trevo úsase para alimentar o gando.*

triángulo
substantivo masculino

Figura xeométrica formada por tres lados e tres ángulos: *A área do triángulo é igual a base por altura dividido por dous.*

tribo
substantivo masculino

Grupo de familias que viven baixo a autoridade dun mesmo xefe e que proceden todas elas de antepasados comúns: *A organización en tribos é propia das sociedades primitivas.*
FAM. tribal, tribalismo.

tribuna
substantivo feminino

Superficie que se levanta sobre o chan a certa altura e que serve para falar ou dirixirse á xente ou para ver un acto ou espectáculo: *O político daba o mitin desde a tribuna. Sacou unha entrada de tribuna para o partido.*
FAM. tribunal.

tribunal
substantivo masculino

1 Xuíz ou conxunto de xuíces que xulgan a persoa acusada dun delito de xeito que a consideran culpable ou inocente: *O tribunal declarouno culpable e condenouno a tres anos de cárcere.*
2 Edificio ou lugar onde actúa este grupo de xuíces: *O avogado acode todos os días aos tribunais.*
3 Conxunto de persoas que valoran algo ou alguén, especialmente para aprobalo ou suspendelo, ou para conceder un premio: *O tribunal de oposicións convocou os opositores para o primeiro exame.*

tributar
verbo

1 Pagar un tributo ou imposto: *Todos os cidadáns estabamos obrigados a tributar.*
2 Manifestar como proba de admiración, agradecemento ou respecto: *O público tributoulle un grande aplauso ao cantante.*

tributo
substantivo masculino

1 Cartos que un cidadán debe pagar ao Estado como imposto para soster os gastos e servizos públicos: *Grazas aos tributos dos cidadáns o Estado pode construír as estradas.* SIN. imposto.
2 No feudalismo da Idade Media, o que un vasalo debía entregarlle ao seu señor como recoñecemento da súa autoridade e pola súa protección: *O rei recibía do seu vasalo o conde un tributo anual de corenta cabalos.*
FAM. tributar, tributario.

tríceps
substantivo masculino

Músculo que ten tres tendóns ou cabezas nun dos seus extremos: *Ao tensarmos o tríceps do brazo, estiramos o antebrazo.*

tricorne
substantivo masculino

Sombreiro con forma de trapecio e arredondado por diante: *O tricorne é propio do uniforme de gala da Garda Civil.*

tridente
substantivo masculino

Especie de arpón ou lanza con tres dentes: *O deus latino do mar, Neptuno, represéntase cun tridente na man dereita.*

tridimensional
adxectivo

Que ten tres dimensións: *Un obxecto con longo, largo e alto é tridimensional.*

trienal
adxectivo

Que dura tres anos ou que acontece cada tres anos: *Este campionato é trienal, pois celébrase cada tres anos.*

trienio
substantivo masculino

Período de tres anos: *Por cada trienio de traballo recibe un aumento de soldo.*

trigo, triga
adxectivo

1 De trigo ou relacionado con este cereal: *O pan branco faise con fariña triga.*
substantivo masculino
2 Planta gramínea con espigas de catro ou máis filas de grans dos que se obtén a fariña

máis utilizada para elaborar pan, pastas e outros produtos semellantes: *O trigo xa maduro é de cor amarela.*

3 Gran desta planta: *Moían o trigo para obter a fariña.*

EXP. **Non ser trigo limpo** Non ser bo totalmente ou digno de confianza: *Non confíes nel porque non che é trigo limpo.*

FAM. trigal, trigueiro.

trilla

substantivo feminino

Larva dunha bolboreta nocturna que roe a roupa: *Atopou o abrigo roído pola trilla.*

trillar

verbo

1 Desfacer en anacos moi pequenos: *Esa máquina trilla o papel.*

2 Mancar ou danar un dedo ao collelo entre dúas cousas que se xuntan: *Trillou un dedo ao pechar a porta.*

3. Mallar

trilo

substantivo masculino

Canto dun paxaro: *Na primavera séntense os trilos dos paxaros.*

FAM. trilar.

triloxía

substantivo feminino

Conxunto de tres novelas dun mesmo autor e que teñen entre elas unha certa unidade de tema ou contido: Os camiños da vida *de Otero Pedrayo é unha triloxía.*

trimestral

adxectivo

Que dura tres meses ou acontece cada tres meses: *O profesor fainos un exame global trimestral.*

trimestre

substantivo masculino

Período de tempo de tres meses: *No Nadal remata o primeiro trimestre do curso.*

trincar

verbo

Cortar cos dentes ou de forma que o corte lembre o que se fai cos dentes: *Trincou o pneumático do coche por andar con el picado e sen aire.*

OBS. O *c* cambia en *qu* diante do *e*, como en *sacar*.

trinchar

verbo

Cortar a carne en anacos na mesa para servírllela aos comensais: *A avoa trinchaba o polo asado.*

trincheira

substantivo feminino

Buraco ou escavación longa e de certa profundidade onde se meten os soldados para defenderse dos ataques inimigos: *Os soldados disparaban desde a trincheira contra os atacantes.*

trindade

substantivo feminino

Na relixión cristiá, as tres persoas divinas consideradas un só Deus: *A Trindade está formada polo Pai, o Fillo e o Espírito Santo.*

***trineo**, a forma correcta é **zorra**.

***trino**, a forma correcta é **trilo**.

trinque

EXP. **Do trinque** Novo de todo e sen usar: *Estrea coche do trinque.*

trinquete

substantivo masculino

Mastro de proa nun barco que ten máis dun mastro, así como a vela que vai nel: *O mariñeiro divisou a illa desde o alto do trinquete.*

trinta

numeral

Número 30: *O mes de abril ten trinta días.*

trío

substantivo masculino

1 Conxunto formado por tres elementos: *O noso equipo xoga sempre cun trío de dianteiros.*

2 Conxunto musical formado por tres cantantes ou tres instrumentos: *Os tres irmáns formaron un trío.*

tripa

substantivo feminino

1 No corpo humano e no doutros mamíferos, parte do aparato dixestivo que vai do estómago ao ano e que, na maioría dos casos, é unha especie de tubo con dous grosores distintos enrolados en moitas voltas: *Sentoulle mal o xantar e dóelle a tripa.* SIN. barriga, ventre, intestino.

plural

2 Interior dalgunha cousa: *Desarmou o reloxo para verlle as tripas.*

EXP. **Facer de tripas corazón** Facer moitos esforzos para aguantar algo: *Non o aturo, pero fixen de tripas corazón para traballar con el.*

FAM. destripar.

tripar

verbo

Pisar moito unha cousa cos pés: *Os xogadores non se adestran no estadio porque aínda non se pode tripar o céspede novo.*

SIN. trepar.

OBS. É distinto de *agatuñar, rubir.*

***triple**, a forma correcta é **triplo**.

triplicar

verbo

Multiplicar por tres ou facer algo tres veces maior: *O comercio triplicou os beneficios este ano.*

OBS. O *c* cambia en *qu* diante do *e*, como en *sacar.*

triplo, tripla

adxectivo

1 Que está formado por tres ou é adecuado para tres: *Un cuarto triplo ten tres camas.*

2 Que está multiplicado por tres ou é tres veces maior: *15 é triplo de 5.*

substantivo masculino

3 Canastra que se consegue desde unha distancia maior á habitual e que vale tres puntos: *Ese xogador consegue moitos triplos.*

trípode

substantivo masculino

Aparello formado por tres pés e que serve para soster algo: *Colocou a máquina de fotos sobre un trípode e foi posar co resto.*

tripulación

substantivo feminino

Conxunto de persoas que conducen un barco, un avión ou unha nave espacial ou realizan algún traballo neles: *O piloto, o copiloto e os auxiliares de voo forman parte da tripulación dun avión.*

tripulante

substantivo

Persoa que conduce un avión, un barco ou unha nave espacial ou realiza algún traballo neles: *O capitán do barco dáballes as instrucións aos tripulantes.*

tripular

verbo

Conducir un barco, un avión ou unha nave espacial ou facer algún traballo neles: *O copiloto tripulaba nese momento o avión.*

FAM. tripulación, tripulante.

triquetraque

substantivo masculino

Serie de golpes seguidos que producen un ruído e movemento tamén repetido: *Este tren ten moito triquetraque.*

tris

EXP. **Por un tris** Por moi pouco ou faltando moi pouco: *Por un tris non me tocou a lotaría pois só me faltaba un número.*

triscar

verbo

1 Cortar en anacos pequenos ou quitar anacos pequenos de algo: *Triscou o queixo para probalo.*

2 Apertar entre os dentes: *Triscou a lingua ao durmir.*

OBS. O *c* cambia en *qu* ante *e*, como en *sacar.*

FAM. trisco.

trisco

substantivo masculino

Anaco ou porción moi pequena de algo: *Colleu un trisco de queixo para probalo.*

SIN. anaco, cacho.

trisílabo, trisílaba

adxectivo

Que ten tres sílabas: *Lóstrego é unha palabra trisílaba.*

triste

adxectivo

1 Que sente pena por algo ou a amosa: *Está triste porque non ten vacacións.* SIN. apesarado. ANT. alegre, contento, ledo.

2 Que produce pena ou dor: *Ese accidente foi moi triste.* ANT. alegre, ledo.

3 Que produce unha desgraza ou un dano: *O terremoto tivo un triste resultado en mortos e desaparecidos.*

4 Pequeno, escaso ou moi pouco importante e sen case valor: *Non me prestou nin un triste euro.* SIN. miserable.

FAM. tristeiro, tristeza, tristura, entristecer.

tristeiro, tristeira
adxectivo
Que ten ou amosa un aspecto triste, de pena ou de falta de alegría: *Eu sempre lle noto unha cara tristeira.*

tristeza ou tristura
substantivo feminino
Estado de ánimo ou sensación de estar triste, con pena e sen alegría: *Os xogadores teñen unha gran tristeza porque non gañaron a liga.* SIN. pena, pesar. ANT. alegría, felicidade, ledicia.

tritón
substantivo masculino
Anfibio parecido a unha lagarta pero máis grande, de pel de cor parda con manchas anegradas no lombo e avermelladas no ventre: *O tritón habita en lagos e pozas.*

tritongo
substantivo masculino
Conxunto de tres vogais que se pronuncian nunha soa sílaba: *Na palabra* minguou *aparece o tritongo* uou.

triturar
verbo
Partir ou desfacer algo en anacos moi pequenos ou case po: *Cortamos a comida cos dentes e triturámola coas moas.*
FAM. trituración, triturador, trituradora.

triunfador, triunfadora
adxectivo
Que vence ou gaña ou que adoita vencer: *O equipo triunfador da liga é o que a remata en primeira posición.* SIN. ganador, gañador, vencedor. ANT. perdedor.

triunfal
adxectivo
Que celebra ou festexa un triunfo ou vitoria: *A coroa de loureiro era un símbolo triunfal na época do Imperio romano.*

triunfar
verbo
1 Gañarlle a un contrario ou rival: *O noso equipo triunfou nese torneo.* SIN. gañar, vencer. ANT. perder.
2 Ter éxito: *Triunfou na política e foi alcalde.* ANT. fracasar.
OBS. É distinto de *trunfar.*

triunfo
substantivo masculino
1 Vitoria ou resultado favorable ao gañarlle a un contrario ou rival: *O noso triunfo sobre o equipo contrario foi total: gañamos 5-0.* SIN. vitoria. ANT. derrota.
2 Éxito ao conseguir algo: *Esta novela supuxo o seu gran triunfo no eido da literatura.* SIN. éxito. ANT. fracaso.
OBS. É distinto de *trunfo.*
FAM. triunfador, triunfal, triunfalismo, triunfar.

trivial
adxectivo
Que ten moi pouca importancia ou interese: *Debes de deixar de preocuparte por asuntos triviais.* SIN. banal.
FAM. trivialidade.

trixésimo, trixésima
numeral
1 Que nunha serie ou clasificación ocupa a posición trinta: *Esa novela xa vai pola trixésima edición.*
2 Que é unha das trinta partes iguais en que algo se divide: *10 é a trixésima parte de 300.*

trobador
substantivo masculino
Especialmente na Idade Media, poeta que compón poemas en lingua romance e que cantaban os xograres: *Os trobadores galego-portugueses escribiron fermosas cantigas.*
FAM. troba, trobadoresco, trobar, trobeiro.

trobo
substantivo masculino
Colmea.

trocar
verbo
1 Dar unha cousa a cambio doutra, especialmente se é equivalente: *Trocou os euros por dólares.* SIN. cambiar.
2 Tomar unha cousa a cambio doutra: *Trocou os beneficios económicos por unha vida máis descansada.* SIN. cambiar.
3 Facer que algo ou alguén pasen a ser distintos: *Os magos da Idade Media querían trocar a terra en ouro.* SIN. cambiar, converter.
4 Tomar unha cousa por outra: *Trocou os números de teléfono e chamou a quen non era.* SIN. cambiar.

OBS. O *c* cambia en *qu* ante *e* como en *sacar*.
FAM. troco.

troco

substantivo masculino

1 Cambio dunha cousa que se dá por outra que se recibe, especialmente se é equivalente: *No banco realizou o troco de euros por dólares.* SIN. cambio.
2 Diñeiro que sobra ao pagar e que o vendedor devolve ao comprador: *Valía 6 euros, paguei cun billete de dez e déronme un troco de catro euros.* SIN. cambio.
EXP. **A troco** ou **en troco** Para compensar: *Traballei unha hora máis e en troco déronme trinta euros.*

trofeo

substantivo masculino

1 Obxecto que se dá como premio a quen vence ou gaña en algo: *O campión da liga recibe como trofeo unha copa de prata.*
2 Obxecto que serve de lembranza dunha vitoria ou éxito: *No salón ten as cabezas de dous veados como trofeo de caza.*
3 Nunha guerra, obxecto que o vencedor lle colle ao inimigo vencido como sinal de vitoria: *O xeneral paseaba as bandeiras do inimigo derrotado como trofeo.*

troglodita

substantivo

Persoa que vive nunha cova ou caverna: *O home prehistórico do Paleolítico era troglodita.*

troita

substantivo feminino

Peixe comestible de río de carne moi apreciada con pel de cores variables con pintas avermelladas ou negras: *A troita ten a carne branca ou rosada.*

trola

substantivo feminino

Calquera cousa que se conta ou presenta como verdade sendo falsa: *Dicir que os porcos voan é unha trola.* SIN. embuste, mentira.
FAM. troleiro.

trolebús

substantivo masculino

Especie de autobús pero que se move grazas á enerxía eléctrica que toma dun cable aéreo por medio dunha peza especial que leva no teito: *Antigamente en Pontevedra había trolebuses.*

trollo1

substantivo masculino

Rodo1.

trollo2

substantivo masculino

1 Mestura de auga, barro e terra que se forma nun lugar cando chove: *Nas beirarrúas de terra fórmase moito trollo cando chove.*
SIN. bulleiro, lama.
2 Tremedal.

tromba

substantivo feminino

1 Treboada.
2 Columna de auga con movemento xiratorio que se eleva desde o mar por efecto dun vento moi forte: *Unha tromba fixo naufragar o pesqueiro.*

trombón

substantivo masculino

Instrumento musical metálico e de vento parecido a unha trompeta grande formado por un dobre tubo en forma de U rematado en forma de campá: *Hai dúas clases de trombóns: o de pistóns, que se toca con tres botóns e o de varas, que ten unha barra móbil.*

trompa

substantivo feminino

1 Nalgúns animais como o elefante, parte prolongada e flexible do nariz e que lle serve para coller cousas: *O elefante colleu o cativo coa trompa.*
2 Nalgúns insectos, órgano que teñen na boca envolto en espiral e que desenrolan para chuchar: *As moscas teñen trompa.*
3 Instrumento musical metálico de vento formado por un tubo enroscado verticalmente que se vai ensanchando: *Algunhas trompas teñen pistóns para obter os distintos sons.*
4 Borracheira.

trompada

substantivo feminino

Golpe forte dado na cara co puño: *Seica lle romperon o nariz dunha trompada.*

trompazo

substantivo masculino

Golpe forte: *Esvarou e levou un bo trompazo.*

trompeta

substantivo feminino

Instrumento musical metálico de vento formado por un tubo polo xeral dobrado dúas veces sobre si mesmo e que se vai ensanchando ata rematar nunha especie de embude: *Toca a trompeta nunha orquestra.*

FAM. trompetista.

***trompo**, a forma correcta é **buxaina**.

tronada

substantivo feminino

Tempo de tormenta que se caracteriza pola calor pesada que remata nunha chuvia forte acompañada por tronos e lóstregos: *A tronada xa pasou e vense os lóstregos lonxe.*

OBS. É distinto de *treboada*, *trebón*.

tronar

verbo

Soaren os tronos: *Séntese tronar, aínda que lonxe.*

tronco

substantivo masculino

1 Parte dura das árbores e dos arbustos que queda ao aire e da que saen as pólas: *O tronco das árbores sae da terra e as raíces están debaixo da terra.*

2 Parte do corpo dunha persoa ou dun animal que queda entre a cabeza e as extremidades: *O tronco comprende o tórax e o abdome.*

3 Orixe ou parte principal de algo e da que saen outras cousas: *O latín é o tronco de onde saen o galego, o portugués e o castelán.*

troneira

substantivo feminino

Abertura ou burato nunha parede ou no casco dun barco por onde se poden disparar canóns ou outras armas de fogo protexéndose do fogo do inimigo: *As bocas dos canóns dos barcos dos piratas saían polas troneiras.*

trono[1]

substantivo masculino

Ruído moi grande que acompaña a un raio e que se produce nas nubes pola expansión do aire que segue á descarga eléctrica: *Primeiro vese o lóstrego e despois óese o trono.*

FAM. tronada, tronar, troneira.

trono[2]

substantivo masculino

Asento grande, con adornos e elevado en que sentan os reis e outras persoas moi importantes nas cerimonias e certos actos: *O trono é o símbolo do poder do rei.*

FAM. entronar, destronar.

tronzador

substantivo masculino

Serra grande que leva unha especie de asa en cada un dos seus extremos para serrar entre dúas persoas: *Hoxe xa non se ve cortar árbores co tronzador.* SIN. tronzón.

tronzar

verbo

1 Cortar ou partir ao través pasando de parte a parte: *Tronzamos ramas secas para facer unha fogueira.*

2 Causar moita dor ou unha sensación moi desagradable nunha parte do corpo de xeito que parece que a están cortando: *Este vento tan frío tronza a un.*

OBS. O *z* cambia en *c* ante *e*, como en *cazar*.

FAM. tronza, tronzador, tronzón.

tronzón

substantivo masculino

Tronzador.

tropa

substantivo feminino

1 Conxunto de soldados sen graduación que forman un exército: *Un exército componse de tropa, suboficiais e oficiais.*

2 Conxunto grande de xente: *Na porta, esperaba ao cantante unha tropa de admiradores.*

plural

3 Conxunto de todas as persoas que forman un exército: *As tropas de Napoleón invadiron Galicia.* SIN. exército.

tropel

substantivo masculino

Conxunto grande de persoas ou animais que se moven sen orde e con ruído: *Un tropel de admiradores pedíalle autógrafos ao cantante.*

tropezar

verbo

1 Dar ou chocar cos pés en algo ao ir andando: *Caeu ao tropezar cunha pedra.*

2 Encontrar algunha dificultade ou obstáculo que impide o desenvolvemento normal de algo: *Quería casar con aquela rapaza pero tropezou coa oposición dos pais delas.*
3 Ter un problema ou desacordo con algunha persoa: *El deixou ese traballo porque tropezaba moito co xefe.*
4 Encontrarse por casualidade con algo ou alguén: *Tropecei con el cando ía á compra.*
FAM. tropezo, tropezón.

tropezo
substantivo masculino
1 Dificultade que se atopa en algo ou erro que se ten sen querer: *Ao comezar nun traballo son normais os tropezos.*
2 Enfrontamento, desacordo ou problema entre dúas persoas: *El tivo os seus tropezos con ese irmán, pero agora lévanse moi ben.*

tropezón
substantivo masculino
Paso que se dá mal porque se choca cos pés contra algo: *Deu un tropezón cunha cadeira e case cae.*

tropical
adxectivo
Dos trópicos: *O clima tropical é caloroso e húmido.*

trópico
substantivo masculino
1 Cada un dos dous círculos menores en que se considera dividida a Terra, que son paralelos ao Ecuador: *O trópico do hemisferio Norte é o trópico de Cáncer e o do hemisferio Sur o trópico de Capricornio.*
2 Rexión ou zona da terra comprendida entre estes dous círculos: *O trópico é unha zona calorosa e húmida.*
FAM. tropical.

troposfera
substantivo feminino
Na atmosfera terrestre, zona que se estende desde o chan ata aproximadamente dez quilómetros de altura: *Os fenómenos meteorolóxicos prodúcense na troposfera.*

***troquel**, a forma correcta é **cuño**.

trosma
substantivo
Prosmeiro.

trotar
verbo
Andar un cabalo con paso rápido pero sen chegar a correr: *A egua trotaba polo prado.*
FAM. trote.

trote
substantivo masculino
Modo de andar rápido dos cabalos pero sen chegar a correr: *Os cabalos poden ir, segundo a súa menor ou maior velocidade, ao paso, ao trote ou ao galope.*
EXP. **De trote** ou **para trote** Para usar todos os días: *Este abrigo éche de trote.* **Non estar para estes trotes** Non estar en condicións para certos traballos ou actividades: *Á miña idade xa non estou para estes trotes.*

troula
substantivo feminino
Diversión alegre e con ruído dun grupo de persoas: *Os sábados pola noite gústalle ir de troula cos amigos.* SIN. esmorga, festa, foliada, pándega, rexouba, ruada, trouleo, xolda.
FAM. troular, troulear, trouleiro, trouleo.

troupelear
verbo
Facer ruído cos zapatos ao andar: *Non calza ben os zapatos e troupelea.*
FAM. troupeleo.

trousar
verbo
Vomitar.

***trozo**, a forma correcta é **anaco**.

truán, truá
adxectivo ou substantivo
Dito dunha persoa, que engana os demais para aproveitarse: *Nunca farei negocios con ese truán.*

trucada
substantivo feminino
Turrada.

trucar[1]
verbo
1 Dar golpes coa cabeza un animal con cornos: *Esa vaca ás veces truca.* SIN. escornar.
2 Dar un golpe coa cabeza contra algo: *O cativo caeu e trucou contra a parede.*
OBS. O *c* cambia en *qu* ante *e*, como en *sacar*.
FAM. trucada, truque.

trucar[2]

verbo

Cambiar ou modificar algo para que pareza distinto ou teña unha característica diferente: *Trucaron a foto e borrárono a el.*

OBS. O *c* cambia en *qu* ante *e*, como en *sacar*.

truco

substantivo masculino

1 O que se fai para conseguir un efecto que pareza real aínda que non o sexa, ou para facer pasar por real algo falso: *O prestidixitador non quixo explicar o truco que lle permitía sacar unha pomba do sombreiro.*

2 Trampa que se usa para conseguir algo: *Iso da catarreira é outro truco seu para non ir traballar.*

3 Habilidade que se logra ao facer algo moitas veces: *Leva vinte anos de fontaneiro e coñece todos os trucos do oficio.*

truculento, truculenta

adxectivo

Que asusta moito, especialmente pola súa crueldade: *Esa película ten escenas moi truculentas.* SIN. horrible, terrible.

FAM. truculencia.

truel ou trueiro

substantivo masculino

Aparello de pesca que consiste nun aro cunha rede en forma de saco atado a un mango longo: *Collía as nécoras co trueiro.*

trufa

substantivo feminino

1 Fungo comestible que crece debaixo da terra moi aromático e saboroso, anegrado por fóra e abrancazado ou avermellado por dentro: *As trufas son moi caras.*

2 Pasta elaborada con este cogomelo e chocolate ou só con chocolate e manteiga: *Para o aniversario mercou unha torta de trufa.*

truncar

verbo

Facer que algo non chegue ao seu remate ou interromper o seu desenvolvemento: *Esta derrota truncou a serie de vitorias do noso equipo.*

OBS. O *c* cambia en *qu* ante *e*, como en *sacar*.

trunfar

verbo

1 Botar un xogador unha carta que é un trunfo: *Agora trunfa ti, se podes.*

2 Ser trunfo nunha partida de cartas un pau da baralla: *Trunfan ouros.*

OBS. É distinto de *triunfar.*

trunfo

substantivo masculino

En certos xogos das cartas, pau da baralla que ten máis valor ca os outros: *Gañou a partida porque tiña moitos trunfos.*

OBS. É distinto de *triunfo.*

truque

substantivo masculino

Turrada.

tsar, tsarina

substantivo

No antigo Imperio ruso, emperador: *O tsar tiña un poder absoluto sobre os seus súbditos.*

tse-tse

substantivo feminino

Insecto tropical, parecido á mosca, que coa súa picada transmite o protozoo que produce a enfermidade do sono: *Ao viaxar ás zonas tropicais de África hai que ter coidado coas picadas da mosca tse-tse.*

tuareg

adxectivo ou substantivo

Do pobo que habita as rexións do norte do deserto africano do Sáhara: *Os tuaregs son nómades.*

tuba

substantivo feminino

Instrumento musical metálico de vento formado por un tubo longo cónico que se enrola en espiral: *A tuba ten pistóns para a tocar.*

tubaxe

substantivo feminino

Tubo ou conduto polo que vai a auga, outro líquido ou un gas: *A auga da traída chega por tubaxes que van por debaixo da terra.*

OBS. As formas **tubería*, **tubaría* son incorrectas.

tubérculo

substantivo masculino

Parte dun talo que crece por debaixo da terra e que ten moitas substancias nutritivas de reserva: *As patacas que comemos son tubérculos.*

tuberculose
substantivo feminino
Enfermidade infecciosa producida por unha bacteria que pode afectar distintos órganos e tecidos, especialmente os pulmóns, e destruílos: *A tuberculose está producida polo bacilo de Koch.*
FAM. tuberculoso.

tubo
substantivo masculino
1 Peza longa e oca que adoita estar aberta polos dous extremos: *Todos os coches e motos teñen tubo de escape.*
2 Recipiente longo que adoita ter un extremo cerrado e no outro un buraco que se tapa cun tapón: *Mercou na drogaría un tubo de pasta de dentes.*
EXP. **Tubo de ensaio** Recipiente de cristal moito máis alto ca largo que se usa nos laboratorios: *Introduciu a mostra de sangue nun tubo de ensaio.*
FAM. tubaxe, tubular.

tucano
substantivo masculino
Ave americana de cores moi vistosas e de peteiro moi grande e curvado: *En Venezuela hai moitos tucanos.*

tufo
substantivo masculino
Olor moi malo ou desagradable: *O gas ten un tufo característico.*
FAM. atufar.

tugurio
substantivo masculino
Cuarto ou local moi pequeno, malo, escuro e mal ventilado: *Montou un barciño nun tugurio.*

tulipán
substantivo feminino
Planta herbácea con raíz en forma de bulbo e talo liso que produce unha flor moi fermosa e grande de seis pétalos e tamén esta flor: *Os tulipáns poden ser brancos, amarelos ou vermellos.*

tulla
substantivo feminino
1 Especie de caixa grande con tampa ou arca de madeira para gardar o pan e outras cousas: *Antigamente o pan e a fariña gardábanse na tulla.* SIN. arca, hucha.
2 Depósito grande de madeira ou doutro material para gardar o gran: *A tulla estaba chea de millo.*

tumba
substantivo feminino
Lugar para enterrar unha persoa morta: *As pirámides eran as tumbas dos faraóns exipcios.* SIN. sepultura.

***tumbar**, a forma correcta é **tombar**.

tumor
substantivo masculino
Vulto que aparece nun órgano ou nunha parte do corpo por un aumento anormal do número de células: *Hai tumores benignos, pero tamén malignos, como o cancro.*
FAM. tumoral.

túmulo
substantivo masculino
1 Amoreamento de terra ou construción sobre unha sepultura para lembrar a persoa enterrada: *Levantaron na honra do defunto un túmulo de mármore.*
2 Especie de mesa cuberta por un pano negro sobre a que se coloca o ataúde dunha persoa morta no velorio ou durante o funeral: *O túmulo estaba rodeado por cirios.*

tumulto
substantivo masculino
Ruído e desorde producidos por un gran número de persoas nun lugar: *A chegada do cantante provocou un tumulto entre os seus seguidores.*
FAM. tumultuoso.

tuna
substantivo feminino
Conxunto musical formado por estudantes universitarios que cantan e tocan instrumentos, vestidos ao xeito dos estudantes dos séculos XVI e XVII: *Os membros da tuna visten capas.*
FAM. tuno.

tunante
adxectivo ou substantivo
Dito dunha persoa, que non é seria, que lle gusta máis a festa ca o traballo ou ata engana aos demais: *Non fagas nunca negocios con ese tunante.* SIN. galopín, pillabán, pillo, trangalleiro.

tunda
substantivo feminino

Serie de golpes que se lle dan a alguén: *Seica un garda de seguridade lle deu unha tunda.* SIN. malleira, zurra.

tundra
substantivo feminino

Terreo aberto e chan que ten o subsolo xeado e que se caracteriza pola falta de árbores e arbustos e a presenza de liques e carrizas; e tamén este tipo de vexetación: *A tundra é a vexetación típica de Siberia.*

túnel
substantivo masculino

Paso ou camiño que se constrúe por debaixo da terra, especialmente para que pasen por alí vehículos: *O tren entrou no túnel.* FAM. tunelador, tuneladora, tunelar.

túnica
substantivo feminino

Peza de vestir longa e ampla, con ou sen mangas, que cobre desde o pescozo ata os pés en forma de saia: *Os antigos gregos e romanos usaban túnica.*

***tupé**, a forma correcta é **topete**.

tupir
verbo

1 Impedir o paso por un lugar: *A terra tupía o cano.* SIN. atascar, atoar, atuír, obstruír.
2 Facerse máis apertado, especialmente dito dunha tea ou tecido, ao diminuír o espazo entre os seus puntos: *Se lavas ese xersei de la en auga quente, vaiche tupir.*

turba¹
substantivo feminino

Gran número de persoas que se moven con desorde e moito ruído: *Unha turba acantazou as portas do teatro porque se suspendeu o concerto.*

turba²
substantivo feminino

Carbón de cor negra e marrón formado por vexetais en descomposición enterrados debaixo da auga e sedimentos de terra: *A turba é un carbón de mala calidade que dá pouca calor.*

turbante
substantivo masculino

Peza de vestir que consiste nunha banda de tea que se enrola arredor da cabeza: *Na India moitos homes usan turbante para se protexeren do sol.*

turbar
verbo

1 Dito da auga ou dun líquido, facer que perda a claridade ou a transparencia: *A treboada turbou as augas do regato.* SIN. avolver, toldar.
2 Facer que o ceo deixe de estar azul ou claro: *Esas nubes negras turban o ceo.*
3 Facer que alguén perda a tranquilidade de xeito que non fala ben ou non reacciona: *A presenza da xente túrbao e tatexa ao falar en público.*
4 Alterar ou parar o desenvolvemento normal ou a situación de algo: *Os manifestantes turbaron a orde pública.*

turbina
substantivo feminino

Motor formado por unha roda de pas metida nun recipiente metálico fixo e que xira pola forza que lle transmite un líquido ou un gas: *A electricidade prodúcese nas centrais hidroeléctricas por turbinas movidas pola auga.*

turbio, turbia
adxectivo

1 Que non está claro e transparente: *A auga desa fonte sae turbia.* SIN. avolto. ANT. claro, transparente.
2 Que non é bo ou non cumpre a lei: *Os seus negocios turbios case o levan ao cárcere.* FAM. turbulencia, turbulento, enturbar.

turbulencia
substantivo feminino

Remuíño ou axitación dun líquido ou do aire: *O avión movíase moito ao atravesar unha zona de turbulencias.*

turbulento, turbulenta
adxectivo

1 Dito da auga, dun líquido ou do aire, que está axitado e pouco transparente ou con moitos movementos, remuíños e cambios: *As augas do curso alto dos ríos adoitan ser turbulentas.*
2 Con moita desorde e grande axitación: *As épocas revolucionarias son sempre turbulentas.*

turismo

substantivo masculino

1 Actividade de viaxar por pracer e para ver lugares descoñecidos: *O turismo aumenta cada vez máis.*

2 Coche pequeno para o condutor e catro viaxeiros: *Os taxis son turismos.* SIN. turista, turístico.

turista

substantivo

Persoa que viaxa por pracer e para coñecer sitios novos: *A Galicia veñen moitos turistas, especialmente no verán.*

*turno, a forma correcta é quenda, vez.

turquesa

substantivo feminino

Pedra preciosa de cor azul verdosa: *A turquesa emprégase moito para fabricar xoias.*

turrada

substantivo feminino

1 Golpe que dá coa cabeza un animal con cornos: *O touro deulle unha turrada ao toureiro.* SIN. trucada, truque.

2 Golpe que dá unha persoa coa cabeza contra algo: *Dei unha turrada contra esa viga do teito do faiado.* SIN. trucada, truque.

turrar

verbo

1 Facer forza para atraer algo ou arrastralo: *A parella de bois turraba do carro.* SIN. tirar.

2 Dar golpes coa cabeza un animal con cornos: *Esa vaca ás veces turra.* SIN. escornar, trucar[2].

3 Dar un golpe coa cabeza contra algo: *O cativo caeu e trucou contra a parede.* SIN. trucar.

4 Insistirlle moito en algo ou a alguén para que faga algo: *Os rapaces turran del para que os leve ao cine.*

FAM. turrada, turrón[1].

turrón[1], turrona

adxectivo

1 Dito dun animal con cornos, que ataca cos cornos: *Os touros bravos son turróns.*

2 Teimoso.

turrón[2]

substantivo masculino

Doce de forma rectangular propio do Nadal elaborado principalmente con améndoas amasadas con mel e azucre: *A min gústame máis o turrón duro ca o brando.*

turuleque, turuleca

adxectivo ou substantivo

Que actúa de xeito atolado e sen pensar ben o que fai ou as súas consecuencias: *Gasta os cartos en parvadas porque é un turuleque.*

tusir

verbo

Botar o aire dos pulmóns con forza e ruído a causa da irritación das mucosas das vías respiratorias: *Está acatarrado e tose moito.* OBS. Conxúgase como *fuxir*.

tutela

substantivo feminino

1 Autorización por lei que ten unha persoa para coidar e protexer a outra porque é menor de idade e non ten pais ou porque sendo maior está incapacitada: *Como o avó está incapacitado está baixo a tutela dun neto.* SIN. titoría.

2 Protección ou defensa que se lles dan a alguén ou a algo: *Os coches do aparcadoiro estaban baixo a tutela de dous gardiáns.*

FAM. tutelar.

tutelo ou tuto

substantivo masculino

Espazo entre os dous nós dunha cana dun vexetal: *Meteron a pólvora dos foguetes entre os tutos da cana.*

túzaro, túzara

adxectivo ou substantivo

1 Dito dunha persoa, que non lle gusta falar nin relacionarse cos demais e difícil de tratar: *Ese túzaro marchou sen se despedir de ninguén.*

substantivo

2 Persoa que ten dificultade para entender as cousas e razoar: *Ese é un túzaro que non é capaz de entender un xornal.*

U

u[1]

substantivo masculino

Letra número vinte do abecedario: *A palabra uniforme comeza por un* u.

OBS. O *u* nas sílabas *gue*, *gui* non se pronuncia: *guerra*, *guiar*. Cando se escribe con diérese *ü* tras *g* e ante *e*, *i* hai que pronuncialo: *mingüe*, *pingüín*.

u[2]

adverbio

Úsase para preguntar onde está algo: *U-los libros?/ –Trouxeron os libros. –Ulos?*

OBS. Sempre se usa seguido da segunda forma do artigo *-lo*, *-la* con guión ou da forma pronominal *lo*, *la*.

ubano, urbana

adxectivo

Da cidade ou propio da cidade: *Os gardas urbanos controlan o tráfico da cidade.*

ubre

substantivo masculino

Nas femias dos mamíferos como a vaca, a ovella ou a cabra, órgano glandular en forma de bolsa con varios tetos polos que sae o leite con que alimentan as crías: *As vacas teñen o ubre entre as patas traseiras.*

***ufano**, a forma correcta é **oufano**.

ufido

substantivo masculino

Aturuxo.

FAM. ufar.

úlcera

substantivo feminino

Lesión ou ferida que se forma na pel ou na mucosa dun órgano e que adoita ser difícil de cicatrizar: *Operárono dunha úlcera no estómago.* SIN. chaga.

FAM. ulceración, ulcerar, ulceroso.

ulido

substantivo masculino

Olor ou sensación que se percibe polo nariz ou olfacto e que se desprende dos corpos: *O ulido dese perfume é moi agradable.* SIN. cheiro, olor.

ulir

verbo

Sentir ou producir un olor: *Ese cocido ole moi ben.* SIN. cheirar.

OBS. Conxúgase como *fuxir*.

FAM. uliscar.

ulo, ula

contracción

Unión do adverbio *u* e da forma do pronome persoal *lo*, *la*: *Viches o xornal? Ulo?*

ultimar

verbo

Facer o que queda para terminar algo: *A comisión ultima o programa das festas deste ano.*

ultimato

substantivo masculino

Última oferta que se fai para chegar a un acordo: *Díxolle, como ultimato, que lle ofrecía polo coche dous mil euros.*

último, última

adxectivo

1 Que vén despois doutros e non ten ningún outro por detrás: *O z é a última letra do abecedario galego.* SIN. derradeiro. ANT. primeiro.

2 Que é o máis próximo ao momento presente: *Agora escoitei as últimas noticias sobre ese accidente.* ANT. primeiro.

3 Que é o peor dun grupo: *Ten tan malas notas que é o peor da clase.* ANT. primeiro.

4 Que está moi lonxe ou moi escondido: *Atopei o libro no último recuncho do andel.*

EXP. **Á última** Coa moda máis actual: *Sempre viste á última.* **A últimos** Ao final dun período de tempo: *Virá a últimos de mes, despois do vinte e cinco.* **Nas últimas** A punto de acabarse algo: *Hai que mercar máis aceite porque a botella está nas últimas.*

ultramar

substantivo masculino

Terra ou conxunto de terras situadas do outro lado do mar: *América é ultramar en relación con Galicia.*

FAM. ultramarino.

ultramarino, ultramarina

adxectivo ou substantivo

1 Que é ou procede do outro lado do mar: *Ao antigo Imperio español pertencían os territorios ultramarinos de América.*

substantivo masculino plural

2 Tenda que vende comestibles, especialmente non perecedoiros: *Mercou dúas latas de bonito en conserva nun ultramarinos.*

ultravioleta

adxectivo ou substantivo masculino

Dito dun raio de luz, que pertence á parte invisible do espectro solar que está despois do violeta: *Os raios ultravioleta non se ven.*

***ultraxar**, a forma correcta é **aldraxar**.

***ultraxe**, a forma correcta é **aldraxe**.

umbilical

adxectivo

Do embigo ou relacionado con el: *O cordón umbilical une a placenta da nai co ventre do feto e o seu resto é o embigo.*

úmero

substantivo masculino

Óso do brazo que vai desde o cóbado ao ombro: *O úmero é un óso longo.*

un, unha

artigo indeterminado

1 Indica que o substantivo que segue só é coñecido polo falante ou que é descoñecido para o falante e para o oínte: *Un autobús atropelou un peón.*

numeral

2 Número 1: *Mercou unha camisa.*

indefinido

3 Indica persoa ou cousa que non se determina nin identifica: *Uns homes protestaban diante do hotel.*

EXP. **A unha** Ao mesmo tempo, unidos: *Dixeron todos a unha que estaban de acordo.* **Non dar unha** Facer todo mal ou equivocarse en todo: *Ese dianteiro non dá unha, pois ata fallou un penalti.*

OBS. O artigo *un* contrae coas preposicións *de, en, con*: *dun, dunha, cun, cunha, nun, nunha*. O numeral *un* contrae coas preposicións *de, en, con*, igual ca o artigo, cando funciona como adxectivo, mais como pronome só contrae con *de, en* e non coa preposición *con*. O indefinido *un* contrae coas preposicións *de, en, con* coma o numeral.

FAM. único, unidade, uniformar, uniforme.

unánime

adxectivo

Especialmente dito dunha decisión, opinión ou sentimento, que é de todos os membros do grupo: *Os veciños foron unánimes na elección do presidente pois todos votaron o mesmo veciño.*

FAM. unanimidade.

unción

substantivo feminino

Aplicación dun líquido graxo, especialmente aceite ou perfume, estendéndoo sobre calquera parte do corpo: *A aplicación dalgúns sacramentos da Igrexa católica faise coa unción da persoa con aceite consagrado ou óleo.*

EXP. **Unción dos enfermos** Na Igrexa católica, sacramento que se administra a un enfermo moi grave ou persoa que vai morrer facéndolle o signo da cruz co óleo ou aceite consagrado: *O enfermo está grave e recibiu a unción dos enfermos.*

undécimo, undécima

numeral

1 Que ocupa o lugar número once nunha serie ou clasificación: *O undécimo está inmediatamente antes do duodécimo.* SIN. décimo primeiro.

2 Que é unha das once partes iguais en que

se divide ou reparte algo: *Como somos once herdeiros, a cada un tócanos unha undécima parte da herdanza.*

ungüento
substantivo

Substancia líquida espesa que se usa para cubrir ou untar a pel, especialmente como medicamento, cosmético ou perfume: *Bota un ungüento na cara para curar a acne.*

único, única
adxectivo

1 Que é só el, sen que exista outro igual: *Son fillo único, porque non teño irmáns.*
2 Raro e moi pouco frecuente ou que destaca moito entre os da súa clase: *El é dunha xenerosidade única.*

unicornio
substantivo masculino

Animal fantástico con corpo de cabalo e cun corno no centro da testa: *O unicornio simbolizaba a forza.*

unidade
substantivo feminino

1 Propiedade do que non se pode dividir ou separar sen que se destrúa ou altere: *O Estatuto de Galicia establece a unidade das catro provincias galegas.*
2 Cada cousa ou elemento que se considera separado dos outros: *Unha ducia está formada por doce unidades.*
3 Propiedade ou característica do que está unido e non presenta divisións: *No noso partido político hai unha grande unidade.*
4 Cantidade que se toma como medida ou termo de comparación das demais da súa especie: *O metro é a unidade de medida da lonxitude.*
5 Número 1: *A unidade seguida de dous ceros é o número cen.*

unificar
verbo

Facer que dúas ou máis cousas pasen a formar unha soa: *Os dous partidos unificáronse para formar un só partido.*
FAM. unificación, unificador.

uniformar
verbo

1 Facer que dúas ou máis cousas distintas sexan iguais ou semellantes: *Todos os profesores do colexio uniformaron as súas normas de cualificación dos exames.*
2 Facer vestir de uniforme: *O novo director do colexio propuxo uniformar os alumnos.*

uniforme
adxectivo

1 Que ten as mesmas características e non presenta cambios nin variacións: *É unha rúa de casas uniformes. Fixo o camiño a unha velocidade uniforme de 100 quilómetros por hora.*

substantivo masculino

2 Traxe que serve para identificar as persoas que teñen un determinado traballo: *Os policías de tráfico levan uniforme.*

***uniformizar**, a forma correcta é **uniformar**.

unión
substantivo feminino

1 Proceso polo que se xuntan elementos ou cousas distintas para formar un conxunto: *A mesa está formada pola unión do taboleiro coas patas.*
2 Boa relación de xeito que se opina igual e se quere o mesmo: *Entre os membros desa familia hai moita unión.*

unir
verbo

1 Xuntar elementos distintos para que formen un conxunto: *Ao unires todas as pezas deste crebacabezas, verás unha paisaxe moi bonita.*
2 Facer ter unha relación, comunicación ou interese común con outro ou outros: *Eles os dous están unidos por unha vella amizade. Esa estrada une a vila coa aldea.*

unísono

EXP. **Ao unísono** Ao mesmo tempo ou coa mesma opinión: *Para que o Concello nos atenda, debemos protestar todos ao unísono.*

universal
adxectivo

1 De todo o universo ou que afecta a todo o mundo: *A gravitación universal é a forza de atracción que exercen todos os corpos do universo entre si.*
2 De todo o mundo ou que afecta a todo o mundo e a todos os tempos: *Moitos cantantes teñen unha fama universal.* SIN. internacional, mundial. ANT. local.

3 Que é común ou afecta a todos: *O sufraxio universal permite que voten todas as persoas maiores de idade.*

universidade
substantivo feminino
Centro de ensino superior onde se cursan as diferentes carreiras ou estudos máis elevados: *Estudou Medicina na universidade de Santiago.*
FAM. universitario.

universitario, universitaria
adxectivo
1 Da universidade ou relacionado con ela: *As distintas carreiras estúdanse en facultades universitarias diferentes.*
substantivo
2 Persoa que estuda na universidade: *En Santiago sempre houbo moitos universitarios.*

universo
substantivo masculino
Conxunto de todo o que existe, especialmente os astros e o espazo en que están: *O universo está formado pola Terra, o Sol, as estrelas e todos os demais astros e galaxias.*

unlla
substantivo feminino
Uña.

unlleiro
substantivo masculino
Uñeiro.

untar
verbo
1 Estender unha substancia graxa sobre unha superficie: *Untaba a rebanda de pan con manteiga.*
2 Pagarlle a unha persoa para que faga algo non permitido pola lei: *Din que para construír aí ese edificio untaron o concelleiro de urbanismo.*
FAM. unto, untuoso, untura.

unxir
verbo
Aplicar un líquido graxo, especialmente aceite ou perfume, estendéndoo sobre calquera parte do corpo: *Unxíronlle os pés cun bálsamo recendente. O sacerdote unxe a cabeza do bautizado cun aceite consagrado.*
FAM. unción.

uña
substantivo feminino
1 Nas persoas e nalgúns animais, parte dura e córnea que crece no final dos dedos: *Pintou as uñas de vermello.* SIN. unlla.
2 Nalgúns mamíferos, conxunto dos dedos dunha pata que están totalmente cubertos no seu extremo por estas pezas córneas: *Os porcos e as vacas teñen uñas.* SIN. pezuño, unlla.
3 Parte ou punta saínte en que remata algunha cousa e que pode lembrar a dos dedos: *As patas da mesa teñen unhas uñas que se introducen no taboleiro.*

uñeiro
substantivo feminino
Inflamación na raíz dunha uña ou ferida que produce a uña cando se crava na carne: *Ese uñeiro ten pus.* SIN. unlleiro.

upa
interxección
Úsase para animar a alguén a erguerse, para dar ánimos ou para levantar algo: *Upa! Érguete que xa é moi tarde.*
FAM. upar.

upar
verbo
Levantar en brazos, especialmente un neno: *Upou o bebé porque choraba no berce.*

uranio
substantivo masculino
Metal moi pesado e radioactivo de cor gris: *O uranio utilízase para a produción de enerxía nuclear e tamén para fabricar bombas atómicas.*

urbanidade
substantivo feminino
Boa educación, especialmente para vivir cos demais en comunidade: *É de urbanidade botar o lixo dentro do colector nunha bolsa pechada.* SIN. civismo.

urbanismo
substantivo masculino
Técnica e actividade para construír e reformar as cidades e demais lugares onde habitan as persoas: *No novo plan de urbanismo do Concello prevense edificios de só catro andares e moitos xardíns.*

urbanización
substantivo feminino

1 Conversión dun terreo baldeiro nun lugar habitado por persoas con casas, rúas e todo o necesario para vivir: *O Concello realizará a urbanización destes terreos construíndo rúas e tamén vivendas baratas.*
2 Conxunto de vivendas que dentro dunha poboación teñen unhas características comúns e todos os servizos necesarios: *Esta urbanización conta con centro de saúde, dous colexios e un instituto.*

urbanizar
verbo

Dito dun terreo, convertelo nun lugar para vivir facendo casas e rúas e pondo os servizos necesarios: *O Concello vai urbanizar ese terreo que está tan cerca da praia.*
OBS. O *z* cambia en *c* ante *e*, como en *cazar*.

urbe
verbo

Cidade, especialmente se é grande e importante: *Vigo e A Coruña son as urbes galegas por excelencia.*
FAM. urbanidade, urbanismo, urbanístico, urbanización, urbanizar, urbano.

urdir
verbo

1 Colocar os fíos verticalmente e paralelos para que despois os crucen outros de xeito horizontal e se forme así unha tea: *Os fíos que se urden atravesan a trama para facer a tea.*
2 Planear ou organizar en secreto algo de acordo con outros, especialmente se é algo malo ou un engano: *El urdiu un plan xunto cun amigo para estafarlle cen mil euros á Seguridade Social.* SIN. argallar, maquinar, tramar.
FAM. urda.

uretra
substantivo feminino

No aparello urinario dos mamíferos, conduto polo que se expulsa a urina desde a vexiga ao exterior: *A uretra, nos homes, tamén forma parte do aparato reprodutor.*

urina
substantivo feminino

Líquido máis ou menos amarelo que se produce nos riles dos mamíferos e se expulsa ao exterior pola uretra: *Pola urina expúlsanse os residuos producidos cando os riles filtran e depuran o sangue.* SIN. mexo, ouriños.
FAM. urinario.

urinario, urinaria
adxectivo

1 Da urina ou relacionado con ela: *Os riles, a uretra e a vexiga forman parte do aparato urinario.*
substantivo masculino
2 Lugar en certos establecementos públicos onde se pode ouriñar: *O ladrón seica se escondeu no urinario.*
3 Peza dun servizo público habitualmente pegada á parede onde poden ouriñar os homes de pé: *Nos servizos públicos de homes ademais dos váteres adoita haber urinarios.*

urna
substantivo feminino

1 Caixa habitualmente transparente cunha abertura pola parte superior para poder meter os votos: *O presidente collía os votos dos cidadáns e introducíaos na urna.*
2 Especie de caixa ás veces transparente para conter obxectos de valor, de xeito que se poidan ver, ou mesmo as cinsas dunha persoa morta: *Despois de incineraren o cadáver, meteron as cinsas nunha urna de prata. Os reloxos estaban expostos nunhas urnas de cristal blindado.*
OBS. É distinto de *furna.*

urticaria
substantivo feminino

Enfermidade da pel caracterizada pola aparición de pequenos grans, manchas avermelladas e proído: *A urticaria pódese deber a unha alerxia ou a unha intoxicación alimentaria.*

urxencia
substantivo feminino

1 Necesidade de que algo se faga ou se solucione o antes posible: *A apendicite precisa que a operen de urxencia, pois se non o fan é mortal.*
plural
2 Zona dun hospital en que se lles dá atención inmediata ás persoas que están graves e necesitan coidado médico moi rapida-

mente: *Ingresou en urxencias porque non lle daba pasado o mareo.*
OBS. É distinto de *emerxencia*, 'saída de debaixo da auga'.

urxente
adxectivo
1 Que hai que darlle solución ou atendelo o antes posible: *Ese enfermo necesita atención médica urxente.*
2 Especialmente dito do correo ou dun envío, que chega ou se reparte moito antes ca o normal: *As cartas urxentes custa máis cartos envialas.*

urxir
verbo
Ser moi necesario facer algo canto antes: *Urxe amañar o tellado porque xa está aí o inverno.*
FAM. urxencia, urxente.

usanza
substantivo feminino
Forma ou maneira habitual ou tradicional de facer algo: *Aquí faise o cocido á usanza de sempre.* SIN. costume, uso.

usar
verbo
1 Coller un obxecto para facer algo con el: *Usamos os coitelos para cortar.* SIN. empregar, utilizar.
2 Gastar un determinado produto: *Nós usamos desde hai moito este xabón no baño.* SIN. empregar, utilizar.
3 Pór habitualmente unha peza de vestir: *Eu no inverno uso moito a gabardina.* SIN. empregar, utilizar, levar.
4 Aproveitar algo ou aproveitarse de alguén: *El non quere os amigos, úsaos.* SIN. utilizar.

uso
substantivo masculino
1 Emprego de algo para un fin: *O uso dos coitelos é basicamente para cortar.* SIN. emprego, utilización.
2 Emprego habitual dun determinado produto: *O uso dese xabón evita que seque a pel.* SIN. emprego, utilización.
3 Costume, tradición ou forma habitual de facer algo: *Fixemos o cocido ao uso desta bisbarra.* SIN. costume, tradición, usanza.
EXP. **En uso** Que está ben e aínda se utiliza: *Este vello tractor aínda está en uso.* **Fóra de uso** Que xa non se emprega: *O carro dos bois xa está fóra de uso.* **Uso de razón** Capacidade dunha persoa para saber o que está ben e o que está mal: *Seica se ten uso de razón a partir dos sete anos.*
FAM. usanza, usar, usual, usuario, desuso.

usual
adxectivo
1 Que non sorprende porque sempre é así: *Aquí é usual que en decembro vaia moito frío.* SIN. común, corrente, habitual, lóxico, normal, ordinario. ANT. anormal, estraño, raro, sorprendente.
2 Que se usa ou emprega moito: *A palabra* cativo *é usual en galego.*

usuario, usuaria
substantivo
Persoa que usa habitualmente algo, en especial un servizo público: *Os usuarios dos autobuses quéixanse dos continuos atrasos.*

usufruto
substantivo masculino
Dereito a usar algo do que non se é dono e de ter os seus beneficios: *O tío deixoulle a ese sobriño o piso en usufruto, pero cando morra irá a unha institución benéfica.*
FAM. usufrutuar, usufrutuario.

usura
substantivo feminino
Actividade de prestar cartos cobrando uns xuros moi altos ou superiores aos normais: *A lei prohibe a usura.*
FAM. usureiro.

usurpar
verbo
Apoderarse de algo, especialmente dun dereito ou dunha propiedade, pola forza: *Os invasores usurparon as mellores terras dos conquistados.*
FAM. usurpación.

utensilio
substantivo masculino
Obxecto que se manexa coas mans e serve para facer algún traballo ou operación: *O pincel é un utensilio de pintura.* SIN. útil.

útero
substantivo masculino
Nunha muller ou nas femias dalgúns animais, órgano interno oco que forma parte

do seu aparato reprodutor e que se comunica co exterior pola vaxina: *No útero da muller fórmase o feto.* SIN. madre, matriz.

útil

adxectivo

1 Que pode servir, que pode ser aproveitado ou que é bo para algo: *Ese parasol é moi útil para nos protexermos do sol.*

substantivo masculino

2 Utensilio.

FAM. utilidade, utilitario, utilización, utilizar.

utilidade

substantivo feminino

1 Capacidade de servir ou ser aproveitado para algo: *Os electrodomésticos son de grande utilidade para aforrar traballo na casa.* SIN. beneficio, proveito.

2 Froito ou ganancia que se obtén de algo: *Saber inglés tenche moita utilidade para atopar traballo.*

utilitario

adxectivo

1 Que resulta útil ou produce algún proveito: *El ten un concepto utilitario da amizade porque só pensa na comenencia.*

adxectivo ou substantivo masculino

2 Dito dun coche, que pode levar catro pasaxeiros á parte do condutor e resulta barato e de pouco consumo: *Mercou un utilitario e desfíxose do deportivo.*

utilización

substantivo feminino

Emprego ou uso de algo para un fin: *A utilización do tractor fai máis doado o traballo no agro.* SIN. emprego, uso.

utilizar

verbo

1 Coller un obxecto para facer algo con el: *Utilizamos os coitelos para cortar.* SIN. empregar, usar.

2 Gastar un determinado produto: *Nós utilizamos desde hai moito este xabón no baño.* SIN. empregar, usar.

3 Pór habitualmente unha peza de vestir: *Eu no inverno utilizo moito a gabardina.* SIN. empregar, usar, levar.

4 Aproveitar algo ou aproveitarse de alguén: *El non quere os amigos, utilízaos.* SIN. usar.

OBS. O *z* cambia en *c* ante *e*, como en *cazar*.

utopía

substantivo feminino

Idea ou plan que se considera moi bo pero que non se pode realizar: *Ter casa propia aínda é para min unha utopía.*

FAM. utópico.

uva

substantivo feminino

Froito da vide, de forma esférica e ovada, carnoso e con moito zume que crece agrupado con outros en acios: *Das uvas obtense o viño.*

EXP. **Mala uva** Mal carácter ou mala intención: *Conserva poucos amigos porque ten moi mala uva.*

uve

substantivo masculino

Nome da letra *v*: Volvemos *escríbese con dous uves.*

EXP. **Uve dobre** Nome da letra *w*: *O* w *non é letra do abecedario galego e só se usa en préstamos doutras linguas.*

uvi

substantivo masculino

Zona dun hospital onde están e se atenden os enfermos moi graves: *Sufriu un infarto e está na UVI.*

úvula

substantivo feminino

Pequena masa de carne que colga da parte de atrás do padal da boca, á entrada da garganta: *A úvula permite pechar a comunicación entre as fosas nasais e a boca ao tragar.* SIN. campaíña, pingallón.

FAM. uvular.

uz

substantivo feminino

Breixo.

FAM. uceira, uzal.

V

v
substantivo masculino
Letra número vinte e un do abecedario: *Vaca comeza por un uve.*
OBS. O seu nome é uve.

vaca
substantivo feminino
Femia do touro: *As vacas teñen cornos.*
FAM. vacaloura, vacún, vaqueiro.

vacaloura
substantivo feminino
Escornabois.

vacante
adxectivo ou substantivo feminino
Que está baldeiro ou sen ocupar: *Na empresa hai un posto vacante para ti como contable.*

vacilar
verbo
1 Estar pouco firme de xeito que se move e ata pode caer: *O borracho vacilaba ao andar.*
2 Variar a intensidade ou forza: *A luz vacilaba e tanto alumaba ben como case se apagaba.* SIN. flutuar.
3 Non saber que elixir: *Vacilaba entre levar a camisa azul ou a branca.* SIN. dubidar, titubear.
FAM. vacilación, vacilante.

vacina
substantivo feminino
Medicamento que se introduce no organismo dunha persoa ou dun animal para evitar que se produza nel unha determinada enfermidade: *A vacina fai que o organismo cree anticorpos contra a enfermidade que se quere evitar.*
FAM. vacinación, vacinar.

*vacío, a forma correcta é baleiro.

vacún, vacúa
adxectivo
1 Das vacas, dos touros e dos bois ou das súas crías: *O gando vacún ten grande importancia en Galicia.* SIN. bovino.
substantivo masculino
2 Gando formado por touros, vacas, bois e as súas crías: *Subiu a carne de vacún.*

*vacuna, a forma correcta é vacina.

vadiar
verbo
1 Levar unha vida sen traballar: *Sempre vadiou e nunca tivo un traballo.* SIN. vagabundear.
2 Vivir sen casa fixa indo dun lado para outro: *Ata que casou vadiou de hotel en hotel.*
FAM. vadío.

vaga
substantivo feminino
Onda.

vagabundo, vagabunda
adxectivo ou substantivo
Que vai dun lugar para outro sen ter un sitio fixo para traballar nin para vivir: *Na porta da igrexa un vagabundo pedía esmola.* SIN. vadío.
FAM. vagabundear.

vagalume
substantivo masculino
Insecto voador que despide unha luz verdosa: *As femias dos vagalumes despiden*

unha luz máis forte ca a dos machos. SIN. lucecú.

*vagar, de, a forma correcta é devagar.

vagar[1]

substantivo masculino

1 Tempo libre ou desocupado: *Pola tarde teño vagar para ir visitarte.* SIN. descanso, lecer, ocio.

2 Lentitude ou falta de rapidez ao facer algo: *Faiche todo con moito vagar.* SIN. lentitude. ANT. présa, rapidez.

vagar[2]

verbo

1 Andar dun lado para outro sen ir a ningún sitio fixo: *Vagaba polas rúas da cidade.* SIN. deambular, errar.

2 Estar sen traballar: *Xa levas unha hora vagando; agora deberías traballar.* SIN. descansar, folgar.

OBS. O *g* cambia en *gu* ante *e*, como en *pagar*.

vagaroso, vagarosa

adxectivo

Que fai algo ou que se move ou actúa con moita lentitude: *Os bois tiraban vagarosos do carro.* SIN. lento, pesado, tardo. ANT. lixeiro, rápido, veloz.

vago, vaga

adxectivo

1 Pouco exacto: *Eu só teño unha vaga lembranza diso que contas.* SIN. impreciso, inexacto. ANT. preciso, exacto.

adxectivo ou substantivo

2 Que non quere traballar nin lle gusta aínda que o teña que facer: *Suspendeu porque che é moi vago.* SIN. folgazán, gandulo, lacazán, loubán, nugallán, preguiceiro. ANT. traballador.

FAM. vaguear, vaguidade.

vagón

substantivo masculino

Nun tren, vehículo destinado a levar a carga ou os pasaxeiros: *No tren, a locomotora turra dos vagóns.*

vagoneta

substantivo feminino

Vagón pequeno e descuberto para transportar mercancías, especialmente mineral nas minas: *Nas minas o carbón era transportado en vagonetas.*

vaia

interxección

Úsase para expresar sorpresa ou desgusto: *Vaia, xa me trabuquei!*

vaidade

substantivo feminino

Sensación de quen se considera mellor ca os demais: *A vaidade fai que desprece os traballos alleos.* SIN. fachenda, orgullo, soberbia. ANT. humildade, modestia.

vaído

substantivo masculino

Desmaio.

vaidoso, vaidosa

adxectivo ou substantivo

Que pensa que é mellor ca os demais e o manifesta: *Pensa que é o máis listo porque é moi vaidoso.* SIN. orgulloso, presumido, soberbio. ANT. humilde, modesto.

vainilla

substantivo feminino

1 Planta tropical de talos moi longos e froito en forma de vaíña, coma a dos feixóns, dun recendo e sabor moi agradables: *A vainilla é unha planta orixinaria de México.*

2 Substancia habitualmente en po que se obtén do froito desta planta e que se usa moito en pastelaría: *Mercou un xeado de vainilla.*

vaíña

substantivo feminino

1 Cuberta ou funda onde se gardan a espada, o puñal ou algunha outra arma semellante cando non se usan: *O guerreiro meteu a espada na vaíña.*

2 Casca longa e estreita que contén as sementes dalgunhas plantas: *Os chícharos e os feixóns teñen vaíñas.*

vaites

interxección

Úsase para indicar desgusto ou sorpresa: *Vaites, xa se estragou outra vez a lavadora.*

vaivén

substantivo masculino

Movemento repetido dun lado para outro: *O cativo miraba o vaivén do péndulo do reloxo de parede.*

vaixela
substantivo feminino
Conxunto de pratos, fontes e outros recipientes para servir a comida na mesa: *Esa vaixela non trae pratos fondos.*

val
substantivo masculino
Terreo chan e fondo habitualmente entre montañas e polo que corre un río ou regato: *Os vales adoitan ser fértiles.*

valado
substantivo masculino
Construción ou armazón vertical e non moi alta de pedra, arame ou calquera outra cousa semellante que cerra e limita un espazo: *O prado está rodeado por un valado de pedras.* SIN. valo.

valar
verbo
Rodear cun valado: *Valaron o prado.*

vale
substantivo masculino
Papel ou tarxeta que se pode cambiar por un produto, por unha cantidade de cartos ou por un servizo: *No hipermercado déronlle un vale para trocalo por unha camiseta.*

***valedeiro**, a forma correcta é **valedoiro**.

valedoiro, valedoira
adxectivo
Que debe valer ou que é válido porque é bo, correcto ou legal: *Ese partido é valedoiro para o campionato de liga.*

valedor, valedora
substantivo
Persoa que defende ou protexe algo ou a alguén: *O xefe foi o primeiro valedor del para que lle subisen o soldo.*
EXP. **Valedor do pobo** Persoa designada polo Parlamento galego para defender os dereitos e liberdades dos cidadáns: *Protestou ante o valedor do pobo porque no xulgado non o querían atender en galego.*

valente
adxectivo ou substantivo
Que non ten medo: *Nada o asusta porque é moi valente.* SIN. afouto, bravo, valoroso. ANT. covarde, medorento.

valentía
substantivo feminino
Falta de medo: *A un soldado supónselle a valentia.* SIN. braveza, bravura, coraxe, valor. ANT. covardía.

valer
verbo
1 Ser útil ou apropiado para algo: *Os coitelos valen para cortar.* SIN. servir.
2 Ser adecuado ou reunir as condicións necesarias para algún fin: *Esta entrada xa non vale porque era para onte.*
3 Ter como recompensa: *O meu esforzo valeume un dez en matemáticas.*
4 Ter algo un determinado prezo ou valor: *Esta camisa vale vinte euros.* SIN. custar.
5 Dar protección ou axuda: *El valeunos moito cando nos fixo ese préstamo para pagar o piso.*
6 Estar de acordo coa norma: *No fútbol non vale marcar un gol coa man.*
7 **valerse** Usar algo en beneficio propio: *Para conseguir ese cargo valeuse das súas amizades.* SIN. servirse, utilizar.
8 Poder facer algo un por si mesmo sen axuda de ninguén: *É ancián pero vive só porque se vale moi ben.*
FAM. vale, valedoiro, valedor, valencia, valente, valentía, valía, validar, validez, válido, valioso, valor, valoración, valorar, valoroso.
OBS. É irregular.

valer			
INDICATIVO		**SUBXUNTIVO**	**IMPERATIVO**
Presente	**Copretérito**	**Presente**	vale
vallo	valía	valla	valede
vales	valías	vallas	
vale	valía	valla	
valemos	valiamos	vallamos	**FOR. NOMINAIS**
valedes	valiades	vallades	
valen	valían	vallan	**Infinitivo**
			valer
Pretérito	**Antepretérito**	**Pretérito**	**Xerundio**
valín	valera	valese	valendo
valiches	valeras	valeses	**Participio**
valeu	valera	valese	valido
valemos	valeramos	valésemos	
valestes	valerades	valésedes	
valeron	valeran	valesen	
Futuro	**Pospretérito**	**Futuro**	**Inf. conxugado**
valerei	valería	valer	valer
valerás	valerías	valeres	valeres
valerá	valería	valer	valer
valeremos	valeriamos	valermos	valermos
valeredes	valeriades	valerdes	valerdes
valerán	valerían	valeren	valeren

valeriana
substantivo feminino

Planta herbácea de flores rosas ou brancas que se toma en infusión como tranquilizante e tamén esta infusión: *Antes de deitarse sempre toma unha cunquiña de valeriana para durmir mellor.*

*valeroso, a forma correcta é valoroso.

valgada
substantivo feminino

Parte máis fonda dun val ou terreo afundido e rodeado de montañas por onde corren as augas naturais: *As augas de chuvia corren pola valgada.*

valía
substantivo feminino

1 Valor ou prezo de algo: *O reloxo que leva éche de moita valía.* SIN. valor.
2 Calidade ou conxunto de calidades que fan que alguén sexa bo ou teña especial capacidade para facer algo: *É un avogado de gran valía pois gaña moitos preitos.*

válido, válida
adxectivo

Que vale ou presenta as calidades para ser útil, conveniente para algo, correcto ou para conseguir un determinado fin ou efecto: *Ese billete de avión non é válido porque era para onte.*

valioso, valiosa
adxectivo

Que vale moito, ten moito prezo ou é moi importante: *Regaloulle polo seu aniversario un valioso reloxo.*

valo
substantivo masculino

Valado.

valor
substantivo masculino

1 Calidade boa ou conxunto das características boas de algo ou de alguén: *A xenerosidade é o seu mellor valor.*
2 Prezo de algo: *Regaloulle unha sortella de moito valor.*
3 Significado dunha palabra, expresión ou calquera outra cousa: *Non soubeches captar o valor das súas palabras.*
4 Falta de medo: *O soldado ese demostrou gran valor na batalla.* SIN. valentía. ANT. covardía.
5 Importancia de algo ou alguén: *O ás é a carta de máis valor na brisca.*
6 Característica do que é bo, correcto ou apropiado para algo ou para algún fin: *Ese billete de avión xa non ten valor porque era para o luns da semana pasada.*
7 Capacidade para enfrontarse cun perigo ou dificultade e superalos: *A nai viúva tivo moito valor e sacou adiante todos os fillos ela soa.*

valorar
verbo

Recoñecer ou sinalar o valor, prezo ou importancia de algo ou alguén: *O xefe valora moito o teu traballo.*

valorizar
verbo

Facer aumentar o valor ou prezo de algo: *A apertura desta nova rúa valorizará estes soares.* SIN. revalorizar. ANT. depreciar, desvalorizar.
OBS. O *z* cambia en *c* diante do *e*, como en *cazar.*

valoroso, valorosa
adxectivo

Que non ten medo e supera perigos e dificultades: *Os soldados loitaron de forma valorosa e resistiron o inimigo.* SIN. valente, bravo, varudo. ANT. covarde, medoso, medorento.

valse
substantivo masculino

Baile de parella de orixe alemá con tres tempos en que as parellas se desprazan dando voltas arredor de si e tamén a peza musical composta para bailar esta danza: *Johann Strauss compuxo no século XIX valses moi famosos.*

valume
substantivo masculino

1 Conxunto de vexetais como toxo, fentos e herba cortados e usados para pór no chan da corte: *O valume das cortes é un bo esterco.* SIN. broza, estrume.
2 Conxunto de algas que botou o mar á praia: *En tempos, o valume usábase como esterco.* SIN. argazo.

válvula
substantivo feminino
1 Nunha máquina ou nun aparello, peza que regula o paso dun líquido ou dun gas a través dun conduto ou abertura: *Os pneumáticos dos coches levan válvulas.*
2 Membrana situada no corazón ou nalgún conduto do corpo que permite o paso dos líquidos, especialmente do sangue, nunha soa dirección e impide que volva para atrás: *O corazón dos mamíferos ten a válvula mitral ou bicúspide e a válvula tricúspide.*

vampiro
substantivo masculino
1 Morcego de gran tamaño propio de América do Sur que chucha o sangue doutros animais: *Os vampiros fanlles feridas aos animais durmidos para chucharlles o sangue.*
2 Segundo unha crenza popular, morto ou ser fantástico con figura humana que dorme de día e sae de noite para chuchar o sangue dos vivos: *O vampiro máis famoso é o conde Drácula.*

van, va
adxectivo
1 Que non ten nada dentro ou só ten aire: *Ese ovo de chocolate está van pois non ten nada no seu interior.* SIN. baldeiro, baleiro, oco. ANT. cheo.
2 Que non é útil ou non consegue o fin ou efecto pretendidos: *Foron vas as xestións da policía para atopar o asasino.* SIN. inútil. ANT. útil.
3 Que se ocupa das cousas sen importancia e non considera as principais: *É unha persoa moi va, que só valora a xente se viste á moda.*
substantivo masculino
4 Espazo baleiro ou desocupado, especialmente o lugar dunha parede onde se abre unha porta ou ventá: *O colchón aquel tan largo non cabía polo van da porta.* SIN. oco.
5 Parte máis estreita do tronco do corpo humano: *O van está entre os cadrís e as costelas.* SIN. cintura.
EXP. **En van** Inutilmente: *Protestamos en van pois non nos fixeron caso ningún.*

vándalo, vándala
adxectivo ou substantivo
1 Do antigo pobo xermánico que no século V penetrou na península Ibérica e se estableceu no norte de África: *Os vándalos tiñan sona de pobo guerreiro e feroz.*
2 Persoa sen educación e que goza destruíndo cousas, especialmente de uso público: *Uns vándalos acantazaron os farois da rúa.*
FAM. vandálico, vandalismo.

vangarda
substantivo feminino
1 Parte dianteira dun exército ou de calquera grupo que avanza: *A dianteira dun equipo de fútbol é a súa vangarda, e a defensa a súa retagarda.* ANT. retagarda.
2 Conxunto de persoas ou ideas que se consideran máis avanzadas en relación coas do seu tempo, especialmente na arte e no pensamento: *O poeta Manuel Antonio foi un gran representante da vangarda galega anterior á Guerra Civil.*
FAM. vangardismo, vangardista.

vangloria
substantivo feminino
Mostra de superioridade sobre os demais ao dicir ou manifestar que se é mellor ca eles: *Mercou ese coche deportivo tan caro por pura vangloria.* SIN. vaidade.
FAM. vangloriarse.

vantaxe
substantivo feminino
1 Característica que fai que alguén ou algo sexan superiores a outro ou mellores ca el: *Ese coche ten a vantaxe sobre o outro de que consome menos.* ANT. desvantaxe, inconveniente.
2 Característica ou circunstancia boa de algo: *Ese traballo ten a vantaxe de que está moi ben pagado.* ANT. desvantaxe, inconveniente.
3 Distancia que separa unha persoa ou cousa de algo, especialmente nunha carreira: *O ciclista escapado leváballe unha vantaxe de case dous quilómetros ao pelotón.*
FAM. vantaxoso, avantaxar, desvantaxe.

vao
substantivo masculino
1 Lugar polo que se pode atravesar un río a pé: *Os contrabandistas coñecen moi ben os vaos deste río da fronteira.*
2 Parte dunha beirarrúa que ten o bordo máis baixo por onde saen os coches dos garaxes e entran neles: *Multáronme por aparcar no vao dun garaxe.*

vapor
substantivo masculino
1 Gas en que se transforma un líquido pola acción da calor: *A auga cando ferve transfórmase en vapor.*
2 Forma de enerxía que se consegue ao transformar a auga en gas: *As antigas locomotoras dos trens eran de vapor.*
3 Barco que se move grazas a máquinas que funcionan con este gas obtido da auga: *Antigamente os barcos que ían de Vigo a Cangas e Moaña eran vapores.*

vaporizador
substantivo masculino
1 Peza ou dispositivo dun recipiente que permite botar ese líquido en gotas ou partículas moi pequenas: *Ese frasco de colonia leva vaporizador.*
2 Aparello ou peza dun aparello que converte a auga ou calquera líquido en vapor: *Os ferros de pasar teñen un vaporizador.*
FAM. vaporización, vaporizar.

vaporoso, vaporosa
adxectivo
Moi fino, lixeiro e case transparente, especialmente dito dunha tea: *A gasa é unha tea vaporosa, case transparente.*

vaqueiro, vaqueira
adxectivo
1 Dito dunha peza de vestir, confeccionado cun tipo de tea resistente e de cor azul: *Mercou un pantalón vaqueiro.*
substantivo
2 Pastor ou coidador de gando vacún, especialmente no Oeste dos Estados Unidos: *Os vaqueiros adoitan cabalgar moi ben.*
substantivo masculino plural
3 Pantalóns feitos dunha tea azul moi resistente: *Os vaqueiros son moi utilizados en todo o mundo.*

vara
substantivo feminino
Pau delgado, liso e longo: *Tiraba as mazás da maceira dándolles cunha vara.*
FAM. varanda, varear, varexar, varudo.

***varadeiro**, a forma correcta é **varadoiro**.

varadoiro
substantivo masculino
Lugar en terra ou na beira do mar onde se sacan os barcos de xeito que toquen o fondo para resgardalos, limpalos ou amañalos: *Están a pintar o casco do pesqueiro no varadoiro.*

varal
substantivo masculino
1 Vara ou pau longos e grosos que se usa para tirar as froitas das árbores, para colgar cousas ou para outros empregos semellantes: *Colgou as cebolas dun varal.*
2 Cada un dos dous paus longos de madeira colocados a cada lado da cama e que serven para soster o metálico: *Esa cama ten os varais de castiñeiro.*

varanda
substantivo feminino
Barra horizontal de madeira, ferro ou mesmo de construción que se coloca a xeito de peitoril en escaleiras e balcóns para que unha persoa non caia: *Agarrouse á baranda da escaleira para non caer.*

varar
verbo
1 Quedar unha embarcación detida porque o seu casco toca no fondo do mar, especialmente na area ou nas pedras: *O petroleiro varou nunhas rochas da costa.* SIN. embarrancar, encallar.
2 Sacar un barco á terra e deixalo en seco, especialmente para amañalo: *Vararon o pesqueiro para limparlle e pintarlle o casco.*

varcia
substantivo feminino
Terreo chan e fértil situado na beira dun río: *A enchente do río cubriu a varcia.*

varear ou varexar
verbo
1 Darlle a unha árbore froiteira cunha vara ou pau longo para que caia a súa froita: *Estaba a varear a maceira.*
2 Pegar cunha vara: *Antigamente algúns mestres vareaban os alumnos.*

variable ou variábel
adxectivo
1 Que varía ou cambia ou que o pode facer: *Ten un horario de traballo variable, pois cámbianllo cada semana.* ANT. invariable.
2 Que cambia moito e non sempre igual: *Tenche un carácter moi variable, pois tan pronto está alegre como se pon triste.* SIN. voluble.

variación
verbo
Cambio ou diferenza, especialmente se son pequenos: *A súa vida segue coma sempre, sen ningunha variación.* SIN. alteración, cambio, novidade.

variado, variada
adxectivo
Que non sempre é igual e que presenta cambios: *El faiche unha dieta moi variada e non xanta dúas veces seguidas o mesmo.*

variante
substantivo feminino
1 Forma lixeiramente diferente en que se presenta unha cousa con algún pequeno cambio: *Recolleu na bisbarra tres variantes desa canción popular nas que só cambian unhas poucas palabras.*
2 Diferenza pequena entre cousas semellantes ou case iguais: *Ese baile na comarca veciña presenta algunhas variantes en relación coa forma de bailalo na nosa.*
3 Nas quinielas de fútbol, signo X ou 2 que indica empate ou vitoria do equipo visitante: *Esa quiniela é moi boa pois ten once variantes.*
4 Desvío nunha estrada ou camiño, especialmente para non atravesar unha localidade: *Agora xa non se pasa por Chantada para ir de Lugo a Ourense porque fixeron unha variante.*

variar
verbo
Facer diferente ou distinto de como era antes ou cambiar en relación co anterior: *Variou a súa forma de vestir e agora vai moi elegante.* SIN. alterar, cambiar, modificar, transformar.
FAM. variabilidade, variable, variación, variado, variante, vario.

varicela
substantivo feminino
Enfermidade infecciosa producida por un virus que produce un avermellamento da pel, grans, debilidade, febre e náuseas: *A varicela é unha enfermidade infantil.*

variedade
substantivo feminino
1 Diferenza que hai entre cousas dunha mesma clase: *Os programas da televisión no fondo teñen pouca variedade.* SIN. diversidade. ANT. unidade.
2 Gran cantidade de cousas distintas dentro dunha mesma clase: *Nas boas xeadarías hai gran variedade de xeados.* SIN. diversidade. ANT. unidade.
3 Cada un dos grupos en que se divide un conxunto maior: *Existen moitas variedades de uva branca.*

vario, varia
adxectivo
1 De diferente clase ou distinto: *Na súa biblioteca ten libros moi varios.* SIN. diferente, distinto, diverso.
indefinido
2 Algúns ou uns cantos sen chegar a ser moitos: *Pasarei varios días na aldea.*

varíola
substantivo feminino
Enfermidade infecciosa e contaxiosa debida a un virus que produce febre moi alta e ampolas cheas de pus na pel: *Antigamente a varíola producía a morte de moitas persoas.* SIN. vexigas.

variz
substantivo feminino
Avultamento ou dilatación dunha vea pola acumulación de sangue debida á mala circulación: *As varices son frecuentes nas veas das pernas.*

*varón, a forma correcta é home.

varredor, varredora
substantivo
Persoa que ten por oficio varrer as rúas, mantelas limpas e recoller o lixo: *Moitos varredores levan un carriño cun colector do lixo.*

varredura
substantivo feminino
1 Feito de pasar a vasoira por un lugar para eliminar a sucidade: *Deulle unha boa varredura á cociña.*
2 Aquilo que se xunta ao varrer: *Botou as varreduras no caldeiro do lixo.*
3 Desperdicio que queda de algo, especialmente o que sobra dunha comida: *Botoulle ao can as varreduras do cocido.* SIN. sobra.

*varrendeiro, a forma correcta é varredor.

varrer
verbo
1 Limpar o chan quitándolle o po e as cousas sucias cunha vasoira: *Cómpre que varras ben o teu cuarto.*
2 Levar ou facer desaparecer: *Os clientes axiña varreron con todos os artigos rebaixados do comercio.*
EXP. **A varrer** En gran cantidade: *No concerto había xente a varrer.*
FAM. varredor, varredura.

varudo, varuda
adxectivo
1 Que ten boa saúde e forza: *Seu avó é un ancián aínda varudo.* SIN. baril, forte, forzudo, rexo, robusto, vigoroso.
2 Que non ten medo e supera perigos e dificultades: *Os cabaleiros medievais adoitaban ser moi varudos.* SIN. baril, afouto, arriscado, valente, valoroso.

vasalo, vasala
adxectivo ou substantivo
1 No feudalismo, persoa que está baixo a autoridade doutra á que lle debe prestar determinados servizos ou pagar algo a cambio da súa protección: *O conde esixíalles aos seus vasalos que loitasen no seu exército.*
2 Que está sometido a algo ou alguén dos que depende totalmente: *O xefe non quere traballadores, senón vasalos. Acabou por converterse nun vasalo das drogas.*

varrer

INDICATIVO		SUBXUNTIVO	IMPERATIVO
Presente	**Copretérito**	**Presente**	varre
varro	varría	varra	varrede
varres	varrías	varras	
varre	varría	varra	
varremos	varriamos	varramos	**FOR. NOMINAIS**
varredes	varriades	varrades	**Infinitivo**
varren	varrían	varran	varrer
Pretérito	**Antepretérito**	**Pretérito**	**Xerundio**
varrín	varrera	varrese	varrendo
varriches	varreras	varreses	**Participio**
varreu	varrera	varrese	varrido
varremos	varreramos	varrésemos	
varrestes	varrerades	varrésedes	
varreron	varreran	varresen	
Futuro	**Pospretérito**	**Futuro**	**Inf. conxugado**
varrerei	varrería	varrer	varrer
varrerás	varrerías	varreres	varreres
varrerá	varrería	varrer	varrer
varreremos	varreriamos	varrermos	varrermos
varreredes	varreriades	varrerdes	varrerdes
varrerán	varrerían	varreren	varreren

vasca
substantivo feminino
1 Arcada.
2 Pendente nun río desde onde a auga cae formando unha fervenza: *Os piragüistas sabían baixar polas vascas.*

vasco, vasca
adxectivo ou substantivo
1 Da comunidade autónoma do País Vasco: *Vitoria é a capital vasca.*
substantivo e adxectivo
2 Éuscaro.

vascullo
substantivo masculino
Especie de vasoira pequena feita de xestas: *Varría a adega cun vascullo.*

vasilla
substantivo feminino
Recipiente fondo e xeralmente pequeno para líquidos ou alimentos: *Meteu os chourizos en aceite nunha vasilla de barro.*

vaso
substantivo masculino
1 Recipiente habitualmente de cristal de forma cilíndrica que se usa para beber: *Tomou o vaso de auga dunha sentada.*
2 Conduto ou especie de tubo de tecido orgánico polo que circulan o sangue e outros líquidos nos animais e nas plantas: *As veas e as arterias son vasos sanguíneos.*

vasoira
substantivo feminino
Utensilio formado por un pau longo e estreito para manexalo e un conxunto de ramas secas ou doutro material flexible usado para varrer o chan: *Antes de pasarlle a fregona ao piso, varrino coa vasoira.*

vasto, vasta
adxectivo
Moi grande ou moi extenso: *Ese escritor ten unha vasta cultura. O Miño rega unha vasta extensión de Galicia.* SIN. extenso.
OBS. É distinto de *basto.*

váter
substantivo masculino
1 Recipiente que hai no cuarto de baño para ouriñar e expulsar os excrementos: *O cativo xa sabe usar o váter.* SIN. inodoro.
2 Cuarto onde está este recipiente e outras

pezas para o aseo persoal: *O váter ten tamén lavabo e unha ducha.* SIN. servizo.

vaticinar

verbo

Dicir o que vai suceder no futuro: *Os adiviños, segundo a crenza popular, son quen de vaticinar o que pasará.* SIN. augurar, predicir, presaxiar, profetizar.

FAM. vaticinio.

vaxina

substantivo feminino

Na muller e nas femias dos mamíferos, conduto que vai desde a vulva ata o útero: *A vaxina forma parte do aparello reprodutor feminino.*

FAM. vaxinal, vaxinite.

vea

substantivo feminino

1 Vaso ou especie de tubo polo que o sangue volve ao corazón: *O sangue volve ao corazón polas veas levando anhídrido carbónico e produtos de refugallo.*

2 Depósito dalgún mineral situado baixo terra: *Di que atopou nesa montaña unha vea de prata.*

3 Depósito de auga situado baixo terra: *Por aí corre unha vea de auga.*

4 Liña de distinta cor ou doutro material que destaca no conxunto do que forma parte: *O toucińo entrefebrado ten veas de carne.* SIN. veta.

FAM. venoso.

veado

substantivo masculino

Cervo.

veceiro, veceira

adxectivo

1 Dito dunha árbore froiteira, que dá moita froita un ano e pouca o seguinte: *A cerdeira deu moitas cereixas o ano pasado, pero este non ten case ningunha porque é veceira.*

substantivo feminino

2 Quenda.

***vecindade**, a forma correcta é **veciñanza**.

veciñal

adxectivo

Dos veciños ou persoas que viven nun lugar: *Os montes veciñais son aproveitados por todos os veciños.*

veciñanza

substantivo feminino

1 Proximidade ou feito de estar cerca dúas ou máis cousas ou persoas: *A veciñanza das vacacións tiña inquedos os alumnos.*

2 Conxunto de persoas que habitan nun mesmo lugar, como unha cidade, barrio, vila, aldea ou edificio: *A veciñanza oponse a que fagan un hipermercado no terreo que estaba destinado a parque.*

veciño, veciña

adxectivo

1 Que está cerca ou a moi pouca distancia: *Galicia e Portugal son países veciños.* SIN. próximo. ANT. afastado, distante.

substantivo

2 Persoa que vive na mesma poboación, no mesmo barrio ou no mesmo edificio ca outra: *O veciño do quinto ten un cadelo moi bonito.*

FAM. veciñanza, aveciñar.

veda

substantivo feminino

Prohibición de pescar ou cazar nun sitio ou nun tempo determinados e período de tempo que dura esta prohibición: *Neste couto hai veda da caza de coellos.*

vedar

verbo

Prohibir ou impedir, en especial por unha lei ou norma: *Nesa zona do monte vedaron a caza de coellos.*

vehemente

adxectivo

Que pon moita enerxía ou forza ou se deixa levar polo entusiasmo e a paixón: *Nos mitins políticos os oradores adoitan pronunciar discursos vehementes.*

FAM. vehemencia.

vehículo

substantivo masculino

Calquera medio que serve para levar persoas ou cousas pola terra, pola auga, polo aire ou polo espazo: *Os coches, os barcos e os avións son vehículos.*

veiga

substantivo feminino

1 Terreo chan, baixo, fértil e polo que adoita pasar un río: *Nas veigas os veciños posúen campos de cultivo e pastos.*

2 Terreo dedicado ao cultivo dunha determinada planta: *Ten aí unha veiga de millo.* SIN. agro, leira.

*vela (de cera), a forma correcta é **candea**.

vela¹

substantivo feminino

Ausencia de sono ou dificultade para concilialo: *Doénlle as moas e pasou a noite en vela.*

2 Garda que se puña polas noites nos campamento militares, castelos e prazas fortes. *Á alba comezou a última quenda da vela.*

FAM. velar¹, velorio, desvelar.

vela²

substantivo feminino

1 Peza de tea que levan algúns barcos para que os mova o vento: *O vento dá nas velas e move o barco.*

2 Deporte que se practica con barcos que levan estas pezas de tea para se moveren: *A vela é un deporte olímpico.*

OBS. É distinto de *candea.*

FAM. velame, veleiro.

velaí

adverbio

Úsase para indicar algo que está á vista, pero a certa distancia do que fala: *Velaí tes xa o coche amañado.*

velame

substantivo masculino

Conxunto de velas dun barco: *O capitán pirata ordenou amañar o velame despois da tormenta.*

velaquí

adverbio

Úsase para indicar algo que está á vista e próximo á persoa que fala: *Velaquí tes o libro que me pediches.*

velar¹

verbo

1 Permanecer esperto durante o tempo que se adoita dedicar a durmir: *Velou toda a noite estudando antes do exame.*

2 Coidar ou vixiar con moito coidado, especialmente durante a noite: *O neto velaba no cuarto do hospital o avó enfermo.*

3 Pasar a noite ao lado dunha persoa morta como sinal de cariño e respecto: *Todos os fillos e netos velaron o seu cadáver.*

velar²

verbo

1 Cubrir cun veo ou con algo semellante: *Velaron os mobles cunhas sabas para que non se manchasen ao pintar as paredes.*

2 Facer que algo non se vexa ou quede oculto: *As nubes velaron o sol.* SIN. ocultar.

3 **velarse** Andar con coidado para non sufrir algún mal ou dano: *Ti vélate, non sexa que che rouben a carteira na feira.*

vélaro

substantivo masculino

Conxunto de la que se obtén ao rapar unha ovella ou un carneiro: *Despois de raparen as ovellas, lavaban os vélaros.*

veleiro

adxectivo masculino ou substantivo masculino

Dito dun barco, que se move polo aire que dá nas súas velas: *Ata que chegaron os barcos de vapor, a inmensa maioría dos barcos eran veleiros.*

veleno

substantivo masculino

1 Substancia que produce danos moi graves nos seres vivos e que pode chegar a matalos: *O veleno dalgunhas víboras pode chegar a matar unha persoa.*

2 Calquera cousa que resulta moi mala: *O alcol e o tabaco son realmente velenos.*

FAM. velenoso, envelenar.

*veleta, a forma correcta é **catavento**.

vello, vella

adxectivo

1 Que existe desde hai moito tempo: *Temos unha vella amizade que comezou na escola.* ANT. novo.

2 Que está gastado ou estragado porque ten moito tempo ou se usou moito: *Vou tirar estes zapatos vellos.* ANT. novo.

adxectivo ou substantivo

3 Que ten xa moita idade ou moitos anos e que está na última etapa da súa vida: *A experiencia dos vellos pode sernos moi útil.* ANT. mozo, novo.

FAM. velleira, velleiro, vellez, avellentar.

velocidade

substantivo feminino

1 Relación que existe entre a distancia percorrida e o tempo que se tarda en percorre-

la: *A velocidade máxima en autoestrada é de cento vinte quilómetros por hora.*
2 Gran rapidez con que se fai algo: *Fixen ese recado teu a toda velocidade.* SIN. dilixencia, prontitude, rapidez. ANT. lentitude, tranquilidade.
FAM. velocímetro, velocista.

velódromo
substantivo masculino
Lugar cunha pista de forma elíptica ou circular onde se celebran carreiras ciclistas: *Hai probas ciclistas de estrada e outras de velódromo.*

velorio
substantivo masculino
Reunión de persoas para acompañar durante a noite un defunto: *Os velorios agora adoitan facerse nas salas dos tanatorios.*

veloz
adxectivo
Que se move, actúa ou fai algo con moita rapidez: *Ese cabalo é o máis veloz do hipódromo.* SIN. lixeiro, rápido. ANT. lento, pausado, tardo.
FAM. velocidade, velocímetro, velocista.

veludo
substantivo masculino
Tea que é lisa por un lado e polo outro está cuberta por un pelo moi suave e curto: *Ese vestido leva uns adornos de veludo.*

venabre
substantivo masculino
Especie de lanza curta ou frecha longa e grosa que se pode lanzar coas mans: *Antigamente usábanse venabres para cazar feras.*

vencello
substantivo masculino
1 Especie de corda curta de palla retorcida que se usa para atar os feixes: *Ataba os mollos de trigo cun vencello.* SIN. vincallo.
2 Calquera corda ou cordel que serve para atar algo: *Deille un vencello para que atase aqueles paus.* SIN. vincallo.

***vencello** (paxaro), a forma correcta é **birrio, cirrio**.

vencer
verbo
1 Derrotar o inimigo ou un rival: *O Celta venceu o Deportivo por 2-0.* SIN. gañar, derrotar, triunfar.
2 Dominar un sentimento a unha persoa: *Nunca nos deixaremos vencer polo pesimismo.*
3 Superar unha dificultade: *Venceu a súa timidez e falou moi ben en público.* SIN. superar.
4 Terminar o período de tempo para facer algo: *O próximo luns vence o prazo de matrícula para o curso.*

venda[1]
substantivo feminino
1 Entrega dun produto a cambio de cartos: *Dedícase á venda ambulante de roupa polas feiras.* ANT. compra.
2 Cantidade dunha cousa que se vende: *As vendas dese disco foron moi grandes.*

venda[2]
substantivo feminino
Tira de tea longa e estreita, habitualmente de gasa, que se enrola nunha parte do corpo para protexer unha ferida ou non deixar que se mova: *Puxéronlle unha venda no pulso porque o escordou.*
FAM. vendar, vendaxe.

vendaval
substantivo masculino
1 Vento moi forte: *Este vendaval vai levar os testos dos balcóns.*
2 Vento do sur: *Vai cambiar o tempo porque hai vendaval.*

vencer			
INDICATIVO		SUBXUNTIVO	IMPERATIVO
Presente	**Copretérito**	**Presente**	vence
venzo	vencía	venza	vencede
vences	vencías	venzas	
vence	vencía	venza	
vencemos	venciamos	venzamos	FOR. NOMINAIS
vencedes	venciades	venzades	**Infinitivo**
vencen	vencían	venzan	vencer
Pretérito	**Antepretérito**	**Pretérito**	**Xerundio**
vencín	vencera	vencese	vencendo
venciches	venceras	venceses	
venceu	vencera	vencese	**Participio**
vencemos	venceramos	vencésemos	vencido
vencestes	vencerades	vencésedes	
venceron	venceran	vencesen	
Futuro	**Pospretérito**	**Futuro**	**Inf. conxugado**
vencerei	vencería	vencer	vencer
vencerás	vencerías	venceres	venceres
vencerá	vencería	vencer	vencer
venceremos	venceriamos	vencermos	vencermos
venceredes	venceriades	vencerdes	vencerdes
vencerán	vencerían	venceren	venceren

vender
verbo
1 Dar algo a cambio de cartos: *Vendeulle a moto vella a un amigo.* ANT. adquirir, comprar, mercar.
2 Deixar de ser fiel a alguén causándolle un dano ou mal: *Ese traidor vendeu os seus amigos por facer un bo negocio.*
3 **venderse** Deixar de cumprir co deber ou co que é bo e xusto para beneficiarse: *Ese árbitro vendeuse e pitou un penalti inxusto.*
FAM. venda, vendedor, vendido.

vendima
substantivo feminino
Colleita da uva das cepas e tempo en que se fai: *A vendima no Ribeiro adoita ser no mes de setembro.*
FAM. vendimador, vendimar.

venerar
verbo
1 Na relixión, facer demostración de respecto e amor cara a un deus ou un ser divino: *Nesa igrexa venérase unha famosa imaxe da Virxe do Carmo.* SIN. adorar.
2 Amosar moito cariño e respecto por algo ou por alguén: *Todos os netos veneran o avó.* SIN. adorar.
FAM. venerable, veneración.

venial
adxectivo
Pouco grave ou pouco importante: *Chegar tarde é só unha falta venial.*

venoso, venosa
adxectivo
Das veas ou relacionado con elas: *O sangue venoso contén pouco osíxeno e é máis escuro ca o arterial.*

venres
substantivo masculino
Día da semana que vai despois do xoves e antes do sábado: *O venres pola tarde aquí non traballamos.* SIN. sexta feira.

ventá
substantivo feminino
Xanela.

ventada
substantivo feminino
Golpe forte de vento: *Unha ventada levoulle o chapeu.* SIN. aireada.

***ventanilla**, a forma correcta é **portelo**.

ventar
verbo
1 Ir moito vento ou soprar o vento con moita forza: *Nos cantís ventaba moito.*
2 Dito dun animal, buscar ou percibir co olfacto: *O can ventaba xa as perdices.*
3 Pensar que vai acontecer algo por certos sinais que se ven: *Eu vento que el vai volver suspender, porque non estuda nada.* SIN. presentir.

ventas
substantivo feminino plural
Buracos do nariz ou do fociño dos animais: *É de mala educación meter os dedos nas ventas.*

ventilador
substantivo
Aparello habitualmente eléctrico cunha especie de aspa que xira para mover o aire e refrescalo: *No cuarto ten un ventilador ademais do aire acondicionado.*

ventilar
verbo
1 Pór ao aire ou facer que entre o aire nun sitio: *Todas as mañás ventilo os cuartos da casa.* SIN. airear.
2 Dar a coñecer un segredo ou o que non se coñece: *Dedícase a ir por aí ventilando os nosos segredos.* SIN. airear, publicar.
FAM. ventilación, ventilador.

***ventisca**, a forma correcta é **cifra**.

vento
substantivo masculino
Aire en movemento: *O vento empurra os veleiros ao dar nas velas.*
EXP. **Contra vento e marea** A pesar de calquera dificultade ou obstáculo: *El logrou rematar a carreira de Medicina contra vento e marea.* **Virar o vento** Cambiar a sorte: *No segundo tempo virou o vento e o noso equipo recibiu unha goleada.*
FAM. vendaval, ventada, ventar, ventas, ventear, ventilación, ventilador, ventilar, ventosa, ventosidade, ventoso.

ventosa
substantivo feminino
1 Nalgúns animais, órgano que lles serve para apegarse a unha superficie ou para

chuchar: *Os polbos apéganse ás rochas coas ventosas dos seus tentáculos.*

2 Obxecto de goma que queda apegado a unha superficie ao apertalo contra ela: *Pendurou un moneco do parabrisas do coche cunha ventosa.*

ventre

substantivo masculino

Parte do corpo das persoas e dalgúns animais onde están a maior parte dos órganos dos aparatos dixestivo, reprodutor e urinario: *No ventre están os intestinos.* SIN. abdome, barriga.

EXP. **Facer** ou **ir de ventre** Expulsar os excrementos: *Non foi de ventre porque anda estrinxido.*

FAM. ventral, ventrículo.

ventrículo

substantivo masculino

1 No corazón, cada unha das dúas partes inferiores que reciben o sangue das aurículas e o envían ás arterias: *O corazón ten ventrículo dereito e ventrículo esquerdo.*

2 No encéfalo dun mamífero, cada unha das súas catro partes ou cavidades: *O encéfalo está dividido en catro ventrículos.*

ventrílocuo, ventrílocua

substantivo

Artista que fala sen mover os labios para que non se note: *As palabras dos ventrílocuos parecen articuladas co ventre.*

FAM. ventriloquia.

ventura

verbo

1 Sorte boa ou favorable: *Tiven a ventura de que me puxesen no exame preguntas que sabía moi ben.* SIN. fortuna, sorte.

2 Boa ou mala sorte que fai que algo aconteza ben ou mal para alguén: *Só a mala ventura fixo fracasar ese negocio.* SIN. fortuna, sorte.

FAM. ventureiro, venturoso.

ventureiro, ventureira

adxectivo

1 Dito dunha planta, que é propia do campo e medra sen que ninguén a cultive: *As margaridas son flores ventureiras.*

2 Dito dun animal, que non vive en ningunha casa e busca o seu propio alimento: *Por esta rúa andan varios gatos ventureiros.*

venturoso, venturosa

adxectivo

Que ten ou supón boa sorte ou felicidade: *Levou sempre unha vida venturosa.* SIN. afortunado, ditoso, feliz. ANT. desafortunado, desventurado.

veo

substantivo masculino

Tea moi fina e transparente que se usa para cubrir algo, especialmente a cara e a cabeza da muller: *Antigamente as mulleres para entraren nas igrexas tiñan que poñer veo sobre a cabeza.*

ver

verbo

1 Percibir as cousas pola vista: *Prendeu a luz para ver ben.*

2 Comprender ou decatarse de algo: *Agora vexo o que queres dicir.* SIN. comprender, entender.

3 Observar con atención: *Hai que ver con atención ese asunto.*

4 Considerar ou xulgar: *Nós non vemos que iso estea mal.*

5 Intentar descubrir algo: *Vai ver se teu irmán xa rematou os deberes.*

6 Visitar unha persoa: *Esta fin de semana irei ver os avós.*

7 **verse** Atoparse nunha determinada situación: *Gastou todo e agora vese na pobreza.*

ver

INDICATIVO		SUBXUNTIVO	IMPERATIVO
Presente	**Copretérito**	**Presente**	ve
vexo	vía	vexa	vede
ves	vías	vexas	
ve	vía	vexa	
vemos	viamos	vexamos	**FOR. NOMINAIS**
vedes	viades	vexades	**Infinitivo**
ven	vían	vexan	ver
Pretérito	**Antepretérito**	**Pretérito**	**Xerundio**
vín	vira	vise	vendo
viches	viras	vises	
viu	vira	vise	**Participio**
vimos	viramos	vísemos	visto
vistes	virades	vísedes	
viron	viran	visen	
Futuro	**Pospretérito**	**Futuro**	**Inf. conxugado**
verei	vería	vir	ver
verás	verías	vires	veres
verá	vería	vir	ver
veremos	veriamos	virmos	vermos
veredes	veriades	virdes	verdes
verán	verían	viren	veren

8 Atoparse con alguén: *Os noivos vense todos os días.*

EXP. **Ao meu (teu, seu, noso...) ver** Segundo a opinión ou xuízo de quen se indica: *Ao meu ver, quen pense iso está equivocado.*

OBS. É irregular. Véxase conxugación.

FAM. visibilidade, visible, visión, vista, visto, vistoso, visual, invisible, prever, retrovisor, revisar, revisión, revisor, vídeo.

verán

substantivo masculino

Estación máis calorosa do ano situada entre a primavera e o outono: *O verán comeza ou vinte e un ou vinte e dous de xuño e remata o vinte e dous ou vinte e tres de setembro.* SIN. estío.

FAM. veraneante, veranear, veraneo.

veranear

verbo

Pasar unha tempada de vacacións no verán nalgún lugar distinto a onde se vive habitualmente: *No mes de agosto veraneamos nunha praia das Rías Baixas.*

veras

EXP. **De veras** De verdade, en serio: *Dixo de veras que ía deixar o traballo.*

veraz

adxectivo

Que é verdade ou que adoita dicir a verdade: *Os xornais sempre deben dar informacións veraces.* SIN. verdadeiro. ANT. falso.

FAM. veracidade.

verba

substantivo feminino

Habilidade para falar e convencer con palabras: *Un vendedor ha de ter verba.* SIN. labia.

FAM. verbal.

verbal

adxectivo

1 Que se expresa falando e non por escrito: *A linguaxe humana espontánea é verbal.* SIN. oral.

2 Que se expresa con palabras, tanto faladas como escritas, ou que está relacionado con elas: *A lectura en voz alta mellora a capacidade verbal.*

3 Do verbo ou relacionado con esta clase de palabras: *As diferentes formas verbais constitúen a conxugación dun verbo.*

verbena

substantivo feminino

Festa popular con música e baile que se celebra pola noite: *Bailamos moito na verbena.*

verbo

substantivo masculino

Clase de palabra que expresa unha acción, un proceso ou un estado: *Os verbos teñen persoa, número, tempo e modo.*

verdade

substantivo feminino

1 Existencia real e efectiva de algo: *Non é verdade que existan os unicornios.*

2 Correspondencia entre o que se di e o que aconteceu ou pasa de xeito que non é mentira: *O que ti dis sobre min non é verdade.* ANT. falsidade, mentira.

EXP. **De verdade** 1) Úsase para insistir en que algo é certo: *De verdade que es o meu mellor amigo?* 2) Real e auténtico: *Ao cativo gústanlle máis os coches de verdade ca os de xoguete.*

verdadeiro, verdadeira

adxectivo

Que non é falso e resulta conforme á realidade: *A declaración da testemuña do accidente é verdadeira.* SIN. auténtico, veraz, verídico. ANT. falso.

verde

adxectivo

1 Dito dunha planta, que non está seca: *Esa árbore parece seca, pero ten ramas verdes.* ANT. seco.

2 Dito dun froito, que non está maduro: *Estes aguacates aínda están verdes.* ANT. maduro.

3 Dito dunha zona, que está destinada a ser un parque ou un xardín: *O noso barrio ten poucas zonas verdes.*

4 Dito dunha persoa, que está pouco preparada para algo ou non ten bastante experiencia: *Ese avogado está verde pois só leva un ano de profesión.*

5 Que trata do sexo ou que lle gusta: *Ese vello verde bótalles moitos piropos ás rapazas.*

adxectivo ou substantivo masculino

6 Da cor da herba fresca: *O céspede é de cor verde.*

7 Que defende a necesidade de protexer a natureza e o medio ambiente: *Din que os partidos verdes van ter moitos votos nestas eleccións.*

EXP. **Pór** ou **poñer verde** Falar moi mal de alguén ou de algo: *Puxo verde o amigo diante de todo o mundo.*

FAM. verdear, verdello, verderolo, verdor, verdoso, verdura.

verdear

verbo

Volverse de cor verde: *Con estas chuvias os campos verdean.*

verdello

substantivo masculino

1 Conxunto de algas miúdas de cor verde que cobren as rochas da beira do mar: *As rochas da costa estaban cubertas de verdello.*

2 Conxunto de plantas verdes moi miúdas que medran sobre unha superficie húmida: *Os muros da capela estaban cubertos de verdello.*

verderolo

substantivo masculino

Paxaro parecido a un pardal que ten as plumas grises con manchas verdosas nas alas e na base da cola: *Os verderolos cantan moi ben.*

verdor

substantivo masculino

Cor verde de algo, especialmente das plantas: *Coa chuvia as plantas recuperaron o seu verdor.*

verdoso, verdosa

adxectivo

Dunha cor parecida á verde ou tirando a ela: *Ten os ollos dunha cor azul verdosa.*

verdugo, verduga

substantivo

Persoa encargada de matar as persoas condenadas a morte: *Case ninguén quería ser verdugo cando había pena de morte.*

verdura

substantivo feminino

Planta que se cultiva nas hortas, especialmente a de follas comestibles: *As verzas e os repolos son verduras.*

verea

substantivo feminino

Vieiro.

veredicto

substantivo masculino

Resolución formal emitida por un xuíz, un conxunto de xuíces ou alguén con autoridade: *Segundo o veredicto, o acusado é culpable de roubo con violencia.*

verga

substantivo feminino

1 Vara delgada e flexible: *Antigamente algúns mestres pegábanlles aos rapaces cunha verga.* SIN. vergallo, xostra.

2 Órgano dos mamíferos machos co que realizan a cópula: *A verga dos mamíferos é un órgano eréctil.* SIN. vergallo.

3 Especie de corda longa e flexible de palla, coiro ou outro material semellante para atar algo: *Atou o feixe de leña cunha verga de coiro.*

4 No mastro dun barco, pau colocado de forma horizontal: *Na verga do mastro vai a vela para izala.*

vergallo

substantivo masculino

Verga (acepcións 1 e 2).

vergonza ou vergoña

substantivo feminino

1 Sensación desagradable de quen se sente desprezado ou mal porque cometeu algunha falta ou fixo algo que considera ridículo: *Dálle vergonza falar en público porque pensa que se van rir del.*

2 Sentimento que leva a alguén a respectarse a si mesmo e a valorarse como bo: *Se tivese vergonza non roubaría eses cartos da caixa do negocio familiar.*

3 Calquera cousa ou feito que parece ou se considera malo ou produce rexeitamento e desaprobación: *É unha vergonza que moita xente roube as flores dos parques.*

FAM. vergonzoso, vergoñoso, avergonzar, desvergonzado.

vergonzoso, vergonzosa ou vergoñoso, vergoñosa

adxectivo

Que sente ou produce vergonza: *Tratar de non pagar os impostos é unha conduta vergonzosa.*

verídico, verídica

adxectivo

Que é verdade e non é falso: *O relato da testemuña era verídico.* SIN. auténtico, real, veraz, verdadeiro. ANT. falso.

verificar

verbo

Comprobar que algo é certo ou está como debe ser: *O mecánico verificou os freos do coche e viu que funcionaban ben.*

OBS. O *c* cambia en *qu* ante *e*, como en *sacar*.

FAM. verificación.

verme

substantivo masculino

1 Animal de corpo alongado, cilíndrico, brando, sen esqueleto nin extremidades e que anda arrastrándose, encollendo e estirando o corpo: *Algúns vermes úsanse como cebo para pescar con cana.*

2 Larva dalgúns insectos ou eiruga de certas bolboretas: *Esa mazá podre está chea de vermes.*

EXP. **Verme da seda** Eiruga da bolboreta que produce a substancia da que se obtén a seda: *O verme da seda forma un casulo de seda dentro do que se transforma en crisálida e despois en bolboreta.*

vermello, vermella

adxectivo ou substantivo masculino

Da cor do sangue: *O semáforo en cor vermella prohibe o paso.* SIN. encarnado, rubio.

EXP. **Pór, poñer(se)** ou **virar vermello** Tomar a cara esta cor por sentir moita vergonza: *Ao subir ao escenario para falar virou vermello.*

vermú

substantivo masculino

Bebida alcólica elaborada con viño mesturado con substancias de orixe vexetal de sabor amargo: *O vermú adoita tomarse como aperitivo antes do xantar.*

vernáculo, vernácula

adxectivo

Propio e característico dun determinado país ou nación: *O galego é a lingua vernácula de Galicia.*

verniz

substantivo masculino

Líquido a xeito de pintura que pode ser brillante ou non e que se estende sobre unha superficie como protección contra a humidade e o aire: *Os mobles adoitan estar recubertos por verniz.*

FAM. vernizar, envernizar.

verosímil

adxectivo

Que pode ser certo e verdadeiro ou que o parece: *As novelas realistas contan historias imaxinadas pero verosímiles.* ANT. inverosímil.

FAM. verosimilitude.

verroallo

substantivo masculino

Cheiro característico dalgúns animais machos durante a época de celo: *O castrón cheira ao verroallo porque está en celo.*

verrón

substantivo masculino

Porco semental: *O verrón úsase para preñar as porcas.* SIN. castal, castizo, verroallo.

verruga

substantivo feminino

Espulla.

versado, versada

adxectivo

Que sabe ou entende moito de algo: *Éche un rapaz moi versado na historia de Galicia.* SIN. entendido.

versátil

adxectivo

1 Que pode realizar distintas funcións ou adaptarse a elas con facilidade: *Ao adestrador gústanlle os xogadores versátiles.*

2 Que cambia moito e con facilidade, especialmente de opinión ou de estado de ánimo: *Éche moi versátil e axiña está triste como contento.*

FAM. versatilidade.

versión

substantivo feminino

1 Cada unha das distintas formas en que se conta ou valora un mesmo feito: *Nos preitos hai que escoitar sempre a versión das dúas partes.*

2 Cada unha das distintas formas que se lle poden dar a unha mesma obra, especialmente de literatura, teatro ou cine: *Seica está a escribir unha nova versión de* Carapuchiña Vermella.

verso

substantivo masculino

1 Forma de escribir ou de expresarse en que se fai unha pausa ou parada cada determinado número de sílabas, os acentos das palabras se repiten cada certo número de sílabas e onde moitas veces o remate das palabras que terminan unha liña teñen todos ou algúns dos seus sons iguais a partir do último acento: *O verso oponse á prosa.* SIN. poesía.

2 Cada unha das liñas dun poema e que cumpre as normas anteriores: *O soneto é un poema de catorce versos.*

FAM. versículo, versificar.

vértebra

substantivo feminino

Cada un dos ósos que forman a columna vertebral: *Seica fracturou unha vértebra no accidente.*

FAM. vertebrado, vertebrar, invertebrado.

vertebrado, vertebrada

adxectivo ou substantivo masculino

Dito dun animal, que ten un esqueleto con columna vertebral e cranio: *Os seres humanos somos animais vertebrados.* ANT. invertebrado.

***vertedeiro**, a forma correcta é **vertedoiro**.

vertedoiro

substantivo masculino

1 Pía que hai na cociña para fregar a louza: *Botou os pratos sucios no vertedoiro.*

2 Lugar onde se tira o lixo, os desperdicios e as cousas que non serven: *Os camións do lixo descargan no vertedoiro.*

OBS. Na acepción 1 é incorrecta a forma **fregadeiro.*

vertedura

substantivo feminino

1 Feito de botar desperdicios e substancias contaminantes nalgún sitio, especialmente aos ríos ou ao mar: *Esa empresa realiza verteduras ilegais de produtos químicos ao río.* SIN. vertido.

2 Desperdicios ou substancias sobrantes que se botan nalgún sitio, especialmente a un río ou ao mar: *Cómpre vixiar as verteduras de petróleo que fan os barcos en mar aberto.* SIN. vertido.

vertente

substantivo feminino

Inclinación ou pendente, especialmente por onde corre a auga cara abaixo nunha montaña ou nun tellado: *Esa casa ten un tellado de dúas vertentes. Pola vertente norte da montaña baixa un regato caudaloso.*

verter

verbo

1 Facer caer algo dun recipiente, especialmente un líquido, de xeito que se estende polo chan: *Ao tropezar verteu todo o leite da pota.*

2 Deixar saír un recipiente o seu contido, especialmente por algún furado ou rotura: *Esa pota verte porque ten unha fenda.*

3 Ir parar un río ou unha corrente de auga ao mar ou a outro río: *O Sil verte as súas augas no Miño e este no Atlántico.*

vertical

adxectivo ou substantivo feminino

Que vai cara arriba ou paralelo a unha parede recta: *O taboleiro da mesa ten unha posición horizontal e as patas téñena vertical.*

FAM. verticalidade.

vértice

substantivo masculino

Punto en que se unen dúas ou máis liñas: *Un cadrado ten catro vértices, que son as catro esquinas.*

vertido

substantivo masculino

Vertedura.

vertixe

substantivo feminino

Sensación de mareo e de que se vai perder o sentido, especialmente ao estar a moita altura: *Non podo mirar desde a terraza do sétimo piso para abaixo porque me dá vertixe.*

FAM. vertixinoso.

***verxa**, a forma correcta é **enreixado**.

verza

substantivo feminino

Folla da col: *Gústanlle moito as verzas no caldo.*

EXP. **Estar nas verzas** Estar moi distraído: *Na clase de matemáticas moitas veces estaba nas verzas.*

vesgo, vesga
adxectivo ou substantivo
Birollo.

vesícula
substantivo feminino
1 Pequeno levantamento da pel que forma unha especie de bolsa, habitualmente chea dalgunha substancia líquida: *O herpes forma na pel pequenas vesículas.*
2 Órgano en forma de bolsa que contén algún líquido: *A vesícula biliar contén a bile que produce o fígado.*
FAM. vesicular.

***vespa**, a forma correcta é **avespa**.

véspera
substantivo feminino
Día inmediatamente anterior a outro determinado: *A cea de Noiteboa celébrase a véspera de Nadal.*

vespertino, vespertina
adxectivo
Da tarde, relacionado con ela ou que acontece pola tarde: *As clases vespertinas son as que se dan polas tardes.*

vestiario
substantivo masculino
1 Conxunto de pezas de vestir usadas por unha persoa ou por un conxunto de persoas: *El é moi elegante e ten un vestiario moi completo.*
2 Lugar para deixar a roupa ou para cambiarse de roupa: *Os xogadores cámbianse no vestiario antes de saír ao campo.*

vestíbulo
substantivo masculino
Nunha casa ou nun edificio, espazo situado na súa entrada: *Nos vestíbulos dos hoteis adoita estar a recepción.*

vestido
substantivo masculino
1 Calquera das pezas fabricadas con tea, coiro ou calquera outra materia semellante para cubrir o corpo: *Os vestidos cambian ao longo da historia e tamén segundo as diferentes culturas.*
2 Peza de vestir feminina máis ou menos longa que cobre todo o corpo: *Mercou un fermoso vestido de noiva para a súa voda.*

vestimenta
substantivo feminino
Conxunto de pezas de vestir que leva unha persoa, especialmente as externas: *Sempre leva unha vestimenta elegante porque é moi presumido.* SIN. indumentaria.

vestir
verbo
Pór ou levar pezas de roupa para cubrir o corpo: *Estaba a vestir o meniño.* ANT. denudar, espir.
OBS. Conxúgase como *advertir.*
FAM. vestiario, vestido, vestimenta.

vestixio
substantivo feminino
Marca ou resto de algo que aconteceu ou existiu no pasado e que queda nun sitio: *A policía atopou algúns vestixios que deixou o asasino no lugar do crime.* SIN. pegada.

***vestuario**, a forma correcta é **vestiario**.

veta
substantivo feminino
1 Franxa estreita dun mineral que se distingue do resto da peza en que está: *Ese penedo de granito ten unha veta de cuarzo.*
2 Franxa estreita de distinto material ou cor que destaca nun todo: *Ese mármore branco ten vetas rosadas.*
3 Depósito estreito e longo de mineral situado baixo terra: *Seica atopou nesa montaña unha veta de prata.* SIN. filón, vea.

veterano, veterana
adxectivo ou substantivo
Que leva moito tempo realizando unha determinada tarefa ou traballo e ten experiencia nela: *Era un soldado veterano que xa levaba uns dez anos no exército.* ANT. novato, principiante.

veterinario, veterinaria
adxectivo
1 Relacionado coa ciencia de curar animais: *A miña filla acaba de abrir unha clínica veterinaria.*
substantivo
2 Persoa que estudou a carreira de veterinaria para coidar e sandar animais: *A miña filla pequena é veterinaria.*
substantivo feminino
3 Ciencia que estuda as enfermidades dos

animais e a forma de curalas: *A veterinaria é unha carreira universitaria.*

vetillo
substantivo masculino

Aparello semiesférico de vimbios ou arame que se lle coloca a algúns animais na boca ou no fociño para que non coman ou mamen: *Puxéronlle ao becerro un vetillo para que non mamase.*

veto
substantivo masculino

Prohibición contra algo ou alguén de xeito que non se lle deixa facer algo: *Puxéronlle o veto para entrar nesa sociedade.*
FAM. vetar.

vetusto, vetusta
adxectivo

Moi vello: *Na casa ten uns mobles vetustos.*

vexación ou vexame
substantivo feminino ou masculino

Maltrato ou insultos para facer que unha persoa sufra: *Ela estaba farta dos vexames do marido e divorciouse.*
FAM. vexar, vexatorio.

vexetación
substantivo feminino

1 Conxunto de plantas propias dunha zona ou dun clima: *A vexetación tropical é moi exuberante.*
plural
2 Desenvolvemento excesivo das amígdalas da farinxe ou das partes posteriores das fosas nasais: *As vexetacións dificultan moito a respiración nos nenos e hai que operalas.*

vexetal
adxectivo

1 Das plantas ou relacionado con elas: *Os aceites vexetais, como o de oliva, proceden de plantas.*
substantivo masculino
2 Ser vivo que nace e medra nun lugar e que non se pode mover del por si mesmo: *As árbores, os arbustos e as herbas son vexetais.* SIN. planta.

vexetar
verbo

1 Dito dunha planta, xermolar, nutrirse, medrar e desensolverse: *As plantas para vexetar precisan auga e substancias minerais.*
2 Dito dunha persoa, vivir como se fose unha planta, sen facer nada e sen moverse: *Está en coma e xa só vexeta.*
3 Dito dunha persoa, levar unha vida moi tranquila, sen facer nada e mesmo ata aburrida: *Di que desde que se xubilou xa só vexeta.*

vexetariano, vexetariana
adxectivo ou substantivo

Que non come nin carne nin peixe: *Os vexetarianos só se alimentan de verduras, legumes, froitos, ovos e leite.*

vexetativo, vexetativa
adxectivo

1 Dito das funcións dun organismo ou corpo, que se fai sen a intervención da vontade e dun xeito totalmente involuntario: *A respiración e a dixestión son actos vexetativos.*
2 Que parece unha planta, porque aínda que vive non fala, nin parece pensar nin sentir emocións: *Está en coma nunha cama e leva unha vida vexetativa.*

vexiga
substantivo feminino

1 No sistema excretor de moitos animais, órgano muscular en forma de bolsa onde se vai depositando a urina procedente dos riles: *A urina é expulsada da vexiga pola uretra.*
2 Calquera órgano en forma de bolsa destinado a conter determinados líquidos ou gases: *Algúns peixes teñen unha vexiga natatoria chea de aire que lles permite nadar con facilidade.*
3 Ampola.
plural
4 Varíola.

vez
substantivo feminino

1 Cada unha das ocasións en que se fai algo ou se repite: *É a segunda vez que me levanto esta noite para beber.*
2 Momento en que acontece ou se fai algo: *Eu xa estiven unha vez neste teatro.*
3 Lugar que ocupa unha persoa nunha fila, cola ou orde: *Xa me tocou a vez e o carniceiro vai despacharme.*
EXP. **Á vez** Ao mesmo tempo: *Os dous irmáns chegaron á vez do colexio.* **Ás veces**

Non sempre: *Ás veces vén xantar connosco.* **De cando en vez** Con pouca frecuencia: *De cando en vez vén por aquí para parolar cos vellos amigos.*

vezo
substantivo masculino

Costume ou hábito malos ou prexudiciais: *O de fumar é un vezo que prexudica a saúde.* SIN. vicio.

FAM. vezar.

vía
substantivo feminino

1 Lugar por onde se anda ou vai: *As rúas e estradas son vías públicas por onde van coches e persoas.*

2 Dobre liña de raís paralelos de ferro por onde vai o tren, o tranvía, o metro e outros vehículos semellantes: *Nalgunhas rúas de Vigo aínda quedan enterradas as vías do tranvía.*

3 Conduto ou especie de vía polo que circula algunha substancia no corpo dos seres vivos: *As veas e as arterías son vías polas que circula o sangue.*

4 Medio ou forma para facer ou conseguir algo: *A vía máis segura para aprobar é estudar.*

EXP. **En vías de** A punto de: *Ese problema está en vías de solucionarse.* **Vía de auga** Abertura no casco dun barco por onde entra moita auga: *O capitán ordenou tapar aquela vía de auga.*

FAM. viable, viacrucis, viaduto, vial, viaxe, vieiro, desviar, enviar, extraviar, tranvía.

viable ou viábel
adxectivo

Que se pode facer, conseguir ou solucionar: *É viable que aprobes todo se estudas en serio.*

viaduto
substantivo masculino

Especie de ponte construída sobre un lugar moi fondo ou unha depresión para salvalos e superar o desnivel: *O tren atravesaba o viaduto.*

viandante
substantivo

Persoa que camiña por unha rúa ou calquera outra vía: *O viandante parou para ver un escaparate.* SIN. peón.

viario, viaria
adxectivo

Do tráfico, da circulación ou das vías de comunicación: *Cómpre mellorar a rede viaria especialmente nas estradas comarcais.*

viaxante
adxectivo

1 Que viaxa: *El éche moi viaxante e vai en cada vacación a un lugar diferente.*

substantivo

2 Persoa que vai a moitos lugares para amosar produtos e convencer aos donos das tendas e establecementos para que os vendan: *O viaxante ensinábaIle ao xoieiro unha nova colección de reloxos.*

viaxar
verbo

Ir dun lugar a outro, especialmente usando un vehículo: *Nas vacacións adoita viaxar a algún país estranxeiro.*

viaxe
substantivo feminino

Movemento ou traslado dun lugar a outro, xeralmente utilizando algún vehículo: *Fixo a viaxe a América en avión.*

FAM. viaxante, viaxar, viaxeiro.

viaxeiro, viaxeira
adxectivo ou substantivo

Que viaxa ou vai dun lugar a outro: *Os viaxeiros recolleron as maletas na sala de espera do aeroporto.*

víbora
substantivo feminino

1 Serpente velenosa de cabeza triangular con dous dentes ocos na mandíbula superior cos que inocula o veleno: *A mordedura dunha serpe pode matar unha persoa polo seu veleno.*

2 Persoa moi mala ou que fala moi mal dos demais: *Non che quero tratos con el porque é unha víbora.*

vibrar
verbo

1 Facer movementos pequenos e moi rápidos dun lado a outro ou de arriba para abaixo: *Os cristais vibraban co estoupido dos foguetes.*

2 Estar insegura a voz polos nervios: *A voz vibráballe pola emoción ao agradecer o premio.*

3 Emocionarse por algo: *Os espectadores vibraban coas cancións do cantante.*
FAM. vibración, vibrante, vibratorio.

***vicaría**, a forma correcta é **vigairía**.

vicario, vicaria
adxectivo ou substantivo
Dito dunha persoa, que representa ou substitúe a outra nunha función: *Segundo a Igrexa, o papa é o vicario de Cristo na terra.*

vicepresidente, vicepresidenta
substantivo
Persoa de categoría inmediatamente inferior ao presidente e que o pode substituír: *A reunión presidiuna o vicepresidente porque a presidenta está enferma.*

viceversa
adverbio
Ao revés ou cambiando a orde das cousas: *Probou o coche indo de Vigo a Santiago e viceversa.*

víchelocrego
substantivo masculino
Ouriolo.

viciar
verbo
Adquirir ou facer adquirir un vicio ou un hábito ou costume prexudiciais: *Viciou o cativo con tantos mecos.*

vicio
substantivo masculino
1 Hábito ou costume que son malos e prexudiciais pero que resultan moi difíciles de deixar: *O tabaco é un vicio pois prexudica a saúde.*
2 Actitude ou forma de ser que se considera mala: *A preguiza é un vicio.* ANT. virtude.
FAM. viciar, vicioso.

vida¹
substantivo feminino
1 Situación das persoas, dos animais e das plantas tras naceren e antes de morreren: *Os minerais non teñen vida.* ANT. morte.
2 Período de tempo que transcorre desde que se nace ata que se morre: *A vida dun can non adoita pasar dos quince anos.*
3 Tempo que dura unha cousa ou en que é útil: *As pilas alcalinas teñen máis vida ca as normais.*
4 Actividade ou conxunto de actividades: *O centro da cidade ten moita vida no horario comercial.*
5 Enerxía ou animación: *Os cativos téñenche moita vida e non paran.*
EXP. **Coa vida nun fío** ou **pendente dun fío** En grave perigo de morrer: *Tras o accidente estivo tres días coa vida nun fío.* **Enterrarse en vida** Deixar de tratar cos demais e de relacionarse: *O poeta retirouse á súa aldea e enterrouse en vida.* **Facer pola vida** Gañar cartos para poder vivir: *Tes que facer pola vida buscando un traballo fixo.* **Vida de can** Forma de vivir moi mala e con moitos traballos: *Na emigración levou unha vida de can e regresou.*
FAM. vital, vitalidade, avivar, salvavidas.

vida²
substantivo feminino
Vinda.

vidalla
substantivo feminino
Sen.

vide ou videira
substantivo feminino
Planta que produce a uva: *No Ribeiro hai moitas videiras.* SIN. cepa.

vidente
substantivo
Segundo algunhas crenzas populares e supersticións, persoa que pode ver o que pasa nun lugar onde ela non está ou que sabe o que pasará no futuro: *Eu non che creo nos videntes.*

vídeo
substantivo masculino
1 Sistema para gravar sons e imaxes nunha fita e reproducilos: *Ten moitos actos familiares gravados en vídeo.*
2 Fita especial en que están gravados estes sons e estas imaxes: *Ten unha colección de vídeos de grandes películas.*
3 Aparello que permite reproducir os sons e imaxes gravados nestas fitas especiais: *Os vídeos foron substituídos polos DVD.*

videoclip
substantivo masculino
Gravación en vídeo feita para promocionar unha canción: *O artista presentou un videoclip da súa nova canción.*

videoclub
substantivo feminino
Tenda en que se poden comprar e alugar fitas de vídeo e DVD con películas gravadas: *Todas as fins de semana aluga unha película no videoclub do barrio.*

videoxogo
substantivo masculino
Xogo electrónico para un ordenador ou aparello semellante: *Abriron no barrio unha tenda de videoxogos.*

vido, vida
1 Participio irregular do verbo *vir.*
substantivo feminino
2 Vinda.

vidreira
substantivo feminino
1 Conxunto de cristais dunha ventá, especialmente se son de cores e forman algún debuxo: *As catedrais góticas teñen fermosas vidreiras.*
2 Conxunto de marcos con cristais que pechan un balcón ou unha galería: *Son célebres as vidreiras das galerías tradicionais da Coruña.*

vidro
substantivo masculino
1 Material duro e transparente que rompe facilmente: *As copas e os vasos para beber adoitan ser de vidro.*
2 Folla plana deste material, como as usadas nas fiestras: *O cativo rompeu co balón o vidro desa fiestra.* SIN. cristal.
FAM. vidreira, vidreiro, vidroso.

vieira
substantivo feminino
Molusco mariño de carne comestible moi apreciada con cuncha semicircular formada por dúas valvas, unha plana e outra convexa, e con catorce estrías: *A vieira é o símbolo dos peregrinos a Compostela.*

vieiro
substantivo masculino
Camiño estreito para ir por el a pé: *Subiron ao cume da montaña por un vieiro.* SIN. carreiro, senda, verea.

viga
substantivo feminino
Trabe.

vigairo
substantivo masculino
Ramista.

vigor
substantivo masculino
1 Forza ou enerxía dunha persoa: *É unha persoa sa e chea de vigor.* SIN. enerxía, forza, nervio, vitalidade.
2 Situación en que se atopa algo que aínda serve e resulta válido: *A norma de non aparcar nesta rúa do centro segue en vigor.*
FAM. vigoroso.

vil
adxectivo
Moi malo: *Un asasinato é unha acción vil.*
SIN. infame, miserable.
FAM. vileza.

vila
substantivo feminino
Poboación máis pequena ca a cidade pero maior ca a aldea: *As vilas galegas adoitan ser capital económica e administrativa da súa bisbarra.*
FAM. vilán, vilego.

vilán, vilá
substantivo
Persoa que fai moi malas accións: *Só un vilán pode mentir dese xeito.*

vilancico
substantivo masculino
Panxoliña.

vilego, vilega
adxectivo ou substantivo
Dunha vila ou propio dela, ou que vive nunha vila: *Os comercios vilegos sofren unha crise pola competencia das grandes superficies.*

vimbieira
substantivo feminino
Vimeiro.

vimbio
substantivo masculino
Vime.

vime
substantivo masculino
Rama ou vara longa, fina e flexible do vimeiro: *Os vimes úsanse para atar feixes e mesmo para facer cestos.* SIN. vimbio.

vimeiro
substantivo masculino
Variedade de salgueiro que ten unhas ramas longas, finas e flexibles que se usan para atar feixes e mesmo para facer cestos: *Os vimeiros medran nas beiras dos ríos e nos lugares húmidos.* SIN. vimbieira.

vinagre
substantivo masculino
Líquido agre que procede da fermentación do viño: *O vinagre úsase como condimento, especialmente para as ensaladas.*
FAM. vinagreira, vinagreta.

vinagreira
substantivo feminino
Xerriña para o vinagre de uso na mesa: *Pásame a vinagreira, que quero botarlle máis vinagre á ensalada.*

vinagreta
substantivo feminino
Salsa feita con vinagre, aceite, cebola e outros ingredientes: *A vinagreta tómase fría.*

vincallo
substantivo masculino
Vencello.

vincha
substantivo feminino
Ampola.

vinchoca
substantivo feminino
Ampola.

vincular
verbo
Unir ou relacionar dúas ou máis persoas ou cousas entre si: *Eles dous están vinculados por unha grande amizade desde mozos.*

vinculeiro, vinculeira
substantivo
1 Fillo que herda todos os bens da familia: *Nas familias fidalgas o vinculeiro era o fillo máis vello e herdaba todo.* SIN. morgado.
2 Fillo único dunha familia: *É o vinculeiro porque non ten irmáns nin irmás.*

vínculo
substantivo masculino
Unión ou relación entre dúas ou máis persoas ou cousas: *Desde moi novos úneos o vínculo dunha grande amizade.*
FAM. vincular, vinculeiro.

vinda
substantivo feminino
1 Movemento cara ao lugar en que estamos no momento de falar: *Todos os días laborables fago dúas idas e dúas vindas da casa ao colexio.* SIN. vida, chegada. ANT. marcha, partida.
2 Aparición ou comezo de algo: *Coa vinda da primavera, chega o bo tempo.* SIN. vida, chegada. ANT. fin, remate.
3 Volta ao lugar de que se partiu: *Foi menos pesada a vinda da praia ca a ida.* SIN. vida, volta. ANT. ida, marcha.

vindeiro, vindeira
adxectivo
Que está por vir ou por acontecer: *Estamos en marzo e o vindeiro mes é abril.* SIN. próximo.

vinganza
substantivo feminino
Dano ou mal que se lle fai a outro porque antes nos fixo el un dano ou mal: *Eu enganeino agora por viganza, porque antes el xa me enganara moitas veces.*

vingar
verbo
Responder con outro dano ou mal ao dano ou mal que alguén fixo: *O cabaleiro vingou a morte do seu doncel matando a quen o asasinou.* ANT. perdoar.
OBS. O *g* cambia en *gu* diante do *e*, como en *pagar*.
FAM. vinganza, vingativo.

vinícola
adxectivo
Da elaboración do viño ou relacionado con ela: *O Ribeiro é unha comarca con importantes industrias vinícolas.*

vinte
numeral
Número 20: *Os dedos das mans e dos pés sumados son vinte.*
OBS. Combinado, escríbese separado: *vinte e un, vinte e dous, vinte e dúas...*
FAM. vintena, vixésimo.

vintena
substantivo feminino
Conxunto de vinte elementos ou unidades: *Na clase había unha vintena de alumnos.*

viña
substantivo feminino

Terreo plantado de vides: *No Rosal hai moitas viñas.*

viñedo
substantivo masculino

Terreo plantado de vides, especialmente se é moi extenso: *Nas provincias de Ourense e Pontevedra hai importantes zonas de viñedos.*

viñeta
substantivo feminino

Cada un dos cadros con debuxos e palabras en que se divide unha historia de cómic ou contada con imaxes e diálogos: *Os cómics contan unha historia nunha serie de viñetas.*

viño
substantivo masculino

Bebida alcólica que se obtén da fermentación do zume das uvas espremidas: *O viño pode ser branco, tinto e clarete.*
FAM. vinícola, viña, viñateiro, viñedo.

viola
substantivo feminino

Instrumento musical de corda e arco semellante ao violín pero máis grande: *A viola, coma o violín, tócase fretando o arco contra as súas cordas.*

violar
verbo

1 Desobedecer unha lei ou unha norma: *Se se pasa co semáforo en vermello viólanse as normas de circulación.* SIN. incumprir, infrinxir, quebrantar, transgredir. ANT. cumprir, obedecer, respectar.
2 Obrigar a unha persoa a manter relacións sexuais pola forza ou en contra da súa vontade: *Foi condenado a prisión porque violou a moza.* SIN. forzar.
FAM. violación, violador, violencia, violentar, violento.

violencia
substantivo feminino

1 Uso da forza en contra dos demais: *Ninguén pode impor as súas ideas por medio da violencia.*
2 Ímpeto ou forza con que se produce algo: *O vento sopra hoxe con violencia.*

violentar
verbo

Empregar a forza para conseguir algo: *Os ladróns violentaron a porta para entrar no comercio.*

violento, violenta
adxectivo

1 Que usa a forza contra os demais: *As persoas violentas non saben que os desacordos non se amañan a golpes nin pelexando.* SIN. agresivo. ANT. pacífico, tranquilo.
2 Que se fai ou se produce con moita forza ou con moito ímpeto: *Un vento violento levou os testos do balcón.*
3 Que resulta molesto para alguén: *Cando se botou a chorar foi unha situación violenta para todos nós.* SIN. incómodo. ANT. cómodo.

violeta
adxectivo ou substantivo masculino

1 Dunha cor morada clara: *A cor violeta é a sétima do arco iris.*
2 Planta herbácea silvestre ou cultivada de talos que se arrastran polo solo e que produce unhas flores moi recendentes de cor morada clara e tamén esta flor: *Fixo un ramiño de violetas silvestres.*

violín
substantivo masculino

Instrumento musical de corda parecido a unha guitarra pequena e que se toca rozando as súas cordas cun arco: *Para tocar o violín hai que colocalo entre o ombreiro esquerdo e o queixo.*
FAM. violinista, violoncello.

violonchelo ou violoncello
substantivo masculino

Instrumento musical de corda parecido ao violín pero moito máis grande e que se toca tamén cun arco que se freta contra as súas cordas: *Para tocar o violoncello hai que apoialo no chan.*

viquingo, viquinga
adxectivo ou substantivo

Do antigo pobo escandinavo de navegantes que entre os séculos VIII e XI atacou e saqueou as costas do norte e do oeste de Europa: *Catoira lembra todos os anos o ataque e saqueo dos viquingos.*

vir

verbo

1 Moverse cara ao lugar en que está a persoa que fala: *El aínda non veu hoxe por aquí.*
2 Comezar, ter orixe ou principio: *Esa rifa entre eles vén de vellas diferenzas. Onte pola noite veume unha horrible dor de cabeza.*
3 Facerse presente algo na mente: *Veume á cabeza que hoxe é o aniversario dese meu amigo.*
4 Estar escrito ou estar impreso: *Esa noticia vén hoxe no xornal.*
5 Ser algo apropiado ou resultar ben: *Que tal che vén que xantemos xuntos mañá?*
6 veña Úsase para animar a alguén ou para apuralo: *Veña, que temos que levantar este partido!*
OBS. É irregular.
FAM. vinda, vindeiro, vida, benvida, benvido, convir, porvir, previr, provir, vaivén.

virachaquetas

substantivo

Persoa que cambia de opinión ou de ideas segundo lle convén: *Agora xa milita noutro partido político porque é un virachaquetas.*

viradeira

substantivo feminino

Escumadeira.

vir

INDICATIVO		SUBXUNTIVO	IMPERATIVO
Presente	**Copretérito**	**Presente**	ven
veño	viña	veña	vinde / vide
vés	viñas	veñas	
vén	viña	veña	
vimos	viñamos	veñamos	**FOR. NOMINAIS**
vindes / vides	viñades	veñades	**Infinitivo**
veñen	viñan	veñan	vir
Pretérito	**Antepretérito**	**Pretérito**	**Xerundio**
vin	viñera	viñese	vindo
viñeches	viñeras	viñeses	**Participio**
veu	viñera	viñese	vido / vindo
viñemos	viñeramos	viñésemos	
viñestes	viñerades	viñésedes	
viñeron	viñeran	viñesen	
Futuro	**Pospretérito**	**Futuro**	**Inf. conxugado**
virei	viría	viñer	vir
virás	virías	viñeres	vires
virá	viría	viñer	vir
viremos	viriamos	viñermos	virmos
viredes	viriades	viñerdes	virdes
virán	virían	viñeren	viren

virar

verbo

1 Cambiar a dirección de algo por medio dun movemento en liña curva: *Para aparcar comezou virando o volante cara á dereita.* SIN. xirar.
2 Pór do revés algo dándolle a volta: *Para botar a tortilla no prato virou a tixola.*
3 Moverse algo ou alguén arredor de si: *A Terra vira arredor de si mesma no movemento de rotación.* SIN. xirar.
4 Cambiar de dirección ou dar a volta: *Ao ver que esquecera a carteira virou para a casa.*
5 Cambiar de opinión ou de ideas: *El virou moito: antes era de esquerdas e agora éche de dereitas.*
6 virarse Dar a volta de xeito que se queda mirando para aquilo que antes quedaba ás costas e non se vía: *O profesor virouse e pescou o alumno que copiaba.* SIN. volverse.
7 Cambiar moito unha persoa no seu aspecto ou na forma de ser: *Cando fala en público, como é moi tímido, vírase colorado.*
FAM. viraventos, viravolta, viraxe.

viraventos

substantivo masculino

1 Tarabela.
2 Catavento.

viravolta

substantivo feminino

Volta que se dá apoiando as mans e a cabeza no chan e deixándose caer sobre as costas: *En clase de educación física facemos viravoltas.* SIN. capitón, pinchacarneiro, pirueta.

viraxe

substantivo feminino

Cambio de dirección ou de sentido: *Fixo unha viraxe co coche para dar a volta.*

virgo

adxectivo ou substantivo

Un dos doce signos do horóscopo e tamén persoa que pertence a este signo: *Son virgo as persoas nadas entre o 23 de agosto e o 22 de setembro.*

vírgula

substantivo feminino

Coma.

viril
adxectivo
1 Do home adulto ou relacionado con el: *A barba é unha característica viril.*
2 Que ten as características que se consideran tradicionalmente propias do home: *Os protagonistas das películas de vaqueiros adoitan ter un carácter viril.*
OBS. A forma **varonil* é incorrecta.
FAM. virilidade.

virilla
substantivo feminino
Ingua.

*virrei, a forma correcta é **vicerrei**.

virtual
adxectivo
Que aínda que pode existir no futuro aínda non existe na realidade: *As películas de ciencia ficción presentan un futuro virtual.*
FAM. virtualidade.

virtude
substantivo feminino
1 Calidade ou característica, especialmente moral, que se considera boa: *A xenerosidade é a súa mellor virtude.* ANT. vicio.
2 Poder para causar un determinado efecto: *A aspirina ten a virtude de calmar a dor.* SIN. propiedade.
FAM. virtuosidade, virtuosismo, virtuoso.

virtuoso, virtuosa
adxectivo
1 Que ten algunha virtude e non ten vicios: *As persoas virtuosas fan o ben e non o mal.*
substantivo
2 Que fai moi ben algo: *Ese rapaz é un virtuoso do violín porque o toca moi ben.*

virulento, virulenta
adxectivo
Con moita forza e gran violencia contra algo ou alguén: *O xornalista escribiu un artigo virulento contra a política do alcalde.*
FAM. virulencia.

virus
substantivo masculino
1 Microorganismo invisible co microscopio óptico que pode vivir como parasito no interior de células vivas de xeito que pode destruílas e producir graves enfermidades: *A sida é producida por un virus.*
2 En informática, programa introducido no disco dun ordenador sen que o saiba quen o usa de xeito que pode roubar os seus datos, destruílos ou ata estragar toda a memoria do ordenador: *Un virus propagouse polos ordenadores da empresa.*
FAM. vírico, virulento.

*viruta, a forma correcta é **labra**.

viruxe
substantivo feminino
Vento frío, forte ou molesto: *Subín as lapelas do abrigo porque ía viruxe.*

virxe
adxectivo
1 Dito dunha persoa, que nunca realizou o acto sexual: *É virxe porque nunca mantivo relacións sexuais con ninguén.*
2 Dito dun disco, dunha fita ou de calquera outro elemento para gravar nel sons e imaxes, que nunca foi usado para gravar: *Deulle un CD virxe para que lle gravase a película.*
3 Que está tal como era e que ninguén o cambiou ou alterou nunca: *No interior desa selva aínda quedan terras virxes que ninguén explorou.*
substantivo feminino
4 No cristianismo, a nai de Xesús: *Na ermida celébrase unha novena dedicada á Virxe.*
OBS. Na acepción 4 escríbese con inicial maiúscula.
FAM. virxinal, virxindade.

visar
verbo
Examinar un documento ou papel para ver se é bo, auténtico ou válido: *O policía visaba o pasaporte dos viaxeiros.*
FAM. visado.

víscera
substantivo feminino
Calquera dos órganos do corpo que están dentro do cranio, do tórax ou do abdome: *O estómago, o fígado ou os intestinos son vísceras do aparato dixestivo.*
FAM. visceral.

viscoso, viscosa
adxectivo
Dito dun líquido, que é apegañento e moi espeso: *O mel é viscoso.*
FAM. viscosidade.

viseira

substantivo feminino

1 Parte dunha gorra que sobresae por diante e que evita que nos dea o sol nos ollos e tamén a gorra que ten esta peza: *Como ía moito sol puxo unha viseira.*

2 Nun casco, parte que se pode subir e baixar e que protexe os ollos ou a parte superior da cara: *As viseiras dos cascos dos motoristas son transparentes.*

visible ou visíbel

adxectivo

Que se pode ver: *A Lúa é visible cando non a tapan as nubes.* ANT. invisible.
FAM. visibilidade.

visigodo, visigoda

adxectivo ou substantivo

Do antigo pobo xermánico que no século V se establece en España: *A civilización visigoda acadou en España o seu desenvolvemento no século VII.*
FAM. visigótico.

visión

substantivo feminino

1 Percepción ou feito de ver algo cos ollos: *Cos ollos pechados é imposible a visión.* SIN. vista.

2 O que se ve desde un lugar: *Impresiona a visión que hai desde o cume desta montaña.* SIN. vista.

3 Capacidade para entender as cousas ou para anticiparse aos acontecementos: *Un empresario debe ter visión de futuro.*

4 Opinión que ten unha persoa sobre algo: *A túa visión deses feitos é totalmente distinta da miña.* SIN. idea.

5 Ser imaxinario ou fantástico que se cre ver como se fose real: *Tiña a febre tan alta que vía visións.* SIN. fantasma, pantasma.

visionario, visionaria

adxectivo ou substantivo

Que ve ou imaxina cousas e seres fantásticos ou sobrenaturais como se fosen reais: *É un visionario que di que ve todas as noites a Santa Compaña.*

visir

substantivo masculino

Ministro dun príncipe ou dun sultán musulmáns: *O gran visir era o ministro máis importante do Imperio turco.*

visita

substantivo feminino

1 Feito de ir ver unha persoa á súa casa ou ao lugar en que está: *Esta tarde viñeron de visita uns compañeiros de traballo de meus pais.*

2 Persoa ou grupo de persoas que van ver a outra: *No hospital a hora de visitas dos enfermos é pola tarde.*

3 Viaxe a un lugar: *Na miña última visita a Santiago merquei unha torta de améndoa.*
FAM. visitante, visitar.

visitar

verbo

1 Ir ver unha persoa á súa casa ou ao lugar en que está: *Visitou o avó no hospital.*

2 Viaxar a un lugar para velo e coñecelo: *Eu xa visitei París en dúas ocasións.*

viso

substantivo masculino

1 Lugar elevado desde o que se ve unha grande extensión: *Desde o viso vese toda a praia.*

2 Aparencia ou traza de algo: *Este problema ten visos de resolverse.*

visón

substantivo masculino

Mamífero de corpo pequeno, do tamaño dun furón, que ten unha pel moi apreciada para facer abrigos, e tamén a pel deste animal: *O visón é un animal salvaxe, pero críase en granxas para aproveitar a pel.*

visor

substantivo

Aparello óptico formado por unha ou máis lentes que serve para ver ou enfocar algo desde unha cámara fotográfica, de cine ou televisión ou para apuntar cunha arma de fogo: *Os modernos fusís contan con visores de raios infravermellos para poder ver e apuntar de noite.*

visto, vista

1 Participio irregular de *ver*.

adxectivo

2 Moi coñecido e pouco orixinal: *O tema desa película estache xa moi visto.*

substantivo feminino

3 Sentido que permite percibir cos ollos: *A vista proporciona moita información.*

4 Visión.

5 Mirada.

6 O que se ve desde un lugar: *Desde o miradoiro hai unha vista fermosísima.*
7 Foto, cadro ou debuxo que representa unha paisaxe: *Esta foto é unha vista aérea da catedral.*
EXP. **Facer a vista gorda** Finxir que non se ve ou sabe algo, especialmente se é malo: *O profesor nunca fai a vista gorda coas faltas de ortografía.* **Curto de vista** Que ve mal de lonxe, miope: *Usa anteollos porque é curto de vista.* **Vista cansada** Defecto que impide ver ben de cerca, especialmente ler: *As persoas maiores adoitan ter vista cansada.*

vistoso, vistosa
adxectivo
Que chama a atención por ser bonito e atractivo: *Esa camisa estampada é moi vistosa.*

visual
adxectivo
Da vista ou relacionado con ela: *Ve moi ben de noite porque ten moita agudeza visual.*

visualizar
verbo
Conseguir ver ou observar algo que non se ve a simple vista: *O microscopio permite visualizar o que non se ve a simple vista.*
OBS. O *z* cambia en *c* ante *e*, como en *cazar*.

vital
adxectivo
1 Da vida ou relacionado con ela: *A respiración e a dixestión son funcións vitais.*
2 Moi importante: *É vital para o desenvolvemento da bisbarra a construción desa estrada.*
3 Dito dunha persoa, que ten moita enerxía e moito ánimo: *Seu avó é un ancián moi vital.*

vitalicio, vitalicia
adxectivo
Que dura toda a vida dunha persoa: *O cargo de rei adoita ser vitalicio.*

vitalidade
substantivo feminino
Enerxía, ánimo e gana de facer cousas: *Os cativos están cheos de vitalidade.*

vitamina
substantivo feminino
Substancia que está en pequenas cantidades nos alimentos e que é necesaria para o desenvolvemento da vida: *Ningún ser vivo pode vivir sen vitaminas.*
FAM. vitamínico.

vitelo, vitela
substantivo
1 Becerro.
substantivo feminino
2 Carne da cría de vaca ata os dous anos: *Ten sona a vitela de Moaña.*
OBS. A forma **tenreiro* é incorrecta na acepción 1 e tamén é incorrecta **tenreira* na acepción 2.

viticultor, viticultora
substantivo
Persoa que se dedica a cultivar vides: *No Rosal hai moitos viticultores.*
FAM. viticultura.

viticultura
substantivo feminino
Cultivo das vides ou técnica de cultivar as vides: *A viticultura avanzou moito en todas as comarcas vinícolas galegas.*

vítima
substantivo feminino
Persoa que sofre algún mal ou dano: *No accidente houbo tres vítimas, pero ningunha mortal.*

***vitola**, a forma correcta é **bitola**.

vitoria
substantivo feminino
Éxito que se obtén ao gañar ou vencer un contrario, rival ou calquera obstáculo ou dificultade: *A vitoria dos patriotas galegos sobre os franceses na Guerra da Independencia énchenos de orgullo.* SIN. triunfo. ANT. derrota.
FAM. vitorioso.

vítreo, vítrea
adxectivo
De vidro ou cristal ou semellante a eles: *A mampara é dun material vítreo, aínda que non é cristal.*

vitrina
substantivo feminino
Especie de armario coas portas de cristal ou todo el de cristal: *Nunha das vitrinas do museo expoñían armas celtas.*

vitrocerámica
substantivo feminino
1 Material semellante a un cristal negro que é moi resistente á calor: *As cociñas eléctricas modernas son de vitrocerámica.*
2 Cociña deste material: *Substituíu a cociña de gas por unha vitrocerámica.*

vituallas
substantivo feminino plural
Víveres.
FAM. avituallar.

viúvo, viúva
adxectivo
Que lle morreu o seu marido ou a súa muller: *El seica vai casar agora cunha viúva.*
FAM. viuvez.

vivaz
adxectivo
Dito dunha planta, que vive máis de dous anos e que renova cada ano os órganos aéreos: *As plantas anuais duran só un ano e as vivaces máis.*

viveiro
substantivo masculino
1 Lugar onde se crían plantas novas para despois plantalas noutro lugar: *Merquei esta cerdeira nun viveiro.*
2 Lugar onde se crían peixes e outros animais acuáticos: *Nese viveiro venden moi bos rodaballos.*

vivencia
substantivo feminino
Feito ou experiencia que alguén viviu: *Gústalle lembrar as súas vivencias de estudante.*

vivenda
substantivo feminino
Lugar onde vive ou habita unha persoa: *Nese edificio hai corenta vivendas.* SIN. casa, domicilio, morada.

vivente
adxectivo
Que está vivo ou ten vida: *Os animais e as plantas son seres viventes; os minerais, non.*

víveres
substantivo masculino plural
Conxunto de alimentos necesarios para alguén durante certo tempo ou para un grupo de persoas: *Os exploradores levaban víveres para vinte persoas durante un mes.* SIN. vituallas.

viveza
substantivo feminino
Que ten vida, forza ou enerxía: *O lume ardía con viveza.*

vivificar
verbo
Dar máis vida, forza ou enerxía: *Esa auga serviu para vivificar as plantas que case estaban murchas.*
OBS. O *c* cambia en *qu* diante do *e*, como en *sacar.*

vivíparo, vivípara
adxectivo ou substantivo masculino
Dito dun animal, que antes de nacer se desenvolve dentro do corpo da nai: *O seres humanos e os animais mamíferos somos vivíparos porque nacemos do ventre dunha nai.*

vivir
verbo
1 Ter vida ou existir no mundo: *Miña avoa viviu noventa e dous anos.* SIN. existir.
2 Ter unha persoa todo o necesario: *O soldo que gaña permítelle vivir con comodidades.*
3 Estar nun lugar e facer vida nel: *Durante varios anos da súa xuventude viviu en Santiago.* SIN. habitar, residir.
4 Actuar ou comportarse de determinada maneira: *Vive todo cun exceso de paixón.*
FAM. vivaz, vivencia, vivenda, víveres, viveza, vivificación, vivificar, vivíparo, vivo, convivencia, convivir, revivir, sobrevivir, supervivente.

vivo, viva
adxectivo
1 Que ten vida: *Os animais e as plantas son seres vivos; os minerais, non.* SIN. animado, vivente.
2 Que aínda dura: *En Galicia segue moi viva a tradición do Entroido.*
3 Moi intenso ou moi forte: *Sentía unha dor viva nun xeonllo.* SIN. forte, intenso. ANT. débil.
4 Rápido: *Esa canción ten un ritmo moi rápido.* SIN. forte, intenso.
5 Que se dá conta das cousas ou entende

todo con moita facilidade: *O neto éche moi vivo e decátase de todo.* SIN. espelido, listo. ANT. parvo.
6 Que se aproveita dos demais sempre que pode: *Non fago negocios con el porque che é un vivo.* SIN. aproveitado.
EXP. **En vivo** Dito dun programa de radio ou televisión, que se fai ao mesmo tempo que o vemos ou o oímos: *O concerto que dá hoxe a tele é en vivo.*

vixente
adxectivo
Que vale aínda: *Agora a moeda vixente é o euro.* SIN. válido.
FAM. vixencia.

vixésimo, vixésima
numeral
1 Que ocupa o lugar vinte nunha serie ou clasificación: *Ocupa a vixésima posición nunha listaxe de trinta.*
2 Que é unha das vinte partes iguais en que algo se divide ou reparte: *Tocoulle unha vixésima parte da herdanza porque son vinte herdeiros.*

vixía
substantivo
Persoa que vixía ou observa para coidar algo especialmente desde un lugar elevado: *Nas torres do castelo adoitaban colocar vixías.*

vixiante
adxectivo
Que vixía ou observa algo ou alguén para coidar que non sufran dano ou para responder ante un problema: *As sentinelas han de ter sempre unha actitude vixiante.* SIN. vixilante.
OBS. É sinónimo de *vixilante* só como adxectivo.

vixiar
verbo
1 Ver ou observar algo ou alguén con moita atención para coidalos ou para que non lles pase nada malo: *A policía vixía as rúas da feira para que non haxa roubos.*
2 Observar algo ou alguén sen ser visto ou sen que ninguén se decate: *O detective privado vixiaba o hotel onde se vían os namorados.*
FAM. vixía, vixiante, vixilancia, vixilante.

vixilancia
substantivo feminino
Coidado e atención que se pon observando algo ou alguén, especialmente sen ser visto ou para que non sufran ningún dano: *No verán cómpre intensificar a vixilancia dos montes para que non haxa incendios.*

vixilante
adxectivo
1 Vixiante.
substantivo
2 Persoa que ten por oficio vixiar ou observar algo ou alguén, especialmente para que non sufran ningún dano: *Nos hipermercados adoita haber vixilantes para evitar roubos.*
OBS. É sinónimo de *vixiante* só como adxectivo.

vixilia
substantivo feminino
1 Feito de permanecer esperto no tempo en que se debe durmir: *Pasei toda a noite en vixilia por unha dor de moas.*
2 Na relixión católica, prohibición de comer carne certos días, especialmente os venres dos corenta días anteriores á Semana Santa: *O día de venres santo é vixilia.*

vizoso, vizosa
adxectivo
1 Dito dun terreo, que ten moitas plantas ou produce moito froito: *Esa veiga éche moi vizosa e produce desde millo a legumes.* SIN. fértil.
2 Dito dunha planta, que medra con moita forza e ten moitas ramas, flores e froitos: *Esas cerdeiras están moi vizosas.* SIN. frondoso. ANT. mucho, murcho.
3 Dito dunha persoa, que ten aspecto de moi boa saúde: *O bebé está moi vizoso pois ten oito meses e parece que xa fixo un ano.* SIN. louzán, robusto. ANT. mucho, murcho.

voador, voadora
adxectivo
Que voa ou que pode voar: *Algúns din que viron pratos voadores tripulados por extraterrestres.* SIN. voante.

voante
adxectivo
Voador.
OBS. É distinto de *volante.*

voar
verbo
1 Ir polo aire: *Os paxaros voan moi ben.*
2 Desaparecer moi á présa: *Os entrantes voaron pois os convidados tiñan fame.*
3 Ir moi á présa ou facer algo moi rapidamente: *O tempo voa.*
4 Derrubar ou tirar ao chan, especialmente por medio dunha explosión: *Unha carga de dinamita voou o edificio ilegal.*
5 Espallarse ou estenderse moi rapidamente: *As malas noticias aquí voan.*
FAM. voador, voante, volante.

vocabulario
substantivo masculino
Conxunto de palabras dunha lingua ou das que manexa unha persoa: *Un escritor debe ter un vocabulario amplo.* SIN. léxico.

vocábulo
substantivo
Conxunto de sons ordenados que teñen un determinado significado: *Os dicionarios explican os significados dos vocábulos.* SIN. palabra, termo, voz.

vocación
substantivo feminino
Inclinación ou atracción moi forte que unha persoa sente cara a unha profesión, actividade ou forma de vida: *Sempre tivo a vocación de ser médico.*
FAM. vocacional.

vocal
adxectivo
Da voz ou relacionado con ela: *Os coros son conxuntos de música vocal.*
OBS. É distinto de *vogal.*

vocálico, vocálica
adxectivo
Das vogais ou relacionado con elas: *As letras a, e, o, i, u representan sons vocálicos.*

vocalista
substantivo
Persoa que canta nunha orquestra ou conxunto musical: *El vai polas festas como vocalista dunha orquestra.*

vocalizar
verbo
Pronunciar con moito coidado e claridade as vogais e as consoantes dunha palabra de xeito que se distingan moi ben: *O profesor díxolle que vocalizase ben a palabra* trampulleiro.
OBS. O *z* cambia en *c* ante *e*, como en *cazar.*

vocear
verbo
Falar ou dicir en voz moi alta ou berrando: *O adestrador voceaba que expulsaran o seu defensa inxustamente.*

voceiro, voceira
substantivo
Persoa ou medio de información autorizados para falar e opinar no nome doutra persoa ou dun grupo de persoas: *A voceira do partido dixo que se oporían a esa lei no Parlamento.* SIN. portavoz.

vociferar
verbo
Falar en voz alta ou berrando, especialmente enfadado ou para protestar: *Saíu do restaurante vociferando que o roubaran.*

voda
substantivo feminino
Cerimonia ou festa en que dúas persoas casan: *Á voda asistiu case un milleiro de convidados.*
EXP. **Vodas de ouro** Aniversario que lembra os cincuenta anos dunha voda ou de calquera outro feito: *Celebra hoxe as vodas de ouro nesta empresa pois hai cincuenta anos que traballa nela.* **Vodas de prata** Aniversario que lembra os vinte e cinco anos dunha voda ou de calqueira outro feito: *Seus pais celebraron as vodas de prata pois casaron hai vinte e cinco anos.*

vogal
substantivo masculino
1 Persoa que forma parte dun tribunal ou da dirección de algo con dereito a opinar e votar: *A xunta directiva do noso club está formada pola presidenta e seis vogais.*
substantivo feminino
2 Son da lingua que se pronuncia de xeito que a saída do aire non atopa ningún obstáculo: *As vogais do galego son sete.*
3 Letra que representa este son: *As letras para representar as sete vogais galegas son a, e, i, o, u.*
FAM. vocal, vocálico, vocalista.
OBS. É distinto de *vocal.*

vogar
verbo
Remar.
OBS. O *g* cambia en *gu* ante *e*, como en *pagar*.

voitre
substantivo masculino
Ave rapaz grande que ten o pescozo e a cabeza case sen plumas: *Os voitres aliméntanse de animais mortos.*

*voladizo, a forma correcta é **beiril**.

volante
substantivo masculino
1 Peza redonda que serve para dirixir un automóbil: *Para guiar un coche hai que xirar o volante.*
2 Tira de tea que se coloca como adorno nunha peza de vestir, especialmente nun vestido de muller: *O vestido tradicional feminino andaluz ten moitos volantes.*
3 Folla de papel en que se pide, se ordena ou se xustifica algo: *O médico de familia deulle un volante para que o atendese o oculista.*
OBS. É distinto de *voante.*

volátil
adxectivo
Que se evapora ou pasa de líquido a vapor con moita facilidade: *A gasolina é un líquido volátil.*
FAM. volatilizar.

volcán
substantivo masculino
Monte cun buraco na cima por onde saen ao exterior materiais e gases do interior da Terra a grandes temperaturas: *O volcán expulsa polo cráter lava, cinsas e gases a gran temperatura.*
FAM. volcánico.

volea
substantivo feminino
Nalgúns deportes, golpe que se lle dá á pelota ou ao balón antes de que toque o chan: *O tenista conseguiu o último punto cunha volea preciosa.*

voleibol
substantivo masculino
Deporte en que se enfrontan dous equipos de seis xogadores cada un e que consiste en pasar un balón por enriba dunha rede que separa os dous equipos e sen que toque nunca no chan: *Os xogadores de voleibol adoitan saltar moi ben.*

volo, vola
contracción
Unión do pronome persoal *vos* e do pronome persoal *o, a: Di que o paquete xa volo deu a vós.*

volt
substantivo masculino
Unidade que se usa para medir a potencia eléctrica: *V é o símbolo de volt.*
FAM. voltaxe, voltímetro.

voltear
verbo
Darlle voltas a algo ou alguén ou facelo xirar, especialmente no aire: *O cociñeiro volteaba a tortilla con moita mestría.*

volto, volta
1 Participio irregular de *volver.*
substantivo feminino
2 Movemento en círculo ou arredor dun punto: *A Terra dá unha volta arredor do Sol que dura aproximadamente un ano.* SIN. rotación, xiro.
3 Regreso ao punto de partida: *Sacou para o tren un billete de ida e volta.*
4 Cartos que sobran ao pagar algo: *Paguei con dez euros e como custaba oito déronme dous euros de volta.* SIN. cambio.
5 Momento ou ocasión de facer algo por orde ou outra vez: *Esta volta non pescamos ningunha troita.*
6 Percorrido máis longo ca o normal: *Non sabiamos ben o teu enderezo e demos unha volta.* SIN. rodeo.
7 Parte de atrás dunha cousa: *A cara da manta está moito máis sucia ca a volta.*
8 Territorio próximo arredor dun lugar: *Na volta da vila hai aldeas moi fermosas.* SIN. contorno, contorna, redonda.
9 Paseo pequeno: *Demos unha volta polo centro da cidade para ver escaparates.*
10 Nun camiño, rúa ou estrada, cambio de dirección: *Nesta zona da estrada hai moitas voltas.* SIN. curva.
substantivo feminino plural
11 Forma indirecta e pouco clara de dicir algo: *Contéstame si ou non pero non me andes con voltas.*

12 Conxunto de cambios e sucesos: *Foi pobre e agora é rico porque a vida dá moitas voltas.*
EXP. **Ata a volta** Úsase para despedirse de alguén: *Ao marchar, díxonos ata a volta.* **Á volta de** Pasado o tempo que se indica: *Os dous amigos volveron atoparse á volta de cinco anos.* **A voltas con** Facendo algo ou dedicado a algo: *Agora anda a voltas coa vendima dunha viña que ten no Ribeiro.* **Dar a volta** Pór ou quedar coa parte de arriba para abaixo: *O coche saíu da estrada e deu a volta.* **Dar voltas** Moverse moito e non descansar: *Esta noite o cativo deu moitas voltas na cama.* **Darlle voltas a algo** Pensalo con moito coidado e repetidamente: *Estalle dando voltas a mercar ese piso.* **Volta de campá** A que dá un coche de xeito que queda coas rodas para arriba: *O coche marchou polo terraplén abaixo dando varias voltas de campá.*

voluble ou volúbel
adxectivo
Que cambia moito e facilmente de opinión: *Tan pronto di que está de acordo como que non, pois é moi voluble.* SIN. inconstante, variable.
FAM. volubilidade.

volume
substantivo masculino
1 Espazo que ocupa unha cousa ou un corpo: *Ao engordarmos, aumentamos de volume.*
2 Importancia ou cantidade: *As perdas causadas polo incendio foron de gran volume.*
3 Forza da voz ou doutro son: *Tes que baixar o volume do televisor para non molestar os veciños.*
4 Cada un dos libros en que se pode dividir unha obra escrita: *Unha enciclopedia adoita estar formada por varios volumes.*
FAM. voluminoso.

voluminoso, voluminosa
adxectivo
Que ocupa moito espazo: *Ese sofá resulta moi voluminoso nun salón tan pequeno.*

voluntario, voluntaria
adxectivo
1 Que se fai querendo: *Ninguén sofre un accidente de forma voluntaria.* SIN. consciente. ANT. automático, inconsciente, involuntario.
substantivo
2 Persoa que fai algo porque quere e non porque sexa unha obriga: *Traballa como voluntario nunha ONG.*

volver
verbo
1 Ir de novo ao punto do que se partira: *Despois do traballo sempre volve á casa en autobús.* SIN. regresar, retornar, tornar.
2 Facer algo outra vez: *Volve explicarmo, porque non che entendín ben.*
3 Suceder algo outra vez: *Xa volve chover.*
4 Cambiar de sentido de xeito que o de adiante queda para atrás ou o de arriba para abaixo: *Volveu a cabeza para ver quen viña detrás del.*
5 Facer cambiar: *Tantas preocupacións van volvelo tolo.*
6 volverse Sufrir ou ter un cambio moi grande unha persoa: *Desde a morte do seu fillo único volveuse tolo.*
7 Desobedecer a alguén ou enfrontarse con el: *Nunca te debes volver contra teu pai.* SIN. arrepoñerse, virarse.
EXP. **Volver en si** Recuperar o sentido ou o coñecemento: *Tras o desmaio, axiña volveu en si.* **Volver por alguén** Defendelo: *O irmán grande sempre volve polo pequeno.*
OBS. Ten dous participios, o regular *volvido*, usado nas perífrases, e o irregular *volto*, usado como adxectivo. Aínda que é frecuente na literatura, non se admite a forma **voltar*.

vomitar
verbo
Expulsar pola boca o que estaba no estómago: *O cativo vomitou o almorzo.* SIN. devolver, golsar, trousar.

vómito
substantivo masculino
1 Expulsión pola boca do que estaba no estómago: *O enfermo presentaba vómitos e diarrea.*
2 O que estaba no estómago e se expulsou pola boca: *O chan estaba cheo de vómitos.*
FAM. vomitar, vomitivo.

vontade
substantivo feminino
1 Capacidade das persoas para decidiren o que queren facer: *Unha persoa adulta realiza os seus actos por propia vontade.*
2 Forza dunha persoa para facer un esforzo

ou un sacrificio: *Deixou de fumar porque ten moita vontade.*
3 Intención de facer algo: *El ten vontade de pasar as próximas vacacións connosco.*

voo
substantivo masculino
1 Desprazamento polo aire: *Contemplaba o voo dunha aguia.*
2 Viaxe que se realiza polo aire: *Esta compañía aérea realiza voos a todos os aeroportos galegos.*

voraz
adxectivo
Que come moito e ás présas: *Comeu de forma voraz o bisté e as patacas en menos de cinco minutos.*
FAM. voracidade.

vorcalladas
EXP. **Ás vorcalladas** Tirándose polo chan e dando voltas sobre el: *Os cativos andaban ás vorcalladas sobre a herba.*

vos
pronome persoal
Indica a segunda persoa do plural e funciona como complemento directo ou indirecto sen preposición: *Seica vos viu no cine.*
OBS. É distinto de *vós.* Contrae co pronome *o, a, os, as* nas formas *volo, vola, volos, volas*: *Di que xa volas deu a vós.*

vós
pronome persoal
Indica a segunda persoa do plural e funciona como suxeito ou complemento con preposición: *Vós pensades que eles son parvos.* SIN. vosoutros.
OBS. É distinto de *vos.*

voso, vosa
posesivo
Indica que algo pertence á segunda persoa do plural: *Se vos parecer ben, iremos no voso coche.*
EXP. **De voso** Da propiedade exclusiva da segunda persoa do plural: *Tendes a sorte de vivir nunha casa de voso.* **Os vosos** A familia e achegados da segunda persoa do plural: *Os vosos sempre vos axudaron moito.*

vosoutros, vosoutras
pronome persoal
Vós.
OBS. Fronte a *vós,* pode usarse tamén para delimitar un grupo concreto de persoas en relación con outro do que se separa: *Todos estudamos un idioma estranxeiro: nosoutros estudamos francés e vosoutros inglés.*

vostede
pronome persoal
Indica a segunda persoa e úsase para falarlle ou dirixirse a alguén con respecto: *Vostede pode recoller o paquete nese mostrador.*
OBS. Úsase co verbo en terceira persoa.

votación
substantivo feminino
Elección entre varias persoas ou cousas de xeito que se di cal se escolle ou se prefire: *Os compañeiros elixírono por votación delegado de curso.*

votar
verbo
Elixir entre varias cousas ou persoas dicindo cal se prefire: *Nos países democráticos os cidadáns votan para elixir os seus representantes.*
FAM. votación, votante, voto.

voto
substantivo masculino
1 Opinión ou declaración con que alguén elixe unha persoa ou cousa entre varias: *Gaña as eleccións o partido que obtén máis votos.*
2 Dereito a dar esta opinión: *O voto é un dereito dos maiores de idade nos países democráticos.*
3 Na relixión, promesa que se lle fai a Deus, á Virxe ou algún santo: *Fixo o voto de percorrer a pé o Camiño de Santiago.*

voz
substantivo feminino
1 Son que produce o aire ao saír dos pulmóns cando falamos: *As dúas irmás teñen a voz moi parecida.*
2 Conxunto ordenado de sons que significan algo: *A voz* cara *ten dúas sílabas.* SIN. palabra, termo, vocábulo.
3 Son característico que producen os animais: *Miau é a voz propia do gato.*
EXP. **Erguer a voz** Falar berrando para protestar: *O pai nunca consente que lle erga a voz.* **Varrérselle a voz a alguén** Quedar case

sen ela ou perdela de momento: *Con esa catarreira varréuselle a voz.*

FAM. vocear, voceiro, vociferar, portavoz.

vulgar

adxectivo

1 Que é moi normal e que non destaca por nada: *É un escritor vulgar, que non sobresae polo estilo nin polos temas que trata.*

2 Que non se considera propio dunha persoa culta ou educada: *Ten maneiras un tanto vulgares, como falar coa boca chea ou arrotar na mesa.*

FAM. vulgaridade, vulgarizar, vulgarismo, vulgo.

vulgo

substantivo masculino

Conxunto de todas as persoas, especialmente consideradas sen presentar ningunha característica particular nin destacar nin distinguirse por nada: *O vulgo non entende moitas veces os termos que usan os médicos para referirse ás enfermidades.*

vulnerar

verbo

1 Causar algún mal ou dano: *Vulneraron con mentiras a súa boa sona.*

2 Desobedecer ou non cumprir unha lei ou norma: *Ir en coche pola esquerda vulnera as normas de tráfico.* SIN. incumprir, infrinxir, transgredir, violar. ANT. cumprir.

FAM. vulnerable, vulneración.

vulto

substantivo masculino

1 Elevación que sobresae nunha superficie: *Os grans son pequenos vultos que sobresaen na pel.*

2 Obxecto ou cousa que non se ve con claridade o que é: *Na escuridade só se vían uns vultos que se movían e que podían ser persoas.*

3 Tamaño de algo: *O bebé está gordo e xa fai bastante vulto.*

4 Paquete, bolsa, maleta ou calquera cousa preparada para ser transportada: *Meteu todos os vultos no maleteiro do coche.*

EXP. **A vulto** Aproximadamente e sen precisar o número: *Alí habería, a vulto, unhas cincuenta persoas.* **De vulto** Importante: *O árbitro tivo erros de vulto.*

FAM. avultado, avultar, portavultos.

vulva

substantivo feminino

Parte externa do aparato reprodutor das mulleres e das femias dos mamíferos: *A vulva é a parte externa da vaxina.*

vurullo

substantivo masculino

1 Conxunto de cousas atadas ou envoltas sen coidado: *Fixo un vurullo coa roupa sucia e meteuna na lavadora.*

2 Conxunto de panos en que se envolven os bebés: *O bebé asomaba só a cabeza, metido naquel vurullo.*

W

w

substantivo masculino

Letra que non pertence ao abecedario galego e que só se emprega nalgunhas palabras tomadas de linguas estranxeiras: Whisky *comeza por* w *porque é unha palabra inglesa.*

OBS. O seu nome é uve dobre. Pronúnciase ás veces como *[b]*, pero o normal é pronunciala como *[gu]*.

walkie-talkie

substantivo masculino

Aparello de radio que lles permite a dúas persoas falar e escoitarse a determinadas distancias, habitualmente curtas: *Os vixilantes do centro comercial comunicábanse entre eles por walkie-talkie.*

*wáter, a forma correcta é váter.

wáter-polo

substantivo masculino

Deporte que se practica nunha piscina entre dous equipos de sete nadadores e no que estes intentan meter a pelota na portaría do equipo contrario: *A pelota de wáter-polo lánzase coa man.*

watt

substantivo masculino

Unidade de potencia eléctrica: *Mercou unha lámpada de 60 watts.*

wéstern

substantivo masculino

Tipo de película ambientada no oeste americano a finais do XIX e comezos do XX, que narra as loitas entre os colonos europeos e os indios aborixes, e tamén as tensións entre vaqueiros e granxeiros: *Nun wéstern clásico, os colonos son os bos e os indios os malos.*

whisky

substantivo masculino

Bebida alcólica de cor marrón clara orixinaria de Escocia: *O whisky obtense por destilación de cereais como a avea e o centeo.*

windsurf

substantivo masculino

Deporte consistente en desprazarse sobre as ondas da auga nunha especie de táboa cunha vela empurrados polo vento: *O windsurf adoita practicarse nas praias onde sopra moito o vento.*

X

x

substantivo masculino

Letra número vinte e dous do abecedario galego: *Xente comeza por un x.*

OBS. O seu nome é xe. Pronúnciase *xe* en palabras como *xente, xamón, xogar* e como a combinación *ks* en *exame, excelente.*

xa

adverbio

1 Indica tempo pasado: *Iso xa mo contaches o mes pasado.*

2 Indica tempo presente: *Sabía esa historia pero xa non a lembro.*

3 Indica tempo futuro: *Iso xa o falaremos a semana que vén.*

4 Indica acordo con algo: *Xa me decato de que estás enfadado, pero iso non soluciona nada.*

conxunción

5 Repetido diante de cada termo, indica dúas posibilidades ou dúas cousas diferentes: *Xa fale, xa cale, ti nunca vas ver ben o que eu faga.*

interxección

6 Úsase para destacar algo ou darlle máis forza: *Xa che gustaría ir hoxe á praia!*

EXP. **Xa que** Úsase para indicar causa ou condición: *Non marches agora, xa que falta o mellor. Xa que es tan listo, faino ti.*

***xabalina**, a forma correcta é **xavelina**.

xabaril

substantivo masculino

Animal salvaxe parecido ao porco doméstico pero máis grande e de corpo máis estreito, de pelaxe mesta e forte e os canteiros superiores moi desenvolvidos e voltos para arriba: *Cazaron dous xabarís.* SIN. porco bravo.

***xabarín**, a forma correcta é **xabaril**.

xaboeira

substantivo feminino

Recipiente ou especie de caixa en que se pon o xabón: *Sobre o lavabo hai unha xaboeira.*

xabón

substantivo masculino

Substancia que se usa para lavar con auga: *Lavou a cara con auga e xabón.*

FAM. xaboeira, enxaboar.

xabre

substantivo masculino

Terra que contén moita area e que se pode usar na construción: *Os albaneis facían masa con cemento, auga e xabre.* SIN. sábrego.

***xabrón**, a forma correcta é **xabón**.

xacer

verbo

1 Estar unha persoa deitada: *Os feridos xacían sobre a beirarrúa.*

2 Estar unha persoa morta enterrada nun sitio: *O avó xace no panteón familiar.*

OBS. É regular: *xazo, xaza.*

xacinto

substantivo masculino

Planta que produce unhas flores moi recendentes e de distintas cores con forma de campás e agrupadas en espigas e tamén esta flor: *Hai xacintos brancos, azuis, rosas e amarelos.*

xacobeo, **xacobea**
adxectivo
Do apóstolo Santiago ou do seu culto: *Moitos peregrinos fan a ruta xacobea a pé desde Francia.*

xactarse
verbo
Presumir moito: *Xáctase de que é moi listo.*
FAM. xactancia, xactancioso.

xadrez
substantivo masculino
Xogo de mesa en que participan dúas persoas que van movendo dezaseis figuras cada unha sobre un taboleiro dividido en cadros negros e brancos de acordo cunhas regras determinadas: *A torre, o rei, a raíña e os peóns son pezas do xadrez.*

xaguar
substantivo masculino
Mamífero carniceiro félido que ten o pelo amarelo tirando a vermello con manchas negras arredondadas: *O xaguar é propio de América do Sur.*

***xalea**, a forma correcta é **xelea**.

xamais
adverbio
En ningún momento: *Xamais estivo en Santiago.* SIN. nunca. ANT. sempre.

xamba
substantivo feminino
Cada unha das dúas pezas verticais situadas aos lados do oco dunha porta e que soteñen o lintel: *O lintel descansa nas xambas.*

xamón
substantivo masculino
Pata de atrás do porco, especialmente salgada e curada para comer: *Este xamón está salgado de máis.*
FAM. xamoneiro.

xampú
substantivo masculino
Xabón líquido, especialmente para lavar o pelo: *Mercou un xampú que elimina a caspa.*

xan
substantivo masculino
Home que se deixa dominar ou fai o que calquera lle di: *É un xan que fai todo o que lle din os amigos.*

xandra
substantivo feminino
Golpe forte de tose: *A tose ferina produce xandras.*

xaneira
substantivo feminino
1 Lúa de xaneiro: *A xaneira entrou con moito frío.*
plural
2 Canción que se canta o día do ano vello para desexar un bo aninovo: *Os netos cantáronlles unhas xaneiras aos avós.*
EXP. **Andar á** ou **de xaneira** Estar a gata en celo: *Esta gata anda á xaneira.*

xaneiro
substantivo masculino
Primeiro mes do ano: *O día 6 de xaneiro é o día de Reis.*
FAM. xaneira.

xanela
substantivo feminino
1 Oco que hai nas paredes dos edificios e das casas para que entren a luz e o aire: *O seu cuarto ten unha xanela grande que dá á rúa.* SIN. fiestra, ventá.
2 Peza formada por un cristal e un marco de madeira ou doutro material que tapa ese oco: *Pechou a xanela porque entraba a chuvia.* SIN. fiestra, ventá.
3 Ventá dun coche ou doutro vehículo: *Baixou o cristal da xanela do copiloto.*

xantar
substantivo masculino
1 Comida[2].
verbo
2 Comer[2].

xanzá
substantivo feminino
Planta propia da alta montaña con talo de ata un metro de altura e flores amarelas: *As raíces da xanzá teñen propiedades medicinais.* SIN. xenciana.

xaque
substantivo masculino
No xogo do xadrez, situación en que o rei ou a raíña dun xogador están ameazados de ser eliminados por unha peza do xogador contrario: *Deulle xaque á raíña.*
EXP. **Xaque mate** No xogo do xadrez, situación

en que o rei está ameazado de ser eliminado por unha peza do xogador contrario, de xeito que acabaría a partida: *Deulle xaque mate ao rei cunha torre.*

xaqueca
substantivo feminino
Dor forte de cabeza: *Tomou unha aspirina contra a xaqueca.*

xarampón
substantivo masculino
Enfermidade contaxiosa propia dos nenos que produce febre e unhas manchas vermellas na pel: *Hoxe todos os nenos están vacinados contra o xarampón.* SIN. sarampelo.

xarda
substantivo feminino
Peixe mariño de corpo cilíndrico e alongado de cor verde ou azul con listas verticais negras no lombo e prateada ou branca no ventre: *Gústame moito a xarda guisada.* SIN. cabala.

xardín
substantivo masculino
Lugar en que se cultivan plantas como adorno: *Detrás da casa ten un xardín con céspede e moitas flores diferentes.*
EXP. **Xardín botánico** Lugar onde se cultivan plantas raras ou de países moi afastados para velas e estudalas: *Visitamos o xardín botánico municipal co profesor de Coñecemento do Medio.* **Xardín de infancia** Gardaría.
FAM. xardinaría, xardinaxe, xardineiro.

xardinaría ou **xardinería**
substantivo feminino
Xardinaxe.

xardinaxe
substantivo feminino
Conxunto de coñecementos e técnicas necesarias para coidar xardíns e plantas de adorno: *Nese centro de formación profesional ensinan xardinaxe.*

xardineiro, xardineira
substantivo
Persoa que traballa coidando xardíns e plantas de adorno: *O xardineiro estaba a cortar o céspede.*

xardón
substantivo masculino
Acivro.

xarope
substantivo masculino
1 Substancia medicinal disolta en auga con azucre: *O médico receitoulle un xarope contra a tose.*
2 Líquido moi doce que se obtén fervendo auga con azucre: *Mercou dos botes de melocotón en xarope.*

***xarra**, a forma correcta é **xerra**.

xarrete
substantivo masculino
1 Sofraxe.
2 Parte por onde dobran as patas dos animais cuadrúpedes e tamén a carne desa parte: *Pediulle ao carniceiro dous quilos de xarrete.*

***xarro**, a forma correcta é **xerro**.

***xarrón**, a forma correcta é **floreiro**, **vaso**.

xasmín
substantivo masculino
Arbusto de xardín que produce unhas flores en forma de embude brancas ou amarelas moi recendentes e tamén esta flor: *Este perfume está elaborado con flores de xasmín.*

xastraría ou **xastrería**
substantivo feminino
Establecemento onde un xastre confecciona traxes e pezas de vestir: *Nesa xastraría chegaron a traballar catro xastres.*

xastre, xastra
substantivo
Persoa que traballa facendo traxes e pezas de vestir: *Foi ao xastre para que lle tomase as medidas para o traxe.* SIN. alfaiate.
FAM. xastraría.

xato, xata
substantivo masculino
Becerro.

***xaula**, a forma correcta é **gaiola**.

xavelina
substantivo feminino
1 Especie de frecha longa ou lanza pequena que se lanzaba coa man ou cunha má-

quina especial: *O cabaleiro tiña cravada a xavelina no peito.*
2 Especie de lanza usada en atletismo para lanzala o máis lonxe posible: *Gañou a medalla de prata en lanzamento de xavelina.*

xaxuar
verbo
Non comer durante certo tempo: *O médico ordenoulle xaxuar as vinte e catro horas anteriores á realización da proba.*
OBS. Conxúgase como *actuar.*

xaxún
substantivo masculino
Feito de non comer durante certo tempo: *Para facer a análise de sangue estiven en xaxún ata as doce.*
FAM. xaxuar.

xe
substantivo masculino
Nome da letra *x*: *Xaxún ten dous xes.*

xeadaría ou xeadería
substantivo feminino
Establecemento onde se fan ou se venden xeados: *Na miña rúa hai unha xeadaría moi boa.*

xeadeiro, xeadeira
substantivo
Persoa que vende ou elabora xeados: *O xeadeiro serviulle unha copa de xeado de chocolate e amorodo.*

xeado, xeada
adxectivo
1 Moi frío ata estar á temperatura do xeo: *Non me baño porque a auga hoxe está xeada.* SIN. xélido, glacial. ANT. tórrido.
2 Que está convertido en xeo ou cuberto polo xeo: *O frío deixou xeada a superficie do lago.*
substantivo masculino
3 Doce feito con azucre, leite e outras substancias que se mesturan e conxelan: *Ao cativo gústanlle moito os xeados de amorodo.*
substantivo feminino
4 Temperatura da atmosfera inferior a cero graos de xeito que se conxela a auga: *Aquí no inverno temos moitas noites de xeada.*
5 Capa fina e branca de xeo que se forma ao conxelarse o orballo: *A herba e as plantas estaban cubertas pola xeada.* SIN. carazo.

xear
verbo
Ir moito frío con temperaturas inferiores a cero graos de xeito que a auga ou o orballo se converten en xeo ou se forma unha capa de xeo na súa superficie: *Aquí nas noites de inverno xea moito.*
FAM. xeada, xeadaría, xeado, xeo, desxeo.

xebrar
verbo
Separar ou pór á parte unha persoa, animal ou cousa doutro ou doutros: *Nunha mesma clase non podemos xebrar os rapaces máis adiantados dos máis atrasados.*

xebre
adxectivo
1 Separado dos outros ou que non está mesturado con ningún outro: *Di que nesa taberna non venden viño xebre, senón mesturado con auga.*
2 Fóra do común ou normal, porque ou é moi bo ou é moi malo: *É unha terra ben xebre, porque produce moito. É unha galiña xebre pois non pon nin un mal ovo.*

xefe, xefa
substantivo
Persoa que manda ou dirixe un grupo: *O capataz é o xefe dun grupo pequeno de obreiros.*
FAM. xefatura.

xeira
substantivo feminino
1 Xornada.
2 Xornal.
3 Cantidade de traballo que se fai dunha vez e sen parar: *Apañamos as patacas nunha xeira de catro horas.*

xeito
substantivo masculino
1 Maneira de facer unha cousa: *Non lle debes contestar ao profesor de mal xeito.* SIN. forma, maneira, modo.
2 Maneira de ser de algo: *No campo vivíase antes de xeito moi diferente a como se vivía na cidade.*
3 Maneira adecuada de facer algo: *El ten moito xeito para decorar as casas.* SIN. habilidade, maña.
4 Coidado e atención ao facer algo: *Fai os deberes con xeito para non te trabucares.*

5 Arte de pesca no mar consistente nunha rede longa que se estende e deixa durante horas para que entre a sardiña nela cando cambia a marea: *Mercou unha ducia de sardiñas do xeito.*

EXP. **A xeito** ou **ao xeito** De forma adecuada, conveniente ou oportuna: *Esa axuda dos amigos veulle ao xeito.* **Ao seu xeito** De forma independente e sen contar cos demais: *A el non lle vai moito o grupo, porque lle gusta andar ao seu xeito.* **Darlle un xeito a algo** Facer algo ben ou pasablemente: *Non é carpinteiro pero dálle un xeito a iso de montar mobles.* **De todos os xeitos** A pesar de todo ou pase o que pase: *De todos os xeitos iremos á praia, aínda que chova.* **Facer xeito** Vir ben ou ser adecuado e oportuno: *Agora non lle facía xeito pasar pola nosa casa.* **Sen xeito** Sen orde, de forma atolada e sen razón: *El fala moito pero sen xeito.*

FAM. xeiteiro, xeitoso, axeitar, desaxeitar.

xeitoso, xeitosa

adxectivo

1 Que é bo e adecuado para algo: *Estes estantes sonche moi xeitosos para colocar os libros grandes.* SIN. adecuado, apropiado, axeitado. ANT. desaxeitado.

2 Que ten boas calidades e que gusta por iso: *El tenche unha moza ben xeitosa, guapa e lista.*

3 Que fai ben as cousas e con habilidade: *Busca un albanel que sexa xeitoso e non un chafalleiro.* SIN. habelencioso, mañoso. ANT. chafalleiro, trapalleiro, torpe, chambón.

4 Bonito, agradable e con graza: *Buscaba para ir á voda un vestido xeitoso.*

xel

substantivo masculino

1 Produto transparente parecido a unha crema case líquida: *Botoulle un xel ao xeonllo onde dera o golpe.*

2 Xabón líquido: *Para ducharme sempre uso xel.*

FAM. xelatina, xelatinoso.

xelatina

substantivo feminino

Substancia ou materia branda e transparente, especialmente se é un alimento: *A torta estaba recuberta por unha deliciosa xelatina de amorodo.*

xelea

substantivo feminino

Masa branda e transparente que se obtén ao cocer froita con azucre ou substancias animais, unha vez que arrefrían e callan: *Fixo xelea de pexegos cocendo unha ducia de pexegos en auga con azucre.*

EXP. **Xelea real** Substancia producida polas abellas para alimentar as súas larvas e as raíñas: *A raíña da colmea aliméntase de xelea real.*

xélido, xélida

adxectivo

Moi frío e ata ter a temperatura do xeo: *Nos polos o aire é xélido.* SIN. xeado, glacial. ANT. tórrido.

xema

substantivo feminino

1 Pequeno vulto que se forma nas pólas e no talo das árbores e plantas e que dará lugar a novas pólas, follas ou flores: *Na primavera as árbores botan as xemas.* SIN. abrocho, gomo, gromo, rebento.

2 Parte amarela do ovo dunha ave: *O ovo da galiña ten casca, xema e clara.*

3 Doce que se elabora con esta parte do ovo e azucre: *As xemas de Ávila teñen moita sona.*

4 Parte final e branda do dedo que se opón á uña: *Para tomar as impresións dactilares hai que mollar en tinta as xemas do índice e do polgar.*

5 Calquera pedra preciosa que se usa en xoiaría: *Os diamantes e as esmeraldas son xemas.*

EXP. **Sal xema** O que se obtén de minas: *O sal xema extráese das minas e o sal mariño da auga do mar.*

xemelgo, xemelga

adxectivo

1 Dito de dúas cousas, que son iguais e que se colocan xuntas: *Os dous irmáns dormen no mesmo cuarto en camas xemelgas.*

adxectivo ou substantivo

2 Que naceu xunto co seu irmán no mesmo parto e que ten un aspecto case igual: *Os irmáns xemelgos orixínanse a partir do mesmo óvulo e teñen o mesmo sexo.*

substantivo masculino plural

3 Cada un dos dous músculos que forman

a parte de atrás da perna, debaixo do xeonllo: *Os ciclistas adoitan ter os xemelgos moi desenvolvidos.*

xemer
verbo
Expresar coa voz unha dor, unha pena, un sufrimento ou o cansazo: *Xemía coa dor que lle producía a perna rota.*
FAM. xemido.

xémini
adxectivo ou substantivo
Un dos doce signos do zodíaco e a persoa que naceu nel: *Os xéminis son os nados entre o 22 de maio e o 21 de xuño.*

xenciana
substantivo feminino
Xanzá.

xendarme
substantivo masculino
En Francia e noutros países, policía de uniforme: *Ao entrar en Francia parouno na autoestrada un xendarme por exceso de velocidade.*
FAM. xendarmaría.

xene
substantivo masculino
Cada un dos elementos que se atopan nos cromosomas e que conteñen os trazos que se transmiten por herdanza aos novos seres que nacen: *A cor dos ollos ou do pelo transmítese polos xenes de pais a fillos.*
FAM. xenético, xenética.

xenealoxía
substantivo feminino
Conxunto de antepasados dunha persoa ou dunha familia: *Na súa xenealoxía hai condes, marqueses e fidalgos.*
FAM. xenealóxico.

xenebra
substantivo feminino
Bebida alcólica transparente: *A xenebra faise destilando cereais e aromatizándoos.*

xeneral
substantivo
Xefe militar que ten a máxima categoría no exército de terra ou no de aire: *Os xenerais poden ser de brigada e de división.*
OBS. É distinto de *xeral.*

xeneralidade
substantivo feminino
Maior parte ou número de persoas ou cousas que non se distinguen por nada: *A xeneralidade dos clientes estaba contenta co servizo do hotel.*

xeneralizar
verbo
1 Estender algo ou facelo normal entre a maioría: *Hoxe xa se xeneralizou o uso do teléfono móbil.*
2 Considerar un grupo de persoas ou cousas polo que é só un ou algúns deles: *Porque un non traballe non xeneralices e non digas que todos son nugalláns.*
OBS. Cambia o *z* en *c* ante *e*, como en *cazar.*

xenérico, xenérica
adxectivo ou substantivo masculino
Que forma parte dun conxunto en que todos teñen iguais os trazos básicos ou máis importantes: *Os xenéricos son medicamentos coas mesmas propiedades curativas, aínda que presenten diferenzas no sabor ou na forma.*

xénero
substantivo masculino
1 Conxunto de seres que teñen unha ou varias características comúns: *As persoas pertencen ao xénero humano.*
2 Natureza, tipo ou clase do que ten características comúns: *Non contestarei preguntas dese xénero.* SIN. clase, especie, natureza.
3 Produto que se compra ou se vende: *Na froitaría estaban a colocar o xénero novo.* SIN. artigo, mercadoría, mercancía.
4 En literatura, cada unha das categorías en que se agrupan as obras con características comúns: *Na literatura hai tres grandes xéneros: poesía, teatro e narrativa.*
5 En gramática, cada unha das clases ou categorías en que se clasifican os substantivos, adxectivos e pronomes: *Hai tres xéneros: masculino, feminino e neutro.*
6 Tea ou tecido: *Nesa tenda venden roupa confeccionada e tamén xéneros.* SIN. tea, tecido.

xenerosidade
substantivo feminino
Forma de ser da persoa que dá o que ten sen buscar nada a cambio: *A súa mellor*

virtude é a xenerosidade. SIN. desprendemento. ANT. egoísmo, interese, comenencia.

xeneroso, xenerosa
adxectivo
Que dá o que ten sen buscar nada a cambio: *El non lle prestou o diñeiro, regaloullo, porque é moi xeneroso.* SIN. espléndido. ANT. egoísta, interesado.

xénese
substantivo feminino
Proceso polo que aparece algo que antes non existía: *Na xénese desa folga estaban os soldos baixos dos obreiros.*

xeneta
substantivo feminino
Mamífero pequeno de pelo gris ou amarelo con manchas negras, de corpo alongado, patas curtas e rabo longo cun aneis de cor negra: *A xeneta aliméntase de roedores que caza.*

xenético, xenética
adxectivo
1 Que se ten desde o nacemento e que non se adquiriu: *A súa habilidade para pintar e debuxar é xenética, pois nunca recibiu clases de pintura.*
2 Da xenética ou ciencia que estuda como pasan de pais a fillos trazos e características: *Esa bióloga fai estudos xenéticos do gando vacún.*
substantivo feminino
3 Parte da bioloxía que estuda como pasan de pais a fillos ou desde os antepasados as características e trazos: *A xenética explica de que antepasados procede a cor dos ollos e do pelo dunha persoa.*

xenial
adxectivo
Moi bo, extraordinario ou dunha gran calidade: *O dianteiro marcou un gol xenial.* SIN. estupendo, extraordinario, sensacional.

xenialidade
substantivo feminino
1 Capacidade para facer cousas novas ou moi boas: *Rosalía de Castro foi unha escritora de gran xenialidade.*
2 Calquera cousa ou feito moi bo e de gran calidade: *Ese gol de tacón foi unha verdadeira xenialidade.*

xenio
substantivo masculino
1 Forma de ser dunha persoa: *Enfádase porque ten moi mal xenio.*
2 Mal carácter ou facilidade para enfadarse: *Hai que falarlle con tento porque é persoa de xenio.*
3 Persoa con capacidade para facer cousas moi boas e dignas de admiración: *Rosalía de Castro foi un xenio da poesía.*
4 Personaxe fantástico que aparece nalgúns contos infantís e fai cousas marabillosas: *Da lámpada saíu un xenio que lle prometeu a Aladino a realización de tres desexos.*
EXP. **Dar xenio** Ser moi bo ou gustar moito: *Dá xenio ver ese neno tan guapo.*
FAM. xenial, xenialidade.

xenital
adxectivo
1 Que serve para a reprodución ou produción de seres da mesma especie: *Os órganos xenitais masculinos e femininos son diferentes.*
substantivo masculino plural
2 Órganos sexuais externos: *O defensa recibiu un balonazo nos xenitais.*

xenocidio
substantivo masculino
Exterminio ou eliminación sistemática, matándoos, dun conxunto de persoas ou mesmo dun pobo por motivos de raza, políticos ou relixiosos: *Logo de facerse co poder en Alemaña en 1933, os nazis pretenderon realizar o xenocidio do pobo xudeu.*
FAM. xenocida.

xenofobia
substantivo feminino
Odio contra os estranxeiros ou contra todo o que vén de fóra: *A xenofobia fai que desprece os inmigrantes que están a chegar a Galicia.*
FAM. xenófobo.

xenreira
substantivo feminino
Antipatía ou mala vontade contra algo ou alguén que non gustan, especialmente sen causa lóxica: *El tenlles xenreira a todos os que non pensan coma el.* SIN. animadversión, animosidade, antipatía, aversión, teima, zuna. ANT. simpatía.

xenro

substantivo masculino

En relación cunha persoa, home que está casado coa súa filla: *O marido da miña filla é o meu xenro.*

OBS. O feminino é *nora.*

xente

substantivo feminino

Conxunto de persoas en número indeterminado: *Á estrea da película asistiu pouca xente.*

EXP. **A miña (túa, súa...) xente** A familia dunha persoa ou os achegados: *Á voda irá comigo a miña xente.* **Ser coma a xente** Portarse ben, como adoita facer a maioría das persoas: *Tes que ser coma a xente e non falar coa boca chea de comida.* **Xente de** Indica a profesión ou a forma de ser de alguén: *Son xente de paz e non soldados, pois veñen desarmados.*

xentil

adxectivo

Amable e atento: *O dependente era moi xentil cos clientes.* SIN. amable, atento, cortés. ANT. descortés.

FAM. xentileza.

xentilicio

adxectivo ou substantivo masculino

Dito dun adxectivo ou dun substantivo, que expresa o lugar de onde é ou onde naceu unha persoa: *O xentilicio que designa os naturais de Galicia é* galego.

xentío

substantivo masculino

Gran cantidade de persoas: *Un xentío esperaba na entrada do teatro a chegada do cantante.*

xenuíno, xenuína

adxectivo

Que non é falso e sen mesturas nin engadido de xeito que conserva todas as súas características propias: *Nese restaurante serven un xenuíno caldo galego.* SIN. auténtico, lexítimo. ANT. falso.

xenxibre

substantivo masculino

Planta herbácea orixinaria da India que se usa para facer ouriñar e tamén como condimento para as comidas: *O xenxibre é unha especia de sabor picante.*

xeo

substantivo masculino

Auga que se volveu sólida polo frío moi intenso: *Con cero graos de temperatura a auga líquida pasa a xeo.*

xeografía

substantivo feminino

Ciencia que estuda a superficie da Terra e os seus elementos como ríos, montañas ou chairas: *Na clase de xeografía aprendennos os ríos e as serras de Galicia.*

FAM. xeográfico, xeógrafo.

xeoloxía

substantivo feminino

Ciencia que estuda os materiais que compoñen a Terra e como se formaron: *A xeoloxía estuda as rochas e minerais que forman a Terra.*

FAM. xeolóxico, xeólogo.

xeometría

substantivo feminino

Parte das matemáticas que estuda os tipos de liñas, planos e figuras: *Na unidade de xeometría de hoxe estudamos o triángulo equilátero, o isóscele e o escaleno.*

FAM. xeométrico.

xeonlleira

substantivo feminino

1 Nalgúns pantalóns, peza que se pon sobre a parte do xeonllo como adorno ou como remendo: *O pantalón dese chándal leva xeonlleiras.*

2 Especie de venda elástica que se coloca rodeando o xeonllo para protexelo ou suxeitalo: *Os porteiros de fútbol e balonmán adoitan usar xeonlleiras.*

xeonllo

substantivo masculino

Parte externa pola que dobra a perna: *O xeonllo é a parte externa da articulación da tibia co fémur.*

EXP. **De xeonllos** Apoiados sobre esta parte das pernas, especialmente en sinal de moito respecto ou sometemento: *Os fieis rezaban de xeonllos diante do altar.*

FAM. xeonlleira, axeonllarse.

xeque

substantivo masculino

Nalgúns países musulmáns, xefe que goberna de forma absoluta un territorio ou unha tribo: *No territorio dese xeque hai importantes depósitos petrolíferos.*

xeración
substantivo feminino

1 Produción de seres da mesma especie por medio da reprodución: *A xeración dunha nova persoa supón a unión dun óvulo e dun espermatozoide.*
2 Conxunto de persoas que teñen unha idade parecida e que, por iso, recibiron unha mesma educación e viviron as mesmas cousas: *Castelao, Otero Pedrayo e Risco forman parte da xeración Nós.*
3 Produción de algo novo: *A xeración de novos postos de traballo é unha necesidade na nosa bisbarra.*
4 Conxunto dos fillos dun mesmo pai e dunha mesma nai ou que teñen entre eles o mesmo grao de parentesco en relación cunha parella: *Neste pazo levamos vivindo cinco xeracións da miña familia.*

xerador, xeradora
adxectivo

1 Que xera ou produce algo: *O odio sempre é xerador de violencia.*
substantivo masculino
2 Aparello que produce enerxía eléctrica: *Os hospitais adoitan ter xeradores de seu por se falta a corrente eléctrica da rede.*

xeral
adxectivo

1 Que se refire a todo ou a todos os que forman un grupo e non a cada un en particular: *A dor foi xeral cando morreu ese célebre escritor.* SIN. colectivo. ANT. individual, particular, persoal.
2 Que acontece ou se usa con moita frecuencia ou de forma normal: *Hoxe xa é xeral que cada familia teña un coche de seu.* SIN. común, normal, habitual. ANT. estraño, extraordinario, raro.
3 Que non entra en detalles: *O conferenciante tratou de forma xeral o tema da contaminación.*
4 Dito dunha persoa ou dun organismo, que é o responsable máximo da dirección de algo: *A directora xeral da empresa dixo que había que mellorar as vendas.*
EXP. **En xeral** Sen dar detalles nin concretar: *O xefe de estudos falou de mal comportamento en xeral, sen referirse a ninguén en concreto.*
OBS. É distinto de *xeneral.*
FAM. xeneralizar, xeneral.

xeranio
substantivo masculino

Planta de adorno colocada en xardíns ou testos porque ten flores recendentes de cor vermella, branca ou rosa e tamén flor desta planta: *Aos xeranios cómprelles moito sol.*

xerar
verbo

1 Crear un fillo por medio da reprodución: *Meus avós xeraron sete fillos.*
2 Producir ou dar orixe a algo: *A suba dos prezos xerou descontento no pobo.* SIN. ocasionar, orixinar, producir.
FAM. xeración, xeracional, xerador.

xerarquía
substantivo feminino

1 Clasificación de persoas ou cousas segundo o seu grao de importancia de forma que uns son máis importantes ca outros: *Na xerarquía da sociedade medieval os cregos e os nobres eran os máis poderosos.*
2 Persoa moi importante ou con moito poder nun grupo ou sociedade: *Na procesión figuraban o cardeal, o bispo e outras xerarquías da Igrexa.* SIN. autoridade.
FAM. xerárquico, xerarca.

xerente
substantivo

Persoa que dirixe un negocio ou unha empresa: *O xerente díxolles aos empregados que este mes había que traballar os sábados pola mañá.*
FAM. xerencia.

xerga
substantivo feminino

Barallete.

xergón
substantivo feminino

Colchón consistente nunha funda de tea chea de herba ou follas secas: *Durmía nun xergón de palla seca.*

xeriatría
substantivo feminino

Parte da medicina que se ocupa das enfermidades e coidados das persoas anciás:

A xeriatría trata de mellorar a vida das persoas anciás.
FAM. xeriatra, xeriátrico.

*xeringa, a forma correcta é **xiringa**.

xermánico, xermánica ou xermano, xermana

adxectivo ou substantivo
Do antigo pobo bárbaro que habitaba Xermania, zona que, aproximadamente, ocupan hoxe Alemaña e Polonia: *Os visigodos, os alanos e os vándalos eran pobos xermánicos.*

xerme

substantivo feminino
1 Célula ou conxunto de células que dan lugar a un novo ser vivo: *O óvulo e o espermatozoide unidos dan lugar ao xerme dunha nova persoa.* SIN. xermolo.
2 Organismo moi pequeno que só se ve co microscopio e que pode producir enfermidades: *Lavou a ferida con auga osixenada para eliminar os xermes.* SIN. microbio.
3 Circunstancia ou feito que pode ser principio, causa ou orixe de algo: *Esa discusión foi o xerme da súa inimizade actual.* SIN. xermolo.
FAM. xerminar, xerminación.

xerminar

verbo
Xermolar: *As plantas xerminan na primavera.*

xermolar

verbo
1 Saír unha planta dunha semente e comezar a desenvolverse: *Puxo unha faba nun tubo de ensaio con auga e sobre un algodón para que xermolase.* SIN. xerminar.
2 Saírenlle ás plantas vultos nas pólas ou nos troncos dos que sairán novas pólas, follas e flores: *Con este bo tempo de primavera as árbores froiteiras están a xermolar.* SIN. xerminar.
3 Comezar algo a desenvolverse ou a ser: *Co Rexurdimento xermola a literatura galega moderna.* SIN. xerminar.

xermolo

substantivo masculino
1 Xerme[1].
2 Pequeno vulto que sae dunha semente, dun bulbo ou dun tubérculo e dá lugar a unha nova planta: *As patacas esas xa botaron xermolos.*
FAM. xermolar.

xeroglífico, xeroglífica

adxectivo
1 Dito dun tipo de escritura, que representa cada palabra por un símbolo ou debuxo: *A escritura xeroglífica, como a exipcia, non representa sons, coma a nosa, senón que representa cada palabra por un debuxo.*
2 Xogo ou pasatempo consistente nun conxunto de letras e debuxos dos que hai que deducir unha palabra ou unha frase: *O xeroglífico traía un debuxo dunha cama e a palabra* león *para descubrir a palabra* camaleón.

xerra ou xerro

substantivo feminino ou masculino
Recipiente máis alto ca largo, co colo e a boca largos, con asa e que se usa para conter un líquido: *Mercou unha xerra de cristal para a auga.*

xersei

substantivo feminino
Peza de roupa que se viste pola cabeza e que cobre o corpo desde os ombreiros ata a cintura: *Levaba un xersei azul de la fina por debaixo da chaqueta.*

xerundio

substantivo masculino
Forma verbal que remata en *-ando*, *-endo* ou *-indo*: Andando *é o xerundio do verbo* andar.

xeso

substantivo masculino
Mineral tan brando que se pode raiar coa uña e que, desfeito en po, e mesturado con auga forma unha masa empregada na construción, para facer esculturas ou mesmo para inmobilizar ósos rotos do corpo: *Tapou o buraco do teito con xeso.*
FAM. enxesar.

xesta[1]

substantivo feminino
Arbusto bravo con moitas pólas flexibles e delgadas: *Antigamente fabricábanse vasoiras coas pólas das xestas.*
FAM. xestal, xesteira.

xesta[2]
substantivo feminino
Feito realizado con grande esforzo, mérito e valor, especialmente se é de guerra: *Os cantares de xesta narraban en verso as fazañas dos heroes da Idade Media.* SIN. fazaña, proeza.

xestación
substantivo feminino
Desenvolvemento do feto dun mamífero no corpo da nai ata que nace a cría ou o meniño: *A xestación dos seres humanos dura nove meses.*
FAM. xestante.

xesticular
verbo
Facer xestos ou movementos co corpo, especialmente coa cara e coas mans, para expresar algo: *Ese actor xesticula de máis para amosar enfado.* SIN. acenar.

xestión
substantivo feminino
1 Realización das accións oportunas para facer ou conseguir algo ou cada unha destas accións: *Xa fixen as xestións na Casa do Concello para que me desen o permiso de obra.* SIN. trámite.
2 Dirección dunha empresa ou negocio: *O pai ocúpase da xestión da empresa familiar.* SIN. dirección, xerencia.
FAM. xestionar.

xesto
substantivo masculino
1 Movemento da cara ou das mans para expresar algo: *Mover a cabeza de arriba para abaixo é o xesto de dicir que si.* SIN. aceno.
2 Acción ou feito que demostra a forma de ser de alguén: *Convidarnos a xantar foi un bo xesto do teu curmán.*
FAM. xesticular.

xestor, xestora
substantivo
Persoa que ten por profesión facer os trámites oportunos para solucionarlles algo a outras persoas, como pagar impostos, conseguir permisos das autoridades e outras cousas semellantes: *O xestor fíxolle a declaración da renda deste ano.*
FAM. xestoría.

*__xexún__, a forma correcta é **xaxún**.

xexuno
substantivo masculino
Parte do intestino delgado dos mamíferos que está entre o duodeno e o íleo: *No xexuno realízase a absorción de substancias nutritivas.*

xiba[1]
substantivo feminino
Choco.

xiba[2]
substantivo feminino
1 Vulto que se lle forma a algunhas persoas nas costas ou no peito por teren torcida a columna vertebral: *A xiba faille como unha montaña nas costas.* SIN. chepa, lomba, corcova.
2 Vulto que teñen algúns animais no lombo onde almacenan graxa: *O camelo ten dúas xibas e o dromedario ten unha.* SIN. corcova.
FAM. xiboso.

xigante
adxectivo
1 Moi grande ou moito máis grande ca o normal: *Pediu un xeado xigante de amorodo.* SIN. enorme, xigantesco. ANT. anano, diminuto, pequeno.
substantivo
2 Persoa moito máis grande ou alta ca o considerado normal: *Moitos xogadores de baloncesto son verdadeiros xigantes.* ANT. anano.
3 Persoa fantástica que se caracteriza por ser moi alta e moi forte: *Nese conto fantástico o príncipe vence un xigante.*
4 Figura que representa unha persoa moi alta e que adoita sacarse polas rúas nas festas populares: *Dona Ana e don Pedro son dous famosos xigantes que saen nas festas do Portal de Ribadavia.*
OBS. Nas acepcións 2, 3 e 4 o seu feminino é *xiganta*.
FAM. xigantesco, xigantismo.

xilaba
substantivo feminino
Vestido longo e lixeiro que cobre desde os ombreiros ata os pés, con carapucha e de manga longa: *A xilaba úsana homes e mulleres no norte de África.*

xílgaro

substantivo masculino

Paxaro moi vistoso de plumas pardas, amarelas e negras e a cabeza branca cunha mancha negra no alto e outra vermella arredor do peteiro: *Os xílgaros cantan moi ben.* SIN. pintasilgo.

xilófono

substantivo masculino

Instrumento musical formado por varias barras de madeira de distinto tamaño que se golpean con dous paus terminados nunha bóla: *O xilófono é un instrumento de percusión.*

ximnasia

substantivo feminino

Conxunto de exercicios que se fan como deporte para fortalecer o corpo, estar máis áxil e ser máis flexible: *A ximnasia é un deporte olímpico.*
FAM. ximnasta, ximnástico, ximnasio.

ximnasio

substantivo feminino

Local ou sala grande con todo o necesario para facer os exercicios de ximnasia: *Nos ximnasios adoita haber espaleiras, poldros, colchonetas e outros aparellos semellantes.*

xinete

substantivo

Persoa que monta ou vai montada a cabalo: *A súa filla é xinete.*

xirafa

substantivo feminino

Mamífero ruminante de grande altura coas patas e o pescozo moi longos, pelo amarelo con manchas escuras e dous cornos pequenos: *A xirafa ten as patas e o pescozo tan longos para comer mellor as follas das árbores ca a herba do chan.*

xirar

verbo

1 Mover arredor dun punto ou dar voltas arredor del: *Xira a chave para abrir a porta. A Terra xira arredor de si mesma no movemento de rotación.* SIN. virar.
2 Torcer ou cambiar a dirección que se levaba: *Cando chegues á praza, xira á dereita.* SIN. torcer, virar.
3 Mandar unha cantidade de cartos a un lugar ou a alguén por correo ou por un sistema parecido: *Xiroulle ao fillo mil euros para que pagase a pousada.*
FAM. xiratorio, xiro.

xirasol

substantivo masculino

Planta herbácea de talo longo con flores grandes de cor amarela e que se move seguindo o sol: *O aceite de xirasol fabrícase coas sementes desta planta.* SIN. mirasol.
OBS. O plural é *xirasoles.*

xiringa

substantivo feminino

Instrumento formado por un tubo oco e unha agulla que se usa para introducir medicamentos líquidos no sangue ou nos músculos: *A agulla das xiringas é oca para que pase o medicamento.*

xiro

substantivo masculino

1 Movemento en que se dá unha volta completa arredor dun punto: *O xiro da Terra arredor de si mesma é o movemento de rotación.* SIN. rotación, viraxe, volta.
2 Cambio na dirección que se levaba: *Nesa praza está prohibido para os vehículos o xiro á dereita.* SIN. viraxe.
3 Aspecto que toma unha conversa ou un asunto: *A conversa tomou mal xiro e rematou nunha discusión.*
4 Envío de cartos por correo ou por outro sistema parecido a alguén ou a outro lugar: *O estudante pagou o alugamento do piso cando recibiu o xiro dos pais.*

xisto

substantivo masculino

Rocha ou pedra que se separa facilmente en capas planas e delgadas: *Na provincia de Lugo son típicos os tellados de xisto.*

xistra

substantivo feminino

Chuvia ou neve acompañadas de vento forte e moi frío: *Esta xistra deixa a un conxelado.*

xitano, xitana

adxectivo ou substantivo

Do pobo nómade orixinario da India que se estendeu por moitos países e que conserva os seus trazos culturais como dedicarse á venda ambulante, á artesanía ou a comerciar co gando: *En Andalucía hai unha comunidade xitana moi importante.*

xiz

substantivo masculino

Arxila de cor branca que adoita usarse en barriñas delgadas cadradas ou arredondadas para escribir nos encerados: *O profesor de matemáticas escribe as fórmulas co xiz sobre o encerado.*

xo

interxección

Úsase para mandarlles ao gando e aos animais de carga que paren: *O xinete berrou: Xo, cabalo!*

xoanete

substantivo masculino

Vulto que se forma no óso do dedo gordo do pé e que sobresae: *O xoanete é unha deformación da unión da primeira falanxe co primeiro óso do metatarso.*

xoaniña

substantivo feminino

Insecto coleóptero de forma arredondada e cor vermella con puntos negros: *A xoaniña é un coleóptero, coma o escaravello, e come pulgóns.* SIN. papoia, reirrei.

xofre

substantivo masculino

Substancia química non metálica de cor amarela e moi usada especialmente en po como insecticida e para combater pragas na agricultura: *Botoulles xofre ás roseiras para matar os pulgóns e outros xermes.*
FAM. xofrar.

xoga

substantivo feminino

Parte en que se unen dous ósos e movemento que se fai con esa parte: *No xeonllo está a xoga da tibia co fémur.* SIN. articulación, xogo, xunta.

xogada

substantivo feminino

1 Cada unha das veces que xoga ou participa nun xogo unha persoa: *No xogo da oca, se se cae nalgúns cadros, hai que estar unha xogada sen tirar o dado.*

2 Cada unha das accións que se fan nun xogo ou partido: *Nos partidos televisados sempre repiten as xogadas dos goles.*

3 Mala acción que se fai contra alguén: *Todos están fartos das xogadas dese pillabán.* SIN. faena, falcatruada.

xogador, xogadora

substantivo

Persoa que xoga a algo, especialmente se lle gusta moito ou o fai habitualmente: *O seu avó era un bo xogador de cartas.*

xogar

verbo

1 Facer algo como diversión ou para pasar o tempo: *Os cativos xogaban no patio do colexio.* SIN. divertirse, enredar.

2 Participar nun xogo ou nun deporte: *Ela xógache moi ben ao baloncesto.*

3 Non tomar en serio algo importante ou descoidalo: *Non se pode xogar coa saúde.*

4 Arriscar ou pór en perigo: *O policía xogou a súa vida para salvar os feridos.*

EXP. **Xogar limpo** Non facer trampas nin enganos: *Nos negocios cómpre xogar limpo.* **Xogar sucio** Enganar ou facer trampas: *Xogou sucio ao venderlle un coche avariado.*
OBS. O *g* cambia en *gu* ante *e*, como en *pagar*.
FAM. xoga, xogada, xogador, xogo, xogueta, xoguetaría, xoguete, xogueteiro.

xogo

substantivo masculino

1 Calquera cousa que se fai como diversión ou para pasar o tempo: *A todos os cativos lles gusta o xogo.*

2 Actividade que serve para divertir as persoas e que se fai de acordo con determinadas regras: *O xadrez e o parchís son xogos de mesa.*

3 Participación nun sorteo ou nunha actividade en que se poden gañar ou perder cartos: *Gústalle o xogo e vai moito ao casino.*

4 Xoga.

5 Conxunto de cousas con características comúns e que se usan para un mesmo fin: *Gardou na caixa das ferramentas un xogo de desaparafusadores.*

6 Combinación de cousas que produce un efecto agradable: *Nesa discoteca teñen un xogo de luces moi bo sobre a pista.*

7 Nalgúns deportes, cada unha das partes en que se divide un partido: *O tenista para gañar o partido ha de vencer en tres xogos.*

EXP. **A xogo** Ben combinado: *Leva unha camisa e unha gravata azuis a xogo.* **Estar en**

xogo algo Estar en perigo ou en certo risco: *Está en xogo a súa reputación de avogado honrado.* **Facer xogo** Combinar ben: *O pantalón e a gravata que levaba facían xogo.* **Fóra de xogo** No fútbol, posición ilegal do xogador que está por diante dos xogadores do equipo contrario en relación coa portaría destes contrarios: *O árbitro anulou o gol por fóra de xogo.* **Xogo de azar** Aquel en que se gaña só pola sorte, especialmente se se apostan cartos: *A lotaría e a ruleta son xogos de azar.* **Xogo de mans** Truco realizado coas mans con moita habilidade facendo aparecer e desaparecer cousas á vista dos demais sen que se decaten: *O mago fixo un xogo de mans e sacou unha flor do pano.* **Xogo de palabras** Frase que pode ter máis dun significado de xeito que resulta un engano ou un chiste: *A frase «Non atopei o can do director» é un xogo de palabras.*

xograr

substantivo masculino

Na Idade Media, artista que recitaba ou cantaba cantigas ou poemas acompañándose con algún instrumento musical de corda: *Os xograres cantaban as cantigas compostas polos trobadores acompañándose con cítolas.*

xoguete

substantivo masculino

Calquera cousa que serve para xogar ou entreterse, especialmente para os nenos: *Aínda garda case todos os xoguetes de cando era cativo.* SIN. enredo.

xoia

substantivo feminino

1 Adorno que poñen as persoas e que está feito con pedras e metais preciosos: *As sortellas, os aneis e as pulseiras son xoias.* SIN. alfaia.

2 Calquera persoa ou cousa que valen moito ou son moi boas: *Ese rapaz tan responsable é unha xoia.* SIN. alfaia, marabilla, tesouro.

FAM. xoiaría, xoieiro.

xoiaría ou xoiería

substantivo feminino

Establecemento en que se fan ou venden xoias: *Mercou ese reloxo de ouro nunha xoiaría do centro.*

xoieiro, xoieira

substantivo

1 Persoa que vende ou fai xoias: *Este anel fabricouno un famoso xoieiro compostelán.*

substantivo masculino

2 Caixa ou estoxo para gardar as xoias: *Ao abrir a tampa do xoieiro soa unha canción.*

xoio

substantivo masculino

Herba que medra de forma espontánea nos campos de cereais, como o centeo ou o trigo, e que é moi prexudicial: *O xoio non deixa medrar o centeo nin o trigo.*

xolda

substantivo feminino

Troula.

xordeira

substantivo feminino

Falta ou diminución da capacidade de oír: *Como padece xordeira, puxo na orella un aparello especial para oír.*

xordo, xorda

adxectivo

1 De son grave ou apagado: *O corpo sen vida caeu facendo un son xordo.*

adxectivo ou substantivo

2 Que non oe nada ou que non oe ben: *Está un pouco xordo e leva un aparello especial no oído.*

FAM. xordeira, xordomudo, enxordecer.

xordomudo, xordomuda

adxectivo ou substantivo

Que non oe nada desde que naceu e que, por iso, tampouco pode falar: *Os xordomudos comunícanse mediante unha linguaxe de sinais.*

xornada

substantivo feminino

1 Tempo do día ou da semana durante o que se traballa: *A xornada de traballo diaria aquí é de oito horas.* SIN. xeira.

2 Período de tempo dun día ou de vinte e catro horas: *Os xornais traen as noticias da xornada.* SIN. día.

xornal

substantivo masculino

1 Cartos que se gañan por cada día de traballo: *No campo os xornais adoitan ser máis baixos ca na industria.* SIN. xeira.

2 Publicación con noticias e opinións que sae diariamente: *Os xornais tamén se poden consultar en internet.* SIN. diario, periódico.
FAM. xornada, xornaleiro, xornalismo, xornalista, telexornal.

xornaleiro, xornaleira
substantivo
Persoa que traballa para outro a cambio dun pagamento diario de cartos, especialmente no campo: *Aquí na vendima cómpren moitos xornaleiros.*

xornalismo
substantivo masculino
Periodismo.

xornalista
substantivo
Periodista.

***xoroba**, a forma correcta é **xiba**.

xostra
substantivo feminino
Verga.

xota
substantivo feminino
Canción e baile populares propios de Aragón, Navarra e Valencia: *A xota ten un ritmo moi vivo.*
OBS. É distinto de *iota*.

xoto, xota
adxectivo
1 Dito dunha persoa, que é pouco amable e que non se relaciona ben cos demais: *É un xoto que nin sequera dá os bos días.*
2 Dito dun animal doméstico, que non obedece ben: *Ese boi é bastante xoto.*

xouba
substantivo feminino
Sardiña pequena: *Encargamos unha empanada de xoubas.* SIN. parrocha.

***xove**, a forma correcta é **mozo**, **novo**.

xovenco, xovenca
substantivo
Novelo.

xoves
substantivo masculino
Cuarto día da semana: *O xoves queda entre o mércores e o venres.* SIN. quinta feira.

xovial
adxectivo
Que adoita estar alegre e contento: *O seu mozo é moi xovial e riseiro.*
FAM. xovialidade.

xubilar
verbo
Facer que unha persoa deixe de traballar porque chegou á idade que establece a lei para non traballar máis ou por ter algunha enfermidade grave: *A meu pai xubilárono cando fixo os sesenta e cinco anos.*
FAM. xubilación, xubilado.

xubileu
substantivo masculino
Na relixión católica, perdón dos pecados que lles concede o papa aos que cumpren certas promesas ou fan algún acto considerado bo: *Gañou o xubileu porque peregrinou a pé a Santiago en ano santo.*

xúbilo
substantivo masculino
Alegría moi grande, especialmente a manifestada con xestos: *Os xogadores abrazáronse con xúbilo ao marcaren o gol.*
FAM. xubiloso.

xudaísmo
substantivo masculino
Relixión baseada na lei de Moisés e no Antigo Testamento da Biblia, que cre en Deus e espera a chegada dun mesías a este mundo: *Moisés foi o profeta israelita que predicou o xudaísmo.*

xudeu, xudía
adxectivo ou substantivo
1 Do antigo pobo que habitou Palestina, no oeste de Asia: *Salomón foi un dos reis xudeus máis famosos.*
2 Que ten como relixión o xudaísmo: *Os xudeus están estendidos por todo o mundo.*
OBS. O feminino *xudía* é distinto de *feixón*.
FAM. xudaico, xudaísmo.

***xudía**, a forma correcta é **feixón**.

xudicial
adxectivo
Do xuíz ou da xustiza, ou relacionados con eles: *A investigación xudicial demostrou que o acusado era culpable.*

xugada
substantivo feminino
Conxunto de dous bois ou de dúas vacas que tiran do mesmo carro ou do mesmo arado: *A xugada de vacas tiraba do carro.* SIN. xunta.

xugo
substantivo masculino
1 Instrumento de madeira que se lle coloca a unha parella de bois ou vacas no pescozo para que tiren xuntos dun carro ou arado: *Púxolle o xugo á parella de bois.* SIN. canga.
2 Forza e dominio que obrigan a obedecer: *Galicia levantouse contra o xugo do invasor francés na Guerra da Independencia.*
FAM. xugada, xunguir.

xugular
adxectivo ou substantivo feminino
Dito dunha vea, cada unha das dúas que hai a cada lado do pescozo: *Cando se enfada ínchanlle as xugulares.*

xuíz, xuíza
substantivo
1 Persoa que ten poder segundo a lei para dicir se algo é delito e para pór un castigo cando non se cumpren as leis: *A xuíza condenouno a un ano e dous meses de cárcere por roubo con violencia.*
2 Persoa que dá un determinado valor ao que alguén realizou: *Os xuíces do concurso de redacción deste ano son tres profesores de lingua galega.*
3 Persoa que fai que se cumpran as regras ou normas de algo: *O xuíz dos partidos de tenis adoita sentar nunha cadeira elevada.* SIN. árbitro.
FAM. xudicial, xulgado, xulgar, xuízo, axuizado.

xuízo
substantivo masculino
1 Capacidade dunha persoa para saber o que está ben e o que está mal: *A intelixencia e o xuízo distinguen as persoas dos animais.* SIN. entendemento, razón.
2 Idea ou opinión que se ten sobre algo: *Eu non lin ese libro e non che podo dar ningún xuízo sobre el.* SIN. opinión.
3 Forma de actuar sabendo o que se fai: *Hai que ter xuízo e moderar a velocidade nos coches.* SIN. sensatez, sentido, siso.
4 Acto en que un xuíz ou conxunto de xuíces xulgan un feito e dan sentenza que di se ese acto é delito ou non: *O acusado afirmou no xuízo que el era inocente.*

xulgado
substantivo masculino
Edificio ou lugar onde se fan os xuízos e os xuíces deciden se algo é delito ou non: *Fun ao xulgado para declarar como testemuña do accidente.*

xulgar
verbo
1 Chegar a ter unha idea ou opinión determinada sobre algo ou alguén e dicila, especialmente se está ben ou mal: *O profesor xulga que ese exame non merece un aprobado.* SIN. coidar, considerar, crer, estimar, pensar.
2 Declarar un xuíz ou un tribunal de xustiza se alguén fixo algo ou non contra a lei e se é ou non un delito e determinar o castigo que merece: *Xulgárono na audiencia por homicidio e condenárono a cinco anos de cárcere.*
OBS. O *g* cambia en *gu* diante do *e*, como en *pagar*.

*xulio (física), a forma correcta é joule.

xullo
substantivo masculino
Mes número sete do ano: *Xullo queda entre xuño e agosto.*
OBS. *Xulio* é nome de persoa.

xunca ou xunco
substantivo feminino ou masculino
Planta herbácea de talos longos de cor verde escura, lixeiros, cilíndricos e flexibles e que é propia dos lugares húmidos: *Había varios parrulos agochados entre os xuncos.*
FAM. xunqueira.

xungla
substantivo feminino
Terreo cheo de plantas moi crecidas e con moita vexetación: *A xungla é propia do clima tropical de América do Sur ou do suseste asiático.*

xunguir
verbo
Unir dous bois ou dúas vacas polo pescozo co xugo para que tiren xuntos dun carro ou

dun arado: *Xunguiu a parella de bois.* SIN. cangar.
OBS. Conxúgase como *fuxir.* É distinto de *unir.*

xuntanza
substantivo feminino
Feito de xuntarse un grupo de persoas para tratar un asunto, divertirse ou outra cousa semellante: *A xuntanza dos veciños decidiu o cambio da antena.*

xuntar
verbo
1 Pór varias cousas ou elementos de xeito que formen un conxunto ou grupo: *Xuntou a roupa sucia e meteuna na lavadora.* SIN. agrupar, amontoar, reunir. ANT. ciscar, espallar, esparexer, separar.
2 Pór moi cerca ou pegados varios elementos ou cousas: *Xuntade as cadeiras para que caibamos todos na mesa.* SIN. apegar, pegar, arrimar. ANT. afastar, arredar.
3 Chegar a ter ou reunir en gran cantidade: *Co negocio do bar xuntou moitos cartos.* SIN. reunir.
4 Reunir nun mesmo sitio ou facer ir a el: *O día do seu aniversario de voda os avós xuntaron nun xantar todos os fillos e netos.*
5 **xuntarse** Ter relación ou amizade con alguén: *Sempre se xuntou cos bos estudantes.* ANT. separarse.

xunto, xunta
adxectivo
1 Que está a moi pouca distancia ou case pegado a outro: *Os dous libros estaban xuntos encol da mesa.* SIN. próximo. ANT. separado.
2 Que vai en compaña doutro ou á vez: *Os dous irmáns sempre van xuntos ao colexio.*
substantivo feminino
3 Grupo de persoas que gobernan unha comunidade: *A xunta de goberno da universidade aprobou o plan de estudos.*
4 Reunión de persoas que se xuntan para tratar un asunto ou dirixir algo: *Os veciños decidiron en xunta cambiar o ascensor.*
5 Parte por onde se unen dúas cousas: *Caen pingas de auga pola xunta deses canos.*
6 Xugada.
preposición
7 Ao lado de ou cerca de: *El sentou xunta min.* SIN. onda.
EXP. **Por xunto** Nunha cantidade grande: *Nese almacén só venden roupa por xunto e non polo miúdo.*
FAM. xuntar, xuntanza.

xuño
substantivo masculino
Mes número seis do ano: *Xuño está entre maio e xullo.*

xurado
substantivo masculino
Grupo de persoas que deciden se algo é bo ou malo, merece un premio ou mesmo se alguén é culpable dalgún delito: *O xurado do concurso de poesía premiou un soneto amoroso. O xurado considerou que o acusado era culpable de asasinato.*

xuramento
substantivo masculino
1 Promesa, afirmación ou negación de algo feitas de forma moi seria e poñendo como garantía de que é verdade a Deus ou calquera persoa ou cousa consideradas moi valiosas: *O cabaleiro fixo xuramento de fidelidade ao rei pondo como testemuñas a Deus e ao seu honor.*
2 Palabra ou palabras malsoantes que son un insulto contra Deus ou contra algo ou alguén considerados sagrados: *Cando fallou o penalti lanzou un xuramento.*

xurar
verbo
1 Prometer ou dicir que algo é ou non é verdade de forma moi seria e poñendo como garantía de que é verdade a Deus ou calquera persoa ou cousa consideradas moi valiosas: *Xuroulle polos seus fillos que el non roubara a carteira.*
2 Prometer que se será fiel a algo: *Os deputados deben xurar a Constitución.*
3 Dicir palabras malsoantes que son un insulto contra Deus ou contra algo ou alguén considerados sagrados: *Cando esvarou e caeu púxose a xurar.*
FAM. xura, xurado, xuramento, xurídico.

xurdir
verbo
1 Saír á superficie desde o fondo: *O submarino xurdiu das augas do mar.* SIN. emerxer.
2 Amosarse algo ou comezar a existir ou a deixarse ver: *De entre a néboa mesta xur-*

diu un coche cos faros apagados. SIN. aparecer. ANT. desaparecer.
OBS. Conxúgase como *fuxir.*
FAM. xurdimento, rexurdimento, rexurdir.

xurelo
substantivo masculino
Peixe mariño comestible de cor gris verdosa polo lombo e gris prateada polos lados: *O xurelo vive no Atlántico en cardumes.*

xurídico, xurídica
adxectivo
Do dereito, das leis ou relacionado con eles: *Un avogado resolveulle todos os problemas xurídicos dese negocio.*

xuro
substantivo masculino
1 Cartos que ten que pagar cada certo tempo quen pediu cartos prestados a aquel que llos prestou: *O banco cóbralle un xuro do 4% por ese préstamo de 10.000 euros.*
2 Cartos que recibe aquel que prestou cartos da persoa ou entidade á que llos prestou: *O banco paga agora un xuro do tres por cento nas contas a prazo fixo.*
OBS. É distinto de *interese.*

xusta
substantivo feminino
1 Na Idade Media, combate a cabalo e con lanza: *Os cabaleiros enfrontáronse nas xustas con valentía.* SIN. torneo.
2 Certame literario: *O poeta foi premiado nas Xustas Literarias de Santiago.*

xustapoñer ou **xustapor**
verbo
Pór algo ou alguén pegado a outro e a continuación del, pero sen que ningún elemento os una: *Cando se xustapoñen as oracións unhas van detrás das outras sen ningunha conxunción que as una.*
OBS. Conxúgase como *poñer* ou *pór.*
FAM. xustaposición, xustaposto.

xustificar
verbo
Dar razóns ou probas para demostrar algo ou para desculpar algunha falta: *El sempre lle xustifica os gastos de material ao cliente coas facturas. O alumno xustificou as faltas de asistencia por enfermidade cunha nota do médico.*
OBS. O *c* cambia en *qu* ante *e*, como en *sacar.*

xustiza
substantivo feminino
1 Realización e cumprimento do que mandan as leis e a razón: *A xustiza esixe que todos os cidadáns cumpran as leis e que non haxa excepcións.* ANT. inxustiza.
2 Conxunto de persoas e institución con autoridade para aplicar as leis e pór castigos a quen non as cumpre: *Os xuíces e os fiscais forman parte da xustiza.*
FAM. xustificación, xustificante, xustificar, xusto.

xusto, xusta
adxectivo
1 Que é como debe ser ou que é segundo din o dereito ou a razón: *É xusto que cada persoa sexa valorada segundo os seus méritos.* ANT. inxusto.
2 Que é o que se di ou o que fai falta, e nada máis nin nada menos: *A camisa custoume vinte euros xustos.* SIN. exacto, preciso.
3 Que queda moi apertado: *Engordei e agora os pantalóns quédanme moi xustos.* SIN. apertado, estreito. ANT. ancho, amplo.
adxectivo ou substantivo
4 Que actúa con honradez e xustiza: *Ese profesor é moi xusto cando pon as notas.* SIN. íntegro, honesto, honrado, recto. ANT. inxusto.
adverbio
5 No preciso momento ou lugar: *Ela sae do traballo xusto ás tres.*

xutar
verbo
No fútbol, darlle ao balón co pé: *Un dianteiro debe xutar ben.*
FAM. xute.

xuvenil
adxectivo
1 Da xuventude ou propio dela: *Gústalle vestir de xeito xuvenil aínda que xa ten cincuenta anos.*
adxectivo ou substantivo
2 No deporte, que pertence á categoría dos que teñen entre quince e dezaoito anos: *El xoga no equipo de fútbol xuvenil do instituto.*

xuventude
substantivo feminino
Mocidade.

Y

y
substantivo masculino

Letra que non pertence ao abecedario galego e que só se usa en palabras estranxeiras: *Yeti escríbese con y grego.*

OBS. O *y denomínase y grego.*

yeti
substantivo masculino

Ser fantástico con forma de xigante cuberto de pelo: *Dise que o yeti vive no Himalaia.*

ye-yé
adxectivo

1 Dise dun tipo de música pop que estivo de moda na década dos anos sesenta do século XX, caracterizada polo ritmo e por acompañamentos vocais que adoitaban utilizar a expresión *ye-yé* nos estribillos: *Seu pai cando era novo tocaba nun grupo ye-ye.*

adxectivo ou substantivo

2 Que segue a moda dos anos sesenta do século XX: *Gústalle moito a música ye-yé.*

yuan
substantivo masculino

Moeda propia da China: *Para viaxar á China trocou euros por yuans.*

yuppie
substantivo

Persoa nova e de clase alta con moito éxito nos negocios: *Ese yuppie gañou moitos cartos na Bolsa.*

Z

z
substantivo masculino

Letra número vinte e tres do abecedario galego: *A palabra* zume *comeza por z.*
OBS. O seu nome é *ceta.*

zafarse
verbo

Conseguir verse libre de algo ou alguén que son molestos, malos ou perigosos: *El sempre consegue zafarse dos traballos máis duros.* SIN. escapulirse, librarse. ANT. afrontar, facer fronte.

zafiro
substantivo masculino

Pedra preciosa de cor azul ou verde moi usada para facer xoias: *A sortella é de ouro e leva un zafiro.*

zafra
substantivo feminino

Peza de ferro rematada en punta nun dos extremos na que se traballan os metais co martelo: *O ferreiro moldeaba o ferro sobre a zafra.* SIN. engra, incre.

zaga
substantivo feminino

1 Nun equipo de fútbol ou doutros deportes, grupo de xogadores que xogan próximos á propia portaría e tentan evitar que o contrario marque goles: *O noso equipo xoga cunha zaga de catro defensas.* ANT. vangarda.
2 Nun exército ou grupo grande de persoas, as que van na parte de atrás: *Quería ir na cabeceira da manifestación e non na zaga.* ANT. vangarda.

zalapastrán, zalapastrana
substantivo

Bandallo.

zamarra
substantivo feminino

Peza de abrigo en forma de chaqueta feita de pel ou cun tecido groso: *A zamarra é máis cómoda ca o abrigo porque non cobre as pernas.* SIN. abrigo.

zamburiña
substantivo feminino

Molusco mariño comestible parecido á vieira pero máis pequeno: *De primeiro xantou empanada de zamburiñas.*

***zampar**, a forma correcta é **chapar**, **chimpar**.

zanca
substantivo feminino

1 Pata longa e sen plumas dalgunhas aves: *Os flamengos e as cegoñas teñen zancas.*
2 Perna longa e delgada dunha persoa: *Ese atleta corre moito porque ten boas zancas.*
FAM. zancada, zanco.

zancada
substantivo feminino

Alancada.

zanco
substantivo masculino

1 Nunha ave, parte da pata con moita carne que se corresponde coa tibia e o peroné: *O que máis lle gusta do polo é o zanco.*
2 Cada un dos dous paus longos cun apoio para o pé aos que sobe unha persoa para facer xogos de equilibrio ou bailar determinadas danzas: *Os pallasos desfilaban sobre zancos cos xigantes e cos cabezudos.*

zanfona
substantivo feminino
Instrumento musical de corda que se toca facendo xirar unha manivela que move unha roda con pugas que producen o son ao dar nunhas teclas: *Algúns xograres medievais sabían tocar a zanfona.*

***zángano**, a forma correcta é **abázcaro**.

***zanxa**, a forma correcta é **gabia**.

zapata
substantivo feminino
1 Peza que se pega a unha roda para facela frear: *As zapatas das rodas da bicicleta son unha peciñas rectangulares de goma.*
2 Peza grande de pedra ou de formigón sobre a que se apoia unha columna ou un muro: *As zapatas en que se apoian as columnas do edificio son de formigón.*
3 Cada unha das dúas pezas de madeira da parte inferior da cheda do carro en que roza o eixe ao xirar: *Ese carro ten as zapatas de buxo.*
4 Peixe mariño de uns noventa centímetros de longo e parecido á quenlla, de cor gris con manchas escuras bordeadas de branco no lombo e que vive en augas profundas ou con moita lama: *A zapata aliméntase de crustáceos e cefalópodos.*

zapataría ou zapatería
substantivo feminino
Establecemento onde se venden, fabrican ou amañan zapatos e calzado en xeral: *Nesa zapataría as botas están moi rebaixadas.*

zapatear
verbo
Lanzar con forza contra o chan ou contra unha parede: *Zapateou o exame cando viu que suspendera.*

zapateiro, zapateira
substantivo
1 Persoa que fai, vende ou amaña zapatos e calzado en xeral: *O zapateiro do barrio bótalles moi ben as solas aos zapatos.*
substantivo masculino
2 Insecto de cor negra con dúas patas dianteiras curtas e catro patas traseiras moi longas que vive sobre a superficie da auga: *Os zapateiros aliméntanse dos insectos que cazan coas súas patas dianteiras.*

zapatilla
substantivo feminino
1 Calzado de tea, lixeiro e co piso moi flexible que adoita usarse na casa: *Ao chegar á casa sempre pon a bata e as zapatillas.*
2 Calzado de material flexible, lixeiro e moi cómodo que se usa para correr ou para practicar determinados deportes: *Os atletas nas competicións e para se adestraren levan unhas boas zapatillas.*

zapato
substantivo feminino
Calzado que adoita cubrir o pé ata o nocello, xeralmente de coiro e co piso de sola tamén de coiro ou de goma: *Moitas mulleres usan zapatos de taco.*
FAM. zapataría, zapateiro.

***zar**, a forma correcta é **tsar**.

zarabeto, zarabeta
adxectivo ou substantivo
Que pronuncia o *s* coma o *z*: *É zarabeto e no canto de* saco *di* zaco.

zarangallada
substantivo feminino
Trangallada.
FAM. zarangalleiro.

zarapallada
substantivo feminino
Trangallada.
FAM. zarapalleiro.

***zarpar**, a forma correcta é **levantar áncora**.

***zarralleiro**, a forma correcta é **cerralleiro**.

zarrapicar
verbo
Salpicar.
OBS. O *c* cambia en *qu* diante do *e*, como en *sacar*.

***zarrar**, a forma correcta é **cerrar**.

zarzallar
verbo
Chuviscar.

zas
interxección
Úsase para expresar que algo sucedeu de forma brusca e sen que se esperase: *E, zas!, de súpeto, caeu redondo ao chan.*

***zepelín**, a forma correcta é **cepelín**.

***zigurat**, a forma correcta é **cigurat**.

zigzag

substantivo masculino

Liña que vai alternativamente cara á dereita e cara á esquerda: *O esquiador esquivaba os obstáculos baixando a pendente en zigzag.*

FAM. zigzaguear.

zinc

substantivo masculino

Cinc.

***zíngaro**, a forma correcta é **cíngaro**.

zoar

verbo

Producir un ruído continuo como adoita facer o vento ao soprar ou certos insectos ao voaren: *Había un forte temporal e o vento zoaba. Ao voaren, as abellas zoan.* SIN. zumbar.

zoca

substantivo feminino

1 Calzado dunha soa peza de madeira con chatolas ou tacos para non esvarar e que adoitan usarse no campo: *Puxo as zocas sobre as zapatillas para entrar na corte.* SIN. galocha, galocho, madroña.

2 Zoco.

***zócalo**, a forma correcta é **zócolo**.

zoco

substantivo masculino

Calzado de coiro e piso de madeira atado con amallós tamén de coiro e que cobre ata os nocellos: *O zoco é un calzado tradicional galego.* SIN. chanca, chanco, zoca.

EXP. **Meter o zoco** Facer ou dicir algo equivocado ou que non é conveniente: *Meteu o zoco ao contarlles o desenlace da película antes de que a visen.*

FAM. zoqueiro.

zócolo

substantivo masculino

Banda ou franxa estreita na parte máis baixa da parede que se pinta de distinta cor ou que se cobre cun listón de madeira ou con baldosas longas e estreitas: *O piso é de parqué e o zócolo de madeira de castiñeiro.*

zodíaco

substantivo masculino

Suposta zona do firmamento en que se moven o Sol, a Lúa e os planetas: *O movemento do Sol ao longo do zodíaco é aparente.*

zombi

substantivo masculino

Segundo algunhas crenzas, persoa morta que volve vivir grazas á bruxaría: *A superstición dos zombis procede das Antillas.*

zona

substantivo feminino

1 Espazo ou territorio con características de seu e que forma parte doutro espazo máis grande: *Galicia está na zona noroeste da península Ibérica.*

2 Espazo que está dentro de certos límites: *O xogador de baloncesto non pode estar máis de tres segundos na zona.*

zoncho

substantivo masculino

Castaña cocida coa casca: *Gústanlle máis as castañas asadas ca os zonchos.*

zoo

substantivo masculino

Zoolóxico: *No zoolóxico adoita haber animais de moitas clases.*

zooloxía

substantivo feminino

Ciencia que estuda os animais: *A zooloxía estuda e describe os animais e a súa vida.*

FAM. zoolóxico, zoólogo.

zoolóxico, zoolóxica

adxectivo

1 Da zooloxía ou relacionado con esta ciencia que estuda os animais: *Os estudos zoolóxicos demostran que o lince está en perigo de extinción.*

substantivo masculino

2 Lugar de recreo onde se gardan e se poden ver animais, especialmente salvaxes ou de lugares afastados: *No zoolóxico vimos xirafas, elefantes e ata leóns e tigres.*

zorra

substantivo feminino

Vehículo con esquís ou patíns para moverse sobre a neve ou o xeo: *Entre os esquimós, os cans tiran das zorras.*

OBS. É distinto de *raposa*.

zorregar
verbo
1 Darlle golpes repetidos a alguén cunha vara, unha correa, un cinto de coiro ou algo semellante: *Antigamente algúns pais zorregábanlles aos fillos co cinto.*
2 Darlle un golpe ou varios a alguén ou pegarlle: *O árbitro expulsouno porque lle zorregou unha labazada ao defensa.* SIN. atizar, pegar, zoscar.
OBS. O *g* cambia en *gu* diante do *e*, como en *pagar*.
FAM. zorrega, zorregada.

zorza
substantivo feminino
Carne de porco picada e preparada con sal, pemento e outros ingredientes para facer chourizos: *Estaban a picar carne de porco para facer zorza.* SIN. mondongada.

zoscar
verbo
Pegar ou golpear: *Un afeccionado medio tolo quíxolle zoscar ao árbitro.* SIN. pegar, zorregar, zoupar, zurrar.
OBS. O *c* cambia en *qu* ante *e*, como en *sacar*.

zoupada
substantivo feminino
Caída forte e brusca: *Esvarou nunha casca de plátano e levou unha zoupada.*

zoupar
verbo
Darlle golpes repetidos a unha persoa, a un animal ou a unha cousa: *O cativo zoupaba na auga da bañeira.* SIN. bater, golpear.

zoupeiro, zoupeira
adxectivo
Que se move ou fai as cousas con moita lentitude e ata con torpeza: *Non lle gusta bailar con el porque é un zoupeiro.*

zoupo, zoupa
adxectivo ou substantivo
Que anda metendo os pés cara a dentro de xeito que enfronta as puntas dos pés: *Os zoupos, ao andaren, botan o cu para atrás.*

zoupón, zoupona
adxectivo ou substantivo
Que anda mal e tropezando: *Coa borracheira, ía todo zoupón.*

*zudre, a forma correcta é zurro.

zugar
verbo
1 Chuchar algo coa boca ou na boca sacándolle a substancia coa lingua e cos labios: *O rapaz zugaba o caramelo todo contento.* SIN. chuchar, chupar.
2 Dito dunha planta, coller a auga e a humidade da terra: *As plantas zugan a auga da terra coas raíces.* SIN. chuchar, chupar.
OBS. O *g* cambia en *gu* diante do *e* como na conxugación de *pagar*.

zumbar
verbo
1 Zoar.
2 Pegarlle a alguén: *Ameazouno con zumbarlle co cinto.* SIN. pegar, zorregar, zoupar, zurrar.

zume
substantivo masculino
1 Líquido que sae dunha froita ou de calquera alimento animal ou vexetal ao espremelos: *As laranxas e os limóns teñen moito zume.*
2 Líquido formado por auga, sales minerais e azucres que circula polo interior das plantas e do que se alimentan: *O zume das plantas pode ser zume bruto e zume elaborado.*
3 Líquido producido e segregado por algúns órganos, glándulas ou mucosas: *O zume gástrico do estómago é básico para facer a dixestión dos alimentos.*
FAM. zumegar.

zumegar
verbo
Soltar auga ou outro líquido, especialmente pouco a pouco por un buraco, por unha fenda moi pequena ou polos poros: *A parede do garaxe é moi húmida e no inverno zumega auga.*
OBS. O *g* cambia en *gu* diante do *e* como na conxugación de *pagar*.

zuna
substantivo feminino
1 Antipatía ou mala vontade contra algo ou alguén que non gustan, especialmente sen causa lóxica: *El tenlles zuna a todos os que non pensan coma el.* SIN. animadversión, animosidade, antipatía, aversión, teima. ANT. simpatía.
2 Desexo moi forte e súpeto de algo: *Ten a*

zuna de ir agora á praia con este frío. SIN. antollo, capricho.
3 Actitude de quen mantén unha idea ou unha forma de actuar aínda que non teña razón e estea equivocado: *O refrán di que non hai mula sen zuna.*
FAM. zunado.

zunido
substantivo feminino
1 Ruído continuo que producen as follas e pólas das árbores movidas polo vento: *O vento forte producía o zunido das árbores.*
2 Ruído producido por algo que zoa, como o vento ao soprar ou as abellas ao voar: *Oía o zunido das abellas das colmeas próximas.*

zurcir
verbo
Coser con fío o roto dunha tea ou peza de vestir para que non se note: *Estaba a zurcir uns buracos que tiña nos calcetíns.*
FAM. zurcido.

zurdo, zurda
adxectivo ou substantivo
1 Que usa a man esquerda ou o pé esquerdo para facer o que a maioría das persoas fai coa man ou pé dereitos: *É zurdo e escribe coa man esquerda.* SIN. manicho. ANT. destro.
substantivo feminino
2 Man ou perna esquerdas: *Ese dianteiro dispara moi ben coa zurda.* SIN. esquerda. ANT. dereita.

zurra
substantivo feminino
Conxunto de golpes que se lle dan a alguén: *Di que lle deron unha zurra os porteiros da discoteca.* SIN. malleira, tunda.
FAM. zurrar.

zurrichar
verbo
1 Mollar ao lanzar un líquido con forza: *O rapaz zurrichou o avó cunha pistola de auga.* SIN. cichar.
2 Deixar saír con forza un líquido: *Ese caldeiro zurricha polos buracos que ten no cu.* SIN. cichar.

zurro
substantivo masculino
Líquido que solta o esterco: *O zurro cheira moi mal.*